歷代文史要籍
注釋選刊

抄本日知録校注

上册

［清］顧炎武◎著
張京華◎校注

華東師範大學出版社
·上海·

圖書在版編目（CIP）數據

抄本日知録校注 / (清) 顧炎武著；張京華校注.
— 上海：華東師範大學出版社, 2021
(歷代文史要籍注釋選刊)
ISBN 978-7-5675-6084-0

Ⅰ.①抄… Ⅱ.①顧… ②張… Ⅲ.①文史哲—中國—清代 ②《日知録》—注釋 Ⅳ.①B249.12

中國版本圖書館CIP數據核字（2021）第124663號

抄本日知録校注

〔清〕顧炎武　著
張京華　校注

責任編輯　龐　堅
責任校對　時東明
裝幀設計　盧曉紅
封面題簽　虞萬里

出版發行　華東師範大學出版社
社　　址　上海市中山北路3663號　郵編 200062
網　　址　www.ecnupress.com.cn
郵購電話　021-62869887
門市地址　上海市中山北路3663號華東師範大學校内先鋒路口
網　　店　http://hdsdcbs.tmall.com

印 刷 者　常熟高專印刷有限公司
開　　本　890×1240　32開
印　　張　58.875
字　　數　1454千字
版　　次　2021年7月第1版
印　　次　2021年7月第1次
書　　號　ISBN 978-7-5675-6084-0
定　　價　246.00元（全三册）

出 版 人　王　焰

凡例

一、明末清初崑山顧炎武亭林先生撰《日知録》三十二卷，共計一〇二〇條，内容涵括經學、史學、邊疆、地理、小學、校勘諸多方面，凝聚了顧氏一生讀書的精華，其治學途轍上承宋明，下啟清學，對於民國學術影響尤巨，素來爲學者所推重。本書是對顧炎武《日知録》一書的標點、校勘和注釋。

二、二〇一〇年校注者在北京大學圖書館舊藏善本中新發現一套清抄本《日知録》，三十二卷首尾完整。這部新見抄本是迄今所知内地惟一的由大學圖書館收藏的《日知録》抄本。北大抄本《日知録》裝爲三十二册，目録一册，另重複第十七卷一册。每半頁十一行，每行二十二字，楷書工整。卷一首頁鈐印「趙氏鑄銑過目」、「錢坫之印」、「香天常住」、「馬氏玲瓏山館所藏書畫」四枚。目録首頁鈐印「國立北京大學藏書」、「頤性老人」、「阮元私印」三枚。推斷抄本的上限當不晚於乾隆年間，民國間入藏國立北京大學。本書即以北大舊藏抄本《日知録》爲底本，簡稱「底本」。

三、一九三三年張繼溥泉先生於北平購得清雍正間抄本《日知録》，發現了刻本中被删去的

「素夷狄行乎夷狄」、「胡服」、「左衽」、「徙戎」、「三韓」、「胡嚨」、「胡」諸條内容，在抄本中均完好如故。黄侃季剛先生爲之作《日知録校記》，章炳麟太炎先生作《日知録校記·序》，單獨發表並出版。由於章太炎、黄侃、張繼三人在民國學術界的巨大影響，抄本《日知録》名重一時，倍受關注。張繼去世後，其夫人崔震華哲雲女士將抄本帶往臺灣（今歸上海楊氏楓江書屋），至一九五八年，徐文珊將抄本整理鉛排，由臺中市河北同鄉會出版，題爲《原抄本顧亭林日知録》。其書最大貢獻是將抄本全文公諸於世，同時辨認字體較爲準確，而其問題則是没有公佈抄本原件，並且斷句錯誤不少，又没有引號。北大抄本《日知録》與《原抄本顧亭林日知録》比較，在卷次、篇目、正文各等方面均相接近，兩種抄本都保存了《日知録》最爲原始的面貌。由於同爲抄本之故，本書首以徐文珊《原抄本顧亭林日知録》參校，簡稱「原抄本」。

四、底本、原抄本兩種抄本互相印證，文字不同之處仍有不少。有原抄本獨誤、底本及其他刻本均是者；又有底本獨是、原抄本及其他刻本均誤者。但底本整體上錯訛、殘缺、誤倒及俗字較多。本書的整理，凡正文有錯訛、殘缺、誤倒及俗字，均一仍其舊，不徑改，而另加校勘説明。不憚其煩，務期保存抄本原貌。避諱字歷朝多有，不勝其煩，如黄汝成《日知録集釋》清諱皆刻方圍即是，古籍整理者凡遇避諱字多徑改不出校注。但亭林爲有明遺臣，入清不改初衷，其所寄託皆賴避諱一字以存，值此之際，整理者即不可不加體諒。

五、本書的校勘，除兩种抄本外，亦參校以《日知録》的主要刻本，包括：康熙九年（一六七〇）顧炎武生前所刻符山堂八卷本，簡稱「符山堂本」；康熙三十四年（一六九五）顧氏卒後潘耒所刻遂初堂三十二卷本，簡稱「遂初堂本」；道光十四年（一八三四）黄汝成西谿草廬所刻《日知録集釋》本，簡稱「集释本」。

六、本書的校勘，亦參校以今人標點校注本，包括：欒保群、吕宗力《日知録集釋（全校本）》，二〇〇七年安徽大学出版社出版，簡稱「欒吕本」；陳垣《日知録校注》，二〇〇七年安徽大学出版社出版，簡稱「陳本」；嚴文儒、戴揚本《顧炎武全集·日知録》，二〇一一年上海古籍出版社出版，簡稱「嚴本」；欒保群《日知録集釋（校注本）》，二〇一三年浙江古籍出版社出版，簡稱「欒本」。欒本以西谿草廬《日知録集釋》的剜改本爲底本，擇要吸收李遇孫《續補正》、丁晏《校正》、俞樾《小箋》，並吸收黄侃《校記》，書後並附《譎觚十事》和《日知録之餘》二種，原文經過核校，引文加引號且注明出處，幾度出版，後出轉精，實爲最重要的現代版本。陳本又有二〇〇九年安徽大学出版社《陳垣全集·日知録校注》本，其書實爲陳垣的眉批劄記，以民國元年鄂官書處翻刻粤刻《日知録集釋》本爲底本，去其集釋，而校以符山堂八卷本，故有獨到之處。嚴本以遂初堂本爲底本，以符山堂本、黄氏《集释》本參校，又過録黄侃《校記》，雖往往據别本徑改本字，要亦精審完備。

七、陳垣先生自民國年間提倡「史源學」方法，講授「史源學實習」課程，曾引《日知録》爲例。但陳垣先生雖提出了「史源學」目標，《日知録校注》則經陳樂素、陳約之、陳祖武、陳智超、陳致易五人整理而成，恰恰没有核對原文，因此理論上雖然備具，實際上引文的起止多不準確。有鑒於此，本書的標點採用現代通行的漢語標點符號，其中引號的使用均曾核實原文，以期最大限度反映出引文原文的首尾狀態。（陳垣舊藏東方文化事業總委員會所購抄本《日知録》一部，今歸杭州范氏淨琉璃室。）

八、本書的注釋主要爲兩個部分。其一，引文及出處，均標注文獻名稱，或補出全句；其二，凡重要典故，或文本宗旨，或諸家訛誤，則酌加校注，而標明「今按」。古注如黄汝成《日知録集釋》、今注如陳垣《日知録校注》，亦擇要援引，而以「黄汝成集釋」、「陳垣校注」標識。

九、有關《日知録》的現代重要版本，就所知見，排列如次，以便參考：

［一］《原抄本日知録》：徐文珊點校。A. 臺中市河北同鄉會一九五八年版，全二册。B. 臺灣明倫出版社／明倫書局（一九七〇、一九七九）、平平出版社／粹文堂（一九七四、一九七五）、文史哲出版社（一九七九）修訂版，全一册。

［二］《日知録集釋》（外七種）：顧炎武著，黄汝成集釋。上海古籍出版社一九八五年影印本，全三册。

［三］《日知録集釋》（全校本）：樂保群、吕宗力校點。花山文藝出版社一九九〇年簡體字版，全二册。

［四］《日知録集釋》（全校本）：樂保群、吕宗力校點。A. 上海古籍出版社二〇〇六年版，全三册。B. 上海古籍出版社二〇一三年重印本，全三册。

［五］《日知録校注》：陳垣校注。A. 安徽大學出版社二〇〇七年版，全三册。B.《陳垣全集》第十四、十五、十六册，北京師範大學出版集團／安徽大學出版社二〇〇九年版，全三册。

［六］《日知録校釋》：張京華校釋。嶽麓書社二〇一一年簡體字版，全二册。

［七］《日知録　日知録之餘》：嚴文儒、戴揚本校點。A．《顧炎武全集》第十八、十九册，上海古籍出版社二〇一一年版，全二册。B．《顧炎武全集》單印本，上海古籍出版社二〇一二年版，全二册。

［八］《日知録集釋》（校注本）：欒保群校注。浙江古籍出版社二〇一三年版，全六册。

［九］《日知録集釋》（全本・集釋・全校）：欒保群、吕宗力校點。上海古籍出版社二〇一四年簡體字版，全二册。

［十］《日知録集釋》：欒保群校點。中華書局二〇二〇年《中華國學文庫》簡體字版，全三册。

日知録①目録

愚自少讀書，有所得輒記之，其有不合，時復改定。或古人先我而有者，遂②削之。積三十餘年，乃成一編。取子夏之言，名曰《日知録》，以正後之君子。東吴顧炎武。③

卷之一④

①「日知録」下，原抄本有「目録」二字，書口亦有「目録」二字，爲徐文珊所增。符山堂初刻八卷本、遂初堂三十二卷刻本、西谿草廬集釋本亦無。符山堂本書口有「日知録目録」，遂初堂本作「日知録目次」。兹據符山堂本補排書口。

②「遂」字上，符山堂初刻八卷本、遂初堂三十二卷刻本、西谿草廬集釋本、嚴本有「則」字。原抄本亦無「則」字。

③此段無題，原抄本、符山堂本、遂初堂本、集釋本、嚴本同。有本題爲「小引」。

④「卷之某」之「之」字，原抄本各卷均無，爲徐文珊所删。

① 以下各卷條目均爲雙欄抄寫，原抄本、遂初堂本同。茲一律改爲單欄。
② 「衆」字誤，當改。原抄本、遂初堂本、集釋本、嚴本均作「象」。
③ 「子」字誤，當改。原抄本作「於」，遂初堂本、集釋本、嚴本作「于」。
④ 「元」字誤，當改。原抄本、遂初堂本、集釋本均作「无」。

① 「元」字誤，當改。原抄本、遂初堂本、集釋本、嚴本均作「无」。
② 「損其疾」下，原抄本、遂初堂本、集釋本、嚴本均有「使遄有喜」四字，當補。

① 「敝」字誤，當改。原抄本、遂初堂本、集釋本、嚴本均作「敝」。
② 「山中」誤，當改。遂初堂本目録作「山下」亦誤。原抄本、集釋本作「山上」。嚴本據集釋本及正文改作「山上」。《易經》作「山上」。正文不誤。
③ 「東鄰」條目原缺，據正文補。原抄本、遂初堂本、集釋本、嚴本補。正文不缺。
④ 「有」字誤，當改。原抄本、遂初堂本、集釋本、嚴本均作「爲」，《易經》原文作「爲」。
⑤ 「平」字誤，當改。原抄本、遂初堂本、集釋本、嚴本均作「乎」。
⑥ 「畫」字誤，當改。原抄本、遂初堂本、集釋本、嚴本均作「晝」。正文亦誤。《易經》此句原文作「通乎晝夜之道而知」。

①「辯」字誤，當改。原抄本、遂初堂本、集釋本、嚴本均作「辨」。《易經》原文作「辨」。
② 「晝」字誤，當改。原抄本、遂初堂本、集釋本均作「晝」。《易經》原文作「晝」。

卷之二

① 「九族」條目原缺，據正文補。原抄本、遂初堂本、集釋本、嚴本不缺。原抄本爲徐文珊增補。
② 「正杞」誤，當改。原抄本、遂初堂本、集釋本、嚴本均作「元祀」。《書經》此句原文作「惟元祀十有二月」。
③ 「方」字誤，當改。原抄本、遂初堂本、集釋本、嚴本均作「月」。正文不誤。

① 「一人」誤，當改。原抄本、集釋本、嚴本均作「有過」。《書經》原文作「百姓有過，在予一人」。正文不誤。
② 「從」字誤，當改。原抄本、遂初堂本、集釋本、嚴本均作「逆」。正文不誤。

①「孚」字誤，當改。原抄本、遂初堂本、集釋本、嚴本均作「中」。正文不誤。
②「於」，原抄本、遂初堂本、集釋本、嚴本均作「于」。《書經》作「于」。
③「詛」，底本誤作「詛」。正文不誤，據改。《書經》此句原文作「罔中于信，以覆詛盟」。
④「泰」字誤，當改。原抄本、遂初堂本、集釋本、嚴本均作「秦」。

卷之三

①「分」字，遂初堂本目録誤作「汾」，正文不誤。
②「濟」字誤，當改。原抄本、集釋本、嚴本均作「隮」。《詩經》作「隮」。
③「於」，原抄本、遂初堂本、集釋本、嚴本均作「于」。《詩經》作「于」。

① 「豵」，底本誤作「猣」，正文不誤，據改。原抄本、集釋本、嚴本均作「豵」。《詩經》作「豵」。按「猣」即「豵」之變體。
② 「大」，遂初堂本、集釋本、嚴本同，原抄本作「太」。正文作「太」。
③ 「義」字誤，當改。原抄本、遂初堂本、集釋本、嚴本均作「莠」。《詩經》作「莠」。正文不誤。

① 「及」字誤，當改。原抄本、遂初堂本、集釋本、嚴本均作「反」。《詩經》作「反」。正文標題作「無」亦誤。
② 「汝」，遂初堂本同。原抄本、集釋本作「女」。嚴本據集釋本及正文改作「女」。《詩經》作「女」。正文作「女」。
③ 「流」字誤，當改。原抄本、遂初堂本、集釋本、嚴本均作「川」。《詩經》作「川」。正文不誤。
④ 「駟」字誤，當改。原抄本、遂初堂本。集釋本、嚴本均作「駉」。《詩經》作「駉」。正文標題作「駉」亦誤。

卷之四

① 「如」字誤，當改。原抄本、遂初堂本、集釋本、嚴本均作「其」。《詩經》作「其」。正文不誤。

② 「春秋闕疑」下，原抄本、遂初堂本、集釋本、嚴本均有「之書」二字，當補。正文作「春秋闕疑之書」不缺。

① 「君」，原抄本、集釋本同。遂初堂本目録誤作「召」，正文不誤。嚴本據集釋本及正文改作「君」。
② 「於」，原抄本、遂初堂本、集釋本、嚴本均作「于」。《春秋經》作「于」。
③ 「於」，原抄本、遂初堂本、集釋本、嚴本均作「于」。《春秋左傳》作「于」。
④ 「於」，原抄本、遂初堂本、集釋本、嚴本均作「于」。《春秋公羊傳》作「于」。

① 「於」，原抄本、遂初堂本、集釋本、嚴本均作「于」。《春秋左傳》作「于」。

② 此條標題，遂初堂本、集釋本、嚴本均作「星孛」。欒本據黄侃校記改從抄本。原抄本與此條同，惟「於」作「于」。《春秋經》作「于」。

③ 「於」，原抄本、遂初堂本、集釋本、嚴本均作「于」。《春秋經》作「于」。

④ 「郳公」誤，當改。原抄本、遂初堂本、集釋本、嚴本均作「郳子」。《春秋經》作「郳子」。正文不誤，但「來」誤「未」。

⑤ 「稱」字誤，當改。原抄本、遂初堂本、集釋本、嚴本均作「在」。正文不誤。

卷之五

① 「於」，嚴本同。原抄本、遂初堂本、集釋本作「于」。《春秋左傳》作「于」。
② 「損」字誤，當改。原抄本、遂初堂本、集釋本、嚴本均作「隕」。正文不誤。

---

① 「弊」字誤，當改。原抄本、遂初堂本、集釋本、嚴本均作「幣」。《春秋經》作「幣」。正文不誤。
② 「殺」字誤，當改。原抄本、遂初堂本、集釋本、嚴本均作「弑」。《春秋經》作「弑」。正文不誤。
③ 「於」，原抄本、遂初堂本、集釋本、嚴本均作「于」。然《春秋左傳》作「於」。
④ 「以日同爲占」條目原缺，據原抄本、遂初堂本、集釋本、嚴本補。正文不缺。

① 「天道遠」、「一事兩占」二條目原次序誤倒。正文不誤，據乙正。
② 「春秋言天之學」條目原缺，據原抄本、遂初堂本、集釋本、嚴本補。正文不缺。
③ 「穀伯鄧侯書名」，集釋本、遂初堂本、嚴本同。原抄本作「穀鄧書名」。正文作「穀鄧書名」。

卷之六

① 「於」，原抄本、遂初堂本、集釋本、嚴本均作「于」。《春秋經》作「于」。
② 「菽」字誤，當改。原抄本、遂初堂本、集釋本、嚴本均作「菽」。
③ 「於」，原抄本、遂初堂本、集釋本、嚴本均作「于」。《春秋左傳》作「于」。
④ 「丘」字誤，當改。原抄本、遂初堂本、集釋本、嚴本均作「五」。《春秋經》此句作「隕石于宋五」。正文不誤。
⑤ 「卒」字，原抄本、集釋本同。遂初堂本脱，嚴本據集釋本補。

卷之七

① 「於」，原抄本、遂初堂本、集釋本、嚴本均作「于」。《周禮》作「于」。
② 「於」，原抄本、遂初堂本、集釋本、嚴本均作「于」。《儀禮》作「于」，然下句「遂以摯見於鄉」則作「於」。
③ 「典」字誤，當改。原抄本、遂初堂本、集釋本、嚴本均作「腆」。《儀禮》作「腆」。正文不誤。
④ 「辯」，遂初堂本、集釋本、嚴本同。正文亦作「辯」。原抄本作「辨」。

① 「之子」下，原抄本、遂初堂本、集釋本、嚴本均有「若子」二字，當補。正文不缺。
② 「已」，原抄本、遂初堂本、集釋本、嚴本均同。正文作「以」。

卷之八

① 「報於所爲後子兄弟若子」有脱誤，當改。原抄本、遂初堂本、集釋本、嚴本均作「報於所爲後之兄弟之子若子」。正文不誤。

② 「舊」字誤，當改。原抄本、遂初堂本、集釋本、嚴本均作「舅」。正文不誤。

① 「及」字誤,當改。原抄本、遂初堂本、集釋本、嚴本均作「反」。正文不誤。
② 「於」,原抄本、遂初堂本、集釋本、嚴本均作「于」。然《禮記》作「於」。
③ 「中」字誤,當改。原抄本、集釋本均作「甲」。遂初堂本此條目録脱,正文有,嚴本據集釋本及正文補。

① 「以」，原抄本、集釋本、嚴本均作「爲」。
② 「於」，原抄本、遂初堂本、集釋本、嚴本同。原抄本作「于」。《禮記》作「於」。
③ 「復」，遂初堂本、集釋本、嚴本同。原抄本目録、正文均誤作「服」。

卷之九

① 「未有上好仁而下不好義者也」條目原缺，據原抄本、遂初堂本、集釋本、嚴本補。正文不缺。原抄本爲徐文珊增補。

① 「喜」字誤，當改。原抄本、遂初堂本、集釋本、嚴本均作「善」。正文不誤。
② 「問」字誤，當改。原抄本、遂初堂本、集釋本、嚴本均作「聞」。《論語》作「聞」。

① 「蕩」，原抄本、遂初堂本、集釋本均作「盪」。《論語》作「盪」。
② 「管仲不死」下，原抄本、遂初堂本、集釋本、嚴本均有「子糾」二字，當補。正文不缺。
③ 「以一」二字誤倒，當乙正。原抄本、遂初堂本、集釋本、嚴本均作「一以」。《論語》作「一以」。
④ 「稱」字下，原抄本、遂初堂本、集釋本、嚴本均有「焉」字，當補。《論語》有「焉」字。正文不缺。

卷之十

---

① 「其君」下，原抄本、遂初堂本、集釋本、嚴本均有「者也」二字，當補。《孟子》有「者也」二字。正文不缺。

① 「分」字誤，當改。原抄本、遂初堂本、集釋本、嚴本作「公」。《孟子》作「公行子」。正文不誤。
② 「衆」字誤，當改。原抄本、遂初堂本、集釋本、嚴本作「象」。正文不誤。
③ 「頒」字誤，當改。原抄本、遂初堂本、集釋本、嚴本均作「班」。《孟子》作「班」。正文不誤。
④ 「於」字誤，當改。原抄本、遂初堂本、集釋本、嚴本均作「放」。《孟子》作「放」。正文不誤。

卷之十一

---

① 「荼」，遂初堂本目録及正文均誤作「茶」。
② 「駉」字誤，當改。原抄本、遂初堂本、集釋本、嚴本均作「駉」。正文不誤。
③ 「屬縣」、「州縣品秩」二條目次序誤倒。正文不誤。

① 「史」，遂初堂本、集釋本、嚴本同。原抄本誤作「吏」，正文不誤。
② 「法」字誤，當改。原抄本、遂初堂本、集釋本、嚴本均作「害」。正文不誤。

卷之十三

① 「隋」，遂初堂本目録誤作「惰」，正文不誤。
② 「相」字誤，當改。原抄本、遂初堂本、集釋本、嚴本均作「召」。正文不誤。

日知録卷之一[一]

三易

夫子言「包羲氏始畫八卦」[二]，不言作《易》，而曰「《易》之興也，其於中古乎？」又曰「《易》之興也，其當殷之末世，周之盛德耶[三]？當文王與紂之時[四]耶？」是文王所作之《辭》始名爲《易》。而《周官》太卜[五]「掌三易之法，一曰《連山》，二曰《歸藏》，三曰《周易》」。[六]《連山》、《歸藏》非《易》也，而云「三易」者，後人因《易》之名以名之也。猶之《墨子》書言「周之《春秋》」、「燕之《春秋》」、「宋之《春秋》」、「齊之《春秋》」。周、燕、宋、齊之《春秋》[七]必皆《春秋》也，而云《春秋》者，因魯史之名以名之也。

《左傳》僖十五年：「戰於韓。」「卜徒父筮之曰『吉』。其卦遇《蠱》，曰：『千乘三去，三去之餘，獲其雄狐。』」成十六年：「戰於鄢陵，「公筮之，史曰『吉』。其卦遇《復》，曰：『南國蹙[八]，射其元王，中厥目。』」此皆不用《周易》，而別有引據之辭，即所謂「三易之法」也。卜徒父以卜人而掌此，猶

《周官》之大卜。[九]

【校注】

[一]「卷之某」，符山堂初刻本、遂初堂本同。原抄本原帙同，徐文珊删去「之」字。底本無書口，兹據符山堂本補。原抄本原帙亦無書口，徐文珊增補作「卷某」。

[二]夫子，謂孔子。《易經·繫辭下傳》云：「古者包羲氏之王天下也」、「於是始作八卦」。下引文亦見《易經·繫辭下傳》。

[三]「耶」，原抄本、遂初堂本作「邪」。《易經》作「邪」。下「耶」字同。

[四]「時」字誤，當改。原抄本、遂初堂本、集釋本均作「事」。《易經》作「事」。

[五]「太卜」，原抄本作「大卜」。「大」讀作「太」。

[六]見《周禮·春官宗伯》。太卜爲天子之王官。下文云「卜人」，卜人亦官名。《周禮·冬官考工記》鄭玄注：「其曰某人者，以其事名官也。」

[七]「《春秋》」誤，當改。原抄本、遂初堂本、集釋本作「史非」。

[八]「蹠」，原抄本、遂初堂本、集釋本同，阮刻十三經注疏《左傳》同。欒本、陳本作「蹷」。「蹠」即「蹷」。

[九]小字夾注下，原抄本、遂初堂本、集釋本均有「而《傳》不言《易》」一句正文，當補。

重卦不始文王

大卜「掌三易之法」，其經卦皆八，其別皆六十有四。考之《左傳》，襄公九年：穆姜遷於東宮，筮之，遇《艮》之《隨》[一]，姜曰：「是於《周易》曰：『《隨》，元亨利貞，无咎。』」獨言「是於《周易》」，則知夏、商皆有此卦。而重八卦爲六十四者，不始於文王矣。

【校注】

[一]遇《艮》之《隨》，謂變卦。黄壽祺《易學群書平議》引清何詒霈《易酌》：「之之爲變，古義顯然，故《春秋》内外傳占筮凡遇某卦之某卦者，皆變卦也。」

朱子周易本義

《周易》自伏羲畫《卦》，文王作《彖辭》，周公作《爻辭》[一]，謂之經。經分上下二篇。孔子作《十翼》，謂之傳。傳分十篇，《彖傳》上下二篇，《象傳》上下二篇，《繫辭傳》上下二篇，《文言》、《説卦傳》、《序卦傳》、《雜卦傳》各一篇。《漢書·藝文志》：「《易經》十二篇。」師古曰：「上下經及十翼，故十二篇。」孔氏正義曰：「十翼者，《上彖》一，《下彖》二，《上象》三，《下象》四，《上繫》五，《下繫》六，《文言》七，《説卦》八，《序卦》九，《雜卦》十。」陸德明釋文曰：「太史公論六家要旨，引『天下同歸而殊塗，一[二]致而百慮』，謂之《易大傳》。班固謂孔子「晚而好《易》，讀之韋編三絶，而爲之傳」。傳即十翼也。前漢六經與傳皆别行，至後漢諸儒始合經傳爲一。自漢以來，爲費直、鄭玄[三]、王弼所亂，取孔子之言，逐條附於卦爻之下。[四]程正叔《傳》因之，及朱元晦《本義》，始依古文，故於《周易·上經》條下云：「中間頗爲諸儒所亂，近世鼂氏始正其失，而未能盡合古文。呂氏又更定，著爲經二卷，傳十卷，乃復孔氏之舊云。」洪武初，頒《五經》天下儒學，而《易》兼用程、朱二氏，亦各自爲書。永樂中修《大全》，乃取朱子卷次，割裂附之《程傳》之後，《易經大全·凡例》曰：「《程傳》、《本義》既已並行，而諸家定本又各不同，故今定從《程傳》元本，而《本義》仍以類從。」而朱子所定之古文仍復淆亂。「《彖》即文王所繫之辭，《傳》者，孔子所以釋經之辭也，後凡言《傳》放此」，此乃《彖上傳》條下義，今乃削「彖上傳」三字，而附於「大哉乾元」之下。「《象》者，卦之上下兩象及兩象之六爻，周公所繫之辭也」，乃《象上傳》條下義，今乃削「象上傳」三字，而附於「天行健」之下。「此篇申《彖傳》、《象傳》之意，以盡《乾》《坤》二卦之藴，而餘卦之説因可以例推云」，乃《文言》條下義，今乃削「文言」二字，而附於「元者善之長也」之下。其「彖曰」、「象曰」、「文言曰」字，皆朱子本所無，復依《程傳》添入。後來士子厭《程傳》之多，棄去不讀，專用《本義》。弘治二年[五]會試：「物不可以苟合而已，故受之以《賁》」題，陳輔文，同考官楊守阯批曰：「《序卦》，朱子無一言以釋其義，蓋以程子于諸卦之首疏析其義已明且盡故也。今治經者專讀《本義》，《易》卷踰八百，而知有《傳》者不數人。此能知之而又善作，是用録之，以激厲經生之不讀《程傳》者。」而《大全》之本乃朝廷所頒，不敢輒改，遂即監本[六]《傳》、《義》之本，刊去《程傳》，而以程之次序爲朱之[七]次序，虚齋蔡清《易經蒙引》謂「亦[八]今所竊刊行《易經本義》」。今《四書》板[九]本，每張十八行，每行十七字，而註皆小字。《書》、《詩》、《禮記》並同。惟《易》每張二十二行，每行二十三字，而《本義》皆作大字，與各經不同，明爲後來所刻。是依監版《傳》、《義》本而刊去《程傳》，凡《本義》中言「《程傳》備矣」者，又添一「傳曰」而引其文，皆今代人所爲也。坊刻擅改古書，宜有嚴禁，是學臣之責。朱子《詩集傳・序》、蔡仲默《書集傳・序》，今南京刻[十]《大全》本改□[十一]《詩經大全・序》、《書經大全・序》，此即亂刻古書之一驗。幸監本尚存，其訣[十二]亦易見尔。相傳且二百年矣。惜乎朱子定正之書竟不得見于世，豈非此經之不幸也夫？[十三]

朱子《記嵩山晁氏卦爻彖象説》，謂「古經始变于費氏，而卒大亂于王弼」。[十四]此據孔氏正義，曰：「夫子所作《象辭》，元在六爻經辭之後，本[十五]自卑退，不敢干亂先聖正經之辭。上輔嗣[十六]之意，以爲《象》者不[十七]釋經文，宜相附近，其義易了，故分文[十八]之《象辭》各附其當爻下，如杜[十九]元凱注《左傳》，分經之年與《傳》相附。」故謂連合經、傳始於輔嗣，不知其實本於康成也。《魏志》：「高貴鄉公幸太學，問博士淳于俊曰：『孔子作《彖》、《象》，鄭玄作注，其釋經義一也。今《彖》、《象》不與經文相連，而注連之，何也？』俊對曰：『鄭玄合《彖》、《象》於經者，欲使學者尋省易了也。』帝曰：『若合之于學誠便，則孔子曷爲不合以了學者乎？』俊對曰：『孔子恐其與文王相亂，是以不合。此聖人以不合爲謙。』帝曰：『若聖人以不合爲謙，則鄭玄何獨不謙耶？』俊對曰：『古義弘深，聖問奥遠，非臣所能詳盡。』」是則康成之書已先合之，不自輔嗣始矣。乃《漢書·儒林傳》云：「費直治《易》無章句，徒以《彖》、《象》、《繫詞》[二十]、《文言》解説上下經。」則以傳附經又不自康成始。宋子[二十一]記是氏[二十二]説，謂「初亂古制時，猶若今之《乾卦》」。蓋自《坤》以下皆依此，後人又散之各爻之下，而獨存《乾》一卦，以見舊本相傳之樣式耳。愚嘗以其説推之，今《乾卦》「彖曰」爲一條，「象曰」爲一條，疑此費直所附之元本也。《坤卦》以小象散于各爻之下，其爲「象曰」者八，餘卦則爲「象曰」者七，此鄭玄所連，高貴鄉公所見之本也。[二十三]

《程傳》雖用輔嗣本，亦言其非古《易》。《咸·九三》：「咸其股，亦不處也。」傳曰：「云『亦』者，蓋象辭，本不與《易》相比[二十四]，自作一處，故諸爻之象辭意有相續者。此言『亦』者，承上爻辭也。」《小畜·九三[二十五]》：「牽復在中，亦不自失也。」《本義》曰：「『亦』者，承上爻義。」

秦以焚書而《五經》亡，本朝以取士而《五經》亡。今之爲科舉之學者，大率皆帖括熟爛之言，不能通知大義者也。而《易》、《春秋》尤爲繆□[二十六]。以《彖傳》合《大象》，以《大象》合爻，以爻合《小象》；二必臣，五必君，陰卦必云小人，陽卦必云君子，于是此一經者爲拾瀋[二十七]之書，而《易》亡矣！取胡氏《傳》[二十八]一句兩句爲旨，而以經事之相類者合以爲題，傳爲主，經爲客；有以彼經證此經之題，有以[二十九]彼經而隱此經之題，于是此一經者爲射覆[三十]之書，而《春秋》亡矣！天順三年九月甲辰，浙江温州府永嘉縣儒學教諭雍懋言：「比者浙江鄉試，《春秋》摘一十六段，配作一題，頭緒太多。及所鑄[三十一]程文，乃太簡略，而不統貫。且《春秋》爲經，屬詞比事，变[三十二]例無穹[三十三]。考官出題，經經[三十四]棄經任傳，甚至參以己意，名顯[三十五]搭[三十六]題，實則射覆。乞敕禁止。」上從之。復程、朱之書以存《易》，當各自爲本。備三傳、啖、趙[三十七]諸家之説以存《春秋》，必有待於後之興文教者。

【校注】

[一]陳垣校注：「元亨利貞」爲彖辭，「潛龍勿用」爲爻辭。解釋彖辭爲《彖傳》，解釋爻辭爲《象傳》。彖辭即卦辭，象辭即爻辭。

[二]「二」字誤，當改。原抄本、遂初堂本、集釋本作「一」。《史記·太史公自序》作「一」。今按：太史公論六家要旨見《史記·太史公自序》。班固語見《漢書·儒林傳》。《史記·孔子世家》亦云：「孔子晚而喜《易》，序《彖》、《繫》、《象》、《説卦》、《文言》。讀《易》韋編三絕。」

[三]「鄭玄」，「玄」字缺末筆，避清諱。原抄本鉛排字亦缺末筆。

[四]黄汝成集釋引莊氏曰：朱子發《漢上易傳》云：「王弼以《文言》附於《乾》《坤》二卦。」孔氏正義云：「輔嗣之意以爲象本釋經，宜相附近，其義易了，故分爻之《象》辭各附其當爻下言之。」按此則費氏古經自是經傳相別，其謂費氏始亂經者妄也。合彖象於經者自康成始。則加「彖曰」、「象曰」之文，猶以傳附經後，若今《乾卦》者是，是爲鄭氏本。至以《象》附爻，而以《彖》、《象》移置爻前，自輔嗣始。則每爻加「象曰」之文，若今《坤卦》以下者是。又以《文言》附《乾》《坤》二卦，於《坤》亦加「文言曰」之文，是爲王氏本。

[五]「二年」誤，當改。原抄本、遂初堂本、集釋本均作「三年」。

[六]「本」，原抄本作「板」，遂初堂本、集釋本、欒本、陳本、嚴本作「版」。

[七]「之」字，集釋本、遂初堂本、欒本、陳本、嚴本同。原抄本作「子」。

[八]「亦」字，原抄本同。集釋本、遂初堂本、欒本、陳本、嚴本作「之」，斷句在引號外。

[九]「板」，原抄本同。遂初堂本、集釋本、欒本、陳本作「版」。

[十]「刻」，原抄本同。遂初堂本、集釋本、欒本、陳本、嚴本作「刊」。

[十一]底本缺一字處，原抄本、遂初堂本、集釋本、欒本、陳本、嚴本均作「曰」。

[十二]「訣」字誤，當改。原抄本、遂初堂本、集釋本、欒本、陳本、嚴本均作「謬」。

[十三]黄汝成集釋：汝成按：今御纂《周易折中》已復朱子之舊矣。李遇孫續補正：遇孫按：《傳》、《義》合刻，實始於宋董氏楷，永樂《周易大全》襲董氏而襲其體例耳。董楷《周易傳義附録・凡例》云：「程子《易傳》依王弼次序，而朱子則用古《易》次序。今不敢離析，於是用節齋蔡氏例，以《彖傳》、大小《象》、《文言》各下經文一字，使不與正義紊亂，而《程傳》及朱子《本義》又下一字，程朱附録又下一字，則其序秩然矣。又按：去《程傳》而存《本義》，始於鄉貢進士吴人成矩叔度，署奉化儒學教諭。以習舉子業者專主《本義》，漸置《程傳》不講，於是削去《程傳》。乃不從《本義》原本更正，其義則朱子之辭，其文則仍依《程傳》次序，遂沿至於今不改。」丁晏校正：晏按：朱子《本義》經、傳別行，十翼各爲一篇。其竄亂朱子之本次第，改從《程傳》，據《經義考》，是奉化教諭成矩所爲。當時楊文懿非之，而不能奪，遂令三百年來不知《本義》原本，朱子之罪人也。余家藏宋刻淳熙朱子《本義》，一遵古《易》之舊。學者當欽遵《折中》，一仍古本。今坊刻《本義》以伊川《易傳序》冠首，尤爲謬妄。又按：《晉書・束晳傳》：「汲郡人盗發魏襄王墓，得竹書數十車。其《易經》二篇，與《周易》上下經同。」杜預《春秋經傳集解・後序》：「晉太康元年，汲郡得古書，皆科斗文字，不可訓知。獨《周易》最爲分了，上下篇與今正同，而無《彖》、《象》、《文言》、《繫辭》。」預「疑於時仲尼造之於魯，尚未播之遠國」。據此，則十翼古不附經，可爲確證。亭林止引《班志》，而不及此。

[十四]陳垣校注：《朱文公集》六六《雜著》。原説見晁説之《嵩山集》十八《題古周易後》。

［十五］「本」，原抄本同。遂初堂本、集釋本、欒本、陳本、嚴本作「以」。

［十六］「上輔嗣」誤，當改。原抄本、遂初堂本、集釋本、欒本、陳本、嚴本均作「王輔嗣」。

［十七］「不」字誤，當改。原抄本同誤。遂初堂本、集釋本、欒本、陳本、嚴本作「本」。

［十八］「文」字誤，當改。原抄本、遂初堂本、集釋本、欒本、陳本、嚴本均作「爻」。

［十九］「社」字誤，當改。原抄本、遂初堂本、集釋本、欒本、陳本、嚴本均作「杜」。

［二十］「繁詞」誤，當改。原抄本、遂初堂本、集釋本、欒本、陳本、嚴本均作「繫辭」。

［二十一］「宋子」字誤，當改。原抄本、遂初堂本、集釋本、欒本、陳本、嚴本均作「朱子」。

［二十二］「是氏」字誤，當改。原抄本、集釋本、欒本、陳本均作「晁氏」。

［二十三］黄汝成集釋引楊氏曰：「玩魏主之問辭，止是康成注連合一處耳，非並經連之者。古者注亦單行。」

［二十四］「此」字誤，當改。原抄本、遂初堂本、集釋本、欒本、陳本、嚴本均作「比」。

［二十五］「九三」字誤，當改。原抄本、遂初堂本、集釋本、欒本、陳本、嚴本均作「九二」。《易經・象傳》作「九二」。

［二十六］底本缺一字處，原抄本、遂初堂本、集釋本、欒本、陳本、嚴本均作「盭」，當補。「盭」同「戾」。

［二十七］「拾瀋」，瀋，汁水。《左傳・哀公三年》：「無備而官辦者，猶拾瀋也。」杜預注：「瀋，汁也。言不備而責辦，不可得。」

［二十八］胡氏《傳》，宋胡安國《春秋傳》。《四庫提要》：「明初定科舉之制，大略承元舊式，宗法程、朱。而程子《春秋傳》僅成二卷，闕略太甚。朱子亦無成書。以安國之學出程氏，張洽之學出朱氏，故《春秋》定用二家。蓋重其淵源，不必定以其書也。後洽《傳》漸不行用，遂獨用安國書。漸乃棄經不讀，惟以安國之《傳》爲主。當時所謂經義者，實安國之傳義而已。故有明一代，《春秋》之學爲最弊。」

［二十九］「以」，原抄本、遂初堂本、集釋本、欒本、陳本、嚴本均作「用」。

〔三十〕射覆：射，猜度。《吕氏春秋·重言》：「有鳥止於南方之阜，三年不動不飛不鳴，是何鳥也？王射之。」《漢書·東方朔傳》：「上嘗使諸數家射覆，置守宫盂下，射之皆不能中。」顔師古注：「於覆器之下而置諸物，令闇射之，故云射覆。」

〔三十一〕「鑄」字誤，當改。原抄本、遂初堂本、集釋本、欒本、陳本、嚴本均作「鏤」。

〔三十二〕「变」，「變」之俗字。

〔三十三〕「穹」字誤，當改。原抄本、遂初堂本、集釋本、欒本、陳本、嚴本均作「窮」。

〔三十四〕「經經」誤，當改。原抄本、遂初堂本、集釋本、欒本、陳本、嚴本均作「往往」。

〔三十五〕「顯」字誤，當改。原抄本、遂初堂本、集釋本、欒本、陳本、嚴本均作「雖」。

〔三十六〕「搭」，原抄本同。集釋本、遂初堂本、欒本、陳本、嚴本均作「經」。

〔三十七〕陳垣校注：啖助、趙匡之説，具見於《春秋集傳纂例》。十卷，唐陸淳撰。

卦爻外無别象

聖人設卦觀象而繫之辭，若文王、周公是已。夫子作傳，傳中更無别象。其所言卦之水〔一〕象，若天、地、雷、風、水、火、山、澤之外，推〔二〕「頤中有物」，本之卦名，「有飛鳥之象」，本之卦辭，而夫子未嘗增設一象也。荀〔三〕爽、虞翻之徒，穿鑿附會，象外生象，以「同聲相應」爲《震》《巽》，「同氣相求」爲《艮》《兑》，「水流濕，火就燥」爲《坎》《離》，「雲從龍」則曰《乾》爲龍，「風從虎」則曰《坤》爲虎。十翼之中，無語不求其象，而《易》之大指荒矣！豈知聖人立言取譬，固與後之文人同其體例，何嘗屑屑於象哉？ 王弼之註雖涉於玄虛，然已一掃《易》學之榛蕪，而開之大路矣。王輔嗣《略例》曰：「互體不足，遂及卦變。變又不足，推致五行。一失其原，巧喻稱[四]甚。」不有程子，大義何由[五]而明乎？

《易》之互體卦变[六]，《詩》之叶韻，《春秋》之例月日，經説之繚繞破碎于俗儒者多矣。《文中子》曰：「九師興而《易》道微，三傳作而《春秋》散。」[七]

【校注】

[一]「水」字誤，當改。原抄本、遂初堂本、集釋本、欒本、陳本、嚴本均作「本」。

[二]「推」字誤，當改。原抄本、遂初堂本、集釋本、欒本、陳本、嚴本均作「惟」。

[三]「苟」字誤，當改。原抄本、遂初堂本、集釋本、欒本、陳本、嚴本均作「茍」。

[四]「稱」字誤，當改。原抄本、遂初堂本、集釋本、欒本、陳本、嚴本均作「彌」。

[五]「由」，集釋本、遂初堂本、欒本、陳本、嚴本均同。原抄本作「繇」。「繇」同「由」。

[六]「变」，「變」之俗字。

[七]陳垣校注：王通《中説》二《天地篇》。阮逸注：「淮南王聘九人明《易》者撰《道訓》二十篇，號『九師《易》』。」

卦变[一]

卦变之説，不始於孔子，周公繫《損》之六三已言之矣。曰：「三人行則損一人，一人行則得其友。」是六子之变皆出於《乾》、《坤》，無所謂自《復》、《姤》、《臨》、《遯》而來者，當從《程傳》。蘇軾、王炎皆同此説。

【校注】

[一]「变」,「變」之俗字。原抄本、遂初堂本、集釋本作「變」。下同。

互體

凡卦爻二至四、三至五,兩體交互,各成一卦,先儒謂之「互體」。其説已見於《左氏》莊公二十二年:「陳侯筮,遇《觀》之《否》,曰:『風爲天於土上山也。』」註:「自二至四,有《艮》象,四爻变故。《艮》爲山。」是也。[一]然夫子未嘗及之,後人以「雜物撰德」之語當之,[二]非也。其所論二與四、三與五同功而異位,特就兩爻相較言之,初何嘗有互體之説?[三]《晉書》:荀顗嘗「難鍾會《易》無互體,見稱於世」[四],其文不傳。新安王炎晦叔嘗[五]問張南軒也[六]:「伊川令學者先看王輔嗣、胡翼之、王介甫三家《易》,何也?」南軒曰:「三家不論互體故爾。」

朱子《本義》不取「互體」之説,惟《大壯・六五》云:「卦體似《兑》,有羊象焉。」不言「互」而言「似」,似者,合兩爻爲一爻則似之也。又謂《頤・初九》「靈龜是伏,得《離卦》」。然此又朳[七]先儒所未有,不如言互體矣。《大壯》自三至五成《兑》,《兑》爲羊,故爻辭並言羊。

【校注】

[一]《左傳・莊公二十二年》:「周史有以《周易》見陳侯者,陳侯使筮之,遇《觀》之《否》。」「《坤》,土也。《巽》,風

也。《乾》，天也。風爲天於土上，山也。有山之材而照之以天光，於是乎居土上。』」杜預注：「《坤》下《巽》上，《觀》。《坤》下《乾》上，《否》。《觀》六四爻變而爲《否》。《易》之爲書，六爻皆有變象，又有互體，聖人隨其義而論之。《巽》變爲《乾》，故曰『風爲天』。自二至四，有《艮》象，《艮》爲山，山則材之所生。上有《乾》，下有《坤》，故言『居土上』、『照之以天光』。」

〔二〕語出《易經・繫辭下傳》。宋丁易東撰《周易象義》十六卷，其取象之例凡十有二，第二曰互體，謂即「雜物撰德」之旨。

〔三〕丁晏校正引丁壽昌曰：壽昌按：「互體《左氏》已言之」，亭林之説未允。但無語不求其象，則誠如亭林所譏耳。

〔四〕陳垣校注：《晉書》三九《荀顗傳》。鍾會主「《易》無互體」也。

〔五〕「嘗」，遂初堂本、集釋本、欒本、陳本、嚴本均同。原抄本作「常」。

〔六〕「也」字誤，當改。原抄本、遂初堂本、集釋本、欒本、陳本、嚴本均作「曰」。

〔七〕「剏」，原抄本、遂初堂本、集釋本同。欒本、陳本、嚴本作「創」。

六爻言位

《易傳》中言「位」者有二義。「列貴賤者存乎位」：五爲君位，二、三、四爲臣位，故皆曰「同功而異位」。〔一〕而初、上爲元〔二〕位之爻，譬之於人，初爲未仕之人，上則隱淪之士，皆不爲臣也。《明夷・上六》爲失位之君，乃其变例。其但取初終之義者，亦不盡拘。故《乾》之上曰「貴而无位」，《需》之上曰「不當位」。王弼注《需・上六》曰：「處无位之地，不當位者也。」程子《傳》亦云：「此爵位之位，非陰陽之位。」若以一卦之地〔三〕言之，則皆謂之位，故曰「六位時成」，曰「《易》六位而成章」，是則卦爻之位非取象於人之位矣。此意已見於王弼《略例》，但必强彼合此，而謂初、上無陰陽定位，則不可通矣。《記》曰：「夫言豈一端而已，夫各有所當也。」[四]

【校注】

[一]《易經・繫辭下傳》：「二與四同功，而異位」，「三與五同功，而異位」。韓康伯注：「同陰功也，有内外也。」「同陽功也，有貴賤也。」

[二]「元」字誤，當改。原抄本作「无」，遂初堂本、集釋本、欒本、陳本、嚴本均作「無」。

[三]「地」字誤，當改。原抄本、遂初堂本、集釋本、欒本、陳本、嚴本均作「體」。

[四]《禮記・祭義》。

九二君德[一]

爲人臣者必先其[二]有人君之德，而後可以堯舜其君。故伊尹之言曰：「惟尹躬暨湯，咸有一德。」[三]武王之誓亦曰：「予有亂臣十人，同心同德。」[四]

【校注】

[一]《易經・乾卦・文言傳》：「九二曰：『見龍在田，利見大人。』何謂也？子曰：『龍德而正中者也。庸言之信，庸行之謹，閑邪存其誠，善世而不伐，德博而化。《易》曰：見龍在田，利見大人。君德也。」又九二爻辭王弼注：「德施周普，居中不偏，雖非君位，君之德也。」伊尹之言，出《尚書・咸有一德》。武王之誓，出《尚書・泰誓》。此條以《書經》解《易經》。

[二]「其」字誤，當改。原抄本、遂初堂本、集釋本、欒本、陳本、嚴本均作「具」。
[三]《尚書·咸有一德》。
[四]《尚書·泰誓中》。

師出以律[一]

以湯、武之仁義爲心，以桓、文之節制爲用，斯之謂「律」。律即卦辭之所謂「貞[二]」也。《論語》言「子之所慎」者戰[三]。長勺以詐而敗齊，泓以不禽二毛而敗于楚，《春秋》皆不予之。[四]故「先爲不可勝，以待敵之可勝」[五]。雖三王[六]之兵，未有易此者也。

【校注】

[一]《易經·師卦》初六爻辭：「師出以律，否臧凶。」象傳：「象曰：師出以律，失律凶也。」此條以史事及《論語》、《孫子》之言解《易經》。
[二]「貞」，遂初堂本、集釋本、欒本、陳本、嚴本均同。原抄本誤作「自」。
[三]《論語·述而》原文作：「子之所慎：齋，戰，疾。」
[四]不予之，謂不贊同之。
[五]語出《孫子·形篇》。
[六]三王：夏、商、周三代之王，謂禹、湯、文王。能行王道，故稱王。

既雨既處[一]

陰陽之義，莫著于夫婦，故爻辭以此言之。《小畜》之時[二]，求如任姒之賢、二《南》之化，[三]不可得矣。陰畜陽，婦制夫，其畜而不和，猶可言也。三之「及目」[四]，隋文帝之於獨孤后也。既和而唯其所爲，不可言也。上之「既雨」，猶高宗之於武后也。

【校注】

[一]《易經・小蓄卦》上九爻辭：「既雨既處，尚德載，婦貞厲。月幾望，君子征凶。」象傳：「象曰：既雨既處，德積載也。君子征凶，有所疑也。」此條以史事解《易經》。

[二]《易經・小蓄卦・象傳》：「柔得位，而上下應之，曰小畜。」孔穎達疏：「但小有所畜。」

[三]任姒，太任，王季妻。太姒，文王妻。《毛詩序》曰：「《關雎》，后妃之德也。」又曰：「南，言化自北而南也。」又曰：「《周南》、《召南》，正始之道，王化之基。」

[四]「及」字誤，當改。原抄本、遂初堂本、集釋本、欒本、陳本、嚴本均作「反」。《易經・小蓄卦》九三爻辭：「輿説輻，夫妻反目。」象傳：「象曰：夫妻反目，不能正室也。」

武人爲於大君[一]

「武人爲于大君」，非武人爲大君也。如《書》「予欲宣力四方，汝爲」[二]之「爲」。六三才弱志則[三]，雖欲有爲，而不克濟，以之履虎，有咥人之凶也。惟武人之效力于其君，其濟則君之靈也，不濟則以死繼之，是當勉爲之，而不可避耳。故有「斷脰決腹，一瞑而萬世不視，不知所益，以憂杜[四]稷者，莫敖大心是也」。《戰國策》。「過涉之凶」[五]，其何咎哉！

【校注】

[一]《易經·履卦》六三爻辭：「眇能視，跛能履，履虎尾，咥人，凶。武人爲于大君。」象傳：「象曰：眇能視，不足以有明也。跛能履，不足以與行也。咥人之凶，位不當也。武人爲于大君，志剛也。」此條以《書經》及史事解《易經》。

[二]語出《尚書·益稷》。

[三]「則」字誤，當改。原抄本、遂初堂本、集釋本、欒本、陳本、嚴本均作「剛」。

[四]「杜」字誤，當改。原抄本、遂初堂本、集釋本、欒本、陳本、嚴本均作「社」。

[五]《易經·大過卦》上六象傳：「象曰：過涉之凶，不可咎也。」

自邑告命[一]

人主所居謂之「邑」。《詩》曰：「商邑翼翼，四方之極。」[二]《書》曰：「惟尹躬先見于西邑夏。」[三]曰：「惟臣附于大邑周。」[四]曰：「作新人[五]邑于東國洛。」[六]曰：「肆予敢求爾于天邑商。」[七]武王之妃，謂之邑姜。《白虎通》曰：「夏曰夏邑，商曰商邑，周曰京師。」[八]是也。《周官》始以四井爲邑。《秦[九]》之上六，政教陵夷之後，一人僅亦守府，而號令不出于國門，于是焉而用師則不可。君子處此，當守正以俟時而已。桓王不知此也，故一用師而祝聃[十]之矢遂中王肩；唐昭公[十一]

不知此也，故□[十二]用師而郤[十三]岐之兵直杞[十四]闕下。然則保泰者，可不預[十五]爲之計哉？《易》之言「邑」者，皆内治之事。《夬》曰「告自邑」[十六]，如康王之命畢公「彰善癉惡，樹之風聲」[十七]者也。《晉》之上九曰「維[十八]用伐邑」[十九]，如王國之大夫「大車檻檻，毳衣如菼」，國人畏之而不敢奔者也。[二十]其爲自治則同，皆聖人之所取也。《比》之九五「邑人不誡[二十一]」，是亦内治修而遠人服之意。

【校注】

[一]《易經・泰卦》上六爻辭：「城復於隍，勿用師。自邑告命，貞吝。」孔穎達疏：「子夏《傳》云：『隍是城下池也。』城之爲體，由基土陪扶，乃得爲城。今下不陪扶，城則隕壞，以此崩倒，反復於隍，猶君之爲體，由臣之輔翼。今上下不交，臣不扶君。君道傾危，故云『城復於隍』。『自邑告命，貞吝』者，否道已成，物不順從，唯於自己之邑而施告命，下既不從，故『貞吝』。」此條以史事解《易經》。

[二]《詩經・商頌・殷武》。

[三]《尚書・太甲上》。

[四]語出《孟子・滕文公下》。趙岐注：「《尚書》逸篇之文也。」

[五]「人」字誤，當改。原抄本、遂初堂本、集釋本、欒本、陳本、嚴本均作「大」。《書經》作「大」。

[六]《尚書・康誥》。原抄本「洛」字下注「諱闕」二字，並加墨圍，其上有眉批云：「凡注『諱闕』二字，皆明諸帝諱也。兹皆補入，則此二字當删去之。然不欲擅改前人原書，且存之足以見前人敬謹處。以□圍之可也。後仿此。」據目驗原帙，墨圍及眉批均爲藍筆書寫，徐文珊未作説明，故不易區别。

[七]《尚書・多士》。

[八]《白虎通・京師》，原文作「殷曰商邑」。

［九］「秦」字誤，當改。原抄本、遂初堂本、集釋本、欒本、陳本、嚴本均作「泰」。

［十］「旽」，原抄本同。遂初堂本、集釋本、欒本、陳本、嚴本均作「聃」。阮刻十三經注疏本作「聃」。

［十一］「公」字誤，當改。原抄本、遂初堂本、集釋本、欒本、陳本、嚴本均作「宗」。

［十二］底本缺一字處，原抄本、遂初堂本、集釋本、欒本、陳本、嚴本均作「二」，當補。

［十三］「郤」字誤，當改。原抄本、遂初堂本、集釋本、欒本、陳本、嚴本均作「邠」。

［十四］「杞」字誤，當改。原抄本、遂初堂本、集釋本、欒本、陳本、嚴本均作「犯」。

［十五］「預」，原抄本、遂初堂本、集釋本、欒本、陳本、嚴本均作「豫」。

［十六］《易經・夬卦》卦辭：「夬：揚于王庭，孚號，有厲，告自邑，不利即戎，利有攸往。」王弼注：「『告自邑』，謂行令於邑也。」

［十七］語出《尚書・畢命》。

［十八］「維」，遂初堂本、集釋本、欒本、陳本、嚴本同。《易經》亦作「維」。原抄本原帙作「維」，徐文珊誤作「惟」。

［十九］《易經・晉卦》上九爻辭：「上九：晉其角，維用伐邑。厲吉无咎，貞吝。」王弼注：「失夫道化無爲之事，必須攻伐，然後服邑，危乃得吉，吉乃无咎。用斯爲正，亦以賤矣。」孔穎達疏：「『維用伐邑』者，在角猶進，過亢不已，不能端拱無爲，使物自服，必須攻伐其邑，然後服之，故云『維用伐邑』也。」

［二十］語出《詩經・王風・大車》。又曰：「豈不爾思，畏子不敢。」

［二十一］「誠」字誤，當改。原抄本、遂初堂本、集釋本、欒本、陳本、嚴本均作「誡」。

成有渝无咎［一］

「昔穆王欲肆其心，周行天下，将皆必有車轍馬跡焉。祭公謀父作《祈招》之詩，以止［二］王心，王是以獲没[三]於祇宫。」[四]《傳》曰：「人誰無過，過而能改，善莫大焉。」[五]聖人慮人之有過不能改之於初，且將遂其非而不及[六]也，教之以「成有渝无咎」，雖其漸染之深，放肆之久，而惕然自省，猶可以不至於敗亡。以視夫「迷復之凶」[七]，不可同年而論矣。故曰：「惟狂克念作聖。」[八]

【校注】

[一]《易經·豫卦》上六爻辭：「冥豫，成有渝，无咎。」王弼注：「過豫不已，何可長乎？故必渝變然後无咎。」孔穎達疏：「『有渝无咎』者，渝，變也。若能自思改變，不爲『冥豫』，乃得无咎也。」

[二]「止」，遂初堂本、集釋本、欒本、陳本、嚴本均同。《左傳》作「止」。原抄本誤作「正」。

[三]「没」，原抄本同。遂初堂本、集釋本、欒本、陳本、嚴本作「歿」。《左傳》作「没」，阮元校勘記曰：《釋文》「没」作「歿」。

[四]見《左傳·昭公十二年》。

[五]語出《左傳·宣公二年》。

[六]「及」字誤，當改。原抄本、遂初堂本、集釋本、欒本、陳本、嚴本均作「反」。

[七]《易經·復卦》上六爻辭：「迷復，凶，有災眚。用行師，終有大敗，以其國君，凶；至於十年不克征。」象傳：「象曰：迷復之凶，反君道也。」孔穎達疏：「以其迷闇不復，而反違於君道，故《象》云『迷復之凶，反君道也』。」

[八]語出《尚書·多方》。孔安國傳：「惟狂人能念於善，則爲聖人。言桀、紂非實狂愚，以不念善，故滅亡。」

童觀[一]

其在政教則不能「是訓是行，以近天子之光」[二]，而所同[三]者籩豆之事[四]；其在學術則不能「知類通達」[五]，以幾大學之道[六]，而所習者佔畢之文[七]。「樂師辨乎聲詩，故比[八]面而弦；宗祝辨乎宗廟之禮，故後尸；商祝辨乎喪禮，故後主人。」[九]小人則无咎也。「有大人之事，有小人之事。」[十]「雖小道必有可觀者焉，致遠恐泥。」[十一]故君子爲之則吝也。

【校注】

[一]《易經・觀卦》初六爻辭：「童觀，小人无咎，君子吝。」象傳：「象曰：初六童觀，小人道也。」王弼注：「處於觀時，而最遠朝美，體於陰柔，不能自進，無所鑒見，故曰『童觀』。巽順而已，無所能爲，小人之道也，故曰『小人无咎』。君子處大觀之時而爲『童觀』，不亦鄙乎？」孔穎達疏：「『童觀』者，處於觀時而最遠朝廷之美觀，是柔弱不能自進，無所鑒見，唯如童稚之子而觀之。」

[二]語出《尚書・洪範》。

[三]「同」字誤，當改。原抄本、遂初堂本、集釋本、欒本、陳本、嚴本均作「司」。

[四]籩豆，禮器。籩豆之事，謂禮儀末節。《論語・泰伯》：「君子所貴乎道者三：動容貌，斯遠暴慢矣；正顔色，斯近信矣；出辭氣，斯遠鄙倍矣。籩豆之事，則有司存。」

[五]《禮記・學記》：「九年知類通達，强立而不反，謂之大成。」

[六]《爾雅・釋詁》：「幾，近也。」《禮記・大學》：「大學之道，在明明德，在親民，在止於至善。」

[七]佔畢之文，謂記誦末節。《禮記・學記》：「今之教者，呻其佔畢，多其訊。」鄭玄注：「呻，吟也。佔，視也。簡謂之畢。訊，猶問也。言今之師自不曉經之義，但吟誦其所視簡之文，多其難問也。」

[八]「比」字誤，當改。原抄本、遂初堂本、集釋本、欒本、陳本、嚴本均作「北」。《禮記》作「北」。

[九]語出《禮記・樂記》。鄭玄注：「此言知本者尊，知末者卑。」

[十]語出《孟子・滕文公上》。《論語・雍也》又曰：「子謂子夏曰：『女爲君子儒，無爲小人儒。』」

[十二]語出《論語・子張》。

不遠復[一]

《復》之初九，動之初也。自此以前，「喜怒哀樂之未發」[二]也。至一[三]陽之生[四]而動矣，故曰：「《復》其見天地之心乎！」[五]顔子體此，故「有不善未嘗不知，知之未嘗復行」[六]，此慎獨[七]之學也。「回之爲人也，擇乎中庸」[八]，夫亦擇之于斯而已，是以「不遷怒，不貳過」[九]。其在凡人，則[十]《復》之初九，日夜之所息，平旦之氣，其好惡與人相近也者幾希。[十一]苟其知之，則擴而充之矣。[十二]故曰「《復》小而辨于物」[十三]。

【校注】

[一]《易經・復卦》初九爻辭：「不遠復，无祇悔，元吉。」象傳：「象曰：不遠之復，以修身也。」

[二]《禮記・中庸》：「喜怒哀樂之未發謂之中。」

[三]「二」字誤，當改。原抄本、遂初堂本、集釋本、欒本、陳本、嚴本均作「一」。

[四]《復卦》爲《震》下《坤》上，五爻皆陰，惟此初九一爻爲陽，故曰「一陽之生」。

[五]語出《易經・復卦》彖傳。

[六]《易經・象辭下傳》：「子曰：『顔氏之子，其殆庶幾乎？有不善未嘗不知，知之未嘗復行也。』」

[七]《禮記・大學》：「所謂誠其意者，毋自欺也」、「故君子必慎其獨也」。「此謂誠於中，形於外，故君子必慎其獨也。」朱熹集注：「獨者，人所不知而己所獨知之地也。」「此君子所以重以爲戒，而必謹其獨也。」

[八]語出《禮記・中庸》。

［九］語出《論語·雍也》。

［十］「則」，遂初堂本、集釋本、陳本、欒本、嚴本均同。原抄本「則」字在「日夜之所息」上，又「其在凡人」以下接排，不分段。

［十一］日夜之所息，謂日夜所止。平旦之氣，謂陰陽之交。其好惡，即上文「喜怒哀樂之未發」。凡人皆未及此。

［十二］《孟子·公孫丑上》：「凡有四端於我者，知皆擴而充之矣。」

［十三］語出《易經·繫辭下傳》。孔穎達疏：「言《復卦》於初細微小之時，即能辨於物之吉凶，不遠速復也。」

不耕穫不菑畬［一］

楊氏曰：《誠齋易傳》。「初九動之始，六二動之繼。是故初耕之，二穫之；初菑之，二畬之。」天下無「不耕而穫，不菑而畬」［二］者。其曰「不耕」、「不菑」，則耕且菑，前人之所已爲也。昔者周公「毖殷頑民，遷于洛［三］邑，密邇王室，既歷三紀，世變風移」，而康王作《畢命》之書曰：「惟周公克慎厥始，惟君陳克和厥中，惟公克成厥終」。［四］是故有周之治，垂拱仰成而無所事矣。「周監乎［五］二代，郁郁乎文哉！」［六］而孔子之聖，但曰「述而不作，信而好古」［七］，又曰「文武之道未墜于地，在人」［八］。是故《六經》之業，集群聖之大成，而無所剏矣。雖然，使有始之作之者，而無終之述之者，［九］是耕而弗穫，菑而弗畬也，其功爲弗竟矣。六二之柔順中正，是能穫能畬者也，故「利有攸往」也。「未畜［十］」者，因前人之爲而不自多也，猶「不富，以其鄰」［十一］之意。

【校注】

[一]《易經・无妄卦》六二爻辭：「六二：不耕穫，不菑畬，則利有攸往。」象傳：「象曰：不耕穫，未富也。」《禮記・坊記》引鄭玄注：「田一歲曰菑，二歲曰畬。」

[二]語出《易經・无妄卦》六二王弼注：「不耕而穫，不菑而畬，代終已成而不造也。不擅其美，乃盡臣道，故『利有攸往』。」今按：「不耕而穫，不菑而畬」謂初九已耕已菑，故六二當不取耕而取穫，不取菑而取畬，不作始，而守成。初九、六二，各守其位。

[三]「洛」字下，原抄本有「諱闕」二字。

[四]語出《尚書・畢命》。

[五]「乎」字誤，當改。原抄本、遂初堂本、集釋本、欒本、陳本、嚴本均作「於」。《論語》作「於」。

[六]語出《論語・八佾》。

[七]語出《論語・述而》。

[八]語出《論語・子張》。

[九]《周禮・冬官考工記》：「知者創物，巧者述之。」創物，鄭玄注：「謂始闓端造器物，若《世本・作》者是也。」

[十]「畜」字誤，當改。原抄本、遂初堂本、集釋本、欒本、陳本、嚴本均作「富」。

[十一]《易經・泰卦》六四爻辭：「翩翩不富，以其鄰，不戒以孚。」

天在山中[一]

張湛注《列子》曰：「自地以上皆天也。」[二]故曰「天在山中」[三]。

【校注】

[一]《易經・大畜卦》象辭：「象曰：天在山中，大畜。君子以多識前言往行，以畜其德。」

[二]陳垣校注：《列子》卷一《天瑞篇》「杞人憂天」條注。

[三]《大畜卦》爲《艮》上《乾》下。李鼎祚《周易集解》引向秀曰：「止莫若山，大莫若天，天在山中，大畜之象。天爲大器，山則極止，能止大器，故名大畜也。」

罔孚裕无咎[一]

君子信而後諫，未信則以爲謗己也。而况初之居下位，未命於朝者乎？「孔子嘗爲委吏矣，曰會計當而已矣。嘗爲乘田矣，曰牛羊茁壯長而已矣。」[二]此所謂「裕无咎」也。若受君之命而任其事，「有官守者不得其職則去，有言責者不得其言則去」[三]矣。

【校注】

[一]《易經・晉卦》初六爻辭：「晉如，摧如，貞吉。罔孚，裕无咎。」象傳：「象曰：晉如，摧如，獨行正也。裕无咎，未受命也。」

[二]語出《孟子・萬章下》。

[三]語出《孟子・公孫丑下》。

有孚于小人[一]

君子之于小人也，有「知人則哲」[二]之明，有「去邪勿疑」[三]之斷，「堅如金石，信如四時」。[四]

使憸壬[五]之類皆知上志之不可移，豈有不革面而從君者乎？所謂「有孚于小人」者如此。

【校注】

[一]《易經·解卦》六五爻辭：「君子維有解，吉。有孚于小人。」象傳：「象曰：君子有解，小人退也。」孔穎達疏：「『君子維有解吉』者，六五居尊履中而應於剛，是有君子之德。『有孚于小人』者，以君子之道解難，則小人皆信服之，故曰『有孚于小人』也。『小人』，謂作難者，信君子之德，故退而畏服之。」

[二]語出《尚書·皋陶謨》。

[三]語出《尚書·大禹謨》。

[四]《大戴禮記·禮察》：「若夫慶賞以勸善，刑罰以懲惡，先王執此之正，堅如金石，行此之信，順如四時。」《漢書·賈誼傳》引作「執此之政，堅如金石，行此之令，信如四時」。

[五]憸壬，謂邪佞。《尚書·立政》：「其勿以憸人，其惟吉士。」又《冏命》：「爾無昵於憸人充耳目之官。」孔安國傳引馬融云：「憸利，佞人也。」《説文》云：「憸，詖也。憸利於上，佞人也。」《尚書·皋陶謨》：「巧言令色孔壬。」《爾雅·釋訓》：「壬，佞也。」

損其疾使遄有喜[一]

損不善而從善者，莫尚乎剛，莫貴乎速。初九曰「已事遄往」，六四曰「使遄有喜」。四之所以能遄者，賴初之剛也。「周公思兼三王以施四事，其有不合者，仰而思之，夜以繼日，幸而得之，坐以待旦。」[二]「子路有聞，未之能行，惟恐有聞。」[三]其遄也至矣。文王之勤日昃，大禹之措[四]寸陰，皆是道也。君子進德修業[五]，欲及時也。故爲政者玩歲而愒日[六]，則治不成。爲學者日邁而月征[七]，則身將老矣。

召公之戒成王曰[八]：「宅新邑，肆維[九]王其疾敬德。」[十]疾之爲言，遄之謂也。故曰：「鷄鳴而起，孳孳爲善。」[十一]

【校注】

[一]《易經・損卦》六四爻辭：「損其疾，使遄有喜，无咎。」孔穎達疏：「遄，速也。」

[二]語出《孟子・離婁下》。

[三]語出《論語・公冶長》。

[四]「措」字誤，當改。原抄本、遂初堂本、集釋本、欒本、陳本、嚴本均作「惜」。

[五]《易經・乾卦・文言傳》：「子曰：君子進德修業。」

[六]《左傳・昭公元年》：「趙孟將死矣！主民，玩歲而愒日，其與幾何？」杜預注：「玩、愒，皆貪也。」

[七]《詩經・小雅・小宛》：「我日斯邁，而月斯征。」鄭玄箋：「邁、征，皆行也。日有所決，月有所行，亦無時止息。」

[八]「曰」，原抄本誤作「日」。

[九]「維」，遂初堂本、集釋本、欒本、陳本、嚴本均作「惟」，《尚書》作「惟」。原抄本誤作「爲」。

[十]語出《尚書・召誥》。

[十一]語出《孟子・盡心上》。

上九弗損益之[一]

有天下而欲厚民之生，正民之德，豈必自損以益人哉？「不違農時，穀不可勝食也。數罟不入洿池，魚鱉不可勝食也。斧斤以時入山林，材木不可勝用也。」[二]所謂「弗損，益之」者也。「皇建其有極，斂時五福，用敷錫厥庶民。」[三]「《詩》曰：『奏格無言，時靡有争。』是故君子不賞而民勸，不怒而民威于鈇鉞。」[四]所謂「弗損，益之」者也。「以天下爲一家，中國爲一人」[五]，其道在是矣。

【校注】

[一]《易經・損卦》上九爻辭：「弗損，益之，无咎，貞吉。利有攸往，得臣無家。」王弼注：「得臣則天下爲一，故無家也。」孔穎達疏：「《損》之爲義，損下益上。上九處損之極，上無所奉，損終反益，故曰『弗損，益之』也。」

[二]語出《孟子・梁惠王上》。

[三]語出《尚書・洪範》。

[四]語出《禮記・中庸》。詩爲《中庸》所引《詩經・商頌・烈祖》。鄭玄注：「無有言者，以時太平，和合無所争也。」「奏格無言」，《詩經》原文作「鬷假無言」。毛傳：「鬷，總。假，大也。總大，無言無争也。」

[五]語出《禮記・禮運》，原文作：「故聖人耐以天下爲一家，以中國爲一人者，非意之也，必知其情，辟於其義，明於其利，達於其患，然後能爲之。」

利用爲依遷國[一]

在無事之國而遷，晉從韓獻子之言，而遷於新田是也；在有事之國而遷，楚從子西之言，而遷于都[二]是也。皆「中行告公」之益也。

【校注】

[一]《易經·益卦》六四爻辭：「中行，告公從。利用爲依遷國。」王弼注：「居益之時，處巽之始，體柔當位，在上應下。卑不窮下，高不處亢，位雖不中，用『中行』者也。以斯告公，何有不從？以斯『依遷』，誰有不納也？」孔穎達疏：「遷國，國之大事，明以中行，雖有大事，而無不利，如『周之東遷，晉、鄭焉依』之義也。」

[二]「都」字誤，當改。原抄本作「郢」，亦誤。遂初堂本、集釋本、欒本、陳本、嚴本均作「鄀」。《左傳》原文作「於是乎遷郢于鄀」。

姤

「天下之生久矣，一治一亂。」[一]盛治之極，而亂萌焉，此一陰遇五陽之卦也。[二]孔子之門，四科十哲，身通六藝者七十有二人，於是删《詩》、《書》，定《禮》、《樂》，贊《周易》，修《春秋》，盛矣，而老莊之書即出於其時。後漢立辟雍，養三老，臨白虎，論《五經》，太[三]學諸生至三萬人，而三君、人[四]俊、八顧、八及、八廚爲之稱首，焉[五]、鄭、服、何之註，經術爲之大明，而佛、道之教即興于其世。胡三省曰：「道家雖宗老子，而西漢以前未嘗以道士自名，至東漢始有張道陵、于吉等。」是道與佛教皆起于東漢之時。[六]是知邪説之作與世升降，聖人之所不能除也。故曰：「繫于金柅[七]，柔道牽也。」[八]嗚呼！豈獨君子、小人之辨而已乎？[九]

【校注】

[一]語出《孟子·滕文公下》。

［二］《姤卦》爲《乾》上《巽》下，一陰爻，五陽爻。

［三］「太」，集釋本、欒本、陳本均同。原抄本作「大」。

［四］「人」字誤，當改。原抄本、遂初堂本、集釋本、欒本、陳本、嚴本均作「八」。

［五］「焉」字誤，當改。原抄本、遂初堂本、集釋本、欒本、陳本、嚴本均作「馬」。

［六］語出《資治通鑑》卷一百六十六胡三省注。胡注並云：道教「其實與佛教皆起於東漢之時」。亭林因之。

［七］「祝」字誤，當改。原抄本、遂初堂本、集釋本、欒本、陳本、嚴本均作「柅」。

［八］語出《易經·姤卦》初六象傳。王弼注：「金者，堅剛之物。柅者，制動之主，謂九四也。初六處遇之始，以一柔而承五剛，體夫躁質，得遇而通，散而無主，自縱者也。柔之爲物，不可以不牽。臣妾之道，不可以不貞，故必繫于正應，乃得『貞吉』也。若不牽於一，而有攸往行，則唯凶是見矣。」孔穎達疏：「『柔道牽』者，陰柔之道，必須有所牽繫也。」

［九］黄汝成集釋：汝成案：《姤》，遇也，不期而會曰遇。初陽曰《復》，意中之望也。初陰曰《姤》，意外之變也。陽四始曰《大壯》，陰一已曰「女壯」，其詞危矣。

包无魚［一］

國猶水也，民猶魚也。幽王之詩曰：「魚在于沼，亦匪克樂。潛雖伏矣，亦孔之昭。憂心慘慘，念國之爲虐。」［二］「秦始皇八年，河魚大上」［三］，《五行志》以爲：「魚，陰類，民之象也；逆流而上，言民不從君，爲逆行也。」［四］自人君有求多于物之心，于是魚亂于下，鳥亂于上，而人情之所鄉，必有起而攷［五］之者矣。

【校注】

［一］《易經・姤卦》九四爻辭：「包无魚，起凶。」

［二］語出《詩經・小雅・正月》。

［三］語出《史記・秦始皇本紀》，又見《漢書・五行志》引。

［四］語出《漢書・五行志》，原文作：「魚，陰類，民之象；逆流而上者，民將不從君令，爲逆行也。」

［五］「孜」字誤，當改。原抄本、集釋本、欒本、陳本均作「收」。

以杞包瓜［一］

劉昭《五行志》曰：「瓜者外延，離本而實，女子外屬之象。」［二］一陰在下，如瓜之始生，勢必延蔓而及于上。五以陽剛居尊，如樹杞然，《詩》「南山有杞」，陸机［三］曰：「杞，山材也，其樹如樗。」《左傳》所謂「杞梓皮革」。［四］使之無所緣而上，故曰「以杞包瓜」。孔子曰：「唯女子與小人爲難養也。」［五］嚬笑有時，恩澤有節，器使有分，而國之大防不可以踰，何有外戚、宦官之禍乎？

【校注】

［一］《易經・姤卦》九五爻辭：「以杞包瓜，含章，有隕自天。」孔穎達疏引馬融云：「杞，大木也。」

［二］黄汝成集釋：汝成案：「瓜者外延」云云，司馬彪《續漢書・五行志》文，今曰「劉昭」，當是「續漢」二字之誤。丁晏校正引丁壽昌曰：壽昌案：「司馬彪《續漢志》」當稱「劉昭注《五行志》」，落一「注」字。陳垣校注：劉昭《補後漢書五行志》（補並注）卷二安帝元初三年條。

［三］「陸机」誤，當改。原抄本、遂初堂本、集釋本、欒本、陳本、嚴本均作「陸璣」。

［四］陳垣校注：《詩》，《小雅・南山有臺》。釋文引《草木疏》，只有「其樹如欂」一句。亭林注所引《左傳》見襄廿六年。」

［五］語出《論語・陽貨》。

巳日［一］

《革》：「巳日乃孚。」六二：「巳日乃革之。」朱子發［二］讀爲戊己之「己」。天地之化，過中則變，日中則昃，月盈則食，故《易》之所貴者中。十干則戊己爲中，至於己，則過中而将变之時矣，故受之以庚。庚者，更也。天下之事當過中而将变之時，然後革，而久［三］信之矣。古人有以「己」爲变改之義者。《儀禮・少牢饋食禮》：「日用丁、己。」註：「内事用柔，日必丁、己者，取其令名，自丁寧、自变改，皆爲謹敬。」而《漢書・律歷志［四］》亦謂「理紀於己，斂更于庚」，是也。納甲之法：《革》下卦《離》，納己。王弼謂「即日不孚，已日乃孚」。以「巳」爲「已事遄往」之「已」，恐未然。［五］

【校注】

［一］古書刻本「巳」、「已」、「己」三字易混難别，「巳日」有三體，亦有三解。亭林此條謂「巳」當讀作「己」。今據阮刻《十三經注疏》本録作「巳日」。原抄本、欒本作「巳日」，陳本、嚴本作「己日」。

［二］陳垣校注：朱震，字子發，有《漢上易傳》十一卷，《叢説》一卷。

［三］「久」字誤，當改。原抄本、遂初堂本、集釋本、欒本、陳本、嚴本均作「人」。

［四］「律歷志」，原抄本、遂初堂本同。集釋本「歷」字加框表明避諱。欒本、陳本、嚴本均作「律曆志」。《漢書》作

「律曆志」。

［五］黄汝成集釋引楊氏曰：按《白虎通》云：「己者，起也。」黄汝成集釋：汝成案：巳日革之，《程傳》義極正大。納甲之説，先生所斥，乃欲以此破舊説，徒好異耳。漢人亦無以此訓《革》象者。革是改命，與幹蠱異，非「過中」之謂也。

改命吉［一］

《革》之九四，猶《乾》之九四，諸侯而進乎天子，湯武革命之爻也，故曰「改命吉」。「成湯放桀於南巢，惟有慚德」［二］，是有悔已［三］；天下信之，其悔亡矣。「四海之内皆曰：非富天下也，爲匹夫匹婦復讐［四］也」［五］，故曰「信志」也。

【校注】

［一］《易經・革卦》九四爻辭：「悔亡，有孚改命，吉。」象傳：「象曰：改命之吉，信志也。」

［二］語出《尚書・仲虺之誥》。

［三］「已」，原抄本、遂初堂本、集釋本、欒本、陳本、嚴本均作「也」。

［四］「讐」，同「仇」。

［五］語出《孟子・滕文公下》。

艮

「毋意，毋必，毋固，毋我」［一］，「艮其背，不獲其身」［二］也。「富貴不能淫，貧賤不能移，威武不能屈」[三]，「行其庭，不見其人」也。

【校注】

[一]語出《論語・子罕》。

[二]《易經・艮卦》卦辭：「艮：艮其背，不獲其身，行其庭，不見其人，无咎。」孔穎達疏：「《艮》，止也，静止之義，此是象山之卦。其以艮爲名，施之於人，則是止物之情，防其動欲，故謂之止。」

[三]語出《孟子・滕文公下》。

艮其限[一]

學者之患，莫甚乎執一而不化。及其施之於事，有扞格而不通，則忿懷[二]生而五情瞀亂，與衆人之「滑性」[三]而「焚和」[四]者，相去蓋無幾也。孔子「惡果敢而窒者」[五]，非獨處事也，爲學亦然。告子「不動心」之學，至于「不得於言，勿求於心」，而孟子以爲其弊必将如蹶趨者之「及[六]動其心」。[七]此「艮其限，列其夤」之説也。君子之學[八]不然，「廓然而大公，物來而順應」[九]，故「聞一善言，見一善行，若决江河，沛然莫之能禦」[十]，而無熏心之厲矣。

慈溪黄氏震[十一]《日抄[十二]》曰：「心者，吾身之主宰，所以治事而非治於事。惟隨事謹省，則[十三]心自存，不待治之而後齊一也。孔子之教人曰：『居處恭，執事敬，與人忠。』曾子曰：『吾日三省吾身：爲人謀而不忠乎？與朋友交而不信乎？傳不習乎？』不待言心，而自貫通於動静之間者也。孟子不幸當人欲横流之時，始單出而爲『求放心』之説，然其言曰：『君子以仁存心，以禮存心』，則心有所主，非虚空以治之也。[十四]至於齋心服形之老莊，一変而爲坐脱立忘[十五]之禪學，乃始瞑目静坐，日夜仇視其心而禁治之。及治之愈急而心愈亂，則曰『易伏猛獸，雖[十六]降寸心』。嗚呼！人之有心，猶家之有生[十七]也。反禁切之，使[十八]不得有爲，其不能無擾者勢也，而患心之難降歟！」《省齋記》。[十九]又曰：「天[二十]心之説有二：古人之所謂存心者，存此心于當用之地也；後世之所謂存心者，攝此心于空寂之境也。造化流行，無一息不運，人得之以爲心，亦不容一息不運，心豈空寂無用之物哉！世乃有遊手浮食之徒，株坐攝念，亦曰存心，而士大夫溺於其言，亦將遺落世事，以獨求其所謂心。迨其心跡冰炭，物我參商，所謂老子之弊流爲申韓者，一人之身已兼備之，而欲尤人之不我應，得乎？」《山陰縣主簿廳記》。此皆足以發明「厲熏心」之義，詳又見第二十三卷「心學」條下[二十一]。乃周公已先繫之於《易》矣。

【校注】

[一]《易經・艮卦》九三爻辭：「艮其限，列其夤，厲薰心。」象傳：「象曰：艮其限，危薰心也。」

[二]「懷」字誤，當改。原抄本、遂初堂本、集釋本、欒本、陳本、嚴本均作「懥」。

[三]滑性，滑，通「汩」，相亂，相混。劉晝《劉子・防欲》：「靡麗之華，不以滑性；哀樂之感，不以亂神。」

[四]焚和，和，和性。《莊子・外物》：「衆人焚和，月固不勝火，於是乎有僓然而道盡。」成玄英疏：「焚，燒也。衆人，猶俗人也。不能守分無爲，而每馳心利害，内熱如火，故燒焰中和之性。」

[五]語出《論語・陽貨》。

[六]「及」字誤，當改。原抄本、遂初堂本、集釋本、欒本、陳本、嚴本均作「反」。《孟子》作「反」。

[七]見《孟子・公孫丑上》。

[八]「學」，遂初堂本、集釋本、欒本、陳本、嚴本均同。原抄本作「説」。

[九]程顥《答横渠先生定性書》。

[十]語出《孟子・盡心上》。

[十一]「震」作小字夾註，遂初堂本、集釋本、陳本、嚴本均同。原抄本作大字正文。

[十二]「抄」，遂初堂本、集釋本、欒本、陳本、嚴本均作「鈔」。

[十三]「則」，遂初堂本、集釋本、欒本、陳本、嚴本均同。原抄本誤作「刻」。

[十四]黄汝成集釋引錢氏曰：孟子言：「學問之道無他，求其放心而已矣。」不求學問而求放心，此釋氏之學也。

[十五]「忘」，遂初堂本、集釋本、欒本、陳本、嚴本均同。原抄本誤作「亡」。

[十六]「雖」字誤，當改。遂初堂本、原抄本、集釋本、欒本、陳本、嚴本均作「難」。

[十七]「生」字誤，當改。原抄本、遂初堂本、集釋本、欒本、陳本、嚴本均作「主」。

[十八]「便」字誤，當改。遂初堂本、原抄本、集釋本、欒本、陳本、嚴本均作「使」。

[十九]陳垣校注：《黄氏日鈔》卷八六。文稍有異同。

[二十]「天」字誤，當改。原抄本同誤。遂初堂本、集釋本、欒本、陳本、嚴本均作「夫」。

[二十一]陳垣校注：「心學」條在元本二十卷，潘本十八卷。今元本亦作「見廿三卷」。

鴻漸于陸[一]

「上九，鴻漸于陸，其羽可用爲儀，吉。」安定胡氏改「陸」爲「逵」，晁氏曰：其説出於毗陵從事范諤昌。按《宋史・藝文志》諤昌有《證墜簡》一卷。[二] 朱子從之，謂合韻，非也。《詩》「儀」字凡十見，《柏舟》、《相鼠》、《東山》、《湛露》、《菁菁者莪》、《斯干》、《賓之初筵》、《既醉》各一見，《抑》二見。皆音牛何及[三]，不得與「逵」爲叶[四]，而「雲路」亦非可翔之地，仍當作「陸」爲是。漸至于陵而止矣，不可以更進，故反而之陸。古之高士，不臣天子，不友諸侯，而未嘗不踐其土、食其毛也。其行高於人君，而其身則與一國之士偕焉而已。此所以居九五之上，而與九三同爲陸象也。朱子發曰：「上所往，進也；所及[五]，亦進也。漸至九五極矣，是以上反而之三。」[六]楊廷秀曰：「九三，下卦之極[七]。故皆曰陸。自未[八]自陵，而復至於陸，以退爲進也。《巽》爲進退[九]。」[十]其説並得之。

【校注】

[一]《易經·漸卦》上九爻辭。九三亦曰「鴻漸于陸」。故胡瑗改上九「陸」字爲「逵」，解爲「雲路」。

[二]陳垣校注：胡瑗《周易口義》十二卷，《四庫·易類》二。逵，九達道也。胡氏謂逵爲「雲路」。晁公武《郡齋讀書志·易類》，《胡先生易傳》十卷，《證墜簡》一卷。

[三]「及」字誤，當改。原抄本同誤。遂初堂本、集釋本、欒本、陳本、嚴本均作「反」。

[四]「儀」字从我聲，音俄。黄汝成集釋引江氏曰：以韻讀之，「陸」當作「阿」。大陵曰阿。九五爲陵，則上九爲阿。阿、儀相叶，《菁菁者莪》是也。

[五]「及」字誤，當改。原抄本同誤。遂初堂本、集釋本、欒本、陳本、嚴本均作「反」。

[六]朱震《漢上易叢説》。

[七]「九三，下卦之極」下，遂初堂本、集釋本、欒本、陳本、嚴本均有「上九，上卦之極」一句，當補。原抄本同。

[八]「未」字誤，當改。原抄本、遂初堂本、集釋本、欒本、陳本、嚴本均作「木」。

[九]《漸卦》爲《艮》下《巽》上，故此言《巽》。

[十]楊萬里《誠齋易傳》卷四。

君子以永終知敝[一]

讀《新臺》、《桑中》、《鶉奔》之詩，而知衛有狄滅之禍。讀《宛丘》、《東門》、《月出》之詩，而蔡[二]陳有徵舒之亂。書「齊侯送姜氏於讙」，[三]而卜桓公之所以薨。書「夫人姜氏入」，[四]書「大夫宗婦覿用幣」，[五]而兆子般、閔公之所以弒。昏媾[六]之義，男女之節，君子可不慮其所終哉！

【校注】

[一]《易經・歸妹卦》象辭：「象曰：澤上有雷，歸妹。君子以永終知敝。」王弼注：「歸妹，相終始之道也，故以『永終知敝』。」孔穎達疏：「君子象此，以永長其終，知應有不終之敝。」

[二]「蔡」字誤，當改。原抄本、遂初堂本、集釋本、欒本、陳本、嚴本均作「察」。

[三]《左傳・桓公三年》。

[四]《左傳・莊公二十四年》。

[五]《穀梁傳・莊公二十四年》。

[六]「媾」，同「姻」。

烏焚其巢[一]

人主之德，莫大乎下人[二]。楚莊王之圍鄭也，而曰：「其君能下人，必能信用其民矣。」[三]故以禹之征苗，而伯益贊之，猶以「滿招損，謙受益」爲戒。[四]班師者謙也，用師者滿也。上九處卦之上，離之極，所謂「有鳥高飛，亦傅於天」[五]者矣。居心以矜，而不聞諫争之論，菑[六]必逮夫身者也。魯昭公之伐季孫意如也，「請待於沂上以察罪，弗許；請因於費，弗許；請以五束[七]亡，弗許」。[八]於是叔孫氏之甲興，而陽州之[九]次乾侯唁矣。「鸜鵒鸜鵒，往歌來哭」[十]，其此爻之占乎？吴幼清曰：「此爻变爲《小過》，有飛鳥之象。」

【校注】

[一]《易經·旅卦》上九爻辭。

[二]下人，謂自貶其禮，謙以待人。

[三]見《左傳·宣公十二年》。

[四]見《尚書·大禹謨》。

[五]語出《詩經·小雅·菀柳》。

[六]「菑」，又作「甾」，同「災」，又作「灾」。

[七]「束」字誤，當改。原抄本、遂初堂本、集釋本、欒本、陳本、嚴本均作「乘」。

[八]見《左傳·昭公二十五年》。

[九]「之」字，原抄本同。集釋本、欒本、陳本均無「之」字。

[十]語出《左傳·昭公二十五年》：「文成之世，童謡有之曰。」

巽在牀下[一]

九二[二]之「巽在牀下」，「恭而無禮則勞」[三]也。初六之「進退」[四]，「慎而無禮則葸」[五]也。

【校注】

[一]《易經·巽卦》上九爻辭：「巽在牀下，喪其資斧，貞凶。」孔穎達疏：「上九處巽之極，巽之過甚，故曰『巽在牀下』。斧能斬決，以喻威斷也，巽過則不能行威命，命之不行，是喪其所用之斧，故曰『喪其資斧』也。」九二爻辭亦曰「巽在牀下」，王弼注：「處巽之中，既在下位，而復以陽居陰，卑巽之甚，故曰『巽在牀下』也。」

[二]「九二」，原抄本、遂初堂本、嚴本同。集釋本、欒本、陳本均作「上九」。

[三]語出《論語·泰伯》。邢昺疏：「勞謂困苦，言人爲恭孫，而無禮以節之，則自困苦。」

[四]《易經·巽卦》初六爻辭：「進退，利武人之貞。」孔穎達疏：「初六，處令之初，法未宣，著體於柔巽，不能自決，心懷進退，未能從令者也。成命齊邪，莫善威武，既未能從令，則宜用武人之正，以整齊之。」

[五]語出《論語·泰伯》。何晏集解：「葸，畏懼之貌。言慎而不以禮節之，則常畏懼。」

翰音登于天[一]

羽翰之音，雖登於天，而非實際。其如莊周「齊物」之言，騶行[二]怪迂之辨[三]，其高過於大、學而無實者乎？以視車服傳于弟子，弦歌遍于魯中，若鶴鳴而子和者，孰誕孰信，夫人[四]而識之矣。永嘉之亡[五]，太清之亂[六]，豈非談空空、覈玄玄[七]者有以致之哉！「翰音登于天」，《中孚》之反也。

【校注】

[一]《易經·中孚卦》上九爻辭：「翰音登於天，貞凶。」象傳：「象曰：翰音登于天，何可長也。」王弼注：「翰，高飛也。飛音者，音飛而實不從之謂也。居卦之上，處信之終，信終則衰，忠篤内喪，華美外揚，故曰『翰音登於天』也。

翰音登天，正亦滅矣。」

［二］「騶行」字誤，當改。原抄本、遂初堂本、集釋本、欒本、陳本、嚴本均作「騶衍」。

［三］「辨」字誤，當改。原抄本、嚴本同誤。遂初堂本、集釋本、欒本、陳本均作「辯」。

［四］夫人：人人。《國語》「夫人作享」，韋昭注：「夫人，人人也」。

［五］陳垣校注：永嘉，晉懷帝。

［六］陳垣校注：太清，梁武帝。

［七］孔稚珪《北山移文》：「談空空於釋部，覈玄玄於道流。」盧鴻一《嵩山十志十首・洞元室》詩：「披蕙帳兮促蘿筵，談空空兮覈玄玄。」

山上有雷小過［一］

山之高峻，雲雨時在其中間，而不能至其巔也。故《詩》曰：「殷其靁，在南山之側。」［二］或高或下，在山之側，而不必至其巔，所以爲「小過」也。然則《大壯》言「雷在天上」，何也？曰：自地以上皆天也。

【校注】

［一］《易經・小過卦》象辭：「象曰：山上有雷，小過。君子以行過乎恭，喪過乎哀，用過乎儉。」今按：《小過卦》爲《艮》下《震》上，故爲山上有雷之象。

［二］語出《詩經・召南・殷其靁》。

妣[一]

《爾雅》：「父曰考，母曰妣。」愚考古人自祖母以上通謂之「妣」，經文多以「妣」對「祖」而並言之，若《詩》之云「似續妣祖」[二]、「烝畀祖妣」[三]，《易》之云「過其祖，過[四]其妣」是也。《左傳》昭十年：「邑姜，晉之妣也。」平公之去邑姜，蓋二十世矣。《儀禮・士昏禮》：「勖帥以敬先妣之嗣。」蓋繼世主祭之通詞[五]。「過其祖，過[六]其妣」，據文義，妣當在祖之上。「不及其君，遇其臣」，臣則在君之下也。昔人未論此義。周人以姜嫄爲妣，《周禮・大司樂》注：「周人以后稷爲始祖，而姜嫄無所配，是以特立廟祭之，謂之閟宮。」《周語》謂之「皇妣大[七]姜」，是以妣先乎祖。《周禮》，大司樂享先妣在享先祖之前，而《斯干》之詩曰「似續妣祖」，箋曰：「妣，先妣姜嫄也。祖，先祖也。」或乃謂变文以協韻，是不然矣。朱子《本義》以《晉》六二爲享先妣之吉占。或曰：《易》爻何得及此？夫「帝乙歸妹」、「箕子之明夷」、「王用享[八]於岐山」，爻辭屢言之矣。

《易》本《周易》，故多以周之事言之。《小畜》卦辭：「密雲不雨，自我四[九]郊。」《本義》：「我者，文王自我也。」

【校注】

[一]《易經・小過卦》六二爻辭：「過其祖，遇其妣。不及其君，遇其臣。无咎。」

[二]語出《詩經・小雅・斯干》。

[三]語出《詩經・周頌》之《豐年》及《載芟》。

［四］「過」字誤，當改。原抄本、遂初堂本、集釋本、欒本、陳本、嚴本均作「遇」。

［五］「詞」，原抄本、遂初堂本、集釋本、欒本、陳本、嚴本均作「辭」。

［六］「過」字誤，當改。原抄本、遂初堂本、集釋本、欒本、陳本、嚴本均作「遇」。

［七］「大」，原抄本同。遂初堂本、集釋本、欒本、陳本、嚴本均作「太」。

［八］「亨」，原抄本同。遂初堂本、集釋本、欒本、陳本、嚴本均作「亨」。《易經》作「亨」。

［九］「四」字誤，當改。原抄本、遂初堂本、集釋本、欒本、陳本、嚴本均作「西」。《易經》作「西」。

東鄰［一］

馭得其道，則天下皆爲之臣。馭失其道，則彊而擅命者謂之鄰。「臣哉鄰哉！鄰哉臣哉！」［二］

《漢書·郊祀志》引此，師古註：「東鄰謂商紂也，西鄰謂周文王也。」［三］

【校注】

［一］「东」，原抄本、遂初堂本、欒本、陳本、嚴本均作「變」。《易經·既濟卦》九五爻辭：「東鄰殺牛，不如西鄰之禴祭，實受其福。」王弼注：「牛，祭之盛者也。禴，祭之薄者也。」孔穎達疏：「假有東鄰不能修德，雖復殺牛至盛，不爲鬼神歆饗；不如我西鄰禴祭雖薄，能修其德，故神明降福，故曰『東鄰殺牛，不如西鄰之禴祭，實受其福』也。」

［二］語出《尚書·益稷》。孔安國傳：「言君臣道近，相須而成。」

［三］黄汝成集釋引雷氏曰：鄭康成《坊記》注云：「東鄰謂紂國中也，西鄰謂文王國中也。」班固《通幽賦》云「東厸虐而殲仁兮」，應劭注云：「東鄰謂紂」，顔師古注云：「厸，古鄰字」。是東漢時實有此説，今遺佚耳。

游魂爲变[一]

「精氣爲物」，自無而之有也。「游魂爲变」，自有而之無也。夫子之答宰我曰：「骨肉斃於下，陰爲野土。其氣發揚於上，爲昭明君蒿悽愴。」[二]朱子曰：「昭明，露光景也。」鄭氏曰：「君，謂香臭也。蒿，氣蒸出見[三]。」許氏曰：「悽愴，使人慘慄感傷之意。」魯巷[四]徐氏曰：「陽氣爲魂，附于體免[五]，而人生焉。骨肉斃于下，其氣無所附麗，則發散飛陽[六]，或爲朗然昭明之氣，或爲温然焄蒿之氣，或爲肅然悽愴之氣。盖陽氣輕清，故升而上浮，以從陽也。」[七]所謂「游魂爲变」者，情狀具於是矣。延陵季子之葬其子也，曰：「骨肉歸復于土，命也。若魂氣，則無不之也，無不之也。」[八]張子《正蒙》有云：「太虚不能無氣，氣不能不聚而爲萬物，萬物不能不散而爲太虚。循是出入，是皆不得已而然也。然則聖人盡道其間，兼體而不累者，存神其至矣。」[九]其精矣乎！

「鬼者，歸也。」[十]張子曰：「氣之爲物，散入無形，適得吾體。」[十一]此之謂歸。

陳無己師道以「游魂爲变」爲輪迴之説，《理究》。吕作木[十二]柟辨[十三]之曰：「長生而不化，則人多，世何以容？長苑[十四]而不化，則鬼亦多矣。夫燈熄而然，非前燈也；雲霓而雨，非前雨也。死復有生，豈前生耶？」

邵氏寶《簡端録》曰：「聚而有體謂之物，散而無形謂之變。唯物也，故散必于其所聚。唯变也，故聚不必于其所散。是故聚以氣聚，散以氣散。昧[十五]于散者，其説也□[十六]；荒于聚者，其説也仙。」

盈天地之間者，氣也。氣之盛者爲神，神者，天地之氣而人之心也。故曰：「視之而弗見，聽之而弗聞，體物而不可遺，使天下之人齋[十七]明盛服以承祭祀，洋洋乎如在其上，如在其左右。」[十八]聖人所以知鬼神之情狀者如此。

「維嶽降神，生甫及申」[十九]，非有所託而生也。「文王在上，於[二十]昭于天」[二十一]，非有所乘而去也。此鬼神之實，而「誠之不可揜」[二十二]也。

【校注】

[一]《易經·繫辭上傳》：「精氣爲物，遊魂爲變，是故知鬼神之情狀。」

[二]語出《禮記·祭義》。「焄」，同「熏」。

[三]「見」，當作「皃」，形近而訛。原抄本、遂初堂本、集釋本、欒本、陳本、嚴本均作「貌」。

[四]「巷」，當作「菴」，形近而訛。原抄本、遂初堂本、集釋本、嚴本作「菴」，欒本、陳本作「庵」。

[五]「免」，當作「皃」，形近而訛。原抄本、遂初堂本、集釋本、欒本、陳本、嚴本均作「貌」。

[六]「陽」字誤，當改。原抄本、遂初堂本、集釋本、欒本、陳本、嚴本均作「揚」。「飛揚」下，集釋本、欒本、陳本、嚴本均有「於上」二字，當補。

[七]徐師曾，字伯魯，號魯庵。吴江人。嘉靖癸丑進士。著《禮記集注》三十卷，及《古文周易演義》、《文體明辨》、《經絡全書》等。

[八]語出《禮記·檀弓下》。

[九]見《正蒙·太和》。

[十]《論衡·論死篇》：「人死精神升天，骸骨歸土，故謂之鬼。鬼者，歸也；神者，荒忽無形者也。」《風俗通義》卷九：「夫死者，澌也。鬼者，歸也。精氣消越，骨肉歸於土也。」

[十一]語出《正蒙・太和》。

[十二]「吕作木」誤，當改。原抄本、遂初堂本、集釋本、欒本、陳本、嚴本均作「吕仲木」。

[十三]「辨」，集釋本、遂初堂本、欒本、陳本、嚴本均同。原抄本作「辯」。

[十四]「苑」字誤，當改。原抄本、遂初堂本、集釋本、欒本、陳本、嚴本均作「死」。

[十五]「眛」，原抄本同。遂初堂本、集釋本、陳本嚴本作「昧」。陳垣校注：《日知録》元本作「眛」。欒本改爲「昧」，録楊氏曰：「眛」，疑作「昧」。

[十六]底本缺一字處，原抄本、遂初堂本、集釋本、欒本、陳本、嚴本均作「佛」，當補。

[十七]「齊」，原抄本同。集釋本、欒本、陳本均作「齊」。阮刻十三經注疏本《禮記》作「齊」。「齋」、「齊」古多通假。

[十八]語出《禮記・中庸》。

[十九]語出《詩經・大雅・崧高》。

[二十]「於」，毛傳：「歎辭」。

[二十一]語出《詩經・大雅・文王》。

[二十二]《禮記・中庸》：「夫微之顯，誠之不可揜如此夫！」揜，同「掩」。

通乎晝[一]夜之道而知[二]

日往月來，月往日來，一日之晝夜也。寒往暑來，暑往寒來，一歲之晝夜也。小往大來，大往小來，一世之晝夜也。「子在川上曰：『逝者如斯夫，不舍晝夜！』」[三]「通乎晝夜之道而知」，

則「終日乾乾，與時偕行」，而有以盡乎《易》之用矣。[四]

【校注】

[一]「晝」字誤，當改。原抄本、遂初堂本、集釋本、欒本、陳本、嚴本均作「晝」。正文五「晝」字同誤。

[二]《易經·繫辭上傳》：「通乎晝夜之道而知，故神無方而《易》無體。」

[三]語出《論語·子罕》。

[四]黄汝成集釋引楊氏曰：此慎獨之義。

繼之者善也成之者性也[一]

「維天之命，於穆不已」[二]，「繼之者善也」。「天下雷行，物與无妄」[三]，「成之者性也」。是故「天有四時，春秋冬夏，風雨霜露，無非教也。地載神氣，神氣風霆，風霆流形，庶物露生，無非教也」[四]。

「天地絪緼，萬物化醇。」[五]「善」之爲信[六]猶「醇」也。曰：何以謂之善也？曰：「誠者，天之道也」[七]，豈非善乎？

【校注】

[一]語出《易經·繫辭上傳》。

[二]語出《詩經·周頌·維天之命》。

[三]語出《易經·无妄卦》象辭。

[四]語出《禮記・孔子閒居》。

[五]語出《易經・繫辭下傳》。

[六]「信」字誤，當改。原抄本、遂初堂本、集釋本、欒本、陳本、嚴本均作「言」。

[七]語出《禮記・中庸》。

形而下者謂之器[一]

「形而上者謂之道，形而下者謂之器。」非器則道無所寓，説在乎孔子之學琴于師襄也。「已習其數」，然後可以「得其志」。「已習其志」，然後可以「得其爲人」。[二]是雖孔子之天縱，未嘗不求之衆數[三]也。故其自言曰「下學而上達」[四]。

【校注】

[一]語出《易經・繫辭上傳》。

[二]語出《孔子家語・辨樂解》，又見《史記・孔子世家》。

[三]「衆數」誤，當改。原抄本、遂初堂本、集釋本、欒本、陳本、嚴本均作「象數」。「象數」，謂有形之物。《左傳・僖公十五年》：「物生而後有象，象而後有滋，滋而後有數。」

[四]語出《論語・憲問》。

垂衣裳而天下治[一]

「垂衣裳而天下治」，变質而之文也。自黄帝、堯、舜始也，故于此有「通变」、「宜民」之論[二]。

【校注】

[一]《易經・繫辭下傳》:「黄帝、堯、舜,垂衣裳而天下治,蓋取諸《乾》《坤》。」

[二]《易經・繫辭下傳》又曰:「神農氏没,黄帝、堯、舜氏作,通其變,使民不倦,神而化之,使民宜之。」

過此以往未之或知也[一]

人之爲學,亦有病于「憧憧往來」[二]者,故「天下之不助苗長者寡矣」。[三]「過此以往,未之或知也。」「居之安則資之深,資之深則取之左右逢其原。」[四]

【校注】

[一]《易經・繫辭下傳》:「精義入神,以致用也。利用安身,以崇德也。過此以往,未之或知也。窮神知化,德之盛也。」

[二]《易經・咸卦》九四爻辭:「貞吉悔亡,憧憧往來,朋從爾思。」又見《易經・繫辭下傳》。李鼎祚集解引虞翻曰:「憧憧,懷思慮也。」

[三]語出《孟子・公孫丑上》。

[四]語出《孟子・離婁下》。今按:此謂過此以往,則窮神知化,有「從心所欲」之妙。

困德之辨也[一]

「内文明而外柔順」[二],其文王之困而享[三]者乎?「不怨天,不尤人,下學而上達」[四],其孔子之困而享者乎？故在陳之戹[五]，絃歌之志，顔淵知之，而子路、子貢之徒未足以達此也。故曰：「困，德之辨也。」

【校注】

[一]《易經·繫辭下傳》：「《困》，德之辨也。」韓康伯注：「困而益明。」

[二]語出《易經·明夷卦》象辭。

[三]「享」字誤，當改。原抄本、遂初堂本、集釋本、欒本、陳本、嚴本均作「亨」。下「享」字同。

[四]語出《論語·憲問》。

[五]「戹」，又作「阸」，同「厄」。

凡易之情[一]

「愛惡相攻」，「遠近相取」，「情僞相感」，人心之至变也。于何知之？以其辭知之。「將叛者其辭慙，中心疑者其辭枝，吉人之辭寡，躁人之辭多，誣善之人其辭游，失其守者其辭屈。」[二]「聽其言也，觀其眸子，人焉廋哉？」[三]是以聖人設卦，以盡情僞。「夫誠于中，必形于外」[四]，君子之所以知人也。「百物而爲之備，使民知神姦」[五]，先王之所以鑄鼎也。故曰：「作《易》者其有憂患乎？」[六]周身之防，御物之智，具[七]全于是矣。

【校注】

[一]《易經·繫辭下傳》：「愛惡相攻而吉凶生。遠近相取而悔吝生，情僞相感而利害生。凡易之情，近而不相

得則凶。」

［二］亦出《易經·繫辭下傳》。

［三］語出《孟子·離婁上》。

［四］語出《禮記·大學》。

［五］語出《左傳·宣公三年》。

［六］語出《易經·繫辭下傳》。

［七］「具」，原抄本同。遂初堂本、集釋本、欒本、陳本、嚴本均作「其」。

易逆數［一］

「數往者順」，造化人事之跡有常而可驗，順以考之于前也。「知來者逆」，變化云爲之動日新而無窮，逆以推之于後也。聖人「神以知來，智［二］以藏往」［三］，作爲《易》書，「以前民用」［四］。所設者未然之占，所期者未至之事，是以謂之「逆數」［五］。雖然，若不本于八卦已成之迹，亦安所觀其會通而繫之爻象乎？是以「天下之言性也，則故而已矣」［六］。

劉汝佳［七］曰：「天地間一理也，聖人因其理而畫爲卦以象之，因其象而著爲变以占之。象者，體也，象其已然者也。占者，用也，占其未然者也。已然者爲往，往則有順之之義焉。未然者爲來，來則有逆之之義焉。如象天而畫爲《乾》，象地而畫爲《坤》，象雷風而畫爲《震》《巽》，象水火而畫爲《坎》《離》，象山澤而畫爲《艮》《兑》，此皆觀變於陰陽而立卦，發揮於剛柔而生爻者也，不謂之『數往者順』乎？　如筮得《乾》而知『乾元亨利貞』，筮得《坤》而知『坤元亨，利牝馬之貞』，筮得《震》而知『震亨，震來虩虩，笑言啞啞』，筮得《巽》而知『巽小亨，利有攸往，利見大人』，筮得《坎》而知『習坎有孚，維心亨，行有尚』，筮得《離》而知『離利貞亨，畜牝牛吉』，筮得《艮》而知『艮其背，不獲其身，行其庭，不見其人』，筮得《兑》而知『兑利貞貞[八]』，此皆通神明之德，類萬物之情者也，不謂之『知來者逆』乎？　夫其順數已往，正所以逆推將來也。　孔子曰：『殷因于夏禮，所損益可知也；周因於殷禮，所損益可知也』[九]，『數往者順』也；『其或繼周者，雖百世可知也』[十]，『知來者逆』也。　故曰『《易》逆數』也。　若如邵子之説，則是羲、文之《易》已判而爲二，而又以《震》《離》《兑》《乾》爲數已生之卦，《巽》《坎》《艮》《坤》爲推未生之卦，殆不免强孔子之書以就己之説矣。」[十一]

【校注】

[一]「易逆數」下，目録有「也」字。原抄本、遂初堂本、集釋本、欒本、陳本、嚴本均有「也」字，當補。《易經·説卦傳》：「數往者順，知來者逆，是故《易》逆數也。」韓康伯注：「作《易》以逆睹來事，以前民用。」

[二]「智」，原抄本、遂初堂本、集釋本、欒本、陳本、嚴本均作「知」。《易經》作「知」。

[三]語出《易經·繫辭上傳》。

[四]語出《易經·繫辭上傳》。孔穎達疏：「定吉凶於前，民乃法之所用，故云『以前民用』也。」

[五]「數往」、「逆數」，「數」字均作動詞。

[六]語出《孟子·離婁下》。

[七]陳垣校注：劉汝佳，廬州府無爲州人，萬曆卅五年進士。卷七「武未盡善」條注亦引其説。今按：抄本卷九

「武盡善」條。

［八］「利貞貞」誤，當改。原抄本、遂初堂本、集釋本、欒本、陳本、嚴本均作「亨利貞」。《易經》作「亨利貞」。

［九］語出《論語・爲政》。

［十］亦出《論語・爲政》。

［十一］黄汝成集釋引錢氏曰：先生不信康節先天之學，其識高於元明諸儒遠矣！

説卦雜卦互文

「雷以動之，風以散之，雨以潤之，日以晅［一］之。《艮》以止之，《兑》以説之，《乾》以君之，《坤》以藏之。」［二］上四舉象，下四舉卦，各以其切于用者言之也。「終萬物、始萬物者，莫盛乎《艮》。」［三］崔憬［四］曰：「《艮》不言山，獨舉卦名者，以動、撓、燥、潤，功是風、雷、水、火。至終始□萬物［五］，于山義則不然。故舍象而言卦，各取便而論也。」［六］得之矣。［七］

古人之文，有廣譬而求之者，有舉隅而反之者。「今夫山，一卷石之多」，「今夫水，一勺之多」［八］，天地之外復言山水者，意有所不盡也。「《坤》也者，地也」，不言西南之卦；「《兑》，正秋也」，［九］不言西方之卦，舉六方之卦而見之也，意盡于言矣。虞仲翔以爲「《坤》道廣布，不主一方」，及「《兑》象不見西」者，［十］妄也。

「《豈［十一］》多故，親寡《旅》也。」［十二］先言「親寡」後言「《旅》」，以協韻也。［十三］猶《楚詞［十四］》之「吉日芳［十五］辰良」［十六］也。虞仲翔以爲別有義［十七］，非也。

【校注】

［一］「暄」，原抄本、遂初堂本、集釋本、欒本、陳本、嚴本均作「晅」。阮刻《十三經注疏》本作「烜」，《經典釋文》作「晅」。

［二］語出《易經・説卦傳》。

［三］語出《易經・説卦傳》。

［四］陳垣校注：崔憬，唐以前人。見李鼎祚《周易集解》卷十七引。

［五］「至終始□萬物」，原抄本作「至終始萬物」，無空格。遂初堂本、集釋本、欒本、陳本、嚴本均作「至於終始萬物」。

［六］今按：李鼎祚録崔憬，而云：「此崔新義也。」《易經・説卦傳》孔穎達疏：「《艮》，東北方之卦也。」「《艮》不言山，獨舉卦名者，動、橈、燥、潤之功，是雷、風、水、火。至於終始萬物，於山義爲微。故言艮而不言山也。」是已取崔憬之説。

［七］黄汝成集釋：汝成案：李鼎祚《周易集解》作「故言卦而餘皆稱物」，「故言卦」句今云「故舍象而言卦」，義雖無異，文則未賅。

［八］語出《禮記・中庸》。

［九］《坤》、《兑》二句，語出《易經・説卦傳》。

［十］虞仲翔之説見李鼎祚《周易集解》卷十七。

［十一］「豈」字誤，當改。原抄本、遂初堂本、集釋本、欒本、陳本、嚴本均作「豐」。

［十二］《易經・雜卦傳》：「《大有》衆也，《同人》親也。《革》去故也，《鼎》取新也。《小過》過也，《中孚》信也。《豐》多故，親寡《旅》也。」「多故」下，阮刻《十三經注疏》本據石經、岳本、閩本、監本、毛本補「也」字。

［十三］四句親、新、信、旅爲韻。

［十四］「詞」，原抄本、遂初堂本、集釋本、欒本、陳本、嚴本均作「辭」。

［十五］「芳」字誤，當改。原抄本、遂初堂本、集釋本、欒本、陳本、嚴本均作「兮」。《楚辭》作「兮」。

［十六］語出《楚辭・九歌》。

［十七］李鼎祚《周易集解》卷十七引虞翻曰：「六十四象皆先言卦及道其指，至《旅》體離四，焚棄之行，又在旅家，故獨先言親寡，而後言《旅》。」

兑爲口舌［一］

《兑》爲口舌，其于人也，但可以爲巫、爲妄［二］而已。以言説人，豈非「妾婦之道」［三］乎！凡人於交友之間，「口惠而實不至」，［四］則其出而事君也，必至於「静言庸違」［五］。故舜之御臣也，「敷奏以言，明試以功」［六］。而孔子之於門人，亦「聽其言而觀其行」［七］。《唐書》言韋貫之自布衣爲相，「與人交，終歲無款曲，未嘗僞詞［八］以悦人」。［九］其賢于今之人遠矣！

【校注】

［一］《易經・説卦傳》：「《兑》爲澤，爲少女，爲巫，爲口舌，爲毁折，爲附决。其於地也爲剛鹵。爲妾，爲羊。」

［二］「妄」字誤，當改。原抄本、遂初堂本、集釋本、欒本、陳本、嚴本均作「妾」。

［三］語出《孟子・滕文公下》，云：「以順爲正者，妾婦之道也。」

［四］語出《禮記・表記》。

［五］語出《尚書・堯典》。

[六]語出《尚書・舜典》。

[七]語出《論語・公冶長》。

[八]「詞」，原抄本、遂初堂本、集釋本、欒本、陳本、嚴本均作「辭」。

[九]見劉昫《舊唐書・韋貫之傳》。歐陽修《新唐書》作「不爲僞辭以悅人」。

序卦雜卦

《序卦》、《雜卦》皆旁通之説，先儒疑以爲非夫子之言。然《否》之「大往小來」，承《泰》之「小往大來」也。《解》之「利西南」，承《蹇》之「利西南，不利東北」也。是文王已有相受之義也。《益》之六二，即《損》之六五也，其辭皆曰「十朋之龜」。《姤》之九四，即《夬》之九三也，[二]其辭皆曰「臀无膚」。《未濟》之九四，即《既濟》之九三也，其辭皆四[一]曰「伐鬼方」。是周公已有及[三]對之義也。必謂六十四卦皆然，則非《易》書之本意，或者夫子嘗言之，而門人廣之，如《春秋》哀十四年「西狩獲麟」以後續經之作耳。

【校注】

[一]「四」字誤，當改。原抄本、遂初堂本、集釋本、欒本、陳本、嚴本均作「曰」。

[二]「《姤》之九四，即《夬》之九三也」，原抄本、遂初堂本同。集釋本、欒本、陳本、嚴本均作「《姤》之九三，即《夬》之九四也」。《日之録刊誤》：三四諸本並誤倒，南曲張氏校改。陳垣校注：初刻、潘刻及元鈔本均作「《姤》之九四」，「《夬》之九三」，誤。黄氏集釋本據張氏説校改爲九三、九四，所改者是。

[三]「及」字誤，當改。原抄本、遂初堂本、集釋本、欒本、陳本、嚴本均作「反」。

晉晝也明夷誅也[一]

蘇氏曰：「『晝日三接』，故曰晝。『得其大首』，故曰誅。」[二]《晉》當文明之世，群后四朝，而車服以庸，揖讓之事也。《明夷》逢昏亂之時，取彼凶殘，而殺伐用張，征誅之事也。一言晝，一言誅，[三]取其音協爾。「晝」，古音「注」。《易林[四]》及張衡《西京賦》並同。虞仲翔曰：「誅，傷也。」《本義》用之，與「晝」義相對，不切。

【校注】

[一]《易經・雜卦傳》。

[二]陳垣校注：蘇軾《易傳》，凡九卷，見《四庫・易類》二。

[三]「一言晝，一言誅」，遂初堂本、集釋本、欒本、陳本、嚴本均同。原抄本作「一言誅，一言晝」。

[四]「易林」，遂初堂本、集釋本、欒本、陳本、嚴本均同。原抄本誤作「易體」。

孔子論易

孔子論《易》見于《論語》者，二章而已。曰：「加我數年，五十以學《易》，可以無大過矣。」[一]曰：「南人有言曰：『人而無恒，不可以作巫醫。』善夫！不恒其德，或承之羞。子曰：不占而已矣。」[二]是則聖人之所以學《易》者，不過庸言庸行之間，而不在乎圖書象數也。今之穿鑿圖象以自爲能者，畔也。

記者于夫子「學《易》」之言而即繼之曰：「子所雅言，《詩》、《書》、執禮，皆雅言也。」[三]是知夫子平日不言《易》，而其言《詩》、《書》、執禮者，皆言《易》也。人苟循乎《詩》、《書》、執禮之常而不越焉，則自天祐[四]之，吉无不利矣。故其作《繫辭傳》，于「悔吝」、「无咎」之旨，特諄諄焉。而《大象》所言，凡其體之于身、施之于政者，無非用《易》之事。然辭本乎象，故曰：「君子居則觀其象而玩其辭。」[五]觀之者淺，玩之者深矣。其所以「與民同患」者，必于辭焉著之，故曰：「聖人之情見乎詞。」[六]若「天一地二」、「《易》有太極」二章，皆言數之所起，亦贊《易》之所不可遺，而未嘗專以象數教人爲學也。是故「出入以度」，「无有師保，如臨父母」，[七]文王、周公、孔子之《易》也。希夷之《圖》，康節之《書》，道家之《易》也。自二子之學興，而空疏之人，迂怪之士，舉竄跡於其中以爲《易》，而其《易》爲方術之書，於聖人「寡過」、「及[八]身」之學，去之遠矣。[九]

《詩》三百，一言以蔽之，曰：『思無邪。』」[十]《易》六十四卦，三百八十四爻，一言以蔽之，曰：「不恒其德，或承之羞。」[十一]夫子所以思得見夫「有恒」也，「有恒」然後可以無大過。

【校注】

[一]見《論語·述而》。

[二]見《論語·子路》。

[三]見《論語·述而》。

[四]「祐」字，遂初堂本、集釋本、陳本、嚴本同，原抄本、欒本作「佑」。

[五]見《易經·繫辭上傳》。
[六]見《易經·繫辭下傳》。「詞」，原抄本、集釋本、陳本同，遂初堂本、欒本、嚴本均作「辭」。
[七]見《易經·繫辭下傳》。
[八]「及」字誤，當改。原抄本、遂初堂本、集釋本、欒本、陳本、嚴本均作「反」。
[九]黄汝成集釋引楊氏曰：此論與朱子異。
[十]語出《論語·爲政》。
[十一]語出《論語·子路》。

七八九六

《易》有七八、九六，而爻但繫九六者，舉隅之義也。故發其例于《乾》《坤》二卦，曰「用九」、「用六」，用其變也。亦有用其不變者，《春秋傳》穆姜「遇《艮》之八」[一]，《晉語》董因「得《泰》之八」[二]，是也。杜元凱注謂「雜用《連山》、《歸藏》，二《易》皆以七八爲占，故言『遇《艮》之八』」者非。《晉語》：「公子筮，得貞《屯》[三]悔《豫》，皆八。」本卦爲貞，之卦[四]爲悔。沙隨程氏[五]曰：「初與四、五，凡三爻變。其不變者，二、三、五[六]。在《屯》爲八，在《豫》亦八。」今即以《艮》言之：二爻獨變，則名之六；餘爻皆變，而二爻獨不變，則名之八。是知《乾》《坤》亦有用七、用八時也。《乾》爻皆變，而初獨不變，曰初七，「潛龍勿用」可也。《坤》爻皆變，而初獨不變，曰初八，「履霜堅冰至」可也。占變者其常也，占不變者其反也，故聖人繫之九六。歐陽永叔曰：「《易》道占其變，故以其所占者名爻，不謂六爻皆九六也。」[七]得之矣。[八]

趙汝楳[九]《易輯聞》曰：「揲蓍策數，凡得二十八，雖爲《乾》亦稱七；凡得二十三，雖爲《坤》亦稱八。」

楊彦齡《筆録》曰：「楊損之，蜀人，博學善稱説。余嘗疑《易》用九六而無七八，損之云：『卦畫七八，爻稱九六。』」

「《乾》之策二百一十有六，《坤》之策百四十有四」[十]，亦是舉九六以該七八也。朱子謂七八之合，亦三百有六十也。《乾》遇七則一百六十八，《坤》遇八則一百九十二。

【校注】

[一]見《左傳·襄公九年》。

[二]見《國語·晉語四》。

[三]「貞屯」，欒本原作「屯貞」，改爲「貞屯」，注：據《國語·晉語四》改。

[四]「之卦」，原抄本、遂初堂本、集釋本、欒本、嚴本均同，陳本作「外卦」。

[五]陳垣校注：沙隨程氏，程迥，有《周易古占法》一卷，見《四庫·易類》三。

[六]「五」字誤，當改。原抄本、遂初堂本、集釋本、欒本、陳本、嚴本均作「上」。

[七]見歐陽修《歐陽文忠公集·居士集》。

[八]黄汝成集釋引錢氏曰：春秋之世，三《易》尚存。其以《周易》占，一爻變則以變爻辭占，如《觀》之《否》，《歸妹》之《睽》，《明夷》之《謙》之類是也。數爻變則以彖辭占，如《艮》之八、貞《屯》悔《豫》皆八是也。六爻皆不變，亦以彖辭占，《泰》之八是也。以爻辭占稱九六，以彖辭占稱八九。六八之名，惟《周易》有之，若雜以它占則否。「千乘三去，射其元王」，不云《蠱》之八、《復》之八者，非《周易》爻詞也。

[九]「禖」字誤，當改。原抄本、遂初堂本、集釋本、陳本、嚴本均作「楳」，欒本作「梅」。

［十］語出《易經·繫辭上傳》。

卜筮

舜曰：「官占，惟先蔽志，昆命于元龜。」［一］《詩》曰：「爰始爰謀，爰契我龜。」［二］《洪範》曰：「謀及乃心，謀及卿士，謀及庶人，謀及卜筮。」孔子之贊《易》也，亦曰「人謀鬼謀」［三］。祖伊告紂，言「格人元龜」［四］，亦先人後龜。夫庶人至賤也，而猶在蓍龜之前，故盡人之明而不能決，然後謀之鬼焉。故古人之于人事也，信而有功；于鬼也，嚴而不瀆。

子之必孝，臣之必忠，此不待卜而可知也。其所當焉［五］，雖凶而不可避也。故曰：「欲從靈氣［六］之吉占兮，心猶豫而狐疑。」［七］又曰：「用君之心，行君之意，龜策誠不能知此事。」［八］善哉屈子之言，其聖人之徒與［九］！

《卜居》，屈原自作，設爲問答，以見此心非鬼神吉凶之所得而移耳。王逸《序》乃曰：「心迷意惑，不知所爲，往至太卜之家，決之蓍龜，冀聞異策，以定嫌疑。」則與屈子之旨大相背戾矣。洪興祖《補註》曰：「此篇上句皆原所從，下句皆原所去。時之人去其所當從，從其所當去，其所謂吉，乃原所謂凶也。」可謂得屈子之心者矣。

《禮記·少儀》：「問卜筮，曰：『義與？志與？義則可問，志則否。』」子孝、臣忠，義也。違害、就利，志也。卜策者，先王所以教人去利懷仁義也。

「石駘仲卒，無適子，有庶子六人。亦[十]所以爲後者，曰：『沐浴佩玉則兆。』五人者皆沐浴佩玉。石祁子曰：『孰有執喪[十一]之喪，而沐浴佩玉者乎？』不沐浴佩玉，石祁子兆，衛人以龜爲有知也。」[十二]南蒯将叛，「枚筮之，遇《坤》之《比》，曰：『黄裳元吉。』子服惠伯曰：『忠信之事則可，不然必敗。外彊内温，忠也；和以率貞，信也。故曰黄裳元吉。黄，中之色也；裳，下之飾也；元，善之長也。中不忠，不得其色；下不共，不得其飾；事不善，不得其極。且夫《易》不可以占險，猶有闕也。筮雖吉，未也。』」[十三]南蒯果敗。是以嚴君平之卜筮也，「與人子言依於孝，與人弟言依於順，與人臣言依於忠」。[十四]而高允亦有「筮者當依附爻象，勸以忠孝」[十五]之論，其知卜筮之旨矣。

《申鑒》：「或問卜筮，曰：『德斯益，否斯損。』曰：『何謂也。』『吉而濟、凶而救之謂德，吉而時[十六]、凶而怠之謂損。』」[十七]

「君子将有爲也，将有行也，問焉而以言，其受命也如嚮。」[十八]告其爲也，告其行也。「死生有命，富貴在天。」[十九]若是，則無可爲也，無可行也；不當問，問亦不告也。《易》「以前民用」也，非以爲人前知也。求前知，非聖人之道也。是以《少儀》之訓□[二十]：「毋測未至。」[二十一]

郭璞[二十二]嘗過顔含，欲爲之筮。含曰：「年在天，位在人。修己而天不與者，命也；守道而人不知者，性也。自有性命，無勞蓍龜。」[二十三]

《文中子》：「子謂此[二十四]山黄公善醫，先寢食而後針藥。汾陰侯生善筮，先人事而後説卦。」

《金史·方伎傳序》曰："古之爲術，以吉凶導人而爲善；後世術者，或以休咎導人而爲不善。"

【校注】

[一]見《尚書·大禹謨》。
[二]見《詩經·大雅·縣》。
[三]見《易經·繫辭下傳》。
[四]語出《尚書·西伯戡黎》。
[五]"焉"字誤，當改。原抄本、遂初堂本、集釋本、欒本、陳本、嚴本均作"爲"。
[六]"氣"字誤，當改。原抄本、遂初堂本、集釋本、欒本、陳本、嚴本均作"氛"。《楚辭》作"氛"。
[七]語出《楚辭·離騷》。
[八]語出《楚辭·卜居》。
[九]"與"，原抄本同。遂初堂本、集釋本、欒本、陳本、嚴本均作"歟"。
[十]"亦"字誤，當改。原抄本、遂初堂本、集釋本、欒本、陳本、嚴本均作"卜"。
[十一]"喪"字誤，當改。原抄本、遂初堂本、集釋本、欒本、陳本、嚴本均作"親"。《禮記》作"親"。
[十二]語出《禮記·檀弓下》。
[十三]見《左傳·昭公十二年》。
[十四]《漢書·王貢兩龔鮑傳》："蜀有嚴君平"、"卜筮於成都市"、"與人子言依於孝，與人弟言依於順，與人臣言依於忠，各因勢導之以善"。
[十五]見《魏書·高允傳》。

［十六］「時」字誤，當改。原抄本、遂初堂本、集釋本、欒本、陳本、嚴本均作「恃」。

［十七］見《申鑒・俗嫌篇》。

［十八］語出《易經・繫辭上傳》。「響」，原抄本、遂初堂本、集釋本、欒本、陳本、嚴本均作「嚮」。阮刻《十三經注疏》本據石經、岳本、宋本、古本、足利本作「嚮」。

［十九］語出《論語・顔淵》。

［二十］底本缺一字處，原抄本、遂初堂本、集釋本、欒本、陳本、嚴本均作「曰」，當補。

［二十一］見《禮記・少儀》。

［二十二］「郭漢」誤，當改。原抄本、遂初堂本、集釋本、欒本、陳本、嚴本均作「郭璞」。

［二十三］見《晉書・孝友傳・顔含傳》。

［二十四］「此」字誤，當改。原抄本、遂初堂本、集釋本、欒本、陳本、嚴本均作「北」。

日知録卷之二

帝王名號

堯、舜、禹皆名也。古未有號，故帝王皆以名紀，臨文不諱也。胡文定《脩春秋劄子》：「臣聞古者不以名爲諱，《至典[一]》稱『有鰥在下曰虞舜』，則堯、舜者固二帝之名，而《堯典》乃虞氏史官所作，直載其君之名而不避也。」[二]考之《尚書》，帝曰「格汝舜」、「格汝禹」，名其臣也。堯崩之後，舜與其臣言，則曰「帝」。禹崩之後，《五子之歌》則曰「皇祖」，《胤[三]征》則曰「先王」，無言堯、舜、禹者，不敢名其君也。自啟至發，皆名也。夏后氏之季，而始有以十干爲號者。桀之癸，商[四]之報丁、報乙、報丙、主壬、主癸，皆號以代其名。《白虎通》曰：「殷質，以生日名子。」自天乙至辛，皆號也。太甲、沃丁、仲丁、河亶甲、祖乙、盤庚，皆以爲書篇之名，惟其號也。商之王，著號不著名，而名之見於經者二：天乙之名履、辛之名受是也。武庚亦是號，禄父乃名也。曰湯、曰紂，則亦號也。孔氏《西伯戡黎》序傳：「受，紂也。音相亂。」號則臣子所得而稱，故伊尹曰「惟尹躬暨湯」，《頌》曰「武湯」，曰「成湯」，曰「湯孫」也。《微子之命》言「乃祖成湯」，《多士》言「爾先祖成湯」，皆對其臣子稱之。曰文祖，曰藝祖，曰神宗，曰皇祖，曰烈祖，曰高祖，曰高后，曰中宗，曰高宗，而廟號起矣。曰玄[五]王，曰武王，而謚立矣。曰大舜，曰神禹，曰大禹，曰成湯，曰寧王，而稱號繁矣。自夏以前純乎質，故帝王有名而無號。自商以下浸乎文，故有名有號。而德之盛者有謚以美之，於是周公因而制謚，自天子達於卿大夫，美惡皆有謚，而十干之號不立。《史記·齊太公世家》：太公子丁公，丁公子乙公，乙公子癸公，猶用商人之稱。陸淳曰：《史記》、《世本》，厲王以前諸侯有謚者少，其後乃皆有謚。然王季以上不追謚，猶用商人之禮焉，此文質之中，而臣子之義也。嗚呼，此其所以爲聖人也與[六]！

【校注】

[一]「至典」誤，當改。原抄本、遂初堂本、集釋本、欒本、陳本、嚴本均作「堯典」。

[二]黄汝成集釋引閻氏曰：按《曲禮》：「《詩》《書》不諱，臨文不諱。」盧植注曰：「臨文，謂禮文也。禮執文行事，故言文也。」鄭康成注曰：「爲其失事正也。」陳澔注曰：「不因避諱而改行事之語，蓋恐有誤於承事也。」從來解「文」字皆如此，而從來引此句多誤，顧氏亦未之免，要當用「《詩》《書》不諱」耳。黄汝成集釋引楊氏曰：虞夏時亦未有諱。

[三]「胤」字缺末筆，原抄本、遂初堂本同。集釋本作「允」。

[四]「商」，字形訛作「啇」。本卷「商」字多如此。鄧之誠《桑園讀書記》云，曾見《日知録》「八卷稿本」，「唯書『商』作『啇』」，「似不出亭林之手」，故鄧氏判斷爲抄本。所言與此卷相似。

[五]「玄」字缺初筆。原抄本不缺。遂初堂本缺末筆。集釋本作「元」。

[六]「與」，原抄本同。遂初堂本、集釋本、欒本、陳本、嚴本均作「歟」。

九族[一]

宗盟之列，先同姓而後異姓。喪服之紀，重本屬而輕外親。此必有所受之，不自周人始矣。

「克明俊德，以親九族」，孔傳以爲自高祖至玄[二]孫之親，蓋本之《喪服小記》「以三爲五，以五爲九」之説，而百世不可易者也。《牧誓》數商之罪，但言「昏棄厥遺王父母弟」，而不及外親。《吕刑》曰[三]命有邦，歷舉「伯父、伯兄、仲叔、季弟、幼子、童孫」，而不言甥舅。古人所謂先後之序從可知矣。故《爾雅》謂於内宗曰「族」，於母、妻則曰「黨」。而《昏禮》及《仲尼燕居》「三族」之女[四]，康成並釋爲「父、子、孫」。《儀禮・昏禮》「三族之不虞」，註：「三族，謂父昆弟、己昆弟、子昆弟。」《禮記・仲兄[五]燕居篇》「故三族和也」，註：「三族，父、子、孫也。」□□□□□[六]：「外祖父，外祖母，從母子，及妻父、妻母、姑之子，姊妹之子，女子之子，非己之同族[七]，皆外親有服而異族者。」[八]左氏桓公六年《傳》註。然則史官之稱帝堯，舉其疏而遺其親，無乃顛倒之甚乎？且九族之爲同姓，經傳之中有明證矣。《春秋》魯成公十五年，宋共公卒，《傳》曰：「二華，戴族也。司城，莊族也。六官者，皆桓族也。」共公距戴公九世。[九]凡十三公，内除同世者四公。而《唐六典》：「宗正卿掌皇九族之屬籍，以別昭穆之序，紀親疏之别。九廟之子孫，其族五十有九：光皇帝一族，景皇帝之族六，元皇帝之族三，高祖之族二十有一，太宗之族十有三，高宗之族六，中宗之族四，睿宗之族五。」此在玄宗之時已有七族[十]，中、睿二宗同爲一世。若其歷世滋多，則有不止於九者。而五世親盡，故經文之言族者自九而止也。杜氏於襄十二年《傳》註曰：「同族謂高祖以下。」則前説之非，不待辨而明矣。又孔氏正義謂：「高祖、玄孫無相及之理。」桓六年。不知高祖之兄弟與玄孫之兄弟，固可以相及，[十一]如後魏國子博士李琰之所謂「壽有長短，世有延促，不可得而齊同」[十二]者。如宋洪邁《容齋隨筆》言：「嗣濮王士歆，在隆興爲從叔祖，在紹熙爲曾叔祖，在慶元爲高叔祖。」[十三]其明證矣。余丁未歲在大同遇代府中尉俊嘶，年近五十，考其世次，於孝宗爲昆弟，而上距弘治之元已一百八十年，秦、晉二府見在者多其六七世孫。亦何必帝堯之世，高祖玄孫之族，無一二人同在者乎？疑其不相及，而以外戚當之，其亦昧於齊家治國之理矣。

《路史》曰：「親親，治之始也。《禮·小記》曰：『親親者，以三爲五，以五爲九，上殺，下殺，旁殺，而親畢矣。』是所謂九族者也。夫人生則有父，壯則有子，父子與己，此《小宗伯》『三族之別』也。《周禮》：小宗伯「掌三族之別，以辨其親疏。其丁[十四]室皆謂之門子」。父者子之祖，因上推之以及於己之祖。子者父之孫，因下推之以及於己之孫。此《禮》傳之『以三爲五』也。己之祖，自己子視之則爲曾祖王父，自己孫視之則爲高祖王父。己之孫，自己父視之則爲曾孫，自己祖視之則爲玄孫。故又上推以及己之曾、高，下推以及己之曾、玄，是所謂『以五爲九』也。」[十五]陳氏《禮書》曰：「己之所親，以一爲三。祖孫所親，以五爲七。記不言者，以父子一體，而高、玄與曾同服，故不辨異之也。服父三年，服祖期，則曾祖宜大功，高祖宜小功，而皆齊[十六]衰三月者，不敢以大小功旁親之服加乎至尊。故重其衰麻，尊尊也；減其日月，恩殺也。此所謂『上殺』。服適子三年，庶子期，適孫期，庶孫大功，適孫，傳重者也。有適子者無適孫，則長子在皆爲庶孫也。則曾孫宜五月，而與玄孫皆緦麻三月者，曾孫服曾祖三月，曾祖報之亦三月。曾祖尊也，故加齊衰；曾孫卑也，故服緦麻。此所謂『下殺』。服祖期，則世叔宜大功[十七]，以其與父一體，故加以期。周道親親，至重者莫如兄弟。兄弟之子進而爲期，其服同於子。父之兄弟進而爲期，其服同于祖父。故曰：「死喪之威，兄弟孔懷。」[十八]從世叔則疏矣，加所不及，[十九]故服小功。族世叔又疏矣，故服緦麻。此發父而『旁殺』者也。祖之兄弟小功，[二十]曾祖兄弟緦麻，高祖兄弟無服。此發祖而『旁殺』者也。同父至親期，同祖爲從大功，同曾祖爲再從小功，同高祖爲三從緦麻。此發兄弟而『旁殺』者也。父爲子期，兄弟之子宜九月，不九月而期者，以其猶子而進之也。從兄弟之子小功，再從兄弟之子緦麻，此發子而『旁殺』者也。祖爲孫大功，兄弟之孫小功，從兄弟之孫緦麻。〔二十一〕此發孫而『旁殺』者也。〔二十二〕蓋服有加也，有報也，有降也。祖之齊衰，世叔從子之期，皆加也。曾孫之三月與兄弟之孫五月，皆報也。若夫降有四品，則非五服之正也。觀於九族之訓，如喪考妣之文，而知宗族之名，服紀之數，蓋前乎二帝而有之矣。」〔二十三〕

後魏孝文太和中，「詔延四廟之子，下逮玄孫之胄。申宗宴於皇信堂，不以爵秩爲列，悉序昭穆爲次，用家人之禮」。〔二十四〕此繇古聖人睦族之意而推之者也。

【校注】

〔一〕《尚書·堯典》：「克明俊德，以親九族。九族既睦，平章百姓。」孔安國傳：「能明俊德之士任用之，以睦高祖、玄孫之親。」陸德明釋文：「九族，上自高祖，下至玄孫，凡九族。馬、鄭同。」

〔二〕「玄」字缺初筆。原抄本不缺。遂初堂本缺末筆。集釋本作「元」。

〔三〕「曰」字誤，當改。原抄本、遂初堂本、集釋本、欒本、陳本、嚴本均作「申」。

〔四〕「女」字誤，當改。原抄本、遂初堂本、集釋本、欒本、陳本、嚴本均作「文」。

〔五〕「兄」字誤，當改。原抄本、遂初堂本、集釋本、欒本、陳本、嚴本均作「尼」。

〔六〕底本缺五字處，原抄本、遂初堂本、集釋本、欒本、陳本、嚴本均作「杜元凱乃謂」，當補。

〔七〕黄汝成集釋：汝成案：「非」，今本作「並」。

〔八〕黄汝成集釋引楊氏曰：杜氏之所以異於孔鄭者，以《傳》文云「修其五教，親其九族」。「五教」注既云「父義、母慈、兄友、弟恭、子孝」矣，則「九族」更不得就一本言之，所謂言各有當也。黄汝成集釋：汝成案：《左傳·桓公六年》疏：「《禮》戴、《尚書》歐陽説：九族乃異姓有屬者。父族四：五屬之内爲一族，父女昆弟適人者與其子爲一族，己女昆弟適人者與其子爲一族，己之女子子適人者與其子爲一族。母族三：母之父姓爲一族，母之母姓爲一族，母女昆弟適人者與其子爲一族。妻族二：妻之父姓爲一族，妻之母姓爲一族。」此小異者，以鄭駁云：「女子不得與父兄爲異族，故簡去其母，惟取其子。」夫既以爲異姓有屬者，而仍數五屬之内爲一族則不辭。若無姑或無姊妹、無女子，則九族不備。皆理之不可通者。

［九］黄汝成集釋引沈氏曰：《左傳》所言蓋氏族之族也，不謂顧氏乃有此舛謬。

［十］黄汝成集釋引沈氏曰：《六典》所言乃同宗之族也，以此證九族，恐未精細。

［十一］黄汝成集釋引沈氏曰：高祖之兄弟亦親盡無服，恐不在九族之列。

［十二］見《魏書・禮志二》。

［十三］陳垣校注：《容齋四筆》卷三「曾太皇太后」條。

［十四］「丁」字缺三筆未畢，當補。原抄本、遂初堂本、集釋本、欒本、陳本、嚴本均作「正」。《周禮》作「正」。

［十五］陳垣校注：《路史・餘論》卷六「九族」條。

［十六］「齋」字誤，當改。原抄本、遂初堂本、集釋本、欒本、陳本、嚴本均作「齊」。

［十七］黄汝成集釋引楊氏曰：「世叔」宜云世父、叔父，下同。

［十八］語出《詩經・小雅・常棣》。

［十九］黄汝成集釋引沈氏曰：此下宜增「故服大功，再從世叔又疏矣」二句。

［二十］黄汝成集釋引沈氏曰：此下宜增「族祖緦麻」一句。

［二十一］黄汝成集釋引沈氏曰：此下宜增「兄弟之曾孫緦麻」一句。

［二十二］黄汝成集釋引沈氏曰：族祖緦麻，發祖而旁殺者也，固宜增入：「曾祖兄弟緦麻，發曾祖而旁殺者也。兄弟曾孫緦麻，發曾孫而旁殺者也。」宜自爲兩段。至「高祖兄弟無服」一句，直宜去之。

［二十三］陳垣校注：宋陳祥道《禮書》卷六三「宗族」條。黄汝成集釋：汝成案：先生所云從世叔，即《喪服・小功章》從祖父母，族世叔乃《緦麻章》族父母。沈氏此注既乖服術，又舛出云。

［二十四］見《魏書・景穆十二王・任城王傳》，及《北史・景穆十二王列傳》。《册府元龜》卷三十九《帝王部・睦親》引之。

舜典

古時《堯典》、《舜典》本合爲一篇，故「月正元日，格於文祖」之後，而四岳之咨必稱「舜曰」者，以別於上文之「帝」也。至其命禹始稱「帝曰」，問答之辭已明，則無嫌也。

惠迪吉從逆凶［一］

善惡報應之説，聖人嘗言之矣。大禹言：「惠迪吉，從逆凶，惟景響。」［二］湯言：「天道福善禍淫。」［三］伊尹言：「惟上帝不常，作善降之百祥，作不善降之百殃。」［四］又言：「惟吉凶不僭在人，惟天降災祥在德。」［五］孔子言：「積善之家，必有餘慶；積不善之家，必有餘殃。」［六］豈真有上帝司其禍福，如道家所謂天神察人［七］善惡，釋氏所謂地獄果報者哉？善與不善，一氣之相感，如水之流濕，火之就燥，［八］不期然而然，無不感也，無不應也。此孟子所謂「志壹則動氣」［九］，而

《詩》所云「天之牖民，如壎[十]如篪，如璋諱闕[十一]如圭，如取如攜」[十二]者也。其有不齊，則如夏之寒，冬之燠，得於一日之偶逢，而非四時之正氣也。故曰「誠者天之道」[十三]也。若曰有鬼神司之，屑屑焉如人間官長之爲，則報應之至近者，反推而之遠[十四]矣。

【校注】

[一]《尚書・大禹謨》：「禹曰：『惠迪吉，從逆凶，惟影響。』」孔安國傳：「迪，道也。順道吉從逆凶。吉凶之報，若影之隨形，響之應聲。言不虛。」

[二]見《尚書・大禹謨》。

[三]見《尚書・湯誥》。

[四]見《尚書・伊訓》。

[五]見《尚書・咸有一德》。

[六]見《易經・坤卦・文言傳》。

[七]「人」，原抄本同。欒本原作「其」，據《續刊誤》改爲「人」。

[八]《易經・乾卦・文言傳》：「子曰：『同聲相應，同氣相求，水流濕，火就燥。』」

[九]見《孟子・公孫丑上》。

[十]「壎」，遂初堂本、集釋本、欒本、陳本、嚴本均同，原抄本誤作「燻」。《詩經》作「壎」。

[十一]「諱闕」二字，原抄本加方框作「諱闕」。陳垣校注：「璋」原作「諱」。

[十二]見《詩經・大雅・板》。

[十三]語出《禮記・中庸》。

[十四]「之遠」，遂初堂本、集釋本、欒本、陳本、嚴本均同。原抄本作「遠之」。

懋遷有無化居[一]

「懋遷有無，化居。」化者，貨也。古「化」、「貨」二字多通用。《史記・仲尼弟子傳》：「與時轉貨貲」，索隱曰：「《家語》『貨』作『化』。」運而不積則謂之化，留而不散則謂之貨。唐虞之世，曰「化」而已。至殷人，始以「貨」名。仲虺有「不殖貨利」之言[二]，「三風」有「殉於貨色」之儆[三]，而《盤庚之誥》則曰「不肩好貨」。於是移「化」之字爲化生、化成之「化」，而厚斂之君、發財之主多「不化」之物矣。

舜作《南風之歌》，所謂勸之以《九歌》者也。《左傳・文八年》：郤缺言：「九功之德，皆可歌也，謂之《九歌》。」[四]讀之[五]然後知「解吾民之愠」者，必在乎「阜吾民之財」。[六]而自阜其財，乃以來天下之愠。

【校注】

[一]見《尚書・益稷》。

[二]見《尚書・仲虺之誥》。

[三]《尚書・伊訓》：「敢有恒舞於宫、酣歌於室，時謂巫風；敢有殉於貨色、恒於游畋，時謂淫風；敢有侮聖言、逆忠直、遠耆德、比頑童，時謂亂風。」

[四]陳垣校注：應爲《左傳・文七年》。

[五]「讀之」二字，遂初堂本、集釋本、欒本、陳本、嚴本均同，原抄本無。

[六]《文選・琴賦注》引《尸子》佚文：「舜作五弦之琴，以歌南風：『南風之薰兮，可以解吾民之愠。』是舜歌也。」

三江[一]

北江，今之揚子江也。中江，今之吴淞江也。「東迤北會爲[二]匯」，蓋指固城、石臼等湖。不言南江，而以三江見之。南江，今之錢塘江也。本郭璞説。《禹貢》該括衆流，無獨遺浙江之理，而會稽又他日合諸侯計功之地也。特以施功少，故不言於道[三]水爾。「三江既入」，一事也。「震澤底定」，又一事也。後之解《書》者必謂三江之皆繇震澤，以二句相蒙爲文，而其説始紛紜矣。程大昌曰：「『弱水既西，涇屬渭汭。』必謂『既』之一語，爲起下文，則弱水未西，其能越秦隴而亂注[四]渭乎？」可謂解頤之論。[五]

【校注】

[一]《尚書・禹貢》：「三江既入，震澤底定。」孔安國傳：「震澤，吴南大湖名。言三江已入，致定爲震澤。」陸德明釋文：「三江，韋昭云：『謂吴松江、錢唐江、浦陽江也。』《吴地記》云：『松江東北行七十里，得三江口，東北入海爲婁江，東南入海爲東江，並松江爲三江。』」

[二]「爲」，原抄本、遂初堂本、嚴本同。集釋本、陳本作「于」，欒本作「於」。「東迤北會爲匯」，語出《尚書・禹貢》，通行本作「于」。阮元校勘記云：「顧炎武曰：石經及監本注疏皆同，《史記・夏本紀》亦作『于匯』，今本作『爲匯』，非。《石經考文提要》云：坊本作『爲匯』，沿董鼎《書傳》。」

[三]「道」，原抄本同。遂初堂本、集釋本、欒本、陳本、嚴本均作「導」。

[四]「注」字誤，當改。原抄本、遂初堂本、集釋本、欒本、陳本、嚴本均作「涇」。

[五]黄汝成集釋引沈氏曰：便是「既」之一語非起下文，而「底」之一字實緣上文也。必執一而論則固矣。且「三危既宅，三苗丕叙」，豈非相蒙之文乎？

錫土姓[一]

今日之天下，人人無土，人人有姓。蓋自錫土之法廢，而唐宋以下，帝王之胤[二]，儕於庶人，無世守之固。錫姓之法廢，而魏齊以下，夷狄之種，亂於中國，無猾夏之防。[三]《春秋傳》言：「允姓之姦，居于瓜州。」蓋古者分北三苗之意。後之鄙儒，讀《禹貢》而不知其義者，多矣。[四]

【校注】

[一]《尚書・禹貢》：「錫土、姓。」孔安國傳：「『天子建德，因生以賜姓。』謂有德之人生此地，以此地名賜之姓以顯之。」孔穎達疏：「《周語》稱『帝嘉禹德，賜姓曰姒；祚四岳國，賜姓曰姜』，《左傳》稱周賜陳胡公之姓爲嬀，皆是因生賜姓之事也。」「錫」，讀作「賜」。《爾雅・釋詁》：「錫，賜也。」

[二]「胤」字缺筆，原抄本同。集釋本、嚴本作「裔」。陳垣校注：「『裔』原作『胤』缺末筆。欒本據黄侃《校記》改作『胤』。今按：缺筆由避清諱，可知亭林原本不避此字，而抄手爲清人，然亦僅僅缺筆而已，仍存亭林之舊。至刻本改字替代，乃變舊觀。」

[三]「夷狄之種，亂於中國，無猾夏之防」三句，原抄本同。潘耒刻遂初堂本改爲「朔漠之姓，雜於諸夏，失氏族之源」，黄汝成集釋本因之。欒本據黄侃校記改回而加説明，陳本、嚴本仍刻本之舊而加注。

[四]「多矣」，原抄本同。遂初堂本、集釋本、欒本、陳本、嚴本二字上有「良」字。黄汝成集釋：汝成案：《國語》：「皇天嘉之，胙以天下，賜姓曰姒，氏曰有夏。胙四岳國，命爲侯伯，賜姓曰姜，氏曰有吕。」是此書確詁。因生賜姓，古惟黄帝。黄帝之子二十五人，四母所生，爲十二姓。惟古帝神靈，能別知異德，故一母之子可錫數姓。堯、舜時雖有賜姓，不過因前世之姓而命之，有夏、有吕，皆以國氏也。三王知其不能行，故爲立宗之法。若後世而欲錫姓，則

漢劉、唐李，顧足法乎？至云「朔漢之姓，雜於諸夏」，則又似以元魏之改姓爲非，兩無處矣。先生徒以帝王之後儕於庶人，遂感慨及此，自是偏激詞也。

厥弟五人[一]

夏商之世，天子之子其封國而爲公侯者，不見於經。以太康之尸位，而有「厥弟五人」。使其並建茅土，爲國屏翰，羿何至篡夏哉？富辰言：「周公弔二叔之不咸，故封建親戚，以蕃屏周。」[二]杜氏解曰：「弔，傷也。咸，同也。周公傷夏殷之叔世，疏其親戚，以至滅亡，故廣封其兄弟。」而少康封其庶子於會稽，以奉守禹祀二十餘世，至於越之句踐，卒霸諸侯，有禹之遺烈，夫亦監於太康孤立之禍而然與？若乃孔子所謂「大道既隱，天下爲家，各親其親，各子其子」[三]者，亦從此而可知之矣。

【校注】

[一]《尚書・五子之歌》：「太康尸位以逸豫，滅厥德，黎民咸貳」、「厥弟五人，御其母以從」。

[二]見《左傳・僖公二十四年》。

[三]見《禮記・禮運》。

惟彼陶唐有此冀方[一]

堯、舜、禹皆都河北，故曰「冀方」。至太康始失河北，而五子御其母以從之，於是僑國河南，再傳至相，卒爲浞所滅。古之天子失其故都，未有能國者也。周失豐鎬，而平王以東。晉失雒諱[二]陽，宋失開封，而元帝、高宗遷於江左，遂以不振。惟殷之五遷，圮於河，而非敵人之窺伺，則勢不同爾。唐自玄[三]宗以後，天子屢嘗出狩，乃未幾而復國者，以不棄長安也。故子儀回鑾之表，代宗垂泣；宗澤還京之奏，忠義歸心。嗚呼！幸而澆之縱欲，不爲民心所附，少康乃得以一旅之衆而誅之。爾後之人主不幸失其都邑，而爲興復之計者，其念之哉！

夏之都本在安邑，太康畋於洛諱闕[四]表，而羿距於河，則冀方之地入於羿矣，惟河之東與南爲夏所有。至后相失國，依於二斟。於是使澆用師，殺斟灌，在今壽光縣。以伐斟鄩，在今濰縣。而相遂滅。《左傳·哀元年》。乃處澆於過，今掖縣。以制東方。處豷於戈，杜氏解：「在宋、鄭之間。」以控南國。襄四年。其時靡奔有鬲，今在德平縣。在河之東。少康奔有虞，今虞城縣。在河之南。而自河以内，無不安於亂賊者矣。合魏絳、伍員二人之言，可以觀當日之形勢。而少康之所以布德兆謀者，亦難乎其爲力矣。《竹書》謂太康元年即居斟鄩，非也。

古之天子常居冀州，後人因之，遂以冀州爲「中國」之號。《楚辭·九歌》：「覽冀州兮有餘。」[五]《淮南子》：「女媧氏殺黑龍以濟冀州。」[六]《路史》云：「中國總謂之冀州。」[七]《穀梁傳》曰：桓五年。「鄭，同姓之國也，在乎冀州。」正義曰：「冀州者，天下之中州，唐、虞、夏、殷皆都焉。」以鄭近王畿，故舉冀州以爲説。

【校注】

[一]《尚書·五子之歌》：「其三曰：惟彼陶唐，有此冀方。今失厥道，亂其紀綱，乃底滅亡。」

[二]「諱」字，原抄本加方框作「諱」。

[三]「玄」字缺初筆。原抄本不缺。

[四]「諱闕」，原抄本加方框作「諱闕」。

[五]黄汝成集釋引楊氏曰：《楚辭》本意蓋謂由南望北，明其高遠耳。

[六]見《淮南子・覽冥訓》。

[七]陳垣校注：《路史・後紀》卷二「女皇氏」條。

胤[一]征

「羲和尸官」[二]，慢天也。「葛伯不祀」[三]，忘祖也。至於動六師之誅，興鄰國之伐，古之聖人其敬天尊祖也，至矣。故《王制》：天子巡守，其削絀諸侯，必先於「不敬」「不孝」。[四]

【校注】

[一]「胤」字缺筆，原抄本、遂初堂本同。集釋本作「允」。《尚書・胤征》：「羲和廢厥職，酒荒於厥邑，胤後承王命徂征。」

[二]《尚書・胤征》：「羲和尸厥官，罔聞知，昏迷於天象。」

[三]《孟子・滕文公下》：「湯居亳，與葛爲鄰，葛伯放而不祀」、「湯始征，自葛載」。孫奭疏：「《書》云：『葛伯不祀，湯始征之。』」今《尚書・仲虺之誥》無此文。

[四]《禮記・王制》：「天子五年一巡守」、「山川神祇有不舉者爲不敬，不敬者君削以地；宗廟有不順者爲不孝，不孝者君絀以爵」。

惟元祀十有二月[一]

「惟元祀十有二月乙丑」，「元祀」者，太甲之元年，「十有二月」者，建子之月。蓋湯之崩必以前年之十二月也。「殷練而祔。」[二]「伊尹祠於先王，奉嗣王祗見厥祖」，祔湯於廟也。非朔者，祔廟無定日。先君祔廟，而後嗣子即位，故成之爲王，而「伊尹乃明言烈祖之成德，以訓於王」也。若自桐歸亳，以三祀之十二月者，則適當其時，而非有所取爾。

即位者，即先君之位也。未祔則事死如生，位猶先君之位也，故祔廟而後嗣子即位。「殷練而祔」，即位必在期年之後；「周卒哭而祔」[三]，故踰年斯即位矣。如魯成公以八月薨，十二月葬，襄公以明年正月即位。有不待葬而即位，如魯之文公、成公者，其「禮之末失」[四]乎！三年喪畢，而後踐天子位，舜也，禹也。練而祔，祔而即位，殷也。踰年正月即位，周也。世變愈下，而柩前即位爲後代之通禮矣。

【校注】

[一]見《尚書·伊訓》。

[二]見《禮記·檀弓下》。祔，合葬之禮。

[三]亦見《禮記·檀弓下》。

[四]語出《禮記·檀弓上》：「小斂之奠在西方，魯禮之末失也。」鄭玄注：「末世失禮之爲。」

西伯戡黎

以關中并天下者，必先於得河東。秦取三晉而後滅燕、齊，符[一]氏取晉陽而後滅燕，宇文氏取晉陽而後滅齊。故「西伯戡黎」而殷人恐矣。[二]

【校注】

[一]「符」，原抄本同。遂初堂本、集釋本、欒本、陳本、嚴本均作「苻」。按當作「苻」。

[二]《尚書·西伯戡黎》：「西伯既戡黎，祖伊恐，奔告於王。」王，謂商紂王。

少師[一]

古之官，有職異而名同者，太[二]師、少師是也。比干之爲少師，《周□[三]》所謂「三孤」也。《論語》之「少師陽」，則樂官之佐，而《周禮》謂之「小師」者也。故《史記》言紂之將亡，其「大[四]師疵、少師彊抱其樂器奔周」，而後儒之傳誤以爲微子也。[五]《周本紀》。《漢書·古今人表》亦有大師疵、少師彊[六]。

【校注】

[一]《尚書·微子》：「微子若曰：『父師、少師，殷其弗或亂正四方。』」孔安國傳：「父師，太師，三公，箕子也。少師，孤卿，比干。」

［二］「太」，遂初堂本、集釋本、欒本、陳本、嚴本均同，原抄本作「大」。

［三］底本缺一字處，原抄本、遂初堂本、集釋本、欒本、陳本、嚴本均作「官」，當補。

［四］「大」，原抄本、遂初堂本、集釋本同。欒本、陳本、嚴本作「太」。

［五］黄汝成集釋引楊氏曰：《古今人表》以摯、干、繚皆作紂之樂官，董江都説亦如此。若微子不歸周，金仁山辨之極正。

［六］「彊」，遂初堂本、集釋本、欒本、陳本、嚴本同，原抄本誤作「殭」。黄汝成集釋引沈氏曰：《宋微子世家》曰：「武王代紂克殷，微子乃持其祭器造於軍門。」則後儒亦本於《史記》，而太史公之傳聞有異同也。

殷紂之所以亡

自古國家承平日久，法制廢弛，而上之令不能行於下，未有不亡者也。紂以不仁而亡天下，人人知之，吾謂不盡然。紂之爲君，沈緬於酒，而逞一時之威，至於刳［一］孕斮脛，盖齊文宣之比耳。商之衰也久矣！一變而《盤庚》之書，則卿大夫不從君令；再变而《微子》之書，則小民不畏國法。至於「攘竊神祇之犧牷牲，用以容，將食無災」［二］，可謂民玩其上，而威刑不立者矣。《史記》：燕王喜遺樂閒書曰：「紂之時，民志不入，獄囚自出。」即以中主守之，猶不能保，而況以紂之狂酗昏虐，又祖伊奔告而不省乎？文宣之惡，未必減于紂，而齊以彊；高緯之惡，未必甚於文宣，而齊以亡者：文宣承神武之餘，紀綱粗立，而又有楊愔輩爲之佐，主昏於上，而政清于下也；至高緯而國法蕩然矣，故宇文得而取之。然則論紂之亡、武之興，而謂以［三］「至仁伐至不仁」［四］者，偏辭也，

未得爲窮源之論也。[五]

【校注】

[一]「刳」，原抄本、遂初堂本、集釋本、陳本、嚴本均同，欒本作「剖」。

[二]語出《尚書·微子》。

[三]「以」，遂初堂本、集釋本、欒本、陳本、嚴本均同，原抄本作「之」。

[四]語出《孟子·盡心下》。

[五]黄汝成集釋：汝成案：亭林痛明季之典章廢壞，故發憤言之。其實湎酒逞威，國法蕩然，皆不仁也。不仁而可與言，則何亡國敗家之有？安得謂非窮源之論！

武王伐紂

武王伐商殺紂，而立其子武庚，宗廟不毀，社稷不遷，時殷未嘗亡也。所以異乎曩日者，不朝諸侯，不有天下而已。故《書序》言：「三監及淮夷叛，周公相成王，將黜殷，作《大誥》。」又言：「成王既黜殷命，殺武庚。」荀子言：「周公殺管叔，虚殷國。」註：「『虚』讀爲『墟』，謂殺武庚，迁殷頑民於雒邑，朝歌爲墟也。」是則殷之亡其天下也，在紂之自燔；而亡其國也，在武庚之見殺。蓋武庚之存殷者，猶十有餘年，使武庚不畔，則殷其不黜矣。

武王克商，天下大定，裂土奠國，乃不以其故都封周之臣，而仍以封武庚，降在侯國，而猶得守先人之故土。《蔡仲之命》曰：「乃致辟管叔於商。」武庚未殺，猶謂之「商」。武王無富天下之心，而不以畔[一]

逆之事疑其子孫，所以異乎後世之篡弑其君者，於此可見矣。及武庚既畔，乃命微子啟代殷。而必於宋焉，謂大火之祀，「商人是因」[二]，弗遷其地也。是以知古聖王之征誅也，取天下而不取其國。誅其君，弔其民，而存先世之宗祀焉，斯已矣。高誘《淮南子》註曰：「天子不滅國，諸侯不滅姓，古之政也。」武王豈不知商之臣民，其不願爲周者，皆故都之人？公族世家之所萃，流風善政之所存，一有不靖，易爲搖動。而必以封其遺胤[三]，蓋不以畔逆疑其子孫，而明告萬世，以取天下者無滅國之義也。故宋公朝周，則曰臣也；周人待之，則曰客也。自天下言之，則侯服於周也；自其國人言之，則以商之臣事商之君，無變於其初也。平王以下，去微子之世遠矣，而曰「孝惠取於商」，左氏哀二十四年《傳》。曰「天之棄商久矣」，僖二十二年《傳》。曰「利以伐姜，不利子商」，哀九年《傳》。吾是以知宋之得爲商也。[四]《國語》：「吴王夫差闕爲深溝，通于商、魯之間。」《莊子》：「商太宰蕩問仁于莊子。」《韓非子》：「子圉見孔子於商太宰，商太宰使少庶子之市。」《逸周書・王會篇》：「堂下之左，商公、夏公立焉。」《樂記》：「商者，五帝之遺聲也，商人識之，故謂之商。」鄭氏註曰：「商，宋詩也。」蓋自武庚誅而宋復封，於是商人曉然知武王、周公之心，而君臣上下各止其所，無復有怨懟不平之意。與後世之人主，一戰取人之國，而毀其宗廟、遷其重器者異矣。《樂記》曰：「投殷之後于宋。」此本之《吕氏春秋》，乃戰國時人之妄言。以武王下車即封微子，更誤。[五]

或曰：遷殷頑民於雒[六]邑，何與？曰：以「頑民」爲「商俗靡靡」之民者[七]，先儒解誤也。蓋古先王之用兵也不殺，而待人也仁。東征之役，其誅者事主一人，武庚而已。謀主一人，管叔而已。下此而因，下此而降，下此而遷。而所謂「頑民」者，皆畔逆之徒也。無連坐並誅之法，而又不可以復置之殷都，是不得不遷而又原其心。不忍棄之四裔，故於雒[八]邑。又不忍斥言其畔，故止曰「頑民[九]」。其與乎畔而遷者，大抵皆商之世臣大族。而其不與乎畔而留于殷者，如祝佗所謂「分康叔以殷民七族：陶氏、施氏、繁氏、錡氏、樊氏、饑氏、終葵氏」是也。[十]非盡一國而遷之也。或曰：何以知其爲畔黨也？曰：以召公之言「讎民」知之，不畔何以言「讎」。非敵百姓也，古聖王無與一國爲讎者也。

上古以來，無殺君之事也[十一]。湯之於桀也，放之而已。使紂不自焚，武王未必不以湯之所以待桀者待紂。紂而自焚也，此武王之不幸也。當時八百諸侯，雖並有除殘之志，然一聞其君之見殺，則天下之人亦且恫疑震駭，而不能無歸過於武王，此伯夷所以斥言其暴也。及其反商之政，封殷之後人，而無利於其土地焉，天下於是知武王之兵非得已也，然後乃安於紂之亡，而不以爲周師之過。故箕子之歌，怨「狡童」而已[十二]，無餘恨焉。非伯夷親而箕子疏，又非武王始暴而終仁也，其時異也。

《多士》之書：「惟三月，周公初于新邑洛諱闕[十三]，用告商王士，曰：『非我小國，敢弋殷命。』」亡國之民，而號之「商王士」；新朝之主，而自稱「我小國」。以天下爲公，而不没其舊日之名分，殷人以此「中心悦而誠服」[十四]。「卜世三十，卜年八百」[十五]，其始基之矣。

【校注】

[一]「畔」，原抄本同。遂初堂本、集釋本、欒本、陳本、嚴本均作「叛」。

[二]見《左傳・昭公元年》。

[三]「胤」字缺筆，原抄本同。集釋本作「允」。

[四]黄汝成集釋引閻氏曰：按《左傳・哀二十四年》：「孝惠娶於商。」此宗人釁夏，對魯哀公之言。宋林氏注曰：「稱商不稱宋者，避定公諱也。」「天之棄商久矣」，不曰棄宋，而曰棄商者，即下文「寡人雖亡國之餘」之意，亦一姓

不再興之説也。今取以證宋得爲商，竊恐顧氏未識當時立言之意。宋人爲鹿上之盟，以求諸侯於楚，公子目夷曰：「小國争盟，禍也，宋其亡乎！」此處斷，宜稱宋，則彼處稱商，正可意會。「利以伐姜，不利子商」，不曰伐齊與宋，而變文言姜、言商者，取與上文陽、兵協韻，固古人文字之常。下文「伐齊則可，敵宋不吉」，不用協韻，便直稱齊宋本號，則可見矣。

［五］《禮記・樂記》原文曰：「武王克殷，反商。未及下車而封黄帝之後於薊，封帝堯之後於祝，封帝舜之後於陳。下車而封夏后氏之後於杞，投殷之後於宋。」

［六］「雒」，此字不諱，原抄本同。

［七］《尚書・畢命》：「毖殷頑民，遷於洛邑」、「商俗靡靡，利口惟賢」。

［八］「雒」，此字不諱，原抄本同。

［九］「頑民」，原抄本同。遂初堂本、集釋本、欒本、陳本、嚴本前有「殷」字。

［十］見《左傳・定公四年》。「蔡」字誤，當改。原抄本、集釋本、欒本、陳本均作「葵」。《左傳》作「葵」。黄汝成集釋引閻氏曰：是以「陶氏、施氏、繁氏、錡氏、樊氏、饑氏、終葵氏」爲殷之庶民矣！則上文「分魯公以殷民六族，使帥其宗氏，輯其分族，將其丑類，以法則周公，用即命於周，是使之職事於魯」，一則曰「宗氏」，再則曰「分族」，尚得謂非商之世臣大族乎？豈同一氏族而分於康叔者獨爲民乎？此不可解。

［十一］「也」，原抄本同。遂初堂本、集釋本、欒本、陳本、嚴本無「也」字。

［十二］《昭明文選・宣德皇后令》注引《尚書大傳》：「微子歌曰：『彼狡僮兮，不我好兮。』」又引鄭玄曰：「狡僮，謂紂。」

［十三］「諱闕」，原抄本作「諱闕」。

［十四］語出《孟子・公孫丑上》。

［十五］語出《左傳・宣公三年》。「八百」，原抄本同。遂初堂本、欒本、陳本、嚴本作「七百」。《左傳》作「七百」。

秦［一］誓

商之德澤深矣。尺地莫非其有也，一民莫非其臣也，武王伐紂，乃曰：「獨夫受，洪惟作威，乃汝世讎」，曰：「肆予小子，誕以爾衆士，殄殲乃讎」。何至於此？紂之不善，亦止其身，乃至並其先世而讎之，豈非《泰誓》之文出于魏晉間人之僞撰者邪？［二］蔡氏曰：「《泰誓》、《武成》，一篇之中，似非盡出一人之口。」又引吴氏言，疑其書之晚出，或非盡當時之本文。蓋已見及乎此，特以註家之體，未敢直言其僞耳。

「朕夢協朕卜，襲于休祥，戎商必克。」伐君大事，而託之乎夢，其誰信之！殆即《吕氏春秋》載夷、齊之言，謂武王「揚夢以説衆」者也。《左傳・昭七年》：衛史朝之言曰：「筮襲于夢，武王所用也。」是當時已有此語。

《孟子》引《書》：「王曰：『無畏，寧爾也，非敵百姓也。』若崩厥角稽首。」［三］今改之曰：「罔或無畏，寧執非敵，百姓懔懔，若崩厥角。」［四］後儒雖曲爲之説，而不可通矣。

【校注】

［一］「秦」字誤，當改。原抄本、遂初堂本、集釋本、欒本、陳本、嚴本均作「泰」。正文不誤。

［二］黄汝成集釋引楊氏曰：「世讎言乃祖乃父罹其凶虐，非並其先世而讎之。」

［三］見《孟子・盡心下》。

［四］見《尚書・泰誓中》。

百姓有過在予一人[一]

「百姓有過，在予一人。」凡百姓之「不有康食，不虞天性，不迪率典」[二]，皆我一人之責。今我當順民心，以誅無道也。蔡氏謂「民皆有責於我」[三]，似爲紆曲。

【校注】

[一]見《尚書・泰誓中》。

[二]語出《尚書・西伯戡黎》。

[三]見蔡沈《書集傳》卷四：「今民皆有責於我，謂我不正商罪。」

王朝步自周

《武成》：「王朝步自周，于征伐商。」《召誥》：「王朝步自周，則至于豐。」《畢命》：「王朝步自宗周，至于豐。」不敢乘車，而步出國門，敬之至也。馬氏曰：「豐，文王廟所在。」鄭氏以爲「出廟、入廟皆步行」。今按《書》言「步自周」，則不但于廟也。《雍録》以爲步行二十五里，則又太遠。後之人君驕恣惰佚，於是有輦而行國中，坐而見群臣，非先王之制矣。「皇帝輦出房」，見於《漢書・叔孫通傳》，乃秦儀也。[一]

《吕氏春秋》：「出則以輿，入則以輦，務以自佚，命之曰『招蹷之機』。」枚乘《七發》本此，作「蹶痿之机[二]」。宋吕大防言：「前代人主在宫禁之中，亦乘輿輦。祖、宗皆步自内庭，出御前殿。此勤身之法也。」周煇《清波雜志》。

《太祖實録》：「吴元年，上以諸子年長，宜習勤勞，使不驕惰，命内侍製麻屨行縢。每出城稍遠，則馬行其二，步趨其一。」至於先帝[三]，亦嘗步禱南郊。嗚呼，皇祖之訓遠[四]矣！

【校注】

[一]亦見《史記·叔孫通列傳》。黄汝成集釋引沈氏曰：西河毛氏《經問》云：「字書：『輦行曰步。』謂以人行車，故字以『二夫』行車爲形，而義即因之。考《雜記》有士喪與天子同者三，一是乘人。又《周禮·巾車》下，『王后有五路』，一是輦車，以人挽之。」此非古車不用人可知也。

[二]「机」，原抄本、遂初堂本、集釋本、欒本、陳本、嚴本均作「機」。

[三]「至於先帝」，原抄本同。潘刻遂初堂本改爲「至崇禎帝」，集釋本同。欒本據黄侃校記改回，陳本、嚴本仍刻本之舊而加注。

[四]「遠」字，原抄本誤脱，當補。

太王[一]王季

《中庸》言：「武王末受命，周公成文、武之德，追王太王、王季。」[二]《大傳》言：「武王于牧之野，既事而退，遂率天下諸侯，執豆籩，逡[三]奔走，追王太王亶父、王季歷、文王昌。」二説不同。今按《武成》言：「丁未，祀于周廟。」而其告庶邦冢君，稱「大王王季」。《金縢》之册祝曰：「若爾三王。」是武王之時已追王太王、王季，而《中庸》之言未爲得也。[四]《緜》之詩，上稱「古公亶父」，下稱「文王」，是古公未上尊號之先，文已稱王，而《大傳》之言未爲得也。仁山金氏[五]曰：「武王舉兵之日已稱王矣，故類於上帝，行天子之禮，而稱『有道曾孫周王發』[六]，必非史臣追書之辭。後之儒者，乃嫌聖人之事而文之，非也。」然文王之王，與太王、王季之王，自不同時，而追王大王、王季，必不在周公踐阼之後。疑武王未克商，先已追尊文王。《史記·伯夷傳》：「西伯卒，武王載木主，號爲文王，東伐紂。」

【校注】

[一]「太王」，原抄本同，遂初堂本、集釋本、欒本、陳本、嚴本均作「大王」。目録作「大王」。

[二]黄汝成集釋引莊侍郎曰：追王大王王季，不追謚，系王跡所起，實則商之諸侯也，必尊文王爲太祖，則不以干商先王之統明矣。黄汝成集釋引楊氏曰：據《中庸》本文，亦只是周公所定之禮如此，不必是武王身後也。

[三]「逡」，原抄本同。遂初堂本、集釋本、欒本、陳本、嚴本作「駿」。

[四]黄汝成集釋引沈氏曰：陳諒直云：「武王受命之日，年已垂暮，周公以母弟而爲相，一代制作皆出其手，故以成德歸之。」《中庸》之意元不指踐阼以後，後人自誤會其指耳。

[五]金履祥，字吉父，蘭溪人，入元不仕，學者稱仁山先生。著有《尚書標注》、《論語集注考證》、《通鑑前編》及《仁山文集》。

[六]語出《周書·武成》。

彝倫[一]

彝倫者，天地人之常道，如下所謂五行、五事、八政、五紀、皇極、三德、稽疑、庶徵、五福、六極，皆在其中，不止《孟子》之言「人倫」而已[二]。「能盡其性」，以至「能盡人之性」、「盡物之性」，則「可以贊天地之化育」[三]，而「彝倫叙」矣。[四]

【校注】

[一]見《尚書・洪範》。「彝倫」訓爲「常理」。《爾雅・釋詁》：「彝，常也。」

[二]《孟子・滕文公上》：「教以人倫，父子有親，君臣有義，夫婦有别，長幼有叙，朋友有信。」

[三]語出《禮記・中庸》。

[四]《尚書・洪範》：「天乃錫禹洪範九疇，彝倫攸叙。」黄汝成集釋引楊氏曰：極五行、五事、八政之屬，該以人倫，略無遺漏，故曰「達道」。

龜從筮逆[一]

古人求神之道，不止一端，故卜、筮並用，而終以龜爲主。《周禮・簭[二]人》言：「凡國之大事，先簭而後卜。」註：「當用卜者先簭之，即事有漸也。於簭之凶，則止不卜。」然而《洪範》有「龜從，筮逆」者，則知古人固不拘乎此也。「大卜掌三兆之法」，「其經兆之體皆百有二十，其頌皆千有二百」，故傳曰：「筮短龜長。」《左傳》：「晉獻公將以驪姬爲夫人，卜之不吉，筮之吉。卜人曰：『筮短龜長，不如從長。』」註：「物生而後有象，象而後有滋，滋而後有數。龜象筮數，故象長數短。」《曲禮》正義曰：「凡物初生則有象，去初既近，且包羅萬形，故爲長。數是終末，去初既遠，推尋事數，始能求象，故以爲短也。」自漢以下，文帝代來，猶有「大横」之兆。[三]《藝文志》有《龜書》五十三卷[四]，《夏龜》二十六卷，《南龜書》二十八卷，《巨龜》三十六卷，

《雜龜》十六卷，而後則無聞。唐之李華遂有廢龜之論矣。《舊唐書》。

【校注】

[一]「逆」字，原抄本同。遂初堂刻本誤作「從」，集釋本改正作「從」。欒本注：原本小題誤作「龜從筮從」，據目録及文義改。《尚書・洪範》：「汝則從，龜從，筮從，卿士從，庶民從，是之謂大同。」「汝則從，龜從，筮逆，卿士逆，庶民逆，作内吉，作外凶。」

[二]「簭」，同「筮」。

[三]《史記・孝文本紀》：「代王報太后計之，猶與未定。卜之龜，卦兆得大横。占曰：『大横庚庚，余爲天王，夏啟以光。』」

[四]陳垣校注：《龜書》應爲五十二卷。

周公居東[一]

主少國疑，周公又出居於外，而上下安寧，無腹心之患者，二公[二]之力也。武王之誓衆曰：「予有亂臣十人，同心同德」[三]，於此見之矣。荀子曰：二公「仁智且不蔽，故能持周公，而名利福禄與周公齊。」[四]

【校注】

[一]《尚書・金縢》：「周公居東二年，則罪人斯得。」

[二]二公：召公、太公。「召」讀作「邵」。

[三]見《尚書・泰誓中》。

[四]見《荀子·解蔽》。黄汝成集釋引徐鴻博曰:《魯世家》:「人或譖周公,周公奔楚。」據《戰國策》,惠施曰:「昔王季歷葬於楚山之尾,欒水嚙其墓。」《季婦鼎銘》曰:「王在成周,王徙於楚麓。」《左傳》十三年:「迓晉侯於新楚」,杜注:「新楚,秦地。」《括地志》:「終南山,一名楚山,在雍州萬年縣南五十里。武王墓在萬年縣西南三十里。」周公奔楚,當是因流言出居,依于王季、武王之墓地,必非遠涉東都也。

今按:十三年,謂成公之年。

黄汝成集釋引莊大令曰:《洛誥》曰:「惟周公誕保文武受命,惟七年。」《尚書大傳》曰:「一年救亂,二年克殷,三年踐奄」,「四年建侯衛而封康叔,五年營成周洛邑,六年制禮作樂,七年致政」。毫無辟居之事。以《詩》考之,蓋成王諒闇,周公爲冢宰,百官總己以聽。除喪後,周公即東征。東征之二年,成王感風雷之變,迎周公於奄。則誕保受命,自東征始。《小毖》雖東征以後之事,亦在七年之中。且《書》所謂七年,蓋成王即位之九年,《書》綜其年數故言七年,非謂紀年也。而鄭乃謂周公攝政稱元年,及致政成王,而又改元。此皆尸佼、孫卿之徒創爲邪説,以爲亂臣賊子所藉口。漢儒襲誤承訛,遭新莽之篡,緣飾經藝,侮亂天常,猶不能悟,誠可爲憤歎者矣。

微子之命

微子之於周,蓋受國而不受爵。受國以存先王之祀,不受爵以示不爲臣之節。故終身稱微子也。孔氏《書傳》曰:「微,畿内國名。子,爵也。」微子卒,立其弟衍,是爲微仲。衍之繼其兄,繼宋非繼微也,而稱微仲者何? 猶微子之心也。[一]至於衍之子稽,則遠矣,于是始稱宋公。嗚呼! 吾於《洪範》之書言「十有三祀」,《微子之命》以其舊爵名篇,而知武王、周公之仁,不奪人之所守也。後之經生不知此義,而抱器之臣、倒戈之士,接迹於天下矣。[二]

【校注】

［一］黄汝成集釋引沈氏曰：毛西河《經問》云：「微子仍封微，爲子。又改封宋，爲公。則受爵矣。承殷祀以守三恪，則既爲周臣，復爲周賓矣。若終身稱微子而不稱宋公，此史例有然，猶康叔改封衛侯，亦終身稱康叔，不稱衛侯也。其弟衍未嘗封微，而仍稱微仲，亦史例也。周有同封而同稱者，虢仲、虢叔是也。微仲不同封也。有先後立國而亦同稱者，吴大伯、吴伯雍是也。微仲同宋國，未嘗同微國也，然而稱微仲者：其稱微，則以國君介弟，原得稱兄之國號以爲號，《春秋》書吴季是也；其稱仲，則以既爲國君，仍得稱己之字以爲字，《詩序》秦仲是也。皆史例也。

［二］黄汝成集釋：汝成案：先生之義甚正矣。核之命篇之義，似不必然。《康誥》不曰衛誥，《康王之誥》、《文侯之命》生而稱謚，且篇中明言「建爾於上公」。周既命之，微子當無不受之理，此亦是史臣原文爾。又前沈氏引毛西河《經問》云：「《春秋》書吴季是也。」考《春秋》止書蔡季、紀季，無「吴季」，毛氏誤也。

酒誥

酒爲「天之降命」，亦爲「天之降威」。［一］紂以酗酒而亡，文王以「不腆於酒」而興［二］。興亡之幾，其原皆在於酒。則所以保天命而畏天威者，後人不可不謹矣。

【校注】

［一］《尚書·酒誥》：「惟天降命，肇我民，惟元祀。天降威，我民用大亂喪德，亦罔非酒惟行。」

［二］《尚書·酒誥》：「尚克用文王教，不腆於酒，故我至於今克受殷之命。」

召誥

古者吉行日五十里，故召公營洛諱闕[一]，乙未自周，「戊申朝至於洛」[二]，凡十有四日。師行日三十里，故武王伐紂，癸巳自周，戊午「師渡孟津」[三]，凡二十有五日。《漢書》以爲三十一日[四]，誤。

【校注】

[一]「諱闕」，原抄本作「諱闕」。

[二]《尚書·召誥》：「戊申，太保朝至於洛。」此「洛」字，二抄本均不諱。

[三]《尚書·武成》：「戊午，師逾孟津。」

[四]《漢書·律曆志下》：「戊午度於孟津。孟津去周九百里，師行三十里，故三十一日而度。」

元子

《微子之命》，以微子爲「殷王元子」[一]。《召誥》則又以紂爲「元子」，曰：「皇天上帝，改厥元子，兹大國殷之命。」又曰：「有王雖小，元子哉！」人君謂之「天子」，故仁人之事天如事親。

【校注】

[一]元子：孔穎達疏引《爾雅·釋詁》云：「元、首，始也。」引《易》曰：「元者，善之長也。」

其稽我古人之德[一]

傳說之告高宗曰：「學于古訓，乃有獲。」[二]武王之誥康叔，既「祗遹乃文考」，而又求之「殷先哲王」，又求之「商耇成人」，又別求之「古先哲王」。[三]太保之戒成王，先之以「稽我古人之德」，而後進之以「稽謀自天」。及成王之作《周官》，亦曰：「學古入官」，曰：「不學牆面」。[四]子曰：「述而不作，信而好古。」[五]又曰：「好古，敏以求之。」[六]又曰：「君子以多識前言往行，以畜其德。」[七]先聖後聖，其揆一也。不學古而欲稽天，豈非不耕而求獲乎！

【校注】

[一]《尚書・召誥》：「曰其稽我古人之德，矧曰其有能稽謀自天？」

[二]見《尚書・說命下》。

[三]見《尚書・康誥》。

[四]見《尚書・周官》。

[五]見《論語・述而》。

[六]見《論語・述而》。

[七]見《易經・大畜卦・象傳》。

節性[一]

「降衷於下民，若有恒性」[二]，此「性善」之説所自出也。「節性，惟日其邁」，此「性相近」之説所自出也。「豈弟君子，俾爾彌爾性，似先公酋矣。」[三]「命也，有性焉，君子不謂命也。」[四]

【校注】

[一]《尚書·召誥》：「節性，惟日其邁。」孔安國傳：「時節其性，令不失中，則道化惟日其行。」

[二]語出《尚書·湯誥》。

[三]語出《詩經·大雅·卷阿》。

[四]語出《孟子·盡心下》。

汝其敬識百辟享[一]

人主坐明堂而臨九牧，不但察群心之向背，亦當知四國之忠奸。故嘉禾同穎，美侯服之宣風；[二]底貢厥獒，戒明王之慎德[三]。所謂「敬識百辟享」也。昔者唐明皇之致理[四]也，受張相千秋之鏡[五]，聽元生《于蔿》之歌[六]，亦能以謇諤爲珠璣，以仁賢爲器幣。及乎王心一蕩，佞諛日崇，開廣運之潭，致江南之貨，廣陵銅器，京口綾衫，錦纜牙檣，彌亘數里。靚妝鮮服，和者百人。乃未幾而薊門之亂作矣。然則韋堅、王鉷之徒，剥民以奉其君者，皆「不役志於享」[七]者也。

《易》曰：「公用享于天子，小人弗克。」[八]若明皇者，豈非「享多儀」而民「曰不享」者哉！

【校注】

[一]《尚書·洛誥》：「汝其敬識百辟享，亦識其有不享。享多儀，儀不及物，惟曰不享。」孔安國傳：「奉上謂之享。言汝爲王，其當敬識百君諸侯之奉上者，亦識其有違上者。」

[二]《尚書·微子之命》：「唐叔得禾，異畝同穎，獻諸天子。王命唐叔歸周公於東，作《歸禾》。周公既得命禾，旅天之命，作《嘉禾》。」

[三]「底」，讀作「厎」，解爲「致」。《尚書·旅獒》：「西旅厎贡厥獒。太保乃作《旅獒》，用训于王。曰：『呜呼！明王慎德，四夷咸宾。』」

[四]致理：致治。

[五]唐玄宗《千秋節賜群臣鏡》詩：「鑄得千秋鏡，光生百煉金。分將賜群後，遇象見清心。」張說《奉和聖制賜王公千秋鏡應制》詩：「寶鏡頒神節，凝規寫聖情。千秋題作字，長壽带爲名。」

[六]《新唐書·卓行傳·元德秀傳》：「玄宗在東都，酺五鳳樓下，命三百里縣令、刺史各以聲樂集。是时頗言帝且第勝負，加賞黜。河内太守輦優伎數百，被錦繡，或作犀象，瑰譎光麗。德秀惟樂工數十人，連袂歌《于蔿于》。《于蔿于》者，德秀所爲歌也。帝聞，異之，歎曰：『賢人之言哉！』謂宰相曰：『河内人其塗炭乎？』乃黜太守，德秀益知名。」

[七]見《尚書·洛誥》。

[八]見《易經·大有卦》九三爻辭。

惟爾王家我適[一]

朝覲者不之殷而之周，訟獄者不之殷而之周，於是周爲天子，而殷爲侯服矣。此之謂「惟爾王家我適」。

【校注】

［一］《尚書・多士》：「惟我事不貳適，惟爾王家我適。」孔安國傳：「言天下事已之我周矣，不貳之他，惟汝殷王家已之我，不復有變。」

王來自奄

《多方》之誥曰：「惟五月丁亥，王來自奄。」而《多士》，王曰：「昔朕來自奄。」是《多方》當在《多士》之前，後人倒其篇第耳。元儒王柏論亦同此，但更置太多，未敢信。［一］奄之叛周，是武庚既誅而懼，遂與淮夷、徐戎並興。而周公東征，乃至於三年之久。《孟子》曰：「伐奄三年，討其君」［二］，「伐奄」，成王時事。上言「相武王」，因「誅紂」而連言之耳。是也。既克，而成王「踐奄」［三］，蓋行巡狩之事。《書序》：「成王既踐奄，將遷其君於蒲姑」［四］，是也。《多方篇》云「周公曰曰［五］：王若曰」，是周公尚未迀殷，而王已踐奄矣。孔傳以爲奄再叛者，拘於篇之先後而强爲之説。「至于再，至于三」，當從蔡氏説。

【校注】

［一］黄汝成集釋：汝成案：王會之先生，宋度宗咸淳十年卒，未嘗入元。先生注稱爲元儒者誤。陳垣校注：王柏，字會之，號魯齋。

［二］見《孟子・滕文公下》。

［三］《尚書・蔡仲之命》：「成王東伐淮夷，遂踐奄，作《成王政》。」

［四］見《尚書・蔡仲之命》。
［五］下「曰」字衍，當删。原抄本不誤。

建官惟百［一］

成王作《周官》之書，謂「唐虞稽古，建官惟百」，而「夏商官倍」［二］者，時代不遠，其多寡何若此之懸絶哉？且天下之事，一職之微，至於委吏、乘田亦不可闕，而謂二帝之世遂能以百官該内外之務，吾不敢信也。考之傳註，亦第以爲因時制宜，而莫詳其實。吾以爲唐虞之官不止於百，而其咨而命之者二十有二人［三］，其餘九官之佐，殳斨、伯與、朱虎、熊羆［四］之倫，暨侍御僕從，以至「州十有二師，外薄四海，咸建五長」［五］，以名達於天子者不過百人而已。其他則穆王之命所謂「慎簡乃僚」［六］，而天子不親其黜陟者也。故曰：「堯舜之智［七］而不偏物，急先務也。堯舜之仁不偏愛人，急親賢也。」［八］夏商之世，法日詳，而人主之職日侵於下，其命于天子者多，故倍也。觀于《立政》之書，内至於「亞旅」，外至於「表臣」、「百司」，而「夷微、盧烝、三亳、阪尹」之官，又虞夏之所未有，則可知矣。杜氏《通典》言漢初王侯國，百官皆如漢朝，惟丞相命於天子，其御史大夫以下皆自置。及景帝懲吴楚之亂，殺其制度，罷御史大夫以下官。至武帝，又詔凡王侯吏職秩二千石者，不得擅補。其州郡佐吏自别駕、長史以下，皆刺史、太守自補。歷代因而不革。洎北齊武平中，後生［九］失政，多有佞幸，乃賜其賣官，分占州郡，下及鄉官，多降中旨，故有敕用州主簿、郡功曹者。自是之後，州郡辟士之權浸移於朝廷，以故外吏不得精覈，繇此起也[十]。故劉炫對牛弘[十一]，以爲「大小之官，悉繇吏部」[十二]，此政之所以日繁。而沈既濟之議，欲令六品以下，及僚佐之屬，許州府辟用。《唐書・百官志》曰：「初，太宗省内外官，定制爲七百三十員，曰：『吾以此待天下賢[十三]才，足矣。』」後之人見《周禮》一書設官之多，職事之密，以爲周之所以致治者如此。而不知「宅乃事，宅乃牧，宅乃準」[十四]之外，文王罔敢知也。然則周之制雖詳，而意猶不異於唐虞矣。求治之君，其可以天子而預銓曹之事哉！

【校注】

[一]《尚書・周官》：「唐虞稽古，建官惟百。内有百揆四嶽，外有州牧侯伯。」

[二]《尚書・周官》：「夏商官倍，亦克用乂。」孔安國傳：「禹湯建官二百，亦能用治。言不及唐虞之清要。」

[三]《尚書・舜典》：「帝曰：『咨！汝二十有二人，欽哉！』」

[四]殳斨、伯與、朱虎、熊羆，見《尚書・舜典》。

[五]見《尚書・益稷》。

[六]見《尚書・冏命》。

[七]「智」，原抄本、遂初堂本、集釋本、欒本、陳本、嚴本均作「知」。

[八]語出《孟子・盡心上》。

[九]「生」字誤，當改。原抄本、遂初堂本、集釋本、欒本、陳本、嚴本均作「主」。

[十]「也」，遂初堂本、集釋本、欒本、陳本、嚴本均同。原抄本作「矣」。

[十一]「弘」，原抄本、遂初堂本同，集釋本作「宏」。

[十二]見《隋書・儒林傳・劉炫傳》。黄汝成集釋引趙氏曰：「《隋書》：劉炫對牛弘，謂：『往者州惟置綱紀，郡置守丞，縣置令而已，其具僚則長官自辟。今則大小之官，悉由吏部。』據此，則天下官員盡歸部選之制，實自隋始也。」

然吏歸部選，則朝廷之權不下移。若聽長官辟置，無論末流澆漓，夤緣賄賂之風必甚。即其中號爲賢智者，亦多以意氣微恩，致其私感，以致成黨援門户，背公向私者比比也。

［十三］「𡗝」，疑爲壞字，當改。原抄本、遂初堂本、集釋本、欒本、陳本、嚴本均作「賢」。《新唐書》作「賢」。

［十四］見《尚書·立政》。

司空

司空，孔傳謂「主國空土以居民」［一］，未必然。顔師古曰：「空，穴也。古人穴居，主穿土爲穴以居人也。」見《漢書·百官公卿表》註。此語必有所本。《易傳》云：「上古穴居而野處。」［二］《詩》云：「古公亶父，陶復陶穴，未有家室。」［三］今河東之人尚多有穴居者。今人謂「窯」，即古「陶」字。《莊子》言「逃虚空」，「虚空」即今人所謂「冷窯」也。洪水之後，莫急於奠民居，故「伯禹作司空」［四］，爲九官之首。

【校注】

［一］《尚書·周官》：「司空掌邦土，居四民，時地利。」孔安國傳：「《冬官》卿，主國空土以居民，士農工商四人，使順天時，分地利，授之土。」

［二］見《易經·繫辭下傳》。

［三］見《詩經·大雅·緜》。

［四］見《尚書·舜典》。

顧命

讀《顧命》之篇，見成王初喪之際，康王與其群臣皆吉服，而無哀痛之辭。以召公、畢公之賢，反不及子産、叔向，誠爲可疑。再四讀之，知其中有脱簡。不言殯禮，知是闕文。豈有新君已朝諸侯，而成王尚未殯，史官略無一言記及者乎？而「狄設黼扆綴衣」以下，即當屬之《康王之誥》。伏生本以《顧命》、《康誥》合爲一篇。自此以上，記成王顧命登遐之事；自此以下，記明年正月上日康王即位朝諸侯之事也。古之人君於即位之禮重矣，故即位於廟，受命於先王，祭畢而朝群臣，群臣布幣而見，然後成之爲君。《春秋》之于魯公，即位則書，不即位則不書。蓋有遭時之變，而不行此禮，如莊、閔、僖三公者矣。康王當太平之時，爲繼體之主，而史録其儀文訓告，以爲一代之大法，此[一]《書》之所以傳也。《記》曰「未没喪不稱君」[二]，而今《書》曰「王麻冕黼裳」，是踰年之君也。又曰「周卒哭而祔」[三]，而今曰「諸侯出廟門俟」，是已祔之後[四]。《記》曰：「卒哭曰成事。是日也，以吉祭易喪祭。」[五]《傳》曰[六]「天子七月而葬，同軌畢至」[七]，而今太保率西方諸侯，畢公率東方諸侯，是七月之餘也。因其中有脱簡，而後之説《書》者，並以繫之「越七日癸酉」之下，所以生後儒之論。而不思初崩七日之間，諸侯何繇而畢至乎？蘇氏亦知其不通，而以爲問疾之諸侯。或曰：易吉，可乎？曰：此周公所制之禮也，以宗廟爲重，而不敢凶服以接乎神，釋三年之喪，以盡斯須之敬。此義之所在，而天子之守與士庶不同者也。《商書》有之矣：「惟元祀十有二月乙丑，伊尹祠於先王，奉嗣王祇見厥祖。」[八]豈以喪服而入廟哉！《漢書・孝文紀》：「元年，冬十月辛亥，皇帝見于高廟。」蓋猶循此制。[九]傳賢之世，天下可以無君。故「堯崩，三年之喪畢，舜避堯之子於南河之南」[十]。傳子之世，天下不可無君，故「惟元祀十有二月乙丑，伊尹祠於先王，奉嗣王祇見厥祖」。[十一]自「狄設黼扆綴衣」以下，皆陳之朝者也。設四席[十二]者，朝群臣，聽政事，養國老，燕親屬，皆新天子之所有事，而非「事亡」之説也[十三]。自「王麻冕黼裳」以下，皆廟中之事也。自「王出在應門之内」以下，則康王臨朝之事也。

周之末世，固有不待葬而先見廟者矣。《左傳》昭二十二年，夏四月乙丑，王「崩於榮錡氏」，「五月庚辰，見王」，「六月丁巳，葬景王」。其曰「見王」者，見王子猛於先王之廟也。不待期而見王猛，不待期而葬景王，則以子朝之争國也。然不言「即位」，但曰「見王」而已。孰謂成康無事之時，而行此變禮哉[十四]！

《書》之脱簡多矣。如《武成》之篇，蔡氏以爲尚有闕文。《洛諱闕，下同[十五]誥》：「戊辰，王在新邑」，則王之至洛可知，乃二公至洛並詳其月日，而王不書，金氏以爲其間必有闕文，蓋伏生老而忘之耳。然則《顧命》之脱簡，又何疑哉？孔子有言[十六]：「若非有司失其傳，則武王之志荒矣。」[十七]余於《顧命》，敢引之以繼[十八]千載之疑。

【校注】

[一]「此」字，遂初堂本、集釋本、欒本、陳本、嚴本均同。原抄本脱，當補。

[二]見《禮記・坊記》。

[三]見《禮記・檀弓下》。

[四]「之後」，原抄本同。二字下，遂初堂本、集釋本、欒本、陳本、嚴本有「也」字。

[五]見《禮記・檀弓下》。

[六]「曰」，原抄本、遂初堂本、集釋本、欒本、陳本、嚴本均作「言」。

[七]見《左傳・隱公元年》。

[八]見《尚書・商書・伊訓》。

[九]黄汝成集釋引楊氏曰：觀孝文十月，則知商十二月矣。

[十]見《孟子・萬章上》。

[十一]黄汝成集釋引楊氏曰：堯老舜攝，義自明。「天下可以無君」之説殆非。

[十二]《尚書・顧命》：「牖間南向，敷重篾席」，「西序東向，敷重厎席」，「東序西向，敷重豐席」，「西夾南向，敷重筍席」。

[十三]《禮記・中庸》：「敬其所尊，愛其所親，事死如事生，事亡如事存，孝之至也。」

[十四]「哉」，原抄本、遂初堂本、嚴本同。集釋本、欒本、陳本均作「也」。

[十五]「諱闕，下同」，原抄本作「諱闕，下同」。集釋本不諱。

[十六]「孔子有言」，原抄本同。集釋本、欒本、陳本均作「宾牟贾言」。按，《禮記》作宾牟贾言。

[十七]見《禮記・樂記》。

[十八]「継」字誤，當改。原抄本、遂初堂本、集釋本、欒本、陳本、嚴本均作「斷」。

矯虔[一]

《説文》：「矯，從矢，揉箭也。」故有用力之義。《漢書・孝武紀》註引韋昭曰：「稱詐爲矯，强取爲虔。」《周語》註：「以詐用法曰矯。」

【校注】

[一]《尚書・吕刑》：「罔不寇賊鴟義，奸宄奪攘矯虔。」「矯虔」，孔安國解爲「矯稱上命」。

罔中于信以覆詛盟[一]

國亂無政，小民有情而不得申，有冤而不見理，于是不得不愬之于神，而詛盟之事起矣。蘇公遇暴公之譖，則「出此三物，以詛爾斯」[二]。屈原遭子蘭之讒，則「告五帝以折中」，「命咎繇而聽直」。[三]至於里巷之人，亦莫不然。而鬼神之往來於人間者，亦或著其靈爽，于是賞罰之柄，乃移之冥漠之中，而蚩蚩之氓，其畏王鈇常不如其畏鬼責矣。乃世之君子猶有所取焉，以輔王政之窮。今日所傳地獄之説，感應之書，皆苗民詛盟之餘習也。「明明棐常，鰥寡無蓋」[四]，則王政行于上，而人自不復有求於神。故曰：有道之世，「其鬼不神」。[五]所謂「絶地天通」[六]者，如此而已矣。[七]

【校注】

[一]《尚書・吕刑》文。

[二]見《詩經・小雅・何人斯》。

[三]《楚辭・九章・惜誦》：「令五帝以折中兮，戒六神與向服。俾山川以備御兮，命咎繇使聽直。」「折中」，一作「迣中」，一作「析中」。「使」，一作「以」。

[四]見《尚書·吕刑》。

[五]《老子·六十章》：「以道莅天下，其鬼不神。」

[六]《尚書·吕刑》：「乃命重、黎，絶地天通。」又《國語·楚語下》：「乃命南正重司天以屬神，命火正黎司地以屬民，使復舊常，無相侵瀆，是謂絶地天通。」

[七]黄汝成集釋引胡氏曰：鬼神者，前聖尊而稱之，百官以畏，萬民以服，皆所以正人心者也。王道大明，作福作災，於己取之，蓋無所事於神矣。道之不明，理不可信，不得不求救於神，以免意外之禍。愚民、小夫，緣此冀無端之福。武人、劇盜頓首像設之前，出廟門而行殺。度九黎亂德之世，大都如此。《書》曰：「伯夷降典，折民惟刑。」蓋折民邪妄，惟當示以典禮。典禮勝，邪妄息矣。其不度於禮者，刑必施焉。故狄公毁淫祠，折以刑之謂也。

文侯之命

《竹書紀年》：幽王三年，嬖褒姒。五年，王世子宜臼出奔申。八年，王立褒姒之子伯盤古「股[一]」字，與「盤」字相近[二]而誤。爲太子。九年，申侯聘西戎及鄫。十年，王師伐申。十一年，申人、鄫人及犬戎入周，弑王及王子伯盤。申侯、魯侯、許男、鄭子立宜臼於申，虢公翰立王子余臣於攜，周二王並立。平王元年，王東徙雒[三]邑。晉侯會衛侯、鄭伯、秦伯，以師從王人於成周。二十一年，晉文侯殺王子余臣於攜。[四]《左傳·昭二十六年》：王子朝告諸侯之辭曰：「攜王奸命，諸侯替之，而建王嗣。」杜氏以「攜王」爲「伯服」，蓋失之不考。[五]然則《文侯之命》，報其立己之功，而望之以殺攜王之效也。鄭公子蘭之從晉文公而東也，請無與圍鄭，晉人許之。今平王既立於申，申國在今信陽州。自申遷於雒邑，而復使周人爲之戍申，《竹書紀年》：平王三十三年，楚人侵申。三十六年，王人戍申。則申侯之伐，幽王之弒，不可謂非出于平王之志者矣。當日諸侯但知其冢嗣爲當立，而不察其與聞乎弒爲可誅，虢公之立王子余臣，或有見乎此也。自文侯用師，替攜王以除其偪，而平王之位定矣。後之人徒以成敗論，而不察其故，遂謂平王能繼文武之緒，而惜其棄岐豐七百里之地，豈爲能[六]當日之情者哉？孔子生於二百年以後，蓋有所不忍言，而録《文侯之命》於《書》，録《揚之水》之篇于《詩》，其旨微矣。《葛藟》詩序謂平王「棄其九族」，似亦未可盡非。《古今人表》以平王、申侯與幽王、褒姒、虢石父同列下下。《傳》言「平王東遷」[七]，蓋周之臣子美其名爾，綜其實不然。凡言「遷」者，自彼而之此之辭，盤庚遷於殷是也。幽王之亡宗廟社稷，以及典章文物蕩然皆盡，鎬京之地已爲戎狄之居[八]。平王乃自申東保於雒，天子之國與諸侯無異，而又有攜王與之頡頏，並爲人主者二十年，其得存周之祀，幸矣，而望其中興哉！[九]如東晉元帝，不可謂之遷于建康。

【校注】

[一]「股」字誤，當改。原抄本、遂初堂本、集釋本、欒本、陳本、嚴本均作「服」。

[二]「近」，原抄本同。遂初堂本、集釋本、欒本、陳本、嚴本均作「似」。

[三]「雒」字不諱，原抄本同。下同。

[四]以上連綴《今本竹書紀年》之文。

[五]黄汝成集釋引楊氏曰：觀《左傳·後序》，則成侯已見《竹書》，但不甚信之耳，並非失考。今按：杜預封當陽成侯。

[六]「豈爲能」，原抄本作「豈能爲」，遂初堂本、嚴本作「豈謂能得」，集釋本、欒本、陳本作「豈爲能得」。

[七]《左傳・僖公二十二年》：「初，平王之東遷也。」又隱公六年：「周桓公言于王曰：『我周之東遷，晉、鄭焉依。』」襄公十年：「瑕禽曰：『昔平王東遷，吾七姓從王。』」

[八]「戎狄之居」，原抄本同。潘刻遂初堂本改爲「西戎所有」，集釋本同。欒本據黄侃校記改回而加説明，陳本、嚴本仍刻本之舊而加注云原作「戎狄之居」。

[九]黄汝成集釋：汝成案：《春秋》起平王末年，而托始於讓位之隱，或亦有微意歟？

秦誓

有秦誓故列《秦誓》，有秦詩故録《秦詩》[一]，「述而不作」[二]也。謂夫子逆知天下之將并於秦而存之者，邵子説。小之乎知聖人矣！秦穆公之盛，僅霸西戎，未嘗爲中國盟主，無論齊桓、晉文，即亦不敢望楚之靈王、吴之夫差，合諸侯而制天下之柄。春秋以後，秦盖中衰。吴淵穎萊曰：「秦之興，始於孝公之用商鞅，成于惠王之取巴蜀。蠶食六國，并吞二周，戰國之秦也，非春秋之秦也。其去夫子之卒也久矣，自獲麟之歲，以至始皇滅六國、并天下，二百六十年。夫子惡知周之必并於秦哉！」[三]若所云「後世男子，自稱秦始皇，入我房，顛倒我衣裳，至沙丘而亡」[四]者，近於圖澄、寶誌之流，非所以言孔子矣。

【校注】

《甘誓》，天子之事也。《胤[五]征》，諸侯之事也。並存之，見諸侯之事可以繼天子也。《費誓》、《秦誓》之存，猶是也。

[一]《秦詩》，謂《詩經・秦風》。
[二]語出《論語・述而》。
[三]陳垣校注：《淵穎吴先生文集》卷五《秦誓論》下。
[四]《論衡・實知》：「孔子将死，遺讖書曰：『不知何一男子，自謂秦始皇，上我之堂，踞我之牀，顛倒我衣裳，至沙丘而亡。』」
[五]「胤」字缺筆，原抄本同。集釋本作「允」。

古文尚書

漢時《尚書》今文與古文爲二，而古文又自有二。《漢書・藝文志》曰：「《尚書》古文經四十六卷，爲五十七篇。」師古曰：「孔安國《書序》云：『凡五十九篇，爲四十六卷。』承詔作傳，引《序》各冠其篇首，定五十八篇。」鄭玄[二]《序贊》云：「後又亡其一篇，故五十七。」又曰：「經二十九卷，大小夏候[二]二家。歐陽經三十二卷。」歐陽生，字和伯，史失其名。夏侯勝，勝兄子[三]建，皆傳伏生《尚書》。師古曰：「此二十九卷，伏生傳授者。」內《泰誓》非伏生所傳，師古並書[四]之，詳見下。此今文與古文爲二也。又曰：「古文《尚書》者，出孔子壁中。武帝末，魯共王壞孔子宅，欲以廣其宫，而得古文《尚書》及《禮記》、《論語》、《孝經》，凡數十篇，皆古字也。共王往入其宅，聞鼓琴瑟鍾磬之音，於是懼，乃止不壞。孔安國者，孔子後也，悉得其書，以考二十九篇，得多十六篇。師古曰：「見行世二十九篇之外，更得十六篇。」安國獻之，遭巫蠱事，未列於學官。劉向以中古文師古曰：「『中』者，夫[五]子之書也。」[六]較[七]

歐陽、大小夏侯三家經文，《酒誥》脱簡一，《召誥》脱簡二。率簡二十五字者，脱亦二十五字；簡二十二字者，脱亦二十二字。文字異者七百有餘，脱字數十。」《志》自云此所述者本之劉歆《七略》，不知「中古文」即安國所獻否？ 及王莽末，遭赤眉之亂，焚燒無遺[八]。 《儒林傳》曰：「孔氏有古文《尚書》，孔安國以今文字讀之，因以起其家。逸《書》得十餘篇，蓋《尚書》茲多於是矣。言此爲最多者，明張霸加之以百工[九]篇爲爲[十]。遭巫蠱，未立於學官。安國爲諫大夫，授都尉朝；都尉朝授膠東庸生，庸生授清河胡常少子。又傳《左氏》，常授號徐敖。又傳《毛詩》，授王璜、平陵塗惲子真；子真授河南桑欽君長。王莽時，諸學皆立。《傳》末又言：「平帝時，立《左氏》、《春秋》、《毛詩》、逸《禮》、古文《尚書》。」而《後漢書》十四博士無之，蓋光武時廢。 劉歆爲國師，璜、惲等皆貴顯。言劉歆者，哀帝時，歆移書太常博士，欲立此諸家之學[十一]也。」又曰：「世所傳『百两篇』者，出東萊張霸。分析合二十九篇以爲數十。或分析之，或合之。又采《左氏傳》、《書序》爲作首尾，凡二百[十二]篇。篇或數簡，文意淺漏[十三]。成帝時，求其古文者，霸以能爲百两徵，以中書較讎[十四]之，非是。」此又孔氏古文與張霸之書爲二也。《後漢書·儒林傳》曰：「孔僖，魯國魯人也。自安國以下，世傳古文《尚書》。」又曰：「扶風杜林，傳古文《尚書》。林同郡賈逵，爲之作訓，《賈逵傳》：肅宗「好古文《尚書》」，詔逵「撰《歐陽大小夏侯尚書古文同異》，爲三卷，帝善之」。馬融作傳，鄭玄注解，繇是古文《尚書》遂顯於世。」又曰：「建初中，詔高才生受古文《尚書》、《毛詩》及《穀梁》、《左氏春秋》，雖不立學官，然皆擢高第，爲講郎，給事近署。」然則孔僖所受之安國者，竟無其傳，而杜林、賈逵、馬融、鄭玄則不見安國之傳，而爲之作訓、作傳、作注解，此則孔、鄭之學又當爲二，而無可考矣。[十五]《劉[十六]傳》曰：「明[十七]《尚書》、《春秋》，爲之訓詁，推三家《尚書》及古文[十八]，是[十九]正文字三百餘事，名曰《中文尚書》。言參用今文、古文之中。漢末之亂，無傳。若馬融注《古文尚書》十卷，鄭玄注《古文尚書》九卷，則見於《舊唐書·藝文志》，又有王肅、范甯、李顒[二十]、姜道成注《古文尚書》。《新唐書》作「姜道盛」。開元之時，尚有其書，而未嘗亡也。按陸氏《釋文》言：「馬、鄭所注二十九篇，則亦不過伏生所傳之二十八。一，《堯典》並《舜典》「慎微[二十一]」以下爲一篇。二，《皋陶謨》並《益稷》爲一篇。三，《禹貢》。四，《甘誓》。五，《湯誓》。六，《盤庚》。七，《高宗彤日》。八，《西伯戡黎》。九，《微子》。十，《牧誓》。十一，《洪範》。十二，《金縢》。十三，《大誥》。十四，《康誥》。十五，《酒誥》。十六，《梓材》。十七，《召誥》。十八，《洛誥》。十九，《多士》。二十，《無逸》。二十一，《君奭》。二十二，《多方》。二十三，《立政》。二十四，《顧命》並《康王之誥》爲一篇。二十五，《吕刑》。二十六，《文侯之命》。二十七，《費誓》。二十八，《秦誓》。而《泰誓》别得之民間，合之爲二十九，「孔氏正義曰：《史記》及《漢書》《儒林傳》云：『伏生獨得二十九篇，以教齊魯。』然《泰誓》非伏生所得。按馬融云：『《泰誓》後得。』鄭玄《書論》亦云：『民間得《泰誓》。』《别録》曰：『武帝末，民有得《泰誓》書於壁内者，獻之。』則《泰誓》非伏生所傳。而言二十九篇者，以司馬遷在武帝之世，見《泰誓》出而得行，入于伏生所傳内，故爲史總之云伏生所出，不復曲别分析。其實得時不與伏生所傳同也。」且非今之《泰誓》。有「白魚入於王舟」等語，董仲舒《對策》引之。其所謂『得多十六篇』者，不與於[二十二]其間也。」《隋書·經籍志》曰：「馬融、鄭玄所傳，惟二十九篇，又雜以今文，非孔[二十三]舊書，自餘絶無所[二十四]說。正義曰：「鄭氏書於伏生所傳之外，增益二十四篇。《舜典》一，《汩作》二，《九工》九篇十一，《大禹謨》十二，《益稷》十三，《五子之歌》十四，《胤[二十五]征》十五，《湯誥》十六，《咸有一德》十七，《典寶》十八，《伊訓》十九，《肆命》二十，《原命》二十一，《武成》二十二，《旅獒》二十三，《冏命》二十四。以一篇爲一卷，《九工》九篇合爲一卷，通十六卷，以合于《漢·藝文志》『得多十六篇』之數。此即張霸之徒所作僞書也。」與《舊唐書》所載卷目不同。[二十六]晉世秘府所存，有古文《尚書》經文，今無有傳者。及永嘉之亂，歐陽、大小夏侯《尚書》並亡。至東晉，豫章内史梅賾始得安國之《傳》，上之。正義引《晉書》云：「太保鄭沖以古文授扶風蘇愉，愉授天水梁柳，柳授城陽臧曹，曹授汝南梅賾，遂上其書。」又云：「其書亡失《舜典》一篇。」此書東京以下諸儒皆不曾見，鄭玄注《禮記》、韋昭注《國語》、杜預注《左氏》、趙岐注《孟子》，凡引此書文並注王[二十七]「逸《書》」。增多二十五篇，《大禹謨》一，《在[二十八]子之歌》二，《胤征》三，《仲虺之誥》四，《湯誥》五，《伊訓》六，《大甲》三篇九，《咸有一德》十，《說命》三篇十三，《泰誓》三篇十六，《武成》十七，《旅獒》十八，《微子之命》十九，《蔡仲之命》二十，《周官》二十一，《君陳》二十二，《畢命》二十三，《君牙》二十四，《冏命》二十五。以合於伏生之二十八篇，而去其僞《泰誓》，又分《舜典》、《益稷》、《盤庚》中下、《康王之誥》各自爲篇，則爲今之五十八篇矣。其《舜典》亡闕，取王肅本「慎徽」以下之傳續之。陸氏《釋文》云：「梅賾上孔氏傳古文《尚書》，亡《舜典》一篇，時以王肅註頗類孔氏，故取王註從『慎徽五典』以下爲《舜典》，以續孔傳。」齊明帝建武四年，有姚方興者，於大航頭得本，有「曰若稽古帝舜」以下二十八字，獻之，朝議咸以爲非。及江陵板蕩，其文北入中原，學者異之，劉炫遂以列諸本第。然則今之《尚書》，其今文、古文皆有之，三十三篇固雜取伏生、安國之文，而二十五篇之出於梅賾，《舜典》二十八字之出於姚方興，又合而一之。孟子曰：「盡信《書》，則不如無《書》。」於今日而[二十九]益驗之矣。[三十]

竊疑古時有《堯典》，無《舜典》，有《夏書》，無《虞書》，而《堯典》亦《夏書》也。[三十一]《孟子》引「二十有八載，放勳乃徂[三十二]落」，而謂之《堯典》，則序之別爲《舜典》者非矣。[三十三]《左氏傳》莊公八年引「皋陶邁種德」，僖公二十四年引「地平天成」，二十七年引「賦[三十四]納以言」，文公七年引「戒之用休」，襄公五年引「成允成功」，二十一年、二十三年兩引「念茲在茲」，二十六年引「與其殺不辜，寧失不經」，哀公六年引「允出茲在茲」，十八年引「官占惟先蔽志」。《國語》周內史過引「衆非元后何戴，后非衆罔與守邦」，而皆謂之《夏書》，則後之目爲《虞書》者贅矣。正義言：「馬融、鄭玄、王肅，《別録》題皆曰『《虞夏書》』，以虞、夏同科。」何則？記此書者，必出於夏之史臣，雖傳之自唐，而潤色成文不無待乎[三十五]後人者。故篇首言「曰若稽古」，以古爲言，明非當日之記也。世更三聖，事同一家。以夏之臣追記二帝之事，不謂之《夏書》而何？夫惟以夏之臣，而追記二帝之[三十六]事，則言堯可以見舜，不若後人之史，每帝立一本紀，而後爲全書也。[三十七]

「帝曰：『來，禹，汝亦昌言。』」承上文皋陶所陳，一時之言也。「王出在應門之内」，承上文「諸侯出廟門俟」，一時之事也。《序》分爲兩篇者，妄也。

【校注】

[一]「玄」字缺初筆，原抄本不諱，集釋本作「元」。下「玄」字同。

[二]「候」字誤，當改。遂初堂本、原抄本、集釋本、欒本、陳本、嚴本均作「侯」。下「侯」字不誤。

[三]「兄子」，原抄本同。遂初堂本、集釋本、欒本、陳本、嚴本均作「從兄子」。

[四]「書」字誤，當改。原抄本、遂初堂本、集釋本、欒本、陳本、嚴本均作「言」。

[五]「夫」字誤，當改。原抄本、遂初堂本同誤。集釋本、欒本、陳本、嚴本作「天」。《漢書・藝文志》作「天」。

[六]黄汝成集釋：汝成案：原注「師古曰『中者』」云云，考《志》無此注，當是《儒林傳》注「中書，天子所藏之書也」誤文。今按：《漢書・藝文志》「劉向以中古文《易經》校施、孟、梁丘經」，顔師古注：「『中』者，天子之書也。言中，以別於外耳。」黄氏誤。

[七]「較」字下，原抄本加「諱」字。集釋本、欒本、陳本、嚴本均作「校」。

[八]「遺」，原抄本同。遂初堂本、集釋本、欒本、陳本、嚴本均作「餘」。

[九]「工」字誤，當改。原抄本、遂初堂本、集釋本、欒本、陳本、嚴本均作「二」。

[十]下「爲」字誤，當改。原抄本、遂初堂本、集釋本、欒本、陳本、嚴本均作「僞」。

[十一]「學」字下，原抄本有「禮」字，疑衍；遂初堂本、集釋本、欒本、陳本、嚴本有「故」字。

[十二]「二百」誤倒，原抄本同誤。遂初堂本、集釋本、欒本、陳本、嚴本均作「百二」。

[十三]「漏」字誤，當改。遂初堂本、原抄本、集釋本、欒本、陳本、嚴本均作「陋」。

[十四]「諱」，原抄本作「諱」。遂初堂本、集釋本、欒本、陳本、嚴本均作「校」。

[十五]黃汝成集釋引錢氏曰：林杜及賈、鄭、馬諸儒所傳古文，即安國真古文，但非梅賾所獻之古文爾。

[十六]「劉」字下，脱「陶」字，當補。原抄本、遂初堂本、集釋本、欒本、陳本、嚴本均作「劉陶」。

[十七]「明」字上，原抄本、遂初堂本、集釋本、欒本、陳本、嚴本均有「陶」字。

[十八]「古文」，遂初堂本、集釋本、欒本、陳本、嚴本同。《漢書》作「古文」。原抄本誤作「古人」。當改。

[十九]「是」，遂初堂本、集釋本、欒本、陳本、嚴本同。《漢書》作「是」。原抄本誤作「見」，當改。

[二十]「顒」字，原抄本同，集釋本作「容」。

[二十一]「徵」字誤，當改。原抄本、遂初堂本、集釋本、欒本、陳本、嚴本均作「徽」。

[二十二]「於」，原抄本同。遂初堂本、集釋本、欒本、陳本、嚴本無「於」字。

[二十三]「孔」字，原抄本同。遂初堂本、集釋本、欒本、陳本、嚴本均作「孔子」。

[二十四]「所」，原抄本、遂初堂本、集釋本同。《隋書》作「師説」。欒本、嚴本改爲「師説」。陳本作「所説」，校注：「所説」原作「師説」，「所」字大誤。但原鈔本已如此。

[二十五]「胤」字缺筆，原抄本同。集釋本作「允」。

[二十六]黃汝成集釋引錢氏曰：謂鄭氏所傳增益二十四篇，爲張霸之徒所作者，孔穎達之臆説。

[二十七]「王」字誤，當改。原抄本同誤。遂初堂本、集釋本、欒本、陳本、嚴本均作「云」。

[二十八]「在」字誤，當改。原抄本、遂初堂本、集釋本、欒本、陳本、嚴本均作「五」。

[二十九]「而」字，遂初堂本、集釋本、欒本、陳本、嚴本均同，原抄本無。

[三十]黃汝成集釋引孫兵備曰：《書》有四而僞者二，亡者三。一曰漢文帝使鼂錯所受伏生《尚書》二十八篇，

《泰誓》後得，大小夏侯爲二十九，歐陽三分《盤庚》爲三十一，馬氏、鄭氏三分《泰誓》，又分《顧命》出《康王之誥》爲三十四，益以《書序》而爲之注，即《隋·經籍志》所稱「馬融注《尚書》十一卷，鄭玄注《尚書》九卷」也。此二十八篇經文，爲伏生壁藏之餘，見《史記》、《漢書》《儒林傳》及《藝文志》。據王充《論衡》，亦云：「伏生抱百篇，藏山中。景帝遣鼂錯往從受《尚書》二十餘篇。」而僞孔安國《序》稱伏生失其本經，口以傳授。朱文公亦承其誤，大背漢人之言。蓋誤會衛宏所云「伏生使其女傳言教錯」，以爲口授經文。不知宏所謂「傳言」者，傳授經義，非本文，亦或即是《大傳》也。孔安國亦傳今文，故《史記》云：「孔氏有古文《尚書》，而安國以今文讀之。」當時謂伏生《書》爲今文，蓋在孔壁科斗《書》既出之後，稱今以別於古。且秦時改篆用隸，諸儒或以寫經，以便循誦。劉向既以中古文校三家經文脱簡、脱字文字之異，後漢杜林又得漆書古文，賈逵撰《歐陽大小夏侯尚書古文同異》，於是今文合於古文，《隋·經籍志》稱「馬、鄭所傳惟二十九篇，又雜以今文」是也。馬、鄭所注，雖止伏生之《書》，既從張恭祖受逸〔《書》〕十六篇，分爲二十四，又注壁中百篇之《序》，遂題曰《古文尚書》。而唐人猶謂此爲今文者，以惑於僞古文也。一曰漢武帝末，孔氏壁中所出古文《尚書》，杜林得之，西州鄭氏受之。張恭祖皆即其本較伏生《書》，增多十六篇，合於伏生《書》二十九篇，並《序》爲四十六篇。古者竹帛異施，篇卷同耳，故《藝文》云「古文經四十六卷」，而班固自注爲「五十七篇」者，内分《盤庚》、《泰誓》各爲三，《顧命》爲二，《九工》爲九，除《序》，數之五十八，《武成》後亡，故云「五十七篇」也。古文增多，篇無傳注，故《儒林傳》稱「司馬遷從安國問」，故而不言安國作傳，馬氏稱爲「逸無師説」。漢晉諸儒咸見其全書，或稱爲《逸書》者，非亡逸之謂，謂逸在伏生二十九篇之外也。唐人疑爲不見古文，惑矣。孔穎達引束晳稱孔子壁中《書》「將始宅殷」。《隋·經籍志》云：「晉世秘府所存，有古文《尚書》經文」，又載有徐邈撰《古文尚書音》一卷，梁五經博士劉叔嗣注《尚書逸篇》二卷。《唐志》有徐邈注三卷。陸德明稱「永嘉喪亂，衆家之書並亡，古文蓋絶於此時也。」一曰漢成帝時，張霸所作百兩篇《書》，既以中書校之，非是，乃黜其《書》。今遺文僅見王充《論衡》，有云：「伊尹死，大霧三日。」霸孔穎達誤以古文二十四篇爲張霸僞《書》，又以鄭氏所引《允征》「厥篚元黄」爲是張霸《書》詞，可謂以不狂爲狂。《書》自魏晉以來，未見稱述，蓋亡於漢也。一曰晉元帝時，梅賾所上《尚書孔傳》五十八篇，引《書序》以冠各篇之首，安稱鄭冲所傳古文。齊姚方興又獻《舜典》，有「乃命以位」已上二十八字。隋劉炫取而列請本第，始或格於朝議，或不行於河洛。至孔穎達爲僞《傳》撰正義，而鄭注漸微。其時孔壁古文久亡，遂無能辨其真僞。故劉知幾《史通》稱：「姚方興采馬、王之義以造孔傳《舜典》，舉朝集議，咸以爲非。」《北史·儒林傳》稱：「南北章句好尚，互有不同。江左《尚書》則孔安國，河洛《尚書》則鄭康成。」《隋·經籍志》則稱：「至隋，孔、鄭並行，而鄭氏甚微也。」今考梅賾《書》，篇數與古不相應。采會《書傳》又多舛錯，大異史遷所從孔安國問故之文，與顯背鄭説者難更僕。若《允征》之以人名爲國，《旅獒》之以酋豪爲犬，尤可怪也。伏生二十九篇，本文存此書中，亦或删改。如「二十有八載」下，改「放勳」爲「帝」字。《説文》引《周書》「遽以記之」，今爲《虞書》。「帝曰毋若丹朱傲」、「禹曰子娶塗山」云云，皆脱「帝曰」、「禹曰」，賴有《孟子》、董仲舒書、《史記》、《漢書》、《論衡》可證耳。僞孔古文《尚書》，宋吴棫、朱文公嘗疑之，當時不能博考以證其僞舛。近世閻若璩、惠棟互加考證，别黑白而箴膏肓，學者始知僞《孔傳》之非真古文矣。《尚書》一厄於秦火，則百篇爲二十九。再厄於建武，而亡《武成》。三厄於永嘉，則衆家書及古文盡亡。四厄於梅賾，則以僞亂真，而鄭學微。五厄於孔穎達，則以是爲非，而馬、鄭之注亡於宋。六厄於唐開元時，詔衛包改古文從今文，則並僞《孔傳》中所存二十九篇本文失其真。七厄於宋開寶中，李鄂删定《釋文》，則並陸德明音義俱非其舊矣。

〔三十一〕黄汝成集釋引孫氏曰：案《左傳》文十八年明云：「《虞書》數舜之功，曰：『慎徽五典』」云云，安得謂之有《夏書》無《虞書》乎？竊意古人蓋以二典爲《虞書》，《大禹謨》以下爲《夏書》也。

〔三十二〕「徂」，原抄本同。遂初堂本、集釋本、欒本、陳本、嚴本均作「殂」。《尚書》原文作「殂」，《孟子》作「徂」。

〔三十三〕黄汝成集釋引趙氏曰：案《孟子》咸丘蒙章，引《堯典》曰：「二十有八載，放勳乃阻落，百姓如喪考妣。三年，四海遏密八音。」孟在未焚書之前，必親見《尚書》真本，而引之爲《堯典》。則此明是《堯典》之文，而晉人分在《舜典》中者，誤也。況《史記》堯本紀直至禪位後二十八年，殂落始畢，凡今《舜典》所載察璣衡、定巡狩、封山濬川、制刑法、誅四凶等事，皆在堯本紀中。班固稱遷作《史記》多從安國問，故安國乃治古文《尚書》者，而遷本之作堯紀。如此可知古文《堯典》原不止於「釐降二女」，而必至「遏密八音」方止也。

黄汝成集釋引姚氏曰：據《史記》以「遏密八音」以上爲《堯典》，「月正元日」以下爲《舜典》，文氣仍是割裂。經文直叙舜事，無容中畫也。蓋别有《舜典》，而今亡之，不必分截以足之。

［三十四］「賦」，遂初堂本、集釋本、欒本、陳本、嚴本同。原抄本作「敷」。《尚書・益稷》原文作「敷」，《左傳》引《夏書》作「賦」。

［三十五］「乎」，原抄本同。遂初堂本、集釋本、欒本、陳本、嚴本均作「於」。

［三十六］「之」字，遂初堂本、集釋本、欒本、陳本、嚴本均同，原抄本無。

［三十七］黄汝成集釋引趙氏曰：《左傳》稱爲《夏書》者，典謨原係夏時史官追記，故春秋時猶仍舊稱。孔子删定，題爲《虞書》者，以其事皆虞廷之事。如《隋書》修於唐而謂之《隋書》，《唐書》修於宋而謂之《唐書》也。

書序

益都孫寶侗仲愚［一］謂：「《書序》爲後人僞作，逸《書》之名亦多不典。至如《左氏傳》定四年祝佗［二］告萇弘［三］，其言魯也，曰『命以《伯禽》，而封于少皞之虚』。其言衛也，曰『命以《康誥》，而封于殷虚』。其言晉也，曰『命以《唐誥》，而封於夏虚』。是則《伯禽之命》、《康誥》、《唐誥》，《周書》之三篇，而孔子所必録也。今獨《康誥》存，而二書亡。爲《書序》者，不知其篇名，而不列於百篇之内，疏漏顯然。是則不但《書序》可疑，並百篇之名亦未可信矣。」其解「命以伯禽」爲《書》名《伯禽之命》，尤爲切當，今録其説。［四］

正義曰：「《尚書》遭秦而亡。漢初不知篇數。武帝時有太常蓼侯孔臧者，安國之從兄也，與安國書云：『時人惟聞《尚書》二十八篇，取象二十八宿，謂爲信然，不知其有百篇也。』」[五]今考傳記引《書》，並無《序》所亡四十二篇之文[六]，則此篇名亦未可盡信也。

【校注】

[一]孫寶侗，字仲愚，一作仲孺，山東益都人。官都察院經歷，著有《惇裕堂集》。見賀長齡《皇朝經世文編》姓名録。

[二]「祝佗」，遂初堂本、集釋本、欒本、陳本、嚴本均同。原抄本誤作「祝陀」，當改。《左傳》作「祝佗」。

[三]「弘」字，原抄本同。集釋本作「宏」。

[四]黄汝成集釋引錢氏曰：亭林不信《書序》，然《書序》不可廢。

[五]見《尚書·泰誓上》孔穎達疏。

[六]四十二篇，謂《尚書》百篇，孔安國所定五十八篇之外，尚有四十二篇之數。《尚書序》陸德明《釋文》云：「謂《虞書》：《汩作》、《九共》九篇、《槀飫》；《夏書》：《帝告》、《釐沃》、《湯征》、《汝鳩》、《汝方》；《商書》：《夏社》、《疑至》、《臣扈》、《典寶》、《明居》、《肆命》、《徂後》、《沃丁》、《咸乂》四篇、《伊陟》、《原命》、《仲丁》、《河亶甲》、《祖乙》、《高宗之訓》；《周書》：《分器》、《旅巢命》、《歸禾》、《嘉禾》、《成王政》、《將蒲姑》、《賄肅慎之命》、《亳姑》。凡四十二篇，亡。」

豐熙僞尚書

《五經》得於秦火之餘，其中固不能[一]錯誤。學者不幸而生乎二千餘載之後，信古而闕疑，乃其分也。近世之説經者，莫病乎好異，以其説之異於人[二]，而不足以取信。於是舍本經之訓詁，而求之諸子百家之書。猶未足也，則舍近代之文，而求之遠古。又不足，則舍中國之文，而求之四海之外。如豐熙之《古書正本[三]》，尤可怪焉。鄞人言出其子[四]坊僞撰。又有《子貢詩傳》，後儒往往惑之。曰「箕子朝鮮本」者，箕子封於朝鮮，傳《書》古文，自《帝典》至《微子》止。後附《洪範》一篇。「徐市倭國本」者，徐氏爲秦博士，因李斯坑殺儒生，託言入海求仙，盡載古書至島上，立倭國，即今日本是也。二國所譯書，其曾大父河南布政使慶録得之，以藏於家。按宋歐陽永叔《日本刀歌》：「徐福行時《書》未焚，逸《書》百篇今尚存。」蓋昔時已有是説，而葉少藴固已疑之。夫詩人寄興之詞[五]，豈必真有其事哉？日本之職貢於唐久矣，自唐及宋，歷代求書之詔不能得，而二千載之後慶乃得之，其得之又不以獻之朝廷，而藏之家何也？宋咸平中，日本僧奝然[六]以鄭康成註《孝經》來獻，不言有《尚書》。至曰箕子傳《書》古文，自《帝典》至《微子》，則不應別無一篇逸《書》，而一一盡同於伏生、孔安國之所傳。其曰後附《洪範》一篇者，蓋徒見《左氏傳》三引《洪範》，皆謂之《商書》。文公五年引「沈漸剛克，高明柔克」，成公六年引「三人占，從二人」，襄公三年引「無偏無黨，王道蕩蕩」。正義曰：「箕子，商人，」所説故謂之《商書》。而不知「王」者，周人之稱。「十有三祀[七]」者，周史之記，不得爲商人之書也。《禹貢》以「道山」、「道水」移於「九州」之前，此不知古人先經後緯之義也。孔安國傳「道岍及岐」，即云：「更理説所治山川首尾所在。」是自漢以來，別無異文。《史記·夏本紀》亦先「九州」而後「道山」、「道水」。《五子之歌》：「爲人上者，奈何不敬」，以其不叶，而改之曰「可不敬乎」，謂本之鴻都石經。據正義言，蔡邕所書石經《尚書》，止今文三十四篇，無《伍子[八]之歌》，熙又何以不考而妄言之也？《五子之歌》乃孔氏古文，東晉豫章内史梅賾所上，故《左傳·成公十六年》引「怨豈在明，不見是圖」，哀公六年引「惟彼陶唐，有此冀方」，杜預註並以爲逸《書》。《國語》周單襄公引「民可近也，而不可上也」，單穆公引「關石龢[九]鈞，王府則有」，韋昭解亦以爲逸《書》。夫「天子失官，學在四夷」[十]，使果有殘編斷簡，可以裨經文而助聖道，固君子之所求之，而惟恐不得者也。若乃無益於經，而徒爲異以惑人，則其於學也，亦謂之異端而已。愚因歎夫昔之君子，遵守經文，雖章句先後之間，猶不敢輒改，故元行中[十一]奉明皇之旨，用魏徵所註《類禮》，撰爲疏義，成書上進，而爲張說所駁。謂章句隔絶，有乖舊本，竟不得立於學官。夫《禮記》，二戴所録，非夫子所删。況其篇目之次，元無深義，而魏徵所註則又本之孫炎。字叔然，漢末人。以累代名儒之作，申之以詔旨，而不能奪經生之所守，蓋唐人之於經傳，其嚴也如此。故啖助之于《春秋》，卓越三家，多有獨得，而史氏猶譏其「一本[十二]所承，自用名學」，謂後生詭辯，爲助所階。[十三]乃近代之人，其於讀經鹵莽滅裂，不及昔人遠甚，又無先儒爲之據依，而師心妄作。刊傳記未已也，進而議聖經矣；更章句未已也，進而改文字矣。此陸游所致慨於宋人，陸務觀曰：「唐[十四]國初，學者不敢議孔安國、鄭康成，况聖人乎！自慶曆後，諸儒發明經旨，非前人所及。然推[十五]《繫辭》，毁《周禮》，疑《孟子》，譏《書》之《胤[十六]征》、《顧命》，不難于議經，况傳記[十七]乎？趙汝談至謂《洪範》非箕子之作。」[十八]而今且彌甚。徐防有言：「今不依章句，妄生穿鑿，以遵師爲非義，意説爲得理，輕侮道術，浸以成俗。」[十九]嗚呼，此學者所宜深戒！若豐熙之徒，又不足論也。近有謂得朝鮮本《尚書》，于《洪範》八政之末添多五十二字者。按元王惲《中堂事記》：「中統二年，高麗世子禃來朝，宴于中書省。問曰：『傳聞汝邦有古文《尚書》及海外異書。』答曰：『與中國[二十]不殊。』」是知此五十二字者，亦僞撰也。

漢東萊張霸僞造《尚書》百二篇，以中書較讎[二十一]之，非是。「霸辭，受父，父有弟子尉氏樊並，詔存其書。後樊並謀反，乃黜其書。」[二十二]而僞逸《書》《嘉禾篇》有「周公奉鬯立於阼階，延登，贊曰：假王莅政」之語，莽遂依之，以稱居攝。[二十三]是知惑世誣民，乃犯上作亂之漸。《大學》之教「禁於未發」者，其必先之矣。

【校注】

[一]「不能」下，脱「無」字，當補。原抄本、遂初堂本、集釋本、欒本、陳本、嚴本不誤。

[二]「以其説之異於人」，各本均同，今按疑脱「不」字，當作「以其説之不異於人」。

[三]「古書正本」，原抄本同。遂初堂本、集釋本、欒本、陳本作「古書世本」，欒本、嚴本並斷句爲「古《書》、《世本》」二書。今按：《四庫總目》有豐坊《古書世學》及《古易世學》，則當作「世」字。豐熙，字原學，明鄞人。子豐坊，後改名道生，字存禮。《明史》有傳。《古書世學》六卷，題豐稷正音，豐慶續音，豐熙集説，豐道生考補，故名《世學》。其書似只是一種。

[四]「于」字誤，當改。遂初堂本、原抄本、集釋本、欒本、陳本、嚴本均作「子」。

[五]「詞」，原抄本同。遂初堂本、集釋本、欒本、陳本、嚴本作「辭」。

[六]「奤然」誤，當改。遂初堂本作「周然」，原抄本、集釋本、欒本、陳本、嚴本作「奞然」。

[七]「十有三祀」，原抄本、遂初堂本、集釋本、欒本、陳本、嚴本均作「十有三」，無「祀」字。今按：《尚書・洪範》原文作「十有三祀」，《四庫總目・經部》引《日知録》亦作「十有三祀」。孫星衍《尚書今古文注疏》：「經稱『十有三祀』者，《周本紀》云克殷後二年也。」清顧景星《白茅堂集・尚書辯》：「子以爲『十有三祀』者，史臣記事之辭乎？」當從。

[八]「伍」，字誤，當改。原抄本、遂初堂本、集釋本、欒本、陳本、嚴本均作「五子」。上下「五子」不誤。

[九]「龢」，原抄本同。遂初堂本、集釋本、欒本、陳本、嚴本均作「和」。

[十]語出《左傳・昭公十七年》仲尼曰。「四夷」，原抄本同。潘刻遂初堂本改爲「四裔」，集釋本同。欒本據黄侃校記改回而加説明，陳本、嚴本仍刻本之舊而加注。

[十一]「元行中」誤，當改。原抄本、遂初堂本、集釋本、欒本、陳本、嚴本均作「元行冲」。

[十二]「一本」誤，原抄本、遂初堂本、嚴本同誤，當改。集釋本、欒本、陳本作「不本」。《新唐書》作「不本」。

[十三]見《新唐書·儒學傳下》。

[十四]「唐」字下脱「及」字，當補。原抄本、遂初堂本、集釋本、欒本、陳本、嚴本有「及」字。

[十五]「推」字誤，當改。原抄本、遂初堂本、集釋本、欒本、陳本、嚴本均作「排」。

[十六]「胤」字缺筆，原抄本同。集釋本作「允」。

[十七]「傳記」，原抄本同。遂初堂本、集釋本、欒本、陳本、嚴本均作「傳注」。今按：王應麟《困學紀聞》卷八《經説》引陸游此語作「傳注」。

[十八]今按：皮錫瑞《經學歷史》云：「排《繫辭》謂歐陽修，毁《周禮》謂修與蘇軾、蘇轍，疑《孟子》謂李覯、司馬光，譏《書》謂蘇軾，黜《詩序》謂晁説之。」

[十九]見《後漢書·徐防傳》。

[二十]「中國」下，似脱「書」字，當補。遂初堂本、嚴本同。原抄本、集釋本、欒本、陳本均有「書」字。徐乾學《資治通鑑後編》引王惲《中堂事記》此語無「書」字，朱彝尊《經義考》引此語有「書」字。

[二十一]「諱」，原抄本作「諱」。遂初堂本、集釋本、欒本、陳本、嚴本均作「校」。

[二十二]見《漢書·儒林傳》。

[二十三]見《漢書·王莽傳》。

日知録卷之三

詩有入樂不入樂之分

《鼓鍾》之詩曰：「以《雅》以《南》。」[一]子曰：「《雅》、《頌》各得其所。」[二]夫二《南》也，《豳》之《七月》也，《小雅》正十六篇，《大雅》正十八篇，《詩譜》：「《小雅》十六篇，《大雅》十八篇，爲正經。」《頌》也，《詩》之入樂者也。《邶》以下十二國之附於二《南》之後，而謂之《風》；《鴟鴞》以下六篇之附於《豳》，而亦謂之《豳》；《六月》以下五十八篇之附於《小雅》，《民勞》以下十三篇之附於《大雅》，而謂之「變《雅》」，《詩》之不入樂者也。《釋文》曰：「從《六月》至《無羊》十四篇，是宣王之『变《小雅》』。從《節南山》至《何草不黄》四十四篇，前儒申公、毛公皆以爲幽王之『变《小雅》』。從《民勞》至《桑柔》五篇，是厲王之『变《大雅》』。從《雲漢》至《常武》六篇，是宣王之『变《大雅》』。《瞻卬》及《召旻》二篇，是幽王之『变《大雅》』。」正義曰：「變者，雖亦播于樂，或無算之節所用，或隨事類而歌，又在制禮之後，樂不常用。」今按以「變《雅》」而播之于樂，如衛獻公使太師歌《巧言》之卒章是也。[三]

《樂記》[四]：子夏對魏文侯曰：「鄭音好濫淫志，宋音燕女溺志，衛音趨數煩志，齊音敖辟喬志。此四者，皆淫于色而言[五]於德，是以祭祀弗用也。」朱子曰：「二《南》、正《風》，房中之樂也，鄉樂也。二《雅》之正《雅》，朝廷之樂也。商周之《頌》，宗廟之樂也。」[六]至變《雅》則衰，周卿[七]士之作，以言時政之得失，而《邶》、《鄘》以下，則太師所陳，以觀民風者耳，非宗廟燕享之所用也。但據程大昌之辯，則二《南》自謂之《南》，而別立正《風》之目者，非。大昌字泰之，孝宗時人，著《詩論》一十七篇，朱子當日或未見。[八]

【校注】

[一]見《詩經·小雅》。

[二]見《論語·子罕》。

[三]黄汝成集釋引全氏曰：古未有《詩》而不入樂者，特宗廟、朝廷、祭祀、燕享不用，而其屬於樂府，則奏之以觀民風，是亦樂也。是以吴札請觀於周樂，而列國之風並奏，不謂之樂而何？古者四夷之樂尚陳於天子之廷，况列國之風乎？亭林於是乎失言。况「變風」，亦概而言之。《衛風》之《淇澳》，《鄭風》之《緇衣》，《齊風》之《雞鳴》，《秦風》之「同袍」、「同澤」，其中未嘗無正聲，是又不可不知也。

[四]「樂記」以下分段，原抄本同。遂初堂本、集釋本、欒本、陳本、嚴本均不分段。

[五]「言」字誤，當改。原抄本、遂初堂本、集釋本、欒本、陳本、嚴本均作「害」。《禮記》作「害」。

[六]見朱熹《晦庵先生朱文公文集》卷七十《讀吕氏詩記桑中篇》。

[七]「卿」，遂初堂本、集釋本、欒本、陳本、嚴本同，原抄本誤作「鄉」，當改。

[八]黄汝成集釋引楊氏曰：泰之《詩論》直云「《詩》無《國風》之名」，不但立「正《風》」之名之非而已。愚所見十五篇，無十七篇。

黄汝成集釋引陳氏曰：二《南》、《雅》、《頌》之入樂，載於《儀禮》之《燕禮》、《鄉飲禮》及内外《傳》。列國燕享所歌無論已，至魯人歌周樂，則十三《國》繼二《南》之後。《周禮·籥章》：「迎寒暑則歗《豳詩》，祈年則歗《豳雅》，祭蠟則歆《豳頌》。」《大戴》：投壺禮稱可歌者八篇，則《魏風》之《伐檀》在焉。漢末，杜夔能記雅樂，則《伐檀》之詩與《鹿鳴》、《騶虞》、《文王》並列。十三《國》變《風》之入樂，又歷歷可據也。宋程大昌謂：「有《南》、《雅》、《頌》而無《國風》，自《邶》至《豳》十三國詩皆不入樂。」豈非妄説乎？彼特見蘇氏釋《鼓鍾》篇「以雅以南」，誤以爲「二《雅》二《南》」，故生此説耳。蘇氏之謬，前辨之已悉矣，見《小雅・鼓鍾篇》。程又謂季札觀樂，自《邶》以下，《左傳》但紀《國》而不言《風》，故知無《國風》之名。不知二《南》之詩不盡得於境内，兼得之于南國。周、召之名不足以盡之，故言南。南指其地，非以爲《詩》名也。十三國之《詩》皆得於境内，自應舉國名以概之。言「國」、言「南」，皆據實而言，其爲風一而已。且季札聞《邶》、《鄘》、《衛》，則云「是其《衛風》」，聞《齊》則云「泱泱乎大風」，風之名較然著矣。案《吕氏春秋》云：「禹省南土，塗山氏女命妾往候，女作歌曰：『候人猗兮』。實始爲南音，周公、召公取風焉。」程以「南」爲詩名，或本於此。然《吕覽》言「取風」，不言「無風」也。況《吕覽》豈傳信之書耶？

又曰：「《詩》篇皆樂章也。」然《詩》與樂實分二教。《經解》云：「《詩》之教，温柔敦厚；樂之教，廣博易良。」是教《詩》教樂，其旨不同也。《王制》曰：「樂正立四教以造士。春秋教以禮樂，冬夏教以《詩》《書》。」是教《詩》教樂，其時不同也。故叙《詩》者，止言作《詩》之意，其用爲何樂，則弗及焉。即《鹿鳴》燕群臣、《清廟》祀文王之類，亦指作《詩》之意而言。其奏之爲樂，偶與作《詩》之意同耳。叙自言《詩》，不言樂也。意歌《詩》之法，自載於樂經，元無煩叙《詩》者之贅。及樂經今已不存，則亦無可考矣。《集傳》於正《雅》諸《詩》，皆欲以樂章釋之，或以爲燕享通用，或以爲祭畢而燕，或以爲受釐陳戒，俱以《詩》之相似億度而爲之説。殊不知古人用《詩》於樂，不必與作《詩》之本意相謀，馬端臨《文獻通考》論之甚悉。如射鄉之奏二《南》，兩君相見之奏《文王》、《清廟》，何嘗以其詞哉？況舍《詩》而徵樂，亦異乎古人之《詩》教矣。朱子嘗答陳體仁書，言「《詩》之作本以言意，非爲樂而作」，斯語甚當。及傳《詩》，則傅會樂章以立義，與己説相違，不可解也。

黄汝成集釋：汝成案：陳氏《雅南説》云：「《文王世子》『胥鼓南』，鄭氏釋爲『南夷樂』。《左傳》『南籥』，杜氏以爲『文王樂』。俱不云二《南》。又《後漢・陳禪傳》引《詩》云：『以雅以南，韎任朱離。』注引《韓詩》云：『南夷之樂曰南，四夷之樂惟南可以和於雅。』又言：『《毛詩》無《韎》、《任》、《朱離》，蓋見齊魯《詩》。』即注語觀之，薛君『南』義既同，而齊魯《詩》復列于四夷樂名。」可見『南』爲南夷，古義皆然，則程氏説益無據。

四詩

《周南》、《召南》，《南》也，非《風》也。《豳》謂之《豳詩》，亦謂之《雅》，亦謂之《頌》，據《周禮·籥章》。而非《風》也。《南》、《豳》、《雅》、《頌》爲四《詩》，而列國之《風》附焉，此《詩》之本序也。宋程大昌《詩論》謂無《國風》之目，然《禮記·王制》言「命大師陳《詩》，以觀民風」，即謂自《邶》至《曹》十二國爲《風》無害。[一]

【校注】

[一]黄汝成集釋引楊氏曰：泰之云：《詩》之有《風》，其原誤於左氏、荀氏。《王制》之云非所疑也。

孔子删詩

孔子删《詩》，所以存列國之風也，有善有不善，兼而存之。猶古之太師陳《詩》，以觀民風，而季札聽之，以知其國之興衰。正以二者之並陳，故可以觀，可以聽。世非二帝，時非上古，固不能使四方之風有貞而無淫，有治而無亂也。□[二]王之化，被于南國，而「北鄙殺伐」[三]之聲，文王不能化也。使其《詩》尚存，而入夫子之删，必將存南音以繫文王之風，存北音以繫紂之風，而不容于没一也。是以《桑中》之篇，《溱洧》之作，夫子不删，志淫風也。《叔于田》爲譽段之辭，

《揚之水》、《椒聊》爲徒[三]沃之語，夫子不删，著亂本也。淫奔之《詩》，録之不一而止者，所以志其風之甚也。一國皆淫，而中有不變[四]者焉，則亟録之。《将仲子》，畏人言也。《女曰雞鳴》，相警以勤生也。《出其東門》，不慕乎色也。《衡門》，不願外也。選其辭，比其音，去其煩且濫者，此夫子之所謂删也。後之拘儒不達此旨，乃謂淫奔之作不當録于聖人之經，是何異唐太子弘謂商臣弑君不當載于《春秋》之策乎？《舊唐書·高宗諸子傳》。《黄氏日抄》云：「《國風》之用於燕饗者，惟二《南》，而列國之風未嘗被之樂也。夫子之所言『正』者，《雅》、《頌》，而未及乎《風》也。《桑中》之詩明言淫奔，東萊吕氏乃爲之諱，而指爲雅音，失之矣。」真希元《文章正宗》，其所選詩，一掃千古之陋，歸之正旨，然病其以理爲宗，不得詩人之趣。且如《古詩十九首》，雖非一人之作，而漢代之風略具乎此。今以希元之所删者讀之，「□[五]如飲美酒，被服紈與素」，何以異乎《唐》詩《山有樞》之篇？「良人惟古歡，枉駕惠前綏」，蓋亦《邶》詩「雄雌[六]於飛」之義。牽牛織女，意仿《大東》；兔絲女蘿，情同《車舝》。十九作中，無甚優劣，必以防[七]淫正俗之旨嚴爲繩削，雖矯《明[八]》之枉，恐失《國風》之義。六代浮華，固當芟落，使徐、庾不得爲人，陳、隋不得爲代，無乃太甚！豈非執理之過乎？[九]

【校注】

[一]底本缺一字處，原抄本、遂初堂本、集釋本、欒本、陳本、嚴本均作「文」，當補。

[二]《淮南子·泰族訓》：「師涓爲平公鼓朝歌北鄙之音，師曠曰：『此亡國之樂也。』」《史記·樂書》：「紂爲朝歌北鄙之音，身死國亡。」《説苑·修文》：「子路鼓瑟，有北鄙之聲。」「孔子曰：『北者，殺伐之域』」、「紂爲北鄙之聲，其廢也忽焉』」。又見《孔子家語·辯樂解》。

[三]「徒」字誤，當改。原抄本、遂初堂本、集釋本、欒本、陳本、嚴本均作「從」。

[四]「變」，遂初堂本、集釋本、欒本、陳本、嚴本均同，原抄本誤作「衰」，當改。

[五]底本缺一字處，原抄本、遂初堂本、集釋本、欒本、陳本、嚴本均作「不」，《文選》卷二十九作「不」，當補。

[六]「雎」字誤，當改。原抄本、遂初堂本、集釋本、欒本、陳本、嚴本均作「雉」。《詩經》作「雉」。

[七]「防」，原抄本同。遂初堂本、集釋本、欒本、陳本、嚴本均作「坊」。古文「坊」、「防」義通。

[八]「明」字上，脱「昭」字，當補。原抄本、遂初堂本、集釋本、欒本、陳本、嚴本有「昭」字。

[九]黄汝成集釋引錢氏曰：《四朝聞見録》云：「考亭先生晚注《毛詩》，盡去《序》文，以『彤管』爲淫奔之具，以『城闕』爲偷期之所。陳止齋得其説而病之，謂以千七百年女史之彤管，與三代之學校爲淫奔之具，偷期之所，竊所未安，獨藏其説，不與考亭辯。考亭微知其然，移書求其《詩説》。止齋答以『公近與陸子静門辯「無極」，又與陳同父争論「王霸」矣！某未嘗注《詩》，所以説《詩》者，不過與門人學子講義，今皆毁之矣』。蓋不欲佐陸陳之辯也。」

何彼襛矣[一]

《山堂考索》載林氏曰：「二《南》之詩，雖大概美詩，亦有刺詩。不徒西周之詩，而東周亦與焉。據《何彼襛矣》之詩可知矣。其曰：『平王之孫，齊侯之子。』考《春秋》，莊公元年書『王姬歸于齊』，此乃桓王女、平王孫，下嫁於齊襄公，非『平王孫、齊侯子』而何？洪氏《容齊[二]五筆》曰：「《春秋》莊公元年，當周莊王之四年，齊襄公之五年，書『王姬歸于齊』。莊公十一年，當莊王之十四年，齊桓公之三年，又書『王姬歸于齊』。莊王爲平王之孫，所[三]嫁王姬當是姊妹。齊侯之子，即襄公、桓公，二者必居一于此矣。」説者必欲以爲西周之詩，於時未有平王，乃以『平』爲平正之王，『齊』爲齊一之侯，與《書》言『寧王』[四]同義，此妄也。毛氏傳：「平，正也。武王女，文王孫，適齊侯之孫[五]。」按成王時，齊侯則太公，而以武王之女適其子，是甥舅爲婚，周之盛時必無此事。逮成王顧命，丁公始見于經，而去武王三十餘年，又必無未笄之女矣。據詩人，欲言其人之子孫，則必直言之。如稱衛莊姜，則曰『齊侯之子，衛侯之妻，東宮之妹，邢侯之姨』。美韓侯取妻，則曰『汾王之甥，蹶父之子』。又何疑乎？且其詩，刺詩也，以王姬徒有容色之盛，而無肅雝之德，何以使人化之？故曰：『何彼穠矣，唐棣韡闕[六]之華。曷不肅雝，王姬之車。』詩人若曰：言其容色，固如唐棣矣；然王姬之車，胡不肅雝乎？是譏之也。」按此説桓王女、平王孫則是，其曰刺詩，於義未允。蓋《詩》自《邶》《鄘》以訖於《檜》《曹》，皆太師之所陳者也。其中有美有刺，若二《南》之詩則用之爲燕樂，用之爲鄉樂，用之爲射樂，用之爲房中樂，而《鼓鍾》之卒章所謂「以《雅》以《南》」，《春秋傳》所謂「象箾南籥」，《文王世子》所謂「胥鼓南」者也，安得有刺？此必[七]東周之後，其詩可以存二《南》之遺音，而聖人附之於篇者也。且自平王之東，周德日以衰矣。麥禾之取，繻葛之戰，幾無以令於兄弟之國。且莊王之世，魯、衛、晉、鄭日以多故。於是王姬下嫁，以樹援於强大之齊，尋盟府之墜言，繼昏姻之夙好。且其下嫁之時，猶能修周之舊典，而容色之盛，禮節之備，直[八]可取焉。聖人安得不録之，以示興周道于東方之意乎？《春秋》襄十五年，書劉夏「逆王后于齊」，亦意此[九]。蓋東周以後之詩，得附三[十]《南》者，惟此一端[十一]而已。後之儒者乃疑之，而爲是紛紛之説，是烏知聖人之意哉！或曰：詩之所言，但稱其容色，何也？曰：古者婦有四德，而容其一也。言其容，則德可知矣。《説苑》引《書》「五事」：「一曰貌。貌者，男子之所以恭敬，婦人之所以姣好也。」故《碩人》之詩，美其君夫人者，至無所不極其形容。而《野麕》之貞，亦云「有女如玉」。即唐人爲妃主碑文，亦多有譽其姿色者。洪氏《隸釋》載《郭輔碑》云：「有四男二[十二]女，威[十三]高尚[十四]姣孋。」漢魏間人作，已如此。豈若宋代以下之人，以此爲諱而不道乎？夫婦，人倫之本；昏姻，王道之大。下嫁於齊，甥舅之國，太公之後，先王以周禮治諸侯之本也。詩之得附於《南》者，以此。舍是，則東周以後事無可稱，而民間之謡刺皆屬之《王風》矣。況二《南》之與民風，其采[十五]自别。宣王之世，未嘗無《雅》，則平王以下，豈遂無《南》？或者此詩之舊附于《南》，而夫子不删，要亦不異乎嚮者之説也。

《何彼穠矣》以莊王之事而附于《召南》，其與《文侯之命》以平王之事而附于《書》，一也。[十六]

【校注】

[一]《詩經·召南》篇名。「穠」，下三字同，原抄本、集釋本同。欒本改「穠」爲「襛」。陳本作「襛」，《詩經》原文作「襛」。黄汝成集釋引錢徵士曰：傳：「襛，猶戎戎也。」按《説文》：「襛，衣厚皃。」引此《詩》。石經同。《韓詩》作「茙」。按《説文》無「茙」字。

[二]「齊」字誤，當改。原抄本、遂初堂本、集釋本、欒本、陳本、嚴本均作「齋」。

[三]「所」字上，原抄本、遂初堂本、集釋本、欒本、陳本、嚴本均有「則」字。

[四]《尚書·大誥》：「寧王遺我大寶龜，紹天明即命。」孔安國解「寧王」爲「安天下之王」。

[五]「孫」字誤，當改。原抄本、遂初堂本、集釋本、欒本、陳本、嚴本均作「子」。

[六]「諱闕」，原抄本作「諱闕」。

[七]「必」字，遂初堂本、集釋本、欒本、陳本、嚴本均同，原抄本誤作「亡」，當改。

[八]「直」字誤，當改。原抄本、遂初堂本、集釋本、欒本、陳本、嚴本均作「有」。

[九]「意此」誤倒，當乙正。原抄本、遂初堂本、集釋本、欒本、陳本、嚴本均作「此意」。

[十]「三」字誤,當改。原抄本、遂初堂本、集釋本、欒本、陳本、嚴本均作「二」。

[十一]「端」字誤,當改。原抄本、遂初堂本、集釋本、欒本、陳本、嚴本均作「篇」。

[十二]「二」字誤,當改。原抄本、遂初堂本、集釋本、欒本、陳本、嚴本均作「三」。《隸釋》作「三」。

[十三]「威」字誤,當改。原抄本、遂初堂本、欒本、陳本、嚴本均作「咸」。《隸釋》作「咸」。

[十四]「尚」字誤,當改。原抄本、遂初堂本、集釋本、欒本、陳本、嚴本均作「賢」。《隸釋》作「賢」。

[十五]「采」字誤,當改。原抄本、遂初堂本、集釋本、欒本、陳本、嚴本均作「來」。

[十六]黄汝成集釋引江氏曰:東遷後之詩,何以不入《王風》而入《召南》? 其以此詩爲有王者之化,異於《黍離》諸篇,故特附之《召南》歟?

邶鄘衛

邶、鄘、衛本三監之地,自庸[一]叔之封未久而統于衛矣。采詩者猶存其舊名,謂之《邶》、《鄘》、《衛》。《漢書・地理志》:「河内本殷之舊都。周既滅殷,分其畿内爲三國,《詩・風》邶、鄘、衛國是也。邶以封紂子[二]武庚。庸[三],管叔尹之。衛,蔡叔尹之。以監殷民,謂之『三監』。故《書序》曰:『武王崩,三[四]監時[五]』,周公誅之,盡以其弟□[六]弟康叔,號曰孟侯,以夾輔周室,遷邶、鄘之民于雒[七]邑。故邶、鄘之[八]國之詩,相與同風。」「邶鄘衛」者,總[九]名也。不當分某篇爲《邶》,某篇爲《鄘》,某篇爲《衛》。分[十]爲二[十一]者,《漢書[十二]》之誤。以此詩之簡獨多,故分三名,以各冠之,而非夫子之舊也。觀《小雅・六笙》詩,毛公頗有升降。《黍離》之篇,毛公以爲《王》,《齊詩》以爲《衛》。則知今《詩》之次序多出于漢儒也。《新序》:「《黍離》,衛宣公之子[十三]壽,閔其兄而作。」考之《左氏傳》,襄公二十九年，季札觀樂于魯，「爲之歌《邶鄘衛》，曰：『美哉！淵乎！憂而不困者也。吾聞衛康叔、武公之德如是，是其衛風乎？』」而襄公三十一年，北宮文子之言，引《衛詩》曰：「威儀棣棣，諱闕[十四]，不可選也。」此詩今爲《邶》之首篇，乃不曰《邶》而曰《衛》，是知累知[十五]之則曰《邶鄘衛》，專言之則曰《衛》，一也。猶之言「殷商」、言「荆楚」云爾。意者西周之時，故有《邶》、《鄘》之詩，及幽王之亡而軼之，而大師之職猶不敢廢其名乎？然名雖舊，而辭則今矣。若據《漢書》言，「遷邶鄘之民于雒邑」，則成王之世已無邶、鄘。

邶、鄘之亡久矣，故大師但有其名。而三國同風，無非衛人之作。檜《左傳》作鄶[十六]。之亡未久，而詩尚存，故別於鄭，而各自爲風。《匪風》之篇，其西[十七]未亡之日乎？曰「誰将西歸」，是鎬京尚存，故鄭氏《譜》以高[十八]當夷王、厲王之時。蘇氏以《舊[十九]詩》皆爲鄭作，非也。

邶、鄘、衛，三國也，非三監也。殷之時，邦畿千里，周則分之爲三國。今其相距不過百餘里，如《地理志》所言，於百里之間而立此三監，又並武庚而爲一監，皆非也。宋陳傅良《止齋集・答黄文叔書》以爲：「自荆以南，蔡叔監之，管叔河南，霍叔河北。蔡故蔡國，管則管城，霍所謂霍太山也。其緜地廣[二十]，不得爲邶、鄘、衛也。」[二十一]

【校注】

[一]「庸」字誤，當改。原抄本、遂初堂本、集釋本、欒本、陳本、嚴本均作「康」。

[二]「于」字誤，當改。原抄本、遂初堂本、集釋本、欒本、陳本、嚴本均作「子」。

[三]「庸」字誤，當改。原抄本、遂初堂本、集釋本、欒本、陳本、嚴本均作「鄘」。

[四]「三」字，遂初堂本、集釋本、欒本、陳本均同。原抄本誤作「王」，當改。

[五]「時」字誤，當改。原抄本、遂初堂本、集釋本、欒本、陳本、嚴本均作「畔」。

[六]「弟□」脱誤，當改。原抄本、遂初堂本、集釋本、欒本、陳本、嚴本均作「地封」。

[七]「雝」字誤，當改。原抄本、遂初堂本、集釋本、欒本、陳本、嚴本均作「雒」。

[八]「之」字脱誤，當改。原抄本、遂初堂本、集釋本、欒本、陳本、嚴本均作「衛三」。

[九]「緦」字誤，當改。原抄本、遂初堂本、集釋本、欒本、陳本、嚴本均作「總」。

[十]「分」字下，原抄本、遂初堂本、集釋本、欒本、陳本、嚴本均有「而」字，當補。

[十一]「二」字誤，當改。原抄本、遂初堂本、集釋本、欒本、陳本、嚴本均作「三」。

[十二]「漢書」，原抄本、遂初堂本、集釋本、欒本、陳本、嚴本均作「漢儒」。

[十三]「于」字誤，當改。原抄本、遂初堂本、集釋本、欒本、陳本、嚴本均作「子」。

[十四]「諱闕」，原抄本作「諱闕」。

[十五]「知」字誤，當改。原抄本、遂初堂本、集釋本、欒本、陳本、嚴本均作「言」。

[十六]「鄶」字誤，當改。原抄本、遂初堂本、集釋本、欒本、陳本、嚴本均作「鄘」。

[十七]「西」字下，脱「周」字，當補。原抄本、遂初堂本、集釋本、欒本、陳本、嚴本均有「周」字。

[十八]「高」字誤，當改。原抄本、遂初堂本、集釋本、欒本、陳本、嚴本均作「爲」。

[十九]「舊」字誤，當改。原抄本、遂初堂本、集釋本、欒本、陳本、嚴本均作「檜」。

[二十]「其緜地廣」，遂初堂本、欒本、嚴本同。文淵閣《四庫全書》本《止齋集》作「其綿地廣」。陳垣校注作「其地緜廣」。原抄本誤作「其緜地廣」，當改。

[二十一]黄汝成集釋：汝成案：三詩皆言衛事，故班氏謂之同風，其不當分爲三名甚明。

黎叔[一]二國

許無風，而《載馳》之詩録於《鄘》。黎無風，而《式微》、《旄丘》之詩録於《邶》。聖人闡幽之旨、興滅[二]之心也。

【校注】

[一]「叔」字誤，當改。原抄本、遂初堂本、集釋本、欒本、陳本、嚴本均作「許」。目録不誤。

[二]興滅，謂「興滅國，繼絶世」，見《論語·堯曰》。

諸姑伯姊

《泉水》之詩，其曰「諸姬」，猶《碩人》之「庶姜」。古之來勝[一]而爲姪娣者，必皆同姓之國。其年之長幼，序之昭穆，則不可知也，故有「諸姑」、「伯姊」之稱[二]，猶禮之言伯父、伯兄也。貴爲小君，而能謙以下其衆妾，此所謂「其君之袂，不如其娣」[三]者矣[四]。

【校注】

[一]「勝」字誤，當改。原抄本、遂初堂本、集釋本、欒本、陳本、嚴本均作「媵」。

[二]「諸姑」、「伯姊」，亦見《泉水》。

[三]《易經·歸妹卦》六五爻辭：「帝乙歸妹，其君之袂，不如其娣之袂良。」

［四］「矣」，遂初堂本、集釋本、欒本、陳本、嚴本均同，原抄本作「也」。

王事

「王事適我，政事一埤益我。」［一］凡交于大國，朝聘、會盟、征伐之事，謂之「王事」。《左傳·襄公二十九年》：鄭子展曰：「《詩》云：『王事靡監［二］，不遑啟處。』東西南北，誰敢寧處？堅事晉、楚，以蕃王室也。王事無曠，何常之有？」《喪大記》曰：「既葬，與人立君，言王事不言國事。」又曰：「君既葬，王叔［三］入于國，既卒哭而服王事。」［四］其國之事，謂之「政事」。

【校注】

［一］語出《詩經·邶風·北門》。

［二］「監」字誤，當改。原抄本、遂初堂本、集釋本、欒本、陳本、嚴本均作「盬」。《左傳》、《詩經》均作「盬」。

［三］「叔」字誤，當改。原抄本、遂初堂本、集釋本、欒本、陳本、嚴本均作「政」。

［四］「王事靡盬，不遑啟處」二句，見《小雅·四牡》，杜預已注「《詩·小雅》」是也。「王事靡盬」一句，又見《小雅·北山》及《唐風·鴇羽》。《鴇羽》第三章「王事靡盬，不能蓺稻粱，父母何嘗？悠悠蒼天，曷其有常？」鄭子展曰「王事無曠，何常之有？」，似又對《鴇羽》「曷其有常」而言。

朝隮于西［一］

「朝隮于西，崇朝其雨。」朱子引《周禮》「十煇」註，以隮爲虹，是也。謂不終朝而雨止則未然。[二]諺曰：「東虹晴，西虹雨。」「其雨」者，雨也。蓋虹霓雜亂之交，無論雨晴，而皆非天地之正氣。楚襄王登雲夢之臺，望高唐之觀，所謂「朝云」者也。[三]

【校注】

[一]《詩經·鄘風·蝃蝀》：「朝隮於西，崇朝其雨。」毛傳：「隮，升。」鄭玄箋：「朝有升氣於西方。」陸德明釋文：「鄭注《周禮》云：『隮，虹。』」孔穎達疏：「《視祲》注云：『隮，虹也。』《詩》云：『朝隮於西』，則隮亦虹也。言升氣者，以『隮，升』也，由升氣所爲，故號虹爲隮。鄭司農亦云『隮者，升氣』，是也。《視祲》『掌十煇之法，以觀妖祥』，注云『煇謂日光氣也』，則隮亦日之光氣矣。」黄汝成集釋引錢徵士曰：「傳：『隮，升也。』案許叔重不收『隮』字，『隮』當爲『躋』。躋，升。《釋詁》文彼作『陞』，俗字也。」

[二]朱熹《詩集傳》卷三：「崇，終也，從旦至食時爲終朝。言方雨而虹見，則其雨終朝而止矣。」「今俗謂『虹能截雨』，信然。」

[三]宋玉《高唐賦並序》：「楚襄王與宋玉游於雲夢之臺，望高唐之觀，其上獨有雲氣。崒兮直上，忽兮改容，須臾之間，變化無窮。王問玉曰：『此何氣也？』玉對曰：『所謂朝雲者也。』」

王

邶、鄘、衛、王，列國之名，其始於成康之世乎？惟周王撫萬邦，巡侯甸，而太師陳詩以觀民風。其采於商之故都者，則繫之《邶》、《鄘》、《衛》。其采於東都者，則繫之《王》。《王》亦周初太師之本名。馬氷卿[一]述元城劉先生之言，亦謂邶、鄘、衛本商之畿内，故序「王」之上。其采於列國者，則各繫之其國。至驪山之禍，先王之《詩》率已闕軼，而孔子所録者皆平王以後之詩，此「變《風》」之所繇名也。《詩》

雖變，而大師之本名則不敢變，此十二國之所以猶存其舊也。先儒謂「王」之名不當儕於列國，而爲之説曰：「列《黍離》之[二]《國風》，齊王德於邦君。」晉范甯《春秋穀梁傳序》。誤矣。

自幽王以上，太師所陳之詩亡矣。春秋時，君卿大夫之賦詩無及之者，此孔子之所不得見也。是故《詩》無「正《風》」。

二《南》[三]，《豳》也，小大《雅》也，皆西周之詩也，至於幽王而止。惟「何彼穠[四]矣」爲平王以後之詩。其餘十二國《風》，則東周之詩也。「王者之迹熄而《詩》亡」[五]，西周之《詩》亡也。《詩》亡而列國之事迹不可得而見，於是晉之《乘》、楚之《檮杌》、魯之《春秋》出焉，是之謂「《詩》亡然後《春秋》作」也。《周頌》，西周之詩也。《魯頌》，東周之詩也。成康之世，魯豈無詩？而今亦已亡矣。故曰：「詩亡」，列國之詩亡也。其作于天子之邦者，以《雅》以《南》，以《豳》以《頌》，則固未嘗亡也。

【校注】

[一]「馬氷卿」字誤，當改。原抄本、遂初堂本、集釋本、欒本、陳本、嚴本均作「馬永卿」。

[二]「之」字誤，當改。原抄本作「于」，遂初堂本、集釋本、欒本、陳本、嚴本作「於」。

[三]「二南」下，遂初堂本、集釋本、欒本、陳本、嚴本有「也」字。原抄本無，當補。

[四]「穠」，原抄本、遂初堂本、集釋本、嚴本同。陳本作「襛」，欒本改「穠」爲「襛」。

[五]語出《孟子・離婁下》。下句所引亦同。

日之夕矣

「雞棲於塒，日之夕矣，羊牛下來。」[一]此[二]君子當歸之時也。至是而不歸，如之何勿思也？

君子以嚮晦入宴息，「日之夕矣」而不來，則其婦思之矣。「朝出而晚歸，則其母望之矣。」《列女傳》。「夜居於外，則其友□[三]之矣。」《檀弓》。於文，「日夕爲退」。《説文繫傳》。是以樽罍無卜夜[四]之賓，衢路有宵行之禁。故曰：「見星而行者，唯罪人與奔父母之喪者乎？」《曾子問》。至於酒德衰而酣身長夜[五]，官邪作而昏夜乞哀[六]，天地之氣乖，而晦明之節亂矣。

【校注】

[一]見《詩經・王風・君子于役》。

[二]「此」字，原抄本同，遂初堂本、集釋本、欒本、陳本、嚴本無。

[三]底本缺一字處，原抄本、遂初堂本、集釋本、欒本、陳本、嚴本均作「弔」，當補。

[四]卜夜，《左傳・莊公二十二年》：「齊侯使敬仲爲卿」，「飲桓公酒，樂。公曰：『以火繼之。』辭曰：『臣卜其晝，未卜其夜』」。「未卜其夜」又見《晏子春秋》、《呂氏春秋》、《説苑》、《風俗通義》。

[五]《史記・殷本紀》：帝紂「大冣樂戲於沙丘，以酒爲池，縣肉爲林，使男女倮，相逐其間，爲長夜之飲」。

[六]《孟子・離婁下》「齊人有一妻一妾」章：「卒之東郭墦間，之祭者乞其餘」，趙岐注：「今求富貴者，皆以枉曲之道，昏夜乞哀而求之，以驕人於白日」。

大車[一]

「豈不爾思，畏子不敢」[二]，「民免而無恥」[三]也。「雖速我訟，亦不女從」[四]，有「恥且格」也。

【校注】

[一]《詩經·王風》篇名。

[二]見《詩經·王風·大車》。

[三]《論語·爲政》：「子曰：『道之以政，齊之以刑，民免而無恥。道之以德，齊之以禮，有恥且格。』」

[四]見《詩經·召南·行露》。

鄭

自《邶》至《曹》，皆周初太師之次序。先《邶》《鄘》《衛》，殷之故都也。次之以《王》，周東都也。何以知其爲周初之次序？邶、鄘也，晉而謂之唐也，皆西周之舊也。惟鄭乃宣王所封，中興之後始立其名于太師。而列于諸國之先者，鄭亦王畿之内也，故次于王也。桓公之時其詩不存，故首《緇衣》也。

楚吴諸國無詩

吴楚之無詩，以其僭王而夷[一]之與？非也，太師之本無也。楚之先，「熊繹辟在荆山，篳路籃[二]縷，以處草莽。惟是桃弧棘矢，以共禦王事」，而周無分器。左氏昭公十二年《傳》。岐陽之盟，「楚爲荆蠻，置茆[三]蕝，設望表，與鮮牟[四]守燎，而不與盟」。《晉語》。是亦無詩之可采矣。况於吴自壽夢以前，未通中國者乎？滕、薛之無詩，微[五]也。若乃虢、鄶[六]皆爲鄭滅，而虢獨無詩；陳、蔡皆列春秋之會盟，而蔡獨無詩，有司失其傳爾。

【校注】

[一]「夷」，原抄本同，潘刻遂初堂本改爲「删」，集釋本因之。欒本據黄侃校記改回而加説明，陳本仍刻本之舊而無注，嚴本仍刻本之舊而加注。今按：此處「夷」字爲動詞，潘耒改之無乃太過。

[二]「籃」，原抄本、遂初堂本、嚴本同，集釋本、欒本、陳本作「藍」。《左傳》作「藍」。

[三]「茆」，底本原稿作「茅」，後以濃墨改爲「茆」。原抄本、遂初堂本、集釋本、欒本、陳本、嚴本均作「茅」。古文「茆」、「茅」通用。

[四]「牟」，底本原稿誤作「年」，後以濃墨改爲「牟」。原抄本、遂初堂本、集釋本、欒本、陳本、嚴本均作「牟」。

[五]「徵」字誤，當改。原抄本、遂初堂本、集釋本、欒本、陳本、嚴本均作「微」。

[六]「鄫」字誤，當改。原抄本、遂初堂本、集釋本、欒本、陳本、嚴本均作「鄶」。

豳

自《周南》至《豳》，統謂之「《國風》」，此先儒之誤，程秦之[一]辯[二]之詳矣。《豳》詩不屬於《國風》，周世之國無豳，此非太師所采。周公追王業之始，作爲《七月》之詩，兼《雅》《頌》之聲，而用之祈報之事。《周禮》：籥章「逆暑」「迎寒」，則「歙《豳》詩」；「祈年於田祖」，則「歙《豳》雅」；「祭蠟」，則「獻《豳》頌」。[三]雪山王氏[四]曰：「此一詩而三用也。」謂籥章之《豳》詩，以鼓、鍾、琴、瑟四器之聲合籥也。笙師歙竽、笙、塤、籥、簫、篪、箋、管，舂、牘、應、雅，凡十二器，以雅器之聲合籥也。眡瞭播鼗，擊頌磬、笙、磬，凡四器，以頌器之聲合籥也。凡爲樂器，以十有二律爲之數度，以十有二聲爲之齊量，凡和樂亦如之。此用《七月》一詩，特其以器和聲有不同爾。《鴟鴞》以下，或周公之作，或爲周公而作，則皆附於《豳》焉。雖不以合樂，然與二《南》同爲有周盛時之詩，非東周以後列國之《風》也，故他無可附。

【校注】

[一]「程秦之」誤，當改。原抄本、遂初堂本、集釋本、欒本、陳本、嚴本均作「程泰之」。程大昌，字泰之，徽州休寧人。著《詩論》、《演繁露》、《考古編》等。《宋史》有傳。

[二]「辯」字誤，原抄本同誤，當改。遂初堂本、集釋本、欒本、陳本、嚴本均作「辨」。

[三]《周禮·春官宗伯》。

[四]王質，字景文，號雪山。紹興三十年進士，著有《詩總聞》、《雪山集》、《紹陶録》等。

言私其豵[一]

「雨我公田，遂及我私」[二]，先公而後私也。「言私其豵，獻豜於公」[三]，先私而後公也。自「天下爲家，各親其親，各子其子」[四]，而人之有私，固情之所不能免矣，故先王弗爲之禁。非惟弗禁，且從而恤之。建國親侯，胙土命氏，畫井分田，合天下之私以成天下之公，此所以爲王政也。至於當宮[五]之訓，則曰「以恭[六]滅私」[七]。然而禄足以代其耕，田足以供其祭，使之無将母之嗟[八]，室人之謫[九]，又所以恤其私也。此義不明久矣，世之君子必曰「有公而無私」，此後代之美言，非先王之至訓矣。

【校注】

[一]見《詩經·豳風·七月》。
[二]見《詩經·小雅·大田》。
[三]見《詩經·豳風·七月》。
[四]語出《禮記·禮運》。
[五]「宮」字誤，當改。原抄本、遂初堂本、集釋本、欒本、陳本、嚴本均作「官」。
[六]「恭」字誤，當改。原抄本、遂初堂本、集釋本、欒本、陳本、嚴本均作「公」。
[七]見《尚書·周官》。
[八]《詩經·小雅·四牡》：「王事靡盬，不遑将母。」

［九］《詩經・邶風・北門》：「我入自外，室人交遍謫我。」

承筐是将［一］

君子不親貨賄。「束帛戔戔」［二］，實諸筐篚［三］，非惟盡飾之道，亦所以遠財而養耻也。萬曆以後，士大夫交際多用白金，乃酒［四］封諸書册之間，進自閽人之手。今則親呈坐上，徑出懷中，交收不假他人，茶話無非此物。衣冠而爲囊橐之寄，朝列而有市井之容。若乃拾遺金而對管寧［五］，倚被囊而酬温嶠［六］，曾無媿色。了不關情，固其宜也。然則先王制爲「筐篚」之文者，豈非禁于未然之前，而示人以遠財之義者乎！以此坊民，民猶輕禮而重貨。

【校注】

［一］《詩經・小雅・鹿鳴》：「吹笙鼓簧，承筐是将。」毛傳：「筐，篚屬，所以行幣帛也。」

［二］《易經・賁卦》六五爻辭：「賁於丘園，束帛戔戔，吝，終吉。」王弼注：「處得尊位，爲飾之主，飾之盛者也。施飾於物，其道害也。」「用莫過儉，泰而能約，故必吝焉，乃得終吉也。」孔穎達疏：「戔戔，衆多也。」

［三］小序曰：「《鹿鳴》，燕群臣嘉賓也。既飲食之，又實幣帛筐篚，以将其厚意，然後忠臣嘉賓得盡其心矣。」

［四］「酒」字誤，當改。原抄本、遂初堂本、集釋本、樂本、陳本、嚴本均作「猶」。

［五］《世説新語・德行》：「管甯、華歆共園中鋤菜，見地有片金，管揮鋤與瓦石不異，華捉而擲去之。」

［六］《太平御覽》引《語林》曰：「劉承胤少有淹雅之度。王庾、温公皆素與周旋，聞其至，共載看之。劉倚被囊，了不與王公言，神味亦不相酬。俄頃賓退，王庾甚怪此意，未能解。温曰：『承胤好賄，被下必有珍寶。當有市井事。』令人視之，果見向囊皆珍玩焉，與胡父論賈。」

罄無不宜[一]

「罄無不宜」，宜室家，宜兄弟，宜子孫，宜民人也。「吉蠲爲饎，是用孝享，禴祠烝嘗，於公先王」[二]，得萬國之懽心，以事其先王也。

【校注】

[一]《詩經·小雅·天保》：「罄無不宜，受天百禄。」毛傳：「罄，盡也。」鄭玄箋：「其舉事盡得其宜，受天之多禄。」

[二]見《詩經·小雅·天保》。

民之質矣日用飲食[一]

「民之質矣，日用飲食。」夫使機智日生，而姦僞萌起，上下且不相安，神奚自而降福乎！有「起信險膚」之族，則「高后崇降弗祥」；[二]有「請[三]張爲幻」之民，則嗣王「罔或克壽」。[四]是故有道之世，「人醇工龐，商樸女童」[五]，二[六]下皆有嘉德，而至治馨香，感於神明矣。然則「祈天永命」[七]之實，必在於觀民。而「斵[八]雕爲樸」[九]，其道何繇？則必以「厚生」[十]爲本。

「群黎」，庶人也。「百姓」，百官也。[十一]「民之質矣」，兼百官與庶人而言，猶曰「人之生也直」[十二]也。

【校注】

［一］見《詩經・小雅・天保》。

［二］語出《尚書・盤庚》上、中。

［三］「請」字誤，當改。原抄本、遂初堂本、集釋本、欒本、陳本、嚴本均作「譸」。《尚書》作「譸」。

［四］語出《尚書・無逸》。

［五］《大戴禮記・主言》：「是故君先立於仁，則大夫忠，而士信、民敦，工璞、商慤、女憧，婦空空，七者教之志也。」王聘珍解詁：「敦，厚也。璞，字又作樸。慤，謹也。憧，讀曰僮，無知也。空空，無識也。」《淮南子・氾論訓》又曰：「古者人醇工龐，商樸女重，是以政教易化，風俗易移也。」高誘注：「醇，厚，不虚華也。工龐，器堅緻也。商樸，不爲詐也。女重，貞正無邪也。」洪頤煊曰：「重即童字，童、憧古通用。」俞樾曰：「《大戴禮記・主言篇》，即《淮南》所本也。」亭林此處據《淮南子》。

［六］「二」字誤，當改。原抄本、遂初堂本、集釋本、欒本、陳本、嚴本均作「上」。

［七］語出《尚書・召誥》。

［八］「斲」，遂初堂本、集釋本、欒本、陳本、嚴本均同。原抄本誤作「噺」，當改。《史記》作「斲」。

［九］《史記・酷吏列傳》：「漢興，破觚而爲圜，斲雕而爲樸。」又見《漢書・酷吏傳》。

［十］語出《尚書・大禹謨》。又《左傳・文公六年》：「閏以正時，時以作事，事以厚生，生民之道，於是乎在矣。」

［十一］《詩經・小雅・天保》：「群黎百姓，遍爲爾德。」

［十二］見《論語・雍也》。今按：亭林此處以「質」、「直」二義互解。

小人所腓［一］

「小人所腓。」古制，一車甲士三人，步卒七十二人，炊家子十人，固守衣裝五人，廄養五人，樵汲五人。見《司馬法》。隨車而動，如足之腓也。傳曰：「腓，辟也。」箋曰：「腓當作芘。」皆未是。步乘相資，短長相衛，行止相扶，此所以爲節制之師也。繻葛之戰，鄭「原繁、高渠彌以中軍奉公，爲魚麗之陳，先偏[二]後伍，伍乘彌縫」[三]。卒不隨車，遇闕即補，斯已異矣。古時營陳遇闕處，仍以車補。《周禮》：車僕「掌闕車之萃」，註：「闕車，所用補闕之車也」。《左專[四]・宣公十二年》，楚子「使潘黨率游闕田[五]十乘」，註：「游車，補闕者」。大鹵之師，魏舒「請毁車以爲行，伍[六]乘爲三伍，註：「乘車者，車三人，五乘士[七]五人。今改去車，更以五人爲伍，分爲三伍。」爲五陳以相離，兩於前，伍於後，專爲右角，參爲左角，偏爲前拒」[八]。專任步卒，以取捷速，然亦必山林險阻之地，而後可用也。步不當騎，是趙武靈王爲胡服[九]騎射之令，而後世因之。所以取勝於敵者，益輕益速，而一敗塗地，亦無以自保，然後知車戰之爲謀遠矣。

終春秋二百四十二年，車戰之時，未有斬首至於累萬者。車戰廢而「首功」[十]興矣。先王之用兵，服之而已，不期於多殺也，「殺人之中，又有禮焉」[十一]。以此毒天下而民從之，不亦宜乎！

宋沈括對神宗言：「車戰之利，見於歷世。然古人所謂兵車者，輕車也。五御折旋，利於捷速。今之民間輜車重大，日不能三十里，故世謂之『太平車』，但可施於無事之[十二]日爾。」[十三]

【校注】

[一]《詩經・小雅・采薇》：「駕彼四牡，四牡騤騤。君子所依，小人所腓。」

[二]「偏」字誤，當改。原抄本、集釋本、欒本、陳本均作「偏」。《左傳》作「偏」。

[三]見《左傳・桓公五年》。

[四]「專」字誤，當改。原抄本、遂初堂本、集釋本、欒本、陳本、嚴本均作「傳」。

[五]「田」字誤，當改。原抄本、遂初堂本、集釋本、欒本、陳本、嚴本均作「四」。

［六］「伍」字誤，當改。原抄本、遂初堂本、集釋本、欒本、陳本、嚴本均作「五」。

［七］「士」字誤，當改。原抄本、遂初堂本、集釋本、欒本、陳本、嚴本均作「十」。

［八］見《左傳・昭公元年》。

［九］「胡服」，原抄本同。潘刻遂初堂本改爲「變服」，集釋本因之。欒本據黄侃校記改回而加説明，陳本、嚴本仍刻本之舊而加注。

［十］首功：以斬首計功。《史記・魯仲連鄒陽列傳》：「彼秦者，棄禮義而上首功之國也。」裴駰集解引譙周曰：「秦用衛鞅計，制爵二十等，以戰獲首級者計而受爵。是以秦人每戰勝，老弱婦人皆死，計功賞至萬數。天下謂之『上首功之國』，皆以恶之也。」司馬貞索隱：「秦法，斬首多爲上功。謂斬一人首賜爵一級，故謂秦爲『首功之國』也。」

［十一］《禮記・檀弓下》：「工尹商陽與陳棄疾追吴師，及之。陳棄疾謂工尹商陽曰：『王事也，子手弓而可。』手弓。『子射諸。』射之，斃一人，韔弓。又及，謂之，又斃二人。每斃一人，掩其目。止其御曰：『朝不坐，燕不與，殺三人，亦足以反命矣。』孔子曰：『殺人之中，又有禮焉。』」

［十二］「之」字，遂初堂本、集釋本、欒本、陳本、嚴本同。原抄本無，當補。《宋史》有「之」字。

［十三］見《宋史・沈括傳》。

變雅

《六月》、《采芑》、《車攻》、《吉日》，宣王中興之作，何以爲「變《雅》」乎？《采芑》傳曰：「言周室之强，車服之美也。」言其强、美，斯劣矣。正義曰：「名生於不足。」觀夫《鹿鳴》以下諸篇，其於君臣、兄弟、朋友之間，無不曲當，而未嘗有夸大之辭。《大雅》之稱文、武，皆本其「敬大［一］勤民」之意，至其言伐商之功，盛矣大矣，不過曰「會朝清明」[二]而止。然[三]宣王之詩不有侈於前人者乎？如《韓奕》之篇尤侈。一傳而周遂亡。嗚呼！此太子晉所以謂「自我先王，厲宣幽平，而貪天禍」[四]，固不待《沔水》之憂、《祈父》之刺而後見之也。

【校注】

[一]「大」字誤，當改。原抄本、遂初堂本、集釋本、欒本、陳本、嚴本均作「天」。

[二]見《詩經・大雅・大明》。

[三]「然」字下，遂初堂本、集釋本、欒本、陳本、嚴本均有「則」字，當補。原抄本亦無「則」字。

[四]見《國語・周語下》。

太原[一]

「薄伐玁狁，至於太原」[二]，毛、鄭皆不詳其地。其以爲今太原陽曲縣者，始于朱子，《呂氏讀詩記》、嚴氏《詩緝》並云。而愚未敢信也。古之言太原者多矣，若此詩則必先求涇陽所在[三]，而後太原可得而明也。《漢書・地理志》安定郡有涇陽縣：「幵頭山在西，《禹貢》涇水所出。」《後漢書・靈帝紀》：「段熲破先零羌於涇陽」，註：「涇陽縣屬安定，在原州。」《郡縣志》：「原州平涼縣，本漢涇陽縣地，今縣西四十里涇陽故城是也。」然則太原當即今之平涼，而後魏立爲原州，亦是取古太原之名爾。《唐書》：「原州平涼郡」，治平高。「廣德元年，没吐蕃。節度使馬璘[四]表置行原州於靈臺之百里城。貞元十九年，徙治平涼。元和三年，又徙治臨涇。大中三年，收復關隴，歸治平高。」[五]計周人之御儼狁，必在涇、原之間。若晉陽之太原在大河之東，距周京千五百里，豈有寇從西來，兵乃東出者乎？故曰「天子命我，城彼朔方」[六]，而《國語》宣王「料民于太原」，亦以其地近邊而爲禦戎之備，必不料之于晉國也。又按《漢書》賈捐之言：「秦地南不過閩越，北不過太原，而天下潰畔」，亦是平凉而非晉陽也。漢武帝始開朔方郡，故秦但有隴西、北地、上郡而止。若晉陽之太原，則其外有雁門、雲中、九原，不得言「不過」也。若《書・禹貢》「既修太原，至于岳陽」，《春秋》「晉荀吴帥師敗狄于太原」[七]，及子産對叔向：「宣汾洮，障大澤，以處大原」[八]，則是今之晉陽。而豈可以晉之太原爲周之太原乎？司馬相如《上林賦》：「布濩[九]閎澤，延蔓太原。」阮籍《東平賦》：「長風振厲，蕭條太原。」高平曰原，蓋古人之通稱也。[十]

吾讀《竹書紀年》，而知周之世有戎禍也，蓋始于穆王之征犬戎。六師西指，無不率服，于是遷戎於太原。十七年。以黷武之兵，而爲徙戎之事。懿、孝之世，戎車屢征。至夷王七年，虢公帥師伐太原之戎，至于俞泉，獲馬千匹。則是昔日所内徙者，今爲寇而征之也。宣王之世，雖號中興，三十三年，「王師伐太原之戎，不克」。三十八年，「伐條戎、奔戎，王師敗逋」。三十九年，「伐羌戎，戰于千畝，王師敗逋」。四十年，「料民于太原」。其與後漢西羌之叛，大略相似。幽王六年，「命伯士帥師伐六濟之戎，王師敗逋」。《後漢書・西羌傳》並用此。嚴尤以爲周得中策，蓋不考之言。于是關中之地，戎得以整居其間，而陝東之申侯，至與之結盟而入寇。自遷戎至此[十一]，一百七十六年。《周語》：「申、繒、西戎方强，王室方騷。」[十二]蓋宣王之世，其患如漢之安帝也；幽王之世，其患如晉之懷帝也。戎之所繇來非一日之故，而三川之震[十三]，「檿弧」之謠[十四]，皆適會其時者也。然則宣王之功，計亦不過唐之宣宗，而周人之美宣，亦猶魯人之頌僖也。事劣而文侈矣。「書不盡言」，[十五]「是以論其世也」。[十六]如毛公者，豈非獨見其情於意言之表者哉！《竹書紀年》自共和以後多可信，蓋亦必有所傳，

其前則好事者爲之爾。[十七]

【校注】

[一]「太原」，原抄本同。遂初堂本、集釋本、欒本、陳本、嚴本題名「大原」。此條文中叙述多用「太原」，引文多用「大原」。古書多作「大原」。「太」、「大」通。

[二]見《詩經·小雅·六月》。

[三]《詩經·小雅·六月》：「玁狁匪茹，整居焦獲。侵鎬及方，至於涇陽。」

[四]「馬磷」字誤，當改。原抄本、遂初堂本、集釋本、欒本、陳本、嚴本均作「馬璘」。《新唐書》作「馬璘」。

[五]見《新唐書·地理志》。

[六]見《詩經·小雅·出車》。

[七]見《公羊傳》、《穀梁傳》昭公元年。《左傳》作「晉荀吴帥師敗狄於大鹵」。《公羊傳》又曰：「此大鹵也，曷爲謂之大原？地物從中國，邑人名從主人。」《穀梁傳》曰：「中國曰大原，夷狄曰大鹵。號從中國，名從主人。」

[八]見《左傳·昭公元年》。

[九]「濩」，遂初堂本、集釋本、欒本、陳本、嚴本同，原抄本誤作「獲」。

[十]黄汝成集釋引全氏曰：《尚書大傳》：「大而高平者謂之太原。」《春秋題辭》：「高平曰太原。」故平凉亦有太原之名。丁晏校正：晏按：以《小雅》之「大原」非陽曲之大原，顧氏之説極精，足正《詩記》、《集傳》之誤。

[十一]「此」，遂初堂本、集釋本、欒本、陳本、嚴本同，原抄本誤作「沈」。

[十二]陳垣校注：《國語》十六《鄭語》。元鈔本、潘耒遂初堂刻本均誤作《周語》。

[十三]見《國語·周語》。

[十四]見《國語·鄭語》。

[十五]語出《易經·繫辭上傳》。

［十六］語出《孟子·萬章下》。

［十七］「論其世」云云，謂毛公小序，曰：「《六月》宣王北伐也。《鹿鳴》廢則和樂缺矣，《四牡》廢則君臣缺矣，《皇皇者華》廢則忠信缺矣，《常棣》廢則兄弟缺矣，《伐木》廢則朋友缺矣，《天保》廢則福禄缺矣，《采薇》廢則征伐缺矣，《出車》廢則功力缺矣，《杕杜》廢則師衆缺矣，《魚麗》廢則法度缺矣，《南陔》廢則孝友缺矣，《白華》廢則廉恥缺矣，《華黍》廢則蓄積缺矣，《由庚》廢則陰陽失其道理矣，《南有嘉魚》廢則賢者不安、下不得其所矣，《崇丘》廢則萬物不遂矣，《南山有臺》廢則爲國之基隊矣，《由儀》廢則萬物失其道理矣，《蓼蕭》廢則恩澤乖矣，《湛露》廢則萬國離矣，《彤弓》廢則諸夏衰矣，《菁菁者莪》廢則無禮儀矣。《小雅》盡廢，則四夷交侵，中國微矣。」此即亭林所言「見其情於意言之表」也。

莠言自口［一］

莠言，穢言也。若鄭亭趙孟，而伯有賦「鶉奔」之詩是也。［二］君子「在官言官，在府言府，在庫言庫，在朝言朝」。［三］狎侮之態，不及於小人；謔浪之辭，不加於妃妾。自世尚通方［四］，人安媟慢，宋王［五］登牆之見［六］，淳□［七］滅燭之歡［八］，遂乃告諸［九］君王，傳之文字。忘其穢論，叙爲美談。以至「執□［十］手」之言，發自臨喪之際；原壤。［十一］「齧妃唇」之詠，宣於侍宴之餘。郭舍人。［十二］於是搖頭而舞八風，祝欽明。［十三］連臂而歌萬歲。閻知微。［十四］「去人倫，無君子」［十五］，而國命隨之矣。

臧孫紇見衛侯於郲，「退而告其人曰：『衛侯其不得人［十六］矣，其言糞土也。亡而不變，何以復國？』」［十七］以「糞土」喻其言，猶《詩》之「莠言」也。

【校注】

[一]《詩經・小雅・正月》：「好言自口，莠言自口。」毛傳：「莠，醜也。」鄭玄箋：「善言從女口出，惡言亦從女口出。」

[二]見《左傳・襄公二十七年》。

[三]語出《禮記・曲禮下》。

[四]通方，《漢書・竇田灌韓傳》：「通方之士，不可以文亂。」《後漢書・王充王符仲長統列傳》：「數子之言當世失得皆究矣，然多謬通方之訓，好申一隅之説。」颜师古曰：「方，道也。」

[五]「宋王」誤，當改。原抄本、遂初堂本、集釋本、欒本、陳本、嚴本均作「宋玉」。

[六]宋玉《登徒子好色賦並序》：「此女登牆闚臣三年，至今未許也。」

[七]底本缺一字處，原抄本、遂初堂本、集釋本、欒本、陳本、嚴本均作「于」，當補。

[八]《史記・滑稽列傳》：淳于髡曰：「日暮酒闌，合尊促坐，男女同席，履舃交錯，杯盤狼藉，堂上燭滅，主人留髡而送客，羅襦襟解，微聞薌澤，當此之時，髡心最歡，能飲一石。」

[九]「諸」，原抄本同，遂初堂本、集釋本、欒本、陳本、嚴本均作「之」。

[十]底本缺一字處，原抄本、遂初堂本、集釋本、欒本、陳本、嚴本均作「女」，當補。

[十一]《禮記・檀弓下》：「孔之之故人原壤，其母死，夫子助之沐槨，原壤登木曰：『久矣予之不托於音也。』歌曰：『狸首之班然，執女手之卷然。』」

[十二]《藝文類聚》卷五十六：「漢孝武皇帝元封三年作柏梁臺，詔群臣二千石，有能爲七言者，乃得上坐。」「郭舍人曰：『齧妃女唇甘如飴。』」

[十三]祝欽明，唐雍州始平人。少通《五經》，兼涉衆史百家之説。明經及第，歷官崇文館學士、春宫侍讀、國子祭酒、刑部尚書、禮部尚書，兼修國史，同中書門下三品知政事。《新唐書》卷一百九本傳：「後屬婚，上食禁中，帝與

群臣宴，欽明自言能《八風舞》，帝許之。欽明體肥醜，據地搖頭睆目，左右顧眄，帝大笑。吏部侍郎盧藏用歎曰：『是舉《五經》掃地矣！』」

[十四]閻知微，唐武周時人，以春官尚書，出使突厥，受默啜封爲漢可汗。《資治通鑑》卷二百六載：「默啜使閻知微招諭趙州，知微與虜聯手蹋《萬歲樂》於城下。將軍陳令英在城上謂曰：『尚書位任非輕，乃爲虜蹋歌，獨無慚乎！』知微微吟曰：『不得已，《萬歲樂》。』」又見《朝野僉載》卷四。

[十五]語出《孟子·告子下》。

[十六]「人」字誤，當改。原抄本、遂初堂本、集釋本、欒本、陳本、嚴本均作「入」。《左傳》作「入」。

[十七]見《左傳·襄公十四年》。

皇父[一]

王室方騷，人心危懼。皇父以柄國之大臣，而營邑於向[二]，《左傳·隱十一年》解：「軹縣西有地名向上。」在今濟源縣界。於是「三有事」之「多藏」者隨之而去矣[三]，庶民之「有車馬」者隨之而去矣[四]。蓋亦知西戎之已倡[五]，而王室之將傾也。以鄭桓公之賢，且寄孥於虢、鄶，則其時之國勢可知。然不顧君臣之義而先去，以爲民望，則皇父實爲之首。昔晉之王衍，見中原已亂，乃説東海王越，以弟澄爲荆州，族弟敦爲青州，謂之曰：「荆州有江漢之固，青州有負海之險，卿二人在外，而吾留此，足以爲三窟矣。」鄙夫之心，亦千載而符合者乎！

【校注】

[一]《詩經·小雅·十月之交》:「皇父卿士,番維司徒,家伯維宰,仲允膳夫。聚子内史,蹶維趣馬,楀維師氏,豔妻煽方處。」鄭玄箋:「厲王淫於色,七子皆用。後嬖寵方熾之時,並處位。」黄汝成集釋引錢徵士曰:作都於向,事在幽王六年,見《竹書紀年》。《九域志》「同州有向城」,即此。

[二]《詩經·小雅·十月之交》:「皇父孔聖,作都於向。」

[三]《詩經·小雅·十月之交》:「擇三有事,亶侯多藏。」鄭玄箋:「作都立三卿,皆取聚斂之臣。」

[四]《詩經·小雅·十月之交》:「擇有車馬,以居徂向。」

[五]「倡」字誤,當改。原抄本、集釋本、欒本、陳本均作「偪」。

握粟出卜[一]

古時用錢未廣,《詩》、《書》皆無貨泉之文,而問卜者亦用粟。漢初猶然。《史記·日者傳》:「卜而有不審,不見奪糈。」[二]

【校注】

[一]見《詩經·小雅·小宛》。

[二]黄汝成集釋:汝成案:《日者傳》云:「以義置數十百錢。」又云:「此之爲德,豈直數十百錢哉?」是問卜者兼用錢粟矣,此特偏引一語爾。黄汝成集釋引惠氏曰:古者卜筮先用精鑿之米以享神,謂之糈。《楚辭》云:「巫咸將夕降兮,懷椒糈而要之。」王逸注:「言巫咸將下,願懷椒糈要之,使筮者占茲吉凶之事也。」《管子》云:「守龜不兆,握粟而筮者屢中。」

私人之子百僚是試[一]

孔氏曰:「私人,□[二]隸之屬也。」[三]「天下有道,小德役大德,小賢役大賢。」[四]故貴有常尊,賤有等威,所以「辨上下而定民志」[五]也。周之衰也,「政以賄成」,而「官之師旅,不勝其富」。左氏襄公十年《傳》。又其甚也,私人之子皆得進而服官,而文、武、周公之法盡矣。候人而赤芾[六],曹是以亡;不狩而縣貆[七],魏是以削。「賤妨貴」,「小加大」,古人列之「六逆」,[八]又不但仍叔之子譏其年弱[九],尹氏之婣刺其材瑣[十]而已。自古國家吏道雜而多端,未有不趨於危亂者。舉賢才[十一],慎名器,豈非人主之所宜兢兢自守者乎?

【校注】

[一]見《詩經·小雅·大東》。毛傳:「私人,私家人也。是試,用於百官也。」鄭玄箋:「此言周衰,群小得志。」

[二]底本缺一字處,原抄本、遂初堂本、集釋本作「阜」,欒本、陳本、嚴本作「皂」,當補。

[三]孔穎達疏:「此云私人,則賤者謂本無官職、卑賤之屬,私居家之小人也。」朱熹集傳:「私人,私家阜隸之屬也。」

[四]語出《孟子·離婁上》。趙岐注:「小德、小賢樂爲大德、大賢役,服於賢德也。」

[五]《易經·履卦》象辭:「君子以辨上下,定民志。」

[六]《詩經·曹風·候人》:「彼候人兮,何戈與祋。彼其之子,三百赤芾。」

[七]《詩經·魏風·伐檀》:「不狩不獵,胡瞻爾庭有縣貆兮?」

［八］見《左傳・隱公三年》。
［九］《春秋經・桓公五年》：「天王使仍叔之子來聘。」《左傳》：「『仍叔之子』，弱也。」
［十］《詩經・小雅・節南山》：「尹氏大師，維周之氐」、「瑣瑣姻亞，則無膴仕」。
［十一］「才」，原抄本同，遂初堂本、集釋本、欒本、陳本、嚴本均作「材」。

不醉無［一］恥

「彼醉不臧，不醉反恥」［二］，所謂一國皆狂，反以不狂者爲狂也。以箕子之忠，而不敢對紂之失日。《韓非子》。［三］况中材以下，有不尤而效之者乎？「卿士師師非度」［四］，此商之所以亡。「蘭芷變而不芳兮，荃蕙［四］化而爲茅」［五］，此楚之所以六千里而爲讎人役也。是以聖王重特立之人，而遠苟用［六］之士。「保邦於未危」［七］，必自此始。

【校注】

［一］「無」字誤，當改。原抄本、遂初堂本、集釋本、欒本、陳本、嚴本均作「反」。
［二］見《詩經・小雅・賓之初筵》。
［三］《淮南子・説林上》：「紂爲長夜之飲，歡以失日，問其左右，盡不知也。乃使人問箕子。箕子謂其徒曰：『爲天下主而一國皆失日，天下其危矣。一國皆不知而我獨知之，吾其危矣。』辭以醉而不知。」
［四］見《尚書・微子》。
［五］見《楚辭・離騷》。
［六］「苟用」誤，原抄本同誤，當改。遂初堂本、集釋本、欒本、陳本、嚴本均作「苟同」。

［七］《尚書・周官》：「王曰：『若昔大猷，制治於未亂，保邦於未危。』」

上天之載

「上天之載，無聲無臭。儀刑文王，萬邦作孚。」［一］君子所以事天者如之何？亦曰「儀刑文王」而已。其「儀刑文王」也如之何？「爲人君止於仁，爲人臣止于敬，爲人子止于孝，爲人父止於慈，與國人交止於信」［二］而已。

【校注】

［一］見《詩經・大雅・文王》。

［二］語出《禮記・大學》。

王欲玉女［一］

《民勞》本召穆公諫王之辭，乃託爲王意，以戒公卿百執事之人，故曰：「王欲玉女，是用大諫。」［二］猶之「轉予於恤」而呼祈父［三］，從事不均而怨大夫［四］，所謂「言之者無罪，而聞之者足以戒也」［五］。豈亦「監謗」［六］之時，「疾威」［七］之日，不敢指斥而爲是言乎？然而亂君之國，無治臣焉。至於「我即爾謀，聽我囂囂」［八］，則又不獨王之復［九］諫矣。

【校注】

［一］見《詩經・大雅・民勞》。

[二]玉，用作動詞。女，讀作「汝」。鄭玄箋：「玉者，君子比德焉。王乎！我欲令女如玉然，故作是詩，用大諫正女。此穆公至忠之言。」

[三]見《詩經・小雅・祈父》。

[四]《詩經・小雅・北山》：「大夫不均，我從事獨賢。」

[五]語出《詩經・大序》。

[六]《國語・周語上》：「厲王虐，國人謗王。邵公告曰：『民不堪命矣！』王怒，得衛巫，使監謗者，以告，則殺之。國人莫敢言，道路以目。」

[七]《詩經・小雅・雨無正》：「旻天疾威，弗慮弗圖。」朱熹集傳：「疾威，猶暴虐也。」

[八]見《詩經・大雅・板》。

[九]「復」字誤，當改。原抄本、遂初堂本、集釋本、欒本、陳本、嚴本均作「愎」。

夸毗

「天之方懠，無爲夸毗。」[一]《釋訓》曰：「夸毗，體柔也。」《後漢書・崔駰傳》註：「夸毗，謂佞人足恭，善爲進退。」天下惟體柔之人，常足以遺民憂而召天禍。夏侯湛有云：「居位者以善身爲静，以寡交爲慎，以弱斷爲重，以怯言爲信。」《抵疑》。[二]白居易有云：「以拱默保位者爲明智，以柔愼[三]安身者爲賢能，以直言危行者爲狂愚，以中立守道者爲凝滯。故朝寡敢言之士，庭鮮執咎之臣。自國及家，寖而成俗。故父訓其子曰：『無介直以立仇敵』；兄教其弟曰：『無方正以賈悔尤』。且慎默積於中，則職事廢於外。强毅果斷之心屈，畏忌因循之性成。反謂率職而舉[四]正者，不達於時宜；當官而行法者，不通於事變。是以殿最之文雖書而不實，黜陟之典雖備而不行。」《長慶集・策》。[五]羅點有云：「無所可否，則曰『得體』。與世浮沉，則曰『有量』。衆皆默，己獨言，則曰『沽名』。衆皆濁，己獨清，則曰『立異』。」《宋史》本傳。觀三子之言，其於宋[六]俗之敝[七]，可謂懇切而詳盡矣。至於佞諂日熾，剛克消亡，朝多「沓沓」之流[八]，士保「容容」[九]之福，苟由其道，無變其俗，必將使一國之人，皆化爲「巧言令色孔壬」而後已。然則喪亂之所從生，豈不階於「夸毗」之輩乎！樂天作《胡旋女》詩曰：「天寶季年時欲变，臣妾人人學圓轉。」是以屈原疾[十]楚國之士，謂之「如脂如韋」[十一]，而孔子亦云「吾未見剛者」[十二]。

【校注】

[一]見《詩經・大雅・板》。毛傳：「懠，怒也。夸毗，體柔人也。」鄭玄箋：「王方行酷虐之威怒，女無夸毗以形體順從之。」

[二]夏侯湛《抵疑》，見《晉書・夏侯湛傳》及李兆洛《駢體文鈔》、丁福保《全晉文》。

[三]「慎」，原抄本同，遂初堂本、集釋本、欒本、陳本、嚴本作「順」。《白氏長慶集》宋刊本作「順」。古文「慎」、「順」通。

[四]「舉」，原抄本同，遂初堂本、集釋本、欒本、陳本、嚴本作「居」。《白氏長慶集》宋刊本作「舉」。

[五]見《白氏長慶集》卷六十三《策林二・使百職修皇綱振》。大意又見卷四十四《書・爲人上宰相書》。

[六]「宋」字誤，當改。原抄本、遂初堂本、集釋本、欒本、陳本、嚴本均作「末」。

[七]「敞」字誤，當改。原抄本、遂初堂本、集釋本、欒本、陳本、嚴本均作「敝」。

[八]《孟子・離婁上》：「《詩》曰：『天之方蹶，無然泄泄。』泄泄猶遝遝也。事君無義，進退無禮，言則非先王之道

者，猶還還也。」

［九］「容容」，遂初堂本、集釋本、欒本、陳本、嚴本同。原抄本作「庸庸」。按當作「容容」。《後漢書・左雄傳》：「臣見方今公卿以下，類多拱默，以樹恩爲賢，盡節爲愚，至相戒曰：『白璧不可爲，容容多後福。』」

［十］「疾」，遂初堂本、集釋本、欒本、陳本、嚴本同，原抄本作「嫉」。

［十一］見《楚辭・卜居》。

［十二］見《論語・公冶長》。

流言以對［一］

「强禦多懟」，即上章所云「强禦」之臣也。其心多所懟疾，而獨窺人主之情，深居禁中而好聞外事，則假流言以中傷之，若二叔之流言以間周公是也。夫不根之言，何地蔑有？以斛律光之舊將，而有百升明月之謡；［二］以裴度之元勳，而有坦腹小兒之誦。［三］所謂「流言以對」者也。如此則寇賊生乎内，而怨詛興乎下矣。「郤宛之難，進胙者莫不謗令尹」，［四］所謂「侯［五］作［六］侯祝」［七］者也。孔氏疏《采苓》曰：「讒言之起，由君數問小事於小人也。」可不慎哉！［八］

【校注】

［一］《詩經・大雅・蕩》：「而秉義類，彊禦多懟。流言以對，寇攘式内。」鄭玄箋：「女執事之臣，宜用善人，反任彊禦衆懟爲惡者，皆流言謗毁賢者。王若問之，則又以對。」

［二］《周書・韋孝寬傳》：「孝寬參軍曲嚴頗知卜筮，謂孝寬曰：『來年東朝必大相殺戮。』孝寬因令嚴作謡歌曰：『百升飛上天，明月照長安。』百升，斛也。」又見《北齊書》《斛律金傳》、《祖珽傳》，《北史》各傳及《資治通鑑》卷一

百七十一。

[三]《舊唐書·裴度傳》：「先是奸黨忌度，作謡辭云：『非衣小兒坦其腹，天上有口被驅逐。』」又見《新唐書·裴度傳》、《資治通鑑》卷二百四十三。

[四]見《左傳·昭公二十七年》。

[五]「俟」字誤，當改。原抄本、遂初堂本、集釋本、樂本、陳本、嚴本均作「侯」。《詩經》作「侯」。

[六]「作」，遂初堂本、集釋本、樂本、陳本、嚴本均同，原抄本作「詛」。《詩經》作「作」，《釋文》曰：「本或作『詛』。」

[七]語出《詩經·大雅·蕩》。

[八]黄汝成集釋：汝成案：明封疆動舊多傷於讒，而卒以「人之云亡，邦國殄瘁」，皆由中朝奸邪之徒流言以對也。

申伯

申伯，宣王之元舅也。立功於周，而吉甫作《崧[一]高》之誦。其孫女爲幽王后，無罪見黜，申侯乃與犬戎攻殺幽王。《竹書紀年》，宣王「四十一年，王師敗于申」，則宣王之末，申侯已叛。乃未幾而爲楚所病，「戍申」[三]之詩作焉[四]。當宣王之世，周興而申以强；當平王之世，周衰而申以弱；至莊王之世，而申爲楚縣矣。《左傳·哀公十六年[五]》言楚文王「縣申」。二舅[六]之於周，功罪不同，而其所以自取如此。宋左師之告華亥曰：「女喪而宗室，于人何有？人亦於女何有？」[七]讀二詩[八]者，豈徒論二王之得夫[九]哉！

【校注】

[一]「訟」字誤，當改。原抄本、遂初堂本、集釋本、欒本、陳本、嚴本均作「崧」。《詩經》作「崧」。

[二]「諱闕」，原抄本作「諱闕」。

[三]《詩經·王風·揚之水》：「彼其之子，不與我戍申。」小序云：「《揚之水》，刺平王也。不撫其民，而遠屯戍於母家，周人怨思焉。」

[四]「爲」字誤，當改。原抄本、遂初堂本、集釋本、欒本、陳本、嚴本均作「焉」。

[五]「十六年」誤，當改。原抄本、遂初堂本、集釋本、欒本、陳本、嚴本均作「十七年」。《左傳》「縣申」在十七年。

[六]二舅：謂宣王之申伯，與平王之申侯。

[七]見《左傳·昭公六年》。「女」，通「汝」。「而」，通「爾」。

[八]二詩：謂《崧高》與《揚之水》。

[九]「夫」字誤，當改。原抄本、遂初堂本、集釋本、欒本、陳本、嚴本均作「失」。

德輶如毛[一]

「德輶如毛」，即「輶車鸞鑣[二]」之輶。言易舉也。故曰：「一日克己復禮，天下歸仁焉。」[三]又曰：「有能一日用其力於仁矣乎？我未見力不足者。」[四]

【校注】

[一]《詩經·大雅·烝民》：「德輶如毛，民鮮克舉之。」鄭玄箋：「輶，輕。德甚輕，然而衆人寡能獨舉之以行者，無其志也。」

［二］「錿」字誤，當改。原抄本、遂初堂本、集釋本、樂本、陳本、嚴本均作「鑣」。《詩經》作「鑣」。

［三］見《論語·顔淵》。

［四］見《論語·里仁》。

韓城

《水經注》：「聖水逕方城縣故城北，又東南逕韓城東。《詩》：『溥彼韓城，燕師所完。』『王錫韓侯，其追其貊，奄受北國。』［一］王肅曰：『今涿郡方城縣有韓侯城，世謂寒號。』非也。」《魏書·地形志》：范陽郡方城縣有韓侯城。［二］按《史記·燕世家》：「易水東分爲梁門。」［三］今順天府固安縣有方城材［四］，即漢之方城縣也。《水經注》亦云：「濕水［五］徑良鄉縣之北界，歷梁山南，高梁水出焉。」是所謂「奕奕梁山」［六］者矣。舊説以韓國在同州韓城縣。曹氏曰：「武王子初封於韓，其時召襄公封於北燕，實爲司空，王命以燕衆城之。」竊疑同州去燕二千餘里，即令召公爲司空，掌邦土，量地遠近，興事任力，亦當發民於近甸而已，豈有殺［七］二千里外之人而爲築城者哉？召伯營申，亦曰「因是謝人」［八］，齊桓城邢，不過宋［九］、曹三國［十］，而《召誥》「庶殷攻位」，蔡氏以爲此遷洛諱闕［十一］之民，無役紂都之理。此皆經中明證。《大全》載朱子之言，亦以此爲不可曉。況「其追其貊」乃東北之夷，而蹶父之「靡國不到」，亦似謂韓土在北陲之遠也。

又考［十二］王符《潛夫論》曰：「昔周宣王時，有韓侯，其國近燕。故《詩》云：『普彼韓城，燕師所完。』其後韓西，亦姓韓，爲衛滿所伐，遷居海中。」漢時去古未遠，當有傳授，今以《水經注》

爲定。[十三]

按毛傳：梁山、韓城皆不言其地。鄭氏箋乃云：「梁山，今左[十四]馮翊夏陽西北。韓，姬姓之國也，後爲晉所滅，故大夫韓氏以爲邑名焉。」《左傳》富辰言：「邘晉應韓，武之穆也。」《竹書年紀[十五]》：平王十四年，晉人滅韓。按《左傳・僖公十五年》，晉侯及秦伯戰于韓。上言「涉河」，下言「及韓」，又曰「寇深矣」，是韓在河東，亦非今之韓城也。故杜氏解但云：「韓，晉地。」文公十年，晉人伐秦，取少梁，始得今韓城之地。益明戰于韓非此也。至「溥彼韓城，燕師所完」，則鄭已自知其説之不通，故訓「燕」爲「安」，而曰：「大矣，彼韓國之城，乃古平安時衆民之所築完。」惟王肅以梁山爲琢郡方城縣之山，而以燕爲燕國。孫毓亦云。今於梁山則用鄭説，於燕則用王説，二者不可兼通，而又巧立召公爲司空之説，可謂甚難而實非矣。又「其追其貊」，鄭以「經傳説貊，多是東夷，故《職方》『掌四夷九貉』」。即「貊」字。《鄭志》答趙商云：『九貉即九夷也。』又《秋官・貉隸》註云：『征東北夷所獲。』而漢時所謂濊貊者，皆在東北」。[十六]《史記・貨殖傳》：燕「東綰穢貊、朝鮮、真番之利」。《漢書・武帝紀》註：服虔曰：「穢貊在辰韓之北[十七]，高句麗沃沮之南，東窮於大海。」因於箋末添二語云：「其後追也、貊也，爲玁狁所逼，稍稍東遷。」此又可見康成之不自安而遷就其説也。

【校注】

[一]見《詩經・大雅・韓奕》。

[二]黄汝成集釋引楊氏曰：據《水經注》，則周有两韓國，不可不辨。

[三]今按：《史記》無此語。《水經注》卷十一：「易水東分爲梁門陂。易水又東，梁門陂水注之。」

[四]「材」字誤，當改。原抄本、遂初堂本、集釋本、欒本、陳本、嚴本均作「村」。

[五]「濕水」，集釋本、欒本、陳本均同，原抄本誤作「温水」。《水經注》原文作「漯水」，見《水經注》卷十三。

［六］見《詩經・大雅・韓奕》。

［七］「殺」字誤，當改。原抄本、遂初堂本、集釋本、欒本、陳本、嚴本均作「役」。

［八］見《詩經・大雅・崧高》。

［九］「朱」字誤，當改。原抄本、遂初堂本、集釋本、欒本、陳本、嚴本均作「宋」。

［十］「三國」，原抄本同。遂初堂本、集釋本、欒本、陳本、嚴本作「二國」。按《左傳》、《公羊傳》均曰：「齊師、宋師、曹師城邢。」故言「三國」亦可。事見《左傳・僖公元年》。

［十一］「諱闕」，原抄本作「諱闕」。

［十二］「又考」以下分段，原抄本同。遂初堂本、集釋本、欒本、陳本、嚴本均不分段。

［十三］黄汝成集釋引江氏曰：梁山在韓城，而燕地亦自有梁山。《水經注》：「鮑邱水過潞縣西，高梁水注之，水東徑梁山南。」潞縣，今之通州，其西有梁山，正當固安縣之東北也。禹治冀州水，「恒衛既從」，則燕地之梁山固其所奠定者。韓城之梁山，名偶同耳。然則韓始封在韓城，至宣王時，徙封於燕之方城歟？

黄汝成集釋引雷氏曰：《路史》謂韓於幽王之世失國，此用《國語》「應、韓不在」之説，謂失其近燕之國也。蓋失于北而遷於西，故王符曰「其後韓西」也。韋昭謂「韓於平王之世失國」，此則指其所遷之國，近於《禹貢》之梁者。韓之二國皆有梁山，故鄭氏誤以遷國爲封國。

［十四］「左」，遂初堂本、集釋本、欒本、陳本、嚴本均同。原抄本作「在」，按《毛詩正義》作「左」，「左馮翊」連讀，當改爲「左」。

［十五］「年紀」誤倒，當乙正。原抄本、遂初堂本、集釋本、欒本、陳本、嚴本作「紀年」。

［十六］今按：「鄭以經傳」一節，爲孔穎達正義解鄭玄之説。

［十七］「此」字誤，當改。原抄本、遂初堂本、集釋本、欒本、陳本、嚴本均作「北」。

如山之苞如川之流[一]

「如山之苞」，營法也；「如川之流」，陳[二]法也。古之善用師者，能爲營而後能爲陳。故曰「師出以律」[三]，又曰「不愆于四伐、五伐、六伐、七伐，乃止齊焉」[四]。管子霸國之謀，且猶「作内政以寄軍令」[五]。使之耳目素習，心志素定，如山之不可動摇，然後出而用之，若决水于千仞之谿[六]矣。

【校注】

[一]見《詩經・大雅・常武》。孔穎達疏：「兵法有動有静，静則不可驚動，故以山喻，動則不可禦止，故以川喻。」

[二]「陳」，通「陣」。

[三]語出《易經・師卦》初六爻辭。

[四]語出《尚書・牧誓》。

[五]見《管子・小匡》。

[六]「豁」字誤，當改。原抄本、遂初堂本、集釋本、樂本、陳本、嚴本均作「谿」。

不弟[一]不祥[二]

威儀之不類，賢人之喪亡，婦寺之專横，皆國之不祥。而日月之青[三]，山川之變，鳥獸草木之妖，其小者也。傳曰：「人無釁焉，妖不自作。」[四]故孔子對哀公，以「老者不教，幼者不學」爲「俗之不祥」。《家語》。荀子曰：「人有三不祥：幼而不肯事長，賤而不肯事貴，不肖而不肯事賢。是人之三不祥也。」[五]而「武王勝殷，得二虜[六]而問焉，曰：『若國有妖乎？』一虜對曰：『吾國有妖，晝見星而天雨血。』一虜對曰：『此則妖也，非其大者也。吾國之妖，子不聽父，弟不聽兄，君令不行。此妖之大者也。』武王避席再拜之。」《吕氏春秋》。《書》載箕子之言亦曰：「乃罔畏畏，咈其耇[七]長，舊有位人。」[八]自余所建[九]見，五六十年，國俗民情舉如此矣。不教不學之徒滿于天下，而一二稍有才知[十]者，皆少正卯、鄧析之流。是豈待「山川[十一]竭」而悲周[十二]，「岷山崩」而憂漢哉[十三]！《書》曰：「習與性成。」[十四]《詩》云：「如彼泉流，無淪胥以敗。」[十五]識時之士，所以引領於明王[十六]，繫心於耇德也。

【校注】

[一]「弟」字誤，當改。原抄本、遂初堂本、集釋本、欒本、陳本、嚴本均作「弔」。

[二]《詩經・大雅・瞻卬》：「不弔不祥，威儀不類。人之云亡，邦國殄瘁。」鄭玄箋：「弔，至也。王之爲政，德不至於天矣，不能致徵祥於神矣，威儀又不善於朝廷矣。賢人皆言奔亡，則天下邦國將盡困病。」

[三]「青」字誤，當改。原抄本、遂初堂本、集釋本、欒本、陳本、嚴本均作「眚」。

[四]見《左傳・莊公十四年》。

[五]見《荀子・非相》。

[六]「虜」字，原抄本作「膚」，形近而訛。下二「一虜」字同。潘耒遂初堂刻本、集釋本、陳本、嚴本作「俘」。陳垣注：「俘」原皆作「虜」。欒本據黄侃校記改回而加説明云：原本俱作「俘」，據《校記》改。《吕氏春秋》、《新序》均作

「虜」字。《四庫全書》録清以前古書凡「虜」字均改爲「俘」、「鹵」等，《古今圖書集成》亦同，清人不僅改《日知録》，亦不僅改《四庫全書》也。

［七］「耆」字誤，當改。原抄本、遂初堂本、集釋本、欒本、陳本、嚴本均作「耈」。《尚書》作「耈」。

［八］見《吕氏春秋·慎大覽》，又見《新序·雜事》。

［九］「建」字誤，當改。原抄本、遂初堂本、集釋本、欒本、陳本、嚴本均作「逮」。

［十］「知」，遂初堂本、集釋本、欒本、陳本、嚴本同，原抄本作「智」。

［十一］「山川」誤，當改。遂初堂本、集釋本、欒本、陳本、嚴本同，原抄本均作「三川」。《國語》作「三川」。

［十二］《國語·周語上》：「夫國必依山川，山崩川竭，亡之徵也。」「是歲也，三川竭，岐山崩。十一年，幽王乃滅，周乃東遷。」

［十三］《漢書·五行志》：「元延三年正月丙寅，蜀郡岷山崩。」「其後三世之嗣，王莽篡位。」

［十四］《尚書·太甲上》。

［十五］《詩經·小雅·小旻》。

［十六］「明王」，原抄本同。潘耒遂初堂刻本改爲「哲王」，集釋本因之。「明王」本爲經典習語，屢見於《尚書》、《左傳》及二戴《禮記》。

駉［一］

魯僖公「儉以足用，寬以愛民，務農重穀」［二］，而有坰牧之盛［三］。「衛文公大布之衣，大帛之冠，務材訓農，通商惠工，敬教勸［四］學，授方任能」［五］，而有「騋牝三千」［六］之多。然則古之馬改[七]皆本之[八]田功也。吾未見「廄有肥馬」、「野有餓莩」[九]而能國者也。

【校注】

[一]「駉」字誤，當改。原抄本、遂初堂本、集釋本、欒本、陳本、嚴本均作「駉」。「駉」，《詩經・魯頌》篇名。

[二]語出《詩經・魯頌・駉》小序。

[三]《詩經・魯頌・駉》：「駉駉牡馬，在坰之野。」毛傳：「駉駉，良馬腹幹肥張也。坰，遠野也。」

[四]「勤」字誤，當改。原抄本、遂初堂本、集釋本、欒本、陳本、嚴本均作「勸」。

[五]見《左傳・閔公二年》。

[六]見《詩經・鄘風・定之方中》。《左傳・閔公二年》又曰：「僖之元年，齊桓公遷邢於夷儀。二年，封衛于楚丘。」「元年革車三十乘，季年乃三百乘。」小序：「《定之方中》，美衛文公也。」

[七]「改」字誤，當改。原抄本、遂初堂本、集釋本、欒本、陳本、嚴本均作「政」。

[八]「之」，原抄本作「于」，遂初堂本、集釋本、欒本、陳本、嚴本作「於」。

[九]《孟子・梁惠王上》：「庖有肥肉，廄有肥馬；民有饑色，野有餓莩。」又見《滕文公下》。

寔[一]始翦商[二]

太王當武丁、祖甲之世，殷道未衰，何從有「翦商」之事。僖公之世，距太王已六百餘年，作詩之人特本其王迹所基，而侈言之爾。猶《泰誓》之言「命我文考，肅將天威」也，猶《康誥》之言「天乃大命文王，殪我[三]殷」也，亦後人追譽[四]之也。張子曰：「一日之間，天命未絶，猶是君臣。」[五]

【校注】

[一]「寔」，原抄本、遂初堂本、集釋本、欒本、陳本、嚴本均作「實」。目録作「實」。《詩經》原文作「實」。

[二]《詩經・魯頌・閟宫》：「后稷之孫，實維大王。居岐之陽，實始翦商。」鄭玄箋：「翦，斷也。」孔穎達疏：「是始斷商，言有滅商之萌兆也。」

[三]「我」字誤，當改。原抄本、遂初堂本、集釋本、欒本、陳本、嚴本均作「戎」。《尚書》作「戎」。

[四]「譽」，原抄本、遂初堂本、集釋本、欒本、陳本、嚴本均作「言」。

[五]張載《横渠經學理窟》原作「當日而命未絶，則是君臣」，朱熹《孟子集注》引作「一日之間，天命未絶，則是君臣」。黄汝成集釋引徐璈曰：「習鑿齒曰：『昔周人詠祖宗之德，追述翦商之功。』惠棟曰：『《爾雅》：「翦，勤也。」《詩》言太王自邠遷岐，始能光復祖宗，修朝貢之職，勤勞王事也。』璈按：習氏之義，證以雅訓，及惠氏之解，則知文王三分有二，猶合六州之衆奉勤於商。當太王之初基，值殷宗之繼軌，雖天佑岐周，亦不得遽云翦斷矣。」

玄鳥[一]

讀經傳之文，終商之世，無言祥瑞者。而大戊之「祥桑」，高宗之「雊雉」，惕于天之見妖而修德者，有二焉。則知監于夏王之矯誣上天，而慄慄危懼，盖湯之家法也。簡狄吞卵而生契[二]，不亦矯誣之甚乎？毛氏傳曰：「玄鳥，鳦[三]也。春分玄鳥降。湯之先祖有娀氏女簡狄，配高辛氏帝，帝率與之祈於郊禖而生契，故本其爲天所命，以玄[四]鳥至而生焉。」可以破史遷之謬矣。[五]

【校注】

[一]《詩經・商頌》篇名。「玄」字，集釋本作「元」，下同。

[二]今按：《詩經・商頌・玄鳥》：「天命玄鳥，降而生商。」鄭玄箋：「天使鳦下而生商者，謂鳦遺卵，娀氏之女簡狄吞之而生契，爲堯司徒，有功，封商。」《史記・殷本紀》：「殷契，母曰簡狄，有娀氏之女，爲帝嚳次妃。三人行浴，見玄鳥墮其卵，簡狄取吞之，因孕生契。」孔穎達以爲鄭玄因《史記》及緯書而箋注「吞卵」，故亭林謂其説始於司馬遷。

[三]「鳦」，原抄本同。遂初堂本、集釋本、欒本、陳本均作「鳦鳥」二字。《毛詩正義》作「鳦」。

[四]此「玄」字缺末筆，上文「玄」字不缺。

[五]黄汝成集釋引楊氏曰：簡狄吞卵，非獨子長之説，其來舊矣。要毛公之説不可易。

敷奏其勇[一]

「敷奏其勇，不震不動，不戁不竦。」苟非大受之人[二]，驟而當天下之重任，鮮不恐懼而失其守者，此公孫丑所以有「動心」之問也[三]。升□[四]伐夏，創未有之事而不疑，可謂天錫[五]之勇矣。何以能之？其「上帝臨女，無貳爾心」[六]之謂乎！

「湯、武，身之也。」[七]學湯之勇者，宜何如？「震驚百里，不喪匕鬯」[八]，近之矣。

【校注】

[一]見《詩經・商頌・長發》。

[二]大受之人，《論語・衛靈公》：「子曰：君子不可小知，而可大受也。」

[三]《孟子・公孫丑上》：「公孫丑問曰：『夫子加齊之卿相，得行道焉，雖由此霸王不異矣，如此則動心否乎？』」

[四]底本缺一字處，原抄本、遂初堂本、集釋本、欒本、陳本、嚴本均作「陑」，當補。《書序》：「伊尹相湯伐桀，升

自陑，遂與桀戰於鳴條之野，作《湯誓》。」孔安國傳：「陑在河曲之南。」陸德明釋文：「陑音而。」

[五]「錫」，《爾雅・釋詁》：「賜也」。

[六]語出《詩經・大雅・大明》。

[七]《孟子・盡心上》：「堯、舜，性之也；湯、武，身之也；五霸，假之也。」

[八]語出《易經・震卦》卦辭。

魯頌商頌

《詩》之次序，猶《春秋》之年月。夫子因其舊文，「述而不作」也。《頌》者，美盛德之形容，以告宗廟。魯之《頌》，頌其君而已，而列之《周頌》之後者，魯人謂之《頌》也。鄭氏曰：「襄公時，季孫行父請命於周，而史克作之。」然春秋列國卿大夫賦《詩》，無及此四篇者。[一]）世儒謂夫子尊魯，而進之爲《頌》，是不然。魯人謂之《頌》，夫子安得不謂之《頌》乎？「爲下不倍」[二]也。《春秋》書「公」、書「郊禘」，亦同此義。孟子曰「其文則史」，不獨《春秋》也，雖《六經》皆然。今人以爲聖人作書，必有驚世絶俗之見，此是以私心待聖人。世人讀書如王介甫，才入貢院，而一院之事皆欲紛更。《宋史・張方平傳》。此最學者之大病也。

列國之風何以無魯？太師陳之，固曰「魯詩」，不謂之《頌》矣。孔子，魯人也，從魯而謂之《頌》，此如魯史之書「公」也。然而《泮水》之文則固曰「魯侯」也。

商何以在魯之後？曰：草廬吴氏嘗言之矣：「太師所職者，當代之詩也。商則先代之詩，故次之周、魯之後。」《汲冢周書》，《伊尹》、《朝獻》、《商書》，附於《王會解》之後，即其例也。

【校注】

[一]今按：史克作《魯頌》，爲鄭玄引王肅之説。

[二]語出《禮記·中庸》。

詩序

《詩》之世次，必不可信，今《詩》亦未必皆孔子所正。且如「褒姒滅[一]之」[二]，幽王之詩也，而次於前；「召伯營之」[三]，宣王之詩也，而次於後。序者不得其説，遂並《楚茨》、《信南山》、《甫田》、《大田》、《瞻彼洛矣》、《裳裳者華》、《桑扈》、《鴛鴦》、《魚藻》、《采菽》十詩，皆爲刺幽王之作，恐不然也。又如《碩人》，莊姜初歸事也，而次於後；《綠衣》、《日月》、《終風》，莊姜失位而作；《燕燕》，送歸妾作；《擊鼓》，國人怨州吁而作也，而次於前。朱子《日月》傳曰：「此詩當在《燕燕》之前，下篇放此。」《渭陽》，秦康公爲太子時作也，而次於後；《黄鳥》，穆公薨後事也，而次於前。此皆經有明文可據，故鄭氏謂《十月之交》、《雨無正》、《小旻》、《小宛》皆刺厲王之詩，《十月之交》有「豔妻」之云，自當是幽王。漢興之初，師移其第耳。而《左氏傳》楚莊王之言曰，武王「作《武》，其卒章曰：『耆定爾功』，其三曰：『敷時繹思，我徂維求定』，其六曰：『綏萬邦，屢豐年』」。[五]今《詩》但以「耆定爾功」一章爲《武》，而其三爲《賚》，其六爲《桓》，章次復相隔越。《儀禮》歌《召南》三篇，越《草蟲》而取《采蘋》，正義以爲「《采蘋》舊在《草蟲》之前」。知今日之《詩》已失古人之次，非夫子所

謂「《雅》《頌》各得其所」者矣。[六]

【校注】

[一]「滅」，原抄本、遂初堂本、嚴本同。集釋本、欒本、陳本作「烕」。「烕」同「滅」。

[二]見《詩經·小雅·正月》。

[三]見《詩經·小雅·黍苗》。

[四]「諱闕」，原抄本作「諱闕」。

[五]《左傳·宣公十二年》。

[六]見《論語·子罕》。

黄汝成集釋引嚴太僕曰：虞惇按：「亭林顧氏之説最爲有見，《三百篇》前後世次錯迕者甚多。如《小雅·常棣》，閔管蔡，成王時詩也，而在《采薇》、《出車》之前。《靈臺》，民始附文王時詩也，而在《文王》、《大明》之後。蓋經秦火，簡編殘脱，漢儒掇拾補綴，厘而存之，未必皆孔氏之舊矣。至於《楚茨》、《信南山》八篇，及《黍苗》一篇，應從序『陳古刺今』之説。《十月之交》四篇，考之經文及史傳，皆當作刺幽王，非刺厲王之詩也。」

日知録卷之四

魯之春秋

《春秋》不始於隱公。晉韓宣子聘魯，「觀書於太史氏，見《易象》與《魯春秋》，曰：『周禮盡在魯矣！吾乃今知周公之德與周之所以王也。』」《左傳・昭公二年》。[一]蓋必起自伯禽之封，以洎於中世，當周之盛，朝覲、會同、征伐之事皆在焉，故曰「周禮」，而成之者，古之良史也。孟子雖言「《詩》亡然後《春秋》作」，然不應伯禽至孝公二[二]百五十年全無紀載。[三]自隱公以下，世道衰微，史失其官，於是孔子懼而修之。自惠公以上之文，無所改焉，所謂「述而不作」者也。自隱公以下，則孔子以己意修之，所謂「作《春秋》」也。然則自惠公以上之《春秋》，固夫子所善而從之者也，惜乎其書之不存也。[四]

【校注】

[一]黄汝成集釋引江氏云：韓子觀《魯春秋》，此未筆削之《春秋》也。《春秋》當始伯禽，何爲始隱？疑當時《魯春秋》惠公以上，魯史不存，夫子因其存者修之，未必有所取義也。使伯禽以後之《春秋》皆存，則周初禮樂征伐自天子出，夫子何不存其盛世之事以爲法，顧獨存其衰世之事以爲戒耶？夏、殷之禮，杞、宋不足徵，夫子惜之。正考父

得《商頌》十二篇於周太師，後又亡其七，夫子因而存之。使《魯春秋》具存，夫子有所取義而托始於隱，是因筆削《春秋》反使惠公以前二百餘年之事皆無徵，豈聖人之心哉？「迹熄《詩》亡」，孟子就當時之《春秋》推説耳。

黄汝成集釋引左暄曰：《春秋》「筆則筆，削則削」，魯史之舊本無存，故筆削之新義莫考。然亦有可考而知者，如公羊莊七年《傳》曰：「不修《春秋》，曰：『雨星不及地尺而復。』君子修之，曰：『星隕如雨。』」此傳文之可據者。又有見於他書者，《坊記》載夫子之言曰：「故《魯春秋》猶去『夫人之姓曰吴』，其死曰『孟子卒』。」孔穎達《春秋疏》曰：「《魯春秋》『去夫人之姓曰吴』，《春秋》無此文，《坊記》云然者。禮，夫人初至，必書於策，若娶齊女，則云『夫人姜氏至自齊』。此孟子初至之時，亦當書曰『夫人姬氏至自吴』。同姓，不得稱『姬』，舊史所書，蓋直云『夫人至自吴』，是『去夫人之姓』直書曰『吴』而已。仲尼修《春秋》，以犯禮明著，全去其文，故今經無其事。」此又夫子《春秋》與舊史不同之一證也。

〔二〕「三」，原抄本、嚴本同。遂初堂本、集釋本、欒本、陳本作「二」。黄汝成《日知録續刊誤》：「『二』，諸本並作『三』，原寫本同。汝成案：《史記·魯世家》注：徐廣曰：皇甫謐云：伯禽以成王元年封，則至孝公末年只得二百七十七年，不滿三百年。云『三』者非，今改。然亦不止二百五十年，『五』字疑『七』字誤。容文或約舉之也。」

〔三〕黄汝成集釋引閻氏曰：按杜元凱《春秋經傳集解序》，便知《春秋》一書，其發凡以言例，皆周公之垂法，仲尼從而修之，何必言「起自伯禽」與「成之古良史」哉？又《左傳》隱七年：「謂之禮經」，杜注曰：「此言凡例乃周公所制禮經也」。

〔四〕黄汝成集釋引莊侍郎曰：《春秋》之義，不可書則辟之，不忍書則隱之，不足書則去之，不勝書則省之。辭有據正，則不當書者，皆書其可書以見其所不可書；辭有詭正而書者，皆隱其所大不忍，出其所大不可，而後目其所常不忍、常不可也。辭若可去、可省而書者，常人之所輕，聖人之所重。《春秋》非記事之史，不書多於書，以所不書知所書，以所書知所不書。

又曰：《春秋》治亂必表其微，所謂「禮禁未然之前」也。凡所書者，有所表也，是故《春秋》無空文。

又曰：《春秋》之辭，斷十二公之策而列之，則十二公之行狀莫不著也。辭有屢於一公之策書者，有屢於一年之策書者，有曠而不志者，有曠而一志者，不可不察也。

春秋闕疑之書

孔子曰：「吾猶及史之闕文也。」[一]史之闕文，聖人不敢益也。《春秋》桓公十七年：冬十月朔，日有食之。傳曰：「不書日，官失之也。」僖公十五年：夏五月，日有食之。傳曰：「不書朔與日，官失之也。」以聖人之明，千歲之日至，可坐而致，豈難考歷[二]布筭以補其闕？而夫子不敢也，況於史文之誤而無從取正者乎？況於列國之事得之傳聞、不登於史策者乎？《左氏》之書，成之者非一人，録之者非一世，可謂富矣，而夫子當時未必見也。史之所不書，則雖聖人，有所不知焉者。[三]且《春秋》，魯國之史也，即使歷聘之餘，必聞其政，遂可以百二十國之寶書增入本國之記注乎？成公十三年，「公會諸侯伐秦」下，正義曰：「經文依史官策書，策書所無，故經文遂闕也。傳文采於簡牘，簡牘先有，故傳文獨存也。」[四]若乃改葬惠公之類，不書者，舊史之所無也。曹大夫、宋大夫、司馬、司城之不名者，闕也。「齊崔氏出奔衛」，去名而書族；「宋殺其大夫山」，去族而書字。疑皆前史之闕。鄭伯髡頑、楚子麇、齊侯陽生之實弑而書「卒」者，傳聞不勝簡書，是以從舊史之文也。邵氏曰：「赴以卒則卒，赴以弑則弑。弑而赴以卒，其弑也傳聞云爾也。傳聞不勝簡書，是以書『卒』以待察也，比之疑獄。」《左氏》出於獲麟之後，網羅浩博[五]，實夫子之所未見。乃後之儒者似謂已有此書，夫子據而筆削之。即《左氏》之解《經》，於所不合者亦多曲爲之説，而經生之論遂以聖人所不知爲諱。是以新説愈多，而是非靡定。故今人學

《春秋》之言，皆「郢書燕説」，而夫子之不能逆料者也。子不云乎？「多聞闕疑，愼言其餘」，豈特告子張乎？修《春秋》之法亦不過此。

《春秋》因魯史而修者也，《左氏傳》采列國之史而作者也。故所書晉事，自文公主夏盟，政交於中國，則以列國之史參之，而一從周正。自惠公以前，則間用夏正。其不出於一人明矣。其謂「賵仲子」爲「子氏未薨」，「平王崩」爲「赴以庚戌」，先壬戌十二日。「陳侯鮑卒」爲「再赴」，似皆揣摩而爲之説。

【校注】

[一]見《論語・衛靈公》。

[二]「歷」字，集釋本作「歷」。下同。

[三]黄汝成集釋引莊侍郎曰：《春秋》博列國之載，因魯史以約文。於所不審，則義不可斷，皆削之而不書；書則斷之者，斷則審之者。故曰：「《春秋》之信史也。」存闕文而不益，實其所不削也。不審其事則去之，不審其文則存之，傳之萬世而不可亂也。

今按：「《春秋》之信史也」，見《公羊傳・昭公十二年》。

[四]黄汝成集釋引劉氏曰：《春秋説》曰：「孔子作《春秋》，萬八千字，九月而書成。以授游、夏之徒，不能改一字。蓋魯史記之文，本録内而略外，聖人取百二十國寶書而損益之，其大致則略同，故曰『述而不作』。述文王也，非述魯也。魯史記之例，常事不能不悉書備載，《春秋》盡削之，其存什一於千百，以著微文刺譏，爲萬世法，故曰『非記事之書也』。或筆一而削百，或筆十而削一。削者以筆見，筆者以削見，屈伸變化，以著其義，使人深思而自省悟，應問以窮其奥，故曰『知其人不待告，告非其人，雖言而不著』。唯游、夏能知之，知之故不能贊一詞也。

［五］「傳」字誤，當改。原抄本、遂初堂本、集釋本、欒本、陳本、嚴本均作「博」。

三正

三正之名，見於《甘誓》。蘇氏以爲：「自舜以前，必有以建子、建丑爲正者」，其來尚矣。［一］《微子之命》曰：「統承先王，修其禮物。」則知杞［二］用夏正，宋用殷正。若朝覲、會同，則用周之正朔。其於本國，自用其先王之正朔也。獨是晉爲姬姓之國，而用夏正，則不可解。三正之所以異者，疑古人分國，各有所□［三］。故公劉當夏后之世，而「一之日」、「二之日」已用建子爲紀。晉之用寅，其亦承唐人之舊與？《舜典》：「協時月正日。」即協此不齊之時月。［四］杜預《春秋後序》曰：「晉太康中，汲縣人發其界内舊冢，得古書，皆簡編科斗文字。記晉國，起自殤叔，次文侯、昭侯，以至曲沃莊伯。莊伯之十一年十一月，魯隱公之元年正月也，皆用夏正建寅之月爲歲首編年。」今考《春秋》僖公五年：「晉侯殺其世子申生」，《經》書「春」，而《傳》在上年之十二月。十年：「里克弒其君卓」，《經》書「正月」，而《傳》在上年之十一月。十一年：「晉殺其大夫丕鄭父［五］」，《經》書「春」，而《傳》在上年之冬。十五年：「晉侯及秦伯戰於韓，獲晉侯」，《經》書「十有一月壬戌」，而《傳》則爲「九月壬戌」。《經》《傳》之文或從夏正，或從周正，所以錯互如此。羅泌以爲傳據晉史，經則周曆。與《史記》「漢元年冬十月，五星聚東井」［六］，乃秋七月之誤正同。僖公五年：十二月丙子朔，虢公醜奔京師，而卜偃對獻公，以爲九月十月之交。襄公三十年：「絳縣老人言：『臣生之歲，正月甲子朔。』」［七］以長曆推之，爲魯文公十一年三月甲子朔。此又晉人用夏正之見於傳者也。［八］

僖公二十四年：冬，「晉侯夷吾卒。」杜氏註：「文公定位而後告。」夫不告文公之入，《傳》曰：「秦伯納之，不書，不告入也。」而告惠公之薨，以上年之事爲今年之事，新君入國之日，反爲舊君即世之年，非人情也。疑此《經》乃錯簡[九]，當在二十三年之冬。《傳》曰：「九月，晉惠公卒。」晉之九月，周之冬也。蓋懷公遣人來告。

隱公六年：冬，「宋人取長葛。」《傳》作「秋」。劉原父曰：「《左氏》日月與《經》不同者，丘明作書，雜取當時諸侯史策之文，其用三正參差不一，往往而迷。故《經》所云冬，《傳》謂之秋也。」[十]考宋用殷正，則建酉之月，周以爲冬，宋以爲秋矣。

桓公七年：夏，「穀伯綏來朝，鄧侯吾離來朝。」《傳》作「秋[十一]」。劉原父曰：「《傳》所據者，以夏正紀時也。」

文公十六年[十二]：「齊公子商人弑其君舍。」《經》在九月，《傳》作七月。

隱公[十三]三年：夏，「四月，鄭祭足帥師取温之麥。秋，又取成周之禾。」若以爲周正，則麥禾皆未熟。四年：「秋，諸侯之師敗鄭徒兵，取其禾而還。」亦在九月之上，是夏正六月，禾亦未熟。註云：「取者，蓋芟踐之」，終是可疑。按《傳》中雜取三正，多有錯誤。左氏雖發其例於隱之元年，曰「春王周正月」，而間有失於改定者。文多事繁，固著書之君子所不能免也。

【校注】

[一]陳垣校注：蘇軾《東坡書傳》十三卷，此引見卷六。

[二]「祀」字誤，當改。原抄本、遂初堂本、集釋本、欒本、陳本、嚴本均作「杞」。

[三]底本缺一字處，原抄本、遂初堂本、集釋本、欒本、陳本、嚴本均作「受」，當補。

［四］黄汝成集釋引沈氏曰：王守溪《春王正月辨》云：「《汲冢周書》云：『亦越我周王，致伐于商，改正異械，以垂三統。至于敬授民時，巡狩烝享，猶自夏焉。』且《周禮》有正月，又有正歲，周時二正實兼行之矣。

［五］「丕鄭父」，「丕」字誤，當改。原抄本、遂初堂本、集釋本、欒本、陳本、嚴本不誤。《左傳》作「丕」。

［六］見《漢書・高帝紀》。亭林謂《史記》似誤。

［七］見《左傳》，此據《漢書・律曆志》引。

［八］黄汝成集釋引沈氏曰：毛云：「三正遞建，諸事可通，而獨此推測占驗之事多用夏正。何則？以氣候分至有難齊也。卜偃以鶉火、天策推驗昏旦，此非用夏正不可。

［九］黄汝成集釋引沈氏曰：毛云：「《春秋》恒例，但得書列國君卒，而不書列國立君，此全經盡然。至於逾年之告，則國亂多故，並從緩赴，非錯簡也。」

［十］陳垣校注：劉敞，字原父，别號公是。著《春秋權衡》十七卷，此引該書卷一。

［十一］「秋」字誤，當改。原抄本、遂初堂本、集釋本、欒本、陳本、嚴本均作「春」。《左傳》作「春」。

［十二］「十六年」，原抄本作「十年」。《春秋經》實爲十四年。集釋本、欒本、陳本作「十六年」，陳垣校注：「十六年」誤，應爲「十四年」。

［十三］「隱公」以下，原抄本、遂初堂本、集釋本、嚴本分段，欒本、陳本不分段。

閏月

《左氏傳》文公元年：「於是閏三月，非禮也。」［一］襄公二十七年：「十一月乙亥朔，日有食之。辰在申，司歷過也，再失閏矣。」哀公十二年：「冬十二月，螽。仲尼曰：『今火猶西流，司歷過也。』」並是魯歷。春秋時，各國之歷亦自有不同者，《經》特據魯歷書之耳。《史記》：秦宣公「享國十二年，初志閏月」。此各國歷法不同之一證。成公十八年：「春王正月，晉殺其大夫胥童。」《傳》在上年閏月。上有十二月。哀公十六年：「春王正月，己卯，衛世子蒯聵自戚入於衛，衛侯輒來奔。」《傳》在上年閏月。上有冬。皆魯失閏之證。杜以爲從告，非也。

《史記》：「周襄王二十六年，閏三月，而《春秋》非之。」則以魯歷爲周歷，非也。平王東遷以後，周朔之不頒久矣，故《漢書·律歷志[二]》六歷有黄帝、顓頊、夏、殷、周及魯歷。其於《左氏》之言「失閏」，皆謂魯歷。蓋本劉歆之説。《五行志》：「周衰，天子不班朔。魯歷不正，置閏不得其月，月大小不得其度。」

【校注】

[一] 黄汝成集釋引梁氏曰：《左傳》紀閏者六：僖七年，文元年，成十七年，襄九年，昭二十年、二十二年。獨文元年閏三月，昭二十年閏八月，皆違「歸餘於終」之例。而《傳》獨譏閏三月爲非禮，不可解。或謂周之三月，夏之正月，不得有閏，故譏之。近歷家置閏，惟正月、十一月罕見。以理推之，不應此兩月不置閏也。考齊梁以來，亦多有之。

黄汝成集釋引錢詹事云：古法用恒氣，以無中氣之月爲閏，一歲十二月，皆可置閏。不獨宋元以前，即明亦有閏正月、閏十二月也。西法改用定氣，每氣長短不齊，冬至前後氣最短，故百餘年來從無閏十一月、十二月、正月者。

[二]「律歷志」，當作「律曆志」。又古文曆象之「曆」與經歷之「歷」通用，如《左傳》「司歷過也」，宋版均作「歷」字。《易經》「治曆明時」，《書經》「曆象日月星辰」，宋人或作「曆」，亦作「歷」。本篇，底本均用「歷」字，原抄本同，似已避清諱。遂初堂本「曆」、「歷」混用，不避諱。集釋本均作「歷」，避清諱也。欒本、陳本、嚴本一律改爲「曆」。

王正月

《廣川書跋》載晉《姜鼎銘》曰：「惟王十月乙亥。」《集古録》、《博古圖》載此鼎並作「王九月」。而論之曰：「聖人作《春秋》，於歲首則書『王』，説者謂謹始以正端。今晉人作鼎，而曰『王十月』，是當時諸侯皆以尊王正爲法，不獨魯也。」[一]李夢陽言：「今人往往有得秦权[二]者，亦有『王正月』字。以是觀之，《春秋》『王正月』，必魯史本文也。言『王』者，所以别於夏、殷，並無他義。」[三]劉原父以『王』之一字，爲聖人新意」，非也。子曰：「述而不作，信而好古。」亦於此見之。《博古圖》載《周仲偁父鼎銘》曰：「維王五月，初吉丁亥。」《齊侯鎛鍾銘》曰：「維王五月，辰在戊寅。」《敔敦銘》曰：「維王十月。」

趙伯循曰：「天子常以今年冬，班明年正朔於諸侯。諸侯受之，每月奉月朔甲子以告於廟，所謂『稟正朔』也，故曰『王正月』。」

《左氏傳》曰：「元年春，王周正月。」此古人解經之善。後人辯[四]之累數百千言而未明者，《傳》以一字盡之矣。[五]

未爲天子，則雖建子，而不敢謂之「正」，《武成》「惟一月壬辰」是也。傳：「一月，周之正月。」猶《幽[六]詩》言「一之日」。已爲天子，則謂之「正」，而復加「王」，以别於夏、殷，《春秋》「王正月」是也。

【校注】

[一]陳垣校注：《廣川書跋》十卷，宋董逌撰。《四庫・藝術類》一著録。此見卷三。

[二]「权」，俗字，原抄本、遂初堂本、集釋本、欒本、陳本、嚴本均作「權」。

[三]陳垣校注：李夢陽《空同集》六六《事勢篇》第七。

[四]「辯」，原抄本、遂初堂本、集釋本、欒本、陳本、嚴本均作「辨」。

[五]今按：《春秋經·隱公元年》：「元年春，王正月。」故亭林謂《左氏傳》解經惟增多一字。

[六]「幽」字誤，當改。原抄本、遂初堂本、集釋本、欒本、陳本、嚴本均作「豳」，《詩經》作「豳」。

春秋時月並書

《春秋》時、月並書，於古未之見。考之《尚書》，如《泰誓》：「十有三年春，大會於孟津。」《金縢》：「秋，大熟[一]，未獲。」言時則不言月。《伊訓》：「惟元祀十有二月乙丑。」《太甲中》：「惟三祀十有二月朔。」《武成》：「惟一月壬辰。」《康誥》：「惟三月哉生魄。」《召誥》：「三月惟丙午朏。」《多士》：「惟三月。」《多方》：「惟五月丁亥。」《顧命》：「惟四月哉生魄。」《畢命》：「惟十有二年六月庚午朏。」言月則不言時。朱文公《答林擇之》，亦有「古史例不書時」之說。[二] 其他鍾鼎古文多如此。《春秋》獨並舉時、月者，以其爲編年之史，有時有月有日，多是義例所存，不容於闕一也。或疑夫子特筆，是不然。舊史既以「春秋」爲名，自當書時。且如隱「二十年[三]春，公會戎於潛」。不容二年書「春」，元年乃不書「春」。是知謂以時冠月出于夫子者，非也。

建子之月而書「春」，此周人謂之春矣。《後漢書·陳寵傳》曰：「天正建子，周以爲春。」元熊朋來《五經説》曰：「陽生於子即爲春，陰生於午即爲秋。」[四] 此之謂「天統」[五]。

【校注】

[一]「熱」字誤，當改。原抄本、遂初堂本、集釋本、欒本、陳本、嚴本均作「熟」。《尚書》作「熟」。
[二]陳垣校注：朱熹《朱文公集》四三《答林擇之》十二。
[三]「隱二十年」誤，當改。原抄本、遂初堂本、集釋本、欒本、陳本、嚴本均作「隱公二年」。《春秋經》在隱公二年。
[四]陳垣校注：《五經説》七卷，《四庫》著録於《經總義》。此引見卷三。
[五]天統：朱熹《論語集注》：「三統，謂夏正建寅爲人統，商正建丑爲地統，周正建子爲天統。」又《朱子語類》卷二十四《論語六》：「子是一陽初動時，故謂之天統；丑是二陽，故謂之地統；寅是三陽，故謂之人統。」

謂一爲元

楊龜山《答胡康侯書》曰：「蒙録示《春秋》第一段義，所謂『元者，仁也；仁，人心也。《春秋》深明其用，當自貴者始，故治國先正其心。』其説似太支離矣，恐改元初無此意。此本之《漢書·董仲舒傳》：「臣謹按《春秋》謂一元之意：一者，萬物之所從始也。元者，辭之所謂大也。謂一爲元者，視大始而欲正本也。」[一]三代正朔，如忠、質文之尚，循環無端，不可增損也。「斗綱之端，連貫營室，織女之紀，指牽牛之初，以紀日月，故曰星紀。五星起其初，日月起其中。」[二]其時爲冬至，其辰爲丑。「三代各據一統，明三統常合，而迭爲首，周環五行之道也。」[三]周據天統，以時言也；商據地統，以辰言也；夏據人統，以人事言也。故三代之時，惟夏爲正。謂《春秋》以周正紀事，是也，正朔必自天子出，改正朔，恐聖人不爲也。若謂以夏時冠月，如定公元年「冬十月，隕霜殺菽」，若以夏時言之，則十月隕霜，乃其時也，不足爲異；周十月，乃夏之八月，若以夏時冠月，當曰「秋十月」也。熊朋來亦云：「若依夏時周月之説，則正月二月須書冬，而三月乃可書春爾。」

《五代史・漢本紀》論曰：「人君即位稱元年，常事爾[四]。孔子未脩《春秋》，其前固已如此。雖暴君昏主，妄庸之史，其記[五]事先後遠近，莫不以歲月一二數之，乃理之自然也。元吳萊本此，作《改元論》。其謂一爲元，蓋古人之語爾。及後世曲學之士，始謂孔子書『元年』爲《春秋》大法，遂以改元爲重事。」徐無黨註曰：「古謂歲之一月，亦不云一，而曰正月。《國語》言六呂曰『元間大呂』，《周易》列六爻曰『初九』，大抵古人言數多不云一，不獨謂年爲『元』也。」呂伯恭《春秋講義》曰：「命日以元，《虞典》也。《書》：「月正元日。」命祀以元，《商訓》也。「惟元祀十有二月乙丑。」年紀日辰之首，其謂之元，蓋已久矣，豈孔子作《春秋》而始名之哉？説《春秋》者乃言《春秋》謂「一」爲「元」，殆欲深求經旨，而反淺之也。」

【校注】

[一]黄汝成集釋：汝成案：謂一爲元，固不自作《春秋》始。然不曰一月，而曰正月；不曰一年，而曰元年元日，義必有取。董氏發明「元」義，亦未嘗鑿入孔子也。

[二]見《漢書・律曆志下》。

[三]見《漢書・律曆志下》。

[四]「爾」，遂初堂本、集釋本、欒本、陳本、嚴本同，原抄本作「耳」。

[五]「記」，遂初堂本、集釋本、欒本、陳本、嚴本同，原抄本作「紀」。

改月

三代改月之證，見於《白虎通》所引《尚書大傳》之言甚明。其言曰：「夏以孟春月爲正，殷以季冬月爲正，周以仲冬月爲正。正即正月。夏以十三月爲正，色尚黑，以平旦爲朔。殷以十二月爲正，色尚白，以雞鳴爲朔。周以十一月爲正，色尚赤，以夜半爲朔。不以二月後爲正者，萬物不齊，莫適所統，故必以三微之月也。」[一]周以十一月爲正，即名正月，不名十一月矣。殷以十二月爲正，即名正月，不名十二月矣。夏以十三月爲正，即名正月，不名十三月矣。洪邁曰：「十三月者，承十二月而言，即正月也。」[二]

胡氏[三]引《伊訓》、《太甲》「十有二月」之文，以爲商人不改月之證，與孔傳不合，亦未有明據。《伊訓》：「惟元祀十有二月乙丑，伊尹祠於先王」，傳曰：「湯崩踰月，太甲即位，奠殯而告。」《太甲中》：「惟三祀十有二月朔」，傳曰：「湯以元年十一月崩，至此二十六月，三年服闋，未嘗以十二月爲歲首。」[四]

胡氏又引秦人「以亥爲正」，不改時月爲證，則不然。《漢書·高帝紀》「春正[五]」註，師古曰：「凡此諸月號，皆太初正歷之後，記事者追改之，非當時本稱也。[六]以十月爲歲首，即謂十月爲正月。今此真正月，當時謂之四月耳。他皆類此。」《叔孫通傳》「諸侯群臣朝十月」，師古曰：「漢時尚以十月爲正月，故行朝歲之禮，史家追書十月。」漢元年冬十月，五星聚東井，當是建申之月。劉攽曰：「按歷，大白辰星去日，率不過一兩次，今十月而從歲星於東井，無是理也。然則五星以秦之十月聚東井耳。秦之十月，今之[七]七月。日當在鶉尾，故太白辰星得從歲星也。」按此足明記事之文皆是追改，惟此一事失於追改，遂以秦之十月爲漢之十月耳。夫以七月誤

爲十月，正足以爲秦人改月之證。胡氏失之。[八]

【校注】

[一]陳垣校注：《白虎通》七《三正篇》。《太平御覽》二九引《尚書大傳》同。

[二]黄汝成集釋引沈氏曰：朱氏《尚書埤傳》亦曰：「十有二月，孔氏以爲商王之建子月，是也。《左傳》梓慎曰：『火出于夏，爲三月；于商，爲四月；于周，爲五月。』其的證也。蔡《傳》：『正朔改而月朔不改。』其説非是。」

[三]「胡氏」以下，原抄本、遂初堂本分段，集釋本、欒本、陳本、嚴本不分段。

[四]陳垣校注：胡安國《春秋傳》一「春王正月」條。

[五]「春正」下，脱「月」字。原抄本、遂初堂本、集釋本、欒本、陳本均作「春正月」字，當補。

[六]黄汝成集釋引楊氏曰：師古之論亦未見其必然，大抵三代有改月，有不改月，漢儒所謂有質家、文家之別。

[七]「之」字，原抄本、遂初堂本、集釋本、欒本、陳本、嚴本無。

[八]黄汝成集釋引沈氏曰：《魏志·明帝紀》：「景初元年春正月壬辰，山茌縣言黄龍見於是，有司奏以爲魏得地統，當以建丑之月爲正。三月，定曆改年，爲孟夏四月。」此魏人之改月者也。

又曰：改大和曆曰景初曆，其春夏秋冬、孟仲季月雖與正歲不同，至於郊祀迎氣，礿祠蒸嘗，巡狩蒐田，分至啓閉，班宣時令，中氣早晚，敬授民事，皆以正歲斗建爲曆數之序。

天王[一]

《尚書》之文但稱「王」，《春秋》則曰「天王」。以當時楚、吴、徐、越皆僭稱王，故加「天」以別之也。趙子曰：「稱天王，以表無二尊。」[二]是也。[三]

【校注】

[一]今按：「天王」之稱，見《春秋經》及三傳。又見《周禮》、《禮記》。

[二]陳垣校注：「趙子」應作「啖子」。語見《春秋集傳纂例》卷一《春秋宗指議》隱公元年。今按：《春秋集傳纂例》今本題唐陸淳撰。陸序稱其書，「啖子撰《統例》三卷，趙子損益，今纂而合之，隨加注釋。」《舊唐書》云：「淳師匡，匡師助。」故其作者題爲啖助、趙匡、陸淳三人。

[三]黄汝成集釋引楊氏曰：不因諸國之僭王者，自宜法天耳。

邾儀父[一]

邾儀父之稱字者，附庸之君無爵可稱，若直書其名，又非所以待鄰國之君也，故字之。《詩序》：「《車鄰》，美秦仲也。」孔氏曰：「秦仲，以字配國者。附庸未得爵命，無謚可稱。」卑於子男，而進於蠻夷之國，郳犂來、介葛盧，書名。與「蕭叔朝公」[二]，杜解「叔，名」，非也。同一例也。《左氏》曰「貴之」，《公羊》曰「褒之」，非矣。此亦史家常例，非舊史書「邾克」，而天子[三]改之爲「儀父」也。

邾儀父稱字，附庸之君也。郳犂來，來朝稱名，下矣。介葛盧，來不言朝，又下矣。白狄來，略其君之名，又下矣。

【校注】

[一]《春秋經·隱公元年》：「三月，公及邾儀父盟於蔑。」《左傳》：「三月，公及邾儀父盟於蔑，邾子克也。克，儀父名。未王命，故不書爵。曰儀父，貴之也。」邾，又稱邾婁，諸侯國名。《穀梁傳》范甯注：「邾，附庸之國。」《左傳》杜

預注：「郰，今魯國鄒縣也。」

〔二〕見《春秋經・莊公二十三年》。

〔三〕「天子」誤，當改。原抄本、遂初堂本、集釋本、欒本、陳本、嚴本均作「夫子」。

仲子

隱公元年：「秋七月，天王使宰咺來歸惠公仲子之賵。」曰「惠公仲子」〔一〕者，惠公之母仲子也。文公九年：「冬，秦人來歸僖公成風之襚。」曰「僖公成風」〔二〕者，僖公之母成風也。猶晉簡文帝母、會稽王太妃鄭氏之稱「簡文宣太后」。國學明教臧燾所謂「繫子爲稱，兼明貴之所由」者也。《穀梁傳》曰：「母以子氏，仲子者何？惠公之母、孝公之妾也。」此說得之。《左氏》以爲桓公之母，桓未立，而以夫人之禮尊其母，又未薨而賵，皆遠於人情，不可信。註：「妾不得體君，故以子爲氏。」按，「妾不得體君」，《儀禮》傳文。《公羊》亦以爲桓公之母、惠公之妾。繫妾于君，較之繫母于子，義則短矣。所以然者，以魯有兩仲子，孝公之妾一仲子，惠公之妾又一仲子，左氏哀公二十四年《傳》：「周公反〔三〕武公娶於薛，孝惠娶於商，自桓以下娶於齊。」而隱之夫人又是子氏。二傳所聞不同，故有紛紛之說。

此亦魯史原文，蓋魯有兩仲子，不得不稱之曰「惠公仲子」也。「考仲子之宫」〔四〕，不言惠公者，承上文而略其辭也。〔五〕

《釋例》曰：「婦人無外行，於禮當繫夫之謚，以明所屬。」〔六〕如「鄭武公娶於申，曰武姜」〔七〕、「衛莊公娶於齊東宫得臣之妹，曰莊姜」〔八〕是也。妾「不得體君」，不得已而繫之子。仲子繫惠公，而不得繫於孝公；成風繫僖公，而不得繫於莊公。抑所謂「名不正則言不順」[九]者矣！

春秋十二公，夫人之見於《經》者，桓夫人文姜、莊夫人哀姜、僖夫人聲姜、宣夫人穆姜、成夫人齊姜，皆書「薨」書「葬」。聲姜不書「逆」不書「至」，文公、成公不書「生」。文夫人出姜不書「薨」、「葬」。隱夫人子氏書「薨」不書「葬」。昭夫人孟子，變「薨」言「卒」，不書「葬」，不稱「夫人」。其妾母之見於《經》者，僖母成風、宣母敬嬴、襄[十]母定姒、昭母齊歸，皆書「薨」書「葬」，稱「夫人」、「小君」。惟哀母定姒變「薨」言「卒」，不稱「夫人」、「小君」。[十一]其他若隱母聲子、桓母仲子、閔母叔姜，皆不見於《經》，定母則《經》《傳》皆闕。而所謂「惠公仲子」者，惠公之母也。

二年：「十有二月乙卯，夫人子氏薨。」[十二]《穀梁傳》：「夫人者，隱公之妻也。」《左氏》以爲桓母，《公羊》以爲恩[十三]母，並非。卒而不書葬，夫人之義，從君者也。」《春秋》之例，葬君則書，葬君之母則書，葬妻則不書，所以別禮之輕重也。隱見存而夫人薨，故葬不書。註謂隱「弑，賊不討」[十四]，故不書者，非。

【校注】

[一]今按：孔穎達疏云：「惠公薨在往年，明年仲子始薨」、「『惠公仲子』，不言『及』者，是並致二賵。」應是二人並稱。孔疏又曰：「賵者，助喪之物。」

[二]孔穎達疏亦云：「先言僖公，僖公先薨也。不言『及』，並致之者。」孔疏又曰：「襚衣是斂之所用。」

[三]「反」字誤，當改。原抄本、遂初堂本、集釋本、欒本、陳本、嚴本均作「及」。

[四]見《春秋經》及三傳隱公五年。

[五]黄汝成集釋引姚刑部曰：魯仲子之有二也，前後異焉。《春秋》以爲一書歸賵於桓母未亡之時，必不疑於桓

母矣。一書考其宫于君夫人子氏薨喪終之歲，必不疑於惠母矣。是以不嫌同稱也。而猶有如《左氏》見之僻也，聖人所不及料矣。

［六］見杜預《春秋釋例》卷四。

［七］見《左傳·隱公元年》。

［八］見《左傳·隱公三年》。

［九］語出《論語·子路》。

［十］「襄」，遂初堂本、集釋本、欒本、陳本、嚴本均同。原抄本誤作「哀」。《春秋經》有二定姒，此爲襄公母，事見襄公四年。

［十一］事見《春秋經·定公十五年》。

［十二］見《春秋經》。

［十三］「恩」字誤，當改。原抄本、遂初堂本、集釋本、欒本、陳本、嚴本均作「隱」。

［十四］見三傳。

成風敬嬴

成風、敬嬴、定姒、襄公四年。齊歸之書「夫人」，書「小君」，何也？邦人稱之，舊史書之，夫子焉得而貶之？在後世，則秦芈氏［一］、漢薄氏之稱「太后」也，直書而失自見矣。定姒定公十五年。魯有兩定姒。書「葬」而不書「夫人」、「小君」，哀未君也。劉原父曰：「姒氏爲哀公之母、定公之妾，哀未成君，故亦未敢謂其母『夫人』耳。」孟子則並不書「葬」，不成喪也。

【校注】

［一］「秦芊氏」之「芊」，原抄本、遂初堂本、集釋本、欒本、嚴本均作「芊」。陳本作「芊」。欒本作「芈」。按當作「芈」。「芊」，从艸，千聲。「芈」，从羊，音弭，解爲羊聲、羊鳴。二字不同。「芊」與「芈」形近。秦昭襄母，楚人，姓芈氏，號宣太后，事見《史記・秦本紀》，張守節正義曰：「芈，亡爾反。」

君氏卒［一］

「君氏卒」，以定公十五年「姒氏卒」例之，從《左氏》爲是。不言「子」氏者，「子」氏非一，故繫之「君」以爲别，猶仲子之繫惠公也。若天子之卿，則當舉其名，不但言氏也。《公羊》《穀梁》二傳作「尹氏」。

或疑「君氏」之名别無所見。《左傳》襄公二十六年：「左氏［二］見夫人之步馬者，問之，對曰：『君夫人氏也。』」蓋當時有此稱。然則去其「夫人」即爲「君氏」矣。戰國齊有「君王后」。

夫人「子氏」，隱之妻，嫡也，故書「薨」。「君氏」，隱之母，惠公之繼室，妾也，故書「卒」。不書「葬」者何？春秋之初，去西周未遠，嫡、妾之分尚嚴，故仲子别宫而「獻六羽」［三］，所謂「猶秉周禮」［四］者也。僖公以後，日以僭踰，於《經》可見矣。

【校注】

［一］見《春秋經・隱公三年》。《左傳》曰：「君氏卒。聲子也。不赴於諸侯，不反哭於寢，不祔於姑，故不曰『薨』。不稱夫人，故不言『葬』，不書姓。爲公故，曰『君氏』。」

［二］「左氏」誤，當改。原抄本、遂初堂本、集釋本、欒本、陳本、嚴本均作「左師」。《左傳》作「左師」。
［三］見三傳，隱公五年。
［四］語出《左傳・閔公元年》。

滕子薛伯杞伯

滕侯之降而子也，薛侯之降而伯也，杞侯之降而伯而子也，貶之乎？滕子來朝，張無垢、胡康侯謂貶其「朝桓」。貶之者，「人」之可也，名之可也。至於名，盡之矣。降其爵，非情也。古之天下猶今也。崔呈秀、魏廣微，［一］天下之人無字之者，言及之則名之，名之者惡之也，惡之則名之焉，盡之矣。若降其少師而爲太子少師，降其尚書而爲侍郎、郎中、員外，雖童子亦知其不可矣。然則三國之降焉何？沙隨程氏以爲是三國者皆微，困於諸侯之政而自貶焉。孫明復已有此説，伊川《春秋傳》略同。《史記・衛世家》：「昭公時，三晉彊。衛如小侯，屬之。成侯十六年，衛更貶號曰『侯』。嗣君五年，更貶號曰『君』。」此著於《史記》，而後人尚有不知者。高誘解《吕氏春秋》「衛嗣君」曰：「秦貶其號爲君。」春秋之世衛稱公矣，及其末也，貶而侯，貶而君。昭公十三年平丘之盟，子産争承曰：「鄭伯，男也，而使從公侯之貢，懼弗給也。」哀公十三年黄池之會，子服景伯曰：「魯賦于吴八百乘，若爲子男，則將半邾以屬於吴，而如邾以事晉。」皆其證也。夫滕、薛、杞猶是也，襄公二十七年宋之盟，「齊人請邾，宋人請滕，皆不與盟。」定公元年，城成周，宋仲幾曰：「滕、薛、郳，吾役也。」則不惟自貶，且爲大國之私屬矣。故魯史因而書之也。

小國貧，則滕、薛、杞降而稱伯稱子；大國彊，則齊世子光列於莒、邾、滕、薛、杞、小邾［二］之上，齊世子光八會諸侯，其五會並序諸侯之下。至襄公十年伐鄭之會，在滕、薛、杞、小邾上。十一年再會，又進在莒、邾上。時爲之也。《左氏》謂以先至而「進之」[三]，亦託辭焉爾。

【校注】

[一]陳垣校注：崔、魏皆明末閹黨，見《明史》三〇六《閹黨傳》。

[二]「小邾」，遂初堂本、集釋本、欒本、陳本、嚴本均同。原抄本誤作「小杞」，當改。

[三]《左傳・襄公十年》杜預注：「世子光至，復在莒子之先，故晉悼亦進之。」

闕文

桓公四年、七月[一]闕秋、冬二時，定公十四年闕冬一時，《公羊》成公十年闕冬十月。昭公十年十二月無冬，僖公二十八年冬無月而有「壬申」、「丁丑」，桓公十四年有「夏五」而無月，桓公十七年冬十月有「朔」而無甲子，桓公三年至九年、十一年至十七年無王，桓公五年「春正月甲戌，己丑，陳侯鮑卒」，甲戌有日而無事。皆《春秋》之闕文，後人之脱漏也。莊公二十二年夏五月，無事而不書首月，杜氏《釋例》以爲闕，謬。《穀梁》有「桓無王」之説[二]，竊以爲夫子於繼隱之後而書「公即位」[三]，則桓之志見矣，奚待去其「王」以爲貶邪？

「王使榮叔來錫桓公命」，不書「天」，闕文也。文公五年，「王使榮叔歸含且賵」同。若曰以其錫桓而貶之，則桓之立，《春秋》固已「公」之矣。商臣而書「楚子」，文公九年。[四]商人而書「齊侯」，文公十五年。[五]五等之爵無所可貶，孰有貶及於天王邪？

僖公元年：「夫人氏之喪至自齊」，不言姜。宣公元年：「遂以夫人婦姜至自齊」，不言氏。此與文公十四年「叔彭生」不言「仲」，定公六年「仲孫忌」不言「何」同，皆闕文也。聖人之經，平易正大。

邵國賢寶曰：「『夏五』，魯史之闕文歟？《春秋》之闕文歟？如謂魯史之闕文者，『筆則筆，削則削』，何獨闕其所不必疑，以示後世乎？闕其所不必疑以示後世，推『不誠伯高』[六]之心，是不誠於後世也，聖人豈爲之哉？不然，則『甲戌，己丑』、『叔彭生』、『仲孫忌』又何爲者？是故『夏五』，《春秋》之闕文也，非魯史之闕文也。」

范介儒[七]守己曰：「『紀子伯』、『郭公』、『夏五』之類，傳《經》者之脱文耳。謂爲夫子之闕疑，吾不信已。」按「甲戌，己丑」似是魯史之文，故《左傳》已有「再赴」之説。

【校注】

[一]「月」字誤，當改。原抄本、遂初堂本、集釋本、欒本、陳本、嚴本均作「年」。

[二]見桓公元年。

[三]見《春秋經·桓公元年》。

[四]商臣，楚世子。

[五]商人，齊公子。

[六]《禮記·檀弓上》：「伯高之喪，孔氏之使者未至，冉子攝束帛乘馬而将之。孔子曰：『異哉！徒使我不誠於伯高。』」

[七]「范介儒」，遂初堂本、集釋本、欒本、陳本、嚴本均同，原抄本作誤「范介孺」。

夫人孫於齊

莊公元年："三月，夫人孫於齊。"[一]不稱姜氏，絶之也。二年："十有二月，夫人姜氏會齊侯於□。"[二]復稱姜氏，見魯人復以小君待之，忘父而與讎通也。先孫後會，其間復歸於魯，而《春秋》不書，爲國諱也。此夫子削之矣。

劉原父曰："《左氏》曰：『夫人孫於齊。不稱姜氏，絶不爲親，禮也。』謂魯人絶文姜，不以爲親，乃中禮爾。杜氏謂"文姜之義宜與齊絶，而復奔齊"者，乃是曲說。《魏書·竇瑗傳》引注云："夫人有與殺桓之罪，絶不爲親，得尊父之義。善莊公，思父[三]義，絶有罪，故曰禮也。"蓋先儒皆主此說。然則母可絶乎？宋襄之母獲罪於君，歸其父母之國，及襄公即位，欲一見而義不可得，作《河廣》之詩以自悲。然宋亦不迎而致也，爲嘗獲罪於先君，不可以私廢命也。孔子論其詩而著之，以爲宋姬不爲不慈，襄公不爲不孝。今文姜之罪大，絶不爲親，何傷於義哉？"

《詩序》："《猗嗟》，刺魯莊公不能防閑其母。"趙氏因之有"哀痛以思父，誠敬以事母，威刑以馭下"之說。[四]此皆禁之於末，而不原其始者也。夫文姜之反於魯，必其與公之喪俱至。其孫於齊，爲國論所不容而去者也，"內諱：奔謂之孫。"文姜之於齊，父母之國也，何至於書"孫"？此直書而義自見者矣[五]。於此而遂絶之，則臣子之義伸，而異日之醜行不登於史策矣。莊公年少，當國之臣不能堅持大義，使之復還於魯。憑君母之尊，挾齊之强，而恣睢淫泆[六]，遂至於不可制。《易》曰："君子以作事謀始。」[七]《左氏》「絶不爲親」一言，深得聖人之意。而魯人既不能行，後儒復昧其義，所謂「爲人臣子而不通《春秋》之義者，遭變事而不知其權」[八]，豈不信夫！

【校注】

[一]見《春秋經》。「孫」同「遜」，有本作「遜」。底本缺一字處，原抄本、遂初堂本、集釋本、欒本、陳本、嚴本均作「禚」，《春秋經》作「禚」，當補。

[二]見《春秋經》。

[三]「父」字誤，當改。原抄本、遂初堂本、集釋本、欒本、陳本、嚴本均作「大」。

[四]陳垣校注：趙匡説，見陸淳撰《春秋微旨》卷上。

[五]「矣」，原抄本同，遂初堂本、集釋本、欒本、陳本、嚴本均作「也」。

[六]「泆」，原抄本、遂初堂本、集釋本、欒本、陳本、嚴本均作「佚」。

[七]見《易經·訟卦》象辭。

[八]語出《史記·太史公自序》。

公及齊人狩於禚

莊公四年：「二月，夫人姜氏享齊侯於祝丘」，「冬，公及齊人狩於禚」。[一]夫人享齊侯，猶可書也。公與齊侯狩，不可書也。故變文而曰「齊人」，「人」之者，讎之也。杜氏以爲「微者」[二]，失之矣。

【校注】

［一］見《春秋經》。

［二］《左傳》：「公越竟與齊微者俱狩，失禮可知。」

楚吴書君書大夫

《春秋》之於夷狄［一］，斤斤焉，不欲以其名與之也。楚之見於《經》也，始於莊之十年，曰「荆」而已。二十三年，於其來聘，而「人」之。二十八年，復稱「荆」，而不與其「人」也。僖之元年，始稱「楚人」。四年，盟於召陵，始有「大夫」［二］。《公羊傳》謂文公九年，「使椒來聘」，「始有大夫」，疏矣。又謂夷狄［三］「不氏」，非也。屈完［四］固已書氏。二十一年，會於孟，始書「楚子」。然「使宜申來獻捷」者，楚子也，二十一年。而不書「君」。圍宋者子玉，二十七年。救衛者子玉，戰城濮者子玉也，二十八年。而不書「帥［五］」。聖人之意，使之不得遽同於中夏也。吴之見於《經》也，始於成之七年，曰「吴」而已。襄之五年，會於戚，於其來聽諸侯之好而「人」之。十年、十四年，復稱「吴」，殊會而不與其「人」也。二十五年，「門于巢卒」，始書「吴子」。吴本伯爵，《春秋》以其僭王，降從四夷［六］之例，而書子。［七］二十九年，使札來聘，始有「大夫」。然滅州來，昭公十三年。戰長岸，十七年。敗雞父，二十三年。滅巢，二十四年。滅徐，三十年。伐越，三十二年。入郢，定公四年。敗檇李，十四年。伐陳，哀公六年。會祖［八］，同上。會鄫［九］，九年［十］。「伐我」［十一］，八年。伐齊，十年，十一年。救陳，十年。戰艾陵，十一年。會櫜皋，十二年。並稱「吴」，而不與其「人」。會黄池，十三年。書「晉侯及吴子」而殊其會［十二］。終《春秋》之文，無書「帥」者，使之終不得同於中夏也。是知書「君」、書「大夫」，《春秋》之不得已也，政交於中國矣。以後世之事言之，如五胡[十三]十六國之輩，「夷[十四]」之而已；至魏、齊、周，則不得不成之爲國，而列之於史。金、元[十五]亦然。此夫子所以録楚、吴也。然於備書之中而寓抑之之意，聖人之心無時而不在中國也。嗚呼！[十六]

【校注】

[一]「夷狄」，原抄本同。潘耒遂初堂刻本改爲「吴楚」。欒本據黄侃校記改回而加説明，陳本、嚴本仍刻本之舊而加注。陳垣校注：「吴楚」原作「夷狄」。下文「四裔」原作「四夷」。「劉石」原作「五胡」，「略之」原作「夷之」。

[二]今按：大夫謂屈完。

[三]亭林原注中「夷狄」二字，潘耒遂初堂刻本未改，蓋偶遺漏也。

[四]「屈兒」誤，當改。原抄本、遂初堂本、集釋本、欒本、陳本、嚴本均作「屈完」。

[五]「帥」，遂初堂本、集釋本、欒本、陳本、嚴本均同。原抄本作「師」，按當作「帥」。下「帥」字同。

[六]「四夷」，原抄本同。潘耒遂初堂刻本改爲「四裔」，欒本據黄侃校記改回而加説明，陳本、嚴本仍刻本之舊而加注。

[七]黄汝成集釋引楊氏曰：《春秋》降其爵，亦不然。吴既不通中國，則從四夷之例亦宜。

[八]「祖」字誤，原抄本作「柤」，亦誤。按當作「相」，莊加切，音楂。遂初堂本、集釋本、欒本、陳本、嚴本均作「相」。《春秋經》作「相」。

[九]「鄫」，原抄本、遂初堂本、集釋本、欒本同，陳本、嚴本誤作「鄶」。《春秋經》作「鄫」。

[十]「九年」誤，原抄本、遂初堂本、集釋本、欒本、陳本、嚴本均作「七年」。《春秋經》作「七年」。

[十一]「我」，魯自謂也。

[十二]殊其會，謂史文有别。《公羊傳・成公十五年》：「『冬十有一月，叔孫僑如會晉士燮、齊高无咎、宋華元、

衛孫林父、鄭公子鰌、邾婁人，會吴于鍾離。』曷爲殊會吴？外吴也。曷爲外也？《春秋》内其國而外諸夏，内諸夏而外夷狄。」徐彦疏：「《經》序諸大夫訖，乃言『會吴于鍾離』是也。」

〔十三〕「五胡」，原抄本同。潘耒遂初堂刻本改爲「劉石」，集釋本因之。欒本據黄侃校記改回而加説明，陳本、嚴本仍刻本之舊而加注。

〔十四〕「夷」，原抄本同。潘耒遂初堂刻本改爲「略」，集釋本因之。欒本據黄侃校記改回而加説明，陳本、嚴本仍刻本之舊而加注。

〔十五〕「金元」，原抄本同。潘耒遂初堂刻本改爲「遼金」，集釋本因之。欒本據黄侃校記改回而加説明，陳本、嚴本仍刻本之舊而加注。

〔十六〕「聖人之心無時而不在中國也，嗚呼」二句，原抄本同。潘耒遂初堂刻本改爲「聖人之心蓋可見矣」，集釋本因之。欒本據黄侃校記改回而加説明，陳本、嚴本仍刻本之舊而加注。

亡國書葬 莊三十年〔一〕

紀已亡而書「葬紀叔姬」，存紀也。陳已亡而書「葬陳哀公」，存陳也。此聖人之情，而見諸行事者也。

【校注】

〔一〕「莊三十年」，爲題下亭林原注，以下共十條，原抄本同。遂初堂本、集釋本、欒本、陳本、嚴本無。

許男新臣卒 僖四年

「許男新臣卒」，《左氏傳》曰：「許穆公卒於師，葬之以侯，禮也。」而《經》不言「於師」，此舊史之闕，夫子不敢增也。穀梁子不得其説，而以爲「内桓師」。劉原父以爲「去其師而歸卒於其國」，鑿矣。

禘於太廟用致夫人 僖八年

「禘於太廟，用致夫人。」夫人者，哀姜也。哀姜之薨，七年矣，魯人有疑焉，故不祔於姑，至是因禘而致之。不稱姜氏，承元年「夫人姜氏薨於夷」之文也。哀姜與弒二君，而猶以之配莊公，是亂於禮矣。明乎郊社之禮，禘嘗之義，治國其如示諸掌乎！「致夫人」也，「躋僖公」也，皆魯道之衰，而夫子所以傷之者也。胡氏以夫人爲成風，成風尚在[一]，何以言「致」？亦言之不順也。[二]

以成風稱「小君」，是亂嫡妾之分。雖然，猶愈於哀姜也。説在乎漢光武之黜吕后，而以薄氏配高廟也。[三]

【校注】

[一]「在」，原抄本、遂初堂本、集釋本、欒本、陳本、嚴本均作「存」。

[二]黄汝成集釋引沈學博曰：僖公非哀姜所生，齊桓誅之，僖必不「夫人」之，且必不待八年之久。則夫人者，洵成風也。妾媵無助祭之事，尊成風，爲將來祔食之地，乃致成風，爲此日入廟之典，故《春秋》以其非常而書之。

[三]見《後漢書·皇后紀》。

及其大夫荀息 僖十年[一]

晉獻公之立奚齊，以王法言之，易樹子也；以臣子言之，則君父之命存焉。古人重父命，伯夷以父命之故，不立而逃，叔齊是也。是故荀息之忠，同于孔父、仇牧。[二]

【校注】

[一]《春秋經·僖公十年》：「晉里克弑其君卓，及其大夫荀息。」

[二]黄汝成集釋引莊侍郎曰：《春秋》責賢者備，孔父、仇牧、荀息克以一節應先王之法，《春秋》不責之以備也。《春秋》尚此三人，亂不自斯人出。斯人一心於所事前定者終不變，孔父、荀息也；猝然不驚、不顧其身者，仇牧也。

邢人狄人伐衛 僖十八年

《春秋》之文有從同者。僖公十八年：「邢人、狄人伐衛。」二十年：「齊人、狄人盟於邢。」並舉二國，而狄亦稱「人」，臨文之不得不然也。莊公二十三年，「荆人來聘」。趙氏鵬飛曰：「稱『人』，非進之也。若但書『荆來聘』，則若舉國皆來，於文不順，故書『人』字以成文耳。不然，二十八年『荆伐鄭』，何以不書『人』乎？」[一]若唯狄而已，則不稱人。十八年「狄救齊」，二十一年「狄侵衛」，是也。《穀梁傳》謂：「狄稱人，進之也。」何以不進之於救齊，而進之於伐衛乎？則又爲之説曰：「善累而後進之。」夫伐衛，何善之有？

昭公五年：「楚子、蔡侯、陳侯、許男、頓子、沈子、徐人、越人伐吴。」不稱「於越[二]」而稱「越人」，亦同此例。陸氏《纂例》曰：「凡夷狄與諸侯例[三]序，皆稱『人』以便文，但君臣同辭。」

【校注】

[一]陳垣校注：《春秋經筌》四。該書十六卷。

[二]「於越」，《左傳》定公五年「於越」杜預注：「於，發聲也」。

[三]「例」字誤，當改。原抄本、遂初堂本、集釋本、欒本、陳本、嚴本均作「列」。

王入於王城不書 僖二十五年

襄公[一]之復，《左氏》書：「夏四月丁巳，正[二]入於王城」，而《經》不書。「其文則史」[三]也，史之所無，夫子不得而益也。《路史》以爲襄王未嘗復國，而王子虎爲之居守，此鑿空之論。其説曰：「《春秋》始書『天王出居』，後四年五月，書『公朝于王所』，冬，『天王狩于河陽』、『公朝于王所』，文公八年書『天王崩』，未嘗書『入』也。王猛居皇，敬王居狄泉，此畿内地，而其入也猶且書之。天下之主也，鄭，他國也，亦既遠而戒矣，孰有『入』不書哉？納天子，定王室，是乃人臣之極勳，而不書於《經》，又何以《春秋》爲？然則襄王未嘗『入』也。」且惠王嘗適鄭，而處於櫟矣。莊公二十年。其出不書，其入不書，以《路氏[四]》之言例之，則是未嘗出、未嘗入也。莊王、僖王、頃王崩皆不書，以《路氏》之言例之，則是未嘗崩也，而可乎？趙氏曰：「《春秋》王崩三不書，見王室不告，魯亦不赴也。」愚謂此時[五]因舊史之不書，而二者之義自見。[六]邵氏曰：「襄王之出也，嘗告難於諸侯，故仲尼據策而書之。其入也，與夫惠王之出入也，皆未嘗告於諸侯，策所不載，仲尼雖得之傳聞，安得益之？乃若敬王之立，則仲尼所見之世也。子朝奔楚，且有使以告諸侯，况天王乎？策之所具，蓋昭如也，故『狄泉』也書，『成周』也書。」[七]

事莫大於天王之入，而《春秋》不書，故夫子之自言也，曰「述而不作」。

【校注】

[一]「襄公」誤，當改。原抄本、遂初堂本、集釋本、欒本、陳本、嚴本均作「襄王」。下文「襄王」不誤。

[二]「正」字缺一筆未畢，字誤，當改。原抄本、遂初堂本、集釋本、欒本、陳本、嚴本均作「王」，《左傳》作「王」。

[三]語出《孟子·離婁下》。

[四]「路氏」誤，當改。原抄本、遂初堂本、集釋本、欒本、陳本、嚴本均作「路史」。下同。

[五]「時」字誤，當改。原抄本、遂初堂本、集釋本、欒本、陳本、嚴本均作「特」。

[六]陳垣校注：趙匡説，見《春秋集傳纂例》。

[七]陳垣校注：《簡端録》卷八「春秋襄王之出也」條。

有星孛入於北斗[一]

《春秋》書「星孛」，有言其所起者，有言其所入者。文公十四年：「秋七月，有星孛入於北斗。」不言所起，重在北斗也。昭公十七年：「冬，有星孛於大辰。」[二]「西及漢」[三]，不言及漢，重不在漢也。

【校注】

[一]「有星孛入於北斗」，目録同，原抄本同。語出《春秋經・文公十四年》。集釋本、欒本、陳本題作「星孛」。

[二]此句，《春秋經》文。

[三]「西及漢」三字，《左傳》文。

子卒 文十八年

叔仲惠伯從君而死[一]，義矣，而國史不書。夫子平日未嘗闡幽及之者，蓋所謂「匹夫匹婦之諒，自經於溝瀆而莫之知」[二]者也。[三]

【校注】

[一]《左傳・文公十八年》：「文公二妃。敬嬴生宣公，敬嬴嬖，而私事襄仲，宣公長，而屬諸襄仲。襄仲欲立之，叔仲不可。」杜預注：「叔仲，惠伯。」

[二]語出《論語・憲問》。

[三]黄汝成集釋引全氏曰：惠伯其所傅者，應立之世子，既主喪矣，襄仲突出而弑之，是死也，雖與日月争光可也。今求聖人所以不書之故，而不得，乃詆之，則非也。荀息在晉，非能導其君以正者，及其老而耄，以身殉亂，聖人書之，以爲猶愈於里克、丕鄭之徒也，非竟許之也。若惠伯，則真忠也。然則聖人不書，何也？曰：「其文則史」，是固舊所不書也，聖人無從而增之。而況既諱國惡，不書子赤之弑，則惠伯無從而附見也。

黄汝成集釋引錢氏曰：惠伯之死不見於《經》，闕文也，不當貶。

納公孫寧儀行父於陳宣十一年

孔寧、儀行父從靈公宣淫於國，殺忠諫之泄冶，君弑不能死，從楚子而入陳，《春秋》之罪人也，故書曰：「納公孫寧、儀行父於陳」[一]。杜預乃謂「二子託楚以報君之讎」，「靈公成喪，賊討國復，功足以補過」[二]。嗚呼！使無申叔時之言，陳爲楚縣矣！二子者，楚之臣僕矣！尚何功之有？幸而楚子復封，成公及[三]國。二子無秋毫之力，而杜氏爲之曲説，使後世詐諼不忠之臣，得援以自解。嗚呼！其亦愈於今之[四]已爲他人郡縣而猶言報讎者與？

有盗於此，将劫一富室，至中途而其主爲僕所弑。盗遂入其家，殺其僕，曰：「吾報爾讎矣。」遂有其田宅貨財，子其子，孫其孫。其子孫亦遂奉之爲祖父。嗚呼！有是理乎？《春秋》之所謂「亂臣賊子」[五]者，非此而誰邪？[六]

與[七]楚子之存陳，不與楚子之納二臣也。公羊子固已言之，曰：「存陳，悕矣！」[八]

【校注】

[一]見《春秋經・宣公十一年》。

[二]見《左傳・宣公十一年》注。

[三]「及」字誤，當改。原抄本、遂初堂本、集釋本、欒本、陳本、嚴本均作「反」。

[四]「今之」二字，原抄本同。潘耒遂初堂刻本删此二字，集釋本因之。欒本據黄侃校記增補而加説明，陳本、嚴

本仍刻本之舊而加注。陳垣校注：潘耒遂初堂刻本删「今之」二字。

[五]語出《孟子·滕文公下》。

[六]「有盗於此」一節，原抄本同。潘耒遂初堂刻本全删，集釋本因之。欒本據黄侃校記改回而加注曰：「鈔本多此一節七十七字，今補入。」陳本仍刻本之舊，無注。嚴本仍刻本之舊而加注曰：「天頭上有……一段七十六字。後有原校記：『此條原本在與楚子之存陳一條前。』」

[七]與，稱許。

[八]見《公羊傳·昭公九年》。何休注：「悕，悲也。」徐彦疏：「天悲痛之故也。」

三國來媵成八年

十二公之世，魯女嫁於諸侯多矣，獨宋伯姬書三國「來媵」[一]，蓋宣公元妃所生。宣公元年，「夫人至自齊」，即穆姜。庶出之子不書「生」，故「子同生」[二]，特書。庶出之女不書「致」、不書「媵」，故「伯姬歸於宋」[三]，特書。《衛·碩人》之詩曰[四]：「東宫之妹。」正義曰：「東宫，太子所居也。繫太子言之，明與同母，見夫人所生之貴。」是知古人嫡庶之分，不獨子也，女亦然矣。[五]

【校注】

[一]《春秋經》及三傳，成公八年「衛人來媵」，九年「晉人來媵」，十年「齊人來媵」。

[二]見《春秋經》及三傳桓公六年。

[三]見《春秋經》及三傳成公九年。
[四]「白」字誤，當改。原抄本、遂初堂本、集釋本、欒本、陳本、嚴本均作「曰」。
[五]黄汝成集釋：汝成案：古者擇配，必適所出。故晏平仲致女於晉，曰：「先君之適。」是知嫡庶之分，必先嚴自女子始矣，所以端其本也。

殺或不稱大夫 襄十年

凡書「殺其大夫」者，義繫於君，而責其專殺也。「盜賊[一]鄭公子騑、公子發、公孫輒」，文不可曰「盜殺大夫」，故不言「大夫」。杜氏曰：「以盜爲文，故不得言其大夫。」其義不繫於君，猶之盟會之卿，書名而已。胡氏以爲罪之而削其「大夫」，非也。

「閽弑吴子餘祭」，言「吴子」，則君可知矣，文不可曰「吴閽弑其君」也。「盜殺蔡侯申」同此。《春秋》中凡若比[二]者，皆趙子所謂「避不成辭」。穀梁子曰：「不稱其君，閽不得君其君也」，非也。

【校注】
[一]「賊」字誤，當改。原抄本、遂初堂本、集釋本、欒本、陳本、嚴本均作「殺」。《左傳》作「殺」。
[二]「比」字誤，當改。原抄本、遂初堂本、集釋本、欒本、陳本、嚴本均作「此」。

邾子未[一]會公

定公十四年：「大蒐於比蒲，邾子來會公，」《春秋》未有書「來會公」者，「來會」非朝也，會於大蒐之地也。嘉事不以野成，故明年正月而[二]復來朝。

【校注】

[一]「未」字誤，當改。原抄本、遂初堂本、集釋本、欒本、陳本、嚴本均作「來」。目録作「來」不誤，但「邾子」誤作「邾公」。

[二]「而」字，原抄本同。遂初堂本、集釋本、欒本、陳本、嚴本無。

葬用柔日[一]

《春秋》葬皆用柔日。宣公八年：「冬十月己丑，葬我小君敬嬴。雨，不克葬。庚寅，日中而克葬。」定公十五年：九月，「丁巳，葬我君定公，雨，不克葬。戊午，日下昃，乃克葬。」己丑、丁巳，所卜之日也。遲而至於明日者，事之變也，非用剛日也。《經》文所書葬列國之君，無非柔日者。惟成公十五年，「秋八月庚辰，葬宋共公」，是剛日，其亦雨不克葬，遲而至於明日者與？漢人不知此義，而長陵高帝以丙寅，茂陵武帝以甲申，平陵昭帝以壬申，渭陵元帝以丙戌，義陵哀帝以壬寅，皆用剛日。

《穆天子傳》：盛姬之葬以壬戌。[二]疑其書爲後人僞作。

【校注】

[一]柔日，《禮記·曲禮上》及《表記》：「外事用剛日，内事用柔日。」孔穎達疏：「剛，奇日也。十日有五奇、五偶。甲、丙、戊、庚、壬五奇，爲剛也。」「乙、丁、己、辛、癸五偶，爲柔也。」

[二]《穆天子傳》卷六：「甲辰，天子南葬盛姬於樂池之南。」「壬戌，葬史録繇鼓鍾以亦下棺。」

諸侯在喪稱子

凡繼立之君，踰年正月乃書即位，然後成之爲君；未踰年則稱子，未踰年又未葬則稱名。先君初没，人子之心不忍亡其父也，父前子名，故稱名。莊公三十二年「子般卒」，襄公三十一年「子野卒」，是也。已葬則子道畢，而君道始矣，子而不名。文公十八年「子卒」，僖公二十五年「衛子」成公，二十八年「陳子」共公，定公三年「邾子」隱公，是也。《雜記》曰：「君薨，太子號稱子，待猶君也。」鄭氏註曰：「謂未踰年也。」踰年則改元，國不可以曠年無君。《白虎通》曰：「踰年稱公者，緣臣民之心不可一日無君也，緣終始之義一年不可有二君也。」[一]故有不待葬而即位，則已成之爲君。文公元年：「春王正月，公即位。」成公元年：「春王正月，公即位。」定公元年：夏六月，「戊辰，公即位」。桓公十三年衛侯惠公，宣公十一年陳侯成公，成公三年宋公共公、衛侯定公，是也，所以敬守而重社稷也。杜氏《左傳》註：「衛宣公未葬，惠公稱侯，以接鄰國，非禮也。」蓋不達此義。此皆周公之制，魯史之文，而夫子遵之者也。《公羊傳》曰：「君存稱世子，世子下仍當繫名，若陳世子款、鄭世子華之類。君薨稱子某，既葬稱子，踰年稱公。」得之矣。

未葬而名，亦有不名者。僖公九年「宋子」襄公，定公四年「陳子」懷公，是也，所以從同也。盟會之文，從同而書，不得獨異。昭公二十二年，「劉子、單子以王猛居于皇」，劉蚠亦在喪。已葬而不名，亦有名之者，昭公二十二年「王子猛」是也，所以示别也。嫌於敬王子朝[二]。

「鄭伯突出奔蔡」者，已即位之君也。「鄭世子忽復歸於鄭」者，已葬未逾年之子也。此臨文之不得不然，非聖人之抑「忽」而進「突」也。忽、突皆名，别嫌也。杜氏註「賤之」者，非。「里克殺其君之子奚齊」者，未葬居喪之子也。「里克弑其君卓」者，踰年已即位之君也。此臨文之不得不然。《穀梁傳》曰：「『其君之子』云者，國人不子也。」非也。

【校注】

[一]黄汝成集釋引梁氏曰：案《史記》，衛戴公無元年，而稱元年者，戴公亦欲踰年改元，而其身已不及待。其臣子憫其經營再造于艱難危苦之會，而不忍使從未成君之例，即以懿公九年爲戴公之元年。此朱子《綱目》之例，而不謂古之人已有行之者，政可見人情不甚相遠也。

[二]「敬王子朝」，脱一「王」字，當補。原抄本、遂初堂本、集釋本、欒本、陳本、嚴本均作「敬王王子朝」。

未踰年書爵

即位之禮，必於踰年之正月。即位，然後國人稱之曰君。春秋之時，有先君已葬，不待踰年而先即位者矣。宣公十年：「齊侯使國佐來聘。」頃公。成公四年：「鄭伯伐許。」悼公。稱爵者，從其國之告，亦以著其無父之罪。

姒氏卒

定公十五年：「姒氏卒。」不書薨，不稱夫人，葬不稱小君。蓋《春秋》自成風以下，雖以妾母爲夫人，然必公即位而後稱之。此姒氏之不稱者，本無其事也。《左氏》謂「不成喪」者，非。後世之君多於柩前即位，於是大行未葬，而尊其母爲皇太后。《續漢·禮儀志》：「三公奏：『《尚書·顧命》，太子即日即天子位于柩前。請太子即皇帝位，皇后爲皇太后。』奏可。群臣皆出，吉服入會如儀。」及乎所生，亦以例加之。妾貳於君，子疑於父，而先王之禮亡矣。

卿不書族

《春秋》之文，不書族者有二義。「無駭卒」，「挾卒」，「柔會宋公、陳侯、蔡叔，盟於折」，「溺會齊師伐衛」，未賜氏也。「遂以夫人婦姜[一]至自齊」，「歸父還自晉，至笙，遂奔齊」，「僑如以夫人婦姜氏至自齊」，「豹及諸侯之大夫盟於宋」，「意如至自晉」，「婼至自晉」，一事再見，因上文而略其辭也。公羊宣公元年《傳》：「遂何以不稱公子？一事而再見者，卒名也。」註：「卒，竟也。竟但舉名者，省文。」如後人作史，一條之中，再見者不復書姓。《左氏》不得其解，于「溺會齊師伐衛」則曰「疾之」，於「歸父還自晉」則曰「善之」。豈有疾之而去族，善之而又去疾[二]者乎？

春秋隱、桓之時，卿大夫賜氏者尚少，故無駭卒，而羽父爲之請族。[三]如挾、如柔、如溺，皆未有氏族者也。《穀梁傳》「不爵大夫」之説近之，而未得其實。莊、閔以下，則不復見於《經》，其時無不賜氏者矣。

劉原父曰：「諸侯大國三卿，皆命於天子。次國三卿，二卿命於天子。小國三卿，一卿命於天子。[四]大國之卿三命，次國之卿再命，小國之卿一命。其於王朝皆士也。韓宣子稱『晉士起』。三命以名氏通，再命名之，一命略稱人。周衰禮廢，强弱相並。卿大夫之制雖不能盡如古，見於《經》者亦皆當時之實録也。故隱、桓之間，其去西周未久，制度頗有存者，是以魯有無駭、柔、挾，鄭有宛、詹，秦楚多稱『人』。至其晚節，無不名氏通矣。而邾、莒、滕、薛之等[五]，日已益則[六]，轉從卜[七]國之例稱『人』而已。説者不知其故，因謂魯[八]、秦以下悉無大夫，患其時有見者，害其臆説，因復構架無端，以飾其僞。彼固不知王者諸侯之制度班爵云爾。」[九]

或曰：翬不稱公子，何與？杜氏曰：「公子者，當時之寵號。」宣元年註。翬之稱公子也，桓賜之也。其終隱之篇不稱公子者，未賜也。劉原父曰：「公子雖親，然天下無生而貴者，是以命爲大夫則名、氏得兩通，未命爲大夫則得稱名，不得稱公子。」若專命之罪，則直書而自見矣。

「齊公子商人弑其君舍」，已賜氏也。「衛州吁弑其君完」，未賜氏也。胡氏以爲「以國氏者累及于[十]上，稱公子者誅及其身」[十一]，此求其説而不得，故立此論爾。

【校注】

[一]「妾」字誤，當改。原抄本、遂初堂本、集釋本、欒本、陳本、嚴本均作「姜」。《春秋經》作「姜」。

[二]「疾」字誤，當改。原抄本、遂初堂本、集釋本、欒本、陳本、嚴本均作「族」。

[三]黄汝成集釋引姚氏曰：諸侯之子稱公子，公子之子稱公孫，至公孫之子不復得稱公曾孫。如無駭之輩直以名行，及其死也，則賜之族，以其王父之字爲族也。公子、公孫於身必無賜族之理。《經》之季友、仲遂、叔肸皆是以字配名連言之，故杜注並云「字」也。

[四]黄汝成集釋引楊氏曰：據《王制》則小國二卿，無命於天子。

[五]「等」，原抄本同。遂初堂本、集釋本、欒本、陳本、嚴本作「君」。文淵閣《四庫全書》本《春秋權衡》作「等」。

［六］「則」字誤，當改。原抄本、遂初堂本、集釋本、欒本、陳本、嚴本均作「削」。

［七］「卞」字誤，當改。原抄本、遂初堂本、集釋本、欒本、陳本、嚴本均作「小」。

［八］「魯」字誤，當改。原抄本、遂初堂本、集釋本、欒本、陳本、嚴本均作「曹」。文淵閣《四庫全書》本《春秋權衡》作「曹」。

［九］陳垣校注：《春秋權衡》十五「穀梁莊公二十六年曹殺其大夫」條。

［十］「于」，原抄本、遂初堂本、集釋本、欒本、陳本、嚴本均作「乎」。

［十一］陳垣校注：胡安國《春秋傳》十五。

大夫稱子

周制，公、侯、伯、子、男爲五等之爵，而大夫雖貴，不敢稱子。《春秋》自僖公以前，大夫並以伯、仲、叔、季爲稱。《詩》云：「叔兮伯兮」，此大夫之稱也。《春秋》僖公十五年，「震夷伯之廟」，杜氏註：「夷，謚。伯，字。大夫既卒，書字。」［一］三桓之先曰共仲，曰僖叔，曰成季。孟孫氏之稱子也，自蔑也。文公十五年。［二］叔孫氏之稱子也，自豹也。襄公七年。［三］季孫氏之稱子也，自行父也。文公十三年。閔公元年書「季子」，二年書「高子」，皆《春秋》之特筆。［四］晉之諸卿，在文公以前無稱子者。魏氏之稱子也，自犨也。僖公二十三年。欒氏之稱子也，自枝也。僖公二十八年。［五］趙氏之稱子也，自衰也。文公二年。中行氏之稱子也，自林父也。文公十三年。郤氏之稱子也，自缺也。文公十三年。知氏之稱子也，自首也。宣公十二年。范氏之稱子也，自會也。宣公十二年。［六］韓氏之稱子也，自厥也。宣公十二年。晉、齊、魯、衛之執政稱子，他國惟鄭間一有之，餘則否，不敢與大國並也。魯之三家稱子，他如臧氏、子服氏、仲叔氏皆以伯、叔稱焉，不敢與三家並也。惟襄公十四年有「子叔齊子」，《論語》有卞莊子。[七]其生也，或以伯、仲稱之，如趙孟、知伯。仲[八]則謚之，而後子之，[九]猶國君之死而謚稱公也。於此可以見世之升降焉，讀《春秋》者，其可忽諸？

春秋時，大夫雖僭稱子，而不敢稱於其君之前，猶之諸侯僭稱公，而不敢稱於天子之前也。何以知之？以衛孔悝之鼎銘知之。曰「獻公乃命成叔，纂乃祖服」，曰「乃考文叔，興舊耆欲」。[十]成叔，孔成子烝鉏也。文叔，孔文子圉也。叔而不子，是君前不敢子也。《左傳》：「韓厥言于晉侯」，亦云「成季」、「宣孟」。[十一]猶有先王之制存焉。陸淳曰：「侯、伯、子、男之臣皆得稱其君曰公，其子孫亦曰公子，而謚不得去[十二]公者，謚是王所賜也。大夫之臣得稱其主曰子，而謚不得稱子者，謚是君所賜也。」[十三]至戰國，則子又不足言，而封之爲君矣。

《洛誥[十四]闕詰[十五]》：「予旦以多子，越御事。」「多子」，猶《春秋傳》言[十六]「群子」也。宣公十二年。唐孔氏以爲「大夫皆稱子」，非也。

《春秋》自僖、文以後，而執政之卿始稱子。其後則匹夫而爲學者所宗，亦得稱子，老子、孔子是也。孔子弟子惟有子、曾子二人稱子，閔子、冉子僅一見。又其後則門人亦得稱之，樂正子、公都子之流是也。《孟子》「樂正子」註：「子，通稱」。故《論語》之稱子者，皆弟子之於師。如云「非不説子之道」、「衛君待子而爲政」之類。[十七]《孟子》之稱子者，皆師之於弟子，如云「子誠齊人也」、「□[十八]亦來見我乎」之類。[十九]亦世變之所從來矣。

《論語》稱孔子爲「子」，盖「夫子」而省其文，門人之辭也。亦有稱「夫子」者：「夫子矢之」，「夫子喟然歎曰」，「夫子不答」，「夫子莞爾而笑」，「夫子憮然曰」。不直曰「子」，而加以「夫」，避不成辭也。即此可悟《春秋》書法。凡對君卿大夫皆稱「孔子」。又《季氏》一篇皆稱「孔子」，乃記者之異。

【校注】

[一]黄汝成集釋引閻氏曰：案《春秋》自莊十二年衛大夫已稱子，「石祁子」是也。大夫稱子莫先於此。

黄汝成集釋引楊氏曰：伯、叔，大夫、士之通字。

[二]黄汝成集釋引閻氏曰：案《國語》有「孟文子」，即《左傳》文伯也，又先於蔑之稱子。

[三]黄汝成集釋引閻氏曰：案《國語》定王八年有叔孫宣子，即《左傳》叔孫宣伯也，又先於豹之稱子。

[四]黄汝成集釋引閻氏曰：季孫行父之稱子，見文六年，不待十三年也。

黄汝成集釋引楊氏曰：特筆亦未然，據史舊文耳，觀《公羊傳》自見。

[五]黄汝成集釋引閻氏曰：案《左傳》桓三年有「欒共叔」，然《國語》稱爲「欒共子」，又先於欒氏之有貞子。

[六]黄汝成集釋引閻氏曰：案范氏稱子亦自渥濁也，並見十二年。

[七]黄汝成集釋引閻氏曰：案子叔氏有齊子，即叔老；有敬子，即叔弓。一見襄十四年，一見昭三年。誰謂不敢與三家並也？

[八]「仲」字誤，當改。原抄本、遂初堂本、集釋本、欒本、陳本、嚴本均作「死」。

[九]陳垣校注：文公六年趙宣子盾，襄公二十七年趙文子武，昭公二十九年趙簡子鞅，哀公二十年趙襄子無恤，皆稱「趙孟」。襄公十年知武子荀罃，襄公二十九年知悼子荀盈，昭公三十一年知文子荀礫，皆稱「知伯」。

[十]見《禮記·祭統》。

[十一]黄汝成集釋引閻氏曰：「君前臣名」，禮也。《孟子》稱莊暴于齊宣王前曰「莊子」，誠所未解。

黄汝成集釋引左暄曰：按杜蕢對晉平曰：「子、卯不樂，知悼子在堂，斯其爲子、卯也大矣。」知悼子，晉大夫知罃也，是君前稱子矣。且成叔、廣叔亦是。孔悝鼎銘述其君莊公蒯聵之辭，非稱之於君前也。

［十二］「去」字誤，當改。原抄本、遂初堂本、集釋本、欒本、陳本、嚴本均作「云」。

［十三］黄汝成集釋引左暄曰：「公叔文子卒，其子戍請謚於君。」君曰：「謂夫子貞惠文子。」是春秋時大夫稱子，實出自君之命矣。

［十四］「諱闕」，原抄本作「諱闕」。

［十五］「詰」字誤，當改。原抄本、遂初堂本、集釋本、欒本、陳本、嚴本均作「誥」。

［十六］「言」字上，原抄本、遂初堂本、集釋本、欒本、陳本、嚴本均有「之」字。

［十七］黄汝成集釋引閻氏曰：案「陳子禽謂子貢」，凡兩稱子，猶曰「亢，子貢弟子」也。若夫子于季子然，一稱子；于季康子，四稱子。陳亢于伯魚，亦稱子。桀溺于子路，亦稱子。子路于丈人，亦稱子。豈皆弟子之于師乎？

［十八］底本缺一字處，原抄本、遂初堂本、集釋本、欒本、陳本、嚴本均作「子」，當補。

［十九］黄汝成集釋引閻氏曰：《孟子》之于平陸大夫、蚳鼃、沈同、留行之客、畢戰、陳相、景春、戴不勝、淳于髡、告子、慎子、白圭、宋句踐、滕之或人，俱稱之爲子。豈皆弟子乎？至曹交，《集注》明謂不容其受業，亦稱之爲子，其説尤不可通。

有謚則不稱字

《春秋傳》，凡大夫之有謚者則不書字。外大夫若宋、若鄭、若陳、若蔡、若楚、若秦，無謚也，而後字之。[一]内大夫若羽父，若衆仲，若子家，無謚也，而後字之。公子亦然。《王［二］藻》：「士于君所言大夫，没矣，則稱謚若字。」楚共王之五子，其成君者皆謚，康王、靈王、平王是也；其不成君，無謚而後字之，子干、子晳是也。他國亦然。陳之五父，鄭之子亹、子儀是也。衛州吁、齊無知，賊也，則名之。作《傳》者於稱名之法，可謂嚴且密矣。

【校注】

［一］黄汝成集釋引閻氏曰：子產謚成子，見《國語》，是子產有謚矣，何《左傳》止稱爲子產、公孫僑？子產之子參，字子思，謚桓子，是亦有謚矣，何《左傳》不稱爲國桓子，而必連其字曰桓子思？

［二］「王」字誤，當改。原抄本、遂初堂本、集釋本、欒本、陳本均作「玉」。

人君稱大夫字

古者人君於其國之卿大夫皆曰「伯父」、鄭厲公謂原繁。「叔父」，魯隱公謂臧傳伯［一］。曰「子大夫」，曰「二三子」。不獨諸侯然也。《曲禮》言：「列國之大夫，入［二］天子之國，曰『某士』，自稱曰『陪臣某』。」然而天子接之，猶稱其字。宣公十六年：「晉侯使士會平王室」，王曰：「季氏，而弗聞乎？」成公三年：「晉侯使鞏朔獻齊捷于周」，王曰：「鞏伯，實來。」昭公于［三］五年：「晉荀躒如周，葬穆后，籍談爲介」，王曰：「伯氏，諸侯皆有以鎮撫王室。」伯氏謂荀躒。又曰：「叔氏，而忘諸乎？」註：「叔，籍談字。」周德雖衰，辭不失舊。此其稱字，必先王之制也。《春秋》凡命卿書字，蓋［四］本於此。周公作《立政》之書，若侯國之司徒、司馬、司空、亞旅，並列於王官之後。蓋古之人君，恭以接下，而不敢遺小國之臣，故「平平左右，亦是率從」［五］，而成「上下之交」［六］矣。

【校注】

［一］「臧傳伯」字誤，當改。原抄本、遂初堂本、集釋本、欒本、陳本、嚴本均作「臧僖伯」。

［二］「人」字誤，當改。原抄本、遂初堂本、集釋本、欒本、陳本、嚴本均作「入」。《禮記》作「入」。

［三］「于」字誤，當改。原抄本、遂初堂本、集釋本、欒本、陳本、嚴本均作「十」。

［四］「盖」，原抄本同，遂初堂本、集釋本、欒本、陳本、嚴本均作「皆」。

［五］語出《詩經・小雅・采薇》。

日知録卷之五[一]

王貳於虢 已下《左氏傳》。隱三年[二]

「名不正則言不順，言不順則事不成。」[三]而《左氏》之記周事曰：「王貳于虢」，「王叛王孫蘇」[四]。以天王之尊，而曰「貳」曰「叛」，若敵者之辭，其不知《春秋》之義甚矣！[五]

【校注】

[一]自「王貳於虢」條，至「穀梁日誤作曰」條，刻本仍爲卷四。

[二]以下共十一條，爲亭林題下原注，原抄本同。遂初堂本、集釋本、欒本、陳本、嚴本均無。

[三]語出《論語·子路》。

[四]見《左傳·文公十四年》。

[五]黄汝成集釋引錢氏曰：此以後世之書法議古人，宋儒多有此病。「貳心」上下皆可用之。「叛」與「背」聲相近，晉之「背先蔑而立靈公」，與此「叛」義同。《楚詞》「初既與予成言兮，後悔遁而有他」，亦此意也。

星隕如雨 莊七年

「星隕如雨」，言多也。陵氏[一]曰：「奔流者衆，如雨之多。」《漢書・五行志》：「成帝永始二年二月癸未，夜過中，星隕如雨，長一二丈，繹繹未至地滅，至雞鳴止。穀永對言：『《春秋》記異，星隕最大，自魯莊以來，至今再見。』」此爲得之。而後代之史，或曰「小星流百枚以上，四面行」，或曰「星流如織」，或曰「四方流星，大小総[二]横百餘」，皆其類也。《唐書・天文志》：「太和七年六月戊午，日暮及曙，四方流星，大小縱横百餘。」正統四年八月癸卯，日夜達旦，有流星大小二百六十餘。予[三]于弘光元年[四]閏六月丙申，望見月食既，星流竟夕。始悟古時有此異。□□[五]石隕，不至地也。《傳》曰：「與雨偕也。」然則無雨而隕，將不爲異乎？[六]「秋，無麥、苗，不害嘉穀也。」[七]據隱公元年《傳》曰：「有蜚，不爲災，不書。」使不害嘉穀，焉用書之於《經》乎？

【校注】

[一]「陵氏」誤，當改。原抄本、遂初堂本、集釋本、欒本、陳本、嚴本均作「啖氏」。

[二]「総」字誤，當改。原抄本、遂初堂本、集釋本、欒本、陳本、嚴本均作「縱」。

[三]「予」，原抄本同，遂初堂本、集釋本、欒本、陳本、嚴本作「余」。

[四]「弘光元年」，原抄本同。潘耒遂初堂刻本改爲「甲申年」，集釋本因之。欒本、陳本、嚴本同，未出校注。南明弘光元年即清顺治二年也。

[五]底本缺二字處，原抄本、遂初堂本、集釋本、欒本、陳本、嚴本均作「不言」，當補。

［六］今按：杜預解此云：「如，而也。」「偕，俱也。」「夜半乃有云，星落而且雨，其數多。」

［七］見《春秋經》及三傳，莊公七年。

築郿 莊二十八年

「築郿，非都也。凡邑，有宗廟先君之主曰都，無曰邑。邑曰築，都曰城。」［一］《舊唐書・禮儀志》，太常博士顧德章議引此，謂「春秋二百四十二年，魯凡城二十四邑，惟郿一邑書『築』，其二十三邑曰『城』。豈皆有宗廟先君之主乎？」又定公十五年「城漆」，漆是邾邑。正義亦知其不可通，而曲爲之說。［二］

【校注】

［一］見《左傳・莊公二十八年》。杜預注：「郿，魯下邑。《傳》例曰：『邑曰築。』」又曰：「《周禮》：『四縣爲都，四井爲邑。』然宗廟所在，則雖邑曰都，尊之也。」

［二］今按：孔穎達疏云：「《釋例》曰：『若邑有先君宗廟，雖小曰都，尊其所居而大之也。』然則都而無廟，固宜稱城，『城漆』是也。」

城小穀［一］

「城小穀，爲管仲也。」［二］據《經》文，小穀不繫［三］齊，疑《左氏》之誤。范甯解《穀梁傳》曰：

「小穀，魯邑。」《春秋發微》曰：「曲阜西北有故小穀城。」按《史記》：漢高帝「以魯公禮葬項王穀」[四]，當即此地。杜氏以此小穀爲「齊邑，齊[五]北穀城縣，城中有管仲井」。劉昭《郡國志[六]》、酈道元《水經》注皆同。按《春秋》有言「穀」不言「小」者，莊公二十三年「公及齊侯遇於穀」，僖公二十六年「公以楚師伐齊，取穀」，文公十七年「公及齊侯盟於穀」，成公五年「叔孫僑如會晉荀首於穀」。四書「穀」，而一書「小穀」，別於穀也。又昭公十一年《傳》曰：「齊桓公城穀，而[七]寘管仲焉，至於今賴之。」則知《春秋》四書之「穀」及管仲所封，在濟北穀城，而此之「小穀」自爲魯邑爾。況其時齊桓公始霸，管仲之功尚未見於天下，豈遽勤諸侯以城其私邑哉？[八]

【校注】

[一]見《春秋經》及三傳，莊公三十二年。
[二]見《左傳·莊公三十二年》。
[三]「繫」字下，遂初堂本、集釋本、欒本、陳本、嚴本有「於」字，原抄本無。
[四]見《史記·項羽本紀》。「穀」字下，集釋本、欒本、陳本有「城」字，原抄本無。《史記》有「城」字。
[五]「齊」字誤，當改。原抄本、遂初堂本、集釋本、欒本、陳本、嚴本均作「濟」。
[六]「郡國志」，原抄本、遂初堂本、嚴本同。集釋本、欒本、陳本下有「注」字，則此句標點爲「劉昭《郡國志注》、酈道元《水經注》皆同」。
[七]「而」字，原抄本、遂初堂本、集釋本、陳本、嚴本同，欒本無。《左傳》有「而」字。
[八]黄汝成集釋引孫氏曰：案《春秋》之言「穀」者，尚有宣十四年「公孫歸父會齊侯於穀」，襄十九年「晉士匄侵齊至穀」，又成十七年《傳》，「齊國佐殺慶克，以穀叛」，則齊地之名「穀」而不名「小穀」，灼然矣。「小穀」應屬魯邑，《左氏》不應謬誤。後讀《公羊》疏云：「二傳作『小』，與《左氏》異。」始悟《左氏》《經》本作「城穀」，與昭十一年申無宇言正

合，故杜注以爲齊邑。今《經》《傳》及注，乃後人據二傳之文而誤加之也。

齊人殺哀姜僖元年[一]

哀姜通慶父，弑閔公，爲國論所不容。而「孫於邾，齊人取而殺之」，義也。而《傳》謂之「已甚」，非也。[二]

【校注】

[一]《左傳·僖公元年》：「夫人氏之喪至自齊。君子以齊人殺哀姜也爲已甚矣，女子，從人者也。」

[二]黄汝成集釋引胡氏曰：齊强魯弱，齊女有罪，必畏不敢討。若父母家又黨庇之，則人倫絶，天理滅矣。桓公誅之，是也。

黄汝成集釋：汝成案：桓此舉使魯失臣子之義，齊失父母之恩，謂爲已甚，義未違也。或如陳執州吁，而請涖殺於衛，當兩得之。

微子啟僖六年

「蔡穆侯將許僖公以見楚子於武城，許男面縛銜璧[一]，大夫衰絰，士輿櫬。楚子問，諸逢伯對曰：『昔武王克殷，微子啟如是。武王親釋其縛，受其璧而祓之，焚其櫬，禮而命之，使復其所。』楚子從之。」[二]何孟春曰：「按《書》，殷紂無道，微子去之，在武王克殷之前，何應當日而有是事？已去之後，無復還之理。而牧野之戰，亦必不從人而伐其宗國也。意此殆非微子事，而逢伯之言特託之古人以規楚子乎？」[三]

徐乎遠曰：「《史記》言『微子持祭器造於軍門』，『武王乃釋微子，復其位如故』。夫武王既立武庚，而又復微子之位，則是微子與武庚同在故都也。厥後武庚之叛，微子何以初無異同之迹？然則武王克商，微子未嘗來歸也。」[四]

【校注】

[一]「壁」字誤，當改。原抄本、遂初堂本、集釋本、欒本、陳本、嚴本均作「璧」。《左傳》作「璧」。下同。

[二]見《左傳·僖公六年》。

[三]黄汝成集釋引楊氏曰：金仁山曰：「武王伐紂，非討微子也。縱微子未遁，面縛銜璧，亦非其事也。」又曰：「武王釋箕子之囚，封比干之墓，而未及微子，以其遁野，未之獲也。」又曰：「銜璧面縛者，必武庚也。紂已自焚，故武庚請罪焉。」

[四]徐乎遠，字闇公，號復齋，江蘇華亭人。崇禎十五年舉於鄉，與邑人夏允彝、陳子龍結幾社。明亡，隨鄭成功至臺灣。著《釣璜堂存稿》二十卷。全祖望有《徐都御史傳》。《國朝耆獻類征初編》卷四七四、《小腆紀傳》卷四十一、《明遺民録》卷四十有傳。

襄仲如齊納幣 文二年

《經》書僖公之薨以十二月，而「公子遂如齊納幣」則但書「冬」。即如杜氏之解，移公薨於十

一月，而猶在二十五月之内，惡得謂之禮乎？[一]

【校注】

[一]《公羊傳·閔公二年》：「三年之喪，實以二十五月。」《禮記·三年問》亦曰：「三年之喪，二十五月而畢。」

子叔姬卒

據《傳》，杞桓公在位七十年。其二十二年，魯文公之十二年，出一叔姬。其五十年，魯成公之四年，又出一叔姬。再娶於魯，而再出之，必無此理。殆一事而《左氏》誤重書之爾。成公九年，「杞伯來逆叔姬之喪以歸」，此其本事。且文公十二年，《經》書曰：「二月庚子，子叔姬卒」，何以知其爲杞婦乎？趙子曰：「書『卒』，義與僖公九年伯姬同。以其爲時君之女，故曰『子』，以別其非先君之女也。」

齊昭公

文公十四年：「齊侯潘卒」，《傳》以爲昭公。按僖公二十七年，《經》書「齊侯昭卒」，孝公。今此昭公即孝公之弟，不當以先君之名爲謚，疑《左氏》之誤。《經》不書葬。然僖公十七年《傳》曰：「葛嬴生昭公」，前後文同。《史記》同。先儒無致疑者。

趙盾弒其君宣三年[一]

「太史書曰：『趙盾弒其君。』」此董狐之直筆也。「子爲正卿，亡不越境，反不討賊。」此董狐之巽辭也。《傳》者不察其指，而妄述孔子之言，以爲「越境乃免」[二]，謬矣。穿之弒，盾主之也，討穿猶不得免也。君臣之義，「無逃於天地之間」[三]，而可逃之境外乎？

【校注】

[一]「宣三年」，原抄本同。今按：當作宣公二年。

[二]《左傳・宣公二年》孔子曰。

[三]語出《莊子・人間世》仲尼曰。

臨於周廟

襄公十二年，「吴子壽夢卒，臨於周廟」[一]。杜氏以爲「文王廟也」。昭公十八年，鄭子産「使祝史徙主祏於周廟」，杜氏以爲「厲王廟也」。《傳》曰：「鄭祖厲王」。宣公十二年，鄭伯逆楚子之辭曰：「徼福于厲、宣、桓、武。」而哀公二年，蒯聵之禱亦云：「敢昭告於皇祖文王。」夫「諸侯不得祖天子」[二]，而有廟焉何？曰：此廟也，非祖也。[三]始封之君謂之祖。雖然，伯禽爲文王之孫，鄭桓爲厲王之子，其就封而之國也，將何祭哉？天下有無祖考之人乎？而况於有土者乎！意者特立一廟，以祀文王、厲王，而謂之「周廟」歟？[四] 漢時有郡國廟，其亦仿古而爲之歟？ 漢高帝令諸侯王都，皆立大上皇廟，蓋亦以天下不可有無廟之諸侯王也。 薄昭予[五]淮南厲王書曰：「臣之所見，高皇帝之神，必不廟食於太王之明白[六]。」[七]

《竹書紀年》：成王十三年，「夏六月，魯大禘於周公廟」。按二十一年，「周文公薨於豐」。周公未薨，何以有廟？ 益[八]周廟也。「公」字衍。 是則始封之君有廟，亦可因此而知禘之說。

【校注】

[一]見《左傳》。

[二]《禮記・郊特牲》：「諸侯不敢祖天子，大夫不敢祖諸侯。而公廟之設於私家，非禮也，由三桓始也。」「不敢」，諸史多引作「不得」。

[三]黄汝成集釋引楊氏曰：「支子不祭」，義又云何？「公廟之設於私家，自三桓始也」，孰謂祖則不得，廟則得乎？

[四]今按：《左傳・文公二年》孔穎達疏：「魯以周公之故，得立文王之廟。鄭之桓武世有大功，故得立厲王之廟。」《禮記・郊特牲》孔穎達疏：「『諸侯不敢祖天子』，而文二年《左傳》云：『宋祖帝乙，鄭祖厲王。』『大夫不敢祖諸侯』，而莊二十八年《左傳》云：『凡邑有宗廟先君之主曰都。』與此文不同者，此據尋常諸侯大夫，彼據有大功德者，故異義。」

[五]「予」，原抄本同，遂初堂本、集釋本、欒本、陳本、嚴本均作「與」。

[六]「之明白」脱誤，當補。原抄本作「之手明矣」，遂初堂本、集釋本、欒本、陳本、嚴本作「之手明白」。《漢書》作「之手明白」。

[七]黄汝成集釋引全氏曰：愚謂周禮散亡，此必有大宗伯之明文。許令諸侯各立所出先王之廟，而特不以之入

五廟。蓋周禮之别廟，以義考之，自屬多有。假如周公之會於東都，則别有祊在鄭國。而況天子巡狩，屬車所過，身後自皆有廟，則各令同姓諸侯司之。不然，反不如周公矣。漢人郡國皆立高皇廟，其遺意也。

黄汝成集釋引王氏曰：漢人郊祀，瀆亂無理。「元帝好儒，貢禹、韋玄成、匡衡等相繼爲公卿。禹建言：『漢家宗廟，祭祀多不應古禮』，上是其言。後玄成丞相，議罷郡國廟，自太上皇、孝惠帝諸園寢廟皆罷。」愚謂韋、匡，庸相也；貢穀，陋儒也。然郊祀賴其駁正，古制獲存，是其所長。

今按：王氏曰「元帝好儒」以下，語出《漢書・郊祀志下》。「玄成丞相」，今本「丞相」前有一「爲」字。

[八]「益」字誤，當改。原抄本、遂初堂本、集釋本、欒本、陳本、嚴本均作「蓋」。

欒懷子

「晉人殺欒懷」[一]，安得有謚？《傳》言：「懷子好施，士多歸之。」[二]豈其家臣爲之謚，而遂傳於史策邪？[三]

【校注】

[一]見《春秋經》及三傳，襄公二十三年。「欒懷」，原抄本同。按當作「欒盈」。《春秋經》作「欒盈」，欒本、陳本作「欒盈」。

[二]見《左傳・襄公二十一年》。

[三]黄汝成集釋引楊氏曰：荀寅、士吉射又云何？寅謚「文」，吉射謚「昭」，皆美謚，非懷比也。又崔武子。黄汝成集釋：汝成案：郤至謚「昭子」，見《國語》。

子大叔之廟

昭公十二年：「鄭簡公卒，將爲葬除。及游氏之廟，將毀焉。子大叔使其除徒執用以立，而無庸毀。曰：『子産過女，而問何故不毀。乃曰：不忍廟也。』諾，將毀矣。既如是，子産乃使辟之。」十八年：「簡兵大蒐，將爲蒐除。子大叔之廟在道南，其寢在道北，其庭小。過期三日[一]，使除徒陳於道南廟北，曰：『子産過文[二]，而命速除，乃毁於南[三]鄉。』子産朝，過而怒之。除者南毁，子産及衛[四]，使從者止[五]之，曰：『毁於北方。』」此亦一事，而記者或以爲葬，或以爲蒐，《傳》兩存之，而失删其一耳。

【校注】

[一]「二日」誤，遂初堂本、嚴本同誤，當改。原抄本同誤。集釋本、欒本、陳本均作「三日」。《左傳》作「三日」。

[二]「文」誤，當改。原抄本、遂初堂本、集釋本、欒本、陳本、嚴本均作「女」。《左傳》作「女」。

[三]「南」字誤，原抄本、遂初堂本、嚴本同誤，當改。集釋本、欒本、陳本均作「而」。《左傳》作「而」。

[四]「衛」誤，當改。原抄本、集釋本、欒本、陳本均作「衝」。《左傳》作「衝」。

[五]「止」，原抄本、集釋本、欒本、陳本、嚴本同，遂初堂本誤作「正」。《左傳》作「止」。

城成周

昭公三十二年《傳》：「冬，十一月，晉魏舒、韓不信如京師，合諸侯之大夫於狄泉，尋盟，且令城成周。魏於[一]南面，衛彪僕[二]曰：『魏子必有大咎，干位以令大事，非其任也。《詩》曰：敬天之怒，不敢戲豫；敬天之渝，不敢馳驅。況敢干位以作大事乎？』」定公元年《傳》：「春王正月，辛巳，晉魏舒合諸侯之大夫於火[三]泉，將以城成周。魏子蒞政，衛彪傒曰：『將建天子，而易位以令，非義也。大事干義，必有大咎，晉不失諸侯，魏子其不免乎！』」此是一事，《左氏》兩牧[四]，而失删其一。周之正月，晉之十一月也。其下文曰：「己丑，士彌牟營成周，計丈數，揣高卑，度厚薄，仞溝洫，物土方，議遠邇，量事期，計徒庸，應[五]財用，書餱糧，以令役於諸侯。」又曰：「庚寅，栽，宋仲幾不受功。」庚寅即己丑之明日，而《傳》分爲兩年。豈有遲之兩月而始栽，宋仲幾乃不受功者乎？且此役不過三旬而畢矣。

【校注】

[一]「於」字誤，當改。原抄本、遂初堂本、集釋本、欒本、陳本、嚴本均作「子」。《左傳》作「子」。

[二]「衛彪僕」誤，當改。原抄本、遂初堂本、集釋本、欒本、陳本、嚴本均作「衛彪傒」。《左傳》有本作「衛彪傒」，阮校本作「衛彪傒」。下文「衛彪傒」不誤。

[三]「火」字誤，當改。原抄本、遂初堂本、集釋本、欒本、陳本、嚴本均作「狄」。《左傳》作「狄」。

[四]「牧」字誤，當改。原抄本、遂初堂本、集釋本、欒本、陳本、嚴本均作「收」。

[五]「應」字誤，當改。原抄本、遂初堂本、集釋本、欒本、陳本、嚴本均作「慮」。《左傳》作「慮」。

五伯

五伯之稱有二：有三代之五伯，有春秋之五伯。《左傳》成公二年：「齊國佐曰：『五伯之霸也，勤而撫之，以役王命。』」杜元凱云：「夏伯昆吾，商伯大彭、豕韋，周伯齊桓、晉文。」《詩》正義引服虔云：「五伯，謂夏伯昆吾，商伯大彭、豕韋，周伯齊桓、晉文。」與此同。應劭《風俗通》亦註[一]此說。《孟子》：「五霸者，三王之罪人也。」趙臺卿[二]註：「齊桓、晉文、秦繆、宋襄、楚莊。」二說不同。顏師古註《漢書・異姓諸侯王表》，五伯則以爲昆吾、大彭、豕韋、齊桓、晉文。《同姓諸侯王表》，五伯則以爲齊桓、宋襄、晉文、秦穆、吴夫差。《白虎通》並存二說，其後一說謂齊桓、晉文、秦繆、楚莊、吴闔閭。 據國佐對晉人言，其時楚莊之卒甫二年，不當遂列爲五，亦不當繼此無伯而定於五也。其通指三代無疑。《國語》：「祝融能昭顯天地之光明，其後八姓，昆吾爲夏伯，大彭、豕韋爲商伯。」《莊子》：「彭祖得之，上及有虞，下及五伯。」李軌註：「彭祖名鏗，堯臣，封於彭城，歷虞、夏至商，年七百歲。」是所謂「五伯」者，亦商時也。《淮南子》：「至於昆吾、夏后之世」，高誘註：「昆吾，夏之伯；夏后，傑[三]世也」。是知國佐以前，其有五伯之名也久矣。據此，周時但有二伯，《穀梁傳》：「交質子不及二伯」，《左傳》昭公四年椒舉對楚子言：「六王二公」，亦但指齊桓、晉文。 若孟子所稱「五伯」，而以桓公爲盛，則止就東周以後言之。如嚴安所謂周之衰「三百餘歲」而「五霸更起」者也。[四] 然趙氏以宋襄並列，亦未爲允。宋襄求霸不成，傷于泓以卒，未嘗霸也。《史記》言：「越王勾踐遂報彊[五]吴，觀兵中國，稱號五伯。」子長在臺卿之前，所聞異辭。《越世家》言：「周元王使人賜句踐非[六]，命爲伯。」又言：「越兵横行於江淮東，諸侯畢賀，號稱霸王。」《淮南子》亦言：越王句踐「勝夫差於五湖，南面而霸天下，泗上十二諸侯皆率九夷以朝[七]」。 然則言三代之五伯，當如杜氏之説；言春秋之五伯，當列句踐而去宋襄。《荀子》以桓、文及楚莊、闔閭、句踐爲五伯，江都易王問越王句踐，董仲舒對以五伯，是當時以句踐爲五伯之數。 斯得之矣。[八]

【校注】

[一]「註」字誤，當改。原抄本、遂初堂本、集釋本、欒本、陳本、嚴本均作「主」。

[二]趙岐，初名嘉，字臺卿，後改名岐，字邠卿。

[三]「傑」字誤，當改。原抄本、遂初堂本、集釋本、欒本、陳本、嚴本均作「桀」。

[四]《史記·平津侯主父列傳》：「嚴安上書曰：『臣聞周有天下，其治三百餘歲，成康其隆也，刑錯四十餘年而不用。及其衰也，亦三百餘歲，故五伯更起。』」《漢書》同。

[五]「疆」字誤，當改。原抄本、遂初堂本、集釋本、陳本、嚴本均作「彊」，欒本作「强」。

[六]「非」字誤，當改。原抄本、遂初堂本、集釋本、欒本、陳本、嚴本均作「胙」。《史記》作「胙」。

[七]「皆率九夷以朝」，原抄本同。潘耒遂初堂刻本改爲「皆朝之」，集釋本因之。欒本據黃侃校記增補爲「皆率九夷朝之」，誤。陳本仍刻本之舊而加注，而引文斷句在「皆朝」後，作：「《淮南子》亦言，越王句踐『勝夫差於五湖，南面而霸天下，泗上十二諸侯皆朝』之。」亦誤。嚴本仍刻本之舊而加注。《淮南子》原文作「然而勝夫差於五湖，南面而霸天下，泗上十二諸侯皆率九夷以朝」。

[八]黃汝成集釋引閻氏云：董仲舒云：「仲尼之門，五尺之童皆羞稱五伯。」唯宋襄輩在仲尼之前，故言「羞稱」。不然，句踐之伯不出仲尼後哉？

黃汝成集釋：汝成案：顧氏謂《孟子》所稱五伯始及句踐，若孔子以前五伯，蓋合夏商言之，不列句踐，亦不必定屬宋襄也。

占法之多

以日占事者，《史記·天官書》「甲、乙，四海之外，日月不占。丙、丁，江淮海岱。戊、己，中州河濟。庚、辛，華山以西。壬、癸，恒山以北」是也。以時占事者，《越絶書》公孫聖「今日壬午，時加南方」，《史記·賈誼傳》「庚子日斜，服集予舍」是也。又有以月行所在爲占，《史記·龜策傳》「今昔壬子，宿在牽牛」，《漢書》翼奉言，白鶴館以「月宿亢災」，《後漢書》蘇竟言，白虹見時「月入于畢」是也。《周禮》：占夢「掌其歲時，觀天地之會，辨陰陽之氣，以日月星辰占六夢之吉凶」。則古人之法可知矣。漢以下則其説愈多，其占愈鑿，加以日時、風角、雲氣，遲疾變動，不一其物，故有一事而合於此者，或迕於彼，豈非所謂「大道以多岐亡羊」[一]者邪？故士文伯對晉侯以「六物不同，民心不壹」[二]，而太史公亦謂皋、唐、甘、石書傳「凌雜米鹽」[三]，在人自得之於象占之外耳。

干寶解《易》「六爻相雜，唯其時物也」[四]，曰：「一卦六爻，則皆雜有八卦之氣。若初九爲《震》爻，九二爲《坎》爻也。或若見辰戌言《艮》，己亥言《兑》也。或以甲壬名《乾》，乙癸名《坤》也。或若以午位名《離》，以子位名《坎》。或若得來爲惡物，王相爲興，休廢爲衰。」[五]解「爻有等，故曰物」[六]，曰：「爻中之義，群物交集。五星四氣，六親九族，福德刑殺，衆形萬類。皆來發於爻，故總謂之物也。」[七]説《易》如此，小數詳而大道隱矣。以此卜筮，亦必不驗。天文亦然。

褚先生補《史記·日者列傳》：「孝武帝時，聚會占家問之，某日可取婦乎？五行家曰可，堪輿家曰不可，建除家曰不吉，叢辰家曰大凶，歷家曰小凶，天人家曰小吉，太乙家曰大吉，辯訟不决[八]。以狀聞，制曰：『避諸死忌，以五行爲主。』」

【校注】

[一]語出《列子·説符》。「岐」字誤，當改。原抄本、集釋本同誤。欒本、陳本作「歧」。《列子》作「歧」。

[二]見《左傳·昭公七年》。

［三］見《史記·天官書》。

［四］見《易經·繫辭下傳》。

［五］陳垣校注：干寶解《易》語見《周易集解》十六《繫辭》下。「得來爲惡物」，原書作「德來爲好物，刑來爲惡物」。

［六］亦見《易經·繫辭下傳》。

［七］亦見《周易集解》引。

［八］「夫」字誤，當改。原抄本、遂初堂本、集釋本、欒本、陳本、嚴本均作「決」。《史記》作「決」。

以日同爲占

禅竈［一］以逢公卒于戊子日，而謂今「七月戊子，晉君將死」［二］。萇弘以昆吾乙卯日亡，而謂「毛得殺毛伯而代之」［三］，是乙卯日，以卜其亡。此以日之同於古人者爲占，又是一法。

【校注】

［一］「禅竈」誤，當改。原抄本、遂初堂本、集釋本、欒本、陳本、嚴本均作「裨竈」。下條「裨竈」不誤。

［二］見《左傳·昭公十年》。

［三］見《左傳·昭公十八年》。

天道遠

春秋時，鄭裨竈、魯梓慎最明於天文。昭公十八年：夏五月，宋、衛、陳、鄭災，裨竈曰：「不用吾言，鄭又将火。」子産不從，亦不復火。[一]二十四年：夏五月乙未朔，日食，梓慎曰：「将水。」叔孫昭子曰：「旱也。」秋八月，大雩。[二]是雖二子之精，亦有時而失之也。昭公七年，公将適楚，夢襄公祖。梓慎曰：「君不果行。」子服惠伯曰：「行。」「三月，公如楚。」故張衡《思玄[三]賦》曰：「慎竈顯以言天兮，占水火而妄訊。」

【校注】

[一]見《左傳・昭公十八年》。

[二]見《左傳・昭公二十四年》。

[三]「玄」字缺末筆，集釋本作「元」。

一事两占

襄公二十八年：「春，無冰。」梓慎曰：「宋、鄭其饑乎？歲在星紀，而淫於玄[一]枵。以有時菑，陰不堪陽，蛇乘龍。龍，宋、鄭之星也，宋、鄭必饑。玄枵，虛中也。枵，耗名也。土虛而民耗，不饑何爲？」裨竈曰：「今兹周王及楚子皆将死。歲棄其次，而旅於明年之次，以害鳥帑。周、楚惡之。」十一月，「癸巳，天王崩」。十二月，「楚康王卒」。宋、鄭皆饑。一事两占皆驗。

【校注】

[一]「玄」字缺末筆，集釋本作「元」。下同。

春秋言天之學

天文五行之説，愈疏則多中，愈密則愈多不中。春秋時言天者，不過本之分星，合之五行，驗之日食、星孛之類而已。五緯之中，但言歲星，而餘四星占不之及，何其簡也。邵子曰：「五星之説自甘公、石公始。」而其所詳者，往往在於君卿大夫言語、動作、威儀之間，及人事之治亂、敬怠，故其説也易知，而其驗也不爽。揚子《法言》曰：「史以天占人，聖人以人占天。」[一]

【校注】

[一]見《法言・五百》。

左氏不必盡信

昔人所言興亡禍福之故，不必盡驗。《左氏》但記其信而有徵者爾，而亦不盡信也。三良殉死，君子是以知秦之不復東征。至於孝公，而天子致伯，諸侯畢賀，其後始皇遂并天下。季札聞《齊風》，以爲「國未可量」，乃不久而篡於陳氏；聞《鄭風》，以爲「其先亡乎」，[二]而鄭至三家分晉之後始滅於韓。渾空[三]言：「姬在列者，蔡及曹、滕，其先亡乎？」而滕滅於宋王偃，在諸姬爲最後。僖三十一年：「狄圍衛，衛遷於帝丘，卜曰三百年」，而衛至秦二世元年始廢，歷四百二十一年。是《左氏》所記之言亦不盡信也。

【校注】

[一]見《左傳・襄公二十九年》。

[二]「渾空」誤，當改。原抄本、遂初堂本、集釋本、欒本、陳本、嚴本均作「渾罕」。《左傳》作「渾罕」。

列國官名

春秋時列國官名，若晉之中行，宋之門尹，鄭之馬師，秦之不更、庶長，皆他國所無。而楚尤多，有莫敖、令尹、司馬、太宰、少宰、御士、左史、右領、左尹、右尹、連尹、鍼尹、宣公四年有「箴尹克黄」，哀公十六年有「箴尹固」，疑即鍼尹。寢尹、工尹、卜尹、芋尹、陳有芋[一]尹蓋。藍尹、沈尹、清尹、莠尹、囂尹、陵尹、郊尹、樂尹、宫廄尹、監馬尹、楊豚尹、武城尹，其官名大抵異於他國。宋有褚師，而鄭亦有之。昭公二年，子皙「請以印爲褚師」。[二]

【校注】

[一]今按：二「芋尹」，原抄本、陳本作「芊尹」。遂初堂本、集釋本、欒本、嚴本作「芋尹」。按《左傳》昭公七年有「芋尹無宇」，孔穎達疏：「芋是草名。哀十七年陳有芋尹。蓋皆以草名官，不知其故。」陸德明釋文：「芋，于付反。」可知古本作「芋」。

[二]陳垣校注：衛亦有「褚師」，見《左傳・昭二十年》。

今按：宋「褚師段」，見襄公二十年；「褚師子肥」，見哀公八年。昭公二年杜預注：「印，子皙之子。褚師，市官。」「衛褚師圃」，又見定公九年。

左傳地名[一]

《左傳》成公元年：「戰於鞌」，「入自丘輿」，註云：「齊邑」。三年：鄭師禦晉，「敗諸丘輿」，註云：「鄭地」。哀公十四年：「阬氏葬諸丘輿」，註云：「阬氏，魯人也。泰山南城縣西北有輿城」。又是魯地，是三丘輿爲三國地也。文公七年：「穆伯如莒涖盟」，「及鄢陵」，註云：「莒邑」。成公十六年：「戰於鄢陵」，註云：「鄭地，今屬潁川郡」。是二鄢陵爲二國地也。襄公十四年：「伐秦」，「至於域林」，註云：「秦地」。十六年：「次於棫林」，註云：「許地」。是二域林爲二國地也。襄公十七年：「衛孫蒯田於曹隧，飲馬於重丘」，註云：「曹邑」。二十五年：「同盟於重丘」，註云：「齊地」。是二重丘爲二國地也。定公十一年[二]：「費人北，國人追之，敗諸姑蔑」，無註，當是魯地。哀公十三年：「彌庸見姑蔑之旗」，註云：「越地，今東陽大末縣」。是二姑蔑爲二國地也。

地名「盂」者有五：僖公二十一年：「宋公、楚子、陳侯、蔡侯、鄭伯、許男、曹伯會於盂」，宋之盂也。定公八年：「單子伐簡城，劉子伐盂，以定王室」，周之盂也。十四年：衛「太子蒯聵獻盂於齊」，衛之盂也。而晉則有二盂：昭公二十八年：「盂丙爲盂大夫」，今太原盂縣。哀公四年：齊「國夏伐晉，取邢、任、欒、鄗、逆畤、陰人、盂、壺口」，此盂當在邢、名[三]之間。

「州」國有二：桓公五年：「州公如曹」，註：「州國在城陽淳于縣」。十一年：鄖人「將與隨、絞、州、蓼伐楚師」，註：「州國在南郡華容縣東南」。

【校注】

[一]題名「左傳地名」四字，原抄本、欒本同。遂初堂本、集釋本、陳本、嚴本作「地名」二字。

[二]「十一年」誤，當改。原抄本、遂初堂本、集釋本、欒本、陳本、嚴本均作「十二年」。

[三]「名」字誤，當改。原抄本、遂初堂本、集釋本、欒本、陳本、嚴本均作「洺」。

昌歜

僖公三十年：「王使周公閱來聘，饗，有昌歜[一]、白、黑、形鹽。」註曰：「昌歜[二]，昌蒲葅。」而釋文：「歜，音在感反。」正義曰：「齊有邴歜，魯有公父歜，文公十七年，「周甘歜敗戎于邥垂」。其音爲觸。《說文》：『歜，盛氣怒也。從欠，蜀聲。』此『昌歜[三]』之音，相傳爲『在感反』，不知與彼爲同爲異。」今考顧氏《玉篇》，有「歜」字，徂敢切，昌蒲俎也。然則《傳》之「昌歜」正合此字，而唐人已誤作「歜」。《廣韻》亦誤作「歜」。是知南北之學，陸、孔諸儒，猶有不能遍通。哀公二十五年，「若見之，君将𣪍之」。今本作「𣪍」，《廣韻》註曰：「《說文》從口。」[四]蓋經典之誤文不自天寶、開成始矣。

襄公二十四年：「日有食之。」正義曰：「此與二十一年頻月日食，理必不然。[五]但其字則變古爲篆，改篆爲隸，書則縑以代簡，紙以代縑。多歷世代，轉寫謬誤，失其本真，後儒因循，莫能改易。」此通人之至論。考《魏書》江式言：「魯共王壞孔子宅，得《尚書》、《春秋》、《論語》、《孝經》。又北平侯張倉獻《春秋左氏傳》，書體與孔氏相類，世謂之『古文』。」自古文以至於今，其傳寫不知幾千百矣，安得無誤？後之學者，於其所不能通，必穿鑿而曲爲之説，其爲經典之害也甚矣！

古之教人，必先小學，小學之書，聲音文字是也。《顔氏家訓》曰：「夫文字者，墳籍根本。世之學徒，多不曉字。讀《五經》者，是徐邈而非許慎；習賦誦者，信褚詮[六]而忽召忱[七]。明《史記》者，專皮鄒而廢篆籀；學《漢書》者，悦應蘇而略《蒼》《雅》。不知書音是其枝葉，小學乃其宗系。」吾有取乎其言。

【校注】

[一]「歠」，遂初堂本、集釋本、欒本、陳本、嚴本同。原抄本作「歓」。

[二]「歠」，遂初堂本、集釋本、欒本、陳本、嚴本同。原抄本作「歓」。

[三]「歠」，遂初堂本、集釋本、欒本、陳本、嚴本同。原抄本作「歓」。

[四]今按：殸，篆文作𣪊，字形易誤。《説文》：「殸，歐貌。」引《春秋傳》曰：「君将殸之。」《玉篇》亦曰：「殸，嘔吐貌。」是本不誤。亭林所見刻本偶作「殸」形，如此者常見耳。

[五]襄公二十一年九月、十月日食，此年七月、八月日食，孔穎達疑其「于推步之術，必無此理，蓋古書磨滅，致有錯誤」，故云。

[六]「褚詮」，遂初堂本、集釋本、欒本、陳本、嚴本同。原抄本誤作「褚銓」。《顔氏家訓》作「褚詮」。

[七]「召忱」誤，當改。原抄本、遂初堂本、集釋本、欒本、陳本、嚴本均作「吕忱」。《顔氏家訓》作「吕忱」。

文字不同

《五經》中文字不同多矣。有一經之中而自不同者，如「桑葚」見於《衛詩》，而《魯》則爲「黮」，「鬯弓」著於《鄭風》，而《秦》則爲「韔」。《左氏》一書，其録楚也，「遠氏[一]」或爲「蔿氏」，「箴尹」或爲「鍼尹」，况於鍾鼎之文乎？記曰「書同文」[二]，亦言其大略耳。

【校注】

[一]「遠氏」誤，當改。原抄本、遂初堂本、集釋本、欒本、陳本、嚴本均作「薳氏」。

[二]見《禮記·中庸》。

所見異辭 已下《公羊傳》。隱元年[一]

孔子生於昭、定、哀之世，文、宣、成、襄則「所聞」也，隱、桓、莊、閔、僖則「所傳聞」也。國史所載策書之文，或有不備，孔子得據其所見以補之，至於「所聞」則遠矣，「所傳聞」則又遠矣。雖得之於聞，必將參伍[二]以求其信，信則書之，疑則闕之，此其所以爲「異辭」也。公子益師之卒，魯史不書其日，遠而無所考矣。[三]「無駭卒」、「俠卒」，不書日，同此義。以此釋經，豈不甚易而實是乎？何休見桓公二年會稷之《傳》，以恩之淺深，有「諱」與「目言[四]」之異，[五]而以書日、不書日詳略之分，爲同此例，則甚難而實非矣。竊疑「所見異辭，所聞異辭，所傳聞異辭」，此三語必有所本，而齊、魯諸儒述之。然其義有三：闕文，一也；諱惡，二也；言孫，三也。孔子曰：「邦無道，危行言孫。」[六]從前之一説，則略於遠而詳於近；從後之二説，則晦於近而章於遠。讀《春秋》者，可以得之矣。《漢書》言：「孔子作《春秋》，有所褒諱貶損，不可書見，口授弟子。弟子退而異言，及口説流行，故有公羊、穀梁、鄒、夾之學。」[七]鄒氏、夾氏無傳。夫「喪欲速貧，死欲速朽」[八]，曾子且聞而未達，非子游舉其事實之，亦烏得而明哉？故曰：「《春秋》之失亂。」[九]

【校注】

[一]「已下公羊傳」五字，原抄本、集釋本、欒本、陳本均同。「隱元年」三字，原抄本有，集釋本、欒本、陳本無。下各條同。

[二]「參伍」，原抄本同。遂初堂本、集釋本、欒本、陳本、嚴本作「參互」。

[三]《春秋經·隱公元年》：「冬十有二月，公子益師卒。」《左傳》無解，《公羊傳》曰：「何以不日？遠也。所見異辭，所聞異辭，所傳聞異辭。」又見《公羊傳》桓公二年及哀公十四年。

[四]「目言」，遂初堂本、集釋本、欒本、陳本、嚴本均同。原抄本誤作「日言」，當改。《公羊傳》作「目言」。

[五]《春秋經·桓公二年》：「三月，公會齊侯、陳侯、鄭伯於稷，以成宋亂。」《公羊傳》：「内大惡諱，此其目言之何？遠也。所見異辭，所聞異辭，所傳聞異辭。隱亦遠矣，曷爲爲隱諱？隱賢而桓賤也。」何休注：「所見之世，臣子恩其君父尤厚，故多微辭是也。所聞之世，恩王父少殺，故立煬宫不日，武宫日是也。所傳聞之世，恩高祖、曾祖又少殺，故子赤卒不日，子般卒日是也。」

[六]見《論語·憲問》。

[七]見《漢書·藝文志》。

[八]見《禮記·檀弓上》。

［九］《禮記·解經》：「故《詩》之失愚，《書》之失誣，《樂》之失奢，《易》之失賊，《禮》之失煩，《春秋》之失亂。」又見《孔子家語·問玉》。

紀履緰來逆女 隱二年

「何以不稱使？昏禮不稱主人。」［一］「宋公使公孫壽來納幣，則其稱主人何？辭窮也。辭窮者何？無母也。然則紀有母乎？曰：有。有則何以不稱母？母不通也。」［二］富平李因篤［三］曰：「此言《經》所以不書紀侯者，以見母雖不通，而紀侯有母，則不得自稱主人，以別於宋公之無母也。」

【校注】

［一］見《春秋經·隱公七年》。

［二］見《公羊傳·隱公二年》。

［三］李因篤，字子德，一字孔德，號天生。陝西富平人，明庠生。《清史稿》謂其「博學强記，貫串注疏。」「深於經學，著《詩説》，顧炎武稱之曰：『毛、鄭有嗣音矣！』又著《春秋説》，汪琬亦折服焉」。

母弟稱弟 隱七年［一］

「齊侯使其弟年來聘。」《公羊傳》：「其稱弟何？母弟稱弟，母兄稱兄。」左氏宣公十七年《傳》亦曰：「凡稱弟，皆母弟也。」[二] 何休以爲：「春秋变周之文，從殷之質，質家親親，明當親厚，異於群公子也。」夫一父之子，而以同母、不同母爲親疏，此時人至陋之見。春秋以下，骨肉衰薄，禍亂萌生，鮮不繇此。詩人美鳲鳩[三]均愛七子[四]，豈有於父母則望之以均平，於兄弟則教之以疏外？以此爲質，是所謂「直情而徑行，戎狄之道也」[五]。郭氏曰：「若如《公羊》之説，則異母兄弟不謂之兄弟乎？」程子曰：「禮文有『立嫡子同母弟』之説[六]，其曰『同母弟』，蓋謂『嫡』耳，非以同母弟爲加親也。若以同母弟爲加親，則知有母不知有父，是禽獸也。」[七]

【校注】

[一]「隱七年」三字，原抄本無。

[二]黄汝成集釋引梁氏曰：《史記》「高祖之同母少弟也」，索隱曰：「《漢書》作『同父』。言同父，以明異母也。」趙太常云：「言同母以別於異母則可，言同父以明異母則不可。」

[三]「鳴鳩」誤，當改。原抄本、遂初堂本、集釋本、欒本、陳本、嚴本均作「鳲鳩」。

[四]《詩經・曹風・鳲鳩》：「鳲鳩在桑，其子七兮。」

[五]見《禮記・檀弓下》。

[六]《朱子語類》卷九十《禮七》：「宗子只得立適，雖庶長，立不得。若無適子，則亦立庶子，所謂『世子之同母弟』。」

[七]黄汝成集釋：汝成案：母弟稱弟，重適妻而嚴父統也。此義不明，而以妾爲妻，廢嫡立庶之禍起矣。母弟加親，非爲母也，乃爲父也。

子沈子

隱公十一年《公羊傳》「子沈子曰」，註云：「子沈子，後師，明説此意者。沈子稱『子』冠氏上者，著其爲師也。不但言『子』曰者，辟孔子曰[一]。其不冠『子』者，他鄉[二]也。」按《傳》中有「子公羊子曰」，桓公六年、宣公三年[三]。而又有「子沈子曰」，隱公十一年、莊公十年、定公元年。「子司馬子曰」，莊公三十年。「子女子曰」，女音汝，閔公元年。「子北宫子曰」，哀公四年。何後師之多歟？又有「魯子曰」，莊公三年、二十三年、僖公五年、二十年、二十四年、二十八年。有「高子曰」，文公四年。皆不冠「子」。《□[四]梁傳》有「穀梁子曰」，隱公五年。「尸子曰」，隱公五年、桓公八年。「沈子曰」，定公元年。皆不冠「子」。然則此《傳》不盡出於公羊子也，明矣。[五]

【校注】

[一]「曰」字誤，當改。原抄本、遂初堂本、集釋本、欒本、陳本、嚴本均作「也」。

[二]「鄉」字誤，當改。原抄本、遂初堂本、集釋本、欒本、陳本、嚴本均作「師」。

[三]「三年」誤，當改。原抄本、遂初堂本、集釋本、欒本、陳本、嚴本均作「五年」。

[四]底本缺一字處，原抄本、遂初堂本、集釋本、欒本、陳本、嚴本均有「穀」字，當補。

[五]黄汝成集釋引全氏曰：明莊烈帝嘗詰以：「『子程子』爲尊稱，何以不稱『子孔子』、『子孟子』？」而毛西河亦以爲難。如宋人張横浦自稱「子張子」，王厚齋自稱「子王子」，則因不盡以爲尊稱矣。唐人劉夢得亦自稱「子劉子」，又先乎此。是即《公羊傳》自稱「子公羊子」之例也。考之荀卿稱宋鈃爲「子宋子」，王孫駱稱范蠡爲「子范子」，是皆平輩相推重之詞，不以師弟也。顧氏據《公羊》所言，特其一節耳。

黄汝成集釋引雷氏云：「子」者，男子之美稱。古人多係於氏，孔、顔是也。或係於謚，列國卿大夫之稱武子、文子、襄子、桓子是也。然東周以後，始多此稱。西周以前謂之「父」，係於名氏之下，如尹吉父、仲山父、虢石父、程伯休父，及閎父、皇父、燮父、禽父皆是。後又於名字下係以「子」，晉悼會周爲周子，冉有爲有子，戰國時有和子、嬰子皆是。

穀鄧書名[一]桓七年

「穀伯綏來朝。鄧侯吾離來朝。」[二]《傳》曰：「皆何以名？失地之君也。穀、梁[三]去魯甚遠，不緣失地，不得皆朝于魯。其稱侯朝何？貴者無後，待之以初也。」其義甚明，而何氏乃有「去二時者，桓公以火攻人君」之説，又有「不月者，失地君朝惡人」之説。胡氏因之，遂以朝桓之貶歸之於天道矣。[四]

【校注】

[一]題名「穀鄧書名」四字，原抄本同。遂初堂本、集釋本、欒本、陳本、嚴本題爲「穀伯鄧侯書名」六字。

[二]見《春秋經·桓公七年》。此前惟書「夏」字。

[三]「梁」字誤，當改。原抄本、遂初堂本、集釋本、欒本、陳本、嚴本均作「鄧」。

[四]陳垣校注：見胡安國《春秋傳》五。

鄭忽書名十一年[一]

「鄭忽出奔衛。」《傳》曰：「忽何以名？《春秋》伯、子、男，一也，辭無所貶。」傳文簡而難曉。

李因篤曰：「《春秋》之法，天子三公稱公，王者之後稱公，其餘大國稱侯，小國稱伯、子、男。見「初獻六羽」《傳》。[二]是則公、侯爲一等，伯、子、男爲一等也。故子産曰：『鄭伯，男也。』遭喪未踰年之君，公、侯皆稱子，如宋子、衛子、陳子之類是也。以其等本貴於伯、子、男，故降而稱『子』。今鄭，伯爵也，伯與子、男爲一等，下此更無所降，不得不降而書名矣。名則[三]貶忽之辭，故曰『辭無所貶』。」

【校注】

[一]今按：見《公羊傳·桓公十一年》。「十一年」上當補「桓」字。

[二]今按：見《公羊傳·隱公五年》。

[三]「則」字誤，當改。原抄本、遂初堂本、集釋本、欒本、陳本、嚴本均作「非」。

祭公來遂逆王后於紀

桓公八年：「祭公來，遂逆王后於紀。」九年：「春，紀季姜歸於京師。」[一]從「逆」者而言，謂之「王后」；從「歸」者而言，謂之「季姜」。此自然之文也。猶《詩》之言「爲韓姞相攸」[二]也。猶《左氏》之言「息嬀將歸過蔡」[三]也。皆未嫁而冠以夫國之號，此臨文之不得不然也。而《公年[四]》以爲「王者無外，其辭成矣」，又以爲「父母之於子，雖爲天王后，猶曰『吾季姜』」。是其説《經》雖巧，而非聖人之意矣。今將曰「逆季姜於紀」，則初學之士亦知其不通；又將曰「王后歸於京師」，則王后者誰之女？辭窮矣。公羊子蓋拘於「在國稱女」之例，隱公二年《傳》：「女在其國稱女，在塗稱婦，入國稱夫人。」而不知文固有倒之而順者也。

傳文則有不同者。《左氏》莊公十八年：「陳媯歸於京師，實惠后。」[五]

【校注】

[一]均見《春秋經》。

[二]《詩經・大雅・韓奕》：「蹶父孔武，靡國不到。爲韓姞相攸，莫如韓樂。」毛傳：「姞，蹶父姓也。」鄭玄箋：「蹶父甚武健，爲王使于天下，國國皆至。爲其女韓侯夫人姞氏視其所居，韓國最樂。」孔穎達疏：「婦人稱姓，今以姓配夫之國，謂之韓姞。」

[三]《左傳・莊公十年》：「蔡哀侯娶于陳，息侯亦娶焉。息媯将歸，過蔡。」媯，陳國之姓。

[四]「年」字誤，當改。原抄本、集釋本、欒本、陳本均作「羊」。

[五]《左傳》曰：「虢公、晉侯、鄭伯使原莊公逆王后于陳。陳媯歸於京師，實惠後。」「逆」、「歸」並書。按此條僅見於《左傳》，不见於《春秋經》及《公》《穀》二傳。

争門

公羊閔公二年《傳》：「桓公使高子将南陽之甲，立僖公而城魯。或曰自鹿門至於争門者是也，或曰自争門至於吏門者是也。」註：「鹿門，魯南城東門也。」據《左傳》，「臧紇斬鹿門之關，出奔邾」，是也。争門、吏門並闕。按《説文》：「浄，魯北城門池也。從水，争聲。士耕切。」是争門即以此水名，省文作「争」爾。《廣韻》作「埩」。後人以「瀞」字省作「浄」，音才性切，而梵書用之。自南北交[一]以下，俱爲才性之「浄」[二]，而魯之争門不復知矣。《禮記》「絜静精微」，只作「静」字。

【校注】

[一]「交」字誤，當改。原抄本、遂初堂本、集釋本、欒本、陳本、嚴本均作「史」。

[二]今按：浄，今簡體作「净」。亭林以爲《説文》「浄」字本爲水名，「清浄」之「浄」義晚出。而「静」字本有「清」義，且「清」與「静」音同，是則「静」爲「浄」之本字。《詩經·大雅·既醉》「籩豆静嘉」，鄭玄箋：「潔清而美」。陸德明釋文：「清，如字，又才性反。」又揚雄《解嘲》：「爰清爰静，遊神之庭。」《漢書·揚雄傳》：「維寂寞，自投閣；爰清静，作符命。」

仲嬰齊卒

魯有二嬰齊，皆公孫也。成公十五年：「三月乙巳，仲嬰齊卒。」[一]其爲仲遂後者也。杜氏註曰：「襄仲子，公孫歸父弟。」成公子[二]七年：「十一月壬申，公孫嬰齊卒於貍脤。」[三]則子叔聲伯也。季友、仲遂皆生而賜氏，故其子即以父字爲氏。劉炫曰：「仲遂受賜爲仲氏，故其子孫稱仲氏。」孔氏曰：「死後賜族，乃是正法。春秋之世，有非禮生賜族者，華督是也。」季友、仲遂亦同此例。中唐以後，賜功臣之號亦此意也。[四]生而賜氏，非禮也。以父字爲氏，亦非禮也。《春秋》從其本稱，而不没其變氏，其生也書「公子遂」，其死也書「仲遂卒于垂」。於其子也，其生也書「公孫歸父」，其死也書「仲嬰齊卒」。「公子季友卒」，亦同此義，惟季友之子不見于《經》。

《公羊傳》：「仲嬰齊者何？公孫嬰齊也。」此言仲嬰齊亦是公孫嬰齊，非謂子叔聲伯。故註云：「未見於《經》爲公孫嬰齊。今爲大夫死，見《經》，爲仲嬰齊。」此漢人解經之善。君[五]子叔聲伯，則戰鞌、成公二年。如晉、六年。如莒，八年。已屢見於《經》矣。「爲人後者爲之子」[六]，此語必有所受。然嬰齊之爲後，後仲遂，非後歸父也，猶之叔孫僑如奔而立豹。以爲爲兄後，則非也。《傳》拘於「孫以王父字爲氏」[七]之説，而以嬰齊爲後歸父，則以弟後兄，亂昭穆之倫矣，非也。且三桓亦何愛於歸父，而爲之立後哉？

【校注】

[一]見《春秋經》及三傳。

[二]「子」字誤，當改。原抄本、遂初堂本、集釋本、欒本、陳本、嚴本均作「十」。

[三]見《左傳》。「貍脤」，遂初堂本、欒本、嚴本同。原抄本誤作「貍脈」，陳本誤作「貍脹」。按當作「貍脤」。《左傳》作「貍脤」，《公羊傳》作「貍軫」，《穀梁傳》作「貍蜃」。

[四]陳垣校注：劉炫説見《左傳·成十五年》孔穎達正義引。此孔氏説指孔穎達疏解，見《左傳·隱八年》「因以爲族」正義。

[五]「君」字誤，當改。原抄本、遂初堂本、集釋本、欒本、陳本、嚴本均作「若」。

[六]見《公羊傳·成公十五年》。

[七]亦見《公羊傳·成公十五年》。

隱十年無正[一]已下《穀梁傳》

「隱十年無正」者，以無其月之事而不書，非有意削之也。《穀梁》以爲「隱不自正」[二]者，鑿矣。趙氏曰：「宣、成以前，人名及甲子多不具，舊史闕也。」得之矣。

【校注】

[一]見《穀梁傳·隱公十一年》。

[二]亦見《穀梁傳·隱公十一年》。

戎菽

莊公三十一年：「齊侯來獻戎捷。」《傳》曰：「戎，菽也。」[一]似據《管子》「桓公北伐山戎，得冬蔥及戎菽，布之天下」而爲之説。桓公以戎捷夸示諸侯，豈徒一戎菽哉？且《生民》之詩曰：「藝之荏菽，荏菽旆旆。」傳曰：「荏菽，戎菽也。」《爾雅》：「戎菽謂之荏菽。」亦作「荏[二]菽」。《列子》：「北宫子既歸，進其茙菽，有稻粱之味。」則自后稷之生而已藝之，不待桓公而始布矣。

【校注】

[一]范甯注：「菽，豆。」《左傳》解爲獻囚，曰：「非禮也，諸侯不相遺俘。」

[二]「荏」字誤，當改。原抄本同誤。遂初堂本、集釋本、欒本、陳本、嚴本均作「茙」。

隕石於宋五[一]

《公》、《穀》二傳，相傳受之子夏，其宏綱大指，得聖人之深意者，凡數十條。然而齊、魯之間，人自爲師，窮鄉多異，曲學多辯[二]，其穿鑿以誤後人者，亦不少矣。且如「隕石於宋五」，「六鶂《左氏》、《公羊》作「鷁」。退飛過宋都」[三]，此臨文之不得不然，非史云「五后[四]」，而夫子改之「石五」，更[五]云「鶂六」，而夫子改之「六鶂」也。《穀梁子》曰：「『隕石於宋五』，後數，散辭也。『六鶂退飛過宋都』，先數，聚辭也。」「天下之達道五，所以行之者三」[六]，其散辭乎？「凡爲天下國家有九經」[七]，其聚辭乎？「初九，潛龍」，後九也。「九二，見龍」，先九也。世未有爲之説者也。「石無知，故目之」[八]，然則「梁山崩」[九]，不日何也？「鶂微有知之物，故月之」[十]，然則「有鸜鵒來巢」[十一]，不月何也？夫月日之有無，「其文則史」也。故劉敞謂：「言『是月』者，宋不告日。嫌與隕石同日，書『是月』以別之也。」

【校注】

[一]《春秋經》及三傳，僖公十六年：「春王正月戊申朔，隕石于宋五。是月，六鷁退飛過宋都。」

[二]「辯」，遂初堂本、集釋本、欒本、陳本、嚴本同，原抄本作「辨」。

[三]亦見《春秋經》及三傳，僖公十六年。

[四]「后」字誤，當改。原抄本、遂初堂本、集釋本、欒本、陳本、嚴本均作「石」。

[五]「更」字誤，當改。原抄本、遂初堂本、集釋本、欒本、陳本、嚴本均作「史」。

[六]語出《禮記・中庸》。

[七]亦出《禮記・中庸》。

[八]見《穀梁傳・僖公十六年》。「目」字誤，當改。原抄本、集釋本、欒本、陳本均作「日」。

[九]見《春秋經・成公五年》。

[十]亦見《穀梁傳・僖公十六年》。

［十一］見《春秋經・昭公二十五年》。

王子虎卒

文公四年：「夏五月，王子虎卒。」《左氏》以爲「王叔文公」者，是也。而《穀梁》以爲「叔服」。按此後文公十四年：「有星孛入於北斗，周内史叔服曰：『不出七年，宋、齊、晉之君皆将死亂。』」成公元年：劉康公伐戎，「叔服曰：『背盟而欺大國，此必敗。』」明叔服别是一人，非王子虎也［一］。胡氏仍《穀梁》之誤。

【校注】

［一］「也」，原抄本同。遂初堂本、集釋本、欒本、陳本、嚴本無「也」字。

穀梁日誤作曰

《穀梁傳》宣公十五年：「中國謹日，卑國月，夷狄不日，其曰潞子嬰兒，賢也。」疏解甚迂。按《傳》文「曰」字誤，當作「其日潞子嬰兒，賢也」。《書・皋陶説［二］》：「思曰贊贊襄哉。」《吕刑》：「今爾罔不由慰曰勤。」《易・大畜》九三：「曰閑輿衛。」皆當作「日」。古人「日」、「曰」二字同一書法，唯「曰若」之「曰」上畫不滿，與「日」字異耳。故陸氏《釋文》于九經□［二］遇二字可疑者，即加音切。又有一字而两讀者，如《詩》「豈不曰戒」，「曰」音越，又人栗反。「曰爲改歲」、「曰殺羔羊」亦然。自古經師所傳，或以爲「日月」之「日」，或以爲「曰若」之「曰」，陸氏两存，而以其音□［三］之。毛□［四］以爲一字两音，而駁其失，誤矣。《史記·秦始皇本紀》贊：「而以責一日之孤」，正義曰：「日音馹」。

【校注】

［一］「說」字誤，當改。原抄本、遂初堂本、集釋本、欒本、陳本、嚴本均作「謨」。

［二］底本缺一字處，原抄本、遂初堂本、集釋本、欒本、陳本、嚴本均作「中」，當補。

［三］底本缺一字處，原抄本、遂初堂本、集釋本、欒本、陳本、嚴本均作「別」，當補。

［四］底本缺一字處，原抄本、遂初堂本、集釋本、欒本、陳本、嚴本均作「晃」，當補。

日知録卷之六[一]

閽人寺人[二]

閽人、寺人屬於冢宰，則内廷無亂政之人。九嬪、世婦屬於冢宰，則後宮無盛色之事。太宰之於王，不惟佐之治國，而亦誨之齊家者也。自漢以來，惟諸葛孔明爲知此義，故其上表後主，謂「宮中、府中，俱爲一體」，而「宮中之事，事無大小」，悉以咨攸之、禕、允三人。[三]於是後主欲采擇以充後宮，而終執不聽。宦人黄皓「終允之世，位不過黄門丞」，《蜀志・董允傳》。可以爲行《周禮》之效矣。後之人君以爲此吾家事，而爲之大臣者，亦以爲天子之家事，人臣不敢執而問也。其家之不正，而何國之能理乎？　魏楊阜爲少府，「上疏欲省官[四]人，乃召御府吏問後宮人數，吏曰：『禁密不得宣露。』阜怒，杖吏一百，數之曰：『國家不與九卿爲密，反與小吏爲密乎！』」[五]然後知閽、寺、嬪、御[六]之繫於天官，周公所以爲後世慮至深遠也。

漢承秦制，有少府之官，「中書謁者、黄門、鉤盾、尚方、御府、永巷、内者、宦者八官，令、丞、諸僕射、署長、中黄門，皆屬焉」。[七]然則奄寺之官猶隸於外廷也。

【校注】

[一]卷六、卷七，刻本爲卷五。

[二]閽人、寺人，均爲官名，見《周禮·天官冢宰》。

[三]諸葛亮《出師表》：「侍中侍郎郭攸之、費禕、董允等」、「悉以咨之」。

[四]「官」字誤，當改。原抄本、遂初堂本、集釋本、欒本、陳本、嚴本均作「宫」。

[五]見《三國志·魏書·楊阜傳》。

[六]嬪、御，謂九嬪、女御，亦官名，見《周禮·天官冢宰》。

[七]見《漢書·百官公卿表》。

正月之吉 大宰[一]

大司徒「正月之吉，始和，布教於邦國都鄙」，註云：「周正月朔日」。[二]大宰註同。「正歲，令於教官」，註云：「夏正月朔日」。凌人註同。州長既以正月之吉讀灋[三]，又以正歲讀灋如初。註云：「因此四時之正，重申之。」即此是古人三正並用之驗。《逸周書·周月解》曰：「亦越我周改正，以垂三統。至於敬授民時，巡狩烝享，猶自夏焉。」正謂此也。如左氏桓公五年《傳》云「凡祀，啟蟄而郊，龍見而雩，始殺而嘗，閉蟄而烝」之類是也。《豳詩·七月》一篇之中，凡言「月」者皆夏正，凡言「日」者皆周正。「一之日觱發，二之日栗烈」，「三之日於耜」，傳曰：「一之日，周正月」，「二之日，殷正月」，「三之日，夏正月」。

《北史·李業興傳》：天平四年，使梁。梁武帝問：「《尚書》『正月上日，受終文祖』，此時何正？」業興對曰：「此夏正月。」梁武帝問：「何以得知？」業興曰：「案《尚書中候·運衡篇》云：『日月營始』，故知夏正。」又問：「堯時以前，何月爲正？」業興對曰：「自堯以上，書典不載，實所不知。」梁武又云：「『寅賓出日』，即是正月。『日中星鳥，以殷仲春』，即是二月。此出《堯典》，何得云堯時不知用何正？」業興對曰：「雖三正不同，言時節者皆據夏時正月。《周禮》：仲春二月，會男女之無失[四]家者。雖自[五]周書，月[六]亦夏時。堯之日月亦當如此。」[七]近有楚人刱爲「堯建子、舜建丑」之説者[八]，據此闢之，遂無以難。

【校注】

[一]「大宰」二字，原抄本同，遂初堂本、集釋本、欒本、陳本、嚴本無。

[二]見《周禮·地官司徒》。「布教」，原文作「布治」。三禮皆鄭玄注。

[三]「灋」，原抄本、遂初堂本、集釋本、欒本、陳本、嚴本均作「法」，下同。

[四]「失」字誤，當改。原抄本、遂初堂本、集釋本、欒本、陳本、嚴本均作「夫」。《周禮》、《北史》、《魏書》均作「夫」。

[五]「自」，遂初堂本、集釋本、欒本、陳本、嚴本均同，原抄本誤作「是」，當改。《北史》、《魏書》作「自」。

[六]「月」字，遂初堂本、集釋本、欒本、陳本、嚴本均同，原抄本脱，當補。《北史》、《魏書》有「月」字。

[七]見《北史·儒林傳》、《魏書·儒林傳》略同。「運衡篇」，《魏書》作「運行篇」。《魏書》、《北史》「亦當如此」後，又有「但所見不深，無以辨析明問」一句。

[八]《詩經·商頌·長發》鄭玄箋「三正之後」，孔穎達疏：「三正者，謂夏與唐、虞也。正朔三而改，夏以建寅爲正，則舜當以建子，堯當以建丑，是之謂三正也」。今按：《尚書·舜典》孔穎達引鄭玄，以爲「帝王易代，莫不改正。

堯正建丑，舜正建子」。《史記・五帝本紀》張守節正義引鄭玄同。亭林謂「近有楚人」，所指不詳。

木鐸

金鐸所以令軍中，木鐸所以令國中，[一]此先王仁義之用也。一器之微，而剛柔別焉，其可以識治民之道也與！

鼓吹，軍中之樂也，非統軍之官不用，陳蔡徵爲吏部尚書，啟後主借鼓吹。後主謂所司曰：「鼓吹，軍樂，有功乃授。」今則文官用之，王世貞《觚不觚録》言：「先朝之制，維總兵官列營，始舉炮，奏鼓吹。」嘉靖後，巡撫乃倣而行之。士庶人用之，僧道用之。金革之器徧於國中，而兵繇此起矣。《晉書》：「司馬恬[二]爲御史中丞，值海西廢，簡文帝登阼，未解嚴。大司馬桓温屯中堂，吹警角，恬奏劾温大不敬，請科罪。」今制，雖授鉞遣将，亦不舉炮鼓吹。而士庶吉凶之禮，及迎神賽會，又[三]有[四]鼓吹者。景泰六年，華陽王友堚遣千户齎奏赴京，並買喇吧、號笛、銅鑼等物。奉敕切責，以爲此行師之具，於王何用！當時遵命[五]祖訓如此，以後法禁日馳，庶民皆得用矣。

後魏孝武永熙中，諸州鎮各給鼓吹。尋而高歡舉兵，魏分爲二。唐自安史之亂，邊戍皆得用之。故杜甫詩云：「萬方聲一概，吾道竟何之。」[六]粗厲之音，形爲亂象。先王之制，所以「軍容不入國」[七]也。

《詩・有瞽》箋云：「簫，編小竹管，如今賣餳俗作『糖』者所吹也。」《周禮》小師註同。漢時賣餳止是吹竹，今則鳴金。

【校注】

［一］《周禮·天官》小宰鄭玄注：「木鐸，木舌也。文事奮木鐸，武事奮金鐸。」

［二］「司馬怗」誤，當改。原抄本、遂初堂本、集釋本、欒本、陳本、嚴本均作「司馬恬」，《晉書》作「司馬恬」。下「司馬恬」不誤。

［三］「又」字誤，當改。原抄本、遂初堂本、集釋本、欒本、陳本、嚴本均作「反」。

［四］「有」字下，集釋本、遂初堂本、欒本、陳本、嚴本有「用」字，原抄本無。

［五］「命」字誤，當改。原抄本、遂初堂本、集釋本、欒本、陳本、嚴本均作「守」。

［六］杜甫《秦州雜詩》之四。

［七］《司馬法》曰：「古者國容不入軍，軍容不入國。」

稽其功緒宫正［一］

已成者謂之功，未竟者謂之緒。《説文》：「緒，絲端也。」《記》曰：「武王纘大王、王季、文王之緒。」［二］

【校注】

［一］見《周禮·天官冢宰》。「宫正」二字，原抄本同，集釋本、欒本、陳本無。

［二］見《禮記·中庸》。

六牲［一］膳夫［二］

古之爲禮，以祭祀燕享，故六牲之掌特重。「執豕於牢」［三］，稱公劉也。「爾牲則具」［四］，美宣王也。至於鄰國相通，則「葛伯不祀」[五]，「湯使遺之牛羊」。[六]而衛戴公之「廬於曹」，齊桓歸之「牛羊豕雞狗皆三百」。[七]其平日，「國君無故不殺牛，大夫無故不殺羊，士無故不殺犬豕」。[八]而「用大牲」[九]，則卜之於神，以求其吉。故《左氏》載齊國之制，「公膳」止於「雙雞」。[十]而詩人言賓客之設，不過「兔首」、「炰鱉」之類。[十一]古人之重六牲也如此。自齊靈公伐萊，萊人使正輿子賂之，「索馬牛，皆百匹」。[十二]而吴人徵魯「百牢」[十三]，始於貪求，終於暴殄。於是范蠡用其霸越之餘謀，以「畜五牸[十四]」。而「澤中千足彘」得比君[十五]，孳畜之權不在國而在民矣。

《易》曰：「東鄰殺牛，不如西鄰之禴祭。」[十六]秦德公「用三百牢於鄜畤」[十七]，而王莽「末年，自天地六宗以下，至諸小鬼神，凡千七百所，用三牲鳥獸，三千餘種。後不能備，迺以雞當鶩雁，犬當麋鹿」。[十八]

【校注】

[一]「六性」誤，當改。原抄本、遂初堂本、集釋本、欒本、陳本、嚴本均作「六牲」。目録不誤。「膳夫」二字，原抄本同，遂初堂本、集釋本、欒本、陳本、嚴本無。

[二]「膳夫」二字，原抄本同，遂初堂本、集釋本、欒本、陳本、嚴本無。

[三]見《詩經・大雅・公劉》。

[四]見《詩經・小雅・無羊》。

[五]《書序》云：「葛伯不祀，湯始征之，作《湯征》。」

[六]見《孟子・滕文公下》。

[七]見《左傳・閔公二年》。

［八］見《禮記・王制》。

［九］見《易經・萃卦》卦辭。

［十］《左傳・襄公二十八年》：「公膳，日雙雞。」

［十一］《詩經・小雅・瓠葉》：「有兔斯首，炮之燔之。」《小雅・六月》：「飲御諸友，炰鱉膾鯉。」又《大雅・韓奕》：「其殽維何，炰鱉鮮魚。」

［十二］見《左傳・襄公二年》。

［十三］見《左傳・哀公七年》。

［十四］「牸」字誤，原抄本同誤，當改。遂初堂本、集釋本、欒本、陳本、嚴本均作「牸」。今按：「字」本義爲母牛，「牸」則「字」之俗寫。《孔叢子・陳士義》：「猗頓，魯之窮士也，聞陶朱公富，往而問術焉。朱公告之曰：『子欲速富，當畜五牸。』於是乃適西河，大畜牛羊於猗氏之南。十年之間，其滋息不可計，貲擬王公。」

［十五］見《史記・貨殖列傳》。「君」上脱「封」字，原抄本、集釋本、欒本、陳本全校有，當補。

［十六］見《易經・既濟卦》九五爻辭。

［十七］見《史記・封禪書》。

［十八］見《漢書・郊祀志下》。

邦饗耆老孤子［一］外饗［二］

「春饗孤子」，以象物之方生；「秋饗耆老」，以象物之既成。［三］然而國中之老者、孤者多矣，不可以徧饗也。故國老、庶老則饗之，而其他則「養於國」、「養於鄉」而已。《王制》。死事之孤則饗之，而其他則「養幼少，存諸孤」而已。《月令》。一以教孝，一以勸忠，先王一舉事，而天道人備爲[四]，此禮之所以「爲大」[五]也與！

【校注】

[一]見《周禮·天官冢宰》。

[二]「外饗」二字，原抄本同。遂初堂本、集釋本、欒本、陳本、嚴本無。

[三]見《禮記·效特牲》。

[四]「人備爲」脱誤，當改。原抄本、遂初堂本、集釋本、欒本、陳本、嚴本均作「人倫備焉」。

[五]《禮記·哀公問》：「孔子曰：『丘聞之，民之所由生，禮爲大。』」又曰：「古之爲政，愛人爲大。所以治愛人，禮爲大。」

醫師[一]

古之時，庸醫殺人[二]。今之時，庸醫不殺人，亦不活人，使其人在不死不活之間，其病日深而卒至於死。夫藥有君臣，人有强弱。有君臣則用有多少，有强弱則劑有半倍。多則專，專則其[三]效速；倍則厚，厚則其力深。今之用藥者，大抵雜泛而均停，既見之不明，而又治之不勇，病所以不能愈也。而世但以不殺人爲賢，豈知古之上醫不能無失。《周禮》：醫師「歲終，稽其醫事，以制其食。十全爲上。十失一，次之。十失二，次之。十失三，次之。十失四爲下」。是十失三四，古人猶用之。而淳于意之對孝文，尚謂「時時失之，臣意不能全也」。[四]《易》[五]：「裕父之蠱，往見吝。」[六]奈何獨取夫「裕蠱」者？以爲其人雖死，而不出於我之爲。嗚呼！此張禹之所以亡漢，李林甫之所以亡唐也。朱文公與劉子澄書所論「四君子湯」，其意亦略似此。[七]

《唐詩[八]》：許胤[九]宗言：「古之上醫，惟是别脈。脈既精别，然後識病。夫病之與藥，有正相當者，惟須單用一味，直攻彼病，藥力既純，病即立愈。今人不能别脈，莫識病源，以情臆度，多安藥味。譬之於獵，未知兔所，多發人馬，空地遮圍，冀有一人獲之。術亦疏矣。假令一藥偶然當病，他味相制，氣勢不行，所以難差，諒由於此。」[十]《後漢書》：「華佗精於方藥，處齊不過數種。」[十一]夫《師》之六五，任九二則吉，參以三、四則凶。是故官多則亂，將多則敗，天下之事亦猶此矣。

【校注】

[一]醫師，官名，見《周禮·天官冢宰》。

[二]《舊唐書·方伎列傳·張文仲傳》：「大抵醫藥雖同，人性各異，庸醫不達藥之性使冬夏失節，因此殺人。」《太平御覽》卷七百二十四《方術部五·醫四》引之。

[三]「其」字，原抄本同。遂初堂本、集釋本、陳本、嚴本無。欒本據黄汝成《續刊誤》補。

[四]見《史記·扁鵲倉公列傳》。

[五]「《易》」字下，原抄本、遂初堂本、集釋本、欒本、陳本、嚴本均有「曰」字，當補。

[六]《易經·蠱卦》六四爻辭。孔穎達疏：「體柔當位，幹不以剛，而以柔和，能容裕父之事也。以其無應，所往之處，見其鄙吝。」

[七]朱熹《晦庵集》卷三十四《答吕伯恭》：「新參近通問否？大承氣證，却下四君子湯，如何得相當？」又丁傳靖《宋人軼事彙編》卷十六：「周益公參大政，朱文公與劉子澄書云：『如今是大承氣湯證，渠却下四君子湯。雖不爲

害，恐無益於病耳！』」

［八］「詩」字誤，當改。原抄本、遂初堂本、集釋本、欒本、陳本、嚴本均作「書」。

［九］「胤」字缺筆，原抄本同。集釋本作「允」。

［十］見《舊唐書・方伎列傳・許胤宗傳》。

［十一］見《後漢書・方伎傳・華佗傳》。

造言之刑[一]大司徒[二]

舜之命龍也，曰：「朕堲讒說殄行，震驚朕師。」[三]故大司徒「以鄉八刑糾萬民」，「造言之刑」次於「不孝」、「不弟」。而禁暴氏掌誅庶民之「作言語而不信者」。[四]至於「訛言」莫懲[五]，而宗周滅矣。[六]

【校注】

［一］《周禮・地官司徒》：大司徒「以鄉八刑糾萬民：一曰不孝之刑，二曰不睦之刑，三曰不姻之刑，四曰不弟之刑，五曰不任之刑，六曰不恤之刑，七曰造言之刑，八曰亂民之刑」。

［二］「大司徒」三字，原抄本同。遂初堂本、集釋本、欒本、陳本、嚴本無。

［三］見《尚書・舜典》。

［四］見《周禮・秋官司寇》。禁暴氏，官名。

［五］《詩經・小雅・沔水》：「民之訛言，寧莫之懲。我友敬矣，讒言其興。」鄭玄箋：「訛，僞也。」

［六］黄汝成集釋：汝成案：野曠難稽，而民愚易感，故造言必始於鄉，惟鄉刑得而治之。

國子[一]

「世子齒於學」[二]，自后夔之「教胄子」[三]而已然矣。師氏「以三德教國子」，保氏「掌養國子以道，而教之六藝」。[四]而王世子不別置官，是世子之與國子齒也。是故「諸子掌國子之倅」，「國有大事，則帥國子而致於夫子[五]，惟所用之」。[六]非平日相習之深，烏[七]能得其用乎？後世乃設東宮之官，而分其職秩，於是有内外、宫朝之隔，而先王之意失矣。

【校注】

[一]《周禮·地官司徒》鄭玄注：「國子，公卿大夫之子弟。師氏教之，而世子亦齒焉。學君臣、父子、長幼之道。」

[二]見《禮記·文王世子》。

[三]見《尚書·舜典》。

[四]見《周禮·地官司徒》。師氏、保氏均爲官名。

[五]「夫子」誤，當改。原抄本作「太子」，集釋本、欒本、陳本作「大子」。

[六]見《周禮·夏官司馬》。諸子，官名。

[七]「烏」字，遂初堂本、集釋本、欒本、陳本、嚴本同，原抄本作「焉」。

死政之老[一]

死國事者之父，如《史記·平原君傳》「李同戰死，封其父爲李侯」；《後漢書·獨行傳》小史所輔[二]扞賊，代縣令死，「除父奉爲郎中」；《蜀志·龐統傳》統「爲流矢所中，卒」，「拜其父議郎，遷諫議大夫」，是也。若父子並爲王臣，而特加恩遇，如光武之於伏隆，本朝[三]之於張五典，天啟初，張銓以御史死遼[四]，加其父五典至兵部尚書。又不可以常格論矣。

【校注】

[一]《周禮·地官司徒》：「司門掌授管鍵，以啟閉國門。幾出入不物者，正其貨賄。凡財物犯禁者舉之，以其財養死政之老與其孤。」

[二]所輔，人姓名。

[三]「本朝」，原抄本同。潘耒遂初堂刻本改爲「先朝」，集釋本因之。欒本、陳本、嚴本作「先朝」，無校注。

[四]「死遼」，遂初堂本、集釋本、陳本、嚴本同。原抄本作「死邊」。欒本據黄侃《校記》「鈔本『遼』作『邊』」改「遼」爲「邊」。按「遼」字不誤。張銓及其父張五典事，見《明史·忠義傳三》，云：「熹宗即位，出按遼東」，「遼陽被圍，軍大潰」，「守三日，城破，被執不屈，欲殺之，引頸待刃，乃送歸署。銓衣冠向闕拜，又遥拜父母，遂自經」。《明史·列傳》有二張銓，另一爲定遠人，洪武二十三年封永定侯。「遼」、「邊」形近而訛，非潘耒有意改之。

凶禮

大宗伯「以凶禮哀邦國之憂」，其别有五：曰死亡、凶禮[一]、禍烖、圍敗、寇亂。[二]是古之所謂凶禮者，不但於死亡，而五服之外有非喪之喪者，緣是而起也。《記》曰：「年不順成，天子素服，乘素車，食無樂。」又曰：「年不順成，君衣布搢本。」[三]《周書》曰：「大荒，王麻衣以朝，朝中無采衣」。[四]此凶劄之服也。司服「大札，大荒，大烖，素服」[五]，註曰：「大烖，水火爲害，君臣素服縞冠，若晉伯宗哭梁山之崩。」《春秋》：「新宫災，三日哭。」[六]此禍烖之服也。《記》曰：「國亡大縣邑，公卿、大夫、士厭冠哭於大廟。」又曰：「軍有憂，則素服哭於庫門之外。」[七]大司馬「若師不功，則厭而奉主車」[八]。《春秋傳》：秦穆公敗於殽，「素服郊次，鄉師而哭」。[九]此圍敗之服也。《吕氏春秋》：「公孫龍對趙惠王曰：『今藺、離石入秦，而王縞素出總。』」是戰國時猶行此禮。[十]若夫《曲禮》言「大夫、士去國」，「素衣，素裳，素冠[十一]，徹緣，鞮屨，素簚，乘髦馬」。《孟子》言「三月無君則弔」[十二]，而季孫之會荀躒，「練冠麻衣」[十三]，此君臣之不幸而哀之者矣。秦姬[十四]之逆晉侯，「免服衰絰[十五]」[十六]；衛侯之念子鮮，「税服終身」[十七]；此兄弟之不幸而哀之者矣。楚滅江，而秦伯「降服出次」[十八]；越圍吴，而趙孟「降於喪食」[十九]；此與國之不幸而哀之者矣。《漢書·高帝紀》「秦王子嬰，素車白馬」，應劭曰：「喪人之服」。先王制服之方，固非一端而已。《記》有之曰：「無服之喪，以蓄萬邦。」[二十]杜氏《通典》以賑撫諸州水旱蟲災，勞問諸王疾苦，編於凶禮之首。

【校注】

[一]「凶禮」誤，當改。原抄本、遂初堂本、集釋本、欒本、陳本、嚴本均作「凶札」。《周禮》作「凶札」。「禮」古文作「礼」，形近而訛。

[二]《周禮·春官宗伯》：大宗伯「以凶禮哀邦國之憂：以喪禮哀死亡，以荒禮哀凶劄，以吊禮哀禍災，以襘禮哀圍敗，以恤禮哀寇亂」。鄭玄注：「凶禮之別有五。」

[三]見《禮記·玉藻》。
[四]見《逸周書·大匡解》。
[五]見《周禮·春官宗伯》。
[六]《春秋經·成公三年》。
[七]見《禮記·檀弓》上下。
[八]見《周禮·夏官司馬》。
[九]見《左傳·僖公三十三年》。
[十]見《吕氏春秋·審應》。「出總」，一本作「布總」。高誘注：「縞素布總，喪國之服。」
[十一]「素冠」，遂初堂本、集釋本、欒本、陳本、嚴本均同。原抄本無，徐氏編者按云：「素冠」二字據《曲禮》補。
[十二]《孟子·滕文公下》。
[十三]見《左傳·昭公三十一年》。
[十四]「秦姬」，原抄本同。遂初堂本、集釋本、欒本、陳本、嚴本作「秦穆姬」。
[十五]「經」字誤，當改。原抄本、遂初堂本、集釋本、欒本、陳本、嚴本均作「絰」。
[十六]見《左傳·僖公十五年》。
[十七]見《左傳·襄公二十七年》。
[十八]見《左傳·文公四年》。
[十九]見《左傳·哀公二十年》。
[二十]見《禮記·孔子閒居》。

不入兆域冢人[一]

冢[二]人：「凡死於兵者，不入兆域。」[三]註：「戰貝[四]無勇，投諸塋外以罰之。」《左氏》趙簡子所謂「桐棺三寸，不設屬辟。素車樸馬，無入於兆」[五]，而《檀弓》「死而不弔者三」，其一曰「畏」，亦此類也。《莊子》：「戰而死者，其人之葬也，不以翣資。」「崔本作『翣枚』。枚音坎，謂先人墳墓也。」[六]若敝無存死，而齊侯「三襚之」，「與之犀軒與直蓋」，而「親推之三」；[七]童汪踦死，而仲尼曰：「能執干戈以衛社稷，可無殤也」[八]；豈得以此一概？隋文帝仁壽元年詔曰：「投生殉節，自古稱難。殞身王事，禮加二等。而世俗之徒，不達大義，致命戎旅，不入兆域，虧孝子之意，傷人臣之心。興言念此，每深愍歎。且入廟祭祀，並不廢闕，何至墳塋獨在其外？自今以後，戰亡之徒，宜入墓域。」可謂達古人之意。又考晉「趙文子與叔譽觀乎九原」[九]，而有陽處父之葬，則得罪而見殺者，亦未嘗不入兆域也。《左傳・襄公二十九年》「齊人葬莊公于北郭」，註引「兵死不入兆域」。

【校注】

[一]「冢人」二字，原抄本同。遂初堂本、集釋本、欒本、陳本、嚴本均無。

[二]「冢」，遂初堂本誤作「家」。

[三]見《周禮・春官宗伯》。冢人，官名。

[四]「貝」字誤，當改。原抄本、遂初堂本、集釋本、欒本、陳本、嚴本均作「敗」。

[五]《左傳・哀公二年》。

[六]見《莊子·德充符》及陸德明釋文。

[七]見《左傳·定公九年》。敝無存，人名。

[八]見《左傳·哀公十一年》，又見《禮記·檀弓下》。《左傳》作「僮汪錡」，僮，本亦作「童」。《禮記》作「重汪踦」，鄭玄注：「重當爲童。童，未冠者之稱。姓汪名踦。」

[九]見《禮記·檀弓下》，又見《國語·晉語八》。

樂章[一]

《詩》三百篇，皆可以被之音而爲[二]樂。自漢以下，乃以其所賦五言之屬爲「徒詩」，而其協於音者則謂之「樂府」。宋以下，則其所謂「樂府」者亦但擬其辭，而爲[三]「徒詩」無別。於是乎詩之與樂判然爲二，不特樂亡，而詩亦亡。

古人以樂從詩，今人以詩從樂。古人必先有詩，而後以樂和之。舜命夔「教胄子」：「詩言志，歌永言，聲依永，律和聲。」[四]是以登歌在上，而堂上堂下之器應之，是之謂「以樂從詩」。宋國子丞王普言：「古者既作詩，從而歌之，然後以聲律協和而成曲。自歷代至於本朝，雅樂皆先製樂章，而後成譜。崇寧以後，乃先製譜，後命辭。於是辭律不相諧協，且與俗樂無異。」朱子曰：「詩之作，本言志而已。方其詩也，未有歌也；及其歌也，未有樂也。以聲依永，以律和聲，則樂乃爲詩而作，非詩爲樂而作也。詩，出乎志者也；樂，出乎詩者也。詩者其本，而樂者其末也。」[五]古之《詩》，大抵出於中原諸國。其人有先王之風，諷誦之教。其心和，其辭不侈，而音節之間，往往合於自然之律。《楚辭》以下，即已不必盡諧。《文心雕龍》言《楚辭》「訛韻實繁」。降及魏晉，羌戎雜擾，方音遞變，南北各殊。故文人之作，多不可以協之音，而名爲「樂府」，無以異於「徒詩」者矣。元稹言：「樂府等題，除鐃吹、横吹、郊祀、清商等詞在樂志者，其餘木蘭、仲卿、四愁、七哀之類，亦未必盡播於管絃也。」[六] 人有不純，而五音十二律之傳於古者，至今不變，於是不得不以五音正人聲，而謂之「以詩從樂」。「以詩從樂」非古也，後世之失，不得已而爲之也。

《漢書》：「武帝舉司馬相如等數十人，造爲詩賦，略論律吕，以合八音之調，作《十九章之歌》。」[七] 夫曰「略論律吕，以合八音之調」，是「以詩從樂」也，後代樂章皆然。

《安世房中歌》十七章，《郊祀歌》十九章，皆郊廟之正樂，如《三百篇》之《頌》。其他諸詩，所謂「趙、代、秦、楚之謳」[八]，如列國之《風》。

十九章，司馬相如等所作，「略論律吕，以合八音」者也。「趙、代、秦、楚之謳」，則有協有否。以李延年爲協律都尉，采其可協者以被之音也。

樂府中如《清商》、《清角》之類，以聲名其詩也。如《小垂手》、《大垂手》之類，以舞名其詩也。以聲名者，必合於聲；以舞名者，必合於舞。至唐而舞亡矣，至宋而聲亡矣。於是乎文章之傳盛，而聲音之用微，然後「徒詩」興而「樂」廢矣。

歌者爲「詩」，擊者、拊者、吹者爲「器」，合而言之謂之「樂」。對「詩」而言，則所謂「樂」者，八音。「興於詩，立于禮，成於樂」[九]是也，分「詩」與「樂」言之也。專舉「樂」，則「詩」在其中。「吾自衛反魯，然後樂正，《雅》、《頌》各得其所」[十]是也，合「詩」與「樂」言之也。

《鄉飲酒禮》：「工四人，二瑟」，註：「二瑟，二人鼓瑟，則二人歌也」。[十一] 古人琴瑟之用，皆與歌並奏，故有一人歌、一人鼓瑟者，漢文帝「使慎夫人鼓瑟，上自倚瑟而歌」[十二]是也。師古曰：「倚瑟，即今之以歌合曲也。」亦有自鼓而自歌，孔子之取瑟而歌是也。若乃衛靈公聽新聲於濮水之上，而使師延寫之[十三]，則但有曲而無歌，此後世「徒琴」之所由興也。

言詩者，大率以聲音爲末藝，不知古人入學自六藝始[十四]，孔于以「游藝」爲學之成[十五]。後人之學好高，以此爲瞽師、樂工之事，遂使三代之音不存於兩京[十六]，兩京之音不存於六代[十七]，而聲音之學遂爲當今之絶藝。

「七月流火」[十八]，天文也。「相其陰陽」[十九]，地理也。「四矢反兮」[二十]，射也。「兩驂如舞」[二十一]，御也。「止戈爲武」[二十二]、「皿蟲爲蠱」[二十三]，書也。「千乘三去」[二十四]、「亥有二首六身」[二十五]，數也。古之時，人人知之，而今日遂爲絶學。且曰：藝而已矣，不知之，無害也。此近代之儒所以自文其空疏也。

【校注】

[一]《禮記・檀弓下》：「居喪未葬，讀喪禮；既葬，讀祭禮；喪復常，讀樂章。」孔穎達疏：「樂章謂樂書之篇章，謂詩也。」

[二]「爲」字下，原抄本有「之」字。遂初堂本、集釋本、欒本、陳本、嚴本無。

[三]「爲」字誤，當改。原抄本、遂初堂本、集釋本、欒本、陳本、嚴本均作「與」。

[四]見《尚書・舜典》。

[五]王普之言，見《宋史・樂志五》。朱子曰，見《晦庵集》卷三十七《答陳體仁》。

[六]陳垣校注：《元氏長慶集》二三《樂府古題序》。

［七］《漢書·禮樂志》。

［八］《漢書·禮樂志》。

［九］見《論語·泰伯》。

［十］見《論語·子罕》。

［十一］《儀禮·鄉飲酒禮》及鄭玄注。

［十二］見《史記·張釋之馮唐列傳》，《漢書》同。

［十三］事見《史記·樂書》。

［十四］《禮記·月令》孟春之月：「是月也，命樂正入學習舞。」《周禮·地官司徒》：「六藝：禮、樂、射、御、書、數。」

［十五］《論語·述而》：「子曰：『志於道，據於德，依於仁，游於藝。』」又《禮記·少儀》：「士依於德，游於藝。」

［十六］两京：两漢。

［十七］六代：六朝。

［十八］見《詩經·豳風·七月》。

［十九］見《詩經·大雅·公劉》。

［二十］見《詩經·齊風·猗嗟》。

［二十一］見《詩經·鄭風·大叔于田》。

［二十二］見《左傳·宣公十二年》。

［二十三］見《左傳·昭公元年》。

［二十四］見《左傳·僖公十五年》。

［二十五］「省」字誤，當改。原抄本、遂初堂本、集釋本、欒本、陳本、嚴本均作「首」。《左傳》作「首」。

[二十六]見《左傳·襄公三十年》。

斗與辰合

《周禮》大司樂註：「此據十二辰之斗建，與日辰相配合，皆以陽律爲之主，陰吕來合之。是以『大師』云：『掌六律、六合[一]，以合陰陽之聲。』黄鍾，子之氣也，十一月建焉，而辰在星紀。大吕，丑之氣也，十二月建焉，而辰在玄枵。」[二]故「奏黄鍾，歌大吕」，「以祀天神」。[三]今五行家言「子與丑合」。「大蔟，寅之氣也，正月建焉，而辰在娵訾。應鍾，亥之氣也，十月建焉，而辰在析木。」故「奏大蔟，歌應鍾」，「以祀地祇」。寅與亥合。《南書[四]·禮志》：「太常丞何諲之議：《禮》：『孟春之月，擇元辰，躬耕帝藉。』鄭註云：『元辰，蓋郊後吉亥也。』五行說十二辰爲六合，寅與亥合，建寅月東耕，取月建與日辰合也。」「姑洗，辰之氣也，三月建焉，而辰在大梁。南吕，酉之氣也，八月建焉，而辰在壽星。」故「奏姑洗，歌南吕」，「以祀四望」。辰與酉合。「蕤賓，午之氣也，五月建焉，而辰在鶉首。林鍾，未之氣也，六月建焉，而辰在鶉火。」故「奏蕤賓，歌函鍾」，林鍾也。「以祭山川」。午與未合。「仲吕，巳之氣也，四月建焉，而辰在實沈。夷則，申之氣也，七月建焉，而辰在鶉尾。」故「奏夷則，歌小吕」，仲吕也。「以享先妣」。巳與申合。「夾鍾，卯之氣也，二月建焉，而辰在降婁。無射，戌之氣也，九月建焉，而辰在大火。」故「奏無射，歌夾鍾」，「以享先祖」。卯與戌合。《太玄經》所謂「斗振天而進，日違天而退」[五]。先王作樂以象天地，其必有以合之矣。[六]

【校注】

[一]「六合」誤，當改。原抄本、遂初堂本、集釋本、樂本、陳本、嚴本均作「六同」。《周禮》作「六同」。

[二]《周禮・春官宗伯》鄭玄注。下同。

[三]見《周禮・春官宗伯》。下同。

[四]「南書」中間，脱「齊」字，當補。原抄本、遂初堂本、集釋本、樂本、陳本、嚴本均作「南齊書」。

[五]見揚雄《太玄經・玄瑩》。

[六]《大戴禮記・禮三本》：「天地以合，四海以洽，日月以明，星辰以行，江河以流，萬物以倡。」

凶聲

「凡建國，禁其淫聲，過聲，凶聲，慢聲。」[一]凶聲，如「殷紂好爲北鄙之聲」，所謂「□[二]厲而微末，以象殺伐之氣」[三]者也。註謂：「亡國之聲，若桑間濮上。」此則一「淫聲」已該之矣。

【校注】

[一]見《周禮・春官宗伯》。

[二]底本缺一字處，原抄本、遂初堂本、集釋本、樂本、陳本、嚴本均作「亢」，當補。《孔子家語》作「亢」。

[三]見《孔子家語・辯樂解》。「亢厲」，原文作「亢麗」，《説苑・修文》作「湫厲」。

八音[一]大師[二]

先王之制樂也，具五行之氣。夫水火不可得而用也，故寓火於金，寓水於石。「鳧氏爲鍾」[三]，火之至也。「泗濱浮磬」[四]，水之精也。石生於土而得夫水、火之氣。火石多，水石少。泗濱磬石，得水之精者也，故浮。用天地之情以制器，是以五行備而八音諧矣。

土鼓，樂之始也。陶匏，祭之大也。二者之音非以悦耳，存其質也。《國語》：伶州鳩曰：「匏竹利制。」又曰：「匏以宣之，瓦以贊之。」今之大樂，久無匏、土二音，《舊唐書·音樂志》：「笙，女媧氏造，列管於匏上，内簧其中。今之笙竽並以木代匏而漆之，無匏音矣。」宋葉少藴《避暑録話》：「大樂舊無匏、土二音，笙以木刻其本，而不用匏，塤亦木爲之。」《元史》：「匏，以斑竹爲之。」[五]而八音但有其六矣。熊氏謂「匏音亡，而清廉忠敬者之不多見」，吾有感于其言。元熊朋來《五經説》曰：「八音之有笙，宜以竹稱，而乃以匏稱，是所重在匏也。古者造笙，必以曲沃之匏，汶陽之竹。漢太學槐市，『各持方物，列磬懸匏』。八音之匏，于卦爲《艮》，於風爲『融』，於氣爲立春。匏音啾，以立清，闕之則清廉者鮮矣。匏音正，則人思敬，不正則忠敬者鮮矣。爲禮樂之官者，尚申請而改正之。」[六]

【校注】

[一]今按：《尚書·舜典》「四海遏密八音」，孔安國傳：「八音，金、石、絲、竹、匏、土、革、木。」陸德明釋文：「八音謂金，鍾也；石，磬也；絲，琴瑟也；竹，篪笛也；匏，笙也；土，塤也；革，鼓也；木，柷敔也。」

[二]「大師」二字，原抄本同。遂初堂本、集釋本、欒本、陳本、嚴本無。

[三]見《周禮·冬官考工記》。

[四]見《尚書·禹貢》。

[五]今按：「笙，女媧氏造」，原文作「匏，瓠也，女媧氏造」。「無匏音矣」，原文作「無復音矣」。

[六]今按：太學槐市，《文選》注引《三輔黄圖》：「元始中，起明堂，列槐樹數百行。朔望，諸生持經書，及當郡所出物，於此賣買，號槐市。」

用火 司爟[一]

有明火，有國火。明火以陽燧取之於日，司烜氏。[二]近於天也，故卜與祭用之。 葟氏、大祝、大司寇。[三]國火取之五行之木，司爟。[四]近於人也，故烹飪用之。

古人用火，必取之於木，而復有四時、五行之變。《素問》：黄帝言：「壯火散氣，少火生氣。」[五]「季春出火」，貴其新者，少火之義也。今人一切取之於石，其性猛烈而不宜人，疾疢之多，年壽之減，有自來矣。詳見第三十卷[六]「介子推」條。

邵氏《學史》曰：「古有火正之官。語曰：『鑽燧改火。』[七]此政之大者也。所謂『光融天下』者，於是乎在。《史記·楚世家》：重黎爲帝嚳火正，「能光融天下」，「命曰祝融」。《周禮》司烜氏所掌，及《春秋》宋、衛、陳、鄭所紀者，政皆在焉。今治水之官猶夫古也，而火獨缺焉。飲如[八]擇水，而亨[九]不擇火，以祭以養，謂之備物，可乎？或曰：庭燎則有司矣。雖然，此火之末也。」[十]

【校注】

[一]「司爟」二字，原抄本同。遂初堂本、集釋本、欒本、陳本、嚴本無。

[二]《周禮·秋官司寇》：「司烜氏掌以夫遂取明火於日，以鑒取明水於月，以共祭祀。」鄭玄注：「夫遂，陽遂也。」孔穎達疏：「明者，絜也。」

[三]《周禮·春官宗伯》：「葟氏掌共燋契，以待卜事。凡卜，以明火爇燋。」大祝「凡大禋祀、肆享、祭示，則執明火、水而號祝」。《周禮·秋官司寇》大司寇「若禋祀五帝」、「奉其明水、火」。

[四]《周禮・夏官司馬》：「司爟掌行火之政令。四時變國火，以救時疾，季春出火，民咸從之。季秋内火，民亦如之。時則施火令。」

[五]見《黄帝内經・素問・陰陽應象大論篇》。

[六]「第三十卷」，原抄本同。但「介子推」條今在二抄本第二十六卷。潘耒遂初堂刻本「介子推」條在第二十五卷，故遂初堂本改爲「第二十五卷」。集釋本、欒本、陳本、嚴本均作「第二十五卷」。

[七]《論語・陽貨》：「舊穀既没，新穀既升，鑽燧改火。」

[八]「如」字誤，當改。原抄本、遂初堂本、集釋本、欒本、陳本、嚴本均作「知」。

[九]「亨」，遂初堂本、集釋本、欒本、陳本、嚴本均同，原抄本作「烹」。「亨」同「烹」。

[十]陳垣校注：邵寶《學史》卷一第一條。《學史》凡十三卷，《四庫・史評類》著録。

黄汝成集釋引楊氏曰：晉之東也，攜中原之火，迄陳末，閲三百年，而色轉青，此必有官主之矣。

黄汝成集釋引雷氏曰：自水正失官，商多河患。《周禮》亡司空之籍，《小正》亡杍井之文，於是左氏内外《傳》每以天象言火，而言水者恒略。周秦以後，不修水政。《吕覽》十二紀删《周書》「改火」之文，故漢儒解《小正》、《左傳》之「出火」、「内火」，不復陳述古義。「坎」、「離」之「未濟」，此民生之所以多患也。

沿戮於社

大司寇：「大軍旅，沿戮於社。」[一]註：「社，謂社主在軍者也」。《書・甘誓》：「用命，賞於祖；不用命，戮於社。」孔安國云：「天子親征，必載遷廟之祖主及社主行，有功則賞祖主前，示不專也。不用命奔北者，則戮之於社主前。社主陰，陰主殺。『親祖嚴社』之義也。」《記》曰：「社，所以神地之道。」[二]意古人以社爲陰主，若其司刑殺之柄者，故祭勝國之社，則士師爲之尸。[三]而王莽之将亡，赦城中囚徒，授兵殺豨，飲其血曰：「有不爲新里[四]者，社鬼記之。」[五]宋襄公、季平子皆用人於社，而亡曹之夢亦曰「立於社宫」[六]。宰我「戰栗」之對[七]，有自來矣。

【校注】

[一]見《周禮・秋官司寇》。

[二]《禮記・郊特牲》。

[三]《周禮・秋官司寇》：「士師之職，掌國之五禁之法，以左右刑罰。」「若祭勝國之社稷，則爲之尸。」

[四]「里」字誤，當改。原抄本、遂初堂本、集釋本、欒本、陳本、嚴本均作「室」。《漢書》作「室」。

[五]見《漢書・王莽傳》。

[六]見《左傳・哀公七年》。

[七]《論語・八佾》：「哀公問社於宰我。宰我對曰：『夏后氏以松，殷人以柏。周人以栗，曰使民戰栗。』」

邦朋

士師「掌士之八成」，「七曰爲邦朋」。[一]太公對武王「民有十大」，而曰「民有百里之譽，千百[二]之交，六大也」。又曰：「一家害一里，一里害諸侯，諸侯害天下。」[三]嗟乎！此太公之所以誅華士也。[四]世衰道微，王綱弛於上，而私黨植於下，故箕子之陳《洪範》，必「皇建其有極」，而後庶民人無「淫朋」、「比德」。

《易·泰》之九二曰：「朋亡。」《涣》之六四曰：「涣其群，元吉。」《莊子》：「文王寓政於臧丈人」，「而列士壞植散群」。[五]

荀悦論曰：「言論者，計薄厚而吐辭。選舉者，度親疏而舉筆。苞苴盈於門庭，聘問交於道路，書記繁於公文，私務衆於官事。」[六]世之弊也，古今同之，可爲太息者此矣[七]。

【校注】

[一]見《周禮·秋官司寇》。鄭玄注：「朋黨相阿，使政不平者。」

[二]「百」誤，當改。原抄本、遂初堂本、集釋本、欒本、陳本、嚴本均作「里」。

[三]見《太公陰符》。《續漢書·郡國志》注引。

[四]見《孔子家語·始誅》，又見《尹文子》、《韓非子》。

[五]《莊子·田子方》。

[六]見荀悦《前漢紀·孝武皇帝紀》荀悦曰。

[七]「矣」，原抄本同。遂初堂本、集釋本、欒本、陳本、嚴本均作「也」。

王公六職之一

「坐而論道，謂之王公。」[一]王亦爲六職之一也。未有無事而爲人君者，故曰「天子一位」[二]。

【校注】

[一]見《周禮・冬官考工記》。鄭玄注：「論道，謂謀慮治國之政令也。」

[二]見《孟子・萬章下》。

日知録卷之七[一]

奠摯見於君[二]

《士冠》：士之嫡子，繼父者也，故得「奠摯見於君」。庶子不得見君，《左傳·招公[三]四年》「仲與公御萊書觀于公，叔孫怒而逐之」是也。

【校注】

[一]卷六、卷七，刻本爲卷五。

[二]見《儀禮·士冠禮》。

[三]「招公」誤，當改。原抄本、遂初堂本、集釋本、欒本、陳本、嚴本均作「昭公」。

主人

「主人爵弁，纁裳，緇袘」[一]，註：「主人，婿[二]也。壻爲婦主」[三]。「主人筵於户西」，註：「主人，女父也」。親迎之禮，自夫家而行，故壻稱主人。至於婦家，則女父又當爲主人，故不嫌同辭也。女父爲主人，則壻當爲賓，故曰「賓東面答拜」，註：「賓，壻也」，對女父之辭也。至於賓出而婦從，則變其文而直稱曰「壻」。「壻」者，對婦之辭也。曰「主人」，曰「賓」，曰「壻」，一人而三異其稱，可以見「禮，時爲大」[四]，而義之「由内」[五]矣。

【校注】

[一]見《儀禮·士昏禮》。下同。「昏」同「婚」。

[二]「婿」，原抄本、遂初堂本、集釋本、樂本、陳本、嚴本均作「壻」。底本下文作「壻」。「壻」从「士」，當是「婿」之本字。

[三]《儀禮·士昏禮》鄭玄注。下同。

[四]見《禮記·禮器》。

[五]《孟子·告子上》：「何以謂義内也？曰：行吾敬，故謂之内也。」又曰：「果在外，非由内也。」

辭無不腆無辱[一]

「歸妹，人之終始也。」[二]先王於此，有省文尚質之意焉，故「辭無不腆，無辱」。「賓不稱幣，不善；主人不謝，來辱。」「告之以直、信」[三]，曰「先人之禮」[四]而已。所以立「生民之本」[五]，而爲嗣續之基，故以内心爲主，而不尚乎文辭也，非徒以教婦德而已。

【校注】

[一]見《儀禮·士昏禮》。鄭玄注:「腆,善也。」
[二]見《易經·歸妹卦》彖辭。
[三]見《禮記·郊特牲》。
[四]見《儀禮·士昏禮》。
[五]見《孝經·喪親章》。

某子受酬

《鄉飲酒禮》:「某子受酬」,註:「某者,衆賓姓也」。《鄉射禮》:「某酬某子」,註:「某子者,氏也」。古人男子無稱姓者,從《鄉射禮》註爲得。如《左傳》叔孫穆子言叔仲子、子服子之類。《士昏禮》「皇舅某子」,此或諡或字文[一]稱,與《聘禮》「皇考某子」同。疏以爲「若張子、李子」,婦人内夫家,豈有稱其舅爲「張子」、「李子」者哉?

【校注】

[一]「文」字誤,當改。原抄本、遂初堂本、集釋本、欒本、陳本、嚴本均作「之」。

辯[一]

《鄉飲酒禮》、《鄉射禮》,其於「旅」、「酬」,皆言「辯[二]」。註云:「辯[三],衆賓之在下者。」此「辯」非「辯察」之「辯」[四]。古字「辯」與「徧」通。《經》[五]文言「辯」者非一。《燕禮》註:「今文

『辯』皆作『徧』。」是也。《曲禮》：「主人延客，食胾，然後辯殽。」《内則》：「子師辯告諸婦諸母名」，「宰辯告諸男名」。《玉藻》：「先飯，辯嘗羞，飲而俟。」《樂記》：「其治辯者，其禮具。」註：「辯，徧也。」《左傳》定公八年：「子言辯舍爵於季氏之廟而出。」註：「辨，猶周徧也。」《史記·禮書》：「瑞應辯至。」

【校注】

[一]「辯」，遂初堂本、集釋本、欒本、陳本、嚴本均同，原抄本誤作「辨」。

[二]「辨」，集釋本、欒本、陳本均同，原抄本誤作「辯」。

[三]「辨」，集釋本、欒本、陳本均同，原抄本作「辯」，下文「辯」字不誤。

[四]「辯察之辯」，二「辯」字，原抄本、集釋本、欒本、陳本同。遂初堂本、嚴本作「辨察之辨」。今按：「辨」本義爲分判、分别，「辯」本義爲治獄，又謂言辯。二字不同，而古文往往混用。亭林此條意在揭示「辯」字通「徧」，然又誤以「辨察」之「辨」混作「治辯」之「辯」。

[五]「經」，謂《儀禮》，古稱《禮經》。

須臾

「寡君有不腆之酒，請吾子之與寡君須臾焉，使某也以請。」[一]古者樂不踰辰，燕不移漏，故稱「須臾」，言不敢久也。《記》曰：「飲酒之節，朝不廢朝，莫不廢夕。」[二]而《書·酒誥》之篇曰：「在旨[三]殷先哲王，迪畏天顯小民，經德秉哲。越在外服，侯甸男衛，邦伯；越在内服，百僚庶尹，惟亞惟服宗工。越百姓里居，罔敢湎於酒。不惟不敢，亦不暇。」是豈待「初筵」之規，「三爵」之制，[四]而後「不得醉」[五]哉？[六]

【校注】

[一]見《儀禮·燕禮》。「燕」本作「醼」，通「宴」。

[二]《禮經·鄉飲酒義》。「莫」同「暮」。

[三]「旨」字誤，當改。原抄本、遂初堂本、集釋本、欒本、陳本、嚴本均作「昔」。《尚書》作「昔」。

[四]見《詩經·小雅·賓之初筵》。又《禮記·玉藻》：「君子之飲酒也，受一爵而色灑如也，二爵而言言斯，禮已三爵，而油油以退。」

[五]《禮記·樂記》：「是故先王因爲酒禮，一獻之禮，賓主百拜，終日飲酒而不得醉焉，此先王所以備酒禍也。」

[六]黄汝成集釋引朱氏曰：古人祭祀、燕賓、養老外，無飲酒者。《論語》記孔子「惟酒無量，不及亂」，即《鄉飲酒禮》所謂「無算爵」也。飲「無算爵」而「不及亂」，惟聖人爲然。《小宛》之次章曰：「彼昏不知，壹醉日富。」此遭亂相戒免禍之詩也，未聞終日酩酊而能脱然於亂世者矣。自「曠達」之説起，一時輕薄之徒争相趨效，而學士大夫又美之以文章風雅之目，而「淑慎爾儀」之君子反詆爲鄙吝，蓋至是而酒之中於人心風俗甚矣。獄訟繁興，猶其後焉者。先王知斯人飲食之欲不可以盡蠲，而思所以遏其流，於是制爲飲酒之禮。「一獻之禮，賓主百拜，終日飲酒而不得醉焉。」

飧不致

《聘禮》：「管人爲客，三日具沐，五日具沐[一]。飧不致，賓不拜，沐浴而食之。」郎[二]《孟子》所謂「廩人繼粟，庖人繼肉」。「不以君命将之」，恐勞賓[三]也。

【校注】

[一]「沬」字誤，當改。原抄本、遂初堂本、集釋本、樂本、陳本、嚴本均作「浴」。《儀禮》作「浴」。

[二]「郎」字誤，當改。原抄本、集釋本、樂本、陳本、嚴本均作「即」。

[三]《孟子・萬章下》。勞賓，此謂煩勞之「勞」。《孟子》趙岐注：「欲使賢者不答以敬，所以優之也。」朱熹集注：「不使賢者有亟拜之勞也。」《聘禮》亦言「勞賓」，爲慰勞、勞徠之「勞」。二義不同。

三年之喪

今人三年之喪，有過於古人者三事。《禮記・三年問》曰：「三年之喪，二十五月而畢。」《荀子》同。《檀弓》曰：「祥而縞，是月禫，徙月樂。」王肅云：「是祥之月而禫，禫之明月可以樂矣。」又曰：「魯人有朝祥而莫歌者，子路笑之。夫子曰：『由，爾責於人終無已。夫三年之喪，亦已久矣夫！』子路出，夫子曰：『又多乎哉？踰月則其善也。』」《喪服小記》曰：「再期之喪，三年也。」陳忠疏言：「先聖緣人情而著其節，制服二十五月。」《淮南子・齊俗訓》高誘註：「紀，數也。二十五月之數也。」《春秋》閔公二年公羊《傳》曰：「三年之喪，實以二十五月。」《白虎通》：「三年之喪，再期二十五月。」《後漢書》孔安國《書傳・太甲篇》云：「湯以元年十一月崩，至此二十六月，三年服闋。」鄭玄謂：「二十四月再期，其月餘日不數，爲二十五月。中月而禫，則空月爲二十六月。出月禫祭，爲二十七月。」與王肅異。魏明帝以景初三年正月崩，至五年正月，積二十五晦爲大祥。太常孔美、博士趙怡等以爲禫在二十七月，其年四月祫祭。散騎常侍王肅、博士樂詳等以爲禫在祥月，其年二月祫祭。晉武帝[一]，越騎校尉程猗贊成王肅，駁駁[二]鄭禫二十七月之失，爲《六徵三驗》。

博士許猛扶鄭義，作《釋六徵》、《解三驗》，以二十七月爲得。並見《魏書・禮志》。按《三年問》曰：「至親以期斷，是何也？曰：天地則已易矣，四時則已變矣，其在天地之中者，莫不更始焉，以是象之也。然則何以三年也？曰：加隆焉爾也。焉使倍之，故再期也。」今從鄭氏之説，三年之喪必二十七月。宋武帝永初元年十月辛卯，改晉所用王肅祥禫二十六月儀，依鄭去[三]二十七月而後除。其過於古人一也。[四]《儀禮・喪服篇》曰：「疏衰裳齊，牡麻絰[五]，冠布纓，削杖，布帶，疏屨，期者，父在爲母。傳曰：何以期也？屈也。至尊在，不敢伸其私尊也。」《禮記・雜記》下篇曰：「期之喪，十一月而練，十三月而祥，十五月而禫。」註云：「此謂父在爲母也。」《喪大記》曰：「期，終喪，不食肉，不飲酒。父在，爲母，爲妻。」又曰：「期，居廬，終喪不御於內者，父在，爲母，爲妻。」《喪服四制》曰：「資於事父以事母，而愛同。天無二日，土無二王，國無二君，家無二尊，以一治之也。故父在爲母齊衰期者，見無二尊也。」《服問》曰：「三年之喪既練矣，有期之喪既葬矣，則帶其故葛帶，絰期之絰，服其功衰。」徐師曾集註曰：「三年之喪，謂父喪也。期之喪，母喪也。賈公彦《喪服》疏所云：『父卒三年之內，而母卒，仍服期。必父服既除而遭母喪，乃得伸三年也。』」[六]《喪服》：「傳曰：禽獸知母而不知父。野人曰：『父母何算焉？』都邑之士則知尊禰[七]矣。」今從武后之制，亦服三年之服。自唐以前禮制，「父在，爲母一周除靈，三年心喪」見《舊唐書・禮儀志七》。高宗上元元年十二月，「天后上表，請父在爲母服齊衰三年」[八]，從之。玄宗開元五年，右補闕盧履冰上言[九]：「孝莫大於嚴父，故父在爲母服齊衰周，比[十]喪三年，情已申而禮殺也。」[十一]「『則天皇后改服齊衰三年，請復其舊。』上下其議。左散騎常侍褚無量以履冰議爲是。諸人争論，連年不決。七年八月癸[十二]卯，敕『自今五服並依《喪服傳》文』，然士大夫議論猶不息，行之各從其意。無量歎曰：『聖人豈不知母恩之厚乎？厭降之禮，所以明尊卑、異戎狄[十三]也。俗情膚淺，不知聖人之心。一紊其制，誰能正之！』」[十四]「二十年，中書令蕭嵩改修五經[十五]，復請依上元敕，父在爲母齊衰三年」，從之。[十六]按：「父在爲母齊衰三年」，起自《開元禮》，然其時盧懷慎以母憂起復爲兵部侍郎，張九齡[十七]以母憂起復中書侍郎同平章事，邠王守禮以母憂起復左金吾衛將軍，嗣鄂王邕以母憂起復衛尉卿，而得終禮制者惟張説、韓依[十八]二人，則明皇固已崇其文而廢其實矣。今制，「父在爲母斬衰三年」。按《太祖實録》：洪武七年九月，「庚寅，貴妃孫氏薨，命吴王橚，服慈母服，斬衰三年，以主喪事。敕皇太子、諸王皆服期。乃命翰林學士宋濂等，修《孝慈録》，立爲定制。子爲父母，庶子爲其母，皆斬衰三年。嫡子、衆子爲其庶母，皆齊衰杖期」。十一月壬戌朔，書成。此則當時別有所爲，而未可爲萬世常行之道也。其過於古人二也。《喪服篇》又曰：「不杖麻屨者，婦爲舅姑。傳曰：何以期也？從服也。」《檀弓上篇》曰：「南宮縚之妻之姑之喪，夫子誨之髽，曰：『爾毋從從爾，爾毋扈扈爾。蓋榛以爲笄，長尺而總八寸。』」正義謂以其爲期之喪而殺於斬衰之服。《喪服小記》曰：「婦人爲夫與長子稽顙，其餘則否。」今從後唐之制，婦爲舅姑亦服三年。《宋史》：「乾德三年，判大理寺尹拙言：『按律及《儀禮·喪服傳》、《開元禮》、《五禮精義》、《三禮圖》等書所載，婦爲舅姑服期。近代時俗多爲重服，望加裁定。』右僕射魏仁浦等奏曰：『按《禮·内則》云：婦事舅姑，如事父母。則舅姑與父母一也。而古禮有期年之説，至於後唐，始定三年之喪。竊以三年之内，几筵尚存，豈可夫居苫塊之中，婦被綺紈之飾？夫婦齊禮，哀樂不同，求之人情，實傷理本。况婦爲[十九]有三年之服，于舅姑止服期年，是尊夫而卑舅姑也。孝明皇后爲昭憲太后服喪三年，足以爲萬世法。望自今婦爲舅姑服，並如後唐之制，三年齊斬，一從其夫。』詔從之。」何孟春《餘冬序録》引唐李涪論曰：「《喪服傳》：婦爲舅姑，齊衰在[二十]升布。十一月而練，十三月而祥，十五月而禫。禫後門庭尚素，婦服青縑衣，以俟夫之終喪。習俗以婦之服青嫌[二十一]，謂其尚在喪制，故因循亦同夫之喪紀，再周而後吉。貞元十一年，河中府倉曹參軍蕭據狀稱：『堂几至女[二十二]適李氏婿，見居喪，今將[二十三]俗婦爲舅姑服三年，恐爲非禮，請禮院詳定。』下詳定，判官前太常博士李岧議曰：『《開元禮》

五服制度，婦爲舅姑，及女子適人爲其父母，皆齊衰不杖朞。蓋以爲婦之道專一，不得自達，必繫於人。故女子適人，服夫以斬，而降其父母。《喪服篇》曰：女子子適人者，爲其父母。傳曰：爲父何以期也？婦人不貳斬也。婦人不貳斬者何也？婦人有三從之義，無專用之道，故未嫁從父，既嫁從人[二十四]，夫死從子。故父者子之天也，夫者妻之天也。婦人不貳斬者，猶曰不貳天也。先聖格言，歷代不敢易。以此論之，父母之喪尚止周歲，舅姑之服無容三年。今之學者不本其義，輕重紊亂，浸以成俗。《開元禮》，玄宗所修，布在有司，頒行天下，伏請正牒，以明典章。』李岧之論可謂正矣。《宋朝詒謀録》：『乾德三年詔：舅姑之喪，婦從其夫，齊斬三年。遂爲定制。』宋人蓋未講服青縑之制故也。」[二十五] 其過於古人三也。皆後儒所不敢議，非但因循國制，亦畏宰我「短喪」之譏。若乃日月雖多，而哀戚之情不至焉，則不如古人遠矣。

古人以祥爲喪之終，中月而禫，則在除服之後。故《喪服四制》言：「祥之日，鼓瑟[二十六]琴，示民有終也。」《檀弓》言：「孔子既祥，五日，彈琴而不成聲，十日而成笙歌。有子蓋既祥而絲屨組纓。」又曰：「祥而外無哭者，禫而內無哭者，樂作矣故也。」自「魯人有朝祥而暮歌者，子路笑之」，孔子言「踰月則其善」；而「孟獻子禫縣而不樂」，孔子曰「獻子加於人一等矣」；於是自禫而後，乃謂之終喪。

王肅據《三年問》「二十五月而畢」、《檀弓》「祥而縞，是月禫，徙月樂」之文，謂爲二十五月。鄭玄據《服問》「中月而禫」之文，謂爲二十七月。註云：「中月，間一月也。」正義引《喪服小記》云：「妾祔於妾祖姑，亡則中一以上而祔。」又《學記》云：「中年考校。」皆以「中」爲「間」。二說各有所據。古人祭當卜日，小祥卜於十三月之日，大祥卜於二十五月之日，而禫則或於大祥之月，是月。或於大祥之後間一月，中月。自《禮記》之時而行之已不同矣。

《孝經援神契》曰：「喪不過三年，以期增倍，五五二十五月，義斷仁[二十七]，示民有終。」[二十八]

故漢人喪服之制，謂之「五五」。《堂邑令費鳳碑》曰：「菲五五，衰杖其未除。」洪氏曰：「『菲五五』者，居喪菲食二五[二十九]月也。」此取《論語》「菲飲食」字，《隋書·姚察傳》所謂「蔬菲」[三十]。《巴郡太守樊敏碑》曰：「遭離母憂，五五斷仁。」[三十一]是也。

爲父斬衰三年，爲母齊衰三年，此從子制之也。父在，爲母齊衰杖期，此從夫制之也。家無二尊，而子不得自專，所謂「夫爲妻綱，父爲子綱」。審此可以破學者之疑，而息紛紜之説矣。

父在，爲母雖降爲期，而心喪之實，未嘗不三年也。如後魏彭城王勰「毁瘠三年，弗參吉慶」，乃謂之心喪。[三十二]「傳曰：父必三年然後娶，達子之志也。」[三十三]正義曰：「左氏昭公十五年《傳》：『王一歲而有三年之喪二焉。』據太子與穆后，天子爲后亦期，而言三年喪者，據『達子之志』而言，故並謂之三年也。」唐太宗貞觀元年詔，有云「妻喪達志之後」者，此[三十四]用此傳文。假令娶於三年之内，將使爲之子者何服以見，何情以處乎？理有所不可也。抑其子之服於期，而申其父之不娶於三年。聖人所以損益，百世而不可改者，精矣！

《檀弓上篇》：「伯魚之母死，期而猶哭。夫子聞之曰：『誰與，哭者？』門人曰：『鯉也。』夫子曰：『嘻，其甚也！』伯魚聞之，遂除之。」此自「父在爲母」之制當然，疏以爲「出母」者，非。

《喪服小記》曰：「庶子在父之室，則爲其母不禫。」山陰陸氏曰：「『在父之室』，謂[三十五]未娶者也。並禫祭不舉，厭也。」

唐時武、韋二后皆以婦乘夫，欲除三綱，變五服，以申尊母之義。故高宗上元元年十二月，「壬寅，天后上表：『請父在爲母服齊衰三年。』」[三十六]中宗神龍元年五月，「丙申，皇后表請天下士庶爲出母三年服」。[三十七]其意一也。彼且欲匹「二聖」於天皇[三十八]，陪南郊以亞獻，而况區區之服制乎？盧履冰表言：「原夫上九[三十九]肇年，則天已潛秉政，將圖僭篡，預自崇加。請并[四十]慈愛之喪，以抗尊嚴之禮。雖齊斬之儀不改，而几筵之制遂同。數年之間，尚未通用，天皇晏駕，中宗蒙塵。垂拱之末，果行聖母之僞符；載初之元，遂啟易代之深釁。孝和雖仍及[四十一]正，韋氏復效晨鳴。孝和非意暴崩，韋氏旋即稱制。《易》曰：『臣弑其君，子弑其父，非一朝一夕之故。』其斯之謂矣。臣謹尋禮意，防杜實深。若不早圖刊正，何以垂戒於後？」[四十二]玄宗開元七年，「八月癸丑，敕：『周公制禮，歷代不刊。子夏爲傳，孔門所受。格條之内，有父在爲母齊衰三年。指天后所定。此有爲而爲，非尊厭之義。與其改作，不如師古，諸服紀宜一依《喪服》舊文。』」[四十三]可謂簡而當矣。奈何信道不篤，朝令夕更。至二十四年，又從韋縚之言，加舅母堂姨舅之服。天寶六載，又令出母終三年之服。詳《舊書·禮儀志》。而太和、開成之世，遂使駙馬爲公主服斬衰三年。《文宗紀》、《杜悰傳》。禮教之淪，有由[四十四]來矣。[四十五]

自古以來，姦人欲蔑先王之禮法而自爲者，必有其漸。天后「父在爲母齊衰三年」之請，其意在乎臨朝也。故中宗景龍二年，二月庚寅，「大赦天下，内外五品已上母妻，各[四十六]加邑號一等，無妻者聽其[四十七]授其女」。[四十八]而安樂公主求立爲皇大[四十九]女，進鴆[五十]於中宗矣。

金世宗大定八年，「二月甲午朔，制子爲改嫁母服喪三年」。[五十一]

洪武七年，雖定爲母斬衰三年之制，而孝慈皇后之喪，次年正旦，皇太子、親王、駙馬俱淺色常服。則尊厭之禮未嘗不用也。惟夫二十七月之内，不聽樂，不昏嫁，不赴舉，不服官，此所謂「心喪」，固百世不可改矣。[五十二]

《喪服小記》曰：「祖父卒，而後爲祖母後者三年。」鄭氏曰：「祖父在，則其服如父在爲母也。」此祖母之喪厭於祖父者也。

婦事舅姑如事父母，而服止於期，不貳斬也。然而心喪則未嘗不三年矣，故曰：「與更三年

喪，不去。」[五十三]

吴幼清《服制考詳序》曰：「凡喪禮，制爲斬、齊、功、緦之服者，其文也。不飲酒，不食肉，不處内者，其實也。中有其實，而外飾之以文，是爲『情文』[五十四]之稱。徒服其服而無其實，則與不服等爾。雖不服其服而有其實者，謂之『心喪』。心喪之實，有隆而無殺；服制之文，有殺而有隆。古之道也。愚嘗謂服制當一以周公之禮爲正，後世有所增改者，皆溺乎其文，昧乎其實，而不究古人制禮之意者也。爲母齊衰三年，而父在爲母杖期，豈薄於其母哉？蓋以夫爲妻之服既除，則子爲母之服亦除，家無二尊也。子服雖除，而三者居喪之實如故，則所殺者三年之文而已，實固未嘗殺也。女子子在室爲父斬，既嫁則爲夫斬，而爲父母期。蓋曰子之所天者父，妻之所天者夫，嫁而移所天於夫，則降其父。婦人不貳斬者，不貳天也。降己之父母而期，爲夫之父母亦期，期之後夫未除服，婦已除服，而居喪之實如其夫，是舅姑之服期而實三年也，豈必從夫服斬而後爲三年哉？喪服有以恩服者，有以義服者，有以名服者。恩者，子爲父母之類是也。義者，婦爲舅姑之類是也。名者，爲從父從子之妻之類是也。從父之妻，名以母之黨而服；從子之妻，名以婦之黨而服；兄弟之妻，不可名以妻之黨，其無服者，推而遠之也。然兄弟有妻之服，己之妻有娣姒婦之服，一家老幼俱有服。己雖無服，必不華靡於其躬，宴樂於其室，如無服之人也。同爨且服緦，同爨服緦，爲從母之夫、舅之妻與己同爨者爾。此所引似汎言之矣。朋友尚加麻，鄰喪里殯，猶無相杵巷歌之聲，奚獨於兄嫂弟婦之喪，而恝然待之如行路之人乎？古人制禮之意必有在，而未易[五十五]淺識窺也。夫實之無所不隆者，仁之至；文之有所或殺者，義之精。古人制禮之意蓋如此。後世父在爲母三年，婦爲舅姑從夫斬齊並三年，爲嫂有服，爲弟婦亦有服，意欲加厚於古，而不知古者子之爲母、婦之爲舅姑、叔之於嫂，未嘗薄也。愚故曰：此皆溺乎其文，昧乎其實，而不究古人制禮之意者也。古人所勉者，喪之實也，自盡於己者也；後世所加者，喪之文也，表暴於人者也。誠僞之相去何如哉！」[五十六]

【校注】

[一]「晉武帝」下，脱「時」字，當補。原抄本、遂初堂本、集釋本、欒本、陳本、嚴本均有「時」字。

[二]下「駁」字衍，當删。原抄本、遂初堂本、集釋本、欒本、陳本、嚴本不誤。

[三]「鄭去」誤，當改。原抄本、遂初堂本、集釋本、欒本、陳本、嚴本均作「鄭玄」。

[四]黄汝成集釋引閻氏曰：按從鄭氏説者，正合於古人，王肅乃故與鄭反，朱子所謂「王肅議禮，必反鄭玄」是也。王肅且以此獲短喪之譏。

[五]「經」字誤，當改。原抄本、遂初堂本、集釋本、欒本、陳本、嚴本均作「絰」。《儀禮》作「絰」。

[六]黄汝成集釋：汝成案：父卒則爲母三年，不待父服終也，賈疏非是。庾蔚之云：「父未殯而祖亡，不爲祖持重服。賈殆由此而誤。」

[七]「禰」，遂初堂本、集釋本、欒本、陳本、嚴本均同，原抄本誤作「稱」。

[八]見《舊唐書・禮儀志七》。

[九]「吉」字誤，當改。原抄本、遂初堂本、集釋本、欒本、陳本、嚴本均作「言」。

[十]「比」字誤，當改。原抄本、遂初堂本、集釋本、欒本、陳本。嚴本均作「心」。《新唐書》作「心」。

[十一]見《新唐書・儒學列傳下》，作「元行冲議」。

[十二]「卒」字誤，當改。原抄本、遂初堂本、集釋本、欒本、陳本、嚴本均作「辛」。《資治通鑑》作「辛」。

[十三]「戎狄」,原抄本同。潘耒遂初堂本改爲「戎翟」,集釋本因之。欒本據黄侃校記改回而加説明,嚴本仍刻本之舊而加注。陳本作「戎翟」而無注。《資治通鑑》作「戎狄」。

[十四]見《資治通鑑》卷二百一十二《唐紀二十八》。《通典》卷八十九作「元行冲曰」。

[十五]「五經」誤,當改。原抄本、遂初堂本、集釋本、欒本、陳本、嚴本均作「五禮」。《通典》、《舊唐書》、《資治通鑑》作「五禮」。

[十六]見《通典》卷八十九,又見《舊唐書·禮儀志》、《資治通鑑》卷二百一十三。

[十七]「張尤齡」誤,當改。原抄本、遂初堂本、集釋本、欒本、陳本、嚴本均作「張九齡」。

[十八]「韓依」,誤,當改。原抄本、遂初堂本、集釋本、欒本、陳本、嚴本均作「韓休」。

[十九]「爲」字下,脱「夫」字,當補。原抄本、遂初堂本、集釋本、欒本、陳本、嚴本不誤。

[二十]「在」字誤,當改。原抄本、遂初堂本、集釋本、欒本、陳本、嚴本均作「五」。

[二十一]「嫌」字誤,當改。原抄本、遂初堂本、集釋本、欒本、陳本、均作「縑」。

[二十二]「堂几至女」誤,原抄本作「堂兄姪女」。遂初堂本、集釋本、欒本、陳本、嚴本均作「堂兄至女」,嚴本且以「至」爲人名,亦誤。按:嘉靖本《餘冬序録》卷三十四引蕭據狀稱作「堂兄至女」已誤。《唐會要》卷三十八作「堂兄姪女子」,陸心源《唐文拾遺》卷二十四同。原抄本與之同。

[二十三]「将」字誤,當改。原抄本、遂初堂本、集釋本、欒本、陳本、嚴本均作「時」。

[二十四]「人」字誤,當改。原抄本、遂初堂本、集釋本、欒本、陳本、嚴本均作「夫」。

[二十五]見何孟春《餘冬序録》卷三十四。所引李涪語見《刊誤》卷下「舅姑服」條。蕭據奏狀見《唐會要》卷三十八。

[二十六]「瑟」字誤,當改。原抄本、遂初堂本、集釋本、欒本、陳本、嚴本均作「素」。《禮記》作「素」。

[二十七]「義斷仁」上,原抄本有「以」字,遂初堂本、集釋本、欒本、陳本。嚴本均無。《太平御覽》引《孝經援神

契》無「以」字。

［二十八］《太平御覽》卷五百四十五引。

［二十九］「二五」，脱「十」字，當補。原抄本、遂初堂本、集釋本、欒本、陳本、嚴本均作「二十五」。

［三十］《陳書・姚察傳》：『後主嘗别召見，見察柴瘠過甚，爲之動容，乃謂察曰：「朝廷惜卿，卿宜自惜，即蔬菲歲久，可停持長齋。」』此處言《隋書》，有誤。

［三十一］二碑文，見洪适《隸釋》。

［三十二］見《魏書・獻文六王列傳》。

［三十三］《儀禮・喪服》。

［三十四］「此」字誤，當改。原抄本、遂初堂本、集釋本、欒本、陳本、嚴本均作「即」。

［三十五］「謂」字，原抄本、遂初堂本、集釋本、欒本、陳本、嚴本均作「爲」。

［三十六］《資治通鑑》卷二百二。

［三十七］《舊唐書・中宗睿宗本紀》。

［三十八］《新唐書・則天皇後中宗本紀》：「上元元年，高宗號天皇，皇后亦號天后，天下之人謂之『二聖』。」

［三十九］「上九」誤，當改。原抄本、遂初堂本、集釋本、欒本、陳本、嚴本均作「上元」。

［四十］「并」字誤，當改。原抄本、遂初堂本、集釋本、欒本、陳本、嚴本均作「升」。

［四十一］「及」字誤，當改。原抄本、遂初堂本、集釋本、欒本、陳本、嚴本均作「反」。

［四十二］見《舊唐書・禮儀志七》。

［四十三］《舊唐書・玄宗本紀上》及《禮儀志七》。

［四十四］「由」，遂初堂本、集釋本、欒本、陳本、嚴本同，原抄本作「繇」。

［四十五］黄汝成集釋引楊氏曰：宋制，尚主者升其等與父行輩同，可謂無禮之尤矣。

［四十六］「吝」字誤，當改。原抄本、遂初堂本、集釋本、欒本、陳本、嚴本均作「各」。

［四十七］「其」字衍，當删。原抄本、遂初堂本、集釋本、欒本、陳本、嚴本無。

［四十八］《舊唐書・中宗睿宗本紀》。庚寅，《舊唐書》作「乙酉」。

［四十九］「大」，原抄本、遂初堂本、集釋本、欒本、陳本、嚴本均作「太」。

［五十］「進鴆」上，原抄本、遂初堂本、集釋本、欒本、陳本、嚴本均有「遂」字，當補。

［五十一］《金史・世宗本紀上》。

［五十二］黄汝成集釋：汝成案：「心喪」之説，本之《檀弓》。六朝議禮，於所不安者，輒以此通融之。儒者誠欲悉心復古，不可依違遷就，使後世美名參附其間。蓋人心難知，責以禮之所當然則難辭，文以情之所或然則多飾。

［五十三］《大戴禮記・本命》：「婦有三不去：有所取無所歸，不去；與更三年喪，不去；前貧賤後富貴，不去。」

［五十四］《大戴禮記・禮三本》：「凡禮始於脱，成於文，終於隆。故至備，情文俱盡；其次，情文佚興；其下，復情以歸太一。」

［五十五］「易」字下，脱「以」字，當補。原抄本、遂初堂本、集釋本、欒本、陳本、嚴本均有「以」字。

［五十六］陳垣校注：《吴文正集》十。《服制考詳》爲豫章周成天撰。

繼母如母

「繼母如母」，以「配父」也。「慈母如母」，以「貴父之命也」。［一］然於其黨則不同矣。《服問》曰：「母出，則爲繼母之黨服。母死，則爲其母之黨服。爲其母之黨服，則不爲繼母之黨服。」鄭氏註曰：「雖外親，亦無二統。」夫禮者，「所以別嫌明微」［二］，非聖人莫能制之，此類是矣。《喪服小記》：「爲慈母之父母無服。」

【校注】

［一］見《儀禮·喪服》。

［二］見《禮記·禮運》。

爲所後者之祖父母妻妻之父母昆弟昆弟之子若子［一］

此因爲人後而推言之。所後者有七等之親，皆當如禮而爲之服也。「所後之祖」，我之曾祖也。「父母」，我之祖父母也。「妻」，我之母也。「妻之父母」，我之外祖父母也。因妻而及，故連言之，取便文也。「昆弟」，我之世叔父也。「昆弟之子」，我之從父昆弟也。「若」，及也。「若子」，我之從父昆弟之子也。正義謂「妻之昆弟，妻之昆弟之子」者，非。鄭以「若子」爲「如親子」，但篇末又有「兄弟文［二］子若子」之文，當同一解。

【校注】

［一］見《儀禮·喪服》。

［二］「文」字誤，當改。原抄本、遂初堂本、集釋本、欒本、陳本、嚴本均作「之」。

女子子在室爲父［一］

鄭氏註：「言在室者，關已許嫁。」關，該也。謂許嫁而未行，遭父之喪，亦當爲之「布總、箭笄、髽、三年」也。《内則》曰：「有故二十三年而嫁。」《曾子問》：「孔子曰：『女在塗，而女之父母死，則女反。』」是也。

【校注】

［一］見《儀禮·喪服》。

慈母如母

慈母者何也？子幼而母死，養於父妾，父卒，爲之三年，所以報其鞠育之恩也。然而必待父命者，此又先王嚴父而不敢自專其報之義也。「父命妾曰：『女以爲子。』」謂憐其無母，親之如子，長之育之，非立之以爲妾後也。《喪服小記》以爲「爲慈母後」，則未可信也。［一］

《禮記·曾子問篇》：「子游問曰：『喪慈母如母，禮與？』孔子曰：『非禮也。古者男子外有傅，内有慈母。君命所使教子也，此與《喪朋［二］》所言「慈母」不同。［三］何服之有？昔者魯昭公少喪其母，有慈母良。及其死也，公弗忍也，欲喪之。有司以聞，曰：「古之禮，慈母無服。今也君爲之服，是逆古之禮而亂國法也。若終行之，則有司將書之以遺後世，無乃不可乎！」公曰：「古者天子練冠以燕居。」公［四］弗忍也，遂練冠以喪慈母。喪慈母自魯昭公始也。』」然但練冠以居，則異於如母者矣，而孔子以爲非禮。

《南史·司馬筠傳》：「梁天監七年，安成國太妃陳氏薨，詔禮官議皇子［五］慈母之服。筠引鄭玄説，服止卿大夫，不宜施之皇子。武帝以爲不然，曰：『《禮》言慈母有三條，一則妾子無母，使妾之無子者養之，命爲子母，服以三年，《喪服》齊衰章所言「慈母如母」是也。二則嫡妻子無母，使妾養之，雖均乎慈愛，但嫡妻之子，妾無爲母之義，而恩深事重，故服以小功，《喪服》小功章所以不直言慈母，而云「庶母慈己」者，文曰「庶母」，則知其爲嫡妻之子矣。明異於三年之慈母也。其三則子非無母，擇賤者視之，義同師保，而不無慈愛，故亦有慈母之名。師保無服，則此慈母亦無服矣。《内則》云：「擇於諸母與可者，使爲子師。其次爲慈母，其次爲保母。」此其明文，言擇諸母，是擇人而爲此三母，非謂擇取兄弟之母也。子游所問，自是師保之慈，非三年小功之慈也。故夫子得有此答，豈非師保之慈母無服之證乎？鄭玄不辨三慈，溷[六]爲訓釋，引彼「無服」以註「慈己」。後人致謬，實此之由。』於是筠等請依制改定，嫡妻之子，母没爲父妾所養，服之五月，貴賤並同，以爲永制。」[七]

《喪服小記》曰：「爲慈母之父母無服。」註曰：「恩所不及故也。」又曰：「慈母與妾母不世祭也。」然則雖云「如母」，有不得盡同於母者矣。

【校注】

[一]黄汝成集釋：汝成案：「爲慈母後」云者，主其祭而已，非立爲後也。慈母既無子，而養育之恩隆，斬然無祀，非禮意矣。

[二]「朋」字誤，當改。原抄本、遂初堂本、集釋本、欒本、陳本、嚴本均作「服」。

[三]黄汝成集釋：汝成案：「妾母」，以妾爲生母者。「慈母」，以妾爲慈母者，而皆不世祭。有不同于母者安在耶？經文「慈母如母」，謂如妾母耳，非謂如適母也。「繼母如母」，則如適母矣。「如」之云者，視子之素所爲母者何如也。

［四］「公」字，原抄本同。遂初堂本、集釋本、欒本、陳本、嚴本均作「吾」，則「吾弗忍也」一句在引號内。按《禮記》作「公」，「公弗忍也」一句在引號外。

［五］「皇子」，原抄本同，《南史》、《梁書》同。遂初堂本、集釋本作「皇太子」。黄汝成《續刊誤》：汝成案：「原寫本亦無『太』字，此刻誤衍。」陳本作「皇太子」，欒本、嚴本據《續刊誤》及《南史》删「太」字。

［六］「溷」，原抄本同。遂初堂本、集釋本、欒本、陳本、嚴本均作「混」。

［七］《南史・儒林傳・司馬筠傳》，又見《梁書・儒林傳》。

出妻之子爲母［一］

「出妻之子爲母」，此《經》文也。「傳曰：出妻之子爲母期，則爲外祖父母無服」，此子夏傳也［二］。「傳曰：『絶族無移服，親者屬』［三］」，此傳中引傳，援古人之言以證其無服也，當自爲一條。「出妻之子爲父後者，則爲出母無服」，此又《經》文也。「傳曰：與尊者爲一體，不敢服其私親也」，此子夏傳也，當自爲一條。今本乃誤連之。

【校注】

［一］見《儀禮・喪服》。

［二］賈公彦疏：「『傳曰』者，不知是誰人所作，人皆云孔子弟子卜商字子夏所爲。」

［三］見《儀禮・喪服》。「移服」，原抄本同。集釋本、欒本、陳本均作「施服」。《儀禮・喪服》作「施服」。此句又見《禮記・大傳》，作「移服」，陸德明《釋文》：「『移』，本或作『施』，同。」

父卒繼母嫁[一]

「父卒，繼母嫁，從。」「從」字句，謂年幼不能自立，從母而嫁也。母之義已絶於父下章云「妻不敢與馬[二]」是也。，故不得三年。而其恩猶在於子，不可以不爲之服也。繼母本非「屬毛離裏」之親[三]，以其配父，而服之如母尔。故王肅曰：「從乎繼而寄育，則爲服；不從，則不服。」報者，母報之也，两相爲服也。

【校注】

[一]見《儀禮・喪服》。

[二]「馬」字誤，當改。原抄本、遂初堂本、集釋本、樂本、陳本、嚴本均作「焉」。

[三]「屬毛離裏」，謂生身父母。《詩經・小雅・小弁》：「靡瞻匪父，靡依匪母。不屬於毛？不離於裏？」鄭玄箋：「今我獨不得父皮膚之氣乎？獨不處母之胞胎乎？」

有適子者無適孫[一]

家子，身之副也。家無二主，亦無二副。故「有適子者，無適孫」。唐高宗有太子，而復立太孫，非矣。

【校注】

[一]見《儀禮・喪服》。「適」，讀作「嫡」。

爲人後者爲其父母[一]

「爲人後者，爲其父母。」此臨文之不得不然。《隋書》，劉子翊云：「『其』者，因彼之辭。」是也。後儒謂以所後爲父母，而所生爲伯叔父母，於經未有所考，亦自「尊無二上」[二]之義而推之也。朱[三]歐陽氏據此文，以爲聖人未嘗「没其父母之名」[四]，辨之至數千言，然不若趙瞻之言「辭窮直書」爲簡而當也。《宋史·趙瞻傳》：「中書請濮安懿王稱親，瞻争曰：『仁宗既下明詔，子陛下，議者顧惑禮律「所生」、「所養」之名，妄相訾難。彼明知禮無兩父貳斬之義，敢裂一字之辭，以辭[五]厥真。且文有「去婦」、「出母」者，去已非婦，出不爲母，辭窮直書，豈足援以斷大義哉？臣請與之足辯[六]，以定邪正。』」《石林燕語》：「濮議，廷臣既皆欲止稱『皇伯』，歐陽文忠力詆，以爲不然。因引《濮[七]禮》及五服敕，云『爲人後者，爲其父母』，則是雖出繼，而於本生猶稱父母也。時未有能難之者，司馬君實在諫院，獨疏言：『爲人後而言父母，此因服五[八]文，舍父母則無以爲稱，非謂其得稱父母也。』」[九]按《經》文言「其父母」、「其昆弟」者，大抵皆私親之辭。

《黄氏日抄[十]》曰：「歐公被陰私之誘[十一]，皆激於當日主濮議之力。公集《濮議》四卷，又設爲《或問》以發明之，滔滔數萬言，皆以《禮經》『爲其父母』一語，謂未嘗因降服而不稱父母耳。然既明言所後者三年，而於所生者降服，則『尊無二上』明矣。謂『所生父母』者，蓋本其初而名之，非有兩父母也。未爲人後之時，以生我者爲父母；已爲人後，則以命我者爲父母。立言者於既命之後，而追本生之稱，自宜因其舊以『父母』稱，未必其人一時並稱兩父母也。公亦何苦力辯[十二]，而至於困辱危身哉？况帝王正統，相傳有自，非可常人比邪？」

觀本朝[十三]嘉靖之事，至於入廟稱宗，而後知聖人制禮，「别嫌明微」之至也。永叔博聞之儒，而未見及此，學者所以貴乎格物。

「爲人後者，爲其父母報」，謂所生之父母報之，亦爲之服期也。重其繼大宗也，故不以出降。

【校注】

[一]見《儀禮·喪服》。

[二]見《禮記·曾子問》，又見《坊記》。

[三]「朱」字誤，當改。原抄本、遂初堂本、集釋本、欒本、陳本、嚴本均作「宋」。

[四]見歐陽修《濮議·爲後或問》。

[五]「辭」字誤，當改。原抄本、遂初堂本、集釋本、欒本、陳本、嚴本均作「亂」。《宋史》作「亂」。

[六]「足辯」誤，當改。遂初堂本、原抄本、集釋本、欒本、陳本、嚴本均作「廷辨」。

[七]「濮」字誤，當改。遂初堂本、原抄本、集釋本、欒本、陳本、嚴本均作「儀」。

[八]「五」字誤，當改。遂初堂本、原抄本、集釋本、欒本、陳本、嚴本均作「立」。

[九]黄汝成集釋引楊氏曰：歐陽公既據此甚力，故《五代史》晉出帝謂敬儒爲「皇伯父」。而公深辨之。

[十]「抄」，原抄本同。遂初堂本、集釋本、欒本、陳本、嚴本作「鈔」。

[十一]「誘」字誤，當改。原抄本、遂初堂本、集釋本、欒本、陳本、嚴本均作「謗」。

[十二]「辯」原抄本同。遂初堂本、集釋本、欒本、陳本、嚴本作「辨」。

[十三]「本朝」，原抄本同。潘耒遂初堂刻本改爲「先朝」，集釋本因之。欒本據黄侃校記改回而加説明，陳本、嚴本仍刻本之舊而加注。「本朝」下，原抄本有「有」字，他本無。

繼父同居者[一]

「夫物之不齊，物之情也。」[二]雖三王之世，不能使天下無孤寡之人，亦不能使天下無再適人之婦，且有「前後家、東西家」[三]而爲喪主者矣。假令婦年尚少，夫死，而有三五歲之子，則其本宗大功之親自當爲之收恤。又無大功之親，而不許之從其嫁母，則轉於溝壑而已。於是其母所嫁之夫，視之如子而撫之，以至於成人。此子之於若人也，名之爲何？不得不稱爲「繼父」矣。長而同居，則爲之服齊衰期。先同居而後别居，則齊衰三月。以其撫育之恩次於生我也。爲此制者，所以寓恤孤之仁，而勸天下之人「不獨子其子」[四]也。若曰「以其貨財，爲之築宫廟」[五]，此後儒不得其説而爲之辭。

【校注】

[一]見《儀禮・喪服》。

[二]見《孟子・滕文公上》。

[三]見《禮記・雜記下》。

[四]見《禮記・禮運》。

[五]見《儀禮・喪服》傳曰。

宗子之母在則不爲宗子之妻服也[一]

正義謂母年未七十，尚與祭，非也。《祭統》曰：「夫祭也者，必夫婦親之。」是以「舅殁則姑老」，《内則》。明其不與祭矣。夫人亞祼，母不可以亞子，故老而傳事雖老，固嘗爲主祭之人，而禮無二敬，故爲宗子之母服，則不爲妻服。

杜氏《通典》有「夫爲祖、曾祖、高祖父母持重，妻從服議」一條，云：「孔瑚問虞喜曰：『假使玄孫爲後，玄孫之婦從服期，曾孫之婦尚存，纔緦麻。近輕遠重，情實有疑。』喜答曰：『有嫡子者無嫡孫，又若爲宗子母服，則不服宗子婦。以此推之，若玄孫爲後，而其母尚存，玄孫之婦猶爲庶，不得傳重。傳重之服，理當在姑矣。』」宋庾蔚之《唐志》：庾蔚之注《喪服要記》五卷。[二]謂：「『舅殁則姑老』，是授祭事於子婦。至於祖服，自以姑爲嫡。」[三]與此條之意互相發明。

【校注】

[一]見《儀禮・喪服》傳曰。

[二]見《新唐書・藝文志》。

[三]見《通典》卷九十六《禮五十六》引。

君之母妻[一]

「與民同」者，爲其君齊衰三月也。不與民同者，君之母、妻，民不服，而嘗仕者獨爲之服也。古之卿大夫有見小君之禮，如成公九年，「季文子如宋致女，復命，公享之，穆姜出于房，再拜」，是也。而妻之爵服，則又君夫人命之，是以不容無服。

【校注】

[一]《儀禮・喪服》：「爲舊君，君之母、妻。傳曰：爲舊君者孰謂也？仕焉而已者也。何以服齊衰三月也？言與民同也。君之母、妻，則小君也。」

齊衰三月不言曾祖以[一]上

宋沈括《夢溪筆談》曰：「《喪服》但有曾祖、曾孫，而無高祖、玄孫。或曰：『《經》之所不言，則不服。』是不然。曾，重也。自祖而上者皆曾祖也，自孫而下者[二]曾孫也，雖百世可也。苟有相逮者，則必爲服喪三月。故雖成王之於后稷，亦稱『曾孫』，而祭禮祝文，無遠近皆曰『曾孫』。」《禮記・祭法》言「適子、適孫、適曾孫、適玄孫、適來孫」。《左傳》王子虎盟諸侯，亦曰「及而玄孫，無有老幼」。僖公二十八年。玄孫之文，見於《記》《傳》者如此。《史記・孟嘗君傳》：「孫之孫爲何？曰：爲玄孫。」然宗廟之中並無此稱。《詩・維天之命》：「駿惠我文王，曾孫篤之」，鄭氏箋曰：「曾，猶重也。自孫之子而下事先祖，皆稱曾孫」。《禮記·郊特牲》「稱曾孫某」，註：「謂諸侯事五廟也。於曾祖已上，稱曾孫而已。」《信南山》正義：「自曾祖以至無窮，皆得稱曾孫。」《左傳》哀公二年，衛太子禱文王，稱「曾孫蒯聵」。《晉書·鍾雅傳》：元帝詔曰：「禮，事宗廟，自曾孫已下，皆稱曾孫。義取於重孫，可歷世共其名，無所改也。」

曾祖父母齊衰三月，而不言曾祖父之父母，後人謂之高祖。非《經》文之脱漏也，蓋以是而推之矣。凡人祖孫相見，其得至於五世者，鮮矣。壽至八九十，而後可以見曾孫之子，百有餘年，而曾孫之子之子亦可見矣。人之壽以百年爲限，故服至五世而窮。苟六世而相見焉，其服不異於曾祖也。《經》於曾祖已上不言者，以是而推之也。「晉徐農人問殷仲堪，謂『假如玄孫持高祖重，來孫都無服』」，及《賀循傳》謂「高祖已上，五世、六世無服之祖」者，並非。[三] 觀於祭之稱「曾孫」不論世數，而知「曾祖」之名統上世而言之矣。

【校注】

[一]「以」，原抄本、遂初堂本、集釋本、欒本、陳本、嚴本均作「已」，目録作「已」。

[二]「者」字下，脱「皆」字，原抄本同，當補。遂初堂本、集釋本、欒本、陳本、嚴本不誤。《夢溪筆談》卷三有「皆」字。

[三]徐農人問，見《通典》卷九十六《禮五十六》。《賀循傳》見《晉書》卷六十八。

兄弟之妻無服

「謂弟之妻『婦』者，是嫂亦可謂之『母』乎？」[一]《記·大傳》文同。蓋言兄弟之妻不可以母子爲比。以名言之，既有所□[二]而不通；以分言之，又有所嫌而不可以不遠。《記》曰：「嫂叔之無服也，盖推而遠之也。」[三]夫外親之同爨猶緦，而獨兄弟之妻不爲制服者，以其分親而年相亞，故聖人嫌之。嫌之故遠之，而大爲之坊。《曲禮》：「嫂叔不通問。」不獨以其名也，此又傳之所未及也。存其恩於娣姒，而斷其義於兄弟，夫聖人之所以處此者，精矣。《大傳》疏曰：「有『從有服而無服』，嫂叔是也；有『從無服而有服』，娣姒是也。」

嫂叔雖不制服，然而曰「無服而爲位者惟嫂叔」、《奔喪》。「子思之哭嫂也爲位」，《檀弓》。何也？曰：是制之所抑，而情之所不可闕也。然而鄭氏曰：「止[四]言嫂叔，尊嫂也。若兄公與弟之妻，則不能也。」正義曰：「兄公于弟妻不爲位者，卑遠之。弟妻于兄公不爲位者，尊絶之。」此又足以補《禮記》之不及。《檀弓》言「嫂叔之無服」，《雜記》言「嫂不撫叔，叔不撫嫂」，是兼兄公與弟妻。

【校注】

[一]見《儀禮·喪服》傳曰。

[二]底本缺一字處，原抄本、遂初堂本、集釋本、欒本、陳本、嚴本均作「闔」，當補。

[三]見《禮記·檀弓上》。

[四]「止」字誤，當改。原抄本、遂初堂本、集釋本、欒本、陳本、嚴本均作「正」。《禮記》鄭玄注作「正」。

先君餘尊之所厭[一]

「尊尊親親」，周道也。[二]諸侯有一國之尊，爲宗廟社稷之主，既没而餘尊猶在，故公之庶子於所生之母，不得伸其私恩，爲之大功也。大夫之尊不及諸侯，既没，則無餘尊，故其庶子於父卒，爲其私親，並依本服，如邦人也。親不敵尊，故厭；尊不敵親，故不厭。此諸侯、大夫之辨也。後魏廣陵侯衍爲徐州刺史，所生母雷氏卒，表請解州，詔曰：『「先君餘尊之所厭」，《禮》之明文。季末陵遲，斯典或廢。侯既親王之子，宜從『餘尊』之義，便可大功。」饒陽男遥官左衛将軍，「遭所生母憂，表請解任。詔以『餘尊所厭』，不許」。[三]

晉哀帝「欲爲皇太妃服三年，僕射江虨啟：『於禮，應服緦麻。』又欲降服期，虨曰：『厭屈私情，所以上嚴祖考。』乃服緦麻」。[四]胡三省曰：「以帝入後太宗，則太妃乃琅邪國母，當以服諸侯者服之也。」

【校注】

[一]《儀禮・喪服》：「傳曰：何以大功也？先君餘尊之所厭，不得過大功也。大夫之庶子，則從乎大夫而降也。」

[二]《韓詩外傳》卷十：「太公問周公何以治魯。周公曰：『尊尊親親。』」

[三]均見《魏書・景穆十二王列傳》，《北史》同。

[四]見《資治通鑑》卷一百一《晉紀二十三》。又見《晉書・禮志中》。

貴臣貴妾[一]

此謂大夫之服。「貴臣，室老士也。貴妾，姪娣也。」[二]皆有相助之義，故爲之服緦。《穀梁傳》曰：「姪娣者，不孤子之意也。」古者大夫亦有姪娣，《左傳》：「臧宣叔娶於鑄，生賈及爲而死。

繼室以其姪，生紇」，是也。備六禮之制，合二姓之好，從其女君而歸焉，故謂之「貴妾」。雷次宗曰：「姪娣貴，而大夫尊輕，故服。至于餘妾，出自凡庶，故不服。」[三]士無姪娣，故《喪服小記》曰：「士妾有子而爲之緦。」然則大夫之妾，雖有子，猶不得緦也。惟夫「有死於宫中者，則爲之三月，不舉祭」[四]，近之矣。

唐李晟夫人王氏無子，妾杜氏生子愿，詔以爲嫡子。及杜之卒也，贈鄭國夫人，而晟爲之服緦。議者以爲，准《禮》，「士妾有子而爲之緦」，《開元新禮》無是服矣，而晟擅舉復之，頗爲當時所誚。《册府元龜》。今之士大夫緣飾禮文而行此服者，比比也。

【校注】

[一]《儀禮·喪服》：「緦麻三月者」、「貴臣、貴妾」。

[二]見《儀禮·喪服》鄭玄注。

[三]見《通典》卷九十二《禮五十二》引。

[四]見《儀禮·喪服》傳曰。

外親之服皆緦[一]

「外親之服皆緦。」外祖父母以尊，加故小功。從母以名，加故小功。《大傳》：「服術有六」，「三曰名」。此謂母之兄弟異德異名，母之姊妹同德同名。庾蔚之云：「男女異長，母之在室，與其姊妹有同居共席之禮，故許其因母名以加服。」唐玄宗開元二十三年制，令禮官議加服制。太常卿韋縚請加外祖父母服至大功九月，舅服至小功五月，堂姨、堂舅、舅母服至袒免。太子賓客崔沔議曰：「禮教之設，本於正家，家正而天下平[二]矣。正家之道，不可以貳，總一定義，理歸本宗。所以父以尊崇，母以厭降，内有齊斬，外服皆緦，尊名所加，不過一等。此先王不易之道，其來久矣。昔辛有適伊川，見被髮而祭於野者，曰：『不及百年，此其戎乎？其禮先亡矣！』貞觀修禮，特改舊章，漸廣渭陽之恩，不遵洙泗之典。及私[三]道之後，唐元之間，韋后[四]弑中宗，立温王重茂，改元唐隆。今避玄宗御名上字，故稱唐元。國命再移於外族矣。禮亡徵兆，儻見於斯。開元初，補闕盧履冰嘗進狀論喪服輕重，敕令僉議。於時群議紛拏，各安積習，太常、禮部奏依舊定。陛下運稽古之思，發獨斷之明，特降别敕，一依古禮，事符典故，人知向方，式固宗盟，社稷之福。更圖異議，竊所未詳。願守八年明旨，以爲萬代成法。」[五]職方郎[六]中韋述議曰：「天生萬物，惟人最靈。所以尊尊親親，别生分類。存則盡其愛敬，没[七]則盡其哀戚。緣情而制服，考事而立言。往聖討論，亦已勤矣。上自高祖，下至玄孫，以及其身，謂之九族。由近而及遠，稱情而立文，差其輕重，遂爲五服。雖則或以義降，或以名加，教有所從，理不踰等，百王不易，三代可知。若以匹敵言之，外祖則祖也，舅則伯叔父之列也。父母之恩不殊，而獨殺於外氏者，所以尊祖禰而異於禽獸也。且家無二尊，喪無二斬。持重於大宗者，降其小宗。爲人後者，減其父母之服。女子出嫁，殺其本家之喪。蓋所存者遠，所抑者私也。今若外祖及舅更加服一等，堂舅及姨列於服紀之内，則中外之制相去幾何？廢禮狥[八]情，所務者末。且五服有上殺之義，必循原本，方及條流。伯叔父母，本服大功九月，今伯叔父母期是加服。[九]從父昆弟亦大功九月，並以上出於祖，其服不得過於祖也。從祖祖父母、從祖父母、從祖昆弟，皆小功五月，以出於曾祖，服不得過於曾祖也。[十]族祖祖父母、族祖父母、族祖昆弟，皆緦麻三月，以出於高祖，服不得過於高祖也。堂舅姨既出於外曾祖，若爲之制服，則外曾祖父母及外伯叔祖父母亦宜制服矣。外祖加至大功九月，則外曾祖父母合至小功，外高祖合至緦麻。若舉此而合彼，事則不均；棄親而録疏，理則不順。推而廣之，則與本族無異矣。且服皆有報，則堂外甥、外曾孫姪女之子，皆須制服矣。聖人豈薄其骨肉，背其恩愛？蓋本於公者薄於私，存其大者略其細。義有所斷，不得不然。苟可加也，亦可減也，往聖可得而非，則《禮經》可得而隳矣。先王之制，謂之彝倫，奉以周旋，猶恐失墜，一紊其叙，庸可止乎？」[十一]禮部員外郎楊仲昌議曰：「按《儀禮》爲舅緦，鄭文貞公魏徵議同從母例，加至小功五月。詳見下條。雖文貞賢也，而周孔聖也，以賢改聖，後學何從？今之所請，正同徵論。如以外祖父母加至大功，豈不加報於外孫乎？外孫爲報服大功，則本宗庶孫又用何等服邪？竊恐内外乖序，親疏奪倫，情之所沿，何所不至？昔子路有姊之喪而不除，孔子曰：『先王制禮，行道之人皆不忍也。』子路除之。此則聖人援事抑情之明例也。《記》不云乎？『毋輕議禮。』」[十二]時玄宗乎[十三]敕再三，竟加舅服爲小功，舅母緦麻，堂姨、堂舅祖[十四]免。宣宗舅鄭光卒，詔[十五]罷朝三日。御史大夫李景讓上言：「人情於外族則深，於宗廟則薄。所以先王制禮，割愛厚親。士庶猶然，况於萬乘？親王、公主，宗屬也。舅氏，外族也。今鄭光輟朝日數與親王、公主同，非所以别親疏、防僭越也。」[十六]優詔報之，乃罷兩日。夫由韋述、楊仲昌之言，可以探本而尊《經》；由崔沔、李景讓之言，可以察微而防亂。豈非能言之士，深識先王之禮，而亦目見武、韋之禍，思永監於將來者哉！

宗廟之制，始變於漢明帝。服紀之制，始變於唐太宗。皆率一時之情，而更三代之禮，後世不學之主踵而行之。

【校注】

[一]見《儀禮·喪服》傳曰。

[二]「平」字誤，當改。原抄本、遂初堂本、集釋本、欒本、陳本、嚴本均作「定」。《舊唐書》作「定」。

[三]「私」字誤，當改。原抄本、遂初堂本、集釋本、欒本、陳本、嚴本均作「弘」。《舊唐書》作「弘」。

[四]「韋后」，原抄本同，遂初堂本、集釋本、欒本、陳本、嚴本作「韋氏」。

[五]見《舊唐書·孝友列傳·崔沔傳》及《舊唐書·禮儀志七》。

[六]「即」字誤，當改。原抄本、遂初堂本、集釋本、欒本、陳本、嚴本均作「郎」。

[七]「没」原抄本同，遂初堂本、集釋本、欒本、陳本、嚴本作「殁」。

[八]「狥」字，原抄本作「循」，遂初堂本、集釋本、欒本、陳本、嚴本作「徇」。

[九]黄汝成集釋：汝成案：《喪服篇》，世父母、叔父母皆服期。韋述云「本服大功」，已誤。先生釋云「今服期是加服」，尤失經義。

[十]黄汝成集釋引沈氏曰：曾祖舊服齊衰三月，今言小功五月者，唐太宗所增也。

[十一]見《舊唐書·禮儀志七》。

[十二]見《舊唐書·禮儀志七》。崔、韋、楊之議又略見《資治通鑑》卷二百一十四《唐紀三十》。陳垣校注：崔、韋、楊三疏並見《唐會要》三七《服紀》上。

[十三]「乎」字誤，當改。原抄本、遂初堂本、集釋本、欒本、陳本、嚴本均作「手」。

〔十四〕「祖」字誤，當改。原抄本、遂初堂本、集釋本、欒本、陳本、嚴本均作「祖」。

〔十五〕「諮」字誤，當改。原抄本、遂初堂本、集釋本、欒本、陳本、嚴本均作「詔」。

〔十六〕見《舊唐書·忠義列傳下·李憕傳》附孫李孫景讓傳。

唐人增改服制

唐人所議服制，似欲過於聖人。嫂叔無服，太宗令服小功。曾祖父母舊服三月，增爲五月。嫡子婦大功，增爲期。衆子婦小功，增爲大功。舅服緦，增爲小功。《新唐書》：「初，大宗嘗以同爨緦，而嫂叔乃無服，舅與從母親等〔一〕而異服，詔侍中魏徵、禮部侍郎令狐德棻等議：『舅爲母族，姨乃外戚他姓。舅服一時，姨乃五月，古人未達者也。於是服曾祖父母齊衰三月者，增以齊衰五月。適子婦大功，增以期。衆子婦小功，增以大功。嫂叔服以小功，五月報，弟妻及夫兄同。舅服緦，增以小功。』然《律疏》，舅報甥，服猶緦。顯慶中，長孫無忌以爲甥爲舅服同是〔二〕母，則舅宜進同從母報。又古庶母緦，今無服。且庶母之子，昆弟也，爲之杖齊，是同氣而吉凶異。自是亦改服緦。」〔三〕父在爲母服期，高宗增爲三年。婦爲夫之姨舅無服，玄宗令從夫服。又增舅母緦麻，堂姨舅祖免。而宏文館直學士王元感，遂欲增三年之喪爲三十六月。《舊唐書·張柬之傳》。何休註《公羊傳》言：「魯文公亂聖人制，欲服喪三十六月。」皆務飾其文，欲厚於聖王之制，而人心彌澆，風化彌薄。不探其本，而妄爲之增益，亦未見其名之有過於三王也。是故知「廟有二主」〔四〕之非，則叔孫通之以「益廣宗廟」爲「大孝」者〔五〕絀矣；〔六〕知「親親之殺，禮所由生」〔七〕，則宗〔八〕、魏徵所加嫂叔諸親之服者絀矣。《唐書·禮樂志》言：「禮之失也，在於學者好爲曲説，而人君一切臨時申其私意，以增多爲盡禮，而不知煩數之爲黷也。」子曰：「道之不明也，賢者過之。」[九]夫賢者率情之偏，猶爲悖禮，而况欲以私意求過乎三王者哉？《記》曰：「始死，三日不息[十]，三月不解，期悲哀，三年憂，恩之殺也。聖人因殺以制節。此喪之所以三年，賢者不得過，不肖者不得不及，此喪之中庸也。」[十一]

宋熙寧五年，中書門下議不祧僖祖。秘閣校理王介上議曰：「夫物有無窮，而禮有有限，以有限制無窮，此禮之所以起，而天子所以七廟也。今夫自考而上何也？必曰祖。自祖而上何也？必曰曾祖。自曾祖而上何也？必曰高祖。自高祖而上又何也？必曰不可及見，則聞而知之者也[十二]。今欲祖其祖而追之不已，祖之上又有祖，則固有無窮之祖矣。聖人制爲之限，此天子七廟所以自考廟而上，至顯祖之外而必祧也。」「自顯祖之外而祧，亦猶九族至高祖而止也。皆以禮爲之界也，『五世而斬』[十三]故也。喪之五[十四]年也，報罔極之恩也。以罔極之恩爲不足報，則固有無窮之報乎？何以異於是！故喪之罔極而三年也，族之久遠而九也，廟之無窮而七也。」[十五]皆先王之制，弗敢過焉者也。《記》曰：「品節斯，斯之謂禮。」《易》於《節》之象曰：「君子以制數度[十六]，議德行。」唐、宋之君，豈非昧於節文之意者哉？[十七]

貞觀之喪服，開元之廟謚，與始皇之狹小先王之宫廷而作爲「阿房」者[十八]，同一意也。

【校注】

[一]「筭」字誤，當改。原抄本、遂初堂本、集釋本、欒本、陳本、嚴本均作「等」。

[二]「是」字誤，當改。原抄本、遂初堂本、集釋本、欒本、陳本、嚴本均作「從」。

[三]見《新唐書·禮樂志十》。

[四]見《禮記·曾子問》。

［五］見《漢書・酈陸朱劉叔孫傳》。

［六］「絀矣」下，脱二句：知「喪不過三年，示民有終」之義，則王元感之服三十六月者絀矣。原抄本、遂初堂本、集釋本、欒本、陳本、嚴本不誤。「喪不過三年，示民有終」，見《孝經・喪親章》，又見《大戴禮記・本命》。

［七］見《禮記・中庸》。

［八］「宗」字上，脱「太」字，當補。原抄本、遂初堂本、集釋本、欒本、陳本、嚴本均作「太宗」。

［九］見《禮記・中庸》。

［十］「息」字誤，當改。原抄本、遂初堂本、集釋本、欒本、陳本、嚴本均作「怠」。《禮記》、《大戴禮記》作「怠」。

［十一］見《禮記・喪服四制》，「聖人因殺以制節」以上又見《大戴禮記・本命》。

［十二］「也」，原抄本同，遂初堂本、集釋本、欒本、陳本、嚴本作「矣」。

［十三］見《孟子・離婁下》。

［十四］「五」字誤，當改。原抄本、遂初堂本、集釋本、欒本、陳本、嚴本均作「三」。

［十五］見《續資治通鑑長編》卷二百三十六。

［十六］「數度」誤倒，當乙正。原抄本、遂初堂本、集釋本、欒本、陳本、嚴本均作「度數」。《易經》作「度數」。

［十七］黄汝成集釋引楊氏曰：王介甫欲以僖祖爲太祖之廟，百世不遷，而朱子亦如其議，此最不可解。

［十八］《史記・秦始皇本紀》：「於是始皇以爲咸陽人多，先王之宫廷小，乃營作朝宫渭南上林苑中，先作前殿阿房。」

報於所爲後之兄弟之子若子［一］

「所後」者，謂所後之親。上斬章言「所後」者是也，鄭註衍一「爲」字。「所爲後」，謂出而爲後之人。

「爲人後者，於兄弟降一等」，自期降爲大功也。兄弟之子，報之亦降一等，亦自期降爲大功也。「若子」者，兄弟之孫，報之亦降一等，自小功降而爲緦也。

【校注】

［一］《儀禮·喪服》：「傳曰：爲人後者，于兄弟降一等，報。于所爲後之兄弟之子，若子。」

庶子爲後者爲其外祖父母從母舅無服［一］

與尊者爲一體，不敢以外親之服，而廢祖考之祭，故絀其服也。言母黨，則妻之父母可知。

【校注】

［一］見《儀禮·喪服》「記」以下文。賈公彦曰：「《儀禮》諸篇有『記』者，皆是記經不備者也。作記之人，其疏已在《士冠篇》。」

考降［一］

「考」，父也。既言父，又言考者，猶《易》言「幹父之蠱，有子，考无咎」也。「降」者，骨肉歸復於土也。《記》曰：「體緦則降。」［二］人死則魂升於天，魄降於地。《書》曰：「禮陟配天。」［三］陟，言升也。又曰：放勳「乃徂落」。［四］落，言降也。然而曰「文王陟降」［五］，何也？神無方也，可以兩在而兼言之。

【校注】

[一]《儀禮・士喪禮》：卜日，「命曰：『哀子某，來日某，卜葬其父某甫。考降，無有近悔？』」鄭玄注：「考，登也。降，下也。言卜此日葬，魂神上下得無近於咎悔者乎？」亭林解「考」與鄭不同。

[二]見《禮記・禮運》。「緦」字誤，當改。原抄本、集釋本、欒本、陳本均作「魄」。《禮記》作「魄」。

[三]見《尚書・君奭》。

[四]見《尚書・舜典》。

[五]見《詩經・大雅・文王》。

噫歆[一]

《士虞禮》：「聲三」[二]，註：「聲者，噫歆也，將啟户，警覺斯也。」[三]《曾子問》：「祝聲三」[四]，註：「聲，噫歆，警神也。」[五]蓋歎息，而言神其歆我乎？猶《詩》「顧予烝嘗」[六]之意也。喪之「皋某復」[七]，祭之「噫歆」，皆古人命鬼之辭。正義曰：「直云祝聲，不知作何聲。案《論語》云：『顔淵死，子曰：噫，天喪予！』《檀弓》云：『公肩假曰：意[八]！』是古人發聲多云噫，故知此聲亦謂噫也。凡祭祀神之所享謂之歆，今作聲欲令神歆享，故云『歆，警神也』。」[九]

《既夕禮》：「聲三」，註：「舊説以爲『噫興』也。」[十]「噫興」者，歎息而欲神之興也。「噫歆」者，歎息而欲神之歆也。

【校注】

[一]此題辨鄭玄《禮記》注。

[二]《儀禮·士虞禮》:「祝升,止哭;聲三,啟户。」賈公彦疏引鄭玄《三禮目録》:「虞,安也。士既葬父母,迎精而反,日中祭之于殯宫以安之。」

[三]鄭玄注。「斯」字誤,當改。原抄本、遂初堂本、集釋本、欒本、陳本、嚴本均作「神」。

[四]見《禮記》。

[五]鄭玄注。

[六]見《詩經·商頌·那》。

[七]見《儀禮·士喪禮》。「後」字誤,當改。原抄本、集釋本、欒本、陳本均作「復」。《儀禮》作「復」。

[八]「意」字誤,當改。原抄本、遂初堂本、集釋本、欒本、陳本、嚴本均作「噫」。

[九]見《禮記·曾子問》孔穎達疏。今按:亭林此篇辨鄭玄《禮記》注。鄭玄解『聲』字爲『噫歆』,而非解『噫』字『歆』字,故『噫歆』二字不可斷開。而孔穎達正義曰:『注「聲,噫歆,警神也」……故云「歆,警神」也』,『故云』下疑脱『噫』字阮刻《十三經注疏》本無校勘記,遂導致沈濤質疑孔穎達以『噫』字『歆』字斷句之非。《銅熨斗齋隨筆》:『是以鄭注「噫」字斷句,以「歆」字連「警神」爲句。

[十]鄭玄注:「聲三,三有聲,存神也。啟三,三言啟,告神也。舊説以爲『聲,噫興也』。」

日知録卷之八[一]

毋不敬

「毋不敬，儼若思，安定辭」[二]，「修己以敬」[三]也。「安民哉」[四]，「修己以安人」[五]也。「儼若思，安定辭」何以安民？「子曰：『危以動，則民不與也；懼以語，則民不應也。』」[六]《詩》云：「彼都人士，狐裘黄黄。其容不改，出言有章。行歸於周，萬民所望。」[七]

【校注】

[一]卷八，刻本在卷六内。

[二]見《禮記・曲禮上》。

[三]見《論語・憲問》。

[四]亦見《禮記・曲禮上》。

[五]亦見《論語・憲問》。

[六]見《易經・繫辭下傳》。

〔七〕《詩經·小雅·都人士》。

女子子

「女子子」〔一〕，謂己所生之子，若昆〔二〕弟之子。言女子者，别於男子也。猶《左氏》言「女公子」。古人謂其女亦曰「子」，《詩》曰「齊侯之子，衛侯之妻」〔三〕，《論語》曰「以其子妻之」〔四〕，是也。此章言男女之别，故加「女子」於「子」之上以明之。下乃專言「兄弟」者，兄弟至親，兄弟之於姊妹猶弗與同席同器，而況於姑乎？況於女子子乎？不言從子，不言父，據兄弟可知也。《喪服小記》言：「女子子在室，爲父母，杖。」〔五〕然則「女子子」爲己所生之子明矣。胡氏謂重言「子」，衍文。黄氏以爲「女子之子」，皆非。〔六〕

《内則》曰：「七年，男女不同席，不共食。」則不待「已嫁而□〔七〕」矣。

【校注】

〔一〕《禮記·曲禮上》：「姑、姊、妹、女子子，已嫁而反，兄弟弗與同席而坐，弗與同器而食。」孔穎達疏：『女子』者，謂已嫁女子子，是己之女，不直云『女子』，而云『女子子』者，凡男子女子皆是父生，同爲父之子，男子則單稱子，女子則重言子者，案鄭注《喪服》云：『重言女子子，是别於男子，故云女子子。』」

〔二〕「昆」字誤，當改。原抄本、遂初堂本、集釋本、欒本、陳本、嚴本均作「兄」。

〔三〕《詩經·衛風·碩人》。

〔四〕《論語·公冶長》。

[五]原文作：「女子子在室，爲父母，其主喪者不杖，則子一人杖。」

[六]黄汝成集釋引楊氏曰：對姑而言，不曰從子，當曰姪。《左氏》「姪其從姑」是也。古人不謂兄弟之子曰姪，姪者對姑之辭，男女同。

[七]底本缺一字處，原抄本、遂初堂本、集釋本、欒本、陳本、嚴本均作「反」，《禮記》作「反」，當補。

取妻不取同姓[一]

「姓」之爲言「生」也。《左傳・昭四年》：「問其姓，對曰：『余子長矣。』」《詩》曰：「振振公姓。」[二]天地之化，專則不生，兩則生，故叔詹言：「男女同姓，其生不蕃。」[三]《晉語》曰：「同姓不昏，懼不殖也。」[四]而子産之告叔向云：「内官不及同姓，美先盡矣，則相生疾。」[五]晉司空季子之告公子曰：「異德合姓。」[六]鄭史伯之對桓公曰：「先王聘后於異姓，務和同也。聲一無聽，物一無文。」[七]是知《禮》「不娶同姓」者，非但防嫌，亦以戒獨也。故《曲禮》：「納女於天子，曰備百姓。」《吴語》：「勾踐請一介嫡女執箕帚，以晐姓于王宫。」[八]而《郊特牲》註云：「百官，公卿以下也。百姓，王之親也。」《吕刑》：「官伯[九]族姓」，傳：「族，同族。姓，異姓。」《易》曰：「男女睽，而其志通也。」[十]是以「王御不參[十一]一族」，[十二]其所以合陰陽之化，而助嗣續之功者，微矣[十三]。

古人以「異姓」爲昏媾之稱。《大戴禮》南宫縚：「夫子信其仁，以爲異姓。」謂以兄之子妻之也。《周禮》司儀：「時揖異姓」，鄭氏註引之[十四]。

姓之所從來，木[十五]於五帝。五帝之得姓，本於五行，則有相配相生之理。故《傳》言：「有嬀之後，將育[十六]於姜。」[十七]又曰：「姬姞[十八]耦，其生必蕃。」[十九]而後世五音族姓之説自此始矣。晉嵇康論曰：「五行有相生，故同姓不昏。」[二十]《舊唐書》，吕才序《宅經》，謂：「五姓之説，本無所出。惟《堪輿經》黄帝對于天老，乃有五姓之言。」今考《漢書·王莽傳》，卜者王况謂李焉：「君姓李，李者徵，徵，火[二十一]也。」《後漢》蘇竟與劉龔書：「五七之家，三十五姓，彭、秦、延氏不得與焉。」李雲上書：「高祖受命至今，三百六十四歲，君期一周，當有黄精代見，姓陳、項、虞、田、許氏，不可令此人居太尉、太傅典兵之官。」五姓之説，始見于此，蓋與讖記之文同起于哀、平之際。而《京房傳》：「房本姓李，推律自定爲京氏。」《白虎通》曰：「古者聖人吹律定姓，以記其族。」《爾雅翼》曰：「古者司商協名姓，人始生，吹律合之，定其姓名。」《易是謀類》曰：「黄帝吹律定姓。」《論衡》言：「孔子吹律，自知殷宋大夫子氏之世。」則古人以律推姓，亦必有法。《潛夫論》言：「凡姓之有音也，必隨其本生祖所出也。大皞木精，承歲星而王，夫其子孫咸當爲角。神農火[二十二]精，承熒惑而王，夫其子孫咸當爲徵。黄帝土精，承填而王，夫其子孫咸當爲官[二十三]。少昊金精，承太白而王，夫其子孫咸當爲商。顓頊水精，承辰而王，夫其子孫咸當爲羽。雖號百變，音形不易。」此則五姓所以分屬五音之説，與《春秋》裨竈、史趙、史伯諸人之論，大抵相同，不可謂其無本。宋時猶尚五音之説，《雲麓漫鈔[二十四]》言：「永安諸陵皆東南池[二十五]穹，西北地垂，東南有山，西北無山，角音所利如此。」[二十六]

春秋時最重族姓，至七國時則絶無一語及之者。正猶唐人最重譜諜，而五代以後則蕩然無存，人亦不復問此。百餘年間，世變風移，可謂[二十七]長歎也已。

【校注】

[一]《禮記·曲禮上》。又見《禮記·坊記》。

[二]《詩經·周南·麟之趾》。

[三]見《左傳·僖公二十三年》。

[四]《國語》原文作「同姓不婚，惡不殖也」。

[五]見《左傳·昭公元年》。

［六］見《國語・晉語四》。

［七］見《國語・鄭語》。

［八］《國語》原文作「勾踐請盟」。韋昭注：「晐，備也。姓，庶姓。《曲禮》曰：『納女于天子，曰備百姓。』」

［九］「伯」，原抄本同。遂初堂本、集釋本、欒本、嚴本作「百」。陳本作「伯」。阮刻《十三經注疏》本《尚書》作「伯」。

［十］《易經・睽卦》彖辭。

［十一］「叅」，遂初堂本同，集釋本、欒本、陳本、嚴本作「參」。原抄本誤作「恭」，當改。

［十二］語出《國語・周語上》。

［十三］微，微細。

［十四］「之」，遂初堂本、原抄本、遂初堂本、集釋本、欒本、陳本、嚴本均作「此」。

［十五］「木」字誤，當改。原抄本、遂初堂本、集釋本、欒本、陳本、嚴本均作「本」。

［十六］「育」，遂初堂本、集釋本、欒本、陳本、嚴本同。《左傳》作「育」。原抄本誤作「商」，當改。

［十七］《左傳・莊公二十二年》。

［十八］「姞」，遂初堂本、集釋本、欒本、陳本、嚴本同。《左傳》作「姞」。原抄本誤作「結」，當改。

［十九］《左傳・宣公三年》。原文作「其子孫必蕃」。

［二十］見嵇康《答張遼叔釋難宅無吉凶攝生論》。

［二十一］「大」字誤，當改。原抄本、遂初堂本、集釋本、欒本、陳本、嚴本均作「火」。

［二十二］「木」字誤，當改。原抄本、遂初堂本、集釋本、欒本、陳本、嚴本均作「本」。

［二十三］「官」字誤，當改。原抄本、遂初堂本、集釋本、欒本、陳本、嚴本均作「宫」。

［二十四］「鈠」字誤，當改。原抄本、遂初堂本、集釋本、欒本、陳本、嚴本均作「鈔」。

[二十五]「池」字誤，當改。原抄本、遂初堂本、集釋本、欒本、陳本、嚴本均作「地」。

[二十六]黄汝成集釋引楊氏曰：人必出於五帝，則五帝時其民人都無後乎？五姓之説良不可信。黄汝成集釋：汝成案：《易緯》名《是類謀》，注誤。

[二十七]「謂」字誤，當改。原抄本、遂初堂本、集釋本、欒本、陳本、嚴本均作「爲」。

父不祭子夫不祭妻[一]

「父不祭子，夫不祭妻。」不但名[二]分有所不當，而以尊臨卑，則死者之神亦必不安，故其當祭則有代之者矣。此别是一條，説者乃蒙上「餕餘不祭」之文而爲之解，殆似山東人作「不徹薑食，不多食」[三]義，即謂「不多食薑」，同一謬也。此謂平日四時之祭，若在喪，則祥禫之祭未嘗不行。

【校注】

[一]見《禮記・曲禮上》。

[二]「名」字，遂初堂本、集釋本、欒本、陳本、嚴本均同。原抄本脱，當補。

[三]見《論語・鄉黨》，原作二句。「徹」，阮刻《十三經注疏》本作「撤」。阮元校勘記曰：「《説文》無『撤』字，『撤』乃『徹』之俗字。」

檀弓[一]

讀《檀弓》二篇及《曾子問》，乃知古人於禮服，講之悉而辨之明[二]如此。《漢書》言夏侯勝

「善説禮服」，蕭望之「從夏侯勝問《論語》禮服」。[三]唐開元四部書目，《喪服傳》義疏有二十三部。音[四]之大儒有專以喪服名家者，其去鄒魯之風未遠也。故蕭望之「爲太傅，以《論語》禮服授皇太子」。[五]宋元嘉末，徵隱士雷次宗詣京邑，「築室於鍾山西巖下」，「爲皇太子、諸王講《喪服經》」。[六]齊初，何佟之「爲國子助教，爲諸王講《喪服》」[七]。陳後主在東宫，引王元規爲學士，「親授《禮記》、《左傳》、《喪服》等義」[八]。魏孝文帝「親爲群臣講《喪服》於清徽堂」[九]。而《梁書》言始興王憺薨，昭明太子命諸臣共議，從明山賓、朱异之言，以「慕悼之辭，宜終服月」。[十]梁、陳、北齊各有皇帝、皇后、太子、王[十一]侯已下喪禮之書，謂之《凶儀》。夫以至尊在御，不廢講求喪禮，異於李義府之言不豫凶事而「去《國恤》一篇」[十二]者矣。《舊唐書·李義府傳》：「初，《五禮儀注》自前代相沿，吉凶畢舉。大常博士蕭楚材、孔志約以皇室凶禮，爲豫備凶事，非臣子所宜言。義府深然之，於是悉删而焚焉[十三]。」《宋史·章衡傳》：「熙寧初，判太常寺，去[十四]，高宗崩，時無大行凶儀，守真與同時博士韋叔夏、輔抱素等討[十五]論舊事，創爲之。」《裴守真傳》：「爲大常博建言：『自唐開元纂修禮書，以《國恤》一篇爲豫凶事，删而去之。故不幸遇事，則捃摭墜殘，茫無所據。今宜爲厚陵集禮，以貽萬世。』從之。」

宋孝宗崩，光宗不能執喪，寧宗嗣服，已服期年喪，欲大祥畢更服兩月。監察御史胡紘言：「孫爲祖服，已過期矣，議者欲更持禫兩月，不知用何典禮？若曰嫡孫承重，則太上聖躬亦已康服[十六]，於宫中自行二十七月之重服。而陛下又行之，是喪有二孤也。」詔侍從、臺諫、給舍集議。時朱熹君前臣名。上議，以紘言爲非，而未有以折之。後讀《禮記正義·喪服小記》「爲祖後者」條，因自識於本議之末，其略云：「準五服年月格，斬衰三年，嫡孫爲祖，謂承重者。[十七]法意甚明，而《禮經》無文。傳云：『父没[十八]，而爲祖後者服斬』，然而不見本經，未詳何據。但《小記》云：『祖父卒，而后爲祖母後者三年』，可以傍照。至『爲祖後者』條下，疏中所引《鄭志》，乃有『諸侯父有廢疾，不任國政，不任喪事』之問，而鄭答以『天子諸侯之服皆斬』之文，《儀禮·喪服篇》不杖章，「爲君之祖父母」下，疏亦引此，趙商問答。方見父在而承國於祖之服。向日上此奏時，無文字可檢諱[十九]，又無朋友可問，故大約且以禮律言之。亦有疑父在不當承重者，時無明白證驗，但以禮律人情大意答之，心常不安。歸來稽考，始見此説，方得無疑。乃知學之不講，其害如此，而《禮經》之文誠有闕略，不無待於後人。向使無鄭康成，則此事終未有所斷決。不可直謂古經定制一字不可增損也。」[二十]昔人謂「讀書未到康成，不敢輕議漢儒[二十一]」，以比[二十二]。嗚呼！若曾子、子游之倫，親受學於聖人，其於節文之變，辨之如此其詳也。今之學者生於草野之中，當禮壞樂崩之後，於古人之遺文一切不爲之討究，而曰「禮，吾知其敬而已；喪，吾知其哀而已」。以空學而議朝章，以清淡而干王政，是尚不足以闚漢儒之室[二十三]，而何以升孔子之堂哉！

《論語》之言「斯」者七十，而不言「此」。《檀弓》之言「斯」者五十有三，而言「此」者一而已。《大學》成於曾氏之門人，而一卷之中言「此」者十有九。語音輕重之間，而世代之别從可知已。《爾雅》曰：「茲，斯，此也。」今考《尚書》多言「茲」，《論語》多言「斯」，《大學》以後之書多言「此」。

【校注】

[一]《禮記》篇名，分上下二篇。鄭玄《三禮目録》：「名曰《檀弓》者，以其記人善於禮，故著姓名以顯之。姓檀名弓。」

[二]「明」字，遂初堂本、集釋本、欒本、陳本、嚴本均同。原抄本脱，當補。

[三]均見《漢書》本傳。

[四]「音」字誤，當改。原抄本、遂初堂本、集釋本、欒本、陳本、嚴本均作「昔」。

[五]亦見《漢書》本傳。

[六]見《宋史・隱逸列傳》。又見《南史・隱逸列傳上》。

[七]見《南史・儒林列傳・何佟之傳》。

[八]見《陳書・儒林列傳・王元規傳》。

[九]見《北史・魏本紀》。

[十]見《南史・梁武帝諸子列傳・昭明太子傳》。《梁書・昭明太子傳》原文作「慕悼之解」。嚴可均輯《全梁文》據《梁書》亦作「解」。

[十一]「士」字誤，當改。原抄本、遂初堂本、集釋本、欒本、陳本、嚴本均作「王」。

[十二]見《新唐書・禮樂志十》。

[十三]「焉」，原抄本同。遂初堂本、集釋本、欒本、陳本、嚴本均作「之」。《舊唐書》作「焉」。

[十四]「去」字誤，當改。原抄本、遂初堂本、集釋本、欒本、陳本、嚴本均作「士」。

[十五]「計」字誤，當改。原抄本、遂初堂本、集釋本、欒本、陳本、嚴本均作「討」。《舊唐書》作「討」。

[十六]「康服」誤，原抄本同誤，當改。遂初堂本、集釋本、欒本、陳本、嚴本均作「康復」。《宋史》作「康復」。

[十七]陳垣校注：此是朱子原注。

[十八]「没」字，原抄本同，遂初堂本集釋本、欒本、陳本、嚴本均作「歿」。

[十九]「諱」字，原抄本作「諱闕」。

[二十]以上見《宋史・禮志》。朱熹奏議又見《朱子文集》卷十四《乞討論喪服劄子》。

[二十一]「需」字誤，原抄本同誤，當改。遂初堂本、集釋本、欒本、陳本、嚴本均作「儒」。

[二十二]「比」字誤，原抄本同誤，當改。遂初堂本、集釋本、欒本、陳本、嚴本均作「此」。

[二十三]「室」，遂初堂本、集釋本、欒本、陳本、嚴本均作「里」，無解。疑當作「室」，與下文「堂」字相對。

太公五世反葬於周

太公，汲人也。聞文王作，然後歸周。史之所言，已[一]就封於齊矣。其復入爲太師，薨而葬於周，事未可知。使其有之，亦古人因薨而葬不擇地之常爾。《記》以「首丘」喻之，亦已謬矣，乃云「比及五世，皆反葬於周」。[二]夫齊之去周二千餘里，而使其已化之骨，跋履山川，觸冒寒暑，自東徂西，以葬於封守之外，於死者爲不仁。古之葬者「祖於庭，塴於墓」[三]，「反哭於其寢」，[四]故曰：「葬日虞，弗忍一日離也」[五]。使齊之孤重趼送葬，曠月淹時，不獲遵五月之制，「速反而虞」，[六]於生者爲不孝。且也入周之境而不見天子則不度，離其喪次而以衰絰[七]見則不祥，若其孤不行而使卿攝之則不恭，勞民傷財則不惠。此數者無一而可。禹葬會稽，其後王不從，而殽之南陵有夏后皋之墓，豈古人不達禮樂之義哉！「體魄則降，□[八]氣在上」，[九]故古之事其先人，於廟而不於墓，聖人所以知幽明之故也。然則太公無五世反葬之事，明矣。《水經注》：「淄水下有胡公陵，青州刺史傅弘亦[十]言得銅棺隸書處。」胡公，太公之玄孫，未嘗及[十一]葬於周。

【校注】

[一]「已」，遂初堂本、集釋本、欒本、陳本、嚴本同。原抄本作「也」，則屬上讀。

[二]《禮記・檀弓上》：「大公封于營丘，比及五世，皆反葬于周。古之人有言曰：『狐死正丘首。』仁也。」鄭玄

注：「正丘首，正首丘也。」

［三］見《禮記·檀弓上》。

［四］《左傳·隱公三年》：「君氏卒，不反哭於寢。」

［五］見《禮記·檀弓下》。

［六］見《禮記·檀弓上》。

［七］「經」字誤，當改。原抄本、遂初堂本、集釋本、欒本、陳本、嚴本均作「絰」。

［八］底本缺一字處，原抄本、遂初堂本、集釋本、欒本、陳本、嚴本均作「知」，當補。

［九］見《禮記·禮運》。

［十］「傅弘亦」誤，當改。原抄本、遂初堂本、集釋本、欒本、陳本、嚴本均作「傅弘仁」。《水經注》作「傅弘仁」。

［十一］「及」字誤，當改。原抄本、遂初堂本、集釋本、欒本、陳本、嚴本均作「反」。

扶君

「扶君，卜人師扶右，註：「『卜』當爲『僕』。」射人師扶左，君薨以是舉。」［一］此所謂「男子不死於婦人之手」［二］也。三代之世，「侍御僕從，罔非正人」［三］，「綴衣、虎賁」［四］，「皆惟言士」［五］，與漢高之「獨枕一宦者臥」［六］異矣。《春秋傳》曰：「公薨於小寢，即安也。」［七］魏中山王衮疾病，令官屬以時營東堂，「堂成，與［八］疾往居之」［九］。其得禮之意者與？

【校注】

［一］見《禮記·檀弓上》。鄭玄注：「扶君，謂君疾時也。君薨，不忍變也。」

[二]見《禮記・喪大記》。
[三]見《尚書・冏命》。
[四]《尚書・立政》:「王左右常伯、常任、准人、綴衣、虎賁。」
[五]「言士」誤,當改。原抄本、遂初堂本、集釋本、欒本、陳本、嚴本均作「吉士」。《尚書・立政》又曰:「其惟吉士,用勵相我國家。」
[六]見《史記・樊酈滕灌列傳》。《漢書》同。
[七]《春秋經・僖公三十三年》:「公薨於小寢。」《左傳》:「薨於小寢,即安也。」
[八]「與」字誤,當改。原抄本、遂初堂本、集釋本、欒本、陳本、嚴本均作「輿」。
[九]見《資治通鑑》卷七十三《魏紀五》。事見《三國志・魏書・武文世王公傳》。

二夫人相爲服

「從母之夫,舅之妻,二夫人相爲服。」[一]從母之夫,與謂「吾從母之夫」者,相爲服也。舅之妻,與謂「吾舅之妻」者,相爲服也。上不言妻之姊妹之子,下不言夫之甥,語繁而冗,不可以成文也。聞一知二,吾於《孟子》「以紂爲兄之子」[二]言之。

【校注】

[一]見《禮記・檀弓上》。鄭玄注:「『二夫人』,猶言『此二人』也。」孔穎達疏:「言從母及舅,皆是外甥稱謂之辭。」
[二]《孟子・告子上》。

同母異父之昆弟

「同母異父之昆弟」，不當有服，子夏曰：「我未之前聞也」，此是正説。而又曰：「魯人則爲之齊衰」，則多此一言矣。狄儀從而行之，後人踵而效之，「今之齊衰，狄儀之問也」。[一]以其爲大賢之所許也，然則魯人之前固未有行之者矣。是以君子無輕議禮。

廣安游氏曰：「後世所承傳之禮，有出二代[二]之末，沿禮之失而爲之者。『不喪出母』，[三]古禮之正也。孔子[四]喪出母，惟孔子行之，而非以爲法。今禮家爲出母服齊衰杖期，此後世之爲，非禮之正也。同母異父之昆弟，子游曰爲之『大功』，[五]魯人爲之齊衰，亦非禮之一[六]也。昔聖人制禮，教以人倫，使之父子有親，男女有別，然後一家之尊知統乎父，而厭降其母。同姓之親厚於異姓，父在則爲母服齊衰期，出母則不爲服。後世既爲出母制服，則雖異父之子，以母之故，亦爲之服矣。此其失在乎不明父母之辨，一統之尊，不別同姓、異姓之親而致然也。及後世，父在而升其母三年之服，至異姓之服，若堂舅、堂姨之類，亦相緣而升。夫禮者，以情義言也。情義者有所限止，不可偏給也。母統於父，嚴於父則不得不厭降於其母；厚於同姓，則不得不降殺於異姓。大[七]是以父尊而母卑，夫尊而婦卑，君尊而臣卑，皆順是而爲之也。今子游欲以意爲之大功，此皆承世俗之失。失之之原，其來浸遠，後世不考其原，而不能[八]其失也。」[九]

【校注】

[一]均見《禮記・檀弓上》。

[二]「二代」誤，當改。原抄本作「三代」，遂初堂本、集釋本作「二代」。按文淵閣《四庫全書》本衛湜《禮記集説》作「三代」。陳本作「二代」，注曰：「『二』原作『三』。」欒本「二」改爲「三」。嚴本作「二代」，無注。

[三]見《禮記・檀弓上》。

[四]「孔子」誤，當改。原抄本、遂初堂本、集釋本、欒本、陳本、嚴本均作「孔氏」。

[五]《禮記・檀弓上》：「公叔木有同母異父之昆弟死，問于子游，子游曰：『其大功乎？』」

[六]「一」字誤，當改。原抄本、遂初堂本、集釋本、欒本、陳本、嚴本均作「正」。

[七]「大」字誤，當改。原抄本、遂初堂本、集釋本、欒本、陳本、嚴本均作「夫」。

[八]「能」字下，脱「正」字，當補。原抄本、遂初堂本、集釋本、欒本、陳本、嚴本均有「正」字。

[九]陳垣校注：廣安游氏桂，字元發，著《經學》十二卷。此見衛湜《禮記集説》十八引。

子卯不樂[一]

古先王之爲後世戒也，至矣。欲其出而見之也，故「亡國之社，以爲廟屏」。《穀梁傳》。欲其居而思之也，故「子卯不樂」。《檀弓下》。「稷食菜羹」，《玉藻》。而太史奉之，以爲「諱惡」。《王制》。鄭氏註：「諱先王名，惡子卯日。」此君子安而不忘危，存而不忘亡之義也。漢以下人主莫有行之者。惟崔琰諫魏世子田獵，曾引此義。[二]後周武帝天和元年，五月甲午，詔曰：「道德交喪，禮義嗣興，褒四始於一言，美三千於爲敬。是以在上不驕，處滿不溢，富貴所以長守，邦國於焉乂安。故能承天静地，和民敬鬼，明並日月，道錯四時。朕雖庸昧，有志前古。甲子乙卯，《禮》云『不樂』。萇弘表昆吾之稔，杜蕢有揚[三]觶之文。自世道喪亂，禮儀紊毁，此典茫然，已墜於地。昔周王受命，請聞顓頊，廟有戒盈之器，室爲復禮之銘。矧伊米[四]學，而能忘此？宜依是日省事停樂，庶知爲君之難，爲臣不易。之貽[五]後昆，殷鑒斯在。」[六]《春秋》莊公二十一年[七]，「春王正月，肆大青[八]」。《公羊傳》作「大省」，何休註：「謂子卯目[九]也。先王常以此日省吉事，不忍舉，又大自省敕，得無有此行乎？」

子，甲子也。卯，乙卯也。古人省文，但言「子卯」。翼奉乃謂子爲貪狼，卯爲陰賊，「是以王者忌子卯，《禮經》避之，《春秋》諱焉」[十]。此術家之説，非經義也。

【校注】

[一]《禮記·檀弓下》鄭玄注：「紂以甲子死，桀以乙卯亡，王者謂之疾日，不以舉樂爲吉事，所以自戒懼。」陸德明釋文：「賈逵云：『桀以乙卯日死，受以甲子日亡，故以爲戒。』鄭同。《漢書》翼奉説則不然。張宴云：『子刑卯，卯刑子，相刑之日，故以爲忌。而云夏殷亡日，不推湯武以興乎？』」

[二]見《三國志·魏書·崔琰傳》。

[三]「楊」字誤，當改。原抄本、遂初堂本、集釋本、欒本、陳本、嚴本均作「揚」。《周書》作「揚」。

[四]「米」字誤，當改。原抄本、遂初堂本、集釋本、欒本、陳本、嚴本均作「末」。《周書》作「末」。

[五]「之貽」誤倒，當乙正。原抄本、遂初堂本、集釋本、欒本、陳本、嚴本均作「貽之」。《周書》作「貽之」。

[六]見《周書·武帝紀上》。

[七]「二十一年」誤，當改。原抄本作「二十二年」。《春秋經》作「二十二年」。遂初堂本、集釋本、欒本、陳本、嚴本作「二十一年」。陳垣校注：「潘本已誤『廿一』。」

[八]「青」字誤，當改。原抄本、遂初堂本、集釋本、欒本、陳本、嚴本均作「眚」。《春秋經》作「眚」。

[九]「目」字誤，當改。原抄本、遂初堂本、集釋本、欒本、陳本、嚴本均作「日」。

[十]見《漢書・翼奉傳》。

君有饋焉曰獻

「仕而未有禄者，君有饋焉曰『獻』，使焉曰『寡君』。」[一]示不統[二]臣之道也。長樂陳氏曰：「賓之而弗臣，故有饋焉，不曰『賜』而曰『獻』。其將命之使，不但曰『君』，而曰『寡君』，若子思之仕衛、孟子之仕齊是也。註以『君有饋』爲『饋於君』者，非。」故哀公執摯以見周豐[三]，而老萊子之於楚王自稱曰「僕」[四]，《荀子[五]》：周公自言「所執贄而見者十人」[六]。蓋古之人君有所不臣，故「九經」之序，先「尊賢」而後「敬大臣」。[七]尊賢，其所不臣者也。至若武王之訪於箕子，變「年」稱「祀」，不敢以「維新」之號臨之。[八]恪舊[九]之心，師臣[十]之禮，又不可以尋常論矣。

【校注】

[一]見《禮記・檀弓下》。

[二]「統」字誤，當改。原抄本、遂初堂本、集釋本、欒本、陳本、嚴本均作「純」。

[三]見《禮記・檀弓下》。

[四]《列女傳・楚老萊妻》原文云：「老萊子曰：『僕山野之人，不足守政。』」《禮記・禮運》：「仕於公曰臣，仕於家曰僕。」

[五]「荀子」誤，當改。原抄本、遂初堂本、集釋本、欒本、陳本、嚴本均作「荀子」。

[六]見《荀子・堯問》。

［七］見《禮記·中庸》。

［八］《尚書·洪範》：「惟十有三祀，王訪於箕子。」孔安國傳：「商曰祀，箕子稱祀，不忘本。」《詩經·大雅·文王》：「周雖舊邦，其命維新。」

［九］恪舊，謂敬用舊人，與「維新」異。《尚書·盤庚下》：「人惟求舊，器非求舊，惟新。」

［十］師臣，《淮南子》注引《孟子》曰：「王者師臣也。」《白虎通義·王者不臣》引《韓詩内傳》曰：「師臣者帝，臣臣者爵。」

邾婁考公

「邾婁考公之喪，徐君使容居來弔含。」［一］註：「考公，隱公益之曾孫。『考』或爲『定』。」按隱公當魯哀公之時，傳至曾孫考公，其去春秋已遠。而魯昭公三十年：「吴滅徐，徐子章羽［二］奔楚。」［三］「楚沈尹戌師［四］師救徐，弗及，遂城夷，使徐子處之。」［五］是已失國而爲寓公，其尚能行王禮於鄰國乎？定公在魯文宣之時，作「定」爲是。

【校注】

［一］見《禮記·檀弓下》。邾婁，又單稱邾。《公羊傳》何休注：「邾人語聲後曰婁，故曰邾婁，《禮記》同，《左氏》、《穀梁》無『婁』字。」

［二］「章羽」，原抄本、遂初堂本、欒本、陳本、嚴本均同。陳垣校注曰：「傳作『章禹』，潘本已作『羽』。」按阮刻《十三經注疏》本《左傳》經文作「章羽」，傳文作「章禹」。《穀梁傳》亦作「章羽」，惟《公羊傳》作「章禹」。亭林從經文。

［三］見《春秋經》。

[四]「師」字誤，當改。原抄本、遂初堂本、集釋本、欒本、陳本、嚴本均作「帥」。《左傳》作「帥」。

[五]《左傳》。

因國

有勝國，有因國。《周禮》媒氏：「凡男女之陰訟，聽之於勝國之社。」喪祝：「掌勝國邑之社稷之祝號。」士師：「若祭勝國之社稷，則爲之尸。」《書序》言：「湯既勝夏，欲遷其社。」又言：「武王勝殷。」《左傳》：「凡勝國，曰滅之。」文公十五年。是也。《左傳・哀公十三年》：「今吴王有墨，國勝乎？」註：「國爲敵祈[一]勝。」《王制》：「天子諸侯，祭因國之在其地，而無主後者。」[二]《左傳》：「子産對叔向曰：『遷閼伯於商丘，主辰，商人是因。遷實沈於大夏，主參，唐人是因。』」昭公元年。齊晏子對景公曰：「昔爽鳩氏始居此地，季萴因之，有逢伯陵因之，蒲姑氏因之，而後太公因之。」昭公二十年。是也。都宗人，註：「都或有山川，及因國無主，九皇六十四民之祀。」[三]

【校注】

[一]「祈」字誤，當改。原抄本、遂初堂本、集釋本、欒本、陳本、嚴本均作「所」。

[二]鄭玄注：「謂所因之國，先王先公有功德，宜享世祀，今絶無後爲之祭主者。」

[三]見《周禮・春官宗伯》。

文王世子[一]

「文王之爲世子，朝於王季，日三。雞初鳴而衣服，至於寢門外。」[二]不獨文王之孝，亦可以見王季之[三]「其勤」也[四]。爲父者未明而衣，則爲子者雞鳴而起矣。苟宴宴[五]自逸，又何怪乎其子之惰四支而不養也。是以《小宛》之詩必曰「夙興夜寐」，而管寧以三日晏起自訟其愆。[六]古人之以身行道者如此。

【校注】

[一]《禮記》篇名。

[二]見《禮記·文王世子》。

[三]「之」字，遂初堂本、集釋本、欒本、陳本、嚴本均同，原抄本脱，當補。

[四]《尚書·武成》：「王季其勤王家。」

[五]「宴宴」誤，當改。原抄本、遂初堂本、集釋本、欒本、陳本、嚴本均作「宴安」。

[六]《太平御覽》卷三百六十四引《異苑》曰：「管寧避難遼東還，泠海遭風，船垂傾没，寧思愆曰：『吾嘗一朝科頭，三晨晏起。今天怒猥集，過恐在此。』」

武王帥而行之

文王之孝可謂至矣。「武王帥而行之，不敢有加焉。」[一]如三朝、食上、色憂、復膳之節，皆不敢有過於文王。此中庸之行。而凡後人之立意，欲以過於前人者，皆有所爲而爲之也。故「樂正子春之母死，五日而不食。曰：『吾悔之。自吾母而不得吾情，吾惡乎用吾情？』」[二]

【校注】

[一]見《禮記·文王世子》。

[二]見《禮記·檀弓下》。孔穎達疏：「悔其不以實情，勉强而至五日。」

用日干支

三代以前，擇日皆用干。《效特牲》：「郊日用辛，社日用甲。」《書·召誥》：「丁巳，用牲于效。戊午，乃社于新邑。」而《月令》：「擇□[一]日，命民社。」鄭註謂「春分前後戊日」，則郊不必用卒[二]，社不必用中[三]矣。[四]《詩》：「吉日惟戊，既伯既禱。」《穀梁傳》：「六月上甲，始庀牲。十月上甲，始繫牲。」《月令》：「仲春上丁，命樂正習舞釋菜。仲丁，命樂正入學習樂。季秋上丁，命樂正入學習吹。」《春秋》：「秋七月上辛，大雩。季卒[五]，又雩。」《易·蠱封[六]》：「先甲三日，後甲三日。」《巽》九五：「先庚三日，後庚三日」。之類是也。秦漢以下，始多用支。如「午祖」、「戌臘」，[七]三月上巳祓除[八]，張衡《南都賦》：「於是暮春之禊，元巳之辰。」及「正月剛卯」[九]之類是也。《月令》：「擇元辰，躬耕帝藉。」盧植説曰：「日，甲至癸也。辰，子至亥也。郊天，陽也，故以日；藉田，陰也，故以辰。」蔡邕《月令章句》去[十]：「日，幹也。辰，支也。有事於天，用日；有事於地，用辰。」此漢儒之説。考之經文，無用支之證。《夏小正》：二月：「丁亥，□[十一]用入學。」二月不必皆有丁亥，盖夏后氏始行此禮之日，值丁亥而用之也。猶《部[十二]特牲》言：「郊之用卒[十三]也，周之始郊日以至[二]，言周人以日至郊，適值卒[十四]日。謂以支取多[十五]者，非。

【校注】

[一]底本缺一字處，原抄本、遂初堂本、集釋本、欒本、陳本、嚴本均作「元」，《禮記》作「元」，當補。

[二]「卒」字誤，當改。原抄本、遂初堂本、集釋本、欒本、陳本、嚴本均作「辛」。

[三]「中」字誤，當改。原抄本、遂初堂本、集釋本、欒本、陳本、嚴本均作「甲」。

[四]鄭注《禮記注》未見，見《太平御覽》卷三十及卷五百三十二。

[五]「卒」字誤，當改。原抄本、遂初堂本、集釋本、欒本、陳本。嚴本均作「辛」。《春秋經》作「辛」。

[六]「封」字誤，當改。原抄本、遂初堂本、集釋本、欒本、陳本均作「卦」。

[七]《風俗通義》卷八：「漢家火行，盛於午，故以午祖也。」「漢家火行，衰於戌，故以戌臘也。」

[八]《後漢書・禮儀志上》：「是月上巳，官民皆潔於東流水上，曰洗濯祓除。」

[九]《漢書・王莽傳》：「正月剛卯，金刀之利。」

[十]「去」字誤，當改。原抄本、遂初堂本、集釋本、欒本、陳本、嚴本均作「云」。

[十一]底本缺一字處，原抄本、遂初堂本、集釋本、欒本、陳本、嚴本均作「萬」，《大戴禮記》作「萬」，當補。

[十二]「部」字誤，當改。原抄本、遂初堂本、集釋本、欒本、陳本、嚴本均作「郊」。

[十三]「卒」字誤，當改。原抄本、遂初堂本、集釋本、欒本、陳本、嚴本均作「辛」。《禮記》作「辛」。

[十四]「卒」字誤，當改。原抄本、遂初堂本、集釋本、欒本、陳本、嚴本均作「辛」。

[十五]「多」字誤，當改。原抄本、遂初堂本、集釋本、欒本、陳本、嚴本均作「亥」。

社日用甲

《月令》：「擇元日，命民社。」註：「祀社，日用甲。」據《郊特牲》文：「日用甲，用日之始也。」

正義曰：「《召誥》：『戊午乃社於新邑。』用戊者，周公告營洛諱闕[一]邑伍[二]成，非常祭也。」[三]《墨子》云：「吉日丁卯，周代祝社。」[四]疑不可信。《禮》：「外事用剛日」，丁卯非也。漢用午，魏用未，晉用酉，各因其行運。潘尼《皇太子社》詩：「孟月涉初旬，吉日惟上酉。」則不但用酉，又用孟月。唐武后長壽元年制，「更以九月爲社」。[五]玄宗開元十八年詔，「移社日[六]就千秋節」，皆失古人用甲之義矣。

【校注】

[一]「諱闕」，原抄本作「諱闕」。

[二]「伍」字誤，當改。原抄本、遂初堂本、集釋本、欒本、陳本、嚴本均作「位」，《禮記正義》作「位」。

[三]《禮記·月令》孔穎達正義。

[四]《墨子·明鬼下》。「祝」，集釋本、欒本、陳本同，原抄本誤作「祀」，當改。《墨子》作「祝」。

[五]見《資治通鑑》卷二百五《唐紀二十一》。《舊唐書·則天皇后本紀》作「改用九月爲社」。

[六]「社日」，遂初堂本、集釋本、欒本、陳本、嚴本同，原抄本作「夏日」。按當作「社日」。《舊唐書·玄宗本紀上》：「村閭社會，並就千秋節。」《資治通鑑》卷二百一十三：「尋又移社就千秋節」，胡三省注：「自古以來，社用戊日。」

不齒之服[一]

「道二，仁與不仁而已矣」[二]，出乎吉則入乎凶。「惰游之士」，「縞冠垂緌」；「不齒之人」，

「玄冠縞武」。以其爲自吉而之凶之人，故被之以不純吉，而雜乎凶之服。[三]

【校注】

[一]《禮記·玉藻》：「垂緌五寸，惰遊之士也，玄冠縞武，不齒之服也。」鄭玄注：「玄冠，委貌也。」「冠有緌，尊者飾也。」「武，冠卷也。」

[二]語出《孟子·離婁上》。

[三]《玉藻》又曰：「縞冠玄武，子姓之冠也。縞冠素紕，既祥之冠也。」故曰「自吉」。

爲父母妻長子禫

禫者，終喪之祭。父母之喪，中月而禫，固已[一]，妻與長子何居？夫不有祖父母、伯叔父母及昆弟乎？曰：夫爲妻，父爲長子，喪之主也，服除而禫。非夫非父，其誰主之？若祖父母、伯父母及兄弟，則各有主之者矣，故不禫。

父在爲母，則從乎父而禫。

【校注】

[一]已，同「矣」。

爲殤後者以其服服之[一]

「爲殤後者，以其服服之。」殤，無爲人父之道[二]，而有爲殤後者，此禮之變也。謂大宗之子未及成人而殤，取殤者之兄弟若兄之子以爲後，則以爲人後之服而服之如父，不以其殤而殺，重大宗也。若魯之閔公八歲而薨，僖爲之後，是已。夫禮之制殤，所以示長幼之節，而殺其恩也。大宗重則長幼之節輕，故殤之服而有時不異乎成人，不以宜殺之恩而虧曾[三]祖之義，此所謂權也。若曰服其本服云爾，《記》何必言之？而亦烏有爲殤後者哉？

【校注】

[一]見《禮記·喪服小記》。

[二]殤，《説文》：「不成人也。人年十九至十六死，爲長殤；十五至十二死，爲中殤；十一至八歲死，爲下殤。」不成人，故曰「無爲人父」。

[三]「曾」字誤，當改。原抄本、遂初堂本、集釋本、欒本、陳本、嚴本均作「尊」。

庶子不以杖即位[一]

古之爲杖，但以輔病而已，其後以杖爲主喪者之用。喪無二主，則無二杖，故庶子不以杖即位。

夫爲妻杖，則其子不杖矣。父爲長子杖，則其孫不杖矣。《雜記》曰：「爲長子杖，則其子不以杖即位。」其子，長子之子。

【校注】

[一]見《禮記·喪服小記》。孔穎達疏：「『庶子不以杖即位』者，謂適、庶俱有父母之喪也，適子得執杖進阼階哭

位，庶子至中門外而去之，以下於適子也。」

婦人不爲主而杖者[一]

無杖則不成喪，故「女子在室」[二]，父母死而無男昆弟，則女子杖。其曰「一人」，明無二杖也。

「姑在爲夫杖」，必其無子也。「母爲長子削杖」，必其無父也。此三者皆無主之喪，故婦人杖。

【校注】

[一]《禮記・喪服小記》：「婦人不爲主而杖者，姑在爲夫杖，母爲長子削杖。女子子在室爲父母，其主喪者不杖，則子一人杖。」

[二]「女子在室」，遂初堂本、集釋本、欒本、陳本、嚴本同。原抄本脱「子」字，當補。然按《儀禮》、《禮記》原文，皆云「女子子在室」。

庶姓别於上[一]

「庶姓」者，子姓也。《特牲饋食禮》言「子姓兄弟」，註曰：「所祭者之子孫。言『子姓』者，子之所生。」《玉藻》、《喪大記》並言「子姓」，註曰：「子姓，謂衆子孫也。」《玉藻》「縞冠玄武，子姓之冠也」，正義曰：「姓，生也。孫是子之所生，所[二]云子姓。」故《詩》言「公姓」以繼「公子」[三]，而「同父」之變文則云「同姓」[四]。此所云「庶姓别於上」者，亦子姓之姓，與《周禮》司儀之云「玉[五]揖庶姓」者，文同而所指異也。註以「始祖爲正姓，高祖爲庶姓」，意亦不殊，然多此兩「姓」之目。

【校注】

[一]見《禮記·大傳》。鄭玄注：「玄孫之子，姓别于高祖，五世而無服。姓，世所由生。」

[二]「所」字誤，當改。原抄本、遂初堂本、集釋本、欒本、陳本、嚴本均作「故」。

[三]《詩經·周南·麟之趾》第一章云「振振公子」，第二章云「振振公姓」，故曰「以繼」。

[四]《詩經·唐風·杕杜》第一章云「不如我同父」，第二章云「不如我同姓」，故曰「變文」。

[五]「玉」字誤，當改。原抄本、遂初堂本、集釋本、欒本、陳本、嚴本均作「土」。《周禮》作「土」。

愛百姓故刑罰中[一]

人君之於天下，不能以獨治也。獨治之而刑繁矣，衆治之而刑措矣。古之王者，不忍以刑窮天下之民也，是故一家之中，父兄治之，一族之間，宗子治之。其有不善之萌，莫不自化於閨門之内，而猶有不帥教者，然後歸之士師。然則人君之所治者，約矣。然後「原父子之親、立君臣之義以權之，意論輕重之序、慎測淺深之量以别之，悉其聰明、致其忠愛以盡之」[二]。夫然，刑罰焉得而不中乎？是故宗法立而刑清，天下之宗子各治其族，以輔[三]人君之治，「罔攸兼於庶獄」[四]，而民自不犯於有司。風俗之醇，科條之簡，有日[五]來矣。《詩》曰：「君之宗之。」吾是以知宗子之次於君道也。

【校注】

[一]《禮記・大傳》：「宗廟嚴故重社稷，重社稷故愛百姓，愛百姓故刑罰中，刑罰中故庶民安。」

[二]見《禮記・王制》。

[三]「輔」，遂初堂本、集釋本、欒本、陳本、嚴本均同。原抄本誤作「服」，當改。

[四]見《尚書・立政》。

[五]「日」字誤，當改。原抄本、遂初堂本、集釋本、欒本、陳本、嚴本均作「自」。

庶民安故財用足[一]

民之所以不安，以其有貧有富。貧者至於不能自存，而富者常恐人之有求，而多爲吝嗇之計，於是乎有爭心矣。夫子有言：「不患貧而患不均。」[二]夫惟收族之法行，而歲時有合食之恩，吉凶有通財之義。「本俗六安萬民」，「三曰聯兄弟」，而「鄉三物」之所興者，「六行」之條，曰睦、曰恤。[三]不待王政之施，而「矜寡、孤獨、廢疾者，皆有所養」[四]矣。此所謂「均無貧」者，而財用有不足乎？至於《葛藟》之刺興，《角弓》之賦作，「九族乃離」[五]，一方相怨[六]，而瓶罍交恥，泉池並竭。然後知先王宗法之立，其所以養人之欲，而給人之求，爲周且豫矣。宋范文正公蘇州義田[七]，至今裔孫猶守其法，范氏無窮人。

【校注】

[一]承上條,《禮記·大傳》又曰:「庶民安故財用足,財用足故百志成,百志成故禮俗刑,禮俗刑然後樂。」

[二]《論語·季氏》:「不患寡而患不均,不患貧而患不安。蓋均無貧,和無寡,安無傾。」「不均」,陳垣校注:「今《論語·季氏》作『不安』。」按俞樾《古書疑義舉例》曰:「按『寡』、『貧』二字,傳寫互易。」《春秋繁露·度制》引作:「孔子曰:不患貧而患不均。」

[三]均見《周禮·地官司徒》。

[四]見《禮記·禮運》。

[五]見《尚書·仲虺之誥》。

[六]《詩經·小雅·角弓》:「民之無良,相怨一方。」

[七]「曰」字誤,當改。原抄本、遂初堂本、集釋本、欒本、陳本、嚴本均作「田」。

術有序

《學記》:「術有序」,註:「術,當爲『遂』,聲之誤也。《周禮》:萬二千五百家爲遂。」按《水經注》引此作「遂有序」。《周禮》遂人之職:「五家爲鄰,五鄰爲里,四里爲酇,五酇爲鄙,五鄙爲縣,五縣爲遂,皆有地域,溝樹之,使各掌其政令。」遂人,中大夫二人。遂師,下大夫四人,上士八人,中士十有六人,旅下士三十有二人。遂大夫[一],每遂中大夫一人。又按《月令》:「審端[二]徑[三]術」,註:「『術』,《周禮》作『遂』。『夫間有遂,遂上有徑。』徑[四],小溝也。」《春秋》文公十二年,「秦伯使術來聘」,《公羊傳》、《漢書·五行志》並作「遂」。《管子·度地篇》:「百家爲里,里十爲術,術千[五]爲州。」「『術』音

『遂』。」[六]此古「術」「遂」二字通用之説[七]。陳可大《集説》改「術」爲「州」，非也。[八]《周禮》：州長「會民射於州序」，陳氏《禮書》曰：「州曰序。記言『遂有序』，何也？《周禮》遂官有降鄉官一等，則遂之學亦鄉一筭[九]矣。降鄉一等而謂之州長，其爵與遂大夫同，則序[十]之學其名與州序同可也。」[十一]

【校注】

[一]「夫夫」，誤，當改。原抄本、遂初堂本、集釋本、欒本、陳本、嚴本均作「大夫」。

[二]「端」，遂初堂本、集釋本、欒本、陳本、嚴本同，原抄本誤作「媏」。《禮記》作「端」。

[三]「徑」，原抄本、遂初堂本、集釋本、陳本、嚴本同，欒本作「經」。阮刻《十三經注疏》本作「經」，校勘記：「閩、監、毛本『經』作『徑』。」

[四]「徑」，原抄本、集釋本、欒本、陳本均同。《禮記》鄭注作「遂」。陳垣校注：「『徑』本作『遂』，潘本已誤。」

[五]「千」字誤，當改。原抄本、遂初堂本、集釋本、欒本、陳本、嚴本均作「十」。《管子》作「十」。

[六]「術音遂」三字，《禮記》陸德明音義。

[七]「説」字誤，當改。原抄本、遂初堂本、集釋本、欒本、陳本、嚴本均作「證」。

[八]陳垣校注：元陳澔《禮記集説》。《集説》所集各家之説，非陳氏自改也。

[九]「筭」字誤，當改。原抄本、遂初堂本、集釋本、欒本、陳本、嚴本均作「等」。

[十]「序」字誤，當改。原抄本、遂初堂本、集釋本、欒本、陳本、嚴本均作「遂」。

[十一]陳垣校注：宋陳祥道《禮書》四八「周四代學」條。

師也者所以學爲君[一]

三代之世，兄[二]民之俊秀，皆人大學，而教之以治國平天下之事。孔子之於弟子也，四代之禮樂以告顔淵[三]，「五至」「三無」以告子夏[四]，而又曰「雍也可使南面」[五]。然則内而聖，外而王，無異道矣。其繫《易》也，曰：「九二曰：『見龍在田，利見大人』，何謂也？子曰：『龍德而正中者也。庸言之信，庸行之謹，閑邪存其誠，善世而不伐，德博而化。《易》曰「見龍在田，利見大人」，君德也。』」「君子學以聚之，問以辨之，寬以居之，仁以行之。《易》曰：『見龍在田，利見大人』，君德也。」故曰：「師也者，所以學爲君也。」

【校注】

[一]見《禮記・學記》。

[二]「兄」字誤，當改。原抄本、遂初堂本、集釋本、欒本、陳本、嚴本均作「凡」。

[三]見《論語・衛靈公》。

[四]見《禮記・孔子閒居》。

[五]見《論語・雍也》。

肅肅敬也[一]

「肅肅，敬也；雍雍[二]，和也。」《詩》本「肅」、「雍」一字，而引之二字者，長言之也。[三]《詩》

云：「有洸有潰」[四]，毛公傳之曰：「洸洸，武也；潰潰，怒也。」即其例也。[五]

【校注】

[一]《禮記·樂記》：「《詩》云：『肅雍和鳴，先祖是聽。』夫肅肅，敬也；雍雍，和也。」阮元《十三經注疏》校勘記：「衛氏《集説》『雍』作『雝』。」按《毛詩傳》：「雝雝，雁聲和也。」

[二]「雍雍」，原抄本、遂初堂本、嚴本同。集釋本、欒本、陳本作「雝雝」。下「雍」字同。

[三]今按：《禮記·少儀》：「言語之美，穆穆皇皇；朝廷之美，濟濟翔翔；祭祀之美，齊齊皇皇；車馬之美，匪匪翼翼；鸞和之美，肅肅雍雍。」

[四]《詩經·邶風·谷風》。

[五]黄汝成集釋引臧氏曰：《毛詩傳》有《經》本一字，而《傳》重文者。如「憂心有忡」，《傳》：「憂心忡忡然」。「赫兮咺兮」，《傳》：「赫有明德，赫赫然」。「容兮遂兮，垂带悸兮」，《傳》：「佩玉遂遂然，垂其紳带悸悸然」。「將其來施」，《傳》：「施施，難進之貌」。「條其歗矣」，《傳》：「條條然歗也」。「惴惴其栗」，《傳》：「栗栗懼也」。

以其綏復[一]

男子以車爲居，以弓矢爲器。故其生也，「桑弧蓬矢，以射天地四方」[二]。其死也，「設决[三]，麗於掔」[四]。比葬，則「弓矢之新沽功，有弭飾焉，亦張可也」[五]。以射者，男子之事也。如死於道，「則升其乘車之左轂，以其綏復[六]」。[七]註改「綏」爲「緌[八]」，「謂旌旗之旄也」。以旄復死，不切于事。廣陵胡氏曰：「此復，魂既在車，當是執綏之綏。」以車者，男子之居也。《晉書·祖逖傳》論「災星告釁，笠轂徒招」，用此。「升車必正立執綏。」[九]徐鉉曰：「綏者，所執轡之總。」「以其綏復」者，象其行也。象其行，所以達其志也。「於是有朝聘而終，以尸將事之禮」矣。左氏哀公十五年《傳》。《聘禮》：「賓死，以棺造朝，介將命」。《宋史·章頻傳》：「爲刑部郎中，使契丹，至紫濛館，卒。契丹遣内侍就館奠祭，命接伴副使吴克荷護其喪，以錦車駕橐駝載至中京，飲[十]以銀飾棺，具鼓吹羽葆，吏士衛送至日[十一]溝。」「邾婁復之以矢」[十二]，猶有殺敵之意焉。此「亡[十三]於禮者之禮也」[十四]。

【校注】

[一]語出《禮記·雜記上》。「復」，集釋本、欒本、陳本均同，原抄本誤作「復」，當改。

[二]見《禮記·射義》。

[三]「決」，遂初堂本、集釋本、欒本、陳本、嚴本均同，原抄本誤作「法」，當改。《儀禮》作「决」。鄭玄注：「决，以韋爲之籍，有彄。彄内端爲紐，外端有横帶，設之，以紐擐大擘本也。」

[四]見《儀禮·士喪禮》。

[五]見《儀禮·既夕禮》。

[六]「復」，遂初堂本、集釋本、欒本、陳本、嚴本均同。原抄本誤作「服」，下文「綏復」同誤，當改。《禮記》作「復」。

[七]見《禮記·雜記上》。鄭玄注：「復，招魂復魄也。」

[八]「綏」字誤，當改。原抄本、遂初堂本、集釋本、欒本、陳本、嚴本均作「緌」。

[九]見《論語·鄉黨》。

[十]「飲」字誤，當改。原抄本、遂初堂本、集釋本、欒本、陳本、嚴本均作「斂」。《宋史》作「斂」。

[十一]「日」字誤，當改。原抄本、遂初堂本、集釋本、欒本、陳本、嚴本均作「白」。《宋史》作「白」。

[十二]見《禮記·檀弓上》。

[十三]「亡」，遂初堂本、集釋本、欒本、陳本、嚴本均同，原抄本誤作「正」，當改。《禮記》作「亡」。「亡」讀作「無」，

孔穎達疏：「亡，無也。是無文之禮」。

［十四］見《禮記・檀弓上》。孔穎達疏：「亡，無也。是無文之禮。」

親喪外除兄弟之喪内除［一］

「親喪外除」者，祥爲喪之終矣，而其哀未忘，故中月而禫。「兄弟之喪内除」者，如其月日［二］而止。

【校注】

［一］見《禮記・雜記下》。

［二］「月日」，遂初堂本同，原抄本、集釋本、欒本、陳本、嚴本均作「日月」。

十五月而禫

「期之喪，十一月而練，十三月而祥，十五月而禫。」［一］孔氏曰：「此言父在爲母，亦備二祥節也。」蓋以十月當大喪之一周，踰月則可以練矣，故曰「十一月而練」。以十二月當大喪之再周，踰月則可以祥矣，故曰「十三月而祥」。必言十一月、十三月者，親喪外除。又加兩月焉，則與大喪之中月同，可以禫矣，故曰「十五月而禫」。

父在爲母，其禫也，父主之，則夫之爲妻亦當十五月而禫矣。晉孫楚《除婦服詩》，但以「一周」而畢[二]，蓋不數禫月。

其他期喪祥禫之祭，皆不在已[三]，則亦以十一月而練，十三月而除可知。故鄭氏曰：「凡齊衰十一月，皆可以出弔。」[四]

【校注】

[一]見《禮記・雜記下》。

[二]《世説新語・文學篇》注引孫楚《除婦服詩》：「時邁不停，日月電流。神爽登遐，忽已一周。」

[三]不在己，謂不在己族。

[四]「出弔」，各本均同。阮刻十三經注疏本《禮記》鄭注原文作「出矣」。胡廣《禮記大全》引鄭注作「出弔」。

妻之黨雖親弗主

「姑姊妹，其夫死，而夫黨無兄弟，使夫之族人主喪。妻之黨，雖親弗主。夫君[一]無族矣，則前後家、東西家。無有，則里尹[二]主之。」[三]此文以姑姊妹發端，以戒人不可主姑姊妹之夫之喪也。夫寧使疏遠之族人與鄰家里尹，而不使妻之黨爲之主，聖人之意蓋以[四]逆知後世必有如王莽假母后之權，行居攝之事，而篡漢家之統，而豫爲之坊者矣。别内外，定嫌疑，自天子至於庶人一也。「或曰：主之而附於夫之黨。」[五]是惡知禮意哉！

【校注】

[一]「君」字誤，當改。原抄本、遂初堂本、集釋本、欒本、陳本、嚴本均作「若」。《禮記》作「若」。

［二］「尹」，遂初堂本、集釋本、欒本、陳本、嚴本均同。原抄本誤作「户」，下「尹」字同誤，當改。《禮記》作「尹」，孔穎達疏：「里尹，閭胥、里宰之屬。《王度記》曰：『百户爲里，里一尹。』」

［三］見《禮記·雜記下》。

［四］「以」，原抄本同。遂初堂本、集釋本、欒本、陳本、嚴本作「已」。按當作「已」。

［五］亦見《禮記·雜記下》。

吉祭而復寢

「禫而從御，吉祭而復寢」［一］，互言之也。鄭註已明，而孔氏乃以吉祭爲四時之祭，雖禫之後，必待四時之祭訖，然後復寢，非也。禫即吉祭也，豈有未吉祭［二］而先御婦人者乎？

【校注】

［一］見《禮記·喪大記》。鄭玄注：「從御，御婦人也。復寢，不復宿殯宫也。」

［二］「吉祭」誤，當改。原抄本、遂初堂本、集釋本、欒本、陳本、嚴本均作「復寢」。

如欲色然［一］

「人少則慕父母，知好色則慕少艾。」［二］能以慕少艾之心而慕父母，則其誠無以加矣。正義云：「王肅解『欲色』爲『如欲見父母之顔色』，『鄭何得比父母於女色！』馬昭申云：『孔子曰：吾未見好德如好色者。是亦比色於德。』張融云：『如好色，取其甚也，於文無妨。』」

【校注】

[一]《禮記·祭義》：「文王之祭也」、「如見親之所愛，如欲色然」。鄭玄注：「『如欲色』者，以時人於色厚，假以喻之。」

[二]見《孟子·萬章上》。

先古

《祭義》：「以事天地、山川、社稷、先古。」「先古，先祖」[一]也。《詩》曰：「以似[二]以續，續古之人。」[三]亦謂其先人也。近曰先，遠曰古，故周人謂其先公曰「古公」。

【校注】

[一]此句爲鄭玄注。

[二]「似」，遂初堂本、集釋本、欒本、陳本、嚴本均同。原抄本誤作「姒」，當改。《毛詩》作「似」。鄭玄箋：「『似』，訓爲『嗣』。」

[三]《詩經·周頌·良耜》。

博愛[一]

「先之以博愛，而民莫遺其親。」[二]「左右就養無方」[三]，謂之「博愛」。

【校注】

[一]以下二條，論《孝經》。

[二]見《孝經・三才章》。

[三]見《禮記・檀弓上》。

以養父母日嚴

「故親生之膝下，以養父母日嚴。」[一]孩提之童，知愛而已。稍長然後知敬，知敬然後能嚴。「子曰：『今之孝者，是謂能養。至於犬馬皆能有養，不敬，何以别乎？』」[二]故「雞初鳴而衣服，至於寢門外」[三]，「問衣燠寒，疾痛奇[四]養，而敬抑搔之。出入則或先或後，而敬扶持之」[五]，敬之始也。「《詩》云：『戰戰兢兢，如臨深淵，如履薄冰。』而今而後，吾知免夫」[六]，敬之終也。「日嚴」者，與日而俱進之謂。

【校注】

[一]見《孝經・聖治章》。

[二]見《論語・爲政》。

[三]見《禮記・文王世子》。

[四]「奇」字誤，當改。原抄本、遂初堂本、集釋本、欒本、陳本、嚴本均作「苛」。《禮記》作「苛」。

[五]見《禮記・内則》。

[六]見《論語・泰伯》曾子曰。

日知録卷之九[一]

致知[二]

「致知」者，「知止」[三]也。董文清槐以「知止」二節合「聽訟章」爲《格物傳》。[四]知止者何？「爲人君止於仁，爲人臣止於敬，爲人子止於孝，爲人父止於慈，與國人交止於信」[五]，是之謂止。知止，然後謂之知至。君臣、父子、國人之交，以至於「禮儀三百，威儀三千」[六]，是之謂物。《詩》曰：「天生烝民，有物有則。」[七]《孟子》曰：「舜明於庶物，察於人倫。」[八]昔者武王之訪，箕子之陳，曾子、子游之問，孔子之答，皆是物也。故曰「萬物皆備於我」[九]矣。

惟君子爲能體天下之物，故《易》曰：「君子以言有物而行有恒。」[十]《記》曰：「仁人不過乎物，孝子不過乎物。」[十一]

以「格物」爲「多識於鳥獸草木之名」[十二]，則末矣。「知者，無不知也，當務之爲急。」[十三]「聽訟」[十四]者，與國人交之一事也。

【校注】

［一］卷九，刻本在卷六、卷七内。
［二］《禮記・大學》：「致知在格物。」
［三］《禮記・大學》：「知止而後有定。」
［四］董槐，字庭植，謚文清，南宋嘉定進士。《宋史》有傳。
［五］見《禮記・大學》。
［六］見《禮記・中庸》。
［七］《詩經・大雅・烝民》。
［八］《孟子・離婁下》。
［九］語出《孟子・盡心上》。
［十］《易經・家人卦》象辭。
［十一］《禮記・哀公問》。
［十二］見《論語・陽貨》。
［十三］見《孟子・盡心上》。
［十四］《禮記・大學》：「子曰：『聽訟，吾猶人也。必也使無訟乎！』」又見《大戴禮記》及《論語》。

顧諟天之明命［一］

「維天之命，於穆不已。」［二］其在於人，「日用而不知」［三］，「莫非命也」［四］。故《詩》《書》之訓有曰：「顧諟天之明命。」又曰：「永言配命，自求多福。」［五］又曰：「若生子，罔不在厥初生，自貽哲命。」[六]又曰：「惟克天德，自作元命，配享在下。」[七]而劉康公之言曰：「民受天地之中以生，所謂命也。是以有動作、禮義、威儀之則，以定命也。」[八]「彼其之子，邦之司直」，而以爲「舍命不渝」。[九]「乃如之人，懷昏姻也」，而以爲「不知命」。[十]然則子之孝，臣之忠，夫之貞，婦之信，此天之所命，而人受之爲性者也，故曰「天命之謂性」[十一]。求命於冥冥之表，則離而二之矣。

「予迓續乃命於天」[十二]，人事也。理之所至，氣亦至焉，是以「含章中正」，而「有隕自天」。[十三]「匪正」之行，而「天命不祐」。[十四]

【校注】

[一]見《尚書·太甲上》，《禮記·大學》引之。孔安國傳：「顧謂常目在之。諟，是也。」孔穎達疏：「《説文》云：『顧，還視也。』諟與是，古今之字異，故變文爲『是』也。」

[二]見《詩經·周頌·維天之命》。「於」，解爲「於乎」，同「嗚呼」。

[三]語出《易經·繫辭上傳》。

[四]語出《孟子·盡心上》。

[五]見《詩經·大雅·文王》。

[六]見《尚書·召誥》。

[七]見《尚書·吕刑》。

[八]見《左傳·成公十三年》。

[九]見《詩經·鄭風·羔裘》。

[十]見《詩經·鄘風·蝃蝀》。

[十一]語出《禮記·中庸》。

［十二］見《尚書・盤庚中》。
［十三］見《易經・姤卦》九五象傳。
［十四］見《易經・无妄卦》彖辭。

桀紂師［一］天下以暴

《仲虺之誥》篇曰：「簡賢附勢，實繁有徒。」《多方》篇曰：「叨懫日欽，劓割夏邑。」此桀民之從暴也。《微子》篇曰：「殷罔不小大，好草竊奸宄。卿士師師非度，凡有辜罪，乃罔恒獲。小民方興，相爲讎敵［二］。」此紂民之從暴也。故曰：「幽、厲興則民好暴。」［三］「古之人」所以「胥訓告、胥保惠、胥教誨」［四］，而不使民之陷於邪辟［五］者，何哉？「上無禮，下無學，賤民興，喪無日矣。」［六］《天保》之詩，皆祝其君以受福之辭，而要其指歸，不過曰「民之質矣，日用飲食。群黎百姓，徧爲爾德」。然則人君爲國之存亡計者，其可不致審於民俗哉！

【校注】

［一］「師」字誤，當改。目録不誤。原抄本、遂初堂本、集釋本、欒本、陳本、嚴本均作「帥」。《禮記・大學》作「帥」，曰：「堯舜帥天下以仁，而民從之；桀紂帥天下以暴，而民從之。」
［二］「讎敵」誤倒，當乙正。原抄本、遂初堂本、集釋本、欒本、陳本、嚴本均作「敵讎」。《尚書》作「敵讎」。
［三］語出《孟子・告子上》。
［四］見《尚書・無逸》。

[五]「辟」字誤，當改。原抄本、遂初堂本、集釋本、欒本、陳本、嚴本均作「僻」。

[六]見《孟子·離婁上》。

財者末也[一]

古人以財爲末，故舜命九官，未有理財之職。《周官》財賦之事，一皆領於[二]天官冢宰，而六卿無專任焉。漢之九卿：一太常，二光禄勳，三衛尉，四太僕，五廷尉，六鴻臚，七宗正，八大農，武帝大初元年更名大司農。九少府。應劭曰：「少者，小也。」師古曰：「大司農供軍國之用，少府以養天子。」大農掌財在後，少府掌天子之私財又最後。唐之九卿：一太常，二光禄，三衛尉，四宗正，五太僕，六大理，七鴻臚，八司農，九太府。大略與漢不殊，而户部不過尚書省之屬官，故與吏、禮、兵、刑、工並列而爲六。至於大司徒教民之職，宰相實緫[三]之也。罷宰相，廢司徒，以六部尚書爲二品，非重教化、後財貨之義矣。[四]

【校注】

[一]《禮記·大學》：「德者本也，財者末也。」

[二]「領於」，原抄本同，遂初堂本、集釋本、欒本、陳本、嚴本均作「領之於」。

[三]「緫」字誤，當改。原抄本、遂初堂本、集釋本、欒本、陳本、嚴本均作「總」。

[四]黄汝成集釋引錢氏曰：唐末年重財用，而户部度支二曹至以宰相判之。

未有上好仁而下不好義者也[一]

治化之隆，則「遺秉」、「滞穗」之利，及於寡婦。[二] 恩情之薄，則「耰[三] 鉏[四]」、「箕帚」之色，加於父母。[五] 故欲使民興孝興弟，莫急於生財。以好仁之君，用不畜[六] 聚斂之臣，則財足而化行。「人人親其親，長其長，而天下平」[七] 矣。

【校注】

[一]見《禮記・大學》。
[二]《詩經・小雅・大田》：「彼有遺秉，此有滞穗，伊寡婦之利。」
[三]「耰」，遂初堂本、集釋本、欒本、陳本、嚴本均同，原抄本誤作「擾」，當改。
[四]「鉏」，原抄本同，遂初堂本、集釋本、欒本、陳本、嚴本均作「鉏」。
[五]《漢書・賈誼傳》：「商君遺禮義，秦俗日敗」、「借父耰鉏，慮有德色；毋取箕帚，立而誶語」。
[六]「畜」，遂初堂本、集釋本、欒本、陳本、嚴本均同，原抄本誤作「肯」，當改。《禮記・大學》：「百乘之家不畜聚斂之臣。與其有聚斂之臣，寧有盗臣。」
[七]見《孟子・離婁上》。

君子而時中[一]

《記》曰：「禮，時爲大，順次之，體次之，宜次之，稱次之。堯授舜，舜授禹，湯放桀，武王伐紂，時也。天地之祭，宗廟之事，父子之道，君臣之義，倫也。社稷山川之事，鬼神之祭，體也。喪祭之用，賓客之交，義也。羔豚而祭，百官皆足，太牢而祭，不必有餘，此之謂稱也。」「古之聖人，内之爲尊，外之爲樂，少之爲貴，多之爲美，是故先王之制禮也，不可多也，不可寡也，唯其稱也。」[二]此所謂「君子而時中」者也。故《易》曰：「二簋應有時，損剛益柔有時。」[三]舜之「大孝」，文王之「無憂」，武王、周公之「達孝」，所謂[四]「時中」也。[五]

【校注】

[一]見《禮記·中庸》。

[二]《禮記·禮器》。

[三]《易經·損卦》彖辭。

[四]「所謂」上，原抄本、遂初堂本、集釋本、欒本、陳本、嚴本均有「皆」字，當補。

[五]《禮記·中庸》：「子曰：『舜其大孝也與！』」「子曰：『無憂者，其惟文王乎！』」「子曰：『武王、周公，其達孝矣乎！』」

子路問强[一]

《洪範》「六極」：「六曰弱。」鄭康成註：「愚懦不毅爲弱。」故子路問强。

【校注】

[一]見《禮記·中庸》。

素夷狄行乎夷狄[一]

「素夷狄，行乎夷狄」，然則將居中國而去人倫乎？非也。處夷狄之邦，而不失[二]吾中國之道，是之謂「素夷狄，行乎夷狄」也。《六經》[三]所載，帝舜「滑夏」之咨[四]，殷宗「有截」之頌[五]，《禮記》明堂之位[六]，《春秋》會潛[七]之書。凡聖人所以爲內憂[八]外夷之防也，如此其嚴也。文中子以《元經》之「帝魏」，謂「天地有奉，生民有庇，即吾君也」[九]，何其語之偷[十]而悖乎！宋陳同甫[十一]謂：「黄初以來，陵夷四百餘載，夷狄異類迭起，以主中國，而民生常覬一日之安寧於非所當事之人。」[十二]以王仲淹之賢而猶爲此言[十三]，其無以異乎凡民矣[十四]。夫興[十五]亡有迭代之時，而中華無[十六]不復之日，若之何以萬古之心胸，而區區於旦暮乎？楊循吉作《金小史》序曰：「由當時觀之，則完顏氏，帝也，盟主也，大國也；由後世觀之，則夷狄也，盜賊也，禽獸也。」[十七]此所謂「偷」也[十八]。漢和帝時，侍御史魯恭上疏曰：「夫我[十九]狄者，四方之異氣，蹲夷踞肆，與鳥獸無別。若雜居中國，則錯亂天氣，汙辱善人。」[二十]夫以亂辱天人之世，而論者欲將毀吾道以殉之，此所謂「悖」也。孔子有言：「居處恭，執事敬，與人忠，雖之夷狄，不可棄也。」[二十一]夫是之謂「素夷狄，行乎夷狄」也。若乃相率而臣事之，奉其令，行其浴[二十二]，甚者導之以爲虐於中國，而藉口於「素夷狄」之文，則子思[二十三]之罪人也已。

【校注】

[一]《禮記・中庸》：「君子素其位而行，不願乎其外。素富貴，行乎富貴；素貧賤，行乎貧賤；素夷狄，行乎夷

狄」；素患難，行乎患難。君子無入而不自得焉。」「素」，本作「傃」，解爲「嚮」。孔穎達疏：「素，鄉也」，「鄉夷狄之中，行道於夷狄」，「鄉」通「嚮」。

徐文珊曰：編者按：刻本無此章。又文中頗有脱誤，今據張繼校依魯抄本改。

黄侃《日知録目録》校記：今本有目無文，鈔本全章具存。

欒保群注：按《校記》，原本此條有目無文，今依鈔本補入全文，凡三百五十七字，小注四十一字。

陳垣校注：此條刻本有目無文，據抄本補。

嚴文儒校點《顧炎武全集》本《日知録》據潘耒遂初堂刻本爲底本，注云：本條原脱，無名氏抄補於底本天頭，今據補入正文。

今按：此條爲潘耒遂初堂刻本所删，但仍存目録。黄汝成集釋本因之，且删去目録。黄汝成曾見《日知録》抄本此條全文，但未補收。比對抄本可知，潘耒所删爲「素夷狄行乎夷狄」、「胡服」、「李贄」、「鍾惺」四條。《〈日知録〉文淵閣本抽毁餘稿》、文淵閣《四庫全書》本目録均無此四條，可知四庫館臣未見四條，但四庫館臣進而又删去「左衽」、「徙戎」、「三韩」、「胡咙」、「胡」五條。總計九條，均賴抄本保存原貌。諸刻本所無，欒本、陳本、嚴本均據抄本校記補出。

[二]「不失」，原抄本無，據張繼魯抄本補「失不」二字，又乙正爲「不失」。徐文珊引張繼校記：繼案：魯鈔本「失不」，二字乙。黄侃校記作「失不」，欒本因之，作「失不」，而注曰：「失不」二字疑倒。陳本作「不失」，無注。嚴本作「不失」。

[三]「六經」以下魯鈔本分段。張繼校記：繼案：魯鈔本自「六經」起另提。

今按：底本「六經」一行頂格，此前一行滿行，故不辨是否分段。原抄本分段處，底本往往如此。

[四]「滑夏」，原抄本、黄侃校記、陳本、嚴本同，欒本作改爲「猾」。按「滑」又作「猾」。《尚書·舜典》：「蠻夷猾夏。」孔安國傳：「猾，亂也。」《左傳·僖公二十一年》：「蠻夷猾夏，周禍也。」然「滑」、「猾」古亦通用，陸德明《莊子》釋文：「滑，音骨，亂也。」

[五]《詩經・商頌・長發》："相土烈烈，海外有截。"

[六]《禮記・明堂位》："九夷之國，東門之外，西面北上；八蠻之國，南門之外，北面東上；六戎之國，西門之外，東面南上；五狄之國，北門之外，南面東上。"

[七]"會潛"，嚴本同。原抄本作"會"，又據張繼鲁抄本補"朝"字，作"朝會"。量守廬刊本黄侃《日知録校記》、欒本、陳本均只有"會"字。欒保群注："'會'之前疑脱一'盟'字。今按："朝會"疑誤。《周禮・春官宗伯》："大宗伯"以賓禮親邦國，春見曰朝，夏見曰宗，秋見曰覲，冬見曰遇，時見曰會，殷見曰同，時聘曰問，殷覜曰視"。又《秋官司寇》小行人："朝、覲、宗、遇、會、同，君之禮也；存、覜、省、聘、問，臣之禮也。"此爲中國諸侯之常態，而四夷不得參與其中。《史記》稱秦國"不與中國會盟"，《資治通鑑》稱列國"皆以夷翟遇秦，擯斥之，不得與中國之會盟"，是也。而"會潛"乃是與戎狄相會，故亭林言之。潛，魯地。《春秋經・隱公二年》："二年春，公會戎於潛。"《左傳》："公會戎于潛，修惠公之好也。戎請盟，公辭。"《穀梁傳》："會者，外爲主焉爾。知者慮，義者行，仁者守，有此三者然後可以出會。會戎，危公也。"

又两宋間程頤《程氏經説・春秋傳》曰："周室既衰，蠻夷猾夏有散居中國者，方伯大國明大義而攘斥之，義也。其餘列國，慎固封守可也。若與之和好，以免侵暴，非所謂『戎狄是膺』，所以容其亂華也。故《春秋》華夷之辨尤謹。居其地而親中國，與盟會者則與之。公之會戎，非義也。"楊時《龜山集・春秋義》曰："戎狄之道，徑情而直行，非可以禮信結也。與之會盟，失之矣。蓋中國微，然後戎狄始與諸侯抗。與之會盟，非得已也。至是而王綱可知也。"黄震《黄氏日鈔・讀春秋》曰："説者多謂譏公不當與戎會，是責人於難也。岷隱謂：周衰，戎狄雜居中夏，魯有疆埸之交，不得不會之也。愚謂：亦公不能自强也。"此亭林所以特標"會潛"之義也。

[八]"憂"，形近而訛，當改。原抄本、黄侃校記、欒本、陳本、嚴本均作"夏"。

[九]見《中説・述史篇》。隋王通，字仲淹，私謚文中子。著《中説》，又著《元經》等。

[十]"語之偷"，《左傳・文公十七年》："齊君之語偷。"《襄公三十一年》："趙孟將死矣，其語偷。"

［十一］「陳同甫」，原抄本、欒本、陳本同，嚴本作「陳仝父」。

［十二］見陳亮《龍川集》卷三《問答》。「夷狄異類」，文淵閣《四庫全書》本《龍川集》改爲「劉石諸姓」，「中國」改爲「神器」。陳亮，字同甫，號龍川。

［十三］《舊唐書・文苑列傳上・王勃傳》謂王通「依《春秋》體例，自獲麟後，歷秦、漢至於後魏，著紀年之書，謂之《元經》」，有「擬聖」之稱，故此稱其曰「賢」。上言「文中子」，下言「王仲淹」，對文。

［十四］「凡民」，《孟子・盡心上》：「待文王而後興者，凡民也。若夫豪傑之士，雖無文王猶興。」朱熹集注：「凡民，庸常之人也。」

［十五］「興」字，嚴本同。原抄本脱，徐文珊引張繼校記：繼案：「亡」字上應加「興」字。黄侃校記無「興」字。陳本有，欒本無，皆無注。

［十六］「無」字，嚴本同。原抄本脱，徐文珊引張繼校記：繼案：魯抄本「華」下有「無」字。黄侃校記無「無」字。陳本有，欒本無，皆無注。

［十七］楊循吉，字君謙，明吴縣人。《明史・文苑傳》有傳，《藝文志二》載其《遼金小史》九卷。内《遼小史》一卷、《金小史》八卷。

［十八］「此所謂偷也」，嚴本同。原抄本脱「謂」字，據張繼魯抄本補。黄侃校記作「□此所偷也」，欒本因之，而注曰：此句疑當作「此所謂偷也」。陳本作「此所謂偷也」，無注。

［十九］「我」，形近而訛，當改。原抄本、陳本作「戎」，欒本、嚴本作「夷」。《後漢書》作「戎」。

［二十］見《後漢書・卓魯魏劉列傳》，《資治通鑑》卷四十七引之。

［二十一］見《論語・子路》。

［二十二］「浴」，形近而訛，當改。原抄本、欒本、陳本、嚴本均作「俗」。

［二十三］鄭玄《三禮目録》：「《中庸》者，孔子之孫子思伋作之。」故云。

鬼神[一]

王道之大，治[二]於閨門。妻子合，兄弟和，而父母順，道之邇也卑也；郊焉而天神假，廟焉而人鬼饗，道之遠也高也。「先王事父孝，故事天明；事母孝，故事地察。」[三]修之爲經，布之爲政，「本於天，殽於地，列於鬼神，達於喪祭、射御、冠昏、朝聘」[四]，而天下國家可得而正也。若舜、若文、武、周公，所謂「庸德之行」[五]而「人倫之至」[六]者也。故曰：「君子之道造端乎夫婦，及其至也，察乎天地。」[七]

人之有父母也，雞鳴問寢，左右就養無方，何其近也！及其既亡[八]，而其容與聲不可得而接，於是或求之陰，或求之陽，然後「僾然必有見乎其位」[九]，然後乃憑工祝之傳而致賚於孝孫。生而爲父母，没[十]而爲鬼神。子曰：「爲之宗廟，以鬼享之。」[十一]此之謂也。《論語》：「菲飲食而致孝乎鬼神。」「洋洋乎如在其上，如在其左右」[十二]，繇順父母而推之也。

《記》曰：「文王之爲世子，朝於王季，日三。雞初鳴而衣服，至於寢門外，問内豎之御者曰：『今日安否，何如？』内豎曰：『安。』文王乃喜。及日中，又至，亦如之。及暮，又至，亦如之。其有不安節，則内豎以告文王。文王色憂，行不能正履。王季復膳，然後亦復初。食上，必在，視寒煖之節。食下，問所膳。命膳宰曰：『末有原。』應曰：『諾。』然後退。」[十三]又曰：「文王之祭也，事死者如事生，思死者如不欲生。忌日必[十四]哀，稱諱如見親，祀之忠也。如見親之所愛，如欲色然，其文王與？《詩》云：『明發不寐，有懷二人。』文王之詩也。」[十五]夫惟文王生而事親如此之孝，故没而祭如此之忠，而如親之或見也。苟其生無養志之誠，則其没也自必無感通之理。故曰：「惟孝子爲能饗親。」[十六]而夫子之告子路，亦曰：「未能事人，焉能事鬼？」[十七]是故「庸德之行」，莫先於父母之順，而郊社之禮，禘嘗之義，緣之以起。明此而天下國家可得而治矣。

在上位者能順乎親，而後可以事天享帝。在下位者能順乎親，而後可以獲上治民。

程子曰：「鬼神，天地之功用，而造化之迹也。」張子曰：「鬼神者，二氣之良能也。」[十八]用以解《易》「神也者，妙萬物而爲言」[十九]一章，斯爲切當。如二子之説，則「視之而弗見，聽之而弗聞」[二十]者，鬼神也，其可見可聞者，亦鬼神也。今夫子但言「弗見」、「弗聞」，知其爲祭祀之鬼神也。

「質諸鬼神而無疑」[二十一]，猶《易・乾・文言》所謂「與鬼神合其吉凶」。《謙》、《豐》二彖亦以鬼神與天地人並言。

【校注】

[一]《禮記・中庸》曰：「質諸鬼神而無疑。」又曰：「鬼神之爲德，其盛矣乎！」

[二]「治」字誤，當改。原抄本、集釋本、欒本、陳本、嚴本均作「始」。

[三]見《孝經・感應章》。

[四]見《禮記・禮運》。

[五]語出《禮記・中庸》。

[六]語出《孟子・離婁上》。

［七］見《禮記·中庸》。

［八］「亡」，遂初堂本、集釋本、欒本、陳本、嚴本同，原抄本作「凶」。

［九］見《禮記·祭義》。鄭玄注：「僾音愛，微見貌。」孔穎達疏：「想象僾僾髣髣見也。」

［十］「没」，原抄本同。遂初堂本、集釋本、欒本、陳本、嚴本作「殁」。下二「没」字同。

［十一］見《孝經·喪親章》。

［十二］見《禮記·中庸》。

［十三］《禮記·文王世子》。

［十四］「必」，遂初堂本、集釋本、欒本、陳本、嚴本同，原抄本誤作「心」，當改。《禮記》作「必」。

［十五］《禮記·祭義》。

［十六］見《禮記·祭義》。

［十七］見《論語·先進》。

［十八］二説見朱熹《中庸集注》「鬼神之爲德，其盛矣乎」句下所引。程頤《程氏易傳》曰：「鬼神者，造化之跡也。」又曰：「以形體謂之天，以主宰謂之帝，以功用謂之鬼神，以妙用謂之神，以性情謂之乾。」張子語又見張載《正蒙·太和》。

［十九］《易經·説卦傳》。

［二十］見《禮記·中庸》。

［二十一］見《禮記·中庸》。

期之喪達乎大夫［一］

「喪服自期以下，諸侯絶，大夫降」［二］者，説者以爲期已下之喪，皆其臣屬，故不服。然制禮之意，不但爲此。古人有喪，不祭，諸侯有山川社稷宗廟之事，不可以曠，[三]故惟服三年，而不服期。大夫亦與於其君駿奔在廟之事，但人數多，不至於曠，故但降之而已。此古人重祭之義，後人不知，但以爲貴貴而已。正義曰：「『期之喪，達乎大夫』，謂旁親所降在大功者，得爲期喪，還著大功之服。若天子諸侯旁期之喪，則不服也。」

諸侯亦有期服，如「始封之君，不臣諸父昆弟；封君之子，不臣諸父而臣昆弟」。且亦有大功服，如「姑姊妹嫁於國君，尊同，則不降」。[四]《記》特舉其大概言之爾。

【校注】

[一]見《禮記·中庸》。

[二]見「期之喪，達乎大夫」句下朱熹集注。

[三]《禮記·王制》：「喪，三年不祭，唯祭天地社稷爲越紼而行事。」《春秋繁露·郊事對》：「禮，三年喪，不祭其先而不敢廢郊，郊重於宗廟，天尊於人也。」

[四]均見《儀禮·喪服》傳曰。

三年之喪達乎天子[一]

「父母之喪，無貴賤，一也」，即解上「三年之喪，達乎天子」一句。此舉其重者而言。然三年之喪，不止父母。左氏昭公十五年《傳》：「王一歲而有三年之喪二焉。」謂穆母[二]與太子。王后謂之三年者，據「達子之志」而言，其實期也。是天子亦有期喪。

也」。

【校注】

[一]亦見《禮記・中庸》，承上條。

[二]「穆母」原抄本、遂初堂本同。集釋本、欒本、陳本、嚴本作「穆后」。《左傳》「王穆后崩」，杜注「太子壽之母也」。

達孝[一]

「達孝」者，達於上下，達於幽明，所謂「孝弟之至，通於神明，光於四海，無所不通」[二]者也。與「達道」、「達德」之「達」同義。

【校注】

[一]《禮記・中庸》：「武王、周公，其達孝矣乎！」

[二]見《孝經・感應章》。

思事親不可以不知人[一]

「無豐於昵」[二]，祖己之所以戒殷王也。「自八以下」[三]，衆仲之所以對魯隱也。以客爲臣，子游之所以規文子也。[四]親親之道，賴賢人而明者多矣。漢哀帝聽冷褒、段猶之言，而尊定陶共皇。[五]唐高宗聽李勣之言，而立皇后武氏。[六]不知人之禍，且至於斁倫亂紀而不顧，可不慎哉！

人倫之大，莫過乎君父，而子夏先之以「賢賢易色」[七]，何也？「思事親，不可以不知人」也。父子之親，長幼之序，男女之别，非師不明。教人[八]以禮者，師之功也。故曰：「師無當於五服，五服弗得不親。」[九]

【校注】

[一]《禮記·中庸》：「思修身，不可以不事親；思事親，不可以不知人。」

[二]《尚書·高宗肜日》：「王司敬民，罔非天胤，典祀無豐於昵。」孔安國傳：「昵，近也。祭祀有常，不當特豐於近廟。」

[三]《左傳·隱公五年》：「公問羽數於衆仲。對曰：『天子用八，諸侯用六，大夫四，士二。夫舞所以節八音而行八風，故自八以下。』公從之。於是初獻六羽，始用六佾也。」

[四]《禮記·檀弓上》：「司寇惠子之喪，子游爲之麻衰，牡麻絰，文子辭」，「子游趨而就諸臣之位，文子又辭」，「子游趨而就客位」。

[五]見《漢書·師丹傳》，泠褒作「泠褒」。

[六]《新唐書·后妃列傳上》：「詔李勣、于志寧奉璽綬進昭儀爲皇后。」又見《資治通鑑》卷二百《唐紀十六》。

[七]見《論語·學而》。

[八]「教人」上，原抄本衍「以」字，當删。遂初堂本、集釋本、欒本、陳本、嚴本不誤。

[九]見《禮記·學記》。

誠者天之道也

「誠者，天之道也。」[一]故「天下雷行，物與无妄」，而「先王以茂對時育萬物」。[二]

「天叙有典，敕我五典五惇哉！天秩有禮，自我五禮有庸哉！天命有德，五服五章哉！天討有罪，五刑五用哉！」[三]莫非誠也。故曰：「凡爲天下國家有九經，所以行之者一也。」[四]

【校注】

[一]見《禮記・中庸》。

[二]見《易經・无妄卦》象辭。《程氏遺書》卷六：「无妄之謂誠」。朱熹《中庸集注》：「誠乾，真實无妄之謂。」故此以「无妄」解「誠」。

[三]見《尚書・皋陶謨》。

[四]見《禮記・中庸》。

肫肫其仁[一]

五品之人倫，莫不本於中心之仁愛，故曰：「拜稽顙，哀戚之至隱也。稽顙，隱之甚也。」[二]又曰：「其往送[三]也，望望[四]然，汲汲然，如有追而弗及也。其反哭也，皇皇然，如有求而弗得也。故其往送也如慕，其反也如疑。求而無所得之也，入門而弗見也，上堂又弗見也，入室又弗見也，亡矣！喪矣！不可復見已矣！故哭泣辟踊，盡哀而止矣。心悵焉、愴焉、惚焉、愾焉，心絶志悲而已矣。」[五]此於喪而觀其仁也。「喪三日而殯，凡附於身者，必誠於[六]信，勿之有悔焉耳矣。三月而葬，凡附於棺者，必誠必信，勿之有悔焉耳矣。」[七]又曰：「且比化者，無使土親膚，於人心獨無恔乎？」[八]此於葬而觀其仁也。「齊之日，思其居處，思其笑語，思其志意，思其所樂，思其所嗜。齊三日，乃見其所爲齊者。祭之日[九]，入室，僾然必有見乎其位。周還出户，肅然必有聞乎其容聲。出户而聽，愾然必有聞乎其歎息之聲。是故先王之孝也，色不忘乎目，聲不絶乎耳，心志嗜欲不忘乎心。」又曰：「祭之明日，明發不寐，饗而致之，又從而思之。祭之日，樂與哀半，饗之必樂，已至必哀。」[十]此於祭而觀其仁也。自是[十一]而推之，「郊社之禮，所以仁鬼神也；射鄉之禮，所以仁鄉黨也；食饗之禮，所以仁賓客也」。[十二]「親親而仁民，仁民而愛物」[十三]，而「天下之大經」[十四]畢舉而無遺矣。故曰：孝弟「爲仁之本」[十五]。

【校注】

[一]見《禮記·中庸》。鄭玄注：「『肫肫』，讀如『誨爾忳忳』之『忳』。忳忳，懇誠貌也。『肫肫』，或爲『純純』。」

[二]見《禮記·檀弓下》。

[三]「往送」，原抄本同，遂初堂本、集釋本、欒本、陳本、嚴本誤作「送往」，下文「往送」不誤。《禮記》作「往送」。

[四]「望望」，原抄本、欒本同，遂初堂本、集釋本、陳本、嚴本誤作「茫茫」。《禮記》作「望望」。

[五]見《禮記·問喪》。

[六]「於」字誤，當改。原抄本、遂初堂本、集釋本、欒本、陳本、嚴本均作「必」。《禮記》作「必」。

[七]見《禮記·檀弓上》。

[八]見《孟子·公孫丑下》。

[九]「日」字，遂初堂本、集釋本、欒本、陳本、嚴本同，原抄本脱，當補。《禮記》有「日」字。

[十]均見《禮記·祭義》。

[十一]「是」字，原抄本同。遂初堂本、集釋本、欒本、陳本、嚴本作「此」。

[十二]見《禮記·仲尼燕居》。

［十三］見《孟子・盡心上》。
［十四］見《禮記・中庸》。
［十五］《論語・學而》：「孝弟也者，其爲仁之本與！」

孝弟爲仁之本［一］

堯舜之道，孝弟而已矣。是故「克明俊德，以親九族。九族既睦，平章百姓。百姓昭明，協和萬邦。黎民於變時雍」。［二］此之謂孝弟「爲仁之本」。

【校注】

［一］見《論語・學而》。此條以下，刻本爲卷九。黄汝成集釋引錢氏曰：按《初學記・友悌部》、《太平御覽・人事部》引《論語》，俱云「其爲人之本與」。有子先言「其爲人也孝弟」，後言「其爲人之本」，首尾相應，亦當以「爲人」長也。
［二］見《尚書・堯典》。

察其所安［一］

「求仁而得仁」［二］，安之也。「不怨天，不尤人，下學而上達」［三］，安之也。使非所安，則「擇乎中庸，而不能期月守」［四］矣。

【校注】

[一]見《論語·爲政》。

[二]見《論語·學而》。

[三]見《論語·憲問》。

[四]見《禮記·中庸》。

子張問十世[一]

《記》曰：「聖人南面而治天下，必自人道始矣。立權度[二]量，考文章，改正朔，易服色，殊徽號，異器械，别衣服，此其所得與民變革者也。其不可得變革者則有矣，親親也，尊尊也，長長也，男女有别，此其不可得與民變革者也。」[三]自春秋之並爲七國，七國之並爲秦，而大變先王之禮。然其所以辨上下，别親疏，决嫌疑，定是非，則固未嘗有異乎三王[四]也。故曰：「其或繼周者，雖百世可知也。」

自古帝王相傳之統，至秦而大變。然而秦之所以亡，漢之所以興，則亦不待讖緯而知[五]之矣。「不仁而得天下，未之有也」[六]，此百世可知者也。「保民而王，莫之能禦也」[七]，此百世可知者也。

【校注】

[一]《論語·爲政》：「子張問：『十世可知也？』子曰：『殷因于夏禮，所損益可知也；周因于殷禮，所損益可知

也。其或繼周者，雖百世可知也。』」

［二］「度」字，遂初堂本、集釋本、欒本、陳本、嚴本同，原抄本無。

［三］《禮記・大傳》。

［四］「三王」，遂初堂本、集釋本、欒本、陳本、嚴本同，原抄本作「先王」。

［五］「知」，原抄本同，遂初堂本、集釋本、欒本、陳本、嚴本作「識」。

［六］見《孟子・盡心下》。

［七］見《孟子・梁惠王上》。

媚奥［一］

奥，何神哉？如祀竈，則迎尸而祭於奥［二］，此即竈之神矣。《詩》：「于以奠之，宗室牖下」，註：「牖下，室西南隅，所謂『奥』也。」李氏［三］曰：「户東而牖西，户不當中而近東，則西南隅最爲深隱，故謂之『奥』，而祭祀及尊者常處焉。《曲禮》：『爲人子者，居不主奥。』《仲尼燕居》以『奥』『阼』並言，是奥本人之所處，祭時乃奉神于此。」時人之語，謂媚其君［四］者將順於朝廷之上，不若逢迎於燕退之時也。註以奥比君，以竈比權［五］臣。本一神也，析而二之，未合語意。［六］

【校注】

［一］《論語・八佾》：「王孫賈問曰：『與其媚於奥，甯媚於竈，何謂也？』子曰：『不然。獲罪於天，無所禱也。』」

［二］朱熹《論語集注》：「竈者，五祀之一，夏所祭也。凡祭五祀，皆先設主而祭於其所，然後迎尸而祭於奥，略如祭宗廟之儀。如祀竈，則設主於竈陘，祭畢，而更設饌於奥以迎尸也。」

［三］李氏：李充，字弘度，江夏人，仕晉爲中書侍郎，著《論語注》十卷。

［四］「君」字，遂初堂本、集釋、欒本、陳本、嚴本同，原抄本誤作「召」。

［五］「權」字，遂初堂本、集釋本、欒本、陳本、嚴本同，原抄本無。按何晏集解引孔安國曰：「奧，内也，以喻近臣。竈，以喻執政。天，以喻君。」

［六］黄汝成集釋引楊氏曰：奧本非神，此義甚好。

武未[一]盡善

觀於季札論文王之樂，以爲「美哉！猶有憾」[二]，則知夫子謂《武》未盡善之旨矣。「猶未洽於天下」，《孟子》。此文之猶有憾也。「天下未寧[三]而崩」，《史記・封□[四]書》。此武之未盡善也。《記》曰：「樂者，象成者也。」[五]又曰：「移風易俗，莫善於樂。」[六]武王當日「誅紂、伐奄三年，討其君」[七]，而寶龜之命曰：「有大艱[八]於西土」[九]。殷之頑民「迪屢[十]不靜」[十一]，「商俗靡靡，利口惟賢，餘風未殄」[十二]。視舜之「從欲以治，四方風動」[十三]者，何如哉？故《大武》之樂，雖作於周公，而未至於世變風移之日，聖人之時也，非人力之所能爲矣。劉汝佳曰：「揖讓征誅，自是聖人所遇。使舜當武之時，亦須征伐。孔子曰：『唐虞禪，夏后殷周繼，其義一也。』『性之』、『反之』，自其從入之異，及其成功一也。人而天，反而性矣。」以是而□[十四]樂之優劣，其與「以追蠡」者何異哉？[十五]

【校注】

［一］「未」字，遂初堂本、集釋本、欒本、陳本、嚴本同，原抄本脱，當補。按《論語・八佾》：「子謂《韶》：『盡美矣，又盡善也。』謂《武》：『盡美矣，未盡善也。』」何晏集解引孔安國曰：「《韶》，舜樂名。《武》，武王樂也。」

［二］《左傳・襄公二十九年》：「見舞《象箾》、《南籥》者，曰：『美哉！猶有憾。』」杜預注：「皆文王之樂。」

［三］「寧」，原抄本、遂初堂本、嚴本同。集釋本、欒本、陳本作「安」。《史記》作「寧」。

［四］底本缺一字處，原抄本、遂初堂本、集釋本、欒本、陳本、嚴本均有「禪」字，當補。

［五］見《禮記・樂記》。

［六］見《孝經・廣要道章》。「移風易俗」一語，亦見《禮記・樂記》。

［七］見《孟子・滕文公下》。

［八］「艱」，遂初堂本、集釋本、欒本、陳本、嚴本同，原抄本誤作「奸」，當改。《尚書》作「艱」。

［九］見《尚書・大誥》。

［十］「屢」，遂初堂本、集釋本、欒本、陳本、嚴本同，原抄本誤作「慮」，當改。《尚書》作「屢」。

［十一］見《尚書・多方》。

［十二］見《尚書・畢命》。

［十三］見《尚書・大禹謨》。

［十四］底本缺一字處，原抄本、遂初堂本、集釋本、欒本、陳本、嚴本均有「論」字，當補。

［十五］《孟子・盡心下》：「高子曰：『禹之聲尚文王之聲。』孟子曰：『何以言之？』曰：『以追蠡。』」似亭林不以劉説爲然。

忠恕［一］

《延平先生答問》門人朱熹元晦編。曰：「夫子之道，不離乎日用之間。自其盡己而言，則謂之忠。自其及物而言，則謂之恕。莫非大道之全體。雖變化萬殊於事爲之末，而所以貫之者未嘗不一也。曾子答門人之問，正是發其心爾，豈有二邪？若以爲夫子『一以貫之』之旨甚精微，反閒人所可告，姑以『忠恕』答之，恐聖賢之心不若是之支也。如孟子言：『堯舜之道，孝弟而已矣。』人皆足以知之，但合内外之道，使之體用一原，顯微無間，則非聖人不能爾。」朱子又嘗作《忠恕説》，其大指與此略同。按此説甚明，而集註乃謂「借學者盡己、推己之目以著明之」，是疑忠恕爲下學之事，不足以言聖人之道也。然則是二之，非一之也。

慈谿黄氏曰：「天下之理，無所不在，而人之未能以貫通者，己私間之也。盡己之謂忠，推己及人之謂恕。忠恕既盡，己私乃克，此理所在，斯能貫通。故『忠恕』者，所以能『一以貫之』者也。」

元戴侗作《六書故》，其訓「忠」曰：「盡己致至之謂忠。《語》曰：『爲人謀而不忠乎？』又曰：『言思忠。』《記》曰：『喪禮，忠之至也。』又曰：『祀之忠也，如見親之所愛，如欲色然。』又曰：『瑕不揜瑜，瑜不揜瑕，忠也。』《傳》曰：『上思利民，忠也。』又曰：『小大之獄，雖不能察，必以情，忠之屬也。』《孟子》曰：『自反而仁矣，自反而有禮矣，其横逆由是也。君子必自反也，我必不忠。』觀於此數者，可以知『忠』之義矣。『反身而誠』，然後能忠[二]；能忠矣，然後由己推而達之家國天下，其道一也。」其訓「恕」曰：「推己及物之謂恕。『己欲立而立人，己欲達而達人』，施諸己而不願，亦勿施於人，恕之道也。充[三]是心以往，達乎四海矣。故曰：『夫子之道，忠恕而已矣。』忠也者，『天下之大本也』；恕也者，『天下之達道也』。本程子。子貢問曰：『有一言而可以終身行之者乎？』子曰：『其恕乎！』仲弓問仁，夫子告之亦以敬、恕。夫聖人者何以異於人哉？知終身可行，則知『一以貫之』之義矣。」

《中庸》記夫子言「君子之道四」，無非忠恕之事。而《乾》九三[四]之龍德，亦惟曰「庸言之信，庸行之謹」。然則忠恕，君子之道也。何以言「違道不遠」？[五]曰：此猶之云「巧言令色，鮮矣仁」也。古人語辭云爾。「違道不遠」，即道也。違禽獸不遠，即禽獸也。孟子已自申之。豈可以此而疑忠恕之有一[六]乎？或曰：孟子言「强恕而行，求仁莫近焉」，何也？曰：此爲未至乎道者言之也。孟子曰：「由仁義行，非行仁義也。」仁義豈有二乎！今人謂有聖人之忠恕，有學者之忠恕，非也。盡得忠恕，方是聖人，學者所以學爲忠恕。[七]

【校注】

[一]刻本此條在「朝聞道夕死可矣」一條之後。《論語·里仁》：「子曰：『參乎！吾道一以貫之。』曾子曰：『唯。』子出，門人問曰：『何謂也？』曾子曰：『夫子之道，忠恕而已矣。』」

[二]「能忠」下，原抄本有「矣」字。遂初堂本、集釋本、欒本、陳本、嚴本無。

[三]「充」，遂初堂本、集釋本、欒本、陳本、嚴本均同，原抄本誤作「克」，當改。

[四]「九三」誤，當改。原抄本、遂初堂本、集釋本、欒本、陳本、嚴本均作「九二」。

[五]《禮記·中庸》：「忠恕，違道不遠。」

[六]「一」字誤，當改。原抄本、遂初堂本、集釋本、欒本、陳本、嚴本均作「二」。

[七]今按：《朱子語類》卷二十七《論語九》：「問：『先生解忠恕，謂借學者盡己、推己之目，如程子説忠恕一以貫之，則又自有聖人之忠恕。』曰：『《中庸》説忠恕違道不遠，是下學上達之義，即學者所推之忠恕。』」

朝聞道夕死可矣[一]

「有弗學，學之弗能，弗措也。有弗問，問之弗知，弗措也。有弗思，思之弗得，弗措也。有弗辨，辨之弗明，弗措也。有弗行，行之弗篤，弗措也。」[二]「不知年數之不足也，俛焉日有孳孳，斃而後已。」[三]故曰：「朝聞道，夕死可矣。」

「吾見其進也，未見其止也。」[四]有一日未死之身，則有一日未聞之道。

【校注】

[一]見《論語・里仁》。

[二]見《禮記・中庸》。

[三]見《禮記・表記》。

[四]見《論語・子罕》。

夫子之言性與天道[一]

夫子之教人，「文、行、忠、信」[二]，而「性與天道」在其中矣，故曰「不可得而聞」。

「子曰：『二三子以我爲隱乎？吾無隱乎爾。吾無行而不與二三子者，是丘也。』」[三]謂「夫子之言性與天道，不可得而聞」，是疑其有隱者也。不知「夫子之文章」，無非「夫子之言性與天道」，所謂「吾無行而不與二三子者，是丘也」。

子貢之意，猶以「文章」與「性與天道」爲二，故曰：「子如不言，則小子何述焉？」「子曰：『天何言哉？四時行焉，百物生焉。天何言哉！』」[四]是故可仕可止，可久可速，[五]無一而非天也。恂恂便便，侃侃誾誾，[六]無一而非天也。

「動容周旋中禮者，盛德之至也。」[七]孟子以爲，堯舜性之之事。[八]夫子之文章，莫大乎《春秋》，《春秋》之義，尊天王，攘夷狄[九]，誅亂臣賊子，皆性也，皆天道也。故胡氏以《春秋》爲聖人性命之文，而「子如不言」，則小子其何述乎[十]？

今人但以《繫辭》爲夫子言「性與天道」之書。愚嘗三復其文，如「鳴鶴在陰」七爻，「自天祐之」一爻，「憧憧往來」十一爻，「《履》，德之基也」九卦，所以教人學《易》者，無不在於言行之間矣。故曰：「初率其辭，而揆其方，既有典常，苟非其人，道不虛行。」[十一]

「樊遲問仁，子曰：『居處恭，執事敬，與人忠。』」[十二]「司馬牛問仁，子曰：『仁者，其言也訒。』」[十三]由是而充之，「一日克己復禮」[十四]，有異道乎？今之君子，學未及乎樊遲、司馬牛，而欲其說之高於顏、曾二子，是以終日言「性與天道」，而不自知其墮於禪學也。

朱子曰：「聖人教人，不過孝弟忠信。持守誦習之間，此是下學之本。今之學者以爲鈍根，不足留意，其平居道說，無非子貢所謂『不可得而聞者』。」[十五]又曰：「近日學者病在好高。《論語》未問『學而時習』，便說『一貫』；《孟子》未言『梁惠王問利』，便說『盡心』；《易》未看六十四卦，便讀《繫辭》。此皆躐等之病。」[十六]又曰：「聖賢立言本自平易，今推之使高，鑿之

使深。」[十七]

《黄氏日鈔》曰：「夫子述《六經》，後來者溺於訓詁，未害也。濂雒言道學，後來者藉以談禪，則其害深矣。」[十八]

孔門弟子不過四科，自宋以下之爲學者則有五科，曰「語録科」。

五胡[十九]亂華，本於清談之流禍，人人知之，孰知今日之清談有甚於前代者。昔之清談談老莊，今之清談談孔孟。未得其精，而已遺其粗；未究其本，而先辭其末。不習六藝之文，不考百王之典，不綜當代之務，舉夫子論學論政之大端一切不問，而曰「一貫」，曰「無言」[二十]，以明心見性[二十一]之空言，代修己治人之實學。股肱惰而萬事荒，爪牙亡而四國亂。神州蕩覆，宗社丘墟。昔王衍「妙善玄言」，「自比子貢」，及爲石勒所殺，「將死，顧而言曰：『嗚呼！吾曹雖不如古人，向若不祖尚浮虚，戮力以匡天下，猶可不至今日。』」[二十二]今之君子，得不有媿乎其言！[二十三]

【校注】

[一]《論語·公冶長》：「子貢曰：『夫子之文章，可得而聞也；夫子之言性與天道，不可得而聞也。』」

[二]見《論語·述而》。

[三]見《論語·述而》。

[四]見《論語·陽貨》。

[五]《孟子·萬章下》：「可以速而速，可以久而久，可以處而處，可以仕而仕，孔子也。」

[六]《論語·鄉黨》：「孔子於鄉黨，恂恂如也，似不能言者。其在宗廟朝庭，便便言，唯謹爾。朝，與下大夫言，侃侃如也，與上大夫言，誾誾如也。」

［七］見《孟子・盡心下》。

［八］《孟子・盡心下》又曰：「堯舜，性者也；湯武，反之也。」

［九］「夷狄」，原抄本同。潘耒遂初堂刻本改爲「戎翟」，集釋本因之。欒本據黄侃校記改回而加説明，陳本、嚴本仍刻本之舊而加注。

［十］「其何述乎」，遂初堂本、集釋本、欒本、陳本、嚴本同，原抄本作「何述爲」，誤。按《論語》子貢問曰「子如不言，則小子何述焉」？亭林乃就其所問而反問之，意謂雖子不言，則小子遂無可述乎？

［十一］見《易經・繫辭下傳》。

［十二］見《論語・子路》。

［十三］見《論語・顔淵》。

［十四］見《論語・顔淵》。

［十五］陳垣校注：《晦庵集》三八《答林謙之》。

［十六］陳垣校注：《朱子語類》十九。

［十七］陳垣校注：《晦庵集》三五《答劉子澄》。

［十八］黄汝成集釋引楊氏曰：東發憂世之言，可謂深切。

［十九］「五胡」，原抄本同。潘耒遂初堂刻本改爲「劉石」，集釋本因之。欒本據黄侃校記改回而加説明，陳本、嚴本仍刻本之舊而加注。

［二十］《論語・陽貨》：「子曰：『予欲無言。』」

［二十一］明心見性，佛教語。《元史・仁宗本紀》：「仁宗天性慈孝，聰明恭儉，通達儒術，妙悟釋典。嘗曰：『明心見性，佛教爲深；修身治國，儒道爲切。』」《明史・儒林列傳・羅欽順傳》：「欽順爲學，專力於窮理、存心、知性。初由釋氏入，既悟其非，乃力排之，謂：『釋氏之明心見性，與吾儒之盡心知性，相似而實不同。』」王陽明《傳習録》卷

二《答顧東橋書》：「但恐立説太高，用功太捷，後生師傳，影響謬誤，未免墜於佛氏明心見性、定慧頓悟之機。」

［二十二］見《晉書・王衍傳》。

［二十三］林烴、林材纂《福州府志》七十六卷，萬曆四十一年刻本，晚於林燫。四十一年《福州府志》有萬曆癸丑郡人林材跋，謂「萬曆己卯志，則文恪先生之所手裁也」，過録《林誌傳論》見卷五十四《人文志二・名臣》，文末注明出「林文恪舊志」。林材《明史》有傳，不言謚文恪。林燫謚文恪，見《明史・林瀚傳》附傳，傳云「林氏三世五尚書，皆内行修潔」，「明代三世爲尚書，並得謚文，林氏一家而已」。林燫有《文恪集》二十二卷，本名《林燫學士文集》，殁後重刻，改題其謚。

變齊變魯［一］

變魯而至於道者，「道之以德，齊之以禮」［二］。變齊而至於魯者，「道之以政，齊之以刑」。

【校注】

［一］《論語・雍也》：「子曰：『齊一變，至於魯；魯一變，至於道。』」

［二］見《論語・爲政》。下同。二「道」字，邢昺疏曰：「謂化誘」。《禮記・緇衣》引作：「子曰：夫民，教之以德，齊之以禮；教之以政，齊之以刑。」

博學於文

「君子博學於文。」［一］自身而至於家國天下，制之爲度數［二］，發之爲音容，莫非「文」也。「品節斯，斯之謂禮。」[三]「孔子曰：『伯母叔母疏衰，踊不絶地。姑姊妹之大功，踊絶於地。知此者，由文矣哉！由文矣哉！』」[四]《記》曰：「三年之喪，人道之至文者也。」[五]又曰：「禮減而進，以進爲文；樂盈而反，以反爲文。」[六]傳曰：「文明以一[七]，人文也。觀乎人文，以化成天下。」[八]故曰：「文王既没，文不在茲乎！」[九]而《謚法》：「經緯天地曰文」[十]，與[十一]弟子之學《詩》《書》六藝之「文」[十二]，有深淺之不同矣。

【校注】

[一]見《論語·雍也》。
[二]「度數」，遂初堂本、集釋本、欒本、陳本、嚴本同。原抄本作「數度」。
[三]見《禮記·檀弓下》。
[四]見《禮記·雜記下》。
[五]《禮記·三年問》。
[六]《禮記·樂記》。又見《祭義》。
[七]「一」字誤，當改。原抄本、遂初堂本、集釋本、欒本、陳本、嚴本均作「止」。《易經》作「止」。
[八]見《易經·賁卦》彖辭。
[九]見《論語·子罕》。
[十]見《逸周書》。《左傳·昭公二十八年》引之。
[十一]「與」字，遂初堂本、集釋本、欒本、陳本、嚴本同。原抄本作「學」，屬上句，「文學」二字连讀，誤，當改。
[十二]此「文」，謂文字。《論語·學而》：「子曰：『弟子入則孝，出則悌，謹而信，泛愛衆而親仁。行有餘力，則以學文。』」何晏集解引馬融曰：「文者，古之遺文。」朱熹集注：「文，謂《詩》《書》六藝之文。」

三以天下讓[一]

《皇矣》之詩曰：「帝作邦作對，自太伯王季。」則泰伯[二]之時，周日以强大矣。乃託之採藥，往而不反。當其時，以國讓也。而自後日言之，則以天下讓也。猶南宫適謂「稷躬稼而有天下」。鄭康成註曰[三]：「泰伯，周太王之長子，次子仲雍，次子季歷。太王見季歷賢，又生文王，有聖人表，故欲立之，而未有命。太王疾，泰伯因適吴越採藥，太王□[四]而不反，季歷爲喪主，一讓也。季歷赴之，不來奔喪，二讓也。免喪覆通[五]斷髮文身，三讓也。三讓之美，皆隱蔽不著，故人無得而稱焉。」當其時，讓王季也。而自後日言之，則讓於文王、武王也。有天下焉[六]在三世之後，而讓之者在三世之前，宗祧不記其功，彝鼎不銘其迹，此所謂「三以天下讓，民無得而稱焉」者也。《路史》曰：「方大王時，以與王季，而王季以與文王，文王以與武王，皆泰伯啟之也，故曰『三讓』。」

泰伯去而王季立，王季立而文、武興，雖謂之「以天下讓」，可矣。太史公序《吴世家》云：「大伯避歷，江蠻是適。文武攸興，古公王迹。」甚當。

高泰伯之讓國者，不妨王季，《詩》之言「因心則友」[七]是也。述文王之事君者，不害武王，《詩》之言「上帝臨女」[八]是也。古人之能言如此。今將稱泰伯之德，而先以莽、操[九]之德[十]加諸太王，豈夫子立言之意哉？朱子作《論語或問》，不取「翦商」之説，而蔡仲默傳《書・武成》曰：「大王雖未始有翦商之志，而始得民心，王業之成實基於此。」仲默，朱子之門人，可謂善於匡朱子之失者矣。

《或問》：「曰：大王有廢長立少之意，非禮也。泰伯又探其邪志而成之，至於父死不赴，傷毁髮膚，皆非賢者[十一]之事。就使[十二]必於讓國而爲之，則亦過而不合於中庸之德矣。其爲至德何邪？曰：大王之欲立賢子聖孫，爲其道足以濟天下，而非有愛憎之間、利欲之私也。是以泰伯去之而不爲狷，王季受之而不爲貪，父死不赴，傷毁髮膚，而不爲不孝。蓋處君臣父子之變，而不失乎中庸，此所以爲至德也，其與魯隱公、吴季子之事蓋不同矣。」此説本之伊川先生。

【校注】

[一]《論語・泰伯》：「子曰：『泰伯，其可謂至德也已矣。三以天下讓，民無得而稱焉。』」

[二]泰伯，即太伯，又寫作「大伯」。

[三]「鄭康成註曰」以下一段夾注，原抄本同，遂初堂本、集釋本、欒本、陳本、嚴本在「故曰三讓」下。

[四]底本缺一字處，原抄本作「没」，遂初堂本、集釋本、欒本、陳本、嚴本作「殁」，當補。

[五]「覆通」誤，原抄本作「覆過」亦誤，當改。遂初堂本、集釋本、欒本、陳本、嚴本作「之後遂」，邢昺《論語疏》引鄭玄注作「之後遂」。

[六]「焉」字誤，當改。原抄本、遂初堂本、集釋本、欒本、陳本、嚴本均作「者」。

[七]《詩經・大雅・皇矣》。

[八]《詩經・大雅・文王》，又見《魯頌・閟宫》。「女」，欒本、陳本同，原抄本「汝」作。《詩經》作「女」。「女」讀爲「汝」。

[九]莽操：王莽、曹操。

[十]「德」字誤，當改。原抄本、遂初堂本、集釋本、欒本、陳本、嚴本均作「志」。

[十一]「者」字，遂初堂本、集釋本、欒本、陳本、嚴本同，原抄本脱，當補。

[十二]「使」字，遂初堂本、集釋本、欒本、陳本、嚴本同，原抄本誤作「死」，當改。

有婦人焉[一]

「予有亂臣十人，同心同德。」[二]此陳師誓衆之言，所謂「十人」，皆身在戎行者。而太姒、邑姜自在宮壼之内，必不從軍旅之事，亦必不並數之以足十臣之數也。古人有言曰：「牝雞無晨。牝雞之晨，惟家之索。」[三]方且以用婦人爲紂罪矣，乃周之功業必藉於婦人乎？此理之不可通，或文字傳寫之誤，漢博士孔衍言：「臣祖安國得壁中古文《論語》，爲改今文。」闕疑可也。《書・大誥》：「爽邦由哲，亦惟十人，迪知上帝命。」蔡氏亦以爲「亂臣十人」。

【校注】

[一]《論語・泰伯》：「武王曰：『予有亂臣十人。』孔子曰：『有婦人焉，九人而已。』」

[二]見《尚書・泰誓》。

[三]見《尚書・牧誓》。

季路問事鬼神[一]

「未能事人，焉能事鬼？」[二]「左右就養無方」[三]，故其祭也，「洋洋乎如在其上，如在其左右」[四]。「未知生，焉知死？」[五]「人之生也直」[六]，故其死也，「無求生以害仁，有殺身以成仁」[七]。

「天地有正氣，雜然賦流形。下則爲河嶽，上則爲日星。」文信公《正氣歌》。[八]可以謂之「知生」矣。「孔曰成仁，孟曰取義，而今而後，庶幾無愧。」《衣帶贊》。[九]可以謂之「知死」矣。

【校注】

[一]見《論語·先進》。
[二]見《論語·先進》。
[三]見《禮記·檀弓上》。
[四]見《禮記·中庸》。
[五]見《論語·先進》。
[六]見《論語·雍也》。
[七]見《論語·衛靈公》。
[八]文天祥，號文山，封信國公，世稱文文山、文信公。著有《文山集》。
[九]《宋史·文天祥傳》：「天祥死矣」，「其衣帶中有贊曰：『孔曰成仁，孟曰取義，惟其義盡，所以仁至。讀聖賢書，所學何事，而今而後，庶幾無愧。』」

不踐迹[一]

「服堯之服，誦堯之言，行堯之行」[二]，所謂「踐迹」也。先王之教，若《説命》所謂「學於古訓」，《康誥》所謂「紹聞衣德言」，以至於《詩》《書》六藝之文，三百三千之則[三]，有一非踐迹者乎？「善人」者，忠信而未學禮，篤實而未日新，雖其天資之美，亦能闇與道合。而足己[四]不學，無自以入聖人之室[五]矣。治天下者亦然。故曰：「周監於二代，郁郁乎文哉！」[六]不然，則以漢文之「幾致刑措」[七]，而不能成三代之治矣。

【校注】

[一]《論語・先進》：「子張問善人之道，子曰：『不踐跡，亦不入於室。』」何晏集解引孔安國曰：「踐，循也。言善人不但循追舊跡而已，亦少能創業，然亦不入于聖人之奧室。」朱熹集注：「善人，質美而未學者也。」

[二]見《孟子・告子上》。

[三]《禮記・中庸》：「禮儀三百，威儀三千。」

[四]「足己」，遂初堂本、集釋本、欒本、陳本、嚴本同，原抄本作「卒以」。按當作「足己」。《史記・絳侯周勃世家》：「太史公曰：足己而不學。」司馬貞索隱：「自以己之智謀足，而不虛己學古人。」又《秦始皇本紀》及《新書・過秦論》：「秦王足己不問。」《鹽鐵論・刺復》：「足己而不問，卑士而不友。」

[五]「室」，遂初堂本、集釋本、欒本、陳本、嚴本同，原抄本作「門」。

[六]見《論語・八佾》。

[七]見《漢書・文帝紀》贊曰。

異乎三子者之撰[一]

夫子「如或知爾」[二]之言，「□[三]非斯人之徒與而誰與」[四]也。曾點浴沂詠歸[五]之言，「素貧賤，行乎素[六]賤，君子無入而不自得焉」[七]。故曰「異乎三子者之撰」。

【校注】

[一]見《論語・先進》。何晏集解引孔安國曰：「撰，具也，爲政之具。」

[二]《論語・先進》：「如或知爾，則何以哉？」何晏集解引孔安國曰：「如有用汝者，則何以爲治？」

[三]底本缺一字處，原抄本、遂初堂本、集釋本、欒本、陳本、嚴本均作「吾」，《論語》作「吾」，當補。

[四]見《論語・微子》。

[五]《論語・先進》曾點曰：「莫春者，春服既成，冠者五六人，童子六七人，浴乎沂，風乎舞雩，詠而歸。」

[六]「素」字誤，當改。原抄本、遂初堂本、集釋本、欒本、陳本、嚴本均作「貧」，《禮記》作「貧」。

[七]見《禮記・中庸》。「焉」字，原抄本、遂初堂本、集釋本、欒本、陳本、嚴本均作「也」，斷句在引文外。

去兵去食

「乃積乃倉，乃裹餱糧，于槖于囊。」[一]國所以足食，而不待豳土之行[二]也。「備乃弓矢，鍛乃戈矛，礪乃鋒刃[三]，無敢不善。」[四]國所以足兵，而不待淮夷之役[五]也。苟其事變之來，而有所不及備，則耰鋤、白梃可以爲兵，而不可闕食以修兵矣；糠覈、草根可以爲□[六]，而不可棄信以求食矣。古之人，有至於張空拳[七]，羅[八]雀鼠，而民無貳[九]志者，非上之信有以結其心乎？此又權於緩急輕重之間，而爲不得已之計也。明此義，則「國君死社稷」[十]，「大夫死宗廟」[十一]，至於輿臺牧圉之賤，莫不「親其上，死其長」[十二]，所謂「聖人有金城者，此物此志也」[十三]，豈非爲政之要道乎！《孟子》言：「制梃[十四]以撻秦、楚」[十五]，亦是可以無待於兵之意。

古之言兵，非今日之兵，謂五兵也。故曰：「天生五材，誰能去兵？」[十六]《世本》：「蚩尤以金作兵，一弓，二殳，三矛，四戈，五戰[十七]。」《周禮》司右「五兵」，註引《司馬法》曰：「弓矢，圍；殳矛，守；戈戰[十八]，助。」是也。「詰爾戎兵」[十九]，詰此兵也。「踴躍用兵」[二十]，用此兵也。「無以鑄兵」[二十一]，左氏僖公十八年《傳》。鑄此兵也。秦漢以下，始謂執兵之人爲兵。如信陵君「得選兵八萬人」[二十二]，項羽「將諸侯兵三十餘萬」[二十三]，見於太史公之書，而《五經》無此語也。

以執兵之人爲兵，猶之以被甲之士[二十三]爲甲。《公羊傳》：「桓公使高子將南陽之甲，立僖公而城魯」，閔公二年。「晉趙鞅取晉陽之甲，以逐荀寅與士吉射」。定公十三年。

【校注】

[一]見《詩經·大雅·公劉》。

[二]豳士之行：謂武事，《公劉》又曰：「弓矢斯張，干戈戚揚，爰方啟行。」

[三]「办」字，形近而訛，當改。原抄本作「办」，遂初堂本、集釋本、欒本、陳本、嚴本作「刃」。

[四]見《尚書·費誓》。

[五]淮夷之役：《書序》曰：「魯侯伯禽宅曲阜，徐、夷並興，東郊不開，作《費誓》。」

[六]底本缺一字處，原抄本、遂初堂本、集釋本、欒本、陳本、嚴本均作「食」，當補。

[七]司馬遷《報任安書》：「李陵提步卒不滿五千」、「更張空弮，冒白刃，北向爭死敵者」。

[八]「罷」字誤，當改。原抄本、遂初堂本、集釋本、欒本、陳本、嚴本均作「羅」。《資治通鑑》卷二百二十《唐紀三十六》載張巡、許遠守睢陽：「茶紙既盡，遂食馬；馬盡，羅雀掘鼠；雀鼠又盡，巡出愛妾，殺以食士，遠亦殺其奴；然後括城中婦人食之；既盡，繼以男子老弱。人知必死，莫有叛者，所餘才四百人。」又見《新唐書·忠義列傳中》。

[九]「貳」，遂初堂本、集釋本、欒本、陳本、嚴本同，原抄本作「二」。

[十]《禮記・曲禮下》:「國君死社稷,大夫死衆,士死制。」

[十一]《禮記・禮運》:「故國有患,君死社稷謂之義,大夫死宗廟謂之變。」

[十二]見《孟子・梁惠王下》。

[十三]見賈誼《新書・階級》。

[十四]「挺」字誤,原抄本同誤,當改。遂初堂本、集釋本、欒本、陳本、嚴本作「梃」,《孟子》作「梃」。

[十五]《孟子・梁惠王上》:「修其孝悌忠信」、「可使制梃以撻秦、楚之堅甲利兵」。

[十六]見《左傳・襄公二十七年》。

[十七]「戰」字誤,當改。原抄本、遂初堂本、集釋本、欒本、陳本、嚴本均作「戢」。

[十八]「戰」字誤,當改。原抄本、遂初堂本、集釋本、欒本、陳本、嚴本均作「戢」。

[十九]見《尚書・立政》。

[二十]見《詩經・邶風・擊鼓》。

[二十一]見《史記・魏公子列傳》。

[二十二]今見《漢書・陳勝項籍傳》。

[二十三]「士」,遂初堂本、集釋本、欒本、陳本、嚴本同,原抄本作「人」。

奡盪舟[一]

《竹書紀年》:帝相二十七年:「澆伐斟鄩,大戰於濰,覆其舟,滅之。」《楚辭・天問》:「覆舟斟鄩,何道取之?」正謂此[二]也。漢時[三]《竹書》未出,故孔安國註爲「陸地行舟」,而後人因之。

王逸註《天問》，謂：「滅斟鄩氏，奄若覆舟。」亦以不見《竹書》而强爲之説。[四]

古人以左右衝殺爲「盪陣」，《宋書・顔師伯傳》：「單騎出盪。」《孔覬傳》：「每戰，以刀楯道[五]盪。」其鋭卒謂之「跳盪」，別師[六]謂之「盪主」。《陳書・高祖紀》：「盪主戴晃、徐宣等[七]。」《後周書・侯莫陳崇傳》、《王勇傳》有「直盪都督」，《楊紹傳》有「直盪別將」。《晉書・載記》：隴上健兒歌曰：「丈八蛇矛左右盤，十盪十決無當前。」[八]《唐書・百官志》：「矢石未交，陷堅突衆，敵因而敗者，曰『跳盪』。」「盪舟」蓋兼此義，與蔡姬之「乘舟蕩公」者不同。《左傳・僖公三年》。

【校注】

[一]見《論語・憲問》。孔穎達疏：「奡，寒浞之子。」「盪」，目録作「蕩」。原抄本、遂初堂本、集釋本、陳本、嚴本作「盪」，欒本作「蕩」。

[二]「謂此」，原抄本同。遂初堂本、集釋本、欒本、陳本、嚴本作「此謂」，誤。

[三]「漢時」，遂初堂本、集釋本、欒本、陳本、嚴本同。原抄本空二格，當補。

[四]黄汝成集釋引趙氏曰：陸氏釋文於「丹朱傲」云：「字又作『奡』。」蓋古「傲」、「奡」通用。宋吴斗南因悟即此盪舟之奡，與丹朱爲两人也。蓋禹之規戒若但作傲慢之傲，則既云「無若丹朱傲」矣，何又曰「傲虐是作」乎？以此知丹朱與奡爲两人也。曰「罔水行舟」，正此「陸地行舟」之明證也。然則南宫適所引，正指丹朱所與朋淫之人，而非寒浞之子，斷可識矣。

[五]「道」字誤，當改。原抄本、遂初堂本、集釋本、欒本、陳本、嚴本均作「直」。《宋書》作「直」。

[六]「師」誤，原抄本同誤，當改。遂初堂本、集釋本、欒本、陳本、嚴本作「帥」。

[七]「盪主戴晃、徐宣等」，《陈书》武英殿本作「盪主戴晃曹宣等」，《太平御览》宋刊本作「盪主戴晃曹宣等」，《册府元龟》明抄本作「盪主戴晃曹宣等」。

［八］《晉書·劉曜載記》謂「隴上歌之曰」，《樂府詩集》題爲《隴上歌》。

管仲不死子糾[一]

君臣之分，所關者在一身；夷夏[二]之防，所繫者在天下。故夫子之於管仲，略其不死子糾之罪，而取其一匡九合之功[三]，蓋權衡於大小之間，而以天下爲心也。大[四]以君臣之分，猶不敵夷夏[五]之防，而《春秋》之志可知矣。

有謂管仲之於子糾未成爲君臣者。子糾於齊未成君，於仲與忽則成爲君臣矣。狐突之子毛及偃從文公在秦，而曰：「今臣之子名在重耳，有年數矣。」[六]漢晉以下，太子、諸王與其臣皆定君臣之分，蓋自古相傳如此。若毛偃爲重耳之臣，而仲與忽不得爲糾之臣，是以成敗定君臣也，可乎？又謂桓公[七]糾弟，此亦强爲之説。[八]夫子之意，以被髮左衽之禍，尤重於忘君事讎也。[九]

論至於尊周室、攘夷狄[十]之大功，則公子與其臣，區區一身之名分小矣。雖然，其君臣之分故在也，遂謂之無罪，非也。

【校注】

［一］《論語·憲問》：「子路曰：『桓公殺公子糾，召忽死之，管仲不死。』曰：『未仁乎？』」

［二］「夷夏」，原抄本同。潘耒遂初堂刻本改爲「華裔」，集釋本因之。欒本據黄侃校記改回而加説明，陳本、嚴本仍刻本之舊而加注，欒本、陳本並云「下同」。

［三］《論語·憲問》：「子曰：『桓公九合諸侯，不以兵車，管仲之力也。』」「子曰：『管仲相桓公，霸諸侯，一匡天

下，民到於今受其賜。微管仲，吾其被髮左衽矣。」」

［四］「大」字誤，當改。原抄本、遂初堂本、集釋本、欒本、陳本、嚴本均作「夫」。

［五］「夷夏」，原抄本同。潘耒遂初堂刻本改爲「華裔」，集釋本因之。

［六］見《左傳・僖公二十三年》。

［七］「公」字誤，當改。原抄本、遂初堂本、集釋本、欒本、陳本、嚴本均作「兄」。

［八］黄汝成集釋引楊氏曰：此程子之言，實不然。

［九］「夫子之意」以下一句十九字，原抄本同，潘耒遂初堂刻本删。欒本據黄侃校記增補而加説明，陳本、嚴本仍刻本之舊，無注。

［十］「攘夷狄」，「攘」字誤，當改。原抄本作「攘夷狄」。潘耒遂初堂刻本改爲「存華夏」，集釋本因之。欒本據黄侃校記改回而加説明，陳本、嚴本仍刻本之舊而加注。

予一以貫之[一]

「好古敏求」[二]，「多見而識」[三]，夫子之所自道也。然有進乎是者。六爻之義，至賾也，[四]而曰「知者觀其彖辭，則思過半矣」[五]。三百之《詩》，至汎也，而曰「一言以蔽之，曰思無邪」[六]。三千三百之儀，至多也，而曰「禮，與其奢也，寧儉」[七]。十世之事，至遠也，而曰「殷因於夏禮，周因於殷禮，雖百世可知」[八]。百王之治，至殊也，而曰「道二，仁與不仁而已矣」[九]。此所謂「予一以貫之」者也。其教門人也，必先「叩其兩端」[十]，而使之「以三隅反」[十一]。故顔子則「聞一以知十」[十二]，而子貢「切磋」之言[十三]，子夏「禮後」之問[十四]，則皆善其「可與言《詩》」，豈非天下之理殊塗而同歸，大人之學舉本以該末乎？彼章句之士，既不足以觀其會通，而高明之君子，又或語德性而遺問學，均失聖人之旨[十五]矣。

【校注】

[一]見《論語・衛靈公》。《里仁》又曰：「吾道一以貫之。」
[二]《論語・述而》：「好古，敏以求之。」
[三]見《論語・述而》。
[四]「至賾」，見《易經・繫辭上傳》。孔穎達疏：「賾，謂幽深難見。」
[五]見《易經・繫辭下傳》。
[六]見《論語・爲政》。
[七]見《論語・八佾》。
[八]見《論語・爲政》。
[九]《孟子・離婁上》引孔子曰。
[十]見《論語・子罕》。
[十一]「喁」字誤，當改。原抄本、遂初堂本、集釋本、欒本、陳本、嚴本均作「隅」。見《論語・述而》。
[十二]見《論語・公冶長》。
[十三]《論語・學而》：「子貢曰：《詩》云：『如切如磋，如琢如磨』，其斯之謂與？」
[十四]見《論語・八佾》。
[十五]「旨」，原抄本、遂初堂本、集釋本、欒本、陳本、嚴本均作「指」。

君子疾没世而名不稱焉[一]

疾名之不稱，則必求其實[二]矣，君子豈有務名之心哉？是以《乾》初九之《傳》曰：「不易乎世，不成乎名。」[三]

古人求没世之名，今人求當世之名。吾自幼及老，見人所以求當世之名者，無非爲利也。名之所在，則利歸之，故求之惟恐不及也。苟不求利，亦何慕名？

【校注】

[一]見《論語·衛靈公》。

[二]「實」，遂初堂本、集釋本、欒本、陳本、嚴本同，原抄本作「寔」。

[三]《易經·乾卦·文言傳》。

性相迹也[一]

「性」之一字，始見於《商書》，曰：「惟皇上帝，降衷於下民，若有恒性。」「恒」即「相近」之義。「相近」，近於善也；「相遠」，遠於善也。故夫子曰：「人之生也直，罔之生也幸而免。」[二]「人之生也直」即孟子所謂「性善」。

人亦有生而不善者，如楚「子良生子越椒」，子文知其「必滅若敖氏」是也。[三]然此千萬中之一耳，故公都子所述之三説，孟子不斥其非，而但曰：「乃若其情，則可以爲善矣，乃所謂善也。」[四]蓋凡人之所大同，而不論其變也。若「紂爲炮烙之刑」[五]，「盗跖日殺不辜，肝人之肉」[六]，此則生而性與人殊，亦如五官百骸，人人[七]所同，然亦有生而不具者，豈可以一而概萬乎？故終謂之「性善」也。

孟子論「性」，專以其發見乎情者言之。且如見孺子入井，亦有不憐者；嘑蹴之食，有笑而受之者。此人情之變也。若反從而喜[八]之，吾知其無是人也。

曲沃衛蒿[九]曰：「孔子所謂『相近』，即以『性善』而言。若性有善、有不善，其可謂之相近乎？如『堯舜，性者也；湯武，反之也』，若湯武之性不善，安能反之以至於堯舜邪？湯武可以反之，即『性善』之説。湯武之不即爲堯舜，而必待於反之，即『性相近』之説也。孔、孟之言一也。」

【校注】

[一]「迹」字誤，當改。原抄本、遂初堂本、集釋本、欒本、陳本、嚴本均作「近」。目録不誤。《論語·陽貨》：「子曰：『性相近也，習相遠也。』」

[二]見《論語·雍也》。

[三]見《左傳·宣公四年》。

[四]《孟子·告子上》。

[五]見《鹽鐵論》卷十。

[六]見《史記·伯夷列傳》。又見《論衡·禍虚篇》。

[七]「人人」，原抄本同。遂初堂本、集釋本、欒本、陳本、嚴本作「人之」。

[八]「喜」，遂初堂本、集釋本、欒本、陳本、嚴本同，原抄本誤作「善」。

[九]「衛蒿」，原抄本、欒本、陳本同。遂初堂本、集釋本、嚴本誤作「衛嵩」，當改。陳垣校注：「衛嵩應作『蒿』。潘本亦誤作『嵩』。全部《日知録》黄刻本皆誤作『嵩』。十八卷潘本獨作『蒿』不誤，黄本乃改爲『嵩』。」又卷十五陳垣校注：「明末人，字匪莪。」今按：《詩經・小雅・蓼莪》：「蓼蓼者莪，匪莪伊蒿。」衛氏名字出此。

虞仲[一]

《史記》：「太伯之奔荆蠻，自號勾[二]吴。荆蠻義之，從而歸之千餘家，立爲吴太伯。太伯卒，無子，弟仲雍立，是爲吴仲雍。仲雍卒，子季簡立。季簡卒，子叔達立。叔達卒，子周章立。是時周武王克殷，求太伯、仲雍之後，得周章。周章已君矣[三]，因而封之，乃封周章弟虞仲於周之北故夏墟，是爲虞仲，列爲諸侯。」按此則仲雍爲吴[四]仲雍，而虞仲者，仲雍之曾孫也。殷時諸侯有虞國，《詩》所云「虞芮質厥成」[五]者。武王時國滅，而封周章之弟於其故墟，乃有虞仲之名耳。《論語》：「逸民：虞仲、夷逸。」《左傳》：「太伯、虞仲，太王[六]之昭也。」即謂仲雍爲虞仲，是祖孫同號。且仲雍君吴，不當言虞。古「吴」、「虞」二字多通用。《史記・趙世家》：「吴廣内其女孟姚」，索隱曰：「古『虞』、『吴』音相近，故舜後亦姓吴。」《詩》：「不吴不教[七]」，《莫[八]書・武帝紀》引作「不虞不驁」。《衛尉衡方碑》辭引「不吴不揚」作「不虞不揚」。《釋名》：「吴，虞也。」《公羊傳・定公四年》：「晉士鞅、衛孔圄帥師伐鮮虞」，「虞」，本或作「吴」。《石鼓文》有「吴人」，註曰：「虞人也」。《水經注》：「吴山在汧縣西，古之汧山也，《國語》所謂『虞』矣。」楊用修曰：「『吴』，古『虞』字省文。如『虜』

之省爲『乎』，『樝』之省爲『柤』也。」今崑山有浦，名大虞、小虞，俗謂之大吴、小吴。竊疑二書所稱虞仲，並是「吴仲」之誤[九]。又考《吴越春秋》，太伯曰：「其當有封者，吴仲也。」則仲雍之稱「吴仲」，固有徵矣。《漢書・地理志》河東郡：「大陽，吴山在西，上有吴城。《史記・秦本紀》：昭襄王五十三年，「伐魏，取吴城」。周武王封太伯後於此，吴祖太伯，故曰太伯後。是爲虞公。」《後漢[十]・郡國志》：「太陽有吴山，上有虞城。」《水經注》亦作「虞城」。「虞城」之書爲「吴城」，猶「吴仲」之書爲「虞仲」也。杜元凱《左氏》註亦曰：「仲雍支子，別封西吴。」

【校注】

[一]「虞仲」字誤，當改。原抄本、遂初堂本、集釋本、欒本、陳本、嚴本均作「虞仲」。目録不誤。見《論語・微子》，曰：「逸民：伯夷、叔齊、虞仲、夷逸、朱張、柳下惠、少連。」

[二]「勾」，原抄本同。遂初堂本、集釋本、欒本、陳本、嚴本作「句」。《史記》作「句」。「句」讀作「勾」。

[三]「矣」，遂初堂本、嚴本同，原抄本、集釋本、欒本、陳本作「吴」。

[四]「吴」字，遂初堂本、集釋本、欒本、陳本、嚴本同，原抄本脱，當補。

[五]《詩經・大雅・緜》。

[六]「太王」，遂初堂本、集釋本、欒本、陳本、嚴本同，原抄本誤作「文王」，當改。《左傳》作「大王」。

[七]「教」字誤，當改。原抄本、遂初堂本、集釋本、欒本、陳本、嚴本均作「敖」。《詩經》作「敖」。

[八]「莫」字誤，當改。原抄本、遂初堂本、集釋本、欒本、陳本、嚴本均作「漢」。

[九]「之誤」，遂初堂本、集釋本、欒本、陳本、嚴本同，原抄本作「之音誤」。

[十]「後漢」，原抄本、遂初堂本、嚴本同，欒本、陳本作「續漢」。

聽其言也厲[一]

君子之言，非有意於厲也。是曰是，非曰非。孔穎達《洪範》正義曰：「言之決斷，若金之斬割。」居官，則告諭可以當鞭朴[二]；行師，則誓戒可以當甲兵。此之謂「聽其言也厲」。

【校注】

[一]《論語·子張》：「君子有三變：望之儼然，即之也温，聽其言也厲。」

[二]「朴」，遂初堂本、集釋本、欒本、陳本、嚴本同，原抄本作「扑」。按《漢書·刑法志》：「薄刑用鞭扑。」

有始有卒者其惟聖人乎[一]

聖人之道，未有不始於洒掃、應對、進退者也。故曰：「約之以禮。」[二]又曰：「知崇禮卑。」[三]

【校注】

[一]見《論語·子張》。陳垣校注：以上《論語》。

[二]見《論語·雍也》。

[三]見《易經·繫辭上傳》。「知」同「智」。

日知録卷之十[一]

梁惠王[二]

《史記・魏世家》：「惠王三十六年，卒，子襄王立。襄王元年，與諸侯會徐州，相王也，追尊父惠王爲王。」而孟子書，其對惠王無不稱之爲「王」者，則非追尊之辭明矣。司馬子長亦知其不通，而改之曰「君」。《通鑑》改《孟子》作「君何必曰利」，亦以此。然《孟子》之書出於當時，不容誤也。杜預《左傳集解》後序言：「哀王於《史記》，襄王之子，惠王之孫也。惠王三十六年卒而襄王立，立十六年卒而哀王立。《古書紀年篇》：惠王三十六年改元，從一年始至十六年而稱惠成王，卒，即惠王也。疑《史記》誤分惠成之世以爲後王年也。哀王二十三年乃卒，故持[三]不稱謚，謂之今王。」作書時未卒，故謂之今元[四]。今按惠王即位三十六年，稱王，改元，又十六年卒，而子襄王立，即《紀年》所謂「今王」，無哀王也。「襄」、「哀」字相近，《史記》分爲二人，誤耳。[五]《秦本紀》：「秦惠文王十四年，更爲元年。」此稱王改元之證，又與魏惠王同時。

《魏世家》:「襄王五年,予秦河西之地。七年,魏盡入上郡於秦。」今按《孟子》書,惠王自言「西喪地於秦七百里」,乃悟《史記》所書襄王之年,即惠王之後五年、後七年也,以《孟子》證之而自明者也。

據《紀年》,周慎靚王之二年,而魏惠王卒。其明年,爲魏襄王之元年。又二年,燕王噲讓國於其相子之。又二年,爲報[六]王之元年,齊人伐燕,取之。又二年,燕人畔。與《孟子》之書先梁後齊,其事皆合。然孟子在二國皆不久,書中齊事特多,又嘗爲卿於齊,當有四五年。君[七]適梁,乃惠王之末,而襄王立,即行,故梁事不多。謂孟子以惠王之三十五年至梁者,誤以惠王之後元年爲襄王之元年故也。《史記》及《孟子序説》謂梁惠王之三十五年,孟子至梁。其後二十三年,齊人伐燕,而孟子在齊者,非。衛嵩[八]曰:「孟子遊歷先後雖不可考,以本書證之,當是由[九]宋歸鄒,由鄒之任、之薛、之滕,而後之梁、之齊。」

孟子爲卿於齊,其於梁則客也。故見齊王稱臣,見梁王不稱臣。

【校注】

[一]卷十,刻本在卷七内。

[二]《孟子》篇名。趙岐曰:「梁惠王者,魏惠王也。魏,國名。惠,謚也。王,號也。時天下有七王,皆僭號者,猶《春秋》之時,吴、楚之君稱王也。魏惠王居於大梁,故號曰梁王。」「孟子亦以大儒爲諸侯師,是以《梁惠王》、《滕文公》題篇。」陳垣校注:以下《孟子》。

[三]「持」字誤,當改。原抄本、遂初堂本、集釋本、欒本、陳本、嚴本均作「特」。

[四]「元」字誤,當改。原抄本、遂初堂本、集釋本、欒本、陳本、嚴本均作「王」。

[五]黄汝成集釋引梁氏云:觀《孟子》本書,當是晚始游魏,故魏王尊之爲「叟」,必在惠王改元之十五六年間。以魏襄爲哀,猶《十二侯表》以秦哀公、陳哀公爲襄公也。

［六］「報」字誤，當改。原抄本、遂初堂本、集釋本、欒本、陳本、嚴本均作「赧」。

［七］「君」字誤，當改。原抄本、遂初堂本、集釋本、欒本、陳本、嚴本均作「若」。

［八］「衛蒿」，原抄本、欒本、陳本同。遂初堂本、集釋本、嚴本誤作「衛嵩」，按當作「衛蒿」。衛蒿，字匪莪。

［九］「由」，原抄本同，遂初堂本、集釋本、欒本、陳本、嚴本作「自」。

未有義而後其君者也［一］

不遺親［二］，不後君，「仁」之效也，其言「義」何？　義者，禮之所從生也。昔者齊景公有感于晏子之言，而懼其國之爲陳氏也，曰：「是可若何？」對曰：「唯禮可以已之。在禮，家施不及國，民不遷，農不移，工賈不變，士不濫，官不滔，大夫不收公利。」又曰：「君令臣共，父慈子孝，兄愛弟敬，夫和妻柔，姑慈婦聽，禮也。君令而不違，臣共而不貳，父慈而教，子孝而箴，兄愛而友，弟敬而順，夫和而義，妻柔而正，姑慈而從，婦聽而宛［三］，禮之善物也。」［四］晉侯謂女叔齊曰：「魯侯不亦善於禮乎？」對曰：「禮，所以守其國，行其政令，無失其民者也。今政令在家，不能取也。有子家羈，弗能用也。公室四分，民食於他。恩莫在公，不圖其終。爲國君，難將及身，不恤其所。禮之本末，將於此乎在。而屑屑焉習儀以亟，言善於禮，不亦遠乎！」［五］子曰：「君子之道，辟則坊與？　坊民之所不足者也。大爲之坊，民猶踰之。故君子禮以坊德，刑以坊淫，命以坊欲。」［六］古之明王，所以禁邪於未形，使民日遷善遠罪而不自知者，是必有其道矣。

【校注】

[一]見《孟子・梁惠王上》。
[二]《梁惠王上》又曰：「未有仁而遺其親者也。」
[三]「宛」，原抄本、遂初堂本、集釋本、欒本、陳本、嚴本均作「婉」。
[四]見《左傳・昭公二十六年》。
[五]見《左傳・昭公五年》。
[六]見《禮記・坊記》。陸德明曰：「坊音防，經文皆同。」

不動心

凡人之動心與否，固在其「加卿相」、「行道」之時也。[一]「枉道事人」[二]，「曲學阿世」[三]，皆從此而始矣。「我四十不動心」[四]者，不動其「行一不義，殺一不辜，而得天下，有不爲也」[五]之心。[六]

【校注】

[一]《孟子・公孫丑上》：「公孫丑問曰：『夫子加齊之卿相，得行道焉，雖由此霸王不異矣，如此則動心否乎？』」
[二]《論語・微子》：「直道而事人，焉往而不三黜？枉道而事人，何必去父母之邦？」
[三]《史記・儒林列傳》轅固生謂公孫弘：「公孫子，務正學以言，無曲學以阿世。」
[四]見《孟子・公孫丑上》孟子曰。
[五]見《孟子・公孫丑上》。

[六]黄汝成集釋引錢氏曰：王安石主持新法，至於「天變不足畏，人言不足信」，可謂「加卿相」而「不動心」者矣。較之告子，其禍人家國尤烈，故曰「是不難」。

市朝

「若撻之於市朝」[一]，即《書》所言「若撻於市」[二]。古者朝無撻人之事，市則有之。《周禮》司市：「市刑，小刑憲罰，中刑狥罰[三]，大刑朴[四]罰。」又曰：「胥執鞭度而巡其前，掌其坐作出入之禁令。凡有罪者，撻戮而罰之。」是也。《禮記・檀弓》：「遇諸市朝，不反兵而鬭」，兵器非可入朝之物。《奔喪》：「哭辟市朝」，奔喪亦但過市，無過朝之事也。其謂之「市朝」者，《史記・孟嘗君傳》：「日莫之後，過市朝者掉臂不顧」，索隱曰：「言市之行列，有如朝位，故曰『市朝』」。古人能以衆整如此。司市：「以次叙分地而經市」，註：「叙肆行列也」。後代則朝列之參差，有反不如市肆者矣。

【校注】

[一]見《孟子・公孫丑上》。

[二]《尚書・説命下》。

[三]「狥罰」，遂初堂本、集釋本、欒本、陳本、嚴本同。原抄本誤作「徇罪」，當改。《周禮》作「狥罰」。

[四]「朴」字誤，當改。原抄本、遂初堂本、集釋本、欒本、陳本、嚴本均作「扑」。《周禮》作「扑」。

必有事焉而勿正心[一]

倪文節思[二]謂：「當作『必有事焉，而勿忘；忽忘，勿助長也』。傳寫之誤，以『忘』字作『正心』二字。言養浩然之氣，必當有事而勿忘，既已勿忘，又當勿助長也。疊二『勿志[三]』，作文法也。」[四]按《書・無逸篇》曰：「自時厥後立王，生則逸；生則逸，不知稼穡之艱難。」亦是疊一句，而文愈有致。今人發言，亦多有重説一句者。《禮記・祭義》：「見間以俠甒」，鄭氏曰：「『見間』當爲『覸』」。《史記・蔡澤傳》：「吾持梁刺齒肥」，索隱曰：「『刺齒肥』，當爲『齧肥』」。《論語》：「五十以學《易》」，朱子以爲「五十」當作「卒」。此皆古書一字誤爲二字之證。

【校注】

[一]見《孟子・公孫丑上》。注疏斷句爲「必有事焉而勿正，心勿忘，勿助長也」。

[二]倪思，字正甫，謚文節，湖州歸安人。《宋史》有傳。

[三]「志」字誤，當改。原抄本、遂初堂本、集釋本、欒本、陳本、嚴本均作「忘」。

[四]陳垣校注：《經鋤堂雜誌》二。

文王以百里

「湯以七十里，文王以百里。」[一]孟子爲此言，以證王之不待大爾。其實文王之國，不止百里。周自王季伐諸戎，疆土日大。文王自岐遷豐，其國已跨三四百里之地。伐崇、伐密，自河以西舉屬之周。未克商以前，無滅[二]國者，但臣屬而已。至於武王，而西及梁、益，「庸、蜀、羌、髳、微、盧、彭、濮。」東臨上黨，「勘[三]黎。」無非周兒[四]。紂之所有，不過河内殷墟，其從之者，亦但東方諸國而已。一舉而克商，宜其如振槁也。《書》之言文王曰：「大邦畏其力」[五]，文王何嘗不藉力哉！

【校注】

[一]見《孟子・公孫丑上》。

[二]「減」字誤，當改。原抄本、遂初堂本、集釋本、欒本、陳本、嚴本均作「滅」。

[三]「勘」字誤，當改。原抄本、遂初堂本、集釋本、欒本、陳本、嚴本均作「戡」。《尚書》作「戡」。

[四]「兒」字誤，當改。原抄本、遂初堂本、集釋本、欒本、陳本、嚴本均作「地」。

[五]《尚書・武成》。

孟子目齊葬於魯[一]

「孟子自齊葬於魯」，言「葬」而不言「喪」，此改葬也。《禮》：改葬，緦，事畢而除。故「反於齊，止於嬴」，而充虞乃得乘間而問。若曰奔喪而還，營葬方畢，即出赴齊卿之位，而門人未得發言，可謂「三月無君，則皇皇如也」[二]，而身且不行三年之喪，何以教滕世子哉！[三]

【校注】

[一]「目」字誤，當改。原抄本、遂初堂本、集釋本、欒本、陳本、嚴本均作「自」。目録不誤。語見《孟子・公孫丑

下》。趙岐注：「孟子仕於齊，喪母，而歸葬於魯也。」刻本此條在「廛無夫里之布」條之後。

[二]見《孟子・滕文公下》。

[三]黄汝成集釋引閻氏曰：劉向《列女傳》：「孟子處齊，有憂色，擁楹而歎，孟母見之」云。則知母蓋同在齊。「自齊葬于魯」，則知母既殁于齊也。終三年喪，復至齊而爲卿耳。

廛無夫里之布[一]

有夫布，有里布。《周禮・地官》載師職曰：「凡宅不毛者，有里布。凡田不耕者，出屋粟。凡民無職事者，出夫家之征。」閭師職曰：「凡無職者，出夫布。」鄭司農云：「里布者，布參印書，廣二寸，長二尺，以爲幣，貿易物。《詩》云：『抱布貿絲』，抱此布也。或曰：『布，泉也。』《春秋傳》曰：『買之，百兩一布。』」昭公二十六年。又廛人職：「掌斂市之欽市[二]、總布、質布、罰布、廛布。」[三]「玄謂宅不毛者，罰以一里二十五家之泉。」[四]《集註》未引閭師文，今人遂以布專屬於里。

【校注】

[一]見《孟子・公孫丑上》。

[二]「市」字誤，當改。原抄本、遂初堂本、集釋本、欒本、陳本、嚴本均作「布」。《周禮》作「布」。

[三]鄭衆，字仲師，曾任大司農，世稱鄭司農。此處爲鄭玄注引鄭衆語。

[四]見鄭玄注。「玄」是鄭氏自稱。

其實皆什一也[一]

古來田賦之制，實始於禹。水土既平，「咸則三壤」[二]，後之王者，不過因其成蹟而已。故《詩》曰：「信彼南山，維禹甸之。畇畇原隰，曾孫田之。我彊[三]我理，南東其畝。」[四]然則周之彊[五]理，猶禹之遺法也。《周禮》小司徒註：「昔夏少康在虞思，『有田一成，有衆一旅』。一旅之衆而田一成，則井牧之法，先古然矣。」孔氏《南山[六]》正義引此，則曰：「丘甸[七]之法，禹之所爲。」孟子乃曰：「夏后氏五十而貢，殷人七十而助，周人百畝而徹。」[八]夫井田之制，一井之地，畫爲九區。故蘇洵謂：「萬夫之地，蓋三十二里有半，而其間爲川爲路者一，爲澮爲道者九，爲洫爲涂者百，爲溝爲畛者千，爲遂爲徑者萬。」[九]使夏必五十，殷必七十，周必百，則是一王之典[十]，必將改畛涂，變溝洫，移道路以就之，爲此煩擾而無益於民之事也，豈其然乎？《周官》遂人：「凡治野，夫間有遂，遂上有徑。十夫有溝，溝上有畛。百夫有洫，洫上有涂。千夫有澮，澮上有道。萬夫有川，川上有路，以達于畿。」夫子言：「禹盡力乎溝洫。」而禹之自言亦曰：「濬畎澮距川。」知其制不始於周矣。[十一]蓋三代取民之異，在乎貢、助、徹，而不在乎五十、七十、百畝。其五十、七十、百畝，特丈尺之不同[十二]，而田未嘗易也，故曰「其寔皆什一也」。古之王者，必改正朔，易服色，異度數。故《史記·秦始皇本紀》於「改年，十月朔，上黑」之下，即曰：「數以六爲紀，符法冠皆六寸，而輿六尺，六尺爲步，乘六馬。」三代之王，其更制改物亦大抵如此。故《王制》曰：「古者以周尺八尺爲步，今以周尺六尺四寸爲步。」而當日因時制宜之法，亦有可言。夏人[十三]土曠人稀，故其畝特大。殷、周土易人多，故其畝漸小。以夏之一畝爲二畝，其名殊而寔一矣。國佐之對晉人曰：「先王疆理天下，物土之宜，而布其利。」[十四]豈有三代之王，而爲是紛紛無益於民之事乎[十五]！

【校注】

[一]見《孟子・滕文公上》。

[二]見《尚書・禹貢》。

[三]「彊」字誤，當改。原抄本、遂初堂本、集釋本、欒本、陳本、嚴本均作「疆」。《詩經》作「疆」。

[四]《詩經・小雅・信南山》。

[五]「彊」字誤，當改。原抄本、遂初堂本、集釋本、欒本、陳本、嚴本均作「疆」。

[六]「南山」上，脱「信」字，當補。原抄本、遂初堂本、集釋本、欒本、陳本、嚴本均作「信南山」。

[七]「句」字誤，當改。原抄本、遂初堂本、集釋本、欒本、陳本、嚴本均作「甸」。

[八]《孟子・滕文公上》。

[九]陳垣校注：《嘉祐集》五《田制論》。

[十]「典」字誤，當改。原抄本、遂初堂本、集釋本、欒本、陳本、嚴本均作「興」。

[十一]夫子言，見《論語・泰伯》。禹自言，見《尚書・益稷》。

[十二]黄汝成集釋引沈氏曰：《通鑑外紀》云：「夏十寸爲尺，商十二寸爲尺，周八寸爲尺。」

[十三]「人」，原抄本同。遂初堂本、集釋本、欒本、陳本、嚴本作「時」。

[十四]見《左傳・成公二年》。

[十五]「乎」，原抄本同。遂初堂本、集釋本、欒本、陳本、嚴本作「哉」。

莊嶽

「引而置之莊嶽之間。」[一]註：「莊嶽，齊街里名也。」莊是街名，嶽是里名。《左傳》襄二十八年：「得慶氏之木百車於莊」，註云：「六軌之道」。昭十年「又敗諸莊」，哀六年「戰于莊，敗」，註並同。「反陳於嶽」，註云：「嶽，里名」。

【校注】

［一］見《孟子·滕文公下》。

古者不爲臣不見[一]

觀夫孔子之見陽貨，而後知「踰垣」、「閉門」[二]爲賢者之過，未合於中道也。然後世之人，必有如胡廣被中庸之名[三]，馮道託仲尼之迹者矣[四]。其始也，屈己以見諸侯；一見諸侯，而懷其禄利。於是望塵而拜貴人，希旨以投時好，此其所必至者。曾子、子路之言[五]，所以爲末流戒也。故曰：「君子上交不諂。」[六]又曰：「上弗援，下弗推。」[七]後世之於士人，許之以自媒，勸之以干禄，而責其有恥，難矣。

【校注】

［一］見《孟子·滕文公下》。

[二]《孟子・滕文公下》：「段干木踰垣而辟之，泄柳閉門而不納。」

[三]《後漢書・胡廣傳》：「自在公臺三十餘年，歷事六帝。」又曰：「性温柔謹素，常遜言恭色。達練事體，明解朝章。雖無謇直之風，屢有補闕之益。故京師諺曰：『萬事不理問伯始，天下中庸有胡公。』」

[四]《舊五代史・馮道傳》：「道歷任四朝，三入中書，在相位二十餘年。」又曰：「道曰：『凡人同者爲是，不同爲非，而非道者十恐有九。昔仲尼聖人也，猶爲叔孫武叔所毁。』」

[五]《孟子・滕文公下》：「曾子曰：『脅肩諂笑，病於夏畦。』子路曰：『未同而言，觀其色赧赧然。』」

[六]《易經・繫辭下傳》：「君子上交不諂，下交不瀆。」

[七]見《禮記・儒行》。

公行子有子之喪[一]

《禮》：「父爲長子，斬衰三年。」故公行子有子之喪，而孟子與右師及齊之諸臣皆往弔。

【校注】

[一]見《孟子・離婁下》。趙岐注：「公行子，齊大夫也。」

爲不順於父母[一]

《虞書》所載：「帝曰：『予聞如何？』岳曰：『瞽子，父頑，母嚚，象傲。克諧以孝，烝烝乂，不格姦。』」[二]是則帝之舉舜，在「瞽瞍[三]底豫」[四]之後。今孟子乃謂「九男二女，百官，牛羊，倉廩備，以事舜於畎畝之中，猶不順於父母，而如窮人無所歸」[五]，此非事實。但其推見聖人之心若此，使天下之爲人子者，慮[六]心積慮，必出乎此，而後爲大孝耳。與答桃應之問同。[七]後儒以爲實，然則「二嫂使治朕棲」[八]之説亦可信矣？

【校注】

[一]見《孟子·萬章上》。

[二]《尚書·堯典》。

[三]「瞍」，原抄本、遂初堂本、集釋本、陳本、嚴本作「瞍」，欒本作「叟」。

[四]見《孟子·離婁上》。趙岐注：「厎，致也。豫，樂也。」

[五]見《孟子·萬章上》。

[六]「慮」字誤，當改。原抄本、遂初堂本、集釋本、欒本、陳本、嚴本均作「處」。

[七]桃應問，見《孟子·盡心上》。

[八]見《孟子·萬章上》。

象封有庳[一]

舜都蒲阪，而封象於道州鼻亭，《水經注》，王隱曰：「應陽縣，本泉陵之北部，東五里有鼻墟，象所封也，山下有象廟。」《後漢書·東平王蒼傳》註：「有鼻，國名，在今永州營道縣北。」《袁譚傳》註：「今猶謂之鼻亭。」在三苗以南，荒服之地，誠爲可疑。如孟子所論，「親之欲其貴，愛之欲其富」，又且欲其「源源而來」，何以不在中原近畿之處，而置之三千餘里之外邪？[一]蓋上古諸侯之封萬國，其時中原之地必無閒土可以封故也。又考太公之於周，其功亦大矣，而僅封營丘。營丘在今昌樂、濰二縣界，史言其地「瀉鹵，人民寡」[三]，而孟子言其「儉於百里」[四]，又萊夷[五]偪處，而與之「爭國」[六]。夫尊爲尚父，親爲后父，功爲元臣，而封止於此，豈非中原之地無閒土，故至薄姑氏之滅，而後乃封於[七]太公邪？周時滅一國乃封一國。《左傳》：「成王滅唐，而封大叔焉」，是也。《竹書紀年》，武王十六年，「秋，王師滅蒲姑」。或曰：禹封在陽翟，稷封在武公[八]，何與？二臣者，有安天下之大功，舜固不得以介弟而先之也[九]。故象之封於遠，聖人之不得已也。漢高祖封劉仲爲代王，乃是棄其兄於邊陲近寇之地，與舜之封象異矣。

【校注】

[一]《孟子·萬章上》：「象至不仁，封之有庳。」

[二]黄汝成集釋引閻氏曰：《孟子》：「欲常常而見之，故源源而來。」兄居蒲阪，弟居零陵，陸阻太行，水絶洞庭，往返萬里，親愛弟者固如是乎？有庳之封必近在帝都，而今不可考爾。零陵之傳有是名者，《括地志》云：「鼻亭神在營道縣北六十里。故老傳言，舜葬九疑，象來至此，後人立祠，名爲鼻亭神。」此爲得之。

[三]見《史記·貨殖列傳》。又見《漢書·地理志》。

[四]《孟子·告子下》。

[五]「萊夷」，遂初堂本、集釋本、欒本、陳本、嚴本同，原抄本作「倈夷」，誤。

[六]見《史記·齊太公世家》。

[七]「於」，原抄本同。遂初堂本、集釋本、欒本、陳本、嚴本無。

[八]「武公」誤，當改。原抄本、遂初堂本、集釋本、欒本、陳本、嚴本均作「武功」。

[九]「也」，遂初堂本、集釋本、欒本、陳本、嚴本同。原抄本作「而」，屬下讀。

周室班爵禄[一]

爲民而立之君[二]，故斑爵之意，天子與公、侯、伯、子、男一也，而非[三]絶世之貴。代耕而賦之禄[四]，故班禄之意，君、卿、大夫、士與庶人，在官一也，而非無事之食。《黄氏日抄》讀《王制》曰：「必本於上農夫者，示禄出於農，等而上之，皆以代耕者也。」是故知「天子一位」[五]之義，則不敢肆於民上以自尊；知禄以代耕之義，則不敢厚取於民以自奉。而「侮奪人之君」[六]，常多於三代之下矣。

【校注】

[一]見《孟子・萬章下》。

[二]《左傳・襄公十四年》：「天生民而立之君。」

[三]非，解爲「無」。下同。

[四]《孟子・萬章下》：「禄足以代其耕也。」

[五]見《孟子・萬章下》。參見卷五「王公六職之一」條。

[六]見《孟子・離婁上》。句前，欒本、陳本有「不明乎此」四字。

費惠公[一]

《孟子》「費惠公」，註：「惠公，費邑之君」。按春秋時有两費，其一見《左傳》成公十三年：

「晉侯使吕相絶秦，曰：『殄滅我費滑』」，註，「滑國都於費，今河南緱氏縣」。莊公十六年「滑伯」註同。昭公二十六年，「王次於滑」，註：「滑，周地，本鄭邑。」襄公十八年：楚「蔿於馮[二]、公子格率鋭師侵費滑」。蓋本一地，秦滅之，而後屬晉耳。女叔侯對平公曰：「虞、虢、焦、滑、霍、楊、韓、魏，皆姬姓也，晉是以大。」其一僖公元年：「公賜季友汶陽之田及費」，《齊乘》：「費城，在費縣西北二十里，魯季氏邑」。[三]漢《梁相費汎碑》云：「其先季友，爲魯大夫，有功，封費，因以爲姓。」按隱公元年已有費伯，即費庈父。在子思時，滑國之費其亡已久[四]，疑即季氏之後而僭稱公者。《魯連子》稱：「陸子謂齊湣王曰：『魯費之衆臣，甲舍於襄賁。』」[五]而楚人對頃襄王有「鄒、費、郯、邳」[六]，殆所謂「泗上十二諸侯」[七]者邪？

仁山金氏曰：「費本魯季氏之私邑，而孟子稱『小國之君』，《曾子》書亦有『費君』、『費子』之稱。蓋季氏專魯，而自春秋以後，計必自據其邑，如附庸之國矣。大夫之爲諸侯，不待三晉而始然，其來亦漸矣。」[八]

季氏之於魯，但出君而不敢立君，但分國而不敢篡位，愈於晉、衛多矣。故曰：魯「猶秉周禮」[九]。

【校注】

[一]見《孟子·萬章下》。

[二]「蔿於馮」，誤，原抄本作「爲子馮」，亦誤，當改。遂初堂本、集釋本、欒本、陳本、嚴本作「蔿子馮」。《左傳》作「蔿子馮」。

[三]《齊乘》，元于欽撰，凡六卷。

[四]「已久」，原抄本同。遂初堂本、集釋本、欒本、陳本、嚴本作「久矣」。

［五］見《水經注》卷二十五引。
［六］見《史記・楚世家》。
［七］見《史記・楚世家》。又見《田敬仲完世家》及《張儀列傳》。
［八］陳垣校注：《孟子集注考證》卷五。
［九］見《左傳・閔公元年》。

行吾敬故謂之内也［一］

先王治天下之具，五典、五禮、五服、五刑。其出乎身、加乎民者，莫不本之於心，以爲之裁制。親親之殺，尊賢之等，禮所生也。故孟子答公都子言「義」，而舉「酌鄉人」、「敬尸」二事，皆禮之用［二］也，而莫非義之所宜［三］。自此道不明，而二氏空虚之教，至於搥提仁義，絶滅禮樂，從此起矣。自朱［四］以下，一二賢智之徒，病漢人訓詁之學得其粗迹，務矯之以歸於内，而達道、達德、九經、三重［五］之事置之不論，此真所謂「告子未嘗知義」者也。其不流於異端而害吾［六］道者幾希。

董子曰：「宜在我者，而後可以稱義。故言義者，合我與宜以爲一言。以此操之，義之言我也。」［七］「義」字從「我」，兼聲與意。［八］此與《孟子》之言相發。

【校注】

［一］見《孟子・告子上》。

[二]「用」，遂初堂本、集釋本、欒本、陳本、嚴本同，原抄本誤作「周」，當改。

[三]義，解爲「宜」。《釋名》：「義，宜也。裁制事物，使各宜也。」故亭林云「義之所宜」。

[四]「朱」字誤，當改。原抄本、遂初堂本、集釋本、欒本、陳本、嚴本均作「宋」。

[五]《禮記·中庸》：「王天下有三重焉」，鄭玄注：「三重，三王之禮」。朱熹集注引吕氏曰：「三重，謂議禮、制度、考文。」

[六]「吾」，遂初堂本、集釋本、欒本、陳本、嚴本同，原抄本誤作「我」。

[七]見《春秋繁露·仁義法》。

[八]按《説文》：「義，己之威儀也，从我、羊。」

以紂爲兄之子[一]

「以紂爲弟，且以爲君，而有微子啟。」「以紂爲兄之子，且以爲君，而有王子比干。」並言之，則於文有所不便，故舉此以該彼，此古人文章之善。且如「郊社之禮，所以祀[二]上帝也」[三]，不言后土；「地道□[四]成，而代有終也」[五]，不言臣、妻；「先王居檮杌於四裔」[六]，不言渾敦、窮奇、饕餮。後之讀書者，不待子貢之明，亦當聞一以[七]知二矣。

【校注】

[一]《孟子·告子上》：「以紂爲兄之子且以爲君，而有微子啟、王子比干。」

[二]「祀」字誤，當改。原抄本、遂初堂本、集釋本、欒本、陳本、嚴本均作「事」。《禮記》作「事」。

[三]見《禮記·中庸》。

[四]底本缺一字處，原抄本、遂初堂本、集釋本、欒本、陳本、嚴本均作「無」，當補。
[五]見《易經・坤卦・文言傳》。
[六]見《左傳・昭公九年》。
[七]「以」字，遂初堂本、集釋本、欒本、陳本、嚴本同，原抄本無。

才[一]

人固有爲不善之才，而非其性也。性者天命之[二]，才者亦天降之。下章言「天之降才」。是以禽獸之人，謂之「未嘗有才」。《中庸》言「能盡其性」[三]，《孟子》言「不能盡其才」[四]。能盡其才，則能盡其性矣，在乎「擴而充之」[五]。

【校注】

[一]《孟子・告子上》：「若夫爲不善，非才之罪也。」
[二]《禮記・中庸》：「天命之謂性。」
[三]《中庸》自「唯天下至誠」而言之。
[四]《孟子》自「或相倍蓰而無筭者」而言之。
[五]見《孟子・公孫丑上》。

求其放心

「學問之道無他，求其放心而已矣。」[一]然則但求放心，可不必於學問乎？與孔子之言「吾嘗終日不食，終夜不寢，以思，無益，不如學也」[二]者，何其不同邪？他日又曰：「君子以仁存心，以禮存心。」[三]是所存者，非空虚之心也。夫仁與禮，未有不學問而能明者也。孟子之意，蓋曰能求放心，然後可以學問。「使弈秋誨二人弈。其一人專心致志，惟弈秋之爲聽。一人雖聽之，一心以爲有鴻鵠将至，思援弓繳而射之，雖與之俱學，弗若之矣。」[四]此放心而不知求者也。然但知求放心，而未嘗窮中罫之方，悉雁行之勢，馬融《圍棋賦》。[五]亦必不能從事於弈。

【校注】

[一]見《孟子・告子上》。放心，放散之心，與居宅由路相對而言。

[二]見《論語・衛靈公》。

[三]見《孟子・離婁下》。

[四]見《孟子・告子上》。

[五]馬融《圍棋賦》云：「離離馬首兮連連雁行」、「窮其中卦兮如鼠入囊」。

所去三[一]

「免死而已矣」[二]，則亦不久而去矣，故曰「所去三」。

【校注】

[一]《孟子·告子下》："陳子曰：『古之君子何如則仕？』孟子曰：『所就三，所去三。』"

[二]趙岐注："免死而留，權時之宜。"

自視欿然[一]

人之爲學，不可自小，又不可自大。"得百里之地而君之，皆足以朝諸侯、有天下"[二]，不敢自小也。"附之以韓、魏之家，如其自視歐[三]然，則過人遠矣"，不敢自大也。"予將以斯道覺斯民也，思天下之民，匹夫匹婦有不被堯、舜之澤者，君[四]己推而内之溝中"[五]，則可謂不自小矣。"自耕稼、陶、漁以至爲帝，無非取於人者"[六]，則可謂不自大矣。故自小，小也；自大，亦大[七]也。今之學者，非自小則自大，吾見其同爲小人之歸而已。

【校注】

[一]見《孟子·盡心上》。趙岐注："其人欿然不足，自知仁義之道不足也。"朱熹集注："欿，音坎。欿然，不自滿之意。"

[二]見《孟子·公孫丑上》。

[三]"歐"字誤，當改。原抄本、遂初堂本、集釋本、欒本、陳本、嚴本均作"欿"。

[四]"君"字誤，當改。原抄本、遂初堂本、集釋本、欒本、陳本、嚴本均作"若"。

[五]見《孟子·萬章上》。

[六]見《孟子·公孫丑上》。

［七］「大」字誤，當改。原抄本、遂初堂本、集釋本、欒本、陳本、嚴本均作「小」。

士何事［一］

士、農、工、商，謂之「四民」。其説始於《管子》。［二］穀梁成公元年《傳》亦云。三代之時，民之秀者乃收之鄉序，「升之司徒」［三］，而謂之「士」，固千百［四］之中不得一焉。大宰「以九職任萬民」，「五曰百工，庀飭［五］八材」，［六］計亦無多人爾。武王作《酒誥》之書曰：「妹土嗣爾股肱，純其藝黍稷，奔走事厥考厥長」，此謂農也；「肇牽車牛，遠服賈，用孝養厥父母」，此謂商也。又曰：「庶士有正，越庶伯君子，其爾典聽朕教」，則謂之「士」者。大抵皆有職之人矣，惡有所謂「群萃而州處」［七］、四民各自爲鄉之法哉？春秋以後，游士日多。《齊語》言，桓公「爲游士八十人，奉以車馬、衣裘，多其資幣，使周游四方，以號召天下之賢士」。而戰國之君，遂以士爲輕重，文者爲儒，武者爲俠。嗚呼［八］！游士興而先王之法壞矣。彭更之言［九］，王子墊之問，其猶近古之意與！［十］

【校注】

［一］《孟子·盡心上》：「王子墊問曰：『士何事？』孟子曰：『尚志。』」

［二］《管子·小匡》：「士農工商四民者，國之石民也。」房玄齡、尹知章舊注：「四者國之本，猶柱之石也，故曰石也。」

［三］見《禮記·王制》。

［四］「百」，遂初堂本、集釋本、欒本、陳本、嚴本同，原抄本誤作「千里」，當改。

［五］「庀飭」誤，原抄本同誤。遂初堂本、嚴本作「化飭」，集釋本、欒本、陳本作「飭化」。《周禮》作「飭化」。

［六］見《周禮・天官冢宰》。

［七］見《國語・齊語》管子曰。又見《管子・小匡》。

［八］「嗚呼」，遂初堂本、集釋本、欒本、陳本、嚴本同，原抄本作「烏呼」。

［九］《孟子・滕文公下》：孟子曰：「且子食志乎，食功乎？」彭更曰：「食志。」

［十］黄汝成集釋引陳庶子曰：性命與經濟之學，合之則一貫，分之若兩途。有平居高言性命，臨事茫無措手者，彼徒求空虚之理，於當世之事，未嘗親歷而明試之。

又曰：蘇子瞻曰：「士不以天下之重自任久矣。」歷山川，但抒吟詠，而不考其形勢。閱井疆，但觀市肆，而不察其風俗。攬人才，但肆清談，侈浮華，而不揣其德之所宜，才之所堪。若而人者，掩抑弗彰，無失爲「善士」。倘或司民之牧，秉國之鈞，俾之因革，委以調劑。興創不知孰利，改革不知誰害，薦舉不識其賢，廢黜不知其不肖。徇陋踵弊，貽毒已滋。忽然倡建，自申論議，非觸戾人情，犯時之好，即膠固成跡，滯古之法。爲患豈可勝道哉？夫士欲知用舍，必自勤訪問始。勤訪問，必自「無事」之日始。

今按：「無事」，謂士職自有其所守，不與農、工、商相混。《孟子・盡心上》彭更曰：「士無事而食，不可也。」孟子駁之。

飯糗茹草［一］

享天下之大福者，必先天下之大勞；宅天下之至貴者，必執天下之至賤。是以殷王小乙使其子武丁「舊勞於外」，「知小人之依」［二］。而周之后妃，亦必「服澣濯之衣，修煩縟［三］之事」，「及周公遭變，陳后稷先公王業之所由者，則皆農夫女工衣食之務也」。干寶《晉紀論》。[四] 古先王之教，能事人而後能使人。其心不敢失於一物之細，而後可以勝天下之大。舜之聖也，而「飯糗茹草」；禹之聖也，而「手足胼胝，面目黧黑」[五]。此其所以道濟天下，而爲萬世帝王之祖也。況乎其不如舜、禹者乎！《朱子語類》言：舜之耕稼陶漁，「夫子之釣弋，子路之負米，子貢之理[六]馬」，皆賤者之事，而古人不辟也；「有若三踊於魯大夫之庭，冉有用矛以入齊軍，而樊須雖少能用命」，此執干戈以衛社稷，而古人所不辭也。「後世驕侈日甚，反以臣子之職爲恥。」[七]

【校注】

[一]見《孟子・盡心下》。趙岐注：「糗，飯乾糒也。」孫奭疏：「按《釋名》云：『糗，乾飯屑也。』」

[二]見《尚書・無逸》。

[三]「煩縟」，遂初堂本、集釋本、欒本、陳本、嚴本同，原抄本誤作「煩辱」。《文選》、《晉書》所引作「煩縟」。

[四]干寶《晉紀總論》，見《文選》卷四十九，又見《晉書・孝湣帝紀》。李善注：「《毛詩・葛覃》序也」，「《毛詩・七月》序也」，故以爲乾周之后妃。

[五]見《史記・李斯列傳》。

[六]「理」字誤，當改。原抄本、遂初堂本、集釋本、欒本、陳本、嚴本均作「埋」。《禮記》作「埋」。

[七]朱子語，見《朱子語類》卷十三。「子釣而不綱，弋不射宿。」見《論語・述而》。子路「負米」，見《孔子家語》及《説苑》。子貢「埋馬」，見《禮記・檀弓下》。有若三踊，見《左傳・哀公八年》。冉有「用矛」、樊須「用命」，見《左傳・哀公十一年》。

孟子外篇[一]

《史記》，伍被對淮南王安引孟子曰：「约[二]貴爲天子，死曾不若匹夫。」揚子《法言·修身篇》引孟子曰：「夫有意而不至者有矣，未有無意而至者也。」桓寬《鹽鐵論》引孟子曰：「吾於《河廣》知德之至也。」又引孟子曰：「堯舜之道非遠人也，人不思之爾。」《周禮》大行人註引孟子曰：「諸侯有王。」家[三]鮑照《河清頌》引孟子曰：「千載一聖，猶旦暮也。」《顔氏家訓》引孟子曰：「圖影失形。」《梁書·處士傳》序引孟子曰：「今人之於爵禄，得之若其生，失之若其死。」《廣韻》「圭」字下註曰：「《孟子》：六十四黍爲一圭，十圭爲一合。」以及《集註》中程子所引《荀子》：「孟子三見齊王，而不言事，門人疑之，孟子曰：『我先攻其邪心。』」今《孟子》書皆無其文，豈所謂《外篇》者邪？《史記》索隱引皇甫謐曰：「孟子稱：『禹生石紐，西夷人也』，恐是『舜生諸馮』之誤。」《漢書·藝文志》：「《孟子》十一篇。」《風俗通》曰：「孟子作書，中外十一篇。」《詩·維天之命》傳引孟仲子曰：「人[四]哉！天命之無極，而美周之禮也。」《閟宫》傳引孟仲子曰：「是禖宫[五]也。」正義引趙岐云：「孟仲子，孟子從昆弟，學於孟子者也。」譜云：「孟仲子者，子思弟子。蓋與孟軻共事子思，後學於孟軻，著[六]書論《詩》，毛氏取以爲説。」則又有孟仲子之書[七]矣。陸璣《詩草木疏》云：「子夏傳魯人申公，申公傳魏人李克，李克傳魯人孟仲子，孟仲子傳趙人孫卿，孫卿傳魯人大毛公，大毛公傳小毛公。」[八]

【校注】

[一]趙岐《孟子題辭》：「又有外書四篇，《性善》、《辯文》、《説孝經》、《爲正》。」

[二]「约」字誤，當改。原抄本、遂初堂本、集釋本、欒本、陳本、嚴本均作「紂」。《史記》作「紂」。

[三]「家」字誤，當改。原抄本、遂初堂本、集釋本、欒本、陳本、嚴本均作「宋」。

[四]「人」字誤，當改。原抄本、遂初堂本、集釋本、欒本、陳本、嚴本均作「大」。

[五]「官」字誤，當改。原抄本、遂初堂本、集釋本、欒本、陳本、嚴本均作「宫」。

[六]「著」字，遂初堂本、集釋本、欒本、陳本、嚴本同，原抄本誤作「注」，當改。《毛詩正義》作「著」。

[七]「書」字，遂初堂本、集釋本、欒本、陳本、嚴本同，原抄本誤作「説」，當改。

[八]黄汝成集釋引孫氏曰：近刻《孟子外書》四篇，曰《性善辨》，曰《文説》，曰《孝經》，曰《爲正》。掇拾子書中所引《孟子》逸篇以成文，詞旨淺陋。即其篇題之謬，可直斷爲僞也。王充《論衡》云：「孟作性善之篇，以爲人性皆善。」是篇名「性善」，非「性善辨」也。且孟子道性善、性惡當辨，性善又何辨乎？《孝經》一書，孔子以授曾子，豈有孟子著書亦以《孝經》名篇之理？蓋《孟子外書》，趙邠卿已譏其「不能閎深」，似後人所依託。今因其僞而僞之，則益淺陋矣。

孟子引論語

孟子書引孔子之言，凡二十有九。其載於《論語》者八，「學不厭而教不倦」，「里仁爲美」，「君薨聽於冢宰」，「大哉堯之爲君」，「小子鳴鼓而攻之」，「吾黨之士狂簡」，「鄉原德之賊」，「惡似而非者」。又多大同而小異。然則夫子之言，其不傳於後者多矣。故曰：「仲尼没而微言絶。」[一]

【校注】

[一]見《漢書・藝文志》。《漢書・楚元王傳》附劉歆傳作「夫子没而微言絶」。

孟子字樣

九經[一]、《論語》皆以漢石經爲據，故字體未變。《孟子》字多近今，如「知」多作「智」、「説」多作「悦」、「女」多作「汝」、「辟」多作「避」、「弟」多作「悌」、「彊」多作「强」之類，與《論語》異。蓋久變於魏晉以下之傳録也。然則石經之功亦不細矣。

《唐書》言：「『郊州』，故作『豳』，開元十三年以字類『豳[二]』，改[三]爲『邠』。」[四]今惟《孟子》書印「邠」字。

《容齋四筆》言：「《孟子》『是由惡醉而强酒』、『見且由不得亟』，並作『由』。」今本作「猶」，是知今之《孟子》又與宋本小異。

【校注】

[一]此由漢唐石經而言，故無《論語》。唐徐堅《初學記・文部・經典》：「《禮》有《周禮》、《儀禮》、《禮記》，曰三禮。《春秋》有《左氏》、《公羊》、《穀梁》三傳，與《易》、《書》、《詩》通數，亦謂之九經。」《太平御覽・學部・叙經典》同。清皮錫瑞《經學歷史》：「唐以《易》、《書》、《詩》、三《禮》、三《傳》合爲九經。」

[二]「豳」字誤，當改。原抄本、遂初堂本、集釋本、欒本、陳本、嚴本均作「幽」。

[三]「改」，原抄本同。遂初堂本、集釋本、欒本、陳本、嚴本作「故」。按當作「改」，《新唐書》作「改」。

[四]《新唐書・地理志一》。

孟子弟子

趙岐註《孟子》，以季孫、子叔二人爲孟子弟子：「季孫知孟子意不欲，而心欲使孟子就之，故曰：『異哉，弟子之所聞也！』子叔心疑惑之，亦以爲可就之矣。」[一]「使己爲政」以下，則孟子之言也。又曰：告子「名不害，兼治儒、墨之道者。嘗學於孟子，而不能純徹性命之理」[二]。又曰：「高子，齊人也。學於孟子，鄉道而未明，去而學他術。」[三]又曰：盆成括「嘗欲學於孟子，問道，未達而去」[四]。宋徽宗政和五年，封「告子不害東阿伯，高子泗水伯，盆成括萊陽伯，季孫豐城伯，子叔承陽伯[五]」，皆以孟子弟子故也。[六]《史記》索隱曰：「孟子有萬章、公明高[七]等，並軻之門人。」《廣韻》又云：「離婁，孟子門人。」不知其何所本。《淮南子》：「黄帝亡其玄珠，使離朱、捷剟索之」，註：「二人皆黄帝臣。」《抱朴子》有彭祖之弟子「離婁公」。

《晏子》書稱「西郭徒居布衣之士，盆成适[八]嘗爲孔子門人」，尤誤。元吴萊著《孟子弟子列傳》二卷，今不傳。

【校注】

[一]見《孟子·公孫丑下》「季孫曰：『異哉，子叔疑！』」趙岐注。

[二]見《孟子·告子上》篇題趙岐注。

[三]見《孟子·盡心下》「孟子謂高子曰」句趙岐注。

[四]見《孟子·盡心下》「盆成括仕於齊」句趙岐注。

[五]「承陽伯」，原抄本、遂初堂本、嚴本同。欒本、陳本作「乘陽伯」，誤。《宋史》作「承陽伯」。

［六］見《宋史・禮志八》。

［七］「公明篙」誤，當改。原抄本、遂初堂本、集釋本、欒本、陳本、嚴本均作「公明高」。《孟子》作「公明高」。

［八］「盆成适」，集釋本、欒本、陳本同，原抄本、遂初堂本、嚴本作「盆成括」。按《孟子》作「盆成括」，《晏子》作「盆成适」。古文「适」讀作「括」。

茶［一］

「荼［二］」字自中唐始變作「茶［三］」，其說已詳之《唐韻正》［四］。按《困學紀聞》：「荼［五］有三：『誰謂荼［六］苦』，苦菜也。『有女如荼』，茅秀也。『以薅荼［七］蓼』，陸草也。」今按《爾雅》，「荼［八］」、「蒤」字凡五見，而各不同。《釋草》曰：「荼［九］，苦菜。」註引《詩》「誰謂荼［十］苦，其甘如薺」疏云：「此味苦可食之菜，《本草》一名選，一名游冬。《易緯通卦驗玄圖》云：『苦菜生於寒秋，經冬歷春乃成。』《月令》孟夏『苦菜秀』是也。葉似苦苣而細，斷之有白汁，花黃似菊，堪食，但苦耳。」又曰：「蔈、荂，荼［十一］」，註云：「即芀。」疏云：「按《周禮》『掌荼［十二］』及《詩》『有女如荼［十三］』皆云：『荼［十四］，茅秀也。』蔈也，荂也，其別名。此二字皆從草從余。」又曰：「蒤，虎杖。」註云：「似紅草而麤大［十五］，有細刺，可以染赤。」疏云：「蒤，一名虎杖。陶註《本草》云：『田野甚多，壯如大馬蓼，莖斑而葉［十六］圓。』是也。」又曰：「蒤，委葉。」註引《詩》「以茠蒤蓼」，疏云：「蒤［十七］，一名委葉。王肅說《詩》云：『蒤，陸穢草。』然則蒤者，原田蕪穢之草，非苦菜也。今《詩》本『茠』作『薅』。」此二字皆從艸從涂。《釋水［十八］》曰：「檟，苦荼［十九］。」註云：「樹小如梔子，冬生葉，可煮作羹飲。今呼早菜[二十]者爲『荼[二十一]』，晚取者爲『茗』。一名荈，蜀人名之苦荼[二十二]。」此一字亦從艸從余。今以《詩》考之，《邶・谷風》之「荼苦」，《七月》之《采荼》，《緜》之「堇荼」，皆苦菜之荼也。《詩》「采苦采苦」，傳：「苦，苦菜。」正義曰：「此荼也。陸璣云：『苦菜生山田及澤中，得霜恬脃[二十三]而美，所謂「堇荼如飴」。《内則》云：「濡豚包苦」，用苦菜是也。』」又借而爲荼[二十四]毒之荼。《桑柔》、《湯誥》，皆苦菜之荼[二十五]也。《夏小正》「取荼[二十六]莠」，《周禮・地官》「掌荼」，《儀禮・既夕禮》「茵著用荼[二十七]，實綏澤馬[二十八]」。《詩・鴟鴞》「捋[二十九]荼」，傳曰：「荼[三十]，萑苕也。」正義曰：「謂蓷之秀穗。茅蓷之秀，其物相類，故皆名荼也。」茅秀之荼也，以其白也，而象之。《出其東門》「有女如荼」。《國語》：吴王夫差「萬人爲方陳，白常，白旗，素甲，白羽之矰，望之如荼」。《考記[三十一]》：「望而眡[三十二]之，欲其荼[三十三]白。」亦茅秀之荼[三十四]也。《良耜》之「荼蓼」，委葉之荼也。唯虎杖之荼與檟之苦荼，不見於《詩》、《禮》。而王褒《僮約》云：「武陽[三十五]買荼。」張載《登成都白菟樓》詩云：「芳荼[三十六]冠六清。」孫楚詩云：「薑桂荼[三十七]荈出巴蜀。」《本草衍義》：「晉温嶠上表，貢荼千斤，茗三百斤。」是知自秦人取蜀，而後始有茗飲之事。

王褒《僮約》前云「包[三十八]鱉烹荼[三十九]」，後云「武陽[四十]買荼[四十一]」，註以前爲「苦菜」，後爲「茗」。[四十二]

《唐書・陸羽傳》：「羽嗜茶，自此後「荼」字減一畫爲「茶」。著經三篇，言茶[四十三]之原、之法、之具尤備，天下益知飲茶[四十四]矣。」「有常伯熊者，因羽論復廣著茶之功，其後尚茶成風。」「時回紇入朝，始驅馬市茶。」至本朝[四十五]，設茶馬御史。而《大唐新語》言：「右補闕綦毋煚[四十六]，性不飲茶，著《茶飲序》[四十七]曰：『釋滯消壅，一日之利暫佳；瘠氣侵精，終身之害斯大。獲益則功歸茶力，貽患則不謂茶災。豈非福近易知，害遠難見？』」宋黄庭堅《茶賦》亦曰：「寒中瘠氣，莫甚於茶。或濟之鹽，勾賊破家。」冷[四十八]南人往往有茶癖，而不知其害，此亦攝生者之所宜戒也。

【校注】

[一]「茶」字誤，正文中亦多誤，當改。原抄本、集釋本、欒本、陳本均作「荼」。目録不誤。陳垣校注：以下《爾雅》。

[二]「茶」字誤，當改。原抄本、遂初堂本、集釋本、欒本、陳本、嚴本均作「荼」。

[三]「荼」，遂初堂本誤作「茶」，原抄本、集釋本不誤。

[四]陳垣校注：《唐韻正》二十卷，炎武撰。

[五]「茶」字誤，當改。原抄本、遂初堂本、集釋本、欒本、陳本、嚴本均作「荼」。

[六]「茶」字誤，當改。原抄本、遂初堂本、集釋本、欒本、陳本、嚴本均作「荼」。

[七]「茶」字誤，當改。原抄本、遂初堂本、集釋本、欒本、陳本、嚴本均作「荼」。

[八]「茶」字誤，當改。原抄本、遂初堂本、集釋本、欒本、陳本、嚴本均作「荼」。

[九]「茶」字誤，當改。原抄本、遂初堂本、集釋本、欒本、陳本、嚴本均作「荼」。

[十]「茶」字誤，當改。原抄本、遂初堂本、集釋本、欒本、陳本、嚴本均作「荼」。

[十一]「茶」字誤，當改。原抄本、遂初堂本、集釋本、欒本、陳本、嚴本均作「荼」。

[十二]「茶」字誤，當改。原抄本、遂初堂本、集釋本、欒本、陳本、嚴本均作「荼」。

[十三]「茶」字誤，當改。原抄本、遂初堂本、集釋本、欒本、陳本、嚴本均作「荼」。

[十四]「茶」字誤，當改。原抄本、遂初堂本、集釋本、欒本、陳本、嚴本均作「荼」。

[十五]「麄大」，遂初堂本、集釋本、欒本、陳本、嚴本同，原抄本誤倒作「大麄」。

[十六]「業」字誤，當改。原抄本、集釋本、欒本、陳本、嚴本均作「葉」。

[十七]「蓤」字誤，當改。原抄本、遂初堂本、集釋本、欒本、陳本、嚴本均作「蓤」。

[十八]「水」字誤，當改。原抄本、遂初堂本、集釋本、欒本、陳本、嚴本均作「木」。

[十九]「茶」字誤，當改。原抄本、遂初堂本、集釋本、欒本、陳本、嚴本均作「荼」。

[二十]「菜」字誤，當改。原抄本、遂初堂本、集釋本、欒本、陳本、嚴本均作「采」。

[二十一]「茶」字誤，當改。原抄本、遂初堂本、集釋本、欒本、陳本、嚴本均作「荼」。

[二十二]「茶」字誤，當改。原抄本、遂初堂本、集釋本、欒本、陳本、嚴本均作「荼」。

[二十三]「胞」，原抄本誤作「胞」，遂初堂本、集釋本、欒本、陳本誤作「肥」，嚴本誤作「肥」。阮刻《十三經注疏》本《毛詩正義》作「脆」，陸璣《毛詩草木鳥獸蟲魚疏》丁晏校正本作「胞」。「胞」同「脆」。

[二十四]「茶」字誤，當改。原抄本、遂初堂本、集釋本、欒本、陳本、嚴本均作「荼」。

[二十五]「茶」字誤，當改。原抄本、遂初堂本、集釋本、欒本、陳本、嚴本均作「荼」。

[二十六]「茶」字誤，當改。原抄本、遂初堂本、集釋本、欒本、陳本、嚴本均作「荼」。

[二十七]「茶」字誤，當改。原抄本、遂初堂本、集釋本、欒本、陳本、嚴本均作「荼」。

[二十八]「馬」字誤，當改。原抄本、遂初堂本、集釋本、欒本、陳本、嚴本均作「焉」。《儀禮》作「焉」。

[二十九]「捋」，遂初堂本、集釋本、欒本、陳本、嚴本同，原抄本誤作「將」。《詩經》作「捋」。

[三十]「茶」字誤，當改。原抄本、集釋本、欒本、陳本均作「荼」。

[三十一]「考記」，脱「工」字，當補。原抄本、遂初堂本、集釋本、欒本、陳本、嚴本均作「考工記」。

[三十二]「眂」，原抄本、欒本、嚴本同，遂初堂本、集釋本、陳本作「眡」。「眂」，古文「視」。「眡」，亦古文「視」，一

説爲俗字。段玉裁曰：「宋元以來尠有知『氏』、『氐』之不可通用者。」

［三十三］「荼」字誤，當改。原抄本、遂初堂本、集釋本、欒本、陳本、嚴本均作「茶」。

［三十四］「荼」字誤，當改。原抄本、遂初堂本、集釋本、欒本、陳本、嚴本均作「茶」。

［三十五］「武陽」，原抄本同。遂初堂本作「陽武」，集釋本、欒本、陳本作「武都」，嚴本作「湯武」。陳垣校注：「武都」，《古文苑》作「武湯」。今按：《初學記》卷十九引作「武陽」，《太平御覽》卷五百九十八引作「武都」，注云：「武都，縣名，出茶。」

［三十六］「荼」字誤，當改。原抄本、遂初堂本、集釋本、欒本、陳本、嚴本均作「茶」。

［三十七］「荼」字誤，當改。原抄本、遂初堂本、集釋本、欒本、陳本、嚴本均作「茶」。

［三十八］「包」字誤，當改。原抄本、遂初堂本、集釋本、欒本、陳本、嚴本均作「炰」。

［三十九］「荼」字誤，當改。原抄本、遂初堂本、集釋本、欒本、陳本、嚴本均作「茶」。

［四十］「武陽」，原抄本同。遂初堂本作「陽武」，集釋本、欒本作「武都」，陳本作「陽武」，嚴本作「湯武」。陳垣校注：集釋作「武都」。

［四十一］「荼」字誤，當改。原抄本、遂初堂本、集釋本、欒本、陳本、嚴本均作「茶」。

［四十二］陳垣校注：注見《古文苑》十七章樵注。

［四十三］「荼」字誤，當改。原抄本、遂初堂本、集釋本、欒本、陳本、嚴本均作「茶」。

［四十四］「荼」字誤，當改。原抄本、遂初堂本、集釋本、欒本、陳本、嚴本均作「茶」。

［四十五］「本朝」，原抄本同。潘耒遂初堂刻本改爲「明代」，集釋本因之。欒本據黄侃校記改回而加説明，陳本、嚴本仍刻本之舊而加注。

［四十六］「哭」，遂初堂本、集釋本、欒本、陳本、嚴本同，原抄本誤作「熙」，當改。

［四十七］陳垣校注：《稗海》本《大唐新語》十一《褒錫門》作「右補闕毋煚」、「制《代茶餘序》」。

[四十八]「泠」字誤，當改。原抄本、遂初堂本、集釋本、欒本、陳本、嚴本均作「令」。

駉[一]

《爾雅》：「舒雁，鵞。」註：「今江東呼鳴。」「鳴」即「駕[二]」字。古「加」字讀如「哥」。《詩・君子偕老》之「珈」，《東山》之「嘉」，並與「何」爲韻。《左傳》：魯大夫「榮駕鵞[三]」。《方言》：「鴈，自關而東謂之駉鵞。」《太玄經》：《裝》次二：「駕鵞慘於水[四]。」一作鴚鵞。司馬相如《子虛賦》：「弋白鵠，連駕[五]鵞，雙鶬下，玄鶴加。」《上林賦》：「鴻鷫鵠鴇[六]，駕[七]鵞屬玉。」揚雄《反離騷》：「鳳皇翔於蓬陼兮，豈駕[八]鵞之能捷？」張衡《西京賦》：「駕[九]鵞鴻鶤。」《南都賦》：「鴻鴇駕[十]鵞。」杜甫《七歌》：「前飛駕[十一]鵞後鶖[十二]鶬。」《遼史・穆宗紀》：「獲駕[十三]鵞，祭天地。」《元史・武宗紀》：「楚[十四]江西、湖廣、汴梁私捕駕[十五]鵞。」《山海經》：「青要之山，是多駕鳥。」郭璞云：「未詳，或云當作『駕[十六]』。」[十七]其从「馬」者，傳寫之誤爾。《漢書・古今人表》「榮駕[十八]鵞」，師古曰：「駕[十九]音加。」今本亦誤作「駕」。今《左傳》本亦多作「駕」，猶《詩》「乘乘鴇[二十]」之誤作「鴇」也。

【校注】

[一]「駉」，遂初堂本、集釋本、欒本、陳本、嚴本同，原抄本作「鴚」。

[二]「駕」字誤，當改。原抄本、遂初堂本、集釋本、欒本、陳本、嚴本均作「駕」。

[三]「榮駕鵞」誤，當改。原抄本、遂初堂本、陳本、嚴本作「榮駕鵞」，集釋本、欒本作「榮駕鵝」。阮刻《十三經注疏》本《左傳》作「榮駕鵞」，校勘記云：石經、淳熙本、岳本「駕」作「駕」，與葉抄《釋文》合，案《説文》無「駕」字，錢大昕

云依正文當用「鳴」，假借同音則「駕」亦通也。

[四]「水」字誤，當改。原抄本作「氷」，遂初堂本、集釋本、欒本、陳本、嚴本作「冰」。

[五]「鴐」字誤，當改。原抄本、集釋本、欒本、陳本、嚴本均作「鴽」。

[六]「鴾」，遂初堂本、集釋本、欒本、陳本、嚴本同，原抄本作「鵁」。

[七]「鴐」字誤，當改。原抄本、遂初堂本、集釋本、欒本、陳本、嚴本均作「鴽」。

[八]「鴐」字誤，當改。原抄本、遂初堂本、集釋本、欒本、陳本、嚴本均作「鴽」。

[九]「鴐」字誤，當改。原抄本、遂初堂本、集釋本、欒本、陳本、嚴本均作「鴽」。

[十]「鴐」字誤，當改。原抄本、遂初堂本、集釋本、欒本、陳本、嚴本均作「鴽」。

[十一]「鴐」字誤，當改。原抄本、遂初堂本、集釋本、欒本、陳本、嚴本均作「鴽」。

[十二]「鵝」字誤，當改。原抄本、遂初堂本、集釋本、欒本、陳本、嚴本均作「鶩」。

[十三]「鴐」字誤，當改。原抄本、遂初堂本、集釋本、欒本、陳本、嚴本均作「鴽」。

[十四]「楚」字誤，當改。原抄本、遂初堂本、集釋本、欒本、陳本、嚴本均作「禁」。

[十五]「鴐」字誤，當改。原抄本、遂初堂本、集釋本、欒本、陳本、嚴本均作「鴽」。

[十六]「鴐」字誤，當改。原抄本、遂初堂本、集釋本、欒本、陳本、嚴本均作「鴽」。

[十七]《山海經》郭注原文作「或曰『鴐』宜爲『鴽』。鴽，鵝也」。

[十八]「鴐」字誤，當改。原抄本、遂初堂本、集釋本、欒本、陳本、嚴本均作「鴽」。

[十九]「鴐」字誤，當改。原抄本、遂初堂本、集釋本、欒本、陳本、嚴本均作「鴽」。

[二十]「鴾」字誤，當改。原抄本、遂初堂本、集釋本、欒本、陳本、嚴本均作「鳾」。

九經

唐宋取士，皆用九經。今制定爲《五經》，而《周禮》、《儀禮》、《公羊》、《穀梁》二傳，並不列於學宮[一]。杜氏《通典》：「東晉元帝時，太常賀循上言：『尚書[二]被符，經置[三]博士一人。《晉書·荀崧傳》：「時簡省博士，其《儀禮》、《公羊》、《穀梁》及鄭《易》，皆省不置。」又多故歷紀，儒道荒廢，學者能兼明經義者少。且《春秋》三傳俱出聖人，而義歸不同，自前代通儒，未有能通得失，兼而學之者也。今宜《周禮》、《儀禮》二經置[四]博士二人，《春秋》三傳置博士三人，其餘《易》、《詩》、《書》。則經置一人，合八人。』」太常荀崧上疏言：「博士舊員十有九人，今《五經》合九人。准古計今，猶未中半。《周易》有鄭氏注，其書根源誠可深惜。《儀禮》一經，所謂《曲禮》，鄭玄於《禮》特明，皆有證據。昔周之衰，孔子作《春秋》，左丘明、子夏造膝親受。孔子没[五]，丘明撰其所聞爲之《傳》，微辭妙音[六]，無不精究。公羊高親受子夏，立於漢朝，多可采用。穀梁赤師徒相傳，諸所發明，或是《左氏》、《公羊》不載，亦足有所訂正。臣以爲三傳雖同曰《春秋》，而發端異趣，宜各置一人，以傳其學。」遇王敦難，不行。按《元帝紀》云：「太興四年三月，置《周易》、《儀禮》、《公羊》博士。明年正月，王敦反。」是雖置而旋不行也。唐貞觀九年五月敕：「自今以後，明經兼習《周禮》，若《儀禮》者，於本色内量減一選。」開元八年七月，國子司業李元瓘[七]上言：「三禮、三傳及《毛詩》、《尚書》、《周易》等，並聖賢微旨，生人教業。今明經所習，務在出身，咸以《禮記》文少，人皆競讀。《周禮》經邦之軌則，《儀禮》莊敬之楷模，《公羊》、《穀梁》歷代宗習，今兩監及州[八]縣以獨學無友，四經殆絶，事資訓誘，不可因循。其學生請停[九]各量配作業，並貢人預試之。日習《周禮》、《儀禮》、《公羊》、《穀梁》，並請帖十通五，許其入第。以此開勸，即望四海均習，九經該備。」從之。《唐書》：開元十六年十二月[十]，揚瑒[十一]爲國子祭酒，奏言：「今之明經，習《左氏》者十無二三。又《周禮》、《儀禮》及《公羊》、《穀梁》，殆將廢絶。請量加優獎。」「於是下制：『明經習《左氏》及通《周禮》等四經者，出身免任散官。』遂著於式。」[十二]古人抱遺經、扶微學之心如此其急，而今乃一切廢之。蓋必當時之士子，苦四經之難習，而主議之臣，狥其私意，遂舉歷代相傳之經典棄之而不學也。自漢以來，豈不知經之爲五，而義有並存，不容執一？故三家之學，並列《春秋》。至於三禮，各自爲書。今乃去經習傳，尤爲乖理。苟使[十三]己私，用之干[十四]禄。率天下而欺君負國，莫甚於此！經學日衰，人材日下，非職此之由乎？

《宋史》：神宗用王安石之言，「士各占治《易》、《書》、《詩》、《周禮》、《禮記》一經，兼《論語》、《孟子》」。[十五]是時《儀禮》、《春秋》皆不列學官。元祐初，始復《春秋》、《左傳》。朱文公《乞修三禮劄子》：「遭秦滅學，禮樂先壞，其頗存者，三禮而已。《周官》一書，固爲禮之綱領；至於儀法度數，則《儀禮》乃其本經；而《禮記》《郊特牲》、《冠義》等篇，乃其義説耳。朱子言：「《儀禮》是經，《禮記》是解《儀禮》。且如《儀禮》有《冠禮》，《禮記》便有《冠義》。《儀禮》有《昏禮》，《禮記》便有《昏義》。以至燕射之類，莫不皆然。」[十六]前此猶有三禮、通禮、學究諸科，禮雖不行，士猶得以誦習而知其説。熙寧以來，王安石變亂舊制，廢罷《儀禮》，而獨存《禮記》之科，棄經任傳，遺本宗末，其[十七]失已甚。」[十八]是則《儀禮》之廢，乃自安石始之。

《語類》言：「《儀禮》舊與《五經》並行，王介甫始罷去。祖、宗朝有開寶通禮科，禮官用此等人爲之，介甫一切罷去。」[十九]至於今朝[二十]，此學遂絶。

朱子又作《謝監嶽文集序》曰：「謝綽中，建之政和人。先君子尉政和，行田間，聞讀書聲，入而視之，《儀禮》也。以時方專治王氏學，而獨能爾，異之，即與俱歸，勉其所未至，遂中紹興三年進士第。」[二十一]在宋已爲空谷之足音，今時則絶響矣。

【校注】

[一]「宫」字誤，當改。原抄本、遂初堂本、集釋本、欒本、陳本、嚴本均作「官」。

[二]尚書，官名。漢以後設，有尚書臺、尚書殿、尚書寺、尚書省諸稱。

[三]「置」，遂初堂本、集釋本、欒本、陳本、嚴本同。原抄本誤作「制」，當改。

[四]「置」，遂初堂本、集釋本、欒本、陳本、嚴本同。原抄本誤作「制」，當改。

[五]「没」，原抄本同。遂初堂本、集釋本、欒本、陳本、嚴本作「殁」。

[六]「音」字誤，當改。原抄本、遂初堂本、集釋本、欒本、陳本、嚴本均作「旨」。《通典》作「旨」。

[七]李元瓘，《唐會要》卷七十五、《舊唐書・禮儀志四》、《新唐書・禮樂志五》及《通典》卷五十三並作「李元瓘」。

[八]「州」，遂初堂本、集釋本、欒本、陳本、嚴本同，原抄本誤作「周」。

[九]「停」字，各本均同。按《通典》卷十五、《唐會要》卷七十五無「停」字，當删。

[十]「十三月」誤，當改。原抄本、遂初堂本、集釋本、欒本、陳本、嚴本均作「十二月」。

[十一]「揚瑒」誤，當改。原抄本、遂初堂本、集釋本、欒本、陳本、嚴本均作「楊瑒」。

[十二]見《舊唐書・良吏列傳下》。

[十三]「使」字誤，當改。原抄本、遂初堂本、集釋本、欒本、陳本、嚴本均作「便」。

［十四］「千」字誤，當改。原抄本、遂初堂本、集釋本、欒本、陳本、嚴本均作「干」。

［十五］《宋史・選舉志一》。

［十六］見《朱子語類》卷八十五。

［十七］「其」字下，原抄本衍「始」字，當刪。遂初堂本、集釋本、欒本、陳本、嚴本無「始」字。

［十八］見《朱文公集》卷十四。

［十九］見《朱子語類》卷八十四。

［二十］「今朝」，原抄本同。潘耒遂初堂刻本改爲「明代」，集釋本因之。欒本據黄侃校記改回而加説明，陳本、嚴本仍刻本之舊而加注。

［二十一］見《朱文公集》卷七十六。

考次經文

「後魏崔浩爲司徒，時著作令史關湛爲浩信任，見浩所注《詩》《論》《書》《易》[一]，遂上疏言：馬、鄭、王、賈雖著述[二]《六經》，並名[三]疏謬，不如浩之精微。乞收境内諸書，藏之秘府，班浩所注，命天下習業。並求敕諸法[四]《禮傳》，令後生得觀正[五]義。浩亦表薦湛有著述之才。」[六]

《禮記・樂記》「寛而静」至「温良[七]而慈」一節，當在「愛者宜歌《商》」之上，文義甚明。然鄭康成因其舊文，不敢輒更，但註曰：「此文换簡，失其次。『寛而静』宜在上，『愛者宜歌《商》』宜承此。」

《書・武成》定是錯簡，有日月可考。蔡氏亦因其舊，而别序一篇爲今考定《武成》，最爲得體。

其他考定徑[八]文，如程子改《易・繫辭》「天一地二」一節於「天數五」之上，《論語》「必有寢衣」一節於「齊必有明衣布」之下。[九]蘇子瞻改《書・洪範》「曰王省惟歲」一節於「五曰曆數」之下，改《康誥》「惟三月哉生魄」一節於《洛諱閔[十]誥》「周公拜□[十一]稽首」之上。朱子改《大學》「《康誥》曰」至「止於信」於「未之有也」之下，改「《詩》云：『瞻彼淇澳』」二節於「止於信」之下，《論語》「誠不以富」二句於「齊景公有馬千駟」一節之下，《詩・小雅》以《南陔》足《鹿鳴之什[十二]》，而下改爲《白華之什》，皆至當，無可復議[十三]。後人放[十四]之，妄生穿鑿。《周禮》五官，互相更調。而王文憲名柏[十五]作《二南相配圖》、《洪範經傳圖》、《重定中庸章句圖》，改《甘棠》、《野有死麕》、《何彼穠[十六]矣》三詩[十七]於《王風》。仁山金氏本此，改「斂時五福」一節於「五曰考終命」之下，改「維[十八]辟作福」一節於「六曰弱」之下。使鄒魯之書傳於今者，幾無完篇，殆非所謂「畏聖人之言」[十九]者矣。

董文清槐[二十]改《大學》「知止而後有定」二節於「子曰：『聽訟吾猶人也』」之上，以爲傳之四章，釋「格物致知」，而傳止於九章，則《大學》之文元無所闕，其説可從。

鳳翔袁楷謂《文言》有錯入《繫辭》者。「鳴鶴在陰」已下七節，「自天祐之」一節，「憧憧往來」已下十一節，此十九節皆《文言》也，即「亢龍有悔」一節之[二十一]重見可以明之矣。遂[二十二]取此十八節屬於「天玄而地黄」之後，依卦爲序。於義亦通。[二十三]然古人之文，變化不拘。況《六經》出自聖人，傳之先古，非後人所敢擅議也。

【校注】

[一]「詩論書易」，《魏書》原文作「《詩》、《論語》、《尚書》、《易》」。

[二]「著述」誤，原抄本作「著作」亦誤，當改。《魏書》作「注述」，欒本據改。

[三]「並名」誤，原抄本同誤，當改。黄侃校記同，《册府元龜》同。《魏書》作「並多」，欒本據改。

[四]「誥法」誤，當改。原抄本作「浩註」，《魏書》、《資治通鑑》均作「浩註」。

[五]「正」，原抄本誤作「王」，黄侃校記同。《魏書》、《資治通鑑》、《册府元龜》均作「正」，欒本改作「正」。

[六]此段見《册府元龜》卷三百三十七。又見《魏書・高允傳》、《北史・高允傳》、《資治通鑑》卷一百二十五。潘耒遂初堂刻本全删，集釋本因之。欒本據黄侃校記增補而加説明，陳本、嚴本仍刻本之舊，未補，且無注。欒本注曰：以上一節九十二字原本無，據《校記》補入。又三處字誤，均據《魏書・高允傳》改正。

[七]「温良」，原抄本、遂初堂本、陳本、嚴本同。集釋本改爲「肆直」，欒本同。按《禮記》原作「肆直」，而「温良」一語在「寬而静」之上，故集釋本所改爲是。

[八]「徑」字誤，當改。原抄本、遂初堂本、集釋本、欒本、陳本、嚴本均作「經」。

[九]黄汝成集釋引錢氏曰：《説文》：「被，寢衣也，長一身有半。」寢衣之非齋服明矣，不宜移易。

[十]「諱関」，「関」字誤，當作「闕」。原抄本作「諱闕」。

[十一]底本缺一字處，原抄本、遂初堂本、集釋本、欒本、陳本、嚴本均作「手」，《尚書》作「手」。

[十二]「仆」字誤，當改。原抄本、遂初堂本、集釋本、欒本、陳本、嚴本均作「什」。

[十三]「無可復議」，原抄本同，遂初堂本、集釋本、欒本、陳本、嚴本作「無復可議」。

[十四]「放」字誤，當改。原抄本、遂初堂本、集釋本、欒本、陳本、嚴本作「效」。

[十五]王柏，字會之，號魯齋，明金華人。著《書疑》九卷、《詩疑》二卷等。

[十六]「穠」，原抄本、遂初堂本、集釋本、嚴本同。陳本作「襛」，欒本改作「襛」。《詩經》作「襛」。

[十七]「詩」，原抄本同。遂初堂本、嚴本作「章」，集釋本、欒本、陳本作「篇」。

[十八]「維」，原抄本、遂初堂本、集釋本、欒本、陳本、嚴本作「惟」。

[十九]語出《論語·季氏》。

[二十]「槐」，諸本皆同。欒本注：據《續刊誤》，「槐」字原寫本爲小注。董槐，字庭植，謚文清。濠州定遠人。《宋史》有傳。

[二十一]「一節之」，遂初堂本、集釋本、欒本、陳本、嚴本同，原抄本作「之一節」。

[二十二]「遂」，遂初堂本、集釋本、欒本、陳本、嚴本同，原抄本誤作「逐」，當改。

[二十三]黄汝成集釋引錢氏曰：此等謬説，徒啟學者師心蔑古之咎。

日知録卷之十一[一]

州縣賦税

王士性《廣志繹》[二]曰：「天下賦税，有土地肥瘠不甚相遠，而徵科乃至懸絶者。當是國初[三]草草，未定畫一之制，而其後相沿，不敢議耳。如真定之轄五州二十七縣，蘇州之轄一州七縣，無論所轄，即其廣輪之數，真定已當蘇之五，而蘇州糧二百三萬八千石，真定止一十萬六千石。然猶南北異也。若同一北方也，河間之繁富，二州十六縣，登州之貧寡，一州七縣，相去殆若莛楹，而河間糧止六萬一千，登州乃二十三萬六千。然猶直隸、山東異也。若在同省，漢中二州一十四縣之殷庶，視臨洮二州三縣之衝疲，易知也，而漢中糧止三萬，臨洮乃四萬四千。然猶各道異也。若在同道，順慶不大於保寧，其轄二州八縣均也，而順慶糧七萬五千，保寧止二萬。然猶兩郡異也。若在一邑，則同一西南充也，而負郭十里，田以步計，賦以田起，二十里外則田以組量，不步矣，五十里外田以約計，不組矣。官賦無定數，私價亦無定估，何其懸絶也？惟是太平日久，累世相傳，民皆安之，以爲固然，不自覺耳。」夫王者制邑居民，則壤成賦，豈有大小輕重不同若此之甚哉！且以所轄州縣言之，真定三十二，西安三十六，開封、平陽各三十四，濟南三十，成都三十一，而松江、鎮江、太平止三縣，漢陽、興化止二縣。其直隸之州，則如徐州、澤州之四縣，郴州之五縣，嘉定之六縣，潼川之七縣，儼然一府也。而其小者或至於無縣可轄。且國初[四]之制，多因元舊。平陽一路共領九州，殆據山西之半。至洪武二年，始以澤、潞、遼、沁四州直隸山西行省，而今尚有五州。若蒲州，自古别爲一郡，屢次建言，皆爲户部所格。歸德一州，向屬開封，至嘉靖二十四年始分爲府。天下初定，日不暇給，沿元之弊[五]，遂至二三百年。崔銳[六]言：「今之郡大者千里，屬邑數十，爲長者名數且不能悉，奚望其理也？宜令大郡不過四百里，邑百里。」[七]然則後之王者，審形勢以制統轄，度幅員以界郡縣，則土田以起徵科，乃平天下之先務，不可以慮始之艱，而廢萬年之利者矣。

《太祖實録》：洪武八年三月，「平陽府言所屬蒲、解二州，距府闊遠，乞以直隸山西行省爲便，未許」。至天啟四年，巡按山西李日宣[八]請以二州十縣分立河中府，治運城，以運使兼知府事，運同兼清軍，運副兼管糧，運判兼理刑。事下户部，户部下山西，山西下河東，河東下平陽府議之，竟寢不行。按漢河東郡二十四縣，後漢二十城。魏正始八年，分河東之分[九]北十縣爲平陽郡。此所謂「欲製千金之裘，而與狐謀其皮」[十]也。且商、雒之於關内，陳、許之於大梁，德、逮[十一]諱[十二]。《禮記·孔子閒居》引《詩》作「威儀逮逮」[十三]。之於濟南，潁[十四]、亳之於鳳陽，自古不相傳[十五]屬。去府既遠，更添司道，於是有一府之地而四五其司道者，官愈多而民愈擾，職此之由矣。昔仲長統《昌言》謂：「諸夏有十畝共桑之迫[十六]，遠州有曠野不發之田。」范曄《酷吏傳》亦言：「漢制宰守曠遠，户口殷大。」而《後漢・馬援傳》：既平交阯，「奏言：『西于[十七]縣户有三萬六千[十八]，遠界去庭千餘里，庭，縣庭也。請分爲封溪、望海二縣。』許之。」《華陽國志》：「巴郡太守但望字伯門，太山人，見《風俗通》。[十九]上疏言：『郡境南北四千，東西五千，屬縣十四，土界遐遠，令尉不能窮詰姦凶。時有賊發，督郵追案十日乃到，賊已遠逃，蹤迹絶滅。其有犯罪，逮捕證驗，文書詰訊，從春至冬，不能究訖，繩憲未加，或遇德令。是以賊盗公行，姦宄不絶。太守行農桑不到四縣，刺史行部不到十縣。』」欲請分爲二郡，其後遂爲三巴。」《水經注》：「山陰縣，漢會稽郡治也。」「永建中，陽羡周嘉上書，以縣遠，赴會稽至難，求得分置。遂以浙江西爲吴，以東爲會稽。」[二十]此皆遠縣之害，已見於前事者也。《北齊書》：赫連子悦「除林慮守，世宗往晋陽，路舔是郡，因問所不便。子悦答言：『臨水、武安二縣，去郡遥遠，山嶺重疊，車步艱難。若東屬魏郡，則地平路近。』世宗笑曰：『卿徒知便民[二十一]，不覺損幹[二十二]。』子悦答以『所言因民疾苦，不敢以私潤負心』。」[二十三]嗟乎！今之牧守，其能不狥於私而計民之便者，吾未見其人矣。

【校注】

[一]卷十一，刻本在卷八内。

[二]王士性，字恒叔，號太初，又號元白道人。臨海人，萬曆五年進士。喜遊歷，所在無時不遊，無地不遊，無官不遊。著《廣志繹》五卷、《廣遊志》二卷、《五嶽遊草》十二卷及《玉峴集》。

[三]「國初」，各本均同。亭林引明人語，潘耒遂初堂刻本未改，集釋本亦未改。

[四]「國初」，原抄本同。亭林語，潘耒遂初堂刻本改爲「明初」，集釋本因之。

[五]「弊」原抄本同，遂初堂本、集釋本、欒本、陳本、嚴本作「非」。

[六]「崔銑」誤，原抄本同誤，當改。遂初堂本、集釋本、欒本、陳本、嚴本作「崔銑」。

[七]崔銑，字子鍾，又字仲鳧，號後渠，又號洹野。安陽人，弘治十八年進士，入翰林，任編修。後爲南京國子監祭酒、詹事府少詹事、翰林院侍讀學士。

[八]李日宣，字晦伯，吉水人。萬曆四十一年進士，官至吏部尚書。著《李日宣奏議》十六卷，《明史》有傳。

[九]「分」字誤，當改。原抄本、遂初堂本、集釋本、欒本、陳本、嚴本均作「汾」。

[十]語出《太平御覽》引《符子》左丘明曰。

[十一]「逮」，遂初堂本、集釋本、欒本、陳本、嚴本作「棣」。

[十二]「諱」，原抄本加方框作「諱」。「諱」字即亭林原注，潘耒遂初堂刻本删，集釋本因之，欒本、陳本、嚴本均無。陳垣校注曰：初刻「棣」缺末筆。

[十三]《禮記》一行夾注，亭林注解避諱字，原抄本同，潘耒遂初堂刻本删，集釋本因之，欒本、陳本、嚴本無。

[十四]「潁」，遂初堂本、集釋本、欒本、陳本、嚴本同，原抄本誤作「潁」，當改。

[十五]「傳」字誤，當改。原抄本、遂初堂本、集釋本、欒本、陳本、嚴本均作「統」。

[十六]「迫」，遂初堂本、集釋本、欒本、嚴本同，原抄本、陳本作「道」。按《通典》引仲長統《昌言》作「迫」。

[十七]「西于」，遂初堂本、集釋本、欒本、陳本、嚴本同，原抄本誤作「西平」。《後漢書》作「西于」。

[十八]「六千」，原抄本同。遂初堂本、集釋本、欒本、陳本、嚴本作「二千」。《後漢書》作「二千」。

[十九]今按：《華陽國志》謂「但望字伯闔」。

[二十]《水經注》卷四十。

[二十一]便民，遂初堂本誤倒作「民便」，集釋本據《北齊書》乙正。

[二十二]黄汝成集釋引楊氏曰：幹，郡守所食于郡者。

[二十三]《北齊書·赫連子悦傳》。

屬縣

自古郡縣之制，惟唐爲得其中。今考《地理志》屬縣之數：京兆、河南二府各二十，河中、太原二府各十三，魏州十四，廣州十三，鎮州、桂州各十一。其它雖大，無過十縣者。此其大小相維，多寡相埒[一]，均安之放[二]，不可見於前事乎？後代之王，猶可取而鏡也。但其中一二縣之郡，亦有可併。憲宗元和元年，割屬東川六州，制曰：「分疆設都，蓋資共理。形束[三]壤制，亦在稍均。將懲難以銷萌，在立防而不紊。故賈生之議，以楚益梁；宋氏之規，割荆爲郢。酌於前事，宜有變通。」[四]此雖一時之言，亦經邦制郡之長策也。

【校注】

[一]「埒」，原抄本同。遂初堂本、集釋本、欒本、陳本、嚴本作「等」。

[二]「放」字誤，當改。原抄本、遂初堂本、集釋本、欒本、陳本、嚴本均作「效」。

[三]「形束」，遂初堂本、集釋本、欒本、陳本、嚴本同，原抄本作「形屬」。《册府元龜》作「形疏」。陳垣校注謂《唐大詔令集》卷一二四作「疏域」。

[四]見《册府元龜》卷六十四。

州縣品秩

漢時縣制，萬户以上爲令，秩千石至六百石。減萬户爲長，秩五百石至三百石。唐則州有上中下三等，縣有京、畿、上、中、中下、下六等，品各有差。《太祖實録》：「吴元年，定縣有上中下三等。税糧十萬石已下爲上縣，知縣從六品，縣丞從七品，主簿從八品；六萬石已下爲中縣，知縣正七品，縣丞正八品，主簿從八品；三萬石已下爲下縣，知縣從七品，丞、簿如中縣之秩。」洪武六年八月，「壬辰，分天下府爲三等，糧二十萬石已上者爲上府，秩從三品；二十萬石已下者爲中府，秩正四品；十萬石已下者爲下府，秩從四品」。[一]不知何年始，改此制。洪武十四年十月定考覈法，府以田糧十五萬石已上，州以七萬石已上，縣以三萬石以上。親臨王府、上司、軍馬守禦、路當驛道、邊方衝要者，爲繁；不及此者，爲簡。後乃一齊其品，而但立繁簡之目，才優者調繁，不及者調簡。古時「列爵惟五」[二]之意，遂盡亡之矣。

【校注】

[一]《太祖實録》卷八十四。

[二]語出《尚書・武成》。

府

漢曰郡，唐曰州，州即郡也。唯建都之地，乃曰府。唐初，止京兆、河南二府。武后以并州爲太原府，玄宗以蒲州爲河中府，益州爲成都府，肅宗以岐州爲鳳翔府，荆州爲江陵府，德宗以梁州爲興元府。惟興元以德宗行幸於此，其餘皆建都之地也。《舊唐書·田悦傳》：「朱滔自稱冀王，悦稱魏王，王武俊稱趙王，又請李納稱齊王。以幽州爲范陽府，魏川[一]爲大名府，恒州爲真定府，鄆州爲東平府。」《李希烈傳》：「僭號，以汴州爲大梁府。」是則以州稱府者，僭也。後梁以汴州爲開封府，後唐以魏川[二]爲興唐府，鎮州爲真定府。《册府元龜》載：長興三年中書省奏：「本朝都長安，以京兆府爲上。今都雒陽，請以河南府爲上。其五府，舊以鳳翔府爲首，河中、成都、江陵、興元爲次。中興初，升魏博爲興唐府，冀州[三]爲真定府。皆是創業興王之地，宜升在五府之上，合爲七府。」至宋而大郡多升爲府。王明清《揮麈録》曰：「太祖皇帝以歸德軍節度使創業，升宋州爲歸德府，後爲應天府。太宗以晉王即位，升并州爲太原府。真宗以壽王建儲，升壽州爲壽春府。仁宗以昇王建儲，升建業爲江寧府。英宗以齊州防禦使入繼，以齊州爲興德軍。神宗自潁王升儲，升汝陰爲順昌府。哲宗自延安郡王升儲，升延州爲延安府。徽宗以端王即位，升端州爲肇慶府。欽宗自定王建儲，前已升定州爲中山府。太上[四]以康王中興，升康州爲德慶府。今上[五]以建王建儲，升建安爲建寧府。宣和元年六月，邢州民董世多進狀，以『英宗嘗爲鉅鹿郡公』，又知岳州孫勰進言，『英宗嘗爲岳州防禦使』，詔加討論。時邢州已升安國軍，遂以邢州爲信德府，岳州爲岳陽軍。是歲十月，又詔以列聖潛邸所領地，再加討論。以真宗嘗爲襄王，升襄州爲襄陽府。仁宗嘗爲慶國公，升慶國爲慶陽府。英宗嘗爲宜州[六]刺史，以宜州爲慶遠軍。神宗嘗爲安州觀察使，以安州爲德安府；又嘗爲光國公，以光州爲光山軍。哲宗嘗爲東平軍節度使，以鄆州爲東平府；嘗爲均國公，以均州爲武當軍。徽宗嘗爲寧國公，以寧州爲興寧軍；又嘗爲平江、鎮江軍節度使，並升爲府。又以太宗嘗爲睦州防禦使，升睦州爲遂昌軍。今上即位之初，升隆興、寧國、常德諸府，皆以潛藩擁麾之地也。」隋煬帝大業九年詔曰：「博陵昔爲定州，地居衝要，先皇歷試所基，王化斯遠。故以道冠豳風，義高姚邑。朕巡撫氓庶，爰届茲邦，瞻望郊壥，懷德思止。可改博陵爲高陽郡，赦境内死罪已下，給復一年。」「於是召高祖時故吏，皆量才授職。」[七]此前代升郡故事。然以先皇莅任之邦，追思舊德，有此特詔。至宋則但列空銜，便加恩數矣。《玉照[八]新志》曰：「徽宗嘗封遂寧郡王，升遂州爲遂寧府；嘗封蜀國公，升蜀州爲崇慶府。」沿至於今，無郡不府。而狹小之處，如滁、和、澤、沁、郴[九]、靖、邛、眉之類，猶以州名。又有隸府之州，特異其名，而親理民事，與縣尹無别。凡唐、宋舊設之州，並有附郭縣，而州不親民事。元初省冗官，令州官兼領。洪武初，併附郭縣入州。浦上衡[十]曰：「國朝建立府州，多踵勝國。其最異者，則以州統縣，而省縣入州，刺史而[十一]行縣令之事。所謂名存實異，與宋以前不同者也。」縣之隸於州者，則即[十二]带府名，又带州名，而其實未嘗管攝於州，惟到任繳憑，必繇州轉府，尚有「餼羊」之意。體統乖而名實淆矣。竊以爲宜仍唐制，凡郡之連城數十者，析而二之三之，而以州統縣，惟京都乃稱府焉，豈不畫一而易遵乎？

【校注】

[一]「川」字誤，當改。原抄本、遂初堂本、集釋本、欒本、陳本、嚴本均作「州」。

[二]「川」字誤，當改。原抄本、遂初堂本、集釋本、欒本、陳本、嚴本均作「州」。

[三]「冀州」誤，當改。原抄本、遂初堂本、集釋本、欒本、陳本、嚴本均作「鎮州」。《册府元龜》作「鎮州」。

［四］太上，謂宋高宗。
［五］今上，謂宋孝宗。
［六］「宜州」，遂初堂本、集釋本、欒本、陳本、嚴本同，原抄本誤作「宣州」。下同。
［七］見《隋書・煬帝紀下》。
［八］「照」，遂初堂本、集釋本、欒本、陳本、嚴本同，原抄本誤作「詔」。《玉照新志》六卷，王明清撰。
［九］「郴」字，遂初堂本、集釋本、欒本、陳本、嚴本有，原抄本脱，當補。
［十］「浦上衡」誤，原抄本同誤，當改。遂初堂本、集釋本、欒本、陳本、嚴本均作「浦士衡」。浦士衡，萬曆十四年任裕州知州，纂修《裕州志》。
［十一］「而」字下，脱「下」字，當補。原抄本、遂初堂本、集釋本、欒本、陳本、嚴本均有「下」字。
［十二］「即」字誤，當改。原抄本、遂初堂本、集釋本、欒本、陳本、嚴本均作「既」。

鄉亭之職

《漢書・百官表》：「縣令、長，皆秦官，掌治其縣。萬户以上爲令，秩千石至六百石。減萬户爲長，秩五百石至三百石。皆有丞、尉，秩四百石至二百石。《宋書・百官志》：「漢制：丞一人。尉，大縣二人，小縣一人。」是爲長吏。百石以下，有斗食、佐史之秩，是爲少吏。《武帝紀》元光六年詔曰：「少吏犯禁。」《甯成傳》：「爲少吏，必陵其長吏。」大率十里一亭，亭有長。《宋書》：「五家爲伍，伍長主之。二五［二］爲什，什長主之。十什爲里，里魁主之。十里爲亭，亭長主之。」《史記・建元以來侯者年表》：「張章父爲長安亭長，失官。」是亭長亦稱官也。十亭一鄉，鄉有三老、有秩、《張敞傳》註：「師古曰：『鄉有秩者，嗇夫之類也。』」嗇夫、游徼。《宋書》又有「鄉佐」。三老掌教化，嗇夫職聽訟、收賦税，游徼徼循禁賊盜。《宋書》：「鄉佐、有秩主賦税，三老主教化，嗇夫主争訟，游徼主奸非。」縣大率方百里，其民稠則減，稀則曠，鄉、亭亦如之。皆秦制也。」《高帝紀》：「二年二月，令舉民年五十以上，有[二]修行，能帥衆爲善，置以爲三老，鄉一人。擇鄉三老一人爲縣三老，與縣令、丞、尉以事相[三]教，復勿繇[四]戍。」三老爲鄉官，故「□開[五]三老茂」得上書言太子。[六]《黄霸傳》：「使郵亭鄉官，皆畜雞豚。」此其制不始於秦漢也。自諸侯兼并之始，而管仲、蔿敖、子産之倫所以治其國者，莫不皆然。《管子》書曰：「擇其賢民，使爲里君。」而《周禮・地官》自州長以下，有黨正、族師、閭胥、比長；自縣正以下，有鄙師、酇長、里宰、鄰長。則三代明王之治，亦不越乎此也。夫惟於一鄉之中，官之備而法之詳，然後天下之治若網之在綱，有條而不紊。至於今日，一切蕩然，無有存者。且守令之不足任也，而多設之監司；監司之又不足任也，而重立之牧伯。積尊累[七]，以居乎其上，而下無與分其職者。雖得公廉勤幹之吏，猶不能以爲治，而況託之非人者乎？後魏大和中，「給事中李冲上言：『宜准古，五家立一鄰長，五鄰立一里長，五里立一黨長。長取鄉人彊[八]謹者。鄰長復一夫，里長二，黨長三。所復復征戍，餘若民。三載無愆，則陟用，陟之一等。』」孝文從之，詔曰：「鄰里鄉黨之制，所繇來久。欲使風教易周，家至日見，以大督小，從近及遠，如身之使手，幹之總條，然後口算平均，義興訟息。」史言立法之初，多稱不便，及事既施行，「計省昔十有餘倍，於是海内安之」。[九]後周蘇綽作六條詔書，曰：「非直州郡之官，皆須善人，爰至黨族、閭里、正長之職，皆當審擇，各得一鄉之選，以相監統。」[十]隋文帝師心變古，開皇十五年始盡罷州郡鄉官。而唐柳宗元之言曰：「有里胥而後有縣大夫，有縣大夫而後有諸侯，有諸侯而後有方伯連帥，有方伯連帥而後有天下。」[十一]由此論之，則天下之治始於里胥，終於天子，其灼然者矣。故自古及今，小官多者其世盛，大官多者其世衰，《文獻通考》言：「唐之初，止有上、中、下都督府，其後則有節度、觀察、團練諸使。宋之初，止有轉運使，其後則有安撫、提刑等官。」《唐書·代宗紀》：「大曆八年九月癸未，晉州男子郇模以麻辮髮，持竹筐葦席，哭于東市，請獻三十字，一字爲一事。其声[十二]『練』者，請罷諸州團練使也。其言『監』者，請罷諸道監軍使也。」興亡之途，罔不由此。

漢時嗇夫之卑，猶得以自舉其職。故爰延爲外黄鄉嗇夫，「仁化大行，民但聞嗇夫，不知郡縣」。《後漢書》本傳。而朱邑自舒桐鄉嗇夫，舒縣之鄉。官至大司農，「病且死，屬其子曰：『我故爲桐鄉吏，其民愛我，必葬我桐鄉，後世子孫奉嘗我不如桐鄉民。』師古曰：「嘗，謂烝嘗之祭。」及死，其子葬之桐鄉西郭外，民共爲起冢[十三]立祠，歲時祠祭，至今不絶。」《漢書·循吏傳》。一[十四]君者，皆其縣人也。必易地而官，易民而治，豈其然哉？[十五]

今代[十六]縣門之前多有榜曰：「誣告加三等，越訴笞五十。」此先朝之舊制，亦古者「懸法象魏」[十七]之遺意也。今人謂不經縣官而上訴司府，謂之「越訴」，是不然。《太祖實録》：「洪武二十七年四月，「壬午，命有司擇民間高年老人，公正可任事者，理其鄉之詞訟。若户婚、田宅、鬬毆者，則會里胥决之。事涉重者，始白於官」。[十八]者[十九]不繇里老處分而徑訴縣官，此之謂「越訴」也。宣德七年正月乙酉，陝西按察僉事林時言：「洪武中，天下邑里皆置『申明』、『旌善』二亭，民有善惡則書之，以示勸懲。凡户婚、田土、鬬毆常事，里老於此剖决。今亭宇多廢，善惡不書。小事不繇里老，輒赴上司，獄訟之繁，皆繇於此。」景泰四年詔書[二十]：「有怠惰，不務生理者，許里老依教民榜例懲治。」天順八年三月詔：「軍民之家，有爲盗賊，曾經問斷不改者，有司則大書『盗賊之家』四字於其門。能改過者，許里老、親鄰人相保管，方與除之。」此亦古者「畫衣冠、異章服」[二十一]之遺意。惟其大小之相維，詳要之各執，然後上不煩而下不擾。唐至大曆以後，干戈興，賦稅煩矣，而劉長卿之《題雪溪李明府》曰：「落日無王事，青山在縣門。」蓋縣令之職猶不下侵，而小民得以安其業，是以能延國命百有餘年，迄於僖、昭，而後大壞。然則鳴琴、戴星，[二十二]有天下者宜有以處之矣。

洪熙元年七月丙申，「巡按四川監察御史何文淵言：『太祖高皇帝令天下州縣設立老人，必選年高有德、衆所信服者，使勸民爲善。鄉閭爭訟，亦使理斷。下有益於民事，上有助於官司。比年所用，多非其人，或出自隸僕，規避差科。縣官不究年德如何，輒令充應，使得憑藉官府，妄張威福，肆虐閭閻。或遇上司官按臨，巧進讒言，變亂黑白，挾制官吏。比有犯者，謹已按問如律。竊慮天下州縣類有此等，請加禁約。』上命申明洪武舊制，有濫用匪人者，並州縣官皆寘諸法」。[二十三]然自是里老之選輕，而權亦替矣。《英宗實録》言：「松江知府趙豫，和易近民，凡有詞訟，屬老人之公正者剖斷，有忿争不已者，則已爲之和解，故民以老人目之，當時稱爲良吏。」正統以後，里老往往保留令丞，朝廷因而許之，尤爲弊政。見於景泰三年十月庚戌，太僕寺少卿黃仕揚所奏。

漢世之於三老，命之以秩，頒之以禄。而文帝之詔，俾之「各率其意以道民」[二十四]。當日爲三老者，多忠信老成之士也。上之人所以禮之者甚優，是以人知自好，而賢才亦往往出於其間。「新城三老董公遮説漢王」，「爲義帝發喪」，[二十五]而遂以收天下。「壺關三老茂」上書明戾太子之冤，史册炳然，爲萬世所稱道。本朝[二十六]之老人則聽役於官，而靡事不爲，故稍知廉恥之人不肯爲此，而願爲之者大抵皆姦猾之徒，欲倚勢以陵百姓者也。其與太祖設立老人之初意悖矣。

國初[二十七]，以大户爲糧長，掌其鄉之賦稅，多或至十餘萬石。運糧至京，得朝見天子。洪武中，或以人材授官。至宣德五年閏十二月，南京監察御史李安，及江西廬陵、吉水二縣耆民，六年四月，監察御史張政，各言糧長之害，謂其「倍收糧石，准折子女，包攬詞訟，把持官府」。累經整飭，而其患少息，然未嘗以是而罷糧長也。惟老人則名存而實亡矣。今州縣或謂之「耆民」，或謂之「公正」，或謂之「約長」，與庶人在官者無異。

巡簡[二十八]，即古之游徼也。《元史》：成宗大德十年正月，「升巡簡爲九品」。洪武中尤重之，而特賜之敕，洪武十三年二月丁卯。見《御製文集》第九[二十九]卷。又定爲考課之法。二十五年閏十二月辛卯。及江夏侯周德興巡視福建，增置巡簡司四十有五。二十年四月。自弘治以來，多行裁革，所存不及曩時之半。巡簡裁，則總督添矣。崇禎年，至蘇州、保定各設總督。唐自乾元以後，節度、觀察、防禦使之設，正與本朝[三十]累添總督、巡撫、兵備相類。何者？巡簡遏之於未萌，總督治之於已亂。

【校注】

[一]「五」字誤，當改。原抄本、遂初堂本、集釋本、欒本、陳本、嚴本均作「伍」。

[二]「有」字下，原抄本衍「能」字，遂初堂本、集釋本、欒本、陳本、嚴本不誤。《漢書》無「能」字。

[三]「相」字下，原抄本衍「與」字，遂初堂本、集釋本、欒本、陳本、嚴本不誤。《漢書》無「與」字。

[四]「繇」，謂徭役，顔師古注：「讀曰傜」。

[五]「□開」誤，當改。原抄本、遂初堂本、集釋本、欒本、陳本、嚴本均作「壺關」。

[六]見《漢書・武五子傳》。

[七]「累」字下，脱「重」字，當補。原抄本、遂初堂本、集釋本、欒本、陳本、嚴本不誤。

[八]「疆」字誤，當改。原抄本作「彊」，遂初堂本、集釋本、欒本、陳本、嚴本作「强」。

[九]以上見《魏書・食貨志六》。此下嚴本分段，遂初堂本、集釋本、欒本、陳本均不分段。

[十]見《周書・蘇綽列傳》。

[十一]柳宗元《封建論》。「天下」誤，當改。原抄本、遂初堂本、集釋本、欒本、陳本、嚴本均作「天子」。《柳河東集》作「天子」。

[十二]「声」字誤，當改。原抄本、遂初堂本、集釋本、欒本、陳本、嚴本均作「言」。

[十三]「家」字誤，當改。原抄本、遂初堂本、集釋本、欒本、陳本、嚴本均作「冡」。

[十四]「二」字誤，當改。原抄本、遂初堂本、集釋本、欒本、陳本、嚴本均作「三」。

[十五]黄汝成集釋引錢氏曰：漢之三老、嗇夫，治行尤著者，可累擢至大官，故賢才恒出其中。郡縣掾吏亦然。今雖欲重其選，而若輩本無出身之路，地方官又數凌辱之，其願充者，不過奸猾無恥之徒而已，安能佐縣令之治哉！

[十六]今代，猶言「今世」。嚴本與下文連讀作地名「代縣」，誤。

[十七]《周禮・天官》：「乃縣治象之法于象魏。」《地官》：「乃縣教象之法於象魏。」《夏官》：「乃懸政象之法於象魏。」《秋官》：「乃縣刑象之法于象魏。」

[十八]《太祖實録》卷二百三十二。

[十九]「者」字誤，當改。原抄本、遂初堂本、集釋本、欒本、陳本、嚴本均作「若」。

[二十]「詔書」下，原抄本同，遂初堂本、集釋本、欒本、陳本、嚴本有「猶曰民」三字，「民」字屬下讀。

[二十一]見《史記・孝文本紀》，又見《漢書・刑法志》。

[二十二]《韓詩外傳》：「宓子賤治單父，彈鳴琴，身不下堂，而單父治。巫馬期戴星而出，戴星而入，以身親之，而單父亦治。」又見《吕氏春秋》、《説苑》。

[二十三]《宣宗實録》卷四。

[二十四]見《漢書・文帝紀》。

[二十五]見《史記・高祖本紀》。

[二十六]「本朝」，原抄本同，潘耒遂初堂刻本改爲「近世」，集釋本因之。欒本據黄侃校記改回而加説明，陳本、

嚴本仍刻本之舊而加注。

〔二十七〕「國初」，原抄本同，潘耒遂初堂刻本改爲「明初」，集釋本因之。欒本據黄侃校記改回而加説明，陳本仍刻本之舊而加注，嚴本仍刻本之舊，無注。

〔二十八〕「巡簡」，下文及注均同，原抄本同。遂初堂本、集釋本、欒本、陳本、嚴本均作「巡檢」。按「巡簡」，避諱字，當作「巡檢」，官名。明有巡檢司，見《明史·職官志四》。陳垣校注：由檢，崇禎諱。

〔二十九〕「九」字誤，當改。原抄本、遂初堂本、集釋本、欒本、陳本、嚴本均作「七」。

〔三十〕「本朝」原抄本同，潘耒遂初堂刻本改爲「明代」，集釋本因之。黄侃校記缺，欒本、陳本作「明代」，無注。嚴本仍刻本之舊，並據其原校記加注。

里甲

常熟陳梅〔一〕曰：「《周禮》：五家爲比，比有長。五比爲閭，閭有胥。四閭爲族，族有師。五族爲黨，黨有正。五黨爲州，州有長。五州爲鄉，鄉有大夫。其間大小相維，輕重相制，綱舉目張，周詳細密，無以加矣。而要之，自上而下，所治皆不過五人，蓋於詳密之中而得易簡之意，此周家一代良法美意也。後世人才遠不如古，乃欲以縣令一人之身，坐理數萬户口賦税，色目繁猥又倍於昔時，雖欲不叢脞，其可得乎？愚故爲之説曰：以縣治鄉，以鄉治保，或謂之都。以保治甲，視所謂不過五人者而加倍焉，亦自詳密，亦自易簡。此斟酌古今之一端也。」又曰：「一鄉幾保，不妨多少。何也？因民居也，法用圓。十甲十〔二〕户，不得增損。何也？稽成數也，法用方。」

【校注】

[一]陳梅，字鼎和，常熟唐市人，諸生，通經史、醫藥，曾與顧炎武爲鄰。

[二]「十」字誤，當改。原抄本、遂初堂本、集釋本、欒本、陳本、嚴本均作「千」。

掾屬

《古文苑》注王延壽《桐柏廟碑》人名，謂「掾屬皆郡人，可考漢世用人之法」。今考之漢碑皆然，不獨此廟。蓋其時唯守相命於朝廷，而自曹掾以下無非本郡之人，故能知一方之人情，而爲之興利除害。其辟用之者即出於守相，而不似後代之官，一命以上皆由於吏部。故廣漢太守陳寵入爲大司農，和帝問在郡何以爲理，寵頓首謝曰：「臣任功曹王渙以簡賢選能，主簿鐔顯拾遺補闕，臣奉宣詔書而已。」帝乃大悦。[一]至於「汝南太守宗資任功曹范滂，南陽太守成瑨委功曹岑晊」，並謡達京師，名標史傳。[二]而鮑宣爲豫州牧，郭欽奏其「舉錯煩苛，代二千石署吏」。[三]是知署吏乃二千石之職，州牧代之尚爲煩苛。今以天子而代之，宜乎事煩而日不給。隋文帝開皇二年，罷辟署，令吏部除授品官爲州郡佐官。其時劉炫對牛弘，以爲「往者州唯置綱紀，郡置守丞，縣置令而已，其餘具僚則長官自辟。」是知自辟掾屬，即齊魏之世猶然。《宋史·選舉志》：「宋初，内外小職任，長吏得自奏辟。熙寧間悉罷，歸選部。然要處職任，如沿邊兵官、防河、捕盜、重課額務場之類，尋又立專法聽舉。於是辟置不能全廢也。」又其變也，銓注之法改爲掣籤，而吏治因之大壞矣。

《京房傳》：「房爲魏郡太守，自請得除用他郡人。」因此知漢時掾屬無不用本郡人者，房之此請乃是破格。杜氏《通典》言：「漢縣有丞尉及諸曹掾，多以本郡人爲之，三輔縣則兼用他郡。」[四]《黄霸傳》：「補左馮翊二百石卒史」，如淳曰：「三輔郡得任用他郡人，而卒史獨二百石，所謂尤異者也。」及隋氏革選，盡用他郡人。

唐高宗時，魏玄同爲吏部侍郎，上疏言：「臣聞傳説曰：『明王奉若天道，建邦設都，樹后王君公，承以大夫師長，不惟逸豫，惟以理人。』[五]昔之邦國，今之州縣。士有常君，人有定主，自求臣佐，各選英賢，其大臣乃命於王朝耳。秦并天下，罷侯置守，漢氏因之，有沿有革。諸侯得自置吏四百石已下，其傅相大官則漢爲置之，州郡掾史、督郵、從事，悉任之於牧守。爰自魏晉，始歸吏部，遞相祖襲，以迄於今。用刀筆以量才，按簿書而察行，法令之弊，其來已久。蓋君子重因循而憚改作，有不得已者，亦當運獨見之明，定卓然之議。如今選司所行者，非皇上[六]之令典，乃近代之權道，所宜遷革，實爲至要。何以言之？夫丈尺之量，所及者蓋短；鍾庾之器，所積者寧多。况天下之大，士人之衆，而可委之數人之手乎？假使平如權衡，明如水鏡，力有所極，照有所窮。銓綜既多，紊失斯廣。又以比居此任，時有非人，豈直媿彼清通，亦將竭其庸妄。情故既行，何所不至？賦[七]私一啟，以及萬端。至乃爲人擇官，爲身擇利，顧親疏而舉筆，看勢要而措情。加以厚貌深衷，險如谿壑。擇言觀行，猶懼不周，今使百行九能析之於一面，具僚庶品專斷於一司，其亦難矣。天祚大聖，比屋可封，咸以爲有道恥賤，得時無怠。諸色入流，歲以千計，群司列位，無復增多，官有常員，人無定限。選集之始，霧積雲屯，擢叙於終，十不收一，淄溷雜混，玉石難分，用舍去留，得失相半。撫即事之爲弊，知及後之滋失。夏殷以前，制度多闕，周監二代，焕乎可觀。諸侯之臣不皆命於天子，王朝庶官亦不專於一職。故穆王以伯冏爲太僕正，命之曰：『愼簡乃僚，無以巧言令色，便辟側媚，其惟吉士。』[八]此則令其自擇下吏之文也。太僕正，中大夫耳，尚以僚屬委之，則三公、九卿亦必然矣。《周禮》，大宰、内史並掌爵禄廢置，司徒、司馬别掌興賢詔事，當時[九]分任於群司，而統之以數職，各自求其小者，而王命其大者焉。夫委任責成，君之體也，所委者當，則所用者精。裴子野有言曰：『官人之難，先王言之尚矣。居家視其孝友，鄉黨服其誠信，出入觀其志義，憂歡取其智謀。煩之以事以觀其能，臨之以利以察其廉。《周禮》始於學校諱闕[十]，論之州里，告諸六事，而後貢之王庭。其在漢家尚猶然矣。州郡積其功能，然後爲五府所辟，五府舉其掾屬，而升於朝，三公參得除署，尚書奏之天子。一人之身所關者衆，一士之進其謀也詳，故官得其人，鮮有敗事。魏晉反是，所失弘多。』[十一]子野所論，益[十二]區區之宋朝耳，猶謂不勝其弊，而况於當今乎？臣竊見制書，每令三品、五品薦士，下至九品，亦令舉人，此聖朝側席旁求之意也。而褒貶未明，莫愼所舉。且唯賢知賢，聖人篤論。身且濫進，鑒豈知人？今欲務得實才，兼宜擇其舉主，流清以源潔，影端繇表正。不詳舉主之行能，而責舉人之庸濫，不可得已。《漢書》云：張耳、陳餘之『賓客厮役，皆天下俊傑』。[十三]彼之蕞爾，猶能若斯，况以神皇之聖明，國家之德業，而不建久長之策，爲無窮之基，盡得賢取士之術，而但顧望魏、晉之遺風，留意周、隋之敝事，臣竊惑之。伏願稍廻聖慮，特採芻言，略依周、漢之規，以分吏部之選。即望所用精詳，鮮於差失。」疏奏不納。」[十四]

玄宗時，張九齡爲左拾遺，上言：「夫吏部尚書、侍郎，以賢而授者也。雖知人之難，豈不能拔十得五？今膠以格條，據資配職，無得賢之實。若刺史、縣令[十五]，必得其人，於管内歲當選者，使考才行，可入流品，然後送臺，又加擇焉。以所用多寡爲州縣殿最，則州縣慎所舉，可官之才多，史[十六]部因其成，無今日之繁矣。」[十七]《柳渾傳》：「德宗嘗親擇吏，宰畿邑有效，召宰相語，皆賀帝得人。渾獨不賀，曰：『此特京兆尹職耳。陛下當臣擇[十八]輩，以轉[十九]聖德。臣當選京兆尹，承大化。尹當求令長，聽細事。代尹擇令，非陛下所宜。』帝然之。」

【校注】

[一]見《後漢書・循吏列傳・王涣傳》。

[二]見《後漢書・黨錮列傳》。傳曰：「二郡又爲謡曰：『汝南太守范孟博，南陽宗資主畫諾。南陽太守岑公孝，弘農成瑨但坐嘯。』」

[三]見《漢書・王貢兩龔鮑傳》。

[四]見《通典》卷三十三「總論縣佐」條。

[五]見《尚書・説命中》。「理人」，《尚書》作「亂民」。孔安國傳：「亂，治也。」

[六]「皇上」，原抄本同。遂初堂本、集釋本、欒本、陳本、嚴本、嚴本作「上皇」。《舊唐書》、《通典》作「上皇」。

[七]「賦」字誤，當改。原抄本、遂初堂本、集釋本、欒本、陳本、嚴本均作「贓」。

[八]見《尚書・冏命》。

[九]「時」字誤，當改。原抄本、遂初堂本、集釋本、欒本、陳本、嚴本均作「是」。

[十]「諱闕」，原抄本作「諱闕」。

[十一]見《資治通鑑》卷一百二十八《宋紀十》，稱「裴子野論曰」。嚴可均輯《全梁文》録之，題爲《宋略・選舉

論》。

[十二]「益」字誤，當改。原抄本、遂初堂本、集釋本、欒本、陳本、嚴本均作「蓋」。

[十三]《漢書·張耳陳餘傳》贊曰。

[十四]見《舊唐書·魏玄同傳》。又見《通典》卷十七。

[十五]「令」字誤，當改。原抄本、遂初堂本、集釋本、欒本、陳本、嚴本均作「令」。

[十六]「史」字誤，當改。原抄本、遂初堂本、集釋本、欒本、陳本、嚴本均作「吏」。

[十七]見《新唐書·張九齡傳》。

[十八]「臣擇」誤倒，當改。原抄本、遂初堂本、集釋本、欒本、陳本、嚴本均作「擇臣」。《新唐書》作「擇臣」。

[十九]「轉」字誤，當改。原抄本、遂初堂本、集釋本、欒本、陳本、嚴本均作「輔」。《新唐書》作「輔」。

都令史

《通典》：「晉有尚書都令史八人，秩二百石，與左右丞總知都臺事。宋、齊八人。梁五人，謂之五都令史。舊用人常輕，《後漢[一]·百官志》：「尚書令史十八人[二]八人，二百石。」然《梁冀傳》曰：「學生桂陽劉常，當世名儒，冀召補令史以辱之。」則知此職非士流之所爲也。武帝詔曰：『尚書五都，職參政要，非但總理衆局，亦乃方軌二丞。頃雖求才，未臻妙簡。可草[三]用士流，以盡時彥。』乃以都令史視奉朝請。」[四]其重之如此。彼其所謂都令史者，猶爲二百石之秩[五]，而簡[六]用士流爲之。然南齊陸慧曉爲吏部郎，「吏部都令史歷政以來，咨執選事，慧曉任己獨行，未嘗與語。帝遣人語慧曉曰：『都令史譜[七]悉舊貫，可共參懷。』慧曉曰：『六十之年，不復能[八]都令史、爲吏部郎也。』」[九]故當日之爲吏部者，多克舉用人之職。自隋以來，令史之任文案煩屑，漸爲卑冗，不參官品。《金史[十]》：皇統八年，用進士爲尚書省令史，正隆二年罷。《世宗紀》：大定二年二月甲寅，「復用進士爲尚書省令史」。二十三年閏月戊午，上謂宰臣曰：「女直進士可依漢兒進士，補省令史。夫儒者操行清潔，非禮不行。以吏出身者，自幼爲吏，習其貪墨，至於爲官，性不能改。政道興廢，實繇於此。」《章宗紀》：明昌二年五月戊辰，「詔御史臺令史並以終場舉人充」。《李完傳》：「言：『尚書省令史，正隆間用雜流。大定初，以太師張浩奏請，始統取進士，天下以爲當。今乞以三品官子孫及終場舉人，委臺官辟用。』上納其言。」《選舉志》言：「終金之代，科目得人爲盛。諸宮護衛及省臺部譯史、令史、通事，仕進皆列于正班。斯則唐、宋以來之所無者，豈非因時制宜而以漢法爲依據者乎？」以令史官至宰執者，移刺道、魏子平、孟浩、梁肅、張萬公、粘割幹特勒[十一]、董師中、王蔚、馬惠迪、馬謀、楊伯通、賈鉉、孫鐸、孫即康、賈益謙，皆有傳。至於今世，則品彌卑，權彌重。「八柄詔王」[十二]，乃不在官而在吏矣。

《舊唐書》：許子儒「居選部，不以藻鑑爲意」。有令史緱直，新、舊《書》並作「句直」。「句」音「勾」，是宋人減筆字，今緣[十三]《册府元龜》正之。是其腹心。每注官，多委令下筆，「子儒但高枕而臥」，語緱直云「平配」。[十四]由是補授失序，傳爲口實。嗟乎！未君[十五]今日之以維直[十六]爲當官，以「平配」爲著令也。

胥史之權，所以日重而不可拔者，任法之弊使之然也。開誠布公以任大臣，疏節闊目以[十七]庶事，則文法省而徑竇清，人材庸而狐鼠退矣。

【校注】

[一]「後漢」，原抄本、遂初堂本、嚴本同，集釋本、欒本、陳本作「續漢」。

[二]「人」字衍，當删。原抄本、遂初堂本、集釋本、欒本、陳本、嚴本不誤。

[三]「草」字誤，當改。原抄本、遂初堂本、集釋本、欒本、陳本、嚴本均作「革」。《隋書》、《通典》作「革」。

[四]《通典》卷二十二。又見《隋書·百官志上》。

[五]「秩」，遂初堂本、集釋本、欒本、陳本、嚴本同，原抄本作「職」。

[六]「簡」，原抄本、遂初堂本、集釋本、欒本、陳本、嚴本均作「間」。

[七]「譜」字誤，當改。原抄本、遂初堂本、集釋本、欒本、陳本、嚴本均作「諳」。《南史》作「諳」。

[八]「能」字下，脱「咨」字，當補。原抄本、遂初堂本、集釋本、欒本、陳本、嚴本有「咨」字。

[九]見《南史·陸慧曉傳》。

[十]「吏」字誤，當改。原抄本、遂初堂本、集釋本、欒本、陳本、嚴本均作「史」。

[十一]「粘割幹特勒」誤，原抄本同誤。集釋本、欒本、陳本作「粘割斡特勒」，亦不確。《金史》武英殿本卷九十五作「粘割斡特剌」，並云：「貞元初，以習女直字試補户部令史，轉尚書省令史。」明邵經邦《弘簡録》、明王圻《續文獻通考》、清施國祁《金史詳校》亦作「粘割斡特剌」。

[十二]語出《周禮·天官冢宰》。

[十三]「緣」字誤，當改。原抄本、遂初堂本、集釋本、欒本、陳本、嚴本均作「據」。

[十四]《舊唐書》原文作「時云『句直平配』」。

[十五]「君」字誤，當改。原抄本、遂初堂本、集釋本、欒本、陳本、嚴本均作「若」。

[十六]「維直」字誤，當改。原抄本、集釋本、欒本、陳本均作「緱直」。又按『緱直』，《兩唐書》作『句直』；《册府元龜》凡三見，一作『緱直』，兩作『勾直』；《唐會要》則作『縱直』。

[十七]「以」字下，脱「理」字，當補。原抄本、遂初堂本、集釋本、欒本、陳本、嚴本有「理」字。

吏胥

天子之所□[一]以平治天下者，百官也。故曰：「臣作朕股肱耳目」[二]，又曰：「天工人其代之」[三]。今奪百官之權，而一切歸之吏胥，是所謂百官者虚名，而柄國者吏胥而已。郭槐[四]之告燕昭王曰：「亡國與没[五]處。」吁，其可懼乎！秦以任刀筆之吏而亡天下，此固已事之明□[六]也。

唐鄭餘慶爲相，「有生[七]書潛涣[八]，久司中書簿箱[九]，與内官典樞蜜[十]劉光琦相倚爲姦，每宰相議事，與光琦異同者，令涣往請，必得。四方書弊[十一]資貨充集其門，弟泳官至刺史。及餘慶再入中書，與同僚集議，涣指陳是非，餘慶怒叱之。未幾，罷爲太子賓客。其年八月，涣賦[十二]污發，賜死。憲宗聞餘慶叱涣事，甚重之。久之，復拜尚書左僕射」。《唐書》本傳。[十三]韋處厚爲相，有湯銖者，「爲中書小胥，其所掌謂之『孔目房』。宰相遇休假，有内狀出，即召銖至延英門付之，送知印宰相。繇是稍以機權自張，廣納射[十四]賄。處厚惡之，謂曰：『此是半裝滑涣矣。』」乃以事逐之。《册府元龜》。[十五]夫身爲大臣，而有「甘臨」之憂[十六]，「係遯」之疾[十七]，則今之君子有媿於唐賢多矣。

謝肇淛[十八]曰：「從來仕宦法罔之密，無如本朝[十九]者。上自宰輔，下至驛遞、倉巡，莫不以虚文相酬應。而京官猶可，外吏則愈甚矣。大抵官不留意政事，一切付之胥曹，而胥曹之所奉行者，不過已往之舊牘，歷年之成規，不敢分毫踰越。而王[二十]之人既以是責下，則下之人亦不得不以故事虚文應之。一有不應，則上之胥曹而[二十一]乘隙而繩以法矣。故郡縣之吏宵旦竭蹷，惟日不足，而吏治卒以不振者，職此之繇也。」[二十二]

又曰：「國朝立法太嚴，如户部官不許蘇、松、浙江人爲之，以其地多賦税，恐飛詭爲奸也。然弊孔蠹竇，皆繇吏胥，堂司官遷轉不常，何知之有？今户部十三司胥吏[二十三]皆紹興人，可謂『目察秋毫而不見其睫』[二十四]者矣。」[二十五]

【校注】

[一]底本缺一字處，原抄本、遂初堂本、集釋本、欒本、陳本、嚴本均作「恃」，當補。

[二]語出《尚書・益稷》。

[三]語出《尚書・皋陶謨》。

[四]「郭槐」誤，當改。原抄本、遂初堂本、集釋本、欒本、陳本、嚴本均作「郭隗」。

[五]「没」字誤，當改。原抄本、遂初堂本、集釋本、欒本、陳本、嚴本均作「役」。《戰國策・燕策一》：郭隗曰：「帝者與師處，王者與友處，霸者與臣處，亡國與役處。」

[六]底本缺一字處，原抄本、集釋本、欒本、陳本均作「驗」，當補。

[七]「生」字誤，當改。原抄本、遂初堂本、集釋本、欒本、陳本、嚴本均作「主」。

[八]「潛涣」誤，當改。原抄本、遂初堂本、集釋本、欒本、陳本、嚴本均作「滑涣」。

[九]「箱」字誤，當改。原抄本、遂初堂本、集釋本、欒本、陳本、嚴本均作「籍」。

[十]「蜜」字誤，當改。原抄本、遂初堂本、集釋本、欒本、陳本、嚴本均作「密」。

[十一]「弊」字誤，當改。原抄本、遂初堂本、集釋本、欒本、陳本、嚴本均作「幣」。

[十二]「賦」字誤，當改。原抄本、遂初堂本、集釋本、樂本、陳本、嚴本均作「贓」。

[十三]見《舊唐書・鄭餘慶傳》。《新唐書》、《資治通鑑》所載略簡。

[十四]「射」字誤，當改。原抄本、遂初堂本、集釋本、樂本、陳本、嚴本均作「財」。

[十五]見《册府元龜》卷三百十七。

[十六]《易經・臨卦》六三爻辭：「甘臨，無攸利；既憂之，无咎。」象傳：「甘臨，位不當也。」

[十七]《易經・遯卦》九三爻辭：「係遯，有疾厲，畜臣妾吉。」象傳：「畜臣妾吉，不可大事也。」

[十八]謝肇淛，字在杭，號武林，明萬曆二十年進士，官至廣西右布政使。著《史觿》十七卷、《滇略》十卷、《八閩鹾政志》十六卷、《支提山志》七卷、《鼓山志》十二卷、《北河紀》八卷及《紀餘》四卷、《百粤風土記》一卷、《方廣岩志》四卷、《五雜組》十六卷、《麈餘》四卷、《文海披沙》八卷、《文集》二十八卷、《詩集》三十卷、《小草齋詩話》四卷。

[十九]「本朝」，原抄本同。潘耒遂初堂刻本改爲「今日」，集釋本因之。樂本據黄侃校記改回而加説明，陳本仍刻本之舊而加注，嚴本仍刻本之舊，無校注。

[二十]「王」字誤，當改。原抄本、遂初堂本、集釋本、樂本、陳本、嚴本均作「上」。

[二十一]「而」字誤，當改。原抄本、遂初堂本、集釋本、樂本、陳本、嚴本均作「又」。

[二十二]見《五雜組》卷十四。

[二十三]「胥吏」，原抄本同。遂初堂本、集釋本、樂本、陳本、嚴本作「胥算」。《五雜組》作「胥算」。

[二十四]語出《韓非子・喻老》，又見《史記・越王句踐世家》。

[二十五]見《五雜組》卷十五。

法制

法制禁令，王者之所不廢，而非所以爲治也。其本在正人心、厚風俗而已。故曰：「居敬而行簡，以臨其民。」[一]周公作《立政》之書，曰：「文王罔攸，兼於庶言、庶獄、庶慎。」又曰：「庶獄、庶慎，文王罔敢知於兹。」其丁寧後人之意，可謂至矣。秦始皇之治，「天下之事，無大小皆决於上，上至於衡石量書，日夜有呈，不中呈不得休息」[二]，而秦遂以亡。太史公曰：「昔天下之網嘗密矣，然姦僞萌起；其極也，上下相遁，至於不振。」[三]然則法禁之多，乃所以爲趣亡之具，而愚闇之君猶以爲未至也。杜子美詩曰：「舜舉十六相，身遵[四]道何高。秦時任商鞅，法令如牛毛。」[五]又曰：「君看燈燭張，轉使飛蛾密。」[六]其切中近朝之事乎！

漢文帝詔：「置三老、孝弟、力田常員，令各率其意以道民焉。」[七]夫三老之卑，而使之得「率其意」，此文景之治所以「至於移風易俗，黎民醇厚」[八]，而上擬於成康之盛也。

諸葛孔明開誠心，布公道，而上下之交，人無間言。以蕞爾之蜀，猶得小康。魏操、吴權，任法術以御其臣，而篡逆相仍，略無寧歲。天下之事，固非法之所能防也。

叔向與子産書曰：「國將亡，必多制。」[九]夫法制繁，則巧滑之徒皆得以法爲市，而雖有賢者，不能自用，此國事之所以日非也。善乎杜元凱之解《左氏》也，曰：「法行則人從法，法敗則法從人。」宣公十年[十]《傳》解。

前人立法之初，不能詳究事勢，豫爲變通之地。後人承其已弊，拘於舊章，不能更革，而復立一法以救之。於是法愈繁而弊愈多，天下之事，日至於叢脞，其究也「眊而不行」，語出《漢書·董仲舒傳》。師古曰：「眊，不明也。」上下相蒙，以爲無失祖制而已。此莫甚於有明之世，如勾軍、行鈔二事，立法以救法，而終不善者也。

宋葉適言：「國家因唐、五代之弊[十一]，收斂藩鎮之權，盡歸於上，一兵之籍，一財之源，一地之守，皆人主自爲之也。欲專大利而無受其大害，遂廢人而用法，廢官而用吏，禁防纖悉，特與古異，而威柄最爲不分。雖然，豈有是哉？故人才衰乏，外削中弱，以天下之大而畏人[十二]，是一代之法度又有以使之矣。」又曰：「今内外上下，一事之小，一罪之微，皆先有法以待之。極一世之人，志慮之所周浹，忽得一智，自以爲甚奇，而法固已備之矣，是法之密也。然而人之才不獲盡，人之志不獲伸，昏然俛首，一聽於法度，而事功日墮，風俗日壞，貧民愈無告，奸人愈得志，此上下之所同患，而臣不敢誣也。」又曰：「萬里之遠，嚬呻動息，上皆知之。雖然，無所寄任，天下泛泛焉而已。百年之憂，一朝之患，皆上所獨當，而群臣不與也。夫萬里之遠，皆上所制命，則上誠利矣。百年之憂，一朝之患，皆上所獨當，而其害如之何？此夷狄[十三]所以憑陵而莫禦，讎恥所以最甚而莫報也。」[十四]

陳亮上孝宗書曰：「五代之際，兵財之柄倒持於下，藝祖皇帝束之於王[十五]，以定禍亂。後世不原其意，束之不已，故郡縣空虛，而本末俱弱。」[十六]

洪武六年九月丁未，命有司庶務，「更月報爲季報，以季報之□□[十七]爲歲報。凡府州縣輕重獄囚，即依律斷決，不須轉發。果有違枉，從御史按察司糾劾」。[十八]令出，天下便之。

【校注】

[一]語出《論語·雍也》。

[二]見《史記·秦始皇本紀》。

[三]見《史記·酷吏列傳》。

[四]「遵」字誤，當改。原抄本、遂初堂本、集釋本、欒本、陳本、嚴本均作「尊」。

[五]杜甫《述古三首》。

[六]杜甫《寫懷二首》。

[七]見《漢書・文帝紀》。

[八]見《漢書・景帝紀》贊曰。

[九]見《左傳・昭公六年》。

[十]「十年」誤，原抄本、遂初堂本、集釋本、欒本、陳本、嚴本均作「十二年」。《春秋左傳正義》在十二年。

[十一]「之弊」，中間脱「極」字，原抄本同誤。遂初堂本、集釋本、欒本、陳本、嚴本作「之極弊」。《水心集》有「極」字。

[十二]畏人，如畏懼金人之類。《宋史・常同傳》：金使李永壽等入見，高宗語及武備曰：「今養兵已二十萬。」同奏：「未聞二十萬兵而畏人者也。」

[十三]「夷狄」，原抄本同。潘耒遂初堂刻本改爲「外寇」，集釋本因之。欒本據黄侃校記改回而加説明，陳本、嚴本仍刻本之舊而加注。

[十四]見《水心集》卷四。

[十五]「王」字誤，當改。原抄本、遂初堂本、集釋本、欒本、陳本、嚴本均作「上」。

[十六]見《龍川集》卷一。

[十七]底本缺二字處，原抄本、遂初堂本、集釋本、欒本、陳本、嚴本均作「數類」，當補。

[十八]見《太祖實録》卷八十八。又見《明史・刑法志二》。

省官

光武中興，海内人民可得而數，裁十二三。鄣塞破壞，亭燧絶滅。或空置太守、令長，招還流民。帝笑曰：「今邊無人，而設長吏治之，如《春秋》『素王』矣。」[一]以故省并郡國及官僚，屢見於史，而總之曰：「兵革既息，天下少事，文書調役，務從簡寡，至乃十存一焉。」[二]以此知省官之故，緣於少事。今也文書日以繁，獄訟日以多，而爲之上者主於裁省，則天下之事必將叢脞而不勝。不勝之極，必復增官，而事不可爲矣。

晉荀勖之論以爲：「省官不如省事，省事不如清心。昔蕭、曹相漢，『載其清静，民以寧一』，[三]所謂清心也。抑浮説，簡文案，略細苛，宥小失，有好變常以徼利者，必行其誅，所謂省事也。」[四]此採[五]本之言，爲治者識此，可無紛紛於職官多寡之間矣。

【校注】

[一]見《册府元龜》卷一百二十四。
[二]見《後漢書・光武帝紀下》。
[三]語出《史記・曹相國世家》。
[四]見《晉書・荀勖傳》，又見《通典》卷十九、《資治通鑑》卷八十。
[五]「採」字誤，當改。原抄本、遂初堂本、集釋本、欒本、陳本、嚴本均作「探」。

日知録卷之十二[一]

選補

漢宣帝時，盜賊並起，徵張敞拜膠東相，請「吏追捕有功效者，得壹切比三輔尤異」。如淳曰：「壹切，權時也。」趙廣漢「奏請令長安游徼獄吏秩百石」，又《循吏傳》左馮翊有「二百石卒史」，此之謂「尤異」也。「天子許之。上命[二]尚書，調補縣令者數十人。」[三]是漢時縣令多取郡吏之尤異者，是以習其事而無不勝之患。今則一以畀之初釋褐之書生，具[四]通曉吏事者十不一二，而耎弱無能者且居其八九矣。又不擇其人□[五]材，而以探籌、投鉤爲選用之法，是以百里之命付之闒茸不材之人，既以害民，而卒至於自害。於是煩劇之區，遂爲官人之陷穽，而年年更代，其弊益深而不可振矣。然漢時之吏多通經術，故張敞得而舉之，宣帝得而用之。今天下儒非儒，吏非吏，則吾又不識用之何從也。

于慎行《筆麈[六]》言：「太宰富平孫公丕揚[七]，患中人請託，難於從違，大選外官，立爲

□□[八]之法，一時宫中相傳以爲至公，下逮閭巷，翕然稱誦，而不知其非體也。[九]古人見除吏條格，却而不視，以爲一吏足矣。何[十]衡鑑之地，自處於一吏之職，而無[十一]秉成，亦已陋矣[十二]。至於人才長短，各有所宜；資格高下，各有所便；地方繁簡，各有所合；道里遠近，各有所準。乃一付之於籤，是掩鏡可以索照，而折衡可以坐揣也。從古以來，不聞此法。」

南人選南，北人選北，此昔年舊例。宋政和六年詔：「知縣注選，雖甚遠，無過三十驛。」三十驛者，九百里也。今之選[十三]，動涉數千里，風土不諳，語音不曉，而赴任迎[十四]家之費復不可量，是率天下而路也。欲除銓政之弊，豈必如此而後爲至公邦[十五]？夫人主苟[十六]能開誠布公，則自大臣已[十七]下，至於京朝官，無不可信之人。而銓選之處，有不必在京師者。唐貞觀元年，京師穀貴，始分人於雒州置選。至開耀元年，以關外道里迢遞，河雒之邑，天下之中，始詔東西二曹兩都分簡，留放既畢，同赴京師，謂之「東選」。是東都一掌選也。黔中、嶺南、閩中官不由吏部，委都督選擇土人補授。上元高宗。三年八月壬寅，敕「自今每年遣五品以[十八]上疆[十九]明清正官，充南選使，仍令御史同往注擬」。[二十]杜子美有《送魏司直充嶺南掌選崔郎中判官》詩，曰：「選曹分五嶺，使者歷三湘。」《儒學傳》：「仲子陵，蜀人，典黔中選補。乘傳過家，西人以爲榮。」大曆十四年十二月己亥，詔專委南選使，停遣御史。[二十一]是黔中、嶺南、閩中各一掌選也。《新書》：張九齡爲桂州都督，「兼嶺南按察選補使」。而九齡又即嶺南之人。《李峴傳》曰：「代宗即位，徵峴爲荆南節度、江陵尹，知江淮選補使。」又曰：罷相爲吏部尚書，「知江淮選舉，置銓於洪州」。《劉滋傳》曰：「興元元年，改吏部侍郎，往洪州知選事。時京師寇盗之後，天下旱蝗，穀價翔貴，選人不能赴調，乃命滋江南典選，以便江嶺之人。」

是江南又一掌選也。宋神宗「詔川陝、福建、廣南八路之官罷任，迎送勞苦，令轉運司立格就注，免其赴選」。[二十二]是亦參用唐人之法。建炎南渡，始詔福建、二廣闕並歸吏部，唯四川仍舊。今之議者必曰：如此多請托之門，而啟受賕之徑。豈唐人盡清廉，而今人皆貪濁邪？夫子之告仲弓曰：「舉爾所知。」[二十三]今之取士，禮部以糊名取之，是舉其所不知也。吏部以掣籤注之，是用其所不知也。是使其臣拙於知人，而巧於避事。及乎赴任之後，人與地不相宜則吏治墮，吏治墮則百姓畔，百姓畔則干戈興。於是乎軍前除吏，而並其所爲尺寸之法亦不能守矣[二十四]。豈若廓然大公，使人得舉其所知，而明試以功，責其成效於服官之日乎？唐太宗謂侍臣曰：「刺史朕當日[二十五]選。縣令宜詔五品已上各舉一人。」[二十六]玄宗開元九年，「敕京官五品已上，外官刺史、四府上佐，各舉縣令一人，視其政善惡，爲舉者賞罰」。[二十七]本朝[二十八]正統元年十一月乙卯，「敕在京三品以上官，各舉廉潔公正、明達事體、堪任御史者一人。在京四品官，及國子監、翰林院堂上官，各部郎中、員外郎，六科掌科給事中，各道掌道御史，各舉廉慎明敏、寬厚愛民、堪任知縣者一人。吏部更加詳察而擢用之。」[二十九]夫欲救今時之敝，必如此而後賢才可得，政理可興也。

自南北互選之後，赴任之人動數千里，必須舉債方得到官。而土風不諳，語言難曉，政權所寄，多在猾吏[三十]。昔唐之季世，嘗暫一行之[三十一]嶺南矣。文宗開成五年，「十一月，嶺南節度使盧均[三十二]諱[三十三]奏：『伏以海嶠擇吏，與江淮不同。若非諳熟土風，即難搜求人瘼。且嶺中往日之弊是南選，今時之弊是北資。臣當管二十二州，唯韶、廣二州官僚，每年吏部選授，若非下司貧弱令史，即是遠處無能之流。比及到官，皆有積債，十中無一肯識廉恥。臣到任四年，備知情狀。其潮州官吏，伏望特循往例，不令吏部注擬，且委本道求才。若攝官廉慎有聞，依前許觀察使奏正。事堪經久，法可施行。』敕旨依奏」。[三十四]《册府元龜》。《唐書》：韓佽[三十五]，元和中爲桂管觀察使，「部二十餘州。自參軍至縣令，無慮三百員，吏部所補纔十一，餘皆觀察使商才補職」。歐陽詹，「泉州晉江人，其先皆爲本州州佐、縣令。閩越地肥衍，有山泉禽魚，雖能通文書吏事，不肯北宦」。此固昔人以爲敝法而改弦者矣。處台衡者，其可不用讀書人哉？

掣籤之法未行，選司猶得意爲注闕，雖多有爲人擇地，亦尚能爲地擇人。自新法既行，並以聽之不可知之數，而繁劇之區，有累任不得賢令，相繼褫斥者。夫君子之道，在乎至公，存一避嫌之心，遂至以人牧爲嘗試。昔唐皎爲吏部侍郎，「當引入銓，或云其家在蜀，乃注與吴；復有言親老，先任江南，即唱之隴右」。[三十六]史書以爲譏笑。以此用人，豈能致太平之理哉！《實録》言：洪武四年，「正月壬辰，河南府知府徐麟，以母老，居蘄之廣濟，請終養。詔改麟爲蘄州府知府，俾就養其母」。[三十七]聖主之興，坦懷待物，其所以待[三十八]群臣者至矣。

萬曆末，常熟顧大韶作《竹籤傳》，其文倣《毛穎傳》爲之。謂籤對主上言：「上而庶吉士科道之選，下而鄉會試取士，壹[三十九]皆用臣，臣乃得展其材。」此憤世滑稽之言，然以之曉人，可謂「罕譬而喻」[四十]矣。夫楚王之「厭紐」[四十一]，盆子之「探符」[四十二]，古之人用以立帝立王，而今日麈麈施之選人乎？

唐時所謂銓者，有留有放。《唐書·選舉志》：「凡取人之法有四：一曰身，體貌豐偉。二曰言，言辭辨正。三曰書，楷法遒美。四曰判，文理優長。四事皆可取，則先德行；德均以才，才均以勞。得者爲留，不得者爲放。」「總章二年，司列少常伯裴行儉始設長名牓[四十三]。」[四十四]宋白曰：「『長名牓，定留放』[四十五]：留者入選，放者不得入選。」[四十六]《長安志》曰：「尚書省之南，別有吏部選院，謂之吏部南院，選人引集之所，其牓列於院外。」《楊國忠傳》：「故事，歲揭版南院爲選式。」是也。「已定注，則過門下，侍中、給事中按閲，有不可，黜之」，[四十七]故放者多而留者少。景雲中，「以宋璟爲吏部尚書，李乂、盧從愿爲侍郎，皆不畏彊禦，請謁路絶。集者萬餘人，留者三銓，不過二千，人服其公」。[四十八]宋時此法猶存，孝宗乾道元年五月乙亥，「詔未銓試人毋得堂除」[四十九]。未有若今代[五十]之一登科，而受禄如持券者也。

【校注】

[一]卷十二，刻本在卷八、卷九内。

[二]「命」字誤，原抄本同誤，當改。遂初堂本、集釋本、欒本、陳本、嚴本作「名」。《漢書》作「名」。

[三]見《漢書·張敞傳》。

[四]「具」字誤，當改。原抄本、遂初堂本、集釋本、欒本、陳本、嚴本均作「其」。

[五]底本缺一字處，原抄本、遂初堂本、集釋本、欒本、陳本、嚴本均作「之」，當補。

[六]「塵」字誤，當改。原抄本、遂初堂本、集釋本、欒本、陳本、嚴本均作「麈」。

[七]孫丕揚，字叔孝。爲吏部尚書，創掣簽法。《明史》有傳。吏部尚書別稱「太宰」。

[八]底本缺二字處，原抄本、遂初堂本、集釋本、欒本、陳本、嚴本均作「掣簽」，當補。

[九]黄汝成集釋引楊氏曰：富平之爲此，一時之權宜也。如崔亮之「停年」，或且以爲聖人矣。非深識之士，烏知其極哉！

[十]「何」字上，脱「奈」字，當補。原抄本、遂初堂本、集釋本、欒本、陳本、嚴本均作「奈何」。

[十一]「而無」，原抄本同。遂初堂本誤作「而無順」，集釋本、欒本、陳本、嚴本作「而無所」。于慎行《穀山筆麈》作「而無所」。

[十二]「矣」，遂初堂本、集釋本、欒本、陳本、嚴本同，原抄本作「已」。

[十三]「之選」，原抄本同。遂初堂本、集釋本、欒本、陳本、嚴本作「之選人」。

[十四]「迎」，原抄本同。遂初堂本、集釋本、欒本、陳本、嚴本作「寧」。

[十五]「邦」字誤，當改。原抄本、遂初堂本、集釋本、欒本、陳本、嚴本均作「邪」。

[十六]「苟」，遂初堂本、集釋本、欒本、陳本、嚴本同，原抄本作「果」。

[十七]「已」，原抄本同。遂初堂本、集釋本、欒本、陳本、嚴本作「以」。

[十八]「以」，原抄本同。遂初堂本、集釋本、欒本、陳本、嚴本作「已」。

[十九]「彊」字誤，當改。原抄本、遂初堂本、集釋本、陳本、嚴本作「彊」，欒本作「强」。

[二十]見《資治通鑑》卷二百二《唐紀十八》。每年，《資治通鑑》原文作「每四年」。又曰：「時人謂之南選。」

[二十一]《舊唐書・德宗本紀上》：「南選使可以專達，勿復以御史臨之。」

[二十二]見《文獻通考》卷三十八。又見《宋史・神宗本紀二》及《選舉志五》。

[二十三]見《論語・子路》。

[二十四]「矣」，原抄本同。遂初堂本、集釋本、欒本、陳本、嚴本無。

[二十五]「日」字誤，當改。原抄本、遂初堂本、集釋本、欒本、陳本、嚴本均作「自」。《資治通鑑》作「自」。

[二十六]見《資治通鑑》卷一百九十五《唐紀十一》。

[二十七]見《資治通鑑》卷二百一十二《唐紀二十八》。

[二十八]「本朝」，原抄本同。潘耒遂初堂刻本改爲「有明」，集釋本因之。黄侃未校。欒本、陳本均仍刻本之舊，嚴本仍刻本之舊而加注。

[二十九]見《英宗實録》卷二十四。又略見《明史・英宗前紀》。

無注。

[三十]「猾胥」，遂初堂本、集釋本、欒本、陳本、嚴本同，原抄本作「猾吏」。

[三十一]「一行之」，原抄本同。遂初堂本、集釋本、欒本、陳本、嚴本「之」下有「於」字。

[三十二]「盧均」，遂初堂本、集釋本、欒本、陳本、嚴本作「盧鈞」。按盧鈞，字子和，兩《唐書》有傳。亭林避神宗諱，改寫爲「盧均」。

[三十三]「諱」，原抄本作「諱」。

[三十四]見《册府元龜》卷六百三十一。

[三十五]「韓佽」，集釋本、欒本、陳本、嚴本同。遂初堂本誤作「佽」，原抄本誤作「韓初」，當改。《新唐書》作「韓佽」。

[三十六]見《册府元龜》卷六百三十八《銓選部》。又見《太平廣記》卷一八五《銓選一》，注云出《唐會要》。又見《封氏聞見記》。

[三十七]《太祖實録》卷六十。

[三十八]「待」，原抄本、遂初堂本、集釋本、欒本、陳本、嚴本均作「勸」。

[三十九]「壹」，遂初堂本、集釋本、欒本、陳本、嚴本同，原抄本作「一」。

[四十]語出《禮記・學記》。

[四十一]見《左傳・昭公十三年》。

[四十二]見《後漢書・劉盆子列傳》。

[四十三]「牓」字誤，當改。原抄本、遂初堂本、集釋本、欒本、陳本、嚴本均作「牓」。下同。

[四十四]見《新唐書・選舉志下》。

[四十五]見《新唐書・奸臣傳上》。

[四十六]見《資治通鑑》卷第二百九胡三省注引。宋白，著《續通典》二百卷，已佚。胡三省注《資治通鑑》多引

之。《宋史・文苑傳》有傳。

［四十七］見《新唐書・外戚列傳》。

［四十八］見《資治通鑑》卷二百一十《唐紀二十六》。

［四十九］見《宋史・孝宗紀一》。

［五十］「今代」，原抄本同。潘耒遂初堂刻本改爲「近代」，集釋本因之。黄侃有校記。欒本、嚴本仍刻本之舊未改，陳本仍刻本之舊而加注。

停年格

今之言停年格者，皆言起於後魏崔亮。今讀亮本傳，而知其亦有不得已也。傳曰：「遷吏部尚書，時羽林新害張彝之後，靈太后令武官得依資入選，官員既少，應選者多，前尚書李韶循常擢人，衆情嗟怨。亮乃奏爲格制，不問賢愚，專以停解日月爲斷。雖復官須此人，停日後者終於不得，庸才下品，年月久者則先擢用。沉滯者皆稱其能。亮外甥司空諮議劉景安以書規亮曰：『殷周以鄉塾貢士，兩漢由州郡薦才，魏晉因循，又置中正。諦觀在昔，莫不審舉，雖未盡美足，應十收六七。而朝廷貢秀才止求其文，不取其理；察孝廉唯論章句，不及治道；立中正唯辨氏族，不考人才。至於取士之途不博，沙汰之理未精。而舅屬當銓衡，宜改張易調，如之何反爲停年格以限之？天下之士誰復修厲名行哉！』亮答書曰：『汝所言乃有深致，吾乘時徼倖，得爲吏部尚書，常思同升舉直，以報明主［二］，乃其本願。昨爲此格，有繇而然。今已爲汝所怪，千載之後，誰知我哉！古今不同，時宜須異。何者？昔有中正，品其才第，上之尚書，尚書據狀，量人授職，此乃與天下群賢共爵人也。吾謂當爾之時，無遺才、無濫舉矣，而汝猶云十收六七。況今日之選，專歸尚書，以一人之鑑，照察天下，劉毅所云「一吏部，兩郎中」，而欲究竟人物，何異以管闚天，而求其博哉！今勳人甚多，又羽林入選，武夫崛起，不解書計，唯可彍弩前驅，指蹤捕噬而已。忽令垂組乘軒，責以治效，是所謂「未曾操刀而使專割」[二]。又武人至多，官員至少，設令□[三]人共一官，猶無官可授，況一人望一官，何繇不怨哉？吾近而[四]執，不宜使武人入選，請賜其爵，厚其禄。既不見從，是以權立此格，限以停年耳。昔子産鑄刑書以救敝，叔而[五]譏之以正法[六]，何異汝以古禮難權宜哉？仲尼有言：「知我者《春秋》，罪我者亦《春秋》。」[七]吾之此指，其猶是也，但令將來君子知吾意焉。』後甄琛、元修義、城陽王徽相繼爲吏部尚書，利其便己，踵而行之。自是賢愚同貫，涇渭無別，魏之失才，自亮始也。」[八]卒瑕[九]爲吏部尚書，上言：「黎元之命，繫於長吏。若使唯取年勞，不簡賢否，義均行雁，次若貫魚，執簿呼名，一吏足矣。數人而用，可[十]謂銓衡？」書奏不報。然觀其答書之指，考其時事，由羽林之變既姑息於前，武人之除復濫開於後，不得已而爲此例。今也上無陵壓之動人，下無噪呼之叛黨，何疑何憚，而不復前王之制，乃以停年爲斷乎？

《魏書・辛雄傳》：上疏言：「自神龜末來[十一]，專以停年爲選。士無善惡，歲久先叙，職無劇易，名到授官。執案之吏，以差次日月爲功能；銓衡之人，以簡用老舊爲平直。且庸劣之人，莫不貪鄙。委斗筲以共治之重，託碩鼠以百里之命，皆貨賄是求，肆心縱意，禁制雖煩，不勝其欲。致令徭役不均，發調違謬，箕斂盈門，囚執滿道。二聖明詔，寢而不遵；畫一之法，懸而不用。自此夷夏[十二]之民，相将爲亂，蓋由官授不得其人，百姓不堪其命故也。」嗚呼！此魏之所以未久而亡也與？

《北齊書·文襄帝紀》：「攝吏部尚書。魏自崔亮以後，選人常以年勞爲制，文襄乃釐改前式，銓擢惟在得人。又沙汰尚書郎，妙選人地以充之。至於才名之士，咸被薦擢。」

《通典》：「唐自高宗麟德以後，承平既久，人康俗阜，求人[十三]者衆，選人漸多。總章二年，裴行儉爲司列少常伯，始設長名姓歷牓，引銓注之法，又定州縣官資高下升降，以爲故事，其後莫能革焉。至玄宗開元十八年，行儉子光庭爲侍中兼吏部尚書。先是，選司注官惟視其人之能否，或不次超遷，或老於下位，有出身二十餘年不得禄者。又州縣亦無等級[十四]，或自大入小，或初近後遠，皆無定制。光庭始奏用循資格，《新唐書》本傳：「初，吏部求人，不以資考爲限，所奬拔惟其才，往往得俊又[十五]任之，士亦自奮。其後士人猥衆，專務趨競，銓品枉撓。光庭懲之，因行儉長名牓，乃爲循資格。」凡官罷満，以若千[十六]選而集，各有差等。官高者選少，卑者選多，無論[十七]能否，選満則注。限年躡級，不得越踰[十八]，非負譴者皆有升無降。庸愚沉滯者皆喜，謂之『聖書』。雖小有常規，而掄材[十九]之方失矣。其有異才高行，聽擢不次，然有其制而無其事，有司但守文奉式，循資例而已。」自宋以下，年資之制大抵皆本於光庭也。

宋孫洙《資格論》曰：「三代以下，選舉之法，其始終一切皆失者，其國家資格之制乎！今賢材之伏於下者，資格閡之也；職業之廢於官者，資格牽之也；士之寡廉鮮恥者，争於資格也；民之困於虐政暴吏，資格之人衆也。萬事之所以抗弊，百吏之所以廢弛，法制之所以頽爛決潰而不之救者，皆資格之失也。惟天之生大賢大德也，非以私厚其人，將使之輔生民之治者也；惟人之有大材大智者，非以獨樂其身，將以振生民之窮者也。今小人累日而取貴仕，君子側身而困卑位，賢者戴不肖於上，而愚者役智者於下。爵不考德，禄不授能，故曰：賢才之伏於下者，資格閡之也。才足以堪其任，小拘歲月而防之矣；力足[二十]以稱其位，增累考級而得之矣。所得非所求也，所求非所任也。位不度才，功不索實，故曰：職業之廢於官者，資格牽之也。今夫計歲閥而爭年勞者，日夜相鬭也。有司躐一名、差一級，則攝衣而群爭愬矣。其甚者或懷黄敕而置於丞相之前也，其行義去市賈者亡幾耳，故曰：士之寡廉鮮恥者，爭於資格也。來而暴一邑，既歲滿矣，又去而虐[二十一]一州也。非以贓敗，至死不黜。虎吏齗牙而食於民，賢者鬱死於岩穴，而赤子不得愛其父母也，故曰：民之困於虐政暴吏者，資格之人衆也。夫資格之法，起於後魏崔亮，而復行之於唐之裴光庭。是二子者，其當世固已罪之，不待後人之譏矣。然而行之前世，不過數十年者也。後得稱職者矯而更之，故其患不大。今資格之弊，流漫根結，踵爲常法，方且世世而遵行之矣。往者不知非，來者不知矯，故曰：萬事抏弊，百吏廢弛，法制頽爛決潰而不之救也。雖然，不無小利也，小便也。利之者，蠢愚而廢滯者也；便之者，耋老而庸昏者也。而於天下國家焉則大失也，大害也。然而提選部者，亦以是法爲簡而易守也，百品千群，不復銓叙人物而綜覈功實，一吏在前，勘簿呼名而授之矣。坐廟堂者，亦以是法爲要而易行也，大官大職，列籍按氏，差第日月，還然而登之矣。上下相冒，而賢材去愈遠，可爲大息也。爲今之急，誠宜大蠲弊法，簡拔異能。爵以功爲先後，用以才爲序次，無以積勤累勞者爲高叙，無以深

資久考者爲優選。智愚以别，善否陳前，而萬事不治，無[二十二]功不熙者，臣愚未嘗聞也。」[二十三]

金章宗「謂宰臣曰：『今之用人，太拘資歷。循資之法，起於唐代，如此何以得人？』平章政事張汝霖對曰：『不拘資格，所以待非常之材。』上曰：『崔祐甫爲相，未踰年，薦八百人。[二十四]豈皆非常之材歟？』」[二十五]

【校注】

[一]「明主」下，脱「之恩」二字，當補。原抄本、遂初堂本、集釋本、欒本、陳本、嚴本作「明主之恩」。

[二]《左傳·襄公三十一年》：子産曰：「猶未能操刀而使割也。」

[三]底本缺一字處，原抄本作「十」。遂初堂本、集釋本、欒本、陳本、嚴本作「千」，陳垣校注：「千人」，《北史》四四作「十人」。今按：《魏書》、《北史》本傳及《通典》卷十四、《通志》卷一百五十下、《册府元龜》卷八百四十九均作「十人」。

[四]「而」字誤，當改。原抄本、遂初堂本、集釋本、欒本、陳本、嚴本均作「面」。《魏書》、《北史》、《通典》作「面」。

[五]「叔而」誤，當改。原抄本、遂初堂本、集釋本、欒本、陳本均作「叔向」。《魏書》、《北史》、《通典》作「叔向」。

[六]見《左傳·昭公六年》。

[七]見《孟子·滕文公下》。

[八]見《北齊書》及《北史》《薛琡傳》，「辛琡」作「薛琡」。

[九]「辛瑕」誤，當改。原抄本作「辛班」，亦誤。遂初堂本、集釋本、欒本、陳本作「辛琡」，亦誤。嚴本據《北齊書》、《北史》改爲「薛琡」。陳垣校注：「辛琡」當作「薛琡」。今按：《北齊書》、《北史》、《通典》、《資治通鑑》均作「薛琡」。

[十]「可」字誤，當改。原抄本、遂初堂本、集釋本、欒本、陳本、嚴本均作「何」。《北齊書》、《北史》、《通典》、《資治

通鑑》作「何」。

［十一］「末來」，遂初堂本、集釋本、欒本、陳本、嚴本同，原抄本作「以來」。《魏書》作「末來」，《通典》卷十四引作「以來」。

［十二］「夷夏」，原抄本同。潘耒遂初堂刻本改爲「中外」，集釋本因之。欒本據黄侃校記改回而加説明，陳本、嚴本仍刻本之舊而加注。

［十三］「人」誤，原抄本同誤，當改。遂初堂本、集釋本、欒本、陳本、嚴本作「進」。《通典》作「進」。

［十四］「綴」字誤，當改。原抄本、遂初堂本、集釋本、欒本、陳本、嚴本均作「級」。

［十五］「又」字誤，當改。原抄本、遂初堂本、集釋本、欒本、陳本、嚴本均作「乂」。

［十六］「千」字誤，當改。原抄本、遂初堂本、集釋本、欒本、陳本、嚴本均作「干」。

［十七］「論」，原抄本同，遂初堂本、集釋本、欒本、陳本、嚴本作「問」。

［十八］「越踰」，原抄本同，遂初堂本、集釋本、欒本、陳本、嚴本作「踰越」。《通典》作「踰越」。

［十九］「掄材」，原抄本同，遂初堂本、集釋本、欒本、陳本、嚴本作「掄才」。《周禮・地官司徒》鄭玄注：「掄，猶擇也。」

［二十］「力足」，中間脱「不」字，當補。原抄本、遂初堂本、集釋本、欒本、陳本、嚴本不誤。

［二十一］「虐」，遂初堂本、集釋本、欒本、陳本、嚴本同。原抄本誤作「虚」，當改。

［二十二］「無」字誤，當改。原抄本、遂初堂本、集釋本、欒本、陳本、嚴本均作「庶」。

［二十三］見《宋文鑒》卷一百三。

［二十四］事見《新唐書・崔祐甫傳》。

［二十五］見《金史・章宗本紀一》。

銓選之害

宋葉適論銓選之害，曰：「夫甄别有序，黜陟不失者，朝廷之要務也。故自一命以上，皆欲用天下之所謂[一]賢者，而不以便其不肖者之人。竊怪人主之立法，常爲不肖者之地，而消靡其賢才，以俱入於不肖而已。而其官最要、其害最甚者，銓選也。吏部者，朝廷喉舌之處也。尚書、侍郎者，天子貴近之臣也。處之以其地，任之以其官，與之[二]甄别黜陟天下士大夫之柄，而乃立法以付之，曰：吾一毫不信汝也，汝一毫不自信也。其人之賢否，其事之□[三]功，其地之遠近，其資之先後，其禄之厚薄，其闕之多少，則曰：是一切有法矣。天下法度之至詳，曲折詰難之至多，士大夫不能一舉措手足者，顧無甚於銓選之法也。嗚呼！與人以官，賦人以禄，生民之命，致治之本，由此而出矣。奈何舉天下之大柄，而自束縛蔽蒙之，乃爲天下大弊之源乎！雖然，是幾百年於是矣。其相承者，非一人之故。學士大夫勤身苦力，誦説孔孟，傳道先王，未嘗不知所謂治道者，非若今日之法度也。及其一旦之爲是官，噤舌拱手，四顧吏胥，以問其所當知之法令。吏胥上下其手以視之，其人亦杭[四]然自辯[五]曰：吾有司也，固當守此法而已。嗟夫！豈其人之本若是陋哉？陛下有是名器，爲鼓舞群動之具，與奪進退，以叙天下，何忍襲數百年之弊端，汩役[六]於區區壞爛之法，以消靡天下之人才，而甘心以便其不肖？如此則治道安從出，而治功安從見哉？況自唐中世以前，吏部用人之意，猶有可考。今之所循者，乃其衰亂之餘弊

耳。百王之常道，不容於陛下而不復也。」[七]

楊萬里作《選法論》，其上篇曰：「臣聞選法之弊，在於信吏而不信官。信吏而不信官，故吏部之權不在官而在吏，三尺之法適足以爲吏取富之源，而不足以爲朝廷爲官擇人之具。所謂尚書、侍郎二官者，據案執筆，閉目以書紙尾而已。且夫吏之犯法者必治，而受賕者必不赦，朝廷之意豈真信吏而不信官者邪？非朝廷之意也，法也。意則信官也，法則未嘗信官也。朝廷亦不自信也。天子不自信，則法之可否，孰決之？決之吏而已矣。夫朝廷之立法，本以防吏之爲姦，而其用法也，則取於吏而爲決，則是吏之言勝於法，而朝廷之權輕於吏也。其言至於勝法，而其權至重於朝廷，則吏部長貳安得而不吏之奉哉？長貳非曰奉吏也，曰吾奉法也。然而法不決之於官，而決於吏，非奉吏而何？夫是之謂信吏而不信官。今有一事於此，法曰如是可，如是而不可。士大夫之有求于吏部，有持牒而請曰：『我應夫法之所可行』，而吏部之長貳亦曰『可』，宜其爲可無疑也。退而吏出寸紙以告之曰『不可』。既曰不可矣，宜其爲不可，無改也，未幾而[八]又出寸紙以告之曰『可』。且夫可不可者，有一定之法；而用可不可之法者，無一定之論。何爲其然也？吏也。士大夫之始至也，恃法之所可，亦恃吏部長貳之賢，而不謁之吏，故與長貳面可之。退而問之吏，吏曰『法不可也』，長貳無以詰，則亦曰然。士大夫於是不決之法，而[九]不請之長貳，而以市於吏。吏曰：『可也，而勿亟也，伺長貳之遺忘而畫取其諾。』昨奪而今與，朝然而夕不然，長貳不知也，朝廷不詗也。吏部之權不歸之吏而誰歸？夫其所以至此，其始也有端，其積也有漸，而其成也植根甚固，而不可動搖矣。然則曷爲端？其病在於忽大體、謹小法而已矣。吏者從其所謹者而中之，並無[十]其所忽者而竊之，此其爲不可破也。且朝廷何不思之曰：『吾之銓選，果止於謹小法而已，則一吏執筆而有餘也，又焉用[十一]天下之賢者以爲尚書、侍郎也哉？ 則吾之所以任尚書、侍郎者，殆不止於謹小法而已。』是故莫若略小法而責大體，使知小法之有所可否，初無繫於大體之利害，則吏部長貳得以出意而自決之，要以不失其[十二]夫銓選之大體，而不害夫立法之大意而已。責大體而略小法，則不決之[十三]於吏，而吏之權漸輕。吏權漸輕，然後長貳之賢者得以有爲，而選法可以漸革也。」其下篇曰：「臣聞吏部之權，不異於宰相，亦不異於一吏。夫宰相之於[十四]一吏，不待智者而知其懸絶也。既曰吏部之權不異於宰相，又曰亦不異於一吏者，何也？ 今夫進退朝廷之百官，賢者得以用，而不肖者得以黜，此宰相之權也。注擬州縣之百官，下至於簿尉，而上至於守貳，此吏部之權也。朝廷之百官，自大科異等，與夫進士甲科之首者，未有不由於吏部也，未有不由於吏部而官者。今日之簿尉，未必非他日之宰相，而況今日宰相之所進退者，臺閣之所布列者，皆前日之升階揖侍郎者也。故曰吏部之權不異於宰相。雖然，吏部之所謂注擬何也？ 始入官者則得簿尉，自簿尉來者則得令丞。推而上之，至於幕職，由是法也。又上之至於守貳，由是法也。其宜得者則曰『應格』，其不宜得者則曰『不應格』。曰『應格』矣，雖貧[十五]者、疲愞者、老耄者、乳臭者、愚無知者、庸無能者，皆得之。得者不之媿，與者不之難也。曰『不應格』矣，雖真賢實能、廉潔守志之士，皆不得也。不得者莫之怨，不與者莫之恤也。吏部者曰：『彼不媿不怨，吾事畢矣。』如幕焉[十六]，書其役之高下而甲乙之，按其役之遠近而勞逸之，呼一吏而閲之簿，盡矣，此縣令之[十七]

止小民之争也。吏部注擬百官，而寄之以天下之民命，乃亦止於止争而已矣。故曰亦不異於一吏。今吏部亦有所謂『銓量』者矣。揖之使書，以觀其能書乎否也；召醫而視之，以探其有疾與否也；贊之使拜，以試其視聽之明暗、筋力之老壯也。曰『銓量』者，如是而已矣。而賢不肖、愚知[十八]何别焉？昔晉用山濤爲吏部尚書，而中外品員多所啟拔。宋以蔡廓爲吏部尚書，郎[十九]先使人告宰相徐羨之曰：『若得行吏部之職則拜，不然則否。』羨之答云：『黄散以下皆委。』廓猶以爲失職，遂不拜。[二十]蓋古之吏部，雖黄門、散騎，皆由吏部之較選，是當時之爲吏部者，豈亦止取若今所謂[二十一]『應格』者而爲黄散哉？抑將止取今所謂『銓量』者而爲黄散邪？《宋史・蘇紳傳》：上言：「古者自黄散而下，及隋之六品，唐之五品，皆吏部得專取[二十二]留。今審官院流内銓，則古之吏部。三班院，古之兵部。不□[二十三]官職之閒劇，才能之長短，惟以資歷深淺爲先後，有司但主簿籍而已。欲賢不肖有别，不可得也。」臣願朝廷稍增重尚書之權，使之得以察百官之能否而與奪之。如丞簿以下，官小而任輕者，固未能人人而察之也。至於縣宰之寄以百里之民者，守貳之寄以一郡之民者，豈不重哉！且天下幾州，一州幾縣，一歲之中居者待者之外，到部而注擬縣宰者幾人，守貳又幾人，則亦不過三數百而已。以一歲三數百之守貳縣宰，而散之於三百六旬之日[二十四]，則一日之注擬者，絶多補寡，亦無幾爾。一歲之間，而不能察三數百人之能否，則其爲尚書者，亦偶人而已矣。月計之而不粗，歲計之而不精，則其州縣之得人，豈不十而五六哉？雖不五六，豈不十而三四哉？以此較彼，不猶愈乎？

或曰：尚書之權重，則將得以行其私，奈何？是不然。昔陸贄請令臺省長官各舉其屬，而德宗疑諸司所舉皆有情放[二十五]，或受賕[二十六]者。贄諫之曰：『陛下擇相，亦不出臺省長官之中。豈有爲長官則不能舉一二屬吏，居宰相則可擇千百具僚？』其要在於『精擇長吏』。[二十七]贄之説盡矣。今朝廷百官，孰非宰相進擬者，而不疑也，至於吏部長貳之注擬，而獨疑其私乎？精擇尚書，而假之以與奪之權，使得精擇守貳縣宰，而無專拘之以文法，庶乎天下不才之吏可以汰，而天下之治可以復興[二十八]也與！」[二十九]

紹興三十二年，吏部侍郎凌景夏言：「國家設銓選，以聽群吏之治。其掌於七司，著在令甲，所守者法也。今升降於胥吏之手，有所謂『例』焉。長貳有遷改，郎曹有替移，來者不可復知，去者不能盡告。索例而不獲，雖有强明健敏之才不復致議；引例而不當，雖有至公盡理之事不復可伸。貨賂公行，姦弊滋甚。嘗觀漢之公府有『辭訟比』，尚書有『決[三十]事比』。『比』之爲言，猶今之『例』。今吏部七司，宜置例册，凡經申請，或堂白，或取旨者，每一事已，命郎官以次擬定，而長貳書之於册，永以爲例。每半歲上於尚書省，仍關御史臺。如此則巧吏無所施，而銓叙平允矣。」[三十一]淳熙元年，參知政事龔茂良言：「法者，公天下而爲之者也。例者，因人而立以壞天下之公者也。昔之患在於用例破法，今之患在於因例立法，自例行而法廢矣。故諺稱『吏部』爲『例部』。」[三十二]是則銓政之害，在宋時即已患之，而今日尤甚。所以然者，法可知，而例不可知。吏胥得操其兩可之權，以市於下。世世相傳，而雖以朝廷之力，不能拔而去之。甚哉！例之爲害也，又豈獨吏部然哉？古無「例」字，只作「列」。《禮記·問傳[三十三]》：「罪多而刑五，喪多而服五，上附下附，列也。」註：「列，等比也。」《釋文》：「徐邈音『□[三十四]』。」即後人「例」字。至《漢[三十五]·何武傳》曰：「欲除吏，先爲科例，以防請託。」《杜欽傳》曰：「不爲陛下廣持平例。」《王莽傳》曰：「太傅平晏從吏過例。」始加「人」作「例」。

寇萊公爲相，章聖嘗語兩府，欲擇一人爲馬步軍指揮使。公方議其事，吏有以文籍進者，公問何書，對曰：「例簿也。」公曰：「朝廷欲用一衙官，尚須簡[三十六]諱[三十七]例邪？安用吾[三十八]

輩！壞國政者，正由此爾！」[三十九]司馬温公與召惠卿[四十]論新法於上前，温公曰：「三司使掌天下財，不才而黜之可也，不可使兩府侵其事。今爲制置三司條例司何也？宰相以道佐人主，安用例！苟用例，則胥吏足矣。今爲看詳中書條例司何也？」「惠卿不能對。」[四十一]

【校注】

[一]「謂」字，原抄本同。遂初堂本、集釋本、欒本、陳本、嚴本無。

[二]「與之」，原抄本同。遂初堂本、集釋本、欒本、陳本、嚴本下有「以」字。

[三]底本缺一字處，原抄本、遂初堂本、集釋本、欒本、陳本、嚴本均作「罪」，當補。

[四]「杭」字誤，當改。原抄本、遂初堂本、集釋本、欒本、陳本、嚴本均作「抗」。

[五]「辯」，原抄本同。遂初堂本、集釋本、欒本、陳本、嚴本作「辨」。

[六]「役」字誤，當改。原抄本、遂初堂本、集釋本、欒本、陳本、嚴本均作「没」。

[七]見《水心集》卷三。

[八]「而」字，遂初堂本、集釋本、欒本、陳本、嚴本同，原抄本無。

[九]「而」字，原抄本同。遂初堂本、集釋本、欒本、陳本、嚴本無。

[十]「無」字誤，當改。原抄本、遂初堂本、集釋本、欒本、陳本、嚴本均作「與」。

[十一]「焉用」下，脱「擇」字，當補。原抄本同誤。遂初堂本、集釋本、欒本、陳本、嚴本有「擇」字。

[十二]「其」字衍，當删。原抄本、遂初堂本、集釋本、欒本、陳本、嚴本無「其」字。

[十三]「之」字，原抄本同。遂初堂本、集釋本、欒本、陳本、嚴本無。

[十四]「於」原抄本同，遂初堂本、集釋本、欒本、陳本、嚴本作「與」。

[十五]「貧」字誤，當改。原抄本、遂初堂本、集釋本、欒本、陳本、嚴本均作「貪」。文淵閣《四庫全書》本《誠齋集》

作「貪闒者」。

［十六］「幕焉」誤，原抄本作「幕馬」尤誤，當改。遂初堂本、集釋本、欒本、陳本、嚴本作「募焉」。《誠齋集》作「如募役焉」。

［十七］「之」字下，遂初堂本、集釋本、欒本、陳本、嚴本有「以」字。原抄本無。

［十八］「知」，原抄本同，遂初堂本、集釋本、欒本、陳本、嚴本作「智」。

［十九］「郎」字誤，當改。原抄本、遂初堂本、集釋本、欒本、陳本、嚴本均作「廓」。

［二十］蔡廓事，見《宋書》、《南史》本傳。又見《資治通鑑》卷一百一十九《宋紀一》，《通典》卷十四《選舉二》及卷二十三《職官五》。

［二十一］「謂」，遂初堂本、集釋本、欒本、陳本、嚴本同，原抄本脱，當補。

［二十二］「取」字誤，當改。原抄本、遂初堂本、集釋本、欒本、陳本、嚴本均作「去」。《宋史》作「去」。

［二十三］缺一字處，原抄本、集釋本、欒本、陳本均作「問」。《宋史》作「問」。當補。

［二十四］「日」，原抄本同。遂初堂本、集釋本、欒本、陳本、嚴本作「日月」。《誠齋集》作「日月」。

［二十五］「放」字誤，當改。原抄本、遂初堂本、集釋本、欒本、陳本、嚴本均作「故」。

［二十六］「賕」，原抄本同。遂初堂本、集釋本、欒本、陳本、嚴本作「賂」。

［二十七］見《舊唐書·陸贄傳》。

［二十八］「可以復興」，原抄本同。遂初堂本、集釋本、欒本、陳本、嚴本作「猶可以復起」。《誠齋集》作作「猶可以復起」。

［二十九］楊萬里《千慮策·選法上下》，見《誠齋集》卷九十。

［三十］「决」，遂初堂本、集釋本、欒本、陳本、嚴本同，原抄本誤作「失」，當改。

［三十一］見《宋史·選舉志四》。

[三十二]亦見《宋史・選舉志四》。

[三十三]「問傳」誤，當改。遂初堂本同誤。原抄本作「服問」不誤。集釋本改爲「服問」，欒本、陳本因之。嚴本改爲「服問」，校勘記云：「服問」原作「問傳」，據集釋本、《經典釋文》卷四《禮記・服問》改。今按：校勘「罪多而刑五」當檢《禮記》，不必檢《經典釋文》，嚴本蓋誤沿陳垣「徐邈音例」之注。

[三十四]底本缺一字處，原抄本、遂初堂本、集釋本、欒本、陳本、嚴本均作「例」，當補。

[三十五]「漢」字，原抄本同。遂初堂本、集釋本、欒本、陳本、嚴本作「漢書」。

[三十六]「簡」，遂初堂本、集釋本、欒本、陳本、嚴本均作「檢」。

[三十七]「諱」，原抄本作「諱」。

[三十八]「吾」，原抄本同。遂初堂本、集釋本、欒本、陳本、嚴本作「我」。

[三十九]見《五朝名臣言行録》卷四之二《遺事》「丞相萊國寇忠湣公准」條。

[四十]「召惠卿」誤，當改。原抄本、遂初堂本、集釋本、欒本、陳本、嚴本均作「吕惠卿」。

[四十一]見《宋史・司馬光傳》。

員缺

員缺之名，自晉時已有之。《晉書・王藴傳》：「遷尚書吏部郎」，「每一官缺，求者十輩」。《世説》註引《山濤啟事》曰：「吏部郎史曜出缺處，當選。」[一]《魏書・元修義傳》：「遷吏部尚書」，「時上黨郡缺」，中散大夫高居「求之」。至唐，趙憬《審官六議》，遂有「人少缺[二]「缺」字同。多」、「人多闕少」之語。[三]

而崔湜以中書侍郎知吏部選事，至「逆用三年員闕」。[四]令狐峘「在吏部，楊炎爲侍郎，至分闕，以惡闕與炎」。[五]其名相傳，至今不改矣。

《舊唐書・德宗紀》：「御史大夫崔從奏：『兵戎未息，仕進頗多。比來每至選集，不免據闕留人。嘗歎遺才，仍招怨望。』」此亦似今之「截留候選」也。

《大唐新語》：「劉思立爲考功員外，子憲爲河南尉。思立今日亡，明日選人有索憲闕者。載[六]深咨嗟，以爲名教所不容，乃書其『無行』，涇[七]名籍。其人比出選門，爲衆目所視，衆口所訾，亦趦趄而失步矣。朝廷咸謂載能振理風俗。」自今言之，不過索一丁憂之缺[八]，亦何至見擯於清議邪？不知緜是心推之，則有其親未死，而設爲[九]機阱，以謀奪其處，亦人情之所必至者矣。孟子曰：「人能充無欲害人之心，而仁不可勝用也。人能充無穿窬之心，而義不可勝用也。」[十]苟反是而充之，其亦何所不至耶！願後之持銓衡者，常以正風俗爲心，則國家必有得人之慶矣。

【校注】

[一]黄汝成集釋引沈氏曰：《史記・儒林傳》：「能通一藝以上，補文學掌故缺。」是漢時已有缺名。黄汝成集釋引錢氏曰：《韓安國傳》：「梁内史缺。」《漢書》：「杜業言方進爲京兆尹時，陳咸爲少府，在九卿高第，陛下所自知也。方進素與司直師丹相善，臨御史大夫缺，使丹奏，咸爲奸利。請案驗。卒不能有所得，而方進果自得御史大夫。」《循吏傳》：「公卿缺，則選諸所表，以次用之。」《酷吏傳》：「後左馮翊缺。」《佞幸傳》：「其後御史大夫缺。」《薛宣傳》：「御史大夫，任重職大，非庸材所能堪，今當選於群卿，以充其缺。」又云：「會司隸缺，況恐咸爲之。」則西漢已有缺稱，不始於晉也。

[二]「缺」字誤，當改。原抄本、遂初堂本、集釋本、欒本、陳本、嚴本均作「闕」。
[三]見《舊唐書・趙憬傳》。
[四]見《舊唐書・良吏傳下》，又見《新唐書・選舉志下》及《李尚隱傳》。
[五]見《新唐書・令狐峘傳》。
[六]載，謂吏部侍郎馬載。
[七]「涇」字誤，當改。原抄本、遂初堂本、集釋本、欒本、陳本、嚴本均作「注」。
[八]「缺」，原抄本同。遂初堂本、集釋本、欒本、陳本、嚴本作「闕」。
[九]「爲」，遂初堂本、集釋本、欒本、陳本、嚴本同，原抄本無。
[十]《孟子・盡心下》。

人材

宋葉適言：「法令日繁，治具日密，禁防束縛，至不可動，而人之智慮自不能出於繩約之内，故人材亦以不振。」[一]今與人稍談及度外之事，輒搖手而不敢爲。夫以漢之能盡人材，陳湯猶扼腕於文墨吏[二]，而況於今日乎！宜乎豪傑之士無以自奮，而同歸於庸懦也。

使枚乘、相如而習今日之經義，則必不能發其文章。使管仲、孫武而讀今日之科條，則必不能運其權略。故法令者，敗壞人材之具。以防奸宄，而得之者什三；以沮豪傑，而失之者常什七矣。

自萬曆以上，法令繁而輔之以教化，故其治猶爲小康。萬曆以後，法令存而教化亡，於是機變日增，而材能日咸[三]。其君子工於「絶纓」，而不能獲敵之首；其卜[四]人善於「盗馬」，而不肯救君之患。[五]誠有如《墨子》所云：「使治官府則盗竊，守城則倍畔，使斷獄則不中，分財則不均。」[六]《吕氏春秋》所云：「處官則荒亂，臨財則貪得，列近則持諫[七]，將衆則罷怯。」[八]又如劉蕡所云：「謀不足以翦[九]除奸凶，而詐足以抑揚威福；勇不足以鎮衛社稷，而暴足以侵害閭里」[十]者。嗚呼！吾有以見「徒法」[十一]之無用矣。

《實録》言：宣德五年八月，「丙戌，上罷朝，御文華殿，學士楊溥等侍。上問：『庶官之選，何術而可以盡得其人？』溥對曰：『嚴薦舉，精考課，何患不得？』上曰：『近代有罪舉主之法。夫以一言之薦而欲保其終身，不亦難乎？朕以爲教養有道，人才[十二]自出。漢董仲舒言：素不養士，而欲求賢，猶不琢玉而求文采。此知本之論也。』」[十三]徒循「三載考績」[十四]之文，而不行「三物」[十五]教民之典，雖堯、舜亦不能以成「允釐」[十六]之治矣。

【校注】

[一]見《水心集》卷五。

[二]陳湯矯制發兵討匈奴郅支單于下獄事，見《漢書》本傳。文墨，謂獄官。《漢書・杜周傳》：「張湯、杜周並起文墨小吏，致位三公，列於酷吏。」

[三]「咸」字誤，當改。原抄本、遂初堂本、集釋本、欒本、陳本、嚴本均作「減」。

[四]「卜」字誤，當改。原抄本、遂初堂本、集釋本、欒本、陳本、嚴本均作「小」。

[五]《文選》曹植《求自試表》：「絶纓盗馬之臣」，李善注：「《説苑》曰：『楚莊王賜群臣酒，日暮華燭滅，有引美人

衣者，美人援絶冠纓，告王知之。王曰：賜人酒醉，欲顯婦人之節，吾不取也。乃命左右勿上火，與寡人飲，不絶纓者，不歡也，群臣纓皆絶，盡歡而去。後與晉戰，引美人衣者五合五獲，以報莊王。』《吕氏春秋》曰：『昔者秦繆公乘馬右服失之，野人取之，繆公自往求之，見野人方將食之於岐山之陽。繆公笑曰：食駿馬之肉，不飲酒，餘恐傷汝也。遍飲而去。韓原之戰，晉人已環繆公之車矣，晉梁靡已扣公左驂矣，野人嘗食馬於岐山之陽者三百有餘人，畢力爲繆公疾鬥于車下，遂大克晉，及獲惠公以歸。』」

［六］《墨子・尚賢中》。

［七］「持諫」，陳昌齊《吕氏春秋正誤》謂或當爲「持諛」之訛，俞樾《諸子平議》疑爲「持禄」之誤。

［八］《吕氏春秋・務本》。「罷」，「羆」省文，即「疲」字。高誘注：「罷，勞也。」

［九］「翦」，遂初堂本、集釋本、陳本、嚴本同，原抄本、欒本作「剪」。

［十］見《舊唐書・文苑下・劉蕡傳》及《新唐書・劉蕡傳》。

［十一］《孟子・離婁上》：「徒法不能以自行。」

［十二］「才」，原抄本同。遂初堂本、集釋本、欒本、陳本、嚴本作「材」。

［十三］《宣宗實録》卷六十九。

［十四］《尚書・舜典》：「三載考績，三考，黜陟幽明。」

［十五］《周禮・地官司徒》：「以鄉三物教萬民而賓興之。」

［十六］《尚書・堯典》：「允釐百工，庶績咸熙。」孔安國傳：「允，信。釐，治。」

保舉

《宋史》：「元祐初，司馬光爲相，奏曰：『爲政得人則治，然人之才或長於此而短於彼，雖皋、夔、稷、契，各守一官，中人安可求備？ 故孔門以四科取士，漢室以數路得人。若指瑕掩善，則朝無可用之人； 苟隨器授任，則世無可棄之士。 臣備位宰相，職當選官，而識短見狹，士有恬退滯淹，或孤寒遺逸，豈能周知？ 若專引知識則嫌於私，若止循資序未必皆才。 莫若使有位達官，各舉所知，然後克叶至公，野無遺賢矣。 欲乞朝廷設十科舉士：一曰行義純固可爲師表科，有官、無官人，皆可舉。 二曰節操方正可備獻納科，舉有官人。 三曰智勇過人可備將帥科，舉文武有官人。 四曰公正聰明可備監司科，舉知州以上資序。 五曰經術精通可備講讀科，有官、無官人，皆可舉。 六曰學問該博可備顧問科，同上。 七曰文章典麗可備著述科，同上。 八曰善聽獄訟盡公得實科，舉有官人。 九曰善治財賦公私俱便科，同上。 十曰練習法令能斷請讞科。同上。 應職事官，自尚書[一]給、舍、諫議； 寄禄官，自開府儀同三司至大中大夫； 職，自觀文殿學士至待制。 每歲須於十科內舉三人，仍具狀保任，中書置籍記之。 異時有事須材，即執政案籍，視其所嘗被舉科格，隨事試之。 有勞，又著之籍。 內外官闕，取嘗試有效者，隨科授職。 所賜誥命，仍備所舉官姓名，其人任官無狀，坐以謬舉之罪。 所貴人人重慎[二]，所舉得人[三]。」光又言：「朝廷執政惟八九人，若非交舊，無以知其行能，不惟涉循私之嫌，兼所取至狹，豈足以盡天下之賢才？ 若採訪譽名[四]，則情爲[五]萬端。 與其聽游談之言，曷若使之結罪保舉？ 故臣奏設十科以舉士，其公正聰明，可備監司。 誠知請屬挾私，所不能無。 但有不如所舉，譴責無所寬宥，則不敢妄舉矣。」[六]

明主勞於求賢，而逸於任人。 韓非子云：「王登爲中牟令，《呂氏春秋》作「任登」。 言中牟任[七]中章、胥已。 襄主曰：『子見之，我將以爲中大夫。』其相室曰：『中大夫，晉重列也。 今無功而受，君其耳而未之目邪？』襄主曰：『我取登，既耳而目之矣。登之所取，又耳而目之，是耳目人終無已也。』」[八]此執要之論也。善乎！子夏之告樊遲也，曰：「舜有天下，選於衆，舉皋陶，不仁者遠矣。湯有天下，選於衆，舉伊尹，不仁者遠矣。」[九]

《唐書》：崔祐甫爲相，「薦舉惟其人，不自疑畏。推至公以行，日除十數人。未逾年，除吏幾八百員，多稱允當。帝[十]謂曰：『人言卿擬官多親舊，何耶？』對曰：『陛下令臣進擬庶官，夫進擬者，必悉其才行，若素不知聞，何由得其實？』帝以爲然。」[十一]以德宗之猜忌，而猶能聽之，愈乎近代之人主也。《李絳傳》：「德宗問：『多公親舊何邪？』祐甫對曰：『所問當與不當耳。非臣親舊，孰知其才？其不知者，安敢與官？』時以爲名言。」

正統三年十一月，「乙未，行在通政司左通政陳恭言：『古者擇任庶官，悉由選部，是以責[十二]任專而事體一。頃者令朝臣各薦所知，恐開私謁之門，而長奔競之風。乞令杜絶，一歸銓部。』事下，行在吏部尚書郭璡等覆奏曰：『往時朝廷慮典銓者未盡知人，故敕廷臣各舉所知，其法良矣。脱有徇私，邦憲昭然，誰肯同蹈？今恭聽流言□[十三]尼良法，未見其當也。』乞令仍舊，從之。」[十四]

【校注】

[一]「尚書」下，脱「至」字，當補。原抄本、遂初堂本、集釋本、欒本、陳本、嚴本均有「至」字。

[二]「重慎」，遂初堂本、集釋本、欒本、陳本、嚴本同，原抄本作「慎重」。

[三]「人」，原抄本同。遂初堂本、集釋本、欒本、陳本、嚴本作「才」。

[四]「譽名」誤，原抄本同誤，當改。遂初堂本作「毁舉」亦誤。集釋本、欒本、陳本、嚴本作「毁譽」。

[五]「爲」字誤，當改。原抄本、遂初堂本、集釋本、欒本、陳本、嚴本均作「僞」。

[六]見《宋史・選舉志六》。

[七]「任」字誤，當改。原抄本、遂初堂本、集釋本、欒本、陳本、嚴本均作「士」。

[八]《韓非子・外儲説左上》。

[九]見《論語・顔淵》。

[十]「帝」字下，遂初堂本、集釋本、欒本、陳本、嚴本有「嘗」字。原抄本無。

[十一]見《新唐書》本傳。

[十二]「責」，原抄本同。遂初堂本、集釋本、欒本、陳本、嚴本作「職」。

[十三]底本缺一字處，原抄本、遂初堂本、集釋本、欒本、陳本、嚴本均作「而」，當補。

[十四]見《英宗實録》卷四十八。陳恭語又見《明史・郭璡傳》。

關防

《隋書・酷吏傳》：「厙狄士文爲貝州刺史，凡有出入，皆封署其門，僮僕無敢出外。」此今日居官通例，而史以爲異事，豈非當日法制雖嚴，而關防未若今之密乎？末世人習澆訛，防閑日甚，少[一]不禁飭，則奸宄之徒投間抵隙，無所不至。長吏到官，以防閑[二]爲第一義。然愚以爲，但無至公之心以御之爾。《世説》：「晉文王親愛阮嗣宗，阮從容言：『嘗游東平，樂其土風，願得爲東平太守。』文王從其意。阮騎驢徑到郡，至則壞府舍諸壁障，使内外相望，然後教令，一郡清肅。十餘日，復騎驢去。」[三]唐姚合爲武功尉，其《縣居詩》曰：「朝朝門不閉，長似在山時。」在曠達之士猶且爲之，而况於大賢也？

《大唐新語》：「姜晦爲吏部侍郎，性聰悟，識理體。舊制，吏曹舍宇悉布棘，以防令史與選人交通。及晦領選事，盡除之。大開銓門，示無所禁。有私引置者，晦輒知之，召問，莫不首伏。初，朝廷以晦改革前規，咸以爲不可。竟銓綜得所，賄賂不行，舉朝嘆服。」

《太祖實録》：洪武二十年八月，「壬申，上謂刑部尚書唐鐸、工部侍郎秦逵、都察院左都御史詹徽等，曰：『朕初於文籍設關防印記者，本以絶欺蔽，防奸僞，特一時權宜爾。果正人君子，焉用是爲？自今六科有關防印記，俱銷之。仍移文諸司，使知朕意。』」[四]

【校注】

[一]「少」，遂初堂本、集釋本、欒本、陳本、嚴本同，原抄本作「稍」。

[二]「防閑」，原抄本同。遂初堂本、集釋本、欒本、陳本、嚴本作「關防」。

[三]陳垣校注：此《世説》下之上《任誕篇》注引《文士傳》語，非《世説》語。亦見《晉書》四九本傳。今按：又見《晉書・阮籍傳》。

[四]《太祖實録》卷一百八十四。

封駮

人主之所患，莫大乎「唯言而莫予違」[一]。「齊景公燕賞於國内，萬鍾者三，千鍾者五。令三出，而職計莫之從。公怒，令免職計。令三出，而士師莫之從。」《晏子春秋》。此「畜君」[二]之詩所爲作也。漢哀帝封董賢，而丞相王嘉「封還詔書」。[三]胡三省曰：「後世給舍封駮[四]本此。」後漢鍾離意爲尚書僕射，「數封還詔書」。[五]自是封駮之事多見於史，而未以爲專職也。唐制，凡詔敕皆經門下省，事有不便，得以封還，而給事中有「駮正違失」之掌，著於《六典》。[六]《唐書》：給事中在漢爲加官，至唐屬之門下省，使之駮正奏抄，塗竄詔敕之不便。[七]如袁高、崔植、韋弘景、狄兼謩、鄭肅、韓佽、韋温、鄭公輿之輩，並以封還敕書，垂名史傳。亦有召對慰諭，如德宗之於許孟容；中使嘉勞，如憲宗之於薛存誠者。[八]而元和中，「給事中李藩在門下，制敕有不可者，即於黄紙後批之。吏請別連白紙，藩曰：『別以白紙，是文狀也，何名批敕？』」[九]宣宗「以右金吾大将軍李燧爲嶺南節度使，已命中使賜之節，給事中蕭倣封還制書。上方奏樂，不暇別召中使，使優人追之，節及燧門而返」。[十]人臣軌[十一]法之正，人主聽言之明，可以並見。德宗時，盧杞量移饒州刺史。制出，給事中袁高執之不下。擢浙東觀察判官齊摠[十二]爲衡州刺史，給事中許孟容封還詔書。憲宗末，皇甫鎛[十三]奏減内外官俸以助國用，給事中崔植封還敕書。穆宗時，授李訓四門助教，給事中鄭肅、韓佽封還制書。□□□□[十四]太僕卿，給事中韋弘景封還詔書。文宗時，赦官典犯贓者，給事中狄兼謩封還敕書。宣宗時，赦康季榮擅用官錢，給事中封還敕書。懿宗時，貶右補闕王譜[十五]，給事中鄭公輿封還敕書。五代廢弛。宋太宗淳化四年六月，「戊寅，始復給事中封駮」。[十六]而司馬池猶謂「門下雖有封駮之名，而詔書一切自中書以下，非所以防過舉也」。[十七]本朝[十八]雖罷門下省長官，而獨存六科給事中，以掌封駮之任。旨必下科，其有不便，給事中駮正到部，謂之「科參」。若曰「抄出駮之」、「抄出寢之」是也。[十九]六部之官，無敢抗科參而自行者，故給事中之品卑而權特重。萬曆之時，九重淵默。泰昌以後，國論紛紜，而維持禁止，往往賴抄參之力。天啟六年，大理寺正許志吉以請旌母節事，爲禮科右給事中張惟一抄參，具疏□辨[二十]，奉旨：「參駮係科臣執掌，許志吉險辭飾辨，著罰俸三箇月。」今人所不知矣。

《元城語録》曰：「王安石薦李定時，陳襄彈之，未行。已擢監察御史裏行，宋次道封還詞頭，辭職，《清波雜志》：「唐制，唯給事得封還詔書。富鄭公知制言[二十一]日，封劉從愿妻遂國夫人，公乃繳還詞頭。後人遂踵而行之，中書舍人繳還詞頭自此始。」罷之。次直召大臨[二十二]，再封還之。最後付蘇子容，又封還之。更奏，復下，至於七八。子容與大臨俱落職奉朝請，名譽赫然。此乃祖宗德澤百餘年，養成風俗，與齊太史見殺三人而執筆如初者[二十三]，何異！」

【校注】

[一]語出《論語・子路》。

[二]《孟子・梁惠王下》：「其《詩》曰：『畜君何尤？』畜君者，好君也。」朱熹集注：「臣能畜止其君之欲，乃是愛其君者也。」

[三]見《漢書・王嘉傳》。又見《資治通鑑》卷三十五《漢紀二十七》，故亭林引胡注。

[四]「皎」字誤，當改。原抄本、遂初堂本、集釋本、陳本、嚴本作「駮」，欒本作「駁」。

[五]見《後漢書・鍾離意傳》。

[六]《唐六典》卷八《門下省》。

[七]《新唐書・百官志二》：「詔敕不便者，塗竄而奏還，謂之『塗歸』。」

[八]許孟容爲給事中，請停詔書，「留中不下」，見《舊唐書》本傳。薛存誠爲給事中，「二敕皆執不下」，見兩《唐書》本傳。

[九]見《資治通鑑》卷二百三十七《唐紀五十三》。又見《舊唐書》本傳。

[十]見《資治通鑑》卷二百四十九《唐紀六十五》。又見《新唐書・蕭瑀傳》。

[十一]「軌」字誤，當改。原抄本、遂初堂本、集釋本、欒本、陳本、嚴本均作「執」。

[十二]「齊揔」，原抄本、遂初堂本、集釋本、欒本、陳本、嚴本均作「齊總」。

[十三]「皇甫鑄」誤，當改。原抄本、遂初堂本、集釋本、欒本、陳本、嚴本均作「皇甫鎛」。

[十四]底本缺四字處，原抄本、遂初堂本、集釋本、欒本、陳本、嚴本均作「劉士涇擢」，當補。

[十五]「王諧」誤，當改。原抄本、遂初堂本、集釋本、欒本、陳本、嚴本均作「王譜」。

[十六]見《宋史・太宗本紀二》。

[十七]見《宋史》本傳。黄汝成集釋引胡氏曰：考唐之政事堂，宰執議事之所，舊在門下省，後移入中書省。蓋門下省，給事中所居也。中書省，閣臣所居也。唐之給事有封還詔書之例，其于宰相建白，例得駁正。不于門下議事，而於中書議事，乃閣臣志在自專，不使門下與聞，因而無從駁正。待取中旨，然後封還，則其勢已難，甘塞默者多矣。此宰執巧于持權之法，必宗楚客、李林甫輩所爲。

[十八]「本朝」，原抄本同。潘耒遂初堂刻本改爲「明代」，集釋本因之。欒本據黄侃校記改回而加説明，陳本仍刻本之舊而加注，嚴本仍刻本之舊，無校注。

[十九]《明史・職官志三》六科：「凡制敕宣行，大事覆奏，小事署而頒之；有失，封還執奏。凡内外所上章疏下，分類抄出，參署付部，駁正其違誤。」

[二十]「□辨」，原抄本、遂初堂本、集釋本、欒本、陳本、嚴本均作「申辯」，當補。

[二十一]「言」字誤，當改。原抄本、遂初堂本、集釋本、欒本、陳本、嚴本均作「誥」。

[二十二]「召大臨」誤，當改。原抄本、遂初堂本、集釋本、欒本、陳本、嚴本均作「吕大臨」。

[二十三]《左傳・襄公二十五年》：「大史書曰：『崔杼弑其君。』崔子殺之。其弟嗣書而死者二人。其弟又書，乃舍之。」

日知録卷之十三[一]

部刺史

漢武帝遣刺史「周行郡國，省察治狀，黜陟能否，斷治冤獄。以六條問事：一條，强宗豪右田宅踰制，以强陵弱，以衆暴寡。二條，二千石不奉詔書，倍公向私，旁詔牟利，侵漁百姓，聚斂爲姦。三條，二千石不恤疑獄，風厲殺人，怒則任刑，喜則任賞，煩擾刻暴，剥削黎元，爲百姓所疾，山崩石裂，妖祥訛言。四條，二千石選署不平，苟阿所愛，蔽賢寵頑。五條，二千石子弟怙倚榮勢，請託所監。六條，二千石違公下比，阿附豪强，通行貨賂，割損政令」。[二]又令歲終得乘傳奏事。夫秩卑[三]而命之尊，官小而權之重，此小大相制、内外相維之意也。《元城語録》：「漢元封五年，初置刺史，部十三州，秋分行郡國。秩六百石，而得按二千石不法，其權最重。秩卑則其人激昂，權重則能行志。」本自秦時，遣[四]御史出監諸郡。《史記》言：秦始皇「分天下以爲三十六郡，郡置守、尉、監」。[五]蓋罷侯置守之初，而已設此制矣。《漢書・百官表》：「監御史，秦官，掌監郡。漢省，丞相遣史分刺州，不常置。武帝元封五年，初置部刺史，掌奉詔條察州，秩六百石，員十三人。」[六] 成帝末，翟方進、何武乃言：「《春秋》之義，用貴治賤，不以卑臨尊。刺史位下大夫，而臨二千石，輕重不相準。請罷刺史，更置州牧」，秩而[七]千石。而朱博以漢家故事，置部刺史，「秩卑而賞厚，咸勸功樂進。州牧秩真二千石，位次九卿。九卿缺以高第補，其中材則苟自守而已。恐功效陵夷，姦軌不勝」。於是罷州牧，復置刺史。[八]《後漢書·劉焉傳》：「靈帝政代[九]衰缺，四方兵寇。焉以刺史威輕，建議改爲牧作[十]，請選重臣以居其任，從之。」州任之重，自此而始。[十一] 劉昭之論，以爲「刺史監糾非法，不過六條，傳車周流，匪有定鎮，秩裁六百，未生陵犯之釁。成帝改牧，其萌始大」。唐戴叔倫《撫州刺史廳壁記》云：「漢置十三部刺史，以察舉天下非法，通籍殿中，乘傳奏事，居靡定處，權不牧人。」合二者之言觀之，則州牧之設，中材僅循資自全，强者至專權裂土。《新唐書》：李景伯爲太子右庶子，「與太子舍人盧俌議：『今天下諸州，分隸都督，專生殺刑賞。使授非其人，則權重釁生，非强幹弱枝之誼。願罷都督，留御史，以時按察，秩卑在[十二]重，以制姦宄便。』由是停都督。」[十三] 然後知刺史六條，爲百代不易之良法。而今之監察御史，巡按地方，爲得古人之意矣。《唐書》：「監察御史掌分察百僚，巡按州縣。」[十四] 又其善者，在於一年一代。夫守令之官，不可以不久也；監臨之任，不可以久也。久則情親而弊生，望輕而法玩。故一年一代之制，又漢法之所不如，而察吏安民之效，已見於二三百年者也。唐李嶠請「十州置御史一人，以周年爲限，使其親至屬縣，或入閭里，督察姦訊[十五]，觀採風俗」。此法正本朝[十六]所行。[十七] 若夫倚勢作威，受賕不法，此特其人之不稱職耳。不以守令之貪殘而廢郡縣，豈以巡方之濁亂而停御史乎？至於秩止七品，與漢六百石制同。《王制》：「天子使其大夫爲三監，監於方伯之國，國三人。」金革[十八] 應氏曰：「方伯者，天子所任，以總乎外者也。又有監以臨之，蓋方伯權重則易專，大夫位卑則不敢肆。此大小相維、內外相統之微意也。」[十九] 何病其輕重不相準乎？夫不達前人立法之意，而輕議變更，未有不召亂而生事者。吾于成哀之際，見漢治之無具矣。

唐自太宗貞觀二十年，遣大理卿孫伏伽、黄門侍郎褚遂良等二十二人，以六條巡察四方，黜陟官吏。帝親自臨決，牧守已下以賢能進擢者二十人，以罪死者七人，其流罪已下及免黜者數百人。已後頻遣使者，或名按察，或名巡撫。至玄宗天寶五載正月，命禮部尚書席豫等，分道巡按天下風俗及黜陟官吏。此則「巡按」之名所由始也。

玄宗開元二十三年[二十]二月，「卒[二十一]亥，置十道採訪處置使」。[二十二]詔曰：「言念蒼生，必心[二十三]編[二十四]於天下。自古良牧，福猶潤於京師。所以歷選列城，聿求連率。豈徒刺察，将委戢[二十五]寧。朝散大夫、簡較[二十六]御史丞[二十七]、關内宣諭賑給使、上柱國盧絢等，任寄已深，聲實兼茂。咸貫通於理道，益純固於公心。或華髮不衰，或白圭無玷。可以軌儀郡國，康濟黎元。間歲已年[二十八]，數州失稔，頗致流冗，能勿軫懷？而吏或不畏不仁，不安不便。誠須矯過，必在任賢。庶蠲疾苦之源，以協大中之義。若令行一道，利及[二十九]萬人。朕所設官，以俟能者。」[三十]「唐開元中，或請選擇守令，停採訪使。姚崇奏：『十道採訪，猶未盡得人。天下三百餘州，縣多數倍，安得守令皆稱其職？』」[三十一]

于文定[三十二]《筆塵[三十三]》曰：「元時風憲之制：在内諸司有不法者，監察御史劾之；在外諸司有不法者，行臺御史劾之。即今在内道長、在外按臺之法也。惟所謂行臺御史者，竟屬行臺，歲以八月出巡，四月還治，乃長官差遣，非由朝命，其體輕矣。本朝御史總屬内臺，奉命出按，一歲而更，與漢遣刺史法同，唐、宋以來皆不及也。」唐中宗神龍二年，遣十道巡察使，詔二周年一替。韋忠謙[三十四]言：御史一去[三十五]，當「動搖山岳[三十六]，震慴州縣」。[三十七]本朝多有其人。

《金史・宗雄傳》：「自熙宗時，遣使廉問吏治得失。世宗即位，凡數歲輒一遣黜陟之。故大定之間，郡縣吏皆奉法，百姓滋殖，號爲小康。章宗即位，置九路提刑使。」此即今按察使。

【校注】

[一]卷十三，刻本在卷九内。

[二]見《漢書・百官公卿表》顔師古注引《漢官典職儀》。

[三]「畢」字誤，當改。原抄本、遂初堂本、集釋本、欒本、陳本、嚴本均作「卑」。

[四]「遺」字誤，當改。原抄本、遂初堂本、集釋本、欒本、陳本、嚴本均作「遣」。

[五]《史記・秦始皇本紀》。

[六]今按：即《百官公卿表》。

[七]「而」字誤，當改。原抄本、遂初堂本、集釋本、欒本、陳本、嚴本均作「二」。

[八]見《漢書・朱博傳》。

[九]「代」字誤，當改。原抄本、遂初堂本、集釋本、欒本、陳本、嚴本均作「化」。

[十]「作」字誤，當改。原抄本、遂初堂本、集釋本、欒本、陳本、嚴本均作「伯」。

[十一]見《後漢書・百官志五》劉昭注。

[十二]「在」字誤，當改。原抄本、遂初堂本、集釋本、欒本、陳本、嚴本均作「任」。

[十三]《新唐書・李懷遠傳》。

[十四]《新唐書・百官志三》。

[十五]「訊」字誤，當改。原抄本、遂初堂本、集釋本、欒本、陳本、嚴本均作「訛」。

[十六]「本朝」，原抄本同。潘耒遂初堂刻本改爲「明代」，集釋本因之。欒本據黄侃校記改回而加説明，陳本、嚴

本仍刻本之舊而加注。

［十七］李嶠上疏見《舊唐書》本傳。

［十八］「金革」字誤，當改。原抄本、遂初堂本、集釋本、欒本、陳本、嚴本均作「金華」。

［十九］陳垣校注：應氏鏞，字子和，有《禮記纂義》二十卷。當爲《禮記集説》之文，宋衛湜撰，一百六十卷。

［二十］「二十三年」，遂初堂本、陳本、嚴本同，原抄本作「一十三年」，欒本作「二十二年」。按《舊唐書》、《唐會要》，當作「二十二年」。

［二十一］「卒」字誤，當改。原抄本、遂初堂本、集釋本、欒本、陳本、嚴本均作「辛」。

［二十二］見《舊唐書・玄宗本紀上》。

［二十三］「必心」，原抄本同，遂初堂本、集釋本、欒本、陳本、嚴本作「心必」。

［二十四］「編」字誤，當改。原抄本、遂初堂本、集釋本、陳本、嚴本作「徧」，欒本作「遍」。

［二十五］「戢」，原抄本同，遂初堂本、集釋本、欒本、陳本、嚴本作「輯」。

［二十六］「簡較」，原抄本同，避明諱，無注。遂初堂本、集釋本、欒本、陳本、嚴本均作「檢校」。

［二十七］「御史丞」，中間脱「中」字，原抄本同誤，當補。遂初堂本、集釋本、欒本、陳本、嚴本作「御史中丞」。

［二十八］「年」字誤，當改。原抄本、遂初堂本、集釋本、欒本、陳本、嚴本均作「來」。

［二十九］「及」，原抄本同。遂初堂本、集釋本、欒本、陳本、嚴本作「乃」。《曲江集》、《册府元龜》作「及」。

［三十］見《唐大詔令集》卷一百，題爲《置十道採訪使敕》。又見張九齡《曲江集》，題爲《敕授十道使》。又見《册府元龜》卷一百六十二。

［三十一］見《金史・張暐傳》。

［三十二］于慎行，謚文定。

［三十三］「塵」字誤，當改。原抄本、遂初堂本、集釋本、欒本、陳本、嚴本均作「麈」。

［三十四］「韋忠謙」，各本均誤，當作「韋思謙」。
［三十五］「去」字誤，當改。原抄本、遂初堂本、集釋本、欒本、陳本、嚴本均作「出」。
［三十六］「岳」，原抄本、遂初堂本、集釋本、欒本、陳本、嚴本均作「嶽」。
［三十七］韋思謙言，見兩《唐書》本傳。

六條之外不察

漢時部刺史之職，不過以六條察郡國而已，不當與守令事。《三國志》：司馬宣王報夏侯太初書［一］：「秦時無刺史，但有郡守長史［二］。漢家維［三］有刺史，奉六條而已。故刺史稱傳車，其吏言從事，居無常治，吏不成臣。其後轉吏［四］爲官司耳。」［五］故朱博爲冀州刺史，敕告吏民：「欲言縣丞尉者，刺史不察黄綬，各自詣郡。」［六］鮑宣爲豫州牧，以「聽訟，所察過詔條」［七］被劾。而薛宣上疏，言「吏多苛政，政教煩碎，大率咎在部刺史。或不循守條職，舉錯各以其意，多與郡縣事」。［八］《翟方進傳》言：「遷朔方刺史，居官不煩苛，所察應條輒舉。」自刺史之職下侵，而守令始不可爲，天下之事猶治絲而棼之矣。

《太祖寔録》：洪武二十六年［九］四月，「諭按治江西監察御史花綸等：『自今惟官吏貪墨鬻法，及事重者，如律逮問。其細事毋得苛求。』」［十］

【校注】

［一］「書」字下，原抄本、遂初堂本、集釋本、欒本、陳本、嚴本有「曰」字。
［二］「長史」誤，原抄本同誤，當改。遂初堂本、集釋本、欒本、陳本、嚴本作「長吏」。《三國志》作「長吏」。

[三]「維」字誤，當改。原抄本、遂初堂本、集釋本、欒本、陳本、嚴本均作「雖」。《三國志》作「雖」。

[四]「吏」字誤，原抄本同誤，當改。遂初堂本、集釋本、欒本、陳本、嚴本作「更」。《三國志》作「更」。

[五]《三國志・魏書・夏侯玄傳》。

[六]見《漢書》本傳。

[七]見《漢書》本傳。

[八]見《漢書》本傳。

[九]「二十六年」誤，原抄本同誤，當改。遂初堂本、集釋本、欒本、陳本、嚴本作「二十一年」。《太祖實録》作「二十一年」。

[十]《太祖實録》卷一百九十。

隋以後刺史

秦置御史，以監諸郡。漢省，丞相遣史分刺州，不常置。武帝元封五年，初置十三州刺史各一人。魏晉以下，爲刺史持節都督。《魏志》言：「自漢季[一]以來，刺史總統諸郡賦政於外，非若曩時司察之任而已。」漢時止十三州。至梁時，南方一偏之地，遂置[二]一百七州。隋文帝開皇三年，罷郡，以州統縣，杜氏《通典》曰：「以州治民，職同郡守，無復刺舉之任。」自是刺史之名存而職廢。後雖有刺史，皆太守之互名，有時改郡爲州則謂之刺史，有時改州爲郡則謂之太守，一也。非舊刺史之職，理一郡而已。由此言之，漢之刺史，猶今之巡按御史；魏晉以下之刺史，猶今之總督；隋以後之刺史，猶今之知府及直隸知州也。《新唐書・地理志》

曰：「唐興，高相[三]改郡爲州，太守爲刺史。」

宋真宗咸平四年，左司諫、知制誥楊億疏言：「昔自秦開郡置守，漢以天下爲十三郡，命刺史以領之。自後因郡爲州，以太守爲刺史。降及唐氏，亦嘗變更，曾未數年，又仍舊貫。今多命省署之職出爲知州，又設通判之官以爲副貳。此權宜之制耳，豈可爲經久之訓哉？臣欲乞諸州並置刺史，以户口多少置其俸禄，分下、中、上、緊、望、雄之等級，品秩之制率如舊章，與常參官比視階資，出入更踐。省去通判之目，但置從事之員。建廉察之府以統臨，按輿地之圖而區處。昔太平興國初，詔廢支郡，出於一時。十國爲連，周法斯在；一道置使，唐制可尋。至若號令之行，風教之出，先及於府，府以及州，州以及縣，縣及鄉里，自上而下，由近及遠，譬[四]如身之使臂，臂之使指，提綱而衆目張，振領而群毛理。由是言之，支郡之不可廢也明矣。臣欲乞復置支郡，隸於大府，量地理[五]而分割，如漕運之統臨，名分有倫，官業自舉。又睹唐制，内外官奉錢之外，有禄米職田，又給防閤庶僕親事，帳内執衣，白直門夫，各以官品差定其數，歲收其課以資於家。本司又有公廨田、食本錢以給公用。自唐末離亂，國用不充，百官俸[六]錢並減其半，自餘别給一切權停。今郡官於半奉之中，已是除陌；又於半奉三分之内，其二以他物給之，鬻於市廛，十裁得其一二。曾糊口之不及，豈代耕之足云。昔漢宣帝下詔云：『吏能勤事而奉禄薄，欲其無侵漁百姓，難矣。』遂加吏奉，著於策書。竊見今之結髮登朝，陳力就列，其奉也不能致九人之飽，不及周之上農；其禄也未嘗有百石之入，不及漢之小吏。若乃左右僕射，百僚之師長，位莫崇焉，月奉所入不及軍中千夫之帥，豈稽古之意哉？欲乞今後百官奉禄雜給，並循舊制。既豐其稍入，可責以廉隅。官且限以常員，理當減於舊費。」[七]觀此，則今代所循，大抵皆宋之餘弊矣。

【校注】

[一]「李」字誤，當改。原抄本、遂初堂本、集釋本、欒本、陳本、嚴本均作「季」。

[二]「買」字誤，當改。原抄本、遂初堂本、集釋本、欒本、陳本均作「置」。

[三]「相」字誤，當改。原抄本、遂初堂本、集釋本、欒本、陳本均作「祖」。

[四]「讐」字誤，當改。原抄本、遂初堂本、集釋本、欒本、陳本均作「讐」。《宋史》作「譬」。

[五]「理」字誤，原抄本同誤，當改。遂初堂本、集釋本、欒本、陳本、嚴本作「里」。《宋史》作「里」。

[六]「俸」，原抄本、遂初堂本、集釋本、欒本、陳本、嚴本作「奉」。《宋史》作「奉」。「奉」、「俸」通。

[七]見《宋史・職官志八》。

知縣

知縣者，非縣令而使之知縣中之事。「知」猶「管」也。杜氏《通典》所謂「簡較[一]、試、攝、判、知之官」[二]是也。唐姚合爲武功尉，作詩曰：「今朝知縣印，夢裡百憂生。」唐人亦謂之「知印」，其名始於貞元已後。其初尚带一「權」字，《白居易集》有《裴克諒權知華陰縣令制》，曰：「華陰令卒，非選補時。唐制，凡選始於孟冬，終於季春。《唐皎傳》：「貞觀中，官吏部侍郎。先是，選集四時補擬，不爲限。皎請以冬初集，盡季春止。後逐[三]爲法。」調祖[四]勉農，政不可缺。前鎮國軍判官試大理評事裴克諒，久佐本府，頗有勤績。屬邑利病，爾必周知。宜假銅墨，試其才理，待有所立，方議正名。」是「權知」者，不正之名也。至於普設知縣，則起自宋初。《本朝事實》[五]云：「五代任官，凡曹掾簿尉之齷齪無能，以至昏老不任驅策者，始注縣令，故天下之邑率皆不治。誅求刻剥，猥迹萬狀。至優復[六]之言，多以令長爲笑。」魏泰《東軒華[七]録》曰[八]。

建隆三年，始以朝官爲知縣。其問[九]復参用京官，或幕職爲之。《宋史》言：宋初，「内外所授官多非本職，惟以差遣爲資歷。建隆四年，詔選朝士分治劇色[十]。大理正奚嶼知館陶，監察御史王祐知魏，楊應夢知永濟，屯田員外郎于繼徽知臨清，常参官宰縣自此始」。又曰：「初，州郡多閔[十一]官，縣令選尤猥下，多爲清流所鄙薄，每不得調。乃詔吏部選幕職官爲知縣。」[十二]自此以後，遂罷令而設知縣，沿其名至今。

《雲麓漫鈔》曰：「唐制，縣令闕，佐官攝令，曰『知縣事』。李翺任工部，誌文云：『攝富平尉知縣事』，是也。今差京官曰『知縣』，差選人曰『令』，與唐異矣。」

宋時結銜，曰「以某官知某府事」、「以某官知某州事」、「以某官知某縣事」。以其本非此府、此州、此縣之正官，而任其事，故然。[十三]《山堂考索》：「藝祖開基，召諸鎮會于京師，賜第以留之。分命朝臣出守列郡，號『權知軍州事』。」軍謂兵，州謂民也。于慎行《筆麈[十四]》曰：「宋時大縣四千户以上選朝官知，小縣三千户以下選京官知，故知縣與縣令不同，以京朝官之銜知某縣事，非外吏也。」如建隆三年，冤句令侯陟以清幹聞，擢左拾遺、知縣事，是也。今則直云某府知府、某州知州、某縣知縣，文複而義舛矣。

北齊「宰縣多用厮濫，至於士流恥居百里」。《北史・元文遙傳》。五代選令，必有[十五]鄙猥之人。自古以來，以社稷民人寄之庸瑣者，有此二敗。以今準[十六]古，得無同之？[十七]

【校注】

［一］「簡較」，避明諱，原抄本同，無注。遂初堂本、集釋本、欒本、陳本、嚴本作「檢校」。

［二］《通典》卷十九《職官一》。注云：「攝者，言敕攝，非州府版署之命。檢校者，云檢校某官。判官者，云判某官事。知者，云知某官事。皆是詔除，而非正命。」

［三］「逐」字誤，當改。原抄本、遂初堂本、集釋本、欒本、陳本、嚴本均作「遂」。

［四］「祖」字誤，當改。原抄本、遂初堂本、集釋本、欒本、陳本、嚴本均作「租」。

［五］《本朝事實》三十卷，宋李攸撰，今名《宋朝事實》。

［六］「復」字誤，當改。原抄本、遂初堂本、集釋本、欒本、陳本、嚴本均作「諱」。

［七］「華」字誤，當改。原抄本、遂初堂本、集釋本、欒本、陳本、嚴本均作「筆」。

［八］「曰」字誤，當改。原抄本、遂初堂本、集釋本、欒本、陳本、嚴本均作「同」。

［九］「問」字誤，當改。原抄本、遂初堂本、集釋本、欒本、陳本、嚴本均作「間」。

［十］「色」字誤，當改。原抄本、遂初堂本、集釋本、欒本、陳本、嚴本均作「邑」。

［十一］「関」字誤，當改。原抄本、遂初堂本、集釋本、欒本、陳本、嚴本均作「闕」。

［十二］《宋史·選舉志四》。

［十三］「故然」，原抄本同。遂初堂本、集釋本、欒本、陳本、嚴本作「故云然」。

［十四］「塵」字誤，當改。原抄本、遂初堂本、集釋本、欒本、陳本、嚴本均作「廛」。

［十五］「有」，原抄本同。遂初堂本、集釋本、欒本、陳本、嚴本作「皆」。

［十六］「準」，遂初堂本、集釋本、欒本、陳本、嚴本同，原抄本作「方」。

［十七］黄汝成集釋：汝成案：前明尤重進士，鄉舉以下不得嘉除，而天下吏治視出身爲重輕，敗壞尤甚。先生《郡縣論》因多憤激之談，蓋發於是矣。

知州

宋葉適言：「五代之患，專在於[一]藩鎮。藝祖思靖天下，以爲不削節度，則其禍不息。於是始置通判，以監統刺史而分其柄。命文臣權知州事，使名若不正、任若不久者，以輕其權。宋敏求曰：「凡節度州爲三品，刺史州爲五品。國初，曹翰以觀察使判潁[二]州，是以四品臨五品州也。同品爲知，隔品爲判。自後唯輔臣、軍[三]徽使、太子太保、僕射爲判，餘並爲知州。」[四]監當知榷税，都監總兵戎，而太守者即刺史。塊然徒管空城，受詞訴而已。諸鎮皆束手請命，歸老宿衛，昔日節度之害盡去。而四方萬里之遠奉尊京城，文符朝下，期會夕報，伸縮緩急，皆在朝廷矣。」[五]是宋初本有刺史，而别設知州以代其權。後則罷刺史而專用知州，以權設之名爲經常之任矣。

《新唐書》：元和初，李吉甫爲相，「病方鎮彊[六]恣，爲帝從容言：『使屬郡刺史得自爲政，則風化可成。』帝然之，出郎吏千[七]餘人爲刺史」[八]。宋祖之以京官臨制州縣，蓋趙公[九]開其端矣。

【校注】

[一]「於」字，原抄本同。遂初堂本、集釋本、欒本、陳本、嚴本無。

[二]「穎」字誤，原抄本同誤。遂初堂本、集釋本、欒本、陳本、嚴本作「潁」。

[三]「軍」字誤，當改。原抄本、遂初堂本、集釋本、欒本、陳本、嚴本均作「宣」。

[四]陳垣校注：宋敏求撰《春明退朝録》三卷，此見卷中。

[五]見《水心集》卷五。

[六]「疆」字誤,遂初堂本同誤,當改。原抄本、集釋本、陳本、嚴本作「彊」,欒本作「强」。

[七]「千」字誤,當改。原抄本、遂初堂本、集釋本、欒本、陳本、嚴本均作「十」。《新唐書》作「十」。

[八]《新唐書·李吉甫傳》。

[九]陳垣校注:李吉甫封趙國公。

知府

唐制,京郡乃稱府。至宋,則潛藩之地皆升爲府。宋初,太宗、真宗皆嘗爲開封府尹,後無繼者,乃設權知府一人,以待制以上充。《皇朝政略》:「凡命知府,必帶『權』字,以翰林爲之。翰林學士及雜學士若待制,則權發遣而已。」□游[一]《渭南集》:「權知府自李符如[二]。」崇寧三年,蔡京「乞罷權知府」,置牧、尹各一員,「牧以皇子領,尹以文臣充」。[三]是「權知府」者,所以避「京尹」之名也。今則直命之爲「知府」,非也。

【校注】

[一]「□游」,底本脱一字,原抄本、遂初堂本、集釋本、欒本、陳本、嚴本均作「陸游」,當補。

[二]「如」字誤,當改。原抄本、遂初堂本、集釋本、欒本、陳本、嚴本均作「始」。

[三]見《宋史·職官志六》。

守令

所謂天子者，執天下之大權者也。其執大權奈何？以天下之權，寄之天下之人，而權乃歸之天子。自公卿大夫，至於百里之宰，一命之官，莫不分天子之權，以各治其事，而天子之權乃益尊。後世有不善治者出焉，盡天下一切之權而收之在上，而萬幾之廣，固非一人之所能操也。沈約《家[一]書》論曰：「孝建、泰始，主威獨運，空制[二]百司，權不外假，而刑政糾䊷，理難徧通。」而權乃移於法，於是多爲之法以禁防之。雖有奸宄[三]有所不能踰，而賢智之臣亦無能效又[四]寸於法之外，相與兢兢奉法，以求無過而已。於是天子之權不寄之人臣，而寄之吏胥。是故天下之尤急者，守令親民之官，而今日之尤無權者，莫過於守令。守令無權，而民之疾苦不聞於上，安望其致太平而延國命乎？《書》曰：「元首叢脞哉！股肱惰哉！萬事墮哉！」[五]盖至於守令日輕，而胥吏日重，則天子之權已奪，而國非其國矣，尚何政令之可言邪？削考功之繁科，循久任之成效，必得其人，而與之以權，庶乎守令賢而民事理。此今日之急務也。

元吳淵隸[六]《歐陽氏急就章解後序》曰：「今之世，每以三歲爲守令滿秩，曾未足以新一郡[七]之耳目而已去。又况用人不得專辟，臨事不得專議，錢糧悉拘於官而不得專用，軍卒弗出於民而不得與聞。蓋古之治郡者，自辟令亟[八]。唐世之大藩，亦多自辟幕府僚屬。是故守一郡[九]之事，或司金穀，或按刑獄，各有分職，守不煩而政自治。雖令之主一邑，丞則贊治而掌農田水利，主簿掌簿書，尉督盜賊，令亦不勞[十]，獨議其政之可否[十一]而已。今自一命而上皆出於吏部，遇一事，公堂完署，甲是乙否，吏或因以爲奸，勾稽文墨，補苴罅漏，塗擦[十二]歲月，填塞辭款，而益不能以盡民之情狀。至於唐世之賦，上供、送使、留州，自有定額。兵則郡有都試，而惟守之所調遣。宋之盛時，歲有常貢。官府所在，用度贏[十三]餘。過客往來，廩賜豐厚。故士皆樂於其職，而疾於赴功。兵雖不及於唐，義勇民丁，團結什伍，衣裝弓弩，坐作擊刺，各保鄉里。敵至即發，而郡縣固自兼頌[十四]者也。今則官以錢糧爲重，不留贏餘，常俸至不能自給，故多賦[十五]吏。兵則自近戍遠，既爲客軍，尺籍伍符，各有統帥，但知坐食郡縣之租稅，然已不復繫守令事矣。夫辟官、蒞政、理財、用人[十六]，郡縣之囲[十七]權也，而今皆不得以專之。是故上下之體統雖若相維而令不一，法令雖若可守而議不一。爲守令者既不得其職，將欲議其法外之意，必且玩常習故，辟嫌礙例，而皆不足以有爲。而[十八]况三時耕稼，一時講武，不復古法之便易，而兵農益分。遇歲一儉，郡縣之租稅悉不及額，軍無見食，東那西挾，倉廥[十九]空虛，而郡縣無復贏蓄以待用。或者水旱洊至，閭里蕭然，農民菜色，而郡縣且不能以振救，而坐至流亡。是以言蒞事而事權不在於郡縣，言興利而利權不在於郡縣，言治兵而兵權不在於郡縣，尚何以復論其富國裕民之道哉？必也復四者之權，一歸於郡縣，則守令必稱其職，國可富，民可裕，而兵農各得其業矣。」[二十]

宋理宗「淳裕[二十一]八年，監察御史兼崇政殿説書陳求魯奏：『今日救弊之策，大端有四：宜採夏侯太初併省州郡之議，俾縣令得以直達於朝廷；用宋元嘉六年爲斷之法，俾縣令得以究心於撫字；法藝祖出朝神[二十二]爲令之典，以重其權；遵光武擢卓茂爲三公之意，以激其氣。然後爲之正其經界，明其版籍，約其妄費，裁其横斂。』」[二十三]此數言者，在今臣[二十四]亦可采而行之。

《舊唐書・烏重胤[二十五]傳》：「元和十三年，爲横海節度使。上言曰：『臣以河朔能拒朝命者，其大略可見。蓋朝[二十六]史失其職，反使鎮将領兵事。若刺史各得職分，又有鎮兵，則節将雖有禄山、思明之奸，豈能據一州爲叛[二十七]哉？所以河朔六十年能拒朝命者，祇以奪刺史、縣令之職，自作威福故也。臣所管棣、景、德[二十八]三州，已舉公牒，各還刺史職事訖。應在州兵，並令刺史收管。』從之。由是法制修立，各歸名分。」是後雖幽、鎮、魏三州以河北舊風，自相更襲，在滄州一道，獨稟明[二十九]受代，自重胤制置使然也。

祖宗朝，凡大府知府之任，多有賜敕，然無常例。成化四年六月[三十]，廉州府知府邢正将之任，以「廉州密邇珠池，喉襟交阯，近爲廣西流賊攻陷城邑，生民凋弊，特請賜敕」。從之。吉安府知府許聰将之任，以「吉安多强宗豪右，詞訟繁興」，亦請賜敕，「俾得權宜處置」。從之。[三十一]

【校注】

[一]「家」字誤，當改。原抄本、遂初堂本、集釋本、欒本、陳本、嚴本均作「宋」。

[二]「制」字誤，原抄本同誤。遂初堂本、集釋本、欒本、陳本、嚴本作「置」。《宋書》作「置」。

[三]「雖有奸宄」，原抄本同。遂初堂本、集釋本、欒本、陳本、嚴本作「雖大奸」。

[四]「又」字誤，當改。原抄本、遂初堂本、集釋本、欒本、陳本、嚴本均作「尺」。

[五]《尚書・益稷》。孔安國傳：「叢脞，細碎無大略。君如此，則臣懈惰，萬事墮廢，其功不成。」

［六］「吴淵隸」誤，當改。原抄本、遂初堂本、集釋本、欒本、陳本、嚴本均作「吴淵穎」。

［七］「新一郡」，原抄本同，遂初堂本、集釋本、欒本、陳本作「一新郡縣」。

［八］「亟」字誤，當改。原抄本、遂初堂本、集釋本、欒本、陳本、嚴本均作「丞」。

［九］「守一郡」，中間脱「主」字，原抄本同誤，當補。遂初堂本、集釋本、欒本、陳本、嚴本作「守主一郡」。吴萊《淵穎集》作「守主一郡」。

［十］「勞」，遂初堂本、集釋本、欒本、陳本、嚴本同。集釋本誤作「努」，當改。吴萊《淵穎集》作「勞」。

［十一］「可否」，原抄本同，遂初堂本、集釋本、欒本、陳本、嚴本作「當否」。吴萊《淵穎集》作「當否」。

［十二］「捺」，原抄本作「捺」，遂初堂本、集釋本、欒本、陳本作「擦」，嚴本誤作「揆」。「擦」同「擦」，吴萊《淵穎集》元至正刊本及《四部叢刊》景蕭山朱氏翼盦藏元刊本均作「捺」。

［十三］「羸」字誤，當改。原抄本、遂初堂本、集釋本、欒本、陳本、嚴本均作「贏」。下二字同。

［十四］「頌」字誤，當改。原抄本、遂初堂本、集釋本、欒本、陳本均作「領」。

［十五］「賦」字誤，當改。原抄本、遂初堂本、集釋本、欒本、陳本均作「贓」。

［十六］「用人」，原抄本同。遂初堂本、集釋本、欒本、陳本、嚴本作「治軍」。吴萊《淵穎集》作「治軍」。

［十七］「囬」字誤，當改。原抄本、遂初堂本、集釋本、欒本、陳本、嚴本均作「四」。吴萊《淵穎集》作「四」。

［十八］「而」，原抄本同。遂初堂本、集釋本、欒本、陳本、嚴本作「又」。吴萊《淵穎集》作「又」。

［十九］「廥」，遂初堂本、集釋本、欒本、陳本、嚴本同，原抄本作「廩」。吴萊《淵穎集》作「廥」。

［二十］吴萊《淵穎集》卷十二。

［二十一］「裕」字誤，當改。原抄本、遂初堂本、集釋本、欒本、陳本、嚴本均作「祐」。

［二十二］「神」字誤，當改。原抄本、遂初堂本、集釋本、欒本、陳本、嚴本均作「紳」。

［二十三］見《宋史·食貨志上二》。

［二十四］「臣」字誤，當改。原抄本、遂初堂本、集釋本、欒本、陳本、嚴本均作「日」。

［二十五］「胤」字缺筆，原抄本同。下同。

［二十六］「朝」字誤，當改。原抄本、遂初堂本、集釋本、欒本、陳本、嚴本均作「刺」。

［二十七］「叛」，原抄本同。遂初堂本、集釋本、欒本、陳本、嚴本作「畔」。「畔」通「叛」。

［二十八］「棣、景、德」，原抄本同。遂初堂本、集釋本、欒本、陳本、嚴本作「德、棣、景」。

［二十九］「明」字誤，當改。原抄本、遂初堂本、集釋本、欒本、陳本、嚴本均作「命」。

［三十］「六月」，原抄本同。遂初堂本、集釋本、欒本、陳本、嚴本作「七月」。

［三十一］均見《憲宗實録》卷五十六。黄汝成集釋引沈氏曰：况鍾如蘇州府，亦賜敕。

刺史守相得召見

兩漢之隆，尤重太守。史言：孝宣「拜刺史、守相，輒親見問，觀其所繇，退而考察所行，以質其言。有名［一］寔不相應，必知其所以然。常稱曰：『庶民所以安其田里，而亡歎息愁恨之心者，政平訟理也。與我共此者，其惟良二千石乎！』」［二］當日太守常得召見，或賜璽書，堂陛之間，不甚闊絶。文帝謂李布［三］曰：「河東，我［四］股肱郡，故特召君耳。」［五］武帝賜嚴助書曰［六］：「久不聞問，具以《春秋》對，毋以蘇秦縱横。」［七］賜吾丘壽王書：「子在朕前之時，知略輻湊。反［八］至連十餘城之守，任四千石之重，師古曰：「太守、都尉皆二千石。今壽王爲都尉，不置太守，故云四千石也。」職事並廢，盜賊［九］縱横，甚不稱在前時，何也？」［十］光武勞郭伋曰：「賢能太守，去帝城不遠，伋爲潁州［十一］太守。河潤九里，冀京師並蒙福也。」[十二]天下之大，不過數[十三]郡國，而二千石之行能，皆獲簡於帝心，是以吏職修而民情達。以視後世之寄耳目於監司，飾功狀[十四]文簿者，有親疎繁簡之不同矣。其在唐時，有[十五]存此意。玄宗開元十三年，「上自選諸司長官有聲望者十一人爲刺史，命宰相諸王餞於雒濱，御書十韻詩賜之」。[十六]宣宗時，李行言自涇陽縣令除海州刺史[十七]，李君奭自醴泉令除懷州刺史[十八]，皆未[十九]之民言，擢以御筆。入謝之日，處分州事，萬里之遠，如在階前。夫人主而欲親民，必自其親太史[二十]始矣[二十一]。

《册府元龜》：「憲宗元和三年二月，敕許新除官及刺史等，假日於宣政門外謝，便進狀辭。其授官於朝堂禮謝，並不須候假開。國朝舊制，凡命都督、刺史，皆臨軒册拜，特示恩禮。近歲雖不册拜，而牧守受命之後，皆便殿口對賜衣，蓋以親人唐諱「民」字，改曰「人」。之官，恩禮不可廢也。時宰相李吉甫之舅裴復新除河南少尹，求速之任。適遇寒食假，吉甫特奏請，遂兼刺史同有是命，非舊典也。」今日則名爲陛辭，而不得一見天顔，堂廉内外之分，益爲邈絶。

【校注】

[一]「各」字誤，當改。遂初堂本、原抄本、集釋本、欒本、陳本。嚴本均作「名」。

[二]見《漢書·循吏傳》。

[三]「李布」誤，當改。原抄本、遂初堂本、集釋本、欒本、陳本、嚴本均作「季布」。

[四]「我」，原抄本同。遂初堂本、集釋本、欒本、陳本、嚴本作「吾」。

[五]見《史記·季布列傳》，《漢書》同。

[六]「曰」，原抄本同。遂初堂本、集釋本、欒本、陳本、嚴本無。

［七］見《漢書》本傳。

［八］「反」字誤，當改。原抄本、遂初堂本、集釋本、欒本、陳本、嚴本均作「及」。

［九］「賦」字誤，當改。原抄本、遂初堂本、集釋本、欒本、陳本、嚴本均作「賊」。

［十］見《漢書》本傳。

［十一］「穎州」誤，原抄本、遂初堂本同誤，當改。集釋本、欒本、陳本、嚴本作「潁川」。

［十二］見《後漢書》本傳。

［十三］「數」字下，脱「十」字，當補。原抄本、遂初堂本、集釋本、欒本、陳本、嚴本均作「數十」。

［十四］「功狀」下，脱「於」字，當補。原抄本、遂初堂本、集釋本、欒本、陳本、嚴本均有「於」字。

［十五］「有」字誤，當改。原抄本作「尚」。遂初堂本、集釋本、欒本、陳本、嚴本作「猶」。

［十六］見《資治通鑑》卷二百一十二《唐紀二十八》。又見《新唐書・許景先傳》。

［十七］《資治通鑑》卷二百四十九：「上獵於苑北，遇樵夫，問其縣，曰：『涇陽人也。』『令爲誰？』曰：『李行言。』『爲政何如？』曰：『性執。有强盗數人，軍家索之，竟不與，盡殺之。』上歸，帖其名於寢殿之柱。冬，十月，行言除海州刺史，入謝。上賜之金紫，問曰：『卿知所以衣紫乎？』對曰：『不知。』上命取殿柱之貼示之。」

［十八］《資治通鑑》同卷：「上校獵渭上，有父老以十數，聚於佛祠。上問之，對曰：『醴泉百姓也。縣令李君奭有異政，考滿當罷，詣府乞留，故此祈佛，冀諧所願耳。』及懷州刺史闕，上手筆除君奭，宰相莫之測。君奭入謝，上以此獎厲，衆始知之。」

［十九］「未」字誤，當改。原抄本、遂初堂本、集釋本、欒本、陳本、嚴本均作「采」。

［二十］「太史」誤，當改。原抄本、遂初堂本、集釋本、欒本、陳本、嚴本均作「大吏」。

［二十一］「矣」，原抄本、遂初堂本、集釋本、陳本、嚴本同。欒本作「也」。

漢令長

漢時令長，於太守雖稱屬吏，然往往能自行其意，不爲上官所奪。如蕭育「爲茂陵令，會課，育第六。而漆令郭舜殿，見貴[一]問。育爲之請，扶風[二]怒曰：『君課第六，裁自脱，何暇欲爲左右言！』及罷出，傳召茂陵[三]詣後曹，當以職事對。育徑出曹，書佐陵[四]牽育，育案佩刀曰：『蕭育杜陵男子，何詣曹也！』遂趨出，欲去官。明旦，詔召入，拜爲司隸較[五]尉。有[六]過扶風府門，官屬掾吏數百人拜謁車下」[七]。陶謙爲舒令，「太守張磐，同郡先輩，與謙父友，意殊親之，而謙恥爲之屈。嘗舞，屬謙，謙不爲起，固强之，乃舞，舞又不轉。盤曰：『不當轉邪？』謙曰：『不可轉，轉則勝人。』」[八]如此事在今日，即同列所難堪，而昔人以行之上官。漢時長吏之能自樹立，可見於此矣。

《宋史・司馬池傳》：「授永寧主簿，與令相惡。池以公事謁令，令南向，倨坐不起。池挽令西向，偶坐論事，不爲少屈。」

【校注】

[一]「貴」字誤，當改。原抄本、遂初堂本、集釋本、欒本、陳本、嚴本均作「責」。《漢書》作「責」。

[二]扶風，謂扶風都尉。《漢書・百官公卿表》：扶風、馮翊、京兆合稱三輔，長官稱都尉，秩二千石，與郡守同。

[三]「茂陵」下，脱「令」字，當補。原抄本、遂初堂本、集釋本、欒本、陳本、嚴本均作「茂陵令」。《漢書》作「茂陵令」。

〔四〕「陵」字誤，當改。原抄本、遂初堂本、集釋本、欒本、陳本、嚴本均作「隨」。《漢書》作「隨」。

〔五〕「較」，避明諱。原抄本、集釋本、欒本、陳本作「校」。

〔六〕「有」字誤，當改。原抄本、遂初堂本、集釋本、欒本、陳本、嚴本均作「育」。《漢書》作「育」。

〔七〕見《漢書・蕭望之傳》。

〔八〕見《後漢書・陶謙傳》李賢注引《吴書》。又見《三國志・魏志・陶謙傳》裴松之注引《吴書》。

京官必用守令

《通典》言：「晉制，不經宰縣〔一〕，不得入爲臺郎。」〔二〕魏肅宗時，吏部郎中辛雄上疏，以爲「郡縣選舉，由來共輕，宜改其弊」。分郡縣爲三等，「三載黜陟，有稱職者方補京官。如不歷守令，不得爲内職，則人思自勉」。〔三〕唐張九齡言於玄宗曰：「古者『刺史〔四〕入爲三公，郎官出宰百里。』致理之本，莫若重守、令。凡不歷都督、刺史，雖有高第，不得任侍郎、列卿。不歷縣令，雖有善政，不得任臺郎、給、舍。都督、守令雖遠者，使無十年任外。」〔五〕從之。「詔三省侍郎缺，擇嘗任刺史者；郎官缺，嘗擇〔六〕任縣令者。」〔七〕宣宗大中改元，制曰：「古者郎官出宰，郡守入相，所以重親入〔八〕之官，急爲政之本。自澆風久扇，此道寖消，頡頏清塗，便臻顯貴。治人之術未嘗經心，欲使究百姓艱危，通天下利病，不可得也。軒墀近臣，蓋備顧問，如不知人疾苦，何以膺朕眷求？今後諫議大夫、給事中、中書舍人，未曾任刺史、縣令者，宰臣不得擬議。」〔九〕宋孝宗時，臣僚言：「吏事必歷而後知，人才必試而後見。爲縣令者，必爲丞、簿；爲郡守者，必爲通判；爲監司者，必爲郡守。皆有差等。未歷親民，不宜驟擢。」[十]因定知縣以三年爲任，非經兩任，不除監察御史。此開元、乾道之吏治所以獨高於前代[十一]也。本朝[十二]綸扇[十三]之地，必取詞林，名在丙科，始分銅墨。於是字人之職輕，而簿書錢粮[十四]之司，一歸之俗吏矣。漢語[十五]有云：「敗[十六]官漫漫，怨死者半。」《風俗通》。而宋□[十七]宗嘗謂宰臣曰：「朕思祖宗百戰而有[十八]天下，今以州郡付之庸人，常切痛心。」[十九]後之人君，其以斯言書之坐右乎！

貞觀初，馬周上言：「古者郡守縣令，皆妙選賢德。欲有所用，必先試以臨人，或由二千石高第入爲宰相。今獨重内官，縣令、刺史頗輕其選。又刺史多武夫勳臣，或京官不稱職始出補外。折衝果毅、身力强者入爲中郎將，其次乃補邊州。而以德行才能[二十]擢者，十不能一。所以百姓未安，殆由於此。」[二十一]夫以太宗之政，而馬周猶有此言，則知重内輕外，自古之所同患。人主苟欲親民，必先親牧民之官，而後太平之功可冀矣。

【校注】

[一]「宰縣」，遂初堂本、集釋本、欒本、陳本、嚴本同，原抄本誤倒作「縣宰」，當乙正。《通典》作「宰縣」。

[二]《通典》卷三十三。

[三]《通典》卷十四。

[四]黄汝成集釋引楊氏曰：「刺史」當云「太守」。

今按：「太守入爲三公，郎官出宰百里」，爲漢人舊語，張九齡爲唐人，故改稱「刺史」。《後漢書·顯宗孝明帝紀》：「謂群臣曰：『郎官上應列宿，出宰百里。』」《通典》卷十八《選舉六》：「秦氏列郡四十，兩漢郡國百餘，太守入作公卿，郎官出宰縣邑。」又卷十六《選舉四》：「及于東京，尚書雖漸優重，然令、僕出爲郡守，鍾離意、黄香、胡廣是也；

郡守入爲三公，虞延、第五倫、桓虞、鮑昱是也。」又卷三十三《職官十五》：「後漢亦重其任，或以尚書令、僕射出爲郡守，或自郡守入爲三公。」《舊唐書·宣宗本紀》：「制條曰：『古者郎官出宰，卿相治郡。』」又《良吏傳上》：「漢代命官，重外輕内，郎官出宰百里，郡守入作三公。」

［五］見《新唐書》本傳。

［六］「嘗擇」誤倒，當乙正，原抄本、遂初堂本、集釋本、欒本、陳本、嚴本均作「擇嘗」。《新唐書》作「擇嘗」。

［七］見《新唐書·循吏傳》。

［八］「親入」誤，當改。原抄本、遂初堂本、集釋本、欒本、陳本、嚴本均作「親人」。《舊唐書》武英殿本作「親人」。按「親人」即親民，避唐諱。

［九］見《舊唐書·宣宗本紀》。

［十］見《宋史·孝宗本紀二》。

［十一］「前代」，原抄本、遂初堂本、集釋本、欒本、陳本、嚴本均作「近代」，不知是否潘耒所改。

［十二］「本朝」，原抄本同。潘耒遂初堂刻本改爲「明代」，集釋本因之。欒本、陳本、嚴本仍刻本之舊，各有注。

［十三］「扇」字誤，當改。原抄本、遂初堂本、集釋本、欒本、陳本、嚴本均作「扉」。

［十四］「粮」，遂初堂本、原抄本、集釋本、欒本、陳本、嚴本均作「穀」。

［十五］「語」，原抄本同。遂初堂本。集釋本、欒本、陳本、嚴本作「諺」。

［十六］「敗」字誤，當改。原抄本、遂初堂本、集釋本、欒本、陳本、嚴本均作「取」。按此語通行本《風俗通義》未見，《太平御覽》卷二百二十六、卷四百九十六所引均作「縣官」，馬總《意林》引作「取官」。

［十七］底本缺一字處，原抄本、遂初堂本、集釋本、欒本、陳本、嚴本均作「神」，當補。

［十八］「百戰而有」，原抄本作「百戰而得」，遂初堂本、集釋本、欒本、陳本、嚴本作「以百戰得」。

［十九］見《宋史·選舉志四》，又見《續資治通鑑》卷六十七。

〔二十〕「才能」，原抄本同。遂初堂本、集釋本、欒本、陳本、嚴本作「才術」。《新唐書》作「才術」。

〔二十一〕見兩《唐書》本傳。又見《貞觀政要·擇官》。

宗室

漢唐之制，皆以宗親與庶姓參用。入爲宰輔，出居牧伯者，無代不有。〔一〕漢孝昭始元二年，以宗室無在位者，舉茂才劉辟彊、劉長樂，皆爲光禄大夫，辟彊守，長樂衛尉。孝平元始元年詔，宗室「爲吏舉廉佐史，補四百石」。〔二〕師古曰：「言宗室爲吏者，皆令舉廉，各從本秩，而依廉吏遷之爲佐史者，例補四百石。」唐玄宗開元二十五年五月，「辛丑，命有司選宗子有才者」〔三〕。宗正薦四從叔前奉令〔四〕知正，四從叔前祁縣令志遠，五從弟雒陽尉遇，六從弟酸棗丞良，五從弟武進尉朏，五從姪鄭縣尉瞻，五從姪前宋州參軍承嗣，皆授臺省官及法官、京縣官。詔曰：「至公之用，本無偏黨，惟善所在，豈隔親疏？四從叔知正等，咸有才名，見推公族，秉惟清之操，兼致遠之資。朕每慮同盟，不勤於德。常懸〔五〕右職，以勸其從。先委宗卿，精爲内舉，量能考行，歷右〔六〕踰時。名數則多，升聞盖〔七〕寡，光膺是選，諒在得人。固可擢以清要，遷於臺閣，將觀志於七子，冀藉名於八人。《書》不云乎？『九族既睦，平章百姓。』凡今懿戚，可不慎與？違道漫常，義無私於王法；修身效節，思〔八〕豈薄於他人？期於帥先，勵我風俗，深於〔九〕自勉，以副明言。」〔十〕天寶三年五月〔十一〕詔：「皇五等以下親，及九廟子孫，有才學政理，安〔十二〕宗正寺揀擇聞薦。」〔十三〕憲宗元和三年〔十四〕詔略同。德宗貞元二年八月，以睦王府長史嗣虢王則之爲左金吾大将軍，謂宰臣曰：「朕不欲獨用外戚，故選宗室子有才行者獎拔之。」[十五]昭宗乾寧二年，「六月丁亥朔，以京兆尹嗣薛王知柔兼户部尚書判度支，兼諸道鹽鐵轉運等使」。[十六]制曰：「支度牢籠之務，弛張經制之宜，當擇通才，俾繼成績。僉曰叔父，膺予簡求，匪私吾宗，示張王室。」[十七]故終唐之世有宰相十一人，鄅王房有林甫、回，鄭王房有程、石、福，小鄭王房有勉、夷簡、宗閔，恒山王房有適之，吴王房有峴，惠宣太子房有知柔。而舊史贊之曰：「我宗之英，曰皋嗣曹王。與勉。」[十八]宋子京以爲：「周、唐任人不疑，得親親用人[十九]之道。」[二十]惟本朝[二十一]不立此格，於是爲宗屬者大抵皆溺於富貴，妄自驕矜，不知禮義。至其貧者，則游手逐食，靡事不爲，名曰「天枝」，實爲棄物。宋時凡宗室之不肖者，俗呼爲「潑撒太尉」。曹冏[二十二]所謂「今之州牧郡守，古之方伯諸侯，或比國數人，或兄弟並據，而宗室子弟曾無一人間廁其間」，《六代論》。[二十三]正本朝今日[二十四]之事也。崇禎[二十五]時，始行换授之法，而教之無數[二十六]，舉之無術，未見有卓然樹一官之績者。三百年來當國大臣皆畏避而不敢言，至先帝[二十七]獨斷行之，而已晚矣。然則親賢並用，古人之所以有國長世者，後王其可不鑒乎？正統十四年，也先犯京師，詔諸王率兵勤王。已而虜[二十八]退，詔止之。大理寺丞薛瑄奏：「宣[二十九]擇諸王最賢者二三人，召來參議[三十]大議，匡輔聖明。」帝曰：「不必召。」

光武中興，寔賴諸劉之力。乃即位已後，但有續封之典，而無舉賢之詔。明、章已下，恩澤教訓，徒先[三十一]四姓小侯，《明帝紀》：永平九年，「爲四姓小侯開立學校[三十二]，置《五經》師。」註：「四姓，樊氏、郭氏、陰氏、馬氏。其子弟號曰小侯。」而不聞加意於宗屬者。然而親疏並用，猶法西京，故靈、獻之世，荆表、益焉，各專方鎮，而昭烈乘之以稱帝於蜀，若顛木之有由蘖[三十三]。其與宋之二王航海奔亡，一敗而不振者，不可同年而語矣。

唐末，屯田郎中李衢作《皇室維城録》，其有感於宗枝之不振[三十四]？史言：「自玄宗以後，諸王不出閤，不分房。」[三十五]蓋自永王璘舉兵，而人主疏忌其兄弟矣。使得自樹功名，如曹王皋者三五人，參錯天下，爲牧帥，亦何至大盜覆都，强臣問鼎，而十六宅諸王並殲於逆豎之手也？

宗室[三十六]自天啟二年開科，得進士一人。朱慎鋻列名奄案，爲宗人羞，此不教不學之所致也。崇禎中，得進士十二人，惟朱統鉓起家庶吉士，官至南京國子監祭酒。而其始館選時，尚有以宗生爲疑，吏部尚書王永光曰：「既可以中翰，郎[三十七]可以庶常。」遂取之。其他换授甚多，然當板蕩之際，才略無聞。

《五禮伹》：「宋時宗室，散處各郡縣，入籍應試。在京師者别爲玉牒所籍。至紹興十一年，從程克俊言，以所考合格宗室，附正奏名殿試。其後禮進諸科與寒素等，而宦績祖[三十八]業亦相望不絶書。」[三十九]

張邦基《墨莊漫録》言：「國朝宗室，例除環衛，裕陵始以非祖免補外官，繼有登科者，[四十]然未有爲侍從。宣和五年，始除子崧諱[四十一]徽猷閣侍[四十二]制，繼而子湝亦除。八年，又除子櫟。」[四十三]乃靖康之變，已不旋踵。本朝[四十四]之事，與宋一轍。

昔後魏元志「爲雒陽令，不避强禦」。孝文帝「謂邢巒曰：『此兒竟可！謂[四十五]王孫公子，不鏤自雕。』巒曰：『露竹霜條，故多勁節。非鸞則風，其在本枝也。』」[四十六]人主之宗屬，豈必無才能優於庶姓者哉？[四十七]

閔管、蔡之失道，而作《常棣》諱[四十八]之詩，以親其兄弟，此周之所以興。懲吴、楚七國之變，而抑損諸王[四十九]，至於中外殫微，本末俱弱，此西漢之所以亡。[五十]宋沈懷文諫孝文[五十一]曰：「陛下既明管、蔡之誅，願崇唐、衛之寄。」[五十二]深得富辰諫王之指[五十三]。夫惟聖人以至公之心，處親疏之際，故有國長久，而天下蒙其福矣。

《金史》：密國公璹，世宗子越王永功之子也。天興初，國事危急，曹王出質。「璹已臥疾，求入見哀宗於隆德殿。上問：『叔父欲何言？』璹奏曰：『聞訛可曹王名。欲出議和，訛可年幼，恐不能辦大事，臣請副之，或代其行。』上慰之曰：『南渡後，宣宗遷汴。國家比承平時有何奉養？然叔父亦未嘗沾溉。無事則置之冷地，無所顧藉，有急則投之不測。叔父盡忠固可，天下其謂朕何？叔父休矣！』於是君臣相顧泣下。」[五十四]金雖夷狄之邦[五十五]，而其言有足悲者。章宗防制刻削兄弟，而其禍卒至於此，豈非後王之永鑒哉！

自古帝王爲治之道，莫先於親親。而本朝[五十六]之待親王及其宗屬也，則位重而愈疎，禄多而愈貧。誠有如漢哀帝時杜業上言，「宗室諸侯微弱，與繫囚無異」[五十七]者。《英宗寔録》載：景泰三年七月甲辰，陜西布政司言：『秦愍王子、故庶人尚炌，男女十人，皆未有室家，請如詔於軍民之家自擇昏配。』從之。時其長女年四十，長子年三十八[五十八]矣。此去開國八九十年，太祖之曾孫而怨曠之感不得上聞已如此，又况數傳而下者乎？於其請名請昏，無不有費，而不副其意，即部中爲之沈閣。

《宋史·趙希躍[五十九]傳》：「宗姓多貧，而始生有訓名，爲人後有過禮，吏受賕無藝，莫敢自陳。」[六十]《雲麓漫鈔》言：「宗籍凡祖免親以上皆賜名，乃有寓不典之言，及取怪僻字，但[六十一]以爲戲笑。」本朝之病[六十二]同此。

宗室之子，同[六十三]鮮修飭，而朝臣視之，若非其同類者。《唐書》言：德宗初政，「諸王有官者，皆令出閤就班。岳陽等一十縣主，在諸王院久而未適人者，悉命以禮出降」。[六十四]二百年來，無有以建中故事爲朝廷告者。崇禎中，唐王後爲隆武皇帝。[六十五]作書，述閣老于文定[六十六]之言曰：「『唐玄宗十王宅、百孫院，皆在京師。凡有所請，皆賂韓、虢[六十七]而後得。憲宗時，諸王父[六十八]不出閤，亦必後[六十九]賂宦官，始得所請。彼以宗室近屬，且聚居都邑，猶不免於夤緣，況以千里外之藩封，二百年之支屬，有不結納左右以爲倚託哉？』[七十]嗚呼！文定之言結納左右而得請，猶未褻也。今之懇乞下僚，卑哀吏胥，不如是則終不得請，不愈甚乎？」又曰：「漢臣之言曰：『有白頭老人教臣言。』[七十一]嗚呼！余繼之矣！」夫一夫吁嗟，王道爲虧。今且閭[七十二]閻蔀屋，猶得被雲雨之施，而耳目之所不及，恩澤之所不周，未有甚於皇族者。《杕杜》作而晉微，《角弓》刺而周替，可以爲後王之殷鑒矣。

【校注】

[一]黄汝成集釋引楊氏曰：漢宗室爲宰相者，西京只屈犛而已，東都亦不數數見也。

[二]見《漢書·平帝紀》。

[三]見《資治通鑑》卷二百一十四。

[四]「奉令」，中間脱「天」字，當補，原抄本同誤。遂初堂本、集釋本、欒本、陳本、嚴本作「奉天令」。《册府元龜》作「奉天令」。

[五]「懸」，原抄本同。遂初堂本、集釋本、欒本、陳本、嚴本作「縣」。按《唐大詔令集》、《册府元龜》、《全唐文》載

《選宗子授臺省官及法官京縣官詔》作「懸」。

［六］「歷右」誤，當改。遂初堂本、原抄本、集釋本、欒本、嚴本作「歷在」，陳本作「歷任」。《册府元龜》作「歷在」。

［七］「盖」，原抄本同。遂初堂本、集釋本、欒本、陳本、嚴本作「益」。《唐大詔令集》、《册府元龜》、《全唐文》作「蓋」。依文理，「蓋」字爲長。

［八］「思」字誤，當改。原抄本、遂初堂本、集釋本、欒本、陳本、嚴本均作「恩」。

［九］「於」，原抄本同。遂初堂本、集釋本、欒本、陳本、嚴本作「宜」。《唐大詔令集》、《册府元龜》、《全唐文》作「宜」。

［十］見《唐大詔令集》卷四十、《册府元龜》卷三十九。

［十一］「五月」，原抄本同。遂初堂本、集釋本、欒本、陳本、嚴本作「正月」。按《册府元龜》所載詔令，有天寶三載八月一條，又有肅宗至德三年正月一條。

［十二］「妄」字誤，當改。原抄本、遂初堂本、集釋本、欒本、陳本、嚴本均作「委」。

［十三］同上《册府元龜》卷三十九。《全唐文》卷四十五又載肅宗詔，文字全同。

［十四］「三年」，原抄本同。遂初堂本、集釋本、欒本、陳本、嚴本作「二年」。

［十五］見《册府元龜》卷二百六十九。

［十六］見《舊唐書·昭宗本紀》。

［十七］見《册府元龜》卷四百八十三。

［十八］見《舊唐書·李勉李皋傳》贊曰。

［十九］「人」，原抄本同。遂初堂本、集釋本、欒本、陳本、嚴本作「賢」。《新唐書》作「賢」。

［二十］見《新唐書·宗室宰相傳》贊曰。宋祁，字子京。

［二十一］「本朝」，原抄本同，此爲亭林自言，以明朝爲本朝。潘耒遂初堂刻本未改，集釋本、欒本、陳本、嚴本均

仍刻本之舊。

[二十二]「曹冏」,遂初堂本、集釋本、欒本、陳本、嚴本同,原抄本誤作「曹同」,當改。

[二十三]見《文選》卷五十二。曹冏,字元首,曹魏宗室。

[二十四]「本朝今日」,原抄本同。潘耒遂初堂刻本改爲「有明當日」,集釋本因之。欒本據黄侃校記改回「本朝」而加説明,未改「今日」;陳本「有明」仍刻本之舊而加注,未注「當日」;嚴本仍刻本之舊而加注。

[二十五]崇禎,此處爲年號,非人名。

[二十六]「數」字誤,原抄本同誤,當改。遂初堂本、集釋本、欒本、陳本、嚴本均作「素」。

[二十七]「先帝」,原抄本同。此「先帝」指崇禎帝。潘耒遂初堂刻本改爲「天子」,集釋本因之。欒本據黄侃校記改回而加説明,陳本、嚴本仍刻本之舊而加注。

[二十八]「虜」,原抄本同。潘耒遂初堂刻本改爲「寇」,集釋本因之。欒本據黄侃校記改回而加説明,陳本仍刻本之舊而加注,嚴本作「虜」,無校注。

[二十九]「宣」字誤,當改。原抄本、遂初堂本、集釋本、欒本、陳本、嚴本均作「宜」。

[三十]「議」,原抄本同,遂初堂本、集釋本、欒本、陳本、嚴本作「預」。

[三十一]「徒先」下,遂初堂本、集釋本、欒本、陳本、嚴本作有「於」字。原抄本同無。

[三十二]「較」,避明諱。原抄本、集釋本、欒本、陳本作「校」,不避諱。

[三十三]「藥」字誤,當改。原抄本、遂初堂本、集釋本、欒本、陳本、嚴本均作「蘖」。

[三十四]「不振」下,脱「乎」字,當補。原抄本、遂初堂本、集釋本、欒本、陳本、嚴本均有「乎」字。

[三十五]見《新唐書・宗室世系表》。

[三十六]「宗室」,原抄本同。潘耒遂初堂刻本上加「明」字,集釋本因之。欒本據黄侃校記删而加説明,陳本、嚴本仍刻本之舊,無注。

［三十七］「郎」字誤，當改。原抄本、遂初堂本、集釋本、欒本、陳本、嚴本均作「即」。

［三十八］「祖」字誤，當改。原抄本、遂初堂本、集釋本、欒本、陳本、嚴本均作「相」。

［三十九］《五雜俎》卷十五。此段遂初堂刻本改爲夾註，置於下段張邦基《墨莊漫録》「繼有登科者」之下。

［四十］黄汝成集釋引楊氏曰：相止有汝愚一人。

［四十一］「諱」，原抄本作「諱」。

［四十二］「侍」字誤，當改。原抄本、遂初堂本、集釋本、欒本、陳本、嚴本均作「待」。

［四十三］《墨莊漫録》卷一。

［四十四］「本朝」，原抄本同。潘耒遂初堂刻本改爲「有明」，集釋本因之。欒本據黄侃校記改回而加説明，陳本、嚴本仍刻本之舊而加注。

［四十五］「謂」字誤，原抄本同誤，當改。原抄本、遂初堂本、欒本、陳本、嚴本上有「所」字。《魏書》、《北史》作「所謂」。

［四十六］見《魏書·神元平文諸帝子孫列傳》，又見《北史·魏諸宗室列傳》。

［四十七］黄汝成集釋引楊氏曰：能用宗室者，莫如元魏。儀、虔、澄、勰，自是至親，其匡順、羅乂，皆有權力聞望。屈指其餘，不可盡也。

［四十八］「諱」，原抄本作「諱」。

［四十九］「王」，原抄本同。遂初堂本、集釋本、欒本、陳本、嚴本作「侯」。

［五十］「亡」字下，遂初堂本、集釋本、欒本、陳本、嚴本有「也」字。原抄本無。

［五十一］「孝文」誤，原抄本同誤，當改。遂初堂本、集釋本、欒本、陳本、嚴本作「孝武」。《資治通鑑》繫年於宋孝武帝大明五年。

[五十二]見《宋書》、《南史》本傳。

[五十三]《左傳·僖公二十四年》：富辰諫曰：「昔周公弔二叔之不咸，故封建親戚以藩屏周。」

[五十四]《金史·世宗諸子列傳》。

[五十五]「金雖夷狄之邦」，原抄本同。潘耒遂初堂刻本改爲「哀宗雖亡國之君」，集釋本因之。欒本據黄侃校記改回而加説明，陳本、嚴本仍刻本之舊而加注。

[五十六]「本朝」，原抄本同。潘耒遂初堂刻本改爲「有明」，集釋本因之。欒本據黄侃校記改回而加説明，陳本、嚴本仍刻本之舊而加注。

[五十七]見《漢書·杜周傳》。

[五十八]「三十八」，原抄本同，遂初堂本、集釋本、欒本、陳本、嚴本作「三十六」。

[五十九]「趙希躍」，各本均誤，當作「趙希錧」。陳本仍作「趙希躍」，陳垣校注：元鈔本、潘本皆誤「躍」。

[六十]見《宋史·趙希錧傳》。

[六十一]「但」，原抄本同。遂初堂本、集釋本、欒本、陳本、嚴本作「樣」，屬上讀。

[六十二]「本朝之病」，原抄本同。潘耒遂初堂刻本改爲「明代之弊」，集釋本因之。欒本據黄侃校記改回而加説明，陳本、嚴本仍刻本之舊而加注。

[六十三]「同」字誤，當改。原抄本、遂初堂本、集釋本、欒本、陳本、嚴本均作「固」。

[六十四]見《舊唐書·德宗本紀上》。

[六十五]「後爲隆武皇帝」，亭林原注，原抄本同，潘耒遂初堂刻本删，集釋本因之。欒本據黄侃校記改回而加説明，陳本仍刻本之舊而加注，嚴本未補，無校注。

[六十六]于慎行，字無垢，東阿人。卒謚文定。《明史》有傳。

[六十七]「號」字誤，當改。原抄本、遂初堂本、集釋本、欒本、陳本、嚴本均作「號」。

［六十八］「父」字誤，當改。原抄本、遂初堂本、集釋本、欒本、陳本、嚴本均作「久」。

［六十九］「後」字誤，當改。原抄本、遂初堂本、集釋本、欒本、陳本、嚴本均作「厚」。

［七十］于慎行《穀山筆麈》卷六「閹伶」條。以上爲唐王語。

［七十一］《漢書·車千秋傳》：「臣嘗夢見一白頭翁教臣言。」

［七十二］「閭」，原抄本同。遂初堂本、集釋本、欒本、陳本、嚴本作「窮」。

藩鎮

國朝[一]之患，大略與宋同。岳飛説張所曰：「國家都汴，恃河北以爲固。苟憑據要衝，峙列重鎮，一城受圍，則諸城或撓或救，金人不敢窺河南，而京師根本之地固矣。」[二]文天祥言：「本朝懲五季之亂，削除藩鎮，一時雖足以矯尾大之弊，然國以寖弱，故敵至一州則一州破，至一縣則一縣殘。今宜分境内爲四鎮，使其地大力衆，足以抗敵，約日齊奮，有進無退。彼備多力分，疲於奔命，而吾民之豪傑者，又伺間[三]出於其中，則敵不難却也。」[四]嗚呼！世言唐亡[五]藩鎮，而中葉以降，其不遂並於吐蕃、回紇，滅於黄巢者，未必非藩鎮之力。宋至靖康而始立四道，金至興元而始建九公，不已晚乎？

尹源《唐説》曰：「世言唐所以亡，由諸侯之强，此未極於理。夫弱唐者，諸侯也。唐既弱矣，而久□[六]亡者，諸侯維之也。燕、趙、魏首亂唐制，專地而治，若古之建國，此諸侯之雄者。然皆恃唐爲輕重，何則？假王命以相制，則易而煩[七]。唐雖病之，亦不得而外焉。故河北順而聽命，則天下爲亂者不能遂其亂；河北不順而變，則姦雄或附而起。德宗世，朱泚、李希烈始遂其僭，而終敗亡，田悦叛於前，武俊順於後也。憲宗討蜀平夔[八]，誅蔡夷鄆，兵連四方，而亂不生，卒成中興之功者，田氏稟命，王承宗歸國也。武宗將討劉稹之叛，先正三鎮，絶其連衡之計，而王誅以成。如是二百年，姦臣逆子專國命者有之，夷將相者有之，而不敢窺神器，非力不足，畏諸侯之勢也。及廣明之後，關東無復唐有，方鎮相侵伐者猶以王室爲名。及梁祖舉河南，劉仁恭輕戰而敗，羅氏内附，王鎔[九]請盟，於是河北之事去矣。梁人一舉而代唐有國，諸侯莫能與之争，其勢然也。向使以僖、昭之弱，乘巢、蔡之亂，而曰承嗣[十]守魏，王武俊、朱滔據趙、燕，彊[十一]相均，地相屬，其勢宜莫敢先動，况非義舉乎？如此，雖梁祖之暴，不過取霸于一方爾，安能彊禪天下？故唐之弱者，以河北之强也；唐之亡者，以河北之弱也。或曰：諸侯强則分天子之勢，子何議之過乎？曰：秦、隋之世[十二]，無分於諸侯，而亡速於唐，何如哉！」[十三]

不獨此也，契丹入大梁而不能有者，亦以藩鎮之勢重也。王應麟曰：「郡縣削弱，則夷狄[十四]之禍烈矣。」[十五]

《宋史》：「劉平爲鄜延路副總管，上言：『五代之末，中國多事，唯制西戎爲得之。中國未嘗遣一騎一卒遠此[十六]塞上，但任土豪爲衆所服者，封以州邑。征賦所入，足以贍兵養士，由是無邊鄙之虞。太祖定天下，懲唐宋[十七]藩鎮之盛，削其兵柄，收其賦入，自節度以下，第坐給俸禄。或方面有驚[十八]，則總師出討。事已，則兵歸宿衛，將還本鎮。彼邊方世襲，宜異於此，而誤以朔方李彝興、靈武馮繼業，一切亦徙内地。自此靈夏仰中國戍守，千里饋糧，兵民並困矣。』」[十九]宋初之事，折氏襲而府州存，繼捧朝而夏州失。一得一失，足以爲後人之鑑也。

賈昌朝爲御史中丞，請陝西緣邊諸路守臣皆帶安撫蕃部之名，擇其族大有勞者爲首帥，如河東折氏之比，庶可以爲藩籬之固。

《路史·封建後論》曰：「天下之枉未足以害理，而矯枉之枉常深；天下之弊未足以害事，而救弊之弊常大。方至和之二年，范蜀公爲諫院，建言：『思[二十]州自皇祐五年秋至去年冬，知州者凡七換，河北諸州大率如是。欲望兵馬練習，安可得也？伏見雄州馬懷德、恩州劉渙、冀州王德恭，皆材勇智慮，可責辦治，乞令久任。』[二十一]然事勢非昔，今不從其大，而徒舉二三州爲之，以一簣障江河，猶無益也。請以昔者河東之折、靈武之李，與夫馮暉、楊重勛之事言之。馮暉節度靈武，而重勛世有新秦，藩屏西北。它日暉卒，太祖乃徙其子馮翊，而以近鎮[二十二]重勛，於是二方始費朝廷經略。折、李二姓自五代來，世有其地，二虜[二十三]畏之。太祖於是俾其世襲，每謂：『虜寇[二十四]内入，非世襲不克守，世襲則其子孫久遠，家物勢必愛吝，分外爲防。設或叛渙，自可理討，縱其反噬，原陝一帥禦之足矣。况復朝廷恩信不爽，奚自而他？』斯則聖人之深謀，有國之極筭，固非流俗淺近者之所知也。厥後議臣遽以世襲不便，折氏則以河東之功，姑令仍世，而李氏遂移陝西，因兹遂失靈夏。國之與郡，其事固相懸矣。議者以太祖之懲五季，而解諸將兵權，爲封建之不可復，愚竊以爲不然。夫太祖之不隆[二十五]封建，特不隆封建之名，而封建之實固已默圖而陰用之矣。李漢超齊州防禦，監關南兵馬凡十七年，胡人[二十六]不敢窺邊。郭進以洺州防禦，守西山巡檢諱[二十七]累二十年。賀惟忠守易，李謙溥刺隰，姚内斌知慶，皆十餘載。韓令坤鎮常山，馬仁瑀[二十八]守瀛，王彦昇居原，趙贊處延，董遵誨屯環，武守琦[二十九]戍晉，何繼筠牧棣，若張美[三十]之守滄景，咸累任[三十一]。管榷之利，貿易之權，悉以畀之。又使得自誘募驍勇，以爲爪牙，軍中之政，俱以便宜從事。是以二十年間無西北之虞。深機密策，盖使人由之而不知爾。胡爲議者不原其故，遂以兵爲天子之兵，郡不得而有之。故自寶元、康定，以中國勢力，而不能亢一偏方之元昊。靖康醜虜[三十二]，長驅百舍，直擣梁師。蕩然無有藩籬之限，卒之横潰，莫或支持。繇今日言之，奚啻冬水之冰[三十三]。嗚呼！欲治之君不世出，而大臣者每病本務之不知，此予所以每咎徵、普，以爲唐室、我朝之不封建，皆鄭公、韓王[三十四]之不知以帝王之道責難其主，而爲是尋常苟且之治也。」[三十五]

《黄氏日抄》曰：「太祖時，不過用李漢超輩，使自爲之守，而邊烽之警不接於廟堂。三代以來，待夷狄[三十六]之得，未有如我太祖者也。」不使守封彊[三十七]者久任世襲，而欲身制萬里如在目睫，天下無是理也。

藩鎮既罷，而州縣之任，處之又不得其分[三十八]。真宗咸平三年，濮州盗夜入城，略知州王守信、監軍王昭度。於是知黄州王禹偁上言：「《易》曰：『王公設險，以守其國。』自五季亂離，各據城壘，豆分瓜剖，七十餘年。太祖、太宗削平僭僞，天下一家。當時議者，乃令江淮諸郡毁城隍，收兵甲，撤武備。書生領州，大郡給二十人，小郡十五人，以充常從。號曰長吏，實同旅人；名爲郡城，蕩若平地。雖則尊京師而抑郡州[三十九]，爲强幹弱枝之説[四十]，亦匪得其中道也。蓋太祖削諸侯跋扈之勢，太宗杜僭僞覬望之心，不得不爾。其如設法救世，久則弊生。救弊之道，在乎從宜，疾若轉規，不可膠柱[四十一]。今江淮諸州，大患有三：城池墮圮，一也；兵仗不完，二也；軍不服習，三也。望陛下特紆宸斷，許江淮諸郡酌民户衆寡，城池大小，並置守捉軍士，多不過五百人。閲習弓劍，然後漸葺城壁，繕完甲冑，則郡國有禦侮之備，長吏免剽掠之虞矣。」[四十二]嗚呼！人徒見藝祖罷節度爲宋百年之利，而不知奪州縣之兵與財，其害至於數百年而未已也。陸士衡所謂「一夫從横而城池自夷」[四十三]，豈非崇禎末年之事乎？

【校注】

[一]「國朝」，原抄本同。潘耒遂初堂刻本改爲「明代」，集釋本因之。欒本據黄侃校記改回而加説明，陳本、嚴本仍刻本之舊而加注。

[二]見《宋史・岳飛傳》。

[三]「問」字誤，當改。原抄本、遂初堂本、集釋本、欒本、陳本、嚴本均作「間」。

[四]見《宋史・文天祥傳》。

[五]「亡」字下，脱「於」字，原抄本同誤，當補。遂初堂本、集釋本、欒本、陳本、嚴本有「於」字。

[六]底本缺一字處，原抄本、遂初堂本、集釋本、欒本、陳本、嚴本均作「不」，當補。

[七]「煩」字誤，當改。原抄本、遂初堂本、集釋本、欒本、陳本、嚴本均作「順」。

[八]「憂」字誤，當改。原抄本、遂初堂本、集釋本、欒本、陳本、嚴本均作「夏」。

[九]「鎔」字誤，當改。原抄本、遂初堂本、集釋本、欒本、陳本、嚴本均作「鎔」。

[十]「曰承嗣」誤，當改。原抄本、遂初堂本、集釋本、欒本、陳本、嚴本均作「田承嗣」。

[十一]「疆」字誤，遂初堂本、嚴本同無，當改。原抄本、集釋本、欒本、陳本作「彊」。《宋史》及《皇朝文鑑》所載尹源《唐説》作「彊」。

[十二]「世」字誤，原抄本同誤，當改。遂初堂本、集釋本、欒本、陳本、嚴本作「勢」。

[十三]見《宋史·文苑傳四》。

[十四]「夷狄」，原抄本同。潘耒遂初堂刻本改爲「戎翟」，集釋本因之。欒本據黄侃校記改回而加説明，陳本、嚴本仍刻本之舊而加注。

[十五]見《困學紀聞》卷十。

[十六]「此」字誤，當改。原抄本、遂初堂本、集釋本、欒本、陳本、嚴本均作「屯」。《宋史》作「屯」。

[十七]「宋」字誤，當改。原抄本、遂初堂本、集釋本、欒本、陳本、嚴本均作「末」。《宋史》作「末」。

[十八]「驚」字誤，當改。原抄本、遂初堂本。集釋本、欒本、陳本、嚴本均作「警」。《宋史》作「警」。

[十九]《宋史·劉平傳》。

[二十]「思」字誤，當改。原抄本、遂初堂本、集釋本、欒本、陳本、嚴本均作「恩」。

[二十一]范蜀公，范鎮。語見《續資治通鑑長編》卷一百七十八。

[二十二]「近鎮」下，脱「付」字，當補。原抄本、遂初堂本、集釋本、欒本、陳本、嚴本均有「付」字。

[二十三]「二虜」，原抄本同。潘耒遂初堂刻本改爲「二寇」，集釋本因之。欒本據黄侃校記改回而加説明，陳本、嚴本仍刻本之舊而加注。

[二十四]「虜寇」，原抄本同。潘耒遂初堂刻本改爲「邊寇」，集釋本因之。欒本據黄侃校記改回而加説明，陳本、嚴本仍刻本之舊而加注。

[二十五]「隆」字涉下而衍，原抄本同誤，當删。遂初堂本、集釋本、欒本、陳本、嚴本無。

[二十六]「胡人」，原抄本同。潘耒遂初堂刻本改爲「敵人」，集釋本因之。欒本據黄侃校記改回而加説明，陳本、嚴本仍刻本之舊而加注。

［二十七］「諱」，原抄本作「諱」。

［二十八］「馬仁珪」誤，原抄本、遂初堂本、嚴本同誤。集釋本、欒本、陳本作「馬仁瑀」。《路史》原文作「馬仁珪」亦誤。《宋史》作「馬仁瑀」。

［二十九］「武守琦」，原抄本、遂初堂本、嚴本同。集釋本、欒本、陳本作「武守琪」。《路史》原文作「武守琦」。按「武守琦」又作「武守琪」。李燾《續資治通鑑長編》卷二：「武守琪戍晉州事迹，國史殊不詳，此或是守琪耳，當考。」卷十三：「武守琦知晉州事，本末不詳，《實録》有此，特著之，更俟詳考。」又卷十七云：「國史論及祖宗故事、經武聖略所列將帥凡十四人。李漢超屯關南，馬仁瑀守瀛州，韓令坤鎮常山，賀惟忠守易州，何繼筠鎮棣州，以拒北契丹。郭進控西山，武守琪戍晉州，李謙溥守隰州，李繼勳鎮昭義，以禦北漢。趙贊屯延州，姚内斌守慶州，董遵誨屯環州，王彦昇守原州，馮繼業鎮靈武，以備西戎。其十三人各隨時自見，獨武守琪戍晉州事未詳，當考之。」

［三十］「張美」，遂初堂本、集釋本、欒本、陳本、嚴本同，原抄本誤作「張義」，當改。《路史》原文作「張美」。張美，《宋史》卷二百五十九有傳。

［三十一］「累任」，原抄本同，遂初堂本、集釋本、欒本、陳本、嚴本作「累其任」。

［三十二］「醜虜」，原抄本同。潘耒遂初堂刻本改爲「寇難」，集釋本因之。欒本據黄侃校記改回而加説明，陳本、嚴本仍刻本之舊而加注。

［三十三］「冬水之冰」，原抄本作「春水之冰」，遂初堂本、集釋本、欒本、陳本、嚴本作「冬水之冰齒」。《路史》原文作「冬冰之水齒」。今按：當作「冰齒」，「水齒」不可解。

［三十四］魏徵，封鄭國公。趙普，封韓王。

［三十五］羅泌《路史》卷三十一《國名記八》。

［三十六］「夷狄」，原抄本同。潘耒遂初堂刻本改爲「戎翟」，集釋本因之。欒本據黄侃校記改回而加説明，陳本、

嚴本仍刻本之舊而加注。

[三十七]「彊」字誤，當改。原抄本、遂初堂本、集釋本、欒本、陳本、嚴本均作「疆」。

[三十八]「分」字誤，當改。原抄本、遂初堂本、集釋本、欒本、陳本、嚴本均作「方」。

[三十九]「州」字誤，原抄本同誤，當改。遂初堂本、集釋本、欒本、陳本、嚴本作「縣」。《宋史》作「縣」。

[四十]「説」，原抄本同。遂初堂本、集釋本、欒本、陳本、嚴本作「計」。按《宋史》作「術」。

[四十一]「桂」字誤，當改。遂初堂本、原抄本、集釋本、欒本、陳本、嚴本均作「柱」。

[四十二]見《宋史・王禹偁傳》。

[四十三]見《晉書・陸機傳》載其《五等論》。

輔郡

崇禎二年三月，兵部侍郎申用懋上疏：「請以平昌[一]、通、易、霸四州爲四輔，宿重兵以衛京師。」奉旨嘉納，下部議覆，事不果行。[二]《魏書》言：靈太后時，「而[三]中郎将兵寡弱，城王澄[四]奏：『宜以東中带滎[五]陽郡，南中带重[六]陽郡，西中带恒農郡，此[七]中带河河内郡[八]，選二品三品親賢居之，配以强兵，則深根固本之計也。』靈太后将從之，以議者不同而止。」[九]及爾朱榮至河陰，遂無一兵拒敵，亦已事之明驗矣。

金都大梁，貞祐四年，元兵取潼關，次嵩、汝間。「御史臺言：『兵踰崤、澠，深入重地，近抵西郊。彼知京師屯宿重兵，不復叩城索戰，但以游騎遮絶道路，而分兵政[十]擊州縣，是亦圍京師之漸也。若專以城守爲事，中都之危，又將見於今日，《元史》：太祖三年[十一]，分兵三道伐金，「河北郡縣盡拔，唯中都、通、順、真定、清、沃、大名、東平、德、邳、海州十一城不下」。此臣等所爲寒心也。不攻京師，而縱其別攻州縣，是猶火在腹心，撥置於手足之上，均一體[十二]也。願陛下察之。』」[十三]契丹後改爲遼。太祖將攻幽州，其后述律氏指帳前樹曰：「此樹無皮，可以生乎？」曰：「不可。」后曰：「幽州之有土有民，亦猶是爾。吾以三千騎掠其四野，不過數年，因[十四]而歸我矣。」[十五]赫連勃勃稱帝，謂[十六]將勸先取關中。勃勃曰：「吾大業草創，士衆未多，姚興亦一時之雄，請[十七]將用命，關中未可圖也。我今專固一城，彼必并力于我，衆非其敵，亡可立待。不如以驍騎風馳，出其不意，擊前則救後[十八]，救後則擊前，使彼疲于奔命，我則游食自若。不及十年，嶺北、河東盡爲吾[十九]有。待興既死，嗣于[二十]闇[二十一]弱，徐取長安，在吾討[二十二]中矣。」[二十三]古人用兵之智，多有出此。夫踰山絶河，深入二三千里，至於淮、岱之間，此不啻幽州之四野、大梁之西郊也。而謀國之臣，竟無一策以禦其來而擊其去，此則郡縣之守不足恃，而調援之兵不足用也，明矣。《詩》曰：「無俾城壞，無獨斯[二十四]畏。」[二十五]後之爲國者，盍鑒於斯？

【校注】

[一]「平昌」誤倒，當乙正。遂初堂本、原抄本、集釋本、欒本、陳本、嚴本均作「昌平」。

[二]邱濬先曾建議：「京師當設四輔，以臨清爲南，昌平爲北，薊州、保定爲東西，各屯兵一二萬。」見《明史・李時傳》。

[三]「而」字誤，當改。原抄本、遂初堂本、集釋本、欒本、陳本、嚴本均作「四」。《魏書》作「四」。

[四]「城王澄」上，脱「任」字，當補。原抄本、遂初堂本、集釋本、欒本、陳本、嚴本均作「任城王澄」。

[五]「榮」字誤，原抄本同誤，當改。遂初堂本、集釋本、欒本、陳本、嚴本作「滎」。《魏書》作「滎」。

[六]「重」字誤，當改。原抄本、遂初堂本、集釋本、欒本、陳本、嚴本均作「魯」。《魏書》作「魯」。

[七]「此」字誤，當改。原抄本、遂初堂本、集釋本、欒本、陳本、嚴本均作「北」。《魏書》作「北」。

[八]「河河内郡」，下「河」字衍，當删。原抄本、遂初堂本、集釋本、欒本、陳本、嚴本均作「河内郡」。《魏書》作「河内郡」。

[九]見《魏書・景穆十二王列傳・任城王傳》。《北史》同。

[十]「政」字誤，當改。原抄本、遂初堂本、集釋本、欒本、陳本、嚴本均作「攻」。

[十一]「三年」誤，原抄本同誤，當改。遂初堂本、集釋本、欒本、陳本、嚴本作「八年」。《元史》在八年。

[十二]「體」，原抄本同，遂初堂本、集釋本、欒本、陳本、嚴本作「身」。《金史》作「身」。

[十三]見《金史・術虎高琪列傳》。

[十四]「因」字誤，當改。原抄本、遂初堂本、集釋本、欒本、陳本、嚴本均作「困」。《遼史》作「困」。

[十五]見《遼史・后妃列傳》。又見《資治通鑑》卷二百六十九《後梁紀四》。

[十六]「謂」字誤，當改。原抄本、遂初堂本、集釋本、欒本、陳本、嚴本均作「諸」。

[十七]「請」字誤，當改。原抄本、遂初堂本、集釋本、欒本、陳本、嚴本均作「諸」。

[十八]「擊前則救後」句誤，當改。原抄本、遂初堂本、集釋本、欒本、陳本、嚴本均作「救前則擊後」，《晉書》作「救前則擊其後」。

[十九]「吾」，原抄本同，遂初堂本、集釋本、欒本、陳本、嚴本作「我」。《晉書》作「我」。

[二十]「于」字誤，當改。原抄本、遂初堂本、集釋本、欒本、陳本、嚴本均作「子」。

[二十一]「闔」字誤，當改。原抄本、遂初堂本、集釋本、欒本、陳本、嚴本均作「闇」。

[二十二]「討」字誤，當改。原抄本、遂初堂本、集釋本、欒本、陳本、嚴本均作「計」。

[二十三]見《晉書・赫連勃勃載記》。

[二十四]「勘」字誤，當改。原抄本、遂初堂本、集釋本、欒本、陳本、嚴本均作「斯」。

[二十五]《詩經·大雅·民勞》。

邊縣

宋元祐八年，知定州蘇軾言：「漢鼂錯與文帝畫備邊策，不過二事。其一曰徙遠方以實廣虚，其二曰制邊州[一]以備敵國。」「今河朔西路被邊州軍，自澶淵講和以來，百姓自相團結，爲弓箭社，不論家業高下，户出一人。又自相推擇家資武藝衆所服者，爲社頭、社副、録事，謂之頭目。帶弓而鋤，佩劍而樵，出入山坂，飲食長技與北虜[二]同。私立賞罰，嚴於官府，分番巡邏[三]，鋪屋相望。若透漏北賊，及本土强盗不獲，其當番人皆有重罰。遇有警急，擊鼓集衆，頃刻可致千人。器甲鞍馬，常若寇至。蓋親戚墳墓所在，人自爲戰，虜[四]甚畏之。先朝名臣帥定州者，如韓琦、龐藉，皆加意拊循其人，以爲爪牙耳目之用，而籍又增損其約束賞罰。」「今雖名目具存，責其實用，不速[五]往日。」「欲乞朝廷立法，少賜優異，明設賞罰，以示懲勸。」「奏凡两上，皆不報。」[六]此宋時弓箭社之法，雖承平廢地[七]，而靖康之變，河北忠義多出於此。有國家者，能於閒[八]暇之時，而爲此寓兵于農之計，可不至如先帝[九]之末，課責有司以修練儲備之紛紛矣。

【校注】

[一]「州」，原抄本同。遂初堂本、集釋本、欒本、陳本、嚴本作「縣」。《宋史》、《東坡集》作「縣」。

[二]「北虜」，原抄本同。潘耒遂初堂刻本改爲「北敵」，集釋本因之。欒本據黄侃校記改回而加説明，陳本、嚴本仍刻本之舊而加注。《宋史》原文作「敵國」，《東坡集》一作「北虜」，一作「契丹」。

[三]「鑼」，原抄本同。遂初堂本、集釋本、欒本、陳本、嚴本作「邏」。

[四]「虜」，原抄本同。潘耒遂初堂刻本改爲「敵」，集釋本因之。欒本據黄侃校記改回而加説明，陳本、嚴本仍刻本之舊，無校注。《宋史》、《東坡集》原文作「敵」。

[五]「速」字誤，當改。原抄本、遂初堂本、集釋本、欒本、陳本、嚴本均作「逮」。

[六]見《宋史・兵志四》。末句外，又見《蘇軾集》卷六十四《奏議十首・乞增修弓箭社條約狀》。

[七]「地」字誤，當改。原抄本、遂初堂本、集釋本、欒本、陳本、嚴本均作「弛」。

[八]「間」字誤，當改。原抄本、遂初堂本、集釋本、欒本、陳本、嚴本均作「閒」。

[九]「先帝」，原抄本同。潘耒遂初堂刻本改爲「崇禎」，集釋本因之。欒本據黄侃校記改回而加説明，陳本、嚴本仍刻本之舊而加注。

宦官

漢和熹鄧后詔：「中官近臣，於東觀受讀經傳，以教授宫人。」[一]秦苻堅[二]「選奄人及女隸有聰識者，置博士授經」。[三]若夫巷伯能詩，列於《小雅》；[四]史游急就，著於[五]《藝文》。[六]古固有之，而不限其人也。我太祖[七]深懲前代宦寺之弊，命内官不許識字。永樂以後，此令不行。宣德中，乃有内書堂之設。《實録》：宣德元年七月，「以劉翀爲行在翰林院修撰，專授小内使書」。四年十月，「命行在禮部尚書兼謹身殿大學士陳山，專授小内使書」。《實録》言：「山爲人，寡學、急利而昧大體，上薄之。其致仕歸，思[八]禮一無所及。」則其授小内使書，亦賤者之事也。昔隋蔡允恭爲起居舍人，帝「遣教宫人，允恭耻之，數稱疾」[九]。宋賈昌期[十]爲侍講，以編修資善堂書籍爲名，而「實教授内侍，諫官吴育奏罷之」[十一]。以宣廟之納諫求言，而廷臣未有論及此者，馴致秉筆之奄，其尊侔於内閣，而大權旁落，不可復收，得非内書堂階之厲乎？吴[十二]廟升遐，重[十三]璽局局丞王綸以老事東宫，希圖柄用。「而翰林侍讀學士錢溥以嘗奉命教内書館，綸受學焉。」遂内外交錯，以謀入閣。已而敗露得罪。「綸造溥家，執弟子禮，坐溥上坐，飲至晡而去。」[十四]《周禮》：「寺人，王之正内五人。内豎，倍寺人之數。」[十五]當時贄御之臣，皆是士人，而婦、寺之權哀[十六]矣。唐太宗詔内侍省不立三品官，以内侍爲之長，階第四。不任以事，惟門閤守禦，廷内掃除，稟食而已。武后時，稍增其人。至中宗，黄衣乃二千員。玄宗時，宫嬪大率至四萬，宦官黄衣以上三千員。玄宗始置内侍省監二員，秩三品，以高力士、袁思藝爲之。是知宦官之盛，由於宫嬪之多。而人主欲不近刑人，則當以遠色爲本。[十七]

宋濂《大明日曆序》言：「后妃居中，不預一髮之政。外戚亦循理畏法，無敢恃寵以病民。寺人之徒，惟給事掃除之役。其家法之嚴，五也。」[十八]

王元美《筆記》曰：「高帝時，中人不得預外事，見公侯大臣，叩首惟謹。至永樂初，狗兒諸奄，稍稍見馬上之績。後以倦勤朝事，漸寄筆札，久乃稱肺腑矣。太監鄭和等，以奉命率舟師下海中諸夷，而中人有出使者矣。西北大將多洪武舊人，意不能無疑，思此[十九]腹心參之，而中人有鎮守者矣。王振時，上春秋少，不日接大臣，而中人有票旨徑行者矣。」[二十]

國史所載，永樂五年六月，内使李進往山西採天花，詐傍[二十一]詔旨，擅役軍民，此即弄權之漸。仁宗即位，凡差出内臣，限十日内盡撤回京。其見於詔書者，有採寶石、採金珠香貨、採鐵黎木，而《太宗實録》多諱之不書。《實録》有十九年十一月辛酉遣内官楊寔[二十二]、二十年十月癸巳遣内官韋喬，同御史察勘两京及天下庫藏出納二事。至洪熙元年六月，宣宗即位，而巡按浙江監察御史尹崇高奏：「朝廷近差内官内使，市買諸物，每物置局，有拘集之擾，有供應之煩。朝廷所需甚微，民間所費甚大，宜皆取回，惟令有司買納。」「詔從之。」[二十三]乃猶有如宣德六年十二月乙未所書「管事袁公[二十四]假公務爲名，擅差内官内使，陵虐官吏軍民，逼取金銀等物，以至磔死，而其黨十餘人皆斬」[二十五]者。嗚呼！「作法于京[二十六]，其敝猶貪。」[二十七]至於萬曆中年，礦税之使，旁午四出，而藉口於祖宗之成例，則外廷之臣交章争之而無可如何矣。是以「武王不泄迩」。[二十八]

中官典兵，亦始於永樂。《仁宗寔録》言：「甘肅總兵官都督費瓛，不能專斷軍政，悉聽中官指使。敕責其『低眉俛[二十九]首，受制於人』。」《宣宗實録》言：「交阯左參政馮貴，善用人。嘗得土軍五百人，勁勇善戰。貴撫育甚厚，每率之討賊，所嚮成功。後爲中官馬騏奪去，貴與賊戰不利，遂死之。」宣德元年三月己亥，敕責中官山壽曰：「叛賊黎利，本一窮蹙小寇，若早用心禽捕，如探雀雛。爾乃妄執己見，再三陳奏，惟事招撫，以致養禍遺患。及方政等進討，爾擁官軍一千餘人，坐守乂安，不往來策應，視其敗衄。」是則交阯之失，實本於中官，而仁、宣二宗亦但加之譙責而已。王振之專，土木之難，此非其漸乎？

交趾一事，中官之惡，《實録》不盡書。景泰四年，吏科給事中盧祥言：「臣思永樂年間，克平交趾，設置郡縣，夷人[三十]□[三十一]從。後因鎮守内臣貪虐，致失人心，竟亡其地，天下至今非議不已。」即此數言，可以想見。《師》之上六曰：「小人勿用，必亂邦也。」豈不信夫！

成祖天威遠加，無思不服。遏密未几[三十二]，遂棄交趾。齊桓首霸，而「寺人貂始漏師於多

魚」,《春秋》已志之矣。[三十三]故《姤》之初六,「一陰始[三十四]」,而周公成[三十五]之。[三十六]

正統九年正月辛未,命成國公朱勇、興安伯徐亨、都督馬亮、陳懷等,統兵出境,剿兀良哈三衛。勇同太監僧保出喜峰口,亨同太監曹吉祥出界嶺口,亮同太監劉永誠出劉家口,懷同太監但[三十七]出古北口。是時王振擅權,乃有此遣,而後遂以爲例。至十四年,陽和口之戰,太監郭景[三十八]監軍,諸將爲[三十九]所制,師無紀律,而宋謙、朱冕全軍覆没矣。

景泰元年閏正月乙卯,工部辦事史[四十]徐鎮言:「刑餘之人,不侍君側。太祖高皇帝懲漢唐之弊,不令預政,不令典兵,但使之守門傳命而已。邇者姦監王振,乘機專權[四十一],依勢作威,王爵天憲,悉出其口,生殺予奪,任己愛憎。又多引同類如郭敬等,以爲腹心[四十二],出監邊事。皇上臨御之初,乞監前失。宦官有參預朝政,及監軍鎮守者,悉令還内,各守本職。如此則宦官無召釁之端,國祚有過曆之兆矣。」[四十三]事寢不行。

六月乙酉,陝西蘭縣舉人段堅,論宦寺監軍之失。[四十四]

庚子,肅府儀衛司餘丁聊讓,請禁抑宦寺。[四十五]

三年九月辛卯,南京錦衣衛鎮撫司軍匠餘丁蕭敏,陳内官苦害軍民十事。[四十六]

天順八年十一月丙寅,兩京六科給事中王徽[四十七]等言:「正統十四年[四十八],王振專權,使先帝遠播,宗社幾危。天順間問[四十九],曹吉祥專權,舉兵焚闕,欲危宗社。今日牛玉[五十]專權,謀出[五十一]皇后,欺侮陛下。是皆貽笑四夷[五十二],取議萬世者也。臣請自今以後,一不許内官與國政,二不許外官與内官私相交結,三不許内官弟姪在外府[五十三]置立産業。自古内官賢良者,萬無一人。無事之時，似爲謹愼，一聞國政，便作姦欺。如聞陛下將用某人也，必先責之以爲己功；聞陛下將行某事也，必先泄之以張己勢。人望日歸，威權日重，而内官之禍起矣。此臣等所以勸陛下，不許内臣與聞國政者此也。内官侍奉陛下，朝夕在側。文武大臣不知廉恥者，多與之交結。有饋以金寶珠玉，加之婢媵奴顔者，内官便以爲賢，朝夕在陛下前稱美之。有正大不阿，不行私謁者，内官便以爲不賢，朝夕在陛下前非毁之。陛下天縱聖明，固不爲惑，日加浸潤，未免致疑。稱美者驟踰顯位，非毁者久屈下僚，怨歸朝廷，恩給[五十四]宦寺，而内官之禍起矣。臣等所以勸陛下，不許外官與内官交結者此也。内官弟姪人等，授職任事，倚勢爲非，聚姦養惡，家人百數，貲貨萬餘，田連千頃，馬繫千匹。内官因有此家産，所以貪婪無厭，姦弊多端，身雖在内，心實在外，内外相通，而禍亂所由起矣。此臣等所以勸陛下，不許内官弟姪在外管事並置立家産者此也。陛下果能鑒彼三人於既往，行此三事於方今，則禍亂自然不作，災害自然不生。倘或不然，則禍起蕭牆，變生肘腋，異日之患，有不可言者矣。然臣等今日之所言，乃舉朝[五十五]之所諱。臣等雖愚，亦知避禍。但受恩朝廷，無以爲報，官居言路，不可苟爲[五十六]。若陛下能行而不疑，即臣等雖死而無悔矣。」上責徽等妄言要譽，命吏部俱調州判官。疏草，李鈞筆也。

中都之變，宦官僨事之前輩[五十七]也。不一年，而監守之遺四出，以外廷無人甚也。平陰之役，夙沙衛[五十八]殿，殖綽曰：「子殿齊師，國之辱也。」[五十九]先帝[六十]以此恥天下之士大夫，而士大夫不以爲恥，且群然攻之。廷論雖嘩，上心不[六十一]信。及暫撤之，而士大夫又果不足用也。於是乎再任宦者，而國事已不可爲。昔者唐德宗即位，「疎斥宦官，親任朝士，而張涉以儒學入侍，薛邕以文雅登朝，繼以贓敗。故宦官、武将得以藉口曰：『南牙文臣贓動至巨萬，而謂我曹濁亂天下，豈非欺罔邪？』於是上心始疑，不知所倚仗矣。」[六十二]嗚呼！吾不知今日之攻宦官者，果愈於宦官乎？内廷既不可用，外廷亦遂無人，而國事又将誰屬乎？於時[六十三]昭王歎息，思良将之已亡；武帝告[六十四]嗟，慮名臣之欲盡。而燎原[六十五]靡撲，過涉終凶[六十六]，可爲痛哭者矣！是以人材非一世之所能成，古先王於多難之時，而得賢臣之助者，以其養之豫而儲之廣也。《傳》曰：「『詒厥孫謀，以燕翼子』，子桑有焉。」[六十七]夫有天下而爲子孫之慮者，則必在於人才矣。

《金史·完顔訛可傳》：「劉祁曰：『金人南渡之後，近侍之權尤甚[六十八]。蓋[六十九]宣宗喜用其人以爲耳目，伺察百官，故奉御輩採訪民間，號「行路御史」。或得一二事，即入奏之，上因責臺官漏泄，皆衹[七十]罪。又方面之柄，雖委将帥，又差一奉御在軍中，號曰「監戰」。每臨機應變，多爲所牽制，遇敵輒[七十一]先奔，故師多喪敗。哀宗因之不改，終至亡國。』論曰：『夫以暬御泊[七十二]軍，既掣之肘，又[七十三]信其讒以殺人，失政刑矣。唐之亡，坐以近侍監軍，金蹈其轍[七十四]，哀哉！』」金時近侍非宦豎也，以世胄或吏員爲之，見《斜□[七十五]愛實傳》。

崇禎十四年十二月戊午，上命[七十六]禮部並在内各監局等衙門：「官常典制，内外攸分，本職之外，豈宜侵越？我太祖高皇帝酌古式今，獨嚴近習之防，敕内官毋預外事。一侍[七十七]朝政清明，法紀整肅，拔本澄源，意甚深遠。朕鑒後追前，凜持祖訓。自今神宮等監，各[七十八]司局庫等衙門，或典禮繕戎，或鳩工莞鑰，或司膳服，或辨[七十九]文書，都著勤慎小心，料理本等職業。

不許違越祖制，干預在外政事，違者即以亂政參拏處斬。仍詳察舊典，開列職掌具奏。」禮部右侍郎蔣德璟[八十]疏言：「《周官》内職不滿百人，糾禁王宫，宰[八十一]於小宰。古聖垂法，下戒將來，蓋其慎也。天啟元年四月，御史張□[八十二]疏言：「請令中官受考察于禮部，定爲五年一舉，如京察例。」太祖高皇帝實詳監於往代而取衷焉。其設内官也，監司局庫各有定員，秩不過四品，俸不過一石。而且糾劾有令，交通有戒，預[八十三]政典兵有禁，謹内外之防，杜假竊之漸。至尚論漢唐已事，而三致意焉。淵哉天訓，亘古不易矣！雖二十五年曾遣太監聶慶童往諭陝西河州等衛所番族，令其輸馬，以茶給之。然往諭屬番，於軍民無與，且不假事柄，亦暫往即還。終洪武之世，無他特遣。此所以致聖[八十四]明整肅之治，而開萬世太平之基也。乃若列聖續[八十五]承，宫府之大防無改；而時事偶異，中外之任間使聞[八十六]。永樂中，始有遣使外夷[八十七]，及遣往甘肅巡視者。洪熙中，始有守備南京者。正統中，始有率兵討賊征虜[八十八]及各省鎮守者。景泰初，始有分坐十營，或稱『監鎗』者，然仍聽尚書于謙等節制。至正德中，邊關始置内監，且令提督禁兵内操，分坐勇士四衛軍營，益非祖宗之舊矣。他如監工監器、會同審録、蘇杭織造、榷税開礦之遣，皆利少害多，亦旋設旋止。操縱在握，一時暫託權宜，而事任遞遷，易世每多釐正。惟世宗肅皇帝毅然裁革，獨斷於先；我皇上翦除逆璫，媲美於後。總之稟成於高皇帝訓諭『内臣毋豫政事，外臣毋行交結』二語，足括千古治亂之源矣。臣等伏讀寶訓，深溯詒謀。不使有功，自無竊柄之患；嘗令畏法，寔杜亂政之階。故委腹心則威福移，寄耳目則羅織啟。遵典章則職守自恪，嚴内外則侵越不主[八十九]。此寔鑒古酌今，可以無敝，而神孫聖祖，於焉一揆者也。謹遵聖諭，備察舊章，将各監局職掌著爲令甲，可考見者，臚列上星[九十]，恭候聖明裁奪。」得旨申飭。奄人之有祠堂，自英宗之賜王振始也。至魏忠賢則生而賜祠，且徧於天下矣。故聖人戒乎作俑。[九十一]

【校注】

[一]見《後漢書・皇后紀上》。

[二]「苻聖」誤，當改。原抄本、遂初堂本、集釋本、欒本、陳本、嚴本均作「苻堅」。

[三]見《晉書・苻堅載記上》。

[四]《小雅・巷伯》，《詩序》云：「刺幽王也。寺人傷於讒，故作是詩也。」鄭玄箋：「巷伯，奄官。寺人，内小臣也。」

[五]「於」，原抄本同，遂初堂本、集釋本、欒本、陳本、嚴本作「在」。

[六]《漢書・藝文志》：「《急就》一篇，元帝時黄門令史游作。」

[七]「我太祖」，原抄本同，潘耒遂初堂刻本遺漏未改，集釋本因之亦未改。

[八]「思」字誤，當改。原抄本、遂初堂本、集釋本、欒本、陳本、嚴本均作「恩」。

[九]見《新唐書・文藝傳上》。

[十]「賈昌期」誤，原抄本、遂初堂本同誤，當改。集釋本、欒本、陳本、嚴本作「賈昌朝」。

[十一]見《宋史・賈昌朝傳》。

[十二]「吴」字誤，當改。原抄本、遂初堂本、集釋本、欒本、陳本、嚴本均作「英」。

[十三]「重」字誤，當改。原抄本、遂初堂本、集釋本、欒本、陳本、嚴本均作「典」。

[十四]見《憲宗實録》卷一。

[十五]《周禮・天官冢宰》。

［十六］「哀」字誤，當改。原抄本、遂初堂本、集釋本、欒本、陳本、嚴本均作「衰」。

［十七］黄汝成集釋引唐氏曰：凡閹人導君以酒色，導君以荒遊，導君以侈御，導君以惡見正人。權臣因之，上隱無不聞，下巧無不達，國之大柄下移矣。明示以便進之門，邪曲進，賢正沮矣。金入則死罪生，求拂則有功死，刑不中，罰不中矣。此七患者其患小。然剛明之君或中其一二，法制無可加，誡訓無所益，雖神聖蓋亦莫之如何也已矣。兒蓄公卿，天子孤矣。逐屠忠良，朝廷空矣。挾制天子，干戈起矣。是三患者，其患大，必滅宗社而後已。然絶之甚易也，請著爲典，曰：凡閹人不授官，不任事，不衣命服。後世人臣有言立閹人之職司及使視戎事者，殺無赦！凡閹人傳命於朝，見宰相跪而致言，跪而受言，不得立焉。傳命於堂，見九卿立而致言，立而受言，不得坐焉。遇百官於道，見而下馬，過而上馬，不得乘焉。抗公卿者斬，抗百官者流。大臣不言者死，小臣不言者黜。

［十八］此段刻本爲夾註，置於下段王元美《筆記》「叩首惟謹」之下。

［十九］「此」字誤，當改。原抄本、遂初堂本、集釋本、欒本、陳本、嚴本均作「以」。

［二十］見王世貞《鳳洲筆記》。王世貞，字元美，號鳳洲，又號弇州山人。

［二十一］「傍」字誤，當改。原抄本、遂初堂本、集釋本、欒本、陳本、嚴本均作「傳」。

［二十二］「楊寔」，原抄本作「楊實」。遂初堂本、集釋本、欒本、陳本、嚴本作「楊賓」，誤。《太宗實録》卷二百四十三作「楊實」。

［二十三］見《宣宗實録》。

［二十四］「袁公」，原抄本同。遂初堂本、集釋本、欒本、陳本、嚴本作「袁琦」。

［二十五］又見《明史・宣宗本紀》。

［二十六］「京」字誤，原抄本作「凉」，亦誤，當改。集釋本、欒本、陳本作「涼」。《左傳》作「涼」，杜注：「涼薄也。」

［二十七］語出《左傳・昭公四年》。

［二十八］語出《孟子・離婁下》。黄汝成集釋引楊氏曰：有明一代，如王、汪、劉、魏，其害固不容言矣。其餘諸

帝，自太宗、仁宗而外，未有不任奄人者。端皇親見逆璫之禍，而卒以奄人監軍，可歎哉！

［二十九］「俛」，同「俯」。

［三十］「夷人」，原抄本同。潘耒遂初堂刻本改爲「蠻人」，集釋本因之。欒本、陳本仍刻本之舊，無校記；嚴本仍刻本之舊而加注。

［三十一］底本缺一字處，原抄本、遂初堂本、集釋本、欒本、陳本、嚴本均作「服」字，當補。

［三十二］「几」字誤，當改。原抄本、遂初堂本、集釋本、欒本、陳本、嚴本均作「幾」。

［三十三］見《左傳・僖公二年》。

［三十四］「始」字下，脱「生」字，當補。原抄本、遂初堂本、集釋本、欒本、陳本、嚴本均有「生」字。

［三十五］「成」字誤，當改。原抄本、遂初堂本、集釋本、欒本、陳本、嚴本均作「戒」。

［三十六］《姤卦》《巽》下《乾》上，惟初六一陰爻，其上五爻皆陽。故朱熹《本義》曰：「一陰始生」，又曰：「戒小人」。初六爻辭曰：「有攸往，見凶」，故此云「周公戒之」。

［三十七］「但」字下，脱「信」字，當補。原抄本、遂初堂本、集釋本、欒本、陳本、嚴本均作「但信」。

［三十八］「郭景」誤，當改。原抄本、遂初堂本、集釋本、欒本、陳本、嚴本均作「郭敬」。

［三十九］「爲」字上，脱「悉」字，當補。原抄本、遂初堂本、集釋本、欒本、陳本、嚴本均作「悉爲」。

［四十］「史」字誤，當改。原抄本、遂初堂本、集釋本、欒本、陳本、嚴本均作「吏」。

［四十一］「權」，原抄本同，遂初堂本、集釋本、欒本、陳本、嚴本作「政」。

［四十二］「腹心」，原抄本同，遂初堂本、集釋本、欒本、陳本、嚴本作「心腹」。

［四十三］見《英宗實録》。

［四十四］段堅，字可大，蘭州人。《明史・循吏傳》有傳。

［四十五］餘丁，官名。聊讓，蘭州人。事見《明史》本傳。

[四十六]蕭敏，各本均同，《明史》作「華敏」，事見《明史・聊讓傳》附傳。

[四十七]王徽，字尚文，應天人。《明史》有傳。

[四十八]「十四年」，原抄本同，遂初堂本、集釋本、欒本、陳本、嚴本作「末年」。

[四十九]「間問」誤，當改。原抄本、遂初堂本、集釋本、欒本、陳本、嚴本均作「年間」。

[五十]「牛土」誤，當改。原抄本、遂初堂本、集釋本、欒本、陳本、嚴本均作「牛玉」。

[五十一]「出」，原抄本、遂初堂本、嚴本同。集釋本、欒本、陳本作「黜」。

[五十二]「四夷」，原抄本同。潘耒遂初堂刻本改爲「四方」，上加「於」字，集釋本因之。欒本據黄侃校記改回而加説明，陳本仍刻本之舊而加注，嚴本仍刻本之舊，無校記。

[五十三]「在外府」誤，當改。原抄本同，遂初堂本、集釋本、欒本、陳本、嚴本作「在外管事並」。

[五十四]「給」，原抄本、遂初堂本、集釋本、欒本、陳本、嚴本均作「結」。按當作「歸」。《皇明典故紀聞》卷十四載李鈞言曰：「怨不歸於内臣而歸於朝廷，恩不歸於朝廷而歸於内臣。」

[五十五]「舉朝」，原抄本同。遂初堂本、集釋本、欒本、陳本、嚴本作「舉朝廷」。

[五十六]「苟爲」誤，當改。原抄本、遂初堂本、集釋本、欒本、陳本、嚴本均作「苟容」。

[五十七]「輩」字誤，當改。原抄本、遂初堂本、集釋本、欒本、陳本、嚴本均作「車」。

[五十八]「夙沙衛」，遂初堂本、集釋本、欒本、陳本、嚴本同，原抄本「夙」誤「風」，當改。《左傳》作「夙沙衛」。

[五十九]「子殿齊師，國之辱也」誤，原抄本、遂初堂本同誤。集釋本、欒本、陳本、嚴本作「子殿國師，齊之辱也」，與《左傳》同。見《左傳・襄公十八年》。夙沙衛，寺人。

[六十]「先帝」，原抄本同。潘耒遂初堂刻本改爲「天子」，集釋本因之。欒本據黄侃校記改回而加説明，陳本、嚴本仍刻本之舊而加注。

[六十一]「不」，原抄本同。遂初堂本、集釋本、欒本、陳本、嚴本作「弗」。

［六十二］見《資治通鑑》卷二百二十六《唐紀四十二》。

［六十三］「於時」，原抄本同。遂初堂本、集釋本、欒本、陳本、嚴本作「至於」。

［六十四］「告」字誤，當改。原抄本、遂初堂本、集釋本、欒本、陳本、嚴本均作「咨」。

［六十五］「燎原」，語出《尚書・盤庚上》。

［六十六］「過涉」，語出《易經・大過卦》。「終凶」，原抄本同。集釋本、欒本、陳本作「終亡」。按當作「終凶」，《大過卦》上六象辭：「過涉之凶，不可咎也。」

［六十七］見《左傳・文公三年》。引詩出《詩經・大雅・文王有聲》。

［六十八］「甚」，原抄本同，遂初堂本、集釋本、欒本、陳本、嚴本作「重」。《金史》作「尤重」。

［六十九］「盖」，遂初堂本、集釋本、欒本、陳本、嚴本同，原抄本作「重」，屬上讀。

［七十］「祗」字誤，當改。原抄本、遂初堂本、集釋本、欒本、陳本、嚴本均作「抵」。

［七十一］「轍」字誤，當改。原抄本、遂初堂本、集釋本、欒本、陳本、嚴本均作「輒」。

［七十二］「泊」字誤，當改。原抄本、遂初堂本、集釋本、欒本、陳本、嚴本均作「治」。

［七十三］「乂」字誤，當改。原抄本、遂初堂本、集釋本、欒本、陳本、嚴本均作「又」。

［七十四］「轍」，遂初堂本、集釋本、欒本、陳本、嚴本同。原抄本誤作「輒」，當改。

［七十五］底本缺一字處，原抄本、遂初堂本、集釋本、欒本、陳本、嚴本均作「卯」，當補。

［七十六］「命」，原抄本同，遂初堂本、集釋本、欒本、陳本、嚴本作「諭」。

［七十七］「侍」字誤，當改。原抄本、遂初堂本、集釋本、欒本、陳本、嚴本均作「時」。

［七十八］「各」字上，遂初堂本、集釋本、欒本、陳本、嚴本有「及」字。原抄本無。

［七十九］「辨」字誤，當改。原抄本、遂初堂本、集釋本、欒本、陳本、嚴本均作「辦」。

［八十］蔣德璟，字申葆，晉江人。《明史》有傳。

[八十一]「宰」字誤，當改。原抄本、遂初堂本、集釋本、欒本、陳本、嚴本均作「掌」。

[八十二]底本缺一字處，原抄本、遂初堂本、集釋本、欒本、陳本、嚴本均作「捷」，當補。

[八十三]「預」，原抄本同，遂初堂本、集釋本、欒本、陳本、嚴本作「豫」。

[八十四]「聖」字誤，當改。原抄本、遂初堂本、集釋本、欒本、陳本、嚴本均作「清」。

[八十五]「續」字誤，當改。原抄本、遂初堂本、集釋本、欒本、陳本、嚴本均作「纘」。

[八十六]「任間使聞」誤倒，原抄本同誤，當改。遂初堂本、集釋本、欒本、陳本、嚴本作「任使間聞」。

[八十七]「外夷」，原抄本同。潘耒遂初堂刻本改爲「外國」，集釋本因之。欒本據黄侃校記改回而加説明，陳本、嚴本仍刻本之舊而加注。

[八十八]「征虜」，原抄本同。潘耒遂初堂刻本改爲「防邊」，集釋本因之。欒本據黄侃校記改回而加説明，陳本、嚴本仍刻本之舊而加注。

[八十九]「主」字誤，當改。原抄本、遂初堂本、集釋本、欒本、陳本、嚴本均作「生」。

[九十]「星」字誤，當改。原抄本、遂初堂本、集釋本、欒本、陳本、嚴本均作「呈」。

[九十一]此條抄本爲亭林原注，刻本作爲正文。

禁自宫

《寔録》：成化元年七月，丁巳：「直隷魏縣民李堂等十一名，自宫以求進，命執送錦衣衛獄罪之，發南海子種菜。祖宗以來，凡閹割火者[一]，必俘虜[二]之奴，或罪極當死者。出其死而生之，蓋重絶人之世，不忍以無罪之民受古肉刑也。景泰以來，乃有自宫以求進者，朝廷雖暫罪之，而終收以爲用。故近畿之民，畏避繇役，希覬富貴者，倣效成風，往往自戕其身及其子孫，日赴禮部投進。自是以後，日積月累，千百成群，其爲國之蠹害甚矣。」[三]史臣劉吉等之辭。

《實録》：永樂十九年七月，「丁卯，嚴自宫之禁，犯者皆發充軍」。[四]《餘冬序録》曰：「永樂二十二年令，凡自宫者以不孝論。軍犯，罪及本管頭目總小旗。民犯，罪及有司里老。成化九年令，私自净身者，本身處死，家發邊遠充軍。正統十二年、天順二年、成化九年，節經申明。弘治五年，自净身者，并[五]身并下手人俱處死，全家充軍。兩鄰及歇家不舉，有司里老容隱者，一體治罪。其禁止乎未殘者，法甚嚴也。永樂二十三年，仁宗即位。興州左屯衛軍徐翼，有子自宫，入爲内豎。翼奏乞除軍籍，上曰：『爲父當教子，爲子當養親。爾有子不能教，自殘其體，背親恩，絶人道，敗壞風化，皆原於爾，尚敢希除軍籍邪？』出其子使代軍役。宣德二年令，自净身人，軍民各還元伍籍，不許投入王府及官勢家藏隱，躲避差役。若犯，本身及匿藏家處死，該管總小旗、里老鄰佑，一體治罪。正統元年閏六月，時軍民多自宫希進，間有以赦前[六]獲免罪者，刑部請依舊制，不論赦前赦後，但[七]論以不孝重罪，從之。成化十一年二月，順天府永清縣民徐義白宫其幼子以求進，詔發充廣西南丹衛軍，妻及幼子皆隨住[八]。成化[九]十五年，净身人令巡城御史、錦衣衛官[十]督逐回籍。弘治元年，令錦衣衛拘送順天府，遞發元管官司點閘知在，不許容縱。十三年，令先年净身人曾經發遣，不俟[十一]收取，私自來京，圖謀進用者，問發邊遠充軍。其戒約於已殘者，法亦非不至也。而貂璫満朝，金玉塞塗，至今日而益盛，然則法果行乎？」[十二]

宋仁宗未有繼嗣，太常博士吴及言：「上[十三]古之明王，重絶人之世。今宦官之家，競求他子，剿絶人理，以希爵命。童幼何罪？陷於刀鋸，有因而夭死者。夫有疾而夭，治世所矜，況無疾乎？有罪而宫，前王不忍，況無罪乎？臣聞漢永平之際，中常侍四員，小黄門十人爾。唐太宗定制，無得踰百員。今以祖宗時較之，當日宦官几何人？今几何人？臣愚以爲，胎卵刳傷，鳳凰不至，繼嗣未育，殆繇於此。伏願濬發德音，詳爲條禁，權罷宦官進獻。有擅宫童幼，置以重法。若然，則天心必應，繼嗣必廣。召福祥、安宗廟之策，無先此者。」[十四]帝異其言，權罷内臣進養子。

【校注】

[一]「火者」，官名。《明史・太祖本紀》洪武五年詔：「閩粤豪家毋閹人子爲火者，犯者抵罪。」

[二]「俘虜」，原抄本同。潘耒遂初堂刻本改爲「俘獲」，集釋本因之。欒本據黄侃校記改回而加説明，陳本、嚴本仍刻本之舊而加注。

[三]《憲宗實録》卷十九。

[四]此句刻本改爲夾註，置於下段《餘冬序録》「有司里老」之下。

[五]「并」字誤，當改。原抄本、遂初堂本、集釋本、欒本、陳本、嚴本均作「本」。

[六]「前」，原抄本同，遂初堂本、集釋本、欒本、陳本、嚴本作「而」。按下文「赦前赦後」，當作「前」。此條見《英宗實録》卷十九，作「前」。

[七]「但」字誤，原抄本同誤，當改。遂初堂本、集釋本、欒本、陳本、嚴本作「俱」。《英宗實録》作「俱」。

[八]「住」字誤，當改。原抄本、遂初堂本、集釋本、欒本、陳本、嚴本均作「往」。

[九]「成化」二字，原抄本同。遂初堂本、集釋本、欒本、陳本、嚴本無。

[十]「官」字，原抄本同。遂初堂本、集釋本、欒本、陳本、嚴本無。

［十一］「矦」字誤，當改。原抄本、遂初堂本、集釋本、欒本、陳本、嚴本均作「侯」。

［十二］見《餘冬序録》卷十。

［十三］「言上」，原抄本同。遂初堂本、集釋本、欒本、陳本、嚴本作「上言」，「上」字屬上讀。

［十四］《宋史・吴及傳》。

歷代文史要籍
注釋選刊

抄本日知録校注

中册

［清］顧炎武◎著
張京華◎校注

華東師範大學出版社
·上海·

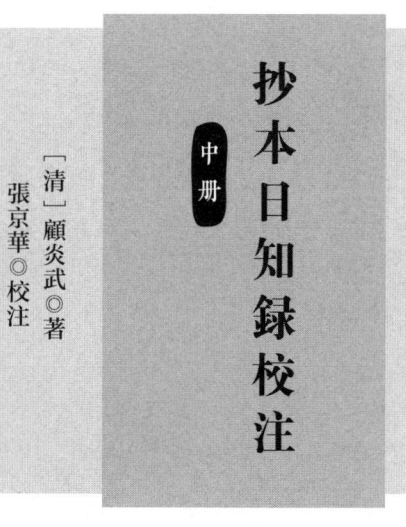

日知録目録

卷之十四

① 「俻」字誤，當改。原抄本、遂初堂本、集釋本、嚴本均作「借」。正文不誤。

卷之十五

① 「誅」字誤，當改。原抄本、遂初堂本、集釋本、嚴本均作「銖」。正文不誤。

卷之十六

① 「面」，遂初堂本目録誤作「而」，正文不誤。
② 「私鹽」，正文作「行鹽」。原抄本目録、正文均作「私鹽」。集釋本、遂初堂本、嚴本目録、正文均作「行鹽」。

卷之十七

① 「始」字誤，當改。原抄本、遂初堂本、集釋本、嚴本均作「世」。正文不誤。
② 「始」字承上而誤，當改。原抄本、遂初堂本、集釋本、嚴本均作「議」。正文不誤。
③ 「廉耻」，正文作「廉恥」。

① 「誅」字誤，當改。原抄本、遂初堂本、集釋本、嚴本均作「除」。正文不誤。

② 「俗」字誤，當改。原抄本、遂初堂本、集釋本、嚴本均作「化」。正文不誤，但「失」字誤作「美」。

卷之十八

① 「植」，遂初堂本目録誤作「楠」，正文不誤。
② 「于」字誤，當改。原抄本、遂初堂本、集釋本、嚴本均作「子」。正文不誤。

① 「聖節」條目次序誤，當改。原抄本、集釋本、嚴本均在「乳母」條下。正文不誤。
② 「君」字誤，當改。原抄本、遂初堂本、集釋本、嚴本均作「居」。正文不誤。

① 「嘉定」誤，當改。原抄本、遂初堂本、集釋本、嚴本均作「嘉靖」。正文不誤。
② 「取」，原抄本、遂初堂本、集釋本、嚴本均作「娶」。正文作「娶」。

卷之十九

---

① 「交代」上，脱「丁憂」二字，當補。原抄本、遂初堂本、集釋本、嚴本均作「丁憂交代」。正文不缺。
② 「武官丁憂」條目缺，據原抄本、集釋本、嚴本補。正文不缺。
③ 「飲酒」，遂初堂本目録誤作「宴飲」，嚴本據集釋本及正文改爲「飲酒」。

① 「點」字誤，當改。原抄本、遂初堂本、集釋本、嚴本均作「黜」。正文不誤。
② 「思」字誤，當改。原抄本、遂初堂本、集釋本、嚴本均作「恩」。正文不誤。

卷之二十

① 「吏」字，遂初堂本、集釋本、嚴本同。原抄本目録誤作「史」，正文不誤。

卷之二十③

① 「莊」字誤，當改。原抄本、遂初堂本、集釋本、嚴本均作「莊子」。正文不誤。
② 「戡」字誤，當改。原抄本、遂初堂本、集釋本、嚴本均作「勘」。正文不誤。
③ 「二十」誤，當作「二十一」。原抄本作「二十一」。正文不誤。

① 「立言不爲一時」條目缺，據原抄本、遂初堂本、集釋本、嚴本補。正文不缺。原抄本爲徐文珊增補。
② 「摹寫」，原抄本目録、遂初堂本、集釋本、嚴本均作「摹仿」。正文作「摹仿」。原抄本正文亦作「摹仿」。

①「人」字誤，當改。原抄本、遂初堂本、集釋本、嚴本均作「文」。正文不誤。

②「月日」，正文作「日月」。原抄本目録、正文，集釋本、嚴本均作「月日」。遂初堂本目録誤作「月目」，正文不誤。

③「月日」，正文作「日月」。原抄本目録、正文，遂初堂本、集釋本、嚴本均作「月日」。

④「日月」，遂初堂本目録誤作「月日」，正文不誤。

① 「日子」，原抄本、集釋本同。遂初堂本目録誤作「甲子」，嚴本據集釋本及正文改爲「日子」。
② 「稱秦王」三字，遂初堂本目録脱，嚴本據正文補。

卷之二十二

① 「原」，遂初堂本目録作「元」，正文作「原」。
② 「書」字誤，當改。原抄本、遂初堂本、集釋本、嚴本均作「詩」。正文不誤。

① 「韻」字誤，當改。原抄本、遂初堂本、集釋本、嚴本均作「詩」。正文不誤。

① 底本空缺一字處，原抄本、遂初堂本、集釋本、嚴本均作「詩」字，當補。
② 「趙宧光」三字，原抄本同。遂初堂本、集釋本、嚴本均無。

① 「印」，遂初堂本目録誤作「卯」，正文不誤。
② 「筆」字下，原抄本、集釋本、嚴本均有「字」字，當補。正文不缺。
③ 「作減」條目承上而誤，當改爲「畫」。原抄本、遂初堂本、集釋本、嚴本均作「畫」。正文不誤。

日知録卷之十四[一]

治地

古先王之治地也，無棄地，而亦不盡地。田間之「涂九軌」[二]，有餘道矣；「遺山澤之分」，「秋水多，得有所休息」，[三]有餘水矣。是以功易立而難壞，年討[四]不足而世計有餘。後之人一以急迫之心爲之，商鞅決裂阡陌[五]，而中原之彊[六]理蕩然。宋政和以後，圍湖占江，而東南之水利亦塞。《宋史·劉韐傳》：「鑑湖爲民侵耕，官田[七]收其租，歲二萬斛。政和間湖[八]，以爲田，衍至六倍。」《文獻通考》：「圩田、湖田多起於政和以來。其在浙間者，隸應奉局。其在江東者，蔡京、秦檜相繼得之。大概今之田，昔之湖。徒知湖中之水可涸以墾田，而不知湖外之田將胥而爲水也。」於是十年之中，荒恒六七，而較其所得，反不及於前人。子曰：「無欲速，無見小利。」[九]夫欲行井地之法，則必自此二言始矣。

【校注】

[一]卷十四，刻本爲卷十。

[二]見《周禮·冬官考工記》。

［三］見《漢書・溝洫志》。

［四］「討」字誤，當改。原抄本、遂初堂本、集釋本、欒本、陳本、嚴本均作「計」。

［五］《史記・秦本紀》：孝公三年，「衛鞅説孝公變法修刑」，七年，「爲田開阡陌」。又見《商君列傳》。

［六］「彊」字誤，當改。原抄本、遂初堂本、集釋本、欒本、陳本、嚴本均作「疆」。《左傳・成公二年》：「先王疆理天下，物土之宜，而布其利。」《詩經・小雅・信南山》：「我疆我理，南東其畝。」

［七］「田」字，各本均同，按當作「因」，《宋史》作「因」。

［八］「湖」字誤，當改。原抄本、遂初堂本、集釋本、欒本、陳本、嚴本均作「洄」。

［九］見《論語・子路》。

斗斛丈尺

古帝王之於權量，其於天下，則五歲巡狩而一正之，《虞書》「同律、度、量、衡」［一］是也。其於國中，則每歲而再正之，《禮記・月令》「日夜分則同度量，钧諱［二］衡石，角斗甬，正權概」是也。洪武初，命二日［三］一次較勘斛、斗、秤［四］、尺。故「關石和鈞」［五］，大禹以之興夏；「謹權量，審法度」［六］，而武王以之造周。今北方之量，鄉異而邑不同，至有以五斗爲一斗者，一閧之市，兩斗並行。至其土地，有以二百四十步爲畝者，有以三百六十步爲畝者，有以七百二十步爲畝者。《大名府志》有以一千二百步爲一畝者。其步弓，有以五尺爲步，有以六尺、七尺、八尺爲步。此之謂「工不信度」［七］者也。夫法不一則民巧生，有王者起，同權量而正經界，其先務矣。《後漢書》：建武十五年，「詔下州郡，簡覈墾田頃畝及户口、年紀，河南尹張伋及諸郡守十餘人，坐度田[八]不實，下獄死」[九]。而《隋書》：趙煚爲冀州刺史，「爲銅斗鐵尺，置之於肆，百姓便之。上聞，令頒之天下，以爲常法」[十]。儻亦可行於今日者乎？

【校注】

[一]見《尚書・舜典》。

[二]「钓」，「鈞」字缺筆，避明諱也。原抄本原帙作「鈞諱」，藍筆補寫作「鈞諱」，徐文珊加方框作「鈞諱」。

[三]「二日」，原抄本作「三月」，遂初堂本、集釋本、欒本、陳本、嚴本作「三日」。按當作「二日」，《大明會典》卷三十七：「洪武元年，令兵馬司並管市司，二日一次較勘街市斛、斗、秤、尺。」

[四]「秤」，原抄本、遂初堂本、嚴本同，集釋本、欒本、陳本作「稱」。《大明會典》作「秤」。

[五]「鈞」，「鈞」字缺末筆。原抄本原帙作「鈞」，藍筆補寫作「鈞」，徐文珊作「鈞」，不諱。「關石和鈞」見《尚書・五子之歌》。

[六]語出《論語・堯曰》。

[七]語出《孟子・離婁上》。

[八]「曰」字誤，當改。原抄本、遂初堂本、集釋本、欒本、陳本、嚴本均作「田」。

[九]見《後漢書・光武帝紀下》。

[十]見《隋書》本傳。又見《北史》本傳。

地畝大[一]

以近郭爲上地，遠郊[二]爲中地、下地，蓋自金、元之末，城邑丘墟，人民稀少。先耕者近郭，近郭，□[三]武之「册田」也；後墾者遠郊，遠郊，繼代之「新科」也。故重輕殊也。

《廣平府志》曰：「地有大小之分者：以二百四十步爲畝，自古以來未之有改也。由國初有『奉旨開墾，永不起科』者，有因洿下鹻薄而無糧者，今一概量出作數，是以元額地少，而文[四]出之地反多。有司恐畝數增多，取駭於上，而貽害於民，乃以大畝該小畝，取合元額之數。自是上行造報，則用大地，以投黄册；下行徵派，則用小畝，以取均平。是以各縣大地，有以小地一畝八分折一畝，遞增之至八畝以[五]折一畝。既因其地之高下而爲之差等，又皆合一縣之丈地，投一縣之元額，以敷一[六]縣之糧科，而賦殺[七]由之以出。」此後人一時之權宜爾。考之它郡，如河南八府，而懷慶地獨小，糧獨重。開封三十四州縣，而杞[八]地獨小，糧獨重。蓋由元末甚殘破，故獨重於他郡邑。天下初定，日不暇給，度田之令，均丈之法，有所不及詳，解縉《大庖西封事》言：「土田之高下不均，而起科之輕重無别。或[九]膏腴而税反輕，或瘠鹵而税反重。」[十]是則洪武之時即已如此。而中原之地，彌望荆榛，亦無從按畝而圖之也。唐[十一]陸贄有言：「創制之始，不務齊平。供應有煩簡之殊，牧守有能否之異。所在徭賦，輕重相懸；所遣使臣，意見各異。計奏一定，有加無除。」[十二]此則致敝之端，古今一轍。而井地不均，賦税不平，固三百年於此矣。故《東昌府志》言：「三州十五縣，步尺參差，大小畝規畫[十三]不一，人得以意長短廣狹其間。」而《大名府志》謂：「田賦必均而後可久，除沙茅之地別籍外，請檄諸州縣長吏，畫一而度之，以鈔准尺，以尺准步，以步准畝，以畝准賦，倣江南魚鱗册式而編次之。舊所籍不齊之額悉罷去，而括其見存者，均攤於諸州縣之間。一切糧草、馬税、[十四]驛傳、均徭、里甲之類，率例視之以差。數百里之間，風土人煙，同條共貫

矣。」則知均丈之議，前人已嘗著之，而今可通於天下者也。[十五]

《宋史》言：宋時「田制不立，甽畝轉[十六]易，丁口隱漏，兼并冒僞，未嘗考按」。[十七]《王洙傳》：「□[十八]言天下田稅不均，請用郭諮、孫琳千步開方法，頒州縣以均其稅。」[十九]又言：「宣和中，李彥[二十]置局汝州，凡民間美田，使他人役[二十一]牒告陳，指爲天荒。魯山闔縣盡括爲公田，焚民故券，使田主輸租，訴者輒加威刑。公田既無二稅，轉運使亦不爲奏除，悉均諸他州。」《宦者傳》。是則經界之不正，賦稅之不均，有自宋已然者，又不獨金、元之季矣。

【校注】

[一]「大」字下，脱「小」字。原抄本、遂初堂本、集釋本、欒本、陳本、嚴本均作「大小」。目録不誤。
[二]「遠郊」，原抄本同，遂初堂本、集釋本、欒本、陳本、嚴本作「遠之」。按下文「後墾者遠郊」，當作「遠郊」。
[三]底本缺一字處，原抄本、遂初堂本、集釋本、欒本、陳本、嚴本均作「洪」，當補。
[四]「文」字誤，當改。原抄本、遂初堂本、集釋本、欒本、陳本、嚴本均作「丈」。
[五]「以」字下，遂初堂本、集釋本、欒本、陳本有「上」字。原抄本無。
[六]「敷一」，遂初堂本、集釋本、欒本、陳本、嚴本同。原抄本誤倒作「一敷」，當乙正。
[七]「殺」字誤，當改。原抄本、遂初堂本、集釋本、欒本、陳本、嚴本均作「役」。
[八]「祀」字誤，當改。原抄本、遂初堂本、集釋本、欒本、陳本、嚴本均作「杞」。
[九]「或」字，原抄本、遂初堂本、嚴本同，集釋本、欒本、陳本無。
[十]見《明史·解縉傳》。
[十一]「唐」字下，集釋本、欒本、陳本有「時」字。原抄本、遂初堂本、嚴本無。
[十二]見《資治通鑑》卷二百三十四《唐紀五十》。又見《陸宣公奏議》卷十四。

［十三］「晝」字誤，當改。原抄本、遂初堂本、集釋本、欒本、陳本、嚴本均作「畫」。

［十四］「糧草馬税」，原抄本同。遂初堂本、集釋本、欒本、陳本、嚴本作「糧税馬草」。

［十五］黄汝成集釋引閻氏曰：江都之田一萬七千餘頃，額征銀五萬餘兩。高郵田二萬五千餘頃，額征銀四萬一千餘兩。泰州田九千餘頃，額征銀四萬四千餘兩。非泰州之田僅高郵三分之一，賦重于高郵三倍也，蓋泰州大地，而高郵小地也。又如興化田二萬四千餘頃，額征銀二萬八千餘兩。寶應田二千餘頃，額征銀二萬餘兩。非寶應僅興化十分之一，賦重十倍也，蓋寶應大地而興化小地也。小地則一畝爲一畝，而賦輕；大地則數畝折一畝，而賦重。《賦役全書》内皆未經注明也。錢糧款項不可不簡，而田畝大小尤不可不明。

［十六］「慱」字誤，當改。原抄本、遂初堂本、集釋本、欒本、陳本、嚴本均作「轉」。

［十七］見《宋史・食貨志上二》。

［十八］底本缺一字處，原抄本、遂初堂本、集釋本、欒本、陳本、嚴本均作「洙」，當補。

［十九］黄汝成集釋引沈氏曰：《宋・食貨志》：「重修定方田法，以東西南北各千步，當四十一頃六十六畝，一百六十步爲一方。」今按：方田法本王安石所建，見《宋史・王安石傳》。

［二十］「季彦」誤，當改。原抄本、遂初堂本、集釋本、欒本、陳本、嚴本均作「李彦」。

［二十一］「役」字誤，當改。原抄本、遂初堂本、集釋本、欒本、陳本、嚴本均作「投」。

州縣界域

自古以來，畫疆［一］分邑，必相比輔［二］，天下皆然。乃今則州縣所屬鄉村，有去治三四百里者，有城門之外即爲鄰屬者，則幅員不可不更也。下邽在渭北，而併［三］渭南。美原在北山，而併於富乎[四]。若此之類，俱宜復設。而大名縣距府七里，可以省入元城，則大小不可不均也。管轄之地，多有隔越。如南宫、屬真定。威縣屬廣平。之間，有新河縣屬真定。池[五]。清河、屬廣平。威縣之間，有冠縣屬東昌。地。鄆城、屬兖州。范縣屬東昌。之間，有鄒縣屬兖州。地。青州之益都等縣，俱有高苑地。淮安之宿遷縣，有開封之祥符縣地。大同之靈丘、廣昌二縣，中間有順天之宛平縣地。或距縣一二百里，或隔三四州縣，藪奸誨通[六]，恒必繇之。而甚則有如沈丘屬開封。之縣署，地糧乃隸於汝陽屬汝寧。者，則錯互不可不正也。衛所之屯，有在三四百里之外，與民地相錯，浸久而迷其版籍，則軍民不可不清也。水濱之地，消長不常，如蒲州之西門外二里[七]，即以補朝邑之坍[八]，使陝西之人越河而佃，至於争鬬殺傷，則事變不可不通也。洪武十七年八月丙戌，以州之民户不及三千者，皆改爲縣，改者[九]三十七州。《周禮》：形方氏「掌制邦國之地域而正其封疆，無有乖離[十]之地」。[十一]有王者作，謂宜遣使分按郡邑，圖寫地形，奠以山川，正以經界。地邑、民居，必參相得，庶乎獄訟衰而風俗淳矣。

【校注】

[一]「彊」字誤，當改。原抄本、遂初堂本、集釋本、欒本、陳本、嚴本均作「疆」。

[二]「輔」字誤，原抄本同誤，當改。遂初堂本、集釋本、欒本、陳本、嚴本作「附」。

[三]「併」字下，脱「於」字，當補。原抄本、遂初堂本、集釋本、欒本、陳本、嚴本均有「於」字。

[四]「乎」字誤，當改。原抄本、遂初堂本、集釋本、欒本、陳本、嚴本均作「平」。

[五]「池」字誤，當改。原抄本、遂初堂本、集釋本、欒本、陳本、嚴本均作「地」。

[六]「通」字誤，當改。原抄本、遂初堂本、集釋本、欒本、陳本、嚴本均作「逋」。

[七]「二里」，原抄本、遂初堂本、集釋本、樂本、陳本、嚴本均作「三里」。

[八]「玥」字誤，當改。原抄本、遂初堂本、集釋本、樂本、陳本、嚴本均作「坍」。

[九]「改者」下，遂初堂本、集釋本、樂本、陳本、嚴本有「凡」字，原抄本無。又此條原注集釋本、樂本、陳本在此篇文末。

[十]「乖離」，原抄本同。遂初堂本、集釋本、樂本、陳本、嚴本作「華離」，與《周禮》同。按「華離」在《周禮》已難解，孫詒讓引徐養原云，「華」字俗作「茟」。

[十一]《周禮·夏官司馬》。

後魏田制

後魏雖起朔漢[一]，據有中原，然其墾田、均田之制有足爲後世法者。景穆太子監國，令曰：「《周書》言：『任農以耕事，供[二]九穀。任圃以樹事，貢草木。任工以餘材，貢器物。任商以市事，貢貨賄。任收[三]以畜事，貢鳥獸。任嬪以女事，貢布帛。任衡以山事，貝[四]其材。任虞以澤事，貢其物。』[五]乃令『有司課畿内之民』。[六]『使無牛者借人牛以耕種，而爲之芸田以償之。凡耕種二十二畝而芸七畝，大略以是爲率。使民各標姓名于田首，以知其勤惰。禁飲酒、游戲者。於是墾田大增。』[七]高祖太和九年，「十月丁未，詔曰：『朕承乾在位，十有五年，每覽先王之典，經綸百氏，儲蓄既積，黎元永安。爰暨季葉，斯道陵替。富强者並兼山澤，貧弱者望絶一廛，致令地有遺利，民無餘財。或争畝畔以亡軀，或因饑饉以棄業。而欲天下太平，百姓豐足，安可得哉？今遣使者循行州郡，與牧守均給天下之田，勸課農桑，與[八]富民之本。』」[九]其制：「男夫十五以上，受露田四十畝，婦人二十畝。民年及課則受田，老免及身没則還田。諸桑田不在還受之限。男夫，人給田二十畝，課蒔餘，種桑五十樹，棗五株，榆三根。非桑之土，夫給一畝，依法課蒔榆棗。限三年種畢，不畢，奪其不畢之地。」[十]於是有口分、世業之制，唐時猶沿之。嗟乎！人君欲留心民事，而創百世之規，其亦運之掌上也已。宋林勳作《本政》之書，而陳同父以爲「必有英雄特起之君，用於一變之後」[十一]，豈非知言之士哉！

【校注】

[一]「漠」字誤，當改。原抄本、遂初堂本、集釋本、欒本、陳本、嚴本均作「漢」。

[二]「供」字誤，原抄本同誤，當改。遂初堂本、集釋本、欒本、陳本、嚴本作「貢」。《周禮》作「貢」。

[三]「收」字誤，當改。原抄本、遂初堂本、集釋本、欒本、陳本、嚴本均作「牧」。

[四]「貝」字誤，當改。原抄本、遂初堂本、集釋本、欒本、陳本、嚴本均作「貢」。

[五]見《周禮・地官司徒》。黄汝成集釋：汝成案：《周禮》閭師「任工以飭材事」，今作「餘材」，考《魏書》同，恐誤脱。

[六]見《魏書・世祖紀下》。

[七]見《資治通鑑》卷一百二十四。

[八]「與」字誤，當改。原抄本、遂初堂本、集釋本、欒本、陳本、嚴本均作「興」。

[九]見《魏書・高祖紀上》。

[十]見《魏書・食貨志六》。

[十一]見《宋史・林勳傳》。

開墾荒地

國初[一]，承元末大亂之後，山東、河南多是無人之地。洪武中，詔有能開墾者，即爲己業，永不起科。是時方孝儒有因其曠土復古井田之議。至正統中，流民聚居，詔令占籍。景泰六年六月丙申，户部尚書張鳳等奏：「山東、河南、北直隸並順天府無額田地，甲古[二]開荒耕種，□[三]即告其不納税糧。若不起科，争競之塗終難杜塞。今後但告争者，宜依本部所奏，减輕起科則例，每畝科米三升三合，每糧一石，科草二束。不惟永絶争競之端，抑且少助倉稟之積。」從之。户科給事中[四]成章等，劾鳳等不守祖制，不恤民怨，帝不聽。[五]然自古無永不起科之地。國初但以招徠墾民，立法之過，反以啟後日之争端。而後此[六]告訐[七]，投獻王府、勳戚及西天佛子。見《竇鍾[八]》成化四年三月。[九]無怪乎經界之不正，賦税之不均也。

【校注】

[一]「國初」，原抄本同。潘耒遂初堂刻本改爲「明初」，集釋本因之。欒本據黄侃校記改回而加説明，陳本仍刻本之舊而加注，嚴本仍刻本之舊，無校記。

[二]「古」字誤，當改。原抄本、遂初堂本、集釋本、欒本、陳本、嚴本均作「方」。

[三]底本缺一字處，原抄本、遂初堂本、集釋本、欒本、陳本、嚴本均作「乙」，當補。

[四]「户科給事中」，原抄本同，遂初堂本、集釋本、欒本、陳本、嚴本作「户科都給事中」。

[五]見《英宗實録》。

[六]「後此」誤，當改。原抄本、遂初堂本、集釋本、欒本、陳本、嚴本均作「彼此」。

[七]「訐」字誤，當改。原抄本、遂初堂本、集釋本、欒本、陳本、嚴本均作「訐」。

[八]「寶鍾」誤，當改。原抄本、遂初堂本、集釋本、欒本、陳本、嚴本均作「實録」。

[九]今按《明史・丘弘傳》亦曰：「洪武、永樂間，以畿輔、山東土曠人稀，詔聽民開墾，永不科税。邇者權豪怙勢，率指爲閑田，朦朧奏乞。如嘉善長公主求文安諸縣地，西天佛子札實巴求静海縣地，多至數十百頃。」又曰：「昔奉先帝敕，皇親强佔軍民田者，罪毋赦，投獻者戍邊。」

蘇松二府田賦之重

丘濬《大學衍義補》曰：「韓愈謂『賦出天下，而江南居其九[一]』。以今觀之，浙東、西又居江南十九，而蘇、松、常、嘉、湖五府又居兩浙十九也。考洪武中，《諸司職掌》。[二]天下夏税、秋糧以石計者，總二千九百四十三萬餘，而浙江布政司二百七十五萬二千餘，蘇州[三]二百八十萬九千餘，松江府一百二十萬九千餘，常州府五十五萬二千[四]餘。是此一藩三府之地，其田租比天下爲重，其糧額比天下爲多。今國家都燕，歲漕江南米四百餘萬石以實京師，而此五府者幾居江西、湖廣、南直隸之半。臣竊以蘇州一府計之，以準其餘。蘇州一府七縣，時未立太倉州。其墾田九萬六千五百餘[五]頃，居天下八百四十九萬六千餘頃田數之中，而出二百八十萬九千石税糧，於天下二千九百四十餘萬石歲額之内。其科徵之重，民力之竭，可知也已。」[六]

杜宗桓上巡撫侍郎周忱書曰：「五季錢氏，税兩浙之田，每畝三斗。宋時，均兩浙田，每畝一斗。宋淳祐元年，鮑廉作《琴川志》，曰：「國初，盡削錢氏白配之目，遣右補闕王永、高象先，各乘遞馬，均定税數，只作中、下二等。中田一畝，夏税錢四文四分，秋米八升。下田一畝，錢三文三分，米七升四合。取於民者不過如此。自熙豐更法，崇觀多事，靖炎軍興，隨時增益。」然則宋初之額尚未至一斗也。[七]元入國[八]，初[九]定天下田税，上田每畝税三升，中田二升半，下田二升，水田五升。《元史・耶律楚材傳》。至於我太祖高皇帝受命之初，天下田税亦不過三升五升，而其最下有三合五合者。於是天下之民咸得其所，獨蘇、松二府之民，則因賦重而流移失所者多矣。今之糧重去處，每里有逃去一半上下者。請言其故：國初籍没土豪田租[十]，有因爲張氏義兵而籍没者，有因虐民得罪而籍没者。有司不體聖心，将没入田地一依租額起糧，每畝四五斗、七八斗、至一石以上，民病自此而生。《宋史》言：「建炎元年，籍没蔡京、王黼等莊，以爲官田，咸[十一]租三分。」洪武初未有以此故事上言者。何也？田未没入之時，小民于土豪處還租，朝往暮回而已。後變私租爲官糧，乃於各倉送納，運涉江湖，動經歲月。有二三石納一石者，有四五石納一石者，有遇風波、盗賊者，以致累年拖欠不足。王叔英疏亦言：「輸之官倉，道路既遥，勞費不少。收納之際，其弊更多，有甚於輸富民之租者。」自洪武時已然矣。愚按采[十二]華亭一縣，即今松江一府，當紹熙時，秋苗止十一萬二千三百餘石。景定中，賈似道買民田以爲公田，益糧一十五萬八千二百餘石。宋米[十三]，官民田地税糧共四十五[十四]萬二千八百餘石，量加圓觧[十五]。九[十六]初田税，比宋尤輕。然至大德間，没入朱清、張瑄田後，至元間又没入朱國珍、管明等田，一府税糧，至有八十萬石。迨至季年，張士誠又併諸撥屬財賦府，與夫營圍、沙職、僧道、站役[十七]等田。至洪武以來，一府税糧共一百二千[十八]餘萬石。租既太重，民不能堪。於是望[十九]上憐民重困，屢降德音，将天下係官田地糧額□[二十]減三分、二分外，即宣德五年二月癸巳詔書。松江一府税糧尚不下一百二萬九千餘石。愚歷觀往古，自有田稅以來，未有若是之重者也。以農夫蠶婦，凍而織，餒而耕，供歲[二十一]不足則賣兒鬻女，又不足，然後不得已而逃，以至田地荒蕪，錢糧年年拖欠。向蒙恩赦，自永樂十三年至十九年，七年[二十二]之間，所免稅糧不下數百萬石。永樂二十年至宣德三年，又復七年，拖欠、折收、輕齎[二十三]，亦不下數百萬石。折收之後，兩奉詔書敕諭，自宣德七年以前，拖欠糧草、鹽[二十四]糧、屯□[二十五]子粒、稅絲、門攤、課鈔，悉皆停徵。前後一十八年間，蠲免、折收、停徵至不可筭。由此觀之，徒有重稅之名，殊無徵稅之實。願問[二十六]下轉達皇上，稽古稅法，斟酌取舍，以宜於今者而稅之，輕其重額，使民如期輸納。此則國家有輕稅之名，又有徵稅之實矣。」[二十七]

今按《宣廟實録》：洪熙元年閏七月，廣西右布政使周幹自蘇、常、嘉、湖等府巡視，還言：「蘇州等處人民多有逃亡者，詢之耆老，皆云由官府與[二十八]政困民所致。如吴江、崑山民田，畝舊稅五升，小民田租[二十九]富室田畝，出私租一石。後因没入宫[三十]，依私租減二斗，是十分而取入[三十一]也。撥賜公侯、駙馬等項田，每畝舊輸租一石，後因事故還官，又如私租例盡取之。且十分而取其八，民猶不堪，況盡[三十二]之乎？盡取則無以給私家，而必至於[三十三]凍餒，欲不逃亡，不可得矣。乞命所司，將没官之田，及公侯還官田租，俱照彼處官田起科，畝稅六年[三十四]。則田地無抛荒之患，而小民得以安生。」下部議。宣德五年二月癸巳詔：「各處舊額官田，起科不一，租糧既重，農民弗勝。自今始[三十五]，每田一畝，舊額納糧自一斗至四斗者，各減十分之二；自四斗、一升至一石以上者，各減十分之三。永爲定例。」六年三月，巡撫侍郎周忱言：「松江府華亭、上海二縣，舊有官田，税糧二萬七千九百餘石，俱是古額。科糧太重，乞依民田起科，庶徵收易完。」上命行在户部會官議，劾忱變亂成法，沽名要譽，請罪之。上不許。七年三月庚申朔詔：「但係官田塘地，税糧不分古額、近額，悉依五年二月癸巳詔書減免，不許故違。」辛酉，上退朝，御左順門，謂尚書胡濙曰：「朕昨以官田賦重，百姓苦之，詔減什之三，以蘇民力。嘗聞外間有言，朝廷每下詔蠲除租賦，而户部皆不准，甚者文移戒約有司，有『勿以詔書爲辭』之語。若然，則是廢格詔令，壅遏恩澤，不使下流，其咎若何？今減租之令，務在必行。《書》曰：『民惟邦本，本固邦寧。』[三十六]有子曰：『百姓不足，君孰與足？』[三十七]卿等皆士人，豈不知此？朕昨有詩述此意，今以示卿，其念之毋忘。」濙等皆頓首謝。其詩曰：「官租頗繁重，在昔蓋有因。而此服田者，本皆貧下民。耕作既勞勤，輸納亦苦辛。遂令衣食微，曷以贍[三十八]其身？殷念惻予懷，故迹安得循？下詔減什三，行之四方均。先□[三十九]視萬姓，有君[四十]父子親。茲惟重邦本，豈曰矜吾仁。」《英廟實録》：正統元年閏六月丁卯，行在户部奏：「浙江、直隸、蘇、松等處減除税糧，請命各處巡撫侍郎并同府縣官，用心覈實。其官田每畝秋糧四斗一升至二石以上者，減作二斗七升。二斗一升以上至四斗者，減作二斗。一斗一升至二斗者，減作一斗。明白具疏[四十一]，送部磨勘。」從之。按嘉靖十七年册，長洲縣田猶有七斗以上者，今與民田通□□□□□□[四十二]升。是此旨當日未盡奉行也。

官田自漢以來有以[四十三]。《宋史》：「建炎元年，籍蔡京、王黼等莊以爲官田。」[四十四]開禧三年，誅韓侂胄[四十五]，明年，置安邊所，凡□胄[四十六]與其他權倖没入之田，及圍田、湖田之在官者皆隸焉，輸米七十二萬一千七百斛有奇，錢一百三十一萬五千緡有奇而已。景定四年，殿中侍御史陳堯道、右正言曹孝慶、監察御史虞慮、張晞顔等言：「乞依祖宗限田議，自兩浙、江東西官民户踰限之田，抽三分之一，買充公田，得一千萬畝之田，則歲有六七百萬斛之入。」丞相賈似道主其議，行之，始於浙西六郡，凡田畝起租滿石 3 [四十七]，予二百貫，以次□[四十八]減。有司以買田多爲功，皆謬以七八斗爲石。其後田少與磽瘠虧租，與佃人負租而逃者，率取償田主，六郡之民多破家矣。《理宗紀》言：「平江、江陰、安吉、嘉興、常州、鎮江六郡，已買公田三百五十餘萬斛[四十九]。」而平江之田獨多。《以道[五十]傳》：「包灰[五十一]知平江，督買田，至以句[五十二]刑從事。」先[五十三]之有天下也，此田皆别領於官。《松江府志》言：「元時苗税，公田外，復有江淮財賦都總管府，領故宋后妃田，以供太后；江浙財賦府，領籍没朱清、張瑄田，以供中宫；《宋史[五十四]》：「天曆二年十月，立平江等處田賦提舉司。」稻田提領所，領籍没朱國珍、管明田，以賜丞相脱脱撥賜莊；在上海十九保。《元史》：「至正四年六月己巳，賜脱脱松江田，爲立松江等處稻田提領所。」領宋親王及新籍明慶、妙行二寺等田，又有汪關關、滿經歷田。以寺[五十五]影堂[五十六]、寺院、諸王近臣。又有括入白雲宗僧田，《元史・成宗紀》：「大德七年七月，罷江南白雲宗總攝所，其田令依例輸租。」《仁宗紀》：「至大四年二月，御史臺言：『白雲宗總攝所統江南爲僧之有髮者，不養父母，避役損民，乞追收所受璽書銀印，勒還民籍。』從之。」皆不係州縣元額。而《元史》所記賜田，大臣如拜位[五十七]、燕帖木兒等，諸王如魯王琱[五十八]阿不剌、郯王徹徹禿等，公主如魯國大長公主，寺院如集慶、萬壽二寺，無不以平江田。而平江之官田又多，至張士誠據吴之日，其所署平章、太尉等官，皆出於負販小人，無不志在良田美宅，一時買獻之産，編[五十九]於平江。而一人[六十]版圖，亦按其租簿没入之。已而富民沈萬三等，而[六十一]多以事被籍，是故改平江曰蘇州，而蘇州之官田多而益多。故宣德七年六月戊子，知府况鍾所奏之數，長洲等七縣秋糧二百七十七萬九千餘石，其中民糧止一十五萬三千一百七十餘石，官糧二百六十二萬五千九百三十餘石。是一府之地土無慮皆官田，而民田不過十五分之一也。且夫民田僅以五升起科，而官田之一石者，奉詔減[六十二]什之三，而猶爲七斗。是則民間之田一入於官，而一畝之糧化而爲十四畝矣。《實録》：「宣德七年七月己未，行在户部奏：『直隸、松江府没官田，宜准民田例起科。』上從之，命各處没官田糧俱照[六十三]此例。」此因[六十四]其極[六十五]重難返之勢，始於景定，訖於洪武，而徵科之額十倍於紹熙以前者也。於是巡撫周忱有均耗之法，有改派金花官布之法，以寬官田[六十六]，而租額之重，則一定而不可改。若夫官田之農具、車牛，其始皆給於官，而歲輸其税，浸久不可問，而其税復派之於田。然而官田，官之田也，國家之所有，而耕者猶人家之佃户也；民田，民自有之田也，各爲一册而徵之，猶夫《宋史》所謂一曰「官田之賦」，二曰「民田之賦」，[六十七]《金史》所謂「官田曰租，私田曰税」[六十八]者，而未嘗併也。相沿日久，版籍訛脱，疆[六十九]界莫尋。村鄙之氓未嘗見册，買賣過割之際，往往以官作民，而里胥之飛灑移换者，又百出而不可究。所謂官田者，非昔之官田矣。乃至訟端無窮，而賦不理。景泰二年十一月庚戌[七十]，從浙江布政司右布政使楊贇[七十一]之言，將湖州府官田重租，分派民田輕租之家承納。及歸併則例，四年五月庚申[七十二]，詔巡撫直隸侍郎李敏，均定應天等府州縣官民佃[七十三]。先定[七十四]，正統中，户部會官議，令江南中[七十五]户官田改爲民田起科，而量改大户民田爲官田以備其數。既又因御史徐郁奏，令所司均配扣筭，務使民田量带官田辦糧，以甦貧困。但[七十六]行巡撫侍郎周沈[七十七]清理。然民田多係官豪佔據，莫能究竟，其弊仍舊。至是郁復以爲言，户部請從其議，命敏均定搭派。敢有恃强阻滯者，執治其罪。從之。於是[七十八]嘉靖二十六年，嘉興知府趙瀛刱議，田不分官民，税不分等則，一切以三斗起徵。蘇、松、常三府從而效之，自官田之七斗、六斗，下至民田之五升，通爲一則。而州縣之額，各視其所有官田之多少輕重爲準，多者長洲至畝科三斗七升，少者太倉畝科二斗九升矣。國家失累代之公田，而小民乃代官田[七十九]納無涯之租賦，事之不平，莫甚於此。然而爲此説者，亦窮於勢之無可奈何。而當日之士大夫亦皆帖然而無異論，亦以治如亂絲，不得守二三百年紙上之虚科，而使斯人之害如水益深而不可救也。惟唐太常鶴徵作《武進志》[八十]，極爲惋歎。抑嘗論之：自三代以下，田得買賣，而所謂業主者，即連陌跨阡，不過本其錙銖之直，而直之高下，則又以時爲之。地力之盈虚，人事之贏[八十一]絀，率數百[八十二]年而一變。奈之何一入於官，而遂如山河界域之不可動也？且景定之君臣，其買此田者，不過予以告牒、會子，産[八十三]名不售之物，逼而奪之，以至彗出民愁，而自亡其國。《宋史》言[八十四]：「買公田五千畝以上，以銀半分，官告五分，度牒二分，會子二分半。五千畝以下，以銀半分，官告三分，度牒三分，會子三分半。千畝以下，度牒、會子各半。五百畝至三百畝，全以會子。及田事成，每石官給止四十貫，而半是告牒。民持之而不得售，之[八十五]郡騷然。」[八十六]四百餘年之後，推本重賦之繇，則猶其遺禍也。《宋史》謂「其弊極多，其租極[八十七]重。及宋亡，遺患猶不息」。亮哉斯言！[八十八]而況於没入之田，本無其直者乎？至於今日，佃非昔日之佃，而主亦非昔日之主。則夫官田者，亦將與册籍而俱銷，共車牛而[八十九]盡矣。猶執官租之説以求之，固已不可行，《隋書·李德林傳》：「高祖以高阿那肱衛國縣市店八[九十]十區賜德林。車駕南[九十一]晉陽，店人上表稱：『地是民物，高氏强奪於内造舍。』上命有司科[九十二]還價直。」則是以當代之君，而還前代所奪之地價，古人已有之矣。又考《後漢書》：「譙玄子瑛，奉家錢千萬於公孫述，以贖父死。及玄年[九十三]，天下平定，元弟慶以狀諸[九十四]闕自陳，光武敕所在還玄家錢。」則知人主以天下爲心，固常[九十五]如此。而欲一切取[九十六]從民田，以復五升之額，即又駭於聚[九十七]而損於國。有王者作，「咸則三壤」[九十八]。謂宜遣使按行吴中，逐縣清□[九十九]，定其肥瘠高下爲三等，上田科二斗，中田一斗五升，下田一斗，山□[一百]塗蕩以升以合計者附於册後，而概謂之曰民田。惟學田、屯田乃謂之官田。則民樂業而賦易完，視之紹熙以前，猶五六倍也。豈非去累代之横征，而立萬年之永利者乎？[一百〇一]昔者，「唐末，中原宿兵所在，皆置營田，以耕曠土。其後又募高貲户，使輸課佃之，户部别置官司總領，不隸州縣。梁太祖擊淮南，掠得牛以千萬計，給東南諸州農民，使歲輸租。自是歷數十年，牛死而租不除，民甚苦之」。周太祖素知其弊，用張凝、李穀之言，「悉罷户部營田務，以其民隸州縣，其田、廬、牛、農器並賜見佃者爲永業，悉除租牛課。是歲，户部增三萬餘户。或言：營田有肥饒者，不若鬻之，可得錢數萬[一百〇二]緡以資國。宋紹興二十三年[一百〇三]，知池州黄子游言：「青陽縣苗七八倍於諸縣，因南唐嘗以縣爲宋齊丘食邑，故輸三斗，後遂爲額。」詔減苗税二分有半，科米二分。帝曰：『利在於民，猶在國也。朕用此錢何爲？』」[一百〇四]嗚呼！以五代之君，猶知此義，而况它日大有爲之主，必有朝聞而夕行之者矣。

今存者，惟衛所屯田、學田、勳戚欽賜莊田，三者猶是官田。南京各衙門所管草場田地，佃户亦轉相典賣，不異民田。蘇州一府，惟吴縣山不曾均爲一則，至今有官山、私山之名。官山每畝科五升，私山畝科一升五勺。

今高淳縣之西有永豐鄉者，宋時之湖田，所謂永豐圩者也。《文獻通考》：「永豐圩，自政和五年圍湖成田，初令百姓請佃，後以賜蔡京，又以賜韓世忠，又以賜秦檜，繼撥隸行宫，今隸總所。」《宋史》：「建康府永豐圩，租米歲以三萬石爲額。」王弼成化十一年進士，溧水知縣。《永豐謡》曰：「永豐圩按[一百〇五]永寧鄉，一畝官田三[一百〇六]斗糧。人家種田無厚薄，了得官租身即樂。前年大水平斗門，圩底禾苗没半分。里胥告災縣官怒，至今迫[一百〇七]租如迫魂。有田迫租未足怪，盡將官田作民賣。富家得田貧納租，年年舊租結新債。舊租了，新租促[一百〇八]，更向城中賣黄犢。一犢千文任時估，債家筭息不筭母。嗚呼！有犢可賣君莫悲，東鄰賣犢兼賣兒。但願有兒在我邊，明年還得種官田。」讀此[一百〇九]，知當日官佃之苦，即已如此。《元史·闊復傳》言：「江南公田，租重宜減，以貸貧民。」而以官作民，亦不始於近日矣。

《元微之集》，奏狀：「右臣當州百姓田地，每畝只税米[一百一十]九升五合，草四分，地頭榷酒錢共出二十一文。已下其諸色職田，每畝約税粟三斗，草三束，脚錢一百二十文。若是京官上司職田，又須百姓變米雇車般送，比量正税，近於四倍。其公廨田、官田、驛田等，所税輕重約與職田相似。」[一百一十一]是則官田之苦，自唐已然，不始於宋、元也。故本朝[一百一十二]洪熙、宣德中，屢下詔書，令民開[一百一十三]有抛荒官田，召人開耕，依民田例起科，又不獨蘇、松、常三府爲然。

吴中之民，有田者什一，爲人佃作者十九。其畝甚窄，而凡溝渠、道路，皆并其税於田之中。歲僅秋米[一百一十四]一熟，一畝之收，不能至三石，凡言石者，皆以官斛。少者不過一石有餘。而私租之重者，至一石二三斗，少亦八九斗。佃人竭一歲之力，糞壅工作，一畝之費可一緡，而收成之日，所得不過數斗，至有今日完租而明日乞貸者。故既減糧額，即當禁限私租，上田不得過八斗，如此則貧者漸富，而富者亦不至於貧。《元史·成宗紀》：至元三十一年十月，「辛巳，時成宗即位。江浙行省臣言：『陛下即位之初，詔蠲今歲田租十分之三。然江南與江北異，貧者佃富人之田，歲輸其租，今所蠲特及田主，其佃民輸租如故。則是恩及其[一百一十五]富室，而不被及於貧民也。宜令佃民當輸田主者，亦如所蠲之數。』從之。」本朝[一百一十六]宣德十年五月乙未，刑科給事中年富亦有此詩[一百一十七]。大德八年正月己未，詔「江南佃户，私租太重，以十分爲率，普減二分，永爲定例」。[一百一十八]前一事爲特恩之蠲，後一事爲永額之減，而皆所以寬其佃户也。是則厚下之政，前代已有行之者。

漢武帝時，董仲舒言：「或耕豪民之田，見税十[一百一十九]五。」[一百二十]唐德宗時，陸贄言：「今京畿之内，每田一畝，官税五升，而私家收租，有畝至一石者，是二十倍於官税也。降及中等，租猶半之。夫土地，王□[一百二十一]之所有；耕稼，農夫之所爲。而兼并之徒，居然受利。望令凡所占田，約爲條限，裁減租價，務利貧人。」[一百二十二]仲舒所言則今之「分租」，贄所言則今之「包租」也，然猶謂之「豪民」，謂之「兼并之徒」，《食貨志》：「豪民侵陵，分田劫假。」師古曰：「分田，謂貧者無田而取富人田耕種，共分其所收也。假，亦謂貧人賃富人之田也。劫者，富人劫奪其税，浸[一百二十三]欺之也。」宋已下則公然號爲「田主」矣。

【校注】

[一]「其九」誤，當改。原抄本、遂初堂本、集釋本、欒本、陳本均作「十九」。韓愈《送陸歙州詩序》作「十九」。

[二]《明史·藝文志二》：「《諸司職掌》十卷，洪武中翟善等編。」《陳修傳》附翟善傳：「仿《唐六典》，自五府、六部、都察院以下諸司設官分職，編集爲書曰《諸司職掌》。」

[三]「蘇州」，原抄本同。遂初堂本、集釋本、欒本、陳本、嚴本作「蘇州府」。

[四]「二千」，遂初堂本、集釋本、欒本、陳本、嚴本均同，原抄本作「一千」。

[五]「餘」，原抄本同。遂初堂本、集釋本、欒本、陳本、嚴本作「六」。

[六]黄汝成集釋引沈氏曰：蘇州之田約居天下八十八分之一弱，而賦約居天下十分之一弱也。十分之一弱即八十八分之八强。

[七]今按：又見明隆慶《長洲縣志》及明王鏊《姑蘇志》。

[八]「入國」，中間脱「中」字，當補。原抄本、遂初堂本、集釋本、欒本、陳本、嚴本均作「入中國」。

[九]「初」，原抄本同。遂初堂本、集釋本、欒本、陳本、嚴本無。

[十]「祖」字誤，當改。原抄本、遂初堂本、集釋本、欒本、陳本、嚴本均作「租」。

[十一]「咸」字誤，當改。原抄本、遂初堂本、集釋本、欒本、陳本、嚴本均作「減」。

[十二]「采」字誤，當改。原抄本、遂初堂本、集釋本、欒本、陳本、嚴本均作「宋」。

[十三]「米」字誤，當改。原抄本、遂初堂本、集釋本、欒本、陳本、嚴本均作「末」。

[十四]「五」，原抄本同。遂初堂本、集釋本、欒本、陳本、嚴本作「二」。

[十五]「圓斛」誤，當改。原抄本、遂初堂本、集釋本、欒本、陳本、嚴本均作「圓斛」。圓斛，量器名。《元典章》「行用圓斛」條曰：「亡宋行用文思院斛，腹大口狹，難於作弊。」

[十六]「九」字誤，當改。原抄本、遂初堂本、集釋本、欒本、陳本、嚴本均作「元」。

[十七]「站役」，遂初堂本、集釋本、欒本、陳本、嚴本同，原抄本誤作「姑役」。

[十八]「千」字誤，當改。原抄本、遂初堂本、集釋本、欒本、陳本、嚴本均作「十」。

[十九]「望」字誤，當改。原抄本、遂初堂本、集釋本、欒本、陳本、嚴本均作「皇」。

[二十]底本缺一字處，原抄本、遂初堂本、集釋本、欒本、陳本、嚴本均作「遞」，當補。

[二十一]「供歲」，原抄本同。遂初堂本、集釋本、欒本、陳本、嚴本作「供税」。

[二十二]「七年」，遂初堂本、集釋本、欒本、陳本、嚴本同，原抄本誤作「七月」。

[二十三]「輕賫」，遂初堂本、集釋本、欒本、陳本、嚴本同，原抄本誤作「輕齊」。

[二十四]「監」誤，原抄本同誤，當改。遂初堂本、集釋本、欒本、陳本、嚴本作「鹽」。

[二十五]「屯□」，原抄本作「屯田」，遂初堂本、集釋本、欒本、陳本、嚴本作「屯種」。正德《松江府志》及《天下郡

國利病書》引作「屯種」。

〔二十六〕「問」字誤，當改。原抄本、遂初堂本、集釋本、欒本、陳本、嚴本均作「閣」。

〔二十七〕杜宗桓書見正德《松江府志》卷七。

〔二十八〕「與」字誤，當改。原抄本、遂初堂本、集釋本、欒本、陳本、嚴本均作「弊」。

〔二十九〕「田租」誤，當改。原抄本作「佃租」，遂初堂本、集釋本、欒本、陳本、嚴本作「佃種」。

〔三十〕「宫」字誤，當改。原抄本、遂初堂本、集釋本、欒本、陳本、嚴本均作「官」。

〔三十一〕「入」字誤，當改。原抄本、遂初堂本、集釋本、欒本、陳本、嚴本均作「八」。

〔三十二〕「盡」字，原抄本同，遂初堂本、集釋本、欒本、陳本、嚴本作「盡取」。

〔三十三〕「於」字，原抄本同，遂初堂本、集釋本、欒本、陳本、嚴本無。

〔三十四〕「年」字誤，當改。原抄本、遂初堂本、集釋本、欒本、陳本、嚴本均作「斗」。

〔三十五〕「自今始」，原抄本作「自今年始」，遂初堂本、集釋本、欒本、陳本、嚴本作「自今年爲始」。

〔三十六〕《尚書・五子之歌》。

〔三十七〕見《論語・顔淵》。

〔三十八〕「瞻」字誤，當改。原抄本、遂初堂本、集釋本、欒本、陳本、嚴本均作「贍」。

〔三十九〕底本缺一字處，原抄本、遂初堂本、集釋本、欒本、陳本、嚴本均作「王」，當補。

〔四十〕「君」字誤，當改。原抄本、遂初堂本、集釋本、欒本、陳本、嚴本均作「若」。

〔四十一〕「疏」，原抄本同。遂初堂本、集釋本、欒本、陳本、嚴本作「數」。

〔四十二〕底本缺六字處，原抄本、遂初堂本、集釋本、欒本、陳本、嚴本均作「均而猶三斗七」，當補。

〔四十三〕「以」字誤，當改。原抄本、遂初堂本、集釋本、欒本、陳本、嚴本均作「之」。

〔四十四〕《宋史・食貨志上一》。

[四十五]「韓低胄」誤，當改。原抄本、遂初堂本、集釋本、欒本、陳本、嚴本均作「韓侂胄」。
[四十六]「□胄」，原抄本、遂初堂本、集釋本、欒本、陳本、嚴本均作「侂胄」，當補。
[四十七]「滿石」下，原抄本、遂初堂本、集釋本、欒本、陳本、嚴本均有「者」字，當補。
[四十八]底本缺一字處，原抄本、遂初堂本、集釋本、欒本、陳本、嚴本均作「遞」，當補。
[四十九]「斛」字誤，當改。原抄本、遂初堂本、集釋本、欒本、陳本、嚴本均作「畝」。
[五十]「以道」誤，當改。原抄本、遂初堂本、集釋本、欒本、陳本、嚴本均作「似道」。
[五十一]「包灰」誤，當改。原抄本、遂初堂本、集釋本、欒本、陳本、嚴本均作「包恢」。
[五十二]「句」字誤，當改。原抄本、遂初堂本、集釋本、欒本、陳本、嚴本均作「肉」。
[五十三]「先」字誤，當改。原抄本、遂初堂本、集釋本、欒本、陳本、嚴本均作「元」。
[五十四]「宋史」誤，當改。原抄本、遂初堂本、集釋本、欒本、陳本、嚴本均作「元史」。
[五十五]「寺」字誤，當改。原抄本、遂初堂本、集釋本、欒本、陳本、嚴本均作「賜」。
[五十六]影堂，《新元史・禮志五》：「神御殿，舊稱影堂。」
[五十七]「拜位」誤，當改。原抄本、遂初堂本、集釋本、欒本、陳本、嚴本均作「拜住」。
[五十八]「琱」字誤，當改。原抄本、遂初堂本、集釋本、欒本、陳本、嚴本均作「琱」。
[五十九]「編」字誤，當改。原抄本、遂初堂本、集釋本、欒本、陳本、嚴本均作「偏」。
[六十]「人」字誤，當改。原抄本、遂初堂本、集釋本、欒本、陳本、嚴本均作「入」。
[六十一]「而」字誤，當改。原抄本、遂初堂本、集釋本、欒本、陳本、嚴本均作「又」。
[六十二]「減」，原抄本同，遂初堂本、集釋本、欒本、陳本、嚴本「減」字下有「其」字。
[六十三]「照」，原抄本同，遂初堂本、集釋本、欒本、陳本、嚴本作「準」。
[六十四]「因」字誤，當改。原抄本、遂初堂本、集釋本、欒本、陳本、嚴本均作「固」。

［六十五］「極」，遂初堂本、集釋本、欒本、陳本、嚴本同，原抄本作「積」。

［六十六］「田」，遂初堂本、集釋本、欒本、陳本、嚴本同，原抄本作「佃」。

［六十七］《宋史·食貨志上二》：「宋制歲賦，其類有五：曰公田之賦，凡田之在官，賦民耕而收其租者是也。曰民田之賦，百姓各得專之者是也。」

［六十八］《金史·食貨志一》。

［六十九］「彊」字誤，當改。原抄本、遂初堂本、集釋本、欒本、陳本、嚴本均作「疆」。

［七十］「景泰二年十一月庚戌」，小字雙行夾注，原抄本同。遂初堂本、集釋本、欒本、陳本、嚴本均作「於是景泰二年」，無「十一月庚戌」五字，大字正文。

［七十一］「楊贊」誤，當改。原抄本、遂初堂本、集釋本、欒本、陳本、嚴本均作「楊瓚」。

［七十二］「五月庚申」，原抄本同，遂初堂本、集釋本、欒本、陳本、嚴本無。

［七十三］「民佃」，原抄本同，遂初堂本、集釋本、欒本、陳本、嚴本均作「民田」，自「於是景泰二年」至此爲大字正文。

［七十四］「定」字誤，當改。原抄本、遂初堂本、集釋本、欒本、陳本、嚴本均作「是」。遂初堂本自「先是」以下爲夾注。

［七十五］「中」字誤，當改。原抄本、遂初堂本、集釋本、欒本、陳本、嚴本均作「小」。

［七十六］「但」字誤，原抄本同誤，當改。遂初堂本、集釋本、欒本、陳本、嚴本作「俱」。

［七十七］「周沈」誤，當改。原抄本、遂初堂本、集釋本、欒本、陳本、嚴本均作「周忱」。

［七十八］「於是」，原抄本同，遂初堂本、集釋本、欒本、陳本、嚴本無。

［七十九］「田」，原抄本、遂初堂本、集釋本、欒本、陳本、嚴本均作「佃」。

［八十］唐鶴徵，字元卿，號凝庵，唐順之子，萬曆間纂《武進縣志》，又纂《常州府志》。

[八十一]「羸」字誤，當改。原抄本、遂初堂本、集釋本、欒本、陳本、嚴本均作「贏」。
[八十二]「百」，原抄本同。遂初堂本、集釋本、欒本、陳本、嚴本作「十」。
[八十三]「産」字誤，當改。原抄本、遂初堂本、集釋本、欒本、陳本、嚴本均作「虚」。
[八十四]「言」字，原抄本同，遂初堂本、集釋本、欒本、陳本、嚴本無。
[八十五]「之」字誤，當改。原抄本、遂初堂本、集釋本、欒本、陳本、嚴本均作「六」。《宋史》作「六」。
[八十六]見《宋史・食貨志上一》。
[八十七]「極」，原抄本同。遂初堂本、集釋本、欒本、陳本、嚴本作「亢」。《宋史》作「亢」。
[八十八]亦見《宋史・食貨志上一》。
[八十九]「而」字下，遂初堂本、集釋本、欒本、陳本、嚴本有「皆」字。原抄本無。
[九十]「入」字誤，當改。原抄本、遂初堂本、集釋本、欒本、陳本、嚴本均作「八」。
[九十一]「南」字誤，當改。原抄本、遂初堂本、集釋本、欒本、陳本、嚴本均作「幸」。
[九十二]「科」字誤，遂初堂本同誤，當改。原抄本、集釋本、欒本、陳本、嚴本均作「料」。
[九十三]「年」字誤，當改。原抄本、遂初堂本、集釋本、欒本、陳本、嚴本均作「卒」。
[九十四]「諸」字誤，當改。原抄本、遂初堂本、集釋本、欒本、陳本、嚴本均作「詣」。
[九十五]「常」字誤，當改。原抄本、遂初堂本、集釋本、欒本、陳本、嚴本均作「當」。
[九十六]「取」字誤，當改。原抄本、遂初堂本、集釋本、欒本、陳本、嚴本均作「改」。
[九十七]「聚」字誤，當改。原抄本、遂初堂本、集釋本、欒本、陳本、嚴本均作「衆」。
[九十八]語出《尚書・禹貢》。
[九十九]底本缺一字處，原抄本、遂初堂本、集釋本、欒本、陳本、嚴本均作「丈」，當補。
[一百]底本缺一字處，原抄本、遂初堂本、集釋本、欒本、陳本、嚴本均作「塘」，當補。

［一百〇一］黄汝成集釋：汝成案：閻氏《潛邱劄記》引作：「捐不可得之虚計，而非損上；立百世之永利，而非變古也。使唐、宋兩太宗當此，朝聞而夕行之矣。」若璩謂：「何必兩太宗，明宣宗蓋嘗有意於此矣。《實録》載其五年詔減官田舊額糧，七年又申命減免，不許有司故違。但上壓於祖制之不違，下復有行在户部之戛戛焉，不克充其仁心，成其仁政。迄今誦其詩，百世而下，猶令人感激涕零也。」閻氏所引，當是林亭初刻之本。《宣宗實録》及詩今已引，見前條。

［一百〇二］「數萬」，原抄本同。遂初堂本、集釋本、陳垣、欒本、嚴本作「數十萬」。《資治通鑑》作「數十萬」。

［一百〇三］「宋紹興二十三年」一段夾注，原抄本同。遂初堂本、集釋本、欒本、陳本、嚴本在「必有朝聞而夕行之者矣」之下。

［一百〇四］見《資治通鑑》卷二百九十一《後周紀二》。

［一百〇五］「按」字誤，當改。原抄本、遂初堂本、集釋本、欒本、陳本、嚴本均作「接」。

［一百〇六］「三」，原抄本同。遂初堂本、集釋本、欒本、陳本、嚴本作「八」。

［一百〇七］「迫」，遂初堂本、原抄本、集釋本、欒本、陳本、嚴本均作「追」，下二字同。

［一百〇八］「舊租了，新租促」，遂初堂本、集釋本、欒本、陳本、嚴本同，原抄本作「舊租未了新租促」。

［一百〇九］「讀此」，原抄本同，遂初堂本、集釋本、欒本、陳本、嚴本作「讀此詩」。

［一百一十］「米」，原抄本同。遂初堂本、集釋本、欒本、陳本、嚴本作「粟」。《元微之集》作「粟」。

［一百一十一］元稹《元微之集》卷三十八《同州奏均田狀》。《元微之集》又名《元氏長慶集》。

［一百一十二］「本朝」，原抄本同。潘耒遂初堂刻本改爲「先朝」，集釋本因之。欒本據黄侃校記改回而加説明，陳本、嚴本仍刻本之舊而加注。

［一百一十三］「開」字誤，當改。原抄本、遂初堂本、集釋本、欒本、陳本、嚴本均作「間」。

［一百一十四］「米」字誤，當改。原抄本、遂初堂本、集釋本、欒本、陳本、嚴本均作「禾」。

[一百一十五]「其」字，原抄本同。遂初堂本、集釋本、欒本、陳本、嚴本無。

[一百一十六]「本朝」，原抄本同。潘耒遂初堂刻本改爲「明朝」，集釋本因之。欒本據黄侃校記改回而加説明，陳本、嚴本仍刻本之舊而加注。

[一百一十七]「詩」字誤，當改。原抄本、遂初堂本、集釋本、欒本、陳本、嚴本均作「請」。

[一百一十八]亦見《元史·成宗紀》。前見《成宗紀一》，此見《成宗紀四》。

[一百一十九]「十」，原抄本同。遂初堂本、集釋本、欒本、陳本、嚴本作「什」。《漢書》原文作「什」。

[一百二十]見《漢書·食貨志上》。

[一百二十一]底本缺一字處，原抄本、遂初堂本、集釋本、欒本、陳本均作「者」，當補。

[一百二十二]見《資治通鑑》卷二百三十四《唐紀五十》。又見《陸宣公奏議》卷六。

[一百二十三]「浸」字誤，當改。原抄本、遂初堂本、集釋本、欒本、陳本、嚴本均作「侵」。

豫借[一]

唐玄宗天寶三載，制曰：「每載庸調，八月徵收，農工[二]未畢，恐難濟辨[三]。自今已後，延至九月二十五日[四]爲限。」[五]至代宗廣德二年，「七月庚子，税天下地畝青苗錢，以給百官俸」。[六]田一畝，税錢十石[七]。所謂「青苗錢」者，以國用急，不及待秋，方苗青而徵之，故號「青苗錢」。主其任者爲「青苗使」。此與宋王安石所行青苗錢之法不同，彼則當青黄未接之時，貸錢于貧民而取其息，本謂之常平錢，民間名爲青苗錢耳。遂爲後代豫借之始。[八]陸宣公言：「蠶事方興，已輸縑税。農工[九]未艾，遽斂穀租。上司之繩責既嚴，不[十]吏之威暴愈出[十一]。有者急賣而耗其半直，無者求假而費其倍酬。」[十二]憲宗元和六年二月制：「以新陳未接，營辨尤艱。凡有給用，委觀察使以供軍錢，方員借便，不得量抽百姓。」[十三]故韓文公有《游城南詩》云：「白布長衫紫領巾，差科未動是閒身。麥苗含穟桑生甚[十四]，共向田頭樂社神。」是三四月之間尚未動差科也。至後唐莊桌[十五]同光四年三月，「戊辰，以軍食不足，敕河南尹豫借夏秋税」。[十六]其時外内離叛，未及一月，國亡主滅。明宗即位，頗知愛民。見於《文獻通考》所載，長興四年起徵條流：其節候早者，「五月十五日徵，八月一日納足」。遞而下之，其尤晚者，「六月十日[十七]起徵，九月納足」。[十八]周世宗顯德三年十月，「丙子，上謂侍臣曰：『近朝徵斂穀帛，多不俟收穫、紡績之畢。』乃詔三司：『自今夏税以六月，秋税以十月起徵。』」[十九]是莊宗雖有三月豫借之令，而實未嘗行也。乃後代國勢阽危，未若同光之甚[二十]，而春初即出榜開徵，其愚又甚於莊宗之君臣矣[二十一]。

《詩》云：「碩鼠碩鼠，無食我苗。」[二十二]謝君直曰：「苗未[二十三]秀而食之，貪之甚也。」[二十四]今之爲豫借者，食苗之□[二十五]也。有不敺民而適「樂郊」[二十六]者乎！

虞□[二十七]，洪武末爲杭州府知府，嘗建議：「僧、道，民之蠹。今江南寺院田多或數百頃，而徭役未嘗及之。貧民無田，往往爲徭役所困。請爲定制，僧、道每人田無過十畝，餘田以均平民。」[二十八]初是之，已而[二十九]遂廢。

【校注】

[一]豫借，「豫」通「預」。

[二]「工」，原抄本同。遂初堂本、集釋本、欒本、陳本、嚴本作「功」。《舊唐書》作「功」。

[三]「辨」字誤，當改。原抄本、遂初堂本、集釋本、欒本、陳本、嚴本均作「辦」。《舊唐書》作「辦」。

[四]「二十五日」，原抄本、遂初堂本、集釋本、欒本、陳本、嚴本均作「二十日」，《舊唐書》作「三十日」。

[五]見《舊唐書・食貨志上》。

[六]見《資治通鑑》卷二百二十三《唐紀三十九》。

[七]「十石」誤，當改。原抄本、遂初堂本、集釋本、欒本、陳本、嚴本均作「十五」。

[八]黄汝成集釋引張大令曰：按此則青苗之制，唐宋本不同，何以《宋史》趙瞻對神宗言：「青苗法，唐行之于季世。」范鎮亦言：「唐季之制，不足法。」似謂安石祖唐弊政。考唐時長安萬年二縣，有官置本錢，配納各户，收其息以供雜費。宋之常平錢正與此同，故趙瞻等舉唐爲言。其亦曰「青苗」者，依當時爲稱也。

[九]「工」，原抄本同。遂初堂本、集釋本、欒本、陳本、嚴本作「功」。《資治通鑑》作「功」。

[十]「不」字誤，當改。原抄本、遂初堂本、集釋本、欒本、陳本、嚴本均作「下」。

[十一]「出」，原抄本同。遂初堂本、集釋本、欒本、陳本、嚴本作「促」。《資治通鑑》作「促」。

[十二]見《資治通鑑》卷二百三十四《唐紀五十》。又見《陸宣公奏議》卷六。

[十三]見《唐會要》卷八十三《租税上》。「方員借便」，《唐會要》作「方圓借使」。

[十四]「麥苗含穟桑生甚」，「甚」當作「葚」。原抄本作「麥苗桑含穟生葚」，「桑」字誤倒。遂初堂本、集釋本、陳本、嚴本作「麥苗含穟桑生葚」，欒本作「麥苗含穗桑生葚」。「穟」同「穗」。

[十五]「桌」字誤，當改。原抄本、遂初堂本、集釋本、欒本、陳本、嚴本均作「宗」。

[十六]見《資治通鑑》卷二百七十四《後唐紀三》。

[十七]「十日」，原抄本同。遂初堂本、嚴本作「十五日」，集釋本、欒本、陳本作「二十日」。《文獻通考》作「十日」。

[十八]《文獻通考》卷三。

[十九]見《資治通鑑》卷二百九十三《後周紀四》。

[二十]「未若同光之甚」，原抄本同。潘耒遂初堂刻本改爲「非若同光」，集釋本因之。黄侃校記有此條，欒本據

黄侃校記改回而加説明，陳本、嚴本仍刻本之舊而加注。今按：此句恐有異文，似非潘耒有意改之以避文網也。

［二十一］「其愚又甚於莊宗之君臣矣」，原抄本同。潘耒遂初堂刻本改爲「其病民又甚矣」，集釋本因之。欒本據黄侃校記改回而加説明，陳本、嚴本仍刻本之舊而加注。今按：此句恐有異文，似非潘耒有意改之以避文網也。

［二十二］《詩經・魏風・碩鼠》。

［二十三］「末」，遂初堂本、集釋本、欒本、陳本、嚴本同，原抄本誤作「禾」。

［二十四］陳垣校注：謝枋得，字君直，號疊山。謝撰《詩傳注疏》，今佚，惟元劉瑾《詩傳通釋》采其説頗多，明胡廣等《詩集傳大全》又多本劉氏，故疑《日知録》採用《大全》也。

［二十五］底本缺一字處，原抄本、遂初堂本、集釋本、欒本、陳本、嚴本均作「政」，當補。

［二十六］《魏風・碩鼠》：「逝将去女，適彼樂郊。」「敺」，同「驅」。

［二十七］「虞□」，原抄本、遂初堂本、集釋本、欒本、陳本、嚴本均作「虞謙」，當補。

［二十八］見余繼登《典故紀聞》卷九。

［二十九］「已而」，原抄本同。遂初堂本、集釋本、欒本、陳本、嚴本下有「謂非舊制」四字。

紡織之利

今邊郡之民，既不知耕，又不知織，雖有材力，而安於游惰。華陰王弘撰［一］者［二］議以爲：「延安一府，布帛之價，貴於西安數倍。既不獲紡織之利，而又歲有買布之費。生計日蹙，國勢［三］日逋。［四］非盡其民之惰，以無教之者耳。今當每州縣發紡織之具一副，令有司依式造成，散給里下，募外郡能織者爲師。即以民之勤惰工拙，爲有司之殿最。一二年間，民享其利，将自爲之，而不煩程督矣。計延安一府四萬五千餘户，户不下三女子，固已十三萬餘人，其爲利益豈不甚多？」按《鹽鐵論》曰：「邊民無桑麻之利，仰中國絲絮而後衣之。夏不釋複，冬不離窟，父子、夫婦内藏於專室[五]土圜之中。」[六]崔是[七]《政論》曰：「僕前爲五原太守，土俗不知緝績，冬積草，伏臥其中。若見吏，以草纏身，令人酸鼻。今大同人多是如此，婦人出草則穿紙褲，真所謂倮蟲者也。吾乃賣儲峙，得二十餘萬，詣雁門、廣武迎織師，使巧手作機，乃紡以教民織。」《後漢書》采入本傳。是則古人有行之者矣。《漢志》有云：「冬，民既入，婦人固[八]巷，相從夜績，女工一月得四十五日。」[九]「八月載績，爲公子裳」[十]，豳之舊俗也。率而行之，富强之效，惇龐[十一]之化，豈難致哉！[十二]

吴華覈上書，欲禁綾綺錦繡，以「一生民之原，豐穀帛之業」。謂：「今吏士之家，少無子女，多者三四，少者一二。通令户有一女，十萬家則十萬人。人人織績，一歲一束，則十萬束矣。使四疆之内，同心戮力，數年之間，布帛必積[十三]。恕[十四]民五色，惟所服用，但禁綺繡無益之飾。且美貌者，不待華采以崇好；豔姿者，不待文綺以致愛。有之無益，廢之無損，何愛而不暫禁，以充府藏之急乎？此枚[十五]乏之上務，富國之本業。使管、晏復生，無以易此。」[十六]方今纂組日新，侈薄彌甚，斲雕爲樸，意亦可行之會[十七]乎？

【校注】

[一]王弘撰，字無異，號山史，華陰人，明諸生。著《砥齋集》十二卷，《砥齋題跋》一卷《西歸日劄》一卷，《山志》六卷。陳本作「王弘譔」。其人工書，傳世墨蹟自署「王弘撰」。《清史稿·列傳》亦作「王弘撰」，並云：「顧炎武遍觀四方，至華陰，謂『秦人慕經學、重處士、持清議，他邦所少。華陰綰轂之口，雖足不出户，而能見天下之人，聞天下之事』。欲定居，弘撰爲營齋舍居之。炎武嘗曰：『好學不倦，篤於朋友，吾不如王山史。』」

［二］「者」字誤，當改。原抄本、遂初堂本、集釋本、欒本、陳本、嚴本均作「著」。

［三］「勢」，原抄本同。遂初堂本、集釋本、欒本、陳本、嚴本作「税」。

［四］黄汝成集釋引陳文恭曰：陝西爲自古蠶桑之地，今日久廢弛，綢帛資於江浙，花布來自楚豫。小民食本不足，而更賣糧食以制衣，宜其家鮮蓋藏也。

［五］專室，即磚室，「專」同「磚」。

［六］《鹽鐵論・輕重》。

［七］「崔是」誤，當改。原抄本、遂初堂本、集釋本、欒本、陳本、嚴本均作「崔寔」。

［八］「固」字誤，當改。原抄本、遂初堂本、集釋本、欒本、陳本、嚴本均作「同」。

［九］《漢書・食貨志上》。

［十］見《詩經・豳風・七月》。

［十一］「惇龐」，語出《左傳・成公十六年》：「民生敦龐。」杜預注：「敦，厚也。厖，大也。」「惇」同「敦」。

［十二］黄汝成集釋引唐氏曰：吴絲衣天下，聚于雙林，吴、越、閩、番，至於海島，皆來市焉。五月載銀而至，委積如瓦礫。吴南諸鄉，歲有百十萬之益，是以雖賦重困窮，民未至於空虚，室廬舟楫之繁庶，勝於他所，此蠶之厚利也。四月務蠶，無男女老幼，萃力靡他。無税無荒，以三旬之勞，無農四時之久，而半其利，此蠶之可貴也。夫蠶桑之地，北不逾松，南不逾浙，西不逾湖，東不至海，不過方千里，外此則所居爲鄰，相隔一畔，而無桑矣。其無桑之方，人以爲不宜桑也。今楚、蜀、河東及所不知之方，亦多有之，何萬里同之，而一畔異宜乎？桑如五穀，無土不宜。一畔之間，目睹其利而弗效焉，甚矣民之惰也！

［十三］「績」字誤，當改。原抄本、遂初堂本、集釋本、欒本、陳本、嚴本均作「積」。

［十四］「怨」字誤，當改。原抄本、遂初堂本、集釋本、欒本、陳本、嚴本均作「恣」。

［十五］「枚」字誤，當改。原抄本、遂初堂本、集釋本、欒本、陳本、嚴本均作「救」。

[十六]見《三國志·吴志·華覈傳》。

[十七]「會」，謂時會。

日知録卷之十五[一]

權量

三代以來，權量之制，自隋文帝一變。杜氏《通典》言：「六朝量，三升當今一升。秤[二]，三兩當今一兩。尺，一尺二寸當今一尺。」今謂即時。《左傳》定公八年，正義曰：「魏、齊斗稱，於古二而爲一。周、隋斗稱，於古三而爲一。」《隋書・律曆志》言：「梁、陳依古斗，齊以古升五升爲一斗，周以王升[三]，一升當官斗一升三合四勺，開皇以古斗三升爲一升，大業初依復古斗。」「梁、陳依古稱，齊以古稱一斤八兩爲一斤，周王[四]稱四兩當古稱四兩半，開皇以古稱三斤爲一斤，大業初依復古稱。」今考之傳記，如《孟子》以舉百鈞諱[五]爲有力人，三十斤爲鈞，百鈞則三十[六]斤。《晉書・成帝紀》：「令諸郡舉力人，能舉千五百斤以上者。」《史記・秦始皇紀》：「金人十二，重各千石，置官[七]廷中。」百二十斤爲石，千石則十二萬斤。《漢舊儀》：「祭天養牛，五歲至二千斤。」《晉書・南陽王保傳》：「自稱重八百斤。」不應若此之重。《考工記》[八]：「爵一升，觚三升。

《儀禮・特牲饋食禮》註：「觚二斗[九]。」獻以爵而酬以觚，一獻而三酬，則一豆矣。」「一豆」當作「一斗」，原本并誤。[十]《禮記》：「宗廟之祭，貴者獻以爵，賤者獻以散[十一]。尊者舉觶，卑者舉角。五獻之尊，門外缶，門內壺，君尊瓦甒。」註：「凡觴一升曰爵，二升曰觚，三升曰觶，四升曰角。壺大一石，瓦甒五斗。」《詩》曰：「我姑酌彼金罍」[十二]，毛説：「人君以黄金飾尊，大一碩。」「每食四簋」[十三]，正義：「簋，瓦器，容豆[十四]二升」。不應若此之巨。《周禮》：舍人「喪記[十五]共飯米」，註：「飯，所以實口。君用粱，大夫用稷，士用稻，皆四升」。《管子》：「凡食鹽之數，一月丈夫五升少半，夫人[十六]三升少半，嬰兒二升少半。」[十七]《史記・廉頗傳》：「一飯斗米。」《漢書・食貨志》：「人月[十八]一石半。」《趙充國傳》：「以一馬自佗，負三十日食，爲米二斛四斗，麥八斛。」《匈奴傳》：「計一人三百日食，用精十八斛。」不應若此之多。《史記・河渠書》：「可令畝十石。」嵇康《養生論》：「夫田，種者一畝十斛，謂之良田。」《晉書・傅玄傳》：「白田收至十餘斛，水田至數十斛。」今之收穫，最多亦不及此數。《靈樞經》：「人食一日中五升。」《既夕禮》：「朝一溢[十九]米，莫[二十]一溢米」，註：「二十兩曰溢，爲米一升二十四分升之一」。《晉書・宣帝紀》：「問：『諸葛公食可幾何？』對曰：『三四升。』」《會稽王道子[二十一]傳》：「國用虛竭，自司徒以下，日廩七升。」本皆言少，而反得多。是知古之權量，比之於今，大抵皆三而當一也。《史記・孔子世家》：「孔子居魯，奉粟六萬」，索隱曰：「當是六萬斗」，正義[二十二]：「六萬小斗，當今二千石也」。此唐人所言三而當一之驗。蓋自三代以後，取民無制，權量之屬，每代遞增。至魏孝文太和十九年，「詔改長尺大斗，依《周禮》制度，班之天下」。[二十三]《魏書・張普惠傳》：「神龜中，上疏言：『高祖廢大斗，去長尺，改重稱，所以愛百姓[二十四]，從薄賦。故海内之人，歌舞以供其賦，奔走以役其勤。天子信於上，億兆樂於下。自兹以下[二十五]，漸漸長闊，百姓嗟怨，聞於朝野。」」隋煬帝大業三年四月，「壬辰，改度量權衡，並依古式」。[二十六]雖有此制，竟不能復[二十七]。至唐時，猶有大斗小斗、大两小两之名，而後代則不復言矣。

《山堂考索》：「斛之爲制，方尺而深尺。《班志》乃云其中『容十年[二十八]』，蓋古用之斗小。」歐陽公《集古録》有谷口銅甬，始元四年左馮翊造，其銘曰：「谷口銅甬，容十斗，重四十斤。」以今權量校諱[二十九]之，容三斗，重十五斤。斗則三而有餘，斤則三而不足。吕氏《考古圖》：「漢好時[三十]官廚鼎，刻曰『重九斤一两』，今重三斤六两。今六两當漢之一斤。」又曰：「軹家釜三斗弱，軹家甑三斗一升，當漢之一石。」大抵是三而當一也。

古以二十四銖爲两，五銖錢十枚，計重二两二銖。今稱得十枚，當今之一两弱。[三十一]又《漢書・王莽傳》言：「天鳳元年，改作貨布，長二寸五分，廣一寸，首長八分有奇，廣八分，其圜好徑二分半，足枝長八分，間廣二分。其文右曰『貨』，左曰『布』，里[三十二]二十五銖。」頃富平民掊地，得貨布一罌。所謂「長二寸五分」者，今鈔尺之一寸六分有奇。「廣一寸」者，今之六分有半。「八分」者，今之五分。而「二十五銖」者，今稱得百分两之四十二。俗云四錢二分。是則今代之大於古者，量爲最，權次之，度又次之矣。

《晉書・摯虞傳》：「将作大匠陳勰，掘地得古尺。尚書奏：『今尺長於古尺，宜以古爲正。』潘岳[三十三]以爲慣用已久，不宜復改。虞駁曰：『昔聖人有以見天下之賾，而擬其形容，象物制器，以存時用。故參天两地，以正算數之紀；依律計分，以定長短之度。其作之也有則，故用之也有徵。考步两儀，則天地無所隱其情；準正三辰，則懸象無所容其謬。施之金石，則音韻和諧；措之規矩，則器用合宜。一本不差，而萬物皆正。及其差也，事皆反是。今尺長於古尺幾於半寸，樂府用之，律召[三十四]不合；史官用之，歷象失占；醫署用之，孔穴乖錯。比[三十五]三者，度量之所繇生，得失之所取徵，皆絓閡而不得通，故宜改今而從古也。唐虞之制，『同律度量衡』[三十六]；仲尼之訓，『謹權審度』[三十七]。今兩尺並用，不可謂之同；知失而行，不可謂之謹。不同不謹，是謂謬法，非所以軌物垂則，示人[三十八]之極。凡物有多而易改，亦有少而難變。有改而致煩，亦有變而之簡。度量是人所常用，而長短非人所戀惜，是多而易改者也。正失於得，反邪於正，一時之变，永世無二，是变而之簡者也。憲章成式，不不失[三十九]舊物。季來[四十]苟合之制，異端雜亂之用，宜以時釐改，貞夫一者也。臣以爲宜如所奏。」

【校注】

[一]卷十五，刻本爲卷十一。

[二]「秤」，原抄本、遂初堂本、嚴本同，集釋本、欒本、陳本作「稱」。

[三]「王升」，原抄本同。遂初堂本、集釋本、欒本、陳本、嚴本作「玉升」。《隋書》作「玉升」。

[四]「周王」，原抄本同。遂初堂本、集釋本、欒本、陳本、嚴本作「周玉」。《隋書》作「周玉」。

[五]「鈞諱」，「鈞」字缺末筆，下「鈞」字同。原抄本作「鈞諱」，下「鈞」字不諱。

[六]「十」字誤，當改。原抄本、遂初堂本、集釋本、欒本、陳本、嚴本均作「千」。

[七]「官」字誤，當改。原抄本、遂初堂本、集釋本、欒本、陳本、嚴本均作「宮」。

[八]「考工記」下，原抄本、遂初堂本、集釋本、欒本、陳本、嚴本均有「曰」字。

[九]「二斗」字誤，當改。原抄本、集釋本、欒本、陳本均作「二升」。遂初堂本作「三升」。

［十］此條亭林原注，原抄本同，潘耒遂初堂刻本、集釋本、欒本、陳本無。

［十一］「散」，遂初堂本、集釋本、欒本、陳本同，原抄本誤作「觚」。按《禮記》作「散」，鄭玄注：「五升曰散」。

［十二］《詩經・周南・卷耳》。

［十三］《詩經・秦風・權輿》。

［十四］「豆」，原抄本同。遂初堂本、集釋本、陳本、嚴本作「𧯷」，欒本作「斗」。阮刻《十三經注疏》本《毛詩正義》作「𧯷」。

［十五］「記」字誤，當改。原抄本、遂初堂本、集釋本、欒本、陳本、嚴本均作「紀」。《周禮》作「紀」。

［十六］「夫人」誤，當改。原抄本、遂初堂本、集釋本、欒本、陳本、嚴本均作「婦人」。《管子》作「婦人」。

［十七］《管子・地數》。

［十八］「人月」，原抄本同，遂初堂本、集釋本、欒本、陳本、嚴本上有「食」字。《漢書》作「食，人月一石半」。

［十九］「濫」字誤，當改。原抄本、遂初堂本、集釋本、欒本、陳本、嚴本均作「溢」。下「溢」字不誤。

［二十］「莫」同「暮」。

［二十一］「王道乎」字誤，當改。原抄本、遂初堂本、集釋本、欒本、陳本、嚴本均作「王道子」。

［二十二］「正義」下，原抄本、遂初堂本、集釋本、欒本、陳本、嚴本均有「曰」字，當補。

［二十三］《魏書・高祖紀下》，又見《北史・魏本紀》。

［二十四］「百姓」，原抄本同，遂初堂本、集釋本、欒本、陳本、嚴本作「萬姓」。

［二十五］「下」，原抄本同，遂初堂本、集釋本、欒本、陳本、嚴本作「降」。

［二十六］《隋書・煬帝紀上》，又見《北史・隋本紀下》。

［二十七］「復」字下，脱「古」字，當補，原抄本同。遂初堂本、集釋本、欒本、陳本、嚴本作「復古」。

［二十八］「年」字誤，當改。原抄本、遂初堂本、集釋本、欒本、陳本、嚴本均作「斗」。

[二十九]「諱」，原抄本作「諱」。

[三十]「好時」誤，當改。原抄本、遂初堂本、集釋本、欒本、陳本、嚴本均作「好時」。

[三十一]黄汝成集釋引沈氏曰：依後「五銖錢」一條，此「一兩弱」當作「七錢弱」，傳寫誤也。

[三十二]「里」字誤，當改。原抄本、遂初堂本、集釋本、欒本、陳本、嚴本均作「重」。

[三十三]「潘兵」誤，當改。原抄本、遂初堂本、集釋本、欒本、陳本、嚴本均作「潘岳」。

[三十四]「召」字誤，當改。原抄本、遂初堂本、集釋本、欒本、陳本、嚴本均作「吕」。

[三十五]「比」字誤，當改。原抄本、遂初堂本、集釋本、欒本、陳本、嚴本均作「此」。

[三十六]見《尚書・舜典》。

[三十七]《論語・堯曰》：「謹權量，審法度。」

[三十八]「人」，遂初堂本、集釋本、欒本、陳本、嚴本同，原抄本作「人文」。《晉書》作「人」。

[三十九]「不不失」，下「不」字衍，當删。原抄本作「不失」。遂初堂本、集釋本、欒本、陳本、嚴本作「不失其」。《晉書》作「不失」，無「其」字。

[四十]「來」字誤，當改。原抄本、遂初堂本、集釋本、欒本、陳本、嚴本均作「未」。

大斗大两

《漢書・貨殖傳》：「黍十[二]大斗」，師古曰：「大斗者，異於量米粟之斗也」。是漢時已有大斗，但用之量麄貨耳。

《唐六典》：「凡度，以北方秬黍中者，一黍之廣爲分，十分爲寸，十寸爲尺，一尺二寸爲大尺，十尺爲丈。凡量，以秬黍中者，容一千二百黍爲龠，二龠爲合，十合爲升，十升爲斗，三斗爲大斗，十斗爲斛。凡權衡，以秬黍中者，百黍之重爲銖，應劭曰：「十黍爲絫，十絫爲銖。」二十四銖爲兩，三兩爲大兩，十六兩爲斤。凡積秬黍爲度量權衡者，調鍾律，測晷景，合湯藥，及冠冕之制，則用之。内外官司，悉用大者。」按唐時權量，是古今大小[二]並行，太史、太常、太醫用古，杜氏《通典》云：「貞觀中，張文收鑄銅斛、稱、尺，以今常用度量校[三]之，尺當天[四]之五，衡量皆三之一。」《舊唐書·代宗紀》：「大曆十年八月，太常寺奏：『諸州府所用㪷稱，當寺給銅㪷稱，州府依樣製過[五]而行。』從之。」《通典》載諸郡土貢，上黨郡貢人參三百小兩，高平郡貢白石英五十小兩，濟陽郡貢阿膠二百小斤，鹿角膠三十小斤，臨封郡貢石斛十小斤，南陵郡[六]石斛十小斤，同陵郡貢石斛二十小斤。亦[七]則貢物中亦有用小斤、小兩者，然皆湯藥之用。他有司皆用今。久則其今者通行，而古者廢矣。

宋沈括《筆談》曰：「予受詔考鍾律及鑄渾儀，求秦漢以來度量，計六斗當今之一斗七升九合，秤[八]三斤當今十三兩。」是宋時權量又大於唐也。

《元史》言：至元二十年，「頒行宋文思院小口斛」[九]。又言：世祖取江南，命「輸米者止用宋斗斛，以宋一石當今七斗故也」[十]。是則元之斗斛又大於宋也。

【校注】

[一]「十」字誤，原抄本、遂初堂本、嚴本同誤。集釋本、欒本、陳本作「千」。《漢書》作「千」。

[二]「大小」，原抄本、遂初堂本、集釋本、欒本、陳本、嚴本均作「小大」。

[三]「校」字誤，當改。原抄本、遂初堂本、集釋本、欒本、陳本、嚴本均作「校」。

[四]「天」字誤，當改。原抄本、遂初堂本、集釋本、欒本、陳本、嚴本均作「六」。

[五]「過」字誤，當改。原抄本、遂初堂本、集釋本、欒本、陳本、嚴本均作「造」。

［六］「郡」字下，脱「貢」字，當補。原抄本、遂初堂本、集釋本、欒本、陳本均有「貢」字。《通典》有「貢」字。

［七］「亦」字誤，當改。原抄本、遂初堂本、集釋本、欒本、陳本、嚴本均作「此」。

［八］「秤」，原抄本、遂初堂本、嚴本同，集釋本、欒本、陳本作「稱」。

［九］《元史・世祖紀九》。

［十］《元史・食貨志一》。

漢禄言石

古時制禄之數，皆用斗斛。《左傳》言：「豆區釜鍾，各自十四［一］，以登於釜。」［二］《論語》：「與之釜，與之庾。」［三］《孟子》：「養弟子以萬鍾。」［四］皆量也。漢承秦制，始以石爲名。《韓非子》：「王因收吏璽，自三百石以［五］上，皆效之子之。」是時即以石制禄。《史記・燕世家》同。故有中二千石、二千石、比二千石、千石、比千石，六百石、比六百石、四百石、比四百石、三百石、比三百石、二百石、比二百石、百石，而三公號萬石。百二十斤爲石，是以權代量。然考《後漢［六］・百官志》所載月俸［七］之數，則「大將軍、三公奉，月三百五十斛」，以至「斗食奉，月十一斛」，又未嘗不用斛。所謂二千石以至百石者，但以爲品級之差而已。《汲黯傳》註：如淳曰：「真二千石，月得百五十斛，歲凡得千八百斛［八］耳。二千石，月得百二十斛，歲凡得一千四百四十斛［九］耳。」今人以十斗爲石，本於此。不知秦時所謂「金人十二，重各千石」［十］、「撞萬石之鐘」［十一］、「縣石鑄鐘虡」［十二］、「衡石程書」［十三］之類，皆權也，非量也。惟《白圭傳》「穀長石斗」，《淳于髡傳》「一斗亦醉，一石亦醉」，對手［十四］言之，是移權之名於量爾。

葉夢得《巖下放言》：「『名生於實』[十五]，凡物皆然。以斛爲石，不知起何時？自漢以來始見之。石本五權之名，漢制：重百二十斤爲石，非量名也。[十六]以之取民[十七]賦禄，如二千石之類，以穀百二十斤爲斛，猶之可也。若酒言石，酒之多少本不係穀數，從其取之醇醨。以今准之，酒之醇者，或[十八]止取七斗或六斗，而醨者多至於十五六斗。若以穀百二十斤爲斛，酒從其權名，則當爲酒十五六斗。從其量名，則斛當穀百八九十斤。進退兩無所合。是漢酒言石者，未嘗有定數也。謝肇淛謂：「古者爵容一升，十爵爲斗，百爵爲石。」[十九]以《考工記》「一獻三酬」之説準之，良然。昔人未詳此義。至於麪言斛石，麪亦未必正爲麥百二十斤，而麥之實又有大小虚實。然沿襲至今，莫知爲非。及弓弩較力，言斗言石，此乃古法。打硾[二十]以斤爲别，而世反疑之。乃知名實何常之有？」

《史記·貨殖傳》：「狐貂裘千皮，羔羊裘千石。」變「皮」言「石」，亦互文也。凡細而輕者則以皮計，麤而重者則以石計。

【校注】

[一]「十四」誤，當改。原抄本、遂初堂本、集釋本、欒本、陳本、嚴本均作「其四」。《左傳》作「其四」。

[二]《左傳·昭公三年》。

[三]《論語·雍也》。

[四]《孟子·公孫丑下》。

[五]「以」，原抄本同，遂初堂本、集釋本、欒本、陳本、嚴本作「已」。

[六]「後漢」，原抄本、遂初堂本、嚴本同，集釋本、欒本、陳本作「續漢」。

[七]「俸」原抄本同，遂初堂本、集釋本、欒本、陳本、嚴本作「奉」。

[八]「斛」，原抄本同，遂初堂本、集釋本、欒本、陳本、嚴本作「石」。《漢書》作「石」。

[九]「斛」，原抄本同，遂初堂本、集釋本、欒本、陳本、嚴本作「石」。《漢書》作「石」。

[十]見《史記・秦始皇本紀》。

[十一]見《漢書・東方朔傳》。

[十二]見《漢書・賈山傳》。

[十三]見《史記・秦始皇本紀》。《史記》原文作「衡石量書，日夜有呈」，呈，有本作「程」，謂程期。

[十四]「手」字誤，當改。原抄本、遂初堂本、集釋本、欒本、陳本、嚴本均作「斗」。

[十五]語出《管子・九守》。

[十六]黄汝成集釋引楊氏曰：《説苑》：「十六黍爲豆，六豆爲銖，二十四銖爲兩，十六兩爲斤，三十斤爲鈞，四鈞爲石。千二百黍爲龠，十龠爲合，十合爲升，十升爲斗，十斗爲石。」今按：見《説苑・辨物》。

[十七]「民」，遂初堂本、集釋本、欒本、陳本、嚴本同，原抄本誤作「名」。

[十八]「或」字誤，原抄本同誤。遂初堂本、集釋本、欒本、陳本、嚴本作「斛」。《巖下放言》作「斛」。

[十九]見《五雜俎》卷十一。

[二十]「硾」，原抄本、遂初堂本、集釋本、陳本、嚴本同，欒本作「錘」。

以錢代銖

古筭法，二十四銖爲兩。漢《軹家釜銘》「重十斤九銖」、《軹家甑銘》「重四斤廿銖」是也。近代筭家不便，乃十分其兩，而有「錢」之名。此字本是借用錢幣之錢，非數家之正名，簿領用之可耳，今人以入文字，可笑。《唐書》：武德四年鑄開通元寶，「徑八分，重二銖四絫。「絫」或作「參」。[一]沈存中曰：「今蜀郡[二]亦以十參爲一銖，『參』乃古之『絫』字。」積十錢重一兩」[三]，得輕重大小之中。所謂二銖四絫者，今一錢之重也。後人以其繁而難曉，故代以「錢」字。

度、量皆以十起數，惟權則以「一龠容千二百黍，重十二銖，兩之爲兩，十六兩爲斤，三十斤爲鈞諱[四]，四鈞爲石」[五]。今人改銖爲錢，而自兩以上則絫百絫千以至於萬，而權之數亦以十起矣。漢制，錢言銖，金言斤，其名近古[六]。

《宋史言[七]·律曆志》：太宗「淳化三年三月詔[八]：『《書》云：「協時、月，正日，同律、度、量、衡。」所以建國經而立民極也。國家萬邦咸乂，九賦是均。顧出納於有司，繫權衡之定式。如聞秬黍之制，或差毫釐，錘鉤爲姦，害及黎庶。宜令詳定稱法，著爲通規。』事下有司，監內藏庫崇儀使劉蒙、劉承珪言：『大[九]府寺舊銅式，自一錢至十斤，凡五十一，輕重無準。外府藏受黃金，必自毫釐計之。式自錢始，則傷於重。』遂尋本末，別制法物。至景德中，承珪重加參定，而權衡之制益爲精備。其法蓋取《漢志》子穀秬黍爲則，廣十黍以爲寸，從其大樂之尺，秬黍，黑黍也。樂尺，自黃鍾之管而生也。謂以秬黍中者爲分寸輕重之制。[十]就成二術。二術，謂以尺、黍而求氂、絫[十一]。因度尺而求氂，度者，丈尺之總名。謂因樂尺之原起於黍，而成於寸。析寸爲分，析分爲氂，爲毫[十二]，析毫爲絲，析絲爲忽。則十忽爲一絲，十絲爲一毫，十毫爲一氂，十氂爲一分。自積黍而取絫，從積黍而取絫，則十黍爲絫，十絫爲銖，二十四銖爲兩。絫、銖皆以銅爲之。以氂[十三]、絫造一錢半及一兩等二稱。各懸三毫，以星準之。等一錢半者，以取一稱之法。其衡合樂尺一尺二寸，重一錢，錘重六分，盤重五分。初毫星準半錢，至梢總一錢半，析成十五分，分列十氂。第一毫下等半錢，當十五氂。若十五斤，稱等五斤也。[十四]中毫至梢一錢，析成十分，分列十氂。末毫至梢半錢，析成五分，分列十氂。等一兩者亦爲一稱之則，其衡合樂尺一尺四寸，重一錢半，錘重六錢，盤重四錢。初毫至梢，布二十四銖，下別出一星，星等五絫。每銖之下復出一星，等五絫。則四十八星，等二百四十絫，計二千四百絫爲一兩。[十五]中毫至梢五錢，布十二銖，銖列五星，星等五絫[十六]。布十二銖爲五錢之數，則一銖等十絫，都等一百二十絫爲半兩。末毫至梢六銖，銖列十星，星等一絫。每星等一絫，都等六十絫，爲二錢半。以御書真、草、行三體。淳化錢較定實重二銖四絫爲一錢者，以二千四百得十有五斤，爲一稱之則。其法初以積黍爲準，然後以分而推忽，爲定數之端。故自忽、絲、毫、氂、黍、絫、銖，各定一錢之則。謂皆定一錢之則，然後制取等稱也。忽萬爲分，以一萬忽爲一分之則，以十萬忽定爲一錢之則。忽者，吐絲爲忽。分者，始微而著，言可分別也。絲則千，一千絲爲一分，以一萬絲定爲一錢之則。毫則百，一百毫爲一分，以一千毫定爲一錢之則。毫者，氂毛也。自忽、絲、毫三者，皆斷驥尾爲之。氂則十。一十氂爲一分，以一百氂足[十七]爲一錢之則。氂者，氂牛[十八]尾毛也，曳赤金成絲以爲之也。轉以十倍倍之，則爲一錢。「轉以十倍倍之」，謂自一萬忽至十萬忽之類，定爲之則也。黍以二千四百枚爲一兩，一龠容千二百黍，爲十二銖，則以二千四百黍定爲一兩之則。兩者，以二龠爲兩。絫以二百四十，謂以二百四十絫定爲一兩之則。銖以二十四，轉相因成，十絫爲銖，則以二百四十絫定成二十四銖，爲一兩之則。銖者，言殊異也。遂成其稱。稱今[十九]黍數，則一錢半者，計三百六十黍之重。列爲五分[二十]，則每分計二十四黍。又每分析爲一十氂，則每氂計二黍十分黍之四，以一氂分二十四黍，則每氂先得二黍，都分成四十分，則一氂又得四分，是每氂得二黍十分黍之四。每四毫一絲六忽，有差爲一黍，則氂絫之數極矣[二十一]。一兩者，合二十四銖，爲二千四百黍之重。每百黍爲銖，二百四十黍爲二銖四絫，二銖四絫爲錢，二絫四黍爲分，一絫二黍重五氂，六黍重二氂五毫，三黍重一氂[二十二]二毫五絲，則黍絫之數成矣。先是，守藏吏受天下歲輸金幣，而太府權衡舊式失準，得因之爲奸，故諸道主者坐逋負而破屋[二十三]者甚衆。又守藏更代，□讁[二十四]計爭訟，動必數載。至是新制既定，姦弊無所措，中外以爲便。」度、量、權、衡，皆太府掌造，以給内外官司及民間之用。凡遇改元，即令更造，各以年號印而識之。其印有方印、長印、八角印、笏頭印之別，所以明制度而防僞濫也。是則今日以十分爲錢、十錢爲兩，皆始於宋初所謂「新制」者也。

【校注】

[一]「絫」、「參」形近。《説文》：「絫，从厽从糸。絫，十黍之重也。」通作「累」、「纍」。

[二]「蜀郡」，原抄本同。遂初堂本、集釋本、陳垣誤作「蜀部」，欒本、嚴本改「部」爲「郡」。《夢溪筆談》作「蜀郡」。

[三]《舊唐書・食貨志上》。

[四]「鈞諱」，「鈞」字缺末筆，下同。原抄本作「鈞諱」，下「鈞」字不諱。

[五]見《漢書・律曆志上》。

[六]其名近古，「古」謂三代。

[七]「言」字衍，當删。原抄本、遂初堂本、集釋本、欒本、陳本、嚴本無「言」字。

[八]「詔」字下，遂初堂本、集釋本、欒本、陳本、嚴本有「曰」字。

[九]「大」，遂初堂本同，原抄本、集釋本、欒本、陳本、嚴本均作「太」。

[十]此注爲《宋史・律曆志》原注，以下皆同。

[十一]「絫」，遂初堂本、集釋本、欒本、陳本、嚴本同。原抄本誤作「案」。《宋史》作「絫」。

[十二]「爲毫」上，脱「析氂」二字，當補。原抄本、集釋本、欒本、陳本不誤。

[十三]「氂」，集釋本、欒本、陳本同，原抄本誤作「釐」。《宋史》作「氂」。

[十四]黄汝成集釋引沈氏曰：「十五氂」當作「百五十氂」。今按：《宋史・律曆志》原注作「五十氂」，無「百」字。

[十五]黄汝成集釋引沈氏曰：四百絫之「絫」當作「黍」。今按：《宋史・律曆志》原注作「絫」。

[十六]「五絫」，原抄本同。遂初堂本、集釋本、欒本、陳本、嚴本作「二絫」。《宋史》作「二絫」。

[十七]「足」字誤，原抄本同誤，當改。遂初堂本、集釋本、欒本、陳本、嚴本作「定」。

[十八]「氂牛」，原抄本、遂初堂本、集釋本、欒本、陳本、嚴本均同。按當作「犛牛」，字从牛。《説文》：「氂，犛牛尾也。」

[十九]「今」字誤，當改。原抄本、遂初堂本、集釋本、欒本、陳本、嚴本均作「合」。

[二十]黄汝成集釋引沈氏曰：「五分」上當有「十」字。今按：《漢書》原文無「十」字。

[二十一]黄汝成集釋引沈氏曰：「氂絫」之「氂」當作「黍」。今按：《漢書》原文作「氂絫」。

[二十二]「釐」字誤，原抄本同誤，當改。遂初堂本、集釋本、欒本、陳本、嚴本作「氂」。《宋史》作「氂」。

[二十三]「屋」字誤，當改。原抄本、遂初堂本、集釋本、欒本、陳本、嚴本均作「産」。

[二十四]「□諱」，原抄本作「校[諱]」。底本缺一字，遂初堂本、集釋本、欒本、陳本、嚴本均作「校」，當補。

十分爲錢

古時，分乃度之名，非權之名。《説文》：「寸，十分也。」《隋書・律曆志》引《易緯通卦驗》：

「十馬尾爲一分。」《説苑》：「度、量、權、衡以粟生。十粟爲一分，十分爲一寸。」《淮南子》註同。《孫子筭術》：「蠶所吐絲爲忽，十忽爲秒，十秒爲豪[一]，十豪爲氂，十氂爲分，十分爲寸。」《漢書・律曆志》：「本起黄鐘[二]之長，以子穀秬黍中者，一黍之廣度之。九十黍爲黄鐘之長，一黍爲一分，十分爲一寸。」此皆度之名。《淮南子》：「十二藁而當一粟，《宋書・律志》作「穓」。十二粟而當一分，十二分而當一銖，十二銖而當半两，二十四銖爲一两，十六两爲一斤，三十斤爲一鈞[三]，四鈞爲石。」此則權之名。《史記・大宛傳》：「善布[四]賈，争分銖。」然以十二分爲一銖，二十四銖爲一两，則小於今之爲分者多矣。

陶隱居[五]《名醫别録》曰：「古稱惟有銖、两，而無分名。今則以十黍爲一銖，六銖爲一分，四分爲一两，十六两爲一斤。」李果[六]曰：「六銖爲一分，即今之二錢半也。」此又以二錢半爲分，則隨人所命而無定名也。

【校注】

[一]「豪」，原抄本、遂初堂本、集釋本、欒本、陳本、嚴本均作「毫」。下同。

[二]「鐘」，原抄本、遂初堂本、集釋本、欒本、陳本、嚴本均作「鍾」。下同。

[三]「鈞諱」，「鈞」字缺末筆，下同。原抄本作「鈞諱」，下「鈞」字不諱。

[四]「布」字誤，當改。原抄本、遂初堂本、集釋本、欒本、陳本、嚴本均作「市」。

[五]陶弘景，自號華陽隱居。

[六]「李果」誤，當改。原抄本、遂初堂本、集釋本、欒本、陳本、嚴本均作「李杲」。李杲字明之，自號東垣老人，金元時真定人。好醫藥，著《内外傷辨惑論》三卷。《元史・方技傳》有傳。

黄金

漢時黄金上下通行，故文帝賜周勃至「五千斤」[一]，宣帝賜霍光至「七千斤」[二]，而武帝以公主妻欒大，至「齎金萬斤」[三]。《漢書》作「十萬斤」。衛青擊胡[四]，「斬捕首虜之士，受賜黄金二十[五]餘萬斤」[六]。古來賞賜之數，莫侈於元。成宗即位，賜駙馬蠻子帯銀七萬六千五百兩，闊里吉思一萬五千四百五十兩，高麗王王距[七]三萬兩。其定諸王朝會賜與，有至金千兩、銀七萬五千兩者。梁孝王薨，「藏府餘黄金四十餘萬斤」。[八]館陶公主近幸董偃，「令中府曰：『董君所發，一日金滿百斤，錢滿百萬，帛滿千匹，乃白之。』」王莽「禁列侯以下不得挾黄金，輸御府受直」[九]，至其將敗，「省中黄金萬斤[十]爲一匱，尚有六十[十一]匱。黄門、鉤盾、藏府、中尚方處，處各有數匱」[十二]。而《後漢·光武紀》言：「王莽末，天下旱蝗，黄金一斤易粟一斛。」是民間亦未嘗無黄金也。董卓死，「塢中有金二三萬斤，銀八九萬斤」[十三]。照烈[十四]得益州，「賜諸葛亮、法正、關羽、張飛金各五百斤，銀千斤」[十五]。《南齊書·蕭穎冑傳》：「長沙寺僧業富沃[十六]，鑄黄金爲龍數千兩，埋土中，歷相傳付，稱爲『下方黄鐵』，莫有見者。」穎冑起兵，「乃取此龍以充軍實」。《梁書·武陵王紀傳》：「黄金一斤爲餅，百餅爲篋，至有百篋，銀五倍之。」[十七]自此以後，則漢[十八]見於史。《尚尚[十九]書》疏：「漢、魏贖罪，皆用黄金。後魏以金難得，令金一兩收絹十匹。今律乃贖銅。」[二十]

宋太宗問學士杜鎬曰：「兩漢賜予，多用黄金，而後代遂爲難得之貨，何也？」對曰：「當時佛事未興，故金價甚賤。」[二十一]今以自[二十二]所睹記，及《會典》所載國初[二十三]金價推之，亦大略可考。《會典·鈔法》卷内云：「洪武八年，造大明寶鈔。每鈔一貫，折銀一兩。每鈔四貫，易赤金一兩。」是金一兩當銀四兩也。《徵收》卷内云：「洪武十八年，令凡折收税粮，金每两准米十石，銀每两准米二石。」是金一两當銀五兩也。「三十年，上曰：『折收逋賦，欲以蘇民困也。今如此其重，将愈困民。』更令金每两准米二十石，銀每两准米四石。」然亦是金一两當銀五两也。「永樂十一年，令金每两准米三十石」，則當銀七两五錢矣。又「令交阯召商中鹽，金一两給鹽三十引」，則當銀十两矣。豈非承平以後，日事侈靡，上自宫掖，下逮勳貴，用過乎物之故與？遼張孝傑爲北府宰相，「貪貨無厭，嘗曰：『無百萬两黄金，不足爲宰相家。』」[二十四]幼時見萬曆中赤金止七八換，崇禎中十換，天啟中，權奄用事，百官獻媚者皆進金卮，金價漸貴。南渡[二十五]十三換，而後賤至六換，而今又十三換[二十六]矣。「投珠抵璧」[二十七]之風，將何時而見與？

《漢書·食貨志》：「黄金重一斤，直錢萬。朱提銀重八兩爲一流，直一千五百八十。它[二十八]銀一流直一千[二十九]。」是金價亦四五倍於銀也。方勺《泊宅編》云：「當時黄金一兩，才直錢六百。朱提銀一兩，才直錢二百。」

《元史》：「至大銀鈔一兩，準至元鈔五貫、白銀一兩、赤金一錢。」是金價十倍於銀也。

《史記·平準書》：「一黄金一斤。」《漢書·食貨志》：「黄金方寸，而重一斤。」《莊子》「百金」，註：「李曰：『金方寸重一斤，百金，百斤也。』」《漢書·韋賢傳》：「賜黄金百斤。」玄成詩曰：「厥賜祁祁，百金泊[三十]館。」是也。[三十一]臣瓚曰：「秦以一鎰爲一金，孟康曰：「二十四兩曰鎰。」漢以一斤爲一金。」[三十二]是漢之金已減於秦矣。《漢書·食貨志》：「黄金重一斤，直錢萬。」《惠帝紀》註：「師古曰：『諸賜金不言黄者，一斤與萬錢。』」《王莽傳》：「故事，聘皇后黄金二萬斤，爲錢二萬萬。」公羊隱公五年《傳》「百金之魚」註：「百金，猶百萬也」。古以金重一斤，萬[三十三]今萬錢。

古來用金之費，如《吴志・劉繇傳》：「笮融大起浮圖祠[三十四]，以銅爲人，黄金塗身，衣以錦采，垂銅盤九重。」《何姬傳》注引《江表傳》：「孫皓使尚方以金作華燧、步搖、假髻以千數，令宫人著以相撲，朝成夕敗，輒出更作。」《魏書・釋老志》：興光元年，「敕有司於五級[三十五]大寺内，爲大祖已下五帝，鑄釋迦立像五，各長一丈六尺，都用赤金二萬五千斤」。天安中，「於天宫寺造釋迦立像，高四十三尺，用赤金十萬斤，黄金六百斤」。《齊書・東昏侯本紀》：「後宫服御，極選珍奇，府庫舊物，不復周用。貴市民間金銀寶物，價皆數倍。京邑酒租，皆折使輸金，以爲金塗。猶不能足。」《唐書・敬宗紀》：「詔度支進銅三十觔[三十六]，金薄即「箔」字。十萬，翻修清思院新殿，及昇陽殿圖章[三十七]。」《五代史・閩世家》：「王昶起三清臺三層，以黄金數千斤，鑄寶皇及元始天尊、太上老君像。」宋真宗作玉清昭應宫，「甍栱欒楹，全以金飾。所費鉅億萬，雖用金之數，亦不能全計」[三十八]。《金史・海陵本紀》：「宫殿之飾，徧傳[三十九]黄金，而後間以五采，金屑飛空[四十]落雪。」《元始[四十一]・世祖本紀》：建大聖壽萬安寺，「佛像及窗壁皆金飾之，凡費金五百四十兩有奇，水銀二百四十斤」。又言：「繕寫金字藏經，凡縻金三千二百四十四兩。」《吴澄傳》言：「粉黄金爲泥，寫浮屠藏經。」《泰定帝紀》：泰定二年七月，「庚午，以國用不足，罷[四十二]金字藏經」。時於云南立造賣金箔規措[四十三]所。此皆耗金之繇也。杜鎬之言，頗爲不妄。《草木子》云：「金爲一[四十四]箔，無復再還元矣。」故《南齊書・武帝紀》「禁不得以金銀爲箔」。《宋史・真宗紀》：大中祥符元年二月，「丙午，申明不許以金銀爲箔之制」。《仁宗紀》：康定元年，「八月戊戌，禁以金箔飾佛像」。《哲宗紀》：元祐二年九月，「丁卯，禁私造金箔」。《劉庠傳》：「仁宗外家李珣[四十五]，紀銷金犯[四十六]，庠奏吉[四十七]：『法行當自貴近始。』」從之。《金史·世宗紀》：大定七年，「七月戊申，禁服用金錢[四十八]，其織賣者皆抵罪」。《元史·仁宗紀》：至大四年三月，「辛卯，禁民間制金箔、銷金、織金」。而《太祖實録》言：「上出黄金一錠，示近臣也[四十九]曰：『此表箋袱盤龍金也，令宫人洗滌銷容[五十]得之。』」嗚呼！儉德之風遠矣！

【校注】

[一]見《史記·孝文本紀》及《絳侯周勃世家》。
[二]見《漢書·霍光金日磾傳》。
[三]見《史記·孝武本紀》及《封禪書》。
[四]「擊胡」，原抄本同。潘耒遂初堂刻本改爲「出塞」，集釋本因之。欒本據黄侃校記改回而加説明，陳本、嚴本仍刻本之舊而加注。
[五]「二十」，遂初堂本、集釋本、欒本、陳本、嚴本同，原抄本誤作「二千」。《漢書》作「二十」。
[六]見《漢書·食貨志下》。
[七]「王距」誤，當改。原抄本、遂初堂本、集釋本、欒本、陳本、嚴本均作「王眶」。
[八]見《漢書·文三王傳》。
[九]見《漢書·王莽傳上》。
[十]「萬斤」下，遂初堂本、集釋本、欒本、陳本、嚴本有「者」字。
[十一]「六十」，遂初堂本、集釋本、欒本、陳本、嚴本同，原抄本誤作「六千」。《漢書》作「六十」。
[十二]《漢書·王莽傳下》。
[十三]見《後漢書·董卓列傳》。

［十四］「照烈」誤，當改。原抄本、遂初堂本、集釋本、欒本、陳本、嚴本均作「昭烈」。

［十五］見《三國志・蜀書・關張馬黄趙傳》。

［十六］「沃」，遂初堂本、集釋本、欒本、陳本、嚴本同，原抄本誤作「盗」，與下文「鑄」字連讀。《南齊書》作「沃」。

［十七］《梁書》未見，見《南史・梁武帝諸子傳・武陵王紀》。

［十八］「漢」字誤，當改。原抄本、遂初堂本、集釋本、欒本、陳本、嚴本均作「罕」。

［十九］下「尚」字衍，當删。原抄本、遂初堂本、集釋本、欒本、陳本、嚴本不誤。

［二十］《尚書・舜典》孔穎達正義。

［二十一］見《宋史・杜鎬傳》。《宋史・藝文志》，杜鎬著《鑄錢故事》一卷。

［二十二］「自」字誤，當改。原抄本、遂初堂本、集釋本、欒本、陳本、嚴本均作「目」。

［二十三］「國初」，原抄本、遂初堂本、集釋本、欒本、陳本、嚴本均同。陳垣校注：「國初」二字，潘本漏改。

［二十四］見《遼史・奸臣傳上》。

［二十五］「南渡」，原抄本同。潘耒遂初堂刻本改爲「江左至」，集釋本因之。欒本據黄侃校記改回而加説明，陳本、嚴本仍刻本之舊而加注。「南渡」指南明。

［二十六］「而後賤至六換，而今又十三换」十二字，遂初堂本、集釋本、欒本、陳本、嚴本無，下文「矣」字在上句末。黄侃校記：「换」下有十二字，與黄汝成引元本同。黄汝成集釋：汝成案：元本「十三换」下，有「以後賤至六换，而今又十三换」十二字。

［二十七］《莊子・天地》：「藏金於山，藏珠於淵。」張衡《東京賦》：「藏金於山，抵璧於谷。」《貞觀政要・貪鄙》：太宗曰：「昔堯舜抵璧於山林，投珠於淵谷。」

［二十八］「它」，原抄本同，遂初堂本、集釋本、欒本、陳本、嚴本作「他」。《漢書》武英殿本作「它」。

［二十九］「一千」，原抄本同，遂初堂本、集釋本、欒本、陳本、嚴本作「千」。《漢書》作「千」。

[三十]「洎」字誤，原抄本、遂初堂本、嚴本同誤，當改。集釋本、欒本、陳本作「洎」。《漢書》作「洎」。

[三十一]韋玄成，韋賢子，詩亦見《韋賢傳》。

[三十二]《史記》裴駰集解引。

[三十三]「萬」字誤，當改。原抄本、遂初堂本、集釋本、欒本、陳本、嚴本均作「若」。

[三十四]「利」字誤，當改。原抄本、遂初堂本、集釋本、欒本、陳本、嚴本均作「祠」。

[三十五]「綬」，原抄本、遂初堂本、集釋本、嚴本同。陳本作「級」。欒本改「綬」爲「級」。《魏書》作「綬」，然佛書多作「五級寺」。袁枚《隨園隨筆》云：『此綬字不作今綬字之解』，『從綬，不從綬，綬音遐』。

[三十六]「三十觔」，原抄本同。遂初堂本、集釋本、欒本、陳本、嚴本作「三千斤」。《舊唐書》作「三千斤」。「觔」通「斤」。

[三十七]「章」，原抄本同。遂初堂本、集釋本、欒本、陳本、嚴本作「障」。《舊唐書》作「障」。

[三十八]見宋田況《儒林公議》。

[三十九]「傳」字誤，當改。原抄本、遂初堂本、集釋本、欒本、陳本均作「傅」。

[四十]「飛空」下，脱「如」字，當補。原抄本、遂初堂本、集釋本、欒本、陳本、嚴本均有「如」字。《金史》有「如」字。

[四十一]「始」字誤，當改。原抄本、遂初堂本、集釋本、欒本、陳本、嚴本均作「史」。

[四十二]「罷」字下，脱「書」字，當補。遂初堂本、集釋本、欒本、陳本有「書」字。原抄本無。《元史》有「書」字。

[四十三]「揩」字誤，當改。原抄本、遂初堂本、集釋本、欒本、陳本、嚴本均作「措」。

[四十四]「爲一」誤倒，當乙正。原抄本、遂初堂本、集釋本、欒本、陳本、嚴本均作「一爲」。

[四十五]「李珦」字誤，當改。原抄本、遂初堂本、集釋本、欒本、陳本、嚴本均作「珣」。《宋史》作「珣」。

[四十六]「紀銷金犯」誤，當改。原抄本、遂初堂本、集釋本、欒本、陳本、嚴本均作「犯銷金法」。《宋史》作「犯銷金法」。

［四十七］「吉」字誤，當改。原抄本、遂初堂本、集釋本、欒本、陳本、嚴本均作「言」。
［四十八］「錄」字誤，當改。原抄本、集釋本、欒本、陳本均作「綫」，遂初堂本、嚴本作「絲」。《金史》作「綫」。
［四十九］「也」字衍，當删，原抄本、遂初堂本、集釋本、欒本、陳本、嚴本均無。
［五十］「容」字誤，當改。原抄本、遂初堂本、集釋本、陳本、嚴本作「鎔」，欒本作「熔」。

銀

唐宋以前，上下通行之貨一皆以錢而已，未嘗用銀。《漢書·食貨志》言：「秦并天下，幣爲二等。而珠、玉、龜、貝、銀、錫之屬爲器飾寶藏，不爲幣。」孝武始造白金三品，尋寢［一］不行。謝肇［二］曰：「漢銀八兩，直錢一千。當時銀賤［三］錢貴，今銀一兩即直千錢矣。」［四］《舊唐書》：憲宗元和三年六月詔曰：「天下有銀之山，必有銅礦。銅者可資於鼓鑄，銀者無益於生人。其天下自五嶺以北，見採銀坑，並宜禁斷。」［五］李德裕爲浙西觀察使，奏云：「去二月中，奉宣令進盝子，計用銀九千四百餘兩。其時貯備，都無二三百兩。」［六］然考之《通典》，謂：「梁初，唯京師及三吴、荆、郢、江、湘、梁、益用錢。其餘州郡，則雜以穀帛交易。交、廣之域，則全以金銀爲貨。」［七］而唐韓愈奏狀亦言：「五嶺買賣一以銀。」［八］元稹奏狀言：「自嶺已南，以金銀爲貨幣。自巴已外，以鹽帛爲交易。黔巫溪峽用水銀、朱砂、繒彩、巾帽以相市。」［九］杜氏《通典》載唐度支歲計之數，「粟則二千五百餘萬石，布絹綿則二千七百餘萬端、屯、疋，錢則二百餘萬貫」，未嘗有銀。其土貢則貴州貢銀百兩，鄂、新、黨三州各貢銀五十兩，賀州貢銀三十兩，邵、端、昭、潘、辨、高、龔、潯、嚴、封、春、羅、牢、竇、横、象、瀧、藤、平、琴、廉、義、柳、勤、康、恩、崖、萬安二十七州，各貢銀二十兩。是唐人以銀爲貢，而不以爲賦也。張籍詩：「海國戰騎象，蠻州市用銀。」[十]《宋史・仁宗紀》：景祐二年，「詔諸路歲輸緡錢。福建、二廣易以銀，江東以帛」。於是有以銀當緡錢者矣。《金史・食貨志》：「舊例，銀[十一]五千[十二]兩，其直百貫。《舊唐書・哀帝紀》：「内庫出方圓銀二千一百七十二兩，充見任文武常參官救接。」是知前代銀皆是鑄成。民間或有截鑿之者，其價亦隨低昂。遂改鑄銀，名『承安寶貨』，一兩至十兩，分五等，每兩折錢二貫，公私同見錢用。」又云：更造「興定寶泉」，「每貫當『通寶』五十。又以綾印製『元光珍貨』，同銅[十三]銀鈔及餘鈔行之。行之未久，銀價日貴，錢寶[十四]日賤，民但以銀論價。至元光二年，寶泉幾於不用。」「哀宗正大間，民間[十五]但以銀市易。」此今日上下用銀之始。

今民間輸官之物皆用銀，而猶謂之「錢糧」，蓋承宋代之名，當時上下皆用錢也。

國初[十六]所收天下田賦，未嘗用銀，惟坑冶之課有銀。《實録》於每年之終，記所入之數，而洪武二十四年，但有銀二萬四千七百四十兩。至宣德五年，則三十二萬二百九十七兩。歲辦視此爲率。按宋蘇轍《元祐會計録》，歲入銀止五萬七千兩。《元史・成宗紀》：右丞相完澤言：「歲入銀止六萬兩。」而宣德五年奏：「温、處二府，平陽、麗水等五縣」，課額止[十七]「八萬七千八百兩」。[十八]蓋所開坑冶漸多。當日國家固不恃銀以爲用也。至正統三年，以採辦擾民，始罷銀課，封閉坑穴，而歲入之數不過五千有餘。九年，「閏七月戊寅朔，復開福建、浙江銀場」。[十九]是年採納已六萬七千一百八十兩。乃倉糧折輸變[二十]，無不以銀。後遂以爲常貨，蓋市舶之來多矣。

《太祖實録》：洪武八年，「三月辛酉朔，禁民間不得以金銀爲貨交易，違者治其罪。有告發者，就以其物給之」。[二十一]其立法若是之嚴也。九年四九[二十二]，「己丑，許民以銀鈔錢絹代輸今年租税」。十九年三月，「己巳，詔歲解税課錢鈔，有道里險遠難致者，許易金銀以進」。五月，「己未，詔户部，以今年秋糧及在倉所儲，通會其數，除存留外，悉折收金銀、布絹、鈔定，輸京師」。此其折變之法雖暫行，而交易之禁亦少弛矣。

正統元年八月，「庚辰，命江南租税折收金帛。《會典》言浙江、江西、湖廣三布政司，直隷、蘇、松等府。先是，都察院右副都御史周銓奏：『行在各衛官員俸糧，在南京者差官支給，本爲便利。是時京官俸糧並于南京支給。但差來者，將各官俸米貿易物貨，貴買賤酬，十不及一。朝廷虚費廩禄，百官〔二十三〕不得實惠。請令該部會議，歲禄之數，於浙江、江西、湖廣、南直隷不通舟楫之處，各隨土産折收布絹、白金，赴京充俸。』巡撫江西侍郎趙新亦言：『江西屬縣，有僻居深山、不通舟楫者，歲齎金帛，於通津之處易米，上納南京。設遇米貴，其費不貲。今行在官員俸禄於南京支給，往返勞費，不得實用。請令江南〔二十四〕屬縣量收布絹或白金，類銷成錠，運赴京師，以準官員俸禄。』少保兼户部尚書黄福亦有是請。至是，行在户部復申前議。上曰：『祖宗嘗行之否？』尚書胡濙等對曰：『太祖皇帝嘗行於陝西，每鈔二貫五百文折米一石，黄金一兩折二十石，白金一兩折四石，絹一匹折一石二斗，布一匹折一石。各隨所産，民以爲便。後又行於浙江，民亦便之。』上遂從所請，每米麥一石折銀二錢五分。遠近稱便。然自是倉廩之積少矣。」已上《實録》余文。〔二十五〕

二年二月甲戌，命「兩廣、福建當輸南京税糧，悉納白金，有傾〔二十六〕納布絹者聽」。於是巡撫南直隷、行在工部侍郎周忱奏：「官倉儲積有餘。」其年十月壬戌〔二十七〕，遣行在通政司右通政李畛，往蘇、常、松三府，將存留倉糧七十二萬九千三百石有奇，賣銀准折官軍俸糧。三年四月甲寅，命「糴廣西、云南、四川、浙江陳積倉糧」。遂令軍民無輓運之勞，而囷庾免陳紅之患，誠一時之便計也。

自折銀之後，不二三年，頻有水旱之災，而設法勸借至千石以上以賑凶荒者，謂之「義民」，詔復其家。至景泰間，納粟之例紛紛四出，相傳至今，而國家所收之銀不復知其爲米矣。

《唐書》言：天寶中，「海内豐熾，州縣粟帛舉巨萬。楊國忠判度支，因言：『古者二十七年耕，餘九年食。今天下太平，請在所出滯積，變輕齎，内富京師。又悉天下義倉，及丁租地課，易布帛以充天子禁藏』」。[二十八]當日諸臣之議有類於此，踵事而行，不免太過。相沿日久，内實外虚。至崇禎十三年，郡國大侵[二十九]，倉無見粟，民思從怨[三十]，遂以亡國。

宣德中，以邊儲不給，而定爲「納米贖罪」之令。其例不一。正統三年八月，從陝西按察使陳正倫之請，改於本處納銀，解邊易米。襍犯死罪者納銀三十六兩，三流二十四兩，徒五等視流遞減三兩，杖五等一百者六兩，九十以下及笞五等俱遞減五錢。此今日「贖鍰」之例所由始也。

正統十一年九月壬午，巡撫直隸、工部左侍郎周忱言：「各處被災，恐預備倉儲賑濟不敷，請以折銀糧税悉徵本色，於各倉收貯。俟青黄不接之際，出糶於民，以所得銀上納京庫。則官既不損，民亦得濟。」從之。此文襄[三十一]權宜變通之法，所以爲一代能臣也。

【校注】

[一]「寖」字誤，當改。原抄本、遂初堂本、集釋本、欒本、陳本、嚴本均作「廢」。

[二]「謝肇」下，脱「淛」字，當補。原抄本、遂初堂本、集釋本、欒本、陳本、嚴本均作「謝肇淛」。

[三]「賤」字下，遂初堂本、集釋本、欒本、陳本、嚴本有「而」字，原抄本無。

［四］黄汝成集釋引閻氏曰：按孝武始造白金三品，乃雜鑄銀錫爲之，此即《漢書》安息國「以銀爲錢」之制，竟認作銀，非。其文有龍、有馬、有龜，所直各不同。王莽即真，始直用銀，「朱提銀重八两爲一流，直一千五百八十，他銀一流直千，是爲銀貨二品」。

［五］《舊唐書·食貨志上》。

［六］見《舊唐書·李德裕傳》。

［七］《通典》卷九《食貨九》。

［八］見《韓昌黎集》卷三十七《錢重物輕狀》。

［九］見《元氏長慶集》卷三十四《錢貨議狀》。

［十］張籍詩，題《送南遷客》。

［十一］「銀」字下，脱「每鋌」二字，原抄本同，當補。遂初堂本、集釋本、欒本、陳本、嚴本作「銀每鋌」，與《金史》同。

［十二］「五千」誤，當改。原抄本、遂初堂本、集釋本、欒本、陳本、嚴本均作「五十」。《金史》作「五十」。

［十三］「銅」字衍，原抄本同，當删。遂初堂本、集釋本、欒本、陳本、嚴本無，《金史》無。

［十四］「錢寶」誤，原抄本同誤，當改。遂初堂本、集釋本、欒本、陳本、嚴本作「寶泉」。《金史》作「寶泉」。

［十五］「民間」，遂初堂本、集釋本、欒本、陳本、嚴本同，原抄本脱。《金史》有「民間」二字。

［十六］「國初」，原抄本、遂初堂本、集釋本、欒本、陳本、嚴本均同。陳垣校注：潘本亦未改。

［十七］「課額止」，原抄本作「課額至」，遂初堂本、集釋本、欒本、陳本、嚴本作「銀額至」。按下文言「漸多」，故當作「至」。

［十八］見《宣宗實録》卷七十二，浙江左布政使黄澤所奏。「五縣」作「七縣」。

［十九］見《明史·英宗前紀》。

[二十]「變」字下，脱「賣」字，當補。原抄本、遂初堂本、集釋本、欒本、陳本、嚴本均作「變賣」。

[二十一]又見《明史·食貨志五》。

[二十二]「九」字誤，當改。原抄本、遂初堂本、集釋本、欒本、陳本、嚴本均作「月」。

[二十三]「百官」，原抄本同，遂初堂本、集釋本、欒本、陳本作「各官」。《英宗實録》作「各官」。

[二十四]「江南」，原抄本同，遂初堂本、集釋本、欒本、陳本作「江西」。《英宗實録》作「江西」。

[二十五]今按：《英宗實録》卷二十一。「余」字誤，當改。原抄本、遂初堂本、集釋本、欒本、陳本、嚴本均作「全」。

[二十六]「頒」字誤，當改。原抄本、遂初堂本、集釋本、欒本、陳本、嚴本均作「願」。

[二十七]「壬戌」誤，原抄本同誤，當改。遂初堂本、集釋本、欒本、陳本、嚴本作「壬午」。《英宗實録》卷三十五作「壬午」。

[二十八]《新唐書·外戚列傳》。

[二十九]「侵」字誤，當改。原抄本、遂初堂本、集釋本、欒本、陳本、嚴本均作「祲」。

[三十]「怨」字誤，當改。原抄本、遂初堂本、集釋本、欒本、陳本、嚴本均作「亂」。

[三十一]文襄，周忱謚號。

以錢爲賦

《周官》：太宰「以九賦斂財賄」，註：「財，泉古「錢」字。穀也」，又曰：「賦，口率出泉也」。方回《古今考》不然此説。《荀子》言「厚刀布之斂以奪之財」[一]，而漢律有「口筭」。《孝惠紀》註：「漢律，人出一筭，筭百二十錢。」此則以錢爲賦，自古有之，而不出於田畝也。唐初，「租出穀，庸出絹，調出繒布」〔二〕，未嘗用錢。自兩税法行，遂以錢爲「惟正之供」〔三〕矣。

孟子有言：「聖人治天下，使有菽粟如水火。菽粟如水火，而民焉有不仁者乎？」〔四〕「由今之道，無變今之俗」〔五〕，雖使「餘糧棲畝」〔六〕，「斗米三錢」〔七〕，而輸將不辦，婦子不寧〔八〕，民財終不可得而阜〔九〕，民德終不可得而正〔十〕。何也〔十一〕？國家之賦不用粟而用銀，舍所有而責所無故也。夫田野之氓，不爲商賈，不爲官，不爲盜賊，銀奚自而來哉？此唐、宋諸臣每致歎於錢荒之害，而今又甚焉。非任土以成賦，重穡以帥民，而欲望教化之行，風俗之美，無是理矣。

《白氏長慶集》策曰：「夫賦斂之本者，量桑地以出租，計夫家以出庸。租庸者，穀帛而已。今則穀帛之外，又責之以錢。錢者，桑地不生銅，私家不敢鑄，業於農者，何從得之？至乃吏胥追徵，官限迫慶〔十二〕，則易其所有以赴公程。當豐歲則賤糴半價，不足以充緡錢；遇凶年則息利倍稱，不足以償逋債。豐、凶既若此，爲農者何所望焉？是以商賈大族乘時射利者，日以富豪；田壟罷人望歲勤力者，日以貧困。勞逸既懸，利病相誘，則農夫之心盡思釋耒而倚市，織婦之手皆欲投杼而刺文。〔十三〕至使田卒汙萊，室如懸罄。人力罕施，而地利多鬱；天時虚運，而歲功不成。臣嘗反覆思之，實田〔十四〕穀帛輕而錢刀重也。夫糴甚貴，錢甚輕，則傷人〔十五〕；糴甚賤，錢甚重，則傷農。農傷則生業不專，人傷則財用不足。故王者平均其貴賤，調節其重輕，使百貨通流，四人交利，然後上無乏用，而下亦阜安。方今天下之錢，日以減耗，或積於國府，或滯於私家。若復日月徵取，歲時輸納，臣恐穀帛之價轉賤，農桑之業轉傷，十年以後，其弊〔十六〕更甚於今日矣。今若量夫家之桑地，計穀帛爲租庸，以石斗登降爲差，以匹夫[十七]多少爲等，但書佑[十八]價，並免税錢，則任土之利載興，易貨之弊自革。弊革則務本者致力，利興則趨末者回心。游手於道塗市肆者，可易業於西成[十九]；託迹於軍籍釋流者，可返躬於東作[二十]。所謂「下令如流水之原」[二十一]，繫人於苞桑[二十二]之本者矣。」[二十三]

《贈友》詩曰：「私家無錢爐，平地無銅山。胡爲秋夏税，歲歲輸銅錢。錢力日已重，民[二十四]力日已殫。賤糶粟與麥，賤貿絲與綿。歲暮衣食盡，焉得無飢寒？吾聞國之初，有制垂不刊。庸必莫[二十五]丁口，租必計桑田。不求土所無，不强人所難。量入以爲出，上足下亦安。兵興一變法，兵息遂不還。使我農桑人，顦顇畎畝間。誰能革此弊？待君秉利權。復彼租庸法，令如貞觀年。」

《李翺集》有《疏改税法》一篇，言：「錢者，官司所鑄；粟帛者，農之所出。今乃使農人賤賣粟帛，易錢入官，是豈非顛倒而取其無者邪？繇是豪家大商皆多積錢，以逐輕重，故農人日困，末業日增。請一切不督見錢，皆納布帛。」

宋時歲賦，亦止是穀帛。其入有常物，而一時所需則變而取之，使其直輕重相當，謂之「折變」。景祐初，詔户在第九等免折變。[二十六]熙寧中，張方平上疏言：「比年公私上下，並苦乏錢。又緣青苗、助役之法，農民皆變轉穀帛，輸納見錢。錢既難得，穀帛益賤，人情窘迫，謂之『錢荒』。」[二十七]司馬光亦言：「江淮之南，民間乏錢，謂之『錢荒』。」[二十八]蘇軾亦言：「免役之害，聚斂民間[二十九]於上，而下有錢荒之患。」[三十]「紹熙年[三十一]，臣僚言：『古者賦出於民之所有，不强其所無。今之爲絹者，一倍折而爲錢，再倍折而爲銀。銀愈貴，錢愈難得，穀愈不可售。使民賤糶而貴折，則大熟之歲反爲民害。願詔州郡，凡多取而多折者，重置於罰。民有糴不售者，令常平就糴，異時歲歉，平價以糶。庶於民無傷，於國有補。』從之。」[三十二]而真宗時，「知袁州何蒙請以金折本州二税，上曰：『若是，則[三十三]盡廢耕農矣。』不許。」[三十四]是宋時之弊亦與唐同，而折銀之見於史者，自南渡後始也。

解縉《太平十策》言：「及今豐歲，宜於天下要害之處，每歲積糧若干。民雖[三十五]近輸，而國受長久之利，計之善者也。」[三十六]愚以爲天下税糧，當一切盡徵本色。除漕運京倉之外，其餘則儲之於通都大邑。而使司計之臣，略倣劉晏之遺意，量其歲之豐凶，稽其價之高下，糶銀解京，以資國用。一年計之不足，十年計之有餘。小民免稱貸之苦，官府省敲朴[三十七]之煩，郡國有凶荒之備，一舉而三善隨之矣。

【校注】

[一]《荀子·富國》。

[二]見《新唐書·食貨志二》。

[三]語出《尚書·無逸》。

[四]《孟子·盡心上》。

[五]亦孟子語，見《孟子·告子下》。

[六]左思《魏都賦》：「餘糧棲畝而弗收。」干寶《晋紀總論》：「牛馬被野，餘糧棲畝。」《文選》李善注：「《淮南子》曰：『昔容成之時，置餘糧於畮首。』蔡邕《胡廣碑》曰：『餘糧棲乎畎畝。』」

[七]《新唐書·食貨志一》：「是時海内富實，米斗之價錢十三，青、齊間斗才三錢。」《魏徵傳》：「於是帝即位四

年，歲斷死二十九，幾至刑措，米斗三錢。」《貞觀政要・務農》：「貞觀十六年，太宗以天下粟價率計斗直五錢，其尤賤處，計斗直三錢。」

〔八〕《詩經・周頌・良耜》：「婦子寧止。」

〔九〕《孔子家語・冠頌》：舜造《南風》之詩曰：「南風之時兮，可以阜吾民之財兮。」

〔十〕《尚書・大禹謨》：「正德、利用、厚生，惟和。」《朱子語類》卷七十八：「問：『正德』，是正民之德否？曰：固是。」

〔十一〕「何也」，原抄本同，遂初堂本、集釋本、欒本、陳本、嚴本作「何者」。

〔十二〕「慶」字誤，當改。原抄本、遂初堂本、集釋本、欒本、陳本、嚴本均作「蹙」。

〔十三〕《史記・貨殖列傳》：「刺繡文不如倚市門。」

〔十四〕「田」字誤，當改。原抄本作「由」，遂初堂本、集釋本、欒本、陳本作「繇」。

〔十五〕「人」，即「民」，避諱字。下同。

〔十六〕「其弊」下，遂初堂本、集釋本、欒本、陳本、嚴本有「必」字。原抄本無。

〔十七〕「匹夫」誤，原抄本、遂初堂本、嚴本同誤，當改。集釋本、欒本、陳本作「匹丈」。《白氏長慶集》作「匹丈」。

〔十八〕「佑」字誤，當改。原抄本、遂初堂本、集釋本、欒本、陳本、嚴本均作「估」。

〔十九〕「西成」，《尚書・堯典》：「寅餞納日，平秩西成。」孔安國傳：「秋，西方，萬物成。」

〔二十〕「東作」，《尚書・堯典》：「寅賓出日，平秩東作。」孔安國傳：「歲起於東而始就耕，謂之東作。」

〔二十一〕見《管子・牧民》，又見《史記・管晏列傳》、《文子・精誠》。

〔二十二〕「苞桑」，原抄本同。遂初堂本、集釋本、欒本、陳本、嚴本作「包桑」。《易經・否卦》：「其亡其亡，繫于苞桑。」

〔二十三〕白居易《白氏長慶集・策林二》

［二十四］「民」，原抄本同。遂初堂本、集釋本、欒本、陳本、嚴本作「農」。白居易《白氏長慶集》卷二《贈友五首》作「農」。

［二十五］「莫」字誤，當改。原抄本、遂初堂本、集釋本、欒本、陳本、嚴本均作「算」。

［二十六］《宋史·食貨志上二》：「支移、折變，貧弱者尤以爲患，景祐初，嘗詔户在第九等免之，後孤獨户亦皆免。」

［二十七］見《宋史·食貨下二》。

［二十八］見《宋史·食貨上三》。

［二十九］「間」字誤，當改。原抄本、遂初堂本、集釋本、欒本、陳本、嚴本均作「財」。

［三十］見蘇軾《東坡集·辯試館職策問劄子》，又見《宋史》本傳。

［三十一］「紹熙年」，中間脱「元」字，當補。原抄本、遂初堂本、集釋本、欒本、陳本、嚴本均作「紹熙元年」。《宋史》作「紹熙元年」。

［三十二］見《宋史·食貨志上二》。

［三十三］「則」，原抄本同，遂初堂本、集釋本、欒本、陳本、嚴本作「将」。《宋史》作「将」。

［三十四］亦見《宋史·食貨志上二》。

［三十五］「雖」，原抄本同，遂初堂本、集釋本、欒本、陳本、嚴本作「欒」。

［三十六］見《解學士文集》卷一，又見《明經世文編》卷十一。

［三十七］「敲朴」，原抄本同，遂初堂本、集釋本、欒本、陳本、嚴本作「敲扑」。

五銖錢

今世所傳五銖錢，皆云漢物，非也。南北朝皆鑄五銖錢，《陳書·世祖紀》：天嘉三年閏二月，「甲子，改鑄五銖錢」。《魏書》言：「武定之初，私鑄濫惡。齊文襄王以錢文『五銖』，名須稱實，宜稱錢一文重五銖者聽入市用，計百錢重一斤四兩十二[一]銖，《通典》註按此：「則一千錢重十一斤以上，而隋代五銖錢一千重四斤二兩，當時大小稱之差耳。」[二]自餘皆準此爲數。其京邑二市、天下州鎮郡縣之市，各置二秤，懸於市門。所用[三]之秤皆準市秤以定輕重。若重不五銖，或雖重五銖而多雜鉛鑞，並不聽用。」[四]然竟未施行。[五]《隋書》：「高祖既受周禪，以天下錢貨輕重不等，乃更鑄新錢。背面肉好皆有周郭，文曰『五銖』，而重如其文。每錢一千，重四斤二兩。悉禁古錢及私錢。置樣於關，不如樣者没官銷毁之。自是錢幣始一[六]，百姓便之。」[七]是則改幣之議，始於齊文襄，至隋文帝乃行之，而今之五銖亦大抵皆隋物也。按四斤二兩是六十六兩，每一枚當重六分六釐，今五銖錢正符此數。不知漢制如何？

古錢惟五銖及開元通寶最多。「五銖」，隋開皇元年鑄。「開元」，唐武德四年鑄。

【校注】

[一]「十二」誤，原抄本同誤，遂初堂本、集釋本、欒本、陳本、嚴本作「二十」。《魏書》作「二十」。

[二]《通典》卷九《食貨九》。

[三]「所用」上，脱「民間」二字，當補。原抄本、遂初堂本、集釋本、欒本、陳本、嚴本作「民間所用」。

[四]《魏書・食貨志六》。又見《通典》卷九《食貨九》。

[五]黄汝成集釋引沈氏曰：《通鑑》：陳宣帝太建十一年秋七月，「辛卯，初用大貨六銖錢」。胡三省注云：「《五代志》：『梁武帝鑄錢，肉好周郭，文曰「五銖」。而又別鑄，除其肉郭，謂之「女錢」，二品並行。百姓或私以古錢交易，有直百五銖、五銖女錢、太平百錢、定平一百、五銖雉錢、五銖對文等號，輕重不一。天子頻下詔書，非新鑄二種之錢，

並不許用，而私用益甚。至普通中，乃議盡罷銅錢，更鑄鐵錢。人以鐵錢易得，並皆私鑄。大同以後，所在鐵錢如丘山。錢陌所在不等，至於末年，陌益少，以三十五爲陌。陳初，承喪亂之後，鐵錢不行。始，梁末有兩柱錢及鵝眼錢，兩柱重而鵝眼輕，雜而用之，其價同。私家多熔錢，又間以錫鐵，兼以粟帛爲貨。至文帝天嘉五年，改鑄五銖。初出，當鵝眼之十。至是，又鑄大貨六銖，以一當五銖十，後還當一，人皆不以爲便。未幾，帝崩，遂廢大銖而行五銖。』」今按：胡注所言，今見《隋書·食貨志》及《通典》卷九《食貨九》。《隋書》十志本名《五代志》。

［六］「一」，原抄本同，遂初堂本、集釋本、欒本、陳本、嚴本作「壹」。

［七］《隋書·食貨志》。

開元錢

自宋以後，皆先有年號，而後有錢文。[一]唐之開元，則先有錢文而後有年號。《舊唐書·食貨志》曰：「武德四年，鑄『開元通寶』錢，徑八分，重二銖四絫，積十錢重一兩。」《通典》云：「計一千重六斤四兩，每兩二十四銖，則一錢重二銖半以下，古稱比今稱三之一也。則今錢爲古稱之七銖以上，比古五銖則加重二銖以上。」[二]又曰：「開元錢之文，給事中歐陽詢制詞及書，時稱其工。其字含八分及隸體，其詞先上後下，次左後右讀之。自上及左迴環讀之，其義亦通，流俗謂之『開通元寶』錢。」[三]馬永卿曰：「『開元通寶』，蓋唐二百八十九年獨鑄此錢，雒、并、幽、桂等處皆置監，故開元錢如此之多，而明皇紀號偶相合耳。」

《舊唐書》：高宗乾封元年，「四月，庚寅，改鑄乾封泉寶錢」。二年正月，「罷乾封錢，復行開

元通寶錢」。[四]

【校注】

[一]黄汝成集釋引楊氏曰：今有「乾符錢」，則唐之僖宗時有年號而後有錢文，不必自宋以後。

[二]黄汝成集釋引沈氏曰：開元錢完好者，每一枚或重至一錢一分，或一錢一分有奇，或八九分不等，總十枚重一兩零三分。或云却當今布政司等一兩。

[三]黄汝成集釋引楊氏曰：《唐聖運圖》云：「初進蠟樣，文德后掐一甲，故錢上有甲痕。」《唐録政要》云竇皇后。温公曰：「是時竇后已崩，文德未立，皆訛也。」

[四]《舊唐書·高宗本紀下》。四月庚寅，《舊唐書》原文作「五月」，《資治通鑑》亦作「五月」。

錢法之變

《太祖實録》：歲辛丑[一]二月，「置寶源局於應天府，鑄大中通寶錢，與歷代之錢相兼行使」。成化元年七月，「丙辰[二]，詔通錢法。商税課程，錢、鈔中半兼收，每鈔一貫折錢四文，無拘新舊年代遠近，悉驗收以便民用」。《世宗實録》：嘉靖十五年九月，「甲子，巡視五城御史閻鄰等言：『國朝所用錢幣有二：曰制錢，祖宗列聖及皇上所鑄，如洪武、永樂、嘉靖等通寶是也；曰舊錢，歷代所鑄，如開元、太平、淳化、祥符等錢是也。百六十年來，二錢並用，民咸利之。』」至嘉靖，所鑄之錢最爲精工。隆慶、萬曆，加重半銖，而前代之錢通行不廢。予幼時見市錢多南宋年號，後至北方，見多汴宋年號，真、行、草字體皆備，間有一二唐錢。自天啟、崇禎廣置錢局，括古錢以充廢銅，於是市人皆擯古錢不用。崇禎元年六月，「丙辰，上御平臺召對。給事中黄承昊疏中有『銷古錢不用』語，閣臣劉鴻訓奏：『今河南、山東、山西、陝西皆用古錢，若驟廢之，于民不便。此乃書生見。』上曰：『卿言是。』」而新鑄之錢彌多彌惡，旋鑄旋銷，寶源、寶泉二局只爲姦蠹之窟。故嘗論古[三]之錢，凡兩六[四]變：隋時盡銷古錢，一大變；未啟[五]以來，一大變也。昔時錢法之弊，至於鵝限[六]、綖環之類，無代不有。然歷代之錢尚存，旬日之間便可澄汰。今則舊錢已盡，即使良工更鑄，而海内之廣一時難徧，欲一市價而裕民財，其必用開皇之法乎！

自漢五銖以來，爲歷代通行之貨。《金志》謂之「自古流行之寶」。未有廢古而書[七]用今者，准[八]王莽一行之耳。考之於史，魏熙平初，尚書令任城王澄工[九]言：「請下諸州方鎮，其太和及新鑄五銖，並古錢，内外全好者，不限大小，悉聰[十]行之。」[十一]梁敬帝太平元年，「詔褋用古今錢」[十二]。《宋史》言：「自五代以來，相稱[十三]用唐舊錢。」[十四]至如未[十五]明帝秦[十六]始二年，則「斷新錢，專用古錢」[十七]矣。金世宗大定十九年，則「以宋大觀錢，一當五用」[十八]矣。昔之貴古錢如此。近年聽爐頭之説，官吏、工徒無一不衣食其中矣[十九]，而古錢銷盡，新錢愈褋。地既愛寶，火常克金，遂有之[二十]銅之患。自非如隋文別鑄五銖，盡變天下之錢，古制不可得而復矣。

錢者，歷代通行之貨，雖易姓改名[二十一]，而不得變古。後之人主不知此義，而以年號鑄之錢文，於是易代之君遂以爲□[二十二]國之物，而消[二十三]毁之，自錢文之有年號始也。嘗考之於史，年號之興，皆自季世。「宋孝武帝孝建初，鑄四銖，文曰『孝建』，[二十四]一邊爲『四銖』。其後稍去『四銖』，專爲『孝建』。」「廢帝景和二年，鑄二銖錢，文曰『景和』。」[二十五]魏孝文帝太和十九年，更鑄錢，文曰「太和五銖」。孝莊帝永安二年，更鑄「永安五銖」。此非永世流通之術，而高道穆乃以爲「論今據古，宜載年號」[二十六]，何其愚也！

近日河南、陝西各自行錢，不相流通。既非與民同利之術，而市肆之猾乘此以欺愚人，窘行旅。《鹽鐵論》言：「幣數變而民滋僞。」[二十七]亮哉，斯言矣！

【校注】

[一]辛丑，明太祖八年，實元惠宗至正二十一年。

[二]丙辰，陳垣校注：當作「丁巳」。

[三]「古」字下，遂初堂本、集釋本、欒本、陳本、嚴本有「來」字，原抄本無。

[四]「六」字誤，當改。原抄本、遂初堂本、集釋本、欒本、陳本、嚴本均作「大」。

[五]「未啟」誤，當改。原抄本、遂初堂本、集釋本、欒本、陳本、嚴本均作「天啟」。

[六]「限」字誤，當改。原抄本、遂初堂本、集釋本、欒本、陳本、嚴本均作「眼」。

[七]「書」字誤，當改。原抄本、遂初堂本、集釋本、欒本、陳本、嚴本均作「專」。

[八]「准」字誤，當改。原抄本、遂初堂本、集釋本、欒本、陳本、嚴本均作「唯」。

[九]「工」字誤，當改。原抄本、遂初堂本、集釋本、欒本、陳本、嚴本均作「上」。

[十]「聰」字誤，當改。原抄本、遂初堂本、集釋本、欒本、陳本、嚴本均作「聽」。

[十一]見《資治通鑑》卷一百四十八《梁紀四》。又見《魏書・食貨志六》。

[十二]見《資治通鑑》卷一百六十六《梁紀二十二》。又見《梁書・敬帝紀》。

[十三]「稱」字誤，當改。原抄本、遂初堂本、集釋本、欒本、陳本、嚴本均作「承」。

[十四]《宋史・食貨志下二》。

[十五]「未」字誤，當改。原抄本、遂初堂本、集釋本、欒本、陳本、嚴本均作「宋」。

[十六]「秦」字誤，當改。原抄本、遂初堂本、集釋本、欒本、陳本、嚴本均作「泰」。

[十七]見《宋書・明帝紀》。又見《南史・宋本紀下》及《資治通鑑》卷一百三十一《宋紀十三》。
[十八]《金史・世宗紀中》及《食貨志三》。
[十九]「矣」，原抄本同，遂初堂本、集釋本、欒本、陳本、嚴本無。
[二十]「之」字誤，當改。原抄本、遂初堂本、集釋本、欒本、陳本、嚴本均作「乏」。
[二十一]「改名」，原抄本同，遂初堂本、集釋本、欒本、陳本、嚴本作「改命」。
[二十二]底本缺一字處，原抄本、遂初堂本、集釋本、欒本、陳本、嚴本均作「勝」，當補。
[二十三]「消」，原抄本同，遂初堂本、集釋本、欒本、陳本、嚴本作「銷」。
[二十四]黄汝成集釋引沈氏曰：錢載年號始於此。
[二十五]均見《通典》卷九《食貨九》。
[二十六]見《魏書・高崇傳》及《北史・高道穆傳》。又見《通典》及《資治通鑑》。
[二十七]《鹽鐵論・本議》。

銅

乏銅之患，前代已言之。江淹謂「古劍用銅」[一]，如昆吾、歐冶之類皆銅也。楚子賜鄭伯金，「盟曰：『無以鑄兵。』故以鑄三鍾」。[二]杜氏註：「古者以銅爲兵。」《漢書・食貨志》：賈誼言：「收銅勿令布」，「以作兵器」。《韓延壽傳》：「爲東郡太守，取官銅物，候月蝕，鑄作刀劍鉤鐔，放放[三]尚方事。」古「金三品」[四]：「黑金是鐵，赤金是銅，黄金是金。」[五]夏后之時，扎[六]牧貢金，「乃鑄鼎於荆山之下」。[七]「董安於[八]之治晉陽，公宫令舍之堂，皆以鍊銅爲柱質。」[九]荆軻之擊秦王，「中銅柱」[十]。而始皇收天下之兵，鑄金人十二，即銅人也。《三輔舊事》曰：「聚天下兵器，鑄銅八[十二]十二，各重二十四萬斤。漢世在長樂宫門。」《魏志》云：「董卓壞以鑄小錢。」吴王[十二]闔閭冢，「銅槨三重」[十三]。秦始皇冢亦「以銅爲槨」[十四]。戰國至秦，攻争紛亂，銅不充用，故以鐵足之。鑄銅既難，求鐵甚易，是故銅兵轉少，鐵兵轉多。年甚一年，歲甚一歲，漸染流遷，遂成風俗。所以鐵工比肩，而銅工稍絶。二漢之世，愈見其微。建安二十四年，魏太子鑄三寶刀、二匕首。[十五]天下百錬之精利，而悉是鑄鐵，不能復鑄銅矣。唐韓滉爲鎮海軍節度，以佛寺銅鍾鑄弩牙兵器。考之於史，自漢以後，銅器絶少。惟魏明帝「鑄銅人二，號曰『翁仲』，又鑄黄龍、鳳凰各一」[十六]。而武后鑄銅爲九州鼎，「用銅五十六萬七百一十二斤」。[十七]自此之外，寂而[十八]無聞，止有銅馬、銅駝、銅匭之數[十九]。昭烈入蜀，僅鑄鐵錢。而見存於今者，如真定之佛，蒲州之牛，滄州之獅，無非黑金者矣。

唐開元中，劉秩上議曰：「夫鑄錢用不贍[二十]者，在乎銅貴，銅貴則採用者衆。夫銅以爲兵則不如鐵，以爲器則不如漆，禁之無害，陛下何不禁於人？禁於人則銅無所用，銅益賤，則錢之用給矣。」《舊唐書·食貨志》。文宗「御紫宸殿，謂宰臣曰：『物輕錢重，如何？』」楊嗣復對以當「禁銅器」。《文[二十一]宗紀》。考禁銅之令，古人有行之者。宋孝武帝孝建三年，「四月甲子，禁人車及酒肆器用銅」。《南史》。唐玄宗開元十七年八月，辛巳，「禁私賣銅、鉛、錫及以銅爲器」[二十二]。代宗大曆七年十二月，「壬子，禁鑄銅器」[二十三]。德宗貞元九年正月，「甲辰，禁賣劍銅器。天下有銅山，任人採取，其銅官買，除鑄鏡外，不得造鑄」[二十四]。憲宗元和元年二月，「甲辰，禁用銅器」。[二十五]各本紀。晉高祖天福三年，「三月丁丑，禁民作銅器」。《通鑑》。來[二十六]高宗紹興二十八年七月，「己卯，命取公私銅器，悉付鑄錢司，民間不輸者罪之」。《宋史》本紀。然今日行之，不免更爲罔民之事。惟有銷錢、鑄錢，上下相蒙。而此日之錢，固無長[二十七]存之術矣。

《南齊書・劉悛傳》：「永明八年，悛啟世祖曰：『南廣郡界蒙山下有城，名蒙城，可二頃，地有燒爐四所。從蒙城渡水南百許[二十八]步，王[二十九]地掘王[三十]深二尺得銅，有古掘銅坑，并[三十一]居宅處猶存。鄧通，南安人，漢文帝賜通嚴道縣銅山鑄錢。今蒙山在青衣水南，故秦之嚴道地。蒙山去南安二百里，此必是通所鑄，甚可經略。』並獻蒙山銅一片，又銅石一片，平州鑄鐵刀一口。上從之，遣使入蜀鑄錢。」《魏書・食貨志》：「熙平二年，尚書崔亮奏：『恒農郡銅青谷有銅礦，計一斗得銅五兩四銖。葦池谷礦，計一斗得銅五兩。鸞帳山礦，計一斗得銅四兩。河南郡[三十二]王屋山礦，計一斗得銅八兩。南青州苑燭山、齊州商山，並是往昔[三十三]銅官舊迹。既有冶利，所宜開鑄。』從之。」《舊唐書・韓洄傳》：「爲户部侍郎判度支，上言：『商州有紅崖冶，出銅。又有洛諱[三十四]源監，久廢不理。請鑿山取銅，置十鑪鑄錢，而罷江淮七監。』從之。」《册府元龜》：「元和初，監鐵使李巽上言：『郴州平陽、高亭兩縣界，有平陽冶，及馬跡、曲木等古銅坑，約二百八十餘井。請於郴州舊桂陽監置鑪兩所，採銅鑄錢。』」《宋史・食貨志》：「舊饒州永平監，歲鑄錢六萬貫。平江南，增爲七萬貫。而銅、鉛、錫常不給。轉運使張齊賢訪求，得南唐承旨丁釗，能知饒、信等州山谷産銅、鉛、錫，乃便宜調民採取。且詢舊鑄法，惟永平用唐開元錢料，最善。即詣闕面陳，詔增市鉛、錫、炭價，於是得銅八十一萬斤，鉛二十六萬斤，錫十六萬斤，歲鑄錢三十萬貫。」此皆前代開採之迹。《寔録》：「洪武二十年正月丙子，府軍前衛老校[三十五]丁成[三十六]言：『河南陝縣[三十七]地有上絞、下絞、上黄塘、下黄塘者，舊産銀礦，前代皆常[三十八]採取，歲收其課。今銅[三十九]閉已久，採之可資國用。』上謂侍臣曰：『凡言利之人，皆戕民之賊也。朕聞元時，江西豐城民告官採金，者[四十]初歲額猶足取辨[四十一]，經久民力消耗，一州之人卒受其害。蓋物産有時而窮，歲額則終不可減。有司貪爲己功而不以言，朝廷維[四十二]有恤民之心而不能知。此可以爲戒，豈宜放[四十三]之！』」[四十四]

《通鑑》：周世宗顯德元年，「九月丙寅朔，敕立監採銅鑄錢。自非縣官法物、軍器及寺觀鐘磬、鈸鐸之類聽留外，其餘民間銅器、佛像，五千[四十五]日内悉令輸官，給其直。過期隱匿不輸，五觔以上，其罪死。不及者，論刑有差。洪武二十年四月，工部右侍郎秦逵言：「寶源局鑄錢之[四十六]銅，請令郡縣收民間廢銅以資鼓鑄。」上月[四十七]：「鑄錢本以便民，今欲取民廢銅以鑄錢，□[四十八]恐天下廢銅有限，斯令一出，有司急於奉承，小民迪[四十九]于誅責，必至毀器物以輸官，其爲民害甚矣！姑停之。」[五十]上謂侍臣曰：『卿輩勿以毀佛爲疑。夫佛以善道化人，苟志於善，斯奉佛矣。彼銅像，豈所謂佛邪？且吾聞佛在利人，雖頭、目猶捨以布施。君[五十一]朕身可以濟民，亦非所惜也。』」[五十二]

《五代史》：「高麗地産銅、銀。周世宗時，遣尚書水部員外郎韓彦卿，以帛數千匹市銅於高麗，以鑄錢。顯德六年，高麗王昭遣使者貢黄銅五萬斤。」

【校注】

[一]劉師培《工藝學史序》謂出江淹《古劍考》。又江淹《銅劍贊》序：「古者以銅爲兵。」「用」字上，遂初堂本、集釋本、欒本、陳本、嚴本有「多」字，原抄本無。

[二]見《左傳·僖公十八年》。

[三]「放放」誤，當改。原抄本、遂初堂本、集釋本、欒本、陳本、嚴本均作「放效」。

[四]《尚書·禹貢》：「厥貢惟金三品」，孔安國傳：「金、銀、銅也」。

[五]此用江淹之説，見《銅劍贊》序。

[六]「扎」字誤，當改。原抄本、遂初堂本、集釋本、欒本、陳本、嚴本均作「九」。

[七]《左傳·宣公三年》：「昔夏之方有德也，遠方圖物，貢金九牧，鑄鼎象物。」《説文·鼎部》：「鼎，三足兩耳，和五味之寶器也。昔禹收九牧之金，鑄鼎荆山之下。」

[八]「董安於」誤，當改。原抄本、遂初堂本、集釋本、欒本、陳本、嚴本均作「董安于」。《左傳》、《國語》作「董安于」。

[九]見《戰國策·趙策一》，又見《韓非子·十過》。

[十]見《燕丹子》卷三。又見《論衡·儒增》。

[十一]「八」字誤，當改。原抄本、遂初堂本、集釋本、欒本、陳本、嚴本均作「人」。

[十二]「吴王」，原抄本同，遂初堂本、集釋本、欒本、陳本、嚴本作「吴門」。

黄汝成集釋引楊氏曰：「『門』當爲『王』之誤。」

陳垣校注：「『吴門』，亦通。」

今按：此謂闔閭冢在吴門，吴門爲地名。《越絶書》：「闔廬冢在閶門外，名虎丘。」《史記》裴駰集解引之曰：「闔廬冢在吴縣昌門外，名曰虎丘。」唐陸廣微《吴地記》又引之曰：「《史記》云：『闔閭冢在吴縣閶門外，以十萬人治冢，取土臨湖。葬經三日，白虎踞其上，故名虎丘山。』」

[十三]見《越絶書·越絶外傳記·吴地傳》。

[十四]見《水經注》卷十九《渭水下》。《史記·秦始皇本紀》：「下銅而致槨。」

[十五]曹丕《典論》：「造百辟寶刀，名靈寶。其二采似丹霞，名曰含章。其三鋞似崩霜，名曰素質。」又曰：「造百辟匕首二，其一理似堅冰，名曰清剛。其二曜似朝日，名曰揚文。」

[十六]見《三國志·魏書·明帝紀》注引《魏略》。

[十七]見《舊唐書·禮儀志二》。

[十八]「而」，原抄本同，遂初堂本、集釋本、欒本、陳本、嚴本作「爾」。

[十九]「數」字誤，當改。原抄本作「類」，遂初堂本、集釋本、欒本、陳本、嚴本作「屬」。

[二十]「瞻」字誤，當改。原抄本、遂初堂本、集釋本、欒本、陳本、嚴本均作「贍」。

[二十一]「父」字誤，當改。原抄本、遂初堂本、集釋本、欒本、陳本、嚴本均作「文」。

[二十二]見《資治通鑑》卷二百一十三《唐紀二十九》。

[二十三]見《舊唐書・代宗紀》。

[二十四]見《舊唐書・德宗紀下》。

[二十五]見《舊唐書・憲宗紀上》。

[二十六]「來」字誤，當改。原抄本、遂初堂本、集釋本、欒本、陳本、嚴本均作「宋」。

[二十七]「長」，遂初堂本、集釋本、欒本、陳本、嚴本同，原抄本作「常」。

[二十八]「計」字誤，當改。原抄本、遂初堂本、集釋本、欒本、陳本、嚴本均作「許」。

[二十九]「王」字誤，當改。原抄本、遂初堂本、集釋本、欒本、陳本、嚴本均作「平」。

[三十]「王」字誤，當改。原抄本、遂初堂本、集釋本、欒本、陳本、嚴本均作「土」。

[三十一]「并」，原抄本、遂初堂本、欒本、嚴本同。集釋本、陳本作「井」。按《南齊書》、《南史》「坑」字下尚有「深二丈」一句，故「坑」、「井」二字不相連屬，而「井居宅」非辭，當作「并」是。

[三十二]「河南郡」，各本均誤，當改。《魏書》、《通典》作「河内郡」。陳垣校注：「南」原作「内」。

[三十三]「昔」，原抄本同，遂初堂本、集釋本、欒本、陳本、嚴本作「者」。陳垣校注：「者」原作「昔」。

[三十四]「諱」，原抄本作「諱」。

[三十五]「枝」字誤，當改。原抄本、遂初堂本、集釋本、欒本、陳本、嚴本均作「校」。《太祖實録》作「校」。

［三十六］「丁成」，原抄本、集釋本、欒本、陳本、嚴本同，遂初堂本誤作「下成」。

［三十七］「陝縣」，原抄本同，遂初堂本、集釋本、欒本、陳本作「陝州」。《太祖實録》作「陝州」。

［三十八］「常」，原抄本、遂初堂本、集釋本、欒本、陳本、嚴本均作「嘗」。《太祖實録》作「嘗」。

［三十九］「銅」字誤，原抄本作「涸」，亦誤，當改。遂初堂本、集釋本、欒本、陳本、嚴本作「錮」。《太祖實録》作「錮」。

［四十］「者」字誤，當改。原抄本、遂初堂本、集釋本、欒本、陳本、嚴本均作「其」。《太祖實録》作「其」。

［四十一］「辨」字誤，當改。原抄本、遂初堂本、集釋本、欒本、陳本、嚴本均作「辦」。《太祖實録》作「辦」。

［四十二］「維」字誤，當改。原抄本、遂初堂本、集釋本、欒本、陳本、嚴本均作「縱」。《太祖實録》作「縱」。

［四十三］「放」字誤，當改。原抄本、遂初堂本、集釋本、欒本、陳本、嚴本均作「效」。《太祖實録》作「效」。

［四十四］《太祖實録》卷一百八十。

［四十五］「千」字誤，當改。原抄本、遂初堂本、集釋本、欒本、陳本、嚴本均作「十」。《資治通鑑》作「十」。

［四十六］「之」字誤，當改。原抄本、遂初堂本、集釋本、欒本、陳本、嚴本均作「乏」。《太祖實録》作「乏」。

［四十七］「月」字誤，當改。原抄本、遂初堂本、集釋本、欒本、陳本、嚴本均作「曰」。

［四十八］底本缺一字處，原抄本、遂初堂本、集釋本、欒本、陳本、嚴本均作「朕」，當補。

［四十九］「迪」字誤，當改。原抄本、遂初堂本、集釋本、欒本、陳本、嚴本均作「迫」。《太祖實録》作「迫」。

［五十］《太祖實録》卷一百八十一。

［五十一］「君」字誤，當改。原抄本、遂初堂本、集釋本、欒本、陳本、嚴本均作「若」。

［五十二］《資治通鑑》卷二百九十二《後周紀三》。

錢面

自古鑄錢，若漢五銖、唐開元、来[一]以後各年號錢，皆一面有字，一面無字。儲泳曰：「自昔之錢[二]有字處爲陰，無字處爲陽。古者鑄金爲貨，其陰則紀國號，如鏡陰之有款式[三]也。」[四]凡器物之識，必書於其底，與此同義。沿襲既久，遂以漫處爲背，「漫」亦謂之「幕」，見《漢書・西域傳》。《舊唐書・加仲郡[五]傳》作「模[六]」。近年乃有別鑄字於漫處者。天啟大錢始鑄一『两』字，崇禎錢有『户』、『工』等字。錢品益雜，而天下亦亂。按唐會昌中，「淮南節度使李紳請天下以州名鑄錢，京師爲『京錢』」。[七]未幾，武宗崩，宣宗五[八]，逐[九]廢之。

無字謂之陽，有字謂之陰。《儀禮》疏：「筮法，古用木畫地，今則用錢。以三少爲重錢，凡言多少者，皆歸餘之數。重錢則九也。三多爲交錢，交錢則六也。两多一少爲單錢，單錢則七也。两少一多爲折錢，折錢則八也。」[十]今人以錢筮者猶如此筮[十一]。今人用錢卜[十二]筮，爲[十三]三漫爲重爻，爲陽。三字爲交爻，爲陰。二字一漫，以一漫爲主，故爲單爻。二漫一字，爲主[十四]，故爲拆爻。猶《易傳》所云「陽卦多陰，陰卦多陽」之意。錢以有字處爲陰，是知字乃錢之背也。碑之背亦名爲陰。

【校注】

[一]「来」字誤，當改。原抄本、遂初堂本、集釋本、欒本、陳本、嚴本均作「宋」。

[二]「之錢」，原抄本同，遂初堂本、集釋本、欒本、陳本、嚴本作「以錢之」。

[三]「式」字誤，當改。原抄本、遂初堂本、集釋本、欒本、陳本、嚴本均作「款識」。

[四]見儲泳《祛疑説》。

[五]「加仲郡」誤，當改。原抄本、遂初堂本、集釋本、欒本、陳本、嚴本均作「柳仲郢」。

[六]「模」，遂初堂本、集釋本、欒本、陳本、嚴本同，原抄本誤作「撲」。《舊唐書·柳公綽傳》附柳仲郢傳：「仲郢爲京畿鑄錢使，錢工欲於模加新字，仲郢止之。」

[七]見《新唐書·食貨志四》。

[八]「五」字誤，當改。原抄本、遂初堂本、集釋本、欒本、陳本、嚴本均作「立」。

[九]「逐」字誤，當改。原抄本、遂初堂本、集釋本、欒本、陳本、嚴本均作「遂」。

[十]《儀禮·士冠禮》賈公彦正義。

[十一]「筮」字衍，當删。原抄本、遂初堂本、集釋本、欒本、陳本、嚴本無「筮」字。

[十二]「卜」，原抄本、遂初堂本、集釋本、欒本、陳本、嚴本均作「以」。

[十三]「爲」字誤，當改。原抄本、遂初堂本、集釋本、欒本、陳本、嚴本均作「以」。

[十四]「爲主」上，脱「以一字」三字，當補。原抄本、遂初堂本、集釋本、欒本、陳本、嚴本均作「以一字爲主」。

短陌[一]

《隋書·食貨志》曰：「梁大同後，自破嶺以東[二]，錢以八十爲百，名曰『東錢』。江郢以上，七十爲百，名曰『西錢』。京師以九十爲百，名曰『長錢』。中大同元年，乃詔通用足陌。《梁書·武帝紀》：中大同元年七月丙寅，詔曰：「『朝四暮三，衆徂[三]皆喜，名寔未虧，而喜怒爲用。』[四]頃聞外聞[五]多用九陌錢。陌减[六]則物貴，陌足則物賤。至於遠方，日更滋甚。豈直國有異政，乃至家有殊俗[七]。徒亂王制，無益民財。自今可通用足陌錢。令書行後，百日爲期，若猶有犯，男子誦[八]運，女子質作，並三年。」沈存中曰：「百錢謂之『陌』者，借『陌』字用之，其實只是『百』字，如『什』與『伍』耳。」[九]「仟」、「佰」字皆從「人」，今佶書作「阡」、「陌」，而皆從「阜」，非也。指田之阡陌當從「阜」，《漢志》或從「人」，蓋古字通用。詔下而人不從，錢陌益少。至於末年，遂以三十五爲百。」唐憲宗元和中，「京師用錢，每貫頭除二十文」[十]。穆宗長慶元年，「以所在用錢，墊陌不一」[十一]，敕「内外公私給用錢，宜每貫一例除墊八十，以九百二十文成貫」[十二]。至「昭宗末，京師以八百五十爲貫，每陌纔八十五。河南府以八十爲陌」。[十三]《舊唐書・哀帝紀》：「天祐二年四月丙辰敕，河南府自今「市肆交易，並以八十五文爲陌，不得更有改移」。漢[十四]隱帝時，王章爲三司使，「聚斂刻急。舊制，錢出入皆以八十爲陌，章始令入者八十，出者七十七，謂之『省陌』」[十五]。《宋史》言：「宋初，凡輸官者，亦用八十或八千[十六]五爲百。諸州私用，則各隨其俗，至有以四十八爲百者。」太平興國中，「詔所在以七十七爲百」。[十七]《金史》言：大定中，「民間以八十爲陌，謂之『□[十八]錢』」。官用足陌，謂之『長錢』」。大名男子斡魯補[十九]者上言，謂官司所用錢皆當以八十爲陌。遂爲定制」[二十]。哀季之朝，「與亂同事」[二十一]，大抵如此。而《抱朴子》云：「取人長錢，還人短陌。」則是晉時亦[二十二]有之，不始於梁也。今京師錢以三十爲陌，視梁之季年，又少之矣。[二十三]

【校注】

[一]「陌」，即「百」，又寫作「佰」。百錢爲一陌，千錢爲一緡或一貫，以線穿系爲結算單位。

[二]黃汝成集釋：汝成案：《隋書》原文云：「交易者以車載錢，不復計數，而惟論貫。商旅奸詐，因之求利，自破嶺以東，八十爲百。」《容齋三筆》稍更其文，曰：「梁武帝時，以鐵錢之故，商賈浸以奸詐自破，嶺以東」云云。王氏云：「容齋以『自破』爲句，寧人乃讀作『自破嶺以東』，豈傳寫偶誤耶？」愚核兩書文義，「自破」二字無屬上爲句之理，

王氏所言非也。而「破嶺」無此地名，「破」或「庾」字之訛。

陳垣校注：觀下文「江郢」、「京師」二句，則「自」字無著，「自破」二字應屬上爲句，王鳴盛説是也。

今按：《資治通鑑》卷一百五十九引《隋志》此文，無「因之以求利」句，作「不復計數，又自破嶺以東」，亦以「破嶺」屬下句。而胡三省注：「破嶺，在今鎮江府丹楊縣，秦始皇所鑿，即破岡也。」「破岡」屢見於史書，王氏、黄氏、陳氏皆誤。王鳴盛説見《十七史商榷》卷九十六「八十陌錢」條，並有「以寧人之精核，决不舛訛至此」一句，黄曙輝校讀記已據《通鑑》胡注指出「破嶺」爲地名。

[三]「徂」字誤，當改。原抄本、遂初堂本、集釋本、欒本、陳本、嚴本均作「狙」。《莊子》作「狙」。

[四]見《莊子・齊物論》。

[五]「聞」字誤，當改。原抄本、遂初堂本、集釋本、欒本、陳本、嚴本均作「間」。

[六]「咸」字誤，當改。原抄本、遂初堂本、集釋本、欒本、陳本、嚴本均作「減」。

[七]「佶」字誤，當改。原抄本、遂初堂本、集釋本、欒本、陳本、嚴本均作「俗」。下同。

[八]「誦」字誤，當改。原抄本、遂初堂本、集釋本、欒本、陳本、嚴本均作「謫」。

[九]沈括，字存中。説見《夢溪筆談》卷四。

[十]見《舊唐書・食貨志上》。

[十一]見《新唐書・食貨志四》。

[十二]見《舊唐書・食貨志上》。此條雜採兩《唐書》。

[十三]見《新唐書・食貨志四》。

[十四]「漢」，五代之後漢。

[十五]見《資治通鑑》卷二百八十九《後漢紀四》。

[十六]「千」字誤，當改。原抄本、遂初堂本、集釋本、欒本、陳本、嚴本均作「十」。

［十七］《宋史・食貨志下二》。
［十八］底本缺一字處，原抄本、遂初堂本、集釋本、欒本、陳本、嚴本均作「短」，當補。
［十九］「斡魯補」誤，原抄本、遂初堂本同誤，當改。集釋本、欒本、陳本、嚴本作「斡魯補」。《金史》作「斡魯補」。
［二十］見《金史・食貨志三》。
［二十一］語出《尚書・太甲下》。
［二十二］「亦」，原抄本同，遂初堂本、集釋本、欒本、陳本、嚴本作「已」。
［二十三］「視梁之季年，又少之矣」，原抄本同。潘耒遂初堂刻本改爲「亦宜禁止」，集釋本因之。欒本據黄侃校記改回而加説明，陳本、嚴本仍刻本之舊而加注。今按：亭林上句言『今京师』潘耒乃删下句『梁之季年』，以避文網。

鈔

鈔法之興，因於前代［一］以銀爲幣，而息［二］錢之重，乃立此法。唐憲宗之「飛錢」，即如今之「會票」也。來［三］「張詠鎮蜀，以鐵錢重，不便貿易，於是設『質劑之法』。一交一緡，以三年爲一界而换之」［四］。天聖間，遂置交子務。《元史》：劉宣言：「原交鈔所起，漢唐以來，皆未嘗有。宋紹興初，軍餉不繼，造此以誘商旅，爲沿邊糴貫［五］之計。比銅錢易於齎挈，民甚更［六］之。稍有滯凝［七］，即用見錢，尚存古人子母相權之竟［八］。日增月蓋［九］，其法浸弊。」超孟頫［十］有［十一］言：「古者以朱［十二］、絹民生所須，謂之『二寔』。銀錢與二物相兼［十三］，謂之『二虚』。鈔乃宋時所創，施於邊郡，金人襲而用之，皆出于不得已。」然宋人已嘗論之，謂「無錢爲本，亦不能以空文行」［十四］。今日上下皆銀，輕裝易致，而楮帛［十五］自無所用。周必大《二老堂襍志》：「近歲用會子，乃四川交子法，特官券耳。不知何人目爲『者帛［十六］』，遂入殿試御題。若正言之，猶低［十七］錢也。乃以爲文，何邪？」故洪武初欲行鈔法，至禁民間行使金銀，以姦惡論，而卒不能行。及乎後代，銀日盛而鈔日微，勢不兩行，灼然易見。反[十八]崇禎之朱[十九]，倪公元璐掌户部，必欲行之，行鈔之議，始於天啟初禮部[二十]惠世揚。及崇禎末，有蔣臣者復申其説，擢爲户部司務，終不可行而止。其亦未察乎古今之變矣。

議者但言洪武間鈔法通行[二十一]，考之《實録》：二十七年八月丙戌，「禁用銅錢」矣。其時即有以錢百六千[二十二]折鈔一貫者，故詔禁之。《大明會典》：「洪武二十七年，令軍民商賈所有銅錢，有司收歸官，依數換鈔，不許行使。」正統十三年五月庚寅，「禁使銅錢。時鈔既通行[二十三]，而市廛亦仍以銅錢交易，每鈔一貫折銅錢二文。監察御史蔡愈濟[二十四]以爲言，請出傍[二十五]禁約，令帰[二十六]衣衛、五城兵馬司巡視，有以銅錢交易者，掠治其罪，于[二十七]倍罰之。上從其請。」三十年三月甲子，「禁用金銀」矣。三十五年十二月甲寅，命「俸米折支鈔者，每石增五貫爲十貫」。是國初造鈔之後，不過數年，而其法已漸壞不行。於是有姦惡之條，充賞之格，而卒亦不能行也。永樂元年四月丙寅，「以鈔去[二十八]不通，下令禁金銀交易，犯者准奸惡論。有能首捕[二十九]者，以所交易金銀充賞。其兩相交易，而一人自首者，免坐，賞與首捕同」。二年正月戊午，「詔自今有犯交易銀兩之禁者，免死，徙家興州屯戍」。蓋昏爛、出入、倒換[三十]之弊，必至於此。乃以鈔之不利而並錢禁之，廢堅剛可久之貨，而行輭熟易敗之物，宜其物[三十一]順於人情，而卒至於滯閡[三十二]。正統十年，山西布政司奏：「章[三十三]貯鈔貫朽爛不堪用者，五十九萬三千錠有奇。」敕令焚毀。後世興利之臣，慎無言此可矣。

自鈔法行，而獄訟滋多。於是有「江夏縣民父死，以銀營葬具」[三十四]，而坐以徙邊者矣。有給事中丁環奉使至四川，遣親吏以銀誘民丈[三十五]易而執之者矣。[三十六]並永樂二年三月。舍烹鮮[三十七]之理，就揚沸[三十八]之威，丢各月[三十九]之温，用秋荼[四十]之密。天子亦知其拂於人情，而爲之戒飭。然其不達於天聽，不登於史書者，又不知凡幾也。《孟子》曰：「焉有仁人在位，罔民而可爲也？」[四十一]若鈔法者，其不爲罔民之一事乎？

《元史》：世祖至元十七年，中書省議：「流通鈔法，凡賞賜宜多給幣帛，課程宜多收鈔。」[四十二]於是陳瑛祖之，請通計户口、食鹽納鈔。[四十三]又詔令課程、贓罰等物悉輸鈔。永樂五年三月甲申。又詔令笞杖定等輸鈔贖罪。二十二年十月癸卯。又令權增市肆門攤，課程收鈔。洪熙元年正月庚寅。又令倒死虧欠馬駞[四十四]等畜並輸鈔。又令各欠羊皮、魚鰾、翎毛等物並輸鈔。並宣德元年十月乙亥。又令塌坊、果園、舟車、裝載並納鈔。四年六月壬寅。今之鈔關始此。欲以重鈔，而鈔不行，於是制爲阻滯之法[四十五]之罪，有不用鈔，一貫者罰納千貫；親鄰、里老、旗甲知情不首依犯者，一貫罰百貫。其關閉鋪店，潛自貿易，及抬高物價之人，罰鈔萬貫；知情不首，罰千貫。三年六月癸卯。而愈不可行矣。正統十三年五月辛丑，詔今後有阻滯鈔法者，令有司於所犯人每貫追一萬貫入官，全家發戍邊遠。[四十六]

宣德三年六月己酉，「詔停造新鈔，已造完者悉收庫，不許放支。其在庫舊鈔，委官選揀，堪用者備賞賚，不堪者燒毀」。[四十七]天子不能與萬物争權，信夫！正統元年黄福号[四十八]言：「洪武間衆[四十九]一兩當鈔三五貫，今艮[五十]一兩當鈔千餘貫。」

《大明會典》：「國初止有商税，未嘗有昭[五十一]鈔。至宣德間，始設鈔關。」夫鈔關之設，本藉以收鈔而通鈔法也。鈔既停，則關宜罷矣，如果园、菜園之征，未久而罷。乃猶以爲利國之一孔，而仍因[五十二]不革。豈非戴盈之所謂「以待來年」[五十三]者乎？

宣德中，浙江按察使林碩、江西副使石璞累奏：「洪武初，鈔重物輕，所以當時定律，官吏受贓枉法八千[五十四]貫，律絞。方今物重鈔輕，苟非更革，刑必失重。乞以銀、米爲準。」未行。至正統五年十一月，行在刑部都察院大理寺議：「今後文職官吏人等，受枉法贓，比律該絞者，有禄人估鈔八百貫之上，無禄人祐[五十五]鈔一千二百貫之上，俱發北方邊衛充軍。」[五十六]亦可以鈔道[五十七]之低昂矣。

【校注】

[一]「前代」下，脱「未」字，當補。原抄本、遂初堂本、集釋本、欒本、陳本、嚴本均有「未」字。

[二]「息」字誤，當改。原抄本、遂初堂本、集釋本、欒本、陳本、嚴本均作「患」。

[三]「来」字誤，當改。原抄本、遂初堂本、集釋本、欒本、陳本、嚴本均作「宋」。

[四]見《宋史・食貨志下三》。

[五]「貫」字誤，當改。原抄本、遂初堂本、集釋本、欒本、陳本、嚴本均作「買」。

[六]「更」字誤，當改。原抄本、遂初堂本、集釋本、欒本、陳本、嚴本均作「便」。

[七]「凝」字誤，當改。原抄本、遂初堂本、集釋本、欒本、陳本、嚴本均作「礙」。

[八]「竟」字誤，當改。原抄本、遂初堂本、集釋本、欒本、陳本、嚴本均作「意」。

[九]「盖」字誤，當改。原抄本、遂初堂本、集釋本、欒本、陳本、嚴本均作「益」。

[十]「超孟頫」誤，當改。原抄本、遂初堂本、集釋本、欒本、陳本、嚴本均作「趙孟頫」。

[十一]「有」，原抄本同，遂初堂本、集釋本、欒本、陳本、嚴本作「亦」。

[十二]「朱」字誤，當改。原抄本、遂初堂本、集釋本、欒本、陳本、嚴本均作「米」。

[十三]「兼」，原抄本同，遂初堂本、集釋本、欒本、陳本、嚴本作「權」。

[十四]見《續資治通鑑长编》卷二百九十五，權永興軍等路轉運使皮公弼言。

[十五]「楮帛」誤，原抄本同誤，當改。遂初堂本、集釋本、欒本、陳本、嚴本作「楮幣」。按當作「楮幣」。古人以楮造紙。陸璣《詩疏》：「楮，幽州人謂之穀桑，或曰楮桑。荆、揚、交、廣謂之穀，中州人謂之楮。江南人績其皮以爲布，

又擣以爲紙。」

［十六］「者帛」誤，原抄本作「楮帛」，亦誤，當改。遂初堂本、集釋本、欒本、陳本、嚴本作「楮幣」。

［十七］「低」字誤，當改。原抄本、遂初堂本、集釋本、欒本、陳本、嚴本均作「紙」。

［十八］「反」字誤，當改。原抄本作「及」，遂初堂本、集釋本、欒本、陳本、嚴本作「乃」。

［十九］「朱」字誤，當改。原抄本、遂初堂本、集釋本、欒本、陳本、嚴本均作「末」。

［二十］「禮部」，原抄本、遂初堂本、集釋本、欒本、陳本、嚴本均作「禮科」。

［二十一］黄汝成集釋引沈氏曰：案《明史·食貨志》：洪武八年，「造大明寶鈔，命民間通行。以桑穰爲料，其制方，高一尺，廣六寸，質青色，外爲横文花闌，横題其額曰『大明通行寶鈔』，中圖錢貫，十串爲一貫」云云。「若五百文則畫錢文爲五串，餘如其制而遞減之。其等凡六，曰一貫，曰五百文，四百文，三百文，二百文，一百文。每鈔一貫准錢千文，銀一兩。四貫准黄金一兩。」

今按：「横文花闌」，「横」字疑涉下文而誤。《明史》原文作「龍文花欄」。

［二十二］「千」字誤，當改。原抄本、遂初堂本、集釋本、欒本、陳本、嚴本均作「十」。

［二十三］「通行」，原抄本、遂初堂本、嚴本同，集釋本、欒本、陳本作「不行」。

［二十四］「蔡愈齊」誤，當改。原抄本、遂初堂本、集釋本、欒本、陳本、嚴本均作「蔡愈濟」。

［二十五］「傍」字誤，當改。原抄本、遂初堂本、集釋本、欒本、陳本、嚴本均作「榜」。

［二十六］「帰」字誤，當改。原抄本、遂初堂本、集釋本、欒本、陳本、嚴本均作「錦」。

［二十七］「于」字誤，當改。原抄本、遂初堂本、集釋本、欒本、陳本、嚴本均作「十」。

［二十八］「去」字誤，當改。原抄本、遂初堂本、集釋本、欒本、陳本、嚴本均作「法」。

［二十九］「推」字誤，當改。原抄本、遂初堂本、集釋本、欒本、陳本、嚴本均作「捕」。

［三十］「出入倒换」，原抄本同，遂初堂本、集釋本、欒本、陳本、嚴本作「倒换出入」。

[三十一]「物」字誤，當改。原抄本作「勿」，遂初堂本、集釋本、欒本、陳本、嚴本作「弗」。

[三十二]「間」字誤，當改。原抄本、遂初堂本、集釋本、欒本、陳本、嚴本均作「閣」。

[三十三]「章」字誤，當改。原抄本、遂初堂本、集釋本、欒本、陳本、嚴本均作「庫」。

[三十四]見《明史・食貨志五》。

[三十五]「丈」字誤，當改。原抄本、遂初堂本、集釋本、欒本、陳本、嚴本均作「交」。

[三十六]陳垣校注：丁環事見《太宗實録》，「丁環」作「丁琰」。

今按：明余繼登《典故紀聞》十八卷：「成祖召刑科都給事中楊恭等諭曰：『昨日給事中丁琰等奏云，至四川見無犯法者，乃陰遣親信，用銀誘之交易，已而果有犯之，是其心終不戒也，遂執之。』」

[三十七]「烹鮮」，《老子》六十章：「治大國若亨小鮮，以道莅天下。」《文子・道德》：「故『治大國若烹小鮮』，勿撓而已。」

[三十八]「揚沸」，《文子・上禮》：「故揚沸止沸，沸乃益甚。」

[三十九]「丟各月」誤，當改。原抄本、遂初堂本、集釋本、欒本、陳本、嚴本均作「去冬日」。「冬日」，《左傳・文公七年》：「趙衰，冬日之日也。」

[四十]「茶」字誤，當改。原抄本、遂初堂本、集釋本、欒本、陳本、嚴本均作「荼」。「秋荼」，《鹽鐵論・刑德》：「昔秦法繁於秋荼，而網密於凝脂。」

[四十一]《孟子・梁惠王上》。

[四十二]《元史・世祖本紀八》。

[四十三]見《明史・食貨志五》。奸臣見《明史・奸臣傳》。

[四十四]「馳」字誤，當改。原抄本、遂初堂本、集釋本、陳本作「馳」，欒本、嚴本作「駝」。

[四十五]「之法」，原抄本同，遂初堂本、集釋本、陳本、欒本、嚴本作「鈔法」。

［四十六］此條亭林原注，自「有阻滯」以下，刻本改爲正文。自「辛丑」以上，刻本改爲原注。欒本、陳本、嚴本因之。

［四十七］見《宣宗實録》。

［四十八］「号」字誤，當改。原抄本、遂初堂本、集釋本、欒本、陳本、嚴本均作「疏」。

［四十九］「衆」字誤，當改。原抄本、遂初堂本、集釋本、欒本、陳本、嚴本均作「銀」。

［五十］「良」字誤，當改。原抄本、遂初堂本、集釋本、欒本、陳本、嚴本均作「銀」。

［五十一］「昭」字誤，當改。原抄本、遂初堂本、集釋本、欒本、陳本、嚴本均作「船」。

［五十二］「仍因」，原抄本同。遂初堂本、集釋本、欒本、陳本、嚴本作「因仍」。

［五十三］見《孟子・滕文公下》。

［五十四］「千」字誤，當改。原抄本、遂初堂本、集釋本、欒本、陳本、嚴本均作「十」。

［五十五］「祐」字誤，當改。原抄本、遂初堂本、集釋本、欒本、陳本、嚴本均作「估」。

［五十六］見《明史・刑法志一》。

［五十七］「鈔道」脱誤，當補當改。原抄本作「知鈔道」，遂初堂本、集釋本、欒本、陳本、嚴本作「見鈔直」。

僞銀

今日上下皆用銀，而民間巧詐滋［一］甚，非直紹［二］市人，且或用以欺官長。濟南人家專造此種僞物，至累十累百用之，殆所謂「爲盜不操矛弧」［三］者也。律，凡僞造金銀者，杖一百，徒三年；爲從及知情買使者，各減一等。其法既輕，而又不必用［四］，故民易犯。夫刑罰，世輕世重，視其敝向[五]如爾。漢時用黄金，孝景中六年十二月，「定鑄錢、僞黄金弃市律」[六]。造僞黄金與私鑄錢者，同弁[七]市。劉更生以典尚方，作黄金不成，劾以「鑄僞黄金，繫當死」。[八]武帝元鼎五年，「飲酎[九]，少府省金，而列侯坐酎金失侯者百餘人」[十]。如淳曰：「《漢儀注》：『金少不如斤兩及色惡，王削縣，侯免國。』」[十一]宋太祖開寶四年十月，「己巳，詔僞作黄金者弁[十二]市」[十三]。而唐太宗[十四]太和三年六月，依中書門下奏，以「鉛、錫錢交易者」，「過十貫以上，所在集衆决殺」。[十五]今僞艮[十六]之罪，不下於僞黄金，而重於以鉛、錫錢交易。宜此[十七]前代之法，置之重辟，《寔録》：正統十一年三月，「癸未，徒[十八]順天府大興縣知縣馬聰言：『造僞銀者，發邊衛充軍。』」而景[十九]元年十一月，「賞虜酋[二十]有假金三兩，致也先遣使來言」。是則法之不行，遂有以此欺朝廷者矣。庶可以革奸而反樸也。

漢既以錢爲貨，而銅之爲品不齊，故水衡都尉其屬有「辨銅令丞」。此亦《用[二十一]官》「職金」之遺意。[二十二]

【校注】

[一]「湿」字誤，當改。原抄本、遂初堂本、集釋本、欒本、陳本、嚴本均作「滋」。

[二]「紹」字誤，當改。原抄本、遂初堂本、集釋本、欒本、陳本、嚴本均作「紿」。

[三]語出《史記・日者列傳》。

[四]「用」，原抄本同，遂初堂本、集釋本、欒本、陳本、嚴本作「行」。

[五]「向」字誤，當改。原抄本、遂初堂本、集釋本、欒本、陳本、嚴本均作「何」。

[六]見《漢書・景帝紀》。

[七]「弁」字誤，當改。遂初堂本、集釋本、嚴本作「弃」，原抄本、欒本、陳本作「棄」。

[八]見《漢書・楚元王傳》附劉向傳。劉向本名更生。

［九］「酎」字誤，原抄本同誤，遂初堂本、集釋本、欒本、陳本、嚴本作「酎」。《史記》、《漢書》作「酎」。下同。

［十］見《漢書・食貨志下》。又見《史記・平準書》，「飲酎」作「至酎」。

［十一］見《史記》裴駰集解引。如淳又曰：「少府省金，省視諸侯金有輕有重也，或曰視其金多少也。」集解又引張晏曰：「正月旦作酒，八月成，名曰酎。酎之言純也。至武帝時，因八月嘗酎會諸侯廟中，出金助祭，所謂『酎金』也。」

［十二］「弁」字誤，當改。原抄本、遂初堂本、集釋本、欒本、陳本、嚴本均作「棄」。

［十三］見《宋史・太祖本紀二》。

［十四］「唐太宗」誤，原抄本同誤，當改。遂初堂本、集釋本、欒本、陳本、嚴本作「唐文宗」。

［十五］見《舊唐書・食貨志上》。

［十六］「艮」字誤，當改。原抄本、遂初堂本、集釋本、欒本、陳本、嚴本均作「銀」。

［十七］「此」字誤，當改。原抄本、遂初堂本、集釋本、欒本、陳本、嚴本均作「比」。

［十八］「徒」字誤，當改。原抄本、遂初堂本、集釋本、欒本、陳本、嚴本均作「從」。

［十九］「景」字下，脱「泰」字，當補。原抄本、遂初堂本、集釋本、欒本、陳本、嚴本均作「景泰」。

［二十］「虜酋」，原抄本同，潘耒遂初堂刻本改爲「北蕃」，集釋本因之。欒本據黄侃校記改回而加説明，陳本、嚴本仍刻本之舊而加注。

［二十一］「用」字誤，當改。原抄本、遂初堂本、集釋本、欒本、陳本、嚴本均作「周」。

［二十二］《周禮・秋官司寇》：職金掌「辨其物之媺惡與其數量，楬而璽之」。

日知録卷之十六[一]

財用

古人制幣，以權百貨之輕重。錢者，幣之一也，将以導利而布之上下，非以爲人主之私藏也。[二]《食貨志》言：「民有餘則輕之，故人君斂之以輕；民不足則重之，故人君散之以重。凡輕重斂散之以時，則準平。使萬室之邑，必有萬鍾之藏，臧繦千萬；千室之邑，必有千鍾之藏，臧繦百萬。」[三]孟康曰：「繦，錢貫也。」齊武帝永明五年九月丙午詔，以粟帛輕賤，工商失業，「良由圜法久廢，上幣稍寡。可令京師及四方出錢億萬，糴米穀、絲綿之屬，其和價以優黔首」。[四]南齊豫章王嶷鎮荆州，「以穀過賤，聽民以米當口錢，優評斛一百」。優評者，增價而取之。[五]唐憲宗時，白居易[六]策言：「今天下之錢日以減耗，或積於内府，或滯於私家，若復日月徵收，歲時輸納，臣恐穀帛之價轉賤，農桑之業益傷，十年以後，其弊必更甚於今日。」[七]而元和「八年四月，敕以錢重貨輕，出内庫錢五十萬貫，令两市收買布帛，每端疋[八]視舊估加十之一」[九]。十二年正月，又敕出内庫錢「五十萬貫，令京兆自唐開成初，歸融爲户部侍郎兼御史中丞，奏言：「天下一家，何非君土？中外之財，皆陛下府庫。」[二十七]而宋元祐中，蘇轍爲户部侍郎，則言：「善爲國者，藏之於民，其次藏之州郡。州郡有餘，則轉運司常足。猶今之布政司。轉運司既足，則户部不困。」「自熙寧以來，言利之臣不知本末，欲求富國而先困轉運司，轉運司既困則土[二十八]供不繼，土供不繼而户部亦憊矣。兩司既困，雖内帑别藏積如兵[二十九]山，而委爲朽壤，無益於筭也。」[三十]是以仁宗時，富弼知青州，朝廷欲輦青州之財入京師，弼上疏諫。金世宗欲運郡縣之錢入京師，徒單克寧以爲如此則「民間之錢益少」[三十一]，亦諫而止之。以余所見本朝[三十二]之事，盡外庫之銀以解户部，益[三十三]起於近日[三十四]，而非祖宗之制也。王士性[三十五]《廣志繹》言：「天下府庫莫盛於州[三十六]中，余以戊子典試於州，詢之藩司，庫儲八百萬。銀兩衣[三十七]數。即成都、重慶等府，俱不下二十萬，順慶亦十萬。蓋川中無起運之糧，而專備兩[三十八]南用兵故[三十九]。兩浙賦甲天下，余丁亥北上，滕師少松[四十]爲余言：『癸酉督學浙中，藩司儲八十萬。後爲方伯，止四十萬。今爲中丞，藩司言不及二十萬矣。』十年之間，積貯一空如此。及余己丑參政廣西，顧臬使問自浙糧儲來，詢之，則云浙藩今已不及十萬也。廣西老庫儲銀十五萬不啟，每歲以入爲出耳。余甲午參政山東，藩司亦不及二十萬之儲。庚辰入滇，滇藩亦不滿十萬，與浙同，每歲取礦課五六萬用之。今太倉所蓄，亦止老庫四百餘萬，有事則取諸太僕寺。余乙未貳卿太僕時，亦止老庫四百萬。萬[四十一]歲馬價不足用，則取之草料。蓋十年間東倭西哱，所用於二帑者，踰二百萬故也。」[四十二]共[四十三]所記萬曆時事如此。至天啟中，用操江范濟世之奏，一切外儲盡令解京，而搜括之令自此始矣。今録上諭全文於此，俾後之考世變者得以覽焉。天啟六年四月七日上諭：「工部、都察院，朕思殿工肇興，所費宏鉅，今雖不日告成，但所欠各項價銀，已幾至二十萬。况遼東未復，兵餉浩繁，若不盡力鉤稽，多方清察，則大工必至乏誤，而邊疆何日敉寧？殊非朕補仰[四十四]三朝闕典之懷，亦非臣下子來奉上之誼也。朕覽南京操江憲臣范濟世兩疏所陳，鑿鑿可據。其所管應天、揚州府等處庫貯銀兩，前已有旨盡行起解，到京之日，照數察收。似此急公狥上之誠，足爲大小臣工模範。使天下有司皆同此心，朕何憂乎鼎建之殷繁，軍餉之難措哉！范濟世所奏，奉旨已久，其銀兩何尚未解到？爾工部、都察院即行文速催，以濟急用。且天之生財，止有此數，既上不在官，又下不在民，豈可目擊時艱，忍置之無用之地？朕聞得鹽運司每年募兵銀六千兩，實收在庫約有二十餘萬兩。又鹽院康丕揚在任，一文未取，每年加派銀一萬，約有二十餘萬兩。又故監魯保遺下每年餘銀四萬兩，約有四十餘萬兩。連院前[四十五]除支銷費過，餘銀約有八十餘萬兩，刷卷察盤可據。又南太僕寺解過馬價餘銀二十六萬兩，見寄在應天等府貯庫。又户科貯庫餘銀約有七萬兩，寄收應天府。又操江寄十四府餘銀約有十萬兩。又操江寄貯揚州、鎮江、安慶三府備倭餘銀約有三十餘萬兩。北道刷卷，御史可據。已上七宗，俱當遵照范濟世所奏事例，徹底清察。就着南京守備内臣劉敬、楊國瑞，亟委廉幹官胡良輔、劉文耀，會同該部院撫按官，着落經管衙門，察核的確，速行起解。有敢推避嫌怨，隱匿稽遲，懷私抗阻者，必罪有所歸。如起解不完，則撫按等官都不許考满遷轉。劉敬等亦不許扶同蒙蔽，骫法徇私。必須殫力急公，盡心搜括，庶大工、邊務均有攸賴，國家有用之物不至爲貪吏侵漁。昭朕裕國恤民德意。」[四十六]又聞，南京内庫祖宗時所藏金銀珍寶，皆爲魏忠賢矯旨取進。先帝[四十七]諭中所云「將我祖宗庫貯，傳國奇珍異寶，盗竊幾至一空」者，不知其歸之何所？自此搜括不已，至於加派。加派不已，至於捐助，以設[四十八]於亡。繇此言之，則搜括之令開於苑濟世[四十九]，成於魏忠賢，而外庫之虚，民力之匱，所繇來矣。崇禎元年六月奉旨：「苑濟世阿逢逆璫，妄報操銀，貽害地方，着冠带閑住。」以英明之主繼之，而猶不免乎「與亂同事」[五十]，然則知上下之爲一身，中外之爲一體者，非聖王莫之能也。傳曰：「長國家而務財用者，必自小人矣。」[五十一]豈不信矣[五十二]！

開科取士，則天下之人日愚一日；立限徵糧，則天下之財日窘一日。吾未見無人與財，而能國者也。然則如之何？必有作人之法，而後科日[五十三]可得而設也；必有生財之方，而後賦税可得而收也。

【校注】

[一]卷十六，刻本爲卷十二。

[二]《説文》：「幣，帛也。」「錢，銚也。古田器。」

[三]《漢書·食貨志》。二「藏」字，遂初堂本、集釋本均作「臧」。二「臧」字，原抄本均作「藏」。此四字，《漢書》均作「臧」。「臧」通「藏」。

[四]見《南齊書·武帝本紀》。

[五]蕭嶷事見《南齊書·豫章文獻王傳》，又見《南史·齊高帝諸子傳上》。

[六]「曰居易」誤，當改。原抄本、遂初堂本、集釋本、欒本、陳本、嚴本均作「白居易」。

[七]白居易《息遊惰》，已見卷十一。

［八］「疋」，原抄本、遂初堂本、集釋本、欒本、陳本、嚴本均作「匹」。「疋」同「匹」。

［九］見《舊唐書·食貨志上》。

［十］亦見《舊唐書·食貨志上》。

［十一］「寒」字誤，當改。原抄本、遂初堂本、集釋本、欒本、陳本、嚴本均作「塞」。

［十二］見《國語·周語下》。

［十三］《詩經·小雅·節南山》。

［十四］見《論語·顔淵》。

［十五］富弼謂「財聚於上，人散於下」。見《宋史》本傳。

［十六］見《尚書·盤庚中》。

［十七］見《尚書·盤庚下》。

［十八］「人」字誤，遂初堂本同誤，當改。原抄本、集釋本、欒本、陳本、嚴本均作「乂」。見《尚書·微子》。

［十九］見《尚書·大禹謨》。

［二十］《易經·涣卦》九五象傳。王弼注：「涣，散也。」《説文》：「涣，流散也。」

［二十一］《管子·版法解》。

［二十二］底本缺一字處，原抄本、遂初堂本、集釋本、欒本、陳本均作「留」，當補。

［二十三］「在」字誤，當改。原抄本、遂初堂本、集釋本、欒本、陳本均作「枉」。

［二十四］見《元氏長慶集》卷三七《彈奏劍南東川節度使狀》。

［二十五］《宋史·食貨志下一》。

［二十六］《管子·山至數》：「民富君無與貧，民貧君無與富。故賦無錢布，府無藏財，貲藏於民。」《鹽鐵論·禁耕》：「是以王者不畜聚，下藏於民。」

［二十七］見《舊唐書·歸崇敬傳》。

［二十八］「土」字誤，當改。原抄本、遂初堂本、集釋本、欒本、陳本、嚴本均作「上」。下同。

［二十九］「兵」字誤，當改。原抄本、遂初堂本、集釋本、欒本、陳本、嚴本均作「丘」。

［三十］見《宋史·蘇轍傳》。

［三十一］見《金史·徒單克寧傳》。

［三十二］「本朝」，原抄本同。潘耒遂初堂刻本改爲「有明」，集釋本因之。欒本據黄侃校記改回而加説明，陳本、嚴本仍刻本之舊而加注。

［三十三］「益」字誤，當改。原抄本、遂初堂本、集釋本、欒本、陳本、嚴本均作「蓋」。

［三十四］「近日」，原抄本同。潘耒遂初堂刻本改爲「末造」，集釋本因之。欒本據黄侃校記改回而加説明，陳本、嚴本仍刻本之舊而加注。

［三十五］王士性，字恒叔，臨海人。萬曆丁丑進士，官至南京鴻臚寺卿。著《廣志繹》五卷、《五嶽遊草》十二卷等。潘耒有《五嶽遊草序》。

［三十六］「州」字誤，當改。原抄本、遂初堂本、集釋本、欒本、陳本、嚴本均作「川」。

［三十七］「衣」字誤，當改。原抄本、遂初堂本、集釋本、欒本、陳本、嚴本均作「之」。

［三十八］「两」字誤，當改。原抄本、遂初堂本、集釋本、欒本、陳本、嚴本均作「西」。

［三十九］「故」字下，集釋本、欒本、陳本有「也」字。原抄本、遂初堂本、嚴本無。按康熙刻本《廣志繹》無「也」字。

［四十］「滕師少松」，遂初堂本、集釋本、欒本、陳本同，原抄本誤作「滕少師松」。《廣志繹》作「滕少師松」。滕伯輪，字汝載，别號少松。胡應麟撰《嘉議大夫都察院右副都御史贈兵部左侍郎建安滕公墓誌銘》，見《少室山房集》卷九十二。

［四十一］「萬」字誤，當改。原抄本、遂初堂本、集釋本、欒本、陳本、嚴本均作「每」。

[四十二]《廣志繹》卷一《方輿崖略》。
[四十三]「共」字誤，當改。原抄本、遂初堂本、集釋本、欒本、陳本、嚴本均作「其」。
[四十四]「補仰」誤倒，當乙正。原抄本、遂初堂本、集釋本、欒本、陳本、嚴本均作「仰補」。
[四十五]「院前」，原抄本同，遂初堂本、集釋本、欒本、陳本、嚴本作「前院」。
[四十六]見《熹宗實録》卷六十五。
[四十七]「先帝」，原抄本、遂初堂本、集釋本、欒本、陳本、嚴本均同，潘耒未改。
[四十八]「設」字誤，當改。原抄本、遂初堂本、集釋本、欒本、陳本、嚴本均作「訖」。
[四十九]「苑濟世」誤，當改。原抄本、遂初堂本、集釋本、欒本、陳本、嚴本均作「范濟世」。
[五十]語出《尚書・太甲下》。
[五十一]《禮記・大學》。
[五十二]「矣」，原抄本、遂初堂本、集釋本、欒本、陳本、嚴本均作「夫」。
[五十三]「日」字誤，當改。原抄本、遂初堂本、集釋本、欒本、陳本、嚴本均作「目」。

言利之臣

《孟子》曰：「無政事則財用不足。」[一]古之人君未嘗諱言財也，所惡於興利者，爲其必至於害民也。昔我太祖[二]嘗黜言利之御史，而謂侍臣曰：「君子得位，欲行其道；小人得位，欲濟其私。欲行其[三]道者，心存於天下國家；欲濟其私者，心存於傷人害物。」[四]洪武十三年五月。御史周姓，《寔録》不載其名。此則唐太宗責權萬紀之遺意也。[五]又廣平府吏王允道言：「磁州臨水鎮産鐵，請置爐冶。」上曰：「朕聞治世天下無遺賢，不聞天下無遺利。且利不在官則在民，民得其利則財源通，而有益於官。官專其利則利源塞，而必損於民。今各冶數多，軍需不乏，而民生業已定，若復設此，必重擾之矣。」杖之，流海外。[六]十五年五月。聖祖「不肩[七]好貨」[八]之意，可謂至深切矣。自萬曆中礦稅以來，求利之方，紛紛且數十年，而民生愈貧，國計亦愈窘。然則治亂盈虚之數從可知已[九]。爲人上者，可徒求利而不以斯民爲意與？

《新唐書·宇文韋楊王列傳》贊曰：「開元中，宇文融始以言利得幸。於時天子見海内完治，偃然有攘卻四夷[十]之心。融度帝方調兵食，故議取隱户剩田，以中主欲。利説一開，天子恨得之晚，不十年而取宰相。雖後得罪，而追恨『融才猶所未盡』也。天寶以來，外奉軍興，内蠱艷妃，所費愈不貲計。於是韋堅、楊慎矜、王鉷、楊國忠各以裒刻進，損[十一]下益上，歲進羡緡百億萬，爲天子私藏，以濟横賜，而天下經費自如。帝以爲能，故重官累使，尊顯烜赫。然天下流亡日多於前，有司備員不復事。而堅等所欲既充，還用權媢[十二]以相屠滅，四族皆覆，爲天下笑。」「孟子所謂『上下交征利而國危』者，可不信哉！」嗚呼！芮良夫之刺厲王也，曰：「所怒其[十三]多，而不備大難。」[十四]三季[十五]之君，莫不皆然。前車覆而後不知誡，人臣以喪其軀，人主以亡其國，悲夫！

讀孔、孟之書，而進管、商之術，此四十年前士大夫所不肯爲，而今則滔滔皆是也。有一人焉，可以言而不言，則群推之以爲有恥之士矣。上行之則下效之，於是錢穀之任，榷課之司，昔人所避而不居，今則[十六]攘臂而争之。禮義淪亡，盗竊競作，「苟爲後義而先利，不奪不饜」。[十七]

後之興王，所宜重爲懲創以變天下之貪邪者，莫先乎此。

【校注】

［一］《孟子・盡心下》。

［二］「我太祖」，原抄本、遂初堂本、嚴本同。潘耒遺漏未改，黄汝成集釋本改爲「明太祖」。欒本據黄侃校記改回而加説明，嚴本仍刻本之舊而加注，陳本作「我太祖」，無校記。

［三］「其」字，原抄本、遂初堂本、集釋本、欒本、陳本、嚴本無。下句同。

［四］見《太祖實録》。

［五］《貞觀政要・貪鄙》：「貞觀十年，治書侍御史權萬紀上言：『宣、饒二州諸山大有銀坑，採之極是利益，每歲可得錢數百萬貫。』太宗曰：『朕貴爲天子，是事無所少之，惟須納嘉言，進善事，有益於百姓者。』是日敕放令萬紀還第。」又見《資治通鑑》卷一百九十四《唐紀十》。

［六］見《太祖實録》。

［七］「肩」，遂初堂本、集釋本、欒本、陳本、嚴本同，原抄本誤作「屑」。

［八］語出《尚書・盤庚下》。

［九］「已」，原抄本同，遂初堂本、集釋本、欒本、陳本、嚴本作「矣」。

［十］「四夷」，原抄本同。潘耒遂初堂刻本改爲「四裔」，集釋本因之。欒本據黄侃校記改回而加説明，陳本、嚴本仍刻本之舊而加注。

［十一］「損」，原抄本同。遂初堂本、集釋本、欒本、陳本、嚴本作「剥」。《新唐書》作「剥」。

［十二］「媚」，原抄本同。遂初堂本、集釋本、欒本、陳本、嚴本作「娼」。《新唐書》作「娼」。

［十三］「其」字誤，當改。原抄本、遂初堂本、集釋本、欒本、陳本、嚴本均作「甚」。

[十四]見《國語·周語上》。

[十五]三季：《國語·晉語》「三季之王」，韋昭注：「季，末也。三季王，桀、紂、幽王也。」

[十六]「則」，原抄本、遂初堂本、集釋本、欒本、陳本、嚴本均作「且」。

[十七]見《孟子·梁惠王上》。

俸禄

今日貪取之風，所以膠固於人心而不可去者，以俸給之薄而無以贍其家也。昔者武王克殷，「庶士倍禄」[一]。《王制》：「諸侯之下士視上農夫，中士倍下士，上士倍中士，下大夫倍上士。」漢宣帝神爵三年，詔曰：「吏不廉平則治道衰。今小吏皆勤事而俸禄薄，欲其毋侵漁百姓，難矣。其益吏百石已下俸十五。」[二]如淳曰：「律，百石俸月六百。」韋昭[三]曰：「若食一斛，則益五斗。」光武建武二十六年，「詔有司增百官俸。其千石已上，減於西京舊制；六百石已下，增於舊秩。」[四]晉武帝泰始三年，詔曰：「古者以德詔爵，以庸制禄，雖下士，猶食上農，外足以奉公忘私，内足以養親施惠。謂分禄以贍宗族、昏姻、故人。□□□□□□□□□□ □□□□□[五]其議增吏俸。」[六]唐時俸錢，上州刺史八萬，中、下州七萬。赤縣令四萬五千，畿縣、上縣令四萬。赤縣丞三萬五千，上縣丞三萬。赤縣簿、尉三萬，幾[七]縣、上縣薄、尉二萬。玄宗天寶十四載，制曰：「衣食既足，廉恥乃知。至如資用靡充，或貪求不已，敗名□[八]法，實此之由。輦轂之下，尤難取給。其在西京文武九品已上[九]正員官，唐時宜[十]多，有員外置者，故方[十一]別言之。今後每月給俸食、雜用、防閤、庶僕等，每[十二]十分率加二分。其同正員官加一分。仍爲常式。」[十三]而白居易爲盩厔尉，詩云：「吏禄三百石，歲晏有餘糧。」[十四]其《江州司馬廳記》曰：「唐興，上州司馬秩五品，歲廪數百石，月俸六七萬。官足以庇身，食足以給家。」今之制禄，不過唐人之什二三，彼無以自贍[十五]，焉得而不取諸民乎？昔楊綰爲相，承元載汰侈之後，欲繼[十六]之以節儉，而先益百官之俸。皇甫鎛以宰相判度支，請減内外官俸禄，給事中崔植封還詔書。可謂達化理之原者矣。

《漢書》言：王莽時，天下吏以不得俸禄，「各因官職爲姦，受取賕賂，以自共給」。[十七]《五代史》言：北漢國小民貧，「宰相月俸止百緡，節度使止三十緡，自餘薄有資給而已，故其國中少廉吏」。[十八]穆王之書曰：「爵重禄輕，群臣比而戾民，畢程氏以亡。」[十九]此之謂矣。

前代官吏皆有職田，晉、魏、隋、唐《書》，皆有官品第一至第九職田多少之數。故其禄重，禄重則吏多勉而爲廉。如陶潛之「種秫」，《晉書》本傳。阮長之之「芒種前一日」去官，《宋書》本傳。皆公田之證也。《元史》：世祖至元元年八月乙巳詔：「定官吏員數，公[二十]品從官職，品如正一品、正二品，從如從一品、從二品。給俸禄，頒公田。」[二十一]《太祖實録》：洪武十年十月辛酉制：「賜百官公田，以其租入充俸禄之數。」是國初[二十二]此制未廢，不知何年收職田以歸之上，而但折俸鈔，《實録》、《會典》皆不載。其數復視前代爲輕，始無以責吏之廉矣。

《宣宗實録》：宣德八年三月，「庚辰，兼掌行在户部事禮部尚書胡濙奏：『請文武官七年分俸鈔，每石減舊數，折鈔一十五貫。以十分爲率，七分折與官絹，每匹准鈔四百貫。三分折與官綿布，每匹准鈔二百貫。』從之。永樂二十二年十月庚[二十三]申，「月增給在京文武官及錦衣衛將軍、總小旗米各五斗，襍職及吏並各衛總小旗、軍力士、校尉人等，有家屬者米各四斗，無家屬者各斗五升。並准俸糧之支鈔者」。[二十四]濙初建議，與少師蹇義等謀，義等力言不可，曰：『仁宗皇帝在春宮久，深知官員折俸之薄，故即位特增數倍，此仁政也，豈可違之？』濙初欲每石減作十貫，聞義等言，乃作十五貫。按洪熙元年閏七月，尹松言：「官員俸禄以鈔折米，四方米價貴賤不同，每石四五十貫者有之，六七十貫者有之。」則是時折鈔猶準米價。白而行之，而小官不足者多矣。」已上《實録》文。

《大明會典》「官員俸給」條云：「每俸一石，該鈔二十貫。每鈔二百貫，折布一匹。」後又定「布一匹，折銀三錢」，是十石之米折銀僅三錢也。正統六年十一月丙辰，「增給在外文武官吏軍士俸糧，原定糧一石給鈔十五貫，今增十貫爲二十五貫」。十二年四月丙辰，「仍減爲十五貫」。又按[二十五]，景泰七年二月甲辰，令折俸鈔，「每七百貫，與白金壹[二十六]兩」。天順元年正月壬辰詔，「京官景泰七年折俸鈔，俱准給銀」，從户部奏請，以官庫欽[二十七]少故也。成化二年三月辛亥，「減在京文武官員折俸鈔」。先是，米一石折鈔二十五貫，後因户部裁省，定爲十五貫。至是，尚書馬昂又奏每石再省五貫，從之。時鈔法久不行，新鈔一貫時俗[二十八]不過十錢，舊鈔僅一二錢，甚至積之市肆，過者不顧。以十貫鈔折俸一石，則是斗米一錢也。小吏俸薄，無以養廉，莫甚於此。成化七年十月丁丑，户部請以布一匹，准折文武官員俸糧二十石。舊例，兩京文武官折色俸粮，上半年給鈔，下半年給蘇木、胡椒。至是户部尚書楊鼎奏：「京庫椒、木不足，甲字庫多積綿布。以時俗[二十九]計之，闊白布一匹可准鈔二百貫。請以布折米，仍視折鈔例，每十貫一石。」先是，折俸鈔米一石，鈔二十五貫，漸減至十貫。是時鈔法下[三十]行，鈔一貫直二三錢，是米一石僅直錢二三十文。至是又折以布，布一匹時值[三十一]不過二三百錢，而折米二十石，則是米一石僅值[三十二]十四五錢也。自古百官俸禄之薄，未有如此者。後遂爲常例。蓋國初[三十三]民間所納官糧皆米麥也，或折以鈔布。百官所受俸亦米也，或折以鈔。其後鈔不行而代以銀，於是糧之重者愈重，崇禎中粮一石至折銀二兩。而俸之輕者愈輕。其弊在於以鈔折米，以布折鈔，以銀折布，而世莫究其源流也。

正統六年二月戊辰，巡按山東監察御史曹泰奏：「臣聞之《書》曰：『凡厥正人，既富方轂。』[三十四]今在外諸司文臣，去家遠仕[三十五]，妻子隨行。禄厚者月給米不過三石，薄者一石二石，又多折鈔。九載之間，仰事俯育之資，道路往來之費，親故問[三十六]遺之需，滿罷閑居之用。其禄不贍[三十七]，則不免失其所守，而陷於罪者多矣。乞敕廷臣會議，量爲增益，俾足養廉。如是而仍有貪污，懲之無赦。」事下行在户部，格以定制，不行。

《北夢瑣言》：「唐畢相誠，家本寒微。其舅爲太湖縣伍伯，伍伯即今號襖職行杖者。相國恥之，俾罷此役，爲除一官。累遣致意，竟不承命。特除選人楊載宰此邑，參辭日，於私第延生[三十八]與語，期爲落籍，津送入京。楊令到任，具達台旨。伍伯曰：『某下賤，豈有外甥爲宰相邪？』楊令堅勉之，乃曰：『某每歲公税享六十緡事例錢，蓋如今之工食。苟無敗闕，終身優渥。不審相公欲爲致何官職？』楊令具以聞，相國歎賞，亦然其説，竟不奪其志也。」夫以伍伯之役，而歲六十緡，宜乎臺早[三十九]之微皆知自重。乃信《漢書》言「趙廣漢奏[四十]請令長安游徼、獄吏秩百石，其後百石吏皆差自重，不敢枉法妄繫留人」[四十一]，誠吏[四十二]之本務。謂貪澆之積習不可反而廉静者，真不知治體之言矣。

【校注】

[一]見《禮記・樂記》。

[二]見《漢書・宣帝紀》。

[三]「韋睢」誤，當改。原抄本、遂初堂本、集釋本、欒本、陳本、嚴本均作「韋昭」。

[四]見《後漢書・光武帝紀下》。

[五]底本缺十五字處，原抄本、遂初堂本、集釋本、欒本、陳本、嚴本均作「今在位者，禄不代耕，非所以崇化本

也」，與《晉書》同，當補。今按：底本頁面完好，所缺十五字均在一行之内，似其所從過録之母本已有殘損。原抄本原帙完整。

［六］見《晉書·武帝本紀》。

［七］「幾」字誤，當改。原抄本、遂初堂本、集釋本、欒本、陳本、嚴本均作「畿」。

［八］底本缺一字處，原抄本、遂初堂本、集釋本、欒本、陳本、嚴本均作「冒」，當補。

［九］「土」字誤，當改。原抄本、遂初堂本、集釋本、欒本、陳本、嚴本均作「上」。

［十］「宜」字誤，當改。原抄本、遂初堂本、集釋本、欒本、陳本、嚴本均作「官」。

［十一］「方」字誤，當改。原抄本、遂初堂本、集釋本、欒本、陳本、嚴本均作「分」。

［十二］「每」，原抄本、遂初堂本、集釋本、欒本、陳本、嚴本作「宜」。

［十三］見《册府元龜》卷八十六《帝王部》，又見卷五百六《邦計部》。

［十四］白居易《觀刈麥》。

［十五］「唐興」，遂初堂本、經義齋本、集釋本、張繼舊藏抄本、北大館藏抄本、徐文珊點校本均同。按白居易《江州司馬廳記》原文作「唐典」，形近而訛，當改。白居易《白氏長慶集》宋刊本、四部叢刊景江南圖書館藏日本活字本卷四十三作「案唐典」。姚鉉《唐文粹》元繙宋小字本、四部叢刊景上海涵芬樓藏明嘉靖本卷七十三，祝穆《方輿勝覽》宋刻本卷二十二、董誥《全唐文》清嘉慶内府刻本「按唐六典上州司馬秩五品」，「六」字下原注：「二本無此字」。陳霆《兩山墨談》明嘉靖十八年李檠刻本卷三引作「唐六典」。陳垣校注：「唐興」原文作「唐典」，指《六典》也。欒保群點校《日知録集釋》上海古籍出版社本仍作「唐興」，浙江古籍出版社本、中華書局本校改作「唐典」。

［十六］「瞻」字誤，當改。原抄本、遂初堂本、集釋本、欒本、陳本、嚴本均作「贍」。

［十七］「繼」，原抄本、遂初堂本、集釋本、欒本、陳本、嚴本作「變」。

［十八］《漢書·王莽傳中》。

［十九］今見《資治通鑑》卷二百九十《後周紀一》。

［二十］見《逸周書・史記解》。此篇爲周穆王命左史戎夫所作，故曰「穆王之書」。畢程氏，古國名，《吕氏春秋》作「畢裎」，《孟子》作「畢郢」。

［二十一］「公」字誤，當改。原抄本、遂初堂本、集釋本、欒本、陳本、嚴本均作「分」。

［二十二］《元史・世祖本紀二》。

［二十三］「國初」，各本均同，潘耒遂初堂刻本未改。

［二十四］「唐」字誤，當改。原抄本、遂初堂本、集釋本、欒本、陳本、嚴本均作「庚」。

［二十五］見《仁宗實録》。

［二十六］「又按」，原抄本同，遂初堂本、集釋本、欒本、陳本、嚴本無。

［二十七］「壹」，原抄本、遂初堂本、集釋本、欒本、陳本、嚴本作「一」。

［二十八］「欽」字誤，當改。原抄本、遂初堂本、集釋本、欒本、陳本、嚴本均作「鈔」。

［二十九］「俗」，原抄本同，遂初堂本、集釋本、欒本、陳本、嚴本作「估」。

［三十］「俗」，原抄本同，遂初堂本、集釋本、欒本、陳本、嚴本作「估」。

［三十一］「下」字誤，當改。原抄本、遂初堂本、集釋本、欒本、陳本、嚴本均作「不」。

［三十二］「值」，原抄本、遂初堂本、集釋本、欒本、陳本、嚴本作「估」。

［三十三］「值」，原抄本同，遂初堂本、集釋本、欒本、陳本、嚴本作「直」。

［三十四］「國初」，各本均同，潘耒遂初堂刻本未改。

［三十五］《尚書・洪範》。

［三十六］「仕」，原抄本同，遂初堂本、集釋本、欒本、陳本、嚴本作「任」。

［三十七］「間」字誤，當改。原抄本、遂初堂本、集釋本、欒本、陳本、嚴本均作「問」。

[三十八]「瞻」字誤，當改。原抄本、遂初堂本、集釋本、欒本、陳本、嚴本均作「贍」。

[三十九]「生」字誤，當改。原抄本、遂初堂本、集釋本、欒本、陳本、嚴本均作「坐」。

[四十]「早」字誤，當改。原抄本、遂初堂本、集釋本、欒本、陳本、嚴本均作「皁」。

[四十一]「秦」字誤，當改。原抄本、遂初堂本、集釋本、欒本、陳本、嚴本均作「奏」。

[四十二]《漢書》本傳。

[四十三]「吏」字上，脱「清」字，當補。原抄本、遂初堂本、集釋本、欒本、陳本、嚴本均作「清吏」。

助餉

人主之道，在乎不利[一]群臣、百姓之有。夫能不利群臣、百姓之有，然後群臣、百姓亦不利君之有，而府庫之財可長保矣。《舊唐書·柳渾傳》：渾爲宰相，秦[二]：「故尚書左丞田季羔，公忠正直，先朝名臣，其祖、父皆以孝行旌表門閭。京城隋朝舊第，季羔一家而已。今被堂侄伯强進狀，請貨宅召市人馬，以討吐蕃。一開此門，恐滋不逞。討賊自有國計，豈資僥倖之徒？且毁棄義門，虧捐[三]風教。望少責罰，亦可懲勸。」「上可其奏。」夫以德宗好貨之主，而猶能聽宰相之言，不受伯强之獻，後之人君可以思矣。王明清記：「高宗建炎二年，有湖州民王永從，獻錢五十萬緡。上以國用稍集，卻之，仍詔『今後富民不許陳獻』。」[四]嗟夫！此宋之所以復存於南渡也與？

漢武尊卜式以風天下，猶是勸之以爵。[五]今乃怵之以威，戚畹之家常惴惴[六]不自保，而署其門曰「此房實賣」。都城之中，十室而五，其不祥孰甚焉！《南唐書》言：後主之世，「以鐵錢六，權銅錢四而行。至其末年，銅錢一，直鐵錢十。比國亡，諸郡所積銅錢六十七萬緡」。嗚呼！此所謂「府庫財非其財」[七]者矣！賊犯京師，史公可法爲南京兵部尚書，軍餉告絀，乃傳檄募富人出財助國。其略曰：「親郊乃雍容之事，唐宗尚有崇韜[八]；出塞本徼倖之圖，漢武尚逢卜式。」桐城諸生姚士晉之辭也。然百姓終莫肯輸財佐縣官，而神京淪喪，殆於孟子所謂「委而去之」[九]者。雖多財，奚益哉！

洪武十五年七月，堂邑民有掘得黄金者，有司以進於朝。上曰：「民得金，而朕有之，甚無謂也。」命歸之民。《實録》。天啟初，遼事告急，有議及捐助者，朝論以爲「教猱升木」[十]。而六年十二月，兵部主事詹以晉疏：「請靈鷲廢寺所存田畝，變價助工。」奉旨：「詹以晉垂涎賤價，規奪寺業，可削籍爲民，仍令自行修理寺宇。田有變佃爲民業者，責令贖[十一]本寺，以爲言利錙銖之戒。」以權奄之世，而下有此論，上有此旨，亦三代直道[十二]之猶存矣。

行劫不得，而有駈[十三]騙；加派不得，而有勸諭。[十四]

【校注】

[一]「不利」，謂不取以爲利。

[二]「秦」字誤，當改。原抄本、遂初堂本、集釋本、欒本、陳本、嚴本均作「奏」。

[三]「捐」字誤，當改。原抄本、遂初堂本、集釋本、欒本、陳本、嚴本均作「損」。

[四]見王明清《揮麈録・揮麈餘話》。

[五]《漢書・食貨志》：「是時，豪富皆争匿財，唯卜式數求入財以助縣官。天子乃超拜式爲中郎，賜爵左庶長，

田十頃，佈告天下，以風百姓。」

［六］「喘喘」誤，當改。原抄本、遂初堂本、集釋本、欒本、陳本、嚴本均作「惴惴」。

［七］語出《禮記・大學》。

［八］唐宗，謂後唐莊宗。崇韜，謂郭崇韜。

［九］《孟子・公孫丑下》。

［十］語出《詩經・小雅・角弓》。

［十一］「贖」字下，脱「還」字，當補。原抄本、遂初堂本、集釋本、欒本、陳本、嚴本均作「贖還」。

［十二］《論語・衛靈公》：「子曰：『斯民也，三代之所以直道而行也。』」

［十三］「駈」，字誤，當改。原抄本作「詎」，黄侃校記、欒本、嚴本同。

［十四］「諭」，原抄本作「輸」。按當作「輸」。「行劫不得」十六字一節，原抄本同，潘耒遂初堂刻本删，集釋本因之。欒本據黄侃校記增補而加説明，嚴本有此一節而不注來源，陳本仍刻本之舊，無此節，無注。

馬政［一］

析、因、夷、隩［二］，先王之所以處人民也。「日中而出，日中而入」，左氏莊二十九年《傳》先王之所以處廄馬也。

漢鼂錯言：「令民有車騎馬一匹者，復卒三人。」師古曰：「當爲卒者，免其三人。不爲卒者，復其錢。」本傳。文帝從之。故文、景之富，「衆庶街巷有馬，仟伯「千百［三］」字同。之問［四］成群，乘牸牝者擯而不得會聚。」《漢書・食貨志》。若乃「蹇［五］之斤［六］也，橋桃致馬千匹」。《貨殖傳》。「班壹避墜古「地」字。於樓煩，致馬、牛、羊數千群。」《叙傳》。則民間之馬，其盛可知。武帝輪臺之悔，乃「修馬復令」。復卒三人之令。《西域傳》。唐玄宗開元九年詔：「天下之有馬者，州縣皆先以郵遞、軍旅之役，定户復緣以升之。百姓長若[七]，乃多不畜馬，故騎射之士減曩時。自今諸州民勿限有無蔭，能家畜十馬以下，免帖驛郵遞，征行定户無以馬爲資[八]。」《唐書・兵志》。古之人君，其欲民之有馬如此。惟夷狄之君忌漢人之强，而不欲其有馬，故[九]魏世宗正始四年十一月丁未，「禁河南畜牝馬」。《魏書・本紀》。延昌元年六月戊寅，「通河南牝馬之禁」。元世祖至元二十二年[十]六月戊申，「括諸路馬，凡色目又[十一]有馬者三取其二[十二]，漢民悉入官，敢匿與互市者罪之」。《元史・本紀》。《實録》言：永樂元年七月丙戌，上諭兵部臣曰：「比聞民間馬價騰貴，盖禁民不得私畜故也。漢文、景時閭里有馬成群，民有即國家之有。其榜諭天下，聽軍民畜馬勿禁。」又曰：「三五年後，庶幾馬斬[十三]蕃息。」此承元人禁馬之後，故有此諭。而洪熙元年正月辛巳，上申諭兵部：「令民間畜官馬者，二歲納駒一匹，俾得以餘力養私馬。」至宣德六年，有陝西安定衛土民王從義，畜馬蕃息，數以來獻。此則小爲之而小效者也，然未及修漢、唐復馬之令也。

【校注】

[一]馬政、驛傳、漕程、行鹽四條，刻本在卷十之末。

[二]《尚書・堯典》：「分命羲仲，宅嵎夷，曰暘谷，厥民析。申命羲叔，宅南交，厥民因。分命和仲，宅西，曰昧谷，厥民夷。申命和叔，宅朔方，曰幽都，厥民隩。」

[三]「千百」，原抄本、遂初堂本、集釋本、欒本、陳本、嚴本、嚴本均作「阡陌」。

[四]「問」字誤，當改。原抄本、遂初堂本、集釋本、欒本、陳本、嚴本均作「間」。

[五]「蹇」字誤，當改。原抄本同誤。遂初堂本、集釋本、欒本、陳本、嚴本作「塞」。《史記》、《漢書》作「塞」。

[六]「斤」字誤，當改。原抄本同誤。遂初堂本、集釋本、欒本、陳本、嚴本作「斥」。《史記》、《漢書》作「斥」。

[七]「長若」誤，當改。原抄本、遂初堂本、集釋本、欒本、陳本、嚴本均作「畏苦」。《新唐書》作「畏苦」。

[八]「資」，原抄本同，遂初堂本、集釋本、欒本、陳本、嚴本作「貲」。

[九]「夷狄之君忌漢人之强，而不欲其有馬，故」一句，原抄本同。潘耒遂初堂刻本删，以「惟魏世宗」相連，集釋本因之。欒本據黄侃校記增補而加説明，嚴本仍刻本之舊而加注，陳本仍刻本之舊，無此句，無注。

[十]「二十二年」誤，當改。原抄本、遂初堂本、集釋本、欒本、陳本、嚴本均作「二十三年」。《元史》在二十三年。

[十一]「又」字誤，當改。原抄本、遂初堂本、集釋本、欒本、陳本、嚴本均作「人」。

[十二]黄汝成集釋引楊氏曰：色目人謂女直、畏吾、欽察、契丹等。

[十三]「斬」字誤，當改。原抄本、遂初堂本、集釋本、欒本、陳本、嚴本均作「漸」。

驛傳

《後唐[一]・輿服志》曰：「驛馬，三十里一置」，《史記》田横「乘傳詣雒陽，未至三十里，至尸鄉[二]廄置」[三]是也。唐制亦然，《唐書・百官志》：「凡二十里有驛。」白居易詩「從陝至東京，今陝西[四]至河南府。山低路漸平。風光四百里，在今代爲三百里。車馬十三程」[五]是也。桑維翰對晉高祖言：「大梁距魏，不過十驛。」[六]其行或一日而馳十驛，岑參詩「一驛過一驛，驛騎如星流，平明發咸陽，暮及隴山頭」[七]、韓愈詩「銜命山東撫亂師，日馳三百自嫌遲」[八]是也。天寶六載，敕：「自今在[九]降官，日馳十驛已[十]上。」[十一]

又如天寶十曰[十二]載十一月，丙寅，安禄山反於范陽，壬申，聞於行在所，時上在華清宮，在今臨縣□[十三]。六日而達。至德二載九月，「癸卯，廣平王收西京，甲辰[十四]，捷書至行在」[十五]，時上在鳳翔府，一日而達。而「唐制，赦書日行五百里」[十六]，則又不止於十驛也。古人以置驛之多，故行速而馬不弊[十七]。後人以節費之説，歷次裁併，至有七八十里而一驛者。馬倒官逃，職此之故。盍一考之前史乎？且如通州路河[十八]驛，曰[十九]十里至夏店驛，五十里至公樂驛，五十里至薊州漁陽驛。今以夏店、公樂二驛併於三河，則一驛七十里矣，豈不勞乎？又如走州[二十]永定驛，五十里至西樂驛，四十五里至伏城驛，四十里至真定府恒山驛，猶仍舊貫。使併爲三驛，亦必不堪其弊[二十一]矣。

古人以三十里爲一舍。《左傳》：「楚子入鄭，退三十里而許之平。」[二十二]証[二十三]以爲「退一舍」。而《詩》言：「我服既成，于三十里。」[二十四]《周禮》既成[二十五]：「三十里有宿，宿有路室。」[二十六]然則漢人之驛馬三十里一置，有自未[二十七]矣。《史記・晉世家》註引賈逵曰：「《司馬法》：『遯[二十八]不過三舍。』三舍，九十里也。」

國初[二十九]，九[三十]驛皆有倉。洪熙元年六月丙辰，河南新安知縣陶鎔奏：「縣在山谷，土瘠民貧，遇歲不登，公私無措。惟南關驛[三十一]有儲糧，臣不及待報，借[三十二]給貧民一十[三十三]七百一[三十四]十八石。」上嘉其稱職。[三十五]即此一事，而當時儲蓄[三十六]之裕，法令之寬，賢尹益下之權，明主居高之聽，皆非後世之所能及矣。然則驛之有倉，不但以供賓客使臣，而亦所以待凶荒囏阸，實《周禮》遺人之掌也。帖括後生，何足以知先王之政哉！

今時十里一鋪[三十七]，俗作「舖」。設卒以遞公文。《金史》：泰和六年，「初置急遞鋪。腰鈴傳遞，日行三百里」。《大名府志》：「唐有銀牌，宋熙寧有金字牌、急脚遞。岳飛奉詔班師，『一日中十二金字牌』是也。」《孟子》所云「置郵而傳命」[三十八]，蓋古已有之。《史記》：白起「既行，出咸陽西門十里，至杜郵」[三十九]。《漢書·黄霸傳》註：師古曰：「郵，亭書舍，謂傳送文書所止處。」

【校注】

[一]「後唐」誤，原抄本、遂初堂本同誤，當改。陳本作「續漢」，無注。欒本改「後唐」爲「續漢」。注：據引文改。嚴本據《後漢書》改爲「後漢」。按亭林所云「續漢」即《續漢志》，今通在《後漢書》中。

[二]「户鄉」誤，當改。原抄本、遂初堂本、集釋本、欒本、陳本、嚴本均作「尸鄉」。《史記》作「尸鄉」。

[三]《史記·田儋列傳》。

[四]「陝西」，原抄本同，遂初堂本、集釋本、欒本、陳本、嚴本作「陝州」。

[五]白居易《從陝至東京》詩。

[六]見《資治通鑑》卷二百八十一《後晉紀二》。

[七]岑參《初過隴山途中呈宇文判官》。

[八]韓愈《鎮州路上謹酬裴司空相公重見寄》。

[九]「在」字誤，當改。原抄本、遂初堂本、集釋本、欒本、陳本、嚴本均作「左」。

[十]「已」，原抄本、遂初堂本、集釋本、欒本、陳本、嚴本均作「以」。

[十一]《資治通鑑》卷二百一十五《唐紀三十一》。

[十二]「曰」誤，當改。原抄本、遂初堂本、集釋本、欒本、陳本、嚴本均作「四」。

[十三]「臨縣□」脱誤，當改。原抄本、遂初堂本、集釋本、欒本、陳本、嚴本均作「臨潼縣」。

[十四]「甲長」誤，當改。原抄本、遂初堂本、集釋本、欒本、陳本、嚴本均作「甲辰」。

[十五]見《舊唐書·肅宗本紀》。

［十六］見《遼史·劉景傳》。

［十七］「弊」，遂初堂本、集釋本、欒本、陳本、嚴本同，原抄本誤作「斃」。

［十八］「路河」誤，當改。原抄本、遂初堂本、集釋本、欒本、陳本、嚴本均作「潞河」。

［十九］「曰」字誤，當改。原抄本、遂初堂本、集釋本、欒本、陳本、嚴本均作「四」。

［二十］「走州」誤，當改。原抄本、遂初堂本、集釋本、欒本、陳本、嚴本均作「定州」。

［二十一］「弊」，原抄本、遂初堂本、集釋本、欒本、陳本、嚴本均作「敝」。

［二十二］《左傳·宣公十二年》。

［二十三］「証」字誤，當改。原抄本作「註」，遂初堂本、集釋本、欒本、陳本、嚴本作「注」。

［二十四］《詩經·小雅·六月》。

［二十五］「既成」誤，當改。原抄本、遂初堂本、集釋本、欒本、陳本、嚴本均作「遺人」。

［二十六］《周禮·地官司徒》。

［二十七］「未」字誤，當改。原抄本、遂初堂本、集釋本、欒本、陳本、嚴本均作「來」。

［二十八］「遯」字，原抄本同，遂初堂本、集釋本、欒本、陳本、嚴本作「從遯」。

［二十九］「國初」，各本均同。陳垣校注：此「國初」潘本未改。

［三十］「九」字誤，當改。原抄本、遂初堂本、集釋本、欒本、陳本、嚴本均作「凡」。

［三十一］「南關驛」，各本均同。《宣宗實録》作「函關馹」，《宣宗皇帝寶訓》作「函關驛」。按當作「函」，函關即函、谷關。

［三十二］「借」，遂初堂本、集釋本、欒本、陳本、嚴本同，原抄本誤作「偺」。《宣宗實録》作「借」。

［三十三］「十」字誤，當改。原抄本、遂初堂本、集釋本、欒本、陳本、嚴本均作「千」。《宣宗實録》作「千」。

［三十四］「一」字誤，當改。原抄本、遂初堂本、集釋本、欒本、陳本、嚴本均作「二」。《宣宗實録》作「二」。

[三十五]《宣宗實録》卷二。又見《宣宗皇帝寳訓》卷四。「南關驛」，原文作「函關驛」。

[三十六]「蓄」，原抄本同，遂初堂本、集釋本、欒本、陳本、嚴本作「畜」。

[三十七]「舖」字誤，當改。原抄本、遂初堂本、集釋本、欒本、陳本、嚴本均作「鋪」。

[三十八]《孟子·公孫丑上》。

[三十九]《史記·白起王翦列傳》。

漕程

《山堂考索》載：「唐漕制，凡陸行之程，馬日七十里，步及驢五十里，車三十里。水行之程，舟之重者，泝河日三十里，江四十里，餘水四十五里。空舟泝河四十里，江五十里，餘水六十里。沿流之舟則輕重同制，河日一百五十里，江一百里，餘水七十里。轉運、徵斂、送納，皆準程節其遲速。其三峽、砥柱之類不拘此限。」[一]此法可以不盡人馬之力，而亦無逗留之患。今之過淮、過洪及回空之限，猶有此意，而其用車驢則必窮日之力而後止，以至於人畜兩弊，豈非後人之急迫日甚於前人也與？然其效可睹矣。

【校注】

[一]又見《唐六典》卷三、《唐會要》卷八十七。

行鹽[一]

松江李雯論：「鹽之産於場，猶五穀之生於地。宜就場定額，一税之後，不問其所之，則國與民兩利。」又曰：「天下皆私鹽，則天下皆官鹽也。」[二]此論鑿鑿可行。丘仲深[三]《大學衍義補》言「復海運」，而引杜子美詩「雲帆轉遼海，粳俗作「粳」。稻來東吴」[四]爲證。余於鹽法，亦引子美詩云：「蜀麻吴鹽自古通。」[五]又曰：「風煙渺吴蜀，舟楫通鹽麻。」[六]又曰：「蜀麻久不來，吴鹽擁荆門。」[七]若如今日之法，各有行鹽地界，吴鹽安得至蜀哉？人人誦杜詩，而不知此故事，所云「誦《詩》三百，授之以政，不達」[八]者也。

洪武三年六月辛巳，山西行省言：「大同糧儲，自陵縣、長蘆運至太和嶺，路遠費重。若令商人於大同倉入米一石、太原倉入米一石三斗者，俱准鹽一引，引二百斤。商人鬻□[九]，即以原給引目[十]赴所在官司繳之。如此則轉輸之省費[十一]，而軍儲充矣。」[十二]從之。此「中鹽」[十三]之法所始[十四]。

唐劉晏爲轉運使，「專用榷鹽法充軍國之用。時自許、汝、鄭、鄧之西，皆食河東池鹽，度支主之。汴、滑、唐、蔡之東，皆食海鹽，晏主之。晏以爲『鹽吏多則州縣擾』[十五]，故但於出鹽之鄉置鹽官，收鹽户所煮之鹽，轉鬻於商人，任其所之，自餘州縣不復置官。其江嶺間去鹽鄉遠者，轉官鹽於彼貯之，或商絶鹽貴，則減價鬻之，謂之『常平鹽』。官獲其利，而民不乏鹽。其[十六]始，江淮鹽利不過四十萬緡，季年乃六百萬緡。由是國用充足，而民不困弊」。[十七] 今日鹽利之不可興，正以鹽吏之不可罷。讀史者可以慨然有省矣！

行鹽地分，有遠近之不同。遠於官而近於私，則民不得不買私鹽。既買私鹽，則興販之徒必起[十八]，於是乎盜賊多而刑獄滋矣。《宋史》言：「江西之虔州地連廣南，而福建之汀州亦與虔接。虔鹽弗善，汀故不産鹽，二州民多盜販廣南鹽以射利。又曰[十九]：「虔州官鹽自淮南運致，鹵濕雜惡，輕不及斤，而價至四十七錢。嶺南鹽販入虔，以斤半當一斤，純白不雜，賣錢二十。以故虔人盡食嶺南鹽。」虔州即今贛州府。宋時屢議不定，今卒食廣東鹽。每歲秋冬，田事纔畢，恒數十百爲群，持甲兵旗鼓，往來虔、汀、漳、潮、循、梅、惠、廣八州之地。所至劫人穀帛，掠人婦女，與巡捕吏卒鬭[二十]格，或至殺傷，則起爲盜，依阻險要，捕不能得，或赦其罪招之。」[二十一] 元末之張士誠以鹽徒而盜據吳會，其小小興販，雖太平之世，未嘗絶也。余少居崑山、常熟之間，爲兩浙行鹽地，而民間多販淮鹽。自通州渡江，其色青黑，視官鹽爲善。及游大同，所食皆蕃鹽，堅緻精好。此地利之便，非國法之所能禁也。明知其不能禁，而設爲巡捕之格，課以私鹽之獲，每季若干，爲一定之額，此掩耳盜鐘之政也。

来[二十二]「嘉祐中，著作佐郎何鬲、三班奉職王嘉麟上書：『請罷給茶本錢，縱園户貿易，而官收租錢，與所在征筭，歸榷貨務，以償邊糴之費，可以疏利源而寬民力。』」仁宗從之，其詔書曰：「歷世之敝，一旦以除，著爲經常，弗復更制。」[二十三] 以是雖當王安石之時，而於茶法未有所變。其説可通之於鹽課者也。

【校注】

[一]「行鹽」，目録作「私鹽」。原抄本正文、目録均作「私鹽」，集釋本、欒本、陳本正文、目録均作「行鹽」。

［二］見李雯《蓼齋集》卷四十五《鹽策》。

［三］丘濬，字仲深。

［四］杜甫《後出塞》。

［五］杜甫《夔州歌十絶句》之七。

［六］杜甫《柴門》。

［七］杜甫《客居》。

［八］語出《論語・子路》。

［九］底本缺一字處，原抄本作「鹽」，遂初堂本、集釋本、欒本、陳本、嚴本作「畢」。

［十］「目」字誤，原抄本同誤，當改。遂初堂本、集釋本、欒本、陳本、嚴本作「自」。

［十一］「省費」，原抄本同，遂初堂本、集釋本、欒本、陳本、嚴本作「費省」。

［十二］見《明史・食貨志四》。

［十三］《明史・食貨志四》又曰：「有明鹽法，莫善於開中。召商輸糧而與之鹽，謂之開中。其後各行省邊境，多召商中鹽以爲軍儲。鹽法邊計，相輔而行。」

［十四］「所始」，原抄本同，遂初堂本、集釋本、欒本、陳本、嚴本作「所自始」。

［十五］此句又見《新唐書・食貨志四》。

［十六］「其」字，原抄本同，遂初堂本、集釋本、欒本、陳本、嚴本無。《資治通鑑》有「其」字。

［十七］《資治通鑑》卷二百二十六。

［十八］「起」，原抄本同，遂初堂本、集釋本、欒本、陳本、嚴本作「興」。按作「起」義長。

［十九］「曰」，原抄本同，遂初堂本、集釋本、欒本、陳本、嚴本作「言」。

［二十］「間」字誤，當改。原抄本作「鬪」，遂初堂本、集釋本、欒本、陳本、嚴本作「鬭」。

[二十一]《宋史・食貨志下四》。

[二十二]「来」字誤，當改。原抄本、遂初堂本、集釋本、欒本、陳本、嚴本均作「宋」。

[二十三]見《宋史・食貨志下六》。

館舍

讀孫樵《書褒城驛壁》，乃知其有沼、有魚、有舟。讀杜子美《秦州雜詩》，又知其驛之有池、有林、有竹。今之驛舍，殆於隸人之垣矣。予見天下州之爲唐舊治者，其城郭必皆寬廣，街道必皆正直。廨舍之爲唐舊剏者，其基址必皆弘敞。宋以下所置，時彌近者制彌陋。此又樵記中所謂「州縣皆驛」，而人情之苟且十伯[一]於前代矣。

今日所以百事皆廢者，正緣國家取州縣之財，纖毫盡歸之於上，而吏與民交困，遂無以爲修舉之資。「延陵季子遊於晉，曰：『吾入其都，新室惡而故室美，新牆卑而故牆高，吾足[二]以知其民力之屈也。』」《説苑》。又不獨人情之苟且也。

漢制：「官寺鄉亭，漏敗牆垣，阤壞不治者，不勝任，先自劾。」[三]古人所以百廢具舉者，以此。

【校注】

[一]「伯」，原抄本、遂初堂本、集釋本、欒本、陳本、嚴本均作「百」。

[二]「足」字誤，原抄本同誤，當改。遂初堂本、集釋本、欒本、陳本、嚴本作「是」。《説苑》作「是」。

［三］見《漢舊儀》所載《元壽二年丞相遣郡國計吏敕》。

街道

古之王者，於國中之道路，則有條狼氏，滌除道上之狼扈，而使之潔清。［一］於郊外之道路，則有野廬氏，達之四畿。［二］合方氏，達之天下，使之「津梁相湊，不得陷絶」。［三］而又有遂師，以「巡其道修」。［四］候人，以「掌其方之道治」。［五］至於司險，「掌九州之圖，以周知其山林川澤之阻，而達其道路」。［六］則舟車所至，人力所通，無不蕩蕩平平者矣。晉文之霸也，亦曰：「司空以時平易道路。」［七］而「道路若塞」，「川無舟梁」，［八］單子以卜陳靈之亡。自天街不正，王路傾危，塗潦徧於郊關，污穢種［九］於輦轂。《詩》曰：「周道如砥，其直如矢。君子所履，小人所視。睠言顧之，潸［十］焉出涕。」［十一］其今日［十二］之謂與？

《説苑》：「楚莊王伐陳，舍於有肅［十三］氏，謂路室之人曰：『巷其不善乎？何溝之不浚也？』」以莊王之霸，而留意於一巷之溝，此以知其勤民也。

後唐「明宗長興元年正月，宗正少卿李延祚奏：『請止絶車牛，不許於天津橋來往』」［十四］。本朝［十五］两京有街道官，車牛不許入城。

【校注】

［一］條狼氏見《周禮·秋官司寇》。鄭玄注：「杜子春云：『條』當爲滌器之『滌』。玄謂滌，除也。狼，狼扈道上。」

[二]《周禮·秋官司寇》:「野廬氏,掌達國道路,至於四畿。」

[三]《周禮·夏官司馬》:「合方氏,掌達天下之道路。」鄭玄注:「津梁相奏,不得陷絶。」

[四]《周禮·地官司徒》遂師:「賓客,則巡其道修。」鄭玄注:「行治道路也。」

[五]見《周禮·夏官司馬》。

[六]見《周禮·夏官司馬》。

[七]見《左傳·襄公三十一年》。

[八]見《國語·周語中》。

[九]「種」字誤,當改。原抄本、遂初堂本、集釋本、欒本、陳本、嚴本均作「鍾」。

[十]「潜」字誤,原抄本同誤,當改。遂初堂本、集釋本、欒本作「潛」,陳本、嚴本作「潸」。「潛」同「潸」。《說文》:「潸,涕流貌。」

[十一]《詩經·小雅·大東》。

[十二]「今日」,原抄本同。潘耒遂初堂刻本改爲「斯」,前空一格,尚存挖改痕跡。集釋本因之作「斯」。欒本據黄侃校記改回而加説明,陳本、嚴本仍刻本之舊而加注。

[十三]「肅」字誤,原抄本同誤,當改。遂初堂本、集釋本、欒本、陳本、嚴本作「蕭」。《説苑》作「蕭」。

[十四]見《册府元龜》卷十四。

[十五]「本朝」,原抄本同。潘耒遂初堂刻本改爲「明制」,集釋本因之。欒本據黄侃校記改回而加説明,陳本、嚴本仍刻本之舊而加注。

官樹

《周禮》:野廬人[一]「比國郊及野之道路、宿息、井樹」[二]。《國語》:單襄公述周制以告王曰：「列樹以表道，丘[三]鄙食以守路。」[四]《釋名》曰：「古者『列樹以表道』，道有夾溝，以通水潦。」古人於官道之旁必皆種樹，以記里至，以蔭行旅。是以南土之棠，「召伯所茇」；[五]道周之杜，君子來游。[六]固已宣美風謡，流恩後嗣。「子路治蒲」，「樹木[七]甚茂」；[八]「子産相鄭」，桃李垂街。[九]下至隋唐之代，而官槐、官柳亦多見之詩篇，猶是人存政舉之效。近代政廢法弛，任人斫伐。「周道如砥」，「若彼濯濯」[十]。而官無「勿翦」之思[十一]，民鮮侯甸[十二]之芘矣。《後漢[十三]・百官志》：「将作大匠掌修作宗廟、路寢、宫室、陵園土木之功，並樹桐[十四]梓之類，列於道側。」是昔人固有專職。《三輔黄圖》：「長安御溝，謂之『楊溝』，謂值[十五]高楊於其上也。」《後周書・韋孝寬傳》：「爲雍州刺史。先是，路側一里置一土堠，經兩[十六]頹毁，每須修之。自孝寬臨州，乃勒部内，當堠處植槐樹代之，既免復修[十七]，行旅又得芘蔭。周文帝後問知之，曰：『豈得一州獨爾？當令天下知[十八]之。』於是令諸州夾道一里種一樹，十里種三樹，百里種五樹焉。」唐王維詩云：「槐陰陰，到潼關。」[十九]《册府元龜》：「唐玄宗開元二十八年正月，於两京路及城中苑内種果樹。」鄭審有《奉使巡簡两京路種果樹事畢入奏》詩。「代宋[二十]永泰二年正月，種城内六街樹。」《中朝故事》曰：「天街两畔槐木，俗號爲『槐衙』。曲江池畔多柳，亦號爲『柳衙』。以其成行排立也。」韋應物詩云：「垂楊十二衢，隱映金張室。」[二十一]《舊唐書・吴湊傳》：「官街樹缺，所司植榆以補之。湊曰：『榆非九衢之玩。』命易之以槐。及槐陰成而湊卒，人指樹而懷之。」《周禮》「朝士」註曰：「槐之言懷也，懷來人於此。」《淮南子》註同。然則今日之官，其無可懷之政也久矣！

【校注】

[一]「人」字誤，當改。遂初堂本、原抄本、集釋本、欒本、陳本、嚴本均作「氏」。

[二]《周禮·秋官司寇》。鄭玄注：「比，猶校也。」

[三]「丘」字誤，當改。原抄本、遂初堂本、集釋本、欒本、陳本、嚴本均作「立」。

[四]《國語·周語中》。

[五]《詩經·召南·甘棠》：「蔽芾甘棠，勿翦勿伐，召伯所茇。」鄭玄箋：「茇，草舍也。」

[六]《詩經·唐風·有杕之杜》：「有杕之杜，生於道周。彼君子兮，噬肯來遊。」

[七]「木」，遂初堂本、集釋本、欒本、陳本、嚴本同，原抄本誤作「本」。

[八]見《韓詩外傳》卷六。

[九]見《呂氏春秋·慎大覽》。

[十]語出《孟子·告子上》。趙岐注：「濯濯，無草木之貌。」

[十一]同上《詩經·召南·甘棠》。

[十二]「甸」字誤，原抄本同誤，當改。遂初堂本、集釋本、欒本、陳本作「旬」。《詩經·大雅·桑柔》：「菀彼桑柔，其下侯旬。捋采其劉，瘼此下民。」鄭玄箋：「桑之柔濡，其葉菀然茂盛，謂蠶始生時也。人庇陰其下者，均得其所。」陸德明釋文：「瘼音莫，本亦作『蔭』。庇，本亦作『芘』。」

[十三]「後漢」，原抄本、遂初堂本同，集釋本、欒本、陳本、嚴本作「續漢」。

[十四]「桐」，遂初堂本、集釋本、欒本、陳本、嚴本同，原抄本誤作「銅」。

[十五]「值」字誤，當改。原抄本、遂初堂本、集釋本、欒本、陳本、嚴本均作「植」。

[十六]「两」字誤，當改。原抄本、遂初堂本、集釋本、欒本、陳本、嚴本均作「雨」。

[十七]「復修」誤倒，當乙正。原抄本、遂初堂本、集釋本、欒本、陳本、嚴本均作「修復」。《周書》作「修復」。

[十八]「知」字誤，當改。原抄本、遂初堂本、集釋本、欒本、陳本、嚴本均作「同」。《周書》作「同」。

[十九]王維《送李睢陽》。

［二十］「宋」字誤，當改。原抄本、遂初堂本、集釋本、欒本、陳本、嚴本均作「宗」。

［二十一］韋應物《擬古詩十二首》。

橋梁

《唐六典》：「凡天下造舟之梁四，河則蒲津、太陽、河陽，雒則孝義。石柱之梁四，雒則天津、永濟、中橋，灞則灞橋。木柱之梁三，皆渭水：便橋、中渭橋、東渭橋。［一］巨梁十有一，皆國工修之。此舉京都之衝要。其餘皆所管州縣隨時營葺。其大津無梁，皆給船人，量其大小難易以定其差等。」今畿甸荒蕪，橋梁廢壞。雄、莫之間，秋水時至，年年陷絶。曳輪招舟，無賴之徒籍以爲利。潞河渡子勒索客錢，至煩章劾［二］。司空不修，長吏不問，亦已久矣。成化八年九月丙申，順天府府尹李裕言：「本府津渡之處，每歲水漲，及天氣寒冱，官司修造船［三］，以便往來。近爲無賴之徒，冒載［四］名色，私造渡船，勒取往來人財物，深爲民害。乞敕巡按御史嚴爲禁止。」從之。［五］況於邊陲之遠，能望如趙充國「治湟陿以西道橋七十所，令可至鮮水」、「從枕席上過師」哉？［六］《五代史》：王周爲義武節度使，「定州橋壞，覆民租車。周曰：『橋梁不修，刺史過也。』乃償民粟，爲治其橋」［七］。此又當今有司之所媿也。

【校注】

［一］以上三條，爲《唐六典》原注。

［二］「劾」字誤，當改。原抄本、遂初堂本、集釋本、欒本、陳本、嚴本均作「刻」。

［三］「船」字上，脱「渡」字，當補。原抄本、遂初堂本、集釋本、欒本、陳本、嚴本均作「渡船」。

[四]「載」，原抄本同，遂初堂本、集釋本、欒本、陳本、嚴本作「貴戚」。《憲宗實録》作「貴戚」。
[五]見《憲宗實録》卷一百八。
[六]見《漢書・趙充國傳》。
[七]見《新五代史・王周傳》。

人聚[一]

太史公言：「漢文帝時，人民樂業。因其欲然，能不擾亂，故百姓遂安。自六七十翁，亦未嘗至市井。」《史記・律書》。劉寵爲會稽太守，「狗不夜吠，民不見吏」，「龐眉[二]皓髮」之老「未嘗識郡朝」。《後漢書・循吏傳》。史之所稱，其遺風猶可想見。唐自開元全盛之日，姚、宋作相，海内升平。元稹詩云：「戍煙生不見，村豎老猶純。」[三]此唐之所以盛也。至大曆以後，四方多事，賦役繁興，而小民奔走官府，日不暇給。元結作《時化》之篇，謂：「人民爲征賦所傷，州里化爲禍邸。」此唐之所以衰也。宋熙寧中，行新法，蘇軾在杭州，作詩曰：「贏[四]得兒童語音[五]好，一年强半在城中。」[六]衰敝之政，自古一轍。予少時見山野之氓，有自首不見官長，安於畎畝，不至城中者。洎於末造，役繁訟多，終歲之功，半在官府，而小民有「家有二頃田，頭枕衙門眠」之諺。見《曹縣志》。已而山有負嵎，林多伏莽，遂舍其田園，徙[七]於城郭，又一變。而求名之士，訴枉之人，悉至京師。輦轂[八]之間，易於郊坰之路矣。錐刀之末，將盡争之，五十年來，風俗遂至於此。今將盡[九]百姓之心而改其行，必在「制民之産」[十]，使之「甘其食，美其服」[十一]，而後教化可行，風俗可善乎？

人聚於鄉而治，聚於城而亂。聚於鄉則土地闢，田野治，欲民之無恒心，不可得也。聚於城則徭役繁，獄訟多，欲民之有恒心，亦[十二]不可得也。

昔在神宗之世，一人無爲，四海少事。郡縣之人其至京師者，大抵通籍之官，其僕從亦不過三四，下此即一二舉貢與白糧解户而已。蓋幾於古之所謂「道路罕行，市朝生草」。《鹽鐵論》。彼其時豈無山人游客干請公卿？而各挾一藝，未至多人，衣食所須，其求易給。自東事[十三]既興，廣行召募，褦流之士，哆口談兵，九門之中，填䢖溢巷。至於封章自薦，投匭告密，甚者内結貂璫，上窺嚬笑[十四]，而人主之威福且有不行者矣。《詩》曰：「我生之初，尚無爲。我生之後，逢此百罹。」[十五]興言及此，每輒爲之流涕！

欲清輦轂之道，在使民各聚於其鄉始。

【校注】

[一]《管子·侈靡》：「水鼎之汩也，人聚之；壤地之美也，人死之。」

[二]龎眉，《後漢書》原文作「尨眉」。尨，《説文》解爲「多毛」，徐鉉解爲「毛長」。

[三]元稹《代曲江老人百韻》。

[四]「羸」字誤，當改。原抄本、遂初堂本、集釋本、欒本、陳本、嚴本均作「贏」。

[五]「昔」字誤，當改。原抄本、遂初堂本、集釋本、欒本、陳本、嚴本均作「音」。

[六]蘇軾《山村五絶》。

[七]「徒」字誤，當改。原抄本、遂初堂本、集釋本、欒本、陳本、嚴本均作「徙」。

[八]「穀」字誤，當改。原抄本、遂初堂本、集釋本、欒本、陳本、嚴本均作「轂」。

[九]「盡」，原抄本同，遂初堂本、集釋本、欒本、陳本、嚴本作「静」。

[十]語出《孟子・梁惠王上》。

[十一]語出《老子》八十章。《史記・貨殖列傳》、《漢書・貨殖傳》引之。

[十二]「亦」，原抄本同，遂初堂本、集釋本、欒本、陳本、嚴本無。

[十三]「東事」，謂遼東抗清事務。

[十四]「嚬笑」，《韓非子・内儲説上》：「吾聞明主之愛，一嚬一笑。」

[十五]《詩經・王風・兔爰》。

訪惡

尹翁歸爲右扶風，「縣縣收取黠吏豪民，案致其罪，高至於死。收取人必於秋冬課吏大會中，及出行縣，不以無事時。其有所取也，以一警百，吏民皆服，恐懼，改行自新」。[一]所謂收取人，即今巡按御史之訪察惡人也。武斷之豪，舞文之吏，主訟之師，皆得而訪察之。及乎濁亂之時，遂借此爲罔民之事。矯其敝者，乃併訪察而停之，無異因噎而廢食矣。

《傳》曰：子産問政於然明，「對曰：『視民如子，見不仁者誅之，如鷹鸇之逐鳥雀也』」[二]。是故誅不仁，所以子其民也。

《説苑》：「董安于治晉陽，問政於蹇老。蹇老曰：『曰忠，曰信，曰敢。』董安于曰：『安忠乎？』曰：『忠於主。』曰：『安信乎？』曰：『信於令。』曰：『安敢乎？』曰：『敢於不善人。』董安于

曰：『此三者足矣。』」[三]

《鹽鐵論》曰：「水有偏狚[四]，池魚勞；國有强禦，齊民消。」[五]

【校注】

[一]見《漢書·尹翁歸傳》。時尹翁歸爲東海太守，後爲右扶風。

[二]《左傳·襄公二十五年》。

[三]《説苑·政理》。

[四]「偏狚」，「偏」字誤，當改。原抄本、陳本作「猵狚」，遂初堂本作「偏狚」，集釋本、欒本作「猵狚」，嚴本作「猵獺」。《鹽鐵論》原文作「猵獺」，《太平御覽》引作「獱獺」，曰：「獨曰獱，群曰獺。」「猵」通「獱」，《説文》：「猵，獺屬。或從賓。」「狚」、「獺」疑音近而誤。當以「獱獺」爲是。《廣韻》：「獱，獺之别名。」《孟子》注：「獺，獱也。」《漢書》注：「獱，小獺也。」郭璞《三蒼解詁》：「獱似狐，青色，居水中，食魚。」

[五]《鹽鐵論·輕重》。

盗賊課

《史記·酷吏傳》：「武帝作『沈命法』，曰：『群盗起不發覺，發覺而捕弗滿品[一]者，二千石以下至小吏，主者皆死。』其小吏畏誅，雖有盗不敢發，恐不能得。坐課累府，府亦使其不言。故盗賊寖多，上下相爲匿，以文辭避法焉。」此漢世所名爲「盗賊課」[二]，而爲法之敝，已盡此數言中矣。《漢書》言：張敞爲山陽太守，「勃海、膠東盗賊並起，上書自請治之。言：『山陽郡户九萬三千，口五十萬以上，訖計盗賊未得者七十七人。《漢紀》作「十七人」。它課諸事亦略如此。久處閒郡，願徙[三]治劇。』」夫未得之盗猶有七十七人，而以爲「郡内清治」，《紀》云：「敞爲太守，郡内清治。」豈非宣帝之用法寬於武帝時乎？然武帝之末，至大盗群起，遣繡衣之使持斧斷斬於郡國，乃能勝之。而宣帝之世，「帶牛佩犢」之徒皆驅之歸於南畝[四]，卒之吏稱其職，民安其業。是則治天下之道，有不時[五]法而行者，未可與刀筆筐篋之士議也。

《後漢書·光武紀》：「建武十六年，郡國群盗處處並起，攻劫在所[六]，害殺長吏。郡縣追討，到則解散，去復屯結。青[七]、徐、幽、冀四州尤甚。上乃遣使者下郡國，聽群盗自相糾擿，五人共斬一人者，除其罪。吏雖逗留、廻避，故縱者，皆勿問，聽以禽討爲效。其牧守令長坐界内盗賊而不收捕者，及以畏愞捐城守委[八]者，皆不以爲負，但取獲賊多爲殿最。註：殿，後也，謂課居後也。最，凡要之首也，謂課居先也。唯蔽[九]匿者乃罪之。於是更相追捕，賊並解散。徙其魁帥於它郡，賦田受稟，使安生業。自是牛馬放牧，色[十]門不閉。」光武精於吏事，故其治盗之方如此。天下之事得之於疏，而失之於密，大抵皆然，又豈獨盗賊課哉？

【校注】

[一]「丙」字誤，當改。原抄本、遂初堂本、集釋本、欒本、陳本、嚴本均作「品」。

[二]今按：《漢書·尹翁歸傳》：「京師畏其威嚴，扶風大治，盗賊課常爲三輔最。」

[三]「徒」字誤，當改。原抄本、遂初堂本、集釋本、欒本、陳本、嚴本均作「徙」。《漢書》作「徙」。

[四]事見《漢書·循吏傳》。

[五]「時」字誤，當改。原抄本、遂初堂本、集釋本、欒本、陳本、嚴本均作「恃」。

〔六〕「在所」，遂初堂本、集釋本、欒本、陳本、嚴本同，原抄本誤倒作「所在」。《後漢書》作「在所」。
〔七〕「書」字誤，當改。原抄本、遂初堂本、集釋本、欒本、陳本、嚴本均作「青」。
〔八〕「守委」誤倒，當乙正。原抄本、遂初堂本、集釋本、欒本、陳本、嚴本均作「委守」。《後漢書》作「委守」。
〔九〕「敝」字誤，當改。原抄本、遂初堂本、集釋本、欒本、陳本、嚴本均作「蔽」。
〔十〕「色」字誤，當改。原抄本、遂初堂本、集釋本、欒本、陳本、嚴本均作「邑」。

禁兵器

王莽始建國二年，「禁民不得挾弩、鎧，徒〔一〕西海」〔二〕。隋陽帝〔三〕大業五年制：「民間鐵叉、搭鉤、䂎刃之類，皆禁絶之。」〔四〕尋而海内兵興，隕身失國。元世祖至元二十三年，「二月己亥，敕中外凡漢民持鐵尺、手撾，及杖之有刃者，悉輸於宮〔五〕」，「六月戊申，括諸路馬。凡色日〔六〕人有馬者三取其二，漢民德〔七〕入官」。〔八〕二十六年十二月，「辛巳，括天下馬，一品二品官訢〔九〕乘五匹，三品六匹〔十〕，四品五品二匹，六品以下皆一匹」。〔十一〕《陳天祥》傳：「興國軍以籍兵器致亂，行者〔十二〕命天祥權知本軍事。天祥命以十家爲甲，十甲爲長，弛兵器，以從民便，境内遂平。其後代者務更舊政，治隱匿兵者甚急，天祥去未久而興國復變，鄰郡及大江南北諸城邑多乘勢殺其守将以應之。」順帝至元三年四月，「癸酉，禁漢人、南人、高麗人不得執持軍器，凡有馬者拘入官」。〔十三〕已而群盗充斥，攻陷城邑。至正十七年正月，「辛卯，命山東分省團結義兵，每州添設判官一員，每縣添設主薄一員，專率義兵以事守禦」〔十四〕。故劉文成有詩曰：「他時重禁藏矛戟，今日忽〔十五〕令習鼓鼙。」〔十六〕嗚呼！「予視天下愚夫愚婦，一能勝予」〔十七〕，古之聖王則既已言之矣！

以[十八]武帝時，公孫弘奏言「禁民毋得挾弓弩」，吾丘壽王難之，以爲「聖王務教化，而禁[十九]禁防。今陛下昭明德，建太平，宇内日化，方外鄉風。然而盜賊猶有者，郡國二千石之罪，非挾弓弩之過也」。[二十]誠能明教化之原，而率[二十一]之以爲善保家之道，則「家有鶴膝，户有犀渠」，適足以誇國俗之强，《舊唐書·鄭惟忠傳》引《吴都賦》。[二十二]而不至導民以不祥之器[二十三]矣。

【校注】

[一]「徒」字誤，當改。原抄本、遂初堂本、集釋本、欒本、陳本、嚴本均作「徙」。《漢書》作「徙」。

[二]見《漢書·王莽傳中》。《資治通鑑》作「犯者徙西海」。

[三]「隋陽帝」誤，當改。原抄本、遂初堂本、集釋本、欒本、陳本、嚴本均作「隋煬帝」。

[四]見《隋書·煬帝紀上》，又見《北史·隋本紀下》。

[五]「宫」字誤，當改。原抄本、遂初堂本、集釋本、欒本、陳本、嚴本均作「官」。

[六]「色日」誤，當改。原抄本、遂初堂本、集釋本、欒本、陳本、嚴本均作「色目」。

[七]「德」字誤，當改。原抄本、遂初堂本、集釋本、欒本、陳本、嚴本均作「悉」。

[八]見《元史·世祖紀十一》。

[九]「訢」字誤，當改。原抄本、遂初堂本、集釋本、欒本、陳本、嚴本均作「許」。

[十]「六匹」誤，原抄本作「四匹」亦誤，當改。遂初堂本、集釋本、欒本、陳本、嚴本作「三匹」。《元史》作「三匹」。

[十一]見《元史·世祖紀十二》。

[十二]「行者」誤，當改。原抄本、遂初堂本、集釋本、欒本、陳本、嚴本均作「行省」。《元史》作「行省」。

[十三]見《元史·順帝紀二》。

［十四］見《元史・順帝紀八》。

［十五］「忽」字誤，當改。原抄本、遂初堂本、集釋本、欒本、陳本、嚴本均作「呼」。《誠意伯集》作「呼」。

［十六］劉基《誠意伯集・可歎歌》。劉基，謚文成。

［十七］見《尚書・五子之歌》。

［十八］「以」字誤，當改。原抄本、遂初堂本、集釋本、欒本、陳本、嚴本均作「漢」。

［十九］「禁」字誤，當改。原抄本、遂初堂本、集釋本、欒本、陳本、嚴本均作「省」。《漢書》作「省」。

［二十］見《漢書・吾丘壽王傳》。

［二十一］「率」，原抄本、遂初堂本、集釋本、欒本、陳本、嚴本均作「帥」。

［二十二］《文選》左思《吴都賦》李善注：「鶴膝，矛也。矛骹如鶴脛，上大下小，謂之鶴膝。犀渠，楯也，犀皮爲之。」

［二十三］通行本《老子》三十一章：「夫佳兵者，不祥之器。」「兵者不祥之器，非君子之器。」今按：「佳兵」不辭，《老子》古本「佳」或作「唯」或無「佳」字。

水利

歐陽永叔作《唐書・地理志》，凡一渠之開，一堰之立，無不記之其縣之下，實兼《河渠》一志，亦可謂詳而有體矣。蓋唐時爲令者，猶得以用一方之財，興朞月之役。而《志》之所書，大抵在天寶以前者居什之七，豈非太平之世，吏治修而民隱達，故常以百里之官，而創千年之利。至於河朔用兵之後，則以催科爲急，而農工［一］水道有不暇講求者歟？然自大曆以至咸通，猶皆書之不絶於册。而今之爲利[二]則數十年無間[三]也已。水日幹而土日積，山澤之氣不通[四]，又焉得而無水旱乎？崇禎時，有輔臣徐光啓作書，特詳於水利之學。[五]而給事中魏呈潤亦言：「傳曰：『雨者，水氣之[六]所化。』[七]水利修，亦致雨之術也。」夫子之稱禹也，曰：「盡力乎溝洫」[八]，而禹自言亦曰：「濬畎澮距川」[九]。古聖人有天下之大事，而不遺乎其小如此。自乾時著於齊人[十]，枯濟徵於王莽[十一]，古之通津巨瀆，今日多爲細流，而中原之田夏旱秋潦，年年告病矣。

龍門縣，今之河津也。「北三十里有瓜谷山堰，貞觀十年築。東南二十三里有十石壚渠，二十三年縣令長孫恕鑿，溉田良沃[十二]，畝收十石。西二十一里有馬鞍塢渠，亦恕所鑿。有一[十三]龍門倉，開元二年置。」[十四]所以貯渠田之入，轉般至京，以省關東之漕者也。此即漢時河東太守番係之策。《史記・河渠書》所謂「河移徙，渠不利，田者不能償種」，而唐人行之，竟以獲利。是知[十五]天下無難舉之功，存乎其人而已。謂後人之事必不能過前人者，不亦誣乎！

唐姜師度爲同州刺史，開元八年十月詔曰：「昔史起溉漳之策，鄭曰[十六]鑿涇之利，自茲厥後，聲塵缺然。同州刺史姜師度，識洞於微，智形未兆。匪身[十七]之節，所懷必罄；奉公之道，知無不爲。頃職大農，首開溝洫，歲功猶昧，物議紛如。緣其忠款可嘉，委任仍舊。暫停九列之重，假以六條之察。白藏[十八]遇[十九]半，績用斯多，食乃人天，農爲政本。朕故茲巡省，不憚祁寒，将申勸恤之懷，特冒風霜之弊。今原田彌望，畎澮連屬，繇來榛棘之所，徧爲秔稻之川，倉庾有京坻之饒，關輔致畝金之潤。本營此地，欲利平人，緣百姓未開，恐三農虚棄，所以官爲開發，冀令遞相教誘。功既成矣，思與共之。其屯田内先有百姓桂籍[二十]之地，比來召人作主，亦量准頃畝割還。其官屯熟田，如同州有貧下欠地之户，自辨[二十一]功力能營種者，准數給付餘地，且依前官取。師度以功加金紫光禄大夫，賜帛三百匹。」《册府元龜》。本傳：「師度既好溝洫，所在必發衆穿鑿，雖時有不利，而成功已[二十二]多。」讀此詔本[二十三]，然後知「無欲速，無見小利」[二十四]二言，爲建功立事之本。「孫叔敖決期思水之[二十五]，而灌雩婁之野，莊知其可以爲令尹也。」《淮南子》。魏襄王「與群臣飲酒，王爲群臣祝曰：『令吾臣皆如西門豹之爲人臣也。』文侯時，西門豹爲鄴念[二十六]。史起進曰：『魏氏之行田也以百畝，鄴獨二百畝，是田惡也。漳水在其旁，西門豹不知用，是不智也。知而不興，是不仁也。仁、智豹未之盡，何足法也？』於是以史起爲鄴令，引漳水溉鄴，以富魏河内之[二十七]。」《史記》[二十八]。按《後漢書·安帝紀》：「元初二年正月，修理西門豹所分漳水，爲枝[二十九]渠，以溉民田。」則指此爲西門豹所開。爲人君者，有率作興事之勤，有授方任能之略，不患無叔敖、史起之臣矣。

《漢書》：召信臣爲南陽太守，「爲民作水約束，刻石立於田畔，以防紛争」。[三十]《晋書》：杜預都督荆州諸軍事，「修召信臣遺跡，分疆刻石，使有定分，公私同利」。此今日分水之制所自始也。

洪武末，遣國子生人才分詣天下郡縣，集吏民，乘農隙修治水利。二十八年，「奏開天下郡縣塘堰凡四萬九百八十七處，河四千一百六十二處，陂渠堤岸五千四十八處」。[三十一]此聖祖勤民之效。

【校注】

[一]「工」，原抄本、遂初堂本、集釋本、欒本、陳本、嚴本均作「功」。

[二]「利」字誤，當改。原抄本、遂初堂本、集釋本、欒本、陳本、嚴本均作「吏」。

[三]「間」字誤，當改。原抄本、遂初堂本、集釋本、欒本、陳本、嚴本均作「聞」。

[四]《易經·説卦傳》:「天地定位,山澤通氣。」
[五]徐光啟著《農政全書》六十卷,《四庫提要》謂其中「水利九卷,備録南北形勢,兼及灌溉器用諸圖譜,後六卷則爲泰西水法」。
[六]「之」,原抄本同,遂初堂本、集釋本、欒本、陳本、嚴本無。
[七]《春秋繁露·五行五事》:「雨者,水氣也。」又《淮南子·天文訓》:「積陰之寒氣爲水。」《初學記》及《太平御覽》引作「積陰之寒氣,久者爲水」,《藝文類聚》引作「積陰之寒氣,大者爲水」。
[八]見《論語·泰伯》。
[九]見《尚書·益稷》。
[十]《春秋經·莊公九年》:「八月庚申,及齊師戰於乾時,我師敗績。冬,浚洙。」《公羊傳》:「洙者何?水也。浚之者何?深之也。曷爲深之?畏齊也。」
[十一]《漢書·溝洫志》:「王莽時,征能治河者以百數。」《水經注》卷七《濟水》:「濟水南大冢是也。濟水當王莽之世,川瀆枯竭。」
[十二]「溉田良沃」,遂初堂本、集釋本、欒本、陳本、嚴本同,原抄本誤倒作「溉良田沃」。《新唐書》作「溉田良沃」。
[十三]「一」字衍,當删,原抄本、遂初堂本、集釋本、欒本、陳本、嚴本均無。
[十四]《新唐書·地理志三》。
[十五]「是知」,原抄本同,遂初堂本、集釋本、欒本、陳本、嚴本作「是以知」。
[十六]「鄭曰」字誤,當改。原抄本、遂初堂本、集釋本、欒本、陳本、嚴本均作「鄭白」。
[十七]「匪身」誤,當改。原抄本、遂初堂本、集釋本、欒本、陳本、嚴本均作「匪躬」。《册府元龜》作「匪躬」。《易經·蹇卦》:「王臣蹇蹇,匪躬之故。」

［十八］「白藏」，各本均同。宋本《册府元龜》卷六百七十三作「白藏」，嘉慶本《全唐文》卷二十八《褒姜師度詔》作「舊藏」。按當作「白藏」，《爾雅・釋天》：「秋爲白藏。」

［十九］「遇」字誤，當改。原抄本、遂初堂本、集釋本、欒本、陳本、嚴本均作「過」。《册府元龜》作「過」。

［二十］「桂籍」，原抄本作「挂籍」，遂初堂本作「拄籍」，集釋本、欒本、陳本作「注籍」，嚴本據集釋本改爲「注籍」。按《册府元龜》作「桂籍」，《全唐文》作「挂籍」。

［二十一］「辨」，原抄本、遂初堂本、集釋本、欒本、陳本、嚴本均作「辦」。按《册府元龜》作「辨」，《全唐文》作「辦」。

［二十二］「已」字誤，當改。原抄本、遂初堂本、集釋本、欒本、陳本、嚴本均作「亦」。《舊唐書》作「亦」。

［二十三］「本」字誤，當改。原抄本、遂初堂本、集釋本、欒本、陳本、嚴本均作「書」。

［二十四］見《論語・子路》。

［二十五］「水之」誤倒，當乙正。原抄本、遂初堂本、集釋本、欒本、陳本、嚴本均作「之水」。

［二十六］「念」字誤，當改。原抄本、遂初堂本、集釋本、欒本、陳本、嚴本均作「令」。

［二十七］「河内之」誤倒，當乙正。原抄本、遂初堂本、集釋本、欒本、陳本、嚴本均作「之河内」。

［二十八］今按：見《漢書・溝洫志》。

［二十九］「枝」，原抄本、遂初堂本、集釋本、欒本、陳本、嚴本均作「支」。

［三十］今按：《漢書・循吏傳》，原文作「作均水約束」。

［三十一］見《太祖實録》。

雨澤

洪武中，令天下州縣長吏，月奏雨澤。蓋古者「龍見雩」［一］，《春秋》三書「不雨」之意也。承平日久，率視爲不急之務。永樂二十二年十月，仁宗即位。通政司諸[二]以四方奏[三]澤奏章，類送給事中收貯。上曰：「祖宗所以令天下奏雨澤者，欲前如[四]水旱，以施恤民之政，此良法美意。今州縣雨澤章奏乃積於通政司，上之人何繇知？又欲送給事中收貯，是欲上之人終不知也。如此徒勞州縣何爲？自今四方所奏雨澤，至即封進，朕親聞[五]焉。」[六]今《大明會典》具載雨澤奏本式。嗚呼！聖祖[七]起自側微，升爲天子，其視四海之廣猶吾莊田，兆民之衆猶吾佃客也，故其留心民事如此。當時長吏得以言民疾苦，而里老亦得詣闕自陳。後世雨澤之奏遂以寢廢，天災格而不聞，民隱壅而莫達，然後知聖祖[八]之意有不但於祈年望歲者。民親而國治，有以也夫！

【校注】

[一]「雩」字上，原抄本、遂初堂本、集釋本、欒本、陳本、嚴本均有「而」字，當補。《左傳・桓公五年》：「凡祀，啓蟄而郊，龍見而雩，始殺而嘗，閉蟄而烝。」杜預注：「龍見，建巳之月。蒼龍，宿之體，昏見東方。萬物始盛，待雨而大，故祭天，遠爲百穀祈膏雨。」今按：建巳之月，夏正四月。

[二]「諸」字誤，當改。原抄本、遂初堂本、集釋本、欒本、陳本、嚴本均作「請」。

[三]「奏」字涉下而訛，當改。原抄本、遂初堂本、集釋本、欒本、陳本、嚴本均作「雨」。

[四]「如」字誤，當改。原抄本、遂初堂本、集釋本、欒本、陳本、嚴本均作「知」。

[五]「聞」字誤，當改。原抄本、遂初堂本、集釋本、欒本、陳本、嚴本均作「閱」。

[六]見《仁宗實録》。

[七]「聖祖」，原抄本同，潘耒遂初堂刻本改爲「太祖」，集釋本因之。欒本、陳本作「太祖」，無注。嚴本仍刻本之舊而加注云：「原校記：『太祖』原本作『聖祖』。」

[八]「聖祖」，原抄本同，潘耒遂初堂刻本改爲「聖主」，集釋本因之。欒本、陳本作「聖主」，無注。嚴本仍刻本之

舊而加注云：「原校記：『聖主』原本作『聖祖』。」

河渠

黃河，載之《禹貢》「東過洛諱闕[一]汭，至于大伾。北過洚水，至于大陸。又北播爲九河，同爲逆河，入于海」者，其故道也。漢元光中，河決瓠子，東南注鉅野，通于淮[二]泗。武帝自臨，發卒數萬人塞之，「築宫其上，名曰『宣防』。導河北行，復禹舊迹，而梁、楚之地復寧，無水災」[三]。自漢至唐，河不爲害，幾及千年。[四]《五代史》：晉開運元年五月，「丙辰，滑州河決，浸汴、曹、濮、單、鄆五州之境，環梁山，合于汶水」[五]。與南旺、蜀山湖連，瀰漫數百里，河乃自北而東。[六]《宋史》：熙寧八年七月，「乙丑，河大決于澶州曹村，北流斷絶，河道南徙。東匯于梁山張澤濼，分爲二派，一合南清河入于淮，一合北清河入于海」[七]。河又自東而南矣。元豐以後，又決而北。議者欲復禹迹，而大臣力主回東之議。《宋史·河渠志》序曰：「自滑臺、大伾，嘗兩經泛溢，復禹蹟矣。一時姦臣建議，必欲回之，俾復故流。竭天下之力以塞之，屢塞屢決。至南渡而後，貽其禍于金源氏。」降及金、元，其勢日趨于南而不可挽。故今之河，非古之河矣。自中牟以下奪汴，徐州以下奪泗，清口以下奪淮，凡三奪而後注于海。今歲久，河身日高，淮、泗又不能容矣。廟堂之議既親[八]其奪者以爲常，司水之臣又乘其決者以爲利，不獨以害民生，妨國計，而於天地之氣運未必不有所關也。自宋之亡以至於今，首顧居下，足反居上。嗚呼！雖人事使然，豈得不繇於地脈哉！[九]

丘仲深《大學衍義補》言：「《禮》曰：『四瀆視諸侯。』[十]謂之『瀆』者，獨也，以其獨入于海，故江、河、淮、泗[十一]謂之『四瀆』[十二]。今以一淮而受黄河之全，蓋合二瀆而爲一也。自宋以前，河自入海，尚能爲並河州郡之害，況今河、淮合一，而清口又合汴、元本作「沁」，誤。泗、沂三水，以同歸于淮也哉？《實録》載天順七年金景輝言：「黄河不循故道，並流入淮，是爲妄行。」曩時河水猶有所瀦，如鉅野、梁山等處；猶有所分，如屯氏、赤河之類。雖以元人排河入淮，而東北之道猶微有存焉者。今則以一淮而受衆水之歸，而無涓滴之滲漏矣。」邵國賢作《治河論》，以爲：「禹之治水，至於『地平天成，六府三事允治』[十三]，其功可謂盛矣。以今觀之，其所空之地甚廣，所處之勢甚易，所求之效甚小。今之治水者，其去禹也遠矣，而所空之地乃狹於禹，所處之勢乃難於禹，所求之功乃大於禹。禹之導河，自大伾以下，分播合同，隨其所之而疏之，不與争利，故水得其性，而無衝決之患。今夫一杯之水，舉而注之地，必得方尺乃能容之，其勢然也。河自大任[十四]以上，水之在杯者也；大任以下，水之在地者也。以在地之水，而欲拘束周旋如在杯之時，大禹不能，而況他人乎？今河南、山東郡縣，棋布星列，官亭民舍，相比而居，凡禹之所空以與水者，今皆爲吾有。蓋吾無容水之地，而非水據吾之地也，固宜其有衝決之患也。故曰所空之地狹於禹。禹之治水，隨地施功，無所拘礙。今北有臨清，中有濟寧，南有徐州，皆轉漕要路。而大梁在西南，又宗藩所在。左顧右盼，動則掣肘。使水有知，尚不能使之必隨吾意，況水無情物也，其能委蛇曲折以濟吾之事哉？故曰所處之勢難於禹。況禹之治水，去其墊溺之害而已，此外無求焉。今則賴之以漕。不及汴矣，又恐壞臨清也。不及臨清矣，又恐壞濟寧也。不及濟寧矣，又恐壞徐州也。使皆無壞[十五]，又恐漕渠不足於運也。了是數者，而後謂之治。故曰所求之功大於禹。」[十六]繇二文莊[十七]之言觀之，則河水南趨之勢已極，而一代之臣不過補苴罅漏，以塞目前之責而已，安望其爲斯民計百世之長利哉？至於今日，而決溢之菑無歲不告。嗚呼！其信非人力之所能治矣！

《禹貢》之言治水也，曰「播」，曰「瀦」。水之性，合則衝，驟則溢。故別而疏之，所其[十八]殺其衝也，「又北播爲九河」是也。旁而蓄之，所以節其溢也，「大野既瀦」是也。必使之有所容而不爲暴，然後鍾美可以豐物，流惡可以阜民，而百姓之利繇是而興矣。今也不然，提[十九]之、障之、偪之、束之，使之無以容其流，而不得不發其怒[二十]，則其不由地中而横出於原隰之間，固無怪其然也。丘仲深謂「以一淮受黄河之全」，然考之先朝，徐有貞治河，猶疏分水之渠於濮、范[二十一]之間，不使之並趨一道。自弘治六年，築黄陵岡以絶其北來之道，而河流總於曹、單之間，乃猶於蘭陽、儀封各開一口而洩之於南。今復塞之，故河之在今日，欲北不得，欲南不得，唯以一道入淮。淮狹而不能容，又高而不利下，則瀕歲決於邳、宿以下，以病民而妨運。而邳、宿以下左右皆有湖陂，河必從而入之。吾見劉貢父所云「别鑿[二十二]一梁山濼」者，將在今淮、泗之間。而生民無[二十三]鰲之憂，殆未已也。

河政之壞也，起於並水之民，貪水退之利，而占佃河旁汙澤之地，不才之吏因而籍之於官。然後水無所容，而横決爲害。賈讓言：「古者立國居民，疆理土地，必遺川澤之分，度水勢所不及。大川無防，小水得入陂障，卑下以爲汙澤，使秋水多得，有所休息，左右游波，寬緩而不迫。故曰：善爲川者，决之使通[二十四]。」又曰：「内黄界中有澤，方數十里，環之有堤。往十餘歲，太守以賦民，民今起廬舍其中，此臣親所[二十五]見者也。」[二十六]《元史・河渠志》謂：「黄河退涸之時，舊水泊汙池多爲勢家所據。忽遇泛溢，水無所歸，遂致爲害。由此觀之，非河害[二十七]人，人自犯之。」予行山東鉅野、壽張諸邑，古時瀦水之地，無尺寸不耕，而忘其昔日之爲川浸矣。近有一壽張令修志，乃云：「梁山濼僅可十里，其虚言八百里，乃小説之惑人耳。」此並五代、宋、金史而未之見也。《五代史》：晉開運元年五月，「丙辰，滑州河决，浸汴、曹、濮、單、鄆五州之境，環梁山，合於汶水」。與南旺、蜀山湖連，瀰漫數百里。[二十八]《宋史・宦者傳》：「梁山濼，古巨野澤，綿亘數百里，濟、鄆數州賴其蒲魚之利。」《金史・食貨志》：「黄河已移故道，梁山濼水退，地甚廣，遣[二十九]安置屯田。」沙灣未築以前，徐有貞疏亦言：「外有八百里梁山濼，可以爲泄。」書生之論，豈不可笑也哉！

陸文裕[三十]《續停驂録》曰：「河患有二，曰决、曰溢。决之害間見，而溢之害頻歲有之。使賈魯[三十一]之三法遂而有成，亦小補耳。而[三十二]當歲歲爲之，其勞其費，可勝言哉！今欲治之，非大棄數百里之地不可。先作湖陂，以瀦漫波。其次則濱河之處，倣江南圩田之法，多爲溝渠，足以容水。然後浚其淤沙，田[三十三]之地中。而潤下之性、必東之勢得矣。」

按文裕之意，即賈讓之上、中二策，而不敢明言。賈讓言：「今行上策，徙冀州之民當水衝者，决黎陽遮害亭，放河使北入海。河西薄大山，東薄金堤，勢不能遠泛濫，朞月自定。難者將曰：若如此，敗壞城郭、田廬、冢墓以萬數，百姓怨恨。今瀕河十郡治隄，歲費且萬萬，及其大决，所殘無數。如出數年治河之費，以業所徙之民，遵古聖之法，定山川之位。且大漢方制萬里，豈其與水争咫尺之地哉？此功一立，河定民安，平[三十四]載無患，故謂之上策。若乃多穿漕渠於冀州地，使民得以溉田，分殺水怒，雖非聖人法，然亦救敗術也。」嗟夫！非有武帝之雄才大略，其孰能排衆多之口，而創非常之原[三十五]者哉！

「平當[三十六]使領河隄，奏：『按經義：治水有決州[三十七]、深川，而無隄防、壅塞之文。』」[三十八]未聞宋開寶之詔亦曰：「朕每閲前書，詳究經瀆，至若夏后所載，但言『導河至海』、『隨山濬川』，未聞力制湍流，廣營高岸。」[三十九]今之言治水者，計無出於隄、塞二事。箕子答武王之訪，首言「鯀堙洪水，汨陳其五行，帝乃震怒」[四十]。今日[四十一]治河之臣，皆鯀也。非其人之願爲鯀，乃國家教之使爲鯀也，是以水不治而彝倫斁也。崔瑗《河隄謁者箴》：「導其非[四十二]導，堙其非理[四十三]，八野填淤，水高民居。」[四十四]

因河以爲漕者，禹也；壅河以爲漕者，本朝[四十五]也。故古曰「河渠」，今曰「河防」。

聞之先達言：天啟以前，無人不利於河決者。侵尅金錢，則自總河以至於閘官，無所不利。支領工食，則自執事以至於游閒無食之人，無所不利。其不利者，獨業主耳，而今年決口，明年退灘，填淤之中，常得倍蓰。而溺死者，特百之一二而已。於是頻年修治，頻年衝決，以馴致今日之害，非一朝一夕之故矣。國家之法使然，彼斗筲之人，焉足責哉！

不獨此也。「彼都人士」[四十六]，爲人説一事，置一物，未有不索其酬者。百官有司，受朝廷一職事，一差遣，未有不計其獲者。自府吏[四十七]胥徒[四十八]，上而至於公卿大夫，真可謂之「同心同德」[四十九]者矣。苟非返普天率土[五十]之人心，使之先義而後利，終不可以致太平。故愚以爲，今日之務，正人心急於抑洪水也。

【校注】

[一]「諱闕」，原抄本無。

[二]「淮」字誤，當改。原抄本、遂初堂本、集釋本、欒本、陳本、嚴本均作「淮」。

[三]見《漢書・溝洫志》。

[四]黄汝成集釋引閻氏曰：按此説大非。「復禹舊跡，無水災」，此《史記・河渠書》之文。若《溝洫志》則續之曰：「自塞宣房後，河復北決于館陶，分爲屯氏河」，《地理志》「魏郡館陶」下注云「河水別出爲屯氏河，東北至章武入海」是也。雖不知的在何年，要武帝元封二年壬申後，宣帝地節元年壬子以前事。余嘗謂禹之時，河自碣石入海，至周定王五年，河徙從鄴縣東北入海，此一變也。漢武元封後，宣帝地節前，河又從勃海郡章武縣入海，此又一變也。古今大事，而亭林亦未考及耶？

[五]《舊五代史・晉書・少帝紀二》。

[六]「南旺」以下句，通行本《五代史》未見。

[七]《宋史・河渠志二》。

[八]「親」字誤，當改。原抄本、遂初堂本、集釋本、欒本、陳本、嚴本均作「視」。

[九]「自宋之亡」以下一節，原抄本同，潘耒遂初堂刻本全删，集釋本因之。欒本據黄侃校記增補而加説明，陳本仍刻本之舊，無注，嚴本仍刻本之舊而加注。

[十]《禮記・王制》。

[十一]「泗」字誤，當改。原抄本、遂初堂本、集釋本、欒本、陳本、嚴本均作「濟」。

[十二]《爾雅・釋水》：「江、河、淮、濟，爲四瀆。」

[十三]見《尚書・大禹謨》。

[十四]「大任」誤，當改。原抄本、遂初堂本、集釋本、欒本、陳本、嚴本均作「大伾」。下同。

[十五]「壞」字下，遂初堂本、集釋本、欒本、陳本、嚴本有「也」字，原抄本無。

[十六]見邵寶《容春堂前集》卷九。邵寶，字國賢，謚文莊。

［十七］「二文莊」，邵寶字國賢，丘濬字仲深，皆謚文莊，故云。

［十八］「其」字誤，當改。原抄本、遂初堂本、集釋本、欒本、陳本、嚴本均作「以」。

［十九］「提」字誤，當改。原抄本、遂初堂本、集釋本、欒本、陳本、嚴本均作「堤」。

［二十］「恕」字誤，當改。原抄本、遂初堂本、集釋本、欒本、陳本、嚴本均作「怒」。

［二十一］「范」字誤，當改。原抄本、遂初堂本、集釋本、欒本、陳本、嚴本均作「氾」。

［二十二］「鑿」，原抄本、遂初堂本、集釋本、欒本、陳本、嚴本均作「穿」。

［二十三］「無」字誤，當改。原抄本、遂初堂本、集釋本、欒本、陳本、嚴本均作「魚」。

［二十四］「通」，原抄本同。遂初堂本、集釋本、欒本、陳本、嚴本作「道」，與《漢書》同。

［二十五］「所」字，原抄本同，遂初堂本、集釋本、欒本、陳本、嚴本無。《漢書》有「所」字。

［二十六］見《漢書·溝洫志》。

［二十七］「害」原抄本、遂初堂本、集釋本、欒本、陳本、嚴本均作「犯」。《元史》作「犯」。

［二十八］今按：《五代史》已見上引。

［二十九］「遣」字下，脱「使」字，當補。原抄本、遂初堂本、集釋本、欒本、陳本、嚴本均作「遣使」。

［三十］陸深，謚文裕。

［三十一］《元史·順帝紀》：至正八年，「以賈魯爲都水」。事見《元史·河渠志》。

［三十二］「而」，原抄本同，遂初堂本、集釋本、欒本、陳本、嚴本作「且」。

［三十三］「田」字誤，當改。原抄本、遂初堂本、集釋本、欒本、陳本、嚴本均作「由」。

［三十四］「平」字誤，當改。原抄本、遂初堂本、集釋本、欒本、陳本、嚴本均作「千」。

［三十五］「非常之原」，《史記·司馬相如列傳》載其《難蜀父老》曰：「蓋世必有非常之人，然後有非常之事；有非常之事，然後有非常之功。非常者，固常人之所異也。故曰：非常之原，黎民懼焉。及臻厥成，天下晏如也。」

[三十六]平當，字子思，平陵人，哀帝初爲領河堤使，《漢書》有傳，事見《漢書·溝洫志》。

[三十七]「州」字誤，當改。原抄本、遂初堂本、集釋本、欒本、陳本、嚴本均作「河」。

[三十八]見《漢書·溝洫志》。

[三十九]見《宋史·河渠志一》。

[四十]見《尚書·洪範》。

[四十一]「今日」，原抄本同。潘耒遂初堂刻本改爲「後世」，集釋本因之。黄侃校記無，欒本、陳本皆因刻本之舊，無注，嚴本仍刻本之舊而加注。

[四十二]「其非」誤倒，當乙正。原抄本、遂初堂本、集釋本、欒本、陳本、嚴本均作「其非」。《古文苑》作「其非」。下同。

[四十三]「理」字誤，當改。原抄本、遂初堂本、集釋本、欒本、陳本、嚴本均作「堙」。《古文苑》作「堙」。

[四十四]崔瑗，《後漢書·崔駰列傳列傳》有附傳。《河堤謁者箴》見《古文苑》。

[四十五]「本朝」，原抄本同。潘耒遂初堂刻本改爲「明人」，集釋本因之。欒本據黄侃校記改回而加説明，陳本、嚴本仍刻本之舊而加注。

[四十六]《詩經·小雅·都人士》：「彼都人士，狐裘黄黄。」謂長民之人。

[四十七]「府吏」，原抄本、遂初堂本、集釋本、欒本、陳本、嚴本均作「府史」。

[四十八]「胥徙」字誤，當改。原抄本、遂初堂本、集釋本、欒本、陳本、嚴本均作「胥徒」。

[四十九]語出《尚書·泰誓中》。

[五十]《詩經·小雅·北山》：「溥天之下，莫非王土；率土之濱，莫非王臣。」此謂三代王制。

酒禁[一]

先王之於酒也，禮以先之，刑以後之。《周書·酒誥》：「厥或告曰之[二]：群飲，汝勿佚[三]，盡執拘以歸于周，予其殺！」此刑亂國，用重典也。《周官・萍民[四]》：「幾[五]酒，謹酒。」而《司虣》：「禁以屬遊飲食于市者。若不可禁，則搏而戮之。」此刑平國，用中典也。「一獻之禮，賓主百拜，終日飲酒，而不得醉焉」，[六]則未及乎刑，布[七]坊之以禮也。故成康以下，天下[八]無甘酒之失，卿士無酣歌之愆。至于幽王，而「天不湎[九]爾」[十]之詩始作，其教嚴矣。漢興，蕭何造律，「三人以上無故群飲酒，罰金四兩」。[十一]曹參代之，自謂「遵其約束」，乃「園中聞吏醉歌呼」，而「亦取酒張飲，與相應和」，是並其「畫一」之法而忘[十二]之也。[十三]坊民以禮，酇侯既闕之於前；糾民以刑，年陽[十四]復失之於後。弘羊踵此，從而榷酤，夫亦開之有其漸乎！武帝[十五]天漢三年，「初榷酒酤」。[十六]昭帝始元六年，用賢良文學之議，罷之，而猶「令民得以律占租，賣酒升四錢」。[十七]遂以爲利國之一孔，而酒禁之弛實濫觴於此。《困學紀聞》謂：「榷酤之害，甚于魯之初稅畝。」然史之所載，自孝宣已後，有時而禁，有時而開。至唐代宗「廣德二年十二月，詔天下州縣，各量定酤酒户，隨月納税。除此之外，不問官私，一切禁斷」。[十八]自此名禁而實許之酤，意在榷錢而不在酒矣。宋仁宗「乾興初，言者以天下酒課，月比歲增，無有藝極，非古禁群飲節用之意」。[十九]孝宗淳熙中，李燾[二十]奏謂：「設法勸飲，以斂民財」。[二十一]周輝[二十二]《雜志》以爲「惟恐其飲不多而課不羨」。此榷酤之弊也。至今代，則既不榷緡，而亦無禁令，民間遂以酒爲日用之需，比于饔飧之不可闕，若水之流，滔滔皆是，而厚生、正德之論莫有起而持之者矣。

邴原之游學未嘗飲酒[二十三]，大禹之疏儀狄也；諸葛亮之治蜀「路無醉人」[二十四]，武王之化妹邦也。

《舊唐書・楊惠元傳》：「克[二十五]神策京西兵馬使，鎮奉天。詔移京西，戍兵萬二千人，以備關東。帝御望春樓賜宴，諸将列坐。酒至至[二十六]，神策将士皆不飲。帝使問之，惠元時爲都将，對曰：『臣初發奉天，本軍師[二十七]張巨濟與臣等約曰：斯役也，将策大勳，建大名，凱旋之日，當共爲歡，苟未我[二十八]捷，無以飲酒。故臣等不敢違約而飲。』既發，有司供餼於道路，唯惠元一策[二十九]瓶罍[三十]不發。上稱歎人[三十一]之，降璽書慰勞。及田悦叛，詔惠元領禁兵三千，與諸将討伐。御河奪三橋，皆惠元之功也。」能以衆整如此，即治國何難哉！沈括《筆談》言：「太宗朝，禁卒買魚肉及酒，入營門者有罪。」

魏文成帝大安四年，「釀、酤、飲者皆斬」。[三十二]金海陵正隆五年，朝官「飲酒者死」。[三十三]元世祖至元二十年，造酒者本身配役，「財産、女子没官」。[三十四]可謂用重典者矣。然立法太過，故不久而弛也。

水爲地險，酒爲人險。故《易》爻之言酒者，無非《坎卦》，而「萍氏掌國之水禁」，[三十五]水與酒同官。黄魯直作《黄彝字説》去[三十六]：「酒善溺人，故六彝皆以舟爲足。」徐尚書石麒[三十七]有云：「《傳》曰：『水懦[三十八]弱，民狎而玩之，故多死焉。』[三十九]酒之禍烈于火，而其親人甚于水，有以夫，世盡沃[四十]於酒而不覺也！」讀是言者，可以知保生之道。《螢雪叢説》言：「頃年陳公大卿生平好飲，一日席上與同僚談，舉『知命者不立乎巖牆之下』[四十一]問之，其人曰：『酒亦巖牆也。』陳因是有聞，遂終身不飲。」頃者米醪不足，而煙酒興焉，則真變而爲火矣。

【校注】

[一]「酒禁」、「賭博」、「京債」、「居官負債」四條，刻本在卷二十八。

[二]「之」字衍，原抄本、遂初堂本、集釋本、樂本、陳本、嚴本均作無，《尚書・酒誥》無。《尚書・無逸》有「厥或告之曰」。

[三]「供」字誤，當改。原抄本、遂初堂本、集釋本、樂本、陳本、嚴本均作「佚」。《尚書》作「佚」。

[四]「萍民」誤，當改。原抄本、遂初堂本、集釋本、樂本、陳本、嚴本均作「萍氏」。《周禮》作「萍氏」。

[五]「畿」誤，當改。原抄本、遂初堂本、集釋本、樂本、陳本、嚴本均作「幾」。《周禮》作「幾」。

[六]《禮記・樂記》。

[七]「布」字誤，當改。原抄本、遂初堂本、集釋本、樂本、陳本、嚴本均作「而」。

[八]「天下」誤，原抄本同誤，當改。遂初堂本、集釋本、樂本、陳本、嚴本作「天子」。

[九]「洄」字誤，原抄本同誤，當改。遂初堂本、集釋本、樂本、陳本、嚴本作「湎」。《詩經》作「湎」。

[十]《詩經・大雅・蕩》。

[十一]《史記・孝文本紀》集解引文穎曰。

[十二]「忘」，原抄本、遂初堂本、集釋本、樂本、陳本、嚴本均作「亡」。

[十三]《史記・曹相國世家》，又見《漢書・蕭何曹參傳》。

[十四]「年陽」誤，當改。原抄本、遂初堂本、集釋本、樂本、陳本、嚴本均作「平陽」。曹參封平陽侯。

[十五]「武帝」以下，集釋本、樂本、陳本、嚴本分段。

[十六]《漢書・武帝紀》。

[十七]《漢書・昭帝紀》。

[十八]《通典》卷十一。

[十九]《宋書・食貨志下》。又見《文獻通考》卷十七。

[二十]「李熹」，遂初堂本、集釋本、樂本、陳本、嚴本同，原抄本誤作「季熹」。

[二十一]周必大《敷文閣學士李文簡公(燾神道碑》,見《文忠集》卷六十六。

[二十二]「周輝」,遂初堂本、原抄本、集釋本、嚴本同,陳本作「周煇」,欒本改「輝」爲「煇」。按當作「周煇」。

[二十三]事見《三國志・魏書・邴原傳》注引《邴原别傳》。

[二十四]《三國志・蜀書・諸葛亮傳》。

[二十五]「克」字誤,當改。原抄本、遂初堂本、集釋本、欒本、陳本、嚴本均作「充」。《舊唐書》作「充」。

[二十六]下「至」字衍,當删,原抄本、遂初堂本、集釋本、欒本、陳本、嚴本無。

[二十七]「師」字誤,當改。原抄本、遂初堂本、集釋本、欒本、陳本、嚴本均作「帥」。《舊唐書》作「帥」。

[二十八]「我」字誤,當改。原抄本、遂初堂本、集釋本、欒本、陳本、嚴本均作「戎」。《舊唐書》作「戎」。

[二十九]「策」字誤,當改。原抄本、遂初堂本、集釋本、欒本、陳本、嚴本均作「軍」。《舊唐書》作「軍」。

[三十]「壘」字誤,當改。原抄本、遂初堂本、集釋本、欒本、陳本、嚴本均作「罍」。《舊唐書》作「罍」。

[三十一]「人」字誤,當改。原抄本、遂初堂本、集釋本、欒本、陳本、嚴本均作「久」。《舊唐書》作「久」。

[三十二]《資治通鑑》卷一百二十八。

[三十三]《金史・徒單貞傳》。

[三十四]《元史・世祖本紀九》。

[三十五]《周禮・秋官司寇》。

[三十六]「去」字誤,當改。原抄本、遂初堂本、集釋本、欒本、陳本、嚴本均作「云」。

[三十七]徐石麒,字寶摩,號虞求,明嘉興人。

[三十八]「燸」字誤,當改。原抄本、遂初堂本、集釋本、欒本、陳本、嚴本均作「懦」。《左傳》作「懦」。

[三十九]《左傳・昭公二十年》。

[四十]「泆」字誤,當改。原抄本、集釋本、欒本、陳本、嚴本均作「殀」,遂初堂本誤作「殁」。

[四十一]語出《孟子・盡心上》。

賭博

萬曆之末，太平無事，士大夫無所用心，間有相從賭博者。至天啟中，始行馬吊[一]之戲。而今之朝士，若江南、山東，幾於無人不爲此。有如韋昭論所云「窮日盡明，繼以脂燭，人事曠而不修，賓旅闕而不接」者。[二]吁！可異也。考之《漢書》，安丘侯張拾、印[三]其己反。侯黄遂、樊侯蔡辟方，並坐搏揜完[四]，爲城旦。[五]《貨殖傳》：「掘冢搏掩[六]，犯姦成富。」王符《潛夫論》：「以存[七]游博特[八]掩爲事。」師古曰：「『搏』，或作『博』，六博也。『撩[九]』，意錢之屬也。」《後漢書・梁冀傳》：「能挽滿、彈棊、格五、六博、蹴鞠、意錢之戲。」皆戲而賭取財物。」[十]《来[十一]書・王景文傳》：「爲右衛將軍，坐與奉朝請毛法因蒲[十二]戲，得錢有[十三]二十萬，□[十四]衣領職。」《劉康祖傳》：「爲員外郎十年，再坐樗蒲戲免。」《南史・王質傳》：「爲司徒左長史，坐招聚博徒免官。」《金史・刑志》：大定「八年，制品官犯賭博法，贓不滿五十貫者，其法杖，聽贖。再犯者，杖之。上曰：『杖者，所以罰小人也。既爲職官，當先廉恥。既無廉恥，故以小人之罰罰之。』」今律犯賭博者，文官革職爲民，武官革職，隨舍餘食糧差操，亦此意也。但百人之中未有一人坐罪者，上下相容而法行行[十五]故也。晉陶侃「勤於吏職，終日斂膝危坐，閫外多事，千緒萬端，罔有遺漏。諸參佐或以談戲廢事者，命取其酒器、蒲博之具，悉投之[十六]於江，將吏則加鞭朴」，[十七]卒成中興之業，爲晉名臣。唐宋璟「爲殿中侍御史，同列有博於臺中者，將責名品而黜之，博者惶恐自匿」，[十八]後爲開元賢相。而史言文宗切於求理，每至「刺史面辭，必殷勤戒敕曰：『無嗜博，無飲酒。』」[十九]「内外聞之，莫不悚息。」[二十]然則勤吏事而糾風愆，乃救時之首務矣。

《唐書》言：楊國忠以善樗蒲，得「入供奉，常後出，專主蒲簿，計算鉤畫，分銖不悮[二十一]。帝悦曰：『度支才郎[二十二]也。』」[二十三]卒用之而敗。玄宗末年荒佚，遂以小人乘居[二十四]子之器，此亦國家之妖孽也。今之士大夫不慕姚崇、宋璟，而學楊國忠，亦終必亡而已矣。

《山堂考索》：「宋大中祥符五年三月丁酉，上封者言：進士蕭玄之[二十五]，本名充[二十六]，嘗思[二十七]賭博抵杖刑，今易名赴舉登第，詔有司召玄之詰門[二十八]，引伏。奪其敕，贖銅四十斤，遣之。」宋制之嚴如此。今之進士，有以不工賭博爲恥者矣！

《晉中興書》載陶士行言：「樗蒲，老子入胡[二十九]所作外國戲耳。」近日士大夫多爲之，安得不胥天下而爲外國乎？

《遼史》：穆宗應曆十九年正月，「甲午，與群臣爲葉格戲」。[三十]《解》曰：「宋錢僖公家有葉子揭格之戲。」[三十一]按應曆十九年爲宋太祖之開寶二年，是契丹先有此戲，不知其所自來。而其年二月己巳，即爲小哥等所弒。君臣爲謔，其禍乃不旋踵。此不祥之物，而今士大夫終日執之，其能免於效尤之咎乎！

《宋史·太宗紀》：淳化二年閏月己丑，詔犯蒲博者斬。《元史·世祖紀》：至元十二年，「禁民間賭博，犯者流之北地」。刑亂國用重典，固當如此。

今日致太平之道何繇？曰：「君子勤禮，小人盡力。」[三十二]

【校注】

[一]「吊」，原抄本、遂初堂本、集釋本、欒本、陳本、嚴本均作「弔」。
[二]《三國志・吴書・韋曜傳》載《博弈》，又見《文選》卷五十二、《藝文類聚》卷七十四。韋昭，避晉諱改名韋曜，字弘嗣。
[三]「印」字誤，遂初堂本同誤，當改。原抄本、集釋本、欒本、陳本均作「邛」。嚴本作「卬」。
[四]「完」字誤，當改。原抄本、遂初堂本、集釋本、欒本、陳本、嚴本均作「免」。
[五]見《漢書・高惠高后文功臣表》。
[六]「掩」，原抄本同，遂初堂本、集釋本、欒本、陳本、嚴本作「揜」。
[七]「存」字衍，當删，原抄本、遂初堂本、集釋本、欒本、陳本、嚴本均無，《漢書》所引《潛夫論》無。
[八]「特」字誤，當改。原抄本、遂初堂本、集釋本、欒本、陳本、嚴本均作「持」。《漢書》所引《潛夫論》作「持」。
[九]「撩」字誤，當改。原抄本、遂初堂本、集釋本、欒本、陳本、嚴本均作「揜」。
[十]顏師古《漢書・貨殖傳》注。
[十一]「来」字誤，當改。原抄本、遂初堂本、集釋本、欒本、陳本、嚴本均作「宋」。
[十二]「蒲」，原抄本、遂初堂本、集釋本、欒本、陳本、嚴本均作「蒱」。《宋書》作「蒱」。
[十三]「有」字誤，當改。原抄本、遂初堂本、集釋本、欒本、陳本、嚴本均作「百」。《宋書》作「百」。
[十四]底本缺一字處，原抄本、遂初堂本、集釋本、欒本、陳本、嚴本均作「白」，當補。
[十五]「行行」誤，當改。原抄本、遂初堂本、集釋本、欒本、陳本、嚴本均作「不行」。
[十六]「之」字，原抄本同，遂初堂本、集釋本、欒本、陳本、嚴本無。《晉書》有「之」字。

[十七]《晉書·陶侃傳》。

[十八]顔真卿《有唐開府儀同三司行尚書右丞相上柱國贈太尉廣平文貞公宋公（璟神道碑銘》，見《顔魯公集》卷四。

[十九]《册府元龜》卷一百五十八。

[二十]《舊唐書·文宗本紀下》。

[二十一]「悮」，原抄本、遂初堂本、嚴本同，集釋本、欒本、陳本作「誤」。

[二十二]「才郎」誤倒，當乙正。原抄本、遂初堂本、集釋本、欒本、陳本、嚴本均作「郎才」。《新唐書》作「郎才」。

[二十三]《新唐書·楊國忠傳》。

[二十四]「居」字誤，當改。原抄本、遂初堂本、集釋本、欒本、陳本、嚴本均作「君」。

[二十五]蕭玄之，文淵閣、文津閣《四庫全書》本《山堂考索》作「蕭立之」。

[二十六]「旒」，原抄本作「流」，遂初堂本、集釋本、欒本、陳本、嚴本作「琉」。

[二十七]「思」字誤，當改。原抄本、遂初堂本、集釋本、欒本、陳本、嚴本均作「因」。

[二十八]「門」字誤，當改。原抄本、遂初堂本、集釋本、欒本、陳本、嚴本均作「問」。

[二十九]「胡」，原抄本同，潘刻遂初堂本改爲「曰」，經義齊刊本作「□」。黄氏集釋本改回，仍作「入胡」。欒本、陳本、嚴本均作「胡」。陳垣校注：潘本「胡」作□。

[三十]《遼史·穆宗本紀下》。

[三十一]《遼史·國語解》。

[三十二]語出《左傳·成公十三年》。

京債

赴銓守候，京債之累，於今爲甚。《舊唐書·武宗紀》：會昌二年，「二月丙寅，中書奏：『赴選官多京債，到任填還，致其貪求，罔不由此。今年三銓，於前件州府河東、鳳翔、鄜防[一]、邠寧等道。得官者，許連狀相保，户部各備兩月加給料錢，至支時折下。所冀初官到任，不帶息債，衣食稍足，可責清廉。』從之」。蓋唐時有東選、南選，其在京銓授者止關内、河東兩道採訪使所屬之官，不出一千餘里之内，而猶念其舉債之累，先於户部給與二月料錢，非惟恤下之仁，亦有勸廉之法。與今之職官到任，先辦京債，剥下未足，而或借庫銀以償之者，得失之數較然可知已。

若夫聖主之所行，有超出於前代者。《太祖實録》：「吴元年七月丙子，除郡縣官二百三十四人，賜知府、知州、知縣，文綺四、絹六、羅二、夏布六，父如之，母、妻及長子各半。府、州、縣佐貳官，視長官半之，父如之，母、妻及長子又半之。各府經歷、知事，同佐貳官。州、縣吏目、典史，視佐二[二]官又半之，父、母、妻、子皆如之。洪武元年二月，詔中書省，自今新除府、州、縣官，給賜白金一十兩，布六匹。[三]其道里費，知府賜白金五十兩，知州三十五兩，知縣三十兩。同知視知府五之三，治中半之，通判、推官五之二，州同知視府通判，經歷及州判官視府同知半之，縣丞、主簿視知縣又半之，知事、吏目、典史皆十兩，著爲令。上曰：『今新授官多出布衣，到任之初，或假貸於人，則他日不免侵漁百姓。不有以養其廉，而責之奉公，難矣。』」「洪武十年正月甲辰，上謂中書省臣曰：『官員聽選之在京者，宜早與銓注，即令赴任。聞久住客邸者，日有所費，甚至空乏，假貸於人。昔元之弊政，此亦一端。其常選官淹滯在京者，資用既之[四]，流爲醫卜，使賢者[五]喪其所守，寔朝廷所以待之者非其道也。自今銓選之後，以品爲差，皆與道里費，仍令有司給舟車送之，著爲令。』」「十七年七月癸丑，北平税課司大使熊斯銘言：『仕者得禄養親，此人子之所願也。然有道遠而不得養其父母者，乞令有司給以舟車，俾得迎養，以盡人子之情。』廷議：以云南、兩廣、四川、福建官員家屬赴任者，官爲給舟車，已有定例。自今凡一千五百里以外者，宜依例給之。制可。」二十二年八月，命故官妻子還鄉者，亦給車舟。豈非愛民之仁，先於恤吏者乎？

【校注】

[一]「廊防」誤，當改。原抄本、集釋本、欒本、陳本、嚴本均作「鄜坊」。遂初堂本誤作「漸坊」。

[二]「二」字誤，當改。原抄本、遂初堂本、集釋本、欒本、陳本、嚴本均作「貳」。

[三]此條亭林原注，原抄本同，集釋本、欒本、陳本爲正文，在洪武十年之上。

[四]「之」字誤，當改。原抄本、遂初堂本、集釋本、欒本、陳本、嚴本均作「乏」。

[五]「使賢者」，原抄本同。潘刻遂初堂本改爲「使人」，集釋本因之。欒本據《刊誤》及《太祖實録》改回而加説明，欒本、陳本作「使人」，無校注。

居官負債

居官負債，雖非君子之行，似乎不干國法。乃考之於古，有以不償債而免列侯者，《漢書》：

孝文三年，河陽侯陳信「坐不償人債[一]過六月，免」[二]，免侯爵。是也。有以不償債而貶官者，《舊唐書》：李晟子惎「累官至右龍武大将軍，沈湎酒色，恣爲豪侈，積債至數千萬。其子貸回鶻錢一萬餘貫不償，爲回鶻所訴。文宗怒，貶惎爲定州司法參軍」，是也。然此猶前代之事。使在今日，則回鶻當更貸之以錢，而爲之營其善缺矣。

《元史》：太宗十二年，「以官民貸回鶻金償官者，歲加倍，多[三]『羊羔息』，其害爲甚。詔以官物代還，凡七萬六千錠。仍命凡假貸歲久，惟子本相侔而止。著爲令」。[四]

【校注】

[一]「債」，集釋本、陳本同，原抄本、遂初堂本、欒本、嚴本作「責」。古文「責」同「債」。

[二]《漢書·高惠高后文功臣表》。

[三]「多」字誤，當改。原抄本、遂初堂本、集釋本、欒本、陳本、嚴本均作「名」。《元史》作「名」。

[四]《元史·太宗本紀》。

日知録卷之十七[一]

周末風俗

《春秋》終於敬王三十九年庚申之歲，「西狩獲麟」。又十四年，爲貞定王元年癸酉之歲，魯哀公出奔[二]。二年，「卒於有山氏」[三]，《左傳》以是終焉。又六十五年，威烈王二十三年戊寅之歲，「初命晉大夫魏斯、趙籍、韓虔爲諸侯」[四]。又一十七年，安王十六年乙未之歲，「初命齊大夫田和爲諸侯」[五]。又五十二年，顯王三十五年丁亥之歲，六國以次稱王，蘇秦爲從長。自此之後，事乃可得而紀。自《左傳》之終以至此，凡一百三十三年，史文闕軼，考古者爲之茫昧。如春秋時猶尊禮重信，而七國則絶不言禮與信矣。春秋時猶宗周王，而七國則絶不言王矣。《史記·秦本紀》：「孝公使公子少官率師會諸侯于逢澤以朝王」[六]，蓋顯王時。春秋時猶嚴祭祀，重聘享，而七國則無其事矣。春秋時猶論宗姓氏族，而七國則無一言及之矣。春秋時猶宴會賦詩，而七國則不聞矣。春秋時猶有赴告策書，而七國則無有矣。邦無定交，士無定主，此皆變於一百三十三年之間。史之闕文，而後人可以意推者也。不待始皇之并天下，而文、武之道盡矣。孝康[七]《運命論》云：「文簿[八]之弊，漸於靈景。辨詐之僞，成于七國。」[九]馴至西漢，此風未改，故劉向謂其「承千歲之衰周，繼暴秦之餘弊，貪饕險詖，不閑義理」[十]。觀夫史之所録，無非功名勢利之人，筆札喉舌之輩，而如董生之言「正誼明道」[十一]者，不一二見也。蓋自春秋之後至東京，而其風俗稍復乎古，吾是以知光武、明、章果有「變齊至魯」[十二]之功，而惜其未純乎道也。自斯以降，則宋慶曆、元祐之間爲優矣。嗟乎！論世而不考其風俗，無以明人主之功。余之所以斥周末而進東京，亦《春秋》之意也。

【校注】

[一]卷十七，刻本爲卷十三。又按：北京大學館藏舊抄本卷十七重複，共有兩册，其一字體較小，鈐印在卷端，其一字體較大，鈐印在卷末，兩卷頁數均同。

[二]《史記・魯周公世家》：「三桓攻公，公奔於衛，去如鄒，遂如越。」

[三]見《史記・魯周公世家》。

[四]見《資治通鑑》卷一《周紀一》。《資治通鑑》始於此年。

[五]見《資治通鑑》卷一《周紀一》。

[六]今按：此用《資治通鑑》文，見卷二《周紀二》。

[七]「孝康」誤，當改。原抄本、遂初堂本、集釋本、欒本、陳本、嚴本均作「李康」。

[八]「簿」，遂初堂本、嚴本同，原抄本、集釋本、欒本、陳本作「薄」。

[九]今按：見《文選》卷五十三。李善注引《集林》曰：「李康，字蕭遠，中山人也。性介立，不能和俗。著《遊山九吟》。魏明帝異其文，遂起家爲尋陽長，政有美績。」

[十]見《漢書・禮樂志二》。

[十一]《漢書·董仲舒傳》董仲舒曰："夫仁人者，正其誼不謀其利，明其道不計其功。"《春秋繁露》作"正其道不謀其利，修其理不急其功"。

[十二]《論語·雍也》："子曰：『齊一變，至於魯；魯一變，至於道。』"

秦紀會稽山刻石

秦始皇刻石凡六，皆鋪張其滅六王、并天下之事。其言黔首風俗，在泰山則云"男女禮順，慎遵職事，昭隔内外，靡不清净"，在碣石門則云"男樂其疇，女修其業"，如此而已。惟會稽一刻，其辭曰："飾省宣[一]義，有子而嫁，倍死不貞。防隔内外，禁止淫泆，男女絜誠。夫爲寄豭，正義曰："豭，牡豬也。"左氏定公十四年《傳》："既定爾婁豬，盍歸我艾豭？"寄豬[二]者，謂淫於他室。殺之無罪，男秉義程。妻爲逃嫁，子不得母，邵氏曰："母云者，母之也。"咸化清廉[三]。"[四]何其繁而不殺也？考之《國語》：自越王句踐棲於會稽之後，惟恐國人之不蕃，故"令壯者無取老婦，老者無取壯妻。女子十七不嫁，其父母有罪。丈夫二十不取，其父母有罪。生丈夫，二壺酒、一犬。生女子，二壺酒、一豚。生三人，公與之母。生二人，公與之餼"[五]。《内傳》子胥之言亦曰："越十年生聚"[六]，《吴越春秋》至謂句踐以"寡婦淫泆過犯，皆輸山上。士有游[七]思者，令游山上，以喜其意"。[八]當其時盖欲民之多，而不禁[九]其淫泆。傳至六國之末，而其風猶在復。故始皇爲之厲禁，而特著於刻石之文，以此與滅六王、并天下之事並提而論，且不著之於燕、齊，而獨著之於越。然則秦之任刑雖過，而其防[十]民正俗之意，固未始異於三王也。漢興以來，承用秦法以至今日者，多矣！世之儒者言及於秦，即以爲亡國之法，亦未之深考乎？

【校注】

[一]「宜」字誤，原抄本同誤，當改。遂初堂本、集釋本、欒本、陳本、嚴本作「宣」。《史記》作「宣」。

[二]「豬」字誤，當改。原抄本、遂初堂本、集釋本、欒本、陳本、嚴本均作「豭」。

[三]「清廉」誤倒，當乙正。原抄本、遂初堂本、集釋本、欒本、陳本、嚴本均作「廉清」。《史記》作「廉清」。會稽山刻石三句一韻，以貞、誠、程、清爲韻。

[四]均見《史記·秦始皇本紀》。

[五]《國語·越語上》。

[六]見《左傳》哀公元年。《國語》别稱《春秋外傳》，《左傳》别稱《春秋内傳》。

[七]「游」字誤，當改。原抄本、遂初堂本、集釋本、欒本、陳本、嚴本均作「憂」。《吴越春秋》作「憂」。

[八]見《太平御覽》卷四十七《地部·獨女山》引《吴越春秋》佚文。《越絶書·越絶外傳記地傳》亦曰：「獨婦山者，句踐將伐吴，徙寡婦致獨山上，以爲死士示，得專一也。」

[九]「不禁」二字間，脱「復」字，誤植在「而其風猶在」下，當乙正。原抄本、遂初堂本、集釋本、欒本、陳本、嚴本均作「不復禁」。

[十]「防」，原抄本、遂初堂本、集釋本、欒本、陳本、嚴本均作「坊」。「坊」通「防」。

两漢風俗

漢自孝武表章《六經》之後，師儒雖盛，而大義未明，故新莽居攝，頌德獻符者徧於天下。光武有鑒於此，故敦[一]崇節義，敦厲名實，所舉用者莫非經明行修之人，而風俗爲之一變。至其末造，朝政昏濁，國事日非，而黨錮之流，獨行之輩，依仁蹈義，舍命不渝，「風雨如晦，雞鳴不已」[二]。三代以下風俗之美，無尚於東京者。故范曄之論，以爲「桓、靈之間，君道秕僻，朝綱日陵，國隙屢啟。自中智以下，靡不審其崩離。而權强之臣，息其闚盜之謀；豪俊之夫，屈於鄙生之議」。《儒林傳》論。「所以傾而未頽[三]，决而未潰」，皆「仁人君子心力之爲」。《左雄傳》論。可謂知言者矣。使後代之主循而弗革，即流風至今，亦何不可？而孟德既有冀州，崇奬跅弛之士。觀其下令再三，至於求「負汙辱之名，見笑之行，不仁不孝，而有治國用兵之術者」。建安二十二年八月令、十五年春令、十九年十二月令，意皆同。於是權詐迭進，姦逆萌生。故董昭太和之疏，已謂「當今年少，不復以學問爲本，專更以交遊爲業。國士不以孝悌清修爲首，乃以趨勢求利爲先」。[四]至正始之際，而一二浮誕之徒，騁其智識，蔑周孔之書，習老莊之教，風俗又爲之一變。夫以經術之治，節義之防，光武、明、章數世爲之而未足。毀方敗常之俗，孟德一人變之而有餘。後之人君，將樹之風聲，納之軌物，以善俗而作人，不可不察乎此矣。[五]

光武躬行勤[六]約，以化臣下。講論經義，常至夜分。一時功臣，如鄧禹「有子十三人，各使守一藝，閨門修整，可謂[七]世法」[八]。貴戚，如樊重「三世共財，子孫朝夕禮敬，常若公家」[九]。以故東漢之世，雖人才之倜儻不及西京，而士風家法，似有過於前代。

東京之末，節義衰而文章盛，自蔡邕[十]始。其□[十一]董卓，無守；卓死驚歎，無識。觀其集中濫作碑頌，則平日之爲人可知矣。宋袁淑《弔古文》：「伯喈炫文而求入。」以其文采富而交遊多，故後人爲立佳傳。嗟乎！士君子處衰季之朝，常[十二]以負一世之名，而轉移天下之風氣者，視伯喈之爲人，其戒之哉！

【校注】

[一]「敦」字涉下而訛，當改。原抄本、遂初堂本、集釋本、欒本、陳本、嚴本均作「尊」。

[二]語出《詩經·鄭風·風雨》。

[三]「頽」，遂初堂本、集釋本、欒本、陳本同，原抄本作「頹」。按《後漢書》作「頹」。

[四]見《三國志·魏書·董昭傳》。

[五]黄汝成集釋引閻氏曰：按晉世祖泰始元年乙酉，以傅玄爲諫官，上疏曰：「近者魏武好法術，而天下貴刑名；魏文慕通達，而天下賤守節。其後綱維不攝，放誕盈朝，遂使天下無復清議。」是致毁方敗常之俗，魏文，非魏武也。清淡之風，一盛於王、何，再盛於嵇、阮，三盛於王、樂，而晉亡矣。然其端則自文帝始。此亦論世者之不可不考也。

[六]「勤」，原抄本同，遂初堂本、集釋本、欒本、陳本、嚴本作「儉」。

[七]「謂」字誤，當改。原抄本、遂初堂本、集釋本、欒本、陳本、嚴本均作「爲」。《後漢書》作「爲」。

[八]見《後漢書·鄧禹傳》。

[九]見《後漢書·樊宏傳》。

[十]蔡邕，字伯喈，陳留圉人。《後漢書》有傳。

[十一]底本缺一字處，原抄本、遂初堂本、集釋本、欒本、陳本、嚴本均作「仕」，當補。

[十二]「常」字，各本均同。疑本作「當」，形近而訛。謂既蒙此名，當負此任而以爲戒。讀「常」則謂已然如此，可曰蔑之而不須戒之也。

正始

魏明帝殂，少帝史稱齊王。即位，改元正始，凡九年。其十年，則太傅司馬懿殺大將軍曹爽，而魏之大權移矣。三國鼎立，至此垂三十年。一時名士風流，盛於雒下，乃其棄經典而尚老莊，蔑禮法而崇放達，視其主之顛危，若路人然，即此諸賢爲之倡也。自此以後，競相祖述。如《晉書》言：王敦見衛玠，謂長史謝鯤曰：「不意永嘉之末，復聞正始之音。」[一]「沙門支遁以清談著名於時，莫不崇敬，以爲造微之功，足參諸正始。」[二]《宋書》言：羊玄保二子，「太祖賜名曰咸、曰粲，謂玄保曰：『欲令卿二子者[三]林下正始餘風。』」[四]王微與何偃書，曰：「卿少陶玄風，淹雅修暢，自是正始中人。」[五]《南齊書》言：「袁粲言於帝曰：『臣觀張緒，有正始遺風。』」[六]《南史》言：何尚之謂王球「正始之風尚在」[七]。其爲後人企慕如此。然而《晉書・儒林傳》序云：「擯闕里之典經，習正始之餘論，指理[八]法爲流俗，目縱誕以清高。」此則虚名雖被於時流，篤論未忘乎學者。是以講明六藝，鄭玄、王肅爲集漢之終；演説老莊，王弼、何晏爲開晉之始。平寶[九]《晉紀論[十]》曰：「風俗淫[十一]，恥尚失所。學者以莊老爲宗，而黜六經；談者以僻虚薄爲辨，而賤名簡[十二]。行身者以放濁爲通，而狹節信；進仕者以苟得爲貴，而鄙居正；當官者以望空爲高，而笑勤恪。」以至國亡於上，教淪於下。胡戎[十三]互僭，君臣屢易。非林下諸賢之咎而誰咎哉！

有亡國，有亡天下。亡國與亡天下奚辨？曰：易姓改號，謂之亡國；「仁義充塞」，而至於「率獸食人，人將相食」，謂之亡天下。魏晉人之清談何以亡天下？是孟子所謂楊墨之言，至於使天下「無父無君」，而入於禽獸者也。[十四]　昔者嵇紹之父康被殺於晉文王[十五]，至武帝革命之時，而山濤薦之入仕。紹時屏居私門，欲辭不就，濤謂之曰：「爲君思之久矣，天地四時猶有消息，而況於人乎？」一時傳誦，以爲名言，而不知其敗義傷教，至於率天下而無父者也。夫紹之於晉，非其君也；忘其父而事其非君，當其未死，三十餘年之間，爲無父之人亦已久矣。而蕩陰之死[十六]，何足以贖其罪乎！且其入仕之初，豈知必有乘輿敗績之事，而可樹其忠名以蓋於晚也？自自始[十七]以來，而大義之不明徧於天下。如山濤者，既爲邪説之魁，遂使嵇紹之賢且犯天下之不韙[十八]而不顧。夫邪正之説不容两立，使謂紹爲忠[十九]，則必謂王裒爲不忠而後可也[二十]。何怪其相率臣於劉聰、石勒，覩[二十一]其故主青衣行酒[二十二]，而不以動其心者乎？是故知保天下，然後知保其國。保國者，其君其臣，「肉食者謀之」[二十三]。保天下者，匹夫之賤，與有責焉耳矣。

【校注】

[一]《晉書・衛瓘傳》。

[二]《晉書・郗鑒傳》。

[三]「者」字誤，當改。原抄本、遂初堂本、集釋本、欒本、陳本、嚴本均作「有」。《宋書》、《南史》作「有」。

[四]《宋書・羊玄保傳》。

[五]《宋書・王微傳》。

[六]《南齊書・張緒傳》。

[七]《南史・何尚之傳》。

[八]「理」字誤，原抄本同誤，當改。遂初堂本、集釋本、欒本、陳本、嚴本作「禮」。《晉書》作「禮」。

[九]「平寶」誤，當改。遂初堂本、原抄本、集釋本、欒本、陳本、嚴本均作「干寶」。

[十]「晉紀論」，中間脱「總」字，原抄本、遂初堂本同誤。集釋本、欒本、陳本、嚴本作「晉紀總論」。

[十一]「淫」字下，脱「僻」字，誤植在「談者以」下，當乙正。原抄本、遂初堂本、集釋本、欒本、陳本、嚴本均作「風俗淫僻」，與《晉書》同。

[十二]「簡」字，避明諱，原抄本、遂初堂本、嚴本同。集釋本、欒本、陳本作「檢」，與《晉書》同。

[十三]「胡戎」，原抄本同。潘耒遂初堂刻本改爲「羌戎」，集釋本因之。黄侃校記：「羌戎互僭」，鈔本「羌」作「胡」。陳垣校注仍刻本之舊而加注，欒本據黄侃校記改回，而誤作「羌胡」，嚴本仍刻本之舊而加注。

[十四]均見《孟子・滕文公下》。

[十五]司馬炎，仕魏封晉王，謚曰文王，追尊曰文帝。

[十六]《晉書・惠帝紀》：永興元年，勒兵討成都王穎，穎距戰，「六軍敗績于蕩陰，矢及乘輿，百官分散，侍中嵇紹死之」。

[十七]「自始」誤，當改。原抄本、遂初堂本、集釋本、欒本、陳本、嚴本均作「正始」。

[十八]「不躂」，遂初堂本、集釋本、欒本、陳本、嚴本同，原抄本作「躂」，脱「不」字。

[十九]嵇紹入《忠義傳》。《晉書》載：「王師敗績于蕩陰，百官及侍衛莫不散潰，唯紹儼然端冕，以身捍衛，兵交御輦，飛箭雨集，紹遂被害於帝側，血濺御服。」

[二十]王裒，父儀亦爲晉文帝所殺，躬耕不仕，「及洛京傾覆，裒戀墳壟不去，遂爲賊所害」。《晉書》入《孝友傳》。

[二十一]「覩」，原抄本同，遂初堂本、集釋本、欒本、陳本、嚴本作「覿」。按作「覩」義長。

[二十二]《晉書・懷帝紀》：「劉聰大會，使帝著青衣行酒。」

[二十三]語出《左傳・莊公十年》。

宋世風俗

《宋史》言：「士大夫忠義之氣，至於五季，變化殆盡。宋之初興，范質、王溥猶有餘憾。藝祖首褒[一]韓通，次表衛融，以示意嚮。真、仁之世，田錫、王禹偁、范仲淹、歐陽修、唐介諸賢，以直言讜論倡於朝，於是中外薦紳知以名節爲高，廉恥相尚，盡去五季之陋。故靖康之變，志士投袂起而勤王，臨難不屈，所在有之。及宋之亡，忠節相望。」[二]嗚呼！觀哀、平之可以變而爲東京，五代之可以變而爲宋，則知天下無不可變之風俗也。《剥》上九之言「碩果」也，陽窮於上，則《復》生於下矣。[三]

人君御物之方，莫大乎抑浮止競。宋自仁宗在位，四十餘年，雖所用或非其人，而風俗醇厚，好尚端方，論世之士謂之「君子道長」[四]。及神宗朝，荆公秉政，驟獎趨媚之徒，深鋤異己之輩。鄧綰、李定、舒亶、蹇序辰、王子韶諸奸，一時擢用，而「士大夫有『十鑽』之目」[五]。「鑽」者，取必入之義。班固《答賓戲》：「商鞅挾三術以鑽孝公。」《鄧綰傳》：「以頌王安石得官，謂其鄉人曰：『笑罵從汝，好官須我爲之。』」干進之流，乘機抵隙。馴至紹聖、崇□[六]，而黨禍大起，國事日非，膏肓之疾，遂不可治。後之人但言其農田水利、青苗、保甲諸法爲百姓害，而不知其移人心、變士習爲朝廷之害。其害於百姓者可以一旦而更，而其害於朝廷者歷數十百年，滔滔之勢一往而不可返[七]矣。李應中[八]謂：「自王安石用事，滔滔[九]人心，至今不自知覺。人趨利而不知義，則主勢日孤。」[十]此可謂知言者也。

《詩》曰：「毋教猱升木，如塗塗附。」夫使慶曆之士風一變而爲崇寧者，豈非荆公教猱之效哉？

《蘇軾傳》：熙寧初，「安石創行新法，軾上書言：『國家之所以存亡者，在道德之淺深，不在乎强與弱。曆數之所以長短者，在風俗之厚薄，不在乎富與貧。臣願陛下務崇道德而厚風俗，不願陛下急於有功而貪富强。仁宗持世[十一]至寬，用人有叙[十二]，專務掩覆過失，未嘗輕改舊章。考其成功則曰未至，以言乎用兵則十出而九敗，以言乎府庫則僅足而無餘。徒以德澤在人，風俗知義，故升遐之日，天下歸仁。議者見其末年吏多因循，事不振舉，乃欲矯之以苛察，齊之以智能，招來[十三]新進勇鋭之人，以圖一切速成之效，未享其利，澆風已成。多開驟進之門，使有意外之得，公卿、侍從跬步可圖，俾常調之人舉生非望。欲望風俗之厚，豈可得哉！近歲樸拙之人愈多[十四]，巧進之士益多，惟陛下哀之救之。』」當時論新法者多矣，未有若此之深切者。根本之言，人主所宜獨觀而三復也。

《東軒筆録》：「王荆公秉政，更新天下之務，而宿望舊人議論不叶[十五]。荆公遂選用新進，待以不次，故一時政事不日皆舉，而兩禁臺閣内外要權莫非新進之士也。《石林燕語》：「故事，在京職事官絶少用選人者。熙寧初，稍欲革去資格之弊，始詔選舉到可試用人，並令崇文院較書[十六]以備詢訪差使，候二年取旨，或除館職，或升資任，或只與合入差遣。時邢尚書恕以河南府永安縣主簿首爲崇文院較書，胡右丞愈[十七]知諫院，猶以爲太遽，因請雖選人而未歷外官，與雖歷任而不滿者，皆不得選舉。乃特詔邢恕，與堂除近地，試銜知縣。近歲不復用此例，自始登第，直爲禁從矣。」及出知江寧府，吕惠卿驟得政柄，有射羿之意。而一時之士見其得君，謂可以頃[十八]奪荆公，遂更朋附之，以興大獄。尋荆公舟名[十九]，鄧綰反攻惠卿，惠卿自知不安，乃條列荆公兄弟之失數事面奏。上封惠卿所言以示荆公，故荆公表有云：『忠不足以取信，故事事欲其自明；義不足以勝姦，故人人與之立敵。』蓋謂是也。既而惠卿出[二十]亳州[二十一]，荆公復相，承黨人之後，平日肘腋盡去，而在者已不可信，可信者又才不足以任事。當日唯與其子雱[二十二]機謀，而雱又死，知道之難行也，於是慨然復求罷去。遂以使相再鎮金陵，未朞納節，久之，得會靈觀使。」其發明荆公情事，至爲切當。子曰：「君子易事而難悦[二十三]也。」[二十四]而《大戴禮》言：「有人焉，容色辭氣其入人甚愉，進退周旋其與人甚巧，其就人甚速，其叛人甚易。」[二十五]跡荆公昔日之所信用者，不惟變士習、蠹民生，而已亦不饗其利。蘇轍疏吕惠卿，比之吕布、劉牢之。《書》曰：「其後嗣王罔克有終，相亦罔終。」[二十六]爲大臣者，可不以人心風俗爲重哉？

《東軒筆録》又曰：「王荆公在中書，作新經義，以授學者，故太學諸生幾及三千人。又令判監、直講程第諸生之業，處以上中下三舍。而人間傳以爲試上中[二十七]舍者，朝廷將以不次升擢。於是輕薄書生矯飾言行，坐作虚譽，奔走公卿之門者若市矣。」

蘇子瞻《易傳·兑卦解》曰：「六三、上六皆《兑》之小人，以説爲事者均也。六三履非其位，而處於二陽之間，以求説爲兑者，故曰『來兑』。[二十八]言初與二不招而自來也。其心易知，其爲害淺，故二陽皆吉，而六三凶。上六超然於外，不累於物，此小人之託於無求以爲兑者也，故曰『引兑』，言九五引之而後至也。其心難知，其爲害深。故九五『孚於剥』，雖然，其心蓋不知而賢之，非説其小人之實也。使知其實，則去之矣，故『有厲』而不凶。然則上六之所以不光[二十九]，何也？曰：難進者，君子之事也。使上六引而不兑，則其道光矣。」此論盖爲神宗用王安石而發。孟子曰：「好名之人，能讓千乘之國；苟非其人，簞食豆羹見於色。」[三十]荆公當日處卑官，力辭其所不必辭；既顯，宜辭而不復辭。矯情干譽之私，固有識之者矣。夫子之論觀人也，曰「察其所安」，又曰「色取人[三十一]而行違，居之不疑，在邦必聞，在家必聞」。[三十二]是則欺世盜名之徒，古今一也，人君可不察哉！

陸游《歲暮感懷》詩：「在昔祖宗時，風俗極粹美。人材兼南北，議論忘彼此。誰令各植黨，更仆而迭起。中更夷狄[三十三]禍，此風猶未已。儻築太平基，請自厚俗始。」

【校注】

[一]「褒」，遂初堂本、集釋本、欒本、陳本、嚴本同，原抄本誤作「裒」。

[二]《宋書·忠義傳》。

[三]《易經·剥卦》上九爻辭：「碩果不食」，孔穎達疏：「處卦之終，獨得完全，不被剥落」。《剥卦》爲《坤》下《艮》上，惟上九爲陽爻，餘皆爲陰爻。及上九變爲陰爻，初六陰爻亦變爲陽爻，成《復卦》。《程氏易傳》：「以氣消息言，則陽剥爲《坤》，陽來爲《復》，陽未嘗盡也。《剥》盡於上，則《復》生於下矣。」

[四]語出《易經·泰卦》彖辭。

[五]《宋史·王子韶傳》：「熙寧初，士大夫有『十鑽』之目。子韶爲『衙内鑽』，指其交結要人子弟，如刀鑽之利。」

[六]「崇□」，遂初堂本、原抄本、集釋本、欒本、陳本、嚴本均作「崇寧」，當補。

[七]「返」，原抄本、遂初堂本、集釋本、欒本、陳本、嚴本作「反」。

[八]「李應中」，原抄本、遂初堂本、集釋本同。按當作「李愿中」，形近而訛。李侗，字愿中。欒本、嚴本改爲「李愿」而加説明，陳本仍刻本之舊而加注。

[九]「滔滔」誤，當改。原抄本、遂初堂本、集釋本、欒本、陳本、嚴本均作「陷溺」。《宋史》作「陷溺」。

[十]見《宋史·道學傳·李侗傳》。

［十一］「仁宗持世」，原抄本、遂初堂本、集釋本、欒本、陳本、嚴本均作「仁祖持法」。《宋史》作「仁祖持法」，《東坡集・上皇帝書》作「我仁祖之馭天下也，持法至寬」。

［十二］「叙」，原抄本同，遂初堂本、集釋本、欒本、陳本、嚴本作「序」。《宋史》作「叙」。

［十三］「來」，原抄本同，遂初堂本、集釋本、欒本、陳本、嚴本作「徠」。《宋史》作「來」。

［十四］「多」字誤，當改。原抄本、遂初堂本、集釋本、欒本、陳本、嚴本均作「少」。

［十五］「叶」，原抄本同，遂初堂本、集釋本、欒本、陳本、嚴本作「協」。「叶」同「協」。

［十六］「較書」，官名，當作「校書」，「較」字避明諱。原鈔本同，遂初堂本、集釋本因循未改，欒本、陳本、嚴本均作「較書」。葉夢得《石林燕語》作「校書」。下同。

［十七］「胡右丞愈」，胡愈當作胡宗愈。《四庫全書考證》卷五十三子部《石林燕語》：『按《宋史・列傳》無胡愈，惟胡宗愈，在神宗时當同知諫院，與邢恕同時。原本疑脱「宗」字。

［十八］「頃」，原抄本、遂初堂本、集釋本、欒本、陳本、嚴本均作「傾」。

［十九］「舟名」誤，當改。原抄本、遂初堂本、集釋本、欒本、陳本、嚴本均作「再召」。

［二十］「出」字下，原抄本有「知」字，遂初堂本、集釋本、欒本、陳本、嚴本無。

［二十一］「亳州」，原抄本、集釋本、欒本、陳本、嚴本同，遂初堂本誤作「毫州」。

［二十二］「雩」字誤，當改。原抄本、遂初堂本、集釋本、欒本、陳本、嚴本均作「雩」。下同。

［二十三］「悦」，原抄本、遂初堂本、集釋本、欒本、陳本、嚴本均作「説」。

［二十四］見《論語・子路》。

［二十五］《大戴禮記・文王觀人》。

［二十六］《尚書・太甲上》。

［二十七］「上中」，原抄本、遂初堂本、集釋本、欒本、陳本、嚴本均作「中上」。魏泰《東軒筆録》作「中上」。

[二十八]《易經·兑卦》六三爻辭：「來兑，凶。」象辭：「象曰：來兑之凶，位不當也。」按《兑卦》之「兑」解爲「説」，象傳：「兑，説也」。「説」解爲「悦」，又讀本字，可解爲以説爲悦。「以求説爲兑」，「求」謂干求，謂爲取悦而取悦。

[二十九]《易經·兑卦》上六象辭：「象曰：上六引兑，未光也。」

[三十]《孟子·盡心下》。

[三十一]「人」字誤，當改。原抄本、遂初堂本、集釋本、欒本、陳本、嚴本均作「仁」。《論語》作「仁」。

[三十二]《論語·爲政》、《論語·顔淵》。

[三十三]「夷狄」，原抄本同。潘耒遂初堂刻本作「□□」，黄汝成集釋本改作「金源」。欒本、嚴本改回而加説明，陳本仍刻本之舊。欒保群注：「夷狄」，原本作「金源」，據《校記》改。陳垣校注：《集》作「夷狄」，潘本作□□。嚴文儒校勘記：「夷狄」二字原作缺字方框，後手寫填入。

清議

古之哲王所以正百辟[一]者，既已制官刑儆于有位矣，而又爲之立閭師，設鄉校，存清議於州里，以佐刑罰之窮。「移之郊遂」，載在《禮經》[二]；「殊厥井疆」，稱於《畢命》。兩漢以來，猶循此制。鄉舉里選，必先考其生平，一玷清議，終身不齒。君子有懷刑之懼[三]，小人存恥格之風[四]，教成於下而上不嚴，論定於鄉而民不犯。降及魏晉，而九品中正之設雖多失實，遺意未亡。凡被糾彈付清議者，即廢棄終身，同之禁錮。《晉書·卞壼傳》。至宋武帝篡位，乃詔：「有犯鄉論清議，贓汙淫盜，一皆蕩滌洗除，與之更始。」[五]自後凡遇非常之恩，赦文並有此語。齊、梁、陳詔並云「洗除先注」，當日鄉論清議必有記注之目。《小雅》廢而中國微，風俗衰而叛亂作矣。然鄉論之汙，至煩詔書爲之洗刷，豈非三代之直道尚在於斯民，而「畏人之多言」[六]猶見於變風之日乎？予聞在下有鰥，所以登庸[七]；以比三凶不才，所以投畀[八]。雖二帝[九]之舉錯，亦未嘗不詢於芻蕘。然則崇月旦以佐秋官，進鄉評以扶國是，儻亦四聰[十]之所先，而王治之不可闕也。

陳壽「居父喪，有疾，使婢丸藥。客往見之，鄉黨以爲貶議，坐是沈滯者累年」。[十一]阮簡「父喪，行遇大雪，寒凍，遂詣浚儀令，令爲他賓設黍臛，簡食之，以致清議，廢頓幾三十年」。[十二]温嶠[十三]「爲劉司空使勸進，母崔氏固留之，嶠絶裾[十四]而去，迄於崇貴，鄉品猶不過也，每爵皆發詔」。[十五]謝惠連「先愛會稽郡吏杜德靈，及居父憂，贈以五言詩十餘首，文行於世，坐廢，不豫榮伍」。[十六]張率「以父憂去職，其父侍妓[十七]數十人，善謳[十八]者有色貌，邑子儀曹郎顧玩之求聘焉，謳者不願，遂出家爲尼。嘗因齋會率宅，玩之乃[十九]飛書，言與率姦，南司以事奏聞，高祖惜其才，寢其奏，然猶致世論，服闋後，久之不仕」。[二十]官職之升沈，本於鄉評之與奪，其猶近古之風乎？

天下風俗最壞之地，清議尚存，猶足以維持一二。至於清議亡，而干戈至矣。

洪武十五年八月乙酉，「禮部議：『凡十惡、姦盜詐僞、干名犯義、有傷風俗及犯贓至徒者，書其名於申明亭，以示懲戒。有私毀亭舍、塗抹姓名者，監察御史、按察司官以時按視，罪如律。』制可。」[二十一]十八年四月辛丑，「命刑部録内外諸司官之犯法罪狀明著者，書之申明亭」。此前代鄉議之遺意也。後之人視爲文具，風紀之官但以刑名爲事，而於弼教新民之意，若不相關，無惑乎江河之日下也[二十二]。

【校注】

[一]「百辟」，百君，猶言諸侯，漢以後謂百官。

[二]《禮記·王制》：「命鄉簡不帥教者以告」、「不變，移之郊」、「不變，移之遂」。

[三]《論語·里仁》：「君子懷刑。」

[四]《論語·爲政》：「道之以德，齊之以禮，有恥且格。」

[五]《宋書·武帝本紀下》。

[六]語出《詩經·鄭風·将仲子》。

[七]見《尚書·堯典》。

[八]見《左傳·文公十八年》。

[九]「二帝」，帝堯、帝舜。

[十]「四聰」，《尚書·舜典》：「明四目，達四聰。」四謂四方。

[十一]《晉書·陳壽傳》。

[十二]《世説新語·任誕》劉孝標注引《竹林七賢論》。

[十三]「温矯」誤，當改。原抄本、遂初堂本、集釋本、欒本、陳本、嚴本均作「温嶠」。下「嶠」字不誤。

[十四]「裾」，遂初堂本、集釋本、欒本、陳本、嚴本同，原抄本誤作「裙」。《晉書》作「裾」。

[十五]《世説新語·尤悔》。又見《晉書·温嶠傳》。

[十六]《宋書·謝方明傳》。又見《南史·謝方明傳》。

[十七]「妓」，原抄本同，遂初堂本、集釋本、欒本、陳本、嚴本作「伎」。

［十八］「驅」字誤，當改。原抄本、遂初堂本、集釋本、欒本、陳本、嚴本均作「謳」。《梁書》、《南史》作「謳」。

［十九］「乃」，原抄本同，遂初堂本、集釋本、欒本、陳本、嚴本作「爲」。

［二十］《梁書・張率傳》。又見《南史・張裕傳》。

［二十一］《太祖實録》。明初，太祖設里甲，以一百一十户爲一里，里中建旌善亭，張榜公布民間善事，建申明亭，張榜公布惡行。

［二十二］「也」，原抄本同，遂初堂本、集釋本、欒本、陳本、嚴本作「已」。

名教

司馬遷作《史記・貨殖傳》，謂自廊廟、朝廷、巖穴之士，無不「歸於富厚」，等而下之，至於「吏士舞文弄法，刻章僞書，不避刀鋸之誅者，没於賂遺」。而仲長敖《覈性賦》謂：「倮蟲三百，人最爲劣。爪牙皮毛，不足自衛，唯賴［一］詐僞，迭相嚼齧。」等而下之，至於「臺吏［二］僮豎，唯盜唯竊」。［三］乃以今觀之，則無官不賂遺，而人人皆吏士之爲矣；無守不盜竊，而人人皆僮豎之爲矣。自其束髮讀書之時，所以勸之者，不過所謂「千鍾粟」、「黄金屋」，而一旦服官，即求其所大欲。君臣上下，懷利以相接，遂成風流，不可復制。後之爲治者宜何術之操？曰：唯名可以勝之。名之所在，上之所用［四］，而忠信廉潔者顯榮於世；名之所去，上之所擯，而怙侈貪得者廢錮於家。即不無一二矯僞之徒，猶愈於肆然而爲利者。《南史》有云：「漢世士務修身，故忠孝成俗。至於乘軒服冕，非此莫繇。晉宋［五］以來，風衰義缺。」［六］故昔人之言曰「名教」，曰「名節」，曰「功名」。不能使天下之人以義爲利，而猶使之以名爲利，雖非純王[七]之風，亦可以救積洿之弊[八]矣。

《舊唐書》：薛謙光爲左補闕，上疏言：「臣竊窺古之取士，實異於今。先觀名行之源，考其鄉邑之譽。崇禮讓以厲己，顯節義以標信。以敦朴爲先最，以雕蟲爲後科。故人崇勸讓之風，士去輕浮之行。希仕者必修貞確不拔之操，行難進易退之規。衆議已定其高下，郡将[九]誣其曲直。故計貢之賢愚愚[十]，即州将之榮辱。假有穢行之彰露，亦鄉人之厚顔。是以李陵降而隴西慚，干木隱而西河美。故名勝於利，則小人之道消；利勝於名，則貪暴之風扇。自七國之季，雖襍縱横，而漢代求才，猶徵百行。是以禮節之士，敏德自修，閭里推高，然後爲府寺所辟。今之舉人有乘[十一]事實，鄉議决小人之筆，行修無長者之論，策第喧競於州府，祈恩不勝於拜伏。或明制避武后嫌名，「詔」改爲「制」。纔出，試遣搜敭，驅馳府寺之門，出入王公之第[十二]。上啟陳詩，唯希欬唾之澤；摩頂至足，冀荷提攜之恩。故俗號『舉人』，皆稱『覓舉』。覓者，自求之稱也。夫徇己之心切，則至公之理乖；貪仕之性彰，則廉潔之風薄。是知府命雖高，異叔度勤勤之讓[十三]；黄門已貴，無秦嘉耿耿之辭[十四]。縱不能挹己推賢，亦不肯待於三命。故選司補置，喧然於禮闈；州貢賓王，争訟於階闥。謗議紛合，漸以成風。夫競榮者必有争利之心，謙遜者亦無貪賄之累。自非上智，焉能不移？在於中人，理繇習俗。若重謹厚之士，則懷禄者必崇德以修名；若開趨競之門，則徼倖者皆戚施而附會。附會則百姓罹其弊，修名則兆姓[十五]蒙其福。風化之漸，靡不繇兹。」[十六]嗟乎！此言可謂切中今時之弊矣！

漢人以名爲治，故人材盛；今人以法爲治，故人材衰。

宋范文正《上晏元獻書》[十七]曰：「夫名教不崇，則爲人君者謂堯、舜不足法，桀、紂不足畏；爲人臣者謂八元不足尚，四凶不足恥。天下豈復有善人乎？人[十八]不愛名，則聖人之權去矣。」

今日所以變化人心、蕩滌污俗者，莫急於勸學、獎廉二事。天下之士，有能篤信好學，至老不倦，卓然可當方正有道之舉者，官之以翰林國子之職[十九]，而聽其出處，則人皆知向學，而不競於科目矣。庶司之官，有能潔己愛民，以禮告老，而家無儋石之儲[二十]者，賜之以五頃、十頃之地，以爲子孫世業，而除其租賦，復其丁徭，則人皆知自守，而不貪於貨賂矣。豈待菑川再遣，方收牧豕之儒；公孫弘[二十一]。優孟陳言，始録負薪之胤？叔孫敖[二十二]。而扶風之子，特賜黃金；尹翁歸[二十三]。涿郡之賢，常頒羊酒。韓福[二十四]。遂使名高處士，德表具僚，當時懷稽古之榮，没世仰遺清之澤，不愈於科名爵禄勸人、使之干進而饕食[二十五]者哉？以名爲治，必自此塗始矣。[二十六]

漢平帝元始中，詔曰：「漢興以來，股肱在位，身行儉約，輕財重義，未有若公孫弘者也。位在宰相封侯，而爲布被脱粟之飯，奉禄以給故人賓客，無有所餘，可謂減於制度應劭曰：「禮貴有常尊，衣服有品。」而率下篤俗者也，與内富厚而外爲詭服以釣虚譽者殊科。其賜弘後子孫之次見爲適者，爵關内侯，食邑三百户。」[二十七]

後魏宣武帝延昌四年，詔曰：故處士李謐，「屢辭徵辟，志守冲素，儒隱之操，深可嘉美。可遠傍惠康[二十八]，近準玄晏[二十九]，謚曰『貞静處士』，並表其門閭，以旌高節」。[三十]《唐六典》有養德丘園[三十一]，「聲實明著，雖無官爵，亦賜謚曰『先生』」。存者賜之以「先生」之號，殁者則加之以謚。如楊播隱居不仕，至德中賜號「玄靖先生」是也。《宋史》同。以余所見，崇禎中嘗用巡按御史祁彪佳言，贈舉人歸手慕[三十二]、朱陛宣爲翰林院待詔。

《唐書》：「牛僧孺，隋僕射奇章公弘之裔。幼孤，下杜樊鄉有賜田數頃，依以爲生。」[三十三]則知隋之賜田，至唐二百年而猶其子孫守之，若金帛之頒，廩禄之惠，則早已化爲塵土矣。國朝[三十四]正統中，以武進田賜禮部尚書胡濙，其子孫亦至今守之。故竊以爲獎廉之典，莫善於此。

【校注】

[一]「煩」字誤，當改。原抄本、遂初堂本、集釋本、欒本、陳本、嚴本均作「賴」。《藝文類聚》作「賴」。

[二]「史」字誤，當改。原抄本、遂初堂本、集釋本、欒本、陳本、嚴本均作「隸」。《藝文類聚》作「隸」。

[三]見《藝文類聚》卷二十一。

[四]「用」，原抄本、遂初堂本、集釋本、欒本、陳本、嚴本均作「庸」。

[五]「晉宋」，遂初堂本、集釋本、欒本、陳本、嚴本同，原抄本誤倒作「宋晉」。《南史》作「晉宋」。

[六]《南史・孝義傳》論曰。又見《宋書・孝義傳》。

[七]「純王」，謂三代王道，不雜霸術。王夫之《讀通鑑論》：「漢高帝之所以不得與於純王之道也。」

[八]「弊」，原抄本同，遂初堂本、集釋本、欒本、陳本、嚴本作「俗」。

[九]「郡将」下，脱「難」字，當補。原抄本、遂初堂本、集釋本、欒本、陳本均作「郡将難」。《舊唐書》有「難」字。

[十]下「愚」字衍，當刪，原抄本、遂初堂本、集釋本、欒本、陳本、嚴本無。《舊唐書》無。

[十一]「乘」字誤，當改。原抄本、遂初堂本、集釋本、欒本、陳本、嚴本均作「乖」。《舊唐書》作「乖」。

[十二]「第」，遂初堂本、集釋本、欒本、陳本同，原抄本誤作「弟」。《舊唐書》作「第」。

[十三]《後漢書・黄憲傳》：黄憲字叔度，「初舉孝廉，又辟公府，友人勸其仕，憲亦不拒之，暫到京師而還，竟無

所就，年四十八終，天下號曰『徵君』」。

［十四］《玉臺新詠》秦嘉《贈婦詩》小序：「秦嘉，字士會，隴西人也，爲郡上掾。」《藝文類聚》卷三十二《秦嘉與妻書》：「不能養志，當給郡使，隨俗順時，黽勉當去。」

［十五］「兆姓」，原抄本、遂初堂本、集釋本、欒本、陳本、嚴本均作「兆庶」。《舊唐書》作「兆庶」。

［十六］《舊唐書·薛登傳》。薛登本名謙光。

［十七］范仲淹，字希文，謚文正。晏殊，字同叔，謚元獻。

［十八］「人」字，遂初堂本、集釋本、欒本、陳本、嚴本同，原抄本脱。

［十九］「職」，原抄本、遂初堂本、集釋本、欒本、陳本、嚴本均作「秩」。按作「職」義長。

［二十］「儋石之儲」，「儋」同「擔」，謂肩擔。「石」讀作「擔」，量詞。《漢書·蒯通傳》：「守儋石之儲者，闕卿相之位。」又《揚雄傳》：「家産不過十金，乏無儋石之儲，晏如也。」顏師古曰：「儋者，一人之所負儋也。」應劭曰：「齊人名小甖爲儋石，受二斛。」《前漢音義》曰：「儋，言一石之儲。」

［二十一］《史記·平津侯主父列傳》：「丞相公孫弘者，齊菑川國薛縣人也。」「家貧，牧豕海上。年四十餘，乃學春秋雜説。」

［二十二］「叔孫敖」誤，原抄本、遂初堂本、嚴本作「孫叔敖」。集釋本、欒本、陳本作「公孫敖」，亦誤。孫叔敖，楚相。負薪之胤，謂孫叔敖之子。優孟，楚國樂人。《史記·滑稽列傳》：孫叔敖死，優孟爲楚莊王歌曰：「念爲廉吏，奉法守職，竟死不敢爲非。廉吏安可爲也！楚相孫叔敖持廉至死，方今妻、子窮困負薪而食，不足爲也！」

［二十三］《漢書·趙尹韓張兩王傳》：「其在公卿之間，清潔自守。」「元康四年病卒，家無餘財，天子賢之」，「賜翁歸子黄金百斤，以奉其祭祠」。

［二十四］《漢書·王貢兩龔鮑傳》云：「自昭帝時，涿郡韓福以德行征至京師，賜策書束帛遣歸。」又云：龔勝、邴漢以清行徵用，年老乞骸骨，太皇太后策詔曰：「大夫其修身守道，以終高年。賜帛及行道舍宿，歲時羊酒衣衾，皆如

韓福故事。」

[二十五]「食」字誤，當改。原抄本、遂初堂本、集釋本、欒本、陳本、嚴本均作「利」。

[二十六]黄汝成集釋引楊氏曰：「亦不得已而塞其流也。」

[二十七]「食邑三百户」以下，原抄本、遂初堂本、集釋本、欒本、陳本、嚴本均有一節云：「《魏志》：嘉平六年，『朝廷追思清節之士』，詔賜故司空徐邈、征東将軍胡質、衛尉田豫家，『穀二千斛，帛三十束，布告天下』。」當補。見《三國志・魏書・徐胡二王傳》，「帛三十束」作「錢三十萬」。

[二十八]「惠康」，陳垣校注：「惠康」不詳，疑爲「惠連」之訛。柳下惠、少連也。欒保群注：「惠，柳下惠。康，韓康，見《後漢書・逸民傳》。」

[二十九]「玄晏」，《晉書・皇甫謐傳》：「皇甫謐，字士安。」「居貧，躬自稼穡，带經而農，遂博綜典籍百家之言。沈静寡欲，始有高尚之志，以著述爲務，自號玄晏先生。」

[三十]《魏書・逸士・李謐傳》。又見《北史・李孝伯傳》。

[三十一]「有養德丘園」，原抄本同，集釋本、欒本、陳本作「若藴德丘園」。按《唐六典》卷二作「若藴德丘園」，《宋史・禮志二十七》同。《通典》卷一百四作「養德丘園」，《舊唐書・職官志三》同。

[三十二]「歸手慕」誤，當改。原抄本、集釋本、欒本、陳本均作「归子慕」。归子慕，字季思，著《陶庵集》四卷。

[三十三]《新唐書・牛僧孺傳》。

[三十四]「國朝」，原抄本同。潘耒遂初堂刻本、黄氏集釋本均未改。

廉耻

《五代史・馮道傳》：「論曰：禮義廉恥，國之四維。『四維不張，國乃滅亡。』[一]善乎！管生之能言也！禮義，治人之大法；廉恥，立人之大節。蓋不廉則無所不取，不恥則無所不爲。人而如此，則禍敗亂亡，亦無所不至。况爲大臣，而無所不取，無所不爲，則天下其有不亂，國家其有不亡者乎？」然而四者之中，恥尤爲要。故夫子之論士曰：「行己有恥。」[二]孟子曰：「人不可以無恥，無恥之恥，無恥矣。」又曰：「恥之於人，大矣。爲機變之巧者，無所用恥焉。」[三]所以然者，人之不廉而至於悖禮犯義，其原皆生於無恥也。故士大夫之無恥，是謂「國恥」[四]。吾觀三代以下，世衰道微，棄禮義，捐廉恥，非一朝一夕之故。然而松柏後凋於歲寒，雞鳴不已於風雨，彼[五]昏之日，固未嘗無獨醒之人也。頃讀《顔氏家訓》有云：「齊朝一士夫嘗謂吾曰：『我有一兒，年已十七，頗曉書疏。教其鮮卑語及彈琵琶，稍欲通解。以此伏事公卿，無不寵愛。』吾時俯而不答。異哉！此人之教子也！若繇此業自致卿相，亦不願汝曹爲之。」[六]嗟乎！之推不得已而仕於亂世，猶爲此言，尚有《小宛》詩人之意[七]。彼閹然媚於世者，能無媿哉？

羅仲素曰：「教化者，朝廷之先務；廉恥者，士人之美節；風俗者，天下之大事。朝廷有教化，則士人有廉恥；士人有廉恥，則天下有風俗。」[八]

古人治軍之道，未有不本於廉恥者。《吴子》曰：「凡制國治軍，必教之以禮，勵之以義，使有恥也。」[九]夫人有恥，在大足以戰，在小足以守矣。《尉繚子》言：「國必有慈孝廉恥之俗，則可以死易生。」[十]而太公對武王，「將有三勝」：一曰禮將，二曰力將，三曰止欲將。[十一]故禮者所以班朝治軍，而《兔罝》之武夫皆本於文王后妃之化[十二]，豈有淫芻蕘[十三]、竊牛馬[十四]而爲暴於百姓者哉？

《漢書[十五]》：張奂爲安定屬國都尉，「羌豪帥戴[十六]奂恩德，上馬二十匹，先零酋長又遺金鐻八枚。奂並受之，而召主簿於諸羌前，以酒酹[十七]地曰：『使馬如羊，不以入廄。使金如粟，不以入懷。』悉以金、馬還之。羌性貪而貴吏清。前有八都尉，率好財貨，爲所患苦。及奂正身潔己，威化大行」。[十八]嗚呼！自古以來，邊事之敗，有不始於貪求者哉？吾於遼東之事有感。

杜子美詩：「安得廉頗将，三軍同晏眠。」[十九]一本作「廉恥将」。詩人之人[二十]未必如此[二十一]，然吾觀《唐書》言：王佖爲武靈[二十二]節度使，「先是，吐蕃欲成烏蘭橋，每於河壖先貯材木，皆爲節帥遣人潛載之，委於河流，終莫能成。蕃人知佖貪而無謀，先厚遺之，然後併役成橋，仍築月[二十三]守之。自是朔方禦寇不暇，至今爲患」，[二十四]繇佖之黷貨也。故貪夫爲帥，而邊城晚開[二十五]。得此意者，郢書燕説，或可以治國乎？見《韓非子》。

【校注】

[一]語出《管子・牧民》。

[二]《論語・子路》。

[三]《孟子・盡心上》。

[四]「國恥」，古人語。《禮記・哀公問》：孔子論禮曰：「物恥足以振之，國恥足以興之。」又見《大戴禮記・哀公問於孔子》。

[五]「彼」，遂初堂本、集釋本、欒本、陳本、嚴本同，原抄本作「彼衆」。

[六]《顔氏家訓・教子第二》，顔之推撰。

[七]《詩經・小雅・小宛》：「彼昏不知，壹醉日富。」上文彼昏之日、獨醒之人指此。

［八］羅從彦《豫章文集》卷十七。羅從彦，字仲素，世稱豫章先生，《宋史・道學傳》有傳。

［九］《吴子・圖國第一》，吴起撰。

［十］《尉繚子・戰威第四》。

［十一］見《六韜・龍韜・勵軍第二十三》。

［十二］《兔罝》，《詩經・周南》篇名。《詩序》云：「《兔罝》，后妃之化也。」

［十三］見《左傳・昭公十三年》。

［十四］《左傳・隱公五年》：「芑人民，毆牛馬，曰侵。」

［十五］「漢書」誤，當改。原抄本、遂初堂本、集釋本、欒本、陳本、嚴本均作「後漢書」。

［十六］「戴」，原抄本、遂初堂本、集釋本、欒本、陳本、嚴本均作「感」。《後漢書》作「感」。

［十七］「酹」字誤，原抄本同誤，當改。遂初堂本、集釋本、欒本、陳本、嚴本作「酹」。《後漢書》作「酹」。

［十八］《後漢書・皇甫張段列傳》。

［十九］杜甫《遣興》三首之一。

［二十］「人」字涉上而讹，當改。原抄本、遂初堂本、集釋本、欒本、陳本、嚴本均作「意」。

［二十一］「如此」，原抄本同，遂初堂本、集釋本、欒本、陳本、嚴本作「及此」。

［二十二］「武靈」誤，原抄本、遂初堂本、集釋本、欒本、嚴本同誤，當作「靈武」。《舊唐書》載王佖時爲「檢校工部尚書、靈州大都督府長史、朔方靈鹽節度使」。唐代有「靈武節度使」，無「武靈節度使」。宋王應麟《困學紀聞》卷十五：「若璩按：《唐書》王佖爲武靈節度使」，亭林之誤緣此。陳本仍作「武靈」，陳垣校注：「武靈」原作「朔方靈鹽」。《冊府》四五五《貪黷門》作「靈武節度使」。

［二十三］「月」字下，脱「城」字，當補。原抄本、遂初堂本、集釋本、欒本、陳本、嚴本均作「月城」。《舊唐書》作「月城」。

[二十四]《舊唐書・李晟傳》附王佖傳。

[二十五]「邊城晚開」，此句承前文杜詩之意，謂貪夫爲帥，邊城向晚猶開，三軍不得安眠。

流品

晉宋以來，尤重流品，故雖蕞爾一方，而猶能立國。《宋書・蔡興宗傳》：「興軍[一]爲征西將軍、開府儀同三司、荆州刺史，常侍如故，被徵還都。時右軍將軍王道隆任參國政，權重一時，躡履到興宗前，不敢就席，良久方去，竟不呼坐。元嘉初，中書舍人狄當[二]詣太子詹事王曇首，不敢坐。其後中書舍人王弘爲太祖所愛遇，上謂曰：『卿欲作士人，得就王球坐，乃當判耳。殷、劉殷景仁、劉湛。並集[三]，無所益也。若往詣球，可稱旨就席。』及至，球舉扇曰：『若不得爾！』弘還，依事啟聞。帝曰：『我使[四]無如此何。』五十年中，有此三事。」[五]《張敷傳》：「遷江夏王義恭撫軍記室參軍。時義恭就文帝求一學義沙門，會敷赴假還江陵，入辭，文帝令以後艑載沙門。敷不奉詔，曰：『臣性不耐襍。』遷至員郎[六]，中書舍人狄當、周赳並營[七]要務，以敷同省名家，欲詣之。赳曰：『彼若不相容，便不如不往。』當曰：『吾等並已員外郎矣，何憂不得共[八]坐！』敷先設二牀，去壁三四尺。二客就席，酬接甚歡。既而呼左右曰：『移我[九]牀遠客！』赳等失色而去。」[十]《世說》：「紀僧真得幸於齊世祖，嘗請曰：『臣出自本縣武吏，遭逢聖時，階榮至此。無所須，惟就陛下乞作士大夫。』上曰：『此繇江斆、謝瀹，我不得措意，可自詣之。』僧真承旨詣斆，登榻坐定，斆顧命左右曰：『移吾牀遠客！』僧真喪氣而退。以告世祖，世祖曰：『士大夫故非天子所命。』」[十一]《梁書·羊侃傳》：「有宦者張僧胤[十二]候侃，侃竟不前之，曰：『我牀非閹人所坐！』」[十三]自萬曆季年，搢紳之士不知以禮飭躬，而聲氣及於宵人，如汪文言一人爲東林諸公大玷。[十四]詩、字頌於輿皂，至於公卿上壽，宰執稱兒。而神州陸沈，中原左袵[十五]，夫有以致之矣！

【校注】

[一]「興軍」誤，當改。原抄本、遂初堂本、集釋本、欒本、陳本、嚴本均作「興宗」。

[二]「狄當」，原抄本、遂初堂本、集釋本、陳本、嚴本同。按史又作「秋當」，欒本改爲「秋當」。

[三]「集」字誤，原抄本同誤，當改。遂初堂本、集釋本、陳本、欒本、嚴本作「雜」。《南史》作「雜」。按「雜」又寫作「襍」，遂誤作「集」。

[四]「使」字誤，當改。原抄本、遂初堂本、集釋本、欒本、陳本、嚴本均作「便」。《宋書》作「便」。

[五]又見《南史·蔡廓傳》附蔡興宗傳。「五十年中，有此三事」，《南史》作「至是，興宗復爾」。

[六]「至員郎」誤，當改。原抄本、遂初堂本、集釋本、欒本、陳本、嚴本均作「正員郎」。《宋書》作「正員郎」，《南史》作「正員中書郎」。

[七]「誉」字誤，當改。原抄本、遂初堂本、集釋本、欒本、陳本、嚴本均作「管」。《宋書》、《南史》作「管」。

[八]「共」，原抄本、集釋本、欒本、嚴本同，遂初堂本、陳本誤作「其」。《宋書》、《南史》作「共」。

[九]「我」，原抄本同，遂初堂本、集釋本、欒本、陳本、嚴本作「吾」。《宋書》、《南史》作「我」。

[十]又見《南史·張邵傳》附張敷傳。

[十一]《南史·江夷傳》附江斅傳。又見《資治通鑑》卷一百三十六《齊紀二》。陳垣校注：「世説」二字誤。

[十二]「胤」字缺筆，原抄本同。

[十三]又見《南史·羊侃傳》。

[十四]《明史·夏嘉遇傳》：「布衣汪文言者，素游黄正賓、于玉立之門，習知黨人本末。」又《趙南星傳》：「東林勢盛，衆正盈朝」、「中外忻忻望治，而小人側目」、「首假汪文言發難」。

[十五]「左衽」，原抄本同。潘耒遂初堂刻本改爲「塗炭」，集釋本因之。欒本據黄侃校記改回而加説明，陳本、嚴本仍刻本之舊而加注。

重厚

世道下衰，人材不振，王伾之「吴語」[一]，鄭綮之「歇後」[二]，薛昭緯之「浣溪沙」[三]，李邦彦之「俚語辭曲」[四]，莫不登諸巖廊[五]，用爲輔弼。至使在下之人慕其風流，以爲通脱，而棟折榱崩，天下將無所芘矣。及乎板蕩之後而念老成，《大雅·蕩》。播遷之餘而思耆俊，《文侯之命》。庸有及乎？有國者登庸[六]重厚之臣，抑退輕浮之士，此移風易俗之大要也。

侯景數梁武[七]十失，謂皇太子「吐言止於輕薄，賦詠不出桑中」[八]。張説論「閻朝隱之文，如麗服靚妝，燕歌趙舞，觀者忘疲；若類之風雅，則罪人矣」[九]。今之詞人，率同此病。淫辭豔曲，傳布國門。有如北齊楊俊之[十]所作六言歌辭，名爲《陽五伴侣》，「寫而賣之，在市不絶」[十一]者。誘惑後生，傷敗風化，宜與非聖之書同類而焚，庶可以正人心術。[十二]

何晏之「粉白不去手，行步顧影」[十三]，鄧颺之「行步弛縱[十四]，坐立傾倚」[十五]，謝靈運之「每出入，自扶接者常數人」[十六]，後皆誅死。而魏文帝「體貌不重，風尚通脱」，「是以享國不永，後祚短促」。[十七]史皆附之《五行志》，以爲「貌之不恭」。[十八]昔子貢於禮容俯仰之間，而知兩君之疾與亂，[十九]夫有所受之矣。子曰：「君子不重則不威，學則不固。」[二十]楊子《法言》曰：「言輕則招憂，行輕則招辜，貌輕則招辱，好輕則招淫。」[二十一]

四明薛岡[二十二]謂：「士大夫子弟不宜使讀《世説》，未得其雋永，先習其簡傲。」推是言之，可謂善教矣。防其「乃逸乃諺」[二十三]之萌，而引之「有物」「有恒」[二十四]之域，此以正養蒙[二十五]之道也。南齊陳顯達語其諸子曰：「麈尾蠅拂，是王、謝家物，汝不須捉此。」「即取於前燒除之。」[二十六]

【校注】

[一]見《舊唐書·王叔文傳》附王伾傳。《新唐書·韋王陸劉柳程傳》作「楚語」。

[二]《新唐書·鄭綮傳》：「綮本善詩，其語多俳諧，故使落調，世共號『鄭五歇後體』。」又見《舊唐書》本傳。

[三]《北夢瑣言》卷四：薛澄州昭緯「每入朝省，弄笏而行，旁若無人，好唱《浣溪沙》詞」。《花間集》載薛昭藴《浣溪沙》詞八首，王國維以爲薛昭藴即薛昭緯。

[四]《宋史·李邦彦傳》：「李邦彦，字士美，懷州人。」「爲文敏而工，然生長閭閻，習猥鄙事，應對便捷，善謳謔，能蹴鞠，每輒街市俚語爲詞曲，人争傳之。」

[五]巖廊，《魏書·王叡傳》：「巖巖廊署，無不遇之士。」《文選》顔延年《車駕幸京口侍遊蒜山作》注：「巖廊，朝廷所在也。」

[六]「庸」字誤，當改。原抄本、遂初堂本、集釋本、欒本、陳本、嚴本均作「崇」。

[七]「梁武」，原抄本、遂初堂本、集釋本、欒本、陳本、嚴本均作「梁武帝」。

[八]《資治通鑑》卷一百六十二《梁紀十八》。

[九]《舊唐書·文苑傳上》。又見《新唐書·文藝傳上》。

[十]「楊俊之」誤，當改。原抄本、遂初堂本、集釋本、欒本、陳本、嚴本均作「陽俊之」。

[十一]《北史・陽尼傳》附陽休之傳。

[十二]黄汝成集釋引沈氏曰：唐御史大夫杜淹曰：「齊之将亡，作《伴侶曲》。陳之将亡，作《玉樹後庭花》。其聲哀思，行路聞之，皆悲泣。

[十三]《三國志・魏書・曹爽傳》附何晏傳注引《魏略》。

[十四]「弛縱」，原抄本同，遂初堂本、集釋本、欒本、陳本、嚴本作「舒縱」。按《晉書》、《宋書》均作「弛縱」。

[十五]《三國志・魏書・方技傳・管輅傳》注引《管輅别傳》：「夫鄧之行步，則筋不束骨，脈不制肉，起立傾倚，若無手足。」《晉書・五行志上》及《宋書・五行志一》：「魏尚書鄧颺，行步弛縱，筋不束體，坐起傾倚，若無手足。」

[十六]《宋書・五行志一》。

[十七]《宋書・五行志一》。

[十八]見《漢書》、《後漢書》、《晉書》、《宋書》、《隋書》、兩《唐書》五行志，及《魏書・靈徵志》。

[十九]見《左傳・定公十五年》。

[二十]《論語・學而》。

[二十一]《法言・修身》。

[二十二]薛岡，字千仞，明鄞縣人。著《天爵堂文集》十九卷，《筆餘》三卷。

[二十三]《尚書・無逸》。

[二十四]《易經・家人卦》象傳：「君子以言有物而行有恒。」

[二十五]以正養蒙，《易經・蒙卦》象傳：「蒙以養正，聖功也。」

[二十六]《南史・陳顯達傳》，又見《南齊書・陳顯達傳》。

耿介

讀屈子《離騷》之篇，乃知堯、舜所以行出乎人者，以其耿介。[一]同乎流俗，合乎污世，則不可與入堯、舜之道矣。

「非禮勿視，非禮勿聽，非禮勿言，非禮勿動」[二]，是則謂之「耿介」，反是謂之「昌披」[三]。夫道若大路然，堯、桀之分必在乎此。

【校注】

[一]《楚辭·離騷》：「彼堯舜之耿介兮，既遵道而得路。」王逸注：「耿，光也。介，大也。」

[二]《論語·顔淵》。

[三]《楚辭·離騷》：「何桀紂之昌披兮，夫唯捷徑以窘步。」王逸注：「昌披，衣不帶貌。」「披」又作「被」。

鄉原[一]

老氏之學所以異乎孔子者，「和其光，同其塵」[二]，此所謂似是而非也。《卜居》、《漁父》二篇盡之矣，非不知其言之可從也，而義有所不當爲也。子雲而知此義也，《反離騷》其可不作矣。尋其大指，「生斯世也，爲斯世也，善斯可矣」[三]。此其所以爲[四]莽大夫[五]與？《卜居》、《漁父》，「法語」[六]之言也。《離騷》、《九歌》，「放言」[七]也。

【校注】

[一]《論語・陽貨》：「子曰：鄉原，德之賊也。」朱熹集注：「鄉者，鄙俗之意。『原』與『愿』同。鄉原，鄉人之愿者也。蓋其同流合污以媚於世，故在鄉人之中，獨以愿稱。」

[二]《老子・五十六章》。

[三]《孟子・盡心下》。

[四]「爲」，遂初堂本、集釋本、欒本、陳本、嚴本同，原抄本誤作「莽」。

[五]《鶴林玉露》丙編卷六：「至朱文公作《通鑑綱目》，乃始正其附王莽之罪，書『莽大夫揚雄卒』。」

[六]《論語・子罕》：「子曰：法語之言，能無從乎？」朱熹集注：「法語者，正言之也。」

[七]《論語・微子》：「虞仲、夷逸，隱居放言。」何晏集解引包咸曰：「放，置也。不復言世務。」

儉約

「國奢示之以儉」[一]，君子之行，宰相之事也。漢汝南許劭[二]爲郡功曹，「同郡袁紹，公族，豪俠[三]，去濮陽令歸，車徒甚盛。入郡界，乃謝曰：『吾輿服豈可使許子將見之？』遂以單車歸家」。[四]晉蔡充[五]好學，有雅尚，體貌尊嚴，爲人所憚。「高平劉整，車服奢麗，嘗語人曰：『紗縠吾常服[六]耳，遇蔡子尼在坐，而竟日[七]不自安。』」[八]北齊李德林，父亡，「時正嚴冬」，單衰徒跣[九]，「自駕靈輿」，反葬博陵。[十]崔諶休假還鄉，將赴弔，「從者數十騎，稍稍減留。比[十一]至德林門，纔餘五騎，云：『不得令李生怪人熏灼。』」[十二]李僧伽「修整篤業，不應辟命」，「尚書袁叔德來候僧伽，先減僕從，然後入門，曰：『見此賢，令吾羞對軒冕。』」[十三] 夫惟君子之能以身率物者如此，是以居官而化一邦，在朝廷而化天下。魏武帝時，毛玠爲東曹掾，典選舉，「以儉率人，天下之士莫不以廉潔[十四]自勵，雖貴寵之臣，輿服不敢過度」[十五]。唐大曆末，元載伏誅，拜楊綰爲相。綰「質性貞廉，車服儉樸，居廟堂未數日，人心自化。御史中丞崔寬，劍南西川節度使寧之弟，家富於財，有別墅在皇城之南，池館臺榭，當時第一，寬即日潛遣毁撤。中書令郭子儀在邠州營[十六]，聞綰拜相，坐中音樂減散五分之四[十七]。京兆尹黎幹每出入，騶從百餘，亦即日減損，惟留十騎而已」。[十八]「李師古跋扈，憚杜黄裳爲相，命一幹吏寄錢數千緡、氈車子一乘。使者到門，未敢送。伺候累日，有緑輿自宅出，從婢二人，青衣襤縷，言是相公夫人。使者遽歸，告師古，師古折其謀，終身不敢改節。」[十九] 此則禁鄭人之泰侈，奚必於三年；[二十] 變雒邑之矜侉，無煩乎三紀。[二十一] 修之身，行之家，示之鄉黨而已，道豈遠乎哉！

【校注】

[一]《禮記・檀弓下》。

[二] 許劭，字子將，《後漢書》有傳。

[三]「狹」，原抄本、遂初堂本、集釋本、欒本、陳本、嚴本均作「俠」。《後漢書》作「俠」。

[四]《後漢書・許劭傳》。

[五]「蔡充」，《晉書・蔡謨傳》作「蔡克」。字子尼。

[六]「常服」，原抄本同，遂初堂本、集釋本、欒本、陳本、嚴本作「服其常」。《世説新語》注作「常服」。

[七]「竟日」，原抄本同，遂初堂本、集釋本、欒本、陳本、嚴本作「經日」。《世説新語》注作「終日」。

［八］《世説新語》注引《蔡克別傳》。
［九］「徙」字誤，當改。原抄本、遂初堂本、集釋本、欒本、陳本、嚴本均作「徒」。
［十］見《隋書》及《北史》本傳。
［十一］「此」字誤，當改。原抄本、遂初堂本、集釋本、欒本、陳本、嚴本均作「比」。
［十二］《隋書·李德林傳》。
［十三］《北史·序傳》。
［十四］「廉潔」，原抄本、遂初堂本、集釋本、欒本、陳本、嚴本均作「廉節」。《三國志》作「廉節」。
［十五］《三國志·魏書·毛玠傳》。
［十六］「營」字上，脱「行」字，當補。原抄本、遂初堂本、集釋本、欒本、陳本、嚴本均作「行營」。《舊唐書》作「行營」。
［十七］下「四」字衍，當删，原抄本、遂初堂本、集釋本、欒本、陳本、嚴本無。
［十八］《舊唐書·楊綰傳》。「未數日」，《舊唐書》作「未數月」。
［十九］唐張固《幽閒鼓吹》。又見宋王讜《唐語林》及《太平廣記》卷一六五《廉儉》。
［二十］《左傳·襄公三十年》：子産「大人之忠儉者，從而與之；泰侈者，因而斃之」，從政三年，鄭人誦之。
［二十一］《尚書·畢命》：「毖殷頑民，遷於洛邑」、「既歷三紀，世變風移」、「敝化奢麗，萬世同流」、「驕淫矜侉，將由惡終」。孔安國傳：「十二年曰紀。」

大臣

《記》曰：「大臣法，小臣廉，官職相序，君臣相正，國之肥也。」［一］故欲正君而序百官，必自大臣始。然而王陽黄金之論，時人既怪其奢；[二]公孫布被之名，直士復譏其詐。[三]則所以考其生平而定其實行者，惟觀之於終，斯得之矣。「季文子卒，大夫入斂，公在位，宰庀家器爲備葬[四]，無衣帛之妾，無食粟之馬，無藏金玉，無重器備。君子是以知季文子之忠於公室也。相三君矣，而無私積，可不謂忠乎？」[五]諸葛亮「自表後主曰：『成都有桑八百株，薄田十五頃，子孫衣食悉仰於家[六]，不别治生以長尺寸。若臣死之日，不使内有餘帛，外有贏財，以負陛下。』及卒，如其所言」。[七]夫廉不過人臣之一節，而左氏稱之爲忠，孔明以爲無負者，誠以人臣之欺君誤國必自其貪於貨賂也。夫居尊席腆，潤屋華躬[八]，亦人之常分耳，豈知高后降之弗祥[九]，民人生其怨詛，其究也乃與國而同敗邪？誠知夫大臣家事之豐約，關於政化之隆污，則可以審擇相之方，而亦得富民之道矣。

杜黄裳，元和之名相，而以富厚蒙譏；[十]盧懷慎，開元之庸臣，而以清貧見奬。[十一]是故「貧則觀其所不取」[十二]，此卜相之要言。

【校注】

[一]《禮記・禮運》。

[二]《漢書・王貢兩龔鮑傳》：「王吉字子陽」、「天下服其廉而怪其奢，故俗傳『王陽能作黄金』」。

[三]《漢書・公孫弘卜式兒寬傳》：「汲黯曰：『弘位在三公，奉禄甚多，然爲布被，此詐也。』」公孫弘布被又見《史記・平準書》及本傳。

[四]「備葬」，原抄本同，遂初堂本、集釋本、欒本、陳本、嚴本作「葬備」。

[五]《左傳・襄公五年》。

[六]「悉仰於家」下，原抄本、遂初堂本、集釋本、欒本、陳本、嚴本有「自有餘饒。至於臣在外任，無別調度，隨身衣食悉仰於官」四句，當補。今按：兩種抄本脱漏均同，其脱漏爲二十二字，恰是抄本一行，可知抄本所從過録之母本亦當爲一行二十二字。

[七]《三國志·蜀書·諸葛亮傳》。

[八]「躬」，原抄本同，遂初堂本、集釋本、欒本、陳本、嚴本作「身」。

[九]《尚書·盤庚中》：「迪高后丕乃崇降弗祥。」高后，又稱「先后」、「神后」，謂商湯。

[十]《舊唐書·杜黄裳傳》：「黄裳有經畫之才，達於權變，然檢身律物，寡廉潔之譽。」然此與上條杜黄裳廉儉記載抵忤。

[十一]《舊唐書·盧懷慎傳》：「懷慎清儉，不營産業，器用服飾，無金玉綺文之麗」，「乃下制賜其家物壹伯段，米粟貳伯石」。又見《新唐書》本傳。

[十二]《鶡冠子·道端》，又見《淮南子·氾論訓》。

除貪

漢時贓罪被劾，或死獄中，或道自殺。唐時贓吏多於朝堂決殺，其特宥者乃長流嶺南。睿宗太極元年四月制：「官典主司枉法，贓一匹已上，並先決一百。」[一]而開元[二]及南郊赦文每曰：「大辟罪已下，已發覺未發覺，已結正未結正，繫囚見徒，罪無輕重，咸赦除之。官典犯贓不在此限。」[三]然猶有左[四]降遐方，謫官蠻徼者。而盧懷慎重以爲言，謂「屈法惠姦」[五]，非正本塞源之術。是知「亂政同位」，商后作其丕刑；[六]「貪以敗官」，《夏書》訓之必殺。[七]三代之王，罔不繇此道者矣。

宋初，「郡縣吏承五季之習，黷貨厲民，故尤嚴貪靡[八]之罪。開元[九]三年，董元吉守英州，受贓七十餘萬，帝以嶺表初平，欲懲□[十]克之吏，特詔棄市」。[十一]而「南郊大赦，十惡、故劫殺及官吏受贓者不原」[十二]。史言「宋法有可以得循吏者三」[十三]，而不赦犯贓其一也。天聖以後，士大夫皆知飾簠簋而厲廉隅，蓋上有以勸之矣。《石林燕語》：「熙寧中，蘇子容判審刑院，知金州張仲宣坐枉法贓，論當死。故事，命官以贓論死，皆貸命，杖脊黥配海島。子容言：『古者刑不上大夫，可殺則殺。仲宣五品官，今杖而黥之，得無辱多士乎？』乃詔免杖黥[十四]，止流嶺外。」自是遂爲例。然懲貪之法亦漸以寛矣。[十五]于定文[十六]慎行謂：「本朝姑息之政，甚於宋世。敗軍之將，可以不死；贓吏巨萬，僅得罷官。而小小刑名，反有凝脂之密[十七]，是輕重胥失之矣。」蓋自永樂時，贓吏謫令戍邊，宣德中，改爲運甎納米贖罪，浸至於寛，而不復究前朝之法也。宣德中，都御史劉觀坐受贓數千金，論斬。上曰：「刑不上大夫，觀雖不善，朕終不忍加刑。」命遣戍遼東。正統初，遂多特旨曲宥。嗚呼！法不立，誅不必，而欲爲吏者之毋貪，不可得也。人主既委其大阿之柄，而其所謂大臣者皆刀筆筐篋之徒，毛舉細故，以當天下之務，吏治何繇而善哉！

《北夢瑣言》：「後唐明宗尤惡墨吏。鄧州留後陶玘，爲内鄉令成歸仁所論，税外科配，貶嵐州司馬。掌書紀[十八]王惟吉，奪歷任告敕，長流綏州。亳州刺史李鄴，以贓穢賜自盡。汴州倉吏犯贓，内有史彦珣，舊将之子，又是駙馬石敬瑭親戚，王建立奏之，希免死，上曰：『王法無私，豈可徇親！』」[十九]「供奉官于延徽[二十]，巧事權貴，監倉犯贓，侍衛使張從貴[二十一]方便救之。以是[二十二]：『食我厚禄，盗我倉儲，蘇秦復生，説我不得。』並戮之。」[二十三]以是在五代中號爲小康之世。

《册府元龜》載：天成四年，「十二月，蔡州西平縣令李商，爲百姓告陳不公，大理寺斷止贖銅。敕旨：『李商招愆，俱在案款。大理定罪，備引格條。然亦事有所未圖，理有所未盡。古之立法，意在惜人。况自列聖相承，溥天無事，人皆知禁，刑遂從輕。喪亂以來，廉恥者少。朕一臨寰海，四换星灰，常宣無外之風，每革從前之弊，惟期不濫，皆守無私。李商不務養民，專謀潤己。初聞告不公之事件，决彼狀頭；又爲奪有主之莊田，撻其本户。國家給州縣篆印，祗爲行遣公文，而乃將印曆下鄉，從人户取物。據兹行事，何以當官？宜奪歷任官，杖殺。」[二十四]讀此敕文，明宗可謂得輕重之權者矣。

《金史》：大定十二年，「咸平尹石抹阿没剌以贓死於獄，上謂：『其不尸諸市，已爲厚幸。貧窮而[二十五]盗賊，蓋不得已。三品職官，以贓至死，愚亦甚矣！其諸子可皆[二十六]除名。』」[二十七]夫以贓吏而錮及其子，似非「惡惡止其身」[二十八]之義。然貪人敗類，其子必無廉清，則世宗之詔亦未爲過。《漢書》言李固、杜喬「朋心合力，致主文宣」[二十九]，而孝恒[三十]即位之詔有曰：「贓吏子孫，不得察舉。」[三十一]豈非漢人已行之事乎？

《元史》：至元十九年九月壬戌，敕「中外官吏，贓罪輕者决杖[三十二]，重者處死」。[三十三]

有庸吏之貪，有才吏之貪。《唐書・牛僧孺傳》：穆宗初，爲御史中丞。「宿州刺史李直臣坐贓當死，中貴人爲之申理。」[三十四]「帝曰：『直臣有材[三十五]，朕欲貸而用之。』僧孺曰：『彼不才者，持禄取容耳。天子制法，所以束縛有材者。安禄山、朱泚以才過人，故亂天下。』帝是其言，乃止。」[三十六]今之貪縱者，大抵皆才吏也。苟使之惕於法，而以正用其才，未必非治世之能臣[三十七]也。

《後漢書》稱袁安：「爲河南尹，政號嚴明，然未嘗以贓罪鞫人。」[三十八]此近日爲寬厚之論者所持以爲口實。乃余所見數十年來姑息之政，至於綱解紐弛，皆此言貽之敝矣。嗟乎！范文正有言：「一家哭，何如一路哭邪？」[三十九]

朱子謂：「近世流俗，惑於陰德之論，多以縱舍有罪爲仁。」[四十]此猶人主之以行赦爲仁也。孫叔敖斷两頭蛇而位至楚相，亦豈非陰德之報邪？

唐柳氏家法：「居官不奏祥瑞，不度僧道，不貸贓吏法。」[四十一]此今日士大夫居官者之法也。宋包拯戒子孫：「有犯贓者，不得歸本家，死不得葬大塋。」[四十二]此今日士大夫教子孫者之法也。

【校注】

[一]《舊唐書·睿宗本紀》。

[二]「開元」誤，當改。原抄本、遂初堂本、集釋本、欒本、陳本、嚴本均作「改元」。

[三]見《舊唐書》、《唐大詔令集》、《唐會要》、《册府元龜》、《全唐文》諸書。

[四]「左」，遂初堂本、集釋本、欒本、陳本、嚴本同，原抄本誤作「在」。

[五]《舊唐書·盧懷慎傳》。

[六]見《尚書·盤庚中》。

[七]《左傳·昭公十四年》：「己惡而掠美爲昏，貪以敗官爲墨，殺人不忌爲賊。《夏書》曰：『昏、墨、賊，殺。』」

[八]「靡」字誤，當改。原抄本、遂初堂本、集釋本、欒本、陳本、嚴本均作「墨」。

[九]「開元」誤，當改。原抄本、遂初堂本、集釋本、欒本、陳本、嚴本均作「開寶」。

[十]底本缺一字處，原抄本、遂初堂本、集釋本、欒本、陳本、嚴本均作「掊」，當補。

[十一]《宋史·刑法志二》。開寶三年作「開寶四年」，董元吉作「王元吉」，《太祖本紀二》同。掊克，《孟子·告子下》：「掊克在位，則有讓。」朱熹集注：「掊克，聚斂也。讓，責也。」

[十二]《宋史·太祖本紀二》。

[十三]《宋史·循吏列傳》。

[十四]「杖黥」，原抄本同，遂初堂本、集釋本、欒本、陳本、嚴本作「黥杖」。

[十五]《石林燕語》卷六。又見《宋史·蘇頌傳》。蘇頌，字子容。

[十六]「于定文」誤，當改。原抄本、遂初堂本、集釋本、欒本、陳本、嚴本均作「于文定」。于慎行，字可遠，又字無垢，謚文定。著《穀山筆麈》十八卷，《讀史漫録》十四卷，《文集》十二卷，《集詩》二十卷。

[十七]《鹽鐵論》：「秦法繁於秋荼，網密於凝脂。」

[十八]「紀」字誤，當改。原抄本、遂初堂本、集釋本、欒本、陳本、嚴本均作「記」。

[十九]《北夢瑣言》卷十八。

[二十]「于延徽」誤，原抄本、遂初堂本、嚴本同誤，當改。集釋本、欒本、陳本作「丁延徽」。《北夢瑣言》、《舊五代史》作「丁延徽」。

[二十一]「張從貴」誤，原抄本、遂初堂本、嚴本同誤，當改。集釋本、欒本、陳本作「張從賓」。《北夢瑣言》、《舊五代史》作「張從賓」。

[二十二]「以是」涉下而訛，當改。原抄本、遂初堂本、集釋本、欒本、陳本、嚴本均作「上曰」。《北夢瑣言》作「上曰」。

[二十三]《北夢瑣言》卷十九。又見《舊五代史·張從賓傳》。

[二十四]《册府元龜》卷一百五十四《帝王部·明罰》。

[二十五]「而」字下，脱「爲」字，當補。原抄本、遂初堂本、集釋本、欒本、陳本、嚴本均作「而爲」。《金史》作「而

爲」。

［二十六］「可皆」，原抄本同，遂初堂本、集釋本、欒本、陳本、嚴本作「皆可」。按《金史》作「可皆」。

［二十七］《金史·刑志》。

［二十八］《公羊傳·昭公二十年》。

［二十九］《後漢書·李杜列傳》贊曰。

［三十］「孝恒」誤，當改。原抄本、遂初堂本、集釋本、欒本、陳本、嚴本均作「孝桓」。

［三十一］《後漢書·孝桓帝紀》。「察舉」，原抄本同，遂初堂本、集釋本、陳本、欒本、嚴本作「詳舉」。按《後漢書》作「察舉」。

［三十二］「决杖」，遂初堂本、集釋本、欒本、陳本、嚴本同，原抄本作「杖決」。《元史》作「杖決」。

［三十三］《元史·世祖本紀九》。

［三十四］《舊唐書》本傳。

［三十五］「材」，原抄本、遂初堂本、集釋本、欒本、陳本、嚴本均作「才」。

［三十六］《新唐書》本傳。

［三十七］《三國志·魏書·武帝紀》注引孫盛《異同雜語》：許劭答曹操：「子治世之能臣，亂世之奸雄。」

［三十八］《後漢書·袁安傳》。

［三十九］《五朝名臣言行録》卷七。

［四十］朱熹《文集》卷四十五《答廖子晦》。

［四十一］唐柳玭《柳氏叙訓》。「法」，遂初堂本、集釋本、欒本、陳本、嚴本同，原抄本無。

［四十二］《宋史·包拯傳》。

貴廉

漢元帝時，貢禹上言：「孝文皇帝時，貴廉潔，賤貪污，賈人贅壻及吏坐贓者，皆禁錮，不得爲吏。賞善罰惡，不阿親戚。罪白者伏其誅，疑者以與民，師古曰：「罪疑惟輕也。」亡贖罪之法。亡、無同。故令行禁止，海内大化。天下斷獄四百，與刑錯亡異。武帝始臨天下，尊賢用士，闢地廣境數千里。自見功大威行，遂使[一]者欲。用度不足，乃行壹[二]切之變，使犯法者贖罪，入穀者補吏。是以天下奢侈，官亂民貧，盜賊並起，亡命者衆。郡國恐伏其誅，則擇便巧史書、習於計簿、能欺上府者以爲右職。師古曰：「上府謂所屬之府。右職，高職也。」姦軌不勝，則取勇猛能操切百姓者、以苛暴威服下者，使居大位。故亡義而有材[三]者顯於世，欺謾而善書者尊於朝，悖逆而勇猛者貴於官。故俗皆曰：『何以孝弟爲？財多而光榮。何以禮義爲？史書而仕宦。何以謹慎爲？勇猛而臨官。』故黥劓而髡鉗者，猶復攘背[四]爲政於世。行雖犬彘，家富執[五]足，目指氣使，是爲賢耳。師古曰：「動目以指物，出氣以使人。」故謂居官而置富者爲雄傑，處姦而得利者爲壯士。兄勸其弟，父勉其子，俗之敗壞，乃至於是。察其所以然者，皆以犯法得贖罪，求士不得真賢。相、守崇財利，師古曰：「相，諸侯相也。守，郡守也。」誅不行之所致也。今欲興至治，致太平，宜除贖罪之法。相、守選舉不以實，及有贓者，輒行其誅，亡但免官。則争盡力爲善，貴孝弟，賤賈人，進真賢，舉實廉，而天下治矣。」[六]嗚呼！今日之變，有甚於此！自神宗以來，贖貨之風日甚一日，國維不張，而人心大壞，數十年於此矣。《書》曰：「不肩好貨，敢恭生生，鞠人謀人之保居，叙欽。」[七]必如是，而後可以立太平之本。

「禹又欲令近臣，自諸曹侍中以上，家亡得私販賣，與民争利。犯者輒免官削爵，不得仕宦。」[八]此議今亦可行。自萬曆以後，天下水利碾磑、場渡市集，無不屬之豪紳，相沿以爲常事矣。

【校注】

[一]「使」字誤，當改。原抄本、遂初堂本、集釋本、欒本、陳本、嚴本均作「從」。

[二]「壹」，原抄本同，遂初堂本、集釋本、欒本、陳本、嚴本作「一」。

[三]「材」字誤，當改。原抄本、遂初堂本、集釋本、欒本、陳本、嚴本均作「財」。《漢書》作「財」。

[四]「背」字誤，當改。原抄本、遂初堂本、集釋本、欒本、陳本、嚴本均作「臂」。《漢書》作「臂」。

[五]「執」，原抄本同，遂初堂本、集釋本、欒本、陳本、嚴本作「勢」。古文「執」同「勢」。

[六]《漢書·貢禹傳》。

[七]《尚書·盤庚下》。

[八]同上《漢書·貢禹傳》。

禁錮姦臣子孫

唐太宗詔禁錮宇文化及、司馬德戡、裴虔通等子孫，不令齒叙。貞觀七年正月戊子詔，文見《舊唐書》。

武后令楊素子孫「不得任京官及侍衛」。《新唐書》。「至德中，兩京平，大赦，惟禄山支黨及李林甫、楊國忠、王鉷子孫不原。」《新唐書》。宋高宗即位，詔「蔡京、童貫、王黼、朱勔、李彦、梁師成、譚稹、皆誤國害民之人，子孫更不收叙」，《清波雜志》。[一]而童惇[二]子孫亦「不得仕於朝」。《宋史·章惇傳》。

我太祖[三]有天下，詔宋末蒲壽庚、黄萬石子孫不得仕宦。饕餮之象周鼎，檮杌之名楚書，古人蓋有之矣。竊謂宜令按察司各擇其地之姦臣一二人，王法之所未加，或加而未盡者，刻其名於獄門之石，以爲世戒，而禁其後人之入仕。「《九刑》不忘」[四]，百世難改[五]，亦先王「樹之風聲」[六]之意乎？

《舊唐書·太宗紀》：貞觀二年六月辛卯，「詔曰：天地定位，君臣之義以彰；卑高既陳，人倫之道斯著。是用爲[七]厚風俗，化成天下。雖復時經治亂，主或昏明，疾風勁草，芬芳無絶，剖心焚體，赴蹈如歸。夫豈不愛七尺之軀，重百年之命？諒繇君臣義重，名教所先，故能明大節於當時，立清風於身後。至如趙高之殞一世[八]，董卓之鴆弘農，人神所疾，異代同憤。况凡庸小豎，有懷凶悖，遐觀無[九]策，罔不誅夷。辰州刺史長蛇縣男裴虔通，昔在隋代，委質晉藩，煬帝以舊邸之情，特相愛幸。遂乃忘蔑君親，潛圖弑逆，密伺間隙，招結群醜。長戟流失[十]，一朝竊發，天下之惡，孰云可忍？宜其夷宗焚首，以彰大戮。但年代異時，累逢赦令。可特免極刑，投之四裔，除名削爵，遷配驩州」。虔通歸國，授除州[十一]總管。每自言「身除隋室，以啟大唐」，有觖望之色。及得罪，怨憤歲餘而死。《唐書·太宗紀》：貞觀二年，「七月戊申，萊州刺史牛方裕、絳州刺史薛世良、廣州長史唐奉義、虎牙郎將高元禮，以宇文化及之黨，皆除名，徙於邊」。

《册庫[十二]元龜》：「權萬絶[十三]爲治書侍御史，貞觀四年正月秦[十四]：『宇文智及[十五]受隋受[十六]恩，而蔑棄君親，首爲弑逆，人臣之所同疾，萬代之所不原。今其子乃任千牛，侍衛左右。請從屏黜，以爲懲戒。』制可。」[十七]《大唐新語》：「楊昉爲左丞時，宇文化及子孫理資蔭，朝廷以事隔兩朝，且其[十八]親族亦衆，下所司理之。昉判曰：『文[十九]弑隋主，子訴隋資，生者猶配遠方，死者無宜更叙。』時人深賞之。」《楊元禧傳》載武后制曰：「隋尚書令楊素，昔在本朝，早荷殊遇。稟凶邪之德，懷謟佞之才，惑亂君上，離間骨肉。搖動冢嫡，寧唯掘蠱之禍；誘扇後主，卒成請璠[二十]之釁。生爲不忠之人，死爲不義之鬼。身雖倖免，子竟族誅。斯則姦逆之謀是其庭訓，險薄之行遂成門風。刑戮雖加，枝胤仍在，豈可復肩隨近侍，齒迹朝行？朕接統百王，恭臨四海，上嘉賢佐，下惡賊臣。常欲從容於萬幾[二十一]之餘，褒貶於千載之外，况年代未遠，耳目所存者乎？其楊素及兄弟子孫，並不得任令[二十二]京官及侍衛。」[二十三]史言元禧忤張易之，密奏，左貶。然此制自是當時公論。

宋末蒲壽庚叛逆之事，皆出於其兄壽峸之畫。是時壽峸佯著黄冠野服，歸隱山中，自稱處士，以示不臣二姓，而密爲壽庚作降表，令人自水門潛出，送款於唆都。其後壽庚以功授平章，富貴冠一時，而壽峸亦居甲第。有投詩者云：「劍戟紛紜扶主日，山林寂寞閉門時。水聲禽語皆時事，莫道山翁揔不知。」《泉州府志》。嗚呼！今之身爲戎首而外託高名者，亦未嘗無其人也。或欲蓋而彌彰，則無逃於「三叛」[二十四]之筆矣。

【校注】

[一]今按：又見《宋史・高宗本紀一》。

[二]「童惇」誤，當改。原抄本、遂初堂本、集釋本、欒本、陳本、嚴本均作「章惇」。下文「章惇」不誤。

[三]「我太祖」，原抄本同。潘耒遂初堂刻本改爲「明太祖」，集釋本因之。欒本據黄侃校記改回而加説明，陳本、

嚴本仍刻本之舊而加注。

[四]《左傳・文公十八年》。

[五]《孟子・離婁下》:「身危國削,名之曰『幽』、『厲』,雖孝子慈孫,百世不能改也。」

[六]《尚書・畢命》。

[七]「爲」字誤,當改。原抄本、遂初堂本、集釋本、欒本、陳本、嚴本均作「篤」。《舊唐書》作「篤」。

[八]「一世」誤,當改。原抄本、遂初堂本、集釋本、欒本、陳本、嚴本均作「二世」。《舊唐書》作「二世」。

[九]「無」字誤,當改。原抄本、遂初堂本、集釋本、欒本、陳本、嚴本均作「典」。《舊唐書》作「典」。

[十]「失」字誤,當改。原抄本、遂初堂本、集釋本、欒本、陳本、嚴本均作「矢」。《舊唐書》作「矢」。

[十一]「除州」誤,當改。原抄本、遂初堂本、集釋本、欒本、陳本、嚴本均作「滁州」。

[十二]「庫」字誤,當改。原抄本、遂初堂本、集釋本、欒本、陳本、嚴本均作「府」。

[十三]「權萬絶」誤,當改。原抄本、遂初堂本、集釋本、欒本、陳本、嚴本均作「權萬紀」。

[十四]「秦」字誤,當改。原抄本、遂初堂本、集釋本、欒本、陳本、嚴本均作「奏」。

[十五]「宇文智及」,遂初堂本、集釋本、欒本、陳本、嚴本同,原抄本誤作「宇文化及」。宇文智及爲宇文化及之弟。

[十六]「受」字涉上而訛,當改。原抄本、遂初堂本、集釋本、欒本、陳本、嚴本均作「厚」。

[十七]又見《新唐書・權萬紀傳》。

[十八]「其」字下,脱「家」字,當補。原抄本、遂初堂本、集釋本、欒本、陳本、嚴本均作「其家」。

[十九]「文」字誤,當改。原抄本、遂初堂本、集釋本、欒本、陳本、嚴本均作「父」。

[二十]「譒」字誤,當改。原抄本、遂初堂本、集釋本、欒本、陳本、嚴本均作「蹯」。《左傳・文公元年》:「冬十月,以宮甲圍成王。王請食熊蹯而死,弗聽。丁未,王縊。」

［二十一］「幾」，原抄本、遂初堂本、集釋本、欒本、陳本、嚴本均作「機」。

［二十二］「任令」誤倒，當乙正。原抄本、遂初堂本、集釋本、欒本、陳本、嚴本均作「令任」。《舊唐書》作「令任」。

［二十三］今按：《舊唐書》本傳。又見《舊唐書・則天皇后本紀》。

［二十四］三叛，見《左傳・昭公三十一年》。

家事

孔子曰：「居家理，故治可移於官。」［一］子木問范武子之德於趙孟，對曰：「夫子之家事治，言於晉國，無隱情。其祝史陳信於鬼神，無愧辭。」子木歸以語王，王曰：「宜其光輔五君，以爲盟主也。」［二］夫以一人家事之理，而致晉國之霸，士大夫之居家，豈細行乎！

《史記》之載宣曲任氏，曰：「富人争侈奢［三］，而任氏折節爲儉，力田畜。田畜，人争取賤賈，任氏獨取貴善，富者數世。然任公家約：『非田畜所出，弗衣食；公事不畢，則身不得飲酒食肉。』以此爲閭里率，故富而主上重之。」［四］《漢書》載張安世，曰：「安世尊爲公侯，食邑萬户，然身衣弋綈，夫人自紡績。家童七百人，皆有手技作事。内治産業，累積纖微，是以能殖其貨，富於大将軍光。」［五］《後漢書》載樊宏父重，曰：「世善農稼，好貨殖，性温厚，有法度。三世共財，子孫朝夕禮敬，常若公家。其營理産業，物無所棄；課役童隸，各得其宜。故能上下戮力，財利歲倍。」［六］今之士大夫此者少［七］，故富貴不三四傳而衰替也。

「两家奴争道，霍氏奴入御史府，欲蹋大夫門」［八］，此霍氏之所以亡也。「奴從、賓客，漿酒藿肉」[九]，此董賢之所以敗也。然則今日之官評，其先考之《僮約》[十]乎？

以「正色立朝」[十一]之孔父，而豔妻行路，禍及其居[十二]。以小心謹慎之霍光，而「陰妻邪謀」[十三]，至於滅族。夫綱[十四]之能立者鮮矣。

戎王聽女樂，而「牛馬半死」[十五]。楚「鐵劍利」而「倡優拙」[十六]，秦王畏之。成帝寵「黄門名倡丙彊[十七]、景武之屬」[十八]，而漢業以衰。玄宗造霓裳羽毛[十九]之曲，而唐室遂亂。今日士大夫纔任一官，即以教戲唱曲爲事，官方民隱置之不講，國安得不講[二十]？身安得無敗？

【校注】

[一]《孝經·廣揚名章》。

[二]見《左傳·昭公二十年》。

[三]「侈奢」誤倒，當乙正。原抄本、遂初堂本、集釋本、欒本、陳本、嚴本均作「奢侈」。《史記》作「奢侈」。

[四]《史記·貨殖列傳》。

[五]《漢書·張安世傳》。

[六]《後漢書·樊宏傳》。

[七]「此者少」脱誤，當改。原抄本、遂初堂本、集釋本、欒本、陳本、嚴本均作「知此者鮮」。

[八]《漢書·霍光傳》。

[九]《漢書·鮑宣傳》。

[十]《僮約》，漢王褒所作，見《初學記》、《藝文類聚》、《太平御覽》。

[十一]《公羊傳·桓公二年》。

[十二]「居」字誤，當改。原抄本、遂初堂本、集釋本、欒本、陳本、嚴本均作「君」。事見《左傳》桓公元年、二年。

[十三]《漢書·霍光傳》贊曰。

[十四]夫綱，《白虎通義》卷七《三綱六紀》：「夫爲妻綱。」

[十五]《韓非子·十過》。事見《史記·秦本紀》戎王使由余於秦。

[十六]《史記·范睢列傳》。

[十七]「丙疆」誤，當改。原抄本、遂初堂本、集釋本、欒本、陳本、嚴本均作「丙彊」。

[十八]《漢書·禮樂志》。

[十九]「毛」字誤，當改。原抄本、遂初堂本、集釋本、欒本、陳本、嚴本均作「衣」。

[二十]「講」字誤，當改。原抄本、遂初堂本、集釋本、欒本、陳本、嚴本均作「亡」。

奴僕

《顔氏家訓》：「鄴下有一領軍，貪積已甚，家僮八百，誓满一千。」[一]唐李義府「多取人奴婢，乃敗，各散歸其家」，時人爲露布云：「混奴婢而亂放，各識家而競入。」[二]潘岳《西征賦》曰：「混雞犬而亂放，各識家而競入。」聖祖[三]數凉國公藍玉之罪，亦曰「家奴至於數百」[四]。今日江南士大夫多有此風，一登仕籍，此輩競來門下，謂之投靠，多者亦至千人。而其用事之人，則主人之起居食息，以至於出處語默，無一不受其節制，有甘於毁名喪節而不顧者。奴者主之，主者奴之。嗟乎！此「六逆」[五]之所繇來矣！

《漢書·霍光傳》：任宣言：「大将軍時，百官已下，但事馮子都、王子方等。」皆光奴[六]。又曰：「初，光愛幸監奴馮子都，常與計事。師古曰：「監奴，奴之監知家務者也。」及顯光妻[七]。寡居，與子都亂。」夫以出入殿門進止不失尺寸之人，而溺情女子小人遂至於此！今時士大夫之僕多有以色而升，以妻而寵。夫上有漁色之主，則下必有烝弒之臣。「清斯濯纓，濁斯濯足，自取之也。」[八]是以欲清閨門，必自簡童僕始。

嚴分宜[九]之僕永年，號曰「鶴坡」。張江陵[十]之僕游守禮，號曰「楚濱」。古詩：「昔有霍家奴，姓馮名子都。」而晉灼引《漢語》以爲馮殷，則子都亦字也。不但招權納賄，而朝中多增[十一]之詩文，儼然與搢紳爲賓主。名號之輕，文章之辱，至斯而甚。異日媚閹建補[十二]，非此爲之嚆矢乎？

人奴之多，吴中爲甚。史言吕不韋家僮萬人，嫪毐家僮數千人。今吴中仕宦之家有至一二千人者。其專恣横暴[十三]，亦惟吴中爲甚。有王者起，當悉免爲良而徙之，以實遠方空虚之地。士大夫之家所用僕役，並令出資[十四]雇募，如江北之例。鄭司農《周禮·司厲》註曰：「今之奴婢，古之罪人也。」《風俗通》言：「古制本無奴婢，奴婢皆是犯事者。」今吴中亦諱其名，謂之「家人」。則豪横一清，而四鄉之民得以安枕。其爲士大夫者，亦不受制於人，可以勉而爲善。訟簡風淳，其必自此始矣。

【校注】

[一]《治家》篇。

[二]《資治通鑑》卷二百一《唐紀十七》，又見《舊唐書·李義府傳》。

[三]「聖祖」，原抄本同。潘耒遂初堂本改爲「太祖」，集釋本因之。欒本、陳本作嚴本仍刻本之舊而加注，無注。嚴本仍刻本之舊而加注。

[四]《太祖實録》。

[五]《左傳・隱公三年》：「賤妨貴，少陵長，遠間親，新間舊，小加大，淫破義，所謂六逆也。」

[六]「皆光奴」，原抄本同，遂初堂本、集釋本、欒本、陳本、嚴本作「皆老奴」。按《漢書》顔師古注引服虔曰作「皆光奴」。

[七]黄汝成集釋引楊氏曰：「顯，故婢也。光夫人東閭氏歿，立爲妻。」

[八]《孟子・離婁上》。

[九]嚴分宜，嚴嵩，字惟中，分宜人。

[十]張江陵，張居正，字叔大，江陵人。

[十一]「增」字誤，當改。原抄本、遂初堂本、集釋本、欒本、陳本、嚴本均作「贈」。

[十二]「補」字誤，當改。原抄本、遂初堂本、集釋本、欒本、陳本、嚴本均作「祠」。

[十三]「横暴」，原抄本、遂初堂本、集釋本、欒本、陳本、嚴本均作「暴横」。

[十四]「資」，原抄本同，遂初堂本、集釋本、欒本、陳本、嚴本作「貲」。

閽人

《顔氏家訓》：「周公[一]一沐三握髮，一飯三吐哺，以接白屋之士，一日所見七十餘人。門不停賓，古所貴也。失教之家，閽寺無禮，或以主君寢食，嗔怒拒客未通，江南深以爲恥。黄門侍郎裴之禮，號善待士，有如此輩，對賓杖之。其門下[二]僮僕接於他人，折旋俯仰，辭色應對，莫不肅敬，與主無別也。」[三]《史記》：鄭當時「誡門下：『客至，無貴賤無留門者。』」[四]《後漢書》：皇甫嵩「折節下士，門無留客」。[五]而《大戴禮》武王之門銘曰：「敬遇賓客，貴賤無二。」[六]則古已言之矣。觀夫後漢趙壹之於皇甫規，高彪之於馬融，一謁不面，終身不見。爲士大夫者，可不戒哉！

《後漢書·梁冀傳》：「冀、壽共乘輦車游觀第内，鳴鐘吹管，或連繼日夜。客到門不得通，皆請謝門者，門者累千金。」今日所謂「門包」殆昉於此。

【校注】

［一］「周公」上，原抄本、遂初堂本、集釋本、欒本、陳本、嚴本均有「昔者」二字。

［二］「門下」，原抄本同，遂初堂本、集釋本、欒本、陳本、嚴本作「門生」。《顔氏家訓》作「門生」。

［三］《風操》篇。

［四］《汲鄭列傳》。

［五］《皇甫嵩傳》。

［六］《太平御覽·居處部》引作《太公金匱》門之書。

田宅

《舊唐書》：張嘉貞「在定州，所親有勸立田業者。嘉貞曰：『吾忝歷官榮，曾任國相，未死之際，豈憂饑餒？若負譴責，雖富田莊何用？比見朝士廣占良田，及身没［一］後，皆爲無賴子弟作酒色之資，甚無謂也。』聞者嘆服」。［二］此可謂得二疏［三］之遺意者。若夫世變日新，人情彌險，有以富厚之名而反使其後人無立錐之地者，亦不可不慮也。書又［四］言：馬燧「資［五］貨甲天下，既卒，子暢承舊業，屢爲豪幸邀取。貞元末，中尉曹志廉諷暢，令獻田園第宅，順宗復賜暢。中貴人逼取，仍指使施於佛寺，暢不敢吝[六]。晚年財産並盡，身没[七]之後，諸子無室可居，以至凍餒。今奉誠園亭館即暢舊第也」。[八]白樂天詩：「不見馬家宅，今作奉誠園。」[九]元微之詩：「蕭相深誠奉至尊，舊居求居[十]奉誠園。秋來古巷無人掃，樹滿空牆閉戟門。」[十一]《通鑑》作「奉成園」，又以爲馬璘之第，並誤。按《馬璘傳》：「天寶中，貴戚勳家已務奢靡，而垣屋猶存制度，然衛公李靖家廟已爲嬖臣楊氏馬廄矣。及安史之亂，法度墮弛，内臣戎帥競[十二]奢豪，亭館第舍力窮乃務止。璘之第經始中堂，費錢二十萬[十三]。」德宗踐阼，「條舉格令貫，第舍不得□[十四]制，仍詔毁□[十五]中堂及内官劉忠翼之第，璘之家園進屬宫司[十六]。自後公卿賜宴，多於璘之山池。子弟無行，家財尋盡。」《册府元龜》：「貞元十八年二月朔，賜群臣會宴于延康里故馬璘池亭，自後每逢令節皆然。」則二馬身後事略同。然謂之故馬璘池亭，而不曰奉誠園也。《雍録》：「奉誠園在安邑坊，本馬燧宅，□[十七]子暢獻之。」王鍔家財富於公藏，及薨，「有二奴告其子稷改父遺表，匿所獻家財」。□[十八]宗欲遣中使詣東都簡括，以裴度諫而止。[十九]稷後[二十]「爲德州刺史，廣齎金寶僕妾以行。節度使李全略利其貨而圖之，教本州軍作亂，殺稷，納其室女，以妓[二十一]媵處之」。[二十二]吾見今之大家，以酒色費[二十三]者居其一，以争鬬破者居其一，意外之侮奪又居其一，而「三桓之子孫微矣」[二十四]。

【校注】

[一]「没」，原抄本同，遂初堂本、集釋本、欒本、陳本、嚴本作「殁」。

[二]《張嘉貞傳》。

[三]二疏，疏廣、疏受，事見《漢書·雋疏于薛平彭傳》。

[四]「又」，遂初堂本誤作「文」。

[五]「資」，原抄本、遂初堂本、集釋本、欒本、陳本、嚴本均作「貲」。

［六］「丞」，同「吝」。
［七］「没」，原抄本同，遂初堂本、集釋本、欒本、陳本、嚴本作「歿」。
［八］《舊唐書·馬燧傳》。
［九］白居易《秦中吟十首·傷宅》。
［十］「居」字涉上而訛，當改。原抄本、遂初堂本、集釋本、欒本、陳本、嚴本均作「作」。
［十一］元稹《奉誠園馬司徒舊宅》。
［十二］「競」字下，脱「務」字，誤植在下句「乃」字下，當乙正。原抄本、遂初堂本、集釋本、欒本、陳本、嚴本均作「競務」。
［十三］「萬」字下，脱「貫」字，誤植在下句「格令」下，當乙正。原抄本、遂初堂本、集釋本、欒本、陳本、嚴本均作「萬貫」。
［十四］底本缺一字處，原抄本、遂初堂本、集釋本、欒本、陳本、嚴本均作「踰」，當補。
［十五］底本缺一字處，原抄本、遂初堂本、集釋本、欒本、陳本、嚴本均作「璘」，當補。
［十六］「宫司」，遂初堂本、集釋本、欒本、陳本、嚴本同，原抄本作「官司」。《舊唐書》作「官司」。
［十七］底本缺一字處，原抄本、遂初堂本、集釋本、欒本、陳本、嚴本均作「燧」，當補。
［十八］底本缺一字處，原抄本、遂初堂本、集釋本、欒本、陳本、嚴本均作「憲」，當補。
［十九］《資治通鑑》卷二百三十九《唐紀五十五》。
［二十］「後」，遂初堂本、集釋本、欒本、陳本、嚴本同，原抄本誤作「復」。
［二十一］「妓」，原抄本同，遂初堂本、集釋本、欒本、陳本、嚴本作「伎」。
［二十二］《舊唐書·王鍔傳》。
［二十三］「費」，各本均同，疑當作「廢」。

〔二十四〕語出《論語・季氏》。

三反〔一〕

今日人情有「三反」，曰：彌謙彌僞，彌親彌汎，彌奢彌吝。

【校注】

〔一〕「三反」，謂表裏相反。《世説新語・品藻》：「卞望之云：『郗公體中有三反：方於事上，好下佞己，一反；治身清貞，大修計校，二反；自好讀書，憎人學問，三反。』」

召殺〔一〕

巧召殺，忮召殺，吝召殺。

【校注】

〔一〕「召殺」，謂自招殺身之禍。《左傳・襄公二十三年》：「禍福無門，唯人所召」，《太平御覽・人事部・鑒戒》引作「自召」。「召」同「招」。

南北風化之美〔一〕「美」字必「異」字之訛也。〔二〕

江南之士，輕薄奢淫，梁、陳諸帝之遺風也；河北之人，鬭恨〔三〕劫殺，安、史諸凶之餘化也。

【校注】

[一]「美」字誤，當改。原抄本、遂初堂本、集釋本、欒本、陳本、嚴本均作「失」。目録不誤，但「風化」誤作「風俗」。風化，《顔氏家訓・治家》：「夫風化者，自上而行於下者也，自先而施於後者也。」

[二]此條雙行小字夾註，兩種抄本均同，各本均無，非亭林原注，乃後人所加。

[三]「鬪恨」誤，當改。原抄本作「鬪狠」，遂初堂本、嚴本作「鬭狠」，集釋本、欒本、陳本作「鬭很」。古文「很」同「狠」，「鬪」同「鬭」。

南北學者之病

「飽食終日，無所用心，難矣哉！」[一]今日北方之學者是也。「群居終日，言不及義，好行小慧，難矣哉！」[二]今日南方之學者是也。

【校注】

[一]《論語・陽貨》。

[二]《論語・衛靈公》。

士大夫晚年之學

南方士大夫晚年多好學佛，北方士大夫晚年多好學仙。夫一生仕宦，投老得閒，正宜進德修業，以補從前之闕。知□能及[一]，流於異端，其與求田問舍之輩行事雖殊，而孳孳爲利之心則一而已矣。《宋史・召大臨[二]傳》：「富弼致政于家，爲佛氏之學。《蒙齋筆談》：「富鄭公少好道，自言吐納長生之術，信之甚篤，亦時爲燒煉丹靈龜[三]事。守亳時，迎穎川[四]僧正顒，館于書室，親[五]弟子禮。」大臨與之書曰：『古者三公無職事，惟有德者居之，內則論道於朝，外則主教于鄉。古之大人當是任者，必將以斯道覺斯民，成己以成物，豈以位之進退、年之盛衰而爲之變哉？今大道未明，人趨異學，不入於莊，則入於釋，疑聖人爲未盡善，輕禮義爲不足學。人倫不明，萬物憔悴，此老成大人側隱存心之時，以道自任，振起壞俗。若夫移情[六]變氣，務求長年，此山谷避世之士，獨善其身者之所好，豈世之所以望於公者？』弼謝之。」以達尊大老，而受後生之箴規，良不易得也。

唐玄宗開元六年，「河南參軍鄭銑、虢州朱陽縣丞郭仙舟投匭獻詩，敕曰：『觀其文理，是崇道法。至於時用，不切事情。可各從所好。』並罷官，度爲道士」。[七]

【校注】

[一]「知□能及」誤，當改。原抄本、遂初堂本、集釋本、欒本、陳本、嚴本均作「而知不能及」。
[二]「召大臨」誤，當改。原抄本、遂初堂本、集釋本、欒本、陳本、嚴本均作「吕大臨」。
[三]「丹靈龜」誤，當改。原抄本作「丹灶」，遂初堂本、集釋本、欒本、陳本、嚴本作「丹竈」。《蒙齋筆談》作「丹竈」。
[四]「穎川」誤，當改。原抄本、遂初堂本、集釋本、欒本、陳本、嚴本均作「潁州」。《蒙齋筆談》作「潁州」。
[五]「親」字下，脱一字，當補。原抄本作「持」，遂初堂本、集釋本、欒本、陳本、嚴本作「接」，《蒙齋筆談》作「執」。
[六]「情」字誤，當改。原抄本、遂初堂本、集釋本、欒本、陳本、嚴本均作「精」。
[七]《資治通鑑》卷二百一十二《唐紀二十八》。

士大夫家容僧尼

《册府元龜》：唐玄宗開元二年，「七月戊申，制曰：如聞百官家多以僧尼、道士爲門徒往還，妻子無所避忌。今江南尚有「門徒」之稱。或詭託禪觀，妄陳禍福。争涉左道，深斁大猷。自今已後，百官不得輒容僧尼、道士等至家。緣吉凶要須設齋，皆於州縣陳牒寺觀，然後依數聽去。仍令御史、金吾明加捉搦」。[一]

唐制，百官齋日雖在寺中，不得過僧。張籍《寺宿齋》詩云：「晚到今[二]光門外寺，寺中新□[三]隔簾多。齋宫[四]禁與僧相見，院院開門不得過。」杜詩《大覺高僧□若》末句有「獻花何日許門徒」。[五]

《金史·海陵紀》：貞元三年，「以右丞相[六]張浩、平章政事張暉，每見僧法寶，必坐其下，失大臣體，各杖二十。僧法寶妄自尊大，杖二百」。

【校注】

[一]《册府元龜》卷一百五十九《帝王部·革弊》。

[二]「今」字誤，當改。原抄本、遂初堂本、集釋本、欒本、陳本、嚴本均作「金」。

[三]底本缺一字處，原抄本、遂初堂本、集釋本、欒本、陳本、嚴本均作「竹」，當補。

[四]「齋宫」，各本均同。按張籍《張司業集》，一作「齋官」，義長。

[五]此條小字夾注，亭林原注，原抄本、遂初堂本、集釋本、欒本、陳本、嚴本均缺。詩見《杜工部集·大覺高僧蘭若》。

［六］「右丞相」，各本均同，《金史》作「左丞相」。

貧者事人

貧者不以貨事人，然未嘗無以自致［一］也。江上之貧女，「常先至而掃室布席」。［二］陳平侍里中喪，「以先往後罷爲助」。［三］古人之風，吾黨所宜勉矣。

【校注】

［一］「自致」，《論語·子張》：「人未有自致者也」，邢昺疏解爲「盡其誠」。

［二］《戰國策·秦策二》。

［三］《史記·陳丞相世家》。

分居

宋孝建中，中軍府録事參軍周殷啟曰：「今士大夫父母在而兄弟異居，計十家而七。庶人父子殊産，八家而五。其甚者乃危亡不相知，饑寒不相恤，忌疾讒害，其間不可稱數。宜明其禁，以易其風。」［一］當日江左之俗［二］便已如此。《魏書·裴植傳》云：「植雖自州送禄奉母及贍諸弟，而各别資財，同居異爨，一門數灶。蓋亦染江南之俗也。」［三］隋盧思道聘陳，嘲南人詩曰：「共甑分炊飯，同鐺各煮魚。」［四］而《地理志》言：蜀人「敏慧輕急」，「尤足意錢之戲。小人薄於情禮，父子率多異居」。[五]《册府元龜》：「唐肅宗乾元元年四月，詔百姓中有事親不孝，别籍異財，玷污風俗，虧敗名教，先決六十，配隸磧西。有官品者，禁身聞奏。」[六]《宋史》：太祖開寶元年六月，「癸亥，詔荆、蜀民，祖父母、父母在者，子孫不得别財異居」。二年，「八月丁亥，詔川峽諸州，察民有民[七]母在而别籍異財者，論死」。[八]太宗淳化元年九月辛巳，「禁川峽民父母在，出爲贅婿」。[九]真宗大中祥符二年正月，「戊辰，詔誘了[十]子弟析家産者，令所在擒捕流配」。[十一]其於教民厚俗之意，可謂深且篤矣。《遼史》：聖宗統和元年十一月，詔「民有父母在别籍異居者」坐罪。[十二]若劉安世劾章淳[十三]「父在别籍異財，絶滅義理」[十四]，則史傳書之，以爲正論。馬亮爲御史中丞，上言「父祖未葬，不得别財異居」。李元綱《厚德録》。[十五]乃今之江南猶多此俗，人家兒子娶婦，輒求分異。而老成之士，有謂「二女同居，易生嫌競，式好之道，莫如分爨」者，豈君子之言與？《史記》言商君治秦，令「民有二男以上不分異者，倍其賦」[十六]。又言「秦人家富子壯則出分，家貧子壯則出贅」[十七]，以爲國俗之敝。而陸賈家於好時[十八]，「有五男，出所使越得橐中裝，賣千金，分其子，子二百金，令其生産。陸生常安居[十九]駟馬，從歌舞琴瑟侍者十人，寶劍直百金，謂其子曰：『與汝約：過汝，汝給吾人馬酒食，極欲，十日而更。所死家得寶劍、車騎、侍從者。』」[二十]後人或謂之爲達。至唐，姚崇遺令，以「達官身後，子孫失蔭，多至貧寒。斗尺之間，參商是競」，欲倣陸生之意，「預爲分定，將以絶其後争」。[二十一]嗚呼，此衰世之意也！

漢桓帝之世，更相濫舉，時人爲之語曰：「舉秀才，不知書。察孝廉，父别居。」見《抱朴子》。當世之俗，猶以分居爲恥。若吴之陳表，世爲將督，「兑[二十二]修亡後，表母不肯事修母，表謂其母曰：『兄不幸亡早[二十三]，表統家事，當奉嫡母。母若能爲表屈情承順嫡母者，是至願也。母若不能，直當出別居耳。』由是二母感寤雍穆」。[二十四]可以見東漢之流風矣。

陳氏[二十五]《禮書》言：「周之盛時，宗族之法行，故得以此繫民而民不散。及秦用商君之法，富民有子則分居，貧民有子則出贅，由是其流及上，雖王公大人亦莫知有敬宗之道。浸淫後世，習以爲俗。而時君所以統馭之者，特服紀之律而已。間有糾合宗族，一再傳而不散者，則人異之，以爲義門。豈非『名生於不足』[二十六]與？」

應劭《風俗通》曰：「凡兄弟同居，上也；通有無，次也；讓，其下耳。」[二十七]豈非中庸之行，而今人以爲難能者哉？

《五雜俎》言：「『張公藝九世同居，高宗問之，書忍字百餘以進。』[二十八]其意美矣，而未盡善也。居家御衆，當令紀綱法度截然有章，乃可行之永久。若使姑婦勃谿，奴僕放縱，而爲家長者僅含默隱忍而已，此不可一朝居，而況九世乎？善乎！浦江鄭氏對太祖之言，曰：『臣同居無他，惟不聽婦人言耳。』此格論也，雖百世可也」。[二十九]

唐玄宗天寶元年正月敕：「如聞百姓有户高丁多，苟爲規避，父母見在，乃別籍異居，宜令州縣勘會。其一家之中有十丁已上者，放兩丁征行賦役；五丁已上，放一丁。即令同籍共居，以敦風教。其賦丁孝假，與免差科。」[三十]謂應賦之丁，遇父母亡，則免差科，謂之「孝假」。按此後周太祖所制，若罹凶禮，則不徵其賦者也。可謂得化民之術者矣。

【校注】

[一]《宋書・周朗傳》，作「周朗」。又見《魏書・島夷劉裕傳》，作「周殷」。

[二]「俗」，原抄本同，遂初堂本、集釋本、欒本、陳本、嚴本作「風」。

[三]《魏書・裴叔業傳》附裴植傳。又見《北史・裴叔業傳》附裴植傳。

[四]《太平廣記》卷二四七引《談藪》。

[五]《隋書・地理志上》梁州條。意錢，賭錢。「意」同「臆」。

[六]《册府元龜》卷五十九，又見卷六百十二。

[七]「民」字涉上而訛，當改。原抄本、遂初堂本、集釋本、欒本、陳本、嚴本均作「父」。

[八]《太祖本紀二》。

[九]《太宗本紀二》。

[十]「了」字誤，當改。原抄本、遂初堂本、集釋本、欒本、陳本、嚴本均作「人」。

[十一]《真宗本紀二》。

[十二]見《遼史・聖宗本紀一》。

[十三]「章淳」誤，當改。原抄本、遂初堂本、集釋本、欒本、陳本、嚴本均作「章惇」。

[十四]《宋史・劉安世傳》。「義理」，原抄本同，遂初堂本、集釋本、欒本、陳本、嚴本作「義禮」。《宋史》作「義理」。

[十五]今按：又見《宋書・馬亮傳》。

[十六]《史記・商君列傳》。

[十七]《漢書・賈誼傳》。

[十八]「好時」誤，當改。原抄本、遂初堂本、集釋本、欒本、陳本、嚴本均作「好畤」。

[十九]「居」字誤，當改。原抄本、遂初堂本、集釋本、欒本、陳本、嚴本均作「車」。《史記》、《漢書》作「車」。

[二十]《史記・陸賈列傳》，又見《漢書・陸賈傳》。

[二十一]《舊唐書·姚崇傳》。

[二十二]「兑」字誤,當改。原抄本、遂初堂本、集釋本、樂本、陳本、嚴本均作「兄」。《三國志》作「兄」。

[二十三]「亡早」誤倒,當乙正。原抄本作「早亡」,遂初堂本、集釋本、樂本、陳本、嚴本作「早世」。《三國志》作「早亡」。

[二十四]《三國志·吴書·陳武傳》。

[二十五]陳祥道,字用之,宋福州人。著《禮書》一百五十卷。

[二十六]僧肇《維摩詰所説經》注:「夫名生於不足,足則無名。」又王安石《老子·十八章》注:「道隱於無形,名生於不足。」又邵雍《漁樵問對》:「名生於不足,得喪於有餘。」

[二十七]《過譽》篇。通行本無「兄弟」二字。

[二十八]見《新唐書·孝友傳》。

[二十九]謝肇淛《五雜俎》卷十二。

[三十]《舊唐書·食貨志上》。

父子異部

《三國志》言「冀州俗,父子異部,更相毁譽」[一],今之江浙之間多有此風。一入門户,父子兄弟各樹黨援,兩不相下。萬曆以後,三數見之。此其無行誼之尤,所謂「惟弔茲不于我政人得罪,天惟與我民彝大泯亂」[二]者矣。

【校注】

[一]《三國志·魏書·武帝紀》。
[二]語出《尚書·康誥》。

生日

生日之禮，古人所無。余昔年流寓薊門，生日有致饋者，答書云：「《小弁》之逐子，始説『我辰』；《哀郢》之放臣，乃言『初度』。」《顔氏家訓》曰：「江南風俗，兒生一朞，爲制新衣，盥浴裝飾。男則用弓矢紙筆，女則刀尺鍼縷，並加飲食之物，及珍寶服玩，置之兒前。觀其發意所取，以驗貪廉智愚，名之爲『試兒』。親表聚集，因成宴會。自兹以後，二親若在，每至此日，常有飲食之事。無教之徒，雖已孤露，魏晉間人以父亡爲「孤露」。嵇康《與山巨源絶交書》「少加孤露」，趙彦深「見母自陳幼小孤露」[一]。亦謂之「偏露」，唐孟浩然《送莫氏甥》詩：「平生早偏露」。日[二]皆爲供頓，酣暢聲樂，不知有所感傷。梁孝元年少之時，每八月六日載誕之辰，常設齋講。自阮修容元帝所生日[三]。薨後，此事亦絶。」是此禮起於齊梁之間。逮唐宋以後，自天子至於庶人，無不崇飾此日。開筵召客，賦[四]稱壽。而於昔人反本樂生之意，去之遠[五]矣！[六]

【校注】

[一]趙彦深事，見《北齊書》及《北史》本傳。
[二]「日」字上，脱「其」字，當補。原抄本、遂初堂本、集釋本、欒本、陳本、嚴本均作「其日」。
[三]「生日」誤，當改。原抄本、遂初堂本、集釋本、欒本、陳本、嚴本均作「生母」。

［四］「賦」字下，脱「詩」字，當補。原抄本、遂初堂本、集釋本、欒本、陳本、嚴本均作「賦詩」。
［五］「難」字誤，當改。原抄本、遂初堂本、集釋本、欒本、陳本、嚴本均作「遠」。
［六］黄汝成集釋引楊氏曰：「以生日宴百官，始于唐明皇帝之開元十七年。」引錢氏曰：「古有上壽之禮，無慶生日之禮。」

納女［一］

漢王商爲相［二］，「皇太后常問［三］商女，欲以備後宮。時女病丞，商意亦難之，以病對，不入。及商以閨門事見考，自知爲王鳳所中，惶怖，更欲内女爲援。乃因新倖李婕妤家白，見其女」。爲太中大夫張匡所奏，「免相，歐血薨，謚曰戾侯」。［四］後魏鄭義［五］爲西兗州刺史，貪鄙，「納女爲嬪，徵爲秘書監」。及卒，尚書謚曰宣。詔曰：「蓋棺定謚，激濁揚清。義［六］雖夙有文業，而治闕廉清。尚書何乃情遺至公，愆違明典？依《謚法》：博文多見曰『文』，不勤成名曰『靈』。」謚曰「文靈」。［七］古之士大夫以納女後宮爲恥，今人則以爲榮矣。

古之名士猶不肯與戚蜿［八］同列。魏夏侯玄「爲散騎黄門侍郎，嘗進見，與皇后弟毛增［九］並坐。玄恥之，不悦，形之於色」。［十］宋路太后「頗豫政事，弟子瓊之宅與太常王僧達並門，嘗盛車服衛從造僧達，僧達不爲之禮。瓊之以訴太后，太后大怒，告上曰：『我尚在，而皆陵我家，死後乞食矣。』欲罪僧達，上曰：『瓊之年少，自不宜輕造諸王。僧達貴公子，豈可以此事加罪？』」［十一］

【校注】

［一］「納女」、「王女棄歸」、「罷官不許到京師」三條，潘耒遂初堂刻本脱漏，黄氏集釋本在卷二十八之末，欒本即集釋本，陳本未説明出處，嚴本據集釋本補。

［二］「相」字上，脱「丞」字，誤植在「時女病」下，當乙正。原抄本、集釋本、欒本、陳本、嚴本均作「丞相」。《漢書》作「丞相」。

［三］「常問」，原抄本、集釋本、欒本、陳本、嚴本均作「嘗詔問」。《漢書》作「嘗詔問」。

［四］《漢書・王商傳》。

［五］「鄭義」誤，原抄本同誤，當改。集釋本、欒本、陳本、嚴本作「鄭羲」。《魏書》、《北史》作「鄭羲」。

［六］「義」字誤，當改。原抄本、集釋本、欒本、陳本、嚴本均作「羲」。《魏書》、《北史》作「羲」。

［七］《魏書・鄭羲傳》，又見《北史》。

［八］「蜿」字誤，當改。原抄本、集釋本、欒本、陳本、嚴本均作「畹」。

［九］「毛增」誤，當改。原抄本、集釋本、欒本、陳本、嚴本均作「毛曾」。《三國志》作「毛曾」。

［十］《三國志・魏書・諸夏侯傳》。

［十一］《宋史・后妃傳》。又見《南史・王弘傳》附王僧達傳。

王女棄歸

《漢書・衡山王傳》：太子「女弟無采嫁，棄歸」。以王女之貴，爲人妻而猶有見棄者。近古七出［一］之條猶存，而王者亦不得以非禮制其臣下也。

【校注】

［一］七出，《孔子家語·本命解》：「婦有七出、三不去。」《大戴禮記·本命》：「婦有七去」、「婦有三不去」。又見《白虎通義》卷四。

罷官不許到京師

《後漢書》言：「漢法，罷免守令，非徵詔［一］不得妄到京師。」《蘇不常［二］傳》。今制：内外官員至京師，必謁鴻臚寺，報名見朝。至南京，必謁孝陵。罷職者不得入國門。成化十三年九月壬申，詔逐罷閑官吏人等。此漢人之成法，所以防奔緣、清輦轂之意深矣。

《册府元龜》載：後唐明宗長興二年，「九月丙戌，太傅致仕王建立不繇詔旨至京，建立先以上章，允歸鄉里。通事不敢引對，留於閤門。久之，自至後樓朝見［三］，帝以故將，不之罪」。［四］則知五代之朝，此法亦未嘗弛也。

【校注】

［一］「徵詔」，原抄本同，集釋本、欒本、陳本、嚴本作「徵召」。《後漢書》作「詔徵」。

［二］「蘇不常」誤，當改。原抄本、集釋本、欒本、陳本、嚴本均作「蘇不韋」。《後漢書》作「蘇不韋」。

［三］「朝見」，原抄本同，集釋本、欒本、陳本、嚴本作「召見」。《册府元龜》作「朝見」。按「朝見」義長。

［四］《册府元龜》卷四十一。

陳思王植

陳思王植初封臨淄[一]侯，「聞魏氏代漢，發服悲哭」，文帝恨之。《魏志·蘇則傳》。司馬順，字子思[二]。宣王第五弟通子，「初封習陽亭侯，《魏志·杜恕傳》註引《晉書》作「龍陽」。及武帝受禪，歎曰：『事乖唐虞，而假爲禪名。』遂悲泣，由是廢黜，徙武威姑藏[三]縣。雖受罪流放，守意不移而卒」。[四]滕王瓚，隋高祖母弟。周宣弟[五]崩，「高祖入禁中，將總朝政，瓚聞詔[六]，不從，曰：『作隋國公恐不能保，何乃更爲族滅事邪？』」[七]廣王全昱，全忠之兄。全忠稱帝，「與宗戚飲博於宫中，酒酣，全昱忽以投瓊，擊盆中迸散，睨帝曰：『朱三，汝本碭山一民，從黄巢爲盗，天子用汝爲四鎮節度使，富貴極矣。奈何一旦滅唐三百年社稷，自稱帝王？行當族滅，奚以博爲！』帝不懌而罷」。[八]夫天人革命，而中心弗願者，乃在於興代之懿親！其賢於裸將之士[九]、勸進之臣遠矣！

【校注】

[一]「臨淄」，原抄本同，遂初堂本、集釋本、欒本、陳本、嚴本作「臨菑」。

[二]「子思」，原抄本同，遂初堂本、集釋本、欒本、陳本、嚴本誤作「子忠」。《晉書》作「子思」。

[三]「姑藏」誤，當改。原抄本、遂初堂本、集釋本、欒本、陳本、嚴本均作「姑臧」。

[四]《晉書·任城景王陵列傳》。

[五]「弟」字誤，當改。原抄本、遂初堂本、集釋本、欒本、陳本、嚴本均作「帝」。

[六]「詔」字誤，當改。原抄本、遂初堂本、集釋本、欒本、陳本、嚴本均作「召」。《隋書》作「召」。

［七］《隋書·滕穆王瓚列傳》。
［八］《資治通鑑》卷二百六十六《後梁紀一》，又見《舊五代史·梁書·宗室列傳》注引《五代史闕文》。
［九］「裸将之士」，謂降臣。裸，祭名。《孟子·離婁上》引《詩經·大雅·文王》云：「殷士膚敏，裸将于京。」朱熹集注：「裸，宗廟之祭，以鬱鬯之酒灌地而降神也。」「凡此商之孫子，皆臣服於周矣。」「商士之膚大而敏達者，皆執裸獻之禮，助王祭事於周之京師也。」

降臣

《記》言：「孔子射於矍相之圃」，「賁軍之将、亡國之大夫不入」。［一］《説苑》言：「楚伐陳，陳西門燔，使其降民修之。孔子過之，不軾。」［二］《戰國策》：安陵君言：「先君手受《太府之憲》，《憲》之上篇曰：『國雖大赦，降城、亡子不得與焉。』」注：「以城降人及亡人之子。」下及漢魏，而馬日磾［三］、于禁［四］之流，至於嘔血而終，不敢靦於人世，時之風尚，從可知矣。後世不知此義，而文章之士多護李陵［五］，智計之家或稱譙叟［六］。此説一行，則國無守臣，人無植節，反顔事讎，行若狗彘，而不之媿也。何怪乎五代之長樂老［七］，序平生以爲榮，滅廉恥而不顧者乎！《春秋》僖十七年［八］：「齊人殲于遂。」《穀梁傳》曰：「無遂則何以言遂？其猶存遂也。」［九］故王蠋［十］死而田單復齊，弘演［十一］亡而桓公救衛。此足以樹人臣之鵠，而降臣［十二］、亡子不齒於人類者矣。今浙江紹興府有一種人謂之「惰民」，世爲賤業，不敢與齊民齒。志云：其先是宋将焦光瓚部曲，以叛宋降金被斥。

楚漢之際，有鄭君，見《史記·鄭當時傳》，失其名。當［十三］事項籍，籍死屬漢。高祖悉令諸籍臣名籍，謂不稱「項王」而斥其名。鄭君獨不奉詔。於是盡拜名籍者爲大夫，而逐鄭君。金哀宗之亡，參政張天綱見執於宋，「有司令供狀，書金主爲『虜主』。天綱曰：『殺即殺，焉用狀爲！』有司不能屈，聽其所供，天綱但書『故主』而已」。[十四]嗚呼！豈不賢於「少事僞朝」[十五]者乎！

唐肅宗至德三年正月大赦，詔：「自開元已來宰輔之家，不爲逆賊所污者，與子孫一人官。」[十六]

【校注】

[一]《禮記·射義》。鄭玄注：「矍相，地名也。賁，讀爲『僨』，僨，猶覆敗也。亡國，亡君之國者也。」

[二]《立節》篇。

[三]馬日磾，漢獻帝太傅，出使袁術，爲其所辱，日磾深自恨，病其失節，遂嘔血而死。見《後漢書·孔融傳》。

[四]于禁，三國曹魏時爲左将軍，敗於關羽，降於東吴，又爲東吴送還，鬚髮皓白，形容憔悴，慚恚發病死。見《三國志·魏書》本傳。

[五]李陵，漢武帝時爲騎都尉，與匈奴戰，矢盡糧絶，遂降。見《史記》之《李将軍列傳》、《匈奴列傳》，《漢書》之《李廣傳》、《司馬遷傳》。

[六]譙叟，譙周，三國蜀光禄大夫，勸後主降魏。見《三國志·蜀書》本傳。

[七]長樂老，馮道歷任四朝，三入中書，相六帝，自稱「長樂老」，著《長樂老自叙》，言自燕歸晋等事。見新舊《五代史》本傳。

[八]僖十七年，當作莊十七年。

[九]遂，春秋小國名，爲齊所滅，國已不存，而能盡殲齊之戍者。《穀梁傳》發明史官「無遂」而「存遂」之義，稱其能復仇也。

［十］王蠋，齊布衣賢者。燕師入齊，劫之以兵，王蠋自經其頸於樹枝，自奮絶脰而死。見《史記・田單列傳》。

［十一］弘演，衛懿公大夫。狄人殺衛懿公，盡食其肉，獨留其肝。弘演出使還，呼天大哭，盡哀而止，刳腹自出其肝，納懿公之肝於腹中而死。見《吕氏春秋・忠廉》、《新序・義勇》及《韓詩外傳》等。

［十二］「降臣」，原抄本、遂初堂本、集釋本、欒本、陳本、嚴本均作「降城」。按「降臣」義長。

［十三］「當」字誤，當改。原抄本、遂初堂本、集釋本、欒本、陳本、嚴本均作「嘗」。

［十四］見《金史・張天綱傳》。

［十五］「少事僞朝」，見李密《陳情表》。

［十六］《册府元龜》卷八十七。

本朝

古人謂所事之國爲「本國［一］」。魏文欽《降吴表》言：「世受魏恩」，「不能扶翼本朝，抱愧俯仰，靡所自厝」。［二］又如吴亡之後，而蔡洪《與刺史周俊［三］書》言「本朝［四］舉賢良」是也。《顔氏家訓》：「先君、先夫人皆未還建業舊山，旅葬江陵東郭。之推父協，梁湘東王府記室參軍。承聖末，啟求揚都，欲遷□厝［五］，蒙詔賜銀百兩，已於揚州小效卜地燒磚。值本朝淪没，流離至此。」之推事［六］歷齊、周及隋，而猶稱梁爲「本朝」，盖臣子之辭，無可移易，而當時上下亦不以爲嫌者矣。

《舊唐書》，劉昫撰［七］。昫爲石晉宰相，而其《職官志》稱唐曰「皇朝」，曰「皇家」，曰「國家」，《經籍志》稱唐曰「我朝」。［八］

宋胡三省註《資治通鑑》，書成於元至元時，註中凡稱宋皆曰「本朝」[九]，曰「我宋」，其釋地理皆用宋州縣名。惟一百九十七卷「蓋牟城」下註曰「大元遼陽府路」，「遼東城」下註曰「今大元遼陽府」，二百六十八卷「順州」下曰「大元順州領懷柔、密雲二縣」，二百八十六卷「錦州」下曰「陳元靚曰：大元於錦州置臨海節度，領永樂、安昌、興城、神水四縣，屬大定府路」，二百八十八卷「建州」下曰「陳元靚曰：大元建州，領建平、永霸二縣，屬大定府路」，以宋無此地，不得已而書之也。

【校注】

[一]「本國」誤，當改。原抄本、遂初堂本、集釋本、欒本、陳本、嚴本均作「本朝」。

[二]《三國志・魏書・毌丘儉傳》注引。

[三]「周俊」誤，遂初堂本、嚴本同誤，當改。原抄本、集釋本、欒本、陳本均作「周浚」。周浚，字開林，拜折沖將軍、揚州刺史，伐吴，降孫皓。

[四]「本朝」，原抄本同。遂初堂本、集釋本、欒本、陳本、嚴本作「吴朝」，與《世説新語・賞譽》注引《蔡洪集》同。按《與刺史周浚書》兩言「吴朝舉賢良」，皆似與條目無關，而《言語》篇云：「劉琨雖隔閡寇戎，志存本朝」，與條目正合。

[五]「欲遷□厝」誤，原抄本作「欲遷營厝」亦誤，當改。遂初堂本、集釋本、欒本、陳本、嚴本作「欲營遷厝」。《顔氏家訓》作「欲營遷厝」。

[六]「事」字誤，當改。原抄本、遂初堂本、集釋本、欒本、陳本、嚴本均作「仕」。

[七]「撰」，遂初堂本、集釋本、欒本、陳本、嚴本同，原抄本誤作「傳」。

[八]黄汝成集釋引楊氏曰：眴于廢帝時監修國史，所謂「國史」者，《唐書》也。

［九］陳垣校注：胡注全部稱「本朝」者只二次：一九一、二〇一。今按：胡注稱宋曰「本朝」此外尚有卷一二〇「武興」條、二三〇「壽陽」條，凡四見。

書前代官

陶淵明以宋元嘉四年卒，而顔延之身爲宋臣，乃其作誄，直云「有晉徵士」。真定府《龍藏寺碑》，隋開皇六年立，其末云「齊開府長兼行參軍九門張公禮撰」。齊亡入周，周亡入隋，而猶書齊官。韓偓自書《裴郡君祭文》，書「甲戌歲」，書「前翰林學士承旨、銀青光禄大夫、行尚書户部侍郎、知制誥、昌黎縣開國男、食邑三百户韓偓」。是歲朱氏篡唐已八年，猶書唐官，而不用梁年號。

《宋史·劉豫傳》：豫開元［一］阜昌，「朝奉郎趙俊書甲子，不書僭年，豫亦無如之何」。

【校注】

［一］「開元」誤，當改。原抄本、遂初堂本、集釋本、欒本、陳本、嚴本均作「改元」。

日知録卷之十八[一]

兄弟不相爲後

商之世，兄終弟及，故十六世而有二十八王。如仲丁、外壬、河亶甲，兄弟三王。陽甲、盤庚、小辛、小乙，兄弟四王。未知其廟制何如？《商書》言「七世之廟」[二]，賀循謂：「殷世有二祖三宗，若拘七室，則當祭稱[三]而已。」[四]徐邈亦云，若兄弟昭穆者，設兄弟六人爲君，至其後世當祀，不及祖禰。《唐書·禮樂志》：「自憲宗、穆宗、敬宗、文宗四世祔廟，睿、方[五]、肅、代以次遷。至武宗崩，德宗以次當遷，而於世次爲高祖。禮官如[六]覺其非，以謂兄弟不相爲後，不得爲昭穆，乃議復祔代宗。而議者言：『已祧之主，不得復入太廟。』禮官舊史亦但言禮儀使，不載其名。曰：『昔晉元、明之世，已遷豫章、潁川，豫章府君，宣帝之曾祖。潁川府君，宣帝之祖。惠帝崩，遷豫章。元帝即位江左，升懷帝，又遷潁川位。雖七室，其實五世。蓋從刁協以兄弟爲世數故也。後皆復祔。元帝時，已遷豫章、潁川，尋從温嶠議復故。明帝崩，又遷潁川，簡文帝立復故。此故事也。』議者又言：『廟室有定數，而無後之主當置別廟。』開元初，「奉中宗別廟，升睿宗爲弟[七]七室」。[八]禮官曰：『晉武帝時，景、文同廟，廟雖六代，其實七主，至元帝、明帝，廟皆十室。故賀循曰：廟以容主爲限，而無常數也。』於是復祔代宗，而以敬宗、文宗、武宗同爲一代。」[九]

何休解《公羊傳》文於[十]二年「躋僖公」，謂「惠公與莊公當同南面西上，隱、桓與閔、僖當同北面西上」。據大祫如此，則廟中昭穆之序亦從之而不易矣。

鄞萬斯大[十一]本之立説，謂：「廟制當一準《王制》之言，太祖而下，其爲父死子繼之常也，則一廟一王[十二]，三昭三穆而不得少。其爲兄弟相繼之變也，則同廟異室，亦三昭三穆而不得多。觀《考工記・匠人營國》所載，世室、明堂皆五室，則知同廟異室，古人或已有通其變者，正不可指爲後人之臆見也。」《記》曰：「協諸義而協，則禮雖先王未之有，可以義起也。」[十三]然則賀循之論可爲後王之式矣。

【校注】

[一]抄本卷十八，刻本爲卷十四、卷十五。

[二]《尚書・商書・咸有一德》。

[三]「稱」字誤，當改。原抄本、遂初堂本、集釋本、欒本、陳本、嚴本均作「禰」。下同。

[四]《晉書・禮志上》，又見《宋書・禮志三》。「兄弟不相爲後」亦賀循首言之。

[五]「方」字誤，當改。原抄本、遂初堂本、集釋本、欒本、陳本、嚴本均作「玄」。

[六]「如」字誤，當改。原抄本、遂初堂本、集釋本、欒本、陳本、嚴本均作「始」。

[七]「弟」字誤，當改。原抄本、遂初堂本、集釋本、欒本、陳本、嚴本均作「第」。《新唐書》作「第」。

[八]見《新唐書・儒學傳下》。

[九]《新唐書・禮樂志三》。

[十]「文於」誤，當改。原抄本、遂初堂本、集釋本、欒本、陳本、嚴本均作「文公」。

[十一]萬斯大，字充宗，清鄞縣人。著《學禮質疑》二卷，又有《儀禮商》二卷、《禮記偶箋》三卷。

[十二]「王」字誤，當改。原抄本、遂初堂本、集釋本、欒本、陳本、嚴本均作「主」。

[十三]《禮記・禮運》。

立叔父

《左傳》昭十九年：「鄭駟偃卒，生絲弱，其父兄立子瑕。子游父父[一]駟乞。」子産對晉人，謂「私族於謀，而立長親」。是叔父繼其兄子。唐宣宗之爲皇太叔，蓋昉於[二]矣。

【校注】

[一]「父父」誤，當改。原抄本、遂初堂本、集釋本、欒本、陳本、嚴本均作「叔父」。駟偃字子游。

[二]「於」字下，脱「此」字，當補。原抄本、遂初堂本、集釋本、欒本、陳本、嚴本均作「於此」。

繼兄子爲君

「晉元帝大興三年正月乙卯，詔曰：『吾雖上繼世祖，然於懷愍皇帝皆北面稱臣。今祠太廟，不親執觴酌，而令有司行事，於情理不安。』」[一]乃行親獻，可謂得《春秋》之意者矣。

【校注】

［一］《宋書・禮志三》，又見《晉書・禮志上》。

太上皇

《秦始皇本紀》：「追尊莊襄王爲太上皇。」是死而追尊之號，猶周曰「太王」也。漢則以爲生號，而後代並因之矣。

《曲禮》：「已孤暴貴，不爲父作謚。」或舉武王爲難，鄭康成答趙商曰：「周道之基，隆於二王，功德繇之，王業［一］興焉，不可以一概論也。若夏禹、殷湯則不然矣。」［二］據此，則漢高帝於太上皇尊而不謚，乃爲得禮。其追尊先媪爲昭靈夫人，當亦號而非謚也。

【校注】

［一］「王業」，原抄本、遂初堂本、集釋本、欒本、陳本、嚴本均作「王迹」。

［二］《禮記・曲禮下》孔穎達疏引鄭玄《鄭志》。鄭玄，字康成。趙商，鄭玄弟子。

皇伯考

魏孝莊帝追尊其父彭城武宣王爲文穆皇帝，廟貌［一］肅祖，母李妃爲文穆皇后。将遷神主於太廟，以高祖爲伯考。臨淮王彧［二］表諫曰：「漢祖創業，香街有太上之廟；光武中興，南頓立春陵之寢。元帝之於光武，疏爲絶服，猶身奉子道，入繼太宗[三]。高祖之於聖躬，親實猶子，陛下既纂洪[四]緒，豈宜加伯考之名？且漢宣之繼孝昭，斯乃上後叔祖，豈忘宗承考妣？蓋以大義所奪，及金德將興，宣王受寄。自茲而降，世秉威[五]權。景、文二王，實傾曹氏，故晉武繼文祖宣，於景王有伯考之稱。以今類古，或恐[六]非儔。又臣子一例，義彰舊典，祫禘失序，著[七]譏前經。高祖德溢寰中，道超無外，肅祖雖勳格宇宙，猶曾奉贄稱臣。穆皇后稟德坤元，復將配享乾位。此乃君臣並筵，嫂叔同室，歷觀墳籍，未有其事。」又表言：「爰自上古，及[八]于下葉，崇尚君親，褒明功德[九]，乃有『皇』號，終無『帝』名。若去『帝』稱『皇』，求之古義，少有依準。」[十]不納。先朝嘉靖中，追崇之典與此正同。襲典午之稱名，用孝莊之故事，蓋並非張、桂諸臣之初意矣。[十一]

【校注】

[一]「貌」字誤，當改。原抄本、遂初堂本、集釋本、欒本、陳本、嚴本均作「號」。

[二]「或」字誤，當改。原抄本、遂初堂本、集釋本、欒本、陳本、嚴本均作「彧」。《魏書》、《北史》作「彧」。

[三]「太宗」誤，原抄本同誤，當改。遂初堂本、集釋本、欒本、陳本、嚴本作「大宗」。《魏書》、《北史》作「大宗」。

[四]「洪」，原抄本、遂初堂本、欒本、陳本、嚴本同，原抄本作「弘」。《魏書》、《北史》作「洪」。

[五]「威」，原抄本同，遂初堂本、集釋本、欒本、陳本、嚴本誤作「盛」。《北史》無此句，《魏書》作「威」。

[六]「或恐」誤倒，當乙正。原抄本、遂初堂本、集釋本、欒本、陳本、嚴本均作「恐或」。《魏書》、《北史》作「恐或」。

[七]「著」，原抄本同，遂初堂本、集釋本、欒本、陳本、嚴本作「致」。《北史》無此句，《魏書》作「著」。

[八]「及」，原鈔本、遂初堂本、集釋本、、欒本、陳本、嚴本均作「迄」

[九]「德」，原鈔本、遂初堂本、集釋本、、欒本、陳本、嚴本均作「懿」
[十]《魏書・太武五王傳》，又見《北史・太武五王傳》。
[十一]「張桂」，謂楊廷和、桂萼。各見《明史》本傳。

除去祖宗廟謚

漢惠帝從叔孫通之言，郡國多置原廟[一]。元帝時，貢禹以爲不應古禮。永光四年，下丞相韋玄成等議。以「《春秋》之義，父不祭于支庶之宅，君不祭於臣僕之家，王不祭于下土諸侯，請勿復修」。「奏可，因罷昭靈后、武哀王、昭哀后、衛思后、戾太子、戾后園，皆不奉祠。」[二]後魏明元貴嬪杜氏，魏郡鄴人，生世祖，及即位，追尊爲密皇后[三]，配享[四]太廟，又立后廟於鄴。「高宗時，相州刺史高閭表修后廟，詔曰：『婦人外成，禮無獨祀，陰必配陽，以成天地，未聞有莘[五]之國立太姒之饗[六]。此乃先皇所立，一時之至感，非經世之達遠制，便可罷祀。』」[七]是古人罷祖宗之廟而不以爲嫌也。王莽尊元帝廟號高宗，成帝號統宗，平帝號元宗，中興皆去之。後漢和帝號穆宗，安帝號恭宗，順帝號敬宗，桓帝號威宗。桓帝尊母梁貴人曰恭懷皇后，安帝尊祖母宋貴人曰敬隱皇后，順帝尊母李氏曰恭愍皇后。獻帝初平元年，左中郎將蔡邕議，孝和以下，「政事多釁，權移臣下。嗣帝殷勤，各欲褒崇至親而已。臣下懦弱，莫能軌正[八]」。[九]據禮，「和、安、順、桓四帝不宜稱宗。又恭懷、敬隱、恭愍三皇后並非正嫡，不合稱后。皆請除尊號」。「制曰可。」[十]唐高宗天子弘[十一]，追謚孝敬皇帝，廟號義宗。開元六年，將作天匠[十二]韋湊上言，準禮不合稱宗，「於是停義宗之號」[十三]。是古人除祖宗之號而不以爲忌也。後世浮文日盛，有增無損。德宗初立，「禮儀使、吏部尚書顔真卿上言：『上元中，政在宫壼，始增祖宗之謚。玄宗末，姦臣竊命，列聖之謚有加至十一字者。按周之文、武，言文不稱武，言武不稱文，豈盛德所不優乎？蓋稱其至者故也。故謚多不爲褒，少不爲貶。今列聖謚號太廣，有踰古制，請自中宗以上，皆從初謚。睿宗曰聖真皇帝，玄宗曰孝明皇帝，肅宗曰宣德皇帝[十四]。以省文尚質，正名敦本。』上命百官集議，儒學之士皆從真卿議，獨兵部侍郎袁傪，官以兵進，奏言：『陵廟玉册、木主皆已刊勒，不可輕改。』事遂寢。不知陵中玉册所刊[十五]乃初謚也。」[十六]自此宗廟之廣，謚號之繁，沿至本朝，遂成故典，而人臣不敢議也[十七]。

稱宗之濫，始於王莽之「三宗」[十八]。稱祖之濫，始於曹魏之「三祖」[十九]。唐王彦威所謂「叔世亂象，不可以訓」[二十]者也。

【校注】

[一]「原廟」，《史記》裴駰集解：原者，再也。先既已立廟，今又再立，故謂之原廟。《通典》注：「原，重也。先有廟，今更立之，故云重也。」

[二]《漢書·韋賢傳》。

[三]「密皇后」，原抄本同，遂初堂本、集釋本、欒本、陳本、嚴本誤作「穆皇后」。按《魏書》之《皇后列傳》及《天象志》與《北史·后妃傳上》均作「密皇后」。

[四]「享」，遂初堂本、集釋本、欒本、陳本、嚴本同，原抄本作「饗」。

[五]「有萃」誤，當改。原抄本、遂初堂本、集釋本、欒本、陳本、嚴本均作「有莘」。

［六］「饗」，遂初堂本、集釋本、欒本、陳本、嚴本同，原抄本作「享」。

［七］《魏書・皇后列傳》，又見《北史・后妃傳上》。

［八］「軌正」，原抄本、遂初堂本、集釋本、欒本、陳本、嚴本均作「執正」。《通典》引作「執夏侯之直」。蔡邕《蔡中郎集》同，王先謙引《蔡中郎集》作「執正夏侯之義」。

［九］《通典》卷四十七。

［十］《後漢書・孝獻帝紀》。

［十一］「天子弘」誤，當改。原抄本、遂初堂本、集釋本、欒本、陳本、嚴本均作「太子弘」。

［十二］「将作天匠」誤，當改。原抄本、遂初堂本、集釋本、欒本、陳本、嚴本均作「将作大匠」。

［十三］《舊唐書・高宗中宗諸子列傳》。韋湊上書見《舊唐書》本傳。

［十四］「宣德皇帝」，原抄本、遂初堂本、嚴本作「宣皇帝」，集釋本、欒本、陳本作「孝宣皇帝」。按《資治通鑑》作「宣皇帝」。

［十五］「刊」，原抄本、遂初堂本、集釋本、欒本、陳本、嚴本均作「刻」。《資治通鑑》作「刻」。

［十六］《資治通鑑》卷二百二十五《唐紀四十一》。

［十七］「也」，原抄本同，遂初堂本、集釋本、欒本、陳本、嚴本作「矣」。

［十八］三宗，《漢書・韋賢傳》載哀帝時劉歆議曰：「宗，變也，苟有功德則宗之，不可預爲設數。故於殷，太甲爲太宗，大戊曰中宗，武丁曰高宗。周公爲《毋逸》之戒，舉殷三宗以勸成王。」

［十九］三祖，《文選》任昉《奉答敕示七夕詩啟》注：「三祖，謂魏武、文、明也。」引《三國志・魏書・三少帝紀》高貴鄉公詔：「昔三祖神武聖德，應天受祚。」

［二十］《新唐書・王彦威傳》。

漢人追尊之禮

太上皇，高帝父也，「皇」而不帝。師古曰：「皇，君也。天子之父，故號曰皇。不預治國，故不言帝也。」又引蔡邕曰：「不言帝，非天子也。」戾太子、悼皇考，孝宣之祖若父也，「太子」、「皇考」而不帝。春陵節侯、鬱林太守、鉅鹿都尉、南頓令，光武之高曾若祖父也，「侯」而不帝，「太守」、「都尉」而不帝，「君」而不帝。此皆漢人近古。而作俑者，定陶共皇一議[一]也。

【校注】

[一]哀帝追尊定陶共王爲共皇帝，師丹等諫，不聽。見《漢書·師丹傳》。

謚法

孝宣即位，思戾、悼之名[一]，不少[二]隱諱，亦無一人更言衆鳩里事[三]，此見漢人醇厚。後代因之，而恩怨相尋，反覆[四]之報，中於國家[五]者多矣。

「季孫問於榮駕鵝曰：『吾欲爲君謚，使子孫知之。』對曰：『生弗能事，死又惡之，以自信也，將焉用之？』乃止。」[六]然謚之曰「昭」，亦但取其習於威儀爾。《謚法》：「容儀恭美而[七]昭。」[八]按周之昭王南征不復，晉昭侯、鄭昭公、宗[九]昭公、蔡昭侯皆見賊[十]於其臣，是「昭」非饗國克終之謚也。此外齊、晉、曹、許皆有昭公，亦無可稱。而周之甘昭公，以罪見殺。至楚昭王、燕昭

王、秦昭襄王、漢孝昭帝，始以爲美謚。而晤[十一]之昭宗亦見弑。[十二]

【校注】

[一]「倬」字誤，當改。原抄本、遂初堂本、集釋本、欒本、陳本、嚴本均作「悼」。漢武帝太子據，遭巫蠱之禍而死，稱戾太子。戾太子之子史皇孫，同時遇害，謚曰悼。宣帝爲史皇孫之子。

[二]「不少」，原抄本、遂初堂本、集釋本、欒本、陳本、嚴本均作「不爲」。

[三]「衆鳩里」誤，當改。原抄本、遂初堂本、集釋本、欒本、陳本、嚴本均作「泉鳩里」。《漢書·武五子傳》：「太子之亡也，東至湖，臧匿泉鳩里。」

[四]「反覆」，原抄本同，遂初堂本、集釋本、欒本、陳本、嚴本作「反復」。按當作「反復」。《易經·復卦》：「反復其道，七日來復。」

[五]中於國家，謂禍害及於國家。《明史·孫傳庭傳》：「必欲行之，賊不必盡，而害中於國家。」《讀通鑑論》卷二十四：「邪佞之志得，禍必中於國家也。」

[六]《左傳·定公元年》。

[七]「而」字誤，當改。原抄本、遂初堂本、集釋本、欒本、陳本、嚴本均作「曰」。

[八]《逸周書·謚法解》。

[九]「宗」字誤，當改。原抄本、遂初堂本、集釋本、欒本、陳本、嚴本均作「宋」。

[十]「賦」字誤，當改。原抄本、遂初堂本、集釋本、欒本、陳本、嚴本均作「弑」。今按：「賦」字恐是「賊」字之訛。

[十一]「晤」字誤，當改。原抄本、遂初堂本、集釋本、欒本、陳本、嚴本均作「唐」。

[十二]黄汝成集釋引雷氏曰：《謚法》本《周書》篇名。自周公制謚，作此一篇，垂憲於後，漢魏以來，悉損益而遵用之。兩晉以前，言謚法者十一家，《世本》、《竹書》、《大戴禮》、《今文尚書》、《白虎通》、《廣謚》、《獨斷》、劉熙、《乘

奥》、《春秋》、《帝王世紀》是也，實皆本於《周書》。沈約《謚例序》謂《大戴禮》及《世本》謚法，約時已亡其篇，唯取《周書》及劉熙謚法、《廣謚》舊文，以《乘奥》、《世紀》之異者爲書，是隱侯所采者止及五家。《通考》謂賀琛《謚法》四卷，取周公舊謚及沈約所廣，曰「新謚」者，琛所增也，則賀氏又止取两家。蘇氏承詔編定《謚法》，於晉以前取周公、《春秋》、《廣謚》三家，益以沈約、賀琛、扈蒙，爲六家謚法，於古法蓋多所損益矣。今案周公謚法雖見《周書》，以爲後人所亂，故《困學紀聞》所載與今本之文迥殊。蘇氏亦謂周公之書反取賀琛新法而載之。《戴記》、《春秋》此篇雖佚，《白虎通》引《禮記》謚法六條，《通鑑・唐紀》注引《禮記》謚法一條，有堯、舜二謚，馬融書注亦稱之。馬注又云「俗儒以湯爲謚，以禹爲名，然皆不在《謚法》」。蓋漢時《戴記》列於學官，故經傳可取以爲訓。湯與桀、紂三謚乃《廣謚》所增，不見於《戴記》，故斥曰「俗儒」也。後《獨斷》取桀、紂，《釋例》取湯。故《路史》云：「杜預取《周書・謚法》，納之《釋例》，增之以湯，世謂之《春秋謚法》。」即今《史記正義》所載者是已。《史記集解》引禹爲謚，其《乘奥》、《世紀》之説歟？

追尊子弟

古人主但有追尊其父兄，無尊其子弟者。唯秦文公太子卒，賜謚爲竫公。唐代宗追謚其弟、故齊王倓，爲承天皇帝。

内禪

《左傳》：晉景公「有疾，立太子州蒲爲君，會諸侯伐鄭」。[一]《史記》：趙武靈王傳國于子惠文王，自稱主父。[二]此内禪之始。

《竹書紀年》：夏帝不降「五十九年，遜位于弟扃」。帝扃「十年，帝不降陟」。[三]然不可考矣。

【校注】

[一]《左傳·成公十年》。

[二]見《趙世家》。

[三]《今本竹書紀年》。《古本竹書紀年》不載「遜位」。

御容

唐玄[一]「於別殿安置太宗、高宗、睿宗御容，每日侵早，具服朝謁」。見《册府元龜》城門郎獨孤晏奏。[二]此今日奉先殿之所自立也。宗廟之禮，人臣不敢輕議。然竊以爲两廟二主[三]非嚴敬之義。蓋《唐書》所謂「王璵緣生事亡」，《韋彤傳》。[四]而未察乎神人之道者乎？

【校注】

[一]「唐玄」，「玄」字缺末筆，下脱「宗」字，當補。原抄本、遂初堂本、欒本、陳本、嚴本「唐玄宗」，集釋本作「唐元宗」。

[二]見卷三七《帝王部·頌德》。

[三]两廟二主，謂有宗廟，又有陵寢，各有神主。

[四]在《新唐書·儒學傳下》中。

封國

唐、宋以下，封國但取空名，而不有其地。本朝[一]亦然。然名不可不慎。趙府有江寧王，代府有漂陽[二]王，遼府有句容王，韓府有高淳王。而楊洪封昌平伯，石亨、李偉封武清伯，張輗封文安伯，曹義封豐潤伯，施聚封懷柔伯，金順、羅秉忠封順義伯，谷大亮封永清伯，蔣輪封玉田伯，此皆赤畿縣名，而以爲諸王、臣下之封，何也？《南齊書》：文惠太子子昭秀封臨濟[三]郡王，「通直常侍庾曇隆啟曰：『周定雒邑，天子置畿内之民；漢都咸陽，三輔爲社稷之衛。中晉南遷，事移威弛，近郡名邦，多有國食。宋武創業，依擬古典，神州部内，不復別封。而孝武末年，分樹寵子，苟申私愛，有乖訓準。隆昌之元，特開兄弟[四]之貴，竊謂非古。聖明御寓[五]，禮舊爲先，畿内限斷，宜遵昔制，賜茅授土，一出外州。』」[六]遂改封昭秀爲巴陵王。當時臨海郡屬揚州王畿，故也。豈有以神臯赤縣之名，而加之支庶者乎？

宋國[七]封國大小之名，皆有準式。而陸務觀謂：「曾子開，封曲阜縣子。謝任伯，封陽夏縣伯。曲阜，今仙源縣。陽夏，今城父縣。方疏封時，已無此二縣。」[八]以爲司封之失職。本朝[九]則草略殊甚，即郡王封號，而或以府，或以州，或以縣，或以古縣，或但取美名，初無一定之例。名之不正，莫甚于今代[十]。

【校注】

[一]「本朝」，原抄本同。潘耒遂初堂刻本改爲「明代」，集釋本因之。欒本據黄侃校記改回而加説明，陳本仍刻

本之舊而加注，嚴本作「本朝」，無注。

[二]「漂陽」誤，當改。原抄本、遂初堂本、集釋本、欒本、陳本、嚴本均作「溧陽」。

[三]「臨濟」誤，原抄本同誤，當改。遂初堂本、集釋本、欒本、陳本、嚴本作「臨海」。《南齊書》作「臨海」。下文不誤。

[四]「兄弟」誤，當改。原抄本、遂初堂本、集釋本、欒本、陳本、嚴本均作「母弟」。《南齊書》作「母弟」。

[五]「寓」字誤，原抄本同誤，當改。遂初堂本、集釋本、欒本、陳本、嚴本均作「寓」。「寓」同「宇」，《說文》：「籀文宇，從禹」。

[六]《南齊書·文二王列傳》。

[七]「國」字誤，當改。原抄本、遂初堂本、集釋本、欒本、陳本、嚴本均作「時」。

[八]陸游《老學庵筆記》卷四。

[九]「本朝」，原抄本同。潘耒遂初堂刻本改爲「有明」，集釋本因之。欒本據黄侃校記改回而加說明，陳本仍刻本之舊而加注，嚴本作「本朝」，無注。

[十]「莫甚于今代」，原抄本同。潘耒遂初堂刻本改爲「莫甚于此」，集釋本因之。欒本據黄侃校記改回而加說明，陳本仍刻本之舊而加注，嚴本作「莫甚于今代」，無注。

乳母

《舊唐書》：哀帝天祐二年九月，「内出宣旨：『妳[一]婆楊氏可賜號昭儀。妳婆王氏可封郡夫人。第二妳婆王氏，先帝已封郡夫人，今准楊氏例改封。』中書門下奏曰：『臣聞周制官職[二]，夫人只列三人。漢氏後官[三]之號十有四位，元帝特置昭儀，位視丞相，爵比諸侯王。至於列妾，縱稱夫人，亦無裂土割郡之號。以胡組、郭徵卿保養宣帝之功，子孫但爰[四]厚賞，而無封爵。後漢順帝封阿母宋氏爲山陽君，則致漢陽地震。安帝封乳母王聖爲野三[五]君，亦致地震京師。晉室中興，乳母阿蘇有保元帝之功，賜號保聖君，初非爵邑，但擇美名。至高齊陸令萱，以幹阿妳授封郡君，尋亂制度。中宗神龍元年，封乳母于氏爲平恩郡夫人。景龍四年，封尚食高氏爲蓨國夫人。封爵之失，始自於此。後睿宗下詔，封玄宗乳母蔣氏爲吴國夫人，莫氏爲燕國夫人。歷載以來，浸爲訛弊。伏以陛下重興寶運，再闡丕圖，奉高祖、太宗舊章，行往代賢君故事。今則宜授乳母爲郡夫人，竊意四海九州之内有功勞安社稷者，得不對室家而慙於所命之爵乎？臣等參詳奶[六]婆楊氏、王氏，雖居濕推燥，並彰保養之勤，而非[七]土分茅，且異疏封之例。況昭儀内侍燕寢，位列宫嬪，夫人則亞列妃嬙，供奉左右。豈可以嬪御之號，增榮於阿保？揆之典禮，良有乖泛[八]。其楊氏望賜號安聖君，王氏望賜號福聖君，第二王氏望賜號康聖君。』從之」。參用《册府元龜》。[九] 當國命贅旒、權臣問鼎之日，而執議若此！本朝[十]自永樂中，封乳母馮氏爲「保聖賢順夫人」，《實録》：永樂七年三月，「戊辰，遣官祭乳母保聖賢順夫人馮氏」。列宗因之，遂爲成例。而「奉聖夫人」客氏遂與魏忠賢表裏擅權，甚於漢之王聖[十一]矣。

【校注】

[一]「妳」，遂初堂本、集釋本、陳本同，原抄本作「嬭」，欒本作「奶」。下同。「妳」同「奶」。

[二]「官職」誤，原抄本同誤，當改。遂初堂本、集釋本、欒本、陳本、嚴本作「宫職」。《册府元龜》作「宫職」。

[三]「後官」誤，當改。原抄本、遂初堂本、集釋本、欒本、陳本、嚴本均作「後宫」。

[四]「爰」字誤，當改。原抄本、遂初堂本、集釋本、欒本、陳本、嚴本均作「受」。

[五]「野三」誤，當改。原抄本、遂初堂本、集釋本、欒本、陳本、嚴本均作「野王」。

[六]「奶」，欒本同，原抄本作「嬭」，遂初堂本、集釋本、陳本、嚴本作「妳」。

[七]「非」字誤，當改。原抄本、遂初堂本、集釋本、欒本、陳本、嚴本均作「胙」。

[八]「泛」字誤，當改。原抄本、遂初堂本、集釋本、欒本、陳本、嚴本均作「違」。

[九]見卷三十八《帝王部》。

[十]「本朝」，原抄本同。潘耒遂初堂刻本改爲「有明」，集釋本因之。欒本據黄侃校記改回而加説明，陳本、嚴本仍刻本之舊而加注。

[十一]「漢之王聖」，遂初堂本、集釋本、欒本、陳本、嚴本同。原抄本作「唐之三聖」，徐文珊曰：編者按：原文爲「漢之王聖」，何氏改「唐之三聖」。今按：王聖，人名，即此條所云「乳母野王君」，各本不誤，當改回。

聖節

《舊唐書》：太宗貞觀二十年十二月，「癸未，上謂司徒長孫無忌等曰：『今日是朕生日，世俗皆爲歡樂，在朕翻成傷感。今君臨天下，富有四海，而承歡膝下，永不可得，此子路所以有負米之恨[一]也。《詩》云：『哀哀父母，生我劬勞。』[二]奈何以劬勞之日更爲宴樂乎？』因泣數行下，左右皆悲」。[三]其時無所謂「聖節」也。玄宗開元十七年，「八月癸亥，上以降誕日，宴百寮於花萼樓下。百寮表請以每年八月五日爲千秋節，王公以下獻鏡及承露囊，天下諸州咸令宴樂，休假三日，仍編爲令。從之」。十八年閏六月，「辛卯，禮部奏請千秋節休假三日，及村閭社會並就千秋節先賽白帝，報田祖，然後坐飲。散之[四]」。「八月丁亥，上御花萼樓。以千秋節，百官獻賀，賜四品已上食[五]鏡、珠囊、縑彩，五品已下束帛有差。上賦八韻詩，又制《秋景詩》。」[六]此節名、酺宴之所起也。杜甫[七]「自罷千秋節，頻傷八月來」謂此。《新唐書・禮樂志》：「千秋節者，玄宗以八月五日生，因以其日名節，而君臣共爲荒樂。當時流俗多傳其事，以爲感[八]。其後巨盜起，陷兩京，自此天下用兵不息，而離宮苑囿遂以荒堙，獨其餘聲遺曲傳人間，聞者爲之悲涼感動。蓋其事適足爲戒，而不足考法，故不復著其詳。」肅宗上元二年，「九月甲申，天成地平節，史不書置節年月。[九]上於三殿置道場，以宮人爲佛菩薩，力士爲金剛神王，召大臣膜拜圍繞」。[十]

自後相沿以爲故事，「命沙門、道士講論於麟德殿」，德宗貞元十二年，復「命以儒士參之」。[十一]此齋醮之所起也。《册府元龜》：開元二十三年，「八月癸巳，千秋節，命諸學士及僧道講論三教同異」。則玄宗時先行之。[十二]

代宗「永泰二年十月，上降誕日，諸道節度使獻金帛、器服[十三]、珍玩、名馬，計二十餘萬」。自是歲以爲常」，後增至「百餘萬」。[十四]此進獻之所起也。穆宗元和十五年七月乙巳，敕以「今月六日是朕載誕之辰，奉迎皇太后於宮中上壽，其日百寮、命婦宜於光順門進名參賀」。「宰臣以古無降誕受賀之禮，奏罷之。」[十五]《韋綬傳》：「綬以上七月六日是穆宗載誕節，請以是日百官詣光順門賀太后，然後上皇帝壽。從之。宰臣奏古無生日稱賀之儀，其事遂寢。元稹《長慶集》有《賀降誕日德音狀》。考《册府元龜》，次年長慶元年七月庚子仍行此禮，而史遺之也。又云：敬宗寶曆元年六月初[十六]，停此禮。文宗太和七年十月，「壬辰，上降誕日，僧徒、道士講論於麟德殿。翼日，御延英，上謂宰臣曰：『降誕日設齋，相承已久，未可便革。朕雖置齋會，唯對王源中等暫入殿，源中爲翰林學士。至僧、道講論，都不臨聽。』宰臣路隨等奏：『誕日齋會，本非中國教法。臣伏見開元十六年[十七]張説、源乾曜請以誕日爲千秋節，内外宴樂，以慶昌期，頗爲得禮。』上深然之。宰臣因請以十月十日爲慶成節，從之」。[十八]開成二年九月，「甲申，詔曰：『慶成節，咲[十九]之生辰，天下錫宴，庶同歡泰，不欲屠宰，用表好生。自今會宴蔬食，任陳脯醢，永爲常例。』又敕：『慶成節宜令京兆尹准上巳、重陽例，於曲江會文武百寮，其延英奉觴權停。』太和九年，浚曲江，作紫雲樓，仍許公卿士大夫之家於江頭立亭館。自是武宗爲慶陽節，宣宗爲壽昌節，懿宗爲延慶節，僖宗爲應天節，昭宗爲嘉會節，哀帝爲乾和節。並《册府元龜》。[二十]然則此禮剏於玄、文二宗，成於張説、源乾曜、路隨三人之奏，而梭[二十一]遂編於令甲，傳之百代矣。[二十二]

《册府元龜》載：「開元十七年，尚書左丞相源乾曜、右丞相張説率文武百官等上表曰：『臣聞聖人出則日月記其初，王澤深則風俗傳其後。故少昊著流虹之感，商湯本玄鳥之命。孟夏有佛生之供，仲春修道祖之籙。追始樂原，其義一也。伏惟[二十三]開元神武皇帝陛下，二氣合神，九龍浴聖，清明總於王[二十四]露，爽朗冠於金天。月惟仲秋，日在端午。常星不見之夜，祥光照室之期。群臣相賀曰：誕聖之辰也，焉可不以爲嘉節乎？比夫曲水禊亭，重陽射國[二十五]，五日綵線，七夕粉筵，豈同年而語也！臣等不勝大願，請以八月五日爲千秋節，著之令甲，布於天下，咸令宴樂，休假三日。群臣以是日獻甘露醇酎，上萬歲壽酒，王公戚里進金鏡綬帶，士庶以絲結承露囊更相遺問，村社作壽酒宴樂，名爲賽白帝，報高[二十六]神。上明玄天，光啟火[二十七]聖，下彰皇化，垂裕無窮。異域占風，同見美俗。』帝手詔報曰：『凡是節日，或以天氣推移，或因人事表記。八月五日當朕生辰，感先聖之慶靈，荷皇天之眷命。卿等請爲令節，上獻嘉名。勝地良游，清秋高興[二十八]，百穀方熟，萬寶以成。自我作古，舉無越禮。朝野同歡，是爲美事。依卿來請，宣付所司。』」路隨奏不録。

《太祖實録》：洪武五年八月庚辰，「罷天下進賀聖節、冬至表箋。上曰：『正旦[二十九]爲歲之首，天運維新。人君法天出治，臣下進表稱賀，禮亦宜之。生辰、冬至，於文繁矣。昔唐太宗謂生辰是父母劬勞之日，况朕皇考、皇妣早逝，每於是日不勝悲悼，忍受天下賀乎？宜皆罷之。』」[三十]「自是每聖節之日，齋居素食，不受朝賀。」[三十一]十三年七月，韓國公李善長[三十二]等累表上請，然後許之。[三十三]其年九月，「乙巳，上御奉先殿受朝賀，宴群臣於謹身殿，歲以爲常」。[三十四]然而不受獻，不賦詩，不賜酺，不齋醮，則聖諭所云「勉從中制」者也。

【校注】

[一]子路負米，見《孔子家語》及《説苑》。

[二]《詩經·小雅·蓼莪》。

[三]今按：《舊唐書》未見。見《資治通鑑》卷一百九十八《唐紀十四》。又見《貞觀政要·禮樂》，作「貞觀十七年十二月癸丑」。

[四]「散之」，各本均同。陳垣校注：《册府》作「從之」。

[五]「食」字誤，當改。原抄本、遂初堂本、集釋本、欒本、陳本、嚴本均作「金」。

[六]《舊唐書·玄宗本紀上》。

[七]「杜甫」下，脱「詩」字，當補。原抄本、遂初堂本、集釋本、欒本、陳本、嚴本均有「詩」字。

[八]「感」字誤，當改。原抄本、遂初堂本、集釋本、欒本、陳本、嚴本均作「盛」。《新唐書》作「盛」。

[九]陳垣校注：乃《册府》原注。今按：陳説是。《册府元龜》卷二《帝王部·誕聖》注文前書「臣欽若等曰」，可知是王欽若原注。

[十]《資治通鑑》卷二百二十二《唐紀三十八》，力士作「北門武士」。又見《册府元龜》卷二《帝王部·誕聖》。

［十一］《資治通鑑》卷二百三十五《唐紀五十一》。

［十二］陳垣校注：《册府》二《誕聖門》作開元「二十三年八月五日千秋節宴群臣」，無講論三教同異。開元二十三年八月甲申朔，癸巳，十日，不合。今按：陳説非是。亭林原注出《册府元龜》卷三十七《帝王部・頌德》：開元二十三年「八月癸巳，千秋節命諸學士及僧道講論三教同異，中書令張九齡上言曰」云云。八月癸巳在千秋節後，或是張九齡上言之日。

［十三］「器服」，原抄本同，遂初堂本、集釋本、欒本、陳本、嚴本作「器用」。

［十四］《册府元龜》卷二《帝王部・誕聖》。

［十五］《舊唐書・穆宗本紀》。

［十六］「初」字誤，當改。原抄本、遂初堂本、集釋本、欒本、陳本、嚴本均作「敕」。

［十七］「十六年」誤，當改。原抄本、遂初堂本、集釋本、欒本、陳本、嚴本均作「十七年」。《舊唐書》作「十七年」。

［十八］《舊唐書・文宗本紀下》。

［十九］「咲」字誤，當改。原抄本、遂初堂本、集釋本、欒本、陳本、嚴本均作「朕」。

［二十］見卷二《帝王部・誕聖》。

［二十一］「梭」字誤，當改。原抄本、遂初堂本、集釋本、欒本、陳本、嚴本均作「後」。

［二十二］黄汝成集釋引楊氏曰：宋、遼、金無帝不節。

［二十三］「惟」，遂初堂本、集釋本、欒本、陳本、嚴本同，原抄本作「維」。

［二十四］「王」字誤，當改。原抄本、遂初堂本、集釋本、欒本、陳本、嚴本均作「玉」。

［二十五］「國」字誤，當改。原抄本、遂初堂本、集釋本、欒本、陳本、嚴本均作「圃」。

［二十六］「高」字誤，當改。原抄本、遂初堂本、集釋本、欒本、陳本、嚴本均作「田」。

［二十七］「火」字誤，當改。原抄本、遂初堂本、集釋本、欒本、陳本、嚴本均作「大」。

〔二十八〕「高興」，遂初堂本、集釋本、欒本、陳本、嚴本同，原抄本作「高爽」。
〔二十九〕「且」誤，當改。原抄本、遂初堂本、集釋本、欒本、陳本、嚴本均作「旦」。
〔三十〕卷七十五。
〔三十一〕卷七十六。
〔三十二〕「季善長」誤，當改。原抄本、遂初堂本、集釋本、欒本、陳本、嚴本均作「李善長」。
〔三十三〕事見《太祖實録》卷一百三十二。
〔三十四〕《太祖實録》卷一百三十三。

君喪

世謂漢文帝之喪，「以日易月」〔一〕。考之於史，但行於吏民，而未嘗概之臣子也。詔曰：令到，吏民三日釋服。〔二〕天子之喪當齊衰三月，而今以三日，故謂之「以日易月」也。又曰：「殿中當臨者，且〔三〕夕各十五舉音。已下，服大紅，十五日小紅，十四日纖，七日釋服。」「已下」者，下棺，謂已葬也。自始崩至於葬，皆衰。及葬已，而大功，而小功，而纖，以示變除之漸。自始崩至於葬，既無定日。劉攽曰：「文帝制此喪服，斷自已葬之後，其未葬之前則服斬衰。漢諸帝自崩至葬，有百餘日者，未葬則服不除矣。後世遂以日易月，又不通計葬之日，皆大謬也。」〔四〕而已葬之後，變爲輕服，則又三十六日。總而計之，則亦百餘日矣。此所以制其臣子者，未嘗「以日易月」也。至於臣庶之喪，不爲制禮，而聽其自行，或厚或薄。《魏其武安傳》言欲「以禮爲服制，以興太平」，是知漢初未立服制。然三年之喪，其能行者鮮矣。《孟子》：滕文公「定爲三年之喪，父兄百官皆不欲，曰：『吾宗國魯先君莫之行，吾先君亦莫之行也。』」是喪紀之廢已久。史書所記公孫弘「後母卒，服喪三年」。《史記》本傳。哀帝時，「河間王良喪太后三年，爲宗室儀錶，益封萬户」。《漢書》本紀。[五]原涉父死，「行喪冢廬三年，繇是顯名京師」。《游俠傳》。銚期父卒，「服喪三年」。韋彪「父母卒，哀毀三年，不出廬寢。服竟，羸瘠骨立」。並《後漢書》本傳。鮑昂「處喪，毀瘠三年。服闋，遂潛於墓次」。《鮑永傳》。薛包爲父及後母「行六年服，喪過乎哀」。《劉趙淳于傳》。此從其厚者矣。翟方進「後母終，既葬三十六日，除服，起視事。以爲身備漢相，不敢逾[六]國家之制」。《漢書》本傳。此從其薄者矣。東海王「臻後[七]弟蒸鄉侯儉，母卒，皆吐血毀背[八]，至服練紅。追念初喪父，幼小，哀禮有闕，因復重行喪制」。《後漢書》本傳。袁紹「生而父死，弱冠，除濮陽長，遭母喪，服竟，又追行父服，凡在冢廬六年」。《三國志》注引《英雄記》。《後漢書》同。此失之前而追行於後者矣。薛宣爲丞相，弟修「爲臨菑令，後母病死，修去官持服。宣謂修：『三年服，少能行之者。』兄弟相駁，不可，修遂竟服。」此一門之内而厚薄各從其意者矣。《漢書》本傳。[九]然而哀帝綏和二年詔：「博士弟子父母死，予寧三年。」師古曰：「寧，謂處家持喪服。」《漢書》本紀。而應劭言：「漢律：不爲親行三年服，不得選舉。」《楊雄傳》註。是其所以訓之臣庶者，未嘗不以三年爲制也。若夫君喪之禮，自戰國以來固已久廢。文帝乃特著之爲令，以干百姓之譽，而反以蒙後代無窮之譏。平帝崩[十]，王莽令「吏六百石以上皆服喪三年」。[十一]至唐玄宗、肅宗之喪，遂改爲初崩之後二十七日。《唐書·崔祐甫傳》載常衮之議云：「禮，爲君斬衰三年。漢文帝權制三年六日[十二]，我太宗文皇帝崩，遺詔亦三十六日。群臣不忍既葬而除，略盡四月。高宗崩，如漢故事。武太后崩亦然。及玄宗、肅宗崩，始變天子喪爲二十七日。」蓋變而逾短[十三]，而亦不無[十四]追究[十五]夫漢文之作俑矣。

《晉書·羊祜傳》：「文帝崩，祜謂傅玄曰：『三年之喪，雖[十六]貴遂服[十七]，自天子達。漢文除之。今主上天縱至孝[十八]，雖奪服，實行喪禮。若因此革漢魏之薄，而興先王之法，不亦善乎？』玄曰：『漢玄[十九]以宋[二十]世淺薄，不能行國君之喪，故因而除之。除之數百年，一旦復古，難行也。』祜曰：『不能使天下如禮，且使人主遂服，不猶善乎？』玄曰：『此爲有父子而無君臣，三綱之道虧矣。』祜乃止。」傅玄之言，所謂「禦人以口給」[二十一]者也。不能緣人主之孝思，善推其所爲，以立一王之制，而徒以狥流俗之失。未幾而賈后殺[二十二]姑，五胡[二十三]更帝，豈非詒謀之不裕哉？

後秦姚興母蛇氏卒，「興哀毀過禮，不親庶政。群臣請依漢魏故事，既葬即吉。尚書郎李嵩上疏言：『既葬之後，應素服臨朝，率先天下，仁孝之舉也。』」[二十四]興從之。若傅玄、社預[二十五]之見，其不及姚興之臣遠矣。

「宋神宗崩，范祖禹上疏論喪服之制曰：『先王制禮，君服同於父，斬衰三年，蓋恐爲人臣者不以父事其君。自漢以來[二十六]，不惟人臣無服，人君遂不爲三年之喪。國朝自祖宗以來，外廷雖用易月之制，宮中實行三年服。君服如古典，而臣下猶依漢制。故十二日而小祥，期而又小祥。二十四日而大祥，再期而又大祥。按此唐制，非漢制，范誤。既以日爲之，又以月爲之，此禮之無據者也。古者再期而大祥，中月而禫。禫，祭之名，非服之色。今乃爲之慘服三日，然後禫，此禮之不經者也。服既除，至葬又服之，祔廟後即吉，纔八月，而俱[二十七]純吉，無所不佩，此又禮之無漸者也。朔望，群臣朝服以造殯宮，是以吉服臨喪。人主衰服在上，是以先帝之服爲人主之私喪。此二者皆禮之所不安也。』」[二十八]「寧宗小祥，詔群臣服純吉。真德秀争之曰：『自漢文帝率情變古，惟我孝宗衰服三年，朝衣朝冠，皆以大布。惜當時不並定臣下執喪之禮，此千載無感[二十九]之憾。孝宗崩，從臣羅點等議，令群臣易月之後，未釋衰服，惟朝會治事權用黑带公□[三十]，時序仍臨慰，至大祥始除。侂胄枋政[三十一]，始以小祥從吉，且带不以金，鞓不以紅，佩不以魚，鞍轎不以文繡。此於群臣何損？朝儀何傷？』議遂止。」[三十二]然迄未有能酌三代聖王之遺意，而立爲中制者。

楊用修曰：「《舜典》：『二十有八載，帝乃殂落，百姓如喪考妣，三年。』『百姓』，有爵命者也。爲君斬衰三年，禮也。『四海遏密八音』，禮不下庶人，且有農畝、服賈、力役之事，豈能皆服斬衰？但遏密八音而已。此當時君喪禮制。」[三十三]

朱子作《君臣服議》曰：「古之所謂『方喪三年』[三十四]者，蓋曰比方于父母之喪云爾。蓋事親者，親死而致喪三年，情之至、義之盡也。事師者，師死而心喪三年，謂其哀如父母而無服，情之至而義有所不得盡者也。事君者，君死而方喪三年，謂其服如父母而分有親疏，此義之至而情或有不至於其盡者也。當參度人情，斗[三十五]酌古今之宜，分别貴賤親疏之等，以爲降殺之節。且以嫁娶一事言之，則宜自一月之外許軍民，三月之外許士吏，復土[三十六]之後許選人，祔廟之後許承議郎以下，小祥之後許朝請大夫以下，大祥之後許中大夫以下。各借吉三日，其太中大夫以上，則並須禫祭然後行吉禮焉。官卑而差遣，職事高者從高，遷官者從新，貶官者從舊。如此則亦不悖於古，無害於今，庶乎其可行矣。」[三十七]

太倉陸道威世儀嘗剏爲《君喪五服之圖》，其略謂嗣君及勳戚大臣斬衰三年，文武臣一品以下斬衰期年，四品以下斬衰九月，七品以下斬衰五月，士庶人斬衰三月。「庶君臣之情不至邈焉相絶，而服有降殺，亦不[三十八]扞格難行。」[三十九]蓋本朱子之意，而實出於魏孝文所云「群臣各以親疏、貴賤、遠近爲除服之差，庶幾稍道[四十]於古，易行於今」之説。[四十一]然三代之制亦未嘗不然。所謂爲君斬衰三年者，諸侯爲天子，卿大夫爲其國君，家臣爲其主。若庶人之爲其國君，但齊衰三月。《白虎通》曰：「王者崩，京師之民喪三月何？民賤，故三月而已。」又曰：「王者崩，臣下服之有先後何？恩有深淺遠近，故制有日月。」《服問》曰：「君爲天子三年，夫人如外宗之爲君也，世子不爲天子服。」註曰：「不服，與畿[四十二]外之民同。」而諸侯之大夫以時接見乎天子，則「總[四十三]衰裳，牡麻絰，既葬除之」[四十四]。《襍記》曰：「大夫次於公館以終喪，士練而歸。大夫居廬，七[四十五]居堊室。」此言國君之喪。正義以爲「位尊恩重」、「位卑恩輕」之等。《檀弓》曰：「公之喪，諸達官之長杖。」是則[四十六]所以别親疏、明貴賤者，則固有不同矣。今自天子[四十七]之外别無所謂國君，而等威之辨則未嘗有異於古。苟稱情而制服，使三代之禮復見於今日，而人知尊君親上之義，亦厚俗之一端也。朱子曰：「『百官如喪考妣』，此其本分。『四海遏密八音』，以禮論之，則爲過也。爲天子服三年之喪，則是畿内，諸侯之國則下[四十八]然。禮，爲君爲父但服斬衰。君謂天子、諸侯及大夫之有地者。大夫之邑以大夫爲君，大夫亦[四十九]諸侯爲君，諸侯以天子爲君，各爲其君服斬衰。諸侯之大夫一[五十]爲天子服齊衰三月，禮無二斬故也。民則畿内者爲天子齊衰三月，畿外無服。『公之喪，諸侯達官之長杖』，達官謂通於君得奏事者，各從[五十一]其長。其長杖，其下者不杖可知。問：後世不封建諸侯，天下一統，百姓當爲天子何服？曰：三月，天下服。地雖有遠近，聞喪有先後，然亦不過三月。」[五十二]

【校注】

[一]《漢書・文帝紀》應劭注：「凡三十六日而釋服矣，此以日易月也。」

[二]見《史記・文帝本紀》，又見《漢書・文帝紀》。

[三]「且」字誤，當改。原抄本、遂初堂本、集釋本、欒本、陳本、嚴本均作「日」。

[四]見《文獻通考》卷一百二十一，又見《資治通鑑》卷十五胡注引。

[五]見《漢書・景十三王傳》，又見《哀帝紀》。

[六]「渝」字誤，當改。原抄本、遂初堂本、集釋本、陳本、嚴本作「踰」，欒本作「逾」。

[七]「後」字誤，當改。原抄本、遂初堂本、集釋本、欒本、陳本、嚴本均作「及」。《後漢書》作「及」。

[八]「毁眥」，遂初堂本、集釋本、欒本、陳本、嚴本同，原抄本誤作「毁瘠」。《後漢書》作「毁眥」。

[九]此條亭林原注，集釋本、欒本、陳本在上句「竟服」下。

[十]「崩」，原抄本同，遂初堂本、集釋本、欒本、陳本、嚴本誤作「時」。《漢書》作「崩」。

[十一]見《漢書・王莽傳上》。

[十二]「三年六日」誤，當改。原抄本、遂初堂本、集釋本、欒本、陳本、嚴本均作「三十六日」。兩《唐書》均作「三十六日」。

[十三]「逾短」，各本均同，疑當作「愈短」。

[十四]「不無」，各本均同，疑當作「不復」。

[十五]「追究」，原抄本、遂初堂本、集釋本、欒本、陳本、嚴本均作「追咎」。

[十六]「難」字誤，當改。原抄本、遂初堂本、集釋本、欒本、陳本、嚴本均作「雖」。《晉書》作「雖」。

[十七]《左傳・昭公十五年》：「三年之喪，雖貴遂服，禮也。」孔穎達疏：「遂，由申也，竟也。其意言三年之喪，雖貴爲天子，由當申遂其服，使終日月，乃是禮也。」

[十八]「字」字誤，當改。原抄本、遂初堂本、集釋本、欒本、陳本、嚴本均作「孝」。《晉書》作「孝」。

［十九］「玄」字涉上而訛，當改。原抄本、遂初堂本、集釋本、欒本、陳本、嚴本均作「文」。《晉書》作「文」。

［二十］「宋」字誤，當改。原抄本、遂初堂本、集釋本、欒本、陳本、嚴本均作「末」。《晉書》作「末」。

［二十一］語出《論語・公冶長》。

［二十二］「殺」，遂初堂本、集釋本、欒本、陳本、嚴本同，原抄本作「弑」。

［二十三］「五胡」，原抄本同。潘耒遂初堂刻本改爲「劉石」，集釋本因之。欒本據黄侃校記改回而加説明，陳本、嚴本仍刻本之舊而加注。

［二十四］《晉書・姚興載記上》。

［二十五］「社預」誤，當改。原抄本作「杜預」。遂初堂本、集釋本、欒本、陳本、嚴本作「羊祜」。黄汝成集釋引沈氏曰：元本作「杜預」。

［二十六］「夾」字誤，當改。原抄本、遂初堂本、集釋本、欒本、陳本、嚴本均作「來」。

［二十七］「俱」字誤，當改。原抄本、遂初堂本、集釋本、欒本、陳本、嚴本均作「遽」。《宋史》作「遽」。

［二十八］《宋史・范鎮傳》附范祖禹傳。《禮志二十五》略同。

［二十九］「感」字誤，當改。原抄本、遂初堂本、集釋本、欒本、陳本、嚴本均作「窮」。《宋史》作「窮」。

［三十］底本缺一字處，原抄本、遂初堂本、集釋本、欒本、陳本、嚴本均作「服」，《宋史》作「服」，當補。

［三十一］「枋政」，遂初堂本、集釋本、欒本、陳本、嚴本同，原抄本誤作「柄政」。《宋史》作「枋政」。

［三十二］《宋史・儒林傳七・真德秀傳》。

［三十三］楊慎《升庵全集・經説》。

［三十四］見《禮記・檀弓上》。

［三十五］「斗」字，缺左半，當補。原抄本、遂初堂本、集釋本、欒本、陳本、嚴本均作「斟」。

［三十六］「土」，遂初堂本、集釋本、欒本、陳本、嚴本同，原抄本誤作「士」。

［三十七］朱熹《朱子文集・雜著》。
［三十八］「亦不」下，原抄本、遂初堂本、集釋本、欒本、陳本、嚴本均有「至」字，當補。
［三十九］陸世儀《思辨録輯要・私擬君喪五服圖》。
［四十］「道」字誤，當改。原抄本、遂初堂本、集釋本、欒本、陳本、嚴本均作「近」。《資治通鑑》作「近」。
［四十一］《資治通鑑》卷一百三十七。
［四十二］「議」字誤，當改。原抄本、遂初堂本、集釋本、欒本、陳本、嚴本均作「譏」。《禮記》鄭玄注作「譏」。
［四十三］「總」字誤，當改。原抄本、遂初堂本、集釋本、欒本、陳本、嚴本均作「繐」。《禮記》作「繐」。
［四十四］見《禮記・喪服》。
［四十五］「七」字誤，當改。原抄本、遂初堂本、集釋本、欒本、陳本、嚴本均作「士」。《禮記》作「士」。
［四十六］「則」，原抄本同，遂初堂本、集釋本、欒本、陳本、嚴本作「其」。按當作「其」。
［四十七］「天子」，遂初堂本、集釋本、欒本、陳本、嚴本同，原抄本脱「天」字。
［四十八］「下」字誤，當改。原抄本、遂初堂本、集釋本、欒本、陳本、嚴本均作「不」。《朱子語類》作「不」。
［四十九］「亦」字誤，當改。原抄本、遂初堂本、集釋本、欒本、陳本、嚴本均作「以」。《朱子語類》作「以」。
［五十］「一」字誤，當改。原抄本、遂初堂本、集釋本、欒本、陳本、嚴本均作「却」。《朱子語類》作「却」。
［五十一］「從」，原抄本同，遂初堂本、集釋本、欒本、陳本、嚴本作「以」。《朱子語類》作「有」。
［五十二］見《朱子語類》卷七十八。

喪禮主人不得升堂

濟陽張爾岐［二］言：「今人受弔之位，主人伏哭於柩東，賓入門，北面而弔。拜畢，主人下堂，北面拜賓，相習以爲定位，鮮有知其非者。不知方伏哭柩東時，婦女當在何所乎？女賓至，主人避之否乎？主人避而賓又至，又將何所伏而待乎？既失男女内外之位，又妨主賓拜謝之節。考之《士喪禮》，主人『入，坐於牀東，衆主人在其後，西面。婦人俠牀，東面』。此未斂以前主人室中之哭位也。其拜賓則升降自西階，即位於西階東，南面拜之，固不[二]不待賓於堂上矣。及其既斂而殯也，居門外，倚廬，唯朝夕哭，乃入門而奠。其入門也，主人堂下直東序，『西面北上』。外兄弟在其南，南上。賓繼之，北上。門東，北面西上。門西，北面東上。西方，東面北上』。主人固不復在堂上矣。所以然者，其時即位於堂，南上者唯婦人，故主人不得升堂也。今主人柩東拜伏之位，正古人主婦之位也。若依周公、孔子之故，未斂以前則以柩[三]東爲位，既斂而殯則堂下直東序西面是其位也。主人正位於此，則内外之辨，賓主之儀，無適而不當矣。」

《南史》：孔秀之[四]遺令曰：「世人[五]以僕妾直靈助哭，當繇喪主不能淳至，欲以多聲相亂。魂而有靈，吾當笑之。」[六]

【校注】

[一]張爾岐，字稷若，濟陽人。著《儀禮鄭注句讀》十七卷、《蒿菴閒話》二卷、《蒿菴集》三卷。顧炎武《廣師篇》云：「獨精三禮，卓然經師，吾不如張稷若。」

[二]「不」字誤，當改。原抄本、遂初堂本、集釋本、欒本、陳本、嚴本均作「已」。

[三]「柩」，原抄本、遂初堂本、嚴本同，集釋本、欒本、陳本作「牀」。

[四]「孔秀之」誤，原抄本、遂初堂本、集釋本同誤，當改。按當作「王秀之」，《南史》目録作王裕之附孫秀之，「孫」、「孔」形近而訛。欒本、陳本、嚴本據《南史》改爲「王秀之」。

［五］「世人」，原抄本同，遂初堂本、集釋本、欒本、陳本、嚴本作「世俗」。《南史》作「世人」。
［六］《南史・王裕之傳》附王秀之傳。

居喪不弔人［一］

《禮》：父母之喪不弔人。情有所專，而不及乎他也。孔子曰：「三年之喪，練［二］，不群立，不旅行。君子禮以飾情，三年之喪而弔哭，不亦虚乎？」［三］穀梁子曰：「周人有喪，魯人有喪，周人弔，魯人不弔。」［四］天子之喪猶可以不弔，而况朋友、故人之喪乎？孔氏曰：「若有服者則往哭。」［五］或疑末世政重事繁，有喪之人不能不出，獨廢此禮，有所難行。是亦必待既葬卒哭之後，或庶乎其可耳。

【校注】

［一］《禮記・雜記下》：「三年之喪，雖功衰不弔。」孔穎達疏：「衰雖外輕，而痛猶内重，故不得弔人也。」
［二］練，《禮記・曾子問》孔穎達疏：「小祥祭也」。
［三］《禮記・曾子問》引。
［四］《穀梁傳・定公元年》。
［五］《禮記・雜記下》：「如有服而將往哭之，則服其服而往。」孔穎達疏：「若自有五服之親喪，則往哭之。」

像設[一]

古之於喪也，有重[二]；於祔也，有主以依神[三]；於祭也，有尸以象神[四]；而無所謂像也。《左傳》言嘗于太公之廟「麻婆爲尸」[五]，《孟子》亦曰「弟爲尸」[六]，而春秋以後，不聞有尸之事。宋玉《招魂》有始[七]「像設君室」之文。尸禮廢而像事興，盖在戰國之時矣。漢文翁成都石室「設孔子坐像，其坐斂蹠面[八]後，屈膝當前，七十二弟子待[九]於兩旁」。[十]

朱子白鹿洞書院只作禮殿，依《開元禮》，臨祭設席，不立像。[十一]

正統三年，巡按湖廣監察御史陳祚奏：「南嶽衡山神廟歲久頽壞，塑像剥落，請重修立。依祭祀山川制度，内築壇壝，外立廚庫，繚以周垣，附以齋室，而去其廟宇塑像。則禮制合經，神祇不瀆。」事下禮部，尚書胡濙以爲：「國宗[十二]更定神號，不除像設，必有明見，難以准行。」[十三]今按《鳳陽縣志》言：「洪武三年，詔天下城隍一[十四]立神主，稱某府、某州、某縣城隍之神，前時爵號一皆革去。未幾又令城隍神有泥塑像在正中者，以水浸之；泥在正中壁上，却畫云山圖；像在两廊者，泥在两廊壁下[十五]。」[十六]千載之陋習，爲之一變。後人多未之知。嘉靖九年，詔革先師孔子封爵、泥像[十七]。有司依違，多於殿内添砌一牆，置像于中，以塞明詔。甚矣！愚俗之難曉也！

宋文恪訥《國子監碑》言：「夫子而下，像不土繪，祀以神主，數百年夷習[十八]乃革。」是則聖祖[十九]已先定此制，獨未通行天下爾。[二十]

【校注】

［一］像設，畫像、雕像、塑像。宋玉《招魂》：「像設君室，静閑安些。」《越絶書》卷九計倪曰：「今置臣而不尊，使賢而不用，譬如門户像設，倚而相欺。」趙翼《陔餘叢考》卷三十二：「古者祭必有尸。《孟子》『弟爲尸』，是戰國時尚有此制。然宋玉《招魂》已有『像設君室』之文，則塐像實自戰國始。顧寧人謂『尸禮廢而像事興』，亦風會使然也。」

俞樾《日知録小箋》：按《招魂》：「像設君室，静閑安些。」王逸注曰：「像，法也。言乃爲君造設第室，法像舊廬，所在之處，清静寬閑而安樂也。」然則「像設君室」是言像其舊廬而爲室，似不得爲畫像之證。《太平御覽》七十九引《抱朴子》曰：「黄帝既仙去，其臣有左徹者，削木爲黄帝之像，帥諸侯朝奉之。」此設像之始。

［二］重，依神之物。《禮記・檀弓下》：「愛之，斯録之矣。」「重，主道也。」孔穎達疏：「始死未作主，以重主其神也。重既虞而埋之，乃後作主。」《説文》：「重，厚也。」徐鍇注：「人在土上，故爲厚也。」

［三］祔，祭名。木，亦依神之物，故又稱「神主」；以木爲之，故又稱「木主」。《左傳・僖公三十三年》：「凡君薨，卒哭而祔，祔而作主。」杜預注：「以新死者之神祔之於祖。尸柩已遠，孝子思慕，故造木主立几筵焉。」《説文》：「祔，後死者合食於先祖。」

［四］尸，象神之人。《禮記・效特牲》：「尸無事則立，有事而後坐也。尸，神象也。」又曰：「尸，陳也」，鄭玄注：「尸或詁爲主，此尸神象，當從主訓之」。《詩經・小雅・楚茨》「皇尸載起」，孔穎達疏：「神者，魂魄之氣」，「神無形，故尸象焉」。

［五］《左傳・襄公二十八年》。「麻婆」誤，當改。原抄本、遂初堂本、集釋本、欒本、陳本、嚴本均作「麻嬰」，麻嬰，人名。

［六］《孟子・告子上》。

［七］「有始」誤倒，當乙正，原抄本、遂初堂本、集釋本、欒本、陳本、嚴本均作「始有」。

［八］「面」字誤，當改。原抄本、遂初堂本、集釋本、欒本、陳本、嚴本均作「向」。

[九]「待」字誤，當改。原抄本、遂初堂本、集釋本、欒本、陳本、嚴本均作「侍」。

[十]見元司居敬至元三十一年《尼山孔子石像記》。文翁，廬江舒人。漢景帝末，爲蜀郡守，修起學官於成都市中。《漢書・循吏傳》：「至武帝時，乃令天下郡國皆立學校官，自文翁爲之始云。」學校中有孔子廟、周公禮殿，有石室。《華陽國志》卷三：「始，文翁立文學精舍、講堂，作石室。」《隋書・經籍志》有《蜀文翁學堂像題記》二卷，司馬貞《史記・仲尼弟子列傳》索隱言及《文翁孔廟圖》。歐陽修《集古録跋尾》卷三有《後漢文翁石柱記》，趙明誠《金石録》卷十八有《漢周公禮殿記》。

[十一]《朱子語類》卷三：「長孺因説祭孔子不當以塑像，只當用木主。曰：向日白鹿洞欲塑孔子像於殿。某謂不必，但置一空殿，臨時設席祭之。不然，只塑孔子坐於地下，則可用籩、豆、簠、簋。今塑像高高在上，而設器皿於地，甚無義理。」

[十二]「宗」字誤，當改。原抄本、遂初堂本、集釋本、欒本、陳本、嚴本均作「初」。

[十三]《英宗實録》。

[十四]「一」字誤，當改。原抄本、遂初堂本、集釋本、欒本、陳本、嚴本均作「止」。

[十五]「下」字誤，當改。原抄本、遂初堂本、集釋本、欒本、陳本、嚴本均作「上」。

[十六]洪武三年詔全文見《日知録》卷三十「古今神祠」條，又見明郎瑛《七修類稿》卷十一。《鳳陽縣志》文，又見《日知録之餘》「城隍神」條。

[十七]「泥像」誤，當改。原抄本、遂初堂本、集釋本、欒本、陳本、嚴本均作「塑像」。事見《明史・禮志四》「至聖先師子孔廟祀」條。

[十八]「夷習」，原抄本同，潘耒遂初堂刻本改爲「陋習」，集釋本因之。欒本據黄侃校記改回而加説明，陳本、嚴本仍刻本之舊而加注。按明程敏政《皇明文衡》載宋訥《大明敕建太學碑》、明黄佐《南廱志》載《敕建太學之碑》、明吴訥《文章辨體》載《大明勅建太學之碑》，明陳子龍《皇明經世文編》載《大明勅建太學碑》，原文均作「夷習」。明王大可

《國憲家猷》引作「夷習」。明陳九德《皇明名臣經濟録》、明陳子壯《昭代經濟言》、明黄光昇《昭代典則》、明孫旬《皇明疏鈔》、明陳鎬《闕里志》、明丘濬《大學衍義補》、明欒尚約纂《嘉靖宣府鎮志》，均引作「夷教」。宋訥《西隱集》卷七《大明敕建太學碑》文淵閣四庫全書本改爲「舊制」，明程敏政《明文衡》卷六十三《大明敕建太學碑》文淵閣四庫全書本改爲「積習」，明賀復徵《文章辨體彙選》卷六百四十四《大明勅建太學之碑》文淵閣四庫全書本改爲「陋習」。

[十九]「聖祖」，原抄本同，潘耒遂初堂刻本改爲「太祖」，集釋本因之。欒本據黄侃校記改回而加説明，陳本、嚴本仍刻本之舊而加注。

[二十]黄汝成集釋引左暄曰：「后稷廟所鑄金人，明堂四門墉所畫堯舜桀紂，周公抱成王以朝諸侯之圖，見於《家語》。越王命工以良金寫范蠡之狀而朝禮之，見於《國語》。土偶人與桃梗相語之説，見於《國策》。是畫像、塑像、金像、木像，漢以前皆有之。若孔聖之有畫像，其來已久。漢孝景時，太守文翁作石室，刻石像。韓敕修孔廟後碑立於桓帝永壽三年，而碑中有改畫聖像語。《後漢書・蔡邕傳》：靈帝光和元年，置鴻都門學，畫孔子及七十二弟子像。此見於史書及金石之文可考者。至塑像則不知其所始，或疑肇自魏兗州刺史李仲璿。然興和三年仲璿修孔子廟碑，第云修建容像，則固不自仲璿始矣。明張璁令天下學官盡撤塑像，論者韙之。而國朝邵長蘅又有復孔子像議，恐非。」

配享[一]

周、程、張、朱五子之從祀，定於理宗淳祐元年。顔、曾、思、孟四子之配享，定於度宗咸淳三年。自此之後，國無異論，士無異習。歷胡元至於我朝，中國[二]之統亡而先王之道存，理宗之功大矣！《宋史》贊言：「身當季運，弗獲大效。後世有以理學復古帝王之治者，考論匡直輔翼之功，實自帝始。」[三]

【校注】

[一]「配享」，原抄本同，潘耒遂初堂刻本改爲「從祀」，集釋本因之。

[二]「歷胡元至於我朝，中國」九字，原抄本同。潘耒遂初堂刻本改爲「歷元至明，先王」六字，集釋本因之。欒本據黄侃校記改回而加説明，陳本、嚴本仍刻本之舊而加注。

[三]見《宋史・理宗本紀五》贊曰。

十哲

《孟子》言：「他日，子夏、子張、子游以有若似聖人，欲以所事孔子事之。彊[一]曾子，曾子曰：『不可。江漢以濯之，秋陽之暴之，皜皜乎不可尚已。』」[二]慈溪黄氏震曰：「門人以有若言行氣象類孔子，而欲以事孔子之禮事之。有若之所學何如也？曾子以孔子自生民以來未之有，非有若之所可繼而止之，而非貶有若也。有若雖不足以比孔子，而孔門之所推尚一時無及有若□[三]知。咸淳三年，升從祀，以補十哲，衆議必有若也。祭酒爲書[四]，力詆有若不當升，而升子張。《宋史・禮志》：度宗咸淳三年正月戊申，「封顓孫師陳國公，升十哲位」。不知《論語》一書，孔子未嘗深許子張。按理宗作《顓孫子贊》，其末語云：「色取行違，作戒後人。」亦似[五]不足之辭。據《孟子》此章，則子張正欲事有若者也。陸象山天資高明，指心頓悟，不欲人從事學問，故嘗斥有子孝弟之説爲支離。奈何習其説者不察，而尉攻之於千載之下邪？」[六]當時之論如此。愚按《論語》首篇即録有子之言者三，而與曾子並稱曰「子」，門人實欲以二子接孔子之傳者。《傳》、《記》言：孔子之卒，哀公「誄之」；

[七]「有若之喪，悼公弔焉」。[八]其爲魯人所重，又可知矣。十哲之祀，允宜釐正。《孟子》不曰「有若似孔子」，而曰「有若似聖人」。《史記》乃云「有若狀似孔子」，謬甚。

【校注】

[一]「疆」字誤，當改。原抄本、遂初堂本、集釋本、欒本、陳本、嚴本均作「彊」。
[二]《孟子·滕文公上》。
[三]底本缺一字處，原抄本、遂初堂本、集釋本、欒本、陳本、嚴本均作「可」，當補。
[四]「爲書」，遂初堂本、集釋本、欒本、陳本、嚴本同，原抄本脱「爲」字。
[五]「亦似」，原抄本同，遂初堂本、集釋本、欒本、陳本、嚴本作「似亦」。按「亦似」義長。
[六]黄震《黄氏日鈔》卷三。
[七]《左傳·哀公十六年》。
[八]《禮記·檀弓下》。

嘉靖更定從祀

古人每事必祭其始之人：耕之祭先儂[一]也，桑之祭先蠶也，學之祭先師也，一也。《舊唐書》：太宗貞觀二十一年，「二月壬申，詔：以左丘明、卜子夏、公羊高、穀梁亦[二]、伏勝、高重生[三]、戴聖、毛茅[四]、孔安國、劉向、鄭衆、杜子春、馬融、盧植、鄭玄、服虔、賈逵、何休、王肅、王弼、杜預、范甯等二十二人，《太宗紀》無賈逵，止二十一人[五]，今依《禮儀志》增。又按《唐六典》祠部名有賈逵，然貞觀時未祀七十二弟子，則爲二十二人。開元八年敕，七十二子並許從祀，則卜子夏已在其中，而先儒止二十一人。《六典》「國子祭酒司業」

條云：「七十二弟子及先儒二十二賢」，則亦然[六]也。代用其書，垂於國冑。自今有事於太學，並令配享宣尼廟堂」。[七]盖所以報其傳註之功。迄乎宋之仁、英，未有改易，可謂得古人敬學尊師之意者矣。神宗元豐七年，始進荀況、楊雄、韓愈三人。此三人之書雖有合於聖人，而無傳註之功，不當祀也。祀之者，爲王安石配享、王雱從祀地也。《宋史·禮志》：神宗熙寧七年，從晉州州學教授陸長愈言，以孟子同顔子配享殿上，封荀況蘭陵伯、楊雖[八]成都伯、韓愈昌黎伯，並從祀于左丘明等二十二賢之間。徽宗政和三年，封王安石舒王，同顔子、孟子配享殿上；安石子雱臨川伯，從祀諸賢之末。此封三人爲增入從祀之始，而不及董仲舒。至元文宗至順元年，方進仲舒從祀。理宗寶慶三年，進朱熹。淳祐元年，進周頤、避光廟諱，去「淳[九]」字。張載、程顥、程頤。景定二年，進張栻、吕祖謙。度宗咸淳三年，進邵雍、司馬光。以今論之，唯程子之《易傳》，朱子之《四書章句集註》、《易本義》、《詩傳》及蔡氏之《尚書集□[十]》，胡氏之《春秋傳》，陳氏之《禮記集説》，是所謂「代用其書，垂于國冑」者爾。成化三年五月乙卯，太常寺少卿兼翰林院侍讀學士劉定之，請以元儒陳澔，以胡安國、蔡沈例從祀。敕下江西，考其行事以聞。南軒之《論語解》、東萊之《讀詩記》抑又次之。而《太極國[十一]》、《通書》、《西銘》、《正蒙》，亦羽翼《六經》之作也。至有明嘉靖九年，欲以制禮之功，盖其豐昵[十二]之失，而逞私妄議，輒爲出入，殊乖古人之旨。去戴聖、劉向、馬融、賈逵、何休、王肅、王弼、杜預，改鄭衆、盧植、鄭玄、服虔、范甯祀于其鄉，二十二人之中惟存九人。成化初，劉定之議以爲：「左丘明以下經師二十二人，雖其中不無可議，然當世衰道微，火于秦、黄老于漢、佛于魏晉之時，而此二十二人者守其遺經，轉相付授，講説注釋，各竭其才，以待後之學者，則其爲功殆亦猶文、武、成、康之子孫。雖衰替微弱，無所振作，尚能保守姬姓之宗祀譜牒，以閱歷春秋、戰國，不亡而倖存者也。雖有大過，亦當宥之，况小失乎？」又曰：「愚竊以爲：仲尼，素王也；七十子，助其創業者也；二十二經師，助其垂統者也。」夫以一事之瑕，而發[十三]傳經之祀，則宰我之短喪，冉有之聚斂，亦不當列於十哲乎？棄漢儒保殘守缺之功，而獎末流論性談天之學，於是語録之書日增月益，而《五經》之義委之榛蕪，自明人之議從祀始也。有王者作，其必遵貞觀之制乎！

嘉靖之從祀，進歐陽修者，爲大禮[十四]也，出於在上之私意也；進陸九淵者，爲王守仁也，出於在下之私意也。與宋人之進荀、楊、韓三子，而安石封舒王配享，同一道也。

成化四年□□[十五]奏，謂：「漢、晉之時，道統無傳，所幸有專門之師，講誦聖經，以詔學者，斯文賴以不墜。此馬融、范甯諸人雖學行未純，亦不得而廢。」[十六]

【校注】

[一]「先儂」誤，當改。原抄本、遂初堂本、集釋本、欒本、陳本、嚴本均作「先農」。

[二]「穀梁亦」誤，當改。原抄本、遂初堂本、集釋本、欒本、陳本、嚴本均作「穀梁赤」。

[三]「高重生」誤，當改。原抄本、遂初堂本、集釋本、欒本、陳本、嚴本均作「高堂生」。

[四]「毛茅」誤，當改。原抄本、遂初堂本、集釋本、欒本、陳本、嚴本均作「毛萇」。

[五]「十一人」，誤脱「二」字，當補。原抄本、遂初堂本、集釋本、欒本、陳本、嚴本均作「二十一人」。

[六]「然」，原抄本、遂初堂本、集釋本、欒本、陳本、嚴本均作「誤」。

[七]《舊唐書・太宗本紀下》。

[八]「楊雖」，「雖」字誤，當改。原抄本、遂初堂本、集釋本、欒本、陳本、嚴本均作「揚雄」。

[九]「淳」字誤，當改。原抄本、遂初堂本、集釋本、欒本、陳本、嚴本均作「惇」。

[十]「尚書集□」，原抄本、遂初堂本、集釋本、欒本、陳本、嚴本均作「尚書集傳」，當補。

[十一]「太極國」誤，當改。原抄本、遂初堂本、集釋本、欒本、陳本、嚴本均作「太極圖」。

[十二]豐昵，《尚書・高宗彤日》：「典祀無豐于昵」，孔穎達疏：「禮有常法，不當特豐於近廟」。

[十三]「發」字誤，當改。原抄本、遂初堂本、集釋本、欒本、陳本、嚴本均作「廢」。

[十四]大禮，謂嘉靖帝。嘉靖初有「大禮」之争。《明史・藝文志》有「世宗《大禮集議》四卷」，嘉靖七年成書。又張璁希旨著《大禮或問》，席書編《大禮集議》。

[十五]底本缺二字處，原抄本、遂初堂本、集釋本、欒本、陳本、嚴本均作「彭時」，當補。

[十六]《憲宗實録》。

祭禮

陸道威[一]著《思辨録》，欲於祭禮之中而寓立宗之意，謂：「古人最重宗子，然宗子欲統一族衆，無如祭法。文公《家禮》所載祭禮雖詳整有法，顧惟宗子而有宫爵及富厚者方得行之，不能通諸貧士。又一歲四合族衆，繁重難舉，無差等隆殺之别。愚意欲倣古族『食世降一等』[二]之意，定爲宗祭[三]法。歲始則祭始祖，凡五服之外皆與，大宗主之。仲春則祭四代，以高祖爲主，曾祖以下分昭穆居左右，合同高祖之衆，繼高之宗主之。仲夏則祭三代，以曾祖爲主，祖考則分昭穆居左右，合同曾祖之衆，繼曾之宗主之。仲秋則祭二代，以祖爲主，考妣居左昭位，合同祖之衆，繼祖之宗主之。仲冬則祭一代，以考爲主，合同父昆仲弟，繼禰之宗主之。皆宗子主祭，而其餘子則獻物以助祭。不惟愛敬各盡，而祖考高曾隆殺有等，一從再從，遠近有别，似于古禮初無所倍。或曰：高曾祖考，祭則俱祭，古人具有成法，不當隨時加損。答之曰：凡禮，皆以義起耳。《禮》有云：『上殺，旁殺，下殺』[四]，《中庸》言『親親之殺』[五]，是古人於禮，凡事皆有等殺。

况喪禮服制，父母皆服三年，而高祖則齊衰三月，此今律文。是喪禮已有等殺，何獨於祭禮不可行乎？此雖剏舉，恐不無補於風教也。」[六]

【校注】

[一]陸世儀，字道威。

[二]見《禮記·文王世子》。

[三]「宗祭」，遂初堂本、集釋本、欒本、陳本、嚴本同，原抄本誤作「宗族」。

[四]《禮記·喪服小記》。

[五]上文引《禮記·文王世子》亦云「親親之殺」。

[六]陸世儀《思辨録輯要》卷十。

女巫

《周禮》女巫「舞雩」，但用之「旱暵」之時。[一]使女巫舞旱祭者，崇陰也。《禮記·檀弓》：「歲旱，穆公召縣子而問曰：『吾欲暴巫，而奚若？』曰：『天則不雨，而望之愚婦人，無乃已疏乎？』」此用女巫之證也。漢因秦滅學，祠祀用女巫。後魏郊天之禮，「女巫升壇，搖鼓，帝拜，后肅拜」。[二]杜岐公曰：「道武帝南平姑藏[三]，東下山東，足爲雄武之主。其時用事大臣崔浩、李順[四]、李孝伯等多是謀猷之士，少有通儒碩學，所以郊祀上帝，六宮及女巫預馬[五]。」[六]《魏書·高祖紀》：延興二年，「二月乙巳，詔曰：『尼父稟達聖之姿，體生知之量，窮理盡性，道先[七]四海。頃者淮徐未賓，廟隔非所，致令祀典寢頓，禮章殄滅。遂使女巫妖覡，淫進非禮，殺牲歌舞，倡優媟狎。豈所以尊明神、敬聖道者也？自今以後，有祭孔子廟，制用酒脯而已，不聽婦女合雜，以祈非望之福。犯者以違制論。』」《大金國志》：世宗大定二十六年二月，詔曰：「曩者邊場多事，南方未賓，致令孔廟頹落，禮典陵遲，女巫雜覡，淫祀違禮。自今有祭孔廟，制用酒脯而已，犯者以違制論。」

《唐書·黎幹傳》：「代宗時，爲京兆尹。時大旱，乾[八]造土龍，自與巫覡對舞，彌月不應。又禱孔子廟。帝笑曰：『丘之禱久矣。』[九]使毀土龍。」

【校注】

[一]《周禮·春官宗伯》。

[二]《魏書·禮志四之一》，又見《通典》卷四十二。

[三]「姑藏」誤，當改。原抄本、遂初堂本、集釋本、欒本、陳本、嚴本均作「姑臧」。《通典》作「姑臧」。

[四]「李頤」誤，當改。原抄本、遂初堂本、集釋本、欒本、陳本、嚴本均作「李順」。《通典》作「李順」。

[五]「馬」字誤，當改。原抄本、遂初堂本、集釋本、欒本、陳本、嚴本均作「焉」。《通典》作「焉」。

[六]《通典》卷四十二。杜佑封岐國公。

[七]「先」字誤，當改。原抄本、遂初堂本、集釋本、欒本、陳本、嚴本均作「光」。《魏書》作「光」。

[八]「乾」字誤，當改。原抄本、遂初堂本、集釋本、欒本、陳本、嚴本均作「幹」。

[九]語出《論語·述而》。

陵

古王者之葬，稱墓而已。《左傳》曰：「殽有二陵，其南陵，夏后皋之墓也。」[一]《書》傳亦言：桐宫，湯墓。[二]《周官》：「冢人掌公墓之地。」[三]並言墓，不言陵。及春秋以降，乃有稱丘者。楚昭王墓謂之「昭丘」，趙武靈王墓謂之「靈丘」，而吴王闔閭之墓亦名「虎丘」。盖必其因山而高大者，故二三君之外無聞焉。《史記·趙世家》：肅侯「十五年，起壽陵」。《秦本紀》[四]：惠文王「葬公陵」，悼武王「葬永陵」，孝文王「葬壽陵」，始有稱陵者。《後漢書·東平憲王蒼傳》言：「園邑之興，始自彊秦。」《通典》：襄陵「有晉陵公[五]之陵」。[六]至漢，則無帝不稱陵矣。宋施宿[七]《會稽志》曰：「自先秦古書，帝王墓皆不稱陵，而陵之名實自漢始。」非也。

【校注】

[一]《左傳·僖公三十二年》。

[二]《尚書·太甲上》：「營於桐宫」，孔安國傳：「經營桐墓立宫，令太甲居之」，蔡沈傳：「桐，成湯墓陵之地」。

又《孟子·萬章上》朱熹集注：「桐，湯墓所在。」此謂孔傳。

[三]《周禮·春官宗伯》。《周禮》又稱《周官》。

[四]當作《秦始皇本紀》。

[五]「晉陵公」誤，當改。原抄本、遂初堂本、集釋本、欒本、陳本、嚴本均作「晉襄公」。

[六]見《後漢書·光武十王列傳》、《通典》卷一百七十九《州郡九》。

［七］施宿，字武子，宋湖州人。纂《會稽志》二十卷，嘉泰元年成書。

墓祭

《太甲》之書曰：「王徂桐宫居憂。」此古人廬墓之始。「曾子問：『宗子去在他國，庶子無爵而居者可以祭乎？』孔子曰：『祭哉！』請問：『其祭如之何？』孔子曰：『向墓而爲壇，以時祭。若宗子死，告於墓而後祭於家。』」［一］此古人祭墓之始。《史記·周本紀》：「武王上祭于畢。」馬融曰：「畢，文王墓地名也。」此緯書之名［二］，不可信。《記》言古不墓祭，「宗子去在他國」，事之變也；將祭而「爲壇」，禮之權也。秦興西戎，宗廟之禮無聞，而特起寢殿［三］墓側。見《漢官儀》。《宋書·禮志》：「漢氏諸陵皆有園寢者，承秦所爲也。說者以爲古前廟後寢，以象人君前有朝，後有寢也。廟以藏主，四時祭祀，寢有衣冠，象生之具，以薦新。」［四］漢之西京，已崇此禮。《叔孫通傳》言：「爲原廟渭北，衣冠月出遊之。」［五］師古曰：「從高帝陵寢出衣冠，游於高廟，每月一爲之。」《韋玄成傳》言：「園中谷［六］有寢、便殿，日祭於寢，月祭于廟，時祭于便殿。寢，日四上食。廟，歲二十五祠。便殿，歲四祠。」比［七］皆承秦之制，故黷于祭祀如此。後漢明帝「永平元年春王［八］正月，帝率公卿以［九］下朝于原陵，如元會儀」，［十］而上陵之禮始興。蔡邕曰［十一］：「昔京師在長安時，其禮不可盡得聞也。光武即世，始葬于此。明帝嗣位，踰年，群臣朝正，感先帝不復聞見此禮，乃帥公卿百僚就園陵而創焉。」［十二］「每正月上丁，祀郊廟畢，以次上陵，百官、四姓、親家、婦女、公主、諸王、大夫、外國朝者、侍子、郡國計吏會陵。」「八月飲酎，禮亦如之。」［十三］「雒陽諸陵，皆以晦朔、二十四氣、伏臘及四時祠廟。日上飯，太官送用物，園令、食監典省。其親陵所宫人，隨鼓漏理被枕，具盥水，陳粧具。」[十四]貢禹奏言：「武帝取好女數千人填後宮。及棄天下，昭帝幼弱，霍光專事，不知禮正，「皆以後宮女置於園陵」，「今杜陵有宮人數百」。《外戚傳》許后之[十五]疏，有「杜陵梁美人」，又云：「成帝崩，班婕妤充奉园[十六]陵，薨，因葬園中」。而張敞書言：「昌邑哀王歌舞者張修等十人，無子，又非姬，但[十七]良人，無宮[十八]名。王薨，當罷歸。太傅豹等擅留，以爲哀王園中人，不當罷。」翼奉亦言「諸侯王園宜出其過制者」。是諸侯王園亦有之矣。是以安帝尊母孝德皇元妃耿氏爲「甘陵大貴人」，桓帝尊母匽氏爲「博園貴人」，靈帝尊母董氏爲「慎園貴人」，皆以陵園爲名。[十九]程氏《演繁露》曰：「魏武置宮人銅雀臺，令月朝十五輒向帳作伎。陸機爲文議之，不知其來有自矣。」而十七年正月，明帝「當謁原陵，夜夢先帝、太后如平生歡。既寤，悲不能寐。即案歷，明旦[二十]日吉，遂率百官及故客上陵。其日，甘露降于陵樹，帝令百官采取以薦。會畢，帝從席前伏御牀，視太后鏡奩中物，感動悲涕，令易脂澤裝具[二十一]。左右皆泣，莫能仰視焉」。[二十二]此特士庶人之孝，而史傳之以爲盛節。故陵之崇，廟之殺也；禮之瀆，敬之衰也。「明帝遺詔：無起寢廟，藏主于光烈皇后更衣別室。」[二十三]而七廟之制遂寢[二十四]。蔡邕以爲天子「事亡如存」之意，「禮有煩而不可省」者，[二十五]殆曲爲之説也。「魏武帝葬高陵，有司依漢立陵上祭殿。至文帝黄初三年，乃詔曰：『先帝躬履節儉，遺詔省約。子以述父爲孝，臣以繼事爲忠。古不墓祭，皆設于廟。高陵上殿，屋皆毁壞，車馬還廄，衣服藏府，以從先帝儉德之志。』及文帝自作終制，又曰：『壽陵無立寢殿、造園邑。』」「晉宣王遺令：『子弟群臣，並不得謁陵。』」[二十六]猶爲近古。《宋書・禮志》：「晉宣帝道[二十七]詔：『子弟群官皆不得謁陵。』于是景、文遵旨。至武帝猶再謁崇陽陵，一謁峻平陵，然遂不敢謁高原陵。至惠帝復止也。逮江左初，元帝崩後，諸公始有謁陵、辭陵之事。蓋繇眷同友執，率情而舉，非雒京之舊也。成帝時，中宮亦年年拜陵，議者以爲非禮，于是遂上[二十八]，以爲永制。」[二十九]《晉書・王導傳》：「自漢魏已來，群臣不拜山陵。導以元帝睠同布衣，匪惟君臣而已，每一崇進，皆就拜，不勝哀戚。繇是詔百官拜陵，自導始也。」梁武帝、後周明帝始皆謁陵。唐太宗、玄宗亦並行之。《唐書・彭景直傳》：「景龍末爲太常博士，時獻、昭、乾三陵皆日祭」，景直請罷，不從。開元二十年敕：「寒食上墓，宜編入《五禮》，永爲恒式。」[三十]胡三省曰：「唐開元敕：『寒食上墓，禮經無文，近代相傳，寖以成俗。宜許上墓，同拜掃禮。』蓋但許士庶之家行之，而人君無此禮也。」《五代會要》言：「後唐莊宗，每年寒食出祭，謂之『破散』。其後襲而行之。」歐陽公《五代史》所謂「寒食野祭而焚紙錢」，即謂此也。[三十一]而陵寢亦有衣冠嬪御之制。杜子美《橋陵》詩：「宮女晚知曙，祠官朝見星。」韓退之《豐陵行》曰：「臣聞神道尚清静，三代舊制存諸書。墓藏廟祭不可亂，欲言非職知何如？」蓋深非之也。若本朝[三十二]之制，無車馬，無宮人，不起居，不進奉，亦庶幾得禮之中者與！

古人於墓之禮，但有奔喪、去國二事。《記》曰：「奔喪者，不及殯，先之墓，北面坐，哭盡哀。主人之待之也，即位于墓左，婦人墓右，成踊盡哀。」又曰：「若除喪而後歸，則之墓哭，成踊，東括髮，袒[三十三]經，拜賓成踊，送賓反位，又哭盡哀，遂除於家，不哭。」[三十四]又曰：「奔兄弟之喪，先之墓，而後之家，爲位而哭。所知之喪，則哭於宮，而後之墓。」[三十五]又曰：「去國則哭於墓，而後行，反其國則不哭，展墓而入。」[三十六]魯昭公之孫于齊也，「與藏孫如[三十七]墓謀，遂行」也。[三十八]吴延州來季子之於王僚也，「復命哭墓」。[三十九]是則古人之至於墓，皆有哭泣哀傷之事。而祭者，吉禮也，無舍廟而之墓者也。

孟子言：「孔子之[四十]没，子貢築室于場，獨居三年，然後歸。」[四十一]曲沃衛曷[四十二]曰：「古人爲廟以依神，無廬[四十三]之事。門人既不得奉其廟祀，而但廬于冢上，以盡其情，此亡於禮者之禮也。自[四十四]漢以來，乃有父母没[四十五]而廬墓者，不知其置神主何地？其奉之墓次歟？是野祭之也；其空置之祠堂歟？是視其體魄反過其神也。而愨者以此悖先王之禮，僞者以此博孝子之名。至於□□[四十六]此風猶未已也。且孝如曾子，未嘗廬墓；孔子封防，既反而弟子後至。古人豈有廬墓之事哉?」

《史記·孔子世家》:「魯世世相傳,以歲時奉祀孔子冢。史言上冢者,自孔子、留侯二[四十七]《世家》始。而諸侯[四十八]亦講禮、鄉飲、大射於孔子冢。孔子冢大一頃,故所居堂,弟子内,後世因廟藏孔子衣冠、琴、車、書。」夫禮教出於聖人之門,豈有就冢而祭?至鄉飲、大射,尤不可於冢上行之。蓋孔子教於洙泗之間,所葬之冢在講堂之後,孔子既没[四十九],弟子即講堂而祀之,且行飲射之禮。太史公不達,以爲祭於冢也。

漢人以宗廟之禮,移於陵墓。有人臣而告事于陵者,蘇武自匈奴還,「詔奉一太牢謁武帝園廟」[五十]是也。有上冢而會宗族、故人及郡邑之官者,樓護「爲諫大夫,使郡國,過齊,上書求上先人冢,因會宗族故人」[五十一],班伯「上書,願過故郡,上父祖冢,有詔:太守、都尉以下會」[五十二],是也。有上冢而大官爲之供具者,董賢爲侍中、駙馬都尉,「上冢有會,輒大官爲供」[五十三]是也。有贈謚而賜之於墓者,陰興「夫人卒,肅宗使五官中郎將持節即墓賜策,追謚興曰翼侯」[五十四]是也。有人主而臨人臣之墓者,光武至湖陽幸樊重墓[五十五],霍峻「葬成都,先主率群寮臨會弔祭,因留宿墓上」。[五十六],是也。有庶民而祭古賢人之墓者,曹昭《東征賦》「蘧氏在城之東南兮,民亦饗其丘墳」《文選》作「尚」,《水經注》引北[五十七]作「饗」。是也。人情所趨,遂成習俗。其流之弊,有如楊倫「行喪于恭陵」[五十八]者矣,有如趙寧[五十九]「葬親而不閉埏隧,因居其中,行服二十餘年」者矣。《陳蕃[六十]傳》。至乃「市賈小民,相聚爲宣陵孝子者數十人,皆除太子舍人」[六十一],而禮教於斯大壞矣。

招魂之葬,於古未聞。《三輔黄圖》言:「漢太上皇陵在櫟陽北原,在東者太上皇,在西者昭靈后。」高帝母起兵時死于小黄。則疑其私[六十二]於此矣。晉東海王越柩爲石勒所焚，妃裴氏「渡江，欲招魂葬越。元帝詔有司詳議，博士傅純曰：『聖人制禮，以事緣情。設冢槨以藏形，而事之以凶；立廟祧以安神，而奉之以吉。送形而往，迎精而還。此墓、廟之大分，形、神之異制也。至於室廟[六十三]、寢廟，祊祭非一處，所以廣求神之道。而獨不祭於墓，明非神之所處也。今亂形、神之别，錯廟、墓之宜，違禮失義，莫大於此。』於是下詔不許」。[六十四]

唐高宗顯慶三年十一月，伊麗道行軍副總管蕭嗣業擒阿史那賀魯，「至京師，甲午，獻于昭陵」。[六十五]總章元年十月，司空李勣破高麗，俘高藏、男建、男産等，至京師，「獻于昭陵」。[六十六]許敬宗言：「古者軍凱旋則飲至于廟，未聞獻馘于陵者。然陛下奉園寢與宗廟等，可行不疑。」[六十七]此亦所謂「自我作古」[六十八]者矣。

唐時，陵寢嘗有鷹犬之奉。玄宗「開元二年四月辛未，詔曰：『園陵之地，衣冠所游。凡厥有司，罔不祗事。頃者别致鷹狗，供奉山陵，至於料度，極多費損。昔戒禽荒，既非尋常所用；遠惟龍馭，每以仁愛爲心。彼耕象與耘鳥，且增哀慕；豈飛蒼而走黄，更備畋獵？有乖儀式，無益崇嚴。諸陵所有供奉鷹狗等，並宜即停。』」[六十九]

天寶二年，「八月，制曰：『禮[七十]祀者，所以展誠敬之心；薦新者，所以申霜露之思。自留[七十一]火届期，商風改律，載深追遠，感物增懷。且《詩》著授衣，令存休澣，在於臣子，猶及恩私，恭事園陵，未標典式。自今以後，每至九月一日，薦衣於陵寢，貽範千載，庶展孝思。且仲夏端午，事無典實，傳之淺俗，遂乃移風。况乎以孝道人，因親設教，感游衣於漢紀，成獻報於禮文。宣示庶僚，令知朕意。』」[七十二]今關中之俗，有所謂「送寒衣」者，其道[七十三]教也。今俗乃用十月一日。

【校注】

[一]《禮記·曾子問》。

[二]「名」字誤，當改。原抄本、遂初堂本、集釋本、欒本、陳本、嚴本均作「言」。

[三]「寢殿」下，原抄本、遂初堂本、集釋本、欒本、陳本、嚴本均有「於」字。

[四]黄汝成集釋引沈氏曰：《宋書·禮志》一節，已見《續漢書·祭祀志》。今按：見《後漢書·祭祀志下》，「以薦新」作「以薦新物」。

[五]《漢書·叔孫通傳》，又見《史記·叔孫通傳》。

[六]「谷」字誤，當改。原抄本、遂初堂本、集釋本、欒本、陳本、嚴本均作「各」。《漢書》作「各」。

[七]「比」字誤，當改。原抄本、遂初堂本、集釋本、欒本、陳本、嚴本均作「此」。

[八]「王」字衍，當删，原抄本、遂初堂本、集釋本、欒本、陳本、嚴本均無。

[九]「以」，原抄本、遂初堂本、集釋本、欒本、陳本、嚴本均作「已」。

[十]《後漢書·孝明帝紀》。

[十一]「曰曰」誤，當改。原抄本作「曰」，遂初堂本、集釋本、欒本、陳本、嚴本作「記曰」，均是。《通典》載蔡邕「愾然謂同座者曰」，又載「邕退而記焉」。

[十二]見《通典》卷五十二引謝承《漢書》。

[十三]《通典》卷五十二。又見《後漢書·禮儀志上》。

[十四]《後漢書·禮儀志上》。

[十五]「之」，原抄本同，遂初堂本、集釋本、欒本、陳本、嚴本作「上」。

[十六]「国」字誤，當改。原抄本、遂初堂本、集釋本、欒本、陳本、嚴本均作「園」。

[十七]「但」，原抄本、集釋本、欒本、陳本同，遂初堂本、嚴本誤作「俱」。黄汝成《刊誤》：「但」，諸本並誤「俱」，原寫本作「但」。考《漢書昌邑王傳》同，今改。

[十八]「宮」字誤，當改。原抄本、集釋本、欒本、陳本、嚴本均作「官」。《漢書》作「官」。

[十九]貢禹、翼奉言見《漢書》本傳。張敞言見《漢書・武五子傳》。「甘陵大貴人」見《孝安帝紀》及《章帝八王列傳》，「博園貴人」見《孝桓帝紀》、《皇后紀下》及《章帝八王列傳》。「慎園貴人」見《孝靈帝紀》、《皇后紀下》及《章帝八王列傳》。

[二十]「且」字誤，當改。原抄本、遂初堂本、集釋本、欒本、陳本、嚴本均作「旦」。《後漢書》作「旦」。

[二十一]「裝具」，原抄本同，遂初堂本、集釋本、欒本、陳本作「妝具」。按《後漢書》作「裝具」，《資治通鑑》亦作「裝具」，《宋書・符瑞志》作「之具」。

[二十二]《後漢書・皇后紀上》。

[二十三]見《後漢書・孝明帝紀》，又見《祭祀志下》。

[二十四]「寢」字誤，當改。原抄本、遂初堂本、集釋本、欒本、陳本、嚴本均作「廢」。

[二十五]《通典》卷七十九，又見卷五十二。

[二十六]《晉書・禮志中》，又見《宋書・禮志三》。

[二十七]「道」字誤，當改。原抄本、遂初堂本、集釋本、欒本、陳本、嚴本均作「遺」。《宋書》、《晉書》作「遺」。

[二十八]「上」字誤，當改。原抄本、遂初堂本、集釋本、欒本、陳本、嚴本均作「止」。《宋書》、《晉書》作「止」。

[二十九]又見《晉書・禮志中》。

[三十]《舊唐書・玄宗本紀上》。

[三十一]胡三省語見《資治通鑑》卷二百八十七《後漢紀二》。《五代會要》、《五代史》文亦見胡注。

[三十二]「本朝」，原抄本同。潘耒遂初堂刻本改爲「明代」，集釋本因之。黄侃有校記，欒本未改回，陳本、嚴本仍刻本之舊而加注。

[三十三]「祖」字誤，當改。原抄本、遂初堂本、集釋本、欒本、陳本、嚴本均作「袒」。《禮記》作「袒」。

[三十四]《禮記・奔喪》。

[三十五]《禮記・喪服小記》。

[三十六]《禮記・檀弓下》。

[三十七]「藏孫如」誤，當改。原抄本、遂初堂本、集釋本、欒本、陳本、嚴本均作「臧孫如」。《左傳》作「臧孫如」。

[三十八]《左傳・昭公二十五年》。「也」字，原抄本、遂初堂本、集釋本、欒本、陳本、嚴本無。

[三十九]《左傳・昭公二十七年》。

[四十]「之」字，原抄本同，遂初堂本、集釋本、欒本、陳本無。《孟子》無「之」字。

[四十一]《孟子・滕文公上》。

[四十二]「衛蒿」誤，原抄本同誤，當改。遂初堂本作「衛萬」，集釋本、欒本、陳本作「衛嵩」，亦誤。當作「衛蒿」。衛蒿，字匪莪。

[四十三]「廬」字下，脱「墓」字，當補。原抄本、集釋本、欒本、陳本均作「廬墓」。

[四十四]「自」字，原抄本、遂初堂本、集釋本、欒本、陳本無。

[四十五]「没」，原抄本同，遂初堂本、集釋本、欒本、陳本、嚴本作「終」。

[四十六]底本缺二字處，原抄本、遂初堂本、集釋本、欒本、陳本、嚴本均作「今而」，當補。

[四十七]「三」字誤，當改。原抄本、遂初堂本、集釋本、欒本、陳本、嚴本均作「二」。

[四十八]「諸侯」誤，當改。原抄本、遂初堂本、集釋本、欒本、陳本、嚴本均作「諸儒」。《史記》作「諸儒」。

[四十九]「没」，原抄本同，遂初堂本、集釋本、欒本、陳本、嚴本作「殁」。

[五十]《漢書・李廣傳》。
[五十一]《漢書・游俠傳》。
[五十二]《漢書・叙傳》。
[五十三]《漢書・王貢两龔鮑傳》。
[五十四]《後漢書・樊宏陰識列傳》。
[五十五]事見《後漢書・樊宏陰識列傳》。
[五十六]見《三國志・蜀書・霍峻傳》。遂初堂本、集釋本、欒本、陳本、嚴本此條原注改爲正文。
[五十七]「北」字誤，當改。原抄本、遂初堂本、集釋本、欒本、陳本、嚴本均作「此」。
[五十八]《後漢書・儒林列傳》。
[五十九]「趙寧」誤，當改。原抄本、遂初堂本、集釋本、欒本、陳本、嚴本均作「趙宣」。《後漢書》作「趙宣」。
[六十]「陳蓄」誤，當改。原抄本、遂初堂本、集釋本、欒本、陳本、嚴本均作「陳蕃」。
[六十一]《後漢書・孝靈帝紀》及《蔡邕列傳》。
[六十二]「私」字誤，當改。原抄本、遂初堂本、集釋本、欒本、陳本、嚴本均作「始」。
[六十三]「室廟」，原抄本、遂初堂本、嚴本同。集釋本、欒本、陳本作「宗廟」。《晉書》作「室廟」。
[六十四]《晉書・東海孝獻王越列傳》。黄汝成集釋引楊氏曰：「招魂而葬，是謂埋神。」
[六十五]《資治通鑑》卷二百《唐紀十六》，又見《舊唐書・突厥傳下》。
[六十六]《資治通鑑》卷二百一《唐紀十七》，又見《舊唐書・李勣傳》。
[六十七]《新唐書・突厥傳下》。
[六十八]語出《隋書・禮儀志四》：「後魏即位，登朱雀觀，周帝初立，受朝於路門，雖自我作古，皆非禮也。」
[六十九]《册府元龜》卷三十。

［七十］「禮」字誤，當改。原抄本、遂初堂本、集釋本、欒本、陳本、嚴本均作「禋」。《册府元龜》作「禋」。
［七十一］「留」字誤，當改。原抄本、遂初堂本、集釋本、欒本、陳本、嚴本均作「流」。《册府元龜》作「流」。
［七十二］《册府元龜》卷三十。
［七十三］「道」字誤，當改。原抄本、遂初堂本、集釋本、欒本、陳本、嚴本均作「遺」。

厚葬

《晉書·索綝傳》：建興中，「盜發漢霸、杜二陵，文帝霸陵，宣帝杜陵。多獲珍寶。帝問綝曰：『漢陵中物何乃多邪？』綝對曰：『漢天子即位一年而爲陵，天下貢賦三分之，一供宗廟，一供賓客，一充山陵。武帝饗［一］年久長，比崩，而茂陵不復容物，其樹皆已可拱。赤眉取陵中物，不能減半，於金［二］猶有朽帛委積，珠玉未盡。此二陵謂霸、杜。是儉者耳，亦百世之誡。』」《漢書·王奔［三］傳》：「赤眉發掘園陵，惟霸陵、杜陵完。」按《史記·孝文紀》言：「治霸［四］皆以瓦器，不得以金銀錫［五］銅錫爲飾。」而劉向諫昌陵疏，亦以孝文薄葬，足爲後王之則。［六］然考之《張湯傳》，則武帝之世已有「盜發孝文園瘞錢」者矣。［七］蓋自春秋列國以來，厚葬之俗，雖以孝文之明達儉約，且猶不能盡除，而史策所書，未必皆爲實録也。

《左傳》：成公二年，「八月，宋文公卒，始厚葬，用蜃炭，益車馬。始用殉。重器備，椁有四阿，棺有翰檜。君子謂：『華元、樂舉於是乎不臣。臣，治煩去惑者也，是以伏死而争。今二子者，君生則縱其惑，死又益其侈，是棄君於惡也，何臣之爲［八］！』」

《吕氏春秋·節喪篇》曰：「審知生，聖人之異[九]也；審知死，聖人之極也。知生也者，不以害生，養生之謂也；知死也者，不以害死，安死之謂也。此二者，聖人之所獨決也。凡生於天地之間，其必有死，所不免也。孝子之重其親也，慈親之愛其子也，痛於肌骨，性也。所重所愛，死而棄之溝壑，人之情不忍爲也，故有葬死之義。葬也者，藏也，慈親、孝子之所慎也。慎之者，以生人之心慮。以生人之心爲死者慮也，莫如無動，莫如無發。無發無動，莫如無有可利，則此之謂『重閉』。古之人，有藏於廣野深山而安者矣，非珠玉國寶之謂也，葬不可不藏也。葬淺則狐狸扫[十]，扫，讀曰「掘」。深則及於水泉，故凡葬必於丘陵[十一]之上，以避狐狸之患，水泉之濕。此則善矣，而忘姦邪、盗賊、寇亂之難，豈不惑哉！譬之若瞽師之避柱也，避柱而疾觸[十二]杙也。狐狸、水泉、姦邪、盗賊、寇亂之患，此杙之大者也，慈親孝子避之者，得葬之情矣。善棺槨，所以避螻蟻蛇蟲也。今世俗大亂之主，愈侈其葬，則心非爲乎死者慮也，生者以相矜尚也。侈靡者以爲榮，節儉者以爲陋，不以便死爲故，而徒以生者之誹譽爲務，此非慈親、孝子之心也。民之於利也，犯流矢，蹈白刃，涉血盩肝以求之。盩，古「抽」字。野人之無聞者，忍親戚、兄弟、知交以求利。今無此之危，無此之醜，其爲利甚厚，乘車食肉，澤及子孫，雖聖人猶不能禁。而況於國彌大，家彌富，葬彌厚，含珠鱗施、含珠，口寔也。鱗施，施玉于死者之體若魚鱗也。玩好貨寶、鍾鼎壺濫、以水[十三]置水漿于其中爲濫，取其冷也。轝馬、衣被、戈劒不可勝數，諸養生之具無不從者。題湊之室，室，槨也。題湊，復累。棺槨數襲；積石積炭，以環其外。奸人聞之，傳[十四]以相告。上雖以嚴威重罪禁之，猶不可止。且死者彌久，生者彌疏。生者彌疏，則守者彌怠。守者彌怠，而葬器如故，其勢固不安矣。」

《安死篇》曰：「世之爲丘壟也，其高大若山，其樹之若林，其設闕庭、爲宫室、造賓阼也若都邑。以此觀世示篇[十五]則可矣，以此爲死則不可也。夫死，其視萬歲猶一瞚也。瞚，古「瞬」字。人之壽，久之不遇[十六]百，中壽不過六十。以百與六十無[十七]無窮者之慮，其情必不相當矣。以無窮爲死者之慮，則得之矣。今有人於此，爲石銘置之壟土[十八]曰：『此其中之物具珠玉玩好，財物寶器甚多，不可不扣，扣之必天[十九]富，世世乘車食肉。』人必相與笑之，以爲大惑。世之厚葬也，有似於此。自古及今，未有不亡之國也。無不亡之國，是無不扣之墓也。以耳目所聞見，齊、荆、燕嘗亡矣，齊湣王、楚平王、燕王噲。宋、中山已亡矣，趙、魏、韓皆亡矣，作書之時，秦初並三晉。其皆故國矣。自此以上者，亡國不可勝數。上，猶「前」也。是故大墓無不扣也，而世皆争爲之，豈不悲哉！君之不令氏[二十]，父之不孝子，兄之不悌弟，皆鄉里之所釜甂者而逐之。「甂」、「鬲」同。《史記·蔡澤傳》：「入魏、韓，遇奪釜鬲於塗。」憚耕稼採薪之勞，不肯官人事，而祈美衣侈食之樂，智巧窮屈，無以爲之。於是乎聚群多之徒，以深山廣澤林藪扑擊遏奪，又視名丘大墓葬之厚者求舍便居，以微扣之，日夜不休，必得所利，相與分之。夫有所愛所重，而令姦邪盗賊寇亂之人卒必辱之，此孝子、忠臣、親友[二十一]、交友之大事。堯葬於穀林，通樹之。舜葬於紀市，不變其肆。禹葬于會稽，不變人徒。「變，動也，言無所興造，不擾民也。」[二十二]是故先王以儉節葬死也，非愛其費也，非惡其勞也，以爲死者慮也。先王之所惡，惟死者之辱也。發則必辱，儉則不發，故先王之葬，必儉、必合、必同。何謂合？何謂同？葬於山林則合乎山林，葬于陵隰則同乎陵隰，此之謂愛人。夫愛人者衆，知愛人者寡，故宋未亡而東冢扣，「東冢，文公冢也。文公厚葬，故冢被發也。冢在城東，謂之[二十三]東冢。」[二十四]齊未亡而莊公家扣。「莊公名購，僖公之父」[二十五]，在位六十四年。國安寧而猶若此，又况百世之後而國已亡乎？故孝子、忠臣、親父、交友不可不察于此也。夫愛之而反危之，其此之謂乎？魯季孫有喪，孔子往弔之，入門而左，從容[二十六]也。主人以璠璵收，此季平子意如之喪也。主人，桓子斯也。收，斂也。孔子徑庭而趨，歷級而上，曰：『以寶玉收，譬之猶暴骸中原也。』言必發掘[二十七]。徑庭、歷級，非禮也。雖然，以救過也。」

【校注】

[一]「饗」，原抄本同，遂初堂本、集釋本、欒本、陳本、嚴本作「享」。

[二]「金」字誤，當改。原抄本、遂初堂本、集釋本、欒本、陳本、嚴本均作「今」。

[三]「王奔」誤，當改。原抄本、遂初堂本、集釋本、欒本、陳本、嚴本均作「王莽」。

[四]「霸」字下，脱「陵」字，當補。原抄本、遂初堂本、集釋本、欒本、陳本、嚴本均作「霸陵」。《史記》作「霸陵」。

[五]「錫」字衍，當刪，原抄本、遂初堂本、集釋本、欒本、陳本、嚴本無。

[六]見《漢書·楚元王傳》附劉向傳。

[七]《漢書·張湯傳》，又見《史記·酷吏列傳》。黄汝成集釋引梁氏曰：霸陵凡三被發，《張湯傳》一也。《風俗通》所云「霸陵薄葬，亦被發掘」，二也。《晉書》所云，三也。蓋金玉珍寶必景帝爲之，不依遺詔瓦器之制，事秘莫知，史不得録耳。

[八]「爲」，遂初堂本、集釋本、欒本、陳本、嚴本同，原抄本誤作「有」。《左傳》作「爲」。

[九]「異」字誤，當改。原抄本、遂初堂本、集釋本、欒本、陳本、嚴本均作「要」。《吕氏春秋》作「要」。

[十]「扣」字下，脱「之」字，當補。遂初堂本、集釋本、欒本、陳本、嚴本作「扣之」，《吕氏春秋》作「扣之」。原抄本「扣」誤作「担」，注文誤作「拍」。

［十一］「丘陵」誤，當改。原抄本、遂初堂本、集釋本、欒本、陳本、嚴本均作「高陵」。《吕氏春秋》作「高陵」。

［十二］「觴」字誤，當改。原抄本、遂初堂本、集釋本、欒本、陳本、嚴本均作「觴」。《吕氏春秋》作「觴」。

［十三］「水」字誤，當改。原抄本作「氷」，遂初堂本、集釋本、欒本、陳本、嚴本作「冰」。

［十四］「傳」，遂初堂本、集釋本、欒本、陳本、嚴本同。原抄本作「轉」。畢沅曰：「『傳』，《續志》注作『轉』。」

［十五］「篇」字誤，當改。原抄本、遂初堂本、集釋本、欒本、陳本、嚴本均作「富」。《吕氏春秋》作「富」。

［十六］「遇」字誤，當改。原抄本、遂初堂本、集釋本、欒本、陳本、嚴本均作「過」。《吕氏春秋》作「過」。

［十七］「無」字誤，當改。原抄本、遂初堂本、集釋本、欒本、陳本、嚴本均作「爲」。《吕氏春秋》作「爲」。

［十八］「土」字誤，當改。原抄本、遂初堂本、集釋本、欒本、陳本、嚴本均作「上」。《吕氏春秋》作「上」。

［十九］「天」字誤，當改。原抄本、遂初堂本、集釋本、欒本、陳本、嚴本均作「大」。《吕氏春秋》作「大」。

［二十］「氏」字誤，當改。原抄本、遂初堂本、集釋本、欒本、陳本、嚴本均作「民」。《吕氏春秋》作「民」。

［二十一］「友」字誤，當改。原抄本、遂初堂本、集釋本、欒本、陳本、嚴本均作「父」。《吕氏春秋》作「父」。

［二十二］此條爲高誘《吕氏春秋》注。

［二十三］「謂之」，原抄本同，遂初堂本、集釋本、欒本、陳本、嚴本上有「因」字。《吕氏春秋》作「因謂之」。

［二十四］此條爲高誘《吕氏春秋》注。

［二十五］此句爲高誘《吕氏春秋》注。

［二十六］「從容」字誤，原抄本同誤，當改。遂初堂本、集釋本、欒本、陳本、嚴本作「從客」。《吕氏春秋》作「從客」，高誘注：「從客位也」。《禮記·曲禮上》：「主人入門而右，客入門而左。」

［二十七］「掘」，原抄本同，遂初堂本、集釋本、欒本、陳本、嚴本作「拍」。

前代陵墓

漢高帝十二年，「十二月，詔曰：『秦皇帝、楚隱王、師古曰：「陳勝也。」魏安釐王、齊湣王、趙悼襄王，皆絶亡後。其與秦[一]皇帝守冢二十家，楚、魏、齊各十家，趙及魏公子无忌師古曰：「即信陵君也。」各五家。令視其冢，復，亡[二]與它事。』」[三]魏明帝景初二年五月，「戊子，詔曰：『昔漢高創業，光武中興，謀除殘暴，功昭四海。而墳陵崩頹，童兒牧豎踐蹋其上，非大魏尊崇所承代之意也。其表高祖、光武陵四面各百步，不得使民耕牧樵採。』」[四]宋武帝永初元年，「閏月壬午朔，詔曰：『晉世帝后及藩王諸陵，守衛宜便置格。其名賢先哲，見優前代，或立德著節，或寧亂庇民，墳墓永[五]遠，並宜洒掃，主者具條以聞。』」[六]南齊明帝建武二年，「十二月丁酉，詔曰：『舊國都邑，望之悵然，况乃身徑[七]南面，負衮[八]宸居。或功濟當時，德章一世，而塋壟欑穢，封樹不修，豈直嗟深牧豎，悲甚信陵而已哉！昔中京淪覆，鼎玉東遷，晉元締構之始，簡文遺詠在民，而松門夷替，埏路榛蕪，雖年代殊往，撫事興懷。晉帝諸陵，悉加修理，並增守衛。』」[九]梁武帝天監六年，「詔曰：『命世興王，嗣賢傳業，聲稱不朽。人代徂遷，二賓以位，三恪義在。時事寖遠，宿草榛蕪，望古興懷，言念愴然。晉、宋、齊三代諸陵，有司勤加守護，勿令細民侵毁。作兵有少，補使充足。前無守視，並可量給。』」[十]《文選》載任昉爲卞彬《謝修卞[十一]忠貞墓啟》。魏高祖太和二十年，五月丙戌，「詔漢、魏、晉諸帝陵，各禁方百步，不得樵蘇踐籍」。[十二]孝明熙平元年七月，「詔曰：『先賢列聖，道冠生民。仁風盛德，焕乎圖史。暨曆數永終，迹隨物變，陵隧杳靄，鞠爲茂草。古帝諸陵，多見踐藉。可明敕所在，諸有帝王墳陵，四面各五十步，勿聽樵牧。』」[十三]隋煬帝大業二年，「十二月庚寅，詔曰：『前代帝王，因時創業，君民建國，禮尊南面。而歷運推移，年世永久，丘壟殘毁，樵牧相趨，塋兆堙蕪，封樹莫辨，興言淪滅，有愴于懷。自古以來，帝王陵墓可給隨近十户，蠲其徭役，以供守視。』」[十四]唐太宗詔見下。唐玄宗天寶三載十二月詔：「日[十五]古聖帝明王陵墓有頽毁者，宜令管内量事修葺，仍明立標記，禁其樵採。」[十六]古人於異代山陵，必爲之修護若此。《陳書・淳于量傳》：「坐就江陰王蕭季卿買梁陵中樹，季卿坐免，量免侍中。」

宋熙寧中，「興利之臣建議，前代帝王陵寢，許民請射耕墾[十七]，而唐之諸陵悉見芟削，昭陵喬木翦伐無遺」。《宋史・鄧潤甫傳》。小民何識？自上導之。靡存愛樹之思，但逐樵蘇之利，吁！非一朝之故矣！

金太宗天會二年，「二月詔：『有盗發遼諸陵者，罪死。』」七年二月，「甲戌，詔禁醫巫閭山遼代山陵樵採」。[十八]《金史・斡魯古孛堇傳》：「乾州後爲閭陽縣，遼諸陵多在此，禁無所犯。」獨元之世祖縱楊璉真伽發余[十九]會稽攢宫不問，此自古所爲[二十]之大變也。《元史》：楊璉真伽爲江南釋教總統，「發掘故宋趙氏諸陵之在錢唐[二十一]、紹興者，及真[二十二]大臣冢墓，凡一百一所」。

本朝[二十三]洪武九年，「八月己酉，遣國子生周渭等三十一人，分視歷代帝王陵寢。命百步内禁人樵牧，設陵户工人[二十四]守之。有經兵燹而崩摧者，有司督近陵之民以時封培。每三年一遣使致祭」。[二十五]其後每登極詔書並有此文，而有司之能留意者鮮矣。

魏高祖太和十九年九月，「丁亥，詔曰：『諸有舊墓，銘記見存，昭然爲時人所知者，三公及位從公者，去墓三十步；尚書令僕、九列，十五步；黄門、五校，十步。各不聽墾殖。』」[二十六]陳文帝天嘉六年，「八月丁丑，詔曰：『梁室多故，禍亂相尋，兵甲紛紛[二十七]，十年不解。不逞之徒，虚[二十八]流生氣，無賴之屬暴及徂魂。江左肇基，王者攸宅。金行水位之主，木運火德之君，時更四代，歲逾二百。若其經綸王業，搢紳民望，忠臣孝子，何世無之？而零落山丘，變移陵谷，咸皆剪[二十九]伐，莫不侵殘。玉杯得於民間，漆簡傳於世載，無復五株之樹，罕見千年之表。自[三十]天祚光啟，恭惟揖讓，爰暨朕躬，聿修祖武。雖復旂旗服色，猶行杞宋之封。每車駕巡游，眇瞻河雒之路。故橋山之祀，蘋藻弗虧；驪山之墳，松柏恒守。唯戚藩舊壟[三十一]，士子故塋，掩殣未周，樵牧猶衆。或親屬流隸，負土無期；子孫冥滅，手植何寄？漢高留連於無忌，宋祖惆悵於子房，丘墓生哀，性靈共惻者也。朕所以興言永日，思慰幽泉。惟前代侯王，自古忠烈，墳冢被發，絶無後者，可簡行修治。墓中樹木，勿得樵採。庶幽顯咸[三十二]暢，稱朕意焉。』」[三十三]

唐太宗貞觀四年九月壬午，詔曰：「欽若稽古，緬想往册，英聲茂寔，志深褒尚。始兹巡省，眺矚中塗，漢氏諸陵，北阜斯託，寂寥千載，邈而無祀。歷選列辟，遺跡可觀。良宰名卿，清徽不滅。宜令所司，普如[三十四]研訪。爰自上古，洎于隋室，諸有明王聖帝，盛德寵功，定亂弭災，安民濟物，及賢臣烈士，立言顯行，緯武經文[三十五]，致君利俗，丘壟可識，塋兆見在者，各隨所在條録申奏。每加巡簡，禁絶芻牧，春秋二時，爲之致祭。若有毁壞，即宜修補，務令周盡，以稱朕意。」[三十六]是則不獨前代山陵，即士大夫之丘墓並爲封禁，亦興王之一事，可爲後法者矣。

【校注】

[一]「奉」字誤，當改。原抄本、遂初堂本、集釋本、欒本、陳本、嚴本均作「秦」。《史記》、《漢書》作「秦」。

[二]「亡」字下，原抄本、遂初堂本、集釋本、欒本、陳本、嚴本均有「以」字。《漢書》無「以」字。

[三]《漢書·高帝紀》。又見《史記·高祖本紀》，無「令視其家」以下數句。

[四]《三國志·魏書·明帝紀》注。

[五]「永」字誤，當改。原抄本、遂初堂本、集釋本、欒本、陳本、嚴本均作「未」。《宋書》作「未」。

[六]《宋書·武帝本紀下》。

[七]「徑」字誤，當改。原抄本、遂初堂本、集釋本、欒本、陳本、嚴本均作「經」。《南齊書》作「經」。

[八]「衾」字誤，當改。原抄本、遂初堂本、集釋本、欒本、陳本、嚴本均作「扆」。《南齊書》作「扆」。

[九]《南齊書·明帝本紀》。

[十]《梁書·武帝本紀下》。「天監六年」當作「大同六年」。

[十一]「下」字誤，當改。原抄本、遂初堂本、集釋本、欒本、陳本、嚴本均作「卞」。《文選》作「卞」。上「卞」字不誤。

[十二]《北史·魏本紀》，又見《魏書·高祖紀下》。「籍」，原抄本同，遂初堂本、集釋本、欒本、陳本作「藉」。按「籍」解爲「蹈」，而「籍」、「藉」古通。陳垣校注：《魏書》七下。「踐藉」原作「踐踏」。今按：《北史》作「踐藉」。

[十三]《魏書·肅宗紀》。「七月」當作「八月」。

[十四]《隋書·煬帝紀上》，又見《北史·隋本紀下》。

[十五]「日」字誤，當改。原抄本、遂初堂本、集釋本、欒本、陳本、嚴本均作「自」。《册府元龜》作「自」。

[十六]《册府元龜》卷八十六。

[十七]「慦」字誤，當改。原抄本、遂初堂本、集釋本、欒本、陳本、嚴本均作「墾」。

[十八]《金史·太宗本紀》。

[十九]「余」字誤，當改。原抄本、遂初堂本、集釋本、欒本、陳本、嚴本均作「宋」。

[二十]「爲」字誤，當改。原抄本、遂初堂本、集釋本、樂本、陳本、嚴本均作「無」。

[二十一]「錢唐」，原抄本、遂初堂本、集釋本、樂本、陳本、嚴本均作「錢塘」。

[二十二]「真」字誤，當改。原抄本、遂初堂本、集釋本、樂本、陳本、嚴本均作「其」。

[二十三]「本朝」，原抄本同。潘耒遂初堂刻本改爲「《實録》」，集釋本因之。樂本據黄侃校記改回而加説明，陳本、嚴本仍刻本之舊而加注。

[二十四]「工人」誤，當改。原抄本、遂初堂本、集釋本、樂本、陳本、嚴本均作「二人」。《太祖實録》作「二人」。

[二十五]《太祖實録》卷一百八。

[二十六]《魏書・高祖紀下》，又見《北史・魏本紀》。

[二十七]「紛紛」，原抄本、遂初堂本、集釋本、樂本、陳本、嚴本均作「紛紜」。《陳書》作「紛紜」。《册府無龜》引作「紛紛」。

[二十八]「虚」字誤，當改。原抄本、遂初堂本、集釋本、樂本、陳本、嚴本均作「虐」。《陳書》作「虐」。

[二十九]「剪」，原抄本、遂初堂本、集釋本、樂本、陳本、嚴本均作「翦」。

[三十]「白」字誤，當改。原抄本、遂初堂本、集釋本、樂本、陳本、嚴本均作「自」。《陳書》作「自」。

[三十一]「戚藩舊壟」，遂初堂本、集釋本、樂本、陳本、嚴本同，原抄本誤倒作「戚舊藩壟」。《陳書》作「戚藩舊壟」。

[三十二]「咸」，原抄本同。遂初堂本、集釋本、陳本、嚴本作「式」，樂本改「式」爲「咸」。《陳書》作「咸」。

[三十三]《陳書・世祖本紀》。

[三十四]「如」字誤，當改。原抄本、遂初堂本、集釋本、樂本、陳本、嚴本均作「加」。《册府元龜》作「加」。

[三十五]「緯武徑文」，「徑」字誤，當改。原抄本、集釋本、樂本、陳本作「緯武經文」，遂初堂本、嚴本作「緯文經武」。《册府元龜》作「緯武經文」。

［三十六］《册府元龜》卷一百七十四。《册府元龜》不言「壬午」，《舊唐書・太宗本紀下》云：「壬午，令自古明王聖帝、賢臣烈士墳墓，無得芻牧，春秋致祭」。

停喪

停喪之事，自古所無。自建安離析，永嘉播竄，於是有不得已而停者。常煒言：魏晉之制，祖父未葬者不聽服官。《晉書・慕容儁載記》。而御史中丞劉隗奏：「諸軍敗，亡失父母，未知吉凶者，不得仕進宴樂，皆使心喪。有犯，君子廢，小人戮。」《通典》。［一］生者猶然，況於既没［二］？是以「兗州刺史滕恬爲丁零翟所殺，屍喪才［三］反，恬子羨仕宦不廢，論者嫌之」。《南史・鄭鮮之傳》。鮮之議別［四］楊臻「七年不除喪，三十餘年不關人事」。［五］齊高帝時，「烏程令顧昌玄，坐父法秀宋泰始中北征，屍骸不反，而昌玄宴樂嬉游，與常人無異，有司請加以清議」。《南齊書》本紀。［六］振武將軍丘冠先爲休留茂所殺，「喪屍絶域，不可復尋」，世祖特敕，其子雄方敢入仕。《河南氏羌傳》。［七］當江左偏安之日，而猶申此禁。豈有死非戰場，棺非異域，而停久不葬，自同平人，如今人之所爲者哉？《晉書・賀循傳》：「爲武康令，俗多原［八］葬，及有拘忌、廻避歲月、停喪不葬者，循皆禁焉。」《舊唐書・顏真卿傳》：時「有鄭延祚者，《新書》：「朔方令。」母卒二十九年，殯僧舍垣地。真卿劾奏之，兄弟終身不齒，天下聳動」。《册府元龜》：後周太祖廣順二年，「十一月丙午，敕曰：『古者立封樹之定［九］，定喪葬之期，著在經典，是爲名教。洎乎世俗衰薄，風化陵遲，親没［十］而多闕送終，身後而便爲無主。或羈束於仕宦，或拘忌於陰陽，旅櫬［十一］不歸，遺骸何託？但以先王垂訓，孝子因心，非以厚葬爲賢，只以稱家爲禮。掃地而祭，尚可以告虔。負土成墳，所貴乎盡力。宜頒條令，用騖[十二]因循。庶使九原絶抱恨之魂，千里無不歸之骨。搢紳人士，當體茲懷。應[十三]內外文武臣僚幕職州縣官選人等，今後有父母、祖父母亡没[十四]未經遷葬者，其主家之長不得輒求仕進，所繇司亦不得申舉解送。』」[十五]而《宋史》王子韶以不葬父母貶官，劉昺兄弟以不葬父母奪職。並本傳。後之王者，以禮治人，則周祖之詔、魯公之劾不可不著之甲[十六]令。但使未葬其親之子若孫，擼[十七]紳不許入官，士人不許赴舉，則天下無不葬之喪矣。

張稷若爾岐采皇甫謐之名，作《篤終論》。[十八]其下篇曰：「葬之習於侈也，於是有久而不克葬者，是徒知備物豐儀之爲厚其親，而不知久而不葬之大悖於禮也。先王之制喪禮，始死而襲，襲而斂，三日而殯，殯而治葬具。其葬也，貴賤有時，天子七月，諸侯五月，大夫三月，士踰月。先時而葬者謂之『渴葬』[十九]，後時而葬者謂之『怠喪』。其自襲而斂，自斂而殯，自殯而葬，中間皆不治他事，各視其力，日夕拮据，至葬而已。以爲所以計安親體者，必至乎葬而始畢也。襲也，斂也，殯也，皆以期成乎葬者也。殯則不可不葬，猶之襲則不可不斂，斂則不可不殯，相待而爲始終者也，故不可以他事間也。今有人親死踰日而不襲，踰旬而不斂，踰月而不殯，苟非狂易喪心之人，必有痛乎其中者矣。至于累年而不葬，則相與安之，何也？殯者必於客位，所以賓之也。父母而賓之，人子之所不忍也。而爲之者，以將葬故賓之也，所以漸即乎遠也。殯而不葬，是使其親退而不得反於寢，進而不得即於墓，不猶之客而未得歸，歸而未得至者與？非人事之至難安，而人子之大不忍者與？《晏子春秋》：「生者不得安，命之曰『蓄憂』。死者不得葬，命之曰『蓄哀』。」《喪服小記》曰：『久而不葬者，唯主喪者不除，其餘以麻終月數者，除喪則已。』孔氏曰：『「久而不葬」，謂有事礙不得依月葬者，則三年冠服身皆不得祥除。「主喪者」，爲[二十]子爲父，妻爲夫，臣爲君，孫爲祖，父没[二十一]持重。皆爲喪主，不得除也。其餘謂期以下至緦也。』劉世明曰：「衆子雖非喪主，亦不得除。」張憑謂：「已嫁之女，猶不得除。天性難可盡奪，疑則從重。」《孔叢子》：司徒文子問於子思曰：『喪服既除，然後乃葬，則其服何服？』子思曰：『三年之喪，未葬服不變，除何有焉？』司馬温公《葬論》亦云。乃知古之人有不幸有故，不得葬其親者，雖踰三年不除服。其心所痛在於未葬，以爲與未及三月者同寔也。與未及三月者同寔，斯不得計時而即吉矣。何也？喪之即吉，始于虞而成于禫。虞之爲禮，起于既葬，送形而往，迎精而反，故爲虞以安之。未葬則無所爲而虞，不虞則『卒哭而祔』皆無所爲而舉，『卒哭與祔』不得舉，又何爲而可以練？何爲而可以祥且禫？故雖踰三年，與未及三月者同寔也。未及三月而欲舉祥禫之禮，行道之人弗忍矣。《喪服小記》：「三年而後葬者必再祭」，注云：「謂練祥也。葬月虞，明月練，又明月祥。」劉世明曰：「禮，虞而柱楣翦[二十二]屏，練而毁廬居堊[二十三]室，祥而席，禫而牀。人[二十四]此虞及練、祥雖爲局促，猶追賞[二十五]其事。若在異月，以其本異歲也，練祥之服，變除之宜，豈如其節[二十六]。斯其所以可以除而弗除與？斯其所以寧斂形還葬、縣棺而封，而必不敢爲溢望奢求，以至于久而不葬也與？」繇是言之，則人子之未葬其親者，未可以虞，未可以卒哭也。未可以虞，未可以卒哭，而可以服官乎？反末代之澆風，舉百王之墜制，必有聖人起而行之者。

陳可大曰：「以麻終月數者，期以下至緦之親。以主人未葬，不得變葛，故服麻。以至月數足而除，不待主人喪徐[二十七]之除也。然其服猶必收藏，以俟送葬也。」[二十八]夫未葬之喪，期已下至緦之親且不得變葛，而爲之子者乃循葬畢之制，而練而祥而禫，是則今之人其無父母也久矣。

魏「劉仲武娶毌丘氏，生子正舒、正則。及毌丘儉敗，仲武出其妻，司馬師夷儉三族，故仲武出妻。更娶王氏，生陶。仲武爲毌丘氏立別舍，而不告絶。及毌丘氏卒，正舒求祔葬，陶不許。正舒不釋服，訟于上下，泣血露骨，衰裳綴絡，數十年弗得，以至死亡」。[二十九]宋海虞令何子平，「母喪去官，哀毀踰禮。屬火明[三十]孝武帝年號。末，東土饑荒，繼以師荒[三十一]，八年不得營葬。晝夜號哭，常如祖括之日，冬不衣絮，夏不就清凉，一日以米數合爲粥，不進鹽菜。所居屋敗，不蔽風日。兄子伯興欲[三十二]爲葺理，子平不肯，曰：『我情事未申，天地一罪人耳！屋何宜覆？』蔡興宗爲會稽太守，甚加矜賞[三十三]，爲營冢壙。」[三十四]朱子采入《小學·善行篇》。梁殷不佞爲武康令，「會江陵陷而母卒，道路隔絶，不得奔赴。四載之中，晝夜號泣。及陳高祖受禪，起[三十五]戎昭將軍，除婁令，至是四兄不齊始迎喪柩歸葬。不佞居處禮節，如始聞喪，若此者又三年」。[三十六]唐歐陽通爲中書舍人，丁母憂[三十七]，以「歲凶未葬，四年居廬，不釋服。冬月，家人密以氈絮置所眠席下，通覺，大怒，遽令徹[三十八]之」。[三十九]元孫瑾父喪，「停柩四載，衣不解帶」。[四十]此數事可爲不得已而停喪者之法。

近年亦有一二知禮之士未克葬而不變服者，而或且譏之曰：夫飲酒、食肉、處内，與夫人間之交際往來，一一如平人，而獨不變衣冠，則文存而寔亡也。文存而寔亡，近於爲名。然則必並其文而去之，而後爲不近名邪？「子貢欲去告朔之餼羊，子曰：『賜也，爾愛其羊，我愛其禮。』」[四十一]嗚呼！夫習[四十二]之德[四十三]移久矣！自非大賢，中人之情，鮮不動于外者。聖人爲之弁冕衣裳，佩玉以教恭，衰麻以教孝，介冑以教武，故君子恥服其服而無其容。使其未葬而不釋衰麻，則其悲哀之心、痛疾之意，必有觸于目而常存者。此子游所謂「以故興物」[四十四]，而爲孝子仁人之一助也，奚爲其必去之也？今吴人喪除服，則取冠衰履杖焚之。服終而未葬，則藏之柩旁，待葬而服。既葬，服以謝弔客，而後除且焚。此亦餼羊之猶存者矣。《詩》曰：「庶見素韠兮，我心蘊結兮，聊與子如一兮。」[四十五]「哀公問曰：『紳委章甫，有益于仁乎？』孔子作色而對曰：『君胡然焉！衰麻苴杖者，志不存乎樂。非耳非聞[四十六]，服使然也。』」《家語》。後之議禮者，必有能擇於斯者矣。

又考本朝[四十七]《寔録》：永樂七年七月，「甲戌，仁孝皇后喪，再期。皇太子以母喪未葬，禫後仍素服視事。至几筵，仍衰服」。八年七月，「乙巳，仁孝皇后忌日，以未葬，禮同大祥」。[四十八]十一年二月葬長陵。夫天子之子尚且行之，而謂不可通於士庶人乎？

侈於殯埋之飾，而民遂至于不葬其親；豐於資送之儀，而民遂至于不舉其女。于是有反本尚質之書[四十九]，而老民[五十]之書謂禮爲「忠信之薄而亂之首」[五十一]，則亦過矣。豈知召南之女，「迨其謂之」[五十二]，《周禮·媒氏》：「凡嫁子娶妻[五十三]，入幣純帛，無過五兩。」而夫子之告子路曰：「斂首[五十四]足形，還葬而無椁，稱其財，斯之謂禮。」[五十五]何至如《鹽鐵論》之云「送死殫家，遺女滿車」、齊武帝詔書之云「斑白不婚，露棺累葉」[五十六]者乎？馬融有言：「嫁娶之禮儉，則婚者以時矣。喪祭之禮約，則終者掩藏矣。」[五十七]「林放問禮之本，孔子曰：『禮，與其奢也，寧儉。』」[五十八]其正俗之先務乎！《宋史·孫覺傳》：知福州，「閩俗厚於昏喪，其費無藝。覺載[五十九]爲中法，使資裝無得過百千。令下，嫁娶以百數，葬埋之費亦率減什五」。《元史·卜文傳[六十]傳》：爲婺源知州，「婺源之俗，男女婚娉[六十一]，後富則俞[六十二]其約，有育其女至老死不嫁者；親喪，貧則不舉，有停其柩累數世不葬者。文傳下車即召其耆老，使以禮訓告之，閲三月，而婚葬[六十三]俱畢」。

【校注】

[一]見卷九十八。

[二]「没」，原抄本、遂初堂本、集釋本、欒本、陳本、嚴本均作「殁」。

[三]「才」字誤，當改。原抄本、遂初堂本、集釋本、欒本、陳本、嚴本均作「不」。《宋書》、《南史》作「不」。

[四]「别」字誤，當改。原抄本、遂初堂本、集釋本、欒本、陳本、嚴本均作「引」。

[五]今按：「論者嫌之」又見《宋書・鄭鮮之傳》，引楊臻語見《宋書》，《南史》略。

[六]今按：《南齊書》當作《南史》。

[七]《南齊書》。

[八]「原」字誤，當改。原抄本、遂初堂本、集釋本、欒本、陳本、嚴本均作「厚」。《晉書》作「厚」。

[九]「定」字涉下而訛，當改。原抄本、遂初堂本、集釋本、欒本、陳本、嚴本均作「制」。《册府元龜》作「制」。

[十]「没」，原抄本、遂初堂本、集釋本、欒本、陳本、嚴本均作「殁」。

[十一]「襯」字誤，當改。原抄本、遂初堂本、集釋本、欒本、陳本、嚴本均作「櫬」。《册府元龜》作「櫬」。

[十二]「驚」字誤，當改。原抄本、遂初堂本、集釋本、欒本、陳本、嚴本均作「警」。《册府元龜》作「警」。

[十三]「應」字上，原抄本衍「一」字。遂初堂本、集釋本、欒本、陳本、嚴本無。《册府元龜》無「一」字。

[十四]「没」，原抄本同，遂初堂本、集釋本、欒本、陳本、嚴本作「殁」。

[十五]卷六百三十四。《册府元龜》無「丙午」，《舊五代史・周書・太祖紀三》作「丙子」。

[十六]「甲」，遂初堂本、集釋本、欒本、陳本、嚴本同，原抄本誤作「申」。

[十七]「擼」字誤，當改。原抄本、遂初堂本、集釋本、欒本、陳本、嚴本均作「搢」。

[十八]《晉書・皇甫謐傳》：「著論爲葬送之制，名曰《篤終》。」

[十九]「渴葬」，原抄本同。遂初堂本、集釋本、欒本、陳本、嚴本作「得葬」。黄汝成集釋引楊氏曰：據《公羊傳》當是「渴葬」。「得」，字之訛也。

［二十］「爲」字誤，當改。原抄本、遂初堂本、集釋本、欒本、陳本、嚴本均作「謂」。

［二十一］「没」，原抄本同，遂初堂本、集釋本、欒本、陳本、嚴本作「殁」。

［二十二］「剪」，原抄本同，遂初堂本、集釋本、欒本、陳本、嚴本作「翦」。

［二十三］「聖」字誤，當改。原抄本、遂初堂本、集釋本、欒本、陳本、嚴本均作「埊」。

［二十四］「人」字誤，當改。原抄本、遂初堂本、集釋本、欒本、陳本、嚴本均作「今」。

［二十五］「賞」字誤，當改。原抄本、遂初堂本、集釋本、欒本、陳本、嚴本均作「償」。

［二十六］「豈如其節」誤，當改。原抄本、遂初堂本、集釋本、欒本、陳本、嚴本均作「宜如其節也」。

［二十七］「喪徐」誤，原抄本作「葬後」，亦誤，當改。遂初堂本、集釋本、欒本、陳本、嚴本作「喪後」。

［二十八］陳澔《禮記集説・喪服小記》。

［二十九］《晉書・禮志中》。

［三十］「火明」誤，當改。原抄本、遂初堂本、集釋本、欒本、陳本、嚴本均作「大明」。《宋書》、《南史》作「大明」。

［三十一］「荒」字涉上而訛，當改。原抄本、遂初堂本、集釋本、欒本、陳本均作「旅」。《宋書》、《南史》作「旅」。

［三十二］「欲」，遂初堂本、集釋本、欒本、陳本、嚴本同，原抄本誤作「欽」。《宋書》、《南史》作「欲」。

［三十三］「矜賞」，原抄本同，遂初堂本、集釋本、欒本、陳本、嚴本作「矜重」。按《南史》作「矜賞」，《宋書》作「旌賞」。

［三十四］《南史・孝義傳上》。又見《宋書・孝義列傳》。

［三十五］「起」，原抄本同，遂初堂本、集釋本、欒本、陳本、嚴本字下有「爲」字。《陳書》有「爲」字。

［三十六］《陳書・孝行列傳》，又見《南史・孝義傳下》。

［三十七］「憂」，遂初堂本、集釋本、欒本、陳本、嚴本同，原抄本作「喪」。

［三十八］「徹」，原抄本同，遂初堂本、集釋本、欒本、陳本、嚴本作「撤」。《舊唐書》作「徹」。

[三十九]《舊唐書・儒學傳上》。

[四十]《元史・孝友傳一》。

[四十一]《論語・八佾》。

[四十二]「習」，遂初堂本、集釋本、欒本、陳本、嚴本同，原抄本作「習俗」。

[四十三]「德」字誤，當改。原抄本、遂初堂本、集釋本、欒本、陳本、嚴本均作「難」。

[四十四]見《禮記・檀弓下》。

[四十五]《詩經・檜風・素冠》。

[四十六]「非問」誤，當改。原抄本、遂初堂本、集釋本、欒本、陳本、嚴本均作「弗聞」。《孔子家語》作「弗聞」。

[四十七]「本朝」，原抄本同。潘耒遂初堂刻本删此二字，集釋本因之。欒本據黄侃校記改回而加説明，陳本、嚴本仍刻本之舊而加注。

[四十八]《太宗實録》。

[四十九]「書」，原抄本同。遂初堂本、集釋本、欒本、陳本、嚴本作「思」。

[五十]「老民」誤，當改。原抄本、遂初堂本、集釋本、欒本、陳本、嚴本均作「老氏」。

[五十一]《老子・三十八章》。

[五十二]《詩經・召南・摽有梅》。

[五十三]「妾」字誤，當改。原抄本、遂初堂本、集釋本、欒本、陳本、嚴本均作「妻」。《周禮》作「妻」。

[五十四]「斂首」，各本均同。欒本改「斂手」。按《檀弓下》云「斂手足形」，而《檀弓上》云「斂首足形」。

[五十五]《禮記・檀弓下》。

[五十六]見《南齊書・武帝本紀》。

[五十七]袁宏《後漢紀・孝順皇帝紀》陽嘉二年。《資治通鑑》卷五十一引之。

［五十八］《論語・八佾》。

［五十九］「載」字誤，當改。原抄本、遂初堂本、集釋本、欒本、陳本、嚴本均作「裁」。

［六十］「十文傳」誤，當改。原抄本、遂初堂本、集釋本、欒本、陳本、嚴本均作「干文傳」。《元史》：干文傳，字壽道。《新元史》：干文傳，字受道。

［六十一］「婚娉」誤，當改。原抄本作「婚聘」，遂初堂本、集釋本、欒本、陳本、嚴本作「昏聘」。《元史》作「婚聘」。

［六十二］「俞」字誤，當改。原抄本、遂初堂本、集釋本、欒本、陳本、嚴本均作「渝」。《元史》作「渝」。

［六十三］「婚葬」，原抄本、遂初堂本、集釋本、欒本、陳本、嚴本均作「婚喪」。《元史》作「婚喪」。按當作「婚葬」。

假葬

「晉武帝太康中，前太子洗馬郄詵，寄止衛國文學講堂十餘年。母亡，不致喪歸，便於堂北壁外下棺，謂之『假葬』。《魏志・曹法［一］傳》：「年十餘歲，喪父。時天下亂，宗族各散去鄉里，獨與一客擔喪假葬，携將老母渡［二］。」「假葬」字始見於此江。三年即吉，詔用爲征東參軍。」［三］論者以爲不合禮。《鄭志》曰：「趙商問：『主喪者不除。［四］今人違離邦族，假葬異國，禮不大備，要亦有反土之意。三年闋矣，可得除否？』答曰：『葬者，送親之終。假葬法，後代巧僞，反可以難禮乎？』」［五］

【校注】

［一］「曹法」誤，當改。原抄本作「曹洪」，遂初堂本作「曹共」，集釋本、欒本、陳本、嚴本作「曹休」。按《三國志・魏書・諸夏侯曹傳》以曹仁、曹洪、曹休合傳，事在曹休傳。

［二］「渡」字下，脱「江」字，誤植在句末「於此」下，當乙正。原抄本、遂初堂本、集釋本、欒本、陳本、嚴本均作「渡江」。

[三]《通典》卷一百三。

[四]《禮記·喪服小記》語。

[五]《通典》卷一百三引。

改殯

古人改殯之禮，必反於宫寢，不拘即遠之制[一]。齊莊公以襄公二十五年爲崔杼所弑，葬諸士孫之里。二十八年，崔慶既死，「十二月乙亥朔，齊人遷莊公殯于大寢，以其棺尸崔杼于市」。[二]二十九年，「二月癸卯，齊人葬莊公于北郭」。[三]夫自郭外之葬，歷三年之久。出而遷之路寢，爲之改殯，不以宫庭[四]爲忌，不以兵死爲嫌，古人送往慎終之禮如此。景公，莊公之弟。漢和帝以梁貴人「酷没[五]，斂葬禮闕，乃改殯于承光宫，追服喪制」。[六]盖附身、附棺之物，人子所宜自盡。若宋之高宗於「梓宫入境，即承之以槨」[七]，上以欺其先人，下以欺其百官、兆姓，誠千古之罪人矣。

《册府元龜》載：後唐莊宗同先[八]二年，「八月，遣宗正少卿李瓊往曹州，簡行哀帝陵寢。三年正月丙申，敕曰：『朕顧惟寡德，獲嗣丕圖，奉先之道常勤，送往之誠靡怠。爰自重興廟社，載展郊禋，旋蕩滌于瑕疵，復涵濡于慶澤。盖憂勞静國，曠墜承祧，御朽若驚，涉川爲懼，繇是推移歲月，鬱情滞懷[九]。恭念昭宗晏駕之辰，少帝登遐之日，咸罹虺毒，遽殞龍髯。委冠劍於仇讎，託山陵於梟獍。静惟規制，豈叶度程，存愴結以彌深，固寢興而增惕。虔思改卜，式慰允懷。宜令所司別選園陵，備禮遷葬，貴雪幽明之恨，以申追慕之心。凡有[十]臣寮，體朕哀感。』雖有是命，以年饑財不足而止」。[十一]

【校注】

[一]即遠，見《禮記・檀弓上》。《坊記》稱作「示遠」。
[二]《左傳・襄公二十八年》。
[三]《左傳・襄公二十九年》。
[四]「庭」，原抄本、遂初堂本、集釋本、欒本、陳本、嚴本均作「廷」。
[五]「没」，原抄本同，遂初堂本、集釋本、欒本、陳本、嚴本作「歿」。
[六]《後漢書・皇后紀》。
[七]《宋史・禮志二十五》。謂徽宗之葬。
[八]「同先」誤，當改。原抄本、遂初堂本、集釋本、欒本、陳本、嚴本均作「同光」。
[九]「鬱情滯懷」誤倒，當乙正，原抄本、遂初堂本、集釋本、欒本、陳本、嚴本均作「鬱滯情懷」。《册府元龜》作「鬱滯情懷」。
[十]「有」誤，當改。原抄本、遂初堂本、集釋本、欒本、陳本、嚴本均作「百」。《册府元龜》作「百」。
[十一]《册府元龜》卷三十一。

火葬

火葬之俗，盛行於江南，自宋時已有之。《宋史》：「紹興二十七年，監登聞鼓院范同言：『今民俗有所謂『火化』者。生則奉養之具唯恐不至，死則燔爇而捐棄之。國朝著令：貧無葬地者，許以官地安葬。河東地狹人衆，雖至親之喪悉皆焚棄。韓琦鎮并州，以官錢市田數頃，給民安葬，至今爲美談。然則承流宣化，使民不畔於禮法，正守臣之職也。事關風化，理宜禁止。仍飭守臣措置閒[一]之地，使貧民得以收葬。』從荒之。」[二]景定三年[三]，黄震爲吴縣尉，《乞免再起化人亭狀》曰：「照對本司久例，有行香寺，曰通濟，在城外西南一里。本寺久爲焚人空亭，約十間，以罔利。合城愚民悉爲所誘，親死即舉而付之烈焰，餘骸不化則又舉而投之深淵。哀哉！斯人何辜，而遭此身後之大戮邪！震久切痛心，以人微位下，欲言未發。乃五月六日夜，風雷驟至，獨盡撤其所謂焚人之亭而去之。意者穢氣彰聞，冤魂共訴，皇天震怒，爲絶此根。越明白[四]，據寺僧發覺陳狀，爲之備申使府，盖亦幸此亭之壞耳。案吏何人，敢受寺僧之囑，行下本司，勒令監造！震竊謂此亭爲焚人之親設也，人之焚其親，不孝之大者也，此亭其可再也哉！謹案古者小斂、大斂以至殯葬，皆擗踊，爲遷其親之尸而動之也，況可得而火之邪？舉其尸而畀之火，慘虐之極，無復人道。雖蚩尤[五]作五虐之法，商紂爲炮烙之刑，皆施之于生前，未至戮之於死後也。展禽謂『夏父弗忌必有殃』，『既葬，焚，煙徹於上』，[六]或者天寔災之，然謂之『殃』，則凶可知也。焚[七]子期欲焚麇之師，子西戒不可[八]，雖敵人之尸，猶有所不忍也。衛侯『掘褚師定子之墓，焚之于平莊之上』，[九]殆自古以來所無之事。田單守即墨之孤邑，積五年，思出萬死一生之計以激其民，故襲用其毒，誤燕人掘齊墓，『燒死人』，齊人望之涕泣，『怒十倍』，[十]而齊破燕矣。然則焚其先人之尸，爲子孫者所痛憤，而不自愛其身，故田單思之五年，出此詭計以誤適[十一]也。

尉佗在越[十二]，聞漢『掘燒其先人冢』[十三]；陸賈明其不然，與之要約亦曰：反則『掘燒王先人冢』[十四]耳。舉至不可聞之事以相恐，非忍爲之也。尹齊爲淮揚都尉，『所誅甚多，及死，仇家欲燒其尸，尸亡去歸葬』[十五]，説者謂其『尸飛去』[十六]。夫欲燒其尸，仇之深也。欲燒之而尸亡，是死而有靈，猶知燒之可畏也。漢廣川王去，淫虐無道，其姬招倍[十七]共殺幸姬王昭平、五地餘[十八]及從婢三人，『後昭信病，夢昭平等』，乃『掘出[十九]尸，皆燒爲灰』，[二十]去與昭信旅[二十一]亦誅死。王莽『作焚如之刑，燒陳良等』，[二十二]亦遂誅滅[二十三]。魏文帝《終制》略曰：「喪亂以[二十四]來，漢氏諸陵無不發掘，至乃燒取玉柙金鏤，骸骨並盡。是焚如之刑也，豈不重痛哉！」[二十五]東海王越亂晉，石勒『剖其棺，焚其尸，曰：亂天下者此人也，吾爲天下報之！』[二十六]夫越之惡固宜如此[二十七]，亦夷狄[二十八]之俗[二十九]而忍爲此也。王敦叛逆，有司出其尸於瘞，『焚其衣冠』，斬之。[三十]所焚猶衣冠耳。惟蘇峻以反誅，『焚其骨』。[三十一]楊玄感反，隋亦掘其父素冢，『焚其骸骨』。[三十二]慘虐之門既開，因以施之極惡之人，《周禮·秋官》掌戮：「凡殺其親者，焚之。」然非治世法也。隋爲仁壽宫[三十三]，役夫死道上，楊素焚之，上聞之，不悦。[三十四]夫淫刑如隋文且不忍焚人，則痛莫甚於焚人者[三十五]。蔣玄暉瀆亂[三十六]官闈[三十七]，朱全忠『殺而焚之』，[三十八]一死不足以盡其罪也。然殺之者常刑，焚之者非法，非法之虐且不可施之誅死之罪人，況可施之父母骨肉乎！世之施此於父母骨肉者，又往往拾其遺燼[三十九]而棄之水，則宋誅太子劭逆黨王鸚鵡、嚴道育，既焚而『揚灰於河』[四十]之故智也，慘益慎[四十一]矣。而或者乃以焚人爲佛法，然聞佛之説，戒火自焚也。今之焚者，戒火邪，人火耶？自焚邪，其子孫邪？佛者，夷狄[四十二]之法。今吾所處中國邪，夷狄邪？有識者爲之痛惋久矣。今通濟寺僧焚人之親以罔利，傷風敗俗，莫此爲甚。天幸廢之，何可興之？欲望台慈矜生民之無知，念死者之何罪，備榜通濟寺，風雷已壞之焚人亭不許再行起置。其於哀死慎終，實非小補。」[四十三]然自宋以來，此風日盛，國家雖有「漏澤園」[四十四]之設，而地有[四十五]人多，不能徧葬，相率焚燒，名曰「火葬」，習以成俗。謂每宜里[四十六]給空地若干爲義冢，以待貧民之葬，除其租税，而更爲之嚴禁，焚其親者以不孝罪之，庶乎禮教可興、民俗可厚也。嗚呼！古人於服器之微，猶不敢授[四十七]之於火，故於重也葬[四十八]之，於杖也斷而棄之，况敢葬[四十九]及於尸柩乎？荼毗之教，始於沙門，被髮之風，終於戎翟，[五十]辛之有適伊川[五十一]，其亦預見之矣。「爲國以禮」，[五十二]後王其戒[五十三]之哉！《列子》言：「秦之西有儀渠[五十四]之國者，其親戚[五十五]死，聚柴積而焚之，燻則煙上，謂之『登遐』，然後成爲孝子。」《荀子》言：「氐羌之民，其虜也不憂其係纍，而憂其死不焚也。」蓋西羌之俗有之。

宋以禮教立國，而不能革火葬之俗，於其亡也，乃有楊璉真伽之事。

漏澤園之設起於蔡京[五十六]，不可以其人而廢其法。

【校注】

[一]「間」字誤，當改。原抄本、遂初堂本、集釋本、陳本、嚴本作「閒」，欒本作「閑」。又「間」字上，脱「荒」字，誤植在下文「從之」間，當乙正。

[二]《宋史·禮志二十八》。

[三]「三年」誤，當改。原抄本、遂初堂本、集釋本、欒本、陳本、嚴本均作「二年」。

[四]「白」字誤，當改。原抄本、遂初堂本、集釋本、欒本、陳本、嚴本均作「日」。《黄氏日鈔》作「日」。

[五]「虽尤」誤，當改。原抄本、遂初堂本、集釋本、欒本、陳本、嚴本均作「蚩尤」。《黄氏日鈔》作「蚩尤」。

［六］見《國語·魯語上》。
［七］「焚」字誤，當改。原抄本、遂初堂本、集釋本、欒本、陳本、嚴本均作「楚」。《黄氏日鈔》作「司馬」。
［八］事見《左傳·定公五年》。
［九］《左傳·哀公二十六年》。
［十］見《史記·田單列傳》。
［十一］「適」字誤，當改。原抄本、遂初堂本、集釋本、欒本、陳本、嚴本均作「敵」。《黄氏日鈔》作「敵」。
［十二］「越」，原抄本、遂初堂本、集釋本、欒本、陳本、嚴本均作「粤」。
［十三］《史記·南越列傳》。
［十四］《史記·陸賈列傳》。
［十五］《史記·酷吏列傳》。「尸亡去」，《漢書·酷吏傳》作「妻亡去」。《黄氏日鈔》已誤作「尸亡去」。
［十六］裴駰集解引徐廣曰：「尹齊死未及斂，恐怨家欲燒之，尸亦飛去。」
［十七］「招倍」誤，當改。原抄本、遂初堂本、集釋本、欒本、陳本、嚴本均作「昭信」。《漢書》、《黄氏日鈔》均作「昭信」。下「昭信」不誤。
［十八］「五地餘」誤，當改。原抄本、遂初堂本、集釋本、欒本、陳本、嚴本均作「王地餘」。《漢書》、《黄氏日鈔》均作「王地餘」。
［十九］「出」，原抄本同，遂初堂本、集釋本、欒本、陳本、嚴本作「其」。《漢書》、《黄氏日鈔》均作「出」。
［二十］見《漢書·景十三王傳》。
［二十一］「旅」字誤，當改。原抄本、遂初堂本、集釋本、欒本、陳本、嚴本均作「旋」。《黄氏日鈔》作「旋」。
［二十二］《漢書·匈奴傳》。
［二十三］「減」字誤，當改。原抄本、遂初堂本、集釋本、欒本、陳本、嚴本均作「滅」。《黄氏日鈔》作「滅」。

[二十四]「以」，原抄本同，遂初堂本、集釋本、欒本、陳本、嚴本作「已」。

[二十五]見《三國志・魏書・文帝紀》。

[二十六]《資治通鑑》卷八十七《晉紀九》。事見《晉書・東海孝獻王越傳》。

[二十七]「如此」誤，當改。原抄本、遂初堂本、集釋本、欒本、陳本、嚴本均作「至此」。《黄氏日鈔》作「至此」。

[二十八]「夷狄」，原抄本同。潘耒遂初堂刻本改爲「石勒」，集釋本因之。欒本據黄侃校記改回而加説明，陳本、嚴本仍刻本之舊而加注。按《黄氏日鈔》文淵閣《四庫全書》本作「夷狄」，未改。

[二十九]「俗」字誤，當改。原抄本、遂初堂本、集釋本、欒本、陳本、嚴本均作「酷」。《黄氏日鈔》作「酷」。

[三十]《晉書・王敦傳》。

[三十一]《晉書・蘇峻傳》。

[三十二]《隋書・衛玄傳》。

[三十三]「官」字誤，當改。原抄本、遂初堂本、集釋本、欒本、陳本、嚴本均作「宫」。

[三十四]事見《隋書・食貨志》。

[三十五]「者」字下，脱「矣」字，原抄本同，當補。遂初堂本、集釋本、欒本、陳本、嚴本有「矣」字。

[三十六]「瀆亂」，遂初堂本、集釋本、欒本、陳本、嚴本同，原抄本脱「亂」字。《黄氏日鈔》作「瀆亂」。

[三十七]「官闈」誤，當改。原抄本、遂初堂本、集釋本、欒本、陳本、嚴本均作「宫闈」。《黄氏日鈔》作「宫闈」。

[三十八]《新五代史・梁本紀》。

[三十九]「爐」字誤，當改。原抄本、遂初堂本、集釋本、欒本、陳本、嚴本均作「燼」。《黄氏日鈔》作「燼」。

[四十]《宋書・二凶傳》，「於河」原作「於江」。《黄氏日鈔》已誤作「於河」。

[四十一]「慎」字誤，當改。原抄本、遂初堂本、集釋本、欒本、陳本、嚴本均作「甚」。《黄氏日鈔》作「甚」。

[四十二]「夷狄」，原抄本同。潘耒遂初堂刻本改爲「外國」，集釋本因之。欒本據黄侃校記改回而加説明，陳本、

嚴本仍刻本之舊而加注。下文「夷狄」同。二「夷狄」，《黄氏日鈔》文淵閣《四庫全書》本未改。

[四十三]《黄氏日鈔》卷七十《申明一》。

[四十四]漏澤園，宋神宗始置，葬死而無歸者，見《宋史・食貨志上六》。

[四十五]「有」字誤，當改。原抄本、遂初堂本、集釋本、欒本、陳本、嚴本均作「窄」。

[四十六]「謂每宜里」誤倒，當乙正。原抄本、遂初堂本、集釋本、欒本、陳本、嚴本均作「謂宜每里」。

[四十七]「授」字誤，當改。原抄本、遂初堂本、集釋本、欒本、陳本、嚴本均作「投」。

[四十八]「葬」字誤，當改。原抄本、遂初堂本、集釋本、欒本、陳本、嚴本均作「埋」。

[四十九]「葬」字誤，當改。原抄本、遂初堂本、集釋本、欒本、陳本、嚴本均作「焚」。

[五十]「被髪之風，終於戎翟」二句，原抄本同。潘耒遂初堂刻本改爲「塞外之風，被於華夏」，集釋本因之。欒本據黄侃校記改回而加説明，陳本、嚴本仍刻本之舊而加注。

[五十一]「辛之有」誤倒，當改。原抄本、遂初堂本、集釋本、欒本、陳本、嚴本均作「辛有之」。辛有，周大夫。事見《左傳・僖公二十二年》。

[五十二]語出《論語・先進》。

[五十三]「戒」，原抄本、遂初堂本、集釋本、欒本、陳本、嚴本均作「念」。

[五十四]「儀渠」，原抄本、遂初堂本、嚴本同，集釋本、欒本、陳本作「義渠」。《列子》原文作「儀渠」，《太平御覽》引作「義渠」。

[五十五]「或」字誤，當改。原抄本、遂初堂本、集釋本、欒本、陳本、嚴本均作「戚」。《列子》作「戚」。

[五十六]「蔡京推廣爲園」，見《宋史・食貨志上六》。蔡京，見《宋史・奸臣傳》。

期功喪去官

古人於期功之喪，皆棄官除服[一]。《通典》：「安帝初，長吏多避事棄官，乃令自非父母服不得去職。」[二]考之於書，如韋儀[三]以兄順喪去官，楊仁以兄喪去官，譙玄以弟服去官，載封[四]以伯父喪去官，馬融遭兄子喪自劾歸，陳實[五]以期喪去官，賈逵以祖父喪去官。又《風俗通》云：范滂「父字叔矩」，「博士徵，以兄憂不行」。《劉衡碑》云：「爲勃海王郎中令，以兄琅邪相憂，即日輕舉。」《圉令趙君碑》云：「司徒楊公辟，以兄憂不至。」則兄喪亦謂之「憂」也。《曹全碑》云：「遷右扶風槐里令，遭全[六]産弟憂，棄官。」則弟喪亦謂之「憂」也。《度尚碑》云：「除上虞長，以從父憂，去官。」《楊著碑》云：「遷高陽令，遭從兄沛相憂，篤義忘寵，飄然輕舉。」則從父、從兄喪亦謂之「憂」也。《陳重傳》云：「舉尤異，當遷爲會稽太守，遭姊憂去官。」姊喪[七]亦謂之「憂」也。(則古人凡喪皆謂之「憂」，其父母喪則謂之「丁大憂」，見《北史・李彪傳》。)《王純碑》云：「拜郎，失妹寧歸，遂釋印紱。」晉陶淵明作《歸去來辭》，自序曰：「尋程氏妹喪于武林，情在駿奔，自免去職。」則已嫁之妹猶去喪[八]以奔其喪也。《晉・嵇紹傳》：「拜徐州刺史，以長子喪去職。」則子喪[九]亦可以去官也。後漢末，時人多不行妻服，荀爽「引據大義，正之經典，雖不悉變，亦頗有改者」。[十]晉泰始中，「楊旌有伯母服未除而應孝廉舉」，博士韓光議以宜貶，又言「大水[十一]太守王孔碩舉楊少仲爲孝廉，有期之喪而行，甚致清議」。[十二]而潘岳《悼亡詩》曰：「亹亹期月周，戚戚彌相愍。」又曰：「投心遵朝命，揮涕强就車。」是則期喪既周然後就官之證。今代之人躁于得官，輕于持服，令晉人見之，猶當恥于[十三]爲伍，况三代聖賢之列乎！

《晉書·傅咸傳》：惠帝時，「司隸荀愷從兄喪，自表赴哀。詔聽之而未下，愷乃造太傅楊駿。咸奏曰：『死喪之威，兄弟孔懷，[十四]同堂亡隕，方在信宿。聖恩矜憫，聽使臨喪，詔旨未下，輒行造謁。急諂媚之敬，無友于之情，宜如[十五]顯貶，以隆風教。』」《張輔傳》：「梁州刺史楊欣有姊喪，未經旬，車騎長史韓預[十六]彊聘其女爲妻。輔爲中正，貶預以清風俗。」《劉隗傳》：「世子文學王籍之居叔母喪而婚」，「東閤祭酒顔含在叔父喪嫁女[十七]」，隗並奏之。「廬江太守梁龕明日當除婦服，今日請客奏伎，丞相長史周顗等三十餘人同會。隗奏曰：『夫嫡妻長子，皆杖居廬，故周景王有三年之喪。既除而宴，《春秋》猶譏，况龕匹夫，暮宴朝祥，慢服之愆。宜肅喪紀之禮，請免龕官，削侯爵。顗等知龕有喪，吉會非禮，宜各奪俸一月。』從之。」《謝安傳》：「期喪不廢樂，王坦之以書喻之，不從。衣冠效之，遂以成俗。」「世頗以此譏焉。」當日期功之喪，朝廷猶以爲重，是以上掛彈文，下干鄉議。《史記·魏其武安傳》：丞相語灌夫曰：「吾與欲[十八]仲孺過魏其侯，會仲孺有服。」索隱曰：「服，謂期功之服。」是則漢時有服不預宴會之證。《舊唐書·王方慶傳》：奏言：「令：杖期、大功喪未葬，不預朝賀。未終喪，不預宴會。比來朝官不遵禮法，身有哀容，陪預朝會，手舞足蹈，公違憲章，名教既虧，實玷皇化。伏望申明令式禁斷。」唐時格令，未墜前經。今則有説齊衰而入大夫之門，停殯宫而召親朋之會者，至乃鬉踊方聞，衿鞶已飾，敗禮傷教，日異歲深。宜乎板蕩之哀，甚于永嘉之世。嗚乎[十九]！有人心[二十]者則宜於此焉變矣。

裴庭裕[二十一]《東觀奏記》：「大中朝，有前鄉貢進士楊仁贍，女弟出嫁前進士于瓌[二十二]。納亟[二十三]之日，有期喪，仁贍不易其日，憲司糾論，貶康州參軍，馳驛遣[二十四]。」《册府元龜》：後唐明宗天成二年發九月，敕原州司馬聶嶼「擢從班列，委佐親賢，不守條章，彊買店宅。細詢行止，頗駭聽聞。喪妻未及于半年，別成姻媾；棄母不逾[二十五]於千里，不奉晨昏」，「令本處賜死」。[二十六]唐時[二十七]五代之時其法猶重。

《册府元龜》：唐薛膺爲左補闕，弟齊，臨陣[二十八]爲飛矢所中卒。膺「聞難不及請告，馳馬以赴」，與弟褒、庠「處喪如禮」。「膺去左補闕，庠去河南縣尉、直弘文館，與褒皆屏居外野，布巾終喪。蹈名教者推之。」[二十九]

《宋史》：王巖叟爲涇州推官，「聞弟喪，棄官歸養」。[三十]吕祖儉「監明州倉，將上，會兄祖謙卒。部法：半年不上者爲違年。祖儉必欲終期喪，朝廷從之。詔違年者以一年爲限，自祖謙[三十一]始」。[三十二]然史之所書亦寥寥矣。

漢人有以師喪去官者，如延篤、孔昱、《後漢書》。劉焉[三十三]，《蜀志》。並見於史。而荀淑之卒，「李膺時爲尚書，自表師喪」[三十四]，則朝廷固已許之矣。其亦子貢「築室於場」[三十五]，二三子「群居則經」[三十六]之遺意也[三十七]。

【校注】

[一]「除服」誤，當改。原抄本、遂初堂本、集釋本、欒本、陳本、嚴本均作「持服」。

[二]《通典》卷八十。引自《宋書・禮志二》，事見《後漢書・孝安帝紀》。

[三]「韋儀」誤，當改。原抄本、遂初堂本、集釋本、欒本、陳本、嚴本均作「韋義」。《後漢書・韋彪傳》作「韋義」。

［四］「載封」誤，當改。原抄本、遂初堂本、集釋本、欒本、陳本、嚴本均作「戴封」。《後漢書·獨行傳》作「戴封」。

［五］「陳實」，原抄本、遂初堂本、嚴本同，集釋本、欒本、陳本作「陳寔」。

［六］「仝」，原抄本同。遂初堂本、集釋本、欒本、陳本、嚴本作「同」。

［七］「姊喪」上，脱「則」字，誤植在注文「古人」上，當乙正。原抄本、遂初堂本、集釋本、欒本、陳本、嚴本均作「則姊喪」。

［八］「喪」字誤，當改。原抄本、遂初堂本、集釋本、欒本、陳本、嚴本均作「官」。

［九］「子喪」，原抄本同，遂初堂本、集釋本、欒本、陳本、嚴本作「子之喪」。

［十］《後漢書·荀淑傳》附荀爽傳。

［十一］「大水」誤，當改。原抄本、遂初堂本、集釋本、欒本、陳本、嚴本均作「天水」。

［十二］《通典》卷一百一。期之喪作「周之喪」。

［十三］「于」字誤，當改。原抄本、遂初堂本、集釋本、欒本、陳本、嚴本均作「與」。

［十四］語出《詩經·小雅·常棣》。

［十五］「如」字誤，當改。原抄本、遂初堂本、集釋本、欒本、陳本、嚴本均作「加」。《晉書》作「加」。

［十六］「韓頂」誤，當改。原抄本、遂初堂本、集釋本、欒本、陳本、嚴本均作「韓預」。《晉書》作「韓預」。下「預」字不誤。

［十七］「如」字誤，當改。原抄本、遂初堂本、集釋本、欒本、陳本、嚴本均作「女」。《晉書》作「女」。

［十八］「與欲」誤倒，當乙正。原抄本、遂初堂本、集釋本、欒本、陳本、嚴本均作「欲與」。《史記》、《漢書》作「欲與」。

［十九］「嗚乎」，原抄本、遂初堂本、集釋本、欒本、陳本、嚴本均作「嗚呼」。

［二十］人心，猶言「仁心」，與「禽獸」、「夷狄」相對。

[二十一]黄汝成集釋引楊氏曰：庭裕或作延裕，見《通鑑考異》。

[二十二]「于壞」誤，當改。原抄本、遂初堂本、集釋本、欒本、陳本、嚴本均作「于瓌」。《東觀奏記》作「于瓌」。

[二十三]「亟」誤，當改。原抄本、遂初堂本、集釋本、欒本、陳本、嚴本均作「函」。《東觀奏記》作「函」。

[二十四]「馳驛」下，脱「發」字，誤植在「二年」下，當乙正。原抄本、遂初堂本、集釋本、欒本、陳本均作「馳驛發遣」，與《東觀奏記》同。

[二十五]「不逾」誤，當改。原抄本、遂初堂本、集釋本、欒本、陳本、嚴本均作「動逾」。《册府元龜》作「動逾」。

[二十六]《册府元龜》卷一百五十四。

[二十七]「時」字誤，當改。原抄本、遂初堂本、集釋本、欒本、陳本、嚴本均作「季」。

[二十八]「陣」，原抄本、遂初堂本、嚴本同，集釋本、欒本、陳本作「陳」。「陣」同「陳」。

[二十九]《册府元龜》卷八百五十二。

[三十]《宋史・王巖叟傳》。

[三十一]「祖謙」誤，當改。原抄本、遂初堂本、集釋本、欒本、陳本、嚴本均作「祖儉」。《宋史》作「祖儉」。

[三十二]《宋史・忠義傳・吕祖儉傳》。

[三十三]「劉焉」，遂初堂本、集釋本、欒本、陳本、嚴本同，原抄本誤作「劉烏」。

[三十四]《後漢書・荀淑傳》。

[三十五]見《孟子・滕文公上》。

[三十六]見《禮記・檀弓上》。

[三十七]「也」字下，原抄本、遂初堂本、集釋本、欒本、陳本、嚴本均有「與」字，作疑問句。

緦喪不得赴舉

宋天禧三年正月，「乙亥，諸路貢舉人郭積等四千三百人見於崇政殿。時積冒緦喪赴舉，爲同輩所訟。上命典謁詰之，引服。付御史臺劾問，殿三舉；同保人並贖金，殿一舉」。[一]今制：非三年之喪皆得赴舉。故士彌躁進，而風俗之厚不如昔人遠矣！

【校注】

[一]《續資治通鑑长编》卷九十三。

喪娶

《春秋》：文公二年，冬，「公子遂如齊納幣」。《公羊傳》：「納幣不書，此何以書？譏。何譏爾？譏[二]喪娶也。娶在三年之外，則何譏乎喪娶？三年之内不圖婚。」何休註曰：「僖公以十二月薨，至此未滿三[三]十五月。又禮：先納采、問名、納吉，乃納幣，此四者皆在三年之内，故云爾。」然則納幣猶譏，而况于昏嫁乎？唐高宗永徽中，「衡山公主將出降長孫氏，議者以時既公除，合行吉禮。于志寧上疏言：《禮記》曰：『女子十五而笄，二十而嫁。有故，二十三而嫁。』鄭玄云：『有故，謂遭喪也。』《春秋》書魯莊公『如齊納幣』，杜預云：『母喪未再期而圖婚，《二傳》不譏失禮，明故也。』此則史策具載，是非歷然，斷在聖情，不待問于臣下。其有議者云：『準制：公除之後，須並從吉。』漢文帝詔曰：天下吏民「毋禁取婦、嫁女、祠祀、飲酒、食肉」。[三]此漢文創制其儀，爲天下百姓。至于公主，服是斬衰，縱使服隨例除，無宜情隨例改。心喪之内，方復成婚，非唯違于《禮經》，亦是人情不可。伏惟陛下嗣膺寶位，臨統萬方，理宜繼美羲軒，齊芳湯禹，弘獎仁孝之日，敦崇名教之秋。伏願遵高宗之令軌，略孝文之權制，國家丁[四]法無虧，公主情禮得畢。於是詔公主待三年服闋，然後成禮。」[五]豈非有國之典本於天經地義，故守禮之臣猶得引經而争者哉？

《晉書·載記》言：石勒「下書，禁國人，不聽在喪嫁娶」。時勒號胡[六]爲「國人」。《金史·章宗紀》：承安五年三月，「戊辰，定妻亡服内昏娶聽離法」。七月，「癸亥，定居祖父母喪昏娶聽離法」。夷狄之代[七]猶然，今之華人[八]反不講此。[九]

《實録》：正統十三年四月，「楚王季堄[十]奏：『弟大冶王季堧，擇武昌護衛指揮同知翟政妹爲妃，婚期在邇，不意叔崇陽王孟熚薨逝，季堧應持服，未敢成婚。』上命禮部議，言：『王于崇陽王當服期年，言[十一]崇陽王未薨之先，君命已下，節册到日，合令妃翟氏拜受，候服滿成婚。』從之」。[十二]正月乙未，遣永肅侯[十三]徐安等持節册封王妃。

天順三年十月，「庚戌，瀋王佶焞[十四]奏：『父康王存日，擇潞州民李剛女爲弟永年王妃，李磐爲妹長平郡主儀賓，已受封册，未及成婚，而父王薨。今父葬[十五]已越大祥，陰陽書謂明年爲弟妹婚不利，乞允于今年擇日嫁娶。』禮部侍郎鄒幹言：『三年之喪，禮之大者。服内成親，律有明禁。今瀋王與郡主[十六]、郡主俱父喪未終，乃惑于陰陽之説，而欲廢此喪制。乞行長史司啟王，俾待服闋成禮。』上曰：『是長史不能輔導之罪也，其命巡按御史執問如律。』」[十七]

十月，「癸丑，廣靈王遜烒薨。癸酉，敕靈丘王遜烇曰：『所奏第四子、第五子俱鎮國將軍，並女臨城縣主，俱已奏報，欲于本年九月後成婚。且爾兄初喪，正哀戚不暇之時，乃欲爲男女成婚，以廢大禮，豈是所忍爲哉！』不允所奏」。[十八]

憲廟大婚，在天順八年之七月，雖託之遺詔，而士大夫多以爲非。顧[十九]南京禮部右侍郎章綸有「請待來春」之奏。[二十]

【校注】

[一]「譏」字，原抄本同，遂初堂本、集釋本、欒本、陳本、嚴本無。按《公羊傳》有「譏」字。

[二]「三」字誤，當改。原抄本、遂初堂本、集釋本、欒本、陳本、嚴本均作「二」。

[三]見《史記・孝文本紀》，又見《漢書・文帝紀》。

[四]「丁」字誤，當改。原抄本作「于」，遂初堂本、集釋本、欒本、陳本、嚴本作「於」。

[五]《舊唐書・于志寧傳》。

[六]「胡」字，原抄本同。潘耒遂初堂刻本改爲「所部」，集釋本因之。欒本、陳本作「所部」，無注。嚴本注：原校記：「所部」原作「胡」。

[七]「夷狄之代」，原抄本同。潘耒遂初堂刻本改爲「僭國閏朝」，集釋本因之。欒本據黄侃校記改回而加説明，陳本、嚴本仍刻本之舊而加注。

[八]「今之華人」，原抄本同。潘耒遂初堂刻本改爲「今人」，集釋本因之。欒本據黄侃校記改回而加説明，陳本、嚴本仍刻本之舊而加注。

[九]黄汝成集釋引楊氏曰：今人有乘新喪而娶者，謂之「拔親」，或云「白親」。世俗澆漓，喪婚敗禮，莫斯極矣。

[十]「季埱」，遂初堂本、集釋本、欒本、陳本、嚴本同，原抄本誤作「季淑」。

[十一]「言」，原抄本同，遂初堂本、集釋本、欒本、陳本、嚴本作「緣」。

[十二]《英宗正統實録》。

[十三]「永肅侯」誤，遂初堂本、嚴本同誤，當改。原抄本、集釋本、欒本、陳本均作「永康侯」。《明史・本紀》作「永康侯」。

[十四]「佶惇」，遂初堂本、集釋本、欒本、陳本、嚴本同，原抄本誤作「佶惇」。

[十五]「葬」字誤，原抄本同誤，當改。遂初堂本、集釋本、欒本、陳本、嚴本作「喪」。

[十六]「郡主」誤，當改。原抄本、遂初堂本、集釋本、欒本、陳本、嚴本均作「郡王」。

[十七]《英宗天順實録》。

[十八]《英宗天順實録》。

[十九]「顧」字誤，原抄本同誤，當改。遂初堂本、集釋本、欒本、陳本、嚴本作「故」。

[二十]《明史・章綸傳》謂「乞俟來春」。

衫帽入見

《唐書・李訓傳》：文宗召見，訓「以縗[一]麤難入禁中，令戎服，號『王山人』」。[二]《宋史・蔡挺傳》：「仁宗欲知契丹事，召對便殿。挺時有父喪，聽以衫帽入。」則唐、宋有喪者不敢假公服也。今人干謁官長，輒易青黑，與常人無異，是又李訓之不如乎！

【校注】

[一]「縗」，原抄本同，遂初堂本、集釋本、欒本、陳本作「衰」。兩《唐書》作「縗」。

[二]《舊唐書·李訓傳》。又見《新唐書》本傳、《資治通鑑》卷二百四十五。

奔喪守制

《記》曰：「奔喪者，自齊衰以下。」[一]是古人于期功之喪，無有不奔者。《太祖實録》：洪武二十三年閏四月，「甲戌，除期年奔喪之制。先是，百官聞[二]祖父母、伯叔父母、兄弟喪，俱得奔赴。至是，吏部言：『祖父母、伯叔父母、兄弟皆期年服，若俱奔喪守令制[三]，或一人連遭數喪，或道路數千里，則居官日少，更易繁數，曠官廢事。今後除父母及祖父母承重者丁憂外，其餘期服不許奔喪。』詔從之」。[四]此出于一時權宜之政，沿習以來，至三百年，遂以不奔喪守制爲禮法之當然，而倍死志[五]哀多見于搢紳之士矣。

《實録》又言：二十七年四月，「署北平按察司事、監察御史陳德文奏言：『嫁母劉氏卒，乞奔喪。』許之。德文四歲喪父，家貧，隨母嫁陳氏，後年長歸宗。至是其母卒，時已除奔喪之制，德文懇請甚至，上特憐而許之。」[六]是聖祖雖依吏部之奏，而仍通[七]人子之情，固未嘗執一也。

三代聖王教化之事，其僅存於今日者，惟服制而已。喪亂以來，浸已廢墜。竊謂父母之喪，自非金革，不得起復，著之國典，人人所知。其祖父母、伯叔父母、兄弟之喪，並依洪武初年之制，許令解官奔赴，姊妹、妻、子雖期喪不必解官。服满補職。其他雖持重服而不去官者，唐制：爲嫡子斬衰三年，而不去官。及大功以下喪者，京官許以表[八]服朝參，不預慶賀。《唐書·王方慶傳》，見上。玄宗開元二十五年十一月丁亥，「御史大夫李適之奏：『每當正旦，及緣大禮，應朝官並六品清官並衣朱衣，六品以下並許通著袴褶。朔望日文武朝集，使並服袴褶。如有慘故，准式不合著朱衣袴褶者，其日聽不入朝。』」《暢當傳》：「入公門變服，今期喪已下慘制是也。」[九]在外諸司，素服治事。公服之内，仍用麻葛。祭祀宴會，俾佐貳攝之。未任[十]官，無得謁選。生員但歲考，不赴科舉。庶人之家，不許嫁娶。十五月禫後，復故。其有期功喪宴會作樂者，官員罷職，士子黜退。仍書之申明亭，以示清議，庶幾民德歸厚。若夤緣干請之風，亦不待禁而衰止矣。

廣西布政使臧哲「以母喪去官」，上思之，「特遣人賜米六十石，鈔二十五錠」。洪武十一年十二月。[十一]「日[十二]後凡官以父母喪去職而家居者，皆有賜焉。」[十三]

十七年正月，「命吏部：凡官員丁憂，已在職五年，廉勤無贓私過犯者，照名秩給半禄終制。在職三年者，給三月全禄」。[十四]

【校注】

[一]《禮記・奔喪》。

[二]「間」字誤，當改。原抄本、遂初堂本、集釋本、欒本、陳本、嚴本均作「聞」。

[三]「奔喪守令制」，「令」字誤倒，當乙正。原抄本、遂初堂本、集釋本、欒本、陳本、嚴本均作「令奔喪守制」。

[四]又見《明史・禮志十四》。

[五]「志」字誤，當改。原抄本、集釋本、欒本、陳本均作「忘」。

[六]《太祖實録》。

[七]「通」，原抄本同，集釋本、欒本、陳本字下有「於」字。

[八]「表」字誤，當改。原抄本、遂初堂本、集釋本、欒本、陳本、嚴本均作「素」。

[九]李適之奏見《通典》卷七十四，又見《新唐書・車服志》。《暢當傳》見《新唐書・儒學傳下》。

［十］「未任」下，原抄本、遂初堂本、集釋本、欒本、陳本、嚴本均有「之」字。

［十一］亭林原注，原抄本同，刻本改爲正文，移在此節之前。「十二月」，遂初堂本、集釋本、欒本、陳本、嚴本作「二月」。陳垣校注：當作「十二月」。

［十二］「日」字誤，當改。原抄本、遂初堂本、集釋本、欒本、陳本、嚴本均作「自」。《太祖實録》作「自」。

［十三］《太祖實録》卷一百二十一。

［十四］《太祖實録》卷一百五十九。此節欒本、陳本、嚴本不分段。

丁憂交代

昔時見有司官［一］丁父母憂，聞訃奔喪，不出半月。近議必令交代，方許離任。至有欠庫未補，服闋猶不得歸者。是則錢糧爲重，倫紀爲輕，既乖宰物之方，復失使臣之禮。其弊之繇，始于刻削太過。蓋昔者錢糧掌於縣丞，案牘掌於主簿，税課掌於太使，余家有嘉靖年買地文契，皆用税課司印，萬曆後，用縣印。爲令者稽其要而無所與焉。又皆俸足以贍其用，而不取之於庫藏。故聞訃遄行，無所留滯，而亦不見有那移侵欠之事。今則州縣之中，錐刃之末，上盡取之，而大吏之誅求尤苦不給，庫藏罄乏，報以虚文。至于近年，天下無完庫矣。即勒令交代，亦不過應之以虚文。徒滋不孝之官，而無益于國計盈虚之數也。嗚呼！君人者，亦知養廉爲數［二］孝之原［三］乎？

陶侃謂王貢曰：「杜弢爲益州刺史，盜用庫錢，父死不奔喪。卿本佳人，何爲隨之也？天下豈［四］有白頭賊乎？」「貢遂來降，而弢敗走。」［五］今日居官之輩，大半皆如杜弢，然如此之人，作賊亦不能成也。

史言：梁高祖「丁文皇帝高祖父母[六]陽尹順之。憂，時爲齊隨王鎮西諮議參軍，在荆鎮，髣髴奉問[七]，便投劍[八]星馳，不復寢食，倍道前行，賁[九]風驚浪，不暫停止」。及居帝位，「立七廟，月中再過，每至展拜，常涕泣[十]滂沱，哀動左右」。[十一]然則明王孝治天下，而不遺小國之臣，必有使之各盡其情者矣。

洪武八年八月，「戊辰，詔百官聞父母喪者，不待報，許即去官。時北平按察司僉事吕本言：『近制，士大夫出仕在外，聞[十二]父母之喪，必待移文原籍審覈，俟其還報，然後奔喪。臣竊以爲中外官吏去鄉，或一二千里，或且萬里。及其文移往復，近者彌月，遠者半年。使爲人子者銜哀待報，比還家，則殯葬已畢，豈惟莫睹父母容體，雖棺柩亦有不及見者。揆之子情，深可憐憫。臣請自今官吏若遇親喪，許令其家屬陳于官，移文任所，令其奔赴，然後覈寔。庶人子盡得[十三]送終之禮，而朝廷孝理之道彰矣。』上然之，故有是命」。[十四]

【校注】

[一]「官」字，原抄本同，遂初堂本、集釋本、欒本、陳本、嚴本無。

[二]「數」字誤，當改。原抄本作「教」，遂初堂本、集釋本、欒本、陳本、嚴本作「致」，均通。

[三]「原」，原抄本、遂初堂本、集釋本、欒本、陳本、嚴本均作「源」。

[四]「豈」，原抄本、遂初堂本、嚴本作「寧」，集釋本、欒本、陳本作「安」。《晉書》作「寧」。

[五]《晉書·陶侃傳》。

[六]「母」字形近而訛，當改。原抄本、遂初堂本、集釋本、欒本、陳本、嚴本均作「丹」。

［七］「問」，原抄本、遂初堂本、集釋本、陳本、嚴本同，欒本改作「聞」。《梁書》作「聞」。

［八］「劍」，原抄本、遂初堂本、集釋本、陳本、嚴本同，欒本改作「刼」。《梁書》、《南史》作「刼」。

［九］「賁」，原抄本同。遂初堂本、集釋本、欒本、陳本、嚴本作「憤」。《梁書》、《南史》作「憤」。

［十］「泣」，原抄本、遂初堂本、集釋本、欒本、陳本、嚴本均作「泗」。《梁書》、《南史》作「泗」。

［十一］《梁書·武帝本紀下》，又見《南史·梁本紀中》。

［十二］「間」字誤，當改。原抄本、遂初堂本、集釋本、欒本、陳本、嚴本均作「聞」。

［十三］「盡得」誤倒，當乙正。原抄本、遂初堂本、集釋本、欒本、陳本、嚴本均作「得盡」。《太祖實録》作「得盡」。

［十四］《太祖實録》。

武官丁憂

《晉書》言：「姚興下書，將帥遭人［一］喪，非在彊［二］埸阻［三］要之所，皆聽奔赴。及期，乃從王役。」［四］宋岳飛乞終母喪，以張憲攝軍事，步歸廬山。［五］《元史》言：成宗「詔軍官除邊遠出征，其餘遇祖父母、父母喪，依民官例，立限奔赴」。［六］然則今制武官不丁憂，非一道同倫之義也。國史言：洪武二十八年［七］，「蘭州衛指揮僉事徐遵等，以父及祖母病卒，奏乞扶柩歸葬鄉里。廷議勿許，上特可之」。［八］豈非「求忠臣必於孝子之門」［九］者邪？

【校注】

［一］「人」字誤，當改。原抄本、遂初堂本、集釋本、欒本、陳本、嚴本均作「大」。《晉書》作「大」。

［二］「彊」字誤，當改。原抄本、遂初堂本、集釋本、欒本、陳本、嚴本均作「疆」。《晉書》作「疆」。

[三]「阻」字誤，當改。原抄本、遂初堂本、集釋本、欒本、陳本、嚴本均作「險」。《晉書》作「險」。
[四]《晉書・姚興載記上》。
[五]事見《宋史・岳飛傳》。
[六]《元史・成宗本紀三》。
[七]陳垣校注：廿九年八月丁亥，非廿八年。
[八]《太祖實録》。
[九]語出《後漢書・韋彪傳》。

居喪飲酒

唐憲宗元和九年四月，癸未，京兆府奏：故法曹陸賡男慎餘「與兄博文居喪，衣華服，過坊市，飲酒食肉。詔各決四十，慎餘流循州，博文遞歸本貫」。《冊府元龜》。[一]十二年四月，「辛丑，駙馬都尉于李友[二]，坐居嫡母喪與進士劉師服宴飲，季友削官爵，笞四十，忠州安置；師服笞四十，配流連州；于頔以不能訓子，削階」。《舊唐書・本紀》。以禮坊民，而法[三]行子[四]貴戚，此唐時[五]之所以復振也。

姚興時，有給事黄門侍郎古成詵，「每以天下是非爲己任。京兆韋高慕阮籍之爲人，居母喪，彈琴飲酒。詵聞而泣曰：『吾當私刃斬之，以崇風教。』遂持劍求高，高懼而逃匿，終身不敢見」。[六]氏羌之朝[七]，猶有此人！

【校注】

［一］《册府元龜》卷九百二十三。

［二］「于李友」誤，當改。原抄本、遂初堂本、集釋本、欒本、陳本、嚴本均作「于季友」。兩《唐書》作「于季友」。下文「季友」不誤。

［三］「法」字，遂初堂本、集釋本、欒本、陳本、嚴本同，原抄本脱。

［四］「子」字誤，當改。原抄本作「于」，遂初堂本、集釋本、欒本、陳本、嚴本作「於」。

［五］「唐時」誤，當改。原抄本、遂初堂本、集釋本、欒本、陳本、嚴本均作「唐室」。

［六］《晉書·姚興載記上》。

［七］「氐羌之朝」，原抄本同。潘耒遂初堂刻本改爲「僭亂之國」，集釋本因之。欒本據黄侃校記改回而加説明，陳本、嚴本仍刻本之舊而加注。

匿喪

後唐明宗天成［三］年閏八月，滑州掌書記孟昇匿母憂，大理寺斷流。奉敕：『朕以允從人望，嗣守帝圖，政必究于化源，道［一］每先于德本，貴待［二］國法，以正人倫。孟昇身被儒冠，職居賓幕，比資籌畫，以贊盤維。而乃都昧操修，但貪榮禄，匿母喪而不舉，爲人子以何堪？瀆污時風，敗傷名教，五刑是重，十惡難寬。將遣［三］投荒，無如去世，可賜自盡。其觀察使、判官、録事參軍失於糾察，各有殿罰。』」［四］

【校注】

[一]「道」字，遂初堂本、集釋本、欒本、陳本、嚴本同，原抄本脱。
[二]「待」字誤，當改。原抄本、遂初堂本、集釋本、欒本、陳本、嚴本均作「持」。
[三]「将遺」，原抄本同，遂初堂本、集釋本、欒本、陳本、嚴本作「将復」。《册府元龜》作「雖遺」。
[四]《册府元龜》卷一百五十四。

國恤宴飲

《春秋傳》言：吴公子札「自衛如晉，将宿于戚，衛大夫孫文子邑。聞鍾聲□[一]，曰：『異哉！夫子獲罪于君以在此，文子以戚叛。懼猶不足，而又何樂？夫子之在此，猶燕之巢于幕上。君又在殯，獻公卒未葬。而可以樂乎？』遂去之。文子聞之，終身不聽琴瑟」。[二]漢、魏以下，有山陵未成而宴飲者，《漢書·元后傳》司隸校尉解光奏曲陽侯王根「骨肉至親，社稷大臣，先帝山陵未成，公聘取故掖庭女樂五官殷嚴、王飛君等，置酒歌舞，無人臣禮，大不敬不道」，「以根嘗建社稷之策，遣就國。其兄子成都侯况免爲庶人，歸故郡」；《魏書·甄偕[三]傳》「除秘書郎，世宗崩未葬，楷與河南尹丞張普惠等戲[四]，免官」是也。有國喪未期而宴飲飲者，《晉書·鍾雅[五]》拜尚書左丞，奏言「肅祖明皇帝棄背萬國，尚未期月，聖主縞素，百僚慘愴。尚書梅陶無大臣忠慕之節，家庭侈靡，聲伎紛葩，絲竹之音，流聞衢路。宜加放黜，以整王憲」是也。時穆后臨朝，特原不問。然百僚憚之。有國忌而宴飲者，《舊唐書·德宗紀》貞元十二年五月「丁巳，駙馬都尉郭曖、王士平及曖弟晌、暄，坐代宗忌日宴飲，貶官歸第」是也。此皆故事之宜舉行者。禮者，君之大柄，可聽其頽弛而不問乎！

【校注】

[一]底本缺一字處，原抄本作「言」，屬下讀。遂初堂本、集釋本、欒本、陳本、嚴本作「焉」，屬上讀。《左傳》作「焉」。

[二]《左傳·襄公二十九年》。

[三]「甄偕」誤，當改。原抄本、遂初堂本、集釋本、欒本、陳本、嚴本均作「甄楷」。下「楷」字不誤。

[四]「戲」字上，脱「飲」字，誤植在「而宴飲」下，當乙正。原抄本、遂初堂本、集釋本、欒本、陳本、嚴本均作「飲戲」。《魏書》、《北史》作「飲戲」。

[五]「鍾雅」下，脱「傳」字，當補。原抄本、遂初堂本、集釋本、欒本、陳本、嚴本均作「鍾雅傳」。

宋朝家法

宋世典當[一]不立，政事叢脞，一代之制，殊不足言。然其過於前人者數事。如人君宮中自行三年之喪，一也；「外言不入于梱」，[二]二也；未及末命即立族子爲皇嗣，三也；不殺大臣及言事官，四也。此皆漢、唐之所不及，故得繼世享國至三百年餘[三]。若其職官、軍旅、食貨之制，冗襍無紀，後之爲國者並當取以爲戒。

【校注】

[一]「當」字誤，當改。原抄本、遂初堂本、集釋本、欒本、陳本、嚴本均作「常」。

[二]語出《禮記·曲禮上》。「梱」一作「閫」。
[三]「年餘」誤倒，當乙正。原抄本、遂初堂本、集釋本、欒本、陳本、嚴本均作「餘年」。

日知録卷之十九[一]

明經

今人但以貢生爲明經，非也。唐制有六科：一曰秀才，二曰明經，三曰進士，四曰明法，五曰書，六曰筭。《大唐新語》：「隋煬帝置明經、進士二科，國家因隋制，增置秀才、明去[二]、明字、明筭，並前爲六科。」當時以詩賦取者謂之「進士」，《金史·移剌履傳》：「進士之科，隋大業中始試以策，唐初因之。高宗時，襍以箴、銘、賦、詩，至文宗始專用賦。」以經義取者謂之「明經」。葉石林《避暑録話》：「唐制，取士用進士、明經二科。本朝初唯用進士，其罷明經不知自何時。仁宗患進士詩賦浮淺，不本經術，嘉祐三年始復明經科。」[三]今罷詩賦而用經義，則今之進士乃唐之明經也。

唐時入仕之數，明經最多。考試之法，令其全寫註疏，謂之「帖括」。議者病其不能通經，權文公謂：「註疏猶可以質言[四]驗。不者，儻有司率情，上下其手，既失其末，又不得其本，則蕩然矣。」[五]今之學者並註疏而不觀，殆於本末俱喪。然則今之進士，又不如唐之明經也乎？

【校注】

[一]卷十九，刻本爲卷十六、卷十七。

[二]「去」字誤，當改。原抄本、遂初堂本、集釋本、欒本、陳本、嚴本均作「法」。

[三]葉夢得《避暑録話》卷上。葉夢得，字少藴，晚號石林居士。

[四]「言」字衍，當删，原抄本、遂初堂本、集釋本、欒本、陳本、嚴本無。

[五]權德輿《答柳福州書》。

秀才

《舊唐書·杜正倫傳》：正倫「隋仁壽中與兄正玄、正藏俱以秀才擢第。唐代[一]舉秀才止[二]十餘人，正倫一家有三秀才，甚爲當時稱美」。《唐登科記》：武德至永徽，每年進士或至二十餘人，而秀才止一人二人。《舊唐書·職官志》則云：「秀才，有唐已來無其人。」杜氏《通典》云：「初，秀才科第最高，試方略策五條，有上上、上中、上下、中上，凡四等。貞觀中，有舉而不第者，坐其州長，由是廢絶。」[三]《新唐當[四]》：「高宗永徽二年，始停秀才科。」士人所趨響，惟明經、進士二科而已。顯慶初，黄門侍郎劉祥道奏言：「國家富有四海，于今已四十年，百姓、官寮未有秀才之舉。未有[五]今人之不如昔，將薦賢之道未至，豈使方稱多士，遂缺斯人？請六品以下，爰及山谷，特降綸言，更審搜訪。」[六]唐人之於秀才，其重如此。「秀才」字出《史記·賈生傳》：「年十八，以能誦詩屬書，聞于郡中。吴廷尉爲河南守，聞其秀才。」而《儒林傳》公孫弘等之議則曰：「有秀才異等，輒以名聞。」此「秀才」之名所起。玄宗御撰《六典》言：「凡貢舉人，有博識高才、强學待問、無失俊選者，爲秀才。通二經已上者，爲明經。明聞[七]時務、精熟一經者，爲進士。」[八]《張昌齡傳》：「本州欲以秀才舉之，昌齡以時廢此科已久，固辭，乃充進士貢舉及第。」[九]是則秀才之名，乃舉進士者之所不敢當也。《冊府元龜》：「開元二十四年已後，復有秀才舉。其時以進士漸難，而秀才本科無貼經及褉文之恨[十]，反易於進士。主司以其科廢久，不欲收奬，應者多落之，三十年來無登第者。至天寶初，禮部侍郎韋陟始奏請，有堪此舉者，乃令官長[十一]特考，其當[十二]年舉選[十三]者並停。」《冊府元龜》又言：代宗朝，楊綰爲禮部侍郎，「請制五經秀才科」，「事寢不行」。而《舊唐書·儒學傳》：馮伉「大曆初，登五經秀才科」。則是嘗行之而旋廢耳。[十四]又《文苑英華》判目有云：「鄉舉進士，至省求試秀才，者功[十五]不聽，求訴不已。」趙岊判曰：「文藝小善，進士之能；訪對不休，秀才之目。」[十六]《文選》任昉《爲蕭揚州作薦士表》：「訪對不休，質疑斯在。」是又進士求試秀才而不可得也。今以生員而冒呼此名，何也？《容齋三筆》謂：「秀才之名，自宋、魏以後，實爲貢舉科目之最，而今世俗以爲相輕之稱。」

國初[十七]嘗舉秀才，洪武十五年，徵至秀才數千人。如《太祖實録》洪武四年四月辛丑「以秀才丁士梅爲蘇州府知府，童權爲揚州府知府，俱賜冠帶」、十年二月丙辰「以秀才徐尊生爲翰林應奉」、十五年八月丁酉「以秀才曾泰爲户部尚書」是也。亦嘗舉孝廉，洪武十八年十二月丙午。洪武二十年二月己丑「以孝廉李德爲應天府尹」是也。此辟舉之名，非所施於科目之士。今俗謂生員爲秀才，舉人爲孝廉，非也。

【校注】

[一]「唐代」，各本均同。《舊唐書》原文作「隋代」。

[二]「正」字誤，當改。原抄本、遂初堂本、集釋本、欒本、陳本、嚴本均作「止」。《舊唐書》作「止」。

[三]《通典》卷十五。

[四]「當」字誤，當改。原抄本、遂初堂本、集釋本、欒本、陳本、嚴本均作「書」。

[五]「未有」誤，當改。原抄本、遂初堂本、集釋本、欒本、陳本、嚴本均作「未必」。《舊唐書》作「豈」，《通典》引作「未知」。

[六]《舊唐書·劉祥道傳》。

[七]「聞」字誤，當改。原抄本、遂初堂本、集釋本、欒本、陳本、嚴本均作「閑」。《唐六典》作「閑」。

[八]《唐六典》卷三十。

[九]《舊唐書》。

[十]「恨」字誤，當改。原抄本、遂初堂本、集釋本、欒本、陳本、嚴本均作「限」。《册府元龜》作「限」。

[十一]「官長」，原抄本同，遂初堂本、集釋本、欒本、陳本、嚴本作「長官」。《册府元龜》作「官長」。

[十二]「當」字誤，當改。原抄本、遂初堂本、集釋本、欒本、陳本、嚴本均作「常」。《册府元龜》作「常」。

[十三]「選」字誤，當改。原抄本、遂初堂本、集釋本、欒本、陳本、嚴本均作「送」。《册府元龜》作「送」。

[十四]韋陟條見《册府元龜》卷六百三十九，又見《通典》卷十五。楊綰條見《册府元龜》卷四百六十五，又見《資治通鑑》卷二百二十二。

[十五]「者功」誤，當改。原抄本作「者初」，亦誤。遂初堂本、集釋本、欒本、陳本、嚴本作「考功」。《文苑英華》作「考功」。

[十六]《文苑英華》卷五一四載趙岊《對鄉貢進士判》。

[十七]「國初」，原抄本同。潘耒遂初堂刻本改爲「明初」，集釋本因之。欒本據黄侃校記改回而加説明，陳本、嚴本仍刻本之舊而加注。

舉人

舉人者，舉到之人。《北齊書·鮮于世榮傳》「以本官判尚書省右僕射事」，「與吏部尚書袁聿修在尚書省簡試舉人」；《舊唐書・高宗紀》顯慶四年「二月乙亥，上親策試舉人凡九百人」，調露元年十二月「甲寅，臨軒試應岳牧舉人」，是也。登科則除官，不復謂之舉人，而不第則須再舉，《太祖實録》：「許瑗，饒之樂平人。至正中，兩以《易經》舉于鄉，皆第一，會試不第。」《贛州府志》曰：「鄉舉，在宋爲漕試，謂之『發解』。第偕之，解送南宮會試耳。試不第者，須再試，未偕以入仕也。及累舉不第，然後有推恩焉，謂之『特奏名』，不復繫諸鄉舉矣。元時亦然。至國朝始定爲□[一]仕之途，則一代之新[二]也。」按宋時亦有不須再試而送南宮者，謂之「免解進士」。《澠水燕談》：「仁宗籍田時，許開國封[三]國學舉人陪位，因得免解。」不若今人以舉人爲一定之名也。進士乃諸科目中之一科，而傳中有言「舉進士」者，有言「舉進士不第」者。孟浩然「應進士不第」，杜甫「天寶初應進士，不第」，唐衢「應進士，久而不第」，温庭筠「大中初應進士，累年不第」，吴筠「舉進士，不第」，皇甫鎮「舉進士，不第三上[四]，不中第」。《五代史》亦然。敬翔「乾符中舉進士不中」，鄭遨「唐昭宗時舉進士不中」，李振常「舉進士咸通、乾符中，連不中」，鄭玨「舉進士數不中」，司空頲「唐僖宗時舉進士不中」，馮玉「少舉進士不中」，李鏻「少舉進士，累不中」，賈緯「少舉進士不中」。[五] 但云「舉進士」，則第不第未可知之辭，不若今人已登科而後謂之進士也。宋徽宗宣和六年，禮部試進士，至萬五千人。是年賜第八百五人。[六] 自本人言之，謂之「舉進士」。自朝廷言之，謂之「舉人」。唐文宗開成三年「五月丁巳朔，敕禮部貢院進士舉人，歲限放三十人及第」。[七]「進士舉人」者，謂舉進士之人也。進士即是舉人。不若[八]今人以鄉試榜謂之「舉人」、會試榜謂之「進士」也。

永樂六年六月，翰林院庶吉士沈升上言：「近年各布政司、按察司不體朝廷求賢之盛心，苟圖虛譽，有稍能行文、大義未通者，皆領鄉薦，冒名貢士。及至會試下第，其中文字稍優者得除教官，其下者亦得升之國監。以致天下士子競懷僥倖，不務實學。」[九] 洪熙元年十一月，四川雙流縣知縣孔友諒上言：「乞將前此下第舉人，通計其數，設法清理。」[十] 是國初[十一]纔開舉人之塗，而其弊即已如此。至於倚勢病民，則又不肖者之爲而不待論矣。[十二]然下第舉人猶令入監讀書三年，許以省親，未有使之游蕩于人間者。正統十四年，「在[十三]省、京儲」始放回原籍，「其放肆無恥者，游説干謁，靡所不爲」，已見於成化十四年禮部之奏。[十四]至於末年，則挾制官府，武斷鄉曲。於是崇禎中，命巡按御史考察所屬舉人，間有黜革。而風俗之壞，已不可復返矣。

【校注】

[一]底本缺一字處，原抄本、遂初堂本、集釋本、欒本、陳本、嚴本均作「入」，當補。

[二]「新」字下，脱「制」字，當補。原抄本、遂初堂本、集釋本、欒本、陳本、嚴本均作「新制」。

[三]「開國封」，衍「國」字，當删。原抄本、遂初堂本、集釋本、欒本、陳本、嚴本均作「開封」。《澠水燕談録》作「開封」。

[四]「不第三上」誤，原抄本同誤，當改。遂初堂本、集釋本、欒本、陳本、嚴本作「二十三上」。《資治通鑑》作「二十三上」。

[五]孟浩然、杜甫、温庭筠，見《舊唐書·文苑傳下》。唐衢見《舊唐書》本傳。吴筠見《舊唐書·隱逸傳》。皇甫鎮見《資治通鑑》卷二百五十三。敬翔以下均見新舊《五代史》本傳。

[六]《宋史·選舉志一》。「八百五」，《宋史》原文作「八百餘」。

[七]見《舊唐書·文宗本紀下》。

[八]不若，意謂不同。

[九]《太宗實録》。

[十]《宣宗實録》。

[十一]「國初」，原抄本同。潘耒遂初堂刻本改爲「明初」，集釋本因之。欒本據黄侃校記改回而加説明，嚴本仍

刻本之舊而加注，陳本仍刻本之舊，無校注。

［十二］「至於倚勢病民，則又不肖者之爲而不待論矣」一句十八字，原抄本同。潘耒遂初堂刻本删，集釋本因之。欒本據黄侃校記改回而加説明，陳本、嚴本仍刻本之舊，均無校注。

［十三］「在」字誤，當改。原抄本、遂初堂本、集釋本、欒本、陳本、嚴本均作「存」。《憲宗實録》作「存」。

［十四］《憲宗實録》卷一百七十七。

進士

進士即舉人中之一科，其試於禮部者，人人皆可謂之進士。唐人未第稱「進士」，已第［一］則稱「前進士」。《雍録》云［二］：唐人詩云：「曾題名處添前字。」《通鑑》：「建州進士葉京，嘗預宣武軍宴，識監軍之面。既而及第，在長安與同年出游，遇之［三］塗，馬上相揖，因之謗議喧然，遂沈廢終身。」是未及第而稱進士也。［四］試畢放榜，其合格者曰「賜進士及第」，後又廣之曰「賜進士出身」、「賜同進士出身」，然後謂之登科。所以異於同試之人者，在乎「賜及第」、「賜出身」，而不在乎進士也。「宋政和三年五月乙酉，臣僚言：『陛下罷進士，立三舍之法，今賜承議郎徐禋進士出身，於名實未正。乞改賜同上舍出身。』從之。」［五］

【校注】

［一］「已第」，原抄本、遂初堂本、集釋本、欒本、陳本、嚴本均作「已及第」。

［二］「云」，原抄本同，遂初堂本、集釋本、欒本、陳本、嚴本作「引」。

［三］「遇之」，原抄本同，遂初堂本、集釋本、欒本、陳本、嚴本下有「於」字。

［四］引詩見宋程大昌《雍録》卷十，出五代王定保《唐摭言》卷三。葉京事見《資治通鑑》卷二百五十。

[五]宋章如愚《山堂考索》後集卷二十七。

科目

「唐制，取士之科，有秀才，有明經，有進士，有俊士，有明法，有明字，有明筭，有一史，有三史，有開元禮，有道舉，有童子。而明經之别，有五經，有三經，有二經，有學究一經，有三禮，有三傳，有史科。此歲舉之常選也。其天子自詔，曰制舉。」《唐書·選舉志》。[一]如姚崇「下筆成章」、張九齡「道侔伊吕」之類，見於史者凡五十餘科，《困學紀聞》：「唐制舉之名，多有八十有六。」[二]故謂之「科目」[三]。宋王安石始罷諸科。今代止進士一科，則有科而無目矣。猶沿其名，謂之「科目」，非也。

王維楨[四]欲於科舉之外，倣漢、唐舊制，更設數科，以收天下之奇士。不知進士偏重之弊積二三百年，非大破成格，雖有他材，亦無繇進用矣。

【校注】

[一]今按：《新唐書·選舉志上》。

[二]王應麟《困學紀聞》卷十四。「多有」，《困學紀聞》作「多至」。

[三]今按：《新唐書·選舉志上》又曰「其科之目」云云。

[四]王維楨，字允寧，號槐野，有《槐野先生存笥稿》三十八卷。

制科

「唐制，天子自詔，曰制舉，所以待非常之才。」[一]《唐志》曰：「所謂制舉者，其來遠矣。自漢以來，天子常稱制詔，道其所欲問而親策之。唐興，世崇儒學，雖其時君賢愚好惡不同，而樂善求賢之意未始少怠。故自京師，外至州縣，有司常選之士，以時而舉，而天子又自詔四方德行才能文學之士。或高蹈幽隱，與其不能自達者，下至軍謀將略，翹開[二]拔山，絶藝奇伎，莫不兼取。其爲名目，隨其人主臨時所欲。而列爲定糾[三]者，如『賢良方正，直言極諫』、『博通墳典，達於教化』、『軍謀宏遠，堪任將率』、『詳明政術，可以理人』之類，其名最著。[四]而天子巡狩行幸，封禪泰山[五]、梁父，往往會見行在。其所以待之之禮甚優，而宏材偉論、非常之人，亦時出於其間，不爲無得也。」[六]

宋初，承周顯德之制，設三科，「不限前資、見任職官，黄衣草澤，並許應詔」。[七]景德增爲六科。熙寧以後，屢罷屢復。宋人謂之「大科」。《葉祖洽傳》：「太宗遂[八]設大科。」《邵氏聞見録》：「富韓公[九]初游場屋，穆伯長謂之曰：『進士不足以盡子之才，當以大科名世。』」今以殿試進士，亦謬謂之制科。

宋徐度《卻埽編》曰：「國朝制科，初因唐制，有『賢良方正，能直言極諫』、『經學優深，可爲師法』、『詳明吏治[十]，達於教化』，凡三科。應内外職官、前資見任、黄衣草澤人，並許諸州及本司解送上吏部，對御試策一道，限三千字以上。咸平中，又詔文臣於内外幕職州縣官及草澤中，舉

『賢良方正』各一人。景德中，又詔置『賢良方正，能直言極諫』、『博通墳典，達於教化』、『才識兼茂，明於體用』、『武足安邊，洞明韜略，運籌決勝』、『軍謀宏遠，材任邊寄，』『詳明吏理，達於從政』等六科。[十一]天聖七年，復詔應内外京朝官，不帶臺省館閣職事，不曾犯贓罪，及私罪情理輕者，並許少卿監以上奏舉，或自進狀乞應前六科。仍先進所業策論十卷，卷五道，候到下兩省看詳。如詞理優長，堪應制科，具名聞奏。差官考試，論六首，合格即御試策一道。又置『高蹈丘園』、『沈淪草澤』、『茂才異等』三科。應草澤及貢舉人非工商襍類者，並許本處轉運司、逐州長吏奏舉，或於本貫投狀乞應。州縣體量，有行止別無玷犯者，即納所業策論十卷，卷五道看詳。詞理稍優，即上轉運司審察鄉里名譽，於部内選有文學官再看詳實。有文行可稱者，即以文卷送禮部，委主判官看詳。選詞理優長者，其[十二]名聞奏。餘如『賢良方正』等六科。熙寧中，悉罷之，而令進士廷試，罷三題，而試策一道。建炎間，詔復『賢良方正』一科，然未有應詔者。」

「高宗立『博學宏辭』科，凡十二題：制、誥、詔、表、露布、檄、箴、銘、記、贊、頌、序。内襍出六題，分爲三場。每場體制，一古一今。」南渡以後，得人爲盛，「多至卿相翰苑者」。[十三]今之第二場，詔、誥、表三題，内科一道，亦是略倣此意。而苟簡濫劣，至於全無故典[十四]、不知平仄者，亦皆中式，上無能文之主故也。[十五]

【校注】

[一]同上《新唐書·選舉志上》。

[二]「開」字誤，當改。原抄本、遂初堂本、集釋本、欒本、陳本、嚴本均作「關」。《新唐書》作「關」。

[三]「糾」字誤，當改。原抄本、遂初堂本、集釋本、欒本、陳本、嚴本均作「科」。《新唐書》作「科」。

［四］黄汝成集釋引楊氏曰：又有「臨難不顧，徇節寧邦」科，薛少保稷所應也。「長才廣度，沉迷下僚」科，張倚所應也。「文詞雅麗」科，彭殷賢所應也。「道侔伊吕」科，張曲江所應也。「詞標文苑」科，張道濟所應也。「洞曉玄經」科，獨孤常州所應也。「哲人奇士，隱淪屠釣」科，李元成所應也。

［五］「泰山」，原抄本同，遂初堂本、集釋本、欒本、陳本、嚴本作「太山」。

［六］《新唐書·選舉志上》。黄汝成集釋引王氏曰：唐有得進士第後又中制科者。如劉蕡擢進士第，又舉「賢良方正，能直言極諫」科。馬懷素擢進士第，又中「文學優贍」科。閻朝隱連中進士、「孝悌廉讓」科。賀知章擢進士、「超群拔類」科。有得明經第後又中制科者。如歸崇敬擢明經，舉「博通墳典」科。有得官後又中制科者。如張鷟登進士第，授岐王府參軍，以制舉皆甲科，再調長安尉；殷踐猷爲杭州參軍，舉「文儒異等」科之類，是也。

［七］《舊五代史·世宗紀四》及《宋史·選舉志二》。

［八］「遂」字誤，當改。原抄本、遂初堂本、集釋本、欒本、陳本、嚴本均作「歲」。《宋史》作「歲」。

［九］「富韓公」，原抄本、遂初堂本、嚴本同，集釋本、欒本、陳本作「富鄭公」。《邵氏聞見前録》作「富韓公」。富弼初封鄭國公，後封韓國公。

［十］「吏治」，原抄本同，遂初堂本、集釋本、欒本、陳本、嚴本作「吏理」。

［十一］黄汝成集釋引楊氏曰：「武足安邊」四字羨。

［十二］「其」字誤，當改。原抄本、遂初堂本、集釋本、欒本、陳本、嚴本均作「具」。

［十三］以上《宋史·選舉志二》。

［十四］「故典」誤倒，當乙正。原抄本、遂初堂本、集釋本、欒本、陳本、嚴本均作「典故」。

［十五］「上無能文之主故也」一句，原抄本同。潘耒遂初堂刻本改爲「則專重初場之過也」，集釋本因之。欒本據黄侃校記改回而加説明，陳本、嚴本仍刻本之舊而加注。

甲科

杜氏《通典》：「按令文：科第，秀才與明經同爲四等，進士與明法同爲二等。然秀才之科久廢，而明經雖有甲乙丙丁四科，進士有甲乙二科。自武德以來，明經惟有丙丁第，進士惟乙科而已。」[一]《舊唐書・玄宗紀》：開元九年四月，「甲戌，上親策試應制舉人於含元殿，敕曰：『近無甲科，朕將存其上第。』」《楊綰傳》：「天寶十三載，玄宗御勤政樓試舉人」，「登甲科者三人，綰爲之首，超授右拾遺」。其登乙科者三十餘人。《册府元龜》。[二]杜甫哀蘇源明詩曰：「制可題未乾，乙科已大闡。」[三]然則今之進士而概稱「甲科」，非也。

《隋書・李德林傳》：楊遵彦「銓衡深慎，選舉秀才，擢第罕有甲科。德林射策五條，考皆爲上」。是則北齊之世即已多無甲科者矣。

甲乙丙科始見《漢書・儒林傳》：平帝[四]時歲課博士弟子，「甲科四十人爲郎中，乙科二十人爲太子舍人，丙科四十人補文學掌故」。《蕭望之傳》：「以射策甲科爲郎。」《匡衡傳》：「數射策不中，至九，乃中丙科。」褚先生補《史記》。[五]

【校注】

[一]《通典》卷十五。

[二]《册府元龜》卷六百四十三。

[三]杜甫《八哀詩・故秘書少監武功蘇公源明》。

［四］「平帝」，遂初堂本、集釋本、欒本、陳本、嚴本同，原抄本誤作「平常」。《漢書》作「平帝」。

［五］今按：見《史記·張丞相列傳》。

十八房

今制，會試用考試官二員總裁，同考試官十八員分閱《五經》，謂之「十八房」。《宋史》：「各房分經」，始於理宗紹定二年。嘉靖末年，《詩》五房，《易》、《書》各四房，《春秋》、《禮記》各二房，共［一］十七房。萬曆庚辰、癸未二科，以《易》卷多，添一房，減《書》一房，仍止十七房。至丙戌，《書》、《易》卷並多，仍復《書》爲四房，始爲十八房。至丙辰，又添《易》、《詩》各一房，爲二十房。天啟乙丑年［二］，《詩》仍各五房，《書》三房，《春秋》、《禮記》各一房，爲十五房。崇禎戊辰，復爲二十房。辛未，《易》、《詩》仍各五房，爲十八房。癸未，復爲二十房。今人概稱爲「十八房」云。

《戒庵漫筆》曰：江陰李詡著。「余少時學舉子業，並無刻本窗稿。有書賈在利考朋友家往來，抄得鐙窗下課數十篇，每篇謄寫二三十紙。到余家塾，揀其幾篇，每篇酬錢或二文，或三文。憶荊川唐順之。中會元，其稿亦是無錫門人蔡瀛與一姻家同刻。方山薛應旂。中會魁，其三試卷，余爲從臾，其常熟門人錢夢玉以東湖書院活板印行，未聞有坊間板。今滿日［三］皆坊刻矣，亦世風華實之一驗也。」愚按弘治六年會試，同考官靳文僖批，已有「□［四］板刻時文行，學者往往記誦，鮮以講究爲事」之語，則彼時亦［五］有刻文，但不多耳。楊子常曰：彝。「十八房之刻，自萬曆壬辰《鉤玄録》始。旁有批點，自王房仲士驌。選程墨始。至乙卯以後，而坊刻有四種：曰「程墨」，則三場主司及士子之文；曰「房稿」，則十八房進士之作；曰「行卷」，則舉人之作；曰「社稿」，則諸生會課之[六]。至一科房稿之刻有數百部，皆出於蘇杭，而中原、北方之賈人市買以去。天下之人惟知此物可以取科名，享富貴，此之謂『學問』，此之謂『士人』，而他書一切不觀。昔丘文莊[七]當天順、成化之盛，去宋、元未遠，已謂『士子有登名前列，不知史册名目、朝代先後、字書偏旁者』。舉天下而惟十八房之讀，讀之三年五年而一幸登第，則無知之童子儼然與公卿相揖讓，而文武之道棄如弁髦。」《宋史》：「記[八]宗朝姦弊愈滋，有司命題苟簡，或執偏見臆説，或廢[九]策用事訛舛。所取之士既不精，後[十]復俾之主文，是非顛倒逾甚，時謂之『謬種流傳』。」嗟乎！八股盛而《六經》微，十八房興而《廿一史》廢。昔閔子馬[十一]以原作魯[十二]之「不説學」而卜周之衰，[十三]余少時見有一二好學者，欲通旁經而涉古書，則父師交相譙呵，以爲必不得顓業於帖括，而將爲坎軻不利之人。豈非所謂「大人患失而惑」者與？陸氏曰：「大人懼違衆而失位，心志惑亂，故徇流俗之説，而亦曰『可以無學』。」[十四]若乃國之盛衰、時之治亂，則亦可知也已。

【校注】

[一]「共」，原抄本同，遂初堂本、集釋本、欒本、陳本、嚴本作「止」。

[二]「年」字誤，當改。原抄本、遂初堂本、集釋本、欒本、陳本、嚴本均作「《易》」，屬下讀。

[三]「日」字誤，當改。原抄本、遂初堂本、集釋本、欒本、陳本、嚴本均作「目」。

[四]底本缺一字處，原抄本、遂初堂本、集釋本、欒本、陳本、嚴本均作「自」，當補。

[五]「亦」字誤，當改。原抄本、遂初堂本、集釋本、欒本、陳本、嚴本均作「已」。

[六]「之」字下，脱「作」字，當補。原抄本、遂初堂本、集釋本、欒本、陳本、嚴本均作「之作」。

[七]丘濬，字仲深，謚文莊。

[八]「記」字誤，當改。原抄本、遂初堂本、集釋本、欒本、陳本、嚴本均作「理」。《宋史》作「理」。

〔九〕「廢」字誤，當改。原抄本、遂初堂本、集釋本、欒本、陳本、嚴本均作「發」。《宋史》作「發」。

〔十〕「後」字上，脱「數年之」三字，當補。原抄本、遂初堂本、集釋本、欒本、陳本、嚴本均作「數年之後」。《宋史》作「數年之後」。

〔十一〕「閔子馬」，遂初堂本、集釋本、欒本、陳本、嚴本同，原抄本誤作「閔子騫」。閔子馬，又稱閔馬父，魯大夫。閔子騫，孔子弟子。

〔十二〕「原作魯」誤，當改。原抄本、遂初堂本、集釋本、欒本、陳本、嚴本均作「原伯魯」。《左傳》作「原伯魯」。

〔十三〕事見《左傳・昭公十八年》。

〔十四〕唐陸淳，撰《春秋集傳微旨》三卷。「大人患失而惑」、「可以無學」，亦見《左傳・昭公十八年》。

經義論策

今之經義論策，其名雖正，而最便於空疏不學之人。唐、宋用詩賦，雖曰雕蟲小技，而非通知古今之人不能作。今之經義始於宋熙寧中，王安石所立之法，命吕惠卿、王雱等爲之。《宋史》：神宗熙寧四年，「二月丁巳朔，罷詩賦及明經諸科，以經義、論、策試進士」。命「中書撰大義式頒行」。〔一〕元祐八年三月庚子，「中書省言：『進士御試答策，多係在外準備之文，工拙不甚相遠，難於考較。祖宗舊制，御試進士賦、詩、論三題，施行已遠，前後得人不少。況今朝廷見行文字多係聲律對偶，非學問該洽不能成章。請行祖宗三題舊法。』詔來年御試，將詩賦舉人復試三題經義，舉人且令試策，此後全試三題」。〔二〕是當時即以經義爲在外準備之文矣。《宋史・徐禧傳》：「神宗見其所上策，曰：『禧言朝廷用經術變士十已八九，然竊襲人之語、不求心通者相半，此言是也。』」陳後山《談叢》言：荆公經義行，舉子專誦王氏章句，而不解義。荆公悔之，曰：「本欲變學究爲秀才，不謂變秀才爲學究也。」[三]豈知數百年之後，並學究而非其本質乎？此法不變，則人才日至於消耗，中國日至於衰弱[四]，而五帝三王以來之天下，將不至[五]其所終矣。

趙鼎言「安石設虚無之學，敗壞人才」，陳公輔亦謂「安石使學者不治《春秋》」，「不讀《史》《漢》」，[六]而習其所爲《三經新義》，皆穿鑿破碎無用之空言也。若今之所謂「時文」，既非經傳，復非子史，展轉相承，皆杜撰無根之語。前輩時文，無字不有出處。今但令士子作文，自注出處，無根之語，不得入文，自當擺指而退矣。《金史》：明昌元年令「舉人程文，所用故事可自注出處」。[七]以是科名所得，十人之中，其八九皆爲白徒。而一舉於鄉，即以營求關説，爲治生之計。於是在州里則無人非勢豪，適四方則無地非游客，而欲求天下之安寧，斯民之淳厚，豈非卻行[八]求及前人者哉？

本朝洪武三年開科，以《大學》「古之欲明明德於天下者」一節，《孟子》「道在邇而求諸遠」一節，合爲一題，問二書所言平天下大指同異。此即宋時之法。[九]

《太祖實録》：洪武三年八月，「京師及各行省開鄉試」。「初場《四書》疑問，本經義及《四書》義各一通。[十]元制有《四書》疑、本經疑。第二場論一道，第三場策一道。中式者，後十日復以五事試之，曰騎、射、書、筭、律。騎觀其馳驅便捷，射觀其中之多寡，書通于六義，筭通於九法，律觀其決斷」。詔文有曰：「朕特設科舉，以起懷才抱德之士，務在經明行修，博通古今，文質得中，名實相稱。其中選者，朕將親策於廷，觀其學識，第其高下，而任之以官。」伏讀此制，真所謂求實用之士者矣！至十七年，「命禮部頒行科舉成式，第一場《四書》義三道，經義四道，未能者許各減一道。第二場論一道，詔、誥、表、内科一道，判語五條。第三場經、史、策五道。」文辭增而實事廢，蓋與初詔求賢之法稍有不同，而行之二百餘年，非所以善述祖宗之意也。二十五年二月甲子，「儒學生員兼習射與書、算，俟其科貢兼考之」。後廢不行。宣德四年九月乙卯，「北京國子監助教王仙言：『近年生員止記誦文字，以備科貢，其於字學、算法，略不曉習。改入國監，歷事諸司，字畫麄拙，算數不通，何以居官蒞政？乞令天下儒學生員兼習書、算。』上從之」。

「《四書》疑」，猶唐人之判語，設爲疑事問之，以觀其學識也。「《四書》義」，猶今人之判語，不過得之記誦而已。苟學識之可取，則劉蕡之對，[十一]止於一篇已足。蓋一代之人才，徒以記誦之多、書寫之速而取其長，則七篇不足爲難，而有並作《五經》二十三篇，如崇禎七年之顔茂猷者，奉旨特賜中式及殿試第二甲第二名，賜進士出身。[十二]亦何裨於經術，何施於國用哉？

《實録》言：洪武十四年六月，「丙辰，詔於國子諸生中，選才學優等、聰明俊偉之士，得三十七人。命之博極群書，講明道德、經濟之學，以期大用，稱之曰『老秀才』。累賜羅綺、襲衣、巾鞾，恩遇[十三]甚厚」。[十四]後來庶吉士之制實本于此。是則聖祖所望於諸生者，固不僅以帖括之文。而惜乎大臣無通經之士，使一代籲俊[十五]之典但止於斯，可歎也！

永樂二十二年十月丁卯，仁廟諭大學士楊士奇等曰：「朝廷所重安百姓，而百姓不得蒙福者，繇牧守匪人。牧守匪人，繇學[十六]失教。故歲貢中，愚不肖十率七八。古事不通，道理不明，此豈可任安民之寄？」[十七]當日貢舉之行，不過四十年，而其弊已如此。乃護局[十八]之臣，猶託之祖制而相持不變乎？

【校注】

［一］《宋史·神宗本紀二》及《選舉志一》。

［二］《續資治通鑑長編》卷四百八十二。

［三］陳師道《後山談叢》卷一。陳師道，字履常，一字無己，號後山。

［四］「中國日至於衰弱」一句，原抄本同。潘耒遂初堂刻本改爲「學術日至於荒陋」，集釋本因之。欒本據黄侃校記改回而加説明，陳本、嚴本仍刻本之舊而加注。

［五］「至」字誤，當改。原抄本、遂初堂本、集釋本、欒本、陳本、嚴本均作「知」。

［六］均見《宋史》本傳。

［七］《金史·選舉志一》。

［八］「卻行」，原抄本同，遂初堂本、集釋本、欒本、陳本、嚴本下有「而」字。

［九］「本朝洪武三年開科」一段，原抄本同。潘耒遂初堂刻本删「本朝」二字，改爲小字夾註，接排在下段夾注「元制有《四書》疑、本經疑」之下。集釋本因之。陳本仍刻本之舊而加注，欒本、嚴本仍刻本之舊，無注。黄侃校記：鈔本此小注爲正文，「洪武」上有「本朝」二字。徐文珊曰：編者按：「本朝」以下五十六字刻本缺。

［十］「通」，原抄本同，遂初堂本、集釋本、欒本、陳本、嚴本作「道」。

［十一］見《新唐書·劉蕡傳》。

［十二］事見《明史·選舉志二》。

［十三］「恩遇」，原抄本同，遂初堂本、集釋本、欒本、陳本、嚴本作「禮遇」。《太祖實録》作「恩遇」。

［十四］《太祖實録》卷一百三十七。又見《明史·選舉志一》。

［十五］籲俊，語出《尚書·立政》，孔穎達解爲「招呼賢俊之人」。

［十六］「學」字下，脱一字，當補。原抄本作「學官」，遂初堂本、集釋本、欒本、陳本、嚴本作「學校」。《仁宗實訓》

作「學校」。

[十七]《仁宗實訓》卷一。

[十八]「護局」，遂初堂本、集釋本、欒本、陳本、嚴本同，原抄本誤作「局護」。按《宋史·劉黻傳》：「自吕大防用楊畏爲御史，初意不過信用私人，牢護局面，不知小人得志，搖脣鼓吻，一時正人旋被斥逐。」

三場

國初[一]三場之制，雖有先後，而無重輕。乃士子之精力多專於一經，略於考古。主司閲卷，復護初場所中之卷，而不深求其二、三場。夫昔之所謂三場，非下帷十年，讀書千卷，不能有此三場也。今則務于捷得，不過於《四書》一經之中，擬題一二百道，竊取他人之文記之。入場之日，抄謄一過，便可僥倖中式，而本經之全文有不讀者矣。率天下而爲欲速成之童子，學問由此而衰，心術由此而壞。宋嘉祐中，知諫院歐陽修上言：「今之舉人以二千人爲率，請寬其日限，而先試以策而考之。擇其文辭鄙惡者，文意顛倒重褉者，不識題者，不知故實、略而不對所問者，誤引事跡者，雖能成文而理識乖誕者，雜犯舊格不[二]式者，凡此七等之人先去之，計二千人可去五六百。以其留者次試以論，又如前法而考之，又可去其二三百。其留而試賦[三]詩賦者，不過千人矣。於千人而選五百，少而易考，不至勞昏。考而精當，則盡善矣；縱使考之不精，亦當不至大濫。蓋其節抄剽盜之人皆以先策論去之矣，比及詩賦，皆是已經策論、粗有學問理識、不至乖誕之人，縱使詩賦不工，亦可以中選矣。如此可使童年新學、全不曉事之人，無由而進。」[四]今之有天下者，不能復兩漢舉士之法，不得已而以言取人，則文忠之論亦似可取。蓋救今日之弊，莫急乎去節抄剽盜之人，而七等在所先去矣[五]，則闒劣之徒無所僥倖，而至者漸少，科場亦自此而清也。

【校注】

[一]「國初」，原抄本同。潘耒遂初堂刻本改爲「明初」，集釋本因之。欒本據黄侃校記改回而加説明，陳本、嚴本仍刻本之舊而加注。

[二]「不」字下，脱「考」字，當補。原抄本誤作「不合」。遂初堂本、集釋本、欒本、陳本、嚴本作「不考」。歐陽修《文忠集》作「不考」。

[三]「賦」字衍，當删，原抄本、遂初堂本、集釋本、欒本、陳本、嚴本無，《文忠集》無。

[四]歐陽修《文忠集》卷一百四《論更改貢舉事件劄子》，作於慶曆四年。

[五]「矣」字衍，當删，原抄本、遂初堂本、集釋本、欒本、陳本、嚴本無。

擬題

今日科場之病，莫甚乎擬題。且以經文言之，初場試所習本經義四道，而本經之中，場屋可出之題不過數十。富家巨族，延請名士，館於家塾，將此數十題各撰一篇，計篇酬價，令其子弟及僮奴之俊慧者，記誦熟習。入場命題，十符八九，即以所記之文抄謄上卷，較之風簷結構，難易迥殊。《四書》亦然。放榜之後，此曹便爲貴人，年少美貌[二]者多得館選，天下之士靡然從風，而本經亦可[二]不讀矣。予聞昔年《五經》之中，惟《春秋》止記題目，然亦須兼讀四傳[三]。又聞嘉靖以前學臣命《禮記》題，有出《喪服》以試士子之能記否者。百年以來，《喪服》等篇皆删去不讀，今則並《檀弓》不讀矣。《書》則删去《五子之歌》、《湯誓》、《盤庚》、《西伯戡黎》、《微子》、《金縢[四]》、《顧命》、《康王之誥》、《文侯之命》等篇不讀。《詩》則删去淫風、變雅不讀。《易》則删去《訟》、《否》、《剥》、《遯》、《明夷》、《睽[五]》、《蹇》、《困》、《族[六]》等卦不讀。止記其可以出題之篇，及此數十題之文而已。「讀《論》惟取一篇，披《莊》不過盈尺。」《隋書·崔賾傳》。[七]「因陋就寡，赴速邀時。」《舊唐書·薛謙光傳》昔人所須十年而成者，以一年畢之。昔人所待一年而習者，以一月畢之。成於剿襲，得於假倩。卒而問其所未讀之經，有茫然不知爲何書者。故愚以爲八股之害，等於焚書，而敗壞人材，有甚於咸陽之郊，所坑者但四百六十餘人也。[八]請更其法，凡《四書》、《五經》之文，皆問疑義，使之以一經而通之[九]《五經》。又一經之中，亦各有疑義，如《易》之鄭、王，《詩》之毛、鄭，《春秋》之《三傳》，以及唐、宋諸儒不同之説。《四書》、《五經》皆依此發問。漢人所謂「發策决科」[十]者，正是如此。其對者，必如朱子所云：「通貫經文，條舉衆説，而斷以己意。」[十一]《宋史·劉恕傳》：「舉進士，詔能講經義者，别奏名，應召者才數人十[十二]。恕以《春秋》、《禮記》對，先列註疏，方引先儒異説，末乃斷以己意。凡二十問，所對皆然。」其所出之題不限盛衰治亂，《宋文鑑》載張庭堅《「自靖，人自獻于先王」經義》一篇。[十三]使人不得意擬，而其文必出于場中之所作，則士之通經與否可得而知，其能文否[十四]亦可得而驗矣。又不然，則姑用唐、宋賦韻之法，猶可以杜節抄剽盗之弊。盖題可擬，而韻不可必，文之工拙猶其所自作，必不至以他人之文抄謄一過而中式者矣。其表題專出唐、宋，策題兼問古今，如王梅溪集中所載。[十五]人自不得不讀《通鑑》矣。夫舉業之文，昔人所鄙斥，而以爲無益于經學者也。今猶不出於本人之手焉，何其愈下也哉！

讀書不通《五經》者，必不能通一經，不當分經試士。且如唐、宋之世，尚有[十六]《老》《莊》諸書命題，如《卮言日出賦》，至相率扣殿檻乞示者。[十七]今不過《一[十八]經》，益以《三禮》、《三傳》，亦不過九經而已。此而不習，何名爲士？《宋史》：「馮元授江陰尉，時詔流内銓取[十九]明經者補學官，元自薦通《五經》，謝泌笑曰：『古人治一經而至皓首，子尚少，能盡通邪？』對曰：『□[二十]者一以貫之。』更問疑義，辨析無滯。」[二十一]

《石林燕語》：「熙寧以前，以詩賦取士，學者無不先徧讀《五經》。余見前輩雖無科名，人亦多能襍舉《五經》，盖自幼學時習之，故終老不忘。自改經術，人之教子者往往便以一經授之，他經縱讀亦不能精，其教之者亦未必皆通《五經》，故雖經書正文亦多遺誤。」[二十二]若今人問答之間，稱其人所習爲「貴經」，自稱爲「敝經」，尤可笑也。

科場之法，欲其難，不欲其易。使更其法，而予之以難，則覬倖之人少；少一覬倖之人，則少一營求患得之人，而士類可漸以清。抑士子之知其難也，而攻苦之日多；多一攻苦之人，則少一「群居終日，言不及義」[二十三]之人，而士習可漸以政[二十四]矣。

墨子言：「今若有一諸侯于此，爲政其國家也，曰：凡我國能射御之士，我将賞貴之；不能射御之士，我将罪賤之。問於若國之士，孰喜孰懼？我以爲必能射御之士喜，不能射御之士懼。曰：凡我國之忠信之士，我将賞貴之；不忠信之士，我将罪賤之。問於若國之士，孰喜孰懼？我以爲必忠信之士喜，不忠信之士懼。」[二十五]今若責士子以兼通九經，記《通鑑》歷代之史，而曰若此者中，不若此者黜，我以爲必好學能文之士喜，而不學無文之士懼也。然則爲不可之説以撓吾之[二十六]法者，皆不學無文之人也，人主可以無聽也。

今日欲革科舉之弊，必先示以讀書學問之法，暫停考試數年，而後行之，然後可以得人。晉元帝從孔坦[二十七]之議，「聽孝廉申至七年乃試」。[二十八]胡三省註：「緩爲之期曰申。」[二十九]古之人有行之者。

【校注】

[一]「美貌」，原抄本同，遂初堂本、集釋本、欒本、陳本、嚴本作「貌美」。

[二]「可」，原抄本同，遂初堂本、集釋本、欒本、陳本、嚴本下有「以」字。

[三]四傳，左氏、公羊、穀梁《三傳》及宋胡安國《傳》。

[四]「金縢」，遂初堂本、集釋本、欒本、陳本、嚴本同，原抄本誤作「金滕」。《尚書》作「金縢」。

[五]「睽」字誤，原抄本、遂初堂本、集釋本、嚴本同誤，當改。欒本、陳本作「睽」。《易經》作「睽」。

[六]「族」字誤，當改。原抄本、遂初堂本、集釋本、欒本、陳本、嚴本均作「旅」。《易經》作「旅」。

[七]又見《北史》。

[八]事見《史記・秦始皇本紀》。

[九]「之」，原抄本同，遂初堂本、集釋本、欒本、陳本、嚴本下有「於」字。

[十]見揚雄《法言・學行》。

[十一]朱熹《學校貢舉私議》。《宋史・選舉志二》有節引。

[十二]「數人十」誤倒，當乙正。原抄本、遂初堂本、集釋本、欒本、陳本、嚴本均作「數十人」。《宋史》作「數十人」。

[十三]「自靖」句，出《尚書・微子》。
[十四]「否」字上，脱「與」字，當補。原抄本、遂初堂本、集釋本、欒本、陳本、嚴本均作「與否」。
[十五]王十朋，字龜齡，宋樂清人，紹興二十七年進士第一。著《梅溪集》五十四卷，卷一爲《廷試策》。
[十六]「有」字下，脱「以」字，當補。原抄本、遂初堂本、集釋本、欒本、陳本、嚴本均作「有以」。
[十七]見《宋史・文苑傳三》，及《容齋隨筆》卷三。
[十八]「一」字誤，當改。原抄本、遂初堂本、集釋本、欒本、陳本、嚴本均作「五」。
[十九]「取」，原抄本同。遂初堂本、集釋本、欒本、陳本、嚴本作「以」。《宋史》作「取」。
[二十]底本缺一字處，原抄本、遂初堂本、集釋本、欒本、陳本、嚴本均作「達」，當補。《宋史》作「達」。
[二十一]《宋史》本傳。
[二十二]葉夢得《石林燕語》卷八。
[二十三]語出《論語・衛靈公》。
[二十四]「政」，原抄本作「改」，遂初堂本、集釋本、欒本、陳本、嚴本作「正」。
[二十五]《孟子・尚賢下》。
[二十六]「之」字，原抄本、遂初堂本、集釋本、欒本、陳本、嚴本無。
[二十七]「孔坦」，集釋本、欒本、陳本、嚴本同，原抄本誤作「孔垣」，遂初堂本誤作「元坦」。《晉書》作「孔坦」。
[二十八]《資治通鑑》卷九十。出《晉書・孔愉傳》附孔坦傳，又見《通典》卷十四。
[二十九]見《資治通鑑》卷一百二十七「更相申五十日」句胡注。

題切時事

考試題目多有規切時事，亦虞帝「予違汝弼」[一]之遺意也。《宋史・張洞傳》：「試開封進士，賦題曰《孝慈則忠》。時方議濮安懿王稱皇事，英宗曰：『張洞意諷朕。』宰相韓琦進曰：『言之者無罪，聞之者足以戒。』[二]上意解。」古之人君，近則盡官師之規，遠則通鄉校之論，此立義[三]而爭諫之途廣矣。

天啟四年，應天鄉試題《今夫弈之爲數[四]》一節，以魏忠賢始用事也。浙江鄉試題《君之視臣如手足，則臣視君如腹心[五]》，以杖殺工部郎萬燝也。七年，江西鄉試題《皜皜乎不可尚已[六]》，其年監生陸萬齡請以忠賢建祠[七]國學也。萬齡疏以忠賢芟除奸當[八]爲誅少正卯，定《三朝要典》爲作《春秋》，請上特製碑文，並祠其父於後室，以比於啟聖。崇禎三年，應天鄉試題《舉直錯諸枉，能使枉者直[九]》，以媚奄諸臣初定逆案也。此皆可以開帝聰而持國是者。時當季葉，而《沔水》、《鶴鳴》之義猶存於士大夫，可以想見先朝之遺化。若崇禎九年，應天鄉試《春秋》題，《宋公入曹，以曹伯陽歸[十]》，以公孫彊比陳啟新，是[十一]曹伯陽比皇上，非所宜言，大不敬。天啟七年，順天鄉試《書經》題，《我二人共貞[十二]》，以周公比魏忠賢，則又《無將》[十三]之漸，亦見之彈文者也。

景泰初，虜[十四]奉上皇至邊，邊臣不納。雖有「社稷爲重」之説，[十五]然當時朝論即有以奉迎之緩爲譏者。順天鄉試題《所謂平天下在治其國者[十六]》一節，蓋有諷意。

【校注】

[一]語出《尚書・益稷》。

[二]「言之者無罪」二句，出《毛詩・大序》。

[三]「立義」誤倒，當乙正。原抄本、遂初堂本、集釋本、欒本、陳本、嚴本均作「義立」。

[四]語出《孟子・告子上》。

[五]語出《孟子・離婁下》。

[六]語出《孟子・滕文公上》。

[七]「詞」字誤，當改。原抄本、遂初堂本、集釋本、欒本、陳本、嚴本均作「祠」。

[八]「當」字誤，當改。原抄本、遂初堂本、集釋本、欒本、陳本、嚴本均作「黨」。

[九]語出《論語・顏淵》。

[十]語出《春秋經・哀公八年》。

[十一]「是」字下，脱「以」字，當補。原抄本、遂初堂本、集釋本、欒本、陳本、嚴本均作「是以」。

[十二]語出《尚書・洛誥》。

[十三]無将，謂《詩經・小雅・無将大車》，《詩序》：「《無将大車》，大夫悔将小人也。」

[十四]「虜」，原抄本同。潘耒遂初堂刻本改爲「也先」，集釋本因之。欒本據黄侃校記改回而加説明，陳本、嚴本仍刻本之舊而加注。

[十五]見明代宗《賜邊臣敕》。社稷爲重，君爲輕，用孟子義。

[十六]語出《禮記・大學》。

試文格式

經義之文，流俗謂之「八股」，蓋始於成化以後。「股」者，對偶之名也。天順以來[一]，經義之文不過敷演傳註，或對或散，初無定式[二]，其單[三]句題亦甚少。成化二十三年，會試《樂天者保天下[四]》文，起講先提三句，即講「樂天」四股。中間過接四句，復講「保天下」四股。復收四句，再作大結。弘治九年，會試《責難於君謂之恭[五]》文，起講先提三句，即講「責難與[六]君」四股。中間過接二句，復講「謂之恭」四股。復收二句，再作大結。每四股之中，一及[七]一正，一虛一實，一淺一深。亦有聯屬二句、四句爲對，排比十數對成篇，而不止于八股者。其兩扇立格，謂題本两對，文亦两大對。則每扇之中各有四股，其次第之法[八]亦復如之，故人[九]相傳謂之「八股」。若長題則不拘此。嘉靖以後，文體日變，而問之儒生，皆不知八股之何謂矣。孟子曰：「大匠誨人，必以規矩。」[十]今之爲時文者，豈必裂規偭矩矣乎？

發端二句，或三四句，謂之「破題」。大抵對句爲多，此宋人相傳之格。本之唐人城[十一]格。[十二]下申其意，作四五句，謂之「承題」。然後提出夫子曾子、子思、孟子皆然。爲何而發此言，謂之「原起」。至萬曆中，破止二句，承止三句，不用原起。篇末敷演聖人言畢，自攄[十三]所見，或數十字，或百餘字，謂之「大結」。國初[十四]之制，可及本朝時事。以後功令益密，恐有藉以自衒者，但許言前代，不及本朝。至萬曆中，大結止三四句。於是國家之事罔始罔終，在位之臣畏首畏尾，其象已見於應舉之文矣。

試録文字之體，首行曰第一場，頂格寫。次行曰《四書》，下一格。次行題目，又下一格。《五經》及二三場皆然。至試文則不能再下，仍提起頂格。此題目所以下二格也。若歲考之卷，則首行曰《四書》，頂格寫。次行題目，止下一格。經論亦然。須知自古以來書籍文字，首行無不頂格寫者。後來學政苟且成風，士子試卷省卻《四書》各經字，竟從題目寫起，依大場之式概下二格，聖經反下，自作反高，於理爲不通。然日用而不知，亦已久矣。又其異者，沿此之例，不論古今，詩文概以下二格爲題。萬曆以後，坊刻盛行，每題之文，必注其人之名于下，而刻古書者亦化而同之。如題曰《周鄭交質》，下二格，其行末書「左丘明」。題曰《伯夷列傳》，下二格，其行末書「司馬遷」。變歷戌[十五]相傳之古書，以肖時文之面貌，使古人見之，當爲絶倒。

【校注】

[一]「以來」誤，當改。原抄本、遂初堂本、集釋本、欒本、陳本、嚴本均作「以前」。

[二]「試」字誤，當改。原抄本、遂初堂本、集釋本、欒本、陳本、嚴本均作「式」。

[三]「軍」字誤，當改。原抄本、遂初堂本、集釋本、欒本、陳本、嚴本均作「單」。

[四]語出《孟子・梁惠王下》。

[五]語出《孟子・離婁上》。

[六]「與」字誤，當改。原抄本、遂初堂本、集釋本、欒本、陳本、嚴本均作「於」。

[七]「及」字誤，當改。原抄本、遂初堂本、集釋本、欒本、陳本、嚴本均作「反」。

[八]「之法」，原抄本、遂初堂本、集釋本、陳本、嚴本同，欒本誤作「文法」。

[九]「人」，原抄本同，遂初堂本、集釋本、欒本、陳本、嚴本作「今人」。

[十]《孟子・告子上》。

[十一]「城」字誤，當改。原抄本、遂初堂本、集釋本、欒本、陳本、嚴本均作「賦」。

[十二]黄汝成集釋引錢氏曰：宋季有魏天應《論學繩尺》一書，皆當時應舉文字，有破題、接題、小講、大講、入題、原題諸式，是論亦有破題。

[十三]「擴」字誤，當改。原抄本、遂初堂本、集釋本、欒本、陳本、嚴本均作「攄」。

[十四]「國初」，原抄本同。潘耒遂初堂刻本改爲「明初」，集釋本因之。欒本據黄侃校記改回而加説明，陳本、嚴

本仍刻本之舊而加注。

［十五］「戌」字誤，當改。原抄本、遂初堂本、集釋本、欒本、陳本、嚴本均作「代」。

程文

自宋以來，以取中士子所作之文，謂之「程文」。《金史》：承安五年，「詔考試詞賦官各作程文一道，示爲舉人之式，試後復［一］省藏之」。［二］至本朝［三］，先亦用士子程文刻録，後多主司所作，遂又分士子所作之文，别謂之「墨卷」。

文章無定格，立一格而後爲文，其文不足言矣。唐之取士以賦，而賦之末流最爲冗濫。宋之取士以論策，而論策之弊亦復如之。本朝［四］之取士以經義，而經義之不成文，又有甚於前代者。皆以程文格式爲之，故曰趨而下。鼂、董、公孫［四］之對所以獨出千古者，以其無程文格式也。欲振今日之文，在毋拘之以格式，而俊異之才出矣。

【校注】

［一］「復」字誤，當改。原抄本、遂初堂本、集釋本、欒本、陳本、嚴本均作「赴」。《金史》作「赴」。

［二］《金史・選舉志一》。

［三］「本朝」，原抄本同，潘耒遂初堂刻本未改，各本因之。

［四］「本朝」，原抄本同。潘耒遂初堂刻本改爲「明」，集釋本因之。欒本據黄侃校記改回而加説明，陳本、嚴本仍刻本之舊而加注。

［五］晁、董、公孫，謂西漢晁錯、董仲舒、公孫弘。

判

舉子第二場作判五條，猶用唐時［一］銓試之遺卷［二］。至于近年，士不讀律，止抄録舊本。入場時每人止記一律，或史［三］或户。記得五條，場中即可互换。中式之卷，大半雷同，最爲可笑。《通典》：「選人條例：其倩人暗判，人間謂之『判羅』，此最無恥，請榜示以懲之。」後唐明宗天成三年，「中書奏：『吏部南曹關：今年及第進士，内《三禮》劉瑩等五人，所試判語皆同。勘狀稱：晚逼試期，偶拾得判草寫浄，實不知判語不合一般者。』敕：『貢院擢科，考詳所業；南曹試判，激勸爲官。劉瑩等既不攻文，只合直書其事，豈得相傳藁艸，侮瀆公場？宜令所司落下放罪。』」［四］《宋史·太祖紀》：開寶六年八月，「丁酉，泗州推官侯濟坐試判假手，杖，除名。」夫以五代偏安喪亂之餘，尚令科罪。今以堂堂一統，作人［五］之盛，而士子公然互换，至一二百年，目爲通弊，不行覺察。傳之後代，其不爲笑談乎！

試判起於唐高宗時。初，吏部選才將親其人，覆其吏事，始取州縣案牘疑義［六］，試其斷割而觀其能否。後日月浸久，選人猥多，案牘淺近，不足爲難，乃採經籍古義，假設甲乙，令其判斷。既而來者益衆，而通經正籍又不足以爲問，乃徵僻書曲學隱伏之義問之，惟懼人之能知也。佳者登於科第，謂之「入等」。其甚拙者謂之「藍縷」，各有升降。選人有格限未至，而能試文三篇，謂之「宏詞」。試判三條，謂之「拔萃」，亦曰「超絶」。詞美者得不拘限而授職。今國朝[七]之制，以吏部選人之法而施之貢舉，欲使一經之士皆通吏部[八]，其意甚美，又不用假設甲乙，止據律文，尤爲正大得體。但以五尺之童能强記者，旬日之力便可盡答而無難，亦何以定人才之高下哉？蓋此法止可施于選人引試，俄頃之間，而不可行之通場廣衆，竟日之久，宜乎各記一曹，互相例[九]換。朝廷之制有名行而實廢者，此類是矣。必不得已而用此制，其如《通典》所云「問以時事疑獄，令約律文斷決」[十]、不乖經義[十一]者乎？

【校注】

[一]「詩」字誤，當改。原抄本、遂初堂本、集釋本、欒本、陳本、嚴本均作「時」。
[二]「卷」字誤，當改。原抄本、遂初堂本、集釋本、欒本、陳本、嚴本均作「意」。
[三]「史」字誤，當改。原抄本、遂初堂本、集釋本、欒本、陳本、嚴本均作「吏」。
[四]《文獻通考》卷三十八《選舉考十一》。又見《五代會要》卷二十二及《册府元龜》卷六百三十三。
[五]作人，語出《詩經・大雅・棫樸》。《詩序》：「《棫朴》，文王能官人也。」
[六]「義」，原抄本、遂初堂本、集釋本、欒本、陳本、嚴本均作「議」。
[七]「國朝」，潘耒遂初堂刻本未改。
[八]「吏部」誤，原抄本同誤，當改。遂初堂本、集釋本、欒本、陳本、嚴本作「吏事」。
[九]「例」字誤，當改。原抄本、遂初堂本、集釋本、欒本、陳本、嚴本均作「倒」。
[十]《通典》卷十七。
[十一]《通典》又云：「又約經義」、「參以經史」。

生員冒濫之弊，至今日而極。求其省記《四書》、本經全文，百中無一。更求通曉六書，字合正體者，千中無一也。簡汰之法，是亦非難。但分爲二場，第一場令暗寫《四書》一千字，經一千字，脱誤本文及字不遵式者，貼出除名。第二場乃考其文義，則矍相之射[一]，僅有存者矣。或曰：此末節也，豈足爲才士累？夫周官教國子以六藝，射、御之後，繼以六書。[二]而漢世試書，「九千字以上，乃得爲史」。[三]以周官童子之課而責之成人，漢世掾史之長而求之秀士，猶且不能，則退之隴畝，其何辭之有？北齊策孝、秀，於朝堂對，「字有脱誤者，呼起立席後；書迹濫劣者，飲墨水一升；文理孟浪者，奪席脱容刀」。[四]僭霸之君，尚立此制，以全盛之朝，求才之主，而不思除弊之方，課實之效，與天下因循於溷濁之中，以是爲順人情而已。權文公有言：「常情爲習所勝，避患安時，俾躬處休，以至老死，自爲得計。豈復有揣摩古今風俗、整齊教化根本、原始要終、長轡遠馭者邪？」[五]古今一揆，可勝慨息！

【校注】

[一]矍相之射，見《禮記・射義》：「孔子射於矍相之圃。」

[二]見《周禮・地官司徒》保氏條。

[三]《漢書・藝文志》。

[四]《通典》卷十四。

［五］權德輿《答柳福州書》。

史學

唐穆宗長慶三年二月，「諫議大夫殷侑言：『司馬遷、班固、范曄三史爲書，勸善懲惡，亞於《六經》。比來史學廢絶，至有身處班列，而朝廷舊章莫能知者。』於是立三史科及三傳科」。［一］《通典》：「舉人條例：其史書，《史記》爲一史，《漢書》爲一史，《後漢書》並劉昭所注志爲一史，《三國志》爲一史，《晉書》爲一史，李延壽《南史》爲一史，《北史》爲一史。習《南史》者通［二］宋、齊志，習《北史》者通後魏、隋書志。自宋以後，史書煩碎冗長，請但問政理成敗所因，及其人物損益關於當代者，其餘一切不問。［三］國朝自高祖以下及睿宗《實録》並《貞觀政要》，共爲一史。」［四］朱子亦嘗議分年試士，以「《佐［五］傳》、《國語》、《史記》、《兩漢》爲一科，《三國》、《晉書》、《南北史》爲一科，新舊《唐書》、《五代史》爲一科，時務、律曆、地理爲一科」。［六］今史學廢絶，又甚唐時。若能依此法舉之［七］，十年之間，可得通達政體之士，未必無益于國家也。

宋孝宗淳熙十一年，「十月，太常博士倪思言：『舉人輕視史學，今之論者史［八］，獨取漢、唐混一之事，三國、六朝、五代以爲非盛世而恥談之。然其進取之得失，守禦之當否，籌策之疏密，區處兵民之方，形勢成敗之迹，俾加討究，有補國家。請諭春官，凡課試命題，襍出諸史，無所拘忌。考覈之際，稱［九］以論策爲重，毋止以初場定去留。』從之」。［十］

史言：薛昂爲大司成，「寡學術，士子有用《史記》、《西漢［十二］》語，輒黜之。在哲宗時，嘗請罷史學，哲宗斥爲俗佞」。[十二]吁！何近世俗佞之多乎！

【校注】

[一]《新唐書・選舉志上》。

[二]「通」字上，脱「兼」字，當補。原抄本作「并通」。遂初堂本、集釋本、欒本、陳本、嚴本作「兼通」。

[三]自《經文字體》條「法，是亦非難」，至《史學》條「其餘一切不問」，底本脱漏二葉，原抄本原帙及杭州净琉璃室所藏抄本，亦缺此二葉，徐文珊點校鉛排本不知據何本補抄。茲借徐氏原抄本之補抄補足之。

[四]《通典》卷十七。

[五]「佐」字誤，當改。原抄本、遂初堂本、集釋本、欒本、陳本、嚴本均作「左」。

[六]見朱熹《學校貢舉私議》。

[七]「之」字下，原抄本衍「記」字，遂初堂本、集釋本、欒本、陳本、嚴本無。

[八]「者史」誤倒，當乙正。原抄本、遂初堂本、集釋本、欒本、陳本、嚴本均作「史者」。《宋史》作「史者」。

[九]「稱」字誤，當改。原抄本、遂初堂本、集釋本、欒本、陳本、嚴本均作「稍」。《宋史》作「稍」。

[十]《宋史・選舉志二》。

[十一]西漢，即《西漢書》，又稱《前漢書》，今通稱《漢書》。

[十二]《宋史・薛昂傳》。

出身授官[一]

史言：「開元以後，四海晏清，士無賢不肖，恥不以文章達。其應詔而舉者多則二千人，少猶不減千人，所收百纔有一。」[二]《文獻通考》：「唐時所放進士，每歲不過二三十人。」[三]《册府元龜》：貞元「十八年五月敕：『自今已後，每年考試所收人，明經不得過一百人，進士不得過二十人。如無其人，不必要满此數。』」太和元年、二年、三年，「每年恩賜及第四十人」。「二年正月[四]，礼奇[五]奏：『請每年進士以三十人爲限。』從之。」[六]士之及第者，未便解褐入仕，尚有試吏部一關。韓文公三試於吏部無成，則十年猶布衣，且有出身二十年不獲禄者。東萊吕氏曰：「唐時進士登第者尚未釋褐，或是爲人所論薦，或再應皆中，或藩方辟舉，然後始得釋褐。」《册府元龜》：唐文宗語宰臣曰：「凡進士及第，有方鎮奏請判官者，第一任未經作州縣官莫依。但第一任曾作州縣官，即第二任依奏。」[七]自宋「太宗太平興國二年，上初即位，思振淹滯」，賜進士諸科出身者「五百餘人」，《石林燕語》：是年進士「特取一百九人」，「自是連放五榜，通取八百一人」。皆先賜緑袍鞾笏，賜宴開寶寺。第一第二等進士及九經授將作監丞、大理評事、通判諸州，其餘皆優等注擬，寵章殊異，歷代未有也。薛居正等言：『取人太多，用人太驟。』不聽」。[八]陸游《南唐書》言：「馮延魯子僎，韓熙載知貢舉，放及第，覆試被黜，後與其弟侃、儀、价、伉入宋，繼取名第。」蓋南唐及第止於三人五人，而宋及第至百餘人也。此太宗初一天下，欲以得士之盛跨越前代，榮觀史册，《宋史》：「王禹偁上疏言：『太祖之世，每歲進士不過三十人，經學五十人，重以諸侯不得奏辟，士大夫罕有資廕，故有終身不獲一第，没齒不獲一官。太宗敏[九]德王藩，親[十]其如此，臨御之後，不求備以[十一]取人，舍短用長，拔十得五。在位將逾二紀，登第殆近萬人，雖有俊傑之才，亦多容易而得。』」[十二]而不知僥倖之心，欲速之習，中于士人者且數百年，而不可返矣。又考《通典》：「舉人條例：四經出身，授緊縣尉；判入第三等，授望縣尉。五經出身，授望縣尉；判入第三等，授畿縣尉。進士與四經同資。」[十三]是唐時明經、進士，初除不過縣尉。《宋史》：進士、明經「入望州判司，次畿簿尉」。[十四]《文獻通考》：「開寶八年，王嗣宗爲狀元，正[十五]授秦州同[十六]理參軍。」太平興國以後，始「授將作監丞、大理評事、通判諸州」，當時以爲異數。[十七]至今代，則以[十八]入詞林，更不外補，謝肇淛曰：「國朝進士，一入史館，即與六卿抗禮。二十年間，便可躋卿相。清華[十九]之選，百職莫敢望焉。」「唐宋之代，出爲郡守，入爲兩制」，未嘗有此格也。[二十]二甲之除，猶爲部屬，崇浮長惰，職此之繇。所以一第之後，盡棄其學，而以營陞納賄爲事者，以其得之淺而貴之驟也。其於唐人舉士之初制，失之遠矣！

《儒林公議》[二十一]言：「太宗臨軒放榜，三五名以前皆出二[二十二]郡符，遷擢榮速。陳堯叟、王曾初中第即登朝，領太史之職，賜以朱黻。爾後狀元登第者，不十餘年皆望柄用，人亦以是爲當得之也。每殿廷臚傳第一，則公卿以下無不聳觀，雖至尊亦注視焉。自崇政殿出東華門，傳呼甚寵，觀者擁塞通衢。」今代狀元及第之榮，一甲翰林之授，權輿於是矣。又言：「洛陽人尹洙，豪士也，嘗曰：『狀元及第，雖使將兵數十萬，恢復幽薊，逐出强寇，凱歌勞還，獻捷太廟，其榮無以加焉。』」宋之務虛文而忘實事，即太宗有以開之矣。

宋初用人之弊有二：進士釋褐不試吏部，一也。獻文得旨召試除官，二也。今銜文之途已革，而入官之選尚輕，二者之弊，其一尚存，似宜仍用唐制。

用八股之人才，而使之理煩治衆，此夫子所謂「賊夫人之子」[二十三]也。

【校注】

[一]刻本此條在「先輩」條之後。

[二]《通典》卷十五。

[三]《文獻通考》卷二十九。

[四]「正月」，原抄本、集釋本、欒本、陳本同，遂初堂本、嚴本作「五月」。《册府元龜》作「五月」。

[五]「礼奇」誤，當改。原抄本、遂初堂本、集釋本、欒本、陳本、嚴本均作「禮部」。《册府元龜》作「禮部」。

[六]貞元敕，見《册府元龜》卷六百四十，又見《唐會要》七十六。「太和」當作「開成」，見《册府元龜》卷六百四

十一。

[七]吕氏曰，見《文獻通考》卷三十二。唐文宗語，見《册府元龜》卷三百十四。

[八]《文獻通考》卷三十。又見《宋史・選舉志一》。

[九]「敏」字誤，當改。原抄本、遂初堂本、集釋本、欒本、陳本、嚴本均作「毓」。《宋史》作「毓」。

[十]「親」字誤，當改。原抄本、遂初堂本、集釋本、陳本、嚴本作「覩」，欒本作「睹」。

[十一]「以」，原抄本同。遂初堂本、集釋本、欒本、陳本、嚴本誤作「於」。《宋史》作「以」。

[十二]《宋史・王禹偁傳》。

[十三]《通典》卷十七。

[十四]《宋史・選舉志四》。

[十五]「正」字誤，當改。原抄本、遂初堂本、集釋本、欒本、陳本、嚴本均作「止」。《文獻通考》作「止」。

[十六]「同」字誤，當改。原抄本、遂初堂本、集釋本、欒本、陳本、嚴本均作「司」。《文獻通考》作「司」。

[十七]《文獻通考》卷三十。

[十八]「以」字誤，當改。原抄本、遂初堂本、集釋本、欒本、陳本、嚴本均作「一」。

[十九]「莘」字誤，當改。原抄本、遂初堂本、集釋本、欒本、陳本、嚴本均作「華」。《五雜俎》作「華」。

[二十]《五雜俎》卷十五。

[二十一]《儒林公議》一卷，或别作二卷，宋田況撰。

[二十二]「二」字誤，當改。原抄本、遂初堂本、集釋本、欒本、陳本、嚴本均作「貳」。《儒林公議》作「貳」。貳謂副、貳。

[二十三]語出《論語・先進》。

生員額數[一]

「生員」猶曰「官員」。有定額謂之「員」。《唐書・儒學傳》：「國學始置生七十二員，取三品以上子弟若孫爲之。太學百四十員，取五品以上。四門學百三十員，取七品以上。郡縣三等，上郡學置生六十員，中、下以十爲差。上縣學置生四十員，中、下亦以十爲差。」[二]此「生員」之名所始，而本朝[三]制亦略倣之。

國初[四]，諸生無不廩食于學。《會典》言：「洪武初，令在京府學六十人，在外府學四十人，州學三十人，縣學二十人，日給廩膳，聽于民間選補，仍免其差徭二丁。」[五]正統六年閏十一月，「乙未，以直隸保安州臨邊民少，咸[六]儒學訓導一員，生員並爲兩齋，歲貢依縣學例」。[七]其後以多才之地，許令增廣，亦不過三人五人而已。踵而漸多，于是宣德元年定爲之額，如廩生之數。其後又有軍民子弟「俊秀」、「待補」、「增廣」之名。《大明會典》：「正統十二年，奏准常額之外，軍民子弟願入學者，提調教官考選俊秀，待補、增廣員缺，一體考送應試。」按《實録》，此從鳳陽府知府楊瓚之言。先是，廩增額外之生，止謂之入學寄名。此則准其待缺補充增廣生矣。久之，乃號曰「附學」，無常額，而學校自此濫矣。異時每學生員不過數十人，故考試易精，程科[八]易密。而洪武二十四年七月，「庚子，詔歲貢生員不中，其廩食五年者罰爲吏，不及五年者遣還讀書。次年復不中者，雖未及五年，亦罰爲吏」。二十七年十月，「庚辰，詔生員食廩十年，學無成數[九]者，罰爲吏」。[十]成化初，禮部奏准革去附學生員，四年五月庚申□[十一]下。已而不果行。成化元年，大藤峽用兵，始令兩廣考試不中生員，廩膳納米五十石，增廣納米三十石，免其充吏，放回寧家。其年，保定等府水災，復依此例，廩膳納米六十石，增廣四十石。以後餉軍賑饑，率依此例。至五年二月，提調直隸學校、監察御史陳煒奏請，免其充吏，竟發爲民。奉旨准行，仍追其所食廩米。而教官、提調官亦各有罰。取之如彼其少，課之如此其嚴，豈有如後日之濫且惰者乎！今人於取進士用三場，動言遵祖制，而於此獨不肯申明祖制，舉一世而爲姑息之政、僥倖之人，是可歎也。

宣德三年三月，「戊戌，行在禮部尚書胡濙奉旨，令各處巡按御史，同布政司、按察司，並提調官、教官，將生員公同考試。食廩膳七年以上，學無成效者，發充吏。六年以下，追還所給廩米，黜爲民」。[十二]至宣德七年，奏天下生員三萬有奇。其時即已病生員之濫，而尚未有提學官之設，是以煩特有[十三]而會多官也。

正統元年五月，壬辰，始「設提調學效[十四]先日，避熹廟諱，改作「較」。今按作「效」，則音義並協。[十五]官」，「每處添按察司官一員，南北御史各一員」。[十六]十年四月，「廣東左參議楊信民奏：『自設提調學效[十七]官以來，監臨上司，嫌於侵職，巡歷所至，置之不問。如廣東諸處，阻江隔海，提學官不過歲一至而已。雖曰職掌，行[十八]爲文具，乞罷之便。』事下禮部，尚書胡濙言：『布、按二司所至處，自應提督考較[十九]。府州縣提調正官，每于[二十]朔望，宜炤[二十一]例諠[二十二]學，考其勤惰。今因設提學官，乃彼此提調[二十三]，是非設官之過，乃曠職之咎也。』」得旨申飭，仍令巡按御史糾舉提學官之不職者。[二十四]十三年七月，「丙戌，山西絳縣儒學署訓導事、舉人張幹」請罷提督學校[二十五]、御史僉事等官。部議從之，上不允。[二十六]景泰元年四月，「壬午，翰林院編修周洪謨」請裁革各處提學官。[二十七]天順五年十一月，「庚申，復設揚[二十八]督學校[二十九]官」。[三十]其條例曰：「生員食廩六年[三十一]以上，不諳文理者，悉發吏吏[三十二]。增廣生入學六年[三十三]以上，不諳文理者，罷黜爲民當差。」又曰：「生員有闕，即于本處官員軍民之家，選考端重後[三十四]秀子弟補充。」當時生員有闕方補。今充吏之法不行，而新進附生乃有六年未滿免[三十五]之例，蓋繇此而推之也。

李吉甫在中唐之世，「疾吏員太廣，謂繇漢至隋，未有多于今者。『天下常以勞苦之人三，奉坐待衣食之人七。』」[三十六]而今則遐陬下邑，亦有生員百人，即未至擾官害民，而已爲遊手之徒，足稱五蠹之一[三十七]矣。有國者苟知俊士之效賒，而遊手之患切，其有不亟爲之所乎！

其中之劣惡者，一爲諸生，即思把持上官，侵噬百姓，聚黨成群，投牒呼譟。正統十四年六月，丙辰，詔生員事犯黜退者，「輕罪充吏，免追廩米。若犯受贓、姦盜、冒籍科舉、挾妓飲酒、居喪娶妻妾等罪者，南北直隸發充兩京國子監膳夫，各布政司發充鄰近儒學齋夫、膳夫。滿日原籍爲民充警[三十八]，廩膳仍追廩米」。[三十九]至崇禎之末，開門迎賊[四十]者生員，縛官投僞者生員，幾於魏博之牙軍[四十一]、成都之突將[四十二]矣。故十六年，殿試策問有曰「秀、孝間汙潢池」。時舉人亦有從賊者，故云。嗚呼！養士而不精，其效乃至於此。

景泰四年四月，「己酉，右少監武良[四十三]、禮部右侍郎兼左春坊左庶子鄒幹等奏：『臨清縣學生員伍銘等，願納米八百石，乞入監讀書。今山東等處正缺糧儲，宜允其請。』從之。並詔各布政司及直隸府州縣學生員，能出米八百石於臨清、東昌、徐州三處賑濟，願入監讀書者聽」。[四十四]此一時之秘[四十五]政，遂循之二百年。

五月，「庚申，令生員納米入監者，比前例減三石」。[四十六]「河南開封府儒學教授黃鑾奏：『納粟拜官，皆衰世之政乃有之[四十七]，未聞以納粟爲貢士者。臣恐書之史册，將取後世作俑之譏。』部議倉廩稍實，即爲停罷。」[四十八]

八月，「癸巳，禮部奏：『邇因濟寧、徐州饑，權宜拯濟，令生員輸米五百石入監讀書。雖云權宜，實壞士習，請弛其令，庶生徒以學行相勵。』從之」。[四十九]

正統以後，京官多爲其子陳情，乞恩送監讀書者，此太學之始壞。[五十]

天順五年十月，「令生員納馬廿匹，補生」。[五十一]

《唐書》載尚書左丞賈至議曰：「夫先王之道消，則小人之道長；小人之道長，則亂臣賊子生焉。『臣弑其君，子弑其父，非一朝一夕之故，其所由來者漸矣。』[五十二]漸者何？謂忠信之陵頽，耻尚之失所，末學之馳騁，儒道之不舉。四者皆取士之失也。」「近代趨仕，靡然向風。致使禄山一呼，而四海震蕩。思明再亂，而十年不復。向使禮讓之教弘，仁義之道著，則忠臣孝子比屋可封，逆節不得而萌，人心不得而摇矣。」「觀三代之選士任賢，皆考實行，故能風化淳一，運祚長遠。秦坑儒士，二代而亡。漢興，褋三代之政，弘四科之舉。西京始振經術之學，東都終持名節之行。至有近戚竊位，强臣擅權，弱主外立，母后専政，而社稷不隕，終彼四百年[五十三]。豈非興學行道，扇化於鄉里哉？厥後文章道弊，尚於浮侈，取士異術，苟濟一時。自魏至隋四百餘載，三光分景，九州阻域，竊號僭位，德義不修，是以子孫速顛，享國咸促。國家革魏、晉、梁、隋之弊，承夏、殷、周、漢之業，四隩既宅，九州攸同，覆燾[五十四]亭育，合德天地。安有拾[五十五]皇王舉士之道，縱亂代取人之術？此公卿大夫之辱也。」[五十六]是則科舉之弊，必至于躁競；而躁競之歸，馴至於亂賊。自唐迄今，同斯一轍。有天下者，誠思風俗爲人才之本，而以教化爲先，庶乎德行修而賢才出矣。

國初[五十七]，有以儒士而入科場者，謂之「儒士科舉」。景泰間，陳循[五十八]奏：「臣原籍吉安府，自生員之外，儒士報科舉者，往往一縣至有二三百人。」[五十九]

【校注】

[一]刻本此條以下爲卷十七。

[二]《新唐書・儒學傳上》，又見《舊唐書・儒學傳上》。

[三]「本朝」，原抄本同。潘耒遂初堂刻本改爲「明」，集釋本因之。欒本據黄侃校記改回而加説明，陳本、嚴本仍刻本之舊而加注。

[四]「國初」，原抄本同。潘耒遂初堂刻本改爲「明初」，集釋本因之。欒本據黄侃校記改回而加説明，陳本、嚴本仍刻本之舊而加注。

[五]《明會典》卷七十八。

[六]「咸」字誤，當改。原抄本、遂初堂本、集釋本、欒本、陳本、嚴本均作「減」。

[七]《英宗實録》卷八十六。「乙未」作「乙亥」。

[八]「程科」，原抄本同，遂初堂本、集釋本、欒本、嚴本作「程課」，陳本作「課程」。

[九]「数」字誤，當改。原抄本、遂初堂本、集釋本、欒本、陳本、嚴本均作「效」。

[十]《太祖實録》。

[十一]底本缺一字處，原抄本、遂初堂本、集釋本、欒本、陳本、嚴本均作「旨」，當補。

[十二]《宣宗實録》。

[十三]「有」字誤，當改。原抄本、遂初堂本、集釋本、欒本、陳本、嚴本均作「旨」。

[十四]「效」，原抄本同。避諱字。潘刻遂初堂本改回，仍作「校」，集釋本因之。欒本、陳本、嚴本作「校」。陳垣校注：「校」原避諱作「效」。《英宗實録》作「校」。

[十五]小字夾注一條，亭林原注，原抄本同。潘刻遂初堂本删原注，集釋本因之。黄侃《校記》載之，欒本、陳本、嚴本未補。

[十六]《英宗實録》卷十七。

[十七]「效」，原抄本同。遂初堂本、集釋本、欒本、陳本、嚴本改回作「校」。《英宗實録》作「校」。

[十八]「行」字誤，原抄本同誤，當改。遂初堂本、集釋本、欒本、陳本、嚴本作「徒」。《英宗實録》作「徒」。

[十九]「較」，原抄本、遂初堂本、集釋本、欒本、陳本、嚴本均同，《英宗實録》作「校」。此字潘耒未改回。

[二十]「于」，原抄本作「於」，遂初堂本、集釋本、欒本、陳本、嚴本作「月」。《英宗實録》作「月」。

[二十一]「炤」，原抄本、遂初堂本、集釋本、欒本、陳本、嚴本均作「照」。《英宗實録》作「照」。

[二十二]「誼」字誤，當改。原抄本、遂初堂本、集釋本、欒本、陳本、嚴本均作「詣」。《英宗實録》作「詣」。

[二十三]「提調」，原抄本同，遂初堂本、集釋本、欒本、陳本、嚴本作「推諉」。《英宗實録》作「推調」。

[二十四]《英宗實録》卷一百二十八。

[二十五]「校」字，各本均同，未避諱。

[二十六]《英宗實録》卷一百六十八。

[二十七]《英宗實録》卷二百九十一。

[二十八]「揚」字誤，當改。原抄本、遂初堂本、集釋本、欒本、陳本、嚴本均作「提」。《英宗實録》作「提」。

[二十九]「校」字，各本均同，未避諱。

[三十]《英宗實録》卷之三百三十四。「庚申」當作「癸丑」。

[三十一]「六年」，各本均同，《英宗實録》原文作：「十年以上發附近充吏，六年以上發本處充吏。」

[三十二]「吏吏」誤，當改。原抄本、遂初堂本、集釋本、欒本、陳本、嚴本均作「充吏」。《英宗實録》作「充吏」。

[三十三]「六年」，各本均同，《英宗實録》原文作：「十年以上發本處充吏，六年以上罷黜爲民。」

[三十四]「後」字誤，當改。原抄本、遂初堂本、集釋本、欒本、陳本、嚴本均作「俊」。《英宗實録》作「俊」。

[三十五]「免」字下，脱「黜」字，當補。原抄本、遂初堂本、集釋本、欒本、陳本、嚴本均作「免黜」。

[三十六]《新唐書・二李傳》。

[三十七]五蠹之一，謂俗儒祇足以亂法。《韓非子・五蠹》：「儒以文亂法」、「此五者，邦之蠹也」。

[三十八]「充警」，原抄本同，遂初堂本、集釋本、欒本、陳本、嚴本作「示警」。《英宗實録》作「示警」。

[三十九]《英宗實録》卷一百七十九。

[四十]賊，謂李自成。

[四十一]魏博之牙軍，《新唐書・藩鎮魏博列傳》：魏牙軍「父子世襲，姻黨盤互，悍驕不顧法令，憲誠等皆所立，有不慊，輒害之無噍類。厚給稟，姑息不能制。時語曰：『長安天子，魏府牙軍』」。又見《北夢瑣言》卷十四。

[四十二]成都之突将，《新唐書・南蠻傳中》：楊慶復「又選悍士三千，號突将，爲長刀、巨搗斧，分左右番休，日隸於軍，士心侈欲鬭」。又見《高駢傳》，及《資治通鑑》卷二百五十二。

[四十三]「武良」誤，當改。原抄本、遂初堂本、集釋本、欒本、陳本、嚴本均作「武艮」。《英宗實録》作「武艮」。

[四十四]《英宗實録》卷二百二十八。

[四十五]「秘」字誤，當改。原抄本、遂初堂本、集釋本、欒本、陳本、嚴本均作「秕」。

[四十六]《英宗實録》卷二百二十九。「三石」誤，當改。原抄本、集釋本、欒本、陳本均作「三百石」。《英宗實録》作「三百石」。

[四十七]「皆衰世之政乃有之」一句，各本均同。《英宗實録》原文作「古衰世之政雖有之」。

[四十八]《英宗實録》卷二百三十一。

[四十九]《英宗實録》卷二百三十二。

[五十]沈德符《萬曆野獲編》卷一「弘治中年之政」條：「太監孫振姪漢，乞恩送國子監讀書，允之，更累朝僅有之事。」

[五十一]《英宗實録》卷三百三十二。「補生」，脱字當補，原抄本、遂初堂本、集釋本、欒本、陳本、嚴本均作「補監

生」。《英宗實録》作「補國子監生」。「廿」當作「七」。陳垣校注：《英宗實録》三三三作「七匹」。

[五十二]語出《易經·坤卦·文言傳》。

[五十三]「年」字，原抄本同，遂初堂本、集釋本、欒本、陳本、嚴本無。《舊唐書》之《楊綰傳》、《文苑傳》及《新唐書》均作「終彼四百」。

[五十四]「燾」，各本均同。《舊唐書》之《楊綰傳》作「燾」，《舊唐書·文苑傳》作「幬」。「燾」通「幬」。《左傳·襄公二十九年》：「如天之無不幬也，如地之無不載也。」《禮記·中庸》：「辟如天地之無不持載，無不覆幬。」

[五十五]「拾」字誤，當改。原抄本、遂初堂本、集釋本、欒本、陳本、嚴本均作「捨」。《舊唐書》之《楊綰傳》、《文苑傳》均作「捨」。

[五十六]《舊唐書·楊綰傳》，又見《文苑傳中》及《新唐書·選舉志上》。

[五十七]「國初」，原抄本同。潘耒遂初堂刻本改爲「明初」，集釋本因之。欒本據黄侃校記改回而加説明，陳本、嚴本仍刻本之舊而加注。

[五十八]陳循，字德遵，泰和人。《明史》有傳。

[五十九]《英宗實録》卷二百六十八。

中式額數

今人論科舉，多以廣額爲盛，不知前代乃以減數爲美談，著之於史。《舊唐書·王丘傳》：「開元初，遷考功員外郎。貢舉舊以考功員外郎主之，開元二十四年始改用禮部侍郎。杜甫詩：「忤下考功第。」[一]先是，考功舉人請託大行，取士頗濫，每年至數百人。此通計諸科之數。丘一切覈其實材，登科者僅滿百人。議者以爲自則天已後凡數十年，無如丘者。」《嚴聽之[一]傳》：「開元中，爲考功員外郎，典舉二年，人稱平允。登科者頓減二分之一。」《陸贄傳》：「知貢舉，一歲選士纔十四五，此進士登第之數。數年之内居臺省清近者十餘人。」此皆因減而精，昔人之所稱善。今人爲此，不但獲刻薄之名，而又坐失門生百數十人，雖至愚者不爲矣。

《高鍇傳》：「爲禮部侍郎，凡掌貢部三年，每歲登第者四十人。開成三年，敕曰：『進士每歲四十人，其數過多，則乖精選，官途填委，要窒其源。宜改每歲限放三十人，如不登其數，亦聽。』」文宗之識豈不優于宋太宗乎？《賈餗傳》：太和中，三典禮闈，所選士共止七十五人。

齊王融爲武帝作《策秀才文》曰：「今農戰不修，文儒是競。」[三]宋自太宗太平興國二年賜進士諸科五百人，遽令釋褐。而二年進士至萬二百六十人，淳化二年至萬七千三百人」。見曾鞏文集。[四]於是一代風流，無不趨於科第。葉適作《制科論》，謂「士人猥多，無甚于今世」。[五]此雖足以弘文教之盛，而士習之偷亦自此始矣。《吕氏家塾記》言：「今士人所聚多處，風俗便不好。」[六]魯哀公用莊子之言，「號于國中曰：『無其道而爲其服者，其罪死。』」「五日而魯國無敢儒服者，獨有一丈夫儒服而立乎公門，公召而問以國事，千轉萬變而不窮。莊子曰：『以魯國而儒者一人耳，可謂多乎？』」[七]《記》曰：「垂緌五寸，惰游之士也。」[八]今將求儒者之人，而適溥[九]游惰[十]之士。此其説在乎楚葉公之好畫龍，而不好其[十一]真龍也。

永樂十年二月，會試天下舉人。上諭考官楊士奇、金幼孜曰：「數科取士頗多，不免玉石襍進，今取無[十二]過百人。」[十三]

正統五年十二月，始增會試中式額爲百五十人，應天府鄉試百人，他處皆量增之。

天順七年，有監察御史朱賢，上言欲多收進士，以備任使。上惡其干舉[十四]，下錦衣衛獄，降四川忠州花林水驛驛丞。

【校注】

[一]杜甫《壯遊》。

[二]「嚴聽之」誤，當改。原抄本、遂初堂本、集釋本、欒本、陳本、嚴本均作「嚴挺之」。

[三]見《文選》王元長《永明十一年策秀才文五首》，《太平御覽》卷三百三十三引此句。王融，字元長。

[四]在曾鞏《元豐類稿》中，「二年」作「八年」。

[五]葉適《水心集》卷三《奏議·制科》。

[六]宋吕祖謙撰，今存《吕氏家塾讀詩記》三十二卷。《朱子語類》卷一百九引此句。

[七]《莊子·田子方》。

[八]《禮記·玉藻》。

[九]「溥」字誤，當改。原抄本、遂初堂本、集釋本、欒本、陳本、嚴本均作「得」。

[十]「游惰」誤倒，當乙正。原抄本、遂初堂本、集釋本、欒本、陳本、嚴本均作「惰游」。

[十一]「其」字衍，當刪。原抄本、遂初堂本、集釋本、欒本、陳本、嚴本無。

[十二]「無」，原抄本、遂初堂本、集釋本、欒本、陳本、嚴本均作「毋」。

[十三]《太宗實録》。

[十四]「舉」字誤，當改。原抄本、遂初堂本、集釋本、欒本、陳本、嚴本均作「譽」。

通場下第

《册府元龜》：唐「天寶十載九月辛卯，上御勤政樓，試懷才抱器舉人」。「丙申，敕曰：『朕祇膺寶曆，殷鑒遠圖。慮草澤之遺賢，降弓旌于屢辟。是以三紀於兹，群材輻湊。或一言可紀，必適輪轅；一善可經，每加獎進。庶六合之内，靡然同風；四科之門，咸能一貫。何兹意之緬邈，而增修之寂寥。今者舉人，深乖宿望。朕之所問，必正經史；卿等所答，咸皆少通。朕以獨鑒未周，必資僉議，爰命朝賢三事，精加詳擇。咸以爲闕于聚學，莫可登科。』『其懷材抱器舉人，並放更習學。其有不對策羅嘉茂，既是白丁，宜于劍南效力。全不答所問崔慎感、劉灣等，勒爲本郡充學生之數，勿許東西。其所舉官，各量貶殿，以示懲誡。』」[一]是通場皆下第也。[二]然玄宗不因是而廢此科，且黜落之舉人猶稱爲「卿等」，既無峻切之文，亦不爲姑息之政，斯得之矣。

【校注】

[一]《册府元龜》卷六百四十三。

[二]《册府元龜》原題《舉人並下第敕》，《全唐文》卷三十六題爲《放舉人並下第敕》。

御試黜落

《宋史·仁宗紀》：嘉祐二年三月，「賜禮部奏名進士諸科及第出身八百七十七人。親試舉人免黜落始此」。此仁宗末年姑息之政。《詒謀録》曰：「舊制，殿試皆有黜落，臨時取旨，或三人取一，或二人取一，或三人取二，故有累經省試取中，而擯棄于殿試者。自張元以積忿降元昊，爲中國患，朝廷始囚其家屬，未幾復縱之。於是群臣建議，歸咎于殿試。嘉祐二年，詔進士與殿試者皆不黜落。是一畔逆之士子，爲天下後世士子無窮之利也。」[一]阮漢聞言：「以張元而罷殿試之黜落，則懲黄巢之亂，將天下士子無一不登第而後可。」[二]

【校注】

[一]宋王栐《燕翼詒謀録》卷三。

[二]阮漢聞，字太冲，又作太翀，著有《太冲集》。黄虞稷《千頃堂書目》云：「浙江人，家京師，後居尉氏，讀書好古，喜論兵，曾以遺逸徵，不肯出，崇禎末死於賊。」《四庫總目》云：「昔開封阮漢聞嫉明末將帥之怯懦，因輯古來婦人行兵制勝之事，編爲二卷，題曰《女雲臺》，以深愧之。」

殿舉

宋初，「約周顯德之制，定貢舉條法及殿罰之式：進士文理紕繆，殿五舉。今謂之蜀[一]科。諸科初場十否，不通者謂之否。殿五舉。第二、第三場十否，殿三舉。第一場至第三場九否，並殿一舉。殿舉之數，朱書於試卷，送中書門下」。[二]今之科場有去取而無勸懲，故不才之人得以族[三]進。而言此者，世必以爲刻薄矣。

《莫[四]宗實録》：宣德十年九月，「令天下歲貢生員，從行在翰林院考試，中式者送南北國子監讀書。不中者發原籍，住廩肄業，以待復試。再不中者，發充吏。提調教官如例責狀」。今歲貢廷試亦無黜落，設科取士大抵爲恩澤之塗矣。

【校注】

[一]「蜀」字誤，當改。原抄本、遂初堂本、集釋本、欒本、陳本、嚴本均作「罰」。

[二]《宋史・選舉志一》。

[三]「族」字誤，當改。原抄本、遂初堂本、集釋本、欒本、陳本、嚴本均作「旅」。

[四]「莫」字誤，當改。原抄本、遂初堂本、集釋本、欒本、陳本、嚴本均作「英」。

進士得人

《唐書・選舉志》：「衆科之目，進士尤爲貴，其得人亦最爲盛[一]焉。」「文宗好學嗜古，鄭覃以經術位宰相，深嫉進士浮薄，屢請罷之。」《公主傳》：德宗女魏國公主「下嫁王士平」，得罪，「貶賀州司户參軍。門下客蔡南史、獨孤申叔爲主作《團雪散雪辭》。帝聞，怒，捕南史等，逐之，幾廢進士科」。[二]《唐語林》：「進士舉人，各樹名甲。」「開成、會昌中語曰：『鄭、楊、段、薛，炙手可熱。』」[三]「武宗即位，宰相李德裕尤惡進士，謂：『朝廷選官，須公卿子弟爲之。何者？少習其業，自熟朝廷事，臺閣之儀，不教而自成。寒士縱有出人之才，固不能閑習也。』德裕之論異[四]蓋如此，然進士科當唐之晚節尤爲浮薄，世所共患也。」

《金史》言：取士之法，其來不一。「至於唐、宋，進士盛焉。當時士君子之進，不繇是途，則自以爲慊若簟反[五]。此繇時君之好尚，故人心之趨向然也。」

宋馬永卿言：「本朝取士之路多矣，得人之盛無如進士，至有一榜得宰相者[六]數人者。」「其間名臣不可勝數，此進士得人之明效也。或曰：不然，以本朝崇尚進士，故天下英才皆入此科，若云非此科不得人，則失之矣。唐開元以前，未嘗尚進士科，故天下名士雜出他塗。開元以後，始尊崇之，故當時名士中此科者，十常七八。以此卜之，可以見矣。」[七]

餘姚黄宗羲作《明夷待訪録》，其《取士篇》曰：「古之取士也寬，其用士也嚴；今之取士也嚴，其用士也寬。古者鄉舉里選，士之有賢能者，不患於不知。降而唐、宋，其科目不一，士不得與於此，尚可轉而從事於彼，是其取之之寬也。《王制》：『命鄉論秀士，升之司徒，曰選士。司徒論選士之秀者，升之學，曰俊士。』『大學正[八]論造士之秀者，升之司馬，曰進士。司馬論進士之賢者，以告於王，而定其論。論定然後官之，任官然後爵之，位定然後禄之。』唐之士及第者，未便解褐入仕，吏部又復試之。詳下條。宋雖入[九]第入仕，然亦止簿、尉、令，録榜首纔得丞、判，是其用之之嚴也。寬於取則無遺才，嚴於用則無倖進。今也不然，其取士止有科舉一塗，雖使豪傑之士若屈原、董仲舒、司馬相如、楊雄之徒，舍是亦無繇而進，取之不謂嚴乎哉？一日苟得，上之列於侍從，下亦置之郡縣，即其黜落而爲鄉貢者，終身不復取解，授之以官，用之又何其寬也？嚴於取，則豪傑之老死丘壑者多矣；寬于用，此在位者多不得其人也。流俗之人，徒見二百年以來之功名氣節一二出于其中，遂以[十]科法已善，不必他求。不知科第之内既聚此千百萬[十二]人，不應功名氣節之士獨不得入，則是功名氣節之士之得科第，非科第之能得功名氣節之士也。假使探籌較其長短而取之，行之數百年，則功名氣節之士亦自有出於探籌之中者，寧可謂探籌爲取士之善法邪？究竟功名氣節人物，不及漢、唐遠甚，徒使庸妄之輩充塞天下，豈天之不生才哉？則取之之法非也。我故寬取士之塗，有科舉，有薦舉，有太學，有任子，有郡縣佐，其法以諸生掌六曹。有辟召，有絶學，有上書，而用之之嚴附見焉。」

國初[十二]，薦辟之法既廢，而科舉之中尤重進士。神宗以來，遂有定例。州縣印官，以上中爲進士缺，中下爲舉人缺，最下乃爲貢生缺。舉、貢歷官，雖至方面，非廣西、雲貴不以處之。以此爲銓曹一定之格。間有一二舉、貢受知於上，拔爲卿貳大僚，則必盡力攻之，使至於得罪譴逐，且殺之而後已。於是不繇進士出身之人，遂不得不投門路[十三]以自庇。資格與朋黨二者，牢[十四]不可破，而國事大壞矣！至於翰林之官，又以清華自處，而鄙夷外曹。崇禎中，先帝[十五]忽用推知考授編簡，[十六]諱改[十七]。而衆口交譁，有「適從何來，遽集於此」之誚。唐武儒衡語。[十八]嗚呼！科第不與資格期，而資格之局成；資格不與朋黨期，而朋黨之形立。防微慮始，有國者其爲變通之計乎？

【校注】

[一]「感」字誤，當改。原抄本、遂初堂本、集釋本、欒本、陳本、嚴本均作「盛」。《新唐書》作「盛」。

[二]《新唐書・諸帝公主列傳》。

[三]《唐語林》卷四。

[四]「異」字上，脱一字，當補。原抄本作「詭異」，遂初堂本、集釋本、欒本、陳本、嚴本作「偏異」。《新唐書》作「偏異」。

[五]「若篁反」誤，原抄本同誤，當改。遂初堂本、集釋本、欒本、陳本、嚴本作「苦篁反」。《廣韻》、《集韻》、《韻

會》、《正韻》均云古篔切。

［六］「者」字衍，當刪，原抄本、遂初堂本、集釋本、欒本、陳本、嚴本無。

［七］馬永卿《懶真子》卷三。

［八］「大學正」誤，原抄本、遂初堂本同誤，當改。集釋本、欒本、陳本、嚴本作「大樂正」。《禮記》作「大樂正」。

［九］「入」，原抄本同。遂初堂本、集釋本、欒本、陳本、嚴本作「登」。

［十］「以」，原抄本作「謂」，遂初堂本、集釋本、欒本、陳本、嚴本作「以爲」。

［十一］「千百萬」，原抄本同。遂初堂本、集釋本、欒本、陳本、嚴本作「十百萬」。《明夷待訪録》作「百千萬」。

［十二］「國初」，原抄本同。潘耒遂初堂刻本改爲「明初」，集釋本因之。欒本據黄侃校記改回而加説明，陳本仍刻本之舊而加注，嚴本仍刻本之舊，無注。

［十三］「門路」，原抄本同，遂初堂本、集釋本、欒本、陳本、嚴本作「門户」。

［十四］「寧」字誤，當改。原抄本、遂初堂本、集釋本、欒本、陳本、嚴本均作「牢」。

［十五］「先帝」，原抄本同。潘耒遂初堂刻本改爲「明初」，集釋本因之。欒本據黄侃校記改回而加説明，陳本、嚴本仍刻本之舊而加注。

［十六］「簡」，原抄本、遂初堂本、嚴本同。避諱字。集釋本改回作「檢」，欒本、陳本作「檢」。

［十七］「諱改」二字，原抄本同。遂初堂本、集釋本、欒本、陳本、嚴本無。

［十八］見《資治通鑑》卷二百四十一。

大臣子弟

人主設取士之科，以待寒畯，誠不宜使大臣子弟得與其間，以示寵遇之私，而大臣亦不當使其弟子與寒士競進。魏孝文時，于烈爲光禄勳卿，其子登，「引例求進」，烈上表請黜落，孝文以爲有識之言。[一]雖武夫，猶知此義也。唐之中葉，朝宗[二]漸非，然一有此事，尚招物議。長慶元年，禮部侍郎錢徽知貢舉，中書舍人李宗閔子婿蘇巢、右補闕楊汝士弟殷士，皆及第，爲段文昌所奏，指摘榜内鄭朗等十四人，謂之「子弟」。穆宗乃内出題目重試，落朗等十人，敗[三]徽江州刺史，宗閔劍州刺史，汝士開江令。《舊唐書》。 會昌四年，權知貢舉左僕射王起奏：所放進士有江陵節度使崔元式甥鄭朴、東都留守牛僧儒女婿源重，故相竇易直子緘，監察御史楊收弟嚴，「試文合格，物議以子弟，非之」。敕遣户部侍郎翰林學士白敏中覆試，落下三人，唯放楊嚴一人。《册府元龜》。《唐書・楊處[四]傳》又有楊知至，共五人。 大中元年，「禮部侍郎魏扶奏：『臣今年所放進士三十三人，其封彦卿、崔琢、鄭延休等三人，實有詞藝，爲時所稱，皆以父兄見居重任，不敢選取。』詔令翰林學士承旨、户部侍郎韋琮考覆」，敕放及第。《舊唐書》。[五] 大中末，令狐綯罷相，其子滈應進士舉在父未罷相前，拔文解及第。諫議大夫崔瑄論滈干撓主司，侮弄文法，請下御史臺推勘。疏留中不出。《舊唐書・令狐綯子滈傳》：大中十三年，綯罷相[六]，爲其子滈乞應進士舉，許之。「登第三十人。有鄭羲者，故户部尚書濟[七]之孫；裴□□[八]，故相休之子；魏□[九]，故相扶之子；及滈，皆大臣子弟。諫議大夫崔宣[十]論滈『權□在一□門[十一]，勢傾天下』。及綯罷相作鎮之日，便令滈納卷貢闈。豈可以父在樞衡，獨□[十二]文柄？請下御史臺按問。奏疏不下。」《册府元龜》載起居郎張雲疏言：「綯方出鎮，滈便策名，放榜宣麻，相去二十三日。」後梁開平三年五月敕：「禮部所放進士薛鈞諱[十三]，是左司侍郎薛廷珪男，方持省轄，固合避嫌，宜令所司落下。」[十四]宋開寶元年，「權知貢舉王祐擢進士合格者十人，陶穀子邴名在第六。翼日，穀入謝，上謂侍臣曰：『聞穀不能訓子，邴安得登第？』乃命中書覆試，邴復登第。因下詔：『自今舉人，凡關食禄之家，禮部具聞覆試。』」《山堂考索》。至太宗以後，科額日廣，登用亦驟，而上下斤斤猶守此格。有人主示公而不取者，雍熙二年「宰相李昉之子宗諤，參政呂蒙正之弟蒙亨，鹽鐵使王明之子扶，度支使許仲宣之子待問，舉進士，試皆入等。上曰：『此並勢家[十五]，與孤寒競進，縱以藝升，人亦謂朕[十六]有私。』遂罷之」，是也。《山堂考索》。[十七]有人臣守法而自罷者，唐質肅公介參政，子義問「鎖廳試禮部，用舉者召試秘閣，介引嫌罷之」[十八]，是也。《宋史》。有子弟恬退而不就者，「韓維嘗以進士薦禮部，父億任執政，不就廷試。仁宗患搢紳奔競，諭近臣曰：『恬静守道者旌擢，則躁求者自當知愧。』於是宰相文彦博等言：『維好古嗜學，安於静退，乞加甄録。』召試學士院，辭不赴，除國子監主簿」，是也。《山堂考索》。《舊唐書》言：「王堯苦學，善屬文，以季父鐸作相，避嫌不就科試。」而趙屼爲御史，上疏言：「治平以前，大臣不敢援置親黨於要塗，子弟多處筦庫，甚者不使應科舉。自王安石[十九]柄國，持『内舉不避親』[二十]之説，始以子雱列侍從，繇是循習爲常。今宜杜絶其源。」《宋史》。以此爲坊[二十一]，猶有若秦檜子熺、孫塤，試進士皆爲第一者。《清波雜志》：「紹聖丁丑，章持魁南省，時有詩云：『何處難忘酒，南宫放榜時。有才如杜牧，無勢似章持。不取通經士，先收執政兒。此時無一盞，何以展然眉[二十二？]』」至於國朝[二十三]，此法不講。又入仕之途雖不限出身，然非進士一科不能躋於貴顯。于是宦遊子弟，攘臂而就功名。三百年來，惟聞一山陰王文端，名家屏，萬曆中輔臣。子湛，初[二十四]中解元，不令赴會試者。唐、宋之風，蕩然無存。然則寛入仕之途，而厲科名之禁，不可不加之意也。

天寶二年，「是時海内晏平，選人萬計」。命吏部侍郎宋遥、苗晉卿考之。「遥與晉卿苟媚朝廷，又無廉潔之稱[二十五]，取舍偷濫，甚爲當時所醜。有張奭者，御史中丞倚之子，不辨菽麥，假手爲判，特升甲科。會下第者嘗爲薊令，以其事白於范陽節度使安禄山。禄山恩寵崇盛，謁請無時，因具奏之。帝乃大集登科人，御花萼樓親試，升第者十無一二焉。奭手持試紙，竟日不下一字，時謂之『曳白』。帝大怒，遂貶遙爲武當太守，晉卿爲安康太守，復貶倚爲淮陽[二十六]太守。詔曰：『庭闈之問[二十七]，不能訓子；選調之際，乃以託人。』士子皆以爲戲笑，或託於詩賦諷刺。考判官禮部郎中裴朏、起居舍人張烜、監察御史宋昱、左於選[二十八]孟朝，皆貶官嶺外。」[二十九]

《石林燕語》曰：「國初，貢舉法未備，公卿子弟多艱于進取，蓋恐其請託也。范果[三十]，魯公之兄子，見知陶穀、竇儀，皆待以甲科。會有言世禄之家不當于[三十一]寒畯[三十二]争科名者，遂不敢就試。李内翰宗諤已過省，以文正爲相，因唱名，辭疾不敢入，亦被黜。文正罷相，方再登科。天禧後立法，有官人試不中者，皆科私罪，仍限以兩舉。慶曆以來，條令日備，有官人仍别立額，於是進取者始自如矣。」

謝在杭《五雜俎》曰：「宋初進士科，法制稍密，執政子弟多以嫌不令舉進士，有過省而不敢就殿試者。慶曆中，王伯庸爲編排官，其内弟劉源父[三十三]廷試第一，以嫌，自列降爲第二。今制，惟知貢舉典試者，宗族不得入，其它諸親不禁也。執政子弟擢上第者，相望不絶，顧其公私何如耳。景泰七年，大學士王文、陳循，以其子鄉試不中，至具奏訟冤，爲皆难[三十四]令會試。[三十五]楊用修竹[三十六]狀頭，天下不以爲私，與江陵諸子異矣。萬曆癸未，蘇工部濬入闈，取李相公廷機爲首卷。二公少同筆硯，至相善也，然蘇取之而[三十七]不以爲嫌，李魁天下而人無間言，公也。庚戌之役，湯庶子賓尹素知韓太史敬，拔之高等，而其後議論蠭起，座主、門生皆坐褫職。夫韓之才誠高，而湯之取未爲失人，但心跡難明，卒至兩敗，亦可惜也。然科場之法，自是日益多端矣。」

【校注】

[一]事見《魏書・于栗磾傳》，又見《北史・于栗磾傳》。

[二]「宗」字誤，當改。原抄本、遂初堂本、集釋本、欒本、陳本、嚴本均作「政」。

[三]「敗」字誤，當改。原抄本、遂初堂本、集釋本、欒本、陳本、嚴本均作「貶」。

[四]「楊處」誤，當改。原抄本、遂初堂本、集釋本、欒本、陳本、嚴本均作「楊嚴」。

[五]《舊唐書・宣宗本紀》。

[六]「罷相」，原抄本同，遂初堂本、集釋本、欒本、陳本、嚴本下有「爲河中節度使」一句。

[七]「濟」字誤，當改。原抄本、遂初堂本、集釋本、欒本、陳本、嚴本均作「澣」。《舊唐書》作「澣」。

[八]「裴□□」，原抄本、遂初堂本、集釋本、欒本、陳本、嚴本均作「裴弘餘」，當補。《舊唐書》作「裴弘餘」。

[九]「魏□」，原抄本、遂初堂本、集釋本、欒本、陳本、嚴本均作「魏篙」，當補。《舊唐書》作「魏篙」。

[十]「崔宣」誤，原抄本同誤，當改。遂初堂本、集釋本、欒本、陳本、嚴本作「崔瑄」。《舊唐書》作「崔瑄」。

[十一]「權□一□」，原抄本、遂初堂本、集釋本、欒本、陳本、嚴本均作「權在一門」，當補。《舊唐書》作「權在一門」。

[十二]底本缺一字處，原抄本、集釋本、欒本、陳本、嚴本均作「撓」，當補。《舊唐書》作「撓」。遂初堂本誤作「僥」。

[十三]「諱」字，原抄本同，遂初堂本、集釋本、欒本、陳本、嚴本無。

[十四]《册府元龜》卷六百五十一。

［十五］「勢家」，原抄本、遂初堂本、嚴本同，集釋本、欒本、陳本作「世家」。

［十六］「胼」字誤，當改。原抄本、遂初堂本、集釋本、欒本、陳本、嚴本均作「朕」。

［十七］今按：又見《容齋四筆》卷第十三、佚名《宋史全文》卷三。

［十八］「唐質肅公介參政，子義問鎖廳試禮部，介引嫌罷之」三句，原抄本同。集釋本、欒本、陳本、嚴本作「唐義問用举者召試秘閣，父介引嫌罢之」二句。

［十九］「王安石」，原抄本同，遂初堂本、集釋本、欒本、陳本、嚴本作「安石」。

［二十］語出《左傳・襄公二十一年》。

［二十一］「坊」，原抄本同，遂初堂本、集釋本、欒本、陳本、嚴本作「防」。

［二十二］「然眉」誤，當改。原抄本、遂初堂本、集釋本、欒本、陳本、嚴本均作「愁眉」。《清波雜志》作「愁眉」。

［二十三］「國朝」，原抄本同。潘耒遂初堂刻本改爲「有明」，集釋本因之。欒本據黃侃校記改回而加説明，陳本、嚴本仍刻本之舊而加注。

［二十四］「湛初」二字，原抄本同，遂初堂本、集釋本、欒本、陳本、嚴本無。

［二十五］「稱」，原抄本同。遂初堂本、集釋本、欒本、陳本、嚴本作「操」。《册府元龜》作「操」。

［二十六］「淮陽」誤，當改。原抄本、遂初堂本、集釋本、欒本、陳本、嚴本均作「淮陽」。《册府元龜》作「淮陽」。

［二十七］「問」字誤，當改。原抄本、遂初堂本、集釋本、欒本、陳本、嚴本均作「間」。《册府元龜》作「間」。

［二十八］「左於遺」誤，當改。原抄本、遂初堂本、集釋本、欒本、陳本、嚴本均作「左拾遺」。《册府元龜》作「左拾遺」。

［二十九］《册府元龜》卷六百三十八。又略見兩《唐書・苗晉卿傳》、《資治通鑑》卷二百一十五、《唐摭言》卷十。

［三十］「范果」誤，當改。原抄本、遂初堂本、集釋本、欒本、陳本、嚴本均作「范杲」。《石林燕語》作「范杲」。

［三十一］「于」字誤，當改。原抄本、遂初堂本、集釋本、欒本、陳本、嚴本均作「與」。《石林燕語》作「與」。

〔三十二〕「峻」字誤，當改。原抄本、遂初堂本、集釋本、欒本、陳本、嚴本均作「畯」。《石林燕語》作「畯」。

〔三十三〕「劉源父」誤，原抄本同誤，當改。遂初堂本、集釋本、欒本、陳本、嚴本作「劉原父」。劉敞，字原父，《宋史》有傳。

〔三十四〕「难」字誤，當改。原抄本、遂初堂本、集釋本、欒本、陳本、嚴本均作「准」。

〔三十五〕「景泰七年」至「准令會試」一節，原抄本同，遂初堂本爲夾注，排在此節之末。集釋本、欒本、陳本、嚴本同。今按：此事不見《五雜俎》，略見《明史·選舉志二》。

〔三十六〕「竹」字誤，當改。原抄本、遂初堂本、集釋本、欒本、陳本、嚴本均作「作」。

〔三十七〕「而」字，原抄本同，遂初堂本、集釋本、欒本、陳本、嚴本無。

北卷

今制，科場分南〔一〕、北卷、中卷。《實録》：洪熙元年八月，乙卯，行在禮部奏定科舉取士之額，南士取士〔二〕之六，北士取十之四。後又令南北各退五卷，爲中卷。此調停之術，而非造就之方。夫北人，自宋時即云「京東西、河北、河東、陝西五路舉人，拙于文辭聲律」。王氏《揮麈〔三〕録》曰：「國初，每放歲〔四〕榜，取士極少。安德裕作魁日，九人而已，盖天下未混一也。至太朝〔五〕宗朝浸多，所得率江南之秀。其後又別立分數，考較五路舉人，以北人拙于辭令，故優取。率熙〔六〕二年，廷試罷三題，專以策取士，非襍犯不復黜。然五路舉人尤爲疏略。黄道夫榜，傳臚至第四甲党鏄卷子，神宗大笑曰：『此人何由過省？』知舉舒信道對以『五路人，用分數取末名過省』。上命降作第五甲末。」况又更金、元之亂，文學一事，不及南人久矣。今南人教小學，先令屬對，猶是唐、宋以來相傳舊法。北人全不爲此，故求其習比偶、調平仄者，千室之邑幾無一二人。而八股之外，一無所通者比比也。愚幼時，《四書》

本經俱讀全註。後見庸師窳生，欲速其成，多爲删抹，而北方則有全不讀者。王槐野《與鄭少潭提學書》言：「關中士不讀朱註，不看《大全》、《性理》、《通鑑》諸書。」當嘉靖之時已如此。[七]欲令如前人[八]之人，參伍諸家之註疏而通其得失，固數百年不得一人，且不知《十三經註疏》[九]爲何物也。間有一二《五經》刻本，亦多脱文誤字，而人亦不能辨。此古書善本絶不至于北方，而蔡虚齋[十]、林次崖[十一]諸經學訓詁之儒皆出于南方也。景泰三年[十二]會試，禮奇[十三]奏准取士不分南北。户科給事中李侃等謂：「北人拙于文辭，向日定爲南北之分，不可改。」禮部言：「鄉舉里選之法不可行矣，取士若不以文，考官將何所據？且北方中土，人才所生，以古言之，大聖如周公、孔子，大賢如顔、曾、思、孟，皆非南人。以今言之，如靖遠伯王驥、左都御史王翺、王文，皆永樂間不分南北所取進士，今豈可預謂北無其人？侃等所言不允。」[十四]四年會試，命仍分南、北、中卷。[十五]故今日北方有二患，一曰地荒，二曰人荒。非大有爲之君，作而新之，不免於「無田甫田，維莠驕驕」[十六]之難[十七]也。

漢成帝元延元年七月詔：「内郡國舉方正能直言極諫者各一人，北邊二十二郡舉猛勇[十八]知兵法者各一人」。[十九]此古人因地取才，而不限以一科之法也。宋敏求「嘗建言：『河北、陝西、河東士子，性朴茂，而辭藻不工，故登第者少。請令轉運使擇薦有行藝材武者，特官之。使人材參用，而士有可進之路。』」[二十]其亦漢人之意也與？

【校注】

[一]「南」字下，漏「卷」字，原抄本同，當補。遂初堂本、集釋本、欒本、陳本、嚴本作「南卷」。

[二]「士」字誤，當改。原抄本、遂初堂本、集釋本、欒本、陳本、嚴本均作「十」。

[三]「塵」字誤，當改。原抄本、遂初堂本、集釋本、欒本、陳本、嚴本均作「廛」。

[四]「放歲」誤倒，當乙正。原抄本、遂初堂本、集釋本、欒本、陳本、嚴本均作「歲放」。

［五］「朝」字衍，當刪，原抄本、遂初堂本、集釋本、欒本、陳本、嚴本無。

［六］「率熙」誤，當改。原抄本、遂初堂本、集釋本、欒本、陳本、嚴本均作「熙寧」。

［七］王維楨，字允寧，號槐野，有《槐野先生存笥稿》三十八卷。

［八］「人」字涉下而訛，當改。原抄本、遂初堂本、集釋本、欒本、陳本、嚴本均作「代」。

［九］《十三經注疏》，明人始彙刻，有北監本及毛晉汲古閣本等。

［十］蔡清，字介夫，號虚齋。

［十一］林希元，字茂貞，號次崖。

［十二］「三年」誤，原抄本同誤，遂初堂本、集釋本、欒本、陳本、嚴本作「二年」。《英宗實録》作「二年」。

［十三］「奇」字誤，當改。原抄本、遂初堂本、集釋本、欒本、陳本、嚴本均作「部」。

［十四］《英宗實録》卷二百一。

［十五］此條亭林原注，原抄本同，遂初堂本、集釋本、欒本、陳本、嚴本在前，與「洪熙元年」一條接排。

［十六］語出《詩經・齊風・甫田》。

［十七］「難」字誤，當改。原抄本、遂初堂本、集釋本、欒本、陳本、嚴本均作「歎」。

［十八］「猛勇」誤倒，原抄本同誤，當乙正。遂初堂本、集釋本、欒本、陳本、嚴本作「勇猛」。《漢書》作「勇猛」。

［十九］《漢書・成帝紀》。

［二十］《宋史・宋綬傳》附宋敏求傳。

糊名

國家設科之意，本以求材。今之立法，則專以防姦爲主，如彌封、謄録，一切之制是也。考之唐初，吏部試選人，皆糊名令學士考判。武后以爲非委任之方，罷之。此則糊名[一]用之選人，未嘗[二]用之貢舉。貞元中，「陸贄知貢舉，訪士之有才行者於翰林學士梁肅，肅曰：『崔群雖少年，他日必至公輔。』果如其言。」《册府元龜》。《唐書》本傳：「贄知貢舉，時崔元翰、梁肅文藝冠時。贄輸心于肅，肅與元翰推薦藝實之士，一歲選士纔十四五。數年之内，居臺省清近者十餘人。」[三]「太和初，禮部侍郎崔郾試進士東都」，吴武陵出杜牧所賦《阿房宫辭》，「請以第一人處之」。《武陵傳》。[四]此知其賢而進之也。張昌齡「舉進士，與王公治齊名，皆爲考功員外郎王師旦所絀。太宗問其故，對曰：『昌齡等華而實少[五]，其文浮靡，非令器也。取之則後生勸慕，亂陛下風雅。』帝然之」。[六]温庭筠「苦心硯席，尤長于詩賦。初舉進士，至京師，人士翕然推重。然士行塵襍，不修邊幅，能逐絃吹之音，爲側豔之詞。公卿家無賴子弟裴誠、令狐滈之徒，相與蒱飲，酣醉終日。繇是累年不第」。本傳。羅隱「有詩名，尤長于詠史，然多譏諷，以故不中第」。《册府元龜》。[七]此知其不可而退之也。《宋史·陳彭年傳》言：景德中，彭年「與晁迥同知貢舉，請令有司詳定考試條式。真宗命彭年與戚綸參定，多革舊制，專務防閑。其所取者，不復選擇文行，止較一日之藝。雖杜絶請託，然置甲等者或非人望」。《文獻通考》略同。《宋白傳》言：「初，陳彭年舉進士，輕俊，喜謗主司。白知貢舉，惡其爲人，黜落之，彭年憾焉。從[八]居近侍，爲貢舉條制，多所關防，蓋爲白設也。」《山堂考索》同。蓋昔之取士，雖程其一日之文，亦參之以平生之行，而鄉評士論一皆達於朝廷。《李諮傳》：「舉進士」，真宗聞其至孝，「擢第三人」。當時尚未糊名。陸游《老學庵筆記》：「本朝進士，初亦如唐制，兼採時望。真廟時，周安惠公起建糊名法，一切以程文爲去留。」故《王旦傳》言：「翰林學士陳彭年呈政府科場條目，旦投之地，曰：『内翰得官幾日，乃欲隔絶[九]

天下進士！』彭年皇恐而退。」《畫墁録》言：彭年子彦博，「守汀州，以贓敗，杖脊流海島」。其孫達[十]，兄弟「發彭年冢，取金帶，分貨抵罪」。而范仲淹、蘇頌之議，並欲罷「彌封、謄録之法，使有司先考其素行」，以漸復兩漢選舉之舊。本傳。[十一]夫以彭年一人之私，而遵之爲數百年之成法，無怪乎繁文日密，而人材日衰。後之人主，非有重門洞開之心胸，不能起而更張之矣。

《册府元龜》：唐憲宗元和二年十二月敕：「自今以後，州府所送進士，如迹涉疏狂，兼虧禮教，或曾爲官司科罰，或曾任州府小吏，一事不合入清流者，雖薄有詞藝，並不得申送。如舉送以後事發，長吏停見任，及已停替者殿二年，本試官及司功官並貶降。」[十二]是進一不肖之人，考試之官皆有責焉。今則藉口於糊名，而曰「吾衡其文，無繇知其人也」，是教之崇敗行之人，而代爲之逭其罪也。

《容齋四筆》曰：「唐世科舉之柄，顓付之主司，仍不糊名。又有交朋之厚者爲之薦達，謂之『通榜』。故其取人也，畏於譏議，多公而審。亦或脅於權勢，或撓于親或[十三]，或累于子弟，皆常情所不能免者。若賢者臨之則不然，未引試之前，其去取高下固已定於胸中矣。韓□公[十四]《與祠部陸員外書》曰：『執事之與司貢士者，相知成[十五]深矣；彼之所望于執事、執事之所以待乎彼者，可謂至而無間矣。彼之職在乎得人，執事之志在乎進賢，如得其人而授之，所謂兩得。愈之知者有侯喜、侯雲長、劉述古、韋群玉，《摭言[十六]》作「紓」。此四者皆可以當前[十七]薦而極論者，期于有成而後止可也。沈杞、張弦、《登科記》作「弘」。[十八]尉遲汾、李紳、張後餘、李翊，皆出群之才，與之足以牧[十九]人望而得才實。主司廣求焉，則以告之可也。往者陸相公司貢士，愈時幸在得中，貞元八年，陸贄知舉，賈稜等二十二人登第，公與焉。[二十]所與及第者皆赫然有聲。原其所以，亦由梁補闕肅、王郎中礎佐之。梁舉八人，無有失者，則[二十一]餘則王皆與謀焉。陸相待王與梁如此不疑也，至今以爲美談。』此書在集中不注歲[二十二]，按《摭言》云：『貞元十八年，權德輿主文，陸傪員外通榜，韓文公薦十人於傪。』『權公凡三榜共放六人，餘[二十三]不出五年内皆捷。』以《登科記》考之：貞元十八年德輿以中書令人[二十四]知舉，放進士二十三人，尉遲汾、侯雲長、韋紓、沈杞、李翊登第。十九年以禮部侍郎放二十人，侯喜登第。永貞元年放二十九人，劉述古登第。通三榜共七十二人，而韓所薦者預其七。元和元年崔邠下放李紳，三年又放張後餘、張弘。皆與《摭言》合。」[二十五]

【校注】

[一]「糊名」下，脱「已」字，當補。原抄本、遂初堂本、集釋本、欒本、陳本、嚴本均有「已」字。

[二]「未嘗」上，脱「而」字，當補。原抄本、遂初堂本、集釋本、欒本、陳本、嚴本均有「而」字。

[三]崔群事又見《舊唐書》本傳。

[四]見《新唐書・文藝傳下》。杜牧事又見《唐摭言》卷六。

[五]「實少」誤倒，當乙正。原抄本、遂初堂本、集釋本、欒本、陳本、嚴本均作「少實」。《新唐書》作「少實」。

[六]《新唐書・文藝傳上》。

[七]又見《舊五代史》卷二十四本傳。

[八]「從」字誤，當改。原抄本、遂初堂本、集釋本、欒本、陳本、嚴本均作「後」。

[九]「隔絶」，原抄本同，遂初堂本、集釋本、欒本、陳本、嚴本作「隔截」。《宋史》作「隔截」。

[十]「達」字誤，當改。原抄本、遂初堂本、集釋本、欒本、陳本、嚴本均作「逵」《畫墁録》作「逵」。

［十一］《宋史·蘇頌傳》，「彌封」作「封彌」。

［十二］《册府元龜》卷六百四十。

［十三］「或」字誤，當改。原抄本、遂初堂本、集釋本、欒本、陳本、嚴本均作「故」。《容齋四筆》作「故」。

［十四］「韓□公」，底本脱一字，原抄本、遂初堂本、集釋本、欒本、陳本、嚴本均作「韓文公」，當補。

［十五］「成」字誤，當改。原抄本、遂初堂本、集釋本、欒本、陳本、嚴本均作「誠」。《韓昌黎集》作「誠」。

［十六］「撫言」誤，當改。原抄本、遂初堂本、集釋本、欒本、陳本、嚴本均作「摭言」。今題《唐摭言》，五代王定保撰。

［十七］「前」字誤，當改。原抄本、遂初堂本、集釋本、欒本、陳本、嚴本均作「首」。《韓昌黎集》作「首」。

［十八］陳垣校注：二注乃《容齋四筆》原注。

［十九］「牧」字誤，當改。原抄本、遂初堂本、集釋本、欒本、陳本、嚴本均作「收」。《韓昌黎集》作「收」。

［二十］陳垣校注：此注乃《昌黎集》孫氏注，應作「二十三人」。孫汝聽，眉山人。

［二十一］「則」字誤，當改。原抄本、遂初堂本、集釋本、欒本、陳本、嚴本均作「其」。《韓昌黎集》作「其」。

［二十二］「歲」字下，脱「月」字，原抄本同，當補。遂初堂本、集釋本、欒本、陳本、嚴本作「歲月」。《容齋四筆》作「歲月」。

［二十三］「餘」，《唐摭言》卷八原文作「弦、紳、俊餘」。「俊餘」當作「後餘」，亦見柳宗元《柳河東集》卷四十。

［二十四］「今人」誤，當改。原抄本、遂初堂本、集釋本、欒本、陳本、嚴本均作「舍人」。《容齋四筆》作「舍人」。

［二十五］《容齋四筆》卷五「韓文公薦士」條。

搜索

《舊唐書·李揆傳》：「乾元初，兼禮部侍郎。言主司取士多不考實，徒峻其隄防，索其書策。

殊不知藝不至者，居文史之囿亦不能摛辭，深昧求賢之意也。及試進士，請于庭中設《五經》、諸史及《切韻》本於床，引貢生謂之曰：『大國選士，但務得才，經籍在此，請恣尋簡[一]諱[二]。』」《舒元輿傳》：「舉進士，見有司鉤較[三]諱[四]苛切，因上書言：『自古貢士未有輕于此言[五]。且宰相公卿繇此出，而有司以隸人待之。羅棘遮截，疑其爲姦，非所以求忠直也。』」《李勘[六]傳》：「年二十[七]，明《六經》。就禮部試，吏唱名乃入。勘恥之，明日徑返江東，隱陽羨里。」又言[八]，國朝[九]較[十]諱[十一]試，窮微探隱，無所不至，士至露頂跣足以赴科場，此先輩所以有投槧而出者。然狡僞之風，所在而有，試者愈嚴，而犯者愈衆，桁楊[十二]之辱不足以盡辜。如主司真具別鑒，雖懷藏滿篋，亦復何益？故搜索之法，祇足以濟主司之所短，不足以顯才士之所長也。

今日考試之弊，在乎求才之道不足，而防姦之法有餘。洪武五年正月癸丑，「上諭禮部臣曰：『近代以來，舉人不中程或[十三]，爲有司所黜者，多不省己自修，以圖再進。往往摭拾主司細故，謗毀以逞私忿，禮讓廉恥之風不立。今後有此者罪之。』」[十四]萬曆末，謝肇淛[十五]言：「上之防士如防夷虜[十六]，而旁觀之伺主司如伺寇盜。」[十七]宋元祐初，御史中丞劉摯上言：「治天下者，遇人以君子長者之道，則下必有君子長者之行應乎[十八]上。若以小人遇之，彼將以小人自爲矣。況以此行于學校[十九]諱[二十]之間乎？」[二十一]誠能反今日之弊，而以教化爲先，賢才得而治其[二十二]張，不難致也。

《金史》：「泰和元年，省臣奏：『搜簡之法惟[二十三]嚴，至于解髮袒衣，索及耳鼻，殊失待士之禮。《移剌履傳》：「初舉進士，惡搜簡煩瑣，去之。」蓋世宗初年。故大定二十九年，已嘗依前故事，使就沐浴，官置衣爲之更之。既可防濫，且不虧禮。』從之。」

朱子論學效[二十四]科舉之弊，謂：「上以盜賊待士，士亦以盜賊自處。鼓噪迫脅，非盜賊而何？」[二十五]嗟夫！三代之制不可見矣，漢、唐之事，豈難倣而行之者乎？

【校注】

[一]「簡」，原抄本同，遂初堂本、集釋本、欒本、陳本、嚴本作「檢」。

[二]「諱」，原抄本同，遂初堂本、集釋本、欒本、陳本、嚴本無。

[三]「較」，原抄本同，遂初堂本、集釋本、欒本、陳本、嚴本作「校」。

[四]「諱」，原抄本同，遂初堂本、集釋本、欒本、陳本、嚴本無。

[五]「言」字誤，原抄本同誤，當改。遂初堂本、集釋本、欒本、陳本、嚴本作「者」。《新唐書》作「者」。

[六]「李勘」誤，當改。原抄本、遂初堂本、集釋本、欒本、陳本、嚴本均作「李戡」。下「勘」字同。

[七]「年二十」，《舊唐書》原文作「年三十」，杜牧《樊川文集·唐故平盧軍節度巡官隴西李府君墓誌銘》亦作「年三十」。

[八]「又言」，各本均同，欒吕本校注：「又言」二字衍。

[九]「國朝」，謂明朝，刻本未改。

[十]「較」，原抄本同，遂初堂本、集釋本、欒本、陳本、嚴本作「校」。

[十一]「諱」，原抄本同，遂初堂本、集釋本、欒本、陳本、嚴本無。

[十二]桁楊，語出《莊子·在宥》：「桁楊者相推也，刑戮者相望也。」崔譔云：「械夾頸及脛者皆曰桁楊。」

[十三]「或」字誤，原抄本同誤，當改。遂初堂本、集釋本、欒本、陳本、嚴本作「式」。《太祖實録》作「式」。

[十四]《太祖實録》卷七十一。

[十五]「謝肇制」誤，當改。原抄本、遂初堂本、集釋本、欒本、陳本、嚴本均作「謝肇淛」。

[十六]「夷虜」，原抄本同。潘耒遂初堂刻本改爲「奸偷」，集釋本因之。欒本據黄侃校記改回而加説明，陳本、嚴

本仍刻本之舊而加注。《五雜俎》原文作「夷虜」。

［十七］《五雜俎》卷十四。

［十八］「乎」，原抄本同，遂初堂本、集釋本、欒本、陳本、嚴本作「於」。《宋史》作「乎」。

［十九］「較」，原抄本同，遂初堂本、集釋本、欒本、陳本、嚴本作「校」。

［二十］「諱」，原抄本同，遂初堂本、集釋本、欒本、陳本、嚴本無。

［二十一］《宋史・劉摯傳》。

［二十二］「其」字誤，當改。原抄本、遂初堂本、集釋本、欒本、陳本、嚴本均作「具」。

［二十三］「惟」，原抄本作「維」，遂初堂本、集釋本、欒本、陳本、嚴本作「雖」。《金史》作「雖」。

［二十四］「效」，原抄本同，遂初堂本、集釋本、欒本、陳本、嚴本作「校」。

［二十五］《朱子語類》卷一百九。

恩科

宋時有所謂「特奏名」者。「開寶三年三月庚戌，詔禮部閱進士，及十五舉嘗終場者，得司馬浦等一百六人，賜本科出身。『特奏名』恩例自此始」，［一］謂之「恩科」。咸平三年，遂至九百餘人。［二］士人恃此，因循不學。故天聖之詔曰：「狃于寬恩，遂隳素業，苟簡成風，甚可恥也。」［三］而「元祐初，知貢舉蘇軾、孔文仲言：『今特奏者已及四百五十人，又許例外遞減一舉，則當復增數百人。此曹垂老，別無所望，布在州縣，惟務黷貨以爲歸計。前後恩科，命官幾千人矣，何有一人能自奮厲，有聞于時？而殘民敗官者，不可勝數。以此知其無益有損。議者不過謂宜廣恩澤，不知吏部以有限之官待無窮之吏，户部以有限之財禄無用之人，而所至州縣舉罹其害。乃即位之初，有此過舉。謂之『恩澤』，非臣所識也。』」[四]當日之論如此。《金史》：「章宗大定二十九年，敕今後凡五次御簾進士，可一試而不黜落，止以文之高下定其次，謂之『恩榜』。」[五]《語》不云乎？「及其老也，戒之在得。」[六]故有杖鄉之制以尊高年，致仕之節以養廉恥。若以賓王[七]謁帝之榮，爲閔老酬勞之具，恐所益于儒林者小，而所傷于風俗者多。養陋識于泥塗，快羶情於升斗。豈有趙孟之禮絳人[八]，穆公之思黄髮[九]，足以裨君德而持國是者乎？況「五十不從力政，六十不與服戎」，[十]豈可使断断[十一]于闕里[十二]之旁，攘攘于橋門[十三]之下？宣[十四]著爲令：《元史》：至正三年三月，監察御史成遵等請：「用終場下第舉人充學正、山長」。[十五]凡中式舉人，年至六十者，賜第罷歸，居家授徒；不中式者，不許再上。不但減百千黷貨之人，亦可以勸二三有恥之士。（孝宗淳熙七年五月，「庚辰，詔特奏名年六十人，毋注縣尉」。[十六]）

漢獻帝初平四年，詔曰：「今耆儒年踰六十，去離本土，營求糧資，不得專業。結童入學[十七]，皓首空歸，長委農野，永絶榮望，朕甚愍焉。其依科罷者，聽爲太子舍人。」[十八]「唐昭宗天復元年赦父[十九]，令中書門下選擇新及第進士中，有久在名場，才沾科級，年齒已高者，不拘常例，各授一官。於是禮部侍郎杜德祥奏：『揀到新及第進士陳光問，年六十九；曹松，年五十四；王希羽，年七十三；劉象，年七十；柯崇，年六十四；鄭希顔，年五十九。』詔：『光問、松、希羽，可秘書省正字。象、崇、希顔，可太子較書。』」[二十]此皆前代季朝之政，當喪亂之後，以此慰寒畯而收物情，非平世之典也。

《實録》：宣德二年六月，「己卯，行在禮部尚書胡濙奏：『北京國子監生，及見撥各衙門歷事者，請令六部尚書、都察院都御史、通政使司、大理寺、翰林院各堂上官，六科給事中，公同監官揀選。凡年五十五以上，及殘疾貌陋不堪者，皆罷爲民。』上從之。」[二十二]凡斥去一千九十五人。其南京國子監生亦准此例。次年即奉旨澄汰天下生員。别見後「廣額」條下。[二十二]三年四月，「丙辰，行在吏部尚書蹇義奏：『揀擇吏員年五十以上，及人物鄙猥，不諳文移者，皆罷爲民。』」四年九月，「甲寅，放南北兩京國子監生，年五十五以上及殘疾者二百五十三人，還鄉爲民」。九年九月，「戊寅，行在禮部奏：『取天下生員年四十五以上者考試，其中者入國子監讀書，不中者罷歸爲民。』」[二十三]宣廟精勤吏治，一時澄清之效如此。後人不知，即知之亦不肯言矣。

【校注】

[一]《宋史·選舉志一》，又見《太祖本紀二》。
[二]同上《宋史·選舉志一》。
[三]同上《宋史·選舉志一》。
[四]同上《宋史·選舉志一》。
[五]《金史·選舉志二》。
[六]《論語·季氏》。
[七]賓王，《易經·觀卦》六四爻辭：「觀國之光，利用賓于王。」此謂貢士。
[八]事見《左傳·成公五年》。
[九]事見《尚書·秦誓》。
[十]《禮記·王制》，又見《内則》。

[十一]「断断」誤，當改。原抄本、遂初堂本、集釋本、欒本、陳本、嚴本均作「斷斷」。
[十二]闕里，《通典》卷五十三引《漢晉春秋》：「闕里者，仲尼之故宅也，在魯城中。」此謂州學。
[十三]橋門，在太學，見《後漢書・儒林列傳》。
[十四]「宣」字誤，當改。原抄本、遂初堂本、集釋本、欒本、陳本、嚴本均作「宜」。
[十五]《元史・順帝本紀四》。
[十六]《宋史・孝宗本紀三》。
[十七]黄汝成集釋引楊氏曰：「結」同「髻」。
[十八]《後漢書・孝獻帝紀》。
[十九]「父」字誤，當改。原抄本、遂初堂本、集釋本、欒本、陳本、嚴本均作「文」。
[二十]《文獻通考》卷二十九，又見《容齋三筆》卷七。
[二十一]《宣宗實録》。
[二十二]陳垣校注：「廣額」條即本卷卷首「生員額數」條，「後」當作「前」。
[二十三]《宣宗實録》。

年齒

《記》曰：「四十曰彊而仕」，「七十曰老而傳」。[一]是人生服官之日，不過三十年。漢順帝陽嘉元年，用左雄之言，令「孝廉季[二]不滿四十，不得察舉。皆先詣公府，諸生試家法，儒有一家之學，故稱「家法」。文吏課箋奏」。[三]「宋文帝元嘉中，限年三十而仕」。[四]梁武帝天監四年，令「九流常選，年未三十，不通一經，不得解褐」。[五]今則「突而弁兮」[六]，已廁銀黄之列；「死期將至」[七]，尚留金紫之班。何補官常？徒隳士習。宜定爲中制[八]：二十方許應試，三十方許服官；年至六十，見任官聽其自請致仕；《實録》：洪武十三年二月，「戊辰，命文武官年六十以上者，皆聽致仕，給以誥敕」。無官之人，一切勒停。是雖蚤於古《記》之十年，要亦不過三十年而已。三十年之中，復有三十年[九]大憂及期喪不得選補之日，則其人在仕路之日少，而居林下之日多，可以消名利之心，而息營競之俗。

洪熙元年四月，庚戌，鄭府審理正俞廷輔言：「近年賓興之士，率記誦虚文，求其實才，十無二三。或有年少[十]二十者，未嘗學問。一旦掛名科目，而使之臨政治民，職事廢隳，民受其弊。自今各處鄉試，宜令有司先行審訪，務得博古通今，行止端重，年過二十五者，許令入試。」[十一]上雖嘉納，而未果行。今則積習相沿二三百載，青雲之路，跬步可階，五尺之童，便思奔競。欲以成人材而厚風俗，難矣！宋李伯玉請罷童子科，意亦同此。

【校注】

[一]《禮記·曲禮上》。

[二]「季」字誤，當改。原抄本、遂初堂本、集釋本、欒本、陳本、嚴本均作「年」。

[三]《後漢書·左周黄列傳》。

[四]《通典》卷十四。事見《南史·謝弘微傳》附謝莊傳。

[五]《梁書·武帝本紀中》，又見《南史·梁本紀上》、《通典》卷十四。

[六]語出《詩經·齊風·甫田》。

［七］語出《易經・繫辭下傳》。
［八］中制，謂常制。《漢書・董仲舒傳》：「儉，非聖人之中制也。」
［九］「三十年」，「十」字衍，當刪，原抄本、遂初堂本、集釋本、欒本、陳本、嚴本均作「三年」。
［十］「変」字誤，當改。原抄本、遂初堂本、集釋本、欒本、陳本、嚴本均作「變」。《仁宗實録》作「變」。
［十一］《仁宗實録》卷九下。

座主門生

貢舉之士以有司爲「座主」，而自稱「門生」。自中唐以後，遂有朋黨之禍［一］。「座主」字見《令狐峘傳》。張籍《寄蘇州白使君》詩：「登第蚤年同座主。」《楊嗣復傳》：「領貢舉，時父於陵自雒入朝，乃率門生出迎，置酒第中。於陵坐堂上，嗣復與諸生坐兩序。始，於陵在考功，擢浙東觀察使李師稷及第，時亦在焉，人謂『楊氏上下門生』。」會昌三年十二月，［二］十二日，中書覆奏：『奉［二］宣旨：不欲令及第進士呼有司爲座主，兼題名、局席等，條疏進來者。伏以國家設文學之科，求直正［三］之士，所宜行崇風俗，義本君親，然後升於朝廷，必爲國器。豈可懷賞拔之私惠，忘教化之根源，自謂門生，遂成［四］朋比？所以時風浸壞，臣節何施？樹黨背公，靡不由此。按韓文公《送牛堪序》：「吾未嘗聞有登第于有司，而進謝其門者。」則元和、長慶之間士風猶不至此。臣等議：今目［五］以後，進士及第，任一度參見有司，向後不得聚集參謁，於有司宅置宴。其曲江大會朝官，及題名、局席，並望勒停。』《新唐書》：「初，舉人既及第，綴行通名，詣主司第謝。其制，序立西階下，北上，東向。主人席東階下，西向。諸生拜，主司答拜，乃叙齒謝恩。遂升階，與公卿觀者皆坐。酒數行，乃赴期集。又有曲江會題名席。」李肇

《國史補》：「既捷，列名于慈恩寺塔，謂之『題名』。大燕于曲江停[六]子，謂之『曲江會』。」[七]奉敕宜依。」[八]

後唐長興元年，六月，中書門[九]奏：「時論以貢舉官爲恩門，及以登第爲門生。門生者，門弟子也。顔、閔、游、夏等，並受仲尼之[十]，即是師門。大朝所命春官，不曾教誨舉子，是國家貢士，非宗伯門徒。今後及第人不得呼春官爲『恩門』、『師門』，及自稱『門生』。」[十一]「宋太祖建隆三年九月丙辰詔：『及第舉人不得拜知舉官子弟及自[十二]爲恩門、師門，並自稱門生。』」[十三]劉克莊《跋陸放翁帖》云：「余大父[十四]著作，爲京教，考浙漕試。明年，考省試。吕成公[十五]卷子皆出本房。家藏大父與成公往還真蹟，大父則云『上覆伯恭兄』，成公則云『拜覆著作時文[十六]』，猶未呼『座主』作『先生』也。」尋其言，蓋宋末已有「先生」之稱。而至於有明，則遂公然謂之「座師」，謂之「門生」，其朋黨之禍[十七]亦不減於唐時矣。王元美《觚不觚録》謂：「嘉靖以前，門生稱座主不過曰『先生』而已。至分宜當國，始稱『老師[十八]』，其厚者稱『夫子』，此後門生俱曰『老師』。」《五襍俎》言：「國朝惟霍文敏韜不拜主司，亦不受人作門生。」[十九]

唐時風俗之敝，楊復恭至謂昭宗爲「門生天子」。[二十]

唐崔祐甫議以爲：「自漢徐儒子[二十一]於故舉主之喪，徒步千里而行一祭，厚則厚矣，其於傳繼非可也，歷代莫之非也。《後漢書・樊儵傳》言：「郡國舉孝廉，率取年少能報恩者。」當時即有此説。近日張荆州九齡又刻石而美之，於是後來之受舉爲參佐者，報恩之分往往過當。或撓我王憲，捨其親戚之罪負，舉其不令子孫以竊名位。背公死黨，茲或近之。時論從而與之，通人又不救，遂往而不返。」[二十二]宋陳瑩中言：「使王氏之門有負恩之士，則漢之宗社不至于亡。」其言可感。夫參佐之於舉主猶蒙顧盼之恩，被話言之獎，陶鎔成就，或資其力，昔人且有黨比之譏。若科場取士，祇凴所試之文，未識其名，何有師生之分？ 至于市權撓法，取賄酬恩，枝蔓糾連，根柢磐互，官方爲之雜[二十三]亂，士習爲之頽靡，其與漢人篤交念故之誼抑何遠哉！

《風俗通》記弘農太守吴匡爲司空黄瓊所舉，「班詔勸耕，道於澠池，聞瓊薨，即發喪制服，上病，載輂車還府」。論之曰：「剖符守境，勸民耕桑，肆省冤疑，和解仇怨，國之大事，所當勤恤。而猥顧私恩，傲狠自遂。若宫車晏駕，何以過茲？論者不察，而歸之厚。司空袁周陽舉荀慈明有道，太尉鄧伯條舉訾孟直方正，二公薨，皆制齊衰。《漢書・荀爽傳》：「司空袁逢舉有通[二十四]，不應。及逢卒，爽制服三年，當世往往化以爲俗。」邵竇議之四[二十五]：「師喪以心，而舉主服三年，可乎？」[二十六] 若此類者非一。 然荀、訾通儒，於義足責。「魏景元元年，傳玄舉将僕射陳公薨，以諮時賢。光禄鄭小同云：『宜準禮而以情義斷之，服吊服加麻可也，三月除之。』」宋庾蔚之以此論爲允。[二十七] 或舉者名位斥落，子孫無繼，多不親至」。[二十八] 然則隆情谿乎顯閥，薄報在乎私門[二十九]。 此又私恩之一變，古今同慨者矣。

《後漢書》：周景爲河内太守，「好賢愛士。每至歲時，延請舉吏，入上[三十]後堂，與共宴會。如此數四乃遣之，贈送什物，無不充備。既而選其父兄子弟，事相優異。《魏志・衛臻傳》：「夏侯惇爲陳留太守，舉臻計吏，命婦出宴。臻以爲『末世之俗，非禮之正』。」先是，司徒轉演[三十一]在河南，志在無私，舉吏當行，一辭而已，恩亦不及其家。曰：『我舉若可矣，豈可令偏積一門？』」[三十二] 是二公者，在人情雖有厚薄之殊，而意趣則有公私之别矣。

《記》言：趙文子「所舉于晉國管庫之士七十有餘家，生不交利，死不屬其子焉」。[三十三] 嗚呼！吾見今之舉士者，交利而已[三十四]！

【校注】

[一]「禍」,原抄本同,遂初堂本、集釋本、欒本、陳本、嚴本作「禍」。「禍」同「禍」。

[二]「奉」字,遂初堂本、集釋本、欒本、陳本、嚴本同,原抄本脱。《唐摭言》有「奉」字。

[三]「直正」字誤,當改。原抄本、遂初堂本、集釋本、欒本、陳本、嚴本均作「真正」。《唐摭言》作「貞正」。

[四]「成」,原抄本同,遂初堂本、集釋本、欒本、陳本、嚴本作「爲」。《唐摭言》作「成」。

[五]「目」字誤,當改。原抄本、遂初堂本、集釋本、欒本、陳本、嚴本均作「日」。《唐摭言》作「日」。

[六]「停」字誤,當改。原抄本、遂初堂本、集釋本、欒本、陳本、嚴本均作「亭」。

[七]今按:詣主司見《新唐書·選舉志上》。

[八]《唐摭言》卷三。

[九]「門」字下,脱「下」字,當補。原抄本、遂初堂本、集釋本、欒本、陳本、嚴本均作「門下」。《册府元龜》作「門下」。

[十]「之」字下,脱「訓」字,當補。原抄本、遂初堂本、集釋本、欒本、陳本、嚴本均作「之訓」。《册府元龜》作「之訓」。

[十一]《册府元龜》卷六百四十二。

[十二]「自」字誤,原抄本同誤,當改。遂初堂本、集釋本、欒本、陳本、嚴本作「目」。《文獻通考》作「目」。

[十三]《文獻通考》卷三十。

[十四]余大父,謂劉克莊祖父劉夙,官著作郎。

[十五]吕祖謙,謚成公。

[十六]「著作時文」誤,原抄本作「著作文時」亦誤,當改。遂初堂本、集釋本、欒本、陳本、嚴本作「著作丈,時」,「時」字屬下讀。

［十七］「裀」，原抄本同，遂初堂本、集釋本、欒本、陳本、嚴本作「禍」。

［十八］「老師」，原抄本同，遂初堂本、集釋本、欒本、陳本、嚴本作「老翁」。《觚不觚録》作「老翁」。

［十九］今按：分宜，謂嚴嵩，字惟中，號介溪，分宜人。霍韜，字渭先，號兀崖，謚文敏。

［二十］見《舊唐書・宦官列傳》。又見《新唐書・宦者傳下》。

［二十一］「徐儒子」誤，當改。原抄本、遂初堂本、集釋本、欒本、陳本、嚴本均作「徐孺子」。

［二十二］崔祐甫《廣喪朋友議》。

［二十三］「雜」，原抄本同，遂初堂本、集釋本、欒本、陳本、嚴本作「濁」。

［二十四］「通」字誤，當改。原抄本、遂初堂本、集釋本、欒本、陳本、嚴本均作「道」。

［二十五］「四」字誤，當改。原抄本、遂初堂本、集釋本、欒本、陳本、嚴本均作「曰」。

［二十六］《荀爽傳》見《後漢書》。邵寶語見《學史》卷九。

［二十七］《通典》卷九十九。

［二十八］《風俗通義》卷三。論曰爲應劭按語。

［二十九］「私門」，原抄本同，遂初堂本、集釋本、欒本、陳本、嚴本作「衰門」。

［三十］「上」，原抄本同，集釋本、欒本、陳本作「止」。《後漢書》作「上」。

［三十一］「轉演」誤，當改。原抄本、集釋本、欒本、陳本均作「韓演」。

［三十二］《後漢書・周榮傳》。

［三十三］《禮記・檀弓下》。

［三十四］「交利而已」下，原抄本、遂初堂本、集釋本、欒本、陳本、嚴本均有「屬子而已」一句，當補。

舉主制服

《襍記》曰：「孔子曰：管仲過[一]盜，取二人焉，上以爲公臣，曰：『其所與游避[二]也，可人也。』管仲死，桓公使爲之服。官[三]於大夫者之爲之服也，自管仲始也，有君命焉爾也。」[四]此雖前仕管氏，亦以舉主而服之。然孔子以爲有君命則可，蓋亦有所不盡然之辭。

【校注】

[一]「過」字誤，當改。原抄本、遂初堂本、集釋本、欒本、陳本、嚴本均作「遇」。《禮記》作「遇」。

[二]「避」字誤，當改。原抄本、遂初堂本、集釋本、欒本、陳本、嚴本均作「辟」。《禮記》作「辟」。

[三]「官」字誤，原抄本、遂初堂本同誤，當改。集釋本、欒本、陳本、嚴本作「宦」。《禮記》作「宦」。

[四]《禮記·雜記下》。

同年

今人以同舉爲「同年」。唐憲宗問李絳曰：「『人於同年固有情乎？』對曰：『同年，乃九州四海之人偶同科第，或登科然後相識，情於何有？』」[一]然穆宗欲誅皇甫鎛，而宰相令狐楚、蕭俛以同年進士保護之矣。[二]按漢人已有之。《後漢書·李固傳》云：「有同歲生，得罪於冀。」《風俗通》云：「南陽五世公爲廣漢太守，與司徒長史段遼叔同歲。」又云：「與東萊太守蔡伯起同歲。」

又云：蕭令吴斌與司徒韓演「同歲」。《三國志・魏武帝云[三]》云：「公與韓遂父同歲孝廉。」《魏武故事》：「載公令曰：『顧視同歲中，年有五十，未名爲老。』」漢《敦煌長史武班碑》云：「金鄉長河間高陽史恢等，追惟昔日，同歲郎署考廉。」《柳敏碑》云：「縣長同歲犍爲屬國趙臺公。」《晉書・陶侃傳》：「侃與陳敏同郡，又同歲舉吏。」其云「同歲」，蓋即今之「同年」也。惟《吴志・周瑜傳》言「堅子策與瑜同年」，《步騭傳》言「與廣陵衛旌同年」，此當是年齒之年。私恩結而公義衰，非一世之故矣。

【校注】

[一]《資治通鑑》卷二百三十八。

[二]事見《舊唐書・令狐楚傳》。

[三]「云」字誤，當改。原抄本、遂初堂本、集釋本、欒本、陳本、嚴本均作「紀」。

先輩

「先輩」乃同試而先得第者之稱。程氏《演繁露》曰：「《通典》：『魏文帝黄初五年，立太學于雒陽。時慕學者始詣太學，爲門人。滿二歲[一]、試通一經者，稱弟子。不通一經者[二]，罷遣。弟子滿二歲、試通二經者，補文學掌故。不通者，聽隨後輩試，試通二經，亦得補掌故。滿二歲[三]、試通三經者，擢高第，爲太子舍人。不第者，隨後輩復試，試通，亦爲太子舍人。舍人滿二歲、試通四經者，擢高第，爲郎中。不通者，隨後輩後[四]試，試通亦爲郎中。郎中滿二歲、能通五經者，擢高第，隨才叙用。不通者，隨後輩復試，試通亦叙用。』[五]故唐世舉人呼已第者爲『先輩』，繇此也。」《韋莊集》有題云《癸丑年下第獻新先輩》。《北夢瑣言》：王凝知貢舉，謂人曰：「某叨忝文柄，今年榜帖，全爲司空先輩一人而已。」今考《吴志・闞澤傳》言：「州里先輩，丹陽唐固，修身積學。」《薛綜傳》言：「零陵賴恭先輩，仁謹不曉時事。」《晉書・羅憲傳》言：「侍宴華林園，詔問蜀大臣子弟，復問先輩宜時敘用者，憲薦蜀人常忌、杜軫等。」是「先輩」之稱果起于三國之時，而唐李肇《國史補》謂「互相推敬謂之『先輩』」[六]，此又後人之濫矣。《演繁露》又謂：「唐人已第者，其自目曰『前進士』，亦倣此也，猶曰早第進士而其輩行在先也。」《澠水燕談録》：「蘇德祥，漢相禹珪之子。建隆四年，進士第一人登第。初還鄉里，太守置宴作樂，伶人致語曰：『昔年隨侍，嘗爲宰相郎君。今日登科，又是狀元先輩。』」

鄭氏《詩・采薇》箋曰：「今薇生矣，先輩可以行也。」是亦漢末人語。

【校注】

[一]「二歲」，原抄本、遂初堂本、集釋本、欒本、陳本、嚴本均作「一歲」。《通典》作「一歲」。陳垣校注：「一」原作「二」。

[二]「者」字，原抄本同。遂初堂本、集釋本、欒本、陳本、嚴本無。《通典》無「者」字。

[三]「滿二歲」，原抄本、遂初堂本、集釋本、欒本、陳本、嚴本均作「滿三歲」。《通典》作「掌故滿二歲」。陳垣校注：原作「掌故滿二歲」。

[四]「後」字誤，當改。原抄本、遂初堂本、集釋本、欒本、陳本、嚴本均作「復」。

[五]《通典》卷五十三。

[六]《唐國史補》卷下。又見《唐摭言》卷一、《唐語林》卷二。

教官

漢成帝陽朔二年，詔曰：「古之立太學，將以傳先王之業，流化於天下也。儒林之官，四海淵原[一]。宜皆明於古今，温故[二]知新，通達國體，故謂之『博士』。否則學者無述焉[三]，爲下所輕，非所以尊道德也。丞相、御史，其與中二千石、二千石雜舉可充博士位者，使卓然可觀。」[四]

元仁宗時，「方以科舉取士」。虞集上議曰：「『師道立則善人多』。周子《通書》。今天下學官，猥以資格授，彊加之諸生之上，而名之曰師，有司弗信也，生徒弗信也。如此而望師道之立，能乎？今莫若使守令求經明行修，爲成德之君子者，身師尊之，以教於其郡邑。其次則求夫操履近正，而不爲詭異駭俗者；確守先儒經義師説，而不敢妄爲奇論者；衆所敬服，而非鄉愿之徒者。其次則取鄉貢至京師罷歸者。」[五]當今之世，欲求成德之人，如上一言者，或不可遽得。若其次之三言，則「十室之邑，必有忠信」[六]，亦未至乏才也。而徒用其又次之一言，則亦不過以資格授之，而耄鄙之夫遂以學官爲糊口之地，教訓之員名存而實廢矣。

國初[七]，教職多繇儒士薦舉。景泰二年，始准會試不中式舉人考授。

天順三年十二月，「庚申，建安縣老人賀煬言：『朝廷建學立師，將以陶鎔士類。奈何郡邑學校師儒之官，真材實學者百無一王[八]？虚糜廩禄，猥瑣貪饕，需求百計；而受業解惑，莫措一辭。師範如此，雖有英才美質，何由而成？至于生徒之中，亦往往玩愒歲年[九]，佻達城闕[十]，待次循資，濫升監學。侵尋老耄，授以一官，但知爲身家之謀，豈復有功名之念？是則朝廷始也聚群鴞而飲啖，終也縱群狼以謀人[十一]。苟不嚴行考選，則人材日陋，士習日下矣。』上是其言，命巡按御史同布、按二司分巡官，照提調學校例考之」。[十二]

太倉陸世儀言：「今世天子以師傅之官爲虛銜，而不知執經問道；郡縣以簿書期會爲能事，而不知尊賢敬老；學校之師以庸鄙充數，而不知教養之法；黨塾之師以時文章句爲教，而不知聖賢之道。儇捷者謂之才能，方正者謂之迂樸。蓋師道至于今而賤極矣！即欲束修自厲，人誰與之？如此而欲望人才之多，天下之治，不可得矣。」又言：「凡官皆當有品級，惟教官不當有品級，亦不得謂之官。蓋教官者，師也。師在天下則尊于天下，在一國則尊於一國，在一鄉則尊于一鄉，無常職，亦無定品，惟德是視。若使之有品級，則『僕僕亟拜』[十三]，非尊師之禮矣。至于[十四]冠服，亦不可同於職官，當別製爲古冠服，如深衣幅巾及忠靖巾之類，仍以鄉、國、天下爲等。庶師道日導[十五]，儒風日振，而聖人之徒出矣。」[十六]按《宋史》，黄祖舜言：「抱道懷德之士多不應科目，老於韋布。乞訪其學行修明、孝友純篤者，縣薦之州，州延之庠序，以表率多士。其卓行尤異者，州以名聞，是亦鄉舉里選之意。」[十七]《松江府志》言：「洪武初，楊孟載爲松江府學教授，與丘克莊、全希賢同官。當時分教有司得自延聘，皆極州呈[十八]之選，役[十九]並至大官。」[二十]而朱子亦云：「須是罷堂除及注授教官，請本州鄉先生爲之」，年未四十，「不得任教官」。[二十一]昔人之論即已及此。

《孟縣志》縣人張淑譽撰。曰：「高皇帝定天下，詔府、衛、州、縣各立學，置師一人或二人，必擇經明行修者署之。有能舉其職而最書于朝者，或擢爲國子祭酒及翰林侍從之職。英宗以後，始著爲令，府五人，州四人，縣三人，例録天下歲貢之士爲之，間有繇舉人、進士除授者。而其至也，州縣長官及監司之臨者，率以簿書升斗之吏視之，而不復崇以體貌。是以其望易狎，而[二十二]氣易衰。即有一二能誦法孔子、以師道聞而得薦擢者，亦不過授以州縣之吏而止。其取之也太濫，其待之也太卑，而其禄之也太輕，無怪乎教術之不興，而人才之難就矣。」

士風之薄，始于納卷就試；師道之亡，始於赴部候選。梁武帝所謂「驅迫廉撝，獎成澆競」[二十三]者也。有天下者能反此二事，斯可以養士而興賢矣。

【校注】

[一]「原」，原抄本同，遂初堂本、集釋本、欒本、陳本、嚴本作「源」。《漢書》作「原」。

[二]「故」，原抄本、遂初堂本、嚴本同，集釋本、欒本、陳本作「古」。《漢書》作「故」。

[三]無述焉，《論語·憲問》：「幼而不孫弟，長而無述焉」，朱熹集注：「述，猶稱也。」

[四]《漢書·成帝紀》。

[五]《元史·虞集傳》。

[六]語出《論語·公冶長》。

[七]「國初」，原抄本同。潘耒遂初堂刻本改爲「明初」，集釋本因之。欒本據黄侃校記改回而加説明，陳本、嚴本仍刻本之舊而加注。

[八]「二王」誤，當改。原抄本、遂初堂本、集釋本、欒本、陳本、嚴本均作「二三」。

[九]玩愒歲年，《左傳·昭公元年》：「玩歲而愒日。」

[十]佻達，《詩經》原文作「挑達」。《詩經·鄭風·子衿》：「挑兮達兮，在城闕兮。」毛傳：「挑達，往來相見貌。」

[十一]「謀人」，原抄本、遂初堂本、集釋本、欒本、陳本、嚴本均作「牧人」。《英宗實録》作「肆毒」。

[十二]《英宗實録》。又見《明史·張昭傳》附賀煬傳。

[十三]語出《孟子·萬章下》。

[十四]「于」，原抄本、遂初堂本、集釋本、欒本、陳本、嚴本均作「其」。

[十五]「導」字誤，當改。原抄本、遂初堂本、集釋本、欒本、陳本、嚴本均作「尊」。

[十六]《思辨録輯要》卷二十。

[十七]《宋史·黄祖舜傳》。

[十八]「呈」字誤，當改。原抄本、遂初堂本、集釋本、欒本、陳本、嚴本均作「里」。

[十九]「役」字誤，當改。原抄本、遂初堂本、集釋本、欒本、陳本、嚴本均作「後」。

[二十]《松江府志》之文見《思辨録輯要》卷二十引。

[二十一]《朱子語類》卷一百九。

[二十二]「而」字下，原抄本、遂初堂本、集釋本、欒本、陳本、嚴本均有「其」字。

[二十三]《梁書·武帝本紀上》，又見《通典》卷十四。

武學

《山堂考索》言：「武學置于慶曆三年，阮逸爲武學諭，未幾省去。熙寧復置，選知兵書者判武學，置直講如國子監。」[一]靖康之變，不聞武學有禦侮者。國朝[二]正統六年五月，從成國公朱勇等奏，以兩京多勳衛子弟，乃立武學，設教授、訓導，如京府儒學之制。景泰五年五月丙寅，南京守備、寧遠侯任禮，講[三]革武學，不允。景泰間，廢武學。天順八年十一月丙辰，復設京衛武學。已而武生漸多，常至欺公撓法。正德中，錢寧已嗾武學生朱大周上疏劾楊一清矣。崇禎四年，南京武學生吴國麟等毆御史郭維經，掌都察院張建登[四]奏黜。是則不惟不收其用，而反貽之害矣。

《太祖實録》：洪武二十年七月：「禮部請如前代故事，立武學，用武舉，仍祀太公，建昭烈武成王廟。上曰：『太公，周之臣，若以王祀之，則與周天子並矣，加之非號，必不享也。至於建武學，用武舉，是分文武爲二塗，輕天下無全才矣。古之學者，文武皆備，故措之于用，無所不宜，豈謂文武異科，各求專習者乎？太公但從祀帝王廟，去武成王號，罷其舊廟。』於是勳戚子孫襲爵者，習禮肄業於國子監，被選尚主者，用儀制主事一人教習。」《實録》：洪武三十一年二月，「庚辰，命吏部設學於虎踞關，選儒士十人，教故武臣子弟之養于錦衣衛者。」成化中，太監汪直遂請武舉設科，鄉試、會試、殿試悉如進士恩例。不果行。文事、武備統歸于一，嗚呼，絶[五]矣！

宋劉敞《與吴九書》曰：「昔三代之王，建辟雍、成均以敦教化者。危冠縫掖之人，居則有序，其術《詩》《書》《禮》《樂》，其志文行忠信，是以無鄙倍之色、鬭争之聲。猶懼其未也，故賤詐謀，爵人以德，褒人以義，軌度其信，壹以待人。故曰：『勇則害上，不登於明堂。』[六]民知所底，而無貳心。是以其教不肅而成，其政不嚴而治，未聞夫武學之科也。夫『縵胡之纓，短後之衣，瞋目而語難』、[七]『按倒[八]而疾眎』[九]者，此所謂勇力之人也。將教之以術，而動之以利，其可得不爲其容乎？爲其容，可得無變其俗乎？而况建博士之職，廣弟子之員。吾恐雖有智者，未能善其後矣。夫戰國之時，天下競於馳騖[十]，於是乎有縱横之師、技擊之學，以相殘也。雖私議巷説，有司不及，然風俗猶以是薄，禍亂猶以是長。學者之所甚疾，仁人之所憂而辯也，若之何其效之？且足下預其議而不能救與？吾所甚□[十一]也。」[十二]因勳衛子弟不得已而立武學，仍以

□[十三]孔子爲先師，如前代國學祀周公，唐開元改爲孔子。周公尚不祀於學，而況太公乎？成化五年，掌武學國子監監丞閻禹錫言：「古者廟必有學，□[十四]成獻馘於中，欲其先禮義而後勇力也。今本學見有空堂數椽[十五]，乞敕所司改爲文廟。」[十六]可謂得禮之意。

【校注】

[一]又見《宋史·職官志五》「武學」條。

[二]「國朝」，原抄本同。潘耒遂初堂刻本改爲「《實録》」，集釋本因之。欒本據黄侃校記改回而加説明，陳本、嚴本仍刻本之舊而加注。

[三]「講」字誤，當改。原抄本、遂初堂本、集釋本、欒本、陳本、嚴本均作「請」。

[四]「張建登」誤，當改。原抄本、遂初堂本、集釋本、欒本、陳本、嚴本均作「張延登」。

[五]「絶」字誤，當改。原抄本、遂初堂本、集釋本、欒本、陳本、嚴本均作「純」。

[六]語出《左傳·文公元年》。

[七]語出《莊子·説劍》。

[八]「倒」字誤，當改。原抄本、遂初堂本、集釋本、欒本、陳本、嚴本均作「劍」。

[九]語出《孟子·梁惠王下》，原文作「撫劍疾視」。

[十]「鶩」，遂初堂本、集釋本、欒本、陳本、嚴本同，原抄本誤作「騖」。

[十一]底本缺一字處，原抄本、遂初堂本、集釋本、欒本、陳本、嚴本均作「惑」，當補。

[十二]劉敞《公是集》卷四十三。此下接排，原抄本同，遂初堂本、集釋本、欒本、陳本、嚴本提行分段。

[十三]「仍以□」，原抄本、遂初堂本、集釋本、欒本、陳本、嚴本均作「仍宜以」，當補。

[十四]底本缺一字處，原抄本、遂初堂本、集釋本、欒本、陳本、嚴本均作「受」，當補。

[十五]「椽」，原抄本同，遂初堂本、集釋本、欒本、陳本、嚴本作「楹」。

[十六]《憲宗實録》卷六四，又見《萬曆野獲編》補遺卷三。大意已見《資治通鑑》卷第二百一十三唐玄宗開元十九年「初令两京諸州各置太公廟」條司馬光「臣光曰」。

雜流

唐時，凡九流百家之士，並附諸國學，而授之以經。《六典》：「國子祭酒、司業之職，掌邦國儒學訓導之政令。有六學焉：一曰國子，二曰大學，三曰四門，四曰律學，五曰書學，六曰算學。」天寶九載置廣文館，凡七學。歐陽詹貞元十四年記曰：「我國家春享先師，後更命，日[一]太學博士清河張公講《禮記》。束修既行，筵肆乃設，公就几，北坐南面。直講抗牘，南坐北面。大司成端委居于東，小司成率屬列於西。國子師長序公侯子孫自其館，太學長序卿大夫子孫自其館，四門師長序八方俊造自其館，廣文師長序天下秀彦自其館。其餘法家、墨家、書家、算家，術業以明，亦自其館。没階雲來，即席鮮[二]差，攢弁如星，連襟成帷。」[三]觀此可見當日養士之制寬，而教士之權一，是以人才盛而藝術修，經學廣而師儒重。今則一切擯諸橋門之外，而其人亦自棄，不復名其業。於是道器两亡，而行能兼廢。世教之日衰，有繇然矣[四]。

【校注】

[一]「命，日」二字誤倒，當乙正。原抄本、遂初堂本、集釋本、欒本、陳本、嚴本均作「日，命」。

[二]「鮮」字誤，當改。原抄本、遂初堂本、集釋本、欒本、陳本、嚴本均作「鱗」。

[三]歐陽詹《太學張博士講〈禮記〉記》。
[四]「矣」，原抄本同，遂初堂本、集釋本、欒本、陳本、嚴本作「也」。

通經爲史

漢武帝從公孫弘之議，下至郡太守卒史，皆用「通一藝以上」者。[一]唐高宗總章初，「詔諸司令史考滿者，限試一經」。[二]昔王粲作《儒吏論》以爲：「先王傅[三]陳其教，輔和民性，使刀筆之吏皆服雅訓，竹帛之儒亦通文法。」[四]故漢文翁爲蜀郡守，「選郡縣小吏開敏有才者張叔等十餘人，親自飭厲，遣詣京師，受業博士」。[五]後漢欒巴爲桂陽太守，「雖幹吏卑末，皆課令習讀，程試殿最，隨能升授」。[六]吴顧郡[七]爲豫章太守，「小吏資質佳者，輒令就學，擇其先進，擢置右職」。[八]而梁任昉有《厲吏人講學詩》。[九]然則昔之爲吏者，皆曾執經問業之徒，心術正而名節修，其舞文以害政者寡矣。宋文恪訥言：「天下未有含[十]儒而可以爲吏者。」[十一]

東京之盛，「自期門羽林之士，悉令通《孝經》章句」。[十二]貞觀之時，「自屯營飛騎，亦給博士，使授以經。有能通經者，聽得貢舉」。[十三]「小人學道則易使也」[十四]，豈不然乎？

《周官·太宰》：「乃施典於邦國，而陳其殷，置其輔。」後鄭氏曰：「殷，衆也。謂衆士也。輔，府史，庶人在官者。」夫庶人在官而名之曰「輔」，先王不敢以廝役遇其人也。重其人，則人知自重矣。歐陽公《集古録》晉南鄉太守碑陰，官屬何以多也？[十五]蓋通從史而盡列之。當時猶於其間取士人，故吏亦清修，其勢然爾。

《元史·順帝紀》：至正六年四月，「命左右二司、六部吏屬，於午後講習經史」。其時朝綱已弛，人心將變，雖有此令，而實無其益。是以《太祖實録》言：「科舉初設，上重其事，凡民間俊秀子弟，皆得預選。惟吏胥心術已壞，不應許試[十六]。」洪武四年七月丁卯。又詔：「凡選舉，毋録吏卒之徒。」二十三年八月壬申。《英宗實録》：「大理寺少卿張固嘗建論：『吏員鮮有不急于利者，不宜用爲郡守。』朝廷是其言，著爲令。」[十七]然而嘗與群臣言：「元初，有憲官疾，吏往候之。憲官起，扶杖而行，因以杖授吏，吏拱手卻立不受。憲官悟其意，他日見吏，謝之。吏曰：『某爲屬吏，非公家僮，不敢避勞，慮傷禮體[十八]。』」五年二月壬午。是則此輩中未嘗無正直之人，顧上所以陶鎔成就之者何如爾。

陸子静嘗言：「古者無流品之分，而賢不肖之辨嚴；後世有流品之分，而賢不肖之辨略。」[十九]能於分別之中，而寓作成之意，庶乎其得之矣。

《大明會典》：「洪武二十六年，定凡舉人出身：第一甲第一名從六品；第二名、第三名正七品，賜進士及第；第二甲從七品，賜進士出身；第三甲正八品，賜同進士出身。」[二十]而一品衙門提控，正七品出身；二品衙門都吏，從七品出身；一品、二品衙門掾史、典吏，二品衙門令史，正八品出身。[二十一]其與進士不甚相遠也。後乃立格以限其所至，而吏員之與科第，高下天淵矣。故國初之制，謂之「三途並用」：薦舉，一途也；天順二年十二月庚辰，詔罷舉保經明行修及賢良方正，以言者謂其奔競冗濫，無裨寔用也。進士、監生，一途也；吏員，一途也。[二十二]或以科與貢爲二途，非也。從考試而得者，總謂之一塗。

永樂七年，車駕在北京，命兵部尚書署吏部事方賓，簡南京御史之才者召來。賓奏御史張循理等二十八人可用，上問其出身，賓言循理等二十四人繇進士、監生，洪秉等四人繇吏。上曰：「用人雖不專一塗，然御史，國之司直，必有學識，達治體，廉正不阿，乃可任之。若刀筆吏，知利不知義，知刻薄不知大體，用之任風紀，使人輕視朝廷。」遂黜乘[二十三]等爲序班，諭自今御史勿復用吏。[二十四]流品自此分矣。

宣德三年三月，「丙戌，敕諭：吏部往時，選用嚴慎，吏員授官者少。此[二十五]年吏典考滿，歲以千計，不分賢否，一概録用。廉能幾何？貪鄙塞路，其可不精擇乎！」[二十六]

蘇州況鍾、松江黄子威二郡守，並有賢名。而徐晞、萬祺皆累官至尚書。[二十七]

【校注】

[一]《史記·儒林列傳》，又見《漢書·儒林傳》。

[二]《通典》卷二十二。

[三]「傅」字誤，當改。原抄本、遂初堂本、集釋本、欒本、陳本、嚴本均作「博」。

[四]《藝文類聚》卷五十二。

[五]《漢書·循吏傳》。

[六]《後漢書》本傳。

[七]「顧郡」誤，當改。原抄本、遂初堂本、集釋本、欒本、陳本、嚴本均作「顧邵」。

[八]《三國志·吴書》本傳。

[九]見任昉《任中丞集》卷一，又見《初學記》卷二十一，《藝文類聚》卷七，《文苑英華》卷一百五十九。

[十]「含」字誤，當改。原抄本、遂初堂本、集釋本、欒本、陳本、嚴本均作「舍」。

[十一]宋訥，字仲敏，號西隱，謚文恪。

[十二]《後漢書·儒林列傳》。

［十三］《資治通鑑》卷一百九十五，又見《舊唐書・儒學傳上》、《通典》卷五十三。

［十四］語出《論語・陽貨》。

［十五］「何以多也」，原抄本、遂初堂本、集釋本、欒本、陳本、嚴本均作「何其多邪」。歐陽修《集古録跋尾》卷四：「右南鄉太守将吏，三百五十人，分爲二卷，其摩滅者猶有二十餘人。」

［十六］「不應許試」誤倒，當改。原抄本、遂初堂本、集釋本、欒本、陳本、嚴本均作「不許應試」。

［十七］亭林原注，原抄本同。集釋本、欒本、陳本、嚴本又有一節：《唐書・選舉志》言：「嘗爲州縣小史，雖藝文可采勿舉。」《劉晏傳》：「嘗言：『士有爵禄則名重於利，吏無榮進則利重於名。』」

［十八］「禮體」，原抄本同，遂初堂本、集釋本、欒本、陳本、嚴本作「理體」。

［十九］《宋史・儒林傳四》。

［二十］《大明會典》卷五。

［二十一］見《大明會典》卷八。

［二十二］略見《明史・選舉志三》。

［二十三］「乘」字誤，當改。原抄本、遂初堂本、集釋本、欒本、陳本、嚴本均作「秉」。上「秉」字不誤。

［二十四］《太宗實録》。

［二十五］「此」字誤，當改。原抄本、遂初堂本、集釋本、欒本、陳本、嚴本均作「比」。

［二十六］《宣宗實録》。

［二十七］今按：謂四人皆由吏員致功顯名。《明史・况鍾傳》：「初以吏事尚書吕震，奇其才，薦授儀制司主事，遷郎中。」《萬曆野獲編》補遺卷二：「吏員徐晞仕國初，至正統間，正位兵部尚書致仕歸。」

黄汝成集釋引楊氏曰：江陰又有劉本道，以吏員至侍郎。汝成案：明初馮堅，由典史擢僉都御史。諸葛伯衡，由肇州吏目擢陝西參議，皆吏員也。

日知録卷之二十[一]

秘書國史

漢時天子所藏之書，皆令人臣得觀之。故劉歆謂「外則有太常、太史、博士之藏，内則有延閣、廣内、祕至[二]之府」，[三]而司馬遷「爲太史令，紬石室金匱之書」。[四]劉向、楊雄「校[五]書天禄閣」[六]，楊雄《答劉歆書》自言爲郎之歲，詔「賜筆墨錢六萬，得觀書於石渠」。[七]班斿「進讀群書，上器其能，賜以祕書之副」。[八]東京則班固、傅毅「爲蘭臺令史」，「並典校書」，[九]曹褒於東觀「撰次禮事」。[十]而安帝永初中，「詔謁者劉珍，及博士、議郎、四府掾史五十餘人，詣東觀校定《五經》、諸子傳記」，[十一]竇章之被薦，黄香之受詔，亦得至焉。《竇章傳》：「是時，學者稱東觀爲老氏藏室、道家蓬萊山，太僕鄧康遂薦章入東觀爲校書郎。」《黄香傳》：「初，除郎中，肅宗詔香詣東觀，讀所未嘗見書。」[十二]晉、宋以下，此典不廢。左思、王儉、張纘之流，咸讀祕書，載之史傳，晉左思爲《三都賦》，「自以所見不博，求爲祕書郎中」。南齊王儉「遷秘書丞，依《七略》撰《七志》四十卷」，永明三年，「於儉宅開學士館，悉以四部書充儉家」。梁張纘爲祕書郎，「祕書郎有四員，宋、齊以來爲甲族起家之選。待次入補，其居職例數十百日便遷。纘固求不徙，欲徧觀閣内圖籍」。[十三]而柳世隆至借給二千卷。南齊柳世隆，「性愛涉獵，啟太祖借秘閣書，上給二千卷」。[十四] 唐則魏徵、虞世南、岑文本、褚遂良、顏師古皆爲祕書監，「選五品以上子孫工書者，手書繕寫，藏於内庫」，[十五] 而玄[十六] 宗命弘文館學士元行冲「通撰古今書目，名爲《群書四録》」。[十七] 以陽城之好學，至求爲集賢院史，乃得讀之。陽城「好學，貧不能得書，求爲吏，建[十八] 隸集賢院，竊院中書讀之。六年，無所不通」。竇威「爲祕書郎，秩滿當遷，固守不調。十餘歲，其學業益廣」。段成式「爲祕書省校書郎，祕閣書籍披閲皆徧」。[十九] 宋有史館、昭文館、集賢院，謂之「三館」。太宗別建崇文院，中爲祕閣，藏「三館真本書籍萬餘卷」，置直閣校理。[二十] 仁宗復命繕寫校勘，「以參知政事一人領之，書成，藏於太清樓」，[二十一] 而范仲淹等嘗爲提舉。且求書之詔，無代不下，故民間之書得上之天子，而天子之書亦往往傳之士大夫。自洪武平元，所收多南宋以來舊本，藏之祕府，垂三百年無人得見。而昔時取士，一史、三史之科又皆停廢，天下之士於是乎不知古。司馬遷之《史記》、班固之《漢書》、干寶之《晉書》、柳芳之《唐曆》、吴兢之《唐春秋》、李燾之《宋長編》，並以當時流布。至於會要、日曆之類，南渡以來，士大夫家亦多有之，未嘗禁止。今則實録之進，焚草於太液池，藏真於皇史宬，在朝之臣，非預纂修皆不得見，而野史、家傳遂得以孤行於世，天下之士於是乎不知今。是雖以夫子之聖，起於今世，學夏、殷禮而無從，學周禮而又無從也，[二十二] 況其下焉者乎？豈非密於禁史而疏於作人，工於藏書而拙於敷教者邪？遂使帷囊同毀，空聞《七略》之名；家壁[二十三] 皆殘，不覩《六經》之字。嗚呼！悕矣！

【校注】

[一]卷二十，刻本爲卷十八。

[二]「祕至」誤，當改。原抄本、遂初堂本、欒本、陳本、嚴本作「秘室」，集釋本作「祕室」。

[三]劉歆《七略》佚文。
[四]《史記・太史公自序》。
[五]「校」字缺末筆,亭林避明諱也。下同。
[六]《漢書・揚雄傳》。
[七]見《古文苑》卷十。
[八]《漢書・叙傳》。
[九]《後漢書・文苑列傳・傅毅傳》。
[十]《後漢書》本傳。
[十一]《後漢書・孝安帝紀》及《皇后紀》。
[十二]竇章傳見《後漢書・竇融傳》。黄香傳見《後漢書・文苑列傳》。
[十三]左思事見《晉書・文苑傳》。王儉事見《南齊書》本傳。張纘事見《梁書・張緬傳》,又見《南史・張弘策》。
[十四]《南齊書》本傳及《南史・柳元景傳》。
[十五]《新唐書・藝文志一》。
[十六]「玄」字缺末筆,抄胥避清諱也。
[十七]《舊唐書》本傳。
[十八]「建」字衍,原抄本同,遂初堂本、集釋本、欒本、陳本、嚴本無。《新唐書》無「建」字。
[十九]陽城事見《新唐書・卓行列傳》,又見《舊唐書・隱逸傳》。竇威事見《舊唐書》本傳。段成式事見《舊唐書・段文昌傳》。
[二十]見《宋史・職官志二》「直秘閣」條。又見《職官志四》「秘閣」條。
[二十一]《宋史・藝文志一》。

［二十二］《論語·爲政》："子曰：殷因於夏禮，所損益可知也；周因於殷禮，所損益可知也。"

［二十三］"家壁"誤，原抄本同誤，遂初堂本、集釋本、欒本、陳本、嚴本作"冢壁"。《隋書·許善心傳》："冢壁皆殘，不准無所盜；帷囊同毁，陳農何以求？"

十三經註疏

自漢以來，儒者相傳，但言"五經"。而唐時立之學官，則云"九經"者，《三禮》、《三傳》分而習之，故爲九也。其刻石國子學，則云"九經"，並《孝經》、《論語》、《爾雅》。宋時程、朱諸大儒出，始取《禮記》中之《大學》、《中庸》，及進《孟子》以配《論語》，謂之"四書"。本朝［一］因之，而"十三經"之名始立。其先儒釋經之書，或曰傳，或曰箋，或曰解，或曰學，今通謂之"註"。《書》則孔安國傳，《詩》則毛萇傳、鄭玄箋，《周禮》、《儀禮》、《禮記》則鄭玄註，《公羊》則何休學，《孟子》則趙岐註，皆漢人。《易》則王弼註，魏人。《繫辭》韓康伯註，晉人。《論語》則何晏集解，魏人。《左氏》則杜預註，《爾雅》則郭璞註，《穀梁》則范甯集解，皆晉人。《孝經》則唐明皇御註。其後儒辯釋之書，名曰"正義"，今通謂之"疏"。

《舊唐書·儒學傳》："太宗以經籍去聖久遠，文字多訛謬，詔前中書侍郎顔師古考定《五經》，頒［二］於天下。又以儒學多門，章句繁襍，詔國子祭酒孔穎達與諸儒撰定《五經》義疏，凡一百七十卷，名曰《五經正義》，令天下傳習。"《高宗紀》：永徽四年，"三月壬子朔，頒孔穎達《五經正義》於天下。每年明經，令依此考試"。時但有《易》、《書》、《詩》、《禮記》、《左氏春秋》五經。

永徽中，賈公彦始撰《周禮》、《儀禮》義疏。《宋史·李至傳》：「判國子監，上言：『五經書既[三]已板行，惟《二傳》、《二禮》、《孝經》、《論語》、《爾雅》七經疏未修。望令直講崔頤正、孫奭、崔偓佺等重加讎校，以備刊刻。』從之。」今所行者，《穀梁》，唐楊士勛疏；《孝經》、《論語》、《爾雅》，宋邢昺疏；《孟子》，孫奭疏。惟《公羊》疏不著人名，或云唐徐彦撰。　今人但知《五經正義》爲孔穎達作，不知非一人之書也。《新唐書》穎達本傳云：「初，穎達與顔師古、司馬才、章王恭、王琰受詔，撰《五經》義訓百餘篇，其中不能無謬冗，博士馬嘉運駁正其失，詔更令裁定，未就。永徽二年，詔中書門下與國子三館博士、弘文館學士考正之，於是尚書左僕射于志寧、右僕射張行成、侍中高季輔就加增損，書始布下。」

【校注】

[一]本朝，指明朝，潘刻遂初堂本未改，各本均同。

[二]「頒」，原抄本、遂初堂本、集釋本、陳本同，欒本作「頒布」。

[三]「既」，各本均同，《宋史》原文作「疏」。

監本二十一史

宋時止有「十七史」，今則並宋、遼、金、元四史爲「二十一史」。但遼、金二史向無刻本，南北齊、梁、陳、周書人間傳者亦罕，故前人引書多用《南北史》及《通鑑》，而不及諸書，亦不復采遼、金者，以行世之本少也。嘉靖初，南京國子監祭酒張邦奇等請校刻史書，欲差官購索民間古本。部議恐滋煩擾，上命將監中《十七史》舊板考對修補，仍取廣東《宋史》板付監，遼、金二史無板者，購求善本翻刻。十一年七月成，祭酒林文俊等表進。至萬曆中，北監又刻《十三經》、《二十一史》，其板視南稍工，而士大夫遂家有其書，歷代之事迹粲然於人間矣。然校勘不精，訛舛彌甚，且有不知而妄改者。偶舉一二：如《魏書・崔孝芬傳》李彪謂崔挺曰：「比見賢子謁帝，旨諭殊優，今當爲群拜紀。」此《三國志・陳群傳》中事，陳群，字長文，紀之子。時「魯國孔融高才倨傲，年在紀、群之間。先與紀友，後與群交，更爲紀拜」。古人用此事者非一。《北史・陸卬傳》：邢邵向與卬父子彰交，及見卬機悟博學，乃謂子彰曰：「以卿老蚌，遂出明珠，意欲爲群拜紀。」非爲隱僻。今所刻《北史》改云：「今當爲絶群耳。」不知「紀」、「群」之爲名，而改「紀」爲「絶」，又倒其文。此已可笑。南北板同。又如《晉書・華譚傳》末云：「始淮南袁甫，字公胄，亦好學，與譚齊名。」今本誤於「始」字絶句，左方跳行添列一「袁甫」名題，而再以「淮」字起行。南北板同。《齊王冏傳》末云：「鄭方者，字子回。」此姓鄭名方，即上文所云「南陽處士鄭方，露版極諫」，而别叙其人與書及冏答書於後耳。今乃跳行，添列一「鄭方者」三字名題。北板無「者」。《唐書・李敬玄傳》末附「敬玄弟元素」[一]，今以「敬玄」屬上文，而「弟元素」跳行。此不適足以彰太學之無人，而貽後來之姍笑乎？惟馮夢禎爲南祭酒，手較《三國志》，猶不免誤，終勝他本。《十三經》中，《儀禮》脱誤尤多。《士昏禮》脱「壻授綏姆，辭曰：『未教，不足[二]爲禮也』」一節十四字，賴有長常[三]安石經據以補此一[四]節，而其註疏遂亡。《鄉射禮》脱「士，鹿中，翿旌以獲」七字，《士虞禮》脱「哭止，告事畢，賓出」七字，《特牲饋食禮》脱「舉觶者祭，卒禮[五]，拜，長者答拜」十一字，《少牢饋食禮》脱「以授尸，坐取簞，興」七字。此則秦火之所未亡而亡於監刻矣。至於歷官任滿，必刻一書，以充饋遺，此亦甚雅。而鹵莽就工，殊不堪讀。陸文裕深《金臺紀聞》曰：「元時州縣皆有學田，所入謂之學租，以供師生廩餼，餘則刻書。工大者合數處爲之，故讎校刻畫頗有精者。洪武初，悉收上國學，今南監《十七史》諸書，地里、歲月、勘較、工役並存，可識也。今學既無田，不復刻書，而有司間或刻之，然祗以供饋贐之用，其不工反出坊本下，工者不數見也。」昔時入覲之官，其饋遺，一書一帕而已，謂之「書帕」。自萬曆以後，改用白金。聞之宋、元刻書，皆在書院，山長主之，通儒訂之，主書院者謂之「山長」。《宋史・理宗紀》：「何基，婺州教授，兼麗澤書院山長。徐璣，建寧府教授，兼建安書院山長。」學者則互相易而傳布之。故書院之刻有三善焉：山長無事而勤於校讎，一也；不惜費而工精，二也；板不貯官而易印行，三也。有右文之主出焉，其復此非難也。而書之已爲劣生刊改者，不可得而正矣。是故「信而好古」[六]，則舊本不可無存；「多聞闕疑」[七]，則群書亦當並訂。此非後之君子之責而誰任哉！

《舊唐書》病其事之闕遺[八]，《新唐書》病其文之晦澀，當兼二書刻之，爲「二十二史」。如宋、魏諸國既各有書，而復有《南史》、《北史》，是其例也。

【校注】

[一]「敬玄弟元素」，新舊《唐書》同。

[二]「不足」下，脱「與」字，原抄本同，當補。遂初堂本、集釋本、欒本、陳本、嚴本有「與」字。《儀禮》有「與」字。

[三]「常」字衍，當删，原抄本、遂初堂本、集釋本、欒本、陳本、嚴本無。

[四]下「一」字衍，當删，原抄本、遂初堂本、集釋本、欒本、陳本、嚴本無。

[五]「禮」字誤，原抄本同誤，當改。遂初堂本、集釋本、欒本、陳本、嚴本作「觶」。《儀禮》作「觶」。

[六]語出《論語・述而》。

[七]語出《論語・爲政》。

［八］「闕遺」，原抄本同，遂初堂本、集釋本、欒本、陳本、嚴本作「遺闕」。

張參五經文字

唐人以《説文》、《字林》試士。其時去古未遠，開元以前未改經文之日，《唐書·經籍志》：「天寶三載，詔集賢學士衛包，改古文《尚書》，從今文。」篆籀之學，童而習之。今西安府所存唐睿宗書景龍觀鍾，猶带篆文［一］遺法。至於宋人，其去古益遠，而爲説日以鑿矣。大曆中，張參作《五經文字》，據《説文》、《字林》，刊正謬失，甚有功於學者。開成中，唐玄度增補，復作《九經字樣》。石刻在關中，今西安府學。向無板本，間有殘缺，無別本可證。近代有好事者，刻《九經補字》，並屬諸生補此書之闕，以意爲之。乃不知此書特《五經》之文，非經所有者不載，而妄添經外之字，並及字書中汎博之訓。予至關中，洗刷元石，其有一二可識者，顯與所補不同。乃知近日學者之不肯闕疑而妄作如此。

山東人刻《金石録》，於李易安《後序》「紹興二年玄黓歲壯月朔」，不知「壯月」之出於《爾雅》，八月爲壯。而改爲「牡丹」。凡萬曆以來所刻之書，多「牡丹」之類也。［二］

【校注】

［一］「篆文」，原抄本同，遂初堂本、集釋本、欒本、陳本、嚴本作「篆分」。

［二］「山東」以下一段，原抄本、遂初堂本、嚴本同。集釋本在下「別字」條，置於「音之轉」一段之後。黃汝成集釋：此條諸本并誤隸《張參五經文字》後，今從原寫本。

别字

《後漢書・儒林傳》：「讖書非聖人所作，其中多近鄙别字。」「近鄙」者，猶今俗用之字。「别字」者，本當爲此字而誤爲彼字也。今人謂之「白字」，乃「别」音之轉。

三朝要典

《宋史・蹇序辰傳》：「紹聖中，爲起居郎、中書舍人，同修國史。疏言：『前日朝廷[一]正司馬光等奸惡，明其罪罰，以告中外。惟變亂典刑，改廢法度，訕讟宗廟，睥睨兩宫，觀事考言，實狀彰著。然蹤迹深秘，包藏禍心，相去八年之間，蓋已不可究質。其章疏案牘，散在有司，若不彙輯而存之，歲久必致淪失。願悉討奸人[二]所言所行，選[三]編類，人爲一帙，置之二府，以示[四]天下後世大戒。』遂命序辰及徐鐸編類，繇是搢紳之禍無一得免者。」天啟中纂輯《三朝要典》，[五]正用序辰之法。

門户之人，其立言之指，各有所借。章奏之文，互有是非，作史者两收而並存之，則後之君子如執鏡以炤物，無所逃其形矣。褊心之輩，謬加筆削，於此之黨則存其是者，去其非者，於彼之黨則存其非者，去其是者。於是言者之情隱，而單辭得以勝之。且如《要典》一書，其言未必盡非，而其意别有所爲。繼此之爲書者猶是也。此國論之所以未平，而百世之下難乎其信史也。先帝[六]批講官李明睿之疏曰：「纂修《實録》之法，惟在據事直書，則是非互見。」大哉王言！其萬世作史之準繩乎！[七]

【校注】

[一]「前日朝廷」，原抄本同，遂初堂本、集釋本、欒本、陳本、嚴本作「朝廷前日」。《宋史》作「朝廷前日」。

[二]「奸人」，原抄本同，遂初堂本、集釋本、欒本、陳本、嚴本作「奸臣」。《宋史》作「奸臣」。

[三]「選」字下，脱「官」字，當補。原抄本、遂初堂本、集釋本、欒本、陳本、嚴本均作「選官」。《宋史》作「選官」。

[四]下「示」字衍，當删，原抄本、遂初堂本、集釋本、欒本、陳本、嚴本無。

[五]《明史·藝文志二》：「《三朝要典》二十四卷，天啟中顧秉謙等修，崇禎初詔毁之。」又《方從哲傳》：「魏忠賢輯梃擊、紅丸、移宫三事爲《三朝要典》，以傾正人。」

[六]「先帝」，原抄本同。潘耒遂初堂刻本改爲「崇禎帝」，集釋本因之。欒本據黄侃校記改回而加説明，陳本、嚴本仍刻本之舊而加注。

[七]黄汝成集釋引楊氏曰：《要典》者，一論梃擊，萬曆四十三年五月事也；一爲紅丸，泰昌元年，即四十八年九月朔事；一爲移宫，是年是月初五事。

密疏

唐武宗會昌元年十二月，中書門下奏：「宰臣及公卿論事，行與不行，須有明據。或奏請允愜，必見褒稱；或所論乖僻，因有懲責。在藩鎮上表，必有批答；居要官啟事，自有記注。並須昭然在人耳目，或取捨存於堂案，或與奪形於詔敕。前代史書所載奏議，罔不繇此。近見實録多載密疏，言不彰於朝聽，事不顯於當時，得自其家，未足爲信。今後實録所載章奏，並存[一]朝廷共知者方得紀述，密疏並請不載。如此則理必可法，人皆向公，愛憎之志不行，褒貶之言必信。」「從之。」[二]此雖出於李德裕之私心，然其言不爲無理。自萬曆末年，章疏一切留中，抄傳但憑閣揭。天啟以來，讒慝弘多，嘖言彌甚。予嘗親見大臣之子追改其父之疏草，而刻之以欺[三]人者。欲使蓋棺之後，重爲奮[四]筆之文，逭遺譏[五]於後人，侈先見於前事，其爲誣罔，甚於唐時。故志之於書，俾作史之君子詳察而嚴斥之也。

【校注】

[一]「並存」，原抄本同，遂初堂本、集釋本、欒本、陳本、嚴本作「並須」。《舊唐書》作「並須」。

[二]《舊唐書·武宗本紀》。

[三]「欺」，原抄本同，遂初堂本、集釋本、欒本、陳本、嚴本下有「其」字。

[四]「奮」，原抄本、遂初堂本、集釋本、欒本、嚴本同，陳本作「奪」。

[五]「譏」，原抄本同。遂初堂本、集釋本、欒本、陳本、嚴本作「議」。

貼黄

章奏之冗濫，至萬曆、天啟之間而極。至一疏而薦數十人，累二三千言不止，皆枝蔓之辭。

先帝[一]英年御宇，厲精圖治，省覽之勤，批答之速，近朝未有。乃數月之後，頗亦厭之，崇禎元年三月[二]，命内閣爲貼黄之式，即令本官自撮疏中大要，不過百字，黏附牘尾，以便省覽。此貼黄之所繇起也。

宋葉夢得《石林燕語》曰：「唐制，降敕有所更改，以紙貼之，謂之『貼黄』。蓋敕書用黄紙，則貼者亦黄紙也。今奏狀劄子皆白紙，有意所未盡，揭其要處，以黄紙別書於後，乃謂之『貼黄』，蓋失之矣。其表章略舉事目與日月、道里見於前及封皮者，又謂之『引黄』。」

【校注】

[一]「先帝」，原抄本同。潘耒遂初堂刻本改爲「崇禎帝」，集釋本因之。欒本據黄侃校記改回而加説明，陳本、嚴本仍刻本之舊而加注。

[二]「崇禎元年三月」一句，原抄本同。遂初堂本改爲小字夾註，置於「貼黄之式」下。

記注

古之人君，左史記事，右史記言，所以防過失而示後王。記注之職，其來尚矣。唐太宗通曉古典，尤重其事。蘇冕言：「貞觀中，每日朝退後，太宗與宰臣參議政事，即令起居郎一人執簡記録。繇是貞觀注記政事，稱爲畢備。及高宗朝會，端拱無言，有司惟奏『辭』、『見』二字[一]。其後許敬宗、李義府[二]用權，多妄論奏，恐史官直書其短，遂奏令隨仗便出，不得備聞機務，因爲故事。」[三]

《舊唐書·姚璹傳》：「長壽二年，遷文昌左丞、同鳳閣鸞臺平章事。自永徽以後，左、右史惟得對仗承旨，仗下後，謀議皆不預聞。璹以爲帝王謨訓，不可遂無紀述，若不宣自宰相，史官無從得書，乃表請仗下所言軍國政事[四]，宰相一人專知撰録，號爲『時政記』，每月封送史館。宰相之撰《時政記》自璹始也。」[五]

【校注】

[一]「二字」，原抄本同，遂初堂本、集釋本、欒本、陳本、嚴本作「二事」。《唐會要》、《册府元龜》作「二事」。

[二]「李義府」，原抄本同，遂初堂本、集釋本誤作「李義甫」。欒本、嚴本改「甫」爲「府」，陳本未改。《唐會要》、《册府元龜》作「李義府」。事蹟見兩《唐書》本傳。

[三]《唐會要》卷五十六。又見《册府元龜》卷五百六十。

[四]「政事」，原抄本同。遂初堂本、集釋本、欒本、陳本、嚴本作「政要」。《舊唐書》作「政要」。

[五]黄汝成集釋引沈氏曰：萬曆二十六年八月丙辰，大學士趙志皋等，恭進累朝《寶訓》及《實録》。《大祖高皇帝寶訓》十五卷、《實録》二百五十七卷，《成祖文皇帝寶訓》十五卷、《實録》百三十卷，《仁宗昭皇帝寶訓》六卷、《實録》十卷，《宣宗章皇帝寶訓》十二卷、《實録》百二十一卷，《英宗睿皇帝寶訓》十二卷、《實録》三百六十一卷，《憲宗純皇帝寶訓》十卷、《實録》二百九十三卷，《孝宗敬皇帝寶訓》十卷、《實録》二百二十四卷，《武宗毅皇帝寶訓》十卷、《實録》百九十七卷，《世宗肅皇帝寶訓》二十四卷、《實録》五百六十六卷，《穆宗莊皇帝寶訓》八卷、《實録》七十卷。通共二千二百四十五卷，裝爲百套。上嘉悦，命奉安御前，恭備詳覽。沈氏又曰：《神宗顯皇帝實録》五百九十六卷，《光宗貞皇帝皇帝寶訓》四卷、《實録》八卷，《熹宗悊皇帝實録》八十七卷。

四書五經大全

自朱子作《大學》、《中庸》《章句》、《或問》，《論語》、《孟子集註》之後，黄氏榦，字直卿，號勉齋先生。有《論語通釋》，而采《語録》附於朱子《章句》之下則始自真氏，德秀，字希元，號西山先生。名曰《集義》，止《大學》一書。祝氏洙，字宗道。乃倣而足之，爲《四書附録》。後有蔡氏模，字仲覺，號覺軒先生。《四書集疏》，趙氏順孫，號格庵先生。《四書纂疏》，吴氏真子，號克齋先生。《四書集成》。昔之論者病其泛濫，於是陳氏櫟，字壽翁，號定宇先生。作《四書發明》，胡氏炳文，字仲虎，號雲峰先生。作《四書通》。而定宇之門人倪氏士毅，字仲宏，號道川先生。合二書爲一，頗有删正，名曰《四書輯釋》。有汪克寛序，至正丙戌。自永樂中命儒臣纂修《四書大全》，頒之學官，而諸書皆廢。

倪氏《輯釋》今見於劉用章剡所刻《四書通義》中。永樂中所纂《四書大全》特小有增删，其詳其簡，或多不如倪氏。《大學》、《中庸或問》則全不異，而間有舛誤。《大學·格致章》《或問》：「是亦不待七十子喪，而大義已乖矣。」《輯釋》引《漢書》劉歆《移太常書》有曰「及夫子殁而微言絶，七十子終而大義乖」，又《孔子家語·後序》中亦有此二句，《大全》則去其所引劉歆書，但云出《家語·後序》，則失其本矣。《中庸·九經章》《或問》引賈捐之對元帝語，《輯釋》引《漢書》本傳文曰「夫後宫盛餙[一]則賢者隱微，佞臣用事則諍臣杜口，而文帝不行」，此捐之之言，謂文帝不聽後宫幸臣之請爾，《大全》則改云「元帝不行」。既不知古書，又不辨語氣。

至《春秋大全》，則全襲元人汪克寛《胡傳纂疏》，字德輔，隱居不仕，以十年之功爲此書。但改其中「愚按」二字謂[二]「汪氏曰」，及添「廬陵李氏」等一二條而已。《詩經大全》則全襲元人劉瑾《詩傳通釋》，此書與《胡傳纂疏》予今並有之。而改其中「愚按」二字爲「安成劉氏曰」。其三經後人皆不見舊書，亦未必不因前人也。當日儒臣奉旨修《四書五經大全》，頒餐錢，給筆札，書成之日，賜金遷秩，所費於國家者不知凡幾。將謂此書既成，可以章一代教學之功，啟百世儒林之緒，而僅取已成之書抄謄一過，上欺朝廷，下誑士子。唐、宋之時，有是事乎！豈非骨鯁之臣，已空於建文之代？而制義初行，一時人士盡棄宋、元以來所傳之實學，上下相蒙，以饕禄利，而莫之問也。嗚呼！經學之廢，實自此始。後之君子欲掃而更之，亦難乎其爲力矣。

【校注】

[一]「盛餙」，原抄本同，遂初堂本、嚴本作「色盛」，集釋本、欒本、陳本作「盛色」。《漢書》作「盛色」。

[二]「謂」，原抄本同，遂初堂本、集釋本、欒本、陳本、嚴本作「爲」。

書傳會選[一]

洪武二十七年四月，「丙戌，詔徵儒臣定正宋儒蔡氏《書傳》。上以蔡氏《書傳》日月五星運行與朱子《詩傳》不同，及其他註説與番陽鄒季友所論間亦有未安者，遂詔徵天下儒臣定正之」。命翰林院學士劉三吾等總其事。凡蔡氏《傳》得者存之，失者正之，又采諸家之説足其未備。九月癸丑，書成，賜名《書傳會選》，命禮部頒行天下。[二]今按此書，若《堯典》，謂「天左旋，日月五星違天而右轉」；陳氏祥道。《高宗肜日》，謂「祖庚繹于高宗之廟」；金氏履祥。《西伯戡黎》，謂「是武王」；金氏。《洛誥》「惟周公誕保文武受命，惟七年」，謂「周公輔成王之七年」；張氏，陳氏櫟。皆不易之論。又如《禹貢》「厥賦貞」，主蘇氏軾，謂「賦與田正相當」；「涇屬渭汭」，主孔傳，「水北曰汭」。《太甲》「自周有終」，主金氏，謂「『周』當作『君』」。《多方》「不克開于民之麗」，主葉氏、陳氏櫟，謂「古者治獄以附罪爲麗」。皆可從。然所采既博，亦或失當。如《金縢》「周公居東」，謂孔氏以爲「東征」非是，至《洛誥》又取「東征」之説，自相牴牾。每傳之下，繫以經文及傳，音釋於字音、字體、字義辯之甚詳。其傳中用古人姓字、古書名目，必具出處，兼亦考證典故。蓋宋、元以來諸儒之規模猶在，而其爲此書者皆自幼爲務本之學，非繇八股發身之人，故所著之書雖不及先儒，而尚有功於後學。至永樂中修《尚書大全》，不惟刪去異説，並音釋亦不存矣。愚嘗謂自宋之末造，以至有司[三]之初年，經術人材，於斯爲盛。自八股行而古學棄，《大全》出而經説亡，十族誅而臣節變，洪武、永樂之間，亦世道升降之一會矣。

【校注】

[一]「遷」字誤，當改。原抄本、遂初堂本、集釋本、欒本、陳本、嚴本均作「選」。目録不誤。

[二]《太祖實録》。

[三]「有司」誤，當改。原抄本、遂初堂本、集釋本、欒本、陳本、嚴本均作「有明」。

内典

古之聖人所以教人之説，其行在孝、弟、忠、信，其職在洒掃、應對、進退，其文在《詩》、《書》、《禮》、《易》、《春秋》，其用之身在出處、去就、交際，其施之天下在政令、教化、刑罰。雖其「和順積[一]中而英華發外」《樂記》。亦有體用之分，然並無「用心于内」[二]之説。自老莊之學行于戰國之時，而「外義」者告子也[三]，「外天下」、「外物」、「外生」者《莊子》也。於是高明之士，厭薄《詩》《書》，以爲此先王所以治天下之糟粕。[四]而佛氏晚入中國，其所言清净、慈悲之説，適有以動乎世人之慕嚮者，六朝諸君子從而衍[五]之。繇清净自在之説而極之，以至于不生不死，入於涅槃，則楊氏之「爲我」也；繇慈悲利物之説而極之，以至于普度衆生，超拔苦海，則墨氏之「兼愛」也。「天下之言不歸楊則歸墨」[六]，而佛氏乃兼之矣。[七]後之學者遂謂其書爲「内典」。「内典」字見《册府元龜》引《唐會要》：「開成二年二月，王彦進淮宣索《内典目録》十二卷。」[八]推其立言之旨，不將内釋而外吾儒乎？夫内釋而外吾儒，此左道惑衆之徒，先王之所必誅而不以聽者矣。[九]

《黄氏日抄》云：「《論語·曾子三省章》，《集註》載尹氏曰：『曾子守約，故動必求諸身』，語意已足矣。又載謝氏曰：『諸子之學，皆出於聖人，其後愈遠而愈失其真。獨曾子之學，專用心於内，故傳之無弊。』夫心所以具衆理而應萬事，正其心者，正欲施之治國平天下。孔門未有專用心於内之説也，用心於内，近世禪學之説耳。象山陸氏因謂曾子之學是『裏面出來』，其學不傳。諸子是外面入去，今傳於世者，皆『外入之學』，非孔子之真。[十]自謂[十一]《論語》之外自謂得不傳之學。凡皆源於謝氏之説也。」[十二]後有朱子，當於《集註》中去此一條。

褚少孫補《滑稽傳》，以傳記、襍説爲「外家」，是以《六經》爲内也。東漢儒者則以七緯爲内學，《六經》爲外學，《後漢書·方術傳》「自是習爲内學」，註：「内學，謂圖讖[十三]之書也。其事秘密，故稱内。」《逸民傳》：「博通内外圖典。」《魏志·管寧傳》：「張䆄學兼内外。」舉圖讖之文，一歸之「性與天道，不可得聞」[十四]。《後漢書·桓譚傳》：「天道、性命，聖人所難言也。自子貢以下，不可得聞。」指謂讖記。而今百世之下，曉然皆悟其非。今之所謂「内學」則又不在圖讖之書，而移之釋氏矣。

【校注】

［一］「積」，遂初堂本、集釋本、欒本、陳本、嚴本同，原抄本誤作「集」。《禮記》作「積」。

［二］《漢書・揚雄傳贊》謂《法言》諸作「用心於内，不求於外，於時人皆忽之」，朱熹《論語集注》引謝氏曰「諸子之學，皆出於聖人，其後愈遠而愈失其真。獨曾子之學，專用心於内，故傳之無弊」，然皆晚出。

［三］《孟子・公孫丑上》：「告子未嘗知義，以其外之也。」

［四］《韓詩外傳》卷五載輪扁曰先聖之書「此真先聖王之糟粕耳」，又見《莊子・天道》、《淮南子・道應訓》。

［五］「衍」，原抄本、集釋本、欒本、陳本同。遂初堂本、嚴本作「好」。

［六］《孟子・滕文公下》。

［七］自「谿清浄」至「兼之矣」一節，原抄本同。潘耒遂初堂刻本删，代之以「其傳寖盛」四字，集釋本補足此節，仍保留「其傳寖盛」四字。欒本、陳本、嚴本同。黄汝成案：自「由清浄」起至此，從沈氏校本增。欒本校注引黄侃校記曰：四字潘本所改。陳垣校注：「其傳寖盛」四字潘本增。嚴本校勘記：原本無「其傳寖盛」四字。

［八］《内典目録》見《新唐書・藝文志三》，「王彦進」作「王彦威」，又不言「宣索」。「内典」，《梁書・元帝本紀》：所著「《内典博要》一百卷」。《藝文類聚》卷七十七載梁沈約《内典序》。《顔氏家訓・歸心》：「内典初門設五種禁，外典仁義禮智信皆與之符。」《文選》孔稚珪《北山移文》「談空空於釋部，覈玄玄於道流」，李善注：「釋部，内典也」。王彦威，字子美，太原人。

［九］「此左道」以下二句，原抄本同。潘耒遂初堂刻本改爲「此自緇流之語，豈得士人亦云爾乎？」欒本據黄侃校記改回而加説明，陳本、嚴本依刻本之舊，無注。

［十］見陸九淵《象山語類下》。

[十一]「自謂」誤，原抄本同誤，當改。遂初堂本、集釋本、欒本、陳本、嚴本作「遂於」。

[十二]《黄氏日鈔》卷二。

[十三]「識」字誤，當改。原抄本、遂初堂本、集釋本、欒本、陳本、嚴本均作「讖」。

[十四]語出《論語・公冶長》。

心學

《黄氏日抄》解《尚書》「人心惟危，道心惟微，惟精惟一，允執厥中」[一]一章曰：「此章本堯命舜之辭，舜申之以命禹而加詳焉耳。堯之命舜曰『允執厥中』，今舜加『危』、『微』、『精一』之語於『允執厥中』之上，所以使之審擇而能『執中』者也。此訓之之辭也，皆主於堯之『執中』一語而發也。堯之命舜曰：『四海困窮，天禄永終』，今舜加『無稽之言勿聽』以至『敬修其可願』於『天禄永終』之上，又所以警切之，使勿至於『困窮』而『永終』者也。此戒之之辭也，皆主於堯之『永終』二語而發也。『執中』之訓，正説也；『永終』之戒，反説也。蓋舜以昔所得於堯之訓戒，並其平日所嘗用力而自得之者，盡以命禹，使知所以『執中』而不至於『永終』耳，豈爲言『心』設哉？近世喜言心學，舍全章本旨，而獨論『人心』、『道心』，甚者單摭『道心』二字，而直謂『即心是道』，蓋陷於禪學而不自知，其去堯、舜、禹授受天下之本旨遠矣。蔡九峰之作《書傳》，述朱子之言曰：『古之聖人将以天下與人，未嘗不以治之之法而並傳之。』[二]可謂深得此章之本旨。九峰雖亦以是明帝王之心，而心者，治國平天下之本，其説固理之正也。其後進此《書傳》於朝者，乃因以『三聖傳心』爲説。世之學者遂指此書十六字爲『傳心之要』，而禪學者借以爲據依矣。愚按，心不待傳也。流行天地間，貫徹古今而無不同者，理也。理具於吾心，而驗於事物。心者，所以統宗此理而别白其是非。人之賢否，事之得失，天下之治亂，皆於此乎判。此聖人所以致察於『危』『微』『精』『一』之間，而相傳以『執中』之道，使無一事之不合於理，而無有過不及之偏者也。禪學原於莊列滑稽戲劇，肆無忌憚之語，懼理之形彼醜謬，而凡聖賢經傳之言理者，皆害己之具也，故[三]以理爲障而獨指其心，曰『不立文字』、『單傳心印』。此蓋不欲言理，爲此遁辭，付之不可究詰云爾。[四]聖賢之學自一心而達之天下國家之用，無非至理之流行，明白洞達，人人所同，歷千載而無間者。何《傳》之云俗説浸淫，雖賢者或不能不襲用其語？故僭書其所見如此。」[五]

《中庸章句》引程子之言曰：「此篇乃孔門傳授心法。」亦是借用釋氏之言，不無可酌。

《論語》一書言「心」者三，曰「七十而從心所欲，不踰矩」，曰「回也，其心三月不違仁」，曰「飽食終日，無所用心」。乃「操則存，舍則亡」之訓，門人未之記，而獨見於《孟子》。[六]夫未學聖人之「操心」，而驟語夫「從心」，此即所謂「飽食終日，無所用心」，而「旦晝之所爲，有牿亡之」者矣。[七]

唐仁卿名伯元，澄海人。萬曆甲戌進士，官至吏部文選司郎中。答人書曰：「自新學興而名家著，其冒焉以居之者不少，然其言學也則心而已矣。元聞古有學道，不聞學心；古有好學，不聞好心。『心學』二字，《六經》、孔孟所不道。今之言學者，盖謂心即道也，而元不解也。何也？危微之旨在也，雖上聖而不敢言也。今人多怪元言學而遺心，孰若執事責以不學之易了，而元亦可以無辭於執事。子曰：『有能一日用其力於仁矣乎？』[八]又曰：『一日克己復禮。』[九]又曰：『終日乾乾，行事也。』[十]元未能也。孔門諸子『日月至焉』[十一]，夫子猶未許其好學，而况乎日至未能也，謂之不學可也。但未知執事所謂學者，果仁邪？禮邪？事邪？抑心之所[十二]謂邪？外仁、外禮、外事以言心，雖執事亦知其不可。執事之意必謂仁與禮與事，即心也；用力於仁，用力於心也；復禮，復心也；行事，行心也。則元之不解猶昨也，謂之不學可也。」又曰：「『孳孳爲善』[十三]者，心；『孳孳爲利』者，亦未必非心。危哉心乎！判吉凶，别人禽，雖大聖猶必防乎其防，而敢言心學乎？心學者，以心爲學也。以心爲學，是以心爲性也。心能具性，而不能使心即性也。是故求放心則是，求心則非。求心則非，求於心則是。我所病乎心學者，爲其求心也。心果待求，必非與我同類。心果可學，則『以禮制心』[十四]、『以仁存心』[十五]之言，毋乃爲心障與？」衛嵩[十六]曰：「『從心』、『不踰矩』，孔子至七十時方敢以此自信。而今之學者『未可與立』，而欲語『從心』，率天下之人而禍仁義，必言也[十七]。」

《論語》「仁者安仁」，《集註》：「謝氏曰：『仁者心無内外，遠近精粗之間，非有所存而自不亡，非有所理而自不亂。』此皆莊列之言，非吾儒之學。《太甲》曰：「顧諟天之明命。」子曰：「回之爲人也擇乎中庸，得一善則拳拳服膺而弗失之矣。」[十八]故曰：「操則存，舍則亡。」[十九]不待存而自不亡者，何人哉？

【校注】

[一]《尚書·大禹謨》。

[二]蔡沈《書集傳》卷一。

[三]「原於莊列」至「故」字止一節，原抄本同。潘耒遂初堂刻本删，集釋本因之。欒本據黄侃校記增補而加説

明，陳本仍刻本之舊而加注，嚴本仍刻本之舊，無注。

［四］「此蓋」至「云爾」一節，原抄本同。潘耒遂初堂刻本删，集釋本因之。欒本據黄侃校記增補而加説明，陳本仍刻本之舊而加注，嚴本仍刻本之舊，無注。

［五］《黄氏日鈔》卷五。

［六］《孟子·告子上》引孔子曰。

［七］《孟子·告子上》。

［八］《論語·里仁》。

［九］《論語·顔淵》。

［十］《易經·乾卦·文言傳》。

［十一］語出《論語·雍也》。

［十二］「所」字，原抄本、遂初堂本、集釋本、欒本、陳本、嚴本無。

［十三］語出《孟子·盡心上》，下同。

［十四］語出《尚書·仲虺之誥》。

［十五］語出《孟子·離婁下》。

［十六］「衛蒿」誤，原抄本同誤，當改。集釋本、欒本、陳本、嚴本作「衛嵩」，亦誤。遂初堂本作「衛蒿」。陳垣校注：《小腆紀傳》五三有衛蒿，字匪莪，初名麟貞，字瑞鳴，曲沃人。以母喪易今名字，與傅山相友善，即此人。卷七「梁惠王條」末注亦作「衛嵩」，誤。潘本此字獨不誤。

［十七］「必言也」脱誤，當補。原抄本作「必此言也」，遂初堂本、集釋本、欒本、陳本、嚴本作「必斯言也」。

［十八］《禮記·中庸》。

［十九］《孟子·告子上》。

舉業

林文恪材《福州府志》曰：「余好問長老前輩時事，或爲余言林尚默名誌，閩人[一]。永樂壬辰進士，鄉試、會試皆第一，殿試一甲第二人[二]。方游鄉序，爲弟子員，即自負其才當冠海内士云。然考其時試諸生者，則楊文貞[三]、金文靖[四]二公也。夫尚默當時所習，特舉子業耳，而楊、金二學士皆文章宿老，蔚爲儒宗，尚默乃能必之二公，若合符節，何哉？當是時[五]，學出於一，上以是取之，下以是習之，譬作車者不出門而知適四方之合轍也。正德末，異説者起，以利誘後生，使從其學，毁儒先，詆傳註，殆不啻弁髦[六]矣。由是學者倀倀然莫知所從。從其舊説，則恐或主新説；欲[七]從其新説，則又不忍遽棄傳註也。己不能自必，况於人乎？嗚呼！士之懷瑾握瑜，範馳驅而不遇者，可勝道哉！是故射無定鵠，則羿不能巧；學無定論，則游、夏不能工。欲道德一，風俗同，其必自『大人不倡游言』[八]始。」[九]

又曰：「近日講學之輩，彌近理而大亂真。士附其門者皆取榮名，於是一唱百和，如伐木者呼邪許然。[十]徐而叩之，不過徼捷徑於終南，而其中實莫之能省也。」[十一]

東鄉艾南英[十二]《皇明今文待序》曰：「嗚呼！制舉業中，始爲禪之説者誰與？原其始，蓋繇一二聰明才辯之徒，厭先儒敬義誠明、窮理格物之説，樂簡便而畏繩束，其端肇於宋南波[十三]之[十四]，而慈湖楊氏之書爲最著。國初，功令嚴密，匪程朱之季言弗遵也。盖至摘取良知之説，而士稍異學矣。然予觀其書，不過師友講論，立教明宗而已，未嘗以入制舉業也。其徒龍溪王畿、緒山錢德洪闡明其師之説，而又過焉，亦未[十五]嘗以入制舉業也。龍溪之舉業不傳，陽明、緒山班班可考矣。衡較其文，特[十六]詳矜重，若未始肆然欲自異于朱氏之學者。然則今之爲此者，誰爲之始與？吾姑爲隱其姓名，而又詳乙注其文，使學者知以宗門之糟粕爲舉業之俑者，自斯人始。萬曆丁丑科楊起元。嗚呼！降而爲《傳燈》[十七]，於彼教初説，其淺深相去已遠矣，又況附會以援儒入墨之輩，其鄙陋可勝道哉！今其大旨不過曰『耳日[十八]自天聰，目自天明』，猶告子曰『生之謂性』[十九]而已。及其厭窮理格物之迂而去之，猶告子曰『不得於言，勿求於心』[二十]而已。任其所之而冥行焉，未有不流於『小人之無忌憚』[二十一]者。此《中庸》所以言性不言心，《孟子》所以言心而必原之性，《大學》所以言心而必曰『正其心』。吾將有所論著，而姑言其概如此，學者可以廢然返矣。」

又曰：「嘉靖中，姚江[二十二]之書雖盛行於世，而士子舉業尚謹守程朱，無敢以禪竄[二十三]者。自興化[二十四]、華亭[二十五]兩執政，尊王氏學，於是隆慶戊辰《論語》程義，首開宗門。破題見下。是年主考李春芳，興化縣人。此後浸淫，無所底止。科試文士[二十六]大半剽竊王氏門人之言，陰詆程朱。」

坊刻中有僞作羅倫[二十七]《致知在格物》一篇，其破題曰：「良知者，廓於學者也。」按羅文毅，中成化二年進士，當時士無異學。使果有此文，則良知之説始於彝正，不始於伯安矣。況前人作破，亦無此體。舊日文字，破題或二句，或三句，必盡題意。嘉靖八年，主司變體，刱爲輕佻之格。「孔子，聖之時者也」，程文破云：「聖人者，立大中者也」。試録一出，士論譁然。以其爲先朝名臣而借之耳。

【校注】

[一]「閩人」，原抄本同，遂初堂本、集釋本、欒本、陳本、嚴本作「閩縣人」。

[二]「人」，原抄本同，遂初堂本、集釋本、欒本、陳本、嚴本作「名」。

[三]楊士奇，名寓，字士奇，以字行世，謚文貞。

[四]金幼孜，名善，以字行，謚文靖。

[五]「當是時」，原抄本同，遂初堂本、集釋本、欒本、陳本、嚴本下有「也」字。

[六]弁髦，《左傳·昭公九年》：「豈如弁髦而因以敝之。」

[七]「欲」字，原抄本同，遂初堂本、集釋本、欒本、陳本、嚴本在「從其舊説」上。

[八]語出《禮記·緇衣》。

[九]林材《福州府志·名臣·林志》傳論。

[十]《淮南子·道應訓》：「今夫舉大木者，前呼邪許，後亦應之。」

[十一]林材《福州府志·儒林·鄭守道》傳論。

[十二]艾南英，字千子，江西東鄉人。《明史·文苑四傳》有傳。

[十三]「波」字誤，當改。原抄本、遂初堂本、集釋本、欒本、陳本、嚴本均作「渡」。

[十四]「之」字下，脱「季」字，誤植在「程朱之」下，當乙正。原抄本、遂初堂本、集釋本、欒本、陳本、嚴本均作「之季」。

[十五]「木」字誤，當改。原抄本、遂初堂本、集釋本、欒本、陳本、嚴本均作「未」。

[十六]「特」，原抄本同，遂初堂本、集釋本、欒本、陳本、嚴本作「持」。

[十七]傳燈，謂禪宗。宋僧道原有《景德傳燈録》三十卷，宋僧普濟有《五燈會元》二十卷等，述禪宗諸祖源流。

[十八]「日」字衍，當删，原抄本、遂初堂本、集釋本、欒本、陳本、嚴本無。

［十九］《孟子·告子上》。

［二十］《孟子·公孫丑上》。

［二十一］語出《禮記·中庸》。

［二十二］王守仁，字伯安，號陽明子，餘姚姚江人。《明史·儒林傳一》：「宗守仁者曰姚江之學。」黄宗羲《明儒學案》列《姚江學案》一卷。

［二十三］「竄」字下，脱「聖」字，當補。原抄本同，遂初堂本、集釋本、欒本、陳本、嚴本下有「聖」字。

［二十四］李春芳，字子實，揚州興化人。

［二十五］徐階，字子升，松江華亭人。

［二十六］「文士」，原抄本同，遂初堂本、集釋本、欒本、陳本、嚴本作「文字」。

［二十七］羅倫，字彝正，謚文毅。

破題用莊子

《五經》無「真」字，始見於老莊之書。《老子》曰：「其中有精，其精甚真。」猶今方士所謂「丹頭」。［一］《莊子·漁父篇》：「孔子愀然曰：『敢問何謂真？』客曰：『真者，精誠之至也。』」《荀子》「真積力久」亦是此意。《黄庭經》曰：「積精累氣以爲真。」《大宗師篇》曰：「而已反其真，而我猶爲人猗！」《列子》曰：「精神離形，各歸其真，故謂之鬼。鬼，歸也。歸其真宅。」《漢書·楊王孫傳》曰：「死者，終生之化，而物之歸者也。歸者得至，化者得變，是物各反其真也。」《説文》曰：「真，僊人變形登天也。」徐氏《繫傳》[二]曰：「真者，僊也，化也。從匕，匕即化也，反[三]人爲亡。從目從乚。八，其所乘也。」[四]人老則近于死，故「老」字從「匕」。既死則反其真，故「真」字亦從「匕」。以生爲寄，以死爲歸，於是有真人、真君、真宰之名。「秦始皇曰：『吾慕真人。』自謂『真人』，不稱『朕』。」[五]魏太武改元「太平真君」，而唐玄宗詔以四子之書謂之《真經》[六]，皆本乎此也。後世相傳，乃遂與「假」爲對。李斯《上秦王書》：「夫擊甕叩缻，彈箏搏髀，而歌呼嗚嗚者[七]，快耳目，真秦之聲也。」[八]韓信請爲「假王」，高帝曰：「大丈夫定諸侯，即爲真王耳，何以假爲？」[九]又更東垣曰「真定」。[十]竇融《上光武書》曰：「豈可背真舊之主，事姦僞之人。」[十一]而與老莊之言「真」，亦微異其指矣。今謂「真」，古曰「實」。今爲[十二]「假」，古曰「僞」。《左傳·襄十八年》：「使乘車者左實右僞，以旆先，輿曳柴而從之。」假王猶假君、假相國，唐人謂之「借職」是也。今人之所謂「假」，亦非。 宋諱「玄」，以「真」代之，故廟號曰「真宗」，玄武七宿改爲「真武」，玄冥改爲「真冥」，玄枵改爲「真枵」。《崇文總目》謂《太玄經》爲《太真》，則猶未離其本也。隆慶二年會試，爲主考者厭《五經》而喜《老》《莊》，黜舊聞而崇新學，首題《論語》「子曰：『由，誨汝知之乎』」一節，其程文破云：「聖人教賢者以真知，在不昧其心而已。」《莊子·大宗師篇》：「且有真人而後有真知。」《列子·仲尼篇》：「無樂無知，是真樂真知。」始明以《莊子》之言入之文字。自此五十年間，舉業所用，無非釋、老之書。彗星掃北斗文昌[十三]，而御河之水變爲赤血矣[十四]。崇禎時，始申舊日之禁，而士大夫皆幼讀時文，習染已又[十五]，不經之字，搖筆輒來。正如康崑崙所受鄰舍女巫之邪聲，非十年不近樂器未可得而絶也。[十六]雖然，以周元公[十七]道學之宗，而其爲書猶有所謂「無極之真」者，[十八]吾又何責乎今之人哉？ 羅氏《困知記》謂：「『無極之真，二五之精，妙合而凝。』太極與陰陽、五行非二物也，不當言合。」又言：「《通書》未嘗一語及『無極』。」

《孟子》言：「所不慮而知者，其良知也。」[十九]下文明指是愛親、敬長。若夫因嚴以教敬，因親以教愛，則必待學而知之者矣。今之學者明用《孟子》之「良知」，暗用《莊子》之「真知」。

【校注】

[一]此條亭林原注，原抄本同。潘耒遂初堂刻本删，集釋本因之，欒本、陳本、嚴本均未補，無校注。

[二]南唐徐鍇《説文解字繫傳》。

[三]「反」，遂初堂本、集釋本、欒本、陳本、嚴本同，原抄本誤作「及」。

[四]「真」字古文字形作「眞」，故云。

[五]《史記・秦始皇本紀》。

[六]四子，莊子、文子、列子、庚桑子。

[七]「者」字誤植，當乙正。原抄本、遂初堂本、集釋本、欒本、陳本、嚴本均在「快耳目」下。《史記》作「快耳目者」。

[八]《史記・李斯列傳》。

[九]《史記・淮陰侯列傳》。

[十]《史記・韓信盧綰列傳》。

[十一]《後漢書・竇融列傳》。

[十二]「爲」字誤，當改。原抄本、遂初堂本、集釋本、欒本、陳本、嚴本均作「謂」。

[十三]《晉書・天文志》：太元十五年，彗星經太微、三台、文昌入北斗，占曰：「掃北斗，强國發兵，諸侯争權，大人憂。」《宋書・符瑞志》：義熙十四年，彗星出太微中，進掃北斗及紫微中，占曰：「彗星出太微，社稷亡，天下易政。入北斗，帝宮空。」

[十四]《漢書·五行志》:「秦武王三年渭水赤者三日,昭王三十四年渭水又赤三日。」劉向《洪範五行傳》曰:「渭水,秦大川也。陰陽亂,秦用嚴刑,敗亂之象。」《晉書·五行志》:「武帝太康五年四月壬子,魯國池水變赤如血。」《南史·齊本紀》:「永元元年,淮水變赤如血。」

[十五]「又」字誤,當改。原抄本、遂初堂本、集釋本、欒本、陳本、嚴本均作「久」。

[十六]唐段安節《樂府雜録》「琵琶」條。《太平御覽》卷五百八十三引之。

[十七]周敦頤,字茂叔,世稱濂溪夫子、濂溪先生,宋寧宗嘉定十三年賜謚曰「元」,故稱周元公。《宋史·道學傳》有傳。

[十八]見周敦頤《太極圖説》。

[十九]《孟子·盡心上》。

科場禁約

萬曆三十一年□月[一],禮部尚書馮琦上言:「頃者皇上納都給事中張問達之言,正李贄惑世誣民之罪,盡焚其所著書,其崇正闢邪,甚盛舉也。臣竊惟國家以經術取士,自《五經》、《四書》、《二十一史》、《通鑑》、《性理》諸書而外,不列於學官,而經書傳註又以宋儒所訂者爲準。此即古人罷黜百家、獨尊孔氏之旨。自人文向盛,士習寖漓,始而厭薄平常,稍趨纖靡。纖靡不已,漸騖新奇。新奇不已,漸趨詭僻。始猶附諸子[二]以立幟,今且尊二氏以操戈。背棄孔孟,非毁程朱,惟《南華》、西竺之語是宗是競。以實爲空,以空爲實。以名教爲桎梏,以紀綱爲贅疣。

以放言高論爲神奇，以蕩軼規矩、埽滅是非廉恥爲廣大。取佛書言心言性略相近者竄入聖言，取聖經有『空』字『無』字者强同於禪教。語道既爲踳駁，論文又不成章。世道潰於狂瀾，經學幾爲榛莽。臣請坊間一切新説曲議，令地方官襍燒之。生員有引用佛書一句者，廩生停廩一月，增附不許幫補，三句以上降黜。中式墨卷引用佛書一句者，勒停一科，不許會試，多者黜革。二十八年，禮科摘湖廣舉人董以修《四書》義有「無去無住」、「出世住世」語，罰停五科。伏乞天語申飭，斷在必行。自古有仙、佛之世，聖學必不明，世運必不盛。即能實詣其極，亦與國家無益，何况襲咳唾之餘，以自蓋其名利之跡者乎？夫道術之分久矣。自西晉以來，於吾道之外別爲二氏。自南宋以來，於吾道之中自分兩岐[三]。又其後則取釋氏之精藴，而陰附於吾道之内。如陳白沙、王陽明。又其後則尊釋氏之名法，而顯出於吾道之外。如李贄之徒。[四]非聖主執中建極，群工一德同風，世運之流，未知所届。」[五]上曰：「祖宗維世立教，尊尚孔子。明經取士，表章宋儒。近日學者不但非毁宋儒，漸至詆譏孔子，埽滅是非，蕩棄行檢諱闕[六]，復安得節義忠孝之士爲朝廷用？覽卿等奏，深於世教有裨，可開列條款奏來。仙、佛原是異術，宜在山林獨修，有好尚者，任其解官自便。」[七]自此稍爲釐正。然而舊染既深，不能盡滌。又在位之人多以護惜士子科名爲陰德，亦不甚摘發也。至於末年，詭僻彌甚。

新學之興，人皆土苴《六經》，因而不讀傳註。崇禎三年，浙江鄉試題「又[八]用明，俊民用章」，上文「歲月日，時無易」，[九]傳曰「不失其時」也。[十]第三名龔廣生文，誤以爲曆家一日十二時之時，而取冠本經，刻爲程文。九年，應天鄉試題「王請大之」至「文王一怒而安天下之民」，内有「以遏徂莒」,[十一]註曰:「莒,《詩》作『旅』,衆也。謂密人侵阮徂共之衆也」。[十二]第二十三名周天一文,誤以爲《春秋》莒人之莒,亦得中式,部科不聞磨勘。令[十三]之不行至此。

【校注】

[一]「三十一年□月」,原抄本作「三十一年三月」,遂初堂本作「三十一年六月」。集釋本、欒本、陳本、嚴本作「三十年三月」。

[二]諸子,此謂七十子以下儒家諸子。

[三]「岐」,遂初堂本、集釋本、陳本同,原抄本、欒本、嚴本作「歧」。

[四]以上「如陳白沙、王陽明」、「如李贄之徒」兩條亭林原注,原抄本同。潘耒遂初堂刻本删,黄氏集釋本補。欒本、陳本同。嚴本仍刻本之舊,無夾注,無校記。

[五]馮琦《宗伯集》卷五十七《爲重經術祛異説以正人心以勵人材疏》。

[六]「諱闕」二字,原抄本無。

[七]《神宗實録》卷三百七十。

[八]「又」字誤,原抄本同誤,當改。遂初堂本、集釋本、欒本、陳本、嚴本作「乂」。《尚書》作「乂」。

[九]語出《尚書·洪範》。

[十]傳曰,謂蔡沈《書集傳》。

[十一]語出《孟子·梁惠王下》。

[十二]朱熹《孟子集注》。

[十三]「令」字,原抄本同,遂初堂本、集釋本、欒本、陳本、嚴本作「詔令」。

朱子晚年定論

《宋史·陸九淵傳》：「初，九淵嘗與朱熹會鵝湖，論辯所學，多不合。及熹守南康，九淵訪之。熹與至白鹿洞，九淵爲講『君子小人喻義利』一章[一]，聽者至有泣下，熹以爲切中學者隱微深痼之病。至於『無極而太極』[二]之辨[三]，則貽書往來，論難不置焉。」

王文成守仁所輯《朱子晚年定論》，今之學者多信之，不知當時羅文莊欽順已嘗與之書而辯之矣。其書曰：「詳《朱子定論》之編，蓋以其中歲以前所見未真，及晚年始克有悟，乃於其論學書牘三數十卷之内，摘此三十餘條，其意皆主于向裏者。以爲得於既悟之餘，而斷其爲定論。斯其所擇宜亦精矣，第不知所謂晚年者，斷以何年爲定？偶考得何叔京氏卒於淳熙乙未，時朱子年方四十有六。後二年丁酉，而《論》、《孟》《集註》、《或問》始成。今有取於《答何書》者四通，以爲晚年定論，至於《集註》、《或問》，則以爲中年未定之説。竊恐考之欠詳，而立論之太果也。又所取《答黄直卿[四]》一書，監本止云『此是向來差誤』，别無『定本』二字，今所□編二字，而此[五]序中又變『定』字爲『舊』字，卻未詳『本』字所指。朱子有《答吕東萊》一書，嘗及『定本』之説，然非指《集註》、《或問》也。凡此愚皆不能無疑，顧猶未足深論。竊以執事天資絶世，而日新不已。向來恍若有悟之後，自以爲『證諸《五經》、四子，沛然若决江河而放諸海』，又以爲『精明的確，洞然無復可疑』，[六]某固信其非虚語也。然又以爲『獨於朱子之説，有相牴牾』，[七]揆之於理，容有是邪？他説姑[八]未敢請，嘗讀《朱子文集》，其第三十二卷皆與張南軒答問書，内第四書亦自以爲：『其於實體，似益精明，因復取凡聖[九]之書，以及近世諸老先生之遺語，讀而驗之，則又無一不合。蓋平日所疑而未白者，今皆不待安排，往往自見洒落處。』與執事之所自序者，無一語不相似也。書中發其所見，不爲不明。而卷末一書，提綱振領，尤爲詳盡。竊以爲千聖相傳之心學，殆無以出此矣。不知何故，獨不爲執事所取？無亦偶然也邪？若以此二書爲然，則《論》、《孟》《集註》、《學》、《庸》《章句》、《或問》，不容别有一般道理。如其以爲未合，則是執事精明之見，決與朱子異矣。凡此三十餘條者，不過姑取之以證成高論，而所謂『先得我心之所同然』[十]者，安知不有毫釐之不同者爲祟於其間，以成牴牾之大隙哉！又執事於朱子之後，特推草廬吴氏[十一]，以□[十二]『見之尤真』，[十三]而取其一説，以附三十餘條之後。竊以草廬晚年所見端的與否，良未易知。蓋吾儒『昭昭』之云，[十四]釋氏亦每言之，毫釐之差，正在於此。即草廬所見果有合於吾之所謂『昭昭』者，安知非其『四十年』間『鑽研文義』之效，[十五]殆所『真積力久』[十六]而豁然貫通者也。蓋雖以明道先生之高明純粹，又蚤獲親炙於濂溪，以發其『吟風弄月』之趣，[十七]亦必反求諸《六經》而後得之。但其所稟鄰於生知，聞一以知十，與他人極力於鑽研者不同耳，又安得以前日之『鑽研文義』爲非，而以『隨[十八]此科臼』爲悔？夫『得魚忘筌，得兔忘蹄』出《莊子》。蹄，古「罤」字通，兔罝也。可也。矜魚兔之獲，而反追咎筌蹄以爲多事，其可乎哉？」[十九]東莞陳建作《學蔀通辯》，取朱子《年譜》、《行狀》、《文集》、《語類》，及與陸氏兄弟往來書劄，逐年編輯而爲之，辯曰：「朱、陸早同晚異之實，二家譜集具載甚明。《黄氏日抄》曰：「朱子《答陸子壽書》反復論喪祭之禮，《答陸子美書》辨[二十]詰《太極》、《西銘》，至再而止。《答陸子静書》辨詰尤切，條其『理有未明而不能盡人言者』凡七，終又隨條註釋，斥其空疏杜譔。且云：『如曰未然，各尊所聞，各行所知可矣。』書亦於此而止。」近世東山趙汸《對江右六君子策》乃云：『朱子《答項平父書》有「去短集長」之言，此特朱子謙己誨人之辭，未嘗教人爲陸氏之學也。豈鵝湖之論至是而有合邪？使其合并於晚歲，則其微言精義必有契焉，而子静則既往矣。』此朱陸早異晚同之説所萌芽也。程篁墩敏政因之，乃著《道一編》，分朱陸異同爲三節，『始焉如冰炭之相反，中焉則疑信之相半，終焉若輔車之相倚[二十二]』。朱陸早異晚同之説於是乎成矣。王陽明因之，遂有《朱子晚年定論》之録，專取朱子議論與象山合者，與《道一編》輔車之卷[二十二]正相唱和矣。凡此皆顛倒早晚，以彌縫陸學，而不顧矯誣朱子、誑誤後學之深。故今編年以辯，而二家早晚之實、近儒顛倒之弊，舉昭然矣。」又曰：「朱子有朱子之定論，象山有象山之定論，不可强同。專務虚静，完養精神，此象山之定論也。主敬涵養以立其本，讀書窮理以致其知，身體力行以踐其實，三者交修並盡，此朱子之定論也。乃或專言涵養，或專言窮理，或止言力行，則朱子因人之教、因病之藥也。今乃指專言涵養者爲定論，以附合於象山，其誣朱子甚矣。」又曰：「趙東山所云，蓋求朱陸生前無可同之實，而没後乃臆料其後會之必同，本欲安排早異晚同，乃至説成生異死同，可笑可笑！按子静卒後，朱子《與詹元善書》謂「其説頗行于江湖間，損賢者之志而益愚者之過，不知此禍何時而已」。蓋已逆知後人宗陸氏者之弊。而東山輩不考此書，强欲附會之以爲同，何邪？如此豈不適所以彰朱陸平生之未嘗同，適自彰其牽合欺人之弊？奈何近世咸信之而莫能察也？昔裴延齡[二十三]掩有爲無，指無爲有，以欺人主，陸宣公[二十四]謂其[二十五]『愚弄朝廷』，甚於趙高指鹿爲馬。[二十六]今篁墩輩分明掩有爲無，指無爲有，以欺弄後學，豈非吾道中之延齡哉？」又曰：「昔韓絳、吕惠卿代王安石執政，時號絳爲『傳法沙門』，惠卿爲『護法善神』。[二十七]愚謂近日繼陸學而興者，王陽明是『傳法沙門』，程篁墩則『護法善神』也。」此書於朱、陸二家同異，考之極爲精詳。而世人不知，但知其有《皇明通紀》，又不知《通紀》乃梁文康儲之弟億所作，而托名於清瀾也。宛平孫承澤謂：「陽明所編，其意欲借朱子以攻朱子。且吾夫子以天縱之聖，不以生知自居，而曰『好古敏求』，曰『多聞多見』，曰『博文約禮』，至老刪述不休，猶[二十八]假年學《易》。朱子一生效法孔子，進學必在致知，涵養必在主敬，德性在是，問學亦[二十九]在是。如謬以朱子爲支離，爲晚悔，則是吾夫子所謂『好古敏求』、『多聞多見』、『博文約禮』皆早年之支離，必如無言、無知、無能爲晚年自悔之定論也。以此觀之，則《晚年定論》之刻真爲陽明舞文之書矣。蓋自弘治、正德之際，天下之士厭常喜新，風氣之變已有所自來。而文成以絶世之資，倡其新説，鼓動海内。文成與胡端敏世寧[三十]鄉試同年，一日謂端敏公曰：「公，人傑也，第少講學。」端敏答曰：「某何敢望公？但恨公多講學耳。」[三十一]嘉靖以後，從王氏而詆朱子者，始接踵於人間。而王尚書世貞發策謂：『今之學者，偶有所窺，則欲盡廢[三十二]先儒之説而出其上。不學則借一貫之言以文其陋，無行則逃之性命之鄉以使人不可詰。』此三言者，盡當日之情事矣。故王門高第[三十三]爲泰州王艮、龍溪王畿二人。泰州之學一傳而爲顔山農均，再傳而爲羅近溪汝芳、趙大洲貞吉。龍溪之學一傳而爲何心隱，本名梁汝元。再傳而爲李卓吾贄、陶石簣望齡。昔范武子論王弼、何晏「二人之罪深於桀紂」，「以爲一世之患輕，歷代之害重；自喪之惡小，迷衆之罪大」。[三十四]而蘇子瞻謂李斯亂天下至於焚書坑儒，皆出於其師荀卿高談異論而不顧者也。[三十五]《困知》之記、《學蔀》之編，固今日中流之砥柱矣！

《姑蘇志》言：「姚榮國廣孝[三十六]著書一卷，名曰《道餘録》，專詆程朱。《實録》、本傳言：廣孝著《道餘録》，詆訕先儒，爲君子所鄙。少師亡後，其友張洪謂人曰：『少師於我厚，今死矣，無以報之，但每見《道餘録》，輒爲焚棄。』」少師之才不下於文成，而不能行其説者，少師當道德一、風俗同之日，而文成在世衰道微、邪説又作之日[三十七]也。

嘉靖二年，會試發策，考試官蔣文定冕，石文介珤。謂：「朱陸之論終以不合，而今之學者顧欲强而同之，豈樂彼之徑便，而欲陰詆吾朱子之學與？究其用心，其與何澹、陳賈輩亦豈大相遠與？至筆之簡册，公肆詆訾，以求售其私見。禮官舉祖宗朝故事，燔其書而禁斥之，得無不可乎？」《成祖實録》：「永樂二年，鄱陽人朱季友詣闕，獻所著書，詆毁宋儒。上怒，遣行人押赴饒州，會司府縣官杖之，盡焚其所著書。」當日在朝之臣，有能持此論者！「涓涓不塞，終爲江湖。」[三十八]有世道之責者，可無履霜堅冰之慮？

以一人而易天下，其流風至於百有餘年之久者，古有之矣。王夷甫之清淡，王介甫之新説，《宋史》：林之奇言：「昔人以王、何清談之罪甚于桀紂，本朝靖康禍亂，考其端倪，王氏實負王、何之責。」其在於今，則王伯安之良知是也。孟子曰：「天下之生久矣，一治一亂。」[三十九]「撥亂世反之正」[四十]，豈不在於後賢乎！

《學蔀通辯》又曰：「佛教入中國，常有夷狄之禍。今日士大夫尚禪尚陸，使禪佛之魂駸駸復返，可爲世道之憂。」嗚呼！辛有之適伊川，其豫見於百年之後者矣！後之論者，當與陶弘景之詩同録。《隋書·五行志》：「梁天監中，茅山隱士陶弘景爲立[四十一]言詩曰：『夷甫任散誕，平叔坐談空。不意昭陽殿，忽作單于宮。』及大同之季，八[四十二]卿唯以談玄爲務。侯景作亂，遂居昭陽殿。」[四十三]

【校注】

[一]《論語・里仁》：「子曰：『君子喻於義，小人喻於利。』」

[二]語出周敦頤《太極圖說》。

[三]「辨」，原抄本同，遂初堂本、集釋本、欒本、陳本、嚴本、嚴本作「辯」。

[四]「黄直卿」，遂初堂本、集釋本、欒本、陳本、嚴本同，原抄本誤作「黄真卿」。

[五]「今所□編二字，而此」脱誤，當改。原抄本作「今所編增二字，而此」，遂初堂本、集釋本、欒本、陳本、嚴本作「今所編增此二字，而」。《困知記》作「今所編刻增此二字」，以「而」字屬下讀。

[六]王陽明《朱子晚年定論・序》，見《傳習録》卷下。

[七]同上《朱子晚年定論・序》。

[八]「姑」，原抄本同，遂初堂本、集釋本、欒本、陳本、嚴本作「固」。按「姑」字義長，《困知記》作「姑」。

[九]「聖」字下，脱「賢」字，原抄本同誤，當補。遂初堂本、集釋本、欒本、陳本、嚴本作「聖賢」。《困知記》作「聖賢」。

[十]語出《孟子・告子上》，王陽明《朱子晚年定論・序》引之。

[十一]吴澄，字幼清，晚字伯清，學者稱草廬先生。

[十二]底本缺一字處，原抄本作「其」，遂初堂本、集釋本、欒本、陳本、嚴本作「爲」。《困知記》作「爲」。當補。

[十三]見王陽明《傳習録》卷下《答劉子澄》。

[十四]吴澄説見王陽明《答劉子澄》引。昭昭，儒家語，《禮記・中庸》云「今夫天，斯昭昭之多」，《孟子・盡心下》云「賢者以其昭昭，使人昭昭」。

[十五]吴澄云：「澄也鑽研於文義」，「墮此科臼中垂四十年」。科臼，同「窠臼」。

[十六]「殆所真積力久」中間脱一字，原抄本作「殆所謂積力久」，亦脱一字，當補。遂初堂本、集釋本、欒本、陳本、嚴本作「殆所謂真積力久」，與《困知記》同。「真積力久」語出《荀子・勸學》，《程氏遺書》、《朱子語類》引之。

［十七］見《宋史·道學傳·周敦頤傳》。

［十八］「隨」字誤，當改。原抄本、遂初堂本、集釋本、欒本、陳本、嚴本均作「墮」。《困知記》作「墮」。

［十九］羅欽順《困知記》附録《與王陽明書》。

［二十］「辨」，原抄本同，遂初堂本、集釋本、欒本、陳本、嚴本作「辯」。下同。

［二十一］「倚」，原抄本、遂初堂本、嚴本同，集釋本、欒本、陳本作「依」。《學蔀通辨·提綱》作「倚」。

［二十二］「卷」，原抄本同。遂初堂本、集釋本、欒本、陳本、嚴本作「説」。《學蔀通辨·提綱》作「卷」。

［二十三］裴延齡，河東人，两《唐書》有傳。

［二十四］陸贄，字敬輿，謚曰宣，有《陸宣公奏議》二十二卷。

［二十五］「其」字，遂初堂本、集釋本、欒本、陳本、嚴本同，原抄本無。

［二十六］見《舊唐書·裴延齡傳》，又見《資治通鑑》卷二百三十五。

［二十七］見《宋史·王安石傳》。

［二十八］「猶」字，原抄本同，遂初堂本、集釋本、欒本、陳本、嚴本下有「欲」字。

［二十九］「亦」字，原抄本同，遂初堂本、集釋本、欒本、陳本、嚴本無。

［三十］胡世寧，字永清，謚端敏，《明史》有傳。

［三十一］「恨公多講學耳」一語，又略見《明史·王守仁傳贊》。

［三十二］「廢」，原抄本同。遂初堂本、集釋本、欒本、陳本、嚴本誤作「發」。黄汝成集釋引楊氏曰：「盡發先儒」之「發」當是「廢」字。

［三十三］「第」，原抄本、遂初堂本、陳本同，集釋本、欒本、嚴本作「弟」。

［三十四］《晉書·范汪傳》附范甯傳。范甯，字武子。

［三十五］見蘇軾《荀卿論》。

[三十六]姚廣孝，官至資善大夫、太子少師，封榮國公。《明史》有傳。

[三十七]「日」，原抄本同，遂初堂本、集釋本、欒本、陳本、嚴本作「時」。

[三十八]「江湖」誤，原抄本同誤，當改。遂初堂本、集釋本、欒本、陳本、嚴本作「江河」。按韻當作「河」。語出《孔子家語》引《金人銘》，又見《説苑·敬慎》及《六韜·文韜·守土》，均作「江河」。

[三十九]《孟子·滕文公下》。

[四十]語出《公羊傳·哀公十四年》。

[四十一]「立」字誤，當改。原抄本、欒本、陳本作「五」。《隋書》作「五」。

[四十二]「八」字誤，當改。原抄本、欒本、陳本作「公」。《隋書》作「公」。

[四十三]「《學蔀通辯》又曰」以下七十二字，亭林原注引《隋書》六十三字，潘耒遂初堂刻本删，集釋本因之。欒本、陳本據黄侃校記增補，有校注；嚴本仍刻本之舊，無校記。陶弘景詩，亦見《梁書·侯景傳》、《南史·隱逸下·陶弘景傳》。

李贄[一]

《神宗實録》：萬曆三十年閏二月，「乙卯，禮科給事中張問達疏劾李贄：『比歲[二]爲官，晚年削髮。近又刻《藏書》、《焚書》、《卓吾大德》等書，流行海内，惑亂人心。以吕不韋、李園爲『智謀』，以李斯爲『才力』，以馮道爲『吏隱』，以卓文君爲『善擇佳偶[三]』，以秦始皇爲『千古一帝』，以孔子之是非爲『不足據』。狂誕悖戾，不可不毁。尤可恨者，寄居麻城，肆行不簡，與無良輩游庵院，挾妓女，白晝同浴，勾引士人妻女入庵講法，至有攜衾枕而宿者，一境如狂。又作《觀音問》

一書，所謂「觀音」者，皆士人妻女也。後生小子喜其猖狂放肆，相率煽惑，至於明劫人財，强摟人妻[四]，同於禽獸而不之恤。邇來搢紳士大夫亦有誦呪[五]念佛，奉僧膜拜。手持數珠，以爲律戒；空懸[六]妙像，以爲皈依。不知遵孔子家法，而溺意于禪教沙門者，往往出矣。近聞贄且移至通州，通州距都下四十里，儻一入都門，招致蠱惑，又爲麻城之續。望敕禮部檄[七]行通州地方官，將李贄解發元籍[八]治罪。仍檄行兩畿及各布政司，將贄刊行諸書，並搜簡其家未刻者，盡行燒燬，無令貽禍後生，世道幸甚！』得旨：『李贄敢倡亂道，惑世誣民，便令廠衛、五城嚴拏治罪。其書籍已刻未刻，令所在官司盡搜燒燬，不許存留。如有徒黨曲庇□[九]藏，該科道及各有司訪奏治罪。』已而贄逮至，懼罪不食死」。[十]愚按自古以來，小人之無忌憚而敢於叛聖人者，莫甚於李贄。然雖奉嚴旨，而其書之行於人間自若也。昔晉虞預論阮籍，「比之伊川被髮，所以胡虜徧於中國，以爲過衰周之時」。[十一]試觀今日之事，髡頭也，手持數珠也，男婦賓旅同土牀而宿也，有一非贄之所爲者乎？蓋天將使斯人有裂冠左袵之禍，而豫見其形者乎？殆亦《五行志》所謂「人痾」者矣！[十二]謝在杭《五雜俎》言：「李贄先仕宦[十三]至太守，而後削髮爲僧，又不居山寺，而遨遊四方，以干權貴，人多畏其口而善待之。擁傳出入境[十四]，髡首坐肩輿、張黄盖，前後呵殿，郡縣有司莫敢與，均茵伏[十五]。無何，入京師，以罪下獄死。此亦近于人妖者矣。」[十六]閩人持論之公如此。[十七]然推其作俑之繇，所以敢於詆毀聖賢，而自標宗旨者，皆出於陽明、龍溪禪悟之學。後之君子悲神州之陸沉，憤五胡之竊據，而不能不追求於王、何[十八]也。

天啟五年九月，四川道御史王雅量疏：「奉旨：李贄諸書怪誕不經，命巡視衙門焚燬，不許坊間發賣，仍通行禁止。」而士大夫多喜其書，往往收藏，至今未滅。

【校注】

［一］「李贄」條，原抄本同。潘耒遂初堂刻本全删，四庫本因之。黄汝成集釋本補刻，而删「昔晉虞預」至「於王何也」正文一百五十字。欒本、陳本據黄侃《校記》補，嚴本據其原校記補。
［二］「比歲」誤，當改。原抄本、集釋本、欒本、陳本、嚴本均作「壯歲」。《神宗實録》作「壯歲」。
［三］「佳偶」，原抄本、嚴本同，集釋本、欒本、陳本作「佳耦」。
［四］「人妻」，原抄本同，集釋本、欒本、陳本、嚴本作「人婦」。《神宗實録》作「人婦」。
［五］「誦呢」誤，當改。原抄本、欒本作「誦咒」，集釋本、陳本、嚴本作「誦呪」。《神宗實録》作「捧咒」。
［六］「空懸」誤，原抄本同誤，當改。集釋本、欒本、陳本、嚴本作「室懸」。《神宗實録》作「室懸」。
［七］「檄」，集釋本、欒本、陳本、嚴本同，原抄本誤作「敕」。《神宗實録》作「敕」。
［八］「元籍」，原抄本同，集釋本、欒本、陳本、嚴本作「原籍」。《神宗實録》作「原籍」。
［九］底本缺一字處，原抄本作「隱」，集釋本、欒本、陳本、嚴本作「私」。《神宗實録》作「私」。
［十］《神宗實録》卷三六九。又略見《明神宗寶訓》卷十一「禁左道」條。
［十一］《晉書·虞預傳》。
［十二］見《晉書》、《宋書》之《五行志》。
［十三］「宦」，原抄本同，集釋本、欒本、陳本、嚴本作「官」。《五雜俎》作「宦」。
［十四］「境」字，原抄本同，集釋本、欒本、陳本、嚴本無。《五雜俎》無「境」字。
［十五］茵伏，《史記·酷吏列傳》：「同車未嘗敢均茵伏」，司馬貞索隱：「均，等也。茵，車蓐也。伏，車軾也。言二人與由同載一車，尚不敢與之均茵軾也，謂下之也。」
［十六］《五雜俎》卷八。
［十七］此條亭林原注，集釋本移置「自若也」句下。
［十八］王、何，謂王衍、何晏，暗指王陽明、何心隱。追求，猶言追責。陳本標點爲疑問句作：「不能不追求於王，

何也？」大誤。

鍾惺[一]

鍾惺，字伯敬，景陵人。萬曆庚戌進士。天啟初，任福建提學副使，大通關節。丁父憂去職，尚挾姬妾游武夷山，而後即路。巡撫南居益疏劾有云：「百度踰閑，《五經》掃地。化子衿爲錢樹，桃李堪羞；登駔儈於皋比，門牆成市。公然棄名教而不顧，甚至承親諱而冶游。疑爲病狂[二]喪心，詎止文人無行？」辛酉，福建提學僉事。癸亥，丁憂。甲子，京察。坐是沈廢於家。乃選歷代之詩，名曰《詩歸》，其[三]盛行於世。已而評《左傳》、評《史記》、評《毛詩》，好行小慧，自立新説，天下之士靡然從之，而論者遂忘其不孝貪污之罪，且列之爲文人矣。錢尚書謙益文集[四]謂：「古人之于經傳，敬之如神明，尊之如師保，誰敢僭而加之評騭？評騭之多，自近代始，而莫甚于越之孫氏、楚之鍾氏。孫之評《書》也，於《大禹謨》則譏其文之排偶。其評《詩》也，於《車攻》則譏其『選徒囂囂』非『有開[五]無聲』之義。尼父之删述，彼将操金椎以□[六]之，又何怪乎孟堅之《史》、昭明之《選》，詆訶[七]如蒙僮[八]而揮斥如徒隸乎？鍾之評《左傳》也，它不具論，以『克段』一傳言之：『公入而賦』、『姜出而賦』，句也；『大隧之中』，凡四句，其所賦之詩也。鍾誤以『大隧之中』爲句斷，而以『融融』、『洩洩』爲序事之語，遂抹之曰『俗筆』。句讀之不析，文理之不通，而[九]儼然丹黄甲乙衡加于經傳，是之謂『非聖者無法』，是之謂『侮聖人之言』，而世方奉爲金科玉律[十]，遞相師述。學術日頗而人心日壞，其禍有不可勝言者。」孫氏名鑛，今世所傳『孫月峰』者是也。[十一]余聞閩人言：「學臣之鬻諸生，自伯敬始。」今[十二]之學臣，其於伯敬，固當如茶肆之陸鴻漸，奉爲利市之神，又何怪讀其所選之詩，以爲《風》《騷》再作者耶？其罪雖不及李贄，然亦敗壞天下之一人。

舉業至於抄佛書，講學至於會男女，考試至於鬻生員，此皆一代之大變，不在王莽、安禄山、劉豫之下。故書其事於《五經》諸書之後。嗚呼！「四維不張，國乃滅亡！」[十三]管子已先言之矣。

【校注】

[一]「鍾惺」條，原抄本同。潘耒遂初堂刻本全删，四庫本因之。黄汝成集釋本補刻，而改「錢尚書謙益文集」及「今」字兩處。欒本、陳本據黄侃《校記》補，嚴本據其原校記補。

[二]「狂」，集釋本、欒本、陳本、嚴本同，原抄本誤作「往」。

[三]「其」字下，脱一字，當補。原抄本、集釋本、欒本、陳本作「其書」，嚴本作「其詩」。

[四]「錢尚書謙益文集」，原抄本同。黄汝成集釋本改爲「錢氏」。欒本據黄侃校記改回而加説明，陳本仍刻本之舊而加注，嚴本改回，無校注。

[五]「開」字誤，當改。原抄本、集釋本、欒本、陳本、嚴本均作「聞」。

[六]底本缺一字處，原抄本、集釋本、欒本、陳本、嚴本均作「控」，當補。

[七]「詞」字誤，當改。原抄本、集釋本、欒本、陳本、嚴本均作「訶」。

[八]「僮」，原抄本、嚴本同，集釋本、欒本、陳本作「童」。

[九]「而」字，原抄本同，集釋本、欒本、陳本、嚴本無。

[十]「玉律」，原抄本同，集釋本、欒本、陳本、嚴本作「玉條」。

[十一]「非聖者無法」，語出《孝經・五刑章》。「侮聖人之言」，語出《論語・季氏》。孫鑛，字文融，號月峰，以號行。

[十二]「今」，原抄本同。黄汝成集釋本改爲「當時」。黄侃校記無。欒本改回而加説明，陳本仍刻本之舊，嚴本

改回，均無校注。

[十三]見《管子·牧民》。

竊書

漢人好以自作之書而托爲古人，張霸《百二尚書》、衛宏《詩序》之類是也。晉以下人則有以他人之書而竊爲己作，郭象《莊子註》、何法盛《晉中興書》之類是也。若有明一代之人，其所著書無非竊盜而已。

《世説》曰：「初，註《莊子》者數十家，莫能究其旨要。向秀於舊註外，爲《解義》，妙析奇致，大暢玄風。唯《秋水》、《至樂》二篇未竟，而秀卒。秀子幼，《義》遂零落，然猶有別本。郭象者，爲人薄行，有儁才。見秀《義》不傳於世，遂竊以爲己註。乃自註《秋水》、《至樂》二篇，又易《馬蹄》一篇，其餘衆篇或定點文句而已。後秀《義》別本出，故今有向、郭二《莊》。」今代之人，但有薄行而無儁才，不能通作者之意，其盜竊所成之書必不如元本，名爲「鈍賊」[一]何辭！

《舊唐書》：姚班[二]「嘗以其曾祖察所撰《漢書訓纂》多爲後之注《漢書》者隱没名字，将爲己説，班乃撰《漢書紹訓》四十卷，以發明舊義，行於代」。[三]吾讀有明弘治以後經解之書，皆隱没古人名字「将爲己説」者也。

【校注】

[一]《詩式》：「偷語最爲鈍賊。」《詩人玉屑》：「偷語謂之鈍賊。」

［二］「姚班」，原抄本、遂初堂本、集釋本、欒本、陳本同。嚴本作「姚珽」，下「班」字亦作「珽」。兩《唐書》作「姚班」，又作「姚珽」。陳垣校注：「班」應作「珽」，宋諱缺末筆。欒本改「班」爲「珽」。

［三］《舊唐書・姚璹傳》附姚班傳。又見《新唐書》。

勘書

凡勘書，必用能讀書之人。偶見《焦氏易林》舊刻，有曰「環緒倚鉏」，乃「環堵」之誤。［一］註云：「緒」疑當作「佩」。「井堙水刊」，乃「木刊」之誤。［二］註云：「刊」疑當作「利」。失之遠矣！幸其出於前人，雖不讀書而猶遵［三］本文，不敢輒改。苟如近世之人，據臆改之，則文益晦，義益舛，而傳之後日，雖有善讀者，亦茫然無可尋求矣。然則今之坊刻，不擇其人而委之讎勘，豈不爲大害乎！

梁簡文帝《長安道》詩「金椎抵長樂，復道向宜春」，是用《漢書・賈山傳》「隱以金椎，樹以青松，爲馳道之麗至於此」。《三輔決録》：「長安十二門，三塗洞開，隱以金椎，周以林木，左出右入，爲往來之徑。」《水經注》同。今誤作「金椎［四］」，而又改爲「椎輪」。唐閻朝隱《送金城公主適西蕃》詩「還將貴公主，嫁與傉檀王」，是用《晉書・載記》河西王禿髮傉檀。［五］今誤作「耨檀」，而又改爲「褥氈」。［六］比於「金根車」之改「金銀」，［七］而又甚焉者矣。

《莊子》「嬰兒生無石師而能言」，［八］一本作「所師」。盖魏晉以後，寫書多有作草者，故以「所」而訛「石」也。

【校注】

［一］環堵，《禮記·儒行》：「儒有一畝之宮，環堵之室。」鄭玄注：「環堵，面一堵也。」孔穎達疏：「環，謂周回也。東西南北唯一堵。」

［二］「井堙木刊」，語出《左傳·襄公二十五年》。

［三］「遵」字，原抄本同，遂初堂本、集釋本、欒本、陳本、嚴本下有「守」字。

［四］「金椎」誤，原抄本同誤，當改。遂初堂本、集釋本、欒本、陳本、嚴本作「金槌」。

［五］今按：禿髪利鹿，稱號河西王。其弟禿髪傉檀襲位，改稱涼王。

［六］今按：《初學記》卷十所引已作「褥氈」。

［七］唐韓昶爲集賢校理，史傳中有説金根車處，皆臆斷之曰：「豈其誤歟？必金銀車。」悉改「根」字爲「銀」字。見《劉賓客嘉話録》、《尚書故實》、《北夢瑣言》，《太平廣記》引之。

［八］《莊子·外物》。

改書

《東坡志林》曰：「近世人輕以意改書，鄙淺之人好惡多同，故從而和之者衆，遂使古書日就訛舛，深可忿疾。孔子曰：『吾猶及史之闕文也。』［一］自予少時，見前輩皆不敢輕改書，故蜀本大字書皆善本。」

《漢書·藝文志》曰：「古者書必同文，不知則闕，問諸故老。至於衰世，是非無正，人用其私。故孔子曰：『吾猶及史之闕文也，今亡矣夫。』蓋傷其寖不正。」是知穿鑿之弊，自漢已然，故

「有行賂改蘭臺漆書以合其私」者矣。[二]

萬曆間，人多好改竄古書。人心之邪，風氣之變，自此而始。且如駱賓王《爲徐敬業討武氏檄》，本出《舊唐書》。其曰「僞臨朝武氏者」，敬業起兵在光宅元年九月，武氏但臨朝而未革命也。近刻古文，改作「僞周武氏」。不察檄中所云「包藏禍心，睥睨神器」，乃是未篡之時，故有是言。越六年，天授元年九月，始改國號曰周。其時廢中宗爲廬陵王，而立相王爲皇帝，故曰「君之愛子，幽之於別宫」也。不知其人，不論其世，而輒改其文，繆種流傳，至今未已。又近日盛行《詩歸》一書，尤爲妄誕。魏文帝《短歌行》「長吟永歎，思我聖考」，「聖考」謂其父武帝也，改爲「聖老」，評之曰：「『聖老』，字奇！」《舊唐書》李秘[三]對肅宗言：「天后有四子，長曰太子弘，監國而神明[四]孝悌。天后方圖稱制，乃鴆殺之，以雍王賢爲太子。賢自知不免，與二弟日侍於父母之側，不敢明言，乃作《黄臺瓜辭》，令樂工歌之，冀天后悟而哀愍。其辭曰：『種瓜黄臺下，瓜熟子離離。一摘使瓜好，再摘使瓜稀，三摘猶尚可，四摘抱蔓歸。』而太子賢終爲天后所逐，死於黔中。」[五]其言「四摘」者，以況四子也。以爲非「四」之所能盡，而改爲「摘絶」。此皆不考古而肆臆之説，豈非「小人而無忌憚」[六]者哉！

【校注】

[一]《論語·衛靈公》。

[二]見《後漢書·宦者列傳》，又見《儒林列傳》。

[三]「李秘」誤，當改。原抄本、遂初堂本、集釋本、欒本、陳本、嚴本均作「李泌」。

[四]「神明」誤，原抄本同誤，當改。遂初堂本、集釋本、欒本、陳本、嚴本作「仁明」。兩《唐書》作「仁明」。

［五］見《舊唐書·肅宗代宗諸子列傳》。又見《新唐書·十一宗諸子》及《資治通鑑》卷二百二十。

［六］語出《禮記·中庸》。

易林

《易林》疑是東漢以後人撰，而托之焦延壽者。延壽在昭宣之世，《漢書·京房傳》曰：「延壽以好學得幸梁王，王共資其用［一］，令極意學。學既成，爲郡史，察舉，補小黄令。」按此梁敬王定國也，以昭帝始元二年嗣，四十年薨，當元帝之初元三年。［二］其時《左氏》未立學官，今《易林》引《左氏》語甚多。又往往用《漢書》中事，如曰「彭離濟東，遷之上庸」，事在武帝元鼎元年。曰「長城既立，四夷賓服，交和結好，昭君是福」，事在元帝竟寧元年。曰「火入井口，揚［三］芒生角，犯歷天門，窺見太微，登上玉牀」，似用《李尋傳》語。曰「新作初陵，踰陷難登」，似用成帝起昌陵事。又曰「劉季發怒，命滅子嬰」，又曰「大蛇當路，使季畏懼」，則又非漢人所宜言也。［四］

【校注】

［一］「共資其用」誤倒，原抄本同誤，當乙正。遂初堂本、集釋本、欒本、陳本、嚴本作「共其資用」，與《漢書》同。

［二］黄汝成集釋引沈氏曰：《後漢·崔駰傳》載其祖父篆，「著《周易林》六十四篇，用決吉凶，多占驗」。晉李石《續博物志》曰：「篆著《易林》，或曰《卦林》，或曰《象林》。」王荆公《許氏世譜》曰：「後漢汝南許峻者，爲《易林》傳於世。」又引梁氏曰：許周生言：《東觀漢記》：「永平五年，京師小雨，上御雲臺，召沛獻王輔以《周易卦林》占之，其繇曰：『蟻封穴户，大雨將集。』今二語載《易林》中。」是今所傳《易林》乃《周易卦林》。獻王在永平時已用爲占，則亦非東漢人所爲，或後來有所羼入耳。

［三］「揚」，原抄本同。遂初堂本、嚴本作「楊」，集釋本、欒本、陳本作「陽」。《焦氏易林》原文作「陽」。

［四］黄汝成集釋引左暄曰：暄按《許曼傳》，曼祖父峻亦著《易林》。崔篆《易林》不可考，峻所著《易林》，范氏以爲至今行於世。則後世所傳《易林》當即峻書，而人誤以爲焦延壽也。

日知録卷之二十一[一]

文須有益於天下

文之不可絶於天地間者，曰明道也，紀政事也，察民隱也，「樂道人之善」[二]也。若此者有益於天下，有益於將來，多一篇，多一篇之益矣。若夫怪力亂神之事，無稽之言，剿襲之語[三]，諛佞之文，若此者，有損於己，無益於人，多一篇，多一篇之損矣。

【校注】

[一]卷二十一，刻本爲卷十九、卷二十。

[二]語出《論語·季氏》。邢昺疏：「謂好稱人之美也。」

[三]「語」，原抄本同，遂初堂本、集釋本、樂本、陳本、嚴本作「説」。

文不貴多

二漢文人，所著絶少。史於[一]傳末每云「所著凡若干篇」，惟董仲舒至百三十篇，而其餘不過五六十篇，或十數篇，或三四篇。史之録其數，蓋稱之，非少之也。乃今人著作則以多爲富，夫多則必不能工，即工亦必不皆有用於世，其不傳宜矣。

西京尚辭賦，故《漢書·藝文志》所載止詩、賦二家。其諸有名文人，陸賈賦止三篇，賈誼賦止七篇，枚乘賦止九篇，司馬相如賦止二十九篇，兒寬賦止二篇，司馬遷賦止八篇，王褒賦止十六篇，楊雄賦止十二篇，而最多者則淮南王賦八十二篇，枚皋賦百二十篇。而於《枚皋傳》云：「皋爲文疾，受詔輒成，故所賦者多。司馬相如善爲文而遲，故所作少而善於皋。皋賦辭中自言爲賦不如相如，其文骫骳[二]曲隨，其事皆得其意，頗詼笑，不甚閑靡。凡可讀者不二十篇，其尤嫚戲不可讀者尚數十篇。」是辭賦多而不必善也。東漢多碑誄、書序、論難之文，又其時崇重□[三]術，復多訓詁，凡傳中録其篇數者四十九人，其中多者如曹褒、應劭、劉陶、蔡邕、荀爽、王逸各百餘篇，少者盧植六篇，黄香五篇，劉騊駼、崔列[四]、曹衆、曹朔各四篇，□彬[五]三篇。而于《鄭玄傳》云：玄「依《論語》作《鄭志》八篇」，所注諸經「百餘萬言」，「通人頗譏其繁」。是解經多而不必善也。

「秦延君説《堯典》篇目兩字之説，十餘萬言。但説『曰若稽古』，三萬言。」桓譚《新論》。[六]此顔之推《家訓》所謂「鄴下諺云『博士買驢，書券[七]三紙，未有驢字』」者也。[八]陸游詩：「文辭博士書驢券，職事參軍判馬曹。」

文以少而盛，以多而衰。以二漢言之，東都之文多於西京，而文衰矣。以三代言之，春秋所[九]降之文多於《六經》，而文衰矣。如惠施「五車」，其書竟無一篇傳者。[十]《記》曰：「天下無道，則言有枝葉。」[十一]

《隋志》載古人文集，西京惟劉向六卷，楊雄、劉歆各五卷，爲至多矣，它不過一卷二卷。而江左梁簡文帝至八十五卷，元帝至五十二卷，沈約至一百一卷，所謂「雖多亦奚以爲」[十二]。

【校注】

[一]「於」，原抄本同，遂初堂本、集釋本、欒本、陳本、嚴本下有「其」字。

[二]骫骳，《漢書》顔師古注：「骫，古『委』字也。骳，音『被』。骫骳，猶言屈曲也。」

[三]底本缺一字處，原抄本、遂初堂本、集釋本、欒本、陳本、嚴本均作「經」，當補。

[四]「崔列」，原抄本同，遂初堂本、集釋本、欒本、陳本、嚴本作「崔烈」。

[五]「□彬」，原抄本、遂初堂本、集釋本、欒本、陳本、嚴本均作「桓彬」，當補。

[六]《新論・正經》。「秦延君」，通行本《新論》原文作「秦近君」，《文心雕龍・論説》作「秦延君」。

[七]「券」，遂初堂本、陳本、欒本、嚴本同，與《顔氏家訓》同。原抄本誤作「卷」。

[八]《顔氏家訓・勉學》。

[九]「所」字誤，原抄本同誤，當改。遂初堂本、集釋本、欒本、陳本、嚴本作「以」。

[十]《莊子・天下》：「惠施多方，其書五車。」

[十一]《禮記・表記》。

[十二]語出《論語・子路》。

著書之難

子書自孟、荀之外，如老、莊、管、商、申、韓，皆自成一書[一]。至《吕氏春秋》、《淮南子》，則不能自成，故取諸子之言彙而爲書，此子書之一變也。今人書集一一盡出其手，必不能多，大抵如《吕覽》、《淮南》之類耳。其必古人之所未及就，後世之所不可無，而後爲之，庶乎其傳也與？

宋人書如司馬温公《資治通鑑》、馬貴與《文獻通考》，皆以一生精力成之，遂爲後世不可無之書。而其中小有舛漏，尚亦不免。若後人之書，愈多而愈舛漏，愈□[二]而愈不傳。所以然者，其視成書太易而急於求名故也。

伊川先生晚年作《易傳》成，門人請授，先生曰：「更俟學有所進。」[三]子不云乎？「忘身之老也，不知年數之不足也，俛焉日有孳孳，斃而後已。」[四]

【校注】

[一]「一書」，原抄本同。遂初堂本、集釋本、欒本、陳本、嚴本作「一家言」。

[二]底本缺一字處，原抄本作「多」，遂初堂本、集釋本、欒本、陳本作「速」。按作「速」義長，當補。

[三]事見朱熹《伊川先生年譜》。

[四]《禮記・表記》。

直言

張子有云：「民吾同胞。」[一]今日之民，吾與達而在上位者之所共也。救民以事，此達而在上位者之責也；救民以言，此亦窮而在下位者之責也。

「天下有道，則庶人不議。」[二]然則政教風俗，苟非盡善，即許庶人之議矣。故盤庚之誥曰：「無或敢伏小人之攸箴」，[三]而國有「大疑」，卜諸「庶民」之從逆。[四]子產不毀鄉校，[五]漢文止輦受言，[六]皆以此也。唐之中世，此意猶存。「魯山令元德秀遣樂工數人連袂歌《于蔿》」，玄宗爲之感動。[七]白居易爲盩厔尉，「作樂府及詩百餘篇，規諷時事，流聞禁中，憲宗召入翰林」。[八]亦近於陳列國之風，聽輿人之誦者矣。

《詩》之爲教，雖主於温柔敦厚，然亦有直斥其人而不諱者。如曰「赫赫師尹，不平謂何」[九]，如曰「赫赫宗周，褒姒烕[十]之」[十一]，如曰「皇父卿士，番維司徒，家伯冢宰，仲允膳夫，棸子内史，蹶惟趣馬，楀惟師氏，豔妻煽方處」[十二]，如曰「伊誰云何[十三]，維暴[十四]之云」[十五]，則皆直斥其官族名字，古人不以爲嫌也。《楚辭·離騷》「余以蘭爲可恃兮，羌無實而容長」，王逸《章句》謂「懷王少弟司馬子蘭」；「椒專佞以慢慆兮」，《章句》謂「楚大夫子椒」。洪興祖《補註》：「《古今人表》有令尹子椒。」如杜甫《麗人行》「賜名大國虢與秦」、「慎莫近前承相[十六]嗔」，近於《十月之交》詩人之義矣。

孔稚珪《北山移文》明斥周顒，劉孝標《廣絶交論》陰譏到溉。袁楚客規魏元忠有「千失」之書[十七]，韓退之諷陽城作《争臣》之論[十八]。此皆古人風俗之厚。

【校注】

[一]張載《西銘》。
[二]《論語·季氏》。
[三]《尚書·盤庚上》。
[四]見《尚書·洪範》。
[五]事見《左傳·襄公三十一年》。
[六]事見《史記·袁盎列傳》。
[七]《資治通鑑》卷二百一十四。「樂工數人」，《新唐書》本傳作「樂工數十人」。「《于蔿》」，《新唐書》本傳作「《于蔿于》」，權德輿《醉後戲贈蘇九翛》詩：「勸君莫問長安路，且讀魯山于蔿于」。
[八]《資治通鑑》卷二百三十七。
[九]《詩經·小雅·節南山》。
[十]「烕」，原抄本、遂初堂本、集釋本、陳本同，欒本、嚴本作「滅」。「烕」同「滅」。
[十一]《詩經·小雅·正月》。
[十二]《詩經·小雅·十月之交》。
[十三]「何」字誤，原抄本同誤，當改。遂初堂本、集釋本、欒本、陳本、嚴本作「從」。《詩經》作「從」。
[十四]「暴」，原抄本同。遂初堂本、集釋本、欒本、陳本、嚴本作「暴」。「暴」同「暴」。
[十五]《詩經·小雅·何人斯》。

［十六］「承相」誤，原抄本同誤，當改。遂初堂本、集釋本、欒本、陳本、嚴本作「丞相」。《杜工部集》、《樂府詩集》均作「丞相」。

［十七］事見《新唐書・魏元忠傳》。「千失」誤，當改。原抄本、遂初堂本、集釋本、欒本、陳本、嚴本均作「十失」。《新唐書》作「十失」。

［十八］事見《新唐書・卓行傳》，又見《資治通鑑》卷二百三十五。

立言不爲一時

天下之事，有言在一時，而其效見於數十百年之後者。《魏志》：司馬朗有復井田之議，謂「往者以民各有累世之業，難中奪之。今承大亂之後，民人分散，土業無主，皆爲公田，宜及此時復之」。[一]當世未之行也。及拓跋氏之有中原，令「户絶者墟宅、桑榆，盡爲公田以給授」，[二]而口分、世業之制自此而起，迄於隋、唐守之。《魏書》：武定之初，私鑄淫[三]惡，齊文襄王議：「稱錢一文，重五銖者，聽入市用。天下州鎮郡縣之市各置二稱，懸於市門。若重不五銖，或雖重五銖而襍鉛鑞，並不聽用。」[四]當世未之行也。及隋文帝之有天下，「更鑄新錢，文曰『五銖』，重如其文」。[五]「置樣于關，不如樣者没官銷毁之。」[六]而開通元寶之式自此而準，至宋時猶倣之。《唐書》：李叔明爲劍南節度使，上疏言道、佛之弊，「請本道定寺爲三等，觀爲二等。上寺留僧二十一，上觀道士十四，每等降殺以七。皆擇有行者，餘還爲民」。德宗善之，以爲可行之天下。詔下尚書省議，已而罷之。[七]至武宗會昌五年，併省天下寺觀，「敕上都、東都兩街各留二寺，每寺留僧三十人。天下節度、觀察使治所，及同、華、商、汝州，各留一寺，分爲三等。上等留僧二十人，中等留十人，下等五人」。「凡毁寺四千六百餘區，歸俗僧尼二十六萬五百人，大秦穆護妖[八]僧二千餘人。」[九]而本朝[十]洪武中亦稍行其法。《元史》：「京師恃東南運糧，竭民力以航不測。」泰定中，虞集建言：「京東數千里，北極遼海，南濱青齊，萑葦之場，海潮日至，淤爲沃壤。用浙人之法，築堤捍水爲田。聽富民欲得官者，合其衆而授以地。能以萬世[十一]耕者，授以萬夫之田，爲萬夫長，千夫、百夫亦如之。」「三年視其成，以地之高下定爲徵額。五年有積畜，命以官，就所儲給以禄。十年佩之符印，得以傳子孫，如軍官之法。如此可以寬東南之運以紓民力，而游手之徒皆有所歸。」事不果行。[十二]及順帝至正中，海運不至，從丞相脱脱言，乃立分司農司於江南，召募能種水田及修築圍堰之人各一千名爲農師，[十三]「歲乃大稔」。[十四]至今水田遺利猶有存者，而戚將軍繼光復修之薊鎮。是皆立議之人所不及見，而「窮則變，變則通，通則久」[十五]，天下之理固不出乎此也。孔子言「行夏之時」，[十六]固不以望之魯之定、哀，周之景、敬也，而獨以告顔淵。及漢武帝太初之元，幾三百年矣，而遂行之。孔子之告顔淵，告漢武也。孟子之欲用齊也，曰「以齊王猶反手也」，[十七]若滕則不可用也。而告文公之言，亦未嘗貶于齊、梁，[十八]曰：「有王者起，必來取法，是爲王者師也。」[十九]嗚呼！天下之事，有其識者不必[二十]遭其時，而當其時者或無其識。然則開物之功，立言之用，其可少哉！

朱子作《詩傳》，至於《秦・黄鳥》之篇，謂：「其初特出於戎翟之俗，而無明王賢伯以討其罪，於是習以爲常。則雖以穆公之賢而不免，論其事者亦徒閔三良之不幸而歎秦之衰。至於王政不綱、諸侯擅命、殺人不忌至於如此，則莫知其爲非也。」歷代相沿，至我朝[二十一]英廟，始革千古之弊。伏讀正統四年六月乙酉書□[二十二]祥符王有爋曰：「周王薨[二十三]，深切痛悼。其存日嘗奏：『葬擇近地，從儉約，以省民力。自妃夫人以下，不必從死。年少有父母者，各遣歸其家。』」[二十四]周憲王諱有燉，所著有《誠齋集》。憲王雖有此命，及薨，妃鞏氏竟自經以殉，謚貞烈，以一品禮葬之。蓋上御極之初，即有感于憲王之奏，而亦朱子《詩傳》有以發其天聰也。嗚呼，仁哉！

【校注】

[一]《三國志·魏書·司馬朗傳》。

[二]見《魏書·食貨志六》。

[三]「淫」字誤，原抄本同誤，當改。遂初堂本、集釋本、欒本、陳本、嚴本作「滛」。

[四]《魏書·食貨志六》。

[五]《隋書·食貨志》。

[六]《資治通鑑》卷一百七十五。

[七]《新唐書·李叔明傳》。

[八]「妖」字誤，原抄本同誤，當改。遂初堂本、集釋本、欒本、陳本、嚴本作「祆」。《資治通鑑》作「祆」。

[九]《資治通鑑》卷二百四十八。

[十]「本朝」，原抄本同。潘耒遂初堂刻本改爲「有明」，集釋本因之。欒本據黄侃校記改回而加説明，陳本、嚴本仍刻本之舊而加注。

[十一]「萬世」誤，當改。原抄本、遂初堂本、集釋本、欒本、陳本、嚴本均作「萬夫」。《元史》、《新元史》作「萬夫」。

[十二]《元史·虞集傳》、《新元史·河渠志三》。

[十三]事見《元史・順帝本紀六》、《新元史・河渠志三》。

[十四]《元史・康里脱脱傳》。

[十五]語出《易經・繫辭下傳》。

[十六]《論語・衛靈公》。

[十七]《孟子・公孫丑上》。原文「猶」作「由」，朱熹集注：「『由』、『猶』通。」

[十八]貶，謂減損、降格。

[十九]《孟子・滕文公上》。

[二十]「不必」，遂初堂本、集釋本、欒本、陳本、嚴本同，原抄本誤倒作「必不」。

[二十一]「我朝」，原抄本同。潘耒遂初堂刻本改爲「先朝」，集釋本因之。欒本據黄侃校記改回而加説明，陳本仍刻本之舊而加注，嚴本仍刻本之舊，無校記。

[二十二]「書□」，遂初堂本、集釋本、欒本、陳本、嚴本作「書與」，《英宗實録》作「書與」，當補。原抄本作「詔書與」，「詔」字誤，《明史》作「賜書」，《弇山堂别集》作「貽書」。

[二十三]「薨」字下，脱「逝」字，當補。原抄本、遂初堂本、集釋本、欒本、陳本、嚴本均作「薨逝」，《英宗實録》作「薨逝」。

[二十四]英宗與朱有爝書及朱有燉遺書，見《英宗實録》卷五十六。又見《明史・諸王列傳》、王世貞《弇山堂别集》卷十五。

文人之多

唐、宋以下，何文人之多也！固有不識經傳[一]，不通古今，而自命爲文人者矣。韓文公

《符[二]讀書城南》詩曰：「文章豈不貴，經訓乃菑畬。潢潦無根源，朝滿夕已除。人不通古今，馬牛而襟裾。行身陷不義，况望多名譽？」而宋劉摯之訓子孫，「每曰：『士當以器識爲先，一號爲文人，無足觀矣』」。[三]然則以文人名於世，焉足重哉！此楊子云所謂「摭我華而不食我實」[四]者也。

黄魯直言：「數十年來，先生君子但用文章提獎後生，故華而不實。」[五]本朝[六]嘉靖以來亦有此風，而陸文裕深所記劉文靖健告吉士之言，空同李夢陽大以爲不平矣。見《停驂録》。

《宋史》言：歐陽永叔與學者言，「未嘗及文章，惟談吏事。謂『文章止於潤身，政事可以及物』」。[七]

【校注】

[一]「經傳」誤，原抄本同誤，當改。遂初堂本、集釋本、欒本、陳本、嚴本作「經術」。

[二]「符」字，遂初堂本、集釋本、欒本、陳本、嚴本同，原抄本脱。《韓昌黎集》有「符」字，舊注：「城南，公别墅；符，公之子。」

[三]《宋史·劉摯傳》。

[四]揚雄《法言·問明》。

[五]黄庭堅《與洪氏四甥書》。

[六]「本朝」，原抄本同，潘刻未改。

[七]《宋史·歐陽修傳》。

巧言

《詩》云：「巧言如簧，顔之厚矣。」[一]而孔子亦曰：「巧言令色，鮮矣仁。」[二]又曰：「巧言亂德。」[三]夫巧言不但言語，凡今人所作詩賦、碑狀，足以悦人之文，皆巧言之類也。不能，不足以爲通人；夫惟能之而不爲，乃天下之大勇也。故夫子以「剛毅、木訥」爲「近仁」，[四]學者所用力之途，在此不在彼矣。

天下不仁之人有二：一爲好犯上、好作亂之人，一爲巧言令色之人。自「幼而不孫弟」，[五]以至於「弑父與君」，[六]皆好犯上、好作亂之推也。自「脅肩諂笑」，「未同而言」，[七]以至於「苟患失之，無所不至」，[八]皆巧言令色之推也。然而二者之人常相因以立於世。有王莽之篡弑，則必有楊雄之《美新》；有曹操之禪代，則必有潘勖之《九錫》[九]。《世説》言：「潘元茂作魏公《册命》，人謂與訓、誥同風。」是故亂之所繇生也，犯上者謂[十]之魁，巧言者爲之輔。故大禹謂之「巧言令色孔壬」，而與驩兜、有苗同爲一類。[十一]甚哉！其可畏也。穆王作《冏命》曰：「無以巧言令色，便辟側媚。」然則學者宜如之何？必先之以孝弟，以消其悖逆陵暴之心；繼之[十二]忠信，以去其便辟側媚[十三]。使一言一動皆出於其[十四]本心，而不使不仁者加乎其身，夫然後可以修身而治國矣。記者於《論語》之首而列有子、曾子之言，所以補夫子平日所未及，其間次序亦不爲無意。[十五]

世言魏忠賢初「不知書」，[十六]而口含天憲，則有一二文人代爲之。《後漢書》言梁冀「裁能書計」，[十七]其誣奏太尉李固時，「扶風馬融爲冀章草」。[十八]《唐書》言「李林甫自無學術，僅能秉筆，而郭慎微、苑咸，文士之闒茸者，代爲題尺」。[十九]又言高駢上書，「肆爲醜悖，脅邀天子，而吴人顧雲以文辭緣澤其姦」。[二十]《宋史》言「章惇用事，嘗曰：『元祐初司馬光作相，用蘇軾掌制，所以能鼓動四方』」，乃「使林希典書命，逞毒於元祐諸臣」。[二十一]嗚呼！何代無文人，有國者不可不深惟華實之辨也。

【校注】

[一]《詩經·小雅·巧言》。

[二]《論語·學而》，又見《陽貨》。

[三]《論語·衛靈公》。

[四]《論語·子路》。

[五]語出《論語·憲問》。

[六]語出《論語·先進》。

[七]語出《孟子·滕文公下》。

[八]語出《論語·陽貨》。

[九]《三國志·魏書·衛覬傳》注引《文章志》：「魏公《九錫策命》，勖所作也。」

[十]「謂」字誤，原抄本同誤，當改。遂初堂本、集釋本、欒本、陳本、嚴本作「爲」。下「爲」字不誤。

[十一]見《尚書·皋陶謨》。

[十二]「之」，原抄本同，遂初堂本、集釋本、欒本、陳本、嚴本下有「以」字，當補。

[十三]「側媚」，原抄本同，遂初堂本、集釋本、欒本、陳本、嚴本下有「之習」二字，當補。

[十四]「其」字，遂初堂本、集釋本、欒本、陳本、嚴本同，原抄本無。

[十五]今按：《論語・學而》「子曰『巧言令色，鮮矣仁』」條，前爲「有子曰『其爲人也孝弟，而好犯上者，鮮矣』」一條，後爲「曾子曰『吾日三省吾身』」一條。

[十六]《明史・宦官傳二》。

[十七]《後漢書・梁統傳》附梁冀傳。裁，通「才」。

[十八]《後漢書・吴祐傳》。

[十九]《舊唐書・李林甫傳》。

[二十]《新唐書・叛臣列傳下》。

[二十一]《宋史・林希傳》。

修辭

典謨、爻象，此二帝三王[一]之言也。《論語》、《孝經》，此夫子之言也。文章在是，性與天道亦不外乎是，故曰「有德者必有言」[二]。善乎游定夫[三]之言曰：「不能文章，而欲聞性與天道，譬猶築數仞之牆，而浮埃聚沫以爲基，無是理矣。」後之君子，於下學之初即談性道，乃以文章爲小技而不必用力。然則夫子不曰「其旨遠，其詞[四]文」[五]乎？不曰「言之無文，行而不遠」[六]乎？曾子曰：「出辭氣，斯遠鄙倍矣。」[七]嘗見今講學之[八]先生從語録入門者，多不善於修辭。或乃反子貢之言以譏之，曰：夫子之言性與天道可得而聞，夫子之文章不可得而聞也。

楊用修曰：「文，道也。詩，言也。語録出而文與道判矣，詩話出而詩與言離矣。」[九]

自嘉靖以後，人知語録之不文，於是王元美之《劄記》[十]、范介儒之《膚語》[十一]，上規子雲[十二]，下法文宗[十三]。雖所得有淺深之不同，然可謂知言者矣。

【校注】

[一]二帝三王，揚雄《羽獵賦並序》：「昔在二帝三王」，《漢書》注引應劭曰：「堯、舜、夏、殷、周也」。
[二]語出《論語・憲問》。
[三]游酢，字定夫，有《游廌山集》四卷。
[四]「詞」，原抄本同，遂初堂本、集釋本、樂本、陳本、嚴本作「辭」。《易經》作「辭」。
[五]《易經・繫辭下傳》。
[六]《左傳・襄公二十五年》仲尼曰。
[七]《論語・泰伯》。
[八]「之」字，原抄本同，遂初堂本、集釋本、樂本、陳本、嚴本無。
[九]楊慎《丹鉛餘録》卷八。楊慎，字用修。
[十]王世貞，字元美，號鳳洲，又號弇州山人。《劄記》二卷，在《弇州四部稿》中。
[十一]范守己，字介儒。《膚語》四卷，在《御龍子集》中。
[十二]子雲，揚雄。
[十三]「文宗」誤，當改。原抄本、遂初堂本、集釋本、樂本、陳本、嚴本均作「文中」。文中，王通。

文人摹倣之病

近代文章之病，全在摹倣。即使逼肖古人，已非極詣，况遺其神理而得其皮毛者乎？且古人作文，時有利鈍。梁簡文《與湘東王書》云：「今人有效謝樂康、裴鴻臚文者。學謝則不屆其精華，但得其冗長；師裴則蔑棄其所長，惟得其所短。」宋蘇子瞻云：「今人學杜甫詩，得其粗俗而已。」[一]葉水心言：「慶曆、嘉祐以來，天下以杜甫爲師，始紬唐人之學，謂之江西宗派。」[二]金元裕之詩云：「少陵自有連城璧，争奈微之識碔砆。」[三]夫文章一道，猶儒者之末事，乃欲如陸士衡所謂「謝朝華於已披，啟夕秀于未振」[四]者，今且未見其人。進此而窺著述之林，益難之矣。

效《楚辭》者必不如《楚辭》，效《七發》者必不如《七發》。蓋其意中先有一人在前，既恐失之，而其筆力復不能自遂。此壽陵餘子學步邯鄲之説也。[五]

洪氏《容齋隨筆》曰：「枚乘作《七發》，創意造端，麗詞[六]腴旨，上薄騷些，故爲可喜。其後繼之者，如傅毅《七激》，張衡《七辨[七]》、崔駰《七依》，馬融《七廣》、曹植《七啟》，王粲《七釋》，張協《七命》之類，規倣太切，了無新意。傅玄又集之以爲《七林》，使人讀未終篇，往往棄諸[八]几格。柳子厚《晉問》乃用其體，而超然別立機杼，激越清壯，漢、晉諸文士之弊於是一洗矣。東方朔《答客難》自是文中傑出，揚雄擬之爲《解嘲》，尚有馳騁自得之妙。至於崔駰《達旨》，班固《賓戲》，張衡《應問[九]》，皆章摹句寫，其病與《七林》同。及韓退之《進學解》出，於是一洗矣。」其言甚當。然此以辭之工拙論爾，若其意則總不能出於古人範圍之外也。

如楊雄擬《易》而作《太玄》，王莽依《周書》而作《大誥》，皆心勞而日拙者矣。《世説》：「王隱論楊雄《太玄》：『雖妙，非益也。古人□[十]之屋下架星[十一]。』」[十二]

《曲禮》之訓：「毋勦説，毋雷同。」此古人立言之本。

【校注】

［一］蘇軾《書諸葛散卓筆》。

［二］葉適《徐斯遠文集序》。

［三］元好問《論詩三十首》。元好問，字裕之，號遺山。

［四］陸機《文賦》。陸機，字士衡。

［五］見《莊子・秋水》。

［六］「詞」，原抄本同，遂初堂本、集釋本、欒本、陳本、嚴本作「辭」。

［七］「七辨」，原抄本同，遂初堂本、集釋本、欒本、陳本、嚴本作「七辯」。《容齋隨筆》作「七辯」。

［八］「諸」，原抄本同，遂初堂本、集釋本、欒本、陳本、嚴本作「之」。《容齋隨筆》作「諸」。

［九］「應間」，原抄本、遂初堂本、嚴本同。集釋本、欒本、陳本作「應閒」。《容齋隨筆》作「應閒」。《後漢書》作「應間」，李賢注：「間，非也。」欒本改「閒」爲「問」。

［十］底本缺一字處，原抄本、遂初堂本、集釋本、欒本、陳本、嚴本均作「謂」，《世説新語》注作「謂」，當補。

［十一］「星」字誤，當改。原抄本、遂初堂本、集釋本、欒本、陳本、嚴本均作「屋」。《世説新語》注作「屋」。

［十二］《世説新語・文學》劉孝標注引。

文辭欺人

古來以文辭欺人者，莫若謝靈運，次則王維。靈運身爲元勳之後，襲封國公。宋氏革命，不能與徐廣、陶潛爲林泉之侶。既爲宋臣，又與廬陵王義真款密。至元嘉之際，累遷侍中。自以名流，應參時政，文帝唯以文義接之，以致觖望。又上書勸伐河北，至屢嬰罪劾，興兵拒捕，乃作詩曰：「韓亡子房奮，秦帝魯連恥。本自江海人，忠義動君子。」[一]及其臨刑，又作詩曰：「龔勝無餘生，李業有忠[二]終盡」，[三]若謂欲效忠於晉者，何先後之矛盾乎？史臣書之以逆，不爲苛矣。王維「爲給事中，安禄山陷兩都，拘于普施寺，迫以僞署。禄山宴其徒於凝碧池，維作詩曰：『萬户傷心生野煙，百官何日再朝天？秋槐葉落空宫裏，凝碧池頭奏管絃。』賊平，下獄。或以詩聞於行在，其弟刑部侍郎縉請削官以贖兄罪，肅宗乃特宥之，責授太子中允」。[四]「襄王僭號，逼李拯爲翰林學士。拯既汙僞署，心不自安。時朱玫秉政，百揆無叙。拯嘗朝退，駐馬國門，爲詩曰：『紫宸朝罷綴鵷鸞，丹鳳樓前立馬看。唯有終南山色在，晴明依舊滿長安。』吟已，涕下。及王行瑜已[五]殺朱玫，襄王出奔，拯爲亂兵所殺。」[六]二人之詩同也，一死一不死，而文墨交游之士多護王維。如杜甫謂之「高人王右丞」，[七]天下有高人而仕賊者乎？今有顛沛之餘，投身異姓，至擯斥不容，而後發爲忠憤之論，與夫名汙僞籍，而自託乃心比於康樂、右丞之輩，吾見其愈下矣。

末世人情彌巧，文而不慙，固有朝賦《采薇》之篇，[八]而夕赴僞廷之舉[九]者。苟以其言取之，則車載魯連、斗量王蠋矣？[十]曰：是不然。世有知言者出焉，則其人之真僞即以其言辨之，而卒莫能逃也。《黍離》之大夫，始而「搖搖」，中而「如噎」，既而「如醉」，無可奈何而付之「蒼天」者，[十一]真也。汨羅之宗臣[十二]，言之重，辭之複，「心煩意亂」，[十三]而其詞不能以次者，真也。栗里之徵士，[十四]淡然若忘於世，而感憤之懷有時不能自止，而微見其情者，真也。其汲汲於自表暴而爲言者，僞也。《易》曰：「将叛者其辭慙，中心疑者其辭枝，失其守者其辭屈。」[十五]《詩》

曰：「盗言孔甘，亂是用餤。」[十六]夫鏡情僞，屏盗言，君子之道，興王之事，莫先乎此。

【校注】

[一]見《宋書》及《南史》本傳。又見《藝文類聚》卷二十六、《太平御覽》卷六百五十一。

[二]「忠」字衍，當删，原抄本、遂初堂本、集釋本、欒本、陳本、嚴本無。《宋書》、《南史》無。

[三]見《宋書》及《南史》本傳。

[四]《舊唐書・文苑傳下》。

[五]「已」字，原抄本同，遂初堂本、集釋本、欒本、陳本、嚴本無。

[六]《舊唐書・文苑傳下》。

[七]杜甫《解悶十二首》。

[八]《詩經・小雅・采薇》：「靡室靡家，玁狁之故。不遑啟居，玁狁之故。」

[九]「夕赴僞廷之舉」，原抄本同。潘耒遂初堂刻本改爲「夕有捧檄之喜」，集釋本因之。欒本據黄侃校記改回而加説明，陳本、嚴本仍刻本之舊而加注。

[十]魯連義不帝秦，見《史記・魯仲連列傳》。王蠋不事二君，見《史記・田單列傳》。

[十一]《詩經・王風・黍離》云：「行邁靡靡，中心摇摇。」「行邁靡靡，中心如醉。」「行邁靡靡，中心如噎。」又云：「悠悠蒼天，此何人哉？」

[十二]「宗臣」，遂初堂本、集釋本、欒本、陳本同，原抄本作「忠臣」。

[十三]屈原《卜居》。

[十四]陶潛徵著作佐郎，不就。江州刺史王弘令龐通之齎酒具，於半道栗里要之。事見《宋書・隱逸傳》，又見《南史・隱逸傳上》。

[十五]《易經・繫辭下傳》。
[十六]《詩經・小雅・巧言》。

文章繁簡

韓文公作《樊宗師墓銘》[一]曰：「維古于辭必己出，降而不能乃剽賊。後皆指前公相襲，從漢迄今用一律。」此極中今人之病。若宗師之文，則懲時人之失而又失之者也。如《絳守居園池記》以「東西」二字平常而改爲「甲辛」，殆類吴人之呼「庚癸」[二]者矣。作書須註，此自秦漢以前可耳。若今日作書，而非註不可解，則是求簡而得繁，兩失之矣。「子曰：『辭達而已矣。』」胡纘宗修《安慶府志》，書正德中劉七事，大書曰：「七年閏五月，賊七來寇江境。」而分注於「賊七」之下曰：「姓劉氏。」舉以示人，無不笑之。不知近日之學爲秦漢文者，皆「賊七」之類也。

辭主乎達，不論其繁與簡也。繁簡之論興而文亡矣。《史記》之繁處必勝於《漢書》之簡處。《容齋隨筆》論《衛青傳》封三校尉語，《史記》勝《漢書》處正不獨此。[三]《新唐書》之簡也，不簡於事而簡於文，其所以病也。

「時子因陳子而以告時子[四]，陳子以時子之言告孟子」，[五]此不須重見而意已明。「齊人有一妻一妾而處室者，其良人出，則必饜酒肉而後反。其妻問所與飲食者，則盡富貴也。其妻告其妾曰：『良人出，則必饜酒肉而後反。問其與飲食者，盡富貴也。而未嘗有顯者來，吾將瞷良人之所之也。』」[六]「有饋生魚於鄭子產，子產使校人畜之池。校人烹之，反命曰：『始舍之，圉圉焉，少則洋洋焉，悠然而逝。』子産曰：『得其所哉！得其所哉！』校人出，曰：『孰謂子産智？予既烹而食之，曰：得其所哉！得其所哉！』」[七]此必須重疊而情事乃盡，此《孟子》文章之妙。使入《新唐書》，於齊人則必曰「其妻疑而瞷之」，於子産則必曰「校人出而笑之」，两言而已矣。是故辭主乎達，不主乎簡。劉器之曰：「《新唐書》叙事，好簡略其辭，故其事多鬱而不明，此作史之病也。豈文章且有[八]繁簡耶？昔人之論，謂如『風行水上，自然成文』。若不出於自然而有意於繁簡，則失之矣。當日《進新唐書表》云：『其事則增於前，其文則省於舊。』《新唐書》所以不及古人者，其病正在此两句也。」[九]

《黄氏日抄》言蘇子由《古文[十]》，改《史記》多有不當。如《樗里子傳》，「《史記》曰：『母，韓女也。樗里子滑稽多智。』《古史》曰：『母，韓女也，滑稽多智。』似以母爲滑稽矣。然則『樗里子』三字豈[十一]可省乎？」《甘茂傳》，「《史記》曰：『甘茂者，下蔡人也。事下蔡史舉，學百家之説。』《古史》曰：『下蔡史舉，學百家之説。』似史舉自學百家矣。然則『事』之一字其可省乎？」[十二]以是知文不可以省字爲工，字而可省，太史公省之久矣。

【校注】

[一]樊宗師，字紹述。《新唐書・藝文志》著録《樊宗師集》二百九十一卷。

[二]庚癸，隱語。《左傳・哀公十三年》：「吴申叔儀乞糧於公孫有山氏，對曰：『若登首山以呼曰：庚癸乎！則諾。』」杜預集解：「庚，西方，主穀。癸，北方，主水。」

[三]《容齋隨筆》卷一「文煩簡有當」條云：「《史記・衛青傳》：『校尉李朔、校尉趙不虞、校尉公孫戎奴，各三從大将軍獲王，以千三百户封朔爲涉軹侯，以千三百户封不虞爲隨成侯，以千三百户封戎奴爲從平侯。』《前漢書》但

云：『校尉李朔、趙不虞、公孫戎奴，各三從大將軍，封朔爲涉軹侯，不虞爲隨成侯，戎奴爲從平侯。』比於《史記》，五十八字中省二十三字，然不若《史記》爲樸贍可喜。」

［四］「時子」誤，當改。原抄本、遂初堂本、集釋本、欒本、陳本、嚴本均作「孟子」。《孟子》作「孟子」。

［五］《孟子·公孫丑下》。

［六］《孟子·離婁下》。

［七］《孟子·萬章上》。

［八］「豈文章且有」誤倒，原抄本同誤，當乙正。遂初堂本、集釋本、欒本、陳本、嚴本作「且文章豈有」。

［九］馬永卿《元城語録》卷下。劉安世，字器之。

［十］「古文」誤，當改。原抄本、遂初堂本、集釋本、欒本、陳本、嚴本均作「古史」。下文「古史」不誤。

［十一］「豈」，原抄本同，遂初堂本、集釋本、欒本、陳本、嚴本作「其」。《黄氏日鈔》作「其」。

［十二］《黄氏日鈔》卷五十一。

文人求古之病

《後周書·柳虯［一］傳》：「時人論文體有今古之異，虯以爲時有今古，非文有今古。」此至當之論。夫今之不能爲《二漢》［二］，猶《二漢》之不能爲《尚書》、《左氏》。乃剿取《史》《漢》中文法以爲古，甚者獵其一二字句用之於文，殊爲不稱。元阿魯圖《進宋史表》曰：「且辭之繁簡以事，而文之今古以時。」蓋用柳虯之語。

以今日之地爲不古，而借古地名；以今日之官爲不古，而借古官名；舍今日恒用之字，而借古字之通用者：皆文人所以自蓋其俚淺也。

《唐書》：鄭餘慶「奏議類用古語，如『仰給縣官』、『馬萬蹄』，有司不曉不語[三]，人訾其不適時」。[四]

宋陸務觀[五]《跋前漢通用古字韻》曰：「古人讀書多，故作文字[六]偶用一二古字，初不以爲工，亦自不知孰爲古、孰爲今也。近時乃或抄掇《史》《漢》中字入文辭中，自謂工妙，不知有笑之者。偶見此書，爲之太息，書以爲後生戒。」[七]

元陶宗儀《輟耕録》曰：「凡書官銜，俱當從實。如廉訪使、總管之類，若改之曰『監司』、『太守』，是亂其官制，久遠莫可考矣。」

何孟春《餘冬序録》曰：「今人稱人姓必易以世望，稱官必用前代職名，稱府州縣必用前代郡邑名，欲以爲異。不知文字間著此，何益於工拙？此不惟於理無取，且於事復有礙矣。李姓者稱『隴西公』，杜曰『京兆』，王曰『琅邪』，鄭曰『滎陽』，以一姓之望而概衆人，可乎？此其失自唐末五季間孫光憲輩始。《北夢瑣言》稱馮涓爲『長樂公』，《冷齋夜話》稱陶穀爲『五柳公』，類以昔人之號而概同姓，尤是可鄙。官職、郡邑之建置，代有沿革。今必用前代名號而稱之，後將何所考焉？此所謂於理無取，而事復有礙者也。」

于慎行《筆麈》曰：「《史》《漢》文字之佳，本自有在，非謂其官名、地名之古也。今人慕其文之雅，往往取其官名、地名以施於今，此應爲古人笑也。《史》《漢》之文如欲復古，何不以三代官名施於當日，而但記其實耶？文之雅俗固不在此，徒混淆失實，無以示遠，大家不爲也。予素不工文辭，無所模擬，至於名義之微，則不敢苟。尋常小作，或有遷就。金石之文，斷不敢於官名、地名以古易今。前輩名家亦多如此。」

【校注】

［一］「柳蚪」誤，原抄本、遂初堂本同誤，下「蚪」字同誤，當改。集釋本、陳本作「柳虯」，欒本作「柳虬」。《周書》作「柳虯」。

［二］二漢，謂《漢書》、《後漢書》。

［三］「不語」誤，當改。原抄本作「其語」，遂初堂本、集釋本、欒本、陳本、嚴本作「何等語」。《新唐書》作「何等語」。

［四］《新唐書》本傳。又略見《舊唐書》本傳。

［五］陸游，字務觀，號放翁。有《渭南文集》五十卷，《劍南詩稿》八十五卷。

［六］「作文字」，原抄本同。遂初堂本、集釋本、欒本、陳本、嚴本作「作文時」。《渭南文集》作「作文時」。

［七］陸游《渭南文集》卷二十八。篇題爲《跋前漢通用古字韻編》，陳垣校注：「韻」下應有「編」字。《宋史・藝文志》：「陳天麟《前漢通用古字韻編》五卷。」

古人集中無冗複

古人之文，不特一篇之中無冗複也，一集之中亦無冗複。且如稱人之善，見于祭文，則不復見于誌。見於誌，則不複[一]見于他文。後之人讀其全集，可以互見也。又有互見于他人之文者，如歐陽公作《尹師魯誌》，不言「近日古文自師魯始」，以爲「范公《祭文》已言之，可以互見，不必重出」。[二]蓋歐陽公自信己與范公之文並可傳于後[三]也，亦可以見古人之重愛其言也。

劉夢得作《柳子厚文集序》曰：「凡子厚名氏與仕與年，暨行己之大方，有退之之《誌》若《祭文》在。」又可見古人不必其文之出於己也。

【校注】

[一]「複」字誤，當改。原抄本、遂初堂本、集釋本、欒本、陳本、嚴本均作「復」。

[二]歐陽修《論尹師魯墓誌》。歐陽修另有《尹師魯墓誌銘》，又有《祭尹師魯文》。尹洙，字師魯。范公，范仲淹，作《尹師魯〈河南集〉序》。

[三]「後」字，原抄本同，遂初堂本、集釋本、欒本、陳本、嚴本作「後世」。

書不當兩序

《會試録》、《鄉試録》，主考試官序其首，副主考序其後，職也。凡書亦猶是也[一]。且如國初時，府州縣志書成，必推其鄉先生之齒尊而有文者序之，不則官于其府州縣者也。請者必當其人，其人亦必自審其無可讓而後爲之。官于是者，其文優，其于是書也有功，則不讓于鄉矣；鄉之先生，其文優，其于是書也有功，則官不敢作矣：義取于獨斷，則有自爲之，而不讓于鄉與官矣。凡此者，所謂職也。故其序止一篇。或别有發明，則爲後序。亦有但紀歲月而無序者。今則有两序矣，有累三四序而不止者矣。两序，非體也；不當其人，非職也。世之君子，不學而好多言也。

凡書有所發明，序可也。無所發明，但紀成書之歲月可也。人之患，在好爲[一]序。

唐杜牧《答莊充書》曰：「自古序其文者，皆後世宗師其人而爲之。今吾與足下並生今世，欲序足下未已之文，固不可也。」讀此言，今之好爲人序者可以止矣。

婁堅《重刻元氏長慶集序》曰：「序者，叙所以作之指也。蓋始於子夏之序《詩》。其後劉向以校書爲職，每一編成，即有序，最爲雅馴矣。左思賦《三都》成，自以名不甚著，求序於皇甫謐。自是綴文之士，多有託於人以傳者，皆汲汲於名，而惟恐人之不吾知也。至於其傳既久，刻本之存者成[三]漫漶不可讀，有繕寫而重刻之，則人復序之，是宜叙所以刻之意可也。而今之述者，非追論昔賢、妄爲優劣之辨，即過稱好事、多設游揚之辭，皆我所不取也。」讀此言，今之好爲古人文集序者可以止矣。

【校注】

[一]「也」，原抄本同，遂初堂本、集釋本、欒本、陳本、嚴本作「矣」。

[二]「好爲」，原抄本同，遂初堂本、集釋本、欒本、陳本、嚴本下有「人」字，當補。

[三]「成」字誤，原抄本同誤，當改。遂初堂本、集釋本、欒本、陳本、嚴本作「或」。《元氏長慶集》作「或」。

古人不爲人立傳

列傳之名，始於太史公，蓋史體也。不當作史之職，無爲人立傳者，故有碑、有誌、有狀而無傳。梁任昉《文章緣起》言：傳始於東方朔作《非有先生傳》，是以寓言而謂之「傳」。《韓文公集》

中傳三篇，太學生何蕃、圬者王承福、毛穎。又有下邳侯革華傳，是僞作。《柳子厚集》中傳六篇，宋清、郭橐駝、童區寄、梓人、李赤、蝜蝂。何蕃僅採其一事而謂之「傳」，王承福之輩皆微者而謂之「傳」，毛穎、李赤、蝜蝂則戲耳而謂之「傳」，蓋比於稗官之屬耳。若段太尉，則不曰「傳」，曰「逸事狀」，子厚之不敢傳段太尉，以不當史任也。自宋以後，乃有爲人立傳者，侵史官之職矣。

《太平御覽》書目列古人別傳數十種，謂之「別傳」，所以別於史家。

誌狀不可妄作

誌狀在文章家，爲史之流，上之史官，傳之後人，爲史之本。史以記事，亦以載言，故不讀其人一生所著之文不可以作。其人主[一]而在公卿大臣之位者，不悉一朝之大事不可以作。其人生而在曹署之位者，不悉一司之掌故不可以作。其人生而在監司守令之位者，不悉一方之地形土俗因革利病不可以作。今之人未通乎此，而妄爲人作誌。史家又不考而承用之，是以牴牾不合。「子曰：『蓋有不知而作之者。』」[二]其謂是與？

名臣碩德之子孫，不必皆讀父書。讀父書者，不必能通有司掌故。若夫爲人作誌者，必一時文苑名士，乃不能詳究，而曰「子孫之狀云爾，吾則因之」。夫大臣家可有不識字之子孫，而文章家不可有不通今之宗匠。乃欲使籍談[三]、伯魯[四]之流爲文人任其過，嗟乎！若是則盡天下而文人矣！

【校注】

[一]「主」字誤，當改。原抄本、遂初堂本、集釋本、欒本、陳本、嚴本均作「生」。

[二]《論語・述而》。

[三]籍談「數典而忘其祖」，見《左傳・昭公十五年》。

[四]伯魯「不説學」，見《左傳・昭公十八年》。

作文潤筆

《蔡伯皆[一]集》中爲時貴碑誄之作甚多，如胡廣、陳寔[二]各三碑，橋玄、楊賜、胡碩各二碑，至於袁滿來年十五，胡根年七歲，皆爲之作碑。自非利其潤筆不至爲此。史傳以其名重，隱而不言耳。文人受賕，豈獨韓退之「諛墓金」哉？李商隱《記齊魯二生》曰：「劉人[三]持韓退之金數斤去，曰：『此諛墓中人所得爾，不若與劉君爲壽。』愈不能止。」今此事載《唐書》。[四]

王楙《野客叢書》曰：「作文受謝，非起於晉、宋。觀陳皇后失寵於漢武帝，別在長門宮，聞司馬相如天下工爲文，奉黄金百斤爲文君取酒，相如因爲文以悟主上，皇后復得幸。此風西漢已然。」按陳皇后無復幸之事，此文蓋後人擬作，然亦漢人之筆也。

杜甫作《八[五]哀詩》，《李邕》一篇曰：「干謁滿其門，碑版照四裔。豐屋珊瑚鉤，麒麟織成罽。紫騮隨劍几[六]，義取無虚歲。」[七]邕本傳：「長於碑頌，人奉金帛請其文，前後所受鉅萬計。」劉禹錫《祭韓愈文》曰：「公鼎侯碑，志隧表阡，一字之價，輦金如山。」可謂發露真贓者矣。《侯鯖録》：「唐王仲舒爲郎中，與馬逢友善，每責逢云：『貧不可堪，何不尋碑誌相救？』逢笑曰：『適見人家走馬呼醫，立可待也。』」此雖戲言，當時風俗可見矣。昔楊子雲猶不肯受賈人之錢，載之《法言》，而杜乃謂之「義取」，則又不若唐寅[八]之直以爲利也。《戒庵漫筆》言：「唐子畏有巨册[九]，自録所作文，簿面題曰『利市』。」[十]今市肆帳簿多題此二字。《新唐書・韋貫之傳》言：「裴均子持萬縑請撰先銘，答曰：『吾寧餓死，豈能爲是？』」今之賣文爲活者可以媿矣。

《司空圖傳》言：「隱居中條山，王重榮父子雅重之，數饋遺，弗受。嘗爲作碑，贈絹數千。圖置虞鄉市，人得取之，一日盡。」既不有其贈而受之，何居？[十一]不得已也，是又其次也。

【校注】

[一]「蔡伯皆」誤，當改。原抄本、遂初堂本、集釋本、欒本、陳本、嚴本均作「蔡伯喈」。蔡邕，字伯喈。

[二]「陳實」，原抄本同，遂初堂本、集釋本、欒本、陳本、嚴本作「陳寔」。

[三]「劉人」誤，原抄本作「劉叉」，遂初堂本作「劉叉」，亦誤，當改。集釋本、欒本、陳本、嚴本作「劉乂」。《新唐書》作「劉乂」。

[四]見《新唐書・韓愈傳》。

[五]「入」字誤，當改。原抄本、遂初堂本、集釋本、欒本、陳本、嚴本均作「八」。

[六]「凡」字誤，當改。原抄本、遂初堂本、集釋本、欒本、陳本、嚴本均作「几」。

[七]杜甫《八哀詩・贈秘書監江夏李公邕》。

[八]唐寅，字伯虎，一字子畏，號六如居士。

[九]「有巨册」，原抄本同，遂初堂本、集釋本、欒本、陳本、嚴本作「有一巨册」，《戒庵老人漫筆》作「有一巨本」。

[十]《戒庵老人漫筆》卷一。

［十一］何居，《禮記・檀弓上》：「何居？我未之前聞也。」鄭玄注「居，讀爲姬姓之『姬』，齊魯之間語助也。」《郊特牲》：「二日伐鼓，何居？」鄭玄注：「居讀爲『姬』，語之助也。何居，怪之也。」

文非其人

《元史》：姚燧以文就正於許衡，衡戒之曰：「弓矢爲物，以待盗也。使盗得之，亦将待人。文章固發聞士子之利器，然先有能一世之名，将何以應人之見役者哉？非其人而與之，與非其人而拒之，均罪也，非周身斯世之道也。」［一］吾觀前代，馬融「懲於鄧氏，不敢復違忤勢家，遂爲梁冀草奏李固，又作《大将軍西第頌》，以此頗爲正直所羞」。［二］徐廣爲祠部郎，「時會稽王世子元顯録尚書，欲使百僚致敬臺内，使廣立議，由是内外並執下官禮，廣常爲愧恨」。［三］陸游「晚年再出，爲韓侂胄撰《南園閲古泉記》，見譏清議。朱文公嘗言：『其能太過［四］，迹太近，恐爲有力者所牽挽，不得全其晚節。』」［五］是皆「非其人而與之」者也。夫禍患之來，輕於恥辱，必不得已，與其與也，寧拒。至乃「儉德」「含章」，［六］其用有先乎此者，則又貴知微之君子矣。

少年未達，投知求見之文亦不可輕作。《韓昌黎集》有《上京兆尹李實書》曰：「愈來京師，於今十五年。所見公卿大臣不可勝數，皆能守官奉職，無過失而已。未見有赤心事上、憂國如家如閣下者。今年已來，不雨者百有餘日，種不入土，野無青草。而盗賊不敢起，穀價不敢貴，百坊、百二十司、六軍、二十四縣之人，皆若閣下親臨其家，老姦宿贓，銷縮摧沮，魂亡魄喪，影滅跡絶。非閣下條理鎮服，布宣天子威德，其何能及此？」至其爲《順宗實録》，書「貶京兆尹李實爲通州長史」，則曰：「實諂事李齊運，驟遷至京兆尹，恃寵强愎，不顧文法。是時春夏旱，京畿之[七]食，實一不以介意，方務聚斂徵求，以給進奉。每奏對，輒曰：『今年雖旱，而穀甚好。』繇是租税皆不免，人窮至壞屋賣瓦木，貸麥苗以應官。」「陵轢公卿已下，隨喜怒誣奏黜[八]，朝廷畏忌之。嘗有詔免畿内逋租，實不行用詔書，徵之如初。勇於殺害，人吏不聊生。至譴，市利[九]里懽呼，皆袖瓦礫遮道伺之，實繇間道獲免。」與前所上之書迥若天淵矣！《鶴林玉露》摘此爲疑。豈非少年未達，投知求見之文，而不自覺其失言者邪？後之君子可以爲戒。

【校注】

[一]《元史・姚燧傳》。

[二]《後漢書・馬融傳》。

[三]《宋書・徐廣傳》，又見《晉書》、《南史》本傳。

[四]「過」，原抄本同，遂初堂本、集釋本、欒本、陳本、嚴本作「高」。《宋史》作「高」。

[五]《宋史・陸游傳》。

[六]儉德，《易經・否卦》象傳：「君子以儉德辟難，不可榮以禄。」含章，《易經・坤卦》六三爻辭：「含章，可貞。」又《姤卦》九五象辭：「含章，中正也。」

[七]「之」字誤，當改。原抄本、遂初堂本、集釋本、欒本、陳本、嚴本均作「乏」。《順宗實録》作「乏」。

[八]「黜」字上，脱「遷」字，當補。原抄本、遂初堂本、集釋本、欒本、陳本、嚴本均作「遷黜」。《順宗實録》作「遷黜」。

[九]「利」字衍，當删，原抄本、遂初堂本、集釋本、欒本、陳本、嚴本無。《順宗實録》無「利」字。

假設之辭

古人爲賦，多假設之辭，序述[一]往事以爲點綴，不必一一待[二]同也。「子虛」、「亡是公」、「烏有先生」之文，已肇始於相如矣。後之作者，實祖此意。謝莊《月賦》：「陳王初喪應、劉，端憂多暇。」[三]又曰：「抽毫進牘，以命仲宣[四]。」按王粲以建安二十一年從征吴，二十二年春道病卒。「徐、陳、應、劉，一時俱逝」，[五]亦是歲也。至明帝太和六年，植封陳王。豈可掎摭史傳，以議此賦之不合哉？庾信《枯樹賦》既言殷仲文出「爲東陽太守」，乃復有「桓大司馬」，亦同此例。仲文爲桓玄侍中，桓大司馬則玄之父温也。此乃因殷仲文有「此樹婆娑」之言，桓元子有「木猶如此」之蘇[六]，遂以二事湊合成文。而《長門[七]》所云「陳皇后復得幸」者，亦本無其事。俳諧之文，不當與之莊論[八]矣。《長門賦》乃後人託名之作。相如以元狩五年卒，安得言「孝武皇帝」哉？

「陳后復幸」之云，正如馬融《長笛賦》所謂「屈平適樂國，介推還受禄」也。

【校注】

[一]「述」，遂初堂本、集釋本、欒本、陳本、嚴本同，原抄本誤作「迹」。

[二]「待」字誤，當改。原抄本、遂初堂本、集釋本、欒本、陳本、予均作「符」。

[三]《文選·月賦》李善注：「陳王，曹植也。應、劉，應瑒、劉楨也。」

[四]王粲，字仲宣。

[五]語出曹丕《與吴質書》。

［六］「蘇」字誤，當改。原抄本、遂初堂本、集釋本、樂本、陳本、嚴本均作「歎」。

［七］「長門」，原抄本同，遂初堂本、集釋本、欒本、陳本、嚴本作「長門賦」。

［八］莊論，猶言「莊語」。《莊子・天下》：「以天下爲沈濁，不可與莊語。」釋文云：「莊，端正也。」

古文［一］未正之隱

陸機《辨亡論》，其稱晉軍，上篇謂之「王師」，下篇謂之「彊寇」。

文信國［二］《指南録》序中，「北」字皆「虜［三］」字也。後人不知其意，不能改之。謝皋羽［四］《西臺慟哭記》，本當云「文信公」，而謬云「顔魯公」；本當云「季宋」，而云「季漢」。凡此皆有待於後人之改正者也。胡身之［五］註《通鑑》，至二百□［六］十卷石敬瑭以山後十六州賂契丹之事，而云：「自是之後，遼滅晉，金破宋。」其下闕文一行［七］，謂蒙古滅金取宋，一統天下，而諱之不書。此有待於後人之補完者也。漢人言：「《春秋》所貶損大人，當世君臣，有畏［八］權勢力者，其事皆見於書。」《漢書・藝文志》。［九］故「定、哀之間多微辭」［十］矣，況於易姓改物、制有中華［十一］者乎？孟子曰：「不知其人可乎？是以論其世也。」［十二］習其讀而不知，無爲貴君子矣。

鄭所南［十三］《心史》書文丞相事言：「公自序本末，有［十四］稱賊［十五］曰『大國』，曰『丞相』，又自稱『天祥』，皆非公本語，舊本皆直斥虜酋［十六］名。」然則今之集本或皆傳書者所改。

《金史・紇石烈牙吾塔傳》：「北中亦遣唐慶等往來議和。」《完顔合達傳》：「北中大臣以輿地圖指示之。」《完顔賽不傳》：按春「自北中逃回」。「北中」二字不成文，蓋「虜中［十七］」也，修史者仍金人之辭未改。

《晉書》：「劉元海[十八]」、「石季龍[十九]」，作史者自避唐諱，後之引書者多不知而襲之，惟《通鑑》[二十]。

【校注】

[一]「古文」，目録誤作「古人」，此處不誤。

[二]文天祥，號文山，封信國公。

[三]「虜」，原抄本同。潘耒遂初堂刻本改爲「鹵」，集釋本因之。欒本據黄侃校記改回而加説明，陳本、嚴本仍刻本之舊而加注。

[四]謝翺，字皋羽。《新元史・隱逸列傳》有傳。

[五]胡三省，字身之。

[六]底本缺一字處，原抄本、遂初堂本、集釋本、欒本、陳本、嚴本均作「八」，當補。

[七]《續四部叢刊》景鄱陽胡氏仿元刊本《資治通鑑》卷第二百八十《後晉紀一》胡三省雙行小字注：「自是之後，遼滅晉，金破宋，□□□□□□□□□□□。今之疆理，西越益寧，南盡交廣，至於海外。皆石敬瑭捐割關隘以啟之也，其果天意乎？」前半行闕十字，後半行闕六字。

[八]「畏」字誤，當改。原抄本、遂初堂本、集釋本、欒本、陳本、嚴本作「威」。《漢書》作「威」。

[九]今按：「其事皆見於書」，今本原文作「其事實皆形於傳，是以隱其書而不宣，所以免時難也」。

[十]語出《公羊傳・定公元年》。

[十一]「中華」，原抄本同。潘耒遂初堂刻本改爲「華夏」，集釋本因之。欒本據黄侃校記改回而加説明，陳本、嚴本仍刻本之舊而加注。

[十二]《孟子・萬章下》。

[十三]鄭思肖，字憶翁，又字所南。初名某，宋亡始改今名，寓思趙氏之意。《新元史・隱逸列傳》有傳。

[十四]「有」字上，脱「未」字，當補。原抄本、遂初堂本、集釋本、欒本、陳本、嚴本均作「未有」。

[十五]「賊」，原抄本同。《心史》作「賊」。潘耒遂初堂刻本改爲「彼」，集釋本因之。欒本據黄侃校記改回而加説明，陳本、嚴本仍刻本之舊而加注。

[十六]「虜酋」，原抄本同。《心史》作「虜酋」。潘耒遂初堂刻本改爲「彼酋」，集釋本因之。欒本據黄侃校記改回而加説明，陳本、嚴本仍刻本之舊而加注。

[十七]「虜中」，原抄本同。潘耒遂初堂刻本改爲「鹵中」，集釋本因之。欒本據黄侃校記改回而加説明，陳本、嚴本仍刻本之舊而加注。今按：《金史》清武英殿刻本仍作「北中亦遣唐慶等往來議和」、「北中大臣有以輿地圖指示之」、「自北中逃回」。

[十八]劉淵，字元海。避李淵諱，故稱字。事見《晉書・載記》。

[十九]石虎，字季龍。避李虎諱，故稱字。事見《晉書・載記》。

[二十]「惟《通鑑》」下，脱「並改從本名」五字，當補。原抄本、遂初堂本、集釋本、欒本、陳本、嚴本有此五字。

非三公不得稱公

《公羊傳》曰：「天子三公稱公，王者之後稱公。」[一]天子三公稱公，周公、召公、畢公、毛公、蘇公是也。王者之後稱公，宋公是也。杜氏《通典》曰：「周制：非二王之後，列國諸侯其爵無至公者。《春秋》有虞公、州公，或因殷之舊爵，或嘗爲天子之官，子孫因其號耳，非周之典制也。」[二]東遷而後，列國諸侯皆僭稱公。夫子作《春秋》而筆之於書，則或公或否。生不公，葬則公之。列國不公，魯則公之。於是天子之事與人臣之禮並見於書，而天下之大法昭矣。「漢之西都」有「七相五公」[三]，《西都賦》李善註：「公，御史大夫、將軍通稱也。」按《後漢書》：獻帝謂御史大夫郗慮曰：「郗公，天下寧有是耶？」是御史大夫得稱公也。而光武則置三公，《後漢[四]・百官志》：「太尉公一人，司徒公一人，司空公一人。」史家之文，如鄧公禹、吳公漢、伏公湛、宋公弘、第五公倫、羊公融[五]、袁公安、李公固、陳公寵、橋公玄、劉公寵、崔公烈、胡公廣、王公龔、楊公彪、荀公爽、皇甫公嵩、董公卓、曹公操，非具[六]在三公之位，則無有書公者。《三國志》若漢之諸葛公亮、魏之司馬公懿、吳之張公昭、顧公雍、陸公遜，《晉書》若衛公瓘、張公華、王公導、庾公亮、陶公侃、謝公安、桓公溫、劉公裕之類，非其在三公之位，則無有書公者。史至於唐，而書公不必皆尊官。洎乎今日，誌狀之文，人人得稱之矣。吁！何其濫與！何其僞與！本朝[七]若鄭端簡《名臣記》至無人不稱公，非史體矣。[八]

《大雅》「古公亶父」，箋曰：「諸侯之臣稱君曰公。」[九]《白虎通》曰：「臣子於其國中皆褒其君爲公。」[十]《詩》曰：「乃命魯公，俾侯于東。」[十一]公者，魯人之稱；侯者，周室之爵。《秦誓》：「公曰：嗟！我士，聽無譁。」夫《秦誓》之書「公」與《春秋》之書「秦伯」，不已異乎？曰：「《春秋》以道名分」[十二]，五等之爵，班之天子，不容僭差。若《秦誓》，本國之書，孔子因其舊文而已。「公之媚子，從公于狩」，[十三]亦秦人之詩也。

平王以後，諸侯通稱爲「公」，則有不必專於本國者矣。《碩人》之詩曰：「譚公維私。」《左傳》鄭莊公之言曰：「無寧茲許公復奉其社稷。」[十四]

周之盛時，亦有「群公」之稱，見於《康王之誥》，及《詩》之《雲漢》。此猶五等之君，《春秋》書之，通曰「諸侯」也。

《左傳》自王卿而下[十五]，無書「公」者，惟楚有之。其君已僭爲王，則臣亦僭爲公，宣十一年所謂「諸侯、縣公皆慶寡人」者也[十六]。《漢書》「沛公」註：「孟康曰：『楚舊僭稱王，其縣宰爲公。』」《淮南子》「魯陽公」注：「楚之縣公也。楚僭號稱王，其守縣大夫皆稱公。」[十七]《傳》中如葉公、析公、申公、鄖公、蔡公、息公、商公，期思公，並邊中國，白公邊吳，蓋尊其名以重邊邑。《呂氏春秋》楚又有卑粱公，《戰國策》楚人有宛公、新城公。而秦有鹿公。索隱曰：「蓋鹿邑公，更[十八]失其姓名。」楚漢之際，有滕公、戚公、柘公、薛公、郯公、蕭公、陳公、魏公、留公、方與公。高祖初稱沛公，太上皇父稱豐公，皆楚之遺名。《左傳》齊亦有邢公、棠公。此縣公之公也。御史監郡者，亦稱「監公」，見《曹相國世家》。

有失其名而「公」之者。《史記・秦始皇紀》「侯公」，《項羽紀》「樅公」、「侯公」，《高祖紀》「單父人呂公」、「新城三老董公」，《孝文紀》「太倉令淳于公」，《天官書》「甘公」，《封禪書》「申公」、「齊人丁公」，《曹相國世家》「膠西蓋公」，《留侯世家》「東園公」、「夏黃公」，[十九]《穰侯傳》「其客宋公」，《信陵君傳》「毛公」、「薛公」，《賈生傳》「河南守吳公」，《張敖傳》「中大夫泄公」，《黥布傳》「故楚令尹薛公」，《季布傳》「母弟丁公」，《鼂錯[二十]》「謁者僕射鄧公」，《鄭當時傳》「下邽翟公」，《酷吏傳》「河東守勝屠公」，《貨殖傳》「朱公」、「任公」，《漢書・高帝紀》「終公」，《藝文志》「蔡公」、「毛公」、「樂人竇公」、「黃公」、「毛公」、「皇公」，《張耳陳餘傳》「范陽令徐公」、「甘公」，《劉歆傳》「魯國桓公」、「趙國貫公」，《周昌傳》「趙人方與公」，《武五子傳》「瑕丘江公」，《王褒傳》「九江被公」，《于定國傳》「其父于公」，《翟方進傳》「方進父翟公」，《儒林傳》「免中徐公」、「博士江公」、「食子公」，「淄川任公」、「皓星公」，《游俠傳》「故人吕公」、「茂陵守令尹公」，皆失其名而「公」之，若「鄭君」、「盧生」之比。本朝[二十一]實録於孝慈高皇后之父亦不知其名，謂之「馬公」。是史之闕文，非正書也。《史記·高帝紀》「吕公」註：「崔浩云：『史失其名，但舉姓而言公。』」《漢書·高帝紀》註：「應劭曰：『槵公者，不知其名，故曰公。』」註家發其例於此，餘並不註。

「太史公」者，司馬遷稱其父談，故尊而「公」之也。[二十二]

有尊老而「公」之者。《戰國策》「孟嘗君問：『馮公有親乎』」、《史記》文帝謂馮唐「公奈何衆辱我」是也。《漢書·溝洫志》「趙中大夫白公」，師古曰：「蓋相呼尊老之稱」。《項籍傳》「南公」，服虔曰：「南方之老人也」。《眭弘傳》東平「嬴公」，師古曰：「長老之號」。《元后傳》「元賊[二十三]建公」，服虔曰：「年老者也」。《吴志·程普傳》：「普敢[二十四]年長，時人皆呼程公。」《方言》：「尊老[二十五]，周、晉、秦、隴謂之公。」《晉書·樂志》：「項伯語項莊曰：『公莫！』古人相呼曰公。」《漢書·何武傳》：「號爲煩碎，不稱賢公。」《後漢書·李固傳》：「京師咸歎曰：『是復爲李公矣。』」《官[二十六]者傳》：「种暠爲司徒，告賓客曰：『今身爲公，乃曹常侍力焉。』」《魏志·王粲傳》：蔡邕「聞粲在門，倒屣迎之。曰：『此王公孫也』」。《晉書·陳騫傳》：對父矯曰：「主上明聖，大人大臣，今若不合意，不過不作公耳。」《魏舒傳》：夜聞人「問『寢者爲誰？』曰『魏公舒』」。舒自知當爲公矣」。《陸曄傳》：「從兄機每稱之曰：『我家世不乏公矣。』」《王猛傳》：「父老曰：『王公何緣拜也？』」《北史·鄭述祖傳》：「少時在鄉，單馬出行，忽有騎者數百，見述祖皆大夫[二十七]，曰：『公在此。』」陶淵明《孟長史傳》：「從父太常夔嘗問光禄大夫劉耽：『孟君若在，當已作公否？』答云：『此本是三司人。』」是知南北朝以前人語，必三公方得稱「公」也。《周書・姚僧垣傳》：宣帝「嘗從容謂僧垣曰：『嘗聞先帝呼公爲姚公，有之乎？』對曰：『臣曲荷殊私，實如聖旨。』帝曰：『此是尚齒之辭，非爲貴爵之號。朕當爲公建國開家，爲子孫永業。』乃封長壽縣公，邑一千户」。

孔融「告高密縣爲鄭玄特立一鄉，曰『鄭公鄉』」。[二十八]以爲「公者，仁德之正號，不必三事大夫」。[二十九]此是曲説。據其所引，皆史失其名之公，而「太史公」又父子之辭也。《戰國策》：陳軫將之魏，「其子陳應止其公之行」。《史記・留侯世家》：「吾惟豎子固不足遣，乃公自行耳。」此皆謂父爲「公」。《宋書・顔延之傳》：何偃「路中遥呼延之曰：『顔公！』延之答曰：『身非三公之位，又非田舍之公，又非君家阿公，何以見呼爲公？』」[三十]《北齊書・徐之才傳》：「鄭道育嘗戲之才爲『師公』。之才曰：『既爲汝師，又爲汝公，在三之義，頓居其兩。』」

陸雲作祖、父誄，曰《吴丞相陸公誄》，曰「維[三十一]赤烏八年二月粤乙卯，吴故使待[三十二]節郢州牧左都護丞相江陵郡侯陸公薨」；曰《故散騎常侍陸府君誄》，曰「維太康五年夏四月丙申，晉故散騎常侍吴郡陸君卒」。王沈祭其父曰：「孝子沈敢昭告烈考東郡君。」[三十三]張説作其父《贈丹州刺史先府君墓誌》，每稱必曰「君」。然則雖己之先人亦不一概稱「公」，古人之謹於分也。

《史記・鼂錯傳》：「錯父從潁川來，謂錯曰：『上初即位，公爲政用事，侵削諸侯，人口議多怨公者。』」是以父而呼子爲「公」。徐孚遠[三十四]曰：「御史大夫，三公也。錯父呼錯爲『公』，蓋以官稱之。」

沙門亦有稱「公」者，必以其名冠之。「深公」，法深也。「林公」，道林也。「遠公」，惠遠也。「生公」，道生也。「猷公」，道猷也。「隆公」，慧隆也。「誌公」，寶誌也。「澄公」，佛圖澄也。「安公」，道安也。「什公」，鳩摩羅什也。當時之人嫌於直斥其名，故加一「公」字。古沙門皆稱名。《世說》言：「安、汰吐珠玉於前，斌、亮振金聲於後」[三十五]，皆名世[三十六]也。梁、陳以下，僧乃有字，而人相與字之，字之則不復「公」之矣。

《宋史》：豐稷駁宋用臣謚議曰：「凡稱公者，須耆宿大臣及鄉黨有德之士。」[三十七]然則今之宦豎而稱「公」，亦不可出於士大夫之口。孫升《談圃》：「有朝士在中書稱李憲乎[三十八]，荆公厲聲叱之曰：『是何人！』」即出爲監當。

【校注】

[一]《公羊傳·隱公五年》。

[二]杜佑《通典》卷三十六。

[三]《後漢書·班彪列傳》載班固《两都賦》。漢之西都，謂長安，即京師。

[四]「後漢」，原抄本、遂初堂本、嚴本同，集釋本、欒本、陳本作「續漢」。

[五]「羊公融」誤，當改。原抄本、遂初堂本、集釋本、欒本、陳本、嚴本均作「牟公融」。

[六]「具」字誤，當改。原抄本、遂初堂本、集釋本、欒本、陳本、嚴本均作「其」。

[七]「本朝」，原抄本同，潘耒遂初堂刻本删，集釋本因之。欒本據黄侃校記改回而加説明，陳本仍刻本之舊，無注。嚴本仍刻本之舊而加注。

[八]鄭曉，字室甫，謚端簡。《明史》有傳。

[九]《詩經·大雅·緜》鄭玄箋。原文作「稱其君曰公」。

［十］《白虎通義・號》。

［十一］《詩經・魯頌・閟宫》。

［十二］語出《莊子・天下》。

［十三］《詩經・秦風・駟驖》。

［十四］《左傳・隱公十一年》。

［十五］「下」，原抄本同，遂初堂本、集釋本、欒本、陳本、嚴本作「外」。

［十六］「也」，遂初堂本、集釋本、欒本、陳本同，原抄本作「矣」。

［十七］《漢書》注見《高帝紀》。《淮南子》見《覽冥訓》高誘注。

［十八］「更」字誤，當改。原抄本、遂初堂本、集釋本、欒本、陳本、嚴本均作「史」。《史記・秦始皇本紀》司馬貞索隱作「史」。

［十九］黄汝成集釋：汝成案：索隱曰：《陳留志》云：「園公，姓庾，字宣明。居園中，因以爲號。夏黄公，姓崔，名廣，字少通，齊人。隱居夏里修道，故號曰夏黄公。」是二人自有姓名與字，非失之也。年遠説繁，或出附會。然史云四人前對，各言名姓，曰某某，似非失其名而公之者，豈太史公以四人皆樂遁潛聲，因從其自號書之以著高尚耶？又圈稱《陳留耆舊傳》自序：「圈公爲秦博士，避地南山，惠太子以爲司徒，至稱十一世。」洪氏《隸釋》有「圈公神坐」、「圈公神祚機」，蓋「圈」即「園」也。《會稽典録》載虞仲翔云：「鄞大里黄公潔己，暴秦之世，高祖即阼，不能一致，惠帝恭讓，出則濟難。」是二人又姓圈與黄。第漢哀帝元壽二年始改丞相爲大司徒，孝惠時未有是名。圈稱所述恐不足據。仲翔之言，或亦因其自號誤爲姓云。

［二十］「鼂錯」下，脱「傳」字，當補。原抄本、遂初堂本、集釋本、欒本、陳本、嚴本均作「鼂錯傳」。

［二十一］「本朝」，原抄本同，刻本未删。

［二十二］黄汝成集釋引錢氏曰：太史公，官名。遷父子相繼爲之，非專爲尊其父也。《史記》惟自叙前半及《封

禪篇》中有稱其父爲大史公者，其餘皆遷自稱。

[二十三]「賊」字誤，當改。原抄本、遂初堂本、集釋本、欒本、陳本、嚴本均作「城」。《漢書》作「城」。

[二十四]「敢」字誤，當改。原抄本、遂初堂本、集釋本、欒本、陳本、嚴本均作「最」。《三國志》作「最」。

[二十五]「尊老」上，脱「凡」字，當補。原抄本、遂初堂本、集釋本、欒本、陳本、嚴本均有「凡」字。

[二十六]「官」字誤，當改。原抄本、遂初堂本、集釋本、欒本、陳本、嚴本均作「宦」。

[二十七]「大夫」誤，原抄本同誤，當改。遂初堂本、集釋本、欒本、陳本、嚴本作「下馬」。《北史》作「下馬」。

[二十八]《三國志·魏書·崔琰傳》注。

[二十九]《後漢書·鄭玄傳》。

[三十]《宋書》當作《南史》。

[三十一]「維」，遂初堂本、集釋本、欒本、陳本、嚴本同，原抄本作「惟」。

[三十二]「待」字誤，當改。原抄本、遂初堂本、集釋本、欒本、陳本、嚴本均作「持」。

[三十三]見《通典》卷一百二。

[三十四]徐孚遠，見卷四「微子啟」條。

[三十五]《世説》當作《高僧傳》，見卷六《釋慧亮傳》。

[三十六]「世」字衍，原抄本同，當删。遂初堂本、集釋本、欒本、陳本、嚴本無。

[三十七]《宋史·宦者傳二·宋用臣傳》。

[三十八]「孚」字誤，原抄本同誤，當改。遂初堂本、集釋本、欒本、陳本、嚴本作「字」。

古人不以甲子名歲

《爾雅》疏曰：「甲至癸爲十日，日爲陽。寅至丑爲十二辰，辰爲陰。」此二十二名，古人用以紀日，不以紀歲。歲則自有閼逢至昭陽十名爲歲陽，攝提格至赤奮若十二名爲歲名。《周禮》：哲簇氏[一]：十日、十有二辰、十有二月、十有二歲之號，註：「日謂從甲至癸，辰謂從子至亥，月謂從陬至荼，歲謂從攝提格至赤奮若。」後人謂甲子歲、癸亥歲，非古也。自漢以前，初不假借。《史紀[二]・歷書》：「太初元年：年名焉即「閼」字。逢攝提格，月名畢聚[三]，日得甲子，夜半朔旦冬至。」其辨晰如此。若《吕氏春秋・序意篇》：「維秦八年，歲在涒灘，秋甲子朔。」賈誼《鵩賦》：「單閼之歲兮，四月孟夏。庚子日斜兮，服[四]集予舍。」許氏《説文・後叙》：「粤在永元，困頓之年，孟陬之月，朔日甲子。」亦皆用歲陽、歲名，不與日同之證。《漢書》郊祀歌：「天馬徠，執徐時。」謂武帝太初四年，歲在庚辰，兵誅大宛也。《資治通鑑・周記一》起著雍攝提格，盡玄黓困敦，亦用古法。自經學日衰，人趨簡便，乃以甲子至癸亥代之。「子曰：『觚不觚。』」[五]此之謂矣。

宋劉恕《通鑑外記・目録序》曰：「庖犧前後，逮周厲王，疑年茫昧，借日名甲子以紀之。」是則歲之稱甲子也，借也。何始乎？自亡新始也。王莽下書，言始建國五年，「歲在壽星，填在明堂，倉龍癸酉，德在中宮」，又言「天鳳七年，歲在大梁，倉龍庚辰。厥明年，歲在實沈，倉龍辛巳」：[六]《隋書・律歷志》王莽《銅罐[七]銘》曰「歲在大梁，龍集戊辰」，又曰「龍在己巳，歲在[八]實沈」是也。自此，《後漢書・張純傳》言「攝提之歲，蒼龍甲寅」，《朱穆傳》言「明年丁亥之歲」，荀悦《漢紀》言「漢元年，實乙未也」，《曹娥碑》亦云「元嘉元年，青龍在辛卯」，《蜀郡造橋碑》云「維[九]延熹，龍在甲辰」，而張角「訛言『蒼天已死，黄天當立，歲在甲子，天下大吉』，以白土書京城寺門及州郡官府，皆作『甲子』字」矣。

以甲子名歲雖自東漢以下，然其時制詔、章奏、符檄之文，皆未嘗正用之。其稱歲必曰元年、二年，其稱日乃用甲子、乙卯[十]，如《己亥格》、《庚戌制》、「壬午兵」之類，皆日也。《宋書・武帝紀》有「癸卯梓材，庚子皮毛」，亦皆下詔之日。惟《晉書》王廙上疏言：「臣以壬申歲，見用爲鄱陽内史。」[十一]按懷帝以永嘉元年[十二]辛未爲劉聰所執，愍帝以建興元年癸酉即位，中間一年無子[十三]，故言「壬申歲」也。後代之人，無大故而效之，非也。李暠上表亦云「臣去乙巳歲」。暠當時改元庚子，不用晉年號。《晉書》中以甲子名歲者僅此兩見。[十四]

自三國鼎立，天光分曜，而後文人多舍年號而稱甲子。魏程曉《贈傅休奕》詩：「龍集甲子，四時咸[十五]歲。」晉張華《感婚賦》：「方今歲在己巳，将次四仲。」陸機《愍懷太子誄》：「龍集庚戌，日月改度。」陶潛《祭從弟敬遠文》：「歲在辛亥，月維[十六]仲秋。」《自祭文》：「歲維丁卯，律中無射。」後周庾信《哀江南賦》：「粤以戊辰之年，建亥之月。」而梁陶隱居《真誥》亦書「己卯歲」。至杜預《左傳集解・後序》則追言魏哀王二十年「太歲在壬戌」矣。吴後主《國山封禪文》：「旃蒙協洽之歲，月次陬訾之舍，日惟重光大淵獻。」日當言「辛亥」，而冒用歲陽歲名，則又失之。

晉惠帝時，廬江杜嵩作《壬子春秋》。壬子，元康二年，賈后殺[十七]楊太后于金城墉[十八]之歲。

唐人有以豫書而不稱年號者。《舊唐書・禮儀志》曰：「請以開元二十七年己卯四月禘，至辛巳年十月祫，至甲申年四月又禘，至丙戌年十月又祫，至己丑年四月又禘，至辛卯年十月又祫。」其辛巳以下，不言開元某年。又《博古圖》載《唐鑑銘》曰：「武德五年，歲次壬午，八月十五日甲子，楊州總管府造青銅鏡一面，充癸未年元正朝貢。」其癸未亦不言武德六年者，當時屢改年號故也。此一鑑而有正書、有豫書之不同，亦變例也。

史家之文必以日繫月，以月繫年。鍾鼎之文則不盡然，多有月而不年、日而不月者。《六經》中亦有之，如《詩》「吉日庚午」是也。[十九]《商母乙卣》其文曰：「丙寅，王錫□[二十]貝朋[二十一]，用作母乙彝。」丙寅者，日也。《博古圖》乃謂「商建國始於庚戌，歷十七年而有丙寅，在仲壬即位之三年」，則鑿矣。豈非迷於後世之以甲子名歲，而欲以追加之古人乎？

春秋之世，各國皆自紀其年。發之於言，或參互而不易曉，則有舉其年之大事而爲言者。若曰「會於沙隨之歲」[二十二]，「叔仲惠伯會郤成子于承匡之歲」[二十三]，「鑄刑書之歲」[二十四]，「晉韓宣子爲政聘于諸侯之歲」[二十五]是也。如「湨梁之明年」亦是。[二十六]又有舉歲星而言，若曰「歲五及鶉火」[二十七]、「歲及大梁」[二十八]、「歲在娵訾之口」[二十九]者。從後人言之，則何不曰甲子也、癸亥也？是知古人不用以紀歲也。

《太祖實録》自吳元年以前皆書干支，不合古法。太祖當時實奉宋小明王之號，故有言當紀龍鳳者。[三十]考之《史記》，高帝之初不稱楚懷王元年，而稱秦二年、三年。又太祖御製《滁州龍潭碑文》云「元末帝至正十有四年」。竊意其時天下尚是元之天下，書「至正」，正合《史記》書「秦」之例。今《續綱目》書「至正」。又有兼書者，《漢書・功臣侯表》序：「漢興自秦二世元年之秋，楚陳之歲」，是也。

【校注】

[一]「晢簇氏」，原抄本、遂初堂本、欒本、嚴本同，陳本作「晢蔟氏」。《周禮》原文作「晢蔟氏」。

[二]「紀」字誤，當改。原抄本、遂初堂本、集釋本、欒本、陳本、嚴本均作「記」。

[三]「畢聚」，遂初堂本、集釋本、欒本、陳本同，原抄本作「畢陬」。《史記》原文作「畢聚」。

[四]「服」，原抄本、遂初堂本、集釋本、欒本、陳本、嚴本均同。《文選·鵩鳥賦》作「鵩」。

[五]《論語·雍也》。朱熹集注：「觚，棱也，或曰酒器，或曰木簡，皆器之有棱者也。不觚者，蓋當時失其制而不爲棱也。」

[六]《漢書·王莽傳》。

[七]「銅罐」誤，原抄本同誤，當改。遂初堂本、集釋本、欒本、陳本、嚴本作「銅權」。

[八]「在」，原抄本同，遂初堂本、集釋本、欒本、陳本、嚴本作「次」。《隋書》作「次」。

[九]「維」，遂初堂本、集釋本、欒本、陳本、嚴本同，原抄本作「惟」。

[十]「乙卯」，原抄本同。遂初堂本、欒本、陳本、嚴本作「乙丑」。按當作「乙丑」。

[十一]《晉書·王廙傳》。

[十二]「元年」誤，原抄本同誤，當改。遂初堂本、集釋本、欒本、陳本、嚴本作「五年」。

[十三]「無子」，中間脱「天」字，當補。原抄本作「無天子」，遂初堂本、集釋本、欒本、陳本、嚴本作「無主」。

[十四]李暠，見《晉書·凉武昭王傳》。

[十五]「咸」字誤，當改。原抄本、遂初堂本、集釋本、欒本、陳本、嚴本均作「成」。《藝文類聚》引魏程曉《又贈傅休奕詩》作「成」。

[十六]「維」，原抄本同，遂初堂本、集釋本、欒本、陳本、嚴本作「惟」。

[十七]「殺」，原抄本同，遂初堂本、集釋本、欒本、陳本、嚴本作「弑」。

[十八]「金城墉」誤倒，原抄本同誤，當乙正。遂初堂本、集釋本、欒本、陳本、嚴本作「金墉城」。

[十九]見《詩經·小雅·吉日》。

[二十]「王錫□」，各本均同，《商母乙卣》原文缺一字。其字形似「夗」，杨樹達釋作「宛」，見《積微居金文説·宛

卣跋》。

[二十一]「貝朋」，遂初堂本、集釋本、欒本、陳本、嚴本同，原抄本誤作「貝明」。殷商串五貝爲一掛，两掛相並爲一朋。

[二十二]《左傳・襄公九年》。

[二十三]《左傳・襄公三十年》。

[二十四]《左傳・昭公七年》。

[二十五]《左傳・昭公七年》。

[二十六]《左傳・襄公二十二年》。

[二十七]《左傳・昭公九年》。

[二十八]《左傳・昭公十一年》。

[二十九]《左傳・襄公三十年》。

[三十]至正十五年，劉福通迎立韓山童之子韓林兒，史稱小明王，國號宋，建元龍鳳。

史家追紀日月[一]之法

或曰：「鑄刑書之歲」是則然矣，[二]其下云「齊燕平之月」，又曰「其明月」，則何以不直言正月、二月乎？曰：此正史家文字縝密處。史之文有正紀，有追紀。其上曰「春王正月，暨齊平」、「二月戊午，盟于濡上」，正紀也。此曰「齊燕平之月，壬寅，公孫段卒」、「其明月，子産立公孫洩及良止以撫之」，追紀也。追紀而再云正月、二月，則嫌於一歲之中而有两正月、二月也，故變其文而云，古人史法之密也。

《左傳》追紀之文不止此。如襄公六年傳：「鄭子國之來聘也，四月，晏弱城東陽，而遂圍萊。甲寅，堙之，環城，傅于堞。及杞桓公卒之月，乙未，王湫帥師及正與子[三]、裳人[四]軍齊師，齊師大敗之。丁未，入萊，萊共公浮柔奔棠，正輿子、王湫奔莒，莒人殺之。四月，陳無宇獻萊宗器于襄宫。晏弱圍棠，十一月丙辰而滅之。」七年傳：「鄭僖公之爲大子也，於成之十六年，與子罕適晉，不禮焉。又與子豐適楚，亦不禮焉。及其元年，朝于晉，子豐欲愬諸晉而廢之，子罕止之。」十九年傳：「於四月丁未，鄭公孫蠆卒，赴於晉大夫。」二十五年傳：「會于夷儀之歲，齊人城郟。其五月，秦晉爲成。」二十六年傳：「齊人城郟之歲，其夏，齊烏餘以廩丘奔晉。」三十一年傳：「公薨之月，子産相鄭伯以如晉。」昭公七年傳：「齊師還自燕之月，罕朔殺罕魋。」又：「晉韓宣子爲政、聘于諸侯之歲，婤姶生子，名之曰『元』。」皆是追紀。又如《書・金縢》：「既克商二年，王有疾，弗豫。」亦追紀也。

【校注】

[一]「日月」，原抄本同。目録作「月日」，原抄本同。集釋本、欒本、陳本、嚴本作「月日」。

[二]承上條「舉其年之大事」紀年之例而言。

[三]「正與子」誤，原抄本同誤，當改。集釋本、欒本、陳本、嚴本作「正輿子」。《左傳》作「正輿子」。下文「正輿子」不誤。杜預集解：「正輿子，萊大夫。」

[四]「裳人」誤，原抄本同誤，當改。集釋本、欒本、陳本、嚴本作「棠人」。《左傳》作「棠人」。下二「裳」字同。杜預集解：「棠，萊邑也。」

史家日月[一]不必順序

古人作史，取其事之相屬，不論月日，故有追書，有竟書。《左傳》成公十六年鄢陵之戰，先書甲午晦，後書癸巳。甲午爲正書，而癸巳則因後事而追書也。昭公十三年平丘之盟，先書甲戌，後書癸酉。甲戌爲正書，而癸酉則因後事而追書也。昭公十三年楚靈王之殺[二]，先書五月癸亥，後書乙卯、丙辰。乙卯、丙辰爲正書，而五月癸亥則因前事而竟書也。蓋史家之文常患爲月日所拘，而事不得以相連屬，故古人立此變例。

有先書以起事者。《通鑑》唐文宗太和九年十一月，先書「是月戊辰，王守澄葬於滻水」於壬戌、癸亥之前，是也。

【校注】

[一]「日月」，原抄本同。目録作「月日」，原抄本同。遂初堂本、集釋本、欒本、陳本、嚴本作「月日」。

[二]「殺」，原抄本同。遂初堂本、集釋本、欒本、陳本、嚴本作「弑」。

重書日

《春秋》桓公十二年書：「丙戌，公會鄭伯盟于武父。丙戌，衛侯晉卒。」重書日者，二事皆當繫日。先書公者，先内而後外也。邵國賢曰：「二丙戌，一是即書，一是追書。即書者紀事之職，追書者承赴之體。」後人作史，凡一日再書，則云「是日」。

古人必以日月繫年

自《春秋》以下，紀載之文必以日繫月，以月繫時，以時繫年，此史家之常法也。《史記·伍子胥傳》：「己卯，楚昭王出奔。庚辰，吴王入郢」，則不月而日；《刺客傳》：「四月丙子，光伏甲士於窟室中」，則不年而月，史家之變例也。蓋二事已見於吴、楚二《世家》，故其文從省。《楚辭》：「攝提貞于孟陬兮，維庚寅吾以降。」攝提，歲也。孟陬，月也。庚寅，日也。屈子以寅年寅月庚寅日生。王逸《章句》曰：「太歲在寅曰攝提格。孟，始也。正月爲陬。言己以太歲在寅、正月始春、庚寅之日，下母之體而生」，是也。或謂「攝提，星名。《天官書》所謂『直斗杓所指，以建時節』」者，[一]非也。豈有自述其世系生辰，乃不言年而止言月日者哉？長洲文待詔徵明以庚寅歲生，刻一印章曰「維庚寅吾以降」，意謂與屈大夫同年，非也。屈子之云「庚寅」者，日也。使以歲言，無論古人不以甲子名歲，且使屈子生於庚寅，至楚懷王被執于秦，壬戌之歲，年僅三十有三，何以云「老冉冉其將至」乎？

【校注】

[一]見《文選》張衡《思玄賦》、陸倕《新刻漏銘並序》李善注。

古無一日分爲十二時

古無以[一]一日分爲十二時之説。《洪範》言歲、月、日，不言時。《周禮》：「馮相氏掌十有二歲，十有二月，十有二辰，十日，二十有八星之位」，不言時。屈子自序其生年月日，不及時。呂才《禄命書》亦止言年月日，不及時。「李虚中以人生年月日所直支干推人禍福生死，百不失一，初不用時也。自宋而後，乃並其時參合之，謂之『八字』。」見謝肇淛《五襍俎》。後周蘇綽作《大誥》曰：「王省惟歲，卿士惟月，庶尹惟日，御事惟時。」

古無所謂時。凡言時，若《堯典》之「四時」，《左氏傳》之「三時」桓公六年：「三時不害。」皆謂春夏秋冬也。故士文伯對晉侯，以「歲、時、日、月、星、辰」謂之「六物」。[二]《荀子》曰：「積微，月不勝日，時不勝月，歲不勝時。」[三]亦謂春夏秋冬也。自漢以下，曆法漸密，於是以一日分爲十二時。蓋不知始於何人，而至今遵用不廢。

一日之中所以分紀其時者，曰日中，曰盡日[四]，曰日昃，見於《易》：曰東方未明，曰會朝，曰日之方中，曰昏，曰夕，曰宵，見於《詩》：曰昧爽，曰朝，曰日中昃，見於《書》：曰朝時，曰日中，曰夕時，曰雞初鳴，曰旦，曰質明，曰大昕，曰晏朝，曰昏，曰日出，曰日側，曰見日，曰逮日，見於《禮》：《爾雅》既[五]：「日入後二刻半爲昏。」曰雞鳴，曰日中，曰晝，曰日下昃，曰日旰，曰日入，曰夜，曰夜中，見於《春秋傳》：曰鼂，曰薄暮，曰黄昏，見於《楚辭》。紀晝則用日。《史記・項羽傳[六]》：「項王乃西從蕭，晨擊漢軍，而東至彭城，日中，大破漢軍。」《呂后紀》：「八月庚申旦，平陽侯窋見相國産計事」，「日餔時，遂擊産」。《彭越傳》：「旦日日出，十餘人後，後者至日中。」《淮南王安傳》：「旦受詔，日食時上。」《漢書・五行志》：「日中時食，從東北，過半，晡時復。」「晡時食，從西北，日下，晡時復。」《武五子・昌邑王傳》：「夜漏未盡一刻，以火發書。其日中賀發，晡時至定陶。」《東方朔傳》：「微行，以夜漏十[七]十刻乃出。旦明，入山下。」是也。紀夜則用星。《詩》之言「三星在天」、「三星在隅」、「三星在户」，《春秋傳》之言「降婁中而旦」是也。《周禮》：司寤氏「以星分夜」。不辨星，則分言其夜，曰夜中，曰夜半，曰夜鄉晨，是也。分言其夜而不詳，於是有五分其夜，而言甲、乙、丙、丁、戊者。《周禮》：「司寤氏掌夜時」，註：「夜時，爲[八]夜晚早，若今甲乙至戊。」《顔氏家訓》：「或問一夜何故五更？答曰：漢魏以來，謂爲甲夜、乙夜、丙夜、丁夜、戊夜，亦云一更、二更、三更、四更、五更，皆以五爲節。所以然者，假令正月建寅，斗柄夕則指寅，曉則指午矣。自寅至午，凡歷五辰。冬夏之月雖復長短參差，然辰間遼闊，盈不至六，縮不至四，進退常在五者之間。更，歷也，經也，故曰五更爾。」[九]

《漢書・西域傳》：杜欽曰：「斥候士，五分夜擊刁斗自守。」《天文志》：「本始元年四月壬戌甲夜」，「地節元年正月戊午乙夜」，「六月戊戌甲夜」。《三國志・曹爽傳》：「自甲夜至五更[十]，爽乃投刀于地。」[十一]《晉書・趙王倫傳》：「期四月三日丙夜一籌，以鼓聲爲應。」是也。五分其夜而不詳，於是有言漏上幾刻者。《五行志》：「晨漏未盡三刻，有兩月重見。」又云：「漏上四刻半，乃頗有光。」《禮儀志》：「夜漏未盡七刻，鐘鳴受賀。」《東方朔傳》：「微行以夜，漏上十刻廼出。」《王尊傳》：「漏上十四刻行，臨到。」《外戚傳》：「晝漏上十刻而崩。」又云：「夜漏上五刻，持兒與舜會東交掖門。」自《南北史》以上皆然。故《素問》曰：「一日一夜，五分之。」《隋志》曰：「晝有朝、有禺、有中、有晡、有夕，夜有甲、乙、丙、丁、戊。」而無十二時之目也。唯《歷書》云「雞三號卒明，撫千二[十二]節卒于丑」，而下文却云「朔旦冬至正北」，又云「正北」、「正西」、「正南」、「正東」，[十三]不直言子、酉、午、卯。《漢書・五行志》言「日加辰巳」，又言「時加未」。《翼奉傳》言「日加申」，又言「時加卯」。《王莽傳》：「天文郎[十四]按栻於前，日時加某，莽旋席隨斗柄而坐。」而《吴越春秋》亦云：「今日甲子，時加于巳。」《周髀經》亦有「加卯」、「加酉」之言。若紀事之文，無用此者。《南齊書・天文志》始有子時、丑時、亥時。《北齊書・南陽王綽傳》有景時、午時。景時者，丙時也。

《左氏傳》：卜楚丘曰：「日之數十，故有十時。」[十五]而杜元凱註則以爲十二時，雖不立十二支之目，然其曰「夜半」者即今之所謂子也，「雞鳴」者丑也，「平旦」者寅也，「日出」者卯[十六]，「食時」者辰也，「隅中」者巳也，「日中」者午也，「日昳」者未也，「晡時」者申也，「日入」者酉也，「黄昏」者戌也，「人定」者亥也。[十七]一日分爲十二，始見於此。考之《史記・天官書》，曰「旦至食」、「食至日昳」、「日昳至餔」、「餔至下餔」、「下餔至日入」。《素問・藏氣法時論》有曰「夜半」，曰「平旦」，曰「日出」，曰「日中」，曰「日昳」，曰「下晡」。王冰註以日昳爲「土王」，下晡爲「金王」，又有曰「四季」者。註云「土王」，是今人所謂丑、辰、未、戌四時也。《吴越春秋》有曰「時加日出」、「時加雞鳴」、「時加日昳」、「時加禺中」，則此十二名古有之矣。《史記・孝景紀》：「五月丙戌，地動。其蚤食時，復動。」《漢書・武五子・□[十八]陵王胥傳》：「奏酒，至雞鳴時罷。」《王莽傳》：「以雞鳴爲時。」《後漢書・隗囂傳》：「至昏時遂潰圍。」《齊武王傳》：「至食時，賜陳潰。」《耿弇傳》：「人定時，步果引去。」《來歙傳》：「臣夜人定後，爲何人所賊傷。」《竇武傳》：「自旦至食時，兵降略盡。」《皇甫嵩傳》：「夜勒兵，雞鳴，馳赴其陳。戰至晡時，大破之。」《晉書・戴洋傳》：「永昌元年四月庚辰，禺中時，有大風起自東南，折木。」《宋書・符瑞志》：「延康元年九月十日，黄昏時，月蝕，熒惑過。人定時，熒惑出營室，宿羽林。」皆用此十二時。

《淮南子》：「日出於暘谷，浴于咸池，拂于扶桑，是謂『晨明』。登于扶桑之上，爰始将行，是謂『朏明』。至于曲阿，是謂『朝明』。臨于曾泉，是謂『早食』。次于桑野，是謂『宴食』。臻于衡陽，是謂『禺中』。對于昆吾，是謂『正中』。靡于鳥次，是謂『小還』。至于悲谷，是謂『晡時』。廻于女紀，是謂『大還』。經于泉隅，是謂『高舂』。頓于連石，是謂『下舂』。爰止羲和，爰息六螭，是謂『懸車』。薄于虞泉，是謂『黄昏』。淪于蒙谷，是謂『定昏』。」按此自「晨明」至「定昏」爲十五時，而卜楚丘以爲十時[十九]。未知今之所謂十二時者，自何人定之也。

《素問》中有言「歲甲子」者，有言「寅時」者，[二十]皆後人僞撰入之也。

【校注】

[一]「以」字，原抄本、遂初堂本、集釋本、欒本、嚴本同，陳本無。

[二]事見《左傳・昭公七年》。

[三]《荀子・强國》。

[四]「盡日」誤，原抄本、遂初堂本、嚴本同誤，當改。集釋本、欒本、陳本作「晝日」。《易經・晉卦》：「晝日三接。」

[五]「既」字誤，當改。原抄本、遂初堂本、集釋本、欒本、陳本、嚴本均作「疏」。

[六]「傳」字誤，原抄本同誤，當改。遂初堂本、集釋本、欒本、陳本、嚴本作「紀」。

[七]「十」字誤，當改。原抄本、遂初堂本、集釋本、欒本、陳本、嚴本均作「下」。《漢書》作「下」。

[八]「爲」字誤，原抄本同誤，當改。遂初堂本、集釋本、欒本、陳本、嚴本作「謂」。《周禮》鄭注作「謂」。

[九]《顔氏家訓・書證》。

［十］「自甲夜至五更」，原抄本同，遂初堂本、集釋本、欒本、陳本、嚴本作「自甲夜至五鼓」。《三國志》作「中夜至五鼓」，《資治通鑑》卷七十五引作「自甲夜至五鼓」。

［十一］《三國志・魏書・曹爽傳》注引《魏略》。

［十二］「干二」誤，原抄本同誤，當改。遂初堂本、集釋本、欒本、陳本、嚴本作「十二」。《史記》作「十二」。

［十三］《史記・曆書》。

［十四］「即」字誤，當改。原抄本、遂初堂本、集釋本、欒本、陳本、嚴本均作「郎」。《漢書》作「郎」。

［十五］《左傳・昭公五年》。

［十六］「卯」，原抄本同，遂初堂本、集釋本、欒本、陳本下有「也」字。

［十七］杜預注解「十時」曰：「日中當王，食時當公，平旦爲卿，雞鳴爲士，夜半爲皂，人定爲輿，黄昏爲隸，日入爲僚，晡時爲僕，日昳爲臺。隅中日出闕不在第。」「隅中」不在其内，且不言「日出」。

［十八］底本缺一字處，原抄本、遂初堂本、集釋本、欒本、陳本、嚴本均作「廣」，當補。

［十九］《左傳・昭公五年》：卜楚丘曰：「日之數十，故有十時。」杜預集解：「楚丘，卜人姓名。」

［二十］《素問・六微旨大論》：「甲子之歲。」

年月朔日子

今人謂日，多曰「日子」。日者，初一、初二之類是也。子者，甲子、乙丑之類是也。《周禮・職内》註曰：「若言某月某日某甲詔書」，或言甲，或言子，乙也[一]。《文選・陳琳〈檄吳將校部曲文〉》：「年日[二]朔日子」，李周翰註：「日子，發檄時也」。漢人未有稱夜半爲子時者，誤矣。古人文字，年月之下必繫以朔，必言朔之第幾日，而又繫之干支，故曰「朔日子」也。如魯相瑛《孔子廟碑》云：「元嘉三年三月丙子朔廿七日壬寅。」又云：「永興元年六月甲辰朔十八日辛酉。」史晨《孔子廟碑》云：「建寧二年三月癸卯朔七日己酉。」樊毅《復華下民租碑》云：「光和二年十二月庚午朔十三日壬午。」也[三]。此「日子」之稱所自起。若史家之文，則[四]則有子而無日，《春秋》是也。《後漢書》隗囂檄文曰：「漢復元年七月己酉朔，己巳。」不言廿一日。然在朔言朔，在晦言晦，而「旁死魄」、「哉生明」之文見於《尚書》，則有兼日而書者矣。

《宋書·禮志》：「年月朔日甲子，尚書令某甲下。」此古文移之式也，陳琳檄文但省一「甲」字耳。

《南史》：劉之遴與張纘等參校古本《漢書》，「稱『永平十六年五月二十一日己酉，郎班固』，而今本無上書年月日子」。[五]《隋書》：袁充上表稱：「寶曆之元，改元仁壽，歲月日子，還共誕聖之時。」[六]

時有十二而但稱「子」，猶之干支有六十，而但稱「甲子」也。

漢人之文，有即朔之日而必重書一日者。廣漢太守沈子琚《緜竹江堰碑》云：「熹平五年五月辛酉朔，一日辛酉。」《綏民校尉熊君碑》云：「建安二十一[七]年十月[八]丙寅朔，一日丙寅。」此則緐而無用，不若後人之簡矣。

【校注】

[一]「乙也」誤，當改。原抄本、遂初堂本、集釋本、欒本、陳本、嚴本均作「一也」。

[二]「日」字誤，當改。原抄本、遂初堂本、集釋本、欒本、陳本、嚴本均作「月」。

[三]「也」字上，脱「是」字，原抄本同誤，當補。遂初堂本、集釋本、欒本、陳本、嚴本作「是也」。
[四]上「則」字衍，當删，原抄本、遂初堂本、集釋本、欒本、陳本、嚴本無。
[五]《南史·劉虯傳》附劉遴之傳。又見《梁書·劉遴之傳》。
[六]《隋書·袁充傳》。又見《北史·袁充傳》。
[七]「二十一」，原抄本同，遂初堂本、集釋本、欒本、陳本、嚴本作「廿一」。
[八]「十月」，原抄本同，遂初堂本、集釋本、欒本、陳本、嚴本作「十□月」。陳垣校注：《隸釋》十一。應爲「十二月」。

年號當從實書

「正統」之論，始[一]習鑿齒，[二]不過帝漢而僞魏、吴二國耳。自編年之書出，而疑於年號之無所從，而其論乃紛紜矣。夫年號與正朔自不相關，故周平王四十九年，而孔子則書之爲魯隱公之元年。何也？《春秋》，魯史也，據其國之人所稱而書之，故元年也。晉之《乘》存，則必以是年爲鄂侯之二年矣。楚之《檮杌》存，則必以是年爲武王之十九年矣。觀《左傳》文公十七年，鄭子家與晉韓宣子書曰：「寡君即位三年」，而其下文曰十二年、十四年、十五年，則自稱其國之年也。襄公二十二年，少正公孫僑對晉之辭曰：「在晉先君悼公九年，我寡君於是即位」，而其下文遂曰「我二年」、「我四年」，則兩稱其國之年也。故如《三國志》，則漢人傳中自用漢年號，魏人傳中自用魏年號，吴人傳中自用吴年號。推之南北朝、五代、遼、金，並谷[三]自用其年號，此之謂從實。若病其難知，只須別作年表一卷。且王莽篡漢，而班固作傳，其於始建國、天鳳、地皇之號，一一用以紀年，蓋不得不以紀年，非帝之也。後人作書，乃以編年爲一大事，而論世之學疏矣。

《春秋傳》亦有用他國之年者。「齊襄公之二年，鄭瞞伐齊」，[四]註云：「魯桓公之十六年」。「僖之四年，子然卒」、「簡之元年，壬子孔[五]卒」，[六]註云：「鄭僖四年，魯襄公[七]六年。鄭簡元年，魯襄公八年」。

漢時諸侯王得自稱元年。《漢書·諸侯王表》：「楚王戊二十一年，孝景三年」、《楚元王傳》亦云。「楚王延壽三十二年，地節元年」之類是也。《淮南·天文訓》：「淮南元年冬，太乙一[八]丙子」，謂淮南王安始立之年也。註者不達，乃曰「淮南王作書之元年」，又曰淮南王「僭號」，[九]此爲未讀《史記》、《漢書》者矣。趙明誠《金石録》有《楚鐘銘》「惟王五十六祀」之論，正同此矣[十]。

又考漢時，不獨王也，即列侯於其國中亦得自稱元年。《史記·高祖功臣侯年表》：「高祖六年，平陽懿侯曹參元年」、「孝惠六年，靖侯窋元年」、「孝文後四年，簡侯奇元年」是也。呂氏《考古圖》《周陽侯甗鍑銘》曰：「周陽侯家銅三習甗鍑，容五斗，重十八斤六兩。侯治國五年五月，國鑄第四。」呂大臨曰：「『侯治國五年』者，自以侯受侯嗣位之年數也。」《文選·魏都賦》劉良註：「文昌殿前有鐘，其銘曰：『惟魏四年，歲次丙申，龍次大火，五月丙寅，作蕤賓鐘。』」「魏四年」者，曹操爲魏公之四年，漢獻帝之建安二十一年也。

《元史·順帝紀》：「至正二十八年」，乃大明[十一]洪武元年也，直書「二十八年」。自是以下，書曰「後一年」，曰「又一年，四月丙戌，帝殂于應昌」。是時我太祖[十二]即位三年，而猶書元主曰

「帝」，且不以本朝[十三]之年號加之，深得史法。疑此出於聖裁，不獨宋、王二公[十四]之能守古法也。《宋史・馬廷鸞傳》：「瀛國公即位，召不至。自罷相歸又十七年而薨。」甚爲得體。然其他傳後[十五]有書「至元」者。

英宗命儒臣修《續通鑑綱目》，亦書「元順帝至正二十七年」，不書「吴元年」。

【校注】

[一]「始」字下，脱「於」字，當補。原抄本、遂初堂本、集釋本、欒本、陳本、嚴本均作「始於」。

[二]習鑿齒「著論一篇」，見《晉書》本傳，又見所著《漢晉春秋》卷首。《全晉文》題爲《晉承漢統論》。

[三]「谷」字誤，當改。原抄本、遂初堂本、集釋本、欒本、陳本、嚴本均作「各」。

[四]《左傳・文公十一年》。

[五]「壬子孔」誤，原抄本同誤，當改。遂初堂本、集釋本、欒本、陳本作「士子孔」。《左傳》作「士子孔」。

[六]《左傳・襄公十九年》。

[七]「魯襄公」，原抄本同，遂初堂本、集釋本、欒本、陳本、嚴本作「魯襄」。《左傳》杜注作「魯襄」。下同。

[八]「太乙一」誤，當改。原抄本作「太乙在」，遂初堂本、集釋本、欒本、陳本、嚴本作「太一在」。《淮南子》作「太一在」。

[九]見許慎《淮南鴻烈解》。

[十]「矣」，原抄本、遂初堂本、集釋本、欒本、陳本、嚴本均作「失」。

[十一]「大明」，原抄本同。潘耒遂初堂刻本改作「明」，删「大」字，集釋本因之。欒本據黄侃校記改回而加説明，嚴本仍刻本之舊而加注，陳本仍刻本之舊，無注。

[十二]「我太祖」，原抄本同。潘耒遂初堂刻本改爲「明太祖」，集釋本因之。欒本據黄侃校記改回而加説明，嚴本仍刻本之舊而加注，陳本仍刻本之舊，無注。

[十三]「本朝」，原抄本同。潘耒遂初堂刻本改爲「明朝」，集釋本因之。欒本據黄侃校記改回而加説明，嚴本仍刻本之舊而加注，陳本仍刻本之舊，無注。
[十四]宋、王二公，宋濂、王濂。
[十五]「後」字誤，原抄本同誤，當改。遂初堂本、集釋本、欒本、陳本、嚴本作「復」。

史書一年兩號

古時人主改元，並從下詔之日爲始，未嘗追改以前之月日也。《魏志·三少帝紀》上書嘉平六年十月庚寅，下書「正元元[一]年十月壬辰」。《吴志·三嗣主傳》上書太平三年十月己卯，下書「永安元年十月壬午」。《晉書·武帝紀》上書魏咸熙二年[二]十一月，下書「泰始元年十二月景寅[三]」。《宋書·武帝紀》上書晉元熙二年六月甲子，下書「永初元年六月丁卯」。《文帝紀》上書景平二年「八月丙申」，下書「元嘉元年八月丁酉」。《明帝紀》上書永光元年「十二月庚申朔」，下書「泰始元年十二月丙寅」。《唐書·高宗紀》上書顯慶六年「二月乙未」，下書「龍朔元年三月丙申朔」。《中宗紀》上書神龍三年九月庚子，下書「景龍元年九月甲辰」。《睿宗紀》上書景龍四年七月己巳，下書「景雲元年七月己巳」。《玄宗紀》上書先天二年「十二月庚寅朔」，下書「開元元年十二月己亥」。韓文公《順宗實録》上書貞元二十一年「八月庚子」，下書「永貞元年八月辛丑」。若此之類，並是據實而書。至司馬温公作《通鑑》，患其棼錯，乃刱新例，必取末後一號冠諸春正月之前，當時已有譏之者。

《春秋》定公元年，不書正月，杜氏曰：「公即位在六月故。」正義曰：「公未即位，必不改元。而於春夏即稱元年者，未改之日，必承前君之年，於時[四]春夏當名此年爲昭公三十三年，及六月既改之後，方以元年紀事。及史官定策，須有一統，不可半年從前、半年從後，雖則年初，亦統此歲，故入年即稱元年也。漢魏以來，雖於秋冬改元，史于春夏即以元年冠之，是有因於古也。」按温公《通鑑》是用此例，然有不可通者。《春秋》於昭公三十三年之春而即書「定公元年」者，昭公已薨於上年之十二月矣。若漢獻帝延康元年，十月始禪於魏，而正月之初漢帝尚存，即加以魏文黄初之號，則非《春秋》之義矣。豈有舊君尚在，當時之人皆稟其正朔，而後之爲史者顧乃追奪之乎？

史家變亂年號，始自《隋書》。大業十二年「十一月景及[五]，唐公入京師。辛酉，遥尊帝爲太上皇，立代王侑爲帝，改元義寧」。而下即書云「二年三月，右屯衛將軍宇文化及」等「作亂，上崩於温室」。按此大業十三年，煬帝在江都，而蒙以代王長安之號，甚爲無理。作史者唐臣，不得不爾。然於《煬帝紀》書「十三年」，於《恭帝紀》書「二年」，兩從其實，似亦未害。

本朝[六]《太宗實録》上書四年六月己巳，下書「洪武三十五年六月庚午」，正是史官[七]實書，與前代合。但不明書建文年號，後人因謂之革除耳。《英宗實録》上書景泰八年正月辛巳，下書「天順元年正月壬午，旬有六日」，而不没其實。且如萬曆四十八年，九月[八]以後爲泰昌元年，若依温公例，取「泰昌」之號冠於「四十八年春正月」之前，則詔令文移一一皆當追改，且上誣先皇矣。故紀年之法，從古爲正，不以一年兩號、三號爲嫌。

【校注】

[一]下「元」字衍，當删，原抄本、遂初堂本、集釋本、欒本、陳本、嚴本無。

[二]「三年」，原抄本、遂初堂本、集釋本、欒本、陳本、嚴本同，《晉書》作「二年」，當改。

[三]景寅，即丙寅，避唐諱改。

[四]「時」字誤，當改。原抄本、遂初堂本、集釋本、欒本、陳本、嚴本均作「是」。

[五]「景及」誤，當改。原抄本、遂初堂本、集釋本、欒本、陳本作「景辰」，嚴本作「丙辰」。景辰即丙辰，避唐諱改。

[六]「本朝」，原抄本同。潘耒遂初堂刻本改爲「明朝」，集釋本因之。欒本據黄侃校記改回而加説明，陳本、嚴本仍刻本之舊而加注。

[七]「史官」，原抄本同。遂初堂本、集釋本、欒本、陳本、嚴本作「史臣」。

[八]「九月」，原抄本、遂初堂本、嚴本同。集釋本、欒本、陳本作「八月」。

年號古今相同

《水經注·穀水下》「千金堨」，前云「太和五年」，曹魏明帝之太和也。後云「朝廷太和中」，元魏孝文帝之太和也。

割並年號

唐朝一帝改年號者十餘，其見於文，必全書，無割取一字用之者。至宋始有「熙豐」、「政宣」、「建紹」、「乾淳」之語，已是不敬，然猶一帝之號自相連屬，無合两帝而稱之者。又必用上一字，惟「元豐」以「元」字與「元祐」無别，故用下字。本朝[一]文人有稱「永宣」、「成弘」、「嘉隆」，合两帝之號而爲一稱。天啟六年，部疏稱正統、正德爲「二正」，奉旨：「列聖年號昭然，如何説『二正』？」近又有去上字而稱「慶曆」、「啟禎」，更爲不通矣。

地名割用一字，如「登萊」，如「温台」，則可。如「真順」、「廣大」，則不通矣。然漢人已有之。《史記·天官書》：「勃碣海岱之間，氣皆黑。」《貨殖傳》：「夫燕亦勃碣之間一都會也。」註云：「勃海、碣石。」《漢書·王莽傳》：「成命於巴宕。」註云：「巴郡宕渠縣。」魏晉以下始多此語。常璩《華陽國志》「分巴割蜀，以成犍廣」，是犍爲、廣漢二郡。左思《蜀都賦》「跨躡犍牂」，是犍爲、牂牁二郡。《魏都賦》「恒碣碪[二]碍于青霄」，是恒山，碣石二山。

人名割用一字者，《左傳》以太皡、濟水爲「皡濟」，僖二十一年。《史記》以黄帝、老子爲「黄老」，《曹相國世家》，張釋之、丙叔[三]、魏其、鄭當時《列傳》。以王喬、赤松子爲「喬松」，《蔡澤傳》。以伊尹、管仲爲「伊管」，《鄒陽傳》。以絳侯、灌嬰爲「絳灌」。《賈生傳》。

【校注】

[一]「本朝」，原抄本同，刻本未改。

［二］「磓」，遂初堂本、集釋本、欒本、陳本、嚴本同，原抄本誤作「堪」。《文選》作「磓」。

［三］「丙叔」誤，原抄本同誤，當改。遂初堂本、集釋本、欒本、陳本、嚴本作「田叔」。

孫氏西齋録

唐人作書，無所回避。孫樵所作《西齋録》乃是私史，至於「起王氏已廢之魂，上配天皇：條高后擅政之年，下繫中宗」，大義凜然。視孔子之溝昭墓道、［一］不書定正，［二］而抑且過之矣。

此説本之沈既濟駁吴兢史議，謂：「當併《天后》於《孝和紀》，每歲書：某年春正月，皇帝在房陵，太后行某事、改某制。則紀稱《孝和》，而事述太后，名、禮兩得。至於姓氏名諱，入宮之繇，歷位之資，及才藝智略，年辰崩葬，别纂入《皇后傳》，列於廢后王庶人之下，題其篇曰《則天順聖武皇后》云。」「事雖不行，而史氏稱之。」［三］其後宋范祖禹作《唐鑑》，竟用此書法。

【校注】

［一］《左傳・定公元年》：「秋七月癸巳，葬昭公於墓道南。孔子之爲司寇也，溝而合諸墓。」

［二］《春秋經・定公元年》：「元年春王三月。」《公羊傳》：「定何以無正月？正月者，正即位也。定無正月者，即位後也。即位何以後？昭公在外，得入不得入未可知也。」

［三］《舊唐書・沈傳師傳》附沈既濟傳。又見《新唐書・沈既濟傳》。

通鑑書改[一]

《晉書·載記》十六國時嗣位改元者皆在本年，此史家取便序事，連屬書之，其實皆改明年元也。不容十國[二]之中數十主[三]，皆不踰年而改元者也。

《金石録》據《趙横山李君神碑》，石虎「建武六年，歲在庚子」，與《載記》合。若從《帝紀》，則建武六年當是己亥。今此碑與《西門豹祠殿基記》皆是庚子，以此知《帝紀》之失，此是差一年之證。然《載記》亦不盡合。昔人作史，但存其年號而已，初不屑屑於歲月也。

《續綱目》景炎三年五月以後爲帝昺祥興元年，非也。黄潛[四]《番禺客語》改元在明年正月己酉朔，蓋亦是即位之初改明年元耳。史家省文，即繫於前年月日之下，曰「改元祥興」。以此推十六國事必當同此。

【校注】

[一]「改」字下，脱「元」字，當補。原抄本、遂初堂本、集釋本、欒本、陳本、嚴本均作「改元」。目録不誤。

[二]「十國」脱誤，原抄本同誤，當補。遂初堂本、集釋本、欒本、陳本、嚴本作「十六國」。

[三]「主」，原抄本同，遂初堂本、集釋本、欒本、陳本、嚴本作「王」。

[四]「黄潛」誤，原抄本同誤，當改。遂初堂本、集釋本、欒本、陳本、嚴本作「黄溍」。黄溍，字文晉，又字晉卿，謚文獻，著《黄文獻集》十卷。《元史》有傳。

後元年

漢文帝「後元年」，景帝「中元年」、「後元年」，當時只是改爲元年，後人追紀之，爲「中」爲「後」耳。若武帝之「後元元年」，則自名之爲「後」。光武之「中元元年」，梁武帝之「中大通元年」、「中大同元年」，則自名之爲「中」，不可一例論也。

元順帝「至元元年」，重用世祖之號，後人追紀之，則曰「後至元元年」。

李茂貞稱秦王用天祐年號

《通鑑》：後唐莊宗同光二年，封岐王李茂貞「爲秦王」。比得薛昌序所撰《鳳翔法門寺碑》，天祐十九年建，而其文已稱「秦王」，則前乎同光之二年矣。蓋必茂貞所自稱。又史言茂貞奉天祐年號，此碑之末亦書「天祐十九年」，而篇中歷述前事，則並以「天復」紀年，至「天復二十年」止，亦與史不合。

《五代史·李彥威傳》：「是時昭宗改元天祐，遷於東都，爲梁所迫。而晉人、蜀人以爲天祐之號非唐所建，不復稱之，但稱天復。」《前蜀世家》則云：「建與唐隔絶而不知，故仍稱天復。」其説不同。按此碑，則岐人亦稱天復，史失之也。

又今陽城縣有後周顯德二年徐綸撰《龍泉禪院記》，内述「天祐十九年」。按此地本屬梁，此記乃追削梁號而改稱天祐者。

通鑑書葬

《通鑑》書外國之葬，如《晉紀》義熙六年九月下云：「甲寅，葬魏主珪於盛樂于[一]金陵。」不言「魏葬」，而言「葬魏」。或以爲倣《春秋》之文，愚以爲非也。《春秋》書「葬宋穆公」、「葬衛桓公」之類，皆魯遣其臣會葬，故爲此文。徐邈曰：「凡書葬者，據我而言葬。」若南北朝時，本國自葬，則當書「魏葬」。如《宋紀》景平元年「十二月庚子，魏葬明元帝於金陵」、元嘉二十九年「三月辛卯，魏葬太武皇帝於金陵」，則得之矣。

【校注】

[一]「于」字衍，原抄本同，當删。遂初堂本、集釋本、欒本、陳本、嚴本無，與《資治通鑑》同。

通鑑書閏月

《通鑑》書閏月，而不著其爲何月，謂倣《春秋》之法，非也。春秋時，閏未有不在歲終者。自

《太初律[一]》行，每月皆可置閏，若不著其爲何月，或上月無事，則後之讀者必費於追尋矣。《新唐書》亦然，惟高宗顯慶二年，正月無事，乃書曰：「閏正月壬寅，如洛陽宮。」

【校注】

[一]「律」字誤，當改。原抄本、遂初堂本、集釋本、欒本、陳本、嚴本均作「曆」。

史書人君未即位

史書人君未即位之例，《左傳》晉文公未入國稱「公子」，已入國稱「公」。《史記》漢高帝未帝稱「漢王」，未王稱「沛公」。

五年，将戰垓下，而曰「皇帝在後，絳侯、柴将軍在皇帝後」。至其下文乃曰「諸侯及将相，相與共尊[一]漢王爲皇帝」，於言爲不順矣。

沈約作《宋書》，於《本紀》第十卷，順帝昇明三年四月壬申，始書「進齊公爵爲齊王」，而前第八卷明帝泰始四年七月庚申，已書「以驍騎将軍、齊王爲南兗州刺史」，自此以下，「齊王」之號累見於篇，此言之不順也。蕭子顯《南齊書》亦同此例。

【校注】

[一]「共尊」，原抄本同，遂初堂本誤作「其請尊」。集釋本、欒本、陳本、嚴本作「共請尊」字。《史記》作「共請尊」。

史書一人先後歷官

《漢書·溝洫志》先稱「博士許商」，次稱「將作大匠許商」，後稱「河堤都尉許商」，此書一人而先後歷官不同之法。

《書·君奭》：「我聞在昔，成湯既受命，時則有若伊尹，格于皇天。在太甲，時則有若保衡。」伊尹、保衡，一人也。湯時未爲保衡，至太甲時始爲此官，故變文以稱之也。

史書郡縣同名

漢時，縣有同名者，大抵加東、西、南、北、上、下字以爲別。蓋本於《春秋》之法。燕國有二，則一稱「北燕」。邾國有二，則一稱「小邾」，是其例也。若郡、縣同名而不同地，則於縣必加一「小」字。沛郡不治沛，治相，故書沛縣爲「小沛」。廣陽國不治廣陽，治薊，故書廣陽縣爲「小廣陽」。丹陽郡不治丹陽，治宛陵，故書丹陽縣爲「小丹陽」。今順天府保定縣稱「小保定」，寧國府太平縣稱「小太平」。後人作史多混書之而無別矣。

郡國改名

《後漢書·光武紀》：建武「六年春正月丙辰，改舂陵鄉爲章陵縣」。十七年冬十月，「甲申，幸章陵，修園廟，祠舊宅」。又云：「乃悉爲舂陵宗室起祠堂。」上言章陵，見名也。下言舂陵，本舂陵侯之宗室，不可因縣名而追改之也。此史家用字之密也。

《史記》：「南越王尉佗者，真定人也。」此未當，當曰「東垣人」。《盧綰傳》：高帝十一年冬，「更東垣爲真定」。《儒林傳》：「漢興，田何以齊田徙杜陵。」師古曰：「初徙時未爲杜陵，蓋史家追言之也。」

《漢書·夏侯勝傳》：「夏侯勝，字長公。初，魯共王分魯西寧鄉以封子節侯，別屬大河，大河後更名東平，故勝爲東平人。」《趙廣漢傳》：「趙廣漢，字子都，涿郡蠡吾人也，故屬河間。」《後漢書·黨錮傳》：「劉祐，中山安國人也，安國後別屬博陵。」夏侯湛《東方朔畫像贊》：「大夫諱朔，字曼倩，平原厭次人也。魏建安中，分厭次以爲樂陵郡，故又爲郡人焉。」此郡國改名之例。

史書人同姓名

《史記》漢高帝時有兩韓信，則别之曰「韓王信」。《漢[一]》王莽時有兩劉歆，則别之曰「國師劉歆」。此其法本於《春秋左氏傳》襄公二十五年，齊崔杼弑其君光事，中有[二]賈舉，則别之曰「侍人賈舉」。

《金史》有二訛可，曰「草火訛可」，曰「板子訛可」。有三婁室，曰「大婁室」，曰「中婁室」，曰「小婁室」。

【校注】

[一]「漢」字下，脱「書」字，原抄本同，當補。遂初堂本、集釋本、欒本、陳本、嚴本作「漢書」。

[二]「有」字下，脱「兩」字，原抄本同，當補。遂初堂本、集釋本、欒本、陳本、嚴本作「有兩」。

述古

凡述古人之言，必當引其立言之人。古人又述古人之言，則兩引之，不可襲以爲己説也。《詩》曰：「自古在昔，先民有作。」[一]程正叔傳《易・未濟》「三陽皆失位」，而曰：「斯義也，聞之成都隱者。」[二]是則時人之言而亦不敢没其人。君子之謙也，然後可與進於學。

【校注】

［一］《詩經・商頌・那》。

［二］《程氏易傳》解《未濟》彖傳語。事又見《宋史・隱逸傳下》。

引古必用原文

凡引前人之言，必用原文。《水經注》引盛弘之《荆州記》曰：「江中有九十九洲，楚諺云：『洲不百，故不出王者。』桓玄有問鼎之志，乃增一洲以充百數。僭號數旬，宗滅身屠。及其傾敗，洲亦消毁。今上在西，忽有一洲自生，沙流迴薄，成不淹時。其後未幾，龍飛江漢矣。」注乃北魏酈道元作，而《記》中所指今上則南宋文帝以宜都王即帝位之事，古人不以爲嫌。

引書用意

《書・泰誓》：「受有億兆夷人，離心離德。予有亂臣十人，同心同德。」《左傳》引之則曰：「《大誓》所謂『商兆民離，周十人同』者，衆也。」成元年［一］。《淮南子》：舜「釣於河濱，期年而漁者争處湍瀨，以曲隈深潭相予」。《爾雅》註引之，則曰：「漁者不争隈。」此皆略其文而用其意也。

【校注】

［一］「元年」誤，原抄本、遂初堂本同誤，當改。集釋本、欒本、陳本、嚴本作「二年」。《左傳》在二年。

文章推服古人

韓退之「文起八代之衰」[一]，於駢偶聲律之文宜不屑爲。而其《滕王閣記》推許王勃所爲序，且曰：「竊喜載名其上，詞列三王之次，有榮耀焉。」李太白《黄鶴樓》詩曰：「眼前有景道不得，崔顥題詩在上頭。」所謂「自古在昔，先民有作」者也。今之好譏訶古人、翻駁舊作者，其人之宅心可知矣。

宋洪邁從孫倬丞宣城，自作《題名記》，邁告之曰：「他文尚可隨力工拙下筆，如此記豈宜犯不韙哉？」[二]蓋以韓文公有《藍田縣丞廳壁記》故也。夫以題目之同於文公而以爲犯不韙，昔人之謹厚何如哉！

【校注】

[一]語出蘇軾《潮州韓文公廟碑》。

[二]《容齋四筆》卷五。

史書下两曰字

註疏家凡引書，下一「曰」字。引書之中又引書，則下一「云」字。「云」、「曰」一義，變文以便讀也。此出於《論語》「牢曰：『子云』」是也。[一]若史家記載之辭，可下两「曰」字，《尚書・多方》

「周公曰：『王若曰』」是也。《孟子》書多有兩「曰」字，如「公都子曰：『告子曰』」、「公孫丑問曰：『高子曰』」、「公孫丑曰：『伊尹曰』」、「公孫丑曰：『《詩》曰』」。

【校注】

［一］《論語·子罕》。

書家凡例

古人著書，凡例即隨事載之書中。《左傳》中言「凡」者，皆凡例也。《易》，《乾》《坤》二卦「用九」、「用六」者，亦凡例也。

分題

古人作書，於一篇之中有分題，則標篇題於首，而列分題於下。如《爾雅·釋天》一篇，下列四時、祥災、歲陽、歲名、月陽、月名、風雨、星名、祭名、講武、旌旂；《吕氏春秋·孟春紀第一》下列正月紀、本生、重己、貴公、去私，是也。疏家謂之「題上事」，謂標題上文之事。若《周公踐阼》及《詩》篇章句，皆篇末題之，故此亦爾。今按《禮記·文王世子篇》，有曰「文王之爲世子也」，有曰「教世子」，有曰「周公踐阼」；《樂記篇》有曰「子貢問樂」，亦同此例，後人誤連於本文也。又如《漢書·禮樂志》，《郊祀歌》「《練時日》一」、「《帝臨》二」，凡十九首，皆著其名於本章之末。

《安世房中歌》「《桂華》」、「《美芳》」二題，傳寫之誤，遂以冠後。

《爾雅・釋親》一篇，石經本「宗族」二字在「舅，弟也[一]」之後，「母黨」二字在「從母姊妹」之後，「妻黨」二字在「爲姒婦」之後，「婚姻[二]」二字在「吾謂之甥也」之後。今國子監刻本皆改之。

【校注】

[一]「弟也」誤，原抄本同誤，遂初堂本、集釋本、欒本、陳本、嚴本作「兄也」。

[二]「婚姻」，原抄本同，遂初堂本、集釋本、欒本、陳本、嚴本作「昏姻」。

日知録卷之二十二[一]

作詩之旨

舜曰：「詩言志。」[二]此詩之本也。《王制》：「命大師[三]陳詩以觀民風。」此詩之用也。荀子論《小雅》曰：「疾今之政，以思往者，其言有文焉，其聲有哀焉。」[四]此詩之情也。故詩者，王者之迹也。[五]建安以下，洎乎齊梁，所謂「辭人之賦麗以淫」[六]，而於作詩之旨失之遠矣。

唐白居易《與元微之書》曰：「年齒漸長，閲事漸多，每與人言，多詢時務，每讀書史，多求理道。始知文章合爲時而著，歌詩合爲事而作。」又自叙其詩，關於美刺者，謂之「諷諭詩」，自比於梁鴻《五噫》之作，而謂好其詩者鄧魴[七]、唐衢[八]俱死，「吾與足下又困躓，豈六義四始之風，天將破壞不可支持邪？　又不知天意不欲使下人病苦聞於上邪？」嗟乎！可謂知立言之旨者矣。

晉葛洪《抱朴子》曰：「古詩刺過失，故有益而貴。今詩純虚譽，故有損而敗。」[九]

【校注】

[一]卷二十二，刻本爲卷二十一。

[二]《尚書・舜典》。
[三]「大師」，原抄本、遂初堂本、集釋本、欒本、陳本、嚴本均作「太師」。
[四]《荀子・大略》。
[五]《孟子・離婁下》：「王者之迹熄而詩亡。」
[六]《漢書・藝文志》引揚雄語。
[七]「鄧勄」誤，當改。原抄本、遂初堂本、集釋本、欒本、陳本、嚴本均作「鄧魴」。《舊唐書・白居易傳》、《白氏長慶集》作「鄧魴」。
[八]「唐衢」，遂初堂本、集釋本、欒本、陳本、嚴本同，原抄本脱「唐」字。《舊唐書・白居易傳》、《白氏長慶集》作「唐衢」。唐衢，《舊唐書》有傳。
[九]《抱朴子・外篇・辭義》。「敗」字誤，原抄本同誤。遂初堂本、集釋本、欒本、陳本、嚴本作「賤」。《抱朴子》作「賤」。

詩不必人人皆作

古人之會君臣朋友，不必人人作詩。人各有能有不能，不作詩何害？若一人先倡而意已盡，則亦無庸更續。是以虞廷之上，皋陶賡歌，而禹、益無聞，古之聖人不肯爲雷同之辭、駢拇之作也。柏梁之宴，金谷之集，必欲人人以詩鳴，而蕪累之言始多於世矣。

堯命曆而無歌，文王演《易》而不作詩，不聞後世之人議其劣於舜與周公也。孔子以斯文自任，上接文王之統，乃其事在《六經》，而所自爲歌止於《龜山》[一]、《彼婦》[二]諸作，何寥寥也。其不能與？「夫我則不暇」[三]與？

宋邵博《聞見後録》曰：「李習之與韓退之、孟東野善。習之於文，退之所敬也。退之與東野唱酬傾一時，習之獨無詩，退之不議也。《石林詩話》：「人之才力有限，李翺、皇甫湜皆韓退之高弟，而二人獨不傳其詩，不應散亡無一篇存者，計或非其所長，故不作耳。二人以非所長而不作，賢於世之不能而强爲之者也。」尹師魯與歐陽永叔、梅聖俞善，師魯於文，永叔所敬也。永叔與聖俞唱酬傾一時，師魯獨無詩，永叔不議也。」

《五子之歌》[四]，適得五章，以爲人各一章，此又後人之見耳。

《渭陽》[五]，秦世子送舅氏也，而晉公子無一言。尹吉甫作《崧高》之詩以贈申伯，《烝民》之詩以贈仲山甫，《韓奕》之詩以贈韓侯，[六]而三人者不聞其有答。是知古人之詩不以無和答爲嫌。

【校注】

[一]《龜山》，《樂府詩集》引《琴操》曰：「《龜山操》，孔子所作也。」

[二]《彼婦》，《孔子家語》載孔子歌曰：「彼婦人之口，可以出走；彼婦人之請，可以死敗。」《樂府詩集》題爲《師乙歌》。

[三]語出《論語・憲問》。

[四]在《尚書・五子之歌》中。

[五]《詩經・秦風》篇名。

[六]三詩皆《詩經・大雅》篇名，編次蟬聯。

詩題

《三百篇》之詩人，大率詩成，取其中一字、二字、三四字以名篇，故十五國並無一題，雅頌中間一有之。若《常武》美宣王也；若《勺》、若《賚》、若《般》皆廟之樂也，其後人取以名之者一篇曰《巷伯》，自此而外無有也。《雨無正》篇，《韓詩》篇首有「雨無其極，傷我稼穡」二句。五言之興，始自漢、魏，而《十九首》並無題，郊祀歌、鐃歌曲各以篇首字爲題。又如王、曹皆有《七哀》而不必同其情，六子皆有《雜詩》而不必同其義，則亦猶之《十九首》也。唐人以詩取士，始有命題、分韻之法，而詩學衰矣。

杜子美詩多取篇中字名之，如「不見李生久」則以《不見》名篇，「近聞犬戎遠遁逃」則以《近聞》名篇，「往在西京時」則以《往在》名篇，「歷歷開元事」則以《歷歷》名篇，「自平宫中吕太乙[一]」則以《自平》名篇，「客從南溟來」則以《客從》名篇。皆取首二字爲題，全無意義，頗得古人之體。

古人之詩，有詩而後有題；今人之詩，有題而後有詩。有詩而後有題者，其詩本乎情；有題而後有詩者，其詩狥乎物。

【校注】

[一]「太乙」，原抄本同，遂初堂本、集釋本、欒本、陳本、嚴本作「太一」。

古人用韻無過十字

《三百篇》之詩，句多則必轉韻。古人但謂之音，不謂之韻，今始[一]從俗名之耳。魏晉以上亦然。宋齊以下，韻學漸興，人文趨巧，于是有强用一韻到底者，終不及古人之變化自然也。

古人用韻無過十字者，獨《閟宫》之四章乃用十二字。使就此一韻引而伸之，非不可以成章，而於義必有不達，故末四句轉一韻。是知以韻從我者，古人之詩也；以我從韻者，今人之詩也。自杜拾遺、韓吏部，未免此病也。

葉少藴《石林詩話》曰：「長篇最難。魏晉以前詩無過十韻者，蓋使人以意逆志，初不以序事傾盡爲工。至老杜《述懷》、《北征》諸篇，窮極筆力，如太史公紀傳，此固古今絶唱。然《八哀》八篇本非集中高作，而世多尊稱之不敢議。如李邕、蘇源明詩中極多累句，余嘗痛刊去，僅各取其半，方爲盡善。然此不可爲不知者言也。」

詩主性情，不貴奇巧。唐以下人，有强用一韻中字幾盡者，有用險韻者，有次人[二]韻者，皆是立意以此見巧，便非詩之正格。

且如孔子作《易》彖、象《傳》，其用韻有多有少，未嘗一律，亦有無韻者。可知古人作文之法，一韻無字，則及他韻，他韻不協，則竟單行。聖人「無必無固」[三]，于文見之矣。

【校注】

[一]「始」字誤，原抄本同誤，當改。遂初堂本、集釋本、欒本、陳本、嚴本作「姑」。

[二]「人」，遂初堂本、集釋本、欒本、陳本、嚴本同，原抄本誤作「厶」。

[三]語出《論語・子罕》。無，原文作「毋」。

詩有無韻之句

詩以義爲主，音從之。必盡一韻無可用之字，然後旁通他韻；又不得於他韻，則寧無韻。苟其義之至當，而不可以他字易，則無韻不害。漢以上往往有之。「暮投石壕村，有吏夜捉人」，杜甫《石壕吏》詩。两韻也，至當不可易。下句云「老翁踰牆走，老婦出門看」，則無韻矣，亦至當不可易。古辭《紫騮馬歌》中有「春穀持作飯，採葵持作羹」，二句無韻。李太白《天馬歌》中有「白雲在青天，丘陵遠崔嵬」，二句無韻。《野田黄雀行》首二句「游莫逐炎洲翠，棲莫近吴宫燕」，無韻。《行行且游獵》篇首二句「邊城兒，生年不讀一字書」，無韻。

五經中多有用韻

古人之文，化工也，自然而合於音，則雖無韻之文而往往有韻。苟其不然，則雖有韻之文而時亦不用韻，終不以韻而害意也。《三百篇》之詩，有韻之文也，乃一章之中，有二三句不用韻者，如「瞻彼洛矣，維水泱泱」[二]之類是矣。一篇之中，有全章不用韻者，如《思齊》之四章五章、

《召旻》之四章是矣。又有全篇無韻者,《周頌》《清廟》、《維天之命》、《昊天有成命》、《時邁》、《武》諸篇是矣。説者以爲當有餘聲,然以餘聲相協而不入正文,此則所謂不以韻而害意者也。孔子贊《易》十篇,其《彖》、《象傳》、《雜卦》五篇用韻,然其中無韻者亦十之一。《文言》、《繫辭》、《説卦》、《序卦》五篇不用韻,然亦間有一二。如「鼓之以雷霆,潤之以風雨。日月運行,一寒一暑。乾道成男,坤道成女」[二]、「君子知微知彰,知柔知剛,萬夫之望」[三]。此所謂化工之文,自然而合者,固未嘗有心于用韻也。《尚書》之體本不用韻,而《大禹謨》「帝德廣運,乃聖乃神,乃武乃文。皇天眷命,奄有四海,爲天下君」,《伊訓》「聖謨洋洋,嘉言孔彰,惟上帝不常。作善降之百祥,作不善降之百殃」、「爾惟德罔小,萬邦惟慶。爾惟不德罔大,隊[四]厥宗」,《太誓》「我武惟揚,侵于之疆。取彼凶殘,我[五]伐用張,于湯有光」,《洪範》「無偏無陂,遵王之義」、「無有作好,遵王之道」、「無有作惡,遵王之路」、「無偏無黨,王道蕩蕩」、「無黨無偏,王道平平」、「無反無側,王道正直」,皆用韻。又如《曲禮》「行:前朱鳥而後玄武,左青龍而右白虎。招搖在上,急繕其怒」,《禮運》「玄酒在室,醴醆在户。粢醍在堂,澄酒在下。陳其犧牲[六],備其鼎俎。列其琴瑟,管磬鐘鼓。修其祝嘏,以降上神,與其先祖。以正君臣,以篤父子,以睦兄弟,以齊上下,夫婦有所,是謂承天之祜」,《樂記》「夫古者,天地順而四時當,民有德而五穀昌,疾疢不作而無妖祥,此之謂大當。然後聖人作爲父子君臣,以爲紀綱」,《中庸》「故君子不可以不修身,思修身不可以不事親,思事親不可以不知人,思知人不可以不知天」,《孟子》「師行而糧食,饑者弗食,勞者弗息,睊睊胥讒,民乃作慝。方命虐民,飲食若流,流連荒亡,爲諸侯憂」。凡此之類,在[七]秦漢以前諸子書並有之。太史公作贊，亦時一用韻，而漢人樂府詩反有不用韻者。

【校注】

［一］《詩經・小雅・瞻彼洛矣》。

［二］《易經・繫辭上傳》。

［三］《易經・繫辭下傳》。

［四］「隊」，原抄本、遂初堂本、集釋本、欒本、陳本、嚴本均作「墜」。

［五］「我」，遂初堂本、集釋本、欒本、陳本、嚴本同，原抄本誤作「殺」。《尚書》作「我」。

［六］「曦牲」誤，當改。原抄本、遂初堂本、集釋本、欒本、陳本、嚴本均作「犧牲」。《禮記》作「犧牲」。

［七］「在」字，遂初堂本、集釋本、欒本、陳本、嚴本同，原抄本無。

易韻

《易》之有韻，自文王始也。凡卦辭之繁者，時用韻。《蒙》之瀆、告，《解》之復、夙，《震》之虩、啞，《艮》之身、人，是也。至周公則辭愈繁，而愈多用韻。疑古卜辭當用韻，若《春秋傳》所載懿氏之鏘、姜、卿、京，［一］驪姬之渝、羭、蕕、臭，［二］伯姬之衁、貺、償、相，姬、旗、師、丘，孤、弧、姑、逋、家、虛，［三］鄢陵之蹙、目，［四］孫文子之陵、碓［五］，衛侯之羊、亡、竇、踰。［六］又如《國語》所載晉獻公之骨、猾、捽，［七］《史記》所載漢文帝之庚、王、光，［八］《漢書・元后傳》所載晉史之雄、乘、崩、興，皆韻也。故孔子作《彖》、《象傳》用韻，蓋本經有韻，而傳亦韻。此見聖人「述而不作」、以古

爲師而不苟也。郭璞註《爾雅·繹[九]訓篇》本經有韻,註亦用韻。[十]

《彖》、《象傳》猶今之箋註者析字分白[十一]以爲訓也,《繫辭》、《文言》以下猶今之箋註於字句[十二]明白[十三]之後,取一章一篇全書之義而通論之也,故其體不同。

【校注】

[一]占辭見《左傳·莊公二十二年》。

[二]占辭見《左傳·僖公四年》。

[三]占辭見《左傳·僖公十五年》。

[四]占辭見《左傳·成公十六年》。

[五]占辭見《左傳·襄公十年》。「碓」字誤,當改。原抄本、遂初堂本、集釋本、欒本、陳本、嚴本均作「雄」。《易經》作「雄」。

[六]占辭見《左傳·哀公十七年》。

[七]占辭見《國語·晉語一》。

[八]占辭見《史記·孝文本紀》。

[九]「繹」字誤,當改。原抄本、遂初堂本、集釋本、欒本、陳本、嚴本均作「釋」。

[十]黄汝成集釋引錢氏曰:「王逸注《楚詞·卜居》、《漁父篇》亦用韻。」

[十一]「白」字誤,當改。原抄本、遂初堂本、集釋本、欒本、陳本、嚴本均作「句」。

[十二]「句」,遂初堂本、集釋本、欒本、陳本、嚴本同,原抄本誤作「曰」。

[十三]「白」,原抄本、集釋本、欒本、陳本、嚴本同,遂初堂本誤作「曰」。

古詩用韻之法

古詩用韻之法，大納[一]有三。首句、次句連用韻，隔第三句而於第四句用韻者，《顔雎[二]》之首章是也，凡漢以下詩及唐人律詩之首句用韻者源於此。一起即隔句用韻者，《卷耳》之首章是也，凡漢以下詩及唐人律詩之首句不用韻者源於此。自首至末句句用韻者，若《考槃》、《清人》、《還》、《著》、《十畝之間》、《月出》、《素冠》諸篇，又如《卷耳》之二章、三章、四章，《車攻》之一章、二章、三章、七章，《長發》之一章、二章、三章、四章、五章是也，凡漢以下詩若魏文帝《燕歌行》之類源於此。自是而變則轉韻矣。轉韻之始亦有連用、隔用之别，而錯綜變化不可以一體拘。於是有上下各自爲韻，若《兔罝》及《采薇》之首章，《魚麗》之前三章，《卷阿》之有[三]章者。有首末自爲一韻，中間自爲一韻，若《車攻》之五章者。有隔半章自爲韻，若《生民》之卒章者。有首提二韻，而下分二節承之，若《有瞽》之篇者。此皆詩之變格，然亦莫非出于自然，非有意爲之也。

【校注】

[一]「納」字誤，當改。原抄本、遂初堂本、集釋本、欒本、陳本、嚴本均作「約」。

[二]「顔雎」誤，當改。原抄本、遂初堂本、集釋本、欒本、陳本、嚴本均作「關雎」。

[三]「有」字誤，當改。原抄本、遂初堂本、集釋本、欒本、陳本、嚴本均作「首」。

古人不忌重韻

杜子美作《飲中八僊歌》，用二「前」、二「船」、二「眠」、二「天」。宋人疑古無此體，遂欲分爲八章，以爲必分爲八，而後可以重押韻無害也。不知《柏梁臺詩》三「之」、三「治」、二「哉」、二「時」、二「宋[一]」、二「材」，已先之矣。「東川有杜鵑，西川無杜鵑，涪萬無杜鵑，雲安有杜鵑」，[二]求其説而不得，則疑以爲題下注，不知古人未嘗忌重韻也。故有四韻成章，而唯用二字者，「胡爲乎株林，從夏南：匪適株林，從夏南」[三]是也。有二韻成章而惟用一字者，「大人占之，維熊維羆，男子之祥：維虺維蛇，女子之祥」[四]是也。有三韻成章而唯用一字者，「苟日新，日日新，又日新」[五]是也。湯濩[六]曰：「《儀禮》祭侯辭：『惟若寧侯，毋或若女不寧侯。』[七]《左傳》虞叔引諺：『匹夫無罪，懷璧其罪。』[八]曹子臧引《志》：『聖達節，次守節，下失節。』[九]晏子引諺：『非宅是卜，惟鄰是卜。』[十]《老子》：『道可道，非常道。名可名，非常名。』《史記・天官書》：『欲終日有雨、有雲、有風、有日，日[十一]當其時者，深而多實。無雲、有風日，當其時，淺而多實。有雲風、無日[十二]，當其時，深而少實。』皆古人以本字自爲韻者也。」如《采薇》首章連用二「玁狁之故」句，《正月》一章連用二「自口」字，《十月之交》首章連用二「而微」字，《車舝》三章連用二「庶幾」字，《文王有聲》首章連用二「有聲」字，《召旻》卒章連用二「百里」字。又如《行露》首章起用「露」字，末用「露」字。又如《簡兮》卒章連用三「人」字，《那》連用三「聲」字。其重一字者，不可勝述。漢以下亦然。如《陌上桑》詩三[十三]「頭」字，二「隅」字，二「餘」字，二「夫」字，二「鬚」字。「羅敷」字在下句末，三見。《焦仲卿妻作》三「語」字，三「言」字，二「由」字，二「母」字，二「取」字，二「子」字，二「歸」字，二「之」

字，二「君」字，二「門」字，又二「言」字。蘇武「骨肉緣枝葉」一首，二「人」字：「結髮爲夫婦」一首，二「時」字。[十四]陳思王《棄婦詞》二「庭」字，二「靈」字，二「鳴」字，二「成」字，二「寧」字。阮籍《詠懷詩》「灼灼西隤日」一首，二「歸」字。張協《襍詩》「黑蜧躍重淵」一首，二「生」字。謝靈運《君子有所思行》二「歸」字。梁武帝撰《孔子正言竟述懷詩》二「反」字。任昉《哭范僕射》詩二「生」字，三「情」字。沈約《鍾山詩》二「足」字。然則重韻之有忌，其在隋唐之代乎？

諸葛孔明《梁父吟》云：「問是誰家墓，田疆古冶子。」又云：「誰能爲此謀，國相齊晏子。」用二「子」字。古人但取文理明當而已，初不避重字也。今本或改作「田疆古冶氏」，失之矣。

潘岳《秋興賦》：「宵耿介而不寐兮，獨展轉於華省。悟時歲之遒盡兮，慨俛首而自省。」用二「省」字。

初唐詩最爲嚴整，而盧照鄰《長安古意》：「別有豪華稱將相，轉日回天不相讓。意氣由來排灌夫，專權判不容蕭相。」用二「相」字。今人謂必字同而義異者方可重用，若此詩之二「相」固無異義也。且《詩》曰：「王命南仲，往城于方。」其下文又曰：「天子命我，城彼朔方。」[十五]有何異義哉？

李太白《高陽歌》二「杯」字，《廬山謡》二「長」字。杜子美《織女詩》二「中」字，《奉先縣詠懷》二「卒」字，《兩當縣吴十侍御江上宅》二「白」字，《八哀詩》「張九齡」一首二「省」字、二「境」字，《園人送瓜》二「草」字，《寄狄明府》二「濟[十六]」字，《宿鑿石浦》二「繫」字。韓退之《此日足可惜》詩二「光」字、二「鳴」字、二「更」字、二「城」字、二「狂」字、二「江」字。王摩詰《故太子太師徐公挽歌》重用二「名」字，施之律詩則爲非體。

詩有以意轉而韻須重者，如「今夕何夕，見此良人。子兮子兮，如此良人何」，[十七]「嚶其鳴矣，求其友聲。相彼鳥兮，猶求友聲」，[十八]「有杕之杜，其葉萋萋。王事靡監[十九]，我心傷悲。卉木萋止，女心悲止」，[二十]「於[二十一]論鼓鐘，於樂辟廱。於論鼓鐘，於樂辟廱」。[二十二]又若「公無渡河，公竟渡河」。[二十三]此皆承上文而轉者，不容別換一字。

【校注】

[一]「宋」字誤，當改。原抄本、遂初堂本、集釋本、欒本、陳本、嚴本均作「來」。

[二]杜甫《杜鵑》詩首四句。

[三]《詩經·陳風·株林》。

[四]《詩經·小雅·斯干》。

[五]《禮記·大學》引《湯之盤銘》。

[六]湯濩，字聖弘，六合人。顧炎武有《與湯聖弘書》。

[七]見《周禮·冬官考工記》「梓人爲侯」條。

[八]見《左傳·桓公十年》。

[九]見《左傳·成公十五年》。

[十]見《左傳·昭公三年》。

[十一]「日」字，各本均同，《史記·天官書》有，《漢書·天文志》無，疑衍。

[十二]「有雲風、無日」，遂初堂本、集釋本、欒本、陳本、嚴本同，原抄本誤倒作「有雲旡風日」。《史記》作「有雲風，無日」，《漢書》作「有雲風，亡日」。

[十三]「三」，遂初堂本、集釋本、欒本、陳本、嚴本同，原抄本誤作「二」。

[十四]蘇武《詩四首》，見《文選》卷二十九。

[十五]《詩經·小雅·出車》。

[十六]「濟」，遂初堂本、集釋本、欒本、陳本、嚴本同，原抄本誤作「儕」。

[十七]《詩經·唐風·綢繆》。

[十八]《詩經·小雅·伐木》。

[十九]「監」字誤，當改。原抄本、遂初堂本、集釋本、欒本、陳本、嚴本均作「鹽」。《詩經》作「鹽」。

[二十]《詩經·小雅·杕杜》。

[二十一]於，陸德明釋文：「音烏」。

[二十二]《詩經·大雅·靈臺》。

[二十三]霍里子高妻麗玉所作《箜篌引》，見崔豹《古今注》、馬縞《中華古今注》。

七言之始

昔人謂《招魂》、《大招》去其「些」、「尸[一]」，即是七言詩。余考七言之興，自漢以前固多有之。如《靈樞經·刺節真邪篇》：「凡刺小邪日以大，補其不足乃無害，視其所在迎之界。凡刺寒邪日以温，徐往徐來致其神，門户已閉氣不分，虚實得調其氣存。」宋玉[二]《神女賦》：「羅紈綺繢盛文章，極服妙綵照萬方。」此皆七言之祖。[三]

《素問·八正神明論》：「神乎神，耳不聞。目明心開而志先，慧然獨悟，口弗能言。傑視獨見適若昏，昭然獨明，若風吹雲，故曰神。三部九候[四]爲之原，九鍼之論不必存。」其文絶似《荀子·成相篇》。

【校注】

[一]「尸」字誤，當改。原抄本、遂初堂本、集釋本、欒本、陳本、嚴本均作「只」。

[二]「宋王」誤，當改。原抄本、遂初堂本、集釋本、欒本、陳本、嚴本均作「宋玉」。

[三]黄汝成集釋引楊氏曰：「《道德經》已有之，如『視之不見名曰希』是也。」

[四]「候」，遂初堂本、集釋本、欒本、陳本、嚴本同，原抄本誤作「侯」。《素問》作「候」。

一言

《緇衣》三章，章四句，非也。「敝」字一句，「還」字一句。若曰「敝予」、「還予」，則言之不順矣。且何必一言之不可爲詩也？

《吴志》歷陽山石文：「楚，九州渚。吴，九州都。」[一]「楚」字一句，「吴」字一句，亦是一言之詩。

【校注】

[一]《三國志·吴書·三嗣主傳》。

古人未有之格

語助之外，止用四字成詩，而四字皆韻，古未之有也，始見於《莊子》，「父邪母邪？天乎人乎？」[一]是也。三章，章各二句，而合爲一韻，古未之有也，始見於《孟嘗君傳》，「長鋏歸來乎，食無魚」、「長鋏歸來乎，出無車」、「長鋏歸來乎，無以爲家」，[二]是也。

【校注】

[一]《莊子·大宗師》。

[二]《史記·孟嘗君列傳》。

古人不用長句成篇

古詩有八言者，「胡瞻爾庭有懸貆兮」[一]是也。[二]有九言者，「凜乎若朽索之馭六馬」[三]是也。然無用爲全章者。不特以其不便於歌也，長則意多冗，字多懈，其於文也亦難之矣。以是知古人之文，可止則止，不肯以一意之冗、一字之懈，而累吾作詩之本義也。《正義》引顔延之云：「詩體無九言者，將由[四]聲度闡[五]緩，不協金石。」[六]知此義者，不特句法也，章法可知矣。七言排律所以從來少作、作亦不工者何也？意多冗也，字多懈也。爲七言者，必使其不可裁而後工也。此漢人所以難之也。

【校注】

[一]《詩經·魏風·伐檀》。

[二]黄汝成集釋引趙氏曰：「《舊唐書》：盧群在吴少誠席上作歌調之曰：『祥瑞不在鳳凰麒麟，太平須得邊將忠臣。』『但得百僚師長肝膽，不用三軍羅綺金銀。』此則通首八言。又如李長吉『酒不到劉伶墳上土』之類，則不過一二句而已。」

[三]《尚書·五子之歌》。

[四]「由」，原抄本、集釋本、欒本、陳本、嚴本同，遂初堂本誤作「出」。

[五]「闋緩」誤，當改。原抄本、集釋本、欒本、陳本、嚴本均作「闡緩」。

[六]見孔穎達《毛詩正義》《周南·關雎》篇。

詩用疊字

詩用疊字最難。《衛詩》：「河水洋洋，北流活活。施罛濊濊，鱣鮪發發。葭菼揭揭，庶姜孽孽。」[一]連用六疊字，可謂複而不厭、賾而不亂矣。《古詩》：「青青河畔草，鬱鬱園中柳。盈盈樓上女，皎皎當窗牖。娥娥紅粉粧，纖纖出素手。」[二]連用六疊字，亦極自然，下此即無人可繼。

屈原《九章·悲回風》：「紛容容之無經兮，罔芒芒之無紀。軋洋洋之無從兮，馳逶移之焉止。漂翻翻其上下兮，翼遥遥其左右。氾[三]潏潏其前後兮，伴[四]張弛之信期。」連用六疊字。宋玉《九辯》：「乘精氣之摶摶兮，騖[五]諸神之湛湛。驂白霓之習習兮，歷群靈之豐豐。左朱雀之芰芰兮，右蒼龍之躍躍。屬雷師之闐闐兮，通飛廉之衙衙。前輕轅之鏘鏘兮，後輜乘之從從。載雲旗之委蛇兮，扈屯騎之容容。」連用十一疊字，後人辭賦亦罕及之者。

【校注】

［一］《詩經·衛風·碩人》。

［二］《文選·古詩一十九首》之二。

［三］「氾」，欒本、嚴本同，原抄本、遂初堂本、陳本誤作「氾」。《楚辭》作「氾」。

［四］「佯」，遂初堂本、集釋本、欒本、陳本、嚴本同，原抄本誤作「佯」。《楚辭》作「佯」。

［五］「鶩」，遂初堂本、集釋本、欒本、陳本、嚴本同，原抄本誤作「鶩」。

次韻

今人作詩，動必次韻，以此爲難，以此爲巧。吾謂其易而拙也。且以律詩言之，平聲通用三十韻之中，任用一韻，而必無他韻可易。一韻數百字之中，任押五字，而必無他字可易。名爲易，其實難矣。先定五字，而以上文湊足之，文或未順則曰牽於韻耳，意或未滿則曰束於韻耳，用事遺辭小見新巧即可擅場，名爲難，其實易矣。夫其巧於和人者，其胸中本無詩，而拙於自言者也。故難易巧拙之論破，而次韻之風可少衰也。

嚴滄浪《詩話》曰：「和韻最害人詩。古人酬唱不次韻，此風始盛於元白、皮陸。本朝諸賢乃以此而鬭二［一］，遂至往復有八九和者。」

按唐元稹《上令狐相公啟》曰：「稹與同門生白居易友善，居易雅能詩[二]，就中愛驅駕文字，窮極聲韻，或爲千言，或爲五百言律詩，以相投寄。小生自審不能有以過之，往往戲排舊韻，別創新詞，名爲『次韻』，蓋欲以難相挑耳。江湖間爲詩者，或相倣敩[三]，或力不足，則至於顛倒語言，重復首尾，韻同意等，不異前篇，亦目爲『元和詩體』。而司文者考變雅之由，往往歸咎於稹。」是知元白作詩次韻之初，本自以爲戲，而當時即已取譏於人。今人乃爲之而不厭，又元白之所鄙而不屑者也。

歐陽公《集古録》論唐薛苹《倡和詩》曰：《唐書》：薛苹，河中寶鼎人。長於詩。「其間馮宿、馮定、李紳皆唐顯人，靈澈以詩名後世，然詩皆不及苹。蓋倡者得於自然，和者牽於强作。」[四]可謂知言。

朱子《答謝成之書》謂：「淵明詩所以爲高，正在不待安排，胸中自然流出。東坡乃篇篇句句依韻而和之，雖其高才，似不費力，然已失其自然之趣矣。」[五]

凡詩不束於韻而能盡其意，勝於爲韻束而意不盡，且或無其意而牽入他意以足其韻千萬也。故韻律之道，疏密適中爲上，不然則寧疏無密。文能發意，則韻雖疏不害。

【校注】

[一]「二」字誤，當改。原抄本、遂初堂本、集釋本、欒本、陳本、嚴本均作「工」。《滄浪詩話》作「工」。

[二]「能詩」，原抄本同，遂初堂本、集釋本、欒本、陳本、嚴本作「能爲詩」。《舊唐書·元稹傳》作「能詩」，《元氏長慶集》作「能爲詩」。

[三]「敩」，遂初堂本、集釋本、欒本、陳本、嚴本同，原抄本作「斅」。

[四]歐陽修《集古録跋尾》卷九。

[五]《朱子文集》卷五十八。

柏梁臺詩

漢武《柏梁臺》詩本出《三秦記》，云是元封三年作。而考之於史，則多不符。按《史記》及《漢書・孝景紀》，中六年「夏四月，梁王薨」。[一]《諸侯王表》：梁孝王武立，三十五年薨。孝景後元年，共王買嗣，七年薨。建元五年，平王襄嗣，四十年薨。《文三王傳》同。又按《孝武紀》，元鼎二年「春，起柏梁臺」。是爲梁平王之二十二年，而孝王之薨至此已二十九年，又七年始爲元封三年。又按平王襄，元朔中以「與大母争樽，公卿請廢爲庶人。天子曰：『梁王襄無良師傅，故陷不義。』乃削梁八城，梁餘尚有十城」。[二]《漢書》言前[三]五縣，僅有八城。又按平王襄之十年爲元朔二年，來朝。其三十六年爲太初四年，來朝。皆不當元封時。又按《百官公卿表》，郎中令：「武帝太初元年更名光禄勳。」典客：「景帝中六年更名大行令，武帝太初元年更名大鴻臚。」治粟内史：「景帝後元年更名大農令，武帝太初元年更名大司農。」中尉：「武帝太初元年更名執金吾。」内史：「景帝二年分置左内史、右内史，武帝太初元年更名京兆尹，左内史更名左馮翊。」主爵中尉：「景帝中六年更名都尉，武帝太初元年史[四]名右扶風。」凡此六官，皆太初以後之名，不應預書於元封之時。又按《孝武紀》，太初元年冬十一月「乙酉，柏梁臺災」，「夏五月，正歷，以正月爲歲首，定官名」。則是柏梁既災之後，又半歲而始改官名。而大司馬、大將軍青則薨於元封之五年，距此已二年矣。反復考證，無一合者。蓋是後人擬作，剽取武帝以來官名及《梁孝王世家》

「乘輿駟馬」之事以合之，而不悟時代之乖舛也。

按《世家》：梁孝王「二十九年《表》：孝景前七年。十月入朝，景帝使使持節，乘輿駟馬迎梁王於闕下」。臣瓚曰：「天子副車，駕駟馬。」[五]此一時異數，平王安得有此？

【校注】

[一]《史記·梁孝王世家》在六月。

[二]《史記·梁孝王世家》。

[三]「前」字誤，當改。原抄本、遂初堂本、集釋本、欒本、陳本、嚴本均作「削」。

[四]「史」字誤，當改。原抄本、遂初堂本、集釋本、欒本、陳本、嚴本均作「更」。

[五]《史記·梁孝王世家》裴駰集解引。

詩體代降

《三百篇》之不能不降而《楚辭》，《楚爵[一]》之[二]不能不降而漢魏，漢魏之不能不降而六朝，六朝之不能不降而唐也，勢也。用一代之體，則必似一代之文，而後爲合格。

詩文之所以代變，有不得不變者。一代之文，沿襲已久，不容人人皆道此語。今且數千百年[三]矣，而猶取古人之陳言，一一而摹倣之，以是爲詩，可乎？故不似則失其所以爲詩，似則失其所以爲我。李、杜之詩所以獨高於唐人者，以其未嘗不似而未嘗似也。知此者，可與言詩也已矣。

【校注】

[一]「楚爵」誤，當改。原抄本、遂初堂本、集釋本、欒本、陳本、嚴本均作「楚辭」。

[二]「之」字，原抄本、遂初堂本、集釋本、陳本、嚴本同，欒本無。

[三]「數千百年」，原抄本同，遂初堂本、集釋本、欒本、陳本、嚴本作「千數百年」。

書法詩格

南北朝以前，金石之文無不皆八分書者，是今之真書不足爲字也。姚鉉之《唐文粹》，吕祖謙之《皇朝文鑑》，真德秀之《文章正宗》，凡近體之詩皆不收，是今之律詩不足爲詩也。今人將謡真書以窺八分，謡律詩以學古體，是從事於古人之所賤者而求其所最工，豈不難哉！

鄞人薛千仞岡曰：「自唐人之近體興，而詩一大變，後學之士可兼爲而不可專攻者也。近日之弊，無人不詩，無詩不律，無律不七言。」又曰：「七言律，法度貴嚴，對偶貴整，音節貴響，不易作也。今初學後生無不爲七言律，似反以此爲入門之路，其終身不得窺此道藩籬，無怪也。」

詩人改古事

陳思王上書：「絶纓盗馬之臣赦，楚趙以濟其難。」[一]註謂赦盗馬，秦穆公事，「秦亦趙姓，故互文以避上『秦』字也」。[二]趙至《與嵇茂齊書》：「梁生適越，登岳長謡。」[三]梁鴻本適吴，而以爲越者，吴爲越所滅也。謝靈運詩：「弦高犒晉師，仲連卻秦軍。」[四]弦高所犒者秦師，而改爲晉，以避下「秦」字，則舛而陋矣。李太白《行路難》詩：「華亭鶴唳詎可聞？上蔡蒼鷹安足道？」杜子美《諸将》詩：「昨日玉魚蒙葬地，早時金盌出人間。」改「黄犬」爲「蒼鷹」，改「玉盌」爲「金盌」，亦同此病。

自漢以來，作文者即有回避、假借之法。太史公《伯夷傳》：「伯夷、叔齊雖賢，得夫子而名益彰；顔淵雖篤學，附驥尾而行益顯。」本當是「附夫子」耳，避上文雷同改作「驥尾」。使後人爲之，豈不爲人譏笑？

【校注】

[一]《三國志・魏書》本傳。又見《文選》，題爲《求自試表》。

[二]《三國志》裴松之注。

[三]《文選》卷四十三，又見《晉書・文苑傳》。今按王僧孺《與何炯書》亦云「李叟入秦，梁生適越」，見《梁書》本傳。

[四]謝靈運《述祖德詩二首》。

庾子山賦誤

庾子山《枯樹賦》云：「建章三月火。」按《史記》，武帝太初元年冬十一月「乙酉，柏梁臺災」。

春「二月，起建章宫」。《西京賦》：「柏梁既災，越巫陳方。建章是經，用厭火祥。」是災者柏梁，非建章；而三月火又秦之阿房，非漢也。《哀江南賦》云：「栩陽亭有《離別之賦》。」《夜聽擣衣曲》云：「栩陽《離别賦》。」按《漢書·藝文志》：「别栩陽賦五篇。」詳其上下文例，當是人姓名，姓别名栩陽也。以爲離别之别，又非也。

于仲文詩誤

隋于仲文詩：「景差方入楚，樂毅始遊燕。」[一]按《漢書·高帝紀》：「徙齊、楚大族昭氏、屈氏、景氏、懷氏、齊田氏五姓關中，與利田宅。」「景駒」注：「文穎曰：『楚族，景氏，駒名。』」[二]王逸《楚辭章句》：「三閭之職，掌王族三姓，曰昭、屈、景。」然則景差亦楚之同姓也。而仲文以爲入楚，豈非梁陳已下之人但事辭章，而不詳典據故邪？

梁武帝天監元年詔曰：「雉兔有刑，姜宣致貶。」此用《孟子》「殺其麋鹿者，如殺人之罪」，而不知宣王乃田氏，非姜後也。與此一類。

【校注】

[一]于仲文《答譙王詩》。

[二]注，謂《史記·項羽本紀》裴駰集解。

李太白詩誤

李太白詩：「漢家秦地月，流影照明妃。一上玉關道，天涯去不歸。」按《史記》言匈奴「左方王將直上谷以東，右方王將直上郡以西，而單于之庭直代、雲中」。《漢書》言呼韓邪單于「自請留居光禄塞下」，又言天子遣使「送單于出朔方雞鹿塞」，今在河套內。後單于「竟北歸庭」。乃知漢與匈奴往來之道，大抵從雲中、五原、朔方，明妃之行亦必出此。故江淹之賦李陵，但云「情往上郡，心留鴈門」。[一]而玉關與西域相通，自是公主嫁烏孫所經，太白誤矣。《顔氏家訓》謂「文章地理，必須愜當」，其論梁簡文《鴈門太守行》而言「日逐」、「康居」、「大宛」、「月氏」，蕭子暉《隴頭水》而云「北注黄龍」、「東流白馬」。[二]沈存中論白樂天《長恨歌》「峨眉山下少人行」，謂「峨眉在嘉州，非幸蜀路」。[三]文人之病蓋有同者。

梁徐悱《登琅邪城》詩：「甘泉警烽候，上谷抵樓蘭。」上谷在居庸之北，而樓蘭爲西域之國，在玉門關外。即此一句之中，文理已自不通，其不切琅邪城又無論也。

【校注】

[一]江淹《恨賦》。

[二]《顔氏家訓·文章》。

[三]沈括《夢溪筆談》卷二十三云：「峨嵋在嘉州，與幸蜀路全無交涉。」

郭璞賦誤

郭璞《江賦》：「總括漢、泗，兼包淮、湘。」淮、泗並不入江，豈因《孟子》而誤邪？[一]

【校注】

[一]《孟子・滕文公上》：「決汝、漢，排淮、泗，而注之江。」

陸機文誤

陸機《漢高帝功臣頌》：「侯公伏軾，皇媪來歸。」乃不考史書之誤。《漢儀注》：「高帝母，兵起時死小黄，後於小黄作陵廟。」《本紀》：「五年，即皇帝位于汜水之陽，追尊先媪爲昭靈夫人。」則其先亡可知。而十年有「太上皇后崩」，乃「太上皇崩」之誤文重書而未删也。「侯公説羽，羽乃與漢約中分天下。九月，歸太公、吕后。」[一]並無皇媪。

【校注】

[一]《漢書・高帝紀》。

字

春秋以上，言「文」不言「字」。如《左傳》「於文[一]，止戈爲武」，「故文，反正爲乏」，「於文，皿蟲爲蠱」，及《論語》「史闕文」，《中庸》「書同文」之類，並不言「字」。《易》「女子貞不字，十年乃年[二]」，《詩》「牛羊腓字之」，《左傳》「其僚無子，使字敬叔」，皆訓爲乳。《書·康誥》「于父不能字厥子」，《左傳》「樂王鮒字而敬」、「小事大，大字小」，亦取愛養之義。唯《儀禮·士冠禮》「賓字之」，《禮記·郊特牲》「冠而字之，敬其名也」，與文字之義稍近，亦未嘗謂文爲字也。以文爲字，乃始於《史記》秦始皇《琅邪臺石刻》，曰「同書文字」。《説文·序》云：「依類象形謂之文，形聲相益謂之字。文者物象之本，字者孳乳而生。」《孝經援神契》亦有此語。《周禮》：外史[三]，註云：「古曰名，今曰字。」《儀禮·聘禮》註云：「名，書文也，今謂之字。」[四]此則「字」之名自秦而立、自漢而顯也與？[五]

許氏《説文·序》：「此十四篇，五百四十部，九千三百五十三文，解説凡十三萬三千四百四十一字。」以篆書謂之「文」，隸書謂之「字」。張揖《上〈博雅〉表》：「凡萬八千一百五十文。」唐玄度《九經字樣·序》：「凡七十六部，四百廿一文。」則通謂之「文」。

三代以上，言「文」不言「字」。李斯、程邈出，「文」降而爲「字」矣。二漢以上，言「音」不言「韻」，周顒、沈約出，「音」降而爲「韻」矣。

【校注】

[一]「於文」，原抄本、遂初堂本、集釋本、欒本、陳本同，嚴本作「夫文」。《左傳》作「夫文」。

[二]「年」字誤，當改。原抄本、遂初堂本、集釋本、欒本、陳本、嚴本均作「字」。《易經》作「字」。

[三]「外史」下，原抄本、遂初堂本、集釋本、欒本、陳本、嚴本均有「掌達書名於四方」一句，當補。

[四]「今謂之字」下，遂初堂本、集釋本、欒本、陳本、嚴本有亭林原注：「《三國志》注：『孫亮時，有山陰朱育，依體像類，造作異字千名以上。』」原抄本無。當補。

[五]黄汝成集釋引錢氏曰：「孔子曰：『必也正名乎？』鄭注云：『正名，謂正書字也。古者曰名，今世曰字。《禮記》曰：百名以上則書之於策。孔子見時教不行，故欲正其文字之誤。』後魏世祖始光二年，初造新字千餘，詔書引孔子『名不正則事不成』之語。江式《論書表》亦引孔子曰『必也正名乎？』此漢儒相承之訓詁。」

今按：鄭玄注見皇侃《論語義疏》引。

古文

古時文字不一。如《漢汾陰宫鼎》，其蓋銘曰：「汾陰供官銅鼎蓋[一]二十枚。」「二十」字作「十十」。鼎銘曰：「汾陰供官銅鼎二十枚。」「二十」字作「十[二]」。其末曰：「第二十三。」「二十」字作「廿」。一器之銘，三見而三不同。自唐以後，文字日繁，不得不歸一律，而古書之不復通者多矣。

【校注】

[一]「蓋」，原抄本、遂初堂本、集釋本、欒本、嚴本同，陳本誤作「盃」。

[二]「十」字誤，原抄本同誤，當改。遂初堂本、集釋本、欒本、陳本、嚴本作「廿」。

說文

自隸書以來，其能發明六書之指，使三代之文[一]尚存於今日，而得以識古人製作之本者，許叔重《說文》之功爲大。後之學者一點一畫莫不奉之爲規矩，而愚以爲亦有不儘然者。且以《六經》之文，左氏、公羊、穀梁之《傳》，毛萇、孔安國、鄭衆、馬融諸儒之訓，而未必盡合，况叔重生於東京之中世，所本者不過劉歆、賈逵、杜林、徐巡等十餘人之說，楊慎《六書索隱·序》曰：「《說文》有孔子說，楚莊王說，左氏說，韓非說，淮南子說，司馬相如說，董仲舒說，京房說，衛宏說，楊雄說，劉歆說，桑欽說，杜林說，賈逵說，傅毅說，官溥說，譚長說，王育說，尹彤說，張林說，黄顥說，周盛說，逯安說，歐陽僑說，甯嚴說，爰禮說，徐巡說，莊都說，張徹說。」而以爲盡得古人之意，然與？否與？一也。《五經》未遇蔡邕等正定之先，傳寫人人各異，今其書所收率多異字，而以今經校之則《說文》爲短。又一書之中有兩引而其文各異者，如「汜」下引《詩》「江有汜」，「洍」下引《詩》「江有洍」。「逑」下引《書》「旁逑孱功」，「僝」下引《書》「旁救僝功」。「𠙹」下引《詩》「赤舄己己」，「掔」下引《詩》「赤舄掔掔」。後之讀者將何所從？二也。鄭玄常駁許慎《五經異義》。《顔氏家訓》亦云：「《說文》中有援引經傳與今乖者，未之敢從。」流傳既久，豈無脱漏？既[二]徐鉉亦謂「篆書堙替日久，錯亂遺脱，不可悉究」。[三]今謂此書所闕者，必古人所無，别指一字以當之，如《說文》無「劉」字，後人以「鎦」字當之。無「由」字，以「甹」字當之。無「免」字，以「絻」字當之。改經典而就《說文》，支離回互，三也。今舉其一二評之。如秦、宋、薛，皆國名也。「秦」從禾，以「地宜禾」，亦已迂矣；「宋」從木爲「居」，「薛」從辛爲「辠」，此何理也？《費誓》之

「費」，改爲「粜」[四]，訓爲「惡米」。「武王載旆」之「旆」改爲「坺」，訓爲「臿土」。「威」爲「姑」，「也」爲「女陰」，「殿[五]」爲「擊聲」，「困」爲「故廬」，「普」爲「日無色」，此何理也？「貉之爲言惡也」，「視犬之字如畫狗」，「狗，叩也」，豈孔子之言乎？訓「有」則曰「不宜有也，《春秋》書『日有食之』」。訓「郭」則曰「齊之郭氏，善善不能進，惡惡不能退，是以亡國」，不幾於勦説而失其本指乎？「居」爲「法古」，「用」爲「卜中」，「童」爲「男有辠」，「褱」爲「解衣耕」，「弔」爲「人持弓會敺禽」，「辱」爲「失耕時」，「臾」爲「束縛捽抴」，「罰」爲「持刀罵詈」，「勞」爲「火燒門」，「宰」爲「辠人在屋下執事」，「冥」爲「十六日月始虧」，「刑」爲「刀守井」，[六]不幾於穿鑿而遠於情理[七]乎？武曌師之而制字，荆公廣之而作書，不可謂非濫觴於許氏者矣。若夫訓「參」爲「商星」，此天文之不合者也。訓「亳」爲「京兆杜陵亭」，此地理之不合者也。書中所引「樂浪」事數十條，而他經籍反多闕略，此采摭之失其當者也。今之學者，能取其大而棄其小，擇其是而違其非，乃可謂善學《説文》者與？《後周書》：黎景熙「其從祖廣，太武時爲尚書郎，□[八]古學，嘗從吏部尚書崔玄伯受字義，又從司徒崔浩學楷篆。自是家傳其法，景熙亦傳習之，頗與許氏有異」。[九]可見魏晉以來，傳受亦各不同。

《王莽傳》：「『劉』之爲字，『卯』、『金』、『刀』也。正月剛卯，金刀之利皆不得行。」《食貨志》亦云。又曰：「受命之日丁卯。丁，火，漢氏之德也；卯，劉姓所以爲字也。」光武告天祝文引《讖記》曰：「卯金修德爲天子。」[十]公孫述引《援神契》曰：「西太守，乙卯金。」「謂西方太守而乙[十一]絶卯金也。」[十二]是古未嘗無「劉」字也。趙宧光曰：「《説文》無『劉』字，但作『鎦』。」今按《漢書》「卯金刀」之讖，及古印流傳者，劉姓不下數千[十三]百面，並作「劉」，無「鎦」字。魏明帝太和初，公卿奏言：「夫歌以詠德，舞以象事。於文，文武爲『斌』。臣等謹製樂舞，名曰《章斌之舞》。」[十四]魏去叔重未遠，是古未嘗無「斌」字也。

徐鉉較定《設文[十五]》，前列「斌」字，云是俗書。

《説文》原本次第不可見，今以四聲列者，徐鉉等所定也。切字，鉉等所加也。趙古則《六書本義》曰：「漢以前未有反切，許氏《説文》、鄭氏箋註但曰『讀若某』而已。今《説文》反切乃朱翺以孫愐《唐韻》所加。」旁引後儒之言，如杜預、裴光遠、李陽冰之類，亦鉉等加也。又云「諸家不收，今附之字韻宋[十六]」者，「瀰」下。亦鉉等加也。「睟[十七]」字下去[十八]：「《説文》直作『牟』。」趙宧光曰：「詳此則本書褋出衆人之手，審矣，安得不蕪穢也。此[十九]參訂經傳，必以本人名冠之，方不混於前人耳。」

「始」字，《説文》以爲「女之初」也，已不必然。而徐鉉釋之以「至哉坤元，萬物資始」，不知經文乃是「大㪅[二十]乾元，萬物資始」[二十一]。若用此解，必從「男」乃合耳。

【校注】

[一]「文」，遂初堂本、集釋本、欒本、陳本、嚴本同，原抄本誤作「史」。

[二]「既」字誤，原抄本同誤，當改。遂初堂本、集釋本、欒本、陳本、嚴本作「即」。

[三]徐鉉《校定〈説文〉序》。

[四]「桒」，遂初堂本、集釋本、欒本、陳本、嚴本同，原抄本誤作「萊」。通行本《説文》原文作「桒」，段玉裁注謂各本其誤已久。

[五]「殿」字誤，原抄本同誤，當改。遂初堂本、集釋本、欒本、陳本、嚴本作「殹」。《説文》作「殹」。

[六]「刀守井」，見《初學記》卷二十引《説文》。

[七]「情理」，原抄本同。遂初堂本、集釋本、欒本、陳本、嚴本作「理情」。

[八]底本缺一字處，原抄本、遂初堂本、集釋本、欒本、陳本、嚴本均作「善」，與《周書》同，當補。

[九]見《周書·藝術列傳》。

［十］《後漢書・光武帝紀上》。

［十一］「乙」，遂初堂本、集釋本、欒本、陳本、嚴本同，原抄本誤作「已」。《後漢書》作「乙」。

［十二］《後漢書・公孫述傳》。

［十三］「千」誤，原抄本同誤，當改。遂初堂本、集釋本、欒本、陳本、嚴本作「十」。

［十四］《宋書・樂志一》。

［十五］「設文」誤，當改。原抄本、遂初堂本、集釋本、欒本、陳本、嚴本均作「説文」。

［十六］「宋」字誤，當改。原抄本、遂初堂本、集釋本、欒本、陳本、嚴本均作「末」。

［十七］「睟」字誤，當改。原抄本、遂初堂本、集釋本、欒本、陳本、嚴本均作「眸」。

［十八］「去」字誤，當改。原抄本、遂初堂本、集釋本、欒本、陳本、嚴本均作「云」。

［十九］「此」字誤，當改。原抄本、遂初堂本、集釋本、欒本、陳本、嚴本均作「凡」。

［二十］「歆」字誤，當改。原抄本、遂初堂本、集釋本、欒本、陳本、嚴本均作「哉」。

［二十一］語出《易經・乾卦・彖傳》。

趙宧光説文長箋［一］

萬曆末，吴中趙凡夫宧光作《説文是［二］箋》，将自古相傳之《五經》肆意刊改，「好行小慧」［三］，以求異於先儒。乃以「青青子衿」［四］爲淫奔之詩，而謂「衿」即「衾」字。《詩》中元有「衾」字：「抱衾與裯」、「錦衾爛兮」。如此類者非一。其實《四書》尚未能成誦，而引《論語》「虎兕出於柙」［五］，誤作「《孟子》『虎豹出方［六］□［七］』」。「兕」下。然其於六書之指，不無管闚，而適當喜新尚異之時，此書乃盛行於世。及今不辯，恐他日習非勝是，爲後學之害不淺矣。故舉其尤剩謬[八]者十餘條正之。

《舊唐書·文宗紀》：開成二年，「宰臣判國子監祭酒鄭覃進石壁《九經》一百六十卷」。《九經》者，《易》、《書》、《詩》、《三禮》、《春秋三傳》。又有《孝經》、《論語》、《爾雅》，其實乃十二經。又有張參《五經文字》，唐玄度《九經字樣》，皆刻之於石，今見在西安府學。凡夫乃指此爲蜀本石經，又云「張參《五經文字》、唐彦升《九經字樣》亦附蜀本之後，但可作蜀經字法」。今此石經末有年月一行，諸臣姓名十行，大書「開成二年丁巳歲」，凡夫豈未之見而妄指爲孟蜀邪？

又云：「孫愐《唐韻》文、殷二韻，三聲皆分，獨上聲合一。咸嚴、洽業二韻，平入則分，上去則合。」按今《廣韻》即孫愐之遺文，殷[九]上聲之合則有之，咸嚴、洽業則四聲並分，無併合者。切者，兩字相摩以得其音，取其切近。今改爲盜竊之「竊」，於古未聞。豈凡夫所以自名其學者邪？

「瓜分」，字見《史記·虞卿傳》、《漢書·賈誼傳》。《戰國策》注：「分其地如破瓜然。」《鹽鐵論》：「隔絶羌胡，瓜分其地。」「竄突」，字見《漢書·霍光傳》。今云「瓜」當作「爪」[十]，「突」當作「宊」[十一]。然則鮑昭《蕪城賦》所謂「竟瓜剖而豆分」，魏玄同[十二]疏所謂「瓜分瓦裂」[十三]者，古人皆不識字邪？按張參《五經文字》云：「宊，徒兀反。作『突』者訛。」

顧野王，陳人也，而以爲晉之虎頭。「颾」下。顧長康爲虎頭將軍。[十四]陸龜蒙，唐人也，而以爲宋之象山。「乙」下。陸九淵號象山先生。王筠，梁人也，而以爲晉。「蜺」下。《梁書·王筠傳》：沈約以《郊居賦》示筠，「讀至『雌霓連蜷』，約撫掌[十五]欣忭[十六]」。今引此事，而[十七]謂之「晉王筠」。約既梁人，安得與晉人語哉？ 王禹偁，宋人也，而以爲南朝。「稱」下。 此真所謂「不學牆面」[十八]者與！

「晉獻帝醉，虞侍中命扶之。」「扶」下。[十九] 按《晉書・虞嘯父傳》：「爲孝武帝所親愛，侍飲大醉，拜不能起。帝顧曰：『扶虞侍中。』嘯父曰：『臣位未及扶，醉不及亂，非分之賜，所不敢當。』帝甚悦。」傳首明有「孝武帝」字，引書者未曾全讀，但見中間有貢獻之「獻」，適與「帝」字相接，遂以爲獻帝，而不悟晉之無獻帝也。 萬曆間人看書，不看首尾，只看中間兩三行，凡夫著書之人，乃猶如此！

「恂」字，箋：「漢宣帝諱。」而不知宣帝諱「詢」，荀悦曰：「詢之字曰謀。」[二十] 非「恂」也。「衍」字，箋：「漢平帝諱。」而不知平帝諱「衎」，荀悦曰：「衎之字曰樂。」師古曰：「衎，音口旱反。」[二十一] 非「衍」也。

《後漢書・劉虞傳》：「故吏尾敦，於路劫虞首，歸葬之。」註：「尾姓，敦名。」引之云：「後漢尾敦路劫劉虞首歸之莽。」若以「敦路」爲人名，而又以「葬」爲「莽」，是劉幽州之首竟歸於[二十二]王莽也！

左氏成六年《傳》：韓獻子曰：「易覯則民愁，民愁則墊隘。」《説文》「⿱雨執」、「墊」二字兩引之，而一作「阸」者，古「隘」、「阸」二字通用[二十三]也。 箋乃云：「未詳何出。」「野」下，引《左傳》「身横九野」，不知其[二十四]當爲「九畝」，又《穀梁傳》之文，而非《左氏》也。

「鶻鵃醜，其飛也翪。」「翪」下。 此《爾雅・釋鳥》文，箋乃曰：「訓詞未詳。然非後人語。」「驖，馬，白州也。」「驖」下。 本之《爾雅・釋畜》「白州，驖」。註：「州，竅也。謂馬之白尻者。」[二十五] 箋乃云：「未詳，疑誤。」

中國之稱「夏」，尚矣，今以爲「起於唐之夏州，地鄰於夷，故華夷對稱曰華夏」。「夏」下。然則《書》言「蠻夷猾夏」[二十六]，《語》云「夷狄之有君，不如諸夏之亡也」[二十七]，其時已有夏州乎？又按夏州本朔方郡，赫連勃勃建都於此，自號曰「夏」，後魏滅之，而置夏州，亦不始於唐也。

云「唐中晚詩文始見『簿』字，前此無之」。「譜」下。不知《孟子》言「孔子先簿正祭器」[二十八]，《史記·李廣傳》「急責廣之莫府[二十九]對簿」，《張湯傳》「使使八輩簿責湯」，《孫寶傳》御史大大張忠「署簿主寶[三十]」，《後漢[三十一]·輿服志》「每出，太僕奉駕上鹵簿」，《馮異傳》「光武署異爲主簿」，而劉公幹詩已云「沉迷簿領書，回回目昏亂」[三十二]矣。

「毦[三十三]」字，云：「字不見經。」若言《五經》，則不載者多矣，何獨「毦」字。若傳記、史書，則此字亦非隱僻。《晉語》：「被羽先升」，註：「繫於背，若今將軍負毦矣」。《魏略》：「劉備性好結毦。」《吴志·甘寧傳》：「負毦帶鈴。」梁劉孝[三十四]《和昭明太子》詩：「山風亂采毦，初景麗文轅。」[三十五]儀。

「禰衡爲鼓吏，作《漁陽摻撾》。『摻』乃『操』字。」「操」下。按《後漢書》：「衡方爲《漁陽參撾》，蹀躡而前。」[三十六]註引《文士傳》作「《漁陽參搥》」。王僧孺詩云：「散度廣陵音，參寫漁陽曲」，自註云：「參，音七紺反」。[三十七]乃「曲奏之名」。[三十八]後人添「手」作「摻」。後周庾信詩：「玉階風轉急，長城雪應闇[三十九]。新綬始欲縫，細錦行須篸。聲煩《廣陵散》，杵急《漁陽摻》。」[四十]隋煬帝詩：「今夜長城下，雲昏月應暗。誰見倡樓前，心悲不成摻。」[四十一]唐李頎詩：「忽然更作漁陽摻，黄雲蕭條白日暗。」[四十二]正音七紺反。今以爲「操」字，而又倒其文，不知漢人書「操」固有借作「摻」者，而非此也。

「叩，京兆藍田鄉。」箋云：「地近京口，故從口。」「叩」下。夫藍田乃今之西安府屬，而京口則今之鎮江府，此所謂「風馬牛不相及」者。凡此書中會意之解，皆「京口」之類也。

寸，十分也。《漢書・律歷志》：「一黍爲一分，十分爲一寸。」本無可疑，而增其文曰：「析寸爲分，當言『十分之一[四十三]』。」「寸」下。夫古人之書，豈可意爲增改哉！尺。

【校注】

[一]題名，原抄本同。遂初堂本、集釋本、欒本、陳本、嚴本無「趙宧光」三字。

[二]「是」字誤，當改。原抄本、遂初堂本、集釋本、欒本、陳本、嚴本均作「長」。

[三]語出《論語・衛靈公》。

[四]《詩經・鄭風・子衿》。

[五]《論語・季氏》。

[六]「方」字誤，當改。原抄本作「亐」，「亐」即古「於」字。遂初堂本、集釋本、欒本、陳本、嚴本誤作「亏」。崇禎刊本《說文長箋》卷三十九已誤作「亏」。

[七]底本缺一字處，原抄本作「㞢」，遂初堂本、集釋本、欒本、陳本、嚴本作「㞢」。崇禎刊本《說文長箋》卷三十九作「卤」。當補。

[八]「剩謬」誤，原抄本作「刺謬」亦誤，當改。遂初堂本、集釋本、欒本、陳本、嚴本作「剌謬」。《說文》：「剌，戾也」，徐鍇注：「乖違也」，《文選》司馬遷《報任少卿書》：「無乃與僕私心剌謬乎？」

[九]「般」字誤，當改。原抄本、遂初堂本、集釋本、欒本、陳本、嚴本均作「殷」。

[十]抄本「瓜」、「爪」不分，今隨文乙正。

[十一]抄本「穾」、「窔」不分，今随文乙正。按崇禎刊本《説文長箋》卷九十二作「窔」，云：「深也，从穴，从火，从求省」。

[十二]「魏玄同」，遂初堂本、欒本、陳本、嚴本同，集釋本作「魏元同」。原抄本誤作「魏玄國」。《舊唐書》作「魏玄同」。

[十三]見《舊唐書》本傳。

[十四]《藝文類聚》卷八十七引《世説》：「顧凱之爲虎頭將軍。」張彦遠《歷代名畫記》卷五：「顧愷之，字長康，小字虎頭。」

[十五]「掌」，原抄本、集釋本、欒本、陳本同，遂初堂本作「手」。嚴本據《梁書》改「手」爲「掌」。

[十六]「作」字誤，當改。原抄本、遂初堂本、集釋本、欒本、陳本、嚴本均作「忭」。《梁書》及《南史》作「抃」。

[十七]「而」字，原抄本同，遂初堂本、集釋本、欒本、陳本、嚴本無。

[十八]語出《尚書・周官》。

[十九]陳垣校注：「應云：『虞侍中醉，晉孝武帝命扶之。』」

[二十]見《漢書・宣帝紀》注。

[二十一]見《漢書・平帝紀》注。

[二十二]「歸於」，原抄本同，遂初堂本、集釋本、欒本、陳本、嚴本作「歸之於」。

[二十三]「州」字誤，當改。原抄本、遂初堂本、集釋本、欒本、陳本、嚴本均作「用」。

[二十四]「其」，遂初堂本、集釋本、欒本、陳本、嚴本同，原抄本作「是」。

[二十五]郭璞注：「州，竅。」所引爲邢昺疏。

[二十六]《尚書・舜典》。

[二十七]《論語・八佾》。

［二十八］《孟子・萬章下》。

［二十九］「莫府」，遂初堂本、集釋本、欒本、陳本同，原抄本、嚴本作「幕府」。《史記》作「幕府」，《漢書》作「莫府」。顔師古注：「莫府者，以軍幕爲義，古字通單用耳。」

［三十］「署簿主寶」誤倒，當乙正。原抄本、遂初堂本、集釋本、欒本、陳本、嚴本均作「署寶主簿」，與《漢書》同。

［三十一］「後漢」，原抄本、遂初堂本、嚴本同，集釋本、欒本、陳本作「續漢」。

［三十二］劉禎《雜詩》。

［三十三］「旄」，遂初堂本、集釋本、欒本、陳本、嚴本同，原抄本誤作「眊」。下同。《説文》：「旄，羽毛飾也。从毛，耳聲。」「眊，目少精也。从目，毛聲。」黄汝成《刊誤》：「旄，諸本並誤從目，下五旄字同，今改。」

［三十四］「劉孝」，脱「儀」字，誤植在句末，當乙正。遂初堂本、集釋本、欒本、陳本、嚴本均作「劉孝儀」。原抄本作「劉孝儀」，但句末仍衍一「儀」字，蓋前字已補，而後字未删。

［三十五］見《藝文類聚》卷七十六。

［三十六］《後漢書・文苑傳・禰衡傳》。

［三十七］《後漢書》李賢注引。《藝文類聚》卷六十七題爲王僧孺《詠擣衣詩》。

［三十八］《後漢書》李賢注「臣賢按」。

［三十九］「闇」，遂初堂本、集釋本、陳本、嚴本同，原抄本、欒本作「暗」。

［四十］庾信《夜聽擣衣詩》。

［四十一］隋煬帝《錦石搗流黄》。

［四十二］李頎《聽安萬善吹篳篥歌》。

［四十三］「十分之一」，脱「尺」字，誤植在句末，當乙正。遂初堂本、集釋本、欒本、陳本、嚴本均作「十分尺之一」。

五經古文

趙古則《六書本義・序》曰：「魏、晉及唐，能書者輩出，但點畫波折，逞其姿媚，而文字破碎，然猶賴《六經》之篆未易。至天寶間，詔以隸法寫《六經》，於是其道盡廢。」以愚考之，其説殆不然。按《漢書・藝文志》曰「《尚書古文經》四十六卷」，又曰「《孝經古孔氏》一篇」，皆出孔氏壁中。又曰[二]「中古文」《易經》，而不言其所出。《後漢・儒林傳》言：「東萊費直傳《易》，授琅邪王横，本以古字，號『古文《易》』。」又曰「《禮古經》五十六卷」、「《春秋古經》十二篇」、「《論語古》二十一篇」，但言「古」，不言「文」。而赤眉之亂，則已焚燒無遺。《後漢書・杜林傳》曰：「林前於西州得漆書古文《尚書》一卷，常寶愛之，雖遭艱困，握持不離身。出以示衛宏、徐巡曰：『林流離兵亂，常恐斯經將絶，何意東海衛子、濟南徐生復能傳之，是道竟不墜於地也。古文雖不合時務，然願諸生無悔所學。』宏、巡益重之，於是古文遂行。」是東京古文之傳，惟《尚書》而已。《晉書・衛恒傳》言：「魏初傳古文者，出於邯鄲淳。至正始中，立三字石經，轉失淳法，因『科斗』之名，遂效其形。」《後漢書・儒林傳》誤以三體書法爲熹平所刊。未知所立幾經。而唐初魏徵等作《隋書・經籍志》，但有「三字石經《尚書》五卷」、「三字石經《春秋》三卷」，註云：「梁有十二卷。」則他經亦不存矣。《册府元龜》：唐玄宗天寶三載詔曰：「朕欽惟載籍，討論墳典，以爲先王令範，莫越於唐虞；上古遺書，寔稱於訓誥。雖百篇奥義，前代或亡，而六體奇文，舊規猶在。但以古先所制，有異於當今；傳寫浸訛，有疑於後學。永言刊革，必在從宜。《尚書》應是古體文字，並依今字繕寫施行，其舊本乃藏之書府。」[二]是玄宗所改，亦止於《古文尚書》，而不聞有他經也。夫諸經古文之亡，其已久矣。今謂《五經》皆有古文，而玄宗改之以今，豈其然乎？

孔安國《書序》曰：「科斗《書》廢已久，時人無能知者。以所聞伏生之《書》考論文義，定其可知者，爲隸古定，正義曰：「就古文體而從隸定之，故曰『隸古』，以雖隸而猶古也。」更以竹簡寫之。」是則西漢之時所云「古文」者，不過隸書之近古。而共王所得「科斗」文字，久已不傳。玄宗所謂「六體奇文」，蓋正始之書法也。

宋晁公武《古文尚書・序》曰：「余抵少城，作《石經考異》之餘，因得此古文全編於學宮，乃延士[三]張㚞倣吕氏所鏤本，書丹刻諸石。方將配《孝經》、《周易》經文之古者，附於石經之列。」宋[四]書「乾道庚寅」。今其石當已不存，而摹本亦未見傳之人間也。世無好古之人，雖金石其能保與？今有廣信楊時喬所刻《周易古文》，恐亦後人以意爲之，不必有所受也。

【校注】

[一]「又曰」，原抄本同，遂初堂本、集釋本、欒本、陳本、嚴本下有「有」字。

[二]《册府元龜》卷五十。

[三]「延士」，遂初堂本、集釋本、欒本、陳本、嚴本同，原抄本誤作「進士」。明曺學佺《蜀中廣記》卷九十一、《全宋文》卷四六六〇作「延士」。

[四]「宋」字誤，原抄本同誤，當改。遂初堂本、集釋本、欒本、陳本、嚴本作「末」。

急就篇

漢、魏以後，童子皆讀史游《急就篇》。晉夏侯湛抵疑「鄉曲之徒，一介之士，曾諷《急就》、習甲子」。[一]《魏書》：崔浩表言：「太宗即位元年，敕臣解《急就章》。」[二]劉芳撰「《急就篇續》注音義證三卷」[三]，陸暐「擬《急就篇》爲《悟蒙章》」[四]，又書家亦多寫《急就篇》。晁氏《讀書記》曰：「自昔善小學者多書《急就章》，故有鍾繇、皇象、衛夫人、王羲之所書傳于世。」《魏書·崔浩傳》：「浩既工書，人多託寫《急就章》。從少至老，初不憚勞，所書蓋以百數。」《儒林傳》：劉蘭「始入小學，書《急就篇》，家人覺其聰敏」。《北齊書》：李繪六歲，未入學，「伺伯姊筆牘之閒，輒竊用，未幾遂通《急就章》」。李鉉「九歲入學，書《急就篇》，月餘便通」。自唐以下，其學漸微。本朝[五]，武官誥敕用二十八宿編號。永樂中，字盡，奉旨用漢《急就章》字。

【校注】

[一]《晉書·夏侯湛傳》。

[二]《魏書·崔浩傳》。又見《北史·崔宏傳》附崔浩傳。

[三]《魏書·劉芳傳》。

[四]《魏書·陸俟傳》附陸暐傳。

[五]「本朝」，原抄本同。潘耒遂初堂刻本改爲「明初」，集釋本因之。欒本據黄侃校記改回而加説明，嚴本仍刻本之舊而加注，陳本仍刻本之舊，無校注。

千字文

《千字文》元[一]有二本。《梁書·周興嗣傳》曰:「高祖以三橋舊宅爲光宅寺,敕興嗣與陸倕製碑。及成俱奏,高祖用興嗣所製者。自是《銅表銘》《柵塘碣》《北伐檄》《次韻王羲之書千字》,並使興嗣爲之。」《蕭子範傳》曰:子範「除大司馬南平王戶曹屬從事中郎」,「使製《千字文》,其辭甚美,命記室蔡薳注釋之」。《舊唐書·經籍志》:「《千字文》一卷,蕭子範撰。又一卷,周興嗣撰。」是興嗣所次者一《千字文》,而子範所製者又一《千字文》也。(《陳書·沈衆傳》:「是時梁武帝制《千字詩》,衆爲之注解。」是又不獨興嗣、子範二人矣。)乃《隋書·經籍志》云:「《千字文》一卷,梁給事郎周興嗣撰。《千字文》一卷,梁國子祭酒蕭子雲撰。」《梁書》本傳謂子範作之,而蔡薳爲之注釋,今以爲子雲注,子雲乃子範之弟,則異矣。《宋史·李至傳》言:「《千字文》乃梁武帝得鍾繇書破碑千餘字,命周興嗣次韻而成。」(《山堂考索》同。)本傳以爲王羲之,而此又以爲鍾繇,則又異矣。《隋書》、《舊唐書》、《志》又有《演千字文》五卷,不著何人作。(《隋書·文苑傳》:秦王俊令潘徽爲《萬字文》。)

《淳化帖》有漢章帝書百餘字,皆周興嗣《千字文》中語。《東觀餘論》曰:「此書非章帝,然亦前代人作,但錄書者集成《千字》中語耳。」歐陽公疑以爲漢時「學書者多爲此語」,[二]而後村劉氏遂謂《千字文》「非梁人作」,[三]誤矣。黃魯直跋《章草千字文》曰:「章草,言可以通章奏耳,非章帝書也。」[四]

【校注】

[一]「元」，原抄本、遂初堂本、集釋本、陳本、嚴本同，欒本作「原」。

[二]歐陽修《集古録跋尾》卷四「陳浮屠智永書千字文二」條。

[三]《文獻通考》卷一百九十「智永《千字文》」條引。後村劉氏，劉克莊，號後村。

[四]黄庭堅《山谷論書》。

草書

褚先生補《史記·三王世家》曰：「至其次序分絶，文字之上下，簡之參差長短，皆有意，人莫之能知。謹論次其真草詔書，編于左方。」是則褚先生親見簡策之文，而孝武時詔即已用草書也。《魏志·劉廙傳》：「轉五官将文學，文帝器之，令廙通草書。」則漢、魏之間箋啟之文有用草書者矣。《晉書·郤鑒傳》：「帝以鑒有器望，萬機動静輒問之。乃詔特草上表疏，以從簡易。」黄汝成集釋引孫氏曰：「案後漢北海王睦，『善史書，及寢病，帝驛馬令作草書尺牘十首』。尤可爲漢、魏箋啟用草書之證。」[一] 故草書之可通於章奏者，謂之「章草」。

趙彦衛《雲麓漫鈔》言：「宣和中，陝右人發地得木簡，字皆章草」，乃永初二年發夫討畔羌檄。[二]「米元章帖言：『章草乃章奏之章。』[三] 今考之，既用於檄，則理容概施於章奏。蓋小學家流，自古以降，日趨於簡便。故大篆變小篆，小篆變隸。比其久也，復以隸爲繁，則章奏文移悉以章草從事，亦自然之勢。張懷瓘《書斷》曰：「章草者，漢黄門令史游所作也。王愔云：『漢元帝時，史游作《急就章》，解散隸體。漢俗簡惰，漸以行之是也。』」此又一説。[四]故雖曰草，而隸筆仍在，良繇去隸未遠故也。右軍作草，猶是其典刑，故不勝爲冗筆。逮旭[五]、懷素輩出，則此法掃地矣。」張。

北齊趙仲将「學涉群書，善草隸，雖與弟書，字皆楷正。云：『草不可不解，若施之於人，似相輕易：若與當家中卑幼，又恐其疑，是以亡[六]須隸筆。』」[七]唐席豫「性謹，雖與子弟書疏，及史[八]曹簿領，未嘗草書。謂人曰：『不敬他人，是自不敬也。』或曰：『此事甚細，卿何介意？』豫曰：『細猶不謹，而况巨邪？』」[九]柳仲郢手鈔《九經》、《三史》，下及魏晉南北諸史，「皆楷小精真，無行宋」[十]。字[十一]劉安世終身不作草字書，尺牘未嘗使人代。張觀平生書必爲楷字，無一行草，類其爲人。[十二]古人之謹重如此。《舊唐書》：王君廓爲幽州都督，李玄道爲長史。「君廓入朝，玄道附書，與其從甥房玄齡。君廓私發之，不識草字，疑其謀己，懼而奔叛。玄道坐流嶲州。」夫草書之釁，乃至是邪！

【校注】

[一]見《後漢書・宗室四王三侯列傳》。

[二]《雲麓漫鈔》録其原文，亭林略之。

[三]米芾《淮鱗帖》。

[四]今按：「是也」二字本張懷瓘《書斷》語，前云蕭子良之説「非也」。亭林誤以爲王愔語而引之。

[五]「旭」字上，脱「張」字，誤植在句末，當乙正。原抄本、遂初堂本、集釋本、欒本、陳本、嚴本均作「張旭」。

[六]「亡」字誤，當改。原抄本、遂初堂本、集釋本、欒本、陳本、嚴本均作「必」。

[七]《北齊書・趙彦深傳》附趙仲将傳。又見《北史》。

[八]「史」字誤，當改。原抄本、遂初堂本、集釋本、欒本、陳本、嚴本均作「吏」。《舊唐書》作「吏」。
[九]《舊唐書·文苑傳中》。
[十]《新唐書·柳公綽傳》附柳仲郢傳。
[十一]「宋字」誤倒，當乙正。原抄本、遂初堂本、集釋本、欒本、陳本、嚴本均作「字宋」，「字」字屬上讀。
[十二]見葉夢得《避暑録話》。

金石録

《金石録》有《宋公䜌餗鼎銘》，云：「按《史記·世家》，宋公無名䜌者，莫知其爲何人。」今考《左傳》，宋元公之太子欒，嗣位爲景公。《漢書·古今人表》有「宋景[一]兜欒」，則《史記·宋世家》「元公卒，子景公頭曼立」，是「兜欒」之音訛爲「頭曼」，而宋公䜌即景公也。公。

「宗均」之誤爲「宋」，不必證之碑及《黨錮傳》，[二]即《南蠻傳》云：「會援病卒，謁者宗均聽悉受降，爲置吏司，群蠻遂平。」事與奉[三]傳合。而《南蠻傳》作「宗」，本傳作「宋」，其誤顯然，註未及正。《黨□□》□：「□□[四]，字叔都，南陽安衆人。祖父均，自有傳。」

房彦謙高祖法壽，自宋歸魏，封壯武侯，子孫承襲。魏、隋、唐三《書》皆同，獨《碑》作「莊武」。[五]按漢膠東國有壯武縣，文帝封宋昌爲壯武侯。正義曰：「《括地志》云：『壯武故城在萊州即墨縣西六十里。』」[六]《後漢志》：壯武：「故夷國。《左傳》隱元年『紀人伐夷』。」[七]是也。《賈復傳》：「封膠東侯」，食郁秩、壯武等六縣。晉張華亦封壯武侯。字並作『壯』，獨此碑與《左傳》杜氏註作「莊」。

【校注】

[一]「宋景」下，脱「公」字，誤植在句末，當乙正。原抄本、遂初堂本、集釋本、欒本、陳本、嚴本均作「宋景公」。

[二]見《金石録》卷十八《漢宗資墓天禄辟邪字》。

[三]「奉」字誤，當改。原抄本、遂初堂本、集釋本、欒本、陳本、嚴本均作「本」。

[四]底本缺五字處，原抄本、集釋本、欒本、陳本、嚴本均作「《錮傳》註：『宗資』」，當補。

[五]見《金石録》卷二十三《唐房彦謙碑》。

[六]《史記・孝文本紀》張守節正義。

[七]《後漢書・郡國志四》李賢注。

鑄印作減筆字

太原府徐溝縣有同戈驛，其名本取洞渦水。此水出樂平縣西四十里陡泉嶺，經平定州、壽陽、榆次，至徐溝縣入汾。今徐溝縣北口五里洞渦河，其陽有洞渦村，是也。《水經》：「洞渦水出沾縣北上[一]，西過榆次縣南，又西到晉陽縣南，西入於汾。」酈道元注：「劉琨之爲并州也，劉淵引兵邀擊之，合戰于洞渦，即是水也。」[二]《舊唐書・昭宗紀》：天復元年四月，氏叔琮「營于洞渦驛」。《五代史・唐本紀》同。《新唐書・地理志》：太原郡：「有府十八」，其一曰「洞渦」。《宋史・曹彬傳》：「爲前軍都監，戰洞渦河北。」《漢世家》：「李繼勳敗繼恩兵於洞渦河。」唯《魏書・地形志》「晉陽」下云：「同過水出木瓜嶺，一出沾嶺，一出大廉山，一出原洞祠下，五水合道，故曰『同過』，西南入汾。」則又作「同過」，字異。又按上文止四水，或有脱漏。後人減筆，借書「同戈」字，而今鑄印遂作「同戈」。以減借之字登於印文，又不但馬文淵所言成皋印點畫之訛而已。[三]

今驛多用古地名者。洪武九年四月，「壬辰，以天下驛傳之名多因俚俗，命翰林考古正之。如揚州府曰『廣陵驛』，鎮江府曰『京口驛』，凡改者二百三十二」。[四]徐溝無古地名，故以水名之。

【校注】

[一]「北上」誤，當改。原抄本、遂初堂本、集釋本、欒本、陳本、嚴本均作「北山」。《水經注》作「北山」。

[二]《水經注》卷六。

[三]《東觀漢記·馬援傳》：「援上書：城皋令印，『皋』字爲『白』下『羊』；丞印，『四』下『羊』；尉印，『白』下『人』，『人』下『羊』。即一縣長吏，印文不同，恐天下不正者多。」馬援，字文淵。

[四]《太祖實録》卷一百五。

畫

古人圖畫皆指事爲之，使觀者可法可戒。上自三代之時，則周明堂之四門墉「有堯、舜之容，桀、紂之象」，「有周公相成王、負斧扆、南面以朝諸侯之圖[一]」。《孔子家語》。「楚有先王之廟及公卿祠堂，圖畫天地山川神靈，琦瑋僪佹，及古賢聖怪物行事。」王逸《楚辭章句》。秦漢以下見於史者，如「周公負成王」圖，《霍光傳》。「成慶畫」，《景十三王傳》。猶言「成慶圖」，非成慶所畫也。「紂醉踞妲己」

圖，《叙傳》。「屏風圖畫列女」，《宋弘傳》。《世説》[二]戴逵「畫南都賦圖」之類，未有無因而作。逮乎隋唐，尚沿其意。《唐·藝文志》所列：「漢王元昌畫《漢賢王圖》，閻立德畫《文成公主降蕃圖》、《玉華宫圖》、《鬬雞圖》，閻立本畫《秦府十八學士圖》、《凌煙閣功臣二十四人圖》，范長壽畫《風俗圖》、《醉進士[三]圖》，王定畫《本草訓戒圖》，貞觀尚方令。[四] 檀智敏畫《游春戲藝圖》，振武校尉。殷皦、韋無忝畫《皇朝九聖圖》、《高裡[五]及諸王圖》、《太宗自定輦上圖》、《開元十八學士圖》，開元人。董萼畫《盤車圖》，開元人，字重照。曹元廓畫《後周北齊梁陳隋武德貞觀永徽間朝臣圖》、《高祖太宗諸子圖》、《秦府學士圖》、《凌煙圖》，武后左尚方令。楊昇畫《望賢宫圖》、《安禄山真》，張萱畫《伎[六]女圖》、《乳母將嬰兒圖》、《按羯鼓圖》、《鞦韆圖》，並開元館畫直。談皎畫《武惠妃舞圖》、《佳麗寒食圖》、《佳麗伎女圖》，韓幹畫《龍朔功臣圖》、《姚宋及安禄山圖》、《相馬圖》、《玄宗試馬圖》、《寧王調馬打毬圖》，火梁[七]人，大府寺丞。陳宏畫《安禄山圖》、《玄宗馬射圖》、《上黨十九瑞圖》，永王府長史。王象畫《鹵簿圖》，田琦畫《洪崖子橘木圖》，德平子，汝南太守。竇師綸畫《内庫瑞錦對雉鬬羊翔鳳游麟圖》，字希言，太宗秦王府諮議，相國録事參軍，封陵陽公。韋鶠畫《天竺胡僧渡水放牧圖》，鑾子。周昉畫《撲蝶》、《按箏》、《楊真人降真》、《五星》等圖，字景玄。各一卷。」《唐文粹》有王藹記《漢公卿祖二疏圖》[八]，舒元輿記《桃源圖》[九]。《通鑑》：蜀「嘉州司馬劉贊獻《陳後主三閣圖》」。[十] 皆指事象物之作。《王維傳》：「人有得《奏樂圖》，不知其名。維視之曰：『此《霓裳》第三疊第一拍也。』好事者集樂工按之無差。」自實體難工，空摹易善，於是白描山水之畫興，而古人之意亡矣。

宋邵博《聞見後録》云：「觀漢李翕、王稚子、高貫方墓碑，多刻山林人物，乃知顧愷之、陸探微、宗處士輩尚有其遺法。至吳道玄絶藝入神，然始用巧思而古意少減矣，况其下者。」此可爲知者道也。

宋徽宗崇寧三年，立畫學。「考畫之等，以不倣前人，而物之情態形色俱若自然、筆韻高簡爲工。」[十一]此近於空摹之格，至今尚之。

謝在杭《五襍俎》曰：「自唐以前，名畫未有無故事者。蓋有故事便須立意結構，事事考訂，人物、衣冠、制度、宫室規模大略，城郭、山川形勢向背，皆不得草艸下筆。非若今人任意師心，鹵莽滅裂，動輒託之『寫意』而止也。余觀張僧繇、展子虔、閻立本輩，皆畫神佛變相，星曜真形。至如石勒、竇建德、安禄山，有何足畫？而皆寫其故實。其他如懿宗射兔，貴妃上馬，後主幸晉陽，華清宫避暑，不一而足。上之則神農播種，堯民擊壤，老子度關，宣尼十哲；下之則商山采芝，二疏祖道，元達鏁諫，葛洪移居。如此題目，今人卻不肯畫，而古人爲之，轉相沿倣。蓋繇所重在此，習以成風，要亦相傳法度易於循習耳。」

【校注】

[一]「圓」字誤，當改。原抄本、集釋本、欒本、陳本、嚴本均作「圖」。

[二]「世説」，原抄本同。遂初堂本、集釋本、欒本、陳本、嚴本爲小字夾註，置於「南都賦圖」之後。

[三]「進士」誤，原抄本同誤，當改。遂初堂本、集釋本、欒本、陳本、嚴本作「道士」。《新唐書》作「道士」。

[四]今按：《新唐書·藝文志》原注。下同。

[五]「高裡」誤，當改。原抄本、遂初堂本、集釋本、欒本、陳本、嚴本均作「高祖」。

[六]「伎」，原抄本、遂初堂本、集釋本、陳本、嚴本同，欒本作「妓」。

［七］「火梁」誤，當改。原抄本、遂初堂本、集釋本、欒本、陳本、嚴本均作「大梁」。
［八］《全唐文》卷六百二十二題《祖二疏圖記》。
［九］《全唐文》卷七百二十七題《録桃源畫記》。
［十］《資治通鑑》卷二百七十二。
［十一］《宋史·選舉志三》。

古器

洪氏《隨筆》謂彝器之傳，「春秋以來，固已重之」，如郜鼎、紀甗之類，歷歷可數。［一］不知三代《逸書》之目，湯有《典寶》，武有《分器》，而《春官》有「典庸器」之職，祭祀出而陳之，則固前乎此矣。故「夏后氏之璜，封父之繁弱」，「密須之鼓，闕鞏之甲」，［二］班諸魯公、唐叔之國，而赤刀、弘璧［三］、天球、河圖之屬，陳設於成王之顧命者，［四］又天子之世守也。然而來去不恒，成虧有數。是以寶珪出河，《左傳·昭二十四年》。九鼎淪泗。武庫之劍穿屋而飛［五］，湛盧劍夜飛去，《文選》張協《七命》注。［六］殿前之鍾感山而響。［七］銅人入夢，［八］鐘虡生毛。［九］則知歷世久遠，能爲神怪，亦理之所必有者。《隋書》：文帝開皇九年四月，「毁平陳所得秦漢三大鐘，越二大鼓」。［十］「十一年正月丁酉，以平陳所得古器多爲禍變，悉命毁之。」［十二］而《大金國志》載：海陵正隆三年，「詔毁平遼、宋所得古器」，亦如隋文之言。蓋皆恣睢不學之主，而古器之銷亡爲可惜矣。

讀李易安《題金石録》，引王涯、元載之事，以爲「有聚有散，乃理之常，人亡人得，又胡足道」，[十二]未嘗不歎其言之達。而元裕之好問作《故[十三]物譜》，獨以爲不然。其説曰：「三代鼎鐘，其初出於聖人之制。今其款識故在，不曰『永用享』，則曰『子子孫孫永寶用』。豈聖人者超然遠覽，而不能忘情於一物邪？自莊周、列禦寇之説出，遂以天地爲逆旅，形骸爲外物，雖聖哲之能事，有不滿一吷者，況外物之外者乎？然而彼固未能寒而忘衣、饑而忘食也，則聖人之道，所謂備物以致用、守器以爲智者，其可非也邪！」已上隱括元氏之文。[十四]《春秋》之於寶玉、大弓，「竊之書，得之書」。[十五]知此者，可以得聖人之意矣。

【校注】

[一]《容齋隨筆》卷十「古彝器」條。

[二]《左傳・定公四年》。

[三]「璧」，原抄本、遂初堂本、欒本、陳本同，原抄本誤作「壁」。《尚書》作「璧」。

[四]《尚書・顧命》。

[五]《藝文類聚》卷六十引《異苑》：「晉惠帝元康三年，武庫火，燒孔子履、高祖斬白蛇之劍。咸見此劍穿屋飛去，莫知所向。」又見《太平御覽》卷三百四十四、《太平廣記》卷二三一。

[六]亭林原注，原抄本同。遂初堂本、集釋本、欒本、陳本、嚴本無此條，另有一條作：「《越絶書》亦載湛盧去吴事。」

[七]《太平御覽》卷五百七十五引《異苑》：「魏時，殿前鍾忽鳴。張華曰：『蜀銅山崩。』」又見《太平廣記》卷一九七。

[八]《漢書・王莽傳下》：「莽夢長樂宫銅人五枚起立。」

[九]《漢書・郊祀志下》：「建章、未央、長樂宫鍾虡銅人皆生毛，長一寸所，時以爲美祥。」

[十]今見《北史・隋本紀上》。
[十一]《隋書・高祖紀下》。又見《北史・隋本紀上》。
[十二]今題《金石録後序》。
[十三]「故」，遂初堂本、集釋本、欒本、陳本、嚴本同，原抄本誤作「攷」。
[十四]今按：見《元遺山集》卷三十九。
[十五]《公羊傳・定公九年》。竊之書，原文作「喪之書」。

歷代文史要籍
注釋選刊

抄本日知録校注

下册

[清] 顧炎武◎著
張京華◎校注

華東師範大學出版社
·上海·

日知録目録

卷之二十三

① 「王」字誤，當改。原抄本、遂初堂本、集釋本、嚴本均作「皇」。正文不誤。

卷之二十四

①「姓改」，原抄本、遂初堂本、集釋本、嚴本均同。正文作「改姓」。
②「古人謚止稱一字」條目缺，據原抄本、遂初堂本、集釋本、嚴本補。正文不缺。

① 「名名」誤，當改。原抄本、遂初堂本、集釋本、嚴本均作「稱名」。正文不誤。
② 「號」字誤，當改。原抄本、遂初堂本、集釋本、嚴本均作「諱」。正文不誤。
③ 「甲乙」，遂初堂本目録誤作「甲子」，嚴本據正文改爲「甲乙」。

卷之二十五

① 「名」字誤，當改。原抄本、遂初堂本、集釋本、嚴本均作「君」。正文不誤。

①「孝」字誤，當改。原抄本、遂初堂本、集釋本、嚴本均作「考」。正文不誤。

---

① 「閣」，原抄本、遂初堂本、集釋本、嚴本均作「閤」。

② 「下」，遂初堂本目録誤作「卜」，正文不誤。

卷之二十六

① 「大小山」、「李廣射石」二條目次序誤倒。正文不誤。

卷之二十七

① 「漢記」誤，當改。原抄本、遂初堂本、集釋本、嚴本均作「漢紀」。正文誤作「漢書」。
② 「文」字誤，當改。原抄本、遂初堂本、集釋本、嚴本均作「史」。正文不誤。

① 「重」，遂初堂本目録誤作「童」，正文不誤。
② 底本空缺一字處，原抄本、遂初堂本、集釋本、嚴本均作「事」字，當補。正文不缺。
③ 「書」字上脱「三」字，當補。正文不缺。原抄本，遂初堂本目録無，正文不缺，與底本同。嚴本據集釋本及正文補「三」字。

卷之二十八

① 「親」字誤，當改。原抄本、遂初堂本、集釋本、嚴本均作「新」。正文不誤。
② 「宋史」條目缺，據原抄本、遂初堂本、集釋本、嚴本補。正文不缺。
③ 「通鑑」條目缺，據原抄本、遂初堂本、集釋本、嚴本補。正文不缺。
④ 「書」字誤，當改。原抄本、遂初堂本、集釋本、嚴本均作「人」。正文不誤。
⑤ 「註疏」，原抄本同。遂初堂本目録誤作「誤疏」，正文不誤。集釋本、嚴本作「注疏」。

① 此條及以下三條，原抄本、集釋本同。遂初堂本目録脱，嚴本據正文補。

卷之二十九

①「杈」字誤，當改。原抄本、遂初堂本、集釋本、嚴本均作「衩」。正文不誤。

① 「胡服」一條，原抄本同。經義齊本爲二方框「□□」，國家圖書館藏魚元傳題跋本爲一字一框「□服」。遂初堂本目録及正文全無，當爲潘耒所刪。嚴本據其底本天頭手抄校記補，欒吕本、陳本、欒本據黄侃校記補。

② 「駟」字誤，當改。原抄本、遂初堂本作「駬」。集釋本、嚴本作「驛」。正文標題作「驛」。

①「贏」字誤，當改。原抄本、遂初堂本、集釋本、嚴本均作「贏」。正文同誤。
②「木罌」，欒本據《續刊誤》補題爲「木罌缻」。
③「胡」字誤，當改。原抄本、遂初堂本、集釋本、嚴本均作「葫」。正文不誤。
④「國」字下脱「語」字，當補。原抄本、遂初堂本、集釋本、嚴本均有「語」字。正文不缺。原抄本爲徐文珊增補。

卷之三十

---

① 「訖」字誤，當改。原抄本、遂初堂本、集釋本、嚴本均作「紇」。正文不誤。
② 「干」，遂初堂本目録誤作「于」，正文不誤。
③ 「佗」字誤，當改。原抄本、遂初堂本、集釋本、嚴本均作「陀」。正文不誤。
④ 「夷狄」一條，原抄本同。遂初堂本改爲「外國風俗」，集釋本、嚴本、陳本作「外國風俗」，欒呂本、欒本據黄侃校記改回爲「夷狄」。
⑤ 「徒」字誤，當改。原抄本、遂初堂本、集釋本、嚴本均作「徙」。正文不誤。

---

① 「惑」字誤，當改。原抄本、遂初堂本、集釋本、嚴本均作「感」。正文同誤。
② 「五胡」，原抄本同。遂初堂本改爲「外國」，集釋本、嚴本、陳本作「外國」。欒吕本、欒本據黄侃校記改回爲「五胡」。
③ 「應」，原抄本同。遂初堂本目録有「應」字，正文標題脱。集釋本、陳本有「應」字，欒吕本無。嚴本據正文删「應」字。

卷之三十一

---

① 「胡俗」，原抄本同。遂初堂本改爲「蕃俗」。集釋本、陳本、嚴本作「蕃俗」，欒呂本、欒本據黄侃校記改回作「胡俗」。

① 「山河」誤，當改。原抄本、遂初堂本、集釋本、嚴本均作「山東」。正文不誤。
② 「河内」二字，原抄本無，徐文珊徑補而未説明。
③ 「河内」條目衍，當删。正文不誤。原抄本同，徐文珊徑删而未説明。

① 「蜆」字誤，當改。原抄本、遂初堂本、集釋本、嚴本均作「螅」。正文不誤。

① 「結」字誤，當改。原抄本、遂初堂本、集釋本、嚴本均作「統」。正文不誤。
② 「阯」，集釋本、遂初堂本、嚴本同，原抄本作「趾」。正文作「趾」。

卷之三十二

①「灰」字誤，當改。原抄本、遂初堂本、集釋本、嚴本均作「炭」。正文不誤。

日知録卷之二十三[一]

四海

《書》正義言：「天地之勢，四邊有水。鄒衍書言[二]：『九州之外，有大瀛海環之。』」[三]是九州居水内，故以州爲名。「州」，古「洲」字。然《五經》無西海、北海之文，而所謂「四海」者，亦概萬國而言之爾。《禮記·祭義》：「推而放諸西海而準，推而放諸北海而準。」亦是概言之海。至《左傳》齊桓公言「寡之[四]處北海」，則直指齊地。而《孟子》言：「伯夷辟紂，居北海之濱。」唐時以濰州爲北海郡，而昌樂縣遂有伯夷廟。《爾雅》：「九夷八蠻六戎五狄，謂之四海。」[五]《周禮》校人：「凡将有事于四海山川」，註：「四海，猶四方也」。則海非真水之名。《易》卦，兑爲澤，而不言海。《禮記·鄉飲酒義》曰：「祖天地之左海也。」則又以見右之無海矣。《史記·日者傳》：「地不满東南，以海爲池。」《虞書》：禹言：「予決九川，距四海。」[六]據《禹貢》，但有一海，而南海之名，猶之西河，即此河爾。

《禹貢》之言海有二：「東漸于海」，實言之海也。「聲教訖于四海」，概言之海也。

宋洪邁謂：「海一而已。地勢西北高，東南下，所謂東、北、南三海，其實一也。北至於青、滄，則曰北海；南至於交、廣，則曰南海；東漸吴、越，則曰東海。無繇有所謂『西海』者。《詩》、《書》、《禮經》之稱『四海』，蓋引類而言之。」〔七〕至於《莊子》所謂「窮髪之北有冥海」，及屈原所謂「指西海以爲期」，皆寓言爾。程大昌謂：「條支之西有海，先漢使固嘗見之，而載諸史，《史記・大定〔八〕傳》：「于寘之西，則水皆西流，注西海。」又曰：「奄蔡在康居西北可二千里，臨大澤，無崖，蓋乃北海云。」《漢書・西域傳》：「條支國臨西海。」後漢班超又遣甘英輩親至其地。而西海之西又有大秦，夷人與海商皆常往來。霍去病封狼居胥山，其山實臨瀚海。蘇武、郭書〔九〕皆爲匈奴所幽，寘諸北海之上。而《唐史》又言：突厥部北海之北有骨利幹國，在海北岸。〔十〕然則《詩》、《書》所稱『四海』，實環夷夏〔十一〕而四之，非寓言也。」〔十二〕然今甘州有居近海〔十三〕，西寧有青海，雲南有滇海〔十四〕，安知漢、唐人所見之海非此類耶？

【校注】

〔一〕卷二十三，刻本爲卷二十二。

〔二〕鄒衍之説見《史記・孟子荀卿列傳》附騶衍傳。

〔三〕《尚書・舜典》孔穎達正義。

〔四〕「之」字誤，當改。原抄本、遂初堂本、集釋本、樂本、陳本、嚴本均作「人」。《左傳》作「人」。

〔五〕《爾雅・釋地》。此從《周禮》職方氏「四夷、八蠻、七閩、九貉、五戎、六狄」鄭玄注引《爾雅》。原文作「九夷、八狄、七戎、六蠻」。

〔六〕《尚書・虞書・益稷》。

〔七〕《容齋隨筆》卷三。

[八]「大定」誤，當改。原抄本、遂初堂本、集釋本、欒本、陳本、嚴本均作「大宛」。
[九]「郭書」誤，當改。原抄本、遂初堂本、集釋本、欒本、陳本、嚴本均作「郭吉」。
[十]《舊唐書・天文志》：「骨利幹居回紇北方，瀚海之北。」《新唐書・天文志》：「骨利幹居瀚海之北，北距大海。」
[十一]「夷夏」，原抄本同。潘耒遂初堂刻本改爲「華裔」，集釋本因之。欒本據黄侃校記改回而加説明，陳本、嚴本仍刻本之舊而加注。
[十二]程大昌《禹貢論》。
[十三]「居近海」誤，當改。原抄本、遂初堂本、集釋本、欒本、陳本、嚴本均作「居延海」。
[十四]「滇海」誤，當改。原抄本、遂初堂本、集釋本、欒本、陳本、嚴本均作「滇海」。

九州

「九州」之名始見於《禹貢》。《祭法》：「共工氏之霸九州也，其子曰后土，能平九州。」此前乎禹而有「九州」之名。《周禮》「職方氏」，疏曰：「自神農以上，有大[一]九州，柱州[二]、迎州、神州之等。至黄帝以來，德不及遠，惟於神州之内分爲九州。」《史記・孟子荀卿傳》：騶衍言：「中國名曰赤縣神州。赤縣神州内自有九州，禹之序九州是也，不得爲州數。中國外如赤縣神州者九，乃所謂九州也。」蓋天下有九州，古之帝者皆治之，後世德薄，止治神州。神州者，東南一州也。《淮南子・地形訓》以西北爲台州，正北爲清州[三]，東北爲薄州，正東爲陽州。[四]《河圖括地象》：「東南神州，正南卬州，西南戎州，正西弇州，正中冀州，西北柱州，北方玄州，東北咸州，正東揚州。」《隋書》北郊之制，有神州、迎州、冀州、戎州、拾州、柱州、營州、咸州、陽州。唐初，房元齡與禮官議以爲：「神州者，國之所記[五]，餘八州則義不相及。遂除迎州等八座，惟祭皇地祇及神州。」[六]此謊誕之説，固無足采。然中國之大，亦未有窮其涯域者。尹耕[七]《兩鎮志》引《漢書·地理志》言「黄帝方制萬里，畫壄分州，得百里之國萬區」，而疑不書[八]於禹九州之内，且曰：「以今觀之，涿鹿，今保安州。東北之極陬也，而黄帝以之建都；釜山，在懷來城北。塞上之小山也，而黄帝以之合符。則當時藩國之在其西北者可知也。《晉·載記》：「慕容廆以大棘城即帝顓頊之墟也，乃移居之。」《通典》：「棘城在營州柳城東南一百七十里。」秦漢以來，匈奴他部如爾朱、宇文之類，往往祖黄帝，稱昌意後，亦一證也。按魏、周諸書，惟云魏之先出自黄帝軒轅氏，黄帝子曰昌意，昌意之少子受封北國。南[九]爾朱氏無聞，宇文氏則云其先出自炎帝神農氏。今舍拓跋而言爾朱、宇文，誤也。《遼史》言：「耶律儼稱遼爲軒轅後。」厥後昌意降居，帝摯遜位。至於洪水之災，天下分絶，而諸侯之不朝者有矣。以《書》考之，禹别九州，而舜又肇十二州，其分爲幽、并、營者，皆在冀之東北，《書》「肇十有二州」，傳云：「肇，始也。禹治水之復[十]，舜分冀州爲幽州、并州，分青州爲營州，始置十二州。」高誘註《淮南子》云：「古之幽都在雁門以北。」必其前閉而後通、前距而後服者也。而此三州以外，則舜不得而有之矣。此後世幅員所以止於禹迹九州之内，而之[十一]地之氣亦自西北而趨於東南，日荒日闢，而今猶未已也。蔡仲默《書傳》亦謂：「當舜之時，冀北之地未必荒落如後世。」[十二]騶子之言雖不書[十三]然，亦豈可謂其無所自哉？」

幽、并、營三州，在《禹貢》九州之外，先儒謂以冀、青二州地廣而分之，殆非也。孔安國、馬融並云。疏謂「堯時青州，當越海而有遼東」，益無據。幽則今涿、易以北，至塞外之地。《書》：「流共工于幽州[十四]。」《孟子》作「州」。《括地志》云：「在檀州燕樂縣界，今順天府密雲縣。」并則今忻、代以北，至塞外之地。營則今遼東、大寧之地。其山川皆不載之《禹貢》，故靡得而詳。凡漢之上谷、漁陽、右北平、遼西、遼東山川，皆不載之《禹貢》，惟碣石爲右北平驪城縣山，然此但島夷之貢道爾。然而《益稷》之書謂「弼成五服，至于五千」，則冀方之北不應僅數百里而止。《遼史・地理志》言：「幽州在渤、碣之間，并州北有代、朔，營州東暨遼海。」《營衛志》言：「冀州以南，歷洪水之變，夏后始制城郭，其人土著而居。」「并、營以北，勁風多寒，隨陽遷徙，歲無寧居，曠土萬里。」或其說之有所本也。劉三吾《書傳》謂：「孔氏以遼東屬青州，隔越巨海，道里殊遠，非所謂因高山大川以爲限之意。蓋幽、并、營三州皆分冀州之地。」又引歐陽志[十五]《輿地廣記》，以遼東、營州屬冀州。今亦未有所考。

禹「畫九州」在前，舜「肇十二州」在後。肇，始也。昔但有九州，今有十二州，自舜始也。《漢書・地理志》：「堯遭洪水，天下分絶，爲十二州。使禹治之，更制九州。」與《書》「肇十有二州」之文不同。蓋漢人之説如此，故王莽據之爲奏。陳氏經曰：「《禹貢》之作，乃在堯時。至舜時，乃分九州爲十二州。至夏之世，又並爲九州，故《傳》言『貢金九牧』。」《竹書紀年》：「帝舜三十三年，夏后受命于神宗，遂復九州。」亦未可信。然則謂《禹貢》「九州」爲盡虞夏之疆域者，疏矣。

夏、商以後，沿上世「九州」之名，各就其疆理所及而分之，故每代小有不同。《周書》、《爾雅》各與《禹貢》不同。《周禮》：「量人掌建國之法，以分國爲九州。」曰「分」，則不循於其蒨[十六]可知矣。《周禮・職方》：「東北曰幽州，其山曰醫無閭，藪曰[十七]貕養，川曰河泲，浸曰菑時。」醫無閭在今遼東廣寧衛。貕養澤，註云：「在長廣。」今山陽萊陽縣已無迹可考。而青之菑時，兖之河泲，褋出於一條之中，殆不可據。

州有二名。《舜典》「肇十有二州」，《禹貢》「九州」，大名也。《周禮・大司徒》：「五黨爲州。」「州長」註：「二千五百家爲州。」《左傳》僖十五年：「晉作州兵。」宣十一年：「楚子入陳，鄉取一人焉以歸，謂之夏州。」昭二十二年：「晉籍談、荀躒帥九州之戎。」註：「州，鄉屬也。五州爲鄉。」哀四年：「士蔑[十八]乃致九州之戎。」十七年：「衛侯登城以望見戎州。」《國語》：「謝西之九州何如？」

註：「謝西有九州。二千五百家爲州。」並小名也。陳祥道《禮書》：「二百一十國謂之州，五黨亦謂之州。萬二千五百家謂之遂，一夫之間亦謂之遂。王畿謂之縣，五鄙亦謂之縣。」「江、淮、河、濟，謂之四瀆。」而《易》：「垃[十九]爲水，爲溝瀆。」大小之極，不嫌同名。[二十]

【校注】

[一]「大」，遂初堂本、集釋本、欒本、陳本同，原抄本誤作「天」。

[二]「柱州」，各本均同，《周禮注疏》原文作「桂州」。

[三]「清州」誤，當改。原抄本、集釋本、欒本、陳本、作「泲州」，遂初堂本、嚴本作「濟州」。《淮南子》作「泲州」。

[四]《淮南子・地形訓》一節，原抄本同，遂初堂本、集釋本、欒本、陳本、嚴本在《河圖括地象》一節之下，而曰「《淮南子・地形訓》同」云云。

[五]「記」字誤，陳本同誤，原抄本作「祀」，亦誤，當改。遂初堂本、欒本、嚴本作「託」。《舊唐書》作「託」。

[六]《舊唐書・禮儀志一》。

[七]尹耕，字子莘，蔚州人，明嘉靖進士。

[八]「晝」字誤，當改。原抄本、遂初堂本、集釋本、欒本、陳本、嚴本均作「盡」。

[九]「南」字誤，當改。原抄本、遂初堂本、集釋本、欒本、陳本、嚴本均作「而」。

[十]「復」字誤，當改。原抄本、遂初堂本、集釋本、欒本、陳本、嚴本均作「後」。《尚書正義》作「後」。

[十一]「之」字誤，當改。原抄本、遂初堂本、集釋本、欒本、陳本、嚴本均作「天」。

[十二]見《尚書・禹貢》「五百里荒服」蔡沈傳。

[十三]「書」字誤，當改。原抄本、遂初堂本、集釋本、欒本、陳本、嚴本均作「盡」。

[十四]「州」字誤，當改。原抄本、遂初堂本、集釋本、欒本、陳本、嚴本均作「洲」。

［十五］「歐陽志」誤，原抄本同誤，當改。遂初堂本、集釋本、欒本、陳本、嚴本均作「歐陽忞」。《宋史·藝文志》：「歐陽忞《輿地廣記》三十八卷。」

［十六］「蒨」字誤，當改。原抄本、遂初堂本、集釋本、欒本、陳本、嚴本均作「舊」。

［十七］「藪曰」，原抄本、遂初堂本同，集釋本、欒本、陳本作「其澤曰」，嚴本據《周禮》補作「其澤藪曰」。《周禮》作「其澤曰」。

［十八］「士蔑」，遂初堂本、集釋本、欒本、陳本、嚴本同，原抄本誤作「士蔿」。《左傳》作「士蔑」。

［十九］「垃」字誤，當改。原抄本、遂初堂本、集釋本、欒本、陳本、嚴本均作「坎」。《易傳》作「坎」。

［二十］「四瀆」見《爾雅·釋水》。「溝瀆」見《易經·説卦傳》。

六國獨燕無後

春秋之時，楚最彊。楚之官，令尹最貴。而其爲令尹者，皆同姓之親。至於六國已滅之後，而卒能自立以亡秦者，楚也。嘗考夫七國之時，人主多任其貴戚，如孟嘗、平原、信陵三公子毋論，楚之昭陽、昭奚恤、昭睢，韓之公仲、公叔，趙之公子成、趙豹、趙奢，齊之田嬰、田忌、田單。單之功至於復齊國。至秦則不用矣，而涇陽、高陵之輩猶以擅國聞。獨燕蔑有。子之之於王噲，未知其親疏。自昭王以降，無一同姓之見於史者。及陳、項兵起，立六國後，而孫心王楚，儋王齊，咎王魏，已而歇王趙、成王韓。惟燕人乃立韓廣，豈王喜之後無一人與？不然，燕人之哀大子丹豈下於懷王，而忍亡之也？蓋燕宗之不振久矣。嗚呼！楚用其宗，而立懷王者楚也。

燕用非其宗，而立韓廣者燕也。然則晉無公族而六卿分，秦無子弟而閻樂弑，魏削藩王而留[一]纂于司馬，宋卑宗子而二帝辱於金人，皆是道矣。《詩》曰：「宗子維城，無俾城壞，無獨斯畏。」[二]人君之獨也，可不畏哉！

【校注】

[一]「留」字上，脱「陳」字，當補。原抄本、遂初堂本、集釋本、欒本、陳本、嚴本均作「陳留」。晉武皇司馬炎稱帝即位，封魏帝曹奂爲陳留王。

[二]《詩經·大雅·板》。

郡縣

《漢書·地理志》言：「秦並兼四海，以爲周制微弱，終爲諸侯所喪，故不立尺土之封。分天下爲郡縣，盪滅前聖之苗裔，靡有孑遺。」後之文人，祖述其説，以爲廢封建、立郡縣，皆始皇之所爲也。以余觀之，殆不然。《左傳》僖公三十三年：晉襄公「以再命命先茅之縣賞胥臣」。宣公十一年：「楚子縣陳。」十二年：鄭伯逆楚子之辭曰：「使改事君，夷于九縣。」註：「楚滅諸小國，爲九縣。」十五年：晉侯「賞士伯以瓜衍之縣」。成公六年：韓獻子曰：「成師以出，而敗楚之二縣。」襄公二十六年：蔡聲子曰：「晉人將與之縣，以比叔向。」三十年：「絳縣人或年長矣。」昭公三年：二宣子曰：「晉之別縣，不惟州。」五年：薳啟疆曰：「韓賦七邑，皆成縣也。」註：「成縣，賦百乘也。」又曰：「因其十家九縣」、「其餘四十縣」。十年：叔向曰：「陳人聽命，而遂縣之。」二十八年：晉「分祁氏之田以爲七縣，分羊舌氏之田以爲三縣」。哀公十七年：子穀曰：「彭仲爽，申俘[一]也，文王以爲令尹，實縣申息。」《晏子春秋》：「昔我先君桓公，予管仲狐與穀，其縣十七。」《説苑》：「景公令吏致千家之縣一於晏子。」《戰國策》：智過言於智伯曰：「破趙則封二子者，各萬家之縣一。」《史記·秦本紀》：武公「十年，伐邽、冀戎，初縣之。十一年，初縣杜、鄭。」《吳世家》：「王餘祭三年，予慶封朱方之縣。」則當春秋之世，滅人之國者固已爲縣矣。按昭二十九年《傳》：蔡墨言：劉累「遷于魯縣」，則夏后氏已有縣之名。《周禮》小司徒：「四甸爲縣。」遂人：「五鄙爲縣。」「縣士」註：「距王城三百里以外至四百里曰縣，亦作寰。」《國語》：「管子制齊，三鄉爲寰，寰有寰帥。十寰爲屬，屬有大夫。」顔師古曰：「古書縣邑字皆作『寰』，以『縣』爲『縣掛』字。後人轉用爲『州縣』字，其『縣掛』之『縣』又加『心』以別之也。」《史記》：「吳王發九郡兵伐齊。」范蜎對楚王曰：「楚南塞厲門而郡江東。」甘茂謂秦王曰：「宜陽，大縣，名曰縣，其實郡也。」春申君言於楚王曰：「淮北地邊齊，其事急，請以爲郡便。」《匈奴傳》言：趙武靈王「置雲中、雁門、代郡」，燕「置上谷、漁陽、右北平、遼西、遼東郡，以拒胡。」又言：「魏有河西上郡，以與戎界邊。」則當七國之世，而固已有郡矣。哀公二年《傳》：「趙簡子誓曰：『克敵者，上大夫受縣，下大夫受郡。』」杜氏註引《周書·作雒篇》：「千里百縣，縣有四郡。」古時縣大而郡小。《説文》：「周制，天子地方千里，分爲百縣，縣有四郡。至秦初置三十六郡，以監其縣。」今按《史記》吳王及春申君之事，則郡之統縣固不始於秦也。

吳起爲西河守，馮亭爲上黨守，李伯爲代郡守，西門豹爲鄴令，荀況爲蘭陵令，城渾説楚新城令，衛有蒲守，韓有南陽假守，魏有安邑令。蘇代曰：「請以三萬户之都封太守，千户封縣令。」[二]趙封馮亭，亦云。而齊威王「朝諸縣令長七十二人」[三]。則六國之未入於秦，而固已先爲守、令、長矣。故史言樂毅「下齊七十餘城，皆爲郡縣」[四]。而齊湣王「道[五]楚懷王書曰：『四國争事秦，則楚爲郡縣矣。』」[六]張儀説燕昭王曰：「今時趙之於秦，猶郡縣也。」[七]安得謂至始皇而始罷侯置守邪？《傳》稱「禹會諸侯，執玉帛者萬國」，[八]至周武王僅千八百國，[九]春秋時見於經傳者百四十餘國，又并而爲十二諸侯，又并而爲七國。此固其勢之所必至，秦雖欲復古之制，一一而封之，亦有所不能。而謂罷侯置守之始於秦，則儒生不通古今之見也。

秦分天下爲三十六郡，其中西河、上郡則因魏之故，雲中、雁門、代郡則趙武靈王所置，上谷、漁陽、右北平、遼西、遼東郡則燕所置。《史記》不志地理，而見之於匈奴之《傳》。孟堅《志》皆謂之「秦置」者，以漢之所承者秦，不言魏、趙、燕爾。

秦始皇議封建，實無其本。假使用淳于越之言而行封建，其所封者不過如穰侯、涇陽、華陽、高陵君之屬而已，豈有建國長世之理？

【校注】

[一]「傳」字誤，當改。原抄本、遂初堂本、集釋本、欒本、陳本、嚴本均作「俘」。《左傳》作「俘」。

[二]《戰國策・趙策一》。

[三]《史記・滑稽列傳》。

[四]《史記・樂毅列傳》。

[五]「道」字誤，當改。原抄本、遂初堂本、集釋本、欒本、陳本、嚴本均作「遺」。

[六]《史記・楚世家》。

[七]《史記・張儀列傳》。

[八]《左傳・哀公七年》。

［九］見《漢書・地理志》。

秦始皇未滅二國

古封建之國，其未盡滅於秦始皇者，《衛世家》言：二世元年，「廢衛君角爲庶人」。是始皇時衛未嘗亡也。《漢書・地理志》：「始皇既并天下，猶獨置衛君，二世時乃廢爲庶人。凡四十世，九百年，最後絶。」《越世家》言：「越以此散，諸族子争立，或爲王，或爲君，濱于江南海上，服朝于楚。」《秦始皇本紀》言：「二十五年，王翦遂定荆江南地，降越君。」漢興，有東海王搖、閩越王無諸之屬，如今世之土司。是越未嘗亡也。［一］《而［二］南夷傳》又言：「秦滅諸侯，唯楚苗裔尚有滇王。」然則謂秦滅五等而立郡縣，亦舉其大勢然耳。

【校注】

［一］黄汝成集釋引閻氏曰：按《越世家》：「後七世，至閩君搖，佐諸侯平秦，漢高帝復以搖爲越王，以奉越後。」是不特未亡於秦，且從而亡秦矣。

［二］「而」字誤，當改。原抄本、遂初堂本、集釋本、欒本、陳本、嚴本均作「西」。

漢主［一］子侯

漢王子侯之盛，無過哀、平之間。《王莽傳》：「五威將帥七十二人還奏事，漢諸侯王爲公者，悉上璽綬爲民。」《後漢書·城陽恭王祉[二]傳》：「莽篡立，劉氏爲侯者皆降稱子，食孤卿禄，後皆奪爵。」《後漢·光武紀》：建武二年「十二月戊午詔曰：『惟宗室列侯，爲王莽所廢，先靈無所依歸，朕甚愍之。其並復故國。若侯身已没，屬所上其子孫見名，尚書封拜。』」是皆絶於莽而復封於光武之時。然《漢書》表傳中往往言「王莽篡位，絶」，而表言安衆侯崇「居攝元年舉兵，爲王莽所滅。侯寵，建武二年，以崇從父弟紹封。十三年，侯松嗣，今見」。師古曰：「作表時見爲侯也。」表言「今見」者止此一人，是光武之時侯身已没者，其子孫亦但隨宜封拜而已。《光武紀》十三年下云：「其宗室及絶國封侯者凡一百三十七人。」惟安衆之以故國紹封者，褒崇之忠，非通例也。又《莽傳》云：「嘉新公國師，以符命爲予四輔。明德侯劉龔、率禮侯劉嘉等凡三十二人，皆知天命。或獻天符，或貢昌言，或捕告反虜[三]，諸劉與三十二人同宗共祖者，勿罷，賜姓曰王。唯國師公以女配莽子，故不賜姓。」《武五子傳》：廣陽王嘉「以獻符命，封扶美侯，賜姓王氏」。《諸侯王表》：魯王閔「獻神書言莽德，封列侯，賜姓王」。中山王成都「獻書言莽德，封列侯，賜姓王」。《王子侯表》：新鄉侯佟《莽傳》作「信鄉侯」。「元始五年上書，言莽宜居攝，莽篡位，賜姓王」。若此之類，光武豈得而後[四]封之乎？又《王子侯表序》曰：「元始之際，王莽擅朝，僞褒宗室侯及王之孫焉。居攝而愈多，非其正，故弗録，旋踵亦絶。」又可見莽攝位之所封者，光武皆不紹封也。夫惟於親親之中而寓褒忠之意，則於安衆之封見之。《後漢書·卓茂傳》云：「劉宣，字子高，安衆侯崇之從弟。知王莽當篡，乃變名姓，抱經書，隱避林藪。建武初乃出，光武以宣襲封安衆侯。」「宣」或即「寵」之誤。又《李通傳》云：「永平中，顯宗幸宛，詔諸李隨安衆宗室會見。」註引《謝承書》曰：「安衆侯崇，長沙定王五代孫。與宗人討莽有功，隨光武河北破王郎，朝廷高其忠壯，策文嗟歎，以厲宗室。」以表計之，雖正是五代孫，而以紹封者爲名崇，殊爲舛錯，當以《前漢》表爲正。又《劉隆傳》曰：「隆字元伯，南陽安衆侯宗室也。王莽居攝中，隆父禮與安衆侯崇起兵誅莽，事泄，隆以年未七歲，故得免。」史文雖略，千載之下可以情測也。此一代之大典，不可不論。

《武五子傳》：昌邑王賀廢，封爲海昏侯，薨，元帝「復封賀子代宗爲海昏侯，傳子至孫，今見爲侯」。《表》云：賀以神爵三年薨，「坐故行淫辟，不得置後。初元三年，釐侯代宗以賀子紹封。」傳至孫原侯保世嗣，傳至曾孫侯會邑嗣，免，建武復封。是光武之復封有此二人。安衆以褒忠，海昏以嘗居尊位故與？

《功臣表》：蕭何九世孫禹，王莽「始建國元年更爲蕭鄉侯。莽敗，絶」。曹參十世孫宏，「舉兵佐軍」，本傳云「先降河北」。詔封平陽侯，「十一世侯曠嗣，今見」。非光武之薄於酇侯而厚於平陽也，「非有功不侯」，高帝法也。

紅陽侯王泓以「與諸劉結恩，父丹降，爲將軍，戰元〔五〕」，見《元后傳》。富平侯張純以「先來詣闕」，見《後漢書》本傳。皆得紹封。按功臣侯復封者三人，恩澤侯復封者四人。高昌侯董永、歸德侯襄、平昌侯王獲三人功狀無考，而周承休侯□〔六〕自以周後。而杜憲、趙牧並以先降梁王，不得嗣。光武命功之典如此。

【校注】

〔一〕「主」字誤，當改。原抄本、遂初堂本、集釋本、欒本、陳本、嚴本均作「王」。目録不誤。

〔二〕「祖」字誤，當改。原抄本、遂初堂本、集釋本、欒本、陳本、嚴本均作「祉」。《後漢書》作「祉」。

〔三〕「虜」，原抄本同。潘耒遂初堂刻本改爲「寇」，集釋本因之。欒本作「虜」，無注，陳本、嚴本仍刻本之舊而加注。《漢書》及《資治通鑑》卷三十七所引作「虜」。

〔四〕「後」字誤，當改。原抄本、遂初堂本、集釋本、欒本、陳本、嚴本均作「復」。

［五］「元」字誤，當改。原抄本、遂初堂本、集釋本、欒本、陳本、嚴本均作「死」。《漢書》作「死」。

［六］底本缺一字處，原抄本、遂初堂本、集釋本、欒本、陳本、嚴本均作「常」，當補。

漢侯國

《漢書・地理志》京兆尹、左馮翊、右扶風並無侯國，以在畿内故也。然《功臣侯表》有陽陵侯傅寬、高陵侯王虞人，《恩澤侯表》有高陵侯翟方進，並左馮翊縣名。《功臣侯表》平陵侯蘇建、平陵侯范明友，右扶風縣名。而「高陵」下曰「琅琊」，［一］二「平陵」下曰「武當」，則知此鄉名之同於縣者，而非三輔也。若後漢則新豐侯單超、新豐侯段熲，京兆縣。夏陽侯馮異、櫟陽［二］侯景丹、臨晉侯楊賜，並左馮翊縣。好畤侯耿弇、槐里侯萬修、槐里侯竇武、槐里侯皇甫嵩、栒邑侯宋弘、郿侯董卓，並右扶風縣。而《嵩傳》云：「食槐里、美陽兩縣，八千户。」蓋東都之後，三輔同於郡國矣。

《地理志》侯國有注有不注，殆不可曉。意者班史亦仍前人之文，止據其時之見在者而書之乎？

【校注】

［一］黄汝成集釋引錢氏曰：《地理志》「琅琊」之「高陵」下注云：「侯國。」

［二］「櫟陽」誤，當改。原抄本、遂初堂本、集釋本、欒本、陳本、嚴本均作「櫟陽」。

都

《詩》毛氏傳：「下邑曰都。」[一]後人以爲人君所居，非也。《帝王世統[二]》：「天子所宫曰都。」《釋名》：「都者，國君所居。」考之經，則《書》之云「大都小伯」[三]，《詩》之云「在浚之都」、「作都于向」[四]者，皆下邑也。《左傳》曰：「先王之制，大都不過參國之一，中五之一，小九之一。」隱公元年。又曰：「邑有宗廟先君之主曰都，無曰邑。」莊公二十八年。故晉「二五」言于獻公曰：「狄之廣莫，於晉爲都」，[五]謂蒲也、屈也。士伯謂叔孫昭子曰：「將館子於都」，[六]謂箕也。公孫朝謂季平子曰：「有都以衛國也」，[七]謂成也。「仲由爲季氏宰，將墮三都」，[八]謂郈也、費也、成也。菜章[九]曰：「往歲克敵，今又勝都」，[十]謂廩丘也。《孟子》：「王之爲都者，臣知五人焉」，[十一]謂平陸也。《韓子》：衛嗣君「以一都買一胥靡」，[十二]謂左氏也。《史記》：趙良勸商君「歸十五都，灌園於鄙」[十三]，秦封鞅，商十五邑。秦王謂藺相如「召有司按圖，指從此以往十五都予趙」，[十四]齊王「令章子將五都之兵，因北地之衆以伐燕」，[十五]張儀説楚王：「請效萬家之都以爲湯沐之邑」，[十六]而陳恢見沛公亦曰：「宛，大郡之都也。」[十七]其名始於《周禮》，小司徒：「九夫爲井，四井爲邑，四邑爲丘，四丘爲甸，四甸爲縣，四縣爲都。」註：「四縣爲都，方四十里。」而王之子弟所封及公卿之采邑在焉，於是乎有「都宗人」、「都司馬」，其後乃爲大邑之稱耳。「縣士」註：「距王城四百里以外至五百里曰都。」故《詩》云：「彼都人士。」[十八]《禮記·月令》：「命農勉作，毋休于都。」而宰夫堂[十九]「群都、縣、鄙之治」[二十]。

註：「群都，諸采邑也。」《商子》言「百都之尊爵厚禄」[二十一]，《史記》信陵君之諫魏王，謂「所亡於秦者，大縣數十，名都數百」，[二十二] 則皆小邑之稱也。三代以上，若湯居亳，太王居邠，並言「居」，不言「都」。至秦始皇，始言「吾聞周文王都豐，武王都鎬；豐、鎬之間，帝王之都也」。[二十三] 而項羽分立諸侯王，遂各以其所居之地爲都。王莽下書言：周「有東都、西都之居」，而「以雒陽爲新室東都，常安爲新室西都」。[二十四] 莽改長安曰「常安」。後世因之，遂以古者下邑之名，爲今代京師之號，蓋習而不察矣。

《史記・商君傳》：「築冀闕、宮庭於咸陽，秦自雍徙都之。而集小都鄉邑聚爲縣，[二十五] 置令、丞，凡三十一縣。」上「都」，國都之都；下「都」，都鄙之都。史文兼古今語。

《漢書・鼂錯傳》言：「憂勞百姓，列侯就都。」是以所封國邑爲都。《後漢書・安帝紀》：「徙金城郡，都襄武。」《龐參傳》[二十六]：「燒當羌種號多等皆降，始復得還都令居。」是以郡治爲都。而《食貨志》言「長安及五都」，以雒陽、邯鄲、臨甾[二十七]、宛、成都爲五都，而長安不與焉。此又所謂「通邑大都」，居一方之會者也。如張衡《南都賦》、徐幹《齊都賦》、劉邵《趙都賦》、庾闡《楊都賦》。若後世國都之名，專於天子，而諸侯王不敢稱矣。

《史記》：孝景中三年，「軍東都門外」。[二十八] 此時未有東都，其曰「東都門」，猶言「東郭門」也。程大昌以爲自此出雒陽東都者，非。《三輔黄圖》：「長安城東出北頭第一門曰宣平門，民間所謂『東都門』。」

【校注】

[一]《詩經・鄘風・干旄》「在浚之都」毛傳。又《左傳・閔公二年》「以廬於曹」，杜預注：「曹，衛下邑。」

[二]「統」字誤，當改。原抄本、遂初堂本、集釋本、欒本、陳本、嚴本均作「紀」。
[三]《尚書・立政》。
[四]《詩經・小雅・十月之交》。
[五]《左傳・莊公二十八年》。
[六]《左傳・昭公二十三年》。
[七]《左傳・昭公二十六年》。
[八]《左傳・定公十二年》。
[九]「菜章」誤，當改。原抄本、遂初堂本、集釋本、欒本、陳本、嚴本均作「萊章」。《左傳》作「萊章」。杜預注：「萊章，齊大夫。」
[十]《左傳・哀公二十四年》。
[十一]《孟子・公孫丑下》。
[十二]《韓非子・内儲説上》。
[十三]《史記・商君列傳》。
[十四]《史記・廉頗藺相如列傳》。
[十五]《史記・燕召公世家》。
[十六]《史記・張儀列傳》。「家」，原文作「室」。《戰國策・韓策二》：「臣請令楚築萬家之都於雍氏之旁。」《史記・韓世家》略同。
[十七]《史記・高祖本紀》。
[十八]《詩經・小雅・都人士》。
[十九]「堂」字誤，當改。原抄本、遂初堂本、集釋本、欒本、陳本、嚴本均作「掌」。

［二十］《周禮・天官冢宰》。

［二十一］《商君書・靳令》。

［二十二］《史記・魏世家》。

［二十三］《史記・秦始皇本紀》。

［二十四］《漢書・王莽傳》。

［二十五］《史記・秦本紀》作「並諸小鄉聚集爲大縣」，《資治通鑑》所引略同，無下「都」字。王念孫曰：「都大而縣小，不得言集都爲縣，『都』即『鄉』字之誤而衍者。」

［二十六］「便」字誤，當改。原抄本、遂初堂本、集釋本、欒本、陳本、嚴本均作「傳」。

［二十七］「臨甾」，遂初堂本、集釋本、嚴本同，原抄本、陳垣作「臨菑」，欒本作「临淄」。

［二十八］《史記・孝景本紀》。

鄉里

以縣統鄉，以鄉統里，備書之者，《史記》「老子，楚苦縣厲鄉曲仁里人」［一］、「樗里子室在昭王廟西渭南陰鄉樗里」［二］是也。書縣、里而不言鄉，《史記》「高祖，沛豐邑中陽里人」［三］、應劭曰：「沛，縣也。豐，其鄉也。」「聶政，軹深井里人」［四］、淳于意「師臨菑元里公乘陽慶」［五］、《漢書》衛太子亡至湖泉鳩里［六］是也。亦有書鄉而不言里，《史記》「陳丞相平，陽武户牖鄉人」［七］、「王翦，頻陽東鄉人」［八］是也。

古時鄉亦有城。《漢書・朱邑傳》：「其子葬之桐鄉西郭外。」[九]

【校注】

[一]《史記・老子韓非列傳》。
[二]《史記・樗里子甘茂列傳》。
[三]《史記・高祖本紀》。
[四]《史記・刺客列傳》。
[五]《史記・扁鵲倉公列傳》。
[六]《漢書・武五子傳》。顔師古注：「湖，縣名。」
[七]《史記・陳丞相世家》。
[八]《史記・白起王翦列傳》。
[九]《漢書・循吏傳・朱邑傳》。

都鄉

《集古録・宋宗愨母夫人墓誌》：「涅陽縣都鄉安衆里人。」又云：「窆于秣陵縣都鄉石泉里。都鄉之制，前史不載。」按「都鄉」盖即今之「坊廂」也。[一]《漢濟陰太守孟郁堯廟碑》：成陽仲氏「居[二]都鄉高相里」。[三]

【校注】

[一]《明史・食貨志一》「户口」條：「在城曰坊，近城曰廂，鄉都曰里。」

[二]「居」，原抄本、遂初堂本、嚴本同，集釋本、欒本、陳本作「屬」。《隷釋》作「屬」。

[三]見《隷釋》卷一。

都鄉侯

後漢封國之制，有鄉侯，有都鄉侯。傳中言都鄉侯者甚多。皇甫嵩封槐里侯，忤中常侍趙忠、張讓，「削户六千，更封都鄉侯」。[一]具瑗有罪，「詣獄謝，上還東武侯印綬，上文作「東武陽侯」。詔貶」。[二]「封都鄉侯」。《單超傳》但言「鄉侯」，今從本傳。延熹八年，貶爲關内侯」。[三]本傳作「關中侯」，今從《單超傳》。是都鄉侯在關内侯之上也。關内侯無食邑，如淳以爲「但爵其身」，見《史記・高後紀》註。《吴志》：孫賁「卦[四]都亭侯」，子鄰嗣，「進封都鄉侯」。[五]是都鄉侯在都亭侯之上。良賀卒，帝「封其養子爲都鄉侯，三百户」。[六]是都鄉侯所食之户數也。梁冀得罪，「徙封比景都鄉侯」。[七]是都鄉侯亦必有所封之地，而不言者，史略之也。鄉侯、都亭侯、亭侯，或言地，或不言地，亦同此。《皇后紀》「都亭侯」註：「凡言『都亭』者，並城内亭也。」《宋書・百官志》：「縣侯第三品，鄉侯第四品，亭侯第五品，關内侯第六品。」而無都鄉侯、都亭侯。「爲都鄉侯」。是都鄉侯在列侯之下也。趙忠「以與誅梁冀功」。

【校注】

[一]《後漢書・皇甫嵩傳》。

[二]「詔貶」下，底本脱一行：「『爲都鄉侯』。是都鄉侯在列侯之下也。趙忠『以與誅梁冀功』。」誤植在此條之末，當乙正。原抄本、遂初堂本、集釋本、欒本、陳本、嚴本不誤。

[三]《後漢書·宦者列傳·趙忠傳》。
[四]「卦」字誤，當改。原抄本、遂初堂本、集釋本、欒本、陳本、嚴本均作「封」。《三國志》作「封」。
[五]見《三國志·吴書·宗室傳》。
[六]《後漢書·宦者列傳》。
[七]《後漢書·梁統傳》。

封君

七國雖稱王，而其臣不過稱君，孟嘗君、平原君、信陵君、春申君是也。秦則有稱侯者，如穰侯、應侯、文信侯，而蔡澤但爲剛成君。漢興，列侯曰侯，關内侯曰君。孔霸「以師賜爵關内侯，號褒成君」。其薨也，「謚曰烈君」。《孔光傳》。

圖

宋時登科録必書「某縣某鄉某里人」。《蕭山縣志》曰：「改鄉爲都，改里爲圖，自元始。」《嘉定縣志》曰：「圖即里也，不曰『里』而曰『圖』者，以每里册籍首列一圖，故名曰圖。」是矣。今俗省作「啚」。謝少連作《歙志》乃曰：「『啚』音『鄙』。《左傳》『都鄙有章』[一]，即其立名之始。」趙宧光亦曰:「『都鄙』本作『啚』,俗誤讀『圖』。」其説鑿矣。

【校注】

[一]《左傳·襄公三十年》。

亭

秦制:十里一亭,十亭一鄉。《風俗通》曰:「漢家因秦,大率十里一亭。亭,留也。蓋行旅宿會之所。」以今度之,蓋必有居舍,如今之公署。鄭康成《周禮·遺人》註曰:「若今亭有室矣。」故霸陵尉「止李廣宿亭下」,[一]張禹奏請「平陵肥牛亭部處,上以賜禹,徙亭它所」。[二]而《漢書》註云:「亭有两卒。一爲亭父,掌開閉埽除;一爲求盗,掌逐捕盗賊。」任安[三]光[四]「爲求盗、亭父,後爲亭長」。[五]是也。晉時有「亭子」。劉下「爲縣小吏,功曹銜之,以他事補亭子」。[六]又必有城池,如今之村堡。今福建、廣東凡巡司皆有城。《韓非子》:「吴起爲魏西河守,秦有小亭臨境」,「起攻亭,一朝而拔之」。[七]《漢書》:「息夫躬歸國,未有第宅,寄居丘亭。姦人以爲侯家富,常夜守之。」[八]《匈奴傳》:「見畜布野而無人牧者,怪之,乃攻亭。」《後漢書·公孫瓚傳》:「卒逢鮮卑數百騎,乃退入空亭。」是也。減宣「怒其吏成信,信亡,藏上林中。宣使郿令将吏卒闌入上林中蠶室門,攻亭,格殺信」。是上林中亦有亭也。[九]又必有人民,如今之鎮集。漢封功臣有「亭侯」,是也。亦謂之「下亭」。《風俗通》:「鮑宣州牧行部,多宿下亭」,是也。其都亭則如今之「關廂」。[十]司相馬如[十一]往臨邛,「舍都亭」。[十二]《史記》索隱曰:「郭下之亭也。」《漢書》註:師古曰:「臨邛所治都之亭。」《後漢》:陳实尝[十三]爲「都亭刺佐」。[十四]嚴延年母「止都亭,不肯入府」。[十五]何並斬王林卿奴頭並所剥建[十六]鼓，「置都亭下」。[十七]《後漢書》：陳王寵「有彊弩數千張，出軍都亭」。[十八]「會稽太守尹興使陸續于都亭賦民饘粥。」[十九]酒泉龐娥刺殺仇人「于都亭」。[二十]《吴志》：「魏使邢貞拜權爲吴王，權出都亭候[二十一]貞」。[二十二]是也。京師亦有都亭。《後漢書》：張綱「埋其車輪于雒陽都亭」，[二十三]竇武「召會北軍立[二十四]校士屯都亭」，[二十五]何追[二十六]「率左右羽林五營士屯都亭」，[二十七]王喬「爲業[二十八]令，帝迎取其鼓置都亭下」。[二十九]是也。蔡質《漢儀》：「雒陽二十四街，街一亭。十二城門，門一亭。」[三十]又[三十一]謂之旗亭。《史記・三代世表》褚先生言：「與方士考功會旗亭下。」是也。《西京賦》曰：「旗亭五重。」薛綜註：「旗亭，市門樓也。」「立旗于其上，故取名焉。」[三十二]後代則但有郵亭、驛亭之名，而失古者居民[三十三]之義矣。《晉書・載記》：慕容垂「請入鄴城拜廟，苻丕不許，乃潛服而入。亭吏禁之，垂怒，軒[三十四]吏燒亭而去」。是晉時尚有亭名。

【校注】

[一]《史記・李将軍列傳》。
[二]《漢書・張禹傳》。
[三]「任安」，遂初堂本、集釋本、欒本、陳本、嚴本同，原抄本誤作「住安」。
[四]「光」字誤，原抄本同誤，當改。遂初堂本、集釋本、欒本、陳本、嚴本作「先」。
[五]見《史記・田叔列傳》褚先生曰。
[六]見《晉書・劉卞傳》。
[七]《韓非子・内儲説上七術》。
[八]《漢書・息夫躬傳》。
[九]見《漢書・酷吏傳》。「減宣」，《漢書》作「咸宣」，顔師古注：「『咸』音減省之『減』。」《史記・酷吏列傳》作「減

宜」。

［十］黄汝成集釋引閻氏曰：按《漢書・循吏傳》：召信臣「出入阡陌，止舍離鄉亭」，是又有鄉亭又必有牢獄。《詩・小雅》：「宜岸宜獄」，陸云：「鄉亭之繫曰岸，官府曰獄」，是也。

［十一］「司相馬如」誤倒，當乙正。原抄本、遂初堂本、集釋本、欒本、陳本、嚴本均作「司馬相如」。

［十二］《史記》、《漢書》本傳。

［十三］「尝」，俗字。各本均作「嘗」。

［十四］「陳实」，「实」，俗字。原抄本、遂初堂本、嚴本作「陳實」，集釋本、欒本、陳本作「陳寔」。陳寔事見《後漢書》本傳，王先謙補注謂「刺」字衍。

［十五］《漢書・酷吏傳》。

［十六］「建」，遂初堂本、集釋本、欒本、陳本、嚴本同，原抄本誤作「逮」。《漢書》作「建」。

［十七］《漢書・何並傳》。

［十八］《後漢書・孝明八王列傳》。

［十九］《後漢書・獨行列傳・陸續傳》。

［二十］《後漢書・列女傳・酒泉龐淯母傳》。

［二十一］「候」，遂初堂本、集釋本、欒本同，原抄本、陳本、嚴本誤作「侯」。《三國志》作「候」。

［二十二］《三國志・吴書・徐盛傳》。

［二十三］《後漢書・張晧傳》附張綱傳。今按：又《孝質帝紀》：「大将軍梁冀征帝到洛陽都亭。」《竇何列傳》：「自殺梟首洛陽都亭。」

［二十四］「立」字誤，當改。原抄本、遂初堂本、集釋本、欒本、陳本、嚴本均作「五」。

［二十五］《後漢書・竇何列傳》。

[二十六]「何追」誤，當改。原抄本、遂初堂本、集釋本、欒本、陳本、嚴本均作「何進」。

[二十七]《後漢書・竇何列傳》。

[二十八]「業」字誤，當改。原抄本、遂初堂本、集釋本、欒本、陳本、嚴本均作「葉」。

[二十九]《後漢書・方術列傳上》。

[三十]《後漢書・百官志四》李賢注引。又見《太平御覽》卷一百九十四所引，題爲《漢書典職》。

[三十一]「又」，原抄本同，遂初堂本、集釋本、欒本、陳本、嚴本作「人」。

[三十二]今按：《西京賦》及薛綜注，爲《史記》裴駰集解所引。「立旗于其上」二句爲裴駰語。

[三十三]居民，見《禮記・王制》。

[三十四]「軒」字誤，當改。原抄本、遂初堂本、集釋本、欒本、陳本、嚴本均作「斬」。《晉書》作「斬」。

亭侯

《通典》：「獻帝建安初，封曹操爲費亭侯。亭侯之制，自此始也。」[一]恐不然。靈帝以「解瀆亭侯」入繼。[二]《桓帝紀》：「封單超等五人爲縣侯，尹勳等七人爲亭侯。」列傳中爲亭侯者甚多，大抵皆在章、和以後。丁綝言：「能薄功微，得鄉亭厚矣。」[三]樊宏「願還壽張，食小鄉亭」。[四]則建武中似已有亭侯矣。《楚漢春秋》：「高祖封許負鳴爲[五]雌亭侯。」裴松之曰：「高祖時封皆列侯，未有鄉亭之爵，疑爲不然。」《蜀志》：中山靖王「子貞，元狩六年封涿縣陸城亭侯」。按《漢書》作「陸城侯」，《志》文衍一「亭」字。[六]

【校注】

《漢書・王莽傳》：「改大郡，至分爲五。郡、縣以亭爲名者三[七]百六十，以應符命文。」

［一］《通典》卷三十一。
［二］見《後漢書·孝靈帝紀》。
［三］《後漢書·丁鴻傳》。
［四］《後漢書·樊宏傳》。
［五］「鳴爲」誤倒，當乙正。原抄本、遂初堂本、集釋本、欒本、陳本、嚴本均作「爲鳴」。《史記》注引作「爲鳴」。
［六］《楚漢春秋》見《史記·絳侯周勃世家》司馬貞索隱引。裴松之語見《三國志·蜀書·劉二牧傳》注。
［七］「三」，遂初堂本、集釋本、欒本、陳本、嚴本同，原抄本誤作「一」。《漢書》作「三」。

社

社之名起于古之國社、里社，故古人以鄉爲社。《大戴禮》「千乘之國，受命于天子，通其四彊［一］，教其書社」［二］、《管子》「方六里名之曰社」［三］是也。《左傳》昭公二十五年：齊侯唁公曰：「自莒彊［四］以西，請致千社。」註：「二十五家爲社，千社二萬五千家。」《史記·孔子世家》：冉有曰：「雖累千社，夫子不利也。」索隱曰：「二十五家爲社。」哀公十五年：齊「與衛地，自濟以西，禚、媚、杏以南，書社五百」。《晏子》：「景公予魯君地，山陰數百社。」又曰：「景公禄晏子以平陰與槀邑，反市者十一社。」又曰：「昔吾先君桓公以書社五百封管仲，不辭而受。」《荀子》：「與之書社三百，而富人莫之敢拒。」《戰國策》：「秦王使公子他謂趙王曰：『大國不義，以告敝邑，而賜之二社之地。』」《商子》：湯武之戰，「士卒坐陳者，里有書社」。《吕氏春秋》：武王勝殷，「諸大夫賞以書社」。又曰：「衛公子啟方以書社四十下衛。」又曰：越王「請以故吴之地、陰江之浦、書社三百」以封墨子。今河南、太原、青州，鄉鎮猶以社爲稱。古者春秋祭社，一鄉之人無不會集。《三國志》注：「蔣濟爲太尉，嘗與桓範會社下」，[五]是也。《漢書·五行志》：「兗州刺史浩賞禁民私所自立社。」臣瓚曰：「舊制二十五家爲一社，而民或十家、五家共爲田社，是私社。」《隋書·禮儀志》：「百姓二十五家爲一社，其舊社及人稀者不限。」後人聚徒[六]結會，亦謂之社。萬曆末，士人相會課文，各立名社[七]，亦曰某社某社。崇禎中，有陸文升奏訐張溥等復社一事，至奉旨察勘，在事之宫[八]多被降罰。《宋史·薛顔傳》：「耀州豪姓李中[九]，結客數十人，號『没命社』。」《曾革[十]傳》：「章丘民聚黨村落間，號『霸王社』。」《石公弼傳》：「揚州群不逞爲侯[十一]于閭里，號『亡命社』。」而隋末譙郡城有「黑社」、「白社」之名。[十二]《元史·泰定帝紀》：「禁饑民結扁擔社，傷人者杖一百。」不知今之士人何取而名此也。

天啟以後，士子書刺往來，「社」字猶以爲汎，而曰「盟」，曰「社盟」，此《遼史》之所謂「刺血友」也。[十三]

今日人情相與，惟年、社、鄉、宗四者而已。除却四者，便「窅然喪其天下焉」[十四]。

【校注】

[一]「彊」字誤，當改。原抄本、遂初堂本、集釋本、欒本、陳本、嚴本均作「疆」。《大戴禮記》作「疆」。

[二]《大戴禮記·千乘》。

[三]《管子·乘馬》。

[四]「彊」字誤，當改。原抄本、遂初堂本、集釋本、欒本、陳本、嚴本均作「疆」。《左傳》作「疆」。

[五]《三國志·魏書·曹爽傳》注。
[六]「徙」字誤，當改。原抄本、遂初堂本、集釋本、欒本、陳本、嚴本均作「徒」。
[七]「名社」誤，當改。原抄本、遂初堂本、集釋本、欒本、陳本、嚴本均作「名號」。
[八]「宮」字誤，當改。原抄本、遂初堂本、集釋本、欒本、陳本、嚴本均作「官」。
[九]「李中」誤，當改。原抄本、遂初堂本、集釋本、欒本、陳本、嚴本均作「李甲」。《宋史》作「李甲」。
[十]「曾革」誤，當改。原抄本、遂初堂本、集釋本、欒本、陳本、嚴本均作「曾鞏」。
[十一]「侯」字誤，當改。原抄本、遂初堂本、集釋本、欒本、陳本、嚴本均作「俠」。《宋史》作「俠」。
[十二]見《資治通鑑》卷一百八十三。
[十三]《遼史·耶律義先傳》，遼興宗與耶律義先之父耶律瑰引爲刺血友。《耶律馬六傳》，耶律馬六與耶律弘古爲刺血友。
[十四]語出《莊子·逍遥遊》。

歷代帝王陵寢

宋太祖乾德四年十月癸亥，詔歷代帝王陵寢，太昊以下十六帝，「各給守陵五[一]户，蠲其地[二]役，長史[三]春秋奉祀」。商中宗以下十帝，「各給三户，歲一享」。秦始皇以下十五帝，「各給二户，三歲一祭」。周桓王以来[四]三十八帝，「州縣常禁樵采」。「仍詔吴越國王錢俶修奉禹墓。」[五]其時天下未一，而首發此詔，可謂盛德之事。惜當日儒臣考之不審，以致傳訛後世。如云周文王、武王、成王、康王「並葬京兆咸陽縣」者。[六]按劉向曰：「文、武、周公葬于畢。」[七]《史記・周本紀》太史公曰：「畢在鎬東南杜中。」《皇覽》曰：「文王、武王、周公冢皆在京兆長安鎬聚東杜中。」《後漢志[八]》：「鎬在上林苑東」，孟康曰：「長安西南有鎬地[九]」。郭璞《山海經》註同。《書序》：「周公薨，成王葬于畢。」[十]傳曰：「不敢臣周公，故使近文、武之墓。」[十一]正義曰：「按《帝王世紀》云：『文、武葬于畢，畢在杜南。』《晉書地道記》[十二]亦云：『畢在杜南，與畢陌別。』」《史記・周今[十三]紀》正義引《括地志》曰：「文王、武王墓在雍州萬年縣西南二十八里畢原上。」此其在渭水之南杜縣之中甚明。《雍録》曰：「文都豐，武都鄗[十四]，豐、鄗[十五]與杜相屬，則《皇覽》謂文王葬于渭南者，其理順也。文王既葬渭南，則周公葬畢，必附文墓矣。」[十六]而今乃祭于渭北咸陽縣之北十五里，蓋據顔師古《劉向傳》註「畢陌在長安西北四十里」之誤。《地道記》已明言「與畢陌別」矣。按《史記・秦本紀》集解引《皇覽》曰：「秦武王冢在扶風安陵縣西北，畢陌中大冢是也，人以爲周文王冢，非也，周文王冢在杜中。」又《秦始皇本紀》末正義曰：《括地志》云：「秦惠文王陵在雍州咸陽縣西北一千[十七]四里。」又云：「秦悼武王陵在雍州咸陽縣西十里，俗名周武王陵，非也。」是昔人已辯之甚明。今祭周之文王、武王而于秦惠文王、悖[十八]武王之墓，不亦誣乎！《雍録》言：「《元和》一志，皆李吉甫爲之，而周公之墓亦遂兩出，一云在萬年縣西南二十八里，一云在咸陽[十九]北十三里，則縣是自相殊異。原其誤皆起于畢門[二十]之有两也。」[二十一]至云後魏孝文帝長陵「在耀州富平縣東南」，[二十二]尤謬。《魏書》言：「帝孝于文明太后，乃于永固陵東北里餘營壽宮，遂有終焉之志。及遷雒陽，乃自表瀍西以爲山陵之所，而方山虛宮號曰『萬年堂』云。」[二十三]其曰「方山」者，代都也。瀍西者，雒陽也。孝文自代遷雒，安得葬富平哉？葬富平者，西魏之文帝，乃孝文之孫，名寶炬，以南陽王爲宇文泰所立，在位十柒[二十四]年，葬永陵。[二十五]

《魏書》出於東朝，不載其事。而《北史》爲主[二十六]本紀，且曰：「嘗登逍遥觀，望嵯峨山，謂左右曰：『望此令人有脱屣之意。』」[二十七]然則今富平縣東南三十里之陵即永陵也。《后妃傳》：文帝悼皇后郁久閭氏，大統六年□[二十八]，「葬于少陵原。十七年，合葬永陵。宿[二十九]會横橋北，后梓宫先至鹿苑，帝轜輬後來，將就次所，軌折不進」。上有宋碑，乃謬指爲孝文之葬，而歷代因之。豈非五代喪亂之餘，在朝罕淹通之士，而率爾頒行，不遑尋究，以至于今日乎？宋游師雄紹聖元年普寧寺題名，亦指此爲西魏文帝陵。嗟乎！近事之著在史書灼然如此，而世之儒生且不能知，乃欲與之考橋山[三十]，訂蒼梧[三十一]，其茫然而失據也，宜矣！

又考《册府元龜》：「唐高宗顯慶二年二月，帝在雒陽宫，遣使以少牢祭漢光武、後魏孝文帝陵。」[三十二]則孝文之祭在雒陽，於唐時未誤。又曰：憲宗元和「十四年正月，詔以周文王、武王祠在咸陽縣，俾有司修飾」。[三十三]則似已在渭北矣。《魏書》：孝文太和二十一年五月，「遣使者以太牢祭周文王于酆，武王於鎬」。[三十四]《隋書》：祀周「文王、武王于澧[三十五]、渭之郊」。[三十六]《舊唐書》：「周文王，太公配，祭于酆。周武王，周公、召公配，祭于鎬。」[三十七]並與《皇覽》之言合，自古所傳當在渭南。又韓文公《南山詩》：「前尋徑杜墅，坌蔽畢原陋。」亦謂其在杜宋[三十八]。韓即元和間人，或其遺跡未泯。憲宗之詔言「祠」不言「墓」，非一地也。

乾德四年詔誤以魏孝文、文帝爲一人。《淳化閣帖》誤以梁高祖、武帝爲二人。《宋史》：黄伯思病《淳化閣帖》「乖僞[三十九]龐襍，作《刊誤》二卷」。[四十]

【校注】

[一]「五」，遂初堂本、集釋本、欒本、陳本、嚴本同，原抄本作「伍」。

[二]「地」字誤，當改。原抄本、遂初堂本、集釋本、欒本、陳本、嚴本均作「他」。

[三]「史」字誤，當改。原抄本、遂初堂本、集釋本、欒本、陳本、嚴本均作「吏」。

[四]「以来」誤，當改。原抄本、遂初堂本、集釋本、欒本、陳本、嚴本均作「以下」。

[五]見《文獻通考》卷一百三，又見《宋史・禮志八》。

[六]見《文獻通考》卷一百三注。

[七]《漢書・楚元王傳》附劉向傳。

[八]「後漢志」，原抄本、遂初堂本、嚴本同，集釋本、欒本、陳本作「續漢志」。

[九]「鎬地」誤，當改。原抄本、遂初堂本、集釋本、欒本、陳本、嚴本均作「鎬池」。

[十]見《尚書・周官》。

[十一]《尚書》孔安國傳。

[十二]《晉書地道記》，王隱撰，已佚，有輯本一卷。

[十三]「今」字誤，當改。原抄本、遂初堂本、集釋本、欒本、陳本、嚴本均作「本」。

[十四]「鄗」字誤，當改。原抄本、遂初堂本、集釋本、欒本、陳本、嚴本均作「鎬」。

[十五]「鄗」字誤，當改。原抄本、遂初堂本、集釋本、欒本、陳本、嚴本均作「鎬」。

[十六]《雍録》卷七「畢陌」條。

[十七]「千」字誤，當改。原抄本、遂初堂本、集釋本、欒本、陳本、嚴本均作「十」。

[十八]「悖」字誤，當改。原抄本、遂初堂本、集釋本、欒本、陳本、嚴本均作「悼」。

[十九]「咸陽」下，脱「縣」字，誤植在下句「則」字下，當乙正。原抄本、遂初堂本、集釋本、欒本、陳本、嚴本均作「咸陽縣」。

[二十]「門」字誤，當改。原抄本、遂初堂本、集釋本、欒本、陳本、嚴本均作「名」。

[二十一]同上《雍録》卷七「畢陌」條。

[二十二]同上《文獻通考》卷一百三注。

[二十三]見《北史·后妃傳上》。《魏書·皇后列傳》略同。

[二十四]「柒」，原抄本、遂初堂本、集釋本、欒本、陳本、嚴本均作「七」。

[二十五]見《北史·魏本紀》。

[二十六]「主」字誤，當改。原抄本、遂初堂本、集釋本、欒本、陳本、嚴本均作「立」。

[二十七]《北史·魏本紀》。

[二十八]底本缺一字處，原抄本、遂初堂本、集釋本、欒本、陳本、嚴本均作「崩」，當補。

[二十九]「宿」字誤，當改。原抄本、遂初堂本、集釋本、欒本、陳本、嚴本均作「當」。《北史》作「當」。

[三十]橋山，傳爲黄帝冢墓。

[三十一]蒼梧，傳爲舜帝冢墓。

[三十二]《册府元龜》卷一百七十四。

[三十三]同上《册府元龜》卷一百七十四。

[三十四]《魏書·高祖紀下》。

[三十五]「澧」字誤，當改。原抄本、遂初堂本、集釋本、欒本、陳本、嚴本均作「灃」。

[三十六]《隋書·禮儀志二》。

[三十七]《舊唐書·禮儀志四》。

[三十八]「杜宋」誤，當改。原抄本、遂初堂本、集釋本、欒本、陳本、嚴本均作「杜中」。

[三十九]「僞」，原抄本、遂初堂本、集釋本、欒本、陳本、嚴本均作「譌」。《宋史》作「僞」。

[四十]《宋史·文苑傳》。

堯冢靈臺

《漢書·地理志》：濟陰成陽「有堯冢靈臺」。《後漢書·章帝紀》：元和二年二月，「東巡狩」，「使使者祠唐堯于成陽靈臺」。《安帝紀》：延光三年二月，「庚寅，使使者祠唐堯于成陽」。《皇覽》云：「堯冢在濟陰咸陽[一]。」皇甫謐[二]《帝王世紀》云：「堯葬濟陰成陽西北四十里，是爲穀林。」《水經注》：「城陽西二里有堯陵，陵南一里有堯母慶都陵，於城爲西南，稱曰『靈臺』。後漢《堯母碑》曰：「慶都仙殁，盖葬于兹。欲人莫知，名曰靈臺。」[三]鄉曰『崇仁』，邑號『修義』，皆立廟。四周列水，潭[四]而不流。水澤通泉，泉不耗竭。至豐魚筍，不敢採捕。廟前並列數碑，枯[五]柏成林。二陵南北列，馳道逕通，皆以磚砌之，尚修整。堯陵東[六]，城西五十餘步，中山夫人祠，堯妃也。石壁階墀仍舊，南西北三面長櫟聯蔭，扶疏里餘。中山夫人祠南，有仲山甫冢，冢西有石廟，羊虎破碎略盡。于城爲西南，在靈臺之東北。」[七]《宋史》：神宗熙寧元年七月己卯，知濮州[八]韓鐸言：「堯陵在雷澤縣東穀林山，陵南有堯母慶都靈臺廟。請敕本州春秋致祭，置守陵五户，免其租，奉洒掃。」從之。[九]成陽在漢爲濟陰屬縣，北齊廢。隋復置爲雷澤縣，唐、宋因之，金復廢。今曹州東北六十里故雷澤城是也。而《集古録》有漢堯祠及堯母祠碑，是廟與碑宋時猶在也。《元史·泰定帝紀》：泰定二年四月，「丁酉，濮州鄄城縣言：『城西堯冢上有佛寺，請徙之。』不報。」[十]然開寶之詔，帝堯之祠乃在鄆州。今在東平州東北三十里，盧泉山之陽。意者自石音[十一]開運之初，黄河決于曹濮，堯陵爲水所浸，乃移之高地乎？而後代因之，不復考正矣。

「舜陟方乃死」，見于《書》。[十二]「禹會諸侯于塗山」，見于《傳》。[十三]惟堯不聞有巡狩之事。《墨子》曰：「堯北教乎八狄，道死，葬蛩山之陰。舜西教乎七戎，道死，葬南己[十四]之市。禹東教乎九夷，道死，葬會稽之山。」[十五]此戰國時人之説也。自此以後，《吕氏春秋》則曰「堯葬于穀林」，[十六]大史公則曰「堯作游成陽」，[十七]劉向則曰「堯葬濟陰」，[十八]《竹書紀年》則曰帝堯「八十九年作游宫于陶，九十年帝游居于陶」，「一百年帝陟于陶」。《説文》：「陶，再成丘也。在濟陰，有堯城，堯嘗所居，故堯號陶唐氏。」而堯之冢始定于成陽矣。但堯都、平陽相去甚遠，耄期之年，禪位之後，豈復有巡游之事哉？「囚堯」、「偃朱」之説，立[十九]出于《竹書》，而鄄城[二十]之蹟亦復相近。《括地志》曰：「故堯城在濮州鄄城縣東北十五里。」《竹書》云：「昔堯德衰，爲舜所囚也。」又有偃朱故城，在縣西北十五里。」《竹書》云：「舜囚堯，復偃塞丹朱，使不與父相見也。」按此皆戰國人所造之説。或人告燕王，謂啟「攻益」，而奪之天下。韓非子言湯使人説務光「自投于河」，大抵類此。[二十一]《詩》、《書》所不載，千[二十二]世之遠，其安能信之？

《山海經·海外南經》：「狄山，帝堯葬于陽。」註：「《吕氏春秋》曰：『堯葬穀林。』今成陽縣西、東阿縣城次鄉中、赭陽縣湘亭南，皆有堯冢。」

《臨汾縣志》曰：「堯陵在城東七十里，俗謂之『神林』。高一百五十尺，廣二百餘步，旁皆山石，惟此地爲平土，深文[二十三]餘。其廟正殿三間，廡十間。山後有河一道，有金泰和二年碑記。竊考舜『陟方乃死』，其陵在九疑。『禹會諸侯于江南，計功而崩』，[二十四]其陵在會稽。惟堯之巡狩不見經傳，而此其國都之地，則此陵爲堯陵無疑也。」按《志》所論，似爲近理。但自漢以來，皆云堯葬濟陰城陽[二十五]，未敢以後人之言爲信。

【校注】

[一]「咸陽」誤，當改。原抄本、遂初堂本、集釋本、欒本、陳本、嚴本均作「成陽」。上文「成陽」不誤。

[二]「皇甫謐」誤，當改。原抄本、遂初堂本、集釋本、欒本、陳本、嚴本均作「皇甫謐」。

[三]見《集古録跋尾》卷三。

[四]「渾」字誤，當改。原抄本、遂初堂本、集釋本、欒本、陳本、嚴本均作「潭」。《水經注》作「潭」。

[五]「枯」字誤，原抄本、遂初堂本、陳本作「括」，亦誤，當改。欒本、嚴本作「栝」。《水經注》作「栝」。

[六]「東」，遂初堂本、集釋本、欒本、陳本、嚴本同，原抄本誤作「吏」。《水經注》作「東」。

[七]《水經注》卷二十四。

[八]「撲州」誤，當改。原抄本、遂初堂本、集釋本、欒本、陳本、嚴本均作「濮州」。

[九]《宋史・禮志八》。

[十]「元史」至此一節，原抄本同。遂初堂刻本改爲小字夾注，置於「不復考正矣」之下。

[十一]「石音」誤，當改。原抄本、集釋本、欒本、陳本、嚴本均作「石晉」。

[十二]《尚書・舜典》。

[十三]《左傳・哀公七年》。

[十四]「南己」，刻本「己」或作「巳」，或作「已」。原抄本作「巳」。欒本、陳本、嚴本作「巳」。按其地又稱「南紀」、「紀市」，據字音則當从「己」爲是。

[十五]《墨子・節葬下》。

[十六]《吕氏春秋・安死》。

[十七]《史記・貨殖列傳》。《漢書・地理志下》同。

[十八]《漢書・楚元王傳》附劉向傳。

［十九］「立」字誤，當改。原抄本、遂初堂本、集釋本、嚴本作「竝」，欒本、陳本作「並」。

［二十］「鄆城」誤，當改。原抄本、遂初堂本、集釋本、欒本、陳本、嚴本均作「鄄城」。下注文同。

［二十一］今按：《括地志》、《竹書》所言，見《史記・五帝本紀》張守節正義引。告燕王，見《韓非子・外儲説右下》。務光事，見《韓非子・説林上》。

［二十二］「千」，遂初堂本、集釋本、欒本、陳本、嚴本同，原抄本誤作「十」。

［二十三］「文」字誤，當改。原抄本、遂初堂本、集釋本、欒本、陳本、嚴本均作「丈」。

［二十四］《史記・夏本紀》。

［二十五］「城陽」，原抄本、遂初堂本、集釋本、欒本、陳本、嚴本均作「成陽」。

生祠

《漢書・萬石君傳》：「石慶爲齊相，齊人爲立『石相祠』。」《于定國傳》：「父于公爲縣獄吏，郡中爲之立生祠，號曰『于公祠』。」《漢紀》：「欒布爲燕相，有治迹，民爲之立生祠。」［一］此後世生祠之始。

今代無官不建生祠，然有去任未幾而毁其像、易其主者。《舊唐書》：狄仁傑「爲魏州刺史，入史［二］爲立生祠。及去職，其于［三］暉爲魏州司功參軍，貪暴，爲人所惡，乃毁仁傑之祠」。［四］則唐時已有之矣。《後漢書》：張翕爲越嶲太守，有遺愛，其子湍復爲太守。「夷入吹喜［五］，奉迎道路，曰：『郎君儀貌類我府君。』後湍頗失其心，有欲叛者。諸夷耆老相曉語曰：『當爲先府君故。』遂以得安。」[六]然則魏人之因子而毀其父祠，曾越巂夷人之不若耶？

【校注】

[一]《史記》、《漢書》本傳又云：「燕齊之間皆爲欒布立社，號曰『欒公社』。」

[二]「入史」誤，當改。原抄本、遂初堂本、集釋本、欒本、陳本、嚴本均作「人吏」。《舊唐書》作「人吏」。

[三]「于」字誤，當改。原抄本、遂初堂本、集釋本、欒本、陳本、嚴本均作「子」。《舊唐書》作「子」。

[四]《舊唐書・狄仁傑傳》。

[五]「夷入吹喜」誤，當改。原抄本作「夷人懽喜」，潘耒遂初堂刻本改爲「蠻人歡喜」，集釋本因之。下二「夷」字同。欒本據黄侃校記改回而加説明，陳本、嚴本仍刻本之舊而加注。《後漢書》作「夷人懽喜」。

[六]《後漢書・南蠻西南夷列傳》。

生碑

《西京襍記》：「平陵曹敞，其師吴章爲王莽所殺，人無敢收葬者，弟子皆更名他師。敞時爲司徒掾，獨稱吴章弟子，收葬其屍。平陵人生爲立碑于吴章墓側。」此生立碑之始。[一]

《晉書》：南陽王模爲公師藩等所攻，廣平太守丁邵[二]車[三]衆救模。「模感邵德，敕國人爲邵生立碑。」[四]唐彬爲使持節監幽州諸軍事，「百姓追慕彬功德，生爲立碑作頌」。[五]史之所書居官而生立碑者，有此二事。

唐武后聖曆二年制：「州縣長吏，非奉有敕旨，毋得擅立碑。」[六]劉禹錫《高陵令劉君遺愛碑序》曰：「太和四年，高陵人李仕清等六十三人，具前令劉君之德，詣縣，請以金石刻縣。令以狀申于府，府以狀考于明法吏。吏上言：『謹按寶應詔書，凡以政績將立碑者，具所紀之文上尚書考功，有司考其詞宜有紀者，乃奏。』明年八月庚午，詔曰：『可。』」《舊唐書·鄭瀚傳》：「改考功員外郎。刺史有驅迫人吏上言政績請刊石紀德有[七]，瀚探得其情，條責廉使，巧跡遂露，人服其敏識。」是唐時頌官長德政之碑必上考功，奉旨乃得立。《宋史》言：太祖建隆元年十月，「戊子，詔諸道長貳，有異政請立碑者，委參軍驗寔以聞」。[八]今世立碑不必請旨，而華衮之權操之自下，不但溢美之文無以風勸，而植于道旁亦無過而視之者，不旋踵而與他人作鎮名[九]矣。

《册府元龜》：宋璟爲相，奏言：「臣伏見韶州奏事云，廣州與臣立遺愛頌。璟嘗爲廣州都督。夫碑所以頌德紀功，臣在郡日，課無所稱，幸免罪戾，一介俗吏，何足書能？濫承恩施，見在樞密，以臣光寵，成彼諂諛。欲革此風，望自臣始。請敕廣府[十]即停。」「從之。時鄭州百姓亦爲前刺史孟温禮樹碑，因是亦命罷之。」[十一]

張籍《送裴相公赴鎮太原》詩：「明年塞北清蕃[十二]落，應建生祠請一[十三]碑。」以晉公之勳名，而頌祝之辭止此，當日碑祠之難得可知矣。

【校注】

[一]黄汝成集釋引沈氏曰：《水經注》「陰縣東有縣令濟南劉熹，字德怡，魏時宰縣，雅好博古。學校立碑，載生徒百有餘人不終業而夭者，因葬其地，號曰『生墳』。」

今按：見《水經注》卷二十八。

[二]「丁邵」，原抄本、遂初堂本、嚴本同，與《晉書·南陽王模傳》同。集釋本、欒本、陳本作「丁紹」，與《晉書·良

吏傳》本傳同。陳垣校注：「丁紹」原作「丁邵」。下二「邵」字同。

[三]「車」字誤，當改。原抄本、遂初堂本、集釋本、欒本、陳本、嚴本均作「率」。

[四]《晉書·南陽王模傳》。

[五]《晉書·唐彬傳》。

[六]《資治通鑑》卷二百六。

[七]「有」字誤，當改。原抄本、遂初堂本、集釋本、欒本、陳本、嚴本均作「者」。

[八]《宋史·太祖本紀一》。

[九]「名」字誤，當改。原抄本、遂初堂本、集釋本、欒本、陳本、嚴本均作「石」。

[十]「廣府」，遂初堂本、集釋本、欒本、陳本、嚴本同，與《册府元龜》同。原抄本作「廣州」。

[十一]《册府元龜》卷三百二十。又見《新唐書·宋璟傳》。

[十二]「藩」，原抄本同。遂初堂本、集釋本、欒本、陳本、嚴本作「蕃」。宋本《張文昌文集》作「蕃」。

[十三]「一」字誤，當改。原抄本、遂初堂本、集釋本、欒本、陳本、嚴本均作「立」。宋本《張文昌文集》作「立」。

張公素

《大明一統志·永平府·名宦》有唐張価素[一]，德宗時以列將事盧龍軍節虔[二]使張允伸[三]，擢平州刺史。允伸卒，詔仲素代爲節度使、同平章事。考之新舊《唐書》列傳，並[四]云：張仲武爲盧龍節度使，破降回鶻，「文[五]破奚北部及山奚」，「威加北狄[六]」，擢累備[七]校司徒、同中書門下平章事，乎[八]。《一統志》亦有張仲武，列于仲素之後。子直方，多不法，畏下變起，奔京師，軍中以張允伸揔後務，詔賜旌節」。「在鎮二十三年，比歲豐登，邊鄙無虞。」「張公素以軍校事允伸[九]，擢平州刺史。允伸卒，子簡會爲副大使。公素以兵來會喪，簡會出奔。」「詔以公素爲節度使。性暴厲，眸子多白，燕人號『白眼相公』。爲李茂勳所襲，奔京師，貶復州司户參軍。」[十]按盧龍節度使前後三人，皆張姓，曰仲武，曰允伸，曰公素。今乃合二名而曰「伸素」，及詳其歷官，即公素也。又其逐簡會在懿宗咸通十三年，距德宗時甚遠，且又安取此篡奪暴戾之人而載之《名宦》乎？今灤州乃祀之名宦祠。吁！其辱朝廷之典，而貽千載之笑也已！

又考唐時别有一張仲素，字繪之，元和中爲翰林學士，[十一]有詩名。《舊唐書·楊於陵傳》所謂「屯田員外郎張仲素」，白居易《燕子樓詩序》所謂「司勳員外郎張仲素繢之[十二]」，今本《長慶集》誤作「績之」。即其人也。然非盧龍節度使。《張濬傳》：「祖仲素，位至中書舍人。」

【校注】

[一]「張偭素」誤，當改。原抄本、遂初堂本、集釋本、欒本、陳本、嚴本均作「張仲素」。

[二]「虔」字誤，當改。原抄本、遂初堂本、集釋本、欒本、陳本、嚴本均作「度」。

[三]「張允伸」，遂初堂本、集釋本、欒本、陳本、嚴本同，原抄本誤作「張允仲」，下文五「允仲」同。張允伸，《舊唐書》有傳。

[四]「並」，遂初堂本、集釋本、欒本、陳本、嚴本同，原抄本作「則」。

[五]「文」字誤，當改。原抄本、遂初堂本、集釋本、欒本、陳本、嚴本均作「又」。

[六]「狄」，原抄本同。潘耒遂初堂刻本改爲「翟」，集釋本因之。欒本據黄侃校記改回而加説明，陳本、嚴本仍刻本之舊而加注。

[七]「備」字誤，當改。原抄本避諱，作「簡」。遂初堂本、集釋本、欒本、陳本、嚴本作「檢」。《新唐書》作「檢」。

[八]「乎」字誤，當改。原抄本、遂初堂本、集釋本、欒本、陳本、嚴本均作「卒」。兩《唐書》作「卒」。

[九]「允仲」誤，原抄本同誤，當改。遂初堂本、集釋本、欒本、陳本、嚴本作「允伸」。

[十]見《舊唐書》張仲武、張允伸、張公素傳，《新唐書・藩鎮盧龍列傳》。

[十一]見《新唐書・藝文志三》。

[十二]「績之」，原抄本誤作「續之」，遂初堂本、集釋本、欒本、陳本嚴本作「續之」。

王亘

《肇慶府志》：「宗[一]王亘，淳熙中爲博羅令，築隨龍、蘇村二堤，民賴其利。後知南思[二]。」《一統志》誤作「王旦」。今《博羅・名宦》[三]稱「宋丞相文正公、前傳羅[四]令」，而不知文正未嘗爲此官，《宋史・王旦傳》：「起家以大理評事，知平江縣。」[五]淳熙又孝宗年號也。蓋士不讀書，而祀典之荒唐也久矣！

【校注】

[一]「宗」字誤，當改。原抄本、遂初堂本、集釋本、欒本、陳本、嚴本均作「宋」。

[二]「南思」誤，當改。原抄本、遂初堂本、集釋本、欒本、陳本、嚴本均作「南恩」。

[三]《博羅縣志》，明韓日纘纂，蘇元起修，崇禎四年刊本。

[四]「傳羅」誤，當改。原抄本、遂初堂本、集釋本、欒本、陳本、嚴本均作「博羅」。

[五]王旦，字子明，謚文正。太宗太平興國五年進士，真宗朝爲相。

日知録卷之二十四

姓

言姓者，本于五帝。見于《春秋》者，得二十有二。嬀，虞姓，出顓頊，封于陳。姒，夏姓，出顓頊，封于杞、鄫、越。《傳》云「沈、姒、蓐、黄」[一]，春秋時無考。子，殷姓，出高辛，封于宋。小戎亦子姓。姬，周姓，出黄帝，封于管、秦[二]、郕、霍、魯、衛、毛、聃[三]、部[四]、雍、曹、滕、畢、原、酆、郇、邘、晉、應、韓、凡、蔣、邢、茅、胙、祭、吴、虞、虢、鄭、燕、魏、芮、彤、荀、賈、耿、滑、焦、陽[五]、密、隨、巴諸國。驪戎、大戎[六]皆姬姓。任、指[七]、須句、顓臾，風姓也，自太皞。秦、趙、梁、徐、郯、江、黄、葛、□[八]，嬴姓也，自少皞。莒，己姓。薛，任姓。隱十一年疏引《世本》，謝、章、薛、舒、吕、祝、終、泉、畢、過，十國皆任姓。南燕，姞姓也，自黄帝。密須亦姞姓。《國語》又有酉、滕、箴、荀、僖、儇、依七姓，其封國在周世，無考。杜，祁姓也，自陶唐。楚、夔、權[九]、芊[十]姓。邾、郳，曹姓。鄅、偪陽，妘姓。毆夷，董姓也，自祝融。《國語》大[十一]有彭、秃、斟三姓，在周世，無考。齊、申、吕、許、紀、州、向，姜姓也，自炎帝。又有姜戎。蓼、六、舒、舒鳩，偃姓也。

自咎繇。胡，歸姓。鄧，曼姓。羅，熊姓。狄，隗姓。鄋瞞，漆姓。陰戎，允姓。六者不計[十二]其所出。《國語》以莒爲曹姓，越爲芈姓，與此異。略舉一二論之，則今之孟氏、季氏[十三]、孫氏、甯氏、游氏、豐氏皆姬；陳氏、田氏皆嬀；華氏、向氏、樂氏、魚氏皆子；崔氏、焉氏[十四]皆姜；屈氏，昭氏、景氏皆芈。自戰國以下之人以氏爲姓，而五帝以來之姓亡矣。（或曰嬴姓出於祝融，邳、葛、穀皆嬴姓。伯益賜姓嬴，秦、趙、徐乃其後。凡註疏家所引姓氏，大抵出十[十五]《世本》，今其書亡，不能備考。）

【校注】

[一]見《左傳・昭公元年》。

[二]「秦」字誤，當改。原抄本、遂初堂本、集釋本、欒本、陳本、嚴本均作「蔡」。

[三]「眲」，遂初堂本、集釋本、欒本、嚴本同，原抄本、陳本作「聃」。

[四]「部」字誤，當改。原抄本、遂初堂本、集釋本、欒本、陳本、嚴本均作「郜」。

[五]「陽」字誤，當改。原抄本作「揚」，遂初堂本、集釋本、欒本、陳本、嚴本作「楊」。

[六]「大戎」，遂初堂本、集釋本、欒本、嚴本同，原抄本、陳本作「犬戎」。按《左傳・莊公二十八年》「娶二女於戎，大戎狐姬生重耳，小戎子生夷吾」，杜注：「大戎，唐叔子孫別在戎狄者。小戎，允姓之戎」。《閔公二年》「虢公敗犬戎於渭汭」，杜注：「犬戎，西戎別在中國者」。未知孰是。

[七]「指」字誤，當改。原抄本、遂初堂本、集釋本、欒本、陳本、嚴本均作「宿」。

[八]底本缺一字處，遂初堂本、集釋本、欒本、陳本、嚴本作「麇」，與《左傳》同，當補。原抄本誤作「麋」。

[九]「權」，遂初堂本、集釋本、欒本、陳本、嚴本同，原抄本誤作「叔」。

[十]「芊」，原抄本、遂初堂本同。集釋本、欒本、嚴本作「芈」。按當作「芈」。下「芊」字同。

［十一］「大」字誤，當改。原抄本、遂初堂本、集釋本、欒本、陳本、嚴本均作「又」。

［十二］「計」字誤，當改。原抄本、遂初堂本、集釋本、欒本、陳本、嚴本均作「詳」。

［十三］「季氏」，遂初堂本、集釋本、欒本、陳本、嚴本同，原抄本脱。

［十四］「焉氏」誤，當改。原抄本、遂初堂本、集釋本、欒本、陳本、嚴本均作「馬氏」。

［十五］「十」字誤，當改。原抄本、遂初堂本、集釋本、陳本、嚴本作「于」。

氏族

《禮記·大傳》正義：「諸侯賜卿大夫以氏。若同姓，公之子曰公子，公子之子曰公孫，公孫之子其親已遠，不得上連於公，故以王父字爲氏。若趙［一］夫人之子，則以五十字伯仲爲氏，若魯之仲孫、季孫是也。若庶子妾子，則以二十字爲氏，《記》所云「冠而字之」之「字」。則展氏、臧氏是也。若異姓，則以父祖官及所食之邑爲氏。以官爲氏者，則司馬、司城是也。以邑爲氏者，若韓、趙、魏是也。凡賜氏族者，比爲卿乃賜。有大功德者，生賜以族，若叔孫得臣是也。雖公子之身，若有大功德，則以公子之字賜以爲族，若仲遂是也。其無功德，死後乃賜族，若無駭是也。按此論亦多不然，詳見第三卷［二］「卿不書族」條。其子孫若爲卿，其君不賜族，子孫自以王父字爲族也。氏、族，對文爲别，散則通也。故《左傳》云『問族于衆仲』，下云『公命以字，爲展氏』是也。［三］其姓與氏，散亦得通，故《春秋》有『姜氏』、『子氏』，姜、子皆姓而云『氏』，是也。」

戰國時人，大抵猶稱氏族。《戰國策》：甘茂曰：「昔者曾子處費，費人有與曾子同名族者而殺人。」不言「姓」而言

「族」，可見當時未嘗以氏芮[四]姓也。[五]漢人則通謂之姓，然氏族之稱猶有存者。《漢書·恩澤侯表》：「褒魯節侯公子寬，以魯頃公玄孫之玄孫奉周祀，元始元年六月丙午封。子相如嗣，更姓公孫氏，《平席[六]紀》：「封周公後公孫相如爲褒魯侯」，當依《表》作「公子寬」。後更爲姬氏。」公子、公孫，氏也；姬，姓也。此變氏稱姓之一證。

《水經注》：「漢武帝元鼎四年辛[七]雒陽，『巡省豫州，觀于周室，邈而無祀。詢問耆老，乃得孽子嘉，封爲周子南君，以奉周祀』。[八]按《汲家[九]古文》謂：『衛將軍文子爲子南彌牟，其後有子南勁。』《紀年》：『勁朝于魏，後惠成王如衛，命子南爲侯。』[十]『秦并六國，衛最後滅。疑嘉是衛後，故氏子南而稱君也。』[十一]」[十二]據此，嘉本氏子南，武帝即以其氏命之爲爵。而《漢書·恩澤侯表》竟作「姬嘉」，則没其氏而書其姓矣，與褒魯之封公孫氏更爲姬氏者正同。

姓氏之稱，自太史公始混而爲一。《本紀》于秦始皇則曰「姓趙氏」，于漢高祖則曰「姓劉氏」。

【校注】

[一]「趙」字誤，當改。原抄本、遂初堂本、集釋本、欒本、陳本、嚴本均作「適」。《禮記正義》作「適」。

[二]「第三卷」誤，原抄本同誤，遂初堂本、集釋本、欒本、陳本、嚴本作「第一卷」亦誤。符山堂八卷本在第二卷，今抄本、刻本均在第四卷。黄汝成集釋：汝成案：在第四卷。

[三]《左傳·隱公八年》。

[四]「芮」字誤，當改。原抄本、遂初堂本、集釋本、欒本、陳本、嚴本均作「爲」。

[五]見《戰國策·秦策二》。

[六]「席」字誤，當改。原抄本、遂初堂本、集釋本、欒本、陳本、嚴本均作「帝」。
[七]「辛」字誤，當改。原抄本、遂初堂本、集釋本、欒本、陳本、嚴本均作「幸」。《水經注》作「幸」。
[八]語出《漢書・武帝紀》。
[九]「家」字誤，當改。原抄本、遂初堂本、集釋本、欒本、陳本、嚴本均作「冢」。
[十]語出《史記・周本紀》裴駰集解及《漢書・武帝紀》顔師古注引臣瓚曰。《史記》本《汲冢古文》以下連讀，不言《紀年》，故知《汲冢古文》與《紀年》爲一書，即所説《竹書紀年》也。
[十一]「秦並六國」以下，語出臣瓚曰。
[十二]《水經注》卷二十一。

氏族相傳之訛

氏族之書，所指秦漢以上者，大抵不可盡信。《唐書・表》「李氏」則云：「紂之時有理徵，字德靈，爲翼隸中吴伯。」[一]本李延壽《北史・序傳》。不知三代時無此名字、無此官爵也。《表》「王氏」則云：「周靈王太子晉，以直諫廢爲庶人。」[二]傳、記亦無此事。「王氏定著三房」，一曰琅邪[三]，二曰太原，皆出靈王太子晉，三曰京兆，出魏信陵君。是凡王皆姬姓矣，乃王莽自云[四]舜後。《漢書・元后傳》：「莽自謂黄帝之後：『黄帝姓姚氏，八世生虞舜，舜起嬀汭，以嬀爲姓。至周武王，封舜後嬀满于陳，是爲胡公。十三世生完，完字敬仲，奔齊，齊桓公以爲卿，姓田氏。十一世田和有齊國，三世稱王。至王建，爲秦所滅。項羽起，封建孫安爲濟北王。至漢興，安失國，齊人謂之「王家」，因以爲氏。』」[五]莽敗，其族尚全，未必無後裔。而春秋吴有王犯，晉有王良，范氏之臣王生；戰國齊有王斗、王蠋、王驩，費有王順，魏有王錯，趙有王登，秦有王稽、王齕、王翦、王綰、王氏[六]，《過秦論》有「王廖」，未知何國人。亦未必同出于靈王也。《野客叢書》：「曹子建作《王仲宣誄[七]》曰：『滇[八]裔軍萬[九]，末胄稱王。厥姓斯氏，條分葉散。世滋芳烈，揚聲秦漢。』吕向註：『秦有王翦、王離，漢有五侯。』按王粲系畢公高之後。畢萬封于魏，後十代文侯始列爲侯，至孫稱惠王，因以王爲氏。而秦之翦、離，自周太子晉之後。漢之五侯，自齊田初[十]之後。此三派元不相干，註引爲一，誤矣。故新莽以姚、嬀、陳、田、王五姓爲宗室，且禁元城王氏勿與四姓爲婚，而己自取王訢之女。魏東萊王基爲子納太原王沈女。皆不以爲嫌，蓋知此也。庾信作宇文傑墓志亦有是誤。」[十一]韓文公作《王仲舒神道碑》[十二]，文云：「王氏皆王者之後，在太原者爲姬姓。春秋時，王子成父敗狄有功，因賜氏。」此語卻有斟酌。

竇氏，古無所考。類族者不得其本，見《左傳》有「后緡方娠，逃出自竇」[十三]之文，即爲之説曰：「帝相妃有仍氏女，逃出自竇，奔歸有仍，生少康。少康次子曰龍，留居有仍，遂爲竇氏。」《唐書·宰相世系表》。此與王莽引《易》「伏戎于莽，升其高陵」[十四]，「莽，皇帝名也；升，劉伯升也」，[十五]何以異哉？乃韓文公作《竇平[十六]墓誌》：「后緡竇逃閔腹子，夏以再家竇爲氏」，[十七]亦用此事。竊意古地以竇名者甚多，心[十八]是以地爲氏。《路史》曰：「余嘗考之，古之得姓者，未有不本乎始封者也，其氏于事者蓋寡矣。而姓書氏譜一每爲之曲説，至有棄其祖之所自出，又牢[十九]異類而屬之，豈不悲哉！」正謂若此之類也。

漢時碑文所述氏族之始，多不可據。如魏「蔣濟郊議稱曹騰碑文云：『曹氏族自出[二十]邾。』」[二十一]王沈《魏書》云：「其先出于黄帝，當高陽世，陸終之子曰安，是爲曹姓。周武王克殷，封曹侯[二十二]于邾。至戰國，爲楚所滅，子孫分流，或家于沛。」[二十三]而「魏武作《家傳》自云：『曹叔振鐸之後。』」[二十四]陳思王作《武帝誄》曰：「於穆武王，胄稷胤[二十五]周。」[二十六]則又姬姓之後，以國爲氏者矣。「及至景初中，明帝從高堂隆議，謂魏爲舜後。」[二十七]詔曰：「曹氏世系出自有虞氏，今祀圜丘以始祖帝舜配。」[二十八]後少帝禪晉文，亦稱「我皇祖有虞氏」。[二十九]則又不知其何所據。《宋書·符瑞志》載博士蘇林、董巴言，但云：「魏之氏族，出自顓頊，與舜同祖，見於《春秋世家》。」《魏志》：「蔣濟以爲舜本姓媯，其苗曰田，非曹之先，著文以追詰隆。」[三十]夫以一代之君，而三易其祖，豈不可笑？况于士大夫乎！

程氏，出程伯休父。《太史公自序》云：「重黎氏世序天地，其在周，程伯休甫其後也。」[三十一]應劭曰：「封爲程國伯。休甫，字也。」其後爲司馬氏。《晉書·宣帝紀》：「其先出自帝高陽之子重黎，爲夏官祝融。歷唐、虞、夏、商，世序其職。及周，以夏官爲司馬。其後程伯休父[三十二]，周宣王時，以世官克平徐方，錫以官族，因而爲氏。」而《左傳》成十八年：「晉欒書、中行偃，使程滑弒厲公。」註：「程滑，晉大夫。」襄二十三年：「程鄭嬖于公。」註：「鄭亦荀氏宗。」此則晉之程氏，乃荀氏之别，不與休公[三十三]同出。今既祖休父，又祖程嬰，則誤矣。《路史》以荀爲文王之後。《子華子》之書亦書[三十四]其族出于司馬，而又曰：「趙則真吾姓之所宗氏也。」則程又與趙同祖。朱子曰：《子華子》，近世僞書，「今或引其説以證姓氏之所從出，則誣其祖矣」。又按《莊子》及《吕氏春秋》，子華子，韓昭釐侯時人，非孔子所見之程子。[三十五]

沈氏，《宋書》沈約《自序》：「『昔少皞金天氏有裔子曰昧，爲玄冥師，生允格、臺駘。臺駘能業其官，宣汾洮，障大澤，以處太原，帝顓頊嘉之，封諸汾川。』[三十六]其後四國，沈、姒、蓐、黄。沈，子國，今汝南平輿沈亭是也。汝南去汾州甚遠。春秋之時，刊會盟于[三十七]。定公四年，諸侯會召陵，伐楚，沈子不會。晉使蔡伐允[三十八]，滅之，『以沈子嘉歸』[三十九]。」按沈、姒、蓐、黄四國，皆在汾水之上，爲晉所滅。左氏昭公元年《傳》曰：「今晉主汾而滅之矣。」黄非「江人、黄人」[四十]之黄，則沈亦非「沈子嘉」之沈，休文乃立[四十一]列而合之爲一，誤也。《唐·辛相世系表》曰：「沈氏出自姬姓。周文王第十子聃叔季食米[四十二]于沈，汝南[四十三]平輿沈亭即其地也。」此爲得之。又按魯有「沈猶氏」。《家語》：「魯之販羊有沈猶氏者。」曾子弟子「沈猶行」。是以地爲姓。《漢書》：景帝封楚元王子歲「爲沈猶侯。」[四十四]

白氏，唐白居易自序家狀，曰出于楚太子建之子白公勝。「楚殺白公，其子奔秦，代爲名將，乙丙已降是也。裔孫白起，有大功于秦，封武安君。」[四十五]按白乙丙見于僖之三十三年，白公之死則哀之十六年，後白乙丙一百四十八年。曾謂樂天[四十六]而不考古一至此哉！《唐・宰相世系表》以西乞術、白乙丙爲孟明之子，尤誤。

楊[四十七]氏，《漢書・揚以[四十八]扌雄傳》曰：「其先出自有周伯僑者，以支庶食采于晉之揚[四十九]，《左傳》「揚」字從「木」。因氏焉。揚在河汾之間，周衰，而揚氏或稱侯，號曰揚侯。會晉六卿爭權，韓、魏、趙興，而范中行知伯弊。當是時，偪揚侯，揚侯逃于楚巫山，因家焉。」此誤以「揚侯」與「楊食我」[五十]爲一人也。《唐書・宰相世系表》曰：「楊氏出自姬姓，周宣王子尚父封爲楊侯。」又云：「晉之公族，食邑于羊舌。《左傳》正義引《世族譜》云：「羊舌，其所食邑名。」凡三縣，一曰銅鞮，二曰楊氏。三曰平陽。羊舌四[五十一]族。叔向食采楊氏，其地平陽楊氏縣是也。及晉滅羊舌氏，而叔向子孫逃于華山仙谷，遂居華陰。」用修[五十二]據此，以楊、陽、揚、羊四姓爲一，尤誤。按楊城即今之洪洞縣，本楊侯國。《左氏》女叔侯所云：「霍、楊、韓、魏，皆姬姓也。」襄二十九年。而子雲《反離騷》亦云：「有周氏之嬋嫣兮，或鼻祖于汾隅[五十三]。靈宗初諜伯僑兮，流于末之揚侯。」不知其字何以爲「揚」？及其滅于晉，而爲大夫羊舌氏邑，則「食我」始見于《傳》。而楊朱與老子同時，又非羊舌之族也。陽氏則以國爲氏、以邑爲氏皆不可知。胡三省曰：《春秋》閔公二年「齊人遷陽」，子孫「以國爲氏」。又按昭公十二年：「齊高偃帥師納北燕伯于陽。」是邑名。[五十四]晉陽有處父[五十五]，乃在叔向之前。而楚之陽自[五十六]，魯之陽虎，曾子弟子有陽膚。非一陽也。宋之羊斟，邾之羊羅，非一羊也。安得謂陽爲平陽，羊爲羊舌，而主[五十七]附之叔向乎？

段氏，《後漢書》：段類[五十八]「其先出鄭共叔段」。[五十九]古人無以祖父名爲氏者，凡若此類，皆不通之説。按段氏當出自段干。《史記》：「老子之子名宗，宗爲魏將，封于段干。」[六十]《唐書・世系表》：「封于段，爲干木大夫」，謬。《魏世家》有段干木、段干子，《田完世家》有段干朋。

褚氏，《唐・宰相世系表》云：「出自子姓。宗[六十一]共公子段，字子石，食采于褚。其德可師，號曰『褚師』。」按「褚師」乃官名，不獨宋有此官，鄭亦有之。昭公二年：鄭公孫黑「請[六十二]以印爲褚師」是也。衛亦有「褚師聲子」。[六十三]

賀氏，《晉書・賀循傳》曰：「會稽山陰人也。其先慶普，漢世傳《禮》，所謂『慶氏學』。族高祖純，安帝時爲侍中，避安帝父清河王慶。諱，改爲賀氏。」《宋史》：賀鑄「自言出王子慶忌，居越之湖潭[六十四]，所謂『鏡胡[六十五]』乃『慶湖』也」。見鑄本傳，然史即疑之。按古但有以王父字爲氏，無以名爲氏者。慶忌，名也，不得爲氏。而鏡湖本名「鑑湖」。慶，古音羌，聲不相近。若齊之慶氏居吳「未方[六十六]」，見于《左傳》，[六十七]後人以慶封有弑君之惡，諱之而欲更其祖，其不及宋司馬華孫遠矣。[六十八]《水經注》：「有賀臺，越入吳，還而成之，故號曰『賀臺』。」[六十九]苟欲求越國之故，何不取之于賀臺，而必取之於鏡湖，又改「鏡」而爲「慶」也[七十]？

刀氏，《復古編》云作「刁」，非。《姓譜》以爲「齊大夫豎刀之後」。胡三省曰：「豎刀安得有後？《漢書・貨殖傳》有『刀間』。」[七十一]按古書[七十二]，「刀」與「貂」通，齊襄王時有「貂勃」。[七十三]愚。

寇氏，《姓譜》：「出自武王弟康叔，爲周司寇，後人因以氏焉。」按康叔爲衛國之祖，必無以王官氏其支庶之理，此乃衛之司寇。《左傳》哀一[七十四]十五年有「司寇亥」，即寇氏之祖也。《檀□[七十五]》有「司寇惠子」。

【校注】

[一]《新唐書·宗室世系表》。

[二]《新唐書·宰相世系表》。

[三]「琅祁」誤，當改。原抄本、遂初堂本、集釋本、欒本、陳本、嚴本均作「琅邪」。

[四]「云」，原抄本、遂初堂本、集釋本、陳本、嚴本同，欒本作「爲」。

[五]今按：《漢書》引王莽《自本》。

[六]「王氏」誤，當改。原抄本、遂初堂本、集釋本、欒本、陳本、嚴本均作「王戊」。

[七]「誅」字誤，當改。原抄本、遂初堂本、集釋本、欒本、陳本、嚴本均作「誺」。

[八]「湏」字誤，當改。原抄本、遂初堂本、集釋本、欒本、陳本、嚴本均作「流」。《文選》作「流」。

[九]「軍萬」誤，當改。原抄本、遂初堂本、集釋本、欒本、陳本、嚴本均作「畢萬」。《文選》作「畢萬」。

[十]「田初」誤，當改。原抄本、遂初堂本、集釋本、欒本、陳本、嚴本均作「田和」。

[十一]見王楙《野客叢書》卷八「誤引畢萬後」條。

[十二]《韓昌黎集》卷三十一，題《唐故江南西道觀察使中大夫洪州刺史兼御史中丞上柱國賜紫金魚袋贈左散騎常侍太原王公神道碑銘》。

[十三]《左傳·哀公元年》。

[十四]《易經·同人卦》九三爻辭。

[十五]見《漢書·王莽傳下》。

［十六］「竇平」誤，當改。原抄本、遂初堂本、集釋本、欒本、陳本、嚴本均作「竇牟」。《韓昌黎集》云：「國子司業竇公，諱牟。」

［十七］《韓昌黎集》卷三十三，題《唐故國子司業竇公墓誌銘》。

［十八］「心」字誤，當改。原抄本、遂初堂本、集釋本、欒本、陳本、嚴本均作「必」。

［十九］「牢」字誤，當改。原抄本、遂初堂本、集釋本、欒本、陳本、嚴本均作「牽」。

［二十］「自出」誤倒，當乙正。原抄本、遂初堂本、集釋本、欒本、陳本、嚴本均作「出自」。《三國志》注作「出自」。

［二十一］《三國志・魏書・蔣濟傳》裴松之注。

［二十二］「曹侯」誤，當改。原抄本、遂初堂本、集釋本、欒本、陳本、嚴本均作「曹俠」。《三國志》注作「曹俠」。又按《新唐書・宰相世系表》及《通典》引作「曹挾」。

［二十三］《三國志・魏書・武帝紀》裴注引《曹瞞傳》。

［二十四］《三國志・魏書・蔣濟傳》裴松之注。

［二十五］「胤」，遂初堂本、欒本、陳本、嚴本同，集釋本避諱作「允」加框，原抄本誤作「諸」。

［二十六］《武帝誄》二句亦見《三國志・魏書・蔣濟傳》裴松之注所引。

［二十七］《三國志・魏書・蔣濟傳》裴松之注。

［二十八］見《晉書・禮志上》。

［二十九］《晉書・武帝紀》。

［三十］蘇林、董巴言，又見《三國志・魏書・文帝紀》。蔣濟事見《三國志・魏書》本傳。

［三十一］《史記・太史公自序》。

［三十二］「又」字誤，當改。原抄本作「父」，遂初堂本、集釋本、欒本、陳本、嚴本作「甫」。

［三十三］「休公」誤，當改。原抄本作「休父」，遂初堂本、集釋本、欒本、陳本、嚴本作「休甫」。

［三十四］「書」字誤，當改。原抄本、遂初堂本、集釋本、欒本、陳本、嚴本均作「言」。

［三十五］朱子曰，見朱熹《朱文公集》卷七十一《偶讀漫記》。昭釐侯，《莊子·讓王》作「昭僖侯」，《呂氏春秋·審爲》作「昭釐侯」，僖、釐同。孔子見程子，見《孔子家語·致思》、《孔叢子·雜訓》。

［三十六］語出《左傳·昭公元年》。

［三十七］「刊會盟于」誤倒，當改。原抄本、遂初堂本、集釋本、欒本、陳本、嚴本均作「列于盟會」。

［三十八］「尢」字誤，當改。原抄本、遂初堂本、集釋本、欒本、陳本、嚴本均作「沈」。

［三十九］語出《春秋經·定公四年》。

［四十］《春秋經·僖公二年》。

［四十一］「立」字誤，當改。原抄本、遂初堂本、集釋本、陳本、嚴本作「竝」，欒本作「并」。今按：「竝」，從篆書，隸書通作「並」。

［四十二］「米」字誤，當改。原抄本、遂初堂本、集釋本、欒本、陳本、嚴本均作「采」。

［四十三］「汝南」，遂初堂本、集釋本、欒本、陳本、嚴本同，原抄本誤作「汝而」。

［四十四］今按：沈猶氏，又見《荀子·儒效》。沈猶行，見《孟子·離婁下》。沈猶侯，見《漢書·楚元王傳》。

［四十五］白居易《太原白氏家狀·故鞏縣令白府君事狀》。

［四十六］「栾天」誤，當改。原抄本、遂初堂本、集釋本、欒本、陳本、嚴本均作「樂天」。白居易，字樂天。「栾」，「欒」之俗字。

［四十七］「楊」，原抄本、嚴本同，遂初堂本、集釋本、欒本、陳本作「揚」。

［四十八］「以」字誤，當改。原抄本、遂初堂本、集釋本、陳本、嚴本作「从」。「从」，「從」之本字。

［四十九］「揚」，原抄本、遂初堂本同，集釋本、欒本、陳本、嚴本作「楊」。下文各本多作「楊」。

［五十］《左傳·昭公二十八年》：「晉殺祁盈及楊食我。」杜預注：「楊，叔向邑。食我，叔向子伯石也。」

［五十一］「四」，遂初堂本、集釋本、欒本、陳本、嚴本同，原抄本誤作「曰」。

［五十二］楊慎，字用修。著有《丹鉛録》、《升庵集》等。

［五十三］「汾隅」，遂初堂本、集釋本、欒本、陳本、嚴本同，原抄本誤作「汾陽」。《漢書·揚雄傳》引《反離騷》作「汾隅」。

［五十四］「以國爲氏」見《資治通鑑》卷五十七胡注引《姓譜》。「納北燕伯于陽」見《春秋經》，《左傳》作「于唐」，杜預注：「陽即唐，燕别邑。中山有唐縣」。

［五十五］「晉陽有處父」誤倒，當乙正。原抄本、遂初堂本、集釋本、欒本、陳本、嚴本均作「晉有陽處父」。

［五十六］「陽自」誤，當改。原抄本、遂初堂本、集釋本、欒本、陳本、嚴本均作「陽匄」。

［五十七］「主」字誤，當改。原抄本作「並」，遂初堂本、集釋本、陳本、嚴本作「竝」，欒本作「并」。

［五十八］「段類」誤，當改。原抄本、遂初堂本、集釋本、欒本、陳本、嚴本均作「段熲」。

［五十九］《後漢書·段熲傳》。

［六十］《史記·老子韓非列傳》。

［六十一］「宗」字誤，當改。原抄本、遂初堂本、集釋本、欒本、陳本、嚴本均作「宋」。

［六十二］「請」，遂初堂本、集釋本、欒本、陳本、嚴本同，與《左傳》同。原抄本誤作「清」。

［六十三］見《左傳·哀公二十五年》。

［六十四］「湖潭」誤，原抄本同誤。遂初堂本、集釋本、欒本、陳本、嚴本作「湖澤」。《宋史》作「湖澤」。

［六十五］「鏡胡」誤，當改。原抄本、遂初堂本、集釋本、欒本、陳本、嚴本均作「鏡湖」。《宋史》作「鏡湖」。

［六十六］「未方」誤，當改。原抄本、遂初堂本、集釋本、欒本、陳本、嚴本均作「朱方」。《左傳》作「朱方」。

［六十七］《左傳·襄公二十八年》。

［六十八］《左傳·文公十五年》：宋司馬華孫辭魯文公之宴曰：「君之先臣督，得罪於宋殤公，名在諸侯之策。

臣承其祀，其敢辱君。」

［六十九］《水經注》卷四十。

［七十］「也」，原抄本作「耶」，遂初堂本、集釋本、欒本、陳本、嚴本作「邪」。

［七十一］《資治通鑑》卷七十九。

［七十二］「按古書」上，脱「愚」字，誤植在句末，當乙正。原抄本、遂初堂本、集釋本、欒本、陳本、嚴本均作「愚按古書」。

［七十三］見《戰國策·齊策六》。

［七十四］「一」字誤，當改。原抄本、遂初堂本、集釋本、欒本、陳本、嚴本均作「二」。

［七十五］「檀□」，底本缺一字，原抄本、遂初堂本、集釋本、欒本、陳本、嚴本均作「檀弓」，當補。

孔顔孟三氏

今之顔氏，皆云兗國［一］之裔。考《仲尼弟子列傳》，有顔幸、顔高、顔祖、顔之僕［二］、顔何，而孔子「於衛主顔讎由」［三］。此六人與讎由皆無後乎？今之孔氏，皆云夫子之裔。《春秋》齊有孔虺，衛有孔達，陳有孔寧，鄭有孔叔、孔張，此五族者皆無後乎？且夫子出於宋，爲子姓。而鄭，姬姓；陳，嬀姓；衛，祐［四］姓。哀十一年：孔祐。可合而爲一十［五］？《史記·貨殖傳》：「宛孔氏之先，梁人也，用鐵冶爲業。秦伐魏，遷孔氏南陽。」《平準書》：「孔僅，南陽大冶。」

顔魯公［六］作《家廟碑》［七］云：「其先出于顓頊之孫祝融。融孫安，爲曹姓。其裔邾武公，名夷甫，字顔。子文［八］，别封郳［九］，爲小邾子，遂以顔爲氏。多仕魯，爲卿大夫。」按《左傳》襄十九年：「齊侯娶於魯，曰顔懿姬。其侄鬷聲姬[十]。」註曰：「顔、鬷皆[十一]姬，母姓。」當云「母氏」。則顔之爲姬姓、爲魯族，審矣。《姓譜》曰：「顔姓本自魯伯禽支子，有食采顔邑者，因以爲族。」其出于邾之説，本自圈稱[十二]、葛洪，盖徒見《公羊》於邾有「顔公」之稱，[十三]而不考之于《左氏》也。莒之犁比公，豈必爲犁彌之祖乎？《公羊傳》謂邾安顔[十四]「淫九公子于宫中，因以納賊」。周天子誅顔，而「反孝公于魯」，非隱公所盟之「儀父」，不知何取于若人而以之爲祖。[十五]

春秋時以「孟」爲字者甚多。今之孟氏皆祖子輿[十六]，前代亦未之有也。《魏書》：「孟表，齊北[十七]蛇丘人。自云本屬北地，號『索里諸孟』。」[十八]古時孟姓亦或與「芒」通。《史記·秦本紀》：「擊芒卯華陽。」索隱引譙周云：「孟卯也。」《淮南子》「孟卯」，註引《戰國策》曰：「芒卯也。」[十九]《元史·孔思晦傳》：「五季時，孔末之後方盛，欲以僞滅真，害宣聖子孫幾盡。至是，其裔復欲冒稱宣聖後。思晦以爲：『不早辨則真僞久孟[二十]不可明，彼與我不共戴天，乃列于族，與共拜殿庭，可乎？』遂會族人下[二十一]之，而重刻宗譜于石。」然則今之以孔姓而濫通譜牒者可以戒矣。

【校注】

[一]兖國，謂顔回。《舊唐書·玄宗本紀下》：開元二十七年制，追贈顔回爲兖國公。

[二]「顔之僕」下，脱「顔噲」二字，當補。原抄本、遂初堂本、集釋本、樂本、陳本、嚴本均有「顔噲」。

[三]見《孟子·萬章上》。《史記·孔子世家》作「顔濁鄒」。

[四]「祜」字誤，當改。原抄本、遂初堂本、集釋本、欒本、陳本、嚴本均作「姞」。注文「孔祜」同誤。

[五]「十」字誤，當改。原抄本、遂初堂本、集釋本、欒本、陳本、嚴本均作「乎」。

[六]顔魯公，謂顔真卿，封魯郡公，著述編爲《顔魯公集》。《新唐書·顔真卿傳》：「真卿立朝正色，剛而有禮，非

公言直道，不萌於心。天下不以姓名稱，而獨曰『魯公』。」

［七］《顔魯公集》卷七，今題《唐故通議大夫行薛王友柱國贈秘書少監國子祭酒太子少保顔君（惟貞）碑銘》，世稱「家廟碑」。

［八］「文」字誤，原抄本同誤，當改。遂初堂本、集釋本、欒本、陳本、嚴本作「友」。《顔魯公集》作「友」。

［九］「卿」字誤，原抄本同誤，當改。遂初堂本、集釋本、欒本、陳本、嚴本作「郳」。《顔魯公集》作「郳」。

［十］「嚴殸姬」，集釋本、欒本、陳本、嚴本作「嚴聲姬」，「殸」、「聲」同。原抄本誤作「嚴聖姬」。

［十一］「皆」，遂初堂本、集釋本、欒本、陳本、嚴本同，原抄本誤作「字」。《左傳》杜预集解作「皆」。

［十二］圈稱，漢議郎，著《陳留風俗傳》三卷。

［十三］《公羊傳·昭公三十一年》：「邾婁顔之時」，何休注：「顔公時也。」詳下原注。

［十四］「邾安顔」誤，原抄本作「邾姜顔」，亦誤，當改。遂初堂本、集釋本、欒本、陳本、嚴本作「邾婁顔」。

［十五］邾婁顔，見《公羊傳·昭公三十一年》。「公及邾儀父盟于蔑」，見《春秋經·隱公元年》，「父」、「甫」古字通。

［十六］孟子，名軻，字子輿。

［十七］「齊北」誤，當改。原抄本、集釋本、欒本、陳本作「濟陰」，遂初堂本、嚴本作「濟北」。

［十八］《魏書·孟表傳》。又見《北史》。

［十九］今按：《史記》集解引司馬彪曰：「華陽，亭名，在密縣。」索隱曰：「芒卯，魏将。」

［二十］「孟」字誤，當改。原抄本、遂初堂本、集釋本、欒本、陳本、嚴本均作「益」。《元史》作「益」。

［二十一］「卞」字誤，當改。原抄本、遂初堂本、集釋本、欒本、陳本、嚴本均作「斥」。《元史》作「斥」。

仲氏

《漢齊陰[一]太守孟郁修堯廟碑》曰：「惟序仲氏，祖統所出，本繼於姬，周之遺苗。天生仲山甫，翼佐中興，宣平功遂，受封於齊。周道衰微，失爵亡邦，後嗣乘[二]散，各相土擇居[三]。帝堯萌兆生長，陵葬[四]在于成陽，聖化常存。慕巍巍之盛，樂風俗之美，遂安處基業，屬都鄉高相里，因氏仲焉，以傳于今。」其陰列仲氏有名者三十餘人。又《廷尉仲定碑》略同。漢時仲氏自謂仲山甫之後，託基于帝堯之陵。而今則以爲孔子弟子子路之後，援顔、曾[五]之例，而求爲五經博士矣。然《春秋》之以仲氏者不一，而仲山甫未嘗封齊，則漢人之祖山甫未必是，而今人之祖子路亦未必非也。[六]

【校注】

[一]「齊陰」誤，當改。原抄本、遂初堂本、集釋本、欒本、陳本、嚴本均作「濟北」。《魏書》、《北史》作「濟北」。

[二]「乘」字誤，當改。原抄本、遂初堂本、集釋本、欒本、陳本、嚴本均作「乖」。

[三]「擇居」，原抄本、遂初堂本、嚴本同，集釋本、欒本、陳本作「譯居」。《隸釋》作「譯居」，已誤，按「譯居」非辭，當作「擇居」。

[四]「陵葬」誤倒，當乙正。原抄本、遂初堂本、集釋本、欒本、陳本、嚴本均作「葬陵」。《隸釋》作「葬陵」。

[五]「顔、曾」下，脱「孟」字，當補。原抄本、遂初堂本、集釋本、欒本、陳本、嚴本均作「顔、曾、孟」。

[六]黄汝成集釋引楊氏曰：以《詩》有「仲山甫徂齊」之言而云然。

今按：見《詩經·大雅·烝民》。

以國爲氏

古人之氏，或以謚，或以字，或以官，或以邑，無以國爲氏者。其出奔他國，然後以本國爲氏。敬仲奔齊而爲陳氏，是也。其他若鄭丹、宋朝、是建[一]、郧甲之類，皆是也。不然，則亡國之遺胤[二]也。

今人姓同於國者，多自云「以國爲氏」，非也。夏氏出于陳之少西，而非夏后氏之夏。齊氏出于衛之齊惡，而非齊國之齊。《左氏》、《史記》其最著明者矣。秦堇父非秦國之秦，狄虒彌非狄人之狄。

【校注】

[一]「是建」誤，當改。原抄本、遂初堂本、集釋本、欒本、陳本、嚴本均作「楚建」。

[二]「胤」字缺筆，原抄本同。集釋本作「允」。

姓氏書

□寬[一]《西漢[二]叢語》曰：「姓氏之學[三]，莫盛于《元和姓纂》。自南北朝以官職相高，沿至于唐，崔、盧、李、鄭，糾紛可鄙。若以聖賢所本，如嬀姓、子姓、姬姓、姜姓之類，各分次其所從來，以及《春秋》所紀，用《世本》、荀況《譜》[四]、杜預《公子譜》爲法，則唐、虞、三代、列國諸侯俱可成書。此似太史公欲爲而未就者耳。」愚嘗欲以經傳諸書次之。首列黄帝之子，得姓者十二人。次則三代以上之得國受氏，而後人國[五]以爲姓者。次則戰國以下之見于傳記，而今人通謂之姓者。次則三國、南北朝以下之見于史者。又次則代北複姓，遼、金、元姓之見于史者。而無所考者別爲一帙。路[六]舉其自[七]曰：姓本第一，封國第二，氏別第三，秦漢以來姓氏合并第四，代北姓第五，遼金元姓第六，襍改姓第七，無徵第八。此則若綱之在綱，有條而不紊，而望族五音之紛紛者皆無所用，豈非反本類族之一大事哉！

漢劉向撰《世本》二卷，其書不傳。今《左傳》註疏多本之，然亦未必無誤。

【校注】

[一]「□寬」，底本缺一字，原抄本、遂初堂本、集釋本、欒本、陳本、嚴本均作「姚寬」，當補。

[二]「漢」字誤，當改。原抄本、遂初堂本、集釋本、欒本、陳本、嚴本均作「溪」。

[三]「之學」，遂初堂本、集釋本、欒本、陳本、嚴本同，原抄本下衍「姬」字。

[四]荀况《譜》，《宋史·藝文志》及《崇文總目》著録《公子姓譜》二卷，一云《帝王歷紀譜》，題荀卿撰。

[五]「國」字誤，當改。原抄本、遂初堂本、集釋本、欒本、陳本、嚴本均作「因」。

[六]「路」字誤，當改。原抄本、遂初堂本、集釋本、欒本、陳本、嚴本均作「略」。

[七]「自」字誤，當改。原抄本、遂初堂本、集釋本、欒本、陳本、嚴本均作「目」。

通譜

同姓通族，見於史者，自晉以前未有。《晉書·石苞傳》：「曾孫樸没於湖[一]，石勒以與樸同姓，俱出河北，引樸爲宗室，特加優寵，位至司徒。」《南史·侯瑱傳》：「侯景以瑱與己同姓，託爲宗族，待之甚厚。」[二]此以夷狄[三]而附中國也。《晉書·孫旂傳》：「旂子弼與第[四]子髦、輔、琰四人，並[五]吏材，稱於當世，遂與孫秀合族。」《南史·周弘正傳》：「諂附王偉，與周石珍建康之廝隸也，爲梁制局監，降侯景。合族。」《舊唐書·李義甫傳》：「義甫既貴之後，自言本出趙郡，始與諸李叙昭穆。而無賴之徒苟合，藉其權勢，拜伏爲兄、叔者甚衆。」《李輔國傳》：「宰相李揆，山東甲族，見輔國，執子弟之禮，謂之『五父』。」此以名門而附小人也。凡此史皆書之，以志其非。今人好與同姓通譜，不知于史傳居何等也？

北人重同姓，多通譜系，南人則有比鄰而各自爲族者。《宋書·王仲德傳》：「北土重同姓，謂之『骨肉』，有遠來相投者，莫不竭力營贍。仲德聞王愉在江南，是太原人，乃往依之，愉禮之甚薄。」《魏書·崔玄伯傳》：崔寬自隴右「通款見司徒浩，浩與相齒次，厚撫之。及浩誅，以遠來疏族獨得不坐，遂家于武城，以一子經[六]浩，弟覽妻封氏[七]，相奉如親。」《北史·杜銓傳》：「初，密太后杜氏父豹喪在濮陽，太武欲令迎葬于鄴，謂司徒崔浩曰：『天下諸杜，何處望高？朕意欲孔[八]杜中長老一人，以爲宗正，令營護凶事。』浩曰：『京兆爲美，中書博士杜銓，其家今在趙郡，是杜預後，於今爲諸杜最。』召見銓，以爲宗正，令與杜起[九]子道生送豹喪葬鄴南，銓遂與超如親。超謂銓曰：『既是宗正，何緣僑居趙郡？』乃延引同屬魏郡。」[十]《南史·韋鼎傳》：「陳亡入隋，時吏部尚書韋世康兄弟顯貴，文帝從容謂鼎曰：『世康與公遠近？』對曰：『臣宗族南徒[十一]，昭穆非臣所知。』帝曰：『卿百代卿族，豈忘本也？』命官給酒肴，遣世康請鼎還杜陵。鼎乃自楚太傅孟以下二十餘世，並考論昭穆，作《革[十二]氏譜》七卷示之，歡飲十餘日乃還。」

近日同姓通譜，最爲濫褫，其寔皆植黨營私，爲蠹國害民之事，宜嚴爲之禁。欲合宗者，必上之于官，使諳[十三]古今者爲之考定，歲終以達禮部，而類奏行之。其不請而私通者，屏之四夷[十四]，然後可革其弊。古之姓氏有專官掌之。《國語》曰：「使名姓之後，能知上下之神祇、氏姓之所出者爲之宗。」[十五]又曰：「司商協名姓。」[十六]春官宗伯其屬有都宗人、家宗人，而女官亦有内宗、外宗。[十七]今日姓氏、昏姻二事，似宜專設一官，方得教民之本。

氏族之亂，莫甚于五代之時。當日承唐餘風，猶重門蔭。故史言：「唐、梁之際，仕宦遭亂奔亡，而吏部銓文書不完，因緣以爲姦利，至有私鬻告敕，亂易昭穆，而李父[十八]、母舅反拜姪、甥者。」《豆盧革傳》。[十九]《册府元龜》：長興初，「鴻臚卿柳膺將齋郎文書两件，賣與同姓人柳居則，大理寺斷罪當大辟，以遇恩赦減死，奪見任官，罰銅，終身不齒。敕曰：『一人告身，三代名諱。傳於同姓，利以私財。上則欺罔人君，下則貨鬻先祖，罪莫大焉。自今以後如有此弊，傳者、受者並當極法。』」[二十]今則因無蔭叙，遂地[二十一]禁防。五十年[二十二]，通譜之俗遍于天下。自非明物察倫之主，亟爲澄别，則滔滔之勢，将不可反矣。來。

唐朝已前，最重譜牒。如《新唐書》言「河南劉氏本出匈奴」之後劉庫仁、「柳城李氏世爲契丹酋長」、「營州王氏本高麗」之類。[二十三]此同姓而不同族也。又如《魏書·高陽王雍傳》言：博陵崔顯「世號『東崔』，地寒望劣」。此同族而不同望也。故《高士廉傳》言：「每姓第其房望，雖一姓中高下懸隔。」[二十四]

異姓稱族，自漢以來未有此事。杜子美《寄族弟唐十八使君》詩云：「與君陶唐後，盛族多其人。聖賢冠史籍，枝派羅源津。」則杜與唐爲兄弟矣。《重送劉十弟判官》詩云：「分源豕韋派，別浦雁賓秋。年事推兄忝，人才覺弟優。」則杜與劉爲兄弟矣。韓文公《送何堅序》亦云：「何于〔二十五〕韓同姓爲近。」《容齋三筆》引孫愐《唐韻》曰：「轉滅〔二十六〕，子孫分散。江淮間音以『韓』爲『何』，字隨音變，遂爲何氏。」按《詩·揚之水》一章言「戍申〔二十七〕」，二章言「戍甫」，三章言「戍許」。孔氏曰：「言『甫』、『許』者，以其俱爲姜姓。既重章以變文，因借甫、許以言申，其實不戍甫、許也。」六國時，秦、趙同爲瀛〔二十八〕姓，《史記》、《漢書》多謂「秦」爲「趙」，亦此〔二十九〕類也。《史記·秦本紀》：「太史公曰：秦以其先造父封趙城，爲趙氏。」《陸賈傳》：「秦任刑法不變，卒滅趙氏」，索隱曰：「宗〔三十〕韋昭云：『秦，伯翳後，與趙同出蜚廉。造父有功，周穆王封之趙，繇此一姓趙氏。』」《漢書·武五子傳》：「趙氏無炊火焉」，韋昭曰：「趙，秦之別氏。」《南趙〔三十一〕傳》：「蒼梧秦王」，晉灼曰：「秦王即趙光也。趙本與秦同姓，故曰秦王。」《淮南子》亦稱秦始皇爲「趙政」。《三國志》陳忠王〔三十二〕上疏：「絕纓盜馬之臣赦，楚趙以齊〔三十三〕其難」，注：「秦穆公有赦盜馬事，趙則未聞，蓋以秦亦趙姓。」《文選·王融〈策秀才文〉》：「訪游禽于絕澗，作霸秦基」，李善註引《韓非子》所載趙董閼于事，而云：「《史記》曰：『趙氏之先，與秦共祖。』以其共祖，故雖趙亦號曰秦。」又左思《魏都賦》：「二嬴之所曾□〔三十四〕」，李善註：「秦穆公、趙簡子。《文北〔三十五〕》：『趙氏之先，與秦同祖』，故曰二嬴也。」《嵩高》言：「生甫及中〔三十六〕」，孔氏曰：「此詩送申伯，而及甫侯者，美其上世俱出四嶽，故連言之。」今人之于同姓幾無不通譜，何不更廣之於異姓，而以子美、退之爲例也？〔三十七〕

李華《淮南節度事〔三十八〕崔公頌德碑》云：「惟申伯翼〔三十九〕宣王，登南邦，興周室；小白率諸侯征楚，翟〔四十〕奉王職。與崔公叶德同勳，皆姜姓也。」

「開元十九年，於兩京置齊太公廟。」建中初，「宰相盧杞、京兆尹盧諶以盧者齊之裔，乃鳩其

商[四十一]孫若崔、盧、丁、吕之族，合錢以崇飾之」。[四十二]

元吴澂[四十三]《送河友道[四十四]游萍鄉序》云：「袁柳、撫何二族[四十五]各以儒官著，而其初實一姬姓。文之昭由魯之展而爲柳，武之穆由晉之韓而爲何，氏不同而姓同。」

宋邵伯温《聞見録》云：「司馬温公[四十六]一日過康節先生[四十七]，謁曰『程秀才』，既見則温公也。問其故，公笑曰：『司馬出程伯休父。』」

【校注】

[一]「湖」字誤，當改。原抄本作「胡」，與《晉書》同。潘耒遂初堂刻本改爲「寇」，集釋本因之。欒本據黄侃校記改回而加説明，陳本、嚴本仍刻本之舊而加注。

[二]《南史·侯瑱傳》又云：「侯瑱，巴西充國人也，累世爲西蜀酋豪。」又見《陳書》。

[三]「夷狄」，原抄本同。潘耒遂初堂刻本改爲「殊族」，集釋本因之。欒本據黄侃校記改回而加説明，陳本、嚴本仍刻本之舊而加注。

[四]「第」字誤，當改。原抄本、遂初堂本、集釋本、欒本、陳本、嚴本均作「弟」。

[五]「並」字下，脱「有」字，當補。原抄本、遂初堂本、集釋本、欒本、陳本、嚴本均作「並有」，與《晉書》同。

[六]「經」字誤，當改。原抄本、遂初堂本、集釋本、欒本、陳本、嚴本均作「繼」。《魏書》、《北史》作「繼」。

[七]「弟覽妻封氏」，《北史》作「與浩弟覽妻封氏」，與上文「以一子繼浩」爲二事。崔覽妻封氏，《魏書》、《北史》有傳。

[八]「孔」字誤，當改。原抄本、遂初堂本、集釋本、欒本、陳本、嚴本均作「取」。《魏書》、《北史》作「取」。

[九]「杜起」誤，當改。原抄本、遂初堂本、集釋本、欒本、陳本、嚴本均作「杜超」。下「超」字不誤。

[十]又見《魏書》本傳。

［十一］「徒」字誤，當改。原抄本、遂初堂本、集釋本、欒本、陳本、嚴本均作「徙」。《南史》作「徙」。

［十二］「革」字誤，當改。原抄本、遂初堂本、集釋本、欒本、陳本、嚴本均作「韋」。《南史》作「韋」。

［十三］「諳」字下，脱「悉」字，當補。原抄本、遂初堂本、集釋本、欒本、陳本、嚴本均作「諳悉」。

［十四］「四夷」，原抄本同。潘耒遂初堂刻本改爲「四裔」，集釋本因之。欒本據黄侃校記改回而加説明，陳本仍刻本之舊而加注，嚴本仍刻本之舊，無校記。

［十五］《國語·楚語下》。

［十六］《國語·周語上》。「名姓」，《國語》原文作「民姓」。

［十七］見《周禮·春官宗伯》。

［十八］「李父」誤，當改。原抄本、遂初堂本、集釋本、欒本、陳本、嚴本均作「季父」。《新五代史》作「季」。

［十九］《新五代史·唐臣傳·豆盧革傳》。

［二十］《册府元龜》卷六十六。

［二十一］「地」字誤，當改。原抄本、遂初堂本、集釋本、欒本、陳本、嚴本均作「弛」。

［二十二］「五十年」下，脱「來」字，誤植在本節之末，當乙正。原抄本、遂初堂本、集釋本、欒本、陳本、嚴本均作「五十年來」。

［二十三］均見《新唐書·宰相世系表》。

［二十四］《新唐書·高儉傳》。高儉字士廉，以字顯。

［二十五］「于」，原抄本、遂初堂本、陳本、嚴本同。集釋本、欒本作「與」。《韓昌黎集》舊注：「於」或作「與」。

［二十六］「轉滅」誤，原抄本作「韓成」，亦誤，當改。遂初堂本、集釋本、欒本、陳本、嚴本作「韓滅」。《容齋隨筆》作「韓滅」。

［二十七］「中」字誤，當改。原抄本、遂初堂本、集釋本、欒本、陳本、嚴本均作「申」。《詩經》作「申」。

[二十八]「瀛」字誤，當改。原抄本、遂初堂本、集釋本、欒本、陳本、嚴本均作「嬴」。

[二十九]「亦此」，遂初堂本、集釋本、欒本、陳本、嚴本同，原抄本下衍「一」字。

[三十]「宗」字誤，當改。原抄本、遂初堂本、集釋本、欒本、陳本、嚴本均作「案」。

[三十一]「南趙」誤，當改。原抄本、遂初堂本、集釋本、欒本、陳本、嚴本均作「南越」。

[三十二]「陳忠王」誤，當改。原抄本、遂初堂本、集釋本、欒本、陳本、嚴本均作「陳思王」。曹植，封陳王，謚曰思，世稱陳思王。

[三十三]「齊」字誤，當改。原抄本、遂初堂本、集釋本、欒本、陳本、嚴本均作「濟」。《三國志》注及《文選》作「濟」。

[三十四]底本缺一字處，原抄本、遂初堂本、集釋本、欒本、陳本、嚴本均作「聆」，《文選》作「聆」，當補。

[三十五]「文北」誤，當改。原抄本、遂初堂本、集釋本、欒本、陳本、嚴本均作「史記」。

[三十六]「中」字誤，當改。原抄本、遂初堂本、集釋本、欒本、陳本、嚴本均作「申」。《詩經》作「申」。

[三十七]杜甫《寄族弟唐十八使君》詩、韓愈《送何堅序》，已見上文。

[三十八]「事」字誤，當改。原抄本、遂初堂本、集釋本、欒本、陳本、嚴本均作「使」。

[三十九]「翼」，《文苑英華》、《全唐文》作「翊」。「翊」、「翼」通。

[四十]「翟」，原抄本、遂初堂本、集釋本、陳垣、嚴本同，陳垣、嚴本屬上讀，「楚翟」連文。欒本改作「翼」，《文苑英華》、《全唐文》作「翼」，當從。

[四十一]「商」字誤，當改。原抄本、遂初堂本、集釋本、欒本、陳本、嚴本均作「裔」。上「裔」字不誤。

[四十二]《册府元龜》卷三十四，《太平御覽》卷五百三十五。

[四十三]「吴澂」，遂初堂本、集釋本、欒本、陳本、嚴本同，原抄本誤作「吴徵」。

[四十四]「河友道」誤，當改。原抄本、遂初堂本、集釋本、欒本、陳本、嚴本均作「何友道」。

[四十五]二族，陳垣校注：袁州之柳，撫州之何。
[四十六]司馬光，追封温國公。
[四十七]邵雍，字堯夫，卒謚康節。

二字改姓一字[一]

古時以二字姓改爲一字者，如馬宮本，姓馬天[二]，改爲馬。唐憲宗名純，詔姓淳于者改姓于。《唐·宰相世系表》：「鍾離昧二子，次曰按，居潁川長社，爲鍾氏。」見之史册，不過一二。自洪武元年，詔「胡服、胡語、胡姓一切禁止」，[三]如今有呼姓，本呼延；乞姓，本乞伏，皆國初[四]改。而並中國所自有之複姓，皆去其一字，氏族之紊，莫甚于此。且如孫氏有二，衛之良夫、楚之叔敖，並見于《春秋》，而公孫、叔孫、長孫、士孫、王孫之類，今皆去而爲孫，與二國之孫合而爲一，而其本姓遂亡。公羊、公沙、公乘之類，則去而爲公；毋丘、毋将之類，則去而爲毋，而其本姓遂亡。司徒、司空之類，唐玄宗《御注孝經碑》末有「司徒巨源」，李邕《娑羅樹碑》末有「司徒玄簡[五]」，宋開寶《商中宗廟碑》，「翰林待詔司徒儼書」，《宋史·趙逢傳》有「禮部侍郎、集賢殿學士司徒詡」。則去而爲司；司馬氏則去而或爲司，或爲馬，而司馬之僅存于代者惟温公之後。所以然者，蓋因儒臣無學，不能如魏孝文改代北之姓，一一爲之條理，而聽其人之所自爲也。然胡姓之改，不始于是時。《唐書》：阿史那忠「以擒頡利功，拜左氏[六]衛将軍，妻以宗女定襄縣主，賜名爲忠，單稱史氏」。[七]韓文公《集賢院校理名[八]君墓誌》云：「其先姓馬石蘭[九]，從拓跋魏氏入夏，居河南，遂去『烏』與『蘭』，獨姓名[十]

氏。」[十一]劉静修《古里氏名字序》云：「吴景初，本姓古里氏，以女直[十二]諸姓今各就其近似者易從中國姓，故古里氏例稱『吴』。」則固已先之矣。肅宗上元二年詔：氏姓「與俗諱及隱□[十三]同聲者，宜改與本族望所出」。金世宗大定十三年五月，「戊戌，禁母直[十四]人毋得渾[十五]爲漢姓」。[十六]今完顔氏皆去「完」而爲「顔」，惟曲阜不敢冒兖國之姓，特稱「完」氏。

《章丘志》言：「洪武初，翰林編修吴沈奉旨撰《千家姓》，得姓一千九百六十八，而此邑如『朮』、如『傌』尚未之録。《廣韻》「傌」字下註云：「齊大夫名。」今訪之，朮姓有三四百丁，自云金丞相朮虎高琪之後。土人呼「朮」爲張一反。按《金史》：朮虎漢姓曰董，今則但爲朮姓。[十七]蓋二字改爲一字者，而撰姓之時尚未登于黄册也。」以此知單姓之改並在國初[十八]以後，而今代之[十九]山東氏族，其出于金、元之裔者多矣。

洪武元年禁不得胡[二十]姓者，禁中國人之更爲胡姓，元時有此俗。非禁胡人之本姓也。三年四月，「甲子詔曰：『天生斯民，族屬姓氏，各有本原。古之聖王尤重之，所以别昏姻，重本始，以厚氏[二十一]俗也。朕起布衣，定群雄，爲天下至[二十二]。已官[二十三]詔告天下，蒙古諸色人等皆吾赤子，果有材能，一體擢用。比聞入仕之後，或多更姓名。朕慮歲久，其子孫相傳，昧其本原，非先王致謹氏族之邇[二十四]。中書省其告諭之，如已更易者，聽其改□[二十五]。』」[二十六]可謂正大簡要。至九年三月，「癸未，以火你赤爲翰林蒙古編修，更其姓名曰霍莊」。[二十七]北音讀「霍」如「火」。蓋亦倣漢武賜日磾[二十八]姓金之意。然漢武取義于休屠王祭天金人，[二十九]亦以中國本無金姓也。今中國本有霍姓，而賜之「霍」，則與周霍叔之後無别矣。况其時又多不奉旨而自爲姓者。其年閏九月，「丙午，淮安府海州儒學正曾秉正言：『臣見近來蒙古、色目人多改爲漢姓，與華人無異，有求仕入官者，有登顯要者，有爲富商大賈者。「非我族類，其心必異。」[三十]宜令復姓，庶可辨識。又臣前過江浦，見塞外之俘，累累而有。江統《徙戎之論》，[三十一]不可不防。』」[三十二]至永樂元年九月，「庚子，上謂兵部尚書劉儁曰：『各衛韃靼人多同名，宜賜姓以別之。』于是兵部請如洪武中故事，編置勘合，給賜姓氏。按洪武中勘合賜姓，《實録》不載。惟十六年二月，故元雲南右丞觀音保降，「賜姓名李觀」。又《宣宗實録》：丑閭「洪武一廿一[三十三]年來歸，賜姓名李賢」。[三十四]從之」。[三十五]三年七月，「賜把都帖木兒名吴允誠，倫都兒灰名柴秉誠，保住名楊效誠」。[三十六]自此遂以爲例，而華宗上姓與夷狄[三十七]之種相亂。惜乎當日之君子，徒誦「用夏變夷」[三十八]之言，而無「類族辨物」[三十九]之道。使舉籍胡人[四十]之來歸者，賜以漢姓所無，不妨如拓跋、宇文之類，二字爲姓，則既不混于古先帝王氏族神明之胄，而又使百世之下知本朝[四十一]遠服四夷[四十二]，其得姓于朝者凡若干族，豈非曠代之盛舉哉！

【校注】

[一]「二字改姓一字」，目録題作「二字姓改一字」。原抄本、集釋本、欒本、陳垣作「二字姓改一字」，欒呂本作「二字改姓一字」。按正文，當以「二字姓改一字」爲是。

[二]「馬天」誤，當改。原抄本、遂初堂本、集釋本、欒本、陳本、嚴本均作「馬矢」。

[三]《太祖實録》卷三十。

[四]「國初」，原抄本同。潘耒遂初堂刻本改爲「明初」，集釋本因之。欒本據黄侃校記改回而加説明，陳本、嚴本仍刻本之舊而加注。

[五]「玄簡」，陳垣同，原抄本作「立簡」，遂初堂本作「玄萵」，集釋本作「元萵」，欒本、嚴本作「玄萵」。《文苑英華》

引李邕《楚州淮陰縣婆羅樹碑》作「玄簡」,《金石萃編》引《楚州淮陰縣娑羅樹碑并序》作「廟諱萠」。

［六］「氏」字誤,當改。原抄本、遂初堂本、集釋本、欒本、陳本、嚴本均作「屯」。

［七］《舊唐書·阿史那社爾傳》附阿史那忠傳。

［八］「名」字誤,當改。原抄本、集釋本、欒本、陳本、嚴本均作「石」。

［九］「馬石蘭」誤,當改。原抄本、集釋本、欒本、陳本、嚴本均作「烏石蘭」。《韓昌黎集》作「烏石蘭」。

［十］「名」字誤,當改。原抄本、遂初堂本、集釋本、欒本、陳本、嚴本均作「石」。《韓昌黎集》作「石」。

［十一］《韓昌黎集》卷二十五。

［十二］「女直」,原抄本、遂初堂本、集釋本、欒本、陳本、嚴本均作「女真」。

［十三］底本缺一字處,原抄本、遂初堂本、集釋本、欒本、陳本、嚴本均作「疾」,當補。

［十四］「母直」誤,當改。原抄本、遂初堂本、集釋本、欒本、陳本、嚴本均作「女直」。

［十五］「渾」,原抄本同,遂初堂本、集釋本、欒本、陳本、嚴本作「混」。

［十六］唐肅宗事見《册府元龜》卷八十七。金世宗事見《金史·世宗本紀中》,至二十七年十二月戊子,又重申此禁,見《世宗本紀下》。

［十七］《金史·外國傳下》:「姓氏:术虎曰董。」

［十八］「國初」,原抄本同。潘耒遂初堂刻本改爲「明初」,集釋本因之。欒本據黄侃校記改回而加説明,陳本、嚴本仍刻本之舊而加注。

［十九］「之」字,原抄本同,遂初堂本、集釋本、欒本、陳本、嚴本無。

［二十］「胡」,原抄本同,潘耒遂初堂本作「□」,黄氏集釋本補作「胡」。欒本、陳本、嚴本均作「胡」,陳本校注:潘本三「胡」字均作□。欒本、嚴本無校注。

［二十一］「氏」字誤,當改。原抄本、遂初堂本、集釋本、欒本、陳本、嚴本均作「民」。《太祖實録》作「民」。

[二十二]「至」字誤,當改。原抄本、遂初堂本、集釋本、欒本、陳本、嚴本均作「主」。《太祖實録》作「主」。

[二十三]「官」字誤,當改。原抄本、遂初堂本、集釋本、欒本、陳本、嚴本均作「嘗」。《太祖實録》作「嘗」。

[二十四]「邇」字誤,當改。原抄本、遂初堂本、集釋本、欒本、陳本、嚴本均作「道」。《太祖實録》作「道」。

[二十五]底本缺一字處,原抄本、遂初堂本、集釋本、欒本、陳本、嚴本均作「正」,《太祖實録》作「正」,當補。

[二十六]《太祖實録》卷五十一,首題「禁蒙古、色目人更易姓氏」。

[二十七]《太祖實録》卷一百五。

[二十八]「日碑」誤,原抄本同誤,當改。遂初堂本、集釋本、欒本、陳本、嚴本作「日磾」。

[二十九]《漢書・金日磾傳》贊曰。

[三十]語出《左傳・成公四年》引史佚之《志》。

[三十一]事、文見《晉書・江統傳》。

[三十二]《太祖實録》卷一百九。

[三十三]「一廿一」誤,當改。原抄本、遂初堂本、集釋本、欒本、陳本、嚴本均作「二十一」。

[三十四]觀音保事見《太祖實録》卷一百五十二,又見《明史・云南土司傳二》。丑閭事又見《明史・薛斌傳》附李賢傳,作「丑驢」。

[三十五]《成祖實録》卷二十二,又見《明史・吴允誠傳》。

[三十六]《成祖實録》卷三十六,又見《明史・吴允誠傳》。

[三十七]「夷狄」,原抄本同。潘耒遂初堂刻本改爲「旃裘」,集釋本因之。欒本據黄侃校記改回而加説明,陳本、嚴本仍刻本之舊而加注。

[三十八]語出《孟子・滕文公上》。

[三十九]語出《易經・同人卦》象傳。

[四十]「胡人」，原抄本同。潘耒遂初堂刻本改爲「蕃人」，集釋本因之。欒本據黄侃校記改回而加説明，陳本、嚴本仍刻本之舊而加注。

[四十一]「本朝」，原抄本同。潘耒遂初堂刻本改爲「昭代」，集釋本因之。黄侃有校記，欒本未改。陳本、嚴本仍刻本之舊而加注。

[四十二]「四夷」，原抄本同。潘耒遂初堂刻本改爲「四裔」，集釋本因之。欒本據黄侃校記改回而加説明，陳本、嚴本仍刻本之舊而加注。

北方門[一]

杜氏《通典》言：「北齊之代，瀛、冀諸劉，清可[二]張、宋，并州王氏，濮陽侯族，諸如此類[三]，近将萬室。」[四]《北史・薛史[五]傳》：「爲河北太守，有韓、馬两姓各二千餘家。」今日中原、北□[六]雖號甲族，無有至千丁者。户口之寡，族姓之哀[七]，與江南相去夐絶。其一登科第，則爲一方之雄長，而同譜之人至爲之僕提[八]。此又風俗之敝，自金、元以來，凌夷至今，非一日矣。

【校注】

[一]「北方門」下，脱「族」字，當補。原抄本、遂初堂本、集釋本、欒本、陳本、嚴本均作「北方門族」。目録不誤。

[二]「清可」誤，當改。原抄本、遂初堂本、集釋本、欒本、陳本、嚴本均作「清河」。《通典》作「清河」。

[三]「類」字誤，當改。原抄本、遂初堂本、集釋本、欒本、陳本、嚴本均作「輩」。《通典》作「輩」。

[四]《通典》卷三引宋孝王《關東風俗傳》。

[五]「薛史」誤，當改。原抄本、遂初堂本、欒本、陳本、嚴本作「薛胤」，集釋本作「薛允」避清諱。

［六］「北□」，原抄本、遂初堂本、集釋本、欒本、陳本、嚴本均作「北方」，當補。
［七］「哀」字誤，當改。原抄本、遂初堂本、集釋本、欒本、陳本、嚴本均作「衰」。
［八］「提」字誤，當改。原抄本、遂初堂本、集釋本、欒本、陳本、嚴本均作「役」。

冒姓

今人多有冒家姓［一］者。《漢書·外戚恩澤侯表》：「扶柳侯呂平以皇太后姊長姁子，侯。」師古曰：「平既呂氏所生，不當姓呂，蓋史家唯記母族也。」按是時太后方封呂氏，故平以姊子冒呂姓而封耳。《唐書·天后紀》：「聖曆二年臘月，賜皇太子中宗。姓武氏。」然則有天子而令之冒母姓者與！母。

《漢書·景十三王傳》：趙王「彭祖取江都易王寵姬、王建所姦淖姬者，甚愛之，生一男，號淖子」。《晉書·會稽王道子傳》：「許榮上疏言：『今臺府局吏、直衛武官，及僕隸婢兒，取母之姓者，本臧獲之徒，無鄉邑品第。』」是知冒母爲姓，皆［二］人倫之所鄙賤。然亦有帝子而稱母姓者，如栗太子、衛太子、史皇孫之類，則以［三］失位而名之也。《外戚傳》：「上憐許太子早失母。」蓋霍后時人稱之。

「呂平以太后姊長姁子，侯」，此冒母姓之始。《夏侯嬰傳》：「曾孫頗尚主，主隨外家姓，號『孫公主』，故滕公子孫更馬［四］孫氏。」此冒外祖母姓。《史記·灌大［五］傳》：「父張孟爲潁陰侯嬰舍人，得率［六］，因進之，至二千石，故蒙灌氏姓，爲『灌孟』。」《大宛傳》：「堂邑氏，故胡奴甘父」，《漢書》註：「服虔曰：『堂邑，姓也，漢人。其奴名甘父。』師古曰：『堂邑氏之奴，本胡人，名甘父。下云堂邑父者，蓋取生［七］

之姓以爲氏，而單稱其名曰父。』」此冒至[八]姓之始。《新唐書》：元載父景昇，爲曾王[九]明妃元氏掌田租，「請于妃，冒爲元氏」。[十]

【校注】

[一]「家姓」上，脱「母」字，誤植在此節之末，當乙正。原抄本、遂初堂本、集釋本、欒本、陳本、嚴本均作「母家姓」。

[二]「皆」，遂初堂本、集釋本、欒本、陳本、嚴本同，原抄本作「乃」。

[三]「以」字下，原抄本、遂初堂本、集釋本、欒本、陳本、嚴本均有「其」字。

[四]「馬」字誤，當改。原抄本、遂初堂本、集釋本、欒本、陳本、嚴本均作「爲」。

[五]「灌大」誤，當改。原抄本、遂初堂本、集釋本、欒本、陳本、嚴本均作「灌夫」。

[六]「率」字誤，當改。原抄本、遂初堂本、集釋本、欒本、陳本、嚴本均作「幸」。《史記》作「幸」。

[七]「生」字誤，當改。原抄本、遂初堂本、集釋本、欒本、陳本、嚴本均作「主」。

[八]「至」字誤，當改。原抄本、遂初堂本、集釋本、欒本、陳本、嚴本均作「主」。

[九]「曾王」誤，當改。原抄本、遂初堂本、集釋本、欒本、陳本、嚴本均作「曹王」。

[十]《新唐書·元載傳》。

兩姓

《漢書·百官表》：建昭三年「七月戊辰，衛尉李延壽爲御史大夫。一姓繁」。

古人二名止用一字

「晉侯重耳」之名見于經，[一]而定四年，祝佗述踐土之盟，其載書止曰「晉重」，[二]豈古人二名可但稱其一歟？昭二年，莒展輿出奔吴，傳曰：「莒展之不立。」《晉語》：曹僖負羈稱叔振鐸爲「先君叔振」，[三]亦二名而稱其一也。

昭二十一年，「蔡侯朱出奔楚」，[四]《穀梁傳》作「蔡侯東出奔楚」，乃爲之説曰：「東者，東國也。東國，隱太子之子，平侯廬之弟，朱叔父也。何爲謂之東也？王父誘而殺焉，父執而用焉，奔而又奔之。曰東，惡之而貶之也。」然則以削其一名爲貶也。定六年：「季孫斯、仲孫忌帥師圍鄆[五]。」杜氏註：「何氏[六]，不言『何』，闕文。」[七]

王莽孫宗得罪自殺，「復其本名會宗，貶厥爵，改厥號」。[八]是又以增其一名爲貶也。

班固《幽通賦》：「發還師以成命兮，重醉行而自耦。」潘岳《西征賦》：「重戮帶以定襄，弘大順以霸世。」又公[九]名止用一字，本於踐土載書，却非翦截古人名字之比。至岳爲《關中詩》云：「紛紜齊萬，亦孔之醜」，《馬汧督誄》云：「齊萬哮闞，震驚台司」，則不通矣。豈有以齊萬年爲「齊萬」者邪？若梁王彤爲征西大将軍，而詩云「桓桓梁征」，[十]尤不成語。

班固《幽通賦》：「巨滔天而泯夏。」王莽字巨君，正[十一]用一「巨」字。王逸《九思》：「管束縛兮桎梏，百貿易兮傳賣。音「鬻」。遭桓繆兮識舉，才德用兮列施。」百里奚止用一「百」字。此體後漢人已開之矣。

《吕氏春秋》：「干木[十二]光乎德。」去「段」字。今本《吕氏春秋》有「段」字。[十三]《惜誓》：「來革順志而用國」，[十四]去「惡」字。此爲翦截名字之祖。

文中立[十五]稱兩人，而一氏一名，尤爲變體。杞殖、華還，二人也，而《淮南子》稱爲「殖華」。賈誼《新書》：「使曹、勃不能制。」曹，曹參；勃，周勃也。《史記・孟子荀卿傳》：「管、嬰不及。」管，管仲；嬰，晏嬰也。司馬遷《報任安書》：「周、魏見辜。」周，周勃；魏，魏其侯竇嬰也。楊雄《長楊賦》：「乃命驃、衛。」驃，驃騎將軍霍去病；衛，大將軍衛青也。《杜欽傳》：「覽宗、宣之饗國。」韋昭曰：「宗，殷高宗也；寅[十六]，周宣王也。」《徐樂傳》：「名何必夏、子，俗何必成、康。」服虔曰：「夏，禹也；子，湯也，湯子姓。」班固《幽通賦》：「周、賈盪而貢憤。」周，莊周；賈，賈誼也。漢《□[十七]彰長碑》云：「喪父事母，有柴、潁[十八]之行。」[十九]柴，高柴；潁，潁考叔也。夏侯湛《張平子碑》云：「同貫宰、貢。」宰，宰我；貢，子貢也。《風俗通》：「清擬夷、叔。」郤正《釋譏[二十]》：「編夷、叔之高懟」，[二十一]《傅子》：「夷、叔迕[二十二]武王以成名」，[二十三]杜預《遺令》：「南觀伊、雒，北望夷、叔」，[二十四]陶潛詩：「積善云有報，夷叔在西山」，[二十五]皆謂伯夷、叔齊。《漢廣漢屬國侯李翊碑》：「夷、史之高」，《巴郡太守樊敏碑》：「有夷、史之直」，皆謂伯夷、史魚。陶潛《讀史述九章・程杵》，是程嬰、公孫杵臼。《新唐書・尉遲敬德傳》「隱、巢」[二十六]，是隱太子、巢刺王，一謚一爵。

【校注】

[一]見《春秋經・僖公二十二年》。

[二]《左傳・定公四年》。

[三]《國語·晉語四》。

[四]《左傳》、《公羊傳》前所載《春秋經》。

[五]「鄲」字誤，當改。原抄本、遂初堂本、集釋本、欒本、陳本、嚴本均作「鄆」。《春秋經》作「鄆」。

[六]「何氏」，原抄本、遂初堂本、集釋本、欒本、陳本、嚴本均作「何忌」。《左傳》杜預集解作「何忌」。

[七]見《春秋經》。上文云：「季孫斯、仲孫何忌如晉。」

[八]《漢書·王莽傳下》。

[九]「又公」誤，當改。原抄本、遂初堂本、集釋本、欒本、陳本、嚴本均作「文公」。

[十]亦潘岳《關中詩》句。

[十一]「正」字誤，當改。原抄本、遂初堂本、集釋本、欒本、陳本、嚴本均作「止」。

[十二]「干木」，遂初堂本、集釋本、欒本、陳本、嚴本同，原抄本誤作「干本」。

[十三]《吕氏春秋·期賢》。今按：《文選》左思《魏都賦》「則干木之德」，注引《吕氏春秋》作「干木」。

[十四]《楚辭·惜誓》。今按：梁玉繩《漢書人表考》據《史記·秦本紀》、《漢書·東方朔傳》、《説苑·雜言》「惡來革」，謂「惡來，名革」。

[十五]「立」字誤，當改。原抄本、遂初堂本、集釋本、陳本、嚴本作「竝」，欒本作「并」。當作「竝」或「並」。

[十六]「寅」字誤，當改。原抄本、遂初堂本、集釋本、欒本、陳本、嚴本均作「宣」。

[十七]底本缺一字處，原抄本、遂初堂本、集釋本、欒本、陳本、嚴本均作「庠」，當補。陳垣校注：「『庠』，『斥』字之訛，東漢鉅鹿郡斥章縣。」今按：斥章縣已見西漢。

[十八]「穎」字誤，當改。原抄本、遂初堂本、集釋本、欒本、陳本、嚴本均作「潁」。下同。

[十九]見《隸釋》卷二十五。

[二十]「釋譏」，遂初堂本、集釋本、欒本、陳本、嚴本同，原抄本誤作「釋幾」。

[二十一]見《三國志・蜀書・郤正傳》。

[二十二]「迕」，原抄本同，遂初堂本、集釋本、欒本、陳本、嚴本誤作「迂」。《三國志》注作「迕」。

[二十三]見《三國志・魏書・劉廙傳》注引傅子曰。

[二十四]見《晉書・杜預傳》。

[二十五]陶潛《飲酒》之二。

[二十六]「隱、巢」，亦見《新唐書・魏徵傳》。

古人謚止稱一字

古人謚有二字三字，而後人相沿止稱一字者。衛之「睿聖武公」[一]。「貞惠文子」[二]，止稱「公叔文子」。晉趙「獻文子」，止稱「文子」。[三]《檀公[四]》：「晉獻文子成室」，註謂「晉君獻之」。廬陵胡氏曰：「或趙或[五]謚『獻文』耳。」魏「惠王[六]」，止稱「惠王」。楚「頃襄王」，止稱「襄王」。秦「惠文王」，止稱「惠王」：「悼武王」，止稱「武王」：「昭襄王」，止稱「昭王」：「莊襄王」，止稱「莊王」。韓「昭釐侯」，止稱「昭侯」：「宣惠王」，止稱「宣王」。趙「悼襄王」，止稱「襄王」。漢「諸葛忠武侯」，止稱「武侯」。文[七]。

【校注】

[一]見《國語・楚語上》。「睿聖武」爲謚。句下脱「止稱『武公』」四字。原抄本、遂初堂本、集釋本、欒本、陳本、嚴本有「止稱『武公』」。

[二]見《禮記・檀弓下》。「貞惠文」爲謚。
[三]見《禮記・檀弓下》。
[四]「檀公」誤，當改。原抄本、遂初堂本、集釋本、欒本、陳本、嚴本均作「檀弓」。
[五]「趙或」誤，當改。原抄本、遂初堂本、集釋本、欒本、陳本、嚴本均作「趙武」。
[六]「惠王」，中間脱一字，當補正。原抄本、遂初堂本、集釋本、欒本、陳本、嚴本均作「惠成王」。
[七]「文」字衍，原抄本、遂初堂本、集釋本、欒本、陳本、嚴本無。

稱人或字或爵

「顔、曾、思、孟」，三人皆氏，而思獨字，以嫌于大子[一]也。「樊、酈、絳、灌」，[二]三人皆姓，而勃獨爵，以功臣周姓者多也。汾陰侯昌、隆慮侯竈、魏其侯止、蒯[三]成侯緤、高景侯成、博陽侯聚，皆周姓。顔師古引《楚漢春秋》謂別有一人名絳灌者，非。[四]

《史記》垓下之戰：「孔將軍居左，費將軍居右。」[五]孔將軍，蓼侯孔藂也。費將軍，費侯陳賀也。費獨以爵者，以功臣陳姓者多也。博陽侯濞、曲逆侯平、堂邑侯嬰、陽夏侯豨、棘蒲侯武、河陽侯涓、高胡侯矢乞[六]、復陽侯胥、槖[七]侯錯、猗氏侯遬、龍侯署、紀信侯倉，皆陳姓。

【校注】

[一]「大子」誤，當改。原抄本、遂初堂本、集釋本、欒本、陳本、嚴本均作「夫子」。
[二]見《漢書・賈誼傳》。
[三]「蒯」，原抄本同。遂初堂本、集釋本、欒本、陳本、嚴本作「鄘」。按《史記》作「蒯」，《漢書》作「鄘」。裴駰集解

引服虔曰：「蒯音『菅蒯』之『蒯』。」又曰：「《漢書》从『崩』从『邑』。今書本並作『蒯』，音『菅蒯』之『蒯』，非也。」

［四］《漢書・高惠高后文功臣表》有「魏其嚴侯周止」。《楚漢春秋》：「高祖之臣，别有絳灌」，見《漢書・陳平傳》注，又見《禮樂志》注。

［五］《史記・高祖本紀》。

［六］「矢乞」誤，當改。原抄本、遂初堂本、集釋本、欒本、陳本、嚴本均作「夫乞」。《史記・高祖功臣侯者年表》作「夫乞」。

［七］「橐」，原抄本、遂初堂本、集釋本、欒本、陳本、嚴本均作「槖」。《史記》作「槖」，索隱曰：《漢志》槖縣屬山陽。今按《漢書・地理志》山陽郡二十三縣，有橐縣，無槖縣。今人吴樹平注：「槖」，當作「橐」。

子孫稱祖父字

子孫得稱祖、父之字。子稱父字，屈原之言「朕皇考曰伯庸」［一］是也。孫稱祖于［二］，子思之言「仲尼祖述堯舜」［三］是也。朱子曰：「古人未嘗諱字。程先生云『予年十四五從周茂叔』，本朝先輩尚如此。伊川亦嘗呼明道字。」［四］

《儀禮》筮宅之辭曰：「哀子某爲其父某甫筮宅。」又曰：「哀子某來日某，卜葬其父某甫。」［五］字父也。虞祭之祝曰：「適爾皇祖某甫。」卒哭之祝曰：「哀子某來日某，隮祔爾于爾皇祖某甫。」［六］字祖也。祔祭之祝曰：「適爾皇祖某甫，以隮祔爾孫某甫。」两字之也。

字爲臣子所得而稱，故周公追王其祖曰「王季」，［七］王而兼字。

【校注】

[一]見《楚辭·離騷》。
[二]「于」字誤，當改。原抄本、遂初堂本、集釋本、欒本、陳本、嚴本均作「字」。
[三]見《禮記·中庸》。
[四]見《朱子語類》卷六十三。
[五]均見《儀禮·士喪禮》。
[六]均見《儀禮·士虞禮》，下同。
[七]見《尚書·金縢》及《無逸》。

已祧不諱

《册府元龜》：唐憲宗元和元年，禮儀史[一]奏言：「謹按《禮記》曰：『既卒哭，卒夫[二]執木鐸以命于宮曰：舍故而諱新。』[三]此謂已遷之廟則不諱也。今順宗神主升祔禮畢，高宗、中宗神主上適[四]，請依禮不諱。」「制可。」[五]

文宗開成中，刻召[六]經，凡高祖、太宗及肅、代、德、順、憲、穆、敬七宗諱，並缺點畫。高、中、睿、玄四宗已祧，則不缺。文宗見爲天子，依古「卒哭乃諱」，[七]鄭氏《曲禮》註曰：「生者不相辟名。」故御名亦不缺。

韓退之《諱辨》[八]本爲二名、嫌名立論，而其中「治天下之『治』」却犯正諱。盖元和之「元」，高宗已祧，故其《潮州上表》曰「朝廷治平日久」，曰「政治少懈」，曰「巍巍治功」，曰「君臣相戒，以致至治」，《舉張行素》曰「文學治行衆所推」，《平淮西碑》曰「大開明堂，坐以治之」，《韓弘神道碑銘》曰「無有外事，朝廷之治」。惟《諱辨》篇中似不當用。

漢時祧廟之制不傳，竊意亦當如此。故孝惠諱「盈」，而《説苑・敬慎篇》引《易》「天道虧盈而益謙」四句，「盈」字皆作「満」，在七世之内故也。班固《漢書・律歷志》「盈元」、「盈統」、「不盈」之類，一卷之中字凡四十餘見。何休註《公羊傳》曰：「言孫于齊者，盈諱文。」已祧故也。若李陵詩「獨有盈觴酒，與子結綢繆」，[九]枚乘《柳賦》「盈玉縹之清酒」，載《古苑[十]》。又詩「盈盈一水間」，載《玉臺新咏》。二人皆在武、昭之世，而不避諱，又可知其爲後人之擬作而不出於西京矣。李陵詩不當用「盈」字，《容齋隨筆》論之。

「後唐明宗天成四年，中書門下奏：『少帝册文内有「基」字，是玄宗廟諱，尋常詔敕皆不迴避。少帝是繼世之孫，册文内不欲斥列聖之諱，今改爲「宗」字。』」[十一]

《宋史》：紹興「三十二年正月，禮部太常寺言：『欽宗祔廟，翼祖當遷，以後翼祖皇帝諱依禮不諱。』詔恭依」。[十二]

謝肇淛曰：「宋真宗名恒，而朱子于書中『恒』字獨不諱。蓋當寧宗之世，真宗已祧。」

本朝[十三]崇禎三年，禮部奉旨頒行天下，避太祖、成祖廟諱，及孝、武、世、穆、神、光、熹七宗廟諱，正依唐人之式。惟今上御名亦須迴避，蓋唐、宋亦皆如此。觀漢宣帝之詔，知當時已避天子名[十四]。然止避下一字，而上一字天子與親王所同，則不諱。

【校注】

[一]「史」字誤，當改。原抄本、遂初堂本、集釋本、欒本、陳本、嚴本均作「使」。
[二]「卒夫」誤，當改。原抄本、遂初堂本、集釋本、欒本、陳本、嚴本均作「宰夫」。《禮記》作「宰夫」。
[三]《禮記・檀弓下》。
[四]「適」字誤，當改。原抄本、遂初堂本、集釋本、欒本、陳本、嚴本均作「遷」。《册府元龜》作「遷」。
[五]《册府元龜》卷五百九十一。
[六]「召」字誤，當改。原抄本、遂初堂本、集釋本、欒本、陳本、嚴本均作「石」。
[七]見《禮記・曲禮上》。
[八]「諱辨」，原抄本作「諱辯」，遂初堂本、集釋本、欒本、陳本、嚴本誤倒作「辯諱」，下文「諱辯」不誤。《韓文公集》卷十二作「諱辯」。
[九]李陵《與蘇武三首》。
[十]「古苑」，中間脱一字，當補。原抄本、遂初堂本、集釋本、欒本、陳本、嚴本均作「古文苑」。
[十一]《册府元龜》卷五百九十六。
[十二]《宋史・禮志十一》，又見《禮志二十六》。
[十三]「本朝」，原抄本同，潘耒遂初堂刻本删，集釋本因之。欒本據黄侃校記改回而加説明，陳本、嚴本仍刻本之舊而加注。
[十四]「名」字，原抄本同，遂初堂本、集釋本、欒本、陳本、嚴本上有「之」字。

皇太子名不諱

《册府元龜》：唐「王紹爲兵部尚書，紹名初，與憲宗同。憲宗時爲廣陵王，順宗即位，将册爲皇太子，紹上言請改名。議者或非之，曰：『皇太子亦人臣也，《漢魏故事》：「皇太子稱臣，晉咸寧中議除此制。摯虞以爲：『《孝經》：「資于事父以事君。」義兼臣子，則不嫌[一]稱臣。』詔令依舊。」東宮之臣當請改爾，奈何非其屬而遽請改名，豈爲以禮事上邪？』左司員外郎李藩[二]曰：『歷代故事，皆自不識大體之臣而失之，因不可復正，無足怪也。』」[三]

《三國志》註言：「魏文帝爲五官中郎將，賓客如雲，邴原獨不往。太祖微使人問之，原答曰：『吾聞國[四]不事家宰，君老不奉世子。』」[五]萬曆[六]中年，往往有借「國本」之名而以爲題目者，得無有愧其言？危。

唐中宗自房州還[七]，復立爲皇太子。左庶子王方度[八]上言：「太子皇儲，其名尊重，不敢[九]指斥。晉尚書僕射山濤《啟事》，[十]稱皇太子而不言名。朝官猶尚如此，宮臣諱則不疑。今東宮殿及門名皆有觸犯，臨事論政[十一]，迴避甚難。孝敬皇帝爲太子時，改『弘敢[十二]門』爲『崇教門』。沛王爲皇太子，改『崇賢[十三]館』爲『崇文館』，避名諱[十四]，以遵典禮。伏望依例改換。」「制從之。」[十五]史臣謂方慶欲尊太子，以「示中興之漸」。[十六]然則方慶之言蓋有爲言之也。皆。

本朝[十七]之制，太子、親王名，俱令迴避，蓋失之不考[十八]也。崇禎二年，兵部主客司主事賀烺以避皇太子名，改名「世壽」。而光宗爲太子，河南府及商州屬縣並未嘗改。古。

《實録》言：洪武十四年十月，「辛酉，給事中鄭相同請依古制，凡啟事皇太子，惟東宮官屬稱臣，朝臣則否，以見『尊無二上』[十九]之義。詔下群臣議，翰林院編修吴沈言：『太子所以繼聖體而承天位者也，尊敬之體宜同。』從之」。[二十]歷代不稱臣之制自斯而變。親王之名，尤不必諱，而本朝諱之[二十一]。正統十二年，山西鄉試，《詩經》題内「維周之楨」，「楨」字犯楚昭王諱，[二十二]考試及同考試官[二十三]俱罰俸一月。[二十四]

【校注】

[一]「不嫌」，原抄本同，遂初堂本、集釋本、欒本、陳本、嚴本下有「於」字。

[二]「李藩」，遂初堂本、集釋本、欒本、陳本、嚴本同，原抄本誤作「李舊」。《册府元龜》作「李藩」。

[三]《册府元龜》卷九百四十六。

[四]「國」字下，脱「危」字，誤植在此節之末，當乙正。原抄本、遂初堂本、集釋本、欒本、陳本、嚴本均作「國危」。

[五]《三國志·魏書·邴原傳》注。

[六]「爲曆」誤，當改。原抄本、遂初堂本、集釋本、欒本、陳本、嚴本均作「萬曆」。

[七]「遷」字誤，當改。原抄本、遂初堂本、集釋本、欒本、陳本、嚴本均作「還」。

[八]「王方度」誤，當改。原抄本、遂初堂本、集釋本、欒本、陳本、嚴本均作「王方慶」。

[九]「不敢」，遂初堂本、集釋本、欒本、陳本、嚴本同，原抄本誤作「不散」。《舊唐書》作「不敢」。

[十]《晉書·山濤傳》：「濤所奏甄拔人物，各爲題目，時稱《山公啟事》。」今多見於《太平御覽》、《藝文類聚》中。

[十一]「政」字誤，當改。原抄本、遂初堂本、集釋本、欒本、陳本、嚴本均作「啟」。《舊唐書》作「啟」。

[十二]「敢」字誤，當改。原抄本、遂初堂本、集釋本、欒本、陳本、嚴本均作「教」。

[十三]「腎」字誤，當改。原抄本、遂初堂本、集釋本、欒本、陳本、嚴本均作「賢」。

[十四]「避名諱」上，脱「皆」字，誤植在此節之末，當乙正。原抄本、遂初堂本、集釋本、欒本、陳本、嚴本均作「皆避名諱」。

[十五]《舊唐書・王方慶傳》。

[十六]見《新唐書・王綝傳》贊曰。王綝，字方慶，以字顯。

[十七]「本朝」，原抄本同。潘耒遂初堂刻本改爲「有明」，集釋本因之。欒本據黄侃校記改回而加説明，陳本、嚴本仍刻本之舊而加注。

[十八]「不考」下，脱「古」字，誤植在此節之末，當乙正。原抄本、遂初堂本、集釋本、欒本、陳本、嚴本均作「不考古」。

[十九]語出《禮記・曾子問》，又見《坊記》。

[二十]《太祖實録》卷一百三十九，又見《明史・禮志七》。

[二十一]「而本朝諱之」，原抄本同。潘耒遂初堂刻本改爲「而亦諱之」，集釋本因之。欒本據黄侃校記改回而加説明，嚴本仍刻本之舊而加注。黄侃校記：鈔本「亦」作「本朝」二字。陳垣於「親王之名」下校注云：「親王」上原有「本朝」二字。今按：「本朝親王之名，尤不必諱」文意不通，不知陳氏何據。

[二十二]明楚昭王，太祖第六子，名楨。

[二十三]「同考試官」，「試」字衍，當删。原抄本、遂初堂本、集釋本、欒本、陳本、嚴本均作「同考官」。《英宗實録》作「同考官」。

[二十四]見《英宗實録》卷一百五十八，又見《萬曆野獲編》補遺卷二。

二名不偏諱[一]

二名不偏諱。宋武公名「司空」，改司空爲「司城」，[二]是其證也。

杜氏《通典》：「大唐武德九年[三]六月，太宗居春官，總萬機，下令曰：依禮，『二名不偏諱』。其官號、人名及公私文籍，有『世』及『民』兩字不連讀者，並不須諱避。」[四]《唐書·高宗紀》：貞觀二十三年[五]，「七月丙午，改治書侍御史爲御史中丞，諸州治中爲司馬，別駕爲長史，治禮郎爲奉禮郎，以避上名。上以貞觀初不諱先帝二字，有司奏曰：『先帝二名，禮不偏諱。上既單名，臣子不合指斥。』上乃從之。」《通典》又言：太宗時，「二名不相連者並不諱，至玄宗始諱之」。然永歲[六]初已改「民部」爲「户部」，而字世勣[七]已去「世」字單稱「勣」矣。又按，《隋書》修于太宗時，而中間多有改「世」爲「代」、改「民」爲「人」者，此唐人偏諱之始。然亦有不盡然者。《經籍志》：《四民月令》作「四人」，而《齊民要術》仍「民」字，是亦《漢書》註所云「史駮文[八]」者也。[九]章懷太子註《後漢書》亦有並其本文而改之者，如《胡廣傳》「《詩》美先人，詢于芻蕘」之類。

後唐明宗名「嗣源」。天成元年六月，敕曰：「古者酌禮以制名，懼廢于物：難知而易諱，貴便于時。況徵彼二名，抑有前例。太宗文皇帝自登寶位，不改舊稱，時則臣有『世南』，宮[十]有『民部』，靡聞曲避，止禁連呼。朕猥以眇躬，託于人上，祗遵聖範，非敢自尊。應文書內所有一[十一]字，但不連稱，不得迴避。若臣下之名不欲與君親同字者，任自改更，務從私便，庶體朕懷。」[十二]

【校注】

[一]《禮記·曲禮上》：「二名不偏諱。」鄭玄注：「謂二名不一一諱也。孔子之母名『徵在』，言『在』不稱『徵』，言『徵』不稱『在』。」

[二]《左傳·桓公六年》：「晉以僖侯廢司徒，宋以武公廢司空。」杜預：「僖侯名『司徒』，廢爲『中軍』。武公名『司空』，廢爲『司城』。」

[三]「九年」，遂初堂本、集釋本、欒本、陳本、嚴本同，原抄本誤作「元年」。《通典》作「九年」。

［四］《通典》卷一百四。

［五］此年六月，高宗即位。太宗第九子，名治。

［六］「永歲」誤，當改。原抄本、遂初堂本、集釋本、欒本、陳本、嚴本均作「永徽」。

［七］「字世勣」誤，當改。原抄本、遂初堂本、集釋本、欒本、陳本、嚴本均作「李世勣」。

［八］「交」字誤，當改。原抄本、遂初堂本、集釋本、欒本、陳本、嚴本均作「文」。

［九］「玄宗始諱之」，見《通典》卷二十三，原文作「高宗」。「史駁文」，詳見卷二十五「莊安」條。

［十］「宮」字誤，當改。原抄本、遂初堂本、集釋本、欒本、陳本、嚴本均作「官」。《舊五代史》作「官」。

［十一］「一」字誤，當改。原抄本、遂初堂本、集釋本、欒本、陳本、嚴本均作「二」。《舊五代史》作「二」。

［十二］《舊五代史·明宗紀二》。

嫌名［一］

衛桓公名「完」，楚懷王名「槐」，古人不諱嫌名，故可以爲謚。［二］

韓文公《諱辯》言：「不諱滸、勢、秉、機。」［三］乃玄宗《御刪定禮記月令》［四］曰「野雞入大水爲蜃」，曰「野雞始雊」，則諱「雉」，以與「治」同音也。李林甫《序》曰「璿［五］樞王［六］衡，以齊七政」［七］，則諱「璣」。德宗《九月九日賜曲江宴》詩：「時此萬樞暇，適與佳節並」，則諱「機」，以與「基」同音也。《南史》劉秉不稱名，而書其字曰「彦節」，則諱「秉」，以與「昞」同音也。又如武后父諱「士彠」，而孫處約改名「茂道」［八］，韋仁約改名「思謙」［九］。睿宗諱「旦」，而張仁亶改名「仁願」。玄宗諱「隆基」，而劉知幾改名「子玄」，箕州改名「儀州」。即今遼州。德宗諱「适」，而括州改名「處州」。順宗諱「誦」，而鬪訟律改爲「鬪競」。憲宗諱「仁[十]」，凡姓淳于者改姓「于」，「唯監察御史韋淳不改。既而有詔，以陸淳爲給事中，改名質，淳不得已，改名處厚」。[十一]而懿宗以南詔酋龍「名近玄宗諱[十二]，遂不行册禮」。[十三]則退之所言亦未爲定論也。唐自中葉以後，即士大夫亦諱嫌名，故舊史以韓愈爲李賀作《諱辯》爲「紕繆」。[十四]而《賈曾傳》則曰：「拜中書舍人。曾以父名忠，固辭。議者以爲中書是曹司名，又與曾父名音同字别，於禮無嫌，曾乃就職。」《懿宗紀》則曰：咸通二年八月，中書舍人「朱[十五]衛洙奏狀稱：『蒙恩除授滑州刺史，官號内一字與臣家諱音同，請改授閒官。』敕白[十六]：『嫌名不諱，著在禮文。成命已行，固難依允。』」是八[十七]以爲不當諱也。

《册府元龜》：「咸通十二年，分司侍御史李谿進狀曰：『臣淮[十八]西臺牒及金部稱，奉六月二十七日敕，内園院郝景全事奏狀内「訟」字，音與廟諱同，奉敕罰臣一季俸者。臣官位至卑，得蒙罰俸，屈與不屈，不合有言。而事關理體，若便隱默，恐負聖時。願陛下寬其罪戾，使得盡言。臣前奏狀稱准敕「因事告事，旁訟他人」，是咸通十一年十月十三日敕語，臣狀中具有「准敕」字，非臣自撰辭句。臣謹按，「禮，不諱嫌名。」又按《職制律》：「諸犯廟諱，嫌名不坐。」註云：「謂若禹與雨。」疏云：「謂聲同而字異。」[十九]註、疏重複，至易分曉。伏惟皇帝陛下明過帝堯，孝踰大舜，豈自發制敕而不避諱哉？故是審量禮、律，以爲無妨耳。即引陛下敕文而言，不敢擅有改移[二十]。不謂内園使[二十一]有此論奏[二十二]也。臣非敢訴此罰俸也，恐自此有援引敕格者，亦須委曲迴避，便成訛弊。臣聞趙充國爲将，不嫌伐一時事，以爲漢家後法。魏徵爲相，不存形迹，以致貞觀太平。臣雖未及将相，忝爲陛下持憲之臣，豈可以論倖爲嫌，而使國家赦命有誤也？願陛下留意察納，别下明敕，使自後章奏一遵禮、律處分，則天下幸甚。』敕免所罰。」[二十三]

南唐元宗初名「璟」，避周信祖廟諱，改名「景」。是不諱嫌名。

按嫌名之有諱，在漢末之閒。晉羊祜爲都督荆州諸軍事，及薨，「荆州人爲祜諱，名室户皆以『名[二十四]』爲稱，改户曹爲『辭曹』」。[二十五]此諱嫌名之始也。

《後魏・地形志》：天水郡上邽縣，「犯太祖諱」，改爲「上封」。魏太祖名「珪[二十六]」。

宋代制，于嫌名、字皆避之。《禮部韻略》[二十七]凡有[二十八]廟諱音同之字皆不收。太祖諱「匡胤」[二十九]，十[三十]《陽部》去王切一十三字、二十一《震部》羊晉切一十一字皆不收，它皆倣此。宋子[三十一]《周易本義・始卦[三十二]》下以「故爲姤」作「故爲遇」，避高[三十三]嫌名也。宋板書「貞」字、「完」字多是缺筆。「貞」音[三十四]「禎[三十五]」，仁宗諱。「完」音同「桓」，欽宗諱。《雍録》以以[三十六]「貞女樹」爲「正女木」，「樹」音同「曙」，英宗諱。

豈不聞《顔氏家訓》所云：「呂尚之兒如不爲『上』，趙壹之子儻不作『一』，便是下筆郡[三十七]妨，是書皆觸」者乎？[三十八]金章宗泰和元年七月，「己巳，初禁廟諱同音字」。[三十九]盖亦倣宋制也。

本朝[四十]不諱嫌名，如建文號[四十一]是也。

【校注】

[一]《禮記・曲禮上》：「禮，不諱嫌名。」鄭玄注：「嫌名謂音聲相近，若禹與雨、丘與區也。」

[二]桓、完音近，懷、槐音近，不避嫌疑，故不諱。

[三]《韓昌黎集》五百家舊注：「以滸、勢、秉、饑爲近太祖、太宗、世祖、玄宗廟諱。蓋太祖名虎，太宗名世民，世

祖名昞，玄宗名隆基。」

［四］《新唐書·藝文志》著録「《御刊定禮記月令》一卷」，《宋史·藝文志》著録「唐玄宗《刪定禮記月令》一卷」。

［五］「璿」，原抄本、遂初堂本、陳本、嚴本同，欒本作「璇」。《尚書》孔傳：「璿音旋。」

［六］「王」字誤，當改。原抄本、遂初堂本、集釋本、欒本、陳本、嚴本均作「玉」。《尚書》作「玉」。

［七］序引《尚書·舜典》文。

［八］《舊唐書·孫處約傳》：「避中宫諱，改名『茂道』。」

［九］《舊唐書·韋思謙傳》：「本名仁約，字思謙，以音類則天父諱，故稱字焉。」《新唐書》本傳同。

［十］「仁」字誤，當改。原抄本、遂初堂本、集釋本、欒本、陳本、嚴本均作「純」。

［十一］《舊唐書·李藩傳》，改名處厚，原文作「改名貫之」。另《舊唐書·韋處厚傳》：「韋處厚，字德載，京兆人。處厚本名淳，避憲宗諱，改名處厚。」

［十二］「諱」字，遂初堂本、集釋本、欒本、陳本、嚴本同，原抄本脱，當補。

［十三］《資治通鑑》卷二百四十九。

［十四］《舊唐書·韓愈傳》：「李賀父名晉，不應進士，而愈爲賀作《諱辨》，令舉進士」、「此文章之甚紕繆者」。

［十五］「朱」字衍，當刪，原抄本、遂初堂本、集釋本、欒本、陳本、嚴本無。

［十六］「白」字誤，當改。原抄本、遂初堂本、集釋本、欒本、陳本、嚴本均作「曰」。

［十七］「八」字誤，當改。原抄本、遂初堂本、集釋本、欒本、陳本、嚴本均作「又」。

［十八］「淮」字誤，當改。原抄本、遂初堂本、集釋本、欒本、陳本、嚴本均作「准」。

［十九］《唐律疏議》卷十。

［二十］「改移」，原抄本同，遂初堂本、集釋本、欒本、陳本、嚴本作「移改」。

［二十一］「使」字誤，當改。原抄本、遂初堂本、集釋本、欒本、陳本、嚴本均作「便」。

［二十二］「論奏」，遂初堂本、集釋本、欒本、陳本、嚴本同，原抄本作「奏論」。

［二十三］《册府元龜》卷三。

［二十四］「名」字誤，原抄本同誤，當改。遂初堂本、集釋本、欒本、陳本、嚴本作「門」。《晉書》作「門」。

［二十五］《晉書・羊祜傳》。

［二十六］「瑾」字誤，當改。原抄本、遂初堂本、集釋本、欒本、陳本、嚴本均作「珪」。

［二十七］《宋史・藝文志》：「丁度《景祐禮部韻略》五卷。」

［二十八］「有」，原抄本同，遂初堂本、集釋本、欒本、陳本、嚴本作「與」。

［二十九］「匡胤」，「胤」字缺末筆。遂初堂本誤作「亂」，集釋本作「匡允」。

［三十］「十」，遂初堂本、集釋本、欒本、陳本、嚴本同，原抄本誤作「七」。紹定庚寅刊本《禮部韻略》下平声第二十《阳》。

［三十一］「宋子」誤，當改。原抄本、遂初堂本、集釋本、欒本、陳本、嚴本均作「朱子」。

［三十二］「始卦」誤，當改。原抄本、遂初堂本、集釋本、欒本、陳本、嚴本均作「姤卦」。

［三十三］「高」字下，脱「宗」字，當補。原抄本、遂初堂本、集釋本、欒本、陳本、嚴本均作「高宗」。

［三十四］「音」字下，脱「同」字，當補。原抄本、遂初堂本、集釋本、欒本、陳本、嚴本均作「音同」。

［三十五］「禎」，遂初堂本、集釋本、欒本、陳本、嚴本同，原抄本誤作「禛」。按宋仁宗名禎。

［三十六］下「以」字衍，當删，原抄本、遂初堂本、集釋本、欒本、陳本、嚴本無。

［三十七］「郡」字誤，當改。原抄本、遂初堂本、集釋本、欒本、陳本、嚴本均作「即」。《顔氏家訓》作「即」。

［三十八］《顔氏家訓・風操》。

［三十九］《金史・章宗本紀三》。

［四十］「本朝」，原抄本同。潘耒遂初堂刻本改爲「明代」，集釋本因之。欒本據黄侃校記改回而加説明，陳本、嚴

本仍刻本之舊而加注。

［四十一］「號」字上，脱「年」字，當補。原抄本、遂初堂本、集釋本、欒本、陳本、嚴本均作「年號」。

以諱改年號

唐中宗諱「顯」，玄宗諱「隆基」，唐人凡追稱高宗顯慶年號多云「明慶」，永隆年號多云「永崇」。趙元昊以父名「連明［一］」，改宋明道年號爲「顯道」。而范文正公《與元昊書》亦改後唐明宗爲「顯［二］」。杜氏《通［三］》：「釋法明《游天竺記》。」「明」下有「國諱改焉」四字，當是小註，今本連作大文。［四］

【校注】

［一］「連明」誤，當改。原抄本、遂初堂本、集釋本、欒本、陳本、嚴本均作「德明」。

［二］「顯」字下，脱「宗」字，當補。原抄本、遂初堂本、集釋本、欒本、陳本、嚴本均作「顯宗」。

［三］「通」字下，脱「典」字，當補。原抄本、遂初堂本、集釋本、欒本、陳本、嚴本均作「通典」。

［四］《通典》卷一百九十一。《游天竺記》，法顯撰。

前代諱

孟蜀所刻石經，于唐高祖、太宗諱，皆缺書。石晉《相里金神道碑》，「民」、「氓［一］」二年［二］皆缺末筆。南漢劉尊巖其父［三］謙爲「代祖聖武皇帝」，［四］猶以「代」字易「世」。至宋益遠矣，而乾德三年卜諲[五]《伏羲[六]女媧廟碑》「民」、「岷」二字，咸平六年孫冲序《絳守居園池記碑》「民」、「岷[七]」二字，皆缺末筆。其于舊君之禮，何其厚與！予至西安，見采[八]咸平二年夢英自書《篆書録目[九]偏旁序[十]源序》，立于文宣王廟者，稱長安爲「故都」，而「唐」字跳行，益歎昔人之厚。其時唐之亡已九十三年矣。

楊阜，魏明帝時人也，其疏引《書》「協和萬國」，[十一]猶諱[十二]漢高祖諱。韋昭，吴後主時人也，其解《國語》，凡「莊」字皆作「嚴」，亦[十三]猶避漢明帝諱。唐長孫無忌等撰《隋書》，易《忠節傳》以《誠節》，稱「苻堅」爲「苻永固」，亦避隋文帝及其考諱。後漢應郡[十四]作《風俗通》，有「諱田[十五]君」之議。[十六]自古相傳忠厚之道如此，今人不知之矣！

元移剌廻[十七]爲常州路總管，刻其所點《四書章句》、《或問》、《集註》，其凡例曰：「凡序、註、或問中題頭及空處，並存其舊，以見當時忠上[十八]之意。如「宋德隆盛」之類。[十九]近歲新刊《大學衍義》亦然。」時天曆元年也。《資治通鑑》周太祖、世宗《紀》，「太祖皇帝」皆題頭，至今仍之。《孟子》「見梁襄王章」末註，蘇氏曰：「予觀孟子以來，自漢高祖，及光武，及唐太宗，及我太祖皇帝，能一天下者四君。」[二十]「太祖」上空一字。永樂中修《大全》，于其空處添一「宋」字，後人之見，與前人相去豈不遠哉？

【校注】

[一]「岷」字誤，當改。原抄本、遂初堂本、集釋本、欒本、陳本、嚴本均作「珉」。下同。

[二]「年」字誤，當改。原抄本、遂初堂本、集釋本、欒本、陳本、嚴本均作「字」。

[三]「劉尊巖其父」誤倒，當乙正。原抄本、遂初堂本、集釋本、欒本、陳本、嚴本均作「劉巖尊其父」。劉巖，五代中稱帝，都番禺，國號大越。

[四]見《資治通鑑》卷二百七十。
[五]「卜諲」，遂初堂本、集釋本、欒本、陳本、嚴本同，原抄本誤作「卜謹」。
[六]「伏義」誤，當改。原抄本、遂初堂本、集釋本、欒本、陳本、嚴本均作「伏羲」。
[七]「氓」字誤，原抄本同誤，當改。遂初堂本、集釋本、欒本、陳本、嚴本作「珉」。
[八]「采」字誤，當改。原抄本、遂初堂本、集釋本、欒本、陳本、嚴本均作「宋」。
[九]「録目」誤倒，當乙正。原抄本、遂初堂本、集釋本、欒本、陳本、嚴本均作「目録」。
[十]「序」字涉下而訛，當改。原抄本、遂初堂本、集釋本、欒本、陳本、嚴本均作「字」。
[十一]見《三國志・魏書・楊阜傳》。《尚書・堯典》原文作「協和萬邦」。
[十二]「諱」字誤，當改。原抄本、遂初堂本、集釋本、欒本、陳本、嚴本均作「避」。
[十三]「亦」字，原抄本同，遂初堂本、集釋本、欒本、陳本、嚴本無。
[十四]「應郡」誤，當改。原抄本作「應邵」，遂初堂本、集釋本、欒本、陳本、嚴本作「應劭」。
[十五]「田」字誤，當改。原抄本、遂初堂本、集釋本、欒本、陳本、嚴本均作「舊」。
[十六]《三國志・吳書・張昭傳》注：「時汝南主簿應劭議宜爲舊君諱，論者皆互有異同，事在《風俗通》。」
[十七]「移剌廻」誤，當改。原抄本、遂初堂本、集釋本、欒本、陳本、嚴本均作「移剌迪」。
[十八]「忠上」，遂初堂本、集釋本、欒本、陳本、嚴本同，原抄本作「忠厚」。
[十九]見朱熹《大學章句・序》。
[二十]見朱熹《孟子集注》。

名父名君名祖

《金縢》周公之祝辭曰：「惟爾元孫某。」《左傳》荀偃濟河而禱，稱「曾臣彪」。[一]名君也。《淮南子》曰：「祝則名君。」《左傳》：楚子圍宋，申犀見王，稱「無畏」。[一]知罃對楚王，稱「外臣首」。[二]鄢陵之戰，樂鍼曰「書退」，[三]名父也。華耦來盟，稱「君之先臣督」。[四]欒盈辭于周行人，曰「陪臣書」，[五]曰「其子壓[六]」，[七]名祖若父也。

【校注】

[一]《左傳·襄公十八年》。

[二]《左傳·宣公十五年》，原文作「毋畏」。

[三]《左傳·成公三年》。

[四]《左傳·成公十六年》。

[五]《左傳·文公十五年》。

[六]「壓」字誤，當改。原抄本、遂初堂本、集釋本、欒本、陳本、嚴本均作「黶」。《左傳》作「黶」。

[七]《左傳·襄公二十一年》。

弟子名師

《論語》：「長沮曰：『夫執輿者爲誰？』子路曰：『爲孔丘。』」[一]《孟子》：「樂正子入見曰：『君奚爲不見孟柯[二]也？』」[三]是弟子而名師也。

【校注】

[一]《論語·微子》。

[二]「孟柯」誤，當改。原抄本、遂初堂本、集釋本、欒本、陳本、嚴本均作「孟軻」。《孟子》作「孟軻」。

[三]《孟子・梁惠王下》。

同輩稱名

古人生不諱名。同輩皆面稱[一]其名。《書》:「周公若曰:『君奭。』」[二]《禮記・曾子問篇》:「老聃曰:『丘!』」《檀弓篇》:「曾子[三]:『商!』」[四]《語々[五]》:「微生畝謂孔子曰:『丘!』」[六]是也。曰。

【校注】

[一]「稱」,原抄本同,遂初堂本、集釋本、欒本、陳本、嚴本作「呼」。

[二]《尚書・君奭》。

[三]「曾子」下,脱「曰」字,誤植在此節之末,當乙正。原抄本、遂初堂本、集釋本、欒本、陳本、嚴本均作「曾子曰」。

[四]《禮記・檀弓上》,原文作「曾子怒曰」。

[五]「語々」誤,當改。原抄本、遂初堂本、集釋本、欒本、陳本、嚴本均作「論語」。

[六]《論語・憲問》。

以字爲諱

古人敬其名,則無有不稱字者。《顔氏家訓》曰:「古者名以正體,字以表德。名終則諱之,字乃可以爲孫[一]氏。孔子弟子記事者，皆稱『仲尼』。子貢曰：「仲尼，日月也。」魏鶴山云：「《儀禮》子孫于祖禰皆稱字。」吕后微時，嘗字[二]高祖爲『季』。漢袁種，字其叔曰[三]盎曰『絲』。王丹與侯霸子語，字霸爲『君房』。江南至今不諱字也。河北士人全不辨之」[四]，故有諱其名而並諱其字者。《三國志·司馬朗傳》：「年九歲，人有道其父字者，朗曰：『慢人親者，不敬其親者也。』客謝之。」《常林傳》：「年七歲，有父黨造門，問林：『伯先在否？』林不答。客曰：『何不拜？』林曰：『雖當下拜，臨子字父，何拜之有！』」《晉書·儒林·劉兆傳》：「嘗有人著驛[五]騎驢至兆門外，曰：『吾欲[六]劉延世。』兆儒德道素，青州無稱其字者，門人大怒。兆曰：『聽前。』」《舊唐書·韓愈傳》：「拜中書舍人，有不悦愈者言：『愈前左降爲江陵掾曹，荆南節度使裴均館之頗厚。近者均子鍔還省父，愈爲序餞鍔，仍呼其字。』此論喧于朝列，生[七]是改太子右庶子。」至于《山陽公載記》言：馬超降蜀，嘗呼先主字，「關羽怒，請殺之」。[八]此則面呼人主之字，又不可以常儕論矣。

【校注】

[一]「孫」，遂初堂本、集釋本、欒本、陳本、嚴本同，原抄本誤作「係」。《顔氏家訓》作「孫」。

[二]「字」，遂初堂本、集釋本、欒本、陳本、嚴本同，原抄本誤作「呼」。《顔氏家訓》作「字」。

[三]「叔曰」誤，原抄本同誤，當改。遂初堂本、集釋本、欒本、陳本、嚴本作「叔父」。《顔氏家訓》作「叔父」。《史記·袁盎列傳》：「袁盎者，楚人也，字絲。」

[四]《顔氏家訓·風操》。

[五]「驛」字誤，當改。原抄本、遂初堂本、集釋本、欒本、陳本、嚴本均作「韡」。《晉書》作「韡」。

[六]「吾欲」下，脱「見」字，當補。原抄本、遂初堂本、集釋本、欒本、陳本、嚴本均作「吾欲見」，與《晉書》同。

［七］「生」字誤，當改。原抄本、遂初堂本、集釋本、欒本、陳本、嚴本均作「坐」。《舊唐書》作「坐」。

［八］《三國志・蜀書・馬超傳》裴注引。

自稱字

《漢書》註：張晏曰：「匡衡［一］少時字鼎。世所傳衡與貢禹書，上言『衡敬報』，下言『匡鼎白』。」［二］《南史》：陶弘景「自號『華陽隱居』，人間書劄，即以『隱居』代名」。［三］此自稱字之始也。《東觀餘論》言：「古人或有自稱字者。王右軍《敬謝帖》云『王逸少白』。《廬山遠公集》盧循《與遠公書［四］》云『范陽盧子先叩首』。柳少師《與弟帖》云『誠懸呈』。」今按唐權德與［五］《答楊湖南書》稱「載之再拜」，柳冕《答鄭衢州書》稱「敬叔頓首」，白居易《與元九書》稱「樂天再拜」，宋陳摶《謁高公詩》稱「道門弟子圖南上」。

唐張謂《長沙土風［六］碑銘》：「有唐八葉，元聖六載，正言待理湘東。」張洗《濟瀆廟祭器幣物銘》：「濯纓不才，謬領茲邑。」元稱［七］作《白代［八］長慶集序》自書曰：「微之序。」乃是作文自稱其字。

自稱其字不始于漢人。「家父」［九］、「吉甫」［十］、「寺人孟子」［十一］之《詩》，已先之矣。

【校注】

［一］「匡衛」誤，當改。原抄本、遂初堂本、集釋本、欒本、陳本、嚴本均作「匡衡」。下「衛」字同誤，再下「衡」字不誤。

[二]《漢書·匡衡傳》注。
[三]《南史·隱逸傳·陶弘景傳》。又見《梁書·處士傳》。
[四]「與遠公書」，原抄本、遂初堂本、集釋本、欒本、陳本、嚴本均作「與遠書」，無「公」字。
[五]「權德與」誤，當改。原抄本、遂初堂本、集釋本、欒本、陳本、嚴本均作「權德輿」。
[六]「土風」，原抄本、遂初堂本、集釋本、欒本、陳本、嚴本均作「風土」。按《直齋書録解題》：「《長沙土風碑》一卷，唐潭州刺史河南張謂撰。前有碑銘，後有《湘中記》，載事蹟七十件。」《全唐文》卷三七五亦作「土風」。
[七]「元稱」誤，當改。原抄本、遂初堂本、集釋本、欒本、陳本、嚴本均作「元稹」。
[八]「白代」誤，當改。原抄本、遂初堂本、集釋本、欒本、陳本、嚴本均作「白氏」。
[九]《詩經·小雅·節南山》。
[十]《詩經·大雅·崧高》。
[十一]《詩經·小雅·巷伯》。

人主呼人臣字

漢高帝曰：「運籌策帷帳之中，決勝千里之外，吾不如子房。」[一]張良字。景帝曰：「天下方有急，王孫竇嬰字。寧可以讓邪？」[二]皆人主呼人臣字也。

晉以下，人主于其臣多不呼名。《南史》：梁蔡撙[三]爲吏部尚書、侍中。武帝「常[四]設大臣餅[五]，撙在坐，帝頻呼姓名，撙竟不答，食㸃如故。帝覺其負氣，乃改唤『蔡尚書』，撙始放箸[六]執勿[七]曰：『爾。』帝曰：『卿向何聾，今何聰？』對曰：『臣預爲右戚，且職在納言，陛下不應以名垂唤。』帝有慚色」。[八]《文選》范雲《表》稱「乃祖玄平」，李善註引《晉中興書》：「范汪，字玄平。」《魏書》江式表稱「臣亡祖文威」。[九]式祖强，字文威。又南朝人如王敬弘、王仲德、王景文、謝景仁，北朝人如蕭世怡、李元操之輩，名犯帝諱，即以字行，不復更名。宗諸叔茂[十]、張叔茂[十一]，名與太祖[十二]諱同，以字行。《通鑑》：大同二年：「時人多以字行，舊史皆因之。」周韋叔裕，「字孝寬，以字行」。《魏書》多稱「楊遵彦」。[十三]魏王昕對汝南王悦，自稱「元景」。[十四]北齊祖珽對長廣王湛，自稱「孝徵」。[十五]隋崔頤答豫章王𣈶，自稱「祖濬」。[十六]王貞答齊王暕啟，自稱「孝逸」。[十七]而唐太宗時如封倫、房喬、高儉、尉遲恭、顔籀，並以字爲名，蓋因天子常稱臣下之字故爾。其時堂陛之間，未甚闊絶，君臣而有朋友之義，後世所不能及矣。

《因話録》：「文宗對輸[十八]林諸學士，因論前代文章。裴舍人數素道[十九]陳拾遺[二十]名，柳舍人璟目之，[二十一]裴不覺。上顧柳曰：『他字伯玉，亦應呼陳伯玉。』」

【校注】

[一]《史記·高祖本紀》。

[二]《史記·魏其武安侯列傳》。又見《漢書》。

[三]「蔡撙」，原抄本、集釋本、欒本、陳本同，遂初堂本、嚴本作「蔡樽」。

[四]「常」，原抄本、遂初堂本、集釋本、欒本、陳本、嚴本均作「嘗」。《南史》作「嘗」。

[五]「餅」，欒本、陳垣同，原抄本、遂初堂本、集釋本、嚴本作「䴵」。

[六]「筯」，遂初堂本、集釋本、陳垣、嚴本同，原抄本作「筯」，欒本作「箸」。

[七]「匆」字誤，當改。原抄本、遂初堂本、集釋本、欒本、陳本、嚴本均作「笏」。

[八]《南史·蔡廓傳》附蔡撙傳。

[九]今按：見范雲《爲范尚書讓吏部封侯第一表》、《魏書·江式傳》「式上表曰」。

[十]「宗諸叔茂」誤，原抄本、遂初堂本、嚴本作「宋褚叔茂」，亦誤，當改。集釋本、欒本、陳本作「宋褚叔度」。褚叔度，《宋書》有傳，云：「叔度名與高祖同，故以字行。」

[十一]「張叔茂」誤，原抄本、遂初堂本、嚴本作「張叔茂」，亦誤，當改。集釋本、欒本、陳本作「張茂度」。張茂度，《宋書》有傳，云：「張茂度，吴郡吴人，張良後也。名與高祖諱同，故稱字。」

[十二]「太祖」誤，遂初堂本、嚴本作「太和」，亦誤，當改。原抄本、集釋本、欒本、陳本作「高祖」。《宋書·武帝紀》：「高祖武皇帝諱裕。」

[十三]今按：《資治通鑑》卷一百五十四。韋叔裕，見《周書·韋孝寬傳》。楊遵彦，字遵彦，見《魏書·楊播傳》。

[十四]《北齊書·王昕傳》。

[十五]《北齊書·祖珽傳》。

[十六]《隋書·隱逸傳·崔廓傳》附崔賾傳。

[十七]《隋書·文學傳·王貞傳》。

[十八]「輪」字誤，當改。原抄本、遂初堂本、集釋本、欒本、陳本、嚴本均作「翰」。

[十九]「數素道」誤倒，當乙正。原抄本、遂初堂本、集釋本、欒本、陳本、嚴本均作「素數道」。裴素，太和二年閏三月舉賢良方正能直言極諫科，見《太平御覽》卷六百二十九。

[二十]陳子昂，字伯玉，官右拾遺。

[二十一]黄汝成集釋引錢氏曰：「文宗名『昂』，而裴不知避，故柳目之。」

两名

《禮記》正義：「《公羊》説：《春秋》『譏二名』，謂二字作名，若魏曼多也。[一]《公羊傳》：《春秋》以仲孫何忌爲仲孫忌，魏曼多爲魏多，稱謂[二]「譏二名」尚[三]去之。[四]《左氏》說：一[五]名者，楚公子棄疾弑其君，即位之後，改名爲『居』，[六]是爲二名。許慎[七]謹案云：『文、武賢臣有散宜生、蘇忿生，則《公羊》之說非也。」[八]《白虎通》：「古人之名或兼或單，《春秋》『譏二名』，乃謂其無常者也。」[九]是用《左氏》說。今按古人兩名見于經傳者，不止楚平王。如晉文侯名仇，而《書》云「父義和」[十]。楚靈王名圍[十一]，而《春秋》書「弑其君虔于乾谿」[十二]。趙簡子名鞅，而鐵之傳[十三]自稱「志父」。[十四]南宫敬叔名說，一名縚，字容，又字括。蜚廉《石棺銘》，自稱「處父」。[十五]原屈[十六]名平，其作《離騷》也，名正則，字靈均。《賈誼傳》：「梁王勝」，註：「李奇曰：《又[十七]三王傳》言『揖』，此言『勝』，爲有兩名。」[十八]

【校注】

[一]見《公羊傳・哀公十三年》。
[二]「稱謂」誤，當改。原抄本、遂初堂本、集釋本、欒本、陳本、嚴本均作「皆謂」。
[三]「尚」字誤，當改。原抄本、遂初堂本、集釋本、欒本、陳本、嚴本均作「而」。
[四]今按：仲孫忌見《公羊傳・定公六年》。亭林意謂《公羊》「譏二名」亦是譏其有兩名，非是二字爲名也。
[五]「一」字誤，當改。原抄本、遂初堂本、集釋本、欒本、陳本、嚴本均作「二」。
[六]見《左傳・昭公十三年》。
[七]「許慎」誤，當改。原抄本、遂初堂本、集釋本、欒本、陳本、嚴本均作「許慎」。
[八]《禮記・曲禮上》孔穎達正義引許慎《五經異義》。
[九]《白虎通義・姓名》。
[十]《尚書・文侯之命》。
[十一]「圍」字形近而訛，原抄本同誤，當改。遂初堂本、集釋本、欒本、陳本、嚴本作「圍」。

[十二]《春秋經・昭公十三年》。「乾裕」誤，當改。原抄本、集釋本、欒本、陳本、嚴本均作「乾谿」。
[十三]「傳」字誤，當改。原抄本、遂初堂本、集釋本、欒本、陳本、嚴本均作「戰」。
[十四]《左傳・哀公二年》。
[十五]見《水經注》卷六、《太平御覽》卷五百五十一。
[十六]「原屈」誤倒，當乙正。原抄本、遂初堂本、集釋本、欒本、陳本、嚴本均作「屈原」。
[十七]「又」字誤，當改。原抄本、遂初堂本、集釋本、欒本、陳本、嚴本均作「文」。
[十八]《漢書・賈誼傳》。

假名甲乙

《史記・萬石君傳》：「長子建，次子甲，次子乙，次子慶。」甲乙非名也，失其名而假以名之也。《韓安國傳》：「蒙獄吏田甲」，《張湯傳》：「湯之客思[一]田甲[二]」，《漢書・高五王傳》：「齊宦者徐甲」，《嚴助傳》：「閩越王弟甲」，疑亦同此。《孟嘗君傳》：「田甲劫湣王」，蓄[三]是其名。《任安傳》：「某子甲何爲不來乎？」《三國志》註：許攸「呼魏太祖小字曰：『某甲，卿不得我，不得冀州也。』」《左傳》文十四年：「齊景公[四]元不順懿公之爲政也，終不曰『公』，曰『夫己氏』。」註：「猶言某甲。」《文選・爲齊明帝讓宣城郡公表》：「謹附某官某甲，奉表以聞。」《宣德皇后令》：「今遣某位某甲等。」

《漢書・魏相傳》：「中謁者趙堯舉春，李舜舉夏，兒湯舉秋，貢禹舉冬。」不應一時四人同以堯、舜、禹、湯爲名，若有意撰而名之者。及讀《急就章》，有云「祖堯舜[五]，樂禹湯」，乃悟若此類皆古人所假以名之也。或者[六]：高帝時實有趙堯，然非謁者。

蜀漢費禕作《甲乙論》，設爲二人之辭。《世説》云：「黄初中，有《甲乙疑論》。」晉人文字每多祖此，虚設甲乙。「中書令張華造《甲乙之問》云：『甲娶乙爲妻，後又[七]娶丙。』」[八]博士弟子徐叔中服議：「以母爲甲，先夫爲乙，後夫爲丙，先子爲丁，維[九]子爲戊。」[十]梁竟縝[十一]《神滅論》有張甲、王乙、李丙、趙丁。而《關尹子》云：「甲言利，乙言害，丙言或利或害，丁言俱利俱害。」《關尹子》亦魏晉間人所造之書也。

先秦以上即有以甲乙爲彼此之辭者，《韓非子》：「罪生甲，禍歸乙，伏怨乃結。」

【校注】

[一]「思」字衍，當删，原抄本、遂初堂本、集釋本、欒本、陳本、嚴本無，《史記》無。

[二]「田甲」，原抄本、集釋本、欒本、陳本同，遂初堂本、嚴本誤作「曰甲」。《史記》作「田甲」。

[三]「蓄」字誤，當改。原抄本、遂初堂本、集釋本、欒本、陳本、嚴本均作「當」。

[四]「齊景公」誤，當改。原抄本、遂初堂本、集釋本、欒本、陳本、嚴本均作「齊公子」。《左傳》作「齊公子」。

[五]「祖堯舜」，《急就章》原文作「柳堯舜」。

[六]「者」字誤，當改。原抄本、遂初堂本、集釋本、欒本、陳本、嚴本均作「曰」。

[七]「又」，原抄本同。遂初堂本、集釋本、欒本、陳本、嚴本誤作「人」。《晉書》作「又」。陳垣校注：「人」原作「又」。

[八]《晉書·禮志中》。

[九]「維」字誤，當改。原抄本、遂初堂本、集釋本、欒本、陳本、嚴本均作「繼」。《通典》作「繼」。

[十]《通典》卷九十四「服議」。

［十一］「竟縝」誤，當改。原抄本、遂初堂本、集釋本、欒本、陳本、嚴本均作「范縝」。

以姓取名

古人取名，連姓爲義者絶少。近代人命名，如陳王道、張四維、吕調陽、馬負圖之類，榜目一出，則此等姓名幾居其半，不知始自何年。嘗讀《通鑑》至五代後漢，有「虢州伶人靖邊庭」，胡身之註曰：「靖，姓也。」優伶之名與姓通取一義，所以爲謔也。靖邊庭亦見《宋史・田欽祚傳》。考之自唐以來，如黄幡綽、雲朝霞、《唐書・魏暮傳》。鏡新磨、《五代史・伶官傳》。羅衣輕《遼史・伶宦［一］傳》。之輩，皆載之史書，益信其言之有據也。嗟乎！以士大夫而效伶官［二］之命名，則自嘉靖以來然矣。

【校注】

［一］「伶宦」字誤，當改。原抄本、遂初堂本、集釋本、欒本、陳本、嚴本均作「伶官」。

［二］「伶官」，原抄本同，遂初堂本、集釋本、欒本、陳本、嚴本作「伶人」。

以父名子

《左傳》成十六年「潘尫之黨」，潘尫之子名黨也。襄二十三年「申鮮虞之傅摯」，申鮮虞之子名傅摯也。按《儀禮・特牲饋食禮》：「筮某之某爲尸」，註曰：「『某之某』者，字尸父而名尸也。」《少年［一］饋食禮》司［二］。亦此類也。《史記・太史公自序》：「維仲之省，厥濞王吴。」濞乃劉仲之子，稱爲「厥濞」。

【校注】

[一]「年」字誤，當改。原抄本、遂初堂本、集釋本、欒本、陳本、嚴本均作「牢」。

[二]「司」字誤，當改。原抄本、遂初堂本、集釋本、欒本、陳本、嚴本均作「同」。

以夫名妻

《左傳》昭元年：「當武王邑姜方震大叔。」《漢書·杜欽傳》：「皇太后女弟司馬君力。」蘇林曰：「字君力，爲司馬氏婦。」《南齊書》：「周盤龍愛妾[一]杜氏，二[二]送金釵鑷二十枚，手敕曰：『餉周公阿杜。』」《孔叢子[三]》：「衛将軍文子之内子死，復者曰：『皋媚女復。』子思聞之曰：『此女氏之字，非夫氏之名也。婦人于夫氏以姓氏稱，禮也。』」[四]

【校注】

[一]「愛妾」，遂初堂本、集釋本、欒本、陳本、嚴本同，原抄本下衍「姓」字，《南齊書》無。

[二]「二」字誤，當改。原抄本、遂初堂本、集釋本、欒本、陳本、嚴本均作「上」。《南齊書》作「上」。

[三]「孔叢子」，遂初堂本、集釋本、欒本、陳本、嚴本同，原抄本誤作「孔業子」。

[四]《孔叢子·抗志》。

兼舉名字

史文有一人而兼舉名、字。如「子玉得臣」、「百里孟明視」之類，已于《左傳》見之。「皋陶庭堅」

亦一人两稱。[一]若駢儷之文，必無重出，而亦有一二偶見者。焦氏《易林》：「申公顛倒，巫國亂臣[二]。」劉琨《答盧諶》詩：「宣尼悲獲麟，西狩涕孔丘。」謝惠連《秋懷》詩：「雖好相如達，不同長卿慢。」沈約《宋書・恩倖傳論》：「胡廣累世農夫，伯始致位公相。黄憲牛醫之子，叔度名動京師。」皆一人而兼舉其名、字也。《古詩》：「誰能刻鏤此，公輸與魯班。」下以[三]「與」字，竟以公輸、魯班爲二人，則不通矣。

【校注】

[一]見《左傳・文公五年》。

[二]「巫國亂臣」誤倒，當乙正。原抄本、遂初堂本、集釋本、欒本、陳本、嚴本均作「巫臣亂國」。《易林・隨卦》作「巫臣亂國」。

[三]「以」字誤，當改。原抄本、遂初堂本、集釋本、欒本、陳本、嚴本均作「一」。

排行

兄弟二名而用其一字者，世謂之「排行」，如「德宗、德文」[一]，「義符、義真」[二]之類。起自晉末，漢人之[三]所未有也。《水經註》：「昔北平侯王譚不同王莽之政，子興，生五子，並避亂隱居。」「光武即位位[四]，封爲五侯。元才北平侯，益才安喜侯，顯才蒲陰侯，仲才新市侯，季才唐侯。」[五]是後人追撰妄説。東漢人二名者亦少。

單名以偏旁爲排行，始見于「劉琦、劉琮」二豚犬[六]，此後「應璩、應瑒」、「衛瓘、衛玠」之流，踵而出之[七]矣。《陳球傳》：「二子瑀、璠，弟子珪。」若取偏旁，又不當與父同也。

今人无弟[八]行次稱一爲大，不知姑[九]自何時。漢淮南厲王「常謂上『大兄』」[十]，孝文帝行非第一也。

【校注】

[一]見下「字同其名」條。

[二]宋武帝二子，義符爲少帝，義真爲廬陵王。

[三]「之」字，原抄本同，遂初堂本、集釋本、欒本、陳本、嚴本無。

[四]「位位」誤，當改。原抄本、遂初堂本、集釋本、欒本、陳本、嚴本均作「帝位」。

[五]《水經注》卷十一「易水」。

[六]「二豚犬」三字，原抄本同。遂初堂本、集釋本、欒本、陳本、嚴本無。「豚犬」之説，見《三國志・吴書・吴主傳》注引《吴曆》。

[七]「踵而出之」，原抄本同，遂初堂本、集釋本、欒本、陳本、嚴本作「踵之而出」。

[八]「无弟」誤，當改。原抄本、遂初堂本、集釋本、欒本、陳本、嚴本均作「兄弟」。

[九]「姑」字誤，當改。原抄本、遂初堂本、集釋本、欒本、陳本、嚴本均作「始」。

[十]《史記・淮南衡山列傳》。

二人同名

有以二人同名而合稱之者。《左傳》莊二十八年：晉獻公「外嬖梁五與東關嬖五」，「晉人謂之『二五耦』」。《戰國策》：杜赫謂楚王曰：「此用『一[一]忌』之道也。」[二]以齊田忌、鄒忌爲「二忌」。唐高宗顯慶二年詔曰：「蹤二起于吴白。」[三]蓋倣此稱。

【校注】

[一]「一」字誤，當改。原抄本、遂初堂本、集釋本、樂本、陳本、嚴本均作「二」。

[二]《戰國策·齊策一》。

[三]《册府元龜》卷六十七。

字同其名

名、字相同，起于晉宋之間。史之所載，晉安帝諱德宗，字德宗；韓德文[一]，字德文；會稽王道子，字道子；殷仲文，字仲文；宋蔡興宗，字興宗；齊顏見遠，字見遠；梁王僧孺，字僧孺；劉孝綽，字孝綽；庾仲容，字仲容；江德藻，字德藻；任孝恭，字孝恭；師覺授，字覺授；北齊慕容紹宗，字紹宗；魏蘭根，字蘭根；後周王思政，字思政；辛慶之，字慶之；崔彦穆，字彦穆之類。至唐時尤多。

《藩鎮傳》：曰緒[二]，字緒。劉濟，字濟。[三]此起家軍伍，未曾立字，如李載義辭「土[四]有字」之比爾。[五]史家例以爲字[六]，非且，也[七]其文不可省乎！

【校注】

[一]「韓德文」脱誤，當改當補。原抄本、遂初堂本、集釋本、樂本、陳本、嚴本均作「恭帝諱德文」。

[二]「曰緒」誤，當改。原抄本、遂初堂本、集釋本、欒本、陳本、嚴本均作「田緒」。

[三]《新唐書·藩鎮傳·魏博傳》。

[四]「土」字誤，當改。原抄本、遂初堂本、集釋本、欒本、陳本、嚴本均作「未」。《新唐書》作「未」。

[五]《新唐書·藩鎮傳·盧龍傳》。

[六]「孛」字誤，當改。原抄本、遂初堂本、集釋本、欒本、陳本、嚴本均作「字」。

[七]「且也」誤倒，當乙正。原抄本、遂初堂本、集釋本、欒本、陳本、嚴本均作「也且」。

變姓名

古人變姓名，多是避仇，然亦有無所爲而變者。范蠡適齊，爲「鴟夷子皮」；之陶，爲「朱公」。[一]第五倫「客河東，自稱『王伯齊』」。[二]梁鴻適齊，「姓運期，名耀」。[三]

【校注】

[一]見《史記·越王句踐世家》。

[二]《後漢書·第五倫傳》。

[三]《後漢書·逸民傳》。

生而曰諱

生曰名，死曰諱。今人多生而稱人之名曰「諱」。《金石録》云：「生而稱諱，見于石判[一]者甚家[二]。」因引孝宣元康二年詔曰「其更諱詢」，以爲西漢已如此。《蜀志》：劉豹等上言「聖諱豫覩」，許靖等上言「名諱昭著」，《晉書》：高頵言：「范伯孫恂恂率道，名諱未嘗經于官曹。」[三]束晳《勸農賦》：「場功宰[四]，租輸至，録社長，召閭師，條牒所領，注列名諱。」[五]王褒《洞簫賦》：「幸得謚爲洞簫兮」，季善[六]註：「謚者，號也。號而曰謚，猶之名尚[七]曰諱者矣。」

【校注】

[一]「判」字誤，當改。原抄本、遂初堂本、集釋本、欒本、陳本、嚴本均作「刻」。

[二]「家」字誤，當改。原抄本、遂初堂本、集釋本、欒本、陳本、嚴本均作「衆」。

[三]《晉書・隱逸傳》。

[四]「宰」字誤，當改。原抄本、遂初堂本、集釋本、欒本、陳本、嚴本均作「畢」。《藝文類聚》引作「畢」。

[五]見《藝文類聚》卷六十五。

[六]「季善」誤，當改。原抄本、遂初堂本、集釋本、欒本、陳本、嚴本均作「李善」。

[七]「尚」字誤，當改。原抄本、遂初堂本、集釋本、欒本、陳本、嚴本均作「而」。

生稱謚

《漢書・張敖傳》：「吕后數言張王以魯元故，不宜有此。」劉攽曰：「史家託[一]事，或有如此追言謚者。」《史記》：貫高與張敖言，謂帝爲「高祖」。[二]《公羊傳》：公子翬與桓公言：「吾爲子口隱□。」[三]皆此類。《公羊傳》註：「謚者傳家□[四]加。」今按傳記中此例尚多，如《左氏傳》石碏曰：「陳陳[五]桓公方有寵于王。」[六]《國語》鮑國謂子叔聲伯曰：「子何辭若[七]成叔之邑。」[八]《戰國策》智過曰：「魏桓子之謀臣曰趙葭，韓康子之謀臣曰段規。」[九]《史記・秦本紀》晉文公夫人請曰：「繆公怨此三人，入于骨髓。」《魯世家》：「周公戒伯禽曰：『我，文王之子，武王之弟，成王之叔[十]。』」《宋世家》：華督「使人宣言國中曰：『殤公即位十年年[十一]，而十一戰。』」《楚世家》：「國人每夜驚曰：『靈王入吳[十二]！』」「隨人[十三]謝矣王[十四]曰：『昭王亡，不在隨。』」齊湣王[十五]「遺楚王書曰：『今秦惠王死，武王立。』」《鄭世家》：莊公曰：「武姜欲之。」楚共王曰：「鄭成公，孤有德焉。」《趙世家》：「吳延陵李子[十六]使於晉，曰：『晉國之政，卒歸于趙武子、趙文子名武。韓宣子、魏獻子之後矣。』」《韓世家》屈宜臼曰：「昭侯不出此門。」《吳起傳》公叔之僕曰：「君因先與武侯言。」《仲尼弟子傳》子羔曰：「出公去矣，而門已閉。」《魯仲連傳》新垣衍謂趙王曰：「趙誠發使尊秦昭王爲帝。」褚先生補《梁孝王世家》竇太后謂景帝曰：「安車大[十七]駕，用梁孝王爲寄。」《三王世家》公户滿意謂燕王曰：「今昭帝始立。」《荀子》周公謂伯禽之傳[十八]曰：「成王之爲叔父。」[十九]《吕氏春秋》：「豫讓欲殺趙襄子。其友謂之曰：『以子之才，而索事襄子。』」[二十]《淮南子[二十一]》：先軫曰：「昔吾先君與終公[二十二]交。」[二十三]「諸御鞅復于簡公曰：『陳成常、宰□[二十四]二子者，甚相憎也。』」[二十五]《吳越春秋》子胥曰：「報汝平王。」《説苑》：景公曰：「善爲我浮桓子也。」[二十六]衛叔文子曰：「今我未以往，而簡子先以來。」[二十七]並是生時，不合稱謚。又如《禮記・曾子問》：「孔子曰：『季桓子之喪，衛君請弔。哀公辭，不得命。公爲主，客入弔，康子立于門右。』」孔子没時，哀公、康子俱存，此皆後人追爲之辭也。自東京以下，即無此語，文益謹而格卑矣。

《史記・田敬仲世家》：「齊人歌之曰：『嫗乎采芑，歸乎田成子。』」《史通》曰：「田常見[二十八]，而呼[二十九]以謚。」[三十]蘇氏曰：「田常之時，安知其爲成子而稱之？」[三十一]遽。

【校注】

[一]「託」字誤，當改。原抄本、遂初堂本、集釋本、欒本、陳本、嚴本均作「記」。

[二]見《史記・張耳陳餘列傳》。

[三]《公羊傳・隱公四年》。底本缺一字處，原抄本、遂初堂本、集釋本、欒本、陳本、嚴本均作「矣」，《公羊傳》作「矣」，當補。

[四]底本缺一字處，原抄本、遂初堂本、集釋本、欒本、陳本、嚴本均作「所」，《公羊傳》何休注作「所」，當補。

[五]下「陳」字衍，當删，原抄本、遂初堂本、集釋本、欒本、陳本、嚴本無。

[六]《左傳・隱公四年》。

[七]「若」字誤，當改。原抄本、遂初堂本、集釋本、欒本、陳本、嚴本均作「苦」。《國語》作「苦」。

[八]《國語・魯語上》。

[九]《戰國策・趙策一》。

[十]「叔」字下，脱「父」字，原抄本同誤，當補。遂初堂本、集釋本、欒本、陳本、嚴本作「叔父」。《史記》作「叔父」。

[十一]「年」字誤，當改。原抄本、遂初堂本、集釋本、欒本、陳本、嚴本均作「耳」。《史記》作「耳」。

[十二]「吴」字誤，當改。原抄本、遂初堂本、集釋本、欒本、陳本、嚴本均作「矣」。《史記》作「矣」。

[十三]「隨人」，遂初堂本、集釋本、欒本、嚴本同，原抄本、陳本誤作「隨入」。《史記》作「隨人」。

[十四]「矣王」誤，當改。原抄本、遂初堂本、集釋本、欒本、陳本、嚴本均作「吴王」。《史記》作「吴王」。

[十五]「齊湣王」，遂初堂本、集釋本、欒本、陳本、嚴本同，原抄本誤作「齊泯王」。

[十六]「李子」誤，當改。原抄本、遂初堂本、集釋本、欒本、陳本、嚴本均作「季子」。

[十七]「大」，遂初堂本、集釋本、欒本、陳本、嚴本同，原抄本誤作「人」。《史記》作「大」。

[十八]「傳」字誤，當改。原抄本、遂初堂本、集釋本、欒本、陳本、嚴本均作「傅」。《荀子》作「傅」。

[十九]《荀子・堯問》。

[二十]《吕氏春秋・恃君》。《史記・刺客列傳》云：「委質而臣事襄子」，亦生稱謚。

[二十一]「淮南子」誤，當改。原抄本、遂初堂本、集釋本、欒本、陳本、嚴本均作「淮南子」。

[二十二]「終公」誤，當改。原抄本、遂初堂本、集釋本、欒本、陳本、嚴本均作「繆公」。《淮南子》原文作「穆公」，繆、穆同。

[二十三]《淮南子・道應訓》。

[二十四]「宰□」，原抄本、遂初堂本、集釋本、欒本、陳本、嚴本均作「宰予」，當補。《淮南子》、《吕氏春秋》、《説苑》均作「宰予」。

[二十五]《淮南子・人間訓》。又見《吕氏春秋・慎勢》、《説苑・正諫》。

[二十六]《説苑・臣術》。

[二十七]《説苑・權謀》。

[二十八]「見」字下，脱「存」字，當補。原抄本、遂初堂本、集釋本、欒本、陳本、嚴本均作「見存」。《史通》作「見存」。

[二十九]「呼」字上，脱「遽」字，誤植在此節之末，當乙正。原抄本、遂初堂本、集釋本、欒本、陳本、嚴本均作「遽呼」。《史通》作「遽呼」。

[三十]劉知幾《史通・外篇・暗惑》。

［三十二］蘇軾《周公論》。

稱王公爲君

稱周文王爲「文君」：焦氏《易林》：「文君燎獵，吕尚獲福。號稱太師，封建齊國。」漢張衡《思玄減［一］》：「文君爲我端蓍分［二］，利飛遁以侯［三］名。」稱晉文公爲「文君」：《楚辭·惜往日》：「介子忠而立枯分［四］，文君寤而追求。」《淮南子》：「晉文君大布之衣，牂羊之裘。」又云：「介子歌龍蛇，而文君垂泣。」稱宋文公爲「文君」：《墨子》：「昔者宋文君鮑之時。」稱楚莊王爲「莊君」：《荀子》：「莊君之胥［五］。」稱齊莊公爲「莊君」：《墨子》：「昔者齊莊君之時。」稱魯昭公爲「昭君」：焦氏《易林》：「乾侯野井，昭君喪居。」稱齊稱［六］景公爲「景君」：宋何承天《上陵篇》：「指營丘，感牛山，爽鳩既没景君歎。」稱宋襄公爲「襄君」：同［七］庾信《人［八］彭城館》詩：「襄君初建國。」稱宋元公爲「元君」：《莊子》：「宋元君夜半而夢。」

【校注】

［一］「減」字誤，當改。原抄本、遂初堂本、集釋本、欒本、陳本、嚴本均作「賦」。

［二］「分」字誤，當改。原抄本、遂初堂本、集釋本、欒本、陳本、嚴本均作「兮」。《文選》及《後漢書》所引均作「兮」。

［三］「侯」字誤，當改。原抄本、遂初堂本、集釋本、欒本、陳本、嚴本均作「保」。《文選》及《後漢書》所引均作「保」。

[四]「分」字誤，當改。原抄本、遂初堂本、集釋本、欒本、陳本、嚴本均作「兮」。《楚辭》作「兮」。

[五]「智」字誤，當改。原抄本、遂初堂本、集釋本、欒本、陳本、嚴本均作「曶」。《荀子》作「曶」。

[六]「稱」字衍，當删，原抄本、遂初堂本、集釋本、欒本、陳本、嚴本無。

[七]「同」字誤，當改。原抄本、遂初堂本、集釋本、欒本、陳本、嚴本均作「周」。

[八]「人」字誤，當改。原抄本、遂初堂本、集釋本、欒本、陳本、嚴本均作「入」。

日知録卷之二十五[一]

祖孫

自父而上之，皆曰祖，《書·微子之命》曰「乃祖成湯」是也。自子而下之，皆曰孫，《詩·閟宫之篇》曰「后稷之孫，實惟大王」，又曰「周公之孫，莊公之子」是也。

【校注】

[一]卷二十五，刻本爲卷二十四。

高祖

漢儒以曾祖之父爲高祖。考之于傳，高祖者，遠祖之名爾。《左傳》昭公十七年：「郯子來朝，曰：『我高祖少皞摯之立也。』」則以始祖爲高祖。《書·盤庚》：「肆上帝将復我高祖之德，亂越我家。」《康王之誥》：「張皇六師，無壞[二]我高祖寡命。」則以受命之君爲高祖。文、武至康僅四世。

《左傳》昭公十五年：王謂籍談曰：「昔而高祖孫伯黶，司晉之典籍。」則謂其九世祖[二]爲高祖。十二年：楚靈王謂右尹子辛[三]曰：「昔我皇祖伯父昆吾。」亦謂其始祖之兄弟[四]。

【校注】

[一]「壞」，遂初堂本、集釋本、欒本、陳本、嚴本同，原抄本誤作「懷」。《尚書》作「壞」。

[二]「祖」字，原抄本同，遂初堂本、集釋本、欒本、陳本、嚴本無。

[三]「子辛」誤，原抄本、遂初堂本、嚴本同誤，當改。集釋本、欒本、陳本、嚴本作「子革」。《左傳》作「子革」。

[四]「兄弟」，原抄本同，遂初堂本、集釋本、欒本、陳本、嚴本作「昆弟」。

藝祖

《書》：「歸，格于藝祖。」[一]註以藝祖爲「文祖」，不詳其義。人知宋人稱太祖爲藝祖，不知前代亦皆稱其太祖爲藝祖。唐玄宗開元十一年，幸并州，作《起義堂頌》曰：「東西南北，無思不服。山川鬼神，亦莫亦[二]不寧，實惟藝祖儲福之所致。」[三]十三年，封泰山，其序曰：「惟我藝祖文考，精爽在天。」[四]此謂唐高祖。張説作《享太廟樂章》曰：「肅肅藝祖，滔滔濬源。有雄武劍，作鎮金門。玄王貽[五]緒，后稷謀孫。」[六]此謂高祖之高祖諱熙，追尊宣皇帝者也。後漢高祖乾祐元年改元制曰：「昔我藝祖神宗，開基撫運，以武功平禍亂，以文德致昇平。」[七]此謂前後[八]高祖。金世宗大定一十五[九]年封混同江神册文曰：「仰藝祖之開基，佳江神之效靈。」[十]此謂金太祖。然則是歷代太祖之通稱也。

唐武宗會昌三年，討劉稹[十一]制曰：「頃者烈祖在藩，先天啟聖。」[十二]是以玄宗爲烈祖。宋王旦《封祀壇序》：「烈祖造新邦，臻大定，經制而未遑。神宗求至理，致昇平，業成而中罷。」是以太祖爲烈祖，太宗爲神宗，亦古人之通稱也。唐元稹《行裴度制》曰：「佑我憲考，爲唐神宗。」[十三]《呂氏讀詩記》引李氏曰：「本朝太宗稱神宗。及神宗稱神宗，則太宗不復稱神宗矣。」今按魏泰《東軒筆録》稱太祖、太宗爲「藝祖」、「神宗」。

《左傳》哀二年：「衛太子禱曰：『曾孫蒯聵[十四]敢昭告皇祖文王、烈祖康叔、文祖襄公。』」《書・文侯之命》：「汝克昭乃顯祖。」烈祖、顯祖皆謂其始封之君，此古人之通稱。

【校注】

[一]《尚書・舜典》。黄汝成集釋引孫氏曰：按《書》之「藝祖」，即《禮記・王制》、《尚書大傳》、《白虎通》之「祖禰」也。「藝」、「禰」聲相近，《釋文》云：「藝，魚世反。」馬、王云：「禰也。」豈有歸格于祖而不及禰者乎？當以馬、王説爲長。

[二]「亦」字涉上而衍，當删。原抄本、遂初堂本、集釋本、欒本、陳本、嚴本無，《唐文粹》無。

[三]《起義堂頌並序》，見《唐文粹》卷一九上。

[四]《紀太山銘》，見《舊唐書・禮儀志三》。

[五]「貽」，遂初堂本、集釋本、欒本、陳本、嚴本同，原抄本誤作「昭」。《舊唐書》同。

[六]見《舊唐書・音樂志四》。

[七]見《册府元龜》卷九十五。

[八]「後」字誤，當改。原抄本、遂初堂本、集釋本、欒本、陳本、嚴本均作「漢」。

[九]「一十五」誤，當改。原抄本、遂初堂本、集釋本、欒本、陳本、嚴本均作「二十五」。《金史》作「二十五」。

[十]《金史・禮志八》。

[十一]「劉蘔」誤，當改。原抄本、遂初堂本、集釋本、欒本、陳本、嚴本均作「劉稹」。

[十二]《舊唐書·武宗本紀》，原文作「列祖」。

[十三]《元氏長慶集》卷四十二，題《加裴度幽鎮两道招撫使制》。

[十四]「蒯聵」，原抄本、嚴本同，與《春秋經》及《三傳》同。遂初堂本、集釋本、欒本、陳本誤作「蒯瞶」。《正字通》云：「瞶，與耳部聵字别。」

冲帝

幼主謂之冲帝。《水經注》：「漢冲帝詔曰：『翟義作亂于東，霍鴻負倚盩厔芒竹。』」[一]以孺子嬰爲冲帝。

【校注】

[一]《水經注》卷十八。

考

古人曰父、曰考，一也。《易》曰：「幹父之蠱，有子，考无咎。」《書·大誥》：「若兄考，乃有友代[一]厥子，民養其勸弗救。」《康誥》：「子弗祇服厥父事，大傷厥考心。」《酒誥》：「厥心臧，聰睫[二]祖考之彝訓。」尹伯奇《履霜操》曰：「考不明其心兮，聽讒言。」[三]自《檀公[四]》定爲「生曰父，死曰考」之稱，而爲人子者當有所諱矣。

【校注】

［一］「代」字誤，當改。原抄本、遂初堂本、集釋本、欒本、陳本、嚴本均作「伐」。《尚書》作「伐」。

［二］「睫」字誤，當改。原抄本、遂初堂本、集釋本、欒本、陳本、嚴本均作「聽」。《尚書》作「聽」。

［三］見宋郭茂倩《樂府詩集》卷五十七。

［四］「檀公」誤，原抄本、遂初堂本、嚴本作「檀弓」，亦誤，當改。集釋本、欒本、陳本作「曲禮」。「生曰父，死曰考」，見《禮記・曲禮下》。

伯父叔父

古人於父之昆弟，必稱「伯父」、「叔父」，未有但呼「伯」、「叔」者。若不言「父」而但曰「伯」、「叔」，則是字之而已。《詩》所謂「叔兮伯兮」、「伯兮朅兮」、「叔于田」之類，皆字也。

今之天子稱親王爲「叔祖」、「曾叔祖」，甚非古義。禮，天子稱同姓諸侯曰伯父、叔父，［一］稱其先君亦曰伯父、叔父。《左傳》昭九年：景王使詹桓伯辭于晉，曰「伯父意公［二］」。十五年：景王謂籍談，曰「叔父唐叔」。皆稱其先君爲伯父、叔父之證也。故禮有諸父，無諸祖。宋時亦有「皇叔祖」之稱，而無高、曾，見《容齋四筆》。

【校注】

［一］《儀禮・覲禮》：「同姓大國則曰伯父，同姓小邦則曰叔父。」

［二］「意公」誤，當改。原抄本、遂初堂本、集釋本、欒本、陳本、嚴本均作「惠公」。《左傳》作「惠公」。

族兄弟

《書》：「克明俊德，以親九族。」[一]鄭康成謂「九族」者，據己「上至高祖，下及玄孫」之親。《左傳》襄公十二年：「凡諸侯之喪，同宗臨於祖廟，同族於稱[二]廟。」註：「同族謂高祖以下」，是也。故晉叔向言「肸之宗十一族」。[三]賈誼《新書》：「人有六親。六親始曰父。父有二子，二子爲昆弟。昆弟又有子，子從父而昆弟，故爲從父昆弟。從父昆弟又有子，子從祖而昆弟，故爲從祖昆弟。從祖昆弟又有子，從曾祖[四]而昆弟，故爲曾祖昆弟。曾祖昆弟又有子，子爲族兄弟。備于六，此之謂六親。」[五]是同高祖之兄弟即爲族，族非疏遠之稱。《漢書・張敞傳》：廣川王「同族宗室劉調等」。「同族」言其與王近親。《顏氏家訓》：「凡宗親世數，有從父，有從祖，有族祖。江南風俗，自茲以往皆云『族人』。河北雖二三十世，猶呼爲『從伯』、『從叔』。梁武帝嘗問一中土人曰：『卿北人，何故不知有族？』答云：『骨肉易疏，不忍言族耳。』《梁書・夏侯亶傳》：「宗人夏侯溢爲衡陽内史。辭日，亶侍御座。高祖謂亶曰：『夏侯溢於卿疏近？』亶答曰：『是臣從弟。』高祖知溢于亶已疏，乃曰：『卿傖人，好不辨族從！』亶對曰：『臣聞服屬易疏，所以不忍言族。』」當時雖爲敏對，于理未通。」[六]

【校注】

[一]《尚書・堯典》。

[二]「稱」字誤，當改。原抄本、遂初堂本、集釋本、欒本、陳本、嚴本均作「禰」。《左傳》作「禰」。

[三]《左傳・昭公三年》。

［四］「從曾祖」上，脱「子」字，原抄本同，當補。遂初堂本、集釋本、欒本、陳本、嚴本作「子從曾祖」，與《新書》同。

［五］《新語·六術》。

［六］《顔氏家訓·風操》。

親戚

《史記·宋世家》：「箕子省［一］，紂親戚也。」馬融、王肅以爲紂之諸父，服虔、杜預以爲紂之庶兄。《路史》謂：「但言『親戚』，非諸父昆弟之稱」，非也。《曲禮》：「兄弟親戚稱其慈也」，疏曰：「親推［二］族内，戚指族外。」古人稱其父子兄弟亦曰「親戚」。《韓詩外傳》：「曾子曰：『親戚□［三］没，雖欲孝，誰爲孝？』」［四］此謂其父母。《左傳》僖公二十四年：「封建親戚，以蕃屏周。」此謂其子弟。昭公二十年：「棠君尚謂其弟員曰：『親戚爲戮，不可以莫之報也。』」《三國志》：「張照［五］謂孫權曰：『況今奸宄競逐，豺狼滿道，乃欲哀親戚，顧禮制。』」［六］此謂其父兄。《戰國策》蘇秦曰：「富貴則親戚畏懼」，蓋指其妻、嫂。

【校注】

［一］「省」字誤，當改。原抄本、遂初堂本、集釋本、欒本、陳本、嚴本均作「者」。《史記》作「者」。

［二］「推」字誤，當改。原抄本、遂初堂本、集釋本、欒本、陳本、嚴本均作「指」。《禮記正義》孔穎達疏作「指」，下「指」字作「言」。

［三］底本缺一字處，原抄本、遂初堂本、集釋本、欒本、陳本、嚴本均作「既」，當補。《大戴禮記》作「既」。

［四］《韓詩外傳》未見，今見《大戴禮記·曾子疾病》。

［五］「張照」誤，當改。原抄本、遂初堂本、集釋本、欒本、陳本、嚴本均作「張昭」。
［六］《三國志・吴書・吴主傳》。

哥

唐時人稱父爲「哥」。《舊唐書・王琚傳》：「玄宗泣曰：『四哥仁孝，同氣惟有太平。』」睿宗行四，故也。《玄宗子棣王琰傳》：「惟三哥辨其罪。」玄宗行三，故也。有父之親，有君之尊，而稱之爲「四哥」、「三哥」，亦可謂名之不正也［一］。

玄宗《寧王憲書［二］》稱「大哥」［三］，又有《同玉真公主過大哥池園［四］》詩。［五］明［六］唐時宫中稱父、稱兄皆曰「哥」。與。

【校注】

［一］「也」字下，脱「已」字，當補。原抄本、遂初堂本、集釋本、欒本、陳本、嚴本均作「也已」。
［二］「寧王憲書」上，脱「與」字，誤植在句末，且誤作小字當乙正。原抄本、遂初堂本、集釋本、欒本、陳本、嚴本均作「與寧王憲書」。
［三］見《舊唐書・睿宗諸子傳》。《全唐文》題《奠讓皇帝文》。
［四］「池園」，原抄本、遂初堂本、集釋本、欒本、陳本、嚴本均作「園池」。《全唐詩》作「山池」。
［五］玄宗又有《過大哥宅探得歌字韻》詩。
［六］「明」字誤，當改。原抄本、遂初堂本、集釋本、欒本、陳本、嚴本均作「則」。

妻子

今人謂妻爲「妻子」，此不典之言，然亦有所自。[一]《韓非子》：「鄭縣人卜子使其妻爲袴，其妻問曰：『今袴何如？』夫曰：『象我[二]故袴。』妻子因毁新，令如故袴。」[三]杜子美詩：「結髮爲妻子，席不煖君牀。」[四]

【校注】

[一]黄汝成集釋引錢氏曰：《詩》：「妻子好合，如鼓瑟琴。」陳垣校注：「《詩》既有之，何謂不典？」今按：《詩經·小雅·常棣》又云：「宜爾室家，樂爾妻帑。」孔穎達正義：「上云『妻子好合』，『子』即此『帑』也。」可知《詩經》「妻子」亦是妻與子。不必夫妻乃得言好合、瑟琴也。

[二]「我」，原抄本同，遂初堂本、集釋本、欒本、陳本、嚴本作「吾」。《韓非子》作「吾」。

[三]《韓非子·外儲説左上》。陳啟天《韓非子校釋》：「『妻』，各舊本作『妻子』，兹從《集解》據《北堂書鈔》引删。」

[四]杜甫《新婚别》。

稱某

經傳稱「其[一]」，有上[二]義。《書·金縢》：「惟爾元孫某。」史文諱其君，不敢名也。《史記·高祖記[三]》：「高祖奉玉卮，起爲太上皇壽，曰：『今某之業，所就孰與衆[四]多？』」與此同。《春秋》宣公六年《公羊傳》：「于是使勇士某者，往殺之。」《傳》失其名也。《禮記·曲禮》：「内事曰孝王某，外事曰嗣王某。」《儀禮·士冠禮》：「某有子某。」《論語》：「某在斯，某在斯。」通言之也。《左傳·襄公三十年》：「書曰：『其[五]人某人會于澶淵。』」此又是不能悉數之辭。

「周人以諱事神。」[六]《收誓[七]》之言「今子[八]發」，《武成》之言「周王發」，生則不諱也。《金縢》之言「惟爾元孫某」，追録于武王既崩之後，則諱之矣。故《禮》：「卒哭乃諱。」[九]

【校注】

[一]「其」字誤，當改。原抄本、遂初堂本、集釋本、欒本、陳本、嚴本均作「某」。

[二]「上」字誤，當改。原抄本、遂初堂本、集釋本、欒本、陳本、嚴本均作「三」。

[三]「記」字誤，當改。原抄本、遂初堂本、集釋本、欒本、陳本、嚴本均作「紀」。

[四]「衆」字誤，當改。原抄本、遂初堂本、集釋本、欒本、陳本、嚴本均作「仲」。《史記》作「仲」。

[五]「其」字誤，當改。原抄本、遂初堂本、集釋本、欒本、陳本、嚴本均作「某」。《左傳》作「某」。

[六]語出《左傳·桓公六年》。

[七]「收誓」誤，當改。原抄本、遂初堂本、集釋本、欒本、陳本、嚴本均作「牧誓」。

[八]「子」字誤，當改。原抄本、遂初堂本、集釋本、欒本、陳本、嚴本均作「予」。《尚書》作「予」。

[九]《禮記·曲禮上》。

互辭

《易》：「幹父之蠱，有子，考先[一]咎」，[二]言父又言考。《書》：「予恐來世以台爲口實」，[三]言予又言台。[四]「汝猷黜乃心」，[五]言汝又言乃。「予念我先神后之勞爾先」，[六]言予又言我。「起[七]予冲人，不卬自恤」，[八]言予又言卬。《詩》：「豈不爾受，既其女遷」，[九]言爾又言汝[十]。《論語》：「吾不欲人之加諸我也」，[十一]《孟子》：「我善養吾浩然之氣」，[十二]言我又言吾。《左傳》：「爾用而先人之治命」，[十三]今監本脱「而」字，依《石經》補。言爾又言而[十四]。「女喪[十五]而宗室」，[十六]言女又言而。《史記・張儀傳》：「若□[十七]守汝國，我顧且盗而城」，言若言汝又言而。《詩》：「王于出征，以佐天子」，[十八]言王又言天子。「乃命魯公，俾侯于東」，[十九]言公又言侯。《穀梁傳》：「言君之不取，爲公也」，[二十]言君又言公。范甯解：「上言『君』，下言『公』，互辭。」《左傳》：「以其子更公女而嫁公子」，[二十一]言公女又言公子。《史記・齊世家》：「子我盟諸田於陳宗」，言田又言陳。皆互辭也。

【校注】

[一]「先」字誤，當改。原抄本、遂初堂本、集釋本、欒本、陳本、嚴本均作「无」。《易經》作「无」。

[二]《易經・蠱卦》初六爻辭。

[三]《尚書・仲虺之誥》。

[四]台，《爾雅・釋詁》：「卬、吾、台、予、朕、身、甫、余、言，我也。」

[五]《尚書・盤庚上》。
[六]《尚書・盤庚中》。
[七]「起」字誤，當改。原抄本、遂初堂本、集釋本、欒本、陳本、嚴本均作「越」。《尚書》作「越」。
[八]《尚書・大誥》。
[九]《詩經・小雅・巷伯》。女，讀作「汝」。
[十]「汝」，原抄本、遂初堂本、集釋本、欒本、陳本、嚴本均作「女」。
[十一]《論語・公冶長》。原文作「我不欲人之加諸我也，吾亦欲無加諸人」。
[十二]《孟子・公孫丑上》。
[十三]《左傳・宣公十五年》。
[十四]而，古文通「爾」。
[十五]「喪」，原抄本、遂初堂本、集釋本、欒本、嚴本同，陳本誤作「畏」。
[十六]《左傳・昭公六年》。
[十七]底本缺一字處，原抄本、集釋本、欒本、陳本、嚴本均作「善」，當補。《史記》作「善」。
[十八]《詩經・小雅・六月》。
[十九]《詩經・魯頌・閟宫》。
[二十]《穀梁傳・隱公元年》。
[二十一]《左傳・昭公三年》。

豫名

《詩》：「鳥乃去矣，后稷呱矣」，[一]子初生而已名之爲「后稷」也。「爲韓始[二]相攸」，[三]女在室而已名之爲「韓姞」也。皆因其異日之名而稼[四]名之，亦臨文之不得然者也[五]。

【校注】

[一]《詩經・大雅・生民》。

[二]「韓始」誤，當改。原抄本、遂初堂本、集釋本、欒本、陳本、嚴本均作「韓姞」。《詩經》作「韓姞」。下「韓姞」不誤。

[三]《詩經・大雅・韓奕》。

[四]「稼」字誤，當改。原抄本、遂初堂本、集釋本、欒本、陳本、嚴本均作「豫」。

[五]「不得然者也」，中間脱一「不」字，當補。原抄本、遂初堂本、集釋本、欒本、陳本、嚴本均作「不得不然也」。

重言

古經亦有重言之者。《書》：「自朝至于日中昃，不遑暇食」，[一]遑即暇也。《詩》：「無已太康」，[二]已即太也。「既安其[三]寧」，[四]安即寧也。「既庶且多」，[五]康[六]即多也。《左傳》：「一薰一蕕，十年尚猶有臭」，[七]尚即猶也。「周其有頵王，亦克能修其職」，[八]克即能也。《禮記》：「人喜則斯陶」，則即斯也。

【校注】

[一]《尚書・無逸》。

[二]《詩經・唐風・蟋蟀》。「太」，原文作「大」。毛傳：「已，甚。」釋文：「大，音泰。」

[三]「其」字誤，當改。原抄本、遂初堂本、集釋本、欒本、陳本、嚴本均作「且」。《詩經》作「且」。

［四］《詩經・小雅・常棣》。
［五］《詩經・大雅・卷阿》。
［六］「康」字誤，當改。原抄本、遂初堂本、集釋本、欒本、陳本、嚴本均作「庶」。
［七］《左傳・僖公四年》。
［八］《左傳・昭公二十六年》。

后

《白虎通》曰：「天子之配，商之前皆稱妃，周始立后。」［一］《晉書・后妃傳序》亦云：「爰自夐古，是謂元妃。降及中年，乃稱王后。」今考帝嚳四妃，帝舜三妃，以至周初太姜、太任、太姒、邑姜，皆無后名。以太姒爲后妃，乃後人之論。而《詩》、《書》所云「后」，皆君也。《春秋》桓八年：「祭公來，遂逆王后于紀」；襄十五年：「劉夏逆王后于齊」，於是始稱「后」。《曲禮》：「天子有后，有夫人，有世婦，有嬪，有妻，有妾。」又云：「天子之妃曰后。」而「宣王晏起，姜后脱簪」，見于《劉女［二］之傳》。［三］此周人立后之據。惟《左傳》哀元年「后緍方娠」，是夏時事，疑此後人追稱之辭。自春秋以下之文，則有以君爲后者、如《泰》、《姤》大象及《内則》稱「后」、「王」。［四］有以妃爲后者，褋然于書傳矣。

人君之號，唐虞曰「帝」，夏曰「后」，商曰「王」。然「帝王」天子所專，「后」則諸侯皆得稱之。者兼諸侯。［五］故《書》言「肆覲東后」、「群后四朝」、「禹乃會群后，誓于師」。《伊訓》之「祠先王」，「侯甸、群后咸在」。周王大告武成，亦曰「嗚呼群后」。而「后夔」、「后羿」、「伯明后寒」之稱，皆見于

《傳》。《胤征》之篇亦稱「胤后」。康王作《畢命》曰：「三后協心，同底于道。」穆王作《呂成[六]》曰：「乃命王[七]后，恤功于民。」然則禹之降「帝」而稱「后」，是禹之謙，禹之「不矜」[八]也。諸侯謂之「群后」，故天子獨稱「元后」。

漢時，郡守之于吏民，亦有君臣之分，故有稱府主爲「后」者。漢武都太守李翕《西陝[九]頌》云：「赫赫明后，柔嘉維則。」《桂陽太守周璟[十]銘》云：「懿賢后兮發聖英。」晉應詹爲南平太守，「百姓歌之曰：『僥倖之運，賴茲應后。』」[十一]蘭亭宴集，有郡功曹魏滂詩云：「明后欣時豐，駕言映清瀾。」[十二]

【校注】

[一]語出《初學記·中宮部·皇后》引及徐堅按語。《白虎通義·嫁娶》云：「天子妃謂之后。」

[二]「劉女」誤，當改。原抄本、遂初堂本、集釋本、欒本、陳本、嚴本均作「列女」。

[三]《列女傳·周宣姜后》。又見《後漢書·文苑傳》崔琦《外戚箴》。

[四]《易經》之《泰卦》、《姤卦》象傳稱「后」，《禮記·内則》稱「后、王」。

[五]「者，兼諸侯」上，有脱文，當補全。原抄本、遂初堂本、集釋本、欒本、陳本、嚴本均作：《周禮》「量人」註：「后，君也。言君，容王與諸侯。」《易》疏：「凡象稱『先王』者，唯施于天子。稱『后』者兼諸侯。」底本「者兼諸侯」以上空缺未寫，以下提行，格式與遂初堂本相同。

[六]「呂成」誤，當改。原抄本、遂初堂本、集釋本、欒本、陳本、嚴本均作「呂刑」。

[七]「王」字誤，當改。原抄本、遂初堂本、集釋本、欒本、陳本、嚴本均作「三」。《尚書》作「三」。

[八]語出《尚書·大禹謨》。帝舜謂禹：「汝惟不矜。」

[九]「西陝」誤，原抄本同誤，當改。遂初堂本、集釋本、欒本、陳本、嚴本作「西狹」。《隸釋》作「西狹」。

［十］「周璟」誤，原抄本作「周景」，亦誤，當改。遂初堂本、集釋本、樂本、陳本、嚴本作「周憬」。《隸釋》作「周憬」。

［十一］《晉書·應詹傳》。

［十二］《詩紀》卷三十三，題《蘭亭詩》。

王

「三王」之名，自後人追稱之。而禹之爲王，未嘗見于《書》也。《甘誓》：「王曰：『嗟！六事之人，予誓告汝。』」《胤征》：「胤后承王命徂征。」而《夏小正》言：「十有一月，王狩。」夏之王見于《書》者始此，然無稱禹爲王者。經傳之文，凡言夏必曰「夏后氏」。唐沈既濟議云：「夏、殷二代，爲帝者三十世矣，而周人通名之曰『王』。」［一］恐亦未然。《書·多士》：「自成昜［二］至于帝也［三］」，而《左傳》：「《虞人之箴》曰：『在帝夷羿。』」固君人者之通稱矣。

周人之追王，止於太王，［四］而「祖紺［五］已上至后稷」則謂之「先公」。［六］《詩》：「禴祠烝嘗，于公先王」，［七］是也。通言之則亦可稱之爲王。《書·武成》：「惟先王建邦啟土。」《周語》太子晉踈［八］靈王：「自后稷之始基靖民，十五年［九］而文始平之，十八王而康克安之」，是也。［十］

王而尊之，曰「帝」。黄歇上秦昭王書：「先帝文王、武王、王之身三世，不忘接地于齊，以絶從親之要」，［十一］是也。《史記·秦本紀》：昭王「十九年，王爲西帝，已而復去之」。文王、武王獨稱「先帝」者，《曲禮》曰：「措之廟，立之主，曰帝。」王而等之，曰「諸侯」。漢王告諸侯曰：「願從諸侯王擊楚之殺義［十二］者」，［十三］是也。

【校注】

[一]見《舊唐書·沈傳師傳》。

[二]「成易」誤，當改。原抄本、遂初堂本、集釋本、欒本、陳本、嚴本均作「成湯」。《尚書》作「成湯」。

[三]「帝也」誤，當改。原抄本、遂初堂本、集釋本、欒本、陳本、嚴本均作「帝乙」。《尚書》作「帝乙」。

[四]《禮記·中庸》：「追王大王、王季。」

[五]「祖紺」誤，當改。原抄本、遂初堂本、集釋本、欒本、陳本、嚴本均作「組紺」。陸德明釋文：「組紺，大王之父也，亦曰諸盩。」

[六]語出《禮記·中庸》鄭玄注。

[七]《詩經·小雅·天保》。

[八]「踈」字誤，當改。原抄本、遂初堂本、集釋本、欒本、陳本、嚴本均作「諫」。《國語》作「諫」。

[九]「年」字誤，當改。原抄本、遂初堂本、集釋本、欒本、陳本、嚴本均作「王」。《國語》作「王」。

[十]黄汝成集釋引錢氏曰：祭公諫穆王：「昔我先王世后稷。」今按：錢氏曰亦見《國語·周語》。

[十一]《史記·春申君列傳》，又見《戰國策·秦策四》。

[十二]「義」字下，脱「帝」字，當補。原抄本、遂初堂本、集釋本、欒本、陳本、嚴本均作「義帝」。《史記》作「義帝」。

[十三]《史記·高祖本紀》，又見《漢書·高帝紀》。

君

古時有人臣而隆其稱曰「君」者，「周公若曰：『君奭』」[一]是也，篇口[二]言「君奭」者四，但言

「君」者六。而成王之書：「王若曰：『君陳。』」[三]穆王之書：「王若曰：『嗚呼！君牙。』」[四]皆例此[五]也，猶漢時人主稱丞相爲「君侯」也。《漢書》：兒寬爲御史大夫，奉觴上壽，「記[六]曰：『敬舉君之觴。』」[七]《禮記・坊記》云：「大夫不稱『君』，恐民之惑也。」故《春秋傳》中稱「君」者皆國君。然亦有卿大夫而稱爲「君」者，莊十一年[八]：楚鬭廉語屈瑕曰：「君次于郊郢，以禦四邑。」襄二十五年：鄭子產對晉士莊伯曰：「成公播蕩，人我之自人[九]，君所知也。」文十年：「楚范巫矞似謂王[十]與子王[十一]、子西曰：『三君皆將强死。』」並二臣通謂之「君」。至家臣，則直謂其主曰「君」。昭十四年：司徒老祁、慮癸謂南蒯曰：「群臣不忘其君。」二十八年：晉「祁盈之臣曰：『愁[十二]使吾君聞勝與臧之死也以爲快。』」哀十四年：宋司馬「命其徒攻桓氏，其父兄故臣曰：『不可！』其新臣曰：『從吾君之命。』」是也。猶鄭伯有之臣，稱伯有爲「吾公」。[十三]《儀禮・喪服篇》：「公士、大夫之衆臣，爲其君布带、繩屨。」傳曰：「君，謂有地者也。」鄭氏曰：「天子、諸侯及卿大夫有地者，皆曰君。」《晉稱[十四]》：「三世仕家，君之。再世以下，主之。」[十五]《喪大記》：「大夫君」，孔氏曰：「大夫之臣，稱大夫爲君。」《周禮》「調人」註：「主，大夫君也。」此則上下之通稱，不始于後代矣。

人臣稱君，自三代以前有之。《孟子》：「象曰：『謨孟君。』」[十六]《漢書・高帝紀》：「爵或人君，上所尊禮。」師古曰：「爵高有國邑者，則自君其人，故曰『人君』也。『上』，謂天子。」

漢時，曹掾皆稱其府主爲「君」，至蒼頭亦得稱其主人爲「君」。《後漢書・李善傳》：「君夫人，善在此」，是也。女亦得稱其父爲「君」。《漢書・王章傳》：「我君素剛，先死者必我君」，是也。婦亦得稱其舅爲「君」。《爾雅》：「姑舅在，則曰君舅、君姑。没，則曰先舅、先姑。」《淮南子》：「君公知其盜也，逐而去之。」《列女傳》：「我無樊、衛二姬之行，故君以責我。」是也。《喪服》：「妻[十七]爲君」，鄭氏註曰：「妾謂夫爲『君』者，不得體之，加尊之也。雖云[十八]亦然。」

【校注】

[一]《尚書·君奭》。

[二]「篇口」誤，當改。原抄本、遂初堂本、集釋本、欒本、陳本、嚴本均作「篇中」。

[三]《尚書·君陳》。

[四]《尚書·君牙》。

[五]「例此」誤倒，當乙正。原抄本、遂初堂本、集釋本、欒本、陳本、嚴本均作「此例」。

[六]「記」字誤，當改。原抄本、遂初堂本、集釋本、欒本、陳本、嚴本均作「制」。《漢書》作「制」。

[七]《漢書·兒寬傳》。

[八]莊十一年，當作桓十一年。

[九]「人我之自人」誤，當改。原抄本、遂初堂本、集釋本、欒本、陳本、嚴本均作「又我之自入」，與《左傳》同。

[十]「王」字上，脱「成」字，當補。原抄本、遂初堂本、集釋本、欒本、陳本、嚴本均作「成王」，與《左傳》同。

[十一]「子王」誤，當改。原抄本、遂初堂本、集釋本、欒本、陳本、嚴本均作「子玉」，與《左傳》同。

[十二]「愁」字誤，當改。原抄本、遂初堂本、集釋本、欒本、陳本、嚴本均作「慭」。《左傳》作「慭」。

[十三]見《左傳·襄公三十年》。

[十四]「晉稱」誤，當改。原抄本、遂初堂本、集釋本、欒本、陳本、嚴本均作「晉語」。

［十五］《國語・晉語八》。「仕」，原文作「事」。韋昭注：「三世爲大夫家臣，事之如國君。」
［十六］《孟子・萬章上》。「謨孟君」誤，當改。原抄本、集釋本、欒本、陳本、嚴本均作「謨蓋都君」，與《孟子》同。趙岐注：「舜有牛羊倉廩之奉，故謂之君。」朱熹集注：「舜所居三年成都，故謂之都君。」
［十七］「妻」字誤，當改。原抄本、遂初堂本、集釋本、欒本、陳本、嚴本均作「妾」。《禮記》作「妾」。
［十八］「云」字誤，當改。原抄本、遂初堂本、集釋本、欒本、陳本、嚴本均作「士」。《禮記》作「士」。

主

春秋時，稱卿大夫曰「主」。《周禮》：太宰「九兩」：「六曰主，以利得民」，註：「鄭司農云：『主，謂公卿大夫。』」「調人」：「主友之仇」，註：「主，大夫君也。」《禮記・禮運》：「仕于公曰臣，仕于家曰僕。」方氏曰：「臣者對君之稱，故仕于公曰臣，而諸侯稱君。僕者對主之稱，故仕于家曰僕，而大夫稱主。」故「齊侯唁昭公，稱『主君』。子家子曰：『齊早［一］君矣。』」［二］而南唐降號「江南國主」，亦以奉中國正朔自貶其號。若劉玄德帝蜀，謚昭烈，葬惠陵，初無貶絀；末帝降魏，封爲安樂公，自可即以本封爲號。陳壽作《三國志》，創立「先主」「後土［三］」之名，常璩《蜀志》因之。《三國志》載鍾會《檄蜀将士吏民》，稱昭烈爲「益州先主」，「先主」之名益［四］始于此，乃是魏人所稱。孫楚《爲石苞與孫皓書》，亦云「吴之先主」。［五］以晉承魏統，義無两帝，今千載之後而猶沿此稱，殊爲不當。況改漢爲蜀，亦出壽筆，《黄氏日抄》曰：「蜀者，地名，非國名也。昭烈以漢名，未嘗以蜀名也。不特昭烈未嘗以蜀名，雖孫氏之盟亦曰『漢矣［六］既盟，同討魏賊』［七］，是天下未嘗以蜀名之，名之者魏人也。」當時魏已簒漢，改稱昭烈爲蜀，使不得附漢統。異代文人，不察史家阿枉之故，若杜甫詩中便稱「蜀主」，［八］殊非知人論世之學也。昔劉知幾論《後漢書・劉玄列傳》以爲：「東觀秉筆，容或諂于當時，後來所修，理宜刊革。」[九]今之君子既非曹氏、司馬氏之臣，不當稱昭帝烈[十]爲「先主」矣。《綱目》亦書帝禪爲「後主」，姚遂[十一]深以爲非，見《元史》傳。

諸葛孔明書中亦多有稱「先主」者。本當是「先帝」，傳之中原，改爲「先主」耳。《杜微傳》載孔明書：「朝廷主公今年始十八。」亦無稱朝廷爲「主公」之理，是後人所改。

主者，次于君之號。蘇林解《漢書》「公主」云：「婦人稱主。」引《晉語》：「主孟啗我。」

【校注】

[一]「早」字誤，當改。原抄本、遂初堂本、集釋本、欒本、陳本、嚴本均作「卑」。《左傳》作「卑」。

[二]《左傳・昭公二十九年》。

[三]「士」字誤，當改。原抄本、遂初堂本、集釋本、欒本、陳本、嚴本均作「主」。上「主」字不誤。

[四]「益」字誤，當改。原抄本、遂初堂本、集釋本、欒本、陳本、嚴本均作「盖」。

[五]鍾會檄見《三國志・魏書・鍾會傳》。孫楚書見《文選》卷四十三。

[六]「矣」字誤，當改。原抄本、遂初堂本、集釋本、欒本、陳本、嚴本均作「吴」。《三國志》作「吴」。

[七]見《三國志・吴書・吴主傳》。

[八]見《昔遊》及《詠懷古跡五首》。

[九]《史通・内篇・編次》。

[十]「昭帝烈」誤倒，宜作「昭烈帝」。原抄本、遂初堂本、集釋本、欒本、陳本、嚴本均作「昭烈」，無「帝」字。

[十一]「姚遂」誤，原抄本同誤，當改。遂初堂本、集釋本、欒本、陳本、嚴本作「姚燧」。《元史》作「姚燧」。

陛下

賈誼《新書》：「天子卑號，稱陛下。」蔡邕《獨斷》：「陛，階也，所由升堂也。天子必有近臣，執兵陳于陛側，以戒不虞。謂之『陛下』者，群臣與天子言，不敢指斥天子，故呼在陛下者而告之，因卑達尊之義也。《記》曰：「君子于其所尊，弗敢質，敬之至也。」[一]上書亦如之。」「乃群臣士庶相與言，曰『殿下』、『閤下』、『執事』之屬，皆此類也。」[二]據此，則陛下猶言「執事」，後人相沿，遂以爲至尊之稱。許善心以陳臣入隋，宇文述言其《祭陳叔寶文》稱「陛下」，召問，善心言：「陛下者，本是呼執事之人，與尊號不同。」事乃得釋。然後世非天子亦不敢用。[三]

【校注】

[一]《禮記·聘義》。

[二]《史記·秦始皇本紀》裴駰集解引。

[三]事見《隋書·許善心傳》，又見《北史》。

足下

今人但見《史記》秦閻樂數二世稱「足下」，[一]遂以爲相輕之辭，不知乃戰國時人主之稱也。如蘇代《遺燕昭王書》，樂毅《報燕惠王書》，蘇厲《與趙惠文王書》，皆稱「足下」。又如蘇秦謂燕易王，范睢見秦昭王，蘇代謂齊湣王，齊人謂齊湣王，孟嘗君舍人謂衛君，張丐謂魯君，趙郝對趙孝成王，酈生説沛公，張良獻項王，亦皆稱「足下」。《漢書・文帝紀》：「丞相臣平、太尉臣勃、大將軍臣武、御史大夫臣蒼、宗正臣郢、朱虚侯臣章、東牟侯臣興、居典客臣揭再拜言：『大王足下。』」

《宋書・西南夷傳》載諸國表文，訶羅陀國稱「聖王足下」，又稱「天子足下」，阿羅軍[二]國稱「大吉天子足下」，闍婆婆達國稱「宋□[三]大王大吉天子足下」，天竺迦毗黎國稱「大王足下」。《梁書・諸夷傳》表文，盤盤國稱「常勝天子足下」，干陁利國稱「天子足下」，狼修牙國稱「大吉天子足下」，婆利國稱「聖王足下」。

【校注】

[一]事見《史記・秦始皇本紀》。

[二]「阿羅軍」誤，當改。原抄本、遂初堂本、集釋本、欒本、陳本、嚴本均作「阿羅單」。《宋書》作「阿羅單」。

[三]「宋□」，底本缺一字處，原抄本、集釋本、欒本、陳本、嚴本均作「國」，當補。《宋書》作「宋國」。

閤下

趙璘《因話録》曰：「古者三公開閤，郡守比古[一]之侯伯，亦有閤。故世俗書題有『閤下』之稱。《漢書・王尊傳》：「直符史詣閤下，從太守受其事。」前輩呼刺史、太守亦曰『節下』，與宰相、大僚書往往稱『執事』，言閤下之執事人耳。劉子玄爲史官，《與監修宰相書》，稱『足下』；韓文公《與使主張僕射書》，稱『執事』，即其例也。若『記室』，本繫王侯賓佐之稱，晉左思稱「左記室」，梁何遜稱「何記室」。他人亦非所宜。『執事』則指其左右之人，尊卑皆可通稱。『侍者』則士庶可用之。近日官至便[二]府、御史及畿令，悉呼『閤下』。至于初命賓佐，猶呼『記室』，今則一例『閤下』，上下無別。其『執事』纔施于舉人，『侍者』止行於釋子而已。今之布衣相呼，盡曰『閤下』，雖出于浮薄相戲，亦是名分大壞[三]矣。」[四]彭乘《墨客揮犀[五]》同。[六]

謝在杭《五雜俎》言：「閣，夾室也，以板爲之。《禮記·内則》：『天子之閣，左達五，右達五。』《檀弓》：「曾子曰：『始死之奠，其餘閣也與？』」蓋古人置此以庋飲食之所，即今房中之板閣，而後乃廣之爲樓觀之通名，如石渠、天禄、麒麟之類。《三輔黄圖》云皆蕭何造。或以藏書，或以繪像，或以爲登眺游覽之所。司馬相如《上林賦》：「高廊四注，重坐曲閣。」『閤者，門旁小户也。』《説文》。《董賢傳》：「與孔光並爲三公，上故令賢私過光。光警戒衣冠，出門待。望見賢車，廼卻入。賢至中門，光入閤，既下車，廼出。」因設館于其旁，即謂之閤。《漢書·公孫弘傳》：『開東閤以延賢人』，師古曰：『閤者，小門也，東向開之。古人生[七]以東向爲尊。避當庭門而引賓客，以别于掾吏官屬。』如今官署角門旁有延賓館，是也。《朱雲傳》：薛宣謂雲曰：「且留。」[八]故《蕭望之傳》言『自引出閤』，而《雋不疑傳》：『暴勝之爲置[九]指使者，不疑至門，勝之開閤延請。』是凡官府皆有閤，不獨三公也。《韓延壽傳》：『行縣王[十]高陵』，『入臥傳合[十一]，閉閤思過』。如今之閉角門不聽官屬入也。《嚴延年傳》：母閉閤不見，延年免冠頓首閤下。《朱博傳》：『召見功曹，閉閤數責。』此又是閉角門不聽出也。東晉太極殿有東西閣，唐制倣之，『以宣政爲前殿，紫宸爲便殿，前殿謂之正衙。天子不御前殿而御紫宸，乃自正衙唤仗[十二]，繇閤門而入，百官侯[十三]朝於衙者，因隨以入見，謂之入閤』。[十四]《唐六典[十五]》：「宣政殿之左曰東上閤，右曰西上閤。」蓋中門不啟而開角門也。《爾雅》：『小閨謂之閤。』閨即門也，故金門亦謂之「金閨」。謝朓詩：「既通金閨籍。」《文翁傳》：「諸生傳教令，出入閨閤。」師古曰：「閨閤，內中小門也。」太史公《傳[十六]任少卿書》：「身置[十七]爲閨閤之臣。」而室中之門亦或用此爲稱。《後漢[十八]・曹大家傳》：「時《漢書》始出，多未能通者。同郡馬融伏于閤下，從昭受讀。」是則二字之義本自不同。《漢舊儀》曰：『丞相聽事門曰黃閤。不敢洞閤[十九]朱門，以別于人主，故以黃塗之，謂之黃閤。』《□書[二十]・百官志》：「黃閤主簿省録衆事。」《鄧琬傳》：「太宗定亂，進子勳車騎將軍、開府儀同三司。諸佐吏並喜，造琬曰：『暴亂既除，殿下□[二十一]開[二十二]黃閤。』」今代以文淵閣藏書，而大學士□[二十三]之，故謂之『閣老』。」[二十四]蓋亦論經石渠、校書天禄之遺意耳。然西京但有閣，而未以爲官曹之稱，至後漢如[二十五]謂之臺閣。《古詩爲焦仲卿作》云：「汝是大家子，仕宦于臺閣。」陳壽《三國志》評曰：「魏世，事統臺閣，重內輕外，故八座尚書即古六卿之仕[二十六]也。」[二十七]裴松之《三國志》註引《魏略》曰：薛夏爲秘書丞，「嘗以公李[二十八]移蘭臺，蘭臺自以臺也，而秘書，署耳，謂夏爲不得儀[二十九]。推使當有生[三十]者，夏報之曰：『蘭臺爲外臺，秘書爲內閣，臺、閣一也，何不相移之有？』蘭臺屈，無以折。自是之後，遂以爲常。」[三十一]魏張閣，字子臺。《唐書・職官志》：「光宅元年九月，改門下省爲鸞臺，中書省爲鳳閣。」李肇《國史補》：「宰相相呼爲『臺老[三十二]』，兩省相呼爲『閣老』。」杜子美《奉贈嚴八閣老》詩云：「扈從登黃閣。」《国[三十三]學紀聞》曰：「給事中屬門下省，開元曰黃門省，故曰『黃閣』。左拾遺亦東有[三十四]之屬，故曰『官曹可接聯』[三十五]。」又《将赴成都草堂途中寄嚴鄭公》詩云：「生理秖平[三十六]凴黃閣老。」此特借黃門爲黃閣，而亦本于漢人臺閣之稱。《唐書・楊綰傳》：「故人[三十七]，舍人平[三十八]久者爲『閣老』。」然則今之內閣是[三十九]本于此，而非取三公黃閣之義。其言入閣辨[四十]事，謂入此內閣耳，而與唐之隨伏[四十一]入閣不相蒙也。「閣下」

之稱，猶云「臺下」，古今異名，亦何妨乎？

【校注】

［一］「古」字，原抄本、遂初堂本、集釋本、陳本、嚴本同，欒本下衍「人」字。

［二］「便」字誤，當改。原抄本、遂初堂本、集釋本、欒本、陳本、嚴本均作「使」。

［三］「大壞」，原抄本同，遂初堂本、集釋本、欒本、陳本、嚴本誤作「天壤」。《因話録》、《墨客揮犀》均作「大壞」。

［四］《因話録》卷五。

［五］「羣」字誤，當改。原抄本、遂初堂本、集釋本、欒本、陳本、嚴本均作「犀」。

［六］見《墨客揮犀》卷四。

［七］「生」字誤，當改。原抄本、遂初堂本、集釋本、欒本、陳本、嚴本均作「坐」。

［八］「且留」以下缺半行，原抄本、遂初堂本、集釋本、欒本、陳本、嚴本均作：「且留我東閤，可以觀四方奇士。」與《漢書》同，當補。

［九］「置」字誤，原抄本同誤，當改。集釋本、遂初堂本、欒本、陳本、嚴本作「直」。《漢書》作「直」。

［十］「王」字誤，當改。原抄本、集釋本、遂初堂本、欒本、陳本、嚴本均作「至」。《漢書》作「至」。

［十一］「合」字誤，當改。原抄本、集釋本、遂初堂本、欒本、陳本、嚴本均作「舍」。《漢書》作「舍」。

［十二］「伏」字誤，當改。原抄本、遂初堂本、集釋本、欒本、陳本、嚴本均作「仗」。《新五代史》作「仗」。

［十三］「侯」字誤，原抄本同誤，當改。遂初堂本、集釋本、欒本、陳本、嚴本作「候」。《新五代史》、《宋史》作「候」。

［十四］見《新五代史・李琪傳》，又略見《宋史・禮志二十》。

［十五］「唐六與」字誤，當改。原抄本、遂初堂本、集釋本、欒本、陳本、嚴本均作「唐六典」。

［十六］「傳」字誤，當改。原抄本、遂初堂本、集釋本、欒本、陳本、嚴本均作「報」。

［十七］「置」字誤，當改。原抄本、遂初堂本、集釋本、欒本、陳本、嚴本均作「直」。《漢書·司馬遷傳》及《文選》卷四十一作「直」。

［十八］「後漢」，原抄本、遂初堂本、集釋本、欒本、陳本、嚴本均作「後漢書」。

［十九］「閤」字誤，當改。原抄本、遂初堂本、集釋本、欒本、陳本、嚴本均作「開」。《五雜俎》作「開」。

［二十］「□書」，原抄本、遂初堂本、集釋本、欒本、陳本、嚴本均作「宋書」，當補。

［二十一］底本缺一字處，原抄本、遂初堂本、集釋本、欒本、陳本、嚴本均作「又」，《宋書》作「又」，當補。

［二十二］「開」，原抄本、集釋本、欒本、陳本、嚴本同，遂初堂本誤作「間」。

［二十三］底本缺一字處，原抄本、遂初堂本、集釋本、欒本、陳本、嚴本均作「主」，當補。

［二十四］《五雜俎》卷三。

［二十五］「如」字誤，當改。原抄本、遂初堂本、集釋本、欒本、陳本、嚴本均作「始」。

［二十六］「仕」字誤，當改。原抄本、遂初堂本、集釋本、欒本、陳本、嚴本均作「任」。《三國志》作「任」。

［二十七］《三國志·魏書·桓二陳徐衛盧傳》。

［二十八］「李」字誤，當改。原抄本、遂初堂本、集釋本、欒本、陳本、嚴本均作「事」。《三國志》注作「事」。

［二十九］「儀」，原抄本、嚴本同，遂初堂本、集釋本、欒本、陳本作「移」。陳垣校注：《魏志》作「謂夏爲不得儀也」。欒本校注引沈氏曰：「移」，抄本作「儀」。

［三十］「生」字誤，當改。原抄本、遂初堂本、集釋本、欒本、陳本、嚴本均作「坐」。《三國志》注作「坐」。

［三十一］見《三國志·魏書·王肅傳》。

［三十二］「臺老」誤，當改。原抄本、遂初堂本、集釋本、欒本、陳本、嚴本均作「堂老」。《唐國史補》卷下：「宰相相呼爲『元老』，或曰『堂老』。」

［三十三］「国」字誤，當改。原抄本、遂初堂本、集釋本、欒本、陳本、嚴本均作「困」。

[三十四]「有」字誤，當改。原抄本、遂初堂本、集釋本、欒本、陳本、嚴本均作「省」。
[三十五]亦見杜甫《奉贈嚴八閣老》詩。
[三十六]「平」字衍，當删，原抄本、遂初堂本、集釋本、欒本、陳本、嚴本無。
[三十七]「故人」誤，當改。原抄本、遂初堂本、集釋本、欒本、陳本、嚴本均作「故事」。《新唐書》作「故事」。
[三十八]「平」字誤，當改。原抄本、遂初堂本、集釋本、欒本、陳本、嚴本均作「年」。《新唐書》作「年」。
[三十九]「是」字誤，當改。原抄本、遂初堂本、集釋本、欒本、陳本、嚴本均作「實」。
[四十]「辨」字誤，當改。原抄本、遂初堂本、集釋本、欒本、陳本、嚴本均作「辦」。
[四十一]「伏」字誤，當改。原抄本、遂初堂本、集釋本、欒本、陳本、嚴本均作「仗」。

相

《管子》曰：「黄帝得六相。」[一]《宋書・百官志》曰：「殷湯以伊尹爲右相，仲虺爲左相。」然其名不見于經，惟《書・説命》有「爰立作相」之名[二]，而《左傳》定公元年：薛宰言：「仲虺居薛，以爲湯左相。」《禮記・月令》：「命相布德和令。」註：「相，謂三公相王之事也。」正義曰：「案公羊德[三]五年《傳》曰：『三公者何？天子之相也。自陝而東者周公主之，自陝而西者召公主之，一相處乎内。』是三公相王之事也。至六國時，一人知事者特謂之「相」，故《史記》稱穰侯范雎、蔡澤皆爲秦相，後又爲丞相也。」如魏文侯卜相於李克、儲子爲相齊[四]，不必秦國有之。《史記》：秦武王二年，「初置丞相」。杜氏《通典[五]》曰：「黄帝六相，堯十六相，爲之輔相，不必名官。」[六]是則三代之時言「相」

者，皆非官名，「相」者，在王左右之人。《書》曰：「相被冕服，憑玉几。」高宗立傅説爲相，而曰「王置諸其左右」，亦此意也。[七]如《孟子》言「舜相堯，禹相舜」、「益相禹」、「伊尹相湯」、「周公相武王」，《禮記·明堂位》「周公相武王」之類耳。《左傳》桓公二年：太宰督「遂相宋公」。莊公九年：鮑叔言于齊侯曰：「管夷吾治于高傒[八]，使相可也。」昭公元年：祁午謂趙文子曰：「子相晉國。」按當時官名皆不謂之「相」。《荀子》言孫叔敖「相楚」，《傳》止言爲「令尹」。《淮南子》言子產爲鄭國相，《傳》止言「執政」。《左傳》：「羽父請殺桓公以求太宰」，《史記》則云「君以我爲相」。　哀公十七年：「右領差車與左史老，皆相令尹、司馬以伐陳」，又是相二官，而非相楚王。《論語》：「今由與求也相夫子」，是相季氏，而非相魯君。　惟襄公二十五年：「崔杼立景公而相之，慶封爲左相」，則似真以「相」名者官[九]。　之公[十]十年：「公會齊侯于夾谷，孔丘相」，杜氏解曰：「相，會儀也。」如『願爲小相焉』[十一]之相。」《史記·孔子世家》乃云：「孔子爲大司寇，攝相事」，是誤以「儐相」之相爲「相國」之相。　不知魯無「相」名，有司寇而無「大司寇」也。《禮記》正義引崔靈恩云：「諸侯三卿，司徒兼家[十二]宰，司馬兼宗伯，司空兼司寇。　三卿之下有五大夫。　五大夫者，司徒之下立二人，小宰、小司徒；司馬之下，以其事省，立一人，爲小司馬，兼宗伯之事；司空之下立二人，小司寇、小司空。　今夫子爲司空者，爲小司空也，從小司空爲小□□寇[十三]。」「崔所以知然者，魯有孟、叔、季三卿爲政，又有臧氏爲司寇，故知孔子爲小司寇。」按《左傳·隱二年》：「司空無駭」，杜氏註：「魯司徒、司馬、司空，皆卿也」。　然則臧紇爲司寇，亦小司寇也。　朱子《論語集註》引此，亦不覺其誤。[十四]

【校注】

[一]《管子·五行》。

[二]「名」字誤，當改。　原抄本、遂初堂本、集釋本、欒本、陳本、嚴本均作「文」。

[三]「德」字誤，當改。　原抄本、遂初堂本、集釋本、欒本、陳本、嚴本均作「隱」。

[四]「相齊」誤倒，當乙正。　原抄本、遂初堂本、集釋本、欒本、陳本、嚴本均作「齊相」。

[五]「通與」誤，當改。原抄本、遂初堂本、集釋本、欒本、陳本、嚴本均作「通典」。

[六]《通典》卷十九。

[七]今按：《説文》：「相，省視也。」《集韻》：「相，助也。」

[八]「高侯」誤，當改。原抄本作「高傒」，遂初堂本、集釋本、欒本、陳本、嚴本作「高傒」。高傒，齊卿大夫，《左傳》、《公羊傳》均作「高傒」。

[九]「者官」誤倒，當乙正。原抄本、遂初堂本、集釋本、欒本、陳本、嚴本均作「官者」。

[十]「之公」誤，當改。原抄本、遂初堂本、集釋本、欒本、陳本、嚴本均作「定公」。

[十一]《論語・先進》公西華語。

[十二]「家」字誤，當改。原抄本、遂初堂本、集釋本、欒本、陳本、嚴本均作「冢」。《禮記》作「冢」。

[十三]「小□□寇」脱誤，當補正。原抄本、遂初堂本、集釋本、欒本、陳本、嚴本均作「小司寇也」，與《禮記》同。

[十四]孔穎達正義見《禮記・檀弓上》。朱熹引《史記》以孔子爲大司寇，見《四書章句集注・論語序説》。

将軍

《春秋傳》：「晉獻公作二軍，公将上軍，大子申生[一]将下軍。」[二]是已而[三]「将軍」之文，而未以爲名也。至昭公二十八年，閻没、女寬對魏獻子曰：「宣[四]将軍食之而有不足？」正義曰：「此以魏子将中軍，故謂之将軍。」及六國以來，遂以将軍爲官名，蓋其元起于此。《公羊傳》：「将軍子重諫曰。」[五]《穀梁傳》：「使狐夜姑爲将軍。」[六]《墨子》：「昔者晉有六将軍，而智伯莫爲强焉。」[七]《莊子》：「今将軍兼此三者。」《盗跖篇》。《淮南子》：「趙文子問于叔向者[八]：『晉六将軍，其孰先亡？』」[九]「張武爲智伯謀曰：『晉六将軍。』」又曰：「魯君召子貢，授之将軍之印。」[十]而《國語》亦云[十一]：「鄭人以詹伯爲将軍。」[十二]又曰：吴王夫差黄□[十三]之會，「十行一嬖大夫」，「十旌一将軍」。[十四]《禮記・檀弓》：「衛将軍文子之喪。」《史記・司馬穰苴傳》：「景公以爲将軍。」《封禪書》：「杜主者，故周之右将軍。」《越世家》：「范蠡稱上将軍。」《魏世家》：「令太子申爲上将軍。」《戰國策》：「梁王虚上位，以故相爲上将軍。」[十五]《漢書・百官表》曰：「前、後、左、右将軍，皆周末官。」《通典》曰：自戰國置大将軍，「楚懷王與秦戰，秦敗楚，虜其大将軍屈丐」，至漢則定以爲官名矣。[十六]

【校注】

[一]「申生」，原抄本、遂初堂本、集釋本、欒本、嚴本同，陳本脱「生」字。太子申爲戰國魏人，見下文。

[二]《左傳・閔公元年》。

[三]「而」字誤，當改。原抄本、遂初堂本、集釋本、欒本、陳本、嚴本均作「有」。

[四]「宣」字誤，當改。原抄本、遂初堂本、集釋本、欒本、陳本、嚴本均作「亶」。《左傳》作「亶」。

[五]《公羊傳・宣公十二年》。

[六]《穀梁傳・文公六年》。「夜」，原文作「射」。「射」，食夜切，音夜。《穀梁傳》「使狐夜姑爲将軍」句後脱一句：《孟子》：「魯欲使慎子爲将軍。」原抄本、遂初堂本、集釋本、欒本、陳本、嚴本有，當補。

[七]《墨子・非攻中》。

[八]「者」字誤，當改。原抄本、遂初堂本、集釋本、欒本、陳本、嚴本均作「曰」。《淮南子》作「曰」。

[九]《淮南子・道應訓》。

[十]《淮南子・人間訓》。

[十一]「亦云」，原抄本同，遂初堂本、集釋本、欒本、陳本、嚴本作「亦曰」。
[十二]《國語・晉語四》。
[十三]「黄□」，原抄本、遂初堂本、集釋本、欒本、陳本、嚴本均作「黄池」，與《國語》同，當補。
[十四]《國語・吴語》。
[十五]《戰國策・齊策四》。
[十六]《通典》卷二十九「大将軍」條。

相公

前代拜相者必封公，故稱之曰「相公」。[一] 若封王，則稱「相王」。司馬文王進爵爲王，荀顗曰「相王尊重」[二]，是也。晉簡文帝及會稽王道子亦稱「相王」。 自洪武中革去丞相之號，則有公而無相矣。即初年之制，亦不盡沿唐宋。有相而不公者，胡惟庸是也。有公而不相者，常遇春之倫是也。封公拜相，惟李善長、徐達，三百年未[三]，有此二相公耳。

魏王粲《從軍行》：「相公征關右，赫怒震天威。」《羽獵賦》：「相公乃乘輕軒，駕四駱。」「相公」二字似始見此。

【校注】

[一]黄汝成集釋引錢氏曰：西漢丞相封侯，東京三公不封侯者甚多，曹操始以丞相封魏公。「相公」之稱自曹孟德始，前此未之有也。

[二]見《三國志・魏書・三少帝紀・陳留王》引《漢晉春秋》。
[三]「未」字誤，當改。原抄本、遂初堂本、集釋本、欒本、陳本、嚴本均作「來」。

司業

國子司業，以□[一]生徒所執之業，非也。唐歸崇敬授國子司業，上言：「司業義在《禮記》『樂正司業』。正，長也。言樂官之長，司主此業。《爾雅》云：『大版謂之業。』[二]按《詩・周頌》：『設業設虡，崇牙樹羽。』則『業』是懸鍾磬之簨虡也。今大學既不教樂，於義無取。請改國子監爲辟雍，祭酒爲太師氏，司業一爲左師，一爲右師。」「詔下尚書禁[三]百僚定議以聞，議者重難改作，其事不行。」[四]按《靈臺》之詩曰：「虡業維樅」，即此「業」字。《傳》曰：「業，大版也，所以飾栒爲懸也。捷業如鋸齒，或白畫之。」《爾雅》：「大版謂之業。」左氏昭九年《傳》：「辰在子卯謂之疾日，君徹宴樂，學人舍業。」《禮記・檀弓》：「大功廢業。」並謂此也。宋徐爰誤解此義，而曰：「『大功廢業』，三年喪，何容詩書？」[五]懸者，常防其墜，故借爲敬謹之義。《書》之「兢兢業業」，《詩》之「赫赫業業」、「有震且業」，是也。《爾雅》：「業業，危也。」凡人所執之事亦當敬謹，故借爲事業之義。《易傳》之「進德修業」、「可大則賢人之業」、「盛德大業」，《禮記》之「敬業樂群」，是也。然三代《詩》、《書》之文並無此義，而「業廣惟勤」一語，[六]乃出于梅賾所上之《古文尚書》。

梁劉勰《文心雕龍》謂：「《論語》以前，經無『論』字。《六韜》三論，後人追題。」[七]今《周官篇》有「論道經邦」之語，蓋梅賾古文之《書》，其時未行。然即此二字，「業」字、「論」字。亦足以察時世言語之不同矣。

【校注】

[一]底本缺一字處，原抄本、遂初堂本、集釋本、欒本、陳本、嚴本均作「爲」，當補。

[二]《説文》：「業，从丵从巾，巾象版。」

[三]「禁」字誤，當改。原抄本、遂初堂本、集釋本、欒本、陳本、嚴本均作「集」。《舊唐書》作「集」。

[四]《舊唐書・歸崇敬傳》。

[五]見《册府元龜》卷五百九十六。「詩書」誤，原抄本同誤，當改。遂初堂本、集釋本、欒本、陳本、嚴本作「讀書」，與《册府元龜》同。

[六]語出《尚書・周官》。

[七]《文心雕龍・論説》。三論，原文作「二論」。

翰林

《唐書・職官志》曰：「翰林學士之職，本以文學、言語備顧問，出入侍從，因得參謀議，納諫争。而翰林院者，待詔之所也。《雍録》曰：「翰林院在大明宫右銀臺門内，稍退北，有門，榜曰『翰林之門』。」唐志[二]：乘輿所在，必有文辭、經學之士，下至卜醫、伎術之流，皆直于别院，以備燕見，而文書詔令則中書舍人掌之。太宗時，名儒學士時時任以草制，然猶未有名號。乾封以後，始號『北門學士』。玄宗之代，張説、陸堅、張九齡、徐安貞、張垍等召入禁中，謂之『翰林待詔』，掌中外表疏批答、應和文章。維[二]以詔初[三]文告悉由中書，每多壅滯，始選朝官有辭藝學識者入翰林供奉，亦有無官而得入者，如李白是也。然亦未定名制。開元二十六年，始改翰林供奉爲『學士』，別置學士院，專掌内命。至德以後，天下用兵，軍國多務、深謀密詔[四]皆從中出，置學士六人，内擇年深德重者一人爲『承旨』，以獨當密命故也。德宗好文，尤難其選。貞元以後，爲『學士承旨』者多至宰相。」參取新舊二《志》。而其官不見于《唐六典》，蓋書成于張九齡，其時尚未置也。

《舊書》言翰林院「有合練、僧道、卜祝、術藝、書弈，各別院以廩之」。《職官志》。[五]陸贄與吴通玄有隙，乃言：「承平時工藝書畫之徒，待詔翰林，比無學士」，請罷其官。《通玄傳》。[六]其見于史者，天寶初嵩山道士吴筠，乾元中占星韓穎、劉烜，貞元末弈棋王叔文、侍書王伾，元和末方士柳必[七]、浮屠大通，寶曆初善奕王倚、興唐觀道士孫準，並待詔翰林。小説，玄宗時有「翰林善圍棋者賜積薪」。[八]又如黎幹，雖官至京兆尹，而其初亦以占星待詔翰林。而貞元二十一年二月，「丙午，罷翰林醫工、相工、占星、射覆，冗食者四十二人」。《順宗紀》。寶曆二年十二月庚申，省「教坊樂官、翰林待詔伎術官，並總監諸色職掌内冗員共一千二百七十人」。《文宗紀》。此可知翰林不皆文學之士矣。趙璘《因話録》云：「文宗賜翰林學士章服，續有待詔，欲先賜，本司以名上，上曰：『賜君子、小人不同日，且待別日。』」《雍録》曰：「漢吾丘壽王以善格五，召待詔，坐矣法[九]，上書願養馬黄門。金日磾與弟倫没入官，輸黄門養馬。師古曰：『黄門之署，職任現[十]近，以供天子，百物在焉，故亦有盡工[十一]。』又武帝令黄門畫《周公負成王圖》以賜霍光。則是黄門之地，凡善格五者、能養馬者、能繪畫者，皆得居之。故知唐世雜藝之士供奉[十二]翰林者，正用此則[十三]也。」[十四]

成化三年，以明年上元張燈，命翰林院詞臣撰詩詞。編修章懋、黄仲昭、檢討莊最[十五]上随[十六]言：「翰林之官以論思代言爲職，雖曰供奉文字，然鄙俚不經之詞豈宜進于君上？固不可曲引宋祁、蘇軾教『之[十七]坊致語』，以自取侮慢不敬之罪。臣等又嘗伏讀宣宗章皇帝御製《翰林箴》，有曰：『啟沃之言，惟義與仁。堯舜之近[十八]，鄒孟以陳。』今張燈之舉，恐非堯舜之道；應制之詩，恐非仁義之言。臣等知陛下之心即祖宗之心，故不敢以是妄陳于上。伏願采芻蕘[十九]之言，於此等事一切禁止。」「上怒，命杖之。」[二十]謫懋明武[二十一]知縣，仲昭湘潭知縣，昶桂陽州判官，各調外用。已而諫官爲之申理，乃改懋、仲昭南京大理寺評事，昶南京行人司副。自此翰林之官[二十二]。

【校注】

[一]「志」字誤，當改。原抄本、遂初堂本、集釋本、欒本、陳本、嚴本均作「制」。《新唐書》作「制」。

[二]「維」字誤，當改。原抄本、遂初堂本、集釋本、欒本、陳本、嚴本均作「繼」。

[三]「初」字誤，當改。原抄本、遂初堂本、集釋本、欒本、陳本、嚴本均作「敕」。

[四]「誥」字誤，當改。原抄本、遂初堂本、集釋本、欒本、陳本、嚴本均作「詔」。《舊唐書》作「詔」。

[五]《舊唐書·職官志二》「翰林院」條。合練，原文作「合煉」。廪之，原文作「稟之」。

[六]《舊唐書·文苑傳下·吴通玄傳》。

[七]「柳必」誤，當改。原抄本、遂初堂本、集釋本、欒本、陳本、嚴本均作「柳泌」。

[八]見薛用弱《集異記》。「賜積薪」誤，當改。原抄本、遂初堂本、集釋本、欒本、陳本、嚴本均作「王積薪」，與《集異記》同。

[九]「坐矣法」誤，當改。原抄本、遂初堂本、集釋本、欒本、陳本、嚴本均作「坐法免」，與《雍録》同。《漢書》本傳亦作「坐法免」。

〔十〕「現」字誤，當改。原抄本、遂初堂本、集釋本、欒本、陳本、嚴本均作「親」。《漢書・金日磾傳》顔注作「親」。

〔十一〕「盡工」誤，當改。原抄本、遂初堂本、集釋本、欒本、陳本、嚴本均作「畫工」。《漢書・金日磾傳》顔注作「畫工」。

〔十二〕「供奉」，原抄本、遂初堂本、集釋本、陳本、嚴本同，欒本誤作「供養」。

〔十三〕「此則」，原抄本、嚴本同，遂初堂本、集釋本、欒本、陳本作「此例」。《雍録》作「此則」。

〔十四〕《雍録》卷二「金馬門」條。

〔十五〕「莊最」誤，當改。原抄本、遂初堂本、集釋本、欒本、陳本、嚴本均作「莊昶」。莊昶，字孔抃，《明史》有傳。

〔十六〕「上随」誤，當改。原抄本、遂初堂本、集釋本、欒本、陳本、嚴本均作「上疏」。

〔十七〕「教之」誤倒，當乙正。原抄本、遂初堂本、集釋本、欒本、陳本、嚴本均作「之教」，與《憲宗實録》同。

〔十八〕「之近」誤，當改。原抄本、遂初堂本、集釋本、欒本、陳本、嚴本均作「之道」。《憲宗實録》作「之道」。

〔十九〕「蒟蕘」誤，當改。原抄本、遂初堂本、集釋本、欒本、陳本、嚴本均作「芻蕘」。《憲宗實録》作「芻蕘」。

〔二十〕《憲宗實録》卷四十九。又見余繼登《皇明典故紀聞》卷十四，又略見《明史・章懋傳》。諫疏全文見《皇明經世文編》卷九十五「諫元宵燈火疏」條等。

〔二十一〕「明武」誤，當改。原抄本、集釋本、欒本、陳本作「臨武」。遂初堂本作「昭武」，嚴本據《明史》改「昭武」爲「臨武」。《憲宗實録》、《明史》作「臨武」。

〔二十二〕「之官」下，脱「重矣」二字，當補。原抄本、遂初堂本、集釋本、欒本、陳本、嚴本作「之官重矣」。

洗馬

《越語》：句踐「身親爲夫差前馬」，《韓非子》云「爲吴王洗馬」。洗音銑。《淮南子》云：「爲

《荀子》：天子出門，「詩[一]侯持輪，□[二]與先馬」。[三]賈誼《新書》：「是[四]懷王無道，而欲有伯王[五]之號，鑄金以象諸侯人君，令大國諸侯[六]編而先馬，梁王御，宋王驂乘，滕、薛、衛、中山之君隨而趙[七]。」[八]然則洗馬者，馬前引導之人也。亦有稱「馬洗」者，《六韜》：「賞及半[九]豎、馬洗、廄養之徒。」《漢書·百官表》：「太子太傅、必[十]傅：屬官有先馬。」張晏曰：「先馬，員十六人，秩比謁者。『先』或作『洗』。」人[十一]考《周禮》「齊石[十二]」職云：「凡有牲事，則前馬。」註：「王見牲，則拱而式，居馬前，卻行，備驚奔也。」又「道右」職云：「王式，則下前馬。」是此官古有之矣。《莊子》：「黄帝將見大隗乎具茨之山，張若、謵前朋馬[十三]。」[十四]吴兵先馬走。」當作「吴王」。

【校注】

[一]「詩」字誤，當改。原抄本、遂初堂本、集釋本、欒本、陳本、嚴本均作「諸」。《荀子》作「諸」。

[二]底本缺一字處，原抄本、遂初堂本、集釋本、欒本、陳本、嚴本均作「挾」，《荀子》作「挾」，當補。

[三]《荀子·正論》。

[四]「是」字誤，當改。原抄本、遂初堂本、集釋本、欒本、陳本、嚴本均作「楚」。《新書》作「楚」。

[五]「伯王」，原抄本同，遂初堂本、集釋本、欒本、陳本、嚴本作「霸王」。《新書》作「伯王」。「伯」，讀作「霸」。

[六]「諸侯」誤，當改。原抄本、遂初堂本、集釋本、欒本、陳本、嚴本均作「之王」。《新書》作「之王」。

[七]「趙」字誤，當改。原抄本、遂初堂本、集釋本、欒本、陳本、嚴本均作「趨」。《新書》作「趨」。

[八]《新書·春秋》。

[九]「半」字誤，原抄本同誤，當改。遂初堂本、集釋本、欒本、陳本、嚴本作「牛」。《六韜》作「牛」。

[十]「必」字誤，當改。原抄本、遂初堂本、集釋本、欒本、陳本、嚴本均作「少」。《漢書》作「少」。

[十一]「人」字誤，當改。原抄本、遂初堂本、集釋本、欒本、陳本、嚴本均作「又」。

〔十二〕「石」字誤，當改。原抄本、遂初堂本、集釋本、欒本、陳本、嚴本均作「右」。

〔十三〕「謂前朋馬」誤，原抄本作「謂朋前馬」，亦誤，當改。集釋本、欒本、陳本、嚴本作「謵朋前馬」，與《莊子》同。

〔十四〕《莊子·徐無鬼》。

比部

《周孔〔一〕·小司徒》：「及三年則大比，大比則受邦國之比要。」註：「大比，謂使天下更簡閱民教〔二〕及其財物也。鄭司農云：『五家爲比，故以比爲名。今時八月案比是也。』」《莊子》云：「禮法度數，刑名比詳。」〔三〕唐時刑部有刑、比、音「毗」。都官、司門四曹。《通典》：「比部郎中：龍朔二年改爲司計大夫，咸亨元年後〔四〕舊。天寶十一載又改比部爲司計，至德初復舊。」〔五〕《舊唐書·職官志》：「比部郎中、員外郎之職，掌勾諸司百僚体〔六〕料、公廨、贓贖、調斂、徒役、課程、逋懸數物，周知内外之經費而總勾之。」《楊炎傳》：「初，國家舊制，天下財賦皆納于左藏庫，而太府四時以數聞，尚書比部覆其出入。」《宋史·職官志》：「比部郎中、員外郎：掌勾覆中外帳籍，凡場務、倉庫出納在官之物，皆月計、孚〔七〕考、歲會，從所隸監司檢察，以上比部。至則審覆其多寡登耗之數，考其陷失，而理其侵負。」《小堂〔八〕考索》：「會計逋欠，每三月一比，謂之比部。」故昔人有刑罰與賦斂相爲表裏之説。今四曹改爲十三司，而財計之不關刑部久矣，乃猶稱郎官爲比部，何邪？

【校注】

[一]「周孔」誤，當改。原抄本、遂初堂本、集釋本、欒本、陳本、嚴本均作「周禮」。

[二]「教」字誤，當改。原抄本、遂初堂本、集釋本、欒本、陳本、嚴本均作「數」。《周禮》鄭注作「數」。

[三]《莊子・天道》。

[四]「後」字誤，當改。原抄本、遂初堂本、集釋本、欒本、陳本、嚴本均作「復」。《通典》作「復」。

[五]《通典》卷二十三。

[六]「体」字誤，當改。原抄本、遂初堂本、集釋本、欒本、陳本、嚴本均作「俸」。《舊唐書》作「俸」。「体」，「體」之俗字。

[七]「孚」字誤，當改。原抄本、遂初堂本、集釋本、欒本、陳本、嚴本均作「季」。《宋史》作「季」。

[八]「小堂」誤，當改。原抄本、遂初堂本、集釋本、欒本、陳本、嚴本均作「山堂」。

員外

「員外」之官，本爲冗職[一]。《舊唐書・李嶠傳》：「嶠爲吏部時，志欲曲行私惠，冀得復居相位，奏置員外官數千人。猶近日天啟末之「添註京堂」。以至官僚倍多，府庫減耗。」事在中宗神龍二年。《通鑑》：「大置員外官，自京司及諸州凡二千餘人，宦官超遷七品以上、員外官者又將千人。」[二]《册府元龜》：「李嶠、韋嗣立同居選部，多引用權勢，請置員外郎[三]一千餘員。其員外官悉恃□勢[四]，與正官事事[五]，府司分競[六]，至有相毆擊者。」[七]又有謂之「員外置同正員」者。迨乎玄宗，猶不能盡革。故肅宗「乾元二年九月，詔曰：『應州縣見任員外官，並任其所適。其中有材識幹濟，曾經任使，州縣所資者，亦聽董[八]留。上州不得過五人，中州不得過四人，下州不得過三人，上縣已上不得過一人。』」[九]今則副郎而取名員外，於義何居？

當繇定制之初，主爵諸臣未考源流，有乖名實。子不云乎？「必也正名。」[十]則「斜封墨敕」之朝，[十一]不可沿其遺號矣。

【校注】

[一]「職」，原抄本、遂初堂本、集釋本、欒本、陳本、嚴本均作「秩」。

[二]《資治通鑑》卷二百八。又見《舊唐書·中宗本紀》，「員外者」前有「及」字。

[三]「員外郎」誤，當改。原抄本、遂初堂本、集釋本、欒本、陳本、嚴本均作「員外官」。《册府元龜》作「員外官」。

[四]「□勢」，原抄本、遂初堂本、集釋本、欒本、陳本、嚴本均作「形勢」。《册府元龜》作「形勢」。當補。

[五]「事事」誤，當改。原抄本、遂初堂本、集釋本、欒本、陳本、嚴本均作「争事」。《册府元龜》作「争事」。

[六]「府司分競」誤，當改。原抄本、遂初堂本、集釋本、欒本、陳本、嚴本均作「百司紛競」。《册府元龜》作「百司紛競」。

[七]《册府元龜》卷六百二十九。

[八]「董」字誤，當改。原抄本、遂初堂本、集釋本、欒本、陳本、嚴本均作「量」。《册府元龜》作「量」。

[九]《册府元龜》卷六十九。

[十]語出《論語·子路》。

[十一]《新唐書·選舉志下》：「中宗時，韋后及太平、安樂公主等用事，於側門降墨敕斜封授官，號『斜封官』。」

主事

後漢「光禄勳有南庭北[一]主事，主三署之事，故[二]諸郎之中察茂材者爲之」，[三]然其職不過如掾史之等。故范滂「遷光禄立[四]事，時陳蕃光爲禄勳[五]，滂執公儀詣蕃，蕃亦不止。滂懷恨投版，棄官而去」。後因郭泰之言，蕃乃謝之。[六]而張霸、戴封、戴就、公沙穆並以孝廉爲光禄主事，其他府寺則不聞有此名也。《宋書・百官志》「中書通事舍人」下云：「其下有主事，本用武官，宋改用文史。」至後魏，則于尚書詩[七]司置「主事令史」。隋煬帝去「令史」之名，但曰「主事」。唐時並流外爲之，尚書省主事六人，從九品上，門下省主事四人，中書省主事四人，並從八品下。而劉祥道上疏言：「尚書省二十四司及門下省、中書，都事、主□[八]、主事等，比來選補，皆取舊任流[九]有刀筆之人，縱欲參用士道[十]，皆以儔類爲恥。前後相承，遂成故事。望有釐革，稍清其選。」「事竟不行。」[十一]《裴光庭傳》：「任門下省主事，閻麟之專主過官，凡麟之裁定，光庭輒然可。時語曰：『麟之口，光庭手。』」[十二]《元載傳》：「大曆十二年三月庚辰，上御延英殿，命左□吾[十三]大將軍吴湊收載及王縉于改[十四]事堂，各留繫本所，並中書主事車英倩[十五]、李待縈[十六]，及戴[十七]男仲武、季熊，並收禁。」《朱史[十八]・職官志》：「門下省吏四十有九，録事、主事各三人，令史六人，書令史十有八人，守當官十有九人。」《魏仁浦傳》：「自樞密院小史遷兵房主事。」《楊億傳》：「時以吏部銓主事、前宜黄簿王太冲爲大理丞評事。億以吏之賤，不宜任清秩，封還詔書。未幾，太冲補外。」是在前代皆掾史之任也。國初[十九]，設六部主事，意亦倣此。永樂十四年，永新伯許成以擅杖工部主事王景亮被劾。

【校注】

[一]「南庭北」誤，原抄本、遂初堂本、嚴本作「南北庭」，集釋本、欒本、陳本作「南北廬」。按《唐六典》作「南北廬」，《通典》作「南北庭」。

[二]「故」字誤，當改。原抄本、遂初堂本、集釋本、欒本、陳本、嚴本均作「於」。《唐六典》作「於」。

［三］《唐六典》卷一「主事」條注引《漢官》，又見《通典》卷二十二注。

［四］「立」字誤，當改。原抄本、遂初堂本、集釋本、欒本、陳本、嚴本均作「主」。《後漢書》作「主」。

［五］「光爲禄勳」誤倒，當乙正。原抄本、遂初堂本、集釋本、欒本、陳本、嚴本均作「爲光禄勳」，與《後漢書》同。

［六］《後漢書・黨錮列傳・范滂傳》。

［七］「詩」字誤，當改。原抄本、遂初堂本、集釋本、欒本、陳本、嚴本均作「諸」。

［八］「主□」，原抄本、遂初堂本、集釋本、欒本、陳本、嚴本均作「主書」，《舊唐書》作「主書」，當補。

［九］「流」字下，脱「外」字，當補。原抄本、遂初堂本、集釋本、欒本、陳本、嚴本均作「流外」，與《舊唐書》同。

［十］「士道」誤，當改。原抄本、遂初堂本、集釋本、欒本、陳本、嚴本均作「士流」。《舊唐書》作「士流」。

［十一］《舊唐書・劉祥道傳》，又見《通典》卷十七。

［十二］「裴光庭傳」一節，原抄本同。遂初堂本、集釋本、欒本、陳本、嚴本改爲小字夾註，置於注文「元載傳」上。

［十三］「左□吾」，原抄本、遂初堂本、集釋本、欒本、陳本、嚴本均作「左金吾」，與《舊唐書》本傳同，當補。

［十四］「改」字誤，當改。原抄本、遂初堂本、集釋本、欒本、陳本、嚴本均作「政」。《舊唐書》作「政」。

［十五］「車英倩」誤，原抄本作「卓英清」亦誤，當改。遂初堂本、集釋本、欒本、陳本、嚴本作「卓英倩」。《舊唐書》作「卓英倩」。

［十六］「李待縈」誤，原抄本同誤，當改。遂初堂本、集釋本、欒本、陳本、嚴本作「李待榮」。《舊唐書》作「李待榮」。

［十七］「戴」字誤，當改。原抄本、遂初堂本、集釋本、欒本、陳本、嚴本均作「載」。《舊唐書》作「載」。

［十八］「朱宋」誤，當改。原抄本、遂初堂本、集釋本、欒本、陳本、嚴本均作「宋史」。

［十九］「國初」，原抄本同。潘耒遂初堂刻本改爲「明初」，集釋本因之。欒本據黄侃校記改回而加説明，陳本、嚴本仍刻本之舊而加注。

主簿

《周禮》「司會」註：「主計會之簿書。」疏云：「簿書者，古有簡策以記事，若在君前，以笏記事。後代用簿，簿，今手版。故云吏當持簿，簿則簿書也。」漢御臺史[一]有此官，御史大夫張忠「署孫寶爲主簿」[二]。而魏晉以下，則寺監以及州郡並多有之。杜氏《通典》「州佐」條下云：「主簿一人，録門下衆事，省署文書，漢制也。歷代至隋皆有。」又引「晉習鑿齒爲桓温荆州主簿，親遇深密，時人語曰：『徒三十年看孺[三]書，不如一詣習主簿。』」[四]在當時爲要職。

【校注】

[一]「御臺史」誤倒，當乙正。原抄本、遂初堂本、集釋本、欒本、陳本、嚴本均作「御史臺」。

[二]《唐六典》卷十三「御史臺」條、《通典》卷二十四「主簿」條。事見《漢書・孫寶傳》。

[三]「孺」字誤，當改。原抄本、遂初堂本、集釋本、欒本、陳本、嚴本均作「儒」。《通典》、《晉書》作「儒」。

[四]《通典》卷三十二。事見《晉書・習鑿齒傳》。

郎中待詔

北人謂醫生爲「大夫」，南人謂之「郎中」。鑷工爲「待詔」，木工、金工、石工之屬皆爲「司務」。其名蓋起于宋時。《老學菴[一]筆記》：「北人謂醫爲『衙推』，《舊唐書・鄭注傳》：以藥術依李愬，「署爲節度衙推」。《□[二]夢瑣言》：「莊宗好俳優，宫中暇日，自負蓍囊藥篋，令繼岌破帽相隨，以后父劉叟以醫卜爲業。后方晝眠[三]，繼岌造其臥内，自稱『劉衙推訪女』。」[四]卜相爲『巡官』。巡官，唐、五代郡僚之名。或以其巡游賣術，故有此稱，亦莫詳其所始也。」[五]《舊唐書・音樂志》：「隋末，河内有人貌惡而嗜酒，常自號『郡[六]中』。」《實録》：洪武二十六年十二月，「丙戌，命禮部申禁，軍民人等，不得用太孫、太師、太保、待詔、大官、郎中等字爲名稱」。[七]

【校注】

[一]「巷」字誤，當改。原抄本、遂初堂本、集釋本、嚴本作「菴」，陳本、欒本作「庵」。

[二]底本缺一字處，原抄本、遂初堂本、集釋本、欒本、陳本、嚴本均作「北」，當補。

[三]「眠」，原抄本同，遂初堂本、集釋本、欒本、陳本、嚴本作「寢」。

[四]《北夢瑣言》卷十八。「以后父」，原文作「似后父」。

[五]《老學庵筆記》卷二。

[六]「郡」字誤，當改。原抄本、遂初堂本、集釋本、欒本、陳本、嚴本均作「郎」。《舊唐書》作「郎」。

[七]《太祖實録》卷二百三十。

外郎

今人以吏員爲外郎。按《史記・秦始皇紀》「近官三郎」，索隱曰：「三郎，謂中郎、外郎、散郎。」《通典》：「漢中郎将分掌三署郎，有議郎、中郎、侍郎、郎中，凡四等。皆無員，多主[一]千人，掌門户，出充車騎。其散郎謂之外郎。」[二]今以之稱吏員，乃世俗相褒之辭。

【校注】

[一]「主」字誤，當改。原抄本、遂初堂本、集釋本、欒本、陳本、嚴本均作「至」。《通典》作「至」。

[二]《通典》卷二十九。

門子

門子者，守門之人，《舊唐書・李德裕傳》「吐蕃潛将婦人，嫁與此州門丁[一]」是也。王智興「爲徐州門子」。[二]今之門子，乃是南朝時所謂「縣僮」。《梁書・沈瑀傳[三]》：「爲餘姚令，縣南有豪族數百家，子弟縱横，遞相庇蔭，厚自封殖，百姓甚患之。瑀召其老者爲石頭倉監，少者補縣僮。」《唐志》：「二品以下有白直、執衣，皆中男爲之。」[四]

【校注】

[一]「丁」字誤，當改。原抄本、遂初堂本、集釋本、欒本、陳本、嚴本均作「子」。《舊唐書》作「子」。

[二]黄汝成集釋引沈氏曰：「《周禮》、《左傳》、《國語》所稱『門子』，並卿大夫適子之稱，與後世『門子』絶異。」今按：王智興，事見《太平廣記》卷一三八「王智興」條。兩《唐書》有傳。

[三]「沈瑀傳」，遂初堂本、集釋本、欒本、陳本、嚴本同，原抄本誤倒作「沈傳瑀」。

[四]《新唐書・食貨志五》。

快手

快手之名，起自《宋書・王鎮惡傳》：「東從舊将猶有六隊千餘人，西将及能細直吏快手復有二千餘人。」《建平王景素傳》：「左右勇士數十[一]人，並荆楚快手。」《黄回傳》：「募江西楚人，得快射手八百。」《南史》作「快手」。亦有稱「精手」者。沈約《自序》：「收集得二千精手。」《南史・齊高帝記[二]》：「王藴将數百精手，带甲赴粲。」袁粲。《梁書・武帝紀》：「航南大路悉配精手利器，尚十餘萬人。」

【校注】

[一]「十」，遂初堂本、集釋本、欒本、陳本、嚴本同，原抄本誤作「千」。《宋書》作「十」。

[二]「記」字誤，當改。原抄本、遂初堂本、集釋本、欒本、陳本、嚴本均作「紀」。

火長

今人謂兵爲「户長」，亦曰「火長」。崔豹《古今注》：「伍伯，一伍之伯也。五人爲伍，五長爲伯，故稱伍伯。一曰户伯。漢制，兵五人一户竈，置一伯，故曰户伯，亦曰火伯，以爲一竈之主也。」《通典》：「五人爲列，二列爲火，五火爲隊。」[一]《唐書・兵志》：「五十人爲隊，隊有正。十人爲火，火有長。」人[二]云：「十人爲火，立[三]火爲團。」則直謂之「火」矣。《宋書・卜天與傳》：

「少爲隊将，丁[四]人同火。」《木蘭詩》：「出門看火伴。」柳子厚《段太尉逸事狀》：「叱左右皆解甲，散還火伍中。」或作「夥」，誤。

【校注】

[一]《通典》卷一百四十八。

[二]「人」字誤，當改。原抄本、遂初堂本、集釋本、欒本、陳本、嚴本均作「又」。

[三]「立」字誤，當改。原抄本、遂初堂本、集釋本、欒本、陳本、嚴本均作「五」。《新唐書》作「五」。

[四]「丁」字誤，當改。原抄本、遂初堂本、集釋本、欒本、陳本、嚴本均作「十」。《宋書》作「十」。

樓羅

《唐書·回紇傳》：「加册可汗爲登里頡啀[一]登密施含俱録英義建功毗伽可汗。」「『含俱録』，華言『婁羅』也。」蓋聰明木[二]敏之意。《酉陽集[三]俎》引梁元帝《風人辭》云：「城頭網雀，接羅人暑。」[四]《南齊書》：「顧歡論云：『蹲夷之儀，婁羅之辯。』」[五]《北史·王昕傳》：「嘗有鮮卑聚語，崔昂戲問昕曰：『頗解此不？』昕曰：『樓羅樓羅，寔自難解。時唱染千[六]，似道我輩。』」《五代史·劉殊[七]傳》：「諸君可謂樓羅兒矣。」今本作「僂儸」。《鶴林玉露》：「僂儸，俗言『猾』也。」《宋史》：「張思鈞[八]起行伍，征伐稍有功。質狀小而精悍，太宗嘗稱其『接羅[九]』，自是人日[十]爲『小樓羅』焉。」[十一]

【校注】

[一]「唾」字誤，當改。原抄本、遂初堂本、集釋本、欒本、陳本、嚴本均作「咄」。《舊唐書》作「咄」。

[二]「木」字誤，當改。原抄本、遂初堂本、集釋本、欒本、陳本、嚴本均作「才」。

[三]「集」字誤，當改。原抄本、集釋本、欒本、陳本、嚴本作「雜」，遂初堂本作「襍」。

[四]見《酉陽雜俎》續集卷四。「接羅人暑」誤，當改。原抄本、集釋本、欒本、陳本、嚴本均作「樓羅人著」，與《酉陽雜俎》同。

[五]《南齊書・高逸列傳・顧歡傳》。

[六]「染千」誤，原抄本同誤，遂初堂本作「染于」，亦誤，當改。集釋本、欒本、陳本、嚴本作「染干」。《北史》作「染干」。

[七]「劉殊」誤，當改。原抄本、遂初堂本、集釋本、欒本、陳本、嚴本均作「劉銖」。

[八]「張思鉤」誤，遂初堂本、嚴本作「張思均」，亦誤，當改。原抄本、集釋本、欒本、陳本作「張思鈞」，與《宋史》同。

[九]「接羅」誤，當改。原抄本、遂初堂本、集釋本、欒本、陳本、嚴本均作「樓羅」。《宋史》作「樓羅」。

[十]「日」字誤，當改。原抄本、遂初堂本、集釋本、欒本、陳本、嚴本均作「目」。《宋史》作「目」。

[十一]《宋史・張思鈞傳》。

白衣

白衣者，無[一]人之服，然有以處士而稱之者。《風俗通》：「舜、禹本以白衣砥行顯名，升爲天子。」[二]《史記・儒林傳》：「公孫弘以《春秋》，白衣爲天子三公。」[三]《後漢書・崔駰傳》：「憲諫，以爲不宜與白衣會。」《孔融傳》：「與白衣禰衡跌蕩放言。」《晉書·閻纘傳》：「薦白衣南安朱沖可爲太孫師傅。」《胡奮傳》：「宣帝之伐遼宋[三]，以白衣侍從左右。」是也。有以庶人在官而稱之者。《漢書·两龔傳》：「聞之白衣」，師古曰：「白衣，給官府趨走賤人，若今諸司亭長掌固之屬」。蘇伯玉妻《盤中詩》：「吏人婦，會夫希。出門望，見白衣。謂當是，而更非。」[四]《續晉陽秋》：「陶潛九月九日無酒，于宅邊菊叢中坐，望見白衣人，乃王弘送酒。」是也。人主左右，亦有白衣。《南史·恩倖傳》：宋孝武「選白衣，左右百八十人」。《魏書·恩倖傳》：趙修「給事東宫，爲白衣左右」，茹皓「充高祖白衣左右」。

唐李泌在肅宗時不受官，「帝每與泌出，軍人環指之曰：『衣黄者，聖人也。衣白者，山人也。』」[五]則天子前不禁白。《清波襍志》言：「前此仕族子弟未受官者，皆衣白，今非跨馬及弔慰不敢同。」[六]

白衣但官府之役耳，若侍衛則不然。《史記·趙世家》：「願得補黑衣之缺，以衛王宫。」《漢書·谷永傳》：「擢之早[七]衣之史[八]。」

《詩》：「麻衣如雪」，[九]鄭氏曰：「麻衣，深衣也。」古時未有棉布，凡布皆麻爲之。《記》曰：「治其麻絲，以爲布帛」，[十]是也。杜子美詩：「麻鞋見天子。」[十一]然則□[十二]衣亦用白。

【校注】

[一]「無」字誤，當改。原抄本、遂初堂本、集釋本、欒本、陳本、嚴本均作「庶」。

[二]《風俗通義》卷一「三王」條。

[三]「宋」字誤，當改。原抄本、遂初堂本、集釋本、欒本、陳本、嚴本均作「東」。《晉書》作「東」。

［四］見《玉臺新詠》卷九。
［五］《資治通鑑》卷二百一十八。
［六］宋周煇《清波雜志》卷二。「同」字誤，當改。原抄本、遂初堂本、集釋本、欒本、陳本、嚴本均作「用」，與《清波雜志》同。
［七］「早」字誤，當改。原抄本、遂初堂本、集釋本作「皁」，欒本、陳本、嚴本作「皂」。
［八］「史」字誤，當改。原抄本、遂初堂本、集釋本、欒本、陳本、嚴本均作「吏」。《漢書》作「吏」。
［九］《詩經・曹風・蜉蝣》。
［十］《禮記・禮運》。
［十一］杜甫《述懷一首》。
［十二］底本缺一字處，原抄本、遂初堂本、集釋本、欒本、陳本、嚴本均作「深」，當補。

郎

郎者，奴僕稱其主人之辭。《通鑑》註：「門生家奴呼其主爲『郎』，今俗猶謂之『郎主』。」唐張易之、昌宗有寵，「武承嗣、三思、懿宗、宗楚客、晉卿等侯［一］其門庭，争執鞭轡，呼易之爲『五郎』，昌宗爲『六郎』。」［二］「鄭杲謂宋璟曰：『中丞柰何卿五郎？』璟曰：『以官言之，正當爲卿。足下非張卿家奴，何郎之有？』」［三］「安禄山德李林甫，呼『十郎』。」［四］王鉷謂王鉷爲「七郎」。［五］李輔國用事，「中貴人不敢呼其官，但呼『五郎』」。［六］程元振，「軍中呼爲『十郎』」。［七］陳少游謁中官董秀，稱「七郎」。［八］是也。其名起自秦漢郎官。《三國志》：周瑜至吴，「時年二十四，吴中皆呼爲『周郎』」。[九]《江表傳》：「孫策年少，雖有位號，而士民皆呼爲『孫郎』。」[十]《世説》：「桓石虔小字鎮惡，年十七八，未被舉，而僮隸已呼爲『鎮惡郎』。」《後周書》：獨孤信「少年呼[十一]自修飾，服章有殊于衆，軍中呼爲『獨孤郎』」。《隋書》：滕王瓚，周世以「貴公子，又尚公主，時人號曰『楊一郎』」。[十二]温大雅《大唐創業起居注》：「時文武官人並未署省[十三]，軍中呼衣子[十四]、秦王爲『大郎』、『二郎』。」自唐以後，僮僕稱主人通謂之「郎」，今則與[十五]臺廝養無不稱之矣。《韋堅傳》：「三郎當殿坐，看唱《得寶歌》。」玄宗行第三，以天子而謂之「三郎」，亦唐人之輕薄也。

又按，北朝人子呼其父亦謂之「郎」。《北史·節我[十六]傳》：「李憲爲汲固長育，至于[十七]餘歲，恒呼固夫[十八]爲『郎』『婆』。」婦。

【校注】

[一]「侯」字誤，當改。原抄本、遂初堂本、集釋本、欒本、陳本、嚴本均作「候」。《舊唐書》作「候」。

[二]《舊唐書·張行成傳》附張易之張昌宗傳。

[三]《舊唐書·宋璟傳》。

[四]《新唐書·逆臣傳上·安禄山傳》。

[五]見《資治通鑑》卷二百一十六「天寶十一年」條。

[六]《舊唐書·宦官列傳·李輔國傳》。

[七]《舊唐書·宦官列傳·程元振傳》。

[八]《舊唐書·陳少遊傳》。

[九]《三國志·吴書·周瑜傳》。

[十]《三國志·吴書·孫破虜討逆傳》注引。

［十一］「呼」字誤，當改。原抄本、遂初堂本、集釋本、欒本、陳本、嚴本均作「好」。《周書》作「好」。

［十二］《隋書·滕穆王瓚傳》。「楊一郎」誤，當改。原抄本、遂初堂本、集釋本、欒本、陳本、嚴本均作「楊三郎」，與《隋書》同。

［十三］「署省」誤，原抄本作「署著」，亦誤，當改。遂初堂本、集釋本、欒本、陳本、嚴本作「署置」。《大唐創業起居注》作「署置」。

［十四］「衣子」誤，當改。原抄本、遂初堂本、集釋本、欒本、陳本、嚴本均作「太子」。《大唐創業起居注》作「太子」。

［十五］「與」字誤，當改。原抄本、遂初堂本、集釋本、欒本、陳本、嚴本均作「輿」。

［十六］「節我」誤，當改。原抄本、遂初堂本、集釋本、欒本、陳本、嚴本均作「節義」。

［十七］「于」字誤，當改。原抄本、遂初堂本、集釋本、欒本、陳本、嚴本均作「十」。《北史》作「十」。

［十八］「夫」字下，脱「婦」字，誤植在句末，當乙正。原抄本、遂初堂本、集釋本、欒本、陳本、嚴本均作「夫婦」。《北史》作「夫婦」。

門生

《後漢書·賈逵傳》：「皆拜逵所選弟子及門生爲千乘王國郎。」是弟子與門生爲二。歐陽公《孔宙碑陰題名跋》曰：「漢世公卿多自教授，聚徒常數百人，其親受業者爲弟子，轉相傳授者爲門生。今《宙碑》殘缺，其姓名邑里僅可見者纔六十二人，其稱『羊［一］子』者十人，『門生』者四十三人，『故吏』者八人，『故氏［二］』者一人。」［三］愚謂漢人以受學者爲弟子，其依附名執者爲門生。

《郅壽傳》：「時大將軍竇憲以外戚之寵，威傾天下。憲常使門生齎書詣壽，有所請托。」《楊彪傳》：「黄門令王甫使門生，于京兆界辜榷官財物七千餘萬。」憲，外戚；甫，奄人也，安得有傳授之門生乎？

《南史》所稱「門生」，今之「門下人」也。《宋書·徐湛之傳》：「門生千餘生[四]人，皆三吴富人之子。姿質端妍，衣服鮮麗。每出入行游，塗巷盈滿。泥雨日，悉以後車載之。」《謝靈運傳》：「奴僮既衆，義故門生數百。」《南齊書·劉懷珍傳》：「懷珍北州舊姓，門附殷積。啟上門生千人充宿衛，孝武大驚。」其人所執者，奔走僕隸之役。《晉書·劉瑰[五]傳》：「周蒿[六]嫁女，門生斷道，斫汤[七]二人，建康左尉赴變，又被斫。」[八]《南史·齊東昏侯紀》：「丹陽尹王志被驅急，狼狽步走，唯將二門生自隨。」《后妃傳》：「門生王清與墓工始下插。」《劉瓛傳》：「游詣故人，唯一門生持胡床隨後。」是也。其初至，皆入餞[九]爲之。《宋書·顔竣[十]傳》：「多假資禮，解爲門生，充朝滿野，殆將千計。」《梁書·顧協傳》：「有門生始來事協，知其廉潔，不敢厚餉，止送錢二千[十一]。協怒，杖之二千。」《南史·姚察傳》：「有門生送南布一端，花練一疋，察厲聲驅出。」是也。故《南齊書·謝超宗傳》云「白從王永先」，又云「門生王永先」。謂之「白從」，以其異於在官[十二]之役[十三]人。《陳書·沈洙傳》：「建康令沈孝軌門生陳三兒，牒稱『主人筒[十四]』。」《顔氏家訓》亦以「門生」、「僮僕」並稱。而《宋書·顔珠[十五]傳》：「尚書寺門有制，八座以下，門生隨入者各有差，不得襍以人士。」其冗賤可知矣。梁傅昭「不蓄私門生」，[十六]蓋所以矯時人之弊乎？

守門之人亦有稱門人者。《春秋》襄公二十九年：「閽弑吴子餘祭」，《公羊傳》：「閽者何？

門人也。」《韓非子》：「門人捐水而夷射誅。」[十七]

【校注】

[一]「羊」字誤，當改。原抄本、遂初堂本、集釋本、欒本、陳本、嚴本均作「弟」。《集古録跋尾》作「弟」。

[二]「氏」字誤，當改。原抄本、遂初堂本、集釋本、欒本、陳本、嚴本均作「民」。《集古録跋尾》作「民」。

[三]歐陽修《集古録跋尾》卷一。

[四]「生」字衍，當删，原抄本、遂初堂本、集釋本、欒本、陳本、嚴本無。

[五]「劉瑰」誤，當改。原抄本、遂初堂本、集釋本、欒本、陳本、嚴本均作「劉隗」。劉隗，字大連，《晉書》有傳。

[六]「周蒿」誤，原抄本、嚴本同誤，當改。遂初堂本、集釋本、欒本、陳本作「周嵩」。《晉書》作「周嵩」。

[七]「汤」字誤，原抄本同誤，當改。遂初堂本、集釋本、欒本、陳本、嚴本作「傷」。《晉書》作「傷」。

[八]黄汝成集釋引錢氏曰：《晉書・周顗傳》：「坐門生斫傷免官。」

[九]「餞」字誤，當改。原抄本、遂初堂本、集釋本、欒本、陳本、嚴本均作「錢」。

[十]「顔詖」誤，當改。原抄本、遂初堂本、集釋本、欒本、陳本、嚴本均作「顔竣」。

[十一]「二十」，與下「二千」誤倒，當乙正。原抄本、遂初堂本、集釋本、欒本、陳本、嚴本均作「送錢二千」、「杖之二十」，與《梁書》同。

[十二]「官」，原抄本、集釋本、欒本、陳本、嚴本同，遂初堂本誤作「宫」。

[十三]「役」字衍，當删，原抄本、遂初堂本、集釋本、欒本、陳本、嚴本無。

[十四]「筒」字誤，當改。原抄本、遂初堂本、集釋本、欒本、陳本、嚴本均作「翁」。《陳書》作「翁」。

[十五]「顔珠」誤，當改。原抄本、遂初堂本、集釋本、欒本、陳本、嚴本均作「顧琛」。

[十六]《梁書・傅昭傳》。

[十七]《韓非子・内儲説下》。

府君

府君者，漢時太守之稱。《三國志》：孫堅襲荆州刺史王叡，「叡見堅，驚曰：『兵自求賞，孫府君何以在其中？』」[一]孫策進軍豫章，華歆爲太守，「葛巾迎策，策謂歆曰：『府君年德名望，遠近所歸。』」[二]

【校注】

[一]《三國志・吴書・孫破虜討逆傳》注引《吴録》。

[二]《三國志・魏書・華歆傳》注引胡冲《吴歷》。

官人

南人稱士人爲「官人」。《昌黎集・王適墓誌銘》：「一女，憐之，必嫁官人，不以與凡子。」是唐時有官者方得稱「官人」也。杜子美《□[一]唐興劉主簿》詩：「劍外官人冷。」

本朝[二]制：郡王府自鎮國將軍而下，稱呼止曰「官人」。

【校注】

[一]底本缺一字處，原抄本、遂初堂本、集釋本、欒本、陳本、嚴本均作「逢」。《杜工部集》作「逢」。當補。

［二二］「本朝」，原抄本同。潘耒遂初堂刻本改爲「明」，集釋本因之。樂本據黄侃校記改回而加説明，陳本、嚴本仍刻本之舊而加注。

對人稱臣

漢初人對人多稱「臣」，乃戰國之餘習。《刺客傳》：聶政稱「臣」，嚴仲子亦稱「臣」。《史記・高祖紀》：吕公曰：「臣少好相人。」張晏曰：「古人相與言，多自稱『臣』，猶今人相與言自稱『僕』也。」《西都賦》李周翰註：「臣者，男子之賤稱，古人謙退皆稱之。」至天下已定，則稍有差等，而「臣」之稱唯施諸侯王［一］。故韓信「過樊將軍噲，噲趨拜送迎，言稱臣，曰：『大王乃肯臨臣。』」［二］陳平、周勃對王陵亦曰：「臣不如君。」至文、景以後，則此風漸衰。而賈誼《新書》有「尊天子，避嫌疑」、「不敢稱臣」之説。［三］《王子侯表》有「利侯釘」，坐「道［四］淮南王書稱『臣』，棄布［五］」。《功臣侯表》安平侯鄂但，坐「與淮南王女陵通，遺淮南王書稱『臣盡力』，棄世［六］」。平林［七］侯薛穰，坐「受淮南王賂，稱『臣』，在赦前，免」。免侯爵。皆在元狩元年。而《嚴助傳》天子令助諭意淮南王，一則曰「臣助」，再則曰「臣助」，史因而書之，未嘗以爲罪，則知釘等三人所坐者交通之罪。而自此以後，廷臣之于諸侯王遂不復有稱臣者耳。晉時有自稱「民」者。《世説》：陸大尉對王丞相曰：「公長，民短。」［八］然王官之于國君，屬吏之于府主，其稱臣如故。《宋書》：孝武孝建元年十月己未，大司馬江夏王義恭等奏：「郡縣内史及封内官長，于其封君，既非在三，罷官則不復追敬，不合稱臣。」「詔可。」［九］齊、梁以後，王官仍復稱臣，《隋書・百官志》：「諸王公侯國官皆稱『臣』，上于天朝皆稱『陪臣』。」而屬吏則不復稱矣。

諸侯王有自稱臣者。「齊哀王遺諸侯王書曰：『惠帝使留侯張良立臣爲齊王。』」[十]是也。天子有自稱臣者。「高祖奉玉卮，起爲太上皇壽，曰：『始大人常以臣無賴，不能治産業。』」[十一]景帝對竇太后言：「始南皮、章武侯，先帝不侯，及臣即位乃侯之。」[十二]是也。

【校注】

[一]「施諸侯王」，「施」字下，脱「之」字，當補。原抄本、遂初堂本、集釋本、欒本、陳本、嚴本均有「之」字。按「諸」即「之」也，「侯王」合稱，無「之」字亦通。然亭林下文有「之于諸侯王」，可知此處以「諸侯王」合稱爲是。

[二]《漢書·韓信傳》。

[三]《新書·服疑》。

[四]「道」字誤，當改。原抄本、遂初堂本、集釋本、欒本、陳本、嚴本均作「遺」。

[五]「布」字誤，當改。原抄本、遂初堂本、集釋本、欒本、陳本、嚴本均作「市」。

[六]「世」字誤，當改。原抄本、遂初堂本、集釋本、欒本、陳本、嚴本均作「市」。

[七]「平林」誤，當改。原抄本、遂初堂本、集釋本、欒本、陳本、嚴本均作「平棘」。

[八]《世説新語·政事》。

[九]《宋書·禮志五》。

[十]《史記·齊悼惠王世家》，又見《史記·吕太后本紀》、《漢書·高五王傳》。

[十一]《史記·高祖本紀》。

[十二]《史記·絳侯周勃世家》。

先卿

稱其臣爲「卿」，則亦可稱其臣之父爲「先卿」。《宋史·理宗紀》：「工部侍郎朱在進對，奏人主學問之要。上曰：『先卿《中庸序》言之甚詳，朕讀之不釋手，恨不與同時。』」[一]此如《商書》之言「先正保衡」，[二]蓋尊禮之辭也。

【校注】

[一]《宋史·理宗本紀一》。朱在，朱熹之子。

[二]《尚書·説命下》。

先妾

人臣對君稱父爲「先臣」，則亦可稱母爲「先妾」。《左傳》：晏嬰辭齊景公曰：「君之先臣容焉。」[一]《戰國策》：匡章對齊威王曰：「臣非不能更葬先妾也。」[二]陳沈炯表言：「臣母妾[三]劉，年八十有一。臣叔母妾丘，七十有五。」[四]

【校注】

[一]《左傳·昭公三年》。

[二]《戰國策·齊策一》。

[三]「姜」字誤，當改。原抄本、遂初堂本、集釋本、欒本、陳本、嚴本均作「妾」。《陳書》作「妾」。

[四]見《陳書·沈炯傳》。

稱臣下爲父母

「父」「母」二字，乃高年之稱。漢文帝問馮唐曰：「父老，何自爲郎？」[一]是稱其臣爲父也。《史記》：文帝又問，則曰「父知之乎？」是當時面言如此。《漢書》以人主嫌于稱父，乃添一字曰：「父老知之乎？」失之矣。趙王謂趙括母曰：「母置之，吾已決矣！」[二]是稱其臣之母爲母也。

【校注】

[一]《史記·馮唐列傳》。又見《漢書》。

[二]《史記·廉頗藺相如列傳》。

人臣稱人君

人臣有稱「人君」者。《漢書》高帝詔曰：「爵或人君，上所尊禮。」[一]師古者[二]：「爵高有國邑者，則自君其人，故云『或人君』也。」

郡縣[三]初立，亦有君臣之分。故尉繚説秦王曰：「以秦之强諸侯，譬如郡縣之君臣。」[四]《水經注》引黄義仲《十三州記》曰：「『郡』之言『君』也。改公侯之封而言『君』者，至尊也。今『郡』

字，『君』在其左，『邑』在其右：『君』爲元首，『邑』以載民，故取名于『君』，謂之『郡』。」[五]

【校注】

[一]《漢書·高帝紀》。

[二]「者」字誤，當改。原抄本、遂初堂本、集釋本、欒本、陳本、嚴本均作「曰」。

[三]「懸」字誤，當改。原抄本、遂初堂本、集釋本、欒本、陳本、嚴本均作「縣」。

[四]《史記·秦始皇本紀》。

[五]《水經注》卷二。

上下通稱

《漢書·霍光傳》：「鴞數鳴殿前樹上。」師古曰：「古者室屋高大，則通呼爲殿耳，非止天子宮中。」《黄霸傳》：「丞相請與中二千石、博士，襍問郡曰[一]上計長吏、守丞，爲民興利除害者爲一輩，先上殿。」師古曰：「殿，丞相所坐屋也。」《董賢傳》：「爲賢起大第北闕下，重殿洞開。」《後漢書·蔡茂傳》：「夢坐大殿。」註：「屋之大者，古通呼爲殿也。」《三國志·張遼傳》：「爲起第舍，又特爲遼母作殿。」左思《魏都賦》：「都護之堂，殿居綺窗。」是人臣亦得稱「殿」也。《鮑宣傳》：高[二]豫州牧[三]，「行都[四]乘傳，去法駕，駕一馬。」是人臣亦得稱「法駕」也。《舊唐書·吴元齊[五]傳》：「詔以裴度[六]爲彰義軍郎[七]度使，兼申、光、蔡四面行營招撫使，以郾城爲行在，蔡州爲節度所。」是人臣亦得稱「行在」也。

漢人有以郡守之尊稱爲「本朝」者。《司隸從事郭究碑》云「本朝察孝，貢器帝庭」，《豫州從事尹宙碑》云「綱紀本朝」，是也。《三國志・孫皓傳》註：「邵疇爲會稽郡功曹，自言位極朝右。」晉盧諶《贈劉琨》詩：「謬其疲隸，授之朝右。」李善註：「朝右，謂別駕也。」亦謂之「郡朝」。《後漢書・劉寵傳》「山谷鄙生，未嘗識郡朝」，是也。亦謂之「府朝」。《晉書・劉琨傳》「造府朝，建市獄」，是也。時琨爲并州刺史。胡三省《通鑑》註：「晉、宋之間，郡曰『郡朝』，府曰『府朝』，藩王曰『藩朝』。宋武[八]爲宋王，齊高帝爲齊王，時曰『霸朝』。」帝。[九]亦有以縣令而稱「朝」。晉潘岳爲長安令，其作《西征賦》曰「勵疲鈍以跕[十]朝」，[十一]是也。

《漢丹陽太守郭旻碑》有曰：「君之弟故太尉薨，歸葬舊陵。」歐陽永叔以人臣爲疑，蓋徒見唐盧粲駁武承訓造陵之奏，以謂[十二]「陵之稱謂，施于尊極，不屬王公已下」。《舊唐書・德肇傳》。[十三]此自南北朝已後然爾。按《水經注》言：「秦名天子冢曰山，漢曰陵。」人[十四]引《風俗通》言：「王公墳壟稱陵。」[十五]書中有「子夏陵」、「老子陵」及諸公王施[十六]之陵甚多。《後漢書》明、章二《帝紀》言：祠東海恭王陵、定陶太后恭王陵、宋平[十七]憲王陵、[十八]沛獻王陵。《西京雜記》：「董仲舒之墓，稱『下馬陵』。」李肇《國史補》：「武帝幸宜春苑，每至此陵下馬，時謂之『下馬陵』，歲遠，訛爲『蝦蟇[十九]陵』也。」白樂天《□琶[二十]行》：「家在蝦蟇陵下住。」曹公《祭橋玄文》：「北望貴土，乃心陵墓。」[二十一]《三國志》註：陳思王上書言：「陛下既爵臣百僚之后[二十二]，居藩國之任，屋名爲宮，冢名爲陵。」[二十三]則人臣而稱陵，古多有之，不以爲異也。呂東萊《大事記》：「墓之稱陵，古無貴賤之別。」《國語》：管仲曰：「定民之居，成民之事，陵爲之終。」[二十四]是凡民之墓亦得稱陵。

人臣稱「鹵簿」。《西林[二十五]燕語》曰：「『鹵簿』之名，始見于蔡邕《獨斷》。唐人謂鹵，櫓也，甲楯之别名。凡兵衛，以甲楯居外，馬[二十六]前導，捍蔽其先後，皆著之簿籍，故曰『鹵簿』。」因舉兩[二十七]朝御史中丞、建康令皆有鹵簿，爲君臣通稱。[二十八]杜氏《通典》有「群官鹵簿」。[二十九]《南史・顏延之傳》：「嘗乘贏牛[三十]車，逢[三十一]子政[三十二]鹵簿。」王孫孺[三十三]幼隨其母「至市，遇中丞鹵簿，驅迫[三十四]」。[三十五]

今人以皇族稱爲「宗室」，考之于古，不盡然。凡人之同宗者，即相謂曰「宗室」。《左傳》昭六年：宋華亥讒華合比而去之，「左師曰：『女喪而宗室，於人何有？』」《魏書・胡叟傳》：「叟與始昌雖宗室，性氣殊詭，不相附。」《北齊書・邢邵傳》：「十歲便能屬文，族兄巒有人倫鑒，謂子弟曰：『宗室中有此兒，非當[三十六]人也。』」《張雕傳》：「胡人何洪珍，大蒙主上親寵，與張景仁結爲婚媾。雕以景仁宗室，自託于洪珍。」《後周書・裴侯[三十七]傳》：「撰九世伯祖貞侯傳，欲使後生奉而行之，宗室中知名者咸付一通。」《薛端傳》：「爲東魏行臺薛循義所逼，與宗室及家僮等走免。」《杜叔毗傳》：「兄君錫及宗室等爲曹荣[三十八]所害。」《徐陵集》有《在北齊與宗室書》。《顏氏家訓》論孫楚《王驃騎誄》云「奄忽登遐」，以爲非所宜言。[三十九]然夏侯湛《昆弟誥》曰：「我王母薛妃登遐。」又曰：「蔡姬其祖之維[四十]室。登遐。」[四十一]則晉人因[四十二]嘗用之，不以爲嫌也。

人臣稱「諒闇」。《晉書・山濤傳》：「除太常卿，遭母喪，歸鄉里。詔曰：『山太常尚居諒闇。』」

人臣稱「大漸[四十三]」。《列子》：「季梁得疾，七日大漸。」[四十四]齊王儉《褚淵碑文》：「景命不永，大漸彌留。」[四十五]任昉《竟陵王子良行狀》：「大漸彌留，話言盈耳。」[四十六]沈約《安陸王緬碑文》：「遘疾彌留，欻焉大漸。」[四十七]《隋鷹揚郎將義城子梁羅墓誌》：「大漸之期，春秋六十有一。」唐王紹宗爲其兄玄宗《臨終口授銘》：「吾六兄同人見疾，大漸惟幾。」盧藏用《蘇許公環神道碑文》:「大漸之始,遺令遵行。」

《書·武成》:「垂拱而天下治。」《訖[四十八]·王藻[四十九]》:「凡侍于君,紳垂,足如履齊,頤霤,垂拱。」是「垂拱」之云,上下得同之也。

【校注】

[一]「曰」字誤,當改。原抄本、遂初堂本、集釋本、欒本、陳本、嚴本均作「國」。《漢書》作「國」。

[二]「高」字誤,當改。原抄本、遂初堂本、集釋本、欒本、陳本、嚴本均作「爲」。

[三]「牧」,原抄本、集釋本、欒本、陳本、嚴本同,遂初堂本誤作「敇」。

[四]「都」字誤,當改。原抄本、遂初堂本、集釋本、欒本、陳本、嚴本均作「部」。《漢書》作「部」。

[五]「吴元齊」誤,當改。原抄本、遂初堂本、集釋本、欒本、陳本、嚴本均作「吴元濟」。

[六]「裝度」誤,當改。原抄本、遂初堂本、集釋本、欒本、陳本、嚴本均作「裴度」。

[七]「郎」字誤,當改。原抄本、遂初堂本、集釋本、欒本、陳本、嚴本均作「節」。

[八]「宋武」下,脱「帝」字,誤植在句末,當乙正。原抄本、遂初堂本、集釋本、欒本、陳本、嚴本均作「宋武帝」,與胡三省注同。

[九]《資治通鑑》卷一百二十八胡注。

[十]「跕」字誤,當改。原抄本、遂初堂本、集釋本、欒本、陳本、嚴本均作「臨」。《文選》作「臨」。

[十一]見《文選》卷十。

[十二]「謂」,原抄本、遂初堂本、陳本、嚴本同,集釋本、欒本作「爲」。

[十三]今見《舊唐書·儒學傳下·盧粲傳》。

[十四]「人」字誤,當改。原抄本、遂初堂本、集釋本、欒本、陳本、嚴本均作「又」。

［十五］《水經注》卷十九。

［十六］「公王施」誤，當改。原抄本、遂初堂本、集釋本、欒本、陳本、嚴本均作「王公妃」。

［十七］「宋平」誤，當改。原抄本、遂初堂本、集釋本、欒本、陳本、嚴本均作「東平」。《後漢書・章帝紀》：「壬辰，進幸東平，祠憲王陵。」

［十八］「東平憲王陵」五字，遂初堂本、集釋本、欒本、陳本、嚴本同，原抄本作小字夾注。

［十九］「瑕蓋」誤，當改。原抄本、遂初堂本、集釋本、欒本、陳本、嚴本均作「蝦蓋」。下同。

［二十］「□琶」，原抄本、遂初堂本、集釋本、欒本、陳本、嚴本均作「琵琶」，當補。

［二十一］見《後漢書・橋玄傳》。《三國志・魏書・武帝紀》注引，題作《褒賞令載公祀文》。

［二十二］「后」字誤，當改。原抄本、遂初堂本、集釋本、欒本、陳本、嚴本均作「右」。《三國志》注作「右」。

［二十三］見《三國志・魏書・陳思王植傳》注引《魏略》。

［二十四］《國語・齊語》。又見《管子・小匡》，「陵爲之終」作「以爲民紀」。

［二十五］「西林」誤，原抄本同誤，當改。遂初堂本、集釋本、欒本、陳本、嚴本作「石林」。

［二十六］「馬」字誤，當改。原抄本、遂初堂本、集釋本、欒本、陳本、嚴本均作「爲」。

［二十七］「兩」字誤，原抄本同誤，當改。遂初堂本、集釋本、欒本、陳本、嚴本作「南」。

［二十八］《石林燕語》卷四。

［二十九］見《通典》卷一百七。

［三十］「牛」，原抄本、集釋本、欒本、陳本、嚴本同，遂初堂本誤作「生」。

［三十一］「逢」，遂初堂本、集釋本、欒本、陳本、嚴本同，原抄本脱。《南史》有「逢」字。

［三十二］「子政」誤，當改。原抄本、遂初堂本、集釋本、欒本、陳本、嚴本均作「子竣」。《南史》作「子竣」。

［三十三］「王孫孺」誤，當改。原抄本、遂初堂本、集釋本、欒本、陳本、嚴本均作「王僧孺」。

[三十四]「驅迫」下，脱「溝中」二字，當補。原抄本、遂初堂本、集釋本、欒本、陳本、嚴本均作「驅迫溝中」，與《梁書》同。

[三十五]見《梁書・王僧孺傳》。

[三十六]「當」字誤，當改。原抄本、遂初堂本、集釋本、欒本、陳本、嚴本均作「常」。《北齊書》作「常」。

[三十七]「裴侯」誤，當改。原抄本、遂初堂本、集釋本、欒本、陳本、嚴本均作「裴俠」。

[三十八]「曹荣」誤，當改。原抄本、遂初堂本、集釋本、欒本、陳本、嚴本均作「曹策」。《周書》作「曹策」。

[三十九]見《顏氏家訓・文章》。

[四十]「維」字誤，當改。原抄本、遂初堂本、集釋本、欒本、陳本、嚴本均作「繼」。

[四十一]見《晉書・夏侯湛傳》。

[四十二]「因」字誤，當改。原抄本、遂初堂本、集釋本、欒本、陳本、嚴本均作「固」。

[四十三]「斬」字誤，當改。原抄本、遂初堂本、集釋本、欒本、陳本、嚴本均作「漸」。

[四十四]《列子・力命》。

[四十五]見《文選》卷五十八。

[四十六]見《文選》卷六十，題《齊竟陵文宣王行狀》。

[四十七]見《文選》卷五十九，題《齊故安陸昭王碑文》。

[四十八]「訖」字誤，當改。原抄本、遂初堂本、集釋本、欒本、陳本、嚴本均作「記」。

[四十九]「王藻」誤，當改。原抄本、遂初堂本、集釋本、欒本、陳本、嚴本均作「玉藻」。

人臣稱萬歲

《後漢書・韓稜[一]傳》：竇憲有功還，「尚書以下議欲拜之，伏稱萬歲。稜正色曰：『夫上交不諂，下交不黷。禮無人臣稱萬歲之制。』議者皆慙而止」。然考之《戰國策》言：馮煖[一]爲孟嘗君「以責賜諸民，因燒其券，民稱萬歲」。[二]《史記》但云「坐者皆起，再拜」。《馬援傳》言：「援挐[四]牛釃酒，勞饗軍士」，「吏士皆伏稱萬歲」。《馮魴傳》言：責讓賊延褒等，令「各反農桑，皆稱萬歲」。《吴良傳》註引《東觀託[五]》：「歲旦，郡門下掾王望舉觴上壽，掾史皆稱萬歲。」則亦當時人慶幸之通稱。而享固[六]「出獄，京師市里皆稱萬歲」，遂爲梁冀所忌，而卒以殺之。[七]亦可見其爲非常之辭矣。

【校注】

[一]「韓錂」誤，下「稜」字亦誤，當改。原抄本、遂初堂本、集釋本、欒本、陳本、嚴本均作「棱」。《後漢書》作「棱」。

[二]「馮煖」，遂初堂本、集釋本、欒本、陳本、嚴本同，原抄本作「馮諼」。《戰國策》作「馮諼」。

[三]《戰國策·齊策四》。

[四]「挐」字誤，當改。原抄本、遂初堂本、集釋本、欒本、陳本、嚴本均作「擊」。《後漢書》作「擊」。

[五]「託」字誤，當改。原抄本、遂初堂本、集釋本、欒本、陳本、嚴本均作「記」。

[六]「享固」誤，當改。原抄本、遂初堂本、集釋本、欒本、陳本、嚴本均作「李固」。

[七]《後漢書·李固傳》。

日知録卷之二十六[一]

重黎

《左傳》：蔡墨對魏獻子言：「少皞氏有四叔，曰重、曰該、曰修、曰熙。使重爲句芒，該爲蓐收，修及熙爲玄冥。顓頊氏有子曰犂，爲祝融。」[二]「犂」即「黎」字異文，是重、黎爲二人，一出於少皞，一出於顓頊。而《史記・楚世家》則曰：「帝顓頊高陽者，黄帝之孫，昌意之子也。高陽生稱，稱生卷章，卷章生重黎。」《太史公自序》則曰：「重黎氏世序天地，其在周，程伯休甫其後也。」《晉書・宣帝紀》：「其先出自帝高陽之子重黎，爲夏官祝融。」《宋書》載晉尚書令衛瓘、尚書左僕射山濤、右僕射魏舒、尚書劉寔、司空張華等奏，乃云：「大晉之德始自重黎，寔佐顓頊，至於夏、商，世序天地，其在于周，不失其序[三]。」[四]似以重黎爲一人，不容一代乃有两祖，亦昔人相沿之謬。劉昭《後漢書[五]・天文志》曰：「司馬遷以世黎氏之後，爲太史令。」則已覺其謬矣。索隱引劉氏曰：「少昊氏之後曰重，顓頊氏之後曰重黎。對彼重則單稱『黎』，若自言當家則稱『重黎』。楚及司馬氏皆重黎之後，非關少昊之重。」此順非而曲爲之説。

【校注】

[一]卷二十六，刻本爲卷二十五。

[二]《左傳・昭公二十九年》。

[三]「序」字誤，原抄本同誤，當改。遂初堂本、集釋本、欒本、陳本、嚴本作「緒」。《宋書》作「緒」。

[四]《宋書・禮志三》，又見《晉書・禮志下》。

[五]「劉昭《後漢書》」，原抄本同，遂初堂本、嚴本作「劉昭《後書》」，集釋本、欒本、陳本作「案《續漢書》」。

巫咸

古之聖人，或上而爲君，或下而爲相，其知周乎萬物而道濟天下，固非後人之所能測也，而傳者猥以一節概之。黄帝，古聖人也，而後人以爲醫師。伯益，古賢臣也，而世有「百蟲将軍」之號。以彼事蹟章章在經籍者，且猶如此。若乃堯之臣名羿，而有窮之君亦名羿；堯之典樂名夔，而木石之怪亦爲夔；湯居亳，而亳戎之國亦名湯。夫苟以其名而疑之，則道德之用微，而謬悠之説作。若巫咸者，可異焉。《書・君奭篇》：「在太戊，時則有若伊陟、臣扈，格于上帝。巫咸乂王家。在祖乙，時則有若巫賢。」孔安國傳：「賢，咸子，巫氏。」《史記・殷本紀》：「帝祖乙立，殷復興，巫咸任職。」「咸」當爲「賢」字之誤。《書序》：「伊陟相太戊，亳有祥，桑穀共生於朝。伊陟贊于巫咸，作《咸乂》四篇。」孔安國傳曰：「巫咸，臣名。」馬融曰：「巫，男巫也，名咸，殷之巫也。」孔穎達正義曰：「《君奭》傳曰『巫氏』也。當以巫爲氏，名咸。鄭玄云：『巫咸謂之巫官。』按《君奭》，咸子巫賢，父子並爲大臣。必不世作巫官，故孔言『巫氏』是也。」則巫咸之爲商賢相，明矣。《史記》正義謂「巫咸及子賢冢皆在蘇州常熟縣西海隅山上，蓋二子本吴人」云。《越絶書》云：「虞山者，巫咸之[一]所出也。」是未可知。而後之言天官者宗焉，言卜筮者宗焉，言巫鬼者宗焉。言天官則《史記・天官書》所云「昔之傳天數者，高辛之前重黎，于唐虞羲和，有夏昆吾，殷商巫咸」者也。言卜筮則《呂氏春秋》所謂「彭巫[二]作醫，巫咸作筮」[三]者也。《周禮》簭人：「九簭之名，一曰巫史[四]，二曰巫咸，三曰巫式，四曰巫目，五曰巫易，六曰巫比，七曰巫祠，八曰巫參，九曰巫環。」鄭玄注：「九[五]『巫』皆當讀爲『筮』，字之誤也。」言巫鬼則《莊子》所云：「巫咸袑曰：『來！』」[六]《楚辭・離騷》所云：「巫咸將夕降兮，懷椒糈而要之。」《史記・封禪書》所云：「巫咸之興自此始。」索隱曰：「孔安國《尚書傳》云：『巫咸，臣名。』今云『巫咸之興自此始』，則以巫咸爲巫覡。然《楚辭》亦以巫咸主神。蓋大史公以巫咸是殷臣，以巫接神，事大戊，使禳桑穀之災，故云然。」許氏《説文》所云：「巫咸初作巫。」又其死而爲神，則秦《詛楚文》所云「不顯大神巫咸」[七]者也。《封禪書》：「荆巫，祀堂下、巫先、司命、旋糜之屬。」索隱曰：「巫先，謂古巫之先有靈者，蓋巫咸之類也。」而或又[八]以巫咸爲黄帝時人，《歸藏》言「黄神將戰，筮于巫咸」[九]是也；以爲帝堯時人，郭璞《巫咸山賦序》《地理志》曰：「巫咸山在安邑縣東。」《水經注》：「鹽水出東南薄山，西北[十]流，逕咸山[十一]北。」言「巫咸以鴻術爲帝堯醫」是也；以爲春秋時人，《莊子》言「鄭有神巫曰季咸」[十二]、《列子》言神巫季咸「自齊來處于鄭」[十三]是也。枚乘《七發》：「扁鵲治内，巫咸治外。」《文選》吕向注：「扁鵲、巫咸皆鄭人。」按《列子》、《莊子》皆言鄭有神巫曰季咸，而扁鵲則鄭[十四]人，字形相混，亦以爲鄭也。至《山海經・海外西經》言：「巫咸國在女丑北，右手操青蛇，左手操赤蛇，在登葆山，群巫所從上下也。」註：「採藥往來。」《大荒西經》言：「大荒之中有山，名曰豐沮玉門，日月所入，有靈山，巫咸、巫即、巫肦、巫彭、巫姑、巫真、巫禮、巫抵、巫謝、巫羅十巫，從此升降，百藥爰在。」註：「群巫上下此山採之也。」《淮南子・地形訓》言：「軒轅丘在西方，巫咸在其北方。」則益荒誕不可稽。

而知古賢之名，爲後人所假託者多矣。

【校注】

[一]「之」字，原抄本同，遂初堂本、集釋本、欒本、陳本、嚴本無。《越絶書》無「之」字。

[二]「彭巫」誤倒，當乙正。原抄本、遂初堂本、集釋本、欒本、陳本、嚴本均作「巫彭」。《吕氏春秋》作「巫彭」。

[三]《吕氏春秋・勿躬》。

[四]「巫史」誤，當改。原抄本、遂初堂本、集釋本、欒本、陳本、嚴本均作「巫更」。《周禮》作「巫更」。

[五]「九」，原抄本同，遂初堂本、集釋本、欒本、陳本、嚴本上有「此」字。

[六]《莊子・天運》。

[七]見宋拓《絳貼》。

[八]「或又」誤倒，當乙正。原抄本、遂初堂本、集釋本、欒本、陳本、嚴本均作「又或」。

[九]《太平御覽》卷七九引。

[十]「西北」，遂初堂本、集釋本、欒本、陳本、嚴本同，原抄本誤作「西化」。《水經注》作「西北」。

[十一]「咸山」上，脱「巫」字，原抄本同誤，當補。遂初堂本、集釋本、欒本、陳本、嚴本作「巫咸山」，與《水經注》同。

[十二]《莊子・應帝王》。

[十三]《列子・黄帝》。

[十四]「鄭」字誤，當改。原抄本、遂初堂本、集釋本、欒本、陳本、嚴本均作「鄭」。

河伯

《竹書》：「帝芬十六年，雒伯用與河伯馮夷鬭。」「帝泄十六年，殷侯微上甲微也。以河伯之師伐有易，殺其君綿臣。」是河伯者，國居河上而命之爲伯，如文王之爲西伯；而馮夷者，其名爾。《楚辭・九歌》以《河伯》次《東君》之後，則以河伯爲神。《天問》：「胡羿射夫河伯，而妻彼雒嬪？」王逸《章句》以「射」爲實，以「妻」爲「夢」。其解《遠遊》「令海若舞馮夷」則曰：「馮夷，水仙人也。」是河伯、馮夷皆水神矣。《穆天子傳》：「至于陽紆之山，河伯、無夷之所都居。」註：「無夷，馮夷也。」《山海經》云「冰夷」。《山海經》：「中一作「從」。極之淵，深三百仞，惟冰夷恒都焉。冰夷人而，乘兩龍。」郭璞註：「冰夷，馮夷也，即河伯也。」郭璞《江賦》：「冰夷倚浪以傲睨。」《莊子》：「馮夷得之，以游大川。」[一]司馬喜[二]註引《清泠傳》曰：「馮夷，華陰潼鄉隄首里人也。服八石，得道爲水仙，是爲河伯。」是以馮夷死而爲神，其説怪矣。《龍魚河圖》曰：「河伯姓呂，名公子。夫人姓馮，名夷。」以馮夷爲河伯之妻，更怪。《楚辭・九歌》有《河伯》，而馮夷屬海若之下，亦若以爲两人。大抵所傳各異。而謂河神有夫人者，亦秦人以君主妻河、鄴巫爲河伯娶婦之類耳。《淮南子》：「馮夷、大丙之御。」[三]註：「二人，古之得道、能御陰陽者。」

《魏書》：高句麗「先祖朱蒙」，「朱蒙母，河伯女」，爲夫餘王妻，朱蒙自稱爲「河伯外孫」。[四]則河伯又有女、有外孫矣。

《真誥》[五]：「昔[六]有一人，旦旦詣河邊，拜河水。如此十年，河侯、河伯遂與相見，予白璧十雙，教以水行不溺法。」[七]註曰：「河侯、河伯，故當是两人[八]邪？」

【校注】

[一]《莊子・大宗師》。

[二]「司馬喜」，原抄本、遂初堂本、嚴本同，集釋本、欒本、陳本作「司馬彪」。

[三]見《淮南子·原道訓》。
[四]《魏書·高句麗傳》。
[五]「真誥」下，遂初堂本、集釋本、欒本、陳本、嚴本有「載」字，原抄本無。
[六]「昔」字，原抄本同，遂初堂本、集釋本、欒本、陳本、嚴本無。《真誥》有「昔」字。
[七]陶弘景《真誥》卷十二《稽神樞》。
[八]「人」，原抄本同，遂初堂本、集釋本、欒本、陳本、嚴本作「神」。《真誥》作「神」。

湘君

《楚辭》湘君、湘夫人，亦謂湘水之神，有后、有夫人也，初不言舜之二妃。王逸《章句》始以湘君爲水神，湘夫人爲二妃。《記》曰：「舜葬於蒼梧之野，蓋二妃[一]未之從也。」[二]《山海經》：「洞庭之山，帝之二女居之。」郭璞註曰：「天帝之工[三]女，而處江爲神，即《列仙傳》『江妃二女』也。《九歌》所謂『湘夫人』，稱『帝子』者是也，而《河圖玉版》曰：『湘夫人者，帝堯女也。』秦始皇浮江至湘山，逢大風，而問博士：『湘君何神？』博士曰：『聞之堯二女，舜妃也，死而葬此。』《列女傳》曰：『二女死於江湘之間，俗謂之湘君。』鄭司農亦以舜妃爲湘君。説者皆以舜陟方而死，二妃從之，俱溺死于湘江，遂號爲『湘夫人』。按《九歌》湘君、湘夫人自是二神，江湘之有夫人，猶河雒之有虙妃也。此之謂[四]靈，與天地並，安得謂之堯女？且既謂之堯女，安得復總云湘君哉？何以考之？《禮記》云：『舜葬蒼梧，二妃不從。』明二妃生不從征，死不從葬。且《傳》曰：『生爲上公，死爲貴神。』《禮》：五嶽比三公，四瀆比諸侯。今湘川不及四瀆，無秩于命祀，而二女，帝者之後，配靈神祇，無緣復下降小水而爲夫人也。原其致謬之由，繇乎俱以『帝女』爲名，名實相亂，莫矯其失，習非勝是，終古不悟，可悲矣。」此辯[五]甚正。又按《遠遊》之文，上曰「二女御《九招》歌」，下曰「湘靈鼓瑟」。是則二女與湘靈固判然爲二，即屈子之作可證其非舜妃矣。後之文人附會其說以資諧諷，其瀆神而慢聖也，不亦甚乎！

禹崩會稽，故山有禹廟，而《水經注》言：「廟有聖姑。《禮樂緯》云：『禹治水畢，天賜神女聖姑。』」[六]夫舜之湘妃，猶禹之聖姑也。

甚矣，人之好言色也！太白，星也，而有妻。《甘氏星經》曰：「太白上公，妻曰女滳[七]。女滳居南斗，食厲，天下祭之，曰明星。」[八]河伯，水神也，而有妻。《龍魚河圖》曰：「河伯姓呂，名公子。夫人姓馮，名夷。」常儀，古占月之官也，而《淮南子》以爲羿妻，竊藥而奔月，名曰嫦娥[九]。[十]霜，露之所爲[十一]；冰，雪之所凝[十二]也。而《淮南子》云：「青女乃出，以降霜雪。」[十三]高誘註：「天神青葔[十四]玉女。」巫山神女，宋玉之寓言也，而《水經注》以爲「天帝之季女，名曰瑤姬」。[十五]李善《高唐賦》註引《衮陽[十六]耆舊傳》曰：「赤帝女姚姬，未行而卒[十七]，葬于巫山之陽。」雒水宓妃，陳思王之寄興也，而如淳以爲伏羲氏之女。《漢書》音義：「伏羲氏之女，溺雒水，爲神。」㟃山[十八]啟母，《天問》之褻說也，後人附以少姨，以爲啟母之妹，今少室山有阿姨神。而武后至封之爲玉京[十九]、金闕夫人。青溪小姑，爲蔣子文之第三妹，則見於楊炯之碑。楊炯《少姨廟碑》曰：「蔣侯三妹，青溪之軌跡可尋。」并州妒女，爲介子推之妹，則見于李諲之詩。見下。小孤山之訛爲「小姑」也，歐陽公《歸田録》。杜拾遺之訛爲「十姨」也，《黄氏日抄》。是皆湘君、夫人之類。而《九歌》之篇，《遠遊》之賦，且爲後世迷惑男女、瀆亂神人之祖也。或曰：《易》以坤爲婦道，而《漢書》有媪神之文。《郊祀歌》：「媪神蕃釐」，張晏曰：「媪者，老母之稱。坤爲母，故稱媪。」於是山川之主必以[二十]婦人以象之，非所以隆□[二十一]典而昭民敬也已。

金元好問《承天鎮懸泉》詩註曰：「平定土俗，傳介子推被焚，其妹介山氏恥兄要君，積薪自焚，號曰妒女祠。《唐書》，高宗調露元午九月，幸并州，「道出妒女祠」。[二十二]其碑大曆中判官李諲撰[二十三]，辭旨殊謬，至有『百日積薪，一日燒之』之語。鄉社至[二十四]今以百五日積薪而焚之，謂之祭妒女。」其詩有曰：「神祠水之滸，儀衛盛官府。頗怪祠前碑，稽考失莽鹵。吾聞允格臺駘，宣汾洮，障大澤，自是生[二十五]有自來，歸有所假。而「而」即「如」字。自經溝瀆便可尸祝之，祀典紛紛果何取？子胥鼓浪怒未洩，精衛銜薪心獨苦。楚臣百問天不酬，肯以誕幻虚荒驚聾瞽？自有宇宙有此水，此水綿綿流萬古。人言主者介山氏，且道未有介山之前復誰主？山深地古自是有神物，不假靈真誰敢侮？稗官小説出閭巷，社鼓村簫[二十六]走翁嫗。當時大曆十才子，爭遣李諲□[二十七]陋語。」[二十八]此是千古正論。杜氏《通典》：汾陰后土祠「爲婦人塑像。武太后時，移河西梁山神塑像[二十九]就祠中配焉。開元十一年，有司遷梁山神像于祠外之別室」。[三十]夫人[三十一]以山川之神，而人爲之配合，其瀆亂不經尤甚矣。《張南軒集》[三十二]：「舜廟中有言武后像，即日投之江中。」

泰山頂碧霞元君，宋真宗所封，世人多以爲泰山之女。後之文人知其説之不經，而撰爲黄帝遣玉女之事以附會之。不知當日所以褒封，固真以爲泰山之女也。今考封號雖自宋時，而泰山女之説則晉時已有之。張華《博物志》：「文王以太公爲灌壇令，期年風不鳴條。文王夢見有一婦人當道而哭，問其故，曰：『我東海泰山神女，嫁爲西海婦，欲東歸，灌壇令當吾道。太公有德，吾不敢以暴風疾雨過也。』文王夢覺，明日召太公，三日三夕，果有疾風驟雨自西來也。文王乃拜太公爲大司馬。」此一事也。干寶《搜神記》：「後漢胡母班嘗至太山側，爲泰山府君所召，令致書于女壻河伯，云：『至河中流，扣舟呼青衣，當自有取書者。』」果得達，復爲河伯致意[三十三]府君。此二事也。《魏尚書・句麗傳[三十四]》：「朱蒙告水曰：『我是日子，河伯外孫。』」《列異傳》記蔡支事，又以天帝爲泰山神之外孫。自漢以來，不明乎天神地祇人鬼之别，一以人道事之。于是封嶽神爲王，則立寢殿，爲王夫人，有夫人則有女，而女有壻，人[三十五]有外孫矣。唐、宋之時，但言靈應，即加封號，不如[三十六]今之君子，必求其人以實之也。

又考泰山不惟有女，亦又有兒。《魏書・段承根傳》：「父暉，師事歐陽湯。有一童子與暉同志，後二年辭歸，從暉請馬。暉戲作木馬與之，童子甚悦，謝暉曰：『吾泰山府君子，奉敕游學，今將歸，□[三十七]子厚贈，無以報德，子後至常伯封侯。』言訖，乘馬騰空而去。」[三十八]《集異記》言：「貞元初，李納病篤，遣押衙王祐禱岱嶽，遥見山上有四五人，衣碧汗衫半臂。路人止祐下車，言此三郎子、七郎子也。」《文獻通考》：「後唐長興三年，詔以泰山三郎爲威雄將軍。宋大中祥符元年十月，封禪畢，親幸，加封炳靈公。」[三十九]夫封其子爲將軍、爲公，則封其女爲君，正一時之事耳。

又考管子對桓公曰：「東海之子類于龜。」[四十]不知何語？而房玄齡註則以爲「海神之子」。又元劉遵魯《漠島記》曰：「廟中神妃，相傳爲東海廣德王第七女。」夫海有女，則山亦有女，曷足怪乎？

【校注】

[一]「二妃」誤，當改。原抄本、遂初堂本、集釋本、欒本、陳本、嚴本均作「三妃」。《禮記》作「三妃」。

[二]《禮記·檀弓上》。黄汝成集釋引梁氏曰：堯妻舜二女，明載《堯典》。《檀弓》何以有「三妃」？歷考《漢書》、《後漢書》、《三國志》，凡所稱引皆作「二妃」。《周禮·天官》目録「九嬪」疏、《史·五帝紀》集解之類，並引《禮記》作「二妃」，則知「三妃」乃別本之訛。而康成就文立義謂之「三夫人」，孔疏引皇甫謐《世紀》以實之，不可信。

[三]「工」字誤，當改。原抄本、遂初堂本、集釋本、欒本、陳本、嚴本均作「二」。《山海經》郭注作「二」。

[四]「謂」，原抄本同，遂初堂本、集釋本、欒本、陳本、嚴本作「爲」。郭注作「爲」。

[五]「辯」，原抄本同，遂初堂本、集釋本、欒本、陳本、嚴本作「辨」。

[六]《水經注·漸江水》。

[七]「女湔」誤，原抄本同誤，當改。遂初堂本、集釋本、欒本、陳本、嚴本作「女媊」。《説文》引作「女媊」。下同。

[八]見許慎《説文·女部》。

[九]「嫦娥」，原抄本同，遂初堂本、集釋本、欒本、陳本、嚴本作「常娥」。

[十]見《淮南子·覽冥訓》。

[十一]「霜，露之所爲」，《玉篇》：「霜，露凝也。」《詩·秦風·蒹葭》：「蒹葭蒼蒼，白露爲霜。」

[十二]「氷，雪之所凝」，原抄本同。遂初堂本、集釋本、欒本、陳本、嚴本作「雪，水之所凝」，義長，下文遂言「霜雪」。《説文》：「雪，凝雨。」

[十三]《淮南子·天文訓》。

[十四]「青葓」，原抄本、遂初堂本同，集釋本、欒本、陳本、嚴本作「青霄」。《淮南子》高注作「青霄」。《初學記》卷三引作「青要」，《太平御覽》卷十四、卷十九引作「青天」。

[十五]《水經注·江水二》。

[十六]「衮陽」誤，當改。原抄本、遂初堂本、集釋本、欒本、陳本、嚴本均作「襄陽」。

[十七]「平」字誤，原抄本作「帝」，亦誤，當改。遂初堂本、集釋本、欒本、陳本、嚴本作「卒」。《文選》注作「卒」。

[十八]峹山，通作「塗山」。

[十九]「玉京」下，脱「太后」二字，當補。集釋本、欒本、陳本、嚴本作「玉京太后」，遂初堂本作「玉京大后」，原抄本誤作「玉京夫人」。《舊唐書・禮儀志》：萬歲通天元年，「封啟母神爲玉京太后，少室阿姨神爲金闕夫人」。

[二十]「以」，原抄本同，遂初堂本、集釋本、欒本、陳本、嚴本作「爲」。

[二十一]底本缺一字處，原抄本、遂初堂本、集釋本、欒本、陳本、嚴本均作「國」，當補。

[二十二]見兩《唐書・狄仁傑傳》。

[二十三]「僎」，原抄本、遂初堂本、欒本、陳本、嚴本作「撰」，集釋本作「譔」。

[二十四]「至」，遂初堂本、集釋本、欒本、陳本、嚴本同，原抄本誤作「機」。

[二十五]「生」，遂初堂本、集釋本、欒本、陳本、嚴本同，原抄本誤作「坐」。

[二十六]「簫」，遂初堂本、集釋本、欒本、陳本、嚴本同，原抄本誤作「蕭」。

[二十七]底本缺一字處，遂初堂本、集釋本、欒本、陳本、嚴本作「鑱」，與《遺山先生集》同，當補。原抄本誤作「毚」。

[二十八]元好問《遺山先生集》卷五。

[二十九]「壊像」上，脱「神」字，當補。原抄本、遂初堂本、集釋本、欒本、陳本、嚴本均作「神壊像」，與《通典》、《舊唐書》同。

[三十]《通典》卷四十五。又見《舊唐書・禮儀志四》。

[三十一]「人」字衍，原抄本同，當删。遂初堂本、集釋本、欒本、陳本、嚴本無。

[三十二]「集」字下，脱「言」字，誤植在「有」字下，當乙正。原抄本、遂初堂本、集釋本、欒本、陳本、嚴本有

「言」字。

[三十三]「致意」誤,原抄本同誤,當改。遂初堂本、集釋本、欒本、陳本、嚴本作「致書」。《搜神記》卷四「胡母班」條:「因致書焉。」

[三十四]「《魏尚書·句麗傳》」誤,原抄本同誤,當改。遂初堂本、集釋本、欒本、陳本、嚴本作「《魏書·高句麗傳》」。

[三十五]「人」字誤,當改。原抄本、遂初堂本、集釋本、欒本、陳本、嚴本均作「又」。

[三十六]不如,謂不似。

[三十七]底本缺一字處,原抄本、集釋本、欒本、陳本、嚴本均作「損」。按《北史》作「損」,《魏書》作「煩」,義長。

[三十八]又見《北史》本傳。

[三十九]《文獻通考》卷九十。

[四十]《管子·山權數》。

共和

《史記·周本紀》:「厲王出奔于彘,厲王太子静匿召公之家。周公、召公二相行政,號曰『共和』。共和十四年,厲王死于彘,二相乃共立太子静爲王。」以二相爲共和,非也。《汲冢紀年》:「厲王十二年出奔彘。十三年,共伯和攝行天子事,號曰『共和』。《漢書·古今人表》有「共伯和」。師古曰:「共,國;伯,爵;和,其名。」二十六年,王陟于彘,周定公召穆公,立太子靖爲王,共伯和歸其國。」[一]此即《左氏》王子朝所謂「諸侯釋位,以間王政」[二]者也,但其言「共伯歸國」者,未合。古者無天子之世，朝覲訟獄必有所歸。《呂氏春秋》言：「共伯和修其行，好賢仁。周厲之難，天子曠絶，而天下皆來[三]請矣。」[四]按此則天下朝乎共伯，非共伯至周而攝行天子事也。共伯不以有天下爲心，而周公、召公亦未嘗奉周之社稷而屬之他人，故周人無易姓之嫌，共伯無僭王之議。《莊子》曰：「許由娛于潁陽[五]，而共伯得乎共首。」[六]共首，今之共山，亦謂之共頭。《荀子》：「武王伐紂，主[七]共頭而山隧。」《呂氏春秋》：「武王使召公就微子開二[八]共頭之下，而與之盟。」蓋其秉[九]道以終，得全神養性之術者矣。畢拱辰曰：「按金氏《通鑑前編》，厲王三十七年出奔彘，五十一年崩于彘。其紀年亦與《竹書》不合。」

《左傳》：「鄭太和[十]出奔共。」[十一]註：「共國，今汲郡共縣。」《史記·春中君[十二]傳》：「通韓上黨于共、甯，使道安成，出入賦之。」《田敬仲完世家》：「王建降秦，秦遷之共，餓死。齊人歌之曰：『松耶柏耶，住建共者客耶！』」《漢書·功臣表》有「共莊侯盧罷師」。《唐書·地理志》：「衛州共城縣，武德元年置共州。」即今衛輝府輝縣。《詩序》：「《柏舟》，共姜自誓也。衛世子共伯蚤死，其妻守義，父母欲奪而嫁之，誓而弗許，故作是詩以絶之。」此別一共伯。共者，謚也，非共國之共也。[十三]□[十四]輝縣有共姜臺，後人之附會也。

【校注】

[一]《今本竹書紀年》卷下。

[二]《左傳·昭公二十六年》。

[三]「來」，遂初堂本、集釋本、欒本、陳本、嚴本同，原抄本誤作「未」。

[四]《呂氏春秋·開春》。

[五]「潁陽」誤，原抄本同誤，當改。遂初堂本、集釋本、欒本、陳本、嚴本作「潁陽」。《莊子》作「潁陽」。

［六］《莊子·讓王》，又見《吕氏春秋·慎人》。

［七］「主」字誤，當改。原抄本、遂初堂本、集釋本、欒本、陳本、嚴本均作「至」。《荀子》作「至」。

［八］「二」字誤，當改。原抄本作「于」，遂初堂本、集釋本、欒本、陳本、嚴本「於」。

［九］「秉」，遂初堂本、集釋本、欒本、陳本、嚴本同，原抄本誤作「東」。

［十］「鄭太和」誤，原抄本同誤，當改。遂初堂本、集釋本、欒本、陳本、嚴本作「鄭太叔」。《左傳》作「鄭太叔」。

［十一］《左傳·隱公元年》。

［十二］「春中君」誤，當改。原抄本、遂初堂本、集釋本、欒本、陳本、嚴本均作「春申君」。

［十三］今按：「共者，謚也」，「共」讀爲「恭」。

［十四］底本缺一字處，原抄本、遂初堂本、集釋本、欒本、陳本、嚴本均作「令」，當補。

介子推

介子推事見于《左傳》，則曰：「晉侯求之不獲，以綿上爲之田，曰：『以志吾過，且旌善人。』」[一]《吕氏春秋》則曰：「負釜蓋簦，終身不見。」[二]二書去當時未遠，爲得其實。然之推亦未久而死，故以田禄其子耳。《史記》之言稍異，亦不過曰「使人召之，則亡。聞其入綿上山中，于是環綿上之山中而封之，以爲介推田，號曰『介山』」[三]而已。「立枯」之説，始自屈原：「燔死」之説，始自莊子。《容齋三筆》以爲始自劉向《新序》，非也。《楚辭·九章·惜往日》：「介子忠而立枯兮，文公□[四]而追求。封介山而爲之禁兮，報大德之優游。思久故之親身兮，因縞素而哭之。」《莊子》則曰：「介子推至忠也，自割其股以食文公。文公後背之，子推怒而去，抱木而燔死。」《盗蹠篇》。東方用[五]《七諫》、《丙吉傳》長安士伍尊書、劉向《説苑》、《新序》因之。《水經注》引王肅《喪服要記》「桂樹」之問，亦辨以爲誣。[六] 於是瑰奇之行彰，而廉靖之心没矣。今當以《左氏》爲據。割股、燔山，理之所無，皆不可信。

《魏武帝令》曰：「聞太原、上黨、西河、雁門，冬至後百五日，皆絶火寒食，云爲介子推。且北方沍寒之地，老少羸弱，將有不堪之患。令到，人不得寒食。若犯者，家長半歲刑，主吏百日刑，令長奪一月俸。」[七]後魏高祖太和二十年二月，「癸丑，詔介山之邑聽爲寒食，自餘禁斷」。[八]《册府元龜》：「龍星，木之精也，春見東方，心爲火之盛，故爲之禁火。俗傳介子推以是日[九]被焚，禁火。」[十]

《路史·燧人改火令[十一]》曰：「順天者存，逆天者亡，是必然之理也。昔者燧人氏作，觀乾象，察辰星[十二]而出火，作鑽燧，别五木以改火，豈惟惠民哉？以順天也。四時五變：榆、柳青，故春取之。棗、杏赤，故夏取之。桑、柘黄，故季夏取之。柞、楢白，故秋取之。槐、檀黑，故冬取之。皆因其性，故可救時疾。[十三] 予嘗考之，心者，天之大火；而辰、戌者，火之二墓。是以季春，心昏見于辰而出火；季秋，心昏見于戌而納之。卯爲心之明堂，至是而火大壯。是以仲冬[十四]禁火，戒其盛也。《周官》：每歲『仲春，命司烜氏，以木鐸修火禁于國中，爲季春將出火』。[十五]而『司爟掌行火之政令，四時變國火，以救時[十六]。季春出火，季秋内火，民咸從之。時疾則施火令，凡國失火，野焚業[十七]，則隨之以刑罰』。[十八]夫然，故天地順而四時成，氣不愆伏，國無疵癘，而民以寧。鄭以三月鑄《刑書》，而士文伯以爲必災，六月而鄭火。[十九]蓋火未出而作火，宜不免也。今之所謂寒食一百五者，熟食斷煙，

謂之龍忌，蓋本乎此。司烜「仲春以木鐸修火禁」，因火出而警之，仲秋火入，則不警。宮正「春秋以木鐸修火禁」，宮禁尚嚴
也。[二十]而周舉之書、魏武之令，與夫《汝南先賢傳》、陸翽《鄴中記》等，皆以爲爲介子推，謂子推以
三月三日燔死，而後世爲之禁火。吁！何妄邪！是何異于言子胥溺死，而海神爲之朝夕者乎？
予初賦潮，知此妄説。而或者謂昔人言潮無出子胥前者，因爲舉《書》「朝宗」之語，而齊景嘗欲「遵海觀朝舞」矣。且屈原云「聽潮水
之相擊」，而《易》亦有「行險不失信」之言。自有天地，即有此潮，豈必見紙上而後信哉！子胥漂于吴江，適有祠廟當潮頭。不知丹
徒、南恩等潮且復爲誰潮邪？[二十一]予觀左傳[二十二]、史遷之書，曷嘗有子推被焚之事？况以清明、寒食
初靡定日，而《琴操》所記子推之死乃五月五，非三日也。古人以三月上巳祓禊，以清明前三日寒食，初無定日。
後世既已一之，而又指爲三月之三，妄矣。《周舉傳》云：「每冬中輒一月寒食」，「以子推焚骸」，「神靈不樂舉火」。然則介子又將以
冬中亡矣。非可信也。[二十三]夫火，神物也，其功用亦大矣。昔隋王劭嘗以先王有鑽燧改火之義，于是
表請變火，曰：『古者《周官》四時變火，以救時疾。明火不變，則時疾必興。聖人作法，豈徒然
哉？在晉時，有人以雒陽火渡江，世世事之，相續不滅，火色變青。昔師曠食飯，云是勞薪所
爨，晉平公使視之，果然車輞[二十四]。今温酒炙肉，用炭石[二十五]火、木炭火、竹火、草火、麻荄火，
氣味各自不同。以此推之，新火舊火，理應有異。伏願遠遵先聖，于五時取五木以變火。用功
甚少，救益方大。』夫火惡陳，薪惡勞。晉代荀勖進飯，亦知薪勞。[二十六]而隋文帝所見江寧寺晉
長明燈，亦復青而不熱。[二十七]傳記有以巴豆水[二十八]入爨者，爰得洩利，而糞臭之草炊者，率致味
惡。然則火之不改，其不疾者鮮矣。泌以是益知聖人之所以改火、修火、正四時五變者，豈故爲
是煩文害俗，得已而不已哉？東晉初有王離妻李，將河南火渡江，云：「受于祖母王，有遺書二十卷，臨終戒勿絶火，遂常
種之。」傳二百年，火色如血，謂之「聖火」。宋、齊之間，李嫗年九十餘，以火治病，多愈。嫗死，人爲葬之，號「聖火冢」。每陰雨，見火

出家門，今號其處爲「聖火巷」，《金陵故事》云禪衆寺前直南小巷也。[二十九]《傳》不云乎？「違天必有大咎。」[三十]先漢武帝猶置别火令丞，典司燧事，《漢書》：大鴻臚有别火令丞。[三十一]後母[三十二]乃廢之邪？方石勒之居鄴也，於是不禁寒食，而建德殿震，及端門、襄國西門。雹起西河介山，大如雞子，平地三尺，洿下丈餘，人禽死以萬數，千里摧[三十三]折，秋稼蕩然。失[三十四]五行之變如是，而不知者亦以爲爲之推也。雖然，魏、晉之俗尤所重者，辰爲商星，實祀大火，而汾晉參墟，參辰錯行，不毗和所致。」[三十五]

【校注】

[一]《左傳・僖公二十四年》。
[二]《吕氏春秋・介立》。
[三]《史記・晉世家》。
[四]底本缺一字處，原抄本、遂初堂本、集釋本、欒本、陳本、嚴本均作「瘖」，《楚辭》作「瘖」，當補。
[五]「東方用」誤，當改。原抄本、遂初堂本、集釋本、欒本、陳本、嚴本均作「東方朔」。
[六]見《水經注・汾水》。
[七]見《藝文類聚》卷四，作「魏武帝明罰令」。又見《太平御覽》卷三十，作「魏武帝刑罰令」。
[八]《魏書・高祖紀下》，又見《北史・魏本紀》。
[九]「是日」，原抄本同，遂初堂本、集釋本、欒本、陳本、嚴本作「此日」。《册府元龜》作「此日」。
[十]《册府元龜》卷六百八十九。
[十一]「令」字誤，原抄本同誤，當改。遂初堂本、集釋本、欒本、陳本、嚴本作「論」。《路史》原題作「論燧人改火」。

［十二］「辰星」誤，原抄本同誤，當改。遂初堂本、集釋本、欒本、陳本、嚴本作「辰心」。《路史》作「辰心」。

［十三］此條爲《路史》羅泌自注。

［十四］「仲冬」誤，當改。原抄本、遂初堂本、集釋本、欒本、陳本、嚴本均作「仲春」。《路史》作「仲春」。

［十五］《周禮・秋官司寇》。

［十六］「時」字下，底本脱「疾」字，補在此行之末「民咸從之。時」下，作小字，以圈號標出。原抄本、遂初堂本、集釋本、欒本、陳本、嚴本均作「時疾」，與《路史》同。

［十七］「業」字誤，原抄本作「菜」，亦誤，當改。遂初堂本、集釋本、欒本、陳本、嚴本作「萊」。《周禮》作「萊」。

［十八］《周禮・夏官司馬》。

［十九］事見《左傳・昭公六年》。

［二十］此條爲《路史》羅泌自注。宮正修火禁，見《周禮・天官冢宰》。

［二十一］此條爲《路史》羅泌自注。

［二十二］「左傳」誤，當改。原抄本、遂初堂本、集釋本、欒本、陳本、嚴本均作「左氏」。《路史》作「左氏」。

［二十三］此條爲《路史》羅泌自注。

［二十四］「車輛」誤，當改。原抄本、遂初堂本、集釋本、欒本、陳本、嚴本均作「車輞」。《路史》作「車輞」。師曠事，見《隋書・王劭傳》。

［二十五］「炭石」誤倒，當乙正。原抄本、遂初堂本、集釋本、欒本、陳本、嚴本均作「石炭」。《路史》作「石炭」。

［二十六］荀勖事，見《晉書》本傳及《世説新語・術解》。

［二十七］隋文帝事，見《隋唐嘉話》卷下。

［二十八］「水」字誤，當改。原抄本、遂初堂本、集釋本、欒本、陳本、嚴本均作「木」。《路史》作「木」。

［二十九］此條爲《路史》羅泌自注。

[三十]《左傳・僖公二十三年》。

[三十一]此條爲亭林原注。

[三十二]「母」字誤，當改。原抄本、遂初堂本、集釋本、欒本、陳本、嚴本均作「世」。《路史》作「世」。

[三十三]「推」字誤，當改。原抄本、遂初堂本、集釋本、欒本、陳本、嚴本均作「摧」。《路史》作「摧」。

[三十四]「失」字誤，當改。原抄本、遂初堂本、集釋本、欒本、陳本、嚴本均作「夫」。《路史》作「夫」。

[三十五]羅泌《路史》卷三十二《發揮一》「論燧人改火」條。

杞梁妻

《春秋傳》：「齊侯襲莒，杞梁死焉。齊侯歸，遇杞梁之妻于郊，使弔之，辭曰：『殖之有罪，何辱命焉？若免于罪，猶有先人之敝廬在，下妾不得與郊弔。』齊侯弔諸其室。」[一]《左氏》之文不過如此而已。《檀公[二]》則曰：「其妻迎其柩于路，而哭之哀。」《孟子》則曰：「華周、杞梁之妻，善哭其夫而變國俗。」言「哭」者始自二書。《説苑》則曰：「杞梁、華舟進鬪，殺二十七人而死。其妻聞之而哭，城爲之阤而隅爲之崩。」《列女傳》則曰：「杞梁之妻無子，内外皆無五屬之親。既無所歸，乃枕其夫之屍于城下而哭，道路遇[三]者莫不爲之揮涕，十日而城爲之崩。」言「崩城」者始自二書。而《列女傳》上文亦載《左氏》之言。夫既有先人[四]敝廬，何至枕屍城下？且莊公既能遣弔，豈至暴骨溝中？「崩城」之云，未足爲信。且其崩者，「城」耳，未云「長城」。長城築于威王之時，去莊公百有餘年，《竹書紀年》：「梁惠成王二十年，齊閔王築防，以爲長城。」[五]按魏惠王二十年，乃齊威王之二十七年，非閔王。而齊之長城，又非秦始皇所築之長城也。後人相傳，乃謂秦築長城，有范郎之妻孟姜，送寒衣至城下，聞夫死，一哭而長城爲之暴[六]，則又非杞梁妻事矣。夫范郎者，何人哉？使秦時别有此事，何其相類若此？唐僧貫休乃據以作詩云：「築人築土一萬里，杞梁貞婦啼嗚嗚。」[七]則竟以杞梁爲秦時築城之人，似並《左傳》、《孟子》而未讀者矣。

《古詩》：「誰能爲此曲？無乃杞梁妻。」[八]崔豹《古今注》：「樂府《杞梁妻》者，杞殖妻妹朝日所作也。殖戰死，妻曰：『上則無父，中則無夫，下則無子，人生之苦至矣！』乃抗聲長哭，杞都城感之而頹，遂投水死。其妹悲姊之貞操，乃作歌名曰《杞梁妻》焉。梁，殖字也。」按此則又云杞之都城。《春秋》：杞成公遷于緣陵，今昌樂縣；文公又遷于淳于，今安丘縣。其時杞地當已入齊，要之非秦之長城也。

【校注】

[一]《左傳・襄公二十三年》。

[二]「檀公」誤，當改。原抄本、遂初堂本、集釋本、欒本、陳本、嚴本均作「檀弓」。

[三]「遇」字誤，原抄本同誤，當改。遂初堂本、集釋本、欒本、陳本、嚴本作「過」。《列女傳》作「過」。

[四]「先人」，原抄本同，遂初堂本、集釋本、欒本、陳本、嚴本下有「之」字。

[五]《今本竹書紀年》卷下。

[六]「暴」，原抄本同，遂初堂本、集釋本、欒本、陳本、嚴本作「崩」。

[七]貫休《杞梁妻》詩，見《樂府詩集・雜曲歌辭》。

[八]見《文選・古詩一十九首》。

池魚

東魏杜弼《檄梁父[一]》曰：「楚國亡猿，禍延林木。城門失火，殃及池魚。」[二]後人每用此事。《清波襍志》云：「不知所出，以意推之，當是城門失火，以池水救之，池渴[三]而魚死也。《廣韻》：『古有池仲魚者，城門失火，仲魚燒死，故諺云：城門失火，殃及池魚。』」[四]據此則池魚是人姓名。《風俗通》已有此說。按《淮南子》云：「楚王亡其猿，而林木爲之殘。宋君亡其珠，池中魚爲之殫。故澤失火而林憂。」[五]則失火與池魚自是兩事，後人誤合爲一耳。

考池魚事本于《吕氏春秋》，《必己篇》曰：「宋桓司馬有寶珠，抵罪出亡，王使人問珠之所在，曰：『投之池中。』于是竭池而求之，無得，魚死焉。此言禍福之相及也。」此後人用池魚事之祖。祖君彦《爲李密檄文》曰：「燕巢衛幕，魚游宋池。」

【校注】

[一]「父」字誤，當改。原抄本、遂初堂本、集釋本、欒本、陳本、嚴本均作「文」。

[二]見《資治通鑑》卷一百六十。又見《藝文類聚》卷五十八，作「魏收《檄梁文》」。

[三]「渴」字誤，當改。原抄本、遂初堂本、集釋本、欒本、陳本、嚴本均作「竭」。《清波雜志》作「竭」。

[四]周煇《清波雜志》卷九。

[五]《淮南子·說山訓》。

莊安

《漢書·五行志》:「嚴公二十年」,師古曰:「嚴公,謂莊公也,避明帝諱改曰『嚴』。凡《漢書》載謚、姓爲『嚴』者皆類此。」則是嚴姓本當作「莊」。今考《史記》有莊生、莊賈、莊豹、《樗里子傳》。莊舄、莊助、莊忌[一]、莊青翟、莊熊羆、莊參、莊蹻、莊芷,《淮南王安傳》。而獨有嚴君疾、《樗里子傳》:「秦封樗里子,號爲『嚴君』。」正義曰:「蓋封蜀郡嚴道縣,因號『嚴君』。疾,其[二]名也。」嚴仲子、嚴安。鄧伯羔[三]謂安自姓嚴。胡身之《通鑑》「嚴延年」註曰:「此嚴非莊助之嚴,自是一姓,戰國時有濮陽嚴仲子。」然《漢書·藝文志》曰:「主父偃二十八篇,徐樂一篇,莊安一篇。」是安本姓莊,非嚴也。嚴君平亦姓莊,楊子《法言》「蜀莊沈冥」是也。嚴尤本[四]姓莊,非嚴也[五]。《光武紀》注引桓譚《新論》曰:「莊尤字伯石,避明帝諱改之。」又改莊周爲「嚴周」,《漢書·王貢兩龔鮑傳》:「老子、嚴周」,《敘傳》:「貴老嚴之術」。改楚之莊主[六]爲「嚴先生」,《古今人表》:「嚴先生」,師古曰:「即殺陶朱公兒者也」。王褒《洞簫賦》:「師襄、嚴春不敢竄其巧」,李善註:「《七略》有莊春,言琴」。《王莽傳》有「蘖嚴春」,非此。《漢書》之稱「莊安」,班氏所未及改也。《史記》之稱「嚴安」,後人所追改也。

《藝文志》:「常侍郎莊悤奇賦十一篇,嚴助賦三十五篇。」師古曰:「上言莊悤奇,下言嚴助,史駁文。」《嚴助傳》作「嚴悤[七]奇」。

【校注】

[一]「莊助、莊忌」,原抄本同,遂初堂本、集釋本、欒本、陳本、嚴本作「莊忌、莊助」。

[二]「其」字，原抄本、遂初堂本、集釋本、欒本、陳本、嚴本無，《史記》正義無。
[三]鄧伯羔，字儒孝，明常州人。
[四]「本」，原抄本同，遂初堂本、集釋本、欒本、陳本、嚴本作「亦」。
[五]「非嚴也」三字，原抄本同，遂初堂本、集釋本、欒本、陳本、嚴本作「後漢書」，屬下讀。
[六]「莊主」誤，當改。原抄本、遂初堂本、集釋本、欒本、陳本、嚴本均作「莊生」。
[七]「悤」字誤，當改。原抄本、遂初堂本、集釋本、欒本、陳本、嚴本均作「蔥」。《漢書·嚴助傳》作「蔥」。

李廣射石

今永平府盧龍縣南，有李廣射虎石。廣爲右北平太守，而此地爲遼西郡之肥如，其謬不辨自明。《水經註》言：「右北平西北百三十里，有無終城。」[一]亦非也。考石[二]北平郡，前漢始[三]平剛，後[四]治土垠。酈氏所引《魏氏土地記》曰：「薊城東北三百里，有右北平城。」此後漢所治之土垠。而平剛則在盧龍塞之東北三四百里，乃武帝時郡治。李廣所守，今之塞外，其不在土垠明矣。又考《西京雜記》述此事則云：「獵于冥山之陽。」《莊子》言：「南行者至于郢，北面而不見冥[五]山。」[六]司馬彪註：「冥山，北海山名。」是廣之出獵乃冥山，而非近郡之山也。《新序》曰：「楚熊渠子夜行，見寢石，以爲伏虎。關弓射之，滅矢飲羽。下視，乃[七]石也。却，復射之，矢摧無迹。」《韓詩外傳》、張華《博物志》亦同。是射石者又熊渠，而非李廣也。《呂氏春秋》作養由基，王光[八]《論衡》同。《黃氏日抄》曰：「此事每載不同，要皆野人相傳[九]之妄言耳。」即使一事偶同，而太史公所述本無其地，今必欲指一卷[十]石以當之，不已惑乎？

《後周書・李遠傳》：「嘗校獵于莎柵，見石于叢薄中，以爲伏兔。射之，鏃入寸餘。就而視之，乃石也。太祖聞而異之，賜書曰：『昔李将軍親有此事，公今復爾，可謂世載其德，雖熊渠之名，不能獨羨其美。』」李廣、熊渠二事併用。

【校注】

[一]《水經注・鮑邱水》。

[二]「石」字誤，當改。原抄本、遂初堂本、集釋本、欒本、陳本、嚴本均作「右」。

[三]「始」字誤，當改。原抄本、遂初堂本、集釋本、欒本、陳本、嚴本均作「治」。

[四]「後」字下，脱「漢」字，當補。原抄本、遂初堂本、集釋本、欒本、陳本、嚴本均作「後漢」。

[五]「冥」，遂初堂本、集釋本、欒本、陳本、嚴本同，原抄本誤作「實」。《莊子》作「冥」。

[六]《莊子・天運》。

[七]「乃」，原抄本同，遂初堂本、集釋本、欒本、陳本、嚴本作「知」。《新序》作「知」。

[八]「王光」誤，當改。原抄本、遂初堂本、集釋本、欒本、陳本、嚴本均作「王充」。

[九]「相傳」，原抄本同，遂初堂本、集釋本、欒本、陳本、嚴本作「相承」。

[十]「一卷」，原抄本同，遂初堂本、集釋本、欒本、陳本、嚴本下有「之」字。

大小山

王逸《楚辭章句》言：「淮南王安博雅好古，招懷天下俊偉之士」，「著作篇章，分造辭賦，以類相從。故或稱小山，或稱大山，其義猶《詩》有《大雅》、《小雅》[一]也。」[二]梁昭明太子《十二月啟》乃曰：「桂吐花于小山之上，黎[三]翻葉于大谷之中。」[四]庾肩吾詩：「梨紅大谷晚，桂白小山秋。」[五]庾信《枯樹賦》：「小山則叢桂留人，扶風則長松繫馬。」是以山爲山谷之山，失其旨矣。《梁書》：「何胤二兄求、點並棲遯，求先卒，至是胤又隱。世號點爲『大山』，胤爲『小山』。」[六]

【校注】

[一]「《大雅》、《小雅》」，原抄本同，遂初堂本、集釋本、欒本、陳本、嚴本作「《小雅》、《大雅》」。《楚辭章句》作「《小雅》、《大雅》」。

[二]《楚辭章句》卷十二《招隱士》注。

[三]「黎」字誤，當改。原抄本、遂初堂本、集釋本、欒本、陳本、嚴本均作「梨」。《昭明太子集》作「梨」。

[四]明刊《昭明太子集》卷三《錦带書十二月啟》之《夷則七月》。

[五]庾肩吾《尋周處士弘讓》詩，見《藝文類聚》卷三十六。

[六]《梁書·處士列傳》。又見《南史·何尚之傳》。

丁外人

「丁外人」非名，言是蓋主之外夫也。猶言齊悼惠王肥，高帝「外婦之子」也。《史記》：「齊悼惠王肥，高祖長庶男也。其母，外婦也，曰曹氏。」[一]服虔曰：「外人，主之所幸也。」然《王子侯表》有「山原孝侯外人」，齊孝王五世孫：「乘丘侯外人」，中山靖王曾孫。則是姓劉而名爲[二]「外人」，不知何所取義？

【校注】

[一]《史記・齊悼惠王世家》。

[二]「爲」字，原抄本、遂初堂本、集釋本、欒本、陳本、嚴本無。

毛延壽

《西京雜記》曰：「元帝後宫既多，不得常見，乃使畫工圖形，案圖召幸之。諸宫[一]皆賂畫工，多者十萬，少者亦不減五萬。獨王嫱不肯，遂不得見。匈奴入朝，求美人爲閼氏。於是上案圖，以昭君行。及去，召見，貌爲後宫第一，善應對，舉止閒雅。帝悔之，而名籍已定，帝重信于外國，故不復更人。乃窮案其事，畫工皆棄市，籍其家貲，皆巨萬。畫工有杜陵毛延壽，爲人形，醜好老少必得其真。安陵陳敞，新豐劉白、龔寬，並工爲牛馬飛鳥衆勢，人形醜好[二]不逮延壽。下杜陽望亦善畫，尤善布色。樊育亦善布色。同日棄市，京師畫工於是差稀。」據此，則畫工之圖後宫乃平日，而非匈奴求美人時。且毛延壽亦[三]衆中之一人，又其得罪以受賂，而不特[四]以昭君也。後來詩人謂匈奴求美人，乃使畫工圖形，而又但指毛延壽一人，且没其受賂事，失之矣。

【校注】

［一］「宫」字下，脱「人」字，原抄本同，當補。遂初堂本、集釋本、欒本、陳本、嚴本作「宫人」，與《西京雜記》同。
［二］「醜好」，原抄本同。遂初堂本、集釋本、欒本、陳本、嚴本作「好醜」。《西京雜記》作「好醜」。
［三］「亦」，原抄本同，遂初堂本、集釋本、欒本、陳本、嚴本作「特」。
［四］「特」，原抄本同，遂初堂本、集釋本、欒本、陳本、嚴本作「獨」。

名以同事而晦

《吕氏春秋》言：「秦穆公興師以襲鄭」，「過周而東」，「鄭賈人弦高、奚施將西市于周」，「遽使奚施歸告」，乃矯鄭伯之命以十二牛勞師。是奚施爲弦高之友，［一］《淮南子》作「蹇他」。而《左氏傳》不載。《淮南子》言：「荆軻西刺秦王，高漸離、宋意爲擊筑而歌于易水之上。」［二］宋王［三］《笛賦》亦以荆卿、宋意並稱。《水經註》：「漸離擊筑，宋如意和之。」是宋意爲高漸離之侣，而《戰國策》、《史記》不載。

《戰國策》：「東孟之會，聶政、陽堅刺相兼君。」［四］註云：「堅，政之副，猶秦武陽。」按聶政告嚴仲子曰：「其勢不可以多人」，未必有副。《淮南子》［五］註：「秦皇帝二十六年，初兼天下，有長人見于臨洮，其高五丈，足迹六尺。放寫其形，鑄金人以象之，翁仲、君何是也。」［六］今人但言翁仲，不言君何。

【校注】

［一］《吕氏春秋·悔過》。

[二]《淮南子・泰族訓》。

[三]「宋王」誤，當改。原抄本、遂初堂本、集釋本、欒本、陳本、嚴本均作「宋玉」。

[四]《戰國策・韓策》。

[五]「淮南子」以下，欒本、陳本分段。

[六]《淮南子・氾論訓》注。

名以同事而章

《孟子》：「禹、稷當平世，三過其門而不入。」[一]考之《書》曰：「啟呱呱而泣，予弗子。」此禹事也，而稷亦因之以受名。「華周、杞梁之妻，善哭其夫而變國俗。」[二]考之《列女傳》曰：「哭于城下七日，而城爲之崩。」此杞梁妻事也，而華周妻亦因之以受名。《左傳》但言獲杞梁，不言獲華周。

【校注】

[一]《孟子・離婁下》。

[二]《孟子・告子下》。

人以相類而誤

《墨子》：「文王舉閎夭、泰顛于罝網之中，授之政而西土服。」[一]於《傳》未有此事，必「太公」

之誤也。《吕氏春秋》：「箕子窮于商，范蠡窮[二]乎江。」[三]范蠡未嘗流江，必「伍員」之誤也。《史記》：「孫叔敖三得相而不喜，三去相而不悔。」[四]孫叔敖未聞去相，必「令尹子文」之誤也。《淮南子》：吴起、張儀「車裂支解」。[五]張儀未嘗車裂，必「蘇秦」之誤也。《易林》：「貞良得願，微子解囚。」微子未嘗被因[六]，必「箕子」之誤也。晉潘岳《太宰魯武公誄》：「秦亡蹇叔，春者不相。」蹇叔之亡不見於書，必「百里奚」之誤也。《吕氏春秋》：「蹇叔有子曰申與視」，註：「申，白乙丙也。視，孟明視也。皆蹇叔子也」。按孟明視，百里奚之子。後魏穆子容《之公[七]吕望碑文》：「大魏東苞碣石，西跨流沙，南極班超之柱，北窮竇憲之誌。」班超未嘗南征，必「馬援」之誤也。後周庾信《擬詠懷詩》：「麟窮季氏罝，虎振周王圈。」季氏未嘗獲麟，必「叔孫」之誤也。

《晉書・夏統傳》：「子路見夏南[八]，憤恚而忼愾。」子路未嘗見夏南，蓋「衛南子[九]」之誤。

【校注】

[一]《墨子・尚賢上》。

[二]「窮」字誤，原抄本同誤，當改。遂初堂本、集釋本、欒本、陳本、嚴本作「流」。《吕氏春秋》作「流」。

[三]《吕氏春秋・悔過》。

[四]《史記・循吏列傳》。

[五]《淮南子・主術訓》。

[六]「因」誤，當改。原抄本、遂初堂本、集釋本、欒本、陳本、嚴本均作「囚」。上「囚」字不誤。

[七]「之公」誤，原抄本同誤，當改。遂初堂本、集釋本、欒本、陳本、嚴本作「太公」。

[八]夏南，陳夏姬子徵舒。

[九]衛南子，衛靈公之夫人南子，事見《左傳・定公十四年》及《論語・雍也》。

傳記不考世代

張衡言：「《春秋元命苞[一]》有公輸班與墨翟事，見戰國，非春秋時。又言『別有益州』，益州之置在于漢世。」[二]以證圖讖爲後人僞作。今按傳記之文若此者甚多。《管子》稱「三晉之君」，其時未有三晉。《輕重篇》稱「魯、梁」、「齊[三]、趙」，其時未有梁、趙；稱「代王」，其時未有代王。《國語》句踐之伯，「陳、蔡之君皆入朝」，其時有蔡無陳。《説苑》：「句踐聘魏」，其時未有魏。又言「仲尼見梁君」、「孟簡子相梁」，其時未有梁，魯亦無孟簡子。又言「韓武子出田，欒懷子止之」，韓氏無武子。又言楚莊王「以椒舉爲上客」，椒舉事靈王，非莊王。《吕氏春秋》：「晉文公師咎犯、隨會」，隨會不與文公、咎犯同時。「趙襄子攻翟」，「一朝而兩城下」，「有憂色」，孔子賢之。趙襄子爲晉卿，時孔子已卒。「顏闔見魯莊公」，顏闔，穆公時人，去莊公十一世。《史記・孔子世家》：「使從者爲甯武子臣于衛」，孔子時甯氏已滅。《扁鵲傳》：「虢君出見扁鵲于中闕」，其時虢亡已久。《龜筴傳》：「宋元王」，宋有元公，無元王。莊子見魯哀公，而其書有魏惠王、趙文王，魯哀公去趙文王一百七十歲。《韓非子》：「扁鵲見蔡桓侯」，桓侯與魯桓公同時，相去幾二百歲。《越絶書》：「晉、鄭王」，晉鄭未嘗稱王。又言孔子「奉雅[四]琴」見越王，越滅吴，孔子已卒。《列子》：「晏平仲問養生於管夷吾。」《鹽鐵論》：「季桓子聽政，柳下惠忽然不見。」又言：「臧文仲治魯，勝其盜而自矜，子貢非之。」平仲去管子、季桓子去柳下惠、子貢去臧文仲，各百餘歲。《韓詩外傳》：「孟嘗君請學于閔子」，閔子、孟嘗君相去幾二百歲。冉有對魯哀公言，「姚賈，監門子」，姚賈，秦始皇時人，相去二百餘歲。

【校注】

［一］「苞」，原抄本同，遂初堂本、集釋本、欒本、陳本、嚴本作「包」，與《後漢書》同。今按：《春秋元命包》，「包」一作「苞」。

［二］《後漢書·張衡列傳》。

［三］「齊」字誤，原抄本同誤，當改。遂初堂本、集釋本、欒本、陳本、嚴本作「秦」。《管子》作「秦」。

［四］「雅」，遂初堂本、集釋本、欒本、陳本、嚴本同，原抄本誤作「惟」。《越絶書》作「雅」。

日知録卷之二十七[一]

史記通[二]

秦楚之際，兵所出入之途，曲折變化，唯太史公序之如指掌。以山川郡國不易明，故曰東、曰西、曰南、曰北，一言之下，而形勢瞭然。以關塞、江河爲一方界限，故於項羽，則曰「梁乃以八千人渡江而西」，曰「羽乃悉引兵渡河」，曰「羽將諸侯兵三十餘萬行略地至河南」，曰「羽渡淮」，曰「羽遂引東欲渡烏江」。于高帝，則曰「出成皋、玉門北渡河」，曰「引兵渡河，復取成皋」。蓋自古史書兵事地形之詳，未有過此者。太史公胸中固有一天下大勢，非後代書生之所能幾也。

司馬温公《通鑑》承《左氏》而作，其中所載兵法甚詳。凡亡國之臣、盜賊之佐，苟有一策，亦具録之。朱子《綱目》大半削去，似未達温公之意。

【校注】

[一]卷二十七，刻本爲卷二十六。

[二]「史記通」題下，誤脱「鑑兵事」三字，當補。原抄本、遂初堂本、集釋本、欒本、陳本、嚴本均作「史記通鑑兵

事」。目録不誤。

史記于序事中寓論斷

古人作史，有不待論斷而于序事之中即見其指者，唯太史公能之。《平準書》末載卜式語，《王剪[一]傳》末載客語，《荆軻傳》末載魯句踐語，《鼂錯傳》末載鄧公與景帝語，《武安侯田蚡傳》末載武帝語，皆史家于序事中寓論斷法也。後人知此法者鮮矣，惟班孟堅間一有之。如《霍光傳》載任宣與霍禹語，見光多作威福；《黄霸傳》載張敞奏，見祥瑞多不以實。通傳皆褒，獨此寓貶，可謂得太史公之法者矣。

【校注】

[一]「王剪」誤，當改。原抄本、遂初堂本、集釋本、欒本、陳本、嚴本均作「王翦」。《史記》作「王翦」。

史記

《史記·秦始皇本紀》末云：宣公「初志閏月」。然則宣公以前皆無閏，每三十年多一年，與諸國之史皆不同[一]矣，則秦之所用者何正邪？

子長作《史記》在武帝太初中。《高祖功臣年表》平陽侯下云：「元鼎三年，今侯宗元年。」「今侯」者，作《史記》時見爲侯也。下又云：「征和二年，侯宗坐太子死，國除。」則後人所續也。卷中書「征和」者二，「後元」者一。《惠景間侯者年表》書「征和」者一，「後元」者三。《建元以來侯者年表》書「征和」者二。《漢興將相年表》有「天漢」、「太始」、「征和」、「後元」，以至昭、宣、元、成諸號，《歷書》亦同。《楚元王世家》書「地節」二年。《齊悼惠王世家》書「建始三年」者二。《曹相國世家》書「征和」二年。《賈誼傳》賈嘉「至孝昭時列爲九卿」。《田叔傳》、《匈奴傳》、《衛將軍傳》末有戾太子及巫蠱事。《司馬相如傳贊》「楊雄以爲靡麗之賦，勸百而諷十[二]」，皆後人所續也。

《河渠書》「東海引鉅定」，《漢書·溝洫志》因之。「東海」疑是北海之誤。按《地理志》，齊郡縣十二，其五曰鉅定，下云：「馬車瀆水首受鉅定，東北至琅槐入海。」又千乘郡博昌下云：「博水東北至鉅定入馬車瀆。」而《考[三]武紀》曰：征和「四年春正月，行幸東萊，臨大海」。「三月，上耕于鉅定，還幸泰山，修封」。計其道里亦當在齊，去東海遠矣。

凡《世家》本多之[四]《左氏傳》，其與《傳》不同者，皆當以《左氏》爲正。《晉[五]世家》：「吾太公望子久矣。」此是妄爲之説。周之太王、齊之太公、吴之太伯，有國之始祖謂之太祖，其義一也。

《趙世家》：「趙簡子除三年之喪，期而已。」此因《左傳》「降于喪食」[六]之文而誤爲之解，本無其事。

敬侯「十一年，魏、韓、趙共滅晉，分其地」。成侯「十六年，與韓、魏分晉，封晉君以端氏」。此文重出。

《田敬仲完世家》：「敬仲之如齊，以陳氏爲田氏。」此亦太史公之誤。《春秋傳》未有稱田者，至戰國時始爲田耳。

《仲尼弟子傳》：「公孫龍，字子石[七]，少孔子五十三歲。」按《漢書》註，公孫龍，趙人，「爲堅白異同之説者」，與平原君同時，去夫子近二百年，殆非也。且云少孔子五十三歲，則當田常伐魯之年僅十三四歲尔。而曰「子張、子石請行」，豈甘羅、外黄舍人之兒[八]比乎？

《商君傳》：「以鞅爲大良造，將兵圍魏安邑，降之。」[九]此必「安邑」字誤。其下文曰：「魏惠王使使割河西之地，獻于秦以和，而魏遂去安邑，徙都大梁。」乃是自安邑徙都之事耳。安邑，魏郡[十]，其王在焉，豈得圍而便降？《秦本紀》：昭王二十一年，「魏獻安邑」。若已降于五十年之前，何煩再獻乎？《趙世家》，敬侯元年，「始都邯鄲」。成侯「二十二年，魏惠王拔我邯鄲」。亦有可疑。

《虞卿傳》樓昌、樓緩恐是一人，虞卿進説亦是一事。記者或以爲趙王不聽，或以爲聽之。太史公兩收之，而不覺其重耳。

燕王遺樂閒書，恐即樂毅事，而傳者誤以爲其子。然以二事相較[十一]，在毅[十二]當日，惠王信讒易將，不得不奔，其後往來復通，燕亦未失故君之禮。若樂閒，不過以言之不聽，而遂懟君絶君，雖遺之書而不顧，此小丈夫之悻悻者矣。

《屈原傳》：「雖放流，睠顧楚國，繫心懷王，不忘欲反」，「卒以此見懷王之終不悟也」，似屈平[十三]放流于懷王之時。又云：「令尹子蘭聞之，大怒，卒使上官大夫短屈原于頃襄王，頃襄王怒而遷之。」則實在頃襄之時矣。放流一節當在此文之下，太史公信筆書之，失其次序耳。

隨何説英布，當書「九江王」，不當書「淮南王」。歸漢之後，始立爲淮南王也。蓋採之諸

□[十四]，其稱不一[十五]。

《淮陰侯傳》先云「范陽辨[十六]士蒯通」，後云「齊人蒯通」，一傳互異。韓王信[十七]説漢王語，乃淮陰侯韓信語也，以同姓名而誤。

【校注】

[一]「不同」，原抄本同，遂初堂本、集釋本、欒本、陳本、嚴本作「不合」。

[二]「諷十」，原抄本同，遂初堂本、集釋本、欒本、陳本、嚴本作「諷一」。《史記》作「諷一」。

[三]「考」字誤，當改。原抄本、遂初堂本、集釋本、欒本、陳本、嚴本均作「孝」。

[四]「本多之」誤倒，當乙正。原抄本、遂初堂本、集釋本、欒本、陳本、嚴本均作「多本之」。

[五]「晉」字誤，原抄本同誤，當改。遂初堂本、集釋本、欒本、陳本、嚴本作「齊」。

[六]《左傳・哀公二十年》。

[七]「子召」誤，當改。原抄本、遂初堂本、集釋本、欒本、陳本、嚴本均作「子石」。《史記》作「子石」。

[八]「之兒」，原抄本同。遂初堂本、集釋本、欒本、陳本、嚴本作「兒之」。

[九]《史記・秦本紀》孝公十年亦載此事。

[十]「魏郡」誤，原抄本同誤，當改。遂初堂本、集釋本、欒本、陳本、嚴本作「魏都」。

[十一]「較」，原抄本同。遂初堂本、集釋本、欒本、陳本、嚴本作「校」。

[十二]「毅」，原抄本同。遂初堂本、集釋本、欒本、陳本、嚴本作「樂毅」。

[十三]「屈平」，原抄本同。遂初堂本、集釋本、欒本、陳本、嚴本作「屈原」。

[十四]底本缺一字處，原抄本、遂初堂本、集釋本、欒本、陳本、嚴本均作「書」，當補。

[十五]「不一」，原抄本同。遂初堂本、集釋本、欒本、陳本、嚴本作「未一」。

〔十六〕「辨」字誤，原抄本同誤，當改。遂初堂本、集釋本、欒本、陳本、嚴本作「辯」。

〔十七〕「韓王信」以下，欒本、陳本、嚴本分段。

漢書

《孝武紀》：天漢四年，「秋九月，令死罪人贖錢五十萬，減死一等」。太始二年，「九月，募死罪人贖錢五十萬，減死〔一〕一等」。此一事而重見，又同是九月。

《高帝功臣表》十八侯位次，一蕭何，二曹參，三張良〔二〕，四周勃，五樊噲，六酈商，七奚涓，八夏侯嬰，九灌嬰，十傅寬，十一靳歙，十二王陵，十三陳武，十四王吸，十五薛歐，十六周昌，十七丁復，十八蟲達。〔三〕當時所上者戰功，而張良、陳平皆居中計謀之臣，故平列在四十七，良列在六十二也。至《十八侯贊》，則蕭何第一，樊噲第二，張良第三，周勃第四，曹參第五，陳平第六，張敖第七，酈商第八，灌嬰第九，夏侯嬰第十，傅寬第十一，靳歙第十二，王陵第十三，韓信第十四，陳武第十五，蟲達第十六，周昌第十七，王吸第十八，而無奚涓、薛歐、丁復。此後人論定，非當日之功次矣。且韓信已誅死，安得復在功臣之位？即此可知矣。此位次高后二年所定，故凡已絶奪在前者皆不與。

史家之文多據原本，或兩收而不覺其異，或並存而未及歸一。《漢書・王子侯表》：長沙頃王子成高〔四〕節侯梁，一卷中再見，一始元元年六月乙未封，一元康元年正月癸卯封，此並存未定，當删其一，而誤留之者也。《地理志》于「宋地」下云：「今之沛、梁、楚、山陽、濟陰、東平，及東郡之須昌、壽張，皆宋分也。」于「魯地」下又云：「東平、須昌、壽張皆在濟東，屬魯，非宋地也，當考。」此並存異説以備考，當小註於下，而誤連書者也。《史記・田叔傳》既云「司直田仁主閉守城門，坐縱太子，下吏誅死」，而下又云「仁發兵，長陵令車千秋上變仁，仁族死陘城，今在中山國」。此亦古人附註備考之文。古人著書，有疑則闕之以備[五]考。如《越絶書》記《吴地傳》曰「湖，三湖[六]當問之，丹湖當問之」是也。

《楚元王傳》劉德，昭帝時「爲宗正丞，雜治劉澤詔獄」，而子向傳則云「更生父德，武帝時治淮南獄」。一傳之中自爲乖異。又其更名向，在成帝即位之後，而元帝初年即曰「徵堪、向，欲以爲諫大夫」。此兩收而未對勘者也。《禮樂志》上云「孝惠二年，使樂府夏侯寬備其簫管」，下云「武帝定郊祀之禮，乃立樂府」。《武五子傳》上云「長安白序[七]東爲戾后園」，下云「後八歲，封戾夫人曰戾后，置園奉邑」。樂府之名蚤立于孝惠之世，戾園之目預見于八年之前，此兩收而未貫通者也。夫以二劉[八]之精核，猶多不及舉正，何怪乎後之讀書者愈鹵莽矣！《後周書》「蠕蠕」俱[九]作「茹茹」，惟列傳二十五卷獨作「蠕蠕」。

《天文志》[十]：「魏地，觜觿、參之分野也。其界自高陵以東，盡河東、河内，南有陳留，及汝南之召陵、㶏彊[十一]、新汲、西華、長平，潁川[十二]之舞陽、郾、許、鄢陵，河南之開封、中牟、武陽[十三]、酸棗、卷，皆魏分也。」按《左傳》子産曰：「遷實沈于大夏，主參」，「故參爲晉星」。[十四]然其疆界亦當至河而止，若《志》所列陳留已下郡縣，並在河南，於春秋自屬陳、鄭二國，角、亢、氐之分也，不當併入。魏本都安邑，至惠王始遷[十五]大梁，乃據後來之疆土割以相附，豈不謬哉？

《食貨志》：單穆公諫景王「鑄大錢」，本之《周語》。王「弗聽，卒鑄大錢」。此廢輕作重，不利於民之事，班氏乃續之曰：「以勸農，澹[十六]不足，百姓蒙利焉。」失其指矣。

《地理志》「丹陽」下云：「楚之先熊繹所封，十八世，文王徙郢。」此誤。按《史記・楚世家》：

成王「封熊繹于楚」，「居丹陽」。徐廣曰：「在南郡枝江縣。」《水經注》曰：「丹陽城據山跨阜，周八里二百八十步。東北两面悉臨絶澗，西带亭下溪，南枕大江，嶮峭壁立，信天固也。楚熊繹始封丹陽之所都也。《地理志》以爲吴子之丹陽，尋吴、楚悠隔，繿縷山川[十七]，無容遠在吴境，非也。」《山海經》：「丹山在丹陽南。」郭璞註：「今建平郡丹陽城，秭歸縣東七里。」

《枚乘傳》：上云「吴王不納，乘等去而之梁」，下云「枚乘復説吴王」。蓋吴王舉兵之時，乘已家居，而復與之書，不然無緣復説也。

《杜周傳》：「周爲執金吾，逐捕桑弘羊、衛皇后昆弟子，刘[十八]深。」按《百官表》，天漢三年二月，執金吾杜周爲御史大夫，四年卒。而衛太子巫蠱事乃在征和二年，周之卒已四年。其時暴勝之爲御史大夫。又十一年，昭帝元鳳元年，御史大夫桑弘羊坐燕王旦事誅。史家之謬如此。

《王尊傳》：「上行幸雍，過虢。」按今之鳳翔縣乃古雍城，而虢在陜，幸雍何得過虢？當是過美陽之誤。美陽故城在今扶風縣北二十里。且上文固云，自「虢令轉守槐里，兼行美陽令是[十九]」矣。

《王商傳》：春申君「獻有身而妻[二十]産懷王」，誤，當是幽王。

《外戚傳》：「從共王母及丁姬歸定陶，葬共王冢次。」按丁姬先已葬定陶，此「及丁姬」三字衍。

【校注】

[一]「死」字下，遂初堂本、集釋本、欒本、陳本、嚴本有「罪」字，《漢書》無。

[二]「張良」誤，原抄本同誤，當改。遂初堂本、集釋本、欒本、陳本、嚴本作「張敖」。《史記》索隱作「張敖」。

[三]見《史記·高祖功臣侯者年表》司馬貞索隱引姚氏曰。

［四］「成高」誤，原抄本同誤，當改。遂初堂本、集釋本、欒本、陳本、嚴本作「高成」。《漢書》作「高城」。

［五］「備」，原抄本同。遂初堂本、集釋本、欒本、陳本、嚴本作「待」。

［六］「三湖」誤，原抄本同誤，當改。遂初堂本、集釋本、欒本、陳本、嚴本作「王湖」。《越絶書》作「王湖」。

［七］「日序」誤，原抄本作「白序」亦誤，當改。遂初堂本、集釋本、欒本、陳本、嚴本作「白亭」。《漢書》作「白亭」。

［八］二劉，劉向，劉歆父子。唐劉知幾《史通》：「《史記》所書年止漢武，太初已後，闕而不録。其後劉向、向子歆及諸好事者，相次撰續，迄于哀平間，猶名《史記》」。

［九］「俱」，原抄本同。遂初堂本、集釋本、嚴本作「竝」，欒本、陳本作「並」。

［十］《天文志》誤，當作《地理志》。

［十一］「澺疆」誤，遂初堂本、集釋本、欒本、陳本、嚴本同誤。原抄本作「澺彊」，與《漢書》同。

［十二］「穎川」誤，原抄本、遂初堂本同誤，當改。集釋本、欒本、陳本、嚴本作「潁川」，與《漢書》同。

［十三］「武陽」誤倒，原抄本同誤，當乙正。遂初堂本、集釋本、欒本、陳本、嚴本作「陽武」，與《漢書》同。

［十四］《左傳・昭公元年》。

［十五］「遷」，原抄本同。遂初堂本、集釋本、欒本、陳本、嚴本作「徙」。

［十六］「澹」，原抄本、遂初堂本、集釋本、欒本、陳本、嚴本均作「贍」。《漢書》作「澹」。按《漢書・食貨志上》：「猶未足以澹其欲也」，顔師古注：「澹，古『贍』字也。贍，給也。其下並同。」

［十七］「山川」，原抄本同。遂初堂本、集釋本、欒本、陳本、嚴本作「荆山」，與《水經注》同。

［十八］「刘」字誤，當改。原抄本、遂初堂本、集釋本、欒本、陳本、嚴本均作「刻」。《漢書》作「刻」。

［十九］「是」字誤，原抄本同誤，當改。遂初堂本、集釋本、欒本、陳本、嚴本作「事」，與《漢書》同。

［二十］「而妻」誤倒，當乙正。原抄本、遂初堂本、集釋本、欒本、陳本、嚴本均作「妻而」，與《漢書》同。

漢書二志小字

《漢書》地理、藝文二志，小字皆孟堅本文。其「師古曰」、「應劭曰」、「服虔曰」之類，乃顔氏註也。近本《漢書》不刻註者，誤以此爲顔氏注而併删之。《續漢·郡國志》云：「《本志》唯郡縣名爲大書，《本志》，司馬彪所撰。其山川地名悉爲細註，今進爲大字，新註證發，臣劉昭采集。」[一]是則《前書》小字爲孟堅本文，猶《後漢》之「細註」也。其師古等諸註，猶《後漢》之「新註」也。當時相傳之本混作一條，未曾分别耳。

【校注】

[一]今見《後漢書·郡國志》。

漢書不如史記

班孟堅爲書，束于成格，而不得變化。且如《史記·淮陰侯傳》末載蒯通事，令人讀之感慨有餘味。《淮南王傳》中伍被與王答問語，情態横出，文亦工妙。今悉删之，而以蒯、伍合江充、息夫躬爲一傳。蒯最冤，伍次之，二淮傳寥落不堪讀矣。

荀悦漢書[一]

荀悦《漢紀》改紀、表、志、傳爲編年，其叙事處索然無復意味，間或首尾不備。其小有不同，皆以班書爲長，惟一二條可采者。「杜陵陳遂，字長子。上微時，與游戲博弈，數負遂。上即位，稍見進用，至太原太守。乃賜遂璽書曰：『制詔太原太守，官尊禄重，可以償遂博負矣。妻君寧時在旁，知狀。』遂乃上書謝恩曰：『事在元年[二]赦前。』其見厚如此。」[三]《漢書》以「負遂」爲「負進」，又曰：「可以償博進矣。」「進」乃悼孝后[四]之名，宣帝不應用之。或曰：「進」即「賮」字，財貨也。《史記·吕不韋傳》：「車宋[五]進用不饒。」荀《紀》爲長。元康三年，「三月詔曰：『蓋聞象有罪，而舜封之有庳，骨肉之親，放而不誅。其封故昌邑王賀爲海昏侯。』」[六]《漢書》作「骨肉之恩，粲而不殊」，文義難曉，荀《紀》爲長。按《梁書[七]》「粲而不殊」，當作「粲而不誅」。《説文》：「粲，糝粲，散之也。從米，殺聲。」徐引左氏定公四年《傳》：「王于是乎殺管叔而粲蔡叔」，言放之若散米。今《左傳》作「蔡□叔[八]」，上[九]「蔡」字亦音素葛反。後有善讀者，倣裴松之《三國志》之體，取此不同者注于班書之下，足爲史家之一助。

紀王莽事，自始建國元年，以後則云「其一年[十]」、「其三年」以至「其十五年」，以别於正統，而盡没其「天鳳」、「地元[十二]」之號。

【校注】

[一]題名「漢書」誤，原抄本同誤，當改。遂初堂本、集釋本、欒本、陳本、嚴本作「漢紀」。目録作「漢記」亦誤。

[二]「元年」上，脱「元平」二字，當補。原抄本、遂初堂本、集釋本、欒本、陳本、嚴本均作「元平元年」，與《前漢

紀》、《漢書》同。

［三］《前漢紀・孝宣皇帝紀》。

［四］「悼孝后」誤，當改。原抄本、遂初堂本、集釋本、欒本、陳本、嚴本均作「悼皇考」。悼皇考即史皇孫，名進。

［五］「宋」字誤，當改。原抄本、遂初堂本、集釋本、欒本、陳本、嚴本均作「乘」。《史記》作「乘」。

［六］《前漢紀・孝宣皇帝紀》。

［七］「梁書」，原抄本同，遂初堂本、集釋本、欒本、陳本、嚴本作「漢書」。今按「粲而不殊」見於《漢書・宣帝紀》，又見《南史・梁宗室傳》。

［八］「蔡□叔」，原抄本、遂初堂本、集釋本、欒本、陳本、嚴本均作「蔡蔡叔」，與《左傳》同，當補。

［九］「上」，原抄本、集釋本、欒本、陳本、嚴本同，遂初堂本誤作「土」。

［十］「一年」誤，原抄本同誤，當改。遂初堂本、集釋本、欒本、陳本、嚴本作「二年」。

［十一］「地元」誤，原抄本同誤，當改。遂初堂本、集釋本、欒本、陳本、嚴本作「地皇」。

後漢書

《後漢書・馬援傳》：上云「帝嘗言：『伏波論兵，與我意合』」，下乃云「交趾［一］女子徵側及女弟徵貳反，于是璽書拜援伏波將軍」。此是采輯諸書，率尔成文，而忘其「伏波」二字之無所本也。自范氏以下，史書若此者甚多。

《桓譚傳》：「當王莽居攝篡弒之際，天下之士莫不競褒稱德美，作符命以求容媚，譚獨自守，默然無言。」按《前漢書・翟義傳》：「莽依《周書》作《大誥》，遣大夫桓譚等竝［二］行諭告當反位孺子之意，還封譚爲明告里附城。」師古曰：「如古附庸。」《王莽傳》：「當賜爵關内侯者，更不[三]曰附城。」是曾受莽封爵，史爲諱之耳。光武終不用譚，當自有説。

《楊震傳》：「河間男子趙騰詣闕上書，指陳得失。帝怒，收考詔獄。震上書[四]救，不省，騰竟伏尸都市。」乃安帝時事。而《張皓傳》以爲：「清河趙騰上言災變，譏刺朝政，收騰繫[五]考」，「皓上疏諫」，「帝悟，減騰死罪一等」。又以爲順帝事。豈有兩趙騰邪？

橋玄以太尉罷官，「就醫里舍[六]，少子十歲，獨游門次，卒有三人持杖劫執之，入舍登樓，就玄索貨」。其家之不貧可知。乃云：「及卒，家無居業，喪無所殯」。[七]史傳之文前後矛盾。玄以靈帝之世，三爲三公，亦豈無錢者？

《劉表傳》：「與同郡張儉等俱被訕議，號爲『八顧』。」而《黨錮傳》表、儉二人列于「八及」。前後不同。

「蒯越、韓嵩及東曹掾傅巽等，説琮降操」，則是表卒之後，琮已赦嵩而出之矣。下文云，操至州，「乃釋嵩之囚」。[八]此史家欲歸美于操，而不顧上下文之相戾也。

《蔡邕傳》謂邕「亡命江海，積十二年」。「中平六年，靈帝崩，董卓爲司空，辟之，稱疾不就。」卓「切敕州郡，舉邕詣府。邕不得已，到，署祭酒」。而《文苑傳》有「議郎蔡邕」薦邊讓于大將軍何進一書。按中平元年黄巾起，以何進爲大將軍，正邕亡命之時，無緣得奏記薦人也。

《郡縣志》：「睢陽：本宋國，有魚門。」引《左傳》僖公二十二年升陘之戰，「邾人獲公胄[九]，縣諸魚門」爲證。按杜預註：「魚門，邾城門。」非宋也。

【校注】

[一]「交趾」，陳本同，原抄本、集釋本、欒本、嚴本作「交阯」。遂初堂本誤作「殳阯」。

[二]「竝」字誤，原抄本同誤，當改。遂初堂本、集釋本、欒本、陳本、嚴本作「班」。《漢書》作「班」。

[三]「不」字誤，當改。原抄本、遂初堂本、集釋本、欒本、陳本、嚴本均作「名」。《漢書》作「名」。

[四]「書」，原抄本同。遂初堂本、集釋本、欒本、陳本、嚴本作「疏」。

[五]「繫」字，遂初堂本、集釋本、欒本、陳本、嚴本同，原抄本脱。

[六]「含」字誤，當改。原抄本、遂初堂本、集釋本、欒本、陳本、嚴本均作「舍」。《後漢書》作「舍」。

[七]《後漢書·橋玄傳》。

[八]《後漢書·劉表傳》。

[九]「曹」字誤，當改。原抄本、遂初堂本、集釋本、欒本、陳本、嚴本均作「胄」。《左傳》作「胄」。

三國志

《蜀志·譙周傳》：「建興中，丞相亮[一]領益州牧，命周爲勸學從事。」而先主未稱尊號，□[二]有「勸學從事張爽、尹默、譙周等上言」，[三]前後不同。按周卒于晉泰始六年，年七十二。而昭烈即位之年僅二十有三，未必與勸進之列，從本傳爲是。

孫亮太平元年，孫琳[四]殺滕胤、吕據，[五]時爲魏高貴鄉公之甘露元年。《魏志》：甘露二年，「以孫壹爲侍中、車騎將軍、假節、交州牧、吴侯」。[六]本傳云：「壹入魏，黄初[七]三年死。」誤也。

《陸抗傳》：「拜鎮軍將軍，都督西陵。自關羽至白帝。」于文難曉。按《甘寧傳》曰：「隨魯肅鎮益陽，拒關羽。羽號有三萬人，自擇選鋭士五千人，投縣上流十餘里淺瀨，云欲夜涉渡。肅以兵千人益寧，寧乃夜往。羽聞之，住不渡，而結柴營。今遂名此處爲關羽瀨。」據此則當云「自益陽至白帝」也。

【校注】

［一］「竟」字誤，當改。原抄本、遂初堂本、集釋本、欒本、陳本、嚴本均作「亮」。《三國志》作「亮」。

［二］底本缺一字處，原抄本、遂初堂本、集釋本、欒本、陳本、嚴本均作「即」，當補。

［三］《三國志・蜀書・先主傳》。

［四］「孫琳」誤，原抄本同誤，當改。遂初堂本、集釋本、欒本、陳本、嚴本作「孫綝」。《三國志》作「孫綝」。

［五］事見《三國志・吴書・三嗣主傳》。

［六］《三國志・魏書・三少帝紀》。

［七］「黄初」，原抄本、遂初堂本、集釋本、欒本、陳本、嚴本均同，與《三國志》同。今按趙翼《廿二史劄記》卷六「孫壹死年」條：「案黄初係魏文帝年號，文帝至齊王芳被廢，已二十餘年，何得妻芳妃後又死于黄初也？《魏志》壹之來降在高貴鄉公甘露二年，則其死當在景元、咸熙間，今曰『黄初三年死』，亦必誤也。」

作史不立表志［一］

朱鶴齡［二］曰：「太史公《史記》，帝紀之後，即有十表、八書。表以紀治亂興亡之大略，書以紀制度沿革之大端。班固改書爲志，而年表視《史記》加詳焉。蓋表所由立，昉于周之譜牒，與紀傳相爲出入。凡列侯将相三公九卿，其功名表著者既系之以傳，此外大臣無積勞亦無顯過，傳之不可勝書，而姓名爵里、存没盛衰之跡要不容以遽泯，則于表乎載之。又其功罪事實，傳中有未悉備者，亦于表乎載之。年經月緯，一覽瞭然[三]。作史體裁，莫大于是，而范書闕焉，使後之學者無以考鏡二百年用人行政之節目，良可歎也。其失始于陳壽《三國志》，而范曄[四]踵之。其後作者又援范書爲例，年表皆在所略。姚思廉《梁》、《陳》二書，李北□[五]《北齊書》，令狐德□[六]《周書》，李延壽南、北史，皆無表志。不知作史無表，則立傳不得不多。傳愈多，文愈繁，而事蹟或反遺漏而不舉。歐陽公知之，故其撰《唐書》有《宰相表》，有《方鎮表》，有《宗室世系表》、《宰相世系表》，始復班、馬之舊章云。」

陳壽《三國志》、習鑿齒《漢晉春秋》無志，故沈約《宋書》諸志並前代所闕者補之。姚思梁《廉》[七]、《陳》二書，李百藥《北齊書》，令狐德棻《周書》皆無志。而于志寧、李淳風、韋安仁、李延壽别修《五代史志》，詔編第入《隋書》。古人紹聞述往之意，可謂弘矣。

【校注】

[一]此條標題，原抄本、集釋本、欒本、陳本、嚴本同，遂初堂本脱「志」字。

[二]朱鶴齡，字長孺，吴江人，與顧炎武爲友。《清史稿·儒林傳》有傳。

[三]「然」，原抄本同。遂初堂本、集釋本、欒本、陳本、嚴本作「如」。

[四]「范曄」，遂初堂本、集釋本、欒本、陳本、嚴本同，原抄本誤作「范疃」。

[五]「李北□」脱誤，原抄本、遂初堂本、集釋本、欒本、陳本、嚴本均作「李百藥」，當改當補。

[六]「令狐德□」，原抄本、遂初堂本、集釋本、欒本、陳本、嚴本均作「令狐德棻」，當補。

［七］「梁廉」誤倒，當乙正。原抄本、遂初堂本、集釋本、欒本、陳本、嚴本均作「廉梁」。上文「姚思廉《梁》、《陳》二書」不誤。

史文重出

《後漢・地里志》［一］候城改屬玄菟，而遼東復出一候城。無慮改屬遼東屬國，而遼東復出一無慮。必有一焉宜删者，然則天下郡國中少二城矣。［二］

【校注】

［一］「《後漢・地里志》」，原抄本、遂初堂本、嚴本作「《後漢・地理志》」，集釋本、欒本、陳本作「《續漢・郡國志》」。今見《後漢書・郡國志》。

［二］此節前，刻本多出一節，云：「《漢書・王子侯表》：長沙頃王子高成節侯梁，一卷中兩見。一始元元年六月乙未封，一元康元年正月癸卯封。然則王子中多一侯矣。」末有亭林原注：「馬貴與《文獻通考》因而録之，不知其誤。」底本及原抄本無。黄汝成集釋曰：汝成案：《漢書》云云，已見前。元本此題下僅一條，别書是條於上，疑先生删去，潘氏誤入云。欒本校注引之。陳垣校注：此段已見本卷「《漢書》」條，又重出於此。今按：亭林此條言史文重出，而潘耒遂初堂刻本即有重出之文。

史文衍字

《漢書・吴王濞傳》：「吴有彰郡［一］銅山」，誤多一「豫」字。《後漢書・光武紀》：「以前密令卓茂爲太傅」，誤多一「高」字。《黨錮傳》：「黄令毛欽操兵到門」，誤多一「外」事[二]。

《後漢書・皇后紀》：「桓思竇皇后父諱武」，后父不當言諱，「諱」字衍。

《儒林傳》：「立《五經》博士，各以家法教授。《易》有施、孟、梁丘、京氏，《尚書》歐陽、大小夏侯，《詩》齊、魯、韓、毛，《禮》大小戴，《春秋》嚴、顔，凡十四博士。太常差次總領焉。」按此則十五，非十四也，蓋衍一「毛」字。其下文載建初中詔有「《古文尚書》、《毛詩》、《穀梁》、《左氏春秋》，雖不立學官」之語，《本紀》建初八年詔同。又下卷云「趙人毛萇傳《詩》，是爲《毛詩》，未得立」，《賈逵傳》：「建初八年，詔諸儒各選高才生，受《左氏》、《穀梁春秋》、《古文尚書》、《毛詩》，由是四經遂行于世。」而《百官志》「博士十四人」，本註曰：「《易》四，施、孟、梁丘、京氏。《尚書》三，歐陽、大小夏侯氏。《詩》三，魯、齊、韓氏。《禮》二，大小戴氏。《春秋》二，《公羊》嚴、顔氏。」《徐防傳》註引《漢官儀》曰：「《易》有施、孟、梁丘賀、京房，《書》有歐陽和伯、夏侯勝、建，《詩》有申公、轅固、韓嬰，《春秋》有嚴彭祖、顔安樂，《禮》有戴德、戴聖，凡十四博士。」則此「毛」字明爲衍文也。

《靈帝紀》：光和三年，「六月，□[三]公卿舉能《尚書》、《毛詩》、《左氏》、《穀梁春秋》各一人，悉除議郎」。《尚書》上脱「古文」二字。

【校注】

[一]「彰郡」誤，當改。原抄本、遂初堂本、集釋本、欒本、陳本、嚴本均作「鄣郡」。《漢書》作「豫章郡」。

[二]「事」字誤，當改。原抄本、遂初堂本、集釋本、欒本、陳本、嚴本均作「字」。

[三]底本缺一字處，原抄本、遂初堂本、集釋本、欒本、陳本、嚴本均作「詔」，當補。

史家誤承舊文

史書之中多有仍舊文而未及改者。《史記·燕世家》稱「今王喜」。《魏書·孝静帝紀》稱「太原公今上」。《舊唐書·唐臨傳》「今上」字再見，《徐有功傳》、《澤王上金傳》「今上」字各一見，皆謂玄宗。《韋貫之傳》「上即位」，謂穆宗。此皆舊史之文，作書者失於改削耳。

《宋書·武帝紀》：永初元年，「八月戊午，西中郎將、荆州刺史、一〔一〕都王諱〔二〕，進號鎮西將軍」。《文帝紀》：元嘉十三年九月癸丑，立「第三皇子諱爲武陵王」。二十五年八月，「甲子，立第十一皇子諱爲淮陽王」。《順帝紀》：昇明三年正月丁巳，以「新除給事黄門侍郎蕭諱爲雝州〔三〕刺史」。三月，「丙午，以中軍大將軍諱爲南豫州刺史、齊公世子」。《蕭思話傳》：「遣司馬建威將軍、南漢中太守蕭諱立〔四〕百人前進。」《隋書·高祖紀》：開皇十五年，「七月乙丑，晉王諱獻毛龜」。十九年，「二月乙亥〔五〕，晉王諱來朝」。《張照〔六〕傳》：「晉王諱爲揚州總管。」《王韶傳》：「晉王諱班師。」《鐵勒傳》：「晉王諱北征。」〔七〕《北史·李弼傳論〔八〕》：「使持節太尉、柱國大將軍、大都督、尚書左僕射、隴右行臺、少師、隴西郡開國公李諱」。〔九〕《舊唐書·中宗紀》：「臨淄王諱舉兵誅韋武。」《睿宗紀》：「臨淄王諱與太平公主子薛崇簡」等。《玄宗紀》：「詔以皇太子諱充天下兵馬元帥。」《郝處俊傳》：「周王諱爲西明〔十〕。」並當時臣子之辭。

《三國志·魏后妃傳》註：「甄后曰：『諱等自隨夫人。』」此「諱」字，明帝名，當時史家之文也。《宋書·武帝紀》：「劉諱龍行虎步。」《後周書·柳慶傳》：「宇文諱忠誠懭[十一]發。」[十二]《北史·魏彭城王勰傳》：「帝謂勰曰：『諱是何人，而敢久筵[十三]先敕！』」[十四]並合稱名，史臣不敢斥之耳。然《宋紀》中亦有稱「劉裕」者，一卷之中往往雜見。《册府元龜》：後唐莊宗同光二年二月，「戊寅，幸李諱宅」。「諱」字下小註曰：「明宗也。」

《文選》任昉《爲齊明帝讓宣城郡公表》稱「臣公言」，《爲蕭揚州薦士表》稱「臣王言」。表辭本合稱名，而改爲公、王，亦其臣子之辭也。

【校注】

[一]「二」字誤，當改。原抄本、遂初堂本、集釋本、欒本、陳本、嚴本均作「宜」。

[二]「宜都王諱」，《古今圖書集成·皇極典·帝紀部彙考》引《宋書·武帝本紀》作「宜都王義隆」，《宋書》清武英殿刻本仍作「宜都王諱」。《宋書》本作「義隆」，唐人避唐諱，改「義隆」爲「諱」字，後人未改回，故如此。

[三]「雝州」誤，原抄本同誤，當改。遂初堂本、集釋本、欒本、陳本、嚴本作「雍州」。《宋書》作「雍州」。

[四]「立」字誤，當改。原抄本、遂初堂本、集釋本、欒本、陳本、嚴本均作「五」。《宋書》作「五」。

[五]「乙亥」誤，原抄本同誤，當改。遂初堂本、集釋本、欒本、陳本、嚴本作「己亥」。《隋書》作「己亥」。

[六]「張照」誤，當改。原抄本、遂初堂本、集釋本、欒本、陳本、嚴本均作「張煚」。

[七]《隋書》「晉王諱」五處，今本原文已改作「晉王廣」。

[八]「論」字，原抄本同。遂初堂本、集釋本、欒本、陳本、嚴本作「諭」，斷句在引文内，均誤。《北史》作「論曰」云云。

[九]「開國公李諱」，今本已改爲「開國公虎」。

[十]「明」字誤，當改。原抄本、遂初堂本、集釋本、欒本、陳本、嚴本均作「朋」。《舊唐書》作「朋」。

[十一]「憒」字，原抄本、遂初堂本、集釋本、欒本、陳本、嚴本均作「奮」。《周書》作「奮」。

[十二]「宇文諱」，今本已改爲「宇文泰」。

[十三]「筵」字誤，當改。原抄本、遂初堂本、集釋本、欒本、陳本、嚴本均作「違」。《北史》作「違」。

[十四]「諱是何人」，今本已改爲「恪是何人」。

晉書

《晉書・宣帝紀》，當司馬懿爲魏臣之時，無不稱之爲「帝」。至「蜀將姜維聞辛毗來，謂亮曰：『辛毗杖節而至，賊不復出矣。』」所謂「賊」者，即懿也，當時在蜀人自當名之爲「賊」。史家褋采諸書，不暇詳考，一篇之中，「帝」、「賊」互見。

《天文志》：「虚二星，冢宰之官也。主北官[一]邑居、廟堂、祭祀、祝禱事，又主死喪哭泣。」按此「冢宰」當作「冢人」。或以《公羊傳》「宰上之木拱矣」，則墓亦可稱爲再[二]。又曰：「軫四星，主冢宰輔臣也。」則《周官》之冢宰矣。

《藝術傳》：戴洋言：「昔吴代[三]關羽，天雷在前，周瑜拜賀。」按瑜卒于建安十四年，而吕蒙之襲關羽乃在二十四年，瑜亡已十年矣。

《顧榮傳》前云「友人張翰」，後又云「吴郡張翰」。《張重華傳》前云「封謝父[四]爲福禄伯」，後又云「進封福禄縣伯」。《戴若思傳》：「舉考廉入雒」，《周顗傳》：「若思舉秀才入雒」。《南陽王模傳》：「廣平太守丁邵」，《良吏傳》：「丁邵[五]」。《石勒載記》前作「段就六眷」，後作「段疾六眷」，《陽裕傳》又作「段眷」。《吕纂載記》前作「句摩羅耆婆」，後作「鳩摩羅什」。《慕容熙載記》：「弘光門」，《馮跋載記》作「洪光門」，又作「洪觀[六]」。

【校注】

[一]「官」字誤，當改。原抄本、遂初堂本、集釋本、欒本、陳本、嚴本均作「方」。《晉書》作「方」。

[二]「再」字誤，當改。原抄本、遂初堂本、集釋本、欒本、陳本、嚴本均作「宰」。

[三]「代」字誤，當改。原抄本、遂初堂本、集釋本、欒本、陳本、嚴本均作「伐」。《晉書》作「伐」。

[四]「謝父」誤，原抄本同誤，當改。集釋本、欒本、陳本、嚴本作「謝艾」。《晉書》作「謝艾」。遂初堂本「謝」字下空一格。

[五]「丁邵」誤，當改。原抄本、遂初堂本、集釋本、欒本、陳本、嚴本均作「丁紹」。《晉書・良吏傳》作「丁紹」。

[六]「洪觀」下，脱「門」字，當補。原抄本、遂初堂本、集釋本、欒本、陳本、嚴本均作「洪觀門」。

宋書

《宋書・州郡志》「廣陵太守」下云：「《永初郡國》又有與[一]、服如[二]、潞、真定、新市五縣。」肥如本遼西之縣，其民南度[三]而僑立于廣陵，《符瑞志》所云「元嘉其九年[四]九月戊申，廣陵肥如石梁澗中出石鐘九口」，是廣陵之有肥如也。乃「南沛太守」下復云：「《起居注》：『孝武大明五年，分廣陵爲沛郡，治肥如縣。』時無復肥如縣，當是肥如故縣處也。二《漢》、《晉太康地志》並無肥如縣。」一卷之中自相違錯。且二《漢》之肥如自在遼西，安得屬之廣陵、分之沛郡乎？

【校注】

[一]「與」字誤，當改。原抄本、遂初堂本、集釋本、欒本、陳本、嚴本均作「輿」。《宋書》作「輿」。

[二]「服如」誤，當改。原抄本、遂初堂本、集釋本、欒本、陳本、嚴本均作「肥如」。《宋書》作「肥如」。下「肥如」不誤。

[三]「度」字誤，當改。原抄本、遂初堂本、集釋本、欒本、陳本、嚴本均作「渡」。

[四]「其九年」誤，當改。原抄本、遂初堂本、集釋本、欒本、陳本、嚴本均作「十九年」。《宋書》作「十九年」。

魏書

《魏書・崔浩傳》：「浩既工書，人多託寫《急就章》。從少至老，初不憚勞。所書蓋以百數，必稱『馮代彊』，以示不敢犯國，其謹也如此。」史于「馮代彊[一]」下註曰：「疑。」按《急就篇》有「馮漢彊」。魏本胡人[二]，以「漢强」爲諱，故改云「代彊」，魏初國號曰「代」故也。顏師古《急就篇序》曰「避諱改易，漸就蕪紏」，正指此。酈道元《水經註》以「廣漢」並作「廣魏」，即其例也。

【校注】

[一]「彊」字誤，當改。原抄本、遂初堂本、集釋本、欒本、陳本、嚴本均作「彊」。

[二]「魏本胡人」，原抄本同。潘耒遂初堂刻本改爲「魏起漠北」，集釋本因之。欒本據黄侃校記改回而加説明，陳本、嚴本仍刻本之舊而加注。

梁書

《劉孝綽傳》：「衆惡之必監焉，衆好之必監焉。」梁宣帝諱「詧[一]」，故改之，蓋襄陽以來國史之原文也。乃其論則直書「姚察」。

書中亦有避唐諱者，《顧協傳》以「虎丘山[二]」爲「武丘山」，《何點傳》則爲「獸丘山」。

【校注】

[一]「詧」，通「察」。

[二]「山」字，原抄本、遂初堂本、集釋本、陳本、嚴本、欒本同，欒吕本脱。

後周書

《庾信傳》：《哀江南賦》「過漂渚而寄食，託蘆中而渡水」，「漂[一]渚」當是「溧渚」之誤。張勃《吴[二]録》曰：「子胥乞食處在丹陽溧陽縣。」《史記·范睢傳》：「伍子胥橐載而出昭關，至于陵水。」《戰國策》作「菱水」。索隱曰：「劉氏云：『陵水即栗水也。』」《吴越春秋》云：「子胥奔吴，至溧陽，逢女子瀨水之上。古「溧」、「瀨」同字。子胥跪而乞餐，女子食之，既去，自投于水。後子胥欲報之，乃投白金于此水，今名其處爲投金瀨。」《金陵志》曰「江上有渚，曰瀨渚」，是也。或以二句不應皆用子胥事，不知古人文字不拘，如下文「生世等于龍門」四句亦是皆用司馬子長事。

【校注】

[一]「漂」字，遂初堂本、集釋本、欒本、陳本、嚴本同，原抄本誤作「溧」。

[二]「昊」字誤，當改。原抄本、遂初堂本、集釋本、欒本、陳本、嚴本均作「吴」。

隋書

《經籍志》言漢「哀帝時博士弟子秦景，使伊存口授浮屠經」，又云後漢明帝「遣郎中蔡愔及秦景使天竺，得佛經四十二章及釋迦立像」。按自哀帝之末，至東京明帝之初，垂六十年，使秦景尚存，亦當八十餘矣，不堪再使絶域也。盖本之陶隱居《真誥》，言孝明「遣使者張騫、羽林郎秦景、博士王遵等十四人，之大月氏國，寫佛經四十二章，秘之蘭臺石室」。[一]作史者知張騫爲武帝時人，姓名久著，故删去之，獨言秦景。而前後失於契勘，故或以爲哀帝，或以爲明帝耳。

《突厥傳》上言「沙鉢略可汗西擊阿波，破擒之」，下言「雍虞閭以隋所賜旂鼓西征阿波，敵人以爲得隋兵所助，多來降附，遂生擒阿波」。此必一事而誤重書爲二事也。

【校注】

[一]陶弘景《真誥》卷九。

北史一事兩見

北齊武成帝河清三年九月乙丑，「封皇子儼爲東平王」。後主天統二年五月己亥，「封太上皇帝子儼爲東平王」。[一] 一事兩書，必有一誤。

《徐之才傳》：「嘗與朝士出游，遇[二]群犬競走。諸人試令目之，之才即應聲曰：『爲是宋鵲，爲是韓盧，爲逐李斯東走，爲負帝女南徂。』」其《序傳》又云：「于路見狗，温子昇戲曰：『爲是宋鵲，爲是韓盧。』神儁曰：『爲逐丞相東走，爲共帝女南徂。』」一事兩見。且《序傳》是延壽自述其先人，不當援他人之事以附益也。

【校注】

[一]均見《北史·齊本紀下》。又見《北齊書》《武成本紀》、《後主本紀》。

[二]「遇」字誤，當改。原抄本、集釋本、欒本、陳本、嚴本均作「遙望」。《北史》及《北齊書》作「遙望」。

宋齊梁三書南史一事互異

《南齊書》：李安民爲吴興太守，「吴興有項羽神，護郡聽事，太守不得上。太守到郡，必須祀以軛下牛。安民奉佛法，不與神牛，著屐上聽事，又于聽上八關齋。俄而牛死，葬廟側，今呼爲李公牛冢。安民木[一]官，世以神爲祟[二]。」按《宋書·孔季恭傳》：「爲吴興太守。光[三]是，吴興頻喪太守，云頃羽[四]神爲卞山王，居郡聽事，二千石至，常避之。季恭居聽事，竟無害也。」《梁書·蕭琛傳》：「遷吴興太守。郡有項羽廟，土民名爲『憤王』，甚有靈驗。遂于郡聽事，安施床幕爲神座，公私請禱，前後二千石皆於廳拜祠而避居他室。琛至，徙神還廟，處之不疑。《南史》云：「琛至，著屐登聽事。聞室中有叱[五]聲，琛厲色曰：『生不能每[六]漢祖争中原，死乃[七]據此聽事，何也！』因遷之于廟。」又禁殺牛解祀，以脯代肉。」此似一事，而作史者一以爲遭祟[八]，一以爲厭邪，立論不同如此。又《南齊書·蕭惠基傳》：惠基弟惠休自「矣郡[九]太守徵爲右僕射，吴興郡項羽神舊酷烈，世人云：『惠休事神謹，故得美遷。』」《南史》同。《南史·蕭猷本作「淵猷」。傳》：「爲吴興郡守，與楚王廟神交飲，至一斛。每酹祀，盡歡極醉，神影亦有酒色，所禱必從。」後爲益州刺史，值齊苟兒反，攻城，兵糧俱盡，乃遥禱請救。有四[十]老逢數百騎如風，言「吴興楚王來救臨汝侯」。是日猷大破苟兒。則又以爲獲祐，益不可信矣。又《南史·蕭惠明傳》：「泰始初爲吴興太守，郡界有卞山，下有項羽廟，相承云羽多居郡聽事，前後太守不敢上。惠明謂綱紀曰：『孔季恭嘗爲此郡，未聞有災。』遂盛設筵榻接賓。數日，見一人長丈餘，張弓挾矢向惠明，既而不見。因發背，旬日而卒。」此又與李安民相類，而小説[十一]變其説。按《宋書·惠明傳》，無此事。

【校注】

[一]「木」字誤，當改。原抄本、遂初堂本、集釋本、欒本、陳本、嚴本均作「卒」。《南齊書》作「卒」。

[二]「崇」字誤，當改。原抄本、遂初堂本、集釋本、欒本、陳本、嚴本均作「祟」。《南齊書》作「祟」。

[三]「光」字誤，當改。原抄本、遂初堂本、集釋本、欒本、陳本、嚴本均作「先」。《宋書》作「先」。

[四]「頊羽」誤，當改。原抄本、遂初堂本、集釋本、欒本、陳本、嚴本均作「項羽」。《宋書》作「項羽」。

[五]「叱」字，遂初堂本、集釋本、欒本、陳本、嚴本同，原抄本誤作「吹」。《南史》作「叱」。

[六]「每」字誤，當改。原抄本、遂初堂本、集釋本、欒本、陳本、嚴本均作「與」。《南史》作「與」。

[七]「乃」字，原抄本同，遂初堂本、集釋本、欒本、陳本、嚴本無，與《南史》同。

[八]「崇」字誤，當改。原抄本、遂初堂本、集釋本、欒本、陳本、嚴本均作「祟」。

[九]「矣郡」誤，原抄本作「吴郡」亦誤，當改。遂初堂本、集釋本、欒本、陳本、嚴本作「吴興」。《南齊書》作「吴興」。

[十]「四」字誤，當改。原抄本、遂初堂本、集釋本、欒本、陳本、嚴本均作「田」。《南史》作「田」。

[十一]「説」字衍，當删，原抄本、遂初堂本、集釋本、欒本、陳本、嚴本均無。

舊唐書

《舊唐書》雖頗涉繁蕪，然事蹟明白，首尾該贍，亦自可觀。其中《唐臨傳》「今上」字再見，《徐有功》、《澤王上金傳》「今上」字各一見，皆謂玄宗，蓋沿故帙[一]而未正者也。《懿宗紀》：咸通三年[二]十二月，「李國昌小男克用殺云中防禦使段文楚，據雲州，自稱防禦留後」。則既直書其叛亂之罪，而《哀帝紀》末云「中興之初」，《王處直傳》稱「莊宗」，王鎔、鄭從讜、劉鄴、張濬傳各有「中興」之語，自相矛盾。按此書纂于釗晌[三]，後唐末帝清泰中爲丞相，監修國史，至晉少帝開運二年，其書始成。《册府元龜》言户部侍郎張昭遠、起居郎賈緯、秘書少監趙熙，吏部郎中鄭受益、左司員外郎李爲光等修上，其[四]賜繒綵銀器，並及前朝刘煦。當時避晉高祖嫌名，或謂之《李氏書》。[五]朝代遷流，簡牘浩富，不暇編[六]詳而並存之。後之讀者可以觀世變矣。

楊朝晟一人作兩傳，一見七十二卷，一見九十四卷。

【校注】

[一]「蚨」字誤，當改。原抄本、遂初堂本、集釋本、欒本、陳本、嚴本均作「帙」。

[二]「三年」誤，當改。原抄本、遂初堂本、集釋本、欒本、陳本、嚴本均作「十三年」。

[三]「釗晌」誤，當改。原抄本、遂初堂本、集釋本、欒本、陳本、嚴本均作「劉昫」。

[四]「其」字，原抄本、遂初堂本、嚴本同，集釋本、欒本、陳本作「並」。

[五]事見《册府元龜》卷五百五十四《國史部》。晉高祖，名石敬瑭。

[六]「編」字誤，當改。原抄本、遂初堂本、集釋本、陳本、嚴本作「偏」，欒本作「遍」。

新唐書

《舊唐書·高宗紀》：乾封元年，「春正月戊辰朔，上祀昊天上帝于泰山，以高祖、太宗配饗。己巳，升山行封禪之禮。庚午，禪于社首」。是以朔日祭天于山下，明日登封，又明日禪社首，次序甚明。《新書》改云：「正月戊辰，封于泰山。庚午，禪於社首。」[一]是以祭天、封山二事[二]併爲一事，而係于戊辰之日。文雖簡而事不核矣。

《天后紀》：光宅元年四月，「癸酉，遷廬陵王于房州。丁丑，又遷于均州」。垂拱元年三月，「丙辰，遷廬陵王于房州」。《中宗紀》：「嗣聖元年是年九月改光宅。正月，廢，居于均州，又遷于房州。」按《舊書》：嗣聖元年，「二月戊午，廢皇帝爲廬陵王，幽于別所」。四月，「丁丑，遷廬陵王于均州」。垂拱元年，「三月，遷廬陵王于房州」。《中宗紀》亦同，而以四月爲五月，然無先遷房州一節。疑舊史得之，歐公蓋博採而誤。

《代宗紀》：上書「四月丁卯，幽皇后于別殿」，下書「六月辛亥，追廢皇后張氏」。曰「追廢」則張后之見殺明矣，而不書其死，亦爲漏略。

《文宗紀》：太和九年十一月，「壬戌，李訓及河東節度使王璠、邠寧節度使郭行餘、御史中丞李孝本、京兆少尹羅立言，謀誅中官，不克，訓奔于鳳翔」。下云：「左神策軍中尉仇士良殺王涯、賈餗、舒元輿、李孝本、羅立言、王璠、郭行餘，而獨於李訓不言其死。況訓乃走入終南山，未至鳳翔，亦爲未當。

《藝文志》：「蕭方《三十國春秋》三十卷」，當作「蕭方等」，乃梁元帝世子，名方等。《侯鯖録》曰：「『方等』者，即周徧義。」

《新唐書·志》，歐陽永叔所作，頗有裁斷，文亦明達。而《列傳》出宋子京[三]之手，則簡而不明。二子高下[四]，迥爲不侔矣。如《太宗長孫后傳》：「安業后異母兄。之罪，萬死無赦，然不慈于妾[五]，天下知之。」《舊書》。改曰：「安業罪死無赦，然向遇妾不以慈，户知之。」意雖異不[六]，而「户知之」三字殊不成文。又如《德宗皇后傳[七]》：「詔曰：『祭筵不可用假花果，欲祭者從之。』」《舊書》。改曰：「有詔：『祭物無用寓，欲祭聽之。』」不過省《舊書》四字，然非註不可解也。

史家之文，例無重出。若不得已而重出，則當斟酌彼此，有詳有略，斯謂之簡。如崔沔駁太常議加宗廟籩豆，其文兩載于本傳及《韋縚傳》，多至二三百言。又如來濟與高智周、郝處俊、孫處約四人言志，及濟領史[八]部，遂以處約爲通事舍人，兩見于本傳及《高智周傳》。而石仲覽[九]一人，一以爲宣城，一以爲江都。此而忽之，則亦不得謂之能簡矣。此二事已見於《新唐書糾繆》，今仍録之。[十]

《楊瑒[十一]傳》言：「有司帖誠[十二]明經，不質大義，乃取年頭月日、孤經絶句。」帖試之法，用紙貼其上下文，止留中間一二句，因人難記[十三]。年頭如元年、二年之類，月日如十有二月、乙卯之類。如此則習《春秋》者益少矣，故「請帖平欠[十四]」。今改曰「年頭月尾」，屬對雖工，而義不通矣。

《嚴武傳》：爲成都尹、劍南節度使，「房琯以故宰相爲巡内刺史，武慢倨不爲禮。最厚杜甫，然欲殺甫數矣。李白作《蜀道難》者，乃爲房與杜危之也」。此宋人穿鑿之論。此説又見《韋皋傳》，蓋因陸暢之《蜀道易》而造爲之耳。李白《蜀道難》之作當在開元、天寶間，時人共言錦城之樂，而不知畏塗之險、異地之虞，即事成篇，别無寓意。及玄宗西幸，升爲南京，則又爲詩曰：「誰道君王行路難，六龍西幸萬人歡。地轉錦江成渭水，天迴玉壘作長城[十五]。」[十六]一人之作前後不同如此，亦時爲之矣。

《張孝忠傳》：「孝忠魁偉，長六尺。」《李晟傳》：「長六尺。」古人以六尺爲短，今以六尺爲長，于他書未見。《馬燧》、《楊收傳》並云：「長六尺二寸。」《高力士傳》：「長六尺五寸。」

《舊書·段秀寔[十七]傳》：「陰説大將劉海賓、何明禮、姚令言判官岐靈岳，同謀殺此[十八]，以兵迎乘輿。三人者，皆秀寔夙所獎遇。」此謂姚令言之判官岐靈岳，與海賓、明禮爲三人耳。按文，「姚令言」上當少一「及」[十九]。《新書》遂謂：「結劉海賓、姚令言、都虞候何明禮，欲圖泚。此三人者，皆秀寔素所厚。」而下文方出[二十]「大吏岐靈岳」。令言，賊也，安有肯同秀寔之謀者哉？

《舊唐書》高仙芝、封常清一[二十一]傳並云「四鎮節度使夫蒙靈詧」，而李嗣業、段秀實二傳則云「安西節度使馬靈詧」，《劉全諒傳》則云「安東副都護、保定軍使馬靈詧」。按《王維集》有《送不蒙都護》詩，註：「不蒙[二十二]，蕃官姓也。」右[二十三]「不」字有「夫」音，如《詩》「鄂不韡韡」。「不蒙」當即「夫蒙」，然未知其何以又爲「馬」也。《新書》因之，兩姓並見。而《突厥傳》則云「安西節度使夫蒙靈詧」。

《馬總傳》：「李師道平，□[二十四]鄆、曹、濮等爲一道，除總節度，賜號天平軍。長慶初，劉總上幽鎮地，詔總徙天平。而召總還，將大用之。會總卒，穆宗以鄆人附賴總，復詔還鎮。」上云「詔總徙天平」，劉總也。下云「召總還」，馬總也。又云「會總卒」，劉總也。又云「鄆人附賴總」，馬總也。此于人之主賓、字之繁省皆有所不當。當云「詔徙天平」，而去「總」字。其下則云「會劉總卒」，於文無加，而義明矣。

《舊唐書・皇甫鎛傳》附柳泌事云：「泌繫京兆府獄，吏叱之曰：『何苦作此虛矯？』泌曰：『吾本無心，是李道古教我，且云壽四百歲。』府吏防虞周密，恐其隱化。及解衣就誅，一無變異。」語雖繁[二十五]而叙事則明。《新書》但云：「『皆道古教我。』解衣即刑，卒無它異。」去其中間語，則「它異」二字何所本邪？

《曹確傳》：「太宗著令，文武官六百四十三。」按《百官志》：「太宗省内外官，定制爲七百三十員。」

《舊唐書·鄭綮傳》：「昭宗謂有藴蓄，就常奏班簿側註云：『鄭綮可禮部侍郎、平章事。』中書胥吏□[二十六]其家參謁，綮笑曰：『諸君大誤，使天下人皆不識字，宰相不及鄭五也。』胥吏曰：『出自聖旨特恩，來日制下。』綮抗其手曰：『萬一如此，笑殺他人。』明日果制下。」《新書》改曰：「俄聞制詔下，歎曰：『萬一然，笑殺天下人。』」制已下矣，何「萬一」之有？

《禮樂志》：貞觀「二十一年，詔左丘明、卜子夏、公羊高、穀梁赤、伏勝、高堂生、戴勝[二十七]、毛萇、孔安國、劉向、鄭衆、賈逵、杜子春、馬融、盧植、鄭康成、伏虔[二十八]、何休、王肅、王弼、杜預、范甯二十一人配享」。《儒學傳》復出此字[二十九]，而闕賈逵，作二十一人。

《林藴傳》：「泉州莆田人。父披，以臨汀多山鬼淫祠，民厭苦之，撰《無鬼論》。刺史樊晃奏署汀州[三十]令。」此當是署令在前，作論在後，而倒其文。

凡吴史[三十一]《糾謬》所已及者，不更論。

昔人謂宋子京不喜對偶之文，其作史者[三十二]，有唐一代遂無一篇詔令。如德宗興元之詔不録于書，徐賢妃《諫太宗疏》、狄仁傑《諫武后營大像疏》，僅寥寥數言，而韓愈《平淮西碑》全載之[三十三]。夫史以記事，詔疏俱國事之大，反不如碑頌乎？柳宗元《貞符》乃希恩飾罪之文，與相如之《封禪頌》異矣，載之，尤爲無識。

【校注】

[一]「是以朔日祭天于山下」以下四十一字，徐文珊原抄本重複排版。

[二]「李」字誤，當改。原抄本、遂初堂本、集釋本、欒本、陳本、嚴本均作「事」。

[三]「宗子京」誤，當改。原抄本、遂初堂本、集釋本、欒本、陳本、嚴本均作「宋子京」。

〔四〕「二子高丁」誤，當改。原抄本、遂初堂本、集釋本、欒本、陳本、嚴本均作「二手高下」。

〔五〕「安」字誤，當改。原抄本、遂初堂本、集釋本、欒本、陳本、嚴本均作「妾」。《舊唐書》作「妾」。

〔六〕「異不」誤倒，當乙正。原抄本、遂初堂本、集釋本、欒本、陳本、嚴本均作「不異」。

〔七〕「皇后傳」，原抄本同，遂初堂本、集釋本、欒本、陳本、嚴本作「王后傳」，均誤。《新唐書》作《后妃傳》。

〔九〕「石仲覽」，遂初堂本、集釋本、欒本、陳本、嚴本同，原抄本誤作「石仲覽」。

〔十〕《新唐書糾繆》二十卷，宋吴縝撰。

〔十一〕「楊瑒」誤，當改。原抄本、遂初堂本、集釋本、欒本、陳本、嚴本均作「楊瑒」。

〔十二〕「誠」字誤，下「誠」字亦誤，當改。原抄本、遂初堂本、集釋本、欒本、陳本、嚴本均作「試」。《新唐書》作「試」。

〔十三〕「因人難記」，「因」字誤，當改。原抄本、遂初堂本、集釋本、欒本、陳本、嚴本均作「困人以難記」。

〔十四〕「欠」字誤，當改。原抄本、遂初堂本、集釋本、欒本、陳本、嚴本均作「文」。兩《唐書》作「文」。

〔十五〕「長城」誤，當改。原抄本、遂初堂本、集釋本、欒本、陳本、嚴本均作「長安」。

〔十六〕李白《上皇西巡南京歌》。

〔十七〕「段秀寔」誤，當改。原抄本、遂初堂本、集釋本、欒本、陳本、嚴本均作「段秀實」。下「秀寔」同。

〔十八〕「此」字誤，當改。原抄本、遂初堂本、集釋本、欒本、陳本、嚴本均作「泚」。《舊唐書》作「泚」。

〔十九〕「及」字下，脱「字」字，當補。原抄本、遂初堂本、集釋本、欒本、陳本、嚴本均有「字」字。

〔二十〕「出」字誤，當改。原抄本、遂初堂本、集釋本、欒本、陳本、嚴本均作「云」。

〔二十一〕「一」字誤，當改。原抄本、遂初堂本、集釋本、欒本、陳本、嚴本均作「二」。

〔二十二〕「不蒙」，原抄本、集釋本、欒本、陳本、嚴本同，遂初堂本誤作「不家」，上下文「不蒙」、「夫蒙」不誤。

〔二十三〕「右」字誤，當改。原抄本、遂初堂本、集釋本、欒本、陳本、嚴本均作「古」。

[二十四]底本缺一字處，遂初堂本、集釋本、欒本、陳本、嚴本作「析」。《新唐書》作「析」。原抄本誤作「不」。

[二十五]「繁」字，原抄本同，遂初堂本、集釋本、欒本、陳本、嚴本作「煩」。

[二十六]底本缺一字處，原抄本、遂初堂本、集釋本、欒本、陳本、嚴本均作「詣」，當補。

[二十七]「戴勝」誤，原抄本同誤，當改。遂初堂本、集釋本、欒本、陳本、嚴本作「戴聖」。

[二十八]「伏虔」誤，當改。原抄本、遂初堂本、集釋本、欒本、陳本、嚴本均作「服虔」。

[二十九]「字」字誤，當改。原抄本、遂初堂本、集釋本、欒本、陳本、嚴本均作「文」。

[三十]「汀州」誤，當改。原抄本、遂初堂本、集釋本、欒本、陳本、嚴本均作「臨汀」。《新唐書》作「臨汀」。

[三十一]「吴史」誤，當改。原抄本、遂初堂本、集釋本、欒本、陳本、嚴本均作「吴氏」。

[三十二]「者」字，原抄本、遂初堂本、集釋本、欒本、陳本、嚴本無。

[三十三]「全載之」上，原抄本、遂初堂本、集釋本、欒本、陳本、嚴本均有「則」字。

宋史

《宋史》言：「朝廷與金約滅遼，止求石晉賂畀丹[一]故地，而不思營、手[二]、灤[三]。三州非晉賂，乃劉仁恭獻契丹以求援者。既而王黼悔，欲併得之，遣趙良嗣往請之再三，金人不與。」[四]此史家之誤。按《通鑑》：「初，幽州北七百里有渝關，下有渝水通海。自關東北循海有道，道狹處纔數尺，旁皆亂山，高峻不可越。北至進牛口，舊置八防禦使[五]，募土兵守之，田租皆供軍食，不入于薊，幽州歲致繒纊，以供戰士衣。每歲早獲，清野堅壁以待契丹。契丹至，輒閉壁不戰。俟其去，選驍勇據隘邀之，契丹常失利走。士兵皆自爲田園，力戰有功，則賜勳加賞。由是契丹不敢輕入寇。及周德威爲盧龍節度使，恃勇不修邊備，遂失渝關之險。契丹每芻牧于營、平之間。」[六]又按《遼史》：太祖天贊「二年春正月丙申，大元帥堯骨克平州，獲刺史趙思温、裨将張崇。二月，如平州。甲子，以平州盧龍軍置節度使」。[七]遼之天贊二年，乃後唐莊宗同光元年，是營、平二州，契丹自以兵力取之于唐，而不于劉仁恭，又非賂以求援也。若灤本平州之地，遼太祖以俘户置灤州，當劉仁恭時尚未有此州，尤爲無據。《遼史》于「灤州」下云：「石晉割地，在平州之境。」[八]亦誤也。《金史·張覺傳》：「平州自入契丹，引[九]爲一軍，執弗與。」

元人作《宋史》，于《天文志》，亦[十]如「胡兵大起」、「胡主憂」之類，改曰「北兵」、「北主」。昴爲胡星，改爲「北星」。惟「北河」下「一曰胡門」，則不能改也，仍其文。

書中凡「虜[十一]」字皆改爲「敵」。至以「金虜」爲「金敵」。《陳康伯》、《王大寶傳》。惟胡銓二書不改。[十二]

【校注】

[一]「羿丹」誤，當改。原抄本、遂初堂本、集釋本、欒本、陳本、嚴本均作「契丹」。下「契丹」不誤。
[二]「手」字誤，當改。原抄本、遂初堂本、集釋本、欒本、陳本、嚴本均作「平」。
[三]「溧」字誤，當改。原抄本、遂初堂本、集釋本、欒本、陳本、嚴本均作「灤」。
[四]《宋史》未見，今見宋馬端臨《文獻通考》卷三百十五，明陳邦瞻《宋史紀事本末》卷五十三「復燕雲」條。
[五]「防禦使」，原抄本同。遂初堂本、集釋本、欒本、陳本、嚴本作「防禦軍」。《資治通鑑》作「防禦軍」。
[六]《資治通鑑》卷二百六十九。

［七］《遼史・太祖本紀下》。

［八］《遼史・地理志四》。

［九］「引」字誤，當改。原抄本、遂初堂本、集釋本、欒本、陳本、嚴本均作「别」。《金史》作「别」。

［十］「亦」，原抄本作「云」，遂初堂本、集釋本、欒本、陳本、嚴本作「中」，均屬上讀。

［十一］「虜」，原抄本同。潘耒遂初堂刻本改爲「鹵」，集釋本因之。欒本據黄侃校記改回而加説明，陳本、嚴本仍刻本之舊而加注。下「虜」字同。

［十二］胡銓上書，見《宋史》本傳。

阿魯圖進宋史表

元阿魯圖《進宋史表》曰：「厥後瀛國歸朝，吉王航海。齊亡而訪王蠋，乃存秉節之臣；楚滅而喻［一］魯公，堪矜守禮之國。」《金史・忠義傳序》曰：「聖元詔修《遼》、《金》、《宋史》，史臣議凡例，前代之臣忠于所事者，請書之無諱。朝廷從之。」此皆宋世以來尊經儒、重節義之效，其時之人心風俗猶有三代直道之遺，不獨元主之賢明也。［二］

齊武帝「使太子家令沈約撰《宋書》，疑立《袁粲傳》，審之於帝。帝曰：『袁粲自是宋室忠臣。』」［三］

【校注】

［一］「喻」，原抄本同。集釋本、欒本、陳本、嚴本作「諭」。《進宋史表》作「諭」。

[二]此節下，遂初堂本、集釋本、欒本、陳本、嚴本有亭林原注：「《五代史》不爲韓通立傳。」原抄本無。黄汝成集釋引楊氏曰：《韓通傳》今在《宋史》，曰《周三臣》。通，一也。李筠，二也。李重進，三也。

[三]見《資治通鑑》卷一百三十七。

遼史

《宋史・富弼傳》言：使契丹，争「獻」「納」二字，「聲色俱厲。契丹王[一]知不可奪，乃曰：『吾當自遣人議之。』復使劉六符來。弼歸奏曰：『臣以死拒之，彼氣折矣，可勿許也。』朝廷竟以『納』字與之」。《遼史・興宗紀》亦云：「感富弼之言，和議始定。」而《劉六符傳》則曰：「宋遣使歲增幣[二]以易十縣，六符與耶律仁先使宋，定『進貢』名，宋難之。六符曰：『本朝兵强將勇，人人願從事于宋。若恣其俘獲以飽所欲，與『進貢』字孰多？況大兵駐燕，萬一南進，何以禦之？顧小節，忘大患，悔將何及？』宋乃從之，歲幣稱貢。」《耶律仁先傳》亦同。二史並脱脱監修，而不同如此。《六符傳》似。[三]

【校注】

[一]「王」字誤，當改。原抄本、遂初堂本、集釋本、欒本、陳本、嚴本均作「主」。《宋史》作「主」。

[二]「歲增幣」誤倒，原抄本同誤，當乙正。遂初堂本、集釋本、欒本、陳本、嚴本作「增歲幣」，與《宋史》同。

[三]亭林原注「《六符傳》似」下，底本空缺一行，當補全。原抄本、遂初堂本、集釋本、欒本、陳本、嚴本全句作：「《六符傳》似本其家誌狀，與其祖景同爲一傳，而有重文。」

金史

《金史》大抵出劉祁、元好問二君之筆，亦頗可觀，劉祁字京叔，渾源人，著《歸潛志》。元好問字裕之，秀容人，著《壬辰雜編》。元人取之以成《金史》，見《文藝傳》乃[一]《完顔奴申傳贊》。然其中多重見而涉于繁者。孔毅父《襍説》謂：「自昔史書两人一事，必曰『語在某人傳』。《晉書》載王隱諫祖約[二]弈棋一段，□傳[三]俱出，此爲文繁矣。」[四]正同此病。

《海陵諸子傳贊》當引楚靈王曰：「余殺人子多矣，能無及此乎！」昭公十三年。而反[五]引荀首言：「不以人子，吾子其可得乎？」似爲失當。

幽蘭之謚，承麟謚之曰哀宗，《本紀》。息州行省謚之曰昭宗，《完顔婁室傳》。史從哀宗爲定。而《食貨志》末及《百官志》復有「義宗」之稱，不著何人所上。《元史》列傳中並稱「金義宗」。

金與元連兵二十餘年，書中雖稱「大元」，而内外之旨截然不移。[六]是金人之作，非元人之作，此其所以爲善。

承麟即位不過一二日，而史猶稱之爲「末帝」。《白徹[七]傳》。其與宋之二王削其帝號者絶異，故知非一人之筆矣。

【校注】

[一]「乃」字誤，當改。原抄本、遂初堂本、集釋本、欒本、陳本、嚴本均作「及」。

[二]「祖納」誤，原抄本、遂初堂本、集釋本同誤。當作「祖納」，《珩璜新論》作「祖納」。欒本、嚴本改作「祖納」，陳

本校注：「祖約」應作「祖納」，見《晉書》八二《隱傳》、六二《納傳》。約乃納弟，見卷一〇〇，此誤。元本、潘本亦誤。《孔氏雜説》引不誤。

[三]「□傳」，底本缺一字處，原抄本、集釋本、欒本、陳本作「两」，《珩璜新論》作「两」。遂初堂本、嚴本作「當」，「當傳」猶言本傳。《晉書・王隱傳》：「納好博弈，每諫止之。」又《晉書・祖逖傳》：「納好奕棋，王隱謂之曰。」

[四]孔平仲，字毅父，一作義甫，宋清江人，著《孔氏雜説》，又名《珩璜新論》。

[五]「反」字，遂初堂本、集釋本、欒本、陳本、嚴本同，原抄本誤作「及」。

[六]「内外之旨截然不移」，謂三國各與正統，在《金史》則金爲正統。

[七]「白徹」誤，當改。原抄本、遂初堂本、集釋本、欒本、陳本、嚴本均作「白撒」。

元史

《元史》列傳，八卷《速不台》，九卷《雪不台》，一人作两傳。十八卷《完者都》，十九卷《完者拔都》，亦一人作两傳。蓋其成書不出於一人之手。宋濂《序》云：「洪武元年十二月，詔修《元史》，臣濂、臣褘總裁。二年二月丙寅開局，八月癸酉書成。紀三十七卷，志五十三卷，表六卷，傳六十三卷。順帝時無實録可徵，因未得爲完書。上復詔儀曹遣使行天下，其涉于史事者，令郡縣上之。三年二月乙丑開局，七月丁亥書成。紀十卷，志五卷，表二卷，傳三十六卷。凡前書有所未備，頗補完之。總裁仍濂、褘二人[一]，而纂録之士，獨趙壎終始其事。」然則《元史》之成雖不出於一時一人，而宋、王二公與趙君亦難免于疏忽之咎矣。昔宋吴縝言：「方《新書》來上之初，若朝廷付之有司，委官覆定，使詰難糾駁，審定刊修，然後下朝臣博議可否，如此則初修者必不敢滅裂，審覆者亦不敢依違，庶乎得爲完書，可以歷[二]久。」[三]乃歷代修史之臣，皆務苟完，右文之君，亦多倦覽，未有能行其説者也。惟我太祖[四]，嘗命解縉修正《元史》舛誤，其書留中不傳。

《世祖紀》：中統三年二月，「以興、松、雪[五]三州隸上都」。四年五月，「陞上都路望雲縣爲雲州，松山縣爲松州」。是三年尚未陞州，預書爲「州」者，誤。

本紀有脱漏月者，列傳有重書年者。

《天文志》既載「日[六]月五星凌犯」，而《本紀》復詳書之，不免重出。《志》末云「餘見《本紀》」，亦非體。

諸志皆案牘[七]之文，並無鎔范。如《河渠志》言「耿參政」、「阿里尚書」，《祭祀志》言「田司徒」、「郝參政」，皆案牘中之稱謂也。

《張楨傳》有《復擴郭帖木耳[八]書》曰：「江左日思荐食上國。」此謂我太祖[九]也。晉陳壽《上諸葛孔明集表》曰：「伏惟陛下遠踪古聖，蕩然無忌，故雖敵國誹謗之言，咸肆其辭，而無所革諱[十]，所以明大通之道也。」於此書見之矣。

《石抹宜孫傳》上言「大明兵」，下言「朝廷」，「朝廷」謂元也。内外之辭明白如此。

《順帝紀》：「大明兵取太平路」、「大明兵取集慶路」。其時國號未爲大明，曰「大明」者，史臣追書之也。古人記事[十一]有不得不然者，類如此。[十二]

【校注】

[一]「人」，原抄本同。遂初堂本、集釋本、欒本、陳本、嚴本作「臣」。

[二]「歷」，原抄本同。遂初堂本、集釋本、欒本、陳本、嚴本作「傳」。

[三]吴縝《新唐書糾謬》。

[四]「惟我太祖」，原抄本同。潘耒遂初堂刻本改爲「洪武中」，集釋本因之。欒本據黄侃校記改回而加説明，陳本、嚴本仍刻本之舊而加注。

[五]「雪」字誤，原抄本同誤，當改。遂初堂本、集釋本、欒本、陳本、嚴本作「雲」，與《元史》同。下文「雲」字不誤。

[六]「日」字衍，當删，原抄本、遂初堂本、集釋本、欒本、陳本、嚴本無。《元史》無「日」字。

[七]「蹟」字誤，當改。原抄本、遂初堂本、集釋本、欒本、陳本、嚴本均作「牘」。下「牘」字不誤。

[八]「擴郭帖木耳」誤，原抄本作「擴郭帖木耳」亦誤，當改。遂初堂本、集釋本、欒本、陳本、嚴本作「擴廓帖木兒」。《元史》作「擴廓帖木兒」。

[九]「我太祖」，原抄本同。潘耒遂初堂刻本改爲「明太祖」，集釋本因之。欒本據黄侃校記改回而加説明，陳本、嚴本仍刻本之舊而加注。

[十]「諱」字，遂初堂本、集釋本、欒本、陳本、嚴本同。原抄本誤作「諒」。《三國志》作「諱」。

[十一]「記事」，原抄本同。遂初堂本、集釋本、欒本、陳本、嚴本下有「之文」二字。

[十二]黄汝成集釋引錢氏曰：蒙古滅金之時，亦未有國號，大元之名建于世祖之世，則金亡久矣。《金史》紀傳皆追稱「大元」，此明初史臣承用之例。

通鑑

吕東萊《大事記》曰：「《史記》商君本傳云：『不告姦者腰斬，告姦者與斬敵首同賞，匿姦者與降敵同罰。』《通鑑》削『不告姦者』一句，而以匿姦之罪爲不告姦之罪。本傳又云：『民有二男以上不分異者，倍其賦。』《通鑑》削之。本傳又云：『名田宅臣妾者，以家次。』《通鑑》削『以家次』三字。皆當以本傳爲正。」「以家次」者，如漢賜夏侯嬰北第第一之類。

《孟子》以伐燕爲宣王事，與《史記》不同。《通鑑》以威王、宣王之卒各移下十年，以合《孟子》之書。今按《史記》，湣王元年爲周顯王之四十六年，歲在著雍閹茂。又八年，燕王噲讓國於相子之。又二年，齊破燕，殺王噲。又二年，燕人立太子平，則已爲湣王之十二年。而《孟子》書「吾甚慙于孟子」[一]。尚是宣王，何不以宣王之卒移下十二三年，則於《孟子》之書無不皆合，而但拘于十年之成數耶？

《史記・萬石君列傳》：「慶嘗爲太僕，御出，上問車中幾馬。慶以策數馬，畢，舉子[二]曰：『六馬。』慶于諸子中最爲簡易矣，然猶如此。」太史公之意，謂慶雖簡易，而猶敬謹，不敢率尔即對。其言「簡易」，正以起下文之意也。《通鑑》去「然猶如此」一句，殊失本指。

《通鑑》：漢武帝元光六年，「以衛尉韓安國[三]爲材官將軍，屯漁陽」。元朔元年，「匈奴二萬騎入漢，殺遼西太守，略二千餘人，圍韓安國壁。又入漁陽、雁門，各殺略千餘人」。夫曰「圍韓安國壁」，其爲漁陽可知，而云又「入漁陽」，則疏矣。考《史記・匈奴傳》本文則曰[四]：「敗漁陽太守軍千餘人，圍漢將軍安國。安國時千餘騎，亦且盡。會燕救至，匈奴引去。」其文精密如此，《通鑑》改之不當。

《漢書・宣帝紀》：五鳳「二年春三月，行幸雍，祠五時[五]」。《通鑑》改之曰：「春正月，上幸甘泉，郊泰畤。」《考異》引《宣紀》云：「三月行幸甘泉」，而《宣紀》本無此文，不知温公何所據？

光武「自隴、蜀平後，非警急，未嘗復言軍旅。皇太子嘗問軍旅之事，帝曰：『昔衛靈公問陳，孔子不答[六]。此非爾所及。』」據《後漢書》本文[七]，皇太子即明帝也。《通鑑》乃書于建武十三年[八]，則東海王彊尚爲太子，亦未爲允[九]。

唐德宗貞元二年，「李泌奏：『自集津至三門，鑿山開車道十八里，以避底柱之險。』」[十]□[十一]《舊唐書・李泌傳》並無此事，而《食貨志》曰：「開元二十二年八月，玄宗從京兆尹裴耀卿之言，置河陰縣及河陰倉、在今汜水縣。河清縣柏崖倉、在今孟津縣。三門東集津倉、三門西鹽倉。孟[十二]在[十三]今平陸縣。開三門北山十八里以避湍險。自江淮而泝[十四]鴻溝，悉納河陰縣[十五]，自河陰送納含嘉倉，《六典》：東都有含嘉倉。又送納太原倉，計大原倉雖屬[十六]陝州，當今[十七]河北。謂之北運。自太原倉浮于渭，以實京師。凡三年，運七百萬石，省陸運之繦[十八]四十萬貫。」又曰：「開元二十九年，陝郡太守李齊物鑿三門山以通運，闢三門巔[十九]，輸疑當作「踰」。巖險之地，俾負索引艦[二十]，昇于安流，自齊物始也。天寶三年[二十一]，韋堅代蕭炅，以滻水作廣運潭[二十二]于望春樓之東，而藏舟爲[二十三]。」是則北運始于耀卿，尚陸行十八里。河運始于齊物，則直建[二十四]于長安也。下距貞元四十五年，無緣有李泌復鑿山門[二十五]之事。

【校注】

[一]《孟子・公孫丑下》。

[二]「子」字誤，當改。原抄本、遂初堂本、集釋本、欒本、陳本、嚴本均作「手」。《史記》作「手」。

[三]「輯安國」誤，當改。原抄本、遂初堂本、集釋本、欒本、陳本、嚴本均作「韓安國」。下「韓安國」不誤。

[四]「曰」,原抄本同,遂初堂本、集釋本、欒本、陳本、嚴本作「云」。
[五]「五時」誤,當改。原抄本、遂初堂本、集釋本、欒本、陳本、嚴本均作「五時」。
[六]「答」,原抄本同。遂初堂本、集釋本、欒本、陳本、嚴本作「對」。《後漢書》、《資治通鑑》作「對」。
[七]見《後漢書·光武帝紀下》。
[八]見《資治通鑑》卷四十三。
[九]「亦未爲允」,原抄本、遂初堂本、集釋本、欒本、陳本、嚴本均作「亦爲未允」。
[十]《資治通鑑》卷二百三十二。
[十一]底本缺一字處,原抄本、遂初堂本、集釋本、欒本、陳本、嚴本均作「按」,當補。
[十二]「孟」字誤,當改。原抄本、遂初堂本、集釋本、欒本、陳本、嚴本均作「並」。
[十三]「在」,遂初堂本、集釋本、欒本、陳本、嚴本同,原抄本誤作「石」。
[十四]「沂」字誤,當改。原抄本、遂初堂本、集釋本、欒本、陳本、嚴本均作「泝」。
[十五]「縣」字誤,原抄本同誤,當改。遂初堂本、集釋本、欒本、陳本、嚴本作「倉」。《舊唐書》及《通典》作「倉」。
[十六]「厲」字誤,當改。原抄本、遂初堂本、集釋本、欒本、陳本、嚴本均作「屬」。
[十七]「今」字誤,當改。原抄本、遂初堂本、集釋本、欒本、陳本、嚴本均作「在」。
[十八]「縳」字誤,當改。原抄本、遂初堂本、集釋本、欒本、陳本、嚴本均作「傭」。《舊唐書》作「傭」。
[十九]「崩」字誤,當改。原抄本、遂初堂本、集釋本、欒本、陳本、嚴本均作「巔」。《舊唐書》作「巔」。
[二十]「鑑」字誤,當改。原抄本、遂初堂本、集釋本、欒本、陳本、嚴本均作「艦」。《舊唐書》作「艦」。
[二十一]「年」字誤,原抄本同誤,當改。遂初堂本、集釋本、欒本、陳本、嚴本作「載」。《舊唐書》作「載」。
[二十二]「漳」字誤,當改。原抄本、遂初堂本、集釋本、欒本、陳本、嚴本均作「潭」。《舊唐書》作「潭」。
[二十三]「爲」字誤,當改。原抄本、遂初堂本、集釋本、欒本、陳本、嚴本均作「焉」。《舊唐書》作「焉」。

［二十四］「建」字誤，當改。原抄本、遂初堂本、集釋本、欒本、陳本、嚴本均作「達」。

［二十五］「山門」誤，原抄本同誤，當改。遂初堂本、集釋本、欒本、陳本、嚴本作「三門」。

通鑑不載文人

李因篤［一］語予：「《通鑑》不載文人。如屈原之爲人，太史公贊之謂『與日月争光』，而不得書于《通鑑》。杜子美若非『出師未捷』一詩爲王叔文所吟，則姓名亦不登于簡牘矣。」予答之曰：「此書本以資治，何暇録及文人？昔唐丁居晦爲翰林學士，文宗于麟德殿召對，因面授御史中丞。翼日制下，帝謂宰臣曰：『居晦作得此官。朕曾以時諺謂杜甫、李白輩爲四絶問居晦，居晦曰：此非君上要知之事。嘗以此記得居晦，今所以擢爲中丞。』《册府元龜》。如君之言，其識見殆出文宗下矣。」［二］

【校注】

［一］李因篤，號子德，陝西富平東鄉人，與顧炎武爲友。

［二］黄汝成集釋：汝成案：不載文人是也，而屈原不當在此數。諫懷王入秦，系興亡大計，《通鑑》屬之昭睢而不及屈原，不可謂非脱漏也。

日知録卷之二十八[一]

漢人註[二]經

左氏解經，多不得聖人之意。元凱注傳，必曲爲之疏通，始[三]非也。鄭康成則不然，其于《二禮》之經及子夏之傳，往往駁正。如《周禮・職方氏》荆州「其浸熲[四]、湛」，註云：「熲水[五]出陽城，宜屬豫州，在此非□[六]。」豫州「其浸波、溠[七]」，註云：「《春秋傳》曰：『除道梁溠[八]，營軍臨隨』，則溠宜屬荆州，在此非也。」《儀禮・喪服篇》：「唯子不報」，傳曰：「女子子適人者，爲其父母期，故言不報也」，註云：「唯子不報，男女同不報耳。傳以爲主謂女子子，似失之矣。」「女子子爲祖父母」，傳曰：「何以期也？不敢降其祖也」，註云：「經似在室，傳似已嫁。」「公妾以及士妾爲其父母」，傳[九]：「何以期也？妾不得體君，得爲其父母遂也」，註云：「然則君女[十]有以尊降其父母者與？《春秋》之義，『雖爲天王后，猶曰吾季姜』[十一]，是言子尊不加于父母，此傳似誤矣。」《士虞禮篇》：「用尹祭」，註云：「尹，祭脯也。大夫士祭無云脯者，今不言牲號而云尹祭，亦記者誤矣。」于《禮記》則尤多置駁。如《檀弓傳[十二]》：「齊穀王姬之喪，魯莊公爲之大功」，註云：「當看[十三]舅之妻，非外祖母也。外祖母又小功也。」「季子皐葬其妻，犯人之禾」，註云：「恃龍[十四]虐民，非也。」「叔孫衍[十五]請繐衰而環經[十六]」，註云：「弟[十七]服之經[十八]服其舅，非。」《月令篇》：孟夏之月，「行賞、封諸侯」，註云：「《祭統》曰：『古者于禘也，發爵賜服，順陽義也。於嘗也，出曰[十九]邑，發秋正[二十]，順陰義也。』今此行賞可也，而封諸侯則違乎[二十一]古。封諸侯，出土地之事，于時未可，似失之。」「斷薄刑，決小罪」，註云：「《祭統》曰：『草艾則墨』，謂立秋後也。刑無輕于墨者。今以純陽之月斷刑決罪，與『毋有壞墮』自相違，似非。」季夏之月，「命漁師伐蛟、取鼉、登龜、取黿」，註云：「四者甲類，秋乃堅成。《周禮》曰：『秋獻龜魚。』又曰：『凡取龜用秋時。』是夏之秋也。作《月令》者以爲此秋，據周之時也。周之八月，夏之六月，因書於此，似誤也。」孟秋之月，「毋以封諸侯，立大官。毋以割地，行大使，出大幣」，註云：「古者于嘗出田邑，此其嘗並秋而禁封諸侯割地，失其義。」《郊特牲篇》：「季春出火」，註云：「言祭社，則此是仲春之禮也。仲春以火田，田止弊火，然後獻禽，至季春火出，而民乃用火。今云『季春出火』，乃《牧誓》社，記者誤也。」「郊之用辛也，周之始郊日以至」，註云：「言日以周郊天之月而至，陽氣新用事，順之而用辛日，此說非也。郊天之月而日至，魯禮也。三王之郊，一用夏正，魯以無冬至，祭天於圓丘[二十二]之事，是以建子之月郊天，示先有事也。」「尸，陳陳[二十三]也」，註云：「尸或詁爲『主』。此尸神像[二十四]，當從『主』訓之，言『陳』非也。」《明堂位篇》：「夏后氏尚明水，殷尚醴，周尚酒」，註云：「此皆其時之用耳，言尚，非。」「君臣未嘗相弑也，禮樂、刑罰[二十五]、政俗未嘗相變也」，註云：「春秋時，魯三君弒，又士之有誄，由莊公始。婦人髽而弔，始於臺駘。六[二十六]『君臣未嘗相弒，政俗未嘗相變』，亦近誣矣。」《雜記下》：「或曰：主之而附于夫之黨[二十七]」，註云：「妻之黨自主之，非也。」「圭，一[二十八]男五寸」，註云：「子男丸璧[二十九]，作此贊者失之矣。」此其所駁雖不盡當，視杜氏之專阿傳文則不同矣，經註之中可謂卓然者乎！

《論語》：「子見南子」，註：「孔安國曰：『行道既非婦人之事，而弟子不說，與之祝誓，□[三十]可疑焉。』」此亦漢人疑經而不敢强通者也。

宋黃震言：「杜預註《左氏》獨主《左氏》，何休註《公羊》獨主《公羊》，惟范甯不私于《穀梁》，而公言三家之失。如曰：『《左氏》以鬻□[三十一]兵諫爲愛君，是人主可得而脅也；以文公納幣爲用禮，是居喪可得而昏也。《穀梁》以衛輒拒父爲尊祖，是爲子可得而叛也；不納子糾爲內惡，是仇讎可得而容也。《公羊》以祭仲廢君爲行權，是神器可得而窺也；妾母稱夫人爲合正，是嫡庶可得而齊也。』又曰：『《左氏》豔而富，其失也誣。《穀梁》清而婉，其失也短。《公羊》辯而裁，其失也俗。』」今考《集解》中糾傳文者，得六事：莊九年：『公伐齊，納糾』，傳：『當可納而不納，齊變而後伐，故乾時之戰，不諱敗，惡內也』，解曰：『傳[三十二]者，無時而可與通，縱納之遲晚，又不能全保讎子，何足以惡內乎？然則乾時之戰不諱敗，齊人取子糾殺之，皆不□[三十三]其文，正書其事。內之大惡，不待貶絶，居然顯矣。惡內之言，傳或失之。』僖元年：『公子友帥師，敗莒師於麗，獲莒挐』，傳：『公子友謂莒挐曰：吾二人不相說，士年[三十四]何罪？屏左右而相傳[三十五]』，解曰：『江熙曰：經書敗莒師，而傳云二人相搏，則師不戰，何以得敗？理自不通也。子所慎三，戰居其一。季友，令德之人，豈當舍三軍之整，佻身獨鬬，潛兩相言[三十六]，以決勝負者哉？此又事之不然，傳或失之。』僖十四年：『季姬及繒子遇于防，使繒子來朝』，傳：『遇者，同謀也』，解曰：『魯女無故遠會諸[三十七]侯，遂得淫通，此又事之不然。《左傳》曰：繒季姬來寧，公怒之，以繒子不朝，遇于防，而使來朝。此近合人情。』襄十一年：『作三軍』，傳：『古者天子六師，諸侯一軍。作三軍，非正也』，解曰：『《周禮》司馬法：王六軍，人[三十八]國三軍，次國二軍，小國一軍。總云諸侯一軍，又非制也。』昭十一年：『楚子虔誘蔡侯般，殺之于申』，傳：『夷狄之君誘中國之君而殺之，故謹而名之也』，解曰：『蔡侯般，弑父之賊，此人倫之所不容，至[三十九]誅之所必加。禮，凡在官者殺無赦，豈得惡楚子殺般乎？若謂夷狄之君不得行禮於中國者，理既不通，事又不然。』宣十一年：『楚人殺陳夏徵舒，不善[四十]入』，傳曰：『明楚之討有罪也』，似若上下違反，不兩立之説。哀二年：『晉趙鞅帥師，納衛世子蒯聵[四十一]于戚』，傳：『納者，内弗受也。何用弗受也？以輒不受也。以輒不受父之命，受之王父也。信父而辭王父，則是不尊王父也。其弗受，以尊王父也』，解曰：『江熙曰：齊景公廢世子，世子還國，書篡。若靈公廢蒯聵立輒，則蒯聵不得復稱曩日世子也。稱蒯聵爲世子，則靈公不命輒，審矣。此矛盾之喻也。然則從王父之言，傳似失之[四十二]矣。經云納衛世子，鄭世子忽復歸于鄭，稱世子明正也，明正則拒之者非邪？』以上皆糾正傳文之失。」[四十三]

宋吴元美作吴縝《新唐書糾謬序》曰：「唐人稱杜征南、顔秘書爲左丘明、班孟堅忠臣，顔師古本傳。今觀其推廣發明，二子信有功矣。至班、左語意乖戾處，往往曲爲説以附會之，安在其爲忠也？今吴君于歐、宋大手筆乃能糾謬纂誤，力裨前闕，殆晏子所謂『獻可替否，和而不同』者，此其忠何如哉！然則唐人之論□也。」[四十四]

【校注】

[一]卷二十八，刻本爲卷二十七。

[二]「註」字，原抄本、遂初堂本同，集釋本、欒本、陳本、嚴本作「注」。

[三]「始」字誤，當改。原抄本、遂初堂本、集釋本、欒本、陳本、嚴本均作「殆」。

[四]「煩」字誤，當改。原抄本、遂初堂本、集釋本、欒本、陳本、嚴本均作「潁」。《周禮》作「潁」。

[五]「潁水」誤，當改。原抄本、遂初堂本、集釋本、欒本、陳本、嚴本均作「潁水」。《周禮注疏》鄭注作「潁」，無「水」字。

[六]底本缺一字處，原抄本、遂初堂本、集釋本、欒本、陳本、嚴本均作「也」，鄭注作「也」，當補。

[七]「溠」字誤，當改。原抄本、遂初堂本、集釋本、欒本、陳本、嚴本均作「溠」。《周禮》作「溠」。

[八]「差」字誤，當改。原抄本、遂初堂本、集釋本、欒本、陳本、嚴本均作「溠」。《左傳》作「溠」。

[九]「傳」字下，脱「曰」字，當補。原抄本、遂初堂本、集釋本、欒本、陳本、嚴本均作「傳曰」。

[十]「君女」誤倒，當乙正。原抄本、遂初堂本、集釋本、欒本、陳本、嚴本均作「女君」。《儀禮正義》鄭注作「女君」。

[十一]《春秋公羊傳・桓公九年》。

[十二]「傳」字誤，當改。原抄本、遂初堂本、集釋本、欒本、陳本、嚴本均作「篇」。

[十三]「看」字誤，當改。原抄本、遂初堂本、集釋本、欒本、陳本、嚴本均作「爲」。《禮記正義》鄭注作「爲」。

[十四]「龍」字誤，當改。原抄本、遂初堂本、集釋本、欒本、陳本、嚴本均作「寵」。《禮記正義》鄭注作「寵」。

［十五］「叔孫衍」誤，當改。原抄本、遂初堂本、集釋本、欒本、陳本、嚴本均作「叔仲衍」。《禮記》作「叔仲衍」。

［十六］「經」字誤，當改。原抄本、遂初堂本、集釋本、欒本、陳本、嚴本均作「絰」。《禮記》作「絰」。

［十七］「弟」字誤，當改。原抄本、遂初堂本、集釋本、欒本、陳本、嚴本均作「弔」。《禮記正義》鄭注作「弔」。

［十八］「經」字誤，當改。原抄本、遂初堂本、集釋本、欒本、陳本、嚴本均作「絰」。《禮記正義》鄭注作「絰」。

［十九］「曰」字誤，當改。原抄本、遂初堂本、集釋本、欒本、陳本、嚴本均作「田」。《禮記》作「田」。

［二十］「正」字誤，原抄本同誤，當改。遂初堂本、集釋本、欒本、陳本、嚴本作「政」。《禮記》作「政」。

［二十一］「乎」字誤，當改。原抄本作「于」，遂初堂本、集釋本、欒本、陳本、嚴本作「於」。

［二十二］「圓丘」，原抄本、遂初堂本、集釋本、嚴本同，欒本、陳本作「圜丘」。

［二十三］「陳陳」，下「陳」字衍，當删，原抄本同。遂初堂本、集釋本、欒本、陳本、嚴本作「陳也」，與《禮記・郊特牲》同。

［二十四］「像」，原抄本同。遂初堂本、集釋本、欒本、陳本、嚴本作「象」。《禮記正義》鄭注作「象」。

［二十五］「刑罰」誤，當改。原抄本、遂初堂本、集釋本、欒本、陳本、嚴本均作「刑法」。《禮記》作「刑法」。

［二十六］「六」字誤，當改。原抄本、遂初堂本、集釋本、欒本、陳本、嚴本均作「云」。《禮記正義》鄭注作「云」。

［二十七］「讜」字誤，當改。原抄本、遂初堂本、集釋本、欒本、陳本、嚴本均作「黨」。《禮記》作「黨」。

［二十八］「一」字誤，當改。原抄本、遂初堂本、集釋本、欒本、陳本、嚴本均作「子」。《禮記》作「子」。

［二十九］「丸壁」誤，當改。原抄本、遂初堂本、集釋本、欒本、陳本、嚴本均作「執璧」。《禮記正義》鄭注作「執」。

［三十］底本缺一字處，原抄本、遂初堂本、集釋本、欒本、陳本、嚴本均作「義」，當補。

［三十一］「鬻□」，原抄本、遂初堂本、集釋本、欒本、陳本、嚴本均作「鬻拳」，當補。鬻拳事見《左傳・莊公十九年》。

［三十二］「傳」字誤，原抄本同誤，當改。遂初堂本、嚴本作「讐」，集釋本、欒本、陳本作「讎」。《春秋穀梁傳注疏》

作「餓」。

〔三十三〕底本缺一字處，原抄本、遂初堂本、集釋本、欒本、陳本、嚴本均作「迂」，《春秋穀梁傳注疏》作「迂」，當補。

〔三十四〕「年」字誤，當改。原抄本、遂初堂本、集釋本、欒本、陳本、嚴本均作「卒」。《春秋穀梁傳》作「卒」。

〔三十五〕「傳」字誤，當改。原抄本、遂初堂本、集釋本、欒本、陳本、嚴本均作「搏」。《春秋穀梁傳》作「搏」。

〔三十六〕「潛兩相言」誤，當改。原抄本、遂初堂本、集釋本、欒本、陳本、嚴本均作「潛刃相害」。《春秋穀梁傳注疏》作「潛刃相害」。

〔三十七〕「諸」誤，當改。原抄本、遂初堂本、集釋本、欒本、陳本、嚴本均作「諸」。《春秋穀梁傳注疏》作「諸」。

〔三十八〕「人」字誤，當改。原抄本、遂初堂本、集釋本、欒本、陳本、嚴本均作「大」。《周禮》作「大」。

〔三十九〕「至」字誤，當改。原抄本、遂初堂本、集釋本、欒本、陳本、嚴本均作「王」。《春秋穀梁傳注疏》作「王」。

〔四十〕「善」字誤，當改。原抄本、遂初堂本、集釋本、欒本、陳本、嚴本均作「言」。《春秋穀梁傳注疏》作「言」。

〔四十一〕「蒯嘳」誤。原抄本此作「蒯聵」，下文又作「蒯聵」。遂初堂本、集釋本、陳本作「蒯聵」。欒本、嚴本作「蒯聵」。按當作「蒯聵」，「聵」字《説文》所無。

〔四十二〕「之」字，原抄本同，遂初堂本、集釋本、欒本、陳本、嚴本無。《春秋穀梁傳注疏》無「之」字。

〔四十三〕黄震《黄氏日鈔》卷三十一。

〔四十四〕「唐人之論□也」以下缺文，當補。原抄本、遂初堂本、集釋本、欒本、陳本、嚴本全句作：「『唐人之論忠也陋矣。』可謂卓識之言。」

註疏中引審〔一〕之誤

《爾雅·繹〔二〕山》：「石戴上〔三〕謂之崔嵬，上戴石爲砠。」毛傳互誤。又山「多草木，岵；無草木，峻[四]」。疏：「『峻』當作『屺』。」毛傳互誤。[五]鄭康成箋《詩・采蘩》，引《少牢饋食禮》「主婦被裼」，誤作《禮記》。《皇矣》引《左傳[六]》「鄭公子突使勇而無剛者嘗[七]寇而速去之」、「晉士會若使輕者肆焉其可」，誤合爲一事。註《周禮》「大司徒」，引《左傳》成二年「先王疆[八]理天下」，誤作「吾子疆理天下」。引《詩》「錫之山川，土田附庸」，誤作「土地」。「射人」，引《射義》「明乎其節之志以不失其事，則功成而德行立」，誤作《樂記》。「縣士」，引《左傳》「韓襄爲公族大夫」，誤作「韓須」。註《禮記・月令》，引《夏小正》「八月，丹鳥羞白鳥」，誤作「九月」。引《詩》「稱伊[九]兕觥，萬壽無疆[十]」，誤作「受福無疆」。范武子解《穀梁傳》莊十八年，引《王藻[十一]》「天子玄冕而朝日于東門之外」，誤作《王制》。郭景純註《爾雅》，引《孟子》「止或尼之」，誤作「行或尼之」。引《易》「鞏用黄牛之革」、「固志也」，誤以《革》《遯》二爻合爲一傳。韋昭《國語註》：「公甫[十二]文伯母賦《緑衣》之三章」，誤引「四章」。高誘《淮南子註》引《詩》「鼉鼓逢逢」，誤作「鼉鼓洋洋」。孔穎達《左傳》文十八年正義，引《孟子》「柳下惠，堅[十三]之和者也」，誤作「伊尹，聖人之和者也」。蘇軾《書傳・伊訓》引《孟子》「從流下而忘反謂之流」，誤作「從流上而忘反謂之游」。朱震《易傳・井》大象引《詩》「維此哲人，謂我劬勞」，誤作「知我者，謂我劬勞」。趙汝楳[十四]《易輯聞・蹇》大象引《孟子》「我必不仁，我必無禮」，誤作「我必不仁不義」。朱元晦《中庸章句》引《詩》「后稷之孫，寔維太王。居岐之陽，寔始[十五]剪[十六]商」，誤作「至于太王」。《詩集傳・閔予小子》引《楚詞[十七]》「三公穆穆，登降堂只」，誤作「三公揖讓」。

朱子註《論語》：「夏曰瑚，商曰璉」，此仍古註之誤。《記》曰：「夏后氏之四璉，殷之六瑚。」

是夏曰璉、商曰瑚也。《亨禮注》引「發氣満容」，今《儀禮》文作「發氣焉盈容」。漢人避惠帝諱，「盈」之字曰「満」，此當改而不改也。

《孟子》「有爲神農之言」，註：「史遷所謂『農家者流』也。」仁山金氏曰：「太史公《六家同異》[十八]無農家，班固《藝文志》分九流，始有農家者流。《集誤[十九]》偶誤，未及改。」

楊用修言：「朱子《周易本義》引《韓非子》『參之以比物，伍之以合虚』，誤以『合虚』爲『合參』。原其故，乃自《荀子註》中引來，不自《韓非子》采出也。按伍所以合參，安得謂之合虚？乃今《韓非子》本誤。」

【校注】

[一]「審」字誤，當改。原抄本、遂初堂本、集釋本、欒本、陳本、嚴本均作「書」。目録不誤。

[二]「繹」字誤，當改。原抄本、遂初堂本、集釋本、欒本、陳本、嚴本均作「釋」。

[三]「石戴上」誤，當改。原抄本、遂初堂本、集釋本、欒本、陳本、嚴本均作「石戴土」。《爾雅》作「石戴土」。下文「上戴石」同。

[四]「峻」字誤，原抄本同誤，當改。遂初堂本、集釋本、欒本、陳本、嚴本作「峐」。《爾雅》作「峐」。下「峻」字同。

[五]以上一節，原抄本同。遂初堂本、集釋本、欒本、陳本、嚴本作：《爾雅・釋山》：「多草木，岵。無草木，峐。石戴土謂之崔嵬，土戴石爲砠。」毛傳引之互相反。「峐」字下小字夾註：疏：「『峐』當作『屺』。」

[六]「左傳」，遂初堂本、集釋本、欒本、陳本、嚴本同，原抄本脱「傳」字。

[七]「當」字誤，當改。原抄本、遂初堂本、集釋本、欒本、陳本、嚴本均作「嘗」。《左傳》作「嘗」。

[八]「彊」字誤，原抄本同誤，當改。遂初堂本、集釋本、欒本、陳本、嚴本作「疆」。《左傳》作「疆」。下「彊」字同。

[九]「伊」字誤，當改。原抄本、遂初堂本、集釋本、欒本、陳本、嚴本均作「彼」。《詩經》作「彼」。

[十]「彊」字誤，當改。原抄本、遂初堂本、集釋本、欒本、陳本、嚴本均作「疆」。《詩經》作「疆」。下「彊」字同。

[十一]「王藻」誤，當改。原抄本、遂初堂本、集釋本、欒本、陳本、嚴本均作「玉藻」。

[十二]「公甫」，原抄本同，遂初堂本、集釋本、欒本、陳本、嚴本作「公父」。

[十三]「堅」字誤，當改。原抄本、遂初堂本、集釋本、欒本、陳本、嚴本均作「聖」。《孟子》作「聖」。

[十四]「趙汝楳」，原抄本、遂初堂本、集釋本、陳本、嚴本、欒本同。欒呂本作「趙汝梅」。

[十五]「始」字，原抄本、遂初堂本、集釋本、欒本、陳本同，嚴本誤作「維」。《詩經》作「始」。

[十六]「剪」字誤，當改。原抄本、遂初堂本、集釋本、欒本、陳本、嚴本均作「翦」。《詩經》作「翦」。

[十七]「楚詞」，原抄本、遂初堂本、集釋本、欒本、陳本、嚴本均作「楚辭」。

[十八]《六家同異》，即《論六家之要指》，見《史記・太史公自序》。

[十九]「誤」字誤，當改。原抄本、遂初堂本作「註」，遂初堂本、集釋本、欒本、陳本、嚴本作「注」。

姓氏之誤

《穀梁傳》：隱九年，「太王[一]使南季來聘。南，氏姓也。季，氏[二]也」。南非姓，「姓」字衍文。桓二年，「及其大夫孔文[三]。」「孔，氏。父，字謚也。」「父」非謚，「謚」字衍文。

《詩・曰華[四]》箋：「襄氏[五]，褒人所入之女。姒，其字也。」「字」當作「姓」，此康成之誤。孔氏曰：「褒，國；姒，氏[六]。言『姒其字』者，婦人因姓爲字也。」乃是曲爲之解耳。

朱子註《論語》、《孟子》，如「太公，姜姓，呂氏，名尚」，其別姓氏甚明。至「子夏，孔子弟子，姓卜，名商」、「子禽，姓陳，名亢」、「子貢，姓端木，名賜」、「子文，姓鬬，名穀於菟」之類，皆以氏爲姓。「齊宣王，姓田氏，名辟彊[七]」，則併姓氏而爲一矣。豈承昔人之誤而未之正與？宋自夾漈鄭氏始著《氏族略》，以前人多未講此，故《博古圖》言「州吁姓州」，而徽宗欲倣周人「王姬」之號，故公主謂之「帝姬」也。

【校注】

[一]「太王」誤，當改。原抄本、遂初堂本、集釋本、欒本、陳本、嚴本均作「天王」。《春秋經》作「天王」。

[二]「氏」字誤，當改。原抄本、遂初堂本、集釋本、欒本、陳本、嚴本均作「字」。《穀梁傳》作「字」。

[三]「孔文」誤，當改。原抄本、遂初堂本、集釋本、欒本、陳本、嚴本均作「孔父」。《春秋經》作「孔父」。

[四]「曰華」誤，當改。原抄本、遂初堂本、集釋本、欒本、陳本、嚴本均作「白華」。

[五]「襃氏」誤，當改。原抄本、遂初堂本、集釋本、欒本、陳本、嚴本均作「褒姒」。《毛詩正義》鄭箋作「褒姒」。

[六]「氏」字誤，當改。原抄本、遂初堂本、集釋本、欒本、陳本、嚴本均作「姓」。《毛詩正義》孔穎達疏作作「姓」。

[七]「彊」字誤，原抄本同誤，當改。遂初堂本、集釋本、欒本、陳本、嚴本作「疆」。朱熹《孟子集注》作「疆」。

左傳註

隱五年：「使曼伯與子元潛軍軍其後。」按子元疑即厲公之字。昭十一年申無宇之言曰：「『鄭莊公城櫟而寘[二]子元焉，使昭公不立。』」杜以爲别是一人，厲公因之以殺曼伯而取櫟，非也。蓋莊公在時即以櫟爲子元之邑，如重耳之蒲、夷吾之屈，故厲公于出奔之後取之特易，而曼伯則爲昭公守櫟者也。九年公子突請爲三覆以敗戎，桓五年子元請爲二拒以敗王師，固即厲公一人，而或稱名、或稱字耳。合三事觀之，可以知厲公之才略，而又資之[二]巖邑，能無簒國乎！

十一年：「立桓公而討寫氏，有苑[三]者。」言非有名位之人，蓋微者爾，如司馬昭族成濟之類。解曰：「欲以弑君之罪加寫氏，而復不能正法誅之」，非也。

桓二年：「孔父嘉爲司馬。」杜氏以孔父名而嘉字，非也。孔父字而嘉其名。按《家語・本姓篇》曰：宋[四]湣公「熙生弗父何」，「何生宋[五]父周，周生世子勝，勝生正考父，考父生孔父嘉」，「其復[六]以孔爲氏」。然則仲尼氏孔，正以王父之字。而楚成嘉、鄭公子嘉皆字子孔，亦其證也。《説文》：「孔，從乙從子。乙至而得子，嘉美之也。古人名嘉，字子孔。」鄭康成註《士□[七]禮》曰：「某甫，字也，若言『山甫』、『孔甫』。」「甫」、「父」通。是亦以孔父爲字。劉原甫[八]以爲已名其君於上，則不得字其臣於下。竊意春秋諸侯卒必書名，而大夫則命卿稱字無生卒之别，劉原父云[九]：「大夫自[十]命稱名，三命稱字。」亦未嘗以名、字爲尊卑之分。桓十一年「鄭伯寤生卒」、「葬鄭莊公」、「宋[十一]人執鄭祭仲」，杜氏以仲爲名而足字，亦拘於例也。十七年「蔡侯封人卒」、「蔡季自陳歸于蔡」，名其君於上，字其臣于下也。昭二十二年「劉子、單子以王猛居于皇」、「劉子、單子以王猛入于王城」，二十三年「尹氏立王子朝」，二十六年「尹氏、召伯、毛伯以王子朝奔楚」，爵其臣于上，名其君于下也。然則孔父當亦其字，而學者之疑可以涣然釋矣。

君之名，變也。命卿之書字，常也。重王命亦所以尊君也。

「其弟以千畝之戰生[十二]。」解曰：「西河界休[十三]縣南，有地名千畝。」非也。穆侯時，晉境不得至界休[十四]。按《史記・趙世家》：「周宣王伐戎，及千畝戰。」正義曰：「《括地志》云：『千畝原，在晉州岳陽縣北九十里。』」

五年：「蔡人、衛人、陳人從王伐鄭。」解曰：「王師敗不書，不以告。」非也。王師敗不書，不可書也，爲尊者諱。

六年：「不以國。」解曰：「國君之子，不自以本國爲名。」焉有君之子而自名其國者乎？謂以列國爲名者[十五]，定公名宋[十六]，哀公名蔣。

八年：「楚人上左，君必左，無與王遇。」解曰：「君，楚君也。」愚謂君謂隨侯，王謂楚王。兩軍相對，隨之左當楚之右，言楚師左堅右瑕，君當在左以攻楚之右師。

十三年：「及齊侯、宋公、衛侯、燕人戰，齊師、宋師、衛師、燕師敗績。」解曰：「或稱人，或稱師，史辭異[十七]也。」愚謂燕獨稱人，其君不在師。

莊十二年：「蕭叔大心。」解曰：「蕭，叔[十八]大夫名。」按「大心」當是其名，而「叔」其字，亦非蕭大夫也。二十三年：「蕭叔朝公。」解曰：「蕭，附庸國。叔，名。」按《唐書・宰相世系表》云：「宋戴公生子衎，字樂父。裔孫大心，平南宫長萬有功，封於蕭，以爲附庸，今徐州蕭縣是也。其後楚滅蕭。」

十四年：「莊公之子猶有八人。」解：「莊公子，《傳》唯見四人，子忽、子亹、子儀並死，獨厲公在。八人名字記傳無聞。」按「猶有八人」者，除此四人之外尚有八人見在也。桓十四年「鄭伯使其弟語來盟」，傳稱其字曰「子人」，亦其一也。

二十二年：「山嶽則配天。」解曰：「得太嶽之權，則有配天之大功。」非也。《詩》曰：「嶽[十九]

高惟嶽，駿極于天。」言天之高大，惟山嶽足以配之。

二十五年：「夏六月辛未朔，日有食之，鼓用牲于社，非常也。惟正月之朔，慝未作，日有食之，于是乎用幣于社，伐鼓于朝。」周之六月，夏之四月，所謂正月之朔也。然則此其常也，而曰非常者何？蓋不鼓于朝而鼓于社，不用幣而用牲，此所以謂之非常禮也。杜氏不得其説，而曰以《長歷》推之，是年失閏，「辛未寔七月朔」，非六月也。此則咎在司歷，不當責其伐鼓矣。又按，「唯正月之朔」以下，乃昭十七年季平子之言，今載於此，或恐有誤。

僖四年：「昭王南征而不復，寡人是問。」解曰：「不知其故而問之。」非也。蓋齊侯以爲楚罪而問之，然昭王五十一年南征不復，至今惠王二十一年，計三百四十七年，此則孔文舉所謂「丁零盜蘇武牛羊，可並案」[二十]者也。

五年：「太伯不從。」不從者，謂太伯不在太王之側耳。《史記》述此文曰：「太伯、虞仲，太王之子也。太伯亡去，是以不嗣。」以「亡去」爲「不從」，其義甚明。杜氏誤以不從父命爲解，而後儒遂傅合《魯頌》之文，謂太王有翦商之志，太伯不從。此與秦檜之言「莫須有」[二十一]者何以異哉！

六年：「圍新密，鄭所以不時滅[二十二]也。」寔「密」，而經云「新城」，故《傳》釋之，以爲鄭懼齊而新築城，因謂之「新城」也。解曰：「鄭以非時興土功，故齊桓聲其罪以告諸侯。」夫罪孰大于逃盟者？而但責其非時興土功，不亦細乎？且上文固曰「以其逃首止之盟」故也，則不煩添此一節矣。

十五年：「涉河，侯車敗。」解曰：「秦伯之軍涉河，則晉侯車敗。」非也。秦師「及韓」，晉尚未出，何得言晉侯車敗？當是泰伯[二十三]之車敗，故穆公以爲不祥而詰之耳。此二句乃事寔，非卜人之言。若下文所云「不敗何待」，則謂晉敗。古人用字自不相蒙。「三敗及韓」，當依正義引劉炫之説，是秦伯之車三敗。「及韓」在涉河之後，此韓在河東，故曰「寇深矣」。《史記》正義引《括地志》云：「韓原在同州韓城縣西南」，非也。杜氏解但云「韓，晉地」，卻有斟酌。

十八年：「狄師還。」解曰：「邢留距衛[二十四]。」非也。狄强而邢弱，邢從於狄而伐者也。言「狄師還」，則邢可知矣。其下年「衛人伐邢」，盖憚狄之强不敢伐，而獨用師于邢也。解曰：「邢不速退，所以獨見伐。」亦非。

二十二年：「大司馬固諫曰。」解曰：「大司馬固，莊公之孫公孫固也。」非也。大司馬即司馬子魚。「固」，諫辭[二十五]以諫也。隱三年言「召大司馬孔父而屬殤公焉」，桓二年言「孔父嘉爲司馬」，知大司馬即司馬也。文八年，上言「殺大司馬公子卬」，下言「司馬握節以死」，知大司馬即司馬也。定十年「公若藐固諫曰」，知「固諫」之爲堅辭以諫之也。

二十四年：「晉侯求之不獲，以緜上爲之田。」盖之推既隱，求之不得，未幾而死，故以田禄其子耳。《楚辭·九章》云：「思久故之親身兮，因縞素而哭之。」明文公在時，之推已死。《史記》則云：「聞其入緜上山中，于是環緜上山中而封之，以爲介推田，號曰介山。」然則受此田者何人乎？於義有所不通矣。

三十三年：「晉人及姜戎敗秦師於殽。」解曰：「不同陳，故言『及』。」非也。「及」者，殊夷狄[二十六]之辭。

文元年：「於是閏三月，非禮也。」古人以閏爲歲之餘，凡置閏必在十二月之後，故曰「歸餘于終」。考經文之書閏月者，皆在歲末[二十七]。文公六年「閏月不告月，猶朝于廟」，哀公五年「閏月，葬齊景公」是也。而《左傳》成公十七年、襄公九年、哀公十五年皆有閏月，亦並在歲末。又經傳之文，凡閏不言其月者，言「閏」即歲之終可知也。今魯改曆法，置閏在三月，故爲□禮[二十八]。《漢書・律歷志》曰：「魯歷不正，以閏餘一之歲爲蔀首，」是也。孟康[二十九]曰：「當以閏盡歲爲蔀首，今失正，未盡一歲便以爲蔀首也。」又按《漢書・高帝紀》「後九月」，師古曰：「秦之歷法，應置閏者總致之于歲末，蓋取《左傳》所謂『歸餘于終』之意。何以明之？據《漢書》表及《史記》漢未改秦歷之前屢書『後九月』，是知歷法固然[三十]。」

二年：「陳侯爲衛請成于晉，執孔達以説。」此即上文所謂「我辭之」者也。解謂「晉不聽而變計」者非。

三年：「雨螽于宋。」解曰：「宋叺[三十一]以螽死爲得天祐，喜而來告，故書。」夫隕石鷁退，非喜而來告也。

七年：「宣子與諸大夫皆患穆嬴，且畏逼[三十二]。」解曰：「畏國人以大義來逼己。」非也。畏穆嬴之逼也，以君夫人之尊故。

十三年：「文子賦《四月》。」解曰：「不欲還晉。」以《傳》考之，但云成二國，不言公復還晉。

《四月》之詩當取「亂離瘼矣」、「維以告哀」之意耳。

宣十二年：「宵濟，亦終夜有聲。」解曰：「言其兵衆，將不能用。」非也。言其軍囂，無復部伍。

成六年：「韓獻子將新中軍，且爲僕大夫。」必言「僕大夫」者，以君之親臣，故獨令之從公而入寢庭也，解未及。[三十三]

十六年：「泌[三十四]之師，荀伯不復從。」解曰：「荀林甫[三十五]奔走，不復故道。」非也，謂不復從事于楚。

「子在君側，敗者壹大。我不如子，子以君免。」「敗者壹大」，恐君之不免也。「我不如子」，子之才能以君免也。解謂「軍大崩」爲「壹大」及「御與車右不同」者非。

襄四年：「有窮由是遂亡。」解曰：「從[三十六]因羿室，不改有窮之號。」非也。哀元年稱「有過澆」矣，此時[三十七]承上「死于窮門」而言，以結所引《夏訓》之文耳。

十年：「鄭皇耳帥師侵衛，楚令也。」猶云從楚之盟故也。解謂「亦兼受楚之敕命」者非。

十一年：「政將及子，子必不能。」解謂：「魯，次國，而爲大國之制，貢賦必重，故憂不堪。」非也。言魯國之政將歸于季孫，以一軍之征而供霸國之政[三十八]，將有所不及[三十九]，則必改作。其後四分公室而李氏[四十]擇二，盖亦不得已之計，叔孫固已豫見之矣。

十八年：「塹防門而守之，廣里。」解曰：「故《經》書『圍』。」非也。「圍」者，圍齊也，非圍防門也。

二十一年：「得罪于王之守臣。」「守臣」謂晉侯。《玉藻》「諸侯之於天子，曰『某土之守臣某』」是也。解以爲范宣子，非。

二十三年：「禮，爲鄰國闕。」解曰：「禮，諸侯絶期，故以鄰國責之。」非也。杞孝公，晉平公之舅。尊同不降，當服緦麻三月。言鄰國之喪，且猶徹樂，而況於母之兄弟乎？

二十八年：「陳文子謂桓子曰：『禍將作矣，吾其何得？』對曰：『得慶氏之木百車于莊。』文子曰：『可慎守也已。』」解曰：「善其不志于貨財。」非也。邵國賢[四十一]曰：「此陳氏父子爲隱語以相喻[四十二]也。」愚謂，「木」者，作室之良材。「莊」者，國中之要路。言將代之執齊國之權。

三十一年：「我問師[四十三]故。」問齊人用師之故。解曰：「魯以師往。」非。

昭五年：「民食于他。」解曰：「魯君與民無異，謂仰食于三家。」非也。夫民生于三，而君食之。今民食于三家而不知有君，是昭公無養民之政可知矣。

八年：「輿嬖袁克殺馬毁玉以葬。」解以「輿」爲衆，及謂「欲以非禮厚葬哀公」，皆非也。「輿嬖」，嬖大夫也。言「輿」者，掌君之乘車，如晉「七輿大夫」之類。馬，陳侯所乘。玉，陳侯所佩。「殺馬毁玉」，不欲使楚人得之。

十年：「棄德曠宗。」謂使其宗廟曠而不祀。解曰：「曠，空也。」未當。

十二年：「子産相鄭伯，辭于享，請免喪而後聽命，禮也。」子産能守喪制，晉人不奪，皆爲合禮。解但得其一偏。

十五年：「福祚之不登，叔父焉在？」言忘其彝器，是福祚之不登，惡在其爲叔父乎？解以爲「福祚不在叔父，當復在誰」者非。

十七年：「夫子将有異志，不君君矣。」日者人君之表，不救日食，是有[四十四]無君之心。解以爲「安君之災」者非。

十八年：「振除火災。」「振」如振衣之振，猶火之著于衣，振之則去也。解以「振」爲「棄」，未當。

「鄭有他竟，望走在晉。」言鄭有他竟之憂也。解謂「雖與他國爲竟」者非。

二十三年：「先君之力可濟也。」「先君」謂周之先王，《書》言「昔我先君文王、武王」是也。解以爲「劉𡺢[四十五]之父獻公」，非。[四十六]

二十七年：「事君如在國。」當時諸侯出奔，其國即别立一君，惟魯不敢，故昭公雖在外，而意猶如以[四十七]君禮事之，范鞅所言正爲此也。解以爲「書公行，告公至」，謬矣。

三十二年：「越得歲，而吴伐之，必受其凶。」解曰：「星紀，吴、越之分也。歲星所在，其國有福。吴先用兵，故反受其殃。」非也。吴、越雖同星紀，而所入宿度不同，故歲獨在越。

定五年：「卒于房。」「房」疑即「防」字。古「卩」字作「阜[四十八]」，脱其下而爲「防[四十九]」字，漢《仙人唐公防碑》可證也。《漢書》「汝南郡吴房」，孟康曰：「本房子國。」而《史記・項羽紀》「封陽武爲吴防侯」，字亦作「防」。

哀六年：「出萊門而告之故。」解曰：「魯郭門也。」按定九年解曰：「萊門，陽關邑門。」

十一年：「爲王孫氏。」《傳》終言之，亦猶去[五十]槩王奔楚爲堂谿氏也。解曰：「改姓，欲以避吴禍。」非。

凡邵、陸、傅三先生之所已辨[五十一]者不録。[五十二]

【校注】

[一]「寘」字誤，當改。原抄本、遂初堂本、集釋本、陳垣作「寘」，欒本、嚴本作「置」。

[二]「之」，原抄本同，遂初堂本、集釋本、欒本、陳本、嚴本下有「以」字。

[三]「苑」字誤，當改。原抄本、遂初堂本、集釋本、欒本、陳本、嚴本均作「死」。《左傳》作「死」。

[四]「宗」字誤，當改。原抄本、遂初堂本、集釋本、欒本、陳本、嚴本均作「宋」。

[五]「宗」字誤，當改。原抄本、遂初堂本、集釋本、欒本、陳本、嚴本均作「宋」。《孔子家語》作「宋」。

[六]「復」字誤，當改。原抄本、遂初堂本、集釋本、欒本、陳本、嚴本均作「後」。《孔子家語》作「後」。

[七]底本缺一字處，原抄本、遂初堂本、集釋本、欒本、陳本、嚴本均作「喪」，當補。

[八]「劉原甫」，原抄本同，遂初堂本、集釋本、欒本、陳本、嚴本作「劉原父」。劉敞，字原父，宋臨江新喻人。

[九]「云」，原抄本同，遂初堂本、集釋本、欒本、陳本、嚴本作「亦云」。

[十]「自」字誤，當改。原抄本、遂初堂本、集釋本、欒本、陳本、嚴本均作「再」。

[十一]「宗」字誤，當改。原抄本、遂初堂本、集釋本、欒本、陳本、嚴本均作「宋」。《左傳》作「宋」。

[十二]「生」，遂初堂本、集釋本、欒本、陳本、嚴本同，原抄本誤作「註」。《左傳》作「生」。

[十三]「界休」，原抄本、遂初堂本、集釋本、欒本、嚴本同，陳本作「介休」。杜預《左傳集解》作「界休」。

[十四]「界休」，原抄本、遂初堂本、集釋本、欒本、陳本、嚴本均作「介休」。

[十五]「者」，原抄本同。遂初堂本、集釋本、欒本、陳本、嚴本作「若」，屬下讀。

[十六]「来」字誤，當改。原抄本、遂初堂本、集釋本、欒本、陳本、嚴本均作「宋」。

［十七］「辭異」誤倒，當乙正。原抄本、遂初堂本、集釋本、欒本、陳本、嚴本均作「異辭」。杜預《左傳集解》作「異辭」。

［十八］「蕭，叔大夫」誤倒，原抄本同誤，當乙正。遂初堂本、集釋本、欒本、陳本、嚴本作「叔，蕭大夫」。杜預《左傳集解》作「叔，蕭大夫」。

［十九］「嶽」字誤，當改。原抄本、遂初堂本、集釋本、欒本、陳本、嚴本均作「崧」。《詩經》作「崧」。

［二十］語見《後漢書・孔融傳》。

［二十一］語見《宋史・岳飛傳》。

［二十二］「滅」字誤，當改。原抄本、遂初堂本、集釋本、欒本、陳本、嚴本均作「城」。《左傳》作「城」。

［二十三］「泰伯」誤，當改。原抄本、遂初堂本、集釋本、欒本、陳本、嚴本均作「秦伯」。

［二十四］「衝」字誤，當改。原抄本、遂初堂本、集釋本、欒本、陳本、嚴本均作「衛」。杜預《左傳集解》作「衛」。

［二十五］「固堅，諫辭」誤倒，當乙正。原抄本、遂初堂本、集釋本、欒本、陳本、嚴本均作「固諫，堅辭」。

［二十六］「夷狄」，原抄本同。潘耒遂初堂刻本改爲「戎翟」，集釋本因之。欒本據黄侃校記改回而加説明，陳本、嚴本仍刻本之舊而加注。

［二十七］「宋」字誤，當改。原抄本、遂初堂本、集釋本、欒本、陳本、嚴本均作「末」。

［二十八］「□禮」，原抄本、遂初堂本、集釋本、欒本、陳本、嚴本均作「非禮」，當補。

［二十九］「孟庚」誤，當改。原抄本、遂初堂本、集釋本、欒本、陳本、嚴本均作「孟康」。

［三十］「固然」，原抄本同，遂初堂本、集釋本、欒本、陳本、嚴本作「故然」。《漢書》顔注作「故然」。

［三十一］「以」字誤，當改。原抄本、遂初堂本、集釋本、欒本、陳本、嚴本均作「人」。杜預《左傳集解》作「人」。

［三十二］「逼」，原抄本、遂初堂本、集釋本、欒本、陳本、嚴本均作「偪」。下二字同。

［三十三］黄汝成集釋引沈學博曰：僕大夫，如王之太僕，掌内朝之事。

[三十四]「泌」字誤，原抄本同誤，當改。遂初堂本、集釋本、欒本、陳本、嚴本作「邲」。《左傳》作「邲」。

[三十五]「荀林甫」，原抄本同。遂初堂本、集釋本、欒本、陳本、嚴本作「荀林父」。

[三十六]「從」字誤，當改。原抄本、遂初堂本、集釋本、欒本、陳本、嚴本均作「浞」。杜預《左傳集解》作「浞」。

[三十七]「時」字誤，當改。原抄本、遂初堂本、集釋本、欒本、陳本、嚴本均作「特」。

[三十八]「政」字，原抄本同，遂初堂本、集釋本、欒本、陳本、嚴本作「政令」。

[三十九]「及」字誤，原抄本同誤，當改。遂初堂本、集釋本、欒本、陳本、嚴本作「給」。

[四十]「李氏」誤，當改。原抄本、遂初堂本、集釋本、欒本、陳本、嚴本均作「季氏」。

[四十一]邵寶，字國賢，明無錫人。

[四十二]「喻」，原抄本同，遂初堂本、集釋本、欒本、陳本、嚴本作「諭」。

[四十三]「帥」字誤，當改。原抄本、遂初堂本、集釋本、欒本、陳本、嚴本均作「師」。《左傳》作「師」。下「師」字不誤。

[四十四]「有」字，遂初堂本、集釋本、欒本、陳本、嚴本同，原抄本脱。

[四十五]「劉坌」誤，原抄本同誤，當改。遂初堂本、集釋本、欒本、陳本、嚴本作「劉岔」。《左傳》作「劉岔」。

[四十六]黄汝成集釋：汝成案：《書》無「先君」句。今按：亭林所引見《文選》陸機《皇太子宴玄圃宣猷堂有令賦詩》注引《尚書》曰：「昔先君文王、武王宣重光。」

[四十七]「意猶如以」誤倒，當乙正。原抄本、遂初堂本、集釋本、欒本、陳本、嚴本均作「意如猶以」。意如，即季孫意如。

[四十八]「阜」，原抄本同。遂初堂本、集釋本、欒本、陳本、嚴本作「𠂤」。

[四十九]「防」，原抄本同。遂初堂本、集釋本、欒本、陳本、嚴本作「仿」。下文「唐公防碑」字同。

[五十]「去」字誤，當改。遂初堂本、原抄本、集釋本、欒本、陳本、嚴本均作「夫」。《左傳》作「夫」。

［五十一］「辨」，原抄本、遂初堂本、集釋本、欒本、陳本、嚴本均作「辯」。

［五十二］黄汝成集釋：汝成案：明邵寳撰《左鐫》一卷，陸粲撰《左傳附注》五卷，《後録》一卷，傅遜撰《左傳注解辨誤》二卷，俱見《四庫全書總目》。今按：《左鐫》當作《左觿》。

考工記註

《考工記》「輪人」註曰［一］：「司農［二］云：『掣讀爲紛容掣參之掣。』」正義曰：「此蓋有闕文［三］，今檢未得。」今按司馬相如《上林賦》云：「紛溶前［四］蔘，猗柅從風。」字作「萷」，音蕭。宋玉《九辨［五］》：「萷櫹槮之可哀分［六］，形銷鑠而瘀蕩［七］。」張衡《两京賦［八］》：「鬱蓊薆薱［九］，櫹矣［十］櫹槮。」即此異文。而上文「既建而迆，崇於軫四尺」註：「鄭司農云：『迆讀爲倚移從風之移。』」正義則曰：「引司馬相如《上林賦》。」《今人［十一］》「居幹之道，葛粟［十二］不迆［十三］，則弓不發」註同。疏其上句，忘其下句，［十四］蓋諸儒疏義不出一人之手。

【校注】

［一］「曰」字，原抄本同，遂初堂本、集釋本、欒本、陳本、嚴本無。

［二］「司農」上，脱「鄭」字，原抄本同，當補。遂初堂本、集釋本、欒本、陳本、嚴本均作「鄭司農」。

［三］「有闕文」，原抄本、遂初堂本、集釋本、欒本、陳本、嚴本均作「有文」。《周禮》作「有文」。

［四］「前」字誤，當改。原抄本、遂初堂本、集釋本、欒本、陳本、嚴本均作「萷」。《漢書·司馬相如傳》作「萷」。

［五］「九辨」誤，當改。原抄本、遂初堂本、集釋本、欒本、陳本、嚴本均作「九辯」。

［六］「分」字誤，當改。原抄本、遂初堂本、集釋本、欒本、陳本、嚴本均作「兮」。《楚辭》作「兮」。

［七］「蕩」字誤，當改。原抄本、遂初堂本、集釋本、欒本、陳本、嚴本均作「傷」。《楚辭》作「傷」。

［八］「两京賦」，原抄本同，遂初堂本、集釋本、欒本、陳本、嚴本作「西京賦」。

［九］「菿」字誤，當改。原抄本、遂初堂本、集釋本、欒本、陳本、嚴本均作「葑」。《文選》作「葑」。

［十］「矣」字誤，當改。原抄本、遂初堂本、集釋本、欒本、陳本、嚴本均作「爽」。《文選》作「爽」。

［十一］「今人」誤，當改。原抄本、遂初堂本、集釋本、欒本、陳本、嚴本均作「弓人」。

［十二］「葛栗」誤，原抄本同誤，當改。遂初堂本、集釋本、欒本、陳本、嚴本作「菑栗」。《周禮》作「菑栗」。

［十三］「迤」，遂初堂本、集釋本、欒本、陳本、嚴本同，原抄本作「池」。《周禮》作「池」。

［十四］「疏其上句，忘其下句」，原抄本同。遂初堂本、嚴本作「疏其下句，亡其上句」。集釋本、欒本、陳本作「疏其下句，忘其上句」。今按：上句謂「紛溶蔚蔘」，下句謂「猗柅從風」，遂初堂刻本所改爲是。

爾雅註

《爾雅·釋語［一］篇》：「梏，直也。」古又［二］以「覺」爲「梧［三］」。《禮記·緇衣》引《詩》「有覺德行」□［四］「有梏德行」，註未引。

《釋言篇》：「郵，過也。」註：「道路所經過。」是以爲郵傳之郵，恐非。古人以「尤」爲「郵」。《詩·賓之初筵》「是曰既醉，不知其郵」，《禮記·王制》「郵罰麗于事」，《國語》「大［五］郵而效之，郵又甚焉」，《家語》「芾而麛裘，投之無郵」，［六］《漢書·成帝紀》「天著交［七］異，以顯朕郵」，《五行志》「后妾當有失節之郵」，《賈誼傳》「般紛紛其離此郵分[八]，亦去子[九]之故也」，《谷永傳》「卦氣悖亂，咎徵著郵」，《外戚傳》《班倢伃賦》：「猶被覆載之厚德兮，不廢揭[十]于罪郵」，《叙傳》「訊[十一]苑扞偃，正諫舉郵」，皆是過失之義。《列子》「魯之君子，迷之郵者」，則又以爲過甚之義。

《文選》盧諶《贈劉琨》詩：「眷同尤良，用之[十二]驥騄」，李善引杜氏《左傳註》「郵無恤，王良也。『尤』與『郵』古字通。」

【校注】

[一]「語」字誤，當改。原抄本、遂初堂本、集釋本、欒本、陳本、嚴本均作「詁」。

[二]「又」字誤，當改。原抄本、遂初堂本、集釋本、欒本、陳本、嚴本均作「人」。

[三]「梧」字誤，當改。原抄本、遂初堂本、集釋本、欒本、陳本、嚴本均作「梏」。下「梏」字不誤。

[四]底本缺一字處，原抄本、遂初堂本、集釋本、欒本、陳本、嚴本均作「作」，當補。

[五]「大」字誤，當改。原抄本、遂初堂本、集釋本、欒本、陳本、嚴本均作「夫」。

[六]此云引《孔子家語》，當作《孔叢子》。又見《吕氏春秋》。

[七]「交」字誤，當改。原抄本、遂初堂本、集釋本、欒本、陳本、嚴本均作「變」。《漢書》作「變」。

[八]「分」字誤，當改。原抄本、遂初堂本、集釋本、欒本、陳本、嚴本均作「兮」。《漢書》作「兮」。

[九]「去子」誤，當改。原抄本、遂初堂本、集釋本、欒本、陳本、嚴本均作「夫子」。《漢書》作「夫子」。

[十]「揭」字誤，原抄本作「損」，亦誤，當改。遂初堂本、集釋本、欒本、陳本、嚴本作「捐」。《漢書》作「捐」。

[十一]「訊」，遂初堂本、集釋本、欒本、陳本、嚴本作「譏」。原抄本誤作「訊」。《漢書》作「譏」。

[十二]「之」字誤，遂初堂本同誤，當改。原抄本、集釋本、欒本、陳本、嚴本均作「乏」。《文選》作「乏」。

國語註

《國語》之言「高高下下」者二。周太子晉諫靈王曰：「四岳佐禹，高高下下，疏川道滯，鍾水豐[一]物。」謂不墮高，不堙卑，順其自然之性也。申□[二]諫吳王曰：「高高下下，以罷民于姑蘇。」謂臺益增而高，池益浚而深，以竭民之力也。語同而意則異。

「昔在有虞，有崇伯鯀。」據下文「堯用殛之于羽山」，當言「有唐」。而曰「有虞」者，以其事載于《虞書[三]》。

「至于玄月，王召范蠡而問焉。」《爾雅・釋天》：「九月爲玄。」註云：「魯哀公十六年九月。」非也。當云魯哀公十六年十一月，夏之九月。

【校注】

[一]「豐」字誤，當改。原抄本、遂初堂本、集釋本、欒本、陳本、嚴本均作「豐」。《國語》作「豐」。

[二]「申□」，原抄本、遂初堂本、集釋本、欒本、陳本、嚴本均作「申胥」，當補。

[三]「虞書」，遂初堂本、集釋本、欒本、陳本、嚴本同。原抄本作「書」，上空一字。

楚辭註

《九章・惜往日》：「寧[一]溘死而流亡兮，恐禍殃之有再。」註謂「罪及父母與親屬」者，非也。

蓋懷王以不聽屈原而召秦禍，今頃襄王復聽上官大夫之譖，而遷之江南。一身不足惜，其如社稷何！《史記》所云「楚日以削，數十年竟爲秦所滅」，即原所謂「禍殃之有再」者也。

《大招》：「青春受謝。」註以「謝」爲「去」，未明。按古人讀「謝」爲「序」，《儀禮·鄉射禮》「豫則鉤搵〔二〕內」，註：「『豫』讀如『成周宣榭』〔三〕之『榭』。《周禮》作『序』。」《孟子》：「序者，射也。」謂四時之序，終則有始，而春受之尔。

《九思》：「思于〔四〕文兮聖明哲，哀平羌〔五〕兮迷惑〔六〕愚。吕傅舉兮殷周興，忌嚭專兮郢吴虛。」此援古賢不肖，君臣各二，「丁」謂商宋〔七〕武丁，舉傅説者也。註以「丁」爲「當」，非。

【校注】

〔一〕「寧」，原抄本、遂初堂本、嚴本同。集釋本、欒本、陳本作「甘」。《楚辭》作「寧」。

〔二〕「搵」字誤，當改。原抄本、遂初堂本、集釋本、欒本、陳本、嚴本均作「楹」。《儀禮》作「楹」。

〔三〕語見《左傳·宣公十六年》。

〔四〕「于」字誤，當改。原抄本、遂初堂本、集釋本、欒本、陳本、嚴本均作「丁」。《楚辭》作「丁」。

〔五〕「羌」字誤，當改。原抄本、遂初堂本、集釋本、欒本、陳本、嚴本均作「差」。《楚辭》作「差」。

〔六〕「惑」，原抄本同。遂初堂本、集釋本、欒本、陳本、嚴本作「謬」。《楚辭》作「謬」。

〔七〕「宋」字誤，當改。原抄本、遂初堂本、集釋本、欒本、陳本、嚴本均作「宗」。

荀子註

《荀子》：「案角鹿埵隴種東籠而退耳。」〔一〕註云：「其義未詳，蓋皆摧敗披靡之貌。」《新序》第十卷[二]亦言「隴種而退」。今考之《舊唐書·竇軌傳》：高祖謂軌曰：「公之人[三]蜀，車騎、驃騎從者一十[四]人，爲公所斬略盡。我隴種車騎，未足給公。」《北史·李穆傳》：「芒山之戰，周文帝馬中流矢，驚逸墜地。穆下馬以策擊周文背，罵曰：『籠凍軍士，爾曹主何在？爾獨在此[五]！』」蓋周、隋時人尚有此語。

【校注】

[一]《荀子·議兵》。

[二]「第十卷」，原抄本同，遂初堂本、嚴本作「第七卷」，集釋本、欒本、陳本作「第三卷」。今本在第三卷《雜事第三》。

[三]「人」字誤，當改。原抄本、遂初堂本、集釋本、欒本、陳本、嚴本均作「入」。兩《唐書》均作「入」。

[四]「一十」誤，當改。原抄本、遂初堂本、集釋本、欒本、陳本、嚴本均作「二十」。兩《唐書》均作「二十」。

[五]「在此」誤，當改。原抄本、遂初堂本、集釋本、欒本、陳本、嚴本均作「住此」。《北史》及《周書》均作「住此」。

淮南子註

《淮南子·詮言訓》：「羿死于桃棓[一]。」註云：「棓，天[二]杖，以桃木爲之，以擊殺羿。自是以來鬼畏桃也。」《説小[三]訓》：「羿死桃部不給射。」註云：「桃部，地名。」按「部」即「棓」字。一人註書而前後不同若此。

【校注】

[一]「梧」，遂初堂本、集釋本、欒本、陳本、嚴本同，原抄本誤作「梧」。《淮南子》作「棓」。

[二]「天」字誤，當改。原抄本、遂初堂本、集釋本、欒本、陳本、嚴本均作「大」。《淮南子》高誘注作「大」。

[三]「小」字誤，當改。原抄本、遂初堂本、集釋本、欒本、陳本、嚴本均作「山」。

史記註

《秦始皇紀》：「五百石以下不臨，遷勿奪爵。」五百石以下，秋[一]卑任淺，故但遷而不奪爵。其六百石以上之不臨者，亦遷而不奪爵也。史文簡右[二]，兼二事爲一條。

「山鬼固不過知一歲事也。」其時已秋，歲將盡矣，今年不驗則不驗矣，山鬼豈能知來年之事哉？「退言曰：『祖龍者，人之先也。』」謂稱「祖」乃亡者之辭，無與于[三]我也，皆惡言死之意。

「始皇崩于沙丘」，乃又「從井陘抵九原」，今大同邊外。然後「從直道以至咸陽」，回繞三四千里而歸者。蓋始皇先□[四]蒙恬通道，自九原抵甘泉，塹山堙谷千八百里。若徑歸咸陽，不果行游，恐人疑揣，故載轀輬而北行。但欲以欺天下，雖君父之户[五]臭腐車中而不顧，亦殘忍無人心之極矣。

《項羽紀》：「搏牛之蝱，不可以破蟣蝨[六]。」言蝱[七]之大者，能搏牛而不能破蝨[八]，喻鉅鹿城小而堅，秦不能卒破。

鴻門之會，市公[九]但稱羽爲將軍，而樊噲則稱大王，其時羽未王也。張良曰：「誰爲大王盡[十]此計者？」其時沛公亦未王也。此皆臣下尊奉之辭，史家因而書之，今百世之下，辭氣宛然如見。又如黄歇《上秦昭王書》「先帝文王、武王」，其時秦亦未帝。必以書法裁之，此不達古今者矣。

「背關懷楚」，謂舍關中形勝之地而都彭城。如師古之解，乃背約，非背關也。

古人謂「倍」爲「二」。《孟子》：「卿禄二大夫。」「秦得百二」，言百倍也。「齊得十二」，言十倍也。

《孝文紀》：「天下人民未有嗛志。」與《樂毅傳》「先王以爲慊于志」同，皆厭足之意。《荀子》「惆然不慊」，[十一]又曰「由俗謂之道，盡嗛也」，[十二]又曰：「嚮萬物之美而不能嗛也」，[十三]又曰：「不自嗛其行者，言濫過」。[十四]《戰國策》「齊桓公夜半不嗛」，又曰「膳啗之嗛于口」。並是「慊」字而誤從「口」。《大學》「此之謂自謙」，亦「慊」字而誤從「言」。《吕氏春秋》「苟可以傔劑貌辨者，吾無辭爲也」，亦「慊」字而誤從「人」。[十五]

「三年，復晉陽中都民三歲。」正義曰：「晉陽」：「故城在汾陽[十六]平遥縣西南。」此當言「中都」故城在汾州平遥縣西南，言「晉陽」誤也。然此註已見卷首「中都」下。

文帝「前后死」：竇氏，妾也。「諸侯皆同姓」：謂無甥舅之國可娶。索隱解非。《漢書》無此句。

「十一月晦，日有食之。」《漢書》多有食晦者，盖置朔参差之失。其云「十二月望，日又食」，此當作「月」耳。[十七]

「民或祝詛上，以相約結，而後相謾。」謂先共祝詛，已而欺負，乃相告言也。故詔令若此者勿聽治，註並非。

《孝武紀》：「其後三年，有司言：元宜以天瑞命，不宜以一二數。一曰元[十八]建元，二元以長星曰元先[十九]，三元以郊得角獸一曰元狩云。」本《封禪書》。是「建元」、「元光」之號皆自後追爲之，而武帝即位之初亦但如文景之元，尚未有年號也。

《天官書》：「疾其對國。」謂所對之國。如《漢書·五行志》所謂「歲在壽星，其衝降婁」。《左氏傳》襄二十八[二十]年：「歲棄其次，而旅于明年之次，以害鳥帑，周、楚惡之。」杜氏解謂「失次于北，禍衝在南」者也。

「四始者，候之日。」謂歲始也，冬至日也，臘明日也，立春日也。正義專指正月旦，非也。

「星隕如雨」，乃宋閔公之五年，言「襄公」者，史文之誤。正義以僖公十五年「隕石于宋五」註之，非也。

《封禪書》：「成山斗入海。」謂斜曲入之，如斗柄然，古人語也。《匈奴傳》：「漢亦棄上谷之斗辟縣造陽地以予胡」，又云「匈奴有斗入漢地，直張掖郡」。

「各以勝日[二十一]駕車辟惡鬼。」「勝日」[二十二]，五行相克之日也，索隱非，

「天子病鼎湖甚。」「湖」當作「胡」，鼎胡，宫名，《漢書·楊雄傳》「南至宜春鼎胡，御宿昆吾」是也。《三輔黄圖》：「宜春宫在長安城東南杜縣東，近下杜。御宿死[二十三]在長安城南御宿川。」則鼎胡當在其中間[二十四]。故卒起幸甘泉，而行右内史界。索隱以爲湖縣，在今之閿鄉，絶遠，且無行宫。

「唯受命而帝[二十五]，心知其意而合德焉。」按此即謂武帝。服虔以爲高祖，非。

「奉車子侯暴病，一日死。」死于海上，非死於泰山下也。索隱所引《新論》之言殊謬。

《河渠書》：「引洛水至商顔下。」服虔曰：「『顔』音『崖』。」「崖」當作「岸」。《漢書·古今人

表》「屠岸賈」作「屠顔賈」是也。師古註謂「山領象人之顔額」者非，其指商山者尤非。劉邠已辯之。

《衛世家》：「頃侯厚賂周夷王，夷王命衛爲侯。」是頃侯以前之稱伯者，乃伯子男之伯也，索隱以爲方伯之伯，雖有《詩序》「旄丘責衛伯」之文可據，鄭氏箋曰：「衛康叔封爵侯[二十六]，今曰伯者，爲州伯[二十七]。」《周禮》：「九命作伯。」然非太史公意也，且古亦無以方伯之伯而繫謚者。同公[二十八]、召公，二伯也。其謚則曰文公、康公。

《楚世家》：「武王使隨人請王室尊吾號，王弗聽。還報楚，楚王怒，乃自立，爲楚武王。」「乃自立」爲一句，「爲楚武王」爲一句，蓋言自立爲王，後謚爲武王耳。古文簡，故連屬言之。如《管蔡世家》「楚公子圍弑其王郟敖，而自立，爲靈王」，《衛世家》、《鄭世家》皆云「楚公子棄疾弑靈王，自立，爲平王」，《司馬穰苴傳》「至常曾孫和，因自立，爲齊威王」。又如《韓世家》「晉作六卿，而韓厥在一卿之位，號爲獻子」，與此文勢正同。劉炫云：「號爲武，武非謚也」，此説鑿矣。項梁立楚懷王孫心爲楚懷王，尉佗自立爲南越武帝，此後世事耳。

「西起秦患，北絶齊交，則兩國之兵必至。」此兩國即謂秦、齊也。索隱以爲韓、魏，非也。

《越世家》：「乃發習流二千。」「習流」謂士卒中之善泅者，别爲一軍。索隱乃曰「流放之罪人」，非也。庾信《哀江南賦》：「彼鋸牙而鉤爪，又巡江而習流。」

「不者，且得罪」，言欲兵之。

《趙世家》[二十九]：「吾有所見子晰也。」「晰」者，分明之意。《易·大有》傳家[三十]：「明辨晳也」，即此字。音折，又音制。索隱誤以爲鄭子晳之「晳」。

《魏世家》：「王之使者出，過而惡安陵氏子奉[三十一]。」安陵氏，魏之别封。蓋魏王之使過安陵，有所不快，而毁之于秦也。

《孔子世家》：「余低曰[三十二]佪[三十三]之不能去云。」按《王篇[三十四]・□部[三十五]》：「祗，除飢切。祗徊，猶徘徊也。」然則字本當作「祗徊」，省文[三十六]爲「低回」耳。今讀爲高低之「低」，失之。

《楚辭・九章・抽思》：「低徊[三十七]夷猶，宿北姑兮。」「低」一作「□[三十八]」。

《絳侯世家》：「此不足君所乎？」謂此豈不滿君意乎？蓋必絳侯[三十九]辭色之間露其不平之意，故帝有此言，而絳侯免冠謝也。

「建德代侯坐酎金不善，元鼎五年，有罪，國除。」當云：「元鼎五年，坐酎金不善，國除」，衍「有罪」二字。

《梁孝王世家》：「乘布車。」謂微服而行，使人不知耳。無「降服自比喪人」之意。

《伯夷傳》：「其重若彼」，謂俗人之重富貴也。「其輕若此」，謂清士之輕富貴也。

《管晏傳》：「方晏子伏莊公尸哭之，成禮然後去，豈所謂『見義不爲無勇』者耶？」此言晏子之勇于爲義也。古人著書，引成語而反忘[四十]其意者多矣。《左傳》僖九年：「君子曰：《詩》所謂『白圭之玷，尚可磨也；斯言之玷，不可爲也。』荀息有焉。」言荀息之能不玷其言也。後人持論過高，以荀息贊獻公立少爲失言，以晏子不討崔杼爲無勇，非左氏、太史公之指[四十一]。

《孫臏傳》：「重射。」謂以千金射也。索隱解以爲「好射」，非。

「批亢擣虚。」索隱曰：「亢，言敵人相亢拒也」，非也。此與《劉敬傳》「搤其肮」之「肮」同。張晏曰：「喉嚨也。」下文所謂「據其街路」是也。以敵人所不及備，故謂之「虚」。

《蘇秦傳》：「前有樓闕軒轅。」當作「軒縣」。《周禮·小胥》：「正樂縣之位，王宫縣，諸侯軒轅[四十二]。」註謂「軒縣者，闕其南面」。

「殊而走。」《説文繫傳》曰：「斷絶分析曰殊。」謂斷支體而未及死。《淮南王傳》：「太子即自剄不殊。」

《樗里子傳》：「今伐蒲入于魏，衛必折而從之。」此文誤，當依索隱所引《戰國策》文爲正。[四十三]

《甘茂傳》：「其居于秦，累世重矣。」謂歷事惠王、武王、昭王。

《孟子荀卿傳》：「始也濫耳。」「濫」者，泛而無節之謂，猶莊子之「洸洋自恣」也。註引「濫觴」之義以爲「初」者非。

「儻亦有牛鼎之意乎？」謂伊尹負鼎、百里奚飯牛之意。藉此説以干時，非有仲尼、孟子守正不阿之論也。

《孟嘗君傳》：「嬰卒，謚爲靖郭君。」以號爲謚，猶之以氏爲姓，皆漢初時人語也。《吕不韋傳》「謚爲帝太后」，與此同。王褒賦：「幸得謚爲洞簫兮」[四十四]，亦是作號字用。

《平原君傳》：「非以君爲有功也而以國人無勳。」當作一句讀，言非國人無功而不封、君獨有功而封也。

《信陵君傳》：「如姬資之三年。」謂以資財求客報仇。

「徒豪舉耳。」謂特貌爲豪傑舉動，非真欲求有用之士也。

《蔡澤傳》：「豈道德之符，而聖人所謂吉祥善事者與？」「豈」不[四十五]當有「非」字。

《樂毅傳》：「室有語，不相盡，以告鄰里。」謂一室之中有不和之語，乃不自相規勸，而告之鄰里，此爲情之薄矣。正義謂「必告」者非。

《魯仲連傳》：「鄒魯之臣，生則不得事養，死則不得賻襚。」謂二國貧小，死生[四十六]之禮不備。索隱謂「君弱臣强」者非。

「楚攻齊之南陽。」南陽者，泰山之陽。《孟子》：「一戰勝齊，遂有南陽。」[四十七]

《賈生傳》：「斡[四十八]棄周鼎兮而寶康瓠。」應劭曰：「『斡』音『筦』。筦，轉也。」「斡流而遷兮，或推而還。」索隱曰：「『斡』音烏活反。斡，轉也。」義同而音異。今《説文》云：「斡，蠡柄也。以[四十九]斗，斡[五十]聲。」揚雄、杜林[五十一]説皆以爲軺車輪斡，烏括切。」按「斡[五十二]」字，古案切。《説文》既云「斡[五十三]」聲，則不得爲烏括切矣。顔師古《匡謬正俗》云：「《聲類》、《字林》並音管。賈誼《服鳥賦》云：『斡流而遷。』張華《勵志詩》云：『大儀斡運。』皆爲轉也。《楚辭》云：『筦維焉繫？』此義與斡同，字即爲筦。故知斡、管二音不殊，近代流俗音烏括切，非也。」《漢書・食貨志》：「浮食奇民，欲擅斡山海之貨」，師古曰：「『斡』謂主領也，讀與『管』同。」

《張敖傳》：「要之置。」「置」，驛也。如《曹相國世家》「取祁善置」、《田横傳》「至尸鄉廄置」之「置」。《漢書・馮奉世家》：「燔燒置亭。」

《淮陰侯傳》：「容容無所倚。」即「顒」字[五十四]。

《盧綰傳》：「匈奴以爲東胡盧王。」封之爲東胡王也，以其姓盧，故曰「東胡盧王」。

《田榮傳》：「榮弟横收齊散兵，得數萬人，反繫[五十五]項羽于城陽。」正義以爲濮州雷澤縣，非也。《漢書》城陽郡治莒。《史記・吕后紀》言「齊王乃上城陽之郡」，《孝文紀》言「以齊劇郡，立朱虚侯章爲城陽王」，而《淮陰侯傳》言「擊殺龍且」于濰水[五十六]上，「齊王廣亡去，信遂追北至城陽」，皆此地。按《戰國策》貂勃對襄王曰：「昔王不能守王之社稷，走而之城陽之山中。安平君以敝卒七千禽敵，反千里之齊。當是時，闔城陽而王天下，莫之能止。然爲棧道木閣，而迎王與后于城陽之山中，王乃復反，子臨百姓。」則古齊時已名城陽矣。

「無不[五十七]善畫[五十八]者，莫能圖。」謂以横兄弟之賢而不能存齊。

《陸賈傳》：「尉佗魋蹶然起，坐謝陸生。」「坐」者，跪也。

「數見不鮮[五十九]。」意必秦時人語，猶今人所謂「常來之客不殺雞」也。賈乃引此以爲父之于子亦不欲久慁。當時之薄俗可知矣。

《袁盎傳》：「調爲隴西都尉。」此今日「調官」字所本。「調」有更易之意，猶琴瑟之更張乃調也。《張釋之傳》：「十年不得調。」如淳訓爲「選」，未盡。

《扁鵲傳》：「醫之所病，病道少。」言醫[六十]所患，患用其道者少，即下文「六者」是也。

《倉公傳》：「臣意年盡三年，年三十九歲也。」按徐廣註，高后八年，意年二十六，[六十一]當作「年盡十三年，年三十九歲也」，脱「十」字。」《孝父[六十二]本紀》：「十三年，除肉刑。」

《武安傳》：「與長孺共一老秃翁。」謂爾我皆在[六十三]垂暮之年，無所顧惜，當直言以决此事也。索隱以爲「共治一老秃翁」者非。

因匈奴犯塞而有衛、霍之功，故序《匈奴》十[六十四]《衛将軍》、《驃騎傳》之前。

《南越尉佗傳》：「發兵守要害處。」按《漢書・西南夷傳》註：「師古曰：『在我爲要[六十五]，於敵爲害也。』」此解未盡。「要害」謂攻守必争之地，我可以害彼，彼可以害我，謂之害。人身亦有要害，《素問》：岐伯對黄帝曰：「脈有要害。」《後漢書・采歙[六十六]傳》：「中臣要害。」

《司馬相如傳》：「其爲禍也不亦難矣。」衍「亦」字。

《汲黯傳》：「愚民安知」爲一句。

《鄭當時傳》：「高祖令諸故項籍臣名籍。」謂奏事有涉項王者，必斥其名曰「項籍」也。

《酷吏傳》：「尸亡去，歸葬。」言其家人竊載尸而逃也。謂尸能自「飛去」，怪矣！

《游俠傳》：「近世延陵、孟嘗、春申、平原、信陵之徒，皆因王者親屬，藉于有王[六十七]卿相之富厚。」延陵謂季札，以其遍游上國，與名卿相結，解千金之劒而系冢樹，有俠士之風也。

《貨殖傳》：「廉吏久，久更富，廉賈歸富。」又曰：「貪賈三之，廉賈立[六十八]之。」夫「放於利而行，多怨」[六十九]。廉者知取知予，無求多于人，義然後取，人不厭其取。是以取之雖少，而久久更富，廉者之所得乃有其五也。註非。

「洛陽街居，在齊、秦、楚、趙之中。」《説文》：「街，四通道。」《鹽鐵論》：「燕之涿薊，趙之邯鄲，魏之温軹，韓之滎陽，齊之臨淄，楚之宛丘，鄭之陽翟，二周之三川，皆爲天下名都，居五諸侯之衢，跨街衝之路。」

「盡椎埋去就，與時俯仰。」「椎埋」常[七十]是「推移」二字之誤。

《太史公自序》：「申吕有[七十一]矣。」「肖」乃「削」字，脱其旁耳。與《孟子》「魯之削也滋甚」[七十二]義同。徐廣註以爲「痟」者非。

【校注】

[一]「秋」字誤，當改。原抄本、遂初堂本、集釋本、欒本、陳本、嚴本均作「秩」。

[二]「右」字誤，當改。原抄本、遂初堂本、集釋本、欒本、陳本、嚴本均作「古」。

[三]「于」字，原抄本同，遂初堂本、集釋本、欒本、陳本、嚴本無。

[四]底本缺一字處，原抄本、遂初堂本、集釋本、欒本、陳本、嚴本均作「使」，當補。

[五]「户」字誤，當改。原抄本、遂初堂本、集釋本、欒本、陳本、嚴本均作「尸」。

[六]「蝱」字誤，當改。原抄本、遂初堂本、集釋本、欒本、陳本、嚴本均作「蝨」。《史記》、《漢書》均作「蝨」。

[七]「蝱」，遂初堂本、集釋本、欒本、陳本、嚴本同，原抄本誤作「蝨」。

[八]「蝱」字誤，當改。原抄本、遂初堂本、集釋本、欒本、陳本、嚴本均作「蝨」。

[九]「市公」誤，當改。原抄本、遂初堂本、集釋本、欒本、陳本、嚴本均作「沛公」。下「沛公」不誤。

[十]「盡」字誤，當改。原抄本、遂初堂本、集釋本、欒本、陳本、嚴本均作「畫」。《史記》、《漢書》均作「畫」。

[十一]《荀子・禮論》。

[十二]《荀子・解蔽》。「俗」，原文作「欲」。《釋名》：「俗，欲也，俗人所欲也。」

[十三]《荀子・正名》。

[十四]《荀子・大略》。

[十五]黄汝成集釋引梁氏曰：「嗛」即「慊」。《漢書》作「愜志」，義同。索隱以爲不满之意，非也。

[十六]「汾陽」誤，原抄本同誤，當改。遂初堂本、集釋本、欒本、陳本、嚴本作「汾州」。《史記》張守節正義作「汾

州」。下「汾州」不誤。

[十七]黄汝成集釋引錢氏曰：古法用平朔，故日食有在晦及二日者。唐以後改用定朔，由是日食必在朔。

[十八]「二曰元」誤倒，當乙正。原抄本、遂初堂本、集釋本、欒本、陳本、嚴本均作「二元曰」。《史記》作「一元曰」。

[十九]「元先」誤，當改。原抄本、遂初堂本、集釋本、欒本、陳本、嚴本均作「元光」。《史記》作「元光」。

[二十]「二十八」誤，當改。原抄本、遂初堂本、集釋本、欒本、陳本、嚴本均作「二十八」。

[二十一]「勝日」，原抄本、集釋本、欒本、陳本、嚴本同，遂初堂本誤作「勝目」。下「勝日」不誤。

[二十二]「勝日」，原抄本同。遂初堂本、集釋本、欒本、陳本、嚴本下有「謂」字。

[二十三]「死」誤，當改。原抄本、遂初堂本、集釋本、欒本、陳本、嚴本均作「苑」。

[二十四]「中間」，原抄本同。遂初堂本、集釋本、欒本、陳本、嚴本下有「也」字。

[二十五]「而帝」下，遂初堂本、集釋本、欒本、陳本、嚴本有「者」字，與《史記》同，當補。原抄本無「者」字。

[二十六]「封爵」下，脱「稱侯」二字，原抄本同誤，當補。遂初堂本、集釋本、欒本、陳本、嚴本作「封爵稱侯」，與《毛詩正義》鄭箋同。

[二十七]「爲州伯」上，脱「時」字，當補。遂初堂本、集釋本、欒本、陳本、嚴本作「時爲州伯」，與《毛詩正義》鄭箋同。原抄本誤作「爲川伯」。

[二十八]「同公」誤，當改。原抄本、遂初堂本、集釋本、欒本、陳本、嚴本均作「周公」。

[二十九]「趙世家」，遂初堂本、集釋本、陳本、嚴本同，欒本誤作「越世家」。

[三十]「傳家」誤，當改。原抄本、遂初堂本、集釋本、欒本、陳本、嚴本均作「象傳」。

[三十一]「子奉」誤，當改。原抄本、遂初堂本、集釋本、欒本、陳本、嚴本均作「於秦」。下「于秦」不誤。

[三十二]「曰」字誤，當改。原抄本、遂初堂本、集釋本、欒本、陳本、嚴本均作「回」。《史記》作「回」。

[三十三]「甾」字誤，當改。遂初堂本作「留」，集釋本作「畱」，原抄本、欒本、陳本、嚴本作「留」。《史記》作「留」。

[三十四]「王篇」誤，當改。原抄本、遂初堂本、集釋本、欒本、陳本、嚴本均作「玉篇」。

[三十五]「□部」，原抄本、遂初堂本、集釋本、欒本、陳本、嚴本均作「亻部」，當補。

[三十六]「文」字，原抄本同，遂初堂本、集釋本、欒本、陳本、嚴本無。

[三十七]「佪」，欒本同，原抄本、遂初堂本、集釋本、陳本、嚴本作「佪」。《續四部叢刊》景宋刻洪興祖校本《楚辭》、《四部叢刊》景明繙宋本《楚辭補注》作「佪」。

[三十八]底本缺一字處，原抄本、遂初堂本、集釋本、欒本、陳本、嚴本均作「俳」，當補。

[三十九]「絳侯」誤，當改。原抄本、遂初堂本、集釋本、欒本、陳本、嚴本均作「條侯」。《史記》作「條侯」。下同。

[四十]「忘」字衍，原抄本同，當刪。遂初堂本、集釋本、欒本、陳本、嚴本無。

[四十一]「捐」字誤，當改。原抄本、遂初堂本、集釋本、欒本、陳本、嚴本均作「指」。

[四十二]「軒轅」誤，當改。原抄本、遂初堂本、集釋本、欒本、陳本、嚴本均作「軒縣」。《周禮》作「軒縣」。

[四十三]黄汝成集釋引梁氏曰：《策》作「蒲入于魏，衛必折于魏」，與此同一費解，疑有脱誤。索隱引《策》云：「今蒲入于秦，衛必折而入于魏。」吴注亦言「一本作『蒲入于秦』」，當是。

[四十四]王褒《洞簫賦》。

[四十五]「不」字誤，當改。原抄本、遂初堂本、集釋本、欒本、陳本、嚴本均作「下」。

[四十六]「死生」，原抄本同，遂初堂本、集釋本、欒本、陳本、嚴本作「生死」。

[四十七]《孟子·告子下》。

[四十八]「幹」字誤，下文十二「幹」字皆誤，當改。原抄本同誤，下文十「幹」字皆誤，惟《漢書》及注二處不誤。遂初堂本、集釋本、欒本、陳本、嚴本作「斡」。

[四十九]「以」字誤，原抄本同誤，當改。遂初堂本、集釋本、欒本、陳本、嚴本作「从」。

[五十]「幹」字誤，當改。原抄本、遂初堂本、集釋本、欒本、陳本、嚴本均作「𠃬」。《説文》作「𠃬」。

[五十一]「杜林」誤，當改。原抄本、遂初堂本、集釋本、欒本、陳本、嚴本均作「杜林」。《説文》作「杜林」。

[五十二]「幹」字誤，當改。原抄本、遂初堂本、集釋本、欒本、陳本、嚴本均作「𠃬」。

[五十三]「幹」字誤，當改。原抄本、遂初堂本、集釋本、欒本、陳本、嚴本均作「𠃬」。

[五十四]「即顒字」脱誤，原抄本同誤，當補。遂初堂本、集釋本、欒本、陳本、嚴本作「『容容』即『顒顒』字」。

[五十五]「繫」字誤，當改。原抄本、遂初堂本、集釋本、欒本、陳本、嚴本均作「擊」。《史記》作「擊」。

[五十六]「濰水」，遂初堂本、集釋本、欒本、陳本、嚴本同，原抄本誤作「淮水」。《史記》作「濰水」。

[五十七]「無不」，各本均同。《史記》原文作「不無」。

[五十八]「盡」字誤，當改。原抄本、遂初堂本、集釋本、欒本、陳本、嚴本均作「畫」。《史記》作「畫」。

[五十九]「鮮」字誤，當改。原抄本、遂初堂本、集釋本、欒本、陳本、嚴本均作「鮮」。《史記》作「鮮」。

[六十]「醫」字，原抄本同，遂初堂本、集釋本、欒本、陳本、嚴本下有「之」字。

[六十一]集解引徐廣曰：「意年三十六。」

[六十二]「孝父」誤，當改。原抄本、遂初堂本、集釋本、欒本、陳本、嚴本均作「孝文」。

[六十三]「在」字，原抄本、遂初堂本、集釋本、欒本、陳本、嚴本均無。

[六十四]「十」字誤，當改。原抄本、遂初堂本、集釋本、欒本、陳本、嚴本均作「於」。

[六十五]「在我爲要」上，脱「要害者」三字，原抄本、遂初堂本、集釋本、欒本、陳本、嚴本有，當補。

[六十六]「采歙」誤，當改。原抄本、遂初堂本、集釋本、欒本、陳本、嚴本均作「來歙」。

[六十七]「王」字誤，當改。原抄本、遂初堂本、集釋本、欒本、陳本、嚴本均作「土」。《史記》作「土」。

[六十八]「立」字誤，當改。原抄本、遂初堂本、集釋本、欒本、陳本、嚴本均作「五」。《史記》作「五」。

[六十九]語出《論語・里仁》。

[七十]「常」字誤，當改。原抄本、遂初堂本、集釋本、欒本、陳本、嚴本均作「當」。

[七十一]「有」字誤，當改。原抄本、遂初堂本、集釋本、欒本、陳本、嚴本均作「肖」。《史記》作「肖」。

[七十二]《孟子・告子下》。

漢書註

《漢書叙例》，顔師古註[一]，其所列姓氏，「鄧展」、「文穎」下並云「魏建安中」。「建安」乃漢獻帝年號，雖政出曹氏，不得遽名以「魏」。

《高帝紀》：「諸侯罷戲下，各就國。」註引一説云：「時從項羽在戲水之上」，此説爲是。盖羽入咸陽，而諸侯自留軍戲下爾。他處固有以「戲」爲「麾[二]」者，但云「罷麾下」似不成文。

「不因其幾而遂取之。」訓「幾」爲危，未當。「幾」即「機」字，如《書》「若虞機張」之「機」。

「遣諸[三]相國府，署行、義、年。」謂書其平日爲人之寔迹，如《昭帝紀》元鳳元年三月「賜郡國所選有行義者涿郡韓福等五人帛」、《宣帝紀》「令郡國舉孝弟有行義聞于鄉里者各一人」是也。劉攽改「義」爲「儀」，謂「若今團貌」，非。

《武帝紀》：元封元年詔，「用事八神」。謂東巡海上而祠八神也，即《封禪書》所謂「八神，一曰天主，祠天齊」之屬。文穎以爲「祭太一，開八通之鬼道」者非。

天漢元年，「秋，閉城門，大搜」。與二年及征和元年之大搜同，皆搜索奸人也，非蹫侈者也。

《昭帝紀》：「三輔、太常郡得以叔即「菽」字。粟當賦。」漢時田租本是叔粟，今并口筭裸征之，用錢者皆令以叔粟當之。其獨行於三輔、太常郡者，不獨爲穀賤傷農，亦以減漕三百萬石，慮儲偫之乏也。

《元帝紀》，永光元年，「秋罷」。如淳曰：「當言罷某官某事，爛脱失之」，是也。《左傳》成二年「夏有」，亦是闕文，杜氏解曰：「失新築戰事」。

建昭三年，「戊己校尉」。師古曰：「戊己校尉者，鎮安西域，無常治處。亦猶甲乙、丙丁、庚辛、壬癸，各有正位，而戊己四季寄王，故以名官也。時有戊校尉，又有己校尉。一説戊己位在中央，今所置校尉處三十六國之中，故曰戊己也。」《百官公卿表》註亦載二説。《漢官儀》曰：「戊己中央，鎮覆四方。又開渠播種，以爲厭勝，故稱戊己焉。」按馬融《廣成頌》曰：「校隊案部，前後有屯，甲乙相伍，戊己爲堅。」則不獨西域，雖平時校獵亦有部伍也。又知其甲乙八名皆有，而西域則但置此戊己二官耳。《王莽傳》：「右庚刻木校尉，前丙耀金都尉。」其取[四]名或有所本。《車師傳》：「置戊己校尉，屯田，居車師故他[五]。」《烏孫傳》：「漢徒[六]己校，屯姑墨。」而《後漢書・耿恭傳》：「恭爲戊校尉，屯後王部金蒲城。謁者關寵[七]爲己校尉，屯前王柳中城。」故師古以爲「無常治」。

《哀帝紀》：「非赦令也，皆蠲除之。」猶《成帝紀》言「其吏也遷二等」同一文法。蓋赦令不可復及[八]，故但此一事不蠲除也。

《王子侯表》：「瓡節侯息，城陽頃王子。」師古曰：「『瓡』即『瓠』字也，又音孤。」《地理志》「北海郡」下「瓡侯國」，師古曰：「『瓡』即『執』字。」二音不同。而《功臣表》「瓡讘侯杆」者，師古曰：

「『瓡』、『狐』同。」「河東郡」下作「狐讘」，又未知即此一字否也？

《百宮[九]表》：「長水校尉，掌長水、宣曲胡騎。」師古曰：「長水，胡名也。宣曲，觀名。胡騎之屯于宣曲者。」按長水非胡名也。《郊祀志》：「霸、產、豐、澇、涇、渭、長水，以近咸陽，盡得此[十]山川祠。」《史記》索隱曰：「《百官表》有『長水校尉』。沈約《宋書》云：『營近長水，因名。』《水經》云：『長水出白鹿原，今之荊溪水是也。』」

元鳳四年，「蒲侯蘇昌爲太常」。十一年，「坐籍霍山書泄秘書，免」。師古曰：「以秘書借霍山」，非也。蓋籍淡[十一]霍山之書，中有秘記，當密奏之，而輒以示人，故以宣泄罪之耳。山本傳言：「山坐寫秘書，顯爲上書獻城西第，入馬千匹，以贖山罪。」若山之秘書從昌借之，昌之罪將不止免官[十二]，而元康四年昌復爲太常，薄責昌而厚繩山，非法之平也。且如顏說，當云「坐借霍山秘書免」足矣，何用文之重、辭之複乎？

建昭三年七月戊辰，「衛尉李延壽爲御史大夫，一姓繁」。師古曰：「『繁』音蒲元反。」《陳湯傳》「御史大夫繁延壽」，師古曰：「『繁』音蒲胡反。」《蕭望之傳》師古音「婆」。《谷永傳》師古音「蒲河[十三]反」。蒲元則音盤，蒲胡則音蒲，蒲河則音婆，三音互見，並未歸一。然「繁」字似有「婆」音。《左傳》定四年：「殷民七族：繁氏。」「繁」音步何反。《儀禮・鄉射禮》註：「今文『皮樹』爲『繁豎』，『皮』，古音婆。」《史記・張丞相世家》：「丞相司直繁君」，索隱曰：「『繁』音『婆』。」《文選》「繁休伯」，呂向音「步何反」。則「繁」之音「婆」，相傳久矣。《廣韻・八戈部》中有「繁」字，註曰：「音薄波切，姓也。又音頓[十四]。」此字或作「縏[十五]」。《玉篇》「縏[十六]」字亦音步波、步月[十七]二切。

《律曆志》：「壽王侯[十八]課比三年下。」謂課居下也。下文言「竟以下吏」，乃是下獄，師古註非。

《食貨志》：「學六甲五方書計之事。」六甲者，四時六十甲[十九]子之類。五方者，九州嶽瀆列國之名。書者，六書[二十]。計者，九數。瓚説未盡。

「國亡捐瘠者。」「瘠」，古「胔」字，謂死而不葬者也。《婁敬傳》「徒見羸胔老弱」，《史記》作「瘠」。《後漢書·彭城靖王恭傳》「毁胔過禮」，《大戴禮》「羸醜以胔」，皆是「瘠」字。則此「瘠」乃「胔」字之誤，當從孟康之説。蘇林音「漬」，是。

「課得穀皆多其旁田，晦[二十一]一斛以上。」蓋「壖地」[二十二]久不耕之地，地力有餘，其收必多，所以作代田之法也。

「天下大氐無慮皆鑄金錢矣。」「無慮」猶云無筭，言多也。

「布貨十品。」師古曰：「布即錢耳。謂之布者，言其分布流行也。」按本文，錢、布自是二品，而下文復載改作貨布之制，安得謂布即錢乎？《莽傳》曰：「貨布長二寸五分，廣一寸，直貨錢二十五。」今貨布見存，上狹下廣而岐，其下中有一孔，師古當日或未之見也。

《郊祀志》：「文公獲若[二十三]，云于陳倉北坂[二十四]城祠之。其神或歲不至，或歲數來也。常以夜，光煇若流星，從東方來，集于祠城。若雄雞，其聲殷云[二十五]，野雞夜鳴。」如淳曰：「野雞，雉也。吕后名雉，改曰野雞。」《五行志》：「天水冀南山大石鳴，聲隆隆如雷，有頃止，壄「野」同。雞皆鳴。」師古曰：「雉也。」竊謂野雞者，野中之雞耳。註拘於荀悦云「諱雉之字曰野雞」。夫諱「恒」曰「常」，諱「啟」曰「開」，史固有言「常」言「開」者，豈必其皆爲「恒」與「啟」乎？又此文本

《史記·封禪書》，其上文云「有雉登鼎耳雊」，其下文云公孫卿言「見僊人跡緱氏城上，有物如雉往來城上」，又云「縱遠方奇獸飛禽及白雉諸物」，《漢書》同此二條。立[二十六]無所諱。而《漢書·地理志》南陽郡有雉縣，江夏郡有下雉縣。《五行志》王音等上言：「雉者聽察，先聞雷聲」，則漢時未嘗諱「雉」也。

「木寓龍一駟，木寓車馬一駟。」李奇曰：「寓，奇也。寄生龍形于木。」此說恐非。古文「偶」、「寓」通用，「偶」亦音「寓」。「木寓」，木偶也。《史記·孝武紀》作「木禺[二十七]馬」，而《韓延壽傳》曰「賣偶車馬下里僞物者，棄之市道」。古人用以事神及送死皆木偶人、木偶馬，《魯相史晨孔廟後碑》云：「飭治桐車馬于瀆上。」今人代以紙人、紙馬。又《史記·殷本紀》：「帝武乙無道，爲偶人，謂之天神」，索隱曰：「『偶』音『寓』。」《酷吏傳》：「匈奴至爲偶人，象郅都」，索隱曰：「《漢書》作『寓人』。」可以證「寓」之爲「偶」矣。

《五行志》：「吴王濞封四有[二十八]郡五十餘城。」「四」當作「三」。古「四」字積劃以成，與「三」易混。猶《左傳》「陳蔡不羹三國」之爲「四國」也。

「隱公三年『二月己巳，日有合[二十九]之』」，「其後，鄭獲魯隱」。按狐讓[三十]之戰事在其前，乃隱公爲太子[三十一]時，此劉向誤説，班史固[三十二]之，不必曲爲之解。

《溝洫志》：「内史稻田租挈重。」「挈」，偏也。《説文》有「𢱭」字，註云：「角一俯一仰」，意同。

《楚元王傳》：「孫卿。」師古曰：「荀况，漢以避宣帝諱改之。」按漢人不避嫌名，「荀」之爲「孫」，如「孟卯」之爲「芒卯」，「司徒」之爲「申徒」，語音之轉也。

「上數欲用向爲九卿，輒不爲王氏居位者及丞相、御史所持，故終不遷。」衍一「不」字，當云「輒爲王氏居位者及丞相、御史所持」。「持」者，挾制之義，而非挾助之解也。

《季布傳》：「難近。」謂令人畏而遠之。師古以「近」爲「近天子，爲大己[三十三]」，非也。

《樊噲傳》：「項羽既饗軍士，中酒。」「中酒」，謂酒半也。《呂氏春秋》謂之「中飲」。「晉靈王發酒于宣孟，宣孟知之，中飲而出。」[三十四]《戰國策》：進王[三十五]觴張儀，「中飲，再拜而請」。凡事之半曰「中」。《左傳》昭公二十八年：「中置」，謂饋之半也。上云「饋之始至」，下云「饋之畢」。《史記·河渠書》：「中作而覺」，謂上[三十六]之半也。《呂氏春秋》：「中關音「彎」。而止」，謂關弓弦正半而止也。「中酒」猶今人言「半席」。師古解以「不醉不醒，故謂之中」，失之矣。《司馬相如傳》：「酒中樂酣」，師古曰：「酒中，飲酒中半也。」一人註書，前後不同。

《淮南厲王傳》：「命從者刑之。」《史記》作「剄之」。當從「剄」，者[三十七]相近而訛。下文「太子自刑不殊」，又云「王自刑殺」，《史記》亦皆作「剄」也。

「孝先自告反，告除其罪。」按《史記》無下「告」字，是衍文，師古曲爲之説。

《萬石君傳》：「內史坐車中自如，固當」者，反言之也。言貴而驕人，當如此乎？

《賈誼傳》：「上數爽其憂。」謂秦之所憂者在孤立，而漢之所憂者在諸侯；漢初之所憂者在異姓，而今之所憂者在同姓。

張敖不反，故流[三十八]一「貫高爲相」句，古人文字之密。

「植遺腹，朝委裘，而天下不亂。」必古有是語，所謂「君薨而世子生」[三十九]者也。季桓子命其臣正常曰：「南孺子之子，男也，則以告而立之。」[四十]遺腹之爲嗣，自人君以至于大夫，一也。

《鄒陽傳》：「宗[四十一]任子冉之計，囚墨翟。」《史記》作「子罕」。文穎曰：「子冉，子罕也。」按子罕是魯襄公時人，墨翟在孔子之後，冉子[四十二]當别是一人。

「秦皇帝任中庶子蒙[四十三]之言。」師古曰：「蒙者，庶子名也。今流俗本文下[四十四]輒加『恬』字，非也。」按《史記》：「秦王寵臣中庶子蒙嘉爲先言于秦王」，[四十五]非蒙恬，蒙亦非名，傳文脱一「嘉」字。

《趙王彭祖傳》：「椎埋[四十六]。」即掘冢也。新埋[四十七]者謂之埋。師古曰：「椎殺人而埋之」，恐非。

《李廣傳》：「稱[四十八]節白檀。」「彌」與「弭」同。《司馬相如傳》：「於是楚王乃弭節徘徊」，註：「郭璞曰：『弭猶低也。節，所杖信節也。』」

「陵當發出塞，廼詔彊弩都尉，令迎軍。」言當俟陵出塞之後，乃詔博德迎之。

《蘇武傳》：「陵惡自賜武，使其妻賜武牛羊數十頭。」今人送物與人，而托名于其妻者[四十九]，往往有之。其謂之「賜」者，陵在匈奴已立爲王故也。云「惡自賜武」，盖嫌于自居其名耳。師古註謂「若示己于匈奴中富饒以夸武」者非。

《司馬相如傳》，《子虚之賦[五十]》乃游梁時作，當是侈梁王田[五十一]獵之事而爲言耳。後更爲「楚稱」、「齊唯[五十二]」而歸之天下[五十三]，則非當日之本文矣。若但如今所載「子虚」之言，不成一篇結構。

《張安世傳》：「無子，子安世小男彭祖。」謂賀無見存之子，而以安世小男爲子。其蚤死之子别有一子，乃下文所謂「孤孫霸」，非無子也。

《杜周傳》：「吏所增加十有餘萬。」謂辭外株連之人。

《張騫傳》：「竟不能得月氏要領。」古人上衣下裳，舉裳者執要，舉衣者執領。

《廣陵王胥者[五十四]》：「女須泣曰：『孝武帝下我。』」言孝武帝降凴其身而言。「千里馬分[五十五]駐待路。」言神魂飛揚，将乘比[五十六]馬而遠適千里之外。張晏註以爲「驛馬」非。

《嚴助傳》：「臣聞道路言：閩越王弟甲弑而殺之。」即下文所云「會閩越王弟餘善殺王以降」者也。當淮南王上書之時，不知其名，故謂之「甲」，猶云「某甲」耳。師古曰：「甲者，閩越王弟之名」非。

《朱買臣傳》：「買臣入家中。」即會稽邸中也。邸如今京師之會館。

《東方朔傳》：「以劍割肉而去之。」裴松之註《魏志》云：「一人[五十七]謂『藏』爲『去』。」《蘇武傳》：「掘野鼠、去草寔[五十八]而食之。」師古曰：「去，謂藏之也。」

《楊惲傳》：「廷尉當惲大逆無道」者，以書中有「君父送終」之語。

《梅福傳》：「諸侯奪宗。」如帝摯立，不善，崩，而堯自唐侯升爲天子是也。

《梅福傳贊》：「殷鑒不遠，夏后所間[五十九]。」謂福引吕、霍、上官之事以規切王氏。師古註謂「封孔子後」非。

《霍光傳》：張章等言：霍氏「皆讎有功」。晉灼曰：「讎，等也」，非也。此如《詩》「無言不讎」之「讎」。《詩》正義：「相對謂之讎。」《左傳》僖五年：「無喪而慼憂，必讎焉」，註：「讎猶對也。」《律歷志》：「廣延宣問，以理星度，未能讎也。」鄭德曰：「相應爲讎也。」《郊祀志》：「其方盡多不讎。」《伍被傳贊》：「忠不終而詐讎。」《魏其傳》：「上使御史簿責嬰，所言灌夫頗不讎。」

《趙充國傳》：「微將軍，誰不樂此者？」言豈獨將軍苟安貪便，人人皆欲爲之。師古[六十]以「微」字屬上句讀，非。

《辛慶忌傳》：「衛青在位，淮南寢謀。」謂伍被言大將軍數將習兵，未易當。又言雖古名將不過是，爲淮南所憚。

《于定國傳》：「萬方之事，大録于君。」按今所傳王肅註《舜典》「納於大麓」曰：「麓，録也。納舜，使大録萬機之政。」盖西京時已有此解，故詔書用之。章帝即位，以太傅趙熹、太尉牟融並録尚書事。

《于定國傳贊》：「哀鰥哲獄。」《毛詩》、《禮記》凡鰥寡之「鰥」皆作「矜」，此亦「矜」之誤，「哲」則「折」之誤也。師古以傳中有「哀鰥寡」語，遂以釋此文，而以「哲」爲明哲之「哲」。

《龔勝傳》：「勿隨俗動吾家，種柏作祠堂。」師古曰：「多設器備，恐被發掘，爲『動音[六十一]家』」，非也。古人族葬，勝必已自有墓。若隨俗人之意，更于冢上種柏作祠堂，則是「動吾家」也。盖以朝代遷革，一切飾終之禮俱不欲用。

《韋賢傳》：「歲月其徂，年其逮耇。於昔君子，庶顯于後。」孟自言年老，慕者[六十二]之君子垂令名于後，欲王信老成之言而用之也。《在鄒詩》曰：「既耇且陋。」則此爲孟之自述可知。

「下從者與載送之。」「下」如《爰盎傳》「下趙談」之「下」。與之共載，復送至其家也。

《尹翁歸傳》：「高主[六十三]于死。」「高」謂罪[六十四]之上者，猶言上刑。

《王尊傳》：「猥彼[六十五]共工之大惡。」謂御史大夫劾奏，尊以「靖言庸違，象共滔天」[六十六]。

《蕭育傳》：「鄠名賊梁子政。」「名賊」猶言「名王」，謂賊之有名號者也。師古曰：「名賊者，自顯其名，無所避匿，言其强也」非。

《宣元六王傳贊》：「貪人敗類。」《大惟[六十七]·桑柔》之詩，師古註誤以爲《蕩》。

《張禹傳》：「兩人皆聞知，各自得也。」崇以禹爲親之，宣以禹爲敬之，故各自得。

《翟方進傳》：「萬歲之期，近慎朝暮。」謂宫車晏駕，故下文即[六十八]賁麗[六十九]可移于相也。

《楊雄傳》：「不知伯僑周何別也。」謂不知是何王之別子。

「冠倫魁能。」「能」字當屬上句，言爲能臣之首。

史書之文中有誤字，要當旁證以求其是，不必曲爲之説。如此傳《解嘲》篇中「欲談者宛舌而固聲」，「固」乃「同」之誤。「東方朔割名于細君」，「名」乃「炙」之誤。有《文選》可證。而必欲訓之爲「固」、爲「名」，此小顔之癖也。《顔氏家訓》云：「《穀梁傳》：『孟勞者，魯之寶刀也。』僖元年。有姜仲岳，讀『刀』爲『力』，謂公子龍右[七十]，姓孟名勞，多力之人，爲國所寶。與吾苦諍。清河郡守邢峙，當世碩儒，助吾證之，赧然而服。」此傳「割名」之解，得無類之？

《儒林傳》：「弟子行雖不備，而至于大夫、郎、掌故以百數。」謂不必皆有行誼，而多顯官。

《貨殖傳》：「爲平陵石氏持錢。」「持錢」猶今人言「掌財」也。如氏、苴氏皆平陵富人，而石氏訾亦次之。

《游俠傳》：「酒市趙君都、賈子光。」服虔曰：「酒市中人也」，非也。按《王尊傳》：「長安宿豪大猾，箭張禁，酒趙放。」晉灼曰：「此二人作箭、作酒之家。」今此上文有「箭張回」，即「張禁」也。「君都」亦即「放」也，名偶異耳。

《佞幸傳》：「朕惟噬膚之恩未忍。」是取《易・睽[七十一]》六五「厥宗噬膚」，言貴戚之卿，恩未忍絶。

《匈奴傳》：「孤憤[七十二]之君。」「憤」如《左傳》「張脈僨興」之「僨」。《倉公傳》所謂「病得之欲男子，而不可得也」。

「衛律爲單于謀，穿井築城，治樓以藏穀，與秦人守之。」師古曰：「秦時有人亡入匈奴者，今其子孫尚號『秦人』」，非也。彼時匈奴謂中國人爲「秦人」，猶今言「漢人」耳。《西域傳》：「匈奴縛馬前後足，置城下，馳言：『秦人，我匄[七十三]若馬！』」師古曰：「謂中國人爲秦人，習故言也」，是矣。其言「與秦人守」者，匈奴以轉徙爲業，不習守禦，凡穿井築城之事，非秦人不能爲也。《大宛傳》：「聞宛城中新得秦人，知穿井」，亦謂中國人。《後漢書・鄧訓傳》：「發皇中[七十四]秦胡。」《袁紹[七十五]傳》：「詔[七十六]賞賜秦胡。」「秦」者中國人，「胡」者胡人，猶後人之言「蕃漢」也。

「去胡來王唐兜。」師古曰：「爲其去胡而來降漢，故以爲王號」，非也。《西域傳》：「婼羌國王，號『去胡來王』。」

「臣知父呼韓邪單于，蒙無量之恩。」其時尚未更名，當曰「臣囊知牙斯」。作史者從其後更名録之耳。

故印已壞，乃云「因上書求故印」者，求更鑄如故印之式，去「新」字而言「璽」。

《南粤傳》：「朕高皇帝側室之子。」師古曰：「言非正嫡所生」，非也。《春秋左氏》桓公二年傳曰：「卿置側室」，杜解：「側室，衆子也。」文公十二年傳曰：「趙有側室曰穿。」

《西域傳》：「康居國王，東羈事匈奴。」言不純臣，但羈縻事之，與烏孫羈屬意同。當州[七十七]彼註，删此註。

「宜給足，不可乏。」當作「可不乏」。

《外戚傳》：「常與死爲伍。」言濱于死。

「其條刺，史大長秋來白之。」「史」當作「使」。[七十八]

「丞知是何等兒也。」言藏之以辨是男非女，師古註非。

「奈何令長信得聞之。」謂何道令太后聞之。

「終没，至乃配食于左座[七十九]。」謂合葬渭陵，配食元帝。

《王莽傳》：「治者掌寇大夫陳成自免去官。」盖先幾而去。

「自稱廢漢大将軍」者，自稱漢大将軍也。下文云「亡漢将軍」，仝此意。自莽言謂之「廢漢」、「亡漢」耳。

「會省户下。」「省户」即禁門也。蔡邕《獨斷》曰：「禁中者，門户有禁，非侍御者不得入，故曰禁中。」孝元皇后父大司馬陽平侯名「禁」，當時避之，故白[八十]「省中」。

「右庚刻木校尉。」「刻」、「克」仝，取金克木。

《叙傳》：「劉氏承堯之後，氏族之世，著乎《春秋》。」左氏昭公二十九年《傳》：「陶唐氏既衰，其後有劉累者，學擾龍於秦龍氏[八十一]，以事孔甲。」師古引士會奔秦，「其處者爲劉氏」，[八十二]則又其苗裔也。

「彤落洪支。」謂中山、東平之獄。服虔以爲廢退王氏，非。

【校注】

[一]「註」字誤，原抄本同誤，當改。遂初堂本、集釋本、欒本、陳本、嚴本作「撰」。

[二]「磨」字誤，當改。原抄本、遂初堂本、集釋本、欒本、陳本、嚴本均作「麾」。下「麾」字不誤。

[三]「諸」字誤，當改。原抄本、遂初堂本、集釋本、欒本、陳本、嚴本均作「詣」。《漢書》作「詣」。

[四]「取」，原抄本同，遂初堂本、集釋本、欒本、陳本、嚴本作「所」。

[五]「他」字誤，當改。原抄本、遂初堂本、集釋本、欒本、陳本、嚴本均作「地」。《漢書》作「地」。

[六]「徒」字誤，當改。原抄本、遂初堂本、集釋本、欒本、陳本、嚴本均作「徙」。《漢書》作「徙」。

[七]「關籠」誤，當改。原抄本、遂初堂本、集釋本、欒本、陳本、嚴本均作「闕寵」。《後漢書》作「闕寵」。

[八]「及」字誤，當改。原抄本、遂初堂本、集釋本、欒本、陳本、嚴本均作「反」。

[九]「百宮」誤，當改。原抄本、遂初堂本、集釋本、欒本、陳本、嚴本均作「百官」。

[十]「此」字誤，當改。原抄本、遂初堂本、集釋本、欒本、陳本、嚴本均作「比」。《漢書》作「比」。

[十一]「淡」字誤，當改。原抄本、遂初堂本、集釋本、欒本、陳本、嚴本均作「没」。

[十二]「宫」誤，當改。原抄本、遂初堂本、集釋本、欒本、陳本、嚴本均作「官」。

[十三]「蒲河」誤，原抄本、遂初堂本、集釋本、陳本、嚴本同誤，當改。欒本作「蒲何」，與《漢書》注同，然下文仍作「蒲河」，各本均誤。

[十四]「頓」字誤，當改。原抄本、遂初堂本、集釋本、欒本、陳本、嚴本均作「頍」。

［十五］「繫」，遂初堂本、集釋本、欒本、陳本、嚴本同，原抄本誤作「繁」。

［十六］「繫」字誤，當改。原抄本、遂初堂本、集釋本、欒本、陳本、嚴本均作「擊」。

［十七］「月」字誤，當改。原抄本、遂初堂本、集釋本、欒本、陳本、嚴本均作「丹」。

［十八］「俟」字誤，原抄本同誤，當改。遂初堂本、集釋本、欒本、陳本、嚴本作「候」。《漢書》作「候」。

［十九］「田」字誤，當改。原抄本、遂初堂本、集釋本、欒本、陳本、嚴本均作「甲」。

［二十］「盡」字誤，當改。原抄本、遂初堂本、集釋本、欒本、陳本、嚴本均作「書」。

［二十一］「晦」字誤，當改。原抄本、遂初堂本、集釋本、陳垣作「畮」，欒本、嚴本作「畝」。

［二十二］「壖地」下，脱「乃」字，當補。原抄本、遂初堂本、集釋本、欒本、陳本、嚴本均有「乃」字。

［二十三］「若」字下，脱「石」字，當補。原抄本、遂初堂本、集釋本、欒本、陳本、嚴本均作「若石」，與《漢書》同。

［二十四］「坂」字，原抄本、遂初堂本、集釋本、欒本、陳本同，嚴本作「阪」。《漢書》作「阪」。

［二十五］「殷云」，原抄本、遂初堂本、集釋本、欒本、陳本同，嚴本作「殷殷云」。《史記・封禪書》作「殷云」，《漢書》作「殷殷云」。按「殷云」脱一字，當作「殷殷云」。

［二十六］「立」字誤，當改。原抄本、遂初堂本、集釋本、欒本、陳本、嚴本均作「並」。

［二十七］「禺」，原抄本同。遂初堂本、集釋本、欒本、陳本、嚴本作「偶」。按《史記》作「禺」，《漢書・郊祀志》作「偶」。

［二十八］「四有」誤倒，當乙正。原抄本、遂初堂本、集釋本、欒本、陳本、嚴本均作「有四」。《漢書》作「有四」。

［二十九］「合」字誤，當改。原抄本、遂初堂本、集釋本、欒本、陳本、嚴本均作「食」。《漢書》及《公羊傳》均作「食」。

［三十］「狐讓」誤，原抄本同誤，當改。遂初堂本、集釋本、欒本、陳本、嚴本作「狐壤」。狐壤之戰見《左傳》及《公羊傳》。

[三十一]「太子」，原抄本、遂初堂本、陳本、嚴本同，集釋本、欒本作「公子」。

[三十二]「固」字誤，當改。原抄本、遂初堂本、集釋本、欒本、陳本、嚴本均作「因」。

[三十三]「己」字誤，當改。原抄本、遂初堂本、集釋本、欒本、陳本、嚴本均作「臣」。

[三十四]晉靈王事，見《呂氏春秋·報更》。

[三十五]「進王」誤，當改。原抄本、遂初堂本、集釋本、欒本、陳本、嚴本均作「楚王」。

[三十六]「上」字誤，當改。原抄本、遂初堂本、集釋本、欒本、陳本、嚴本均作「工」。

[三十七]「者」字誤，當改。原抄本、遂初堂本、集釋本、欒本、陳本、嚴本均作「音」。

[三十八]「流」字誤，當改。原抄本、遂初堂本、集釋本、欒本、陳本、嚴本均作「添」。

[三十九]語出《禮記·曾子問》。

[四十]語出《左傳·哀公三年》。

[四十一]「宗」字誤，當改。原抄本、遂初堂本、集釋本、欒本、陳本、嚴本均作「宋」。《漢書》作「宋」。

[四十二]「冉子」誤倒，當乙正。原抄本、遂初堂本、集釋本、欒本、陳本、嚴本均作「子冉」。

[四十三]「蒙」，各本均同。清武英殿本《漢書》原文作「蒙」，《史記》原文作「蒙嘉」。

[四十四「本文下」，原抄本同。遂初堂本作「本義下」，集釋本、欒本、陳本、嚴本作「書本『蒙』下」。劉向《新序》云：「秦皇帝任中庶子蒙恬之言。」

[四十五]《史記·刺客列傳》。

[四十六]「理」字誤，當改。原抄本、遂初堂本、集釋本、欒本、陳本、嚴本均作「埋」。《漢書》作「埋」。下「埋」字不誤。

[四十七]「埋」字誤，原抄本同誤，當改。遂初堂本、集釋本、欒本、陳本、嚴本作「葬」。

[四十八]「稱」字誤，當改。原抄本、遂初堂本、集釋本、欒本、陳本、嚴本均作「彌」。《漢書》作「彌」。

［四十九］「而托名于其妻者」，原抄本同，遂初堂本、集釋本、欒本、陳本、嚴本作「而托其名于妻者」。

［五十］「賊」字誤，當改。原抄本、遂初堂本、集釋本、欒本、陳本、嚴本均作「賦」。

［五十一］「曰」字誤，當改。原抄本、遂初堂本、集釋本、欒本、陳本、嚴本均作「田」。

［五十二］「唯」字誤，當改。原抄本、遂初堂本、集釋本、欒本、陳本、嚴本均作「難」。

［五十三］「天下」誤，原抄本同誤，當改。遂初堂本、集釋本、欒本、陳本、嚴本作「天子」。

［五十四］「者」字誤，當改。原抄本、遂初堂本、集釋本、欒本、陳本、嚴本均作「傳」。

［五十五］「分」字誤，當改。原抄本、遂初堂本、集釋本、欒本、陳本、嚴本均作「兮」。

［五十六］「比」字誤，當改。原抄本、遂初堂本、集釋本、欒本、陳本、嚴本均作「此」。

［五十七］「一人」誤，原抄本同誤，當改。遂初堂本、集釋本、欒本、陳本、嚴本作「古人」。今按：《三國志》注作「古語」。

［五十八］「草寔」，原抄本作「艸實」，遂初堂本、集釋本、欒本、陳本、嚴本作「中實」。今按：「艸」、「中」均爲「草」字古體。

［五十九］「間」字誤，當改。原抄本、遂初堂本、集釋本、欒本、陳本、嚴本均作「聞」。《漢書》作「聞」。

［六十］「師古」下，遂初堂本、集釋本、欒本、陳本、嚴本有「注」字。原抄本無「注」字。

［六十一］「音」字誤，當改。原抄本、遂初堂本、集釋本、欒本、陳本、嚴本均作「吾」。

［六十二］「者」字誤，當改。原抄本、遂初堂本、集釋本、欒本、陳本、嚴本均作「昔」。

［六十三］「主」字誤，當改。原抄本、遂初堂本、集釋本、欒本、陳本、嚴本均作「至」。《漢書》作「至」。

［六十四］「罪」字下，脱「名」字，當補。原抄本、遂初堂本、集釋本、欒本、陳本、嚴本均作「罪名」。

［六十五］「彼」字誤，原抄本同誤，當改。遂初堂本、集釋本、欒本、陳本、嚴本作「被」。《漢書》作「被」。

［六十六］語出《尚書・堯典》。

［六十七］「大惟」誤，當改。原抄本、遂初堂本、集釋本、欒本、陳本、嚴本均作「大雅」。

［六十八］「即」字誤，原抄本同誤，當改。遂初堂本、集釋本、欒本、陳本、嚴本作「郎」。《漢書》作「郎」。

［六十九］「賁麗」下，脱「以爲」二字，當補。原抄本、遂初堂本、集釋本、欒本、陳本、嚴本均作「賁麗以爲」。

［七十］「龍右」誤，當改。原抄本、遂初堂本、集釋本、欒本、陳本、嚴本均作「左右」。《顔氏家訓》作「左右」。今按：「左右」而可以訛爲「龍右」，必先作草書「龙右」，再由「龙右」訛爲「龍右」。

［七十一］「睽」字誤，原抄本、遂初堂本、集釋本同誤，當改。欒本、陳本、嚴本作「暌」。

［七十二］「憤」字誤，當改。原抄本、遂初堂本、集釋本、欒本、陳本、嚴本均作「僨」。《漢書》作「僨」。下「僨」字不誤。

［七十三］「匈」字誤，當改。原抄本、遂初堂本、集釋本、欒本、陳本、嚴本均作「匄」。《漢書》作「匄」。

［七十四］「皇中」誤，當改。原抄本、遂初堂本、集釋本、欒本、陳本、嚴本均作「湟中」。《後漢書》作「湟中」。

［七十五］「袁詔」誤，當改。原抄本、遂初堂本、集釋本、欒本、陳本、嚴本均作「袁紹」。

［七十六］「詩」誤，當改。原抄本、遂初堂本、集釋本、欒本、陳本、嚴本均作「許」。《後漢書》作「許」。

［七十七］「州」字誤，當改。原抄本、遂初堂本、集釋本、欒本、陳本、嚴本均作「用」。

［七十八］黄汝成集釋引錢氏曰：汲古閣本元是「使」字。今按：通行本作「使」字。

［七十九］「座」，原抄本、遂初堂本、陳本、嚴本同，集釋本、欒本作「坐」。《漢書》作「坐」。

［八十］「白」字誤，當改。原抄本、遂初堂本、集釋本、欒本、陳本、嚴本均作「曰」。

［八十一］「秦龍氏」誤，當改。原抄本、遂初堂本、集釋本、欒本、陳本、嚴本均作「豢龍氏」。《左傳》作「豢龍氏」。

［八十二］《左傳·文公十三年》。

後漢書註

《光武紀》：「今此誰賊，而馳騖擊之乎？」註：「『誰』，謂未有主也」，非。言此何等賊，不足煩主上親擊也。

「敢拘制不還，以賣人法從事。」言比略賣人口律罪之，重其法也。

《質帝紀》：「先，能通經者各令隨家法。」註：「儒生爲《詩》者謂之詩家，爲《禮》者□[一]之禮家」，非也。謂如《詩》有齊、魯、韓、毛。通《齊詩》者自以[二]《齊詩》教授，通《魯詩》者自以《魯詩》教授，韓、毛及《五經》皆然，乃所謂家法尓。《魯丕傳》言「法異者，各令自説詩法[三]」、《徐防傳》言「伏見太學試博士弟子，皆以意説，不循今本誤作「修」。家法」是也。《左雄傳》註：「儒有一家之學，故稱家。」此得之矣。

《安帝紀》：永初元年九月，「癸酉，調揚州五郡租米，贍給東郡、濟陰、陳留、梁國、下邳、山陽」。註：「五郡謂九江、丹陽、廬江、吴郡、豫章也。揚州領六郡，會稽最遠，蓋不調也。」按《順帝紀》：永建四年，「分會稽爲吴郡」。安帝時未有吴郡，止五郡，無可疑者，註非。

「馮異遺李軼書：『苟令長安尚可扶助，延期歲月，疏不間親，遠不踰近，李文[四]豈能獨[五]居一隅哉？』」言季文于更始爲親近之臣，當在朝東[六]政，豈得居此一隅。註失其指，反以爲疏遠，非。

《景丹傳》：「邯戰[七]將帥數言我發漁陽、上谷兵，我聊應言然。」謂邯鄲將帥有此言，我亦聊以此言應之，不能必二郡之果來也。本文自明，註乃謂「王郎[八]欲發之」，謬矣。

《鮑永傳》：「太守趙興歎曰：『我受漢茅土，不能立節，而鮑永死之，豈可害其子也？』」「永」字誤，當作「鮑宣」。

《楊厚傳》：「陰臣近戚妃黨當受禍。」「陰臣」謂婦人，下文「宋阿母」是也。註：「陰，私也」，非。

《郎顗傳》：「思過念咎，務消祇悔[九]。」註：「祇，大也」，非也。按《易·復》初九：「无祇悔」，九家本作「多」。古人「多」、「祇」二字通用。《論語》：「多見其不知量也」，正義曰：「古人『多』、『祇』同音。」《左傳·襄二十九年》：「多見疏也」，服虔本作「祇」。

《朱浮傳》：「自損盛時。」「損」當作「捐」。[十]

《賈逵傳》：「鄉人有所計争，輒令祝□賓[十一]。」司爲均[十二]。註云：「祝，詛也。争曲直者輒言：敢祝少賓乎？」非也。言敢於少賓之前發誓乎？事之如神明也。古人文簡耳。

《鍾離意傳》：「光武得奏，以見霸。」侯霸。「見」當作「視」，古「示」字作「視」，謂以意奏示霸也。

《張禹傳》：「祖父況爲常山關長，會赤眉攻關城。」按《前漢志》：常山郡之縣十八，其十二曰關。《後漢志[十三]》無此縣，世祖所省也。其地當即今之故關。建武十五年，「徙雁門、代郡、上谷三郡民，置常山關、居庸關以東」。[十四]

《梁節王暢傳》：「今陛下爲臣收污天下。」「收污」猶[十五]《左氏傳》所謂「國君含垢」[十六]。

《李雲傳》：「當有黄精代見。」註：「黄精謂魏氏將興也。」按雲本不知是魏，故下言「陳、項、虞、回[十七]、許氏」耳。黄之代赤，自是五運之序，王莽亦自以爲祖黄帝也。《曹騰傳》：「潁川[十八]堂谿趙典等。」按《蔡邕傳》作「五官中郎將堂谿典」，註：「堂谿，姓也」。此文衍一「趙」字。[十九]趙典，本傳是成都人，非潁川。靈帝初宫[二十]衛尉卒。又《黨錮傳》云：「准[二十一]趙典名見而已。」是後漢有二[二十二]趙典。

【校注】

[一]底本缺一字處，原抄本、遂初堂本、集釋本、欒本、陳本、嚴本均作「謂」，當補。

[二]「自以」，原抄本同，遂初堂本、集釋本、欒本、陳本、嚴本下有「爲」字。下句同。

[三]「詩法」誤，當改。原抄本、遂初堂本、集釋本、欒本、陳本、嚴本均作「師法」。《後漢書》作「師法」。

[四]「李文」誤，當改。原抄本、遂初堂本、集釋本、欒本、陳本、嚴本均作「季文」。《後漢書》作「季文」。下「季文」不誤。

[五]「獨」字衍，當删。原抄本、遂初堂本、集釋本、欒本、陳本、嚴本無，《後漢書》無。

[六]「東」字誤，當改。原抄本、遂初堂本、集釋本、欒本、陳本、嚴本均作「秉」。

[七]「邯戰」誤，當改。原抄本、遂初堂本、集釋本、欒本、陳本、嚴本均作「邯鄲」。《後漢書》作「邯鄲」。

[八]「王郎」，遂初堂本、集釋本、欒本、陳本、嚴本同，原抄本誤作「王即」。《後漢書》注作「王郎」。

[九]「海」字誤，當改。原抄本、遂初堂本、集釋本、欒本、陳本、嚴本均作「悔」。《後漢書》作「悔」。下「悔」字不誤。

[十]黄汝成集釋引惠氏曰：案《文選》作「捐」。

[十一]「□賓」，原抄本、遂初堂本、集釋本、欒本、陳本、嚴本均作「少賓」，《後漢書》作「少賓」，當補。司馬均，字少賓。

[十二]「司爲均」誤，當改。原抄本、遂初堂本、集釋本、欒本、陳本、嚴本均作「司馬均」。
[十三]「後漢志」，原抄本、遂初堂本、嚴本同，集釋本、欒本、陳本作「續漢志」。
[十四]《後漢書・光武帝紀下》。
[十五]「猶」字，遂初堂本、集釋本、欒本、陳本、嚴本同，原抄本下衍「在」字。
[十六]《左傳・宣公十五年》。
[十七]「回」字誤，原抄本、遂初堂本同誤，當改。集釋本、欒本、陳本、嚴本作「田」。《後漢書》作「田」。
[十八]「潁川」誤，遂初堂本同誤，當改。原抄本、集釋本、欒本、陳本、嚴本均作「潁川」。《後漢書》作「潁川」。
[十九]通行本《後漢書》原文已改作「潁川堂谿典等」，删「趙」字。
[二十]「宫」字誤，當改。原抄本、遂初堂本、集釋本、欒本、陳本、嚴本均作「官」。
[二十一]「准」字誤，當改。原抄本、遂初堂本、集釋本、欒本、陳本、嚴本均作「唯」。《後漢書》作「唯」。
[二十二]「二」，原抄本同，遂初堂本、集釋本、欒本、陳本、嚴本作「两」。

文選註

阮嗣宗《詠懷詩》：「西游咸陽中，趙李相經過。」顔延年註：「趙，漢成帝后趙飛燕也。李，武帝李夫人也。」按成帝時自有趙、李，《漢書・谷永傳》言：「趙、李從微賤專寵。」《外戚傳》：「班倢伃進侍者李平，平得幸，亦爲倢伃。」《叙傳》：「班倢伃供養東宫，進侍者李平爲倢伃，而趙飛燕爲皇后。自大將軍王鳳。薨後，富平定陵侯張放、淳于長等始愛幸，出爲微行，行則同輿[一]執轡，入侍禁中，設宴飲之會。及趙、李諸侍中，皆引滿舉白，談笑大噱。」史傳明白如此，而以爲武帝之李夫人，何哉？

【校注】

[一]「與」字誤，當改。原抄本、遂初堂本、集釋本、欒本、陳本、嚴本均作「輿」。

陶淵明詩註

《西漢[一]叢語》：「陶淵明詩云：『聞有田子春，節義爲士雄。』[二]《漢書・燕王劉澤傳》云：『高后時，齊人田生游乏資，以書干澤，澤大悦之，用金二百斤爲田生壽。田生如長安，求事幸謁者張卿，諷高后立澤爲琅邪王。』晉灼曰：『《楚漢春秋》云：田生字子春。』」[三]非也。此詩上文云「辭家夙嚴駕，當往至無終」，下文云「生有高世名，既没傳無窮」。其爲田疇可知矣。《三國志》：「田疇，字子泰，右北平無終人也。」「泰」一作「春」。若田生游説取金之人，何得有高世之名，而爲靖節之所慕乎？

「遂盡介然分，終死歸田里。」[四]是用方望辭隗囂書：「雖懷介然之節，欲潔去就之分。」

「多謝綺與角，精爽今何如。」[五]「多謝」者，非一言之所能盡，今人亦有此語。《漢書》：趙廣漢爲京兆尹，「常記召湖都亭長，西至界上，界上亭長戲曰：『爲我多問趙君。』」註：「『多問』者，言殷勤，若今人『千萬問訊』也」。

【校注】

[一]「西漢」誤，當改。原抄本、遂初堂本、集釋本、欒本、陳本、嚴本均作「西溪」。

[二]陶淵明《擬古》。
[三]姚寬《西溪叢語》卷下。
[四]陶淵明《飲酒二十首》。
[五]陶淵明《贈羊長史》。

李太白詩註

李太白《飛龍引》「雲愁海思令人嗟」，是用梁豫章王綜《聽雞鳴詞[一]》「雲悲海思徒掩仰」。《胡無人篇》「太白入月敵可摧」，是用《北齊書·宋景業傳》「太白與月并，宜速用兵」。二事前人未註。

太白詩有《古朗月行》又云：「今人不見古時月。」王伯厚引《抱朴子》曰：「俗士多云『今日不及古日之熱，今月不及古月之朗』」，是則然矣。而又云：「狂風吹古月，竊弄章華臺。」又曰：「海動山傾古月摧。」此所謂「古月」則明是「胡」字，不得曲爲之解也。然太白用此亦有所本。《晉書·符堅[二]載記》：「古月之末亂中州，洪水大起健西流」，此其本也。或曰：析字之體止當著之讖文，豈可以入之[三]詩乎？「藁砧今何在，山上復有山」，[四]古詩固有之矣。《晉書·郭璞傳》：「有姓崇者，構璞於敦」，而史臣論曰：「竟斃山宗之謀」。

「誰憐李飛將，白首没三邊。」昔人譏其以「飛將軍」翦截爲「飛将」者，然古人自有此語。《後漢書·班勇傳》：「班将能保北虜[五]不爲邊害乎？」後魏唐永，「正光中爲北地太守，數與賊戰，未嘗敗北。時人語曰：『莫陸梁，恐爾逢唐将。』」[六]並[七]「将軍」爲「将」。「海上碧雲斷，軍于[八]秋色來。」「單于」是地名。《通典》：「麟德元年，改雲中都護府爲單于大都護府。領縣一，曰金何[九]。有長城，有金河、李陵臺、王昭君墓。」[十]《舊唐書・突厥傳》：「車鼻既破之後，突厥盡爲封彊[十一]之臣，于是分置單于、瀚海二都護[十二]。單于都護領狼山、雲中、桑乾三都督，蘇農等一十四州。」《新書》言：「磧以北蕃州悉隸瀚海，南隸雲中。雲中者，義成公主所居也。頡利滅，李靖徙突厥羸破數百帳居之，以阿史德爲之長。衆稍盛，即建言，願以諸王爲可汗，遥統之。帝曰：『今可汗，古單于也。』乃改雲中府爲單于大都護府，以殷王旭輪即睿宗。爲單于都護。」[十三]《裴行儉傳》：「突厥阿史德温傅反，單于管内一十四州並叛應之。」《范希朝傳》：「單于城中舊少樹，希朝于他處市柳，命軍人種之，俄遂成林。」《田歸道傳》：「默啜奏請六胡州及單于都護府之地，則天不許。」《回紇傳》：「遣使北收單于兵馬倉糧。」《通鑑》註引宋白曰：「唐振武軍，舊單于都護府，即漢定襄郡之盛樂縣也。在陰山之陽，黄河之北。」[十四]後魏所都盛樂是也。唐平突厥，于此置雲中都護府，後改單于府。《新唐書・地理志》曰：「唐之盛時，開元、天寶之際，東至安東，西至安西，南至日南，北至單于府。」徐九皋詩題曰《送部四鎮人往單于》、崔顥詩題曰《送單于裴都護赴西河》、岑參《輪臺即事》詩「輪臺風物異，地是古單于」是也。

【校注】

[一]「詞」字，原抄本同，遂初堂本、集釋本、欒本、陳本、嚴本作「辭」。

[二]「符堅」誤，原抄本、遂初堂本、集釋本同誤，當改。欒本、陳本、嚴本作「苻堅」。

[三]「之」字，原抄本、遂初堂本、集釋本、欒本、陳本、嚴本無。

[四]見《玉臺新詠》所録《古絶句四首》。又見吴兢《樂府古題要解》。

[五]「北虜」，原抄本同。潘耒遂初堂刻本改爲「北鹵」，集釋本因之。欒本據黄侃校記改回而加説明，陳本、嚴本仍刻本之舊而加注。

[六]《北史・唐永傳》。

[七]「並」字下，脱「以」字，當補。原抄本、遂初堂本、集釋本、欒本、陳本、嚴本均作「並以」。

[八]「軍于」誤，當改。原抄本、遂初堂本、集釋本、欒本、陳本、嚴本均作「單于」。下「單于」不誤。

[九]「金何」誤，當改。原抄本、遂初堂本、集釋本、欒本、陳本、嚴本均作「金河」。《通典》作「金河」。下「金河」不誤。

[十]《通典》卷一百七十九。

[十一]「彊」字誤，當改。原抄本、遂初堂本、集釋本、欒本、陳本、嚴本均作「疆」。

[十二]「都護」，原抄本、遂初堂本、嚴本同，集釋本、欒本、陳本下有「府」字，與《舊唐書》同。

[十三]《新唐書・突厥傳上》。

[十四]見《資治通鑑》卷一百九十九。

杜子美詩註

《寄臨邑舍弟》詩：「徐關深水府。」《送舍弟穎赴齊州》詩：「徐關東海必[一]。」徐關在齊境，今不可考。《左傳》成公二年，齊師敗於鞌，齊侯「自徐關入」。十七年，齊侯與國佐「盟于徐關而復之」。

《行次昭陵》詩：「威定虎狼都。」註引《蘇秦傳》「秦，虎狼之國」[二]，甚爲無理。此乃用《秦本紀贊》：「據狼弧，蹈參伐。」「參」爲白虎，秦之分星也。「往者災猶降，蒼生喘未蘇。」謂武、韋之禍。「指麾安率土，蕩滌撫洪□[三]。」謂玄宗再造唐室也。本于太宗之遺德在人，故詩中及之。錢氏[四]謂此詩天寶亂後作，而改「鐵馬」爲「石馬」，以合李義山詩「昭陵石馬」之説，非矣。其《朝享太廟賦》曰：「弓劍皆鳴，汗鑄金之風馬。」此在未亂以前，又將何説？必古記有此事而今失之耳。今昭陵亦[五]馬見存，皆琢石爲屏，而刻馬于上，其文凸起，非金馬也。乾陵石雁亦然。

《奉贈韋左丞文[六]》詩：「殘杯與冷炙，到處潛悲辛。」《顔氏家訓》：「古來名士多所愛好，惟不可令有稱譽，見役勳貴，處之下坐，以取殘杯冷炙之辱。」

《高都護驄馬行》：「安西都護胡青驄。」《魏書・吐谷渾傳》：「吐谷渾嘗得波斯草馬，放入海，因生驄駒，能日行千里。世傳『青海驄』者是也。」

《送蔡希魯還隴右》詩：「涼州白麥枯。」杜氏《通典》：涼州貢「白小麥十石」。

《天育驃騎歌》：「伊昔太僕張景順，監牧攻駒閲清峻，遂令大奴守天育，別養驥子憐神駿。」按史言，玄宗「初即位，牧馬有二十四萬匹，以太僕卿王毛仲爲内外閑廄使，少卿張景順副之」。開元十三年玄宗東封，「有馬四十三萬匹，牛羊稱是。上嘉毛仲之功，加開府儀同三司」。[七]是景順特毛仲之副耳。今斥毛仲爲「大奴」，而歸其功于景順，殆以詩人之筆而追黜陟之權乎？

《哀王孫》詩：「但聞[八]困苦乞爲奴。」《南史》：齊明帝爲宣城王，遣典簽柯令孫殺建安王子真。「子真走入牀下，令孫手牽出之，叩頭乞爲奴」，不許而死。[九]

「朔方健兒好身手。」《顏氏家訓》：「頃世離亂，衣冠之士雖無身手，或聚徒衆。」《大雲寺贊公房》詩：「狺狺國多狗。」《韓非子・外儲説右上》：「夫國亦有狗。有道之士，陳其術而欲以明萬乘之主，大臣爲猛狗迎而齕之。此人主之所以蔽脅，而有道之士所以不用也。」《戰國策》江乙以狗喻昭奚恤。

《晚行口號》：「遠愧梁江總，還家尚黑頭。」劉辰翁[十]評曰：「人知江令自陳入隋，不知其自梁時已達官矣。自梁入陳，自陳入隋，歸尚黑頭，其人物心事可知。者[十一]一『梁』字而不勝其愧矣。詩之妙如此，豈待罵哉？」按《陳書・江總傳》：「侯景寇京都，詔以總權兼太常卿。臺城陷，總避難崎嶇，至會稽郡。」復往廣州依蕭勃，及「元帝平侯景，徵總爲明威將軍、始興内史。會江陵陷，不行。總因此流寓嶺南積歲。天嘉四年，以中書侍郎徵還朝」。以本傳總之年計之，梁太清三年己巳臺城陷，總年三十□[十二]，自此流離于外十四五年，至陳天嘉四年癸未還朝，總□[十三]四十五，即所謂「還家尚黑頭」也。總集有《詒孔中丞奂》詩曰：「我行五嶺[十四]，辭鄉二十年。」子美遭亂崎嶇，略[十六]總同，而自傷其年已老，故發此歎耳，何暇罵人哉？傳又云：「京城陷，入隋，爲上開府。開皇十四年卒于江都，時年七十六。」去禎明三年己酉陳亡之歲又已五年，頭安得黑乎？其臺城陷而避亂本在梁時，自不得蒙以陳代[十七]，何罵之有？且子美詩有云「莫看江總老，猶被賞時魚」[十八]，有云「管寧紗帽净，江令錦袍鮮」[十九]，有云「江總外家養，謝安乘興長」[二十]，亦已亟稱之矣。李義山《贈杜牧之》詩云：「前身應是梁江總」。此又何所譏哉？

《北征詩》：「君誠中興主，經緯固密勿。」《漢書・劉向傳》引《詩》「密勿從事」，師古曰：「密勿，猶黽勉。」

「不聞夏殷衰，中自誅褒妲。」不言周，不言妹喜，此古人互文之妙。自八股學興，無人解此文法矣。

《晚出左掖》詩：「騎馬欲雞栖。」盖欲效古人敝車羸馬之意。《後漢書·陳蕃傳》：「朱震字伯厚，爲州從事，奏濟陰太守單匡贓罪，並連匡兄中常侍、車騎将軍超。桓帝收匡下廷尉，以譴超，超詣獄謝。三府語曰：『車如雞栖馬如狗，疾惡如風朱伯厚。』」「雞栖」言車小也。余聞之張錦衣紀[二十一]云。唐帝豫[二十二]《高都公楊府君碑銘》曰：「獬豸之角，初見觸邪；雞栖之車，遠聞疾惡。」

《垂老別》詩：「土門壁甚堅，杏園度亦難。」土門在井陘之東，今獲鹿縣西南十里。杏園度在衛州汲縣，臨河而守，以遏賊，使不得度，皆唐制□□[二十三]河北之要地也。《舊唐書》：「郭子儀自杏園渡河，圍衛州。」[二十四]史思□□[二十五]薛岌圍令狐彰于杏園。[二十六]李忠臣爲濮州刺史，「移鎮杏園渡」。[二十七]今河南徙，而故蹟不可尋矣。唐崔峒《送馮将軍》詩：「想到滑臺桑葉落，黄河東注杏園秋。」

《秦州雜詩》：「西戎外甥國。」註引吐蕃表稱外甥爲證。按《册府元龜》載吐蕃書，皆自稱外甥，稱上爲皇帝舅。開元二十一年，從公主言，「樹碑于赤嶺，碑文曰[二十八]：『維大唐開元二十一年，歲次壬申，舅甥修其好舊[二十九]，仝爲一家。』」則盟誓之文、詔敕之語已載之矣。[三十]

「胡舞白題斜。」[三十一]按《南史》：裴子野爲著作舍人，「時西北遠邊有白題國，遣使繇岷山道入貢。此國歷代弗賓，莫知所出。子野曰：漢潁陰[三十二]侯『斬白題将一人』[三十三]，服虔註云：『白題，胡名也。』」[三十四]然則白題乃是國名。《册府元龜》：「白題國在滑國東。」[三十五]而此詩以爲「白額」，儻亦詞家所謂借用者乎？

《喜聞官軍已臨賊境二十韻》[三十六]：「家家賣釵釧，准擬獻香醪。」《南史・庾杲之傳》：「杲之嘗兼主客郎，對魏使。魏[三十七]使問杲之曰：『百姓那得家家題名帖賣宅？』答曰：『朝廷既欲掃蕩京雒，克復神州，所以家家賣宅耳。』」《送鄭虔貶臺州司户》詩：「酒後常稱老畫師。」《舊唐書・閻立本傳》：「太宗嘗與侍臣學士泛舟于春苑池中，有異鳥隨波容與，召立本令寫鳥。閣外傳呼云：『畫師閻立本！』」《寄岳州賈司馬六丈巴州嚴八使君》詩：「賈筆論孤憤，嚴君賦幾篇？」是用《史記》賈誼至長沙弔屈原事。《漢書・藝文志》：「嚴助賦三十五篇。」

古人經史皆是寫本，久客四方，未必能攜，一時用事之誤自所不免，後人不必曲爲之諱。子美《寄岳州賈司馬六丈巴州嚴八使君》詩：「弟子貧原憲，諸生老伏虔。」本用濟南伏生事。伏生名勝，非「虔」。後漢有服虔，非「伏」也。《示獠奴阿段》詩：「曾驚陶侃胡奴異。」蓋謂士行有胡奴，可比阿段。胡奴，侃子範小字，非奴也。又如《上兜率寺》詩：「何顒好不忘。」當是「周顒」，見葉少藴《避暑録話》。《佐還山后寄》詩：「分張素有期。」後魏高允《徵士頌》：「在者數子，仍復分張。」《北史》：「蠕蠕阿那瓌言：『老母在彼，萬里分張。』」後周庾信《傷心賦》：「兄弟則五郡分張，父子則三州離散。」

《蜀相詩》：「三顧頻繁天下計。」《入衡州詩》：「頻繁命屢及。」《蜀志・費禕傳》：「以奉使稱旨，頻繁至吳。」《晉書・刑法志》：「詔旨使問頻繁。」《山濤傳》：「手詔頻繁。」《文選》庾亮《讓中書令表》：「頻繁省闥，出總六軍。」潘尼《贈張正治》詩：「張生拔幽華，頻繁登二宫。」陸云《夏府君誄》：「頻繁幃幄。」《答兄平原書》：「錫命頻繁。」唯費禕、山濤二傳作「煩」，蓋後人減筆書爾。《題郭明府茅屋》詩：「頻驚適小國。」《左傳》僖公十七年，楚文王戒申侯：「無適小國。」《寄韓諫議》詩：「色難腥腐餐楓香。」《漢書・佞幸傳》：「太子齰癰[三十八]而色難之。」《送李卿》詩，上四句謂李卿，下四句乃公自道。「晉山雖自棄」，是用介之推入綿上山中事。《傷春詩》：「大角纏兵氣。」《後漢書・董卓傳贊》：「矢延王輅，兵纏魏象。」「鉤陳出帝畿。」《水經注》：「紫微有鉤陳之宿，主鬥訟兵陳。」「者舊把天衣。」《南齊書・輿服志》：「袞衣，漢世出陳留襄邑所織。宋末用繡及織成，齊建武中，乃彩畫爲之，加飾金銀薄，時亦謂爲[三十九]『天衣』。」梁庾肩吾《和皇太子重云殿受戒》詩：「天衣初拂石，豆火欲然薪。」[四十]唐姚元景《光宅寺造佛像贊》：「姜被承歡，曳天衣而下拂。」[四十一]

《贈王二十四侍御》詩：「女長裁褐穩，男大卷書勻。」《南齊書・張融傳》：「與從叔征北將軍永書曰：『世業清貧，民生多待。榛栗棗修，女贄既長，束帛禽鳥，男禮已大。勉自[四十二]就官，十年七仕，不欲代耕，何至此事？』」

《八哀詩》：「長安米萬錢。」《漢書・高帝紀》：「關中大饑，米斛萬錢。」《食貨志》：「米至石萬錢。」

《解悶詩》：「何人爲覓鄭瓜州？」公自註：「今鄭秘監審。」劉辰翁曰：「因金陵有瓜州，號鄭瓜州」，謬甚。按瓜洲，唐時屬潤州，非金陵。別有考，在第三十一卷。且其字作「洲」，非「州」也。本文並無金陵，即令秘監流寓金陵，遂可以二百里外江中之一洲爲此君之名號乎？《唐書・地理志》：「瓜州晉昌郡，下都督府。武德五年析沙州之常樂置。」屬隴右道。《蕭嵩傳》：開元十五年，「吐蕃陷瓜州，執刺史田元獻」。「以嵩爲兵部尚書、河西節度使。嵩奏以[四十三]張守珪爲瓜州刺史，修築州城，招輯百姓，令其復業。」《張守珪傳》：「以戰功加銀青光禄大夫，仍以瓜州爲都督府，以守珪爲都督。」岑參爲宇文判官詩：「君從萬里使，聞已到瓜州。」[四十四]蓋必鄭審嘗官此州，故以是稱之，今不可考矣。

《夔府書懷》詩：「蒼生可察眉。」《列子》：「晉國苦盜，有郤雍者，能視盜之貌，察其眉睫之間而得其情。」[四十五]

《觀公孫大娘姑子舞劍器行序》：「記前[四十六]郾城觀公孫氏，舞劍器渾脱。」《舊唐書・郭山惲傳》：「中宗引近臣宴集，作大匠[四十七]宗晉卿舞渾脱。」胡三省註《通鑑》：「長孫無忌以烏羊毛爲渾脱氊帽，人多效之，謂之『趙公渾脱』，因演以爲舞。」中宗神龍二年三月，并州清源縣尉吕元泰[四十八]上疏言：「比見都邑坊市，相承[四十九]爲渾脱，駿馬胡服，名爲『蘇莫遮』，非雅樂也。」[五十]

《遣懷詩》：「元和辭大爐。」揚雄《解難》：「陶冶大爐。」

《秋興詩》：「直北關山金鼓震。」《史記・封禪書》：「遂因其直北，立五帝壇。」

「波漂菰米沈雲黑。」梁庾肩吾《奉和皇太子納凉梧下應令》詩：「黑米生菰葉，青花出稻苗。」

《久居夔府將適江陵四十韻》：「擺闔盤渦沸。」《鬼谷子》有《捭闔篇》，「捭」、「擺」古今字，通。

《哭李尚書》詩：「奉使失張騫。」《舊唐書・蔣王惲傳》：「惲孫之芳[五十一]，幼有令譽，頗善五言詩，宗室推之。開元末，爲駕部員外郎。天寶十三載，安禄山奏爲范陽司馬。禄山反，自拔歸西京，授右司郎中。歷工部侍郎，太子右庶子。廣德元年，遣之芳兼御史大夫，使吐蕃，被留境上。二年而歸，除禮部尚書，尋改太子賓客。」

「秋色凋春草，王孫若個邊。」五臣註《文選·招隱士》曰：「屈原與楚同姓，故云『王孫』。」《宴王使君宅》詩：「留歡卜夜閑。」「閑」字當從「月」。甫父名「閑」，自不須諱此「閑」字。《説文》：「閑，隙也。」閒暇之「閑」本從隙生義，只是一字。《至日遣興》詩：「朱衣只在殿中間」，音異字同。

【校注】

［一］「必」字誤，當改。原抄本、遂初堂本、集釋本、欒本、陳本、嚴本均作「西」。

［二］「註引」者不詳。陳垣校注：明以前杜集注甚多，有九家注、十家注等。今按：《分門集註杜工部詩》載王洙曰：「《蘇秦傳》：『秦，虎狼之国』，謂先定關中也。」宋蔡夢弼《杜工部草堂詩箋》、宋郭知達《九家集注杜詩》、元高楚芳《集千家注杜詩》均引之。又宋龔頤正《芥隱筆記》「作詩下字來歷」條云：「《史記》『秦虎狼之國也』，《唐史》『太宗龍鳳之姿』，而子美《昭陵詩》云：『讖歸龍鳳質，威定虎狼都』，各易一字，最爲妙處。」

［三］底本缺一字處，原抄本、遂初堂本、集釋本、陳本、嚴本作「鑪」，欒本作「爐」，當補。

［四］「錢氏」不詳。今按：錢謙益，號牧齋，箋注杜詩二十卷，題爲《錢注杜詩》。卷十「箋注」引宋趙次公《杜詩先後解》、宋蔡夢弼《杜工部草堂詩箋》、宋黄鶴《黄氏補注杜詩》諸舊注云：「鐵馬：當從《英華》作『石馬』」，而作「箋曰」駁之曰：「舊本載在天寶初，安得先舉昭陵石馬之事？」其書初刻於康熙六年，略早於亭林《日知録》，未知是其人否。

［五］「亦」字誤，當改。原抄本、遂初堂本、集釋本、欒本、陳本、嚴本均作「六」。

［六］「文」字誤，當改。原抄本、遂初堂本、集釋本、欒本、陳本、嚴本均作「丈」。

[七]《資治通鑑》卷二百一十二。

[八]「聞」，原抄本同，遂初堂本、集釋本、欒本、陳本、嚴本作「道」。

[九]《南史·齊武帝諸子傳》。

[十]劉辰翁有《集千家注批點杜工部詩集》。

[十一]「者」字誤，原抄本同誤，當改。遂初堂本、集釋本、欒本、陳本、嚴本作「著」。

[十二]底本缺一字處，原抄本、遂初堂本、集釋本、欒本、陳本、嚴本均作「一」，當補。

[十三]底本缺一字處，原抄本、遂初堂本、集釋本、欒本、陳本、嚴本均作「年」，當補。

[十四]「五嶺」下，脱「表」字，當補。原抄本、遂初堂本、集釋本、欒本、陳本、嚴本均作「五嶺表」。

[十五]「鄉」，遂初堂本、集釋本、欒本、陳本、嚴本同，原抄本作「卿」。按《初學記》引作「卿」。

[十六]「略」字下，脱「與」字，當補。原抄本、遂初堂本、集釋本、欒本、陳本、嚴本均作「略與」。

[十七]「陳代」，原抄本同，遂初堂本、集釋本、欒本、陳本、嚴本作「陳氏」。

[十八]杜甫《復愁十二首》。

[十九]杜甫《秋日夔府詠懷奉寄鄭監李賓客一百韻》。

[二十]杜甫《入衡州》。

[二十一]張錦衣紀，道光《崑新兩縣志》卷十七《選舉表》：「張紀以父振德難，蔭錦衣衛，正千户。」詳見卷二十八《隱逸傳》。

[二十二]「帝豫」誤，當改。原抄本、遂初堂本、集釋本、欒本、陳本、嚴本均作「席豫」。

[二十三]「唐制□□」，底本脱誤，當補正。原抄本、遂初堂本、集釋本、欒本、陳本、嚴本均作「唐人控制」。

[二十四]《舊唐書·郭子儀傳》。

[二十五]底本缺二字處，原抄本、遂初堂本、集釋本、欒本、陳本、嚴本均作「明遣」，當補。

[二十六]見《舊唐書・令狐彰傳》。

[二十七]《舊唐書・李忠臣傳》。

[二十八]「碑文曰」，原抄本同，遂初堂本、集釋本、欒本、陳本、嚴本上有「其」字。

[二十九]「好舊」誤倒，當乙正。原抄本、遂初堂本、集釋本、欒本、陳本、嚴本均作「舊好」。《册府元龜》作「舊好」。

[三十]亭林原注，原抄本同，遂初堂本、集釋本、欒本、陳本、嚴本作正文。原注引文，見《册府元龜》卷九百七十九。

[三十一]杜甫《秦州雜詩二十首》。

[三十二]「穎陰」誤，當改。原抄本、遂初堂本、集釋本、欒本、陳本、嚴本均作「潁陰」。

[三十三]見《史記・樊酈滕灌列傳》，又見《漢書・樊酈滕灌傅靳周傳》。

[三十四]《南史・裴松之傳》附曾孫子野傳。

[三十五]《册府元龜》一條亭林原注，原抄本同，集釋本、欒本、陳本、嚴本上有一句云：「梁武帝普通三年，白題國遣使獻方物。」今按：遣使見《梁書・武帝本紀下》及《諸夷傳》。《册府元龜》見卷九百五十八。

[三十六]自《喜聞官軍已臨賊境二十韻》以下至卷末，底本缺，據徐文珊原鈔本補。

[三十七]「魏」字，遂初堂本、集釋本、欒本、陳本、嚴本無。《南史》無「魏」字。

[三十八]「癱」字誤，當改。遂初堂本、集釋本、欒本、陳本、嚴本作「癰」。《漢書》作「癰」。

[三十九]「爲」字，遂初堂本、集釋本、陳本、嚴本無，欒本據《續刊誤》補。陳垣校注：《南齊書》「謂」下有「爲」字。

[四十]見《藝文類聚》卷七十六。

[四十一]《光宅寺造佛像贊》，陳垣校注謂出處待查。今按：見《金石萃編》卷六十五，題爲《姚元景造像銘》。碑刻在西安，疑爲亭林親見。

[四十二]「自」字誤，當改。遂初堂本、集釋本、欒本、陳本、嚴本作「身」。《南齊書》作「身」。

[四十三]「以」字下，遂初堂本、集釋本、欒吕本、陳本有「命」字，當是衍文。欒本、嚴本删「命」字。

[四十四]岑參《武威春暮聞宇文判官西使還已到晉昌》。

[四十五]《列子·説符》。

[四十六]「前」字誤，當改。遂初堂本、集釋本、欒本、陳本、嚴本作「於」。

[四十七]「作大匠」，三字前脱「将」字，當補。遂初堂本、集釋本、欒本、陳本、嚴本均作「将作大匠」，與《舊唐書》同。

[四十八]「吕源泰」誤，當改。遂初堂本、集釋本、欒本、陳本、嚴本作「吕元泰」，與《新唐書》同。原抄本原帙作「吕元泰」，徐文珊誤作「吕源泰」。

[四十九]「相承」字誤，當改。遂初堂本、集釋本、欒本、陳本、嚴本作「相率」。《新唐書》作「相率」。

[五十]見《新唐書·宋務光傳》。原抄本原帙此段亦脱漏『長孫無忌以牛羊毛爲渾脱氈帽，人多效之，謂「渾脱氈帽」』二十三字及空缺「因」字，徐文珊據别本補。

[五十一]「惲孫之芳」，《舊唐書》原文作「惲子煌，煌孫之芳」。

韓文公詩註

文公[一]《游青龍寺贈崔大補闕》詩：「側耳酸腸難濯澣。」是用《詩·柏舟》「如匪澣衣」。《秋懷詩》：「慼慼抱虚警。」是用陸士衡《歎逝賦》「節循虚而警立」。註皆不及。[二]

【校注】

[一]「文公」，遂初堂本、集釋本、欒本、陳本、嚴本、嚴本作「韓文公」。

［二］陳垣校注：宋廖瑩中輯注。

通鑑註

「賦於民而食，人二雞子。」［一］「賦於民而食」者，取之於民也。「人二雞子」者，每人令出二雞子也。胡氏未註。

「幾能令臧三耳矣。」［二］言幾令人以爲實有三耳。

漢武帝太初三年，「膠東太守延廣爲御史大夫」。［三］註：「延廣，史逸其姓。」按「延」即姓也。三十九卷「南鄭人延岑」，註：「延，姓。岑，名。」四十五卷［四］有「京兆尹南陽延篤」。

諸葛亮《出師表》云：「後值傾覆，受任於敗軍之際，奉命於危難之間，爾來二十有一年矣。」［五］所謂「敗軍」乃當陽長阪之敗，其云「奉命」則求救于江東也。註乃云：「事見上卷文帝黄初四年」，非。

虞翻「作表，示吕岱，爲愛憎所白」［六］。語出《吴書》。註曰：「讒佞之人有愛有憎，而無公是非，故謂之愛憎。」愚謂「愛憎」，憎也。言憎而並及愛，古人之辭寬緩不迫故也。又如「得失」，失也，《史記·刺客傳》「多人不能無生得失」。「利害」，害也，《史記·吴王濞傳》「擅兵而别，多佗利害」。「緩急」，急也，《史記·倉公傳》「緩急無可使者」，《游俠傳》「緩急，人之所時有也」。「成敗」，敗也，《後漢書·何進傳》「先帝嘗與太后不快，幾至成敗」。「同異」，異也，《吴志·孫皓傳》

註「蕩異同如反掌」，《晉書·王彬傳》「江州當人强盛時，能立異同」。「嬴縮[七]」，縮也，《吴志·諸葛恪傳》「一朝嬴縮，人情萬端」。「禍福」，禍也，晉歐陽建《臨終詩》「潛圖密已構，成此禍福端」。皆此類。

庾亮出奔，「左右射賊，誤中拖[八]工，應弦而倒。船上咸失色，欲散。亮不動，徐曰：『此手何可令[九]著賊！』」[十]註曰：「言射不能殺賊，而反射殺拖工，自恨之辭也」，非也。亮意蓋謂有此善射之手，使著賊身，亦必應弦而倒耳。解嘲之語也。

宋明帝泰始三年，「沈文秀攻青州刺史明僧暠，帝遣輔國將軍劉懷珍浮海救之。進至黔陬，文秀所署長廣太守劉桃根將數千人戍不其城。懷珍軍于洋水，遣王廣之將百騎襲不其城，拔之」。[十一]註云：「洋水即巨洋水。」按不其城在今即墨縣西南，而巨洋水乃今之巨蔑河，在臨朐、益都、壽光三縣之境，與黔陬、不其相去三四百里，安能以百騎而襲取之乎？《水經注》云：「拒艾水出黔陬縣西南拒艾山，又謂之洋洋水。」《膠州志》曰：「洋河在州南三十里，發源鐵橛山，東流入於海。」此即懷珍所屯軍處耳。

梁武帝大通二年，魏爾朱榮欲討山東群盜，請敕蠕蠕主阿那瓌發兵，「東趨下口，以躡其背」。[十二]註云：「下口，蓋指飛狐口」，非也。此即居庸下口。一百六十六卷註曰：「幽州軍都縣西北有居庸關，濕餘水出上谷沮陽縣之東，南流出關，謂之下口。」

「周主從容問鄭譯曰：『我脚杖痕，誰所爲也？』對曰：『事由烏丸軌、宇文孝伯。』」[十三]謂由此二人也。下云「因言軌捋須事」，亦是譯言之也。故軌見殺而孝伯亦賜死。註以「宇文孝伯」

屬下讀，而云「孝伯何爲出此言」，誤矣。

「突厥立劉武周爲定楊可汗。」[十四]註云：「将使之定揚州」，非也。楊者，隋姓。下條云：「劉武周爲定楊天子，郭子和爲平楊天子。」猶言「定隋」、「平隋」爾。「楊」字從「木」。

武后永昌元年，「二月丁酉，尊魏忠孝王曰周忠孝，太皇妣曰忠孝太后。文水陵曰章德陵，咸陽陵曰明義陵」。[十五]註云：「武氏之先葬文水，士彠及其妻葬咸陽」，非也。後父士彠葬文水，母楊氏葬咸陽。後章德改名吴陵[十六]，明義改名順陵，其碑文云然。

劉肅《大唐新語》：「中宗宴興慶池，侍宴者並唱《廻波詞》。給事中李景伯歌曰：『廻波詞，持酒卮。微臣職在箴規，侍宴既過三爵，喧譁竊恐非儀。』」首二句三言，下三句六言，蓋《廻波詞》體也。今《通鑑》作「廻波爾時酒卮」，[十七]恐傳寫之誤。[十八]

唐穆宗長慶元年，「劉總奏分所屬爲三道，以幽、涿、營爲一道，平、薊、嬀、檀爲一道，瀛、莫爲一道」。[十九]註云：「營州治柳城，道里絶遠。劉總奏以爲一道，必有説。」按《新唐書·地理志》：「營州柳城郡，萬歲通天元年爲契丹所陷，聖曆二年僑治漁陽，開元五年又還治柳城。」意者中唐之世，復僑治於幽、薊之間。而史家自天寶亂後，於東北邊事略而不詳，故今無所考耶？

李茂貞「不敢稱帝，但開岐王府，置百官，名其所居爲宫殿，妻稱皇后」。[二十]註曰：「自爲岐王，而妻稱皇后，妻之貴踰於其夫矣。」竊謂此事理之必不然，「皇后」乃「王后」之誤。

《後漢高祖紀》：吴越「内牙指揮使諸温」。[二十一]註：「《漢書·地理志》琅邪郡有諸縣，蓋以邑爲氏也」，非。按越有大夫「諸稽郢[二十二]」。

周太祖廣順元年，「慕容彦超遣使入貢，帝慮其疑懼，賜詔慰安之，曰：『今兄事已如此[二十三]，言不欲繁，望弟扶持，同安億兆。』」[二十四]「今兄」者，太祖自謂也。「事已至此」，謂爲衆所推而即帝位也。觀下文稱之爲「弟」，語意相對，可知。註以漢祖爲彦超之兄，改作「今兄」者非。

【校注】

[一]《資治通鑑》卷一。

[二]《資治通鑑》卷三。

[三]《資治通鑑》卷二十一。

[四]四十五卷，當作卷五十三，爲《漢紀》四十五。

[五]《資治通鑑》卷七十。

[六]《資治通鑑》卷七十二。

[七]「羸縮」，遂初堂本、嚴本作「贏縮」，集釋本、陳本、欒本作「嬴縮」。按「羸縮」、「嬴縮」，古多通用，「贏縮」則誤也。

[八]「拖」字誤，當改。遂初堂本、集釋本、欒本、陳本、嚴本均作「㩀」。

[九]「令」，遂初堂本、集釋本、欒本、陳本、嚴本作「使」。《晉書》作「使」。

[十]《資治通鑑》卷九十四。

[十一]《資治通鑑》卷一百三十二。

[十二]《資治通鑑》卷一百五十二。

[十三]《資治通鑑》卷一百七十三。

［十四］《資治通鑑》卷一百八十三。

［十五］《資治通鑑》卷二百四。

［十六］「吴陵」誤，當改。遂初堂本、集釋本、欒本、陳本、嚴本作「昊陵」。《新唐書・后妃傳》作「昊陵」。

［十七］《資治通鑑》卷二百九。

［十八］黄汝成集釋引錢氏曰：考孟棨《本事詩》載沈佺期云：「回波爾時佺期，流向嶺外生歸。」又優人云：「回波爾時栲栳，怕婦也是太好。」俱以「回波爾時」四字開端，與景伯詞同。《大唐新語》作「回波詞，持酒卮」，當是傳寫之誤。

［十九］《資治通鑑》卷二百四十一。

［二十］《資治通鑑》卷二百六十六。

［二十一］《資治通鑑》卷二百八十六，後漢紀一。

［二十二］諸稽郢，見《國語・吴語》及《吴越春秋》。

［二十三］「如此」誤，當改。遂初堂本、集釋本、欒本、陳本、嚴本作「至此」。《資治通鑑》作「至此」。下文「至此」不誤。

［二十四］《資治通鑑》卷二百九十。

日知録卷之二十九[一]

拜稽首

古人席地而坐，引身而起，則爲長跪。首至手則爲「拜手」。手至地則爲「□[二]」。首至地則爲「稽首」。此禮之等也。君父之尊，必用□首[三]。「拜而後稽首」[四]，此禮之漸也。必以稽首終，此禮之成也。今《大明會典》曰：「後一拜，叩頭，成禮。」此古之遺意也。

古人以稽首爲敬之至。《周禮》：太祝「辨九𢹂[五]，一曰稽首。」註：「稽首，拜中最重，臣拜君之禮。」《禮記·郊特牲》：「大夫之臣不稽首，非尊家臣，以避[六]君也。」《左傳》僖公二十三年：秦伯享晉公子重耳，「公賦《六月》，公子降，拜，稽首，公降一級而辭焉。」襄公三年：「盟□□□[七]，公稽首。知武子曰：『天子在，而君辱稽首，寡君懼矣。』」□□□□[八]：鄭伯如晉，「鄭伯稽首，宣子辭。子西相，曰：『以陳國之介，恃大國而陵虐於敝邑，寡君是以請罪焉，敢不稽首。』」哀公十七年：「盟于家[九]，齊侯稽首，公拜。齊人怒，孟武伯曰：『非天子，寡君無所稽首。』」《國語》：「襄王使召公過及内史過賜晉惠公命，晉侯執玉卑，拜不稽首。内史過歸，以告王曰：『執玉卑，替其贄也。拜不稽首，誣其上也。替贄無鎮，誣王無民。』」[十]可以見稽首之爲重也。自敬[十一]者皆從頓首，李陵《報蘇武書》稱「頓首」。

陳氏《禮書》曰：「稽首者，諸侯於天子、大夫士於其君之禮也。然君於臣亦有稽首，《書》稱太甲稽首於伊尹、成王稽首於周公是也。大夫于非其君亦有稽首，《儀禮》『公勞賓，賓再拜稽首：勞介，介再拜稽首』[十二]是也。蓋君子行禮，于其敬所[十三]者無所不用其至。則君稽首于其臣者，尊德也。大夫士稽首于非其君者，尊主人也。春秋之時，晉穆嬴抱太子頓首于趙宣子，魯季平子頓首於叔孫，則頓首非施于尊者之禮也。」《禮書》以頓首爲「首頓於手而已」。[十四]

《荀子》曰[十五]：「平衡曰拜，下衡曰稽首，至地曰稽顙。」[十六]似未然。古惟喪禮始用稽顙，蓋以頭觸地，其與稽首乃有容、無容之别。

【校注】

[一]卷二十九，刻本在卷二十八、二十九内。

[二]底本缺一字，原抄本原帙同，藍筆補爲「頓首」二字，徐文珊因之而未作説明。遂初堂本、集釋本、欒本、陳本、嚴本作「拜」。杭州净琉璃室所藏抄本亦缺一字，朱筆補作「拜」。按「拜」爲類名，如下文云「九拜」，故當以「頓首」爲長。《周禮·春官宗伯》鄭玄注：「稽首拜，頭至地也。頓首拜，頭叩地也。空首拜，頭至手，所謂拜手也。」「頓首」與下文「首」字相連，當簡寫作重文符號。

[三]「□首」，底本空一字處，原抄本原帙同，藍筆補「頓」字，徐文珊因之而未作説明。遂初堂本、集釋本、欒本、陳本、嚴本作「稽首」。杭州净琉璃室所藏抄本亦缺一字，朱筆補作「稽」。按此條專言稽首，故當作「稽首」爲是。

[四]語出《禮記·檀弓上》，原文作「拜而後稽顙」。鄭玄注：「稽顙，觸地無容。」

[五]「𢷎」，原抄本作「𢷎」，遂初堂本作「𢷎」，集釋本作「𢶍」，陳本、嚴本作「捧」，欒吕本作「拜」，欒本作「𢶍」。按《周禮》作「𢷎」，《説文》作「𢶍」。底本、遂初堂本字形與《周禮》相同，集釋本字形與《説文》相同。阮元《周禮》校勘記謂「𢷎」字形有誤。今按：今「拜」字从手，古「𢶍」字从拳。手象五指蜷曲之形，故手即拳，而拳即拱手。睡虎地秦簡「拜」作「𢪙」，「拳」作「𢍏」。「拜」當是兩手端拱而身軀俯下之義。

[六]「避」，遂初堂本、集釋本、欒本、陳本、嚴本同，原抄本誤作「達」。

[七]底本缺三字處，原抄本、遂初堂本、集釋本、欒本、陳本、嚴本均作「于長樗」，與《左傳》同，當補。

[八]底本缺四字處，原抄本、遂初堂本、集釋本、欒本、陳本、嚴本均作「二十四年」，當補。

[九]「家」字誤，當改。原抄本、遂初堂本、集釋本、欒本、陳本、嚴本均作「蒙」。《左傳》作「蒙」。

[十]《國語·周語上》。

[十一]「敬」字誤，當改。原抄本、遂初堂本、集釋本、欒本、陳本、嚴本均作「敵」。

[十二]《儀禮·聘禮》。

[十三]「敬所」誤倒，當乙正。原抄本、遂初堂本、集釋本、欒本、陳本、嚴本均作「所敬」。

[十四]正文及注均見陳祥道《禮書》卷八十七《拜儀上》。

[十五]「曰」，原抄本同，遂初堂本、集釋本、欒本、陳本、嚴本作「言」。

[十六]《荀子·大略》。

稽首頓首

今表文皆云「稽首頓首」。蔡邕《獨斷》：「漢承秦法，群臣上書，皆言『昧死言』。王莽盜位，慕古法，去『昧死』，曰『稽首』。光武因而不改，朝□□『□[一]首頓首』，非朝臣曰『稽首再拜』。」

【校注】

[一]底本缺三字處，原抄本、遂初堂本、集釋本、欒本、陳本、嚴本均作「臣曰稽」，當補。

百拜

「百拜」字出《樂記》。古人之拜如今之鞠躬，故通計一席之開[一]，賓主交拜近至於百。註云：「壹獻，士飲酒之禮，百拜以喻多」，是也。徐伯魯曰：「按《鄉飲酒禮》無百拜，此特甚言之耳。」若平禮，止是一拜、再拜，即人臣于君亦止再拜。《孟子》：「以君命将之，再拜稽首而受」，[二]是也。禮至末世而繁，自唐以下，即有四拜。《大明會典》：「四拜者，百官見東宮、親王之禮。見其父母亦行四拜禮。其餘官長及親戚朋友相見，止行两拜禮。」是四拜唯于父母得行之。今人書狀，動稱「百拜」何也？

古人未有四拜之禮。唐李涪《刊誤》曰：「夫郊天祭地，止[三]於再拜，其禮至重，尚不可加。今代婦謁姑章，其拜必四。詳其所自，初則再拜，次則跪獻衣服文史，承其筐篚則跪而受之。常于此際授受多誤，故四拜相屬耳。」[四]

《戰國策》：蘇秦「路過雒陽，嫂蛇行匍伏，四拜，自跪而謝」。[五]此四拜之始，蓋因謝罪而加拜，非禮之常也。《黃庭經》：「十讀四拜朝太上」，亦是加拜。

今人上父母書用「百拜」，亦爲無理。若以古人之拜乎？則古人必稽首然後爲敬，而百拜僅賓主一日之禮，非所施于父母。若以今人之拜乎？則天子止十[六]五拜，而又安得百也？此二者過猶不及，明知其不然而書之，此以僞事其親也。

洪武三年，「上諭中書省臣曰：今人書劄多稱『頓首』、『再拜』、『百拜』，[七]皆非寔禮。具[八]定爲儀式，令人遵守。于是禮部定儀：凡致書於尊□，□『□[九]肅奉書』，答則稱『端肅奉復』。敵己者稱『奉書』、『奉復』。□□□□[十]稱『書寄』、『書答』。卑幼與尊長則曰『家書敬復』，尊長與卑幼則曰『書付某人』。」[十一]

【校注】

[一]「開」字誤，當改。原抄本、遂初堂本、集釋本、欒本、陳本、嚴本均作「間」。

[二]《孟子・萬章下》。

[三]「止」，遂初堂本、集釋本、欒本、陳本、嚴本同，原抄本誤作「立」。《刊誤》作「止」。

[四]《刊誤》卷下「拜四」條。

[五]《戰國策・秦策一》。

[六]「十」字誤，當改。原抄本、遂初堂本、集釋本、欒本、陳本、嚴本均作「於」。

[七]黄汝成集釋引沈氏曰：《香祖筆記》云：「一書載，米元章與人書，至『某再拜』則置筆几上，正衣冠對書再拜。」昔人於書問間古道如此。

[八]「具」字誤，當改。原抄本、遂初堂本、集釋本、欒本、陳本、嚴本均作「其」。《太祖實録》作「其」。

[九]底本缺三字處，原抄本、遂初堂本、集釋本、欒本、陳本、嚴本均作「者稱端」，當補。

[十]底本缺四字處，原抄本、遂初堂本、集釋本、欒本、陳本、嚴本均作「上之與下」，當補。

[十一]《太祖實録》卷五十二。

九頓首三拜

「九頓首」出《春秋傳》，[一]然申包胥元是三頓首，未嘗九也。杜註：「《無衣》三章，章三頓首。」每頓首必三，此亡國之餘，情至迫切，而變其平日之禮者也。七日夜哭于鄰國之庭，古人有此禮乎？七日哭也，九頓首也，皆亡國之禮也，不可通用也。

韓之戰，「秦獲晉侯，晉大夫三拜稽首」。[二]古但有再拜稽首，無三拜也。申包胥之九頓首，晉大夫之三拜也。[三]

《楚語》：湫舉[四]遇蔡聲子，「降三拜，納其乘馬」。亦亡人之禮也。

《周書・宣帝紀》：「詔諸應拜者，皆以三拜成禮。」後代變而彌增，則有四拜。不知天元自擬上帝，凡冕服之類十二者皆增爲二十四，而答棰人亦「以百二十爲度，名曰天杖」。[五]然未有四拜也[六]。

【校注】

[一]《左傳・定公四年》。

[二]《左傳・僖公十五年》。

[三]二句謂，惟申包胥當其時乃九頓首，惟晉大夫當其時乃三拜。

[四]「湫舉」誤，各本均誤，當作「椒舉」。《國語》及《左傳》均作「椒舉」。《國語》韋昭注：「椒舉，楚大夫，伍參之子、伍奢之父伍舉也。」《左傳》杜預注：「伍舉，子胥祖父椒舉也。」

[五]並見《周書・宣帝紀》。周宣帝自稱天元皇帝。

[六]「也」字，原抄本同，遂初堂本、集釋本、欒本、陳本、嚴本無。

東向坐

古人之坐，以東向爲尊。故宗廟之祭，太祖之位東向。即交際之禮，亦賓東向，而主人西向。《漢書》註：「如淳曰：『君臣位南北面，賓主位東西南[一]。』」《新序》：「是[二]昭奚恤爲東面之壇一，秦使者至，昭奚惜[三]曰：『君，客也，請就上位。』」是也。《史記・趙奢傳》言：「括東向而朝軍吏。」《田單傳》言：「引卒東鄉坐，師事之。」《淮陰侯傳》言：「得廣武君，東向[四]坐，西鄉對，師事之。」《王陵傳》言：項王「東鄉坐陵母」。《周勃傳》言：「每召諸生□□，□[五]鄉坐，責之：『趣爲我語！』」《田蚡傳》言：「召客飲，坐其兄蓋□□□，□[六]坐東向[七]，以爲漢相尊，不可以兄故私撓。」《南越傳》言：王太后置酒，漢「使者皆東鄉」。《漢書・蓋寬饒傳》言：「許伯請之，迺注[八]，從西堦上，東鄉持[九]坐。」《樓護傳》言：王邑父事護，「時請召賓客，色[十]居樽下，稱『賤上[十一]』，上壽。坐者百數，皆離席伏。護獨東向正坐，字謂邑曰：『公子貴如何！』」《後漢書・鄧禹傳》言：「顯帝[十二]即位，以禹先帝元功，拜爲大傅[十三]，進見，東向。」《桓榮傳》言：「乘輿常[十四]幸太常府，令陛[十五]坐東面，天子親自執業。」皆待以賓、師之位。此皆東向之見于史者。《曲禮》：「主人就東階，客就西階。」自西階而升故東鄉，自東階而升故西鄉。而南鄉特其旁住[十六]，如廟中之昭，故田蚡以處蓋侯也。

《孝文紀》：「西鄉讓者三，南鄉讓者再。」註：「賓主位東西面，君臣位南北面。」是時群臣至代邸上議，則代王爲主人，故西鄉。

《舊唐書》：盧簡未[十七]子汝弼爲河東節度副使，「府有龍泉亭，簡求節制時手書詩一章，在亭之西壁。汝弼復爲亞帥，每亭中燕集未嘗居賓位，西向俛首而已」[十八]。是唐人亦以東向爲賓位也。

【校注】

[一]「南」字誤，當改。原抄本、遂初堂本、集釋本、欒本、陳本、嚴本均作「面」。《漢書》注作「面」。

[二]「是」字誤，當改。原抄本、遂初堂本、集釋本、欒本、陳本、嚴本均作「楚」。《新序》作「楚」。

[三]「昭奚惜」誤，當改。原抄本、遂初堂本、集釋本、欒本、陳本、嚴本均作「昭奚恤」。上「昭奚恤」不誤。

[四]「向」，原抄本同，遂初堂本、集釋本、欒本、陳本、嚴本作「鄉」。

[五]底本缺三字處，原抄本、遂初堂本、集釋本、欒本、陳本、嚴本均作「說士東」，與《史記》同，當補。

[六]底本缺四字處，原抄本、遂初堂本、集釋本、欒本、陳本、嚴本均作「侯南鄉自」，與《史記》同，當補。

[七]「向」，原抄本同，遂初堂本、集釋本、欒本、陳本、嚴本作「鄉」。

[八]「注」字誤，當改。原抄本、遂初堂本、集釋本、欒本、陳本、嚴本均作「往」。《漢書》作「往」。

[九]「持」字誤，當改。原抄本、遂初堂本、集釋本、欒本、陳本、嚴本均作「特」。《漢書》作「特」。

[十]「色」字誤，當改。原抄本、遂初堂本、集釋本、欒本、陳本、嚴本均作「邑」。《漢書》作「邑」。

[十一]「上」字誤，當改。原抄本、遂初堂本、集釋本、欒本、陳本、嚴本均作「子」。《漢書》作「子」。

[十二]「顯帝」誤，當改。原抄本、遂初堂本、集釋本、欒本、陳本、嚴本均作「顯宗」。《後漢書》作「顯宗」。

[十三]「大傅」誤，當改。原抄本、遂初堂本、集釋本、欒本、陳本、嚴本均作「太傅」。《後漢書》作「太傅」。

[十四]「常」字誤，當改。原抄本、遂初堂本、集釋本、欒本、陳本、嚴本均作「嘗」。《後漢書》作「嘗」。
[十五]「今陛」誤，當改。原抄本、遂初堂本、集釋本、欒本、陳本、嚴本均作「令榮」。《後漢書》作「令榮」。
[十六]「住」字誤，當改。原抄本、遂初堂本、集釋本、欒本、陳本、嚴本均作「位」。
[十七]「盧簡未」誤，當改。原抄本、遂初堂本、集釋本、欒本、陳本、嚴本均作「盧簡求」。
[十八]《舊唐書・盧汝弼傳》。

坐

古人席地而坐，西漢尚然。《漢書・雋不疑傳》：「登堂坐定，不疑據地曰：『竊伏海濱，聞秦[一]公子威名舊矣。』」是也。

古人之坐，皆以兩膝著地[二]。有所敬，引身而起，則爲長跪矣。《史記・范雎傳》言：「秦王跽而請」、「秦王復跽」。而褚先生補《梁孝王世家》：「□□□[三]王俱待[四]坐太后前，太后謂帝曰：『吾聞殷道親親，周□□□[五]，其義一也。』帝跪席舉身曰：『諾！』」是也。《禮記》「坐」皆訓「跪」。《三國志》注引《高士傳》言：「管寧嘗坐一木榻，積五十餘年，未嘗箕股，其榻上當膝處皆穿。」以此。

【校注】

[一]「秦」字誤，當改。原抄本、遂初堂本、集釋本、欒本、陳本、嚴本均作「暴」。《漢書》作「暴」。
[二]「者地」誤，原抄本作「著地」，遂初堂本、集釋本、欒本、陳本、嚴本作「著席」。

[三]底本缺三字處，原抄本、遂初堂本、集釋本、欒本、陳本、嚴本均作「帝與粱」，與《史記》同，當補。
[四]「待」字誤，當改。原抄本、遂初堂本、集釋本、欒本、陳本、嚴本均作「侍」。《史記》作「侍」。
[五]底本缺三字處，原抄本、遂初堂本、集釋本、欒本、陳本、嚴本均作「道尊尊」，與《史記》同，當補。

土炕

北人以土爲牀，而空其下以發火，謂之「炕」。古書不載。《詩·瓠葉》傳：「炕火曰炙。」正茂[一]曰：「炕，舉也，謂以物貫之而舉于火上以炙之。」宗[二]寺人柳「熾炭于位，將至，則去之」。[三]《新序》：宛春謂衛靈公曰：「君衣狐裘，坐熊席，陬隅有竈。」《漢書·蘇武傳》：「鑿地爲坎，置熅火。」是蓋近之，而非炕也。庾信《小園賦》：「管寧藜牀，雖穿而可坐；嵇康鍛竈，既烟而堪眠。」《舊唐書·東夷高麗傳》：「冬日[四]皆作長坑，下然熅火以取烟[五]。」此即今人[六]之土炕也，但作「坑」字。

《水經注》：「土垠縣有觀雞寺，寺内有大堂，甚高廣，可容千僧。下悉結石爲之，上加塗塈。基内疏通，枝經脈散。基側室外，四出爨火，炎勢内流，一堂蓋[七]温。」此今人烟房之制，形容盡之矣。

【校注】

[一]「正茂」誤，當改。原抄本、遂初堂本、集釋本、欒本、陳本、嚴本均作「正義」。
[二]「宗」字誤，當改。原抄本、遂初堂本、集釋本、欒本、陳本、嚴本均作「宋」。又「宋」字上，遂初堂本、集釋本、欒本、陳本、嚴本有「《左傳》」二字，原抄本亦無。

[三]《左傳·昭公十年》。

[四]「日」字誤，當改。原抄本、遂初堂本、集釋本、欒本、陳本、嚴本均作「月」。《舊唐書》作「月」。

[五]「煗」，原抄本、遂初堂本、嚴本同。陳本作「煖」，欒本作「暖」。「煗」、「煖」、「暖」三字異體。

[六]「今人」，原抄本同，遂初堂本、集釋本、欒本、陳本、嚴本無「人」字。

[七]「蓋」字誤，當改。原抄本、遂初堂本、集釋本、欒本、陳本、嚴本均作「盡」。《水經注》作「盡」。

冠服

《漢書·五行志》曰：「風俗狂慢，變節易度，則爲剽輕奇怪之服，故有服妖。」余所見五六十年服飾之變，亦以[一]多矣，卒至于裂冠毁冕而戎制之[二]，故録其所聞以視後人焉。

《豫章漫抄》[三]曰：「今人所戴小帽，以六瓣合縫，下綴以簷如箭。閣憲副閎謂予，言亦太祖所制，若曰六合一統云爾。楊維楨廉夫□□□[四]見太祖，問其製，對曰：『四方平定巾。』上喜，令士人皆□□□[五]。商文毅[六]用自編民，亦以此巾見。」[七]

《太唐[八]縣志》曰：「國初時，衣衫褶前七後八。弘治間，上長下短，褶多。正德初，上短，下長三分之一，士夫多中停。冠則平頂，高尺餘，士夫不減八九寸。嘉靖初，服上長下短，似弘治時。市井少年帽尖長，俗云『邊鼓帽』。弘治間，婦女衣衫僅掩裙腰，富者用羅緞紗絹織金彩通紬[九]，裙用金彩膝襴，髻高寸餘。正德間，衣衫斬[十]大，裙褶漸多，衫唯用金彩補子，髻漸高。嘉靖初，衣衫大至膝，裙短褶少，髻高如官帽，皆鐵絲胎，高六七寸，口周面[十一]尺二三寸餘。」

《内丘縣志》曰：「萬曆初，童子髪[十二]長猶總角，年二十餘始戴網。天啟間，則十五六便戴網，不使有總角之儀矣。萬曆初，庶民穿腄𩋾[十三]，儒生穿雙臉鞋。非鄉先生首戴『忠靖冠』者不得穿『廂邊雲履頭[十四]』。俗呼「朝鞋」。至近日，而門快輿皂，無非『云履』，醫卜星相，莫不『方巾』。又有『晉巾』、『唐巾』、『樂天巾』、『東坡巾』者。先年，婦人非受封不敢戴梁冠，披紅袍，繫拖带，今富者皆服之。又或着『百花袍』，不知創自何人。萬曆間，遼東興治服，五彩炫爛，不三十年而淪于虜[十五]。茲花袍幾二十年矣，『服之不衷，身之災也』，[十六]兵荒之咎，其將不遠與[十七]？」

【校注】

[一]「以」字誤，當改。原抄本、遂初堂本、集釋本、欒本、陳本、嚴本均作「已」。

[二]「卒至于裂冠毁冕而戎制之」一句，原抄本同。潘耒遂初堂刻本删，集釋本因之。欒本據黄侃校記改回而加説明，陳本、嚴本仍刻本之舊而加注。「裂冠毁冕」，語出《左傳·昭公九年》。

[三]「抄」字，原抄本、嚴本同，集釋本、欒本、陳本作「鈔」，遂初堂本誤作「杪」。《豫章漫抄》四卷，明陸深撰，在《儼山外集》中。

[四]底本缺三字處，原抄本、遂初堂本、集釋本、欒本、陳本、嚴本均作「以方巾」，與《豫章漫抄》同，當補。

[五]底本缺三字處，原抄本、遂初堂本、集釋本、欒本、陳本、嚴本均作「得戴之」，與《豫章漫抄》同，當補。

[六]「商文毅」，《豫章漫抄》原文作「商文毅公輅」。

[七]《豫章漫抄》卷二。

[八]「太唐」誤，當改。原抄本、遂初堂本、集釋本、欒本、陳本、嚴本均作「太康」。

[九]「紬」字誤，原抄本同誤，當改。遂初堂本、集釋本、欒本、陳本、嚴本作「袖」。

[十]「斬」字誤，當改。原抄本、遂初堂本、集釋本、欒本、陳本、嚴本均作「漸」。

[十一]「面」字誤，原抄本、嚴本同誤，遂初堂本作「而」亦誤，當改。集釋本、欒本、陳本作「回」。

[十二]「鬟」字誤，當改。原抄本、遂初堂本、集釋本、欒本、陳本、嚴本均作「髮」。

[十三]「膍靸」，遂初堂本、集釋本、欒本、陳本、嚴本同，原抄本誤作「膍靹」。

[十四]「雲履頭」誤倒，當乙正。原抄本、遂初堂本、集釋本、欒本、陳本、嚴本均作「雲頭履」。

[十五]「而淪于虜」，原抄本同。潘耒遂初堂刻本改爲「而遭屠戮」，集釋本因之。欒本據黄侃校記改回而加説明，陳本、嚴本仍刻本之舊而加注。

[十六]語出《左傳・僖公二十四年》。

[十七]「其將不遠與」，原抄本同。潘耒遂初堂刻本改爲「其能免與」，集釋本因之。欒本據黄侃校記改回而加説明，陳本、嚴本仍刻本之舊而加注。

衩衣

《通鑑》：唐僖宗乾符元年，王凝、崔彦昭「同舉進士，凝先及第，嘗衩衣見彦昭」。[一]衩，楚懈反。《廣雅》：「稍[二]袺袛謂之襀[三]衩，一曰襢衣。」[四]李義□□：「□[五]蓉作裙衩。」[六]又曰：「裙衩芙蓉小。」[七]

【校注】

[一]《資治通鑑》卷二百五十二。

[二]「稍」，原抄本同，遂初堂本、集釋本、欒本、陳本、嚴本作「梢」。按當作「䘥」，《廣雅》、《博雅》作「䘥」。

[三]「襀」，各本均同，《廣雅》、《博雅》作「褸」。《博雅》云：「䘥袺袛謂之褸衩。」

［四］《廣雅》原文，王念孫謂出《集韻》、《類篇》所引而有訛誤，「袦」字下補「謂之」二字，斷句作：「袦謂之祰。袥謂之褸。衩、衸、袥、裓，膝也。」「衩」字屬下讀。見《廣雅疏證》卷七下。

［五］底本缺三字處，原抄本、遂初堂本、集釋本、欒本、陳本、嚴本均作「山詩芙」，當補。

［六］李商隱《無題二首》。

［七］李商隱《無題》。

對衤□［一］

《太祖實録》：洪武二十六年三月，「禁官民步卒人等服對襟衣。惟騎馬許服，以便于乘馬也［二］。其不應服而服者，罪之」。

今之軍甲［三］，即對襟衣也。《戒庵漫筆》［四］云：「軍甲之制，比甲稍長，比袄減短。正德間創自武宗，近日士大夫有服者。」按《説文》：「無袂衣謂之褠。」趙宧光曰：「半臂衣也。武士謂之蔽甲，方俗謂之蔽［五］袄，小者曰背子，即此製也。」《魏志·楊阜傳》：「阜嘗見明帝着帽，披縹綾半袖，問帝曰：『此于禮，何法服也？』」［六］則當時已有此製。

【校注】

［一］「對衤□」，底本壞缺一字半，原抄本、遂初堂本、集釋本、欒本、陳本、嚴本均作「對襟衣」，當補。目録不誤。

［二］「也」字上，脱「故」字，當補。原抄本、遂初堂本、集釋本、欒本、陳本、嚴本均作「故也」。

［三］「軍甲」誤，當改。原抄本、遂初堂本、集釋本、欒本、陳本、嚴本均作「罩甲」。下同。

［四］《戒庵漫筆》八卷，明李詡撰。
［五］「蔽」，原抄本同。遂初堂本、集釋本、欒本、陳本、嚴本作「披」。
［六］《三國志・魏書・楊阜傳》。

胡服［一］

自古永［二］平日久，風氣之來，必有其漸，而變中夏爲夷狄，未必非一二好異之徒啟之也。《春秋傳》僖公二十二年：「初，平王之東遷也，辛有適伊川，見被髮而祭于野者，曰：『不及百年，此其戎乎？其禮先亡矣！』秋，秦、晉遷陸渾之戎于伊川。」《後漢・五行志》：「靈帝好胡服、胡帳、胡床、胡坐、胡飯、胡箜篌、胡笛、胡舞，京都貴戚皆競爲之［三］。其後董卓多擁胡兵，填塞街衢，虜掠宮掖，發掘園陵。」《晉書・五行志》：「泰始之初［四］，中國相尚用胡牀、陌［五］無［六］，及爲羌煮、陌炙，貴人富室必畜其器，吉［七］享嘉會皆以爲先。太康中，又以氈爲絔頭，及絡帶袴口。百姓相戚［八］曰：『中國必爲胡所破。』夫［九］氈毳産於胡，而天下以爲絔頭、帶身、袴口，胡既三制之矣，能無敗乎？至元康中，氏、羌互反。永嘉後，劉、石遂篡中都。自後四夷迭據華土，是妖服之應也。」［十］《大唐新語》：「武德、貞觀之代，宫人騎馬者，依《周禮》舊儀，多著冪羅，雖發自戎衣［十一］，而全身障蔽。永徽之後，皆用帷帽，施裙到頭［十二］，甚［十三］爲淺露。顯慶中，《册府元龜》：減亨［十四］二年七月［十五］。詔曰：『百官家口，咸側［十六］士流，至于衢路之間，豈可全無障蔽？比來多著帷帽，遂棄冪羅，曾不乘車，只坐擔子，過于輕率，深失禮容』，宜行禁止。［十七］神能［十八］之後［十九］，冪羅殆絶。開元初，宮人馬上始着胡帽，靚粧露面，士庶咸效之。天寶中，士流之妻或衣丈夫服[二十]，鞾衫鞭帽，内外一貫大[二十一]。」《唐□書・服志》[二十二]：「武德間，婦人曳履及線鞾。開元中，初有線鞋。侍兒則著履，奴婢服襴衫，而士女衣胡服。其後安禄山反，當時以爲妖服之應。」《禮樂志》：「玄宗好羯鼓，嘗稱爲『八音之領袖，諸樂不可方也』。蓋本戎羯之樂，其音太簇一均，龜茲、高昌、疏勒、天竺部皆用之。其聲焦殺[二十三]，特異衆樂。開元二十四年，升胡部于堂上，而天寶樂曲皆以邊地名，若《涼州》、《伊州》、《甘州》之類。後又詔道調、法曲與胡部新聲合作。明年，安禄山反，涼州、伊州、甘州皆陷吐蕃。」元微之詩自註：「太常丞宋沇傳漢中王舊説云：玄宗雖雅好殷[二十四]曲，然未嘗使蕃漢雜奏。天寶十三載，始紹[二十五]道調、法曲與胡部新聲合作，識者異之。明年，禄山叛。」[二十六]此皆已事之見于史書者也。嗚呼！可不戒哉！

《册府元龜》：後漢「高祖天福十二年，左衛將軍許敬遷奏[二十七]：『臣伏見天下鞍轡器械，並取契丹樣裝飾[二十八]，以爲美好。安有中國之人反效戎虜[二十九]之俗？請下明詔毁棄，須依漢境舊儀。』敕曰：『近者中華人情浮薄，不依漢禮，却慕胡風[三十]，采[三十一]致狂戎[三十二]來侵。諸夏應有契丹樣鞍轡、器械、服裝等，立[三十三]令逐處禁斷。」[三十四]

宋乾道□□[三十五]，臣僚言：「臨安府風俗，好爲胡樂，如吹鷓鴣、撥胡琴、作胡舞，所在皆[三十六]然。」「傷風敗俗，不可不懲。望檢坐紹興三十一年指揮，嚴行禁止。」[三十七]

《太祖寔録》：「初，元世祖起自朔漢，以有天下，悉以胡俗變易中國之制。士庶咸辮髮椎[三十八]髻，深簷[三十九]胡帽。衣服則爲袴褶窄袖，及辮線腰褶。婦女衣窄袖短衣，下服裙裳，無復中國之[四十]冠之舊。甚者易其姓字，爲胡名，習胡語。俗化既久，恬不爲[四十一]怪。上久厭之。洪武元年二月壬子[四十二]，詔復衣冠如唐制。士民皆束髮于頂，官則烏紗帽、圓領袍、束帶、黑鞾。士庶則服四帶巾，洪武三年一月[四十三]改製四方平定巾。襍色盤領衣，不得用黃、玄。樂工冠青□[四十四]字頂巾，繫紅綠[四十五]帛帶。士庶妻首飾許用銀鍍金，耳珠[四十六]用金珠，釧鐲用銀，服淺色團衫，用紵絲綾羅紬絹。其樂妓則帝[四十七]明角冠、皂褙子，不許與庶民妻同，不得服兩截胡衣。其辮髮推[四十八]髻、胡服、胡語、胡姓，一切禁止。斟酌損益，皆斷自聖心。于是百有餘年胡俗，悉復中國之舊矣。」[四十九]

《英宗實録》：「正統七年十二月，禮部尚書胡濙等奏：向者山東左參政洗固[五十]言：中外言[五十一]舍軍民，戴帽穿衣，習尚胡制，語言跪拜，習學胡俗。垂纓插翎，尖頂禿袖，以中國之人，效犬戎之服，忘貴從賤，良爲可恥。昔北魏本胡人也，遷雒之後，尚禁胡俗，況聖化度越前古，堂[五十二]可使無知小民效尤成習？今山東右參政劉璉亦以是爲言。請令都察院出榜，俾巡按監察御史嚴禁。從之。」[五十三]

《河澗[五十四]府志》：「陳士彦曰：今河間男子或有左衽者，而婦人尤多。至于孺子，環狐狗之尾以爲冠，而身被毛革以爲服，謂之『達粧』。阮漢聞言：中州之人亦然。夫被髮野祭，辛有卜其爲戎。晉大唐[五十五]中，俗以氈爲絈頭及絡帶袴口，被[五十六]此互相嘲戲以爲胡兒，未幾劉、石之變遂起。」[五十七]此書作于萬曆四十三年，不二朞而遼東之難作矣。至于今日，「胡服縵纓，咸爲戎俗：高冠重履，非復華風。」梁敬帝詔云。有識之士，得不悼其横流，追其亂本哉！

【校注】

［一］「胡服」條，潘耒遂初堂刻本全删，黄汝成集釋本因之。潘耒刻本有目無文，集釋本無目無文。欒本、陳本據黄侃校記補，嚴本均其原校記補。陳垣校注：此條刻本全删，據鈔本補。欒本校注：此條六節一千三百四字，小注九十八字，原本並無，今據《校記》補。嚴本校勘記：本篇底本無，據原校記補。嚴本目録校勘記又云：胡服：「胡」原文空格，據該條正文補。

［二］「永」字誤，原抄本作「承」。

［三］「之」字下，陳本多出「此服妖也」一句。徐文珊原抄本、黄侃校記及欒本、嚴本过録均無，《後漢書》有。

［四］「初」字，徐文珊原抄本、黄侃校記及欒本、嚴本过録均同，陳本作「後」。《晉書》作「後」，而一本作「初」。

［五］「陌」字，徐文珊原抄本、黄侃校記作「栢」。《晉書》、《宋書》作「貊」。陳本作「貊」，欒本、嚴本改「栢」作「貊」。下「陌」字，徐文珊原抄本、黄侃校記、欒本、嚴本各同上文，而陳本作「柏」。

［六］「無」字誤，當改。原抄本作「槃」。《晉書》作「槃」。

［七］「吉」字，徐文珊原抄本、黄侃校記誤作「言」。《晉書》、《宋書》作「吉」。陳本作「吉」。欒本、嚴本改「言」作「吉」。

［八］「戚」字誤，當改。原抄本作「戲」，《晉書》、《宋書》作「戲」。

［九］「夫」字，原抄本同，與《晉書》同。黄侃校記誤作「大」，欒本、嚴本改「大」作「夫」。陳本作「夫」，可知陳氏雖據抄本補，而多依原史自改訛誤，然不一一注明。

［十］又見《宋書・五行志一》。

［十一］「戎衣」，原抄本同。《大唐新語》作「戎夷」。

［十二］「頭」字誤，徐文珊原抄本、黄侃校記同誤，當改。《大唐新語》作「頸」，欒本、嚴本改「頭」作「頸」。陳本徑改作「頸」，無注。

[十三]「甚」字，徐文珊原抄本、黄侃校記同。通行本《大唐新語》無。

[十四]「減亨」誤，當改。原抄本作「咸亨」。

[十五]「七月」誤，當改。原抄本作「九月」，與《册府元龜》同。又按，此條爲亭林自注。

[十六]「側」，徐文珊原抄本、黄侃校記作「廁」，與《大唐新語》同。陳本作「預」。《册府元龜》及《舊唐書・輿服志》所載咸亨二年敕文作「預」。

[十七]《册府元龜》卷一百五十九。又略見《舊唐書・輿服志》。

[十八]「神能」誤，當改。原抄本作「神龍」。

[十九]「之後」，徐文珊原抄本、黄侃校記同。《大唐新語》作「末」，陳本徑改作「末」。

[二十]「丈夫服」，徐文珊原抄本誤作「文服」，黄侃校記誤作「文夫服」。《大唐新語》作「丈夫服」。欒本、嚴本改「文夫」作「丈夫」。陳本徑改作「丈夫」，無注。

[二十一]「大」字誤，當改。原抄本作「矣」，與《大唐新語》同。

[二十二]「《唐□書・服志》」，徐文珊原抄本、黄侃校記均作「《唐書・車服志》」，當補，當乙正。欒本、嚴本改「車」作「輿」。按《新唐書》本作《車服志》，抄本不誤。《舊唐書・輿服志》有「武德來婦人著履」一節，文不同而大義略同。

[二十三]「焦殺」，原抄本同，與《新唐書・禮樂志》同。按當作「噍殺」，《禮記・樂記》：「是故其哀心感者，其聲噍以殺」。鄭注：「噍，踧也」，陸氏《釋文》：「噍，踧也，謂急也」。

[二十四]「殷」字誤，當改。原抄本作「度」，與《元氏長慶集》同。

[二十五]「紹」字誤，當改。原抄本作「詔」，與《元氏長慶集》同。

[二十六]元稹《立部伎》。

[二十七]「奏」字，徐文珊原抄本同。黄侃校記作「奉」，欒本、嚴本改「奉」作「奏」。

［二十八］「餙」，徐文珊原抄本、黄侃校記均作「飾」。

［二十九］「戎虜」，原抄本同。文淵閣《四庫全書》本《册府元龜》改作「異域」。

［三十］「胡風」，原抄本同。文淵閣《四庫全書》本《册府元龜》改作「殊風」。

［三十一］「采」字誤，當改。原抄本作「果」，與《册府元龜》同。

［三十二］「狂戎」，原抄本同。文淵閣《四庫全書》本《册府元龜》改作「狂兵」。

［三十三］「立」字誤，當改。原抄本作「並」，與《册府元龜》同。

［三十四］《册府元龜》卷一百六十。嚴本此條據原校補記，至此而止，不全。

［三十五］底本缺二字處，原抄本作「二年」，當補。

［三十六］「皆」，原抄本作「而」，與《咸淳臨安志》同。

［三十七］《咸淳臨安志》卷四十七，作乾道四年七月壬戌。

［三十八］「椎」，徐文珊原抄本同，黄侃校記誤作「推」。欒本改「推」作「椎」。

［三十九］「簷」，徐文珊原抄本、黄侃校記同。欒本改「簷」作「襜」。《太祖實録》作「襜」。

［四十］「之」字誤，當改。原抄本作「衣」，與《太祖實録》同。

［四十一］「爲」字，原抄本同。《太祖實録》作「知」。

［四十二］「洪武元年二月壬子」，《太祖實録》作「至是」，年月日則在此條之首。

［四十三］「一月」誤，當改。原抄本作「二月」。按《太祖實録》：洪武三年二月甲子，「命制四方平定巾式，頒行天下」。

［四十四］底本缺一字處，原抄本作「卍」，與《太祖實録》同，當補。

［四十五］「線」字誤，當改。原抄本作「緑」，與《太祖實録》同。

［四十六］「耳珠」誤，徐文珊原抄本、黄侃校記同誤。欒本改「珠」作「環」。《太祖實録》作「耳環」。

[四十七]「帝」字誤，當改。原抄本作「帶」，與《太祖實録》同。
[四十八]「推」字誤，當改。原抄本作「椎」，與《太祖實録》同。
[四十九]《太祖實録》卷三十。
[五十]「洗固」誤，當改。原抄本作「沈固」，與《英宗實録》同。
[五十一]「言」字誤，當改。原抄本作「官」，與《英宗實録》同。
[五十二]「堂」字誤，當改。原抄本作「豈」，與《英宗實録》同。
[五十三]《英宗實録》卷九十九。
[五十四]「河澗」誤，當改。原抄本作「河間」。下「河間」不誤。
[五十五]「大唐」誤，當改。原抄本作「太康」，與《河間府志》同。
[五十六]「被」字誤，當改。原抄本作「彼」，與《河間府志》同。
[五十七]萬曆《河間府志》卷四。

左衽[一]

宋周必大《二老堂詩話》云：「陳益爲奉使金國屬官，過滹沱光武廟，見塑像左衽。」岳珂《程[二]史》云：「至漣水」，宣聖殿像左□[三]。泗州塔院「設五百應其[四]像，或塑或刻，皆左衽」。此制蓋金人爲之，迄于國初[五]而未盡除。其見于《實録》者，永樂八年撫按[六]山東給事中王鐸之奏[七]，宣德七年河南彰德府林縣訓導杜本[八]之奏[九]，正統十三年山西絳縣訓導張幹之奏[十]。屢奉明者[十一]，而未即改正。信乎夷狄之難革也！[十二]

《喪大記》：「小斂大斂，祭服不倒，皆左衽。」註：「左衽，衽鄉左，反生時也。」正義曰：「衽，衣襟也。生鄉右，左手解，抽带便也。死則襟鄉左，示不復解也。」是則死而左衽者，中國之法；生而左衽，乃戎狄[十三]之製耳！[十四]

【校注】

[一]「左衽」條，潘耒遂初堂刻本、黄汝成集釋本存，《四庫全書》本全删。

[二]「程」字誤，當改。原抄本、遂初堂本、集釋本、欒本、陳本、嚴本均作「桯」。

[三]「左□」，原抄本、遂初堂本、集釋本、欒本、陳本、嚴本均作「左衽」，與《桯史》同，當補。

[四]「其」字誤，當改。原抄本、遂初堂本、集釋本、欒本、陳本、嚴本均作「真」。《桯史》作「真」。

[五]「國初」，原抄本同。潘耒遂初堂刻本改爲「明初」，集釋本因之。欒本據黄侃校記改回而加説明，陳本仍刻本之舊而加注，嚴本仍刻本之舊，無校注。

[六]「撫按」，原抄本同。遂初堂本、集釋本、欒本、陳本、嚴本作「撫安」。《明太宗實録》作「撫安」。

[七]《明太宗實録》卷一百八，永樂八年九月丁亥：「撫安山東給事中王鐸言：『濟南府長山縣等文廟聖賢塑像，衣服左衽，此蓋前代夷狄之俗，因循未革。』」

[八]「杜本」，原抄本誤作「杜奉」。遂初堂本、集釋本、欒本、陳本、嚴本作「杜本」。《明宣宗實録》作「杜本」。

[九]《明宣宗實録》卷九十七，宣德七年十二月戊戌：「河南彰德府林縣訓導杜本言：『本學先師及四配十哲神像，服制俱左衽，宜改正。』」

[十]《英宗實録》卷一百六十六，正統十三年五月壬子：「命各府州縣儒學孔子像，在故元時塑有左衽服者，悉改右衽。從山西絳縣學訓導張幹言也。」

[十一]「者」字誤，當改。遂初堂本、原抄本、集釋本、欒本、陳本、嚴本均作「旨」。

［十二］「信乎夷狄之難革也」一句，原抄本同。潘耒遂初堂刻本删，集釋本因之。欒本據黄侃校記改回而加説明，陳本、嚴本仍刻本之舊而加注。

［十三］「戎狄」，徐文珊原抄本、黄侃校記同。嚴本校勘記作「夷狄」。

［十四］「《喪大記》」以下全段，潘耒遂初堂刻本删。「是則死而左袵者」以下二句，集釋本删。黄氏集釋本能保留《喪大記》一節，可知曾據抄本恢復遂初堂本之所删。欒本據黄侃校記改回而加説明。陳本有《喪大記》一節，無「是則死而左袵者」二句。嚴本仍刻本之舊而加詳注。

行縢

《詩》：「邪幅在下。」［一］箋曰［二］：「邪幅，如今行縢［三］也。偪束其脛［四］，自足至膝［五］。」《左傳》：「帝［六］、裳、幅、□［七］。」［八］註同。亦作「偪」。《禮記》：「偪屨著綦。」《釋名》：「偪，所以自逼束。今謂之行縢，言以裹脚可以跳騰輕便也。」《戰國策》：蘇秦「嬴［九］縢負□［十］擔囊」。［十一］《吴志》：吕蒙「爲兵作絳衣行縢」。［十二］《舊唐書》：德宗「入駱谷，值霖雨，道塗險滑，衛士多亡歸朱泚。東川節度使李叔明之子昇及郭子儀之子曙、令狐建之子彰［十三］等吴［十四］人，恐有姦人危乘輿，相與齧臂爲盟。著行縢釘［十五］鞵，更鞚上馬，以至梁州，它人皆不得近。及還京師，上皆以爲禁衛將軍，寵遇甚厚」。［十六］

古人之韤大抵以皮爲之。《春秋左氏傳》註曰：「古者臣見君，解韤。」既解韤，則露其邪幅，而人得見之。《采菽》之詩，所以爲詠。今之村民，往往行縢而不韤者，古人之遺制也。吴「賀邵爲人美容止，坐常[十七]著襪，始以[十八]「衣」字。希見其足」。[十九]則漢魏之世不襪而見足者多矣。

【校注】

[一]《詩經・小雅・采菽》。

[二]「曰」，原抄本、遂初堂本、集釋本、欒本、陳本、嚴本均作「云」。

[三]「行縢」誤，原抄本作「行縢」，亦誤，當改。遂初堂本、集釋本、欒本、陳本、嚴本作「行縢」。《毛詩》鄭箋作「行縢」。

[四]「腰」字誤，當改。原抄本、遂初堂本、集釋本、欒本、陳本、嚴本均作「脛」。《毛詩》鄭箋作「脛」。

[五]「滕」字誤，當改。原抄本、遂初堂本、集釋本、欒本、陳本、嚴本均作「膝」。《毛詩》鄭箋作「膝」。

[六]「帝」字誤，當改。原抄本、遂初堂本、集釋本、欒本、陳本、嚴本均作「帯」。《左傳》作「帯」。

[七]底本缺一字處，原抄本、遂初堂本、集釋本、欒本、陳本、嚴本均作「舄」，與《左傳》同，當補。

[八]《左傳・桓公二年》。

[九]「羸」，原抄本同。遂初堂本、集釋本、欒本、陳本、嚴本作「贏」。《戰國策》原文作「羸」。

[十]底本缺一字處，原抄本、遂初堂本、集釋本、欒本、陳本、嚴本均作「書」，與《戰國策》同，當補。

[十一]《戰國策・趙策一》，又見《秦策一》。

[十二]《三國志・吴書・吕蒙傳》。

[十三]「令狐建之子彰」誤倒，原抄本、遂初堂本、嚴本同誤，當乙正。集釋本、欒本、陳本作「令狐彰之子建」，與《資治通鑑》同。令狐彰及子建，兩《唐書》有傳。

[十四]「吴」字誤，當改。原抄本、遂初堂本、集釋本、欒本、陳本、嚴本均作「六」。《資治通鑑》作「六」。

[十五]「靪」，原抄本、遂初堂本、集釋本、欒本、陳本、嚴本均作「釘」。《資治通鑑》作「釘」。

[十六]《舊唐書》無，見《資治通鑑》卷二百三十二。
[十七]「坐常」，遂初堂本、集釋本、欒本、陳本、嚴本同，原抄本脱。
[十八]「以」字誤，當改。原抄本、遂初堂本、集釋本、欒本、陳本、嚴本均作「从」。
[十九]《會稽典録》，《藝文類聚》卷七十《服飾部》引，又見《太平御覽》卷三百八十九、卷六百九十七。

樂府

樂府是官署之名。其官[一]令，有音監，有游徼。《漢書·張放傳》：「使大奴駿等四十餘人，群黨盛兵弩，白晝入樂府，攻射官寺。」《霍光傳》：「奏昌邑至[二]，大行在前殿，發樂府樂器。」《後漢書[三]·律曆志》：「元帝時，郎中京房知五聲之音，六十律之數。上使太子太傅韋玄成、諫議大夫章雜試問房于樂府。」是也。後人乃以所[四]樂府所采之詩即名之曰「樂府」，誤矣。曰「古樂府」，尤誤。《後漢書·馬廖傳》言：「哀帝云[五]樂府。」註云：「哀帝即位，詔罷鄭衛之音，減郊祭及武樂等人效[六]。」是亦以樂府所肆之詩即名之樂府也。

【校注】

[一]「官」字下，脱「有」字，當補。原抄本、遂初堂本、集釋本、欒本、陳本、嚴本均作「官有」。
[二]「至」字誤，當改。原抄本、遂初堂本、集釋本、欒本、陳本、嚴本均作「王」。《漢書》作「王」。
[三]「後漢書」，原抄本、遂初堂本同，集釋本、欒本、陳本、嚴本作「續漢書」。
[四]「所」字衍，當删，原抄本、遂初堂本、集釋本、欒本、陳本、嚴本無。
[五]「云」字誤，當改。原抄本、遂初堂本、集釋本、欒本、陳本、嚴本均作「去」。《後漢書》作「去」。

[六]「效」字誤，當改。原抄本、遂初堂本、集釋本、欒本、陳本、嚴本均作「數」。《後漢書》作「數」。

寺[一]

「寺」字自古至今凡三變。三代以上，凡言「寺」者皆奄豎之名。《周禮・寺人》註：「寺之言侍也。」《詩》云「寺人」，《孟子》、《易》之「閽寺」，《詩》之「婦寺」，《左傳》「寺人貂」、「寺披人[二]」、「寺人孟張」、「寺人惠牆伊戾」、「寺人柳」、「寺人羅」，皆此也。崔杼「使圉人駕，寺人御而出」。[三]自秦以宦者任外廷之職，而官舍通謂之「寺」。《説文》：「寺，廷也，有法度者也。」此亦是漢時解耳。漢人以太常、光禄勳、衛尉、太僕、廷尉、大鴻臚、宗正、大司農、少府爲「九寺」。又御史府亦謂之御史大夫寺。《漢書・元帝紀》註，師古曰：「凡府廷[四]所在皆謂之寺。」《風俗通》曰：「寺，司也。」《唐書・楊收傳》：「漢制：總群官而聽曰省，分務而專治曰寺。」諸官府所止皆曰寺。《後漢書・安帝紀》：「皇太后幸雒陽寺及若盧獄録囚徒。」註：「寺，官舍也。」《張湛傳》：「告歸平陵，望寺門而步。」註：「寺門，即平陵縣門也。」《欒恢傳》：「父爲縣吏，得罪于令。恢年十一，常俯伏寺門。」《吴志・凌統傳》亦云：「過本縣，步入寺門。」又變而浮屠之居，亦謂之寺矣。《石林燕語》：「漢以來，九卿官府皆謂之[五]寺，鴻臚其一也，本以待四夷[六]賓客。明帝時，揖[七]摩騰、竺法蘭自西域以白馬負經至，舍于鴻臚寺。既死，尸不壞，因留寺中，後遂以爲浮屠之居，即雒中白馬寺也。僧居稱寺本此。」

【校注】

[一]「寺」條題下，徐文珊原抄本題下有小字注：「今人但知寺爲浮屠之名，不知其爲奄豎之名、官府之署矣。」遂初堂本、集釋本、欒本、陳本、嚴本。經目驗原帙，此題注非朱筆、藍筆，字體與正文同。

[二]「寺披人」誤倒，當乙正。原抄本、遂初堂本、集釋本、欒本、陳本、嚴本均作「寺人披」，與《左傳》同。

［三］《左傳・襄公二十七年》。

［四］「廷」，原抄本、遂初堂本、集釋本、欒本、陳本、嚴本均作「庭」。《漢書》注作「庭」。

［五］「謂之」，原抄本、遂初堂本、集釋本、欒本、陳本、嚴本均作「名曰」。《石林燕語》作「名曰」。

［六］「四夷」，原抄本同。潘耒遂初堂刻本改爲「四裔」，集釋本因之。《石林燕語》作「四夷」。欒本據黄侃校記改回而加説明，陳本、嚴本仍刻本之舊而加注。

［七］「揖」，原抄本、遂初堂本、集釋本、欒本、陳本、嚴本均作「攝」。

省

十三布政使司，今人謂之「十三省」者，沿元之舊而誤稱之也。元時爲行中書省者十一，曰遼陽等處，曰鎮東，曰陝西等處，曰四川等處，曰河南江北等處，曰云南等處，曰江浙等處，曰江西等處，曰湖廣等處，曰甘肅等處，曰嶺北等處。國初，沿元制立行中書省。洪武七年，以京畿、應天等府直隸六部，改行中書省爲布政使司。今當稱「十三布政司［一］」，不當稱「省」。

【校注】

［一］「布政司」，原抄本、遂初堂本、嚴本同，集釋本、欒本、陳垣作「布政使司」。

職官受杖

「撞郎」之事始于漢明［一］，後代因之，有杖屬官之法。曹公「性嚴，掾屬公事，往往加杖」。［二］

《魏略》：韓宣「以當受杖，豫脱褌，纏褌面縛」。[三]宋劉道錫爲廣州刺史，「杖治中荀齊文垂死」。[四]魏劉仁之監作晉陽城，「杖前殷州刺史裴瑗、并州刺史王綽」。[五]隋文帝「詔諸司論屬官罪，有律輕情重者，聽于律外斟酌决杖」。[六]燕榮爲幽州總管，「元宏嗣除長史，懼辱，固辭。上知之，敕榮曰：『弘嗣杖十已上罪皆奏聞。』榮[七]忿曰：『豎子何敢弄我！』乃遣弘嗣監納倉粟，揚得一糠一秕皆罰之，每笞不滿十，然一日中或至三數」。[八]杜子美《送高三十五[九]》詩：「脱身簿尉中，始與捶楚辭。」唐時自簿尉以上即不加捶楚，優于南北朝多矣。

《黄氏日抄》：「讀漢[十]韓文公《贈張功曹[十一]》詩云：『判司卑官不堪説，未免捶楚塵埃間。』《通鑑》註：「唐謂州曹諸司參軍爲判司。」然則唐之判司、簿尉類然與？然唐人之待卑官雖嚴，而卑官猶得以自申其法。如劉仁軌爲陳倉尉，擅殺折衝都尉魯寧是也。我朝判司、簿尉以待新進士，而筦庫監當不以辱之，視唐重矣。乃近日上官苦役苛責，甚于奴僕。官之辱，法之屈關係此[十二]也，此事關係世道。」[十三]

唐自共[十四]興以後，杖决之行即不止于簿尉。張鎬杖殺豪州[十五]刺史閭丘曉[十六]，嚴武杖殺梓州刺史章彝[十七]，韓皋杖殺安古[十八]令孫澥[十九]，柳仲郢[二十]杖殺南鄭令權奕[二十一]。劉晏爲觀察，自刺史、「六品以得下[二十二]杖而後奏」，[二十三]則著之于令矣。《宋史》：理宗淳祐二年三月，「詔今後州縣官有罪，帥司毋輒加杖責」。[二十四]

《晉書・王濛傳》：「爲司徒左司[二十五]屬。濛以此職有譴則應受杖，固辭。詔爲停罰，猶不就。」則不獨外吏矣。《南齊書・陸澄傳》：「郎官舊有坐杖，有名無實。澄在官，積前後罰，一日并受千杖。」《南史・蕭琛傳》：「齊明帝用法嚴峻，尚書郎坐杖罰省[二十六]，皆[二十七]科行。琛乃密啟曰：『郎有杖，起自後漢。尒時郎官位卑，親主文案，與令史不異，故郎三十五人，令史二十人，士人多恥爲此職。自魏晉以來，郎官稍重。今方參用高華，吏部又近于通貴，不應官高昔品，而罰遵曩科。所以從來彈舉，止是空文，許以推遷，或逢赦恩，或入春令，便得息停。宋元嘉、大明中有被罰者，别繇犯忤主心，非關常准。泰始、建元以來，並未施行。自奉敕之後，已行倉部郎江重欣，杖督五十，無不人懷慙懼。乞特賜輸贖，使與令史有異，以彰優緩之澤。』帝納之。自是應受罰者依舊不行。」此今日公譴擬杖之所自始。

《世説》：「桓公在荆州，恥以威刑肅物。令史受杖，止[二十八]從朱衣上過。桓式年少，從外來，云：『向從閣下過，見令史受杖，上捎雲根，下拂地足。』桓公曰：『我猶患其重。』」[二十九]是令史服朱衣而受杖也。《南史・孔覬傳》：「爲御史中丞，鞭令史，爲有司所糾，原不問。」

《南齊書・張融傳》：「大明五年制：二品清官，行僮幹[三十]杖，不得出十。」《梁書・江蒨傳》：「弟葺爲吏部郎，坐杖曹中幹，免官。」郎官之杖，虚杖也，故至千十[三十一]。僮幹之杖，實杖也，不得過十。然亦失中之法。

沈統「大明中爲著作郎佐[三十二]。先是，五省官所給幹童[三十三]，不得雜役。太祖□[三十四]，坐以免官者前後數百人。統後輕[三十五]過差，有司奏免，世祖詔曰：『自頃幹僮，與[三十六]不祗給，主可量聽行杖。』得行幹杖自此始也」。[三十七]

北朝政令比之南朝，尤爲嚴切。《高允傳》言：「魏初法嚴，朝士多見杖罰。」《孝昭帝紀》

言：「尚書郎中剖斷有失，輒加捶楚。」而及其末世，則有如高陽王雍之以州牧而杖殺職官、《任城王澄傳》。唐邕之以録尚書而撾撻朝士本傳。者矣。

【校注】

[一]事見《後漢書・鍾離意傳》。
[二]《三國志・魏書・何夔傳》。
[三]《三國志・魏書・裴潛傳》引。
[四]《宋書・劉道産傳》。
[五]《魏書・劉仁之傳》，又見《北史》。
[六]《資治通鑑》卷一百七十八。又見《隋書・高祖本紀下》及《刑法志》。
[七]「塋」字誤，當改。原抄本、遂初堂本、集釋本、欒本、陳本、嚴本均作「榮」。上「榮」字不誤。
[八]《隋書・酷吏傳・燕榮傳》。
[九]高三十五，高適，字達夫。
[十]「漢」字涉下而衍，當删，原抄本、遂初堂本、集釋本、欒本、陳本、嚴本無。
[十一]「嘗」字誤，當改。原抄本、遂初堂本、集釋本、欒本、陳本、嚴本均作「曹」。
[十二]「關係此」三字涉下而衍，當删，原抄本、遂初堂本、集釋本、欒本、陳本、嚴本無，《黄氏日鈔》無。
[十三]《黄氏日鈔》卷五十九。
[十四]「共」字誤，當改。原抄本、遂初堂本、集釋本、欒本、陳本、嚴本均作「兵」。
[十五]「豪州」，原抄本、遂初堂本、集釋本、陳本、嚴本同，按當作「濠州」，欒本改爲「濠州」。
[十六]事見《两唐書・張鎬傳》。

［十七］事見《舊唐書·嚴武傳》、《新唐書·嚴挺之傳》附嚴武傳。

［十八］「安古」誤，當改。原抄本、遂初堂本、集釋本、欒本、陳本、嚴本均作「安吉」。

［十九］事見《舊唐書·憲宗本紀上》及《兩唐書·元稹傳》。

［二十］「柳仲郢」，遂初堂本、集釋本、欒本、陳本、嚴本同，原抄本作「柳仲」，脱「郢」字。

［二十一］事見《新唐書·柳公綽傳》附柳仲郢傳。

［二十二］「得下」誤倒，當乙正。原抄本、遂初堂本、集釋本、欒本、陳本、嚴本均作「下得」。

［二十三］《新唐書·劉晏傳》。

［二十四］《宋史·理宗本紀二》。

［二十五］「司」字誤，當改。原抄本、遂初堂本、集釋本、欒本、陳本、嚴本均作「西」。《晉書》作「西」。

［二十六］「省」字誤，當改。原抄本、遂初堂本、集釋本、欒本、陳本、嚴本均作「者」。《南史》作「者」。

［二十七］「皆」字下，脱「即」字，當補，原抄本同。遂初堂本、集釋本、欒本、陳本、嚴本作「皆即」，與《南史》同。

［二十八］「止」字，原抄本同。遂初堂本、集釋本、欒本、陳本、嚴本作「正」，與《世説新語》同。按當作「止」，通行本《世説新語》亦誤。

［二十九］《世説新語·政事》。

［三十］「僮幹」誤，當改。原抄本、遂初堂本、集釋本、欒本、陳本、嚴本均作「幢幹」。《南齊書》作「幢幹」。

［三十一］「千十」誤，當改。原抄本、遂初堂本、集釋本、欒本、陳本、嚴本均作「於千」。

［三十二］「郎佐」誤倒，當乙正。原抄本、遂初堂本、集釋本、欒本、陳本、嚴本均作「佐郎」。《宋書》作「佐郎」。

［三十三］「幹童」誤，當改。原抄本、遂初堂本、集釋本、欒本、陳本、嚴本均作「幹僮」。《宋書》作「幹僮」。

［三十四］底本缺一字處，原抄本、遂初堂本、集釋本、欒本、陳本、嚴本均作「世」，與《宋書》同，當補。

［三十五］「後輕」，原抄本、遂初堂本、集釋本、欒本、陳本、嚴本均作「役僮」。《宋書》作「輕役」。

［三十六］「與」字誤，當改。原抄本、遂初堂本、集釋本、欒本、陳本、嚴本均作「多」。《宋書》作「多」。

［三十七］《宋書·沈演之傳》。

押字

《集古録》有「五代時帝王将相等署字」一卷。［一］所謂「署字」者，皆草書其名，今俗謂之「畫押」，不知始于何代。岳珂《古冢盆杅記》言：「得晉永寧元年甓，有匠者姓名，下有文如押字。」則晉已有之，然不可考。《南齊書》：太祖「在領軍府，令紀僧真學上手迹下名，報答書疏皆付僧真。上觀之，笑曰：『我亦不復能別也。』」［二］何敬容「署名，『敬』字則大作『苟』，小爲『文』，『容』字則［三］大爲『父』。陸倕戲曰：『公家苟既奇大，父亦不小。』」［四］《魏書》：崔玄伯「尤善行押之書，「特盡精巧而不見遺迹」。［五］《北史》：斛律金「不識文字，初名『敦』，苦其難署，改名爲『金』，從其便易，猶以爲難」，神武乃指屋角令識之。［六］《北齊書》：厙狄干「不知書，署名爲『干』字，逆上畫之，特［七］人謂之『穿錐』」。又有武将王周，署名先爲『吉』，而後成其外」。［八］《陳書》：蕭引「善隸書，高宗嘗披奏事，指引署名曰：『此字筆勢欲飛［九］翩翩，似鳥之欲飛。』」［十］《唐書》：董昌僭位，「下制詔皆自署名。或曰：『帝王無押詔。』昌曰：『不親署，何由知我爲天子？』」［十一］今人亦謂之「花字」。《北齊·後主紀》：「開府千餘，儀同無數，領軍一時二十，連判文書，各作花字，《北史》：「各作衣［十二］字。」不具姓名，莫知誰也。」黄伯思謂：「魏晉以來法書，梁御府所藏，皆是朱异、唐懷充［十三］、沈熾文、姚懷珍等，題名于首尾紙縫間，故或謂之『押縫』，或謂之『押尾』。後人『花押』

蓋沿于此。」又云：「唐人及國初前輩與人書牘，或只用押字，與名用之無異，上表章亦或尔。近世遂施押字於檄移。」[十四]《癸辛雜識》：「古人押字謂之『花押印』，是用名字稍花之，如韋陟『五雲體』是也。」[十五]不知南北諸史，言押字者如此之多。而《韓非子》言：「田嬰令官具押券，斗石參升之計。」[十六]則戰國時已有之，又不始[十七]後世也。

《三國志·少帝紀》註：「《世説》[十八]及《魏氏春秋》立[十九]云：姜維冠[二十]隴右，時安東將軍司馬文王鎮許昌，徵還擊維。至京師，帝于[二十一]平樂觀以臨軍，過中領軍，許允與左右小臣謀，因文王辭殺之，勒其衆以退。大將軍已書詔於前，文王入，帝方食栗[二十二]，優人雲午等唱曰：『青頭雞，青頭雞！』青頭雞者，鴨也。帝懼不敢發。」按「鴨」者，勸帝押詔書耳。是則以親署爲押，已見於三國時矣。南北朝謂之「畫敕」。

【校注】

[一]《集古録跋尾》卷十。
[二]《南齊書·紀僧真傳》。
[三]「則」字，原抄本、遂初堂本、集釋本、欒本、陳本、嚴本無。
[四]《南史·何尚之傳》。
[五]《魏書·崔玄伯傳》。
[六]《北史·斛律金傳》。
[七]「特」字誤，當改。原抄本、遂初堂本、集釋本、欒本、陳本、嚴本均作「時」。《北齊書》、《北史》作「時」。
[八]《北齊書·厙狄干傳》，又見《北史》。

［九］「欲飛」二字涉下而衍，當删，原抄本、遂初堂本、集釋本、欒本、陳本、嚴本無，《陳書》、《南史》無。

［十］《陳書・蕭允傳》附蕭引傳，又見《南史》。

［十一］《新唐書・董昌傳》。

［十二］「衣」字誤，當改。原抄本、遂初堂本、集釋本、欒本、陳本、嚴本均作「依」。《北史》作「依」。《北齊書》亦作「依」。

［十三］「唐懷充」，原抄本同。遂初堂本、集釋本、欒本、陳本、嚴本作「唐懷克」。《東觀餘論》作「唐懷克」，張彦遠《歷代名畫記》作「唐懷充」。

［十四］黄伯思《東觀餘論》卷上《記與劉無言論書》。黄伯思，字長睿，號云林子，宋邵武人。

［十五］五雲體，見《新唐書・韋陟傳》。

［十六］《韓非子・外儲説右下》。

［十七］「始」字下，原抄本、遂初堂本、集釋本、欒本、陳本、嚴本均有「於」字。

［十八］「世説」，《三國志》原文作「世語」。

［十九］「立」字誤，當改。原抄本、遂初堂本、集釋本、陳本、嚴本作「竝」，欒本作「並」。

［二十］「冠」字誤，當改。原抄本、遂初堂本、集釋本、欒本、陳本、嚴本均作「寇」。《三國志》注作「寇」。

［二十一］「于」，原抄本同，遂初堂本、集釋本、欒本、陳本、嚴本作「御」。《三國志》原注作「于」。

［二十二］「粟」，原抄本同，遂初堂本、集釋本、陳垣誤作「粟」。欒本、嚴本改「粟」爲「栗」。《三國志》注作「栗」。

邸報［一］

《宋史・劉奉世傳》：「先是，進奏院每五日具定本報狀，上樞密院，然後傳之四方。而邸吏最[二]先期報下，或矯爲家書，以入郵置。奉世乞革定本，去實封，但以通函謄報，從之。」《吕溱傳》：「儂智高寇嶺南，詔奏邸毋得輒報。溱言：『一方有警，使諸道聞之，共[三]得爲備。今欲人不知，此何意[四]也？』」《曹輔傳》：「政和後，帝多微行。始民間猶未知，及蔡京謝表有『輕車小輦，七賜臨幸』，自是邸報聞四方。」「邸報」字見于史書，蓋始于此時。然唐孫樵集中有《讀開元雜報》一篇，則唐時已有之矣。

【校注】

[一]「邸報」條後，刻本有「酒禁」、「賭博」、「京債」、「居官負債」四條，抄本在卷十六之末；又有「納女」、「王女棄歸」、「罷官不許到京師」三條，抄本在卷十七内。

[二]「最」字誤，當改。原抄本、遂初堂本、集釋本、欒本、陳本、嚴本均作「輒」。《宋史》作「輒」。

[三]「共」，遂初堂本、集釋本、欒本、陳本、嚴本同，原抄本誤作「者」。《宋史》作「共」。

[四]「何意」，原抄本同，遂初堂本、集釋本、欒本、陳本、嚴本誤倒作「意何」。《宋史》作「何意」。

范文正公[一]

史言范文正公「先天下之憂而憂，後天下之樂而樂」[二]，而文正自作《鄠郊友人王君墓表》云：「今兹方面，賓客滿坐，鍾鼓在庭，白髮憂邊，對酒鮮樂。豈如圭峰月下，倚高松，聽長笛，欣然忘天下之際乎？」馬文淵「少有大志」[三]，及至晚年，猶思建功邊陲，而浪泊西里，見飛鳶跕跕墮水中[四]，終思少游之言。[五]古今同此一轍。王荆公詩：「豈愛京師傳谷口，但知鄉里勝壺頭。」阮嗣宗《詠懷詩》所云「寧與燕雀翔，不隨黄鵠飛。黄鵠遊四海，中路将安歸」者也。若夫知幾之神[六]，處亢之止[七]，聖人當之，亦必有道矣。

【校注】

[一]「范文正公」、「辛幼安」二條，刻本在卷十三内。范仲淹，字希文，謚文正。

[二]見范仲淹《岳陽樓記》，歐陽修《居士集・資政殿學士户部侍郎文正范公神道碑銘》、蘇軾《東坡全集・賜新除守尚書右僕射兼中書侍郎范純仁上第一表辭免恩命不允批答》引之。

[三]《後漢書・馬援傳》。馬援字文淵。

[四]「中」字，遂初堂本、集釋本、欒本、陳本、嚴本同，與《東觀漢記》同。原抄本脱。

[五]班固《東觀漢記》載馬援曰：「吾從弟少游嘗哀吾慷慨多大志。」「當吾在浪泊、西里、烏間，虜未滅之時，下潦上霧，毒氣薰蒸，仰視烏鳶跕跕墮水中，臥念少游平生時語，何可得也！」又見袁宏《後漢紀》。

[六]《易傳・繫辭下》：「子曰：『知幾，其神乎！』」

[七]「止」字誤，當改。原抄本、遂初堂本、集釋本、欒本、陳本、嚴本均作「正」。《易經・乾卦》上九爻辭：「亢龍有悔。」李鼎祚集解引干寶曰：「亢，過也。」引王肅曰：「窮高曰亢。知進忘退，故悔也。」張載《横渠易説》：「亢龍以位畫爲言，若聖人則不失其正，何亢之有！」

辛幼安[一]

辛幼安詞：「小艸舊曾呼遠志，故人今有寄當歸。」[二]此非用姜伯約事也。[三]《吴志》：太史慈，東萊黄人也，後立功于孫策。「曹公聞其名，遺慈書，以篋封之。發省，無所道，但貯當歸。」[四]幼安久宦南朝，未得大用，晚年多有淪落之感，亦廉頗「思用趙人」[五]之意爾。觀其與陳同甫酒後之言[六]，不可知其心事哉？

【校注】

[一]辛棄疾，字幼安。

[二]辛棄疾《瑞鷓鴣》詞。辛詞原文或作「山草」，有誤。按辛詞《洞仙歌》亦云：「憑誰問，小草何如遠志。」小草、遠志，植物名。《神農本草經》卷一：「遠志：葉名小草，一名棘菀，一名葽繞，一名細草。生川穀。」《爾雅》：「繞，蕀蒬」，郭璞注：「今遠志也」。《廣雅》：「蕀苑，遠志也，其上謂之小草。」

[三]《三國志・蜀書・姜維傳》注引孫盛《雜記》：「姜維詣亮，與母相失，復得母書，令求當歸，維曰：『良田百頃，不在一畝，但有遠志，不在當歸也。』」

[四]《三國志・吳書・太史慈傳》。

[五]語出《史記・廉頗藺相如列傳》。

[六]明錢士升《南宋書・陳亮列傳》：「稼軒率淮時，同甫與談天下事。酒酣，稼軒言南北之利害，南地之可以并北者如此，北地之可以并南者如此。且言錢塘非帝王之居，據牛頭之山，天下無援兵，決西湖之水，滿城皆魚鱉。」又見明陸容《菽園雜記》。

騎

《詩》云：「古公亶父，來朝走馬。」[一]古者馬以駕車，不可言「走」，董氏曰：「顧野王作『來朝趣馬』。」曰「走」者，車[二]騎之稱。古公之國鄰於戎狄[三]，其習尚有相同者。程大昌《雍録》曰：「古皆乘車，今曰『走馬」，恐此時或已變乘爲騎。蓋避狄[四]之邊[五]，不暇駕車。」然則騎射之法，不始於趙武靈王也。

《左傳》昭公二十五年：「左師展将以公乘馬而歸。」正義曰：「古者服牛乘馬，馬以駕車，不單騎也。」至六國之時，始有單騎，蘇秦所云「車千乘，騎萬匹」[六]是也。《曲禮》云「前有車騎」者，《禮記》漢世書耳，經典無「騎」字也。劉炫謂此左師展将以公乘馬而歸，欲共公單騎而歸，此騎馬之漸也。《周禮・大司馬》：「師帥執提。」註：「『提』，謂馬上鼓，有曲木提[七]持鼓，主[八]馬髦上者，故謂之『提』。」正義曰：「先鄭盖據雷[九]時已有單騎，舉以況周。其實周時皆乘車，無輕騎法也。」王應麟謂：「《六韜》言騎戰，其書當出于周末。」又引《公羊傳》：「齊侯唁公，以鞍爲几。」《公羊》亦周末之書也。

春秋之世，戎狄[十]之襍居于中夏者，大抵皆在山谷之間，兵車之所不至。齊桓、晉文僅攘而卻之，不能深入其地者，用車故也。中行穆子之「敗狄[十一]於大鹵」，得之「毁車」、「崇卒」。[十二]而智伯欲伐仇猶，「遺之大鐘」，以開其道。[十三]其不利于車可知矣。勢不得不變而爲騎，騎射所以便山谷也，胡服所以便騎射也。是以公子成之徒，諫胡服而不諫騎射。意騎射之法必有先武靈而用之者矣。

騎利攻，車利守，故衛将軍之遇虜，以「武剛[十四]自環爲營」。[十五]

《史記・項羽本紀》叙鴻門之會曰：「沛公則置車騎，脱身獨騎。」上言「車騎」，則車駕之馬，來時所乘也；下言「獨騎」，則單行之馬，去時所跨也。樊噲、夏侯嬰、靳彊[十六]、紀信四人，則皆步走也。《樊噲傳》曰：「沛公留車騎，獨騎馬，噲等四人步從」，是也。

【校注】

[一]《詩經・大雅・緜》。

[二]「車」字誤，當改。原抄本、遂初堂本、集釋本、欒本、陳本、嚴本均作「單」。

[三]「戎狄」，原抄本同。潘耒遂初堂刻本改爲「戎翟」，集釋本因之。欒本據黃侃校記改回而加説明，陳本、嚴本仍刻本之舊而加注。

[四]「狄」，原抄本同。潘耒遂初堂刻本改爲「翟」，集釋本因之。欒本據黃侃校記改回而加説明，陳本、嚴本仍刻本之舊，無校注。欒本注：「狄」，原本作「翟」，據《校記》改。本條各「狄」字同此。

[五]「邊」字誤，當改。原抄本、遂初堂本、集釋本、欒本、陳本、嚴本均作「遽」。

[六]《戰國策》之《楚策一》、《趙策二》及《史記・蘇秦列傳》。

[七]「提」字下，原抄本衍一「无」字，當删。

[八]「主」字誤，當改。原抄本、遂初堂本、集釋本、欒本、陳本、嚴本均作「立」。《周禮》鄭玄注作「立」。

[九]「雷」字誤，當改。原抄本、遂初堂本、集釋本、欒本、陳本、嚴本均作「當」。《周禮》賈公彦疏作「當」。

[十]「戎狄」，原抄本同。潘耒遂初堂刻本改爲「戎翟」，集釋本因之。欒本據黃侃校記改回而加説明，嚴本仍刻本之舊而加注，陳本仍刻本之舊，無校注。

[十一]「狄」，原抄本誤作「敵」，《左傳》作「狄」。潘耒遂初堂刻本改爲「翟」，集釋本因之。欒本據黃侃校記改回而加説明，陳本、嚴本仍刻本之舊，無校注。陳本並且斷句爲：「中行穆子之敗，狄於大鹵得之」，大誤。

[十二]《左傳・昭公元年》。

[十三]《戰國策・西周策》。又見《史記・樗里子傳》。

[十四]「武剛」下，脱「車」字，當補。原抄本、遂初堂本、集釋本、欒本、陳本、嚴本均作「武剛車」，與《史記》、《漢書》同。

[十五]《史記・衛将軍驃騎列傳》，又見《漢書・衛青霍去病傳》。

[十六]「靳彊」誤，當改。原抄本、遂初堂本、集釋本、欒本、陳本、嚴本均作「靳彊」。《漢書》作「靳彊」。

驛[一]

《漢書・高帝紀》：「乘傳詣雒陽。」師古曰：「『傳』，若今之驛。古者以車，謂之『傳車』。其後又車[二]置馬，謂之『驛騎』。」竊疑此法春秋時當已有之。如「楚子乘驛[三]會師于臨品」[四]，祁奚「乘馹而見范宣子」[五]，「楚子以馹至于羅汭」[六]，「子木使馹謁諸王」[七]。楚人謂游吉曰：「吾將使馹奔問諸晉而以告。」[八]《國語》：晉文公「乘馹自下，脱會秦伯于王城」。[九]《吕氏春秋》：齊君「乘馹而自追晏子，及之國效」。[十]皆事急不暇駕車，或是單乘驛馬，而註疏家未之及也。戴侗云：「以車曰傳，以騎曰驛[十一]。」「晉侯以傳召伯宗」，則是車也。《説文》：「傳，遽也。」《左傳》：弦高「且使遽告于鄭」，註：「处[十二]，傳車。」按《韓非子》言：「齊景公游少海，傳騎從中來留[十三]」，則騎亦可[十四]謂之「傳」。[十五]

謝在杭《五襍俎》曰：「古者乘傳，皆驛車也。《史記》：『田横與客二人乘傳詣雒陽』，[十六]註：『四馬高足爲置傳，四馬中足爲馳傳，四馬下足爲乘傳。』然《左傳》言鄭子産『乘遽而至』，[十七]則似單馬騎矣。《釋文》：『以車曰傳，以馬曰遽。』子産時相鄭國，豈乏車乎？懼不及，故乘遽，其爲驛馬無疑矣。漢初尚乘傳車，如鄭當時、王温舒皆私具驛[十八]馬。後患其不速，一概乘馬矣。」[十九]

【校注】

[一]「驛」字題名，遂初堂本、集釋本、欒本、陳本、嚴本同，原抄本作「馹」。目録誤作「駟」，當作「馹」。

[二]「車」字誤，當改。原抄本、遂初堂本、集釋本、欒本、陳本、嚴本均作「單」。《漢書》注作「單」。

[三]「驛」字誤，遂初堂本同誤，當改。原抄本、集釋本、欒本、陳本、嚴本均作「馹」。《左傳》作「馹」。以下引《左傳》、《國語》、《吕氏春秋》，六「驛」字均當作「馹」。

[四]《左傳・文公十六年》。

[五]《左傳・襄公二十一年》。

[六]《左傳・昭公五年》。

[七]《左傳・襄公二十七年》。

[八]《左傳・襄公二十八年》。

[九]《國語・晉語四》。

[十]《吕氏春秋・士節》。

[十一]「驛」字誤，當改。原抄本、遂初堂本、集釋本、欒本、陳本、嚴本均作「馹」。

[十二]「処」字誤，當改。原抄本、遂初堂本、集釋本、欒本、陳本、嚴本均作「遽」。

[十三]「留」字誤，當改。原抄本、遂初堂本、集釋本、欒本、陳本、嚴本均作「謁」。《韓非子》作「謁」。

[十四]「可」，原抄本、遂初堂本、集釋本、欒本、陳本、嚴本均作「可以」。

[十五]戴侗，字仲達，元永嘉人，所云出《六書故》。「晉侯以傳召伯宗」，語出《左傳・成公五年》。「且使遽告于鄭」，《左傳・僖公三十三年》。「齊景公游少海」，《韓非子・外儲説左上》。

[十六]《史記・田儋列傳》。

[十七]《左傳・昭公二年》。

[十八]「驛」，遂初堂本、集釋本、欒本、陳本、嚴本同，原抄本作「馹」。

[十九]《五雜俎》卷三。

驢鸁[一]

自秦以[二]上，傳記無言驢者，意其雖有，而非人家所常畜也。《爾雅》無「驢」，而有「鼳」：「鼠身長須而賊，秦人謂之小驢。」《逸周書》：伊尹爲「獻令」：正北空同、大夏、莎車、匈奴、樓煩、月氏諸國，「以槖駞[三]、野馬、騊駼、駃騠爲獻」。[四]驢父馬母曰鸁[五]，馬父驢母曰駃騠。《古今注》：「以牡馬牝驢所立[六]，謂之駏[七]。」《吕氏春秋》：「趙簡子有两白騾，甚愛之。」[八]李斯《上秦王書》言「駿良駃騠」。鄒陽《上梁王書》亦云「燕王按劍而怒，食以駃騠」。是以爲貴重難得之物也。司馬相如《上林賦》：「騊駼槖駞，蛩蟨驒騱，駃騠驢鸁[九]。」王褒《僮約》：「調治馬驢，兼落三重。」其名始見于文。而賈誼《吊屈原賦》：「騰駕罷牛兮驂蹇驢。」《日者列傳》：「騏驥[十]不能與罷驢爲駟。」東方相[十一]《七諫》：「要褭奔亡兮，騰駕槖駞。」劉向《九歎》：「郤騏驥以轉運兮，騰驢鸁[十二]以馳逐。」楊雄《反離騷》：「騁驊騮以曲囏兮，驢騾連蹇而齊足。」則又賤之爲不堪用也。嘗考驢之爲物，至漢而名，至孝武而得充上林，至孝靈而貴幸。《後漢書[十三]・五行志》：「靈帝於宫中西園駕四白驢，躬自操轡，驅馳周施[十四]，以爲大樂。於是公卿貴戚轉相放效，至乘輜軿以爲騎從，互相侵奪，賈與馬齊。」然其種大抵出于胡地[十五]，自趙武靈[十六]騎射之後，漸資中國之用。《鹽鐵論》：「鸁[十七]驢[十八]馲駞，銜尾入塞。驒奚[十九]騵馬，盡爲我畜。」杜篤《論都賦》：「虜儌侲，驅騾驢，馭宛馬，鞭駃騠。」《霍去病傳》：「單于遂乘六鸁[二十]。」《匈奴傳》：「其奇畜則槖駞、驢鸁[二十一]、駃騠、騊駼、驒奚[二十二]。」《西域傳》：鄯善國「有驢馬，多槖它」，烏秅國「有驢，無牛」，而龜茲王學「漢家儀，外國胡人[二十三]皆曰：『驢非驢，馬非馬，若龜茲王，所謂贏也。』」可見外國之多産此種，而漢人則以爲奇畜耳。

人亦有以父母異種爲名者，《魏書·鐵弗劉虎傳》：「北人謂胡父、鮮卑母爲『鐵弗』。」

【校注】

[一]「羸」字誤，目録同誤，當改。原抄本、遂初堂本、集釋本、欒本、陳本、嚴本均作「贏」。「贏」，俗寫作「騾」。《説文》：「贏，驢父馬母，从馬聲。」

[二]「以」，遂初堂本、集釋本、欒本、陳本、嚴本同，原抄本作「已」。

[三]「駞」，遂初堂本、集釋本、欒本、陳本、嚴本作「駝」，原抄本誤作「馳」。

[四]《逸周書·王會解》。

[五]「羸」字誤，當改。遂初堂本、原抄本、集釋本、欒本、陳本、嚴本均作「贏」。

[六]「立」字誤，當改。遂初堂本、原抄本、集釋本、欒本、陳本、嚴本均作「生」。

[七]「駏」，遂初堂本、集釋本、欒本、陳本、嚴本同，原抄本誤作「騾」。

[八]《吕氏春秋·愛士》。

[九]「羸」字誤，當改。原抄本、遂初堂本、集釋本、欒本、陳本、嚴本均作「贏」。

[十]「冀」字誤，當改。原抄本、遂初堂本、集釋本、欒本、陳本、嚴本均作「驥」。《史記》作「驥」。

[十一]「東方相」誤，當改。原抄本、遂初堂本、集釋本、欒本、陳本、嚴本均作「東方朔」。

[十二]「羸」字誤，當改。原抄本、遂初堂本、集釋本、欒本、陳本、嚴本均作「贏」。

[十三]「後漢書」，原抄本、遂初堂本、嚴本同，集釋本、欒本、陳本作「續漢書」。

[十四]「施」字誤，當改。原抄本、遂初堂本、集釋本、欒本、陳本、嚴本均作「旋」。《後漢書》作「旋」。

［十五］「胡地」，原抄本同。潘耒遂初堂刻本改爲「塞外」，集釋本因之。欒本據黄侃校記改回而加説明，陳本、嚴本仍刻本之舊而加注。

［十六］「武靈」下，脱「王」字，當補。原抄本、遂初堂本、集釋本、欒本、陳本、嚴本均作「武靈王」。

［十七］「羸」字誤，當改。原抄本、遂初堂本、集釋本、欒本、陳本、嚴本均作「羸」。

［十八］「驢」字下，原抄本重一「驢」字。

［十九］「奚」字，原抄本、遂初堂本、集釋本、欒本、陳本、嚴本均同，《鹽鐵論》原文作「騱」。

［二十］「羸」字誤，當改。原抄本、遂初堂本、集釋本、欒本、陳本、嚴本均作「羸」。

［二十一］「羸」字誤，當改。原抄本、遂初堂本、集釋本、欒本、陳本、嚴本均作「羸」。

［二十二］「奚」字，原抄本、遂初堂本、集釋本、欒本、陳本、嚴本均同，《史記》原文作「騱」。

［二十三］「外國胡人」，原抄本同，與《漢書》同。潘耒遂初堂刻本作「外國人」，删「胡」字，集釋本因之。欒本據黄侃校記改回而加説明，陳本仍刻本之舊而加注，嚴本作「外國胡人」，無校記。

軍行遲速

魏明帝遣司馬懿征遼東，其時自雒陽出軍不過三千餘里，而帝問「往還幾日」，懿對以「往百日，攻百日，還百日，以六十日爲休息，如此一年足矣」。［一］此猶是古人師行日三十里之遺意。「夏侯淵爲将，□［二］急疾，常出敵之不意。軍中爲之語曰：『曰［三］軍校尉夏侯淵，三日五百，六日一千。』」［四］此可偶用之于二三百里之近，不然，「百里而趨利者，蹶上将」［五］，兵［六］家所忌也。

【校注】

[一]《三國志·魏書·明帝紀》注引干寶《晉紀》，又見《晉書·宣帝紀》。

[二]底本缺一字處，原抄本、遂初堂本、集釋本、欒本、陳本、嚴本均作「赴」，《三國志》注作「赴」，當補。

[三]「典曰」誤倒，當乙正。原抄本、遂初堂本、集釋本、欒本、陳本、嚴本均作「曰典」。《三國志》注作「曰典」。

[四]《三國志·魏書·諸夏侯傳》注。

[五]《史記·孫子吳起列傳》。《孫子·軍争》作「五十里而争利，則蹶上将軍」。

[六]「兵」字，原抄本同，遂初堂本、集釋本、欒本、陳本、嚴本上有「固」字。

木罌渡軍[一]

《史記·淮陰侯傳》：「從夏陽以木罌缻渡軍」，服虔曰：「以木押縛罌缻以渡」，是也。古文簡，不言縛爾。《吳志·孫静傳》：「策詐令軍中，促具罌缶數百口，分軍夜投查瀆。」亦此法也。其狀圖於喻龍德《兵衡》[二]，謂之「甕筏」。

【校注】

[一]「木罌渡軍」題名，原抄本、遂初堂本、嚴本同。集釋本、欒本、陳本作「木罌瓶渡軍」。

[二]喻龍德，號實子，明人，著《喻子十三種秘書兵衡》十三卷。

海師

海道用師，古人蓋屢行之矣。吴「徐承率舟師自海入齊」，[一]此蘇州下海至山東之路。「越王勾踐命范蠡、舌庸率師，沿海泝淮以絶吴路」，[二]此浙東下海至淮上之路。唐太宗遣「强偉于劍南伐木造舟艦，自巫峽抵江揚，趨萊州」，[三]此廣陵下海至山東之路。漢武帝「遣樓船將軍楊僕從齊浮渤海」，「擊朝鮮」；[四]魏明帝遣汝南太守曰豫[五]「督青州諸軍」，自海道討公孫淵；[六]秦苻堅遣「石越率騎一萬，自東萊出右徑襲和龍」；[七]唐太宗伐高麗，命張亮率舟師「自東萊渡海趨平壤」；[八]薛萬徹「率甲士三萬，自東萊渡海，□[九]鴨緑水」；[十]此山東下海至遼東之路。漢武帝遣中大夫嚴助，發會稽兵「浮海救東甌」；[十一]横海將軍韓説「自句章浮海」，「擊東越」；[十二]此浙江下海至福建之路。劉裕遣孫處、沈田子「自海道襲番禺」，[十三]此京口下海至廣東之路。隋伐陳，吴州刺史蕭瓛遣「燕榮以舟師自東海至吴」，[十四]此又淮北下海而至蘇州也。公孫度「越海收[十五]東萊諸縣」，[十六]侯希逸自年盧[十七]「海[十八]據青州」，[十九]此又遼東下海而至山東也。宋李寶自江陰率舟師敗金兵于膠西之石臼島，[二十]此又江南下海而至山東也。此皆古人海道用師之效。

【校注】

[一]《左傳・哀公十年》。

[二]《國語・吴語》。

[三]《資治通鑑》卷一百九十九。

[四]《漢書・西南夷兩粤朝鮮傳》。

[五]「曰豫」誤，當改。原抄本、遂初堂本、集釋本、欒本、陳本、嚴本均作「田豫」。

[六]《三國志・魏書・田豫傳》。

[七]《晉書·苻堅載記上》。「右徑」作「石徑」。
[八]《新唐書·東夷傳》。
[九]底本缺一字處，原抄本、遂初堂本、集釋本、欒本、陳本、嚴本均作「入」，《舊唐書》作「入」，當補。
[十]《舊唐書·薛萬徹傳》。
[十一]《史記·東越列傳》。
[十二]《史記·東越列傳》，又見《衛將軍驃騎列傳》。
[十三]《宋書·武帝本紀上》，又見《孫處傳》。
[十四]《隋書·宇文述傳》，又見《北史》。
[十五]「收」，原抄本同，遂初堂本、集釋本、欒本、陳本、嚴本誤作「攻」。《三國志》作「收」。
[十六]《三國志·魏書·公孫度傳》。
[十七]「年盧」字誤，當改。原抄本、遂初堂本、集釋本、欒本、陳本、嚴本均作「平盧」。
[十八]「海」字上，脱「浮」字，當補。原抄本、遂初堂本、集釋本、欒本、陳本、嚴本均作「浮海」，與《新唐書》同。
[十九]《新唐書·侯希逸傳》。
[二十]「鳥」字誤，當改。原抄本、遂初堂本、集釋本、欒本、陳本、嚴本均作「島」。事見《宋史·李寶傳》。

海運

唐時海運之事，不詳于史。蓋柳城陷没之後，至開元之初新立治所，《唐書·地理志》：「營州柳城郡，萬歲通天元年爲契丹所陷。聖曆二年僑治漁陽，開元五年又還治柳城。」乃轉東南之粟以餉之耳。及其樹藝已成，則不復資于轉運，非若元時以此爲恒制也。《舊唐書·宋《通典》作「宗」。慶禮傳》：張九齡駁謚議曰：「營州鎮彼戎夷，扼喉斷臂，逆則制其死命，順則爲其主人，是稱樂都，其來尚矣。往緣趙翽作牧，馭之非才，自經隳廢，便長寇孽。大明臨下，聖謀獨斷，恢祖宗之舊，復大禹之迹，以數千之役徒，無甲兵之强衛，指期遂往，稟命而行。于是量畚築，執鼛鼓，親總其役，不懲[一]所慮，俾柳城爲金陽[二]之險，林胡生腹心之疾。尋而罷海運，收歲儲，邊庭晏然，河朔無擾。與夫興師之費，轉輸之勞，較其優劣，孰爲利害？」此罷海運之一證。

《舊唐書·懿宗紀》：咸通三年，「南蠻陷交阯，徵諸道兵赴嶺南。時湘、漓泝運，功役艱難，軍屯廣州，乏食。潤州人陳磻石詣闕上書言：『江西、湖南泝流運糧，不濟軍師，士卒食盡則散，此宜深慮。臣有奇計以饋南軍。』天子召見，磻石因奏：『臣弟聽思曾任雷州刺史，家人隨海船至福建。往來火[三]船，一隻可致千石。自福建裝船，不一月至廣州。得船數十艘，便可致三[四]萬石至廣府。』又引劉裕海路進軍破盧循故事。執政是之，以磻石爲鹽鐵巡官，往揚子院專督海運，于是康承訓之軍皆不闕供」。

【校注】

[一]「懲」字誤，當改。原抄本、遂初堂本、集釋本、欒本、陳本、嚴本均作「徵」。《舊唐書》作「徵」。

[二]「陽」字誤，當改。原抄本、遂初堂本、集釋本、欒本、陳本、嚴本均作「湯」。《舊唐書》作「湯」。

[三]「火」字誤，當改。原抄本、遂初堂本、集釋本、欒本、陳本、嚴本均作「大」。《舊唐書》作「大」。

[四]「三」，遂初堂本、集釋本、欒本、陳本、嚴本同，原抄本誤作「二」。《舊唐書》作「三」。

燒荒

守邊將士，每至秋月草枯，出塞縱火，謂之燒荒。《唐書》：契丹每「入寇幽薊，劉仁恭歲燎塞下草，使不得留牧，馬多死，契丹乃乞盟」，[一]是也。其法自七國時已有之。《戰國策》：「公孫衍謂義渠君曰：『中國無事於秦，則秦且燒焫，獲君之國。』」[二]

《英宗實録》：正統七年十一月，錦衣衛指揮僉事王瑛言：「禦虜[三]莫善於燒荒，蓋虜之所恃者馬，馬之所恃者草。近年燒荒，遠者不過百里，近者五六十里，胡[四]馬來侵，半日可至。乞敕邊將，遇秋深，率兵約日，同出數百里外，縱火焚燒，使胡馬無水草可恃。如此則在我雖有一時之勞，而一舉[五]坐臥可安矣。」翰林院編修徐璣[六]後改名「南員[七]」。亦請：「每年九月，盡敕坐營將官巡邊，分爲三路，一出宣府抵赤城、獨石，一出大同抵□□[八]，一出山海抵遼東。各出塞三五百里，燒荒哨□[九]。如遇虜寇[十]出没，即相機勦殺。」[十一]此本朝[十二]燒荒舊制，誠守邊之良法也。

【校注】

[一]《新唐書·北狄傳》。

[二]《戰國策·秦策二》。

[三]「虜」，原抄本同。潘耒遂初堂刻本改爲「鹵」，集釋本因之。下同。欒本據黄侃校記改回而加説明，陳本、嚴本仍刻本之舊而加注。

［四］「胡」，原抄本同。潘耒遂初堂刻本改爲「鹵」，集釋本因之。下同。欒本據黄侃校記改回而加説明，陳本、嚴本仍刻本之舊而加注。

［五］「舉」，原抄本同。遂初堂本、集釋本、欒本、陳本、嚴本作「冬」。《英宗實録》作「舉」。

［六］「徐璣」誤，原抄本同誤，當改。遂初堂本、集釋本、欒本、陳本、嚴本作「徐珵」。《明史》作「徐珵」。

［七］「南員」誤，原抄本作「南貞」亦誤，當改。遂初堂本、集釋本、欒本、陳本、嚴本作「有貞」，與《明史》同。徐有貞，字元玉，初名珵，吴人，《明史》有傳。

［八］底本缺二字處，原抄本、遂初堂本、集釋本、欒本、陳本、嚴本均作「萬全」，當補。

［九］底本缺一字處，原抄本作「探」，遂初堂本、集釋本、欒本、陳本、嚴本作「瞭」，《皇明經世文編》作「瞭」，當補。

［十］「虜寇」，原抄本同。潘耒遂初堂刻本改爲「邊寇」，集釋本因之。欒本據黄侃校記改回而加説明，陳本、嚴本仍刻本之舊而加注。

［十一］見《皇明經世文編》卷三十七引《徐武功文集・條議五事疏武備五事》。

［十二］「本朝」，原抄本同。潘耒遂初堂刻本改爲「先朝」，集釋本因之。欒本據黄侃校記改回而加説明，陳本、嚴本仍刻本之舊而加注。

家兵

古之爲将者，必有素豫之卒。《春秋傳》：「冉求以武城人三百爲己徒卒。」［一］《後漢書・朱儁傳》：「交阯賊反，拜儁刺史，令過本郡簡募家兵。」「張燕寇河内，逼近京師，出儁爲河内太守，将家兵擊却之。」《三國志・吕虔傳》：「領泰山太守，将家兵到郡。郭祖、公孫犢等皆降。」《晉書·王渾傳》：「爲司徒，楚王瑋将害汝南王亮，渾辭疾歸第，以家兵千餘人閉門距瑋，瑋不敢逼。」

【校注】

[一]《左傳·哀公十一年》。冉求作「冉有」。冉求，字子有，故亦稱冉有。

少林僧兵

少林寺中有唐太宗爲秦王時《賜寺僧教》，其辭曰：「王世充叨竊非據，敢違天常。法師等並能深悟幾變，早識妙□[一]，擒彼凶孽，廓兹净土。聞以欣尚，不可思議。今東都危急，旦夕殄除。並宜勉終茂功，以垂令範。」是時立功者[二]十有三人，裴漼《少林寺碑》所志稱操[三]、惠瑒、曇宗等，惟曇宗拜大将軍，餘不受官，賜地四十頃[四]。此少林僧兵所起。考之《魏書》：孝武帝西奔，「以五千騎宿于瀍西楊王别舍，沙門都維那惠臻負璽、持千牛刀以從」。[五]《舊唐書》：元和十年，「嵩山僧圓净與淄青節度使李師道謀反，結勇士數百人，伏于東都進奏院。乘雒城無兵，欲竊發焚燒宫殿。小将楊進、李再興告變，留守吕元膺乃出兵圍之，賊突圍而出，入嵩岳山棚，盡擒之」。[六]《宋史》：范致虚以僧趙宗印「充宣巡司參議官，兼節制軍馬。宗印以僧爲一軍，號『尊勝隊』。童子行爲一軍，號『净勝隊』」。[七]然則嵩雒之間，固世有異僧矣。

嘉靖中，少林僧月空受都督萬表檄，禦倭于松江。其徒三十餘人自爲部伍，持鐵棒擊殺倭甚衆，皆戰死。[八]嗟乎！能執干戈以衽[九]疆埸，則不得以其髡徒而外之矣。宋靖康時，有五臺僧真寶，「與其徒習武事于山中，欽宗召對便殿」，命之還山，聚兵拒金。晝夜苦戰，寺舍盡焚，爲酉[十]所得。「誘勸百方，終不顧，曰：『吾法中有口回之罪，吾既許宗[十一]皇帝以死，豈當妄言也。』怡然受戮。」[十二]而德祐之末，常州有萬安僧起義者，作詩曰：「時危聊作将，事定復爲僧。」[十三]其亦有屠羊説[十四]之遺意者哉！

【校注】

[一]底本缺一字處，原抄本、遂初堂本、集釋本、欒本、陳本、嚴本均作「因」，當補。

[二]「者」者，原抄本同。遂初堂本、集釋本、陳本、嚴本無，欒本據《繼刊誤》補。

[三]「所志稱操」誤倒，當乙正。原抄本、遂初堂本、集釋本、欒本、陳本、嚴本均作「所稱志操」。

[四]「頊」，遂初堂本、集釋本、欒本、陳本、嚴本同，原抄本誤作「項」。

[五]《魏書》無，見《北史・魏本紀》。「楊王」一作「揚王」，又作「陽王」。

[六]《舊唐書・憲宗本紀下》。

[七]《宋史・范致虚傳》。

[八]萬表，字民望，明鄞縣人。著《海寇議》二卷。

[九]「行」字誤，原抄本作「杆」亦誤，當改。遂初堂本、集釋本、欒本、陳本、嚴本作「扞」。

[十]「酉」字形近而訛，當改，原抄本作「酋」。潘耒遂初堂刻本改爲「金」，集釋本因之。欒本據黄侃校記改回而加説明，陳本、嚴本仍刻本之舊而加注。

[十一]「宗」字誤，當改。原抄本、遂初堂本、集釋本、欒本、陳本、嚴本均作「宋」。

[十二]《宋史・忠義傳・僧真寶傳》。「口回」，《宋史》原文作「口四」。佛教以妄語、两舌、惡口、綺語爲口四之業。

〔十三〕《宋史·忠義傳》。

〔十四〕屠羊説，見《莊子·讓王》。

毛葫蘆兵

《元史·順帝紀》：至正十三年，「立南陽、鄧州等處毛葫蘆義兵萬户府，募土人爲軍，免其差役，令防城自效。因其鄉人自相團結，號『毛葫蘆軍』，故以名之」。《朵爾直班傳》：「金、商義兵以獸皮爲矢房，如瓠，號『毛葫蘆軍』，甚精鋭。」《大學衍義補》：「今唐、鄧山居者，以毒藥漬矢以射獸，應弦而倒，謂之『毛葫蘆』。」

成化三年，國子監學録黄明義言：「宋時多剛縣夷爲冠，用白艻子兵破之。『白艻子』者，即今之民壯也。」〔一〕

【校注】

〔一〕《明史·四川土司傳》。

方音

五方之語，雖各不同，然使友天下之士，而操一鄉之音，亦君子之所不取也。故仲由之喭，夫子病之；〔一〕鴂舌之人，孟子所斥。〔二〕而《宋書》謂「高祖雖累葉江南，楚言未變，雅道風流，無聞焉爾」。[三]又謂長沙王道憐「素無才能，言音甚楚，舉止施爲，多諸鄙拙」。[四]《世説》言：「劉真長見王丞相，既出，人見：『問[五]王公云何？』答曰：『未見他異，惟聞作吴語耳。』」又言：「王大將軍年少時，舊有『田舍』名，語音亦楚。」又言：「文道林[六]入東，見王子猷兄弟，還，人問：『見諸王何如？』答曰：『見一群白頃烏[七]，但聞喚啞啞聲。』」《北史》謂：丹楊王劉昶「呵罵僮僕，音襍夷夏，雖在公坐，諸王每侮弄之」。[八]夫以創業之君，中興之相，不免時人之議，而況於士二夫[九]乎？北齊楊愔稱裴讞之曰：「河東士族京官不少，惟此家兄弟全無鄉音。」[十]其所賤可知矣。至于著書作文，尤忌俚語[十一]。《公羊》多齊言，《淮南》多楚語，若《易傳》、《論語》何嘗有一字哉？若乃講經授學，彌重文言，是以孫詳、蔣顯曾習《周官》，「而音革[十二]楚夏，左思《魏都賦》：「蓋音有楚夏者，土風之乖也。」則學徒不至」。《梁書·儒林傳》陸倕云。李業興學問深博，「而舊音不改」，則爲梁人所笑。《北史》本傳。鄴下人士「音辭鄙陋，風操蚩拙」，則顔之推不願以爲兒師。《家訓》。是則「惟君子爲能通天下之志」[十三]，蓋必自其發言始也。

《金史·國語解》序曰：「今文《尚書》辭多奇澀，蓋亦當世之方音也。」

《荀子》每言「案」，《楚辭》每言「羌」，皆方音。劉勰《文心雕龍》云：「張華論韻，謂士衡多楚，可謂銜靈均之聲餘，失黄鐘之正響也。」[十四]

【校注】

[一]《論語·先進》：子曰：「由也喭。」

[二]《孟子·滕文公上》：「今也南蠻鴂舌之人，非先王之道。」

[三]《宋書》庾悦諸人傳史臣曰。

[四]《宋書·宗室傳》。
[五]「見問」誤倒，當乙正。原抄本、遂初堂本、集釋本、欒本、陳本、嚴本均作「問見」。
[六]「文道林」誤，當改。原抄本、遂初堂本、集釋本、欒本、陳本、嚴本均作「支道林」。
[七]「白頊烏」誤，當改。欒本作「白項烏」亦誤。遂初堂本、集釋本、陳本、嚴本作「白項烏」。《世説新語》作「白項烏」。
[八]《北史·劉昶傳》。
[九]「士二夫」字誤，當改。原抄本、遂初堂本、集釋本、欒本、陳本、嚴本均作「士大夫」。
[十]《北齊書·裴讓之傳》附裴讞之傳。又見《北史》。
[十一]「俚語」誤，當改。原抄本、遂初堂本、集釋本、欒本、陳本、嚴本均作「俚俗」。
[十二]「革」字，原抄本、集釋本、欒本、嚴本同。遂初堂本、陳本作「乖」，陳垣無注。據亭林原注似當作「乖」，然《梁書》、《南史》均作「革」。
[十三]語出《易經·同人卦》象傳。
[十四]《文心雕龍·聲律》。

國語

「後魏初定中原，軍容號令皆以夷語[一]。後染華俗，多不能通，故録其本言，相傳教習，謂之『國語』。」「孝文帝命侯伏、侯可、悉陵以夷言[二]譯《孝經》之旨，教於國人，謂之《國語孝經》。」並《隋書·經籍志》。而歷考後魏、北齊二《書》，若孟威「以明解北人語，敕在著作，以備推訪」：孫搴以

「能通鮮卑語，宣傳號令」：祖珽以「解鮮卑語」，免罪後[三]參相府；劉世清以「能通四夷[四]語，爲當時第一，後主命作突厥語翻《涅槃經》，以遺突厥可汗」。並見遇時主，寵絶群僚。然其官名、制度，無一不用漢語。而魏孝文太和十九年，「六月己亥詔：『不得以北俗之語，言於朝廷，違者免所居官。』」[五]《魏書・咸陽王禧傳》：「孝文引見朝臣，詔斷北語，一從五音[六]，禧贊成其事。于是詔：『年三十已上，習性已久，客[七]或不可卒革[八]。三十以下，見在朝廷之人，語音不□[九]仍舊。若有故爲，當降爵黜官。若仍舊俗，恐數世之後，伊雒之下，復成被髮之人。』『朕嘗與李冲論此，冲言：四方之語，竟知誰是？帝者言之，即爲正矣，何必改舊從新？冲之此言，應合死罪。』乃謂冲曰：『卿實負社稷！』冲免冠陳謝。」[十]《北齊書・高昂傳》：「於時鮮卑共輕中華朝士，唯憚服於昂。高祖每申令三軍，常鮮卑語，昂若在列，則爲華言。」孝文用夏變夷之主，齊神武亦英雄有大略者也。契丹偏居北陲，始以本國之言爲官名號令，而《遼史》創立《國語解》一篇，自是金、元亦多循之，而北俗之語遂載之史書，傳於後世[十一]矣。

後魏《平陽公丕傳》：「丕雅愛本風，不達新式。至於變俗遷雒，改官制服，禁絶舊言，皆所不願。帝亦不逼之，但誘示大□[十二]，令其不生同異。」[十三]變俗之難如此。今則拓跋、宇文之語不傳於史册者，已蕩然無餘。一時衆楚之咻[十四]，固不能勝三紀遷殷[十五]之化也。

後唐康福「善諸蕃語，明宗聽政之暇，每召入便殿，咨訪時事，福即以蕃語奏之。樞密使安重誨惡焉，嘗面戒之曰：『康福！但亂奏事，有日斬之！』」[十六]

【校注】

[一]「皆以夷語」，原抄本同，與《隋書》同。潘耒遂初堂刻本改爲「皆本國語」，集釋本因之。欒本據黄侃校記改回而加説明，陳本、嚴本仍刻本之舊而加注。

［二］「夷言」，原抄本同，與《隋書》同。潘耒遂初堂刻本改爲「國語」，集釋本因之。欒本據黄侃校記改回而加説明，陳本、嚴本仍刻本之舊而加注。

［三］「後」字誤，當改。原抄本、遂初堂本、集釋本、欒本、陳本、嚴本均作「復」。

［四］「四夷」，原抄本同。潘耒遂初堂刻本改爲「四裔」，集釋本因之。欒本據黄侃校記改回而加説明，陳本、嚴本仍刻本之舊而加注。

［五］《魏書・高祖紀下》。

［六］「五音」誤，原抄本同誤，當改。遂初堂本、集釋本、欒本、陳本、嚴本作「正音」。《魏書》、《北史》作「正音」。

［七］「客」字誤，當改。原抄本、遂初堂本、集釋本、欒本、陳本、嚴本均作「容」。《魏書》、《北史》作「容」。

［八］「革」字誤，當改。原抄本、遂初堂本、集釋本、欒本、陳本、嚴本均作「革」。《魏書》、《北史》作「革」。

［九］底本缺一字處，原抄本、遂初堂本、集釋本、欒本、陳本、嚴本均作「聽」，《魏書》、《北史》作「聽」，當補。

［十］又見《北史・咸陽王禧傳》。

［十一］「世」，原抄本、遂初堂本、集釋本、欒本、陳本、嚴本均作「代」。

［十二］底本缺一字處，原抄本、遂初堂本、集釋本、欒本、陳本、嚴本均作「理」，《魏書》作「理」，當補。

［十三］《魏書・神元平文諸帝子孫傳》。

［十四］衆楚之咻，《孟子・滕文公下》：「一齊人傅之，衆楚人咻之。」

［十五］三紀遷殷，《尚書・畢命》：「毖殷頑民，遷於洛邑」、「既歷三紀，世變風移」。

［十六］今見《舊五代史・康福傳》，清人輯自《永樂大典》卷一萬八千一百二十七。

樓煩

樓煩乃趙西北邊之國，其人强悍，習騎射。《史記・趙世家》：武靈王「行新地，遂出代，西遇樓煩王於西河而致其共[一]」。「致」云者，致其人而用之也。是以楚漢之際，多用樓煩人，别爲一軍。《高祖功臣侯年表》：「陽都侯丁復：以趙將從起鄴，至霸上，爲樓煩將。」而《項羽本紀》：「漢有善騎射者樓煩。」應劭曰：「樓煩，胡也。合[二]樓煩縣。」接[三]樓煩地大，不止一縣之人。則漢有樓煩之兵矣。《灌嬰傳》：「擊破柘公王武，斬樓煩將五人。」「政[四]龍且，生得樓煩將十人。」「擊項籍軍陳下，斬樓煩將二人。」「攻黥布别將于相，斬樓煩將三人。」《功臣表》：「平定侯齊受：以驍騎都尉擊項籍，得樓煩將。」則項王及布亦各有樓煩之兵矣。蓋自古用四夷[五]政[六]中國者，始自周武王。牧野之師，有庸、蜀、羌、髳、微、盧、彭、濮。而晉襄公敗秦于殽，寔用姜戎爲犄角之勢。大者王，小者霸，于是武靈王踵此用以謀秦，而鮮卑、突厥、回紇、沙陀，自此不絶于中國矣。

【校注】

［一］「共」字誤，當改。原抄本、遂初堂本、集釋本、欒本、陳本、嚴本均作「兵」。《史記》作「兵」。

［二］「合」字誤，當改。原抄本、遂初堂本、集釋本、欒本、陳本、嚴本均作「今」。《史記》集解引作「今」。

［三］「接」字誤，當改。原抄本、遂初堂本、集釋本、欒本、陳本、嚴本均作「按」。

［四］「政」字誤，當改。原抄本、遂初堂本、集釋本、欒本、陳本、嚴本均作「攻」。《史記》作「攻」。

［五］「四夷」，原抄本同。潘耒遂初堂刻本改爲「蠻裔」，黄氏集釋本再改爲「蠻夷」。陳本作「蠻夷」，并加校注：欒本據黄侃校記改回爲「四夷」，并加説明：嚴本據其原校記改回爲「四夷」，有校記。

［六］「政」字誤，當改。原抄本、遂初堂本、集釋本、欒本、陳本、嚴本均作「攻」。

吐蕃回紇

大抵夷音[一]皆無正字。唐之吐蕃，即今之土魯蕃[二]是也。唐之回紇，即今之回回是也。《唐書》，「回紇」一名「回鶻」。《元史》有「畏兀兒部」，「畏」即「回」，「兀」即「鶻」也。其曰「回回」者，亦「回鶻」之轉聲也。《遼史·天祚紀》有「回回國王」。《元史·太祖紀》以「回鶻」、「回回」爲一[三]國，恐非。其曰「畏吾兒」者，又「畏兀兒」之轉聲也。《冊府元龜》：「按國史敘鐵勒種類云：『伊吾以西，焉耆以北，有契弊、烏護、紇骨等部。』『契弊』則『契苾』也。『烏護』則『烏紇』也，後爲『鶻回[四]』。『紇骨』則『紇扢斯』也，轉爲『黠戛斯』。蓋夷音有緩急，即傳譯語不同。」《大明會典》：「哈密，古伊吾廬地，在燉煌北大磧外，爲西域諸番往來要路。其固[五]部落與回回、畏兀兒三種雜居。」則回回與畏兀兒又爲二種矣。鄭所南《心史》：「畏吾兒乃韃靼爲父、回回爲母者也。」自唐會昌中，回紇衰弱，降幽州者前後三萬餘人，皆敬[六]隸諸道，始雜居於中華，而不變其本俗。杜子美《留花門》詩：「連雲屯左輔，百里見積雪。」李衛公《上尊號玉冊文》：「種類盤互，縞衣如荼[七]。挾邪作蠱，浸淫宇內。」[八]今之遺風亦未衰於昔日也。

《舊唐書·憲宗紀》：元和二年正月，「庚子，回紇請于河南府、太原府置摩尼寺，許之」。此即今禮拜寺之所從立也。

《新唐書·常兗傳》言：「始，回紇有戰功者得留京師。虜性[九]易驕，後乃創邸第、佛祠，或伏甲其間。數出中渭橋與軍人格鬬，奪舍光門[十]魚契走城外。」然則自肅、代以來，回紇固已有居京師者矣。

《實録》：正統元年六月，「乙卯，徙甘州、凉州寄居回回於江南各衛，凡四百三十六户，一千七百四十九口」。[十一]其時西陲有警，不得已爲徙戎之策，然其種類遂蕃於江左矣。正統三年八月，有歸附回回二百二人，自凉州徙至浙江。

國初[十二]，於其來降者待之雖優，而防之未嘗不至。「福建漳州衛指揮僉事楊榮，因進表至京，爲回回之編置漳州者寄書於其同類，奉旨坐以交通外夷[十三]，黜爲爲事官[十四]，於大同立功。」正統四年七月辛未。[十五]其後文教涵濡，夷風[十六]漸革，而夷狄之裔[十七]遂有登科第、襲冠裳者。惟回回自守其國裕[十八]，終不肯變，結成黨夥，爲暴閭閻。以累朝之德化，而不能訓其頑獷之習，所謂「鐵中錚錚，庸中佼佼」者乎？[十九]

「天子無故不殺牛」[二十]，而今之回子終日殺牛爲膳。宜先禁此，則夷風[二十一]可以漸革。唐時赦文每曰：「十惡五逆、火光行劫，特[二十二]刃殺人，官典犯贓，屠牛鑄錢[二十三]、合造毒藥，不在原赦之限。」[二十四]可見古法以屠牛爲重也。若韓滉之治江東，「以賊非牛酒不嘯結，乃禁屠牛以絶其謀」。[二十五]此又明識之士所宜豫防者矣。

【校注】

[一]「夷音」，原抄本同。潘耒遂初堂刻本改爲「外國之音」，集釋本因之。欒本據黄侃校記改回而加説明，陳本、嚴本仍刻本之舊而加注。

[二]「土魯蕃」誤，當改。原抄本、遂初堂本、集釋本、欒本、陳本、嚴本均作「土魯番」。

[三]「一」字誤，當改。原抄本、遂初堂本、集釋本、欒本、陳本、嚴本均作「二」。

[四]「鶻回」誤倒，當乙正。原抄本、遂初堂本、集釋本、欒本、陳本、嚴本均作「回鶻」，《册府元龜》作「回鶻」。

[五]「固」字誤，當改。原抄本、遂初堂本、集釋本、欒本、陳本、嚴本均作「國」。

[六]「敬」字誤，當改。原抄本、遂初堂本、集釋本、欒本、陳本、嚴本均作「散」。

[七]「茶」字誤，當改。原抄本、遂初堂本、集釋本、欒本、陳本、嚴本均作「荼」。《會昌一品集》作「荼」。

[八]李德裕《會昌一品集》卷一。

[九]「虜性」，原抄本同。潘耒遂初堂刻本改爲「戎性」，集釋本因之。欒本改回作「虜性」，而加説明：陳本仍作「戎性」，并加校注：嚴本作「虜性」，無校記。

[十]「含光門」誤，當改。原抄本、遂初堂本、集釋本、欒本、陳本、嚴本均作「含光門」。《新唐書》作「含光門」。

[十一]《英宗實録》卷十八。

[十二]「國初」，原抄本同。潘耒遂初堂刻本改爲「明初」，集釋本因之。欒本改回作「國初」，而加説明：陳本仍作「明初」，并加校注：嚴本作「國初」，無校記。

[十三]「外夷」，原抄本同。潘耒遂初堂刻本改爲「外裔」，集釋本仍作「外夷」未改。欒本、陳本作「外夷」，無校注：嚴本作「外裔」，有校記。

[十四]「爲事官」，遂初堂本、集釋本、欒本、陳本、嚴本同，原抄本誤作「通事官」。《英宗實録》作「爲事官」。「爲事官」，又稱「辦事官」。

[十五]《英宗實録》卷五十七。

[十六]「夷風」，原抄本同。潘耒遂初堂刻本改爲「戎心」，集釋本因之。欒本據黄侃校記改回而加説明，陳本、嚴本仍刻本之舊而加注。

[十七]「夷狄之裔」，原抄本同。潘耒遂初堂刻本改爲「蠻貊之裔」，集釋本因之。欒本據黄侃校記改回而加説明，陳本、嚴本仍刻本之舊而加注。

[十八]「裕」字誤，當改。原抄本、遂初堂本、集釋本、欒本、陳本、嚴本均作「俗」。

[十九]「所謂『鐵中錚錚，庸中佼佼』者乎」，原抄本同。遂初堂刻本改爲「所謂『食桑甚而懷好音』，固難言之矣！」集釋本因之，但改「桑甚」爲「桑葚」。欒本據黄侃校記改回而加説明，陳本仍刻本之舊而加注，嚴本仍刻本之舊，無校記。今按：「鐵中錚錚，庸中佼佼」，語出《後漢書·劉盆子傳》。李賢注：「《説文》曰：『錚錚，金也。』鐵之錚錚，言微有剛利也。佼，好貌也。《詩》曰：『佼人僚兮。』言佼佼者，凡傭之人稍爲勝也。」意謂較之尋常稍稍勝出，而未得爲真金、真豪傑也。「庸」，《後漢書》作「傭」。「佼佼」，《水經注》引作「皦皦」。「食桑葚而懷好音」，《晉書·殷仲堪傳》：「夫飛鴞，惡鳥也，食桑葚猶懷好音。雖曰戎狄，其無情乎！」

[二十]《禮記·玉藻》：「君無故不殺牛，大夫無故不殺羊。」又《王制》：「諸侯無故不殺牛，大夫無故不殺羊。」

[二十一]「夷風」，原抄本同。遂初堂刻本改爲「裔風」。黄氏集釋本改回，仍作「夷風」。欒本、陳本作「夷風」，無校注。嚴本作「裔風」，無校注。

[二十二]「特」字誤，當改。原抄本、遂初堂本、集釋本、欒本、陳本、嚴本均作「持」。

[二十三]「鑄錢」，原抄本、遂初堂本、集釋本、陳本、嚴本同，欒本誤作「鑄鐵」。

[二十四]後唐諸赦文，今屢見於《舊五代史》唐莊宗、唐明宗本紀。

[二十五]《新唐書·韓休傳》附韓滉傳。

西域天文

西域人善天文，自古已然。《唐書》：泥婆羅國「頗解推測盈虛，兼通曆術事」，天竺國「善天女[一]曆筭之術」，罽賓國「遣使進天文經」，拂菻國其王城門「樓[二]中懸一大金稱，以金丸十二枚屬于衡端，以候日之十二時。爲一金人，其大如人，立於側。每至一時，其金丸輒落，鏗然發聲引唱，以紀日時，毫釐無失」。[三]盖不始于回回、西洋也。《元史·張思明傳》：「大德擢，初[四]左司都事。有獻西域泙云[五]，思明以感[六]衆，不用。」

王忠父𧜟[七]集有《阿都剌除回回司大[八]少監誥》，曰：「天文之學，其出於西域者，約而能精。雖其術不與中國中[九]法同，然以其多驗，故近代多用之。別設官署，以掌其職。」《册府元龜》載：開元七年，「吐火羅國王上表，獻解夫[十]文人大慕闍。智慧幽深，問無不知。伏乞天恩喚取，問諸法教[十一]，知其人有如此之藝能，請置一法堂，依本教供養」。[十二]此與今之利瑪竇天主堂相似，而不能行于玄宗之世者，豈非其時在朝多學識之人哉？

【校注】

[一]「女」字誤，當改。原抄本、遂初堂本、集釋本、欒本、陳本、嚴本均作「文」。《舊唐書》作「文」。

[二]「樓」字，遂初堂本、集釋本、欒本、陳本、嚴本同，原抄本誤作「僂」。《舊唐書》作「樓」。

[三]《舊唐書·西戎傳》。

[四]「擢初」誤倒，當乙正，原抄本、遂初堂本、集釋本、欒本、陳本、嚴本均作「初擢」，與《元史》同。

[五]「泙云」誤，當改。原抄本、遂初堂本、嚴本作「秤法」，集釋本、欒本、陳垣作「稱法」。

[六]「感」字誤，當改。原抄本、遂初堂本、集釋本、欒本、陳本、嚴本均作「惑」。

[七]「王忠父𧜟」誤，當改。遂初堂本、嚴本作「王忠文雜」，亦誤。原抄本、集釋本、欒本、陳本作「王忠文禕」。王禕，字子充，謚忠文，明義烏人，有《王忠文公集》二十四卷。事蹟見《明史·忠義傳》。

[八]「大」字誤，當改。原抄本、遂初堂本、集釋本、欒本、陳本、嚴本均作「天」。

[九]「中」字誤，當改。原抄本、遂初堂本、集釋本、欒本、陳本、嚴本均作「古」。

[十]「夫」字誤，當改。原抄本、遂初堂本、集釋本、欒本、陳本、嚴本均作「天」。《册府元龜》作「天」。

[十一]「法教」誤倒，當乙正。原抄本、遂初堂本、集釋本、欒本、陳本、嚴本均作「教法」。《册府元龜》作「教法」。

[十二]《册府元龜》卷九百七十一。

三韓[一]

今人謂遼東爲「三韓」者，考之《書序》：「成王既伐東夷」，[二]傳：「海東諸夷，駒麗、扶餘、馯貊之屬」，正義：「《漢書》有高駒麗、扶餘、韓。無此『馯』，『馯』即『韓』也，音同而字異耳」。《後漢・光武紀》：建武二十年，「東夷韓國人率衆詣樂浪内附」。《東夷傳》：「韓有三種，一曰馬韓，二曰辰韓，三曰弁辰。晉、梁二《書》作「弁韓」。馬韓在西，有五十四國，其北與樂浪、南與倭接。辰韓在東，十有二國，其北與濊貊接。弁辰在辰韓之南，亦十有二國，其南亦與倭接。凡七十八國，百濟是其一國焉[三]。大者萬餘户，小者數千家，各在山海間。地合方四千餘里，東西以海爲限，皆古之辰國也。馬韓最大，共立其種爲辰王，盡王三韓之地。」《漢書・朝鮮傳》：「真番、辰國欲上書見天子，又雍閼弗道[四]。」師古曰：「辰謂辰韓之國。」《史記》誤作「真番旁衆國」[五]。《三國・魏志》：齊王正始七年，「幽州刺史毌丘儉破高句驪、濊貊，韓、那奚等數十國，各率種落降」。陳留王景元二年，「樂浪外夷韓、濊貊各率其屬來朝貢」。[六]《晉書・張華傳》：「東夷馬韓、新彌諸國，依山帶海，去州四千餘里，歷世未[七]附者二十餘國，並遣使朝獻。」杜氏《通典》：「三韓之地在海島之上，朝鮮之東南。」[八]此其封域與朝貢之本末也。劉熙《釋名》：「韓羊、韓兔、韓雞，本法出韓國所爲也。」後魏陽固《演賾賦》：「睹三韓之累累兮，見卉服之悠悠。」此其風土也。《宋史・天文志》：「狗國[九]四星，在建星東南，王[十]三韓、鮮卑、烏桓、玁狁、沃沮之屬。」此其占象也。《宋史・高麗傳》言：「崇寧後始鑄三韓通寶。」而《遼史・外紀》有「高麗王子」、「三韓國公勳」、「三韓國公顒」、「三韓國公俁」。其《地理志》有高州三韓縣：「辰韓爲扶餘，弁韓爲新羅，《北史》以「辰韓」爲「新羅」。馬韓爲高麗。開泰中，聖宗伐高麗，俘三國之遺人，置縣。」據此，乃俘三國之人置縣於内地，而取三韓之名耳。正如漢時上郡有龜兹縣，不可便以爲西域之國。今人乃謂遼東爲「韓三[十一]」，是以内地而目之爲外國也。原其故，本於天啟初失遼陽，以後章奏之文遂有謂遼人爲「三韓」者，外之也。今遼人乃以之自稱，夫亦自外也已。

《北史》：「新羅者，其先本辰韓種也。地在高麗東南。辰韓亦曰『秦韓』，相傳言秦世亡人避役來適，馬韓割其東界居之，以秦人，故名之曰『秦韓』。其言語、名物有似中國人。辰韓王常用馬韓人作之，世世相傳，辰韓不得自立王，明其流移之人故也，恒爲馬韓所制。辰韓之始，有六國，稍分爲十二，新羅則其一也。」[十二]此又與前史不同。而《唐書・東夷傳》：顯慶五年，平百濟，分其地置五都督府，其一曰馬韓。

【校注】

[一]「三韓」條，文淵閣《四庫全書》本全删。

[二]見《尚書・周官》。本條中諸「夷」字，遂初堂本、經義齋本或作墨圍，或改爲「裔」字。

[三]「馬」字誤，當改。原抄本、遂初堂本、集釋本、樂本、陳本、嚴本均作「焉」。《後漢書》作「焉」。

[四]「弗道」誤，原抄本作「帝道」亦誤，當改。遂初堂本、集釋本、樂本、陳本、嚴本作「弗通」。《漢書》作「弗通」。

[五]《史記・朝鮮列傳》。

［六］《三國志·魏書·三少帝紀》。

［七］「未」字，遂初堂本、集釋本、欒本、陳本、嚴本同，原抄本誤作「永」。《晉書》作「未」。

［八］《通典》卷一百八十五。

［九］「狗國」，原抄本同，遂初堂本、經義齋本均作二方框。集釋本補作「狗國」，欒本、陳本、嚴本均作「狗國」。《宋史·天文志》作「狗國」。

［十］「王」字誤，當改。原抄本、遂初堂本、集釋本、欒本、陳本、嚴本均作「主」。《宋史》作「主」。

［十一］「韓三」誤倒，當乙正。原抄本、遂初堂本、集釋本、欒本、陳本、嚴本均作「三韓」。下「三韓」不誤。

［十二］《北史》高麗百濟新羅諸傳。又見《梁書·諸夷傳》。

大秦

今之佛經皆題云「大秦鳩摩羅什譯」，謂是姚興國號，非也。［一］大秦乃西域國名。《後漢書·西域傳》言：「大秦國在海西，地方數千里，有四百餘城，小國役屬者數十。」又云：「天竺國西與大秦通。」此其國名之偶同。而《傳》以爲「其人民皆長大平正，有類中國，故謂之大秦」，固未必然。而《晉書·載記》：「石季龍時，有安定人侯子光，自稱佛太子，謂大秦國來，當王小秦國。」以中國爲「小秦」，則益［二］誇誕矣。

【校注】

［一］黄汝成集釋引孫氏曰：遍探釋藏佛經，皆題「姚秦鳩摩羅什譯」，無有云「大秦」者，不知亭林何據？且鳩摩羅什生於天竺，距大秦國尚遠，不當題云「大秦」也。

[二]「益」字下，原抄本、遂初堂本、集釋本、欒本、陳本、嚴本均有「爲」字。

干陀利

韓文公《廣州記》有「干陀利」，[一]註[二]皆闕。按《梁書·海南諸夷[三]傳》：「干陀利國，在南海州[四]上，其俗與林邑、扶南咯[五]同。出斑布、吉貝、檳榔。檳榔特精好，爲諸國之最。」梁王僧孺有《謝賜干陀利所獻檳榔啟》。《周弘正傳》：「有罪應流徙，敕以賜干陀利國。」《陳書·世祖紀》：天嘉四年，「干陀利國遣使獻方物」。惟《宋書·孝武帝紀》：孝建二年，「斤陀利國遣使獻方物」，《南史》同。以「干」爲「斤」，疑誤。

【校注】

[一]韓愈《韓昌黎集》卷二十一，題《送鄭尚書序》。

[二]「註」字下，原抄本、遂初堂本、集釋本、欒本、陳本、嚴本均有「家」字。

[三]「夷」字，原抄本同。遂初堂本寫作「□」，疑似方框「□」。集釋本補作「夷」，欒本、陳本、嚴本作「夷」。

[四]「州」字誤，當改。原抄本、遂初堂本、集釋本、欒本、陳本、嚴本均作「洲」。《梁書》作「洲」。

[五]「咯」字誤，當改。原抄本、遂初堂本、集釋本、欒本、陳本、嚴本均作「略」。《梁書》作「略」。

夷狄[一]

歷九州之風俗，考前代之史書，中國之不如夷狄[二]者有之矣。《遼史》言：契丹部族「生生之資，仰給畜牧，積[三]毛飲湩[四]，以爲衣食。各安舊風，狃習勞事，不見紛華異物而遷，故家給人足，戎備整完，卒之虎視四方，强朝弱附」。[五]《金史》：世宗嘗謂宰臣曰：「朕嘗見女直風俗，迄今不忘。今之晏[六]飲音樂，皆習漢風，非朕心所好。東宫不知女直風俗，第以朕故，猶尚存之。恐異日一變此風，非長久之計。」他日與臣下論及古今，又曰：「女直舊風，雖不知書，然其祭天地，敬親戚，尊耆老，接賓客，信朋友，禮意款曲，皆出自然，其善與古書所載無異，汝輩不可忘也。」乃「禁女直人不得改稱漢姓，學南人衣裝，犯者抵罪」。[七]又曰：「女直舊風，凡酒食會聚，以騎射爲樂。今則弈碁、雙陸，宜悉禁止，令習騎射。」[八]《邵氏聞見録》言：「回紇風俗樸厚，君臣之等不甚異，故衆志專一，勁健無敵。自有功於唐，賜遺豐腆。登里可汗始自尊大，築宫室以居，婦人有粉黛文繡之飾。中國爲之虛耗，而虜俗[九]亦壞。」[十]昔日[十一]祭公謀父之言：「犬戎樹惇，能帥舊德，而守終純固。」[十二]由余之對穆公言：「戎夷之俗，上含淳德以遇其下，下懷忠信以事其上，一國之政猶一身之治。」[十三]其所以有國而長世，用此道也。及乎薦居日久，漸染華風，不務《詩》《書》，唯徵玩好，服餙鏡[十四]于無等，財賄溢於靡用，驕淫矜侉，浸以成習。于是中行有「變俗」之譏[十五]，賈生有「五餌」之策[十六]。又其末也，則有如張昭遠以「皇弟、皇子喜俳優，餙姬妾」，而卜沙陀之不永；[十七]張舜民「見太孫好音樂、美姝、名茶、古畫」，而知契丹之將亡。[十八]此固人情之所必至，而戎狄之敗特速于中華者，他日未嘗學問也。[十九]後之君子誠監于斯，則知所以勝之之道矣。

《史記》言：匈奴「獄久者不□過日[二十]，一國之囚不過數人」。[二十一]《鹽鐵論》言：匈奴之俗

「略于文而敏于事」。[二十二]宋鄧肅對高宗言：「外夷[二十三]之巧，在文書簡，簡故速。中國之患，在文書繁，繁則[二十四]遲。」[二十五]《遼史》言：「朝廷之上，事簡職專，此遼所以[二十六]興也。」[二十七]又曰：「皇帝四時巡守。」「宰相以下于中京居守。一切公事，除拜官僚，正行[二十八]堂帖[二十九]權差，俟行在所取旨，出給誥[三十]敕。文官縣令、録事以下，更不奏聞[三十一]，聽中書銓選。」[三十二]然則戎狄[三十三]之能勝于中國者，惟其簡易而已。若舍其所長，而效人之短，吾見其立弊也。

《金史・食貨志》言：「金起東海，其俗實純[三十四]，可與返古。初入中夏，民多流亡，土多曠閒，遺黎惴惴，何求不獲？於斯時，縱不能復井地溝洫之制，若用唐之永業、口分，以制民産，倣[三十五]其租庸調之法以足國計，何至百年之内，所爲經畫紛紛然與其國相終始邪？其弊在于急一時之利，踵久壞之法。及其中葉，鄙遼儉朴，襲宋繁縟之文；懲宋寬柔，加遼操切之政。是棄二國之所長，而併用其所短也。繁縟勝必至于傷財，操切勝必至於害民。訖金之世，國用易匱，民心易離，豈不繇是與？作法不慎厥初，變法以捄其弊，祗益甚焉耳。」其論金時之弊，至爲明切。今之爲金者，有甚於此。[三十六]

魏太武「始制反逆、殺人、奸盗之法，號令明白，政事清簡，無繫訊連逮之煩，百姓安之」。[三十七]宋余靖言：「燕薊之地，陷入契丹且百年，而民亡南傾[三十八]心者，以契丹之法簡易，鹽麴俱賤，科役不煩故也。」[三十九]是則省刑薄斂之效，無論于華夷矣。[四十]

【校注】

[一]「夷狄」題名，原抄本同。潘耒遂初堂刻本改爲「外國風俗」，集釋本因之。欒本據黄侃校記改回題名而加説明。陳本、嚴本仍刻本之舊。陳垣校注云：「原作『夷狄風俗』」，未知何據？又「夷狄」、「徙戎」二條，遂初堂刻本移

置「國語」條之後。此條文淵閣《四庫全書》本全删。

［二］「夷狄」，原抄本同。潘耒遂初堂刻本改爲「外國」，集釋本因之。欒本據黄侃校記改回而加説明，陳本、嚴本仍刻本之舊而加注。

［三］「積」字誤，當改。原抄本、遂初堂本、集釋本、欒本、陳本、嚴本均作「績」。《遼史》作「績」。

［四］「潼」字誤，當改。原抄本、遂初堂本、集釋本、欒本、陳本、嚴本均作「湩」。《遼史》作「湩」。又按《説文》：「湩，乳汁也。」《史記・匈奴列傳》集解：「湩，乳汁也。」然索隱引《三蒼》已誤作「潼」，云「潼，乳汁也」。

［五］《遼史・營衛志中》。

［六］「晏」，原抄本、遂初堂本、集釋本、欒本、陳本、嚴本均作「燕」。

［七］《金史・世宗本紀中》。

［八］《金史・阿離補傳》。「騎射」下，遂初堂刻本有一節云：「又曰：『遼不忘舊俗，朕以爲是。海陵習學漢人風俗，是忘本也。若依國家舊風，四境可以無虞，此長久之計也』」，共四十一字，語出《金史・移剌子敬傳》。底本、原抄本無，集釋本有。欒本、陳本、嚴本補。黄侃校記：鈔本無此段，潘本有此，耒所妄加也。

［九］「虜俗」，原抄本同。《邵氏聞見後録》及《資治通鑑》作「虜俗」。潘耒遂初堂刻本改爲「其俗」，集釋本因之。欒本據黄侃校記改回而加説明，陳本、嚴本仍刻本之舊而加注。

［十］邵博《邵氏聞見後録》卷八。語本《資治通鑑》卷二百二十六。

［十一］「昔日」誤，當改。原抄本、遂初堂本、集釋本、欒本、陳本、嚴本均作「昔者」。

［十二］《國語・周語上》。

［十三］《史記・秦本紀》。

［十四］「鏡」字誤，當改。原抄本、遂初堂本、集釋本、欒本、陳本、嚴本均作「競」。

［十五］《史記・匈奴列傳》：中行説曰：「今單于變俗好漢物。」

[十六]見賈誼《新書・匈奴》。

[十七]《資治通鑑》卷二百七十六。

[十八]《宋史・張舜民傳》。

[十九]「此固人情之所必至」以下至此一節二十六字，原抄本同，遂初堂刻本删，集釋本因之。欒本據黄侃校記增補而加説明，陳本、嚴本仍刻本之舊而加注。

[二十]「不□過日」脱誤，當改。原抄本、遂初堂本、集釋本、欒本、陳本、嚴本均作「不過十日」，與《史記》同。

[二十一]《史記・匈奴列傳》。

[二十二]《鹽鐵論・論功》。

[二十三]「外夷」，原抄本同。潘耒遂初堂刻本改爲「外國」，集釋本因之。欒本據黄侃校記改回而加説明，陳本仍刻本之舊而加注。嚴本仍刻本之舊作「外國」，無注。

[二十四]「則」字誤，當改。原抄本、遂初堂本、集釋本、欒本、陳本、嚴本均作「故」。《宋史》作「故」。

[二十五]《宋史・鄧肅傳》。

[二十六]「所以」，原抄本同，遂初堂本、集釋本、欒本、陳本、嚴本上有「之」字。《遼史》無「之」字。

[二十七]《遼史・百官志一》。

[二十八]「正行」誤，原抄本、遂初堂本同誤，當改。集釋本、欒本、陳本、嚴本作「止行」。《遼史》作「止行」。

[二十九]「堂帖」，原抄本、集釋本、欒本、陳本同，遂初堂本、嚴本作「皇帖」。《遼史》作「堂帖」。

[三十]「誥」字誤，當改。原抄本、遂初堂本、集釋本、欒本、陳本、嚴本均作「誥」。《遼史》作「誥」。

[三十一]「閭」字誤，當改。原抄本、遂初堂本、集釋本、欒本、陳本、嚴本均作「闡」。《遼史》作「闡」。

[三十二]《遼史・營衛志中》。

[三十三]「戎狄」，原抄本同。潘耒遂初堂刻本改爲「外國」，集釋本因之。欒本據黄侃校記改回而加説明，陳本、

嚴本仍刻本之舊而加注。

[三十四]「實純」誤倒，當乙正。原抄本、遂初堂本、集釋本、欒本、陳本、嚴本均作「純實」。《金史》作「純實」。

[三十五]「倣」，原抄本同，遂初堂本、集釋本、欒本、陳本、嚴本作「放」。《金史》作「倣」。

[三十六]「今之爲金者，有甚於此」九字，原抄本同，遂初堂刻本删，集釋本因之。欒本據黄侃校記增補而加説明，陳本、嚴本仍刻本之舊而加注。

[三十七]《資治通鑑》卷九十六。

[三十八]「傾」字誤，當改。原抄本、遂初堂本、集釋本、欒本、陳本、嚴本均作「顧」。《宋史》作「顧」。

[三十九]《宋史・食貨志下三》。

[四十]「無論于華夷矣」，原抄本同。潘耒遂初堂刻本改爲「無所分於中外矣」，集釋本因之。欒本據黄侃校記改回而加説明，然「矣」誤作「也」：陳本仍刻本之舊而加校注：嚴本仍刻本之舊而加校記，然「所」誤作「論」。

徙戎[一]

武后時，「四夷[二]多遣子入侍，其論欽陵、阿史德元珍、孫萬螢[三]等，皆因充侍子，得偏觀中國形勢，其後竟爲邊害」。[四]先是，「天授三年，左補闕薛謙光上疏曰：臣聞戎夏不襍，自古所誡[五]。夷狄[六]無信，易動難安，故斥居塞外，不邇中國。前史所稱，其來久矣。然而帝德廣被，有時朝謁，受[七]向化之誠，請納梯山之禮，貢事畢則歸其父母之國，導以指南之車，此三王之盛典也。自漢魏以後，遂革其風，務餙虚名。徵求侍子，諭令解辨[八]，使襲衣冠，築室京師，不令歸國，此又中葉之故事也。較其利害，則三王是而漢魏非：論其得失，則距邊長而徵質短。殷鑒在昔，豈可不慮？昔郭欽獻策于武皇，江統納諫於惠主，咸以戎狄[九]入居，必生事變。晉帝不用二臣之遠策，好慕向化之虚名，縱其習《史》《漢》等書，官之以五部都尉，此皆計之失也。竊惟突厥、吐蕃、契丹等，往因入侍，並叨殊獎。或執戟丹墀，策名戎秩；或曳裾庠序，高步黌宫[十]。服改氈裘，語兼中夏。明習漢法，覩衣冠之儀；目覽朝章，知經國之要。窺成敗于圖史，察安危于古今，識邊塞之盈虚，知山川之險易。或委以經略之功，令其展效；或矜其首丘之志，放使歸蕃。於國家雖有冠帶之名，在夷狄[十一]廣其縱横之智。雖有慕化之美，苟悦於當時，而狼子野心，旋生于異日。及歸部落，鮮不稱兵，邊鄙罹災，實繇於此。故老子曰：『國之利器不可以示人。』[十二]在于齊人，猶不可以示之，況於夷狄[十三]乎？謹按楚申公巫臣奔晉，而使於吴，使其子狐庸爲吴行人，教吴戰陣，使之叛楚。吴于是伐楚，取巢，取駕，免[十四]棘，入州來，『子反一歲七奔命』。[十五]其所以能謀楚，良以此也。又按《漢書》，桓帝遷五部匈奴于汾晉，其後卒有劉石之難。向使五部不徙，則晉祚猶未可量也；鮮卑不遷幽州，則慕容無中原之僭。又按《漢書》，陳湯云：『夫胡[十六]兵五而當漢兵一，何者？兵刃利[十七]鈍，弓弩不利。今聞頗漢得[十八]巧，然猶三而當一。』[十九]繇是言之，利兵尚不可使胡人[二十]得法，況處之中國而使之習見哉？昔漢東平王請《太史公書》，朝臣以爲《太史公書》有戰國縱横之説，不可以與諸侯。[二十一]此則本朝諸王尚不可與，況外國乎！臣竊計秦并天下，及劉、項之際，累載用兵，人户彫散。以晉惠方之：八王之喪師，輕于楚漢之割地；冒頓之全實，過于五部之微弱。當曩時冒頓之疆[二十二]盛，乘中國之虚弊，高祖餒厄平城，而冒頓不能入中國者，何也？非兵不足以侵諸夏，力不足以破汾晉，其所以解圍而縱高祖者，爲不習中土之風，不安中國之美。生長磧漠之北，以穹廬[二十三]勝於城邑，以氈罽美於章紱。既安其所習而樂其所生，是以無窺中國之心者，爲生不習漢故也，豈有心不樂漢而欲深入者乎？劉元海丘[二十四]部離散之餘，而卒能自振于中國者，爲少居内地，明習漢法，非但元海悦漢，而漢亦悦之。一朝背誕，四人謂「四民」。響應，遂鄙單于[二十五]之號，竊帝王之名，賤沙漠而不居，擁平陽而鼎峙者，爲居漢故也。向使元海不曾内徙，止[二十六]當劫邊人繒綵麴蘖以歸陰山之北，安能使倡亂邪？當今皇風遍[二十七]覃，舍[二十八]識革面，凡在胣性，莫不懷馴，方使由余效忠，日磾盡節。以臣愚慮者，國家方傳無窮之祚于後，脱備守不謹，邊臣失圖，則夷狄[二十九]稱兵，不在方外，非所以肥中國，削四夷[三十]，經營萬乘之業，貽厥孫謀之道也。臣愚以爲，願充侍子者一皆禁絶，必若先在中國者，亦不可更使歸蕃，則夷人[三十一]保疆，邊邑無事矣。」[三十二]

本朝[三十三]永樂、宣德間，達虜[三十四]來降，多乞留居京師，授以指揮、千百户之職，賜之俸禄及銀鈔、衣服、房屋、什器，安插居住，名曰「達官[三十五]」。正統元年十二月，行在吏部主事李賢言：「臣聞帝王之道，在赤子黎民，而夷狄禽獸[三十六]。夫[三十七]黎民如赤子，親之也；夷狄[三十八]如禽獸，疏之也。雖聖人一視同仁，其施也必自親及[三十九]疏，未有赤子不得其所而先施惠于禽獸，況奪赤子之食以養禽獸，聖人忍爲之哉？竊見京師達人[四十]不下萬餘，較之畿民三分之一。其月支俸米，較之在朝官員亦三分之一，而實支之數或全或半，又倍蓰矣。且以俸米[四十一]言之，在京指揮使正三品，該俸三十五石，實支一石，而達官[四十二]實則[四十三]支十七石五斗，是贍京官十七員半矣。大[四十四]以有限之糧，而資無限之費，欲百姓富庶而倉廩光[四十五]實，未之有也。近者連年荒旱，五穀不登，而國家之用則不可缺。是以天下米粟，水陸並進，歲入京師數百萬石，而軍民竭財殫力，涉寒暑，冒風霜，苦不勝言，然後一夫得數斛米至京師者，幸也。若其運□[四十六]中途，食不足，衣不贍，而有司督責之愈[四十七]急，是以不暇救死，往往枕籍而亡者，不可勝計。其達官[四十八]坐享俸禄，施施自得。嗚呼！既奪赤子之食以養禽獸，而又驅其力使饋之，赤子卒至于饑困以死，而禽獸則光[四十九]實厭足，仁人君子所宜痛心者。若夫俸禄所以養廉也，今在朝官員，皆實關俸米一石，以一身計之，其日用之費不過十日，况其父母妻子乎？臣以爲欲其無貪，不可得也。備邊，所以禦侮也，今邊軍長居苦寒之地，其所以保妻子、禦饑寒者，月糧而已。糧不足以贍其所需，欲其乎[五十]死，不可得也。今若去此達官[五十一]，臣愚以爲除一害而得三利焉。何則？計達官[五十二]一歲之俸，不下數十萬，省之可以全生民之命，可以贍邊軍之給，可以足京官之俸。全生民之命則本固而邦寧也，贍邊軍之給則效死而守職也，足京官之俸則知恥而守廉也。得此三者，利莫大焉。臣又聞聖王之道，貴乎消患于未萌。《易》曰：『履霜，堅冰至。』[五十三]臣竊見達人[五十四]來降，絡繹不絶，朝廷授以官職，足其俸禄，使之久處不去，腥膻畿内。無益之費尚不足惜，又有甚者焉[五十五]。夫夷狄人面獸心[五十六]，貪而好利，乍臣乍叛，恍[五十七]忽無常[五十八]。彼來降者，非心悦而誠服也，實慕中國之利也。且達人在胡[五十九]，未必有[六十]自種而食，自致[六十一]而衣。今在中國，則不勞力而坐享其有。是故其來之不絶者，中國誘之也。誘之不衰，則來之愈廣。一旦邊方有警，其勢必不自安矣。前世五胡[六十二]之亂，可不鑒哉！是故聖人以禽獸畜之。其來也，懲而禦之，不使之久處；其去也，守而備之，不誘其復來。其爲社稷生民之慮，至深遠也。近日邊塵數警，而達官[六十三]群聚京師，臣嘗恐懼而不安寢。伏願陛下斷自宸衷，爲萬世長久之計，乞敕兵部將達官[六十四]漸次調除天下各部[六十五]司衛所。彼勢既分，必能各安其生，不惟省國家萬萬無益之費，而未[六十六]消其未萌之患矣。」上是其言。[六十七]

土木之變，達官、東人[六十八]之徧[六十九]置近畿者，一時蠢動，肆掠村莊，人謂之「家達子」，至有驅迫漢人以歸虜[七十]者。户科給事中王竑、翰林院侍講劉定之並言，宜設法遷徙，俾居南土。於是命左都督毛福壽充左副總兵，選河間等□[七十一]達軍，往湖廣辰州等處征苗。巡撫江西、刑部右侍郎楊寧奏請，賊平之後，就分布彼處各衛所守禦。然其去者無多。天順元年七月丁丑，兵部奏：自正統七年，至景泰七年，謂之[七十二]雲南、廣東、廣西、福建等處征□[七十三]達官達軍，共一千八百人。而天順初，兵部尚書陳汝言阿附權宦，盡[七十四]令取回，遂令曹欽[七十五]得結其驍豪，與之同反。而河間、東昌之間，至今響馬不絶，亦自達軍倡之[七十六]。戎有中國，誰之咎也！[七十七]

國初[七十八]，安置土達于寧夏、甘、涼等處。承平日久，種類蕃息，至成化四年，遂有滿四[七十九]之變。

【校注】

[一]「徙戎」條，文淵閣《四庫全書》本全删。

[二]「四夷」，原抄本同。潘耒遂初堂刻本改爲「外國」，集釋本因之。樂本據黄侃校記改回而加説明，陳本、嚴本仍刻本之舊而加注。

[三]「孫萬瑩」誤，當改。原抄本、遂初堂本、集釋本、欒本、陳本、嚴本均作「孫萬榮」。

[四]《新唐書·薛登傳》。

[五]「誠」字誤，當改。原抄本、遂初堂本、集釋本、欒本、陳本、嚴本均作「誠」。《通典》、《册府元龜》作「誡」。

[六]「夷狄」，原抄本同。《通典》、《册府元龜》作「夷狄」。潘耒遂初堂刻本改爲「蠻貊」，集釋本因之。欒本據黄侃校記改回而加説明，陳本、嚴本仍刻本之舊而加注。

[七]「受」字，原抄本、遂初堂本、嚴本同，集釋本、欒本、陳本上有「願」字。《通典》、《册府元龜》無「願」字，《唐會要》有「願」字。按當作「願受」。

[八]「辨」字誤，當改。原抄本、遂初堂本、集釋本、欒本、陳本、嚴本均作「辯」。《通典》、《唐會要》作「辯」。《册府元龜》無此句。

[九]「戎狄」，原抄本同。潘耒遂初堂刻本改爲「戎翟」，集釋本因之。欒本據黄侃校記改回而加説明，嚴本仍刻本之舊而加注，陳本仍刻本之舊，無校注。

[十]「宫」字誤，當改。原抄本、遂初堂本、集釋本、欒本、陳本、嚴本均作「門」。《通典》、《唐會要》、《册府元龜》作「門」。

[十一]「夷狄」，原抄本同。《通典》、《唐會要》、《册府元龜》作「夷狄」。潘耒遂初堂刻本改爲「戎人」，集釋本因之。欒本據黄侃校記改回而加説明，陳本、嚴本仍刻本之舊而加注。

[十二]《老子·三十六章》。又見《莊子·胠篋》。

[十三]「夷狄」，原抄本同。《通典》、《唐會要》、《册府元龜》作「夷狄」。潘耒遂初堂刻本改爲「寇戎」，集釋本因之。欒本據黄侃校記改回而加説明，陳本、嚴本仍刻本之舊而加注。

[十四]「免」字誤，當改。原抄本、遂初堂本、集釋本、欒本、陳本、嚴本均作「克」。《通典》、《册府元龜》作「克」。《唐會要》無此句。

［十五］《左傳・成公七年》。

［十六］「胡」，原抄本同。《通典》、《唐會要》、《册府元龜》作「胡」。《漢書》作「胡」。潘耒遂初堂刻本改爲「匈奴」，集釋本因之。欒本據黄侃校記改回而加明，陳本、嚴本仍刻本之舊而加注，嚴本仍刻本之舊，無校記。

［十七］「利」字誤，當改。原抄本、遂初堂本、集釋本、欒本、陳本、嚴本均作「朴」。《通典》、《唐會要》、《漢書》作「朴」。

［十八］「漢得」誤倒，當乙正。原抄本、遂初堂本、集釋本、欒本、陳本、嚴本均作「得漢」。《通典》、《唐會要》、《册府元龜》、《漢書》作「得漢」。

［十九］《漢書・陳湯傳》。

［二十］「胡人」，原抄本同。潘耒遂初堂刻本改爲「敵人」，集釋本因之。欒本據黄侃校記改回而加説明，嚴本仍刻本之舊而加注，陳本仍刻本之舊，無校注。

［二十一］事見《漢書・宣元六王傳》。

［二十二］「疆」字誤，當改。原抄本、遂初堂本、集釋本、陳本、嚴本作「彊」，欒本作「强」。

［二十三］「穹廬」，遂初堂本、集釋本、欒本、陳本、嚴本同，原抄本誤作「穹盧」。

［二十四］「丘」字誤，當改。原抄本、遂初堂本、集釋本、欒本、陳本、嚴本均作「五」。《通典》、《唐會要》、《册府元龜》作「五」。

［二十五］「軍于」誤，當改。原抄本、遂初堂本、集釋本、欒本、陳本、嚴本均作「單于」。

［二十六］「止」，原抄本同。遂初堂本、集釋本、欒本、陳本、嚴本作「正」。《通典》作「止」，《唐會要》、《册府元龜》作「正」。按作「止」義長。

［二十七］「遍」，原抄本同。遂初堂本、集釋本、欒本、陳本、嚴本作「遐」。《通典》、《唐會要》、《册府元龜》作「遐」。

［二十八］「舍」字誤，當改。原抄本、遂初堂本、集釋本、欒本、陳本、嚴本均作「含」。

[二十九]「夷狄」，原抄本同。潘耒遂初堂刻本改爲「狡寇」，集釋本因之。欒本據黄侃校記改回而加説明，陳本、嚴本仍刻本之舊而加注。

[三十]「四夷」，原抄本同。潘耒遂初堂刻本改爲「外蕃」，集釋本因之。欒本據黄侃校記改回而加説明，陳本仍刻本之舊而加注，嚴本仍刻本之舊，無校記。

[三十一]「夷人」，原抄本同。潘耒遂初堂刻本改爲「戎人」，集釋本因之。欒本據黄侃校記改回而加説明，陳本仍刻本之舊而加注，嚴本改回作「夷人」，無校記。

[三十二]《唐會要》卷五十六。又見《通典》卷二百，作「天册萬歲二年」。又見《册府元龜》卷五百三十二，作「天授三年」；及卷五百四十四，作「萬歲通天二年」。

[三十三]「本朝」，原抄本同。潘耒遂初堂刻本改爲「明」，集釋本因之。欒本據黄侃校記改回而加説明，陳本、嚴本仍刻本之舊而加注。

[三十四]「達虜」，原抄本同。潘耒遂初堂刻本改爲「韃靼」，集釋本因之。欒本據黄侃校記改回而加説明，陳本、嚴本仍刻本之舊而加注。

[三十五]「達官」，原抄本同。潘耒遂初堂刻本改爲「降人」，集釋本因之。欒本據黄侃校記改回而加説明，陳本、嚴本仍刻本之舊而加注。

[三十六]「夷狄禽獸」誤倒，當乙正，原抄本作「禽獸夷狄」，與《英宗實録》同。潘耒遂初堂刻本改爲「禽獸蠻貊」，集釋本因之。欒本據黄侃校記改回而加説明，陳本、嚴本仍刻本之舊而加注。

[三十七]「夫」，原抄本同。遂初堂本、集釋本、欒本、陳本、嚴本作「待」。《英宗實録》作「夫」。

[三十八]「夷狄」，原抄本同。遂初堂本、集釋本、欒本、陳本、嚴本上有「待」字。《英宗實録》無「待」字。潘耒遂初堂刻本改「夷狄」爲「蠻貊」，集釋本因之。欒本據黄侃校記改回而加説明，陳本仍刻本之舊而加注，嚴本仍刻本之舊，無校記。

［三十九］「及」字上，脱「以」字，當補。原抄本、遂初堂本、集釋本、欒本、陳本、嚴本均作「以及」，《英宗實録》作「以及」。

［四十］「達人」，原抄本同，與《英宗實録》同。潘耒遂初堂刻本改爲「降人」，集釋本因之。欒本據黄侃校記改回而加説明，陳本仍刻本之舊而加注，嚴本仍刻本之舊，無校記。

［四十一］「俸米」誤倒，當乙正。原抄本、遂初堂本、集釋本、欒本、陳本、嚴本均作「米俸」，《英宗實録》作「米俸」。

［四十二］「達官」，原抄本同，與《英宗實録》同。潘耒遂初堂刻本未改，集釋本、欒本、陳本、嚴本均作「達官」。

［四十三］「實則」誤倒，當乙正。原抄本、遂初堂本、集釋本、欒本、陳本、嚴本均作「則實」，《英宗實録》作「則實」。

［四十四］「大」字誤，當改。原抄本、遂初堂本、集釋本、欒本、陳本、嚴本均作「夫」，《英宗實録》作「夫」。

［四十五］「光」字誤，當改。原抄本、遂初堂本、集釋本、欒本、陳本、嚴本均作「充」，《英宗實録》作「充」。

［四十六］底本缺一字處，原抄本、遂初堂本、集釋本、欒本、陳本、嚴本均作「至」，《英宗實録》作「至」，當補。

［四十七］「悆」字誤，當改。原抄本、遂初堂本、集釋本、欒本、陳本、嚴本均作「愈」，《英宗實録》作「愈」。

［四十八］「達官」，原抄本同，與《英宗實録》同。潘耒遂初堂刻本改爲「降人」，集釋本因之。欒本據黄侃校記改回而加説明，陳本、嚴本仍刻本之舊，均無校注。

［四十九］「光」字誤，當改。原抄本、遂初堂本、集釋本、欒本、陳本、嚴本均作「充」，《英宗實録》作「充」。

［五十］「乎」字誤，當改。原抄本、遂初堂本、集釋本、欒本、陳本、嚴本均作「守」，《英宗實録》作「守」。

［五十一］「達官」，原抄本同，與《英宗實録》同。潘耒遂初堂刻本改爲「降人」，集釋本因之。欒本據黄侃校記改回而加説明，陳本、嚴本仍刻本之舊，均無校注。

［五十二］「達官」，原抄本同，與《英宗實録》同。潘耒遂初堂刻本改爲「降人」，集釋本因之。欒本、陳本、嚴本均作「降人」，未改回，亦無校注。檢黄侃校記有此條，三家偶遺之也。

［五十三］《易經・坤卦》初六爻辭。

［五十四］「達人」，原抄本同，與《英宗實録》同。潘耒遂初堂刻本未改，蓋亦不勝其煩也。集釋本、欒本、陳本、嚴本均作「達人」。

［五十五］「者焉」，原抄本同，與《英宗實録》同。遂初堂本、集釋本、欒本、陳本、嚴本作「焉者」。按此語欲引起下文，作「者焉」義長。

［五十六］「夷狄人面獸心」，原抄本同。《英宗實録》作「夷狄人面禽兽」。潘耒遂初堂刻本改「夷狄」爲「蕃人」，删「人面獸心」四字，集釋本因之。欒本據黄侃校記改回而加説明，陳本仍刻本之舊而加注，嚴本仍刻本之舊，無校記。

［五十七］「恍」字誤，當改。原抄本、遂初堂本、集釋本、欒本、陳本、嚴本均作「荒」，《英宗實録》作「荒」。

［五十八］「常」，原抄本、集釋本、欒本、陳本、嚴本同，遂初堂本誤作「當」。

［五十九］「達人在胡」，原抄本同，與《英宗實録》同。潘耒遂初堂刻本改爲「降人在彼」，集釋本因之。欒本據黄侃校記改回而加説明，陳本仍刻本之舊而加注，嚴本仍刻本之舊，無校記。

［六十］「有」字誤，當改。原抄本、遂初堂本、集釋本、欒本、陳本、嚴本均作「不」，《英宗實録》作「不」。

［六十一］「致」，遂初堂本、嚴本同。原抄本、集釋本、欒本、陳本作「織」。《英宗實録》作「致」。

［六十二］「五胡」，原抄本同，與《英宗實録》同。潘耒遂初堂刻本改爲「劉石」，集釋本因之。欒本據黄侃校記改回而加説明，陳本仍刻本之舊而加注，嚴本仍刻本之舊，無校記。

［六十三］「達官」，原抄本同，與《英宗實録》同。潘耒遂初堂刻本改爲「降人」，集釋本因之。欒本據黄侃校記改回而加説明，陳本、嚴本仍刻本之舊，均無校注。

［六十四］「達官」，原抄本同，與《英宗實録》同。刻本改爲「降人」，集釋本因之。欒本據黄侃校記改回而加説明，陳本、嚴本仍刻本之舊，均無校注。

［六十五］「部」字誤，原抄本同誤，當改。遂初堂本、集釋本、欒本、陳本、嚴本作「都」。《英宗實録》作「都」。

［六十六］「未」字誤，當改。原抄本、遂初堂本、集釋本、欒本、陳本、嚴本均作「又」，《英宗實録》作「又」。

［六十七］《英宗實録》卷二十五。又見《皇明經世文編》、《皇明典故紀聞》。

［六十八］「達官東人」，原抄本同。潘耒遂初堂刻本改爲「達官達軍」，不知何故。集釋本因之。欒本據黄侃校記改回而加説明，陳本仍刻本之舊而加注，嚴本仍刻本之舊，無校記。

［六十九］「偏」字誤，當改。原抄本、遂初堂本、集釋本、欒本、陳本、嚴本均作「編」。

［七十］「虜」，原抄本同。潘耒遂初堂刻本改爲「寇」，集釋本因之。欒本、嚴本作「寇」，無校注。陳本亦作「寇」，陳垣校注：「寇」原作□，當是「虜」字。

［七十一］「選河間等□」脱誤，當補正。原抄本、遂初堂本、集釋本、欒本、陳本、嚴本均作「選領河間、東昌」六字。

［七十二］「謂之」誤，當改。原抄本、遂初堂本、集釋本、欒本、陳本、嚴本均作「調去」。

［七十三］「征□」，原抄本、遂初堂本、集釋本、欒本、陳本、嚴本均作「隨征」，當補正。

［七十四］「盡」，遂初堂本、集釋本、欒本、陳本、嚴本同，原抄本誤作「蓋」。

［七十五］「曹欽」，遂初堂本、集釋本、欒本、陳本、嚴本同，原抄本誤作「曾鈥」。

［七十六］「倡之」，原抄本同。遂初堂本、集釋本、欒本、陳本、嚴本下有「也」字。

［七十七］「戎有中國，誰之咎也」，原抄本原帙「戎」字空一格，朱筆填補「據」字。黄侃《校記》云：抄本「之」字下、「也」字上有「有中國誰之咎」六字，「有」上空一格。然黄侃不言朱筆所補字。徐文珊作「據有中國，誰之咎也」，沿用朱筆補字，然不加説明。潘耒遂初堂刻本刪「戎有中國，誰之咎」七字，惟餘一「也」，與上句相連。集釋本因之。欒本據黄侃校記改回，作「□有中國，誰之咎」，句末加「也」字。陳本仍刻本之舊，并加注曰：此下原有「戎有中國誰之咎」七字。陳垣本有吴蹇舊藏抄本《日知録》，然亦不言出處。欒本據黄侃校記改回，作「據有中國，誰之咎也」，並加説明。嚴本仍刻本之舊，并加校記云：原校记：「倡之」之下有「戎有中國誰之咎」七字。今按：此句當作「戎有中國，誰之咎也」，本《左傳·昭公九年》原文。

［七十八］「國初」，原抄本同。潘耒遂初堂刻本改爲「明初」，集釋本因之。欒本據黄侃校記改回而加説明，陳本

仍刻本之舊而加注，嚴本作「國初」，無校記。

[七十九]满四，又名满俊。成化四年反於固原。

日知録卷之三十

天文

三代以上，人人皆知天文。「七月流火」，[一]農夫之辭也。「三星在天」，[二]婦人之語也。「月離于畢」，[三]戍卒之作也。「龍尾伏晨」，[四]兒童之謡也。後世文人學士，有問之而茫然不知者矣。若曆法，則古人不及近代之密。

樊深[五]《河間府志》曰：「愚初諸[六]律書，見私習天文者有禁。後讀制書，見仁廟語楊士奇等曰：『此律自爲民間設耳，卿等安得有禁？』遂以《天元王[七]曆祥異賦》賜群臣。由律書之言觀之，乃知聖人所憂者深；由制書之言觀之，乃知聖人之所見者大。」

【校注】

[一]《詩經・豳風・七月》。

[二]《詩經・唐風・綢繆》。

[三]《詩經・小雅・漸漸之石》。

[四]《左傳・僖公五年》。「晨」當作「辰」。
[五]樊深，號西田，明河間府大同中屯衛人，嘉靖十一年進士，官至刑部左侍郎。
[六]「諸」字誤，當改。原抄本、遂初堂本、集釋本、欒本、陳本、嚴本均作「讀」。
[七]「王」字誤，當改。原抄本、遂初堂本、集釋本、欒本、陳本、嚴本均作「玉」。

日食

劉向言：「春秋二百四十二年，日食三十六。今連三年比食，自建始以來，二十歲間而八食，率二歲六月而一發，古今罕有。異有大小希稠，占有舒疾緩急。」[一]今[二]所見崇禎之世，十七年而八食，二年五月乙酉朔，四年十月辛丑朔，七年三月丁亥朔，九年七月癸卯朔，十年正月辛丑朔，十二月乙未朔[三]，十四年十月癸卯朔，十七年八月丙辰朔。與漢成略同，而稠急過之矣。然則謂日食爲一定之數，無關于人事者，豈非溺於疇人之術，而不覺其自蹈于邪臣之説乎？

《春秋》昭公二十一年：「秋七月壬午朔，日有食之。公問於梓慎曰：『是何物也？禍福何爲？』對曰：『二至二分，日有食之，不爲災。日月之行也，分，同道也，至，相過也。其他月則爲災。』」非也。夫日月之在於天，莫非一定之數。然天象見于上，而人事應于下矣。爲此言者，殆于後世以「天變不足畏」[四]之説進其君者也。《漢書・五行志》亦知其説之非，而依違其間，以爲「食輕不爲大災，水旱而已」，然則「食重」也如之何？是故日食之咎，無論分至。

【校注】

［一］《漢書·楚元王傳》附劉向傳。

［二］「今」字，原抄本同。遂初堂本、集釋本、欒吕本、陳本、欒本作「余」。殆亦潘氏所改，黄侃失校。嚴本作「今」，未云何據。

［三］「十二月乙未朔」，遂初堂本、集釋本、欒本、陳本、嚴本同，原抄本誤作「十一月乙未朔」。按《崇禎實録》卷十，崇禎十年：「十二月乙未朔，日食。」

［四］見《宋史·王安石傳》。

月食

日食，月揜日也。月食，地揜月也。今西洋天文説如此。自其法未入中國而已有此論。陸文裕《金臺紀聞》曰：「嘗聞西域人算日月食者，謂日月與地同大，若地體正掩日輪上，則月爲之食。」［一］南城萬實［二］《月食辨》曰：「凡黄道平分各一百八十二度半强，對衝處必爲地所隔，望時月行適當黄道交處，與日正相對，則地隔日光，而月爲之食矣。」按其説亦不始於近代。漢張衡《靈憲》曰：「當日之衝，光常不合者，蔽于地也。是謂闇虚在星，星微月過則食。」載《後漢［三］·天文志》中。俗本「地」字有誤作「他」者，遂疑别有所謂「闇虚」，而致紛紛之説。《宋史·天文志》：「日火外明，其對必有開［四］氣，大小與日體同」者，非。

静樂李鱸［五］習西洋之學，述其言曰：「月本無光，借日之照以爲光曜。至望日，與地、日爲一線，月見地不見日，不得借光，以是［六］無光也。或曰：不然。曾有一年，月食之時，當在日没後，乃日尚未沉，而出地之月已食矣。東月初升，西日未没，人兩見之，則地固未嘗遮日月也，何以云見地不見日乎？答曰：子所見者非月也，月之影也，月固未嘗出地也。何以驗之？今試以一錢[七]置虛器中，前之卻之，不見錢形矣，卻貯水令滿而錢見，則知所見者非錢也，乃錢之影也。日將落時，東方蒼蒼涼涼，海氣升騰，猶夫水然，其映而升之亦月影也。如必以東方之月爲真月，則是以水面之錢爲真錢也。然乎？否乎？又如漁者見魚浮水面而投入[八]刺之，必稍下於魚乃能得魚，其浮于水面者魚之影也。舟人刺篙，其半在水，視之若曲焉。此皆水之能影物也。然則月之受隔於地，又何疑哉？」

【校注】

[一]陸深《金臺紀聞》卷一。

[二]萬實，明江西南城人，著《日食虹霓辨》、《曆象氣節圖》等。

[三]「後漢」，原抄本、遂初堂本、嚴本同。集釋本、欒本、陳本作「續漢」。《續漢書・天文志》，司馬彪撰。

[四]「開」字誤，當改。原抄本、遂初堂本、集釋本、欒本、陳本、嚴本均作「闇」。《宋史》作「闇」。

[五]李鱸，明山西靜樂人。張穆《顧亭林先生年譜》疑即李又泉，謝國楨《顧亭林學譜》謂亭林嘗從靜樂李鱸學習西洋曆法，又謂亭林曾嫁妾於李又泉。陳垣校注因之。按新新《静樂縣志》云：「李鱸字猶龍，號凌雲，邑恩貢，有著作行世，邑庠生多出其門。康熙年授廣西賓州判，署來賓縣政。」曾纂《静樂縣志》未成。事蹟又見光緒《山西通志》。

[六]「以是」，原抄本作「以是以」，下「以」字衍。遂初堂本、集釋本、欒本、陳本、嚴本作「是以」。

[七]「一錢」，原抄本、遂初堂本、集釋本、欒本、陳本、嚴本均作「一文錢」。

[八]「入」字誤，當改。原抄本、遂初堂本、集釋本、欒本、陳本、嚴本均作「叉」。

歲星

吴伐越，歲在越，故卒受其凶。苻秦滅燕，歲在燕，故燕之復建不過一紀。二者信矣。慕容超之亡，歲在齊，而爲劉裕所破，國以遂[一]亡。豈非天道有時而不驗邪？是以「天時不如地利」[二]。

歲星固有居其國而不吉者。其行有贏[三]縮。《春秋傳》：「歲棄其次，而旅于明年之次。」[四]《史記·天官書》：「已居之，又東西去之，國凶。」《淮南子》：「當居不居，越而之他處。」[五]以近事考之，歲星當居不居，其地必有殃咎。考《授時曆》段目，歲星未有不退之時，但晨退四十六日，夕退四十六日，各有奇，共止得九度七十六分有奇，而十二宫大約各三十度。以出宫爲災，不出宫不爲災也。

【校注】

[一]「以遂」誤倒，當乙正。原抄本、遂初堂本、集釋本、欒本、陳本、嚴本均作「遂以」。

[二]《孟子·公孫丑下》。

[三]「贏」，集釋本、欒本、陳本同，原抄本、嚴本作「羸」，遂初堂本誤作「羸」。

[四]《左傳·襄公二十八年》。

[五]《淮南子·天文訓》。

五星聚

史言：「周将代殷，五星聚房。齊桓将伯，五星聚箕。」沈約《宋書・天文志》云。《竹書紀年》：「帝辛三十二年，五星聚于房。」漢「元年十月，丘[一]星聚東井」。[二]唐「天寶九載八月，五星聚尾箕」。[三]「大曆三年七月，五星聚東井。」[四]宋乾德五年三月，「五星聚奎」。[五]景德四年六月，司天監言：「五星聚而伏于鶉火。」淳熙十三年閏七月，「五星聚軫」。[六]元太祖二十一年十一月，「五星聚，見於西南」。[七]皇明[八]嘉靖三年正月丙子，五星聚營室。天啟四年七月丙寅，五星聚張。丙寅月之十四日，日在張九度，木十六度，火七度，土三度，金三度，水一度。九[九]聚者四日。占曰：「五星若合，是謂易行。有德受慶，改立王者，奄有四方，子孫蕃昌。無德受殃，離其國家，滅其宗廟，百姓離去，被滿四方。」[十]考之前史所載，惟天寶不吉，盖玄宋[十一]之政荒矣。或曰「漢從歲，宋從填，唐從熒惑」云。

四星之聚，占家不以爲吉。驗之前代，于張，光武帝漢。《蜀志》：劉豹等言：「建安二十一年，太白、熒惑、填墨[十二]常從歲星。」于牛、女，中宗紹晉。《晉書・懷帝紀》：「永嘉六年七月，歲墨[十三]、熒惑、太白聚于斗牛。」《天文志》同，但云「聚于牛女」，而《元帝紀》則云「永嘉中，歲、填、熒惑、太白聚牛女之間」。一云四星，一云三星，不同。庾信《哀江南賦》：「値五馬之南奔，逢三星之東聚。」于觜、参，神武王齊。于危，文宣代魏。于東井，肅宗復唐。于張，高祖王周。皆爲有國之祥也。故漢獻帝初，韓馥以「四星會于箕尾」，欲立劉虞爲帝。[十四]唐咸通十年，「熒惑、填星、太白、辰星會于畢、昴，詔王景崇被衮冕，軍府稱臣以厭之」。[十五]然亦有不同者。如慕容超之滅，四星聚奎、婁。姚泓之滅，四星聚東井。至德二載四月，四星聚鶉首。後晉天福五年，「術士孫智永以四星聚斗，分野有災，勸南唐主巡東都」。[十六]宋靖康元年，「太白、熒惑、歲、填四星合于張」。[十七]嘉熙元年，太白、歲、辰、熒惑合于斗，詔避殿減膳，以圖消弭。[十八]此則天官家所謂「四星若合，其國兵喪並起，君子憂，小人流」，[十九]而不可泥於一家之占者矣。

【校注】

[一]「丘」字誤，當改。原抄本、遂初堂本、集釋本、欒本、陳本、嚴本均作「五」。《漢書》作「五」。

[二]《漢書·高帝紀》，又見《天文志》。

[三]《新唐書·天文志三》。

[四]《新唐書·天文志三》，作「五星並出東方」。

[五]《宋史·太祖本紀二》。

[六]《宋史·孝宗本紀三》，作「八月」。

[七]《元史·太祖本紀》。

[八]「皇明」，原抄本同。潘耒遂初堂刻本作「明」，刪「皇」字，集釋本因之。欒本據黄侃校記改回而加説明，陳本仍刻本之舊而加注，嚴本仍刻本之舊，無校記。

[九]「九」字誤，當改。原抄本、遂初堂本、集釋本、欒本、陳本、嚴本均作「凡」。

[十]《漢書·天文志》。又見《晉書》、《宋書》、《隋書》、《宋史》。

[十一]「玄宋」誤，當改。原抄本、遂初堂本、集釋本、欒本、陳本、嚴本均作「玄宗」。

[十二]「墨」字誤，當改。原抄本、遂初堂本、集釋本、欒本、陳本、嚴本均作「星」。《三國志》作「星」。

[十三]「墨」字誤，當改。原抄本、遂初堂本、集釋本、欒本、陳本、嚴本均作「星」。《晉書》作「星」。

[十四]《三國志·魏書·公孫瓚傳》注引《九州春秋》。

[十五]《新唐書・天文志三》。

[十六]《資治通鑑》卷二百八十二。

[十七]《宋史・欽宗本紀》。

[十八]《宋史・理宗本紀二》：嘉熙三年十月癸亥，「熒惑、太白合於斗」。《天文志》作「八月癸亥」。

[十九]《漢書・天文志》。又見《晉書》、《宋書》、《隋書》。

海中五星二十八宿

《漢書・藝文志》：「《海中星占驗》十二卷，《海中五星經雜事》二十二卷，《海中五星順逆》二十八卷，《海中二十八宿國分》二十八卷，《海中二十八宿臣分》二十八卷，《海中日月彗虹雜占》十八卷。」「海中」者，中國也。故《天文志》曰：「甲、乙，海外、日月不占。」蓋天象所臨者廣，而二十八宿專主中國，故曰「海中二十八宿」。

星名

今天官家所傳星名，皆起于甘石。如「郎将」、「羽林」，三代以下之官。「左更」、「右更」，三代以下之爵。「王良」、「造父」，三代以下之人。「巴蜀」、「河間」，三代以下之國。春秋時無此名也。

人事惑[一]天

《易傳》言「先天」、「後天」。考之史書所載，人事動[二]于下而天象變於上，有驗于頃刻之間而不容遲者。宋武帝欲受晉禪，「乃集朝臣宴飲。日晚坐散，中書令傅亮叩扉入見，請還都謀禪代之事。及出已夜，見長星竟天，拊髀歎曰：『我常不信天文，今始驗矣。』」[三]隋文帝立晉王廣爲皇太子，「其夜烈風大雪，地震山崩，民舍多壞，壓死者百餘口」。[四]唐玄宗爲臨淄王，將誅韋氏，「與劉幽求等微服入苑中。向二鼓，天星散落如雪，幽求曰：『天道如此，時不可失。』」[五]文宗以右軍中尉王守澄之言，「召鄭注對于浴堂門。是夜，慧[六]出東方，長三尺」。[七]然則「荆軻爲燕太子丹謀刺秦王，而白虹貫日。衛先生爲秦昭王畫長平之事，而太白食昴」，[八]固理之所有。孟子言「氣壹則動志」，[九]其此之謂與？

【校注】

[一]「惑」字誤，目録同誤，當改。原抄本、遂初堂本、集釋本、欒本、陳本、嚴本均作「感」。

[二]「動」，遂初堂本、集釋本、欒本、陳本、嚴本同，原抄本誤作「勤」。

[三]《宋書・傅亮傳》。

[四]《隋書・煬帝本紀上》。

[五]《資治通鑑》卷二百九。

[六]「慧」字誤，當改。原抄本、遂初堂本、集釋本、欒本、陳本、嚴本均作「彗」。《舊唐書》作「彗」。

[七]《舊唐書・文宗本紀下》。
[八]《史記・鄒陽列傳》。
[九]《孟子・公孫丑上》。

黄河清

漢桓帝延熹九年，濟陰、東郡、濟北、平原河水清。襄楷上言：「河者，諸侯位也。清者屬陽，濁者屬陰。河當濁而反清者，陰欲爲陽，諸侯欲爲帝也。」[一]明年帝崩，靈帝以解瀆亭侯入繼。《隋書》言：「齊武成帝河清元年四月，河、濟清。」「後十餘歲，隋有天下。」[二]隋煬帝「大業三年，武陽郡河清數里。十二年，龍門河清。後二歲，唐受禪」。[三]金「衛紹王大安元年，徐、沛黄河清，臨洮人楊珪土[四]書」，亦引襄楷之言。[五]後四歲，宣宗立。元順帝至正二十一年十一月，「戊辰，黄河自平陸三門磧下至孟津，五百餘里皆清，凡七日」，[六]而我太祖[七]興。至本朝[八]尤驗。正德河清，世宗以興王即位。泰昌河清，先帝[九]以信王即位。

【校注】

[一]《後漢書・襄楷傳》。
[二]《隋書・五行志下》。
[三]《隋書・五行志下》。
[四]「土」字誤，當改。原抄本、遂初堂本、集釋本、欒本、陳本、嚴本均作「上」。《金史》作「上」。

［五］《金史·五行志》。

［六］《元史·順帝本紀九》。

［七］「我太祖」，原抄本同。潘耒遂初堂刻本改爲「明太祖」，集釋本因之。欒本據黄侃校記改回而加説明，陳本仍刻本之舊而加注，嚴本改回作「我太祖」，未云何據。

［八］「本朝」，原抄本同。潘耒遂初堂刻本改爲「先朝」，集釋本因之。欒本據黄侃校記改回而加説明，陳本仍刻本之舊而加注，嚴本改回作「本朝」，未云何據。

［九］「先帝」，原抄本同。潘耒遂初堂刻本改爲「崇禎帝」，集釋本因之。欒本據黄侃校記改回而加説明，陳本仍刻本之舊而加注，嚴本仍刻本之舊作「崇禎帝」。

妖人闌入宫禁

自古國家中葉，多有妖人闌入宫禁之事，固氣運之疵，亦是法紀廢弛所致。如漢武帝征和元年，「上居建章宫，見一男子帶劍入中龍華門，疑其異人，命收之。男子捐劍走，逐之弗獲，上怒，斬門侯」。［一］「成帝建始三年十月丁未，渭水虒上小女陳持弓，年九歲，走入横城門，入未央宫尚方掖門，殿門門衛户者莫見，至句盾禁中而覺得。」［二］「綏和二年八月庚申，鄭通里男子王褒，師古曰：鄭縣之通里。衣絳衣，小冠，帶劍，入北司馬門、殿東門，上［三］前殿，入非常室中，解帷組結佩之。收縛考問，褒，故公車大誰卒，病狂易，不自知入宫狀，下獄死。」［四］後漢靈帝「光和元年五月壬午，有人白衣入德陽門，言：『梁伯夏教我爲天子［五］。』中黄門桓賢等呼門吏僕射欲收縛，史［六］

未到，須臾還走，求索不得，不知姓名」。[七]「四年，魏郡男子張博，送鐵盧詣太官。博上書室殿山居屋後宫禁，落屋讙呼。上收縛考問，辭『忽不自覺』。」[八]晉惠帝「太安元年四月癸酉，有人自雲龍門入殿前，北面再拜曰：『我當作中書監。』即收斬之」。[九]《五行志》：干寶曰：「夫禁庭尊秘之處，今賤人徑入而門衛不覺者，宫室將虚，而下人踰之之妖也。」「成帝咸康五年十一月，有人持柘杖，絳衣，詣止車門，上列『爲聖人使，求見天子』。門候受辭，辭稱『姓吕名賜』，其言『王和女可，右足下有七星，里[十]皆有毛，長七十[十一]，天令命可爲天下母』。奏聞，即伏誅，並下晉陵誅□[十二]。」[十三]秦苻堅時，「有人入明光殿，大呼曰：『甲申乙酉，魚羊食人，悲哉！無復遺！』堅[十四]命執之，俄而不見」。[十五]「陳後主爲太子時，有婦人突入東宫，大言曰：『畢國主！』」[十六]唐高宗「永隆二年九月一日，萬年縣女子劉凝静，乘白馬，著白衣，男子從者八九十人，入太史局，升令廳状[十七]坐勘問：『比有何災異？』太史令姚玄辨執之以聞。是夜，慧[十八]見西方天市中，長五尺」。[十九]武后「神功元年二月庚子，有人走入端門，又入則天門，至通天宫，閽者及伏[二十]衛不之覺」。[二十一]睿宗「太極元年，狂人段萬謙潜入承天門，登太極殿，升御床，自稱天子，呼宿衛兵士，令稱萬歲」。[二十二]德宗「貞元八年二月丁亥，許州人李狗兒持杖入含元殿，擊欄檻，擒得伏誅」。[二十三]敬宗[二十四]長慶四年元和十五年穆宗已即位。[二十五]三月，「戊辰，狂人徐忠信闌入浴堂門，杖四十，配流天德」。[二十六]文宗開成二年十一月癸亥，《新書》作「太和二年十月」。「狂人劉德廣災[二十七]入含元殿[二十八]，詔付京兆府杖殺之。」[二十九]宋高宗「建炎二年十一月，帝在揚州郊祀，後數日，有狂人具衣冠，執香爐，攜絳囊，拜于行宫門外，自言『天遣我爲官家兒』，書于囊紙、刻於右臂皆是語。鞫之，不得姓名。帝以爲[三十]其狂，釋不問」。[三十一]孝宗「淳熙十四年正月，紹興府有狂人，突入恩平郡王第，升堂踐王坐，曰：『我太上皇孫，來赴郡！』鞫訊，終不語」。[三十二]元順帝「至正十年春，京師麗正門樓斗栱內，有人伏其中，不知何自而至，遠近聚觀之。有旨，取付法司鞫問。但云薊州人，詰其所從來，皆惘若無知。乃以不應之罪笞之，忽不知所在」。[三十三]史家並書之，以爲異。本朝[三十四]「景泰三年五月癸巳朔，以明日立太子，具香亭于奉天門。有一人自外徑入，執紅棍擊香亭曰：『先打東方甲乙木。』」內使執之，命付錦衣衛。亦書于《英宗實録》。[三十五]然未有若今[三十六]萬曆四十三年張差一事[三十七]，宮中府中幾成莫解之禍，更歷五朝，流言未息。天乎？人乎？吾不得而知之矣。

《周禮》「閽人」職云：「奇服怪民不入宮。」註曰：「怪民狂易。」是則先王固知其有此事而豫爲之防矣。

【校注】

[一]《資治通鑑》卷二十二，出《漢武故事》。「侯」字誤，當改。原抄本同。欒本、陳本作「候」，與《資治通鑑》同。

[二]《漢書・五行志上》。

[三]「土」字誤，當改。原抄本、遂初堂本、集釋本、欒本、陳本、嚴本均作「上」。《漢書》作「上」。

[四]《漢書・五行志上》。

[五]「爲天子」上，脱「上殿」二字，當補。原抄本、遂初堂本、集釋本、欒本、陳本、嚴本均作「上殿爲天子」，與《後漢書》同。

[六]「史」字誤，當改。原抄本、遂初堂本、集釋本、欒本、陳本、嚴本均作「吏」。《後漢書》作「吏」。

[七]《後漢書・五行志五》。
[八]《後漢書・五行志五》。
[九]《晉書・五行志下》。
[十]「里」字誤，當改。原抄本、遂初堂本、集釋本、欒本、陳本、嚴本均作「星」。《晉書》作「星」。
[十一]「十」字誤，當改。原抄本、遂初堂本、集釋本、欒本、陳本、嚴本均作「寸」。《晉書》作「寸」。
[十二]底本缺一字處，遂初堂本、集釋本、欒本、陳本、嚴本作「可」，《晉書》作「可」，當補。原抄本誤作「一」。
[十三]《晉書・五行志下》。
[十四]「竪」，遂初堂本、集釋本、欒本、陳本、嚴本同。原抄本誤作「豎」。《晉書》之「竪」。
[十五]《晉書・苻堅載記上》。
[十六]《隋書・五行志下》。
[十七]「状」字誤，當改。原抄本、遂初堂本、集釋本、欒本、陳本、嚴本均作「牀」。《舊唐書》作「牀」。
[十八]「慧」字誤，當改。原抄本、遂初堂本、集釋本、欒本、陳本、嚴本均作「彗」。《舊唐書》作「彗」。
[十九]《舊唐書・天文志下》。
[二十]「伏」字誤，原抄本同誤，當改。遂初堂本、集釋本、欒本、陳本、嚴本作「仗」。《新唐書》作「仗」。
[二十一]《新唐書・五行志三》。「二月」作「一月」。
[二十二]《新唐書・五行志三》。
[二十三]《新唐書・五行志三》。「二月」作「正月」。
[二十四]「敬宗」下，原抄本有「即位」二字，遂初堂本、集釋本、欒本、陳本、嚴本作小字夾註。
[二十五]亭林原注十字，原抄本同。遂初堂本、集釋本、欒本、陳本、嚴本無。按元和爲憲宗年號，而元和十五年穆宗即位：長慶爲穆宗年號，而長慶四年敬宗即位。亭林二注謂此。

［二十六］《舊唐書・敬宗本紀》。

［二十七］「災」字誤，當改。原抄本、遂初堂本、集釋本、欒本、陳本、嚴本均作「突」。《舊唐書》作「突」。

［二十八］「含元殿」，原抄本、遂初堂本、集釋本、欒本、嚴本同，與兩《唐書》同。陳本誤作「含光殿」。

［二十九］《舊唐書・五行志》。「十一月癸亥」作「十二月二十八日」。又略見《新唐書・五行志三》。

［三十］「爲」字衍，當删。原抄本、遂初堂本、集釋本、欒本、陳本、嚴本無「爲」字，與《宋史》同。

［三十一］《宋史・五行志三》。

［三十二］《宋史・五行志三》。

［三十三］《元史・五行志二》。

［三十四］「本朝」，原抄本同。潘耒遂初堂刻本改爲「先朝」，集釋本因之。陳本、嚴本仍刻本之舊而加注，欒本未改回，仍作「先朝」。

［三十五］今亦見《明史・五行志二》。

［三十六］「今」字，原抄本同。潘耒遂初堂刻本删，集釋本因之。陳本、嚴本仍刻本之舊而加注，欒本未改回，無「今」字。陳垣校注：「萬曆」上原有「今」字。

［三十七］張差一事，即梃擊案。

詐稱太子

建炎南渡，有詐稱「徐王棣」者，詐稱「信王榛」者，詐稱「越王偲次子」者，詐稱淵王［一］「第二皇子」者，詐稱「榮德帝姬」者，詐稱「柔福帝姬」者，莫不服［二］法，訖無異言。乃弘光時王之明一事[三]，中外流言，洶洶不息，藩鎮稱兵，遂以藉口，至今民間尚有疑以爲真者。此亦亡國之妖也已！

衛太子自殺於湖，武帝爲築歸來望思之臺，事狀明白[四]。十年之後，猶有如成方遂[五]之「乘黄犢車詣北闕，吏民聚觀至數萬人，公卿莫敢發言」[六]者。况值非常之變，事未一年，吾君之子，天下屬心，衆口諠騰，卒難徧喻者乎？寄之中城獄舍[七]，不加刑鞫，是爲得理。不可以亡國之君臣而加之誣詆也。

晉會稽王道子爲桓玄所害，「以臨川王寶子修之爲道子嗣，尊妃王氏爲太妃。義熙中，有稱元顯道子世子。子秀熙，避推[八]蠻中而至者，太妃請以爲嗣，於是修之歸於别第。劉裕意其詐而案驗之，果散騎郎滕羨奴勺藥也，竟坐[九]棄市。太妃不悟，哭之甚慟」。本傳。[十]近時之論，多有似乎此者。

【校注】

[一]「淵王」誤，原抄本同誤，當改。遂初堂本、集釋本、欒本、陳本、嚴本作「淵聖」。淵聖即欽宗。

[二]「服」字誤，當改。原抄本、遂初堂本、集釋本、欒本、陳本、嚴本均作「伏」。

[三]王之明一事，即假太子案。《明史・諸王傳》：「有王之明者，詐稱莊烈帝太子。」

[四]事見《漢書・武五子傳》。

[五]「成方遂」，遂初堂本、集釋本、欒本、陳本、嚴本同，原抄本誤作「成萬遂」，蓋由「方」訛「万」再寫作「萬」。《漢書》作「成方遂」。

[六]《漢書・雋不疑傳》。

[七]中城獄舍，仍謂王之明事。

[八]「推」字誤，當改。原抄本、遂初堂本、集釋本、欒本、陳本、嚴本均作「難」。

[九]「坐」，遂初堂本、集釋本、欒本、陳本、嚴本同，原抄本誤作「生」。《晉書》作「坐」。

[十]《晉書·簡文三子傳》。

五胡應天象[一]

昔人言，五胡[二]諸國惟占于昴北，亦不盡然。《晉志》云：「是時雖二石僭號，而其强弱常占于昴，不關太微、紫宫。」考之史，流星入紫宫而劉聰死，熒惑守心而石虎死，星孛[三]太微、大角，熒惑、太白入東井，而苻生弑[四]，慧[五]起尾箕、掃東井而燕秦滅[六]，慧起奎婁[七]、掃虚危而慕容德有齊地，太白犯虚危而南燕王[八]，熒惑在匏瓜中、忽亡入東井而姚秦亡，熒惑守心而李勢亡，熒惑犯帝座而吕隆滅，月掩心大皇[九]而魏宣武弑，熒惑入南斗而孝武西奔，月掩心星而齊文宣死，慧星見而武成傳位，慧星歷虚危而齊亡，太白犯軒轅而周閔帝弑，熒惑入軒轅而明帝弑，歲星掩太微上将而宇文護誅，熒惑入太微而武帝死。若金時，則太白入太微而海陵弑，白氣貫紫微而高琪殺胡沙虎，慧星起大角而哀宗滅。其他難以悉數。夫中國之有都邑，猶人家之有宅舍，星氣之失，如宅舍之有妖祥。主人在則主人當之，主人不在則居者當之，此一定之理。而以華夷[十]爲限斷，乃儒生之見，不可以語[十一]天道也。

「魏明問帝[十二]黄權曰：『天下鼎立，何地爲正？』對曰：『當驗天文。往者熒惑守心而文帝崩，吴、蜀無事，此其徵也。』」[十三]晉康帝建元三年，「歲犯星[十四]天闕[十五]，安西將軍庾翼與兄冰書曰：『歲星犯天闕，占云：關梁當分。比來江東無他故，江道亦不艱難，而石虎頻年再閉開[十六]，不通信使，此復是『太公[十七]憒憒無皂白』之徵也」。[十八]梁武帝中大通六年，「先是，熒惑入南斗，去而復還，留止六旬。上以諺云『熒惑入南斗，天子下殿走』，乃跣而下殿以禳之。及聞魏主[十九]西奔，慚曰：『虜[二十]亦應天象邪？』」[二十一]

【校注】

[一]題名「五胡應天象」，原抄本同。潘耒遂初堂刻本改爲「外國天象」，集釋本因之，嚴本同。陳本仍刻本之舊而加注，作「外國應天象」。欒吕本據黄侃校記改回，作「五胡天象」，無「應」字。欒本改作「五胡應天象」。

[二]「五胡」，原抄本同。潘耒遂初堂刻本改爲「朔漠」，集釋本因之。欒本據黄侃校記改回而加説明，陳本、嚴本仍刻本之舊而加注。

[三]「星字」誤，當改。原抄本作「星孛」，與《晉書》同。遂初堂本、集釋本、欒本、陳本、嚴本作「孛星」，誤倒。

[四]「弑」，遂初堂本、集釋本、欒本、陳本、嚴本同，原抄本誤作「殺」。事見《晉書・苻生載記》。

[五]「慧」字誤，當改。原抄本、遂初堂本、集釋本、欒本、陳本、嚴本均作「彗」。下四「慧」字同。

[六]「秦滅」誤倒，當乙正。原抄本、遂初堂本、集釋本、欒本、陳本、嚴本均作「滅秦」。

[七]「奎楼婁」，「楼」字衍，當删。原抄本、遂初堂本、集釋本、欒本、陳本、嚴本均作「奎婁」。

[八]「王」字誤，當改。原抄本、遂初堂本、集釋本、欒本、陳本、嚴本均作「亡」。

[九]「皇」字誤，當改。原抄本、遂初堂本、集釋本、欒本、陳本、嚴本均作「星」。

[十]「華夷」，原抄本原帙「夷」字缺，空一格，朱筆填補「夷」字。黄侃《校記》謂「華」下空一格，不言朱筆所補字，張繼《校記》云：繼按，魯抄本同。徐文珊沿用朱筆補「夷」字，然不加説明。潘耒遂初堂刻本改爲「中外」，集釋本因

之。欒本據黄侃校記改回，注云：抄本「中外」作「華□」，「華」下空一格，疑是「夷」字。陳本仍刻本之舊，注云：「中外」原作「華□」。嚴本校記：「中外」字上有朱筆所書「華夷」。

［十一］「不可以語」，原抄本、遂初堂本、集釋本、欒本、陳本、嚴本均作「不可語於」。

［十二］「魏明問帝」誤倒，當乙正。原抄本、遂初堂本、集釋本、欒本、陳本、嚴本均作「魏明帝問」。《三國志》作「魏明帝問」。

［十三］《三國志·蜀書·黄權傳》注引《蜀記》。又見《晉書·天文志》、《宋書·天文志》。

［十四］「歲犯星」誤倒，當乙正。原抄本、遂初堂本、集釋本、欒本、陳本、嚴本均作「歲星犯」。《晉書》作「歲星犯」。下「歲星犯」不誤。

［十五］「天闕」誤，原抄本同誤，當改。遂初堂本、集釋本、欒本、陳本、嚴本作「天關」。《晉書》、《宋書》作「天關」。下「天闕」同。

［十六］「開」字誤，原抄本同誤，當改。遂初堂本、集釋本、欒本、陳本、嚴本作「關」。《晉書》、《宋書》作「關」。

［十七］「太公」誤，原抄本同誤，當改。遂初堂本、集釋本、欒本、陳本、嚴本作「天公」。《晉書》、《宋書》作「天公」。

［十八］《晉書·天文志下》，又見《宋書·天文志二》。

［十九］「魏主」，遂初堂本、集釋本、欒本、陳本、嚴本同，與《資治通鑑》同。原抄本誤作「魏王」。

［二十］「虜」，原抄本同。潘耒遂初堂刻本改爲「鹵」，集釋本因之。欒本據黄侃校記改回而加説明，陳本仍刻本之舊而加注，嚴本改回作「虜」，無校記。

［二十一］《資治通鑑》卷一百五十六。

星事多凶

淮南王安以客[一]言「慧[二]星長竟天，天下兵當大起」，謀爲畔逆，而自剄國除。[三]眭孟言「大石自立，僵柳復起，當有從匹夫爲天子者」，而以妖言誅。[四] 趙廣漢「問太史知星氣者，言今年當有戮死大臣，即上書告丞相罪」，而身坐要斬。[五] 甘忠可推漢有「再受命」之運，而以「罔上惑衆」，下獄病死，弟子夏賀良等用其説以誅。[六] 齊「康侯知東郡有兵，私語門人」，爲王莽所殺。[七] 卜者王况以「劉氏復興，李氏爲輔」，「爲李□乍[八] 讖書十餘萬言，莽皆殺之」。[九] 國師公劉秀女愔言「宫中當有白衣會」，乃以自殺。[十] 西門君惠語王涉以「國師公姓名」當爲天子，遂謀以所部兵劫莽，事發被誅。[十一] 王郎「明星歷，嘗以河北有天子氣」，而以僭位誅死。[十二] 襄楷言「天文不利，黄門、常侍當族滅」，而卒陷王芬自殺。[十三] 劉焉聞董扶言「益州有天子氣」，求爲益州牧，而以「天火燒城」，憂懼病卒，子璋降于昭烈。[十四] 孔熙先推宋文帝「必以非道晏駕，禍由骨月[十五]，江州當出天子」，而卒與范曄[十六] 等謀反棄市，等[十七] 害彭城王。[十八] 郭曆[十九] 言「代吕者王」，[二十] 又言「凉州分野有大兵」，[二十一] 故舉事，先推王詳，後推王乞基，而卒之代吕隆者王尚。又言「滅秦者晉」，[二十二] 遂南奔，秦人追而殺之。劉靈助占「爾朱當滅」，又言「三月末我必入定州」，遂舉兵以三月，被擒斬於定州。[二十三] 「苗昌裔言：『太祖後當再有天下。』趙子崧習聞其説，靖康末起兵，檄文頗涉不遜」，卒以貶死。[二十四] 成祖永樂末，欽天監官王射成[二十五] 言天象將有易主之變，孟賢等信之，謀立趙王高燧，並以伏誅。[二十六] 是數子者之占不可謂不驗，而適[二十七] 以自禍其身。是故「占事知來」[二十八] 之術，惟正人可以學。

《漢書》謂：「『夫子之言性與天道，不可得聞。』[二十九] 而仲舒下吏，夏侯囚執，眭孟[三十] 誅戮，李尋流放，此學者之大戒。」《眭兩夏侯京翼李傳贊》。 又曰：「星事凶悍，非湛密者弗能由也。」《藝文志》。

蜀漢杜瓊精於術學，「初不視天文，無所論説。譙周常問其意，瓊曰：『欲明此術甚難，須當身視，識其形色，不可信人[三十一]也。晨夜苦劇，然後知之。復憂漏泄，不如不知，是以不復視也。』」[三十二]後魏高允精於天文，「游雅數以災異問允，允曰：『陰陽災異，知之甚難。既已知之，復恐漏泄，不如不知也。天下妙理至多，何遽問此？』雅乃止」。[三十三]北齊權會「明風角、玄象，學徒有請問者，終無所説。每云：『此學可知，不可言。諸君並貴游子弟，不田[三十四]此進，何煩問也？』惟有一子，亦不授此術」。[三十五]

石虎之太史令趙攬以天文死，苻生之太醫令程延以方脈死。故《淮南子》曰：「好事者未嘗不中。」[三十六]註：「中，傷也。」

【校注】

[一]「客」，遂初堂本、集釋本、欒本、陳本、嚴本同，原抄本誤作「容」。

[二]「慧」字誤，當改。原抄本、遂初堂本、集釋本、欒本、陳本、嚴本均作「彗」。《史記》作「彗」。

[三]《史記·淮南衡山列傳》。

[四]《漢書·眭弘傳》。

[五]《漢書·趙廣漢傳》。

[六]《漢書·李尋傳》。

[七]《漢書·儒林傳》。

[八]「李□乍」缺誤，原抄本、遂初堂本、集釋本、欒本、陳本、嚴本均作「李焉作」，當補正。

[九]《資治通鑑》卷三十八，事見《漢書·王莽傳下》。

[十]事見《漢書·王莽傳下》。

[十一]事見《漢書・王莽傳下》。

[十二]《後漢書・王昌傳》。

[十三]《三國志・魏書・武帝紀》注引司馬彪《九州春秋》。

[十四]《三國志・蜀書・劉焉傳》。

[十五]「月」，原抄本作「⺼」，遂初堂本、集釋本、欒本、陳本、嚴本作「肉」。按「月」即古「肉」字。《正字通》：「『肉』字偏旁之文本作『肉』，石經改作『月』，中二畫連左右，與日月之『月』異。今俗作『⺼』以别之。『月』中从『冫』，不从『二』。」

[十六]「范曅」，遂初堂本、集釋本、欒本、陳本、嚴本作「范曄」，原抄本誤作「范蠁」。

[十七]「等」字誤，當改。原抄本、遂初堂本、集釋本、欒本、陳本、嚴本均作「并」。

[十八]《宋書・范曄傳》。

[十九]「郭曆」誤，當改。原抄本、遂初堂本、集釋本、欒本、陳本、嚴本均作「郭𪊨」。

[二十]《晉書・藝術傳・郭𪊨傳》。

[二十一]《晉書・呂光傳》。

[二十二]《資治通鑑》卷一百一十三。

[二十三]《魏書・劉靈助傳》。

[二十四]《宋史・宗室列傳四》。

[二十五]「王射成」，遂初堂本、集釋本、欒本、陳本、嚴本同，與《明史》同。原抄本誤作「正射成」。

[二十六]事見《明史・諸王列傳三・趙簡王高燧傳》，及《萬曆野獲編》卷四。

[二十七]「適」，遂初堂本、集釋本、欒本、陳本、嚴本同，原抄本誤作「通」。

[二十八]語出《易經・繫辭下傳》。

[二十九]語出《論語・公冶長》。

[三十]「睦孟」誤，當改。原抄本、遂初堂本、集釋本、欒本、陳本、嚴本均作「眭孟」。《漢書》作「眭孟」。

[三十一]「信人」，遂初堂本、集釋本、欒本、陳本、嚴本同，與《三國志》同。原抄本誤作「言于人」。

[三十二]《三國志・蜀書・杜瓊傳》。「無所論説」，作「有所論説」，與上句連讀。

[三十三]《資治通鑑》卷一百二十三。語本《魏書・高允傳》，又見《北史》。

[三十四]「田」字誤，當改。原抄本、遂初堂本、集釋本、欒本、陳本、嚴本均作「由」。《北史》、《北齊書》作「由」。

[三十五]《北史・儒林傳上》，又見《北齊書・儒林傳》。

[三十六]《淮南子・原道訓》。

圖讖

《史記・趙世家》：偏鵲[一]言秦穆公寤而述上帝之言，「公孫支書而藏之，秦讖於是出矣」。《秦本紀》[二]：「燕人盧生使入海還，以鬼神事，因奏録圖書曰：『亡秦者胡也。』」然則讖記之興，寔始于秦人，而盛于西京之末也。褚先生《三代世衣[三]》論引《黄帝終始傳》。

始皇備匈奴，而亡秦者少子胡亥。漢武殺中都官詔獄繫者，而郎[四]帝位者皇曾孫病已。[五]苻生殺魚遵，而代生者東海王堅。[六]宋廢帝欲南巡湘中，而代子業者湘東王彧[七]。齊神武惡見沙門，而亡高者宇文。[八]周武殺紇豆陵，而篡周者楊堅。[九]見《隋書・王劭傳》。隋煬帝[十]族李渾，而禪隋者淵[十一]。唐太宗誅李君羨，而革唐者武后。[十二]周世宗伐[十三]張永德，而繼周者藝祖。[十四]

【校注】

[一]「偏鵲」誤，當改。原抄本、遂初堂本、集釋本、欒本、陳本、嚴本均作「扁鵲」。

[二]《秦本紀》誤，當作《秦始皇本紀》。

[三]「衣」字誤，當改。原抄本、遂初堂本、集釋本、欒本、陳本、嚴本均作「表」。

[四]「郎」字誤，當改。原抄本、遂初堂本、集釋本、欒本、陳本、嚴本均作「即」。

[五]望氣者言「長安獄中有天子氣」，事見《漢書·宣帝紀》。

[六]苻生夢大魚食蒲，又長安謡曰「東海大魚化爲龍」，事見《晉書·苻生傳》。又見《魏書》。

[七]「或」字誤，當改。原抄本、遂初堂本、集釋本、欒本、陳本、嚴本均作「彧」。訛言云「湘中出天子」，事見《宋書·前廢帝本紀》。

[八]術士言「亡高者黑衣」，事見《北齊書·高祖十一王傳》。

[九]望氣者云「亳州有天子氣」，事見《隋書·王劭傳》，又見《北史》。

[十]「隋煬帝」，原抄本、遂初堂本、集釋本、欒本、陳本、嚴本均作「隋煬」。

[十一]「淵」，原抄本、遂初堂本、集釋本、欒本、陳本、嚴本均作「李淵」。方士安伽陀曰「當有李氏應爲天子」，事見《隋書·李穆傳》附李渾傳，又見《北史》。

[十二]貞觀初有謡言「當有女武王者」，事見《舊唐書·薛萬徹傳》附李君羨傳。又見《新唐書》。

[十三]「伐」字誤，原抄本、嚴本同誤，當改。遂初堂本、集釋本、欒本、陳本作「代」。《宋史》作「代」。

[十四]周世宗得韋囊，中有木三尺餘題云「點檢作天子」，世宗不豫，拜太祖殿前都點檢，以代張永德，事見《宋史·太祖本紀一》。

孔子閉房記

自漢以後，凡世人所傳帝王易姓受命之説，一切附之孔子。如沙丘之亡，卯金之興，皆謂夫子前知而預爲之讖。其書蓋不一矣。魏高祖太和九年詔：「自今圖讖秘緯及名爲《孔子之[一]閉房記》者，一皆焚之，留者以大辟論。」[二]《舊唐書・王世充傳》：世充将謀篡位，「有道士桓法嗣者，自言解圖讖。乃上《孔子閉房記》，畫[三]作丈夫持一竿以驅羊，釋云：『隋，楊姓也。干一者，王字也。王居羊後，明相國代隋爲帝也。』世充大悦」。[四]詳此，乃似今人所云《推背圖》者。今則託之李淳風，而不言孔子。《隋書・藝術傳》：臨孝恭著《孔子馬頭易卜書》一卷。

【校注】

[一]「之」字衍，當删，原抄本、遂初堂本、集釋本、欒本、陳本、嚴本無，《魏書》無。

[二]《魏書・高祖紀上》。又見《北史・魏本紀》。

[三]「書」字誤，當改。原抄本、遂初堂本、集釋本、欒本、陳本、嚴本均作「畫」。《舊唐書》作「畫」。

[四]又見《北史》、《隋書》。

百刻

一日十二時，計刻則以百刻爲日。今曆家每時有十刻，則一百二十刻矣，何以謂之百刻乎？曰：曆家有大刻，有小刻。初一、初二、初三、初四，正一、正二、正三、正四，謂之大刻。合一日計之，得九十六刻。其不盡者，置一初初於初一之上，置一正初于正一之上，謂之小刻，每刻止當大刻六分之一。合一日計之，爲初初者十二，爲正初者十二，又得四大刻，合前爲百刻。

宋王逵《蠡海集》言：「百刻之説，每刻分爲六十分，百刻共得六千分。散于十二時，每時得五百分。如此則一時占八刻零二十分。將八刻截作初、正各四刻，却將二十分零數分作初初、正初，微刻各一十分也。」《困學紀聞》所載易氏之説亦同。

《周禮》「挈壺氏」註：「漏箭晝夜共百刻。」「刻」字始見《漢書・宣帝紀》五鳳三年詔曰：「神光並見，燭燿齋宮，十有餘刻。」又曰：「鸞鳳集長樂宮東闕樹上，飛下止地，留十餘刻。」《禮記・樂記》：「百度得數而有常」，註：「百度，百刻也。」《靈樞經》：「漏水下百刻，以分晝夜。」《説文》：「漏：以銅受水，刻節，晝夜百節。」《隋書・天文志》：「昔黄帝創觀漏水，制器取則，以分晝夜，其後因以命官。《周禮》挈壺氏則其職也，其法，總以百刻，分于晝夜。」「梁天監六年，武帝以晝夜百刻分配十二辰，辰得八刻，仍有餘分，乃以晝夜爲九十六刻。一辰有全刻八焉。」漢來[一]、新莽以百二十刻爲日，梁武以九十六刻爲日。是知每辰得八刻仍有餘分者，古法也。《五代史・馬重績傳》：「重績言：『漏刻之法，以中星考晝夜爲一百刻，八刻六十分刻之二十爲一時，時以四刻十分爲正[二]。此自古所用也。今失其傳，以午正爲時始，下侵未四刻十分而爲午，由是晝夜昏曉皆失其正，請依古改正。』從之。」《五代會要》：「晉天福三年，司天監奏《漏刻經》，云：晝夜一百刻，分爲十二時，每時有八刻三分之一。六十分爲一刻，一時有八刻二十分。」《玉海》：「每時初行一刻，至四刻六分之一爲時正，終八刻三分之一則交入次時。《图[三]史志》：『每時八刻二十分，每刻一擊鼓，八鼓後進時牌，餘二十分爲雞唱，唱絶擊一十五鼓爲時正。』」[四]

【校注】

[一]「漢來」誤，當改。原抄本、遂初堂本、集釋本、欒本、陳本、嚴本均作「漢哀」。

[二]「正」，遂初堂本、集釋本、欒本、陳本、嚴本同，原抄本誤作「止」。歐陽修《新五代史》作「正」。

[三]「图」字誤，當改。原抄本、遂初堂本、集釋本、欒本、陳本、嚴本均作「國」。《玉海》作「國」。

[四]王應麟《玉海》卷十一。

雨水

《禮記·月令》：仲春之月：「始雨水，桃始華，倉庚鳴，鷹化爲鳩。」「始雨水」者，謂天所雨者水，而非雪也。今曆去此一句，嫌于「雨水」爲正月中氣也。鄭康成《月令》註曰：「《夏小正》：『正月啟蟄。』漢始亦以驚蟄爲正月中。」疏引《漢書·律歷志》云：「正月，立春節，雨水中。二月，驚蟄節，春分中。」是[一]前漢之末劉歆作《三統曆》，改驚蟄爲二月節也。然《淮南子》光[二]「雨水」，後「驚蟄」，[三]則漢初已有此説。《逸周書·周月解》：「春三中氣，雨水、春分、穀雨。」[四]而蔡邕《月令問答》云：「問者曰：既不用《三統》，以驚蟄爲正月中，雨水爲二月節，皆《三統》法也，獨用之何？曰：孟春，《月令》曰：『蟄蟲始震。』今作「振」。在正月也。仲春始雨水，則雨水二月也。以其合，故用之。」是則《三統》未嘗改雨水在驚蟄之前也，改之者《四分曆》耳，《記》疏誤也。今二月間尚有雨雪，唯南方地煖，有正月雨水者。《南史・宋考[五]武帝紀》：大明元年正月，「庚午，都下雨水」。盖以雨水爲異。《左傳》桓五年：「啟蟄而郊。」註：「啟蟄，夏正建寅之月。《夏小正》：『正月啟蟄。』」王應麟曰：「改『啟』爲『驚』，盖避景帝諱。」則當依古以驚蟄爲正月中，雨水爲二月節爲是。《律曆志》又先「穀雨」，後「清明」。

【校注】

[一]「是」字，遂初堂本、集釋本、欒本、陳本、嚴本同，原抄本誤作「夏」。

[二]「光」字誤，當改。原抄本、遂初堂本、集釋本、欒本、陳本、嚴本均作「先」。

[三]《淮南子・天文訓》。

[四]通行本《逸周書》原文作「春三月中氣，驚蟄、春分、清明」。

[五]「考」字誤，當改。原抄本、遂初堂本、集釋本、欒本、陳本、嚴本均作「孝」。

五行

《淮南子》：五行，「子生母曰義，母生子曰保，子母相得曰專，母勝子曰制，子勝母曰困」。[一]《抱朴子》引《靈寶經》謂：「支干上生下」曰寶，「下生上」曰義，「上克下」曰制，「下克上」曰伐，「上下同」曰專。[二]以「保」爲「寶」，以「困」爲「伐」，今曆家承用之。

【校注】

[一]《淮南子・天文訓》。

[二]《抱朴子・内篇・登涉》。

建除

建除之名，自斗而起。始見于太公《穴[一]韜》，云：「開牙[二]門，常背建向破。」[三]《越絶書》：「黄帝之元，執辰破巳，霸王之免[四]，見于地户。」[五]《淮南子・天文訓》：「寅爲建，卯爲除，辰爲滿，巳爲平，午爲定，未爲執，申爲破，酉爲危，戌爲成，亥爲收，子爲開，丑爲閉。」《漢書・王莽傳》：「十一月，壬子直建」，「戊辰直定」，蓋是戰國後語。《史記・日者傳》有「建除家」。

解縉封事言：「治曆明時，授民作事，但神[六]播種之宜，何用建除之謬？方向煞神，事甚無謂；孤虚宜忌，亦且不經。東行西行之論，天德月德之書，臣料唐虞之曆，必無此等之文，所宜著者，日月之行，星辰之次，仰觀俯察，事合逆順。七政之齊，正此類也。」[七]

【校注】

[一]「穴」字誤，當改。原抄本、遂初堂本、集釋本、欒本、陳本、嚴本均作「六」。

[二]「牙」，遂初堂本、集釋本、欒本、陳本、嚴本同，原抄本誤作「矛」。《通典》作「牙」。

[三]《通典》卷一百五十七引。

[四]「免」字誤，當改。原抄本、遂初堂本、集釋本、欒本、陳本、嚴本均作「氣」。《越絶書》作「氣」。

[五]《越絶書・越絶外傳記范伯第八》。

[六]「神」字誤，當改。原抄本、遂初堂本、集釋本、欒本、陳本、嚴本均作「伸」。《明史》作「申」。

[七]解縉《洪武戊辰四月上皇帝封事》。又略見《明史・解縉傳》。

艮巽坤乾

曆家天盤二十四時，有所謂艮、巽、坤、乾者，不知其所始。按《淮南子·天文訓》曰：「子午、卯酉爲二繩，丑寅、辰巳、未申、戌亥爲四鉤。東北爲報德之維，西南爲背陽之維，東南爲常羊之維，西北爲蹏通之維。」「斗指子，則冬至。加十五日指癸，則小寒。加十日五[一]指丑，則大寒。加十五日指報德之維，則越陰在地，故曰距日冬至四十六日而立春。加十五日拾[二]寅則雨水，加十五日指甲則雷驚蟄，加十五日指卯中繩，故曰春分則雷行。加十五日指乙，則清明，風至。加十五日指辰，則穀雨。加十五日指常年[三]之維，則春分盡，故曰有四十六日而立夏。加十五日指巳，則小滿。加十五日指丙，則芒種。加十五日指午，則陽氣極，故曰有四十六日而夏至。加十五日指下[四]，則小暑。加十五日指未，則大暑。加十五日指背陽之維，則夏分盡，故曰有四十六日而立秋。加十五日指申，則處暑。加十五日指庚，則白露降。加十五日指酉中繩，故曰秋分。加十五日指辛，則寒露。加十五日指戌，則霜降。加十五月指蹏通之維，則秋分盡，故曰有四十六日而立冬。加十五日指亥，則小雪。加十五日指壬，則大雪。加十五日指子。」所謂報德之維、常羊之維、背陽之維、蹏通之維，即艮、巽、坤、乾也。後人省文，取卦名當之爾。

【校注】

[一]「十日五」誤倒，當乙正。原抄本、遂初堂本、集釋本、欒本、陳本、嚴本均作「十五日」，與《淮南子》同。

[二]「拾」字誤，當改。原抄本、遂初堂本、集釋本、欒本、陳本、嚴本均作「指」。《淮南子》作「指」。

〔三〕「常年」誤，當改。原抄本、遂初堂本、集釋本、欒本、陳本、嚴本均作「常羊」。《淮南子》作「常羊」。
〔四〕「下」字誤，當改。原抄本、遂初堂本、集釋本、欒本、陳本、嚴本均作「丁」。《淮南子》作「丁」。

太一

「太一」之名，不知始于何時。呂東萊《大事記》曰：「古之醫者，觀八風之虚實邪正以治病，因有太一九宫之説。」《黄氏日鈔》註《吕氏春秋》「太一」曰〔一〕：「此時未爲神名也。」《史記·天官書》：「中宫太極〔二〕星，其一明者，爲太乙〔三〕常居。」《周禮》註：「昊天上帝，又名太乙〔四〕。」《封禪書》：「亳人謬忌奏祠太一方，曰：『天神貴者太一，太一佐曰五帝。古者天子以春秋祭太一東南郊，用太牢，七日，爲壇，開八通之鬼道。』於是天子令太祝立其祠長安東南郊，常奉祠如忌方。其後人有上書言：『古者天子三年一用太牢，祠神三一：天一、地一、太一。』天子許之。令太祝領祠之於忌太一壇上，如其方。」此太一之祠所自起。《易乾鑿度》曰：「太一，取其數以行北〔五〕宫。」《河圖》之數，戴北〔六〕履一，左三右七，二四爲肩，六八爲足，五居中央。從横十五，故曰太一，取其數以行九宫。鄭玄註曰：「太一者，北辰神名也。下行八卦之宫，每四乃還於中央。中央者，地神「地神」疑作「北辰」。之所居，故謂之九宫。天數以陽出，以陰入。陽起于子，陰起于午。是以太一下行九宫，從坎宫始。自此而坤宫，又自此而震宫，既又自此而巽宫，所行者半矣。還息于中央之宫。既又自此而乾宫，自此而兑宫，自此而艮宫，自此而離宫，行則周矣。上游息於太一之星〔七〕，而反紫宫，行起從坎宫，終于離宫也。」〔八〕後漢黄香作《九宫賦》。《南齊書·高帝紀》「案《太一九宫占歷》」，推自漢高帝五年，至宋順帝昇明元年太一所在。《易乾鑿度》曰：「太一取其數以行九宫。」[九]「九宫者，一爲天蓬，以制冀州之野。二爲天内，以制荆州之野。三爲天衝，其應在青。四爲天輔，其應在徐。五爲天禽，其應在豫。六爲天心，七爲天柱，八爲天任，九爲天英，其應在雍、在梁、在揚、在兖。[十]天衝者，木也。天輔者，亦木也。故行木[十一]太過不及，其眚在青、在徐。天柱，金也，天心亦金也。故金行太過不及，其眚在梁、在雍。惟水無應宫焉[十二]。此謂以九宫制九分野也。」[十三]《山堂考索》：「漢立太一祠，即甘泉泰畤也。唐謂之太清紫極宫。宋謂之太一宫。宋朝尤重太一之祠，以太一飛在九宫，每四十餘年而一徙，所臨之地則兵疫不興，水旱不作。在太平興國中，太宗立祠于東南郊而祀之，則謂之東太一。在天聖中，仁宗立祠于西南郊而祀之，則謂之西太一。在熙寧中，神宗建集福宫而祀之，則謂之中太一。」[十四]

《宋史·劉黻傳》言：「西太一之役，佞者進曰：『十一[十五]所臨分野則有福，近歲自吴移蜀。』信如祈禳之説，西北坤維按堵可也。當作「西南」。今五六十州，安全者不能十數，敗降者相繼，福何在耶？武帝祠太一于長安，至晚年以虚耗受禍，而後悔方士之謬。雖其悔之弗早，猶愈于終不知悔者也。」

【校注】

[一]「日」字誤，原抄本同誤，當改。遂初堂本、集釋本、欒本、陳本、嚴本作「曰」。

[二]「太極」誤，當改。原抄本、遂初堂本、集釋本、欒本、陳本、嚴本均作「天極」。《史記》作「天極」。

[三]「太乙」，原抄本同。遂初堂本、集釋本、欒本、陳本、嚴本作「太一」。《史記》作「太一」，《漢書》作「泰一」。按古文「泰」、「太」同，「一」、「乙」通。

[四]「太乙」，原抄本同。遂初堂本、集釋本、欒本、陳本、嚴本作「太一」。
[五]「北」字誤，當改。原抄本、遂初堂本、集釋本、欒本、陳本、嚴本均作「九」。
[六]「北」字誤，當改。原抄本、遂初堂本、集釋本、欒本、陳本、嚴本均作「九」。
[七]「星」，原抄本、遂初堂本、嚴本同。集釋本、欒本、陳本作「宫」。《後漢書》注作「星」。
[八]《後漢書·張衡列傳》注引。
[九]蕭吉《五行大義》引。
[十]「在揚、在兖」，原抄本、遂初堂本、嚴本同，與《南齊書》注同。集釋本、欒本、陳本作「在兖、在揚」。
[十一]「行木」誤倒，當乙正。原抄本、遂初堂本、集釋本、欒本、陳本、嚴本均作「木行」。
[十二]「焉」，原抄本同。遂初堂本、集釋本、欒本、陳本、嚴本作「也」。
[十三]《南齊書·高帝紀上》注。又見《山堂考索》。
[十四]《山堂考索》前集卷三十二。
[十五]「十一」字誤，當改。原抄本、遂初堂本、集釋本、欒本、陳本、嚴本均作「太一」。

正五九月

唐朝《進格[一]》以正、五、九月爲忌月，今人相沿，以爲不宜上任。考《唐書》：武德「二年正月甲子，詔自今正月、五月、九月不得行刑，禁屠殺」。[二]詔曰：「釋典微妙，净業始于慈悲；道教冲虚，至德去其殘殺。四時之禁，無伐麛邦[三]；三驅之化，不取前禽。盖欲敦崇仁惠，蕃衍庶物，立政經邦，咸率兹道。朕祗膺靈命，撫遂群生，言念亭育，無忘鑒寐。殷帝去網[四]，庶[五]踵前修；齊王捨牛，寔符本志。自今以後，每年正月、五月、九月，及每月十齋日，並不得行刑。所在公私，宜斷屠殺。」[六]白居易在杭州詩曰：「仲夏齋戒月，三旬斷腥羶。」《雲麓漫抄》曰：「釋氏《智論》云：『天帝釋以大寶鏡照四大神洲，每月一移，察人善惡。正、五、九月照南贍部洲。』唐太□[七]崇其教，「太宗」當作「高祖」。故正、五、九月不食葷，百官不支年[八]錢。其後因此遂不上官。」《菽園雜記》謂[九]：「新官上任應祭告神祇，必須宰殺，故忌之也。」愚按正、五、九月不上任，自是五行家言，不緣屠殺[十]。其傳已久，亦不始于唐時。《南齊書・張融傳》：「攝祠部、倉部二[十一]曹。倉曹以『正月時人[十二]所忌，太倉爲不可開[十三]？』融議：『不宜拘束小忌。』」《北齊書・宋景業傳》：「顯祖將禪受魏[十四]，或曰：『陰陽書：五月不可入官，犯之終於其位。』景業曰：『王爲天子，無復下期，豈得不終于其位乎？』顯祖大悦。」《南史・王鎮惡傳》：「鎮惡以五月五日生，其祖猛曰：『昔孟嘗君以惡月[十五]生而相齊。』」[十六]是以五月爲「惡月」。又考《左傳》：鄭厲公復公父定叔之位，「使以十月入，曰：『良月也，就盈數焉。』」[十七]而顔師古註《漢書》「李廣數奇」，[十八]以爲「命隻不耦」。《段會宗傳》：「亦足以復雁門之踦」，應劭曰：「踦，隻也。會宗從沛郡下[十九]爲雁門，又坐法免爲踦，隻不耦也。」《霍去病傳》：「諸宿將常留落不偶[二十]。」是則以雙月爲良，隻月爲忌也[二十一]。喜耦憎奇，古人已有之矣。《後漢書・桓譚傳》言「卜數隻偶之類」，蓋古已有此術。《遼史》：「正旦日，上于窓間鄭[二十二]米團，得隻數爲不利。」[二十三]

《册府元龜》：德宗貞元十五年九月乙巳詔：「自今二月一日、九月九日，每節前放開屠一日。」[二十四]中和、重陽二節。

唐人正、五、九月齋戒，不禁閏月。白居易有《閏九月九日獨飲》詩云：「自從九月持齋戒，不醉重陽十五年。」是閏九月可以飲酒也。

《册府元龜》載唐開元二十二年十月敕曰：「道家三元，誠有科誡。朕嘗精意，禱亦久矣，而初未蒙福，念不在茲。今月十四日、十五日是下元齋日，都内人應有屠宰，令河南尹李適之句當，總與贖取。其百司諸廚，日有肉料，亦責數奏來。並百姓間，是日並停宰殺漁獵等，兼肉料食。自□[二十五]以後，兩都及天下諸州，每年正月、七月、十月元日，起十三至十五，兼宜禁所[二十六]。」[二十七]又《舊唐書・武宗紀》：會昌「四年春正月乙酉朔，敕：『齋月斷屠，出於釋氏。國家創業，猶近梁隋。卿相大臣，或沿茲弊。鼓刀者既獲厚利，糾察者潛□[二十八]清[二十九]求。止[三十]以萬物生植之初，宜斷三日。列聖宜[三十一]，斷一日。仍准開元二十二年敕，三元日各斷三日，餘月不禁』」。此則道家之説。乃正、七、十月，而非正、五、九月，又與武德二年之詔不同。[三十二]

《後漢書・南匈奴傳》：「匈奴俗，歲有三龍祠，常以正月、五月、九月戊日祭天神。」此與三長[三十三]月同。

【校注】

[一]「進格」誤，當改。原抄本、遂初堂本、集釋本、欒本、陳本、嚴本均作「新格」。

[二]《新唐書・高祖本紀》。

[三]「邦」字誤，當改。原抄本、遂初堂本、集釋本、欒本、陳本、嚴本均作「卵」。

[四]「綱」，遂初堂本、集釋本、欒本、陳本、嚴本同，原抄本誤作「因」。

[五]「庶」，遂初堂本、集釋本、欒本、陳本、嚴本同，原抄本誤作「度」。

[六]唐高祖《禁正月五月九月屠宰詔》，見《唐大詔令集》卷一一三。又見《老學庵筆記》卷八。

[七]「唐太□」，原抄本、遂初堂本、集釋本、欒本、陳本、嚴本均作「唐太宗」，當補。

[八]「年」字誤，當改。原抄本、遂初堂本、集釋本、欒本、陳本、嚴本均作「羊」。

[九]「謂」，遂初堂本、集釋本、欒本、陳本、嚴本同，原抄本誤作「請」。

[十]「殺」，原抄本同。遂初堂本、集釋本、欒本、陳本、嚴本作「宰」。

[十一]「二」，遂初堂本、集釋本、欒本、陳本、嚴本同，原抄本誤作「三」。《南齊書》作「二」。

[十二]「時人」誤，當改。原抄本、遂初堂本、集釋本、欒本、陳本、嚴本均作「俗人」。《南齊書》作「俗人」。

[十三]「不可開」誤倒，原抄本同誤，當乙正。遂初堂本、集釋本、欒本、陳本、嚴本作「可開不」，與《南齊書》同。

[十四]「将禪受魏」誤倒，當乙正。原抄本、遂初堂本、集釋本、欒本、陳本、嚴本均作「将受魏禪」，與《北齊書》同。

[十五]「惡月」，遂初堂本、集釋本、欒本、陳本、嚴本同，原抄本誤作「惡日」。《南史》、《宋書》作「惡月」。

[十六]又見《宋書》本傳。

[十七]《左傳・莊公十六年》。

[十八]《漢書・李廣傳》。

[十九]「下」，集釋本、欒本、陳本、嚴本同，原抄本、遂初堂本誤作「丁」。《漢書》注作「下」。

[二十]「偶」，原抄本、遂初堂本、集釋本、欒本、陳本、嚴本均作「耦」。《漢書》作「耦」。

[二十一]「也」字，原抄本、遂初堂本、集釋本、欒本、陳本、嚴本無。

[二十二]「鄭」字誤，當改。原抄本、遂初堂本、集釋本、欒本、陳本、嚴本均作「擲」。《遼史》作「擲」。

[二十三]《遼史・國語解》。

[二十四]《册府元龜》卷六十四。

[二十五]底本缺一字處，原抄本、遂初堂本、集釋本、欒本、陳本、嚴本均作「今」，當補。《册府元龜》作「今」。

[二十六]「所」字誤，當改。原抄本、遂初堂本、集釋本、欒本、陳本、嚴本均作「斷」。《册府元龜》作「斷」。

[二十七]《册府元龜》卷五十三。

［二十八］底本缺一字處，原抄本、遂初堂本、集釋本、欒本、陳本、嚴本均作「受」，當補。《舊唐書》作「受」。

［二十九］「清」字誤，原抄本同誤，當改。遂初堂本、集釋本、欒本、陳本、嚴本作「請」。《舊唐書》作「請」。

［三十］「止」字誤，原抄本同誤，當改。遂初堂本、集釋本、欒本、陳本作「正」，亦誤。《舊唐書》作「正月」。嚴本據《舊唐書》補作「正月」。陳垣校注：「正」下原有「月」字。

［三十一］「宜」字誤，當改。原抄本、遂初堂本、集釋本、欒本、陳本、嚴本均作「忌」。《舊唐書》作「忌」。

［三十二］此節末，脱亭林原注，當補。原抄本、集釋本、欒本、陳本、嚴本均作：今人所謂「三官齋」用此。

［三十三］「長」字誤，原抄本、遂初堂本、嚴本同誤，當改。集釋本、欒本、陳本作「隻」。

古今神祠

《史記·封禪書》言：秦雍旁有百數十祠，而陳寶尤著。「其神或歲不至，或歲數來，來常以夜，光輝若流星。從東南來，集於祠城，則若雄雞，其聲殷殷云，野雞夜雊。」又云：「雍營[二]廟有杜主。杜主，故周之右将軍。其在秦中，最小鬼之神者。」自西京以下，而秦時所奉之神，絶無影響。《後漢·劉盆子傳》：「軍中常有齊巫鼓舞，祠城陽景王，以求福助。巫狂，言景王大怒，曰：『當爲縣官，何故爲賊？』有笑巫者，輒病，軍中驚動。」《琅琊王京傳》：「國中有城陽景王祠，吏人奉祀，神數下言：『宫中[三]多不便利。』」《魏書》：「初，城陽景王劉章以有功于漢，故其國爲立祠。青州諸郡轉相倣傚，濟南尤盛，至六百餘祠。賈人或假二千石輿服，導從作倡樂，奢侈日甚，民坐貧窮，歷世長吏無敢禁絶者。太祖到，時爲濟南相。皆毁壞祠屋，止絶官吏民，不得祠祀。」[三]應劭《風俗通》曰：「自琅琊、青州六郡及渤海，都邑、鄉亭、聚落皆爲立祠，造飾五工千石車[四]，商人次第爲之立服帶綬，備[五]置官屬，烹殺謳歌，紛藉連日。轉相誑耀，言有神明，其□[六]問禍福立應，歷載彌久，莫之匡糾。惟樂安太傅陳蕃、濟南相曹操，一切禁絶，肅然政清。陳、曹之後，循[七]復如故。」然考之于史，晉時猶有其祠。《晉書·五行志》：「臨淄有大蛇負二小蛇，入漢城陽景王祠中。」《慕容德載記》：「德如齊城，祭[八]營丘」，「至漢城陽景王廟」。而今並無其廟。《宋書·元凶劭傳》：「以輦迎蔣侯神像于宫内，啟即「稽」字。顙乞恩，拜爲大司馬，封鍾山郡王，食邑萬户，加節鉞。蘇侯爲驃騎將軍。」胡三省《通鑑》註曰：「蘇侯神，即蘇峻。」《南齊書·蘇祖思[九]傳》：「爲都昌令，隨青州刺史桓護之[十]入堯廟，□[十一]有蘇侯神偶坐。護之[十二]曰：『唐堯聖人，而與蘇侯神共坐，今欲正之，何如？』祖思曰：『使君若清蕩此坐[十三]，則是堯廟重去四凶。』繇是諸雜神立[十四]除。」[十五]《禮志》：「明帝立九州廟于雞籠山，大聚群神。蔣侯加爵位至相國、大都督中外諸軍事、鍾山王，蘇侯至驃騎大將軍。」《南史·齊東昏侯紀》：「迎蔣侯神入宫，晝夜祈禱。自誅始安王遙光，遂加位相國，主[十六]又號爲靈帝，車服羽儀，一依王者。」《曹景宗傳》：梁武帝時「旱甚，詔祈蔣帝神，十旬不□[十七]。帝怒，命載荻，欲焚其廟。將起火，當神上忽有雲如繖，倏忽驟雨如瀉，室中[十八]宫殿皆自振動。帝懼，馳詔追停，少時還静。自此帝畏信遂深。自踐阼以來未嘗躬自到廟，於是備法駕，將朝臣修謁。」《陳書·武帝紀》：「十月乙亥，即皇帝位。丙子，幸鍾山祀蔣帝廟。」《宋書·孔季恭傳》：「先是，吴興頻喪太守，云項羽神爲卞山王，居郡聽事，二千石至，常避之。」《南齊書·李安民傳》：「太守到郡，必須祀以軛下牛。安民奉佛法，不與神牛，著屐上聽事，又於廳上八關齋。俄而牛死，安民亦卒，世以神爲祟。」今南京十廟雖有蔣侯，湖州亦有卞山王，而亦不聞靈響。《魏書》：任城王澄除揚州刺史，「下車，毁蔣子文之廟」。梁簡文帝集有《吴興楚王神廟碑》云：「楚王既弘施[十九]釋教，止獻車牛。」是神牛自武帝時華[二十]之也。江總《卞山楚廟》詩：「盛祀流[二十一]百世，英威定幾何？」而梓童[二十二]二郎、三官、純陽之類，以後出，反[二十三]受世人之崇奉。關壯繆[二十四]之祠至徧於天下，封爲帝君。豈鬼神之道，亦與時爲代謝者乎？應劭言：「平帝時，天地六宗已下，及諸小神，凡千七百所。今營寓[二十五]夷民[二十六]，宰器闕亡。蓋物盛則衰，自然之道，天其或者欲反本也。」[二十七]而《水經注》引吳猛語廬山神之言，謂「神道之事，亦有換轉」。[二十八]昔夫子答宰我黃帝之問，謂「生而民得其利百年，死而民畏其神百年，亡而民用其教百年，故曰『黃帝三百年』」。[二十九]烈山氏之子曰柱，食于稷，湯遷之而祀棄。以帝王神聖且然，則其他人鬼之屬又可知矣。

春秋之世，猶知淫祀之非。故衛侯夢夏相而甯子弗祀，晉侯卜桑林而荀罃弗禱。[三十]「楚昭田[三十一]有疾，卜曰：『河爲崇[三十二]。』王弗祭，曰：『三代命祀，祭不越望。江、漢、睢、漳，楚之望也。不穀雖不德，河[三十三]非所獲罪也。』」[三十四]至屈原之世，而沅、湘之間並祀河伯，[三十五]豈所謂「楚人鬼而越人機」[三十六]，亦皆起于戰國之際乎？夫以昭王之所弗祭者，而屈子歌之，可以知風俗之所從變矣。《雲麓漫抄》言：「自釋氏書入中國，有龍王之説，而河伯無聞矣。」

洪武三年六月癸亥，詔曰：「五嶽、四[三十七]鎮、四海、四瀆之封，起自唐世。崇名美號，歷代有加。在朕思之，則有不然。夫嶽、鎮、海、瀆，皆高山廣水，自天地開闢以至于今，英靈之氣，萃而爲神，必皆受命于上帝，幽微莫測，豈國家封號之所可加？瀆[三十八]禮不經，莫此爲甚。至如忠臣、烈士，雖可加以封號，亦惟當時爲宜。夫禮，所以明神人，正名分，不可以僭差。今宜依古定制，凡嶽、鎮、海、瀆，並去其前代所封名號，止以山水本名稱其神。郡縣城隍神號，一體改正。

歷代忠臣、烈士，亦依當時初封以爲實號，後世溢美之稱皆與革去。庶幾神人之際，名正言順，於禮爲當，用稱朕以禮事神之意。」[三十九] 其《東嶽祝文》曰：「神有歷代之封號，予詳之再三，畏不敢效。」可謂卓絶千古之見。乃永樂七年正月丙子，進封漢秣陵尉蔣君之神爲「忠烈武順昭靈嘉祐王」，則何不考之聖祖之成憲也？

【校注】

[一]「雍营」誤，原抄本作「雍管」亦誤，當改。遂初堂本、集釋本、欒本、陳本、嚴本作「雍菅」。《史記》作「雍菅」。

[二]「宫中」，原抄本同。遂初堂本、集釋本、陳本誤作「官中」，欒本、嚴本改「官」作「宫」。《後漢書》作「宫中」。

[三]《三國志・魏書・武帝紀》注引《魏書》。

[四]「五工千石車」誤，原抄本、集釋本、陳垣同誤。《風俗通義》作「五二千石車」。欒本、嚴本據《風俗通義》改作「五二千石車」。

[五]「備」，遂初堂本、集釋本、欒本、陳本、嚴本同，與《風俗通義》同。原抄本誤作「倒」。

[六]底本缺一字處，集釋本、欒本、陳本、嚴本作「遣」，《風俗通義》作「譴」，當補。原抄本誤作「龍」。

[七]「循」字誤，當改。原抄本、遂初堂本、集釋本、欒本、陳本、嚴本均作「稍」。《風俗通義》作「稍」。

[八]「祭」字誤，當改。原抄本、遂初堂本、集釋本、欒本、陳本、嚴本均作「登」。《晉書》作「登」。

[九]「蘇祖思」誤，遂初堂本同誤，原抄本作「蘇祖恩」亦誤，當改。集釋本、欒本、陳本、嚴本作「崔祖思」。《南史》作「蘇祖思」。

[十]「桓護之」誤，遂初堂本同誤，當改。原抄本、集釋本、欒本、陳本、嚴本均作「垣護之」。《南史》「垣護之」。陳垣校注：此引《南史》四七，誤作「《南齊書》」。

[十一]底本缺一字處，原抄本、遂初堂本、集釋本、欒本、陳本、嚴本均作「廟」，當補。《南史》、《南齊書》作「廟」。

[十二]「護之」，遂初堂本、集釋本、欒本、陳本、嚴本同，原抄本誤作「蘇之」。《南史》作「護之」。

[十三]「坐」，遂初堂本、集釋本、欒本、陳本、嚴本同，原抄本作「座」。《南史》作「坐」。

[十四]「立」字誤，當改。原抄本、遂初堂本、集釋本、陳本、嚴本作「竝」，欒本作「並」。

[十五]以上見《南史·崔祖思傳》，又略見於《南齊書》本傳。

[十六]「主」字誤，當改。原抄本、遂初堂本、集釋本、欒本、陳本、嚴本均作「未」，《南史》作「未」。

[十七]底本缺一字處，原抄本、遂初堂本、集釋本、欒本、陳本、嚴本均作「雨」，當補。《南史》作「降」，原文爲「求雨十旬不降」，亭林删「求雨」，故又改「不降」爲「不雨」。

[十八]「室中」誤，原抄本同誤，當改。遂初堂本、集釋本、欒本、陳本、嚴本作「臺中」，《南史》作「臺中」。

[十九]「施」字誤，當改。原抄本、遂初堂本、集釋本、欒本、陳本、嚴本均作「茲」。

[二十]「華」字誤，當改。原抄本、遂初堂本、集釋本、欒本、陳本、嚴本均作「革」。

[二十一]「流」，遂初堂本、集釋本、欒本、陳本、嚴本同，原抄本誤作「留」。《江文通集》作「流」。

[二十二]「梓童」誤，當改。原抄本、遂初堂本、集釋本、欒本、陳本、嚴本均作「梓潼」。

[二十三]「反」字，原抄本同，遂初堂本、集釋本、欒本、陳本、嚴本上有「而」字。

[二十四]關壯繆，關羽，追謚壯繆侯。繆，同「穆」。

[二十五]「寓」字誤，原抄本、欒本同誤，當改。遂初堂本、集釋本、陳本、嚴本作「寓」。通行本《風俗通義》亦誤作「寓」，王利器校注：「寓」當作「寓」，形近而訛。

[二十六]「民」字誤，當改。原抄本、遂初堂本、集釋本、欒本、陳本、嚴本均作「泯」。《風俗通義》作「泯」。

[二十七]《風俗通義·祀典》。

[二十八]《水經注》卷三十九。

[二十九]《大戴禮記·五帝德》。

[三十]事見《左傳・襄公十年》。

[三十一]「田」字誤，當改。原抄本、遂初堂本、集釋本、欒本、陳本、嚴本均作「王」。

[三十二]「祟」字誤，當改。原抄本、遂初堂本、集釋本、欒本、陳本、嚴本均作「祟」。《左傳》作「祟」。

[三十三]「河」，遂初堂本、集釋本、欒本、陳本、嚴本同，原抄本誤作「何」。《左傳》作「河」。

[三十四]《左傳・哀公六年》。

[三十五]見屈原《九歌》。

[三十六]語出《列子・説符》。

[三十七]「四」字誤，當改。原抄本、遂初堂本、集釋本、欒本、陳本、嚴本均作「五」。《太祖實録》作「五」。

[三十八]「讀」字誤，當改。原抄本、遂初堂本、集釋本、欒本、陳本、嚴本均作「瀆」。《太祖實録》作「瀆」。

[三十九]《太祖實録》卷五十三。

佛寺

晉許榮上疏言：「臣聞佛者，清遠玄虚之神。今僧尼往往依傍法服，五戒麄法尚不能遵，而流惑之徒競加敬事。又侵漁百姓，取財爲惠，亦未合布施之道也。」[一]《雒陽伽藍記》有比丘惠凝，死去復活，見閻羅王，閱一比丘，是靈覺寺寶明。「自云：『出家之前嘗作隴西太守，造靈覺寺成，棄官入道。』閻羅王曰：『卿作太守之日，曲理枉法，劫奪民財。假作此寺，非卿之力，何勞説此？』付司送入黑門。」[二]此雖寓言，乃當今居官[三]奉佛[四]者之箴砭也。

梁武帝問達磨曰：「朕自即位以來，造寺、寫經、度僧，不可勝紀，有何功德？」答曰：「並無功德。」帝曰：「何以無功德？」答曰：「此但人天小果，有漏之因，如影隨刑[五]，雖非有[六]實。」[七]在彼法中已有能爲是言者！

宋明帝「以故第爲湘宫寺，備極壯麗。欲造十級浮圖而不能，乃分爲二。新安太守巢尚之罷郡入見，上謂曰：『卿至湘宫寺未？此足[八]我大功德，用錢不少。』通直散騎侍郎虞愿侍側，曰：『此皆百姓賣兒貼婦錢所爲，佛若有知，當慈悲嗟憫。罪高浮圖，何功[九]之有！』」[十]

【校注】

[一]《晉書・簡文三子傳》。
[二]《洛陽伽藍記》卷二。
[三]「當今居官」，原抄本同。潘耒遂初堂刻本删「當今」二字，集釋本因之。欒本據黄侃校記改回而加説明：陳本仍刻本之舊而加注，然陳垣校注誤云：「居官」原作「當今」。嚴本仍刻本之舊，無校記。
[四]「奉佛」，原抄本同。遂初堂本、集釋本作「佞佛」，黄侃無校記，疑亦爲潘耒所改。欒本、陳本、嚴本作「佞佛」。
[五]「刑」字誤，當改。原抄本、遂初堂本、集釋本、欒本、陳本、嚴本均作「形」。
[六]「非有」誤倒，當乙正。原抄本、遂初堂本、集釋本、欒本、陳本、嚴本均作「有非」。
[七]見《六祖壇經》，又見《祖堂集》卷二、《景德傳燈録》卷三、《五燈會元》卷一。
[八]「足」字誤，當改。原抄本、遂初堂本、集釋本、欒本、陳本、嚴本均作「是」。
[九]「功」字下，脱「德」字，原抄本同誤，當補。遂初堂本、集釋本、欒本、陳本、嚴本作「功德」，與《南齊書》、《南史》同。
[十]《南齊書・虞願傳》、《南史・虞願傳》。

泰山治鬼

嘗考泰山之故，仙論起于周末，鬼論起于漢末。《左氏》、《國語》未有封禪之文，是三代以上無仙論也。《史記》、《漢書》未有考鬼之説，是元、成以上無鬼論也。《鹽鐵論》云：「古者，庶人魚菽之祭，士一廟，大夫三，以時有祀[一]于五祀，無出門之祭。今富者祈名嶽，望山川，椎牛擊鼓，戲倡舞像。」[二]則出門進香之俗，已自西京而有之矣。自哀、平之際，而讖緯之書出，然後有如《遁中[三]開山圖》所云：「泰山在左，亢父在右，亢父知生，梁父主死。」《博物志》所云：「泰山一曰天孫，言爲天帝之孫，主召人魂魄，知生命之長短者。」其見于史者，則《後漢書·方術傳》：許峻「自云嘗篤病，三年不愈[四]，乃謁泰山請命」。《烏桓傳》：「死者神靈歸赤山，赤山在遼東西北數千里，如中國人死者魂神歸泰山也。」《三國志·管輅傳》：謂其弟辰曰：「但恐至泰山治鬼，不得治生人如何？」而古辭《怨詩行》云：「齊度遊四方，名繫泰山録。人間樂未央，忽然歸東嶽。」[五]陳思王《驅車篇》云：「魂神所繫[六]屬，逝者感斯征。」劉楨《贈五官中郎将》詩云：「常恐遊岱宗，不復見古人[七]。」應璩《百一詩》云：「年命在桑榆，東嶽與我期。」然則鬼神[八]之興，其在東京之世乎？

或曰：地獄之説，本于宋玉《招魂》之篇。長人、土伯，則夜又[九]、羅刹之倫也。爛土、雷淵，則刀山、劍樹之地也。雖文人之寓言，而意已近之矣。于是魏晉以下之人遂演其説，而附之釋氏之書。昔宋胡寅謂閻本立[十]寫《地獄變相》，而周興、來俊臣得之以濟其酷，又孰知宋玉之文寔爲之祖。「孔子謂『俑爲[十一]者不仁』」，[十二]有以也夫！

【校注】

[一]「祀」字誤，當改。原抄本、遂初堂本、集釋本、欒本、陳本、嚴本均作「事」。《鹽鐵論》作「事」。

[二]《鹽鐵論・散不足》。

[三]「中」字誤，當改。原抄本、遂初堂本、集釋本、欒本、陳本、嚴本均作「甲」。

[四]「忿」字誤，當改。原抄本、遂初堂本、集釋本、欒本、陳本、嚴本均作「愈」。

[五]見《樂府詩集》卷四十一。

[六]「繋」，遂初堂本、集釋本、欒本、陳本、嚴本同。原抄本誤作「繫」。《樂府詩集》所引作「繫」。

[七]「古人」誤，原抄本同誤，當改。遂初堂本、集釋本、欒本、陳本、嚴本作「故人」，與《文選》所引同。

[八]「神」字誤，當改。原抄本、遂初堂本、集釋本、欒本、陳本、嚴本均作「論」。

[九]「夜又」誤，遂初堂本作「夜乂」亦誤，當改。原抄本、集釋本、欒本、陳本、嚴本均作「夜叉」。

[十]「閻本立」誤倒，當乙正。原抄本、遂初堂本、集釋本、欒本、陳本、嚴本均作「閻立本」。

[十一]「俑爲」誤倒，當乙正。原抄本、遂初堂本、集釋本、欒本、陳本、嚴本均作「爲俑」。《禮記》作「爲俑」。

[十二]見《禮記・檀弓下》。

胡俗信鬼[一]

胡俗[二]信鬼。匈奴欲殺貳師，「貳師罵曰：『我死必滅匈奴！』遂屠貳師以祠。會連雨雪數月，畜産死，人民疫病，穀稼不熟。單于恐，爲貳師立祠室」。[三]慕容儁斬冉閔于龍城遏陘山，「山左右七里，草木悉枯，蝗[四]蟲大起。人言閔爲祟。儁遣使祠之，謚曰『悼武天王』，其日大雪。」[五]魏太祖殺和跋，「誅其家。後世祖西巡五原，回，幸豺山校獵，忽遇暴風，雲霧四塞。世祖怪而問之，群下言：『跋世居此土，祠家[六]猶存，或者能致斯變。』帝遣古弼祭以三牲，霧即除散。後世祖蒐狩之日，每先祭之」。[七]蓋伯有爲厲[八]，理固有之。而胡人[九]之畏鬼神，則又不可以常情論矣。

【校注】

[一]「胡俗信鬼」題目，原抄本同。潘耒遂初堂刻本改題「蕃俗信鬼」，集釋本因之。欒本據黄侃校記改回而加説明，陳本、嚴本仍刻本之舊而加注。

[二]「胡俗」，原抄本同。潘耒遂初堂刻本改爲「蕃俗」，集釋本因之。欒吕本據黄侃校記改回作「胡人」，誤。陳本、嚴本仍刻本之舊，欒本據黄侃校記改回，皆於前注説明「下同」。

[三]《漢書·匈奴傳》。

[四]「嗅」字誤，當改。原抄本、遂初堂本、集釋本、欒本、陳本、嚴本均作「蝗」。《晉書》作「蝗」。

[五]《晉書·石季龍載記》。「閔爲祟」一句，見《資治通鑑》卷九十九。

[六]「家」字誤，當改。原抄本、遂初堂本、集釋本、欒本、陳本、嚴本均作「冢」。《魏書》作「冢」。

[七]《魏書·和跋傳》。

[八]事見《左傳·昭公七年》。

[九]「胡人」，原抄本同。潘耒遂初堂刻本改爲「蕃俗」，集釋本因之。欒本據黄侃校記改回而加説明，陳本、嚴本仍刻本之舊而加注。

日知録卷之三十一

河東山西

河東、山西，一地也。唐之京師在關中，而其東則河，故謂之河東。元之京師在薊門，而其西則山，故謂之山西。各自其畿甸之所近而言之也。

古之所謂山西，即今關中。《史記・太公[一]自序》：「蕭何填[二]撫山西。」《方言》：「自山而東，五國之郊」，郭璞解曰：「六國惟秦在山西。」王伯厚《地理通釋》曰：「秦漢之間，稱山北、山南、山東、山西者，皆指太行。以其在天下之中，故指此山以表地勢。」正義以爲「華山之西」，非也。

【校注】

[一]「太公」脱誤，當補正。原抄本、遂初堂本、集釋本、欒本、陳本、嚴本均作「太史公」。

[二]「填」字，原抄本、遂初堂本、集釋本、欒本、陳本、嚴本同，與《史記》同。按「填」讀作「鎮」。

陝西

《後漢[一]・郡國志》陝縣有「陝陌」。即今之陝州。二伯所分，故有陝東、陝西之稱。《水經注》：「河水又東得七里澗，澗在陝西七里。」[二]《宗[三]書・柳元景傳》：「龐李明[四]率軍向陝西七里谷。」《北史・魏孝武帝紀》：「高昂率勁騎及帝于陝西。」《舊唐書・太宗紀》：貞觀十一年，「九月丁亥，河溢，壞陝西河北縣」。今平陸縣。《肅宗紀》：乾元三年四月，「庚申，以右羽林大將軍郭英又[五]爲陝西刺州刺史[六]、陝西節度、潼關防禦等使」。《肅宗諸子傳》：「杞王倕可充陝西節度大使。」《李渤傳》：「澤潞節度使郗士美卒，渤充弔祭使，路次陝西。」按其疏云已至閿鄉縣。《廻紇傳》：「廣平王副元帥郭子儀領廻紇兵馬，與賊戰于陝西。」皆謂今陝州之西。後人遂以潼關以西通謂之陝西。

晉時以關中爲陝西。《晉書・宣帝紀》：「西屯長安」，天子命之曰：「昔周公旦輔成王，有素雉之貢，今君受陝西之任，有白鹿之獻。」《張寔[七]傳》：愍帝末，「拜都督陝西諸軍事」。張華《祖道梁王彤應詔》詩：「二跡陝西，寔在我王。」[八]是也。東晉則以荆州爲陝西。《南齊書》曰：「江左大鎮，莫過荆、揚。周世，二伯總諸侯，周公主陝東，召公主陝西，故稱荆州爲陝西也。」[九]《宋書》「荆州刺史」下云：「王敦治武昌。陶侃前治沔陽，後治武昌。王廙治江陵。庾亮治武昌。庾翼進襄陽，復還夏口。桓温治江陵。桓冲治上明。王説還江陵，此後遂治江陵。」而「晉孝武于襄陽橋云[十]雍州」。[十一]考之於史，桓冲爲荆州刺史，安帝詔曰：「故太尉冲，昔藩陝西，忠誠王室。」[十二]《毛穆之傳》：庾翼「專威陝西」。劉毅爲荆州刺史，安帝詔曰：劉毅「推轂陝西」。[十三]《南史・宗[十四]文帝紀》：「命王華知州府，留鎮陝西。」《宋書》：蔡興宗爲輔國將軍、南郡太守、行荆州事，袁顗曰：「舅今出居陝西」。[十五]《鄧琬傳》：晉安王子勛檄曰：「前將軍、荆州刺史、臨海王子頊，練甲陝西，獻徒萬數。」是也。

亦有稱「陝東」者。《晉書・載記》：劉聰署石勒「大都督、陝東諸軍事」，又「加崇爲陝東伯」。《慕容暐載記》：「秦揚兵請[十六]武，運粟陝西[十七]。」唐太宗爲秦王時，拜「使持節、陝東道行大臺」[十八]。

【校注】

[一]「後漢」，原抄本、遂初堂本、嚴本同。集釋本、欒本、陳本作「續漢」。

[二]《水經注》卷四。

[三]「宗」字誤，當改。原抄本、遂初堂本、集釋本、欒本、陳本、嚴本均作「宋」。

[四]「龐李明」誤，當改。原抄本、遂初堂本、集釋本、欒本、陳本、嚴本均作「龐季明」。

[五]「郭英又」誤，原抄本、遂初堂本同誤，當改。集釋本、欒本、陳本、嚴本作「郭英乂」。《舊唐書》作「郭英乂」。

[六]「陝西刺州刺史」，「西刺」二字衍，當删。原抄本、遂初堂本、集釋本、欒本、陳本、嚴本均作「陝州刺史」，與《舊唐書》同。

[七]「張寔」，原抄本、遂初堂本、集釋本、陳本作「張實」。欒本、嚴本改「張實」作「張寔」。《晉書》作「張寔」。

[八]見《藝文類聚》卷二十九，今題《祖道征西應詔》。梁王彤時爲征西將軍。

[九]《南齊書・州郡志下》。

[十]「橋云」誤，當改。原抄本、遂初堂本、集釋本、欒本、陳本、嚴本均作「僑立」。《宋書》作「僑立」。

[十一]《宋書・州郡志三》。

[十二]《晉書・桓彝傳》。

[十三]《晉書·劉毅傳》。

[十四]「宗」字誤，當改。原抄本、遂初堂本、集釋本、欒本、陳本、嚴本均作「宋」。

[十五]《宋書·蔡興宗傳》。

[十六]「請」字誤，當改。原抄本、遂初堂本、集釋本、欒本、陳本、嚴本均作「講」。《晉書》作「講」。

[十七]「陜西」誤，當改。原抄本、遂初堂本、集釋本、欒本、陳本、嚴本均作「陜東」。《晉書》作「陜東」。

[十八]《新唐書·太宗本紀》。「行大臺」誤倒，當乙正。原抄本、遂初堂本、集釋本、欒本、陳本、嚴本均作「大行臺」，與《新唐書》同。

山東河内

古所謂「山東」者，華山以東。《管子》言：「楚者，山東之强國也。」[一]《史記》引賈生言：「秦并兼諸侯山東三十餘郡。」[二]《後漢·陳元傳》言：「陛下不當都山東。」謂光武都雒陽。蓋自函關[三]以東，總謂之「山東」，唐人則以太行山之[四]爲山東，杜牧謂「山東之也[五]，而晝[六]九土曰冀州」是也。[七]而非若今之但以齊東[八]爲山東也。古所謂「河内」者，在冀州，三面距河之内。《史記》正義曰：「古帝王之都，多在河東、河北，故呼河北爲『河内』，河南爲『河外』。又云河從龍門南至華陰，東至衛州東北入海，曲繞冀州，故言『河内』。」[九]蓋自大河以北，總謂之「河内」，而非若今之但以懷州爲河内也。

【校注】

［一］《管子·輕重戊》。
［二］《史記·秦始皇本紀》引賈誼《過秦論》。
［三］「函關」脱誤，當補正。原抄本、遂初堂本、集釋本、欒本、陳本、嚴本均作「函谷關」。
［四］「之」字下，脱「東」字，當補。原抄本、遂初堂本、集釋本、欒本、陳本、嚴本均作「之東」。
［五］「也」字誤，當改。原抄本、遂初堂本、集釋本、欒本、陳本、嚴本均作「地」。《新唐書》作「地」。
［六］「而書」誤，當改。原抄本、遂初堂本、集釋本、欒本、陳本、嚴本均作「禹畫」。《新唐書》作「禹畫」。
［七］《新唐書·杜牧傳》引《罪言》。又見《樊川文集》。
［八］「齊東」誤，當改。原抄本、遂初堂本、集釋本、欒本、陳本、嚴本均作「齊魯」。
［九］《史記·魏世家》張守節正義。

吴會

宋施宿[一]《會稽志》曰：「按《三國志》：吴郡、會稽爲吴、會二郡。張紘[二]謂：『牧[三]兵吴、會，則荆、揚可一。』[四]《孫賁傳》云：『策已平吴、會二郡。』《朱桓傳》云：『使部伍吴、會二郡。』《全琮傳》云：『分丹陽、吴、會三郡險地爲東安郡。』是也。前輩讀爲『都會』之『會』，殆未是。」[五]錢康功[六]曰：「今平江府署之南名『吴會坊』。《漢書·吴王濞傳》：『上患吴會輕悍。』」按今本《史記》、《漢書》並作「上患吴、會稽」，不知順帝時始分二郡，《順帝紀》：永建四年，「分會稽爲吴郡」。漢初安得言「吴、會稽」？當是錢所見本未誤，後人妄增之。本傳：「吴有章□[七]銅山。」[八]亦爲後人於「章」厶[九]妄曾[十]

一「豫」字，正與此同。　魏文帝詩：「次[十一]我東南行，行行至吴會。」[十二]陳思王《求自試表》曰：「撫劍東顧，而心已馳於吴會矣。」晉文王《與孫皓書》曰：「惠矜吴會，施及中土。」魏元帝《加晉文王九錫文》曰：「掃平區宇，信威吴會。」阮籍《爲鄭中[十三]勸晉王箋》曰：「朝服濟江，掃除吴會。」陳壽《上諸葛亮集》曰：「身使孫權，求援吴會。」羊祐[十四]上疏曰：「西平巴蜀，南和吴會。」[十五]荀勖《食舉樂東西廂歌》曰：「既禽庸蜀，吴會是賓。」[十六]左思《魏都賦》曰：「覽麥秀與黍離，可作謡于吴會。」武帝問劉毅曰：「吾平吴會，一同天下。」[十七]石崇奏惠帝曰：「吴會僭逆，幾於百年。」[十八]石勒表王浚曰：「晉祚淪夷，遠播吴會。」[十九]慕容廆謂高瞻曰：「剪[二十]鯨豕于二京，迎天子于吴會。」[二十一]丁琪諫張祚曰：「先公累執忠節，遠宗吴會。」[二十二]此不得以爲會稽之「會」也。　蓋漢初元有此名，如曰「吴都」云尔。　胡三省《通鑑辯[二十三]誤》：「太史公謂『吴爲江南一都會』，故後人謂吴爲『吴會』。」若《孫賁》、《朱桓傳》則後人之文，偶合此二字，不可以證《吴王濞傳》也。

【校注】

[一]施宿，字武子，湖州人。著《嘉泰會稽志》二十卷。

[二]「張紘」誤，當改。原抄本、遂初堂本、集釋本、欒本、陳本、嚴本均作「張紘」。《三國志》注作「張紘」。

[三]「牧」字誤，當改。原抄本、遂初堂本、集釋本、欒本、陳本、嚴本均作「收」。《三國志》注作「收」。

[四]《三國志·吴書·孫破虜討逆傳》注引《吴曆》。

[五]《嘉泰會稽志》卷一夾註。陳垣校注：「《全琮傳》是亭林所加。」

[六]錢康功，宋人，著《植杖閑譚》一卷。

[七]「章□」，原抄本、遂初堂本、集釋本、欒本、陳本、嚴本均作「章郡」，與《史記》、《漢書》同，當補。

[八]《史記・吴王濞列傳》、《漢書・荆燕吴傳》。

[九]「ム」字誤，當改。原抄本、遂初堂本、集釋本、欒本、陳本、嚴本均作「上」。

[十]「曾」字誤，當改。原抄本、遂初堂本、集釋本、欒本、陳本、嚴本均作「增」。

[十一]「次」字誤，當改。原抄本、遂初堂本、集釋本、欒本、陳本、嚴本均作「吹」。

[十二]曹丕《雜詩二首》。

[十三]「鄭中」誤，當改。原抄本、遂初堂本、集釋本、欒本、陳本、嚴本均作「鄭沖」。《文選》卷四十作「鄭沖」。

[十四]「羊祐」誤，原抄本同誤，當改。遂初堂本、集釋本、欒本、陳本、嚴本作「羊祜」。

[十五]《晉書・羊祜傳》。

[十六]見《晉書・樂志上》。

[十七]《通典》卷十一。《晉書・劉毅傳》作「又平吴會，混一天下」。

[十八]《晉書・石苞傳》附石崇傳。

[十九]《晉書・石勒載記上》。

[二十]「剪」，原抄本、遂初堂本、集釋本、欒本、陳本、嚴本均作「翦」。

[二十一]《晉書・慕容廆載記》。

[二十二]《晉書・張軌傳》附張祚傳。

[二十三]「辯」，原抄本同，遂初堂本、集釋本、欒本、陳本、嚴本作「辨」。

江西廣東廣西

江西之名殆不可曉，全司之地並在江南，不得言西。考之六朝以前，其稱「江西」者並在秦郡、今六合。歷陽、今和州。廬江今廬州府。之境。蓋大江自歷陽斜北下京口，故有東西之名。胡三省《通鑑》註：「大江東北流，故自歷陽至濡須口皆謂之『江西』，而建業謂之『江宋[一]』。」《史記・項羽本紀》：「江西皆反。」揚子《法言》：「楚分江西。」《三國志・魏武帝紀》：「進軍屯江西郝谿。」《吴主傳》：「民轉相驚，自廬江、九江、今壽州。蘄春、廣陵，户十餘萬，皆東渡江，江西遂虚，合肥以南惟有皖城。」《孫瑜傳》：「賓客諸將多江西人。」《晉書・武帝紀》：「安東將軍王渾出江西。」《穆帝紀》：「江西乞活郭敞等，執陳留内史劉仕而叛。」時分北譙置陳留郡。《郗鑒傳》：「拜安西將軍、兖州刺史、都督揚州江西諸軍事，鎮合肥。」《桓伊傳》：「進督豫州之十二郡，揚州之江西五郡軍事。」今之所謂「江北」，昔之所謂「江西」也。故《晉・地理志》以「廬江、九江自合肥以北至壽春」，皆謂之江西。《南齊書・州郡志》：「左僕射王僉[二]啟：『江西連接汝、潁[三]。』」今人以江、饒、洪、吉諸州爲江西，是因唐貞觀十年分天下爲十道，其八曰江南道。開元二十一年又分天下爲十五道，而江南爲東西二道，江南東道理蘇州，江南西道理洪州。後人省文，但稱「江東」、「江西」尔。始見于《舊唐書・李垣[四]傳》：「乾元初，兼御史大夫，持節都統淮南、江東、江西節度宣慰觀察處置等使。」《德宗紀》：建中三年，「十月辛亥，以嗣魯[五]王皋爲洪州刺史、江西節度使」。劉禹錫《和吴方之》詩：「今歲雒中無雨雪，眼前風景是江西。」亦是中唐以後始有此稱。今之作文者乃曰「大江以西」，謬矣。

今之廣東、廣西亦廣南東路、廣南西路之省文也。《文獻通考》：太宗「至道三年，分天下爲十五路，其後又增三路」。[六]其十七曰廣南東路，其十八曰廣南西路。

【校注】

[一]「江宋」誤，當改。原抄本、遂初堂本、集釋本、欒本、陳本、嚴本均作「江東」。《資治通鑑》卷第六十六胡注作

「江東」。

［二］「王僉」誤，原抄本作「王檢」亦誤，當改。遂初堂本、集釋本、欒本、陳本、嚴本作「王儉」。《南齊書》作「王儉」。

［三］「穎」字誤，原抄本同誤，當改。遂初堂本、集釋本、欒本、陳本、嚴本作「潁」。《南齊書》作「潁」。

［四］「李垣」誤，原抄本作「李恒」亦誤，當改。遂初堂本、集釋本、欒本、陳本、嚴本作「李峘」。《舊唐書》作「李峘」。

［五］「魯」字誤，當改。原抄本、遂初堂本、集釋本、欒本、陳本、嚴本均作「曹」。

［六］《文獻通考》卷三百十五。

四川

唐時，劍南一道止分東、西两川而已。至宋，則爲益州路、後改爲成都府□［一］。梓州路、後改爲潼川府路，即今潼［二］川州。利州路、今休寧［三］府廣元縣。夔州路，謂之川峽四路，後遂省文名爲「四川」。

【校注】

［一］底本缺一字處，原抄本、遂初堂本、集釋本、欒本、陳本、嚴本均作「路」，當補。

［二］「潼」字，遂初堂本、集釋本、欒本、陳本、嚴本同，原抄本誤作「僮」。

［三］「休寧」誤，原抄本同誤，當改。遂初堂本、集釋本、欒本、陳本、嚴本作「保寧」。《明史·地理志》作「保寧」。

史記菑川國薛[一]縣之誤

漢魯國有薛縣。《史記·公孫弘傳》：「齊菑川國薛縣人也。」言「齊」，又言「菑川」，而薛立[二]不屬二國，殊不可曉。正義曰：「《表》云：『菑川國，文帝分齊置，都劇。』《括地志》云：『故劇城，在青州壽光縣南三十一里。』『故薛城，在徐州滕縣界。』《地理志》：薛縣屬魯國。按薛與劇隔兖州及太山，未詳。」今考《儒林傳》言「薛人公孫弘」，是弘審爲薛人，上言「齊菑川」者誤耳。

《後漢[三]·郡國志》：「薛：本國。」註引《地道記》曰：「夏車正奚仲所封，冢[四]在城南二十里山上」，《皇覽》曰：「靖郭君冢，在魯國薛城中東南陬。孟嘗君[五]冢，在城中向門東」。向門，出北邊門也。《詩》云：「居嘗[六]與許」，[七]鄭玄曰：「『常』或作『嘗』，在薛之旁，爲孟嘗君食邑。」《史記·越世家》：「願齊之試兵南陽莒地，以聚常、郯之境」，索隱曰：「常，邑名，盖田文所封者。」《魏書·地形志》：薛縣，彭城郡，「有奚公山、奚仲廟、孟嘗君冢」。《水經注》：「今薛縣故城側猶[八]有文冢，結石爲郭，作制嚴固，瑩麗可尋。」而《史記·孟嘗君傳》正義曰：「薛故城在徐州滕縣南四十四里。」今《淄川縣志》據《公孫弘傳》之誤文，而以爲孟嘗君封邑，失之矣。《路史》云：「公孫弘生山，今淄川南四十里。」亦誤。

又按《地理志》：菑川國三縣：劇、東安平、樓鄉。劇在今壽光縣西南，東安[九]在今臨淄縣東南一十里，樓鄉[十]未詳所在。又《高五王[十一]傳》：「武帝爲悼惠王冢園在齊，廼割臨淄東圜悼惠王冢園邑盡以予菑川。」足明菑川在臨菑之東矣。今之淄川不但非薛，並非漢之菑川，乃般陽縣耳。以爲漢之菑川，而又以爲孟嘗君之薛，此誤而又誤也。

【校注】

[一]「薜」字誤，當改。原抄本、遂初堂本、集釋本、欒本、陳本、嚴本均作「薛」。目録不誤。

[二]「立」字誤，當改。遂初堂本、集釋本、陳垣、嚴本作「竝」，原抄本、欒本作「並」。

[三]「後漢」，原抄本、遂初堂本、嚴本同，集釋本、欒本、陳垣作「續漢」。

[四]「家」字誤，原抄本同誤，當改。遂初堂本、集釋本、欒本、陳本、嚴本作「冢」。

[五]「孟嘗君」，遂初堂本、集釋本、欒本、陳本、嚴本同。原抄本作「孟君」，脱「嘗」字。

[六]「嘗」字誤，當改。原抄本、遂初堂本、集釋本、欒本、陳本、嚴本均作「常」。《詩經》原文作「常」。

[七]《詩經・魯頌・閟宫》。

[八]「猶」，遂初堂本、集釋本、欒本、陳本、嚴本同，原抄本誤作「獨」。《水經注》作「猶」。

[九]「東安」下，脱「平」字，原抄本同，當補。遂初堂本、集釋本、欒本、陳本嚴本均作「東安平」。

[十]「棲鄉」誤，當改。原抄本、遂初堂本、集釋本、欒本、陳本、嚴本均作「樓鄉」。上文作「樓鄉」不誤。

[十一]「三」字誤，當改。原抄本、遂初堂本、集釋本、欒本、陳本、嚴本均作「王」。

曾子南武城人

《史記・仲尼弟子傳》：「曾參，南武城人。」「澹臺滅明，武城人。」同一武城，而曾子獨加「南」字。南武城故城，在今費縣西南八十里名門山[一]下。正義曰：「《地理志》定襄有武城，清河有武城，故此云南武城。」《春秋》襄公十九年：「城武城」，杜氏註云：「泰山南武城縣。」然《漢書》泰山郡無南武城，而有南城[二]縣，屬東海郡。《後漢書[三]》作南城，屬泰山郡。至晉始爲南武城。此後人之所以疑也。宋程大昌《澹臺祠友教堂記》曰：「武城有四，左馮翊、泰山、清河、定襄，皆以名縣。而清河特曰東武城者，《史記·平原君傳》：「封于東武城。」以其與定襄皆隸趙，且定襄在西故也。若子游之所宰，其實魯邑。而東武城者，魯之北也，故漢儒又加『南』以別之。史遷之傳曾參曰『南武城人』者，剏加也。子則[四]傳次曾子，省文，但曰『武城』，而《水經注》引京相璠[五]曰：『今泰山南武城縣有澹臺子羽冢，縣人也。』可以見武城之即爲南武城也。」《孟子》言：「曾子居武城，有越寇。或曰：『寇至，盍去諸？』曰：『無寓人於我室，毁傷其薪木。』」[六]《新序》則曰[七]：「魯人攻鄪，即「費」字。曾子辭於鄪君曰：『請出，寇罷而後復來，毋使狗豕入吾舍。』」[八]仁山金氏言：「曾子書有此事，作『魯人攻費』。」《戰國策》甘茂亦言：「曾子處費。」則曾子所居之武城，費邑也。哀公八年《傳》：「吴伐我，子洩率，故道險，從武城。」又曰：「吴師克東陽，而進舍于五梧。」《後漢志[九]》云，南城有東陽城，引此爲證。今費縣西南七十里關陽鎮。又可以南見城[十]之即爲武城也。南城之名，見于《史記》。齊威王曰：「吾臣有檀子者，使守南城，則楚人不敢爲寇東取，泗上十二諸侯皆來朝。」[十一]《漢書》但作「南城[十二]」。孝武封城陽共王子貞爲南成侯。而後漢王符《潛夫論》云：「鄗畢之山，南城之冢。」章懷太子註：「南城，曾子父所葬，在今沂州費縣西南。」此又南城[十三]之即南城[十四]而在費之證也。《晉書》在[十五]武城縣屬泰山即[十六]，費縣屬琅邪郡。成化中，或言嘉祥之南武山有曾子墓，有漁者陷入其穴，得石碣而封志之。[十七]疑周世未有石碣，科斗古文亦非今人所職[十八]。嘉靖十二年，吏部侍郎顧鼎臣奏永[十九]曾氏後，得[二十]裔孫質粹於吉安之永豐，遷居嘉祥。十八年，授翰林院《五經》博士，世襲。夫曹縣之冉堌，爲秦相穰侯魏冉之冢。《史記》：「穰侯卒於陶，因葬焉。」《水經注》：「濟水又東，逕秦相魏冉冢南。」而近人之撰志者以爲仲弓。[二十二]如此之類，蓋難以盡信也。

【校注】

[一]「名門山」誤，當改。原抄本、遂初堂本、集釋本、欒本、陳本、嚴本均作「石門山」。

[二]「南城」誤，原抄本同誤，當改。遂初堂本、集釋本、欒本、陳本、嚴本作「南成」。《漢書》作「南成」。

[三]「後漢書」，原抄本、遂初堂本、嚴本同。集釋本、欒本、陳本作「續漢志」。

[四]「子則」誤，當改。原抄本、遂初堂本、集釋本、欒本、陳本、嚴本均作「子羽」。《史記・仲尼弟子列傳》：「澹臺滅明，武城人，字子羽。」

[五]「京相璠」誤，當改。原抄本、遂初堂本、集釋本、欒本、陳本、嚴本均作「京相璠」。《水經注》作「京相璠」。

[六]《孟子・離婁下》。

[七]「曰」，原抄本、遂初堂本、集釋本、欒本、陳本、嚴本均作「云」。

[八]《新序》無，見《説苑・尊賢》。二書皆劉向撰。

[九]「後漢志」，原抄本、遂初堂本、嚴本同。集釋本、欒本、陳本作「續漢志」。

[十]「南見城」誤倒，當乙正。原抄本、遂初堂本、集釋本、欒本、陳本、嚴本均作「見南城」。

[十一]《史記・田敬仲完世家》。

[十二]「南城」誤，原抄本同誤，當改。集釋本、欒本、陳本、嚴本作「南成」。《漢書》作「南成」。

[十三]「南城」，原抄本同，遂初堂本、集釋本、欒本、陳本、嚴本作「南成」。

[十四]「南城」中間誤脱「武」字，遂初堂本、集釋本、欒本、陳本、嚴本同誤，當補。原抄本作「南武城」。按原抄本義長可取。

[十五]「在」字誤，當改。原抄本、遂初堂本、集釋本、欒本、陳本、嚴本均作「南」。

[十六]「即」字誤，當改。原抄本、遂初堂本、集釋本、欒本、陳本、嚴本均作「郡」。

[十七]黄汝成集釋引錢氏曰：嘉祥，漢任城縣地。南武山，當因武氏所居得名。漁者所見殆即武氏石室也。

[十八]「職」字誤，當改。原抄本、遂初堂本、集釋本、欒本、陳本、嚴本均作「識」。

[十九]「永」字誤，當改。原抄本、遂初堂本、集釋本、欒本、陳本、嚴本均作「求」。

[二十]「後得」，遂初堂本、集釋本、欒本、陳本、嚴本同，原抄本誤倒作「得後」。

[二十一]冉雍字仲弓，見《史記·仲尼弟子列傳》。

水經注大梁靈丘之誤[一]

《左傳》桓九年：「梁伯伐曲沃。」註：「梁國在馮翊夏陽縣。」邵芮曰：「梁近秦而幸焉」，[二]是也。《漢書·地理志》云，馮翊夏陽縣，「故少梁」也。《水經注》乃曰：「大梁，周梁伯之居也。梁伯好土功，大其城，號曰新里。民疲而潰，秦遂取焉。後魏惠王自安邑徙都之。《竹書紀年》：『梁惠成王六年四月甲寅，徙都于大梁。』是也。」[三]是誤以少梁爲大梁，而不知大梁不近秦也。《後漢志[四]》：河南尹，梁：「故國，伯翳後。」註引《博物記》曰：「梁伯好土功，今梁多有城。」亦誤。

《漢書》代郡靈丘：應劭曰：「趙武靈王葬其東南二十里，故縣氏之。」[五]《水經注》曰：「《史記》：趙敬侯二年『敗齊于靈丘』。則名不因靈王也。」[六]按《史記·田敬仲完世家》：「齊威王元年，三晉因齊喪，來代[七]我靈丘。」《六國表》及趙、魏、韓《世家》並同。《趙世家》：惠文王「十四年，相國樂毅將趙、秦、韓、魏、燕攻齊，取靈丘。十五年，趙與韓、魏、燕共擊齊，湣王敗走，燕獨深入，取臨菑。」而孟子謂蚳鼃[八]曰：「子之辭靈丘而請士師。」[九]此别一靈丘，必在齊境，後于入[十]趙。胡三省以爲即漢清河郡之靈縣，今之高唐、夏津皆其故地。于欽《齊乘》則云：「今滕縣東王[十一]十里，明水河之南，有靈丘故城。」未知何處[十二]。趙岐《孟子》註但云：「靈丘，齊下邑。」而孝成王以靈丘封楚相春申君，益明其不在代郡矣。《水經注》云云，是誤以趙之靈丘爲齊之靈丘，而不知齊境不得至代也。《孟子》正義引《地理志》：「代郡有靈丘縣。」《史記》正義曰：「靈丘，蔚州縣。」並誤。

【校注】

[一]此條刻本在「徐樂傳」條下。

[二]見《左傳・僖公六年》。

[三]《水經注》卷二十二。

[四]「後漢志」，原抄本、遂初堂本、嚴本同。集釋本、欒本、陳本作「續漢志」。

[五]《漢書・地理志下》。原文作：「應劭曰：『武靈王葬此，因氏焉。』」《括地志》云：「趙武靈王墓在蔚州靈丘縣東三十里。」

[六]《水經注》卷十一。

[七]「代」字誤，當改。原抄本、遂初堂本、集釋本、欒本、陳本、嚴本均作「伐」。《史記》作「伐」。

[八]「蚳鼃」，遂初堂本、原抄本、集釋本、陳本、嚴本同，欒本誤作「蚳竃」。

[九]《孟子・公孫丑下》。

[十]「于入」誤倒，當乙正。原抄本、遂初堂本、集釋本、欒本、陳本、嚴本均作「入于」。

[十一]「王」字誤，當改。原抄本、遂初堂本、集釋本、欒本、陳本、嚴本均作「三」。

[十二]「何處」誤，當改。原抄本、遂初堂本、集釋本、欒本、陳本、嚴本均作「何據」。

漢書二燕王傳

《漢書・燕王定國傳》：「殺肥如令郢人。」按《地理志》，肥如自屬遼西郡，不屬燕。《武帝本紀》：元朔元年，「秋，匈奴入遼西，殺太守」。《諸侯王表》言：武帝「下推恩之令，而藩國自析。長沙、燕、代雖有舊名，皆亡南北邊矣」。然則肥如令之殺于燕，必在元朔以前，未析邊郡之時也。《燕王旦傳》：「發民會圍，大獵文安縣，以講士馬。」其上云，武帝時，旦「坐臧匿亡命，削良鄉、安次、文安三縣」。是文安已削，不屬燕。又云：昭帝立，「大將軍霍光秉政，褒賜燕王錢三千萬，益封萬三千户」。《昭帝本紀》亦云：始元元年，「益封燕王、廣陵王及鄂邑長公主，各萬三千户」。然則文安縣之仍封[一]于燕，必在益封萬三千户之後也。此皆史文之互見者，可以參考而得之也。

【校注】

[一]「封」字誤，原抄本同誤，當改。遂初堂本、集釋本、欒本、陳本、嚴本作「屬」。

徐樂傳

《漢書》：「徐樂，燕郡無終人也。」[一]《地理志》無燕郡，而無終屬右北平。考燕王定國以元朔二年秋，有罪自殺，國除。而元狩六年夏四月，始立皇子旦爲燕王，而其間爲燕郡者十年，而

《志》軼之也。徐樂上書當在此時，而無終以其時屬燕，後改屬右北平耳。

【校注】

[一]《漢書·徐樂傳》。原文「燕」下無「郡」字。

三輔黄圖

漢西京宮殿甚多，讀史殊不易曉。《三輔黄圖》叙次頗悉，以長樂、未央、建章、北宮、甘泉宮爲綱，而以其中宮室臺殿爲目，甚得體要。但其無所附麗者，悉入北宮及甘泉宮下，則舛矣。《雍録》駁此書恩于宮[一]、萬歲宮隸甘泉之誤，而謂元書已亡，此出唐人所作，誠然。今當以明光宮、太子宮二宮别爲二條[二]，爲長安城内諸宮。永信宮、中安宮、養德宮别爲一條，爲長安宮異名。長門宮、鉤弋[三]宮、儲元宮、宣曲宮别爲一條，爲長安城外離宮。昭臺宮、大[四]臺宮、扶荔宮、蒲萄宮别爲一條，爲上林苑内離宮。宜春宮、五柞宮、集靈宮、鼎湖宮、(「湖」當作「胡」，見《漢書·楊雄傳》。)思子宮、黄山宮、池陽宮、步壽宮、萬歲宮、梁山宮、回中宮、首山宮别爲一條，爲各郡縣離宮。(程大昌曰：「思子宮在湖，萬歲宫在汾陰，今皆以隸甘泉，與史不合。」)别有明光宮，不知其地，附列于後，而梁山宮當并入秦梁山宮下，則區分各當矣。

【校注】

[一]「恩于宮」誤，當改。原抄本、集釋本、欒本、陳本、嚴本作「思子宮」。《漢書》戾太子傳：武帝「憐太子无辜，乃作思子宮」。遂初堂本誤作「思子官」。

［二］「二條」誤，當改。原抄本、遂初堂本、集釋本、欒本、陳本、嚴本均作「一條」。

［三］「鉤弋」，遂初堂本、集釋本、欒本、陳本、嚴本同，原抄本誤作「鉤戈」。《漢書》孝武鉤弋趙婕妤傳：「進爲婕妤，居鉤弋宮。」

［四］「大」字誤，遂初堂本同誤，當改。原抄本、集釋本、欒本、陳本、嚴本均作「犬」。

太原

太原府在唐爲北都。《唐書・地理志》曰：「晉陽宮在都之西北，宮城周二千五百二十步，崇四丈八尺。都城在［一］汾右晉，潛丘在中。《爾雅》：「晉有潛丘。」註：「在太原晉陽縣，今已不存。」《志》［二］曰［三］：「相傳宗［四］修惠明守［五］浮屠，陶土爲瓦用。」長四千三百二十一步，廣三千一百二十二步，周萬五千一百五十三步，其崇四丈。汾東曰東城，貞觀十一年長史李勣築。兩城之間有中城，武后時築，以合東城。《宋史・太宗紀》謂之「連城」。宮南有大明城，故宮城也。宮城東有起義堂，倉城中有受瑞壇［六］。」當日規模之閎壯可見。自齊神武創建別都，與鄴城東西並立。隋陽［七］繼修宮室。唐高祖因以克關中，有天下。則則天［八］以後，名爲北都。五代李氏、石氏、劉氏三主，皆興于此。及劉繼元之降宗［九］，太宗以此地久爲創霸之府，又宋主大火，有參、辰不兩盛之説，于是一舉而焚之矣。《宋史・太宗紀》：太平興國四年五月，「戊子，以榆次縣爲新并州。乙未，築新城。丙申，幸城北，御沙河門樓。盡徙餘民于新城，遣使督之，既出，即命縱火。丁酉，以行宮爲平晉寺」。陸游《老學庵筆記》曰：「太宗［十］太平興國四年，平太原，降爲并州。廢舊城，徙州於榆次。」今太原則又非榆次，乃三交城也。城在舊城東北三十里，亦形勝之地。本名故軍，又嘗爲唐明鎮，有晉文公廟，甚盛。乎[十一]太原後三年，帥潘美奏乞以爲并州，從之。於是徙晉文公廟，以廟之故址爲州治。又徙陽曲縣于三交，而榆次復爲縣。然則今之太原府乃三交城，而太原縣不過唐都城之一隅耳。其遺文舊蹟，一切不可得而見矣。

《舊唐書・崔神慶傳》曰：「則天時，擢拜并州長史。先是，并州有東西二城，隔汾水。唐張南史《送鄭録事》詩：「六月胡天冷，雙城汾水流。」神慶始築城相接，每歲省防禦兵數千人，邊州甚以爲便。」此即《志》所云「兩城之間有中城」者也。[十二]僖宗乾符六年，河東軍亂，「焚掠三城」，「以朱改[十三]爲三城斬故[十四]使」。[十五]汾水湍悍，古人何以架橋立城如此之易？[十六]如長安東、中、西三渭橋，昔爲方軌，而今則咸陽縣每至冬月乃一設版[十七]，河陽驛杜預所立浮橋其遺蹟亦復泯然。《魏書・崔亮傳》：「除安西將軍、雍州刺史。城北渭水淺不通船，行人艱阻。亮謂僚佐曰：『昔杜預乃造河梁，况此有異長河，且魏晉之日亦自有橋，吾今決欲營之。』咸曰：『水淺，不可爲浮橋。汎漲無恒，又不可施柱。恐難成立。』亮曰：『昔秦居咸陽，横橋渡渭，以象閣道[十八]，此以[十九]以柱爲橋。今唯慮長柱不可得耳。』會天大雨，山水暴至，浮出長木數百根，藉此爲用，間閣道橋遂成立，百姓利之，至今猶名『崔公橋』。」《北史・于栗磾傳》：「爲豫州刺史。明元南幸[二十]盟津，謂栗磾曰：『河可橋乎？』栗磾曰：『杜預造橋，遺事可想。』乃編大船，構橋于野阪。六軍既濟，帝深歎美之。」蒲津鐵牛，求一僧懷丙其人不可得。《宋[二十一]史・方技傳》。「國有六職，百工與居一焉」，[二十二]不但「坐而論道」者不如古人而已。

【校注】

[一]「在」字誤，當改。原抄本、遂初堂本、集釋本、欒本、陳本、嚴本均作「左」。

[二]《志》，謂《太原府志》。

[三]「曰」，原抄本、集釋本、欒本、陳本、嚴本同，遂初堂本誤作「目」。

[四]「宗」字誤，當改。原抄本、遂初堂本、集釋本、欒本、陳本、嚴本均作「宋」。

[五]「守」字誤，當改。原抄本、遂初堂本、集釋本、欒本、陳本、嚴本均作「寺」。

[六]「臺」字衍，當删，原抄本、遂初堂本、集釋本、欒本、陳本、嚴本無，《新唐書》無。

[七]「隋陽」誤，當改。原抄本、遂初堂本、集釋本、欒本、陳本、嚴本均作「隋煬」。

[八]「則則天」，衍一「則」字，當删。原抄本、遂初堂本、集釋本、欒本、陳本、嚴本均作「則天」。

[九]「宗」字誤，當改。原抄本、遂初堂本、集釋本、欒本、陳本、嚴本均作「宋」。

[十]「太宗」，原抄本、嚴本同。遂初堂本、集釋本、欒本、陳本作「大宋」。《老學庵筆記》作「太宗」。

[十一]「乎」字誤，當改。原抄本、遂初堂本、集釋本、欒本、陳本、嚴本均作「平」。

[十二]《志》，謂《新唐書·地理志》。

[十三]「朱改」誤，當改。原抄本、遂初堂本、集釋本、欒本、陳本、嚴本均作「朱玫」。《資治通鑑》作「朱玫」。

[十四]「故」字誤，當改。原抄本、遂初堂本、集釋本、欒本、陳本、嚴本均作「斫」。《資治通鑑》作「斫」。

[十五]見《資治通鑑》卷二百五十三。

[十六]黄汝成集釋引閻氏曰：按《水經注·汾水》云：「水上舊有梁，清汧殞于梁下，豫讓死於津側，亦襄子解衣之所在也。」此即指晉陽縣。又按唐李勣、馬燧俱引晉水架汾河而東去，故汾河東有晉祠水利。

[十七]「一設版」誤倒，當乙正。原抄本、遂初堂本、集釋本、欒本、陳本、嚴本均作「設一版」。

[十八]「閭道」誤，當改。原抄本、遂初堂本、集釋本、欒本、陳本、嚴本均作「閣道」。《魏書》作「閣道」。

[十九]「以」字誤，當改。原抄本、遂初堂本、集釋本、欒本、陳本、嚴本均作「即」。《魏書》作「即」。

[二十]「明元南幸」，原抄本誤倒作「明帝元南幸」，遂初堂本、嚴本作「明元帝幸」，集釋本、欒本、陳垣作「明元帝南幸」。按《北史》作「明元南幸」，《魏書》作「太宗南幸」。

［二十一］「宗」字誤，當改。原抄本、遂初堂本、集釋本、欒本、陳本、嚴本均作「宋」。

［二十二］語出《周禮・冬官考工記》。

代

春秋時，代尚未通中國。趙襄子乃言：「從常山上臨代，代可取也。」［一］正義曰：「《地道記》云：『恒山在上曲陽縣西北一百四十里，北行四百五十里得恒山岋［二］，號飛狐口，北則代郡也。』」《水經注》引梅福上事曰：「代谷者，恒山在其南，北谷［三］在其北。谷中之地，上谷［四］在東，代郡在西。」［五］北［六］則今之蔚州，乃古代國。項羽從［七］趙王歇爲代王，歇更立陳餘爲代王，漢高帝立兄劉仲爲代王，皆此地也。今蔚州東二十里，相傳有代王城。十年，「陳豨反」。十一年，破豨，「立子恒爲代王，都晉陽」。《高祖紀》。則今之太原縣矣。《孝文紀》則云「都中都」。《陳豨傳》同。而文帝過太原，「復晉陽、中都二歲［八］」。如淳以爲先都晉陽，後都［九］中都。又立子武爲代王，都中都，則今之平遥縣矣。正義引《括地志》：「中都故城在汾州平遥縣西南十二里。」又按衛綰，代大陵人。大陵今在文水縣北而屬代，代都中都故也。代凡三遷，而皆非今代州。今代州之名自隋始。

【校注】

［一］《史記・趙世家》。

［二］「恒山岋」，原抄本、遂初堂本、集釋本、欒本、陳本、嚴本均同。按「岋」當作「岅」，同「坂」、「阪」。《太平御覽》卷五十三引《晉太康地記》作「恒山坂」。

[三]「北谷」誤，當改。原抄本、遂初堂本、集釋本、欒本、陳本、嚴本均作「北塞」。《水經注》作「北塞」。

[四]「上谷」，遂初堂本、集釋本、欒本、陳本、嚴本同，原抄本誤作「下谷」。《水經注》作「上谷」。

[五]《水經注》卷十三。

[六]「北」字誤，原抄本同誤，當改。遂初堂本、集釋本、欒本、陳本、嚴本作「此」。

[七]「從」字誤，當改。原抄本、遂初堂本、集釋本、欒本、陳本、嚴本均作「徙」。

[八]「二歲」，各本均同，嚴本改作「三歲」。《史記》、《漢書》作「三歲」。

[九]「都」字誤，當改。原抄本、遂初堂本、集釋本、欒本、陳本、嚴本均作「遷」。《史記》集解引如淳曰：「似遷都於中都也。」

晉國

晉自武公滅翼，今翼城縣。而王命曲沃伯以一軍爲晉侯。其時彊上[一]未廣，至獻公始大。考之于《傳》，滅楊、今洪洞縣。滅霍、今霍州。滅耿、在今河津縣。滅魏、在今蒲州。滅虞。在今平陸縣。重耳居蒲，在今隰州。夷吾居屈，在今吉州。太子居曲沃，在今聞喜縣。而公都絳。在今太平縣。不過今平陽一府之境。《國語》：辛孔謂晉侯「景霍以爲城，而汾、河、涑[二]、澮以爲淵」[三]，是也。而滅虢、在今陝州。滅焦，今陝州。則跨大河之南。《史記・晉世家》言：獻公時，「晉强，西有河西，與秦接境，北邊翟，東至河内」。索隱曰：「河内，河曲也。」内音汭。蓋即今平陸、芮城之地。至惠公敗韓之後，秦征河東，則内及解梁。在今臨晉縣。狄取狐廚，在今鄉寧縣。涉汾，而晉境稍蹙。文公始啟南陽，得今之懷慶。襄公敗秦于殽，自此惠公賂秦之地復爲晉有，而以河西爲境。若霍太山以北，大都皆狄地，不屬于晉。文公作三行以禦狄，襄公敗狄于箕，而狄患始稀。悼公用魏絳和戎之謀，以貨易上[四]。在文公後六十年。平公用荀吳，敗狄于太原。于是晉之北境至于洞渦、雒陰之間，而鄔、祁、在[五]今祁縣。平陵、梗陽、今清源縣。涂水、在今榆次縣。馬首、盂今盂縣。爲祁氏之邑，晉陽今太原縣。爲趙氏之邑矣。若成公滅赤狄潞氏，而得今之潞安。頃公滅肥、滅鼓，而得今之真定，皆一一可考。吾于杜氏之解綿上、箕而不能無疑，[六]並唐叔之封晉陽亦未敢以爲然也。

【校注】

[一]「彊上」誤，當改。原抄本、遂初堂本、集釋本、欒本、陳本、嚴本均作「疆土」。

[二]「涑」字誤，當改。原抄本、集釋本、欒本、陳本、嚴本作「涑」。《國語》作「涑」。遂初堂本誤作「凍」。

[三]見《國語·晉語二》。「淵」字，原抄本、遂初堂本、集釋本、欒本、陳本、嚴本均同，按《國語》作「渠」。韋昭注：「渠，池也。」

[四]「上」字誤，當改。原抄本、遂初堂本、集釋本、欒本、陳本、嚴本均作「土」。

[五]「在」字誤，當改。原抄本、遂初堂本、集釋本、欒本、陳本、嚴本均作「並」。

[六]杜預解綿上在西河介休，解箕在太原陽邑，見下二條。

緜上

《左傳》僖二十四年：「晉侯賞從亡者，介之推[一]不言禄，禄亦弗及。」「遂隱而死，晉侯求之不獲，以緜上爲之田。」杜氏曰：「西河介休縣南有地名緜上。」《水經注》：「石桐水即緜水，出介休縣之緜山，北流逕石桐寺西，即介子推之祠也。袁崧《郡國志》曰：『介休縣有介山，有緜上聚、子推廟。』」[二]今其山南跨靈石，東跨沁源，世以爲之推所隱。而漢魏以來，傳有焚山之事，太原、上黨、西河、雁門之民，至寒食不敢舉火。石勒禁之，而「雹起西河介山，大如雞子，平地三尺」。[三]前史載之無異辭也。然考之于《傳》：襄公十三年，晉悼公「蒐于緜上以治兵，使士匄將中軍」，讓于荀偃。此必在近國都之地。又定公六年，趙簡子逆宋樂祁，「飲之酒于綿上[四]」。自宋如晉，其路出豈于[五]西河界休[六]乎？況文公之時，霍山以北大抵皆狄地，與晉都遠不相及。今翼城縣西亦有綿山[七]，俗謂之小綿山，近曲沃，當必是簡子逆樂祁[八]之地。襄公二十九年，齊「高豎致盧而出奔晉，晉人城綿[九]而寘旃」。綿[十]或即綿山[十一]。

今萬泉縣南二里有介山。《漢書・武帝紀》詔曰：「朕用事介山，祭后土，皆有光應。」《地理志》：「汾陰：介山在南。」今萬泉，古汾陰地。《楊雄傳》：「其三月，將祭后土，上迺帥群臣[十二]，横大河，湊汾陰。既祭，行游介山，回安邑，顧龍門，覽鹽池，登歷觀，陟西岳，以望八荒。」雄作《河東賦》曰：「靈輿安步，周流容與，以覽于介山。嗟文公而愍推兮，勤大禹于龍門。」《水經注》亦引此，謂「《晉太康記》及《地道記》與《永初記》並言子推隱于是山」，而辯[十三]之以爲非然。[十四]可見漢時已有二說矣。

【校注】

[一]「介之推」，原抄本、遂初堂本、集釋本、欒本、嚴本同，陳本作「介子推」。《左傳》原文作「介之推」。

[二]《水經注》卷六。

[三]《晉書・石勒載記下》。

［四］「綿上」，原抄本同，遂初堂本、集釋本、欒本、陳本、嚴本作「緜上」。
［五］「出豈于」誤倒，當乙正。原抄本、遂初堂本、集釋本、欒本、陳本、嚴本均作「豈出于」。
［六］「界休」，原抄本、遂初堂本、集釋本、欒本、嚴本同。陳本作「介休」。按《漢書・地理志》、《後漢書・郡國志》作「界休」。
［七］「綿山」，原抄本同，遂初堂本、集釋本、欒本、陳本、嚴本作「緜山」。下「小綿山」同。
［八］「欒郊」誤，原抄本同誤，當改。遂初堂本、集釋本、欒本、陳本、嚴本作「欒祁」。
［九］「綿」，原抄本同，遂初堂本、集釋本、欒本、陳本、嚴本作「緜」。
［十］「綿」，原抄本同，遂初堂本、集釋本、欒本、陳本、嚴本作「緜」。
［十一］「綿山」，原抄本、遂初堂本、集釋本、欒本、陳本、嚴本均作「緜山」。
［十二］「臣」，遂初堂本、集釋本、欒本、陳本、嚴本同，原抄本誤作「頓」。
［十三］「辯」，原抄本同，遂初堂本、集釋本、欒本、陳本、嚴本作「辨」。
［十四］《水經注》卷六。

箕

《左傳》僖公三十三年：「狄伐晉，及箕。」解曰：「太原陽邑縣南有箕城。」非也，陽邑在今之太谷縣，襄公時未爲晉有。《傳》言「狄伐晉，及箕」，猶之言齊「伐我，及清」［一］也，必其近國之地也。成公十三年：厲公「使吕相絶秦。曰：『入我河縣，焚我箕、郜。』」無解。又必其邊河之邑，秦、狄皆可以争。而文公八年有「箕鄭父［二］」，襄公二十一年有「箕遺」，當亦以邑氏其人者矣。

【校注】

［一］《左傳·哀公十一年》。

［二］「又」字誤，當改。原抄本、遂初堂本、集釋本、欒本、陳本、嚴本均作「父」。《左傳》作「父」。

唐

《左傳》昭公元年：「遷實沈于大夏。」定公四年：「命以《唐誥》，而封于夏虚。」服虔曰：「大夏在汾、澮之間。」杜氏則以爲「太原晉陽縣」。按晉之始見《春秋》，其都在翼。《括地志》：「故唐城在絳州翼城縣西二十里，堯裔子所封，成王滅之而封太叔也。」北距晉陽七百餘里，即後世遷都，亦遠不相及。《竹書紀年》：康王「九年，唐遷于晉」。宣王「十六年，晉遷于絳」。況霍山以北，自悼公以後始開縣邑，而前此不見于《傳》。又《史記·晉世家》曰：「成王封叔虞于唐。」唐在河、汾之東，方百里。翼城正在二水之東，而晉陽在汾水之西，又不相合。竊疑唐叔之封，以至侯緡之滅，並在于翼。《史記》屢言「禹鑿龍門，通大夏」。［一］《吕氏春秋》言「龍門未闢，吕梁未鑿，河出孟門」之上，［二］則所謂大夏者，正今晉、絳［三］、吉、隰之間，《書》所云「維彼陶唐，有此冀方」，［四］而舜之命臯陶曰「蠻夷猾夏」者也，［五］當以服氏之説爲信。又齊桓公伐晉之師，僅及高梁，［六］在今臨汾縣。而《封禪書》述桓公之言，以爲「西伐大夏」。大夏之在平陽明矣。《漢書·地理志》註：「臣瓚曰：『所謂唐，今河東永安是也。』師古以瓚説爲是。按永安［七］乃今之霍州，亦非也。

【校注】

［一］《史記·秦始皇本紀》及《李斯列傳》。

［二］《吕氏春秋·愛類》。

［三］「絳」，遂初堂本、集釋本、欒本、陳本、嚴本同，原抄本誤作「終」。

［四］《尚書·五子之歌》。

［五］《尚書·舜典》。

［六］見《左傳·僖公九年》。

［七］「氷安」誤，當改。原抄本、遂初堂本、集釋本、欒本、陳本、嚴本均作「永安」。上「永安」不誤。

晉都

春秋時，晉國本都翼，在今之翼城縣。及昭侯封文侯之弟桓叔于曲沃，桓叔之孫武公滅翼而代爲晉侯，都曲沃，在今聞喜縣。《漢志》：「聞喜：故曲沃。」其于［一］獻公城絳，居之，在今太平縣之南，絳州之北。今太平縣南二十五里，城址尚存。歷惠、懷、文、襄、靈、成六公，至景公遷于新田，在今曲沃縣，杜氏曰：「新田，今平陽絳邑縣是，後魏始名曲沃。」當汾、澮二水之間。于是命新田爲「絳」，而以其故都之絳爲「故絳」。此晉國前後四都之故蹟也。

晉自都絳之後，遂以曲沃爲「下國」。僖公十年：「狐突適下國。」然其宗廟在焉。考悼公之立，成公十八年。「大夫逆于清原」，杜氏曰：「河東聞喜縣北有清原。」是次郊外。「庚午，盟而入。辛巳，朝于武宫。」是入曲沃而朝於廟。「二月乙酉朔，即位于朝。」是至絳都。而平公之立，襄公十六年。亦云「改服修官，烝于曲沃」。但不知其後何以遂爲欒氏之邑？而欒盈之入絳，范宣子執魏獻子之子[二]，「賂之以曲沃」。襄公二十三年。夫以宗邑而與之其臣，聽其所自爲，端氏之封，屯留之徙，[三]其所由來者漸矣。

【校注】

[一]「于」字誤，當改。原抄本、遂初堂本、集釋本、欒本、陳本、嚴本均作「子」。

[二]「子」字誤，當改。原抄本、遂初堂本、集釋本、欒本、陳本、嚴本均作「手」。

[三]《史記・趙世家》：敬侯十六年，「與韓、魏分晉，封晉君以端氏」。肅侯元年，「奪晉君端氏，徙處屯留」。

瑕

晉有二瑕。其一《左傳》成公六年：「諸大夫皆曰：『必居郇瑕氏之地。』」杜氏曰：「郇瑕，古國名。」《水經注》：「涑水又西南逕瑕城。京相璠曰：『今河東解縣西南五里有故瑕城。』」是也，杜以郇瑕爲一地，□以爲二□[一]。在今之臨晉縣境。其一僖公三十年：燭之武見秦伯曰：「許君焦、瑕，朝濟而夕設版焉。」解：「焦、瑕，晉河外五城之二邑。」文公十二年：「晉人、秦人戰于河曲，秦師夜遁，復侵晉，入瑕。」解以河曲爲「河東蒲坂縣南」，則瑕必在河外。十三年：「晉侯使詹嘉處瑕，以守桃林之塞。」按《漢書・地理志》：「湖：故曰『湖[二]』，武帝建元年更名『湖』。」《水經》：「河水又東逕湖縣故城北」，酈氏注云：「《晉書地道記》[三]、《太康記》並言：『湖[四]縣，漢武帝改作湖。』其北有林焉，名曰桃林。」[五]古「瑕」、「胡」二字通用。《禮記》引《詩》：「心乎愛矣，瑕不謂矣。」鄭氏註云：「『瑕』之言『胡』也。瑕、胡音同，故《記》用其字。」是「瑕」轉爲「胡」，又改爲「湖」，而瑕邑即桃林之塞也，桓公六年「軍于瑕以待之」，註：「瑕，隨地。」〔六〕《書》：「放牛于桃林之野。」註云：「在華山東。」〔七〕今爲閿鄉縣治。而成公十三年伐秦，「成肅公卒于瑕」，亦此地也。道元以郇瑕之「瑕」爲詹嘉之邑，誤矣。《左傳》有三瑕，而郇瑕不與焉。成公十六年「楚師還，及瑕」，註：「瑕，楚地。」昭公二十四年「王子朝之師攻瑕〔八〕及杏，皆潰」，註：「瑕、杏，敬〔九〕王邑。」

僖公十五年：晉侯「賂秦伯以河外列城五，東盡號略，南及華山」。正義曰：「自華山之東，盡號〔十〕之東晉〔十一〕，其間有五城也。《傳》稱焦、瑕，蓋是其二。」《水經注》：「陜縣，故焦國。」《竹書紀〔十二〕年》：幽王「七年，號〔十三〕人滅焦」。

成公元年：「晉侯使瑕嘉平戎于王。」「瑕嘉」即「詹瑕嘉〔十四〕」，以邑爲氏。僖公十五年：「瑕呂飴甥」，當亦同此。《竹書紀年》：惠王十九年晉南公〔十五〕滅號〔十六〕，「命遐父呂甥〔十七〕邑于號都」。《傳》謂之「陰飴甥」者，「陰」亦號地，或兼食之也。而解以瑕呂爲姓，恐非。

【校注】

〔一〕「□以爲二□」，有脱字，當補。原抄本、遂初堂本、集釋本、欒本、陳本、嚴本均作「酈以爲二地」。

〔二〕「湖」字誤，當改。原抄本、集釋本、欒本、陳本、嚴本均作「胡」。《漢書》作「胡」。

〔三〕《晉書地道記》，王隱撰，清畢沅有輯本。

〔四〕「湖」字誤，當改。原抄本、遂初堂本、集釋本、欒本、陳本、嚴本均作「胡」。《水經注》作「胡」。

〔五〕《水經注》卷四。

〔六〕「桓公六年」一節，原抄本同，遂初堂本、集釋本、欒本、陳本、嚴本在「《左傳》有三瑕」一節内。

〔七〕見《尚書・武成》。

[八]「瑕」，遂初堂本、集釋本、欒本、陳本、嚴本同。原抄本誤作「瑖」，下同。

[九]「敞」字誤，當改。原抄本、遂初堂本、集釋本、欒本、陳本、嚴本均作「敬」。

[十]「號」字誤，當改。原抄本、遂初堂本、集釋本、欒本、陳本、嚴本均作「虢」。

[十一]「晉」字誤，當改。原抄本、遂初堂本、集釋本、欒本、陳本、嚴本均作「界」。

[十二]「紀」字，遂初堂本、集釋本、欒本、陳本、嚴本同，原抄本誤作「答」。

[十三]「號」字誤，當改。原抄本、遂初堂本、集釋本、欒本、陳本、嚴本均作「虢」。

[十四]「詹瑕嘉」，「瑕」字衍，當删。原抄本、遂初堂本、集釋本、欒本、陳本、嚴本均作「詹嘉」。

[十五]「晉南公」，「南」字殘，缺其右半，當補正。原抄本、遂初堂本、集釋本、欒本、陳本、嚴本均作「晉獻公」。底本蓋本欲作「献」，「献」爲「獻」之俗寫。

[十六]「號」字誤，當改。原抄本、遂初堂本、集釋本、欒本、陳本、嚴本均作「虢」。下二「號」字同。

[十七]「遐父吕甥」誤，當改。原抄本、遂初堂本、集釋本、欒本、陳本、嚴本均作「瑕父吕甥」。

九原

《禮記·檀弓》：「趙文子與叔譽觀于[一]九原。」《水經注》以爲在京陵縣。《漢志》太原郡京陵，師古曰：「即九京。」因《記》文或作「九京」而傅會之耳。文子曰：「是全要領以從先大夫于九京也。」[二]方氏曰：「九京師[三]九原，指其冢之高曰京，指其地之廣曰原。」[四]古者卿大夫之葬必在國都之北，不得遠涉數百里而葬于今之平遥也。《志》[五]以爲太平之西南二十五里有九原山，近是。

【校注】

［一］「于」，原抄本、遂初堂本、嚴本作「於」，集釋本、欒本、陳本作「乎」。《禮記》作「乎」。
［二］見《禮記·檀弓下》。
［三］「師」字誤，當改。原抄本、遂初堂本、集釋本、欒本、陳本、嚴本均作「即」。
［四］吴澄《禮記纂言》卷十四下引方氏曰。方氏謂方慤，字性夫，桐廬人，著《禮記解》二十卷。
［五］《志》，謂《太平縣志》。

昔陽

《左傳》昭公十二年：「晉荀吴僞會齊師者，假道于鮮虞，遂入□陽[一]。秋八月壬午，滅肥，以肥子緜皋歸。」杜氏謂：「鮮虞，白狄别種，在中山新市縣。」今新樂縣。又謂：「鉅鹿下曲陽縣西有肥纍城。」在今藁城縣西南七十里。是也。其曰：「音陽[二]，肥國都，樂平沾縣東有昔陽城。」則非也。疏載劉炫之言：「以爲齊在晉東，『僞會齊師』當自晉而東行也。『假道鮮虞，遂入昔陽』，則昔陽當在鮮虞之東也。今按，樂平沾縣在中山新市西南五百餘里，何當假道于東北之鮮虞，而反入西南之昔陽也？既入昔陽，而别言滅肥，則肥與昔陽不同[三]爲一，安得以昔陽爲肥國之都也？昔陽既是肥都，何以復言鉅鹿下曲陽有肥纍之城，疑是肥名取於彼也？肥爲小國，境必不遠，豈肥名取鉅鹿之城、建都于樂平之縣也？十五年，『荀吴伐鮮虞，圍鼓』，杜云：『鼓，白狄之别，鉅鹿下曲陽縣有鼓聚。』炫謂肥、鼓並在鉅鹿，昔陽即是鼓都，在鮮虞以東南也。二十二年《傳》曰：『晉荀吴使師僞糴者，負[四]甲以息于昔陽之門外，遂襲鼓，滅之。』則昔陽之爲鼓都，斷可知矣。」杜解昔陽故肥子所都，累不[五]，則其地已入晉，何用僞糴以息其門外乎？《漢書・地理志》「鉅鹿：下曲陽」，應劭曰：「晉荀吴滅鼓，今鼓聚昔陽亭是也。」《水經注》：「泜水東逕肥纍縣之故城南，又東逕昔陽城南，本[六]鼓聚。《十三州志》曰：『今其城昔陽亭是矣。』京相璠曰：『由狄[七]之別也，下曲陽有鼓聚。』」[八]其説皆同。《水經注》□[九]卷中音陽[十]城兩見，一在下曲陽，一在沾縣，亦酈氏之誤也。《史記・趙世家》：惠文王十六年，「廉頗將，攻齊昔陽，取之。」夫昔陽在鉅鹿，故屬之齊，豈得越太行而有樂平乎？正義亦謬。

晉之滅狄，其用兵有次第。宣公十五年滅潞氏，十六年滅甲氏[十一]及留吁，成公十一年伐廧咎如，而上黨爲晉有矣。昭公元年敗無終及群狄于大鹵，而太原爲晉有矣。然後出師以臨山東，昭公十二年滅肥，二十二年滅鼓，於是太行以南之地謂之「南陽」，太行以東之地謂之「東陽」，《水經注》引馬季長[十二]曰：「晉地自朝歌以北至中山爲東陽，自朝歌以南至□[十三]爲南陽。」[十四]而晉境東接于齊。蓋先後之勤且八十年矣[十五]，而鮮虞猶不服焉。至魏文侯，始克中山。平狄之難如此！

【校注】

[一]「□陽」，原抄本、遂初堂本、集釋本、欒本、陳本、嚴本均作「昔陽」，《左傳》作「昔陽」，當補。

[二]「音陽」誤，當改。原抄本、遂初堂本、集釋本、欒本、陳本、嚴本均作「昔陽」。

[三]「不同」誤，原抄本同誤，當改。遂初堂本、集釋本、欒本、陳本、嚴本作「不得」。《左傳》孔疏作「不得」。

[四]「頁」字誤，當改。原抄本、遂初堂本、集釋本、欒本、陳本、嚴本均作「負」。《左傳》作「負」。

[五]「累不」誤，當改。原抄本、遂初堂本、集釋本、欒本、陳本、嚴本均作「果爾」。

[六]「本」，遂初堂本、集釋本、欒本、陳本、嚴本同，原抄本誤作「木」。

[七]「由狄」誤，當改。原抄本、遂初堂本、集釋本、欒本、陳本、嚴本均作「白狄」。

[八]《水經注》卷十。

[九]底本缺一字處，原抄本、遂初堂本、集釋本、欒本、陳本、嚴本均作「一」，當補。

[十]「音陽」誤，當改。原抄本、遂初堂本、集釋本、欒本、陳本、嚴本均作「昔陽」。

[十一]「甲弋」誤，當改。原抄本、遂初堂本、集釋本、欒本、陳本、嚴本均作「甲氏」。

[十二]「馬季長」，原抄本、集釋本、欒本、陳本、嚴本同，遂初堂本誤作「馬李常」。《水經注》作「馬季長」。

[十三]底本缺一字處，原抄本、遂初堂本、集釋本、欒本、陳本、嚴本均作「軹」，《水經注》作「軹」，當補。

[十四]見《水經注》卷九。

[十五]「矣」字，原抄本、遂初堂本、集釋本、欒本、陳本、嚴本無。

楚丘

《春秋》隱公七年：「戎伐凡伯于楚丘以歸。」杜氏曰：「楚丘，衛地，在濟陰成武縣西南。」夫濟陰之成武，此曹地也，而言衛，非也。蓋爲僖公二年「城楚丘」同名而誤。按衛國之封，本在汲郡朝歌。隱公元年，解云：「衛國在汲郡朝歌縣。」今衛輝府淇縣。懿公爲狄所滅，渡河而東，「立戴公以廬于曹」。[一]杜氏曰：「曹，衛下邑。」《詩》所謂「思須與漕」，[二]廬[三]者，無城郭之稱，而非曹國之曹也。僖公二年：「城楚丘。」杜氏曰：「楚丘，衛邑。」《詩》所謂「作于楚宫[四]」，[五]而非「伐戈[六]凡伯」之楚丘也。但曰衛邑，而不詳其地，然必在今滑縣、開州之間。滑在河東，故唐人有《魏滑分河》之録矣。[七]《水經注》乃曰「楚丘在成武西南」，即衛文公所徙，[八]誤矣。彼曹國之地，齊桓安得取之而封衛乎？以「曹」名同，「楚丘」之名又同，遂附爲一地爾。

今曹縣東南四十里有景山，疑即《商頌》所云「陟彼景山，松柏丸丸」，[九]而《左傳》昭公四年椒舉言「商湯有景亳之命」者也。《詩》正義引皇甫謐曰：「蒙爲北亳，即景亳，是湯所受命也。」《鄘詩》：「望楚與堂，景山與京。」[十]則不在此也。

【校注】

[一]《左傳・閔公二年》。

[二]《詩經・邶風・泉水》。

[三]「盧」字誤，當改。原抄本、遂初堂本、集釋本、欒本、陳本、嚴本均作「盧」。上「盧」字不誤。

[四]「宮」，原抄本、集釋本、欒本、陳本、嚴本同，遂初堂本誤作「官」。

[五]《詩經・鄘風・定之方中》。

[六]「伐戈」誤，當改。原抄本、集釋本、欒本、陳本、嚴本均作「戎伐」。《春秋經》作「戎伐」。遂初堂本誤作「戍伐」。

[七]《魏滑分河録》，唐沈亞之撰。

[八]《水經注》卷八。

[九]《詩經・商頌・殷武》。「丸丸」，疑當讀作《鄘風・載馳》「我行其野，芃芃其麥」之「芃芃」。

[十]《詩經・鄘風・定之方中》。

東昏[一]

漢陳留郡有「東昏」。《後漢志[二]》註云：「《陳留志》曰：『故户牖鄉有陳平祠。』」而山陽郡有「東緡」，《後漢志》：「春秋時曰緡。」註云：「《左傳》僖公二十三年：『齊侯伐宋，圍緡。』」《前書》師古曰：「緡音旻。」《左傳》解：「緡，宋邑。高平昌邑縣東南有東緡城。」《史記・絳侯周勃世家》：「攻爰戚、東緡以往。」索隱曰：「山陽有東緡縣。」屬陳留者音「昏」，屬山陽者音「旻」。《括地志》云：「東緡故城，在兗州金鄉縣界。」《水經注》引《王誨碑辭》曰：「使河隄謁者山陽東昏司馬登。」[三]是以「緡」爲「昏」，誤矣。《隸釋・酸棗令劉熊碑陰》：「故守東昏長蘇勝。」則陳留之東昏也。《通鑑》註：「李勰攻金鄉，引東緡者，故陽武户牖鄉。」亦誤。

【校注】

[一]「昏」字，原抄本同，遂初堂本、集釋本、欒本、陳本、嚴本作「昬」。下同。「昏」同「昬」，晁補之云：因唐諱「民」，改从「氏」。

[二]「後漢志」，原抄本、遂初堂本、嚴本同，集釋本、欒本、陳本作「續漢志」。下同。

[三]《水經注》卷七。

江乘

古時未有瓜洲。《蔡寬夫詩話》：「潤州大江，本與今楊子橋對岸，而瓜洲乃江中一洲耳。今與楊子橋相連矣。」[一]以故自古南北之津，上則由采石，下則由江乘，而京口不當往來之道。《史記》：秦始皇登會稽，「還，從江乘渡」。[二]正義云：「江乘故縣在今潤州句容縣北六十里。」吴徐盛「作疑城，自石頭至江乘」，[三]晉蔡謨「自土山至江乘，鎮守八所，城壘凡十一處」，[四]皆以沿江爲防守之署[五]。今其地在上元縣東北五十里。唐肅宗上元元年，「李峘鬬[六]北固爲兵埸，插本[七]以塞江口[八]。劉展軍于白沙，設疑兵于瓜洲，多張火鼓，若将趨北固者。如是累日，峘悉鋭兵守京口以待之。展乃自上流濟，襲下蜀」。[九]胡三省《通鑑》註云：「此自白沙濟江也。昇州東北九十里至句容縣有下蜀戍，在句容縣北，近江津。」今江乘去江幾二十里以外，皆爲洲渚，而渡口乃移于龍潭。又瓜洲既連揚子橋，江西[十]益狹。而隋唐之代，復以丹陽郡移治丹徒，于是渡者舍江乘而趨京口。《舊唐書・張延賞傳》：「邊江之瓜洲，舟航湊會，而懸屬江南。延賞奏請以江爲界，人甚便之。」宋乾道四年，築瓜洲南北城，而京口之渡至今因之。

瓜洲得名，本以瓜步山之尾生此一洲故耳[十一]。《舊唐書・齊澣傳》：「潤州北界隔江，至瓜步尾，紆滙六十里，船繞瓜步，多爲風濤漂損。澣乃移漕路于京口塘下，直渡江二十里，又開伊婁河二十五里，即達揚子縣。胡三省《通鑑》註：「今之揚子橋，或是唐之揚子縣治所，橋以此得名也。」自是免漂損之災，歲減脚錢數十萬。又立伊婁埭，官收其課，迄今利濟焉。」此京口漕路繇瓜洲之始。《玄宗紀》載此事則謂之「瓜洲浦」。而《五行志》：開元十四年七月，「潤州大風，從東北海濤奔上，没[十二]瓜步洲，損居人」。《永王璘傳》：「李承式[十三]使判官評事裴茂，以步卒三千拒于瓜步洲伊婁埭。」則此洲本亦謂之瓜步洲也。

【校注】

[一]見《苕溪漁隱叢話》前集卷二十四。
[二]《史記・秦始皇本紀》。
[三]《三國志・吴書・吴主傳》注引干寶《晉紀》。
[四]《晉書・蔡謨傳》。
[五]「畧」字誤，當改。原抄本、遂初堂本、集釋本、欒本、陳本、嚴本均作「要」。
[六]「闢」，遂初堂本、集釋本、欒本、陳本、嚴本同，原抄本誤作「闕」。
[七]「本」字誤，當改。原抄本、遂初堂本、集釋本、欒本、陳本、嚴本均作「木」。《資治通鑑》作「木」。
[八]「江口」，原抄本、遂初堂本、集釋本、欒本、嚴本同，陳本誤作「江石」。《資治通鑑》作「江口」。
[九]《資治通鑑》卷二百二十一。
[十]「西」字誤，當改。原抄本、遂初堂本、集釋本、欒本、陳本、嚴本均作「面」。
[十一]「故耳」誤，當改。原抄本、遂初堂本、集釋本、欒本、陳本、嚴本均作「故爾」。
[十二]「没」，遂初堂本、集釋本、欒本、陳本、嚴本同，原抄本誤作「沿」。《舊唐書》作「没」。
[十三]「李承式」，原抄本、遂初堂本、集釋本、欒本、陳本、嚴本均同。《資治通鑑》同。《舊唐書》作「李成式」。《新唐書・十一宗諸子傳》作「李成式」，《文藝傳》作「李承式」。

郭璞墓

《晉書·郭璞傳》：「璞以母憂去職，卜葬地于暨陽，去水百步許。人以近水爲言，璞曰：『當即爲陸矣。』其後沙漲，去墓數十里皆爲桑田。」《王惲集》乃云：「金山西北大江中，亂石間有叢薄，鴉鵲棲集，爲郭璞墓。」按史文元謂去水百步許，不在大江之中，且當時即以[一]沙漲爲田。而暨陽在今江陰縣界，不在京口。又所葬者璞之母，而非璞也。世之所傳皆誤。《世説》載璞詩曰：「匕[二]皁烈烈，巨海混混，壘壘三墳，惟母與昆。」則璞又有二兄同葬。[三]

【校注】

[一]「以」，原抄本同，遂初堂本、集釋本、欒本、陳本、嚴本作「已」。古文「以」、「已」通用。

[二]「匕」字殘，當補正。原抄本、遂初堂本、集釋本、欒本、陳本、嚴本均作「北」。

[三]見《世説新語·術解》。

蟂磯

蕪湖縣西南七里大江中蟂磯，相傳昭烈孫夫人自沈于此，有廟在焉。按《水經注》，武陵孱陵縣，「故城，王莽更名孱陸也。劉備孫夫子[一]，權妹也，又更修之」。[二]則是隨昭烈而至荆州矣。《蜀志》曰：「先主既定益州，而孫夫人還吴。」[三]又裴松之注引《趙雲别傳》[四]曰：「先主入益州，雲領留營司馬，時孫夫人以權妹，驕豪，多将吴吏兵縱横不法。先主以雲嚴重，必能整齊，特任掌内事。權聞備西征，大遣舟船迎妹，而夫人欲将後主還吴。雲與張飛勒兵截江，乃得後主還。」[五]是孫夫人自荆州復歸于權，而後不知所終，蝪磯之傳殆妄。

【校注】

[一]「夫子」誤，當改。原抄本、遂初堂本、集釋本、欒本、陳本、嚴本均作「夫人」。《水經注》作「夫人」。

[二]《水經注》卷三十七。

[三]《三國志·蜀書·二主妃子傳》。

[四]「趙雲别傳」，原抄本同，遂初堂本、集釋本、欒本、陳本、嚴本誤作「趙雲列傳」。《三國志》注作「雲别傳」。黄汝成集釋引楊氏曰：「列」當是「别」字之訛。

[五]《三國志·蜀書·趙雲傳》注引《趙雲别傳》。

潮信

白樂天詩：「早潮纔落晚潮來，一月周流六十回。」[一]白是北人，未諳潮候。今杭州之潮，每月朔日以子、午二時到，每日遲三刻[二]有餘，至望日則子潮降而爲午，午潮降而爲夜子。以後半月爲[三]然。西興江岸上有《候潮碑》。故大月之潮一月五十八回，小月則五十六回，無六十回也。水、月皆陰之屬，月之麗天出東入西，大月二十九回，小月二十八回，亦無三十回也。所以然者，陽有餘而陰不足，自然之理也。

【校注】

[一]白居易《潮》。

[二]「三刻」，遂初堂本、集釋本、欒本、陳本、嚴本同，原抄本作「一刻」。

[三]「爲」字誤，當改。原抄本、遂初堂本、集釋本、欒本、陳本、嚴本均作「復」。

胥門

《史記》：吴王既殺子胥，「吴人爲立祠于江上，號曰胥山」。[一]《水經注》引虞氏曰：「松江北去吴國五十里，江側有丞、胥二山，山各有廟。魯哀公十三年，越使二大夫疇無餘、謳陽等伐吴。吴人敗之，獲二大夫，大夫死，故立廟于山上，號曰『丞胥二王』也。胥山上今有壇石，長老云：『胥神所治也。』」一以爲子胥，一以爲越大夫。今蘇州城之西南門曰胥門。陸廣微《吴地記》云：「本伍子胥宅，因名。」非也。趙樞主[二]曰：「按《吴越春秋》：吴王夫差十三年，『将與齊戰，道出胥門，因過姑胥之臺』[三]。則子胥未死已名爲胥門。」愚考《左傳》哀公十一年父陵[四]之戰，「胥門巢将上軍」。胥門，氏。巢，名。盖居此門而以爲氏者，如「東門遂」、「桐門右師」之類。《周禮・大司馬》：「帥以門名。」註：「古者軍将盖爲營治于國門，魯有東門襄仲，宋有桐門右師，皆工卿[五]爲軍将者也。」則是門之名又必在夫差以前矣。《淮南子》：句踐「甲卒三千人，以擒夫差于始胥[六]」。[七]《越絶書》：「吴王起姑胥之臺，五年乃成。」[八]姑胥，山名也，不可知其所始，其字亦爲「姑蘇」。《國語》：「吴王帥其賢良與其重禄，以上姑蘇。」[九]《史記》：「越伐吴，敗之姑蘇。」[十]伍被對淮南王[十一]，言「見麋鹿遊姑蘇之臺」。[十二]古「胥」、「蘇」二字多通用。《戰國策》以「包胥」爲「勃蘇」。[十三]《詩》：「山有扶蘇」，傳曰：「扶蘇，扶胥。」[十四]

【校注】

[一]《史記·伍子胥列傳》。

[二]「趙樞主」誤，當改。原抄本、遂初堂本、集釋本、欒本、陳本、嚴本均作「趙樞生」。趙樞生，字彦材，明徽州人，一説太倉人，一説吴縣人。著《含玄子》十六卷，《含玄齋别編》十卷。

[三]《吴越春秋·夫差内傳》。

[四]「父陵」誤，當改。原抄本、遂初堂本、集釋本、欒本、陳本、嚴本均作「艾陵」。

[五]「工卿」誤，當改。原抄本、遂初堂本、集釋本、欒本、陳本、嚴本均作「上卿」。《周禮正義》作「上卿」。

[六]「始胥」誤，當改。原抄本、遂初堂本、集釋本、欒本、陳本、嚴本均作「姑胥」。《淮南子》作「姑胥」。

[七]《淮南子·人間訓》。

[八]《越絶書·越絶内經九術》。又見《吴越春秋·勾踐陰謀外傳》。

[九]《國語·越語下》。

[十]《史記·吴太伯世家》。

[十一]「淮南三」誤，當改。原抄本、遂初堂本、集釋本、欒本、陳本、嚴本均作「淮南王」。

[十二]《史記·淮南衡山列傳》。

[十三]見《戰國策·楚策一》。

[十四]見《詩經·鄭風·山有扶蘇》毛傳。

闕里

《水經注》：「孔廟東南五百步有雙石闕」，[一]故名「闕里」。按《春秋》：定公二年，「夏五月壬辰，雉門及兩觀災。冬十月，新作雉門及兩觀」。註：「雉門，公宮之南門。兩觀，闕也。」《禮記》：「昔者仲尼與於蠟賓，事畢，出游于觀之上。」[二]《史記・魯世家》：「煬公築茅闕門。」蓋闕門之下，其里即名「闕里」，而夫子之宅在焉。亦謂之「闕黨」，《魯論》有「闕黨童子」，《荀子》仲尼「居於闕黨」，[三]是也。後人有以居爲氏者。《漢書・儒林傳》有「鄒人闕門慶忌」，[四]註云：「姓闕門，名慶忌。」《後漢書・獻帝紀》「下邳□[五]闕宣」，註：「闕黨童子之後。」讖文言：「代漢者，當塗高。」當塗而高者，闕也。故「闕宣自稱夫子[六]」。

【校注】

[一]《水經注》卷二十五。

[二]《禮記・禮運》。

[三]《荀子・儒效》。

[四]又見《史記・儒林列傳》。

[五]底本缺一字處，遂初堂本、集釋本、欒本、陳本、嚴本作「賊」，《後漢書》作「賊」，當補。原抄本誤作「丞」。

[六]「夫子」誤，當改。原抄本、遂初堂本、集釋本、欒本、陳本、嚴本均作「天子」。《後漢書》作「天子」。

杏壇

今夫子廟庭中有壇，石刻曰「杏壇」。《闕里志》：「杏壇，在殿前，夫子舊居。」非也。杏壇之名出自《莊子》。《莊子》曰：「孔子遊乎緇帷之林，休坐乎杏壇之上。弟子讀書，孔子絃歌鼓琴。奏曲未半，有漁父者下船而來，須眉交白，被髮揄袂，行原以上，距陸而止，左手據膝，右手持頤以聽，曲終。」又曰：孔子「乃求下之[一]，至于澤畔，方將杖拏而引其船，顧[二]見孔子，還鄉而立。孔子反走，再拜而進」。又曰：「客乃刺船而去，延緣葦間。顔淵還車，子路授綏，孔子不碩[三]。待水波定，不敢[四]拏音，而後敢乘。」[五]司馬彪云：「緇帷，黑林也名[六]。杏壇，澤中高處也。」《莊子》書凡□[七]孔子皆是寓言，漁父不必有其人，杏壇不必有其地，即有之，亦在水上葦間，依陂旁渚之地，不在魯國之中也明矣。今之杏壇乃宋乾興間四十五代孫道輔增修祖廟，移大殿於後，因以講堂舊基甃不[八]爲壇，環植以杏，取「杏壇」之名名之耳。

【校注】

[一]「求下之」誤倒，當乙正。原抄本、遂初堂本、集釋本、欒本、陳本、嚴本均作「下求之」。《莊子》作「下求之」。

[二]「顧」，遂初堂本、集釋本、欒本、陳本、嚴本同，原抄本誤作「願」。《莊子》作「顧」。

[三]「碩」字誤，當改。原抄本、遂初堂本、集釋本、欒本、陳本、嚴本均作「顧」。《莊子》作「顧」。

[四]「敢」字誤，當改。原抄本、遂初堂本、集釋本、欒本、陳本、嚴本均作「聞」。《莊子》作「聞」。

[五]《莊子・漁父》。

［六］「也名」誤倒，當乙正。原抄本、遂初堂本、集釋本、欒本、陳本、嚴本均作「名也」。《釋文》引作「名也」。

［七］底本缺一字處，原抄本、遂初堂本、集釋本、欒本、陳本、嚴本均作「述」，當補。

［八］「不」字誤，當改。原抄本、遂初堂本、集釋本、欒本、陳本、嚴本均作「石」。

徐州

《史記·齊太公世家》：「田常執簡公于徐州。」《田敬仲完世家》：「宣王九年，與魏襄王會徐州，諸侯相王也。十年，楚圍我徐州。」《魏世家》：「襄王元年，與諸侯會徐州。」《楚世家》：「威王七年，齊孟嘗君父田嬰欺楚，楚伐齊，敗之于徐州。」《越世家》：「句踐已平吴，乃以兵北渡淮，與齊、晉諸侯會于徐州。」《魯世家》：「頃公十九年，楚伐我，取徐州。」索隱曰：「徐音舒。徐州，齊邑薛縣是也。非九州之徐。」按《後漢書［二］·志》：「薛：本國，六國時曰徐州。」在今滕縣之南，薛河北。有大城，田文所築也。此與楚、魏二國爲境。而威王曰：「吾吏有黔夫［三］者，使守徐州，則燕人祭北門，趙人祭西門，徙而從者七千餘家。」［三］蓋與梁惠王言，不欲斥魏，更［四］以燕、趙夸之耳。

索隱曰：「《説文》：郐，邾之下邑，在魯東。」［五］又《竹書紀年》云：「梁惠成王三十一年，邳遷于薛，改名曰徐州。」則「徐」與「郐」並音「舒」也。今讀爲《禹貢》徐州之「徐」者，誤。《齊世家》：「田常執簡公於徐州」，《春秋》正作「舒州」。［六］

【校注】

［一］「後漢書」，原抄本、遂初堂本、嚴本同。集釋本、欒本、陳本作「續漢書」。

［二］「黔夫」，遂初堂本、集釋本、欒本、陳本、嚴本同，與《史記》同。原抄本誤作「黔宋」。
［三］《史記·田敬仲完世家》。
［四］「更」，遂初堂本、集釋本、欒本、陳本、嚴本同。原抄本誤作「吏」。
［五］《史記·魯周公世家》「楚伐我，取徐州」司馬貞索隱。
［六］《左傳·哀公十四年》。

向

《春秋》隱二年：「莒人入向。」杜氏解曰：「譙國龍亢縣東南有向城。」桓十六年：「城向。」無解。宣四年：「公及齊侯平莒及郯，莒人不肯，公伐莒，取向。」解曰：「向，莒邑，東海丞縣東南有向城。遠，疑也。」襄二十年：「仲孫速會莒人，盟于向。」解曰：「莒邑。」按《春秋》「向」之名四見于經，而杜氏註爲二地，然其實一向也。先爲國，後并于莒，而或屬莒，或屬魯，則以攝乎大國之間耳。丞縣今在嶧，杜氏以其遠而疑之，况龍亢在今鳳陽之懷遠乎？《水經注》於「軹縣向城」下引「向姜不安于莒而歸」［一］，尤誤。《齊乘》［二］以爲今沂州之向城鎮，州西南一百里。近之矣。

【校注】

［一］《水經注》卷七。
［二］《齊乘》，元于欽撰，凡六卷。

小穀

《春秋》莊三十二年：「城小穀。」《左氏傳》曰：「爲管仲也。」盖見昭公十一年申無宇之言曰：「齊桓公城穀，而寘管仲焉，至于今賴之。」而又見僖二年《經》書「城楚丘」之出于諸侯，謂仲父得君之專亦可勸諸侯以自封也。是不然。仲所居者「穀」也，此所城者「小穀」也。《春秋》有言「穀」不言「小」者，莊二十三年：「公及齊侯遇于穀」，僖二十六年：「公以楚師伐齊，取穀」，文十七年：「公及齊侯盟於穀」，成三年：「叔孫僑如會晉荀首于穀」。四書「穀」而一書「小穀」，别于「穀」也。范甯曰：「小穀，魯地。」然則城小穀者，内城也，故不係之齊，而與管仲無與也。漢高帝「以魯公禮葬項羽于穀城」，[一]即此魯之小穀，而註引《皇覽》，以爲東郡之穀城。與留侯所葆[二]之黄石同其地，[三]其不然明矣。《春秋發微》曰：「曲阜西北有小穀城。」

【校注】

[一]《史記·項羽本紀》。

[二]「葆」字誤，當改。原抄本、遂初堂本、集釋本、欒本、陳本、嚴本均作「葆」。「葆」同「寶」。《宋書·符瑞志》：「張良果得穀城山下黄石，寶而祠之，死與合葬。」《太平御覽》卷五百二十五作「取而葆祠之」。

[三]《史記·留侯世家》：「穀城山下黄石即我矣。」

泰山立石

嶽頂「無字碑」，世傳爲秦皇始[一]立。按秦碑在王女池[二]上，李斯篆書，高不過四五尺[三]，而銘文並二世詔書咸具，不當又立此大碑也。考之宋以前亦無此説，因取《史記》反覆讀之，知爲漢武帝所立也。《史記·秦始皇本紀》云：「上泰山，立石，封，祠祀。」其下云：「刻所立石。」是秦石有文字之證，今李斯碑是也。《封禪書》云：「東上泰山，泰山之草木葉未生，乃令人上石，立之泰巔山[四]，上遂東巡海上。」「四月，還至奉高。」上泰山封而不言刻石，是漢時[五]無文字之證，今碑是也。《後漢書[六]·祭祀志》亦云：「上東一[七]泰山，乃上石，立之泰山巔。」然則此「無字碑」明爲漢武帝所立，而後之不讀史者誤以爲秦耳。

始皇刻石之處凡六，《史記》書之甚明。于鄒嶧山，則上云「立石」，下云「刻石頌秦德」。于泰山，則上云「立石」，下云「刻所立石」。於以罘[八]，則二十八年云「立石」，二十九年云「刻石」。于琅邪，則云「立石刻頌秦德」。于會稽，則云「立石刻頌秦德」。無不先言「立」、後言「刻」者。惟于碣石則云「刻碣石門」，門自是石，不須立也。古人作史，文字之密如此。使秦王[九]別立此石，秦史焉得不紀？後[十]漢武有文刻石，漢史又安敢不録乎？

【校注】

[一]「秦皇始」誤倒，原抄本作「泰皇始」亦誤，當乙正。遂初堂本、集釋本、欒本、陳本、嚴本作「秦始皇」。

[二]「王女池」誤，當改。原抄本、遂初堂本、集釋本、欒本、陳本、嚴本均作「玉女池」。

［三］「四五尺」，原抄本同。遂初堂本、集釋本、欒本、陳本、嚴本作「五尺」。

［四］「泰巓山」誤倒，當乙正。原抄本、遂初堂本、集釋本、欒本、陳本、嚴本均作「泰山巓」。與《漢書》及《漢書》同。

［五］「時」字誤，當改。原抄本、遂初堂本、集釋本、欒本、陳本、嚴本均作「石」。

［六］「後漢書」，原抄本、遂初堂本、嚴本同。集釋本、欒本、陳本作「續漢書」。陳垣校注：「續」，初刻、潘刻均作「後」。

［七］「一」字誤，當改。原抄本、遂初堂本、集釋本、欒本、陳本、嚴本均作「上」。《後漢書》作「上」。

［八］「以眔」誤，當改。原抄本、遂初堂本、集釋本、欒本、陳本、嚴本均作「之眔」。

［九］「秦王」，原抄本同，遂初堂本、集釋本、欒本、陳本、嚴本作「秦皇」。

［十］「後」字誤，當改。原抄本、遂初堂本、集釋本、欒本、陳本、嚴本均作「使」。

泰山都尉

《後漢書·桓帝紀》：永興二年，「泰山、琅邪賊公孫舉等反，殺長吏［一］」。永壽元年，「七月，初置泰山、琅邪都尉官」。延熹五年八月，「己卯，罷琅邪都尉官」。八年，「五月壬申，罷泰山都尉官」。《金石録》載《泰山［二］都尉孔宙碑》云：「宙以延熹四年卒。」［三］蓋卒後四年官遂廢矣。然泰山都尉寔不始於此，光武時曾置之。《文苑傳》：夏恭，光武時「拜郎中，再遷泰山都尉」。又按《光武紀》：建武六年，「初罷郡國都尉官」。恭之遷蓋在此年前也。

泰山自公孫舉、東郭竇、勞而[四]、叔孫無忌相繼叛亂，以是置都尉官之[五]。以後官雖不設，而郡兵領於太守，其力素厚。故何使「進[六]府掾泰山王匡東發其郡强弩」，[七]而應劭、夏侯淵亦以之破黄巾，可見漢代不廢郡兵之效。而建安中，曹公表曰：「泰山郡界曠遠，舊多輕悍。權時之宜，可分五縣爲嬴郡。」[八]則其時之習俗又可知矣。

【校注】

[一]「長吏」，原抄本同，遂初堂本、集釋本、欒本、陳本、嚴本誤作「長史」。《後漢書》作「長吏」。

[二]「泰山」上，脱「漢」字，當補。原抄本、遂初堂本、集釋本、欒本、陳本、嚴本均作「漢泰山」，與《金石録》同。

[三]《金石録》卷十五。《隸釋》卷七載其碑原文云：「延熹六年正月乙未缺三字疾。」

[四]「勞而」誤，當改。原抄本、遂初堂本、集釋本、欒本、陳本、嚴本均作「勞丙」。然欒本、嚴本斷句连下文作「勞丙叔」亦誤。《後漢書·方術傳》：「琅邪賊勞丙與太山賊叔孫無忌。」

[五]「官之」誤倒，當乙正。原抄本、遂初堂本、集釋本、欒本、陳本、嚴本均作「之官」。

[六]「何使進」誤倒，當乙正。原抄本、遂初堂本、集釋本、欒本、陳本、嚴本均作「何進使」。

[七]《後漢書·何進傳》。

[八]《三國志·蜀書·麋竺傳》注引《曹公集》。

濟南都尉

漢濟南郡太守治東平陵，而都尉治於陵者，[一]以長白山也。今龍山驛東有東平陵城。《後漢書·侯霸傳》註：「於陵故城在今淄川長山縣南。」《魏書・辛子馥傳》：「長白小[二]連接三齊。瑕丘數州之界，多有盜賊。子馥受使檢覆，因辨山谷要害宜立鎮戍之所。又諸州亳右[三]在山鼓鑄，姦黨多依之，又得密造兵仗，亦請破罷諸冶。朝廷善而從之。」隋大業九年，「齊人孟讓、王薄等衆十餘萬，據長白山，攻剽諸郡」，[四]以張須陀、王世充之力不能滅，訖于隋亡。觀此二事，則知漢人立都尉治於陵之意矣。

【校注】

[一]見《漢書・地理志上》。

[二]「長白小」誤，當改。原抄本、遂初堂本、集釋本、欒本、陳本、嚴本均作「長白山」。《魏書》作「長白山」，《北史》作「白山」。

[三]「亳右」誤，當改。原抄本、遂初堂本、集釋本、欒本、陳本、嚴本均作「豪右」。《魏書》及《北史》作「豪右」。

[四]《隋書・煬帝本紀下》。

鄒平臺二縣

《漢書》濟南郡之縣十四，一曰東平陵，二曰鄒平，三曰臺，四曰梁鄒。[一]《功臣表》則有「臺定侯戴野」、「梁鄒孝侯武虎」，是二縣並爲侯國。《後漢書[二]》濟南郡十城，其一曰東平陵，其四曰臺，其七曰梁鄒，其八曰鄒平。[三]而《安帝紀》云：延光三年二月，「戊子，濟南上言：鳳皇集臺縣丞霍收舍樹上」。章懷太子註云：「臺縣屬濟南郡，故城在今濟州[四]平陵縣北。」《晏子春秋》：

景公爲晏子「封邑，使田無宇致臺于[五]無鹽」。[六]《水經注》亦云：濟水「又東北過臺縣北」[七]。尋其上下文句，本自了然。後人讀《漢書》誤從「鄒」字絶句，因以鄒爲一縣，平臺爲一縣。《齊乘》遂謂「漢濟南郡有鄒縣，後漢改爲鄒平」，又以臺、平臺爲二縣。此不得其句讀而妄爲之説也。

漢以「鄒」名縣者五：魯國有騶，亦作鄒。膠東國有鄒盧。千乘郡有東鄒。與濟南之鄒平、梁鄒，凡五。其單稱鄒者，今兖州府之鄒縣也。亦有平臺，屬常山郡。《外戚恩澤侯表》「平臺康侯史玄」，《後漢書・邳彤傳》「尹綏封平臺侯」，是也。有鄒平、有臺，而亦有鄒、有平臺，不可不辨也。

晉時縣名，多沿漢舊。按史，[八]《何曾傳》：曾孫「機爲鄒平令」，是有鄒平矣。《解系傳》：父修「封梁鄒侯」。《劉頌傳》：「追封梁鄒縣侯。」是有梁鄒矣。《宋書》言：晉「太康六年三月戊辰，樂安、梁鄒等八縣隕霜，傷桑麥」。[九]《文帝紀》：元嘉二十八年，「五月乙酉，亡命司馬順則自號齊王，據梁鄒城。」「八月癸亥，梁鄒平，斬司馬順。」則是宋有梁鄒矣。不知何故《晉書・地理志》於「樂安國」下單書一「鄒」字，此史之闕文。而《齊乘》乃云：「晉省梁鄒入鄒縣」。夫晉以前此地本無鄒縣，而何從入之乎？蓋不知而妄作者矣。

【校注】

[一]見《漢書・地理志》。

[二]「後漢書」，原抄本、遂初堂本、嚴本同。集釋本、欒本、陳本作「續漢志」。

[三]見《後漢書・郡國志》。

[四]「濟州」誤，當改。原抄本、遂初堂本、集釋本、欒本、陳本、嚴本均作「齊州」。《後漢書》注作「齊州」。
[五]「于」字誤，當改。原抄本、遂初堂本、集釋本、欒本、陳本、嚴本均作「與」。《晏子春秋》作「與」。
[六]《晏子春秋・内篇雜下》。
[七]《水經注》卷八。按此句爲經文，非酈注。
[八]史，謂《晉書》。
[九]《宋書・五行志四》。

夾谷

《春秋》定公十年，「夏，公會齊侯于夾谷」。《傳》曰：「公會齊侯於祝其，實夾谷。」杜預解及服虔註《史記》皆云，在東海祝其縣。劉昭《志》、杜右[一]《通典》因之，遂謂夾谷山在今贛榆縣西五十里。按贛榆在春秋爲莒地，與齊、魯之都相去各五六百里，何必若此之遠？當時景公之觀，不過曰「遵海而南，放于琅邪」而已，[二]未聞越他國之境。《金史》云：淄川「有夾谷山」。[三]《一統志》云：「夾谷山在淄川縣西南三十里，舊名祝其山，其陽即齊、魯會盟之處，萌水發源于此。」[四]《水經注》：「萌水出般陽縣西南甲山。」[五]是以甲山爲夾谷也。而《萊蕪縣志》則又云：「夾谷在縣南三十里，接新泰界。」未知其何所據。然齊、魯之境，正在萊蕪。東至淄川，則已入齊地百餘里。二説俱通。又按《水經注》萊蕪縣曰：「城在萊蕪谷，當路峴[六]絶，兩山間道，由南北門。舊説云齊靈公滅萊，萊氏[七]播流此谷，邑落荒蕪，故曰萊蕪。《禹貢》所謂『萊夷』也。夾谷之會，齊侯使萊人以兵劫魯侯，宣尼稱『夷不亂華』是也。」[八]是則會于此地，故得有萊人，非召之東萊千里之外也。萊人遷此已久，號其故國爲「東萊」。不可泥「祝其」之名，而遠求之海上矣。

【校注】

[一]「杜右」誤，當改。原抄本、遂初堂本、集釋本、欒本、陳本、嚴本均作「杜佑」。

[二]見《孟子・梁惠王下》。

[三]《金史・地理志中》。

[四]《大明一統志》卷二十二《濟南府》。

[五]《水經注》卷八。

[六]「峴」字誤，原抄本同誤，當改。遂初堂本、集釋本、欒本、陳本、嚴本作「岨」。《水經注》作「岨」。

[七]「萊氏」誤，原抄本同誤，當改。遂初堂本、集釋本、欒本、陳本、嚴本作「萊民」。《水經注》作「萊民」。

[八]《水經注》卷二十六。

濰水

濰水出琅邪郡箕屋山。今在莒州西北九十里。《書・禹貢》：「濰淄其道」，《左傳》襄公十八年：「晉師東侵及濰」，是也。其字或省「水」作「維」，或[一]省「糸[二]」作「淮」，又或以[三]「心」作「惟」，總是一字。《漢書・地理志》琅邪郡，「朱虛」下、「箕」下作「維」，「靈門」下、「横」下、「折泉」下作「淮」。上文引《禹貢》「惟甾其道」又作「惟」，一卷之中，異文三見。馬文煒曰：「《漢書・王子侯表》：『城陽頊王子東淮侯類，封北海。』按北海郡别無『淮水』，蓋亦『維[四]』字之異文。」《通鑑·梁武帝紀》：「魏李叔仁擊邢杲于惟水。」胡三省註：「『惟』當作『濰』。」古人之文，或省或借，其旁竝从「鳥隹[五]」之「隹」則一爾。後人誤讀爲「淮沂其人」[六]之「淮」，而呼此水爲「槐河」，失之矣。按「淮」字當從「隹人」之「隹」，乃得聲，今本《説文》亦誤。

又如《三國志·吴主傳》：「作□[七]邑塗塘，以淹北道。」《晉書·宣帝紀》：「王凌詐言吴人塞涂水。」《武帝紀》：「琅邪王伷出涂中。」《海西公紀》：「桓温自山陽及會稽王昱會于涂中。」《孝武紀》：「遣征虜將軍謝石帥舟師屯涂中。」《安帝紀》：「譙王尚之衆潰逃于涂中。」並是「滁」字。《南史·程文季傳》：「秦郡前江浦通涂水」，是也。古「滁」省作「涂」，與「濰」省作「淮」正同。韻書並不收此二字。

【校注】

[一]「或」，遂初堂本、集釋本、欒本、陳本、嚴本同，原抄本作「或又」。

[二]「糸」，遂初堂本、集釋本、欒本、陳本、嚴本同，原抄本誤作「系」。

[三]「以」字誤，當改。原抄本作「從」，遂初堂本、集釋本、欒本、陳本、嚴本作「从」。

[四]「維」字誤，當改。原抄本、遂初堂本、集釋本、欒本、陳本、嚴本均作「濰」。

[五]鳥隹，古文「鳥」、「隹」相類，多通用，故此言「鳥隹」。《説文》：「鳥，長尾禽總名也。」「隹，鳥之短尾總名也。」

[六]語出《尚書·禹貢》。「人」字誤，當改。原抄本、遂初堂本、集釋本、欒本、陳本、嚴本均作「乂」。

[七]底本缺一字處，原抄本、遂初堂本、集釋本、欒本、陳本、嚴本均作「棠」，《三國志》作「棠」，當補。

勞山

勞山之名，《齊乘》以爲「登之者勞」，又云「一作『牢』」，丘長春又改爲「鼇」，[一]皆鄙淺可笑。按《南史》，明僧紹「隱于長廣郡之嶗山」。[二]《本艸》：「天麻生太山、嶗山諸山。」則字本作「嶗」。若《魏書・地形志》、《唐書・姜撫傳》、《宋史・甄棲真傳》並作「牢」，乃傳寫之誤。《魏書・高祖紀》、《釋老志》並仍作「勞山」。

《詩》：「山川悠遠，維其勞矣。」[三]箋云：「勞勞，廣闊。」則此山或取其廣闊而名之。鄭康成，齊人。「勞勞」，蓋[四]齊語也。

《山海經・西山經》亦有勞山，與此同名。

《寰宇[五]記》：「秦始皇登勞盛山，望蓬萊。」[六]後人因謂此山一名「勞盛山」[七]，誤也。勞、盛，二山名，「勞」即勞山，「盛」即成山。《史記・封禪書》：「七曰日主，祠成山。成山斗入海。」《漢書》作「盛山」，古字通用。齊之東偏，環以大海，海岸之上[八]，莫大于勞、成二山，故始皇登之。《史記・秦始皇紀》：「令入海者齊[九]捕巨魚具，而自以連弩，俱[十]大魚至射之。自琅邪北至榮成山，弗見。至之罘，見巨魚，射殺一魚。」正義曰：「榮成山即成山也。」按史□[十一]及前代地理書，並無「榮成山」，予向疑之，以爲其文在「琅邪」之下，「成山」之上，必「勞」字之誤。後見王充《論衡》引此，正作「勞成山」。乃知晉[十二]人傳寫之誤，唐時諸君亦未之考詳[十三]也。遂使勞山並「盛」之名，成山冒「榮」之號。今特著之，以正史書二千年之誤。

【校注】

[一]丘處機，字通密，登州棲霞人，號長春子。「丘」一作「邱」。《明史・地理志》即墨「東南有勞山」，「東有鼇山衛」。

[二]《南史・明僧紹傳》。又見《南齊書・高逸傳》。

[三]《詩經・小雅・漸漸之石》。

[四]「盖」字，原抄本同。遂初堂本、集釋本、欒本、陳本、嚴本無。

[五]「宇」，原抄本、集釋本、欒本、陳本、嚴本同，遂初堂本誤作「牢」。

[六]陳垣校注：《寰宇記》二十「即墨縣」條作「牢盛山」。

[七]今按：《萬曆野獲編》卷二十七：「勞山亦名牢盛山。」

[八]「上」，原抄本同，遂初堂本、集釋本、欒本、陳本、嚴本作「山」。

[九]「齊」字誤，當改。原抄本、遂初堂本、集釋本、欒本、陳本、嚴本均作「齎」。《史記》作「齎」。

[十]「俱」字誤，當改。原抄本、遂初堂本、集釋本、欒本、陳本、嚴本均作「候」。《史記》作「候」。

[十一]底本缺一字處，原抄本、遂初堂本、集釋本、欒本、陳本、嚴本均作「書」，當補。

[十二]「晉」字誤，當改。原抄本、遂初堂本、集釋本、欒本、陳本、嚴本均作「昔」。

[十三]「考詳」誤倒，當乙正。原抄本、遂初堂本、集釋本、欒本、陳本、嚴本均作「詳考」。

長城

春秋之世，田有封洫，故隨地可以設關。而阡陌之間一縱一横，亦非戎車之利也。觀國佐之對晉人則可知矣。[一]至于戰國，井田殆[二]廢，而車變爲騎，于是寇鈔易而防守難，不得已而有長城之築。《史記·蘇代傳》：燕王曰：齊有「長城鉅防，足以爲塞」。《竹書紀年》：「梁惠成王二十年，齊閔王築防，以爲長城。」《後漢志[三]》：濟北國盧今長清縣。「有長城至東海」。《泰山記》：「泰山西有長城，緣水[四]經泰山一千餘里，至琅邪臺入海。」此齊之長城也。《史記·秦本紀》：「魏築長城，自鄭今華州。濱洛以北，有上郡。」《蘇秦傳》：「記[五]魏襄王曰：『西有長城之界。』」《竹書紀年》：「惠成王十二年，龍賈帥師築長城于西邊。」此魏之長城也。《後漢河》：志南郡[六]：卷：《絳侯世家》正義引《括地志》云：「故卷城，在鄭州原武縣西北七里。」《釋例·地名》云：「卷縣所理，垣雍城也。」「有長城，經陽武到密」。此韓之長城也。《水經注》：「盛弘之云：『葉東界有故城，始犨縣[七]，東至瀙水，達沘陽[八]，南北數百里，號爲方城，一謂之長城。』」「《郡國志》曰：『葉縣有長城，曰方城。』」[九]又《越世家》正義引《括地志》云：「故長城，在鄧州内鄉縣東七十五里，南入穰縣，北連翼望山。無土之處，累石爲固。楚襄王作霸南土，争强中國，多築列城于北方，以通華夏，號爲方城。」此楚之長城也。若《趙世家》成侯「六年，中山築長城」，又言肅侯十七年「築長城」。劉伯莊云：「從雲中以北至代」，非也。武靈王時始有雲中。正義曰：「此長城疑在漳水之北，趙南界。」則趙與中山亦長有城[十]矣。以此言之，中國多有長城，不但北邊也。

其在北邊者，《史記·匈奴傳》：秦宣太后「起兵伐殘義渠，於是秦有隴西、北地、上郡，築長城以拒胡」。此秦之長城也。《魏世家》：惠王「十九年，築長城，塞固陽」。正義曰：「《括地志》云：『椆陽縣，漢舊縣也，在銀川銀城縣界。』椆陽有連山，東至黄河，西南至夏、會等州。」此魏之長城也。《匈奴傳》又言：「趙武靈王北破林胡、樓煩，築長城。正義曰：「《括地志》云：『趙武靈王長城，在朔州善陽縣北。』按《水經》云：百道[十一]長城北，『山上有長垣，若頹毁焉。公奚[十二]亘嶺，東西無極，蓋趙武靈王所築也』。」[十三]自代至[十四]陰山，索隱曰：「徐廣云：『西安陽縣止[十五]有陰山。陰山在河南，陽山北也[十六]。』」正義曰：「《括地志》云：『陰山在朔州絶塞外突厥界。』」□[十七]至高闕爲塞，徐廣曰：「在朔方。」正義曰：「《地理志》云：『朔方臨戎縣北有連山，險于長城，其山中斷，兩峰俱峻，俗名爲『高闕』也。』」而置雲中、雁門、代郡。」此趙之長城也。燕將秦開「襲破東胡，東胡却千餘里。燕亦築長城，自造陽韋昭曰：「地名，在上谷。」正義曰：「按上谷即[十八]今嬀州。」至襄平，索隱曰：韋昭云：「今遼東所理也。」置上谷、漁陽、右北平、遼西、遼東郡，以拒胡。」此燕之長城也。「秦滅六國，而始皇帝使蒙恬將十萬之衆，北擊胡，悉收河南地，因河爲塞，索隱曰：「按《太康地志[十九]》：『秦塞自五原北九里，謂之造陽，東行終利賁山南、漢陽西是也。』」築四十四縣城，臨河，徙適戍以充之，而通直道。索隱曰：「蘇林云：『去長安千里，正南北相直道也。』」自九原至雲陽，索隱曰：「韋昭云：『九原縣屬五原。』」正義曰：「《括地志》云：『勝連州谷縣[二十]，本秦九原郡[二十一]，漢武帝更名五原。雲陽雍縣，秦之林光宫，即漢之甘泉宫在焉。』又云：『秦故道在慶州華池縣西四十五里子午山上，自九原至雲陽千八百里。』」因邊山險，塹谿谷可繕者治之，起臨洮至遼東萬餘里。索隱曰：「韋昭曰：『臨洮隴西縣。』」正義曰：「《括地志》云：『秦隴西郡臨洮縣，即今岷州城，本秦長城。首起岷州西十二里，延袤萬餘里，東入遼水。』」又度河，據陽山北假中。」北假，北方田官，主以田假與貧人，故云「北假」。索隱曰：「應劭云：『北假在北地陽山北。』韋昭云：『北假，地名。』」正義曰：「《括地志》云：『漢五原郡河目縣，故城在北假中。北假在河北，今屬勝州銀城縣。』《漢書・王□[二十二]傳》云：『五原北假，膏壤殖穀。』」此秦并天下之後所築之長城也。自此以後，則漢武帝元朔二年，遣將軍衛青[二十三]等擊匈奴，「取河南地，築朔方，復繕故秦時蒙恬所爲塞，因河爲固」。[二十四]魏明元帝常泰[二十五]八年，「二月戊辰，築長城于長川之南，起自赤城，西至五原，延袤二千餘里」。[二十六]太武帝太平真君七年五月[二十七]，「丙戌，發司、馬[二十八]、定、冀四州十萬人築城《北史》作「幾」。[二十九]上塞圍，起上谷，西至河，廣袤皆千里」。[三十]北齊文宣帝天禄[三十一]三年，「十月乙未，起長城，自黄櫨嶺，北至社于戍[三十二]，四百餘里，立三十六戍」。[三十三]《通鑑》註：「此長城盖起于唐石州，□[三十四]抵武州之界[三十五]。」六年，「發氏[三十六]一百八十萬築長城，自幽州北夏口，至恒州九百餘里」。[三十七]《通鑑》註：「幽州夏口，即居庸下口也。幽州軍都縣西北有居庸關。」「先是，自西河總秦戍築長城，東至于海，前後所築，東西凡三千餘里，率十里一戍。其要害置州鎮，凡二十五所。」[三十八]八年，「于長城内築重城，自庫洛拔而東，至于塢紇[三十九]戍，凡四百餘里」。[四十]而《斛律羡傳》云：「羡以北虜[四十一]屢犯邊，須備不虞，自庫堆戍東距于海，隨山屈曲二千餘里，其間二百里[四十二]中，凡有險要，或斬山築城，或斷谷起障，並置立戍邏五十餘所。」[四十三]周宣帝大象元年六月，「發山東諸州民，修長城」。[四十四]「立亭障，西自雁門，東至碣石。」[四十五]隋文帝開皇元年四月，「發稽胡修築長城」。[四十六]五年，「使司農少卿崔仲方發[四十七]三萬，于朔方靈武築長城，東距黄河，西至綏州，南至勃出嶺，綿歷七百里」。[四十八]六年二月，「丁亥，復令崔仲方發丁十五萬，於朔方以東，緣邊險要，築數十城」。[四十九]七年，「發丁男十萬餘人，修長城」。[五十]大業三年七月，「發丁男百餘萬築長城，西踰林榆[五十一]，東至紫河」。[五十二]四年，「七月辛巳，發丁男二十餘萬築長城，自榆林谷而東」。[五十三]此又後史所載維[五十四]築長城之事也。

【校注】

[一]事見《左傳・成公二年》。

[二]「殆」字誤，原抄本同誤，當改。遂初堂本、集釋本、欒本、陳本、嚴本作「始」。

[三]「後漢志」，原抄本、遂初堂本、嚴本同，集釋本、欒本、陳本作「續漢志」。

［四］「水」字誤，當改。原抄本、遂初堂本、集釋本、欒本、陳本、嚴本均作「河」。

［五］「記」字誤，原抄本同誤，當改。遂初堂本、集釋本、欒本、陳本、嚴本作「説」。《史記》作「説」。

［六］「《後漢河》：志南郡」，「河志」二字誤倒，當乙正。原抄本、遂初堂本、嚴本作「《後漢志》：河南郡」。集釋本、欒本、陳本作「《續漢志》：河南郡」。

［七］「犨縣」誤，當改。原抄本、遂初堂本、集釋本、欒本、陳本、嚴本均作「犨縣」。《水經注》作「犨縣」。

［八］「泚陽」，遂初堂本、集釋本、欒本、陳本、嚴本同，原抄本誤作「洮陽」。《水經注》作「泚陽」。

［九］《水經注》卷三十一。

［十］「長有城」誤倒，當乙正。原抄本、遂初堂本、集釋本、欒本、陳本、嚴本均作「有長城」。

［十一］「百道」，原抄本、遂初堂本、集釋本、欒本、陳本、嚴本同。《史記》、《水經注》均作「白道」。

［十二］「公奚」誤，當改。原抄本、遂初堂本、集釋本作「沿溪」，欒本、陳本、嚴本作「沿溪」。

［十三］張守節正義所引，見《水經注》卷三。

［十四］「至」字誤，當改。原抄本、遂初堂本、集釋本、欒本、陳本、嚴本均作「並」。

［十五］「止」字誤，當改。原抄本、遂初堂本、集釋本、欒本、陳本、嚴本均作「北」。《史記》裴駰集解作「北」。

［十六］「陽山北也」，原抄本、遂初堂本、集釋本、欒本、陳本、嚴本同。《史記》集解原文作「陽山在河北」。

［十七］底本缺一字處，原抄本、遂初堂本、集釋本、欒本、陳本、嚴本均作「下」，當補。

［十八］「即」字誤，當改。原抄本、遂初堂本、集釋本、欒本、陳本、嚴本均作「郡」。《史記》作「郡」。

［十九］「太康地志」誤，當改。原抄本、遂初堂本、集釋本、欒本、陳本、嚴本均作「太康地記」。《史記》司馬貞索隱作「太康地記」。

［二十］「勝連州谷縣」，「連州」二字誤倒，當乙正。原抄本、遂初堂本、集釋本、欒本、陳本、嚴本均作「勝州連谷

縣」，與《史記》索隱同。

［二十一］「即」字誤，當改。原抄本、遂初堂本、集釋本、欒本、陳本、嚴本均作「郡」。《史記》索隱作「郡」。

［二十二］「王□」，原抄本、遂初堂本、集釋本、欒本、陳本、嚴本均作「王莽」，當補。

［二十三］「衛責」誤，當改。原抄本、遂初堂本、集釋本、欒本、陳本、嚴本均作「衛青」。

［二十四］仍引《史記・匈奴列傳》。

［二十五］「常泰」誤倒，當乙正。原抄本、遂初堂本、集釋本、欒本、陳本、嚴本均作「泰常」。

［二十六］《魏書・太宗紀》，又見《北史・魏本紀》。

［二十七］「五月」，原抄本、遂初堂本、集釋本、欒本、陳本、嚴本均同。《北史》作「五月」，《魏書》、《資治通鑑》作「六月」。

［二十八］「馬」字誤，原抄本同誤，當改。遂初堂本、集釋本、欒本、陳本、嚴本作「幽」。《魏書》、《北史》及《資治通鑑》作「幽」。

［二十九］「幾」字誤，當改。原抄本、遂初堂本、集釋本、欒本、陳本、嚴本均作「畿」。今按：《魏書》、《北史》及《資治通鑑》均作「筑畿」。

［三十］《魏書・世祖紀下》，又見《北史・魏本紀》、《資治通鑑》卷一百二十四。

［三十一］「天禄」誤，原抄本同誤，當改。遂初堂本、集釋本、欒本、陳本、嚴本作「天保」。《北齊書》、《北史》、《資治通鑑》作「天保」。北齊無「天禄」年號。

［三十二］「社于戍」，原抄本、嚴本作「社干戍」，遂初堂本作「社千戍」，集釋本、欒本、陳本作「社平戍」。按《北齊書》作「社干戍」，《北史》作「社于戍」，《資治通鑑》作「社平戍」。

［三十三］《北齊書・文宣本紀》，又見《北史・齊本紀中》、《資治通鑑》卷一百六十四。

［三十四］底本缺一字處，原抄本、遂初堂本、集釋本、欒本、陳本、嚴本均作「北」，《資治通鑑》胡注作「北」，當補。

[三十五]「武州之界」，「界」字誤，原抄本作「五州之境」，「五」字誤，均當改。遂初堂本、集釋本、欒本、陳本、嚴本作「武州之境」，與《資治通鑑》胡注同。

[三十六]「氏」字誤，當改。原抄本、遂初堂本、集釋本、欒本、陳本、嚴本均作「民」。《資治通鑑》作「民」，《北齊書》、《北史》作「夫」。

[三十七]《資治通鑑》卷一百六十六，又見《北齊書・文宣本紀》、《北史・齊本紀中》。

[三十八]《北齊書・文宣本紀》、《北史・齊本紀中》，又見《資治通鑑》卷一百六十六。時爲天保七年。

[三十九]「塢紇」，遂初堂本、集釋本、欒本、陳本、嚴本同，原抄本誤作「塢統」。《北齊書》、《北史》作「塢紇」。

[四十]《北齊書・文宣本紀》、《北史・齊本紀中》，又見《資治通鑑》卷一百六十七。

[四十一]「北虜」，原抄本同。潘耒遂初堂刻本改爲「被鹵」，集釋本因之。欒本據黄侃校記改回而加説明，陳本仍刻本之舊而加注，嚴本改回爲「北虜」，無校記。

[四十二]「里」，遂初堂本、集釋本、欒本、陳本、嚴本同，原抄本誤作「重」。《北齊書》作「里」。

[四十三]《北齊書・斛律金傳》附斛律羨傳。

[四十四]《周書・宣帝紀》，又見《北史・周本紀下》。

[四十五]《周書・於翼傳》，又見《北史・于栗磾傳》附於翼傳。

[四十六]《隋書・高祖紀上》。

[四十七]「發」字下，脱「丁」字，當補。原抄本、遂初堂本、集釋本、欒本、陳本、嚴本均作「發丁」。《隋書》、《北史》、《資治通鑑》作「發丁」。

[四十八]《資治通鑑》卷一百七十六，及《隋書・崔仲方》、《北史・崔挺傳》附崔仲方傳。

[四十九]《資治通鑑》卷一百七十六，及《隋書・崔仲方》、《北史・崔挺傳》附崔仲方傳。

[五十]《隋書・高祖紀上》，又見《北史・隋本紀上》、《資治通鑑》卷一百七十六。

[五十一]「林榆」誤倒，當乙正。原抄本、遂初堂本、集釋本、欒本、陳本、嚴本均作「榆林」。《隋書》、《北史》、《資治通鑑》作「榆林」。

[五十二]《隋書·煬帝紀上》，又見《隋書·食貨志》、《北史·隋本紀下》、《資治通鑑》卷一百八十。

[五十三]《隋書·煬帝紀上》，又見《北史·隋本紀下》。

[五十四]「維」字誤，當改。原抄本、遂初堂本、集釋本、欒本、陳本、嚴本均作「繼」。

大明一統志[一]

永樂中，命儒臣纂天下輿地書。至天順五年乃成，賜名曰《大明一統志》，御製序文，而前代相傳如《括地志》、《太平寰宇記》之書皆廢。今考其書，舛謬特甚，略摘數事，以資後人之改定云。

《一統志》：「三河：本漢臨泃縣地。」今考兩《漢書》並無臨泃縣。《唐書·地理志》幽州范陽郡潞下縣[二]云：「武德二年[三]，置臨泃縣。」「貞觀元年，省臨泃。」而薊州漁陽郡三河下云：「開元四年，析潞縣[四]置。」故知本是一地，先分爲臨泃，後分爲三河，皆自唐，非漢也。

《一統志》引古事，舛戾最多，未若有[五]密雲山之可笑者。《晉書·石季龍載記》：「段遼棄令支，奔密雲山。遣使詐降，季龍使征東將軍麻秋迎之。遼又遣使降于慕容皝曰：『胡[六]貪而無謀，吾今請降求迎，彼不疑也。若伏重兵要之，可以得志。』皝遣子恪伏兵于密雲，麻秋統兵三萬迎遼，爲恪所襲，死者什六七，秋步遁而歸。」是段遼與燕合謀，而敗趙之衆也。今《一統志》

云：「密雲山在密雲縣南一十五里，亦名横山。昔燕、趙伏兵於此，大獲遼衆。」是反以爲趙與燕謀而敗遼之衆。又不言「段」而曰「遼」，似以「遼」爲國名。豈修志諸臣並《晉書》而未之見乎？

《一統志》：「楊令公祠，在密雲縣古北口，祀宋楊業。」按《宋史・楊業傳》：「業本太原降將，太宗以業老於邊事，遷代州，兼三交今陽曲縣。駐泊兵馬都部署。會契丹入鴈門，業領麾下數千騎，自西京[七]而出，由小徑至鴈門北口，南嚮背擊之，契丹大敗，以功遷雲州觀察使。雍熙三年，六[八]兵北征，以忠武軍節度使潘美爲雲應路行營都部署，命業副之。以西上閤門使蔚州刺史王侁、車器庫使順州團練使劉文裕護其軍。諸軍連拔雲、應、寰、朔四州，師次桑乾河。會曹彬之師不利，諸路班師，美等歸代州。未幾，詔遷四州之民于内地，令美等以所部兵護之。□[九]契丹復陷寰州」，侁令業趨鴈門北川，業以爲必敗，不可。侁道[十]之行，業「指陳家谷口曰：『諸君于此張步兵强弩，爲左右翼以援。』美即與侁領麾下兵陳于谷口。自寅至巳，侁使人登托邏臺望之，以爲契丹敗走，欲争其功，即領兵離谷口。美不能制，乃緣交河西南行二十里，俄聞業敗，即麾兵却走。業力戰至谷口，望見無人，即拊膺大慟。再率帳下士力戰，身被數十創，士卒殆盡，業猶手刃數十人，馬重傷不能進，爲契丹所擒，不食三日死。」[十一]是業生平未嘗至燕。况古北口又在燕東北二百餘里，地屬契丹久矣，業安得而至此？且史明言鴈門之北口，而以爲密雲之古北口，是作志者東西尚不辨，何論史傳哉？又按《遼史・聖宗紀》：統和四年，「七月丙子，樞密使斜軫奏復朔州，擒宋[十二]将楊繼業」。《耶律斜軫傳》：「繼業敗走，至狼牙村，衆軍皆潰。繼業爲飛天[十三]所中，被擒。」與《宗[十四]史》略同。《密雲縣志》：「威靈廟，在古北口北門外一里，祀宗[十五]贈太尉、大同軍節度使楊公。」成化十八年，禮部尚書周洪範《記》，[十六]引《宗[十七]史》全文，而不辨雁門北口之非其地。《豐潤縣志》：「令公村，在縣西十五里，宗[十八]楊業屯兵拒遼於此。有功，故名。」並承《一統志》而誤。

《一統志》：「遼章宗陵，在三河縣北五十五里。」□[十九]遼無章宗，其一代諸帝亦無葬三河者。

《一統志》：「金太祖陵、世宗陵，俱在房山縣西二十里三峰山下。宣宗陵、章宗陵，俱在房山縣西大房山東北。」按《金史・海陵紀》：貞元三年三月，「乙卯，命以大房山雲峰寺爲山陵，建行宮其麓」。五月，「乙卯，命判大宗正事京等如上京，奉遷太祖、太宗梓宮」。「十一月乙巳朔，梓宮發丕承殿。戊申，山陵禮成。」正隆元年，「七月己酉，命太保昂如上京，奉遷始祖以下梓宮。八月丁丑，如大房山行視山陵。十月乙酉，葬始祖以下十帝于大房山。閏月己亥朔，山陵禮成。」又《太祖紀》：「太祖葬睿陵。」《太宗紀》：「太宗葬恭陵。」《世宗紀》：「世宗葬興陵。」《章宗紀》：「章宗葬道陵。」又《熙宗紀》：帝被弑，「葬于皇后裴滿氏墓中。貞元三年，改葬于大房山蓼香甸，諸王同兆域。大定初，追上謚號，陵曰思陵。二十八年，改葬于峨眉谷，仍號思陵」。又《海陵紀》：「葬于大房山鹿門谷。」後降爲庶人，「改葬于山陵西南四十里」。又《睿宗紀》：大定二年，改葬于大房山，號景陵」。《顯宗紀》：大定二十五年十一月，「庚寅，葬于大房山」。章宗即位，「號曰裕陵」。是則金代之陵，自上京而遷者十二帝，其陵曰光、曰熙、曰建、曰輝、曰安、曰定、曰永、曰泰、曰獻、曰喬、曰睿、曰恭。其崩于中都而葬者二帝，其陵曰興、曰道。被弑者一帝，其陵曰思。追謚者二帝，其陵曰景、曰裕。被弑而降爲庶人者一帝，葬在兆域之外。而宣宗則自即位之二年遷于南京，三年五月中都爲蒙古所陷，葬在大梁，非房山矣。今《一統志》止有四陵，而誤列宣宗，又躋于章宗之上，諸臣不學之甚也！

《漢書·地理志》：樂浪郡之縣二十五，其一曰朝鮮。應劭曰：「故朝鮮國，武王封箕子于此。」《志》曰：「殷道衰，箕子去之朝鮮。」《山海經》曰：「朝鮮在列陽東，海北山南。」[二十]註：「朝鮮，今樂浪縣，箕子所封也。」在今高麗國境内。慕容氏于營州之境立朝鮮[二十一]，魏又于平州之境立朝鮮縣，但取其名，與漢縣相去則千有餘里。《一統志》乃曰：「朝鮮城，在永平府境内，箕子受封之地。」則是箕子封于今之永平矣！當日儒臣，令稍知今古者爲之，何至于此？爲之太息！

《一統志》「登州府：名宦」下云：「劉興居，高祖孫，齊悼惠王肥子。誅諸吕有功，封東侯牟[二十二]。惠澤及于邦人，至今廟祀不絶。」考《史記》、《漢書》本紀、年表，興居以高后六年四月丁酉封。孝文帝二年冬十月，始令列侯就國。春二月乙卯，立東牟侯興居爲濟北王。其明年秋，以反誅。是興居之侯于東牟僅三年，其奉就國之令，至立爲濟北王，相距僅五月。其曾到國與否不可知，安得有「惠澤及人」之事、歷二千年而思之「不絶」者乎？甚矣，修志者之妄也！

王文公[二十三]《虔州學記》：「虔州，江南地，最曠。大山[二十四]長谷，荒翳險阻。」以「曠」字絶爲一句，「谷」字絶爲一句，「阻」字絶爲一句，文理甚明。今《一統志》「贛州府：形勝」條下摘其二語曰：「地最曠大，山長谷荒。」句讀之不通，而欲從事於《九丘》之書[二十五]，真可爲[二十六]千載笑端矣！

【校注】

[一]「大明一統志」標題，原抄本、遂初堂本、集釋本、欒本、陳本、嚴本均同。陳垣校注：「原題作『大明一統志之謬』」，未知何據。《大明一統志》，明吏部尚書兼翰林院學士李賢等奉敕撰。

[二]「潞下縣」誤倒，當乙正。原抄本、遂初堂本、集釋本、欒本、陳本、嚴本均作「潞縣下」。

[三]「一年」誤，當改。原抄本、遂初堂本、集釋本、欒本、陳本、嚴本均作「二年」。《舊唐書》作「二年」。

[四]「潞縣」，原抄本同。遂初堂本、集釋本、欒本、陳本、嚴本誤作「路縣」。按《舊唐書》云「分潞縣置」，《新唐書》云「析潞置」，均作「潞」。

[五]「未若有」誤倒，原抄本同誤，當乙正。遂初堂本、集釋本、欒本、陳本、嚴本作「未有若」。

[六]「胡」字，原抄本同。潘耒遂初堂刻本改爲「彼」，集釋本因之。欒本據黄侃校記改回而加説明，陳本仍刻本之舊而加注，嚴本仍刻本之舊，無校記。

[七]「西京」誤，原抄本、遂初堂本、集釋本、欒本、陳本同誤，當改。嚴本改爲「西陘」。《宋史》本傳作「西陘」。

[八]「六」字誤，當改。原抄本、遂初堂本、集釋本、欒本、陳本、嚴本均作「大」。《宋史》作「大」。

[九]底本缺一字處，原抄本、遂初堂本、集釋本、欒本、陳本、嚴本均作「時」，《宋史》作「時」，當補。

[十]「道」字誤，當改。原抄本、欒本、嚴本作「逼」，遂初堂本、集釋本、陳本作「偪」。

[十一]以上所引《楊業傳》多有節文。

[十二]「宗」字誤，當改。原抄本、遂初堂本、集釋本、欒本、陳本、嚴本均作「宋」。《遼史》作「宋」。

[十三]「天」字誤，當改。原抄本、遂初堂本、集釋本、欒本、陳本、嚴本均作「矢」。《遼史》作「矢」。

[十四]「宗」字誤，當改。原抄本、遂初堂本、集釋本、欒本、陳本、嚴本均作「宋」。

［十五］「宗」字誤，當改。原抄本、遂初堂本、集釋本、欒本、陳本、嚴本均作「宋」。
［十六］周洪範《重建靈威廟記》，今存康熙五十五年重刻之拓本。
［十七］「宗」字誤，當改。原抄本、遂初堂本、集釋本、欒本、陳本、嚴本均作「宋」。
［十八］「宗」字誤，當改。原抄本、遂初堂本、集釋本、欒本、陳本、嚴本均作「宋」。
［十九］底本缺一字處，原抄本、遂初堂本、集釋本、欒本、陳本、嚴本均作「考」，當補。
［二十］《山海經・海内北經》。
［二十一］「朝鮮」下，脱「縣」字，當補。原抄本、遂初堂本、集釋本、欒本、陳本、嚴本均作「朝鮮縣」。
［二十二］「東侯牟」誤倒，當乙正。原抄本、遂初堂本、集釋本、欒本、陳本、嚴本均作「東牟侯」。
［二十三］王文公，王安石，卒謚文。
［二十四］「三」字誤，當改。原抄本、遂初堂本、集釋本、欒本、陳本、嚴本均作「山」。《臨川文集》作「山」。
［二十五］《九丘》之書，《左傳・昭公十二年》：「是能讀《三墳》、《五典》、《八索》、《九丘》。」正義引馬融曰：「《九丘》，九州之數也。」
［二十六］「爲」，原抄本、遂初堂本、欒本、嚴本同，陳本作「謂」。

交趾［一］

《大學衍義補》［二］曰：「交趾［三］本秦漢以來中國郡縣之地。秦爲象郡地。漢武帝平南越，置［四］交趾、九真、日南三郡。［五］五代時，爲劉隱所并。至宗［六］初，始封爲郡王，然猶授中國官爵勳階，如所謂特進、檢校大尉、静海軍節度觀察等使，及賜號『推誠順化功臣』，皆如内地之臣，未始以國稱也。其後封南平王，奏章文移猶稱安南道。孝宗時，始封以王，稱國，而天下因以高麗、真臘視之，不復知其爲中國之郡縣矣。李氏傳八世，陳氏傳十二世，至日焜，爲黎季犛所篡。季犛上表，竄姓名爲『胡一元』，子蒼易名查，詐稱陳氏絶嗣，查爲甥，求權署國事。我[七]太祖[八]皇帝從其請。逾年，陳氏孫名添平者，始遁至京，愬其實。季犛乃表請迎添平還國，朝廷不逆其詐，遣使送添平歸。抵其境，季犛伏兵殺之，並及使者。事聞，太宗徧告于天地神祇，聲罪致討，遣征夷將軍朱能等征之。能道卒，命副將張輔總其兵，生禽季犛及其子蒼、澄，獻俘京師。詔求陳氏遺裔立之，國人咸稱季犛殺之盡，無可繼者，僉復請[九]古郡縣。遂如今制，立交阯都、布、按三司，及各府州縣衛所諸司，一如内地。其後有黎利者，乃其夷中之夷也[十]，中官庇之，遂致猖肆，上表請立陳氏後。宣宗皇帝謂此皇祖意也，遂聽之，即棄其地，俾復爲國。[十一]嗚呼！自秦并百粤，交阯之地已與南海、桂林同入中國。漢武立嶺南九郡，而九真、日南、交阯焉與[十二]。在唐中葉，江南之人仕中國，顯者猶少，而愛州人姜公輔《唐書》：「姜公輔，愛州日南人。」已仕中朝，爲學士、宰相，與中州之士相頡頏矣。奈何世歷五代，爲土豪所據！宋[十三]興不能討之，遂使茲地淪於蠻夷[十四]之域，而爲侏㒧藍縷之俗三百餘年，而不得與南海、桂林等六郡[十五]同爲衣冠禮樂之區，一何不幸哉！」[十六]按交阯自漢至唐爲中國之地，在宋爲化外州，雖貢賦、版籍不上户部，然聲教所及，皆邊州帥府領之。永樂間，平定其地，設交阯都指揮使司、布政使司、按察司各一，衛十，千户所二，府十五[十七]，六年十月自州陞爲府者二。州四十一，縣二百八，市舶提舉司一，巡檢司百，税課司局等衙門九十二。而升遐之後，上尊謚議，以「復交阯郡縣于數千載之後，驅漠北殘虜[十八]于數萬里之外」[十九]爲言，既述武功之成，亦侈輿圖之廣。後以兵力不及而棄之。乃天順中修《一統志》云[二十]，竟以安南與古城[二十一]、暹羅等國同爲一卷。天順八年七月《實録》：「寧遠州本中國地，國初屬雲南布政司。宣德初，黎利叛，朝廷予之故地，乃并寧遠州及廣西之[二十二]太平府之禄州爲所占。當時有司失于檢察，今遂陷于夷。」[二十三]嗟乎！「巴、濮、楚、鄧，吾南土也。」[二十四]狃域中之見，而忘無外[二十五]之規，吾不能無議夫儒臣者。

《大明清類天文分野書》，洪武十七年閏十月進。其中如上都、大寧、遼東諸郡縣，並載前代沿革，而云「本朝未立」。内地如河間府之莫州、莫亭、會川、樂壽，亦具前代沿革，而云「本朝未立」。不以一時郡縣之有無，而去歷代相因之版籍，甚爲有體。

【校注】

[一]「交趾」，原抄本同。集釋本、欒本、陳本、嚴本作「交阯」。

[二]《大學衍義補》一百六十卷，邱濬撰。

[三]「交趾」，原抄本、遂初堂本、集釋本、欒本、陳本、嚴本均作「交阯」。下同。

[四]「買」字誤，當改。原抄本、遂初堂本、集釋本、欒本、陳本、嚴本均作「置」。

[五]黄汝成集釋引王氏曰：《水經》葉榆水篇注：「羸䶊縣，漢武帝元鼎六年開，都尉治。」「交阯郡及州本治於此。」然則交郡太守及交州刺史與都尉皆同治此縣也。此南蠻地新開者，不可以一例論。

[六]「宗」字誤，當改。原抄本、遂初堂本、集釋本、欒本、陳本、嚴本均作「宋」。《大學衍義補》作「宋」。

[七]「我」字，原抄本同，與《大學衍義補》同。潘耒遂初堂刻本删，集釋本因之。欒本補「我」字，陳本仍刻本之舊而加注，嚴本仍刻本之舊，無校記。

[八]「太祖」誤，當改。原抄本、遂初堂本、集釋本、欒本、陳本、嚴本均作「太宗」。《大學衍義補》作「太宗」。

［九］「復請」誤倒，當乙正。原抄本、遂初堂本、集釋本、欒本、陳本、嚴本均作「請復」。《大學衍義補》作「請復」。

［十］「乃其夷中之夷也」一句，原抄本同，與《大學衍義補》同。潘耒遂初堂刻本改爲「乃彼中幺麽小醜耳」。欒本據黄侃校記改回而加説明，陳本、嚴本仍刻本之舊而加注。

［十一］《明史・外國傳・安南傳》云：「乃僭大號，紀元興慶，國曰大越。」

［十二］「焉與」誤倒，當乙正。原抄本、遂初堂本、集釋本、欒本、陳本、嚴本均作「與焉」。《大學衍義補》作「與焉」。

［十三］「宗」字誤，當改。原抄本、遂初堂本、集釋本、欒本、陳本、嚴本均作「宋」。《大學衍義補》作「宋」。

［十四］「蠻夷」，原抄本同，潘耒遂初堂刻本改爲「蠻裔」，黄氏集釋本仍作「蠻夷」。欒本、陳本、嚴本作「蠻夷」，均無校注。

［十五］「郡」，遂初堂本、集釋本、欒本、陳本、嚴本同，原抄本誤作「部」。《大學衍義補》作「郡」。

［十六］《大學衍義補》卷一百五十三。

［十七］「府十五」，原抄本同。遂初堂本、集釋本、欒本、陳本、嚴本作「府十三」。

［十八］「漠北殘虜」，原抄本誤作「漢北殘虜」。《明仁宗實録》作「莫比殘虜」，校記云：各本「莫比」作「漠北」，是也。潘耒遂初堂刻本改爲「漠北殘寇」，集釋本因之。欒本據黄侃校記改回而加説明，陳本仍刻本之舊而加注，嚴本改回爲「漠北殘虜」，無校記。

［十九］見《明仁宗實録》卷二上。

［二十］「《一統志》云」，「云」字衍，當删。原抄本作「《一統》云」亦誤。遂初堂本、集釋本、欒本、陳本、嚴本作「《一統志》」。

［二十一］「古城」誤，當改。原抄本、遂初堂本、集釋本、欒本、陳本、嚴本均作「占城」。

［二十二］「之」字衍，當删，原抄本、遂初堂本、集釋本、欒本、陳本、嚴本無，《明宪宗實録》無。

［二十三］《明宪宗實録》卷七。
［二十四］語出《左傳・昭公九年》。
［二十五］無外，《春秋繁露・深察名號》：「天覆無外，地載兼愛，風行令而一其威，雨布施而均其德，王術之謂也。」

薊

《漢書》：「薊：故燕國，召公所封。」［一］《後漢書》：「薊：本燕國，刺史治。」［二］自七國時，燕都于此。項羽立臧荼［三］爲燕王，都薊。高帝因之，爲燕國。元鳳元年，燕刺王旦自殺，國除，爲廣陽郡。本始元年，爲廣陽國。建武十三年省，屬上谷。永平八年，一作永元六年。復爲廣陽郡。晉復爲燕國。魏爲燕郡。隋開皇初，廢。大業初，置涿郡。唐天寶元年，更名范陽郡。並治薊。《水經》：「濕水過廣陽薊縣北，又東至漁陽雍奴縣。」註：「今城内西北隅有薊丘，因丘以名邑也。」《後漢書・彭寵傳》：反［四］漁陽，「自將二萬餘人攻朱浮寵於薊」。《晉書・載記》：魏圍燕中山、清河，王會自龍城遣兵赴救。「建威將軍餘崇爲前鋒，至漁陽，過魏千餘騎，鼓噪直進，殺十餘人，魏騎潰去，崇亦引還。會乃上道徐進，始達薊城。」［五］即此三事，可見薊在漁陽之西。《唐書・地理志》：「幽州范陽郡，治薊。開元十八年，析置薊州漁陽郡，治漁陽。」及遼，改薊爲析津縣，因此薊之名遂没于此而存于彼。今人乃以漁陽爲薊，而忘其本矣。《史記》樂毅《書》：「薊丘之植，植于汶篁。」［六］此即《水經注》所言「薊丘」。

《禮記·樂記》：「武王克殷反商，未及下車，而封黄帝之後于薊。」《史記》及《水經注》並云「堯後」。[七] 疏云：「今涿郡薊縣是也，即燕國之都。孔安國、司馬遷及鄭皆云，燕祖召公，與周同姓。按黄帝姓姬，召公盖其後也。」《穀梁傳》曰：「燕，周之分子也。」皇甫謐因謂召公爲文王之庶子，而范甯註又以爲成王所封。然考《左傳》富辰之言，敘不及燕。[八] 按此以薊、燕爲一國，而召公即黄帝之後。《史記·周本紀》：「武王封帝堯之後于薊，封召公奭于北燕。」正義曰：「按周封以五等之爵，薊、燕二國俱武王立，因燕山、薊丘爲名，其地足自立國。後薊微燕盛，乃并薊居之。」其説爲長。[九]

【校注】

[一]《漢書·地理志下》。

[二]《後漢書·郡國志五》。

[三]「臧茶」誤，當改。原抄本、遂初堂本、集釋本、欒本、陳本、嚴本均作「臧茶」。

[四]「反」字上，脱「寵」字，誤植作「朱浮」下，當乙正。原抄本同誤。遂初堂本、集釋本、欒本、陳本、嚴本作「寵反」。

[五]《晉書》無，見《資治通鑑》卷一百九《晉紀》。

[六]樂毅《報遺燕惠王書》。

[七]《史記·周本紀》言「乃褒封帝堯之後於薊」，《水經注》言「封堯後於薊」。

[八]《穀梁傳》見莊公三十年。皇甫謐見《詩經》正義引《帝王世紀》。富辰之言見《左傳·僖公二十四年》。「叙不及燕」，原抄本、遂初堂本、集釋本、欒本、陳本、嚴本均作「不叙及燕」。

[九]黄汝成集釋引王氏曰：《説文·邑部》：「郪，周封黄帝之後於也。从邑，契聲，讀若薊。上谷有縣。」《樂記》釋文云：「黄帝姓姬，君奭蓋其後也。」又云：「或黄帝後封薊者滅絶，而更封燕乎？」考成王崩後，召公尚在朝，未就

封，則武王未下車，所封必非召公矣。又群書皆作「薊」，而《説文》獨作「㔾」，雖讀若薊，《漢志》上谷郡皆無㔾縣，而既云黄帝之後所封，似即薊矣。乃不云廣陽，反云上谷，亦不可解。

夏謙澤

《晉書·載記》：「慕容寶盡徙薊中府庫，北趨龍城。魏石河頭引兵追及之于夏謙澤。」[一]胡三省《通鑑》註：「夏謙澤在薊北二百餘里。」恐非。按《水經注》：「鮑丘水東南流，逕潞城南，又東南入夏澤。澤南紆曲渚一十餘里，北佩謙澤，眇望無限[二]也。」下云：「鮑丘水又東與泃河合。」[三]《三河志》：「鮑丘河在縣西二十五里。源自口外，南流經[四]九莊嶺，過密雲，合道人溪，至通州之米莊村，合沽水，入泃河。」今三河縣西三十里，地名夏店，舊有驛，鮑丘水逕其下。而泃河自縣城南至寶坻，下入於海。疑夏店之名因古夏澤，其東彌望皆陂澤，與《水經注》正合。自薊至龍城，此其孔道。寶以丙辰行，魏人以戊午及之，相距二日，適當其地也。

【校注】

[一]《晉書》無，見《資治通鑑》卷一百九《晉紀》。

[二]「無限」誤，遂初堂本同誤，當改。原抄本、集釋本、欒本、陳本作「無垠」，《水經注》作「無垠」，嚴本改「無限」爲「無垠」。

[三]《水經注》卷十四。

[四]「經」，原抄本、遂初堂本、嚴本同，欒本作「徑」，集釋本、陳垣作「逕」。

石門

《後漢書・公孫瓚傳》:「中平中,張純與烏桓丘力居等入寇,瓚追擊,戰于屬國石門,大敗之。」註:「石門山在今營州[一]柳城縣西南。」而《水經注》云:「灅水又東南逕石門峽,山高嶃絶,壁立洞開,俗謂之石門口。漢中平五年,公孫瓚討張純,戰于石門,大破之。」今薊州東北六十里石門驛,即《水經注》之石門是也。按史,《本紀》但言「石門」,而《傳》言「屬國石門」,明有两石門。《北齊書》:皮慶賓「正光中因使懷朔,遇世亂,遂户[二]廣寧之石門縣」。《水經注》所指乃漁陽之石門,非遼東屬國之石門,當以柳城爲是。《通典》柳城有石門山。[三]

【校注】

[一]「營州」,遂初堂本、集釋本、欒本、陳本、嚴本同,原抄本誤作「當州」。

[二]「户」字殘,當補正。原抄本、遂初堂本、集釋本、欒本、陳本、嚴本均作「家」。《北齊書》作「家」。

[三]見《通典》卷一百七十八。

無終

玉田,漢無終縣。《漢書・地理志》:「故無終子國,浭水西至雍奴入海。」《史記》:項羽封韓廣爲遼東王,「都無終」。[一]《後漢書》:「吴漢将二十騎,光[二]馳至無終。」韋昭《國語》解:「無終,山戎之國，今爲縣，在北平。」《水經注》：「藍水出北山，東屈而南流，逕無終縣故城東。故城，無終子國也。」「《魏氏土地記》曰：『右北平城西壯[三]百三十里有無終城。』」[四]無終之爲今玉田，無可疑者。然《左傳》襄公四年：「無終子使孟樂如晉，因魏莊子納虎豹之皮，以請和諸戎。」昭公元年：「晉中行穆子敗無終及群狄于太原。」《漢書・樊噲傳》：「擊陳豨，破得綦毋卬、尹潘軍於無終、廣昌。」則去玉田千有餘里。豈無終之國先在云中、代都[五]之境，而後遷於右北平與？《左傳》正義曰：「《釋例・土地名》以北戎、山戎、無終三名爲一。北平有無終縣，太原即太原郡晉陽縣是也。計無終在太原東北二千餘[六]里，遠就太原來與晉戰，不知其何故也？蓋與諸戎近晉者相率而來也。」[七]

【校注】

[一]事見《史記・項羽本紀》。「都無終」三字見集解引徐廣曰，又見《資治通鑑》卷九。

[二]「光」字誤，當改。原抄本、遂初堂本、集釋本、欒本、陳本、嚴本均作「先」。《後漢書》作「先」。

[三]「西壯」誤，當改。原抄本、遂初堂本、集釋本、欒本、陳本、嚴本均作「西北」。《水經注》作「西北」。

[四]《水經注》卷十四。

[五]「代都」誤，原抄本同誤，當改。遂初堂本、集釋本、欒本、陳本、嚴本作「代郡」。

[六]「餘」，原抄本、遂初堂本、嚴本同，集釋本、欒本、陳本作「許」。《左傳》正義作「許」。

[七]《左傳・昭公元年》孔穎達正義。

柳城

史言：「慕容皝以柳城之壯[一]，龍山之西，福德之地，乃營立宗廟宮闕，命曰龍城。」[二]《一統志》：「柳城在永平府西二十里。龍山在府西四十里。」《永平府舊志》：「柳城在昌黎縣西南六十里。漢末爲烏桓所據，曹操滅之。歷魏、晉，爲慕容氏父子所據。隋置縣，屬遼西郡。唐置營州。元省入昌黎，爲静安社。」其説與史不同。今府西二十里全無遺跡，而静安社則嘉靖三十一年立爲堡，然皆非柳城之舊也。按《唐書》「營州柳城郡」下云：「城西四百八十里，有渝關守捉城。」又云：「南北[三]接奚，北接契丹。」《通典》「營州柳城郡」下云：「東至遼河四百八十里，南至海二百六十里，西至北平郡七百里，北至契丹界五十里，東南到安東府二百七十里，西南到北平郡七百里，西北到契丹界七十里，東北到契丹界九十里。」而「平州北平郡」下云：「東至柳城郡七百里，西至漁陽郡三百里，東北到柳城郡七百里。」是柳城在今永平府[四]之東北七百里，而慕容氏之龍城、昌黎及魏以後之營州並在其地。唐「萬歲通天元年，爲契丹所陷。聖曆二年，僑治漁陽[五]。開元五年，又还治柳城」。[六]《舊唐書·宋慶禮傳》：「初，營州都督府置在柳城，控带奚、契丹。則天時，都督趙文翽政理乖方，两蕃反叛，攻陷州城，其後移于幽州東二百里漁陽城安置。開元五年，奚、契丹各款塞歸附，玄宗乃詔慶禮及太子詹事姜師度、左驍衛将軍邵宏等充使，更于柳城築營。」[七]而今之昌黎，乃金之廣寧縣，大定二十九年改爲昌黎，名同而地異也。

《三國志》：魏武帝用田疇之言，「上徐無山」，[八]「塹山堙谷五百餘里，經白檀，歷平岡，涉鮮卑庭，東指柳州」。[九]徐無山在今玉田，則柳城在玉田之東北數百里也。《北齊書》：顯祖伐契丹，以「十月丁酉至平州，從西道趣長塹。辛丑至白狼城。壬寅至昌黎城」。[十]是昌黎在平州之東北，齊主之行急，猶五日而後至也。《隋書》：漢王諒伐高麗，「軍出臨渝關」，[十一]「至柳城」。[十二]《唐書》，太宗伐高麗還，以「十月丙午，次營州。」[十三]「詔遼東戰亡士卒駭骨並集柳城東南，命有司設太牢，上自作文以祭之」。[十四]「丙辰，皇太子迎謁於臨渝關。」[十五]關在今撫寧之東，則柳城又在東其[十六]。太宗之行遲，故十日而後至也。

《遼史》載柳城曰：「興中府：古孤竹國，漢柳城縣地。慕容皝以柳城之北，龍山之南，福德之地，乃築龍城，構宮廟，改柳城爲龍城縣，而遷都之，號曰和龍宮。慕容垂復居焉[十七]。垂都鄴，其子寶始遷龍城，非垂也。後爲馮跋所滅。高雲滅慕氏[十八]，馮跋代高雲，非跋滅慕容氏也。魏取之，爲遼西郡。隋平高宗置，寧營州[十九]。煬帝改柳城郡。唐武德初，改營州總管府，尋爲都督府。萬歲通天元年，陷李萬榮。神龍初，徙府幽州。開元四年，復治柳城。八年，徙漁陽。十年，還柳城。《舊唐書・奚傳》：「李大輔與契丹首領李失活，請于柳城依舊置營州都督府，從之。」後爲奚所據。太祖平奚及俘燕民，將建城，命韓知方擇其處，乃完葺柳城，號霸州彰武軍節度。重熙十年，升興中府。有太華山、小華山、香高山、麝香崖，天授皇帝刻石在焉。駐龍峪、神射泉、小龍河[二十]。統州二，縣四。」其一曰興中縣：「本漢柳城縣地。太祖掠漢民居此，置霸城縣。重熙中置府，更名。」[二十一]此文述柳城之故頗爲詳備。元世祖至元七年十月己丑[二十二]，「降興中府爲州」。[二十三]以地圖案之，當在今前屯衛之北。但《唐書》「平州」下云：「又有柳城軍，永泰元年置。」[二十四]蓋唐時柳城之地，屢被陷沒，移徙無常。此其在平州者，或即今之静安社未可知，《通典》：「醫無閭，山在遼東，今[二十五]于柳城郡東□□[二十六]遙禮。」[二十七]此即是移置之柳城。然不可以永泰元年之柳城爲古之柳城也。

《一統志》采輯諸書，不屈[二十八]一人之手。如柳城廢縣，既云「在府城西二十里」矣，而于土產則云「人參、麝香、豹尾，俱廢柳城縣出」。今府西二十里乃灤河之西，洞山之南，沙土之地，其能出此三物乎？按《唐書》，營州柳城郡貢「人葠、麝香、豹尾、皮骨骴」。《志》本引之，而不知所指府西二十里廢柳城縣之誤也。

【校注】

[一]「壯」字誤，當改。原抄本、遂初堂本、集釋本、欒本、陳本、嚴本均作「北」。

[二]《十六國春秋・慕容皝傳》。又見《水經注》卷十四、《通典》卷一百七十八、《資治通鑑》卷九十六、《遼史・地理志三》。

[三]「南北」誤，當改。原抄本、遂初堂本、集釋本、欒本、陳本、嚴本均作「西北」。《新唐書》作「西北」。

[四]「府」字，原抄本、遂初堂本、集釋本、欒本、陳本、嚴本無。

[五]「漢陽」誤，當改。原抄本、遂初堂本、集釋本、欒本、陳本、嚴本均作「漁陽」。《新唐書》、《遼史》作「漁陽」。

[六]《新唐書・地理志四》，又見《遼史・地理志三》。

[七]「築營」下，脱一行未寫，當補。原抄本、集釋本、欒本、陳本、嚴本均作：「『州城，興役三旬而畢。』詔書見《册府元龜》。」

[八]《三國志・魏書・田疇傳》。

[九]《三國志・魏書・武帝紀》。「柳州」誤，當改。原抄本、遂初堂本、集釋本、欒本、陳本、嚴本均作「柳城」，與《三國志》同。

[十]《北齊書・文宣帝紀》。

[十一]《隋書・東夷傳・高麗傳》。又見《北史・高麗傳》、《資治通鑑》卷一百七十八。

[十二]《隋書・王世積傳》、《元孝矩傳》附元褒傳。

[十三]《新唐書・太宗本紀》。

[十四]《資治通鑑》卷一百九十八。

[十五]《新唐書·太宗本紀》。

[十六]「東其」誤倒，當乙正。原抄本、遂初堂本、集釋本、欒本、陳本、嚴本均作「其東」。

[十七]「馬」字誤，當改。原抄本、遂初堂本、集釋本、欒本、陳本、嚴本均作「焉」。《遼史》作「焉」。

[十八]「慕氏」脱誤，當改。原抄本、遂初堂本、集釋本、欒本、陳本、嚴本均作「慕容氏」。

[十九]「平高宗置，寧營州」，「宗」字誤，「置寧」二字誤倒，當改正。原抄本、遂初堂本、集釋本、欒本、陳本、嚴本均作「平高實寧，置營州」。

[二十]「小龍河」誤，原抄本、遂初堂本、嚴本同誤，當改。集釋本、欒本、陳本作「小靈河」。《遼史》作「小靈河」。

[二十一]《遼史·地理志三》。

[二十二]「己丑」，遂初堂本、集釋本、欒本、陳本、嚴本同，原抄本誤作「乙丑」。《元史》作「己丑」。

[二十三]《元史·世祖本紀四》。

[二十四]《新唐書·地理志三》。

[二十五]「今」，集釋本、欒本、陳本、嚴本同，遂初堂本誤作「念」。

[二十六]底本缺二字處，原抄本、遂初堂本、集釋本、欒本、陳本、嚴本均作「置祠」，《通典》作「置祠」，當補。

[二十七]《通典》卷一百七十八。

[二十八]「屈」字誤，當改。原抄本、遂初堂本、集釋本、欒本、陳本、嚴本均作「出」。

昌黎

按昌黎有五。《漢書》：「遼西郡」之縣，其八曰「昌黎[一]」：「渝水首受塞外，南入海。東部都尉治。」[二]應劭曰：「今昌黎。」《水經注》：「白狼水又東北逕昌黎縣故城西，《地理志》曰『交黎』也。」[三]《通鑑》註：「昌黎，漢交黎縣，屬遼西郡，後漢屬遼東屬國都尉。魏齊王正始五年，鮮卑内附，復置遼東屬國，立昌黎縣以居之，後立昌黎郡。」[四]《晉書·武帝紀》：太康二年，「慕容廆寇昌黎。」二年[五]，安北將軍嚴詢敗慕容廆于昌黎」。成帝咸康二年，慕容皝「自昌黎東踐冰而進，凡三百餘里，至歷林口」。[六]是則在渝水下流而當海口，此一昌黎也。《晉書·載記》：慕容皝「徙昌黎郡」。又云：破宇文歸之衆，「徙其部人[七]五萬餘落于昌黎」。及慕容盛之世，有昌黎尹張順、劉忠。[八]高雲以馮素弗爲昌黎尹。[九]馮跋之世，有昌黎尹孫伯仁。[十]以史考之，當去龍城不遠，此又一昌黎也。魏併柳城、昌黎、棘城于龍城，而立昌黎郡。《志》云：「有堯祠、榆頓城、狼水。」[十一]而《列傳》如韓麒麟、韓秀、谷渾、孫紹之倫，皆昌黎人。即燕之舊都龍城，此又一昌黎也。齊以後，昌黎之名廢。至唐太宗貞觀三年，更崇州爲北黎州，治營州之東北廢陽師鎮，八年，復爲崇州，置昌黎縣，後淪于奚。[十二]《遼史》：建州永康縣：「本唐昌黎縣地。」[十三]此又一昌黎也。遼太祖以定州俘户置營州鄰海軍，其縣一，曰廣寧。[十四]金世宗大定二十九年，改爲昌黎。[十五]相沿以主[十六]于今，在永平府城東南七十里，比[十七]又一昌黎也。郭造卿[十八]《永平志》辨昌黎有二，而不知其有五。今序而列之，論古者可以無惑焉。

韓文公多自稱昌黎。《唐書》載韓氏世系則云：漢弓高侯頽當，裔孫世居潁[十九]川，徙安定武安[二十]、常山九門[二十一]，而生安定桓王茂。[二十二]爲公之六世祖，與昌黎之韓支派各别，故先儒以爲公之自稱本其郡望。宗[二十三]元豐七年，封公爲昌黎伯，亦是取其本望，唐、宗[二十四]封爵必取本望。「元和中，朔方師[二十五]天水閻某者，封邑本原[二十六]，乃自言非本郡。上謂宰相李言甫[二十七]曰：『有司之誤，不可再也。宜使儒生條其源系，考其郡望，子孫職在[二十八]，並總揖[二十九]之。每如[三十]爵邑，則令閱視。』」[三十一]乃命林寶撰次《元和姓纂》十一卷。[三十二]本朝初[三十三]亦如此[三十四]，太平忠臣祠追封苑雲[三十五]東丘郡侯、許瑗高陽即[三十六]侯、王鼎太原即[三十七]侯是也。[三十八]如韓長鸞、韓建封昌黎王，韓擇木封昌黎伯，韓偓封昌黎男之比。若昌黎之韓，最著于魏，如麒麟、顯宗，史明言其爲昌黎棘城人，人[三十九]非今之昌黎也。然則文公之没二百六年[四十]而始封昌黎伯，又一百六年而始立今之昌黎縣。以金之縣而合宗[四十一]之封，遂爲[四十二]文公爲此縣之人，其亦未之考矣。

【校注】

[一]「昌黎」誤，原抄本、遂初堂本同誤，當改。集釋本、欒本、陳本、嚴本作「交黎」，《漢書》作「交黎」。

[二]《漢書·地理志下》。

[三]《水經注》卷十四。

[四]《資治通鑑》卷八十一胡三省注。

[五]「二年」誤，原抄本、遂初堂本、集釋本、欒本、陳本同誤，當改。《晉書》作「三年」。嚴本改爲「三年」。

[六]《資治通鑑》卷九十五。

[七]「人」，遂初堂本、集釋本、欒本、陳本、嚴本同，原抄本誤作「又」。《晉書》作「人」。

[八]昌黎尹張順，見《晉書·慕容寶載記》、《資治通鑑》卷一百一十。昌黎尹劉忠，見《資治通鑑》卷一百一十一，原文作「留忠」。

[九]見《資治通鑑》卷一百一十四。

[十]見《晉書·馮跋載記》、《資治通鑑》卷一百一十七。

[十一]《魏書·地形志二上》。

［十二］見《新唐書・地理志七下》，《舊唐書・地理志二》「貞觀三年」作「貞觀二年」，「陽師鎮」作「楊師鎮」。

［十三］《遼史・地理志三》。

［十四］見《遼史・地理志四》。

［十五］見《金史・地理上》。

［十六］「主」字誤，當改。原抄本、遂初堂本、集釋本、欒本、陳本、嚴本均作「至」。

［十七］「比」字誤，當改。原抄本、遂初堂本、集釋本、欒本、陳本、嚴本均作「此」。

［十八］郭造卿，字建初，號海嶽，福清人。萬曆中纂《永平府志》一百三十卷，又撰《燕史》一百二十卷，《盧龍塞略》二十卷，《碣石叢談》八卷，今多缺佚。

［十九］「穎」字誤，當改。原抄本、遂初堂本、集釋本、欒本、陳本、嚴本均作「潁」。

［二十］安定武安，《新唐書・宰相世系表三》：「其後徙安定武安」。今按：「武安」當作「安武」，屬安定郡，見《漢書・地理志下》。《魏書・韓茂傳》：「韓茂，字元興，安定安武人也。」

［二十一］常山九門，九門屬常山郡，見《漢書・地理志上》。《新唐書・宰相世系表三》：「後魏有常山太守、武安成侯耆，字黄耇，徙居九門，生茂，字元興。」《魏書・韓茂傳》：韓茂「父耆，字黄老。永興中自赫連屈丐來降，拜綏遠將軍，遷龍驤將軍、常山太守，假安武侯。仍居常山之九門。」

［二十二］見《新唐書・宰相世系表三》。

［二十三］「宗」字誤，當改。原抄本、遂初堂本、集釋本、欒本、陳本、嚴本均作「宋」。

［二十四］「宗」字誤，當改。原抄本、遂初堂本、集釋本、欒本、陳本、嚴本均作「宋」。

［二十五］「師」字誤，當改。原抄本、遂初堂本、集釋本、欒本、陳本、嚴本均作「帥」。《直齋書録解題》、《文獻通考》作「别帥」。

［二十六］「本原」誤，當改。原抄本、遂初堂本、集釋本、欒本、陳本、嚴本均作「太原」。《直齋書録解題》、《文獻通

考》作「太原」。

［二十七］「李言甫」誤，當改。原抄本、遂初堂本、集釋本、欒本、陳本、嚴本均作「李吉甫」。《直齋書録解題》、《文獻通考》作「李吉甫」。

［二十八］「在」字誤，當改。原抄本、遂初堂本、集釋本、欒本、陳本、嚴本均作「任」。《直齋書録解題》、《文獻通考》作「任」。

［二十九］「揖」字誤，當改。原抄本作「緝」，遂初堂本、集釋本、欒本、陳本、嚴本作「輯」。《直齋書録解題》、《文獻通考》作「緝」。

［三十］「如」字誤，當改。原抄本作「緝」，遂初堂本、集釋本、欒本、陳本、嚴本作「加」。《直齋書録解題》、《文獻通考》作「加」。

［三十一］「元和中」一節，見陳振孫《直齋書録解題》卷八，又見《文獻通考》卷二百七《經籍考》。

［三十二］林寶《元和姓纂·序》，「宰相李吉甫」作「相國趙公」。李吉甫封趙國公。「十一卷」，唐宋《藝文志》、《崇文總目》、《直齋書録解題》作「十卷」，《郡齋讀書志》、《文獻通考》作「十一卷」。《四庫全書》據《永樂大典》釐爲十八卷。

［三十三］「本朝初」，原抄本同。潘耒遂初堂刻本改爲「明初」，集釋本因之。欒本據黄侃校記改回而加説明，陳本、嚴本仍刻本之舊而加注。

［三十四］「如此」，原抄本同。遂初堂本、集釋本、欒本、陳本、嚴本作「如之」。

［三十五］「苑雲」誤，當改。原抄本、遂初堂本、集釋本、欒本、陳本、嚴本均作「花雲」。花雲，懷遠人，《宋史·忠義傳》有傳。

［三十六］「即」字誤，當改。原抄本、遂初堂本、集釋本、欒本、陳本、嚴本均作「郡」。

［三十七］「即」字誤，當改。原抄本、遂初堂本、集釋本、欒本、陳本、嚴本均作「郡」。

[三十八]太平忠臣祠，事見《明史·禮志四》。
[三十九]「人」字誤，當改。原抄本、遂初堂本、集釋本、欒本、陳本、嚴本均作「又」。
[四十]「六年十」誤倒，當乙正。原抄本、遂初堂本、集釋本、欒本、陳本、嚴本均作「六十年」。
[四十一]「宗」字誤，當改。原抄本、遂初堂本、集釋本、欒本、陳本、嚴本均作「宋」。
[四十二]「爲」字誤，當改。原抄本、遂初堂本、集釋本、欒本、陳本、嚴本均作「謂」。

石城

漢右北平郡之縣十六，其三曰石城。後漢無之，蓋光武所併省也。至燕，分置石城郡。考之《通鑑》及《晉·載記》，得二事。「慕容寶宿廣都黄榆谷」，「清河王會勒兵攻寶。寶帥輕騎馳二百里，晡時至龍城。會遣騎追至石城，不及」。[一]是廣都去龍城二百里，而石城在其中間也。「慕容熙畋于北原，石城令高和與尚方兵于後作亂。」註云：「高和本爲石城令，時以大喪，會于龍城。」[二]是石城去龍城不遠也。《魏書·地形志》「廣興」下云：「有雞鳴山、石城、大柳城。」此即漢之石城矣。魏太平真君八年，置建德郡，治白狼城。領縣三，其一曰名城[三]，有白鹿山祠，其二曰廣都。[四]《水經注》：「石城川水出西南石城山，東流逕石城縣故城南，北屈逕白鹿山西，即白狼山也。」「又東北入廣成縣東。」[五]廣成即廣都城，燕之石城在廣都之東北，而此在廣都之西南，是魏之石城非燕之石城矣。《隋書》始無石城，云北齊廢之。而《唐書》「平州：石城」下云：「本臨渝。武德七年省，貞觀十五年復置，萬歲通天二年更名。有臨渝關，有大海，有碣石山。」[六]是武后所更名之石城又非魏之石城矣。《舊唐書・回紇傳》：「追躡史朝義至平州石城縣，梟其首。」《遼史》灤州統縣三，其三曰石城，下云：「唐貞觀中此於[七]置臨渝縣，萬歲通天元年改石城縣，在灤州南三十里，唐儀鳳石刻在焉。今縣又在其南五十里，遼徙置以就鹽官。」[八]是遼[九]之石城又非唐之石城矣。今之開平中屯衛，自永樂三年徙于石城廢縣，在灤州西九十里，乃遼之石城。而《一統志》以爲漢舊縣，何其謬與！

【校注】

［一］《資治通鑑》卷一百九，又見《晉書・慕容寶載記》。

［二］《資治通鑑》卷一百一十二及胡三省注，又見《晉書・慕容熙載記》。

［三］「名城」誤，當改。原抄本、遂初堂本、集釋本、欒本、陳本、嚴本均作「石城」。

［四］見《魏書・地形志二上》。

［五］《水經注》卷十四。

［六］《新唐書・地理志三》。

［七］「此於」誤倒，當乙正。原抄本、遂初堂本、集釋本、欒本、陳本、嚴本均作「於此」。《遼史》作「於此」。

［八］《遼史・地理志四》。

［九］「遼」，遂初堂本、集釋本、欒本、陳本、嚴本同，原抄本誤作「徙」。

木刀溝

新樂縣西南三十里有水，名木刀溝。《新唐書・地理志》「新樂」下云：「東南二十里有木刀溝。有民木刀，居溝旁，因名之。」予過新樂，林君華皖見示所修《縣志》，以「木刀」爲不典，改爲「木鐸」。因取笥中《唐志》示之，林君爽然自失。[一]《憲宗紀》：元和五年，「四月丁亥，河東節度使范希朝、義武軍節度使張茂昭，及王承宗戰于木刀溝，敗之」。《范希朝傳》同。《張茂昭傳》：「承宗以騎二萬踰木刀溝，與王師簿[二]戰。茂昭躬環[三]甲爲前鋒，令其子克讓、從子克儉與諸軍分左右翼繞戰，大破之。」《沙陀傳》：「王承宗衆數萬，代[四]木刀溝，與朱邪執宜遇，飛天[五]雨集。執宜提軍橫貫賊陣鏖鬭，李光顔等乘之，斬首萬級。」而《舊書·李光進傳》：「范希朝引師救易定，表光進爲步都虞候，戰于木刀溝，有功。」此溝在鎮、定二節度之界，古爲戰地。

【校注】

[一]林華皖，莆田人，順治中爲新樂知縣，嘗浚治木刀溝，纂《新樂縣志》二十卷。

[二]「簿」字誤，當改。原抄本、遂初堂本、集釋本、欒本、陳本、嚴本均作「薄」。《新唐書》作「薄」。

[三]「環」字誤，當改。原抄本、遂初堂本、集釋本、欒本、陳本、嚴本均作「擐」。《新唐書》作「擐」。

[四]「代」字誤，當改。原抄本、遂初堂本、集釋本、欒本、陳本、嚴本均作「伏」。《新唐書》作「伏」。

[五]「天」字誤，當改。原抄本、遂初堂本、集釋本、欒本、陳本、嚴本均作「矢」。《新唐書》作「矢」。

日知録卷之三十二

而

《孟子》：「望道而未之見。」〔一〕集註：「而，讀爲如，古字通用。」朱子《答門人》引《詩》「垂帶而厲」〔二〕、《春秋》「星隕如雨」爲證。《詩》：「垂帶而厲。」箋云：「而，亦如也。」□□□〔三〕七年：「夜中，星隕如雨。」註：「而，如也〔四〕。」今考之，又得二十餘事。《易》：「君子以莅泉〔五〕用晦而明」，〔六〕虞翻解：「而，如也。」《書·顧命》：「其能而亂四方」，傳釋爲「如」。《孟子》：「九一而助」，趙岐解：「而，如也。」「夫然後之中國，踐天子位焉，而居堯之宫，逼堯之子，是簒也。」劉炫曰：「而當讀作如。」今按，「而主癰疽與侍人瘠環，是無義無命也」。「而」字亦當讀「如」。〔七〕《左傳》隱七年：「歃如忘」，服虔曰：「如，而也。」僖二十六年：「室如懸罄」，註：「如，而也。」昭四年：「牛謂叔孫：『見仲而何？』」註：「而何，如何。」《史記·賈生傳》：「化變而嬗」，韋昭曰：「而，如也，如蟬之蜕化也。」《戰國策》：「威王不應，而此者三。」〔八〕《韓非子》：「嗣公知之，故而駕鹿。」〔九〕《吕氏春秋》：「静郭君泫〔十〕而曰：『不可。』」〔十一〕近本爲不通者添作「泫泣而曰」。又曰：「而固賢者也，用之未晚也。」〔十二〕《荀子》：「黤然而雷擊之，如牆厭之。」〔十三〕《説苑》：越諸發曰：「意而安之，願假冠以見；意如不安，願無變國俗。」[十四]又曰：「而有用我者，吾其東爲周[十五]乎？」[十六]《新序》引鄒陽書：「白頭而新，傾盖而故。」[十七]《後漢督郵斑碑》：「柔遠而迩。」[十八]皆當作「如」。《戰國策》：昭奚恤曰：「請而不得，有説色，非故如何也？」[十九]絺疵曰：「是非反如何也？」[二十]《大戴禮》：「使有司日省如時考之。」[二十一]又曰：「然如曰禮云禮云。」[二十二]又曰：「安如易，樂而湛。」[二十三]又曰：「不賞不罰，如民咸盡力。」[二十四]又曰：「知一如[二十五]不可以解也。」[二十六]《春秋繁露》：「施其時而成之，法其命如循之。」[二十七]《淮南子》：「嘗一哈水如甘苦知矣。」[二十八]漢樂府《艾如張》。[二十九]《後漢濟陰太守孟郁修堯廟碑》：「無爲如治，高如不危，滿如不溢。」[三十]《太尉劉寬碑》：「去鞭拊如獲其情，弗用刑如弭其姦。」[三十一]《郭輔碑》：「其少也孝友而悦學，其長也寬舒如好施。」[三十二]《易》王弼註：「革而大亨以正，非當如何？」[三十三]皆當作「而」。《漢書・地理志》：「遼西郡：肥如」：「莽曰『肥而』」。《左傳》襄十二年：「夫婦所生若而人」，註云：「若如人。」《説文》：「需，從雨，而聲」，盖即讀「而」爲「如」也。唐人詩多用「而今」，亦作「如今」。今江西人言「如何」亦曰「而何」。《左傳・襄三年》：齊侯與士匄「盟于耏外」，《水經注》云：「即《地理志》曰『如水』矣。『耏』、『如』聲相似。」古「而」字即讀爲「如」，故「耎」字《説文》曰「從大，而聲」。[三十四]《周禮・旅師》：「而用之以質劑」，[三十五]註：「而讀爲若，聲之誤也。」陸德明音義云：「而音若。」《儀禮・鄉飲酒□[三十六]》：「公如大夫入」，註：「如讀爲若。」[三十七]

【校注】

[一]《孟子・離婁下》。

[二]見《詩經・小雅・都人士》。

[三]底本缺三字處，原抄本、遂初堂本、集釋本、欒本、陳本、嚴本均作「《春秋》莊」，當補。

[四]「而，如也」誤倒，當乙正。原抄本、遂初堂本、集釋本、欒本、陳本、嚴本均作「如，而也」，與《左傳》杜注同。

[五]「泉」字誤，當改。原抄本、遂初堂本、集釋本、欒本、陳本、嚴本均作「衆」。《易經》作「衆」。

[六]《易經・明夷卦》象傳。

[七]「大然後之中國」、「而主癰疽」，出《孟子・萬章上》。

[八]《戰國策・齊策一》。

[九]《韓非子・外儲説右上》。「故而」，陳啟天校釋本作「故不」，曰：「乾道本誤作『而』。」

[十]「泫」，遂初堂本、集釋本、欒本、陳本、嚴本同，原抄本誤作「泣」。《吕氏春秋》作「泫」。

[十一]《吕氏春秋・知士》。

[十二]《吕氏春秋・舉難》。

[十三]《荀子・强國》。

[十四]《説苑・奉使》。

[十五]「東爲周」誤倒，當乙正。原抄本、遂初堂本、集釋本、欒本、陳本、嚴本均作「爲東周」，與《説苑》同。

[十六]《説苑・至公》。

[十七]《説苑・雜事》。

[十八]見《隸釋》卷十二。

[十九]《戰國策・楚策一》。

[二十]《戰國策・趙策一》。「絺疵」，《戰國策》原文作「郤疵」。

[二十一]《大戴禮記・主言》。

[二十二]《大戴禮記・禮察》。

[二十三]《大戴禮記·保傅》。
[二十四]《大戴禮記·誥志》。
[二十五]「如」，原抄本同。遂初堂本、集釋本、欒本、陳本、嚴本誤作「而」。《大戴禮記》作「如」。
[二十六]《大戴禮記·文王官人》。
[二十七]《春秋繁露·王道通三》。
[二十八]《淮南子·氾論訓》。
[二十九]《艾如張》，樂府曲名，見《古今樂録》。
[三十]見《隸釋》卷七。
[三十一]見《隸釋》卷十一。
[三十二]見《隸釋》卷十二。
[三十三]《易經·革卦》彖傳王弼注。
[三十四]黄汝成集釋引臧氏曰：《詩·常武》：「如震如怒」，釋文：「一本两『如』字皆作『而』。」箋云：「王奮揚其威武，而震揚其聲，而勃怒其色。」則經本作「而」甚明。此又「而」、「如」之訛也。
[三十五]《周禮·地官司徒》。
[三十六]「鄉飲酒□」，原抄本、遂初堂本、集釋本、欒本、陳本、嚴本均作「鄉飲酒禮」，當補。
[三十七]黄汝成集釋引錢氏曰：《孟子》：「而居堯之宫，逼堯之子」，《晉書·段灼傳》引此文「而」作「若」。

奈何

「奈何」二字，始于《五子之歌》：「爲人上者，奈何不敬？」《左傳》：「河魚腹疾，奈何？」[一]

《曲禮》曰：「國君去其國，止之曰：『奈何去社稷也？』大夫曰：『奈何去宗廟也？』士曰：『奈何去墳墓也？』」《楚辭・九歌・大司命》：「愁人兮奈何！」《九辯》：「君不知兮可奈何！」此「奈何」二字之祖。《左傳》華元之歌曰：「牛則有皮，犀兕尚多，棄甲則那？」[一]直言之曰「那」，長言之曰「奈何」，一也。又《書》：「如五器」，[二]鄭康成讀「如」爲「乃箇反」。《論語》：「吾末如之何也已矣」，[三]音亦與「奈」同。按古人曰「如」，曰「若」，曰「奈」，其義則一，音不必周[四]。

六朝人多書「奈」爲「那」。《三國志》注：「文欽與郭淮書曰：『所向全勝，要那後無繼何？』」[五]《宋書・劉敬宣傳》：「牢之曰：『平玄之後，令我那驃騎何？』」唐人詩多以「無奈」爲「無那」。

【校注】

[一]《左傳・宣公十二年》。
[二]《左傳・宣公二年》。
[三]《尚書・舜典》。
[四]《論語・衛靈公》，又見《子罕》。
[五]「周」字誤，當改。原抄本、遂初堂本、集釋本、欒本、陳本、嚴本均作「同」。
[六]《三國志・魏書・毌丘儉傳》注。

語急

《公羊傳》隱元年：「母欲立之，已殺之，如勿與而已矣。」註：「『如』即『不如』，齊人語也。」按此不必齊人語。《左傳》僖二十二年：宋子魚曰：「若愛重傷，則如勿傷；愛其二毛，□[一]如服焉。」成二年：衛孫良夫曰：「若知不能，則如無出。」昭十三年：蔡朝吴曰：「二三子若能死亡，則如違之，以待所濟；若求安定，則如與之，以濟所欲。」二十一年：宋華多僚曰：「君若愛司馬，則如亡。」定五年：楚子西曰：「不能如辭。」八年：衛王孫賈曰：「然則如叛之。」《漢書·翟義傳》：「我[二]曰：『欲求[三]都尉自送，則如勿收邪？』」《左傳》正義曰：「古人語然，猶『不敢』之言『敢』也。」莊二十二年：「敢辱高位，以速官謗」，註：「敢，不敢也。」昭二年：「敢辱人[四]館」，訂[五]：「敢，不敢。」《儀禮·聘禮》：「辭曰：『非禮也，敢寸[六]。』曰：『非禮也，敢[七]。』」註：「敢，言不敢。」

古人多以語急而省其文者。《詩》：「亦不夷懌」，[八]「懌」下省一「乎」字。《書》：「弗慎厥德，雖悔可追」，[九]「可」上省一「不」字。「我生不有命在天」，[十]「不」上省一「豈」字。「在今爾安百姓，何擇非人？何敬非刑？何度非及？」[十一]「人」下、「刑」下、「及」下各省一「乎」字。《孟子》：「雖褐寬博，吾不惴焉」，[十二]「不」上省一「豈」字。《禮記》：「幼壯孝弟，耆耋好禮，不從流俗，修身以俟死者，不在此位也。」「好學不倦，好禮不變，旄期稱道不亂者，不在此位也。」[十三]「幼」上、「好」上各省一「非」字。

《公羊傳》隱公七年：「母弟稱弟，母兄稱兄」，註：「母弟，司[十四]母弟。母兄，同母兄。不言『同母』言『母弟』者，若謂『不如』爲[十五]『如』矣，齊人語也。」[十六]

【校注】

[一]底本缺一字處，原抄本、遂初堂本、集釋本、欒本、陳本、嚴本均作「則」，當補。《左傳》作「則」。

[二]「我」字誤，當改。原抄本、遂初堂本、集釋本、欒本、陳本、嚴本均作「義」。《漢書》作「義」。

[三]「求」字誤，原抄本同誤，當改。遂初堂本、集釋本、欒本、陳本、嚴本作「令」，《漢書》作「令」。

[四]「人」字誤，當改。原抄本、遂初堂本、集釋本、欒本、陳本、嚴本均作「大」。《左傳》作「大」。

[五]「訂」字誤，當改。原抄本、遂初堂本作「註」，集釋本、欒本、陳本、嚴本作「注」。

[六]「寸」字殘，當補正。原抄本、遂初堂本、集釋本、欒本、陳本、嚴本均作「對」。《儀禮》作「對」。

[七]「敢」字，各本均同。按亭林此處當引全句，《儀禮》原文全句作「敢辭」。

[八]《詩經・商頌・那》。

[九]《尚書・五子之歌》。

[十]《尚書・西伯戡黎》。

[十一]《尚書・吕刑》。

[十二]《孟子・公孫丑上》。

[十三]《禮記・射義》。

[十四]「司」字誤，當改。原抄本、遂初堂本、集釋本、欒本、陳本、嚴本均作「同」。《公羊傳》何休注作「同」。

[十五]「爲」。原抄本同。遂初堂本、集釋本、欒本、陳本、嚴本作「言」。按作「爲」義長。

[十六]黄汝成集釋引臧氏曰：古人之言，多氣急而文簡。如《毛詩》以「不寧」爲「豈」，「不寧不康」爲「豈不康」。《堯典》「試可乃已」，《史記》作「試不可用而已」。《論語》「患得之」，集解：「患不能得之，楚俗語」。皆語急反言之證。「楚俗語」，猶言「齊人語」也。今按：「楚俗語」，何晏集解原文作「楚俗言」。「齊人語」，《孟子・滕文公下》「欲其子之齊語也」，朱熹集注：「齊語，齊人語也。」

歲

天之行謂之「歲」[一]。《書》：「以閏月定四時成歲」，[二]「歲二月，東巡狩」，[三]是也。人之行謂之「年」[四]。《書》:「誰[五]吕[六]命,王享國百年。」[七]《左傳》:李隗[八]曰:「我二十五年矣。」僖公二十三年。「絳縣人有與疑年,使之年。」師曠曰:「七十三年矣。」襄公三十年。「于是昭公十九年矣。」襄公三十一年。《史記》:「盖太公之卒百有餘年。」[九]是也。今人多謂「年」爲「歲」。

《周禮》「太史」註:「中數曰歲,朔歲[十]曰年。」[十一]自今年冬至,至明年冬至,歲也。自今年正月朔,至明年正月朔,年也。

古人但曰年幾何,不言歲也,自太史公始變之。《秦始皇本紀》曰:「年十三歲。」

今人以歲初之日而增年,古人于[十二]歲盡之日而後增之。《史記·倉公傳》:「臣意年盡三年,年三十九歲也。」

【校注】

[一]歲,《説文》:「木星也。从步,戌聲。越歷二十八宿,宣遍陰陽,十二月一次。」段玉裁注:「此二句謂十二歲而周十二次也。」

[二]《尚書·堯典》。

[三]《尚書·舜典》。

[四]年,古文作「秊」,《説文》:「穀熟也,从禾,千聲」。

[五]「誰」字誤,當改。原抄本、遂初堂本、集釋本、欒本、陳本、嚴本均作「維」。《尚書》作「維」。

[六]「吕」,原抄本、集釋本、欒本、陳本、嚴本同,遂初堂本誤作「日」。

[七]《尚書·吕刑》。

[八]「李隗」誤,當改。原抄本、遂初堂本、集釋本、欒本、陳本、嚴本均作「季隗」。

[九]《史記·齊太公世家》。

[十]「歲」字誤，當改。原抄本、遂初堂本、集釋本、欒本、陳本、嚴本均作「數」。《周禮》鄭注作「數」。

[十一]《周禮·春官宗伯》大史「正歲年」鄭玄注。

[十二]「于」，原抄本同。遂初堂本、集釋本、欒本、陳本、嚴本作「以」。按作「于」義長。

月半

今人謂十五爲「月半」，蓋古經已有之。《儀禮·士喪禮》：「月半不殷奠。」《禮記·祭義》：「朔月月半，君巡牲。」《周禮·大司樂》：「王大食，三侑」，註：「火[一]食，朔月月半，以樂侑食時也。」晉温嶠《與陶侃書》：「尅後[二]月半大舉。」[三]然亦有以上下弦爲「月半」者。劉熙《釋名》：「弦，月半之名也。其形一旁曲，一旁直，若張弓施弦也。」「望，月滿之名也。月大十六日，小十五日，日在東，月在西，遥相望也。」是則所謂「月半」者，弦也；《禮經》之所謂「月半」者，望也。弦曰半，以月體而言之也。望曰半，以日數而言之也。岑參詩：「涼州三月半，猶未脱春衣。」韓愈詩：「南方二月半，春物亦已少。」李商隱詩：「白日當天三月半。」[四]

【校注】

[一]「火」字誤，當改。原抄本、遂初堂本、集釋本、欒本、陳本、嚴本均作「大」。《周禮》鄭注作「大」。

[二]「後」字，遂初堂本、集釋本、欒本、陳本、嚴本同，原抄本誤作「役」。《晉書》作「後」。

[三]見《晉書·温嶠傳》。

[四]岑參《河西春暮憶秦中》，韓愈《同冠峽》，李商隱《無題四首》。

巳

吴才老[一]《韻補》：「古『巳午』之『巳』，亦謂如『已矣』之『已』。」《漢・律歷志》：「振美于辰，已盛于巳。」《史記》：「巳者，言陽氣之已盡也。」[二]鄭玄「夢孔子告之曰：『起，起，今年歲在辰，明年歲在巳。』」[三]洪容齋《三筆》亦引《歷書》爲證。愚按，古人讀「巳」爲「矣」之證不止此。《淮南子》：斗「指巳，巳則生已定也」。[四]《説文》：「巳，已也。四月陽氣已出，陰氣已藏，萬物見，成文章，故巳爲蛇，象形。」《釋名》：「巳，已也，陽氣畢布已也。」《詩》：「似續妣祖」，[五]箋云：「『似』讀如『巳午』之『巳』。『巳續妣者』祖[六]，謂已成其宫廟也。」《五經文字》[七]：「『起』，從『辰巳』之『巳』。」《白虎通》：「太陽見于巳，巳者物必起。」《晉書・樂志》：「四月之辰謂之巳，巳者，起也，物至此時畢盡而起也。」《詩》：「江有汜」，[八]亦讀爲「矣」。《釋名》：「水決復入爲汜，汜，已也。如出有所爲，畢已復還而入也。」「以享以祀」，[九]亦讀爲「矣」。《説文》：「祭無已也，從示，巳聲。」《公羊傳》何休註：「言祀者，無已長久之辭。」《釋名》：「商曰祀，祀，已也，新氣升，故氣已也。」今人以「辰巳」之「巳」讀爲「士」音。宋毛晃曰：「陽氣升于子，終於巳。巳者，終已也，象陽氣既極回復之形，故又爲終已之義。」今俗以有鉤爲終已之「已」，無鉤爲辰巳之「巳」，是未知字義也。

季春三月，辰爲建，巳爲除，故用三月上巳袚除不祥。古人謂病愈爲「已」，亦此意也。《韓詩》曰：「鄭國之俗，三月上巳，之溱、洧二水之上，招魂續魄，秉蘭草，袚不祥。」[十]《後漢書・周舉傳》：「三月上巳，大將軍梁商大會賓客，燕于雒水。」《袁紹傳》：「三月上巳，大會賓從十[十一]薄落津。」周公謹《癸辛襍識》以爲戊己之「己」者，非。

「戊己」之「己」，篆作ㄟ。「辰巳」之「巳」，篆作&，象虵形。隸書則混而相類，止以直筆上缺爲「已」，上滿爲「巳」。

【校注】

［一］吴棫，字才老，宋舒州人。著《韻補》五卷，及《書裨傳》、《論語續解》等。

［二］《史記·律書》。

［三］《後漢書·鄭玄傳》。

［四］《淮南子·天文訓》。

［五］《詩經·小雅·斯干》。

［六］「者祖」誤倒，當乙正。原抄本、遂初堂本、集釋本、欒本、陳本、嚴本均作「祖者」。

［七］《五經文字》三卷，唐張參撰。

［八］《詩經·召南·江有汜》。

［九］見《詩經·小雅·楚茨》、《大田》，《大雅·旱麓》，《周頌·有瞽》。

［十］所引《韓詩》，通行本《韓詩外傳》無，見《初學記》卷三、卷四，《通典》卷五十五，《藝文類聚》卷四、卷七十九，《太平御覽》卷十八、卷三十、卷八百八十六、卷九百八十三，《樂府詩集》卷八十，《宋書·禮志二》文引。

［十一］「十」字誤，當改。原抄本、遂初堂本、集釋本、欒本、陳本、嚴本均作「于」。《後漢書》作「于」。

里

《穀梁傳》：「古者三百步爲里。」［一］今以三百六十步爲里，而尺又大於古四之一，今之六十二里，遂當古之百里。《穀梁傳》：「牽[一]去國五百里。」[二]今自歷城至臨淄，僅三百三十里。《左傳》：黄人謂「自郢及我九百里」。[三]今自江陵至光州，僅七百里。郲子謂「吴二千里，不三月不至」。[四]今自蘇州至鄒縣，僅一千五百里。《孟子》：「不遠千里而來」，[五]「千里而見王」，[六]今自鄒至齊、至梁。亦不過五六百里。又謂：「舜卒鳴條，文王生岐周，相去千有餘里。」[七]今自安邑至岐山，亦不過八百里。《史記》：張儀説魏王言：「從鄭至梁二百餘里。」[八]今自鄭州至開封，僅一百四十里。《戚夫人歌》：「相離三千里，當誰是[九]告汝？」[十]貢禹上書言：「自痛去家三千里。」[十一]自今琅邪[十二]至長安，亦但二千餘里，趙則二千里而近。是則《荀子》所謂「日中而趨百里者」，[十三]不過六十餘里，而千里之馬亦日馳五六百里耳。

《王制》：「古者百里，當今[十四]百二十一里六十步四尺二寸二分。」[十五]殆未然。[十六]

【校注】

[一]《穀梁傳・宣公十五年》。

[二]「牽」，原抄本同。遂初堂本、集釋本、欒本、陳本、嚴本作「鞍」。

[三]《穀梁傳・成公二年》。

[四]《左傳・僖公十二年》。

[五]《左傳・哀公七年》。

[六]《孟子・梁惠王上》。

[七]《孟子・公孫丑下》。

[八]《孟子・離婁下》。

[九]《史記・張儀列傳》。

[十]「是」字誤，當改。原抄本、遂初堂本、集釋本、欒本、陳本、嚴本均作「使」。《漢書》、《樂府詩集》作「使」。

[十一]《漢書・外戚傳》，又見《樂府詩集》卷八十四。

[十二]《漢書・貢禹傳》。

[十三]「琅邪」誤，當改。原抄本、欒本、嚴本作「琅邪」，遂初堂本、集釋本、陳本作「瑯邪」。

[十四]《荀子・議兵》。

[十五]當今，盧植云：「漢孝文皇帝令博士諸生作此《王制》之書。」孔穎達云：「《王制》之作，蓋在秦漢之際。」

[十六]《禮記・王制》。

[十七]黄汝成集釋引楊氏曰：《王制》是漢人之作，不知其尺步緣何反小？

仞

《説文》：「仞，伸臂一尋八尺。《家語》孔子所謂「舒時和尋[一]」。從人，刃聲。」《書》：「爲山九仞」，[二]孔傳：「八尺曰仞。」正義曰：「《考工記》『匠人』有甽、遂、溝、洫，皆廣深等。而澮云『廣二尋，深二仞』，則澮亦廣深等。」仞與尋同，故知八尺曰仞。《左傳・昭三十二年》：「仞溝洫」，註：「庭[三]深曰仞。」王肅《聖證論》及注《家語》，皆云「八尺曰仞」，與孔義同。鄭玄云「七尺曰仞」，與孔義異。王逸註《楚辭・大云[四]》亦云「七尺」。《論語》：「夫子之牆數仞」，[五]註：「包云：『七尺。』」《孟子》：「掘井九軔」[六]，與「仞」同。註：「八尺。」朱子乃兩從之。[七]「堂高數仞」，趙註亦[八]云「八尺」。[九]當以八尺爲是。若《小爾雅》

云「四尺」，《漢書》應劭註云「五尺六寸」，則益非矣。

【校注】

[一]「舒時和尋」誤，當改。原抄本、遂初堂本、集釋本、欒本、陳本、嚴本均作「舒肘知尋」，與《孔子家語・王言解》同。

[二]《尚書・旅獒》。

[三]「庭」字誤，當改。原抄本、遂初堂本、集釋本、欒本、陳本、嚴本均作「度」。《左傳》杜注作「度」。

[四]「大云」誤，當改。原抄本、遂初堂本、集釋本、欒本、陳本、嚴本均作「大招」。

[五]《論語・子張》。

[六]《孟子・盡心上》。

[七]朱熹《論語集注》云：「七尺曰仞。」《孟子集注》云：「八尺爲仞。」

[八]「赤」字誤，當改。原抄本、遂初堂本、集釋本、欒本、陳本、嚴本均作「亦」。

[九]《孟子・盡心下》及趙岐注。

不淑

人死謂之「不淑」，《禮記》「如何不淑」[一]是也。生離亦謂之「不淑」，《詩・中谷有蓷》「遇人之不淑矣」[二]是也。失德亦謂之「不淑」，《詩・君子偕老》「子之不淑，云如之何」[三]是也。國亡亦謂之「不淑」，《逸周書》：「王乃升汾之阜，以望商邑，曰：『嗚呼，不淑！』」[四]是也。

【校注】

[一]《禮記·雜記上》。

[二]《王風》。

[三]《鄘風》。

[四]《逸周書·度邑解》。

不弔[一]

古人言「不弔」者，猶曰「不仁」。《左傳》成十三年：「穆爲不弔。」襄十三年：「君子以吴爲不弔。」十四年：「有君不弔。」昭七年：「兄弟之不睦，於是乎不弔。」二十六年：「帥群不弔之人，以行亂於王室。」皆是不仁之意。襄二十三年：「敢告不弔」，及《詩》之「不弔昊[二]天」、[三]「不弔不祥」，[四]《書》之「弗弔天降喪于殷」，[五]則以爲哀閔之辭，杜氏註皆以爲「不相弔恤」。而于「群不弔之人」則曰：「弔，至也」，於義不通。惟成七年：「中國不振旅，蠻夷入伐，而莫之或恤，無弔者也夫！」乃當謂大國無恤鄰之義耳。

【校注】

[一]不弔，按段玉裁《説文》注：「淑，善也。引伸之，謂善爲弔。『若之何不弔』，即『如何不淑也』。」王國維《與友人論詩書中成語書》引之，云：「古『弔』、『淑』同字。」

[二]「昊」字誤，當改。原抄本、遂初堂本、集釋本、欒本、陳本、嚴本均作「昊」。

[三]《詩經·小雅·節南山》。

[四]《詩經·大雅·瞻印》。

[五]《尚書·君奭》。

亡

「亡」有三義。有以死而名之,《中庸》「事亡如事存」是也。有以出奔于外而名之,晉公子稱「亡人」是也。[一]有但以不在而名之,《詩》「予美亡此」,[二]《論語》「孔子時其亡也而往拜之」,[三]是也。《漢書·袁盎傳》:「不以在亡爲辭。」謂托故而辭以不在。柳子厚詩:「在亡均寂寞。」[四]《宋史·高定子傳》:「制置使未知在亡」,則以在亡爲在[五]亡,非《漢書》之意也。

【校注】

[一]見《左傳·僖公二十三年》。

[二]《詩經·唐風·葛生》。

[三]《論語·陽貨》。

[四]柳宗元詩,題《酬韶州裴曹長使君寄道州吕八大使因以見示二十韻一首》。

[五]「在」字誤,當改。原抄本、遂初堂本、集釋本、欒本、陳本、嚴本均作「存」。

乾没

《史記·酷吏傳》:「張湯始爲小吏,乾没。」徐廣曰:「乾没,隨勢沉浮也。」服虔曰:「乾没,射成敗也。」如淳曰：「豫居物以待之[一]，得利爲乾，失利爲没。」《三國志·傅嘏傳》：「豈敢寄命洪流，以徼[二]乾没。」裴松之註：「有所徼射，不計乾燥之與沉没而爲之也。」《晉書·潘岳傳》：「其母數誚之曰：『尔常[三]知足，而乾没不已乎！』」《張駿傳》：「從事劉慶諫曰：『霸王不以喜怒興師，不以乾没取勝。』」《盧循傳》：「姊夫徐道覆素有膽決，知劉裕已還，欲乾没一戰。」《魏書·宋維傳》：「維見乂元乂。寵勢日隆，便至乾没。」《北史·王劭傳贊》：「爲河朔清流，而乾没榮利。」《梁書·止足傳》序：「其進也光寵夷易，故愚夫之所乾没。」《晉鼙舞歌·明君篇》：「昧死射乾没，覺露則滅族。」[四]《抱朴子》：「忘髮膚之明戒，尋乾没于難冀。」[五]

「乾没」大抵是徼幸取利之意。《史記·春申君傳》：「没利於前而易患於後也」，即此意。[六]

【校注】

[一]「侍」字誤，當改。原抄本、遂初堂本、集釋本、欒本、陳本、嚴本均作「待」。《漢書》注引作「待」。「豫居物以待之」，《史記》集解、索隱引如淳曰無此句，此一句見《漢書》注。

[二]「徼」，遂初堂本、集釋本、欒本、陳本、嚴本同，原抄本誤作「激」。《三國志》作「徼」。

[三]「常」字誤，當改。原抄本、遂初堂本、集釋本、欒本、陳本、嚴本均作「當」。《晉書》作「當」。

[四]見《樂府詩集》卷五十三。

[五]《抱朴子·外篇·安貧》。

[六]黄汝成集釋引楊氏曰：愚謂「乾没」者，乾而亦没，知進不知退、知得不知喪之義。今按：清黄生《義府》「乾没」條云：「言以公家財物入己，如水之淹物，沈没無跡也。不水而没，故曰乾。」

辱

《儀□[一]》註：「以白造緇曰辱。」[二]故老子謂楊朱曰：「大白若辱。」[三]

【校注】

[一]「儀□」，原抄本、遂初堂本、集釋本、欒本、陳本、嚴本均作「儀禮」，當補。

[二]《儀禮·士昏禮》「今吾子辱」鄭玄注。

[三]見《列子·黄帝》。《莊子·寓言》作老子謂陽子居曰。原文見《老子·四十一章》。

姦

《廣韻》：「姦，古顔切。私也，詐也。亦作『姧』。」今本誤「姧」作「奸」，非也。「奸」音干，犯也。左氏僖公七年《傳》曰：「君以禮與信屬諸侯，而以姦終之。」曰：「子父不奸之謂禮。」一《傳》之中，二字各出，而義不同。《釋名》：「姦，奸也。言奸正法也。」以「奸」釋「姦」，其爲兩字審矣。又「奸」字亦可訓爲「干禄」之「干」。《漢書·荆燕吴傳》：「齊人田生以畫奸澤」，《史記》作「干」。然則「奸」但與「干」通用，而不可以爲「姦」也。後人於案牘文移中，以「姦」字畫多，省作「奸」字。此如「繁」之爲「煩」，「衝」之爲「冲」，「驛」之爲「馹」，「臺」之爲「台」，[一]皆借用之字。

【校注】

[一]臺，本義爲屋室。《説文》：「臺，觀，四方而高者。从至从之，从高省。」台，本義爲怡悦之「怡」。《説文》：「台，説也。从口，㠯聲。」「説」同「悦」。

訛

「訛」字古作「爲[一]」，「僞」字古亦音「訛」。《詩・小雅》：「民之訛言」，箋云：「僞也，小人好詐，僞爲交易之言。」正義曰：「謂以善言爲惡，以惡言爲善，交而换易其辭。」《爾雅》註：「世以妖言爲訛。」《太平御覽》引《武王之書鑰》曰：「昏謹守，深察訛。」[二] 泰昌元年八月，御史張潑言：「京師奸宄叢集，游手成群。有謂之『把棍』者，有謂之『拏訛頭』者。「偵知一人作奸，則尾隨其後，陷人于罪，從而嚇詐金錢」，謂之「拏訛頭」，即漢律所謂「恐愓受賕」[三]。請将巡城改爲中差，一年一代。」[四]

【校注】

[一]「爲」字誤，當改。原抄本、遂初堂本、集釋本、欒本、陳本、嚴本均作「譌」。

[二]《太平御覽》卷一百八十四題《太公金匱・鑰之書》，「謹守」作「慎守」。清嚴可均《全上古三代文》題《鑰書》。

[三]《漢書・王子侯表》：「葛魁節侯寬，坐縛家吏，恐猲受賕，棄市。」

[四]引文及注文均見《光宗實録》卷五。

誰何

《詩》：「室人交徧摧我。」[一]《韓詩》作「⿰言崔」，《玉篇》作「⿰言⿱隹土」，「丁回切，謫也。」《六韜》：「令我壘上，誰何不絶。」[二]《史記》賈誼《過秦論》：「陳利兵而誰何。」誰、譙同，何、呵同。《韓非子》：「王虫[三]而何之。」[四]《賈誼傳》：「其在大譴大何之域者。」《漢書·五行志》：「主[五]公車大誰卒。」註：「大誰，主問非常之人，云姓名是誰何也。」[六]此解未當。《焦氏易林》：「當年少寡，獨與孤處，雞鳴犬吠，無敢誰者。」《説苑》：「民知十己則尚與之争，曰不如吾也。百己則疵其過，千己則誰而不信。」[七]楊雄《衛尉箴》：「二世妄宿，敗于望夷。閻樂矯搜，戟者不誰。」

《史記·衛綰傳》：「歲餘，不譙呵綰。」《漢書》作「不孰何綰」，難曉。疑「譙」訛爲「誰」，「誰」又轉爲「孰」也。

《周禮·射人》：「不敬者苛罰之。」註：「苛，謂詰問之。」按此「苛」亦「呵」字。

【校注】

[一]《詩經·邶風·北門》。

[二]《六韜·虎韜·軍用》。誰何，疑問詞。亭林解爲「摧呵」，動詞，故此處不標點爲疑問句。下同。

[三]「虫」字誤，當改。原抄本、遂初堂本、集釋本、欒本、陳本、嚴本均作「出」。《韩非子》作「出」。

[四]見《韓非子·内儲説下六微》，通行本原文正作「王出而呵之」。

[五]「主」字誤，各本同誤，當改。《漢書》原文作「故」。《日知録》卷三十「妖人闌入宫禁」條引此句作「故」不誤。

[六]大誰，官名。應劭曰：「在司馬殿門掌讙呵者也。」顔師古注又曰：「大誰本以誰何稱，因用名官，有大誰長。今此卒者，長所領士卒也。」

[七]《説苑·政理》。

信

《東觀餘論》引晉武帝、王右軍、陶隱居帖及《謝宣城傳》，謂：「凡言『信』者，皆謂使人。」[一]楊用修又引《古樂府》「有信數寄書，無信長相憶」[二]爲證，良是。然此語起于康[三]漢以不[四]，楊太尉夫人袁氏《答曹公卞夫人書》云：「輒付往信。」[五]《古詩爲焦仲卿妻作》：「自可斷來信，徐徐更謂之。」[六]魏杜摯《贈毌丘儉》詩：「聞有韓衆藥，信來給一丸。」[七]以使人爲信，始見于此。若古人所謂「信」者，乃符驗之别名。《墨子》：「大将使人行守，操信符。」[八]《史記·刺客傳》：「今行而無信，則秦未可親也。」《漢書·石顯傳》：「迺時歸誠，取一信以爲驗。」《西域傳》：「匈奴使持單于一信到國，國傳送食。」《後漢書·齊武王傳》：「得司徒劉公一信，願先下。」《周禮》「掌節」註：「節猶信也，行者所執之信。」此如今人言「印信」、「信牌」之信，不得謂爲使人也。故梁武帝賜到溉《連珠》曰：「研磨墨以騰文，筆飛豪「毫」同。以書信。」[九]而今人遂有「書信」之名。

【校注】

[一]宋黄伯思《東觀餘論》卷上。

[二]釋寶月《估客樂》，見《樂府詩集》卷四十八。

[三]「康」字誤，當改。原抄本、遂初堂本、集釋本、欒本、陳本、嚴本均作「東」。

[四]「不」字誤，當改。原抄本、遂初堂本、集釋本、欒本、陳本、嚴本均作「下」。

[五]宋晁載之《續談助》卷四引《殷芸小説》載《魏武楊彪傳》。

［六］見《玉臺新詠》卷一。又見《樂府詩集》卷七十三，題爲《焦仲卿妻古辭》。

［七］見《三國志・魏書・劉劭傳》注引《文章叙録》。

［八］《墨子・號令》。

［九］見《梁書・到溉傳》。

出

《爾雅》：「男子謂姊妹之子爲『出』。」［一］傳中凡言「出」者，皆是外甥。《左氏》莊二十二年：「陳厲公，蔡出也。」僖七年：「申侯，申佃［二］也。」成十三年：「康公，我之自出。」註：「晉外甥。」襄二十五年：「我，周之自出。」註：「言陳，周之甥。」又：「桓公之亂，蔡人欲立其出。」二十九年：「晉年公［三］，杞出也。」三十一年：「莒去疾奔齊，齊出也。」「展輿，吴出也。」昭四年：「徐子，吴出也。」公羊文十四年《傳》：「接菑，晉出也。」「貜旦［四］，齊出也。」《史記・秦本紀》：「晉襄公之弟名雍，秦出也。」《漢書・五行志》：「王子鼂，楚之出也。」而公羊襄五年《傳》：「蓋舅出也。」則以「舅甥」爲「舅出」矣。《後漢書・光武十王傳》：「竇太后及憲等，東海出也。」［五］

【校注】

［一］《爾雅・釋親》。

［二］「佃」字誤，當改。原抄本、遂初堂本、集釋本、欒本、陳本、嚴本均作「出」。《左傳》作「出」。

［三］「晉年公」誤，當改。原抄本、遂初堂本、集釋本、欒本、陳本、嚴本均作「晉平公」。《左傳》作「晉平公」。

[四]「玃旦」誤，原抄本同誤，當改。遂初堂本、集釋本、欒本、陳本、嚴本作「玃且」。《春秋》三傳均作「玃且」。

[五]黄汝成集釋引楊氏曰：「外甥」二字本不典，不知何自起，大約緣「外舅」之名而生。

鰥寡

「鰥」者，無妻之稱。但有妻而于役[一]者，則亦可謂之鰥。《詩》：「何草不玄，何人不矜」，[二]「矜」讀爲「鰥」是也。「寡」者，無夫之稱。但有夫而獨守者，則亦可謂之寡。《越絶書》：「獨婦山者，勾踐将伐吴，徙寡婦獨山上，以爲死士，示得專一。」[三] 陳琳詩：「邊城多健少，内舍多寡婦。」[四]是也。鮑照《行路難》：「來時聞君婦閨中，孀居獨宿有貞名」，[五]亦是此義。

婦人以夫亡爲寡，夫亦以婦亡爲寡。《左傳》襄二十七年：「齊崔杼生成及彊而寡。」《小爾雅》曰：「凡無妻無夫，通謂之寡。」《焦氏易林》：「久鰥無偶，思配織女。求其非望，自令寡處。」

【校注】

[一]于役，在外服行徭役。《詩經·王風·君子于役》：「君子于役，不知其期。」

[二]《詩經·小雅·何草不黄》。

[三]《越絶書·越絶外傳記地傳》。

[四]陳琳《飲馬長城窟行》。

[五]《行路難十首》之一。有依歌行體自「婦」字下斷句者，亦可。

丁中

唐高祖武德「六年三月」[一]：人始生爲黄，四歲爲小，十六爲中，二十一爲丁，六十爲老」。[二]玄宗天寶三載十二月癸丑，詔曰：「比者成童之歲，即挂輕徭。既冠之年，便當正役。憫其勞苦，用軫于懷。自今宜以十八已上爲中男，二十三已上成丁。」。[三]杜子美《新安吏》詩：「府帖昨夜下，次選中男行。」是十八以上皆發之也。然史文多有言「丁中」者，舉「丁中」可以該「黄小」矣。《遼史·耶律學古傳》：「多張旗幟，襍丁黄，爲疑兵。」蓋中、小皆襍用之。而史文代以「黄」字。黄者，四歲以下，何可襍之兵間邪？[四]

【校注】

[一]「六年三月」下，《册府元龜》原文有「令以」二字，當補。

[二]《册府元龜》卷四百八十六。又見《通典》卷七，作武德七年定令。又見《資治通鑑》卷一百九十，作武德七年四月頒新律令。又見《舊唐書·職官志》、《新唐書·食貨志》。

[三]《册府元龜》卷八十六、卷四百八十六。又見《唐會要》卷八十五。

[四]今按：《遼史·國語解》：「雜丁黄：《禮》，男幼爲黄，四歲爲小，十六爲中，二十一爲丁。軍中雜幼弱，以疑敵也。」

阿

《隸釋·漢殽阬碑陰》云：「其間四十人，皆字其名，而繫以『阿』字。如『劉興阿興』、『潘京阿京』之類，必編户民未嘗表其德，書石者欲其整齊而强加之，猶今閭巷之婦以『阿』挈其姓也。」[一]《□[二]陽靈臺碑陰》有「主吏仲東阿東」，又云：「惟仲阿東年在元冠，幼有中質。」[三]又可見其年少而未有字。《抱朴子》：「禰衡游許下，自公卿國士以下，衡初不稱其官，皆名之云『阿某』，或以姓呼之爲『某□』。」[四]《三國志·吕蒙傳》注：「魯肅拊蒙背曰：『非復吴下阿蒙。』」《世説》注：「阮籍謂王渾曰：『與卿語，不如與阿戎語。』」[五]渾子戎。皆是其小時之稱也。亦有以「阿」挈其字者。《世説》：桓公謂殷淵源爲「阿源」，謝太傅謂王修齡爲「阿齡」，謂王子敬爲「阿敬」。[六]婦人以「阿」挈姓，則隋獨孤后謂雲昭訓爲「阿雲」，[七]唐蕭淑妃謂武后爲「阿武」，[八]韋后降爲庶人稱「阿韋」，[九]劉從諫妻裴氏稱「阿裴」，[十]吴湘娶顔悦女，其母焦氏，稱「阿顔」、「阿焦」，[十一]是也。亦可以自稱其親，《焦仲卿妻詩》：「堂上啓阿母」、「阿母謂阿女」也是[十二]。亦可爲不定何人之辭，古詩：「道逢鄉里人，家中有阿誰？」[十三]《三國志·龐統傳》：「先主謂曰：『向者之論，阿誰爲失？』」《晉書·沈充傳》：「敦作色曰：『小人阿誰？』」是也。亦有作「何誰」者。晉劉寔《崇讓論》：「不知何誰最賢？」「不知何誰最不肖？」「阿」者，助語之辭，古人以爲慢應聲。《老子》：「唯之與阿，相去幾何？」[十四]今南人讀爲入聲，非也[十五]。《魏志·東夷傳》：「東方人名我爲『阿』。」

【校注】

[一]《隸釋》卷二。

[二]底本缺一字處，原抄本、遂初堂本、集釋本、欒本、陳本、嚴本均作「成」，當補。

[三]《隸釋》卷一。

[四]《抱朴子・外篇・彈禰》。「某□」，遂初堂本、集釋本、欒本、陳本、嚴本作「某兒」，與《抱朴子》同，當補。原抄本誤作「某宂」，書眉批云：「宂或是兄字」。未審出處，故有此誤。

[五]《世説新語・簡傲》。

[六]阿源、阿齡見《世説新語・賞譽》，阿敬見《世説新語・品藻》。

[七]見《隋書・文四子傳》。

[八]見《舊唐書・后妃傳上》。

[九]見《舊唐書・韋安石傳》附韋巨源傳。

[十]見《舊唐書・劉鄴傳》。

[十一]見《舊唐書・宣宗本紀》。

[十二]「也是」誤倒，當乙正。原抄本、遂初堂本、集釋本、欒本、陳本、嚴本均作「是也」。

[十三]《古今樂録》引《紫騮馬》古辭。見《樂府詩集》卷二十四、二十五。

[十四]《老子・二十章》。

[十五]「非也」，原抄本同。遂初堂本、集釋本、欒本、陳本、嚴本無「也」字。

幺

一爲數之本，故可以大名之，一年之稱「元年」，長子之稱「元子」是也。又爲數之初，故可以小名之，骰子之謂一爲「幺」是也。《爾雅》：「幺，幼。」註曰：「豕子最後生者，俗呼爲『幺豚』。」故後人有「幺麼[一]」之稱。《説文》：「幺，小也，象子初生之形。」「幼」字從「幺」，亦取此義。《漢書·食貨志》：「王莽作錢貨六品：小錢、幺錢、幼錢、中錢、壯錢、大錢。貝貨五品：大貝、壯貝、幺貝、小貝，及不盈寸二分者。布貨十品：大布、次布、弟布、壯布、中布、差布、厚布、幼布、幺布、小布。」《隋書·律曆志》：「凡日不全爲『餘』，積以成餘者曰『秒[二]』。度不全爲『分』，積以成分者曰『篾』。其有不成秒者[三]曰『麼』，不成篾者曰『幺』。」班彪《王命論》：「幺麿尚不及數子。」蔡邕《短人賦》：「具[四]餘尫幺。」晉陸機《文賦》：「猶絃幺而徽急，故雖和而不悲。」郭璞《螢火贊》：「熠熠宵行，蟲之微幺。」盧諶《蟋蟀賦》：「享神氣之幺㞩。」並用此字。《唐書·楊炎傳》：盧杞「貌幺陋」。《宋史·岳飛傳》「楊幺」，本名楊太，太年幼，楚人謂小爲「幺」，故曰楊幺。俗作「么」，非。

【校注】

[一]「麼」字誤，當改。原抄本、遂初堂本、集釋本、欒本、陳本、嚴本均作「麿」。

[二]「秒」，原抄本、遂初堂本、嚴本同。遂初堂本、集釋本、欒本、陳本作「秒」。《隋書》作「秒」。下同。

[三]「者」字，原抄本、遂初堂本、集釋本、欒本、陳本、嚴本無，《隋書》無。下同。

[四]「具」字誤，當改。原抄本、遂初堂本、集釋本、欒本、陳本、嚴本均作「其」。

元

「元」者，本也。本官曰「元官」，本籍曰「元籍」，本來曰「元來」，唐、宋人多此語，後人以「原」

字代之，不知何解。「原」者，再也。《爾雅》：「原，再也。」《易》「原筮」，《周禮·馬質[一]》、《禮記·月令》「原蠶」，[二]《文王世子》「末有原」，漢原廟之「原」，皆作「再」字解，《漢書》註：師古曰：「原，重也。言已有正廟，更重立也。」[三]與「本來」之義全不相同。或以爲洪武中臣下有稱「元任官」者，嫌于「元朝」之官，故改此字。

古人亦有稱「原官」者。後漢張衡《應間》：「曩滯日官，今又原之。」[四]註：「《爾雅》曰：『原，再也。』衡爲太守令[五]，去官五載，復爲太史令，故曰『原之』。」然則原官乃再官之義也。

【校注】

[一]「馬質」，遂初堂本、集釋本、欒本、陳本、嚴本同，原抄本誤作「原質」。馬質，《周禮》官名。

[二]黄汝成集釋：汝成案：《月令》無「原蠶」字。今按：「原蠶」不見《禮記·月令》，見《周禮·夏官司馬》。按《氾勝之書·種穀篇》云：「三月榆莢時雨膏地强，可種禾。薄田不能糞者，以原蠶矢雜禾種之，則禾不蟲。」故與《月令》相混。

[三]見《漢書·禮樂志》「以沛宫爲原廟」注。

[四]見《後漢書·張衡列傳》。

[五]「太守令」誤，當改。原抄本、遂初堂本、集釋本、欒本、陳本、嚴本均作「太史令」。下「太史令」不誤。

寫

「寫」，《説文》曰：「置物也。」《詩》：「駕言出游，以寫我憂。」[一]「既見君子，我心寫兮。」[二]傳曰：「寫，輸寫也。」《周禮·稻人》：「以澮寫水。」《儀禮·特牲饋食禮》：「主人出，寫嗇于房。」《禮記·曲禮》：「器之溉者不寫，其餘皆寫。」註：「傳之器中。」《韓非子》：「衛靈公召師涓而告之曰：『有鼓新聲者，其狀似鬼神，子爲聽而寫之。』」[三]《國語》：「王命工以良金寫范蠡之狀，而朝禮之。」[四]《史記·秦始皇紀》：「寫放其宫室，作之咸陽北板[五]上。」《蘇秦傳》：「宋王無道，爲木人以寫寡人。」《新序》：「葉公子高好龍，鉤以寫龍，鑿以寫龍，屋室雕文以寫龍。」[六]《周髀經》：「笠以寫天。」《上林賦》：「肸蠁布寫。」《漢書·賈捐之傳》：「淮南王盗寫虎符。」今人以「書」爲「寫」，蓋以此本傳于彼本，猶[七]之以此器傳於彼器也。《説文》：「謄，移書也。」徐氏曰：「謂移寫之也。」始自《特牲饋食禮》：「卒筮寫卦」，註：「卦者，主畫地識爻，爻備，以方寫之。」《漢書·藝文志》：「孝武置寫書之官。」《河間獻王傳》：「從民得善書，必爲好寫與之，留其真。」《路温舒傳》：「取澤中蒲，截以爲牒，編用寫書。」《霍光傳》：「山又坐寫秘書。」《師丹傳》：「吏私寫其草。」《淮南子·説山訓》：「竊簡而寫法律。」孔安國《尚書序》：「更以竹簡寫之。」至後漢而有「圖寫」、《李恂傳》。「繕寫」《李恂傳》。之稱，傳之至今矣。

今人謂馬去鞍曰「寫」，貨物去舟車亦曰「寫」，與「器之溉者不寫」義同。《後漢書·皇甫規傳》：「旋車完封，寫之權門。」《晉書·潘岳傳》：「發槅寫鞍，皆有所憩。」《説文》作「卸」：「舍車解馬也。讀若汝南人寫書之寫。」

【校注】

[一]《詩經·邶風·泉水》及《衛風·竹竿》。

[二]《詩經·小雅·蓼蕭》。

[三]《韓非子・十過》。

[四]《國語・越語下》。

[五]「板」字誤，當改。原抄本、遂初堂本、集釋本、欒本、陳本、嚴本均作「坂」。《史記》作「坂」。

[六]《新序・雜事》。

[七]「猶」，遂初堂本、集釋本、欒本、陳本、嚴本同，原抄本誤作「獨」。

行李

古者謂行人爲「行李」，亦曰「行理」。《左傳》僖三十年：「行李之往來，共其乏困。」襄八年：「亦不使一介行李告于寡君。」皆作「李」。昭十三年：「行理之命，無月不至。」作「理」。《國語》：「周之《秩官》有之，曰：『敵國賓至，關尹以告，行理以節逆之。』」[一]賈逵曰：「理，吏也，小行人也。」漢李翕《析里橋郙閣頌》：「行理咨嗟。」[二]至唐時，謂官府導從之人亦曰「行李」。《舊唐書・温造傳》：「左拾遺舒元褒言：『元和、長慶中，中丞行李不過半坊，今乃遠至兩坊，謂之籠街喝道。』敕曰：『憲官之職，在指佞觸邪，不在行李。』」豈其不敢稱「鹵簿」而别爲是名邪？

【校注】

[一]《國語・周語中》。

[二]《隸釋》卷四、《集古録跋尾》卷三。黄汝成集釋引臧氏曰：「李」、「理」通用。《管子・法法篇》：「皋陶爲李。」《大臣篇》：「國子爲李。」房注：「獄官也。李、理同。」《漢書・蘇建傳》：「《黄帝李法》。」《天文志》：「左角李，右

角将。」師古曰：「李者，法官之號，故稱其書曰《李法》」。

耗

今人以音問爲「耗」，起自《後漢書·章德竇皇后紀》：「家既廢壞，數呼相工問息耗。」註引薛氏《韓詩章句》曰：「耗，惡也。息耗，猶言善惡也。」

量移[一]

唐朝人得罪，貶竄遠方，遇赦改近地，謂之「量移」。《舊唐書·玄宗紀》：開元二十年，「十一月庚午，祀后土于脽上，大赦天下，左降官量移近處」。二十也[二]年，「二月己巳，加尊號，大赦天下，左降官量移近處」。「量移」字始見於此。李白《贈京兆韋參軍量移東陽》詩云：「潮水還歸海，流人却到吴。相逢問愁苦，淚盡日南珠。」白居易《貶江州司馬自題》云：「一旦失恩先左降，三年隨例未量移。」「量」讀平聲。及遷忠州刺史，又云：「流落多年應是命，量移遠郡未成官。」[三]故韓愈自潮州刺史量移袁州，有「遇赦移官罪未除」之句。[四]而《安[五]史》盧多遜貶崖州，詔曰：「縱經大赦，不在量移之限。」[六]今人乃稱遷職爲量移，誤矣。

【校注】

[一]「量移」題下，徐文珊原抄本題有小字注：「用以自謙，如謂居官爲『待罪』之意，似無不可。」遂初堂本、集釋本、欒本、陳本、嚴本無。經目驗原帙，此題注非朱筆、藍筆，字體與正文相同。杭州浄琉璃室藏抄本《日知録》同，但脱「待」字。

[二]「也」字誤，當改。原抄本、遂初堂本、集釋本、欒本、陳本、嚴本均作「七」。

[三]白居易《重贈李大夫》。

[四]韓愈《從潮州量移袁州張韶州端公以詩相賀因酬之》。

[五]「安」字誤，當改。原抄本、遂初堂本、集釋本、欒本、陳本、嚴本均作「宋」。

[六]《宋史・盧多遜傳》。

罘罳

「罘罳」字雖從「网」，其寔屏也。《漢書・文帝紀》：七年，「六月癸酉，未□宮[一]東闕罘罳災」。師古曰：「罘罳，謂連闕曲閣也。以覆[二]垣墉之處，其形罘罳然。一曰屏也。」崔豹《古今注》曰：「罘罳，屏之遺象也。臣朝君，行至門内屏外，復應思惟。罘罳，復思也。」《釋名》：「罘罳，在門外。罘，復也。罳，思也。臣将入請事，于此復重思之也。」漢西京罘罳，合板[三]爲之，亦築土爲之。每門闕、殿舍前皆有焉，于今郡國廳前亦樹之。今[四]謂之「影壁」。《考工記・匠人》：「宮隅之制七雉，城隅之制九雉。」註：「宮隅、城隅，謂角浮思也。」《廣雅》：「罘罳謂之屏。」《越絶書》：「巫門外罘罳者，春申君去吴，假君所思處也。」[五]春申君相楚，使其子爲假君治吴。魚豢《魏各[六]》：「黄初三年，築諸門闕外罘罳。」參考諸書，當從屏説。

又《五行志》：「劉向以爲，東闕所以朝諸侯之門也，罘罳在其外，諸侯之象也。」則其爲屏明甚。而或其[七]門内，或在門外，則制各不同耳。《鹽鐵論》：「祠堂屏閣，垣闕罘罳。」[八]《董賢傳》：「外爲徼道，周垣數里，門闕罘罳甚盛。」《王莽傳》：「遣使壞渭陵、延陵園門罘罳，曰：『毋使民復思也。』」《後漢書・靈帝記[九]》：中平四年二月，「己亥，南宫内殿罘罳自壞」。杜子美《大雲寺贊公房》詩：「紫鴿下罘罳。」

《西陽雜殂[十]》曰：「今人多呼殿榱桷護雀網爲罘罳，誤也。《禮記・明堂位》：『疏屏，天子之廟飾也。』註云：『屏謂之樹，《爾雅・釋宫》文。今桴思也。刻之爲雲氣、蟲獸，如今闕上爲之矣。』」[十一]正義曰：「漢時謂屏爲桴思，解者以爲天子外屏，人臣主[十二]屏，俯伏思念其事。案『匠人』註云：『城隅謂闕桴思也。』漢時『東闕桴思災』。以此諸文參之，則擇[十三]思，小樓也，故城隅、闕上皆有之。然則屏上亦爲屋以覆屏牆，故稱屏白[十四]桴思。」亦引《廣雅》及劉熙《釋名》爲證。作書者段成式，盖唐時有呼護雀網爲罘罳之目。故史言甘露之變，宦者「扶上升與[十五]，決殿后罘罳，疾趨北出」。[十六]而温庭筠亦有「罘罳畫捲，閶闔[十七]夜開」之句矣。[十八]

「罘罳」字有作「桴思」者，《禮記・明堂位》註。有作「浮思」者，《考工記》註。並見上。有作「罦罳」者，《博雅》：「罦罳謂之屏。」有作「復思」者，《水經注》：「象魏之上，加復思以易觀。」[十九]又云：「譙城南有曹嵩冢，冢北有廟堂，榱櫨及柱皆彫鏤雲矩，上復思已碎。」[二十]有作「覆思」者，宋玉《大言賦》：「大笑至兮摧覆思」，言一笑而垣屏爲之傾倒也。若摧護雀網，亦不足大也。

陳氏《禮書》曰：「古者門皆有屏，天子設之于外，諸侯設之于内。《禮》：『臺門而旅樹。』[二十一]旅，道也。當道而設屏，此外門之屏也。治朝在路門之外。『天子當寧而立。』[二十二]寧在門屏之間，此路門之屏也。《國語》曰：『吴王[二十三]背屏而立，夫人向屏。』[二十四]此寢門内之屏也。魯廟『疏屏，天子之廟飾』。此廟門之屏也。《月令》：『天子田獵，整設于屏外。』此曰[二十五]防之屏也。《晉・天文志》：『屏四星，在端門之内，近右執法。』然則先王設屏，非苟然也。」[二十六]

【校注】

[一]「未□宫」，原抄本、遂初堂本、集釋本、欒本、陳本、嚴本均作「未央宫」，與《漢書》同，當補。

[二]「以覆」下，脱「重刻」二字，當補。原抄本、遂初堂本、集釋本、欒本、陳本、嚴本均作「以覆重刻」，與《漢書》注同。

[三]「板」，遂初堂本、集釋本、欒本、陳本、嚴本同，原抄本誤作「扳」。

[四]「今」，原抄本、遂初堂本、集釋本、欒本、陳本、嚴本均作「今人」。

[五]《越絶書・越絶外傳記吴地傳》。

[六]「魏各」誤，當改。原抄本、遂初堂本、集釋本、嚴本作「魏畧」，欒本、陳本作「魏略」。

[七]「其」字誤，當改。原抄本、遂初堂本、集釋本、欒本、陳本、嚴本均作「在」。

[八]《鹽鐵論・散不足》。

[九]「記」字誤，當改。原抄本、遂初堂本、集釋本、欒本、陳本、嚴本均作「紀」。

[十]「殂」字誤，當改。原抄本、遂初堂本、集釋本、欒本、陳本、嚴本均作「俎」。

[十一]《酉陽雜俎》卷四。

[十二]「主」字誤，當改。原抄本、遂初堂本、集釋本、欒本、陳本、嚴本均作「至」。《禮記》孔穎達正義作「至」。

[十三]「擇」字誤，當改。原抄本、遂初堂本、集釋本、欒本、陳本、嚴本均作「桴」。《禮記》孔穎達正義作「浮」。

［十四］「白」字誤，當改。原抄本、遂初堂本、集釋本、欒本、陳本、嚴本均作「曰」。《禮記》孔穎達正義作「曰」。

［十五］「與」字誤，當改。原抄本、遂初堂本、集釋本、欒本、陳本、嚴本均作「輿」。《資治通鑑》作「輿」。

［十六］《資治通鑑》卷二百四十五，又見《舊唐書・李訓傳》。

［十七］「間閻」誤，當改。原抄本、遂初堂本、集釋本、欒本、陳本、嚴本均作「闠闤」。

［十八］温庭筠《補陳武帝與王僧辨書》。

［十九］《水經注》卷十六。

［二十］《水經注》卷二十三。《水經注》原文作「罘罳」。

［二十一］《禮記・效特牲》。

［二十二］《禮記・曲禮下》。

［二十三］「吴王」誤，原抄本同誤，當改。遂初堂本、集釋本、欒本、陳本、嚴本作「王」。《國語》、《吴越春秋》均作「王」，謂越王勾踐。

［二十四］《國語・吴語》，又見《吴越春秋・勾踐伐吴外傳》。

［二十五］「曰」字誤，當改。原抄本、遂初堂本、集釋本、欒本、陳本、嚴本均作「田」。

［二十六］陳祥道《禮書》卷三十七。

場屋

「場屋」者，於廣場之中而爲屋，不必皆開科試士之地也。《隋書・音樂志》：「每歲正月，萬國來朝，留至十五日。於端門外、建國門内，綿亘八里，列爲戲場。百官起棚夾路，從昏達旦以縱觀之，至晦而罷。」故戲場亦謂之「場屋」。唐元微之《連昌宫辭》：「夜半月高絃索鳴，賀老琵琶定場屋。」

豆

《戰國策》：「張儀説韓王曰：『五穀所生，非麥而豆。民之所食，大抵豆飯藿羹。』」[一]姚宏註曰：「《史記》作『飯菽而麥』，下文亦作『菽』。古語但稱『菽』，漢以後方謂之『豆』。」今按《本草》有赤小豆、大豆之名。《本草》不皆神農所著。《越絶書》：「丙貨之户曰赤豆，爲下物，石五十。」「已貨之户曰大豆，爲下物，石二十。」[二]《越絶書》亦非子貢所作。《漢書・楊惲傳》：「種一頃豆，落而爲萁[三]。」

【校注】

[一]《戰國策・韓策一》。

[二]《越絶書・越絶計倪内經》。

[三]「萁」，原抄本同。遂初堂本、集釋本、欒本、陳本、嚴本作「萁」。《漢書》作「萁」。

陘

今并[一]陘之「陘」，古書有作「鈃」者，《穆天子傳》：「至于鈃山之下[二]」，註：「今在常山石邑縣。鈃音邢。」是也。有作「研」者，《漢書・地理志》上黨郡有「石研關[三]」，是也。有作「岍」者，《晉書・石勒載記》：「使石季龍擊託候部掘咄哪于岍北，大破之」，是也。有作「硜」者，《晉書・胡奮[四]傳》：「頓軍硜北」，是也。有作「岻」[五]，楊子《法言》：「山岻之蹊」，是也。有作「徑」者，李尤《函谷關賦》：「于北則有蕭居天井，壺口石徑，貫越代朔，以臨胡庭[六]」，是也。

【校注】

[一]「并」字誤，當改。原抄本、遂初堂本、集釋本、欒本、陳本、嚴本均作「井」。

[二]「下」，遂初堂本、集釋本、欒本、陳本。嚴本同，原抄本作「隊」。《穆天子傳》原文作「隊」。

[三]「石研關」，「研」，顔師古注：「研音形。」「關」，原抄本同，遂初堂本、集釋本、欒本、陳本、嚴本誤作「闕」。陳垣校注：潘本已誤，鈔本不誤。

[四]「胡奮」，遂初堂本、集釋本、欒本、陳本、嚴本同，原抄本誤作「胡舊」。

[五]「岻」字下，脱「者」字，當補。原抄本、遂初堂本、集釋本、欒本、陳本、嚴本均作「岻者」。

[六]「胡庭」，原抄本同。潘耒遂初堂刻本改作「北庭」，集釋本因之。欒本據黄侃校記改回而加説明，嚴本仍刻本之舊而加注，陳本改回「胡庭」，無校記。

豸

《莊子・在宥篇》：「災及草木，禍及止蟲。」「止」當作「豸」。古「止」、「豸」通用。《左傳》宣十七年：「庶有豸乎？」豸，止也。

關

「關」者，所以拒門之木。《説文》：「關，以木横持門户也。」《左傳》：「臧孫紇斬鹿門之關。」[一]《吕氏春秋》：「孔子之勁，舉國門之關，而不肯以力聞。」[二]賈誼《新書》：「豫讓曰：『我事中行之君，與帷而衣之，與關而枕之。』」[三]《魯連子》：「譬若門關，舉之以便，則可以一指持中而舉之。非便，則兩手不能。關非益加重，手非加罷也，彼所起者非舉，勢也。」[四]皆謂拒門之木。後人因之，遂謂門爲關也。《周禮》「司關」註：「關，界上之門。」《史記》謂拒門之木爲關。[五]《漢書·楊惲傳》：「有犇車抵殿門，門關折，馬死。」《趙廣漢傳》：「斬其門關而去。」《宋書·少帝紀》：「突走出昌門，追者以門關踣之。」《王鎮惡傳》：「軍人緣城得入門，猶未及下關。」《唐書·李訓傳》：「閽者欲扃鐍之，爲中人所叱，執關而不能下。」

【校注】

[一]《左傳·襄公二十三年》。黄汝成集釋：汝成案：《左傳》：「臧紇斬鹿門之關」，此衍「孫」字。

[二]《吕氏春秋·慎大覽》。

[三]《新書·諭誠》。

[四]《魯連子》卷一。

[五]《史記》無此語。按《魏公子列傳》：侯嬴「乃夷門抱關者」，即拒門之木。

宙

《説文》：「宙，舟輿所極覆也。」此解未明。《淮南子·覽冥訓》：「燕雀佼之，以爲不能與之争于宇宙之間。」高誘主[一]：「宙，棟梁也。」似合。「宙」字從宀，本是宫室之象，後人借爲「往古來今」之號耳。《説文》：「上下四方曰宇，古往今來曰宙。」[二]

【校注】

[一]「主」字誤，當改。原抄本、遂初堂本、集釋本、欒本、陳本、嚴本均作「註」。

[二]今按：此爲《説文》段注引古書語。任兆麟輯《尸子》曰：「上下四方曰宇，往古來今曰宙。」汪繼培輯《尸子》曰：「天地四方曰宇，往古來今曰宙。」《文子·自然篇》曰：「往古來今謂之宙，四方上下謂之宇。」《淮南子·齊俗訓》同。《莊子·庚桑楚篇》釋文引《三蒼》曰：「四方上下爲宇，往古來今曰宙。」字句互有異同。

石炭

今人謂石炭爲「墨」。按《水經注》：「冰井臺，井深十五丈，藏冰及石墨焉。石墨可書，文[一]然[二]之難盡，亦謂之石炭。」[三]是知石炭、石墨一物也，有精粗爾。《史記·外戚世家》：竇少君「爲其主入山作炭」。《後漢書·黨錮傳》：夏馥「入林慮山中」、「親突烟[四]炭」。皆此物也。北人凡入聲字皆轉爲平，故呼「墨」爲「煤」，而俗竟作「煤」字，非也。《王[五]篇》：「煤，炱煤也。」《韻會》：「煤，炱灰集屋者。」《吕氏春秋》：「孔子窮于陳、蔡之間，也日[六]不嘗粒，晝[七]寢。顏回索米，得而爨之，幾熟。孔子望見顏回攫其甑中而食之，選間，食熟，謁孔子而進食。孔子起曰：『今者夢見先君，食潔而後饋。』顏回對曰：『不可。嚮者煤室[八]入甑中，棄食不祥，回攫而飯之。』」[九]高誘曰：「煤室，煙塵之煤也。」《素問》：「黑如炲者死。」註：「炲謂炲煤也。」唐張祜詩：「古牆丹艧盡，深棟墨煤生。」[十]李商隱詩：「敵國軍營漂木拂[十一]，方吠反。按《説文》當作「柹」，「削木札樸」也。《後漢書·方術·楊方傳》：「風吹札柹。」前朝神廟鎖煙煤。」[十二]温庭筠詩：「煙煤朝莫[十三]處，風雨夜歸時。」[十四]是煤乃梁上□脂[十五]之名，非石炭也。崔銑《彰德志》作「烸」，《志》曰：「安陽縣龍山出石灰[十六]，入穴取之無窮。取深數百丈[十七]必先見水，水盡然後炭可取也。炭有數品，其堅者謂之『石』，軟者謂之『烸』。氣愈臭者，然[十八]之愈難盡。水可以煎礬，然[十九]不若晉、終[二十]者云。」[二十一]按《玉篇》、《廣韻》，並無「烸」字。

【校注】

[一]「文」字誤，當改。原抄本、遂初堂本、集釋本、欒本、陳本、嚴本均作「又」。《水經注》作「又」。

[二]「然」，同「燃」。

[三]《水經注》卷十。

[四]「烟」字誤，當改。原抄本、遂初堂本、集釋本、欒本、陳本、嚴本均作「煙」。《後漢書》作「煙」。

[五]「王」字誤，當改。原抄本、遂初堂本、集釋本、欒本、陳本、嚴本均作「玉」。

[六]「也日」誤，欒本、嚴本作「七月」亦誤，當改。原抄本、遂初堂本、集釋本、陳本作「七日」。《呂氏春秋》作「七日」。

[七]「晝」字誤，當改。原抄本、遂初堂本、集釋本、欒本、陳本、嚴本均作「晝」。《呂氏春秋》作「晝」。

[八]「煤室」誤，原抄本、遂初堂本、集釋本、欒本、陳本、嚴本同誤，當改。下文「煤室」同。許維遹《呂氏春秋集

釋》引畢沅曰：「『煤炱』，舊本訛作『煤室』。」陳垣校注：「煤室」原作「煤炱」。

[九]《吕氏春秋·任數》。

[十]張祜《隋宫懷古》。

[十一]「木拂」誤，當改。原抄本、集釋本、欒本、陳本、嚴本均作「木柹」。遂初堂本誤作「水柹」。

[十二]李商隱《南朝》。

[十三]「莫」字誤，原抄本同誤，當改。遂初堂本、集釋本、欒本、陳本、嚴本作「奠」。

[十四]温庭筠《題竹谷神祠》，一作《谷神廟》。

[十五]「□脂」，原抄本作「煙脂」。遂初堂本、集釋本、欒本、陳本、嚴本作「煙煤」。

[十六]「灰」字誤，當改。原抄本、遂初堂本、集釋本、欒本、陳本、嚴本均作「炭」。《彰德府志》作「炭」。

[十七]「數百丈」，原抄本、遂初堂本、集釋本、欒本、陳本、嚴本均同，《彰德府志》作「數十百丈」。

[十八]「然」，原抄本、集釋本、欒本、陳本、嚴本均同，《彰德府志》作「燃」。

[十九]「然」，原抄本同，遂初堂本、集釋本、欒本、陳本、嚴本誤作「絭」。《彰德府志》作「然」。

[二十]「絭」字誤，當改。原抄本、遂初堂本、集釋本、欒本、陳本、嚴本均作「絳」。《彰德府志》作「絳」。

[二十一]嘉靖《彰德府志》卷八。崔銑，字子鍾，又字仲鳧，號後渠，又號少石，明安陽人。著《洹詞》、《後渠庸言》等。《明史·儒林傳》有傳。

終葵

《考工記》：「大圭長三尺，杼上終葵首。」註：「終葵，推[一]也。爲推于其杼上，明無所屈也。」《禮記·玉藻》：「終葵，椎也。」《方言》：「齊人謂推爲終葵。」馬融《廣頌成[二]》：「翬「揮」同。終葵，揚關斧。」《博雅》作「於楑[三]」。蓋古人以椎逐鬼，若大儺之爲耳。今人於尹[四]上尽，[五]鍾馗像，云唐時人能捕鬼者，玄宗嘗夢見之，事載沈存中《補筆談》，未必然也。《五代史·吴越世家》：「歲除，尽上[六]獻《鍾馗擊鬼圖》。」《魏書》：堯暄「本名鍾葵」，「字辟邪」。[七]則古人固以鍾葵爲辟邪之物矣。[八]又有淮南王佗子名鍾葵，有楊鍾葵、丘鍾葵、李鍾葵、慕容鍾葵、喬鍾葵、《北史·庶人諒傳》作「喬鍾葵[九]」。又《恩幸傳》末有「宮鍾□[十]」，「馗」字兩見。而《楊義臣傳》仍作「喬鍾葵」。段鍾葵，于勁字鍾葵，張白澤本字鍾葵，《唐書》有王武俊将張鍾葵，《通鑑》作「終葵」。則以此爲名者甚多。豈以其形似而名之？抑取辟邪之義與？《左傳》定四年：「分康叔以殷民七族」，有「終葵氏」，是又不可知其立名之[十一]也。

【校注】

[一]「推」字誤，當改。原抄本、遂初堂本、集釋本、欒本、陳本、嚴本均作「椎」。下二「推」字同。

[二]「廣頌成」誤倒，當乙正。原抄本、遂初堂本、集釋本、欒本、陳本、嚴本均作「廣成頌」。

[三]「於楑」誤，原抄本作「柊揆」，遂初堂本、嚴本作「柊揆」，亦皆誤，當改。集釋本、陳本、欒本作「柊楑」。《博雅》作「柊楑」，二字均从「木」。

[四]「尹」字誤，當改。原抄本、遂初堂本、集釋本、欒本、陳本、嚴本均作「户」。

[五]「尽」字誤，當改。原抄本、遂初堂本、集釋本、欒本、陳本、嚴本均作「畫」。蓋先誤爲「盡」，又誤爲「尽」。「尽」，「盡」之俗字。

[六]「尽上」誤，當改。原抄本、集釋本、欒本、陳本、嚴本作「畫工」。《新五代史》作「畫工」。遂初堂本誤作「畫王」。

[七]《魏書・堯暄傳》，又見《北史》。

[八]黄汝成集釋引趙氏曰：終葵字辟邪，意葵字傳訛，而捉鬼之説起於此也。蓋終葵本以逐鬼，後世以其有辟邪之用，遂取爲人名。流傳既久，則又忘其辟邪之物，而意其爲逐鬼之人，乃附會爲真有是食鬼之人，姓鍾名馗者耳。《天中記》、《補筆談》所載皆不足信。而唐時每歲暮，以鍾馗與曆日同賜大臣，多有謝表。則訛謬相傳，已非一日也。

[九]「葵」字誤，當改。原抄本、遂初堂本、集釋本、欒本、陳本、嚴本均作「馗」。《北史・庶人諒傳》作「馗」。

[十]底本缺一字處，原抄本、遂初堂本、集釋本、欒本、陳本、嚴本均作「馗」，當補。

[十一]「之」字下，脱「意」字，當補。原抄本、遂初堂本、集釋本、欒本、陳本、嚴本均作「之意」。

魁

今人所奉魁星，不知始自何年。以奎爲文章之府，[一]故立廟祀之。乃不能像奎，而改「奎」爲「魁」。又不能像魁，而取之字形，爲鬼舉足而起其斗。不知奎爲北方玄武七宿之一，魁爲北斗之第一星，所主不同，而二字之音亦異。今以文而祀，乃不于奎而于魁，宜乎今之應試而獲中者，皆不識字之人與！又今人以榜前五名爲「五魁」。《漢書・酷吏傳》：「所置皆其魁宿。」《游俠傳》：「閭里之俠，原涉爲魁。」師古曰：「魁者，斗之所用盛，而杓之本也。天文，北斗魁爲首，末爲杓。《淮南子》註：「斗第一星至第四爲魁，第五星至第七爲杓。」故言根本者皆云魁。」《説文》：「魁，羹斗也。」趙宧光曰：「斗首曰魁，因借凡首皆謂之魁。其見于經者，《書・胤[二]征》之『殲厥渠魁』，《記・曲禮》之『不爲魁，主人能，則執兵而陪其後』。」然則「五魁」之名，豈佳語哉？或曰：里有里魁，市有市魁，皆長帥之意，要非雅俊之目。《吕氏春秋》有「魁士名人」，此用「魁」字之始。《國語》：「幽三[三]蕩以爲魁陸[四]、糞土、溝瀆」，韋昭解：「小阜曰魁。」《列子》：「以君之力，曾不能損魁父之丘。」《史記·趙世家》：「嬴始[五]將大敗周人于范魁之西。」[六]《鮑宣傳》：「白首耆艾，魁壘之士。」《楊雄傳》：《甘泉賦》：「冠倫魁能。」陸機《感丘賦》：「羅魁封之纍纍。」又《文選》潘岳《笙賦》：「統大魁以爲笙。」李周翰曰：「大魁，謂匏中也。」又《儀禮·士冠禮》：「素績[七]白屨，以魁柎之」，註：「魁，蜃蛤。」

近時人好以「魁」命名，亦取「五魁」之義。古人以「魁」命名者絶少。《左傳》有「鄭魁壘」、「盧蒲就魁」。《吕氏春秋》：齊王殺燕將「張魁」。[八]

【校注】

[一]黄汝成集釋引錢氏曰：《天官書》：「奎爲封豕，爲溝瀆」，不云文章之府。宋初，五星聚奎，説者謂孔子，魯人，奎、婁爲魯分野，儒教當興之象，特史官傅會之詞。學校祀魁星雖非古禮，然《新定續志·學校門》云：「魁星樓，爲一邑偉觀，其上以奉魁星。」則是南宋時已有之矣。

[二]「胤」字缺末筆，原抄本同。

[三]「幽三」誤，當改。原抄本、遂初堂本、集釋本、欒本、陳本、嚴本均作「幽王」。《國語》作「幽王」。

[四]「陸」字誤，當改。原抄本、遂初堂本、集釋本、欒本、陳本、嚴本均作「陵」。《國語》作「陵」。

[五]「始」字誤，當改。原抄本、遂初堂本、集釋本、欒本、陳本、嚴本均作「姓」。《史記》作「姓」。

[六]又見《史記·扁鵲倉公列傳》。

[七]「績」字誤，當改。原抄本、遂初堂本、集釋本、欒本、陳本、嚴本均作「積」。《儀禮》作「積」。

[八]《吕氏春秋·行論》。

桑梓

《容齋隨筆》謂：「《小雅》：『維桑與梓，必恭敬止』，[一]並無鄉里之説，而後人文字乃作鄉里事用。」愚考之張衡《南都賦》云：「永世克孝，懷桑梓焉。真人南巡，親[二]舊里焉。」蔡邕作《光武濟陽[三]宮碑》云：「來在濟陽，顧見神宮，追惟桑梓褒述之義。」陳琳《爲袁紹檄》云：「梁孝王先帝母弟，墳陵尊顯，松柏桑梓，猶宜肅恭。」[四]漢人之文必有所據。齊、魯、韓三家之《詩》不傳，未可知其説也。胡三省《通鑑》註：「桑梓謂其故鄉，祖、父之所樹者。」以後魏鍾會與蔣斌書：「桑梓之敬，古今所敦。」[五]晉左思《魏都賦》：「畢昂[六]之所應，虞夏之餘人，先王之桑梓，列聖之遺塵。」陸機《思親賦》：「悲桑梓之悠曠，愧烝嘗之弗營。」《贈弟士龍》詩：「迫彼窀穸，載驅東路。繼[七]其桑梓，肆力丘墓。」《贈顧彦先》詩：「眷言懷桑梓，無乃將爲魚。百年歌辭官，致禄歸桑梓。」潘尼《贈陸機出爲吴王郎中令》詩：「祁祁大邦，惟桑惟[八]梓。」《贈滎陽太守吴子仲》詩：「垂覆豈他鄉，迴光臨桑梓。」潘岳《爲賈鑑[九]作贈陸機詩》：「旋反桑梓，帝弟作弼。」陸雲《答張士然》詩：「感念桑梓域，髣髴[十]眼中人。」《九愍》：「望龍門而屢頷[十一]，攀維桑而我[十二]泣。」《歲暮賦》：「虔孝敬于神主[十三]兮，結抵[十四]慕于維桑。」閻式《復羅尚書》：「人懷桑梓。」劉琨《上愍帝表》：「烝嘗之敬在心，桑梓之情未克。」袁宏《三國名臣贊》：「子布擅名，遭世方擾。撫翼桑梓，息肩江表。」宋武帝《復彭沛下邳三郡租詔》：「彭城桑梓本鄉，加隆攸在。」文帝《復丹徒租詔》：「丹徒桑梓綢繆，大業攸始。」謝靈運《孝感賦》：「戀丘墳而縈心，憶桑梓而零淚。」《會吟行》：「東方就旅逸，梁鴻去桑梓。」何承天《鐃歌》：「願言桑梓思舊遊。」鮑照《從過舊宫》詩：「嚴恭履桑梓，加敬覽枌榆。」梁武帝《幸蘭陵詔》：「朕自違桑梓，五十餘載。」劉峻《辨命論》：「居先王之桑梓，竊名號于中縣。」江淹《擬陸平原》詩：「明發春[十五]桑梓，氷[十六]歎懷密親。」則又從《南都賦》之文而承用之矣。按古人桑梓之説，不過敬老之意。《説苑》：「常樅謂老子曰：『過喬木而趨，子知之乎？』老子曰：『過喬木而趨，非謂敬老邪？』常樅曰：『嘻，是已！』」[十七]此于詩爲興體。言「桑梓」猶當養敬，而况父母爲人子之所瞻依！

【校注】

[一]《詩經・小雅・小弁》。

[二]「親」字誤，原抄本同誤，當改。遂初堂本、集釋本、欒本、陳本、嚴本作「覩」。《文選》載《南都賦》作「覩」，《水經注》、《太平御覽》引作「觀」。

[三]「齊陽」誤，遂初堂本、嚴本作「濟南」亦誤，當改。原抄本、遂初堂本、集釋本、欒本、陳本作「濟陽」。《藝文類聚》、《太平御覽》作「濟陽」。

[四]見《後漢書・袁紹傳》。

[五]見《三國志・蜀書・蔣琬傳》。

[六]「昂」字誤，當改。原抄本、遂初堂本、集釋本、欒本、陳本、嚴本均作「昴」。《文選》作「昴」。

[七]「繼」，遂初堂本、集釋本、欒本、陳本、嚴本同，原抄本誤作「維」。《陸平原集》作「繼」。

[八]「惟」，原抄本同，遂初堂本、集釋本、欒本、陳本、嚴本作「與」。《文選》作「惟」，《藝文類聚》作「與」。

[九]「賈鑑」誤，當改。原抄本、遂初堂本、集釋本、欒本、陳本、嚴本均作「賈謐」。

[十]「髩」字誤，當改。原抄本、遂初堂本、集釋本、欒本、陳本、嚴本均作「鬓」。《文選》作「鬓」。

[十一]「領」字誤，當改。原抄本、遂初堂本、集釋本、欒本、陳本、嚴本均作「顧」。

[十二]「我」字誤，原抄本作「抵」亦誤，當改。遂初堂本、集釋本、欒本、陳本、嚴本作「祇」。

[十三]「主」字誤，當改。原抄本、遂初堂本、集釋本、欒本、陳本、嚴本均作「丘」。

［十四］「抵」字誤，當改。原抄本、遂初堂本、集釋本、欒本、陳本、嚴本均作「祇」。
［十五］「春」字誤，當改。原抄本、遂初堂本、集釋本、欒本、陳本、嚴本均作「眷」。
［十六］「氷」字誤，當改。原抄本、遂初堂本、集釋本、欒本、陳本、嚴本均作「永」。
［十七］《説苑·敬慎》。

胡嚨［一］

《説文》：「胡，牛頷垂也。」徐曰：「中［二］頷下垂皮也。」《釋名》：「胡，互也。在咽下垂，能斂互物也。」《詩》：「狼跋其胡」，［三］「狼之老者頷下垂胡」。［四］《漢書·郊祀志》：「有龍垂胡髯，下連［五］黄帝」，師古曰：「胡，頸下垂肉也。」《金日磾傳》：「梓［六］胡，投何羅殿下」，晉灼曰：「胡，頸也。」《張敖傳》：「仰絶亢而死」，註：「蘇林曰：『亢，頸大脈也，俗所謂胡脈也。』」《後漢書》：「請爲諸鼓君［七］嚨胡。」《太玄經》：「七爲嘏咕」，范望解：「謂唐胡也。」古人讀「侯」爲「胡」。《息夫躬傳》，師古曰：「咽，喉嚨。」即今人言「胡嚨」耳。

【校注】

［一］「胡嚨」條，文淵閣《四庫全書》本全删。
［二］「中」字誤，當改。原抄本、遂初堂本、集釋本、欒本、陳本、嚴本均作「牛」。
［三］《詩經·豳風·狼跋》。
［四］《詩經》孔穎達疏。

［五］「連」字誤，當改。原抄本、遂初堂本、集釋本、欒本、陳本、嚴本均作「迎」。《漢書》作「迎」。

［六］「梓」字誤，當改。原抄本、遂初堂本、集釋本、欒本、陳本、嚴本均作「捽」。《漢書》作「捽」。

［七］「諸鼓君」誤倒，當乙正。原抄本、遂初堂本、集釋本、欒本、陳本、嚴本均作「諸君鼓」，與《後漢書》同。

胡［一］

三代時外國之名，曰戎、曰狄而已。《禮記・王制》：「東方曰夷，南方曰蠻，西方曰戎，北方曰狄。」專言之則曰葷粥，曰玁狁。至趙武靈王始名曰胡。按［二］《説之［三］》：「胡，牛頷垂也。从肉，古聲。」《説文》：「膴，幅胡也。」臣鉉等曰：「胡幅之垂者也。」亦取下垂爲義。《後漢［四］・輿服志》：「聖人見鳥獸，有冠角髯胡之制。」是也。《詩》曰：「狼跋其胡」，「狼之老者頷下垂胡」，故以爲壽考之稱。《詩》曰：「胡考之寧。」［五］《傳》曰：「雖及胡耇。」［六］《釋名》：「胡耇，咽皮如雞胡也。」《謚法》：「彌年壽考曰胡。保民耆艾曰胡。」陳有「胡公」，而蔡仲及周厲王名「胡」，似亦皆取此義。晉王胡之，字修齡。《考工記》：「戈廣二寸，内倍之，胡三之。」謂戈鋒之曲而旁出者，猶牛胡也。《周禮・大行人》：侯伯「七十步，立當前疾」，註：「前疾，謂駟馬車轅前胡下垂柱地者。」《禮記・深衣》：「袂圜以應規」，註：「謂胡下也，下垂曰胡。」《方言》：「凡箭鏃胡合嬴者」，□璞［七］解：「胡鏑在于喉下。」則亦取象于牛胡也。又國名，今之胡姓，以國爲氏，或以謚爲氏者也。又與「何」字義同，如「胡能有定」［八］、「胡然而天」［九］、「胡期［十］畏忌」［十一］之類。箋云：「『胡』之言『何』也。」見于經傳，如此而已。《史記・匈奴傳》曰：「晉北有林胡、樓煩之戎，燕北有東胡、山戎。」蓋必時人因此名「戎」爲「胡」。《趙世家》：「變服騎射，以備燕、三胡、秦、韓之邊。」註：「林胡、樓煩、東胡爲三胡。」武靈王言：「襄王[十二]并戎取代，以攘諸胡。」謂之「諸胡」者，猶《左傳》之言「群舒」。而下又[十三]遂云「築長城以拒胡」，是以二國之人而槩北方之種，一時之號而蒙千載之呼也。猶之「羯」本地名，上黨武鄉縣羯室。晉時匈奴別部人居之，後因號胡戎爲「胡[十四]」。蓋北狄之名「胡」自此始。而《考工記》亦曰：「粵無鎛，燕無函，秦無廬，胡無了[十五]車。」春秋「北燕」僅再見于《經》，而于越[十六]至哀公時始盛，以此知《考工》之篇亦必七國□[十七]後之之[十八]所增益矣。《司馬法》：「夏后氏謂輦曰余車，殷曰胡奴車。」[十九]《周禮》註：「胡則北狄是也。」[二十]亦恐未然。」[二十一]又「虜」者，俘獲之稱。《曲禮》：「獻民虜者，操右袂。」《公羊傳》：「閔公矜此婦人，妒其言，顧曰：『此虜也，爾虜焉故。』」[二十二]魯仲連所謂「虜使其民」，[二十三]韓非所謂「臣虜之勞」，[二十四]《史記・李斯傳》：「嚴家無格虜。」索隱曰：「虜，奴隸也。」而《戚夫人歌》所謂「子爲王，母爲虜」，[二十五]東方朔《答難客[二十六]》所謂「尊之則爲将，卑之則爲虜」[二十七]者也。故漢高帝言「虜中吾指」，[二十八]而罵婁敬爲「齊虜」，[二十九]戾太子罵江充爲「趙虜」。[三十]《水經注》：「臨淄外郭，世謂之虜城。言齊湣王伐燕，燕王噲死，虜其民，寔居郭，因以名之。」[三十一]是矣。後人以此罵外夷，而[三十二]自南北朝以後，其名遂專之于北狄[三十三]，亦習而不察也。

【校注】

[一]「胡」條，文淵閣《四庫全書》本全删。

[二]自「三代時」至「按」字，原抄本同。潘耒遂初堂刻本删，集釋本因之。欒本、陳本據黄侃校記徑補，嚴本仍刻本之舊而加校記，然「外國之名」誤作「外國之君」，又無夾注《禮記・王制》四句。

[三]「說之」誤，當改。原抄本、遂初堂本、集釋本、欒本、陳本、嚴本均作「說文」。

［四］「後漢」，原抄本、遂初堂本、嚴本同。集釋本、欒本、陳本作「續漢」。

［五］《詩經・周頌・載芟》。

［六］《左傳・僖公二十二年》。

［七］「□璞」，原抄本、遂初堂本、集釋本、欒本、陳本、嚴本均作「郭璞」，當補。

［八］《詩經・邶風・日月》。

［九］《詩經・鄘風・君子偕老》。

［十］「期」字誤，當改。原抄本、遂初堂本、集釋本、欒本、陳本、嚴本均作「斯」。《詩經》作「斯」。

［十一］《詩經・大雅・桑柔》。

［十二］「襄王」，原抄本、遂初堂本、集釋本、欒本、陳本、嚴本均同。按《史記》作「襄主」。

［十三］「又」字誤，當改。原抄本、遂初堂本、集釋本、欒本、陳本、嚴本均作「文」。

［十四］「胡」字誤，當改。原抄本、遂初堂本、集釋本、欒本、陳本、嚴本均作「羯」。

［十五］「了」字誤，當改。原抄本、遂初堂本、集釋本、欒本、陳本、嚴本均作「弓」。《周禮》作「弓」。

［十六］「于越」，原抄本、遂初堂本、集釋本、欒本、陳本、嚴本均作「於越」。按《漢書・貨殖傳》顔師古注：「於，發語聲也，戎蠻之語則然。『於越』猶『句吴』耳。」於、于皆可爲語气詞，而「於」讀若「嗚」，「於乎」與「嗚呼」同，而「于」讀若「吁」，故當以「於越」爲是。

［十七］底本缺一字處，原抄本、遂初堂本、集釋本、欒本、陳本、嚴本均作「以」，當補。

［十八］「之之」誤，當改。原抄本、遂初堂本、集釋本、欒本、陳本、嚴本均作「之人」。

［十九］《周禮・地官司徒》鄭玄注引。

［二十］此句爲《周禮・地官司徒》賈公彦疏，非鄭注。

［二十一］《司馬法》以下亭林原注，原抄本同，集釋本、欒本、陳本、嚴本無。嚴本據其原校記作校勘記。

[二十二]《公羊傳・莊公十二年》。

[二十三]見《史記・魯仲連列傳》，又見《戰國策・趙策三》。

[二十四]《韓非子・五蠹》。

[二十五]見《漢書・外戚傳》。

[二十六]「答難客」誤倒，當乙正。原抄本、遂初堂本、集釋本、欒本、陳本、嚴本均作「答客難」。

[二十七]見《漢書・東方朔傳》。

[二十八]見《史記・高祖本紀》。

[二十九]《史記・劉敬列傳》。

[三十]《漢書・蒯伍江息夫傳》。

[三十一]《水經注》卷二十六。

[三十二]「後人以此罵外夷，而」八字，原抄本同。潘耒遂初堂刻本删，集釋本因之。欒本據黄侃校記改回而加説明，陳本、嚴本仍刻本之舊而加注。

[三十三]「遂專之于北狄」，原抄本同。潘耒遂初堂刻本改爲「遂以加之北翟」，集釋本因之。欒本據黄侃校記改回而加説明，陳本、嚴本仍刻本之舊而加注。

草馬

《爾雅・馬屬》：「牡曰隲，牝曰騇。」[一]郭璞註以牡爲「駁[二]」，牝爲「草馬」。《魏志・杜畿傳》：「爲河東太守，課民畜牸牛、草馬。」《晉書・凉武昭王傳》：「家有騧草馬，生白額駒。」《魏書・蠕蠕傳》：「賜阿那瓌父草馬五百疋。」《吐谷渾傳》：「吐谷渾嘗得波斯草馬，放入海，因生驄駒。」《隋書・許善心傳》：「賜草馬二十匹。」《廣韻》：「牝馬曰騲。」《韻[三]氏家訓》有云「騲隲」。[四]今人則以牡爲「兒馬」，牝爲「騍馬」，而唯牝驢乃言「草驢」。

【校注】

[一]《爾雅・釋畜》。

[二]「駁」字下，脱「馬」字，當補。遂初堂本、集釋本、欒本、陳本作「駁馬」，嚴本作「駁馬」。按阮刻《十三經注疏》本《爾雅》郭注作「駁馬」。

[三]「韻」字誤，當改。原抄本、遂初堂本、集釋本、欒本、陳本、嚴本均作「顔」。

[四]見《顔氏家訓・書證》。

草驢女貓

今人謂牝驢爲「草驢」。《北齊書・楊愔傳》：「選人魯漫漢」，「在元平[一]思坊，騎秃尾草驢。」[二]是北齊時已有此語。山東、河北人謂牝貓爲「女貓」。《隋書・外戚・獨孤陁傳》：「貓女可來，無住宮中。」是隋時已有此語。

【校注】

[一]「平」字誤，當改。原抄本、遂初堂本、集釋本、欒本、陳本、嚴本均作「子」。《北齊書》、《北史》作「子」。

[二]又見《北史・楊愔傳》。

雌雄牝牡

「飛曰雌雄，走曰牝牡。」[一]「雉鳴求其牡」，詩人以爲不倫之刺。[二]然亦有不一者。《周禮》疏引《詩》「雄狐綏綏」，「走亦曰雄」；《書》「牝雞無晨」，「飛亦曰牝」。[三]今按經、傳之文，不止於此。如《詩》：「尔牧來思，以薪以蒸，以雌以雄。」[四]《左傳》：「千乘三去，三去之餘，獲其雄狐。」[五]《莊子》：「猿編[六]狙音「且」。[七]以爲雌。」[八]《焦氏易林》：「雄犬夜鳴，雄羆在後。」《晉書・五行志》：「吳郡婁縣人家聞地中有犬子聲，掘之，得雌雄各一。」《木蘭詩》：「雄兔脚撲朔，雌兔眼迷離。」皆走而稱雌雄者也。《爾雅》：「鷯，鶉。其雄鶛，牝痺。」[九]《山海經》：「带山有鳥焉，其狀如烏，五采而赤文，名曰鵸鵌，是自爲牝牡。」「陽山有鳥焉，其狀如雌雉，而五乘[十]以文，是自爲牝牡，名曰象蛇。」[十一]則飛而稱牝牡者也。龍亦可稱雌雄，《左傳》：「帝賜之乘龍，河、漢各二，各有雌雄」，[十二]是也。蟲亦可稱雌雄，《列子》：「純雌其名大罥[十三]，純雄其名稺蜂」，[十四]是也。介蟲亦可稱雌雄，《莊子》註：「司馬云：『雄者黿類，雌者鱉類』」，[十五]是也。人亦可稱雌雄，《管子》：「楚人攻宋、鄭，令其人有喪雌雄」；[十六]《莊子》：魯哀公之言哀駘他[十七]曰：「且而雌雄合乎前」，[十八]是也。虹亦可稱雌雄，《詩》疏：「虹雙出，色鮮盛者爲雄，雄曰虹；闇者爲雌，雌曰蜺」，[十九]是也。《容齋三筆》引宋玉賦「雄風」、「雌風」，及師曠[二十]占有「雄雷」、「雌雷」之說。[二十一]干支亦可稱雌雄，《史記》索隱：「歲雄在閼逢，雌在攝提格；曰[二十二]雄在畢，雌在訾；日雄在甲，雌在子」，[二十三]是也。金亦可稱雌雄，王子年《拾遺記》：「禹鑄九鼎，擇雌金爲陰鼎，雄金爲陽鼎」，是也。石亦可稱雌雄，《後漢[二十四]・郡國志》：夜郎「出雄黄、雌黄」，是也。符契亦可稱雌雄，《隋書・高祖紀》：「頒木魚符於總管、刺史，雌一雄一」；《唐六典》：本府寺[二十五]「置木契九十五隻」，雄付少府、將作監，「雌留太府寺」，是也。箭亦可稱雌雄，《遼史・儀衛志》：「木箭：内箭爲雄，外箭爲雌，皇帝行幸則用之。還宫，勘箭官執雌箭，宋[二十六]上閤門使執雄箭」，是也。亦可稱「牝牡」。宋沈括《筆談》：「大駕鹵簿中有勘箭，如古之勘契也。其牡謂之『雄牡箭』，牝謂之『闢伏箭[二十七]』。本胡法也，熙寧中罷之。」[二十八]草木亦可稱牡，《周禮》「牡橭」、「牡蘜」，註謂「蘜之不華者」。《檀弓》「牡麻」，《爾雅》「牝菣[二十九]」、「牡蘩[三十]」、「牡茅」，《儀禮》註「牡蒲」，《史記・封禪書》「牡荆」，《本草》「牡桂」，是也。車箱亦可稱牝，《考工記》「牝服」，正義云：「車較，即今人謂之平南[三十一]，皆有孔，内軨子於其中，而又向下服，故謂之牝服」，是也。管籥亦可稱牝也[三十二]。《漢書・五行志》：「長安章城門門牡自亡。」《月令》註：「鍵，牡；閉，牝也。」正義：「凡鏁器，入者謂之牝[三十三]，受者謂之牝。」是也。棺蓋亦可稱牝牡[三十四]，《禮記・喪大記》：「君蓋用漆」，正義：「用漆者，塗合牝牡之中也」，是也。瓦亦可稱牝，《廣韻》：「瓪，牝瓦」，是也。五藏亦可稱牝牡，《靈樞經》：「肝、心、脾爲牡藏，肺、腎爲牝藏」，是也。齒牙亦可稱牡，《説文》：「□[三十五]，牡齒」，是也。徐曰：「此□[三十六]齒爲牡也。」《九經字樣》作「牡齒[三十七]」。病亦可稱牡，《史記・倉公傳》：「牡□[三十八]」，是也。星亦可稱牝牡，《天文志》：「太白在南，歲在北，名曰牝牝[三十九]」，是也。《法苑珠林》[四十]：「虞喜《天文論》：『漢《太初曆》：十一月[四十一]甲子夜半冬至。歲雄在閼逢，雌在攝捉搭[四十二]；月雄在孛[四十三]，雌在觜；日雄在子[四十四]。』大抵以十干爲歲陽，故謂之雄。十二爻高[四十五]歲陰，故詣[四十六]之陰[四十七]。但孛[四十八]、觜爲月雌雄，不可曉。今之言陰陽者，未嘗用『雌雄』之[四十九]字也。《郎顗傳》引《易雌雄秘歷[五十]》，今亡此書。」五行亦可稱牝牡，《左傳》：「水，火之牡也，」[五十一]走也[五十二]。銅亦可稱牝牡，《抱朴子》：「灌銅當以在火中向赤時，有凸起者牡銅，凹陷者牝銅」，[五十三]是也。若《淮南子》云：「北斗之神者[五十四]雌雄，月從一辰，雄左行，雌右行」，[五十五]而《惰[五十六]書・經籍志》有「《孝經雌雄圖》三卷」，《五代史・四夷附録》：「高麗王建進《孝經雌圖》一卷，載日食星變，不經之説」，則近于誕矣。「後周有典牝、典牡上士中士」，以牝牡名官。[五十七]

【校注】

[一]《詩經・齊風・南山》孔穎達疏：「對文則飛曰雌雄，走曰牝牡，散則可以相通。」

[二]《詩經・邶風・匏有苦葉》毛傳及第二章。

[三]《周禮・天官冢宰》孔穎達疏。所引出《詩經・齊風・南山》、《尚書・牧誓》。

[四]《詩經・小雅・無羊》。

[五]《左傳・僖公十五年》。

[六]「編」字誤，當改。原抄本、遂初堂本、集釋本、欒本、陳本、嚴本均作「猵」。《莊子》作「猵」。

[七]今按：「狙」，《莊子》原文作「狙」。陸德明釋文：「狙，七餘反。」

[八]《莊子・齊物論》。

[九]《爾雅・釋鳥》。

[十]「乘」字誤，當改。原抄本、遂初堂本、集釋本、欒本、陳本、嚴本均作「采」。《山海經》作「采」。

[十一]《山海經・北山經》。

[十二]《左傳・昭公二十九年》。

[十三]「胥」，原抄本、遂初堂本、集釋本同，欒本、陳本、嚴本作「腰」。

［十四］《列子・天瑞》。

［十五］《莊子・天運》「蟲，雄鳴於上風，雌應於下風」郭象注。

［十六］《管子・霸形》。

［十七］「哀昭他」誤，當改。原抄本、遂初堂本、集釋本、欒本、陳本、嚴本均作「哀駘他」。《莊子》原文作「哀駘它」。陸德明釋文：「它，徒何反。」

［十八］《莊子・德充符》。

［十九］《詩經・鄘風・蝃蝀》孔穎達疏。

［二十］「師曠」，遂初堂本、集釋本、欒本、陳本、嚴本同，原抄本誤作「鄉曠」。

［二十一］《太平御覽》卷十三：「《師曠占》曰：春雨初起，其音恪恪，霹靂者，所謂雄雷，旱氣也。其鳴依依，音不大，霹靂者，謂之雌雷，水氣也。」

［二十二］「曰」字誤，原抄本同誤，當改。遂初堂本、集釋本、欒本、陳本、嚴本作「月」。《史記》索隱作「月」。

［二十三］《史記・曆書》司馬貞索隱。

［二十四］「後漢」，原抄本、遂初堂本、嚴本同。集釋本、欒本、陳本作「續漢」。

［二十五］「本府寺」誤，原抄本同誤，當改。遂初堂本、集釋本、欒本、陳本、嚴本作「太府寺」，與《唐六典》同。下文「太府寺」不誤。

［二十六］「宋」字誤，當改。原抄本、遂初堂本、集釋本、欒本、陳本、嚴本均作「東」。《遼史》作「東」。

［二十七］「闢伏箭」誤，原抄本作「闢使箭」亦誤，當改。遂初堂本、集釋本、欒本、陳本、嚴本「闢仗箭」，與《夢溪筆談》同。

［二十八］《夢溪筆談》卷一。

［二十九］「牝菣」誤，當改。原抄本、遂初堂本、集釋本、欒本、陳本、嚴本均作「牡菣」。《爾雅》作「牡菣」。

[三十]「蕵」，遂初堂本、集釋本、欒本、陳本，嚴本同，原抄本誤作「贇」。《爾雅》作「蕵」。

[三十一]「南」字誤，當改。原抄本、遂初堂本、集釋本、欒本、陳本、嚴本均作「鬲」。《周禮》賈公彦疏作「鬲」。

[三十二]「牝也」誤，原抄本同誤，當改。遂初堂本、集釋本、欒本、陳本、嚴本作「牝牡」。

[三十三]「牝」字誤，當改。原抄本、遂初堂本、集釋本、欒本、陳本、嚴本均作「牡」。

[三十四]「牝牝」誤，當改。原抄本、遂初堂本、集釋本、欒本、陳本、嚴本均作「牝牡」。

[三十五]底本缺一字處，原抄本、遂初堂本、集釋本、欒本、陳本、嚴本均作「牙」，當補。

[三十六]底本缺一字處，原抄本、遂初堂本、集釋本、欒本、陳本、嚴本均作「於」，當補。

[三十七]「牡齒」誤，當改。原抄本、遂初堂本、集釋本、欒本、陳本、嚴本均作「壯齒」。

[三十八]底本缺一字處，原抄本、遂初堂本、集釋本、欒本、陳本、嚴本均作「疝」，當補。

[三十九]「牝牝」誤，當改。原抄本、遂初堂本、集釋本、欒本、陳本、嚴本均作「牝牡」。

[四十]《法苑珠林》，陳垣校注：應爲《容齋三筆》十一，虞喜説見《史記》廿六索隱引。

[四十一]「十一月」，原抄本、集釋本、欒本、陳本、嚴本同，遂初堂本誤作「于一月」。

[四十二]「攝捉搭」誤，當改。原抄本、遂初堂本、集釋本、欒本、陳本、嚴本均作「攝提格」。《容齋三筆》作「攝提格」。

[四十三]「孛」字誤，原抄本同誤，當改。集釋本、欒本、陳本、嚴本作「畢」。《容齋三筆》作「畢」。

[四十四]「日雄在子」，中脱「甲雌在」三字，當補。原抄本、集釋本、欒本、陳本、嚴本均作「日雄在甲，雌在子」。然《容齋三筆》已脱誤作「日雄在子」。《史記·曆書》索隱引作「日雄在甲，雌則在子」。

[四十五]「爻高」誤，當改。原抄本、集釋本、欒本、陳本、嚴本均作「支爲」。《容齋三筆》作「支爲」。

[四十六]「詣」誤，當改。原抄本、集釋本、欒本、陳本、嚴本均作「謂」。《容齋三筆》作「謂」。

[四十七]「陰」誤，當改。原抄本、集釋本、欒本、陳本、嚴本均作「雌」。《容齋三筆》作「雌」。

［四十八］「孛」字誤，原抄本同誤，當改。遂初堂本、集釋本、欒本、陳本、嚴本作「畢」。《容齋三筆》作「畢」。

［四十九］「之」字誤，原抄本同誤，當改。遂初堂本、集釋本、欒本、陳本、嚴本作「二」。《容齋三筆》作「二」。

［五十］「易雌雄秘歷」，《後漢書》原文作「易雄雌秘歷」。

［五十一］《左傳・昭公十七年》。

［五十二］「走也」誤，當改。原抄本、遂初堂本、集釋本、欒本、陳本、嚴本均作「是也」。

［五十三］《抱朴子・内篇・登涉》。

［五十四］「者」字誤，當改。原抄本、遂初堂本、集釋本、欒本、陳本、嚴本均作「有」。《淮南子》作「有」。

［五十五］《淮南子・天文訓》。

［五十六］「惰」字誤，當改。原抄本、遂初堂本、集釋本、欒本、陳本、嚴本均作「隋」。

［五十七］「典牝、典牡」，見《通典》卷二十五、卷三十九，《唐六典》卷十七。黄汝成集釋引閻氏曰：考《國語》：「凡陳之道，設右以爲牝，益左以爲牡。」《淮南子・地形訓》：「邱陵爲牡，谿谷爲牝。」又：「牝土之氣御于玄天。」又：「所謂地利者，左牡而右牝。」今按：見《國語・越語下》。「牝土之氣」句，見《淮南子・墬形訓》。「左牡而右牝」句，見《淮南子・兵略訓》。

黄汝成集釋又引楊氏曰：古八陳：「三曰牝陳，四曰牡陳」，是也。今按：見《文選》注引《雜兵書》。又《太平御覽》卷三百一引《周書》曰：「春爲牝陳，秋爲牡陳。」

後記

近十餘年間有關《日知録》的研究成果衆多，前後呼應，顯示出學界少有的盛況。《日知録》的校注本也以最近十五年最盛，至少有如下七種：

一、《日知録集釋（全校本）》。欒保群、吕宗力校點，上海古籍出版社二〇〇六年出版，列入《清代學術名著叢刊》，共三册。其書另有二〇一三年重印平裝本。其書以黄汝成《日知録集釋》的道光十四年西谿草廬本的剜補重印本爲底本，又擇要吸收了李遇孫《續補正》、丁晏《校正》、俞樾《小箋》，書後並附《譎觚十事》和《日知録之餘》二種。原文經過核校，引文加引號且注明出處，並吸收了黄侃《校記》，是一個重要的現代版本，其集釋、校記在當時最全。

二、《日知録校注》與《陳垣全集·日知録校注》。陳垣校注。《日知録校注》，安徽大學出版社二〇〇七年出版，共三册。其書實爲後人加工整理而標爲陳垣先生遺著。其書最爲顯著的特色，即在於倡導史源學的研究整理方法，詳細分辨引文，加以清晰的現代引號。而整理者有陳樂素、陳約之、陳祖武、陳智超、陳致易五人先後易手，陳氏自著「歷時近三十年」、全書整理「歷經三代人八十多年的努力」，未見其謹嚴卓絶，反覺其凌亂無章。蓋因陳垣生前雖有「史源」目標，却未在底本上加注引號，而整理者又不核對原文，或硬加標點，或隨處脱漏，常識錯誤往往而有，故其整理效果可謂恰與「史源」目標背道而馳，遠不及不以「史源」標榜而實際精細有加的欒、吕《日知録集釋》。《陳垣全集・日知録校注》，北京師範大學出版集團、安徽大學出版社二〇〇九年出版。《陳垣全集》共二十三册，《日知録校注》爲其中第十四、十五、十六册，内容與單行本《日知録校注》相同。國家重點出版規劃項目，主編陳智超，爲陳垣嫡孫。有學者評價云：「陳援庵先生之重要成果，皆建國前之作也。而《日知録校注》、《廿二史札記批注》、《鮚埼亭集批注》，所校無幾，所注多標出處而已，無甚價值，不當收入全集也。故援庵先生全集雖然十分龐大，規模遠大於義寧文集，然而就價值與成就而言，北陳與南陳之差距，實不可以道里計。」（見酒徒茶客書痴的博客。）按陳氏此書底本不佳，有注有評，而少校勘，無怪後人譏議。

三、《日知録校釋》。筆者校釋，岳麓書社二〇一一年出版，《明清思想經典叢書》之一。此書以徐文珊點校《原抄本日知録》爲底本，是抄本《日知録》的第一個大陸出版本。凡各版本有文字異同則加校語，凡引用文獻均逐一核加引號，凡重要事典則注明出處，偶有特殊文字或學術概念則間下注解，黄汝成集釋及陳垣等各家注解亦擇要採録。欒保群《日知録集釋（校注本）》浙江古籍出版社二〇一三年九月版對是書評價云：「張京華先生的《日知録校釋》最爲晚出……《校釋》的特點是在《日知録》版本的使用上占了絶對的優勢。」但此書由簡體字排版，故其文本較之《日知録》原貌仍有間隔，且仍有不少筆誤。

四、《顧炎武全集・日知録 日知録之餘》。嚴文儒、戴揚本校點。上海古籍出版社二〇一一至二〇一二年出版，共二册。深色封面二〇一一年十二月出版，爲《顧炎武全集》全套二十二册中第十八册、第十九册。《顧炎武全集》由黄珅、嚴佐之、劉永翔主編。淺色封面二〇一二年七月出版，爲《顧炎武全集》之《日知録 日知録之餘》單印本，標明《顧炎武全集》，但不標第十八册、第十九册，且書號不同。其書以遂初堂本爲底本，以符山堂八卷本、黄汝成集釋本參校。其所據遂初堂本天頭有佚名所作校記，當是民國學者過録黄侃《校記》，整理者均加以採用，標爲「原校記」（見其書卷二校勘記第二條夾注），故亦精審完備。

五、《日知録集釋（校注本）》。欒保群校注，浙江古籍出版社二〇一三年出版，共六册。其書乃是《日知録集釋》的精點精校精注，引文出處等項共四〇〇〇多條，脚注一六〇〇多條，與《日知録集釋（全校本）》相比多出近五〇〇〇條，爲近年出版的有關《日知録》整理研究的最新成果。其書排版講究，顧氏原注用反白字體，文獻出處加灰色底紋，確有賞心悦目之感。

六、《（全本・集釋・全校）日知録集釋》。欒保群、吕宗力校點，上海古籍出版社二〇一四年出版，全二册。本書是《日知録集釋（全校本）》的簡體字版。

七、《中華國學文庫・日知録集釋》。欒保群校點，中華書局二〇二〇年四月出版，全三册。《校點説明》云：「我和吕宗力先生校點的《日知録集釋（全校本）》出版十多年以來，鑒於社會上又出現了幾種《日知録》的整理本，其中最重要的是由陳智超諸先生整理的陳垣先生遺稿《日知録校注》，還有張京華先生的《日知録集釋》，也鑒於『全校本』存在着一些遺漏和錯誤，所以有必要通過重新整理，向讀者提供一套全新的《日知録集釋》校點本。」編輯出版者的新書介紹云：「本次出版，全面吸納了《刊誤》、《續刊誤》、《校正》、《續補正》、《小箋》、《校記》，及張京華《日知録校釋》、陳垣《日知録校注》的整理和考辨成果，後出轉精，兼顧了通俗性（詳盡注釋）和學術性（校記、訂正誤字、恢復原貌、附録所收史料），雅俗共賞。具體來説，較此前《日知録》的各個整理本做出了如下改進：一、進行了更精良的版式設計，既遵古本又完善有序，不同層級之間區分清晰朗目。二、更全面地恢復了顧氏原書的原貌，將刊刻者爲避文字獄而删改的違礙字句逐一恢復和指明；廣泛採擇傳世資料，訂正原文誤字。三、增加大量注釋，包括人名、書篇名和卷數的細化題解，完整文獻的徵引，對事典、故實、史事等的詳盡説明，爲讀者提供便利，掃清閱讀障礙。四、吸收了目前評價較好的幾個《日知録》整理本的研究成果，後出轉精。（有陳垣《日知録校注》、張京華《日知録校釋》，以脚注形式體現。）五、新增附録，收入全祖望、《清史稿》、黄汝成、章炳麟對顧氏及本書的評價，是重要史料。進一步完善版式和體例，兼顧顧氏原意的完整性和採輯後人注解的全面性。」此書另有繁體字版，即將出版。

當提倡「史源學」的陳垣的遺著《日知録校注》在二〇〇七年出版之際，二〇〇六年出版的欒保群、吕宗力校點的《日知録集釋（全校本）》已經注意標注引號和文獻出處了。（其書《校點説明》第二條云：「如不加上引號，讀者就很難分辨是引文還是顧氏自己的論述，博學如趙翼，都難免發生此類誤讀。」）

當《顧炎武全集·日知録》二〇一一年十二月出版前夕，聞之滬上師友，整理者尚及見到筆者以原抄本爲底本在二〇一一年十月出版的《日知録校釋》，但已不遑參考。

當《日知録集釋（校注本）》在二〇一三年出版前夕，筆者告知《顧炎武全集·日知録》新近出版的信息，整理者尚及見到其書，但也不及參考。

筆者在二〇〇九年經岳麓書社約稿在《明清思想經典叢書》五種選題中習慣性地選擇了最

艱澀的一種的時候，其實還没有閲讀過《日知録》全書，震於其名而已。

筆者僅爲選擇底本而找到臺版《原抄本日知録》的時候，完全没有想到，北大圖書館裏睡着一套性質完全相同的完整抄本，已經静候多時。

筆者所作《日知録校釋》出版以後，完全意想不到第一個作出反響並與筆者結爲好友的是欒保群前輩，其時《日知録集釋》正在修訂，準備再版。

筆者僅由不喜簡體字而另作《抄本日知録校注》，已在二〇一七年核發書號，只因《日知録集釋（校注本）》及《顧炎武全集・日知録》二書的出版，需再增補爲校本，故爾迁延至今。

上海師友建議筆者徑直作成《日知録彙校》，筆者亦幸獲師友之助，在京得見北大館藏《日知録》八卷稿本，在滬得見楊氏楓江書屋所藏即張繼舊藏原抄本原帙，在杭得見范氏淨琉璃室所藏即陳垣舊藏抄本原帙，而不久即得知司馬朝軍《〈日知録〉彙校集釋》入選《子海》、鳳凰出版社待出的消息（見武漢大學哲學學院網）。

今年七月筆者的《抄本日知録校注》終於校好清樣交稿，即聞山東大學子海精華編項目辦公室在爲司馬朝軍《〈日知録〉彙校彙考》審稿。甫過三月，即聞國家圖書館中華傳統文化百部經典項目辦公室在爲黄珅撰寫的《日知録解讀》審稿。

《日知録》的整理成果推陳出新，真像是一個大磨盤，忽東忽西，推來轉去。

筆者在二〇一三年二月收到欒保群先生的郵件，告知「去年五月，校樣已經打出，這時我才知道大著，趕緊讓出版社暫停……此書大約能在今年五月由浙古出版」。而筆者正在撰寫中的《抄本日知録校注》亦有待於欒先生《日知録集釋（校注本）》的問世。

欒先生整理的《日知録集釋》始終是《日知録》最便於閲讀和最爲流通的版本，並且歷有更新。僅欒先生此書，就有花山文藝出版社版、上海古籍出版社初版和修訂版、浙江古籍出版社版、中華書局簡體版以及待出的繁體版，共計六個版本之多。

嚴文儒、戴揚本在二〇〇九年所作《顧炎武全集·日知録》的《校點説明》中感慨云：「顧炎武的《日知録》近年來各地紛紛出版，或出版全帙，或出選編摘要，或影印，或標點。」實則《日知録》整理成果之紛盛尚有未已之勢。

到二〇二一年，不僅拙書《抄本日知録校注》，欒保群先生整理的《日知録集釋》的中華書局繁體版，司馬朝軍煌煌六〇〇萬言的大作《〈日知録〉彙校彙考》，黄珅撰寫的「中華傳統文化百部經典」《日知録解讀》，將會出版，並且上海楊氏楓江書屋所藏抄本《日知録》、杭州范氏淨琉璃室所藏抄本《日知録》的高清掃描彩印本也將陸續出版，而示世人以《日知録》的原始面貌。

這真是《日知録》極度熱鬧的時刻，但是顯然，《日知録》文獻整理的終結成果還遠遠没有到來。

張京華
二〇二一年七月於台州學院人文學院